《中国政党制度年鉴》编委会

中国政党制度年鉴

2009

中央社会主义学院中国政党制度研究中心 编

编辑说明

一、《中国政党制度年鉴》是中央社会主义学院中国政党制度研究中心主编的一部专业性年鉴。它全面、系统地记录和反映了一年内执政党建设理论和实践研究、政党制度理论创新和实践发展、参政党建设理论和参政能力建设的基本情况。鉴于目前国内关于执政党研究的理论和实践成果十分丰富，它突出介绍了政党制度和参政党的研究和实践状况。

二、《中国政党制度年鉴》以中国特色社会主义理论体系为指导，力争全面、客观地反映中国共产党领导的多党合作和政治协商制度的理论研究动态、实践成果、政党和政党制度建设情况。

三、本年鉴框架相对稳定。《中国政党制度年鉴·2009》共设中国政党制度研究，执政党研究，参政党研究，重要文献，政党活动纪要，学术会议、学术人物，参政议政案例选，政党活动大事记和附录共九个栏目。

四、重要文献主要选编各民主党派本年度内关于参政议政、自身建设等报告、领导重要讲话及规章制度；学术会议是指与政党和政党制度研究相关的学术会议；学术人物是指在政党和政党制度研究领域有较高社会知名度的学者和专家；附录一、二分别介绍了台湾政党制度、国外政党制度年度研究状况，附录三力求全面收录国内本年度关于政党制度相关研究的文献资料。欢迎社会各界积极推介有关政党制度的研究成果、学术会议和学术人物，我们将按标准收入年鉴。

五、鉴于中国政党制度的学科体系尚未规范，有关这方面的研究成果散见于各个学科之中，给资料收集工作带来很大困难，加上我们的学术水平和编辑能力所限，疏漏和不足之处在所难免，恳请广大读者不吝赐教，以便我们在今后的编辑工作中努力改进，使之不断完善。

目 录

中国政党制度研究

执政党研究

参政党研究

重要文献

政党活动纪要

■学术会议　学术人物■

参政议政案例选

附 录

中国政党制度研究

中国政党制度研究述评

2009年是中华人民共和国建立60周年，是中国人民政治协商会议成立60周年，也是中国共产党领导的多党合作和政治协商制度创立60周年。在举国上下庆祝和纪念这一难忘岁月的历史时刻，中央宣传部“六个为什么”的推出和党的十七届四中全会关于党内民主的推进，使日趋活跃的多党合作制度理论研究得到了迅猛发展。从已经取得的研究成果看，2009年关于多党合作制度理论的研究，具有以下三个突出特点：一是新，二是广，三是深。“新”即观点新、语言新、方法新。观点新，是指一些专家和学者与时俱进，根据世情、国情和党情的新变化，提出了一系列新观点。语言新，是指研究者们突破了以往统战语言的藩篱，更多地使用了学术语言，对一些问题进行学理性论证。方法新，是指一些研究人员将博弈论等研究方法和自然科学的一些研究方法引入到政党制度研究领域。“广”即视野广、成果广、队伍广。视野广，是指研究者们放眼世界，把中国特色政党制度放到世界政党政治的大环境中进行考察。成果广是指研究成果分布广泛。以前关于中国特色政党制度研究成果，主要分布在统战系统特别是社会主义学院的刊物上，后来逐步扩展到党校和大学的刊物上，而今即使在专业性极强的经济类刊物上，也屡见不鲜。队伍广，是指研究队伍不断扩大，一大批莘莘学子加入到研究行列，有些还将有关中国特色政党制度理论问题的研究作为自己的学士、硕士或博士论文，为政党制度理论研究注入了新鲜血液。深即深入研究、深入理论、深入实践。深入研究，是指以往的研究，主要集中在多党合作层面，而现在是把多党合作制度作为国家的一项基本政治制度，作为中国特色社会主义政治发展道路的重要组成部分，站在建设社会主义政治文明的高度，对政党制度与国家政权、政党制度和社会的关系进行深入研究。深入理论，是指关于中国特色政党制度理论的研究已经不再停留在对方针政策的阐释和宣传上，而是着力打造中国特色政党制度理论体系，同西方争夺话语权。深入实践，是指对多党合作制度实践中存在的一些问题，进行对策研究，提出意见和建议。现将本年度研究的主要观点概述如下，以飨读者。

一、多党合作制度与中国特色社会主义政治发展道路

政治发展道路问题与一个国家的历史和国情有关，也与一个国家经济和社会发展阶段相连。一个国家采取何种政治发展道路关系到一个国家民主政治发展和整个国家事

业兴衰成败，不同的国家都具有各不相同的政治发展道路。中国共产党坚持把马克思主义基本原理与中国实际相结合，在领导人民创建人民民主专政的国家政权、建立社会主义制度、推进社会主义现代化建设过程中，走出了一条符合中国国情、具有鲜明中国特色的政治发展道路。中国特色社会主义政治发展道路是中国特色社会主义道路的重要组成部分。中国特色政党制度是中国特色社会主义政治发展道路的重要组成部分。由于政党制度在现代政治中居于核心地位，坚持中国特色社会主义政治发展道路，必须坚定不移地坚持中国特色政党制度。

（一）多党合作制度适合中国国情

关于多党合作制度的国情适应性问题，一直是多党合作理论研究的一个重要内容。一个国家选择什么样的政党制度，必须与这个国家的国情和性质相适应，这已经成为国内理论界的共识。随着“六个为什么”的推出，学者们对这一问题的研究进一步深化。以李金河的《中国各政党共同奋斗历史凝结起来的伟大成果》（《人民日报》2009年2月9日）和《新中国政党制度：历史与国情的选择》（《北京日报》2009年7月8日）为代表，取得了一批颇有说服力的研究成果。

贾庆林《在中国特色社会主义道路上不断完善和发展中国共产党领导的多党合作和政治协商制度》（《求是》2009年第21期）一文中认为，中国共产党领导的多党合作和政治协商制度是中国社会政治发展的必然选择。一个国家实行什么样的政党制度，从根本上说取决于这个国家的社会性质和根本制度，同时与其特定的社会历史条件、政治经济状况、民族文化传统密不可分。现代意义上的我国政党政治形成于上世纪初。在中国人民反帝反封建斗争的伟大进程中，经过一代又一代中国人长期艰苦探索和奋斗，确立了中国共产党领导的多党合作和政治协商制度。实践证明，中国共产党领导的多党合作和政治协商制度是中国近现代历史发展的必然选择，是马克思列宁主义统一战线理论、政党理论、社会主义民主政治理论同中国具体实践相结合的伟大创造，是中国共产党同各民主党派和无党派人士、各人民团体和各族各界人士风雨同舟、团结奋斗的伟大成果。坚持中国特色社会主义，必须坚持中国共产党领导的多党合作和政治协商制度，充分发挥人民政协的独特优势，巩固和发展中国共产党同各民主党派民主团结、生动活泼的良好政治关系。

杜青林在《不断把统一战线和多党合作事业推向前进》（《团结报》2009年9月15日）一文中认为，60年的历史雄辩证明：新中国一切发展和进步成果的取得，最根本的是我们始终坚持中国共产党的领导，形成了中国特色社会主义理论体系，开辟了中国特色社会主义道路。中国共产党领导的多党合作和政治协商制度的形成、确立和完善，既是中国特色社会主义政治发展道路的具体探索和实践，也是中国特色社会主义政治发展道路的重要组成部分。这一制度是中国共产党把马克思主义政党学说和统一战线理论与中国具体实际相结合的伟大创造，是中国共产党同各民主党派、无党派人士政治智慧的结晶，具有历史的必然性、伟大的独创性和巨大的优越性。我们必须毫不动摇地把我国的多党合作制度坚持好、完善好、落实好，使这一制度的优势和作用，在推进中国特色社会主义的伟大事业中更加充分地发挥出来。

庄聪生在《具有强大生命力的政党制度》(《人民日报》2009年2月9日)一文中认为，中国共产党领导的多党合作和政治协商制度植根于中华民族几千年来赖以生存发展的深厚土壤，产生于中国共产党和各民主党派争取民主自由和人民解放斗争的光辉实践，发展于建设中国特色社会主义的伟大进程。长期以来，这一制度在中国革命、建设、改革事业中不断巩固、发展和完善，在国家政治和社会生活中发挥着极其重要的作用，显示出巨大的优越性和强大的生命力。

李金河在《中国各政党共同奋斗历史凝结起来的伟大成果》(《人民日报》2009年2月9日)一文中认为，中国共产党领导的多党合作和政治协商制度的形成及发展，有着特定的国情基础和社会历史条件，是中国近现代历史演进和政治发展的必然结果，也是中国人民的理性选择。中国共产党领导的多党合作和政治协商制度是在特定的经济社会和历史条件下形成的。近代中国社会是典型的半殖民地半封建社会。帝国主义和中华民族的矛盾，封建主义与人民大众的矛盾，是近代中国社会的基本矛盾。为了推翻帝国主义和封建主义，实现民族独立和人民解放，中国各阶级的先进分子纷纷向西方学习，致力于改良或革命。历史实践表明，改良的道路行不通，不推翻腐朽的封建专制，中华民族的独立与复兴就难以实现。1911年，民族资产阶级先进分子发动辛亥革命，推翻了封建帝制，但中国社会的性质并没有根本改变。在艰难的探索中，中国人民认识到，要完成救亡图存和反帝反封建的任务，必须有新的政治力量以新的先进理论为指导开创新的革命道路。1921年成立的中国共产党，勇敢地承担起了这一历史重任。中国共产党代表了历史前进的方向，在新民主主义革命的伟大斗争中确立了自己的核心领导地位。中国社会方方面面的力量在长期实践中经过比较，郑重地选择和接受了中国共产党的领导，并在解放战争的烽火硝烟中形成了中国共产党领导的多党合作的政党体制雏形。随着人民民主专政国家的建立，这一政党体制发展成为中国共产党领导的多党合作和政治协商制度。由此可知，是历史与国情决定了近代以来中国社会发展特别是政治发展的特质，中国共产党领导的多党合作和政治协商制度则是基于这一特质的必然产物。中国共产党领导的多党合作和政治协商制度是中国人民在争取民主、反对独裁斗争中作出的正确选择。

李金河在《新中国政党制度：历史与国情的选择》(《北京日报》2009年7月8日)一文中认为，新中国政党制度的形成，是中国历史与国情的选择。中国半殖民地半封建社会经济的显著特点，决定了中国社会经济的特殊性和多样性。中国的社会经济形态既包括封建小农经济，又分别包括民族资本主义经济和官僚买办资本主义经济。这种并非单一的经济形态，以及社会上明显的阶级差异，共同决定了中国的社会上层建筑领域的复杂性，既有封建的小农政治思想，又有民族资产阶级的政治思想、官僚买办资产阶级的政治思想和无产阶级的政治思想。因此，中国这种特殊的多样性的社会经济结构就必然产生与之相适应的社会政治结构和政党制度。中国半殖民地半封建社会经济形态的多样性和特殊性，为中国特色的政党制度的最终形成奠定了经济基础。中国民族资本主义的发展为中国特色政党制度的形成提供了基础构件，中国的中小资产阶级成为中国特色政党制度的阶级基础。中国共产党人依据中国社会的特殊性和多样性现实，提出了新民主主义革命理论，即坚持中国共产党的领导，同农民结成坚固的同盟，同中小资产阶级结成可靠的联盟，以建立巩固的统一战线，通过武装斗争的道路，既解决中国的资本主义发展问题，又解决反帝、反封建问题。因此，通过新民主主义革命而建立的新民主主义共和国既区别于西方资本主义国家，又不同于苏俄社会主义国家。在中国政治发展的具体运作中，在民族和阶级矛盾面前，中国共产党并用武装斗争和统一战线两大法宝，得到反对国民党独裁统治、主张走资本主义道路、在反动统治下挣扎求生的民族资产阶级的拥护与合作，这就使中国特色政党制度理论具有特殊的适用意义。总之，中国半殖民地半封建社会政治与阶级结构、政治与社会意识的多样性和特殊性，是中国特色政党制度理论的政治基础。中国的传统价值观重视群体和谐关系，强调人际和谐与群体的利益高于一切，认为个人应当服从群体。社会重群体而轻个体的价值取向，是中国传统价值观的一个重要特征。我们把中国共产党领导的多党合作和政治协商制度称之为中国特色的社会主义政党制度，除了独特的经济、政治因素之外，注重群体和谐、兼容并蓄、和而不同等思想的传统价值观是我国特色政党制度的文化基础。

林尚立在《中国政党制度与国家建设》（《毛泽东邓小平理论研究》2009 年第 9 期）一文中认为，在中国，伴随着传统帝国体系的危机、动摇和崩溃，现代政党得以萌芽、诞生和发展。在这个过程中，政党要么以肩负领导革命、推翻专制、创建共和的使命而出现，要么以响应共和、参与议会选举的名义而出现，志向不同，层次不一。中国最初的政党制度产生于辛亥革命之后的国家建设实践，先后经历过多党制和国民党一党独裁制。1949 年，中国共产党夺取全国政权，建立了中华人民共和国。新中国成立后，中国共产党在长期形成的多党合作的基础上，结合国家建设与发展的实践，形成了作为国家基本政治制度的中国政党制度，即中国共产党领导的多党合作与政治协商制度。中国革命和国家建设的历程表明，中国的政党制度是在中国共产党领导的长期革命和建设实践中确立起来的，新民主主义革命、社会主义革命与社会主义建设先后为这个制度的确立奠定了扎实的政治基础与制度基础。在这个过程中，这个制度不仅经历了历史的选择和社会的检验，而且经历了国家建设的探索和实践，可以说是在政党、国家与社会三方有机互动、共同努力的过程中确立和发展起来的。它不仅与中国的社会结构与现代化逻辑相契合，而且与人民民主和国家建设相契合。

杨德山在《历史的必然选择现实的当然要求——论坚持中国共产党领导的多党合作和政治协商制度》（《前线》2009 年第 6 期）一文中认为历史实践充分证明，在中国近现代历史的发展条件下，根本没有西方式的“两党制”、“多党制”存在的社会环境，也没有“一党制”发展的政治空间。中国共产党领导的多党合作和政治协商制度作为我国现行政党制度，是历史的必然选择，也是当代中国政治现实的当然要求。正是有了这一政党制度，才有力地保证了当今中国的政治稳定、社会和谐、经济发展、文化兴旺。在新的历史时期，为了进一步实现政治稳定和政治发展，要结合新的历史实践，进一步完善中国共产党领导的多党合作和政治协商制度。

张桃荣在《论多党合作制的历史必然与发展逻辑》（《党政干部学刊》2009 年第 3 期）一文中认为，新中国成立前的国情、党情、世情决定了我国多党合作制度形成的历史必然。从国情上看，多党制的尝试和一党制的失败说明我国不适合搞西方的政党制度。从党情上看，外发次生型政党、滞后性的政党制度决定我国必须实行多党合作制。从世情上看，国内外环境的复杂多变性决定我国必须实行多党合作制。

李少莉在《多党合作：适合中国国情的政党制度》（《中共青岛市委党校青岛行政学院学报》2009 年第 12 期）一文中认为，中国共产党领导的多党合作和政治协商制度是中国特色的政党制度，是中国特色社会主理论体系的重要组成部分。建国 60 年来，中国共产党在带领全国人民推进中国特色社会主义伟大事业的程中，同各民主党派和无党派人士团结合作，着眼于推进社会主义政治文明建设、坚持走中国特色社会主政治发展道路，及时总结我国多党合作的实践经验，创造性地提出了许多新理论、新思想，制定了一系列符实际的新政策，使多党合作制度不断巩固、发展和完善，展现出巨大优越性。历史证明，多党合作制度是适合中国国情的政党制度。

王前、贾红勋在《历史视阈下的中国多党合作制度》（《南京政治学院学报》2009 年第 5 期）一文中认为，中国的多党合作制度，是近代历史演进和政治发展的必然结果，是中国人民的理性选择；是中国各政党共同奋斗的历史成果，是合乎逻辑的历史结论；是在建设中国特色社会主义的伟大进程中不断完善起来的，彰显了巨大的政治优势和光明的发展前景。中国多党合作制度有利于促进社会生产力的持续发展，推进社会全面进步，有利于实现和发展人民民主，增强党和国家的活力，有利于统筹兼顾各方利益，维护社会的稳定团结，有利于避免西方政党制度的弊端，实现共创和谐的目标追求。

林志友在《中共第一代领导集体对中国政党制度的建构》（《新乡学院学报（社会科学版）》2009 年第 3 期）一文中认为，世界政党制度既有法西斯主义的一党制，也有社会主义的一党制；既有英国议会制的两党制，也有美国总统制的两党制；另外，还有法、德、日等各具形态的多党制。新中国建立时，可供中国共产党借鉴的只有前面这三种类型。实行两党制的前提是必须存在势均力敌互能轮替的两个政党，国民党反共内战政策及其在大陆的崩溃否定了这一前途。实行多党制的前提是一个国家中必须存在三个以上政党并立，但中国不具备这种客观条件。中国共产党也没有实行一党制，而是最终选择了共产党领导下的多党合作制。任何国家政党制度的确立和运作不仅与经济紧密联系，而且与一个国家民众的政治理想、价值取向、风俗习惯、民族心理、宗教信仰等渗透在一起，并受到这个国家传统政治理念的影响和制约。在中国政治文化传统中，“和”的概念是一个关系范畴，是对事物关系的辩证描述和把握。“和合”文化，源远流长，中国共产党灵活地把它运用于创造中国政治制度之中，结出中国共产党领导的多党合作和政治协商制度这一政治硕果。中国政党制度独具特色就在于此。多党合作不仅仅在于它的“和而不同”，更重要的在于它的“和而以进，和而以兴”。

余科杰在《当代中国政党制度形成史考略》（《当代世界社会主义问题》2009 年第 1 期）一文中认为，“大革命”时期，中国共产党尝试以统一战线思想处理政党关系，以政党合作代替政党竞争。抗日战争时期是中国共产党探索符合斗争需要和中国国情的新型政党制度的开端；“三三制”政权是中国共产党领导的多党合作和政治协商制度的历史源头，是当代中国政党制度的初步形态。内战时期中国共产党处理政党关系和探索中国政治文明道路的实践，促成当代中国政党制度的最终形成。1946 年 1 月的政治协商会议因国民党蒋介石的背信而失败，但它为中国政治建设和政党合作提供了可供参考的框架机制。1949 年新政协的召开和新中国的成立，标志着中国共产党领导的多党合作和政治协商制度正式形成。

（二）多党合作制度是发扬社会主义民主的重要形式

中国共产党领导的多党合作和政治协商制度是中国的一项基本政治制度，是发扬社会主义民主的重要形式。2009 年关于这一问题的研究，突破了传统的统一战线视野，立足于社会主义民主政治建设，将多党合作制度真正放到了国家基本政治制度的层面进行考察和研究。以此为切入点，专家学者们紧紧围绕政党与国家政权、政党与社会、政党制度与民主政治等问题，对多党合作制度在社会主义民主政治建设中的地位和作用，进行了深入研讨，取得了一批优秀的研究成果。其中，以游洛屏的《民主政治的创造性实践》（《中央社会主义学院学报》2009 年第 5 期）、林尚立的《政党、政党制度与现代国家——对中国政党制度的理论反思》（《中国延安干部学院学报》2009 年第 5 期）、许忠明、陶传平的《动态视野中的政党制度》（《云南社会科学》2009 年第 2 期）和王占阳的《政党与社会：考察多党合作制的首要视角》（《湖南社院学报》2009 年第 4 期）最具代表性。

游洛屏在《民主政治的创造性实践》（《中央社会主义学院学报》2009 年第 5 期）一文中认为，民主是一个历史范畴，在人类社会不同的历史时期和不同的国家有着不同的含义和内容。由于国情不同，各国人民争取和发展民主的道路也是不同的。任何一种民主政治，归根结底，都是由在该国社会经济关系中居统治地位的阶级的根本利益、价值观和意识形态来决定的，并受到该国历史、民族特点和经济文化发展水平的影响。发展人民民主，是中国共产党和各民主党派始终不渝的奋斗目标。发展人民民主，必须始终坚持走中国特色社会主义政治发展道路，必须坚持和完善我国多党合作制度。政党制度的建设体现了政治发展的规律，政党制度的性质决定了政治发展的方向。政党制度性质的改变必然导致政治发展方向的改变，坚持政治发展方向必须以坚持政党制度性质为前提。一些原社会主义国家之所以会改变政治发展的方向，根本原因就在于改变了政党制度的性质，或者说，这些国家政治发展方向的改变，是从政党制度性质的改变开始的。毫不动摇地坚持和完善中国共产党领导的多党合作制度，是加强社会主义民主政治建设、坚持中国特色社会主义政治发展道路的重要内容。

林尚立在《政党、政党制度与现代国家——对中国政党制度的理论反思》（《中国延安干部学院学报》2009 年第 5 期）一文中认为，政党是现代政治区别于传统政治的重要标志，是现代政治生活得以展开的核心要素。在现代政治框架下，政党参与国家政治生活所形成的制度性政党关系、行为规则和运行形态，则构成一个国家的政党制度。政党制度在规范政党的地位、功能与运行的同时，也深刻影响着国家政治生活的全局。然而，任何国家的政党制度，既不完全是政党或政党关系所决定的，也不完全是国家制度体系所决定的，而是决定政党生存与发展的社会和国家所共同决定的，是国家与社会相互作用的结果。文中通过对政党与社会、政党制度与国家和中国政党制度与国家建设的系统分析，得出了三点基本结论：第一，中国的政党制度是在中国革命与建设中形成和发展的，有深厚的社会基础，而且也适宜于中国的国家建设和发展，对中国现代化发展来说，是一项适宜的制度。第二，中国政党制度实践的是有领导的党派联合执政、多元协商、合作治理国家的政治形式，既不是一党制，也不是多党制，而是结构化的多党派协商合作制。第三，中国政党制度内含一体多元结构，以中国共产党为核心，既包含有多党合作所形成的多元结构，也包含有多党派、界别协商所形成的多元结构，它不仅适宜于中国的社会形态的内在结构及其现代化转化，而且适宜于中国的国家建设和民主成长，因而，其进步与发展能够为中国的国家建设和民主成长提供新的资源与新的空间，反过来，国家的现代化和制度化也将使政党制度更全面、更深刻地嵌入国家制度之中，从而与其他制度一起共同支撑中国的现代国家建设和发展。

许忠明、陶传平在《动态视野中的政党制度》（《云南社会科学》2009 年第 2 期）一文中认为，民主政治是一个系统工程，政党、国家政权与社会是现代政治系统的三大要素和三大主体力量。这三种力量相互作用，共同决定着一个国家的政治生活与民主政治发展。政党作用的发挥与一个国家的政党制度密切相关。它们之间的关系具体表现为：首先，政党制度与一个国家的政治制度具有内在的逻辑关系。政治制度是一个综合的概念，是基本制度、体制和机制、具体制度的统一，其中，基本制度具有根本作用。而政党制度是一个国家基本的政治制度，集中反映了政党、国家、社会之间的复杂关系，在政治体制中具有事关全局的战略地位，在国家、社会各个领域中发挥着重要作用。其次，政党制度与促进社会民主、实现社会和谐有着内在的逻辑关系。选举民主和协商民主是实现社会民主和社会和谐的基本途径。我国的民主政治发展和政治文明建设，既离不开中国共产党的领导，也离不开各民主党派的政治参与。用党内民主带动社会民主，用政党民主促进社会民主，通过政党与政党制度建设来推动我国民主政治发展，应该是我国民主政治发展和政治文明建设最直接、最现实的切入点。最后，政党制度是连接国家与社会的桥梁和纽带，是民主政治的“传送带”和“方向盘”。这是由政党与国家、社会的关系及其政治地位决定的。如果说，政党制度、国家制度、社会三者之间组成了一个机器体系的话，社会就是“发动机”，国家制度就是“工具机”，而政党制度则是“传动带”，若缺少政党制度，国家与社会之间就缺少了必要的“调节器”和“联动带”，就难以产生有效的互动。而且，政党制度保证了政党作用的发挥。在现代社会，政党是最主要的政治参与形式，绝大多数与民主政治有关的活动都由政党发起、控制或主导。因此，政党制度成为政治发展的“方向盘”。

王占阳在《政党与社会：考察多党合作制的首要视角》（《湖南社院学报》2009 年第 4 期）一文中认为，共产党领导的多党合作制的首要内容，就是关于中共和各民主党派与中国社会的相互关系的制度性规定。在这个视角上，我们主要从中共和各民主党派的党员来源，中共和各民主党派的政治代表性，以及中共和各民主党派与中国社会相互关系三个方面的制度性规定，来考察和认识共产党领导的多党合作制的基本内容与主要特征。（1）关于中共和各民主党派的党员来源的制度性规定。对于党员来源有明确的制度性规定的政党制度，在整体上是不同于以党际竞争为主导的政党制度的。

在这种政党制度中，中共在全社会范围内发展党员完全是独立自主的；中共对于各民主党派在一定范围内发展党员给予政治上的指导，各民主党派对此予以合作，并应享有必要的自主权。诚然，在这种政党制度中也包含有某些竞争因素，但从总体上来看，它仍然是一种分工合作型的政党制度。（2）关于中共和各民主党派的政治代表性的制度性规定。中共和各民主党派的政治代表性的制度性规定，同时也是共产党领导的多党合作制的一种最具基础性的制度性规定。在这种政党制度中，中共的政治代表性是在历史发展过程中自主定位的，这种政治代表性定位规定了它在国家政治生活和国家政权中的领导地位，也规定了它在各民主党派政治代表性定位中的政治领导地位。各民主党派在自身政治代表性定位的过程中，既接受了中共的政治领导，也拥有和行使了相对独立的自主权和主动权。但各民主党派只有积极主动地和广泛地参政议政，努力提高参政议政的质量，充分发挥其参与代表人民利益的应有职能，才有可能切实有效地实现其具有广泛参与性的政治代表性。（3）关于中共和各民主党派与中国社会相互关系的其他制度性规定。如，政党资金、政党工作时间和政党工作报酬等。从我们以往习以为常的观念来看，政党资金、政党工作时间和政党工作报酬的问题，都是一些具体问题，并不是政党制度方面的问题。但这种观念，实际是不正确的。应当看到，这些问题的实质，是政党与社会资源的相互关系问题，而且是政党制度中的深层次的重要问题。所以，我们在这些方面尚需继续调整、完善的制度性规定，实际也是中共和各民主党派与中国社会相互关系的制度性规定的重要组成部分，因而也是共产党领导的多党合作制的一部分。

常欣欣在《中国模式、中国道路与中国特色政党制度的优势》（《领导之友》2009年第5期）一文中认为，近年来中国模式替代“北京共识”，成为国内外学者和媒体热衷讨论的话题，特别是在国际金融危机背景下，中国力抗危机的突出表现，更使得这个概念的热度不断攀升。所谓中国模式是国外学者对中国改革开放30年所形成的一种发展路径的概括。在笔者看来，国外对中国模式的热捧，有真心推崇的，有虚心借鉴的，但也不排除有居心捧杀的，对此我们应保持清醒的头脑。对中国改革开放以来的经验，党的“十七大”报告精辟概括为：一面旗帜、一条道路、一个体系，即高举中国特色社会主义的伟大旗帜，开辟了中国特色社会主义的道路，形成了中国特色社会主义理论体系。笔者还是倾向于按照“十七大”的提法，用中国道路来表述中国的发展路径，而慎用中国模式。中国特色政治发展道路的内涵，就是党的“十七大”报告所概括的“三者有机统一”：坚持党的领导、人民当家做主、依法治国有机统一；“四大政治制度”：坚持和完善人民代表大会制度、中国共产党领导的多党合作和政治协商制度、民族区域自治制度以及基层群众自治制度。在这四大制度中，中国共产党领导的多党合作和政治协商制度无疑是世界上最具特色的政党制度。

刘开寿在《中国政党制度在中国政治模式中的地位》（《重庆社会主义学院学报》2009年第6期）一文中认为，中国政治模式即“当代中国政治发展模式”，是指从中国共产党领导的根据地和解放区继承、新中国成立时确立框架，经过60年的发展特别是改革开放以来的快速发展，而逐步成型的中国政治发展的内容及其实现或表现形式。中国的政党模式或政党制度，是中国政治模式的最基本的组成部分，是中国的基本政治现实，是中国的基本国情之一。中国政党制度是中国政治模式的基础性的、核心的内容。从中国特色的公共治理模式看，始终是“党政一体化”的治理模式，中共是领导者，是公共治理结构中的核心主体。从中国特色的民主政治模式看，人民在共产党的领导和支持下当家做主，治国之法是在共产党的领导下制定和实施，所以共产党的领导是中国民主政治模式的前提。中国的政党政治是建立在多党合作基础之上、体现共产党执政的协商政治，是现代政党政治在中国的具体实现形式，其基本理念是通过共产党领导的多党合作，而不是多党竞争，实现协商政治和民主监督。

郭定平在《当代中国政党与国家关系模式的重构：比较的视野》（《社会科学研究》2009 年第 1 期）一文中认为，从比较政党体制的视野来看，中国先是在民国初期出现了政党林立的局面，形成了共生型政党——国家关系模式；其后国民党以党治国，形成了典型的外生型政党——国家关系模式；在中国共产党取得革命胜利、建立中华人民共和国之后，党的一元化领导不断强化，党政不分、以党代政，仍属于一种外生型政党——国家关系模式；在“文化大革命”期间，形成了毛泽东个人独裁型政党——国家关系模式；只有在改革开放之后，中国共产党反思过去的经验教训，开始推进社会主义民主与法制建设，强调党在宪法和法律的范围内活动，开始逐步向内生型政党——国家关系模式转变。改革开放以来中国在推动经济发展和现代化建设的过程中，不断深化政治体制改革，按照依法执政、依法治国的基本方略，重构政党与国家之间的关系，在党的领导下提升人民代表大会的地位，加强人民代表大会的权威，特别是推动党委书记兼任人大主任，使执政党进入国家政权机关，通过国家政权机关，依靠国家政权机关，实施党对国家事务的领导。这是发展社会主义民主政治和建设社会主义法治国家的一条切实有效的途径，是加强国家建设和推动政治转型并使二者有机结合的成功尝试。

徐锋在《政治发展中民主与政党制度的经验与建构》（《马克思主义与现实》2009 年第 4 期）一文中认为，政党制度是指政治系统中政党之间、政党与政权之间、政党与社会之间的互动关系，上述三大领域间彼此的互动关系，以及由于这些互动关系而来的全部法律、规范和惯例的有机结构体。因此，对于政党制度的考察不仅要关注特定的政党体系，更要将其与特定的政治生态结合起来。由此，任何政党制度都是特定政治发展的结果，都体现在政治发展所塑造的种种政治关系和政治过程当中。市场经济塑造权利意识，权利意识催生出公民人格，公民及其政治参与必然要求明确界定国家与社会的权利边界，要求公权力服从和服务于自身的权利，因而成为近现代国家的基石和代议民主的基础。为确保代表们好好地履行代理人的义务，人们创设了政党、政党制度，通过政党政府、政党政治驱动民主得以正常、良好的运转。这是政党制度形成和发展普遍的规律。

但由于经济社会发展起点、阶段和特质的差异，发达社会和发展中社会的政治发展既体现出民主政治的共性，也呈现出不同的特质和轨迹。发达社会的民主政治、政党制度是经验主导的，是沿市场经济——公民社会——民主政治线索自然生成的；发展中国家的民主政治、政党政治则是建构主导的，走的党造国家、先建构民主框架，后发展市场经济充实民主政治这样一条道路。两种民主和政党制度分别在自己的经济社会生态中“各具足性”，同时两者间也的确存在彼此通约、相互镜鉴的可能。有鉴于上述的一致与分疏，为了中国民主与政党制度的完善和发展，未来应当努力探索和解决如下几个方面的问题：第一，继续完成政党的内造化、法制化进程；第二，完善选举制度，推动程序民主建设，特别是程序民主的合理化建设，促使各政党对民意的代表更趋直接和真实。第三，除了党政分开、政企分开，还必须慎重处理好政党政府与市场经济的关系。第四，政治理念的更新和政治伦理的建设问题。

游洛屏在《正确理解我国政党与政权的关系》(《四川统一战线》2009 年第 6 期)一文中认为，政党制度是民主政治的重要组成部分，是民主政治运行的必要条件。政党制度主要是对政党与政党之间、政党与政权之间、政党与社会之间关系的规范。政党制度通过对这三方面关系的规范，保证公民有序地进行政治参与，从而实现民主政治并使之正常运行。中国共产党领导的多党合作和政治协商制度在长期的发展过程中，形成了五种主要表现形式：中国共产党同各民主党派、无党派人士之间的合作与协商；在人民代表大会中发挥民主党派成员、无党派人士的作用；举荐民主党派成员、无党派人士担任国家和政府以及检察，审判机关的领导职务，在人民政协中发挥民主党派、无党派人士的作用；民主党派、无党派人士为经济建设服务。通过这五个方面，我国的多党合作和政治协商制度在社会主义民主政治建设中发挥重要作用，体现政治参与、利益表达、社会整合、民主监督、维护稳定的价值与功能。在这里，需要正确理解我国政党与政权的关系。我国各民主党派成员、无党派人士在人民代表大会中发挥作用，体现了多党合作。但我国的人民代表大会制度不是议会制，不设议会党团，因而人民代表也不代表某一党派，而是要对全体人民负责；各民主党派成员、无党派人士在政府和司法机关中担任领导职务，体现了多党合作，但我国政府不是联合执政，因而领导职务不是按席位分配的，对所有干部都按照国家公务员法进行管理。

徐宗俦在《实现社会主义民主政治的牢固根基——从我国实行多党合作和政治协商制度 60 年说起》(《贵州社会主义学院学报》2009 年第 2 期)一文中认为，一个国家的基本政治制度，决定了这个国家社会与经济发展的走向。中国共产党领导的多党合作和政治协商制度，产生于民族独立和人民解放斗争中，形成于中国共产党和各民主党派团结与合作的光辉实践，发展于解放思想、改革开放、建设有中国特色社会主义的伟大历史进程。长期以来，特别是近 30 年来，这一基本政治制度得到了前所未有的巩固、发展和完善。新世纪新阶段，我国的基本政治制度面临着新机遇和新挑战。总结 60 年基本经验，根本在于坚持走中国特色社会主义民主政治发展道路，关键在于坚持和完善我国的基本政治制度，以政党和谐促进社会和谐。

杨憧在《政党制度的“中国道路”》(《同舟共进》2009 年第 8 期)一文中认为，所谓“中国道路”，实质就是中国特色社会主义道路，它是我们总结了以前照搬照抄别人的发展模式，尤其是照搬照抄苏联模式社会主义的教训，广泛吸收人类文明先进成果并结合中国的发展实践而最终选择的道路。这其中政党制度的“中国道路”是非常重要的一环。中国不是“一党制”而是“多党合作制”。我国不但有共产党还有八个民主党派，一个执政，八个参政，这是载入宪法的。所以，世界上的政党制度应划为四大类：一党制、两党制、多党制和多党合作制。中国的崛起不光是经济上的崛起，它与中国选择了一条正确的制度道路也是密切相关的。

谢翠萍在《浅谈中国特色政党制度与民主政治发展》(《福建省社会主义学院学报》2009 年第 1 期）一文中认为，政治科学发展的基本目标是建立现代民主政治，政党制度是现代民主政治的重要载体和实现形式，建立与本国国情相适应的政党制度，是各国在政治发展过程中实现现代民主政治的基本途径。中国共产党领导的多党合作的政治协商制度是中国特色的政党制度，它是中国近现代政治发展的历史结果，开拓了新时期中国民主政治发展道路的新途径。（1）当代中国政党制度是现代民主政治的现实切入点。（2）当代中国政党制度开辟了共产党领导的新优势。（3）当代中国政党制度开辟了协商民主的新形式。（4）当代中国政党制度开辟了团结合作的新型政党关系。（5）当代中国政党制度是现代民主政治的实现形式。

（三）借鉴人类政治文明的有益成果，决不搞西方的多党制

以《人民日版》《六个“为什么”——对几个重大问题的回答》连载四：“具有强大生命力的政党制度——为什么必须坚持中国共产党领导的多党合作和政治协商制度，而不能搞西方的多党制”为主题，专家学者们对近年来一些人无视中国的历史和国情，否定中国特色的政党制度，认为只有西方多党制才是民主的，提出中国应该实行西方的政党制度的错误观点进行了批驳。其中以房宁的《我国决不能搞西方的多党制》(《人民日报》2009 年 2 月 9 日）最具代表性。

房宁在《我国决不能搞西方的多党制》(《人民日报》2009 年 2 月 9 日）一文中认为，西方资本主义国家大多由两个或多个资产阶级政党，通过竞选轮流执政。在西方资本主义制度下，无论哪个政党上台执政，实际上都是代表资产阶级和大资本集团的政治力量控制国家政权。多党竞争具有扩大社会分歧的倾向，不利于社会和谐稳定。多党竞争必然要争夺选民，争夺选民首先要“切割”选民，将选民的利益分歧公开化、对立化，从而形成竞争党派各自的政治基础。这一缺陷在西方国家处于工业化社会转型期时表现得尤为突出。更值得注意的是，西方国家竭力向发展中国家输出的多党竞争的“民主制度”，在许多发展中国家造成了严重后果，使不少本来已经迈向工业化、现代化的发展中国家陷入长期的社会纷争，更使一些国家内战频发、民不聊生。造成这种不幸局面的重要原因就是，处于工业化、现代化进程中的发展中国家大多处于社会矛盾的多发期、易发期，而从西方输入的多党制造成了社会矛盾的显化、激化，成为这些国家社会矛盾升级的导火索和加油站。这是造成当今世界上许多发展中国家长期动荡不宁的重要原因之一。我国正处于实现社会主义现代化和中华民族伟大复兴的关键阶段，也正处于发展的“黄金期”与社会矛盾的“凸显期”。在这个时期，各种人民内部矛盾伴随着因社会快速发展而出现的社会不平衡大量产生、发生。当前，中国人民的最大利益、根本利益是团结一致、抓住机遇、实现发展。为此，需要把人民内部的利益分歧与矛盾控制在最小的范围，使之不影响大局。在这种情况下，我国决不能搞西方的多党制，决不能走一些发展中国家的错误道路，因为那是取乱之道、取祸之道。我国需要的是从本国实际出发，汲取世界各国的经验教训，走出一条自己的政治发展道路。

邵维正在《擦亮眼睛明辨是非——读〈六个“为什么”——对几个重大问题的回答〉》（《人民日报》2009年7月4日）一文中认为，中国的国情决定了不能照搬西方国家的政体和政党制度。我国是工人阶级领导的、以工农联盟为基础的人民民主专政的社会主义国家。这样的国体决定了我们国家的一切权力属于人民，并要求有体现最广泛的人民民主的政体同它相适应。由人民选举产生具有广泛群众基础的代表，组成各级人民代表大会，反映人民的意见和要求，代表人民的意愿决定国家或地方的大事。与此对应，中国共产党领导的多党合作和政治协商制度，也是具有中国特色的、符合我国国情的新型政党制度。当前，我国经济社会发展呈现出一系列阶段性特征，更需要稳定的政治制度和政党制度。正是基于中国的国情，决定了我国必须始终坚持和完善人民代表大会制度和中国共产党领导的多党合作和政治协商制度。只有这样，才有利于充分发挥各民主党派参政议政的功能，最大限度地集中一切政治智慧和力量；有利于巩固安定团结的政治局面，保持国家和社会稳定。

秋石在《为什么必须坚持中国共产党领导的多党合作和政治协商制度，而不能搞西方的多党制》（《求是》2009年第9、10期）一文中认为，中国共产党领导的多党合作和政治协商制度具有历史的必然性、伟大的独创性和巨大的优越性。中国共产党领导的多党合作制度以其独特的结构功能和运行机制，体现了社会主义民主的本质要求，保障人民民主权利的充分行使，是实现社会主义民主的重要形式。在政治参与、利益表达、社会整合、民主监督、维护稳定等方面体现了民主价值和功能；创立了崭新的政党合作关系、执政方式、民主实现形式，是世界政党制度发展中的伟大创造。中国近现代史已证明，中国民主政治建设，必须从中国的基本国情出发，盲目照搬别国政治制度和政党制度模式，是不可能成功的。我们要继续推进中国特色社会主义现代化事业，必须坚定不移地走中国特色社会主义政治发展道路，把中国共产党领导的多党合作和政治协商制度坚持好、完善好、落实好。在这个问题上，决不能动摇、不能懈怠，更不能折腾。

卢冀宁、张海、孙存良在《为什么必须坚持中国共产党领导的多党合作和政治协商制度，而不能搞西方的多党制》（《思想理论教育导刊》2009年第5期）一文中认为，中国共产党领导的多党合作和政治协商制度，是唯一符合中国现实国情和历史发展规律的政党制度，是我国的一项基本政治制度。中国共产党领导的多党合作和政治协商制度有着鲜明的中国特色和现实优势，有利于加强全国人民的团结和发展广泛的爱国统一战线，有利于正确处理社会各阶层的矛盾，更好地维护社会稳定和调动一切积极因素为社会主义现代化建设事业服务。西方多党制是西方资本主义条件下发展出来的政党制度，不符合中国国情。在新形势下，我们必须坚持并进一步完善中国共产党领导的多党合作和政治协商制度，这是发展社会主义民主政治，建设社会主义政治文明，推进中国特色社会主义伟大事业的必然要求。

高庆在《对必须坚持中国共产党领导的多党合作和政治协商制度而不能搞西方的“多党制”的深度思考》（《中国证券期货》2009年第7期）一文中认为，实行中国共产党领导的多党合作和政治协商制度，是共产党与民主党派及全国人民共同做出的完全正确的历史抉择，中国共产党领导的多党合作和政治协商制度有着重要的民主价值和功能，中国不存在实行“多党制”的经济基础和阶级基础，西方“多党制”的实质是资产阶级利益集团对政权的轮流分享，实行“多党制”必然扩大和深化社会分歧，不利于社会和谐稳定。

蔡元明在《为什么西方的多党制不适合中国》（《红旗文稿》2009年第11期）一文中认为，西方多党制存在着短期行为；过多地考虑局部利益；缺乏协调和配合；政治深受利益集团的操纵和控制；为了选举的胜利，某些政党不惜使用作弊、违法手段；为了拼选举，各政党相互攻击对方，引起拥护各自政党的民众对立，扩大了社会矛盾，增加了冲突，发展下去，有可能会导致族群甚至是国家和民族的分裂；西方的民主选举巩固了地方强人的控制；党派间的竞争导致社会改革困难重重；西方各党派间的竞争还会导致狭隘民族主义泛滥等许多与生俱来的弊病。中国的多党合作制度之所以比西方的多党制优越，是因为：首先，中国共产党是具有坚定的共产主义理想和信念的政党。其次，中国共产党与资产阶级政党相比在组织建设上更加健全和完善。第三，中国共产党的优良传统之一是密切联系群众。第四，中国共产党有民主集中制的优良传统。第五，中国共产党党员的模范带头作用。第六，我国所特有的多党合作制度还有它特殊的优点。西方的多党制本身就有许多弊病，加上中华文化的特殊性，使得它完全不适合在中国实行。我们应该清醒地认识到：坚持中国共产党领导的多党合作与政治协商制度不是一个暂时的权宜之计。我们应该在坚持中国共产党领导的多党合作与政治协商制度的基础上，充分借鉴国外政治文明发展的有益成果，对这一制度进行完善，坚持不懈地沿着中国特色社会主义政治发展道路走下去。

钟廉岩在《多党制不是解决腐败问题的灵丹妙药》（《光明日报》2009年5月14日）一文中认为，较长时期以来，一些西方政要、学界、舆论界一再鼓吹多党制能够较好解决腐败问题，攻击一些发展中国家的政党制度不仅会形成权力专制，而且容易导致各种腐败。实践表明：多党制不是也不可能是防治和有效解决腐败问题的灵丹妙药，西方多党制本身并没有，也难以解决腐败问题。近现代政党政治及政党制度的产生和建立，其宗旨并非着眼防治或解决腐败问题，而是为了解决权力分配问题。建立在金钱政治基础上的西方选举政治导致腐败现象频现，西方政客关于多党制可以防治腐败的立论难以自圆其说。西方多党制不仅未能消除腐败，反而通过与其相伴而来的游说政治把腐败推向制度化的行为轨道。西方以一些发展中国家的政党制度容易引发权力专断和腐败等为由，诱压许多发展中国家推行多党制，结果事与愿违。政党制度与腐败的关联度不在于形式，而在于性质和内容，腐败问题的根治，仅仅是通过某一种制度如政党制度去解决是不可行的，它需要通过其他多种途径、手段相配合，通过综合性治理才可能逐步得以解决。

二、多党合作制度60年的回顾与反思

60年前的金秋时节，各民主党派、无党派民主人士与中国共产党一道，汇聚北京，隆重召开中国人民政治协商会议第一届全体会议，共同建造新中国的大厦。多党合作的实践，由此开启了光辉的历程。从中国具体国情和实际出发，中国共产党人同各民

主党派、无党派人士亲密合作，共同开创了一条中国特色社会主义政党制度发展道路，开辟了马克思主义政党制度理论的崭新境界，创造了世界政党制度史上的崭新模式。追昔抚今，60 年的成就令人鼓舞，60 年的教训让人难忘。面对新世纪新阶段国际和国内形势的巨大挑战，经过冰火磨炼的成熟的政党制度，一定会拥有一个更加灿烂的明天。

（一）多党合作 60 年的回顾

2009 年是中华人民共和国建立 60 周年，也是中国多党合作制度创立 60 周年。在这个值得纪念的日子里，多党合作理论和实践工作者们，对 60 年来多党合作发展的历程进行了全面的回顾和总结。其中以陈延武的《跨越——纪念多党合作和政治协商制度确立 60 年》（《中国发展》2009 年第 4 期）和李金河的《中国特色政党制度 60 年理论与实践的历史演进》（《湖南社院学报》2009 年第 5 期）最具代表性。

陈昌智在《风雨同舟六十载多党合作书华章——中国民主建国会庆祝新中国和人民政协成立 60 周年》（《团结报》2009 年 10 月 15 日）一文中认为，60 年来，中国共产党团结带领全国各族人民奋发图强，取得了举世瞩目的伟大成就。伴随着祖国前进的步伐，中国共产党领导的多党合作制度从无到有，不断发展完善，为推动我国革命、建设和改革事业发挥了重要作用。新中国成立以来，特别是改革开放以来多党合作事业得到了蓬勃发展。一是多党合作思想基础不断巩固发展；二是多党合作进一步制度化、规范化和程序化；三是形成了宽松稳定、团结和谐的政治局面。

韩启德在《风雨同舟六十载肝胆相照创未来》（《中央社会主义学院学报》2009 年第 5 期）一文中认为，伴随着共和国前进的脚步，中国共产党领导的多党合作和政治协商制度走过了 60 年的不平凡历程。这一基本政治制度在新中国的确立和实行，是马克思主义统一战线理论和政党学说的伟大创举，是中国共产党与各民主党派、无党派人士共同奋斗的结晶，是当今世界政党制度中的一朵瑰丽奇葩。新中国成立 60 年来，中国共产党领导的多党合作和政治协商制度得到巩固、完善和极大发展，成为符合中国国情、具有鲜明中国特色和强大生命力的新型政党制度。新中国成立 60 年来，党的三代中央领导集体和以胡锦涛同志为总书记的党中央，始终高度重视、关心九三学社的发展，九三学社已成长为一个政治上可靠、组织比较健全的、致力于中国特色社会主义事业的参政党。新中国成立 60 年来，九三学社始终与中国共产党肝胆相照，与人民同呼吸共命运，积极为新中国建设、社会主义现代化建设和改革开放事业贡献智慧和力量。

李金河在《中国特色政党制度 60 年理论与实践的历史演进》（《湖南社院学报》2009 年第 5 期）一文中认为，中国特色社会主义政党制度作为我国一项基本的政治制度，产生于中国共产党和各民主党派争取民主自由和人民解放的斗争实践中，成熟于中国特色社会主义的探索和发展当中。60 年来，这一制度始终与中国社会发展的历史主题紧密联系，始终伴随国家经济、社会和政治体制的变革而不断演进。（1）中国特色政党制度基本格局的确立与发展。以毛泽东为核心的中共第一代领导集体，把马克思主义政党理论和统一战线理论同中国实际相结合，与民主党派和无党派人士一起创立了多党合作制。1949 年 9 月中国人民政治协商会议召开，标志着多党合作制度基本格局的正式确立。(2) 中国特色政党制度的恢复和发展。十一届三中全会以后，我国的多党合作制度进入崭新的历史发展阶段。以邓小平为核心的中共第二代中央领导集体，在深刻总结了我国多党合作经验教训的基础上，从根本上实现了对民主党派性质、地位和作用的拨乱反正和与时俱进，奠定了新时期我国多党合作的思想基础和政治基础。(3) 中国特色政党制度的制度化和规范化建设。从 1989 年底到 2005 年初，中共中央先后颁发了《关于坚持和完善中国共产党领导的多党合作和政治协商制度的意见》和《关于进一步加强中国共产党领导的多党合作和政治协商制度建设的意见》，这两个文件是我国多党合作发展史上两个具有里程碑意义的文献，它解决了民主党派的定位和多党合作制度的定位问题，明确了多党合作的历史走向、政治协商的重要原则等，为进一步推进我国政党制度建设提供了重要的理论指导、政治规范和政策依据，标志着中国特色政党制度获得新的重大发展。(4) 中国特色政党制度的创新和发展。中共十六大以来，以胡锦涛为总书记的中共中央认真总结 15 年来多党合作实践中的新经验、新做法，研究多党合作面临的新情况、新问题，积极推进中国共产党领导的多党合作和政治协商的制度化、规范化和程序化建设，开创了多党合作制度化建设的新阶段。

佟一在《新世纪新阶段我国多党合作事业蓬勃发展》(《团结》2009 年第 4 期) 一文中认为，中国共产党领导的多党合作和政治协商制度确立 60 周年来，多党合作事业呈现蓬勃发展的局面。(1) 多党合作的地位更加重要。多党合作制度化建设进入新阶段；多党合作的影响进一步扩大；多党合作的优越性进一步发挥。(2) 多党合作的政治基础更加坚实。科学发展观成为多党合作的重要指导思想；中国特色社会主义道路和理论体系成为各民主党派和无党派人士的政治共识。(3) 政治协商更加规范有序。政治协商内容不断充实；政治协商程序逐步规范；政治协商成效明显。(4) 多党合作的作用更加显著。支持民主党派、无党派人士在国家政权机关和人民政协中发挥作用；开展调研，积极发挥参政议政作用；拓宽渠道，注重发挥民主党派民主监督作用；探索新形式，广泛开展社会服务工作。(5) 参政党建设成效更加明显。支持民主党派加强思想建设；支持民主党派加强干部队伍建设。

陈延武在《跨越——纪念多党合作和政治协商制度确立 60 年》(《中国发展》2009 年第 4 期) 一文中认为，中国共产党领导的多党合作和政治协商制度，萌发、形成于新民主主义革命之中，确立于新中国成立之时，恢复、发展于中共十一届三中全会之后，制度化、规范化于新世纪的征途之上。期间经历了九次跨越。跨越之一：“三大法宝”的光辉论断，提升了统一战线和多党合作的地位和作用，为多党合作奠定了坚实的理论基础。跨越之二：各民主党派积极拥护、响应“五一口号”，承认并自觉接受中国共产党领导，形成了多党合作新局面。跨越之三：中国人民政治协商会议的胜利召开，确立了共产党领导的多党合作和政治协商制度，揭开了中国民主政治建设和政党制度建设的新篇章。跨越之四：确定“长期共存、互相监督”基本方针，明确了社会主义条件下多党合作的格局，规定了多党合作的行动纲领。跨越之五：邓小平对民主党派和多党合作理论政策的拨乱反正，推动了多党合作事业在新时期的恢复和发展，再次展示了多党合作和政治协商制度的优越性。跨越之六：《中共中央关于坚持和完善中国共产党领导的多党合作和政治协商制度的意见》的颁发，多党合作理论政策创新突破，多党合作事业进入了制度化建设轨道。跨越之七：全国人大八届一次会议将多党合作和政治协商制度载入宪法，使之上升为国家意志，表明了坚持走中国特色社会主义政治发展道路的坚定决心。跨越之八：《中共中央关于进一步加强中国共产党领导的多党合作和政治协商制度建设的意见》的颁发，多党合作理论政策丰富发展，多党合作制度化、规范化、程序化建设深入发展。跨越之九：提出巩固和发展中国政党关系和谐这一重大战略任务，是发展经济、实现社会全面繁荣的一个重要政治保证，必将有力推进多党合作事业稳步健康向前。

中国民主建国会黑龙江省委会在《中国共产党领导的多党合作的"三座实践高峰"和"三次理论飞跃"》（《黑龙江省社会主义学院学报》2009 年第 3 期）一文中认为，在新中国 60 年的伟大实践中，中国共产党领导的多党合作产生了彪炳青史的"三座实践高峰"和"三次理论飞跃"。"三座实践高峰"：一是中国人民政治协商的召开，实际上形成了共产党领导的多党合作制度；二是资本主义工商业的社会主义改造的胜利完成，进而建立社会主义制度的过程。三是中国共产党领导的多党合作和政治协商制度正式载入宪法。"三次理论飞跃"：一是回答了社会主义制度基本建立后民主党派有没有必要继续存在的历史课题；二是回答了社会主义初级阶段我国各民主党派的性质和属性的重大课题；三是回答了如何坚持、完善和加强中国共产党领导的多党合作和政治协商制度的重要课题。

林祥庚在《多党合作创建新中国之历史考察》（《探索与争鸣》2009 年第 9 期）一文中认为，中国的具体国情决定了各政党的政治取向，而民主党派从产生之日起，就注定成为专制独裁的对立物。在国共两党的激烈斗争中，民主党派理所当然地选择了中国共产党，并与之结成风雨同舟、战斗与共的关系。解放战争后期，在国民党反动派的残酷镇压和中共的帮助教育下，民主党派毅然抛弃欧美式资产阶级共和国的建国方案，接受新民主主义革命路线，实现了历史性转折。历史赋予中国共产党与民主党派合作建国的庄严使命。中国共产党成功开辟了多党合作的建国之路。1949 年中国人民政治协商会议的召开，标志着我国多党合作制度的形成。多党合作的政治格局在当时产生了一系列积极的政治效果。它扩大了共产党领导的新生政权的社会基础，特别是获得民族资产阶级及其知识分子的认同和支持，因而显示了新生政权的合法性、民主性和权威性。它增进了国际社会对新中国的理解和承认，提高了新中国的政治声誉。

顾行超在《中国特色政党制度 60 年创新发展及其意义》（《上海市社会主义学院学报》2009 年第 6 期）一文中认为，中国共产党领导的多党合作和政治协商制度是我国的一项基本政治制度，是中国特色社会主义政党制度。这一制度孕育于新民主主义革命时期，形成于新中国建立之初，发展于建设中国特色社会主义的伟大进程。中国特色政党制度 60 年创新发展，经历了选择与创立、坚持和完善、丰富与发展这样三个历史阶段。探求中国特色政党制度 60 年创新发展的意义是多方面的、全方位的。主要有：第一，有利于廓清人们在政党制度问题上的迷雾，进一步澄明为什么必须坚持这一制度，而不能搞别的什么政党制度。第二，有利于我们找寻到完善这一制度的突破口。如果说制度建设是一个重要的突破口的话，那么，党际监督应该是又一个重要的突破口。第三，有利于推进这一制度在新的起点上实现新的发展。一是争取在民主监督的制度建设方面实现新的发展；二是保持和促进我国政党关系的和谐，进一步推进我国政治体系的有效运作；三是进一步完善、开发我国政党制度功能。

卫小春在《光辉的历程生动的实践》（《民主》2009 年第 8 期）一文中认为，中国共产党领导的多党合作和政治协商制度是适合中国国情的政党制度。首先，从历史形成和文化传统看，中国共产党领导的多党合作和政治协商制度是历史和人民的选择，是中国共产党和中国人民政治智慧的结晶。其次，从六十年的实践看，中国共产党领导的多党合作和政治协商制度有力促进了社会主义政治文明建设。再次，从政党制度比较看，中国共产党领导的多党合作和政治协商制度具有其他政党不可比拟的独特优势。坚持中国共产党领导的多党合作和政治协商制度，体现了社会主义的本质要求，是被实践证明了的、中国人民唯一的正确选择，具有伟大的独创性、巨大的生命力和光明的发展前景。

任瑞珏在《六十年来多党合作的历程及启示》（《广东省社会主义学院学报》2009 年第 4 期）一文中认为，“五一口号”的发布奠定了中国共产党领导的多党合作和政治协商制度这一基本政治制度的基础；政治交接学习教育活动促进民主党派的建设与发展；建立健全民主党派内部监督机制是构建中国民主政治体系的重要举措。

吴桂花在《中国政党制度六十年发展历程述略》（《文史博览》2009 年第 9 期）一文中认为，中国政党制度是中国共产党领导的多党合作和政治协商制度，是适合中国国情的社会主义政党制度。中国政党制度风雨 60 年，经历了确立与初步发展（1949—1956 年）、遭受严重挫折（1957—1976 年）、重新恢复（1978—1988 年）、进一步发展（1989—1998 年）和全面发展与完善（1999—2009 年），在中国的政治和社会生活中显示出独特的政治优势和强大的生命力，为长期坚持和发展中国政党制度提供了重要的保证。

李雅兴、陈建华在《中国多党合作制度 60 年的发展及其启示》（《重庆社会主义学院学报》2009 年第 4 期）一文中认为，中国多党合作制度建设和发展，以党的十一届三中全会召开为界，其历程可划为前 30 年（1949 年—1978 年）和后 30 年（1978 年底—2009 年）。前 30 年是初创奠基，后 30 年是创新发展。中国多党合作制度 60 年的发展历程和成就，概括起来就是：我们党成功地开辟了一条中国特色社会主义政党制度的发展道路，不断推进中国共产党领导的多党合作和政治协商制度的自我完善和发展，比较完整地掌握了中国特色社会主义政党制度的发展规律。这是党和人民在新中国成立 60 年的发展历程中取得的宝贵成果，它将为中国多党合作制度的进一步发展提供正确的理论指导。（1）必须毫不动摇地坚持中国多党合作制度。（2）必须与时俱进地健全和完善中国多党合作制度。（3）必须坚定不移地实现中国共产党同各民主党派、无党派人士的合作。

张莉莉、万曦在《多党合作六十载，政党制度谱华章》（《云南社会主义学院学报》2009 年第 1 期）一文中认为，中国共产党领导的多党合作和政治协商制度是中国政治制度、政党制度的最优设计和最佳模式，是中国共产党与各民主党派在中国革命、建设和改革实践中，团结合作，共同创立中形成和发展起来的，是中共三代领导集体艰辛探索、及时总结、与时俱进、开拓创新的独具中国特色的新型政党制度的经典和杰作。这个制度经历了六十年的砥砺和检验、发展和完善，已成为一项内涵丰富、内容充实、特点和优点突出、运作形式规范的制度，成为中国和世界政党的宝贵政治财富和资源。

丁青在《中国多党合作60年的成功实践》（《北京党史》2009年第5期）一文中认为，中国共产党领导的多党合作和政治协商制度在中国已经实行60年，实践证明，当代中国政党制度是促进中国政党关系和谐发展的制度，是中国共产党人把马克思主义政党学说和统一战线理论与中国具体实际相结合的伟大创造，是中国特色政党制度的成功实践。第一，中国共产党领导的多党合作制度是中国共产党与各民主党派的共同选择。第二，中国共产党领导的多党合作制度是具有中国特色的一项基本政治制度。第三，中国共产党领导的多党合作制度是促进中国政党关系和谐发展的制度。

李金河在《多党合作制度60年理论与实践的发展》（《上海市社会主义学院学报》2009年第5期）一文中认为，60年来，这一基本政治制度在中国革命、建设和改革事业中不断发展和完善，在国家政治和社会生活中日益凸显着重要地位和作用。（一）新民主主义时期多党合作制度的确立与发展。1949年9月，中国人民政治协商会议的召开，标志着中国共产党领导的多党合作制度在人民民主专政条件下的正式确立。这一标志的基本内涵是：（1）中国共产党居于领导地位。（2）民主党派、无党派人士在国家政权中居于实质性的参政党地位。（3）《共同纲领》是中国共产党与民主党派、无党派人士共同为建设新民主主义国家而奋斗的政治纲领。（二）社会主义时期多党合作制度基本格局的确立。1956年社会主义改造完成后，“长期共存、互相监督”方针的提出，标志社会主义时期多党合作制度基本格局的确立。（1）八字方针的提出并不是凭借个人的主观愿望，它反映的是立足国情的科学判断。（2）八字方针的提出是对马克思列宁主义在社会主义时期政党关系学说史上的一个重大发展。（3）八字方针的提出为开展政党间的良性互动，发扬社会主义民主提供了理论基础和制度支撑。（4）八字方针的提出是中国政党制度发展史的一个重要里程碑。（三）社会主义建设新时期多党合作制度的阶段性新发展。中共十一届三中全会以后，中国共产党实现了指导思想上的拨乱反正，恢复了实事求是的思想路线，从而使我国的多党合作制度进入崭新的历史发展阶段。（1）民主党派性质的科学界定为多党合作的存在和发展奠定了坚实的理论基础（2）“长期共存、互相监督，肝胆相照、荣辱与共”的提出，反映了我国政党合作关系的重大变化。（3）多党合作性质的明确是中国共产党对我国政党制度认识问题上的一次飞跃。（四）中国特色社会主义建设时期多党合作制度的进一步制度化、规范化。《中共中央关于坚持和完善中国共产党领导的多党合作和政治协商制度的意见》和《中共中央关于进一步加强中国共产党领导的多党合作和政治协商制度建设的意见》，是我国多党合作发展史上两个具有里程碑意义的文献，它解决了民主党派的定位和多党合作制度的定位问题，明确了多党合作的历史走向、政治协商的重要原则等，为进一步推进我国政党制度建设提供了重要的理论指导、政治规范和政策依据，标志着中国特色政党制度获得新的重大发展。（1）参政党概念的提出确定了民主党派在国家政治生活中的政治定位。(2) 把多党合作制度载入宪法为这一制度长期存在提供了法律保障。(3) 多党合作制度基本特征精辟地概括了具有中国特色的政党关系。(4) 走中国特色社会主义政治发展道路是多党合作必须坚持的政治方向。(5) 无党派人士是我国政党制度的重要组成部分。(6) 政治协商重要原则的提出直接推动了中国特色社会主义民主政治的发展。

(二) 改革开放三十年多党合作的回顾与总结

在中国多党合作制度60年的发展历程中，十一届三中全会以来的30年，是中国的多党合作制度不断巩固和完善的30年，是全面迅速发展的30年。专家学者们在回顾多党合作发展历程的过程中，重点回顾了改革开放30年来的历史发展。其中以孙凌雁的《改革开放三十年来多党合作发展的历史回顾》(《中国统一战线》2009年第4期) 一文最具代表性。

桑国卫在《改革开放三十年多党合作谱新篇——农工党中央召开座谈会纪念改革开放30周年》(《前进论坛》2009年第1期) 上的讲话指出，改革开放三十年，多党合作制度不断创新与发展。第一，多党合作制度在国家政治生活中的地位和作用越来越重要。第二，多党合作理论不断创新和发展。第三，多党合作实践不断深化与丰富。改革开放三十年，农工党积极为改革开放贡献力量。第一，及时调整工作重点，为国家建设服务。第二，薪火相传，党员队伍不断壮大。第三，参政议政，认真履行参政党职能。坚持改革开放，为中国特色社会主义事业作出新贡献。第一，不断增强走中国特色社会主义政治发展道路的自觉性和坚定性。第二，始终坚持中国共产党领导的多党合作和政治协商制度。第三，坚持搞好政治交接，不断巩固同中国共产党团结合作的政治基础。第四，认真学习贯彻科学发展观，进一步推进农工党自身建设。

孙凌雁在《改革开放三十年来多党合作发展的历史回顾》(《中国统一战线》2009年第4期) 一文中认为，如果以30年来我们党关于多党合作的重要文献为依据，以重大理论突破和发展为线索，对改革开放30年来多党合作的发展作历史回顾，我国多党合作的发展大致经历了三个发展阶段：第一阶段 (1978年底到1989年底)：明确了多党合作的性质。一是明确了民主党派的性质；二是明确了新时期多党合作的基本方针；三是明确了多党合作的性质。第二阶段 (1989年底到2005年初)：明确了多党合作的历史方位。这一阶段是多党合作大发展，并逐步形成多党合作制度框架的阶段，特别是解决了民主党派的定位和多党合作制度的定位问题，逐步构建起了符合国情、适应时代发展要求的制度框架，并推动多党合作走上了制度化建设的轨道。一是明确了民主党派在国家政治生活中的作用；二是明确了中国共产党领导的多党合作和政治协商制度的法律地位；三是精辟地概括了我国政党制度的基本特征，并进一步提出了衡量我国政治制度和政党制度的标准。第三个阶段 (2005年至今)：明确了多党合作的历史走向。这一阶段是多党合作在制度化建设轨道上大发展的阶段，特别是明确了多党合作的政治准则，坚持中国特色社会主义政治发展道路、巩固和发展和谐政党关系等一系列重大问题，从而进一步明确了新世纪新阶段多党合作的历史走向。一是明确了多党合作的历史走向——坚持中国特色社会主义政治发展道路；二是进一步明确了多党合作的政治准则；三是强调要坚持执政党建设和参政党建设相互促进，巩固和发展和谐的政党关系。

李燕奇在《改革开放以来中国多党合作制度的发展》（《北京社会科学》2009 年第 1 期）一文中认为，改革开放 30 年来，中国的多党合作制度经历了三个极其重要的历史发展阶段。以邓小平同志为核心的第二代中央领导集体，面对中国多党合作制度在十年浩劫中受到的严重破坏，根据形势和任务的变化，提出了一整套有关多党合作和政治协商的理论与政策，进一步巩固和发展了多党合作制度。以江泽民同志为核心的中共中央第三代领导集体，适应时代发展要求，对坚持和完善多党合作制度提出了一系列新思想、新观点、新论断。中共“十六大”以来，以胡锦涛为总书记的中共中央继往开来、与时俱进，着眼于社会主义政治文明建设，继续推进我国多党合作事业的发展。

周挺在《改革开放以来多党合作和政治协商的理论与实践》（《重庆社会主义学院学报》2009 年第 4 期）一文中认为，改革开放以来多党合作和政治协商的历史进程大体上经历了三个阶段：（1）历史转折，多党合作和政治协商进入新的历史发展时期（1979 年至 1989 年）。（2）“前所未有”，多党合作和政治协商迈向制度化阶段（1989 年至 2000 年）。（3）开拓创新，多党合作和政治协商步入新世纪新阶段（2001 年至今）。改革开放以来多党合作和政治协商的基本经验与启示：（1）从国情出发，借鉴人类政治文明的有益成果。（2）加强和改善中国共产党对多党合作和政治协商的领导。（3）加强民主党派自身建设。（4）推进多党合作和政治协商的规范化、制度化建设。（5）迎接机遇与挑战，实现政党关系长期和谐。

朱燕丽、杜英慧在《改革开放 30 年中国特色政党制度的创新与发展》（《重庆社会主义学院学报》2009 年第 1 期）一文中认为，改革开放 30 年来，中国特色政党制度实现了跨越式发展，从“多党合作格局”层面跃上“政治制度”层面，进而演进成为我国的一项基本政治制度。中国共产党领导的多党合作和政治协商制度，是马克思列宁主义政党学说与中国革命和建设实践相结合的一个创造，是中国社会历史发展的必然选择，是中国共产党和中国人民政治经验和政治智慧的结晶。作为一种崭新的政党制度，它不仅在中国历史上具有独创性，而且在世界政党制度中也具有鲜明的特色。

许超宇在《改革开放以来多党合作理论的创新与发展》（《吉林省社会主义学院学报》2009 年第 1 期）一文中认为，改革开放以来，多党合作理论不断丰富和发展。主要表现为：（1）解放思想，实事求是，科学界定民主党派性质。（2）风雨同舟，患难与共，确立合作共事基本方针。（3）明确了多党合作的基本内容和主要形式。（4）进一步奠定多党合作的政治基础。（5）明确了多党合作和政治协商的重要政治准则。（6）将发展作为多党合作和政治协商的根本任务。（7）倾力推进政治协商的制度化、规范化、程序化建设。（8）积极支持推动民主党派自身建设。（9）充分发挥无党派人士在多党合作和政治协商中的作用。（10）不断加强和改善中国共产党对多党合作的领导。

关学贵在《改革开放与中国政党制度的发展与完善》（《湖北省社会主义学院学报》2009 年第 3 期）一文中认为，中国特色的社会主义政党制度的不断发展与完善，一方面来自于执政党的正确领导和执政自觉以及民主党派的积极参与，另一方面也来自于改革开放 30 年的巨大成就为政党制度的发展与完善提供强大的动力。第一，改革创新的时代精神为中国政党制度的发展与完善注入强大精神动力。第二，经济建设的巨大成就为中国政党制度的发展与完善注入坚实的发展动力。第三，公民权利意识增长为中国政党制度的发展与完善注入强大的社会动力。第四，民主政治发展推进为中国政党制度的发展与完善注入强大的制度动力。第五，政治上开放和交流为中国政党制度发展与完善注入国际视野下的外部动力。

（三）多党合作60年的基本经验

以史为镜可以知兴替，回顾历史，是为了更好的开创未来。专家学者们在回顾多党合作60年发展的过程中，对多党合作的历史经验进行了全面的概括和总结。其中，以张献生的《我国多党合作的基本经验》（《中央社会主义学院学报》2009年第5期）一文最具代表性。

杜青林在《不断把统一战线和多党合作事业推向前进》（《团结报》2009年9月15日）一文中认为，60年的多党合作事业成就辉煌，60年的实践经验弥足珍贵。这些成功经验主要有：（1）必须坚持中国共产党领导，为多党合作蓬勃发展提供坚强保障。（2）必须坚持科学理论指导，巩固共产党同民主党派团结奋斗的共同思想政治基础。（3）必须坚持把发展作为首要任务，充分发挥多党合作的独特优势和作用。（4）必须坚持加强多党合作制度建设，促进多党合作稳步有序发展。（5）必须坚持加强参政党自身建设，提高参政议政、民主监督水平。

陈昌智在《风雨同舟六十载多党合作书华章——中国民主建国会庆祝新中国和人民政协成立60周年》（《团结报》2009年10月15日）一文中认为，多党合作制度经过60年的曲折、艰巨的探索与实践，取得了丰富而宝贵的经验。一是始终不渝地坚持中国共产党的领导；二是始终不渝地坚持中国特色政治发展道路；三是始终不渝地坚持爱国主义和社会主义；四是始终不渝地坚持把发展作为根本任务；五是始终不渝地保持和发展和谐的政党关系。多党合作和政治协商制度要适应时代要求、国内外形势变化，保持与时俱进的蓬勃生机，必须发展好、完善好。首先要高度重视多党合作制度理论研究。其次要进一步推进多党合作制度化、规范化和程序化。第三要切实加强参政党建设。

张献生在《我国多党合作的基本经验》（《中央社会主义学院学报》2009年第5期）一文中认为，新中国成立60年来，中国共产党领导的多党合作和政治协商制度为建设新中国和推进中国特色社会主义事业作出了重要贡献，也为社会主义条件下坚持和完善多党合作制度积累了丰富的经验。这些经验集中到一点，就是要立足中国国情，坚持人民民主，走中国特色社会主义政治发展道路。具体地说，主要有以下几个方面。（1）坚持中国共产党的政治领导。（2）坚持科学的理论指导。（3）坚持共同致力于中国特色社会主义事业。（4）坚持“长期共存、互相监督、肝胆相照、荣辱与共”的基本方针。（5）坚持发扬社会主义民主。（6）坚持充分发挥参政党作用。（7）坚持中国共产党与民主党派互利共赢。（8）坚持协助民主党派加强自身建设。

师吉金在《中共发布“五一口号”以来多党合作的历史进程及基本经验》（《渤海大学学报》2009年第1期）一文中认为，中共发布“五一口号”以来中国共产党领导的多党合作，是中共历史、统战史和民主党派史研究的重要问题。从历史过程看，应该以中共十一届三中全会来进行这一进程的历史分期。从历史经验看，确立和实行中国共产党领导的多党合作制度，是国情的需要、是历史发展的必然选择和现实发展的要求，中国共产党领导的多党合作必须始终为党和国家的中心任务服务，解放思想、实事求是、与时俱进、不断创新是中国共产党领导的多党合作必须坚持的原则。这三点是最重要的经验。

伊胜利、孙艺年在《坚持和完善马克思主义政党制度的基本经验》（《理论探讨》2009年第4期）一文中认为，中国多党合作制度是在我国长期革命、建设、改革的实践中形成和发展起来的，是中国共产党和各民主党派智慧的结晶。基本经验有：第一，中国共产党领导的多党合作制是中国具体历史条件下的产物，具有历史的必然性，在新世纪新阶段，我们必须继续自觉坚持和完善这一中国特色的政党制度。第二，中国共产党是执政党，其领导地位是民主党派花费了很长时间和血的代价才最终认识的真谛，民主党派必须自觉接受中国共产党的领导，这是半个多世纪以来中国革命和建设事业不断取得胜利的一条最基本经验。第三，中国民主党派是参政党，是亲密友党，在新世纪新阶段要正确认识民主党派的性质、地位和作用，充分发挥他们的参政议政作用，坚定不移地同他们永远密切合作。

颜斌、张新磊在《浅谈政党关系发展六十年的基本经验》（《赤峰学院学报》第2期）一文中认为，正确积极处理与各民主党派之间的关系是党建立中国特色政党制度的必然要求，经过60年正反两方面的探索，坚持党的领导；坚持多党合作制度；制定正确的处理政党关系的方针；加强自身建设，增强对民主党派的吸引力；推进政党关系法治化，是构建和谐的政党制度以及处理政党关系的基本经验。

刘锦理在《从"三三制"政权看今天的多党合作制度》（《世纪桥》2009年第1期）一文中认为，"三三制"政权确立的一些原则和方针构成了中共领导的多党合作制度的雏形。"三三制"政权关于多党合作的经验，对于今天继续完善多党合作制度仍具重要借鉴意义：（1）在坚持中共领导地位的基础上改善党的领导。（2）进一步保证民主党派、民主人士有职有权。（3）加快关于政党制度的立法，更好地保障中共与民主党派进行民主协商合作。（4）进一步坚持"长期共存、互相监督、肝胆相照、荣辱与共"的方针。

三、多党合作制度的特色和优势

关于多党合作制度的特色和优势，一直是多党合作理论研究的重点内容。在承继以有的研究成果的基础上，2009年关于政党制度特色和优势的研究，迈上了一个新台阶。主要表现有三：一是放眼世界，将我国的多党合作制度放到世界政党政治的大潮中去考察，在比较研究中概括出我国多党合作制度的特色和优势。二是胸怀祖国，将我国的多党合作制度提升到国家制度层面，站在建设社会主义民主政治的高度进行考察，从多党合作制度在我国政治、经济、文化和社会建设特别是社会主义民主政治建设的作用中提炼出自身的特色和优势。三是创新方法，运用现代政治理论中的各种研究方法，从理论上深度阐述多党合作制度的特色和优势。

（一）多党合作制度是世界政党制度发展中的伟大独创

特色是一个事物或一种事物显著区别于其他事物的风格、形式，是由事物赖以产生和发展的特定的具体的环境因素所决定的，是其所属事物独有的。将多党合作制度放到国际大环境中去考察，就会发现我国多党合作制度的独特之处。通过研究，学者们普遍认为，我国的多党合作制度是政党制度价值的普适性与多党合作制度形式的民族性的统一体，是独具中国特色社会主义的政党制度，是世界政党制度中的一种崭新模式。在此类研究成果中，以周淑真的《政党制度的“中国模式”特征》（《新视野》2009 年第 5 期）、周淑真、柴宝勇的《政党制度价值的普适性与多党合作制度形式的民族性》和李金河的《价值取向下的政党制度类型比较研究》（《中央社会主义学院学报》2009 年第 6 期）最具代表性。

周淑真、柴宝勇在《政党制度价值的普适性与多党合作制度形式的民族性》（《探索与争鸣》2009 年第 1 期）一文中认为，随着经济全球化和政治多极化趋势的发展，世界政党政治也随之发生了新的变化。一是政党格局多元化；二是党际关系国际化；三是党群关系中间化；四是意识形态兼容化。随着国际政党政治和国内环境的变化，中国实行共产党领导的多党合作制度也面临严峻的考验。一是应对世界政治多极化的挑战；二是应对来自经济体制转型的挑战；三是应对来自社会结构变迁的挑战；四是应对政治体制变革的挑战；五是应对港澳台政党政治的挑战。当代世界政党制度发展的总体方向是现代化、民主化、制度化，各类政党应自觉地将自己置于政党制度的制度约束之下。现代政党制度体现了民主政治的普适价值与多元世界的国情差异两者之间的冲突与交融，是价值的普适性和形式的民族性相结合的产物，成熟的政党制度需要将民主政治的一般原则体现于一定的民族形式之中。中国共产党领导的多党合作制度，就体现了政党制度价值普适性与制度形式民族性的有机统一。与世界其他国家的政党政治相比，中国共产党领导的多党合作制度是一种新型的政党制度。它的显著特点在于，中国的党际关系不是竞争的，而是共同协商的合作关系。中国的政党制度将民主的普遍性和具体性完美地结合在一起，既体现了政党制度的民主性，也顺应了我国政治民主化发展的需要。“中国共产党领导”有利于政治运作的稳定性和政策执行的高效性。“多党合作与政治协商”有利于政治运作的民主性和政治决策的科学性。

李金河在《价值取向下的政党制度类型比较研究》（《中央社会主义学院学报》2009 年第 6 期）一文中认为，西方政党制度类型研究的理论主要集中在四个方面。一是关于政党数目的讨论；二是对政党与政权的关系的考察；三是在选举制度中对政党关系的考察；四是对意识形态特征的区分。由此，西方政治学中关于政党制度模式有几种划分标准。有的侧重意识形态，分为资本主义政党制度和社会主义政党制度；有的侧重从政党与政权关系的角度，划分为一党制、两党制或多党制；有的则侧重于选举制度中政党之间的相互关系，分作竞争性政党制度或非竞争性政党制度。不同的划分标准就必然会产生各种各样的关于政党制度类型的理论。总的来看，比较主流的做法就是依据政党是否有执政权力以及政党与政权关系问题来划分政党制度类型。按照这种划分方法，在目前世界上，大多数民主国家中政党制度模式最基本的就是一党制、两党制和多党制。这种以政党与政权关系也就是看一个国家实际上的执政党有几个的划分方法，存在着很大的再探讨的空间。通过对西方政党制度归类的理论探讨和实证检视，我们发现：由于经济社会发展水平的差异，由于历史文化传统的差别，西方人对民主政治、政党政治的理解的确有别于大多数的东方国家和发展中国家。这主要表现在两个方面：一是本能地、不自觉地基于西方文化本位，去分别地思考政党数量问题、政党与政权关系问题以及政党意识形态问题。二是在确认具体国家的政党制度类型归属时明显地有所侧重。如在上述四大关系中，更加注重政党与政权的关系，更加注重意识形态的差异。结果，必然使西方政党制度分类理论的研究和宣传充满浓郁的西方文化气息、西方意识形态气息。

由于研究方法不同，立场不同，对政党制度类型的划分也必然不同。我们通过研究，将世界范围内的政党制度划分为如下四大部类：竞争性政党制度；合作竞争性政党制度；合作性政党制度和一党霸权性政党制度。我国的政党制度与西方不同，既不是一党制，又不是多党制，而是中国共产党领导的多党合作制度。在我国的政党制度格局中，执政党虽是一党，但却是建立在多党参政基础之上的。在中国共产党的执政体系中，本身就蕴涵着多个民主党派具有合法的参政地位。民主党派可以在参政过程中充分表达自己政党的政治诉求，进而体现自己的政党功能和价值。所以，这在政党关系上就体现出一种合作协商关系。多党合作制度的重心不是多党而是合作。这种合作是在共同政治基础之上的合作，是在根本利益一致与具体利益差异基本格局上的合作。这种既有合作又有监督、既有团结又有批评的合作协商关系，是我国政党制度的独特之处，它展示了一道独具中华民族优秀文化内涵的政治风景线。

赵增彦在《中国特色政党制度是世界政党制度发展中的伟大独创》（《重庆社会主义学院学报》2009 年第 1 期）一文中认为，中国实行的政党制度，既不同于西方国家的两党制或多党制，也有别于有的国家实行的一党制，体现了中华民族和而不同、兼容并蓄的优秀文化传统，是一种社会主义的新型政党制度，既合乎时代发展的潮流，又体现了中国社会发展的内在逻辑和要求，具有鲜明的中国特色。西方资本主义国家实行的两党制或多党制，建立在资本主义私有制基础之上，实质是资产阶级不同利益集团之间的竞争在政治上的反映。我国的政党制度建立在公有制占主体地位的社会主义经济基础之上，同社会主义国家的国体相适应。中国特色政党制度创立了一种崭新的政党制度形式，中国特色政党制度创立了一种崭新的新型政党关系，中国特色政党制度创立了一种崭新的人民民主实现形式。

周淑真在《政党制度的“中国模式”特征》（《新视野》2009 年第 5 期）一文中认为，当代世界是政党政治的世界，在绝大多数国家政党承担着政治发动机和政治调解器的功能，政党对国家的内政外交基本走向和经济社会的发展起决定性的作用。中国的政党制度具有如下特征：创造性——各党派共同奋斗中合乎历史逻辑的选择；适应性——随着社会历史发展情况变化不断充实新的内涵；有效性——在广泛有序政治参与基础上凝聚共识形成的合力，促进经济社会的发展；关联性——复合型的内部结构和同人民政协与生俱来的依存关系。这几个方面构成政党制度“中国模式”的内涵。

常欣欣在《中国模式、中国道路与中国特色政党制度的优势》(《领导之友》2009年第5期)一文中认为，我国多党合作制度的优势在于：第一，执政党中国共产党的先进性，是中国特色政党制度具有强大政治吸纳和整合功能的政治基础。第二，参政党各民主党派的进步性是中国特色政党制度强大政治吸纳和整合功能的社会基础。第三，中国特色社会主义的旗帜和理论体系是中国特色政党制度强大政治吸纳和整合功能的思想基础。第四，规范有序的组织结构是中国特色政党制度强大政治吸纳和整合功能的组织基础。第五，高度聚集的政治和社会精英是中国特色政党制度强大政治吸纳与整合功能的人才保证。

杨爱珍在《多党合作制度是中国的，也是世界的——学习〈中国的政党制度〉(白皮书)的体会》(《上海市社会主义学院学报》2009年第5期)一文中认为，2007年11月，中华人民共和国国务院新闻办公室发表了《中国的政党制度》(白皮书)，这是中国就政党制度与世界沟通的一种方法，是在世界政党政治和我国社会转型新变化视域中，对我国政党制度的理性总结。这有利于让世界了解中国的多党合作制度，有利于消除部分同志对西方基本政治价值观的盲目崇拜，有利于提高我们对扩大政党制度包容力的重视。政党制度是现代民主政治的重要组成部分，因此，形态各异的政党制度必然有一些同质性的东西，也就是我们讲的一些普适性价值，只不过实现这些价值的形式各有不同。中国的多党合作制度是世界政党制度的组成部分，是现代民主政治的组成部分，具有政党制度的一般特性。中国的多党合作制度是从中国的社会、政治、文化、经济的土壤中生长出来的，必然带有中国国情的烙印；中国的多党合作制度是年轻的，是不完善的，但具有很大的生长空间。

张庆、孙冬青在《博采众家之长的新型政党制度》(《联合日报》2009年10月13日)一文中认为，当代大多数国家实行的是两党制和多党制，这种制度能够在相当程度上反映社会各方面的意见，实现一定程度的社会民主。但在这一类型的国家中，政党之间的基本关系是相互竞争，党派之间的激烈竞争，会削弱国家政权，影响社会稳定。实行一党制的国家数量较少。一党制由于没有其他政党的监督，往往忽视甚至一味压制不同的声音，或因为长期执政而出现了体制僵化，损害本国人民的利益；或者易被人利用形成独裁专制制度。中国共产党从成立起，就一直以中华民族的整体利益为重，不断探索建立新型的政党关系。从1921年到1949年，新民主主义革命的28年中，中国共产党曾两次同中国国民党合作。1949年“五一”口号的提出和中国人民政治协商会议的召开，标志着中国人民在理论上对传统政党制度进行了发展和创新，在实践中形成了适合我国国情的新型的政党制度。中国多党合作制度吸收借鉴了传统政党制度的积极因素，克服了传统政党制度存在的缺陷，是对传统政党制度的发展和创新。中国多党合作制度创立了一种新型的政党制度形式，这一制度在吸收传统政党制度进步性的基础上，突破了传统政党制度的框架，既克服了党派竞争给国家造成的不利影响，又保留了党派之间的互相监督与合作，开创了政党关系的新格局，为世界政党制度的进步与发展作出了重要贡献。

宋玉波、段明学在《我国领导——合作型政党关系模式的优势》(《重庆社会主义学院学报》2009年第2期)一文中认为，当代各国政党关系主要存在三种模式，即竞争型政党关系模式、垄断型政党关系模式和领导——合作型政党关系模式。我国采取的领导——合作型政党关系模式，以促进经济发展、维护政治稳定、建设民主政治为主要价值取向。它既避免了多党恶性竞争、相互倾轧造成的政治动荡，又避免了一党专制、缺少监督造成的种种弊端，能够保证集中领导与广泛民主、规范有序与充满活力的有机统一，有利于稳固执政党的政治权威，集中力量进行现代化建设，有利于维护政治稳定，有利于促进政党关系的和谐，实现政治民主化。坚持和完善我国领导——合作型政党关系模式。(1) 努力实现政党之间协调发展，适当控制执政党的发展规模，适度拓展民主党派的发展空间。(2) 扩大政权范围内的多党合作，加强人民代表大会中的多党合作，扩大政府内民主党派的任职比例。(3) 引入竞争机制，发展地方层面的政治竞争。(4) 保障民主党派政治自由、组织独立和法律平等。

赵宬斐在《论我国政党的现代性与民族性的双重际遇》（《岭南学刊》2009 年第 2 期）一文中认为，政党制度是一个民主政治的现实形式问题，各国的民主都有主题，而主题也是经常转换的。社会主义政党制度，在理论上也应该有多种表现形式，但前提是要适合社会的发展要求和符合基本国情。我国政党在进行现代性与民族性双向整合的过程中，正在获得越来越多的经验性支撑，处于一个迅速发展并逐渐走向成熟的阶段。现代性体现了政党制度适应现代民主政治发展的能力与属性。现代性不仅促进了民众对于政党制度化要求的进一步提高，促进了政党制度严格按照有关法治程序进行规范性和有序性的政治活动，从而避免社会秩序的动荡；同时也促进了民主政治的参与扩大，巩固和提高了政党的合法性支持与政治认同，从而避免政党沦为少数利益集团谋取私利的工具。民族性则体现的是一种政党制度的鲜明的民族特色和文化传统与习俗。民族性能够为政党制度提供一定的持久的精神动力和文化认同。政党的民族性和现代性的内容和发展要求不是固定模式或按照单一维度，应该随着时代的变迁而与时俱进，既要注意弘扬优秀传统文化，又要赋予其新的时代内涵。

张津凤在《论政党制度的政治文化基础——基于中西传统政治文化比较的研究视角》（《中央社会主义学院学报》2009 年第 4 期）一文中认为，在影响政党制度的各种因素中，政治文化是深层次的因素，任何一个国家的政党制度都能够从该国的政治文化中找到依据。比较视角之一：中西传统政治文化差异对政党制度模式的影响。中国传统政治文化是一种臣民型政治文化，西方传统政治文化是一种公民型政治文化。这种政治文化的差异导致了政治价值取向的差异即是监督政府还是顺从政府。在西方，人们对“恶”的政府怀着戒备心理，为了保障其自由、平等的权利必然会对政府进行监督，于是，反对党存在的必要性凸显。竞争型的两党制、多党制就成为西方社会的主要政党制度模式。在中国，君主（政府）就是“善”，人们只能顺从君主，而不能以自己的方式表达和维护自己的利益要求。在“大一统”的整体主义观念下，中国人对于有德的掌权者始终具有特殊的信任与依赖心理。所以，当中国共产党以自己的理念和行动赢得了人民和各民主党派信任的时候，中国共产党对各民主党派的领导地位确立以后，其作为唯一的执政党的地位也得以确定下来；而各民主党派则与中国共产党通力合作，为其更好地执政提供支持。比较视角之二：民主取向对中西政党制度发展的引导与制约。在西方传统政治文化中，民主取向具有同质性。与西方传统政治文化中内生的民主取向不同，中国传统政治文化实质上是与民主取向背道而驰的。基于这一文化基础建立起来的政党制度，无疑也是不大可能真正实现其民主价值的。这就需要构建相应的民主文化。马克思主义政治文化比西方自由主义政治文化更容易为被传统文化裹挟的人所接受。但中国传统政治文化中“大一统”的整体主义与马克思主义政治文化中的集体主义有着本质的区别。也正因为这样，马克思主义政治文化建设是不充分的，传统政治文化中的一些东西以新的形式被保存了下来。人民民主价值取向亦需要通过各种政治制度的不断建设而得以真正实现。

王军、周敏、代璐瑶在《中国特色政党制度与中国传统文化理念》（《四川统一战线》2009 年第 3 期）一文中认为，文化具有很强的传承性，它直接影响着一个民族的精神气质和整体面貌。同样的一种社会制度，在不同的文化背景下会形成不同的民族特色。中国政党制度植根于中国文化土壤，反映了中国近现代历史与现实，是适合中国国情的具有独创性的政党制度。说它植根于中国文化土壤，可以从几方面进行理解。第一，在中国特色的政党制度中执政党与参政党的结构模式反映了中国传统文化“守中”的理念。第二，中国特色政党制度倡导的“长期共存，互相监督，肝胆相照，荣辱与共”党际关系原则，体现了中国传统文化中“守”、“重”思想。第三，从人民政协制度被确立为中国基本政治制度的重要内容，可以看到中国传统文化中“守势”、“重势”的特点。

童庆平在《中国多党合作制度本质上是协商民主制度》（《中共天津市委党校学报》2009 年第 6 期）一文中认为，20 世纪 80 年代以后从西方复兴起来的协商民主理论与中国政党制度之间有着很强的对镜色彩和现实讨论意义。从理论逻辑来看，中国多党合作制度与西方协商民主有契合之处；从基本原则来看，中国多党合作制度与西方协商民主的某些方面是相通的；从历史经验来看，中共和各民主党派之间一直存在着广泛的协商合作。总之，中国多党合作制度的发展本身就是政党协商的结果。中国协商民主始终体现于中国多党合作制度之中，贯穿于多党合作和政治协商的全过程，表现在国家政治和社会生活的各个方面。因此，中国多党合作制度本质上是一种协商民主制度。

（二）多党合作制度的鲜明特色和巨大优势

多党合作制度经过 60 年的发展，已经成为一种成熟的政党制度，在社会主义建设事业中显示出了蓬勃生机和旺盛活力。专家学者们从理论和实践两个层面深度论证了多党合作制度的鲜明特色和巨大优势。其中，以庄聪生的《具有强大生命力的政党制度》（《人民日报》2009 年 2 月 9 日）、李正华的《中国多党合作制度的特色和优势》（《光明日报》2009 年 4 月 9 日）和吴美华的《符合国情的我国政党制度具有独特优势》（《人民日报》2009 年 9 月 17 日）最具代表性。

贾庆林在《在中国特色社会主义道路上不断完善和发展中国共产党领导的多党合作和政治协商制度》（《人民日报》2009 年 11 月 1 日）一文中认为，中国共产党领导的多党合作和政治协商制度是符合我国国情、具有鲜明中国特色的社会主义新型政党制度。第一，在政党关系上，坚持共产党领导、多党派合作。第二，在政权运作方式上，坚持共产党执政、多党派参政。第三，在协调利益关系上，坚持维护国家和人民的根本利益、照顾同盟者的具体利益。第四，在民主形式上，坚持充分协商、广泛参与。从而实现了广泛参与和集中领导的统一、社会进步和国家稳定的统一、充满活力和富有效率的统一，体现了我国社会主义政治制度和政党制度的特点和优势。

陈抗甫在《把握“三个统一”精神实质共谱多党合作事业新篇章》（《人民政协报》2009 年 11 月 28 日）一文中认为，胡锦涛同志在庆祝中国人民政治协商会议成立 60 周年大会上的讲话中指出：“中国共产党领导的多党合作和政治协商制度作为我国的一项基本政治制度，是符合我国国情、具有鲜明中国特色的社会主义新型政党制度，能够在中国特色社会主义共同目标下把中国共产党领导和多党派合作有机结合起来，实现广泛参与和集中领导的统一、社会进步与国家稳定的统一、充满活力和富有效率的统一。”这“三个统一”是对我国政党制度中执政党、参政党的地位，相互关系以及这一基本政治制度重要作用的高度概括，具有极强的理论性和鲜明的时代性。实现广泛参与和集中领导的统一，体现了社会主义民主政治的本质特征，也是实现共产党的领导、人民当家做主和依法治国有机统一的必然要求。实现社会进步与国家稳定的统一，体现了社会发展的客观规律，也是新形势下促进社会和谐的必然要求。实现充满活力和富有效率的统一，体现了中国政党制度的鲜明特色和巨大优越性，也是更好地团结一切可以团结的力量，集中力量办大事，推进科学发展的必然要求。

庄聪生在《具有强大生命力的政党制度》（《人民日报》2009 年 2 月 9 日）一文中认为，多党合作制度在国家政治和社会生活中发挥着极其重要的作用，显示出巨大的优越性和强大的生命力。多党合作制度具有凝聚力量的显著功能，能够为科学发展提供强大动力。在多党合作制度中，中国共产党的核心地位和坚强领导，保证了对经济社会发展的统一规划和总体部署；各民主党派、无党派人士紧紧围绕中心任务，充分发挥人才荟萃、智力密集、联系广泛等优势，就关系国计民生的重大问题深入考察调研，积极献计出力。从而实现了目标方向一致性和组织形式多样性的统一、集中领导与广泛民主的统一、富有效率与充满活力的统一。多党合作制度能够把全社会的智慧和力量充分调动起来、凝聚起来，最大限度地形成统一意志，最大限度地集中社会资源，形成推动科学发展的强大合力。这一制度，具有包容协商的丰富内涵，体现了社会主义民主的本质要求。多党合作制度拓宽了反映社情民意和利益诉求的渠道，既尊重多数人的普遍愿望，又照顾少数人的合理要求，从而最大限度地保障了人民民主的实现。多党合作制度具有共创和谐的目标追求，有利于巩固安定团结的政治局面。政党关系的团结和谐，是社会稳定与和谐的重要基础和保障。多党合作制度不同于西方的竞争式民主，它强调以民主协商代替竞争冲突。中国共产党与各民主党派不是彼此倾轧，而是在共同的思想政治基础上团结协作、共同奋斗。这就从根本上避免了政党攻讦造成的政局不稳和政权频繁更迭，最大限度地减少了社会内耗，维护政治和谐稳定与国家长治久安。

李正华在《中国多党合作制度的特色和优势》（《光明日报》2009 年 4 月 9 日）一文中认为，多党合作制度具有共产党领导、多党派合作、共产党执政、多党派参政的鲜明的中国特色。中国多党合作制度规定了中国各党派在国家政治生活中的地位、作用和相互关系，执掌政权和参与政权的方式和程序，其具体的制度安排与机制设计，都体现了执政党与参政党相互依存、良性互动、共同发展的含义。它既根本不同于西方资本主义国家的多党制或两党制，也有别于前苏联等一些社会主义国家的一党制。这种制度规定，有利于避免多党竞争、相互倾轧造成的政治动荡，有利于避免一党专制、缺少监督导致的种种弊端。与世界上其他政党制度相比，中国多党合作制度显示出自己的特色和优势。历史事实证明，中国多党合作制度符合中国的国情，符合中国社会主义民主政治的本质要求，在中国革命、建设、改革的实践中发挥了重要作用，具有强大的生命力。这一制度有利于促进社会生产力的持续发展和社会全面进步。这一制度有利于实现和发展人民民主，增强党和国家的活力。这一制度有利于保持国家政局的稳定和社会安定团结。这一制度有利于实现和维护最广大人民的根本利益。

吴美华在《符合国情的我国政党制度具有独特优势》（《人民日报》2009 年9 月17 日）一文中认为，中国共产党领导的多党合作和政治协商制度，植根于中国独特的经济、政治和文化传统的土壤之中，是中国近代以来历史发展的必然结果，是各民主党派及全国人民共同作出的正确的历史选择，是中国共产党对马克思主义政党理论和人类政治文明的重大贡献。衡量中国的政党制度，最根本的是要从中国国情出发，从中国革命、建设和改革实践的效果着眼。按照这样的标准，我国政党制度不仅体现了现实适应性，而且显示出巨大优越性。我国政党制度有利于发展社会主义民主政治，有利于社会和谐稳定，有利于加强执政党建设。经济基础不同，政党利益诉求不同，各政党之间的关系不同，政党与政府之间的关系不同，是我国政党制度与西方政党制度的本质区别。坚持和完善中国特色政党制度，必须认清我国政党制度与西方多党制的本质区别，旗帜鲜明地反对搞“多党竞争”、“轮流执政”的西方多党制，确保我国政党制度发展完善的正确方向。

李涛在《中国政治文明下的中国政党制度》（《辽宁行政学院学报》2009 年第 8 期）一文中认为，中国共产党领导的多党合作制经过革命的洗礼而形成，它显示出不同于别国政党制度的自身特色，这表现为：第一，从结构上看，中国共产党和各民主党派都是体制内政党，中国共产党执政，各民主党派参政，没有在朝和在野之分；第二，从功能上看，中国共产党是领导党，她代表最广大人民群众的根本利益，是领导我们事业的核心力量；第三，从理念上看，中国政党的意识形态不是多元的，各党派都以马克思主义、毛泽东思想、邓小平理论和“三个代表”重要思想为指导，反对意识形态多元化；第四，从党际关系看，执政党和参政党在社会主义初级阶段的目标是相同的，彼此是友党，是相互学习、互相支持、互相监督、共同发展的关系而不是竞争关系。这种崭新的政党制度，完全摆脱了传统政治文明对政党的桎梏，同时体现了中国的大一统的色彩，满足超大社会对一个强有力的核心的需求，又能顺应历史发展潮流，扩大参政议政的范围，促进政治民主化，是一个创造性的突破，具有非常重大的意义：一是有助于避免多党竞争政权造成的无序状态和资源浪费，减少政治成本；二是有助于多个党派群策群力，共同进步；三是验证并强化了统一战线的思想和政策，体现了中国特色社会主义民主政治的本质。

杨懂在《对中国政党制度特点的理论认识》（《北京日报》2009 年 11 月 2 日）一

文中认为，当代中国政党制度的主要特点，一是中国共产党是执政党，其他政党是参政党。彼此都参加国家政权机构和政协组织，参加国家事务管理及政策法令的制订执行。二是执政党对国家实行全面领导。三是执政党与参政党之间是“长期共存，互相监督，肝胆相照，荣辱与共”的团结合作关系，而没有执政党与在野反对党之分。四是这种制度是在特定历史条件下形成和发展的，不是共产党人的一厢情愿，而是各民主党派、无党派人士及全中国人民，经过几十年民族解放斗争的实践所形成的共识，是历史的选择、人民的选择。如果说资产阶级政党是代表型政党，那么无产阶级政党则是领导型政党。

赵海月在《符合中国国情的新型政党制度》（《吉林日报》2009 年 6 月 25 日）一文中认为，中国共产党领导的多党合作和政治协商制度是符合中国国情的政党制度，具有巨大的优越性和强大的生命力。首先，在我们这样一个民族众多的发展中大国，只有坚持中国共产党的领导核心地位，才能在“西化”、“分化”的国际压力下，坚定不移地走中国特色社会主义道路，并有力地维护社会主义现代化建设所需要的社会秩序。其次，社会主义初级阶段的基本国情，决定了发展是解决中国一切问题的“总钥匙”，是解决中国在国际竞争中能否最终取胜的根本。共产党领导的多党合作和政治协商制度，有利于最大限度地集中资源、力量和智慧实现跨越式发展。再次，中国共产党领导的多党合作和政治协商制度，有利于实现集中与民主的统一，有利于实现全社会、全民族的利益最大化。这一制度既能够发挥集中力量办大事的优势，又能够发扬民主以调动各方面的积极性；既能够代表中国人民的整体利益、长远利益和根本利益，又能够统筹兼顾各方利益；既能够促进政治资源的优化配置，又能够保持政党关系的团结和谐；既能够代表全体人民行使公权力，又能够充分保障私权利的实现；既能够避免多党竞争、相互倾轧造成的政治动荡，又能够避免一党专制、缺少监督导致的各种弊端。

许道权在《简论中国政党制度的特色和优越性》（《重庆社会主义学院学报》2009 年第 6 期）一文中认为，中国多党合作制度 60 年的发展历程表明，这个制度具有鲜明的特色、突出的优越性和强大的生命力。中国政党制度的主要特色包括：共产党领导、多党派合作，共产党执政、多党派参政；长期共存、互相监督、肝胆相照、荣辱与共；相互依存、相互影响，和而不同、求同存异。中国政党制度的优越主要表现为：实现了高度的社会整合、形成了高效低耗的举国体制、促成了长治久安的政治局势、构建了优秀的核心价值体系，并具有政治上的先导性。

毕泗生在《具有巨大优越性和强大生命力的政党制度》（《理论学习》2009 年第 9 期）一文中认为，纵观新中国 60 年的历史，中国共产党领导的多党合作和政治协商制度深深植根于中国的政治土壤之中，符合我国发展社会主义民主政治、建设社会主义政治文明的要求，反映了人民当家做主的社会主义民主的本质，体现了我国政治制度和政党制度的特点和优势，具有巨大的优越性和强大的生命力。主要表现为，确立了中国共产党的领导核心地位，形成了多元一体的政党制度结构，建立了政党沟通社会的新机制，创立了独具特色的政党制度实现形式。

彭军在《中国特色政党制度的优越性》（《公民导刊》2009 年第 2 期）一文中认

为，中国共产党领导的多党合作和政治协商制度既不同于西方国家的两党或多党竞争制，也有别于有的国家实行的一党制。中国共产党领导的多党合作和政治协商制度优越性主要表现为：既能实现广泛的民主参与，又能实现集中统一；有利于国家长治久安；有利于充分发挥举国体制的作用；有利于选拔出优秀的领导干部。

黄小娟在《浅议中国特色政党制度的特征及其优势》（《重庆社会主义学院学报》2009 年第 4 期）一文中认为，中国特色政党制度的显著特征是“共产党领导多党合作；共产党执政、多党派参政”。这 20 个字的显著特征是与独具特色的我国人民民主专政的国体和人民代表大会制度的政体相结合产生的。在这个政党制度中，有三个方面的关系是同西方资本主义政党制度根本区别的。一是领导与接受领导、执政与参政关系，这是地位性的关系；二是合作协商关系，这是运行机制关系，反映了中国政党制度的实质；三是互相监督关系，主要是民主党派监督共产党，这是功能作用性关系。中国特色政党制度的优势主要表现为：有利于广泛民主与高度集中的统一；有利于充分反映、代表和整合利益的统一；有利于社会和政治的稳定。

解永强、杨文珠在《中国特色政党制度的优势研究》（《天津市社会主义学院学报》2009 年第 1 期）一文中认为，中国特色政党制度的优势在经济上表现为通过共产党的领导保证了统一意志，通过民主党派的广泛参与凝聚全社会智慧，促进社会生产力的持续发展和社会的全面进步；在政治上表现为把民主扩展到决策过程，能切实保证人民当家做主；在社会建设上表现为通过保持我国政党关系的和谐、促进国家政局稳定和社会安定团结；在文化建设上表现为为中国政治文化研究提供了丰富的资料。

刘许亚在《中国政党制度的特色和优势》（《政法论坛》2009 年第 4 期）一文中认为，中国政党制度的特色：一是政党之间的关系是一党领导，多党合作；二是“一党领导，多党合作”表现形式是政治协商；三是多党合作具有长期性、稳定性、多样性和真实性。中国政党制度的优势：一是有利于加强和改善党的领导；二是有利于国家的长期稳定；三是有利于社会主义现代化建设；四是有利于社会主义民主政治建设；五是有利于构建社会主义和谐社会；六是有利于扩大统一战线，实现国家的统一大业。

赵太航、李现良在《浅析建国初我国政党关系的基本特征》（《湖北省社会主义学院学报》2009 年第 5 期）一文中认为，建国初（主要指 1949—1952 年的国民经济恢复时期），新民主主义革命后期形成的中共领导下多党合作联盟的政党关系已经开始转变为带有国家基本制度性质的新民主主义政党制度。但在社会主义基本制度在我国全面确立之前，这种政党关系仍然属于从民主主义向社会主义过渡过程中政党关系的范畴，在现实中在政党间领导权、合作机制、合作内容等方面均表现出过渡时期政党关系的一般特征。在政党间领导权方面，无产阶级政党具有明确的政治领导地位。在合作机制方面，各政党在平等互利基础上进行积极合作。在合作内容方面，政党间合作内容体现出相对较强的现实性。中共在建国初坚持了一切从实际出发的政治原则，尤其是其核心领导层，充分考虑到国民经济恢复时期国内的社会现实，针对实际需要确定了不同阶段与民主党派合作内容的重点。在各政党协力合作的基础上，新民主主义政权有效地解决了社会生活中关乎国计民生的重大问题，为最终向社会主义社会前进打通了道路。

万光碧在《从中国特色政党制度的形成与发展看我国政党制度的优越性》（《重庆行政》2009 第 12 号）一文中认为，我国政党制度形成和发展的历史事实表明：中国共产党将马克思主义政党理论与中国实际相结合，积极探索，大胆创新，并在政党制度化、程序化、规范化方面做了大量探索，使中国特色的政党制度发展成为一种与西方两党制、多党制、一党制相区别的一种新型政党模式。（1）体现了执政党的主导性，有利于社会和谐稳定。（2）用多党合作这种协商民主的形式来补充和完善选举民主之不足，有利于发展社会主义民主。（3）有利于执政党决策的民主化、科学化，避免失误。（4）有利于加强执政党的建设。

（三）多党合作制度特色和优势的新视野

2009 年关于多党合作制度特色和优势的研究的一大亮点，就是专家学者们创新研究方法，对多党合作制度的特色和优势进行了深度论证，拓宽了理论研究的视野。温玉堂的《不同政党制度的社会成本之分析》（《北京日报》2009 年 4 月 20 日）、虞崇胜的《中国非对称性政党制度的特征与优势》（《领导之友》2009 年第 3 期）、王洪胜的《从政党制度层面讨论应对金融危机——金融危机背景下的中西政党制度比较研究》（《管理观察》2009 年 3 月）、王艳明的《从信息不对称理论看我国多党合作制度的科学性》（《湖北省社会主义学院学报》2009 年第 3 期）、刘晓庄的《从生态政治看我国的政党制度》（《光华时报》2009 年 9 月 8 日）、刘宁宁在《合作博弈视角下的中国特色政党制度》（《马克思主义与现实》2009 年第 6 期）都很有新意。

温玉堂在《不同政党制度的社会成本之分析》（《北京日报》2009 年 4 月 20 日）一文中认为，在现代政治中，政党制度已成为国家政治制度的中心和权力运作的中枢。在这种情况下，不同政党制度之间绝不像有的学者所说的仅仅是制度类型和执政方式的差异，政党制度最大的差别还在于它在促进国家政治经济社会发展中所支付的社会成本的大小不同以及由此所体现的政治优势的差异。不同的政党模式其实是有优劣和好差之分的。而衡量的一个重要标准，就是视其在促进国家经济社会发展过程中是否能体现效率和优越性。中国共产党领导的多党合作和政治协商制度，既克服了一党专制、缺少监督的弊端，又避免了多党竞争、互相倾轧的混乱；既能集中统一领导，有利于政策的一贯和政治经济的持续发展，又能实现广泛的政治参与，有利于政局的稳定和人民的团结。新中国成立近 60 年，理论界对新中国成立尤其是改革开放以来取得巨大成就的原因进行了深入探讨，但有一个原因少有提及，就是从中苏两国政党制度的分析比较上求根溯源，而这正是成就中国改革的最终“解码”。因为在社会转型过程中，中国共产党领导的多党合作和政治协商制度较之苏联共产党的一党制更具政治弹性和政治包容度。参政党与执政党长期合作和有效协商在为中国共产党提供宽松的执政环境的同时，也为自己参政议政累积了丰厚的政治和社会资源。而实行一党制的苏联却不具有中国这种政党模式的政治优势。

虞崇胜在《中国非对称性政党制度的特征与优势》（《领导之友》2009 年第 3 期）一文中认为，从不同政党在政治生活中的实际地位和作用来看，各国的政党制度可以分为对称性政党制度和非对称性政党制度两大类。所谓非对称性政党制度，是指一国内不同政党并非是力量相当，也不是轮流执政，而是各安其位、相互配合相互合作，不同政党的地位和作用呈现出非对称性状态。非对称性政党制度具有如下基本特点：(1) 非对称性政党制度反映了社会利益诉求多样性的要求。(2) 非对称性政党制度反映了政党的多样性的要求。(3) 非对称性政党制度反映了政治力量不平衡性的要求。(4) 非对称性政党制度反映了不同政党政治主张差异性的要求。(5) 非对称性政党制度内涵着不同政党合法性的要求。(6) 非称性体政党制度体现出不同政党合作性、宽容性的要求。中国的政党制度是一种非对称性政党制度。这种政党制度的优势就在于其非对称性。在中国非对称性的多党合作制度中，共产党同各民主党派既亲密合作又互相监督，而不是互相反对；共产党依法执政，各民主党派依法参政，而不是轮流执政。中国多党合作制度以其独特的结构功能和运行机制，体现了社会主义民主的本质要求，保障了人民民主权利的行使，是实现社会主义民主的重要形式，体现了自身的独特优势。

王洪胜在《从政党制度层面讨论应对金融危机——金融危机背景下的中西政党制度比较研究》(《管理观察》2009 年 3 月) 一文中认为，世界各国政党制度的价值和功能在形式上基本上都体现为政治参与、利益表达、社会整合、民主监督和维护稳定等方面，为了应对全球金融危机，有着不同政党制度的中国与西方国家似乎已经消除了差别，结成了应对国际金融危机的统一战线。然而，中西政党制度具有不同的性质和特点：建立在不同的经济基础之上；代表着不同的阶级利益；在国家政治生活中的地位、作用和相互关系不同。对比中西政党制度的性质与特点以及中西方为应对金融危机所采取的措施，可以看出建立在生产资料公有制基础上、代表最广大人民利益的中国共产党领导的多党合作制度具有伟大的创造性和巨大的优越性。只要我们充分发挥中国共产党领导的多党合作制度的优越性，扬长避短，在变数中捕捉和把握发展契机，在逆境中发现和培育利好因素，就一定能危中求机，化危为机，牢牢掌握发展主动权，把国际金融危机的不利影响降到最低程度，最先在金融危机中复苏和振兴。

王艳明在《从信息不对称理论看我国多党合作制度的科学性》(《湖北省社会主义学院学报》2009 年第 3 期) 一文中提出，信息不对称理论是指在几乎所有的情况下，不同经济主体所具有的信息资源和信息处理能力都是不对称的，掌握信息比较充分的一方，往往处于比较有利的地位而不当获利，而信息贫乏或信息不全的一方，则处于不利或者利益受损的地位，最终导致市场机制失效和道德危机。现代社会由于政党、政府、社会团体和个人所拥有的权力和所占的资源不同，所处的政治、经济和社会地位不同，所具有的能力和所处的环境不同，所在的行业不同等多种原因，因此在自然状态下，一切社会行为的各方所拥有的信息永远是不对称的。这种信息不对称容易滋生政党和政府的腐败、容易导致执政党和政府的决策失误、容易产生社会不公甚至社会动荡等严重危害和阻碍社会发展的恶劣现象。现代社会无论哪种政治文明形式，都在努力追求一个共同的目标，即设计各种政治和社会机制，减少和减低社会各层面的信息不公和信息不对称，保障每一位公民和社会团体公平而充分的信息权，从而建立一个文明、稳定、繁荣、和谐的国家与社会。在我国政党制度下，参政党的“政治协商、民主监督和参政议政”本质上是为了减少或者降低执政党、政府、社会各阶层以及普通民众的信息不对称，从而谋求建设一个政治民主、政府廉洁有为、民众和谐、社会稳定的繁荣国家。政治协商对信息不对称的降减，是保障多元利益主体权益的需要；民主监督对信息不对称的降减，是保障权力运作过程正常运行的需要；参政议政对信息不对称的降减，是保障政治民主程序合理有序的需要。政治协商、民主监督和参政议政从内涵到机制均符合信息不对称原理，多党合作政治制度是信息不对称理论在政治学上的科学实践。

刘晓庄在《从生态政治看我国的政党制度》（《光华时报》2009 年 9 月 8 日）一文中认为，根据生态政治学的观点，一个国家的政治体制的模式及其政治功能的发挥，在很大程度上并不取决于人们的主观选择，而是由一系列复杂的生态因素影响和作用的结果。政治生态是一种社会政治状态，它与各个方面保持着动态平衡的关系。一个国家的政党制度，只有与这个国家的生态政治相匹配，才能体现出这种制度鲜明的生态特征，否则，就会东施效颦，不伦不类。无数事实雄辩地证明，中国的政党制度，是历史形成、现实需要的一种最科学、最合理的政党制度。中国政党制度的“一朝分娩”，经历了艰难的“十月怀胎”，有着久远的历史孕育过程，并拥有十分深厚的文化积淀。我们要用生态的观点去分析我国的政党制度。生态政党制度的一个重要观点是“一损俱损，一荣俱荣”。中国共产党是执政党，民主党派是与之并肩战斗的亲密友党，不是异己，也不是附庸，而是负有重大的参政责任。用生态的方法去把握我国的政党制度。生态政治的方法之一是遵循自然，服从规律。中国政党制度是符合中国社会发展规律、适应中国国情的政治制度。用生态的姿态去坚持我国的政党制度。生态的政治姿态必须是矢志不移，维护真理。用生态的举措去参与我国的政党制度。生态政治的基本要求是改革突破，发展创新。用生态的行动去实践我国的政党制度。生态政治中的一项根本内容是刻苦顽强，积极向上。

刘宁宁在《合作博弈视角下的中国特色政党制度》（《马克思主义与现实》2009 年第 6 期）一文中认为，合作博弈亦称为正和博弈，是指博弈过程中双方的利益都有所增加，或者至少是一方的利益增加，而另一方的利益不受损害，因而整体的利益有所增加。(1) 从合作博弈视角看中国共产党与各民主党派的关系。第一，中国共产党和各民主党派有共同的理想、共同的目标、共同的利益和共同的历史任务，这是合作博弈的基本前提。第二，中国共产党和各民主党派达成了相互遵守的、具有约束力的《共同纲领》、《政协章程》以及先后出台的三个《意见》，这是合作博弈的首要因素。第三，中国共产党和各民主党派在具体利益上又有所不同，即中国共产党和各民主党派在中国特色政党制度框架内代表不同的利益群体，这是合作博弈的基础。(2) 中国共产党与民主党派的合作博弈。第一，中国共产党和各民主党派合作博弈的动机一致。第二，中国共产党和各民主党派的合作博弈的约束条件是坚持中国共产党的领导。第三，中国共产党和各民主党派合作博弈的结果是人民群众满意。(3) 关于合作剩余：中国共产党和各民主党派的合作博弈总收益。收益之一：政治稳定。由于中国共产党和各民主党派具有共同的目标和理想，有广泛的交流平台，在严格的约束条件下进行合作博弈，因此，中国特色政党制度具有极强的政治稳定性。收益之二：社会和谐。中国共产党与民主党派在长期的合作博弈中形成了和谐的党际关系，有利于充分发挥政治参与、利益表达、社会整合、民主监督、维护稳定的功能，促进社会和谐。

四、多党合作制度的价值和功能

自2007年《中国的政党制度》（白皮书）首次将多党合作制度的价值和功能概括为政治参与、利益表达、社会整合、民主监督和维护稳定之后，关于多党合作制度价值和功能的研究一直是理论界研究的一个热点和重点。2009年关于多党合作制度功能和价值的研究，主要集中在多党合作制度的核心价值和功能开发上，取得一批可喜的研究成果。

（一）多党合作制度的价值

关于多党合作制度的价值，特别是多党合作制度的核心价值是什么，目前学术界尚没有形成完全一致的看法。学者们从不同角度对多党合作制度核心价值进行了研究，提出了自己的观点，为我们深入研究这一问题，提供了有益的启示。

张衍前在《论我国多党合作制度的创设价值》（《中央社会主义学院学报》2009年第1期）一文中认为，政党制度是现代民主政治的重要组成部分。我国形成了中国共产党领导的多党合作和政治协商制度，既有其历史必然性，同时又是中国共产党领导人主动选择和设计的结果，是他们致力于建设民主政权的实践和追求民主政治而选择和设计的。毛泽东、周恩来等中国共产党领导人选择和创立多党合作制度的战略考虑，实际上就是多党合作制度本身所蕴涵和具有的价值。其创设价值主要体现为：（1）巩固人民民主专政的国家政权。（2）发挥民主党派在社会主义建设中的作用。（3）推进社会主义民主政治的发展。（4）帮助中国共产党为人民执好政、掌好权。（5）实行民主监督，防止政治权力的腐败。

贾小明在《多党合作制度的核心价值》（《广州社会主义学院学报》2009年第4期）一文中认为，要从单纯的政党制度分类学意义上的比较解读，进一步把多党合作制度作为认识客体和实践客体，与此对应的认识主体和实践主体就是中国共产党领导、人民民主专政、中国特色社会主义。中国共产党领导、人民民主专政、中国特色社会主义，是社会主义政党制度基本价值的中国化，既区别于资本主义国家政党制度，也区别于其他社会主义国家政党制度，是中国特色社会主义政党制度的核心价值，是多党合作的政治基础。只有明确多党合作制度的核心价值，并把核心价值与功能价值结合起来，才能全面科学地把握多党合作制度的价值。

刘菊香在《论我国多党合作制度的核心价值》（《福建省社会主义学院学报》2009年第4期）一文中认为，我国多党合作制度以民主为基本的价值追求，其核心价值是社会主义民主，也就是具有中国特色社会主义的民主制度。这个特色，不仅体现在以真正的人民民主为基本的价值追求上，而且也体现和决定着民主的实现形式。其决定了我国政党制度体现的民主是协商性民主而不是竞争性民主，决定了我国政党制度的监督形式是民主监督而不是法律监督，决定了我国的政治参与是广泛参与而不是精英参与。开发多党合作制度的核心价值功能应该从以下几个方面入手。（1）改善执政党执政方式，扩大党内民主。(2) 加强参政党自身民主建设，提高合作。(3) 提高民主意识，营造多党合作核心价值实现的良好氛围。(4) 加强制度建设，为多党合作制度核心价值的实现提供保障。

王树臣在《中国政党制度核心价值观基本要义解读》(《重庆社会主义学院学报》2009 年第 4 期) 一文中认为，任何一个国家的政党制度都有其自己的核心价值观。核心价值观是无形的，并不具有强制力，但它一旦形成，就会对政党的思想观念、行为方式产生深远的影响，对政党制度在国家政体中的作用发挥具有强大的引擎力。政党制度核心价值观一般应该具有普遍性、民族性和崇高性。构建政党制度核心价值观需要妥善处理好核心价值观的稳定性与时代性的关系、传统价值观与外来价值观的关系和政党制度核心价值观与社会制度核心价值观的关系。从中国革命、建设和改革积累的政治经验以及当前的社会形势来看，政党制度核心价值观应确定为民主、平等、公正、有序。其中民主和平等反映的是一种社会形态，是政党制度在社会活动中存在的关系，而公正、有序则是一种要求，是奠基于前二者基础上的努力方向，是政党制度对各政党的成员在履行责任和承担义务时的期待和要求。

唐浩在《论中国特色政党文化的内涵》(《毛泽东思想研究》2009 年第 2 期) 一文中认为，中国特色政党文化，在长期的革命斗争和思想论战中诞生，在新中国建设和改革开放中得以完善和发展。中国特色政党文化，是在马列主义、毛泽东思想、邓小平理论、"三个代表"重要思想和科学发展观的指导下，以中国共产党领导的多党合作和政治协商制度为基础，以社会主义政治价值观为核心，以社会主义民主意识和法制观念为内容，植根于中国优秀的政治文化传统，扬弃吸收西方资产阶级的政治文化精华，而形成的政治思想、政治情感、政治信仰和政治心理。它具有自强不息、以人为本、自求常新、求真务实等丰富内涵，具有主体广泛、内容丰富、关系和谐、包容兼蓄等鲜明特征，拥有稳定政治、发展经济、整合社会、建设民主等强大功能。

黎玉林在《关于我国政党制度功能与价值的思考》(《江苏省社会主义学院学报》2005 年第 5 期) 一文中认为，中国特色政党制度的功能与价值在不同的历史时期呈现出不同的特点，在同一历史时期不同功能发挥的强弱也有较大差异。这表明：政党制度的功能与价值在特定的历史阶段有主导与非主导方面，但随着社会政治生态和社会结构的变迁其主导与非主导方面也是变动不居的。总体来看，在中国特色政党制度功能与价值中，政治领导、社会整合和政治稳定功能一直占据主导方面，政治参与和政治监督功能偏弱，但呈螺旋式上升的态势。我国政党制度功能与价值变动的动因及趋向：第一，从外因看，政治生态是我国政党制度功能与价值变动的重要条件。第二，从内因看，社会结构是我国政党制度功能与价值演进的内在根据。第三，主导与非主导方面的协调发展是我国政党制度功能与价值提升的必然趋势。总之，在中国特色政党制度功能价值体系中，居于主导方面的政治领导、社会整合和政治稳定功能的强大，适合我国社会主义初级阶段的基本国情，契合我国实现社会主义现代化的奋斗目标，集中体现出社会主义政党制度坚持共产党领导和执政的特点和优势。但矛盾的主要方面与非主要方面是相互联结、相互影响、相互制约、并在一定条件下相互转化的。现阶段的中国，政治生态已经走上发展社会主义民主政治的良性轨道，社会结构已经呈现出日益分化的多元格局。中国特色政党制度发展的方向不是削弱共产党的领导，不是搞多党轮流执政，而是坚持和完善“共产党领导、多党派合作，共产党执政、多党派参政”的政治格局。因此，回应中国政治生态和社会结构的变迁，着力加强多党合作的政治参与和政治监督功能，实现多党合作功能价值的主导方面与非主导方面的协调发展，应该成为全面提升中国特色政党制度功能与价值的目标指向。

（二）多党合作制度的结构和功能

关于多党合作制度的结构和功能研究在原有研究的基础上，得到了进一步深化。鲁开垠、蔡冬菁的《SCP 范式：中国政党制度的框架分析》（《广东省社会主义学院》2009 年第 1 期）一文，为研究多党合作制度的结构提供了新的视角。

鲁开垠、蔡冬菁在《SCP 范式：中国政党制度的框架分析》（《广东省社会主义学院》2009 年第 1 期）一文中认为，产业经济学 SCP 范式的结构（S）——行为（C）——绩效（P）的分析框架，为我们分析中国政党制度提供了一个全新的理论视角。SCP 范式下的中国政党结构特征主要有：中国政党结构具有稳定性；中国政党结构是不断发展的动态结构；中国政党结构具有功能的互补性。SCP 范式下中国政党行为的转变主要表现为：中国共产党执政方式的转变；民主党派参政议政能力的提高；中国共产党与各民主党派在合作与监督中互相促进。SCP 范式下中国政党制度绩效分析体现为：政治层面：推动了中国民主政治进程；社会层面：促进了社会健康和谐发展；国际层面：改善了政府的国际形象；经济层面：解放和发展了生产力。

苑晓杰、马士峰在《中国特色社会主义政党制度的结构选择与功能分析》（《科学社会主义》2009 年第 3 期）一文中认为，中国的多党合作制度作为一种新型的社会主义政党制度结构，具有以下三个方面的突出特征。第一，结构的稳定性。我国共产党领导的多党合作制度呈现出一个“同心圆”结构，中国共产党以其自身的先进性成为国家和社会的领导核心，具有极强的凝聚力和向心力，构成这个“同心圆”的中心点。八个民主党派以其各自的进步性和广泛性，围绕在中国共产党周围，自觉接受中国共产党的政治领导，同中国共产党通力合作，而构成这个“同心圆”的有机组成部分。这样一个“同心圆”结构在时空运行中具有超强的稳定性和延续性。第二，结构的包容性。在我国的政党制度结构中，中国共产党是执政党，各民主党派是参政党，在国家政治生活中政治协商和通力合作，既有利于加强和改善中国共产党的领导，也有利于充分发挥民主党派的参政党作用。这样的政党制度安排，从根本上更加有利于实现好、维护好、发展好广大人民群众的根本利益和具体利益，体现出极大的包容性和开放性。第三，结构的和谐性。我国的政党没有“在朝在野”之分，也不存在反对党，在中国共产党的领导下，各政党之间团结合作、求同存异、和谐共生。中国政党制度上述结构的特点，决定了其主要功能是政治参与、利益表达、社会整合、民主监督和维护稳定，并且有利于这五项功能的发挥。

王小鸿在《中国特色政党制度的结构与功能研究》（《湖南社院学报》2009 年第 6 期）一文中认为，中国特色政党制度的结构是由中国共产党、八个民主党派及无党派人士等要素构成的多维集中结构，中国共产党是核心要素，八个民主党派及无党派人士是基本要素。在这一结构中，中国共产党处于中心，起着政治领导作用，有效地避免了多党相互攻讦，导致政治冲突和动荡，从而保证了结构的稳定性；而八个民主党派和无党派人士围绕在中国共产党周围，有利于广泛汲取来自各方面的意见和建议，从而扩大了民主，保证了结构的活力。中国特色政党制度具有特殊的功能，主要有：政治关系整合功能，包括协调各种利益关系的利益关系整合功能和对各种政治力量、政治诉求和政治要素等政治资源进行整合的功能；保证政治参与的广度、深度、热度、透明度和实效度等的政治参与功能；以及通过提意见、建议和批评的方式实施监督的民主监督功能等。中国特色政党制度的结构和功能是辩证统一的关系，中国特色政党制度的结构是其功能的基础，决定着其功能的发挥，同时中国特色政党制度的功能发挥又会反作用于其结构。要使中国特色政党制度的功能得到充分发挥，主要是靠正确认识和调整中国特色政党制度的结构。

欧永宁在《关于中国政党制度的结构模式及其和谐化的思考》(《华北电力大学学报》第4期) 一文中认为，不同的政党制度有不同的结构模式。“一主多元”是中国政党制度结构上的显著特点，它与西方政党制度的“多元化”结构模式以及前苏联政党制度的“一元化”结构模式有着根本的区别。“一主多元”结构模式的中国政党制度一方面坚持共产党的领导，这也就坚持了最广大人民群众的根本利益；另一方面，它坚持共产党领导下的多党合作，充分发挥和支持民主党派参政议政、政治协商、民主监督的职能，也就兼顾了社会主义社会不同阶层、群体的不同层次不同方面的具体利益，因此这一结构模式的政党制度能够很好地把广大人民群众的根本利益和具体利益、长远利益和现实利益、整体利益和局部利益有机地结合起来，把政治决策中的民主与集中结合起来。中国政党制度结构模式构建过程中存在的基本问题就是如何做到中国政党制度结构内部各要素之间以及制度本身与其外部环境之间的相协调相适应，使中国政党制度结构构建实践的实然状态与结构模式所规定的应然状态尽量趋于一致。因此要求我们必须正确处理中国政党制度结构内部各要素之间的相互关系，必须正确处理在中国社会结构中中国政党制度与中国其他根本的或基本的制度的相互关系，必须正确处理中国政党制度与其他国家政党制度的相互关系。

金崇芳、郁广健在《中国特色政党制度的生成机理及社会功能解析》(《陕西社会主义学院学报》2009年第2期) 一文中认为，中国特色的政党制度，是中国共产党和各民主党派智慧的结晶，符合中国国情和中国革命、建设、改革的实际，体现了中华民族和而不同、兼容并蓄的优秀文化传统。中国多党合作制度的功能主要体现为：(1) 多党合作制有利于促进我国政治体制的法制化，具有政治稳定功能。(2) 多党合作制有利于促进我国社会利益的和谐化，具有社会整合功能。(3) 多党合作制有利于促进我国政治文化的公民化，具有政治民主的功能。

张健、蒋霞在《论中国特色政党制度的民主功能》(《江苏工业学院学报》2009年第4期) 一文中认为，中国特色政党制度即中国共产党领导的多党合作和政治协商制度，作为我国一项基本的政治制度，是社会主义民主的重要体现。这一政治制度有利于推动以党内民主带动人民民主，有利于促进公民广泛的政治参与，有利于完善政治主体间充分的政治协商，有利于规范党际间积极的互相监督，有利于实现转型期社会动态的政治稳定。

曾迎红在《中国特色的多党合作制度是通向民主的有效途径》（《湖南社院学报》2009 年第 4 期）一文中认为，中国多党合作制度是最具独创性的最合理的政党制度，它能够充分体现代议制民主的本质，有利于促进中国社会生产力持续发展，是中国通向民主的有效途径。要使这一制度更加完善，应建立畅通的信息沟通机制、规范的政治协商机制、高效的参政议政机制、健全的监督保障机制。

黄晗在《浅折中国多党合作制度的政治民主化功能及建设》（《法制与社会》2009 年第 4 期）一文中认为，中国多党合作制度的功能主要体现在以下方面：政治参与、利益表达、社会整合、民主监督、维护稳定，贯穿这些功能的价值核心就是政治民主化，而政治民主化是我国多党合作制度诸功能中的最本质、最稳定的功能。

（三）多党合作制度的价值和功能开发

关于多党合作制度的价值和功能开发，特别是关于多党合作制度专项功能的开发，是本年度关于多党合作制度价值和功能研究的最大亮点。曲宏明、沈艳的《中国特色政党制度的民主价值与功能开发》（《中央社会主义学院学报》2009 年第 2 期）、黄天柱的《制度功能开发与多党合作可持续发展》（《上海市社会主义学院学报》2009 年第 3 期）、石学峰的《社会分层与我国政党制度整合功能研究》（《云南社会主义学院学报》2009 年第 4 期）和李俊的《民间组织的成长与中国政党制度整合功能的优化》（《福建省社会主义学院学报》2009 年第 4 期）都很有新意。

曲宏明、沈艳在《中国特色政党制度的民主价值与功能开发》（《中央社会主义学院学报》2009 年第 2 期）一文中认为，政党制度中的民主内涵既是政党追寻的价值取向，又可以作为政党制度的价值功能而存在。中国特色政党制度是为追求民主政治的目标而建立的，寓有丰富的民主价值内涵。政党制度的民主价值，最终还是要通过政党制度的民主功能开发来体现的。目前多党合作实践中还存在着较为普遍的偏离民主精神的现象。一是民主氛围不够浓厚。二是民主形式不够丰富。三是民主实效不够明显。影响中国特色政党制度民主功能发挥的因素分析主要有：第一，有章可循，无法可依。第二，理论先行，实践滞后。第三，参政有位，能力有限。开发政党制度的民主价值功能应正确处理几个关系：第一，正确处理执政党的党内民主建设与参政党的党内民主建设联动的关系。第二，正确处理制度建设与民主文化建设之间的关系。第三，正确处理坚持党的领导与促进多党派团结合作的关系。第四，正确处理执政党的发展与参政党的发展相互促进的关系。第五，正确处理执政党与参政党互相监督的关系。

黄天柱在《制度功能开发与多党合作可持续发展》（《上海市社会主义学院学报》2009 年第 3 期）一文中认为，在全球化程度不断提高和我国改革开放事业不断深入的大背景下，必须高度重视和深入研究我国多党合作制度可持续发展的问题。实现我国多党合作制度的可持续发展，是一个系统工程，其中，制度功能的充分开发是一个非常关键的因素。制度有效性与制度合法性的关系决定了充分开发制度功能对于实现我国多党合作制度可持续发展的重要性。制度功能的实现状况决定了充分开发我国多党合作制度功能的必要性。当前及今后很长一段时期我国多党合作制度功能开发的总体思路应该是在继续发挥好政治参与、利益表达和维护稳定等功能的同时，将着力点放在社会整合功能和民主监督功能上。其理由有三：一是从制度功能的定位来看，社会整合功能和民主监督功能在我国多党合作制度功能体系中占有特殊地位；二是从制度功能的现实状况来看，社会整合功能所面临的现实挑战最为直接和严峻，而民主监督功能则是当前最薄弱的环节；三是从制度功能的发展趋势来看，随着构建社会主义和谐社会与建设社会主义民主政治在中国特色社会主义事业总体布局中的地位日益突出，我国多党合作制度的社会整合功能和民主监督功能正逐渐凸显出来。充分开发我国多党合作制度功能，关键是要不断提高我国政党制度的制度化水平。首先，制度化的基本方向应是法制化。其次，制度化的基本思路应是将多党公认的、具有普遍意义的、有实效的做法和经验从制度上、法律上加以确认。最后，制度化的突破口应是加强民主监督的制度化建设，要让软性监督有硬性的制度保障。

高新民在《政治共识与中国政党制度》（《中国党政干部论坛》2009 年第 8 期）一文中认为，当下中国社会正处于转型时期，多元利益群体并存。寻求基本政治共识，是社会稳定发展的基本条件。而中国共产党领导的多党合作制度，对于形成全社会基本政治共识、保持社会的稳定发展具有重要意义。（1）基本政治共识——中国特色政党制度的意识形态基础。（2）社会政治共识能否延续——多元利益群体并存条件下的新考验。第一，对于处在社会转型时期的社会来说，就政治发展而言，重要的不是政党的数量而是政党制度的力量和适应性。也就是说，在中国现有的政党体制框架内，执政党和各党派能否容纳各种不同利益群体和新生的阶层，使之成为现行体制框架内的力量而非反对派的力量，是形成政治共识、保持社会稳定的重要因素。第二，各政党由于所代表的群众基础与执政党有所不同，能否真正表达社会特定阶层和利益群体的诉求，是获得群众认同、并进而引导社会不同利益群体适应主流价值和主流意识形态的条件。第三，改革开放以来形成的中国共产党在重大决策和重要人事任免等问题上与各党派和工商联进行沟通协商，亦包含有程序性共识意义，是保证决策符合民意的制度设计。如果中国政党制度能够在新的历史条件下进一步发挥特有的作用，拓展其发展空间，就可以为多元利益博弈的社会提供形成政治共识的制度框架。（3）现行政党体制框架内形成政治共识的几点思考。第一，进一步发挥参政党的代表性功能和表达功能。第二，进一步发挥参政党在社会中的沟通功能。第三，进一步开拓多种渠道，使参政党成为社会对话协商机制的重要组成部分。

熊必军在《多党合作和政治协商制度适应性效率的理论分析》（《中国人民政协理论研究会会刊》2009 年第 2 期）一文中认为，任何政治制度价值与功能的实现都有赖于合理的制度结构和良好的制度安排。多党合作制度既是基于我国传统“和合”文化的理念，社会历史发展的选择，也是基于中国社会政治生活不同于西方社会政治生活的制度环境，它的制度结构具有合理胜、合法性和现实性的适应性效率，但其制度安排是需要健全和完善的。以前我们在讨论多党合作制度时总是不加区分地、笼统地提出一些改善的措施，有些是不切实际的。应该把多党合作制度区分为制度结构和制度安排，制度结构决定或直接影响着制度安排，制度安排决定或直接影响着制度效率。

政治协商、参政议政、民主监督构成了多党合作制度的制度安排，具有合理性、合法性、现实性，是适应中国社会政治生活的政党制度，具有制度的适应性效率。因此，在我国的政治生活中，制度结构已经适应了我国社会历史的发展，确立了我国政党制度的基本模式，产生了很好的制度效率，是不需要改变的。因此，在加强我国社会主义民主政治建设的进程中，主要是加强中国共产党领导的多党合作和政治协商制度中的制度安排建设，完善政治协商、参政议政、民主监督等各项制度安排，强化多党合作和政治协商制度的适应性，提高多党合作和政治协商制度的制度适应性效率，以应对国际、国内各种复杂的环境，克服局限性，更好地推进我国的民主政治建设。

陈宗兴在《加强中国共产党领导的多党合作和政治协商制度建设扩大公民有序政治参与》（《中国人民政协理论研究会会刊》2009 年第 4 期）一文中认为，中国共产党领导的多党合作和政治协商制度同人民代表大会制度、基层民主自治制度等政治制度相互补充、相辅相成，形成了制度化体系，开辟了从上到下的民主渠道，使民主党派成员、社会各界人士以及基层民众广泛参与国家和社会事务的管理，能够在很大程度上适应扩大公民有序政治参与的要求。就多党合作和政治协商制度而言：第一，多党合作和政治协商制度的结构特征有利于扩大公民的政治参与。第二，多党合作和政治协商制度的运行模式有利于扩大公民的政治参与。第三，多党合作和政治协商制度的整合机制有利于扩大公民的政治参与。为了适应公民政治参与积极性的不断提高和公民政治参与有序化的要求，必须坚定不移地推进中国共产党领导的多党合作和政治协商制度建设，充分发挥人民政协及各民主党派在引导、规范、促进、扩大公民政治参与方面的作用。一要充分调动社会各方面的积极性，尤其要重视发挥参政党的参政议政、民主监督作用。二要适当扩大民主党派的社会基础，积极关注不同阶层和群体的利益诉求。三要切实加强民主党派自身建设，全面提高参政能力和水平。

齐春雷在《政治参与视野中的中国特色政党制度》（《中央社会主义学院学报》2009 年第 4 期）一文中认为，中国特色政党制度框架下的政治参与是以协商为主线而展开的。它保证了政治参与的广泛性和有序性的统一、政治参与的广泛性和决策效率的统一、扩大政治参与和保持政治稳定的统一。在民主政治已成为世界政治潮流、“民主、和谐、发展”已成为国内政治主题的今天，从民主政治的视角来审视我国的政党制度，按照民主政治的要求来加强政党制度的建设就成为新时期的重要课题。因此，以民主政治为评价标准，在政治参与视野中审视中国特色政党制度，应当吸收西方选举式民主中的有益元素。适度增加党内竞争因素，激发党员政治参与的积极性；扩大协商主体范围；完善民主协商的程序架构；协商民主要与选举民主相衔接；完善人民政协的制度安排。总之，在政治参与视野中吸收借鉴西方政党制度中有益于我国民主政治建设的因素，有利于推进中国特色政党制度的进一步发展和完善。

任世红在《影响中国特色政党制度功能与价值的基本因素》（《湖北省社会主义学院学报》2009 年第 1 期）一文中认为，中国特色政党制度在不同的政治生态环境中，其功能与价值呈现出明显的阶段性特点。在全面推进中国特色社会主义现代化建设中，中国特色政党制度的功能与价值开始全面体现。影响中国特色政党制度功能与价值的基本因素有四个方面，即：制度因素、结构因素、历史因素与现实因素。

王力民在《把握多党合作制度的特征提升政治协商的价值和功能》(《云南社会主义学院学报》2009 年第 3 期) 一文中认为，进一步完善多党合作制度是社会主义初级阶段乃至整个社会主义时期的基本方针。提升政治协商的价值和功能应从以下几个方面进一步加强：一是进一步处理好中共和各民主党派的关系，二是逐步实现多党合作的法律化、制度化，三是进一步完善政治协商和互相监督制度。

侯卫伟在《中国特色政党制度视野内的公民有序政治参与研究》(《江苏省社会主义学院学报》2009 年第 1 期) 一文中认为，政治参与的扩大是政治现代化的重要标志，也是社会主义民主政治的本质要求。在我国，公民有序政治参与具有以下几个主要特点：(1) 公民有序政治参与是在中国共产党领导下的政治参与。(2) 有序政治参与是合法、自主、理性的政治参与。(3) 有序政治参与是渐进式的政治参与。中国特色政党制度在扩大公民有序政治参与中的作用：(1) 中国特色政党制度的“领导力量一元化和参与主体多元化”结构特征有利于扩大公民的政治参与。(2) 中国特色政党制度的“协商性”运行模式有利于扩大公民的政治参与。(3) 中国特色政党制度的利益表达与整合机制有利扩大公民的政治参与。(4) 中国特色政党制度的政治社会化功能有利于扩大公民的政治参与。新形势下进行政治体制改革，扩大公民有序政治参与的努力方向，就是要适应社会主义民主政治建设的要求，完善现有的政治参与体系，推进公民政治参与的有序化，使现有政治体系能广泛容纳公众日益增长的政治参与要求，实现动态的政治稳定。

石学峰在《社会分层与我国政党制度整合功能研究》(《云南社会主义学院学报》2009 年第 4 期) 一文中认为，目前我国正处于社会分层过程中，主要表现为：一是农民阶级的分化；二是工人阶级的分化；三是知识分子阶层的分化；四是出现了新的社会阶层。社会分层的这种状况，给我国政党制度整合功能带来了重大挑战。一是社会分层导致利益诉求多样化，使当代中国政党制度的利益整合功能面临挑战；二是社会分层导致价值观念多元化，使当代中国政党制度的意识形态整合功能面临挑战；三是社会分层导致社会非稳定因素凸显，使当代中国政党制度的社会整合功能面临挑战。重构我国政党制度整合功能的基本思路主要有：一是疏通利益表达机制，增强中国政党制度的利益整合功能；二是强化执政党外围组织的利益表达功能；三是提高制度整合能力，发挥中国政党制度的制度整合的功能与优势。

李俊在《民间组织的成长与中国政党制度整合功能的优化》(《福建省社会主义学院学报》2009 年第 4 期) 一文中认为，民间组织的兴起，深刻地改变了中国社会的建构方式，使中国原有的组织化社会的社会建构体系面临社会组织化的社会建构体系挑战。两种社会建构体系共存的格局要求执政党善于利用好政党制度和民间组织这两种整合工具，尤其是要优化中国政党制度的整合功能，从价值、制度和组织三个层面实现对民间组织整合机制的有机衔接，从而实现社会自治与党的领导的最佳平衡，达到全面有效整合社会的目的。

徐映奇在《利益集团多元化与多党合作整合力》(《广州社会主义学院学报》2009 年第 3 期) 一文中认为，转型时期的中国社会，随着社会利益格局的重新分化、组合，利益集团多元化趋势明显，并逐渐成为国家政治生活中的重要参与主体，对政治发展的影响日益深刻。当前我国社会结构变化中利益矛盾和冲突，突出地影响在政治稳定领域。因此，必须充分发挥各利益集团的参政议政能力和利益表达能力，使各种利益要求在相互博弈中达到互相理解和合作，从而在个人利益、群体利益与公共利益之间架起一座沟通的桥梁，在政府决策层面上达到各种利益的高度整合。政党政治是现代政治的重要特征，一个社会的良性运转和发展，很大程度上依赖于协调各种矛盾和利益冲突的政党制度。面对多元化的社会利益集团，必须增强我国多党合作政党制度的整合力。一是提高执政党的整合力；二是增强参政党的整合力；三是完善多党合作政党制度意识形态的整合力；四是开启多党合作政治资源的整合力。

耿百峰在《当代中国政党制度社会整合功能的实现路径——从社会阶层分化的视角分析》（《理论学刊》2009 年第 1 期）一文中认为，党的十一届三中全会之后，随着计划经济体制向着市场经济体制转型，工人阶级、农民阶级和知识分子阶层发生了分化，并出现了新的社会阶层。社会阶层的分化，使当代中国政党制度的利益整合、组织整合和意识形态整合功能面临挑战。当代中国政党制度社会整合功能的实现路径主要体现在：整合利益关系，确保和谐社会的政治稳定性；整合组织资源，扩大中国各政党的群众基础；整合意识形态，形成相对稳固的全社会的核心价值体系。

五、多党合作制度中的政党关系和谐

正确认识和处理中国共产党和民主党派的关系，保持和促进我国政党关系和谐，是发展社会主义民主政治、建设社会主义政治文明的重要内容。经过两年的研究，人们对政党关系和谐的一些基本问题已经达成了共识。2009 年关于多党合作制度中的政党关系和谐研究，在 2007 年和 2008 年研究的基础上，重点研究了和谐政党关系的构建，提出了一系列构建和发展和谐政党关系的基本思路和具体措施。其中，以丁威的《影响政党关系和谐的因素、主要问题和对策研究》（《唯实》2009 年第 1 期）和杨选锋的《科塞的冲突理论对我国构建和谐政党关系的启示》最具代表性。

（一）政党关系和谐的历史考察

孙丽娟在《和谐的中国政党关系建立的历史动因初探——以中国传统文化历史为路径进行的思考》（《湖北省社会主义学院学报》2009 年第 5 期）一文中认为，在有关中国政党制度及其理论的研究中，关于“和谐的政党关系符合我国的基本国情”，以及“我国和谐的政党关系是历史形成和发展起来的”等观点已成为国内政治理论学界的共识。但是当我们言称“基本国情”、“历史形成和发展”是我们今天政党制度形成的基础乃至必然性时，我们所称之“国情”有无历史时限的确指？与此密切相关的还有我们所指的这个“历史”是否有具体的界定？本课题的研究在于强调：中国现有的政党制度形成的基础其实应该回溯到更早的历史阶段，而现行的政党制度体系内的各党派之间的和谐关系的文化渊源，来自于中华民族上下五千年崇尚的“天人合一”的整体宇宙观、“知行合一”的整合的系统思维的认识论，以及以社会和谐为本位主义的人文主义精神。正是中国传统文化中关于“和谐”的价值取向和形成的文化理念才是当今乃至今后很长一段历史时期里中国政党制度和政党关系建立的历史动因——这样的认识有助于我们正视中国现代政党制度存在的长期性、持久性，从而真正明确各党派在中华民族今后发展道路上的历史使命，真正确切地意识到作为参政党在现有的政党制度中的性质、职能、作用，从而更准确地把握参政党建设规律、参政规律等。中国今天政治制度的建立决定于中国历史的政治传统、经济传统和法制传统、文化传统的基础，而各政党之间建立和谐的关系是由我们的文化、历史的内质所奠定的。

李超在《改革开放以来我国和谐政党关系的发展历程》（《文史杂志》2009 年第 5 期）一文中认为，改革开放以来，在中国特色社会主义建设的伟大实践中，我国大陆的政党关系不断发展。根据中国共产党领导的多党合作事业的制度化程度，可以划分为三个阶段。一是中国共产党实现历史性转折，恢复并发展与民主党派的团结合作和谐关系，和谐政党关系朝着制度化建设发展（1978—1989）；二是以《中共中央关于坚持和完善中国共产党领导的多党合作和政治协商制度的意见》颁布为标志，和谐政党关系获得基本制度的保障（1989—2005）；三是以《中共中央关于进一步加强中国共产党领导的多党合作和政治协商制度建设的意见》下发为标志，和谐政党关系进一步得到制度强化（2005—2009）。

吴正德在《和谐政党关系的崭新局面——改革开放三十年的回顾与展望》（《中国统一战线》2009 年第 1 期）一文中认为，改革开放 30 年来，政党关系步入了稳定和谐的良性发展轨道，呈现出前所未有的和谐局面：政党地位明确、政党关系稳定、政治参与有序、政治协商有效。和谐的政党关系是改革开放以来我国政党制度实践历程的主要特征。支撑和谐政党关系的深层次原因主要有：第一，解放思想、实事求是的思想路线为和谐政党关系的形成创造了良好的政治环境。第二，社会主义民主法制建设的深入推进为和谐政党关系的发展提供了有力的制度保障。第三，中国特色社会主义的生动实践为和谐政党关系的巩固构筑了坚实的事业基础。

（二）政党关系和谐的内涵

郭晶亮在《论中国特色的和谐政党关系建设》（《湖南行政学院学报》2009 年第 1 期）一文中认为，和谐政党关系的科学内涵应该包括三个方面：首先，和谐是一个相对的概念，是以矛盾和差异为基础的，承认矛盾和尊重差异，正确认识和处理差异，矛盾的双方就能和谐共处；否则，矛盾的双方不仅难以和谐，而且会在一定条件下走向对抗。其次，和谐政党关系的内容具体又丰富，包括和而不同、求同存异、各尽所能、各得其所、彼此尊重、互为补充。完整意义上的和谐政党关系，应当包括党内和谐与党外和谐的互相配合、互相支持、互相促进。第三，和谐政党关系还表现在和谐的程度上。如监督到什么程度，哪些层面？既表现为一定程度的竞争中的和谐，通过一定程度的良性竞争来达到更高层次和更高水准的和谐，也表现为公平、正义。和谐既是一种主观评价，同时也是一个客体的评价，而客体的评价更关键。

团结报评论员在《政党关系和谐的构成要素——二论和谐政党关系与多党合作》（《团结报》2009 年 8 月 27 日）一文中认为，我国和谐的政党关系，是在长期的中国革命、建设和改革开放实践中形成和发展起来的，在运行主体、政治基础、制度保障等方面都具有独特的构成要素。正确认识和把握这些构成要素，是保持和发展我国和谐政党关系的关键。中国共产党和各民主党派是政党关系和谐的主体。中国特色社会主义政治发展道路是政党关系和谐的基础。多党合作和政治协商制度是政党关系和谐的制度保障。执政党建设和参政党建设相互促进是政党关系和谐的必然要求。

孙信在《多党合作制度与政党关系和谐》（《湖北省社会主义学院学报》2009 年第 4 期）一文中认为，政党制度规定政党关系，有什么样的政党制度，就有什么样的政党关系。由于世界各国政党制度类型不同，其政党关系也多种多样。中国合作型的政党制度，为政党关系和谐提供了制度保障。第一，政党格局的稳定性为政党关系和谐奠定了坚实基础。第二，政党社会地位的法定性为政党关系和谐提供了根本保证。第三，政党职能的确定性为政党关系和谐营造了和谐的政治环境。第四，政党之间的共生性为政党关系和谐提供了可靠保证。

丁俊萍、程铁军在《政党关系的和谐与党际和谐文化建设》（《教学与研究》2009 年第 1 期）一文中认为，在当代中国的政党制度设计中，执政的中国共产党与参政的各民主党派之间的关系是一种共生合作的关系，这种关系本身就蕴含着和谐文化的价值理念。在这具有中国特色的政党制度中，执政党与参政党之间形成相互合作的关系无疑是中国近现代历史的选择，同时也内含着中国传统和谐文化对这种政党制度设计的影响。中国共产党领导的多党合作与政治协商制度本身就蕴含着和谐的文化理念，体现着和谐的价值取向。这一政党制度所蕴含的和谐理念或体现的价值取向，实际上就是党际和谐文化。中国共产党与各民主党派的党际和谐文化建设，是当代中国社会和谐文化建设的重要组成部分。当代中国党际和谐文化有着深厚的传统底蕴和现实基础，其建设有利于巩固和发展我国和谐的政党关系，从而有利于增强中国特色政党制度的利益表达和政治整合功能，促进我国社会主义和谐社会的构建。党际和谐文化建设需要执政党与参政党共同努力。

何桃元在《多党合作制度与中华民族“和而不同”的文化传统》（《湖北省社会主义学院学报》2009 年第 5 期）一文中认为，中华优秀传统文化集中体现在“和合”文化、“修身”文化和“善缘”文化三个方面。其中，“和合”文化是中国传统文化中最核心、最有代表性的文化，是中国传统文化的精髓所在。而中国共产党领导的多党合作制度既讲求同舟共济、和谐统一，又体现了“和而不同”的文化传统。多党合作制度具有的“大团结、大联合”特点，传承了中国传统文化“和合文化”的理念；多党合作制度倡导的“求同存异、和衷共济”理念，是中国传统文化“和而不同”思想的继承和发展；和谐与统一是多党合作制度的基石，与中国传统文化“天人合一”一脉相承。

刘菊香、农林在《和合文化与党际和谐》（《中央社会主义学院学报》2009 年第 3 期）一文中认为，和合文化是中华传统文化的核心和精髓，是我国多党合作制度产生的文化根源和哲学基础，同时也是我国多党合作和政治协商制度的价值理念。和合文化在构建和谐政党关系中的价值主要为：（1）“多元统一、和谐共生”是我国多党合作制度产生的文化根源。（2）“尊重差别、和而不同”是我国多党合作制度存在的哲学基础。（3）“和为贵、普遍和谐”是我国多党合作制度的价值理念。以和合文化为基础构建和谐的政党关系，和谐由可能变为现实：（1）各政党倡导和谐意识、树立和谐理念是构建和谐政党关系的前提。（2）执政党提高执政能力是构建和谐政党关系的主导因素。（3）参政党提高参政议政能力是构建和谐政党关系的重要因素。（4）构建党际间的良性互动机制是建立和谐党际关系的重要手段。

（三）和谐政党关系的构建

杭元祥在《坚持多党合作制度发展和谐政党关系》（《民主》2009 年第 5 期）一文中认为，发展和巩固社会主义和谐政党关系，无论在多党合作理论上还是在多党合作实践中，都是一个重要的命题。政党关系的长期和谐，既是我国政党制度的一个显著特征和巨大优势，也是坚持和完善我国政党制度的内在要求。坚持长期共存、互相监督、肝胆相照、荣辱与共的方针，是发展和巩固社会主义和谐政党关系的基本前提。遵循多党合作的重要政治准则，是发展和巩固社会主义和谐政党关系的重要基石。坚持走中国特色社会主义政治发展道路，是发展和巩固社会主义和谐政党关系的重要保证。坚持执政党建设与参政党建设相互促进，是发展和巩固社会主义和谐政党关系的必然要求。

孙信在《多党合作制度与政党关系和谐》（《湖北省社会主义学院学报》2009 年第 4 期）一文中认为，我国合作型的政党制度为政党关系和谐提供了制度保障，但这并不是说确立了政党制度，政党关系和谐就能够自然而然地实现。多党合作制度只是提供了实现政党关系和谐的基础和条件，使政党关系和谐成为可能。要把这种可能变成现实，真正做到政党关系和谐，还有赖于政党制度功能的发挥。多党合作制度在国家的政治生活中发挥的政治参与、利益表达、民主监督、维护稳定和社会整合功能，体现了社会主义民主的本质要求，有力地促进了政党关系和谐。第一，在政治参与中体现和谐。第二，在利益表达中追求和谐。第三，在民主监督中营造和谐。第四，在维护稳定中保持和谐。第五，在社会整合中实现和谐。

赵晓昕在《科学发展视野下和谐党际关系构建》（《中共铜仁地委党校学报》2009 年第 2 期）一文中认为，党际和谐是指政党之间一种长期的持续的和相对稳定的有效的合作状态，是政党与政党之间竞争与合作、差异与共识、稳定与活跃等关系之间的交叉点。和谐党际关系是科学发展条件下执政党的目标追求。中国共产党和各民主党派在历史上保持了良好的互助合作关系，中国革命和建设的历史也是一部各党派间和谐相处的历史。但我们也要清醒地认识到，中国共产党与其他民主党派间的和谐的关系不是天然的，在新的改革开放的形势之下，在深入学习和实践科学发展观的今天，和谐的党际关系仍然是我们的目标和追求。第一，党际和谐是多元社会结构背景下社会整合的需要。第二，党际和谐是社会主义民主政治追求下政治参与的需要。第三，党际和谐是中国共产党长期执政条件下科学决策的需要。第四，党际和谐是社会主义建设任务下力量动员的需要。以科学发展观为指导构建和谐党际关系，需要在以下几个基本指导原则下进行：第一，坚持科学发展的原则。第二，坚持改革与稳定相统一的原则。第三，坚持“和而不同”的原则。第四，坚持双向互动的原则。第五，坚持特色和借鉴相统一的原则。

杨选锋在《科塞的冲突理论对我国构建和谐政党关系的启示》(《湖北省社会主义学院学报》2009 年第 6 期)一文中认为，科塞认为社会冲突是客观存在的，冲突不只具有破坏作用，还具有社会整合的积极作用。用科塞的冲突理论考察我国和谐的政党关系，主要表现为，外部冲突与政党间的政治认同；内部冲突与政党关系的协调与稳定；冲突的“安全阀”功能与民主党派的利益表达；冲突的社会平衡机制与政党的相互监督。科塞的冲突理论对我国构建和谐政党关系的启示：正视政党间的和而不同，坚持中国特色的政党和谐观念；建立冲突预警机制，发挥民主党派政治“安全阀”的作用；合理配置政治资源，提高执政党与参政党的履职能力；提高民主党派的社会地位，促进和谐政党关系的构建。

丁威在《影响政党关系和谐的因素、主要问题和对策研究》(《唯实》2009 年第 1 期)一文中认为，政党关系是现代民主国家一个至关重要的关系。从现实和长远来看，建立和谐政党关系是构建社会主义和谐社会的政治基础，是发展社会主义民主政治、建设社会主义政治文明的必然要求，也是加强党的执政能力建设、提高党的执政能力水平的重要内容。新时期影响构建“和谐”政党关系的主要因素及问题主要有：(1)我国改革开放以来国内形势的深刻变化带来了新挑战。(2)国外敌对势力“西化”、“分化”的影响。(3)各政党对于多党合作政党制度认识的偏差。(4)各政党对各自地位和作用的认识的偏差。(5)贯彻落实多党合作政党制度的配套政策、措施、制度、机制的滞后。(6)有的地方、部门党组织对多党合作政党制度下的政策制度执行力的差异。构建和谐政党关系的主要对策：(1)牢牢把握政党和谐思想，提高构建和谐政党关系重要意义认识。(2)坚持社会主义政治道路，完善多党合作制度。(3)提高党的执政能力，加强和改善党对多党合作的领导，充分发挥执政党在构建和谐政党关系中的主体作用。(4)加强民主党派自身建设，实现参政党的现代化。

王习贤在《党际和谐的基本要求及实现途径》(《湖南社院学报》2009 年第 1 期)一文中认为，党际和谐的时代价值在于：党际和谐是社会和谐重要内容；建设和谐的党际关系是协调利益矛盾，整合社会资源的必要手段；实现党际和谐是社会主义民主政治的重要体现。党际和谐的基本要求是：各党派法律地位一律平等；和而不同，求同存异的政治理念；民主协商民主监督的良性机制。实现党际和谐的主要途径：发挥执政党在建设和谐党际关系中的主导作用；建立和完善有利于政党和谐的机制；不断加强参政党的自身建设。

李波在《社会主义和谐政党关系探析》(《沈阳建筑大学学报》2009 年第 1 期)一文中认为，社会主义政党关系具有丰富的内涵和具体的内容，和谐政党关系的基础是目标的一致性，和谐政党关系的关键是制度和谐，和谐政党关系的第一要务是发展。巩固和发展社会主义和谐政党关系，一是加强多党合作制度建设，推动多党合作制度的创新发展。二是谋求中国共产党党内和谐，促进社会主义和谐社会建设，促进政党关系和谐，虽然是执政党和参政党双方共同的责任和义务，但执政党处于主导地位，担负着更重要的责任。三是加强参政党自身建设，促进统一战线内部和谐。巩固和发展社会主义和谐政党关系，是构建社会主义和谐社会的重要基础，是发展社会主义民主政治的必然要求，是提高中国共产党执政能力重要途径。

彭丽花在《对构建和谐政党关系的若干思考》(《福建行政学院学报》2009年第1期)一文中认为，构建和谐政党关系是中国共产党提出的一个全新命题，它对当代中国社会发展有着重大的现实意义：第一，政党关系和谐是构建社会主义和谐社会的重要基础。第二，政党关系和谐是发展社会主义民主政治的内在动力。第三，政党关系和谐是传承中华传统文化的必然要求。第四，政党关系和谐是实现民族伟大复兴的政治保证。认真分析现实中存在的问题并采取积极措施从思想认识高度和实际工作层面有效解决这些问题，是构建和谐政党关系的当务之急：第一，关于中国共产党在多党合作中的领导地位问题。第二，关于多党合作制度问题。第三，关于参政党的政党能力问题。第四，关于营造和谐政党关系的环境问题。在构建和谐政党关系的实践中理念和谐是前提；制度和谐是基础；职能和谐是关键；环境和谐是保障。

赵玉、李娟在《新时期构建我国和谐发展党际关系的途径》(《法制与社会》2009年第7期)一文中认为，现阶段我国正处于社会转型的关键期，构建社会主义和谐社会的关键期，社会关系、利益格局发生了巨大的变化。新时期只有以科学发展观为指导，正确认识我国的党际关系，并寻找构建长期和谐稳定发展的党际关系的途径，努力构建与发展和谐的党际关系，才能适应社会结构的变化，实现社会主义社会的稳定和和谐，并把建设有中国特色的社会主义事业不断发展下去。构建和谐发展的党际关系需要从以下几个方面着手：(1) 加强政党制度建设，促进党际关系的和谐发展。(2) 加强执政党建设，促进党际关系的和谐发展。(3) 加强参政党建设，促进党际关系的和谐发展。

闫俊明在《构建和谐政党关系的路径选择》(《山东行政学院山东省经济管理干部学院学报》2009年第3期)一文中认为，和谐的政党关系为社会主义和谐社会提供坚实的政治基础和广泛的力量支持。促进我国政党关系的长期和谐，要在“和而不同”和求同存异的思想理念和实践中，正确处理“同”与“异”的关系，坚持“和而不同”和求同存异，为政党关系的长期和谐奠定稳固的思想基础；积极推进政治体制改革，加强多党合作的制度化、规范化、程序化、法治化建设，拓宽民主党派发挥参政党作用的渠道和空间，为党际和谐提供制度性支撑；要加强中国特色政党制度的互相监督尤其是民主党派对执政党的监督作用，为党际和谐提供坚强的制衡机制。

郭晶亮在《论中国特色的和谐政党关系建设》(《湖南行政学院学报》2009年第1期)一文中认为，从政党制度本身看，和谐是我国政党制度的本质特点，但这并不是说和谐的政党关系能够自然地实现。因为多党合作制度只是提供了实现政党关系和谐的基础和前提，要真正做到政党关系和谐，还需要我们作艰苦的努力。第一，坚持科学发展观——和谐政党关系的政治基础。第二，健全民主法治——和谐政党关系的制度保障。第三，搞好党内和谐——和谐政党关系的基本前提。第四，提高党的执政能力——和谐政党关系的决定因素。

张海洋在《和谐社会架构中的新型政党关系》(《江苏技术师范学院学报》2009年第8期)一文中认为，创建和谐稳定的党际关系，发挥中国政党制度在构建和谐社会中的优势，构建和谐社会是当前最为深入人心的政治理念之一。中国共产党领导的多党合作和政治协商制度在构建和谐社会中占有重要的地位，发挥着不可替代的作用。

（1）保持各政党利益和目标的高度一致性，夯实执政党和参政党合作的政治基础。（2）增强中国多党合作制度的包容力，充分发挥执政党和参政党的政党功能。（3）推动政党制度的“三化”建设，为执政党与参政党合作共处提供制度和法律保证。（4）促进各个政党的自身建设，巩固参政党与执政党的友党关系。

周宝龙在《从和谐角度解读中国政党的党际关系》（《工会论坛》2009年第1期）一文中认为，党际和谐广泛的讲是指各个政党之间的和谐融洽，而就我国而言，主要是作为执政党的中国共产党与作为参政党的各民主党派之间的和谐与融洽。建设和谐的党际关系，当前应该考虑从以下几个方面着手：（1）中国共产党和民主党派要找准自身角色定位，相互尊重，相互支持，共同发展。（2）中国共产党和各民主党派要加强自身建设，提高自己的执政水平或参政水平，实现合作的协调同步和高质量的对接。（3）促进中国政党制度的加强与完善，为党际和谐提供制度保障。

余丽君在《关于推进我国政党关系和谐问题的几点思考》（《理论导刊》2009年第7期）一文中认为，在政党政治时代，政党制度是一个国家政治制度的核心，政党关系成为一个国家事关全局的重大政治关系。政党关系和谐，国家政局才能稳定、社会才能和谐，执政党执政地位才能长期稳固。因此，推进政党关系和谐是新时期党建工作的重要课题。新时期我国政党关系和谐面临的挑战主要来自以下几个方面：一是社会阶层不断分化带来的挑战。二是各政党新成员大量增加带来的挑战。三是世界政党政治变迁带来的挑战。当前政党关系和谐中存在的问题主要有：第一，共产党对民主党派的领导方式不够完善。第二，民主党派参政能力不强。第三，政党制度的法制化、规范化还不到位。推进我国政党关系和谐，首先，共产党作为执政党要充分发挥其主导作用，不断提高多党合作和政治协商的水平。其次，各民主党派作为参政党要不断加强自身能力建设，努力提高参政水平。

刘洁、郝淑媛在《论当代我国政党关系和谐发展的政治保障和基本路径》（《理论学刊》2009年第4期）一文中认为，中国共产党与各民主党派之间是一种新型的社会主义政党关系，这种合作型政党关系是以中国共产党领导的多党合作和政治协商制度为政治保障。实现政党关系的和谐发展，应该以提高中国共产党对多党合作的领导能力，提高民主党派对执政党的监督能力、发挥民主党派参政议政的作用等方面为基本路径。当代我国政党关系的和谐发展是事关国家和社会发展全局的重大政治关系。

福建中医学院课题组在《构建和谐政党关系，促进决策科学化民主化》（《福建省社会主义学院学报》2009年第4期）一文中认为，和谐政党关系的构建，为决策的科学化民主化提供广阔的平台。和谐政党关系的构建，必然形成一种对建设中国特色社会主义事业的共识，这有利于科学决策指导思想的统一。和谐政党关系的构建，必然形成一种执政与参政议政相统一的制度，这一制度同决策的科学化民主化所要求的制度在本质上具有统一性，从而为决策的科学化民主化提供一良好的制度环境。和谐政党关系的构建，形成一种有利于发挥各政党能力与水平的和谐互补的职能关系，这也有利于不同决策主体发挥不同角色（协商、协调、咨询、论证、听证）的作用。和谐政党关系的构建，从总体上形成具有中国特色的先进的政党文化，从而为科学决策提供一个良好的文化环境。同时，决策的科学化民主化，将有力地推动和谐政党关系的建立。首先，决策同政党关系的构建存在着众多的契合点，决策的科学化民主化正是通过这些契合点发挥其对构建和谐政党关系的促进作用。其次，决策的科学化民主化将不断丰富和谐政党关系的内涵。

六、多党合作制度理论体系研究

理论是行动的指南，打造中国特色社会主义政党制度理论体系，既是同西方争夺话语权的需要，更是中国多党合作制度健康发展的必然要求。也正因为如此，关于多党合作理论体系的研究，已经成为国内理论界的一大热点。中央社会主义学院中国政党制度研究中心将这一课题作为年会的主题，进行连续跟踪研究，取得了一大批研究成果，对多党合作理论体系研究起到了巨大的推动作用。就目前的研究成果看，创建多党合作理论体系，仍然任重而道远。

（一）多党合作理论的形成和发展

关于多党合作理论的形成和发展，经过学者们的潜心研究，其基本脉络已经梳理清楚。但对于多党合作理论在不同的历史发展阶段发展程度的认识，存在很大分歧。主要有四种观点：其一认为，毛泽东关于多党合作的思想标志多党合作理论的形成；其二认为，八字方针的提出标志多党合作制度理论的形成。其三认为，邓小平关于多党合作的理论，标志多党合作理论的形成。其四认为，《中共中央关于坚持和完善中国共产党领导的多党合作和政治协商制度的意见》的颁发，标志着中国特色社会主义政党制度理论的形成。具体观点如下：

王小鸿在《多党合作理论的历史沿革》（《中央社会主义学院学报》2009年第3期）一文中认为，多党合作理论是马克思主义理论体系的重要组成部分。马克思、恩格斯在创立科学社会主义之初，就明确提出了多党合作的思想，经过列宁特别是以毛泽东、邓小平、江泽民、胡锦涛等为代表的中国共产党人的不懈努力，多党合作理论已经形成了系统的理论体系，并且成为指导中国多党合作事业的行动指南。马克思主义多党合作理论经历了六个历史时期：马克思、恩格斯的多党合作思想，是多党合作理论的开创时期；列宁的多党合作思想，是多党合作理论的初步实践时期；以毛泽东同志为核心的党的第一代中央领导集体的多党合作思想，是中国共产党多党合作理论的创立和在国家政权中付诸实践的时期；以邓小平同志为核心的党的第二代中央领导集体的多党合作思想，是多党合作理论的恢复发展时期；以江泽民同志为核心的党的第三代中央领导集体的多党合作思想，是多党合作理论的制度化建设时期；以胡锦涛同志为总书记的党中央的多党合作思想，是多党合作理论的全面发展时期。

佟一在《我国多党合作理论政策的创新与发展》（《团结》2009年第4期）一文中认为，建国60年来，我国多党合作理论和政策经过以毛泽东同志为核心的中共第一代中央领导集体的创制与发展；以邓小平同志为核心的中共第二代中央领导集体的拨乱反正；以江泽民同志为核心的中共第三代中央领导集体的创新与突破；以胡锦涛同志为总书记的中共中央的丰富与完善，不断创新、发展和完善，成为中国特色社会主义理论体系的有机组成部分。

何启林在《中国特色社会主义政党制度理论的形成和发展》(《攀登》2009年第1期)一文中认为，中国特色社会主义政党制度理论经历了一个不断丰富、发展和完善的过程。以毛泽东为核心的中共第一代领导集体，开创了把马克思主义政党理论与中国政党政治具体实际相结合的道路。毛泽东是中国特色社会主义政党制度理论的开拓者和奠基人。党的十一届三中全会以后，以邓小平为核心的中共第二代中央领导集体，把马克思主义、毛泽东思想关于政党问题的理论和策略与建设中国特色社会主义的实践相结合，创造性地提出了一系列正确认识和处理好我国社会主义时期政党问题的新观点，丰富和发展了中国特色社会主义的政党制度理论，形成了中国特色社会主义政党制度理论。以江泽民为核心的中共第三代中央领导集体，提出了一系列关于中国共产党领导的多党合作和政治协商制度的新思路、新观点，极大地丰富和发展了中国特色社会主义的政党制度理论。党的“十六大”之后，以胡锦涛同志为总书记的新一届中央领导集体，对我国多党合作和政治协商的政党制度提出了一系列新论断和新举措，进一步丰富、发展和完善了中国特色社会主义的政党制度理论。

高曙东在《论中国特色社会主义政党制度理论的奠基、形成与发展》(《中央社会主义学院学报》第1期)一文中认为，新中国成立后，我国政党制度的建立和完善，先后经历了三个大的发展阶段。三个阶段相应形成了三大理论成果。这三大理论成果就像三座里程碑，分别标志着中国特色社会主义政党制度理论的奠基、形成与发展。“长期共存、互相监督”思想和方针的提出，为中国特色社会主义政党制度理论的创立奠定了思想基础和体制基础。《中共中央关于坚持和完善中国共产党领导的多党合作和政治协商制度的意见》的颁发，标志着中国特色社会主义政党制度理论的基本形成。《中共中央关于进一步加强中国共产党领导的多党合作和政治协商制度建设的意见》和《中共中央关于加强人民政协工作制度建设的意见》的制定，使中国特色社会主义政党制度理论得到新的发展。

钟枢在《中国特色社会主义政党制度及其思想理论体系的创建》(《重庆社会科学》2009年第10期)一文中认为，以毛泽东同志为核心的党的第一代中央领导集体形成了新民主主义多党合作理论，并为多党合作发展成为一种社会主义的政治制度奠定了理论基础。以邓小平同志为核心的党的第二代中央领导集体带领全党和全国人民开创了中国特色社会主义政党制度理论。以江泽民同志为核心的党的第三代中央领导集体推动了中国特色社会主义政党制度的实践创新和理论发展。以胡锦涛同志为总书记的党中央继往开来，与时俱进，进一步促成了中国特色社会主义政党制度及其思想理论体系的形成。多党合作制度在我国的实际运行中，先后经历了确立多党合作格局、成为国家的基本政治制度和政党制度、不断完善和发展三个大的阶段。“长期共存、互相监督”思想和方针的提出，为中国特色社会主义政党制度理论的创立奠定了思想和体制基础，《中共中央关于坚持和完善中国共产党领导的多党合作和政治协商制度的意见》的颁发，标志着中国特色社会主义政党制度理论基本形成，而《中共中央关于进一步加强中国共产党领导的多党合作和政治协商制度建设的意见》和《中共中央关于加强人民政协工作制度建设的意见》的制定，则使中国特色社会主义政党制度理论得到新发展。

黎玉林在《中国特色政党制度理论形成的重要标志》（《江苏省社会主义学院学报》2009 年第 2 期）一文中认为，在我国实现从新民主主义向社会主义的历史转变之后，中国共产党领导的多党合作和政治协商制度是否存续的问题曾一度凸现出来。当时面临着两种可能：一是民主党派光荣结束，实行苏联式的一党制；二是民主党派继续存在，实行有别于苏联一党制的社会主义多党合作制。毛泽东"以苏为鉴"，鲜明地提出"长期共存、互相监督"的八字方针，从而奠定了当代中国社会主义多党合作制的基本政治格局。"长期共存、互相监督"的提出，有着深刻的国际国内背景及其理论内涵。综观中国特色社会主义政党制度理论的发展脉络，可以得出这样的结论："长期共存、互相监督"的提出是中国特色社会主义政党制度理论形成的重要标志。

张锦炎、李莽在《我国多党合作制度的伟大创新》（《中央社会主义学院学报》2009 年第 5 期）一文中认为，毛泽东——我国多党合作制度的奠基者。正式确认了民主党派的应有地位，并提出进行长期团结合作；正式确定了中国共产党与各民主党派的合作共事关系，并形成基本政治格局；正式确立了中国共产党与各民主党派"长期共存，互相监督"的方针，并把它作为一项指导方针。邓小平——我国多党合作制度的发展者。科学界定了新时期民主党派的主要性质；科学发展了中国共产党与各民主党派合作的基本方针；科学总结了我国多党合作制度的独特优势。江泽民——我国多党合作制度的完善者。进一步提升了我国多党合作制度的重要地位；进一步概括了我国多党合作制度的显著特征；进一步阐述了衡量我国多党合作制度的主要标准；进一步揭示了民主党派的根本特点。胡锦涛——我国多党合作制度的创新者。首次明确了完善多党合作制度是社会主义政治文明建设的重要内容；首次肯定了无党派人士在多党合作中的积极作用；首次提出了构建和谐政党关系的崭新论断；首次制定了加强人民政协工作的指导文件。

赵秀忠在《新中国建立60 年来党对多党合作制度理论的创新与发展》（《广州社会主义学院学报》2009 年第 3 期）一文中认为，以毛泽东同志为核心的党的第一代中央领导集体提出了多党合作、建立联合政权理论、"长期共存，互相监督"的基本方针，奠定了我国多党合作制度的理论基础。以邓小平同志为核心的党的第二代中央领导集体充分肯定了各民主党派的性质、地位和作用，强调实行多党合作是由中国的历史条件和现实条件决定的，把中国共产党与各民主党派工作的"八字方针"充实为"十六字方针"，提出了多党合作和政治协商制度化、规范化建设的要求，创立了中国特色社会主义的多党合作制度理论。以江泽民同志为核心的第三代中央领导集体概括了我国政党制度的显著特征和巨大优势，提出了衡量中国政治制度和政党制度的具体标准，进一步明确了中国共产党在多党合作中的领导地位，明确了民主党派在我国的国家政权中的参政党地位，发展了中国特色社会主义的多党合作制度理论。以胡锦涛同志为总书记的党中央从建设社会主义政治文明的高度来强调坚持和完善中国共产党领导的多党合作与政治协商制度的重要性，高度重视制度建设，实现了多党合作制度建设的一系列理论政策创新，进一步丰富和发展了中国特色社会主义的多党合作制度理论。

吴九占在《建国以来我国多党合作制度的理论创新与实践推进》（《湖北社会科学》

2009 年第 8 期）一文中认为，以毛泽东为核心的中共第一代中央领导集体，确立了中共领导下的多党合作的政党制度，逐步形成了中共领导下多党合作的理论。以邓小平为核心的第二代中央领导集体继承并创造性地发展了毛泽东关于多党合作的思想，提出了新时期多党合作的一系列理论、方针和政策，成为中国特色社会主义理论体系的重要组成部分。党的第三代中央领导集体，坚持与时俱进，对多党合作理论政策进行了新论述、新概括、新发展。以胡锦涛为总书记的中央领导集体继往开来，进一步完善和创新了共产党领导的多党合作制度。

梁晓宇在《新中国成立以来党的多党合作理论的发展与创新》（《中共南宁市委党校学报》2009 年第 3 期）一文中认为，新中国成立以来，在坚持马列主义基本原理的基础上，中共历届主要领导人结合中国的实际情况，创造性地运用马列主义多党合作的思想理论，成功地进行了伟大的制度创造和政治实践，形成和发展了中国共产党领导的多党合作理论。具体地说，毛泽东确立了中国共产党与各民主党派合作的方针；邓小平奠定了新时期多党合作理论的基础；江泽民发展了多党合作理论；胡锦涛开创了多党合作的新时代。

袁廷华在《论“长期共存、互相监督”方针的当代理论价值》（《当代世界与社会主义（双月刊）》2009 年第 5 期）一文中认为，1956 年，毛泽东在探索中国社会主义道路和社会主义政党关系时，提出了中国共产党与民主党派“长期共存、互相监督”的思想。“八字方针”的提出及对这一方针的理论阐述，是以毛泽东为代表的中国共产党人对马克思列宁主义关于政党和政党合作理论的创造性发展，是中国政党制度发展史上的一个重要里程碑。它科学地解决了在社会主义社会我国政党制度的若干重大的、基础性的理论问题，为社会主义整个历史阶段中国共产党与民主党派的长期合作和实行中国共产党领导的多党合作和政治协商制度奠定了坚实的理论基础。“八字方针”的提出，标志着中国共产党领导的多党合作和政治协商制度在社会主义条件下得到进一步确立。

（二）多党合作制度理论的基础

关于多党合作理论的基础，学者们从不同角度进行了论证，其观点也不尽相同，但却为我们深入研究这一问题，提供了一定的研究基础和理论视角。具体观点如下：

林国华在《论中国特色政党制度理论体系的基础》（《江苏省社会主义学院学报》2009 年第 5 期）一文中认为，中国特色政党制度理论体系的基础包括历史、理论和实践三个层面。中华民族的历史文化传统、近代以来的中国的特殊国情、中国共产党领导的多党合作和政治协商制度的形成历史，构成了理论体系的历史基础。马列主义的多党合作思想、党的三代领导集体和以胡锦涛同志为总书记的党中央关于多党合作和政治协商的思想提供了思想基础。中国共产党领导的多党合作和政治协商制度在中国的成功发展与实践则奠定了实践基础。

吴杰华、种坤霞在《协商民主：中国政党制度理论基石的再思考》（《辽宁行政学院学报》2009 年第 8 期）一文中认为，中国共产党领导的多党合作和政治协商制度以“共产党领导、多党派合作，共产党执政、多党派参政”为基本特征，突破了国际上传统的一党制和多党制的模式束缚，不但是中国现代化发展的制度动力，也为世界民主政治的发展提供了一种模式。协商民主理论以理性的公共决策为核心，并暗合了我国的制度安排。我国协商民主主要体现在中国共产党领导的多党合作和政治协商制度中，有四种实现途径：政治协商、参政议政、民主监督、合作共事。协商民主是中国政党制度理论基石。

黄景睿在《试析中国特色政党制度理论形成与发展的基础》（《广东省社会主义学院学报》2009 年第 4 期）一文中认为，中国特色政党制度理论的形成、发展具有深厚而稳固的基础。马克思列宁主义的多党合作思想为中国特色政党制度理论奠定了科学的理论基础，中国独特的经济、社会、文化等本土条件共同构筑了中国特色社会主义政党制度理论产生的现实基础，具有中国特色的社会主义民主政治理念是中国特色政党制度理论存在与发展的民主基础。

高曙东在《人民内部矛盾学说与中国特色政党制度》（《上海市社会主义学院学报》2009 年第 6 期）一文中认为，近年来，学术界就中国特色政党制度的理论基础问题进行了有益的探讨。除马克思主义政党学说和统一战线理论之外，也有学者撰文论证了人民民主专政理论、民主集中制理论和民主监督理论是我国多党合作政党制度的民主理论基石，取得了可喜的成果。但到目前为止，关于人民内部矛盾学说与我国多党合作政党制度相互关系的研究，尚未得到应有的重视。事实上，人民内部矛盾学说是在我国初步确立社会主义基本制度的新的历史条件下，对人民民主专政理论的丰富和发展，是中国共产党人独立自主探索适合中国情况的社会主义建设道路的标志性成果。人民内部矛盾学说的提出，从根本上破除了苏联一党制模式对我国政党制度的影响和束缚，使社会主义条件下中国政党制度如何选择的问题迎刃而解。正是在人民内部矛盾学说的指引下，我国多党合作政党制度才得以在社会主义改造基本完成后确立起来。人民内部矛盾学说为社会主义中国实行共产党领导的多党合作制度奠定了坚实的理论基础。

杨雪燕在《试析中国特色政党制度理论的三大基石》（《福建省社会主义学院学报》2009 年第 4 期）一文中认为，中国特色政党制度理论体系来源于三大理论基石：中国传统文化的“和合”思想是中国特色政党制度理论的文化基石；马列主义政党学说是中国特色政党制度理论的思想基石；人民民主理论是中国特色政党制度理论的立论基石。

（三）多党合作制度理论的基本框架

中国特色政党制度理论的基本框架，是构建中国特色政党制度理论体系的核心内容，学者们在已有研究成果的基本上，进行了进一步梳理。主要观点如下：

解永强在《中国特色政党制度理论的研究对象和范围》（《江苏省社会主义学院学报》2009 年第 1 期）一文中认为，中国特色政党制度理论的研究对象和范围，是构建和完善中国特色政党制度理论体系的基础。中国特色政党制度理论的研究对象，解决的是其研究的内涵。而中国特色政党制度理论的研究范围，解决的是其研究的外延。中国特色政党制度理论的研究对象主要有：（1）弄清中国特色政党制度的基本含义。

（2）揭示中国特色政党制度的本质。（3）明确中国特色政党制度的内在规定性。（4）确保中国特色政党制度的周延性。中国特色政党制度理论的研究范围主要有：（1）中国特色政党制度的基本价值理念研究。（2）中国特色政党制度的组织结构研究。（3）中国特色政党制度与社会主义政治文明的关系研究。（4）中国的执政党、参政党与国家政权的关系研究。（5）中国共产党的执政能力、中国民主党派的参政能力建设研究。（6）中国特色政党制度与构建社会主义和谐社会研究。（7）中国特色政党制度与西方政党制度比较研究。（8）中国特色政党制度文化研究。

廖继红在《政党制度理论的新范式——中国特色社会主义政党制度理论体系研究》（《湖南社院学报》2009年第6期）一文中认为，纵观世界政党发展史，我们可以看到，英国人创建了资本主义国家中所实行的两党制理论模型，法国人创建了资本主义国家中所实行的多党制理论模型，苏联人创建了社会主义国家中所实行的一党制理论模型。当今，中国人创建了共产党领导多党合作与政治协商制度理论模型。这一理论模型打破了多数学者认可并使用的世界上只有上述几种政党制度理论模型存在的格局，不仅为新的政党制度理论范式设定了分析与研究的理论前提、框架和推理结构，也为新的历史条件下中国及后发展国家政党政治的发展指明了方向。

任世红在《中国特色政党制度理论体系的框架分析》（《江苏省社会主义学院学报》2009年第2期）一文中认为，建构中国特色社会主义政党制度理论体系的目的在于，为坚持中国共产党领导的多党合作和政治协商制度提供科学的理论支撑，为发展中国共产党领导的多党合作和政治协商制度提供科学的理论指导。建立和发展中国特色社会主义政党制度理论体系，就必须着重回答以下六个方面的基本问题：一是历史必然性，这是建立中国特色政党制度理论体系的逻辑起点；二是现实合理性，这是建立中国特色政党制度理论体系的客观依据；三是制度创造性，这是建立中国特色政党制度理论体系的理论价值；四是价值民主性，这是建立中国特色政党制度理论体系的核心要素；五是功能优越性，这是建立中国特色政党制度理论体系的政治价值；六是发展有序性，这是建立科学性与开放性相统一的中国特色政党制度理论体系的基本要求。基于上述思路，中国特色社会主义政党制度理论体系大体应涵盖六个方面的主要内容。即：（1）理论基础与历史发展论；（2）人民民主与多党合作论；（3）制度要素与政治协商论；（4）民主价值与政治功能论；（5）制度建设与发展路径论；（6）执政党与参政党建设论。

（四）多党合作制度理论的研究方法和路径

在加强多党合作制度理论研究的同时，学者们还就多党合作制度理论研究方法和路径进行了研究。

沈殿忠在《科学发展观是我国多党合作事业共同的思想基础》（《前进论坛》2009年第5期）一文中认为，科学发展观成为我国多党合作事业共同的思想基础，这是我国政党制度的本质所决定的，是我国民主党派的性质所决定的，也是我国的参政党服务于科学发展和实现自身科学发展的要求所决定的。第一，从我国政党制度的本质看，科学发展观成为我国多党合作事业共同的思想基础具有充分的必要性。第二，从我国民主党派的性质看，科学发展观成为我国多党合作事业共同的思想基础具有深刻的合理性。第三，从形势对我国民主党派的要求看，科学发展观成为我国多党合作事业共同的思想基础具有鲜明的可行性。

王江燕在《中国政党制度理论的“破”与“立”》（《新视野》2009 年第 3 期）一文中认为，在中国政治体制改革过程中抵御西方多党制错误思潮的干扰，就必须在政党制度理论上关注两点：一个是破，破除“多党竞争”才是民主政治标准的霸权话语系统和对于竞争性政党制度的迷信；一个是立，确立对坚持和发展中国多党合作政党政治发展道路的自觉，同时展现多党合作政党制度中的普适性价值。从政治价值上讲，我们不必否认竞争性政党制度在民主理念上的进步性和普适性。社会主义理应继承资本主义文明的积极成果，开创出更高于资本主义的社会主义文明的新形态。中国式民主政治建设绝不能离开人类政治文明发展的康庄大道，而要全面地借鉴和吸收人类民主政治发展的经验和教训，包括竞争性政党制度所蕴含的合理理念。中国协商性的政党制度，在民主政治发展中同样具有普适性的价值，主要表现在以下几方面：一是政治稳定性，二是发展效能性，三是和谐包容性。

岳世平在《现阶段中国特色政党制度理论创新的障碍分析与路径建议》（《广东省社会主义学院学报》2009 年第 4 期）一文中认为，现阶段中国特色政党制度的理论创新，概括起来，主要面临三个方面的障碍：（1）思想认识上的不清晰。一是价值认同感的缺失；二是关系定位模糊。（2）运行机制上的不畅通。一是政权合作机制；二是政治协商机制；三是民主监督机制。（3）自身建设上的不完善。一是影响共产党主导作用的进一步发挥的一些因素尚存在；二是参政党自身作用的充分发挥也存在一些问题需要克服。（4）法制化建设上的不健全。一是制度落实不平衡；二是重形式轻实质；三是重合作轻监督。（5）中国特色政党制度理论创新的路径建议。一是把握主权在民思想；二是完善民主监督理论；三是厘清政党及政党制度理论；四是廓清政党定位问题；五是完善执政党建设理论；六是完善参政党建设理论；七是借鉴西方政党理论的合理思想。

（五）多党合作思想研究

深入发掘多党合作制度的思想，特别是领袖人物的多党合作思想，对建立和完善多党合作理论体系具有重大意义。2009 年关于多党合作思想的研究，既有对马克思、列宁关于对党合作思想的追根溯源，也有对当代马克思主义者关于多党合作思想的最新概括。李仁质的《新阶段中国共产党多党合作制度理论的创新与发展》（《中央社会主义学院学报》2009 年第 4 期），全面概括了以胡锦涛为总书记的党中央对多党思想的新发展。邹谨在《胡锦涛对多党合作事业的贡献》（《陕西社会主义学院学报》2009 年第 3 期）一文中，将加强社会主义学院建设作为胡锦涛对我国多党合作事业的四大贡献之一。这两篇文章都很有创意。

王小鸿在《中国特色政党制度理论产生的思想渊源——马克思、恩格斯的多党合作思想》（《上海市社会主义学院学报》2009 年第 1 期）一文中认为，马克思、恩格斯早在《共产党宣言》中提出无产阶级的历史使命的同时，就阐明共产党与其他工人政党的关系，指出共产党人应同小资产阶级建立联盟，强调无产阶级政党在同其他政党的联合中，必须保持自己的先进性和独立性。马克思、恩格斯在指导无产阶级革命和工人运动的实践中，提出了关于无产阶级历史使命的理论，关于无产阶级政党与其他工人阶级政党的关系及与资产阶级、小资产阶级政党关系与区别的理论，关于无产阶级政党正确处理与其他政党关系的理论，奠定了马克思主义关于政党关系和多党合作思想体系的基础，为后来的无产阶级政党多党合作思想的深入发展以及共产党正确处理与其他民主政党的关系，发挥了重要的基础性指导作用，成为中国特色政党制度理论产生的一个重要思想渊源。

王小鸿在《中国特色政党制度理论的重要思想渊源——列宁的多党合作思想》(《江苏省社会主义学院学报》2009 年第 1 期）一文中认为，中国共产党领导的多党合作和政治协商制度是中国特色政党制度，然而，该制度理论并非中国共产党人首创，其重要的思想渊源之一就是列宁的多党合作思想。列宁在领导无产阶级革命和无产阶级专政的实践中，丰富和发展了马克思主义的多党合作理论，并对多党合作制度进行了初步的尝试。列宁从无产阶级的历史使命和社会主义建设的艰巨性、长期性出发，阐发了在无产阶级国家政权中实行多党派合作的一系列光辉思想，初步论述了实行多党合作的阶级基础、政治基础和无产阶级的策略原则，强调在多党合作中，共产党必须在马克思主义理论指导下认识和处理政党之间的关系，提出社会主义国家政权中的多党合作是建立在社会主义的原则基础上的，这种制度中的所有政党都必须拥护和坚持社会主义的发展方向。特别是列宁关于在无产阶级专政的历史条件下，在共产党领导下建立多党联合政府的思想，成为社会主义国家实行多党合作的直接思想来源。在国际共产主义运动和世界政党制度的发展史中，列宁关于共产党领导的多党合作的思想与实践是处于开拓者、拓荒者的地位的。这种地位意味着一方面，它做出了一系列基础性、关键性的重大贡献；另一方面，它又不可避免地具有自身的局限性，并包含了一些探索中的失误。只有从这两个方面去考察，我们才能对于它的历史地位有一个恰当的、实事求是的认识与评价。而无论是成功还是失误，列宁的多党合作思想与实践都给我们以深刻的启示，成为中国共产党领导的多党合作制度理论的重要渊源。

林志友在《中共第一代领导集体对中国政党制度的建构》（《新乡学院学报》2009 年第 3 期）一文中认为，中国共产党领导的多党合作制度，是中共第一代领导集体在长期革命斗争中所做出的历史选择，是马克思主义政党理论同中国具体实际相结合的产物，是中共第一代领导集体对中国传统“和合”文化采借的必然结果，是适合中国国情的具有中国特色的社会主义新型政党制度。他们对中国政党制度的建构主要表现为：（1）明确了多党合作中各党派所处的地位。（2）提出了“长期共存，互相监督”的方针。（3）选择了“团结——批评——团结”的公式来处理共产党同民主党派之间的矛盾。（4）确定了多党合作的重要机构——人民政协。

周晓红在《论邓小平对新时期多党合作政党制度的重大贡献》（《前沿》2009 年第 8 期）一文中认为，新的历史时期，邓小平对我国共产党领导的多党合作问题，作了一系列精辟的论述，丰富和发展了多党合作理论，为发展和完善我国的社会主义政党制度，做出了新的重大贡献。（1）科学地论证了我国实现多党合作的历史依据和现实依据。(2) 科学地阐明了新时期民主党派的社会基础和性质。(3) 深化了民主监督的重要作用和深刻内涵。(4) 深刻揭示了我国实行多党合作的历史必然性和现实合理性。(5) 推动了多党合作的制度化和规范化。

李仁质在《新阶段中国共产党多党合作制度理论的创新与发展》(《中央社会主义学院学报》2009 年第 4 期) 一文中认为，党的“十六大”以来，以胡锦涛同志为总书记的党中央，着力推进我国多党合作制度建设，提出了一系列新的理论观点和政策措施，对多党合作制度建设和多党合作实践进行了新的理论概括和科学的总结。(一) 明确提出完善多党合作制度是社会主义政治文明建设的重要内容，要坚持推进多党合作的制度化、规范化、程序化。(1) 坚持和完善多党合作制度，是社会主义政治文明建设的重要内容。(2) 坚持和完善多党合作制度，必须坚持六条重要政治准则。(3) 坚持和完善多党合作制度，必须坚持走中国特色社会主义政治发展道路。(二) 提出了构建和谐政党关系的崭新论断，要求巩固和发展社会主义政党关系，实现我国政党关系长期和谐。(1) 正确认识政党关系在构建社会主义和谐社会中的重要意义。(2) 正确认识多党合作是处理我国政党关系的基本制度保证。(3) 正确把握处理政党关系必须遵循的原则和内容。(三) 提出了“执政党建设与参政党建设互相促进”的思想，进一步明确建设中国特色社会主义事业的参政党的目标和原则。(1) 进一步完善了对新世纪新阶段民主党派性质的表述。(2) 明确规定了参政党发挥参政议政和民主监督作用的具体内容。(3) 首次提出了执政党建设和参政党建设互相促进的思想。

邹谨在《胡锦涛对多党合作事业的贡献》(《陕西社会主义学院学报》第 3 期) 一文中认为，胡锦涛对我国多党合作事业的贡献主要体现在四个方面：一是对坚持和完善当代中国政党制度的重要性进行了新阐释，二是对加强人民政协工作进行了全面论述，三是倡导颁布了《中共中央关于进一步加强中国共产党领导的多党合作和政治协商制度的意见》，四是提出了加强社会主义学院建设。

（六）多党合作法制化问题

关于多党合作制度的法制化问题，一直是多党合作理论研究的一个热点和难点。2009 年关于多党合作制度法制化问题的研究，突破了以往把法制化等同于“政党法”的藩篱，把研究的重点定位在多党合作制度的合法性和法制化建设上来，取得了重大进展。

林尚立在《政党、政党制度与现代国家——对中国政党制度的理论反思》(《中国延安干部学院学报》2009 年第 5 期) 一文中认为，中国现行的政党制度具有其合理性与合法性，具体依据如下：其一，中国的历史与社会状况决定了中国社会的现代化转型与发展，必须要有强有力政党领导的支撑。其二，中国社会性质与社会结构决定了作为核心力量的任何政党要支撑起中国革命和现代化的发展，都必须广泛联合各种积极的社会和政治力量，建立广泛的同盟，从而在巩固领导的基础上充分发挥核心力量的作用。其三，中国共产党领导的革命是旨在实现人民解放，建设人民当家做主的国家，这决定了党领导人民创建的中华人民共和国必须建筑在人民共同的意志基础上，为此，中国共产党创建了聚合各方力量，协商建国，共享政权的开国之路。其四，中国共产党领导人民建立的国家是人民民主专政的社会主义国家，体现为人民当家做主的人民民主是社会主义国家的生命，是社会主义国家政治建设和政治发展的根本取向，而人民民主的实践与发展对中国共产党领导及其领导下的多党合作与政治协商形成了深刻的内在要求。

杨爱珍在《解放思想与我国多党合作制度合法性分析》（《湖南社院学报》2009年第2期）一文中认为，解放思想，就是在马克思主义的指导下打破习惯势力和主观偏见的束缚，推进理论和实际工作的创新和发展。夯实我国多党合作制度的合法性基础和扩大合法性资源，同样离不开解放思想。改革开放以来，我国多党合作制度突破传统观念的羁绊，实现价值观念的解放：一是从制度分类的传统学说中解放出来，着眼社会主义国家“多党存在”的民主性和合理性。二是从民主党派性质的传统认知路径中解放出来，着眼民主党派在现代化中功能的发挥。三是从政党制度传统的价值理念中解放出来，着眼政党制度的价值和功能。从尊重政党制度的规律着手，实现了在制度规律认识方面的解放：一是从群众运动的路径中解放出来，站在世界的高度，尊重政党制度发展的一般规律，着眼于制度建设。二是从“姓‘社’姓‘资’”的束缚中解放出来，着眼于程序正义，从具体机制上解决政党功能的实现途径、方法和方式。从科学理解执政党和参政党地位和作用着眼，实现了在政党关系认识上的解放：一是从“程度不同的反对派”的误区中解放出来，着眼政治发展，建设和谐政党关系。二是从“革命权威”模式中解放出来，着眼树立政党权威，推动多党合作制度可持续发展。解放思想贯穿在我国多党合作制度发展的全过程。解放思想通常包括两种情况：一是对原先的认识进行再认识，这其中既有对原先认识中那些正确部分的坚持，也有对原先认识中错误部分的纠正；二是在研究新情况、解决新问题、总结新经验的基础上，形成新的正确认识。我国多党合作制度起步较迟，在发展过程中又遭遇曲折，因此我们必须要立足国情，坚持走中国特色社会主义政治发展的道路，并要继续解放思想，做到敢于面对新情况新问题，把实践当成最高权威，着力把握多党合作制度的理论要求和现实指向，形成实践创新和理论创新的良性互动，不断夯实和扩大我国多党合作制度的合法性基础。

杨建国、申亚力、李艳霞在《意识形态认同与中国的政党制度关系探索》（《湖北省社会主义学院学报》2009年第1期）一文中认为，意识形态认同与中国特色政党制度有着理论上的关联性，并相伴和推动着中国特色政党制度实践。其具体表现为：意识形态认同为中国特色政党制度的形成与确立提供合法性基础；中国的政党制度通过建构独特的政党意识形态为其政权的合法性提供理念支持；意识形态认同在经济发展基础上与中国特色政党制度形成良性互动。

杨永光、李勇华在《30年我国政党制度规范体系的演进及其评析》（《陕西社会主义学院学报》2009年第3期）一文中认为，中国共产党领导的多党合作和政治协商制度在宪法的原则性规定、党的文件、政协章程以及党和国家领导人的谈话中都有所涉及，形成了相对比较完善的规范体系，而且在规范政党关系方面确实起到了十分重要的作用。但还是有一定的局限性，缺乏具体的、可操作的法律制度的保障。因此，把中国共产党领导的多党合作和政治协商制度逐步法治化，完善各项规范，使政党关系主要由法律规范来调整，应当成为我国政党制度建设的一项重要内容。政党制度法治化是依法治国的重要内容，应该加强政党制度方面立法，加强政党制度规范体系的法治化建设，使多党合作基本制度法律化，多党合作组织形式法律化，执政党的地位、作用与行为规范化和法律化，民主党派的地位、作用与行为规范化和法律化，政党的监督法律化，使政党制度和政党关系有法可依、有法必依，使政协更好地发挥参政议政、民主监督和政治协商作用。我国政党制度的法律化，其前提和基础应该是坚持中国共产党的领导，立足中国的具体国情，在宪法框架内进行。第一，必须正确认识坚持党的领导与树立法律权威之间的关系。第二，进一步完善现有的规范体系，制定具有可操作性的法律法规。第三，考虑制定人民政协《组织法》。通过这样的法律作出规定，可以加强多党合作和政治协商的权威性和稳定性，使其通过的决议具有权力效力和法律效力。

周贤山在《我国政党制度法制化的历史考察》（《江苏省社会主义学院学报》2009年第4期）一文中认为，政党制度法制化主要是指通过建立健全法律、制度和纲领，使政党在国家政治生活中的地位、参与国家政治生活途径和方式明确化、程序化，并使政党之间关系、党内生活的规范化。它主要应当包括以下几个层次的内容。第一，通过宪法规定政党在国家生活中的地位。第二，制定规范政党活动的基本法律和单行规定。第三，各政党共同制定共同遵守的纲领性文件。第四，各政党加强自身制度建设，规范党内活动。总结我国政党制度发展的历史经验教训，最为重要的是要用法律和制度把政党制度确定下来，用制度化、规范化、程序化来保障各政党在国家政治生活中的地位和作用，实现政党制度法制化。

唐华生在《多党合作法制化建设的理论与实践》（《四川统一战线》2009年第4期）一文中认为，（1）我国多党合作法制化建设的内涵。所称的“法制化”是制度化、规范化、程序化的有机结合体。制度化、规范化、程序化既是法制化建设的基本要求，也是法制化建设的主要内容，更是法制化建设的最终目的。换句话说，多党合作法制化建设的实质，就是通过一定的制度设计和制度安排，实现多党合作制度化、规范化、程序化。（2）我国多党合作法制化建设的价值。第一，加强我国多党合作法制化建设是依法治国的重要体现。第二，加强我国多党合作法制化建设是发展民主政治的迫切需要。第三，加强我国多党合作法制化建设是提高民主党派参政议政能力的重要保证。（3）我国多党合作法制化建设的途径。一是要筑牢多党合作法制化建设的思想基础。二是要构建多党合作法制化建设的制度基础。三是要夯实多党合作法制化建设的理论基础。

彭健在《论中国政党制度的宪法化趋向》（《团结》2009年第1期）一文中认为，当政党制度上升为国家的基本政治制度时，就宪法而言，它必须对这一基本政治制度进行反映、规范；而就政党制度而言，它也必须寻求自己的国家宪法基础，由此出现了国家政党制度宪法化问题。所谓政党制度宪法化，是指政党制度作为一项基本政治制度在宪法中的反映，其结党方式、政党制度种类、政党地位、政党与国家之关系、政党组织与活动原则、政党立法之基础等均为宪法所确认和规范，进而成为宪法的一项基本内容。政党制度的宪法化趋向，则是指政党制度向宪法化方向的发展。1993年宪法修正案初显政党制度宪法化之端倪；我国政治制度基本框架的提出，促进了我国政党制度宪法化趋向；执政党、参政党宪法地位的缺失，显现了政党制度宪法化的必要性；我国政党制度价值和功能的实现需要宪法层面上的认同和保障。

张桃荣在《论多党合作制的历史必然与发展逻辑》（《党政干部学刊》2009年第3期）一文中认为，制度化、规范化、程序化是新时期我国多党合作制的发展逻辑。制度化、规范化、程序化作为坚持和完善中国共产党领导的多党合作和政治协商制度的三项基本要求，它们是不可分割的统一体。制度化为多党合作制提供制度性保障，规范化是多党合作制的法制化渠道，程序化是多党合作制的民主化途径。新时期，我们要在坚持中国共产党领导的多党合作和政治协商制度的实践中，不断完善其制度化、规范化、程序化，从而促进民主政治建设的发展，为党和国家长治久安提供政治和法律制度保障。

曹蓉在《民主监督的制度化、规范化、程序化建设——推进社会主义政治制度的自我完善与发展》（《四川省社会主义学院学报》2009年第3期）一文中认为，政党通过履行职能来体现和实现政党制度的功能与价值。民主监督既是中国特色政党制度的基本功能，也是中国参政党的基本职能。坚持和完善中国的多党合作制度，关键在于加强党内民主和党际民主建设，提高参政党履行职能的组织化水平。这就必须从三化建设（即制度化、规范化、程序化）入手，充分发挥民主监督的作用，从而推进社会主义政治制度的自我完善与发展。

七、发展和完善多党合作制度

中国多党合作制度在中国革命、建设和改革的历史进程中，发挥了巨大的作用，显示出了旺盛的生机和强大的活力，已经成为比较成熟的政治制度。但也必须看到，同我国社会主义民主政治发展的要求相比，仍然存在不相适应、需要完善的方面。专家学者们就如何发展和完善多党合作制度，从政治、经济、文化、社会、制度、机制、执政党和参政党建设、社会主义民主和党内民主等不同的角度，提出了发展和完善多党合作制度的基本思路。特别是《人民日报》评论员连续发表的“六论”多党合作制度，为坚持和完善多党合作制度指明了方向。

贾庆林在《在中国特色社会主义道路上不断完善和发展中国共产党领导的多党合作和政治协商制度》（《人民日报》2009年11月1日）一文中认为，当今世界正处在大发展大变革大调整时期。我国正处在进一步发展的重要战略机遇期，在新的历史起点上，我们要总结运用和丰富发展多党合作和政治协商的宝贵经验，不断推进理论创新、制度创新和工作创新，进一步把中国共产党领导的多党合作和政治协商制度坚持好、完善好，把这一制度的优势和作用运用好、发挥好。第一，进一步巩固多党合作的思想政治基础。第二，进一步增强人民政协和各民主党派服务大局的能力。第三，进一步完善我国社会主义民主的形式。第四，进一步提高多党合作和政治协商的科学化水平。

杜青林在《不断把统一战线和多党合作事业推向前进》（《团结报》2009年9月15

日）一文中认为，我们要坚持解放思想无止境，开拓奋进无止境，以庆祝新中国成立60周年和多党合作制度确立60周年为契机，同舟共济创伟业，薪火相传向未来，努力推动多党合作事业的蓬勃发展。（1）努力推动科学发展，为进一步推进多党合作发展提供更加广阔的舞台。（2）巩固和发展社会主义和谐政党关系，为进一步推进多党合作发展创造有利条件。（3）自觉维护社会稳定大局，为进一步推进多党合作发展提供良好环境。（4）树立和践行社会主义核心价值体系，为进一步推进多党合作发展凝聚思想共识。（5）研究构建中国特色社会主义政党制度理论体系，为进一步推进多党合作发展提供理论支撑。（6）坚持执政党建设与参政党建设相互促进，要准确把握中国共产党对民主党派领导的内涵、范围和要求，在坚持政治原则、政治方向的基础上，妥善处理好坚持党的领导与尊重民主党派的关系，坚持党的领导与发扬民主的关系，坚持党的领导与充分发挥民主党派作用的关系，各级统战部门同民主党派各级组织的关系，不断加强和改善党的领导。

游洛屏在《论我国多党合作制度与社会主义民主政治》（《中央社会主义学院学报》2009年第3期）一文中认为，进一步发展中国共产党领导的多党合作和政治协商制度，应当注意以下问题：第一，坚持中国特色社会主义政治发展道路，从社会主义民主政治建设的高度，加强我国多党合作的制度建设。第二，重视我国多党合作制度理论体系的研究，为进一步发展多党合作和政治协商制度提供坚实的理论基础。第三，加强中国特色社会主义政治文化的建设。第四，加强参政党建设，使执政党建设与参政党建设互相促进。第五，组织有序的政治参与，使各方面的政治参与要求尽可能地为我国多党合作制度所容纳。

游洛屏在《民主政治的创造性实践》（《中央社会主义学院学报》2009年第5期）一文中认为，坚持和完善我国多党合作制度，是社会主义民主政治建设的重要内容。新世纪新阶段，进一步发展我国多党合作制度，加强社会主义民主政治建设，应当认真研究以下问题：第一，政治文化和政治制度的关系。政治文化与政治制度是相辅相成的，我国多党合作制度的完善和发展必须要有相应的中国特色政治文化的环境。第二，市场经济和政治规则的关系。在资本主义国家中，市场经济的规则与政治领域的规则是可以相通的。我国是社会主义国家，坚持走中国特色社会主义道路。我国实行社会主义市场经济，在市场经济中形成的规则并不能搬到政治领域。第三，总结经验和理论创新的关系。坚持和完善我国的多党合作制度，必须认真总结多党合作的实践经验，但总结经验必须以中国化的马克思主义为指导。第四，有序的政治参与和发挥参政党作用的关系。我国是社会主义法治国家，政治参与必须是有序的，是在共产党领导下，遵守法律和制度，通过正常渠道进行的。发挥民主党派的参政党的作用，可以为民主党派广大成员和所联系群众提供畅通的利益表达渠道，从而扩大有序的政治参与。

李金河在《返本开新，以马克思主义民主观引领当代中国民主政治发展》（《团结》2009年第2期）一文中认为，有怎样的民主观，就有怎样的民主政治发展，就有怎样的政党制度发展。纵览人类近现代政治民主发展的历史，民主政治和政党政治的演进过程的确与形形色色的民主观紧密关联。在经历了近30年趋向现代市场经济的经济社会变革之后，在社会主义公民和公民社会因为市场经济缘故而迅速成长的情况下，无论是中国共产党、各民主党派和人民团体，还是广大的公民群众，都应当重新回到马克思，回归马克思主义经典作家的经典论述，基于马克思主义的立场和方法，密切结合中国社会的历史与现实，科学地解决中国社会的民主观问题，继而全面深刻地把握马克思主义民主观与民主政治发展的关系。确立现代、理性、科学的马克思主义民主观，是确保我国人民民主政治健康发展的不可或缺的思想保证。(1) 溯本逐源，再读经典：马克思、恩格斯对民主及其与科学社会主义关系的理解。(2) 建设社会主义民主的一般性原则：不断巩固无产阶级专政的基础和加强无产阶级政党的建设。(3) 坚守原则，与时俱进：不断以马克思主义民主观引领中国特色社会主义民主政治建设。

任文启在《以改革开放精神引领我国政党制度的发展》(《团结报》2009 年 1 月 17 日) 一文中认为，以改革开放的精神引领我国政党制度的发展，就要求我们求真务实、一切从实际出发，走适合中国自己的道路，反对盲从西方国家的政党制度。我们必须学习世界上一切国家政党制度发展过程中积累的先进经验，从我国的实际情况出发，把中国共产党领导的多党合作和政治协商制度建设好、发展好。以改革开放的精神引领我国政党制度的发展，就要求我们坚持科学理性精神，深入反思历史上中国共产党领导的多党合作和政治协商制度曾走过的曲折发展历程、总结经验教训，充分发挥民主党派在建设中国特色社会主义的伟大事业中的积极作用。以改革开放的精神引领我国政党制度的发展，就要求我们坚持大胆实践的精神，使各民主党派通过积极主动地参与国家政治生活，在实践中逐渐完善民主党派自身的建设。以改革开放的精神引领我国政党制度的发展，就要求我们坚持开拓创新的精神，以创新思维加强和改善共产党对多党合作和政治协商的领导。

许忠明、陶传平在《动态视野中的政党制度》(《云南社会科学》2009 年第 2 期) 一文中认为，政党的价值定位对完善我国政党和政党制度指明了方向，国家—社会、政党—国家、政党—社会 3 个向量的变化为政党制度的完善提出了要求，政党、社会和国家之间的逻辑关系则为政党和政党制度的完善提供了条件。第一，政党是在社会中形成和发展起来的，控制国家政权是其重要的目的，因此，关注国家和社会之间关系的向量变化，寻找社会发展的规律，是完善政党制度的首要前提。第二，政党与国家关系的正确处理是完善我国政党制度的重要方面。首先要从社会主义民主政治的角度来认识政党与政党制度的功能，实现政党观念的转变。其次，处理党政关系要有正确的方向和道路，这就是要始终把党的领导、人民当家做主和依法治国统一起来，沿着中国特色社会主义道路不断前进。再次，制度是中国政治文明的核心问题，制度具有根本性、全局性、稳定性、长期性，处理党政关系必须依靠制度，坚持用制度管权、管事、管人。最后，正确处理各个方面的关系要有科学的方法，坚持科学执政、民主执政和依法执政。第三，政党与社会关系的正确处理是政党制度完善的根本所在。我们党的执政地位不是与生俱来的，也不是一劳永逸的，只有不断获取合法性政治资源，才能不断巩固和发展。获取合法性资源，正确处理政党与社会关系，关键在于协调政党的“表达功能”和“引导功能”，把表达功能放到第一位。

游洛屏在《坚持完善我国多党合作制度应加强中国特色政治文化建设》(《中国统

一战线》2009 年第 7 期）一文中认为，用政治制度相比，政治文化建设显得有些滞后，与政治制度的制度建设不相适应。主要表现在：第一，中国特色政治文化的核心价值还没有为公民所自觉遵从。第二，中国特色政治文化内容不够系统和规范。第三，中国特色政治的社会化机制不健全。因此，要进一步坚持和完善我国的政党制度，必须加强中国特色政治文化的建设。要以中国特色社会主义理论体系为指导，把我国多党合作的制度建设与中国特色政治文化建设结合起来，使制度建设与政治文化建设相互促进。进一步研究并概括中国特色政治文化的核心价值；规范中国特色政治文化的内容；完善中国特色政治的社会化机制。

朱兆华在《以党内民主促进多党合作的民主化进程》（《理论视野》2009 年第 7 期）一文中认为，中国共产党领导的多党合作和政治协商制度，作为我国一项基本政治制度，体现了人民民主的价值取向，也是推进和发展人民民主的有效的制度形式。发展党内民主对完善我国政党制度，促进多党合作的民主化进程，具有重大意义。(1)发展党内民主是正确处理多党合作中领导与被领导关系的前提。(2) 发展党内民主是提高共产党执政能力和发挥民主党派参政作用的内在要求。(3) 发展党内民主是加强党内监督和强化民主党派监督的重要保障。

李涛在《中国政治文明下的中国政党制度》（《辽宁行政学院学报》2009 年第 8 期）一文中认为，社会主义政治文明在政治形态上属于现代政治文明，随社会主义事业的发展而发展，是一种建筑在民主和法制的政治文明，具有社会主义和现代政治文明规定性，其核心、本质和精髓都是人民民主。人民民主既包括价值层面，即国家的一切权利来自人民，人民当家做主，拥有管理国家事务的权利；又包括制度层面，即坚持人民代表大会制度这一国家的根本制度以及有关的政治法律制度。建设社会主义政治文明，本身就包含了坚持和完善中国共产党领导的多党合作制的内容。当前，在坚持和完善这一制度必须从三个方面考虑。首先，要按照“三个代表”和科学发展观的要求，全面提高党的领导水平和执政能力。第二，要更充分地发挥民主党派的参政功能。第三，要进一步调整完善党际关系运行机制。

宋俭、晏东在《坚持中国特色社会主义政治发展道路必须不断完善发展多党合作和政治协商制度》（《人民政协报》2009 年 4 月 27 日）一文中认为，中国共产党领导中国人民经过长期实践和反复探索，已经成功开辟了一条适合中国历史和国情，体现中国各族人民根本利益的政治发展道路或者说形成了具有中国特色的一种新的民主政治模式。这个模式就是：共产党的领导、人民当家做主和依法治国的统一。共产党的领导、人民当家做主和依法治国这三大要素的结合和统一，构成了中国式民主的基本特征。中国共产党领导的多党合作和政治协商制度本身就包含有共产党的领导这一社会主义民主的核心因素。中国共产党和中国人民的利益是一致的，共产党的领导和人民当家做主在本质上是统一的。中国共产党领导的多党合作和政治协商制度体现了人民当家做主的本质要求。中国共产党领导的多党合作和政治协商制度以其独特的结构功能和运行机制，在社会主义民主政治建设中具有重要的意义和作用。

陈宗兴在《伟大的旗帜　光明的未来——试论坚持走中国特色社会主义政治发展

道路》（《中央社会主义学院学报》2009 年第 5 期）一文中认为，中国特色社会主义政治发展道路，是中国人民选择的符合我国国情的唯一正确的政治发展道路，也是我国发展社会主义民主唯一正确的政治发展道路。中国特色社会主义政治发展道路，是中国人民政治智慧的结晶，符合我国现代化的发展要求，是构建社会主义和谐社会的根本保障。各民主党派、各人民团体、各个民族、各个社会阶层都要在中国共产党的坚强领导下，共同开辟中国特色社会主义政治发展道路的广阔前景。

虞崇胜在《中国协商政治模式与现代民主政治的发展趋势》（《中国人民政协理论研究会会刊》2009 年第 1 期）一文中认为，改革开放 30 年来中国之所以能够比较平稳地实现社会转型，从政治文明的角度看，其中一条重要的经验就是初步形成了既立足于中国特殊国情又内涵现代民主政治精神的协商政治模式。这种中国式协商政治模式有两个显著的特点：一是在急剧的社会变迁过程中，没有培育体制性的反对力量，而是借助各种传统的体制、制度和组织资源，不断地建立各种新兴社会力量与执政党和政府的制度化联系机制，其中民主党派（参政党）的合法发展和共产党领导的多党合作与政治协商制度就成为保持中国社会政治稳定的特殊机制。二是在社会日趋分化的过程中，没有倡导竞争性政党关系，而是通过人民政协的组织形式和组织优势，将各党派及不同的社会力量吸纳到人民政协中来，通过人民政协实现共产党与其他党派的政治协商和民主监督，达到既有效地整合各种社会力量，又保持和谐稳定的政治局面。中国共产党和中国人民创造的协商政治模式是符合现代民主政治的基本趋势的。它产生于中国，但所内涵的民主意蕴则是超出中国的，它是一种将现代民主政治机理与中国民主政治实践结合起来，既体现现代民主政治的基本精神，又带有明显中国特色的新型民主政治模式。（1）中国协商政治模式体现了现代协商民主的基本特征。（2）中国协商政治模式反映了非对称性权力制衡的发展趋势。（3）中国协商政治模式内涵了共识民主的基本精神。

施雪华、孙发锋在《坚持中国共产党领导的多党合作和政治协商制度的缘由与价值》（《上海市社会主义学院学报》2009 年第 5 期）一文中认为，中国共产党领导的多党合作和政治协商制度是与西方多党制有着根本区别的新型民主制度形式。在现代化进程中，我们必须矢志不移地坚持中国共产党领导的多党合作和政治协商制度，反对多党制。这是因为：中国共产党领导的多党合作和政治协商制度是中国人民的历史选择；中国共产党领导的多党合作和政治协商制度具有扎实的政治文化基础；中国共产党领导的多党合作和政治协商制度是与社会主义公有制相适应的政党制度与民主制度形式；中国共产党领导的多党合作和政治协商制度是经过实践检验了的正确有效的中国特色的社会主义政党制度与民主制度形式。

齐春雷在《民意代表视野下的中国政党制度》（《重庆社会主义学院学报》2009 年第 3 期）一文中认为，中国政党制度是中国的一项基本政治制度，是人民当家做主的重要实现形式。中国政党制度下的民意代表具有完整性、全局性和时效性。从应然状态而言，无疑比西方政党制度下的民意代表更具民主性。问题在于，制度设计中必须强化与民众联系的动力机制，否则缺乏压力的政党，是容易产生惰性的。我们当然不能从政党轮替中寻求这种压力，但完全可以通过开发党内民主资源、社会民主资源的其他路径来达到同样的效果。(1) 发展党内民主，推进执政党的民主化。(2) 执政党必须实行党政职能分开。(3) 执政党要始终关怀、参与社会 (4) 强化参政党的利益代表功能。(5) 加强同民间组织的联系。

郁广健、金崇芳在《论统战视域下政党制度建设的路径选择》(《社科纵横》2009年第2期) 一文中认为，社会主义政党制度的建设，是一项长期而艰巨的历史任务，也是一个不断探索的实践过程。完善我国多党合作制度需要始终坚持中国共产党的领导核心地位，需要积极促进各党派的精诚团结与合作，需要坚持和体现依法治国的原则，需要不断加强多党合作与政治协商的规范化与经常化，需要进一步提高多党合作的兼容性，需要善于借鉴人类政治文明的有益成果。

廖继红在《强化政党力量推进政治发展》(《云南社会主义学院学报》2009年第2期) 一文中认为，政党是政治发展的主体力量。当代中国实行共产党领导的多党合作和政治协商政党制度。在这一制度下，共产党作为"直接执政的无产阶级先锋队、领导者，"主导和把握中国政治发展的进程；各民主党派作为不同利益群体中的进步者、参政党，朝着与共产党一致的政治目标，通过参加和参与国家政权及其管理，认真履行参政议政、民主监督职能。各政党团结合作，自觉努力地发挥各自的主体作用，有效地推动中国政治发展。政治发展是一个持续不断的进化过程，这一进程取决于多种相关变数。随着中国特色社会主义事业的发展，新情况新问题不断涌现，中国政党必须抓住机遇，强化自身，完善制度。(1) 坚持走中国特色政治发展道路。(2) 完善政党制度。(3) 强化政党力量。主要包括强化政党责任、强化政党角色意识和强化政党保障机制。

李路曲在《政党制度的制度化和民主化变迁》(《新视野》2009年第5期) 一文中认为。比较欧美和东亚政党制度的制度化和民主化的变迁，是认识政党制度的一个有效视角。宪政架构、社会文化结构以及大众传媒状况构成了政党制度特色及其运作的基本的外部条件，而从以忠诚为价值取向的群众型政党向以忠诚和"问题"为纽带的全方位政党的转化是建立稳定而民主的政党制度的重要的内部条件，欧美和东亚在这些方面的差异是其政党制度的制度化和民主化存在较大差异的基本原因。无论欧美还是东亚，都要根据这些基本条件以及发展阶段在各自的政党或政党制度之间寻找一个合适的平衡点，或者说在竞争性与合作性政党关系之间达成一种妥协，这是政党制度高效运作和提高自己的制度化与民主化水平的一条基本路径。

孟凤英在《我国多党合作制的发展经验与前景展望》(《马克思主义与现实（双月刊）》2009年第3期) 一文中认为，我国多党合作制的理论与实践不断发展创新，在多党合作制发展与完善的根本动因、首要前提和保证、关键因素、策略原则等方面积累了一系列宝贵经验。其中，明确多党合作的共同目标，制定正确的路线、方针和政策，是多党合作制发展与完善的根本动因；坚持中国共产党的领导是多党合作制发展与完善的首要前提和根本保证；坚持和发展多党合作的根本方针是多党合作制发展与完善的关键因素；维护最广大人民的根本利益与照顾同盟者利益相统一是多党合作制发展与完善的重要策略原则。

人民日报评论员在《基本的政治制度重要的民主形式——论坚持和完善中国共

产党领导的多党合作和政治协商制度》(《人民日报》2009 年 4 月 8 日)、《优越的政党制度鲜明的中国特色——二论坚持和完善中国共产党领导的多党合作和政治协商制度》(《人民日报》2009 年 4 月 10 日)、《加强改善党的领导 坚持正确政治方向——三论坚持和完善中国共产党领导的多党合作和政治协商制度》(《人民日报》2009 年 4 月 13 日)、《发挥政协优势 积极履行职能——四论坚持和完善中国共产党领导的多党合作和政治协商制度》(《人民日报》2009 年 4 月 14 日)、《紧紧围绕中心 自觉服务大局——五论坚持和完善中国共产党领导的多党合作和政治协商制度》(《人民日报》2009 年 4 月 16 日)、《完善基本制度推进政治文明——六论坚持和完善中国共产党领导的多党合作和政治协商制度》(《人民日报》2009 年 4 月 17 日)六篇文章中认为，坚持中国特色社会主义政治发展道路，这是历史和人民的选择。这条道路之所以能够为国家富强、民族振兴、人民幸福和社会和谐提供根本保障，最重要的就在于我们坚持党的领导、人民当家做主、依法治国有机统一，建立并实行了一套适合我国国情、具有鲜明中国特色的政治制度。中国共产党领导的多党合作和政治协商制度就是其中的一项基本政治制度。政党制度是现代民主政治的重要组成部分。一个国家实行什么样的政党制度，由该国国情、国家性质和社会发展状况所决定。我国实行的政党制度是中国共产党领导的多党合作和政治协商制度，这一制度是在中国长期的革命、建设、改革实践中形成和发展起来的。坚持中国共产党的领导，是多党合作和政治协商成功运行的首要政治前提，是区别于西方多党制的根本特点。坚持中国共产党的领导，是人民政协方向正确、前程光明和生机蓬勃的根本保证。人民政协是中国人民爱国统一战线的组织，是中国共产党领导的多党合作和政治协商的重要机构，是中国政治生活中发扬社会主义民主的重要形式。善于运用人民政协这一政治组织和民主形式，为中国共产党和国家实现总任务、总目标服务，推动政治协商、民主监督、参政议政的制度化、规范化、程序化，是发展社会主义民主政治、建设社会主义政治文明的必然要求。只有坚持为共同目标和共同事业而奋斗，多党合作和政治协商才能牢牢把握正确前进方向，才能始终保持旺盛生机活力，才能造福于国家和人民。一项好的政治制度，只有在实践中不断发展，才能永葆生机和活力。坚持和完善中国共产党领导的多党合作和政治协商制度，关键在坚持，途径在完善。我们既要借鉴人类政治文明的有益成果，坚持走中国人民自己选择的政治发展道路，绝不照搬西方政治制度的模式，也要在更大的程度上、更广的范围内，发挥民主党派和无党派人士的作用，发挥人民政协的作用。坚持和完善这一基本政治制度，不断推进民主政治的制度化、规范化和程序化，社会主义政治文明才能迈出新步伐，中国特色社会主义事业才能有更加坚实的政治保障。

八、人民政协理论与实践

2009 年是中华人民共和国成立 60 周年，也是人民政协 60 华诞。60 年来，人民政协这一中国共产党把马克思列宁主义统一战线理论、政党理论、民主政治理论同中国具体实践相结合的伟大创造，中国共产党同各民主党派、人民团体和各族各界人士风雨同舟、团结奋斗的伟大成果，已经深深植根于中国大地，融会于振兴中华的伟业之中，在共和国的史册上留下了光辉的足迹。以纪念人民政协成立60周年为契机，理论工作者和实践工作者们共同回忆人民政协的辉煌历程、总结经验，并对人民政协面临的挑战和发展前景进行了深入研究，取得了一大批研究成果。

贾庆林在《高举中国特色社会主义伟大旗帜，把人民政协事业不断推向前进》（《中国人民政协理论研究会会刊》2009年第1期）一文中认为，中国人民政治协商会议，是以毛泽东同志为代表的中国共产党人团结带领中国人民，在反帝反封建、追求民族独立和人民解放的历史进程中，与各民主党派、人民团体和各族各界爱国人士共同创立的。新时期的人民政协事业，是以邓小平同志为核心的党的第二代中央领导集体在领导全党全国各族人民探索建设中国特色社会主义道路、进行改革开放和社会主义现代化建设的新的伟大征程中开创的。以江泽民同志为核心的党的第三代中央领导集体，在领导人民高举中国特色社会主义旗帜、开创改革开放新局面的历史进程中，卓有成效地运用统一战线和人民政协为继续推进社会主义现代化建设事业服务，把人民政协事业成功推向二十一世纪。党的十六大以来，在全面建设小康社会的伟大进程中，以胡锦涛同志为总书记的党中央团结带领全党全国各族人民，坚持以马克思列宁主义、毛泽东思想、邓小平理论和"三个代表"重要思想为指导，深入贯彻落实科学发展观，把人民政协工作纳入中国特色社会主义事业总体布局，作出一系列重要部署，在新的历史起点上，把人民政协事业继续推向前进。新中国成立以来特别是改革开放30年来人民政协建设的基本经验有：一是要始终坚持正确的政治方向，坚定不移地走中国特色社会主义政治发展道路。二是要始终坚持围绕中心、服务大局，为推动科学发展、促进社会和谐贡献智慧和力量。三是要始终坚持大团结大联合，为发展中国特色社会主义凝聚力量。

王刚在《回顾光辉历程深化学习研究努力开创人民政协事业发展新局面》（《人民日报》2009年11月24日）一文中认为，在中国人民政治协商会议成立60周年之际，要深入研究人民政协事业发展的重大问题，积极探索新形势下人民政协工作的特点和规律，着力推进人民政协理论创新、制度创新和工作创新，在服务党和国家事业发展全局中作出更大贡献。(1) 深入学习研究，充分认识人民政协在我国革命、建设、改革事业中的历史地位和重要作用。(2) 认清形势任务，切实增强做好人民政协工作的责任感和使命感。(3) 认真履行职责，不断开创人民政协事业发展的新局面。当前，人民政协事业发展已经站在一个新的历史起点上。我们要继承和发扬人民政协的优良传统和宝贵经验，牢牢把握团结和民主两大主题，紧紧围绕党和国家工作大局，深入研究人民政协工作面临的新情况新问题，积极探索新途径新办法，继续扎实有效地履行好政治协商、民主监督、参政议政职能，切实发挥好协调关系、汇聚力量、建言献策、服务大局的重要作用，为推动党和国家事业发展作出新的贡献。一是坚持以巩固共同思想基础为核心，全面加强思想理论建设。二是注重继承和发扬优良传统，大力推进人民政协创新。三是积极履行各项职责，更好地服务党和国家工作大局。四是着眼于不断提高工作水平，进一步加强人民政协自身建设。

郑万通在《人民政协六十年的光辉历程和重要启示》（《人民政协报》2009年9月

17 日）一文中认为，今年是中华人民共和国成立 60 周年，也是人民政协成立 60 周年。人民政协 60 年的光辉历程可以划分为六个阶段：(1) 协商建国的伟大实践。(2) 政治协商制度的诞生。(3) 人民政协的五大任务。(4) 新时期人民政协的纲领。(5) 两大主题和三项职能的确立。(6) 十六大以来人民政协事业的新发展。人民政协 60 年的重要启示主要有：(1) 必须立足中国国情，坚定不移地走中国特色社会主义政治发展道路。(2) 必须坚持大团结大联合，为发展中国特色社会主义凝聚力量。(3) 必须坚持好、发展好人民政协的协商民主，努力拓展社会主义民主的广度和深度。(4) 必须充分发挥人民政协自身的特点和优势，为实现党和国家的总任务、总目标服务。(5) 必须适应形势和任务的变化，不断加强人民政协的自身建设。(6) 必须注重理论与实践的有机结合，以理论创新推动工作创新。60 年的辉煌历程和伟大实践充分证明：中国共产党对人民政协的坚强领导，是这些宝贵经验和重要启示的核心。没有中国共产党的领导，就没有人民政协。坚持中国共产党的领导，是人民政协必须始终遵循的首要原则。

卞晋平在《改革开放与人民政协》（《中国人民政协理论研究会会刊》2009 年第 1 期）一文中认为，波澜壮阔的大改革大开放，给我国带来前所未有的巨大变化。它涉及我国经济、政治、文化、社会生活的各个领域、各个角落，改变了我国城乡每一个家庭、每一个人的生活，也直接影响和推动着人民政协的发展路向和进程，使人民政协从理论到实践全方位地实现了一个历史性的跨越，铸就了政协历史上的第二次辉煌。30 年来，人民政协至少发生了十大变化。(1) 及时转移工作重点，服务现代化建设成为政协工作主旋律。(2) 适应社会结构变化，政协团结联合范围不断扩大。(3) 基本制度不断完善，人民政协在多党合作和政治协商中的作用进一步增强。(4) 协商民主逐步推进，人民政协性质职能积极有序拓展。(5) 法律制度日益完善，政协工作走上制度化规范化程序化轨道。(6) 组织机构不断健全，政协履行职能的各项工作实现经常化开展。(7) 信息化发展迅猛，科学技术对政协工作的影响和推动凸现。(8) 总结实践经验，人民政协理论建设迈上新的台阶。(9) 高举爱国主义和社会主义两面旗帜，促进祖国统一成为政协工作新的课题。(10) 拓展对外交往，人民政协在开放中走出国门。

李君如在《充分认识和发挥人民政协在民主政治建设中的重要作用》（《中国人民政协理论研究会会刊》2009 年第 1 期）一文中认为，正确认识人民政协“是我国政治生活中发扬社会主义民主的重要形式，发挥好人民政协在我国民主政治中的地位和作用，必须澄清在人民政协问题上的一些模糊认识，正确认识人民政协“是我国政治生活中发扬社会主义民主的重要形式”这一定义。从政协所具有的三重属性来看，第一，人民政协作为我国政治生活中发扬社会主义民主的重要形式，是在统一战线内部发扬民主的重要形式，而不是国家政权机构那样的民主形式。第二，人民政协作为我国政治生活中发扬社会主义民主的重要形式，是党派之间发扬民主的重要形式，而不是社会群众运动那样的民主形式。第三，人民政协作为我国政治生活中发扬社会主义民主的重要形式，是给参加政协的统一战线成员和各民主党派提供一个同执政党和政府之间进行政治协商、民主监督、参政议政的渠道或平台，而不是以人民政协为一方去同执政党和政府进行对话协商的政治实体，更不是同执政党和政府对话、对抗的政治实体。要充分发挥人民政协在我国政治生活中承担的发扬社会主义民主的独特作用，首先，我们要从我国政治体制的构架出发，发挥人民政协在民主政治中的作用。其次，我们要从人民政协这种民主形式的特点出发，发挥人民政协在民主政治中的作用。第三，我们要从人民政协这种民主形式的职能要求出发，发挥人民政协在民主政治中的作用。

郑宪在《论人民政协在中国特色社会主义事业中的地位》(《中国人民政协理论研究会会刊》2009 年第 4 期）一文中，人民政协的性质是由具有本质区别而又相互联系的三个方面的性质规定的。即一是中国人民爱国统一战线的组织，二是中国共产党领导的多党合作和政治协商的重要机构，三是我国政治生活中发扬社会主义民主的重要形式。在当代中国政治体制运作中，人民政协与党委、人大、政府一起构成了政治体制的基本结构。人民政协在中国特色社会主义事业中的重要地位就是通过它的三个方面的性质和在实际政治架构中的功能来体现和实现的。(1）人民政协在统一战线中的地位和作用。人民政协是中国人民爱国统一战线组织，其主题、特点、任务和作用同统一战线完全一致，是爱国统一战线发展的组织和制度保障。(2）人民政协在国家政治制度中的地位和作用。人民政协是中国共产党领导的多党合作和政治协商的重要机构，是多党合作的重要载体，其主要职能政治协商、民主监督、参政议政就是中国共产党领导的多党合作的重要体现形式。长期以来，在人民政协中已经形成有利于共产党领导、多党派合作的稳固的基础和条件，人民政协作为适合中国国情的多党合作组织，其党派合作形式是独特的，其作用是无法代替的。(3）人民政协在国家与社会关系中的地位和作用。人民政协是连接国家与社会的最大的体制组织，是我国最具有特色的体制组织。我们应充分认识人民政协作为政治国家与公民社会之间的桥梁的地位特点，一方面通过人民政协团结凝聚公民社会，为决策和立法进一步提供合法性；另一方面，人民政协通过公民社会中进行政治输入（政治参与和利益表达)，并监督公共权力。(4）人民政协在社会主义民主中的地位和作用。人民政协是发扬社会主义民主的重要形式。这种民主形式可以概括为协商民主形式。我国人民代表大会制度采用的是票决民主，人民政协采用的是协商民主，票决民主与协商民主相辅相成、刚柔相济、相得益彰，保障了人民当家做主的权利，体现了中国特色社会主义政治发展道路的鲜明特色。

王伟光在《人民政协事业是中国特色社会主义事业的重要组成部分》(《中国人民政协理论研究会会刊》2009 年第 4 期）一文中认为，人民政协在 60 年的艰辛探索中积累了宝贵的经验，为进一步推进人民政协建设提供了重要的启示。第一，必须立足中国国情，坚定不移地走中国特色社会主义政治发展道路，坚持把人民政协事业作为中国特色社会主义事业的重要组成部分。第二，必须坚持发挥人民政协作为中国共产党领导的多党合作和政治协商的重要机构作用，不断巩固和发展我国多党合作的政治格局。第三，必须坚持发挥人民政协作为大团结大联合组织的作用，不断为中华民族伟大复兴、为发展中国特色社会主义凝聚力量。第四，必须坚持好、发展好人民政协的协商民主，努力拓展中国特色社会主义民主政治。第五，必须适应形势和任务的变化，不断加强人民政协的自身建设。

林尚立在《创造协商是人民政协工作基本使命》（《解放日报》2009 年 10 月 28 日）一文中认为，人民政协是中国实践人民民主的重要制度安排，其民主的特色就在于协商。创造协商应该是人民政协工作的基本使命。协商是民主精神的最好体现，可以说，没有协商，也就没有民主。协商，是多元主体平等参与、协调利益、共同决策的一种机制。它以多元为前提，以平等为基础，以参与为动力，以协调为手段，以共赢为目的。所以，真正的协商在每个环节、每个过程都无不淋漓尽致地展现民主的精神与原则。人民政协就是追求协商的产物。然而，在相当长的时间里，政治协商更多的仅仅是作为一种组织或制度安排而存在，没有很好地发挥其内在功能。随着现代化和民主化的不断深入，开发政治协商功能必然成为发展和完善人民政协的关键。从政治逻辑来看，政治协商的政治基础是中国共产党的领导和人民民主，其功能的目标取向则是以下三个方面的有机统一：一是维护共存，二是发展共和，三是创造共享。开发人民政协中的协商，可以从两个领域、六大方面来展开。首先是人民政协内部运行所形成的协商。在这个领域中，协商体现为三大方面：一是参与，形成参与性协商。二是议政，形成对话性协商，实质就是通过意见表达、政策咨询、民主评议等途径提高公共政策决定的民主性与科学性。三是团结，形成合作性协商。其次是政协参与政治过程形成的协商。在此领域中，协商同样体现为三个方面：其一，利益整合性协商，即通过决策之前的协商，将相关利益整合到政策制定的过程之中。其二，政策咨询性协商，即通过制度化的民主监督和公共政策决定程序，如报告、听证、咨询等，就具体的公共政策形成政策咨询性协商。其三，执政民主性协商，即通过党派对全局工作的议政，党派在国家治理中的参与合作，创造多党合作治理的民主执政局面。

张爱军、杨晓丹在《选举式民主、协商式民主与人民政协》（《信阳师范学院学报》2009 年第 6 期）一文中认为，以中国人民代表大会制度为基础的选举式民主与以中国共产党领导的多党合作和政治协商制度为基础的协商式民主相结合是中国社会主义民主的重要特色。选举式民主与协商式民主这两种民主形式的结合有利于保持社会稳定，促进社会的和谐发展。人民政协作为中国协商政治发展的主体，是选举式民主的重要补充，是协商式民主的主要形式。

刘惠芳、顾涛在《“协商民主”呼唤人民政协制度创新》（《各界导报》2009 年 1 月 23 日）一文中认为，十七大提出的“把政治协商纳入决策程序”，是一种创新的制度和程序安排，有利于人民政协更好地履行职能，实现决策的科学化、民主化，推动社会主义民主政治的扩大和发展。把政治协商纳入决策程序，需要人民政协的制度创新，不断建立健全与党政工作和议事规则相适应的工作制度、机制和程序。首先，要在规范政治协商的内容上进行制度创新。其次，要在建立健全协商决策机制上进行制度创新。最后，要在建立健全协调和反馈机制上进行制度创新。

浦兴祖在《用足人民政协的“民主监督”功能》（《井冈山干部管理学院学报》2009 年第 3 期）一文中认为，曾经为筹建新中国作出重大历史贡献的人民政协，具有“民主监督”的重要功能，它是整个“人民监督”的一个重要方面，有其鲜明的特点与优势。政协民主监督功能不同于其他民主监督之处，首先取决于其监督主体即政协组织与政协委员的特点。毋庸讳言，政协组织与政协委员并不是由人民通过普选而产生的，并没有从人民主权者那里获得国家权力的委托，因此，政协的民主监督功能不能像人大（民主）监督那样可以运用国家权力并具有法律效力。此外，政协组织是各政党、各人民团体、各界别的联盟，而不是一个统一的政党，政协委员也不一定是同一政党的成员，因此，政协民主监督功能也就不能像政党（民主）监督那样具有党纪约束力。但是，作为监督主体的政协组织与政协委员凭着自身的特点也可以发挥其特有的优势。用足人民政协“民主监督”功能需从多角度创置条件。第一，强化政协委员的角色意识。第二，营造正常的民主监督氛围。第三，加强民主监督的制度建设。第四，各级党政机关应重视来自政协的民主监督。只要我们各级党政领导干部真正能重视来自政协的民主监督功能，那么，相关的“氛围”、“制度”等就不难建立起来，我们的政协及其委员也会更积极地参与民主监督。无疑，各级党政领导干部的重视，是“当真”“用足”政协民主监督功能的关键。

张亚光、郭国祥在《论中国特色的政协民主监督》（《理论月刊》2009年第10期）一文中认为，人民政协的民主监督是我国社会主义监督体系的重要组成部分，是我国政治运行程序中的重要环节，是人民行使监督权力的重要形式。在贯彻科学发展观，构建社会主义和谐社会的进程中，进一步加强人民政协的民主监督，既是发展社会主义民主政治、建设社会主义政治文明的重要内容，也是人民政协适应新的形势的要求，充分发挥民主监督的作用，推进人民政协工作的一项战略性的课题。我国政协的民主监督具有突出的优势和特色。第一，它有广泛的代表性。第二，它具有较高的权威性。第三，它具有较高的公正性和客观性。完善民主监督的对策和措施。第一，积极推进民主监督规范化制度化程序化进程。第二，政协民主监督要与其他的监督机制相结合，形成监督合力。第三，加强政协自身建设，发挥广大委员的主体作用。

胡筱秀在《制度成长与发展空间：人民政协60年》（《文汇报》2009年10月12日）一文中认为，作为一项极具中国特色的制度设计，人民政协制度创立60年来，与共和国一起成长，走过了不平凡的发展历程。经过实践、探索与积累，人民政协在制度建设、组织体系、功能定位等多个方面，获得了全面成长与发展。（1）制度成果的积累。制度建设是人民政协制度成长的基础。制度成果的积累主要体现为对政协章程的颁布及修改、人民政协入宪以及国家宪法中相关问题的修改、执政党及国家有关文件的相继出台、人民政协主要职能的逐步明确、人民政协自身经常性工作制度的不断规范与完善。（2）组织体系的成长。人民政协的组织体系既包括纵向上的全国与地方各级政协组织，也包括横向上的组织机构和部门设置，以及组织结构上的党派构成、界别设置与政协委员构成。（3）功能定位的发展。人民政协的功能定位经历过三个不同的发展阶段。人民政协在成立之初，由于当时特殊的历史条件，曾经作为人民代表大会的临时替代角色发挥过重要作用。回到统一战线组织的原初设计。改革开放以来，人民政协的功能定位发生了显著变化，就是在功能定位上，从“统一战线组织”的单一功能定性发展成为三位一体的功能定性。

王锐在《新中国成立以来人民政协理论的发展与创新》（《攀登》2009 年第 6 期）一文中认为，（一）以毛泽东为核心的党的第一代中央领导集体对人民政协理论的深刻阐述，为改革开放新时期人民政协的理论创新奠定了坚实基础。（1）科学阐明人民政协的性质。（2）明确提出人民政协的基本职能。（二）以邓小平为核心的党的第二代中央领导集体高度重视人民政协工作，为改革开放新时期人民政协的理论创新指明了根本方向。（1）强调人民政协是具有统一战线性质的组织。（2）明确了新时期人民政协的主要任务。（3）确定了新时期人民政协的主要职能。（4）夯实了新时期人民政协的政治基础。（三）以江泽民同志为核心的党的第三代中央领导集体对新时期人民政协理论的继承与发展，将人民政协事业成功地推向二十一世纪。（1）肯定政协是实现我国基本政治制度的重要机构。（2）确定人民政协的两大主题。（3）拓展了人民政协的主要职能。（4）坚持和改善党对人民政协的领导。（四）以胡锦涛同志为总书记的党中央从科学发展观的高度，开创了人民政协理论创新和实践创新的新局面。（1）人民政协是我国社会主义民主政治的重要形式。（2）推动政治协商、民主监督、参政议政的制度化、规范化、程序化。（3）人民政协在构建社会主义和谐社会中发挥着重要作用。（4）加强人民政协自身建设。

廖继红在《改革开放以来人民政协基本理论的创新》（《人民政协报》2009 年 2 月 2 日）一文中认为，人民政协的基本理论是以毛泽东为核心的老一辈革命家创建的。改革开放以后，以邓小平为核心的党中央根据新的历史条件，对人民政协的理论基础和政治原则等根本性问题，及时做出科学论断，创立了新时期人民政协理论。中共十三届四中全会以后，以江泽民同志为核心的党的第三代中央领导集体，着眼于国内外形势的变化和建设中国特色社会主义实践的发展，提出了在社会主义市场经济条件下人民政协建设的新思路。新世纪新阶段，以胡锦涛为总书记的党中央结合新形势、新情况和新问题，对人民政协工作做出新的重大部署和规范，全面、系统地创新了人民政协理论。改革开放以来人民政协基本理论的创新主要表现为：第一，确立了人民政协理论体系。第二，提升了政协性质。第三，拓展了政协职能。第四，夯实了政治基础。

徐长玉在《发挥人民政协界别优势充分调动各界别参政议政积极性》（《人民政协报》2010 年 1 月 21 日）各级政协组织着眼于充分调动各界别参政议政积极性，大胆探索、勇于开拓，积极开展形式多样、内容充实的界别活动，为发挥界别特色作用、推动政协工作新发展作出积极贡献。（1）强化界别意识，为发挥人民政协的界别优势夯实思想理论基础。强化界别意识，关键是强化政协组织和政协委员的界别意识。作为政协组织，要强化三个层面的界别意识。一是通过界别渠道发扬民主的意识。二是通过界别活动提升工作效能的意识。三是通过界别工作全面推进自身建设的意识。（2）大力增强政协工作的界别特色，使政协的履职活动充分反映界别代表的声音。第一，以政协例会为舞台，突出界别在协商议政中的重要地位。第二，以界别提案、社情民意为重要渠道，发挥界别在凝聚民情民智中的重要作用。第三，以界别调研、视察为载体，发挥界别的专业优势。第四，要根据界别构成的不同特点开展具有界别特色的活动。（3）进一步提高政协界别设置的科学化水平，提升界别活动成效。科学设置和调整界别，应坚持做到：一是相对稳定、适时调整的原则。二是体现广泛性的原则。三是因时因地原则。四是规范性原则。(4) 建立健全界别工作机制，努力使人民政协的各种界别活动更加经常、更加规范、更加有效。

李金船在《创新人民政协民主实现形式扩大公民有序政治参与》(《中央社会主义学院学报》2009 年第 5 期) 一文中认为，人民政协作为中国共产党领导的多党合作和政治协商制度的重要机构，是按党派、团体和界别协商产生的，以党派、团体或界别为单位开展活动，通过政协委员及其参政议政活动来最广泛地联系各界群众，在实现和扩大公民政治参与方面具有独特优势。具体表现在：第一，政治参与主体的广泛性。第二，政治参与渠道的多样性。第三，政治参与内容的全面性。第四，政治参与层次的高层性。人民政协为我国社会政治参与提供了广阔的空间，在社会主义民主政治建设中发挥着重要作用。但是要看到，由于各种因素的影响，人民政协实现公民有序政治参与、充分发挥积极作用方面还存在着亟待完善的地方。主要包括：第一，政治协商缺乏具体的法律性规定。第二，政治协商的程序化有待进一步提高。第三，人民政协的界别设置还有待完善。在新的历史条件下，要发挥人民政协在扩大公民有序政治参与方面的独特优势，要加强以下几个方面的工作：第一，从社会主义民主政治建设的高度，坚持人民政协的性质和在人民政协中非中共人士占多数的原则。第二，加强党委、政府与人民政协的互动。第三，与社会结构的变化相适应，调整和充实政治协商主体，完善人民政协的界别组成机制。第四，加强人民政协政治参与体制的制度化建设。

卢勇、丁俊萍在《新的社会阶层发展与人民政协工作的创新》(《学习与实践》2009 年第 5 期) 一文中认为，改革开放以来，新的社会阶层开始产生并成为建设中国特色社会主义事业的重要力量。在财富的积累中，新的社会阶层产生了自己的政治利益诉求，形成了新的政治参与群体。人民政协是新的社会阶层成员实现政治参与的现实途径，可以在国家政治层面表达新的社会阶层人士的利益要求。新的历史条件下，必须以中国特色社会主义理论体系为指导，深入贯彻落实科学发展观，创新人民政协的工作思路，从而真正实现对新的社会阶层的有效整合。第一，加强对新的社会阶层的思想政治工作。第二，积极稳妥地壮大新的社会阶层政协委员队伍。第三，充分发挥新的社会阶层政协委员的主体作用。第四，逐步提升新的社会阶层人士在政治协商中的地位。

殷啸虎在《关于人民政协法治化问题的若干思考》(《政治与法律》2009 年第 5 期) 一文中认为，在贯彻落实依法治国方略的今天，法治化问题已经是人民政协制度建设一个不可回避的问题。推进人民政协的法治化，是人民政协制度化、规范化、程序化建设的必然要求，也是切实履行政协职能的必然要求。依法治国方略的确立，为人民政协法治化奠定了理论基础；政治协商制度作为国家基本政治制度的定位，为人民政协法治化奠定了法律基础；协商民主的价值定位，为人民政协法治化拓展了制度空间；人民政协在我国政权架构中的地位，为人民政协法治化奠定了制度基础。因此，人民政协的法治化应当是人民政协制度建设的发展方向。人民政协法治化的内涵建设应着重体现在依法支撑人民政协的组织活动、依法规范人民政协机构的运行、依法保障人民政协履行职能等方面，通过制定相应的基本法律，从制度上、法律上切实提高人民政协履行职能的实效性。

孙信　中央社会主义学院中国政党制度
研究中心副秘书长、教授

学术著作评介和论文观点摘要

一、学术著作评介

《六个“为什么”——对几个重大问题的回答》（中共中央宣传部理论局编写，学习出版社 2009 年 5 月版）

该书对当前人们普遍关注的党和国家坚持什么样的指导思想，坚持走什么样的道路，坚持什么样的根本政治制度和政党制度，坚持什么样的基本经济制度，以及是否继续坚持改革开放不动摇等几个重大问题，作了鲜明、深刻、生动的回答，紧贴时代，紧贴现实，紧贴干部群众思想，观点鲜明，分析深入，事例生动，说理透彻，是一部用中国特色社会主义理论体系武装头脑、教育人民的好教材，对广大干部群众深入学习领会中国特色社会主义理论体系，深入把握社会主义核心价值体系，进一步提高政治鉴别力将起到十分重要的作用。

首先，《六个“为什么”》集中回答了中国为什么发展、为什么要走自己的路。中国的发展、走自己的路，有千百个原因、千百条理由，但最根本的是书中讲的这六条：中国化的马克思主义是引领我们前进的旗帜、中国特色社会主义道路是实现中华民族伟大复兴的道路、人民代表大会制度是人民当家做主的根本保证、共产党领导的多党合作和政治协商制度是具有强大生命力的政党制度、公有制为主体多种所有制经济共同发展是充满活力的经济制度、改革开放是推动当代中国发展的强大动力。这就从指导思想、发展模式、具体制度和发展动力等最基本方面揭示了中国现代化道路的特征，同时也回答了为世人所普遍关心的中国成功崛起的根本原因。

其次，《六个“为什么”》对于有关中国发展的根本性问题的回答更加全面。比如，在论述“为什么要坚持马克思主义指导地位，而不能搞指导思想多元化”时，并不是像过去那样，仅仅从马克思主义的科学性本身阐述其作为指导思想的重要性，而是放眼于人类文明社会各个历史阶段，明确地指出了历史上任何社会中指导思想从来都是一元化的，都形成了以统治阶级思想为核心的社会主流意识、主导价值。这就更加深刻地揭示了人类社会运行的共同规律——必须通过思想的统一、思想的引导与整合，奠定一个社会的基本秩序，为社会和谐、稳定和发展提供思想基础。从而也寓意着广大党员、干部要更加有意识、更加自觉地学习、理解和维护党的理论，用党的指导思想去统领一切工作，去统一人民的思想。

第三，《六个“为什么”》更加深刻地论述了事关发展方向、发展全局的重大理论和思想问题，加深了对于这些问题的认识。比如，在回答为什么必须坚持中国共产党领导的多党合作和政治协商制度、不搞西方多党制的问题时，深刻地揭示了西方多党制在表面具有的多元、民主形式背后的“金钱政治”实质，无可辩驳地指出西方多党制带来的扩大社会分歧与矛盾的政治机制和实际效果。这些都深刻地意味着，一旦在正处于工业化、现代化发展关键时期的中国实行西方式制度势必带来的破坏作用，也间接地揭示出为什么在许多发展中国家因实行西方多党制造成了社会分裂与冲突，这样为人们广为关心的问题。

最后，《六个“为什么”》在回答为广大党员、干部和人民群众关心的重大理论和现实问题时，更加具有针对性。过去，我们在论述有关方向、道路等重大理论和现实问题时，大多采取正面论述的方法。正面论述当然是重要的，但从认识的规律来看，从反面开始分析、揭示问题，是正面认识的前提和基础。人们只有从反面认清了事实的真相，从反面意识到事物的不可行性，才会更多地从正面思考认识问题，树立起正确信念。《六个“为什么”》在讨论和回答每一个问题的时候，都注意从反面论述问题，清楚地告诉读者什么是不可行的，什么是可行的，这就大大提高了回答思想认识问题的针对性。

作为该书六部分之一的《具有强大生命力的政党制度》部分，从理论和实践上深刻阐述了为什么必须坚持中国共产党领导的多党合作和政治协商制度、而不能搞西方的多党制，事实确凿、材料鲜活、分析透彻、令人信服。该部分主要讲了两个问题，一是为什么必须坚持中国共产党领导的多党合作和政治协商制度；二是如何坚持和完善中国共产党领导的多党合作和政治协商制度。在回顾我国特色政党制度形成历史的基础上，认为这一制度既符合中国国情，又符合中国文化传统，具有鲜明的中国特色，好就好在“四个有利于”。同时，通过摆事实、讲道理，对西方多党制在运行过程中的种种弊端进行了深入剖析，一针见血地指出盲目照搬别国政党制度会造成的严重后果，从而得出了在中国搞西方多党制违背人民群众根本利益的结论。最后，客观分析了与我国社会主义民主政治发展的要求相比，这一制度存在不相适应、需要完善的方面，充分体现了中国共产党宽广博大的政治胸襟和实事求是的优良作风。

《六个“为什么”》从理论和实践的结合上，回答了当代中国面临的根本问题

理论是有魅力的，如同艺术一样。《六个“为什么”》一书就是以其理论的魅力，结合实践的佐证，从浩瀚的书海中脱颖而出，成为一道思想的闪光。

《六个“为什么”》，涉及高举什么样的旗帜、选择什么样的发展道路、坚持什么样的制度等重大问题，既是广大干部群众关心的重大认识问题，也是事关我们党、我们国家前途和命运的重大政治问题；既是重大的理论问题，也是重大的实践问题。对于这些问题，如果只从理论到理论，或从实践到实践，那不可能说清楚、说透彻，也就不可能让干部群众信服。

《六个“为什么”》一书力求把抽象的理论问题与生动的实践结合起来，在深刻总结我们党80多年奋斗、新中国60年建设、改革开放30多年的实践基础上，分析问题、阐述理论，用鲜活的事实、生动的案例来阐述我们党和国家应当坚持的指导思想、发展道路、政治制度、政党制度、经济制度、发展方向等6个方面的重大问题。

例如，在阐述社会主义基本经济制度时，《六个“为什么”》引证了“公有制经济和非公有制经济共同发展，为我国经济发展注入了强大的生机和活力”这一事实，并列举了“1978年至2008年，我国经济年均增长9.8%，不仅明显高于1953年至1978年年均增长6.1%的速度，而且比日本经济起飞阶段国内生产总值年均增长9.2%和韩国经济起飞阶段国内生产总值年均增长8.5%还略高”的事实。这样的回答既有理论的高度概括，又有实践的有力论证，说理充分，事实生动，容易让人信服。

理论联系实际，是我们党一贯倡导的良好学风，也是增强理论说服力的重要原则。《六个“为什么”》一书把摆事实和讲道理很好地结合起来，以大量生动的事实、鲜活的事例、翔实的数据，赋予理论以说服人、感染人的巨大力量。这也正是回答六个“为什么”的这本理论著述，具有不同凡响的理论震撼力和吸引力的一个重要原因。

《六个“为什么”》从理论和实践的结合上全面准确、深入浅出地回答了当今中国“举什么旗、走什么路、以什么样的精神状态、朝着什么样的发展目标继续前进”等方面的重大问题，明确地向世人宣示：中国共产党要始终不渝地高举中国特色社会主义伟大旗帜、坚持中国特色社会主义理论体系的决心和信心。

《六个“为什么”》从历史和现实的结合上，回答了困扰在人们心头的大是大非问题

“走回头路，就无法聚精会神搞建设，就会失去国民经济快速发展、社会安定和谐的良好局面；

“走回头路，就会回到封闭半封闭状态，就无法在同世界的学习借鉴和交流合作中实现自己的更快发展；

“走回头路，就不会有市场繁荣、产品丰富的生活，人民富足安康的美好日子就会失去。”

在回答为什么必须坚持改革开放不动摇而不能走回头路这一重大问题时，《六个“为什么”》既深刻论述改革开放是决定当代中国命运的关键抉择，改革开放的方向和道路是完全正确的，也深刻论证了改革开放不能走回头路。

该书涉及的6个问题，既是当代中国面临的根本问题，也是当前困扰在人们心头的大是大非问题，需要从历史和现实的结合上，为广大人民群众解惑释疑。在这种背景下，《六个“为什么”》通过对社会发展趋势的透彻分析，以无可辩驳的历史必然性的逻辑推理，回答了人们关心的重大理论和实际问题。比如，该书以宏大的历史视野回答了“我们为什么必须坚持以马克思主义为指导?”那是因为“马克思主义是被100多年来世界历史发展进程，特别是我国革命、建设和改革实践反复证明了的科学真理”“是我们认识世界、改造世界的强大思想武器”。这就从历史和现实的结合上，把一系列困扰在人们心头的大是大非问题论证得让人心服口服，达到了解惑释疑的目的。《六个“为什么”》一书正是在调研、梳理、分析的基础上，去伪存真、去繁取要，概括、

提炼、凝聚成为全社会甚至为海外世界所关注的马克思主义的指导地位、中国特色社会主义道路、我国的政治制度、政党制度、基本经济制度、改革开放等6个重大问题而加以深入具体地论述。在论述中，既讲清楚了我们“必须坚持什么”，为什么“必须坚持”，也讲清楚了“不能搞什么”，析事明理、化解疑惑。

《六个“为什么”》一书既总结过去，站在宏观的历史高度，以无可辩驳的历史事实回答了我们党、我们国家的必然选择，又立足现实，站在我国改革开放和现代化建设的新阶段新起点的高度，以实事求是的科学精神论证了今天我们党、我们国家的“必须”和“不能搞”。我们党、我们国家之所以选择以马克思主义为指导思想、选择走中国特色社会主义道路、选择人民代表大会制度、共产党领导的多党合作和政治协商制度、公有制为主体、多种所有制经济共同发展的基本经济制度、坚持改革开放不动摇，不是少数人、不是我们党的主观愿望所决定的，而是历史的必然选择、现实的必然结论。

《六个“为什么”》从国际和国内的结合上，批驳了当前意识形态领域存在的错误思潮

“从洋务运动、戊戌变法，到辛亥革命，中国一直就想走西方资本主义的发展道路，但结果都失败了。用毛泽东的话说，就是先生总是欺负学生，西方资本主义的先生不允许中国学生走上与他们一样的发达资本主义道路。”

对于有人认为“中国没有经历过资本主义，要让中国补上资本主义这一课”的说法，《六个“为什么”》给出了明确的回答——这种说法是没有根据的。中国走资本主义，只能成为发达资本主义国家的附庸，而不可能成为与发达资本主义并驾齐驱的竞争对手，因为帝国主义绝对不会允许中国成为这样的国家。中国如果走上资本主义道路，国家就会分裂，社会就会动荡，这是非常危险的。

《六个“为什么”》一书在论述为什么不能放弃马克思主义、放弃社会主义时，特别联系苏联、东欧放弃马克思主义、放弃社会主义，不仅没有出现繁荣，而且导致亡党亡国的教训；在论述为什么不能照搬西方的多党制时，特别联系非洲许多国家实行多党制后，结果是“政党林立、竞争激烈，社会矛盾激化，经济停滞、政治动荡，国家陷入长期的纷乱之中”的事实；在论述为什么不能走回头路时，特别谈到“走回头路，就会回到封闭半封闭的状态，就无法在同世界的学习借鉴和交流合作中实现自己的更快发展。”

歪理邪说最怕事实，困惑疑问最终也要靠事实来化解。《六个“为什么”》一书通篇都是在摆事实、讲道理，用历史的事实、现实的事实、国外的事实、我们自己的事实、正面的事实、反面的事实来说明我们为什么“必须坚持什么”，为什么“不能搞什么”，清清楚楚、明明白白，旗帜鲜明、毫不含糊。

《六个“为什么”》还认真梳理出一些政治和学术上的“敏感”问题。如针对一些人提出的我国应仿效西方政治上实行“三权分立”“经济上应实行私有化”“搞市场经济就是搞资本主义”等错误认识，该书对这些问题的深入剖析和回答，对于分清理论是非、澄清模糊认识都很有启发意义。

《新中国政党制度研究》（林尚立著，上海人民出版社 2009 年 9 月版）

本书全方位、多角度阐述了中国政党制度的建立基础、现实需要、政治实践过程以及对社会主义民主建设的重要意义等。同时阐明了这样一个观点：它的进步与发展能够为中国的国家建设和民主成长提供新的资源与新的空间，反过来，国家的现代化和制度化也将使政党制度更全面、更深刻地嵌入国家制度之中，从而与其他制度一起共同支撑中国的现代化建设和发展。

全书共分九章。第一章，总论论述了，政党与社会，政党制度与国家，中国政党制度与国家建设。第二章，政党与中国革命，论述了中国革命与革命党，政党与民主共和，革命中的政党领导与合作。第三章，共和与协商建国，论述了民主共和与国家建设，多党合作与协商建国。第四章，一元化与制度扭曲，论述了国家建设与发展模式，一元化：现代化实践与制度扭曲。第五章，基本制度的建构与嵌入，论述了现代化与民主党派的恢复，制度建构与嵌入政治体系，制度建构孕育协商民主。第六章，政治协商与人民政协，论述了政治协商与人民民主，多党合作与人民政协，人民政协与社会团结。第七章，多党合作的制度安排，论述了多党合作的制度定位，多党合作的制度结构，多党合作的制度效应。第八章，协商民主与政治过程，论述了政治协商与中国政治过程，中国政治过程中的人民政协，民主党派与公共政策过程，协商民主与公民参与。第九章，政党制度与中国民主，论述了中国民主化孕育相对独立的政党制度，政党制度在中国民主中的方位，政党制度与中国的协商政治，政党制度建设与中国民主成长。

《政党政治原理》（王长江著，中共中央党校出版社 2009 年 10 月版）

《政党政治原理》研究的主要内容是政党学基本理论。《政党政治原理》为自己规定的任务是：确定一种政党政治研究的基本框架，在这个框架下，通过对政党政治最基本方面的考察，探索政党活动的普遍规律性，促进对政党政治的研究和思考。

党务管理需要研究的内容主要包括两个方面：一是如何使党的组织运行灵活而有效。政党由党员组成。党员又被集合在党内组织中。政党还可以为了贯彻整个党的意图而制定自己的纪律。但是同时，政党又是人们为追求共同价值自愿组织起来的，参加组织的人是为了共同的目标而集合在一起。所以，每个成员的自主性是政党不可或缺的原动力。有效的党务管理，就是要在这两者之间找到一个平衡点，把这两者整合成集体的意志和共识。二是如何防止权力的侵蚀。政党首先以执掌权力为目标。但是，权力对执掌者有强大的腐蚀性。权力的巨大能量往往使掌权者在向政治目标前进的同时，也获得相应的利益，这种利益有时会挑战政党赖以使自身凝聚起来的价值，使政党原先的价值发生畸变。所以，如何既有效运用公共权力实现政党的政治目标，又避免权力的腐蚀，成为政党必须面对的问题。这也正是党务管理要研究的重大课题。

以上只是从一般的学科角度，列举了政党学研究的一些主要方面，不能说无一遗漏地概括了这一研究的全部。人们还可以选择其他不同的角度，对政党学的对象和内容进行梳理。

全书由三个部分构成。在第一部分，分析政党这种现象的基本点，故以“政党本论”冠之。什么是政党？政党是干什么的？政党作为组织，和其他组织相比，有着什么样的特殊性和活动特点？这些都是在这一部分需要阐述的问题。从第二部分开始，把政党放回到它实际活动的环境中，考察它与政治社会各要素互动的情况。这种互动在两个层面上发生。一是政党之间，二是政党与国家和社会其他元素之间。第二部分着重探讨了政党之间的互动。在第三部分，将进一步扩大范围，把政党放到整个政治系统中去，探讨政党和国家、社会中的诸多元素之间的关系。

全书共分三部分十四章：第一部分，政党本论，包括：第一章，政党的起源和发展，第二章，政党的本质和功能，第三章，政党的组织结构，第四章，政党的意识形态，第五章，政党的自身建设。第二部分，政党体制，包括：第六章，政党体制及其成因，第七章，政党体制的类型，第八章，西方政党体制，第九章，中国共产党领导的多党合作制。第三部分，政治体制中的政党，包括：第十章，政党与国家权力，第十一章，政党与公民社会，第十二章，政党与媒体，第十三章，国际政治中的政党，第十四章，政党政治的发展趋势。

《当代中国公众政治参与和决策科学化》（李金河、徐锋著，人民出版社 2009 年 10 月版）

《当代中国公众政治参与和决策科学化》一书从政策学角度研究政党政府的决策行为，从社会变迁、政治发展、制度沿革、行为变化等多角度入手，将政策理论与当代中国政策实践经验总结紧密联系起来，研究党和政府决策与社会公众政治参与的内在机理及其相互关系，是该领域研究的一次创新性探索。

改革开放以来，我国经济快速平稳的发展，改革的不断深化，广大人民群众生活水平和生活质量的逐步改善，社会环境的总体稳定，为当代中国政治发展，包括公众政治参与和政府决策的科学化、民主化提供了难得的契机。我国的公民政治参与不断扩大，党和政府决策的科学化、民主化水平不断提高，这是有目共睹、无可争辩的事实。公民的民主选举、民主管理、民主监督、民主参政议政的权利不断扩大，相关的制度不断健全，村民自治和居民自治稳步健康发展。公民政治参与的积极性日益高涨，政治参与的渠道不断扩大，尤其是互联网的发展为公民政治参与提供了广阔而有效的平台。各级决策机关越来越重视民意，通过各种渠道广泛征求群众的意见，并积极加强同群众的联系和沟通。共产党领导的多党合作和政治协商制度进一步巩固和发展，党和政府的重大决策，包括重大方针的确立、重要政策的制定以及重大事项的决定，都要事先征求党外人士和民主党派的意见。人民代表大会制度不断发展和完善，各级人民代表的作用不断加强。党内民主建设、执政党的能力建设不断加强。

随着社会主义市场经济的发展，当代中国的政治生活发生了空前深刻的变化，面临全新的挑战。一方面，社会公众政治参与的要求不断扩张；另一方面，政党政府治理现代性和有效性的程度亟待整体提升。在宏阔的历史背景下，在改革和发展走向深水区的过程中，民主与科学的关系问题又一次凸现出来。特别值得注意的是，决策中的民主与科学问题已经成为攸关各项事业进退与成败的关键。由此，对政党政府决策、社会公众政治参与发展关系的内在机理及其相互关系的研究，也就日益紧迫起来。

全书共六章，从基础理论研究、实证调查研究和政策对策研究三个方面，深入探讨科学决策与民主决策的关系问题，论证公众政治参与科学决策的关系，探索扩大有序政治参与的具体形式以及加强公众政治参与和科学决策的制度问题，对于促进公众政治参与同党和政府科学决策有机结合，推动我国公共决策的科学化民主化具有很大的理论和现实意义。第一章，市场经济给中国社会结构及政治生活带来的巨变，论述了市场经济与公民人格和公民社会的形成，新社会阶层、利益集团的产生和发展，当代中国公众政治参与的现状，政治合法性、治理有效性问题成为政党政府的首要问题。第二章，公众自主的政治参与对政党政府政策行为的影响，论述了公众意见表达、公共议程确立与决策活动中政党政府对公众利益的认定，不同利益主体或集团参与的要求与政党政府政策活动的过程，审议民主的要求与决策结果的回馈、反思与调整。第三章，政党政府决策活动的相应变化及其所存在的问题，论述了政党政府在决策活动中角色与地位的变化，政党政府在决策活动中思维和行为方式的变化，政党政府寻求决策民主化与科学化的努力，政党政府在决策中存在的主要问题及其根源。第四章，科学决策在中国社会全面可持续发展中的战略地位，论述了决策效益、成本与风险，当代中国政党政府决策的效益、成本与风险问题，当代中国政党政府的决策须兼顾民主化与科学化的要求。第五章，科学决策的方式方法、制度保障和评价体系，论述了科学决策的内涵。第六章，促进公众政治参与同政党政府科学决策有机结合并相得益彰。

本书系国家软科学研究计划项目成果。作者希望通过自己的努力，同时也通过这一研究成果，吸引更多的人们密切关注当代中国决策的科学化、民主化问题，密切关注当前中国特色社会主义建设（特别是中国特色社会主义政治发展）中面临的各种重大、具体的政策问题，从而为政策科学的深入发展，为相关理论与实践问题的深入探讨积累素材并启发思路。

《政党立宪研究》（叶海波著，厦门大学出版社 2009 年 4 月版）

《政党立宪研究》主要讲述了：作为“二战”后宪法的发展趋势之一，政党立宪是立宪主义原理在政党领域的运用，即根据立宪主义关于权力制约和人权保障的基本原理，以宪法为核心的法律来保障政党宪政功能的发挥，并防范政党滥用权力侵害人权，破坏宪政秩序。政党立宪是对政党民主及权力制约功能的肯认，亦是对历史上政党独裁专制统治的回应，政党保障和政党规制构成了政党立宪的基本内容，而立宪主义则是政党立宪的核心价值准则。《政党立宪研究》从政党与宪法的关系这一中心命题出发，以政党立宪为核心范畴，全面地探讨了政党立宪的基本理论。

全书约 20 万字，由引言和正文构成，其中正文分为五章。第一章是“政党立宪的由来”。梳理政党与法的关系史，不难发现，政党在法律上的地位历经三个阶段的演变，即从政党在法律之外的敌视排斥时期到政党在法律之中的法律承认时期再到政党在宪法之中的政党立宪时期。政党立宪时期始于“二战”之后，政党的民主和权力制约功能以及历史上政党组织的异化，是政党立宪的客观原因，价值中立的多元民主主义演化为价值拘束的多元民主主义和政党寡头统治铁律的提出，则建立了政党立宪的法理基础。第二章是“政党立宪的逻辑前提：政党性质确认”。政党立宪的实质是将发端于市民社会中的政党组织纳入宪法调整的范围，政党法律性质的确认是政党立宪的逻辑前提。本章从理论、规范和司法实践三个维度探讨了政党的法律性质。在理论上，学者基于国家与社会的二元理论和方法，形成政党机关说、政党团体说和政党媒介说等三种观点，政党媒介说基本上是通说；在规范上，各国主要依据政党在本国政治生活中的地位和功能将政党宪法规范分别置于宪法典的人权、国家机关或总纲三部分之中，或者强调政党的自由属性，或者强调政党的公共属性，或者二者兼具，而各国政党法关于政党性质的认知则具有高度的一致性，均将政党视为具有自由属性和公共属性的社会组织；在司法实践中，德国联邦宪法法院关于政党性质的认知经历了政党为国家机关到政党为宪法机关再到政党为国家与社会之间媒介的演变，美国联邦最高法院通过一系列政党初选案判决，最终形成政党在初选领域实为“准国家机关”的认识，而欧洲人权法院则多坚持政党为结社组织和团体的传统理论。第三章是“政党立宪与政党保障”。政党具有公共性和自由性，政党立宪的内容之一即是保障政党公共功能的发挥。现代国家一般通过政党自由、平等和政党财政补助等制度来保障政党民主和权力制约功能的发挥。政党自由首先是排除国家非法干预的自由，亦要求政党内部活动贯彻自由的原则，是调整公民、政党与国家以及政党与党员二对社会关系、规范政党内部和外部活动的基本法则。政党特权和政党内部民主是保障政党自由的法律装置。政党自由存在内在和外在的界限。在政党国家的语境下，政党平等原则已经由形式上的国家中立于政党竞争过程，演变为实质层面的政党间的平等和强势政党借助公权力打击、排斥异党的禁止。政党平等主要包括政党在选举和公共资源分享中的平等。政党财政补助是指国家基于政党所担当的公共任务而为之提供财政支持，政党补助应当贯彻政党平等原则，不得侵害政党的独立性，一政党独立构成了政党财政补助的界限。第四章是“政党立宪与政党规制”。政党的目的和行为可能背离自由和民主的轨道并颠覆现行宪法秩序，因此，通过宪法为核心的法律来规制政党组织，是政党立宪的另一内容。现代国家一般通过政党内部民主、政党财务公开和违宪政党禁止等机制来制约政党权力。政党内部民主是国家民主理念在政党内部的修正适用，其基本要求是通过党员权利的保障和政党组织的民主化建构来建立政党内部意志由下而上的形成机制。政党财务管控的目标是防范财势集团通过大宗和频繁的政党捐赠来控制政党，决定政治走向，破坏政治公平，政党财务管控的对象是政党的“硬钱”和“软钱”，政党财务收支公开和限制是政党财务管控的基本机制。违宪政党禁止是指政党在目的和行为上危害宪政秩序或国家存立而被特定国家机关判决违宪并被强制解散的机制。违宪政党禁止产生强制解散政党组织并禁止成立替代性组织、没收政党财产、剥夺该党国会议员资格等规范效果。违宪政党禁止是一种预防性机制。这一预防性机制在实际运作中不可避免地会面临着如何准确把握提请违宪审查的时机、确定自由民主宪政秩序的内涵和区分政党目的与行为等方面的难题。第五章是“政党立宪的中国命题”。本章认为，民主主义和社会主义构成了中国政党立宪的理论基础，中国政党所具有的公的属性和功能及宪法对其公共性的认可，系中国政党立宪的逻辑前提，中国政党立宪应当遵循社会主义宪政这一核心价值准则。中国现行政党规范存在渊源广泛、效力不一、内容体系化不足和宪政价值取向缺失等特点和问题，中国应当从依法执政走向政党立宪，在遵循政党应维护社会主义宪政秩序、依法执政参政、政党平等等原则的前提下，通过整合现行政党规范，制定政党宪法规范和政党法，实现政党立宪的目标。

《中国特色和谐政党关系论》（农工党中央编写组，中国言实出版社 2009 年 4 月版）

《中国特色和谐政党关系论》一书围绕坚持走中国特色社会主义政治发展道路的主题，以构建中国特色的和谐政党关系为主线，从世界与中国、历史与现实、理论与实践三个角度，系统阐述了中国共产党领导的多党合作和政治协商制度，论述了构建和谐政党关系的内涵、机制和历史必然性，具有较高的理论价值和实践指导意义。

《中国特色和谐政党关系论》一书由全国人大常委会副委员长、农工党中央主席桑国卫，全国政协副主席、农工党中央常务副主席陈宗兴亲任编委会主任，常务副主席陈宗兴、中央统战部副部长楼志豪作序。《中国特色和谐政党关系论》一书选题重大、视野开阔，是多党合作理论研究领域的一大成果。

《和谐党政关系构建》（景红著，新华出版社 2009 年 6 月版）

党政关系的动态构建，是一个涉及党的领导、国家制度、政府管理以及法律建设等诸多层次的动态构建过程。所以，它不仅仅是政党和政府两个社会政治组织之间的简单分开或协调关系，而是包含大到一个国家的政治经济社会关系甚至是国际形势，小到一个党员或政府公务员在内的全方位的协调和统一。

本书是从动态路径探索的角度对当代中国党政关系和谐构建的一项研究。书中运用系统分析的方法和动态发展的眼光，对党政职能安排和目标定位的互动匹配性以及党政与环境系统的动态匹配性进行了独特的诠释和考量，力求从动态平衡以及自学习、互学习的角度探讨构建学习型政党和学习型政府，构建与环境系统协调互动的和谐党政关系，并提出了完整的党政关系动态构建的理论模型。

《中国政党与政党制度》（李朝录编著，湖南人民出版社 2009 年 3 月版）

《中国政党与政党制度》一书以历史唯物主义和马克思政党学论为指导，史论结合，集基础理论、重大史实和当代实践于一体，以中国政党发展为主线，纵论百年，横跨两岸，远涉台港澳，对我国各个历史时期的政党与政党制度建立的起因与发展，兴盛与衰亡，功过与是非，作了全面的介绍和客观的评论，对各个时期交替出现的四种政党制度的形成、建立、形式、内容、特点、性质和成败原因，作了系统地概况和科学的分析，填补了这个领域研究的一项空白，具有较高的学术价值。对予人们正确认识我国政党与政党制度发展状况和发展规律，消除某些误会和误点，凝聚国人共识，进一步坚定走中国特色社会主义政治道路的信念，推进我国政法体制改革，将提供十分有益的帮助。

本书共十二章，40 余万字，布局合理，结构严谨，语言通俗，文字流畅，评略有别，而且按照一个问题一章节和一堂课的容量进行编排，非常适合党政干部，统一战线成员阅读，尤其适合做各级党校、行政学院、社会主义学院、干部学院的培训教材，也可作为高等院校政治学专业，历史学专业教学参考用书。

《当代中国政治参与研究》(邱永文著，中共中央党校出版社2009年10月版)

《当代中国政治参与研究》一书厘清了政治参与的科学概念及相关理论，详细探讨和研究了中国政治参与的发展方式及影响因素，深入分析了中国政治参与发展过程中存在问题的原因及相关对策。该书的最大特点是，拓展了对政治参与研究的时间和地域跨度，不仅对古代和近代中国政治参与进行了历史考察，而且对西方国家政治参与的发展也进行了历史纵向研究和各国的横向对比研究，通过比较研究，来认清中国政治参与的发展方式和自身特点，从而找出当代中国政治参与发展中的问题和对策。

本书主要内容包括：政治参与的一般理论；西方国家政治参与的历史发展；中国政治参与的历史发展；当代中国政治参与的动力和制约因素；当代中国政治参与的发展状况等。

全书共分七章，介绍了政治参与的一般理论，回顾了中国古代、近现代直至当代政治与的发展脉络，重点考察了当代中国政治参与的动力和制约因素，结合世界各国政治参与的一般历史经验探讨了中国政治参与的实践以及出现的问题，分析了产生这些问题的表面原因和深层原因，并提出了解决这些原因的思路和具体对策。第一章，导论。第二章，政治参与的一般理论，论述了政治参与的含义，政治参与的影响因素，政治参与和民主，政治参与的作用。第三章，西方国家政治参与的历史发展，分析了西方主权国家诞生前的宗教和政教关系，中世纪西方的贵族，近代商人、城市和市民社会的发育，政治参与制度化——近代西方政治系统的形成。第四章，中国政治参与的历史发展，论述了中国古代政治系统的历史发展，近现代中国政治系统的变化和政治参与的发展。第五章，当代中国政治参与的动力和制约因素，分析了市场经济对政治参与的影响，社会结构的变化对政治参与的影响，政治体制改革对政治参与的影响。第六章，当代中国政治参与的发展状况，论述了当代中国政治参与的制度安排，当代中国政治参与的实践，当代中国政治参与的特点。第七章，当代中国政治参与的问题与对策，分析了中国政治参与的问题，中国政治参与问题的深入思考，改革和完善中国政治参与的思路。结束语，当代中国政治参与的发展趋势，论述了当代中国政治参与的功能，当代中国政治参与的路径，中国政治参与的未来。

《当代中国民主协商研究》(孙存良著，中国社会出版社2009年11月版)

《当代中国民主协商研究》论著有以下几个优点：首先是理论与实践的有机结合。在中国土壤上发育的协商民主实践，从理论来源、运行过程和价值目标都有别于西方。西方协商民主实践的发展得益于晚近协商民主理论的发展和成熟，在一些西方协商民主理论家积极推动下，协商民主在西方自由民主制度下快速发展起来。但当今中西方发展起来的协商民主实践有异曲同工之美。研究中国协商民主时就需要把中西方协商民主的相关理论进行归纳、综合，建立起自己的分析框架和理论体系，并用此来解释中国协商民主实践，同时这些实践还可以进一步验证和发展协商民主理论。这部论著在理论和实践结合方面做得相当完美。

其次是把当代中国协商民主放在世界视野中来考察。作者研究协商民主的优势在于他对中西协商民主的理论和实践都很熟悉。所以，他能够在国际比较的视野中来考察当代中国的协商民主。对于中国协商民主在中西方都存在这样一种观点，认为中国选举民主发展还不够充分，何来谈论协商民主，中国发展的协商民主不能叫完全意义的协商民主。其实这是一种片面的观点。特殊离不开一般，中国的协商民主虽在有些方面有别于西方，但中西方协商民主所追求和体现的原则在许多方面是吻合的，甚至某些方面要超过西方。只有把中国协商民主纳入世界视野中，才能更好地理解中国协商民主。这一论著虽然是写当代中国的协商民主，但并没有完全局限于中国，而是把中国协商民主纳入到了当代世界协商民主潮流中。

第三是对中国的民主和民主化有一定思考。发展民主政治，建设政治文明是中国政府积极追求的价值目标。但在如何发展方面，在中国存在着不同的声音。这本论著主张以协商民主作为推动中国民主化的突破口，具有重要意义。因为，中国作为发展中的大国，政治稳定仍然是最重要的价值目标，不管中国政府还是普通公民都不愿看到国家的分裂和社会动荡。一些发展中国家在推动民主化过程中，由于竞争选举带来的参与过度造成的不稳定已不鲜见。而发展协商民主则是一条低风险、高收益之路。这一方面可以巩固中国共产党的执政地位；另一方面，又推动了公民的有序参与，增强公民的民主素质，促进中国民主化程度的提高。作者本人写这方面的论著也是出于对中国民主和民主化的现实关注和思考。

全书共分七章，第一章，协商民主理论，分析了协商民主兴起的背景和理论渊源，协商民主的内涵，西方协商民主的实践，协商民主的特征。第二章，中国历史上的协商思想与实践，论述了传统文化中的协商思想，中国古代政制中的协商要素。第三章，民主革命时期中共对民主协商的探索，论述了中国民主协商重要的理论来源：马克思主义民主观，民主革命时期中国共产党对民主协商的理论探索，民主革命时期中国共产党民主协商的实践。第四章，中国基本政治制度的民主协商：政治协商制度，论述了中国政治协商制度的演变路径，中国政治协商制度的结构，中国政治协商制度的民主协商运行机制，中国政治协商与西方协商民主理论之异同。第五章，中国基层自治领域的民主协商，分析了改革前中国基层社会的结构，改革以来中国基层社会结构的变化与民主协商的兴起，当代中国基层自治领域民主协商的实践。第六章，政府与社会的协商对话制度，论述了社会协商对话的代表：协商参与者，政府与社会协商对话的基本制度，当代中国政府与社会协商对话的实践。第七章，民主协商与中国民主政治的发展，论述了中国民主协商的社会功能，构建中国民主协商的现实基础，民主协商的制度化，民主协商：中国民主政治的路径选择。

《论政党的使命》（陈建中著，中共中央党校出版社 2009 年 7 月版）

本书内容包括：西方政党产生和演变中所担负的历史使命、西方政党制度的缘起演变及担负的历史使命、无产阶级政党肩负着崇高的历史使命、发展中国家政党和政党制度形成演变及所担负的历史使命等。

全书共分十四章。第一章，西方政党产生和演变中所担负的历史使命，分别阐述了英国政党、美国政党、法国政党、日本政党产生演变及所担负的历史使命。第二章，西方政党制度的缘起演变及所担负的历史使命，英国两党制、美国两党制、法国多党制、日本多党制的形成演变及所担负的历史使命。第三章，无产阶级政党肩负着崇高的历史使命，分别阐述了无产阶级和无产阶级政党承担的历史使命及中国共产党对无产阶级政党使命学说的继承与发展。第四章，发展中国家政党和政党制度形成演变及所担负的历史使命，论述了发展中国家政党形成与发展过程中的一般特点和承担的使命以及发展中国家政党制度的演变历程及其使命。第五章，中国资产阶级政党与政党体制产生演变及历史使命，论述了中国近代资产阶级政党的产生与使命，中国近代政党体制的尝试演变及历史使命以及台湾岛内政党体制的演变及政党的主要使命。第六章，当代中国的政党制度的形成发展及所承担的历史使命，阐述了中国共产党领导的多党合作和政治协商制度的形成与初步发展、进一步完善与发展以及各民主党派与中国共产党共同的历史使命。第七章，国家统一是一国政党的庄严使命——兼论中国共产党肩承统一祖国大业的使命，论述了各国政党把实现国家统一作为庄严使命，中国共产党三代领导人始终把实现祖国的完全统一作为神圣使命，新一届中央领导集体对祖国统一思想创造性发展，不断推进祖国统一大业的进程。第八章，政党的纲领是政党使命的投影——兼论无产阶级政党纲领建设，包括对国外政党纲领建设及其思考，马列主义创始人关于无产阶级政党纲领建设的理论与实践，最低纲领和最高纲领相统一在无产阶级政党对历史使命的肩承上。第九章，中国共产党纲领建设的实践记录着中国共产党履行使命的轨迹，包括：肩承使命：中国共产党纲领建设的艰辛探索，立足使命：共产党人是最低纲领与最高纲领的统一论者，践行使命：脚踏实地为实现党在现阶段的基本纲领而奋斗。第十章，国家现代化与政党的历史使命，包括：20 世纪不断高涨的现代化浪潮大多是由政党组织和积极推动的，社会主义现代化是 20 世纪中国社会变迁的鲜明主线，中国共产党被赋予了主导和组织中国现代化运动的使命。第十一章，政党意识形态是凝聚政党使命的一面旗帜，论述了政党意识形态与政党使命的关系，列举了政党意识形态凝聚政党使命共识的例证，提出了面对意识形态的困境，进行意识形态和政策的调整。第十二章，中国共产党意识形态建设的使命：不断推进马克思主义中国化，论述了不断推进马克思主义中国化是中国共产党的使命，马克思主义中国化的历史进程，以马克思主义意识形态整合促进中国有效发展。第十三章，人的全面发展与实现共产主义是马克思主义政党的双重使命，论述了人的全面发展是马克思主义创始人对未来社会发展目标的设想，中国化马克思主义的人的全面发展理论，在新的历史阶段，中国共产党以努力促进人的全面发展为己任。第十四章，中国共产党围绕执政使命，对执政党建设的探索，论述了毛泽东对执政党建设思想的探索，邓小平的新时期执政党建设理论，江泽民对新时期执政党建设理论的探索与贡献，胡锦涛对新时期执政党建设理论的创新。

有政党存在，就有规范政党活动的政党制度。关于政党制度的概念和涵义，学术界有不同的认知和界定。经常提到的有："所谓政党制度，就是指国家法律规定或实际生活形成的政党社会地位和作用，特别是政党执掌、参与国家权力以及由此形成的政党关系的模式。"从现象看，政党制度，是在一国政治体制中政党执政、参政的形式，或多个政党之间存在关系的形式。从本质看，政党制度，是一个国家的政党行使政权干预政治的方式。这就明确了政党制度肩承政党的使命：行使政权或干预政治。有的政党制度定义，使政党制度概念本身就带上强烈的阶级使命色彩，例如，“所谓政党制度，就是指一个国家的某些政党通过一定形式和途径代表一定阶级利益去争取或维护国家权力的一种制度。”

形成不同政党制度的原因，首先取决于一国内各阶级各阶层的力量对比，以及各种政治力量集结或分化组成政党的状况；其次，不同的选举制度也对不同的政党制度起了促成和巩固的作用。

西方的两党制或多党制是伴随着资本主义经济的发展而产生的，是一种为资本主义的经济基础服务的政治制度。资产阶级内部为了追逐高额垄断利润而不断进行激烈的竞争，为了平衡利益的分配，形成了资产阶级的不同利益集团。这种状况反映在政治上就会形成由不同利益集团为后盾的资产阶级政党及政党关系模式：两党制或多党制。主要使命是维护资产阶级政权并实现各自所代表的集团的利益，平衡和调节资产阶级内部的矛盾。

另外，西方两党制或多党制也是垄断资产阶级用来调和劳资矛盾、缓和国内阶级斗争的一种手段和方法。给资本主义国家的政治生活涂抹上一层“民主”的色彩，从而给人们错觉，即是执政党的政策错误，而不是资本主义制度本身给劳动人民带来了危害。恩格斯曾对美国的两党制做出这样的剖析：“我们在那里却看到两大帮政治投机家，他们轮流执掌政权，以最肮脏的手段用之于最肮脏的目的，而国民却无力对付这两大政客集团，这些人表面上是替国民服务，实际上却是对国民进行统治和掠夺。”从本质上讲，资产阶级多党或两党的轮流执政并没有改变国家政权的阶级实质，都是代表资产阶级的根本利益。

一个国家的政党制度一定有它的使命。因为它是现代国家基本的政治制度，需要有维护政治稳定的使命。一个国家采取何种政党制度，决定着这个国家的政党在国家政治生活中的地位、作用及相互关系，影响着这个国家的政权性质。社会主义国家的政党制度，不论其形式如何，都是与传统政党制度在本质上并不相同的新的政党制度。一种是社会主义国家的一党制，如前苏联，只有一个政党即共产党存在。另一种是共产党领导的多党合作制，如中国目前所实行的政党制度。朝鲜、古巴以及原波兰、原保加利亚等也是一党执政的多党并存制。

从中国政党制度的形成和初步发展来看，中国共产党领导的多党合作与政治协商制度源于各民主党派与中国共产党共同的历史使命。中国共产党领导的多党合作和政治协商制度是中国共产党在领导中国人民进行新民主主义革命，打倒国民党蒋介石集团，筹建新中国的斗争实践中逐步形成的。既来源于历史的选择又根源于当时现实的需要，当历史赋予中国政党与政党制度新的使命——建设社会主义新中国，中国共产党领导的多党合作制便由新民主主义时期转变到了社会主义时期。再从中国政党制度的进一步完善与发展来看，各民主党派与中国共产党都共同承担着全面建设小康社会、加快推进社会主义现代化和祖国和平统一的政治责任和历史使命。

《战后中国政党与政治研究》（纪亚光、秦立海、裴苹著，天津人民出版社2009年11月版）

本书是中国近现代政党史研究丛书中的一本，原是刘景泉教授主持的天津市哲学社会科学重点学科建设工程项目“中国近现代政党史研究”的子课题，由刘景泉教授主编，纪亚光、秦立海、裴苹撰稿。

20世纪是中国资产阶级政党兴起和无产阶级领导的社会主义政党制度形成的世纪。在现代中国，政党的产生和发展对国家的历史产生了极大的影响。20世纪上半叶，中国发生的最重要的两件大事，一是结束两千年封建帝制和19世纪中叶以来近一个世纪的殖民地制度，二是建立社会主义制度。这两件大事都是在政党领导下实现的，这就足以促使作者对百年中国政党的发展进行深入系统的研究。

一百年来，中国政党实践经历了曲折的发展历程，探索过多种形式，最终形成了中国共产党领导的多党合作与政治协商制度。中国特色社会主义作为一种社会制度，对人类文明制度的贡献之一，就是在政党制度上，创造并确立了中国共产党领导的多党合作与政治协商制度。研究20世纪中国政党发展的历史，不但可以使我们系统地把握现代以来中国政党发展的历史脉络，从中认识中国政党发展的规律，还可以得到许多重要的启示，对于21世纪中国政党发展的趋势，能够作出更好的把握。

本书内容包括：和平民主：战后中国的时代诉求；国共峰会：举世瞩目的重庆谈判；政治协商：中国政治的新气象；走向战争：难以避免的全面内战；分道扬镳：国共关系的彻底破裂；泾渭分明：中间势力的分化与中间道路的破产；南辕北辙：国民党的“戡乱”与“行宪”；政治动员：“五一”口号与新政协运动；今非昔比：“不许讨价还价”的北平和谈；历史纪元：新政协的召开与新中国的建立。

二、论文观点摘要

《六个“为什么”——对几个重大问题的回答》连载四：具有强大生命力的政党制度——为什么必须坚持中国共产党领导的多党合作和政治协商制度，而不能搞西方的多党制（《人民日报》2009年6月8日06版）

中国有句古语“橘生淮南则为橘，生于淮北则为枳”，这非常形象地说明，做任何事都要从实际出发，不能盲目照抄照搬别人的做法。近年来，一些人无视中国的历史和国情，否定中国特色的政党制度，认为只有西方多党制才是民主的，提出中国应该实行西方的政党制度。这种观点在理论上是错误的，在实践上是有害的。

1. 历史形成的新型政党制度

搞清楚中国为什么必须坚持中国特色的政党制度，不能搞西方多党制，首先要搞清楚中国政党制度是怎么形成的。

在历史上，中国并不是没有搞过多党政治。辛亥革命后，中国曾一度效仿西方，实行议会制和多党政治，几年间就出现了300多个政党政团。但由于缺乏必要的经济、文化条件和政治环境，加之帝国主义和封建势力的阻挠，多党制并没有在中国的历史舞台上站稳脚跟。从国民党领袖宋教仁被刺杀到袁世凯胁迫议员选举他为大总统，从曹锟5000大洋1票贿选到黎元洪参加9个政党、伍廷芳在11个政党挂名，各党派斗争，或借助武力相威胁，或借助金钱相利诱，一时间乱象丛生、闹剧连连。梁启超批评道：

“乃各杂以私见，异派因相倾陷破坏，而同派之中，亦往往互相忌刻，势若水火……此种现象实非好兆，亡国之根，即在此耳。”这种混乱的政党政治，不仅没有带来政治清明、国泰民安，反而由于各党派的争夺倾轧，引致军阀混战、民不聊生。

中国共产党成立后，国共两党曾进行过两次合作，尤其是在第二次国共合作中，毛泽东曾多次表明中国共产党关于要实行多党政治协商、建立民主联合政府的主张，各民主党派也积极呼吁抗战胜利后实行多党制，但是蒋介石顽固推行“一个主义、一个政党、一个领袖”的独裁统治，撕毁“双十协定”，挑起全面内战，疯狂进攻共产党领导的革命根据地，残酷屠杀人民群众和爱国民主人士，宣布各民主党派为非法组织，使中国最终没有走上议会民主制和多党政治的道路。1948 年，在解放战争将要取得决定性胜利之际，中国共产党发布“五一口号”，提出成立民主联合政府的政治主张，得到包括中国国民党革命委员会、中国民主同盟在内的 11 个民主党派和无党派爱国民主人士积极响应。各民主党派表示愿意在中国共产党领导下，共同为建立新中国而奋斗，中国共产党领导的多党合作和政治协商制度，就是在这个基础上形成和发展起来的。事实表明，中国的政党制度安排，是近代以来中国历史发展的结果，是各民主党派及全国人民共同作出的正确的历史选择，是符合中国国情的新型政党制度。

为什么说中国共产党领导的多党合作和政治协商制度是一种新型政党制度？这是因为，它既不同于许多资本主义国家的多党制或两党制，也不同于一些国家的一党制，而是根据中国实际作出的创造，具有鲜明的中国特色。

这个特色，首先就是坚持中国共产党的领导。中国共产党领导，是各民主党派的自觉选择，也是我国政党制度的基本前提。60 年来的历史实践证明，只有坚持中国共产党的领导，才能在多党合作中保持正确的政治方向，才能使各民主党派在同共产党的团结合作中不断取得历史性的进步，才能同心协力地把共同事业不断推向前进。可以说，坚持共产党领导是我国政党制度区别于其他政党制度的根本特点。

这个特色，还在于坚持中国共产党领导并不是搞一党制。中国共产党同其他党派的关系是：共产党领导、多党派合作，共产党执政、多党派参政，各民主党派不是在野党和反对党，而是同共产党亲密合作的友党和参政党；共产党和各民主党派在国家重大问题上进行民主协商、科学决策，集中力量办大事；共产党与各民主党派互相监督，促进共产党领导的改善和参政党作用的加强。这种新型政党关系，是我国政党制度区别于其他政党制度的鲜明特点。

中国共产党领导的多党合作和政治协商制度，是把马克思主义政党理论和统一战线学说同我国实际相结合的产物，既是我国的政党制度，也是我国的一项基本政治制度。这一制度绝不像有些人所说的那样，只是一种权宜之计，最终还是要搞一党制。实际上，早在民主革命时期，各民主党派和无党派人士就是同中国共产党风雨同舟、患难与共的亲密战友。抗日战争时期，中国共产党同各阶层各党派团结抗日，探索建立的“三三制”政权，就包含了我国新型政党制度的雏形。1949 年之后，在中国共产党领导的多党合作和政治协商制度建立时，我们党就明确共产党存在多久，民主党派就存在多久。后来又提出了“长期共存、互相监督”的八字方针。毛泽东同志明确指出，新中国如“大厦将建，独木难支”，不能光靠一个党派，需要多党派齐心努力，共建大厦。改革开放后，中国共产党又多次明确提出，中国共产党领导的多党合作和政治协商制度是我国一项基本政治制度，将长期存在和发展。党的“十二大”把“长期共存，互相监督，肝胆相照，荣辱与共”作为新时期中国共产党同各民主党派团结协作的基本方针。1993年八届人大一次会议通过的宪法修正案明确规定：“中国共产党领导的多党合作和政治协商制度将长期存在和发展”。以后历次宪法修正案都予以重申。

2. 我国政党制度符合我国国情

中国共产党领导的多党合作和政治协商制度在我国已经实行了60年。60年来，这一制度在充分发扬社会主义民主、推进我国民主政治建设中发挥了重要作用。实践证明，这一政党制度是符合我国国情的好制度。

那么，我国政党制度好在哪里呢？

这一制度有利于发扬社会主义民主。中国共产党领导的多党合作和政治协商制度，汇集了各民主党派等各界各方面人士，在社会基础、组织构成上具有极强的广泛性和代表性，能够把各种社会力量纳入现有政治体制，广开言路、广求良策、广谋善举，实现最广泛的有序政治参与。据统计，目前全国各级人大代表中有党外人士18万多人，各级政协委员中有党外人士35万多人，各级政府和司法部门中担任县处级以上领导职务的党外干部有3.2万人。这一制度，拓宽了民主渠道，能充分反映社情民意和各阶层的利益诉求，从而最大限度地保障了人民民主的实现。一些人从西方民主模式出发，认为只有竞选、一人一票才是民主的。这实际上是将民主形式单一化、绝对化。他们没有看到，人民通过选举、投票行使权利固然是民主的重要形式，人民内部各方面在重大决策之前进行充分协商也是民主的重要形式。通过充分协商，既使各方面的意见得以充分表达，又尽可能就共同性问题取得一致意见，意志更加统一，行动也更加统一，符合中国国情，符合中国的文化传统，在实践中效果也非常好。

这一制度有利于执政党决策的民主化、科学化。中国共产党领导的多党合作和政治协商制度的制度设计，有利于把全社会的智慧和力量充分调动起来、凝聚起来。中国共产党同各民主党派、无党派民主人士在长期合作中形成了充分信任、相互协商的传统和机制。大家所熟知的延安时期民主人士李鼎铭提出“精兵简政”的建议，得到中共采纳，就是中国共产党重视民主人士意见的典范。这种重视民主人士意见的传统，在中国共产党取得全国执政地位后得到了更加充分更加全面的体现。近年来，中共中央在作出重大决策前，都要认真听取民主党派主要领导人和无党派代表人士的意见，共商国是。据不完全统计，1990年至2006年年底，中共中央、国务院及委托有关部门召开的协商会、座谈会、情况通报会达230多次，其中由中共中央总书记主持召开的就有74次。各民主党派、无党派人士围绕三峡工程、西部大开发、振兴东北地区等老工业基地、抗击非典、完善宏观调控、建设社会主义新农村、应对国际金融危机冲击等一系列具有全局性、战略性、前瞻性的重大问题，提出了许多重大意见和建议，对于党和政府的科学决策发挥了重要作用。

这一制度有利于巩固安定团结的政治局面。旧中国一盘散沙、四分五裂，常令中华民族志士仁人扼腕叹息。昔日的“散”同今日的“合”形成鲜明对比，究其原因，其中就有我国政党制度发挥的作用。中国共产党领导的多党合作和政治协商制度吸取和弘扬了中华传统文化重视和合的长处，强调执政党和参政党合作共事、求同存异、民主协商，形成了强大的社会整合力，极大地调动了各方面的积极性和创造性。中国共产党与各民主党派是在共同的思想政治基础上团结协作、共同奋斗。各民主党派参加国家政权，参与国家大政方针和国家领导人选的协商，参与国家事务的管理，参与国家方针、政策、法律、法规的制定和执行，在我国政治、社会生活中发挥着重大作用和独特优势。这就从根本上消除了政党攻讦造成的政局不稳和政权频繁更迭，最大限度地减少了社会内耗，有利于维护政治和谐稳定与国家长治久安。

这一制度有利于促进执政党的建设。毛泽东同志曾说过，一个党同一个人一样，耳边很需要听到不同的声音。中国共产党领导的多党合作和政治协商制度，既避免了多党竞争互相倾轧造成的政治动荡，又避免了一党专制缺少监督导致的种种弊端。各民主党派和无党派人士通过互相监督，尤其是对执政党的监督，能够更好地倾听人民群众的呼声和诉求，使执政党随时听到不同的意见和批评，克服和纠正官僚主义，及时改正工作中的错误。通过各民主党派和无党派人士的监督，还有利于防止或遏制执政党内出现腐败现象。近年来，中国共产党通过聘请民主党派成员和无党派人士担任特约人员、参加党风廉政建设的检查，使民主监督的渠道进一步拓宽，监督工作不断加强，有力地推动了自身建设。

3. 我们不能搞西方多党制

坚持中国特色的政党制度，必须搞清楚为什么我们不能搞西方多党制。西方多党制，是资产阶级在政治实践中形成和发展起来的，它虽然在反对封建专制的过程中发挥过积极作用，但这种政党制度，有一些难以克服的弱点，并不适合所有国家，在实际运行过程中暴露出了越来越多的弊端。我们如果盲目照抄照搬，必然带来无穷后患。

比如，有人认为，实行多党轮流执政，有利于民主，能更好地反映民意。这个说法是牵强的。其实，西方国家的政党都是代表各个利益集团的政治工具，他们所关心的是各自所代表集团的利益，而不是广大人民的利益。从美国来看，共和党的背后，主要有军工、石油、制造等“传统商业”的支持；民主党的背后，则主要有金融、电信、传媒等“新兴商业”的支持。所以美国学者伦德·伯格说：“美国实际上只有一个单独的党，即财主党。”实行两党制或多党制，通过选举交替上台，轮流执政，表面看非常热闹、非常民主，实质上无论谁在台上，实行的政策大同小异，都不会改变资产阶级专政的实质。近年来，西方民众选举热情淡漠，投票率连年下降，就是因为人们逐渐看到了这种“民主游戏”的实质。西方国家虽然实行多党制，但对可能危及资本主义制度的政党特别是共产党，是严格限制的。1954 年美国国会通过了《共产党管制法》，后又通过了《麦卡锡法》和《蒙特法》，对共产党的发展作出了严格限制的规定。

比如，有人认为，实行了多党制就能保证政治和社会稳定。这种说法也似是而非。从根本上讲，多党制反映了不同利益集团的利益矛盾和冲突，它们之间经常处于激烈的竞争之中。各个政党以夺得或控制政权为目标的政治斗争，目的就是搞垮对方，自己上台执政。因此在权力争夺中，往往不择手段，其结果必然是政治动荡、内耗丛生。多党竞争必然要争夺选民，争夺选民首先要“切割”选民，将选民的利益分歧公开化、对立化，从而形成竞争党派各自的政治基础，其结果必然是人为地扩大和深化社会分歧。政党频繁选举、政府频繁更迭，带来的是政局不稳定、经济发展受影响，这种民主只能是一种"泡沫民主"，对国家和人民是极其有害的。

还比如，有人提出，西方的多党轮流执政更有利于防止腐败。实际情况也不是这样。事实上，多党竞选本身就常常被金钱、财团、媒体等影响和操纵，从而成为"富人的游戏"、"钱袋的民主"。这些年来，西方国家竞选费用不断攀升，数目之巨令人咋舌。据统计，2000 年美国大选所花费的金钱高达 30 亿美元，2004 年美国大选的费用接近 40 亿美元，2008 年更是高达 53 亿美元。试想，没有大资本集团的资金支持，各党派怎能参与多党竞选的权力角逐呢？所以，竞选的优胜者为回报那些重量级的政治捐款人，当选后就得为他们的利益服务。西方有些媒体把这种现象称为用金钱"购买权力"，是一种"集团贿选制度"，"民主"往往被卖给了出价高的人，广大人民的民主实际上被排斥在金钱势力之外。由此可见，西方政党政治的真正奥秘是金钱政治，金钱主宰着选举的过程和结果。

在西方国家被证明是弊端丛生的多党制，通过各种方式移植到一些发展中国家后，更是带来了灾难性后果。冷战结束后，非洲许多部落众多的国家在西方的压力和影响下，宣布实行多党制，结果导致政党林立、竞争激烈，社会矛盾激化，经济停滞、政治动荡，国家陷入长期的纷乱之中。苏联解体后，一下子成立了几百个政党，国家陷入一片混乱，社会冲突不断，经济社会发展误入歧途。事实告诉我们，盲目照搬别国的政党制度，是取乱之道、取祸之道，其结果必然动摇国家的政治根基，引起政局动荡和社会冲突，给国家和民族带来无可挽回的严重后果。

在中国搞西方的多党制，既不符合我国国情，也违背人民群众的根本利益。当前，我国正处于发展的黄金期、改革的攻坚期、矛盾的凸显期，对于中国人民来说，最根本的利益就是团结一致、抓住机遇、加快发展。只有始终坚持中国特色政党制度，才能更广泛更牢固地团结各民主党派、各社会阶层，团结全国各族人民，为夺取全面建设小康社会新胜利、实现中华民族伟大复兴共同奋斗。

4. 发展完善中国特色的政党制度

历史和现实证明，世界上没有放之四海而皆适用的政治发展道路。一个国家建立什么样的政党制度，实行什么样的政治模式，绝不是人们主观设定的，而是历史发展的结果，是特定的政治力量对比、经济发展状况、社会历史文化传统等多种因素综合作用的结果。我国实行的中国共产党领导的多党合作和政治协商制度，是我国近代以来历史发展的必然结果，体现了社会主义制度的本质要求，同我国的经济、政治、文化、社会状况相符合，也同我国疆域广大、人口众多、民族众多等基本国情相适应，是有利于国家发展、民族团结、经济繁荣、社会进步的基本政治制度。

中国共产党领导的多党合作和政治协商制度，经过新中国成立以来 60 年的发展，特别是改革开放以来的发展完善，已经成为比较成熟的政治制度。但也必须看到，同我国社会主义民主政治发展的要求相比，仍然存在不相适应、需要完善的方面。比如，如何建立健全政治协商、民主监督、参政议政的机制？如何进一步发挥各民主党派、无党派人士在民主监督方面的作用？怎样充分发挥人民政协在我国社会主义民主政治建设、发展社会主义政治文明中的重要作用？如何进一步拓展政治协商的范围和领域？

如何进一步创新政协工作的方式方法？等等，这都需要我们在实践中不断探索，不断加以改进。

坚持和完善中国共产党领导的多党合作和政治协商制度，必须始终坚持中国共产党的领导，使党的领导在团结合作和民主协商中得到加强，确保多党合作的正确政治方向。必须始终坚持“长期共存、互相监督、肝胆相照、荣辱与共”的方针，充分调动各民主党派、无党派人士的积极性、主动性和创造性，更好地发挥各参政党作用。充分发挥各民主党派的自身优势和重要作用，广泛联系各界群众，及时反映社情民意，拓宽民主监督渠道，完善民主监督机制。充分发挥人民政协在多党合作、政治协商中的重要作用，围绕团结和民主两大主题，不断探索多党合作的新方式新机制。要支持民主党派加强自身建设，不断提高政治把握能力，更好地履行参政党职能，推进我国多党合作事业发展。

同舟共济创伟业，薪火相传向未来。只要我们坚持走中国特色社会主义政治发展道路，坚持中国共产党的领导，不断推进多党合作和政治协商的制度化、规范化、程序化，不断促进执政党建设和参政党建设，中国特色的政党制度就一定会不断得到巩固和发展。

《具有强大生命力的政党制度》（庄聪生，《人民日报》2009 年 2 月 9 日）

中国共产党领导的多党合作和政治协商制度是我国的一项基本政治制度，也是具有中国特色的社会主义政党制度。这一制度植根于中华民族几千年来赖以生存发展的深厚土壤，产生于中国共产党和各民主党派争取民主自由和人民解放斗争的光辉实践，发展于建设中国特色社会主义的伟大进程。长期以来，这一制度在中国革命、建设、改革事业中不断巩固、发展和完善，在国家政治和社会生活中发挥着极其重要的作用，显示出巨大的优越性和强大的生命力。

中国共产党领导的多党合作和政治协商制度具有凝聚力量的显著功能，能够为科学发展提供强大动力。发展是人民的根本利益所在。评判任何一种社会制度和政治制度的好坏优劣，最终都要看其能否促进生产力发展、推动社会进步。在我国多党合作和政治协商制度中，中国共产党的核心地位和坚强领导，保证了对经济社会发展的统一规划和总体部署；各民主党派、无党派人士紧紧围绕中心任务，充分发挥人才荟萃、智力密集、联系广泛等优势，就关系国计民生的重大问题深入考察调研，积极献计出力。这样的制度设计，实现了目标方向一致性和组织形式多样性的统一、集中领导与广泛民主的统一、富有效率与充满活力的统一。这一制度，能够把全社会的智慧和力量充分调动起来、凝聚起来，最大限度地形成统一意志，最大限度地集中社会资源，形成推动科学发展的强大合力。中共“十六大”以来，各民主党派和无党派人士围绕一系列具有全局性、战略性、前瞻性的重大问题，深入考察调研，向中共中央、国务院及有关方面提出许多重大意见建议，产生了显著的经济和社会效益。

中国共产党领导的多党合作和政治协商制度具有团结合作的鲜明特色，有利于最大限度地实现政治资源整合。我国社会主义现代化建设的艰巨性和复杂性，要求我国政治制度具有高度的社会整合功能。在多党合作和政治协商制度中，中国共产党与各民主党派坚持长期共存、互相监督、肝胆相照、荣辱与共，共同致力于中国特色社会主义事业，形成了“共产党领导、多党派合作，共产党执政、多党派参政”的政治格局。中国共产党作为中国特色社会主义事业的领导核心，依法长期执政；民主党派作为中国共产党的亲密友党，依法参加国家政权，参与国家大政方针和国家领导人选的协商，参与国家事务的管理，参与国家方针政策、法律法规的制定和执行，在国家政治社会生活中发挥着重要作用。目前，全国各级人大代表中有党外人士18万多人，各级政协委员中有党外人士35万多人，各级政府和司法部门中担任县处级以上领导职务的党外干部有3.2万人。担任行政领导职务的党外干部，在工作中享有充分的行政管理的指挥权、处理问题的决定权和人事任免的建议权，在党和国家各项事业中发挥着积极作用。在发展中国特色社会主义的共同奋斗目标下，中国共产党与各民主党派在国家政权中团结合作，形成了高度的政治认同，促进了政治资源的优化配置，调动了各方面的积极性和创造性，引导和组织整个社会沿着社会主义现代化的方向不断前进。

中国共产党领导的多党合作和政治协商制度具有包容协商的丰富内涵，体现了社会主义民主的本质要求。发展社会主义民主政治，是建设中国特色社会主义政治文明的核心内容，也是中国共产党和各民主党派始终不渝的奋斗目标。多党合作和政治协商制度汇集了各民主党派等各界各方面人士，在社会基础、组织构成上具有极强的广泛性和代表性，能够把各种社会力量纳入现有政治体制，广开言路、广求良策、广谋善举，实现最广泛的有序政治参与，推动党和政府决策的科学化、民主化。这一制度，拓宽了反映社情民意和利益诉求的渠道，既尊重多数人的普遍愿望，又照顾少数人的合理要求，从而最大限度地保障了人民民主的实现。多党合作和政治协商制度保障参政党民主监督职能的履行，各民主党派通过各种形式，对中国共产党在治国理政中的大政方针、法律法规的制定实施特别是各级党委依法执政及领导干部贯彻落实中央方针政策、履行职责、为政清廉等方面进行监督，推动了社会主义民主积极稳步发展。

中国共产党领导的多党合作和政治协商制度具有共创和谐的目标追求，有利于巩固安定团结的政治局面。政党关系的团结和谐，是社会稳定与和谐的重要基础和保障。多党合作和政治协商制度不同于西方的竞争式民主，它强调以民主协商代替竞争冲突。中国共产党与各民主党派不是彼此倾轧，而是在共同的思想政治基础上团结协作、共同奋斗。这就从根本上避免了政党攻讦造成的政局不稳和政权频繁更迭，最大限度地减少了社会内耗，维护政治和谐稳定与国家长治久安。与一些国家盲目照搬西方两党制、多党制从而导致党争频繁、互相掣肘、内乱不断、效率低下的情况相比，我国在经济社会结构发生深刻变化的情况下能够长期保持安定团结的政治局面，与始终坚持和完善中国共产党领导的多党合作和政治协商制度是密不可分的。

《中国各政党共同奋斗历史凝结起来的伟大成果》（李金河，《人民日报》2009年2月9日）

中国共产党领导的多党合作和政治协商制度的形成及发展，有着特定的国情基础和社会历史条件，是中国近现代历史演进和政治发展的必然结果，也是中国人民的理性选择。

中国共产党领导的多党合作和政治协商制度是在特定的经济社会和历史条件下形成的。近代中国社会是典型的半殖民地半封建社会。帝国主义和中华民族的矛盾，封建主义与人民大众的矛盾，是近代中国社会的基本矛盾。为了推翻帝国主义和封建主义，实现民族独立和人民解放，中国各阶级的先进分子纷纷向西方学习，致力于改良或革命。历史实践表明，改良的道路行不通，不推翻腐朽的封建专制，中华民族的独立与复兴就难以实现。1911 年，民族资产阶级先进分子发动辛亥革命，推翻了封建帝制，但中国社会的性质并没有根本改变。在艰难的探索中，中国人民认识到，要完成救亡图存和反帝反封建的任务，必须有新的政治力量以新的先进理论为指导开创新的革命道路。1921 年成立的中国共产党，勇敢地承担起了这一历史重任。中国共产党代表了历史前进的方向，在新民主主义革命的伟大斗争中确立了自己的核心领导地位。中国社会方方面面的力量在长期实践中经过比较，郑重地选择和接受了中国共产党的领导，并在解放战争的烽火硝烟中形成了中国共产党领导的多党合作的政党体制雏形。随着人民民主专政国家的建立，这一政党体制发展成为中国共产党领导的多党合作和政治协商制度。由此可知，是历史与国情决定了近代以来中国社会发展特别是政治发展的特质，中国共产党领导的多党合作和政治协商制度则是基于这一特质的必然产物。

中国共产党领导的多党合作和政治协商制度是中国人民在争取民主、反对独裁斗争中作出的正确选择。辛亥革命后，中国一度模仿西方实行议会政治、多党制。但是，由于大小军阀的倒行逆施，由于缺乏适宜政党民主的经济基础与社会环境，更由于近代中国面临的独特历史任务和特殊国情基础，在反动力量绞杀和收买的夹击中，中国的议会政治、多党制尝试彻底破产。大革命失败后，一些人试图开辟救国救民的“第三条道路”。在民族内忧外患不断加重的历史背景下，为数众多的新政党相继产生，它们都是按照西方民主政党模式组织起来的，主要代表民族资产阶级和城市小资产阶级及其知识分子的利益。而与此同时，代表大地主大资产阶级利益的国民党一党独裁统治也逐步确立起来。在这一体制下，共产党和各民主党派都被宣布为非法且遭到镇压。抗日民族统一战线建立后，特别是在抗战胜利前后，中国政治一度形成了国民党、共产党和民主党派三方并存的局面。但是，蒋介石集团顽固推行“一个主义、一个政党、一个领袖”的法西斯独裁统治，一方面使民主党派的力量遭受严重损失，另一方面也将自己彻底孤立起来，受到全国人民的坚决反对，最终走向彻底的失败。旧中国政治发展的历史表明：不顾国情，照搬西方政党制度模式是行不通的；一党独裁，违背历史要求和人民意志，也必然会走向覆亡。中国共产党领导的多党合作和政治协商制度，正是在上述两种政党制度模式彻底失败之后确立和发展起来的，因此是中国人民在比较鉴别的基础上作出的合乎历史理性的正确选择。

中国共产党领导的多党合作和政治协商制度是中国各政党共同奋斗的历史凝结起来的伟大成果。民主革命时期，中国的民族资产阶级、城市小资产阶级及其知识分子深受帝国主义和封建主义的压迫，有着强烈的革命要求。但是，由于自身的软弱性、动摇性等特点，他们不可能形成强大、独立的政治力量，不可能承担起领导革命的重任。中国共产党旗帜鲜明地提出了建设独立、富强、民主新中国的奋斗目标，得到各民主党派、无党派人士的衷心拥护。而国民党的独裁统治则进一步促使民主党派、无党派人士彻底丢掉了“第三条道路”的幻想，坚定了只有同中国共产党合作才能实现人民民主的政治信念。中国共产党也深刻地认识到，反帝反封建的任务极为艰巨，任何革命阶级及政党都不可能单独完成，必须团结一切可以团结的力量，组成革命的统一战线。由此，中国共产党确立了争取、团结民主党派的方针，与他们亲密合作、共同奋斗。各民主党派虽在意识形态上与中共有所不同，但在反帝爱国、争取民主上是一致的。八年抗日战争，各民主党派为团结抗日奔走呼号；三年人民解放战争，民主党派积极配合人民解放事业；新中国成立前夕，民主党派纷纷响应中国共产党的“五一”号召，参加新政协，参与制定《中国人民政治协商会议共同纲领》，参加中央和地方各级人民政权建设。中国共产党领导的多党合作和政治协商制度，正是长期以来中国各政党共同奋斗的历史凝结起来的伟大成果。

《我国决不能搞西方的多党制》（房宁，《人民日报》2009 年 2 月 9 日）

多党制是西方资本主义政治制度的重要组成部分。西方资本主义国家大多由两个或多个资产阶级政党，通过竞选轮流执政。从表面上看，这似乎是一种体现了人民选择的民主制度。而实际上，这种制度并没有改变西方资本主义国家政权是由占统治地位的资产阶级尤其是其中的大资本集团控制的实质。

在西方多党制度下，依然是私人资本控制着公共权力。西方多党制是处于资本主义社会体系中的政治制度。经济是政治的基础，政治是经济的集中表现，资本主义的基本经济关系、产权制度从根本上决定着政治权力的形成和运行。在实行生产资料私有制的经济制度之下，经济资源与财富的占有和分配严重不平等。掌握较多经济资源的阶级与集团，必然要利用其掌握的经济资源，通过各种途径影响进而控制社会公共权力，以保护和扩大自己的既得利益。恩格斯说过：“资产阶级的力量全部取决于金钱，所以他们要取得政权就只有使金钱成为人在立法上的行为能力的唯一标准。”因此，金钱政治是西方政治制度的痼疾。掌握巨大财富与金钱的大资本集团，把现代西方国家多党竞争与选举演化为一场按商业规则运作的政治推销活动，通过对竞选规则的控制，通过媒体的运作、炒作，控制公众的信息接受，广泛而深刻地影响社会舆论与公众认知，进而影响选民的选择，最终取得竞选的胜利。据美国联邦选举委员会 2004 年 12 月 14 日公布的报告显示，2004 年竞选一名参议院议员的平均费用约为 251 万美元，最高达 3148 万美元；竞选一名众议院议员的平均费用约为 51 万美元，最高达 904 万美元。试想，没有大资本集团的资金支持，怎能进行权力的角逐？不依靠金钱的力量，又怎能在角逐中取胜？在西方资本主义制度下，无论哪个政党上台执政，实际上都是代表资产阶级和大资本集团的政治力量控制国家政权。

多党竞争具有扩大社会分歧的倾向，不利于社会和谐稳定。多党竞争必然要争夺选民，争夺选民首先要“切割”选民，将选民的利益分歧公开化、对立化，从而形成竞争党派各自的政治基础。加之在多党制度下，各个政党以夺得或控制政权为唯一目标和根本价值，在权力争夺中不择手段、相互攻讦，结果必然是形成扩大和深化社会分歧的政治机制。这一缺陷在西方国家处于工业化社会转型期时表现得尤为突出。更值得注意的是，西方国家竭力向发展中国家输出的多党竞争的“民主制度”，在许多发展中国家造成了严重后果，使不少本来已经迈向工业化、现代化的发展中国家陷入长期的社会纷争，更使一些国家内战频发、民不聊生。造成这种不幸局面的重要原因就是，处于工业化、现代化进程中的发展中国家大多处于社会矛盾的多发期、易发期，而从西方输入的多党制造成了社会矛盾的显化、激化，成为这些国家社会矛盾升级的导火索和加油站。这是造成当今世界上许多发展中国家长期动荡不宁的重要原因之一。

我国决不能搞西方的多党制，而必须走中国特色社会主义政治发展道路。现阶段，我国正处于实现社会主义现代化和中华民族伟大复兴的关键阶段，也正处于发展的“黄金期”与社会矛盾的“凸显期”。在这个时期，各种人民内部矛盾伴随着因社会快速发展而出现的社会不平衡大量产生、发生。当前，中国人民的最大利益、根本利益是团结一致、抓住机遇、实现发展。为此，需要把人民内部的利益分歧与矛盾控制在最小的范围，使之不影响大局。在这种情况下，我国决不能搞西方的多党制，决不能走一些发展中国家的错误道路，因为那是取乱之道、取祸之道。我国需要的是从本国实际出发，汲取世界各国的经验教训，走出一条自己的政治发展道路。事实上，我国已经找到并走上了一条正确的政治发展道路——中国特色社会主义政治发展道路。首先，这条道路有利于形成反映中国人民整体利益、长远利益和根本利益的方针政策。在我国，执政的中国共产党不是任何一个利益集团的代表，而是中国各族人民共同的代表，因而能够根据中国社会发展的客观条件和要求，正确把握全中国人民的根本利益，制定出正确的方针政策，努力做到使全社会、全民族利益的最大化。其次，这条道路有利于统筹兼顾各方利益。中国的人民代表大会制度、中国共产党领导的多党合作和政治协商制度、民族区域自治制度以及基层群众自治制度等，在运行中既能够反映人民群众中不同群体的意见和呼声，又能够从全局出发将人民群众的各种意见集中综合起来，使国家的法律与政策能够兼顾各方利益，妥善化解人民内部矛盾，最大限度地协调人民内部的局部利益、个别利益与整体利益、根本利益。

《基本的政治制度重要的民主形式——论坚持和完善中国共产党领导的多党合作和政治协商制度》（本报评论员，《人民日报》2009年4月8日）

坚持中国特色社会主义政治发展道路，这是历史和人民的选择。这条道路之所以能够为国家富强、民族振兴、人民幸福和社会和谐提供根本保障，最重要的就在于我们坚持党的领导、人民当家做主、依法治国有机统一，建立并实行了一套适合我国国情、具有鲜明中国特色的政治制度。中国共产党领导的多党合作和政治协商制度就是其中的一项基本政治制度。

这一基本的政治制度，植根于中华民族几千年来赖以生存发展的深厚土壤，产生于中国共产党和各民主党派争取民主自由和人民解放斗争的光辉实践，发展于建设中国特色社会主义的伟大进程。以1949年人民政协的成立为标志，这一制度正式确立，这是马克思主义基本原理同中国政治发展实际相结合的产物，是中国社会历史发展的必然选择，是中国共产党和中国人民政治智慧的结晶。60年来的实践充分证明，这一制度显示了巨大的优越性，展现了强大的生命力；坚持和完善这一制度，符合全国各族人民的根本利益，体现了社会主义民主政治的本质要求。

人民当家做主是社会主义民主政治的本质和核心。在发展社会主义民主政治的实践中，实现人民当家做主形成了两种重要的民主形式。一种是人民通过选举、投票行使权利，即选举民主，体现为人民代表大会制度；另一种是人民内部各方面在重大决策之前进行充分协商，即协商民主，体现为中国共产党领导的多党合作和政治协商制度。这一基本的政治制度与人民代表大会制度相辅相成，使各民主党派、无党派人士广泛参加国家和社会事务的管理，把人民内部不同阶层、不同社会群体的政治诉求纳入到政治体系之内得到充分表达，从而最大限度地保障了人民民主的实现。

作为发扬社会主义民主的重要形式，这一基本政治制度在实践中不断得到坚持和完善。中国共产党在治国理政的实践中，把政治协商作为实行科学民主决策的重要环节、提高执政能力的重要途径予以坚持，就重大问题在决策前和决策执政中，既通过与各民主党派进行政党之间的协商，又通过在人民政协同各民主党派和各界代表人士进行更大范围内的协商。这一生动的民主实践，扩大了各界人士有序政治参与，拓宽了社会利益表达渠道，不仅充分体现了广泛的人民民主，也更好促进了党和国家重大决策的科学化、民主化，推动了党和国家各项事业的健康发展。

60 年风雨兼程，60 年岁月辉煌。中国共产党领导的多党合作和政治协商制度，与新中国相伴而生，在改革发展的实践中不断完善，彰显了我国社会主义民主政治的特点和优势。在坚持中国特色社会主义政治发展道路的进程中，把这一基本政治制度始终坚持好、完善好、发展好，这一制度就必定能够在国家政治社会生活和发展社会主义民主政治进程中发挥更加重要的作用。

《优越的政党制度鲜明的中国特色——二论坚持和完善中国共产党领导的多党合作和政治协商制度》（本报评论员，《人民日报》2009 年 4 月 10 日）

政党制度是现代民主政治的重要组成部分。一个国家实行什么样的政党制度，由该国国情、国家性质和社会发展状况所决定。我国实行的政党制度是中国共产党领导的多党合作和政治协商制度，这一制度是在中国长期的革命、建设、改革实践中形成和发展起来的。

纵览近代中国发展历程，在政党制度上效仿西方实行议会政治和多党制的尝试失败了，违背历史发展规律和人民意志实行一党专制的做法也被历史所抛弃。选择适应中国国情的新的政党制度，这一历史责任由中国共产党和各民主党派共同承担起来。在反帝反封建、追求民族独立和人民解放的历史进程中，中国共产党人团结带领中国人民，与各民主党派、人民团体和各族各界爱国人士共同创立了中国人民政治协商会议。

人民政协的成立，标志着中国共产党领导的多党合作和政治协商制度有了自己的政治形式和组织机构；标志着中国人民不仅在思想上、政治上，而且在组织上形成了坚强的团结，使统一战线的活动内容与组织、共产党领导的多党合作制度与政治组织形式、发扬社会主义民主的内容与形式有机地结合在一起，成为我国政治制度的重要组成部分。

共产党领导、多党派合作，共产党执政、多党派参政，这是我国政党制度的显著特征。中国共产党与各民主党派形成亲密合作的关系，共同致力于中国特色社会主义事业，这在世界政党制度中独具特色。中国共产党同各民主党派既亲密合作又互相监督，而不是互相反对。中国共产党依法执政，各民主党派依法参政，而不是轮流执政。这就既不同于西方国家的两党或多党竞争制，也有别于有的国家实行的一党制，它与人民代表大会制度相适应，实现人民当家做主，而不是少数人的民主。这一制度强调以协商、合作代替竞争、冲突，因此能够在中国特色社会主义的共同目标下，有效地将共产党领导和多党派合作有机结合，实现集中统一领导与广泛政治参与的统一、国家稳定与社会进步的统一、充满活力与富有效率的统一，体现出巨大的优越性和强大的生命力。

党派合作性，是人民政协不同于其他政治组织的显著特点，也是我国社会主义政党关系的生动体现。中国共产党与各民主党派长期共存、互相监督、肝胆相照、荣辱与共，共同致力于中国的建设、发展和进步，取得了中国特色社会主义事业的辉煌成就。实践充分证明，这一制度是适合我国国情、具有中国特色的政党制度，符合社会主义民主政治的本质要求，体现了中华民族和而不同、兼容并蓄的优秀文化传统。坚持和完善中国共产党领导的多党合作和政治协商制度，合乎时代发展潮流，顺应社会发展趋势，必定能够进一步发展社会主义民主政治，不断推进中国特色社会主义事业的伟大进程。

《加强改善党的领导　坚持正确政治方向——三论坚持和完善中国共产党领导的多党合作和政治协商制度》（本报评论员，《人民日报》2009 年 4 月 13 日）

坚持中国共产党的领导，是多党合作和政治协商成功运行的首要政治前提，是区别于西方多党制的根本特点。坚持中国共产党的领导，是人民政协方向正确、前程光明和生机蓬勃的根本保证。

中国共产党的核心领导地位是在新民主主义革命的伟大斗争中确立的，是中国近现代历史演进和政治发展的必然结果，也是中国人民的理性选择。近代中国社会是典型的半殖民地半封建社会。在反抗帝国主义、封建主义和官僚资本主义的斗争中，在饱尝了一次次失败的苦果后，中国人民认识到，要完成救亡图存和反帝反封建的任务，必须广泛调动全民族的积极性和创造性，凝聚起全社会的智慧和力量；必须有新的政治力量以新的先进理论为指导开创新的革命道路。只有代表历史前进方向的中国共产党，才能够当之无愧地承担起这一历史重任。

正像毛泽东同志指出的那样："中国新民主主义的革命要胜利，没有一个包括全民族绝大多数人口的最广泛的统一战线，是不可能的。不但如此，这个统一战线还必须是在中国共产党的坚强的领导之下。没有中国共产党的坚强的领导，任何革命统一战线也是不能胜利的。"

在长期的探索实践中，在经历反复的比较鉴别后，各民主党派、人民团体郑重地选择和接受了中国共产党的领导。人民政协的成立，标志着中国共产党领导的多党合作和政治协商制度的确立，成为我国的一项基本政治制度，并载入宪法。这一制度在中国革命、建设、改革事业中不断发展、巩固和完善，在国家政治和社会生活中发挥着极其重要的作用，成为发展社会主义民主政治、建设社会主义政治文明的重要内容。

我国多党合作和政治协商的历史和经验表明，中国共产党的坚强领导是把亿万人民团结起来、共同建设美好未来的根本保证，是中国实现社会主义现代化的根本保证，是维护中国国家统一、社会和谐稳定的根本保证。只有坚持和改善党的领导，才能把各民主党派、人民团体和各族各界人士的积极性、主动性、创造性调动起来。各党派、团体、社会各界人士要更加自觉地坚持共产党的领导，坚持正确的政治方向，坚定不移地走中国特色社会主义政治发展道路。

加强和改善对人民政协的领导，推动人民政协富有成效地开展工作，充分发挥人民政协在国家政治生活中的作用，是加强中国共产党执政能力建设的一个重要方面。各级党委要从发展社会主义民主政治、推进改革开放和现代化建设的战略高度，进一步提高认识，加强和改善对多党合作和政治协商的领导。要深刻认识人民政协工作的重要性，善于运用人民政协这一政治组织和民主形式为实现中国共产党的总任务、总目标服务，切实支持人民政协围绕团结和民主两大主题履行好政治协商、民主监督、参政议政的职能，不断推进社会主义政治文明。

《发挥政协优势　积极履行职能——四论坚持和完善中国共产党领导的多党合作和政治协商制度》（本报评论员，《人民日报》2009 年 4 月 14 日）

人民政协是中国人民爱国统一战线的组织，是中国共产党领导的多党合作和政治协商的重要机构，是中国政治生活中发扬社会主义民主的重要形式。善于运用人民政协这一政治组织和民主形式，为中国共产党和国家实现总任务、总目标服务，推动政治协商、民主监督、参政议政的制度化、规范化、程序化，是发展社会主义民主政治、建设社会主义政治文明的必然要求。

作为我国最广泛的爱国统一战线组织，人民政协在组织上具有最广泛的代表性，在政治上具有最大限度的包容性。人民政协联系广泛，渠道畅通，可以为反映和集中民情、民意、民智、民力，调动和发挥一切积极因素提供广阔坚实的基础；人民政协人才聚集，视野宽阔，可以为我国各项事业的发展提供优质高效的智力支持。人民政协的优势与人民政协的职能密切相关。发挥人民政协的优势，就要充分履行人民政协的政治协商、民主监督和参政议政职能。

人民政协对国家和地方的大政方针以及政治、经济、文化和社会生活中的重要问题，在决策之前和决策执行中进行协商，广泛听取各方意见，是社会主义民主的重要形式。发挥人民政协的优势，就要更加积极地履行政治协商的职能，集思广益，增进理解、扩大共识，使之成为中国共产党和政府广集民智、实行科学民主决策的重要环节，使共产党和政府的决策成为最大多数人的自觉行动。

人民政协的民主监督，不同于一般的群众监督、社会监督，不同于人大的法律监督、政府的行政监督，以及司法机关的监督，而是一种政治监督，一种以批评和建议为主要形式的监督，是中国特色社会主义监督体系的重要组成部分。发挥人民政协的优势，就要更加积极地履行民主监督的职能，实现其对国家机关及其工作人员工作的监督，实现中国共产党与各民主党派和无党派人士之间的相互监督。

人民政协的参政议政，就是对政治、经济、文化和社会生活中的重要问题以及人民群众普遍关心的问题，开展调查研究，反映社情民意，进行协商讨论，通过调研报告、提案、建议案或其他形式，向党和国家机关提出意见和建议。发挥人民政协的优势，就要更加积极地履行参政议政的职能，围绕党和国家事业发展全局的重大问题，选择党和政府重视、人民群众关心、政协有条件做好的课题，多层次开展专题调研和协商议政活动，向党和政府建有据之言，献务实之策，为党分忧，解民所忧。

60 年来，人民政协坚持贯彻中共中央关于人民政协工作的方针政策，切实履行三大职能，充分发挥自身优势，自觉服从和服务于党和国家事业的大局，广泛团结海内外一切热爱祖国的中华儿女，在推进社会主义物质文明、政治文明、精神文明建设和促进祖国统一大业等方面发挥了重要作用。今天，全面建设小康社会、加快推进社会主义现代化的伟大实践，为人民政协事业的发展提供了广阔的舞台。各级党委和政府要善于运用人民政协这一政治组织和民主形式，最广泛、最充分地调动一切积极因素，进一步把人民政协的职能履行好，把人民政协的优势发挥好，使人民政协在国家改革、发展、稳定的大局中，创造出更加光辉的业绩。

《紧紧围绕中心　自觉服务大局——五论坚持和完善中国共产党领导的多党合作和政治协商制度》（本报评论员，《人民日报》2009 年 4 月 16 日）

只有坚持为共同目标和共同事业而奋斗，多党合作和政治协商才能牢牢把握正确前进方向，才能始终保持旺盛生机活力，才能造福于国家和人民。

要为共同目标和共同事业而奋斗，就必须始终坚持围绕党和国家工作的中心、服务党和国家事业发展的大局。坚持围绕中心、服务大局，这是多党合作和人民政协事业蓬勃发展的一条重要经验和基本原则。

把各方面的智慧和力量凝聚到共同目标和共同事业上来，使各方面紧紧围绕中心、自觉服务大局，是中国共产党领导的多党合作和政治协商制度的重要使命。在这一制度中，中国共产党处于核心地位，根据不同时期的形势任务，确定团结带领全国各族人民共同奋斗的宏伟蓝图和行动纲领，确保党和国家事业发展的正确前进方向；各民主党派、无党派人士坚持围绕中心、服务大局，突出特色、发挥优势，同心同德、群策群力。60 年的辉煌实践表明，这一制度能够把全社会的智慧和力量充分调动起来、凝聚起来，最大限度地形成统一意志，最大限度地集中社会资源，形成推动党和国家事业发展的强大合力。

党的“十七大”描绘了在新的时代条件下继续全面建设小康社会、加快推进社会主义现代化的宏伟蓝图，制定了在新的历史起点上继续发展中国特色社会主义的行动纲领，这是新世纪新阶段党和国家的中心任务，也是各个方面和各项工作必须服务的大局。多党合作和政治协商要紧紧围绕这个中心、自觉服务这个大局，把各方面的智慧和力量凝聚起来，大力促进社会主义经济建设、政治建设、文化建设、社会建设以及生态文明建设，奋力开拓中国特色社会主义更为广阔的发展前景。

人民政协作为中国共产党领导的各党派、各团体、各民族、各阶层大团结大联合的组织，是中华民族强大凝聚力的象征和重要实现形式，是我国政治体制的重要组成部分，在我国政治生活中具有不可替代的作用。只有始终坚持围绕中心、服务大局，充分发挥政治优势和职能作用，团结一切可以团结的力量，调动一切可以调动的积极因素，集中全国各族人民和全体中华儿女的意志、智慧和力量，在推动科学发展、促进社会和谐中不断创造新业绩，人民政协才能更好承担起在发展中国特色社会主义伟大事业中的光荣使命。各民主党派作为接受中国共产党领导、与共产党亲密合作的参政党，无党派人士作为我国政治生活中的一支重要力量，在发展中国特色社会主义伟大事业中负有重要的历史责任。只有始终坚持围绕中心、服务大局，把各自成员及其所联系群众的意志和力量凝聚到党和国家的中心任务上来，为改革发展各项事业作出积极贡献，才能更好地在我国政治社会生活中发挥更大的作用。

当前，保持经济平稳较快发展是党和国家工作的中心，保增长、保民生、保稳定是党和国家事业发展的大局。包括各党派、各团体、各民族、各阶层、各界人士在内的全国人民，紧紧围绕这个中心、自觉服务这个大局，同心共济、攻坚克难，我们就一定能够胜利完成今年的各项任务，以优异成绩迎接新中国成立60周年。

《完善基本制度推进政治文明——六论坚持和完善中国共产党领导的多党合作和政治协商制度》（本报评论员，《人民日报》2009年4月17日）

一项好的政治制度，只有在实践中不断发展，才能永葆生机和活力。

中国共产党领导的多党合作和政治协商制度，是马列主义统战理论和政党学说与中国革命和建设实践相结合的伟大创造，是中国共产党在领导各族人民建设中国特色社会主义事业中的制度创新，是我国社会主义政治文明建设取得的一项重要成果。

作为我国的一项基本政治制度，中国共产党领导的多党合作和政治协商制度是中国人民长期奋斗、不断探索、不断完善的结果，凝聚了无数仁人志士的政治智慧。这一制度植根于中华民族几千年来赖以生存发展的深厚土壤，产生于中国共产党和各民主党派争取民主自由和人民解放斗争的光辉实践，发展于建设中国特色社会主义的伟大进程。60年来，这一制度在中国革命、建设、改革事业中不断巩固、发展和完善，在国家政治和社会生活中发挥着极其重要的作用，显示出巨大的优越性和强大的生命力。

实践证明，中国共产党领导的多党合作和政治协商制度，是符合中国国情的政党制度，也是中国政治制度的一大特点和优点。这一制度有利于从根本上巩固共产党的领导和执政地位，坚持走中国特色社会主义道路；有利于加强社会主义民主政治制度建设，充分发扬社会主义民主，建设社会主义政治文明；有利于广泛凝聚社会各界力量，推动社会生产力发展；有利于协调关系，化解矛盾，维护安定团结的政治局面；有利于社会各界利益诉求的充分表达，确保最广大人民根本利益的最终实现。

从载入宪法，上升为国家意志，到出台《中共中央关于进一步加强中国共产党领导的多党合作和政治协商制度建设的意见》、《中共中央关于加强人民政协工作的意见》等一系列重要文件；从提供法律、制度保障，到提供理论基础、政策依据。中国共产党领导的多党合作和政治协商制度逐步走上制度化、规范化、程序化的轨道。理论的创新和生动的实践，体现了马克思主义中国化的最新成果，体现了实事求是、开拓创新、勇于探索、与时俱进的精神。

不断巩固、发展和完善的多党合作和政治协商制度充分说明，“中国特色的政党制度”、“社会主义政治文明”从来就不是封闭式的，而是不断发展的、开放式的。坚持和完善中国共产党领导的多党合作和政治协商制度，对于发展社会主义民主政治、推动社会主义政治文明，具有十分重要的意义。

坚持和完善中国共产党领导的多党合作和政治协商制度，关键在坚持，途径在完善。我们既要借鉴人类政治文明的有益成果，坚持走中国人民自己选择的政治发展道路，绝不照搬西方政治制度的模式，也要在更大的程度上、更广的范围内，发挥民主党派和无党派人士的作用，发挥人民政协的作用。坚持和完善这一基本政治制度，不断推进民主政治的制度化、规范化和程序化，社会主义政治文明才能迈出新步伐，中国特色社会主义事业才能有更加坚实的政治保障。

《在中国特色社会主义道路上不断完善和发展中国共产党领导的多党合作和政治协商制度》（贾庆林，《求是》2009 年第 21 期）

一、中国共产党领导的多党合作和政治协商制度是中国社会政治发展的必然选择

一个国家实行什么样的政党制度，从根本上说取决于这个国家的社会性质和根本制度，同时与其特定的社会历史条件、政治经济状况、民族文化传统密不可分。现代意义上的我国政党政治形成于上世纪初。在中国人民反帝反封建斗争的伟大进程中，经过一代又一代中国人长期艰苦探索和奋斗，确立了中国共产党领导的多党合作和政治协商制度。

实践证明，中国共产党领导的多党合作和政治协商制度是中国近现代历史发展的必然选择，是马克思列宁主义统一战线理论、政党理论、社会主义民主政治理论同中国具体实践相结合的伟大创造，是中国共产党同各民主党派和无党派人士、各人民团体和各族各界人士风雨同舟、团结奋斗的伟大成果。坚持中国特色社会主义，必须坚持中国共产党领导的多党合作和政治协商制度，充分发挥人民政协的独特优势，巩固和发展中国共产党同各民主党派民主团结、生动活泼的良好政治关系。

二、中国共产党领导的多党合作和政治协商制度是符合我国国情、具有鲜明中国特色的社会主义新型政党制度

中国共产党领导的多党合作和政治协商制度，植根于中华民族生存和发展的深厚土壤，产生于中国共产党同各民主党派和无党派人士团结奋斗的风雨征程，发展于建设中国特色社会主义的伟大实践，具有鲜明的中国特色和中国气派。

这一制度在政党关系上，坚持共产党领导、多党派合作；在政权运作方式上，坚持共产党执政、多党派参政；在协调利益关系上，坚持维护国家和人民的根本利益、照顾同盟者的具体利益；在民主形式上，坚持充分协商、广泛参与。

三、中国共产党领导的多党合作和政治协商制度为我国社会主义现代化建设作出了重要贡献

新中国成立 60 年来，我们始终坚持这一基本政治制度，服从服务大局、广泛凝聚力量，为党和国家事业发展提供强有力支持；充分发扬民主、扩大有序参与，推动社会主义民主政治发展；积极协调关系、努力化解矛盾，维护社会和谐稳定；高举爱国主义和社会主义旗帜、加强团结联谊，促进祖国和平统一大业。这一制度在促进我国

社会主义革命、建设和改革开放事业，全面建设小康社会，实现中华民族伟大复兴的历史进程中发挥了不可替代的作用。

四、在新的历史起点上把多党合作和人民政协事业推向前进

要坚持长期共存、互相监督、肝胆相照、荣辱与共的方针，总结运用和丰富发展多党合作和政治协商的宝贵经验，不断推进理论创新、制度创新和工作创新，进一步巩固多党合作的思想政治基础，增强人民政协和各民主党派服务大局的能力，完善我国社会主义民主的形式，提高多党合作和政治协商的科学化水平，不断谱写多党合作和人民政协事业的新篇章，为夺取全面建设小康社会新胜利、开创中国特色社会主义新局面作出新的更大贡献。

《为什么必须坚持中国共产党领导的多党合作和政治协商制度，而不能搞西方的多党制》（秋石，《求是》2009 年第 9、10 期）

中国共产党领导的多党合作和政治协商制度，是我们党把马克思主义政党学说和统一战线理论与中国具体实际相结合的伟大创造，是我们党同各民主党派、无党派人士长期团结奋斗的重大理论成果和实践成果，具有历史的必然性、伟大的独创性和巨大的优越性。

中国共产党领导的多党合作制度以其独特的结构功能和运行机制，体现了社会主义民主的本质要求，保障人民民主权利的充分行使，是实现社会主义民主的重要形式。在政治参与、利益表达、社会整合、民主监督、维护稳定等方面体现了民主价值和功能；创立了崭新的政党合作关系、执政方式、民主实现形式，是世界政党制度发展中的伟大创造。

中国近现代史已证明，中国民主政治建设，必须从中国的基本国情出发，盲目照搬别国政治制度和政党制度模式，是不可能成功的。

我们要继续推进中国特色社会主义现代化事业，必须坚定不移地走中国特色社会主义政治发展道路，把已经走过了60年光辉历程的中国共产党领导的多党合作和政治协商制度坚持好、完善好、落实好。在这个问题上，决不能动摇、不能懈怠，更不能折腾。

《坚持完善我国多党合作制度应加强中国特色政治文化建设》（游洛屏，《中国统一战线》2009 年第 7 期）

一些民主党派成员和地方统战干部反映，有些地方在多党合作的制度化建设中存在值得重视的问题：1. “一多一少”，即：仿效上级多、落实在制度少。2. “两个脱节”，即：与干部培训相脱节、与国民教育相脱节。3. “三热三冷”，即：上热下冷（中央和省级热，市县冷）、内热外冷（统一战线内部热，统一战线以外冷）、党外热党内冷（民主党派和无党派人士中热，共产党基层组织冷）。产生这些问题的原因很多，从深层原因看，在于中国特色政治文化建设与现代化建设不相适应。要解决这些问题，应当加强中国特色政治文化建设。

政治文化是政治体系的主观因素，包括政治认知、政治意识、政治价值观、政治情感、政治态度等。政治文化属于政治社会的精神范畴，是政治关系在人们精神领域内

的投射形式，表现了一个社会关于政治体系和政治问题的态度、信念、情绪和价值的总体倾向。政治文化具有相对独立性和能动性。它是在现实生活中产生的，但又反过来影响着现实生活。政治文化对既有政治体系起着维护和延续的作用，同时政治文化的变化最终又可能带来现实政治制度和政治生活的变化。假如把政治制度、政治组织、政治机构等比作政治体系的硬件，那么政治文化则是政治体系的软件。在特定的政治体系中，其政治制度与政治文化应当相互适应，这样政治体系的功能才能得到发挥。

在长期革命和建设中，中国共产党领导人民走出了一条有中国特色的政治发展道路，形成了一整套具有中国特色的政治制度。但相比较而言，在政治文化建设方面显得有些滞后，与政治制度的制度建设不相适应。主要表现在：1. 中国特色政治文化的核心价值还没有为公民所自觉遵从。核心价值是政治文化的灵魂。在相当长的时间内，我们对中国特色社会主义的核心价值并没有明确的表述。2. 中国特色政治文化内容不够系统和规范。3. 中国特色政治的社会化机制不健全。西方国家实行的是资本主义制度，它们政治领域的规则基本上与经济领域的规则相通，也就是说公民在经济生活中，就可以获得参与政治的知识。我国是社会主义国家，政治领域的规则与经济领域的规则有些是不一样的，有些适用于经济领域的规则不能照搬到政治领域，照搬了就可能产生不好的效果。

在新世纪新阶段，要进一步坚持和完善我国的政党制度，必须加强中国特色政治文化的建设。要以中国特色社会主义理论体系为指导，把我国多党合作的制度建设与中国特色政治文化建设结合起来，使制度建设与政治文化建设相互促进。1. 进一步研究并概括中国特色政治文化的核心价值。2. 规范中国特色政治文化的内容。其内容至少应当包括：政治传统、符合国情的现代政治知识、中国特色社会主义实践的政治经验总结等。3. 完善中国特色政治的社会化机制。

《民主政治的创造性实践》（游洛屏，《中央社会主义学院学报》2009 年第 5 期）

追求民主，实行民主政治，这是近现代政治发展的世界潮流。在不同的国家，民主政治有不同的实现形式。社会主义民主政治是在中国共产党的领导下，以人民民主方式行使公共权力，管理国家事务。坚持和完善我国多党合作制度，是社会主义民主政治建设的重要内容。改革开放以来，我国多党合制度不断完善和发展，在社会主义民主政治建设中发挥着重要的作用。新世纪新阶段，进一步发展我国多党合作制度，加强社会主义民主政治建设，必须始终坚持走中国特色社会主义政治发展道路。

一、民主和民主政治

从政治学的观点来说，政治是管理公共事务。管理公共事务必然涉及权力，可以说，权力是政治的最本质特征。民主政治是指贯彻和体现民主原则、具有民主性质的政治。与民主政治相对立的，是国家权力掌握在个别人或少数人手中，对国家和社会实行独裁或专制统治。具体的民主政治无不具有特定的阶级性质。民主是发展的，民主政治也是发展的。

经济要建设，民主也要建设。在民主的制度中，不一定必然带来快速的经济发展；在不民主的制度中，也不一定不能实现快速的经济发展。但是，在经济发展的基础上，可以更好地实现民主；在民主的条件下，可以更好地实现经济发展。社会主义建设必须发展经济，同时也必须发展民主。建设中国特色社会主义，必须实现和推进人民民主；没有人民民主，就没有中国特色社会主义。

二、人民民主和社会主义民主政治

人民民主是指共产党领导中国人民当家做主。人民民主的实现是一个艰难的探索过程。

民主政治是现代化建设的重要内容，民主政治的进程显示着政治发展的轨迹。在不同的国家，民主政治有不同的实现形式，有不同的发展道路。这种多样性，是人类社会文明多样性的体现。政党制度是现代民主政治的组成部分，是现代民主政治运行的必要条件。政党制度主要是对政党与政党之间、政党与政权之间、政党与社会之间关系的规范。政党制度的功能在于，通过对这三方面关系的规范，使公民有序地进行政治参与，从而实现民主政治并使之正常运行。由于国情不同，各国所实行的政党制度，其形式和内容都没有统一的模式。把一国的政党制度当做世界唯一模式强加于别国，实际上是政治霸权的表现。盲目照搬别国的政党制度，不可能为本国搬来别国的繁荣，却必然会为本国带来灾难性的后果。政党制度符合本国国情，其功能和作用才能正常发挥。

三、中国特色社会主义政治发展道路和我国多党合作制度

中国特色社会主义政治发展道路，简单地讲，就是中国共产党领导人民实现人民民主的政治模式。中国特色社会主义政治发展道路内涵主要包括：指导思想、政治框架和价值功能。指导思想是中国化的马克思主义，即毛泽东思想和中国特色社会主义理论体系。政治框架是在人民民主专政条件下建立的中国特色政治制度，包括人民代表大会制度、中国共产党领导的多党合作和政治协商制度、民族区域自治制度和基层群众自治制度。价值功能是实现人民民主。指导思想好比是软件，政治制度好比是硬件，这个软件在这个硬件上运行，实现的功能是人民民主。这三个方面构成了中国特色社会主义政治发展道路的整体。

发展人民民主，是中国共产党和各民主党派始终不渝的奋斗目标。发展人民民主，必须始终坚持走中国特色社会主义政治发展道路，必须坚持和完善我国多党合作制度。政治发展包括政党和政党制度的建设。政党制度的建设体现了政治发展的规律，政党制度的性质决定了政治发展的方向。政党制度性质的改变必然导致政治发展方向的改变，坚持政治发展方向必须以坚持政党制度性质为前提。

坚持和完善我国多党合作制度，是社会主义民主政治建设的重要内容。我国多党合作制度既坚持中国共产党的坚强领导，又体现广泛民主；既保持一致性，又体现多样性；既规范有序，又充满活力。我国多党合作制度以其独特的结构功能和运行机制，体现了社会主义民主的本质要求，保障人民民主权利的充分行使，是实现社会主义民主的重要形式。

新世纪新阶段，进一步发展我国多党合作制度，加强社会主义民主政治建设，应当认真研究以下问题：第一，政治文化和政治制度的关系。我国多党合作制度的完善和发展必须要有相应的中国特色政治文化的环境。要以中国特色社会主义理论体系为指

导，把我国多党合作制度的制度建设与中国特色政治文化建设结合起来，使制度建设与文化建设相互促进。要进一步研究并概括中国特色政治文化的核心价值，根据中国特色政治文化的核心价值，规范中国特色政治文化的内容，完善中国特色政治的社会化机制。第二，市场经济和政治规则的关系。在资本主义国家中，市场经济的规则与政治领域的规则是可以相通的。我国实行社会主义市场经济，在市场经济中形成的规则并不能搬到政治领域。公民对我国政党制度的认识，不能从经济活动中自然地获得，而必须通过思想教育。第三，总结经验和理论创新的关系。坚持和完善我国的多党合作制度，必须认真总结多党合作的实践经验，但总结经验必须以中国化的马克思主义为指导。离开中国化的马克思主义的指导，就不可能正确总结多党合作实践的经验；离开我国多党合作的具体实践，也不可能形成符合马克思主义基本原理的多党合作理论。第四，有序的政治参与和发挥参政党作用的关系。我国是社会主义法治国家，政治参与必须是有序的，是在共产党领导下，遵守法律和制度，通过正常渠道进行的。发挥民主党派的参政党的作用，可以为民主党派广大成员和所联系群众提供畅通的利益表达渠道，从而扩大有序的政治参与。

《正确理解我国政党与政权的关系》（游洛屏，《四川统一战线》2009 年第 6 期）

政党制度是民主政治的重要组成部分，是民主政治运行的必要条件。政党制度主要是对政党与政党之间、政党与政权之间、政党与社会之间关系的规范。政党制度通过对这三方面关系的规范，保证公民有序地进行政治参与，从而实现民主政治并使之正常运行。

中国共产党领导的多党合作和政治协商制度在长期的发展过程中，形成了五种主要表现形式：中国共产党同各民主党派、无党派人士之间的合作与协商；在人民代表大会中发挥民主党派成员、无党派人士的作用；举荐民主党派成员、无党派人士担任国家和政府以及检察，审判机关的领导职务，在人民政协中发挥民主党派、无党派人士的作用；民主党派、无党派人士为经济建设服务。通过这五个方面，我国的多党合作和政治协商制度在社会主义民主政治建设中发挥重要作用，体现政治参与、利益表达、社会整合、民主监督、维护稳定的价值与功能。

在这里，需要正确理解我国政党与政权的关系。我国各民主党派成员、无党派人士在人民代表大会中发挥作用，体现了多党合作。但我国的人民代表大会制度不是议会制，不设议会党团，因而人民代表也不代表某一党派，而是要对全体人民负责；各民主党派成员、无党派人士在政府和司法机关中担任领导职务，体现了多党合作，但我国政府不是联合执政，因而领导职务不是按席位分配的，对所有干部都按照国家公务员法进行管理。

《论“长期共存、互相监督”方针的当代理论价值》（袁廷华，《当代世界与社会主义（双月刊）》2009 年第 5 期）

1956 年，毛泽东在探索中国社会主义道路和社会主义政党关系时，提出了中国共产党与民主党派“长期共存、互相监督”的思想。同年 9 月，中共第八次代表大会将“长期共存、互相监督”确立为中国共产党对民主党派的基本方针，即“八字方针”。

"八字方针"的提出及对这一方针的理论阐述，是以毛泽东为代表的中国共产党人对马克思列宁主义关于政党和政党合作理论的创造性发展，是中国政党制度发展史上的一个重要里程碑。它科学地解决了在社会主义社会我国政党制度的若干重大的、基础性的理论问题，为社会主义整个历史阶段中国共产党与民主党派的长期合作和实行中国共产党领导的多党合作和政治协商制度奠定了坚实的理论基础。

"长期共存、互相监督"方针的理论价值首先在于它确立了中国共产党在人民民主专政条件下、在社会主义整个历史阶段与民主党派长期共存并合作的战略思想，这是对马克思列宁主义关于政党合作思想的创造性发展。其依据可以从无产阶级的阶级使命、民主党派的历史贡献和现实作用、人民民主专政国家政权的本质要求和内在规定性三个方面来考察。

"长期共存、互相监督"方针的理论价值还在于，提出了中国共产党与各民主党派实行互相监督的重要思想，而互相监督的重点是民主党派对共产党的监督，这对于加强和改善执政党的领导、优化我国政治制度和政党制度的功能，意义重大而深远。中国共产党人关于政党互相监督的创造性思维主要体现在以下方面：其一，理性地认识到共产党执政也会犯错误，需要通过监督来解决。其二，提出实行多党共存与合作的重要目的就是要实行互相监督。其三，指出了民主党派监督的政治价值。

"长期共存、互相监督"方针的理论价值还在于，突破苏联一党制模式，为多党合作和政治协商制度在社会主义条件下的进一步确立奠定了理论基础。以毛泽东为代表的中国共产党人从中国社会主义建设的特点出发，借鉴苏联的经验教训对在社会主义国家实行多党合作制度的理论基础问题作了深入的探究，主要体现在以下两个方面：其一，明确了代表民族资产阶级、城市小资产阶级的政党，在社会主义条件下，其性质是可以转变的。其二，明确了在社会主义社会仍然存在着不同阶级和阶层，在共产党代表人民根本利益的同时，也需要不同的政治组织代表和反映不同社会阶层和社会群体的具体利益。

"长期共存、互相监督"方针，不仅是中国共产党处理与民主党派关系的基本方针，也为社会主义整个历史阶段中国共产党与民主党派长期合作奠定了坚实的理论基础。在这一方针的指引下，中国共产党把作为新民主主义政治遗产的多党合作和政治协商推进到社会主义社会，从而突破了苏联一党制的政党制度模式，在社会主义政党制度上作出了符合中国国情的选择，标志着中国共产党领导的多党合作和政治协商制度在社会主义条件下得到进一步确立。

《新中国政党制度：历史与国情的选择》（李金河，《北京日报》2009 年 7 月 6 日）

新中国政党制度的形成，是历史与国情的选择。任何国家政治制度、政党制度的形成和发展，不仅深受本国传统文化和价值观的影响和制约，还与特定的经济、政治紧密结合。任何政治制度、政党制度都与特定的社会基础相联系，都要体现这一基础，维护这一基础，同时随着它的发展变化而不断演化。中国的政治制度、政党制度也不例外。

中国特殊的多样性的社会经济结构就必然产生与之相适应的社会政治结构和政党制度。中国半殖民地半封建社会经济的显著特点，同时决定了中国社会经济的特殊性和多样性。中国的社会经济形态既包括封建小农经济，又分别包括民族资本主义经济和官僚买办资本主义经济。这种并非单一的经济形态，以及社会上明显的阶级差异，共同决定了中国的社会上层建筑领域的复杂性，既有封建的小农政治思想，又有民族资产阶级的政治思想、官僚买办资产阶级的政治思想和无产阶级的政治思想。因此，中国这种特殊的多样性的社会经济结构就必然产生与之相适应的社会政治结构和政党制度。中国半殖民地半封建社会经济形态的多样性和特殊性，为中国特色的政党制度的最终形成奠定了经济基础。中国民族资本主义的发展为中国特色政党制度的形成提供了基础构件，中国的中小资产阶级成为中国特色政党制度的阶级基础。

中国半殖民地半封建社会政治与阶级结构、政治与社会意识的多样性和特殊性，是中国特色政党制度理论的政治基础。中国的半殖民地半封建社会的多样性，决定了中国社会意识特别是政治意识的多样性，即：改良主义思想家提倡的君主立宪方案和革命民主主义思想家提倡的民主共和方案并存；官僚资产阶级的一党专治统治和马克思主义者提倡的以人民当家做主为原则的社会主义方案，以及民族资产阶级提倡的独立发展资本主义的方案并存。相应的，中国社会发展的进程也就依次经历了民主共和、竞争性多党政治、军阀独裁和国民党一党专治的轮替。这些政治模式的被否定说明，它们都不合乎中国社会政治发展的多样性和特殊性要求。

注重群体和谐、兼容并蓄、和而不同等思想的传统价值观是我国特色政党制度的文化基础。中国的传统价值观重视群体和谐关系，强调人际和谐与群体的利益高于一切，认为个人应当服从群体。社会重群体而轻个体的价值取向，是中国传统价值观的一个重要特征。中国特色社会主义政党制度深植于坚实的民族优秀文化的沃土，体现了中国传统文化兼容并蓄、和而不同、求同存异、和衷共济、相得益彰的价值理念，展示出合作、参与、协商、包容、和谐的文化精神，体现出人类社会固有的一致性与多样性相统一的精神，不仅具有根本不同于其他政党制度的特点和优势，而且充分适应了当今利益多元时代下的和谐社会建构的要求。

近代以来相对独特的经济、政治和文化状况，它们彼此间的相互作用，以及它们不断的历史发展，共同构成中国特色政党制度的社会基础。

《价值取向下的政党制度类型比较研究》（李金河，《中央社会主义学院学报》2009 年第 6 期）

一、我国政党制度类型研究的现状及其反思

政党和政党制度是现代各国政治生活中带有普遍性的政治现象，但这种普遍性却是以各自相异、丰富多彩的民族性来诠释的。当前，在我国政党制度研究领域，人们总是自觉或者不自觉地沿用了西方学者区分不同政党制度的标准系统及其相关结论。有人说，它是一种一党制；有人说，它是一种多党制；官方正式的表述则是：它既非一党制亦非多党制，而是中国共产党领导的多党合作和政治协商制度。显然，这一正式的表述并没有能够终结人们进一步的诘问：它到底是一党制，还是多党制？为什么一提到政党制度类型，人们就会自然而然地想到一党制或多党制？一方面，是因为人们习惯于尽可能地简化叙述，这样做比较合乎人类思维和交流的基本特点；另一方面，则是由于我们尚没有发展出一整套适合本民族特点的、梳理和解读政党制度归类问题的理论系统。创设一套新的合适的关于政党制度类型问题的理论系统，并不意味着我们要闭门造车、自拉自唱。相反，这样做的目的不过是要引导人们按照本民族的特点去思考和看待政党制度及其相关的政治现象，它也许可能更加开阔人们的理论视野。

二、西方政党制度类型研究的理论探讨及其存在的问题

一是关于政党数目的讨论。这里的政党数目既不是所有政党的数目，也不是可能执政或实际执政的政党的数目，而是事实上参与政党体制运作的有效政党数量。一个政党，如果它与现有政治体制之间存在着密切的关系，并能够有效地作用和影响到这一体制，它就是“相关政党”，就具有某种“相关性”。相反的，如果一个政党长期处于多余地位，从未被其他政党考虑作为政治合作的对象，那就是“不相关政党”。

二是对政党与政权的关系的考察。在西方人看来，一个国家在一定的历史时期内，只有一个执政党的是一党制；发生两党政权轮替（两党分别单独执政）的是两党制；发生三党以上政权轮替（各党分别单独执政）或者多个政党联合执政的是多党制。也有西方学者根据各政党在议会中席位的比率来确定政党制度的类别。就其本质而言，这样一个分类指标完全是以政党与执政权利分配关系为基础的，是一种狭义上的政党与政权关系。

三是在选举制度中对政党关系的考察。在西方人那里更多地考虑、关注政党之间是否存在真正的选举竞争。西方学者认为，同经济生活相类似，政党关系也存在一个政治市场。在政治市场中，各政党以其候选人及其政策来吸引选民的关注，赢得选民的投票，就如同在经济生活中用钞票购买商品一样。因此，没有竞争性选举，各政党之间就不存在因竞争性选举而出现政权轮替的可能，政党关系就是非竞争性的。

四是对意识形态特征的区分。西方学者在考察政党制度的意识形态特征时主要涉及三个方面的内容：一是政党意识形态的类别，比如说共产主义、资本主义意识形态，他们一般把共产主义意识形态主导的政党制度归结到极权主义类型；二是不同政党间意识形态的差距及分疏情况，由此而区分出意识形态多元和意识形态霸权等类型；三是政党意识形态的强度，由此区分极端意识形态和实用意识形态的差异。

应当说，除了对经济社会发展的差异的思考这一盲点之外，西方学者在探讨政党制度归类问题时所涉及的上述四方面关系基本上是比较全面的，这些关系对于分疏政党制度的种属关系也是非常关键的。由此我们可以得出一个共性的结论，即西方政党存在的目的就是为了竞争对国家政权的控制权，这种竞争主要表现在选举上，各政党围绕议会选票和总统选举展开激烈的角逐，结果一见分晓，各政党之间的关系就会出现新的调整。

西方政治学中关于政党制度模式有几种划分标准。有的侧重意识形态，分为资本主义政党制度和社会主义政党制度；有的侧重从政党与政权关系的角度，划分为一党制、两党制或多党制；有的则侧重于选举制度中政党之间的相互关系，分作竞争性政党制度或非竞争性政党制度。不同的划分标准就必然会产生各种各样的关于政党制度类型的理论。总的来看，比较主流的做法就是依据政党是否有执政权力以及政党与政权关系问题来划分政党制度类型。这种以政党与政权关系也就是看一个国家实际上的执政

党有几个的划分方法，存在着很大的再探讨的空间。

政党是构成政党制度的基本要素，但政党制度的性质并非简单地由政党或政党在选举制度中的关系决定的，而主要是由政党联系与作用而形成的基本结构所决定的。政党制度的结构应包括两个层面：一是政党制度的内部结构，即政党与政党之间的关系结构；二是政党制度的外部结构，即在整个制度环境中政党与代议机构、政党与政府、政党与社会的关系结构。

由于经济社会发展水平的差异，由于历史文化传统的差别，西方人对民主政治、政党政治的理解的确有别于大多数的东方国家和发展中国家。这主要表现在两个方面：一是本能地、不自觉地基于西方文化本位，去分别地思考政党数量问题、政党与政权关系问题以及政党意识形态问题。二是在确认具体国家的政党制度类型归属时明显地有所侧重。两方面共同作用的结果，必然使西方政党制度分类理论的研究和宣传充满浓郁的西方文化气息、西方意识形态气息。

由于各国不同的历史背景和现实条件，各国政党关系会出现各种各样的模式，彼此之间也会显示出鲜明的个性特征。对各个国家在政党关系问题上独树一帜的个性特点，我们不能简单地评判孰优孰劣，它们都有其内在的合理性。我们比较研究的目的只是为了取人之长以补己之短。

我们大致上可以将世界范围内的政党制度划分为如下四大部类：竞争性政党制度；合作竞争性政党制度；合作性政党制度和一党霸权性政党制度，它们各自的有效性依这些国家民主化进程的不同而有所差别；至于发展中国家的非竞争性政党制度，则可以细分为意识形态霸权型一党制、意识形态主导型的多党合作制、意识形态兼容型的多党合作制。

三、正确理解我国政党制度的类型

我国的政党制度与西方不同，既不是一党制，又不是多党制，而是中国共产党领导的多党合作和政治协商制度。在我国的政党制度格局中，执政党虽是一党，但却是建立在多党参政基础之上的。在中国共产党的执政体系中，本身就蕴涵着多个民主党派具有合法的参政地位。多党合作制度的重心不是多党而是合作。这种既有合作又有监督、既有团结又有批评的合作协商关系，是我国政党制度的独特之处，它展示了一道独具中华民族优秀文化内涵的政治风景线。

我国政党制度之所以有独特之处，根据就在于，我国政党的产生尤其是民主党派的产生及其政治运作、政治目的及其实现方式都与西方政党迥然相异。中国人引入西方的政党和政治制度，是在缺乏必要的资本主义经济、政治的基础上，出于摆脱列强的侵略和奴役，实现民族独立的目的而学习、模仿的结果，是把政党当做在中国实现由封建制度向资本主义制度转型，完成强国富民、民主建国理想的工具而引进的。所以，它是先在体制外产生政党，但这个政党的功能不是维护封建政治的法器，而是进行广泛的社会动员、推翻旧制度和建立新制度的有力武器。我国各民主党派与中国共产党的政治合作关系开始于抗日战争时期，并在此后的长期合作中不断成长、成熟起来。从这个意义上讲，合作乃是中国政党制度发育的“遗传基因”。这种合作型的政党制度是中国共产党人在总结实践经验教训的基础上探索创造出来的，它不是人们主观设计的结果，而是反映了中国政治发展的基本规律，反映了一种历史的趋势。也正是因为它是在中国本民族的土壤中生长出来的，没有照搬别国的政党制度模式，所以，它就与西方国家政党制度根本不同。中国政党制度的最大优势就是能够集思广益、集中力量办大事。但是，我们也必须看到，利与弊往往是相互依存的。由于没有反对党在政策出台时的反复辩驳，因此，政策的通过往往相对容易，但有时也容易出错。西方政党制度作为一种民主政治形式，也是人类政治文明中非常重要的成就，我们之所以不搞西方竞争性政党政治，不是因为它不好，而是因为它不适合我国的国情。虽然不适合，但它还是有我们能够学习和借鉴的地方。

在一个特别综合了历史发展因素、政党关系因素和意识形态因素的三维坐标体系中，我国政党制度就可以获得一个比较适合的时间和空间方位。基于这一方位，我们就可以摒除许多不必要的理论辩驳，在不断发展的过程中进行比较、探索，在全面的比较、探索中有所坚持并有所改革，不断地发展和完善中国共产党领导的多党合作和政治协商制度。只有这样，我们才能够充分兼顾我国政党制度发展的世界性和民族性，在推进社会主义政党政治、民主政治发展的同时，为人类政治文明和政党政治文化的发展作出自己的贡献。

《在国际比较中彰显优势》（周余云，《人民日报》2009 年 9 月 29 日）

现代政党政治发源于英美等西方发达国家，现已成为世界上大多数国家的政治运作方式。从西方发达国家的实际情况看，政党制度的形成是一个长期的历史过程，不同类型的政党制度又都受制于各国政治、经济、文化的发展水平。西方国家的两党制或多党制普遍经历了一二百年的时间才发育完成，发展中国家试图通过“进口”实现短期速成，必然会因为存在先天缺陷而导致水土不服。

我们不是笼统地、一般地去反对两党制和多党制，而是要反对那种不问青红皂白、不顾时空条件，把国外政党制度简单搬用到当代中国的主张。而且，对于发展中国家而言，首要任务是发展经济，而发展经济离不开稳定的政治环境。如果盲目照搬西方的政党制度，导致政党之间永无休止的攻讦、争斗，只会阻滞甚至中断经济发展。

中国共产党领导的多党合作和政治协商制度建立在中国国情的基础上，既融合了诸多政党制度的优长，又体现了自身的特点：它不是一党制，而是多党合作制，是建立在共同政治和经济基础上的、为社会主义事业服务的多党合作制；它也不是两党制，而是一党执政、多党参政制。实践已经证明，这种具有中国特色的政党制度在推动中国政治和经济发展、维护社会安定方面发挥了积极作用。所以，我国的政党制度不仅并不落后于人，而且在国际比较中日益显现出巨大的优越性，我们决不能妄自菲薄。只要我们坚持和完善中国共产党领导的多党合作和政治协商制度，就必定能够走出一条具有中国特色的政治文明发展道路，进一步推动中国经济社会发展，并为人类社会政治文明的发展作出独特贡献。

《中国政党制度与国家建设》（林尚立，《毛泽东邓小平理论研究》2009 年第 9 期）

在中国，伴随着传统帝国体系的危机、动摇和崩溃，现代政党得以萌芽、诞生和发展。在这个过程中，政党要么以肩负领导革命、推翻专制、创建共和的使命而出现，要么以响应共和、参与议会选举的名义而出现，志向不同，层次不一。中国最初的政党制度产生于辛亥革命之后的国家建设实践，先后经历过多党制和国民党一党独裁制。1949 年，中国共产党夺取全国政权，建立了中华人民共和国。新中国成立后，中国共产党在长期形成的多党合作的基础上，结合国家建设与发展的实践，形成了作为国家基本政治制度的中国政党制度，即中国共产党领导的多党合作与政治协商制度。中国革命和国家建设的历程表明，中国的政党制度是在中国共产党领导的长期革命和建设实践中确立起来的，新民主主义革命、社会主义革命与社会主义建设先后为这个制度的确立奠定了扎实的政治基础与制度基础。在这个过程中，这个制度不仅经历了历史的选择和社会的检验，而且经历了国家建设的探索和实践，可以说是在政党、国家与社会三方有机互动、共同努力的过程中确立和发展起来的。它不仅与中国的社会结构与现代化逻辑相契合，而且与人民民主和国家建设相契合。

一项制度的合理性与合法性，不仅需要规范的考察，而且需要经验的检验。制度在价值上的合理性与合法性，只有建筑在其对现实运动具有实质性的价值和基础之上，否则就一文不值。就政治制度而言，这个现实运动不仅是社会现实运动，而且包括国家建设的现实运动。不能同时适应社会与国家需求的政治制度，是很难在社会与国家之间创造出有效的秩序和发展的。基于这样的理念，结合中国社会转型与国家发展的历史与现实来考察和把握中国的政党制度，我们就会发现中国现行的政党制度具有其合理性与合法性。

一、中国的历史与社会状况决定了中国社会的现代化转型与发展，必须要有强有力政党领导的支撑。

中国是被外部的现代化力量强行拉入现代化发展潮流的。因此，对中国来说，现代化不是内生的，而是从外部嵌入的。这决定了中国是在没有形成现代化的社会力量，包括新兴的阶级力量的前提下迈入现代化的。另一方面，现代化一旦启动，传统的政治就必须面临变革，其核心不在于制度与体制的形式变化，而在于国家权力的归属变化，从传统的归属方式迈向现代的归属方式，即国家权力在性质上归属社会，归属人民，并由在经济与社会发展中占主导地位的阶级来掌握。孙中山提出了拯救民主共和的方案，即通过政党的整合，在中国这样一个没有现代化社会基础和现代阶级力量的社会，迅速建立一个能够担当领导现代化发展和建构民主共和的主体力量。为此，他领导和推动了第一次国共合作，并由此对国民党进行改组，希望国共合作之后的政党力量能够成为中国社会的中坚，承载起中国社会的转型和整合，推动中国的现代化发展和民主化建设。于是，在中国，开辟了以政党为核心而不是以军队为主导的现代化发展和现代国家建设历程。这就是所谓的“党建国家”历程。

从中国的国情和人类现代化发展的基本逻辑来看，孙中山的这个选择是正确的。首先，任何国家的现代化发展都需要一个核心主体。其次，就中国的国情来说，中国迈入现代化的时候，社会不但没有形成一个新兴的主导力量，反而在军阀割据下陷入四分五裂的无政府状态。在这样的状态下，国家发展的首要任务自然是建立一个核心主体，成为社会与国家的中坚。为此，孙中山选择了最具有现代民主价值和意义的政党组织，并强调要建立能够为政党宗旨而奋斗的军队，并把军队置于政党的领导之下，支撑政党对社会的整合和对国家的领导。以政党为核心整合中国社会、推动中国的现代化与民主化发展是中国社会发展的内在要求，也是现代化逻辑在中国社会的具体体现。至于什么样的政党能够担当这样的角色，不仅取决于政党的性质与能力，也取决于时代与中国社会的选择。因此，中国共产党能够成为中国社会主义现代化发展的核心主体和支撑力量，与政党本身先进性有关，但也与中国社会主义现代化发展的迫切需求有关。

二、中国的社会性质与社会结构决定了作为核心力量的任何政党要支撑起中国革命和现代化的发展，都必须广泛联合各种积极的社会力量和政治力量，建立广泛的同盟，从而在巩固领导的基础上充分发挥核心力量的作用。

中国共产党对其领导的革命、所要建设的国家的认识以及对其自身在其中地位与作用的自觉意识，使得中国共产党把统一战线建设作为增强党的领导、实现党的纲领与路线方针政策、巩固党在中国社会中的核心地位的重要法宝。中国革命和建设的历史表明，统一战线既是中国共产党生存与发展的基本战略体系，也是中国共产党领导革命、组织社会、建设国家的基本工作途径。统一战线围绕着中国共产党领导展开，但其所建构的中国社会各阶级政治力量的联合与团结，则是国家多元与一体的协调与平衡。在革命年代，中国共产党通过统一战线的发展，逐渐从社会与政治的边缘性政党发展为核心性政党，从而成为中国革命的领导力量；在建设年代，中国共产党通过统一战线，不仅维护和保障了中国现代化发展领导力量，而且使现代化过程中的中国社会在任何条件下都能够维护其内在的团结与统一，保持多元结构与一体整合的协调与平衡，为现代化发展提供了最为基本、也是最为重要的政治与社会基础，即社会的团结与国家的一体。

中国共产党的领导战略以及基于中国社会结构所确立的国家建设形态，都决定了中国共产党不仅要以政治化和组织化的形式来建立统一战线，实现人民力量的整合与团结，而且要以制度化和法律化的形式使统一战线能在党领导的国家政治生活层面展开，从而将党的领导、人民民主与国家的一体化整合有机统一起来。这种内在要求正是中国政党制度得以产生和发展的深厚的社会和政治基础。

三、中国共产党领导的革命是旨在实现人民解放、建设人民当家做主的国家，这决定了党领导人民创建的中华人民共和国必须建筑在人民共同的意志基础上。为此，中国共产党创建了聚合各方力量、协商建国、共享政权的开国之路。基于对中国国体的认识，中国共产党对新中国政权建设的构想从一开始就主张新政府应该以各党联合的方式组织政府。中国共产党的这个民主宪政理论在抗日战争即将结束的时候提出，并很快就作为基本的建国主张付诸实践。

革命的成功之路和国家的诞生形态，都是建立在中国共产党统一战线的战略以及中国共产党领导各革命力量联合掌握国家政权的基础上。这决定了由此政治基础产生和发展起来的中国政党制度是内生于中国的革命与国家建设的，符合中国国家建设发展的内在要求。中华人民共和国诞生的历程与形式，决定了中国共产党只有坚持和发展这样的政党制度，国家以及国家制度才能保持其应有的合法性；同样，中国的国家建设只有坚持这样的政党制度，才能获得发展所需要的应有的领导力，获得其一体化发展所需要的制度资源和政治基础。

四、中国共产党领导人民建立的国家是人民民主专政的社会主义国家，体现为人民当家做主的人民民主是社会主义国家的生命，是社会主义国家政治建设和政治发展的根本取向。而人民民主的实践与发展对中国共产党领导及其领导下的多党合作与政治协商形成了深刻的内在要求。民主本质上就是人民统治。“人民民主”不是“民主”的同义反复，人民是一个政治概念，在不同时代、不同国家，其含义是不同的，因而民主所体现的人民统治也是不同的。只有基于人民解放，人民当家做主的民主才是人民民主。根据马克思的理论逻辑，人民的解放，首先基于人的政治解放，即人摆脱人对人的依赖关系，成为拥有主宰自己的劳动和财富权利的独立个体，从而在政治和法律上获得平等地位和权利；其次，人民的解放是基于劳动者的劳动成为经济与社会发展的逻辑出发点。这是对资本统治的直接否定。在资本统治下，基于资本占有与劳动占有的严重分离，财富的生产者与财富的拥有者严重分离，创造财富的人不享有财富。为了改变这种不合理的状态，使劳动者在整体上获得解放，从劳动出发的经济与社会发展强调公有制是基本的生产资料占有形式，劳动创造财富，劳动者不仅是财富的生产者，而且也应该是财富的享有者，努力做到创造财富的人享有财富。这样的人民解放，不仅使劳动者在经济与社会上获得相对的独立与自主，而且在政治上成为国家主人，承担着掌握国家权力、运行国家管理的基本使命。在人民解放基础上形成的民主，就是人民当家做主的人民民主。

人民在本质上是指推动社会和历史发展的大众。相应的，人民当家做主，就是强调作为国家一切权力来源的人民大众应该成为国家政治生活的主体，并赋予国家机器为人民服务的本质特征。然而，任何社会都是在一定的经济关系基础上形成的，因而，任何社会的大众内部都是有阶级和阶层差别的。这种差别所决定的人民内部结构在不同的国度、不同的时代是不同的。中国社会的性质与结构，决定了以工农为核心的劳动者是人民的主体，是决定国家与社会发展的根本力量。因而，人民民主要在整体上得到有效的运行和实现，就必须依靠这样的根本力量，并得到其中最先进力量的领导，即工人阶级的领导。这种领导的具体实践是通过作为这个阶级先锋队的共产党的领导来进行的。因此，在中国社会，人民当家做主，实际上蕴含着两条基本价值原则：其一，人民是国家的主人，参与国家事务管理，国家必须保护和维护人民的根本利益；其二，党在人民中所代表的先进力量是人民当家做主的领导力量。在中国政治中，人民民主是基于人民当家做主与党的领导的有机统一。

任何民主都要体现为一定的国家政治制度体系。国家的政治制度体系，既是对人民权利的维护与保障，同时也是人民管理国家事务的基本途径与机制。为了实现人民当家做主，中国共产党在建设人民共和国的过程中，形成了四大民主制度体系：人民代表大会制度、共产党领导的多党合作和政治协商制度、民族区域自治制度和基层群众自治制度。其中，共产党领导的多党合作和政治协商制度，既体现了人民民主对党领导的内在要求，也体现了人民民主所蕴含的多阶级力量的联合统治。从这个角度讲，中国的政党制度与中国的人民民主具有内在的契合性，是人民民主实践和发展的重要制度舞台。

总结以上对中国政党制度的理论思考，我们可以得出三点基本结论：第一，中国的政党制度是在中国革命与建设中形成和发展的，有深厚的社会基础，而且也适宜于中国的国家建设和发展，对中国现代化发展来说，是一项适宜的制度。第二，中国政党制度实践的是有领导的党派联合执政、多元协商、合作治理国家的政治形式，既不是一党制，也不是多党制，而是结构化的多党派协商合作制。第三，中国政党制度内含一体多元结构，以中国共产党为核心，既包含有多党合作所形成的多元结构，也包含有多党派、界别协商所形成的多元结构，它不仅适宜于中国的社会形态的内在结构及其现代化转型，而且适宜于中国的国家建设和民主成长，其进步与发展能够为中国的国家建设和民主成长提供新的资源与新的空间。国家的现代化和制度化也将使政党制度更全面、更深刻地嵌入国家制度之中，从而与其他制度一起共同支撑中国的现代国家建设和发展。

《政党、政党制度与现代国家——对中国政党制度的理论反思》（林尚立，《中国延安干部学院学报》2009 年第 5 期）

中国的政党制度适宜于中国的国家建设和发展。中国政党制度实践的是有领导的党派联合执政、多元协商、合作治理国家的政治形式，既不是一党制，也不是多党制，而是结构化的多党协商合作制。中国政党制度内含一体多元结构，它不仅适宜于中国的社会形态的内在结构及其现代化转化，而且适宜于中国的国家建设和民主成长，其进步与发展能够为中国的国家建设和民主成长提供新的资源与新的空间。

政党是现代政治区别于传统政治的重要标志，是现代政治生活得以展开的核心要素。在现代政治框架下，政党参与国家政治生活所形成的制度性政党关系、行为规则和运行形态，则构成一个国家的政党制度。政党制度在规范政党的地位、功能与运行的同时，也深刻影响着国家政治生活的全局。然而，任何国家的政党制度，既不完全是政党或政党关系所决定的，也不完全是国家制度体系所决定的，而是决定政党生存与发展的社会和国家所共同决定的，是国家与社会相互作用的结果。但在现实的政治生活中，这种相互作用往往可能体现为国家的力量，或者是社会的力量，从自身的利益和愿望出发，对政党制度提出要求，以塑造理想的政党制度。于是，人们自然就会产生这样的疑惑：一个国家的政党制度的确立，应该基于党派的原则与民众的理想，还是应该基于社会运行的规律与国家建设的要求。针对这样的疑惑，本文的出发点认为：深思熟虑的国家建设与政治发展应该从国家与社会内在要求及其相互作用中，选择和确立适宜的政党制度。

一、政党与社会

国家权力安排的变化是政党产生的必要条件，社会的独立以及由此形成的多元化存在，正是政党得以产生和发展的充分条件。现代政党，不管是通过怎样的途径以及以怎样的形式产生，从宏观理论上讲，都离不开三大前提条件：一是国家制度安排所形成的权力开放性；二是社会与国家的二元分立所形成的社会自主性；三是社会利益分化和自主结社发展所形成的社会多元化。这三大前提条件决定了任何试图迈入现代化，并进行现代国家建设的社会，都必然会产生出政党。政党是一定社会利益集团借以代表和表达其利益，并通过参与国家政治生活或掌握国家权力以实现其利益的政治组织。因而，政党是社会借以进入国家体系，影响和主导国家运行的重要中介。

政党制度是现代民主制度的基础，但是，对现代民主的建设和发展来说，政党制度是一把双刃剑：民主成也政党制度，败也政党制度。

二、政党制度与国家

任何政治制度的形成、发展与巩固，既要充分尊重社会结构与社会发展的内在要求，同时也要充分尊重国家运行与发展的基本规律。政党产生的内因在于社会转型与分化。政党产生之后，一旦开始以非武力的方式争取和掌握政权，政党制度就开始酝酿和形成。表面上看，政党制度始于政党的产生和活动，然而其实际的根源却在国家。一国的政党制度，从根本上讲，不取决于社会分化与转型所形成的政党规模与数量，而是取决于国家以及国家与社会互动的结果。

从逻辑上讲，政党活动的制度化是现代国家建设追求制度化和一体化的必然结果。虽然国家不能直接决定制度化的政党活动以什么样的结构和形式展开，但将政党的活动纳入到和平有序的制度框架却是现代国家建设的基本前提。做不到这一点，任何国家不管其实力有多么强大，都无法维护基本的一体化和制度化，自然也就无法维系自身的生存，实现自身的发展。

从现代国家建设的角度来看，不管政党制度是在什么情况下、以什么样的形式确立，其内在的倾向都是共同的：就是最大限度地创造国家整合，减少党派的无序纷争所可能带来的社会分散和国家分离。

在现代国家建设中，政党制度的确立不仅与国家建设有关，而且也必然与民主建设和发展有关。在政党制度与民主发展的关系上，人们常常是因果颠倒，本末倒置，从而产生一种强烈的错觉，认为政党制度应为发展民主而设定的，要发展民主，关键就是变革政党制度，以便给政党以自由，给民众以自主的选择。于是，多党制就几乎成为了民主的代名词，成为民主化实践的核心任务和基本目标。这种错误认识的最大后果就是：不是从国家建设和发展的角度考虑政党制度，而是为了创造民主而选择政党制度，而且是在一种政党模式上选择，那就是多党制。这种为民主而民主的政党制度（或者说多党制）必然存在着一个巨大的政治风险：通过政党制度（多党制）创造出来的多元的政治结构和民主景象，将可能使国家发展失去其内在应有的整合性，使国家的制度建设与一体化发展无法形成良性的互动。一旦出现这种情况，多党制所带来的民主化，毁掉的不仅是国家建设，而且是民主化本身，自然也就包括多党制本身。

三、中国政党制度与国家建设

中国现行的政党制度具有其合理性与合法性，具体依据如下：其一，中国的历史与社会状况决定了中国社会的现代化转型与发展，必须要有强有力政党领导的支撑。其二，中国社会性质与社会结构决定了作为核心力量的任何政党要支撑起中国革命和现代化的发展，都必须广泛联合各种积极的社会和政治力量，建立广泛的同盟，从而在巩固领导的基础上充分发挥核心力量的作用。其三，中国共产党领导的革命是旨在实现人民解放，建设人民当家做主的国家，这决定了党领导人民创建的中华人民共和国必须建筑在人民共同的意志基础上，为此，中国共产党创建了聚合各方力量，协商建国，共享政权的开国之路。其四，中国共产党领导人民建立的国家是人民民主专政的社会主义国家，体现为人民当家做主的人民民主是社会主义国家的生命，是社会主义国家政治建设和政治发展的根本取向，而人民民主的实践与发展对中国共产党领导及其领导下的多党合作与政治协商形成了深刻的内在要求。

《政党制度价值的普适性与多党合作制度形式的民族性》（周淑真、柴宝勇，《探索与争鸣》2009 年第 1 期）

当代世界政党政治分为不同类型和模式。从社会形态上，可以分为资本主义政党政治和社会主义政党政治；从政党的本质属性上，可以分为资产阶级政党政治和无产阶级政党政治；从政党的数目和掌权形式上，可以分为一党制政党政治、两党制政党政治和多党制政党政治；从党际关系和参与政权的方式上，可以分为竞争性政党政治、垄断性政党政治和合作性政党政治。

政党政治与政党制度是“长成的”还是“做成的”，是政治发展实践不断追问的话题。唯心史观坚持一种历史的或然决定论，指出虽然我们后来看到历史是单线发展的，但是在当时的情景下历史却有诸多的选择，或许是一个偶然事件塑造、主导了历史。但是，我们可以看到，偶然中有着必然。任何历史人物都不可能脱离当时的历史情境和本国的历史文化传统做出选择。一个国家的政党政治与政党制度的产生和确立，是特定政治、经济、文化环境下，社会和思想进程的历史产物。从中国和西方政党政治产生的历史背景和形成的过程中，我们也可以验证政党政治与政党制度不是“做成的”，而是“长成的”。中国的政党是先于近代国家而出现的，它的目的在于改造国家和社会；而西方国家的政党则是在近代国家建立后出现的，它们才是也仅仅是“沟通国家与社会的桥梁”。不同的历史，不同的政治任务，不同的发展过程，也就决定了不同的政党政治与政党制度。如果试图以个人或某个集团的力量来逆历史潮流而动，忽视本国的国情，必定会受到历史的惩罚。

我国多党合作制度是民主政治的一种实现形式。衡量一种政党制度是不是民主政治实现形式的标准不在于政党政治自身的形式是不是竞争性的，而在于它是否反映并实现了民主的价值，也就是说要用价值和内容来衡量形式。这里的关键是民主政治的实质内涵和核心价值是什么的问题。合作性政党制度虽然不存在多党的竞争，但是它的价值也在于追求公民的自治与参与，最终实现人的自由和全面发展。

纵观世界范围内政党政治所发生的变化，可以概括为以下几方面特点：第一，政党格局多元化。第二，党际关系国际化。第三，党群关系中间化。第四，意识形态兼容化。第五，政党形象传播网络化。

世界政党政治呈现新的发展趋势，使我国多党合作制面临着应对世界政治多极化、经济体制转型、社会结构变迁、政治体制变革、港澳台政党政治等新的挑战。

总之，当代世界政党制度发展的总体方向是现代化、民主化、制度化，各类政党应自觉地将自己置于政党制度的制度约束之下。现代政党制度体现了民主政治的普适价值与多元世界的国情差异两者之间的冲突与交融，是价值的普适性和形式的民族性相结合的产物，成熟的政党制度需要将民主政治的一般原则体现于一定的民族形式之中。

我国的政治实践证明，中国共产党领导的多党合作制度，就体现了政党制度价值普适性与制度形式民族性的有机统一。

《对中国政党制度特点的理论认识》（杨懂，《北京日报》2009年11月2日）

在政党制度等问题上现在仍有一定的认识误区。最典型的是认为西方国家都是多党制，总统由"一人一票"选举产生，比我们的间接选举民主；认为我们的多党合作制和一党制没有区别。产生这些看法的主要原因有：一是对国内外政党制度缺乏了解。首先是对我国政党制度属于什么类型搞不清楚，尤其是对各民主党派的称谓、性质、作用说不清楚。二是对西方国家的政党政治，特别是选举制度不了解。不少人认为，西方实行的都是"多党制"和"三权分立"，领导人的选举都是"一人一票"的直选。三是在政党制度问题上存在着不客观、不公正的对比。应该说，有关政党制度的任何理论，如能有所比较，均可受益。问题是怎么比。一项制度的好坏，关键要看是否符合国情，能否保证政局的稳定和谐，能否促进社会经济发展，且须经过实践检验。

政党形态是多样的而非单一的。我国是一党领导下的多党合作制，世界上的政党制度应划为四大类：一党制、两党制、多党制和多党合作制。当代中国政党制度的主要特点，一是中国共产党是执政党，其他政党是参政党。彼此都参加国家政权机构和政协组织，参加国家事务管理及政策法令的制订执行。二是执政党对国家实行全面领导。三是执政党与参政党之间是"长期共存，互相监督，肝胆相照，荣辱与共"的团结合作关系，而没有执政党与在野反对党之分。四是这种制度是在特定历史条件下形成和发展的，不是共产党人的一厢情愿，而是各民主党派、无党派人士及全中国人民，经过几十年民族解放斗争的实践所形成的共识，是历史的选择、人民的选择。如果说资产阶级政党是代表型政党，那么无产阶级政党则是领导型政党。所谓代表型是指政党要通过其代表人物（不一定是党的领袖）竞选进入政府执掌政权。这种执政一般只限于组织政府，掌握国家行政权力，对立法权和司法权及社会经济、政治组织、意识形态等，只能施加有限影响。而领导型的无产阶级政党执政范围是全面的、强有力和高效的。我们能集中力量办大事，能保持国家安定和谐是不争的事实。中国独具特色的政党制度，已成为国际观察家研究的重要课题。应该说，中国的崛起不光是经济上的崛起，它与中国选择了一条正确的制度道路也是密切相关的。

中国的政党制度有其历史必然性。如何判断一个国家的政党制度是否合理、优越呢？笔者认为，有如下几条标准：其一，要看是否符合本国国情。其二，要看能否促进社会生产力的持续发展和社会全面进步。其三，要看能否保持政局稳定和社会安定和谐。其四，最终要看群众的满意程度。

《政党制度的"中国道路"》（杨懂，《同舟共进》2009年第8期）

所谓"中国道路"，实质就是中国特色社会主义道路，它是我们总结了以前照搬照抄别人的发展模式，尤其是照搬照抄苏联模式社会主义的教训，广泛吸收人类文明先进成果并结合中国的发展实践而最终选择的道路。这其中政党制度的"中国道路"是非常重要的一环。

由于一些干部群众对国内外政党制度缺乏了解；对西方国家的政党政治，特别是选举制度不了解；在政党制度问题上存在着不客观不公正的对比；在政党制度和民主政治上现在仍有一定的认识误区。

中国不是“一党制”而是“多党合作制”。我国不但有共产党还有八个民主党派，一个执政，八个参政，这是载入宪法的。所以，笔者认为，世界上的政党应划为四大类：一党制、两党制、多党制和多党合作制。中国的崛起不光是经济上的崛起，它与中国选择了一条正确的制度道路也是密切相关的。

一个国家究竟实行什么样的政治制度，归根到底要由这个国家和人民自己去选择。而人民选择的标准，是这一制度是否比其他制度优越，以及这种优越能否在现实生活中全面、具体地显示出来。一个不能给本国人民带来实际利益的政治制度，必然很难建立起来，即使一时建立起来，人民也会将其推翻。苏共为什么垮台？长期僵化不变的党建模式，高度集中的计划经济体制，党员领导干部腐败，党群、干群关系紧张等都是很重要的原因，但最根本性原因还是在于苏共失去了人民的支持。

近年来贫富差距拉大，群体性事件增多、组织化程度提高、对抗性增强。但不少矛盾及时得到了化解，重要原因之一在于我国的政党制度稳定了大局，在于共产党和民主党派之间的关系不是对立的，而是团结合作的新型关系，在于我们找到了适合自己的发展道路。

《中国模式、中国道路与中国特色政党制度的优势》（常欣欣，《领导之友》2009年第5期）

笔者还是倾向于按照“十七大”的提法，用中国道路来表述中国的发展路径，而慎用中国模式。这是因为，其一，中国道路是对中国发展路径更为准确的概括，中国特色社会主义道路的开辟是一个充满艰辛探索的过程，这个过程并未完结，目前我们仍在探索之中，正面临着各种严峻的挑战，还没有形成定型的“模式”。其二，历史经验说明，一旦形成所谓的“模式”，往往意味着僵化和停滞不前，还容易生成推己及人的愿望，苏联把自己的“苏联模式”强加于其他社会主义各国，美国向世界推行“华盛顿共识”的拉美模式，都留下了深刻的历史教训。

中国道路，即中国特色社会主义道路，具有丰富的内涵。它包括中国特色社会主义的领导力量——中国共产党是中国特色社会主义的领导核心；中国特色社会主义的依靠力量——工人、农民和知识分子是基本依靠力量，新的社会阶层是中国特色社会主义事业的建设者；一个中心，两个基本点的基本路线——坚持以经济建设为中心，坚持四项基本原则和改革开放；四位一体的总体布局——建设社会主义市场经济，社会主义民主政治，社会主义先进文化，社会主义和谐社会；四大发展目标——建设富强、民主、文明、和谐的社会主义国家。

中国道路有自己鲜明的特色，经济上中国实行了市场经济，但不实行全面私有化，同时政府仍然具有比西方市场经济国家强大得多的宏观干预和调控能力。意识形态上，中国仍坚持马克思主义在政治意识形态领域中的主导地位，但允许不同思想流派的存在。政治上的特色更为突出，中国不搞多党制和“三权分立”，坚持走中国特色的政治发展道路。

中国特色政治发展道路的内涵，就是党的“十七大”报告所概括的“三者有机统一”：坚持党的领导、人民当家做主、依法治国有机统一；“四大政治制度”：坚持和完善人民代表大会制度、中国共产党领导的多党合作和政治协商制度、民族区域自治制度以及基层群众自治制度。

在这四大制度中，中国共产党领导的多党合作和政治协商制度无疑是世界上最具特色的政党制度，其强大的政治吸纳和整合功能，是中国特色政党制度所具有的重要制度优势之一。第一，执政党中国共产党的先进性，是中国特色政党制度具有强大政治吸纳和整合功能的政治基础。第二，参政党各民主党派的进步性是中国特色政党制度强大政治吸纳和整合功能的社会基础。第三，中国特色社会主义的旗帜和理论体系是中国特色政党制度强大政治吸纳和整合功能的思想基础。第四，规范有序的组织结构是中国特色政党制度强大政治吸纳和整合功能的组织基础。第五，高度聚集的政治和社会精英是中国特色政党制度强大政治吸纳与整合功能的人才保证。

《中国特色政党制度理论体系形式化研究》（吴先宁，《中央社会主义学院学报》2009年第5期）

一、形式化研究的意义、作用和若干特点

形式化是现代逻辑最重要的方法，是把已有的理论研究成果组织成为理论体系的最优方法。在建构中国特色政党制度理论体系的过程中，形式化研究有着不可替代的作用。

对中国特色政党制度进行形式化研究的时候，在方法的运用上有如下一些特点：第一，着重进行预备性研究，主要是澄清中国特色政党制度理论中的概念与命题，弄清楚它们之间的逻辑关系，以便确定哪些概念、命题是基本的，哪些是派生的，然后确定这些概念和命题之间的逻辑关系等等。第二，由于各种理论的性质不同，对其形式系统的建构不可能是整体的，而只能是部分的、有限的，即选取其较易形式化的部分加以研究和分析。希望以此为起点，通过学术界的共同努力，使整个理论的形式系统建构逐步完善。第三，在预备性研究和有限的形式系统建构的基础上，对该理论体系进行解释。

二、中国特色政党制度理论的概念和命题系统

中国特色政党制度理论的概念和命题系统，可以梳理为三大部分：

第一，是原始假说部分。所谓“原始假说”，是指构成一个理论体系的精神来源、哲学背景、价值依托等等，也称为“杰出思想”或“天才论断”，它们是整个理论体系的基石和出发点。在中国特色政党制度理论体系中，作为其基石和出发点的原始假说（天才思想、杰出论断等），主要有：马克思主义政党学说关于无产阶级政党要与小资产阶级、民族资产阶级政党进行联合的思想；毛泽东关于“长期共存，互相监督”的思想；邓小平、江泽民、胡锦涛等党的领导人关于多党合作的重要论断和指示。

第二，是核心成分部分。一个理论体系的核心部分包括基本概念和基本命题。中国特色政党制度理论的基本概念和基本命题大都来自执政党的方针、政策语言，也有部分来自理论工作者对多党合作实际的概括。

第三，是经验模型部分。经验模型是核心成分与实践的中介，是理性思维作用于感性材料、理论指导实践而形成的相对稳定的途径和方式。同时，经验模型也从实践中源源不断地汲取养分，为核心成分提供新的材料，供人们进行新的提炼、概括以及纠错等理性思维活动。中国特色政党制度理论体系的经验模型，从政治上看，是多党合作方针、政策实施的成果；从逻辑上看，则是该理论体系的基本概念和基本命题的必然延伸。

三、中国特色政党制度理论的体系结构

中国特色政党制度理论作为一个完整的体系，是由以下几个板块有机组成的：第一，发生发展论。第二，本质特征论。第三，制度程序论。第四，执政党论。第五，参政党论。这五个板块之间具有基本的逻辑联系，每一个板块又有其特定的研究范围并在总体框架中占有其自身的定位。第一个板块从发生学的角度研究中国特色政党制度的历史起源和国情条件，说明这一制度为什么会在中国出现；第二个板块从共时性的角度研究这一制度的本质特征，说明它是怎样的制度；第三个板块研究这一制度运作的机制、过程和程序，说明它是怎样运行的；第四、第五两个板块研究这一制度的主体。

四、从形式化角度看中国特色政党制度理论体系的完善

一是“政党功能”和“政党制度功能”两个概念的明确区分。二是在中国特色政党制度理论体系中研究共产党的领导和执政。三是“民主监督”概念的不确定性。

《中国特色政党制度理论体系的框架分析》（任世红，《江苏省社会主义学院学报》2009 年第 2 期）

建立和发展中国特色社会主义政党制度理论体系，就必须着重回答以下六个方面的基本问题：一是历史必然性，这是建立中国特色政党制度理论体系的逻辑起点；二是现实合理性，这是建立中国特色政党制度理论体系的客观依据；三是制度创造性，这是建立中国特色政党制度理论体系的理论价值；四是价值民主性，这是建立中国特色政党制度理论体系的核心要素；五是功能优越性，这是建立中国特色政党制度理论体系的政治价值；六是发展有序性，这是建立科学性与开放性相统一的中国特色政党制度理论体系的基本要求。基于上述思路，中国特色社会主义政党制度理论体系大体应涵盖六个方面的主要内容：（1）理论基础与历史发展论；（2）人民民主与多党合作论；（3）制度要素与政治协商论；（4）民主价值与政治功能论；（5）制度建设与发展路径论；（6）执政党与参政党建设论。

《中国特色政党制度理论产生的思想渊源——马克思、恩格斯的多党合作思想》（王小鸿，《上海市社会主义学院学报》2009 年第 1 期）

马克思、恩格斯早在《共产党宣言》中提出无产阶级的历史使命的同时，就阐明共产党与其他工人政党的关系，指出共产党人应同小资产阶级建立联盟，强调无产阶级政党在同其他政党的联合中，必须保持自己的先进性和独立性。马克思、恩格斯在指导无产阶级革命和工人运动的实践中，提出了关于无产阶级历史使命的理论，关于无产阶级政党与其他工人阶级政党的关系及与资产阶级、小资产阶级政党关系与区别的理论，关于无产阶级政党正确处理与其他政党关系的理论，奠定了马克思主义关于政党关系和多党合作思想体系的基础，为后来的无产阶级政党多党合作思想的深入发

展以及共产党正确处理与其他民主政党的关系，发挥了重要的基础性指导作用，成为中国特色政党制度理论产生的一个重要思想渊源。

《中国特色政党制度理论的重要思想渊源——列宁的多党合作思想》（王小鸿，《江苏省社会主义学院学报》2009 年第 1 期）

中国共产党领导的多党合作和政治协商制度是中国特色政党制度，然而，该制度理论并非中国共产党人首创，其重要的思想渊源之一就是列宁的多党合作思想。列宁在领导无产阶级革命和无产阶级专政的实践中，丰富和发展了马克思主义的多党合作理论，并对多党合作制度进行了初步的尝试。列宁从无产阶级的历史使命和社会主义建设的艰巨性、长期性出发，阐发了在无产阶级国家政权中实行多党派合作的一系列光辉思想，初步论述了实行多党合作的阶级基础、政治基础和无产阶级的策略原则，强调在多党合作中，共产党必须在马克思主义理论指导下认识和处理政党之间的关系，提出社会主义国家政权中的多党合作是建立在社会主义的原则基础上的，这种制度中的所有政党都必须拥护和坚持社会主义的发展方向。特别是列宁关于在无产阶级专政的历史条件下，在共产党领导下建立多党联合政府的思想，成为社会主义国家实行多党合作的直接思想来源。

在国际共产主义运动和世界政党制度的发展史中，列宁关于共产党领导的多党合作的思想与实践是处于开拓者、拓荒者的地位的。这种地位意味着一方面，它做出了一系列基础性、关键性的重大贡献；另一方面，它又不可避免地具有着自身的局限性，并包含了一些探索中的失误。只有从这两个方面去考察，我们才能对于它的历史地位有一个恰当的、实事求是的认识与评价。而无论是成功还是失误，列宁的多党合作思想与实践都给我们以深刻的启示，成为中国共产党领导的多党合作制度理论的重要渊源。

《中国政治文明下的中国政党制度》（李涛，《辽宁行政学院学报》2009 年第 8 期）

一、中国传统政治文明在近代的转型中推动了中国近代政党的产生

中国传统政治文明是华夏先民在农业文明的基础上改造社会所获得的政治成果的总和，是适应于传统社会结构和社会生活的一种文明形态。这种文明形态分别借重天命理念与民本理念来解决政治合法性与统治者的统治地位合理性问题，并以皇权（王权）秩序与中华秩序分别调整社会内部关系与外交关系，社会结构呈现严格的等级秩序特征。

在传统政治文明的基础、理念和秩序的共同作用下，中国传统政治文明具有浓厚的反政党特征。首先，它赖以建立的早熟的农业文明基础，决定了农业和自给自足的小农经济的决定性地位。而小农彼此间只存在地域上的微弱联系，重农抑商又阻碍了资本大规模的积累与资本主义生产关系的萌芽，客观上削弱了中国反封建的民主思想和力量，不利于政党意识与组织的产生。其次，天命理念和民本理念为王权披上了合法的外衣，两者连通起来共同作用，促进了王权专制思想的发展并强化了政治伦理化的倾向。在孔孟之道的吸引下，士人青睐“学而优则仕”的道路，基本杜绝了通过组建政党提出政治要求的可能性。再次，严格的等级秩序通过金字塔形的社会结构，把本质上是一种以皇帝本人为终点的垂直性效忠体制的皇权秩序具体化，使任何非血缘性

的社团尤其是政治性组织都被视为潜在威胁，历代统治者因此都不遗余力地禁止结党。而中华秩序又把社会封闭起来，阻断了发展和变革的外部动力。这种局面使社会个体普遍按照“修齐治平”的公式进行自我修养，结果同等地成为王权统治的工具，因而难以形成独立的思想人格和阶级意识，更不用说建立近代政党了。

但是，历史是向前发展的。中国传统政治文明在近代受到来自三个方面的冲击使之发生了转型。一是强调儒家政治取向的经世思潮得到发展，启动了思想解放的风气，不仅为中国文化的近代化提供了思想准备，而且提升了士人的政治参与意识和影响；二是现代化历程的被动开启严重挑战了传统秩序，一系列反侵略战争的失败直接动摇了华夏秩序，引发社会经济结构和阶级关系变化的不平等条约体系冲击了传统等级秩序，租界中形成的“国中之国”以及地方在兴办团练过程中形成的势力抬升，更是从根本上动摇了中央集权和皇权秩序；三是以契约论和民主理念作为合法性理念和政治价值理念并与天命理念和民本理念基本对立或格格不入的西方政治文明的引入和传播，促发了大批知识精英分子对政治的思考和对民主价值的追求，为传统政治文明的发展注入了动力。

由于资本主义因素的发展、民族危机的加重和中央政治权威的衰落，中国社会和传统政治文明转型加快了步伐，从而为政党的产生与合法化准备了阶级条件和活动空间。20世纪初知识分子的迅速发展，为政党的建立扩展了群众基础和领导骨干，推动了政党的发展，对中国的政治发展和政党制度的选择产生了直接的影响。

二、中国特色的政党制度是中国政治文明转型过程中的历史选择

“中华民国”时期上承传统封建君主专制，下启新民主主义和社会主义民主政治，是政党组建、分化剧烈，活动异常频繁的时期，实践过多种政党制度形态。大致来说，其间出现过五次高潮：一是民国初创时期，受党禁放开、同盟会分化、共和政体确立等多种因素的影响，政党群起，曾出现过三百多个政党或政团；二是新文化运动和十月革命的胜利，促成了一些党派的建立，中国共产党就是此时建立的，国民党也是在此阶段由中华革命党改组而成的；三是大革命失败后，由于对国民党和共产党的前途都感到悲观而建立起若干第三势力政治组织；四是受日本军国主义的侵略刺激，进步人士组建了一些党派，中国民主政团同盟（中国民主同盟的前身）就是其中之一；五是抗战胜利前后，新建了一些党派，现有的八大民主党派中的多数就是在此阶段建立的。可以说，中国自突破传统政治文明对政党的限制以来，就基本上处于多党状态。

中国共产党领导的多党合作制经过革命的洗礼而形成，它显示出不同于别国政党制度的自身特色，这表现为：第一，从结构上看，中国共产党和各民主党派都是体制内政党，中国共产党执政，各民主党派参政，没有在朝和在野之分；第二，从功能上看，中国共产党是领导党，她代表最广大人民群众的根本利益，是领导我们事业的核心力量；第三，从理念上看，中国政党的意识形态不是多元的，各党派都以马克思主义、毛泽东思想、邓小平理论和“三个代表”重要思想为指导，反对意识形态多元化；第四，从党际关系看，执政党和参政党在社会主义初级阶段的目标是相同的，彼此是友党，是相互学习、互相支持、互相监督、共同发展的关系而不是竞争关系。这种崭新的政党制度，完全摆脱了传统政治文明对政党的桎梏，同时体现了中国的大一统的色

彩，满足超大社会对一个强有力的核心的需求，又能顺应历史发展潮流，扩大参政议政的范围，促进政治民主化，是一个创造性的突破，具有非常重大的意义：一是有助于避免多党竞争政权造成的无序状态和资源浪费，减少政治成本；二是有助于多个党派群策群力，共同进步；三是验证并强化了统一战线的思想和政策，体现了中国特色社会主义民主政治的本质。

三、坚持和完善中国共产党领导的多党合作制是中国政治文明的应有之义

社会主义政治文明在政治形态上属于现代政治文明，随社会主义事业的发展而发展，是一种建筑在民主和法制的政治文明，具有社会主义和现代政治文明规定性，其核心、本质和精髓都是人民民主。人民民主既包括价值层面，即国家的一切权利来自人民，人民当家做主，拥有管理国家事务的权利；又包括制度层面，即坚持人民代表大会制度这一国家的根本制度以及有关的政治法律制度。建设社会主义政治文明，本身就包含了坚持和完善中国共产党领导的多党合作制的内容，或者说，坚持和完善中国共产党领导的多党合作制是社会主义政治文明建设的题中应有之义。

中国共产党领导的多党合作制包括两方面的价值理念，一是在政治领域中表现为保证和体现人民当家做主，二是在社会领域中表现为为中华民族在社会主义基础上实现伟大复兴创造政治条件。从前文有关内容和中国民主革命可以看出，这种政党制度的形成是传统政治文明转型和追求民主政治的历史发展的结果，必然以民主理念作为自己的价值理念。至于为中华民族在社会主义基础上实现伟大复兴创造政治条件作为价值理念，则是由中国近代以来推动整个社会的现代化变迁、实现社会经济的充分发展的根本任务所决定的。当前，执政党与参政党同心同德，群策群力，共同建设社会主义，促进经济发展和社会进步，正是这方面价值理念的实践和体现。因此，中国共产党领导的多党合作制在价值理念上与社会主义政治文明的核心内容极为吻合，坚持这一制度并与时俱进地加以完善和发展，是推进社会主义政治文明建设的重要基础和有效途径。

中国政党制度的特点是在多党间形成核心与合作模式而非竞争模式，长期坚持中国共产党的领导则是当代中国社会主义政治文明的突出特色。当前，在坚持和完善这一制度必须从三个方面考虑。首先，要按照“三个代表”和科学发展观的要求，全面提高党的领导水平和执政能力。第二，要更充分地发挥民主党派的参政功能。第三，要进一步调整完善党际关系运行机制。

《中国政党制度中的“和谐”内涵》（申旭升，《团结报》2009 年 9 月 22 日）

中国特色政党制度的内在要求是不断追求和谐。首先，从政党的起源和发展看，一个国家采用何种政党制度，是由这个国家的多种因素决定的。无论是多党制，还是一党制，都难以在中国的土壤中生根。其次，中国优秀传统文化中有两个最基本的思想，一是人伦和谐，二是天人协调。中国在经历了清末民初政党林立、混乱纷争和此后的国民党一党专制的黑暗岁月之后，必然要寻求一种符合中华民族心理、体现中华民族“和合”理念的政党制度。再次，从社会历史发展来看，自近代以来，中华民族一直在列强侵略、内战频仍中苦苦挣扎。中国共产党为劳苦大众谋利益的宗旨，使人

们看到了中国的前途和希望。中国共产党领导的多党合作和政治协商制度，是历史的选择，是中华文化的选择，更是人民的选择。

中国特色政党制度的基本内核是不断体现和谐。中国政党制度有四个显著特点：其一，中国共产党处于领导地位，各民主党派在政治上接受中共的领导。其二，中国共产党和各民主党派都以四项基本原则为共同准则，以实现不同时期的总任务为共同纲领，以建设有中国特色的社会主义为共同目标。其三，中国共产党和各民主党派之间在实现共同目标的基础上实行一种长期共存、平等合作、民主协商、互相监督的关系。其四，中国共产党和民主党派都享有宪法规定的权利和义务范围内的政治自由、组织独立和法律地位平等。这些特征，无不蕴涵着和谐思想的精髓。在“长期共存、互相监督、肝胆相照、荣辱与共”方针的指导下，中国共产党与各民主党派形成了通力合作的新型社会主义政党关系。这种关系是相互依存、良性互动的关系，是在根本利益一致基础上结成的挚友和诤友关系。

中国特色政党制度的实践内容是不断营造和谐。中国共产党与民主党派的合作与协商，范围十分广泛，而且有一整套具体的制度和措施。体现在党际关系中，中共中央领导同志经常邀请民主党派领导人就国家政治、经济、文化、社会生活中的重大问题进行协商、座谈和通报情况，听取他们的意见和建议。体现在人民代表大会中，民主党派成员在各级人民代表大会中占有一定比例，使他们能够充分参与国家事务的管理。体现在人民政协中，民主党派成员占有较大比重，他们可以就国家的大政方针发表意见、提出提案，并最大限度地反映各方面的利益诉求。体现在各级人民政府和司法机关中，许多民主党派成员在其中担任领导职务，与执政党在国家政权中合作共事。

中国特色政党制度最重要的特征就是“和而不同”。“和而不同”是中国传统“和合文化”的重要内容。中国共产党与各民主党派在长期的革命与建设实践中，以多党合作的实践诠释着“和而不同”的理念。多党合作这样一种政治格局，既体现了中华民族的整体利益，又使各方面、各阶层人民群众的利益和愿望都能充分地反映、表达出来，在一致性和差异性的调整中使社会达到和谐。

《中国政党制度在中国政治模式中的地位》（刘开寿，《重庆社会主义学院学报》2009年第6期）

一、提出和研究“中国政治模式对世界文明的贡献”背景的联想

1924—1929年，资本主义世界经历了短暂的经济繁荣。与之形成鲜明对照的是，20世纪20年代后期至30年代，社会主义苏联欣欣向荣。80年后，席卷全球的金融危机以及随之而来的“实体经济危机”，不仅促使西方学者、也促使西方媒体反思资本主义的弊端，促使其正面地关注“中国模式”在危机中的上佳表现。现在提出和研究“中国政治模式对世界文明的贡献”，并不完全是人们的主观愿望，而是客观现实（世界大势）对我们的要求。

二、中国政治模式与中国政党模式

中国政治模式即“当代中国政治发展模式”，是指从中国共产党领导的根据地和解放区继承、新中国成立时确立框架，经过60年的发展特别是改革开放以来的快速发

展，而逐步成型的中国政治发展的内容及其实现或表现形式。中国的政党模式或政党制度，是中国政治模式的最基本的组成部分，是中国的基本政治现实，是中国的基本国情之一。

三、中国政党制度是中国政治模式的基础性的、核心的内容

国家行政学院教授汪玉凯归纳中国政治模式的主要内涵为：（1）基于市场经济、体现党政一体化的公共治理模式；（2）建立在现代法治基础之上、体现人民当家做主的民主政治模式；（3）基于多党合作、体现共产党执政的协商政治模式。在这三个方面中，中国多党合作制度是中国政治模式的基础性内容，也可以说是中国政治模式的核心内容。从中国特色的公共治理模式看，始终是“党政一体化”的治理模式，中共是领导者，是公共治理结构中的核心主体。从中国特色的民主政治模式看，人民在共产党的领导和支持下当家做主，治国之法是在共产党的领导下制定和实施，所以共产党的领导是中国民主政治模式的前提。中国的政党政治是建立在多党合作基础之上、体现共产党执政的协商政治，是现代政党政治在中国的具体实现形式，其基本理念是通过共产党领导的多党合作，而不是多党竞争，实现协商政治和民主监督。

四、坚持、完善和改革党的领导是中国政治模式乃至中国模式的中心问题

和平、协商、多样化是国际关系发展的大趋势，同样，也是党际关系发展的大趋势。实际上，几个党联合组阁，一党为主、多党参政，一党领导、多党合作，已经是不少国家都在采用的模式。这表明，在世界范围内，政党制度是多样化的。中国共产党领导的多党合作和政治协商制度，既适合中国国情，又符合世界各国政党制度发展的大趋势，并且最为稳定、最有成效，对世界政党制度的发展作出了贡献。

中国的政党模式也面临一些挑战，如不少学者都指出的那样：在处理执政党与国家之间的关系方面，如何实现邓小平同志早就提出的党政职能分开？在坚持共产党的绝对领导的前提下，如何实现（内部）权力制衡，找到对权力运行制约的有效制度设计？在坚持马克思主义的主导地位和社会主义核心价值观（一元政治文化主导）、执政党的意识形态即国家的意识形态的情况下，如何防止国家治理中出现的过度意识形态化倾向？

中国政治模式需要通过推进政治体制改革和民主政治的发展逐步完善，其中，最为关键的是执政党自身的改革。在新的条件下，党的自身改革需要重点解决好下面三个问题。（1）进一步推进党内民主建设问题。（2）进一步解决好党政群机关和国有企业事业单位领导干部的腐败问题。（3）进一步增强干部的执政能力问题。这三个问题解决不好，就不能很好地坚持和完善党的领导，党执政的“组织之基、民意之基、思想之基”就难以巩固，中国政党制度的优势就难以进一步发挥，中国政治模式对世界政治文明就难以有新的更大贡献。

《中国政党制度理论的“破”与“立”》（王江燕，《新视野》2009 年第 3 期）

在中国政治体制改革过程中抵御西方多党制错误思潮的干扰，就必须在政党制度理论上关注两点：一个是破，破除“多党竞争”才是民主政治标准的霸权话语系统和对于竞争性政党制度的迷信；一个是立，确立对坚持和发展中国多党合作政党政治发

展道路的自觉，同时展现多党合作政党制度中的普适性价值。

一、破除对“多党竞争”制度模式的迷信

自上世纪七八十年代以来，在世界范围内出现了一个以西方代议制民主、实行多党竞争为仿效模式的民主化浪潮。西方学者甚至认为，西方的自由民主模式已经普遍成为人类政府的最高形式，这是意识形态的终结也是历史发展的终结。多党竞争的政党制度模式成为国际民主霸权话语系统的组成部分，也是西方强权国家频频对“异己”施压的常用借口。

从政党与民主的关系来看，民主政治是现代国家普遍追求的基本价值，而政党制度只是一个民主政治的实现形式问题，是推进民主政治的工具。当前世界大多数国家实行的多党竞争制度模式是实现现代民主的主要形式，但并不是只有多党竞争才能实现人民选举、法治、参与、监督、自治等民主要素，多党竞争也绝对不是实现民主政治的唯一模式。

无疑，多党竞争具有许多合理性的内涵，在加强党际监督、约束政党行为方面具有许多优点，至少在一些领域实现了表面上的公民意愿，使选举、政府合法性、权力监督制衡得到了一定程度的实现。我们并不否定多党竞争制度的历史价值，同时还要积极学习多党竞争制在某些具体措施上的合理性。但客观上讲，多党竞争往往并不能实现民主政治的理性目标，不能改变选举民主所带来的政党恶性斗争、选举合法性周期太长等种种弊端。毕竟，民主不等于选举，民主是一个具有多重目标、需要多重制度保障的复合概念。而且，如果我们透过西方资本主义的多党制竞争表象看本质，就会发现在西方多党制下，依然是私人资本控制着公共权力。资本主义的基本经济关系、产权制度从根本上决定着政治权力的形成和运行。在实行生产资料私有制的经济制度之下，经济资源与财富的占有和分配严重不平等。掌握较多经济资源的阶级与集团，必然要利用其掌握的经济资源，通过各种途径影响进而控制社会公共权力，以保护和扩大自己的既得利益。因此，金钱政治是西方政治制度的痼疾。掌握巨大财富与金钱的大资本集团，把现代西方国家多党竞争与选举演化为一场按商业规则运作的政治推销活动，通过对竞选规则的控制，通过媒体的运作、炒作，控制公众的信息接受，广泛而深刻地影响社会舆论与公众认知，进而影响选民的选择，最终取得竞选的胜利。在西方资本主义制度下，无论哪个政党上台执政，实际上都是代表资产阶级和大资本集团的政治力量控制国家政权。

经济社会发展的高水平与多党制之间并不是一种必然的因果联系。西方少数发达国家所取得的经济社会发展成就是多种因素作用的结果，不能片面认为多党制就是理想的政党制度模式。在广大发展中国家中，因盲目照搬西方多党制而使国家陷入分裂动荡的不在少数。西方国家竭力向发展中国家输出的多党竞争的“民主制度”，在许多发展中国家造成了严重后果，使不少本来已经迈向工业化、现代化的发展中国家陷入长期的社会纷争，更使一些国家内战频发、民不聊生。大多数发展中国家实行多党竞争并没有解决原有的矛盾和问题，多党制成了不同政治派别进行权力角逐和利益争夺的工具，造成政局的动荡、国家的分裂和社会的分化。因此，政党制度的形式并不能说明现代国家政治制度的民主与否，更不能作为评判国家先进与落后的标准。

二、坚持和发展我国多党合作政党制度发展道路

我国的政党制度规定了中国共产党是执政党，但决不意味着是“一党专政”，更不是“专制”，中国共产党领导的多党合作和政治协商制度作为我国的一项基本政治制度，充分保证了各民主党派、无党派民主人士的参政议政；而中国共产党的治国理念和路线、方针、政策，都要经过全国人民代表大会去实施。正是由于有先进的领导，充分的民主，中国才能最大限度地反映民情、汇聚民智、集聚民力，保证科学发展、和谐稳定，为全体人民谋利益。当然，中国在发展中还有这样那样的问题，但这些问题与基本的制度本身无关，而且也是可以通过制度的不断完善来解决的。

任何形式的政党制度都是在特定的历史、文化、政治因素综合作用下产生的。西方国家演化出的多党政治和中国孕育出来的共产党领导的政党制度政治，都是各自的国情使然，同样都有合理性，不存在什么谁优谁劣、谁是谁非的差别。事实证明我国政党制度的稳定性、适应性和弹性都满足了经济社会的发展需要，在改革开放中展现出自己的活力和潜力。

我国的多党合作制度是“多”与“一”的结合和统一的政党制度结构模式。它既不是一党独揽，也不是多党竞争，而是把领导核心的一元性与结构的多元性有机地统一起来，形成了共产党领导、多党派合作，共产党执政、多党派参政的政治格局。中国特色的政党制度政治优势恰恰在于它的核心一元性，有大局意识，更适合中国长期处于社会主义初级阶段的这一历史定位。在目前中国的现实中，共产党长期执政的政治格局也有明显优势，那就是可以深谋远虑，不必顾忌社会短期行为的压力。尤其是在对既有的社会构造进行改造的历史阶段，竞争性政党制度很容易造成竞争对手为讨好选民，把眼前的利益变成政治对立的焦点，进行不负责任的攻击。在执政党稳定执政条件下，推动改革的领袖集团更有力量克服保守势力的抵抗。中国共产党领导的多党合作和政治协商制度日益契合了中国多元化社会发展的需要，从不同层面满足了不同人群的参政需求，并不断展现出自己的潜力和优势。

三、中国多党合作政党制度的普适性价值

中国合作、协商性的政党制度，在民主政治发展中同样具有普适性的价值，主要表现在以下几方面：一是政治稳定性。相对于竞争性的多党制，合作、协商型政党制度能够有效避免在民主政治发展不充分条件下的恶性政治竞争，避免国内政治斗争成为强权国家操弄的对象，减少了现代化过程中的政治不稳定因素。二是发展效能性。这种政党制度架构，其着眼点是将稳定的领导权威、不同政党的合作、社会政治参与协商等中国政治生活中的重要因素综合起来考虑，最终目的是要实现中国的繁荣富强。三是和谐包容性。相对于多党竞争的政党体制，合作、协商性的政党制度往往更能消除局部、短期的族群利益，克服群体文化与心理上的疏离和对立，在政治整体层面上关注整个国家的统一和融合，增强整个国家的和谐与包容性。

《中国协商政治模式与现代民主政治的发展趋势》（虞崇胜，《中国人民政协理论研究会会刊》2009 年第 1 期）

一、中国协商政治模式体现了现代协商民主的基本特征

改革开放30年来中国之所以能够比较平稳地实现社会转型，从政治文明的角度看，

其中一条重要的经验就是初步形成了既立足于中国特殊国情又内涵现代民主政治精神的协商政治模式。这种中国式协商政治模式有两个显著的特点：一是在急剧的社会变迁过程中，没有培育体制性的反对力量，而是借助各种传统的体制、制度和组织资源，不断地建立各种新兴社会力量与执政党和政府的制度化联系机制，其中民主党派（参政党）的合法发展和共产党领导的多党合作与政治协商制度就成为保持中国社会政治稳定的特殊机制。二是在社会日趋分化的过程中，没有倡导竞争性政党关系，而是通过人民政协的组织形式和组织优势，将各党派及不同的社会力量吸纳到人民政协中来，通过人民政协实现共产党与其他党派的政治协商和民主监督，达到既有效地整合各种社会力量，又保持和谐稳定的政治局面。

中国社会主义政治制度的重要特点和优势之一，就是建立了具有明显中国特色的中国共产党领导的多党合作与政治协商制度。正是由于这一基本政治制度的成功运作和有效实践，从而使中国政治带有了协商政治的浓厚色彩，形成了一种新型的民主政治模式—协商政治模式。协商民主在中国的本土表达，包括共产党领导的多党合作与政治协商制度、人民政协建设的理论和实践、民主党派的参政议政以及像浙江温岭等地的基层协商民主实践，已经成为协商民主复兴潮流中的一枝奇葩，成为协商民主发展过程中的一大亮点。那种认为协商民主是代议民主高度发展的产物，中国的政治协商根本就不是协商民主的观点是站不脚的。

中国共产党和中国人民创造的协商政治模式是符合现代民主政治的基本趋势的。它产生于中国，但所内含的民主意蕴则是超出中国的，它是一种将现代民主政治机理与中国民主政治实践结合起来，既体现现代民主政治的基本精神，又带有明显中国特色的新型民主政治模式。

二、中国协商政治模式反映了非对称性权力制衡的发展趋势

非对称性是世界上万事万物的普遍现象，不对称性可以说是政党制度的通则。中国协商政治模式反映了非对称性权力制衡的发展趋势。我国根据本国的特殊国情，尊重历史和现实，依从于不对称性权力制衡原则，创造性地构建了中国式权力制衡体系。这种权力制衡体系较好地体现了体制内和体制外的不对称性制衡、领导与被领导的非对称性制衡、执政与参政的非对称性制衡、决策与执行的非对称性制衡、监督与被监督的非对称性制衡。

三、中国协商政治模式内涵了共识民主的基本精神

谋求共识才是民主的真正灵魂。从一定意义上讲，民主就是达成共识的机制，民主的根基在于人们能够整合分歧，获得共识。人类社会的政治文明正是在不断地获得共识的基础上发展和进步的。我国共产党领导的多党合作与政治协商制度是符合共识民主精神的，是适应共识民主发展趋势的。

《中国特色政党制度理论与参政党建设理论的关系》（王喆，《内蒙古统战理论研究》2009 年第 4 期）

“中国共产党领导的多党合作和政治协商制度”作为一个完整的概念，包括了密切关联的三大要素：一是中国共产党的领导，二是多党合作，三是政治协商。这三大

要素都具有特定的思想内涵和内在的相关性，只有把上述三大要素密切联系起来，才能完整、准确地理解我国的政党制度。

参政党建设理论就是研究民主党派产生发展活动规律的学科。其内涵包括：民主党派建设的基本原则和规范（民主党派作为政党的性质、地位、作用、职能、任务）；民主党派自身建设各方面原则的制定、执行和遵守以及关于民主党派的观念和学说理论；民主党派历史发展的规律、发挥政党职能和作用的规律等。

参政党建设理论成熟是中国特色政党制度理论成熟的必要前提。参政党建设实践及理论研究成效如何，取决于多方面，在“中国共产党领导的”现实条件下，主要取决于执政的中国共产党的素质和成熟程度，这是矛盾的主要方面，但处于矛盾的次要方面的参政党的作用也同样不可小视。参政党建设实践与理论羸弱对执政党来说不能说是一件好事，长此以往，其对中国共产党党的建设理论发展不利，对中国特色政党制度理论与参政党建设理论的关系处理也不利。

加强中共党内民主是正确处理中国特色政党制度理论与参政党建设理论之间关系的关键。所有形之有效的政策，没有中共党内民主或党内民主遭到破坏，都将化为泡影。因此可以说，中国特色政党制度理论与参政党建设理论关系的认识和处理正确与否取决于中国共产党的党的建设理论尤其是党内民主的加强。

《中国特色政党制度理论形成的重要标志》（黎玉林，《江苏省社会主义学院学报》2009 年第 2 期）

综观中国特色社会主义政党制度理论的发展脉络，可以得出这样的结论：“长期共存、互相监督”的提出是中国特色社会主义政党制度理论形成的重要标志。

一、“长期共存、互相监督”提出的国际因素

建国初期，中国学习的苏联模式确切地讲就是斯大林建设社会主义的模式。作为一种社会主义模式，斯大林模式不仅是一种经济体制或经济管理模式，而且有着自己特定的内涵；斯大林模式不仅涉及经济、政治、文化和意识形态等多个领域，而且有其赖以建立的理论基础。其根本问题有两个方面，即“什么是社会主义”和“怎样建设社会主义”。对“什么是社会主义”的认识构成斯大林模式的理论基础，对“怎样建设社会主义”的探索构成了斯大林模式的基本特征。斯大林追求的是“公有制 + 计划经济”的社会主义。中国在“一五”计划期间（1953 年至 1957 年），基本上照搬了斯大林模式，不仅在生产资料所有制上迅速实现了公有制变革，而且形成了高度集中的计划经济体制。同时，确立了优先发展重工业的经济发展战略。“一五”计划的提前完成，从实践上证明了中国当时选择斯大林模式的历史必然性及其合理性。正因如此，1956 年 2 月，苏共“二十大”尖锐地揭露了斯大林在领导苏联社会主义建设中的严重错误及对其个人崇拜所造成的严重后果时，毛泽东则坚定地肯定了斯大林领导苏联社会主义建设的基本经验。另一方面，毛泽东也逐渐认识到这一模式的某些弊端，发现有些经验并不适合中国的国情。在深入调查研究的基础上，毛泽东明确提出要以苏联经验为鉴戒，探索中国自己的社会主义建设道路，进行马克思列宁主义同中国实际的第二次结合。

毛泽东关于社会主义社会矛盾问题的新理论突破了斯大林的有关错误的观点，为反思斯大林模式的其他层面提供了有力的理论武器。在社会主义的政党制度问题上，斯大林在1936年《关于苏联宪法草案》报告中认为，“几个党，也就是政党自由，只有在有利益敌对而不可调和的对抗阶级的社会里，譬如说，在有资本家和工人、有地主和农民、有富农和贫农等等的社会里，才会存在。可是，在苏联已经没有资本家、地主、富农等等阶级了。在苏联只有两个阶级，即工人和农民，这两个阶级的利益不仅不彼此敌对，相反地，是互相友爱的。所以，在苏联也就没有几个政党存在的基础，也就是说没有这些政党自由的基础。在苏联只有一个党，即共产党存在的基础。在苏联只有一个党可以存在，这就是勇敢和彻底保护工农利益的共产党。”这里，斯大林以苏联国内不存在敌对阶级之间的对抗性矛盾而否定了社会主义国家多个政党存在的可能性。毛泽东在处理我国共产党和各民主党派的关系问题上，则鲜明地提出了“长期共存，互相监督”的方针。“长期共存，互相监督”的方针，是毛泽东在反思苏联一党独存、一党执政的政党体制的基础上提出的，同时也是在社会主义矛盾问题上突破斯大林理论观点的创新成果。正因为社会主义社会人民内部的各种不同利益关系、利益矛盾的大量存在，才为多个政党的存在提供了理论上根据。在毛泽东的领导下，中国突破了斯大林“一个国家，一个政党”的模式，为我国进入社会主义新时期多党合作制度的坚持和发展奠定了重要的理论基础。

从“长期共存、互相监督”提出的国际背景看，在我国进入社会主义的新的历史条件下，毛泽东“以苏为鉴”，没有照搬苏联的一党制，并且创立了社会主义社会矛盾学说以及关于正确处理人民内部矛盾的理论，这就为我国坚持和发展社会主义的多党合作制提供了坚实的理论基础，也使我国的社会主义多党合作制因有别于苏联模式而具有了自身的独创性。

二、“长期共存、互相监督”提出的国内依据

20世纪40年代末，各民主党派实现了从旧民主主义向新民主主义的历史性转变，中国共产党领导的多党合作制度得以形成。50年代中期的社会主义改造，客观上又要求我国的各民主党派实现从新民主主义向社会主义的历史性转变。这是对各民主党派更为严峻的历史考验。社会主义改造的实质是消灭资本主义的私有制，建立社会主义的公有制，新民主主义时期的民族资本主义和民族资产阶级成了新的改造的对象。这将直接触动我国各民主党派存在的经济基础和阶级基础。各民主党派主观上能否适应这一深刻社会变革的需要，实现自身的历史性转变，将直接决定着新中国确立的多党合作制度在社会主义时期能否继续长期存在和发展下去。

民主党派在协助中国共产党实现过渡时期总路线的过程中，在中共的正确领导和帮助下，自身也实现了从新民主主义到社会主义的根本性转变，成为为社会主义服务的政党组织。

从“长期共存、互相监督”提出的国内背景看，在我国生产资料的社会主义改造过程中，民主党派坚决拥护和贯彻党在过渡时期的总路线，并在这一深刻的社会变革中实现了自身从新民主主义向社会主义的历史跨越，这就为我国坚持和发展社会主义的多党合作制提供了可靠的组织保障，也使我国的民主党派在“一切为了社会主义”

的旗帜下继续参加国家政权、发挥“参、监、代、改”作用提供了现实的可能性。

三、“长期共存、互相监督”的理论蕴涵

中国共产党在提出同民主党派关系的“八字”方针之后，对“长期共存、互相监督”的意义、内涵和依据，在理论上作了较为充分的说明和论证。从中共第一代领导人所阐释的“长期共存、互相监督”的理论内涵看，“长期共存”显然不是一时的权宜之计，“文革”当中毛泽东不同意解散民主党派也印证了提出“长期共存”的战略思考，“互相监督”彰显了“长期共存”的民主价值，“文革”结束后中国民主政治建设中多党合作制度的恢复和发展重新显现了这一价值的极端重要性。

《中国特色政党制度的民主价值与功能开发》（曲宏明、沈艳，《中央社会主义学院学报》2009年第2期）

中国特色政党制度是为追求民主政治的目标而建立的，寓有丰富的民主价值内涵。

政党制度的民主价值，最终还是要通过政党制度的民主功能开发来体现的。在中国共产党的坚强领导下，中国特色政党制度的民主功能得到极大的发挥，从参政党在国家政治生活中政治地位的确立、党外干部在国家政权机关和政府部门的实职安排和政治安排、相关部门“特约人员”的聘用，到参政党组织的壮大、参政党作用的发挥，无不体现了中国特色政党制度民主功能的开发成效。但实事求是地说，中国特色政党制度民主功能开发还存在着民主氛围不够浓厚，民主形式不够丰富，民主实效不够明显等偏离民主精神的现象。影响中国特色政党制度民主功能发挥的因素有：有章可循，无法可依；理论先行，实践滞后；参政有位，能力有限。

目前开发中国特色政党制度民主价值与功能应从构建和谐互动的党际关系出发，正确处理执政党党内民主建设与参政党党内民主建设之间的关系、制度建设与民主文化建设之间的关系、党的领导与促进多党派团结合作的关系、执政党的发展与参政党的发展相互促进的关系、执政党和参政党相互监督的关系。

《中国特色社会主义政党制度理论的形成和发展》（何启林，《攀登》2009年第1期）

中国共产党领导的多党合作和政治协商制度，是中国特色的社会主义政党制度，它是在中国长期的革命、建设和改革的伟大实践中形成并发展起来的，是马克思主义政党理论与中国具体国情相结合的伟大创举。它不仅成功地解决了我国政党制度的架构问题，而且创新和发展了马克思主义的统一战线理论、政党理论和民主政治理论。中国特色社会主义政党制度理论的形成、发展、丰富和完善，为我们在新世纪继续坚持和发展这一制度奠定了坚实的理论基础。

一、中国特色社会主义政党制度理论的形成

毛泽东是中国特色社会主义政党制度理论的开拓者和奠基人，他从中国国情出发，创新和发展了马克思主义的政党理论，创立了中国共产党多党合作的思想，提出了“长期共存、互相监督”的方针以及中国共产党领导的多党合作和政治协商制度等。自党的十一届三中全会以后，以邓小平为核心的中共第二代中央领导集体，继承和发展了毛泽东关于多党合作的思想，纠正了毛泽东晚年的失误，并把马克思主义、毛泽东思想关于政党问题的理论和策略与建设中国特色社会主义的实践相结合，创造性地提出了一系列正确认识和处理好我国社会主义时期政党问题的新观点，丰富和发展了中国特色社会主义的政党制度理论。

（1）确立中国共产党领导的多党合作和政治协商制度是我国的一项基本政治制度。

（2）阐明并界定了中国民主党派的性质、地位和作用。

（3）发展了指导中国共产党与各民主党派之间关系的方针。

（4）阐明了衡量中国政党制度的根本标准。

（5）推动了中国特色社会主义政党制度的规范化、制度化建设进程。

二、中国特色社会主义政党制度理论的发展

1989年是中国特色社会主义的一个重要转折点。以江泽民为核心的中共第三代中央领导集体在全面推进中国特色社会主义的伟大实践中，坚持以“三个代表”重要思想为指导，提出了一系列关于中国共产党领导的多党合作和政治协商制度的新思路、新观点，极大地丰富和发展了中国特色社会主义的政党制度理论。

（1）确定了多党合作和政治协商制度作为我国基本政治制度的法律地位。

（2）阐明了中国特色社会主义政党制度的显著特征。

（3）提出了衡量我国政党制度的四条标准。

（4）推进了民主党派参政议政的制度化和规范化。

（5）阐释了我国各民主党派具有的进步性与广泛性相统一的特点。

（6）提出了关于处理党际关系的原则及要求。

三、中国特色社会主义政党制度理论的丰富和完善

党的“十六大”之后，以胡锦涛同志为总书记的新一届中央领导集体，结合新的时代特点，坚持以科学发展观为指导，对我国多党合作和政治协商的政党制度提出了一系列新论断和新举措，进一步丰富、发展和完善了中国特色社会主义的政党制度理论。

（1）指出了社会主义时期民主党派建设的目标。

（2）明确了多党合作和政治协商与社会主义事业之间的关系。

（3）进一步推进和完善了多党合作和政治协商的制度化建设。

（4）提出了加强中国特色社会主义政党制度建设的基本要求和准则。

（5）指出要支持民主党派加强自身建设，努力实现执政党建设和参政党建设的互相促进。

（6）提出要实现我国政党关系的和谐。

《中国非对称性政党制度的特征与优势》（虞崇胜，《领导之友》2009年第3期）

从不同政党在政治生活中的实际地位和作用来看，各国的政党制度可以分为对称性政党制度和非对称性政党制度两大类。所谓非对称性政党制度，是指一国内不同政党并非是力量相当，也不是轮流执政，而是各安其位、相互配合相互合作，不同政党的地位和作用呈现出非对称性状态。从组成多党合作制度的不同政党的地位和作用来看，中国的政党制度可以称之为非对称性政党制度。

非对称性政党制度具有如下基本特点：1. 非对称性政党制度反映了社会利益诉求

多样性的要求。2. 非对称性政党制度反映了政党的多样性的要求。3. 非对称性政党制度反映了政治力量不平衡性的要求。4. 非对称性政党制度反映了不同政党政治主张差异性的要求。5. 非对称性政党制度内涵着不同政党合法性的要求。6. 非对称性政党制度体现出不同政党合作性、宽容性的要求。

中国的政党制度是一种非对称性政党制度。而这种非对称性具体体现在中国共产党和各民主党派在国家政治生活中的地位、作用和相互关系上。

在一定意义上讲，中国多党合作制度的制度优势就在于其非对称性。在中国非对称性的多党合作制度中，共产党同各民主党派既亲密合作又互相监督，而不是互相反对；共产党依法执政，各民主党派依法参政，而不是轮流执政。中国多党合作制度以其独特的结构功能和运行机制，体现了社会主义民主的本质要求，保障了人民民主权利的行使，是实现社会主义民主的重要形式，体现了自身的独特优势。

《中国多党合作制度效率的理论分析》（熊必军，《社会主义研究》2009 年第 2 期）

标准是进行制度效率分析的逻辑前提，对中国多党合作制度的制度效率分析的评价标准应该从制度的适应性或普适性及其适应性效率为分析标准进行。政党制度的适应性主要表现为三个方面：政党制度适应环境的组织性，政党制度结构和安排模式的稳定性，政党制度内部关系与社会关系的维持性。

多党合作制度的政党制度结构是主次、交叉结构。从中国多党合作制度的制度结构来分析，中国多党合作制度具备了制度的合理性、合法性和现实性三个特征。中国多党合作制度为中国人民提供了一种政治参与的制度结构，这种制度结构为人民参与政治的权利和利益提供了一种保障，因此其制度结构是具有合理性、合法性、现实性，是适应中国社会政治生活的政党制度，体现了该项制度的社会效率性。

中国多党合作制度的这些制度安排不仅为人民群众的政治参与提供了条件，而且还能够促使人民群众通过政治参与和政府保持一致，从而促进了政治体系的稳定性，使之处于良好健康的发展状态，因此中国多党合作制度是适应世界民主政治的潮流和中国社会发展趋势的。同时，中国多党合作制度保证了越来越多的社会群体逐步进入民主政治体系，在利益关系整合方面发挥着越来越重要的作用，也就更适应与我国社会体制转型阶段的社会结构多元化发展的趋势了。说明了它具有制度适应性效率。

在我国的政治生活中，制度结构已经适应了我国社会历史的发展，确立了我国政党制度的基本模式，产生了很好的制度效率，是不需要改变的。但社会发展的持续性及人的有限理性要求要不断进行制度变革与创新，才能适应社会的发展趋势，同时也是增强政党制度适应性效率的基本要求，因此，在加强我国社会主义民主政治建设的进程中，主要是加强中国多党合作制度中的制度安排建设，完善政治协商、参政议政、民主监督等各项制度安排，强化中国多党合作制度的适应性，提高中国多党合作制度的制度适应性效率，以应对国际、国内各种复杂的环境，克服我们的局限性，更好地推进我国的民主政治建设。

《中国多党合作制度本质上是协商民主制度》（童庆平，《中共天津市委党校学报》2009年第6期）

20世纪80年代以后从西方复兴起来的协商民主理论与中国政党制度之间有着很强的对镜色彩和现实讨论意义。从理论逻辑来看，中国多党合作制度与西方协商民主有契合之处；从基本原则来看，中国多党合作制度与西方协商民主的某些方面是相通的；从历史经验来看，中共和各民主党派之间一直存在着广泛的协商合作。中国多党合作制度本质上是一种协商民主制度。

一、协商民主的基本涵义及其在中国场域的生成与争论

协商民主的基本内涵主要包括：协商前提是社会的分层和利益的分殊，形成参与协商的多元主体；协商主体完全平等，不存在一个事先的权威影响或操纵协商各方及协商结果；协商的内容主要是公共利益事务，包括政治、经济、文化、社会等各个方面；协商类型既包括政党之间、立法机关与行政机关之间的协商，也包括中央政府与地方政府、政府与利益集团之间的协商；协商形式宽松自由开放，每个参与主体都可以充分表达意见，最终形成具有约束力的共识；协商的目的是为了赋予立法、决策以正当性，以实现参与政治和公民自治的理想。

由于协商民主理论研究源自西方民主理论，在研究中国政党制度时就产生了适用性问题。在这个问题上，理论界主要有四种观点和做法：（1）多数人回避争论，直接用西方协商民主理论来解读中国民主政治和政党制度。（2）协商民主是中国内生的。既然是内生的，那就不存在适用不适用的问题。（3）基本适用论。协商民主不仅在中国经济、社会、政治、体制以及文化等方面存在着适用性条件，而且因为中共的权威主导、政府对体制改革的积极倡导、地方民主新形式的示范、解决权力运行问题的需求以及协商民主在实践中具有成本低风险小的特点等，因而有较广阔的发展前景。（4）重大分歧论。承认西方协商民主理论体现了世界政治发展的共性，认同要从中借鉴和汲取有益的东西以丰富、完善和发展社会主义民主政治。但又认为，中西方协商民主在协商的原则、基础、体制机制和理念等方面存在着重大的差别。

二、从理论逻辑来看，中国多党合作制度与西方协商民主有契合之处

第一，现代民主政治在很大程度上就是政党协商的政治。政党是现代民主政治的核心。

第二，从实质上看，中国不同政党之间的协商合作与西方协商民主形态不存在冲突。

第三，中国政党协商与西方协商民主能够求同存异。

三、从基本原则来看，中国多党合作制度与西方协商民主的某些方面是相通的

协商民主观念由三个范导着政治进程的原则——互惠性、公共性和问责性——和另外三个指导着政治内容的原则——基本自由、基本机会和机会公平——构成。其核心是平等性、责任性、公共性和宽容性。中国多党合作制度也充分体现了这些原则理念。中国政党协商坚持的一些特定原则也并非西方协商民主理论所排拒的。

四、从历史经验来看，中共和各民主党派之间一直存在着广泛的协商合作

近现代中国是一个半殖民地半封建社会，首先要完成两大政治任务：对外争取国家独立，对内实现人民民主。在完成这两大任务过程中，中国社会逐步产生了三类政党：主要代表着官僚买办资产阶级的中国国民党；主要代表着工人阶级的中国共产党；介于国共两党之间的主要代表着民族资产阶级和小资产阶级的各民主党派。这三类政党围绕着建立什么样的政党政治模式展开了激烈的竞争。其中，中共和各民主党派主要致力于建立协商民主模式。中共在执政条件下进一步加强了同各民主党派的协商合作，不断推进多党合作的理论创新和实践发展。

中国多党合作制度的发展本身就是政党协商的结果。中国协商民主始终体现于中国多党合作制度之中，贯穿于多党合作和政治协商的全过程，表现在国家政治和社会生活的各个方面。因此，中国多党合作制度本质上是一种协商民主制度。

《中共发布“五一口号”以来多党合作的历史进程及基本经验》（师吉金，《渤海大学学报》2009 年第 1 期）

中共发布“五一口号”以来的多党合作的进程，既是一个重要的历史问题，也是一个重要的现实问题，还是一个重要的理论问题。

中共发布“五一口号”以来的多党合作历史进程的分期可以以十一届三中全会为界，分为两个大的历史时期。新中国成立后中国共产党领导的多党合作的进程走向为两个“波峰”，一个“波谷”。两个“波峰”中的一个是中华人民共和国成立到 1956 年社会主义改造基本完成这一时期；另一个是中共十一届三中全会以来的历史时期。一个“波谷”是 1957 年反右派斗争扩大化到中共十一届三中全会召开之前的历史时期。中共发布“五一口号”到中华人民共和国成立这一年多的历史和新中国成立后的历史有不同之处。我将这一段时期称之为第一个“波峰”的准备阶段。从中共发布“五一口号”以来的多党合作的进程看，呈现出“两头好，中间差”的局面。当然，“两头好”不是没有问题，“中间差”也不是一无是处。

新中国成立前后，民主党派的解散与整合，当然主要是民主党派自身的原因，但恐怕也有中共的政治理念与政治设计方面的原因。据宋云彬先生的日记记载，新政协召开期间，周恩来、李维汉到北京饭店，跟救国会的几个代表谈话，提到一种设想：将来留一个民革，一个民盟，一个民建，其他民主党派就不要单独成立了。（龚育之：《党史札记（末篇）》，中共党史出版社，2008 年，第 76 页。）新政协开过后，民主党派出现了两个动向：一个是中国国民党革命委员会、三民主义同志联合会、中国国民党民主促进会三个党派合并成一个，即中国国民党革命委员会。另一个是救国会宣布解散。当时，民盟、民进、农工、九三等民主党派都酝酿过解散的事。随后，中国共产党又改变了这一想法。周恩来在 1949 年 11 月 12 日在农工民主党第五次干部会议的讲话和 12 月 6 日中共中央统战部招待出席民盟四中全会扩大会议代表的讲话中，都提出不解散民主党派的问题。对此，可参见《周恩来年谱（1949—1976）》上卷，中央文献出版社，1997 年，第 11、16 页。

从历史经验看，确立和实行中国共产党领导的多党合作制度，是国情的需要、是历史发展的必然选择和现实发展的要求，中国共产党领导的多党合作必须始终为党和国家的中心任务服务，解放思想、实事求是、与时俱进、不断创新是中国共产党领导的多党合作必须坚持的原则。这三点是最重要的经验。

《制度功能开发与多党合作可持续发展》（黄天柱，《上海市社会主义学院学报》2009年第3期）

从生产力与生产关系和上层建筑的关系来看，不仅生产力有可持续发展问题，而且生产关系和上层建筑也有可持续发展问题，多党合作制度作为我国上层建筑的一个重要组成部分，亦不例外。实现我国多党合作制度的可持续发展，是一个系统工程，其中任何一个重要环节出了差错而又不能及时改正，就有可能中断。在充分肯定我国多党合作制度与中国国情的适应性及其独特优势的同时，也必须看到，这一制度毕竟只有60年的历程，而且又是当今世界政党政治格局中的一种独特类型，其建设的经验不足和尚存在着不够完善、不尽如人意的问题是难以完全避免的。要实现我国多党合作制度的可持续发展，从而更好地坚持、维护、发展和完善中国共产党的领导，必须具备一些必要条件，包括执政党的高度自觉、参政党的与时俱进、制度功能的充分开发、制度包容力的不断扩大、制度理论体系的逐步完善、制度化水平的不断提高等等。其中，制度功能的充分开发是一个非常关键的因素。

一、制度有效性与制度合法性的关系决定了充分开发制度功能对于实现我国多党合作制度可持续发展的重要性。政党制度的确立和运作必须有一定的社会基础，没有一定的社会基础，意味着政党制度合法性的丧失，也就意味着政党制度生命力的终结。而一定社会基础的形成和拓展是靠政党制度功能的有效发挥来实现的。从合法性的角度来看，我国多党合作制度要实现可持续发展，它就不仅应该具备形式的合法性，更应该具备实质的合法性。符合宪法和法律，是形式上合法；得到人民的赞同和支持，是实质上合法。从有效性本身来看，我国多党合作制度要实现可持续发展，也要求充分开发其制度功能。

二、制度功能的实现状况决定了充分开发我国多党合作制度功能的必要性。我国多党合作制度确实在中国特色社会主义事业中发挥着重要的、不可替代的作用，这是多党合作制度得以存在和发展的现实依据；但另一方面，这一制度在运行中还面临诸多的障碍与挑战，结构所赋予的功能还没有完全实现，还有很大的潜力和发展空间。因此，充分挖掘体制内资源，有效开发制度功能，是迫切且必要的。

三、我国多党合作制度功能开发的着力点应该是社会整合功能和民主监督功能。从制度功能的定位来看，社会整合功能和民主监督功能在我国多党合作制度功能体系中占有特殊地位。社会整合功能是我国多党合作制度基本功能的核心内容，政治参与、利益表达和民主监督等功能都是实现社会整合的载体和手段，而维护稳定则是政党制度对社会实现有效整合后的必然结果。民主监督功能对我国多党合作制度的核心功能——维护和推进人民民主——的实现具有特殊价值。从制度功能的现实状况来看，社会整合功能所面临的现实挑战最为直接和严峻，而民主监督功能则是当前最薄弱的环节。从制度功能的发展趋势来看，随着构建社会主义和谐社会与建设社会主义民主政治在中国特色社会主义事业总体布局中的地位日益突出，我国多党合作制度的社会整合功能和民主监督功能正逐渐凸显出来。

四、提高制度化水平是充分开发我国多党合作制度功能的方向所在。从历史经验的角度来看，改革开放前中国政党制度所出现的变形、危机和失效，与我们没有随着现代民主制度建立而走出人治政治传统、实行依法治国有直接的关系。制度化的基本方向应是法制化；基本思路应是将多党公认的、具有普遍意义的、有实效的做法和经验从制度上、法律上加以确认；突破口应是加强民主监督的制度化建设。

《政党与社会：考察多党合作制的首要视角》（王占阳，《湖南社院学报》2009 年第 4 期）

共产党领导的多党合作制的首要内容，就是关于中共和各民主党派与中国社会的相互关系的制度性规定。这种制度性规定，同时也就是中共与各民主党派之间，以及各民主党派之间的相互关系的首要的制度性规定。在这个视角上，我们主要从中共和各民主党派的党员来源，中共和各民主党派的政治代表性，以及中共和各民主党派与中国社会相互关系三个方面的制度性规定，来考察和认识共产党领导的多党合作制的基本内容与主要特征。

一、关于中共和各民主党派的党员来源的制度性规定。中共由革命党变为执政党，吸收党员的范围，实际已经扩展到了中国现有的全部社会阶层。各民主党派成员的来源，主要的已是作为工人阶级知识分子一部分的大、中型城市的高中级知识分子。关于党员来源的政党制度，在整体上是不同于以党际竞争为主导的政党制度的。在这种政党制度中，中共在全社会范围内发展党员完全是独立自主的；中共对于各民主党派在一定范围内发展党员给予政治上的指导，各民主党派对此予以合作，并应享有必要的自主权。诚然，在这种政党制度中也包含有某些竞争因素，但从总体上来看，它仍然是一种分工合作型的政党制度。

二、关于中共和各民主党派的政治代表性的制度性规定。中共从革命党到执政党的自觉转变过程，同时也是其政治代表性的范围自觉扩展的过程。2002 年中共十六大通过的党章修正案，则将党的先锋队性质由“一个先锋队”进一步地表述为了“三个先锋队”，即“：中国共产党是中国工人阶级的先锋队，同时是中国人民和中华民族的先锋队”。这就将中共政治代表性的范围，从特定阶级的范围扩展到了全体中国人民，更扩展到了整个中华民族。实事求是地说，毛泽东在建国初期所说的那种“一根头发”与“一把头发”的关系，目前已经基本上不复存在了。现在在中国的任何一个社会阶级、阶层和职业群体中，事实上都是中共和中共党员占据领导地位和多数地位。各民主党派在自身政治代表性定位的过程中，既接受了中共的政治领导，也拥有和行使了相对独立的自主权和主动权。但各民主党派只有积极主动地和广泛地参政议政，努力提高参政议政的质量，充分发挥其参与代表人民利益的应有职能，才有可能切实有效地实现其具有广泛参与性的政治代表性。

三、关于中共和各民主党派与中国社会相互关系的其他制度性规定。

（1）政党资金问题。中共和各民主党派的政党资金有两个共同的来源，一是各党党员缴纳的党费，二是财政资金。财政资金本身又有两种形式，一是货币形式，二是实物形式（如政党组织的办公楼、办公室、办公设备、办公用品等等）。各民主党派的政党资金主要来自于财政资金，并已改由中央和地方财政部门直接列支。就目前的情况来看，民主党派的资金比较拮据，仍然是一种比较普遍的现象。

（2）政党工作时间和工作报酬问题。政党工作时间是整个社会工作时间的一部分。政党工作时间在整个社会工作时间中所占比重问题，实际是一个政党政治的社会成本和社会收益的问题，也是政党与社会相互关系中的一个重要问题。对于民主党派来说，参政党的政党工作时间和工作报酬问题，仍然是一个有待解决的重要问题。

从我们以往习以为常的观念来看，上述政党资金、政党工作时间和政党工作报酬的问题，都是一些具体问题，并不是政党制度方面的问题。但这种观念，实际是不正确的。应当看到，这些问题的实质，是政党与社会资源的相互关系问题，而且是政党制度中的深层次的重要问题。所以，我们在这些方面尚需继续调整、完善的制度性规定，实际也是中共和各民主党派与中国社会相互关系的制度性规定的重要组成部分，因而也是共产党领导的多党合作制的一部分。

《以改革开放精神引领我国政党制度的发展》（任文启，《团结报》2009 年 1 月 17 日）

总结改革开放三十年来的宝贵经验，我们必须认识到求真务实、科学理性、大胆实践、开拓创新的改革开放精神的优秀理论品质和巨大实践意义。

以改革开放的精神引领我国政党制度的发展，就要求我们求真务实、一切从实际出发，走适合中国自己的道路，盲从西方国家政党制度归根结底是与求真务实的改革开放精神相背离的。反对盲从西方国家的政党制度，绝对不是盲目自大闭关锁国。我们必须学习世界上一切国家政党制度发展过程中积累的先进经验，从我国的实际情况出发，把中国共产党领导的多党合作和政治协商制度建设好、发展好。

以改革开放的精神引领我国政党制度的发展，就要求我们坚持科学理性精神，深入反思历史上中国共产党领导的多党合作和政治协商制度曾走过的曲折发展历程、总结经验教训，坚定不移地维护“长期共存、互相监督，肝胆相照、荣辱与共”的方针，充分发挥民主党派在建设中国特色社会主义的伟大事业中的积极作用。

以改革开放的精神引领我国政党制度的发展，就要求我们坚持大胆实践的精神，使各民主党派通过积极主动地参与国家政治生活，在实践中逐渐完善民主党派自身的建设。

以改革开放的精神引领我国政党制度的发展，就要求我们坚持开拓创新的精神，以创新思维加强和改善共产党对多党合作和政治协商的领导。

《以党内民主促进多党合作的民主化进程》（朱兆华，《理论视野》2009 年第 7 期）

中国共产党领导的多党合作和政治协商制度，作为我国一项基本政治制度，体现了人民民主的价值取向，也是推进和发展人民民主的有效的制度形式。发展党内民主对完善我国政党制度，促进多党合作的民主化进程，具有重大意义。

一、发展党内民主是正确处理多党合作中领导与被领导关系的前提。党能否制定正确有效的路线方针政策，关键在于是否有充分的党内民主。通过加强党内民主建设，使党的各项决策和全部工作充分反映广大党员和包括民主党派在内的广大人民群众的意愿；集中全党的经验和智慧，使党的决策能够符合客观实际并体现时代要求；通过发挥共产党员先锋模范作用和深入细致的思想工作，使共产党的政治主张和路线方针政策，变成各民主派的共识和自觉行动。

二、发展党内民主是提高共产党执政能力和发挥民主党派参政作用的内在要求。党内民主是党的生命，发展党内民主是提高执政能力的内在动力。第一，发展党内民主是提高执政主体执政意识和能力的有效手段。第二，发展党内民主是贯彻依法治国方略的客观要求。第三，发展党内民主是健全执政制度和体制的基本前提。

三、发展党内民主是加强党内监督和强化民主党派监督的重要保障。把党内监督建立在党内民主的基础之上，通过发展党内民主来保障党内监督，是中国共产党党内监督的经验总结。只有发展党内民主，才能明晰党内监督的权力授受关系；才能保障党内监督主体的积极性和主动性；才能保障党内监督的制度化、规范化和程序化。党内监督有着难以克服的局限性，客观上需要外在的推动力支持与强化对执政党的监督。随着民主政治的发展，我国已经形成了一个比较系统的政治监督体制。在多元广泛的监督体系中，民主党派的监督具有许多独特的优势。无论从我国民主政治发展的内在逻辑来看，还是就民主党派监督的基本特征而言，发展党内民主都是强化民主党派监督功能的一项保障性条件。党内民主，既是方法和作风，也是制度和机制，同时还是一种内涵独特的民主文化。宽松稳定、民主自由、团结和谐的文化氛围的形成，有利于各民主党派民主监督功能的充分发挥。

《协商民主：中国政党制度理论基石的再思考》（吴杰华、种坤霞，《辽宁行政学院学报》2009 年第 8 期）

中国共产党领导的多党合作和政治协商制度以“共产党领导、多党派合作，共产党执政、多党派参政”为基本特征，突破了国际上传统的一党制和多党制的模式束缚，不但是中国现代化发展的制度动力，也为世界民主政治的发展提供了一种模式。协商民主理论以理性的公共决策为核心，并暗合了我国的制度安排。以协商民主为切入点，结合中国政党制度的实践进行本土化转换，深入探讨我国现行政党制度设计的理论支撑，从而使理论与实践相互印证，必将有力地推动我国政党制度的不断发展与完善。

我国协商民主主要体现在中国共产党领导的多党合作和政治协商制度中，有四种实现途径：政治协商、参政议政、民主监督、合作共事。

我国政党制度对协商民主理论的借鉴，也必须要尊重自身的一系列特征：首先参与协商的各个党派的根本利益是一致的，没有根本的利害冲突。不论是执政党还是参政党，都没有自己的特殊利益，都以维护和实现广大人民群众的根本利益为己任，具有开展政治协商的基础；其次，协商各方都把国家的持续发展作为第一要务，都以建设中国特色社会主义为共同目标，协商的目的不是为了争夺政治权力，而是为了寻求于国于民都最为有利的政策、方案、决定，是为了寻求某种程度的最优决策。协商的过程是以科学的态度研究问题、遵循规律，坚持科学执政、科学决策的过程；第三，协商各方虽然会有不同意见，但本着团结、民主的精神，以理性的态度讨论、审议和沟通，协商是在相互尊重、团结有序的气氛中进行的；第四，协商各方都要依照法律法规的规定有序参与，协商的范围、问题、程序和方法都有明确的规定，协商的主体、程序以及结果也要符合法律规定；第五，政治上的相互协商并不否认执政党的领导地位。协商的最终目的是要保证各种政治力量的有序参与，通过决策前的平等协商，解决多元与共识的矛盾，成功化解改革发展中可能遇到的各类矛盾，不断推进制度化规范化建设、营造宽松和谐的政治环境、充分发挥其他民主形式的互补作用，从而避免国家分裂和社会动荡。

在进行相关的理论分析时，我们不妨就用社会生态学的概念，将由执政党（中国共产党）和参政党（八个民主党派）组成的多党合作与政治协商制度，看作是在特定空间形成的有机复合体，在系统内部存在着政治信息的沟通与控制、政治能量的流动与转换，通过分析二者的内在关联和相互作用，探讨协商民主在当代中国政党制度中付诸实施的现实可能性及其路径选择。如下图所示。

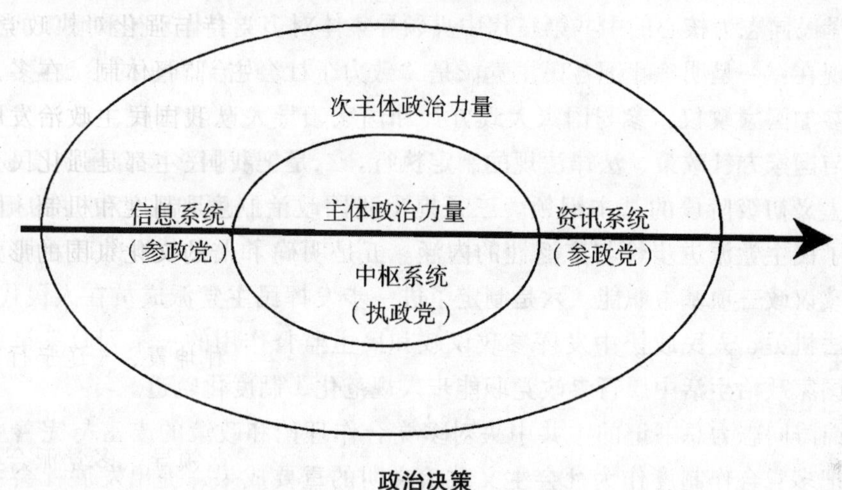

政治决策

其一，在多党合作与政治协商这一政治生态系统中，执政党和参政党处于并将长期处于不同的生态位。其二，实现政治生态系统动态稳定的关键，在于对各方政治力量的调适与平衡。其三，在民主集中制原则下，实现协商民主（以政治协商会议为主要形式）与选举民主（以人民代表大会为主要形式）的有效衔接，实现不同社会利益的有效整合，扩大政治系统的开放性与包容性，巩固政党执政的合法性基础，推动社会主义民主政治的实质性转换。

政党制度是新时期中国民主政治发展战略架构上的一个重要支点，与立宪政治在生存条件、运行范式和精神意蕴等方面具有诸多契合，在弥补自由主义竞争性民主、推动权力秩序合理化等方面具有重要作用。随着法治进程的加快，承载着民主党派发挥参政党功能运作机制的基石会走向法律化、宪法化，从而实现多党合作组织形式和基本制度法律化、政党组织（包括执政党和参政党）的地位、作用规范化，为政治生态系统的稳定与发展提供强有力的外在支撑。

《我国多党合作理论政策的创新与发展》（佟一，《团结》2009年第4期）

建国60年来，我国多党合作理论和政策经过以毛泽东同志为核心的中共第一代中央领导集体的创制与发展；以邓小平同志为核心的中共第二代中央领导集体的拨乱反正；以江泽民同志为核心的中共第三代中央领导集体的创新与突破；以胡锦涛同志为总书记的中共中央的丰富与完善，不断创新、发展和完善，成为中国特色社会主义理论体系的有机组成部分。

以毛泽东同志为核心的中共第一代中央领导集体对多党合作理论和政策的创制与发展主要体现在：一是提出民主党派是为社会主义服务的“劳动者政党”。二是确立了“长期共存、互相监督”八字方针。三是确定了共产党同民主党派合作共事的基本形式。四是明确“团结、建设、进步”的方针。

以邓小平同志为核心的中共第二代中央领导集体对多党合作理论和政策的拨乱反正主要体现在：一是关于民主党派的性质。二是关于多党合作制度的定位。三是关于中国共产党同民主党派关系的基本方针。四是关于人民政协的性质和任务。五是关于民主党派自身建设。六是关于加强和改善中国共产党对民主党派工作的领导。

以江泽民同志为核心的中共第三代中央领导集体对多党合作理论和政策的创新与突破主要体现在：一是明确我国各民主党派是“致力于社会主义事业的参政党”，参政的基本点是参加国家政权，参与国家大政方针和国家领导人选的协商，参与国家事务的管理，参与国家方针政策、法律法规的制定执行。二是把我国多党合作制度载入宪法，纳入社会主义初级阶段的基本纲领。三是提出我国政治制度和政党制度的衡量标准。四是明确了民主党派进步性与广泛性的内涵。五是明确了人民政协的政治协商、民主监督、参政议政三项基本职能。六是制定了进一步发挥民主党派成员在人民代表大会、政府和司法机关、人民政协中发挥参政议政和民主监督作用的一系列政策措施，使民主党派在国家政治生活中履行参政党职能步入规范化、制度化轨道。

以胡锦涛同志为总书记的中共中央对多党合作理论和政策的丰富与完善主要体现在：一是把多党合作制度作为社会主义政治文明的重要成果，提出发展社会主义民主政治、建设社会主义政治文明，一个重要方面就是坚持和完善中国共产党领导的多党合作和政治协商制度，从而把对多党合作制度的认识推向新高度。二是提出必须坚持走中国特色社会主义政治发展道路，坚持和完善多党合作制度。三是提出巩固和发展社会主义和谐政党关系，是构建社会主义和谐社会的重要内容，也是巩固和发展我国多党合作政治格局的关键所在。四是进一步丰富和发展了民主党派性质的内涵。五是丰富和完善了多党合作的重要政治准则。六是丰富和发展了人民政协理论，把选举民主和协商民主作为中国特色社会主义民主的两种形式，在实践中相互结合。七是提出执政党建设与参政党建设互相促进，明确了参政党建设的目标和原则。八是就进一步加强和改善中国共产党的领导提出了明确要求。九是提出要保证民主党派成员和无党派人士在各级人大代表中占有适当比例，政府相关工作部门、各级法院和检察院选配相应的民主党派成员，保证民主党派成员在人民政协中占有较大比例，使民主党派充分有效地履行参政党职能。

《为什么西方的多党制不适合中国》（蔡元明，《红旗文稿》2009 年第 11 期）

西方多党制存在着短期行为；过多地考虑局部利益；缺乏协调和配合；政治深受利益集团的操纵和控制；为了选举的胜利，某些政党不惜使用作弊、违法手段；为了拼选举，各政党相互攻击对方，引起拥护各自政党的民众对立，扩大了社会矛盾，增加了冲突，发展下去，有可能会导致族群甚至是国家和民族的分裂；西方的民主选举巩固了地方强人的控制；党派间的竞争导致社会改革困难重重；西方各党派间的竞争还会导致狭隘民族主义泛滥；等许多与生俱来的弊病。

既然西方的多党制有这么多的弊病，有没有更好的方式呢？答案是肯定的，这就是中国共产党领导的多党合作与政治协商制度。不可否认，我国目前实行的政治制度还存在着这样那样的问题，还有待于在政治体制改革中加以改进和完善。然而，这些问题都是执行过程中的问题，不是政党制度本身的问题。导致我国政党制度方面问题的原因很多，有几千年封建传统的影响，有广大群众文化水平不高、民主意识不强的原因，也有以往对民主制度建设重视程度不够，已经形成的民主制度没有得到很好的执行，特别是“文革”时期对民主制度的破坏等原因。

中国的多党合作制度之所以比西方的多党制优越，是因为：首先，中国共产党是具有坚定的共产主义理想和信念的政党。其次，中国共产党与资产阶级政党相比在组织建设上更加健全和完善。第三，中国共产党的优良传统之一是密切联系群众。第四，中国共产党有民主集中制的优良传统。第五，中国共产党员的模范带头作用。第六，我国所特有的多党合作制度还有它特殊的优点。

中西方不同文化对政治制度的影响主要表现在以下几个方面：1. 人民群众对政府的要求。2. 思维方式。3. 团结合作意识。

西方的多党制本身就有许多弊病，加上中华文化的特殊性，使得它完全不适合在中国实行。我们应该清醒地认识到：坚持中国共产党领导的多党合作与政治协商制度不是一个暂时的权宜之计。我们应该在坚持中国共产党领导的多党合作与政治协商制度的基础上，充分借鉴国外政治文明发展的有益成果，对这一制度进行进一步的完善，坚持不懈地沿着中国特色社会主义政治发展道路走下去。

《社会分层与我国政党制度整合功能研究》（石学峰，《广东省社会主义学院学报》2009 年第 4 期）

目前我国正处于社会分层过程中，主要表现为：一是农民阶级的分化；二是工人阶级的分化；三是知识分子阶层的分化；四是出现了新的社会阶层。

社会分层的这种状况，给我国政党制度整合功能带来了重大挑战。（1）社会分层导致利益诉求多样化，使当代中国政党制度的利益整合功能面临挑战。（2）社会分层导致价值观念多元化，使当代中国政党制度的意识形态整合功能面临挑战。（3）社会分层导致社会非稳定因素凸显，使当代中国政党制度的社会整合功能面临挑战。

当前重构我国政党制度整合功能的基本思路是：疏通利益表达机制，增强中国政党制度的利益整合功能；整合社会意识形态，以新型的社会主义理论体系整合不同阶层的社会思想；提高制度整合能力，发挥中国政党制度的制度整合的功能与优势。

《权力监督向度下的中西政党制度比较分析——兼论中国政党制度的完善》（齐春雷，《攀登（双月刊）》2009 年第 1 期）

民主政治已经成为世界政治发展的潮流，“民主、和谐、发展”同样是我国当今政治建设的主题。从民主政治的视角审视我国的政党制度，按照民主政治的要求不断加强我国的政党制度建设，是进一步完善中国特色政党制度的必然要求。从民主理论而言，人民是国家权力的所有者和主权者，但由于诸多因素的限制，全体人民不可能直接行使管理国家的权力，而只能通过一定方式委托少数人代为行使，这就产生了权力所有者和权力行使者的分离，这种分离隐含着导致权力失控、异化、脱离或独立于人民甚至反过来压迫人民的危险。因此，对权力实施必要的监督和制约就成为民主政治的必然。政党在很大意义上像是一座桥梁，但如果仅限于这种桥梁作用就会使政党混同于其他的社会组织，利益集团便失去了存在的意义。政党不同于一般社会组织的突出特点，就是它除了起政治桥梁作用外，还以获取和掌握政权为基本目标，政党不只是要维护自己那部分民众的利益不为国家权力所侵害，而且还要通过掌权为本集团的民众服务。掌握了国家权力的执政党，必须解决一个重大问题就是在掌权的情况下如何始终保持与民众的密切联系。西方政党是在民主体制形成的过程中出现的，它在政治体制中定位明确，并用这种机制化解了这一矛盾。而中国政党是先于民主体制出现的，它不仅为争取民主权利而斗争，同时也参与了国体和政体的创建。在旧的政治体制向新的政治体制转变的过程中所出现的真空，很大程度上则是由政党来填补的，政党代行国家的行政权力。当国家行政体制健全后，政党应当把权力逐渐地归还政府，否则可能会由民众政治参与的工具变成政府和国家权力本身，这就隐含着政党变质的危险。对比中西政党制度，中国政党制度在破解权力制约、政党监督的民主难题上则面临着更大的压力和挑战。

依照国情和党情，我们应积极借鉴西方政党在民主监督和权力制约方面体现政党执政普遍规律的某些有益成分，在权力监督的向度下不断完善我国具有自身特色的政党制度。具体应为：明晰党政职能界限；通过党内分权以权力制约权力；通过着力维护和培养民主党派的独立性，整合政党资源并创新民主监督的方式方法，构建完善的民主监督机制，等强化参政党的监督功能。

《民主监督的制度化、规范化、程序化建设——推进社会主义政治制度的自我完善与发展》（曹蓉，《四川省社会主义学院学报》2009 年第 3 期）

政党通过履行职能来体现和实现政党制度的功能与价值。民主监督既是中国特色政党制度的基本功能，也是中国参政党的基本职能。坚持和完善中国的多党合作制度，关键在于加强党内民主和党际民主建设，提高参政党履行职能的组织化水平。这就必须从三化建设（即制度化、规范化、程序化）入手，充分发挥民主监督的作用，从而推进社会主义政治制度的自我完善与发展。

为确保民主监督切实有效中共中央提出了一系列新举措：第一，在制度层面上，民主监督的基本点、性质和主要内容得以明确。第二，在实践层面上，参政党履行民主监督职能的特点得以体现。第三，在客观实际的分析上，增强民主监督实效的启示得以呈现。

分析参政党履行职能的现状和存在的问题，我们得到如下启示：其一，参政党及其成员如何更好地代表其组织进行民主监督，亟待在工作机制上加以完善和规范。其二，党际民主的关键是党际监督。其三，选择和确立符合国情、正确有效的政党制度对民主政治的推进，对国家的稳定发展至关重要。

民主监督作为中国特色政党制度的基本功能和中国参政党的基本职能，要充分发挥其作用，就必须：第一，建立健全民主监督工作机制，是提升参政党民主监督组织化水平和加强参政党履行职能三化建设的有效保障。第二，加强参政党民主监督的体系建设，是发挥民主监督有序性和可操作性的有效途径。第三，参政党民主监督与社会监督体系中的其他监督形式相结合，发挥监督的合力作用，是提升监督体系整体效力的有效方式。

《民间组织的成长与中国政党制度整合功能的优化》（李俊，《福建省社会主义学院学报》2009 年第 4 期）

在市场化改革的推动下，中国的民间组织获得了暴发式增长，成为“全球结社革命的一部分”。民间组织的兴起，深刻地改变了中国社会的建构方式，使中国原有的组织化社会的社会建构体系面临社会组织化的社会建构体系挑战。两种社会建构体系共存的格局要求执政党善于利用好政党制度和民间组织这两种整合工具，尤其是要优化中国政党制度的整合功能，从价值、制度和组织三个层面实现对民间组织整合机制的有机衔接。从价值层面而言，要不断增强社会主义意识形态的包容性和灵活性，重点以社会主义核心价值体系作为价值共识的思想基础。从制度层面而言，要善于开发政治协商的制度空间，为民间组织的政治参与提供制度化渠道。从组织层面而言，要以民间组织的党建工作为重点延伸政党制度的组织网络，不断提升党的社会整合力。从而实现社会自治与党的领导的最佳平衡，达到全面有效整合社会的目的。

《论中国特色社会主义政党制度理论的奠基、形成与发展》（高曙东，《中央社会主义学院学报》2009 年第 1 期）

新中国成立后，我国政党制度的建立和完善，先后经历了确立多党合作格局、成为国家的基本政治制度和政党制度以及不断完善和发展三个大的阶段。在以上三个阶段实践的基础上，形成了三大理论成果：“长期共存、互相监督”的思想和方针；1989 年《中共中央关于坚持和完善中国共产党领导的多党合作和政治协商制度的意见》；2005 年《中共中央关于进一步加强中国共产党领导的多党合作和政治协商制度建设的意见》和 2006 年《中共中央关于加强人民政协工作制度建设的意见》。这三大理论成果就像三座里程碑，清晰地记载着中国特色社会主义政党制度理论的奠基、形成和发展的极不平凡的历史进程。

《论中国特色的和谐政党关系建设》（郭晶亮，《湖南行政学院学报（双月刊）》2009 年第 1 期）

政党关系是涉及党和国家工作全局的重大关系，是影响政治资源配置和制约其他政治社会关系取向的政治要素。政党关系和谐，则政治开明、民主发展、政局稳定。促进我国政党关系长期和谐，根本在于坚持走中国特色社会主义政治发展道路，关键在于坚持和完善中国共产党领导的多党合作和政治协商制度。

和谐是一个相对的概念，是以矛盾和差异为基础的，承认矛盾和尊重差异，正确认识和处理差异，矛盾的双方就能和谐共处；否则，矛盾的双方不仅难以和谐，而且会在一定条件下走向对抗。和谐政党关系的内容具体又丰富，包括和而不同、求同存异、各尽所能、各得其所、彼此尊重、互为补充。当代中国和谐政党关系中至少包括：一是合作的双方在规模上给人以匹配和相互适宜；二是合作双方地位作用上优势互补；三是合作双方均本着“长期共存、互相监督、肝胆相照、荣辱与共”的精神，面对中国特色社会主义事业勇于担当，共同承担历史与现实的责任。和谐政党关系还表现在和谐的程度上。和谐既是一种主观评价，同时也是一个客体的评价，而客体的评价更关键。我们不能简单地认为竞争型政党就没有和谐。比如德国的基民盟和社会民主党之间的关系，它们在传统上是相互对立的两党，但在现实政治中共组“大联合政府”，共同担负政府的责任。所以对西方多党制要做具体的分析，不应从主观意志出发简单化地对其下结论。

我国和谐政党关系面临的问题与挑战：首先，从政党制度本身看，和谐是我国政党制度的本质特点，但这并不是说和谐的政党关系能够自然地实现。我国的政党制度本身既存在着和谐的前提、基础和根据，又包含或者说潜藏着某些导向不和谐的因素和可能，这些都会成为构建和谐政党关系的实际障碍。其次，在社会多重转型期与发展期，社会利益急剧分化、多样化，我国的政党制度需要不断强化政党的民意表达、利益整合功能，拓宽和深化政治参与的渠道，使多党合作制度确实成为表达民意的平台。第三，同我国社会主义政治建设发展的需要相比，民主党派自身建设还处于严重滞后的状态，存在着一些不容忽视的问题。同时从国际上看，构建和谐政党关系还面临着西方政党制度的冲击和严峻挑战。

在我国，坚持科学发展观是和谐政党关系的政治基础，健全民主法治是和谐政党关系的制度保障，搞好党内和谐是和谐政党关系的基本前提，提高党的执政能力是和谐政党关系的决定因素。

《论政党制度的政治文化基础——基于中西传统政治文化比较的研究视角》（张津凤，《中央社会主义学院学报》2009 年第 4 期）

在影响政党制度的各种因素中，政治文化是深层次的因素，任何一个国家的政党制度都能够从该国的政治文化中找到依据。

民主的制度与民主的文化之间存在着亲缘关系。如果要使人们偶然的或者少量的对民主政治的认同成为一种信仰或主流价值，那么，就需要不断地用包含某种民主政治的制度规则去强化它。政党制度的完善和发展，必须以相适应的政治文化的转换、创新和发展作为基础和保障。

比较视角之一：中西传统政治文化差异对政党制度模式的影响

以政党制度的产生为截点，传统政治文化是自人类进入文明社会到政党制度产生这一漫长的历史时期所形成的政治文化。中西传统政治文化经历了不同的发展历程。

中国传统政治文化是一种臣民型政治文化，西方传统政治文化是一种公民型政治文化。与臣民文化相联系，专制、等级、特权成为人们进行政治活动的基本价值取向；

与公民文化相联系，自由、平等、权利、民主就成为人们进行政治活动的基本价值取向。正是由于西方传统政治文化具有自由、平等、民主的价值取向，因此，才使得政党制度这一实现民主的工具首先在西方得以产生。在西方传统政治文化中，人是政治主体，这里的“人”是一个抽象的概念，是指社会上的一切人。为了能够生存下去，人们把自己的权利让渡给国家，政府由此产生。正因为如此，在西方人的观念中，政府是由“恶”而产生的。在中国传统政治文化中，民是政治的主体，这里的“民”是指臣民。圣与君的结合，最终确立了君权至上的地位。

中西传统中对政府的不同看法，导致了政治价值取向的差异——是监督政府还是顺从政府。在西方，人们对“恶”的政府怀着戒备心理，为了保障其自由、平等的权利必然会对政府进行监督，其实现方式就是通过法律、制度的约束以防范政治权力对自由的侵犯。于是，反对党存在的必要性凸显。反对党作为制约执政党、防止一种利益集团独霸政治的有效政治力量，在自由社会中不可或缺。竞争型的两党制、多党制就成为西方社会的主要政党制度模式。在中国，君主（政府）就是“善”，人们只能顺从君主，而不能以自己的方式表达和维护自己的利益要求。全社会都被纳入君—臣—民的结构中，臣民被视为一个整体，通过以“忠”与“孝”为基础的三纲五常消融其内部矛盾。在这种“大一统”的整体主义观念下，中国人对于有德的掌权者始终具有特殊的信任与依赖心理。所以，当中国共产党以自己的理念和行动赢得了人民和各民主党派信任的时候，中国共产党对各民主党派的领导地位确立以后，其作为唯一的执政党的地位也得以确定下来；而各民主党派则与中国共产党通力合作，为其更好地执政提供支持。

比较视角之二：民主取向对中西政党制度发展的引导与制约

在当今世界，民主的取向已成为众多国家政治文化中共有的成分。但是，不同政治文化下的民主性质及其实现形式也会有所差别，中西政治文化下的民主取向的差别就更为明显。

在西方传统政治文化中，民主取向具有同质性，而且，多种文化万流归一的浩荡趋势有着不可抗拒的统领作用，构成了西方文化普遍主义的基本样式，为民主共识的形成提供了一致性的维度。同时，文化异质性因素表现得更为突出，各种价值和精神交织在一起，冲刷着自由民主的空间。

与西方传统政治文化中内生的民主取向不同，中国传统政治文化实质上是与民主取向背道而驰的。基于这一文化基础建立起来的政党制度，无疑也是不大可能真正实现其民主价值的。这就需要构建相应的民主文化。马克思主义政治文化比西方自由主义政治文化更容易为被传统文化裹挟的人所接受。但中国传统政治文化中“大一统”的整体主义与马克思主义政治文化中的集体主义有着本质的区别。也正因为这样，马克思主义政治文化建设是不充分的，传统政治文化中的一些东西以新的形式被保存了下来。人民民主价值取向亦需要通过各种政治制度的不断建设而得以真正实现。

与西方自由民主相适应，西方政治制度包括政党制度往往更多地体现出各种利益的融合与聚合。而两党制和多党制这种政党体制，至少在形式上为不同的阶级、阶层和集团提供了多种政治选择的余地，也使人们有了更多的利益表达渠道，满足了人们的多种政治形式与政治途径的愿望。但在实际政治运行中，自由民主被最大限度地追求自身利益而不考虑后果的狭隘个人主义所削弱，这在一定程度上导致了民主的异化，政党之间的竞争往往不能正确反映社会力量的理性表达，从而造成人们对政治的冷漠。因此，很多西方国家政党试图模糊其意识形态色彩，最大限度地扩大其社会基础来克服自由民主的弊端。同时，多元文化的客观存在、协商民主与结盟民主对自由民主的超越，也在一定程度上对政党制度的发展起到了客观的促进作用。与此相适应，在我国的政党制度中，中国共产党作为最广大人民根本利益的代表被宪法赋予了长期的执政党地位，各民主党派则由于其社会基础的客观存在、人民民主价值取向真实实现的客观要求而被赋予了参政党地位，希望通过政党之间的合作和监督来最终实现人民的有序参与，真正实现人民的统治。当然，这只是一种理想的状态，在实际运作过程中，受传统政治文化的影响，执政党滥用权力的现象时有发生，参政党的角色实现有待进一步加强。

《论我国政党的现代性与民族性的双重际遇》（赵宬斐，《岭南学刊》2009 年第 2 期）

在全球化和社会转型的双重发展向度中，我国政党制度正面临着如何保持现代性与民族性的统一和协调的挑战。

公民对民主、平等、自由、正义等各种权利的价值追求，以及对政治制度、政治权力的热情参与从根本上激活了当代中国的民主化进程，它不仅重塑了中国特色政党制度中各政党的体质，融合了各政党间的关系，还促进了各政党从国家化向社会化的回归。按照现代性的价值取向，中国特色政党制度在完善和发展过程中，特别注意不仅要积极吸收现代性资源，同时还要自觉克服民族性中的消极和落后因素，进而实现政党制度现代化。在全球化和社会转型的双重际遇中，我国政党应积极应对执政党的政治权威合法性基础的转变问题，特别注意政党的合法性应当更多地立足于法律和民主党派以及社会各个阶层、群体对于中国共产党政治权威的认同。

所谓政党的民族性，是指当今世界各民族国家都有着自身独特的历史文化传统，都面临着不同的经济社会发展现状，不同的世界观、历史观和社会生活方式使其对政治、经济、社会、文化等诸多领域的问题都有着各自相对独特的理解，这些差异决定了它们对发展问题，特别是现代化问题有各自不同的解读。正是由于民族性的存在，现代化的进程才能取长补短。

政党制度是民主政治发展的产物，是全球化、现代化的结果，又体现为政党服从、服务于社会发展要求的过程。任何政党制度都有民族性、现代性两个方面，都是普适性与特殊性的结合。其价值取向必然是自己特定的政治发展道路，必然是民族性和现代性的统一。

政党制度，作为一种代议民主制度的重要组成部分，由民主政治中的三大要素构成，即价值、制度与程序。价值决定政党的目标取向与合法性基础；制度决定政党的结构与功能；程序决定政党的运行方式与手段。我国政党制度既具有一般民主价值的普遍性和规定性，还具有在民主政治和党际关系上的创新价值。

政党制度是一个民主政治的现实形式问题，各国的民主都有主题，而主题也是经常转换的。社会主义政党制度，在理论上也应该有多种表现形式，但前提是要适合社会的发展要求和符合基本国情。我国政党在进行现代性与民族性双向整合的过程中，正在获得越来越多的经验性支撑，处于一个迅速发展并逐渐走向成熟的阶段。

现代性体现了政党制度适应现代民主政治发展的能力与属性。现代性不仅促进了民众对于政党制度化要求的进一步提高，促进了政党制度严格按照有关法治程序进行规范性和有序性的政治活动，从而避免社会秩序的动荡；同时也促进了民主政治的参与扩大，巩固和提高了政党的合法性支持与政治认同，从而避免政党沦为少数利益集团谋取私利的工具。民族性则体现的是一种政党制度的鲜明的民族特色和文化传统与习俗。民族性能够为政党制度提供一定的持久的精神动力和文化认同。政党的民族性和现代性的内容和发展要求不是固定模式或按照单一维度，应该随着时代的变迁而与时俱进，既要注意弘扬优秀传统文化，又要赋予其新的时代内涵。

《论我国多党合作制度的创设价值》（张衍前，《中央社会主义学院学报》2009 年第 1 期）

政党制度是现代民主政治的重要组成部分。我国形成了中国共产党领导的多党合作和政治协商制度，既有其历史必然性，同时又是中国共产党领导人主动选择和设计的结果。

1949 年 7 月，刘少奇率中共代表团秘密访苏，其中一个重要任务就是了解苏联的政党制度情况，以作为新中国建设之借鉴。在会谈中，斯大林向刘少奇提出两个关于国家政治制度建设的建议：一是建议中共于 1954 年左右进行全民选举并通过宪法，进一步提高人民民主国家的合法性；二是建议中共在进行选举与通过宪法后组织一党政府。斯大林说，对中国来说有一个问题，你们现在是联合政府，那就不能够向一党政府负责，而应向各党负责，这样国家的机密就很难保证。你们的计划若被敌人知道，对你们是不利的。如果人民普选的结果，共产党占了多数，你们就可以组成一党政府。从后来的情况看，对于斯大林的两条建议，中共只采纳了前一条，没有采纳第二条。

新中国刚刚成立，民主党派内部出现了一种主张取消、解散本党的倾向和行为。1950 年 2 月，毛泽东访问苏联后回到北京，当听说救国会解散时，他很为惋惜地说：救国会是进步团体，不应当解散。又听说九三学社也要解散，当即表示不赞成，认为九三学社不但不能解散，而且还要继续发展。

不难看出，新中国成立前后，中国共产党在如何对待民主党派和实行什么类型的政党制度问题上，是经过了慎重考虑的。当时，本可以采纳斯大林的建议，仿效苏联“老大哥”的做法，实行共产党一党制；或者听任各民主党派宣布解散，最后只剩下中国共产党一个政党。但是，毛泽东、周恩来等新中国的开国领袖们并没有这么做，他们执意保留各民主党派，继续让它们同中国共产党合作共事，实行多党合作。

我国多党合作制度的创设，能够发挥中国共产党领导人所期望的特有价值：巩固人民民主专政的国家政权；发挥民主党派在社会主义建设中的作用；推进社会主义民主政治的发展；帮助中国共产党为人民执好政、掌好权；实行民主监督，防止政治权力的腐败；

《利益集团多元化与多党合作整合力》（徐映奇，《广州社会主义学院学报》2009 年第 3 期）

社会的良性运转和发展，很大程度上依赖于协调各种矛盾和利益冲突的政党制度。转型时期的中国社会，随着社会利益格局的重新分化、组合，利益集团多元化趋势明显，并逐渐成为国家政治生活中的重要参与主体，对政治发展的影响日益深刻，不可避免地对我国多党合作政党制度的整合机制带来诸多挑战。

当前，利益集团日益呈现出多元化的趋势。各种不同利益集团彼此之间都存在着不同程度的利益分化和利益差别，在整个社会利益体系中分别占有自己的利益位置。它们相互依存、相互制约，共同构成一种多元化的利益集团结构。

社会各利益集团为实现、维护和发展自己的利益，必然会在条件具备时提出一定的政治诉求，寻求介入政治过程和政治决策的渠道，如果某一阶层或集团的利益要求长期得不到关注和满足，他们之中就可能诱发出各种无序的或非法的政治参与行为。当前，利益集团总体上有一个突出的特点，即利益集团之间权力和资源分配的不平均导致各集团之间的实力极度失衡。这种不平衡，使得强势集团具备了影响改革方向的可能性。当然，合法的影响是有好处的：能够化非法的、抗议性的利益表达为合法的、建设性的利益表达；能够为地方政府决策提供信息；有利于提高地方政府公共决策的公正性、合理性；有利于推进基层民主发展。然而，非法的影响却是：强势利益集团有可能损害整个地区的公共利益和广大公众的利益，特别是严重损害弱势集团的利益，影响社会的正义和社会政治的稳定。利益集团经济实力雄厚的，无须施压或游说，即可让地方政府俯首听命，出现“领导傍大款”，使地方政府决策的公正性和合理性受到影响；利益集团进行权力寻租、钱权交易或其他违法活动；一些经合法组织异化而形成的利益集团，运用企业、事业单位等合法组织的资源，欺压人民群众，瓜分集体财产，谋取非法利益。与此相关的例证是政府机构改革的难以推进，以及农村税费改革的中途夭折。

不规范参政影响政治运行机制。目前这种影响主要是通过两种途径达到的：一种是合法途径，如通过人大、政协、工商联等组织上达集团的意见和要求；另一种是非法途径，即在现行政治体制框架内，通过与政府官员的私下往来、权钱交易等活动，使政策运行在实践层面发生有利于本集团或某些个人的扭曲。这不但损害了政治体制的正常功能，而且从长远看也将使正常的参政行为变得困难。

为此，优化我国多党合作政党制度整合功能便成为当前的现实选择，这样也必将有利于把利益集团间的矛盾最大限度的在社会范围内解决，避免集团间的矛盾冲突，促使各利益集团的利益表达、利益协调和利益冲突规范化，从而保持政治稳定，推动社会进步。

政党政治是现代政治的重要特征，一个社会的良性运转和发展，很大程度上依赖于协调各种矛盾和利益冲突的政党制度。面对多元化的社会利益集团，必须增强我国多党合作政党制度的整合力。

《立足国情，加强中国政党制度建设》（廖继红，《团结》2009 年第 3 期）

中国共产党领导的多党合作和政治协商制度，是在中国这块土地上生长起来，并经过中国实践检验、符合中国国情的有中国特色的政党制度，它有效地解决了中国的实际问题，是实现我国经济发展、政局稳定、社会和谐的重要制度保障。坚定不移地走中国特色社会主义政治发展道路，必须坚持中国的政党制度，进一步完善和加强中国共产党领导的多党合作和政治协商制度的建设。

一、加强中国政党制度的理论建设，坚持自主性推动。完善多党合作制，重要的是加强中国政党制度的理论建设。当前多党合作制度运行中的诸多问题，都反映出理论的严重滞后。

二、吸收人类政治文明的成果，敢于创新。中国政治建设和发展，并不排斥那些真正属于人类优秀文明成果的东西。共产党领导多党合作在坚持自主性推动的同时，必须把握住目标与进程，处理好借鉴与创新的关系。不仅应吸纳国内的各种真知灼见，而且还应注意借鉴与吸取国外已经相对成熟的制度经验。如有些国家在政党的运行机制、监督机制、决策机制、选才任人机制等方面，在处理政党与政权的关系、政党之间的关系、党内关系、党与民众的关系等方面，确实有着长期的积累，有的经验值得借鉴。但要择善而从，既不一概排斥，也不全盘照搬，关键是要结合我国的实际，敢于创新。

三、以中国国情为基础渐进式推进。中国政治的发展和变迁，有自己的环境条件、自己的内在规律和自己的价值目标，最大的目的是推进社会主义民主政治制度化、规范化、程序化，实现中国人民的最大利益。所以，我们只能走自己的政治发展道路。

《解放思想与我国多党合作制度合法性分析》（杨爱珍，《湖南社院学报》2009 年第 2 期）

解放思想，就是在马克思主义的指导下打破习惯势力和主观偏见的束缚，推进理论和实际工作的创新和发展。夯实我国多党合作制度的合法性基础和扩大合法性资源，同样离不开解放思想。

改革开放以来，我国多党合作制度突破传统观念的羁绊，实现价值观念的解放：1. 从制度分类的传统学说中解放出来，着眼社会主义国家“多党存在”的民主性和合理性。2. 从民主党派性质的传统认知路径中解放出来，着眼民主党派在现代化中功能的发挥。3. 从政党制度传统的价值理念中解放出来，着眼政党制度的价值和功能。

从尊重政党制度的规律着手，实现了在制度规律认识方面的解放：1. 从群众运动的路径中解放出来，站在世界的高度，尊重政党制度发展的一般规律，着眼于制度建设。2. 从“姓‘社’姓‘资’”的束缚中解放出来，着眼于程序正义，从具体机制上解决政党功能的实现途径、方法和方式。

从科学理解执政党和参政党地位和作用着眼，实现了在政党关系认识上的解放：1. 从“程度不同的反对派”的误区中解放出来，着眼政治发展，建设和谐政党关系。2. 从“革命权威”模式中解放出来，着眼树立政党权威，推动多党合作制度可持续发展。

解放思想贯穿在我国多党合作制度发展的全过程。解放思想通常包括两种情况：一是对原先的认识进行再认识，这其中既有对原先认识中那些正确部分的坚持，也有对原先认识中错误部分的纠正；二是在研究新情况、解决新问题、总结新经验的基础上，形成新的正确认识。我国多党合作制度起步较迟，在发展过程中又遭遇曲折，因此我们必须要立足国情，坚持走中国特色社会主义政治发展的道路，并要继续解放思想，做到敢于面对新情况新问题，把实践当成最高权威，着力把握多党合作制度的理论要求和现实指向，形成实践创新和理论创新的良性互动，不断夯实和扩大我国多党合作制度的合法性基础。

《坚持多党合作制度发展和谐政党关系》（杭元祥，《民主》2009 年第 5 期）

发展和巩固社会主义和谐政党关系，无论在多党合作理论上还是在多党合作实践中，都是一个重要的命题。政党关系的长期和谐，既是我国政党制度的一个显著特征和巨大优势，也是坚持和完善我国政党制度的内在要求。

坚持长期共存、互相监督、肝胆相照、荣辱与共的方针，是发展和巩固社会主义和谐政党关系的基本前提。维护中国共产党领导、多党派合作、中国共产党执政、多党派参政的多党合作的政治格局，是发展和巩固社会主义和谐政党关系的重要内容。遵循多党合作的重要政治准则，是发展和巩固社会主义和谐政党关系的重要基石。坚持走中国特色社会主义政治发展道路，是发展和巩固社会主义和谐政党关系的重要保证。加强多党合作制度化建设，是发展和巩固社会主义和谐政党关系的关键环节。坚持执政党建设与参政党建设相互促进，是发展和巩固社会主义和谐政党关系的必然要求。

《合作博弈视角下的中国特色政党制度》（刘宁宁，《马克思主义与现实（双月刊）》2009 年第 6 期）

博弈论是研究决策主体的行为发生直接相互作用时的决策以及这种决策的均衡问题。博弈论从一开始就分为两个分支，一是非合作博弈，一是合作博弈。合作博弈亦称为正和博弈，是指博弈过程中双方的利益都有所增加，或者至少是一方的利益增加，而另一方的利益不受损害，因而整体的利益有所增加。合作博弈强调的是集体理性，强调公平与效率，重点研究合作的结果，是把合作视为先验而对联盟收益分配的处理。从博弈论角度看，政治合作是平等政治主体之间的政治博弈，是非暴力博弈冲突条件下的政治合作。

从合作博弈视角看中国共产党与各民主党派的关系：第一，中国共产党和各民主党派有共同的理想、共同的目标、共同的利益和共同的历史任务，这是合作博弈的基本前提。第二，中国共产党和各民主党派在具体利益上又有所不同，即中国共产党和各民主党派在中国特色政党制度框架内代表不同的利益群体，这是合作博弈的基础。第三，中国共产党和各民主党派的合作是在自愿、平等、互利的原则下进行的。

关于中国共产党与民主党派的合作博弈：第一，中国共产党和各民主党派合作博弈的动机一致。第二，中国共产党和各民族党派的合作博弈的约束条件是坚持中国共产党的领导。第三，中国共产党和各民主党派合作博弈的结果是人民群众满意。

关于中国共产党和各民主党派的合作博弈总收益：收益之一：政治稳定。第一，共产党的领导是实现政治稳定的保证。第二，参政议政、政治协商使政治稳定得以实现。收益之二：社会和谐。第一，党际和谐带动社会和谐。第二，政党功能的发挥促进社会和谐的实现。

《构建和谐政党关系，促进决策科学化民主化》（福建中医学院课题组，《福建省社会主义学院学报》2009 年第 4 期）

决策科学化民主化是管理学的重大问题，也是重大的政治问题。

中国特色的和谐政党关系涵盖了三个方面的内容：领导和接受领导的关系、合作共事的关系、互相监督的关系。而其和谐的内涵，则包括理论和谐、制度和谐和职能和谐。无论是理论和谐、制度和谐，还是职能和谐，都是决策科学化民主化所不可缺少的条件。（1）和谐政党关系的构建，必然形成一种对建设中国特色社会主义事业的共识，这有利于科学决策指导思想的统一。（2）和谐政党关系的构建，必然形成一种执政与参政议政相统一的制度，这一制度同决策的科学化民主化所要求的制度在本质上具有统一性，从而为决策的科学化民主化提供一良好的制度环境。（3）和谐政党关系的构建，形成一种有利于发挥各政党能力与水平的和谐互补的职能关系，这也有利于不同决策主体发挥不同角色（协商、协调、咨询、论证、听证）的作用。（4）和谐政党关系的构建，从总体上形成具有中国特色的先进的政党文化，从而为科学决策提供一个良好的文化环境。可见，和谐政党关系的构建，为决策的科学化民主化提供广阔的平台。

同时，决策的科学化民主化，将有力地推动和谐政党关系的建立。首先，决策同政党关系的构建存在着众多的契合点，决策的科学化民主化正是通过这些契合点发挥其对构建和谐政党关系的促进作用。其次，决策的科学化民主化将不断丰富和谐政党关系的内涵。

《改革开放三十年来多党合作发展的历史回顾》（孙凌雁，《中国统一战线》2009 年第 2 期）

如果以 30 年来我们党关于多党合作的重要文献为依据，以重大理论突破和发展为线索，对改革开放 30 年来多党合作的发展作历史回顾，我国多党合作的发展大致经历了三个发展阶段：

第一阶段：明确了多党合作的性质（1978 年底到 1989 年底）。这一阶段是我们党拨乱反正后，多党合作全面恢复并取得突破性发展阶段，特别是明确了新时期民主党派的定性和多党合作的定性问题，确定了中国共产党与民主党派的关系，并将多党合作制度上升到国家政治制度层面思考谋划多党合作问题，推动了多党合作实践的发展，我们党采取了大量政策措施，初步形成了多党合作的政策框架，极大地调动了广大民主党派成员、无党派人士的积极性和主动性，有力地推动了多党合作事业的发展。

第二阶段：明确了多党合作的历史方位（1989 年底到 2005 年初）。这一阶段是多党合作大发展，并逐步形成多党合作制度框架的阶段，特别是解决了民主党派的定位和多党合作制度的定位问题，逐步构建起了符合国情、适应时代发展要求的制度框架，并推动多党合作走上了制度化建设的轨道。1989 年中共中央颁发的《关于坚持和完善中国共产党领导的多党合作和政治协商制度的意见》（以下简称 14 号文件）是多党合作发展史上一个具有里程碑意义的重要历史文献。

第三阶段：明确了多党合作的历史走向（2005 年至今）。这一阶段是多党合作在制度化建设轨道上大发展的阶段，特别是明确了多党合作的政治准则，坚持中国特色社会主义政治发展道路、巩固和发展和谐政党关系等一系列重大问题，从而进一步明确了新世纪新阶段多党合作的历史走向。2005 年下发的《中共中央关于进一步加强中国共产党领导的多党合作和政治协商制度建设的意见》（以下简称 5 号文件）是多党合作发展史上又一个里程碑意义的重要历史文献。

改革开放 30 年来我国多党合作发展的实践充分证明：中国共产党领导的多党合作和政治协商制度作为我国的一项基本政治制度，体现了社会主义民主的本质要求，保障人民民主权利的充分行使，是实现社会主义民主的重要形式。这一制度突出了团结、民主、和谐的精神，具有合作、参与、协商的特点，既坚持中国共产党的坚强领导，又体现广泛民主，既保持一致性，又体现多样性，既规范有序，又充满活力，充分体现了社会主义政治制度的特点和优势，丰富和发展了中国特色社会主义。

《多党合作制度的核心价值》（贾小明，《广州社会主义学院学报》2009 年第 4 期）

随着世界对"中国道路"、"中国模式"越来越关注，人们开始从不同的立场和角度去评价、解读中国的政党制度。中国多党合作制度的价值，就是一个解读视角。《中国的政党制度》白皮书关于中国多党合作制度的价值和功能的表述应该是一种回应。要从单纯的政党制度分类学意义上的比较解读，进一步把多党合作制度作为认识客体和实践客体，与此对应的认识主体和实践主体就是中国共产党领导、人民民主专政、中国特色社会主义。中国共产党领导、人民民主专政、中国特色社会主义，是社会主义政党制度基本价值的中国化，既区别于资本主义国家政党制度，也区别于其他社会主义国家政党制度，是中国特色社会主义政党制度的核心价值，是多党合作的政治基础。只有明确多党合作制度的核心价值，并把核心价值与功能价值结合起来，才能全面科学地把握多党合作制度的价值。

《动态视野中的政党制度》（许忠明、陶传平，《云南社会科学》2009 年第 2 期）

中国共产党领导的多党合作和政治协商制度是当代中国的政党制度。由于它是在中国革命和建设中作为统一战线的一部分形成和发展起来的，所以我们对政党和政党制度的认识往往局限在统一战线的视野中，更多地考虑它对统一战线的"工具性"作用。在发展社会主义民主政治、建设社会主义政治文明的新时期，我国政党和政党制度的政治功能理应实现历史性转变。今天，我们应当站在民主政治的立足点上，在国家—政党—社会的三维立体结构中审视中国政党和政党制度，观察国家—社会、国家—政党、政党—社会这三个向量的变化，按照民主政治建设的要求来改革和完善我国的政党制度。

一、政党在国家和社会中的主导功能与核心地位

国家是从社会中分化出来的，政党又是在国家和社会中形成的，政党是连接国家和社会的桥梁和纽带。政党在国家和社会中具有主导功能和核心地位。

在当今民主政治时代，政党是一个国家与社会的政治权力核心，是政治制度的实际

操作者，也是现代民主政治的主导力量，具有明显的民主政治功能。对发展中国家而言，民主既是政党的目标之一，也是对民众的一种承诺。民众支持政党反对专制的一个很重要的原因在于政党答应要实现民主，因而政党执政后必须推行民主以获得人民群众的支持。

二、政党制度与国家政治建设、社会建设的内在逻辑关系

政党制度对国家政治建设和社会建设既有促进作用，又有约束作用。

民主政治是一个系统工程，政党、国家政权与社会是现代政治系统的三大要素和三大主体力量。这三种力量相互作用，共同决定着一个国家的政治生活与民主政治发展。政党作用的发挥与一个国家的政党制度密切相关。它们之间的关系具体表现为：

首先，政党制度与一个国家的政治制度具有内在的逻辑关系。政治制度是一个综合的概念，是基本制度、体制和机制、具体制度的统一，其中，基本制度具有根本作用。而政党制度是一个国家基本的政治制度，集中反映了政党、国家、社会之间的复杂关系，在政治体制中具有事关全局的战略地位，在国家、社会各个领域中发挥着重要作用。实际上，在现代民主国家，政党制度既规范着政党行为、制约着政党作用的发挥，又把一个国家的政党与政治制度紧密联系在一起，成为一个国家政治制度的关键点和连接点。政党制度与政治制度的这种关系在当代中国表现得更为明显，因为在我国，中国共产党是唯一的领导党和执政党，党的领导、人民民主、政治文明之间具有内在的统一性，我国的政治文明与政党文明不是一般的单向的要求，而是一种双向互动关系；不是简单、被动的双向互动，而是一种自觉的、政党主导的双向互动。

其次，政党制度与促进社会民主、实现社会和谐有着内在的逻辑关系。选举民主和协商民主是实现社会民主和社会和谐的基本途径。我国的民主政治发展和政治文明建设，既离不开中国共产党的领导，也离不开各民主党派的政治参与。用党内民主带动社会民主，用政党民主促进社会民主，通过政党与政党制度建设来推动我国民主政治发展，应该是我国民主政治发展和政治文明建设最直接、最现实的切入点。

最后，政党制度是连接国家与社会的桥梁和纽带，是民主政治的“传送带”和“方向盘”。这是由政党与国家、社会的关系及其政治地位决定的。如果说，政党制度、国家制度、社会三者之间组成了一个机器体系的话，社会就是“发动机”，国家制度就是“工具机”，而政党制度则是“传动带”，若缺少政党制度，国家与社会之间就缺少了必要的“调节器”和“联动带”，就难以产生有效的互动。而且，政党制度保证了政党作用的发挥。在现代社会，政党是最主要的政治参与形式，绝大多数与民主政治有关的活动都由政党发起、控制或主导。因此，政党制度成为政治发展的“方向盘”。

三、中国政党制度的现实政治困境

政党和政党制度建设的困境主要源于政党、国家、社会之间的向量变化上。首先，国家与社会关系的变化是影响政党和政党制度的第一个向量。在我国，社会呈现多样化发展趋势，公民社会正在形成，虽然国家仍然主导着社会发展，威权型政党政府具有现实存在的正当性和合理性，但是其转变已经开始，并有加速趋势。其次，政党与国家的关系变化是影响政党和政党制度的第二个向量。就中国共产党而言，它不仅是中国唯一的领导党，也是唯一合法的执政党。与国家政权的关系，不仅是执政关系，

还是政治上的领导与被领导的关系。不仅是现有国家政权的最初缔造者，也是现行国家机器的维护、改革者。就民主党派而言，八大民主党派是致力于中国特色社会主义事业的参政党，但不是联合执政、分享政权。这种党政关系既有有助于维护政治稳定的一面，也有不利于维护政治稳定的一面。第三，政党与社会之间关系的变化是影响政党制度的第三个向量。在我国，中国共产党是中国特色社会主义事业的领导核心，是国家和社会的领导党。在执政条件下，还借助国家权力等间接的权力领导方式来实现对国家和社会的领导，党的领导方式是间接的权力领导方式与直接的权力领导方式的统一，中国政党制度因此而具有了更大的社会凝聚力。但是，在它具有优点的同时也出现了不利的倾向，即表达功能和领导功能的失衡，领导功能的强化往往导致了一些领导人对民意的操纵和扭曲，“教化”高居于“表达”之上，政党的表达功能受到很大削弱。近年来，我国日趋频繁的群体性事件就很好地说明了这一点。

总之，国家—社会、政党—国家、政党—社会三个向量的变化，揭示了中西政党和政党制度形成的不同成因，决定了我国政党和政党制度在国家和社会生活中的地位和作用与西方有明显不同，突出了我国政党和政党制度面临的特殊困境。

四、完善中国政党与政党制度的具体思路

解决问题的关键是促使三个向量的均衡发展。政党的价值定位对完善我国政党和政党制度指明了方向，国家—社会、政党—国家、政党—社会三个向量的变化为政党制度的完善提出了要求，政党、社会和国家之间的逻辑关系则为政党和政党制度的完善提供了条件。

第一，政党是在社会中形成和发展起来的，控制国家政权是其重要的目的，因此，关注国家和社会之间关系的向量变化，寻找社会发展的规律，是完善政党制度的首要前提。

第二，政党与国家关系的正确处理是完善我国政党制度的重要方面。首先要从社会主义民主政治的角度来认识政党与政党制度的功能，实现政党观念的转变。其次，处理党政关系要有正确的方向和道路，这就是要始终把党的领导、人民当家做主和依法治国统一起来，沿着中国特色社会主义道路不断前进。再次，制度是中国政治文明的核心问题，制度具有根本性、全局性、稳定性、长期性，处理党政关系必须依靠制度，坚持用制度管权、管事、管人。最后，正确处理各个方面的关系要有科学的方法，坚持科学执政、民主执政和依法执政。

第三，政党与社会关系的正确处理是政党制度完善的根本所在。我们党的执政地位不是与生俱来的，也不是一劳永逸的，只有不断获取合法性政治资源，才能不断巩固和发展。获取合法性资源，正确处理政党与社会关系，关键在于协调政党的“表达功能”和“引导功能”，把表达功能放到第一位。

《当代中国政党制度社会整合功能的实现路径——从社会阶层分化的视角分析》（耿百峰，《理论学刊》2009 年第 1 期）

党的十一届三中全会之后，随着计划经济体制向着市场经济体制转型，组成中国社会的工人阶级、农民阶级和知识分子阶层发生了分化：

第一，工人阶级发生了深刻变化。工人阶级队伍壮大了。自主择业、双向选择的就业方式逐步取代国家分配、计划就业的方式。工人阶级队伍科技文化素质提高了。工人阶级内部出现分化了：逐步产生了普通工人群体、机关公务员群体、企业经营管理者群体和包括下岗工人在内的特殊困难群体，还有部分成员加入到个体经营者、私营企业主等新的社会阶层中。

第二，农民阶级发生了较大变化。一是农民的经济地位由公社社员转变成相对独立的商品生产者。二是纯粹的农业劳动者和以农业为主业的农民在劳动人口中的比重下降。

第三，知识分子阶层作为工人阶级的一部分，其内部的分化日益明显。越来越多的科研人员、工程技术人员、教师脱离原工作单位，或独自创业、或合伙经营、或投身于大中型企业和外资企业，还有一些知识分子成为不依附于任何单位的自由职业者。

第四，新的社会阶层正在形成，他们作为社会主义建设者的作用越来越突出。一是我国新的社会阶层以及从业人员掌握或管理着10万亿元左右的资本，使用着全国半数以上的技术专利，直接或间接地贡献着全国近1/3的税收。二是非公有制经济已经成为我国劳动者就业的一条重要渠道。三是新的社会阶层中的许多人积极参加社会公益活动，赢得了社会的广泛尊重和认可。

社会阶层的分化，使当代中国政党制度的利益整合、组织整合和意识形态整合功能面临挑战。

当代中国政党制度社会整合功能的实现路径主要体现在：整合利益关系，确保和谐社会的政治稳定性；整合组织资源，扩大中国各政党的群众基础；整合意识形态，形成相对稳固的全社会的核心价值体系。

《大道——写在中国特色政党制度确立60周年之际》（陈延武，《中国统一战线》2009年第9期）

中国特色政党制度的特点是共产党领导、多党派合作，共产党执政、多党派参政。它的核心理念是，通过共产党领导的多党合作而不是多党竞争，实现政治协商和民主监督。历史和现实无可辩驳地证明，中国特色政党制度是中国人民作出的历史性选择，是一条光明之路、希望之路、成功之路、和谐之路，是铺就中国特色社会主义道路的重要基石。

中国政党制度经过多党制和国民党一党独裁制的两次否定，最终选择了共产党领导的多党合作和政治协商制。这是中国社会历史发展的必然选择，也是中国共产党和各民主党派、无党派民主人士共同创造的结果。

实现国家富强、民族振兴，必须实行民主政治。中国特色政党制度源起于民主思想，扎根于中国国情，具有鲜明的中国特色，是实现社会主义民主的重要形式。

中国特色政党制度顺应潮流、与时俱进，在坚持中推进，在借鉴中发展，在发展中完善。中国的政局要稳定，多党合作这个政治格局必须稳定；中国的社会要和谐，共产党和民主党派的关系必须和谐；政党关系和谐是社会和谐的重要政治基础。共同的政治目标，决定了中国共产党与各民主党派在构建社会主义和谐社会这一新的政治实践中共同负有重大的历史责任。

道，既是道理，又是道路。道不同不相为谋、不同为伍、不协于力。中国特色政党制度既蕴含着符合中国国情、能够为社会主义初级阶段提供基本政治保证的内在逻辑和深刻道理，又指明了中国特色社会主义民主政治的基本发展方向，是中国共产党和各民主党派、无党派人士共同选择的同向发展、和谐共赢的唯一正确道路。

历史在节日里沉思，节日以它丰富的内涵沉思历史。

为了绿野平畴的四季飘香，为了万紫千红的永不凋零，让我们继续沿着这条已被证明了的康庄大道阔步前进。

《从政党制度层面讨论应对金融危机——金融危机背景下的中西政党制度比较研究》（王洪胜，《管理观察》2009 年 3 月）

世界各国政党制度的价值和功能在形式上基本上都体现为政治参与、利益表达、社会整合、民主监督和维护稳定等方面，为了应对全球金融危机，有着不同政党制度的中国与西方国家似乎已经消除了差别，结成了应对国际金融危机的统一战线。然而，中西政党制度具有不同的性质和特点：建立在不同的经济基础之上；代表着不同的阶级利益；在国家政治生活中的地位、作用和相互关系不同。

对比中西政党制度的性质与特点以及中西方为应对金融危机所采取的措施，可以看出建立在生产资料公有制基础上、代表最广大人民利益的中国共产党领导的多党合作制度具有伟大的创造性和巨大的优越性。只要我们充分发挥中国共产党领导的多党合作制度的优越性，扬长避短，在变数中捕捉和把握发展契机，在逆境中发现和培育利好因素，就一定能危中求机，化危为机，牢牢掌握发展主动权，把国际金融危机的不利影响降到最低程度，最先在金融危机中复苏和振兴。

《从信息不对称理论看我国多党合作制度的科学性》（王艳明，《湖北省社会主义学院学报》2009 年第 3 期）

近一个世纪的中国革命和社会发展证明了中国共产党和各民主党派共同创造的多党合作政治制度在实践上的正确性，而从理论上证明这种中国特色的政治制度的科学性既有必要也很迫切。

信息不对称理论认为，在几乎所有的情况下，不同经济主体所具有的信息资源和信息处理能力都是不对称的，掌握信息比较充分的一方，往往处于比较有利的地位而不当获利，而信息贫乏或信息不全的一方，则处于不利或者利益受损的地位，最终导致市场机制失效和道德危机。这一理论面世后不仅为经济学中很多市场现象提供了科学解释，成为现代信息经济学的核心，而且更加广泛应用到社会学、法学、教育学、政治学等各个领域，成为一种具有普遍意义的理论。

中国特色政党制度不仅从社会学、政治学或者法学的角度被论证为科学的，而且也是建立在信息不对称理论基础上，是信息不对称理论应用于政治学的具体实践。

现代社会由于政党、政府、社会团体和个人所拥有的权力和所占的资源不同，所处的政治、经济和社会地位不同，所具有的能力和所处的环境不同，所在的行业不同等多种原因，因此在自然状态下，一切社会行为的各方所拥有的信息永远是不对称的。

这种信息不对称容易滋生政党和政府的腐败、容易导致执政党和政府的决策失误、容易产生社会不公甚至社会动荡等严重危害和阻碍社会发展的恶劣现象，现代社会无论哪种政治文明形式，都在努力追求一个共同的目标，即设计各种政治和社会机制，减少和减低社会各层面的信息不公和信息不对称，保障每一位公民和社会团体公平而充分的信息权，从而建立一个文明、稳定、繁荣、和谐的国家与社会。

在我国政党制度下，参政党的“政治协商、民主监督和参政议政”本质上是为了减少或者降低执政党、政府、社会各阶层以及普通民众的信息不对称，从而谋求建设一个政治民主、政府廉洁有为、民众和谐、社会稳定的繁荣国家。政治协商对信息不对称的降减，是保障多元利益主体权益的需要；民主监督对信息不对称的降减，是保障权力运作过程正常运行的需要；参政议政对信息不对称的降减，是保障政治民主程序合理有序的需要。政治协商、民主监督和参政议政从内涵到机制均符合信息不对称原理，多党合作政治制度是信息不对称理论在政治学上的科学实践。

《博采众家之长的新型政党制度》（张庆、孙冬青，《联合日报》2009 年 10 月 13 日）

当代大多数国家实行的是两党制和多党制，这种制度能够在相当程度上反映社会各方面的意见，实现一定程度的社会民主。但在这一类型的国家中，政党之间的基本关系是相互竞争，党派之间的激烈竞争，会削弱国家政权，影响社会稳定。实行一党制的国家数量较少，提起一党制，很多人容易立即联想到专制和独裁，其实，一党未必独裁，真正的一党制是世界政党制度体系中不可或缺的重要组成部分。通过对实行一党制国家的历史辩证的分析我们可以看出：它能够合理高效地利用一国的全部资源，可以在面临内忧外患的情况下迅速建成强有力的主权国家，建立稳定的政治和社会秩序，保障国家基本职能的行使，快速发展一国经济。但一党制由于没有其他政党的监督，往往忽视甚至一味压制不同的声音，或因为长期执政而出现了体制僵化，损害本国人民的利益；或者易被人利用形成独裁专制制度。

中国共产党从成立起，就一直以中华民族的整体利益为重，不断探索建立新型的政党关系。从 1921 年到 1949 年，新民主主义革命的 28 年中，中国共产党曾两次同中国国民党合作。民主党派的创始人大多是著名的社会活动家和政治家，他们对多党制在中国的悲惨命运有着深切的体验，又亲身感受到国民党一党专政的迫害，坚决地摒弃和反对一党专政制度。中国人民在争取民族解放和国家独立的道路上，不断对传统政党制度进行吸收与借鉴，随着 1949 年“五一口号”的提出和中国人民政治协商会议的召开，标志着中国人民在理论上对传统政党制度进行了发展和创新，在实践中形成了适合我国国情的新型的政党制度。

中国多党合作制度具有巨大的优越性。它吸收借鉴了传统政党制度的积极因素，克服了传统政党制度存在的缺陷，是对传统政党制度的发展和创新。

中国多党合作制度创立了一种新型的政党制度形式，这一制度在吸收传统政党制度进步性的基础上，突破了传统政党制度的框架，既克服了党派竞争给国家造成的不利影响，又保留了党派之间的互相监督与合作，开创了政党关系的新格局，为世界政党制度的进步与发展作出了重要贡献。

《把握“三个统一”精神实质共谱多党合作事业新篇章》（陈抗甫，《人民政协报》2009年11月28日）

胡锦涛同志在庆祝中国人民政治协商会议成立60周年大会上的讲话中指出：“中国共产党领导的多党合作和政治协商制度作为我国的一项基本政治制度，是符合我国国情、具有鲜明中国特色的社会主义新型政党制度，能够在中国特色社会主义共同目标下把中国共产党领导和多党派合作有机结合起来，实现广泛参与和集中领导的统一、社会进步与国家稳定的统一、充满活力和富有效率的统一。”这“三个统一”是对我国政党制度中执政党、参政党的地位，相互关系以及这一基本政治制度重要作用的高度概括，具有极强的理论性和鲜明的时代性。

实现广泛参与和集中领导的统一，体现了社会主义民主政治的本质特征，也是实现共产党的领导、人民当家做主和依法治国有机统一的必然要求。实现社会进步与国家稳定的统一，体现了社会发展的客观规律，也是新形势下促进社会和谐的必然要求。实现充满活力和富有效率的统一，体现了中国政党制度的鲜明特色和巨大优越性，也是更好地团结一切可以团结的力量，集中力量办大事，推进科学发展的必然要求。

《SCP范式：中国政党制度的框架分析》（鲁开垠、蔡冬菁，《广东省社会主义学院学报》2009年第1期）

SCP范式是产业组织理论的基本范式，是进行产业分析的重要工具。SCP范式的理论框架即“结构（structure）——行为（conduct）——绩效（performance）”的分析范式，简称SCP范式。SCP理论认为，市场结构、市场行为和市场绩效之间具有互动关系，市场结构决定市场行为和市场绩效，市场行为和市场绩效反过来影响市场结构。

如果抽象掉SCP范式原有的分析内容，这种研究方法同样适用于中国政党制度的分析。我国政党结构在某种意义上可以理解为1+8型的政党结构，即中国共产党领导和八个民主党派，体现为中国共产党领导的多党合作和政治协商制度。因此，用SCP范式来分析我国政党制度有一定的参考价值和现实意义。

中国政党结构具有稳定性，是因为我国的政党主体是一元与多元相结合的主体。

我国的政党结构也是不断发展的动态结构。在中国共产党执政和各民主党派参政的体制结构环境下，我国经济社会得到了较快发展，而经济社会的变化发展，又反过来促进我国政党结构的变革，使共产党由领导革命的党向执政党转变，各民主党派向参政党转变，我国政党结构不断得到优化。

制度不是任何条件下都能有效发挥其功能，只有当制度处于均衡状态时，制度功能才能有效发挥。中国共产党领导的多党合作和政治协商制度，共产党是执政党，是社会主义事业的领导核心，各民主党派是参政党，他们通过政治协商、民主监督来参政议政。这种政党结构之所以稳定和进步，是因为共产党和各民主党派在政党运行的功能上具有互补性。

在中国政党制度的架构中，中国共产党和各民主党派的政治行为具有相互性。在我国的政治发展过程中，中国共产党和各民主党派通过加强自身组织建设和制度建设，提高执政能力、参政能力建设，使我国的政党结构日趋完善，推动我国政治经济社会向前发展。

中国共产党领导的多党合作和政治协商制度，促进了我国经济、社会和政治文明建设，在经济、社会和政治三方面，取得了显著的绩效。

《不同政党制度的社会成本分析与比较》（温玉堂，《北京日报》2009年4月20日）

政党制度已成为现代政治的中心和权力运行的中枢，相关研究趋热，但目前从社会成本视角作分析的显得稀少。研究表明，我国的政党制度提供了更大的政治弹性和政治包容度。

对政党制度进行社会成本分析，不仅具有经济学意义，而且具有政治学意义。在现代政治中，政党制度已成为国家政治制度的中心和权力运作的中枢。在这种情况下，不同政党制度之间绝不像有的学者所说的仅仅是制度类型和执政方式的差异，政党制度最大的差别还在于它在促进国家政治经济社会发展中所支付的社会成本的大小不同以及由此所体现的政治优势的差异。任何制度设计和运行都是要花费一定的社会成本的，政党制度也是如此。不同的是，这种成本的大小完全取决于政党制度是否合乎人民性和社会的进步性。不论是从政党制度的历史还是从其现实来看，不同的政党制度在促进政治经济社会发展的过程中，国家和人民所支付的代价是迥然不同的。这种代价，如果用经济学术语“成本”来进行定义的话，它不仅仅具有经济学意义，而且也具有政治学和伦理学意义。由此，我们便将这种代价谓之为“社会成本”，并且通过对它进行政治的、经济的和伦理的严密分析与仔细比较，使人们清楚地认识到，不同的政党模式其实是有优劣和好差之分的。而衡量的一个重要标准，就是视其在促进国家经济社会发展过程中是否能体现效率和优越性。

两党制不仅不能实现“共识政治”，而且常把重大的政府决策变为政治杂耍。美国政党制度是一个充满内在矛盾的政治体。从政治体系的力量上看，轮流执政的两个政党同出一宗，都是与劳动者阶级相对立的资产阶级政党。从政党政治运作来看，虽然体制内的两个政党阶级性质一样，但他们又各自代表着不同的利益集团，因而在政策上经常摩擦不断，效率低下。相比之下，中国的政党制度在推进政治民主过程中则体现出了很好的效率和优越性。

我国的政党制度提供了更大的政治弹性和政治包容度。在社会转型过程中，中国共产党领导的多党合作和政治协商制度较之苏联共产党的一党制更具政治弹性和政治包容度。参政党与执政党长期合作和有效协商在为中国共产党提供宽松的执政环境的同时，也为自己参政议政累积了丰厚的政治和社会资源。而实行一党制的苏联却不具有中国这种政党模式的政治优势。其中最主要的弊端是权力集中，缺乏弹性。在中国，国家的权力由执政和参政各党派分享，政府的人选也是由各党派协商产生而非执政党一党说了算，而苏联则不存在这种制度优势。

通过对不同政党制度的社会成本进行分析与比较，我认为，我国的多党合作和政治协商制度是目前世界上缺陷较少的一种政党制度，其效率和优越既非两党制可比，亦非一党制所及。当然，我们也不是说，中国政党制度是尽善尽美、完美无缺的。但这需要我们在分析过程中，准确区分政党政治制度和政党政治运作机制两个不同层面产生的不同问题，进而使中国政党制度在改革和发展中不断得到完善和巩固。

《为什么我国不能选择多党制》（任达，《人民政坛》2009 年第 8 期）

中国共产党领导的多党合作与政治协商制度，是独具中国特色的政党制度。这一政党制度是在中华民族争取解放和独立的斗争过程中自然形成的，是中国历史发展的必然。然而，近年来，一些人在我国政党制度上出现了模糊认识甚至错误观点，认为西方多党制是更为优越、更为民主的政党制度，我国的政党制度应借鉴甚至移植西方的多党制。

其实，一个国家采取何种政党制度，关键取决于本国的国情，国情的不同，决定着政党制度的差异。

我国之所以选择中国共产党领导的多党合作制，首先是由我国经济基础决定的。我国的多党合作制是建立在以公有制为主体的社会主义经济基础之上，公有制决定了劳动者根本利益的一致性。中国共产党是执政党，各民主党派是参政党，各政党团结合作，他们所代表的根本利益高度一致，目标完全一致，因而也就没有必要分成对立的两派去轮流执政。当然，不能否认，目前我国在根本利益一致的基础上还存在着不同的社会阶层和利益群体。多党合作中，共产党代表广大人民群众的根本利益，民主党派更多地反映和维护不同阶层、利益群体的具体利益。二者有机结合既为共同利益而奋斗，又注意维护和照顾不同方面、不同阶层的具体利益和特殊利益。而西方多党制是建立在资本主义私有制的经济基础之上，它必然反映垄断资本集团的利益及其相互之间的矛盾和冲突。如美国是典型的两党制国家，共和党和民主党就各有财团作背景。但是从阶级本质上来看，无论哪个政党，都代表垄断资产阶级的利益，都以维护资产阶级统治为宗旨。

其次，选择中国共产党领导下的多党合作制是保证我国事业顺利发展的需要。特别是现阶段，我国正处于实现社会主义现代化和中华民族伟大复兴的关键阶段，也正处于发展的“黄金期”与社会矛盾的“凸显期”，为此，需要把人民内部的利益分歧与矛盾控制在最小的范围，使之不影响大局。中国的人民代表大会制度、中国共产党领导的多党合作和政治协商制度，在运行中既能够反映人民群众中不同群体的意见和呼声，又能够从全局出发将人民群众的各种意见集中综合起来，使国家的法律与政策能够兼顾各方利益，妥善化解人民内部矛盾。而西方各政党之间存在的竞争上台、轮流执政的关系，必然使得彼此之间互相攻讦、互相倾轧，结果必然是形成扩大和深化社会分歧的政治机制，不利于社会和谐稳定。特别是在一些处于工业化、现代化进程中的发展中国家，大多处于社会矛盾的多发期、易发期，往往由于采用多党制，造成了社会矛盾的显化、激化。

总而言之，由于各国的具体国情不同，政党制彼此差别也很大。不同的政党制度孰优孰劣，没有一个确定的评判标准，也不可能有一个确定的比较结果。任何一种政党制度都是在某个国家特定的国情里才具有生存发展的空间和持续运转的条件。比如，英国和美国是渊源很近的两个国家，但是英国实行的是责任内阁制下的两党制，而美国则产生了总统制下的两党制。所以，强求别国采用自己的政党制度，或盲目仿效别国的政党模式，都是不切实际的。适合自己的就是最好的。在社会主义建设的实践中，不断发展、完善我国的政党制度，充分发挥出它内在的先进性、民主性、优越性，才是我们正确的选择。

王小鸿　中央社会主义学院中国政党制度研究中心教授

执政党研究

执政党研究述评

2009年国内学术界对执政党建设的研究，一是围绕纪念新中国成立60周年，回顾60年特别是改革开放30年来的执政党建设历程，深入总结执政党建设的成就和经验，并按照以改革创新精神加强党的建设的要求，对继续推进党的理论、实践、制度创新等热点难点和前沿问题进行深入思考；二是按照党的十七大关于党的建设总体部署，围绕党的执政能力建设和先进性建设这条主线，对党的思想、组织、作风、制度、反腐倡廉建设这五项重点任务，进一步深化研究；三是按照党的十七届四中全会精神和《中共中央关于加强和改进新形势下党的建设若干重大问题的决定》（以下简称《决定》）要求，对提高党的建设科学化水平，建设马克思主义学习型政党，推进马克思主义中国化、时代化、大众化，推进干部人事制度改革等新观点、新论断进行深入研究，对执政党建设规律进行深入探讨。总体来说，2009年执政党研究呈现出三个比较鲜明的特点：一是具有创新意识，按照以改革创新精神加强党的建设的要求，对执政党建设的重大问题从理论、实践和制度三个层面进行创新研究；二是具有机遇意识，抓住纪念新中国成立60周年的契机，对60年来党的建设的成绩、经验和问题进行回顾、总结和反思；三是具有实践意识，注重理论联系实际，在加强基础理论研究的同时，更加关注党的建设的现实问题，更加注重解决热点、难点问题。

一、新中国60年执政党建设经验总结

中国共产党执政60年、领导改革开放30年来，逐步探索形成了作为马克思主义执政党加强自身建设的基本经验，十七届四中全会将其概括为“六个坚持”。学术界围绕60年党的建设的历史进程、重要成就、宝贵经验进行了深入研究。

（一）执政党建设伟大成就和全面经验总结

王伟光在《开展马克思主义执政党建设的伟大实践》（《光明日报》2009年11月17日）一文中提出，我们党把推进中国特色社会主义伟大事业与党的建设新的伟大工程相结合，在加强马克思主义执政党建设方面进行了实践和理论上的不懈努力，取得了伟大成就，积累了宝贵经验。第一，我们党根据不同历史阶段的形势和任务，高度重视并切实抓好自身建设，不断提高执政能力和领导水平，开辟了马克思主义执政党

建设的新境界。第二，在领导社会主义现代化建设和改革开放的各个历史时期，我们党始终坚持以改革创新精神加强自身建设，走出了马克思主义执政党建设的新路子。第三，执政60年来，我们党历届中央领导集体高度重视加强党的自身建设，在理论上取得了丰硕成果，在实践上取得了突破性进展，取得了马克思主义执政党建设的新成就。虞云耀在《长期执政条件下加强党的建设的宝贵经验》（《党建研究》2009年第10期）一文中提出党的建设的七条宝贵经验：制定和贯彻正确的政治路线，紧密联系政治路线建设党；注重党的思想理论建设，坚持党的指导思想与时俱进；建设高素质的领导班子和干部队伍，培养造就大批善于治党治国治军的优秀领导人才；不断加强和改进党的基层组织建设；以密切党同人民群众的血肉联系为重点加强作风建设；加强以民主集中制为核心的党的制度建设；坚决惩治和有效预防腐败，大力加强反腐倡廉建设。回顾和总结长期执政条件下党的建设的经验，可以得出以下认识：把握一个中心：经济社会又好又快发展；贯穿一条主线：执政能力建设和先进性建设；坚持一个方针：党要管党、从严治党；围绕一个目标：建设马克思主义的执政党；发扬一个精神：改革创新精神。梁妍慧在《执政60年来中国共产党建设的基本经验》（《河北日报》2009年9月9日）一文中指出，新中国成立60年来，中国共产党在领导全国人民进行社会主义现代化建设的伟大事业中，取得了举世瞩目的成就，与此同时，党的自身也获得了巨大的发展和进步，积累了丰富的经验。第一，确立执政党建设的指导思想——坚持和推进马克思主义中国化。坚持马克思主义基本原理，并根据实践和时代的发展不断推进马克思主义中国化，这是确立党的政治路线的理论依据，也是党立于不败之地的思想保证。怎样才能做到把坚持马克思主义和推进马克思主义中国化结合起来呢？一是从实际出发，而不是从本本、从已有的原则出发；二是开阔视野，在比较借鉴中发展马克思主义。第二，把握执政党建设的基本规律——围绕党的中心任务，以改革创新精神建设党。党的建设必须紧紧围绕党的中心任务进行，这是我们党在战争年代就总结出的党的建设的基本规律。执政后，党的中心任务是建设中国特色社会主义，党的建设就必须置身于这一伟大事业之中，以此确立党的建设的目标，确定党的自身建设的途径和总体布局。一是确立党的建设的目标，二是明确党的建设的基本途径，三是制定党的建设的总体布局。第三，探索执政党科学有效的领导方式——改革和完善党的领导方式和执政方式。坚持党的领导，是我们的事业胜利的根本保证。中国共产党夺取政权后，如何实施对国家政权和社会事务的科学领导，代表人民掌好权、执好政，就成为一个崭新的重大课题摆在我们面前。一是重新认识前人的经验与做法，对前人的经验与做法采取实事求是的分析与评价；二是探索新做法、提炼新观点，如党的领导是政治、思想和组织领导，要坚持科学执政、民主执政、依法执政。第四，明确执政党自身建设的方向和特点——发展党内民主，强化制度建设。党要实施科学有效的领导，必须首先建设好自身。那么，执政后，党的自身建设的特点和规律又是什么？首先，要认清执政党自身建设的方向和特点。执政条件下，发展党内民主成为党自身建设改革的重心和方向，制度建设成为执政党自身建设的一个重要组成部分，成为贯穿于党的思想建设、组织建设与作风建设等各个方面的基础性建设，其次，要以发展党内民主为方向，以制度建设为重点。执政党自身建设的特点要求我们，必须把制度建设融入党的建设的各个方面，并不断强化制度的系统性、有机联系性、相互配套性。第五，构建执政党反腐倡廉的体系——建立教育、制度、监督“三位一体”的治本之策。一是思考党的中心任务对反腐倡廉建设提出的新要求。改革开放的特点决定了反腐倡廉将是长期的、综合的。教育不扎实、制度不完善、监督不得力，是腐败滋生的综合因素。二是制定惩治和预防腐败的总方针与工作体系。在逐步认清腐败滋生蔓延的综合因素的基础上，党的十六届四中全会，第一次明确提出了“标本兼治、综合治理、惩防并举、注重预防”的总方针。在这一总方针的指引下，党中央又颁布了《建立健全教育、制度、监督并重的惩治和预防腐败体系实施纲要》。郭树人、邓群策、李志民在《改革开放以来党的建设取得的重要经验》（《湖南社会科学》2009 年第 5 期）一文中提出，改革开放以来的党建实践为我们提供了许多启示，积累了十分丰富的鲜活经验。作者认为，最主要的有十四点。第一，正确认识党的性质和使命，把握党的执政环境和历史方位，确立体现时代要求和人民期待的党的建设总目标。第二，恢复和发展党的马克思主义思想路线，搞好党的建设的先导性工程。第三，重视理论建设，创立中国特色社会主义理论体系，为改革开放和现代化建设提供科学理论指导。第四，确立和坚持正确的政治路线，实现党的最高纲领与最低纲领的统一。第五，不断深化干部人事制度改革，着力造就高素质的干部队伍。一是进一步发展党的干部路线，二是整体推进和不断深化干部人事制度改革，三是加大干部教育培训力度，四是狠抓领导班子建设这一重点。第六，实施人才强国战略，开创人才辈出、人尽其才良好局面。第七，着眼于保持和发展党的先进性，扎实抓好党员队伍建设这一基础工程。一是做好党员发展工作，把好党员入口关；二是改进对流动党员管理；三是加强和改进党员教育；四是处置不合格党员。第八，着力加强基层党的建设，夯实党执政的组织基础。一是明确基层党组织建设的指导方针和主要任务，二是以更灵活的形式搞好基层党组织的设置，三是充分发挥不同基层党组织的作用，四是在基层党组织中开展创建活动。第九，加强党的作风建设和反腐倡廉建设，保持和发展党和人民群众的血肉联系。第十，扩大党内民主，始终坚持党的群众路线，进一步健全民主集中制。第十一，建立健全党内制度体系，把制度治党和着重思想建党有机统一起来。第十二，正确处理党内团结与党内斗争的关系，提出“党内和谐”的科学命题，促进党的团结和睦。第十三，坚持和改善党的领导，改革和完善党的领导方式和执政方式，提高党的执政能力。第十四，统筹经济社会建设和党的自身建设，加强和改进党对自身建设的领导。十一大以来，在党的每次代表大会期间都召开一次中央全会专门研究党的建设，作出相关决定。中央和地方党委还成立党建工作领导小组，建立党建工作责任制度，促进党建工作任务的落实。周知民在《关于改革开放 30 年党的建设理论和实际经验的思考》（《行政与法》2009 年第 1 期）一文中分析了改革开放 30 年党的建设最鲜明的特点、最突出的标志和最显著的成就。第一，最鲜明的特点是改革创新，包括理论创新、制度创新、工作创新和方法创新各个方面。改革创新成为新时期党的建设的主题和主调，就是新时期党的建设的鲜明特色和强大动力，也是新的历史条件下全面加强和改进党的建设的原则要求。第二，最突出的标志是政党转型。中国共产党人自觉地认识到了党所处的历史方位的转变，从“革命党”转变为执政党，形成了具有中国特色的马克思主义执政党建设的理论体系。第三，最显著的成就是民主和谐。我们党已经成为世界上党员数量最多的特大型政党，如何保证这样大的政党的凝聚力、创造力和战斗力不断提升？30 年的经验证明，我们党有了清醒、坚定的认识和实践：即加强党内民主建设，实现党内和谐。

刘立军在《从党章修改的视角看党的建设规律》（《党政干部学刊》2009 年第 5 期）一文中提出，党章的修改从一个侧面反映了党的建设历程，因此从党章修改的角度看党的建设，一方面可以明晰党的建设脉络，另一方面也可以从中总结出一些带有普遍性的规律。第一，只有不断进行理论创新和制度创新，党才能永葆生机与活力。第二，党章的修改过程就是马克思主义基本原理与中国具体实际相结合的历史过程。解决中国的现实问题，没有现成的理论答案，唯一的出路就在于将马克思列宁主义的普遍原理与中国的实际国情结合起来，寻找解决中国问题的新答案。第三，党章的修改过程就是中国共产党思想上、组织上从幼稚走向成熟的过程。党章的修改也体现了中国共产党已经从一个思想幼稚组织孱弱的小党，成长为一个理论成熟先进组织严密的马克思主义政党。胡国喜在《建国 60 年来党章发展演进的基本规律和历史经验》（《学习与实践》2009 年第 6 期）一文中提出，新中国成立以来，党章历经 60 年的发展演进，逐渐形成了三大基本规律。第一，党的成熟程度决定了党章的发展程度。党的理论水平和实践能力成熟到什么程度，党章就发展到什么程度、完备到什么地步。第二，党章必须进行周期性的修改。党章修改的内在深刻动因则是客观环境和主观认识的变化，归根到底是客观社会的政治经济变动。第三，不断进行立法补偿是党章自我保护与自我完善的手段。只有不断地用具体法规对党章进行立法补偿，形成一个以党章为核心的党内法规制度体系，党章才能真正确立党内宪法的最高权威，而不是成为口号标语。党章发展演进丰富的历史经验，总的来看主要有四个方面。第一，创制方面，制定科学党章必须具备三要素——坚持正确理论的指导是前提，充分发扬党内民主是关键，党规党纪应与国法相协调。第二，施行方面，要不断增强党员的党章意识。党章意识，由党员对党章的认知、认同、贯彻以及维护等四个从低到高、由表及里的层面构成。第三，修改方面，要坚持原则性和灵活性相结合的原则。原则性，主要表现在性质宗旨等根本性的规定不能改、可改可不改的不改；灵活性，主要表现在党章修改的前瞻性和伸缩性。第四，保障方面，要充分发挥纪检机关的保障作用。党的纪检机关通过保护、惩处、监督、教育这四项辩证统一、相互联系的有机职能整体，有效保障党章的贯彻落实。

（二）思想理论建设方面

秦宣在《新中国 60 年中国共产党理论创新的基本经验》（《北京社会科学》2009 年第 5 期）一文中提出，我们党 60 年理论创新积累了宝贵的历史经验，主要是：第一，始终坚持一个原则——坚持马克思主义基本原理同推进马克思主义中国化结合起来；第二，始终站稳一个立场——代表最广大人民群众利益；第三，始终围绕着一个主题——建设中国特色社会主义；第四，始终追寻着一个目标——实现中国的现代化。周金堂在《改革开放 30 年来党的理论创新的基本经验初探》（《求实》2009 年第 3 期）

一文中提出，总结改革开放30年来党在理论创新方面的主要经验，主要有以下七条：第一，理论创新必须坚持马克思主义的指导地位，以科学的态度对待马克思主义。第二，理论创新必须清晰把握时代特征和党所面临的时代任务，与时俱进推进马克思主义中国化。第三，理论创新必须接受实践的检验，以人民群众的伟大实践为动力和源泉。尊重群众与尊重实践是一致的。第四，理论创新必须遵循马克思主义认识论的规律，自觉地用新的认识反映新的事物，解决新的问题。第五，理论创新必须坚持以解决我国社会主义现代化建设中的实际问题为中心，着眼于现实进行理论思考。第六，理论创新必须建立在充分认识基本国情的基础上，以社会主义初级阶段为开展正确的理论创新的立足点。第七，理论创新要有世界眼光，要敢于善于借鉴和吸收人类社会创造的一切有益文明成果。王永贵在《新中国60年社会主义意识形态建设的基本经验》（《江海学刊》2009年第5期）一文中提出，新中国60年来，我们党始终掌握着意识形态领域的主导权，在推进意识形态建设中积累了丰富的历史经验。这些经验概括起来就是：第一，坚持正确方向，在坚持、继承和发展马克思主义的过程中推进意识形态建设，用与时俱进的马克思主义理论引领意识形态建设。第二，把握舆论动向，以适时开展国内外两条战线思想交锋掌控意识形态建设。第三，创新方法机制，以符合国情的多种手段和载体推进意识形态建设。第四，注重科学发展，以协调好各方面重要关系支撑意识形态建设。秦宣在《改革开放以来意识形态建设的基本经验》（《中国特色社会主义研究》2009年第5期）一文中提出，改革开放以来，我们党实现了社会主义意识形态理论、机制、方法和管理等多方面的创新，积累了许多宝贵经验。第一，坚持意识形态发展与经济、政治发展的统一，高度重视我国意识形态建设；第二，把坚持马克思主义基本原理同推进马克思主义中国化结合起来，不断推进我国意识形态建设；第三，把坚持指导思想的一元性和思想文化的多样性结合起来，用马克思主义占领意识形态阵地，用社会主义核心价值体系引领社会思潮；第四，坚持先进性和层次性的统一，不断用马克思主义中国化最新成果武装全党、教育人民，努力提高人民群众的思想文化素质。

孙熙国在《60年来马克思主义大众化的基本历程与基本经验》（《理论视野》2009年第11期）一文中提出，回顾新中国60年来马克思主义大众化的历史进程，有三条基本经验。第一，必须做好马克思主义与中国实际相结合的工作，赋予马克思主义以鲜明的实践性、时代性和民族性特征。具体地说，必须做好以下两方面工作：一是关注现实问题，克服精英化倾向；二是弘扬中国优秀的传统文化，建设和发展当代中国马克思主义。第二，必须发挥好不同主体在推进马克思主义大众化过程中的重要作用。一是重视领袖和杰出人物的关键作用，同时应注意防止个人迷信和个人崇拜。二是发挥马克思主义大众化专业队伍的基础作用。三是发挥普通群众的在马克思主义大众化过程中的主体地位。第三，必须在创新和发展马克思主义过程中推进马克思主义大众化。如果仅有理论的通俗化与普及化而不进行创新与发展，理论就不能解决实际问题，也无法掌握群众，更无法实现真正的大众化。包心鉴在《新中国60年来马克思主义中国化的基本经验》（《学习论坛》2009年第10期）一文中提出，新中国60年来中国共产党推进马克思主义中国化形成了许多宝贵经验，最根本的在于，把时代要求和中国实际作为结合的逻辑起点，搞清楚什么是马克思主义、怎样对待马克思主义；最重要的在于，把社会主义初级阶段作为改革与发展的基本出发点，搞清楚什么是社会主义、怎样建设社会主义；最关键的在于，把人民群众的利益需求和创造精神紧密结合起来作为社会主义建设的基本方针，搞清楚什么是人民群众的积极性，如何依靠人民群众的力量推进社会主义建设。潘福金在《60年来推进马克思主义中国化的基本经验》（《社会主义论坛》2009年第12期）一文中提出，新中国成立60年以来，我党推进马克思主义中国化的基本经验主要有以下八点：第一，始终坚持马克思主义的指导地位，是马克思主义中国化的前提保证。必须始终坚持马克思主义基本原理不动摇，同时，必须正确对待马克思主义经典作家的许多具体结论。第二，始终坚持与时俱进地发展马克思主义，是马克思主义中国化的鲜明特征。第三，始终坚持以马克思主义解决中国现实问题，是推进马克思主义中国化的根本出发点。第四，始终坚持群众路线和群众观点，是马克思主义中国化的力量源泉。尊重人民群众的丰富实践，尊重人民群众在社会实践中的首创精神，并且善于把群众提出的东西加以概括形成新的理论成果。第五，始终坚持与中国传统文化相结合，是马克思主义中国化的文化基础。要实现马克思主义与中国传统文化在民族形式和内容方面的融合。第六，始终坚持以改革创新精神推进党的建设，是马克思主义中国化的组织保证。第七，总结经验和吸取教训，是成功实现马克思主义中国化的重要条件。第八，始终坚持同各种错误的思想观点作斗争，是马克思主义中国化的重要保证。

（三）制度建设方面

李玉荣在《新中国60年党的制度建设的回顾与思考》（《政治学研究》2009年第4期）一文中提出，回顾新中国成立以来党的制度建设的发展历程，我们从中可以得到许多重要启示：第一，要把党的制度建设提到关系党和国家前途命运的高度来认识和对待；第二，加强制度建设的关键在于坚持和完善民主集中制；第三，党的制度建设必须与党的其他方面的建设相结合，它们之间是相互联系、相互促进的；第四，党的制度建设必须相互配套，实体性制度和程序性制度二者相辅相成，缺一不可；第五，必须严格把握制度的执行环节，拟定执行制度的具体规划和实施细则，加强对制度执行过程的监督检查和坚决查处。赵铁锁、肖光文在《新中国成立以来党的制度建设历史回顾与经验总结》（《理论探讨》2009年第5期）一文中提出，回顾党的制度建设历程，我们可以看到党的制度建设具有曲折性、长期性、实践性和以完善和发展民主集中制为核心，一脉相承而又与时俱进的特点。其基本经验可概括为以下四条：第一，党的制度建设必须加强党的领导，脱离党的领导来谈制度建设必然陷入资产阶级自由化的泥潭；第二，必须把党的制度建设与其他建设相结合，贯穿于党的建设其他各个方面；第三，坚持解放思想、实事求是、与时俱进的思想路线，以改革创新的精神推进党的制度建设；第四，加强党的制度建设，必须积极吸收和借鉴一切积极的东西，不断拓宽党的制度建设的思路，丰富党的制度建设的内容。谢忠平在《改革开放以来党的制度建设的基本经验》（《中共天津市委党校学报》2009年第1期）一文中提出，注重制度建设是新时期党的建设理论的一个鲜明特征，其基本经验可概括为：第一，坚持把制度建设放在更加重要的位置。更加充分地认识到了制度建设的重要性，认为加强和改善党的领导，搞好党的建设，必须改革和完善党的各项制度。第二，坚持把制度建设同其他建设结合起来。制度本身不是目的而是手段，同时，制度的贯彻执行也需要加强其他方面的建设，增强全党贯彻党内制度的自觉性和坚定性，增加制度的执行力。第三，坚持党规党纪与国家法律相协调。党的制度既包括党组织内部的各种制度，也包括党对国家和社会（企业、事业、群团等）实施领导的制度或体制，必须处理好党政关系、党企关系、党事关系、党群关系。第四，坚持根本制度与具体制度相配套。为保证制定的各项法规制度行得通、做得到，必须使它们彼此衔接、环环相扣，真正发挥整体合力。第五，坚持立足现实与着眼长远相统一。增强制度的现实可行性与操作性，增强预见性、严密性与科学性，做到理论与实践、继承与创新相结合。第六，坚持制定与执行并重。建立健全制度自身保障性条文；制定严密的实施保障性措施；建立健全自上而下和自下而上的监督体系。

（四）反腐倡廉建设方面

陈力予在《党风廉政制度建设历程：经验与价值》（《福州党校学报》2009 年第 5 期）一文中提出，从中国共产党反腐倡廉奋斗历程的各个历史阶段看，党风廉政制度建设的经验可总结为以下五条：第一，党风廉政制度建设的核心价值是代表最广大人民的利益；第二，党风廉政制度建设的基本作用是促进社会进步与发展的重要推动力；第三，党风廉政制度建设的重要途径是加强法制建设、完善廉政监督手段；第四，党风廉政制度建设的总体战略必须适应环境，与时俱进、开拓创新；第五，党风廉政制度建设的整体布局必须做到系统性、科学性、可行性的统一。田恒国在《改革开放 30 年反腐倡廉建设的基本经验》（《福建日报》2009 年 1 月 20 日）一文中提出，中国共产党在改革开放 30 年党风廉政建设和反腐败斗争过程中，逐步探索反腐倡廉建设规律，积累的宝贵经验主要体现在：第一，民主与法制——反腐倡廉建设的正确方向。发扬社会主义民主成为反腐倡廉建设的根本方法，健全社会主义法制是反腐倡廉建设的重要保障。第二，惩治与预防——反腐倡廉建设的治本之策。反腐倡廉建设经历了从注重打击腐败分子，到既注重惩治腐败分子，又重视预防腐败现象发生的标本兼治的策略选择过程。第三，教育与监督——反腐倡廉建设的两道防线。在思想问题上，高度重视对领导干部进行理想信念教育和廉洁从政教育，筑牢思想防线；在行为约束问题上，非常重视对权力的行使加强监督，监督制度日趋完善，体系日渐健全。第四，制约与协调——反腐倡廉建设的权力结构。十六大提出要“建立结构合理、配置科学、程序严密、制约有效的权力运行机制”，十七大提出要“建立健全决策权、执行权、监督权既相互制约又相互协调的权力结构和运行机制”。第五，坚持党的领导——反腐倡廉建设的政治保障。反腐倡廉建设始终在党的领导下健康有序地进行，这是我们党的宝贵经验，也是今后必须坚持的一条政治原则。

（五）党内民主与党内监督方面

胡国喜在《建国 60 年来党内民主发展的历程、经验及前瞻》（《理论研究》2009 年第 4 期）一文中提出，建国以来党内民主实现科学发展的基本经验主要是：第一，以制度创新、制度设计和制度安排来发展党内民主；第二，坚持有序的、可控的、增量的党内民主发展策略；第三，尊重党员主体地位，保障党员民主权利，夯实党内民主的基础；第四，积极推进指导理论创新，丰富党内民主理论资源；第五，培育党内民主文化，积极塑造全体党员包容党内不同意见、尊重多数、保护少数以及制度和程序至上的党内民主观念、品质与精神；第六，始终高度重视发展党内民主，把党内民主提高到党的生命的战略高度来加以建设。姚桓、肖纯柏在《论改革开放以来党内民主建设的基本经验》（《中国特色社会主义研究》2009 年第 1 期）一文中提出，30 年来，党内民主制度建设的基本经验主要有八条：第一，把理论创新与实践创新相结合，用发展着的马克思主义指导新的民主实践；第二，充分认识党内民主建设的重要性、紧迫性和复杂性、长期性，积极慎重地推进党内民主；第三，走自主创新之路，借鉴人类政治文明和外国政党建设的有益成果和经验，不照搬国外民主发展模式；第四，围绕党的政治路线和中心任务发展党内民主，以扩大党内民主带动人民民主、以党内和谐促进社会和谐；第五，充分发挥基层党组织和广大党员干部的积极性创造性，使自下而上的探索推进与自上而下的示范带动相结合；第六，充分尊重党员主体地位，把保障党员民主权利作为发展党内民主的基础；第七，提高党内民主建设的制度化水平，在制度基础上形成党内民主机制；第八，加强思想教育，培育党内的民主文化。高兰、李娟在《改革开放以来党内民主制度建设的历程与经验》（《理论探索》2009 年第 1 期）一文中提出，改革开放以来的党内民主制度建设经历了恢复、发展、创新和深化的历程，其基本经验：第一，必须把党内民主制度作为一个层次结构合理、权力配置均衡、内容协调耦合、链条环节承续的完整制度体系来建设；第二，完善党内民主制度体系必须遵守权力结构的封闭性与权力运行的开放性相统一、制度设计科学性与实施有效性相统一、内容的开放包容性与本质稳定性相统一的原则；第三，党内民主制度建设必须与民主文化建设相配合，破除制度万能论，在着力完善党内民主制度体系的同时，培育党内民主主体形成正确的民主观念、正确的民主价值取向和科学的思想方法。耿洪彬在《改革开放以来党内基层民主建设的经验及启示》（《长白学刊》2009 年第 2 期）一文中提出，改革开放以来党内基层民主建设的启示主要是：第一，推进党内基层民主建设必须有明确的指导思想，坚持正确的政治方向；第二，坚持以改革创新的精神推进党内基层民主建设，在实践中学习民主、发展民主；第三，要把坚持加强制度建设与提高党员、干部的思想政治素质结合起来；第四，推进党内基层民主建设既要坚持形式多样化，又要对基层党组织的探索和突破加以规范和引导；第五，推进党内基层民主建设必须领导高度重视，坚持真抓实干，形成党内民主建设的合力。

赵铁锁、肖光文在《建国以来党内监督制度建设的历史回顾与经验总结》（《长白学刊》2009 年第 4 期）一文中提出，回顾党内监督制度建设历程，其基本经验可概括为以下五条：第一，党内监督制度建设的全过程必须自始至终坚持党的领导，制定出来的制度必须有利于坚持和改善党的领导。第二，坚持民主集中制，促进党内民主，维护党内团结。第三，坚持解放思想、实事求是、与时俱进的思想路线，以改革创新精神推进党内监督制度建设。第四，加强党的制度建设，必须积极吸收和借鉴人类政治文明的有益成果。第五，更加重视党内监督体制、制度的建设，建立一种结构科学合理、运行流畅有序、职能明确高效的执政党监督制度体系，为监督的有效性提供可靠保证。张舒平在《改革开放30年党内监督的基本经验》（《理论学习》2009年第1期）一文中提出，30年来党内监督工作积累的经验主要有以下五条：第一，制度建设具有根本性、全局性、稳定性和长期性，实现监督工作的规范化、制度化，并使这些规范和制度不因领导人的改变而改变，不因领导人看法和注意力的改变而改变，是加强党内监督工作的关键，是党内监督工作持续、深入、健康发展的重要保证。第二，最重要的是要由专门的机构进行铁面无私的监督检查，注重党内监督机构建设，党内监督机关的工作机制不断理顺，地位不断提高。第三，关键在于发展党和国家的民主生活，发扬我们党的传统作风，一切不符合党的民主集中制和集体领导原则的做法应该坚决纠正，保障党员权利正常行使和不受侵犯。第四，对于执政党来说，党要管党最关键的是干部问题，把各级领导机关和领导干部特别是各级领导班子主要负责人作为监督的重点对象。第五，与党外监督相结合，保证人民群众和党外人士对我们党的组织和党员的监督。

（六）执政能力建设与先进性建设方面

杜艳艳在《建国六十年党的先进性建设的历史沿革和基本经验》（《学理论》2009年第24期）一文中提出，我们党执政60年来，先进性建设的一些原则和成功做法可以概括如下：第一，坚持党在指导思想上的与时俱进，用发展着的马克思主义理论指导党的先进性建设。第二，坚持抓住“建设一个什么样的党，怎样建设党”这个党的建设的根本问题，明确党的先进性建设目标。第三，坚持以改革的精神加强党的先进性建设，不断提高党的领导水平和完善党的执政方式，不断改进旧的、不合时宜的做法，适应新形势的发展和要求。第四，坚持全心全意为人民服务的宗旨，以实现好、维护好、发展好人民群众的利益作为党的先进性建设的出发点和落脚点。第五，坚持走制度建党的路子，建立保持党的先进性和共产党员先进性的长效机制。必须建立起党员先进性评价机制、民主监督机制、管理约束机制、经常性与适当集中性结合的教育机制、领导党建责任制等一整套便利、管用、有效、稳定的长效机制。欧黎明在《改革开放30年党的先进性建设的重要启示》（《中共云南省委党校学报》2009年第1期）一文中提出，回顾改革开放30年的实践，我们得到的重要启示是：加强党的先进性建设必须围绕一个中心，抓住两个立足点，贯彻两个检验标准，建立牢靠的制度保障。第一，先进性建设必须紧密围绕党的中心工作来进行，为党的中心工作服务，才能形成良好的实践基础，搭建展示党的先进性的坚实平台。第二，先进性建设必须立足用马克思主义的立场、观点、方法教育全党，通过提高全党解决实际问题的能力来保持、体现和展示党的先进性。第三，先进性建设必须立足于党员队伍建设和党的组织建设的实际，为保持党的先进性打造坚实的载体。第四，先进性建设必须把党的根本宗旨贯穿于始终，在实现好、维护好、发展好最广大人民的根本利益的实践中得到检验。第五，先进性建设必须贯穿党的建设的全过程，以党的思想、组织、作风、制度和反腐倡廉建设的成效来检验其实践效果。第六，先进性建设必须以党的制度建设为保障，既立足于做好经常性工作，又抓紧解决存在的突出问题，才能在实践中有效地保持党的先进性。

王海军在《建国以来中国共产党执政能力建设基本经验探析》（《长白学刊》2009年第5期）一文中提出，建国以来中国共产党执政能力建设的基本经验主要有六条。第一，以科学理论做指导，不断推进执政理论创新，深入探索执政能力建设的基本规律，是执政能力建设不断提高的重要思想理论前提。第二，巩固和扩大统一战线，逐步提高民主党派的参政议政能力，不断完善共产党领导的多党合作和政治协商制度，是执政能力建设不断提高的动力源泉和政治保障。第三，确立执政为民的执政理念，密切党同人民群众的联系，是执政能力建设的重要价值取向。第四，始终把制度建设作为一项系统工程来抓，以执政体制和执政方式的改革与建设为重点，是执政能力建设的重要途径和提高执政能力的根本保证。第五，把发展作为解决一切问题的关键，以经济建设为中心，大力发展社会生产力，是执政能力建设的基本目标和归宿。第六，加强干部队伍建设，提高党员特别是党员领导干部的素质，充分发挥基层党组织的作用，是执政能力建设的核心和关键。徐中、徐琛在《60年来中国共产党执政理论建设的成就与经验》（《政治学研究》2009年第5期）一文中提出，60年来党在艰巨复杂的执政实践中，围绕“为谁执政、靠谁执政、怎样执政”这三个根本问题进行积极探索，初步形成了具有中国特色的执政理论体系。总结60年来党的执政理论建设的经验，主要是：第一，必须坚持以马列主义、毛泽东思想、邓小平理论和“三个代表”重要思想为指导，在党的执政实践中检验和发展党的执政理论。第二，坚持把马克思主义执政理论与我们党执政的具体实际相结合，以改革创新的精神推进党的执政理论建设，是党的执政理论不断发展的关键。它既为我们发展执政理论提供了科学的方法论，同时也是我们发展执政理论的基本要求。第三，必须把实现党的执政使命、提高党的执政能力，作为党的执政理论建设的根本出发点。第四，从党的执政经验中汲取智慧和营养，形成新的理论认识，是党的执政理论发展的内在要求。同时，还必须开阔眼界，打开思路，汲取和借鉴世界上其他政党执政的经验和教训。第五，必须集中全党的智慧，同时重视培养高素质的理论人才，系统推进党的执政理论发展。

贾秀莲在《60年来党对执政方式的探索与启示》（《理论前沿》2009年第20期）一文中提出，60年来，党对执政方式的探索道路曲折，经验丰富，给予我们多方面的启示。第一，对执政方式的探索，应与时俱进，根据形势的发展和要求，以渐进式改革为宜，切忌大破大立。科学、民主、依法，体现了党的执政方式探索的价值和目标的统一，党的执政方式必须以此为起点和方向，不断深化和发展。第二，要注意处理好党政关系。党的执政地位是通过党对国家政权机关的领导来实现的，但党不能代替国家政权机关，这是依法执政要解决的重大问题。第三，处理好政策与法律的关系。党的历史方位发生重大转变，党的领导方式和执政方式必须随之转变，将主要依靠政策转向主要依靠法律来实现对国家的治理，积极发挥立法、执法、司法工作的相对独立性和权威性。罗国亮在《建国60年来党政关系演变的研究与启示》（《理论与改革》2009年第2期）一文中提出，通过对60年来党政关系演变的考察，我们可以得出以下启示：第一，通过分析，我们可以将党政关系分解为五个方面：一是党的领导，二是政党与国家政权之间的机构设置问题，三是政党在国家政权机关中的人员配置问题，四是政党与政权机关之间的职能分工问题，五是政党运用国家权力的方式问题。第二，党的领导是影响我国党政关系的最主要变量。在新的历史时期，党的执政合法性不仅要靠其政治上的领导地位而获得，更要依靠制度和法制的功能而获得，明确这些，方能明确理顺党政关系的关键所在。第三，对党政关系这样的老问题，解决大致有两种方式：一种是制定出周密的计划，全面出击，一举解决；另一种是根据发展形势逐步将老问题消解、融化，将其化解到新问题中去解决。相对来看，第二种解决办法虽然缓慢耗时，但其把握性程度高，是一种适合于解决我国党政关系的方法。第四，"党政关系"是一个很明确的概念，但问题在于，这样一个明确的概念却承担了一种集合性功能，即当我们无法解释政党或政权体系领域的一些弊端时，便巧妙地借用了"党政关系"概念，用"党政不分"、"以党代政"等词语对这些现象进行解释。党政关系不是一个"什么都可以装的筐"，这在以后的研究中是需要注意的。第五，党政关系是政党制度的副产品，是政治体制的重要内容，其改革的方向，归根到底取决于社会主义政治文明建设的理论和实践。在理论资源贫乏的条件下，要发展出成熟的、有中国特色的社会主义民主政治是根本不可能的。理论建设和制度建设必须两手抓，两手都要硬，只有这样，方能筑起社会主义政治文明之大厦。

汤志华在《建国60年中国共产党利益整合的实践及其基本经验》（《理论学刊》2009年第10期）一文中提出，建国60年来，中国共产党在实践、维护和发展好人民群众根本利益，协调社会利益关系，正确处理人民内部利益矛盾方面，总体说来较好地发挥了利益整合功能。在这方面积累的经验主要是：第一，为什么人的问题是个根本的问题、原则的问题，要始终坚持代表中国最广大人民根本利益的价值取向。第二，坚持"统筹兼顾"的基本原则，鼓励多种利益主体平等竞争、共同发展，妥善协调社会利益关系。第三，初步形成了社会主义市场经济条件下协调利益关系的基本原则和思路，正确处理社会主义初级阶段的利益矛盾，切实维护社会稳定。第四，高度重视人民群众的切身利益，实现广大人民经济利益、政治利益和文化利益的全面发展。徐中、王培利在《新中国成立60年来党的执政方略的发展历程和基本经验》（《理论探讨》2009年第5期）一文中提出，执政方略在党的执政实践中发挥了重要的战略指导作用，系统回顾新中国成立以来党的执政方略在不同历史时期的发展演变过程，可以概括出以下基本经验。第一，必须坚持马克思主义的宽广眼界，敏锐把握时代发展趋势，着眼于中国发展的宏观大局，谋划好执政的大势与大事，才能从根本上掌握执政的主动权，顺利地实现党的执政目标。第二，必须立足我国的基本国情，认清党自身历史方位的变化。第三，必须坚持立党为公、执政为民，始终把发展作为执政兴国的第一要务，把维护和实现最广大人民的根本利益作为制定实施党的执政方略的出发点和归宿。第四，必须正确总结党执政的历史经验，始终保持与时俱进的精神状态。

二、提高党的建设科学化水平

党的十七届四中全会《决定》指出：加强和改进新形势下党的建设，必须"推进党的建设科学化、制度化、规范化”，“提高党的建设科学化水平”。“党的建设科学化”作为对执政党建设提出的新要求，标志着我们党对马克思主义执政党自身建设规律的新认识，对于以改革创新精神加强和改进新形势下党的建设具有极其重要的意义。学术界围绕党的建设科学化的历史依据、现实依据、内涵、根本要求和实现途径等问题展开深入研究。

（一）党的建设科学化的历史依据

杨绍华在《一个重大命题和重大任务：提高党的建设科学化水平》（《中国党政干部论坛》2009 年第 12 期）一文中提出，提高党的建设科学化水平是马克思主义政党一以贯之的自我追求。马克思主义经典作家十分重视科学建党。马克思、恩格斯领导成立了世界上第一个国际性的无产阶级政党——共产主义者同盟，并为无产阶级政党起草了第一个纲领性文件——《共产党宣言》，集中阐述了党的性质、特点、指导思想、纲领策略和国际主义原则等，形成了马克思主义政党建设的第一个周详的理论和实践纲领。列宁强调革命理论对党的建设和党领导的革命的重要作用，第一次明确提出了“民主集中制”这一建党的根本原则。中国共产党自成立以来，也始终在不懈探索马克思主义政党建设的规律。毛泽东同志提出了着重从思想上建党的原则；揭示了党的建设必须密切联系党的政治路线进行的规律；创造出“支部建在连上”、以整风形式进行马克思主义思想教育、通过批评自我批评解决党内矛盾和问题等一系列科学方法。邓小平同志强调，要“采取科学的态度”，“要有一套科学的办法”，并且高度重视党的制度建设。江泽民同志提出了“三个代表”重要思想，回答了新时期“建设什么样的党”和“怎样建设党”，提出要不断深化对共产党的执政规律、社会主义建设规律和人类社会发展规律的认识。党的十六大以来，胡锦涛同志明确提出，党要“以科学的思想、科学的制度、科学的方法领导中国特色社会主义事业”，坚持“科学执政、民主执政、依法执政”，坚持“科学决策、科学运筹、科学管理”等重要思想。特别是科学发展观等重大战略思想的提出，为全面推进经济社会的发展和加强党的建设科学化提供了理论指南。施芝鸿在《努力提高党的建设科学化水平》（《人民日报》2009 年 10 月 29 日）一文中提出，倡导和推动党的领导和党的建设科学化，是我们党在革命、建设、改革各个发展阶段一以贯之的自我追求。第一，肩负崇高历史使命的中国共产党为了实践党的宗旨，不负历史重托和人民期望，既始终强调党要管党、从严治党，又历来注重科学管党、科学治党。毛泽东同志早在 1929 年就在《关于纠正党内的错误思想》一文中，强调要“使党员的思想和党内的生活都政治化，科学化”。邓小平同志在改革开放之初提出，党在领导社会主义事业中，要“采取科学的态度”，“要有一套科学的办法”。江泽民同志强调，“思想方法和思维方式的现代化，也就是要按照科学精神来观察、思考和解决各种问题”。胡锦涛同志强调，党要“以科学的思想、科学的制度、科学的方法领导中国特色社会主义事业”，“要把树立和落实科学发展观与掌握科学的思想方法紧密结合起来”。第二，中国共产党在长期革命、建设、改革实践中，无论是对于客观世界还是对于主观世界的认识和改造，也无论是党的领导还是党的建设，都有一个坚持从世情、国情、党情实际出发的问题，都有一个正确认识规律、把握规律、运用规律的问题，一句话，都有一个体现和实践科学化的问题。以毛泽东同志为核心的党的第一代中央领导集体，开创农村包围城市、最后夺取全国政权的革命道路，同时开创从思想上建党以及坚持"支部建在连上"这样独创的党建道路，形成了马克思主义与中国实际相结合的毛泽东思想。以邓小平同志为核心的党的第二代中央领导集体，做出把党和国家工作中心转移到经济建设上来、实行改革开放的历史性决策，确立社会主义初级阶段基本路线，创立邓小平理论；同时，坚持不懈抓党的建设，从多方面加强和改善党的领导，推进党和国家领导制度改革。这些当然也是推动党的领导和党的建设科学化的生动体现。以江泽民同志为核心的党的第三代中央领导集体全面加强和改进党的建设特别是党的执政能力建设，创立"三个代表"重要思想。以胡锦涛同志为总书记的党中央，在新世纪新阶段把握我国发展阶段性特征，倡导树立和落实科学发展观；同时，坚持以加强党的执政能力建设和先进性建设为主线，以改革创新精神全面推进党的思想建设、组织建设、作风建设、制度建设和反腐倡廉建设。

李春耕在《党的历史方位与党的建设科学化》（《上海党史与党建》2009 年第 12 期）一文中提出，提高党的建设科学化水平与准确把握党所处的历史方位有着密切的联系。第一，科学把握党所处的历史方位，是实现党的建设科学化的逻辑前提。所谓党的历史方位，就是中国共产党在人类历史发展、中国社会发展、党的自身发展历史进程中所处的坐标和走向。从革命党到执政党的地位变化，客观上要求我们党意识到自身历史方位的改变。应当说，建国前后，我们党对所处历史方位的认识还是比较清醒的。但是，进入社会主义建设阶段后，对于什么是执政党、怎样建设执政党，我们党还缺乏充足的理论准备和思想准备，更没有形成一套完整的运作机制。在这样的思想认识指导下，党的建设难免出现这样那样的失误，也就谈不上党的建设的科学化。改革开放以后，邓小平同志科学地判断我国仍然处于社会主义初级阶段这一历史方位，并据此提出了党的基本路线，形成了建设有中国特色社会主义理论。党的十六大全面科学地概括了党所处的历史方位，十七届四中全会对党的执政方位又做了更为详细、更为全面的表述。这表明，我们党对所处历史方位的认识越来越深刻，把握得越来越准确，这就为实现党的建设科学化提供了很好的前提条件。第二，实现党的建设科学化，是准确把握党所处历史方位的有力保障。从我们党团结奋斗 88 年的历程来看，整体上对党的历史方位的把握还是准确的，当然，其中也出现过几次大的偏差和失误。为了更好地把握党的历史方位，不至于在今后推进党的建设新的伟大工程和中国特色社会主义伟大事业中出现大的偏差和失误，就应该像十七届四中全会所要求的那样，全面认识和自觉运用马克思主义执政党建设规律，推动党的建设创新，确保党的建设各项部署落到实处，努力在以科学理论指导党的建设、以科学制度保障党的建设、以科学方法推进党的建设上见到成效，不断提高党的建设科学化水平。

（二）党的建设科学化的现实依据

施芝鸿在《努力提高党的建设科学化水平》（《人民日报》2009 年 10 月 29 日）一文中提出，提高党的建设科学化水平，是新形势下确保党的领导和党的建设始终走在时代前列的迫切需要，体现了党的建设与时俱进的时代要求，具有很强的现实针对性和指导性。第一，党所处的客观环境变化要求提高党的建设科学化水平。十七届四中全会的《决定》把我们党在长期执政条件下面临的考验概括为执政考验、改革开放考验、市场经济考验、外部环境考验这“四个考验”，凸显了应对外部环境考验在提高党的建设科学化水平中的重要地位，这对全党同志无疑是有深刻启迪和引导作用的。从国际环境看，当前最重要的新动向是出现了影响深远的“三个大”、“三个新”，这就是：当今世界正处在大发展大变革大调整时期；世界经济格局发生新变化，国际力量对比出现新态势，全球思想文化交流交融交锋呈现新特点。这样一种变化了的国际环境，要求全党同志切实提高战略思维、创新思维、辩证思维能力，提高抓住机遇、化解挑战、驾驭复杂局面的能力。特别是要求我们深化对内政外交互动规律的认识，积极利用外部环境提供的发展机遇，有效应对外部环境带来的挑战。从国内环境看，当前最深刻的新变化是出现了同国际金融危机冲击和我国发展呈现的一系列新的阶段性特征相联系的新情况新问题。这样一种变化了的国内环境，要求我们党提高科学执政、民主执政、依法执政能力，提高总揽全局、协调各方能力，提高统筹协调各方面利益关系能力，更加自觉、更加有效地解决一部分党员领导干部中存在的“老办法不管用、新办法不会用”的本领恐慌问题，切实抓好发展这个第一要务，履行好维护稳定这个第一责任。第二，党的历史方位和干部队伍构成发生的新变化要求提高党的建设科学化水平。党的历史方位和中心任务的变化，对保持党的性质、宗旨，坚持和发展党的先进性提出新的任务、新的要求。同时，党的干部队伍构成发生深刻变化，也给我们党在新形势下的思想政治建设特别是执政能力建设和先进性建设以及党性党风党纪教育提出了新的任务、新的要求。此外，党员队伍在市场经济条件下发生的深刻结构性变化，以及在快速工业化、城镇化进程中发生的大规模的社会流动，也给党员教育管理提出了新的任务、新的要求。当前，党的领导水平和执政水平、党的建设状况、党员队伍素质总体上同党肩负的历史使命是适应的。同时，党内也存在不少不适应新形势新任务要求、不符合党的性质和宗旨的问题。《决定》从理想信念、民主集中制、领导班子和干部队伍建设、基层党组织建设、作风建设、反腐败斗争6个方面作了全面分析，要求全党充分认识加强和改进新形势下党的建设的重要性和紧迫性。所有这些，都呼唤着党的建设必须与时俱进、改革创新，呼唤着进一步提高党的建设科学化水平。

罗一民在《推进党的建设科学化需要把握的几个环节》（《中国党政干部论坛》2009 年第 11 期）一文中提出，回顾总结建国60年来的发展实践，我们不难看出，党所出现的一些重大失误、所犯的一些严重错误，归根结底是因为党自身没有建立起一套科学的体制机制。改革开放以来，我们党开始重视和加强科学执政、民主执政、依法执政。但客观地讲，执政科学化的进程还不够快、覆盖面还不够宽，还没有完全建立起一整套科学有效的执政体制和运行机制。特别值得注意的是，我们国家实行的是一党执政，没有反对党，没有多党参选的竞争风险。在党的外部压力不强的特定条件下，切实有效地在党内建立起自我警醒、自我调适、自我纠错、自我教育、自我免疫、自我约束的体制机制，从而永远保持党的先进性和执政地位，是至关重要的，也是最为迫切的。因此，胡锦涛总书记在党的十七届四中全会上首次提出，要提高党的建设科学化水平。这是一个带有根本性、全局性的重大命题和重大任务。这一命题，体现了我们党对执政环境深刻变化的清醒认识，反映了我们党对加强和改进新时期党的建设的深刻自觉。

（三）党的建设科学化的内涵

王长江在《对“党的建设科学化”的几点思考》（《理论视野》2009年第12期）一文中提出，党的建设科学化，就是要求党的建设按政党活动规律办事，就是党的现代化，就是党的活动的制度化。第一，党的建设科学化就是按政党活动的基本规律办事。什么是科学？科学是对规律的揭示。政党活动的规律，讲的是政党活动的共同属性。无论什么性质的政党，都会按照这些共同的属性开展活动，否则就不成其为政党。实践告诉我们，研究政党活动规律，特别是研究政党执政规律，必须善于既把握一般性，又把握特殊性。强调一般性而忽视特殊性，放弃了自己的本真，很难走出一条适合本党本国特色的道路。强调特殊性而忽视一般性，甚至把二者对立起来，则往往容易掉入经验主义的泥潭。由于各种复杂原因，在我们党的建设实践中，吃亏较多的常常是后者，而不是前者。正因为如此，在时代发生深刻变化的今天，转变观念，加强对政党活动和执政规律的研究，善于从规律的高度来审视党的建设，不仅必要，而且迫切。这也是我们今天提出“党的建设科学化”的意义之所在。第二，党的建设科学化就是党自身的现代化。在现代化进程中，执政党面临双重的任务。一方面，它要保证现代化的顺利进行；另一方面，它必须不断改革自身，以适应领导现代化进程的要求，充当人民进行政治参与的工具。从实践看，我们党领导的改革开放事业是成功的，说明我们党基本适应了从革命党向执政党的转变。但党的领导和党的建设的理论和实践还有许多有待于科学化、制度化、规范化的地方，在一些方面不适应的情况还很突出。正是在这个意义上，可以说，党的现代化是当前我们党面临的一项重大而迫切的任务，是党的建设科学化的题中应有之义。第三，党的建设科学化就是党的活动的制度化。制度反映人们对规律的认识，党的建设科学化必然要求提高党自身活动的制度化水平。按照党的建设科学化的要求提高党的活动的制度化水平，要求我们科学地认识制度和制度建设问题。制度绝不仅仅是几个要求、规定和条例，也绝不仅仅是一大堆要求、规定和条例的堆砌。制度是要素之间的有机连接，要素之间有机连接形成的网络、系统，才叫制度。有机连接是制度的灵魂，没有连接的制度是不能运行的制度。正因为此，制度建设的重点，应当更多地从制度要素的建设，逐步转向制度体系的建设。在改革已经进入到深层次的今天，党自身的改革也进入了一个全面深入的阶段，特别需要强调整体推进的原则。田培炎在《提高党的建设科学化水平四题》（《光明日报》2009年11月13日）一文中提出，按客观规律谋划党的建设，是提高党的建设科学化水平的根本要求。党的建设讲科学，说到底就是寻规律、顺时势、求实效，就是通过深刻认识、全面把握、自觉运用马克思主义执政党自身建设规律，努力克服片面性，减少盲目性，避免随意性，增强工作的原则性、系统性、预见性、创造性。我们党在长期执政实践中，围绕建设什么样的党、怎样建设党这个重大课题，不断总结和运用自身建设正反两方面经验，借鉴世界上一些执政党兴衰成败的经验教训，探索形成了我们党作为马克思主义执政党加强自身建设的基本经验。按照客观规律谋划党的建设，首先要坚持和运用好这些基本经验，同时，还要深入研究这些基本经验在党的建设各个领域、各个环节的具体体现和要求，认真反思过去工作中不讲科学、违背客观规律、表面上热热闹闹而实际上收效甚微的做法，准确把握党的思想建设、组织建设、作风建设、制度建设和反腐倡廉建设的具体规律，使党的建设各项工作方向更加明确、思路更加清晰、重点更加突出、成效更加明显。

桑玉成在《党建科学化的核心与关键》（《学习时报》2009年12月21日）一文中提出，如何提高党的建设的科学化水平，其首要的问题，就是界定所谓科学化的要义，并基于科学化的本质，在“党的建设”这样的一个宏大体系中，找准科学化的核心领域和关键问题。将党建作为一个社会科学研究的领域来看，所谓科学化应有四个方面的要义。一是“求真”，即要探寻并遵循党的建设和党的发展的客观规律；二是“逻辑性”，符合思想逻辑、思维逻辑以及行动逻辑，具有持续性、重复性的特征，存在着客观的因果逻辑关系；三是“推验性”，既能够对已经发生的事实进行评估检验，又能够对未来的走向和发展作出预期；四是“规范性”，人们可以运用一定的规范和程式来解释和解决问题。作者认为，抓住以下这些核心领域和关键问题，当能把握党的建设科学化的真谛与要义，不断推进党的建设和党的发展。第一，需要提出一套具有中国特色的、符合中国共产党发展规律和执政规律的党建科学化理论。要研究马克思主义关于无产阶级政党的一些基础理论，研究党在执政时期的党建规律，研究政治统治的一般规律特别是一党执政的规律，研究党与国家、政府、社会、其他政党、人民的关系等。在这些基本问题上进行执政党的理论建构，是党建科学化的必然要求。第二，需要提出一套政党结构及其相关的政治结构的组织和制度安排。提炼这种组织与制度的设计原理和设计规律，为党的发展和党执政治国提供一般组织与制度安排的科学原理和技术方法。从党建科学化的角度出发，我们要研究政党与政府的组织、组织结构原理以及制度设计的基本理论；要研究执政党的内部结构与外部结构及其相关性问题；要从宏观的和微观的视角研究执政党与政府的结构与功能问题；更需要研究执政党的领导体制及运行结构问题。第三，有必要提出“政党管理”的概念。从组织学和相关学科的视角，设计一套政党内部管理的价值、原则、制度、程序、办法等等，提出政党内部管理的规范化和制度化取向，以期破解多年来政党管理的有效性问题。第四，还有必要提出一套政党形象塑造的理念、战略和策略，探寻提升执政党形象构建的价值基础和方法论路径，并以此来奠定并不断提升执政党的社会认同基础。应该说，社会认同是党建科学化的出发点和立足点，是党得以有效执政治国的基础和前提，从而是党建科学化所要达到的根本目的。

（四）提高党的建设科学化水平的根本要求与实现途径

施芝鸿在《努力提高党的建设科学化水平》（《人民日报》2009年10月29日）一文中提出，努力提高党的建设科学化水平，要求全党按照十七届四中全会《决定》精神进行深入探索和实践，在全党进一步树立科学思想、弘扬科学精神、掌握科学方法、强化科学管理、完善科学制度。第一，从树立科学思想来看，《决定》要求全党坚持党的思想路线，坚持以马克思列宁主义、毛泽东思想、邓小平理论和“三个代表”重要思想为指导，深入贯彻落实科学发展观，系统掌握并不断丰富发展中国特色社会主义理论体系。只有牢固树立科学思想，坚持和发展科学理论，才能自觉高举中国特色社会主义伟大旗帜，坚持中国特色社会主义理论体系，既不走封闭僵化的老路，也不走改旗易帜的邪路。第二，从弘扬科学精神来看，《决定》要求全党"坚持运用马克思主义立场、观点、方法准确把握当今世界发展大势，准确把握社会主义初级阶段基本国情，准确把握改革发展实际"；特别是要求"全党必须牢记，党的先进性和党的执政地位都不是一劳永逸、一成不变的"。这些论述体现了我们党的彻底唯物主义精神。只有用科学精神去观察、思考和解决问题，去认识世界和改造世界，才能使我们党的全部理论、全部工作始终与时代发展同进步。第三，从掌握科学方法来看，《决定》强调要"牢固树立辩证唯物主义和历史唯物主义世界观和方法论"，要"以改革创新精神提高和完善自己，不断推进党的建设实践创新、理论创新、制度创新"。这些重要论述告诉我们，世界在发展、形势在变化、我们的事业在不断前进，我们的思想方法、工作方法必须适应客观世界的变化而不断发展和创新。第四，从强化科学管理来看，《决定》强调的科学管理，既涵盖党领导的伟大事业，又覆盖党的五位一体全面建设；既强调要"以加强党内基层民主建设为基础，切实推进党内民主"，又强调要"坚决维护党的集中统一"，"提高管党治党水平"。特别是对党的各级领导班子、领导干部的各项管理要求，体现了既从严管理又科学管理、既宏观管住又微观管活、既严格要求又关心爱护、既有效治标又注重治本。第五，从完善科学制度来看，《决定》提出要建立健全以党章为根本、以民主集中制为核心的制度体系，并作出了覆盖党的五位一体建设的40多项制度性规定。根据实践的发展，不断健全各项制度，形成一套从严治党的制度和机制，坚持用制度管权、管事、管人，是我们党在改革开放和社会主义现代化建设历史新时期加强和改进党的建设的重要取向。

吴桂韩在《全面把握"提高党的建设科学化水平"的深刻意蕴》（《南方论刊》2009年12月）一文中提出，全面把握"提高党的建设科学化水平"这项重大命题的深刻意蕴，是有效推进党的建设的基本前提。第一，提高党的建设科学化水平的首要前提是把握党的自身建设规律和执政规律。党的建设在规律层面首先体现为对政党存在、发展、活动方式、基本功能等的自觉认识，也就是深化对政党自身建设一般规律的认识。与此同时，党的建设还分为一般性的政党建设和特殊的执政党建设。对于中国共产党而言，把握党的建设规律首先是要了解和掌握政党建设的一般规律，还要了解和掌握在中国执政的特殊规律。第二，提高党的建设科学化水平的根本要求是建立科学的理论、制度和方法。一是建立科学理论，就是将党的建设过程中带有规律性的东西转化为系统的知识，并以此来作为党的建设必须遵循的行动指南；二是建立科学制度，使其具有系统性、完整性、衔接性、有效性、合理性；三是建立科学方法，就党的建设而言，党建作为一门科学必须有科学的研究方法，作为一种实践活动还必须有科学的工作方法，而哲学方法则是科学研究方法和工作方法的基础。第三，提高党的建设科学化水平的关键环节是促进党的各项建设的有机统一。十六大以来，我们党形成了以执政能力建设和先进性建设为主线，以思想建设、组织建设、作风建设、制度建设和反腐倡廉建设为主要内容的"五位一体"的党建工作新布局。加强和改进新形势下党的建设，需要将各项建设综合协调、有机衔接起来，既充分发挥各项建设的独特功能，也发挥各项建设的整体效能，进而从整体上提高党的建设科学化水平。第四，提高党的建设科学化水平的根本动力是坚持改革创新的时代精神。第五，提高党的建设科学化水平的重要原则是坚持继承历史经验与保持与时俱进的有机统一。在推进党的建设过程中，必须以科学的态度正确对待党的建设历史经验，认真分析这些历史经验产生的特定历史条件，并结合新的历史实践和时代环境加以运用、继承、丰富和发展。同时，还要保持与时俱进的精神状态，认真总结实践中出现的新经验，使党的建设适应客观变化了的实际情况。第六，提高党的建设科学化水平的基本路径是坚持党要管党和从严治党。只有聚精会神地抓党的建设，只有高度严格地抓好党的建设，才能在党的建设的具体实践中不断深化对党的建设规律的认识，才能使党的建设适应时代和实践提出的新要求，进而不断提高党的建设的科学化水平。第七，提高党的建设科学化水平的现实任务是保持党的领导方式与执政方式的与时俱进。在当前和今后相当一个时期，提高党的建设科学化水平，就要求我们必须坚持科学执政、依法执政、民主执政。具体说来，一是要完善政党立法，正确处理好党与国家政权的关系；二是要坚持主权在民以及适当地还权于民，大力发展党内民主、党际民主与人民民主；三是要善于吸收善治的有益成分，推动执政方式的科学化；四是要积极运用现代科学技术，推动执政方式的现代化。第八，提高党的建设科学化水平的根本目标是实现好维护好发展好最广大人民的根本利益。纵观一百多年来世界社会主义运动的曲折历程，我们也可以清楚地看到，无产阶级政党的立党之本、成事之基、制胜之道，就是代表最广大人民的根本利益。提高党的建设科学化水平虽然是为了更好地实现自身的执政使命，但是，从根本上说来就是要实现好维护好发展好最广大人民的根本利益。

李源潮在《深刻总结60年历史经验不断推进组织工作科学化——在新中国成立60年党的建设主要成就与经验研讨会上的讲话》（《党建研究》2009年第10期）一文中指出，推进组织工作科学化是加强和改进党的建设的重要内容，也是组织工作更好服务科学发展的紧迫要求。新形势下推进组织工作科学化的总体要求与主要任务：一要形成科学的组织工作理论体系，二要形成科学的组织工作价值目标，三要形成科学的组织工作布局，四要形成科学的组织工作体制机制，五要形成科学的组织工作方式方法，六要形成科学的组织工作文化。推进组织工作科学化，必须把创新体制机制摆在重要位置。要围绕实践发展的紧迫需要，抓住重点领域和关键环节，完善干部选拔任用和管理监督、基层党建工作、人才工作体制机制，以及组织部门内部运行机制。随着时代发展和任务的变化，创新组织工作手段方法的要求越来越紧迫。特别是信息技术的迅猛发展，对组织工作既带来机遇又带来挑战。能否运用网络、手机、远程教育等现代科技手段，创新工作平台，拓展工作领域，直接关系到组织工作的效率和影响力。科学的组织工作文化是推进组织工作科学化的精神支撑，要以公道正派为核心培育科学的组工精神，强化以人为本、改革创新、民主公开、务实高效、清正廉洁的理念。

三、建设马克思主义学习型政党

党的十七届四中全会《决定》指出：必须按照科学理论武装、具有世界眼光、善于把握规律、富有创新精神的要求，把建设马克思主义学习型政党作为重大而紧迫的战略任务抓紧抓好。学术界围绕建设马克思主义学习型政党、把各级党组织建设成为学习型党组织的内涵、意义、要求和任务展开深入研究。

（一）建设马克思主义学习型政党的内涵

郭化光、唐晓清在《马克思主义学习型政党的科学内涵和本质特征》（《党政论坛》2009 年第 11 期）一文中提出，中国共产党历来是一个重视学习、善于学习的政党，然而，重视学习、善于学习的政党并不就是学习型政党。学习型政党也是一种学习型组织，但又不完全等同于学习型组织，建设马克思主义学习型政党不能简单机械地套用学习型组织的理念和做法。建设马克思主义学习型政党是党的建设的一项系统工程，不仅涉及党内政治学习、组织生活、教育活动和组织培训等环节，而且涵盖党的思想建设、组织建设、作风建设、制度建设和反腐倡廉建设等各个方面。从党的建设整体视角来看，马克思主义学习型政党具有四大本质特征：以科学理论武装为核心，以树立科学的学习理念为基础，以提高发展创新能力为目标，以完善科学的制度体制机制为保障。

戴立兴在《学习型政党的三点认识——基于组织学习理论的思考》（《理论视野》2009 年第 11 期）一文中提出，界定学习型政党，应避免将其局限在“政党的学习教育”层面上，而应放在知识经济、学习型社会背景下，结合组织学习理论，深化对其内涵及特征的理解和把握。学习型政党，其不同于以往“学习”之处在于：一是有利于党员在学习过程塑造共同愿景。学习型政党要求所有党员与党拥有同一共同愿景（理想目标），鼓励党员建立从属于共同愿景的个体愿景。二是有利于党员通过创造性学习实现自我超越。这种学习不仅重视知识获取、本领增长，更重视党性修养以及世界观、人生观、价值观的改造，尤其是重视改变和去掉各种不良意识和行为。三是有利于各级党组织进行有效地团体学习。团体学习会将所得到的共识化为行动，党组织从而获得高于个人智力的集体智力。同时，学习型政党的扁平化组织结构，有利于上下沟通、协调合作，产生“与时俱进、持续创造”的核心能力。四是有利于通过学习提高系统思考能力。系统思考是组织学习和修炼的核心，学习型政党将系统思考模式与唯物辩证法要求结合起来，运用普遍联系的观点，形成系统的思维模式。五是有利于把学习与工作相融合。学习型政党实行开放式学习，“终身学习”、“全过程学习”、“团体学习”，学习和工作有机融合，学习工作化、工作学习化，把学习成果转化为思想方法、领导方法，转化为生产力。

冯颜利在《论建设马克思主义学习型政党》（《中国社会科学报》2009 年 12 月 10 日）一文中提出，学习型政党是中国共产党首次创造性地将“学习型组织”这一管理理论运用于党的组织建设而形成的一种党建模式。学习性、创新性、实践性是学习型政党的重要特征，三者相辅相成、互相促进。学习性是学习型政党的基础，创新性是学习型政党的灵魂，实践性是学习型政党的目的。何谓马克思主义学习型政党、它与学习型政党有何区别？马克思主义学习型政党坚持以马克思主义为根本指导思想，是坚持用发展着的马克思主义指导中国特色社会主义伟大事业的学习型政党。马克思主义学习型政党有三个主要特征：一是坚持把马克思主义作为立党立国的根本指导思想，二是坚持用中国特色社会主义理论体系武装全党，三是坚持学习和践行社会主义核心价值体系。

谢春红在《建设学习型政党与实践科学发展观》（《岭南学刊》2009 年第 1 期）一文中提出，学习型政党不是简单的学习加政党，作为政党发展的一种新概念，它直接借鉴了学习型社会和学习型组织的概念和模式。学习型政党是建立在新的学习理念基础上的一种政党发展的新模式。其内涵可以从三个维度来把握：一是其基础之维——进行新的学习。从时空来看，强调全民学习和终身学习；从重点来看，强调创新性学习和能力学习；从内容看，强调科学学习和人文学习并重；从方式看，强调团队学习和组织学习；从实践功用看，强调工作化学习和生活化学习。二是其现实之维——以学习促能力。全体党员和党的各级组织经过新的学习而不断拓展和适应社会变化的能力。三是其价值之维——以学习求发展。学习型政党需要考虑党员、组织、社会紧密相连的关系，融合个人价值、组织价值与社会价值，以期实现党员发展、组织发展、社会发展的统一。

蒋仁勇在《建设学习型政党应澄清的若干认识问题》（《理论视野》2009 年第 11 期）一文中提出了需要澄清的五个问题。第一，建设学习型政党倡导创新学习，不限于传统的教育与学习。建设学习型政党更加重视对过去时代形成的不合时宜的学习教育观念、方法、制度的变革，主张树立适应知识经济时代发展要求的与时俱进的学习教育理念，如倡导开放性学习、质疑性的学习、互动式的学习等。第二，建设学习型政党倡导全面学习，不限于理论学习。既要把马克思主义理论武装放在首位，又要重视掌握各种实用知识与本领；既要进行理论学习、知识获取，更要重视党性修养和行为更新。第三，建设学习型政党倡导改革创新，不限于学习范畴。学习型组织的本质特征是持续创新，要以建设学习型政党为契机，进一步推进党的建设实践创新、理论创新、制度创新。第四，建设学习型政党倡导系统创新，不限于党的思想建设。建设学习型政党是党的建设理念、知识、文化、制度、体制与机制的系统创新，是党的建设改革创新的系统工程，不应简单地归属于党的建设某个职能部门，如宣传思想工作、思想建设等方面。第五，建设学习型政党具有较强的实践性，不限于概念创新。学习型政党重在建设，要努力探索建立和完善建设学习型政党的实践模式和长效机制。

（二）建设马克思主义学习型政党的历史渊源和现实需要

习近平在《关于建设马克思主义学习型政党的几点学习体会和认识》（本文是习近平同志在中央党校 2009 年秋季学期第二批进修班开学典礼上的讲话）（《学习时报》2009 年 11 月 17 日）一文中指出，建设马克思主义学习型政党，是我们党在深刻认识党的建设历史经验和新鲜经验基础上作出的战略决策，体现了对时代发展脉搏和新形势下党的建设新要求的高度自觉和清醒把握。第一，建设马克思主义学习型政党是保持党在理论上实践上先进性的本质要求，具有充分的理论依据。第二，建设马克思主义学习型政党是在新的历史条件下继承和弘扬党的优良传统、发扬党的政治优势的必然要求，具有充分的历史依据。第三，建设马克思主义学习型政党是新形势新任务对党的建设提出的新要求，具有充分的现实依据。

刘云山撰文《把建设马克思主义学习型政党作为重大而紧迫的战略任务抓紧抓好》（《人民日报》2009 年 10 月 15 日）指出，建设马克思主义学习型政党，是党的十七届四中全会深刻总结历史经验，科学分析当前形势，着眼于提高党的执政能力、保持和发展党的先进性提出的一项重大战略任务。第一，当今世界正处在大发展大变革大调整时期，知识创造、知识更新速度大大加快，建设马克思主义学习型政党越来越成为党始终走在时代前列引领中国发展进步的决定性因素。第二，当代中国已站在一个新的历史起点上，推动科学发展、促进社会和谐任务艰巨而繁重，建设马克思主义学习型政党越来越成为战胜前进道路上各种困难和风险挑战、开创中国特色社会主义事业新局面的迫切需要。第三，党所处的历史方位和执政环境发生深刻变化，提高领导水平和执政水平、提高拒腐防变和抵御风险能力是长期的历史性课题，建设马克思主义学习型政党越来越成为保持和发展党的先进性、巩固党的执政地位的紧迫任务。

马克在《建设马克思主义学习型政党的路径选择》（《吉林日报》2009 年 10 月 24 日）一文中提出，建设学习型政党是党的优良传统和宝贵经验的时代发扬。中国共产党 80 多年的历史，就是一部不断学习、与时俱进的历史。党的成长壮大过程，就是学习、研究马克思主义并用以解决中国的实际问题，领导人民不断推进革命、建设和改革的过程。从早期的“来一个全党的学习竞赛”克服“本领恐慌”到延安整风中的“改造我们的学习”，从执政之初的“必须学会自己不懂的东西”到改革开放后的“认真建立学习制度”，从建设社会主义市场经济体制初期的“讲学习、讲政治、讲正气”到新世纪阶段的“深入学习实践科学发展观”，每当进入一个重要的历史关头或者要解决一个重大问题，中国共产党都通过学习努力掌握和运用一切科学的新思想、新知识、新经验，通过学习来解决问题，通过学习推动事业实现大进步大发展。这是中国共产党能够在 88 年的风雨历程中始终走在时代前列引领中国发展进步的决定性因素，是中国共产党走向新胜利的一条重要经验。

胡国喜在《建设马克思主义学习型政党：历史渊源与路径探究》（《中共贵州省委党校学报》2009 年第 6 期）一文中提出，回溯我们党学习的历史渊源，对于我们深化对建设马克思主义学习型政党的认识，探究马克思主义学习型政党的建设路径，都有着重要而积极的意义。我们党探索如何建设马克思主义学习型政党的历程，可分为以下五个阶段：一是局部执政时期——把全党变成一个大学校；二是全国执政初期——恭恭敬敬地学；三是改革开放前后——善于重新学习；四是改革开放关键阶段——学习、学习、再学习；五是改革发展关键阶段——建立政治局集体学习制度。这些探索构成了我们党提出建设马克思主义学习型政党的深刻的历史渊源。一言以蔽之，我们党重视学习善于学习的思想是一以贯之的。之所以厘定出五个学习阶段是为了说明我们党在恢弘的历史背景下和重大的历史转折关头总是通过强调自身的学习，从而提高全党的凝聚力、战斗力和创造力，进而为我们党不断夺取新的胜利提供了源源不断的智力支持与人才保障。

李君如在《建设马克思主义学习型政党是重大而紧迫的战略任务》（《学习时报》2009 年 9 月 28 日）一文中提出，十七届四中把“建设马克思主义学习型政党、提高全党思想政治水平”作为当前和今后一个时期加强和改进党的建设的首要任务来部署，更应该引起我们的重视。首先，我们应该认识到，这一重要部署体现了以胡锦涛为总书记的党中央的一贯思想。十六大召开不久，党中央领导同志就提出，要创建学习型社会首先要把我们党建设成学习型政党；党的十六届四中全会明确提出了“努力建设学习型政党”的任务；以胡锦涛为总书记的中央领导集体坚持集体学习制度，为全党做出了榜样。同时，我们应该认识到，这一重要部署是解决深化改革开放一系列复杂问题的必然要求和重大举措。世情、国情、党情的深刻变化，要求我们党必须把自己建设成为一个马克思主义学习型政党，提高全党思想政治水平和解决各种复杂问题的能力。这是十七届四中全会把建设一个学习型政党作为当前和今后一个时期加强和改进党的建设的首要任务来部署的依据。

中央党校中国特色社会主义理论体系研究中心在《加强马克思主义学习型政党建设》（《光明日报》2009 年 11 月 17 日）一文中提出，加强马克思主义学习型政党建设，是确保党始终走在时代前列引领中国发展的决定性因素。第一，不断学习、善于学习是我们党的优良传统和政治优势。第二，不断学习、善于学习是我们推进党领导的伟大事业的现实要求。全面提高党的执政能力归结为一点，就是实事求是的能力，即运用马克思主义的立场、观点和方法，研究不断变化的国内外形势，探求共产党执政规律、社会主义建设规律、人类社会发展规律。这就要求全党不断学习马克思主义和中国化的马克思主义，努力掌握和运用一切科学的新思想、新知识、新经验。第三，不断学习、善于学习是保持党的先进性的必然要求。党要保持先进性，就要坚持与时俱进，使党的理论和实践始终体现时代性、把握规律性、富于创造性，这就要求全党不断学习、善于学习。第四，不断学习、善于学习是涵养共产党员气质的重要条件。

（三）建设马克思主义学习型政党的重大意义

周敬青在《学习型政党与党建的改革创新》（《文汇报》2009 年 12 月 15 日）一文中提出，建设马克思主义学习型政党，是推进党建改革创新的必然要求。第一，新时期党建改革创新的“引领工程”。十七届四中全会从四个方面明确概括了马克思主义学习型政党的理论特征，这是衡量是否建成马克思主义学习型政党的根本指标，同时也是如何建设马克思主义学习型政党的基本指针。第二，摆脱“运动”党建模式、探索制度建党的“长效工程”。推进学习制度体系的科学化和规范化，提高全党的制度意识，不断进行制度创新，建立起科学、协调、平稳、高效的党建运行机制。第三，提高党的执政能力建设和先进性建设的“系统工程”。第四，发展党内民主的“载体工程”。突破传统的金字塔式的组织结构，建立扁平的组织结构，克服落后等级观念，建立一个真正平等、人人畅所欲言、真正体现党员为主体的新的开放的组织环境。第五，为党建改革创新提供动力源泉的“创新工程”。学习型政党的本质特征，就是通过学习，改善心智模式，增强创新能力，进而推动事业创新发展。第六，加强基层党组织建设的“基础工程”。通过创建学习型党组织，使党组织成为党员学习新知识、增长新本领的大学校，党员相互学习的课堂，交流思想的精神家园。

张志明、谢峰在《学习型组织与学习型政党建设》(《特区实践与理论》2009 年第 6 期)一文中提出，创建“学习型组织”的意义和启示主要有以下五点：第一，创建学习型组织、建设学习型政党将从长效机制上保障党的优良学风不断发扬光大。第二，学习型组织为我们党超越“运动”管党模式提供了新的思路。党的可持续发展机制的建立，仅靠自上而下的组织推动方式是不够的，还要从每个党员发展的实际需要出发，充分调动党员自我超越的励志信念，培养党员科学的思想方法和心智模式，推动组织内部民主风气的形成，进而在工作创新中实现制度创新。第三，“学习型组织”的核心思想与科学发展观的内涵是一致的。“学习型组织”倡导以人为本，要求组织建设又好又快发展，关注组织内部的和谐，强调组织发展的全局观念和统筹兼顾的方法。第四，应把创建“学习型组织”作为党的先进性建设和执政能力建设的主要载体。第五，应结合贯彻落实科学发展观来总结和推进“学习型组织”创建活动。

戴立兴在《学习型政党的三点认识——基于组织学习理论的思考》(《理论视野》2009 年第 11 期)一文中提出，建设学习型政党有助于党建理论的创新。第一，拓宽了党建研究的思路。有利于确立“大党建”视野，跳出传统的“就党建论党建”思路，树立与时代、形势、任务相适应的执政新理念。第二，对党的先进性、执政能力建设有重要意义。一是改变了党的领导方式和执政方式，二是党员干部具有系统思考的能力有利于提高党员的整体素质，三是对提升党员思想政治水平、转变工作作风、加强党性修养具有重要指导作用。第三，为党建创新提供制度保证。思想建设上，利于树立理论联系实际的马克思主义学风；组织建设上，变革了组织结构；其他建设上，有助于解决党的作风和反腐倡廉方面的突出问题，改善制度建设水平。第四，找到了党建工作与中心任务的结合点，做好人力资源、人才资源的开发与建设工作。作者还提出，科学发展观内在地要求建设学习型政党，建设学习型政党的过程其实就是落实科学发展观的过程。主要表现在：以人为本要求自我超越、发展与实现共同愿景相统一、团队学习推动全面协调可持续发展、系统思考是统筹兼顾的思想基础。

谢春红在《建设学习型政党与实践科学发展观》(《岭南学刊》2009 年第 1 期)一文中提出，科学发展观内在地要求建设学习型政党，建设学习型政党是贯彻科学发展观的有益探索与实践。第一，学习型政党倡导进行新的学习，反映了科学发展观的第一要义，充分体现了科学发展观的发展主题。学习是发展的内在源泉、动力，发展是学习的根本目标、指向。第二，学习型政党强调系统思考能力，坚持了科学发展观的根本方法。第三，学习型政党追求人的价值实现，体现了科学发展观的核心，极大彰显了科学发展观的核心价值追求。

(四) 建设马克思主义学习型政党的要求和任务

习近平在《关于建设马克思主义学习型政党的几点学习体会和认识》(本文是习近平同志在中央党校 2009 年秋季学期第二批进修班开学典礼上的讲话)(《学习时报》

2009 年 11 月 17 日）一文中指出，建设马克思主义学习型政党，就是要把学习科学理论和先进知识在全党形成制度、形成风气，就是要以有效的学习提升党的创新能力，增强党的生机活力。我们所要建设的马克思主义学习型政党，应该是高举中国特色社会主义伟大旗帜，坚持推进马克思主义中国化并自觉用以指导实践的政党；是目光远大、胸怀宽阔、善于总结经验、善于吸收一切人类文明成果的政党；是始终走在时代前列，勇于变革、勇于创新，永不僵化、永不停滞的政党；是学以立德、学以增智、学以创业，在学习意识、学习能力、学习成效上引领全社会全民族的政党。归根到底，应该是科学理论武装、具有世界眼光、善于把握规律、富有创新精神的马克思主义政党，这就是建设马克思主义学习型政党的基本要求。同时，建设马克思主义学习型政党是一项宏大的系统工程，也是一项长期而艰巨的任务，工作千头万绪，必须突出重点。党的十七届四中全会明确提出了建设马克思主义学习型政党的四项任务，这应当成为建设马克思主义学习型政党的重要着力点。

刘云山撰文《把建设马克思主义学习型政党作为重大而紧迫的战略任务抓紧抓好》（《人民日报》2009 年 10 月 15 日）指出，建设马克思主义学习型政党要完成以下几项任务：第一，推进马克思主义中国化、时代化、大众化是建设马克思主义学习型政党的首要任务。要立足中国国情、研究中国问题、指导中国实践，不断推进马克思主义中国化；反映时代精神、回答时代课题、引领时代潮流，不断推进马克思主义时代化；关注大众需求、回应大众关切、解答大众困惑，不断推进马克思主义大众化。第二，用中国特色社会主义理论体系武装全党是建设马克思主义学习型政党的长期战略任务。要系统掌握中国特色社会主义理论体系，努力在对党的理论创新成果的认识上达到新高度；认真总结深入学习实践科学发展观活动成功经验，不断推动学习实践向深度和广度发展；大力弘扬理论联系实际的马克思主义学风，着力提高理论素养和解决实际问题的能力。第三，开展社会主义核心价值体系学习教育是建设马克思主义学习型政党的重要任务。要在认知、认同上下工夫，使社会主义核心价值体系转化为党员的精神信仰和基本价值取向；在贯穿、融入上下工夫，切实把社会主义核心价值体系体现到党员、干部教育管理的全过程；在践行、示范上下工夫，通过党员、干部率先垂范推动社会主义核心价值体系建设。第四，建设学习型党组织是建设马克思主义学习型政党的基础工程。要把学习作为政治责任、作为第一需要，树立全员学习、终身学习的理念；把学习党的理论与学习专业技能、各种新知识结合起来，不断丰富拓展学习内容；坚持学习与思考相结合、与运用相结合、与创新相结合，努力提高学习效果；加强学习管理、完善激励机制，推进学习的制度化、规范化。

李君如在《建设马克思主义学习型政党是重大而紧迫的战略任务》（《学习时报》2009 年 9 月 28 日）一文中提出，为了能够在“科学理论武装、具有世界眼光、善于把握规律、富有创新精神”这四个方面取得新进展，我们应该抓好以下三个基本方面的学习。一是向自己的历史经验学习，包括向自己犯过的错误学习。这样的学习能够使我们加深对中国特色社会主义理论体系的认识，坚定走中国特色社会主义道路的信心和决心。二是向人民群众及其创造的新鲜经验学习。从办公室、会议室、文件堆走出来，走到实践中去，走到群众中去，进一步在实践创新中推进理论创新并找到解决今天面临的复杂问题的新思路新办法。三是向世界各国包括资本主义国家创造的人类文明的有益成果学习。只有继续这样的学习，才能永远保持宽广的世界眼光和敏锐的洞察力。

桑玉成在《学习型政党：谁学习、学什么、怎么学》（《解放日报》2009年10月30日）一文中提出，落实建设学习型政党的任务，首先需要解决的几个基本问题就是：谁学习、学什么、怎么学。第一，强调推动学习型政党建设主体的意义在于：需要我们从主体出发，首先是突出党员及党员干部对于建设学习型政党的实质性意义，其次是要认识到党的成员或党员干部的差异性和多样性对于学习的不同要求。第二，建设学习型政党是全党的任务，但是党内不同层次、不同领域的党员和干部以及不同知识背景、不同阅历的党员和领导干部，必须根据自己的实际情况，提出学习的具体任务、具体方略和步骤。作者认为，全体党员特别是党员领导干部，都需要在以下四个要素上获得提升：一是价值，二是知识，三是智慧，四是技艺。第三，作者提出“学习四阶段论”，为“怎么学”提供参考性意见。一是认知，二是领悟，三是认同，四是内化，这样一个不断循环往复的运动就基本上形成了学习的一个完整过程。

陈亚联在《历史上学习运动对建设学习型政党的启示》（《光明日报》2009年10月30日）一文中提出，建设学习型政党不应仅仅满足于总结过去学习运动的经验教训，还要结合新的形势进行创造。首先，建立全党学习和终身学习的制度。目前，党员干部尤其是党的高级干部有学习制度，但普通党员平时的学习活动基本无制度可循。其次，要把历史上党开展学习运动的经验整合，形成一种终身学习的机制和手段，避免学习活动的形式主义。比如，把党员分成若干类型，不同类选择偏重不同学习内容和学习方法，并确定奖惩措施。最后，还要把全党崇尚学习的风气内化为党的一种习惯与气质。应把学习的强制性和自觉性结合，内有动力，外有压力。使学习成为全体党员的一种生存状态、一种生活必须，并以此促进学习型社会的建立。

（五）建设马克思主义学习型政党的方法和途径

马克在《建设马克思主义学习型政党的路径选择》（《吉林日报》2009年10月24日）一文中提出，建立共同理想信念、树立科学学习理念、推动学习型领导班子建设和学习型党组织建设、完善学习制度是建设马克思主义学习型政党的重要途径。第一，深入开展中国特色社会主义理论体系和社会主义核心价值体系的学习教育，建立共同愿景，坚定共同理想信念。第二，树立终身学习、人人学习、组织学习和学习工作化、工作学习化等科学的学习理念，营造浓厚学习氛围。第三，推进学习型领导班子建设，把领导干部历练成为学习型领导干部，推动班子成员的全面发展和整体功能的最大实现。第四，推进学习型党组织建设，将各级党组织建设成为具备终身学习观念与机制的政治组织，激发基层党组织活力。第五，建立系统的学习制度安排，保障全员学习、持续学习、创造性学习。一要制定建设学习型党组织规划和实施方案，二要建立大规模培训党员干部的体制机制，三要建立促进学习的竞争机制、激励机制、考核机制和创新机制，四要建立任人唯贤、人尽其才的体制机制，五要加强党内民主制度建设，营造平等、自由、民主、信息公开的组织氛围。

胡国喜在《建设马克思主义学习型政党：历史渊源与路径探究》（《中共贵州省委党校学报》2009 年第 6 期）一文中提出，按照十七届四中全会提出的四项标准，结合我们党学习历史所得出的经验，当前应该从坚定学习立场、明确学习内容、把握学习规律、建立学习机制等四个方面着手，大力推进马克思主义学习型政党的建设。一是坚定学习立场。要用马克思主义的立场、观点和方法去学习，增强全党的政治鉴别力，在进行学习的时候有所学有所不学。这是马克思主义学习型政党最为显著的特征。二是明确学习内容。坚持吸收和借鉴一切先进文明成果为我所用，同时要注意，首先应该学的就是马克思主义理论及其中国化的最新成果即中国特色社会主义理论体系。三是把握学习规律。学习方法上，要发扬光大理论联系实践的优良学习传统；学习规律上，既需要细水长流式的渐进积累，更需要在适当的时候进行狂飙突进式的大力推进。四是建立学习机制。科学的学习机制总的来说由三个方面组成：学习的动力机制、学习的创新机制和学习的制度机制。

张志明、谢峰在《学习型组织与学习型政党》（《特区实践与理论》2009 年第 6 期）一文中提出，长春市纪委把“学习型组织”、“五项修炼”的现代管理理念引入到本系统的干部队伍建设和管理实践中，并与我们党的传统优势实现了有机结合。他们的主要做法是：第一，确立共同愿景，激发内在动力。在深入讨论、形成共识的基础上，他们把“推动科学发展观落实”和“做党的忠诚卫士、当群众的贴心人”等内容确定为全市各级纪检监察机关的共同愿景。各个内设机构和每位同志都明确了提高本职工作水平、优化知识结构和提升专业技能的愿景。第二，夯实自学基础，开展团队学习。每位同志根据工作需要和自身实际，制定并执行自学与研究计划。在此基础上普遍建立了“周例会”、“季总结”、“工作点评”等促进团队学习的制度。第三，培养科学思维，加强系统思考。根据工作中遇到的问题建立“项目组”，通过“麻雀”解剖和“工作点评”等途径学习系统思维方法，第四，认清错误经验，改善心智模式。采用个人反思、领导点评、相互探询、案例分析等方法，让每位同志找出并改变自己根据错误经验形成的不正确的思维定式。第五，深入发掘潜能，实现自我超越。每位同志都深入查找自己和本单位的潜能，制定切实可行的更高目标并为之奋斗；各级机关、各个部门和每位同志都确立学习的榜样，大家在追赶先进的过程中实现自我超越。

朱健在《建设学习型政党不能就学习谈学习》（《济南日报》2009 年11 月 18 日）一文中提出，深化干部人事制度改革是把我们党建设成为马克思主义学习型政党的必然要求和重要保证。要真正建设起一个学习型政党，不能就学习谈学习，必须认真深入地分析总结以往学习活动效果不理想的症结所在。学习动机是学习过程的核心，如何把党组织的学习要求变为党员、干部内在的学习需要，并把这种需要调动起来形成持久的学习动机，是建设马克思主义学习型政党必须解决的一个重要而现实的问题。以往学习活动之所以存在形式主义、做表面文章和效果不理想的问题，除了学习内容、方式等存在问题，根子主要还是在学习“无用”上。如果不深化干部人事制度改革，解决目前干部工作中的突出问题，如果“官帽子”只能通过跑、要、买等“短平快”的手段取得，而有知识、能干事的人没有机会和舞台，恐怕考勤、建档、通报等制度无论如何严密，学习计划等无论如何符合实际，用心学习的人都很难多起来。

四、执政能力建设与先进性建设研究

党的十七大提出，必须把党的执政能力建设和先进性建设作为主线，全面推进党的建设新的伟大工程。学术界在前人研究的基础上，结合新的形势任务，继续对执政能力和先进建设的要素、内涵、任务展开深入研究。

（一）执政能力建设

1. 执政能力的发生机理分析。梁道刚在《论中国共产党执政能力的本源》(《理论月刊》2009 年第 7 期）一文中提出，党的执政能力的本源是执政能力赖以产生的必备要素，影响或者决定执政能力发展变化的方向和趋势，从根本上规定了执政能力建设的内容和途径。从发生机理的角度看，执政能力的生成与执政活动的进行具有内在逻辑上的同一性，如果不从事执政活动自然就没有执政能力可言。现代政党执政的内在逻辑蕴涵于民主政治的运行过程中，一个完整的民主政治的运作过程是由执政党的执政、政府的行政和社会的参政共同构成的系统过程。执政是在执政党、国家和社会三者之间的关系中发生和实现的，这决定了执政党的执政能力产生于由执政党、国家与社会三者之间的有效互动之中，而三者的有效互动形成了所谓的执政模式。因此，从这个意义上可以说政党的执政能力是执政模式的产物。政党能力、政府能力和社会能力是执政能力形成和发展的三大本源性要素。加强党的执政能力建设，需要加强政党能力、政府能力和社会能力的建设并使三者成为合力。第一，执政党自身的能力是执政能力的直接来源，由高素质的党内成员、完善的制度体系、合理的组织结构、高效的运行机制和科学而稳固的价值信仰体系共同作用产生、并在党的组织系统中得以储备和积聚。特别是政党内部的制度化水平，是政党能力的决定性因素。第二，政府能力是政党执政能力的具体实现形式，因为政党的执政必须通过政府的运作来实现。只有对政府自利性及其能力进行控制，使之不偏离执政党为之确定的价值目标，政府能力才能成为实现执政党执政目标的手段和执政能力的具体实现形式。第三，社会组织及其成员将自身权力范围内的自主意志和目标转化为现实的能力就是所谓的社会能力。社会的组织化程度越高，社会资源的占有量越大，社会能力越强。但是，当执政党的执政行为背离社会整体利益的时候，社会能力就不会成为执政能力的来源，相反会成为与执政能力相抗衡和抵触的力量。

2. 执政能力的内涵和评价体系。王长江在《谈党内民主和执政能力建设》(《理论导报》2009 年第 9 期）一文中提出，党的执政能力不能简单地理解成只是党的各级领导干部的执政能力，党员的能力也是党的执政能力的重要部分。而且，还有比人更重要的东西，那就是组织、整体，必须要讲组织起来的整体的力量。因此，加强党的执政能力，第一，干部素质要提高，第二，党员素质要提高，第三，更重要的是我们党怎么从总体上设计自己，使自己的活动更科学，使自己掌握权力能够使权力的效益最大化，来实现为人民服务的宗旨。这是最重要的，牵涉到我们的体制改革。作者还认为，对执政能力进行评估有两个方案。一是制定一套量化的体系给老百姓公布出来，甚至我们政府里面自己有专门的监督机构来进行评估，相互之间比较、竞赛，逐渐地把服务水平、服务质量提上去。另一种是对政府总体进行评价，让老百姓能够参与、能够决定你这个党的命运。过一段时间，就让老百姓看看你这个政府满意不满意，通过网络，通过各种形式体现出来，那你就得做出应对。满意率90%，说明还可以，沿着这个方向继续前进。满意率70%，说明不太好，还是有不少问题，问题在哪里？你马上得去校正。满意率30%，你下台吧。这个东西要交给群众，这是最重要的，这就是民主本身应当含的题中应有之意。提升执政能力必须落实下来，变成这样一套评估体系。吴九占在《党的执政能力评价指标体系研究》（《求实》2009年第1期）一文中提出，从执政的理论引导、实践过程和实践结果三个层面分析，党的执政能力评价指标体系应该由指引性评价指标体系、过程性评价指标体系和结果性评价指标体系三大类评价指标体系构成。指引性评价体系具有主导性，包括执政理念和执政目标指标两个方面。过程性评价指标体系主要包括执政基础、执政方略、执政体制、执政方式、执政行为、执政透明度和执政队伍素质指标七个方面。结果性评价指标体系具有直接性，是党的执政能力的显性体现，主要包括执政环境、执政国力和执政效益指标。苑晓杰在《改革开放以来中国共产党执政能力的提升及其启示》（《理论探讨》2009年第1期）一文中提出，改革开放30年来，党的执政能力的提升突出表现为执政理念的转换，执政方式的变化以及对执政绩效评价体系的转换。改革开放以前，评价执政能力的主要参照系是执政党自身。改革开放以来，我们越来越注重从执政主体与执政客体的关系方面来评价和检验党的执政能力。其一，政党所执掌政权的合法性与支持度；其二，能否成功构建社会主义和谐社会；其三，能否实现治理社会的高效率与低成本。

3. 加强执政能力建设的内容和要求。孟凤英在《构建执政能力建设的长效机制》（《理论探索》2009年第6期）一文中提出，构建执政能力建设的长效机制，首先，要建立执政能力评价机制，确定执政能力评价的标准、方法和评价主体；其次，要建立执政能力提升机制，加强执政理论建设，改革完善执政体制和执政方式，提高执政主体能力；再次，要建立执政能力监控机制，实现执政主体自我监控、人民群众监控和执政主体外机构监控的有机结合。罗志源在《执政环境面临的新问题与党的执政能力提高》（《岭南学刊》2009年第4期）一文中提出，要积极应对社会转型和执政环境的重大变化，必须提升党的执政能力。第一，加强党的意识形态建设，构筑符合科学发展观的社会价值体系，提高党对意识形态的领导能力，增强民众对社会核心价值的认同。第二，加强制度法规建设，建立法理型政治权威，提高党民主执政依法执政的能力，增强民众对政治制度的认同。第三，加强政绩建设，提高党的执政有效性能力，增强民众对政绩的认同。李鹏在《论党的执政能力建设中的"软能力"建设问题》（《党政干部论坛》2009年第6期）一文中提出，党的执政能力有硬的一面也有"软"的一面。"硬能力"是党在治国理政和加强自身建设当中客观外化出来的能力，是可以直接用量化标准加以衡量和评估的显性能力；"软能力"则是非量化的能力，主要通过党在执政过程中对民众和国家生活的内在影响力和投射力得到体现。加强"软能力"建设是马克思主义执政党的内在要求。在党的多种执政资源当中，至少有以下六个方面的资源可用于支撑和推动党执政的"软能力"建设：信仰资源、理论资源、历史和文化资源、合法性资源、先进性资源和群众资源。

吴克明在《网络文化视角下党的执政能力建设》(《当代世界与社会主义》2009年第1期)一文中提出，在网络时代要加强党的执政能力建设，必须直面网络文化。网络文化视角下党的执政能力建设的内容，主要包括：第一，运用网络文化资源的能力。要运用网络强大的信息传播和宣传功能，改进宣传方式；运用网络的开放性，开辟让世界了解党的窗口；运用网络信息交流的交互性和双向性，加强党与群众的互动联系。第二，主导网络文化舆论的能力。要充分发挥主流媒体在网络空间的宣传优势，对网络文化舆论加以引导；运用法律和行政手段，加强网络文化的建设和管理。第三，应对网络意识形态挑战的能力。基于网络意识形态挑战的新形势，必须加强党的思想政治工作，在目标、内容、载体、机制、途径、方式方法上适应信息网络化特点，加大创新力度，采取多种形式构建网上马克思主义阵地。杨军在《民生问题：加强党的执政能力建设的时代课题》(《马克思主义与现实》2009年第2期)一文中提出，关注和改善民生是新时期加强党的执政能力建设的重大课题。人民群众的根本利益总是通过具体的民生需求来实现的，民生问题是人民群众群众利益最直接的载体。在新的发展阶段，能不能妥善应对经济建设和社会建设中可能遇到的各种风险和挑战，处理好与经济社会发展相联系的民生问题各方面的重大关系，协调好不同利益群体之间的关系，使广大人民群众越来越多地享受到经济社会发展的成果，对党的执政能力是一个重大考验，也对提高党的执政能力提出了新的更高要求。改善民生，必须不断提高科学判断形势的能力、驾驭市场经济的能力、应对复杂局面的能力、依法执政的能力和总揽全局的能力。马利在《传媒变革与执政党建设》(《党建研究》2009年第11期)一文中提出，在科学技术不断改变信息传播方式和新闻表达方式的趋势下，要研究新媒体的发展与执政党建设之间的关系，让网络成为组织建设的"新堡垒"、党务公开的"新平台"、党群沟通的"新渠道"、培养干部的"新课堂"、舆论监督的"新利器"和新闻宣传的"新阵地"，有效地利用互联网提高党的执政能力。在挑战与机遇并存的网络时代，如何进一步加强执政党建设，可从五个结合入手：坚持党管媒体的原则和尊重新闻传播规律的结合，坚持发扬党的优良传统和紧扣时代脉搏的结合，坚持加强党内民主、党外监督和重视网络民意的结合，坚持树立党的信息权威和提高党的舆论引导能力的结合，坚持统筹两个大局和借鉴国外政党对网络应用的先进经验的结合。

李海青在《转型期利益群体的分化与执政能力建设》(《中共贵州省委党校学报》2009年第2期)一文中提出，我国现在正处于一个社会发展的急速转型期，不可避免地出现了利益分化与博弈失衡的格局。党要有效地进行社会整合，推进社会和谐发展，必须在以下几个方面增强执政能力建设：第一，深入认识公共权力的自主性，增强对政治权力自身的监督与制约能力。一方面，要明确划分权力与权利的界限；另一方面，要建立完善的激励与监控机制，使政治代理人的输出最大限度地与政治委托人的输入预期一致。第二，必须进一步提升针对利益分化与思想分化的调控与整合能力。首先，必须根据不同利益集团的形态、性质、资源采取不同的方针政策进行区别对待；其次，提供能够协调利益关系的机制框架，实现利益表达、博弈、协调的规范化和法治化；再次，要通过意识形态创新，运用各种思想文化资源努力在各种利益群体或集团之间形成价值共识。第三，必须增强培育、制定、创新社会政策的能力。首先，要转变发展观念，改变单一的经济发展中心模式，推进经济与社会各个方面的协调发展；其次，要完善分配与再分配制度，保证各阶层都能参与对经济发展成果的共享；再次，建立开放的社会结构和公正公平的社会流动机制，保证社会各阶层之间的边界不固定化、有形化和身份化。

（二）先进性建设

1. 党的先进性要素分析。杨先永在《论中国共产党先进性的来源》（《理论学刊》2009 年第 6 期）一文中提出，中国共产党先进性的来源有多个，可分为根源性来源和派生性来源。第一，根源性来源是党先进性的来源的根源，是唯一的，这就是党的阶级基础——中国工人阶级。马克思主义认为，政党是特定阶级或阶层利益的集中代表，党的先进性就来源于党的阶级基础的先进性。新时期中国工人阶级的新变化，使得当代工人阶级具有适应新时期发展要求的先进性本质。第二，派生性来源是从根源性来源派生而来的，不是唯一的，归纳起来主要有：党的理论基础——马克思主义，党的纲领——共产主义的最高纲领和不同时期的最低纲领，党的根本宗旨——全心全意为人民服务，党的组织原则——民主集中制，优秀分子成员等。梁道刚在《论马克思主义政党先进性的本源》（《社科纵横》2009 年第 9 期）一文中提出，克思主义政党先进性既是先天禀赋，又是后天养成，是先天与后天的统一。先天禀赋是马克思主义政党先进性的本源问题，后天养成是马克思主义政党先进性的建设问题。作为马克思主义政党的根本属性和本质特征，马克思主义政党的先进性主要有三个根本来源。第一，优良的政治品质。马克思主义政党的先进性从根本上说来源于其作为工人阶级先锋队的优良政治品质，是由工人阶级的阶级基础、具有共产主义觉悟的先进分子、马克思主义理论体系和民主集中制的组织原则共同决定的。第二，旺盛的生命力。由优秀分子组成、具有科学的制度体系、完善和严密的组织结构及高效的运作机制的政党无疑具有强大的创造力、凝聚力和战斗力。第三，高效的功能和作用。包括党的高效的领导能力和执政能力，推动社会发展和进步的功能和作用。胡国喜在《党员先进性建设路径选择的创新》（《党政干部学刊》2009 年第 5 期）一文中提出，从实质构成来看，党的先进性的构成可分为两部分。一是内在本质。一个政党有无先进性，关键取决于其内在本质，就是党的阶级基础、政治纲领、指导理论等。内在本质先进，党的先进性就有了保证，所以内在本质是党的先进性的基础和根本前提。但内在本质的先进并不是党的先进性的全部。二是外部功能。外部功能就是政党在历史进程中所发挥的作用，即是否承担起时代赋予的历史任务，完成时代交予的历史使命。一个政党有无先进性，最终体现为它的外部功能。人民群众就是根据外部功能来判断一个政党先进与否。

2. 加强党的先进性建设的要求。张全景在《从严治党　保持党的先进性》（《人民日报》2009 年 1 月 14 日）一文中提出，从严治党、保持党的先进性，是我们党加强自身建设的一个基本原则。在新形势下，进一步贯彻从严治党方针，始终保持党的先进性，需要着力从以下几方面努力。一是把思想建设摆在首位，用党的基本理论武装全党；二是紧密围绕党的基本路线来进行，不断增强全党贯彻执行党的基本路线的自觉性和坚定性；三是大力加强党内民主建设，坚持民主集中制，着重处理好五个关系，即全委会与常委会的关系，全委会、常委会与代表大会的关系，党内民主与人民民主的关系，集体领导与分工负责的关系，党委内部书记与委员的关系；四是大力加强干部队伍和领导班子建设，建立健全科学的选人用人机制，不断改进干部考核评价方法，不断完善干部管理监督制度；五是切实加强党的基层组织建设，适应城乡经济社会结构以及人们生产生活方式的变化；六是深入开展党风廉政建设，着眼于保持党同人民群众的血肉联系，坚决纠正党内存在的不正之风，坚决反对腐败。刘宗洪在《实践科学发展观与执政党的先进性建设》（《上海党史与党建》2009 年第 1 期）一文中提出，实践科学发展观是党保持先进性的时代要求，实践科学发展观才能展现党的先进性品格。党的先进性是历史的、具体的，在不同的历史阶段有不同的实现方式，但核心是推动社会历史进步。今天，我们党的先进性主要是要引领科学发展，推动社会的全面进步。当前落实科学发展观，要从以下几个方面加强党的先进性建设。一是加强思想理论建设，用科学发展观武装全党，为落实科学发展观提供思想保证；二是加强干部队伍建设，通过合法的选拔程序把那些有能力贯彻科学发展观的优秀人才选拔上来，为实践科学发展观提供组织保证；三是加强党风廉政建设，不断增强党的合法性基础，为实践科学发展观提供政治保证；四是发展党内民主，健全党内权力运行的合理机制，为实践科学发展观提供制度保证。

五、执政理论研究

中国共产党已走过 60 年的执政历程。在这 60 年里，我们党积累了丰富的执政经验，党的执政理论也不断完善。学术界围绕将党的执政理论、党的执政实践、党的执政规律三者作为统一的、相辅相成的系统工程展开深入研究。

（一）60 年来初步形成执政理论体系

徐中、徐琛在《60 年来中国共产党执政理论建设的成就与经验》（《政治学研究》2009 年第 5 期）一文中提出，为谁执政、靠谁执政、怎样执政的问题，是党成为执政党后长期探索并致力于解决的根本问题。60 年来党在艰巨复杂的执政实践中，围绕着这三个根本问题进行积极探索，在党的执政理念、执政基础、执政方略、执政体制、执政方式、执政资源和执政环境等方面取得了丰富的理论成果，初步形成了具有中国特色的执政理论体系。第一，回答了党“为谁执政”的问题，秉承全心全意为人民服务的根本宗旨，树立了立党为公、执政为民的执政理念。第二，回答了党“靠谁执政”的问题，在不同历史阶段根据我国社会主义现代化建设过程中经济发展和社会进步的实际，不断增强党的阶级基础和扩大党的群众基础。第三，形成了党“怎样执政”的一系列理论观点和论断，在完善党的执政方略、改革党的执政体制、改进党的执政方式、扩大党的执政资源、改善党的执政环境等方面，取得了丰富的理论成果。虞云耀在《改革开放以来党的执政理论的发展和创新》（《党建研究》2009 年第 1 期）一文中提出，改革开放以来马克思主义中国化的最新成果——邓小平理论、“三个代表”重要思想和科学发展观等重大战略思想，进一步回答了中国共产党为什么执政、靠谁执政、怎样执政等重大问题，实现了党的执政理论在新的历史条件下的与时俱进。第一，邓小平理论奠定了新时期党的执政理论的基础。“发展是硬道理”，坚持以经济建设为中心，深刻阐明了我们党的执政目标和根本任务；“改革是中国的第二次革命”，“坚持改革开放是决定中国命运的一招”，明确了党在执政过程中推进经济社会发展的根本途径、方法和动力；“没有民主就没有社会主义，就没有社会主义现代化”，明确了党在执政中发展社会主义民主政治的基本要求；健全社会主义法制，改革党和国家的领导制度，明确了共产党治国理政的基本方略；“压倒一切的是稳定”，明确了共产党执政必须坚持的政治原则，以及应当具备的执政条件和执政环境；以人民“拥护不拥护”、“赞成不赞成”、“高兴不高兴”、“答应不答应”作为判断标准，明确了共产党执政的根本目的和最终归宿。第二，“三个代表”重要思想丰富和发展了新时期党的执政理论。发展是党执政兴国的第一要务，进一步阐明了发展是党执政的首要任务；坚持立党为公、执政为民，成为我们党在新的历史条件下最重要、最本质的执政理念；发展社会主义民主政治，建设社会主义政治文明，进一步指明了共产党执政的本质和战略任务；坚持依法治国，建设社会主义法治国家，党的领导方式和执政方式实现了重大转变；增强党的阶级基础，扩大党的群众基础，巩固和扩大了党的执政基础。第三，科学发展观把党的执政理论的发展和创新推向了新阶段。坚持以人为本、全面协调可持续发展，进一步回答了共产党执政依靠谁、为了谁，为什么发展、怎样发展等一系列根本问题；坚持“权为民所用、情为民所系、利为民所谋，指明了新形势下党执政必须坚持的核心价值和应当着力把握的基本原则；提出经济、政治、文化、社会建设“四位一体”总体布局以及生态文明建设，维护和实现社会公平和正义，构建社会主义和谐社会，进一步深化了对中国特色社会主义建设规律和共产党执政规律的认识；坚持统筹兼顾，进一步指明了党在发展社会主义市场经济条件下必须注重的根本方法；坚持科学执政、民主执政、依法执政，从新的高度和视角明确了共产党领导人民有效治理国家的基本方式。

（二）执政理念、执政基础和执政方略研究

1. 执政理念研究。陈柩卉在《执政理念与中国共产党的执政理念研究述评》（《福建论坛（人文社会科学版）》2009 年第 2 期）一文中提出，一个成熟政党的执政理念实际上是一个有着中心与外围结构的理念体系，这一体系由核心理念、基本理念、应用理念三个层次所组成。中国共产党的核心执政理念是全心全意为人民服务，以人为本，立党为公、执政为民。中国共产党的基本执政理念包括党的执政目标和执政基本原则。执政目标是促进科学发展和社会和谐，执政基本原则涵盖了党的基本路线、基本纲领和基本经验。中国共产党的应用执政理念主要包括以下几方面：经济建设理念、政治建设理念、文化建设理念、社会建设理念和生态建设理念、党的建设理念、祖国统一理念以及外交理念。对中国共产党自建党特别是建国以来的执政理念进行历史的考察，会发现中国共产党的核心执政理念一直未变，基本执政理念变化很大，以 1978 年十一届三中全会为分水岭，从阶级斗争为纲转向经济建设为中心，转向改革开放和

现代化建设。党的应用执政理念最重要的变化和发展是适应改革开放和现代化建设的需要，从以往服务于计划经济逐步转向服务于社会主义市场经济这一时代的大方向。邓朴、祝小宁在《中国特色执政理念的价值诉求探析》（《马克思主义与现实》2009年第1期）一文中提出，执政理念解决的是“为谁执政、靠谁执政、如何执政”的根本问题，蕴含着一定的价值诉求。它包含着核心价值目标、具体价值目标以及价值诉求的实现路径等方面。纵观从马克思主义执政理念到中国特色执政理念的演变过程，我们可以看到价值诉求的深化和发展有着一些基本的规律和趋势。一是坚持执政理念的核心价值目标——执政为民不动摇；二是持执政理念的价值原则——保证“物”和“人”的同步全面发展；三是深化执政诉求的实现方式——科学、民主、依法执政的制度化建设路径。李蕊在《建国60年中国共产党执政理念的“变”与“不变”》（《温州职业技术学院学报》2009年第4期）一文中提出，执政理念应看成一个体系，具有不同的层次性，包括“为谁执政”和“怎样执政”两个方面。前者是目的，属于价值判断，引领执政的宗旨、目标和价值取向，是核心的执政理念；后者是手段，属于事实判断，引领执政的方针、政策和举措，是具体的执政理念。在前者的层面上，中国共产党的核心执政理念一直未变，始终是立党为公、执政为民。而在后者的层面上，围绕“如何实现执政为民”的具体执政理念是不断发展变化的，这不仅表现在党根据时代发展在路线方针政策等方面的调整，同时也体现着几代领导者对执政为民中“民”的不同把握。在实现执政为民方面，从“抓革命、促生产”到“以改革、促发展”，再到“以人为本、科学发展”；在对“民”的认识方面，从“国民”、“人民”到“人”。王平在《建国以来中国共产党执政理念的发展演变》（《长白学刊》2009年第5期）一文中提出，执政理念的内容体系主要体现为三个层面——根本性的、基本性的、方略性的执政理念。根本性的主要是指那些直接体现党的根本宗旨、根本使命的理念，在执政理念体系中处于核心地位。如党的执政本质是立党为公、执政为民的理念。基本性的主要是指那些反映了社会发展及其具体历史阶段的任务、目标、内容的理念，是执政理念体系中的主题。如开辟中国特色社会主义道路，始终做到“三个代表”，贯彻落实科学发展观。方略性的主要是指那些具有执政战略、策略、方法性质的方面，在执政理念体系中处于主体地位。如科学执政、民主执政、依法执政。建国以来，党的执政理念不断创新发展，基本实现了由革命党理念向执政党理念的转变，执政理念的内容体系也基本上由不成熟走向更加丰富与科学。陆永平在《执政理念与执政规律的五大区别》（《理论探讨》2009年第4期）一文中提出，执政理念与执政规律无论在内容、特点、功能及形式、评判标准方面都具有明显的差别，不能混为一谈。执政理念属于社会意识的范畴，具有时代性变动性的特点，是执政党执政实践的主观理论依据，执政理念的表达多采用肯定性命题和价值性判断形式，合目的性与合规律性的统一是评判执政理念的尺度。执政规律属于实践规律的范畴，具有恒定性稳定性的特点，是执政党执政活动的客观实践法则，执政规律的表述多采用对偶的辩证形式，客观性与辩证性的统一是评判执政规律的尺度。

2. 执政基础研究。张振在《进一步巩固党的执政基础的路径选择》（《当代世界与社会主义》2009年第1期）一文中认为，党的执政基础是由经济基础、政治基础、理论基础、阶级基础和群众基础五个部分有机合成的一个基础性的系统工程，并提出了新形势下进一步巩固党的执政基础的路径选择。一是通过党的政治领导和组织领导方式的转变将党的领导方式转变为法治的领导方式，实现党内政治生活民主化和制度化，巩固党执政的政治基础。二是深化经济体制改革，在坚持公有制主导地位的前提下，继续调整所有制关系和分配关系，走公有制和市场经济相结合的道路，巩固党执政的经济基础。三是与时俱进，不断进行理论创新，发展党执政的理论基础。四是增强党的阶级基础，扩大党的群众基础。增强党的阶级基础，要继续保持和发展工人阶级的先进性，继续坚持全心全意依靠工人阶级的方针，切实维护工人阶级的利益，严格党的组织发展工作；扩大党的群众基础，就是要不断满足人民群众的物质和文化需求，促进人的全面发展，把最广大的人民群众团结在党的周围。五是提高党的执政能力和领导水平。重点要提高驾驭社会主义市场经济的能力和发展先进生产力的能力；驾驭社会主义民主，建设民主国家的能力；为人民服务，始终代表最广大人民根本利益的能力。王丽华在《公民社会下巩固党的执政基础之对策》（《理论前沿》2009 年第 24 期）一文中提出，公民社会的出现，意味着党的执政基础发生了迁移，执政难度加大。作者对公民社会下如何巩固与扩大党的执政基础提出如下对策：一是提高意识形态的凝聚力与吸引力。首先，要增强意识形态的开放性与包容性；其次，努力改进与创新意识形态工作的方法，增强主动性、针对性和实效性。二是推进公民有序的政治参与。要坚定不移地实践执政为民的理念，强化民主观念，从“为民做主”转到“让民做主”上来；要进一步建立健全公民政治参与机制，在建立信息公开制度，加强公民政治参与的制度化程序化建设，拓宽政治参与渠道，加强民主决策，健全监督机制等五个方面取得进展。三是提高对社会利益的整合能力。首先，是要提高推动经济发展的能力，把“蛋糕”做大；其次，对社会利益矛盾发展程度要有高度的政治敏锐性和强烈的忧患意识；再次，要提高依法办事的能力和统筹兼顾的能力；最后，要构建畅通有序的利益表达渠道。四是加强公民组织的党建以及与公民组织建立多元化的联系。建立党与公民组织联系的专门机构，形成与公民组织的政治沟通机制，激励党员积极参与公民组织的活动。麻秀荣在《当代中国社会转型期增强党执政基础的对策思考》（《学习与探索》2009 年第 6 期）一文中提出，社会转型时期，面对中国经济社会重大而深刻的变化，增强党执政基础要重点做好五个方面工作：一是强化社会整合功能。实现社会关系的整合，促进阶层关系的和谐；实现社会利益的调整，维护社会公平公正；保证社会阶层之间的相互开放和平等进入，构建多元畅通的利益表达渠道。二是增强执政合法性。完善权力运作机制，实现执政党政治形态由封闭僵化到公开透明；扩大公民有序的政治参与，实现从代替人民当家做主到支持人民当家做主的转变；培养公民意识，提高公民的政治成熟程度。三是提高执政绩效。建立考核和选拔干部的政绩评价指标体系，保证科学发展观和正确政绩观的贯彻落实；树立科学领导和现代法治理念，改变与民众联系的方式，调动一切积极因素；深化体制改革，克服体制造成的发展障碍。四是增强意识形态基础。一方面，警惕西方“非意识形态化”倾向，加强执政党对社会宣传领导的主动权；另一方面，改进思想政治工作，树立更宽容、更具包容性的思维形态，不断进行理论创新。五是扩大执政的组织基础。理顺党政关系，形成对全社会发展有积极合力作用的运作机制；完善党群关系，建立起适应社会主义市场经济和社会主义民主政治需要的良性互动的合作型关系；提高党员民主素质，健全党员权利保障制度，保证党员主体地位的实现；通过制度化的民主运作机制实现最广大人民的根本利益，如健全决策制度、完善沟通机制、改革干部任命制度。

3. 执政方略研究。徐中在《中国共产党执政方略的理论解析》（《上海党史与党建》2009 年第 9 期）一文中提出，中国共产党的执政方略主要是指党为实现执政目标、完成执政使命而制定的大政方针和发展战略，包括最高执政方略、根本执政方略和具体执政方略三个层面的内容。其与党的指导思想、治国方略、执政理论、执政方式、执政能力建设的关系是：第一，执政方略与指导思想相比具有更具体的对策性、目的性和规定性，是连接指导思想和执政实践的重要环节。第二，治国方略的内涵比执政方略要宽泛得多，程序上还需要经过全国人民代表大会审议通过。第三，执政方略是执政理论的核心，是党的执政理论体系中的关键环节，是确定执政理论其他方面内容的依据之一。第四，执政方略和执政方式是提高党的执政能力要求在不同层面上的体现，执政方式会影响执政方略的贯彻落实成效。第五，制定实施正确的执政方略是党的执政能力的根本体现，执政方略的贯彻落实成效是检验党执政能力的试金石。

（三）执政体制和执政方式研究

1. 执政体制研究。王海军、刘云华在《宪政视角下中国共产党执政体制建设的制度设计》（《求实》2009 年第 11 期）一文中提出，建立与完善科学的执政体制，使党的执政体制符合宪政发展的要求，是中国共产党当前和今后发展带有根本性和全局性的问题。党的执政体制结构主要包括党政体制（党与国家政权的关系）、党际体制（党与其他党派的关系）、党群体制（党与人民群众的关系）和党内体制（党的自身建设问题）。宪政视角下改革和完善中国共产党执政体制建设，一是要健全和完善党自身的领导体制和各项制度。第一，实行党的代表大会常任制，形成党的代表大会控制党委会、党委会控制常委会的领导体制；第二，保障党员民主权利；第三，规范党内民主选举，关键是逐步扩大直接选举范围，逐步健全差额选举，设立专门的选举监督委员会，建立弹劾罢免制度，在党的基层选举中规范和推广“双推制”；第四，加强党内监督，创新党内监督制度，如民主质询制度，改革检察机关的领导体制，明确检察机关的具体职权。二是要完善党对国家政权机关的领导体制。关键是处理好执政党与国家权力机关之间的关系，与政府部门之间的关系，与国家法律之间的关系，与人民群众之间的关系。三是充分发挥我国政党制度的特点和优势。既要加强政党之间的政治协商，又要加强政党之间的相互监督；健全党际合作的制度化、规范化和程序化。四是领导和支持人民当家做主，不断扩大公民有序的政治参与。首先，真正发挥人民代表大会的职能；其次，疏通和拓宽联系人民群众的渠道；最后，在完善现有公民参与方式的基础上，不断探索新的政治参与方式，实行公民直接参与听证制度、公益诉讼制度、申诉制度、控告制度、公民陪审制度等。张恒山在《依法执政与执政体制创新原则》（《法制与社会发展》2009 年第 6 期）一文中提出，将依法执政付诸实践，首先要解决执政体制与之相匹配的问题。在探讨关于执政体制创新问题时，必须坚持以下原则：

第一，必须坚持中国共产党领导与中国共产党执政。在中国，之所以要坚持中国共产党领导和执政，是由中华民族所面临的历史任务决定的，也是由中国共产党自身的先进性特点所决定的。第二，必须坚持人民当家做主同中国共产党执政相统一。要在思想上正确认识人民民主同中国共产党领导和执政的关系；把人民当家做主和党的领导有机结合起来，要通过重大事项的决定程序得到表现。第三，必须坚持避免执政党组织国家化和行政化。确保党能够发挥执政职能，同时保证党组织不脱离人民群众，使党组织在人民群众之中——而不是之上——发挥领导作用。第四，必须坚持执政权力行使法律规范化。凡属行使执政权力的主体，应以法律确定其在国家权力组织机构中的地位；凡属行使执政权力的领域，应以法律确定其界限、范围；凡属行使执政权力的行为，应以法律确定其程序步骤；凡属行使执政权力产生的后果，应以法律规范其责任。

2. 执政方式研究。蒯正明在《新中国成立以来中共执政方式的发展与创新》（《南京师大学报（社会科学版）》2009 年第 4 期）一文中提出，新中国成立 60 年来，中国共产党先后经历了党政相对分离的执政方式、“政党指挥”型执政方式、“政党取代”型执政方式和“政党引导”型执政方式，实现了执政方式的不断发展与创新。第一，1949—1952 年党政相对分离的执政方式，主要表现在：党政关系上，强调党政分开；党的领导通过党的路线、方针、政策及在政权机关中担任公职的党员发挥作用来实现。第二，1953—1966 年“政党指挥”型执政方式，主要表现在：形成由党直接指挥国家权力机关的领导体制；逐步建立以委任制为基础的干部选拔任用制度；实行“分口”领导的权力运作方式。第三，1966—1976 年“政党取代”型执政方式，主要表现在：党政不分，权力过分集中于党委和个人；选拔和任免干部的方式方法与民主原则背道而驰；个人专权和群众运动相结合的权力运作方式。第四，1978 年至今“政党引导”型执政方式，党在控制、推动、参与公共权力运作的过程中，通过规范自己的活动方式，努力将自己的权力收缩在合理的边界之内，不再直接指挥或替代公共权力的运作，而是通过国家政权机关对公共权力的运作进行引导。具体表现为科学执政、民主执政和依法执政三个方面。张秀珍在《60 年来党对执政方式的变革历程及启示》（《中共青岛市委党校青岛行政学院学报》2009 年第 12 期）一文中提出，中国共产党在 60 年来的执政实践中，对执政方式进行了四次重大变革，经历了从党政相对分离到党政不分、以党代政、党政关系严重畸形再到党政职能分开、科学执政的过程，逐步形成了科学、民主、依法执政的方式。从变革中得出的结论是，第一，政党的产生方式和夺取政权的途径是影响政党执政方式的一个重要因素；第二，政党制度是影响政党执政方式的另一个重要因素，竞争性和非竞争性对政党的执政方式有很大影响；第三，中国共产党的执政方式的形成有着深刻的社会历史原因，有其历史必然性和合理性。李发铨在《从“三统一”看党的执政方式》（《党政干部学刊》2009 年第 8 期）一文中提出，从坚持党的领导、人民当家做主和依法治国的统一看党的执政方式，我们看到党的执政方式只有实行党政分开，才能为实现人民当家做主奠定基础；只有实行依法执政，才能在划清党政职能基础上构建科学的党运作国家政权的机制，做到党政分开；而只有立足于发展和完善党内民主机制才能真正实现依法执政。党内民主是依法执政和党政分开能够实现的支撑点，也是党的领导、人民当家做主和依法治国三者统一的结合点和立足点。党内民主、依法执政、党政分开是构建党的执政方式必须坚持的三个基本原则，这是坚持党的领导、人民当家做主和依法治国的统一这一民主政治建设基本规律对党的执政方式的必然要求和具体体现。

3. 坚持科学执政、民主执政和依法执政。王原平在《技术政治视角下的科学执政》(《当代世界与社会主义》2009 年第 2 期) 一文中提出，对于科学执政内涵的认识不能仅仅局限于执政活动本身和共产党执政方式的特殊性，更应从“科学”对执政活动的影响以及各国执政党和政府在面对这种影响时体现出来的执政方式的共性来考察。中国共产党提出的科学执政理念，某种程度上与技术政治、专家治国观点有契合之处。首先，科学技术在现代化建设各领域的决定性推动作用是实行科学执政的主要动力；其次，科学技术在当代中国已经成为政治意识形态的重要内容，奠定了科学执政的理论基础；再次，改革以来党的执政实践一定程度上体现的专家治国理念是实行科学执政的人才保证。因此，技术政治理论虽然和马克思主义有着本质的区别，但对于正在领导工业化和现代化的中国共产党有重要的借鉴意义。首先，执政党在政治录用体制中借鉴专家治国理念，提高领导干部执政行为和民意代表参政议政的专业化水平；其次，在具体的政策决策和政策执行过程中善于利用技术政治发展的规律，努力使容易导致社会纷争的政治问题得到解决。借鉴技术政治思想实现科学执政也要防止绝对化和狭隘化的弊端，一是把科技与人文结合起来，坚持把以人为本、为人民服务作为增强执政科学性、提高政治专业化水准的价值取向；二是把科学执政与民主执政、依法执政有机统一起来，使科学执政不至于专断和狭隘，使民主执政不至于民粹式的混乱。罗峰在《政权系统中党的组织建设：历程、特征及其有效性分析》(《政治学研究》2009 年第 4 期) 一文中提出，组织社会学认为，组织网络的构建，包括在其他组织中建立自身的分支机构是组织消除外部环境不确定性的重要举措。在中国共产党的历史上，党以党团、党委或党组和支部等组织形式实现了对政权机关的组织延伸，表现出了组织建设的动态性、政党的主导性以及目标导向等特点。党组是执政党在政权机关组织延伸的一种组织形态，要发挥其“领导核心作用”，就必须激活党章所设定的党组的功能，就必须关注这种组织建设的有效性问题。要使党组有效运转起来，一要明确党组的性质与功能，党组在部门单位的领导核心地位要体现在执行、决策、人事、动员和指导等功能上；二要思考执政党的政治发展战略，既要体现和巩固党的领导，又要考虑科学执政、民主执政和依法执政的需要；三要发挥党组和政权机关双重积极性，必须考虑政权机关的诉求；四要细化相关的制度性规定，理顺党组织与政权机关关系，规范党组自身运行。刘小冰在《论依法执政的逻辑结构》(《南京工业大学学报（社会科学版）》2009 年第 2 期) 一文中提出，明确依法执政的逻辑结构是解决依法执政首要的和关键的一步，否则极有可能发生将背离依法执政的目标和方法视为依法执政基本诉求的危险。依法执政的逻辑结构包括但不限于依法执政的本质、主体、依据、途径、对象、责任等。第一，立党为公、执政为民、全心全意为人民服务，这些原则是政党具有合法性的基础，更是依法执政的本质所在。第二，依法执政的主体，从狭义上看只能是作为整体的中国共产党，从广义上看包括但不限于国家机关及其工作人员。

第三，“依法”中的“法”做两种理解，一是解读为专门的“执政法治”如《政党法》等，二是解读为一般性的和所有的法。同时依法执政必须厘清法律与政策的关系。第四，依法执政的途径包括依法进入国家政权和依法运作国家政权。第五，执政党执掌的应该是国家政权，“非政”的部分（如自主机制、自律机制、市场机制能够解决的事项）不属于执政党的执掌范围。同时，还要在民主的基础上合理合法地确定执政和参政的内容范围、实体条件、程序条件、法律后果及相互权力制约关系。第六，在依法执政过程中，法律责任是执政瑕疵、执政有误、执政有错、执政有罪时的最低要求。与一般法律责任相比，政党的法律责任在承担者、决定者和责任形式方面具有明显的特点。

（四）执政资源和执政环境研究

1. 执政资源研究。张明军在《建国以来党在不同时期开发利用执政资源的特点分析》（《中州学刊》2009 年第 2 期）一文中提出，以毛泽东为核心的第一代中央领导集体注重从意识形态资源获取执政合法性。积极宣传马克思列宁主义，持续“忆苦思甜”运动，再加上“三大改造”的完成和“一五计划”的顺利实现，极大地促进了共产主义的意识形态由观念化、制度化的形式向社会心理化形式的转变。以邓小平为核心的第二代中央领导集体从主要依靠意识形态资源向主要依靠经济绩效资源转变。允许和鼓励一部分人、一部分地区先富起来，逐步达到共同富裕；坚持效率优先，兼顾公平。以江泽民为核心的第三代中央领导集体从由注重特定阶级资源向同时注重社会公众资源转变，增强执政的社会基础。在纲领上，将党的性质表述为“中国共产党是中国工人阶级的先锋队，同时也是中国人民和中华民族的先锋队”；在组织上，“把承认党的纲领和章程、自觉为党的路线和纲领而奋斗、经过长期考验、符合党员条件的社会其他方面的优秀分子吸收到党内来”。以胡锦涛为总书记的党中央由注重经济绩效资源向同时注重社会公平与和谐社会资源转变。通过社会主义和谐社会的构建，改变了过去注重从思想意识形态、政治、经济某一方面获取执政资源的方式，转为从社会的政治、经济、文化等各个领域全方位、多角度获取执政资源的模式，为在全社会获得最广泛的执政资源创造了条件。刘宗洪在《执政资源：特点、矛盾及其实践理念》（《探索》2009 年第 2 期）一文中提出，科学认识执政资源理论，应当把握其特点，了解其内在的矛盾运动形式，进而把握建设的方法。执政资源具有六个特点：一是客观性，需要以实事求是的精神评判和拓展；二是稀有性，运用既要有成本的意识，也要讲法律的边界；三是系统性，主要包括物质资源、政治资源、文化资源和社会资源等四个方面；四是阶级性，开发和利用要有党性观念，要有政治敏锐性；五是流变性，表现在积累式流变、萎缩式流变和消散性流变三个方面；六是可塑性，即政党按自己的目标和要求对现有的执政资源予以加工、细化和塑造。执政资源与其他理论形态一样，内部要素存在着运用与开发、积累与消耗、维护与流失、成本与效益和整体与部分等方面的矛盾关系。执政党处理好这些关系有助于把执政资源转化为实现政治目标的能量。加强执政资源建设，要以科学发展观为指导，把发展作为执政的第一要务，不断增加执政资源的总量；把以人为本作为核心，让大多数人创造和享用执政资源；把全面协调可持续原则作为基本要求，不断增强执政资源的整体合力；把统筹兼顾作为根本方法，兼顾执政资源的两个或多个方面，切忌片面性。谷宇在《中国共产党执政资源保护开发的总体思路》（《岭南学刊》2009 年第 6 期）一文中提出，中国共产党要建立完善与稳定的执政资源体系，必须牢牢的把握党的权力资源、智力资源、人力资源与物力资源。第一，要牢牢抓住政治权力资源。必须警惕三个方面的问题，一是在发展民主政治的过程中保持对国家政权的控制力；扼制地方本位主义，强化中央权威；防止部分地方政权出现“苏丹化”的现象，即权力范围的私产化、权力行使的无规则性和私人关系的网络统治。同时，加强对权力的文化网络资源的保护与开发。第二，要不断创新智力资源，即思想理论资源与意识形态资源。一方面要注重自身的理论创新，另一方面要注意对新型的网络信息资源进行管理。第三，要维护与开发人力资源。一是广大党员干部，他们是党的人力资源的行动主体；二是与广大人民群众，他们是党的人力资源的利益主体；三是专家学者，他们是党的人力资源的智力主体。第四，要大力开发物力资源。像我们这样一个没有私产的大型政党要不断地拓展执政所需的各种物力资源，只有不断的推动国家经济的发展。赵中源在《新时期党的执政资源优化路径选择》（《广州大学学报（社会科学版）》2009 年第 6 期）一文中提出，新时期党的执政资源面临着一系列挑战，如主流价值观的社会导向力受到冲击，使党的意识形态资源的效能面临削弱；党的自身建设的一些新问题，使党的组织资源和先进性资源受到消耗；转型时期的各种社会新矛盾使党的执政基础面临挑战等。针对以上问题，需要采取以下对策：第一，坚持“四个统一”，不断优化党的意识形态资源。即坚持意识形态与经济社会发展的统一、批判与建设的统一、继承与创新的统一、先进性和层次性的统一。第二，突出解决好目前面临的社会问题，强化党的执政基础和执政的合法性。巩固党执政的社会基础，必须以巩固党的阶级基础为前提；把执政为民落到实处，始终成为最广大人民根本利益的忠实代表；发挥社会新兴阶层的作用，壮大党执政的社会基础。第三，以改革的精神解决党的建设面临的新问题，始终保持党的先进性。推进党员队伍建设创新，有效整合党员队伍资源；推动党内的民主建设，不断增强党的生机与活力；推进党的基层组织建设创新，有效整合基层组织资源；推进党的干部队伍建设创新，提高干部队伍执政能力。

2. 执政环境研究。罗志源在《执政环境面临的新问题与党的执政能力提高》（《岭南学刊》2009 年第 4 期）一文中提出，随着社会转型，中国共产党的执政环境发生了重大变化。第一，国家不再是公民财产收入和社会保障等利益的唯一来源，对于相当多在非公有制经济组织从业的人员来说，甚至不再是其主要的来源。政府的行为对社会公众的经济影响在很大程度上被弱化，民众对原有的政权系统的绝对服从度下降。第二，以人的个体为社会基本单元取代了以单位为基本社会单元，“单位人”转变为“社会人”，党和国家原有的权力高度集中的组织资源整合能力被削弱。第三，民间组织日益发展，民众的利益公平意识和民主意识不断增强，国家政权系统面临着民间社会力量对社会改革要求的强大压力，党和政府对社会调控的难度加大。第四，政府管理体制和社会管理体制改革始终没有重大突破，导致公共权力的腐败，使民众对党和政府权威认同度降低。张健在《国情新变化与中国共产党的执政新环境》（《唯实》

2009 年第 5 期）一文中提出，当前中国国情的新变化，最集中地表现在市场经济的崛起带来的三种分离效应。首先是市场的自组织性带来的经济与政治的分离；其次是社会在市场经济的驱动下形成公域与私域的分离；最后，在社会日益公私划界的基础上，形成新的私权与公权分离的社会基本架构。三种分离效应，将导致社会结构的转型和国家系统合法性来源的转换，在实践中带来的则是社会发展的多元化和不确定性。而无论是多元化还是不确定性，其根源和焦点都在于社会的阶层分化和阶层建构。深入看，社会阶层分化及其构建从来都不是一个单纯的社会问题，它还关联着政治架构和经济结构，需要的是对其消极面和潜在风险进行预先规避。如何规避？为化解利益冲突和社会风险，构建完整而合理的利益诉求渠道和健全完善的监督体系，是当前中国共产党诸多重任和责任中的首要选项和重要内容。正是在这样的意义上，有效应对当前国情的新变化，尤其需要中国共产党发挥其主心骨和坚强领导核心的作用。

（五）执政理论其他方面研究

1. 执政意识和执政文化研究。沈小平在《谈增强党员领导干部的执政意识》（《党建研究》2009 年第 2 期）一文中提出，党员领导干部的执政意识，既是一种政治身份意识，也是一种使命意识。执政意识，也就是自觉巩固政权、维护政权、运用政权以实现党的利益的意识，其内涵包括始终清醒的政权观念、执政为民的宗旨观念、执政兴国的发展观念、胸怀全局的大局观念、与时俱进的创新观念、依法执政的法治观念、居安思危的警醒观念和为政清廉的自律观念。增强执政意识的根本途径，就是要持之以恒地加强党性修养和实践锻炼，以及党组织对其加强教育、管理和监督。郭亚丁在《党执政意识变化和发展的启示》（《中共云南省委党校学报》2009 年第 1 期）一文中提出，改革开放 30 年，党的执政意识发生了巨大的变化和空前的发展。如由“封闭意识”到“开放意识”；由“对立意识”到“合作意识”；由“单元意识”到“多元意识”；从“给予意识”到“服务意识”；从“控制意识”到“协调意识”；从“人治意识”到“法治意识”；从“集中意识”到“民主意识”等等。在党的执政意识变化和发展中，使我们获得许多深刻的启示。第一，必须反映时代发展的根本要求。一方面要坚持符合世界发展趋向的基本原理原则，另一方面需要构建新的理论体系回答和解决面临的新问题。第二，必须形成合理的整体结构。是全面的而不是单一的，存在主次之别而不是平行的，是有机联系而不是割裂的。第三，必须在实践中不断优化强化。要紧紧围绕改革和发展这两大任务，以显著的执政成效证明执政意识的科学性和正确性，同时又在实践中不断丰富和完善党的执政意识。第四，必须转化成党员的主体意识。建立完善的制度是根本途径，加强思想教育是基础，优化组织结构是关键，解决党内存在的问题是重点。第五，必须体现兼收并蓄的开放性。党的执政意识不能仅仅源于党自身、仅仅源于中国社会，而要有宽阔的视野吸取政党发展历史中的智慧，如政党内部的竞争意识和政党内部运作的法律意识。柳礼泉、张红明在《民生政治视野中的党的执政伦理建设》（《求实》2009 年第 3 期）一文中提出，执政伦理是执政党在运用国家权力管理国家事务过程中需要遵守的道德规范体系，是执政党治理国家、整合社会的主要道义基础。先进的执政伦理是维系党执政合法性的道德前提，在民生政治视野下，以民生为本是执政伦理建设的目标指向。培养执政主体德性是执政伦理建设的主要内容，执政主体德性不同、价值取向不同，决定着他利用权力时的态度、服务方向的不同。相对于执政主体的个体道德而言，执政党伦理就是由执政理想、执政态度、执政作风等一系列执政主体德性因素构成的。培养执政主体德性就是要围绕这三个方面进行。首先，要强化党员干部的公仆意识；其次，要牢固坚持党的执政制度的伦理取向，确立公平、正义的执政制度；最后，要切实按照“求真务实、开拓创新、勤政高效、清正廉洁”的执政作风，塑造为民、务实、清廉、勤政的执政形象。陈元中在《执政文化与文化软实力》（《马克思主义与现实》2009 年第 5 期）一文中提出，在讨论实质是因政党政治竞争所导出的“文化软实力”问题时，需要从政党政治的执政文化视角去思考文化软实力。政党的执政文化是政党政治国家的主流文化，引导和规范着社会文化的发展，决定了文化软实力的作用向度和强度，是文化软实力的核心要素。高度重视党的执政文化建设，一方面将党的执政理念、原则、制度、方略、机制等“化成天下”；另一方面消除恶性亚文化现象，“净化文化环境”，是提升文化软实力的重要任务。具体来说，要加强执政思想文化建设，增强文化引导力；加强执政组织文化建设，增强文化凝聚力；加强执政制度文化建设，增强文化规导力；加强执政行为文化建设，增强文化感召力。孙立新在《执政文化特征解析》（《中国党政干部论坛》2009 年第 5 期）一文中提出，执政文化作为政治文化的一种特殊形式，与一般的社会文化相比，有着明显的不同特征。一是具有特殊性。执政文化概念的外延则要比政治文化小，其主体仅指以执掌国家政权的阶级或政党的成员为主体的文化类型；执政文化则仅指体现于执政党身上的政党文化，体现于在野党、反对党或参政党身上的政党文化不属于执政文化。二是具有主流性。执政文化与一般的社会组织文化相比，有着非同寻常的影响力。在一些国家，执政党的执政文化就是这个社会的主流文化，任何一个执政者都不会将其游离于控制与领导之外。三是具有变化性。执政文化作为一种特殊的精神文化形态，自然也会随着历史条件和实践活动的变化而变化。就时期、时代而言，传统执政文化封闭集权，现代执政文化开放创新；革命时期的执政文化强调动员、反抗和激情，建设时期的执政文化注重扬弃、培育和理性。

2. 执政安全和执政风险研究。徐来在《论转型社会中的中国共产党执政安全》（《社会科学论坛》2009 年第 10 期下）一文中提出，要维护党的执政安全，一要充分注意整合社会利益，避免两极分化；二要注意增强党的阶级基础和扩大党的群众基础，既反对“全民党”的做法也反对“关门主义”；三要注意自身的理论创新，既与时俱进又坚持马克思主义基本原理；四要积极应对和妥善处理突发性危机，同时，更应看到隐藏在突发性事件背后的深层次原因并注意其解决；五要特别注意防止腐败，树立一个清廉政党的国内、国际形象。在这些方面，国外的一些执政党的执政实践对我党有许多借鉴之处。权宗田在《传媒对党的执政安全之影响及其应对》（《探索》2009 年第 1 期）一文中提出，传媒的政治功能主要包括传递及制造政治信息、引导政治行为与政治参与、推动舆论监督与政治民主等。传媒的这些政治功能对政党行为以及执政活动产生着重要影响，也使传媒与政党、传媒与中国共产党执政安全的联结成为可能。政治传媒化的发展以及传媒社会的到来对党的执政安全构成了一定程度的挑战，主要表现在：使党的自身建设面临新环境，对党的执政合法性建设造成新考验，对党的执政方式创新提出新要求。中国共产党要应对政治传媒化对执政安全的新挑战，应着力做好以下几点。第一，必须重视发挥传媒的积极政治功能。一方面要做大做强党管传媒，并使更多的人民群众接受并认同党所宣传的价值观念和政治意识，另一方面要将对传媒的监管置于依法治理的轨道之上。第二，努力构建科学的传媒体制和政治传播机制。要以有利于党群沟通联系为首要原则，要坚持尊重传媒自身发展规律与传媒发展的社会主义方向的统一，要注重诸种传媒的合力发挥。第三，进一步提高党的传媒素养和传媒运用能力，创新执政方式。具有传播信息、引导舆论、沟通情况特有功能的传媒是中国共产党必须加以利用好开发好的政治资源，对于传媒社会的到来，我们不能采取回避的态度，而应该与时俱进地予以积极面对。朱健在《转型期要重视规避执政风险》（《济南日报》2009 年 6 月 17 日）一文中提出，对于执政党来说，所有风险，最后归结到一点，就是执政风险。导致执政风险的因素很多，如自然灾害、经济危机、文化冲突、宗教矛盾、外交事件等。从领导者的层面看，执政风险主要来自某些方面决策及其实施长期失误积累的政治经济社会矛盾，或个别重大决策及其实施失误导致的社会一时普遍不满。规避执政风险，实质上就是有效地整合社会关系，化解社会矛盾，保持社会稳定，克服统治危机，巩固党的执政地位。这是一项十分复杂的系统工程。就领导者来说，关键是要树立按客观规律办事的意识，防止个人独断专行，自觉维护法律的权威，坚持科学决策、民主决策、依法决策，不断提高决策能力和决策水平。第一，科学决策是规避执政风险的基本前提。科学决策的基本要求是在决策过程中自觉遵循科学的思想和理论，广泛收集相关信息，注意运用科学决策方法和技术，充分尊重事物的客观规律。第二，民主决策是规避执政风险的根本要求。民主决策的基本要求是在决策过程中严格按照预定的程序、规则和方式，广泛吸取各种意见，充分集中各方智慧，及时反映群众的要求和愿望。第三，依法决策是规避执政风险的重要保障。依法决策的基本要求是决策的整个过程都必须严格地遵循法律的制约和规范，确保各种决策以及决策的各个环节都在法律规范的范围内进行。

六、党内民主建设研究

党的十七届四中全会《决定》指出：党内民主是党的生命，集中统一是党的力量保证。学术界继续围绕坚持和健全民主集中制，积极发展党内民主的各个方面、各个问题开展深入研究。

（一）内涵和意义

李良栋在《发展党内民主与完善民主集中制》（《党建研究内参》2009 年 7 月）一文中提出，发展党内民主是推动国家政治生活民主化的前提。诚然，党内民主并不是国家制度层面的民主，但是，从党的地位看，党是我国政治体制的核心，执政党的地位决定了党内生活的民主化对国家政治生活民主化的制约关系。从党的任务看，党的大事也是国家的大事，党内重大问题能够民主决策，国家政治生活的民主化就有了可靠的基础。从党与社会的关系看，党是先锋队，是整个社会的表率，党理所当然地应当是民主的模范，党内民主健全了，全国人民就会学习、效法。难以设想，一个居于领导地位的党本身缺乏民主，这个党所领导的国家政治生活、社会生活反倒会是民主的。蔡霞在《党内民主的实质与保障》（《学习月刊》2009 年第 10 期上）一文中提出，发展党内民主的实质是党内关系的深刻调整。党内关系在本质上是以“志同道合”为内涵、以权利一律平等为基础，为着共同的理想目标而自愿团结奋斗的关系。新民主主义革命时期，党内民主集中制的实行带有明显的军事化特点，主要强调党内的高度集中和党员的服从义务。执政以后由于各种复杂的原因，我们长期把战争状态下的民主集中制实现方式等同于民主集中制本身，党内的“同志”合作奋斗关系被权力依附关系所取代，民主集中制在某些党组织内变异成了权力意志集中制。发展党内民主的实质，就是对战争年代所形成、又被执政后权力关系所控制、至今还没有能完全转变的党内关系状况做出深刻的调整。这种深刻调整的内涵是改变党内权力过度集中、党员权利相对弱势的状况，高度尊重党员主体地位、切实保障党员行使民主权利，充分发挥党员的主体作用，最大限度地激发全党的创造性、主动性、积极性，最大限度地凝聚全党的智慧与力量，为实现党的事业共同奋斗。

（二）党内民主制度建设

蔡霞在《党内民主的实质与保障》（《学习月刊》2009 年第 10 期上）一文中提出，保障党内民主最关键的是制度建设，必须考虑一整套制度安排，形成党内民主的制度链。这个制度链的逻辑前提是明确党员是党内的主人，实际逻辑起点是党内选举，关键的是权力结构，目标是建立党员民主权利有效控制党内权力的民主控权机制。实践表明，理顺党代表大会、党委会和纪检委三者之间的权力关系和职权边界，是能否顺利推进党内民主、真正实现党员权利的关键。党内权力的民主控权机制至少要包含三个方面：一是权力的公开透明运行，二是有限权力在一定轨道上的封闭运行，三是规范权力运行的制度必须具有高度的刚性权威。党内民主的制度安排，不仅仅是根据党内民主的政治理念，而且要遵循党内权力运行的特点与规律，根据党内权力与权利的良性互动来设计一整套制度链，使各项制度之间有机结合、环环相扣、相互补充、配套衔接。发展党内民主的主题是实现党员权利。党员主体地位是通过党员权利的行使和保障而体现的，充分实现党员参与党内事务、监督制约党内权力的民主权利，既是党内民主的本质与核心，又是党员主体地位的充分体现。从党内生活的实践看，实现党员权利、保障党员主体地位，最主要的是以下几个方面：一是改革党内选举制度，保障党员的选举权和被选举权的充分运用，充分实现党员的选择权；二是实行党务公开，使党员对党内事务有更多的了解和参与，充分实现党员的知情权；三是重大问题在党内开展广泛深入的讨论，营造党内畅所欲言的民主讨论氛围，充分实现党员的参与权；四是制定党内质询、审计、罢免、撤换等具体而明确的操作性规定，充分实现党员的监督权。要充分尊重党员的主体地位，发挥党员的主体作用，还需要厘清党内权利与权力的关系，防止和纠正对党员权利的集体侵犯、限制和削弱的各种现象。在《党内民主建设：历史的启示与现实的选择——著名党建专家三人谈》（《北京日报》

2009 年 9 月 21 日）一文中，许耀桐提出今后党内民主的发展应着重强调三个重点。一是在继续抓好党内民主制度建立的同时，要以制度的精细建设为重点。二是在继续制定完善党内民主制度的同时，要以制度的贯彻落实为重点。要将制度的规定，以及关于制度重要性的学习讨论，普及到每个党员；将制度是否得到执行的情况，及时告知全体党员；对不执行制度的有关机构和领导人追究责任，予以严肃处理。三是在继续展开党内民主全面建设的同时，要以发展基层党内民主为重点。高新民在《有序推进党内民主：全委会制度改革的新尝试》（《学习时报》2009 年 6 月 8 日）一文中介绍了中共上海市闵行区委全委会制度改革的新尝试：一是把“三重一大”的决策权交给全委会；二是每年召开四次委员会全体会议，建立四个与之相匹配的专门委员会（财经、人事、提案工作委员会等）；三是区党代表可报名列席全委会会议并参与重大问题讨论；四是全委会实行询问制度，会前即在网上征集问题，会议讨论期间代表和委员亦可口头提出问题；五是党的纪律检查委员会全程监督全委会决策的实施。作者认为，闵行的改革实质上是党内决策权力重心下移。其意义在于：第一，有利于理顺党委内部工作机制，提高领导班子内聚力；第二，有利于保障党员权利，形成党组织内聚力；第三，有利于反映各种社会利益诉求，形成社会凝聚力。

李良栋在《发展党内民主与完善民主集中制》（《党建研究内参》2009 年 7 月）一文中提出，党内民主的实现形式是民主集中制，为了发展党内民主应当科学地认识民主集中制。“民主”和“集中”本来是民主这个整体的一个事物的两个方面。民主集中制中的“民主”，其实是在自由、平等的基础上充分发表意见和看法的形象比喻。人们在自由和平等的基础上充分发表意见和实行讨论之后，必须按照少数服从多数的原则进行决定，这就是民主集中制中的“集中”。集中是民主的一种程序、一种方式，集中不是少数人说了算，也不是个人拍板。党的集中是密切联系于党内民主的，集中的前提是民主，是以民主为基础的集中，没有民主，就谈不上集中，只能是专断。发展党内民主必须完善民主集中制的具体制度。党的民主集中制有几个重要原则，其中起主导作用的，是党员一律平等和少数服从多数的原则。这些原则要转换为现实，必须有一整套规范化的具体制度。要注意解决以下几个问题：一是制度的内容必须具体明确，有可操作性。二是制度必须综合配套，严密完备。三是执行制度要严肃认真，坚持不懈。一方面要加强对制度落实情况的监督检查，另一方面要奖罚严明。

（三）党内民主建设风险防范

中组部课题组在《党内民主建设中的风险防范与控制》（《当代世界与社会主义》2009 年第 5 期）一文中提出，国际国内的大环境，既为我们发展党内民主提供了有利条件，也对党内民主健康发展提出了挑战。依据国内外历史上发生过的风险和当前我国出现的苗头性倾向，作者提出推进党内民主建设要对以下风险高度警惕、注意防范：一是党组织出现信任危机的风险，二是党内政治局面出现混乱的风险，三是党发生分裂的风险，四是党发生质变的风险。加强党内民主建设风险的防范和控制，保证党内民主积极稳妥健康发展，要采取以下措施：一是牢固树立科学的防控风险意识，即正确识别、积极面对、预防为主、措施得当。二是加强对党内民主建设的领导和指导。

坚持马克思主义党内民主观的指导思想；决不允许形成派别，维护党的团结统一；将自上而下的示范与自下而上的探索结合起来。三是坚持从实际出发、积极稳妥地推进党内民主建设。各个方面、各个层次的党内民主采取的方式、涉及的内容、推进的程度，都要统筹考虑；谨慎引入竞争性选举。四是建立健全风险预警、评估与处置机制。明确风险防范主体，加强风险意识教育；确保党内信息沟通顺畅，及时掌握广大党员群众对党内民主建设的满意度和有关意见建议；中央应高度关注各地发展党内民主的新探索、新举措，对不符合党内民主发展方向的要及时予以纠正。五是积极借鉴吸收国外政党的经验教训。

七、党的思想、组织、作风、制度和反腐倡廉建设

党的十七届四中全会《决定》指出：加强和改进新形势下党的建设，必须全面贯彻党的十七大关于党的建设总体部署，全面推进思想建设、组织建设、作风建设、制度建设和反腐倡廉建设。学术界围绕党的建设五项重点任务，着眼于提高党的建设科学化水平展开深入研究。

（一）加强和改进党的思想理论建设

李源潮在《以改革创新精神加强党建理论研究——在纪念〈党建研究〉创刊20周年座谈会上的讲话》（《党建研究》2009年第5期）一文中指出，回顾党的历史，实践基础上的党建理论创新始终是党的建设蓬勃发展的思想动力。现在，国际国内形势正在发生复杂而深刻的变化，面对新情况新问题，既需要在实践上有新探索，也需要在理论上有新突破。党建理论研究要更好地服务于党的建设新的伟大工程和中国特色社会主义伟大事业，就必须大力弘扬改革创新精神。以改革创新精神加强党建理论研究，必须紧密联系党和国家工作大局，紧紧围绕提高党的执政能力和保持党的先进性这一根本任务来开展，为做好新形势下的党建工作提供有力的思想武器。以改革创新精神加强党建理论研究，必须大力弘扬马克思主义学风。一是思想要更加解放，做到讲传统而不保守、讲原则而不僵化。二是作风要更加务实。一方面，要坚持“从实践中来”，决不能仅仅坐在大楼里面搞研究，关起门来写文章；另一方面，要坚持“到实践中去”，重视做好党建理论研究成果的转化工作。三是方法要更加科学。要坚持马克思主义的立场、观点和方法，同时，要善于运用政治学、经济学、社会学、管理学、历史学等多个学科的知识，并借鉴这些学科的研究方法，拓展党建理论研究的广度和深度。秋石在《大力推进马克思主义中国化、时代化、大众化》（《求是》2009年第23期）一文中提出，马克思主义中国化、时代化、大众化是我们党的思想理论建设的一条宝贵的历史经验。马克思主义中国化就是将马克思主义基本原理同中国实际相结合，形成具有中国特色、中国风格、中国气派的新理论；马克思主义时代化就是紧密结合时代特征，不断吸收新的时代内容，使马克思主义紧跟时代发展步伐；马克思主义大众化就是把马克思主义基本原理、基本观点通俗化、具体化，使之更好地为人民大众所理解、所接受。大力推进马克思主义中国化、时代化、大

众化，要真学、真懂、真信、真用马克思主义，解决正确认识和科学对待马克思主义的问题；要以我们正在做的事情为中心，研究新情况、解决新问题；要不断改进学风文风，带着对群众的感情研究问题、分析问题，从思想理论层面推动关系群众切身利益问题的解决。

张志明在《党的理论创新的严肃性与科学性》（《理论视野》2009 年第 5 期）一文中提出，党的理论创新必须具备严肃性和科学性的品质，必须戒除庸俗化和假大空的习气。党的理论创新的严肃性主要是指四个方面要求：第一，理论创新的过程必须是严肃的，理论创新成果的产生和被全党的接受和认同，必须有相当的时间和过程；第二，理论创新的内容必须是严肃的，必须是一个严密的科学的理论体系；第三，理论创新的程序必须是严肃的，必须经过党内严肃的具有法定权威的程序；第四，理论创新的宣传必须是严肃的，必须克服庸俗化倾向。保证党的理论创新严肃性的根本条件，是党的理论创新的科学性。党的理论创新成果具备科学性，至少必须符合以下四个条件：第一，中国革命和中国特色社会主义建设确实遇到了前所未有的重大问题；第二，为解决这些问题党的领袖或领袖集团集中全党智慧提出了前所未有的理论体系；第三，一旦新的理论体系运用于重大问题的解决，中国革命和建设的面貌就焕然一新了；第四，这种理论创新的成果与人类文明的发展规律和历史趋势是一致的。

（二）加强和改进党的组织建设

李源潮在《坚持民主公开竞争择优　推进干部人事制度改革——中共中央政治局委员、中央书记处书记、中央组织部部长李源潮答记者问》（《学习时报》2009 年 11 月 30 日）一文中提出，干部人事制度改革是政治体制改革的核心内容，干部制度竞争力是国家政治制度竞争力的核心要素。深化干部人事制度改革，首先，要坚持党管干部原则，任何时候都不能动摇。其次，要坚持科学化、民主化、制度化的建设方向。科学化，就是遵循党的事业发展需要和干部成长规律，改进和完善干部人事制度，实现干部工作理论、制度、方法和工作机制的科学化。民主化，就是逐步扩大干部工作民主，把民主的要求贯穿于选人用人的全过程。制度化，就是总结实践中的成功经验，形成内容完备、结构合理、功能健全、科学管用的中国特色社会主义干部人事制度体系。第三，要坚持德才兼备、以德为先的用人标准。第四，要贯彻民主、公开、竞争、择优的改革方针。公开选拔、竞争上岗，是调查中干部群众认为近年来最有成效的选人用人改革措施。下一步，将继续把完善竞争性选拔干部方式作为干部人事制度改革的一个重点，突出岗位特点，注重能力实绩。一是加大竞争性选拔干部的力度。有条件的地方和部门可以每年开展竞争性选拔干部工作，对一些重要职位进行公开选拔，机关中层以下领导职位除特殊岗位外逐步做到竞争上岗为主要选拔形式。二是完善差额选拔干部办法。推行差额推荐、差额考察、差额酝酿，探索差额票决，进一步扩大民主，促进好中选优。三是提高竞争性选拔干部的质量。坚持“干什么、考什么”，把考试和考察更好地结合起来，全面准确地了解干部的德才表现和工作实绩，防止选用夸夸其谈的“马谡”。李国华在《提高干部选拔任用工作科学化水平》（《党建研究》2009 年第 9 期）一文中提出，干部选拔任用工作的科学化，与民主化、制度化紧密相连，要与民主化、制度化一起协调发展、全面推进，不能孤立进行。当前，提高干部选拔任用工作科学化水平应当从以下几个方面入手：第一，在干部初始提名权上，要以制度的形式加以规范。进一步明确干部选拔任用初始提名的基本原则以及提名的条件、范围、方法、程序和责任；同时要探索实行全委会民主推荐提名制、空缺职位预告制、民意否决制等配套制度。第二，在民主推荐的真实性上，要在操作细节上下工夫。根据代表性、知情度、关联度的要求合理确定参与对象和范围；可适当采取署名谈话推荐的方式和"统一发票、分散划票、定点投票"的方式。第三，在干部考核评价上，要加大经常性考察的力度。不断完善以经常性考察和年度考核为基础，以换届考察和任职考察为重点的考核评价机制。第四，在干部选任方式上，要加大竞争性选拔的范围和力度。把重要岗位人选的公开选拔作为一个突破口，坚持并逐步扩大公开选拔、公推公选领导干部的适用范围。第五，在优化班子结构上，要突出抓好后备人才的培养选拔。

王长江在《怎样理解"党管干部"才是科学的》(《现代领导》2009 年第 6 期）一文中提出，"党管干部"既不能简单地理解成"管理"，也不能简单地理解成"决定"，而是对干部的使用、干部用权的全过程进行控制，保证执政党路线、纲领、方针、政策得到执行，保证党的执政目标得以实现。从认识上看，长期形成的把党管干部等同于党的组织和领导个人任命、变相任命干部的认识没有完全改变。这种认识，体现到实践中，就是不能辩证地看待党管干部与人民当家做主之间的关系，往往把两者对立起来。"党管干部"管得是否科学、有效，说到底，就在于能不能既保持党对整个干部选择过程的有效控制，又不使公众的选择权失去意义。首先，在充分保证人民对干部的选择权的同时，加强党对人民选择的控制和引导；其次，从琐碎的人头管理中摆脱出来，更多地转向通过政策导向来保证干部队伍的质量；再次，加大对治国理政人才培养的力度，为公众提供充足的可供选择的干部资源。张志明在《关于干部制度建设科学化问题的几点思考》(《中国党政干部论坛》2009 年第 11 期）一文中提出，坚持党管干部原则，提高党管干部的科学化水平，需要对以下问题进行进一步探索：一是对党管干部原则的认识问题。党管干部原则应该更多的是指执政党整体依靠科学的干部制度去管干部，应该实现党管干部与人民选择干部的有机结合。二是干部的科学分类管理问题。选任制领导干部一定要严格按照选举规则的要求选举好，而非选任制领导干部决不能滥用票决的办法，应根据不同岗位分别进行任命、考任、委任或聘任。三是干部制度改革的科学化问题。要在科学的干部分类制度基础上，首先明确制度设计要追求的最大目标和价值。如选举制度的根本价值取向是实现人民当家做主，要把精力和力气花在通过选举增强政治认同上，而不是寻找"完人"。四是关于干部授权机制的科学化问题。关键还是如何看待和认识选举，要学习党在延安时期对选举工作高度重视的好经验好做法好思路。五是干部监督机制的科学化问题。党要建立的监督制度，不是封建王朝的监督，不是人治方式下的监督，而是民主政治前提下的制衡，是法治文明基础上的监督制约。六是干部交流的科学化问题。选举类干部的监督问题不能通过简单的干部"交流"加以解决，应该通过更积极地推进民主政治发展和政治体制改革加以解决。七是关于干部的退休年龄问题。对于国家公务员干部队伍实行严格的退休年龄规定是必须的，但不能简单套用于所有类型的干部。八是关于党内的政治代谢机制问题。通过真正的党内民主选举和人大选举以及严格的任期制度来实现“换人”的政治代谢，从根本上走出靠领袖人物挑选“接班人”或变相选接班人的非理性政治代谢机制。

中组部研究室课题组在《提高选人用人公信度问题的调查》（《党建研究》2009 年第 2 期）一文中提出，从干部工作的角度分析，导致选人用人公信度不够高的原因主要有以下五个方面：一是用人导向和执行选人用人的标准、条件出现偏差；二是干部工作的民主化程度和民主质量不够高；三是干部考察的方式方法不完善；四是干部管理的严肃性和规范化程度不够高；五是用人上不正之风没有得到有效遏制。提高选人用人公信度的对策建议：第一，坚持和落实正确的用人导向。坚持从党的事业出发选拔干部，坚持德才兼备、以德为先标准，坚持公道正派的选人作风，注重在基层和生产一线选拔干部。第二，建立健全科学的选拔任用机制。规范干部任用提名制度，增强民主推荐的科学性真实性，建立健全科学的考核评价办法，健全科学民主的选人用人决策机制，加大竞争性选拔干部工作力度。第三，推进群众的有序参与。进一步提高透明度，充分听取和尊重群众的意愿，定期开展群众满意度测评。第四，严明纪律。严明干部选拔任用工作责任，强化对干部选拔任用工作的监督，严肃干部选拔任用工作纪律。第五，严格干部管理。加强干部经常性教育，加大干部奖惩力度。中共福建省委政策研究室、中共福建省委组织部在《票决制：选准用好干部的制度保证》（《求是》2009 年第 4 期）一文中介绍了福建省委以实行省委全委会票决重要干部为抓手，始终注意在干部人事工作中把握和处理好民主与集中、权利与责任、议与决的关系的基本做法：一是建立领导班子建设情况分析制度，并通过经常化的考核科学考察干部。二是以常委务虚会代替书记办公会，在省委组织部提出相关职位和差额人选的基础上，按照“五重五不简单”的用人方法初步确定人选，即重发展实绩，不简单地以数字取人；重群众公认，不简单地以票数取人；重“四化”标准，不简单地以文凭、年龄取人；重干部标准，不简单地以求全取人。三是完善公布提名人选、介绍德才表现、审议票决对象、无记名投票表决、当场宣布票决结果等票决基本程序，科学规范运作。四是扩大票决范围，目前除省属高校和国有企业外的省管正厅职领导干部任用，全部提请省委全委会票决。五是形成与票决制相配套、相补充的干部人事制度体系，树立公正导向。作者还提出票决制改进和完善的四点建议：一是坚持干部选任标准，真正把优秀干部选拔上来；二是提高干部综合素质；三是坚持“五重五不简单”的用人要求，让全委会成员参与酝酿票决对象，试行差额票决重要干部制度；四是完善省委全委会工作规则，切实增强全委会功能。中央党校党建部课题组在《南京市公推直选基层党组织领导班子的做法与启示》（《中国党政干部论坛》2009 年第 12 期）一文中介绍了南京在全市基层试点并逐步推行党组织领导班子公推直选的经验：一是制定公推直选的 8 个基本程序，突出规范性、科学化要求，并向全体党员和社会公开，把公推直选作为广大党员群众开展民主训练、增强民主意识的重要平台；二是推行“三荐二会一票”制度，改进候选人提名方式，实现了组织意图、党员意志和群众公认的统一；三是从公推到直选每个关键环节都实行差额，并引入竞职演讲、现场答辩等形式，增强选举的竞争性。作者还提出南京市公推直选模式要在更大范围内推进需要解决的几个问题。第一，完善制度，改进技术支撑，降低选举成本。当前应积极探索基层党组织领导干部的问责制度。第二，健全基层党组织民主实践的动力机制。要规范候选人资格条件的确定程序，要维护选举结果的权威性。第三，在更高的平台、更高的标准上落实党员的民主权利，实现干部管理理念和评价体系的创新。特别要针对城乡社会发展的实际，将公推直选纳入城乡统筹的基层党建新格局中统筹考虑，使党组织更好地适应新时期社区工作的要求。高玲慧在《发挥干部评价的激励导向作用》（《党建研究》2009 年第 11 期）一文中介绍了湖州市不断完善领导班子和领导干部考核评价工作的经验。一是完善干部考核评价指标，着力解决“考什么”的问题。突出德才素质，突出科学发展，突出社会和谐。二是改进干部考核评价办法，着力解决“怎么考”的问题。综合运用考核评价方法，探索实施分类考核评价，推行“两圈”（生活圈、社交圈）考察，加强经常性考核。三是扩大干部考核评价民主，着力解决“谁来考”的问题。强化基层考评，重视同级考评，搞好上级考评。四是强化干部考评结果运用，着力解决“考了怎么办”的问题。建立综合分析机制，完善考核结果反馈制度，科学合理使用考评结果。

夏行在《略论构建城乡统筹的基层党建新格局》（《党建研究》2009 年第 1 期）一文中提出，我国城乡关系已整体步入国际上通常经历的以城带乡并向城乡交融发展的新阶段，因此，必须打破城乡区域界限，统筹推进城乡基层党组织建设，促进城乡党建工作互相融合、相互促进、双向受益、共同提高，加快推进城乡经济社会的统筹发展。构建城乡统筹基层党建新格局的目标取向是：新格局体现在组织阵地上要均衡布局，体现在党建资源上要合理配置，体现在党务管理上要协调统一，体现在服务网络上要均匀分布，体现在党员权益上要平等保障，体现在党内人文关怀上要同步发展。中共中央组织部研究室在《重庆市构建城乡统筹基层党建新格局的调查报告》（《求是》2009 年第 4 期）一文中介绍重庆市委在实践中坚持推进“三大统筹”，着力构建“六个体系”，形成了全市构建城乡统筹基层党建新格局的总体思路。“三大统筹”，即以树立城乡党建协调发展的整体观、城乡党员都是党内生活主体的平等观等为主要内容的观念统筹，以优化配置、城乡共享为主要内容的资源统筹，以城乡党建一体化推进为主要内容的工作统筹。城乡共建的“六个体系”，即组织体系、基层干部人才工作体系、党员动态管理体系、党员联系服务群众工作体系、党内激励关怀帮扶体系和基层党组织互帮互助体系。作者认为，重庆市的先行实践对探索构建城乡统筹的基层党建新格局的有益启示，一是必须纳入城乡经济社会发展一体化的整体架构，二是必须紧紧围绕城乡统筹发展的任务，三是必须把发挥党建工作的促进作用作为着力点，四是必须充分调动城乡党组织参与的内在动力。李俊伟在《关于非公有制企业党的建设深层次问题的理论反思》（《长春市委党校学报》2009 年第 3 期）一文中提出，非公有制经济组织党的建设从设置方式、作用途径和管理方式上都是对传统基层党的建设模式的突破，在实践中改进创新的同时也更需要理论的反思。第一，非公有制企业党组织设置必要性。非公有制企业党组织的组建，不应再被单单看作是一个技术和数量问题，而是政党与群众进行沟通、对社会进行有效控制的重要手段，是政党推动企业发展、服务企业发展的重要载体。第二，非公有制企业党组织功能定位。只有把服务的精神和理念贯穿到党组织的活动中，基层党组织才能适应经济社会转型的要求实现自身功能的转换。具体而言，非公有制企业党组织以实现和维护职工群众的利益为己任，在利益调整中做好解释工作，在利益冲突中，调整群体利益、化解利益纠纷；生活在群众中，了解群众的意愿，反映群众诉求；活动在各种组织中，整合各种社会资源和组织，协调社会关系，沟通相关环节。第三，非公有制企业党组织发挥作用的途径。只有党组织的建立根植于非公有制企业对自身利益的理性计算，业主内生性地认识到党组织的重要性，党的建设的开展才能具有坚实的基础。党组织发挥作用的着力点，应该放在支持和促进企业经营发展上，其途径主要有提高企业的科学决策和管理水平，推进企业文化建设与企业凝聚力的形成，协调劳资方关系、营造和谐环境。第四，非公有制企业党的自身建设的模式。实现非公有制企业党组织建设的规范化、连续化，必须从依靠政策安排向依靠制度建设转变。当前需要解决的主要问题，一是用制度规范上级组织的职责，上级党组织要把业务管理和党务管理结合起来；二是依靠制度规范企业内部各种组织的关系，要强调党组织的政治属性。

（三）加强和改进党的作风建设

余超文在《制度建设作为作风建设的根本何以可能——基于道德、法律、制度的比较分析》（《湖南社会科学》2009 年第 4 期）一文中提出，道德、法律与制度在解决作风问题中各有优劣，但好的制度比道德、法律更重要、更可靠。作风建设必须走出重思想道德教育、专注法治而轻制度建设的误区，在积极发挥道德、法律调节作用的同时，把制度建设作为解决作风问题的治本之策。第一，道德何以不能成为作风建设的根本？首先，从作风问题产生的诱因来看，作风问题的出现有着深刻的经济诱因和制度根源，思想道德水平只是产生作风问题的诸多原因之一；其次，从道德作用的手段和尺度来看，道德调节的非强制性决定了它在解决作风问题中的局限性，同时，人性的自律是通过他律的内化来完成的；再次，从道德调整的角度和范围来看，道德调节的超现时的特性决定了它在解决现实问题的局限性。第二，法律何以不能成为作风建设的根本？首先，法律作用的发挥有赖于一系列体制机制的完善，“徒法不足以自行”；其次，法律作用机制的滞后性决定了在作风建设中其预防、监督与制约作用的有限；从内容上来讲，法律不可能穷尽社会生活的所有范围和领域，如官僚主义、办事拖沓、相互推诿、效率低下、奢侈浪费等诸多作风问题。第三，在积极发挥道德、法律调节作用的同时，把制度建设作为解决作风问题的治本之策。首先，从作风问题产生的文化根源来看，要树立权力制约理念；其次，从作风问题产生的现实根源来看，要进一步完善各项制度，包括经济制度、政治制度，特别是组织制度、人事制度和工作制度；再次，从制度本身的特性来看，要把好的作风制度化。

张荣臣在《60 年党群关系的变与不变——兼论执政条件下党群关系的实质与改革取向》（《中国党政干部论坛》2009 年第 12 期）一文中提出，从根本上讲，今天中国共产党党群关系的实质并没有改变，但为什么党群关系在今天却成为一个问题呢？这里的关键是执政。执政条件下，党所处的历史方位发生了重大变化，人民群众自身和利益要求发生了巨大变化，干群关系有了新的特点。要注意的是，表面上看，党群关系指的是党和群众之间的关系，但它实际上反映的是党同公共权力之间的关系。新的历史条件下，要围绕着权力的运行和对权力运行的制约监督，构筑一个能够互动起来的党群关系模式。第一，尊重群众的主体地位，坚持在党的领导下积极稳妥地推进选举制度的改革；第二，致力于发展，不断提高经济、政治、文化、社会和生态建设的发展水平；第三，完善制约和监督机制，保证人民赋予的权力始终用来为人民谋利益。第四，坚持立党为公、执政为民，努力做好新形势下的群众工作。蔡霞在《基层民主中执政党与社会关系变化的透视——以成都农村社会为例》（《探索与争鸣》2009 年第 10 期）一文中提出，执政后，党能不能与人民群众继续保持血肉相连、生死相依的关系，不仅取决于党能不能始终坚持根本宗旨，而且在相当程度上取决于采用什么样的执政方式和领导方式。由于对现代民主政治认识的不足，以及传统政治文化的深厚影响，我们党在相当长的时间里没能正确区分执政与领导的不同，造成领导与执政的错位和混淆。一方面，在国家政权系统运转中把国家政权系统作为执行党的政治指令的工具，甚至以党代政；另一方面，在社会领域中，不仅政府对社会实行全面控制，而且党组织全面运用权力意志来指挥甚至命令群众。这样的执政方式与领导方式，使党在民主政治结构中偏离了政党的本原位置，在执政党与社会之间形成了强执政党、弱社会的关系。这种关系造成了政党功能的扭曲，进而产生党与社会关系的紧张。执政党偏离民主政治结构中政党的本原位置，与政府行政职能错位，就必然脱离群众。执政几十年来，尽管我们不断加强干部思想教育，要求干部增强群众观念、发扬民主作风，但实际上个人行为是无法弥补党的执政方式与领导方式不科学所造成的体制机制弊端的。要克服党脱离群众的危险，必须通过民主政治，重新塑造执政党与社会的关系。

叶笃初在《加强党性修养是共产党员的终生必修课》（《求是》2009 年第 10 期）一文中提出，每当重要的历史关头，我们党都把加强党性修养和教育作为强大的精神动力和政治保障，提到突出位置。把加强个人党性修养同接受教育监督紧密结合，是新的历史条件下党性修养的新要求。党性修养，重在自觉，但离不开各种监督，尤其是群众监督和法律监督。在新的历史条件下，按照党务公开原则，党员领导干部的党性修养也要“开门”、透明，置于阳光之下，这不仅是一时的具体措施，而且要成为一种确能收到成效的定规，从制度上保障党员和群众能够实现有效的参与，监督、促使党员领导干部加强党性修养。监督党员领导干部的党性修养，就是监督他们的思想、工作乃至生活表现，最重要的就是监督领导干部如何行使权力。刘炳香、韩宏亮在《干部作风也是核心竞争力——潍坊市干部作风建设的调查与启示》（《人民论坛》2009 年第 29 期）一文中介绍了潍坊市以改革创新精神加强干部作风建设，把干部作风建设成效转化成本地区的核心竞争力的经验。一是创新干部作风建设方法，把干部作风建设的管用办法变成长效机制。把干部作风建设的管用办法变成具有稳定性和权威性的刚性规定，确保干部作风建设的刚性规定具有系统性和整体性、科学性与合理性、可行性和可操作性。二是创新干部作风建设的途径，在实践中锤炼干部作风。引导党员干部向榜样学习，投身工作一线经受实践锻炼；领导干部坚持到信访工作一线、改革发展一线、对口援建一线接受锻炼。三是在干部的工作推进、教育培训、考核监督等各个方面尊重党员干部的主体地位，调动干部养成扎实工作作风、干事创业的积极性。四是把干部作风建设落脚到推动本地区科学发展上。制定了《关于转变领导工作作风推进工作落实的意见》，其中的实践锻炼、完善机制、改革创新、不断学习等各个方面的要求都是直接或间接服务于和服从于经济建设这个中心的，最终成效都是要体现到推动经济社会的科学发展上的。

（四）加强和改进党的制度建设

曹普在《制度建设是党建总布局的核心》（《北京日报》2009 年 12 月 7 日）一文中提出，党的十七届四中全会把党的制度建设提高、落实、发挥、统合到了前所未有的战略高度。《中共中央关于加强和改进新形势下党的建设若干重大问题的决定》主体部分，提出了 6 个方面的任务和要求，都有明确的“制度”规定和要求，具有实质性内容的“制度”近 50 条。2009 年 9 月 26 日，习近平在中央党校学习贯彻十七届四中全会精神报告会上列举了《决定》提出的 30 个新要求新举措。其中约有 20 个新要求新举措，“新”就新在在制度建设上提出了新论断。作者提出，应以十七届四中全会为契机，进一步凸显并牢固确立制度建设在执政党建设全局中的核心地位。当前，进一步加强和推进党的制度建设，最紧要的工作就是要在制定出台新的制度的同时，把已有的各种制度要素统合起来、协调起来、“和谐”起来，大力加强和完善制度体系建设，堵塞制度“漏洞”，弥合“制度”链条上缺失或断裂的环节。既要建立实体性制度，又要建立程序性制度——某种意义上建立程序性制度更重要；既要明确规定应该怎么办，又要明确规定违反规定怎么处理——某种意义上明确规定违反规定怎么处理显得更紧迫更重要，不断增强制度的严密性、可操作性、科学性、刚性，尽量减少制度执行的自由裁量空间。谢越在《提高党的制度建设科学化水平》（《理论前沿》2009 年第 24 期）一文中提出，增强党的制度建设的科学性，最重要的就是确保制度建设的各个环节都认真贯彻落实科学发展观的要求。第一，制度建设必须“以人为本”。所谓科学，就是尊重客观规律，执政党建设最深层次的规律就是凝聚民意、深得人心。一方面，党的制度一定要有利于全心全意地为最大多数人服务；另一方面，要有利于保证绝对多数党员的权益。第二，制度建设必须符合统筹兼顾、永续发展的要求。既要看到制度建设的根本性作用，又必须兼顾和协调党的建设其他方面；加强制度体系的系统性、配套性、协调性；紧密结合新的历史条件和时代任务，推动党的制度建设理论和实践的双重创新。第三，制度建设必须于法周延。在制度规定上要相对完备；党内各具体制度之间在时空与内容上要协调，新老制度交替时在内容、范围与效力上要衔接；增强党的制度建设的预见性。第四，制度建设必须于事简便。于事简便是指注重制度的可操作性，明确具体、务实管用。加强党的制度的有效性，就要加大党内制度的需求预测、编纂清理、审查监督力度。王寿林在《加强党的制度建设的几点思考》（《新视野》2009 年第 3 期）一文中提出，制度是理念向实践转化的中间环节，使党内逐步形成一个系统配套、行之有效的制度网络，形成一个自律与他律、自觉与规范相统一的机制链条，才能抓住贯彻落实科学发展观的根本。制度建设的核心在于科学配置权力，使各项权力之间形成既相互制约又相互配合的权力结构，使权力关系与权力流程明晰化规范化。通过制度法规对领导干部的职责权限做出明确规定，用制度法规约束领导干部的权力行为，既可以惩治于已然，也能够防患于未然，具有其他手段不可替代的规范作用。当前，制度建设存在一些亟待改进的问题：一是注重原则性，忽视操作性；二是注重单项性，忽视系统性；三是注重实体性，忽视程序性；四是注重表面性，忽视根源性。在实际生活中，不是制度法规供给不足而是制度法规执行不力，已成为制度建设“木桶”中的短板和瓶颈。其原因一是对制度法规的执行缺少有效的监督，对违反制度法规的行为缺少必要的惩戒；二是党员在制度建设中处于被动地位，往往只是被当做制度规范的客体，影响其执行制度的积极性和自觉性。作者认为，制度建设的框架结构包括六个方面内容：完善党内会议制度、党内组织制度、党内选举制度、党内决策制度、党内监督制度和党员权利保障制度。赵逸路在《加强制度建设要避免“四种缺失”》（《领导科学》2009 年第 12 期）一文中提出，为提高制度的制约力、执行力，加强制度建设要避免“四种缺失”。第一，避免“具体精确性不足”的缺失。在制度设计上必须做到制度的内涵要清晰准确、制度的标准要具体明确、制度的内容要力求量化。第二，避免“封闭性不足”的缺失。制度设计中，一方面要封堵制度内容规范上的“口子”，使人无法搞变通；另一方面，要填补制度运行环节上的“空白”。第三，避免“程序规范不足”的缺失。一要坚持实体性与程序性相统一；二要使程序性规定环环相扣，具有不可逆转性；三要强化程序意识，树立坚决按程序办事的自觉性。第四，避免“配套性措施不足”的缺失。制定配套性措施，必须明确责任主体，必须明确惩戒措施，必须加强检查监督。

操申斌在《改革开放以来中国共产党党内法规制度建设的几个主要特征》（《党的文献》2009 年第 4 期）一文中提出，改革开放以来，中国共产党高度重视党内法规建设，走出了一条具有中国特色和时代特征的党内法规建设之路。中国共产党党内法规建设的特征主要表现在五个方面：初步构建了一个以党章为核心的党内法规制度体系；由侧重惩治、侧重治标向惩防并举、注重预防转变；日益尊重和保障党员的民主权利，彰显人本化；由侧重制定向立、改、废并举方向全面推进；立法技术日益提高，由过去“数量型立法”向“质量型立法”转变。

（五）加强和改进党的反腐倡廉建设

林尚立在《以政党为中心：中国反腐败体系的建构及其基本框架》（《中共中央党校学报》2009 年第 4 期）一文中提出，中国惩治和预防腐败体系的形成和发展与中国政治体系的形成和发展紧密相关。在这个过程中，政党始终是反腐败体系的中心力量。这一方面与党建国家的历史以及政党国家的现实密切相关，另一方面与党管干部的体制密切相关。这个特点决定了中国惩治和预防腐败的体系有其独特的价值基础、制度体系和行动逻辑。所以，中国惩治和预防腐败体系的建设和发展，不仅有赖于民主法治的建设，更有赖于党的建设。党建的水平直接决定以政党为中心的惩治和预防腐败体系的完善程度和运行成效。而党建的关键是要从制度上解决“党要管党”这个最为根本的问题，其难点在于如何通过党内民主制度把党的自我管理与党“总揽全局、协调各方”的领导使命有机结合起来。从惩治和预防腐败体系的建设与发展来说，党内民主制度建设的根本点在于如何从体制和机制上全面完善党的集体领导体制。从发展的角度看，中国惩治和预防腐败体系充实和完善的方向是形成以中国共产党为领导的多中心的腐败防治体系，充分发挥国家政权与社会大众在惩治和预防腐败中的作用。张晓燕在《论提高反腐倡廉制度建设的科学性》（《中国监察》2009 年第 10 期）一文中提出，判断反腐倡廉制度是否具有科学性的基本标准有两个：一个是权力对称标准，另一个是信息对称标准。在此基础上，其具体标准可归纳为四点：一是制度行得通、做得到；二是注重实体制度和程序制度的有机结合；三是注重党内法规与国家法律法规的配合与衔接；四是注重制度的整体性、系统性、协调性和及时性。提高反腐倡廉制度建设的科学性，从党内的角度，需要持续关注和重点解决三个方面的问题：一是同级纪委如何监督同级党委的问题，二是如何充分发挥各级党委全委会对常委会的监督作用问题，三是推进党务公开，解决执政党与党员群众之间信息不对称问题。从整个国家的角度，需要持续关注和重点解决两个问题：首先，建立及时发现腐败的有效机制。要使领导干部收入申报制度具有执行力，尽快建立严格保护和奖励举报人制度，完善巡视制度，拓宽发现腐败分子的有效渠道。其次，加强反腐倡廉国家立法工作，充分体现反腐倡廉基本要求。

李淑华在《健全党内监督机制的思考》（《党建研究》2009 年第 6 期）一文中提出，当前监督机制主要存在四个方面问题：一是监督制度缺乏配套，党员干部滥用权力存在较大空间；二是党务政务公开不够，程序性监督机制没有真正建立；三是监督权的关口置后，下级对上级的监督有名无实；四是监督权分散不完整，监督机构不能独立行使监督权。健全党内监督制约机制重点要做好以下工作：为广大党员参与监督创造良好的制度环境和载体条件；健全党的代表大会制度，确保其党内最高监督地位；实现党务、政务公开，不仅公开相应的规定和措施，还要公开监督的内容和程序；使党内监督的各种监督程序和制度相互衔接和配套，同时通过完善各种工作程序减少和消除“监督真空”；建立相互监控机制，实现权力行使主体相互监督、相互约束、相互控制；对网络监督进行规范和正确引导，形成党内监督和网络监督相互促进的运行机制。任铁缨在《党内监督存在问题之我见——从四中全会〈决定〉提出“健全权力运行制约和监督机制”说起》（《中共石家庄市委党校学报》2009 年第 10 期）一文中提出当前权力运行制约和监督机制方面存在的四个方面问题。第一，党员监督部分失效，实质是党员权利的保障问题。诸如在党内选举上忽视党员的提名权，在党内决策上忽视党员参与的权利，在党内管理上只强调党员被动接受管理在党内监督上有的只把党员看作党内监督的对象，而忽视党员在党内监督的主体地位。以发展党内民主为主线，解决权利对权力的监督制约，主要体现在四个相互紧密联系的环节上：一是确立党员在党内的主体地位——权为党员所有；二是改革和完善党内的选举制度——权为党员所授；三是逐步推进党务公开——权为党员所用；四是完善撤换或罢免制度——权为党员所控。在这四个方面，权为党员所授最为关键。第二，党代会监督部分失位，实质是党的领导体制问题。领导体制是权力的结构问题，这里主要表现为党代会、全委会和常委会的相互关系问题。党代会五年召开一次，党代会闭会期间，党代会和党代表发挥作用缺乏有效途径和形式，导致党委权力过分集中在常委会。第三，纪委监督部分失衡，实质是权力的合理分解问题。由于作为拥有党内最高决策权的各级党的代表大会几年才开一次，故各级党委自然而然成为既是决策机关又是执行机关，同时行使党内监督权的专门机关——纪委也在党委的领导之下（双重领导体制），必然导致权力横向运行中防错纠偏功能软弱无力，权力纵向运行中下级对上级监督无法开展。第四，领导班子内部监督失常，实质是集体领导原则的落实问题。如果在党委会内部书记的权力高于其他委员的权力，甚至高于其他委员的权力之和的话，那所谓制约和监督只能是侈谈了。

王珉在《健全权力运行制约和监督机制》（《求是》2009 年第 21 期）一文中提出，权力运行制约和监督，是现代民主政治的核心问题，是政治体制改革的关键内容，是发展社会主义民主政治的重要保证。腐败的本质是权钱交易，研究腐败问题就要研究权力，解决腐败问题就要健全权力运行制约和监督机制，防止人民赋予的权力岗位化、岗位形成的权力个人化、个人掌握的权力商品化，从源头上铲除腐败现象滋生蔓延的土壤。加强权力运行制约和监督关键是推进体制机制建设，在干部的选拔、任用、调配等环节上，加强对权力授予过程的制约和监督；着重抓住那些容易以权谋私、权钱交易的重点领域和关键环节，加强对权力行使过程的制约和监督；严厉查处腐败分子，严格执行领导干部问责制，健全完善岗位责任制度，加强对权力运行结果的制约和监督。从长远看，发展党内民主，以权利制约权力，是健全权力运行制约和监督机制的根本途径；进一步完善权力结构，按照结构合理、配置科学、程序严密、制约有效的原则进一步划分和配置各部门各系统及其内设机构的权力和职能，既是权力正确行使的保证，也是对权力进行监督的基础。张荣臣在《建立起党执政的防错纠错机制》（《领导之友》2009 年第 1 期）一文中提出，建立党执政的防错纠错机制，立足于从制度上解决权力过分集中的问题，核心是划分权力的边界。首先，权力的配置要合理化、科学化。要按照效率原则和权力制约原则，对党政部门的权力进行科学配置，尤其对直接管理人、财、物的重要部门某些过于集中的权力进行适当分解，避免权力集中于少数人手中。其次，权力的运行要规范化、程序化。要明确各权力层次、权力主体的职责和权限；要明确规定权力运作的程序即权力运行的时间、空间和方式、步骤。最后，权力的运行要得到有效的监督。监督的实质是指对权力的制约，即“以权力制约权力”。防错纠错机制的建立，说到底还是要靠法治。法治与人治的区别并不是有没有法律，而在于有什么样的法律。法治国家的法律必须以创造、确认和维护公民的基本权利为出发点，在公民权利和国家权力的关系方面，公民权利是国家权力配置与运作的根本目的和界限。任铁缨在《反腐败与社会监督》（《中共中央党校学报》2009 年第 4 期）一文中提出，反腐败斗争中社会监督不可或缺，具体表现在四个方面：一是社会监督不可缺位。反腐败不能只靠党政领导机关内部的自我监督，更不能只靠党政领导干部的自查自纠，而必须依靠来自人民群众的社会监督。在反腐败问题上不仅要坚持教育、制度、监督三者并重，而且要坚持政党、国家和社会三者缺一不可。加强社会监督，不仅把人民群众作为腐败侵害的对象加以维护，而且作为反腐败的力量加以依靠。二是社会监督主体不可随意界定。社会监督的主体就是人民群众，客体就是党政机关及其工作人员。从人民政协、民主党派、工青妇等群众团体以及舆论机构与政党和国家的关系来看，不宜作为社会监督的主体。三是社会监督不可替代。社会监督属于外部监督，属于自下而上的监督，属于多数人的监督，属于积极监督。四是社会监督不可阻挡。从主体看，各种社会组织必将更加活跃；从客体看，公共权力的运作必将更加公开；从载体看，传送有关信息的路径必将更加顺畅。

学术著作评介和论文观点摘要

一、学术著作评介

《中国共产党建设史》（高新民、张希贤主编，中共中央党校出版社 2009 年版）

本书主要研究从 1921 年至 2007 年，中国共产党在新民主主义革命、社会主义建设和改革开放的不同历史时期党的建设史。全书共分十章，重点对 1949 年后执政党的建设史做了全面阐述。第一、二章着重研究新民主主义革命时期党的建设，包括两方面内容：一是从党成立到遵义会议前，这是党从幼年走向成熟的时期；二是从遵义会议后到 1949 年执政前，是党的建设“伟大工程”成功的时期。第三至第十章结合政治路线的转变着重研究执政后党的建设的情况，具体包括：执政党建设的初步探索（1949 年 10 月—1956 年 12 月）、执政党建设的曲折和失误（1957 年 1 月—1978 年 9 月）、执政党建设的重大转折（1978 年 10 月—1982 年 8 月）、中国特色社会主义道路提出与党的建设的新起点（1982 年 9 月—1987 年 9 月）、社会主义初级阶段理论与党的建设（1987 年 10 月—1992 年 9 月）、社会主义市场经济条件下党的建设（1992 年 10 月—1997 年 9 月）、面向新世纪全面推进党的建设（1997 年 10 月—2002 年 9 月）、以改革创新精神全面推进党的建设新的伟大工程（2002 年 11 月—2007 年 10 月）。通过本书对中国共产党建设历史的研究，使我们对中国共产党的建设的全貌有了比较全面的了解，对党的建设的特点、规律有深入的把握，有利于进一步探索解决党的建设的现实问题的途径、方法。本书研究坚持以下三方面的原则：一是坚持实事求是，尊重史实；二是坚持辩证唯物主义与历史唯物主义的分析方法，对重大历史事件和重要文献作全面分析；三是坚持理论联系实际，把文献与客观实际结合起来描述历史。既有对党的建设发展历史的宏观把握，又有对具体问题的具体分析。

《执政党与当代中国选举发展——增强执政合法性的视角》（胡小君著，广东人民出版社 2009 年版）

执政的合法性问题是近年来执政党建设研究中的重要内容，有不少的研究成果。本书对当代中国选举发展对执政党增强合法性问题作了比较深入研究。全书共八章，除第一章引言外，可分为两大部分：第二、三、四章为第一部分，主要论述中国共产党为什么要围绕增强执政合法性发展我国选举；第五、六、七、八章为第二部分，主要论述中国共产党如何推进并适应当代中国选举的发展以及选举发展与政党体制演变的关系。作者认为，从历史上看，执政合法性的来源是多样化的，世袭、抗争、经验、政绩、制度等等，都可以成为合法性的源泉。但是，不能否认的是，在民主政治条件下，由制度而产生的合法性越来越占据重要的地位，成为举足轻重的执政资源。既然民主政治从本质上说是认可人民对公共权力的所有权，那么，权力由谁使用，怎样使用，谁来评价使用的效果，如何监督权力使用的过程等等，就需要有一系列的制度、规则、程序来体现。按照这套制度、规则和程序来获得、使用权力，接受规范，才能使权力的运行被绝大多数民众所认同。选举制度是民主政治中权力授受所不可或缺的环节。通过选举来获得执掌公共权力的合法性，成为现代执政党必须面对的问题。基于这样的认识，本书首先分析了在新的历史方位上中国共产党对法理型合法性的紧迫需求，阐述了选举与执政合法性关系的一般原理，认为选举是现代民主政体中政党执政的主要合法性基础，并详细分析了我国选举与党的执政合法性的关系，选举中存在的问题及其对党的执政合法性的影响。在此基础上，本书对选举发展中执政党的角色与功能定位、执政党的结构调适与选举运行体制的改革等问题进行了深入探讨。最后，作者就执政党主导下我国选举的有序发展、民主党派参与选举发展和多党合作制度的完善提出对策建议。本书的突出特点，是把选举制度放到执政合法性的视角来考察，沿着选举与执政合法性关系的一般原理、当代中国选举与中国共产党执政合法性的关系，推演出中国共产党必须以增强执政合法性为落脚点发展我国各类选举的中心论点，进而探讨执政党适应选举发展应进行的功能调适和结构调整，这种演进分析的方式逻辑较为严密。

《当代中国共产党建设学习型政党研究》（谢春红著，人民出版社 2009 年版）

伴随信息技术革命、知识经济的兴起和全球化进程的加快，学习对于个体和社会发展的重要性日益凸显。“不学则退、不学则亡”已然成为当今时代的一条铁的生存法则。本书以党的十七大和十七届四中全会精神为指导，对建设学习型政党做了系统研究，提出了中国共产党建设学习型政党的行动策略。作者认为，建设学习型政党是中国现代化的战略选择，是中国共产党面对日益变化和发展的世界、面对世界政党政治的变革潮流，更好地适应与超越这种变化，并在这种纷繁复杂的变化中保持本色、立于不败之地的深刻思考。全书共分五章：第一章阐述了“学习”和学习理念的基本概念。第二章阐述了学习型政党的三层含义，即以新的学习为基础、以新的学习促能力、以新的学习求发展的政党，分析了学习型政党的学习特征、组织管理特征和文化特征。第三章分别从历史方位、现实方位和发展方位阐述了当代中国共产党建设学习型政党的内容架构。第四章阐述了建设学习型政党的传统资源与现代借鉴，包括中西学习传统、马克思主义政党学习的理论与实践、世界上一些执政党衰败的教训与启示。第五章在对当前学习存在问题进行分析的基础上，提出了中国共产党要建设学习型政党，必须更新学习理念、建构学习型思想政治教育模式、建构学习型基层党组织管理模式、培育学习型领导（领导集体）与学习型党员（党小组）。作者提出，建设学习型政党，要通过在全党开展新的学习活动，不断拓展党适应社会变化的各种能力，使党成为一个能持续学习、不断创新进步的政治组织，一个能引领社会不断进步、促进人的全面发展的政治组织。

《中国共产党政党文化研究》（李冉著，复旦大学出版社 2009 年版）

作为一种政治组织，政党一经产生就不可避免地烙上了传统文化的印记，并在其发展过程中逐渐形成了专属的文化风格。对政党文化进行研究，是近年来政党理论研究的新视点。政党文化是什么？如何建设先进的政党文化？对这两个备受关注的问题，学术界逐渐形成了两种研究范式——阐释性研究与建构性研究。本书力求两种研究范式的统合，采取了搭建一个可以满足阐释性研究需要的建构性分析模式，着重对中国共产党的政党文化作了比较系统研究。作者认为，政党文化既是一个文化运动的过程，体现为政党塑造其文化品格的过程；也是一种稳定的文化形态，体现为人们的心理影像与社会的文化符号。以文化过程为视角，本书首先揭示了政党文化的本质——政权意识的形态化过程，并在此基础上提出了政党文化的概念——政党文化是政权意识的形态化过程及其所形成的心理与行为标识。本书把政党文化的运动过程分解为三个层次：政权意识的培育、政权意识的党内形态化、政权意识的社会化，由此摹写了政党文化的四个基本变量：政权意识、政党心理取向、政党行为模式、政党形象。四个变量的相承关系支撑起了建构性研究的分析模式。运用这一分析模式，本书对中国共产党政党文化的形成、特征、功能与发展进行了系统论述，回顾了中国共产党政党文化建设历程，提出了当代中国共产党政党文化建设的主要内容，有着较强的理论意义和现实意义。

《民主集中制研究》（苗佳瑛主编，同心出版社 2009 年版）

民主集中制研究始终是中国共产党建设中一个重要研究内容，有很多学术著作。本书以北京市局处级领导干部贯彻民主集中制情况进行深入调研，通过问卷调查、访谈、座谈会等方式，汲取大量第一手资料，运用实证研究、案例研究，从现实问题和典型案例中研究和总结出北京市局处级领导班子和领导干部贯彻民主集中制的成功经验和特点，从对典型个案的研究，上升到理论，对民主集中制理论本身做一些探讨。全书共分四章：第一章从宏观的角度，深入分析发展社会主义市场经济、发展社会主义民主政治、加强党的执政能力建设和先进性建设，对坚持和健全民主集中制提出的新要求。第二章总结和概括出北京市局处级领导干部贯彻民主集中制取得的显著成绩、突出特点和基本经验。第三章从微观的角度，以典型案例为基础，深入分析北京市局处级领导干部贯彻民主集中制中存在的主要问题，鲜明地指出了目前在一些领导班子内的民主集中制贯彻中存在着若干潜规则而导致民主集中制贯彻中走样变形的问题。第四章深入分析和探讨了北京市局处级领导干部贯彻民主集中制中存在问题的主要原因，强调北京市一些局处级领导干部违背民主集中制也有自身的一些特点，如老子天下第一的特权意识、“爷文化”心理等，使一些身居高位的领导干部产生错觉，自我膨胀、自以为是，反映在党内生活中，一些领导干部特别是一些主要负责人，民主意识严重不足，滋生出唯我独尊、大权独揽的权力意识。第五章提出了北京市局处级领导干部贯彻民主集中制的有效对策和建议，主要有：加强制度建设，构建领导干部贯彻民主集中制的长效机制，包括责任机制、工作机制、监督机制以及惩处机制等；消除潜规则，切实加强对“一把手”贯彻民主集中制的有效的制约与监督，从源头解决潜规则问题；以改革创新精神积极推进党内民主建设的具体措施等。这些对策建议具有很强的针对性和可操作性，不仅为北京市局处级领导干部，同时也为全国其他地方的领导班子更好地贯彻执行民主集中制，提供了一个有理论价值、实践价值的参考。

《嵌入、整合与政党权威的重塑》（罗锋著，上海人民出版社 2009 年版）

政党权威是政治学和当今中国现实政治中的一个非常重要的概念。随着改革开放以来我国社会各方面的巨大发展和社会转型带来的挑战，作为执政党的中国共产党的地位必将在执政能力和执政合法性等方面面临新的考验。如何在变革社会中提高和加强执政党的社会整合功能，并将执政党的权威内化为制度性权威，成为当代中国政治学迫切需要解决的学术问题，其现实意义也不可忽视。本书正是以探讨此问题为目的的一部政治学专著。全书共分理论基础、历史考察、现实挑战、回应挑战等四大部分：在理论基础部分，本书在政党与权威、社会整合与政党权威、政党权威与“嵌入”间建立起理论关联。作者认为，政党主要是“嵌入”到一定的权力关系和社会结构中，这些权力网络和社会结构为政党权威的形成与散布提供了平台。在历史考察部分，作者提出，在近代中国，中国社会整合上的危机（主权不独立、政权的分割、政治组织的缺失和文化认同的迷失）催生了中国共产党，它将追求民族解放的现实性要求同自身的政治理想结合起来，并通过观念引领、制度设计、社会动员和政治革命来展示自己的权威性力量，实现对社会的有效整合。在计划经济时期，政党权威和社会整合是通过“一元化”的执政体系、人格化要素、意识形态的树立和政治动员等来维系的。新中国执政体系的构建具有明显的政党推动的特点，政治关系的设定和制度化是执政党主导的结果。在现实挑战部分，本书认为，从计划经济到市场经济的转型侵蚀了单位体制，出现了单位整合的限度；市场社会强调了利益整合，却可能形成政绩合法性困局；社会价值的多元与社会意义的缺席、认同的迷失提高了执政党价值整合的难度；政治现代化的制度需求呼唤着执政党的“法治性嵌入”。在回应挑战部分，本书认为，在转型期，执政党要回应挑战、重塑权威，必须有效解决“外整合”与“内整合”的问题：“外整合”要求执政党要尊重其行动空间中其他主体的发展逻辑和运作规律；“内整合”要求执政党要提高自组织力，通过制度激励、价值内化、精英发展、党内关怀和惩治腐败等“选择性激励”来促成有效的集体行动。作者认为，执政党制度性权威的形成并不是一蹴而就的，需要执政党、国家和社会的合力推动，并且在现实中应遵循渐进性的原则。

《中国共产党巡视制度建设研究》（胡冰著，中国社会出版社 2009 年版）

巡视制度是新时期中国共产党反腐倡廉建设的重大举措。目前，学者们对党内巡视制度方面的研究大多从历史、政治角度去审视制度的有效性，较少从管理的角度去分析党内巡视相关制度的缺陷，并运用管理理论与方法去建设相关制度，因而很难在建立制度的长效机制上有新的突破。本书力图借鉴组织行为学理论及管理控制理论，来分析党内监督制度缺陷、制度执行及反馈机理，以寻求建设党内巡视制度的可行途径。首先，在理论分析和文献回顾的基础上，具体研究了党内制度控制的机理，分析了我国巡视制度产生及发展变化的过程及原因，提出了以控制论的思想创新巡视工作方式方法的新思路。其次，通过典型案例分析，总结党内巡视制度建设的经验与教训。最后，针对当前巡视制度在体制上、方法上、实际效果上存在的问题，提出了综合运用其他监督资源，提高巡视制度建设的合成效果；围绕科学发展观的要求，重点对“一把手”加强监督；适应新的形势，不断创新巡视工作方式方法；选好配强巡视工作人员，推进巡视工作专业化、规范化和科学化的途径。这些研究，对于不断完善党的巡视制度，推进反腐倡廉建设起到一定作用。

《政党与群众：中国共产党执政考量》（戴立兴著，中央编译出版社2009年版）

党群关系是中国共产党建设中一个既老又常新的研究课题。许多学者做过多方面的研究，取得了不少的研究成果。本书的一个特点，是将执政党与群众关系置于提高中国共产党科学执政、民主执政、依法执政的水平的背景下展开。全书首先对中国共产党历史方位进行认识，分析了执政党的特点、群众内涵与外延的变化，厘清了中国共产党执政时期与革命时期处理群众基础的不同之处。其次把研究执政群众基础与执政合法性联系起来，提出了执政合法性与群众基础在本质上是统一的，核心是密切党群关系，都是为获取群众的信任与支持，都是为了巩固政治基础的观点。最后研究了巩固执政合法性基础和群众基础的途径，将其概括为“一个根本点，五个维度”，即，一点：以利益代表为巩固群众基础、增进共产党执政合法性的根本点；五维：加强绩效、法理、文化、廉洁、制度五项合法性建设，全面巩固群众基础。作者认为，政党执政的核心问题，是保持党同群众的血肉联系，获得最广大群众的拥护与支持。这些内容，为党群关系的进一步研究提供了一定的参考，同时对于处于转型中的中国共产党巩固执政地位、加强自身建设，具有现实意义。

《民主政治背景下的党务公开》（郭伟、裴泽庆、郭从伦著，四川人民出版社2009年版）

党内民主是党的生命。公开性是实行党内民主的基本前提，是保障党员民主权利的必然要求，是推进科学民主决策的有效途径，也是促进权利透明运行的根本方法。本书对当前民主政治发展背景下党务公开的基本理论、党务公开的主要经验和新形势下完善党务公开的途径等重要问题进行了研究。全书分为三部分：第一部分是理论背景篇，包括党务公开的历史缘起与发展、党务分开的时代背景与要求、党务公开的价值意蕴与功能。第二部分是实践启示篇，介绍了目前为止全国各地在党务公开的几种典型经验，包括：雅安经验（权力授予公开，推行公推直选）、新都经验（权力运行公开，扩大民众参与）、温岭经验（重大决策公开，推进协商民主）、镇江经验（权力监督公开，规范权力行使）、隆昌经验（绩效评价公开，实现群众利益）、通江经验（党内事务公开，密切党群关系）等。第三部分是思考前瞻篇，对民主政治背景下建立健全党务公开制度、促进党务公开制度化和规范化提出意见建议。这些研究，对于更好地促进党内公开、发展党内民主发挥一定指导作用。

二、论文观点摘要

《怎样理解“党管干部”才是科学的》（王长江，《北京日报》2009 年 2 月 16 日）

以科学发展观为指导，审视干部人事工作，是学习贯彻落实科学发展观的重要方面。其中，正确理解党的干部人事制度中诸多问题的科学含义至关重要。究竟什么叫“党管干部”？在“党管干部”这个提法中，问题的关键不是“干部”，而是“管”。对这个概念，实践中至少存在三种理解。第一，所谓“管”，就是管理。所谓“党管干部”，就是由党的组织部门来实施干部的选择、使用、调动和日常监督。第二，所谓“管”，就是决定。即由党来决定干部的使用。第三，所谓“管”，就是控制，或者说领导。即把干部看作权力运作的主体，从执政党运用权力推动国家和社会发展的角度，对干部的使用、干部用权的全过程进行控制，保证执政党路线、纲领、方针、政策得到执行，保证党的执政目标得以实现。在这个意义上，“党管干部”就是党领导干部工作。我赞成第三种解释。对“管”字应该理解得更宽泛些，既不能简单地理解成“管理”，也不能简单地理解成“决定”，而是强调党对干部工作的领导。这种控制和领导，是所有执政党都必然履行的职能。“党管干部”的“管”，也应该从这个科学的意义上来理解。总的说来，和其他方面的改革相比，和社会主义民主政治发展的要求相比，在党管干部方面仍然存在一些尚待改进之处。从认识上看，长期形成的把党管干部等同于党的组织和领导个人任命、变相任命干部的认识没有完全改变。在不少同志看来，党管干部就是党委和书记说了算，否则就是淡化和削弱党的领导。这种认识体现到实践中，就是不能辩证地看待党管干部与人民当家做主之间的关系，往往把两者对立起来。“党管干部”管得是否科学、有效，说到底，就在于能不能既保持党对整个干部选择过程的有效控制，又不使公众的选择权失去意义。首先，在充分保证人民对干部的选择权的同时，加强党对人民选择的控制和引导；其次，从琐碎的人头管理中摆脱出来，更多地转向通过政策导向来保证干部队伍的质量；再次，加大对治国理政人才培养的力度，为公众提供充足的可供选择的干部资源。

《党的理论创新的严肃性与科学性》（张志明，《理论视野》2009 年第 5 期）

党的理论创新必须具备严肃性和科学性的品质，必须戒除庸俗化和假大空的习气。党的理论创新的严肃性主要是指四个方面要求：第一，党的理论创新的过程必须是严肃的。所谓理论创新过程的严肃性，一是指党的理论创新成果的产生和被全党的接受和认同，必须有相当的时间和过程，不能太着急、太匆忙、太实用；二是指党的理论创新过程是一个非常艰辛和困难的过程，如果时间很短就很轻易地推出党的理论创新最新成果，就把党的理论创新庸俗化了。第二，党的理论创新的内容必须是严肃的。主要是指党的理论创新成果必须是一个严密的科学的理论体系，这个体系要有自己的哲学基础，它的各个子系统之间应该具有内在的逻辑统一，应该是协调一致的，而不能是互相矛盾的。第三，党的理论创新的程序必须是严肃的。党的理论创新的最新成果能不能被全党所接受，如何上升为全党的指导思想并以此武装全党的头脑，必须经过党内严肃的具有法定权威的程序，而不能由个别人说了算，要把“集中全党智慧”这一理念变成可操作的党内民主制度。第四，党的理论创新的宣传必须是严肃的。目前在理论宣传方面有不少成功的地方，但也有庸俗化的现象。比如，对党的重大理论创新成果的宣传，本来很多应该是党内研究学习的问题，往往泛化为全社会学习的问题；本来是武装全党头脑的重大理论问题，一宣传就变成了立竿见影的具体做法和具体成效。党的理论创新成果具备科学性，至少必须符合以下四个条件：第一，中国革命和中国特色社会主义建设确实遇到了前所未有的重大问题。党的理论创新的目的是为了解决问题的，这些问题是制约中国革命和建设的“瓶颈”问题，不是为了理论创新而要理论创新的。第二，为解决这些问题，党的领袖或领袖集团集中全党智慧提出了前所未有的理论体系。这个理论体系是新的，不是简单的继承和发展，而是超越前人的真正的创新。第三，一旦新的理论体系运用于重大问题的解决，中国革命和建设的面貌就焕然一新了。一句话就是“管用”。第四，这种理论创新的成果与人类文明的发展规律和历史趋势是一致的。

《建设学习型政党不能就学习谈学习》（朱健，《济南日报》2009 年 11 月 18 日）

广泛开展创建学习型党组织活动，努力营造良好的学习环境和氛围，是建设马克思主义学习型政党的基础性工程，必须抓紧、抓实、抓好。但是，这并不是说建设马克思主义学习型政党就是开展一些学习活动，舍此无他。要真正建设起一个学习型政党，不能就学习谈学习，而必须清醒认识世情、党情、国情的深刻变化，不断把握和自觉运用马克思主义执政党建设规律，认真深入地分析总结以往学习活动效果不理想的症结所在，从提高党的建设科学化水平这个根本入手，把建设马克思主义学习型政党作为党的建设系统工程的一个有机组成部分，通过加强和完善党的全面建设特别是干部人事制度建设，解决广大党员、干部学习的内在动力缺乏、外在压力不够的问题。第一，随着世情、国情、党情的深刻变化，传统的学习方式已经不能适应建设马克思主义学习型政党的需要。传统的自上而下号召发动的学习方式，在党的思想素质建设中发挥的作用越来越小，不少党员、干部不重视学习，缺少自觉学习的积极性，应付学习的现象越来越普遍，这与建设马克思主义学习型政党的要求格格不入。在某些地方和有些单位，一项学习教育活动展开以后，发通知，提要求，听报告，作辅导，记笔记，出专栏，办简报，组织参观讨论，总结经验收获，制订规划措施，甚至成立专门督导机构等等，一应俱全，看起来上上下下都十分重视，其实大多做的是表面文章。“决心在嘴上，措施在墙上，行动在纸上，落实在会上”，正是对这些学习活动中形式主义的形象概括。与此相对应，学习效果越来越不显著。第二，建设马克思主义学习型政党必须把党组织的学习要求转变为党员、干部持久的学习动机才能取得扎实的效果。应付学习和学习效果不佳的现象表明，在新的历史条件下，采取“群众运动”的办法治党显然已经不可行了，甚至连带有“运动”色彩的其他办法，如开大会、发文件、集中学习等，如果没有其他措施相配合，也越来越不起大的作用。毋庸讳言，学习活动轰轰烈烈搞形式、扎扎实实走过场已经不是一天两天的事了，也不是一个两个单位出现的个别现象。这必须引起全党的高度重视，切实加以解决。学习动机是学习过程的核心。建设马克思主义学习型政党，把党组织的学习要求变为党员、干部内在的学习需要和持久的学习动机，最根本的是要把个体的全面发展作为组织整体发展的前提和基础，尊重广大党员的主体地位和首创精神，充分发挥党员的主体作用，实现个人与组织的共同发展。第三，深化干部人事制度改革是把我们党建设成为马克思主义学习型政党的必然要求和重要保证。如果不深化干部人事制度改革，解决目前干部工作中的突出问题，如果“官帽子”只能通过跑、要、买等“短平快”的手段取得，而有知识、能干事的人没有机会和舞台，恐怕考勤、建档、通报等制度无论如何严密，学习计划等无论如何符合实际，用心学习的人都很难多起来。学与不学一个样，甚至学还不如不学，必然出现上面尽管大力号召、严格要求，下面照样搞形式、走过场的现象。以往学习活动之所以存在形式主义、做表面文章和效果不理想的问题，原因很多。除了学习内容、方式等存在问题，根子主要还是在学习“无用”上。正是从这个意义上说，建设马克思主义学习型政党必须跳出学习才能找到根本出路。建设马克思主义学习型政党，建立健全学习考勤、学习档案、学习通报等各项制度，制定符合实际的学习计划等等固然重要，建立健全科学的考核评价办法，把德才兼备和经得起实践、人民、历史检验的实绩，作为考核领导班子和选拔任用领导干部的根本依据，加大民主选拔干部的力度，赋予群众更多的监督权，切实发挥考核结果运用的激励导向作用，则更带根本性。

《执政党需要思考些什么》（蔡霞，《领导文萃》2009 年第 14 期）

2008 年以来，数起群体性事件成为社会各界高度关注的话题。各种文章多从政府管治、危机应对角度发论，这些固然必要，但尤其需要从执政党的思维层面作出反思。否则，即便危机处理技术非常完善，问题恐怕也难以真正解决。反思之一：如何看待转型期的社会冲突。多元社会中存在社会冲突是正常现象，和谐不在于无冲突，而在于冲突在什么范围内、以什么方式解决。群体性事件某种程度上是不可避免的，对此需要理性认识、细致分析、区别对待。但是，有的领导缺乏客观、历史、辩证的认识，把冲突看成不正常现象，以是否有群体性事件、是否有群众上访来衡量下级的政绩，甚至“一票否决”。这就使下级背负着巨大的政治压力，视群体性事件和上访人员如“大敌”。在这种压力驱使下，当宣传说服加连哄带唬解决不了问题时，一些干部强制压服群众，把政治压力传递给社会，结果是激化矛盾，恶化事态。深究起来，这种认识误区的背后是战争年代你死我活的阶级斗争思维在起作用。反思之二：摈弃把人当符号、见事不见人的思维。从政治角度看，我们习惯于讲“人民”，“人”成为政治符号；从经济角度看，我们习惯于讲城乡居民，城乡居民是统计口径，人成了统计中的最小数字单位。我们不自觉地丢失了人作为目的的价值理性，只突出人作为实现目标的手段的工具理性。真正把“以人为本”落到实处，首先是转变思维。即把概念、符号的“人”还原到现实生活中“有血有肉的”人，把整体意义上的“人”转换为具体的个人——“公民”，明确公民权利不可侵犯，面对问题必须首先考虑尊重、保护、实现每一个公民的基本权益。这是执政党一切活动的基本出发点，也是每个党员干部做好工作的最终落脚点。反思之三：“为民”还是“管民”。一些干部嘴里讲“为民”，实际意识是"管民"，对群众摆官架子要官腔，拿权力来抖官的威风，甚至不自觉地用强权意志侵犯群众的公民权利。而当群众表示不满或不服时，一些干部就将群众称为"刁民"。要真正赋予执政以"为民"的内涵，必须切实推进政治体制改革，大力清除封建政治文化传统的影响。反思之四：利益相关才能血肉相连。利益机制决定党群关系，血肉相连首先要利害相关。而目前的干部利益机制恰恰相反，至今决定干部"升迁去留"的关键仍在上级而不在党员和群众。深化干部制度改革，首先是厘清授权关系，真正改变那种表面上民主实质上仍是"官选官"的干部用人机制，把干部的前途命运交给党员和群众。唯如此，才能形成一支真正向人民负责为党分忧的公仆队伍，才能重新构建起血肉相连的党群关系。反思之五：基层党组织要发挥什么功能。一些基层党组织变成国家权力在社会基层的代表者，在一定程度上成为国家控制社会的工具，领导群众在一些地方变成管制群众，这就使得一些基层党组织不可避免地脱离群众。这要求我们去反思执政与领导的联系与区别，正确区分政党功能与国家功能的不同，摆正党在社会与国家之间的位置，将基层党组织真正转变为联系群众的桥梁纽带。

《改革开放以来党内民主制度建设的历程与经验》（高兰、李娟，《理论探索》2009 年第 1 期）

改革开放以来党内民主制度建设的历程，其基本经验是：（一）必须把党内民主制度作为一个完整的体系来建设。科学完备的党内民主制度应该是一个层次结构合理、权力配置均衡、内容协调耦合、链条环节承续的制度体系。1. 党内民主制度是层次结构合理的制度体系。从制度的作用角度讲，党内民主制度可划分为原则性、体制性、实体性和程序性制度四个层次。各个层次的制度在党内民主运行中起着不可替代的作用。完善党内民主制度体系对每一个层次的制度都必须给予足够的重视。2. 党内民主制度是权力配置均衡的制度体系。从制度体系的功能上看，党内民主制度可分为党员权利保障、权力授受、决策权力运行、执行权力运行、监督权力运行五项制度。党员权利保障制度是其他四项制度的基础，是贯穿于其他四项制度之中的。改革和完善党内民主制度体系必须紧紧抓住权力授受制度这个核心。3. 党内民主制度是内容协调耦合的制度体系。从制度内容之间的关系上看，它应该是不同制度内容的协调耦合。一是不同制度内容之间要有一致的价值取向。二是各项制度的完整性。三是制度内容之间要相互联系、相互衔接、相互补充，不能互相矛盾。4. 党内民主制度是链条环节承续的制度体系。从制度运行过程上看，它应该是同一制度链条上不同环节的有机承续。其特点是环节连续，不能缺少，不能中断；制度链条是环形的，循序相连、首尾相接；贯穿制度链条各环节的主线是党员的权利，即权利——权力——权利的循环转化过程。整个链条必须始终保证党员的权利能够支配和驾驭党内权力，而不是相反。

（二）完善党内民主制度体系必须坚持科学的设计原则。1. 权力结构封闭性与权力运行开放性相统一的原则。权力结构的封闭性，一是指党组织内部的权力配置，必须使各种权力之间形成互相制约、监督互逆的关系，不允许有不受约束、不受监督的权力；二是指必须从制度上确保任何个人或组织的职责和权力都有明确的界限，不对任何个人或组织设定无边界的或边界不清晰的责任，也不赋予其无边界的或边界不清晰的权力。权力运行的开放性是指党的领导和工作、党内事务和生活都应当具有公开性。2. 制度设计科学性与实施有效性相统一的原则。制度设计的科学性包含两方面内容，一是制度体系结构的科学性，二是制度内容的科学性。制度实施的有效性表现为制度在实践中行得通、有实效，并有利于党内民主整体长远发展。党内民主制度体系总体设计必须坚持长期目标的科学性与实施过程的渐进性的统一。第一，既有科学明确的长期总体发展规划，又要随着环境和条件的变化，适时改革旧制度，推行新制度。第二，既要遵从自身的发展逻辑，也要顺应整个国家政治体制改革和发展的潮流。第三，必须正确认识和把握不同层面主体的素质状况。当大部分主体素质还没有达到与某一项制度要求相应的水平，该项制度就不要轻易出台，防止该项制度因受到抵制而中途夭折，或者被某种潜规则所替代。3. 内容的开放包容性与本质稳定性统一的原则。内容的开放包容性即党内民主制度是一个开放的体系，党内民主制度建设是一个随着时代和环境条件的变化，不断进行吸收、借鉴、调整和创新的过程。本质的稳定性即党内民主制度所体现的价值应该是稳定的，因其稳定而具有规范和制约功能，因其稳定而具有可预期性和权威性。

（三）党内民主制度建设必须与民主文化建设相配合。实践证明，没有科学的民主文化作基础，即使建立了民主的制度也难以巩固，甚至还可能出现被形式化或被潜规则代替的危险。必须破除制度万能论，在着力完善党内民主制度体系的同时，着力于民主文化的建设和培育，以科学的民主文化的精神土壤，培育党内民主主体形成正确的民主观念、正确的民主价值取向和科学的思想方法，为形成和坚持党内民主制度奠定稳定深厚的基础。

《试论坚持党内民主制度的科学性》（董连翔，《党建研究》2009 年第 4 期）

党内民主制度的科学性集中体现为制度的可操作性与有效性。事实上，任何一种制度如果失去了这两个特性就等于失去了自身存在的价值。制度是一种存在，既可生成政党行为，也可弱化政党行为。制度是一种框架，既可以为政党行为提供范围、平台，又可以为政党行为提供制约与规范。制度也是一种标准，既可以评判又可以导向。就党内民主制度建设的现状而言，尽管有许多成功的经验、成果，但同时也存在着一些突出的问题。一是一些制度的权威性还不够，存在着重制度安排而轻制度执行的情况。其典型特征是制度的不断“生产”，但事实上在制度的执行过程中，一方面缺乏监督，执行不执行一个样，执行得好坏一个样；另一方面则是制度的执行往往因人而异，造成制度面前的不平等，使制度失去了权威性。二是制度的系统性不够。现有的一些党内制度互相之间的联系不十分紧密，有的甚至互相抵触，尚未形成有机连接的网络，制度系统内部不协调。这一方面表现为制度冲突。同一种行为有的制度安排认可，有的制度安排则禁止或限制，这在一定程度上造成党内生活无所适从。另一方面则表现为制度联系不够。党内民主制度之间的衔接不够，从而造成一些制度与制度间的空白，形成制度系统中的“漏洞”。正是这种制度“漏洞”的存在，使党内生活中的一些消极腐败现象得不到有效遏制，大大降低了制度系统的有序程度，削弱了制度的有效性。三是有的制度可操作性不够强，导致正规制度弱化而“潜规则”显效。在某些党组织内部和一些党员干部心目中，党章规定和党的各项制度，仅仅是写在文件中、停留在会议上、领导者的报告里，而真正用来指导行为的则是各种“潜规则”，这就造成党内现有制度的弱化甚至失效。“潜规则”之所以存在，究其原因在于党内民主制度的科学性不够，表现在一方面虽有制度但制度过于原则笼统，另一方面虽有制度但缺乏操作措施。例如用人问题上的不正之风，跑官卖官问题，对一把手权力的制约等问题，尽管都有一些制度措施，但这些措施的约束力不够，最终造成制度的弱化、软化，“潜规则”得以发生作用。

《转型期利益群体的分化与执政能力建设》（李海青，《中共贵州省委党校学报》2009年第2期）

我国现在正处于一个社会发展的急速转型期，不可避免地出现了利益分化与博弈失衡的格局。党要有效地进行社会整合，推进社会和谐发展，必须在以下几个方面增强执政能力建设：第一，深入认识公共权力的自主性，增强对政治权力自身的监督与制约能力。一方面，要明确划分权力与权利的界限；另一方面，要建立完善的激励与监控机制，使政治代理人的输出最大限度地与政治委托人的输入预期一致。第二，必须进一步提升针对利益分化与思想分化的调控与整合能力。首先，必须根据不同利益集团的形态、性质、资源采取不同的方针政策进行区别对待；其次，提供能够协调利益关系的机制框架，实现利益表达、博弈、协调的规范化和法治化；再次，要通过意识形态创新，运用各种思想文化资源努力在各种利益群体或集团之间形成价值共识。第三，必须增强培育、制定、创新社会政策的能力。首先，要转变发展观念，改变单一的经济发展中心模式，推进经济与社会各个方面的协调发展；其次，要完善分配与再分配制度，保证各阶层都能参与对经济发展成果的共享；再次，建立开放的社会结构和公正公平的社会流动机制，保证社会各阶层之间的边界不固定化、有形化和身份化。

《依法执政与执政体制创新原则》（张恒山，《法制与社会发展》2009年第6期）

传统的执政体制是在特定历史条件下形成的，以各级党委组织部门掌管干部人事权为基础、以总揽各行政层级权力的党委书记为中枢，指挥国家立法、行政、司法等各机构处理国家社会各方面事务的执政体制。虽然从理论上讲党的领导是政治领导，各级党委要发挥政治领导核心作用，但实际上，各级党委乃至党委书记个人仍然是实际上的权力中心，并且实际地在国家机关系统之外或者之上对国家事务行使决策、指挥、监督、执行权力。而对于这种权力除了上级党委之外，同级的国家机构都没有对其加以监督、约束的可能。分析起来，这种执政方式的优越性，主要表现为能够高度体现和保证党的集中统一领导；能够有效地维护中国这样的多人口、大地域、多民族国家的统一、稳定；能够有效地领导人民抗御外来威胁、重大灾害；能够统一、集中地调配人力、财力资源实现经济发展战略意图和经济计划；能够保证党的最高领导层的决策得到普遍的贯彻、推行；在最高领导决策正确的情况下，可以很快地见到社会成效。但这种执政体制与依法执政的要求相比又有比较明显的缺陷：第一，在组织形式和权力运作上，它表现为“党在政上”，不利于落实依法治国和依法执政；第二，党组织的国家机构化、行政化会导致党组织自身的官僚化倾向；第三，这种执政体制强调了党的集中统一领导，但在体现人民当家做主方面明显不足；第四，纠错机制缺失，一旦出现重大决策失误，在现有体制下则很难得到纠正。改革完善党的执政体制、实施依法执政，从根本上来说是要解决这样一个棘手的问题：既要体现人民当家做主，又要坚持党的领导，要把人民当家做主和党的领导有机结合起来，而这两者结合的唯一途径就是在依法治国之中实施和实现中国共产党的依法执政。将依法执政付诸实践，首先要解决执政体制与之相匹配的问题。在探讨关于执政体制创新问题时，必须坚持以下原则：第一，必须坚持中国共产党领导与中国共产党执政。在中国，之所以要坚持中国共产党领导和执政，是由中华民族所面临的历史任务决定的，也是由中国共产党自身的先进性特点所决定的。第二，必须坚持人民当家做主同中国共产党执政相统一。要在思想上正确认识人民民主同中国共产党领导和执政的关系；把人民当家做主和党的领导有机结合起来，要通过重大事项的决定程序得到表现。第三，必须坚持避免执政党组织国家化和行政化。确保党能够发挥执政职能，同时保证党组织不脱离人民群众，使党组织在人民群众之中——而不是之上——发挥领导作用。第四，必须坚持执政权力行使法律规范化。凡属行使执政权力的主体，应以法律确定其在国家权力组织机构中的地位；凡属行使执政权力的领域，应以法律确定其界限、范围；凡属行使执政权力的行为，应以法律确定其程序步骤；凡属行使执政权力产生的后果，应以法律规范其责任。

《党内监督存在问题之我见——从四中全会〈决定〉提出“健全权力运行制约和监督机制”说起》（任铁樱，《中共石家庄市委党校学报》2009 年第 10 期）

当前，权力运行制约和监督机制方面存在四个方面问题：第一，党员监督部分失效，实质是党员权利的保障问题。诸如在党内选举上忽视党员的提名权，在党内决策上忽视党员参与的权利，在党内管理上只强调党员被动接受管理在党内监督上有的只把党员看作党内监督的对象，而忽视党员在党内监督的主体地位。以发展党内民主为主线，解决权利对权力的监督制约，主要体现在四个相互紧密联系的环节上：一是确立党员在党内的主体地位——权为党员所有；二是改革和完善党内的选举制度——权为党员所授；三是逐步推进党务公开——权为党员所用；四是完善撤换或罢免制度——权为党员所控。在这四个方面，权为党员所授最为关键。第二，党代会监督部分失位，实质是党的领导体制问题。领导体制是权力的结构问题，这里主要表现为党代会、全委会和常委会的相互关系问题。党代会五年召开一次，党代会闭会期间，党代会和党代表发挥作用缺乏有效途径和形式，导致党委权力过分集中在常委会。第三，纪委监督部分失衡，实质是权力的合理分解问题。由于作为拥有党内最高决策权的各级党的代表大会几年才开一次，故各级党委自然而然成为既是决策机关又是执行机关，同时行使党内监督权的专门机关——纪委也在党委的领导之下（双重领导体制），必然导致权力横向运行中防错纠偏功能软弱无力，权力纵向运行中下级对上级监督无法开展。

第四，领导班子内部监督失常，实质是集体领导原则的落实问题。如果在党委会内部书记的权力高于其他委员的权力，甚至高于其他委员的权力之和的话，那所谓制约和监督只能是侈谈了。

任俊伟　中央保密办副调研员、博士

参政党研究

参政党研究述评

2009年的参政党研究，除了在自身建设、职能履行等传统问题上加大了研究力度之外，还出现了一些新的热点和新的特征。这些新的热点问题主要集中在两个方面，一是民主党派与科学发展观的关系；二是民主党派的内部监督机制问题。与此相关，参政党研究也呈现出一些新的特点，一是更加注重实证研究，部分研究者开始结合本地区的情况，并采用案例分析法，研究民主党派履行职能过程中存在的问题，力求对参政党职能等问题的研究进一步深化；二是更加注重历史研究，部分研究者对建国以来民主党派的发展历程更加关注，力求在总结经验教训的基础上，对民主党派的地位与作用、发挥作用的方式、自身建设的路径进行更进一步的探讨；三是更加具有现实针对性，部分研究者更加强调在改革开放和学习实践科学发展观的背景之下，结合不同党派的不同特征，结合世情、国情、党情的变化，研究参政党问题，尤其是部分具有民主党派身份的研究者，更能结合本党派自身发展的具体问题和特殊情况展开研究。

一、参政党与科学发展观的关系研究

2009年是学习实践科学发展观活动全面展开并不断走向深入的一年，在此过程中，民主党派学习科学发展观如何与实际工作相结合、贯彻和落实科学发展观与民主党派工作的结合点是什么、民主党派如何在科学发展观的指导下实现自身的科学发展等等，是研究者们高度关注的问题。在这些问题上，李金河教授《“四个提高”是民主党派学习科学发展观的落脚点》（《团结报》2009年7月14日）一文具有很强的代表性。作者指出，民主党派学习落实科学发展观，关键是要在认识上有所突破、有所创新。作者认为，“四个提高”是民主党派学习科学发展观的基本落脚点，是民主党派将科学发展与实际工作相结合的重要环节，这“四个提高”是：要以提高政治把握能力为立党根本，以提高参政议政能力为基本要务，以提高组织协调能力为当务之急，以提高合作共事能力为基本前提。

（一）参政党学习贯彻科学发展观的重要意义

在新的发展阶段继续全面建设小康社会、发展中国特色社会主义，必须坚持以邓小平理论和“三个代表”重要思想为指导，深入贯彻落实科学发展观。这不仅是中国共产党的重大政治任务，也是各民主党派更好地发挥作用的客观需要。对此，理论界已经形成共识。研究者们普遍认为，科学发展观的提出为社会各项事业的发展提供了强大的思想武器和行动准则，也为民主党派开展工作提供了新的思路。在新的历史时期，以学习贯彻科学发展观为主线，更好地发挥民主党派工作服务科学发展的作用，具有重要的现实意义和长远的战略意义。

民革中央主席周铁农在《科学发展观与参政党建设》（《团结》2009 年第 5 期）一文中，结合民革的具体实际，对民主党派学习贯彻科学发展观的重大意义进行了分析。作者指出，深入学习贯彻科学发展观，是民革作为参政党坚持中国共产党领导，坚持中国特色社会主义政治发展道路，高举中国特色社会主义伟大旗帜，履行参政党职能、发挥参政党作用的需要，是民革各级组织和全体党员干部的首要政治任务。对此，可以从三个方面来理解。第一，深入学习科学发展观是参政党坚持中国共产党领导、巩固多党合作的政治基础的需要。第二，深入学习贯彻科学发展观是民革不断提高参政议政能力，服务科学发展的需要。第三，深入学习科学发展观是加强参政党建设、实现自身科学发展的需要。民主党派的各方面建设最终都应该体现到提高参政党的参政能力上来。科学发展观进一步丰富、深化了民主党派的参政理念，对加强参政党参政能力建设提出了新的要求。学习贯彻科学发展观对于我们深化参政理念、加深对参政议政机制、基础、资源的新认识，提高政治把握能力、参政议政能力、组织领导能力和合作共事能力，具有重大意义。

侯远长《科学发展观：统一战线的哲学基础》（《中共郑州市委党校学报》2009 年第 1 期）一文从哲学的高度分析了科学发展观对统一战线的指导意义，而民主党派作为统一战线的重要主体，无疑也是对民主党派学习贯彻科学发展观重要意义的深入剖析。作者认为，科学发展观，是指导发展的世界观和方法论的集中体现，也是马克思主义世界观在发展上的集中体现。它不仅坚持了唯物主义立场，而且突出了人的主体地位，进一步回答了什么是发展、为什么发展、怎样发展的问题。科学发展观发展了唯物史观，创新了统一战线的世界观；科学发展观发展了辩证法，创新了统一战线的方法论。科学发展观，是统一战线的哲学基础。作者认为，发挥新时期新阶段统一战线的优势，必须以科学发展观为指导，使统一战线建立在科学发展观这个坚实的哲学基础之上。只有充分发挥统一战线哲学基础的优势，才能推进中国特色社会主义发展。统一战线哲学基础的优势，集中表现为价值取向、和谐发展、协调关系、化解矛盾等方面。

沈殿忠在《科学发展观是我国多党合作事业共同的思想基础》（《前进论坛》2009 年第 5 期）一文中从思想基础的高度分析了学习贯彻科学发展观对民主党派的重要意义。作者认为，科学发展观成为我国多党合作事业共同的思想基础，这是我国政党制度的本质所决定的，是我国民主党派的性质所决定的，也是我国的参政党服务于科学发展和实现自身科学发展的要求所决定的。科学发展观是一种不同于“西方模式”的发展观，也是一种不同于“传统模式”的发展观，它实行的是一种中国特色社会主义的发展模式，不仅坚持了科学社会主义的基本原则，而且从中国的实际出发，走出了一条符合中国国情而又能使中国又好又快发展的道路，这为民主党派的存在和发展提供了充分的发展条件与空间。作者还指出，参政党的历史使命包括两个方面，一方面是要促进全社会的科学发展，另一方面是实现自身的科学发展。参政党与科学发展是相互适应的，同样，参政党的自身建设与科学发展之间也可以相互适应，一方面，参政党的自身建设需要以科学发展观为指导；另一方面，科学发展观可以指导或统领参政党的自身建设。

佟一在《用科学发展观指导新形势下的民主党派工作》（《中央社会主义学院学报》2009 年第 3 期）一文中指出，科学发展观作为发展中国特色社会主义必须坚持和贯彻的重大战略思想，是指导当前我国多党合作和民主党派工作的根本方针和思想武器。面对国际国内环境和民主党派自身发生的新变化，面对科学发展观提出的新要求，民主党派工作要努力增强全局意识和前瞻意识，树立创新思维和辩证思维，具有以人为本、相互依存、团结和谐与持续发展的新境界，以构建和谐政党关系为主线，以体制机制建设为切入点，以加强规律研究为基础，认真探讨和研究多党合作和民主党派工作中的重大理论问题和实际问题，使民主党派工作在服务科学发展和实现自身科学发展方面取得新的进展。

黄列在《民主党派学习贯彻科学发展观对履行参政党职能具有重要指导作用》（《团结报》2009 年 4 月 4 日）一文中认为，科学发展观作为马克思主义中国化的最新成果，是我国经济社会发展的重要指导方针，是发展中国特色社会主义必须坚持和贯彻的重大战略思想。深入学习贯彻科学发展观，不仅是中国共产党的重大政治任务，也是各民主党派更好地履行职能、发挥作用的客观需要。民主党派只有认真贯彻落实科学发展观，以科学发展观为指导搞好参政议政，才能更好地促进经济社会又好又快发展，同时促进党派事业自身的科学发展。这是因为，科学发展观拓宽了参政议政的思路；丰富了参政议政的内容；改进了参政议政的方法。同时，科学发展观还为民主党派履行监督职能提供了指导标准，注入了先进理念，开辟了更为广阔的监督空间。因此，民主党派学习贯彻科学发展观，有助于切实把为服务经济社会又好又快发展转化为自觉行动，形成坚持科学发展、支持科学发展、推进科学发展的强大合力。

高体键在《关于学习贯彻科学发展观的几点思考》（《前进论坛》2009 年第 2 期）一文中认为，民主党派开展学习贯彻科学发展观活动，是用马克思主义中国化最新成果武装参政党的需要，是以改革创新精神全面推进参政党自身建设的需要，是全面履行参政党职能、促进经济社会又好又快发展的需要，是充分发挥参政党成员参政作用、做好本职工作的需要。因此，民主党派要通过学习贯彻科学发展观，争取在思想认识上有新提高，在自身建设上有新进步，在履行职能上有新作为，在服务社会上有新成效。

（二）参政党如何学习贯彻科学发展观

关于民主党派如何贯彻落实科学发展观，研究者们都从在科学发展观的指导下服务科学发展和促进民主党派自身科学发展两个方面来进行考察，认为民主党派要紧紧抓住深入学习贯彻科学发展观的机遇，积极加强自身建设，努力构建充满活力、富有效率、更加开放、有利于科学发展的体制机制，在促进国家的科学发展同时实现自身的科学发展。

民革中央主席周铁农在《科学发展观与参政党建设》（《团结》2009 年第 5 期）一文中指出，学习贯彻科学发展观，就是要在科学发展观的指导下，围绕服务科学发展、促进自身科学发展来进行。为此，第一，要加强学习，凝聚共识，努力增强贯彻落实科学发展观的自觉性。第二，要以人为本，突出重点，积极服务科学发展。第三，探索规律，与时俱进，推进参政党自身科学发展。

民进中央主席严隽琪在《进一步提高学习贯彻科学发展观的水平》（《民主》2009 年第 7 期）一文中指出，民主党派学习贯彻科学发展观，要始终抓住巩固与中国共产党团结合作的共同思想基础这个着力点，并最终要落实到更好地履行参政党职能这个着力点上来。民主党派学习贯彻科学发展观，还要同时抓好加强自身建设、提高自身素质和能力这个着力点。

张峰在《论民主党派深入学习贯彻科学发展观》（《民主》2009 年第 7 期）一文中指出，民主党派深入学习贯彻科学发展观，既要与中共保持高度一致，又要突出自身特色，既要围绕党和国家发展大局发挥参政党作用，又要着力解决自身存在的突出问题。具体地说，努力做到以下“三个着力”：着力增强走中国特色社会主义道路的政治信念；着力提高参政党履行职能和发挥作用的能力；着力推动民主党派自身的科学发展。

姜天麟在《学习贯彻科学发展观，切实加强参政党建设》（《前进论坛》2009 年第 3 期）一文中指出，学习贯彻科学发展观，对参政党来说，必须做到“四个坚持”：坚持把服务发展作为参政议政的第一要务；坚持以人为本这个核心，把实现和维护最广大人民群众的根本利益作为参政议政的出发点和落脚点；坚持全面协调可持续发展的要求，着力抓住经济建设这个中心，加强调查研究，不断提高服务发展的能力；坚持统筹兼顾，统筹参政党的整体工作。学习贯彻科学发展观，对参政党来说，还必须按照“四项要求”来做：一是坚持走中国特色社会主义道路，积极投身于建设中国特色社会主义的伟大实践；二是积极参与到构建社会主义和谐社会当中去；三是继续积极参与到深化改革开放当中去；四是大力加强自身建设，明确前进方向，坚定共同信念，巩固多党合作的政治基础。

肖培树在对《参政党学习贯彻科学发展观的几点思考》（《联合日报》2009 年 7 月 27 日）一文中指出，虽然《各民主党派中央深入学习贯彻科学发展观座谈会纪要》强调学习“贯彻”科学发展观而区别于中共提出的学习“实践”科学发展观，但“贯彻”不等于不落实。民主党派学习贯彻科学发展观的实质性要求也是落实。作者还认为，“贯彻”重在落到实处。民主党派学习贯彻科学发展观的着力点是寻求履职的科学性，要紧紧围绕第一要务履职，要切实发挥自身优势履职，要积极探索有效机制履职。作者同时还指出，“贯彻”根本在于建设，要通过思想建设、制度建设、组织建设等手段，搞好政治交接，这是民主党派学习贯彻科学发展观的关键环节。

唐华生在《民主党派贯彻落实科学发展观的角色定位》（《云南社会主义学院学报》2009 年第 2 期）一文中认为，科学发展观的提出为社会各项事业的发展提供了强大的思想武器和行动准则，也为民主党派开展工作提供了新思路。新时期民主党派工作要与时俱进，上台阶、上水平，就必须站在新高度，把握科学发展观的精神实质，争做贯彻落实科学发展观的学习者；立足新起点，明确科学发展观的时代价值，争做贯彻落实科学发展观的实践者；着眼新视角，对照科学发展观的根本要求，争做贯彻落实科学发展观的监督者；开拓新思维，提升科学发展观的科学内涵，争做贯彻落实科学发展观的研究者。

（三）参政党如何在科学发展观指导下实现科学发展

在科学发展观的语境下，民主党派如何以科学发展观为指导，通过学习和实践，引领民主党派实现新发展，是民主党派学习贯彻科学发展观过程中面临的一个重大理论问题和实践问题。在对这一问题的思考中，实现民主党派的科学发展成为参政党研究的一个新提法，而民主党派深入学习贯彻科学发展观，最终要落脚于推动民主党派自身科学发展上，这一点也成为理论界和民主党派实际工作部门的共识。研究者们认为，在新世纪新阶段，民主党派要用科学发展观来引领自身的建设与发展，不断推进自身政治交接，不断创新自身建设新形式，不断促进自身科学发展，对于促进我国统一战线和多党合作事业的可持续发展，有着深远的现实意义和历史意义。

张峰在《论民主党派深入学习贯彻科学发展观》（《民主》2009 年第 7 期）一文中指出，民主党派深入学习贯彻科学发展观，就要按照各自章程规定的参政党建设目标和原则，促进自身的科学发展。要坚持全面发展、协调发展、可持续发展的原则，既要着力解决影响和制约民主党派自身科学发展的突出问题，更要着力构建有利于民主党派自身科学发展的体制机制。

王彩玲《参政党的科学发展之路》（《理论前沿》2009 年第 22 期）一文认为，与参政党功能和作用发挥相适应、遵循参政党运行基本规律、有助于实现高素质参政党目标的发展，才是参政党的科学发展。在新的历史条件下，以胡锦涛同志为总书记的中共中央提出的科学发展观，为参政党的科学发展提供了基本思路。当前尤其需要注意，必须在科学发展观的指引之下，解决参政党建设面临的迫切的现实问题，如理论建树问题、党内民主问题（核心是党内民主权利、选举权）、人才问题（数量与质量的辩证关系）。解决这些问题，在思想建党、组织变革、制度创新、功能转换等方面有所创新，有所发展，是参政党实现科学发展的必由之路。为此，要加强理论建设，以科学的理念指导参政党发展；要优化组织结构，加强党内民主；要实施人才战略，建设学习型政党，真正实现参政党的价值与功能；要处理好坚持共产党的领导和发挥参政党的自主性之间的关系，与中国共产党形成良性互动，促进政党关系和谐，既为参政党的科学发展提供良好的外部环境，也为保持参政党的政党特色与政党属性提供条件。

徐德荣在《论民主党派科学发展的路径》（《黑龙江省社会主义学院学报》2009 年第 3 期）一文中指出，实现民主党派科学发展，是适应我国政党制度建设的具体表现，是民主党派发挥参政党职能和作用的根本途径，是民主党派实现自身全面发展的客观要求。民主党派要实现自身的科学发展，就要把学习实践科学发展观当成首要的学习任务，把提出高质量的意见建议作为重要任务，把深入细致的调研作为重要途径，把加强自身建设作为客观基础，把探索围绕中心、服务大局的科学途径作为现实要求。

郁建栋在《科学发展观对民主党派发展的几点启示》(《重庆社会主义学院学报》2009 年第 1 期)一文中认为，在新的历史条件下，以胡锦涛同志为总书记的党中央提出的科学发展观，为民主党派的进一步发展提供了基本思路：一是必须全面正确地理解民主党派发展的内涵，防止各种片面性的错误思想和做法；二是必须扩大民主党派内部民主，加强党派内部监督；三是必须注重提高参政党的整体素质，发挥参政党的整体功能；四是必须致力于建设高素质的参政党。

潘志建、赵蔷《民主党派在服务科学发展中如何实现自身发展——从民主党派参与毕节试验区建设的视角出发》(《团结报》2009 年 11 月 10 日)一文结合民主党派参与毕节试验区建设的经验，论述了民主党派如何在服务地方科学发展中更好地实现自身科学发展的问题。作者认为，各民主党派要自觉把服务科学发展作为工作的着力点，充分发挥自身的优势，多建推动科学发展之言，多谋推动科学发展之策，多尽推动科学发展之力，为保持经济平稳较快发展作出贡献，通过深入学习科学发展观不断提高自身素质和参政能力。毕节试验区就是一个在中国共产党领导下的多党合作的政治体制框架下，各民主党派中央、工商联发挥政治优势和政策优势，配合当地中共党委和政府就一个地区脱贫致富，进而推进区域经济社会全面科学发展的成功范例。分析毕节实验区的建设过程，可以看到，促进经济社会科学发展是民主党派履行职能、了解社会、服务社会、实现社会价值的重要途径，是树立政党形象的窗口，也是民主党派实现自身科学发展的有效平台。在服务科学发展的进程中，增强了民主党派合作共事能力、拓展了民主党派参政议政新领域、创新了民主党派社会服务形式、探索了培养选拔民主党派后备干部新途径。

何化利、符玉梅在《以科学发展观引领民主党派新发展》(《广西社会主义学院学报》2009 年第 5 期)一文中认为，民主党派学习贯彻科学发展观，实质是一种思维范式的构建，并在这种思维框架下构建民主党派“科学发展”新范式，思考如何更加“全面、协调、可持续地”推动民主党派发展，更好地发挥其“参政党”的职能，这是推动民主党派自我发展和社会发展的必由之路。作者认为，发展不仅是一个“形而上”的理论问题，更是一个“形而下”的实践问题。“发展”是一个具有多元意义的术语，“发展”之科学性在于它应当是实质性发展与程序性发展的统一。民主党派实践科学发展观不仅要实现程序性的发展，更要通过程序性建设推动实质性发展，重点是通过加强思想建设、组织建设和制度建设推进民主党派的全面发展。

二、参政党的历史与经验研究

建国以来，随着多党合作制度的确立与完善，民主党派在履行职能与自身建设方面都取得了很大的成绩。回顾这一段曲折前进的发展历程，总结其中的经验与教训，以期为民主党派在新世纪的进一步发展提供思想资源，是理论界的一项重大任务。虽然这种梳理还在起步阶段，但还是极大丰富了参政党研究的内容，拓展了参政党研究的领域。

（一）建国以来民主党派性质、地位、作用等问题研究

杜青林在《我国民主党派光辉的发展历程》（《人民日报》2009年9月16日）一文中指出，我国民主党派在反帝爱国、争取民主和反对独裁专制的斗争中先后建立、曲折前进，在建设富强民主文明和谐的社会主义新中国的实践中不断发展、发挥作用，走过了不平凡的历程。这是一个高扬爱国主义旗帜、不断追求民主进步的历程，是一个同中国共产党风雨同舟、团结合作的历程，是一个与中国革命、建设和改革事业共进步、同胜利的历程。建国前后，民主党派在政治上实现了从同情和倾向中国共产党到公开表示自觉接受中国共产党领导、走新民主主义道路的根本转变，为中国共产党领导的多党合作和政治协商制度的形成奠定了重要基础。随着社会主义改造的基本完成，民主党派的性质也发生了根本变化，由阶级联盟转变为政治联盟。这一根本变化使民主党派在新的历史条件下获得新的生机和活力，为进一步确立社会主义条件下的多党合作格局提供了重要前提条件。改革开放后，民主党派要坚定不移地走中国特色社会主义道路的庄重承诺，推动了多党合作事业的发展。实践充分表明，我国民主党派具有心系国家民族前途命运的爱国情怀，不愧为实现国家富强、祖国统一和民族振兴的重要力量；具有与中国共产党风雨同舟、患难与共的坚定信念，不愧为和衷共济、通力合作的亲密友党；具有自我教育和团结民主的优良传统，不愧为进步性与广泛性相统一、致力于中国特色社会主义事业的参政党。

王玮在《二十世纪五十年代中期以后民主党派的性质变化》（《资治文摘》2009年第4期）一文认为，政党的性质主要是由社会基础、政治纲领和政治实践所决定，社会基础是政党赖以存在发展的客观物质条件，决定着政党的基本性质，但是社会基础不是决定政党性质的唯一条件，我们以往对于民主党派性质的认识，往往局限于对其社会基础的探讨和确认上，随着理论与实践的深入，我们对于政党性质的认识应该有新的发展。作者从社会基础、政纲和政治实践三个方面分析了1956年以后随着社会主义改造的完成，民主党派性质的变化。从社会基础看，民主党派已经完成了由民族资产阶级、城市小资产阶级和同这些阶级相联系的知识分子，向一部分社会主义劳动者和一部分拥护社会主义的爱国者的转变；从政治纲领和政治实践看，则接受共产党的领导，以国家在不同时期的总任务作为自己的纲领，为社会主义服务，已经完成了由新民主主义性质向社会主义性质的转变。因此，五十年代中期以后，民主党派已不是阶级联盟性质的政党。阶级成分在向社会主义转变，政党相应也就成为社会主义政党。

李震雷在《建国初期民主党派在国家政治生活中的地位探析》（《中央社会主义学院学报》2009年第4期）一文中认为，建国初期，为体现多党合作，中国共产党非常重视对民主党派的政治安排和实职安排，在全国人民代表大会、中央人民政府和全国人民政协中给予了民主党派代表人士恰当而周到的安排。同时，在宪法中对民主党派的政治地位予以保障。回顾和研究这段历史，有利于我们从历史中吸取经验教训，并结合当今时代特点和任务，更好地发挥民主党派的政治功能，在实践中更好地坚持、完善和发展中国共产党领导的多党合作和政治协商制度。作者还利用大量数据和丰富

的史料对此进行了说明和分析。作者指出，建国初期，中国共产党对民主党派在国家政治生活中的地位和作用是十分重视的，各民主党派在国家政治生活中则是积极活跃、富有朝气的。各民主党派在中国共产党的领导下，对国家的大政方针和各项工作积极建言献策，敢于坚持真理，表现出高度的政治责任感和使命感，发挥了民主监督、参政议政的参政党职能。60 年的多党合作实践已经证明，由中国共产党老一辈领导人和民主党派老一辈领导人共同创造的、中国共产党领导的多党合作和政治协商制度是符合中国国情的政党制度。

龚继民在《改革开放以来我国民主党派进步机制探讨》（《福建省社会主义学院学报》2009 年第 6 期）一文中分析了民主党派能够保持进步性的机制问题，作者指出，建设中国特色社会主义反映了中国共产党和民主党派的共同利益和根本愿望。为共同目标和根本利益而奋斗，是多党合作事业蓬勃发展的动力，也是民主党派的行动指南和力量源泉；中国共产党领导的多党合作和政治协商制度作为我国一项基本政治制度，为民主党派的不断进步提供坚实的制度保证；民主党派加强自身建设，是中国共产党领导的多党合作和政治协商制度长期存在和发展的必然要求，是提高参政党整体素质、更好地履行参政党职能的客观需要，因而也是民主党派不断进步的必然要求。民主党派的进步性与广泛性是互相联系的统一体，不能把它们割裂开来，更不能把它们对立起来。

唐长久、蒋艳丽在《论民主党派的政治价值及其演变》（《湖北省社会主义学院学报》2009 年第 2 期）一文分析了民主党派在多党合作事业中的政治价值在不同历史时期呈现出的不同内涵和特点，作者认为，建国初期，民主党派作为团结、统战的对象发挥“统战价值”，在其所联系的“特殊社会群体”与政府之间发挥纽带桥梁作用。1978 年以来中国社会进入了改革开放和现代化建设的新时期。党的第二代领导集体在总结历史经验教训的基础上，尝试从国家政治制度的高度来认识和建构多党合作制度，从而有力地推动了多党合作制度的进一步发展，民主党派作为参政党的政治价值也随之凸显出来，从而实现了从“统战价值”到“参政价值”的继承和升华。进入新世纪新阶段后，民主党派作为知识分子为主要成员的政党，不再是特定阶层的局部利益的代表，而是作为社会理性阶层，通过政党政治途径实现民主政治权利和谋求国家利益、社会发展，因此主要发挥民主监督的价值，而新世纪民主党派社会基础的变化又为民主党派实现政治价值从“参政价值”到“民主监督价值”的转变提供了现实可能性。

朱汉国教授在《民主党派与新中国的创建》（《史学月刊》2009 年第 10 期）一文中认为，新中国的成立，固然是中国共产党正确领导中国人民革命的结果，同时与民主党派的积极支持和有力配合也密不可分。从 1948 年到 1949 年，随着国内政治局势和解放战争情势的变化，民主党派与中国共产党紧密配合，为新中国的创建发挥了极其重要的作用。民主党派创建新中国的作用，突出地体现在以下几个方面：积极响应中共“五一”号召，展开新政协运动，表明了各民主党派对中共革命领导地位的确认，也标志着各民主党派迈开了参与创建新中国坚实的一步；相继进入解放区，与中共共商国是，以实际行动开始了参政议政，参与筹建新政协和创建新中国的工作；与中共同心协力，积极参与新中国的筹建与建设工作。

李玲在《民主党派在人民政协创建时期的重要作用》(《广州社会主义学院学报》2009 年第 3 期)一文中认为，人民政协的创建，除了中国共产党的正确决策和正确领导等决定因素外，与民主党派在政治上的积极响应、宣传、配合、协助，利用自身的地位特点发挥特殊的作用分不开。民主党派为人民政协的建立做出了重大贡献。这些贡献表现在：响应中共号召，配合中共部署，为人民政协的召开准备了必要的前提和条件；接受中共领导，拥护中共政策，为人民政协的召开奠定了思想政治基础；真诚合作，融洽协商，共同推动新政协筹备工作的圆满完成，保证了新政协会议的顺利召开。

(二) 民主党派自身建设与履行职能的经验总结

杜青林在《我国民主党派光辉的发展历程》(《人民日报》2009 年 9 月 16 日)一文中指出，民主党派在发展历程中，始终秉持进步理念、认真履行职能、保持自身特色，形成了许多优良传统，给人以深刻的启示：致力于国家富强、民族振兴和人民幸福，是民主党派不断发展的价值追求；自觉接受中国共产党领导，是民主党派不断发展的根本保证；推进社会主义民主政治建设，是民主党派不断发展的重要基础；坚持进步性与广泛性的统一，是民主党派不断发展的内在要求。

章义和在《新时期以来民盟参政方略的历史考察》(《上海市社会主义学院学报》2009 年第 2 期)一文中认为，新时期以来，作为参政党之一的中国民主同盟紧紧围绕影响国家经济社会发展的前瞻性、战略性和紧迫性问题，经过深入调查研究，发挥参政党位置超脱、视角独特、看问题客观的优势，提出意见和建议，引起中共和政府高度重视后，得到逐步落实，并取得重大的社会影响。这是民盟参政方略实效性的有力表现。

赵太航在《论建国初期民主党派的政党意识》(《福建省社会主义学院学报》2009 年第 1 期)一文中指出，在建国初多党合作的政治格局中，各民主党派较充分地体现出作为实际意义上参政党的性质，这与其及时调整和确立新形势下自身的政党意识有着直接关系。作者认为，在充分有效地参政与形成非权力制衡之间寻求平衡点，是建国初期(主要指 1949—1952 年的国民经济恢复时期)各民主党派政党意识的主要内容。在树立和增强政党意识的进程中，民主党派排除了内部各种错误意识倾向的影响，明确了自身在国民经济恢复时期国家政治生活中的定位和作用，保证了民主党派在政党意识建设上的正确发展方向。作者指出，各民主党派能作为独立政党与中共长期共存，内在的主要原因就在于民主党派依据时势积极探索并不断增进自身的政党意识。而在新的历史时期下，完善我国多党合作的政治制度进而推进我国的民主政治建设，需要民主党派更充分地发挥其参政议政以及民主监督的作用，坚持与时俱进，仍应是其增进政党意识过程中的重要原则。

童庆平在《共同纲领与民主党派政治认同的培育》(《上海市社会主义学院学报》2009 年第 4 期)一文中指出，在筹建新中国过程中，中国共产党通过广泛邀请各民主党派参与制定共同纲领、关照各民主党派的核心利益、继承新民主主义革命时期的政党合作传统等多种模式来培育各民主党派对新生政权和中国共产党执政合法性的政治认同。这种模式下培养的政治认同非常明确、坚定，对其后中国共产党执政合法性的影响十分巨大。

魏晓东在《我国民主党派接受共产党领导的历程》（《江苏省社会主义学院学报》2009 年第 4 期）一文中认为，我国民主党派接受共产党领导经历了由排斥到合作共事再到接受领导的一个比较复杂的转变过程。究其原因，就是各民主党派经过长期的革命实践并通过与其他党派的比较鉴别而认定，只有共产党得到了老百姓的拥戴，能够承认并改正错误，大公无私，主张民主，制定的政策符合中国实际并能够在实践中起到点点滴滴的模范带头作用；只有共产党能够代表民主党派人士的利益，只有共产党领导才是中华民族伟大复兴的希望所在。

三、参政党的作用、功能与职能研究

民主党派在国家政治生活中具有何种功能，在社会发展中具有何种作用，民主党派又该如何通过履行自身职能来实现这种功能、发挥这种作用，是参政党研究中的一个传统课题，也是本年度参政党研究的一个重点。

（一）参政党在构建和谐社会、推进政治发展中的作用

构建社会主义和谐社会，走中国特色政治发展道路是这个时代的主题。面对这一主题，参政党究竟能够发挥什么作用、如何发挥作用，是研究者们普遍关注的问题。总体而言，发挥民主党派的优势、服务于科学发展，推动民主政治建设，从而真正发挥参政党作用，是研究者们对这一问题比较一致的回答。在这一共识基础上，研究者们对民主党派如何促进中国特色的政治发展、为民主政治建设作贡献进行了大量研究。

关于社会主义和谐社会建设中民主党派的优势与作用，桑国卫在《充分发挥民主党派在构建社会主义和谐社会中的优势和作用》（《团结报》2009 年 9 月 15 日）一文借纪念多党合作制度 60 年之机，分析了在构建社会主义和谐社会中如何发挥民主党派的优势：发挥民主党派政治联盟优势，为构建和谐社会提供牢固的政治保障；发扬民主党派爱国革命的光荣传统，为构建和谐社会奠定坚实的思想基础；发挥民主党派人才智力优势，为构建和谐社会创造雄厚的物质基础；发挥民主党派进步性和广泛性的特点，为构建和谐社会打牢广泛的民意基础；发挥民主党派专家学者多、社会影响大的优势，为构建和谐社会营造大发展大繁荣的和谐文化氛围；发挥民主党派界别特色优势，为构建和谐社会营造安定团结的社会环境。章猷才在《发挥民主党派作用，促进和谐社会建设》（《才智》2009 年第 3 期）一文中认为，构建社会主义和谐社会是中国共产党从中国特色社会主义事业总体布局和全面建设小康社会全局出发提出的重大战略任务。我国民主党派作为参政党，在构建社会主义和谐社会中对促进政治和谐、经济协调发展、弘扬先进文化等方面都发挥着特殊作用。作为地方基层的民主党派组织，促进和谐社会建设，主要在五个方面下工夫：参政议政紧扣发展主题；民主监督紧扣干部作风；社情民意紧扣民生动态；服务社会紧扣弱势群体问题；自身建设紧扣制度化、规范化、程序化。

关于中国特色政治发展道路，建设社会主义政治文明，严隽琪在《民主党派在社会主义民主政治建设中的地位和作用》（《中央社会主义学院学报》2009 年第 5 期）一文中指出，民主党派作为统一战线的重要成员和人民政协的重要界别，在社会主义民主政治建设中具有重要的地位和作用。新世纪新阶段，民主党派只有从中国特色社会主义民主政治的特色和特征出发，进一步发挥进步性和广泛性的优势，根据民主党派在协商民主中所处的地位，把握好方向和重点，选准着力点，真诚协助中国共产党，才能充分发挥应有的作用，在促进经济社会又好又快发展的同时，把社会主义民主政治建设积极稳妥、有序有效地向前推进。作者还指出，民主党派在社会主义民主政治建设中发挥作用的着力点主要在于：促进各民主党派与中国共产党之间的沟通，发展党际民主；促进执政党和政府与人民群众和利益群体之间的沟通，发展社会民主；促进民主党派中央、地方和基层组织与广大成员之间的沟通，发展党内民主。

焦少会在《论民主党派在中国政治现代化进程中的历史作用》（《攀登》2009 年第 1 期）一文中认为，现代化是人类社会发展的历史必然，政治现代化则是整个现代化运动的重要方面。在改革开放以来中国政治现代化的进程中，共产党对政治现代化建设的领导是由中国政治发展的历史和现实所决定的。我国实行中国共产党领导的多党合作和政治协商制度，这一制度下的民主党派作为参政党，在中国政治现代化进程中发挥着独特而重要的作用。首先，民主党派在坚持中国共产党领导的前提下，积极参与协商政治，完善和优化了中国特色的政党制度；其次，民主党派积极推进自身的现代化，是实现中国政治现代化不可缺少的重要因素；再次，民主党派在化解社会矛盾和维护国家政治稳定的过程中体现参政党的价值；最后，民主党派为完成祖国统一大业而不懈努力，不断巩固着我国政治现代化的原始根基。

董树彬在《试论民主党派与和谐政治建设》（《阿坝师范高等专科学校学报》2009 年第 2 期）一文中认为，中国共产党领导的多党合作和政治协商制度体现了和谐政治的理念，同时，作为参政党的民主党派在和谐政治建设中占据着重要地位、发挥着巨大作用。民主党派在和谐政治建设中的作用，主要是通过民主党派对中国共产党权力的民主监督，提升中国共产党的执政能力，监督其权力合理运行，依法执政，从而最终实现政治的和谐发展而实现的。民主党派可以通过参政议政和民主监督促进与提高中国共产党决策的科学化、民主化，从民主法治建设方面推动和谐政治实现。因此，民主党派要充分发挥民主监督和参政议政能力，发挥民主党派作为参政党的政治优势，这是民主党派参与和谐政治的建设的必要途径。

研究者们除了在宏观上对民主党派在中国政治发展中的地位与作用进行分析之外，还在中国政治发展的微观层面，针对某些具体问题进行了研究，如公民政治参与、公共决策、引导新的社会阶层等问题上，民主党派应该和可以承担何种角色，也引起了理论界的关注。

杨素群在《民主党派在我国公民政治参与中的地位和作用》（《山东师范大学学报（人文社会科学版）》2009 年第 5 期）一文在问卷调查的基础上，分析了民主党派在公民政治参与中有着独特的优势和作用。作者认为，扩大公民有序政治参与是党的十七大报告提出的重大课题。建国以来尤其是改革开放后，民主党派在我国公民政治参与中发挥了重要作用；民主党派在推进我国公民政治参与中有着独特的优势，其政治参与能力较强、政治参与热情较高、政治参与渠道广泛。应积极探索民主党派政治参与的新形式和新要求，充分发挥民主党派的利益代表功能和为社会公共利益服务的功能。

杨雪燕在《发挥参政党功能优势　引导新社会阶层的有序政治参与》（《湖北省社会主义学院学报》2009 年第 4 期）一文中认为，改革开放以来，新社会阶层政治参与的自觉性与主动性不断提高，参政党具有利益表达的广泛性和包容性，在吸纳和引导新社会阶层有序政治参与中具有独特的优势。应充分发挥参政党的功能优势，引导新阶层人士的有序政治参与，这对于巩固党的执政地位、推进社会主义政治文明的发展、构建社会主义和谐社会，都具有重要的现实意义。

盛海英、刘晓航在《民主党派参政议政在政治文明建设中的地位与作用》（《吉林省社会主义学院学报》2009 年第 1 期）一文以民主党派的参政议政为切入点，分析了民主党派在政治文明建设中的地位和作用。作者认为，民主党派参政议政是政治文明建设的重要力量，也是政治文明建设的重要途径和重要内容。作为参政党的民主党派，随着其自身素质的提高，政治参与意识的增强，民主党派参政议政在社会主义政治文明建设中的价值日益显现，其作用也越来越得到充分的发挥，其主要表现形式是：在决策科学化、民主化中的协商作用；在民主监督体系中的监督作用；在民主管理体系中的参政议政作用。

王小鸿在《论民主党派在应对突发事件中的作用》（《上海市社会主义学院学报》2009 年第 3 期）一文中认为，民主党派作为新时期的参政党，作为各自所联系的一部分社会主义劳动者、社会主义事业的建设者和拥护社会主义的爱国者的政治联盟，作为人才荟萃、智力密集的组织，党和政府联系群众的桥梁，具有参政议政、广泛代表性、人才荟萃、凝聚力量、稳定人心等独特的优势。在应对突发事件的全过程中，发挥着不可替代的积极作用：在突发事件发生之前，发挥着促进国家应急机制建立、为突发事件预警建言献策的作用；在突发事件发生过程中，能有效地参与应对突发事件；在突发事件发生后，能最大限度地减少突发事件造成的损失。

（二）参政党的功能与职能

2007 年《中国的政党制度》白皮书发表后，我国多党合作制度的功能得到比较全面的论述。以此为起点，政党功能尤其是民主党派的功能成为热门话题，在学界引起了广泛的讨论。2009 年的参政党研究继续 08 年在这个问题上的研究方向，对民主党派作为参政党，其功能是什么，其职能又是什么，职能与功能的区别是什么进行了深入探讨。大多数研究者都注意到两者的区别，认为区分民主党派的政党职能和政党功能，不仅是民主党派理论建设的需要，更是发展社会主义民主政治的需要。

杨爱珍在《民主党派的政党职能和政党功能分析》（《中央社会主义学院学报》2009 年第 3 期）一文中指出，民主党派的政党职能和政党功能是两个既有联系又有区别的概念。在理论研究上，它们有着各自的研究范畴和对象；在实践中，它们更有不同的活动领域。从本质内涵的角度看，民主党派的政党职能受其本质所规定，是参政党应当具有的政治品质和政治技能的反映，也是政党权力的体现；民主党派的政党功能则是党派职能在实践中的状态和结果，它既包含着参政党所具有的独特的价值取向，也包含着政党内在的规律性的要求。中国国体的内在要求和我国政党制度的特点规定，决定了民主党派的政党职能是参政议政、民主监督，而利益表达、利益综合、协调稳定则是民主党派的基本功能。

孙瑞华在《“政党功能”与“参政党职能”》（《湖北省社会主义学院学报》2009年第5期）一文则认为，政党功能是对政党作用整体、共性特征的描述，政党职能则是对政党作用具体、个性特征的界定。参政党职能与政党功能之间具有个性与共性、特殊与一般、主观能动性与客观必然性的内在联系。参政党职能就是政党功能的具体化和个性化，是政党功能的主观能动性的再现。正因此，中国共产党领导的多党合作制度的中国特色才得以彰显。作者指出，在建设中国特色社会主义的历史进程中，中国参政党的政党功能主要通过参政党在致力于社会主义事业过程中担负的政治责任具体表现出来，即通过参政党在“合作与参政”这个“职”上主动履行“参政议政、民主监督”这个“能”而具体表现出来，是政党“利益表达或综合、政治动员与社会化”等功能在当代中国特色社会主义政党格局中的具体再现。

郑宪在《浅议我国民主党派职能的定位与开发》（《重庆社会主义学院学报》2009年第3期）一文中指出，转型社会定位和开发我国民主党派的职能，是加强我国多党合作制度建设的基础性问题。政党的职能是根据该党的权力、义务和责任不同所决定的、对政党任务和使命的特殊性规定。政党的功能是对该政党作用的基本价值指向和共性做出的规律性总结。政党的职能和功能的关系如同矛盾的普遍性与特殊性的关系一样，职能往往是与特定职责、职务相联系，有特殊指向，是由于担任或承担某国家某一政治组织职责应该具有的作用，因此比较微观。具体到政党来说，职能是每个政党根据该党的权力、义务和责任不同所决定的、对政党任务和使命的特殊性规定。政党的功能是对该政党作用的基本价值指向和共性做出的规律性总结，是由政党这类政治组织性质的内在要求决定的，往往是泛指的，因此比较宏观。所以，政党的功能的内涵比职能的内容宽泛。每个政党的职能可以寓于和包含在该政党或该类政党的功能中，但是不能以具有普遍性的政党功能代替每个政党独具特色的职能，也不能以某个党所具有的特殊职能而代替所有政党的普遍功能。

（三）参政议政

参政议政是民主党派的两大基本职能之一，也是历年来参政党研究重要课题之一。对于这个问题，研究者们往往侧重于如何提高参政党参政实效和参政议政能力这两个方面。和过去相比，2009年对参政议政的研究有了更多的实证色彩，许多研究者立足于民主党派参政议政的现状，通过分析他们的提案，分析他们在当地经济社会发展中发挥作用的方式与程度，有针对性地提出了自己对如何提高民主党派参政议政实效与能力这一问题的见解。

1. 提高参政议政的实效

关于如何提高民主党派参政议政的实效，王彩玲在《挑战与回应：论民主党派参政议政的专业化》（《湖北社会科学》2009年第10期）一文提出了参政议政专业化问题。作者指出，当今中国政治发展对民主党派的存在与发展提供了更大的机遇，也形成了挑战。作为民主党派存在的价值基础，参政议政的功能实现成为民主党派应对挑战的重要途径，因此，提高参政党在国家政治活动中的位阶和层级，以参政绩效凸显民主党派的参政党地位，是民主党派回应挑战的必由之路。民主党派的认同危机、执政党决策机制的变革、政治议题综合性与系统性的增强等因素，共同决定了民主党派必须以提高专业化水平作为参政功能实现的基础性条件。作者认为，参政议政专业化主要是强调参政议政方式的变革，更注重参政党整体作用的发挥、注重选题的战略性和持续性、注重意见建议产生过程和研究方法的科学性。其内涵主要表现在三个方面：每个党派之间的参政领域相对集中，形成各党派的分工机制；参政议政以专家组成的团队为主体研究队伍，各政党以专委会为平台整合全党的力量（而不仅是专家参政、专委会参政）；以专业的眼光提出科学合理的可行性对策和建议。参政议政的专业化可从以下几个方面着手：第一，每个党派对一定时期的参政议政做出自己的规划。第二，参政议政日常化。第三，加强参政人才队伍建设。第四，构筑开放的参政议政工作平台，保障人才、信息、资金的高效利用与整合，发挥参政党的整体优势。第五，以课题化、专业化的形式改进参政议政的工作方法，对参政议政的重大课题进行实证研究，全面提高参政议政的质量。

祝淑月在《民主党派参与公共政策制定的实践分析——以近十年民主党派浙江省委会提交的提案为分析对象》（《福建省社会主义学院学报》2009 年第 1 期）一文中，以民主党派参政议政的主要方式——民主党派的团体提案为分析样本，收集了浙江省级各民主党派近十年的团体提案，以公共政策科学作为分析研究工具，通过大量的数据统计和多层次分析，对民主党派在公共政策参与中关注的领域、基本的价值偏向和利益倾向及其参与的重心进行了梳理和分析，探讨了民主党派参与公共政策制定发挥效用的途径，以及民主党派提案对公共政策制定的影响及其原因。作者认为，民主党派参政议政的过程，很大程度就是参与和影响公共政策制定的过程。民主党派提案对公共政策能否产生影响，影响的程度如何，其原因是多方面的。从民主党派的角度来说，提案在公共政策制定中能否产生影响，影响如何，与提案的质量关系密切：一是有没有对问题的属性进行确认，确属政府及有关政策部门职权范围内的问题？二是有没有对问题的影响程度及范围进行辨析？三是问题是否经过认真细致的界定使其尽可能界限分明、表达清晰？四是建议的针对性、可行性和创新性如何？等等。另外，提案对公共政策的影响，也与民主党派的坚持有关，如果认为某个问题确实至关重要，一提再提，就容易引起决策者的注意，使问题列入政府议程。

彭雪莲在《毕节试验区民主党派参政现状研究》（《毕节学院学报》2009 年第 9 期）一文中，分析了毕节试验区经过 20 年的探索和实践在多党合作方面取得的重大成果，尤其是对毕节试验区民主党派参政现状进行了重点分析，并立足于这种分析，对民主党派参政议政的经验与不足进行了总结。作者认为，在取得成绩之外，民主党派参政议政还存在着参政能力需要加强、参政议政效率有待提高、参政方式单一、监督职能没有充分发挥等问题，影响了参政议政的实效，也影响着民主党派参政作用的发挥。这些问题不是个性的，而是共性的，它不仅仅在毕节存在，在全国范围内也都普遍存在。这些问题既有历史的影响，也有现实的原因。因此，民主党派除了需要加强自身建设提高参政能力，还需要坚持政治协商提高民主党派参与决策的效率、推进体制创新，建立制度化参政协作方式、完善监督机制促进共同发展，从而提高民主党派参政议政的实效和民主决策的效率。

袁建民在《浅谈参政议政的基础性工作》（《前进论坛》2009 年第 5 期）一文中分析了参政议政工作选题难的原因，并对如何开拓民主党派参政议政工作新局面发表了自己的见解。作者认为，创造性地发挥每位工作人员的潜能，是拓展参政议政工作局面的必备前提之一。为此，必须千方百计地扩大政治视野和学术事视野；必须善于借用外力，以外力之实补内力之虚，实现外力与内力的有机结合；必须辨证地认识题材的宏观性与微观性，努力做到宏观性与微观性的辩证统一；必须强调“文献调研”与“实地调研”的高度统一，既要坚持从概念推理进行对策设计，更要强调从实际出发进行对策设计。

曾宪强在《民主党派在参政议政中存在的问题及改进途径》（《湖北省社会主义学院学报》2009 年第 2 期）一文中阐述了民主党派参政议政工作中存在的问题、面临的挑战，分析了相应对策，为提高民主党派参政议政的实效提供了有益的见解。作者认为，在新的形势下，民主党派的参政议政工作如何进一步规范化、制度化，是当前民主党派应当认真对待和研究的一个重要课题。这要求我们必须注重把握好以下几方面：第一，提高参政党整体素质，树立群体意识。第二，建设好参政党队伍，锻造民主党派整体功能。第三，完善参政议政机制，保障渠道畅通。第四，整合参政议政人才资源，发挥特点优势。第五，围绕经济建设中心，做好调查研究。第六，重在落实，注重实际效果。

杨归泓在《整合地方政治资源发挥民主党派在科学发展中的促进作用》（《广州社会主义学院学报》2009 年第 3 期）一文中，以地方政治的视角，分别从党政、政协、党派各个层面，考察了通过规范化建设和联动创造良好气氛两种手段促进民主党派基层参政议政的主题。作者结合广州市番禺区民主党派参政议政情况，总结了民主党派提高参政议政实效的主要经验：首先，党政主动，民主党派参政议政步入规范。其次，多方联动，共同营造民主党派参政议政良好氛围。表现在党政层面，提高认识、创造条件，变“给其参政”为“要其参政”；在政协层面，打造平台、创新形式，变“邀请参政”为“自身参政”；在党派层面，提高素质、形成合力，变“个体参政”为“整体参政”。

2. 参政议政能力建设

关于民主党派参政议政能力建设，研究者们从政党组织理论、体制机制、运用现代化手段等视角，对民主党派提高参政能力的途径进行了深入思考，取得了一定的研究成果。研究者们认为，参政议政能力是民主党派对执政党和国家的大政方针提出自己的意见和建议的能力，这是检验民主党派参政水平的一个重要标志。因此，研究民主党派作为参政党在中国政治结构中的地位，发挥作为参政党的政治功能的规律，构建适应新形势的参政党理论体系，全面提升民主党派的参政议政能力，应该是政党理论研究的重大任务。更加注重参政党整体作用的发挥，更加关注现代化科技手段的利用，是本年度关于参政能力建设研究的一个特点。

陈文正在《民主党派参政议政能力的实证研究———基于浙江省台州市的考察》（《广东省社会主义学院学报》2009 年第 3 期）一文中从政党组织理论的视角来讨论民主党派地方组织参政议政能力问题。作者认为，对于民主党派参政议政能力的考量的一个重要方面是党派成员的参政议政能力，党派参政议政和党派成员参政议政应是一个问题的两个方面，而对于民主党派参政议政能力的考量，应该从能力组成结构和能力发挥过程两个方面着眼，即“硬”和“软”两方面的指标。具体而言，所谓“硬”的指标主要是从党派成员的政治安排（任职人数、比例）、提议案的数量与质量等方面来评价，而“软”的指标则更多的是从民主党派参政议政的总体表现，尤其是发挥参政党作用的宏观角度来评价，比如对执政党和政府决策的影响程度。作者在对浙江省台州市民主党派组织参政议政状况进行调查研究的基础上得出结论，认为民主党派地方组织的参政议政能力呈现“结构性弱势”，这种“结构性弱势”是由民主党派地方组织结构决定的。因此，为了增强民主党派参政议政能力，就必须加强党派地方组织结构体系建设：第一，应当强化精英吸纳，发挥优势资源与核心能力；第二，加强调查研究，进行独立政策研究；第三，构建动员机制，扩展政党组织民主化。

刘振清、陈晓利在《关于民主党派参政议政能力建设的思考》（《团结报》2009 年 11 月 24 日）一文中分析了新的历史条件下民主党派参政议政能力提升的瓶颈，探讨了民主党派参政议政能力提高的具体途径。作者认为，参政议政主体的变化、多元化思想的冲击、参政议政渠道不畅通等因素已经严重影响了民主党派参政议政能力的发挥。因此，提高民主党派参政议政能力的路径选择，就在于改善参政议政主体结构，增强智力支撑；夯实思想根基，坚定参政议政信心；拓宽参政议政渠道，特别是拓宽民主党派的信息渠道等方面。

吕忠梅在《关于民主党派成员参政议政素质的思考》（《湖北省社会主义学院学报》2009 年第 3 期）一文中认为，参政党参政议政能力建设需要高素质的党派成员，民主党派成员参政议政的素质应体现其充分有效地代表党派行使参政议政职能并产生直接影响和制约作用的方面，其构成包括知政、参政、议政、督政，具体体现为对其所代表的人民群众利益的集聚、表达和实现。

陈述涛在《进一步提高民主党派参政议政能力的思考》（《团结报》2009 年 2 月 21 日）一文中指出，民主党派只有认真研究和深入地思考参政议政工作的新特点、新规律，在积极拓宽新渠道和整合各方面资源上下工夫，处理好政治和经济的关系、数量和质量的关系、特点和热点的关系、集中和分散的关系、自力和借力的关系，在履行职能中，注重“建言”与“出力”有机地结合起来，才能进一步提高参政议政的能力。因此，民主党派要整合资源，建立各级组织联动机制，切实发挥组织整体优势，努力进一步提高参政议政能力，更好地履行参政党职责，逐步完善和发展参政议政机制，实现由个体独立调研向群体调研、由少数人参与向多数人参与、由党派独立完成向社会各界联合完成这三个根本转变，为民主党派参政议政工作开创新的局面打下坚实基础。作者还认为，指导咨询机制的完善和发展程度是衡量发挥民主党派履行职能科学化的重要标志，是进一步提高参政议政能力的重要渠道，是参政议政民主化的现实体现。为了保证民主党派履行职能科学化和民主化，要完善和发展现代化的指导咨询机制，采取有效措施，推进指导咨询的规范化建设，进一步提高民主党派参政议政的能力。

孙翔云在《关注网络民意提高参政议政能力》（《四川省社会主义学院学报》2009年第4期）一文中认为，互联网时代为民主党派发挥参政议政作用提供了前所未有的广阔领域，同时对提高参政议政能力和水平提出了新的、更高的要求。互联网已经成为我国民意表达、互动、汇集的重要平台，因此，创新民主党派的工作理念，将利用网络民意纳入到民主党派工作的各个环节，形成有效工作机制，应成为改进民主党派参政议政方式、增强民主党派参政议政实效的重要课题。

谢焕权在《运用现代化手段提高民主党派参政议政水平》（《广西社会主义学院学报》2009年第6期）一文中也论证了用现代科技手段提高民主党派参政议政能力的问题。作者认为，21世纪，人类社会进入了信息时代，充分利用信息技术、通讯技术和电子科技手段等来提高民主党派的参政议政能力和水平，已经成为一种现实可能。这些手段包括运用互联网“了解民情、汇聚民智”；建立民主党派成员网络参政议政论坛；运用摄影、摄像技术拓展参政议政范围；充分利用电视、报纸、杂志和网站等大众媒体这个平台，拓宽民主党派参政议政的渠道，丰富民主党派参政议政的方式等等。

（四）民主监督

民主监督问题是参政党研究中的一个持续热点，多年来，理论界对民主监督的性质、内涵、程序、机制等问题都在进行不懈的研究，在此基础上，2009年理论界对民主监督的理论与实践有了更多的反思，出现了一批总结民主监督实践中的经验教训、综述民主监督理论研究的文章。此外，提高民主监督的活力与成效，也是一个颇受关注的话题。

1. 对民主监督实践与理论的总结和反思

关于民主监督的历史回顾，王远启在《民主监督60年回溯》（《上海市社会主义学院学报》2009年第6期）一文中回顾了以“三三制”政权中的民主监督为先河，民主党派民主监督在新中国60年来的政治发展道路上经历的曲折发展的历程。作者认为，在此过程中，民主监督从思想观念到制度实践逐步走向完善，中国共产党人不仅认识到民主监督的重要性和必要性，把民主与监督作为跳出历史周期率的新路，而且认识到“必须使民主制度化、法律化”。作者分析，当前制约民主监督的主要因素是：首先，民主监督职能规定以及人们对民主监督的认识还存在模糊地带。民主监督的对象、内容、权利、义务、责任、作用，民主监督实施的渠道、途径、方式和方法、保障措施等，规定得还不够明确、具体。其次，民主监督的制度化、规范化、程序化建设相对滞后。第三，民主监督的实效性难以保证。作者指出，“长期共存，互相监督”的方针具有深远的历史意义，民主监督体现了多党合作制度的价值与功能，对于发展社会主义民主政治具有不可替代的作用。为此，必须积极推进民主监督制度建设，切实增强民主监督的实效性。

张达青在《改革开放以来参政党民主监督探析》（《重庆社会主义学院学报》2009

年第 1 期）一文中回顾了十一届三中全会以来，尤其是 1989 年颁发《中共中央关于坚持和完善中国共产党领导的多党合作和政治协商制度的意见》以来，我国参政党民主监督稳步推进的历程，理性分析了参政党民主监督取得的经验。同时，作者也认为，参政党民主监督是一项亟待加强的职能活动，必须依靠执政党和参政党的共同努力，以系统的思维宏观地把握参政党民主监督的性质、特点和运作规律，强化参政党民主监督的制度，完善丰富民主监督的形式，推进民主监督的制度化、规范化和程序化。

关于民主监督的理论总结，张玲在《“中国民主党派民主监督”问题研究综述》（《天津市社会主义学院学报》2009 年第 3 期）一文中从民主党派民主监督的性质、地位和作用，民主党派民主监督的内容、形式和渠道，解决民主党派民主监督的重点、问题和建议等三个方面对 2005 年 5 号文件颁发后的民主监督问题研究进行了综述。李炜永在《近十年来民主党派监督职能研究述评》（《宁夏党校学报》2009 年第 1 期）一文中从民主党派民主监督职能的独特地位与优势、民主党派监督对执政党建设及社会主义政治文明建设的重要性、民主党派监督存在的问题及原因、对进一步发挥民主党派监督作用的建议等方面对十年来的民主监督理论研究进行了总结，并分析了其中的不足。作者认为，与新世纪建设有中国特色的社会主义事业快速发展相比，民主党派监督职能的研究与实践还存在着很多问题和不足：其一，民主党派监督职能以及民主党派理论研究同新形势下党情、政情、国情的剧烈变化相比略显滞后。其二，研究成果存在着严重的不平衡性，研究的质量有待提高。学术的浮躁与急功近利在该研究领域也大量存在，重复性研究多，开拓性研究少；定性研究多，定量研究少；宏观研究多，微观研究少；对党的方针政策注释性研究多，学理性研究少。其三，研究者的知识结构不能适应新时代对政党问题研究的需要。

2. 提高民主监督的活力与实效

黄爱军在《增强民主党派民主监督的活力和实效》（《广西社会主义学院学报》2009 年第 2 期）一文中认为，目前，民主党派民主监督在不少环节上还存在着“弱监”“、虚监”等问题。增强民主监督的活力和实效，一要加强执政党建设，活跃中国共产党内政治生活的民主和整个社会生活的民主；二要制度的可靠保障；三要保证参政党的知情权；四要以完善基层民主监督机制为基础；五要加强民主党派自身建设。

周淑真、武建强在《浅谈发挥民主党派的监督作用》（《中国监察》2009 年第 5 期）一文中指出，要充分发挥民主党派的监督作用，增强其监督能力，必须从以下几个方面努力：首先，要制定相应的法律规范来保证民主党派监督职能的履行。其次，改革干部管理制度，增加民主党派担任实职的机会。第三，用党内纪律要求党员干部认真对待民主党派和无党派人士的建议。第四，提升民主党派成员的政治素养和参政议政能力。

黑龙江省社会主义学院课题组在《增强民主党派民主监督活力与实效的对策研究》（《中央社会主义学院学报》2009 年第 4 期）一文在实证研究的基础上，总结了改革开放以来民主党派在民主监督方面取得的基本经验，反思了目前尚存在的问题，并探索了具有可操作性的解决措施，分析了增强民主党派民主监督活力与实效的新思路。课题组认为，民主党派是我国政治生活中的一支重要力量。民主党派的民主监督是其政治功能的重要方面，在整个国家政治生活中具有重要的价值和意义。近年来，我国民主党派的民主监督在长期的实践中，已经取得了很大的成绩。但与此同时，也还存在着随意性、表面性的问题，民主监督作用发挥得也还不够。因此，为了提高民主监督的活力和实效，需要在以下几个方面努力：各级党委要加大支持民主党派民主监督的力度；推进民主党派民主监督的制度化、规范化和程序化建设；增强民主党派的政党意识，提高自身素质和民主监督的能力与水平；充分发挥统战部门在民主党派民主监督中的重要推动作用；加强理论研究，为民主党派的民主监督提供理论支撑。

彭光华在《参政党民主监督的难点分析及对策探讨》（《湖北省社会主义学院学报》2009 年第 6 期）一文中认为，当前民主监督存在着诸多困难，原因在于对内涵理解不深、监督意识不强、信息不对称以及缺乏制度和机制的保障，这造成了监督手段单一、监督力量薄弱、监督效果不明显等问题。针对这些问题，作者提出了自己的解决方案：首先，要准确把握参政党两大基本职能的内涵及其辩证关系，把它们在实践中有机统一并紧密结合起来，抓住关键，突出重点，相互推动，形成合力。其次，要牢固树立"主动监督是一种责任、也是一种使命"的观念。监督者和被监督者都应该站在历史的高度、时代的高度和理论的高度，深刻认识民主监督的地位和作用，强化监督观念，提升监督意识，加大监督力度。第三，扩大知情范围，提高知情程度。第四，着力推进民主监督的制度化、规范化和程序化建设。

许奕锋在《关于我国民主监督制度效率的理论思考》（《湖南社院学报》2009 年第 1 期）一文中认为，监督是一种普遍的权力现象，不受监督的权力必然会导致腐败，从而影响到经济发展和社会稳定。民主监督制度作为现代民主政治的重要支柱，是我国民主政治制度的重要组成部分，在我国政治生活领域中发挥了重要作用。但由于种种原因，民主监督还存在制度效率方面的突出缺陷，新世纪新阶段亟须完善民主监督制度体系，不断地用导致较高效率水平的民主监督制度来替代导致较低效率水平的民主监督制度，以有效应对我国当前政治体制改革过程当中所面临的新情况新任务，推进我国民主政治建设进程。

张文举在《软法视角下民主党派民主监督》（《江苏省社会主义学院学报》2009 年第 5 期）一文中认为，在现实国情下，增强民主党派民主监督的实效性，应当发挥软法的治理作用。首先，要充分发挥民主监督的软约束力作用，软约束力尽管没有国家强制力作支撑，但在很多时候有可能产生强大的约束力，能够对被监督者形成不得不接受的社会氛围和影响力，提高被监督者主动接受监督的自觉性，进而增强民主党派民主监督的实效性。其次，要加强相关的软法操作性规范建设。加强民主党派民主监督的法治建设，并不意味着需要创制有关民主监督的法律规范。民主党派民主监督的作用能否得到充分发挥，很大程度上取决于相关的制度规定——软法——可操作性程度。民主党派民主监督主要适合于依靠软法调整，并不排斥硬法调整，在一些特定的环节、层面制定硬法有助于推动民主监督的制度化、规范化、程序化。然而，就民主监督的性质和定位而言，主要适合于用软法调整，民主党派民主监督作用能否得以充分发挥，民主监督的实效性能否得到切实增强，需要发挥软法的治理作用。

（五）参政党与人民政协

民主党派要履行好民主监督和参政议政职能，发挥参政党作用，如何利用好人民政协这个平台，是参政党研究中的一个新课题。本年度理论界对这一问题的逐渐关注，开拓了参政党研究的新领域，取得了一定的理论成果，对民主党派更好地发挥参政党作用也有一定的指导意义。

陈宗兴在《浅论民主党派在人民政协中发挥作用》（《人民政协报》2009 年 9 月 7 日）一文中指出，在新的历史起点上，民主党派如何更好地在人民政协发挥作用可从两方面来思考，一是民主党派怎样才能更好地在政协发挥作用；二是人民政协如何创新机制，使民主党派更好地发挥作用。作者认为，建设高素质的参政党是民主党派在人民政协更好发挥作用的基础，为此，民主党派要加强学习，坚定信念，更好地推动民主党派自身的发展；要珍惜机会，认真履职，积极参加政协活动；发挥优势，凝聚力量，不断提升履行职能的水平。作者还认为，要通过政协工作的不断创新，为民主党派在人民政协中进一步发挥作用提供更宽广的舞台。这需要推动政治协商进一步程序化、制度化和规范化，也需要政协高度重视民主党派的参政议政和提案工作，建立健全民主党派发挥民主监督作用的机制，不断为民主党派进一步发挥作用拓宽路子。

梅晓山、王淑华在《浅谈如何充分发挥民主党派在人民政协中的作用》（《中央社会主义学院学报》2009 年第 4 期）一文中认为，民主党派作为人民政协的重要界别，具有不同于其他界别的显著特点和优势，比如组织程度较高、人才资源优势明显、占有得天独厚的政治资源、承担的政治责任重大、在人民政协中的权利得到保障等等。要充分发挥民主党派在人民政协中的作用，需要处理好委员个人与界别团体的关系、代表本界别利益与围绕中心服务大局的关系、借鉴吸收与开拓创新的关系、人民政协提供环境与民主党派提高参政能力的关系。

陶迎春在《以科学发展观为指导　充分发挥民主党派在人民政协中的作用》（《内蒙古统战理论研究》2009 年第 5 期）一文中认为，民主党派是人民政协的重要组成部分，人民政协是民主党派发挥作用的重要场所。进一步发挥民主党派在人民政协中的作用，对于人民政协和民主党派更好地履行职能，努力开拓新形势下人民政协和民主党派工作的新局面，具有重大意义。为此，民主党派要加强自身建设，发挥独特优势，搞好政治监督，参与政务管理。

四、参政党建设研究

在我国的社会主义政治发展道路上，坚持和完善中国特色的政党制度，是中国共产党和各民主党派共同的责任。各民主党派要全面加强自身建设，自觉接受中国共产党的领导，坚定不移地走中国特色政治发展道路，这是顺利推进我国现代化、实现中华民族伟大复兴的重要保证。对此，无论是民主党派自身还是理论研究者，都形成了较为一致意见。在此基础上，研究者们围绕理论建设、思想建设、制度建设、组织建设等问题发表了自己的看法，提出了许多很好的意见建议。其中，在加强制度建设的背景下，内部监督机制建设成为参政党建设的一个新热点。

（一）理论建设

理论建设在政党建设中具有先导地位和作用，在新世纪新阶段，随着我国社会主义民主政治和多党合作事业的发展，参政党建设理论研究和理论创新，已成为我国政治制度和政党制度研究中必须予以认真关注和切实加强的领域。本年度对理论建设的研究，主要侧重于参政党理论体系的建构，及其与其他相关理论体系的关系等方面。

孙瑞华在《参政党的理论建设与参政党建设理论》（《上海市社会主义学院学报》2009年第4期）一文中指出，在参政党建设过程中，理论建设一直是其较为薄弱的环节，这里，客观条件的不成熟是其原因之一，但在主观认识上，人们还没有明确认识和把握参政党理论建设的内在联系。因此，明确辨析政党理论、政党建设理论与政党理论建设的关系，准确把握政党理论建设的重点、前提及其与思想建设的关系，对推进和加强参政党理论建设具有重要意义。作者认为，政党理论、政党建设理论不是政党的理论建设，政党理论、政党建设理论是政党理论建设的对象和内容。因此，参政党的理论建设不仅仅是一个对自身实践经验总结、梳理和综合的过程，更重要、更关键的是民主党派只有以正确的世界观和价值观为指导，认识和掌握了人类社会发展、政党政治发展、参政党建设的客观规律，才有可能将自己的实践经验有效地提升到理论的高度，建立起自己的政党理论。政党理论建设也不是政党的思想建设，政党理论建设的目的是为政党提供强大的思想武器，政党思想建设的目的则是用这个武器来武装人们的头脑。该作者的另外一篇文章《中国参政党建设理论体系探究》（《新视野》2009年第5期），从积极主动地认识和把握参政党建设规律的现实要求出发，探索和研究了参政党建设理论体系的逻辑起点、理论主题、价值核心、框架内容及其理论与学术定位等问题。作者认为，参政党建设理论体系是对参政党建设规律所作的系统性的理论概括，是参政党建设规律的具体显现，这就决定了参政党建设理论的框架体系是由具有内在联系的内外两个系统所组成。参政党建设理论的内在体系是对参政党建设内在布局的理论概括和抽象，也就是我们说的自身建设理论；参政党建设理论的外在体系是对参政党建设的依据条件和客观环境的理论概括和抽象，亦可称为参政党建设因素理论。

王喆在《中国特色政党制度理论与参政党建设理论的关系》（《内蒙古统战理论研究》2009年第4期）一文中指出，参政党建设理论就是研究民主党派产生发展活动规律的学科。其内涵包括：民主党派建设的基本原则和规范（民主党派作为政党的性质、地位、作用、职能、任务）；民主党派自身建设各方面原则的制定、执行和遵守以及关于民主党派的观念和学说理论；民主党派历史发展的规律、发挥政党职能和作用的规律等。参政党建设理论其实是关于有中国特色的参政党活动的学问。作者认为，从长期来看，参政党建设理论研究的成熟的必要前提是参政党建设实践及理论研究一定程度上的自主性、自觉性，同时，参政党建设理论成熟也是中国特色政党制度理论成熟的必要前提。

张国新在《加强参政党理论建设的实践与思考》（《江苏省社会主义学院学报》

2009 年第 3 期）一文则认为，思想建设是参政党自身建设的核心，理论建设是思想建设中的一项重要内容。作者结合民建江苏省委加强理论建设的实际，对加强参政党理论建设进行了探讨。作者认为，参政党的理论建设是一项政治性、政策性很强的工作。需要把握以下几个特点。一要把握政治方向，突出一个“政”字。二要加强合作研究，突出一个“合”字。三要注重共性特性，突出一个“特”字。在此原则之下，为把参政党理论研究工作积极稳妥、循序渐进地开展，并能取得成效，必须建立健全一套有效的工作制度和运行机制。

（二）思想建设

思想建设是参政党建设的核心，自然成为研究者们关注的重点问题。随着社会主义核心价值体系的提出，民主党派的价值观，民主党派的政治共识和政治引导等问题也纳入研究者们的视野，被认为是当前思想建设的重要内容。

宋村珠在《参政党社会主义核心价值体系建设的任务与途径》（《吉林省社会主义学院学报》2009 年第 3 期）一文中认为，社会主义核心价值体系建设是新的历史条件下的重大理论创新，它明确了社会主义核心价值体系的构成要素、社会属性、时空属性、实践属性。加强社会主义核心价值体系建设，用核心价值体系统一思想、凝聚力量、推动发展，是中国执政党和参政党的共同历史任务，是巩固多党合作思想基础的客观要求，是参政党加强自身建设、保持进步性、正确履行职能、促进科学发展的必然选择。参政党各级组织和广大成员要从可持续发展的战略高度重视和切实加强社会主义核心价值体系建设。为此，参政党要把坚持马克思主义的指导地位作为第一任务，把高举中国特色社会主义伟大旗帜，坚定地走中国特色社会主义伟大道路作为第一选择，始终把维护、发展国家的核心利益作为第一使命，深化政治交接，加强制度建设，发展先进组织文化，正确履行职能，保持进步性。

赵霞在《共识教育：民主党派思想建设的主旋律》（《团结报》2009 年 12 月 8 日）一文中认为，以科学发展观为指导，增强共产党、民主党派和无党派人士在政治上的共识，是执政党和参政党通力合作，相互促进，共同进步的基础。共识教育包含着两个层面的内容，即思想共识、实践共识。其中思想共识包含着责任认同和信念认同，两者相互联系，相互促进。

张李锁在《农工党的组织认同和责任认同理念》（《前进论坛》2009 年第 9 期）一文中指出，民主党派队伍具有来源分散、组织松散的客观特点，如果自身建设跟不上，其结果必然导致人心涣散、思想迷惘。一个成长中的农工党组织，在发展组织、健全机构的实体建设初具雏形后，就应逐步把自身建设的重点转移到内涵建设上来。作者认为，农工党员组织认同与责任认同的理念，可以简要概括为：农工党是我的组织、农工党员是我的标志、多党合作献我的才智、中共领导装我的心底、参政议政是我的天职、服务发展是我的主题。

李淑兰在《论强化民主党派参政党意识的内涵与路径》（《江西行政学院学报》2009 年第 1 期）一文中指出，民主党派参政党地位的确立，使民主党派的政治职能由以前的民主监督为主转向参政议政为主。民主党派要履行好参政议政职能，必须强化其参政党意识。结合新世纪新阶段的政治特点和历史使命，民主党派作为参政党应主要强化其政治意识、发展意识、责任意识和特色意识。为此，必须加强民主党派自身建设，提高参政党成员政治素质；传承民主党派优良传统，保持参政党的政治特色和进步性；同时还要在参政议政实践中强化参政意识，提高参政水平。

刘菊香在《以文化认同增进民主党派成员的国家认同》（《广西社会主义学院学报》2009 年第 5 期）一文中指出，统一战线要推进政治认同、国家认同和中华民族认同。文化认同是政治认同、国家认同、民族认同的重要基础，而且是最深层的基础。因此，运用文化的力量、以文化认同不断增进民主党派的“三个”认同是新世纪新阶段文化统战工作的重要组成部分，对实现政党关系和谐也具有重要的意义。要运用文化的力量增进民主党派的国家认同主要应在增进民主党派对爱国主义传统、国土意识、国家至上理念、国家象征符号及礼仪庆典等的认同上下工夫。

成鸿飞在《新阶段党外人士政治引导过程中存在的问题与对策分析》（《河北省社会主义学院学报》2009 年第 2 期）一文中认为，对党外人士的政治引导是我党统一战线的重要内容，新世纪新阶段，在构建社会主义和谐社会和应对各种风险与挑战，巩固和加强党的执政基础和执政能力，推进社会主义民主政治的过程中，同样离不开对党外人士的政治引导。为此，我们要深入分析政治引导中存在的问题，紧紧围绕思想共识、利益和组织引导这个核心，更好地做好这项政治工作。首先，要加强教育，扩大共识，巩固多党合作的思想基础。其次，要做好照顾党外人士利益的各项制度建设和已有制度的落实工作，为党外人士政治引导奠定政治基础。第三要做好新时期党外人士组织引导工作，为党外人士政治引导提供组织保证。

（三）组织建设

理论界对参政党组织建设的研究，本年度主要集中在基层组织建设、干部队伍建设等问题上，也有研究者对组织建设中的新情况、新问题进行分析，特别是在阶层分化、党际和谐背景下的组织建设问题，成为一个备受关注的理论问题。

关于基础组织建设。刘中建在《论科学发展观指导下的民主党派基层组织建设》（《福建省社会主义学院学报》2009 年第 4 期）一文中认为，加强基层组织建设是各民主党派更好地学习和落实科学发展观的需要，亦是各民主党派积极应对近年来组织建设中所出现的新情况、新问题的必然选择。科学发展观的提出为新时期民主党派基层组织建设指明了方向，各民主党派应主动以科学发展观为指导，积极应对困难，调动各项积极因素，将基层组织建设的各项工作全面推向前进。为此，要在基层建设中保持特色，统筹协调，注重基层组织可持续发展；要切实加强基层组织的领导班子建设；要在基层组织成员中加强政党意识教育；要加强工作机制和规章制度的建设；要扩大活动经费来源并加强经费管理。

苏州市委统战部、苏州大学苏州基层党建研究所联合课题组在《加强民主党派基层组织建设研究》（《江苏省社会主义学院学报》2009 年第 2 期）一文中认为，在执政党不断加强自身建设的同时，参政党建设的重要性也日益凸显。参政党建设的基础工程是基层组织建设。必须从民主党派基层组织建设的实际出发，切实加强基层组织建设，巩固民主党派自身发展和履行参政党职能的组织基础。在总结改革开放三十年民主党派基层组织建设经验教训、分析新世纪新阶段基层组织建设面临的新情况新问题的基础上，该文对当前加强基层组织建设提出了具体的对策性建议：树立科学的参政党基层组织建设观，巩固民主党派参政的组织基础；建设学习型参政党，提升民主党派基层组织建设的含金量；发挥统一战线和人民政协的制度优势，增强民主党派基层组织的影响力；执政党的各级组织要为民主党派基层组织建设进一步提供支持和帮助；创新民主党派基层组织的活动方式，提升组织活力；进一步加强基层组织制度建设，促进参政党党建工作制度化、规范化；进一步研究优化发展民主党派成员的有关政策。

高瑛在《关于如何加强民主党派基层组织建设的思考》（《团结报》2009 年 5 月 9 日）一文中认为，支部是民主党派的最基层组织单位，也是党派成员融入党派活动的最直接平台，卓有成效的支部工作在整个民主党派自身建设中起着基础性的作用。要在新形势下做好基层支部工作，作者认为，要注意以下四个方面：必须始终把握一个总体方向，那就是建设适应时代发展要求的高素质的参政党；必须达到两个要求，即增强凝聚力，提升战斗力；必须强调奉献精神；必须提高两种素质，体现在党员个人，主要是较高的政治素质和较高的个人素质。

彭忠平，卢青豪在《浅谈当前民主党派基层组织建设存在的问题及对策》（《广西社会主义学院学报》2009 年第 1 期）一文中认为，民主党派基层组织建设作为民主党派组织系统的“细胞”，是民主党派组织建设的重要内容，是民主党派开展各项工作必不可少的重要基础。只有把基层组织建设好，才能增强民主党派的凝聚力，发挥好整体功能。努力探索民主党派基层组织建设的新方法和新途径，不断增强民主党派基层组织的凝聚力和创造力，是当前民主党派组织建设面临的一个重要课题。作者认为，当前民主党派基层组织建设存在的问题有：民主党派基层组织领导班子作用发挥不充分；部分民主党派基层组织老龄化现象严重；民主党派基层组织活动乏善可陈；民主党派基层组织制度建设几乎处于空白。作者指出，为了加强民主党派基层组织建设，要加强以政治交接教育实践活动为主题的学习活动；要建立一支“能做”、“愿做”、“会做”的热爱党派工作的领导班子；要探索新机制，妥善解决基层组织老龄化问题；要创新形式，充实内容，增强基层组织生活的吸引力；要建立切实可行的规章制度，逐步使基层组织工作规范化和制度化。

徐映奇《广州市民主党派基层组织建设中的问题和对策》（《广州社会主义学院学报》2009 年第 1 期）一文，以广州市民主党派基层组织为调研对象，分析了民主党派基层组织建设的问题，并提出了相应的解决方案。作者认为，广州市民主党派基层组织建设中存在的问题有：领导班子的核心力量不强，示范本领不硬；思想建设中理论研究不深，政党意识不强；组织发展上结构趋同不显，近亲繁殖不少；组织生活中参与劲头不足，活动质量不高；组织功能的作用体现不大，职能发挥不全。为此，基层组织建设必须做到：增强领导班子的团结力；注重思想建设的持久性；把握组织发展的质量度；促进组织生活的制度化；探索参政议政的新路子。

关于干部队伍建设。蔡建和在《构建党外干部能力培养体系 提高培训实效的实践与探索》（《湖南社院学报》2009 年第 6 期）一文中，从社会主义学院工作的角度，分析了包括民主党派在内的党外干部培训问题。作者认为，要正确处理社院党外干部教育培训的统战性与培训对象需求的广泛性关系，正确认识社院党外干部教育培训显性资源的短缺性与隐性资源的丰富性，正确理解社院党外干部教育培训对象数量的有限性与结构分布的复杂性，正确认识党外干部专业素养相对较高与实践能力相对较弱的现状，切实树立能力培训理念。为此，社院要准确分析培训需求，明确课程设计"最特色、最前沿、最需要、最管用"的"四最"原则，科学设置课程体系，创新运用现代教学方法，以品牌打造推动能力培养体系建设。

李劲夫在《重视党外干部正职配备　全面推进多党合作》（《中央社会主义学院学报》2009 年第 3 期）一文中认为，安排党外人士担任正职是中国共产党的一项制度传统。党外干部担任正职，是我国多党合作制度走向成熟的重要标志，对于坚持和完善中国共产党领导的多党合作和政治协商制度具有重要的影响。在新的历史条件下，应继续解放思想，切实做好党外干部担任正职的工作安排，全面推进多党合作。为此，要加大党外干部培养力度，引导党外干部自我提高，拓宽党外正职任职范围，保证党外正职有职有权。

陈强努在《浅议参政党领导班子建设》（《上海市社会主义学院学报》2009 年第 1 期）一文中指出，参政党领导班子建设是参政党自身建设的关键，探讨加强参政党领导班子建设的思路，提出切实有效的措施，明确参政党领导各自的职责，对于参政党更好地履行职能，进而推进多党合作制度的进一步发展，具有重要的现实意义。作者认为，加强领导班子建设的思路主要在于：领导班子要加强学习，提高思想理论水平；领导班子要贯彻民主集中制原则；领导班子要密切联系基层组织和广大成员；领导班子要团结和睦；领导班子成员要接受监督；领导班子要着力培养后备干部。作者指出，参政党领导班子建设中特别要处理好主委、专职副主委和秘书长三者的关系（同时也要考虑发挥兼职副主委的作用），这对于领导班子的团结乃至整个委员会工作效率具有至关重要的意义。换届后，主委、专职副主委、秘书长之间要尽快磨合、达成默契，在工作上彼此支持、相互配合，才能使领导班子表现出团结向上的精神面貌，带动整个委员会的自身建设和履行职责，不断提高工作效率。

刘蓉宝在《论构建适应新一代民主党派干部成长规律的培养选拔机制》（《中央社会主义学院学报》2009 年第 1 期）一文中认为，探索新一代民主党派干部成长规律，构建与新一代民主党派干部成长规律相适应的培养选拔机制，建设一支能担当重任，同共产党肝胆相照、真诚合作的新一代民主党派干部队伍，意义重大。为此，要在创新、规范、优化、落实等方面下工夫，首先，要解决制约新一代民主党派干部成长的问题，着力探索创新，包括理论创新、制度创新、机制创新等方面。其次，要规范工作程序，制定切实可行的新一代民主党派后备干部队伍建设规划，制定操作规程，建立刚性的评价体系。第三，要优化人才队伍。第四，要保证政策落实。

陆彦昭在《关于实行民主党派领导职务任期制的思考》（《江苏省社会主义学院学报》2009 年第 3 期）一文中认为，建立并实行民主党派领导职务任期制，是在推进民主党派组织内部干部制度改革方面所作的又一重要探索，是在年龄界限之外建立健全民主党派中央和地方组织领导班子成员正常退出机制的又一新的范式，对于加强参政党自身建设，实现多党合作事业可持续健康发展具有十分现实的意义。新中国成立以来，民主党派组织内部的干部制度主要经历了从实际存在的领导职务终身制到废除领导职务终身制、再到逐步推行任期制的过程。由于政策性强、涉及面广、操作难度大，实行民主党派领导职务任期制必须坚持循序渐进原则，以科学严谨的态度，尽快制定专门文件，妥善解决出路问题，着力强化工作考核，切实加强队伍建设。

关于新时期、新情况下的民主党派的组织建设。严隽琪在《为建设适应时代要求的高素质参政党提供坚实的组织保障》（《民主》2009 年第 8 期）一文中指出，新时期对建设高素质参政党提出了新要求，我们必须顺应时代发展的潮流，准确把握我国发展的阶段性特征，清醒认识变化着的国内外形势，深刻分析和认真解决组织工作中的难点问题，以更加扎实的工作，推动组织建设不断有新进步。为此，一要学习贯彻科学发展观，切实加强各级领导班子建设；二是要从人才兴会、人才强会的战略高度，抓好组织发展工作；三要完善后备干部队伍建设的推荐、选拔、培养、管理机制，促进工作的制度化、规范化、程序化；四要创新基层组织工作和活动方式，增强组织的活力和凝聚力；五要主动适应新形势，进一步提高机关工作的质量和水平；六要努力建设一支政治强、业务精、作风正、形象好的高素质组工干部队伍。

张瑞琨、吉秀华、程芳在《参政党组织发展趋势探析》（《天津市社会主义学院学报》2009 年第 4 期）一文中认为，展望未来，参政党的组织发展将会出现六个方面的趋势：组织发展的社会基础将更加广泛，海外特色会更加突出；新的社会阶层在参政党成员中所占比重增加；结构性趋同不可避免，但各党派开始注重特色、发挥优势；组织发展的重点将放在充实骨干和新生力量上，注重质量，发展速度会放缓；后备干部的选拔、培养、使用将进一步制度化；基层组织发展不断扩大和延伸。

喻建《在党际和谐背景下对我国参政党组织建设的思考》（《产业与科技论坛》2009 年第 10 期）一文认为，当代中国参政党在组织建设过程中呈现出组织发展构成复杂化、组织功能强化、组织成员价值观多元化的特征，同时在领导班子建设、基层组织建设、后备干部建设等方面问题也很突出。为了维护党际和谐，共建和谐的政治局面，履行自身的政治使命，参政党必须整合领导集体，加强基层组织建设，强化后备干部的培养。

（四）内部监督机制建设

当前，各民主党派高度重视党内监督工作，均已在其中央全会上审议通过了各自的内部监督条例，并且设立了中央监督委员会，这标志着民主党派党内监督的开展正走向制度化、规范化、程序化的轨道。民主党派党内监督理论研究是开展党内监督工作和制度建设的出发点，因此，加强民主党派内部监督问题的理论研究成为实践对理论的强有力的呼唤。回应这种呼唤，理论界对民主党派的内部监督机制问题进行了有益的探索，对民主党派党内监督的意义、实质、依据、路径与机制等问题进行了思考。

关于内部监督机制建设的意义。刘军在《论新时期构建民主党派党内监督机制的重大意义》（《天津市社会主义学院学报》2009 年第 3 期）一文中认为，在新时期，构建民主党派党内监督机制是承继中国共产党与各民主党派党内监督优良传统的需要，是推进中国民主政治进程与营造和谐党际关系的需要，是坚持、落实和完善中国特色政党制度与提高民主党派参政议政能力的需要。民主党派党内监督机制的构建是民主党派自身建设发展的关键环节，是中国历史与现实国情发展的必然要求。

蔡永飞在《民主党派加强党内监督意义深远》（《团结报》2009年7月14日）一文中认为，改革开放30年来，民主党派总人数已经达到近80万，越来越多的民主党派人士得到了实职安排和政治安排，民主党派在国家政治生活中发挥着越来越重要的作用。正是民主党派的这种政治地位和重要作用，使得民主党派自身内部也需要建立权力监督和制约机制，使其得以规范有序地运行。可以说，各民主党派党内监督条例的制定和实施，表明了其政治地位的实质性的提高。

廖秀健在《论民主党派内部监督机制的完善》（《行政与法》2009年第9期）一文中认为，近年来，我国一些腐败现象的滋生蔓延也侵害了参政党的机体，民主党派成员中的领导干部以权谋私、贪污受贿、腐化堕落等案件时有发生，在推荐代表人士、任职安排、协商选举中也有个别买官卖官和违反民主集中制、非组织活动等现象存在。如果我们掉以轻心，任其泛滥，会严重伤害我国多党合作事业，影响民主党派形象，影响参政党自身建设。因此，必须完善民主党派内部监督机制。作者认为，完善民主党派内部监督机制有利于防止公共权力被滥用，有利于加强民主党派的自我管理，有利于克服民主党派缺乏单位管理的监控机制的弱点，有利于创造民主党派良好的发展环境。

卿孝勇在《参政党内部监督问题研究》（《广西社会主义学院学报》2009年第4期）一文中认为，新形势下，参政党实施内部监督是适应权力制约的需要，是增强参政党内部凝聚力、提高组织化程度的重要举措，是应对政党现代化课题所采取的重要措施，有助于执政党与参政党共同价值观的融合。

关于内部监督机制建设的原则。王家柱在《把握民主党派内部监督的基本原则》（《团结报》2009年10月13日）一文中指出，民主党派内部监督是适应新时期参政党发展的客观要求适时提出的，是各民主党派各级组织和成员之间依照章程和监督条例进行相互监察、相互督促的一种预防性措施。搞好民主党派内部监督，就要形成共识，积极探索，做到有组织、有领导、有计划地稳步推进，特别要注意把握好以下原则：坚持正确的政治方向；坚持以章程为准绳；坚持民主集中制原则；坚持体现进步性与广泛性相统一；坚持组织监督与成员广泛参与相结合；坚持教育、制度与监督并举重在预防。

苏文金在《完善民主党派自身监督机制的思考》（《前进论坛》2009年11期）一文中强调了民主集中制的原则，认为民主集中制是各民主党派一贯强调必须坚持的组织原则，是民主党派实行有效监督的前提。要使民主集中制真正得到有效实行，根本的问题是党派内部政治民主的充分发展和民主制度的不断完善。我们要充分认识坚持民主集中制、发展民主党派内部民主的极端重要性，切实保障各级党派组织及其成员的民主监督权利，在民主党派内部形成积极倡导监督、大胆实施监督、支持保护监督的浓厚氛围。此外，作者还认为，民主党派建立监督机制必须注意突出自身特色，强化监督意识，建立健全各项规章制度。

彭镇秋、祝志新在《关于民主党派内部监督制度建设的思考》（《上海市社会主义学院学报》2009 年第 5 期）一文中认为，民主党派组织研究与制定开展内部监督工作的有关制度，是民主党派加强自身建设的一项重大突破，是提升整体素质的一项重要举措。民主党派开展内部监督工作，要学习执政党的成功经验：靠制度监督、按制度办事、用制度管人；民主党派内部监督的制度建设，要遵循系统性、针对性和时效性的原则，要注重提高制度执行的效果、效率和效益；民主党派内部监督的制度建设，要突出重点，抓住关键，当前要抓紧建立健全有关领导班子作风建设的配套制度。

任瑞在《关于建立健全民主党派内部监督机制的思考》（《山西社会主义学院学报》2009 年第 2 期）一文中认为，建立健全民主党派内部监督机制是各民主党派加强自身建设的一项全新尝试，是探索建立中国民主党派各级领导班子建设长效机制的客观需要。民主党派建立健全内部监督机制要以先进的政治理论为指导，要明确监督的形式和内容，要把拒腐防变放在内部监督的首位，要发扬内部民主、贯彻民主集中制。

王文伟在《参政党内部监督的领导体制与运行机制探讨》（《四川省社会主义学院学报》2009 年第 4 期）一文中认为，参政党内部监督的领导体制应贯彻“与同级地方委员会分离”和“实施分权制和集体合议制”的原则，设置常任机构，配置专业人员，建立起配置科学、程序严密、制约有效的运行机制。当前要重点抓好以下几项基础建设：一是建立健全完善的政务制度，确保监督渠道顺畅；二要培养树立务实的政务作风，确保监督环境和谐；三要倡导行使多样的政务权利，确保监督对象互信。在此基础上，尽快建立权力关联问责制，并尽快出台参政党《内部监督条例实施细则》。

关于民主党派内部监督机制建设的途径。周谦在《浅议民主党派的监督机制和内部监察体系》（《广州社会主义学院学报》2009 年第 3 期）一文中，以一个民主党派专职干部的身份，对民主党派内部监督机制建设提出的背景、意义、构成、作用、条件和局限性，以及开展工作将面临的问题和对策，进行了思考。作者认为，就目前来讲，民主党派内部的监察体系应把工作的重点放在对党内掌握公共资源的领导干部和机关的权力进行监督上。从中期的任务讲，应该配合参政党工作“制度化、程序化、规范化”建设进程，逐渐介入审查和纠正过去一切不符合中共中央 5 号文件精神的做法和规定；从将来的发展讲，应该与参政党内部民主制度的建设有机结合起来，探索一种既有很强原则性，又刚柔兼济的内部监督机制，走出一条与自身地位和性质相当的，有别于执政党和行政机构的现代中国参政党治理之路。作者指出，民主党派要搞好内部监督机制建设，还必须明确建立这种监察体系的指向，必须明确监察体系对谁负责的问题，必须明确监察体系对谁监察的问题，必须明确监察范围和标准的问题，必须明确监察机构的性质与地位，必须明确监察机构怎么设置和配备什么工作条件，必须明确监察机构和人员及其工作必须受到制度和各级成员大会、代表大会的约束与监督，必须尽快制订监察机构所依照执行的成套制度和规定。

民建吉林省委员会课题组《执政党内部监督成功经验对参政党的借鉴与启示》（《吉林省社会主义学院学报》2009 年第 3 期）一文，结合民建自身的性质与特点，就如何借鉴中共内部监督的成功经验，建立完善参政党内部监督机制，进行了探讨和研究。作者认为，参政党内部监督，就是对参政党内所有成员、各级组织，依照参政党章程和其他重要规范所进行的监察、监督的活动。这是参政党发扬民主、严肃纪律、维护团结、确保组织纯洁，更好地发挥自身职能的必要措施。参政党的性质决定了内部监督必须有效结合自身特点，合理地吸收执政党内部监督的理论精髓，通过工作监督、组织监督、政治监督等方式来实现监督目的，达到监督实效。首先，要规范权力运作制度，完善民主决策机制、规范权力运行机制、制定权力行为规范。其次，要健全内部监督机制，尽快制定内部监督条例（试行)》实施细则，包括对权力的制约制度、汇报制度、组织生活制度、督察制度等等。借鉴中共党风廉政建设巡视制度，还可尝试建立落实监督制度的考核巡视制度。第三，要完善民主监督机制。第四，营造有利于内部监督的政策环境和舆论氛围。

王善平，姚靠华，江子福在《多重述告制：民主党派涉职公权力成员内部监督刍议》（《广西社会主义学院学报》2009 年第 5 期）一文中把对民主党派涉职公权力成员实行多重述告制作为内部监督机制建设的重要内容，并对民主党派内部监督实行重述告制的基本框架、基本原理、基本原则进行了探讨。作者认为，多重述告制是指述告人向多个相关对象或上级组织述职和报告的制度。根据民主党派涉职公权力成员组织关系的不同，不同职级的成员除了要向所供职的公权力机构进行述告以外，还要分别向其所在的民主党派支部以及其上的多个层级的民主党派组织进行述告。兼任多种职位的，则只按所任最高职级的述告程序实行，述告内容则包括所任的一切职位。多重述告制的基本要素除了述告主体和述告对象外，还包括述告期限、述告频率、述告场合、述告形式和述告内容等方面。

学术著作评介和论文观点摘要

一、学术著作评介

《中国特色参政党理论概论》（陈述涛主编，黑龙江人民出版社 2009 年版）

由农工党中央副主席陈述涛主编的《中国特色参政党理论概论》一书，以中国特色社会主义理论体系为指导，以坚持中国共产党领导的多党合作与政治协商制度为主线，在认真研究、归纳吸收改革开放以来多党合作和参政党理论研究的理论观点、政策思想和实践创新成果的基础上，对如何构建参政党理论体系进行了积极探索，并在吸收既有理论成果和实践经验的基础上做了一些新的理论概括，丰富和完善中国特色社会主义政党制度理论体系。全书分为三部分：绪论、正文和附录。正文分别从政党和政党制度、中国特色参政党的理论渊源和中国特色多党合作制度的确立发展、中国特色政党制度基本内涵、参政党的形成与发展、参政党建设、参政党与和谐政党关系、参政党与坚持中国特色社会主义政治发展道路、参政党的可持续发展等方面进行了阐述。

该书有几个鲜明特点，首先，这是一部由民主党派编写的、全面阐述中国特色参政党理论的专著，不仅体现了我国参政党理论研究的新进展，也表明了我国参政党理论建设已经由自发走向自觉；其次，该书对构建参政党理论框架进行了有益的尝试，提出中国特色参政党理论是一门科学，具有理论的系统性。第三，该书立意较高，它不是就参政党论参政党，而是站在中国特色政党制度的全局高度、从世界政党政治的宽广视野、从参政党的可持续发展的要求来研究中国的参政党；第四，实证性强，该书引用了大量鲜活、翔实的研究资料，准确的统计数字和鲜活生动的事例，既展示了我国参政党建设蓬勃发展的风貌，又使该书的研究真正立足于实践，对我们的参政党理论研究和参政党工作实践都有重要参考价值。

《当代中国参政党建设研究》（魏晓文，中共中央党校出版社 2009 年版）

中国特色政党制度中的参政党，是世界上独具特色的政党类型，也是我国政党制度独创性的一个重要体现。面对 21 世纪错综复杂的世情、国情和党情，“建设一个什么样的参政党、怎样建设参政党”，对参政党建设进行深入、系统的研究，建构和完善社会主义初级阶段参政党建设理论，成为参政党必须面对和解决的一个与时俱进的重大课题，也是巩固、发展中国共产党领导的多党合作制度的急切呼唤。《当代中国参政党建设研究》一书在这个问题上进行了有益的尝试与探索。该书系统研究了参政党建设的一般理论和自身建设的基本原理，构建起参政党建设的理论框架。在参政党建设的一般理论方面，该书重点分析了参政党的性质、特征、参政党的定位，阐述了参政党和执政党之间的关系及其关系的构建原则、双方的合作机制及合作的主要特点；以巩固执政基础为着眼点，阐明了参政党建设与执政党建设相互促进的内在关系，分析了参政党建设的必要性、重要性、特殊性，阐述了加强参政党建设是提高中国共产党执政能力的重大课题。在参政党自身建设的基本原理方面，该书论述了参政党建设目标体系、重要原则和基本要求；在系统总结参政党建设经验的基础上，阐述了参政党建设的途径与方法，论及了思想、组织、制度等参政党建设的基本内容，将实践和理论上都极具时代性的能力建设引入其中，并对参政党建设的薄弱环节——理论建设进行了尝试性的探索和研究，提出理论建设是前提，思想建设是核心，组织建设是基础，制度建设是保障，参政能力建设贯穿于上述建设的全过程，形成了一个参政党建设理论体系的有机整体。

该书有如下特点：首先是研究的综合性。该书紧紧围绕新世纪新阶段“建设一个什么样的参政党和怎样建设参政党”这条主线，从多学科、多视角、多层面、多维度，运用宏观与微观相结合、普遍与特殊相结合、理论与实践相结合等多种方法开展研究，注重把握好坚持我国政党制度的总格局与加强参政党建设的关系，把握好执政党与参政党同一性与差异性的关系，把握好一般政党理论与我国政党制度及参政党特殊性的关系，把握好参政党建设理论研究与参政党建设实践的关系，分析了存在的问题，有针对性地提出对策和思考，对参政党的发展趋势及未来走向进行了富有前瞻性的探索，对参政党政治、经济、文化、社会“四位一体”的综合功能的开发与优化进行了深层次的挖掘与展望。

其次是理论联系实际，史论结合，资料翔实。该书不仅体现了中共十七大、《中国的政党制度》白皮书、2007 年底各民主党派新一届全国代表大会、《全国统一战线理论研究成果蓝皮书》以及 2009 年 3 月召开的“两会”的最新精神，遵循了 1989 年《中共中央关于坚持和完善中国共产党领导的多党合作和政治协商制度的意见》和 2005 年《中共中央关于进一步加强中国共产党领导的多党合作和政治协商制度建设的意见》的要旨，还发挥课题组优势，在研究中特别注意追溯历史根源，把握历史规律，总结历史经验，挖掘了建国后到改革开放前中国共产党不同历史时期的相关资料文献，整理吸纳了各民主党派纲领、宣言、党章、决议及其领导人著述中的思想观点，将理论界的最新研究成果融入课题研究中，增强专著的思想性、科学性和学术性。

《改革开放时代参政党建设研究》（董石桂，知识产权出版社 2009 年版）

如何在繁荣中维系稳定，如何实现有序的社会变迁与可持续的发展是当代中国政治发展与国家治理需要直面的重大问题。在社会转型的历史进程中，随着社会结构性分化的进程骤然加速，社会力量的多元化趋势日益彰显，通过有效的政治吸纳机制，在体制外的精英与现行的政治体系之间建立有效的制度化联系机制，是确保转型社会政治稳定的基本前提。在这个问题上，中国的政党制度正在承担社会整合与政治一体化的重要历史使命，而参政党作为有效精英吸纳和有序政治参与的重要政治空间和组织载体，也发挥着不可替代的重要作用。对这个重大理论问题和中国独特政治现象的探讨，正是《改革开放时代参政党建设研究》一书的逻辑起点。在此逻辑起点上，作者以改革开放时代中国社会的多元化为基本背景，以民主党派的政治功能变迁为基本线索，在历史和比较分析的视野中，该书回答了改革开放时代的中国为什么要加强参政党建设以及如何加强参政党建设这两个兼具重大理论意义与实践价值的问题。该书在试图梳理“参政党”概念的历史演变的基础上，对参政党的性质、地位、功能、作用以及参政党建设与执政党建设的关系，在理论层面进行了解读，分析了参政党的存在对中国这样一个超大规模社会平稳转型的特殊意义。

该书的主要观点是，中国社会实现相对平稳转型的一条重要经验，就是在急剧的社会变迁过程中，没有培育体制性的反对力量，而是借助民主党派，不断建立起各种新兴的社会力量与政治体制的制度化联系机制。作者认为，中国的参政党和共产党领导的多党合作与政治协商制度是中国社会一种特殊的政治稳定机制。

该书的主要特点是运用了政治学的学科视野、问题意识与分析框架，在参阅大量相关文献资料，了解中外学者的研究成果的基础上，深入考察了中国社会转型与参政党建设的互动关系，对转型期中国参政党建设的四个方面——思想作风建设、组织建设、制度建设和能力建设进行了全方位的分析与研究。

二、论文观点摘要

《我国民主党派光辉的发展历程》（杜青林，《人民日报》2009 年 9 月 16 日）

我国民主党派在反帝爱国、争取民主和反对独裁专制的斗争中先后建立、曲折前进，在建设富强民主文明和谐的社会主义新中国的实践中不断发展、发挥作用，走过了不平凡的历程。这是一个高扬爱国主义旗帜、不断追求民主进步的历程，是一个同中国共产党风雨同舟、团结合作的历程，是一个与中国革命、建设和改革事业共进步、同胜利的历程。在血与火的斗争洗礼和比较选择中，民主党派在政治上实现了从同情和倾向中国共产党到公开表示自觉接受中国共产党领导、走新民主主义道路的根本转变。这一根本转变，充分体现了民主党派始终具有的进步性，为中国共产党领导的多党合作和政治协商制度的形成奠定了重要基础。1949 年新政协的召开，标志着这一新型政党制度的正式确立，为各民主党派同中国共产党在更大范围和更深程度上的团结合作提供了制度保障。随着社会主义改造的基本完成，作为民主党派社会基础的民族资产阶级和城市小资产阶级逐步转化为社会主义劳动者的一部分，民主党派的性质也发生了根本变化，由阶级联盟转变为政治联盟。这一根本变化使民主党派在新的历史条件下获得新的生机和活力，为进一步确立社会主义条件下的多党合作格局提供了重要前提条件。中共十一届三中全会把党和国家工作中心转移到经济建设上来，吹响了改革开放的时代号角，开辟了中国特色社会主义道路。这使多党合作进入新的历史阶段，也为民主党派发展指明了方向。民主党派要坚定不移地走中国特色社会主义道路的庄重承诺，推动了多党合作事业的发展。实践充分表明，我国民主党派具有心系国家民族前途命运的爱国情怀，不愧为实现国家富强、祖国统一和民族振兴的重要力量；具有与中国共产党风雨同舟、患难与共的坚定信念，不愧为和衷共济、通力合作的亲密友党；具有自我教育和团结民主的优良传统，不愧为进步性与广泛性相统一、致力于中国特色社会主义事业的参政党。

民主党派在发展历程中，始终秉持进步理念、认真履行职能、保持自身特色，形成了许多优良传统，给人以深刻的启示。首先，致力于国家富强、民族振兴和人民幸福，是民主党派不断发展的价值追求。民主党派只有始终高扬爱国主义旗帜，积极践行致力于国家富强、民族振兴和人民幸福的价值追求，才能更加有所作为、有所进步。其次，自觉接受中国共产党领导，是民主党派不断发展的根本保证。新世纪新阶段，各民主党派要坚持自觉接受中国共产党领导的政治立场不变、与中国共产党亲密合作和同心同德的政治态度不变，始终做到肝胆相照、荣辱与共。再次，推进社会主义民主政治建设，是民主党派不断发展的重要基础。新世纪新阶段，各民主党派要始终坚持走中国特色社会主义政治发展道路，自觉抵御西方议会制、多党制影响，进一步把多党合作制度坚持好、完善好、发展好，使我国社会主义政治制度的特点和优势得到更充分体现。最后，坚持进步性与广泛性的统一，是民主党派不断发展的内在要求。民主党派要紧跟时代步伐、适应形势发展，必须不断增强进步性、保持广泛性，始终沿着正确的方向健康发展。

《科学发展观与参政党建设》（周铁农，《团结》2009 年第 5 期）

以中国共产党三代领导集体对中国现代化建设道路的探索和在此过程中积累的丰富经验为基础，同时借鉴国外发展经验，适应新的发展要求，以胡锦涛为总书记的中共中央提出“坚持以人为本，全面、协调、可持续发展”为主要内容的科学发展观，实现了中国共产党在社会主义现代化建设指导思想上的与时俱进。中国共产党十六届四中全会把树立和落实科学发展观同中国共产党在发展社会主义市场经济条件下如何提高执政能力联系起来，这就为更好地解决改革发展关键时期遇到的各种问题，确保社会主义市场经济体制改革的成功，确保我国经济社会协调发展，提供了指导思想和领导力量的坚强保证。

深入学习贯彻科学发展观，是民革作为参政党坚持中国共产党领导，坚持中国特色社会主义政治发展道路，高举中国特色社会主义伟大旗帜，履行参政党职能、发挥参政党作用的需要，是民革各级组织和全体党员干部的首要政治任务。对此，我们可以从以下三个方面来理解。第一，深入学习科学发展观是参政党坚持中国共产党领导、巩固多党合作的政治基础的需要。第二，深入学习贯彻科学发展观是民革不断提高参政议政能力，服务科学发展的需要。第三，深入学习科学发展观是加强参政党建设、实现自身科学发展的需要。民主党派的各方面建设最终都应该体现到提高参政党的参政能力上来。科学发展观进一步丰富、深化了民主党派的参政理念，对加强参政党参政能力建设提出了新的要求。学习贯彻科学发展观对于我们深化参政理念、加深对参政议政机制、基础、资源的新认识，提高政治把握能力、参政议政能力、组织领导能力和合作共事能力，具有重大意义。

我们民革学习贯彻科学发展观，就是要在科学发展观的指导下，围绕服务科学发展、促进民革自身科学发展来进行。第一，要加强学习，凝聚共识，努力增强贯彻落实科学发展观的自觉性。第二，要以人为本，突出重点，积极服务科学发展。第三，探索规律，与时俱进，推进参政党自身科学发展。按照科学发展观的要求，推进自身科学发展，必须遵循参政党自身建设的规律性。科学发展就是遵循规律发展。这些规律主要是：参政党建设的总目标是努力提高参政党能力；要坚持参政党建设的基本原则；要紧紧依靠执政党的支持；要坚持参政党进步性与广泛性相统一的特点

《民主党派在社会主义民主政治建设中的地位和作用》（严隽琪，《中央社会主义学院学报》2009 年第 5 期）

充分调动和发挥人民的积极性、主动性和创造性，相对集中国家权力，维护人民的整体利益、根本利益和长远利益，维护国家政权的稳定。这两方面，成为中国特色社会主义民主政治建设的出发点和落脚点。无论是深化政治体制改革的路径、方向和目标，还是发展社会主义民主政治的六大举措，都凸显了加强和改善中国共产党的领导与保障和扩大人民民主权利这两条红线。因此，面对深刻变化的国内经济社会结构和国内外分裂势力的渗透和破坏，我们不搞多党竞选、“三权分立”和议会斗争，避免了争夺选民、利益分歧公开化、对立化，金钱政治和外部干预等问题，通过推进社会主义民主政治制度化、规范化和程序化，扩大人民群众有序的政治参与、推进协商民主和加强权力监督，来推进我国社会主义民主政治的建设，走出了一条符合中国国情、具有中国特色，既保障人民权利又集中人民力量，低成本、高效率、保稳定的社会主义民主新路。

我国多党合作制度是协商民主的重要源头，是国家政治体制的重要组成部分，是统一战线、人民政协和民主党派发挥作用的重要保障，因而是中国特色社会主义民主政治理论和实践的重要组成部分。民主党派作为协商民主的一方主体，其重要地位主要表现在以下几个方面：首先，民主党派是中国特色社会主义政党制度的实践者，民主党派的工作实践直接关系到我国多党合作制度的坚持与完善程度，关系到社会主义民主政治实现的层次和水平；其次，民主党派是国家政治体制运行的参与者，民主党派作为统一战线的重要成员和人民政协的重要界别，成为国家政治体制民主决策中的一个重要环节，其所建之言、所献之策，对人大决策和政府执行能否起到“前锋”和“后卫”作用至关重要，关系到国家发展、社会稳定和人民福祉。第三，民主党派是中国特色社会主义政治发展道路的维护者，各民主党派处于坚持走中国特色社会主义政治发展道路的前沿关口，坚持搞好政治交接、传承优良传统，就是要维护中国共产党的执政地位和多党合作政治格局的稳定。坚持中国特色社会主义的政治制度，需要形成全体人民的共识。民主党派的实践与宣传，增进了全社会对我国多党合作制度和参政党作用的了解和认同，有助于营造良好的政治氛围。

民主党派只有从中国特色社会主义民主政治的特色和特征出发，根据民主党派在协商民主中所处的地位，把握好方向和重点，选准着力点，才能发挥应有的作用。首先，要促进各民主党派与中国共产党之间的沟通，发展党际民主。其次，要促进执政党和政府与人民群众和利益群体之间的沟通，发展社会民主；再次，要促进民主党派中央、地方和基层组织与广大成员之间的沟通，发展党内民主。

我国实行的根本政治制度和基本政治制度，决定了民主党派在国家政治体制中的重要地位，凸显了民主党派在社会主义民主政治建设中的重要作用。转型期的中国，迫切需要民主党派进一步发挥进步性和广泛性的优势，真诚协助中国共产党，在促进经济社会又好又快发展的同时，把社会主义民主政治建设积极稳妥、有序有效地向前推进。

《论民主党派深入学习贯彻科学发展观》（张峰，《民主》2009 年第 7 期）

民主党派深入学习贯彻科学发展观，既要与中共保持高度一致，又要突出自身特色，既要围绕党和国家发展大局发挥参政党作用，又要着力解决自身存在的突出问题。具体地说，努力做到以下“三个着力”。

着力增强走中国特色社会主义道路的政治信念。理想信念的共同性和一致性，是我国多党合作事业的政治基础，也是民主党派履行职能、发挥作用的政治前提。民主党派深入学习贯彻科学发展观，要把增强广大成员走中国特色社会主义道路的政治信念作为主要着力点，切实取得成效。增强走中国特色社会主义道路的政治信念，首先必须弄清什么是中国特色社会主义道路，必须有清醒的辨别是非的政治把握能力，必须正确评价改革开放的伟大成就及其意义。

着力提高参政党履行职能和发挥作用的能力。民主党派履行职能和发挥作用，必须深刻领会科学发展观的科学内涵和精神实质，围绕中心，服务大局，突出重点，注重民生，统筹兼顾，务求实效。首先，把促进发展作为民主党派履行职能和发挥作用的第一要务；其次，把坚持以人为本、改善民生作为民主党派履行职能和发挥作用的重点；再次，把统筹兼顾作为民主党派履行职能和发挥作用的根本方法。

着力推动民主党派自身的科学发展。民主党派深入学习贯彻科学发展观，要贴近自身实际，突出自己特色，最终要落脚于推动民主党派自身科学发展上。这是实现执政党建设和参政党建设相互促进的必然要求。民主党派深入学习贯彻科学发展观，就要按照各自章程规定的参政党建设目标和原则，促进自身的科学发展。要坚持全面发展的原则，以思想建设为核心，以组织建设为基础，以制度建设为保障，着力解决思想建设的特色问题、组织建设的后劲问题、制度建设的配套问题，全面加强自身建设。要坚持协调发展的原则，使参政党建设与执政党建设相协调，民主监督与参政议政相协调，班子建设与队伍建设相协调，发挥作用的各个领域相协调，不断提高参政议政、民主监督能力。要坚持可持续发展的原则，认真分析研究影响和制约民主党派自身发展的突出问题，着眼于民主党派的长远发展，努力做到理论创新有进展，组织发展有潜力，建言献策有质量，民主监督有力度，使民主党派焕发出蓬勃生机和活力。

“四个提高”是民主党派学习科学发展观的落脚点（李金河，《团结报》2009 年 7 月 14 日）

民主党派各级组织和广大成员在学习和贯彻落实科学发展观活动中都提出了一个具有共性的问题：对于科学发展观的认识是清楚的，但对如何贯彻是不明白的。也就是说，民主党派学习科学发展观如何与实际工作相结合？贯彻和落实科学发展观与民主党派工作的结合点是什么？这的确是一个必须尽快作出明确回答的重大理论和实践问题。

学习落实科学发展观，关键是要在认识上有所突破、有所创新。由于各民主党派自身历史与政治地位的特殊性，由于当前其在中国特色社会主义建设中发挥作用及其方式的独特性，民主党派在深入学习和贯彻落实科学发展观的时候，必须注意找准切入点，必须把握、处理好一系列的关键理论环节。惟其如此，民主党派学习落实科学发展观的活动才不至走弯路、不深入，或者流于形式。民主党派怎样深入学习和把握科学发展观？关键就在于从主观上提高自身的政治把握能力、组织协调能力、参政议政能力和合作共事能力。深入学习和落实科学发展观，不仅要提高能力，还要积极运用这些能力，在民主党派自身工作中具体体现出来，在自己所联系的经济社会发展的各个方面形成人民群众满意、党和政府认同的各项工作绩效，为当代中国社会的科学发展做出独到的、突出的贡献。

“四个提高”是民主党派学习科学发展观的基本落脚点，是民主党派将科学发展与实际工作相结合的重要环节。要以提高政治把握能力为立党根本，以提高参政议政能力为基本要务，以提高组织协调能力为当务之急，以提高合作共事能力为基本前提。卓越的政治把握能力是参政党立党根本，各民主党派必须着力提高自身政治把握能力和政治免疫力，在理论上要始终坚持以邓小平理论和“三个代表”重要思想为指导，牢固树立和贯彻落实科学发展观，在思维中要学会科学判断形势，对当代中国的经济社会的发展，特别是对当代中国的政治发展及其本质要有敏锐的把握和正确的判断，既不能僵化保守，也不能自乱方寸。参政议政能力的强弱及其绩效的高下是衡量参政党能力建设优劣的主要标准，也是集中体现参政党社会形象和存在价值的衡量标尺。要充分发挥民主党派在深入贯彻落实科学发展观的作用，必须首先树立科学的参政理念，不断提高民主党派参政议政、建言献策的能力。提高组织协调能力，促进决策民主化和科学化，是民主党派贯彻落实科学发展观的当务之急。从组织行为学的角度看，民主党派首先要提高各级组织的能力，这是其能够对外部环境形成有效和良性影响的前提。其次，必须大力提高同相关政治主体交往的能力，努力提高与此相关的对外组织协调能力。民主党派同共产党合作共事是统一战线中最经常、最大量、最普遍的关系，因此，民主党派必须始终保持高度的政治责任感和使命感，以加强与中共的合作共事能力为出发点与落脚点，始终在政治发展问题上，在意识形态领域中坚持科学发展观的指导作用，不断创新理念与方法，推动合作共事事业的科学发展，推动中国特色社会主义事业的科学发展。

《科学发展观对民主党派发展的几点启示》（郁建栋，《重庆社会主义学院学报》2009年第1期）

在新的历史条件下，以胡锦涛同志为总书记的党中央提出的科学发展观，为民主党派的进一步发展提供了基本思路：一是必须全面正确地理解民主党派发展的内涵，防止各种片面性的错误思想和做法；二是必须扩大民主党派内部民主，加强党派内部监督；三是必须注重提高参政党的整体素质，发挥参政党的整体功能；四是必须致力于建设高素质的参政党。

在民主党派发展的内涵问题上，在民主党派内部，存在着一定的误区。主要表现为：在思想上对发展理解的单一性和片面性，在行动上片面追求数量、规模和速度。把民主党派的发展更多地理解为组织建设，又把组织建设更多地理解为组织成员的增加，以及基层组织范围的扩大。民主党派是一个参政党，是一个政治组织，参政议政是它的本质职能。因此，发展成员应当以是否符合党派章程为依归，以政治素质和参政议政能力为根本。民主党派组织是一个有机的整体。因此，民主党派的建设与发展应当涵盖思想、组织、制度、作风和运行机制建设等各个方面，民主党派要全面、协调、持续地良性发展，使参政议政工作跨上新的台阶，还必须扩大党派内部民主，明确党派内部分工，加强党派内部监督，构建科学合理的权力结构和运行机制。在决策方面，要加强集体领导和集体决策意识，强化常委会在决策中的地位和作用；要建立监督机构，制定监督条例，加强党派内部监督；要致力于党派内部组织结构的优化，实现制度和体制的创新与协调。

努力争取统战部、组织部和地方政府各部门对民主党派工作的进一步支持，为民主党派组织健康发展创造更为宽松有利的条件，是民主党派健康发展的必要条件。党和政府有关职能部门，一要建立科学合理的民主党派人才评价标准，给民主党派后备干部创造更多实践锻炼的机会，使多党合作和政治协商制度落到实处，真正产生实效；二要为民主党派创造更多知情知政的机会和渠道。民主党派各级地方组织内部也要建立政情通报制度，把党和政府的重大政策信息及时向党派成员传达，还应当主动邀请政府有关部门领导来给党派成员作专题政策讲座或形势报告会等，不能一味被动地等待党和政府向你通报情况。

一个高素质的政党，第一，必须有一个非常明确的指导思想或政治方向。第二，必须有一套如何实现这一政治理想的原则和计划。第三，必须有一个合理的组织架构、权力结构和运行机制。第四，必须有良好的党员民意基础，有高度的凝聚力和号召力。第五，必须有一个良好的外部政治环境。结合当今中国的政治现实，所谓高素质的参政党，它具有以下几个特性：第一，它是一个价值概念，即建设高素质的参政党，不仅符合民主党派自身的发展要求，而且符合我国社会主义民主政治的发展要求，符合中国共产党领导的多党合作和政治协商制度的发展要求，也是符合人类社会发展的客观规律的。第二，它是一个整体概念，即高素质的参政党，包括高素质的党派成员、坚定正确的政治理念、与执政党的良好合作关系、成熟规范的制度、合理的组织架构、机制上健全、坚强的领导核心、较强的组织凝聚力、充满生机活力、高水平的参政议政能力、广泛积极的社会影响力等各种要素。第三，它是一个动态概念，即高素质的参政党，对现实的民主党派来说，还是一种现实可能性，是一种指向未来的理想。它必须伴随着作为执政的中国共产党的发展而发展，与中国共产党领导的多党合作与政治协商制度的发展要求相适应。

《新时期以来民盟参政方略的历史考察》（章义和，《上海市社会主义学院学报》2009年第2期）

参政方略是参政理论的核心内容之一，是指中国各民主党派作为参政党参与国家治理和政府管理的原则、方针和各种发展战略。构成参政方略的要素主要包括参政理念（在尊重历史的前提下所确立的正确参政理念）、参政方式（在立足现实的过程中把握准确的参政方式）、自身建设（在放眼未来的基础上提高参政水平和参政能力）等等。参政党的参政是一个具有内在规律的政治过程，各要素相互作用，相互影响，有机统一，构成参政的完整过程。

民盟的根本参政方略是指在社会主义革命、建设和改革的不同历史阶段，民盟所要坚持的政治纲领和根本性的指导原则。它与中共的执政方略有着十分紧密的联系，同时也反映着民盟与中国各个发展阶段的政治逻辑和价值取向。从根本参政方略的演变来看，自新中国成立以来，民盟的发展呈现出三个阶段，1949年至1966年为第一阶段。在这一阶段，民盟接受中共的领导，遵循中国人民政治协商会议共同纲领，参加政治协商、民主监督，参与国家事务管理；推动盟员和民盟所联系的知识分子学习马克思列宁主义、毛泽东思想；参加各项民主改革，参加社会主义革命。在社会主义建设时期，中国民主同盟同中国共产党一道前进，一道经受考验。1978年至1988年为第二阶段。在这一阶段，中国民主同盟坚持以邓小平理论为指导，坚持社会主义初级阶段的基本路线和纲领，坚持中国共产党领导的多党合作和政治协商制度，坚持“长期共存、互相监督、肝胆相照、荣辱与共”的方针，实现以经济建设为中心的工作重心转移。1989年至今为第三阶段。这一阶段最重要的表现便是参政党地位的确定。民盟同其他民主党派一起，积极履行参政党职能，巩固和发展新时期的爱国统一战线，为推进中国特色社会主义经济建设、政治建设、文化建设和社会建设服务，为维护安定团结的政治局面服务，为实现祖国统一服务，为维护世界和平和促进共同发展服务。

民盟的具体参政方略是指民盟依据自己的政党，根据我国社会主义建设和改革不同发展阶段的时代特点和具体任务所规定的奋斗目标，以及为实现这一目标所制定的行动方案。新时期以来的民盟具体参政方略分为两个阶段：1978—1988年和1989年以来。从1978年末到1988年这十年的发展中我们可以看到，民盟的具体参政方略的变化有三个特点：一是紧贴当前形势，反应迅速；二是在反映自己党派特色和传统的领域，如知识分子、教育等方面，不惜重力，坚持不懈；三是重视自身发展，又面向社会，开拓新的参政领域。九十年代以来，民盟以对社会发展的关注、谋划和实践，形成了自身的参政特色和几个具有重大影响的“品牌”。这几个大的品牌：一是延续民盟历史上的传统，始终重视“三农”问题，一直把围绕“三农”问题的参政议政作为工作重点之一；二是自2003年起盟中央决定与社会各界专家合作举办“民盟中央灾害与社会管理专家论坛”，持续推进建立灾害与社会管理体制；三是教育扶贫、智力支边和“烛光行动”。

《民主党派的政党职能和政党功能分析》（杨爱珍，《中央社会主义学院学报》2009 年第 3 期）

在我国政党理论研究中，民主党派的政党职能和政党功能是两个既有联系又有区别的概念。在理论研究上，它们有着各自的研究范畴和对象；在实践中，它们更有不同的活动领域。从本质内涵的角度看，民主党派的政党职能受其本质所规定，是参政党应当具有的政治品质和政治技能的反映，也是政党权力的体现；民主党派的政党功能则是党派职能在实践中的状态和结果，它既包含着参政党所具有的独特的价值取向，也包含着政党内在的规律性的要求。

追寻民主党派的政党职能和政党功能提出的历史过程，可以感受到社会主义民主政治前进的步伐。从有关中央文件和有关权威的表述来看，民主党派的政党职能概念的形成可以分为三个阶段，目前，已经有了科学的定义和内涵。而对民主党派的政党功能的论述则比较分散，目前还处在讨论之中，尚没有完整的内涵规定。民主党派政党职能的定义和内涵形成的三个阶段是：以“政党作用”的概念表述民主党派的政治权利和政治责任阶段；以“职责”、“作用”、“职能”等概念表述民主党派的政治权利和政治责任阶段；以“参政议政、民主监督职能”规范表述民主党派的政治权利和政治责任阶段。对民主党派政党功能的研究启动较迟，目前，只是在学界比较活跃。细分起来有两个阶段：突破教条主义的框框，研究的目光开始转向政党功能领域阶段，始于改革开放后；真正对民主党派的政党功能开展学理研究，始于《中国的政党制度》白皮书发表以后。

在政治学视角中，政党职能和政党功能是两个既有联系、更有不同内涵的范畴。西方社会较多关注的是政党功能，而在我国多党合作制度发展过程中，人们对政党功能的关注度还不高，更多的是着眼于民主党派的政党职能展开研究。从本质上看，职能主要指的是人、事物或机构应有的作用，它主要突出的是事物或机构应该具有的品质与技能。民主党派政党职能与政党的性质属性有关，反映的是参政党的权利，体现的是参政党所必备的政治品质和政治能力。中国国体的内在要求和我国政党制度的特点规定，决定了民主党派的政党职能是参政议政、民主监督。同时，民主党派参政议政、民主监督的政党职能还与其参政党所处的历史方位、参政党价值有关。政党功能更多的是从政党的属性来考量的，它与政党职能有一定的联系，如政党功能是政党职能的外化，可以从政党职能活动的状态和结果来衡量。但是，政党功能与政党职能又有所区别。首先，政党功能所包含的内容规定性就与政党职能有所不同，它既蕴涵着一些规律性的东西，又有属于一定政治生态中生长出来的个性规定。其次，政党功能反映的是政党履行职责的方法、方式和途径，主要是指政党在一定状态下发挥或实现的功效。国内国际学术界关于政党功能的论述有很多，大都是对政党功能蕴涵的“共性”的概括。对民主党派而言，政党功能应该是“共性”与“个性”的结合。首先，民主党派负有反映和代表它们所联系的那部分群众的具体利益和要求的责任。无疑，民主党派必须具备利益表达的功能。其次，民主党派在表达自己所代表的那部分阶层和群体的意见和要求时，又不能只做“传送带”，因此，利益综合功能也是民主党派政党功能的基本内容。再次，民主党派是参政党，在致力于社会主义现代化建设的过程中，能够很好地协调关系、化解矛盾，促进社会的和谐发展。因此，民主党派又具有协调稳定的功能。总之，利益表达、利益综合、协调稳定是民主党派的基本功能。

我们要坚持好中国共产党领导的多党合作和政治协商制度，打破西方国家政党理论的话语霸权，就要从最能体现中国特色的民主党派的政党职能和政党功能中归纳总结其规律性的东西。研究民主党派的政党职能和政党功能，就是把“个性”与“一般”有机地统一起来，是提高其社会认同的重要途径，对提高其履行政党职能的能力，更好地开发其政党功能，都具有重要意义。

《浅议我国民主党派职能的定位与开发》（郑宪，《重庆社会主义学院学报》2009 年第 3 期）

转型社会定位和开发我国民主党派的职能，是加强我国多党合作制度建设的基础性问题。政党的职能是根据该党的权力、义务和责任不同所决定的、对政党任务和使命的特殊性规定。政党的功能是对该政党作用的基本价值指向和共性做出的规律性总结。政党的职能和功能的关系如同矛盾的普遍性与特殊性的关系一样，职能往往是与特定职责、职务相联系，有特殊指向，是由于担任或承担某国家某一政治组织职责应该具有的作用，因此比较微观。具体到政党来说，职能是每个政党根据该党的权力、义务和责任不同所决定的、对政党任务和使命的特殊性规定。政党的功能是对该政党作用的基本价值指向和共性做出的规律性总结，是由政党这类政治组织性质的内在要求决定的，往往是泛指的，因此比较宏观。所以，政党的功能的内涵比职能的内容宽泛。每个政党的职能可以寓于和包含在该政党或该类政党的功能中，但是不能以具有普遍性的政党功能代替每个政党独具特色的职能，也不能以某个党所具有的特殊职能而代替所有政党的普遍功能。

我国各民主党派由其所处的政党制度结构决定，是有中国特色的参政党，具备参政议政、协商监督的职能。这是民主党派在我国政党政治生活中应该起的作用。由于我国的各民主党派与西方参与执政或者参加政党联盟的政党不同，我国的民主党派是参加政权，参与国家政治生活运转，这种参加是全方位（不只局限于立法的协商，还参加行政和司法部门的运作），其参政地位长期稳定（参政地位有法律认可）。我国各民主党派是长期服务于、致力于社会主义现代化建设的参政党。它们履行政党职能不仅主观上为社会主义事业参政议政、民主监督，而且在客观上起到促进社会安定团结、协调社会关系、为社会主义现代化建设服务等作用。所以，参政党职能除了参政议政、民主监督以外，还有被认为是参政党一般职能的利益表达与协调、社会服务和自我教育。

将参政议政、民主监督规定为民主党派的主要职能，经历了从参、代、监、改到参政议政、民主监督职责，再到参政议政、民主监督职能的发展过程。民主党派民主监督的职能定位经历了由明确总原则到清楚认识其性质、内容、形式、方法的过程，反映了认识水平由初级到高级、由简单、局部到系统全面认识的过程。民主党派职能的内涵和意义是随着社会发展而不断扩大、充实和完善的。这个发展过程既体现了我国社会主义民主建设的客观要求，又反映了我国社会主义民主政治建设的发展和政党制度建设的完善，以及对参政党职能定位认识上的升华。

《民主党派参政议政能力的实证研究——基于浙江省台州市的考察》（陈文正，《广东省社会主义学院学报》2009 年第 3 期）

参政议政能力是民主党派对执政党和国家的大政方针提出自己的意见和建议的能力，这是检验民主党派参政水平的一个重要标志。对于民主党派参政议政能力的考量的一个重要方面是党派成员的参政议政能力，党派参政议政和党派成员参政议政应是一个问题的两个方面，而对于民主党派参政议政能力的考量，应该从能力组成结构和能力发挥过程两个方面着眼，即“硬”和“软”两方面的指标。具体而言，所谓“硬”的指标主要是从党派成员的政治安排（任职人数、比例）、提议案的数量与质量等方面来评价，而“软”的指标则更多的是从民主党派参政议政的总体表现，尤其是发挥参政党作用的宏观角度来评价，比如对执政党和政府决策的影响程度。

对浙江省台州市民主党派组织参政议政状况进行调查之后，可以发现，民主党派地方组织政治参与的渠道主要有：参加座谈会、协商会、通报会，参加地方人大与政协会议，提供信息专报，开展调查研究和社会服务等。从台州来看，最具地方特色与成效的主要是：第一，信息与社情民意反映。第二，课题与专题调研报告。第三，在人大、政协等参政议政结构中发挥作用。

这些调查与分析表明，在地方层面，尽管就目前的参政议政程度而言不可谓不高，参政议政的渠道不可谓不多，但是民主党派地方组织的参政议政从性质上说只是一种咨询性政治参与，即所谓的“建言献策”。这种“建言献策”的参政议政属于一种比较泛化和浅层的政治参与，因此，这就不难理解，在现阶段民主党派地方组织参政议政能力为何不易得到地方社会的认同。概而言之，民主党派地方组织的参政议政能力存在“结构性弱势”：（1）从民主党派的参政议政看，呈现参政弱、议政强的态势；（2）从民主党派的议政结构看，显示人大结构弱、政协结构强的格局。这种“结构性弱势”是由民主党派地方组织结构所决定的。因此，为了增强民主党派参政议政能力，就必须加强党派地方组织结构体系建设：

第一，强化精英吸纳，发挥优势资源与核心能力。作为参政党，民主党派要积累自身的资源优势，塑造自己的核心能力。一个没有优势和特点的参政党是无法发挥参政议政职能的参政党，也是生存和发展空间越来越窄的参政党。

第二，加强调查研究，进行独立政策研究。“独立政策研究”是民主党派参政议政的新的介入点。事实上，民主党派具有人才荟萃、智力密集的优势，应该摒弃过去那种唯政府马首是瞻的“追随式”参政议政取向，形成具有独立的研究内容与方式，努力关注社会发展的均衡性与协调性、努力关心政策制定的合理性与科学性、努力关切政府管理行为的公正性与合法性、努力关怀社会少数和弱者群体的切身利益，并将这些研究成果在各种政治舞台上参政议政。

第三，构建动员机制，扩展政党组织民主化。对于民主党派而言，组织动员功能主要体现在最大限度的调动本党派的成员积极进行政治参与，为国家的建设和发展提出意见和建议；组织党派成员参加党派活动，提高民主党派的凝聚力和向心力。民主党派的组织动员能力还决定了其作为一个政党的整体参政议政能力。

《借鉴西方国家党际监督的有益经验　推进我国民主党派的民主监督工作》（李建中，《上海市社会主义学院学报》2009 年第 5 期）

长期以来，民主党派的参政议政职能发挥得较好，而民主监督职能明显弱化。造成这种局面的原因当然是多方面的，因而改进的方法措施也很多。但如果能从西方国家党际监督中吸纳有益的成分，或许能为推进我国民主党派的民主监督工作提供新的路径。

在西方国家，政党间的相互监督是通过竞争性的政党制度及选举制度来实现的。由于只有在大选中获胜的政党或政党联盟才能合法地执掌国家政权，因此各政党为保证自己能在选举中获胜而互相竞争，彼此监督。竞争性的政党制度和选举制度为西方国家政党间的相互监督提供了不竭的强大动力，竞争性是西方国家党际监督最显著的特征。同时，在西方国家，政党间的相互监督是严格遵循相关的法律制度的。一般而言，西方国家的党际监督（更确切地说是在野党对执政党及政府的监督）主要有两种形式：一是通过出版宣传品、公众传媒、社团活动等手段揭露批评竞争对手的丑闻与过失；二是在议会内利用质询、表决、不信任投票、弹劾动议等形式给执政党或执政党联盟出难题，对其造成执政压力，构成了权利监督与权力监督的有机结合。此外，西方国家的党际监督工作有专门的组织机构来承担。在野党一方面通过本党议会党团对执政党及其政府提出的议案、人事任免案等实施监督制约，另一方面透过有本党成员参加或控制的议会专门委员会对执政党所提议案进行评判，提出不同意见。

在当今中国的政党制度中，中国共产党是法定的执政党，民主党派是参政党，它们之间是既团结合作又互相监督的新型政党关系，而非西方国家执政党与在野党之间的对立、对抗关系。这种党际关系的不同直接决定了中国共产党与各民主党派的党际监督有着与西方竞争型政党制度下党际监督所不同的显著特征。首先，当今中国的党际监督主要是指各民主党派对共产党的监督。其次，我国各民主党派对中国共产党的民主监督是善意的、建设性的，是同心同德的补台。再次，我国民主党派对共产党的监督是一种权利制约而非权力约束。

党的十一届三中全会以来，在中国共产党的政治领导和坚定支持下，各民主党派从中央到地方，从组织到成员，在民主监督方面做了大量工作，民主监督的功能和价值在政治、经济、文化、社会生活等各个领域中逐渐显现出来。但同时也应看到，与民主党派参政议政基本职能的履行程度相比，民主监督工作存在着明显的差距。其原因在于：第一，在我国合作型政党制度的结构中民主党派和共产党的力量对比严重失衡。第二，民主党派对共产党进行民主监督的内在动机不强。第三，民主党派对共产党进行民主监督的制度化程度较低。

尽管我国共产党领导的多党合作制度与西方国家的政党制度有着本质的区别，但西方国家党际监督中一些成熟有效的做法对改进我国民主党派的民主监督工作不无裨益，值得加以借鉴吸收。基于此，为推进我国民主党派的民主监督工作，应采取如下措施：首先，大力强化民主党派民主监督的内在机制。一方面，民主党派自身应端正并提高思想认识。另一方面，中外无数政治实践已反复证明：竞争才有活力，竞争才能激发内在的行为动机。因此，在当今中国现有的政党政治框架中应恰当地引入竞争机制，以进一步激发民主党派对共产党进行民主监督的动力。其次，着力推进民主党派民主监督的制度化进程，通过改革创新和法律制度建设使我国民主党派对共产党的民主监督成为一种稳固、有序、有效的常态。再次，努力提升民主党派民主监督的实际能力。

《浅议民主党派的监督机制和内部监察体系》（周谦，《广州社会主义学院学报》2009年第3期）

民主党派从来不是一块净土，摆脱不了社会和时代进程中的各种矛盾和问题的影响，如腐败、操守和刑事犯罪问题；受“官本位”和公共权力缺乏监督与制衡的现行政治结构影响，一些民主党派中央和地方领导机构的权力结构、资源配置和工作中不同程度地存在着扭曲、不合理与不和谐现象；民主党派日常工作和自身建设中也存在着许多令人失望的方面：长期存在的组织松散、活动困难、效率低下、参与率低的问题；“唯上、唯书”的工作习惯和活动形式一般化的问题；在解决当前各种社会热点、焦点、难点问题上表现平平的问题；思想上僵化、组织力凝聚力淡化和在社会上作用力影响力弱化的问题。对于上述问题的存在，执政党、民主党派的各级组织、广大成员和研究中国政党政治的学者专家没有多少异议，并寄希望于民主党派的内部监督机制发挥作用，这已经取得了广泛的共识。

在民主党派内部机制建设问题上，要厘清几点认识。首先，民主党派的监督机制与监察体系并不是一码事。前者是指党派自身的组织、制度、工作规程，意见、建议反馈渠道以及来自党派内外部各方对人、财、物、权、责、效，以及党派各级领导的行为表现起到监督、制约和考核评价作用的全部机制总和。目前各党派尝试建立的主要还是一套制度+机构的内部监察体系，只能算是监督机制中的一个重要方面，不是监督机制的全部，甚至恐怕不能算作监督机制的主要方面。其次，不能说民主党派长期以来缺少监督。各民主党派内部现行的各种规章制度和工作规程都在起着监督作用，越来越有自主意识和参与意识的广大民主党派成员的要求和意见也在形成一种无形的监督与约束力量。第三，民主党派的内部监察体系的建立无疑对民主党派自身建设起着重要的作用，也是目前较容易见效的路径选择。但不应看作解决当前民主党派各种问题的灵丹妙药，其局限性和初级阶段性质非常明显。第四，以史为鉴，以执政党为鉴。实践已经反复证明：组织内部自设的主要依靠行政式权力发挥作用的纪律检查或监察体系作用是有限的。所以赋予正在建设中的民主党派内部监察体系适当的定位和适度的期望是必要的，一定要避免把民主党派内部的监察体系当做政治警察，注意不要把管理行政机构的那套监督思想和监察体系搬进来。

民主党派内部监督机制建设，还要解决几个问题：必须明确建立这种监察体系的指向；必须明确监察体系对谁负责的问题；必须明确监察体系对谁监察的问题；必须明确监察范围和标准的问题；必须明确监察机构的性质与地位；必须明确监察机构怎么设置和配备什么工作条件；必须明确监察机构和人员及其工作必须受到制度和各级成员大会、代表大会的约束与监督；必须尽快制订监察机构所依照执行的成套制度和规定。

在民主党派内部监督机制建设过程中，还要注意以下几点，首先，各民主党派根据自己的情况探索建立监察体系，不求一致，允许在不违反中共中央2005年《意见》精神的原则下各自创新并有所竞争。其次，就目前来讲，民主党派内部的监察体系应把工作的重点放在对党内掌握公共资源的领导干部和机关的权力进行监督上。从中期的任务讲，应该配合参政党工作“制度化、程序化、规范化”建设进程，逐渐介入审查和纠正过去一切不符合中共中央2005年《意见》精神的做法和规定；从将来的发展讲，应该与参政党内部民主制度的建设有机结合起来，探索一种既有很强原则性，又刚柔兼济的内部监督机制，走出一条与自身地位和性质相当的，有别于执政党和行政机构的现代中国参政党治理之路。第三，民主党派的监察体系应该是精干、高效、务实、开明、渐进、有限的。除了对腐败和寻租一类问题的追究，监察焦点应该更多地集中在程序的正当性和过程的正当性上。第四，民主党派的监察体系在行使违章（程）和纪律调查时应有行使独立调查判断的权力。第五，既然民主党派的监察体系不具有强力机构的属性，目前解决民主党派存在问题的效力又非常有限，那么工作性质是否能够少一点教化与规制成分，多一点调查、党建研究和改革咨议的色彩？在履行职责时除了遵照现有的章程和制度调查做出约束性判断以外，还应承担查找问题根源，以与时俱进的态度，着重从制度和程序着眼提出非约束性改革意见建议的任务。第六，民主党派的监察体系应该自建立之日起就协调好与中共纪检委及各级政府监察部门和法院、检察院的关系。第七，要以改革的精神研究制订民主党派监察体系的工作原则与工作方法。

历史证明，如果没有健全的党内民主制度支持和约束，这种中国特色的党内监察体系最终难免演变成推动党内权力不断集中、对下不断强化控制的机器。因此，民主党派监督机制的治本之道是向中共学习，花大气力建立中国特色的现代参政党内民主制度。

王彩玲　中央社会主义学院中国政党制度研究中心副教授

重要文献

中国国民党革命委员会

中国国民党革命委员会第十一届中央常务委员会工作报告

（2009 年 12 月 5 日在第十一届中央委员会第三次全体会议上）

周铁农

各位委员、同志们：

现在，我代表第十一届中央常务委员会向全会报告工作，请予审议。

2009 年的主要工作

2009 年是进入新世纪以来我国经济社会发展最为困难的一年，也是全国各族人民砥砺奋进、经受严峻考验的一年。面对历史罕见的国际金融危机严重冲击与挑战，面对国内自然灾害频发等困难，中共中央、国务院科学判断形势，果断决策，及时出台、全面实施并不断丰富完善应对国际金融危机的一揽子计划及相关政策措施，牢牢把握经济工作的主动权，努力化挑战为机遇，较快扭转了经济增速下滑态势，保增长、调结构、促改革、惠民生成效明显，社会主义经济建设、政治建设、文化建设、社会建设、生态文明建设和执政党建设全面推进，取得了经济平稳较快发展的可喜成就。

一年来，民革全党认真学习贯彻中共十七大和十七届三中、四中全会精神，学习胡锦涛总书记在庆祝中国人民政治协商会议成立 60 周年、庆祝中华人民共和国成立 60 周年大会上的重要讲话精神，以科学发展观为统领，紧紧围绕执政党和政府的中心工作，继续牢牢把握搞好政治交接这条主线开展自身建设，牢牢把握提高能力和水平这个关键搞好参政议政、民主监督，牢牢把握两岸关系和平发展这个主题搞好促进祖国和平统一工作，各项工作取得了新的进展，为积极应对国际金融危机、促进经济社会平稳较快发展和促进祖国和平统一大业，作出了应有的贡献。

一、积极协助执政党和政府应对国际金融危机影响，进一步做好参政议政工作

积极应对国际金融危机影响、保持经济社会平稳较快发展，是今年执政党和国家的首要任务。民革各级组织以高度的责任感，把协助执政党和政府有效应对世界经济及金融危机，确保经济平稳较快增长，作为参政议政的首要任务，充分发挥民革联系广泛、智力密集的优势，切实履行参政党职能，针对如何应对国内外环境变化，保持经济、金融、资本市场稳定，保持社会大局稳定，实现经济社会全面协调可持续发展等问题开展深入调研，积极献计出力，为保增长、保民生、保稳定、促和谐作出了积极贡献。

面对国际国内复杂严峻的经济形势，民革中央积极整合各方资源和力量，组织党内外专家、学者，针对如何加快发展方式转变、经济结构调整和产业结构优化等问题开展调查研究。在胡锦涛总书记主持的几次党外人士座谈会上，民革中央就应对国际金融危机影响问题，提出了一系列政策建议。包括：抓住机遇，加快推进经济结构调整；加快海峡西岸经济区建设，尽快形成新的经济增长极；关注投资的结构与方向，严防重复建设造成的产能过剩扩大；加大对农村商品流通市场的支持力度，建立与社会主义新农村建设相适应的现代物流网络；充分调动社会各方面投资的积极性，开放民间资本投资新领域，全面激活和扩大民间投资；以扩大消费为目标，下大力气调整收入分配结构，提高劳动报酬在国民收入中的比重，提高人民群众的收入水平；努力保持和扩大我国在世界贸易中的份额，力争在国际市场上对大宗商品有更大定价权；逐渐调整出口导向型的经济发展战略，抛弃单纯以低价竞争占领海外市场的模式等。在3月召开的全国政协十一届二次会议上，厉无畏常务副主席代表民革中央作了题为《大力发展创意产业，推进经济创新和传统产业升级换代》的大会发言，认为在当前世界经济出现危机、中国经济出现暂时困难时，应当及时抓住机遇，大力发展创意产业，并以创意产业的思维逻辑和发展模式，来改造传统产业的发展模式，实现产业的创新和发展方式的转变，从而克服世界金融危机的影响，推进我国的结构调整和产业升级，实现经济的持续稳定增长。7月，全国政协召开专题协商会，修福金副主席代表民革中央作了题为《完善民营企业共享行业发展机遇的制度环境，帮助民营企业在化危为机中发展壮大》的发言，呼吁进一步解放思想，改革不利于民营企业发展的体制机制，建立起一个相对公平和完善的制度环境，帮助民营企业度过当前的难关。另外，民革中央还就“将部分国有股划转社保基金用于农村社会保障”、“沪深证券交易所公司制改革”、“发展‘伊斯兰金融’”、“加强对限售股减持进行监管”等问题积极建言献策。

长期关注“三农”问题，关注农村民生，是民革参政议政工作的特色和重点。今年，民革中央分别围绕农村法制环境、生态建设、社会保障、商品流通、粮食安全以及农民增收、创业就业等问题，向全国政协十一届二次会议提交了集体提案，得到了有关部门的积极答复。3月以后，民革中央先后就“毕节地区生态建设与退耕还林”、“农民工返乡创业就业”、“健全农村土地承包经营流转制度”、“汶川特大地震灾区灾后重建”、“基层农技推广体系改革与发展”、“我国粮食主产区现代农业发展”、“农村环境污染与保护情况”、“风电能源开发利用”等问题开展调研考察，向中共中央、国务院提出了相关的政策建议。其中《关于进一步做好汶川特大地震灾后重建工作的建议》、《关于大力推广基层农技体系改革与建设的建议》、《关于进一步扶持粮食主产区，确保我国粮食安全的建议》、《关于新农村建设中环境污染与保护情况的调研报告》，得到国务院总理温家宝同志的重要批示；《关于尽快在我国西南喀斯特岩溶山区继续实施退耕还林试点工作的建议》、《关于健全农村土地承包经营权流转制度的建议》，得到全国政协主席贾庆林同志的重要批示。还有一些政策建议，分别得到了国务院副总理回良玉、张德江和国务委员刘延东、马凯等同志的批示。

社会和法制建设，是民革参政议政工作的重要内容。今年，民革中央在社会和法制建设课题上继续加大参政议政力度，取得了丰硕的成果。3月，以民革中央名义向全国政协十一届二次会议提交了《关于检察院提起民事公益诉讼的建议》、《关于加强水资源司法保护的建议》、《关于增加法定公证事项的建议》、《关于加快修订〈中华人民共和国城市房地产管理法〉，促进房地产业的健康发展的建议》等提案，得到有关部门的重视和各界的广泛关注与讨论，产生了良好的社会效果。5月，民革中央与全国政协、最高人民法院组成联合调研组，赴河北、山西、河南三省就“建立健全非正常上访终结机制”开展联合调研，所形成的建议报告上报中共中央、国务院后，得到中共中央政治局常委、中央政法委书记周永康同志及中共中央政治局委员王刚同志的重要批示，相关内容被吸纳到《中央政法委员会关于进一步加强和改进涉法涉诉信访工作的意见》之中。

今年，民革中央还结合参政议政工作的重点，与一些省市的中共党委、政府和国家有关部门举办论坛，丰富参政议政工作的形式和内容。5月，民革中央与中共中央台办、福建省委等单位，共同在厦门举办了以“扩大民间交流、加强两岸合作、促进共同发展”为主题的首届海峡论坛。9月，民革中央在民革重庆市委会的大力支持下，与中共重庆市委联合举办了“2009中国新农村法制建设论坛”，围绕农村土地承包经营权流转法律制度、农民专业合作社法律问题、农村社会保障法制研究等课题，进行了有益的探索。10月，民革中央与农业部、国家旅游局、浙江省人民政府共同举办“中国（安吉）休闲农业与乡村旅游发展高层论坛”，围绕农业创意产业和农村旅游产业的发展，进行了深入的研讨，取得了良好的效果。另外，民革中央妇女和青年工作委员会在年中就孤残儿童救助与权利保护问题进行了调研，开拓了民革参政议政工作的领域和范围。

在充分发挥“内力”的同时，民革中央还通过各种方式积极寻求“外力”的支持。3月，民革中央与上海市社科院就加强学术交流、人才队伍培养、委托和合作调研、研究成果转化、信息资源共享等方面签订合作协议，对在新的模式下提高参政议政的能力和水平进行了有益的探索和实践。

今年，民革在智力支边扶贫工作方面继续稳步推进。首先，围绕《纳雍县“十一五”生态农业产业发展总体规划》，加大对纳雍县的产业扶持和助学帮扶力度，并积极争取国家项目支持，帮助解决当地发展中遇到的难题，有力推进了纳雍县域经济的发展。其次，在甘肃省白银市举办了“秸秆生物反应堆技术示范推广会”，与农业部和九三学社中央在贵州省黔西南州联合举办“全国农产品加工对接洽谈会”，与国务院扶贫办外资中心达成了长期战略合作协议，并参与组织筹备第一届“全国扶贫协作优势产业推介暨招商引资洽谈会”。再次，与中国医学基金会、中华慈善总会合作，参与“慈善医疗济困行动”、“阳光绿道济困行动”等活动，为西部贫困地区捐赠了一批进口医疗设备。

民革中央继续关注和支持汶川特大地震灾区的重建工作。今年，在民革四川省委会的协助下，集民革全体同志之力，分别在四川省崇州市、江油市、三台市和会理县，捐建了一所中山幼儿园和三所乡镇中山小学。此外，还通过中华中山文化交流协会联系安排，在甘肃省临夏县捐建了一所希望小学。

专门委员会是民革各级组织做好参政议政工作的参谋和助手，是民革参政议政工作的重要平台和依托。为加强专委会的自身建设，积极探索发挥专委会作用的方法和途径，今年1月，民革中央创办了《专委会通讯》月刊。《专委会通讯》的编辑出版，为委员们加强信息交流，更好地发挥作用、履行职责，拓宽了渠道，提供了平台，进一步提高了专委会委员参政议政的积极性、主动性。

反映社情民意信息工作，是民革履行参政议政和民主监督职能的重要形式和渠道，也是调动民革全党力量，激发全党活力的重要途径和手段。今年，民革各省级组织根据《民革中央关于加强和改进反映社情民意信息工作的暂行规定》，积极探索、创新工作方式，基本规范了信息的收集、编辑、审批和报送工作，加强了信息工作人员的培训力度，普遍提高了反映社情民意信息工作的质量和水平。各省级组织围绕科学发展、促进社会和谐的任务，在应对国际金融危机、支持现代农业产业化发展、扶持中小企业发展、加强海峡两岸交流合作、维护民族团结等方面，及时报送了大量的社情民意信息素材，提出了很多具有全局性、前瞻性、战略性和有针对性的意见、建议，经过筛选摘编和加工充实后被全国政协采用，为帮助执政党和政府分析判断形势、进行有效决策作出了贡献。

二、把握主题，创新模式，努力为祖国和平统一大业多作贡献

去年年末，胡锦涛总书记在纪念《告台湾同胞书》发表30周年座谈会上发表重要讲话，全面系统地阐述了两岸关系和平发展的思想，提出推动两岸关系和平发展的重要主张。今年，胡锦涛总书记又就在新起点上进一步推动两岸关系向前发展发表六点意见。一年来，两岸关系取得一系列重要成果，展现出和平发展的前景。

面对新形势，民革各级组织和广大党员以科学发展观为指导，深入学习胡锦涛总书记在纪念《告台湾同胞书》发表30周年座谈会上的重要讲话精神和中共中央各项对台方针政策，认真领会中央提出的“四个转变”精神，以两岸关系和平发展为主题，以做好台湾人民工作为核心，加大力度，开拓创新，努力拓宽工作渠道，扩大工作成果，进一步推动了民革的祖统工作。

按照民革中央关于祖统工作重心向参政议政转变的要求，民革各级组织切实加大了涉台参政议政工作的力度。6月，民革中央在甘肃省酒泉市召开“民革全国涉台参政议政暨第五届《台湾研究》特邀撰稿人工作会议”，研究部署新形势下的涉台参政议政工作。这是民革中央首次召开的涉台参政议政专题会议。

为进一步强化涉台参政议政工作机制建设，民革各级组织以广大党员为主体，以专家为依托，充分发挥专委会作用，依靠执政党及政府有关部门，深入开展涉台课题调研，形成了一批高质量的涉台提案和调研报告。在3月召开的全国政协十一届二次会议上，民革中央提交了《构建“海峡经济区”，促进两岸共同繁荣》的书面发言和八篇涉台提案，其中《关于当前做台湾民进党工作的几点建议》、《关于新形势下进一步做好

争取台湾中南部民心工作的建议》被评为全国政协重点提案。与中国人民大学合作形成的《关于应对台当局所谓两岸“互不否认”问题的建议》的专题报告，也被国务院台湾事务办公室确定为今年最重要议案之一。

对台交流工作，一直是民革促进祖国和平统一工作的一个重点。今年，各级组织认真贯彻民革中央关于祖统工作领域向多向型转变、工作渠道向多元化转变的指示，充分发挥自身特色和优势，将做好台湾“泛蓝”阵营工作的传统优势进一步延伸、拓展，使对台交流方式更加多样，交流领域更加广泛，交流内容更加深入。民革中央继续发挥品牌效应，分别组织接待了第七届“台湾高校杰出青年赴大陆参访团”，以及由历届“杰青团”骨干组成的“第一届台湾杰出青年暑期研习营”。其中在第七届“杰青团”参访期间举办的两岸青年教育论坛，是创新交流模式的成功实践，使“杰青”工作的领域和渠道有了新的进展。

邀请以新同盟会会长许历农为团长的岛内“统派”三团体联合参访团来北京参访，是民革中央祖统工作的又一次重要突破。国庆期间，民革中央邀请了一批台湾知名人士和海外侨界领袖组成国庆参访团，参加新中国成立60周年庆典活动，并赴青岛、大连、北京参访。10月，民革中央组织邀请了“第三届台湾新同盟会中南部会员（会友）大陆参访团”。这些活动的成功举办，促进了岛内反独促统力量的团结，鼓舞和振奋了受邀请人士的爱国热情。

民革中央还高度重视“走出去”开展工作。7月，民革中央领导同志分别率团赴阿根廷、智利、巴西访问和参加美国洛杉矶全球华侨华人促进中国和平统一大会，对宣传中国特色政党制度、团结海外爱国力量，发挥了一定作用。另外，民革中央还组成参访团赴台开展交流，使中断近5年的民革入岛参访工作得到恢复。参访期间，民革中央领导同志首次在台湾与国民党荣誉主席连战、主席吴伯雄、副主席蒋孝严和新党主席郁慕明等“泛蓝”高层人士接触，同时还与台湾经济、文化、知识界的知名人士、台湾中南部基层代表性人士等，进行了密切接触和深入交流。据不完全统计，今年民革各级组织共接待台湾及海外重要人士数千人、出访团组数十个。这些交流活动，增进了台湾同胞、海外华人对祖国大陆的了解和认同，起到了凝聚人心的积极作用。

拓宽渠道，搭建平台，促进对台工作，是今年民革祖统工作的一个亮点。今年，民革中央围绕和平发展主题，创新宣传模式，与《团结报》、中国台湾网、新浪网等重要媒体联合开展了以征文、出版画册、名人访谈为主要内容的“台湾记忆”系列活动，并精选100篇优秀稿件由团结出版社集结出版了《台湾记忆——图说宝岛》画册。整个活动网络总访问量高达数百万次，受到有关部门的肯定和社会各界的好评。

今年8月，台风“莫拉克”袭击台湾，民革中央及时向台湾有关社团发出慰问电，并发动民革各级组织开展援助活动，广大党员积极为灾区捐款捐物，充分表达了广大民革党员对台湾同胞的关爱。

三、在科学发展观的指导下，以建设高素质参政党为目标，全面加强自身建设

民革全党高度重视理论学习，始终把思想建设放在首位。一年来，民革各级组织把深入学习贯彻科学发展观作为全党思想政治工作的首要内容，切实把科学发展观贯穿

于民革工作的全过程和各环节。通过认真组织和精心部署，着力引导党员干部全面把握科学发展观的科学内涵、精神实质、根本要求，深刻理解贯穿其中的科学立场、观点和方法，切实增强贯彻落实科学发展观的自觉性和坚定性，不断提高服务科学发展的能力和水平，民革自身建设得到了全面加强。

为进一步指导和帮助民革各地组织深入学习贯彻科学发展观，民革中央今年在12个省级组织举办了“民革中央学习贯彻科学发展观辅导讲座”，由中央领导同志亲自作专题辅导报告。讲座在对科学发展观的精神实质、主要内容、基本要求等进行深入阐述的基础上，就深入学习贯彻科学发展观的重要意义，民革如何服务于科学发展、促进自身科学发展等问题，提出了明确、具体的意见。5月，民革中央下发了《关于建立思想政治交接长效机制的实施意见（试行）》，把这项多党合作事业发展的基础性工程，不断向深度和广度推进。

今年，民革各级组织还注意将学习科学发展观与庆祝新中国成立60周年、人民政协成立60周年系列活动结合起来，通过举办座谈会、演讲比赛、征文、画展、文艺晚会等多种形式，营造出了浓厚、热烈的庆祝纪念的气氛。民革中央为庆祝新中国成立60周年举办的大型书画展“盛世风采”，在国内多个省、区、市进行巡展，产生了较好的社会反响。民革各级领导同志和专家、学者，一些早年参加民革的老同志，以及部分早期民革领导人的后人，也通过接受媒体采访、发表署名文章、撰写论文等方式，畅谈认识和体会，称颂新中国60年来的巨大发展变化。另外，民革中央还出版了《民革与新中国的建立》，参与了全国政协组织的“情系国计民生——政协提案的故事”丛书（1—3册）编写工作。

组织建设是民革自身建设的基础。一年来，民革各级组织围绕《民革第十一届中央常务委员会关于加强省级组织领导班子后备干部队伍建设的意见》，积极加强领导班子和后备干部队伍建设，进一步提高以科学发展观指导参政党建设的能力。今年上半年，民革中央分别赴9个省进行了组织工作以及民革青年党员思想和工作状况调研，并于11月在湖南召开了民革全国组织工作会议，深入研讨新形势下民革组织建设面临的新问题，积极探寻切实加强组织建设的新思路、新方法，有力促进了民革组织建设新局面的开创。今年以来，民革30个省级组织在当地中共党委统战部的协助下，启动了省级组织领导班子后备干部队伍推荐选拔工作。目前，已有26个省级组织完成第一轮后备干部队伍建立工作，有三位同志被正式任命为省高级人民法院副院长或最高人民检察院副厅级领导干部。

一年来，民革全党组织发展工作健康平稳。今年5月，民革第十一届中央常务委员会第七次会议原则通过了《民革中央关于进一步做好组织发展工作若干问题的意见》，民革组织发展范围有所拓宽，社会和法制方面的专业人士作为民革特色，成为发展的主体之一。截止到11月份，民革党员总数已超过9万人。

加强党内监督，是民革全面加强自身建设、推进党内民主、适应新形势下多党合作事业发展要求的重要保证。今年5月召开的民革十一届七次中常会，对如何进一步健全和完善民革党内监督机制，以及监督的形式与方法等问题，进行了专门的研究和讨论，推动了民革党内监督工作的开展。

孙中山先生爱国、革命、不断进步的精神，是民革的一面旗帜。为使民革的光荣传统进一步发扬光大，民革中央今年组织实施了一系列具有民革特色的活动。10月，民革中央以中国辛亥革命研究会、孙中山研究学会名义，召开“孙中山研究与中山学”学术研讨会，有力地推动了孙中山研究走向系统和深化。11月，民革中央还在苏州主办了“南社成立一百周年纪念大会暨学术研讨会”、中国南社纪念馆揭幕仪式等系列活动。

今年，《团结报》实现了跨越式发展，不仅结束了半个世纪的黑白版式，实现了彩色印刷，还成功实现了扩版。在报纸面貌焕然一新的同时，版面质量也在不断提高，发行经营工作得到拓展，报纸的社会影响正在逐渐扩大，为把《团结报》发展成为日报打下了良好的基础。

团结出版社针对图书市场现状，积极调整经营思路，实施“调整产品结构，重视精品原创，减少盲目造货，压缩无效库存”的发展战略，取得了较好的社会效益和经济效益。与此同时，出版社积极贯彻落实中共中央有关文化体制改革的指示，转企改制工作正在有计划地稳步推进中。

《团结》杂志紧紧围绕新时期参政党工作实际和民革工作重点，加强了内容的计划性、策划性，并加大约请专家和组织专人撰写稿件的力度，初步形成了理论性与现实性相结合、指导性与知识性相结合、可读性与文化品位相结合的特色。今年5月，民革中央网站经一年多的试运行后正式开通，目前已输入数据资料1600多万字，为建成民革信息的大型资料库奠定了基础。

为适应新形势下机关工作需要，民革中央机关以科学发展观为指导，继续完善各项工作制度，对机关机构职能、机构设置、人员配备等方面进行了调整，使各部门职能更明确，干部使用更合理。8月，为强化各级机关为全会、常委会、各级委员会和党员服务的职能，民革中央在云南召开全国省级组织办公室工作研讨会，围绕进一步加强机关建设，做好办公室工作进行了研讨。另外，民革中央机关还在今年选举产生了第一届工会委员会和工会经费审查委员会，为进一步做好民革各项工作，加强机关建设开辟了新的途径。

过去一年的成绩来之不易。这些成绩的取得，是以胡锦涛同志为总书记的中共中央统揽全局、正确领导的结果，也是民革各级组织和全党同志齐心协力、团结奋进的结果。在这里，我代表民革中央常委会，向大家一年来付出的辛勤努力，表示衷心的感谢！

在肯定成绩的同时，也应当清醒地看到，与新形势新任务的要求相比，我们的工作还存在自身建设有待加强、履行职责的能力有待提高、祖统工作有待继续创新、参政议政工作有待进一步做深做实、民主监督工作有待扎实开展等问题和不足。我们要针对这些问题和不足，在进一步增强责任感和使命感的基础上，全面加强自身建设，不断提高参政能力和水平，努力履行好自己的职责，做好各项工作。

2010年的主要任务

2010年是深入贯彻落实中共十七大和十七届四中全会精神、全面加强和改进执政党建设的一年，是按照科学发展观要求、继续推动经济社会平稳较快发展的一年，是进一步有效应对国际金融危机、为“十二五”时期发展奠定良好基础的一年，同时也是民革大力加强自身建设、更好地服务于科学发展和社会和谐的一年。全面做好明年的各项工作，是民革各级组织和广大党员义不容辞的历史职责。

明年民革全党工作的总体要求是：高举中国特色社会主义伟大旗帜，认真学习贯彻中共十七大和十七届三中、四中全会精神，以邓小平理论和“三个代表”重要思想为指导，深入贯彻落实科学发展观，在认真学习、借鉴执政党党建工作经验的基础上，大力加强自身建设，全面做好参政议政、民主监督与促进祖国和平统一工作，为推动科学发展、促进社会和谐贡献力量。

一、认真学习中共十七届四中全会精神，借鉴执政党的党建工作经验，大力加强参政能力建设

今年9月，中共中央胜利召开了十七届四中全会。这次全会，是中共中央在国际形势继续发生深刻变化、我国处在进一步发展的重要战略机遇期召开的一次重要会议。全会认真总结了中国共产党成立88年、执政60年、领导改革开放30年来加强自身建设的宝贵经验，根据中共十七大关于党的建设总体部署，根据世情、国情、党情深刻变化对党建工作提出的新要求，审议通过了《中共中央关于加强和改进新形势下党的建设若干重大问题的决定》，对当前和今后一个时期加强和改进党的建设工作，作出了重要战略部署。全会的胜利召开，对于全面贯彻中共十七大精神，深入贯彻落实科学发展观，有效应对国际金融危机冲击，保持经济平稳较快发展，夺取全面建设小康社会新胜利，开创中国特色社会主义事业新局面，具有重大而深远的意义。

民革各级组织和广大党员，要把认真学习领会中共十七届四中全会精神，作为当前和今后一个时期的重要政治任务。全会对新形势下加强和改进执政党建设重要性和紧迫性的深入分析，对执政党建设的基本经验和规律的系统总结，对提高执政党建设科学化水平新的重大命题的科学阐述，对加强和改进新形势下执政党建设的总体战略部署，都充分体现了中国共产党把握时代脉搏、引领时代前进的使命感和高超能力，是中国共产党先进性的一次集中表现。要通过认真学习，使广大民革党员进一步加深对中国共产党先进性的认识，以先进的科学理论统一思想，不断增强政治认同意识、政治参与意识、政治奉献意识和民主法治意识，巩固多党合作基础。同时，通过认真学习领会中共十七届四中全会精神，加深对新形势新任务的认识，围绕全会提出的任务要求，结合自身优势和特点，进一步履行好参政党职责。

认真学习中共十七届四中全会精神，必须与学习、借鉴执政党的党建工作经验，大力加强民革参政能力建设结合起来。加强参政能力建设，不断提高参政能力和水平，是坚持和完善中国共产党领导的多党合作和政治协商制度的必然要求，是开展全面建设小康社会伟大实践的客观需要，是积极发挥参政党作用的重要前提条件。

民主党派的参政能力建设，是一个包括政治把握能力、参政议政能力和民主监督能力、合作共事能力、组织领导能力等在内的综合能力建设，涉及参政党建设的方方面面。加强参政能力建设，首先要坚持以邓小平理论和“三个代表”重要思想为指导，深入贯彻落实科学发展观，以政治交接为主线，以思想建设为核心，以组织建设为基础，以制度建设为保障，努力体现时代性、把握规律性、富于创造性。其次，要抓住重点。对于民革来说，现阶段参政能力建设的重点，一是提高搞好自身建设的能力，特别是提高自己解决自己问题的能力。二是提高履行职责的能力，特别是提高参政议政、民主监督和处理好周边关系的能力。民革各级组织要注意抓好这两方面的能力建设，尽快提高自己的参政能力和水平。

参政能力的强弱、参政水平的高低，不仅是民主党派能否作为参政党长期存在和发展的重要条件，同时也是民主党派履行参政党职能、长期参政的重要条件。民革各级组织和领导同志一定要高度重视参政能力建设问题，在认真学习、借鉴执政党的党建工作经验基础上，积极探索和大胆实践加强参政能力建设的新理论、新途径、新方法，把民革全党的参政能力建设提升到一个新的高度。

如果说参政能力是参政党的根本能力，履行职责能力是参政能力的关键和核心，那么自身建设就是参政党提高参政能力、更好履行职责的基础和保证。明年，民革各级组织要以加强领导班子建设、后备干部队伍建设、基层组织建设为重点，着力提高民革各级组织、各级领导班子和各级领导干部贯彻落实科学发展观的本领，切实增强各级组织的凝聚力和战斗力。要把发展壮大有民革特色的高素质人才队伍工作放在重要位置，切实做好优秀人才的吸收、培养、推荐、使用工作。要积极建立健全内部监督机制，使内部监督机制真正成为民革加强自身建设、充分发挥参政党作用的有力保障。要继续遵循“人的发展、全面发展、协调发展、可持续发展”的根本要求，不断创新和完善制度建设，提高制度建设的质量和水平，强化广大党员特别是各级领导干部的制度意识，确保民革各项工作有序高效开展。要高度重视和谐机关建设，以人为本，改善和创新体制机制，规范机关工作，改进工作作风，提高机关行政效能和水平，为大力加强参政能力建设、更好履行参政党职能提供更加全面、可靠和扎实的保障。

二、围绕推动科学发展、促进社会和谐的任务，把参政议政工作做深做实

参政议政是中国共产党领导的多党合作和政治协商制度的重要内容，是民主党派最基本、最重要的职能，集中体现了参政党功能和作用。作为参政党，我们必须意识到，不断提高履行参政议政职责的能力和水平，在全面建设小康社会、推进国家现代化建设中发挥独特作用，不仅是扩大民革社会影响、树立自身形象的主要途径，更是从根本上巩固多党合作的政治基础，体现民革在国家政治生活中的地位和价值的必然选择。

第一，坚持把推动科学发展作为履行职责的第一要务，为保持经济平稳较快发展献计出力。在明年的参政议政工作中，民革全体同志都要切实把思想和行动统一到中共中央的决策部署上来，继续把保持经济平稳较快发展作为参政议政工作的首要任务，深入研究经济社会发展中的战略性、全局性、前瞻性问题，把积极性、主动性、创造性引导到推动科学发展上，共同为进一步有效应对国际金融危机冲击、巩固经济回升基础，为转变经济发展方式、调整经济结构、夯实“三农”发展基础和“十二五”规划的编制，谋长远之计，建睿智之言，献务实之策。

第二，关注民生，反映民意，为促进社会和谐稳定贡献力量。保障和改善民生，是

促进社会和谐、推动经济平稳较快发展的出发点和落脚点。民生连着民心，民心凝聚民力。民革各级组织要认真贯彻中共中央的决策部署，协助执政党和政府解决好涉及群众切身利益的民生问题，做好理顺情绪、化解矛盾、维护稳定的工作。少数民族地区的民革组织，更是要把积极协助当地中共党委和政府做好维护民族团结和谐的工作，放在重要日程上，切实抓紧抓好。另外，要继续加强反映社情民意信息工作，努力拓宽反映渠道、提高信息质量，把民革反映社情民意工作推上一个新的台阶。

第三，继续整合资源，创新体制与机制，把民革参政议政重点领域工作做得更好。民革各级组织要继续加强对参政议政工作的领导，整合好人才资源，搞好参政议政干部的教育培训，注意上下联动，充分发挥自身优势与特点，继续创新参政议政的体制机制与工作，突出参政议政的主攻方向，把促进祖国和平统一、"三农"、社会法制方面的参政议政工作，真正做成民革的品牌。要充分认识专委会工作的重要地位和作用，切实加强专委会的自身建设，继续发挥好专委会的作用，逐步建立和完善专委会工作机制，密切与专委会委员的联系，强化委员的责任意识，使专委会切实成为开展参政议政工作的重要平台。

第四，根据新时期新阶段形势和任务要求，进一步深化丰富社会服务工作的内容和领域。民革各级组织要以科学发展观为统领，牢固树立服务"三农"的宗旨，坚持从农民最根本的利益出发，进一步探索拓展智力支边扶贫的新思路，将社会服务工作的着力点，放在依靠科技进步、发挥科技引领作用上，通过提高农民素质和农业专业化水平、应用高科技含量的示范项目等，带动贫困地区发展，促进农民脱贫致富。要坚持机制创新，发挥智力优势，大胆探索，勇于实践，积极发掘好的模式与经验，进一步深化和丰富民革社会服务工作的内容与领域。要全面了解"非公"经济人士及企业发展动态，鼓励和促进东中部地区党员企业家到西部贫困地区开展扶贫、公益活动，提高民革"非公"经济工作整体水平。

三、创新思路，突出重点，不断深化促进祖国和平统一工作

促进祖国和平统一工作，是民革长期的工作重点，也是民革工作的一个主要特色。目前台湾岛内政局和两岸关系形势都发生了重大而积极的变化，和平发展已成为两岸关系的主题，两岸关系正处在一个新的重要历史阶段。民革要继续认真总结经验，紧密联系当前两岸关系发展的实际，抓住机遇，动员全党，创新工作思路，突出工作重点，不断深化促进祖国和平统一工作。

第一，认真学习中共中央对台工作各项方针政策，提高思想认识水平。促进祖国和平统一工作，首要和根本的一条，就是要认真学习中共中央对台工作的方针政策。民革各级组织和广大党员，要以科学发展观为指导，认真学习胡锦涛总书记在纪念《告台湾同胞书》发表30周年座谈会上的重要讲话精神和中共中央各项对台方针政策，深刻理解胡锦涛总书记提出的两岸关系和平发展的思想，认真贯彻民革十一届二中全会提出的"四个转变"要求，结合民革祖统工作实际，切实把思想和行动统一到中共中央对台工作的大政方针和整体部署上来。

第二，开拓创新、与时俱进，开创民革祖统工作新局面。创新是事业发展的不竭动力。在新的一年里，民革各级组织要在认真学习领会中共中央一系列对台工作方针政策的基础上，紧紧围绕和平发展主题，根据两岸关系和平发展的新形势、新任务、新特点、新规律、新趋势，按照民革中央“四个转变”的要求，不断创新工作思路，不断拓展工作范围，努力开启新思维、探索新方式、开辟新渠道、扩大新领域。特别是要充分发挥民革的品牌效应，在做台湾中青年、企业界、文化艺术界和台湾南部民众工作时，把工作重点向新对象倾斜，争取民革祖统工作的新突破。

第三，加强队伍建设，打造一支懂政治、懂政策、有理论、有能力和热心祖统工作的干部队伍。促进祖国和平统一的工作，不同于民革的其他工作，政治性、政策性、理论性、专业性都很强。因此，做好民革的祖统工作，关键是要建设一支高素质的祖统工作干部队伍。民革各级组织和领导同志要把这一工作放在自己的重要议程上，高度重视祖统干部的教育、培养工作，积极为祖统干部的成长创造条件。一是采取办培训班、以会代训等方式，对祖统工作干部进行教育、培训，尽快提高他们的政治素质和业务能力。二是组织民革祖统工作干部赴台考察，使广大祖统干部亲身感受台湾实际，增加对自己工作对象的了解，掌握第一手的资料。

四、深入开展思想教育，树立和学习、践行社会主义核心价值体系，坚定不移地走中国特色社会主义政治发展道路

建设社会主义核心价值体系，是中国共产党在思想文化建设上的重大理论创新和重大战略任务。社会主义核心价值体系，是社会主义制度的内在精神和生命之魂，是社会主义制度在价值层面的本质规定，它揭示了社会主义国家经济、政治、文化、社会的发展动力，体现了富强、民主、文明、和谐的社会主义现代化国家的发展要求，抓住了我国社会主义意识形态建设的关键和根本，反映了全国各族人民的核心利益和共同愿望，鲜明地回答了在新的历史条件下，中国共产党用什么样的精神旗帜团结带领全体人民开拓前进、中华民族以什么样的精神风貌屹立于世界民族之林的重大问题。在当今国际社会深刻震荡，国内经济关系深刻变革、社会结构深刻变动、利益格局深刻调整、思想观念深刻变化的背景下，提出建设社会主义核心价值体系，具有重要的理论意义和极强的现实针对性。

社会主义核心价值体系内涵丰富、意蕴深厚，其基本内容由马克思主义指导思想、中国特色社会主义共同理想、以爱国主义为核心的民族精神和以改革创新为核心的时代精神、社会主义荣辱观四个部分构成。其中，马克思主义指导思想是社会主义核心价值体系的灵魂，中国特色社会主义共同理想是社会主义核心价值体系的主题，民族精神和时代精神是社会主义核心价值体系的精髓，社会主义荣辱观是社会主义核心价值体系的基础，四个方面各具功能、各有侧重，相互联系、不可分割，科学严谨、完整系统，是有机统一的整体。

新中国成立60年来多党合作的实践证明，社会主义核心价值体系不仅是社会主义意识形态的本质体现，也是多党合作事业发展的重要基础和推动力。在社会意识形态更加多样、多元、多变的形势下，树立和学习、践行社会主义核心价值体系，能够进一步引领民主党派在新世纪新阶段保持自觉接受中国共产党领导的政治立场不变，与中国共产党亲密合作、同心同德、肝胆相照的政治态度不变，是民主党派在新时期加强思想建设的重要保障。

思想建设一直是民革自身建设的核心。民革中央决定，在政治交接和思想教育活动中，把积极树立和学习、践行社会主义核心价值体系，作为民革明年和今后一个时期内思想建设工作的重点。民革各级组织都要抓好社会主义核心价值体系的政治理论学习工作，通过编写社会主义核心价值体系辅导读本、组织各级读书班、组织开展社会主义核心价值体系征文和文集出版、表彰大会等一系列活动，在全党深入开展一场社会主义核心价值体系的学习讨论。要将社会主义核心价值体系的理论学习与研究讨论过程，始终与学习贯彻中共十七届四中全会精神、学习胡锦涛总书记在庆祝中国人民政治协商会议成立60周年大会上的重要讲话、学习胡锦涛总书记在庆祝中华人民共和国成立60周年大会上的重要讲话相结合，与深入学习贯彻科学发展观活动相结合，与继承民革光荣传统和完善政治交接长效机制相结合。要在学习执政党多年来建设社会主义核心价值体系成功经验的基础上，找准切入点和着力点，把社会主义核心价值体系融入民革思想建设的全过程，使全体民革党员的政治理论水平和思想道德水平有一个新的飞跃。同时，把这一活动贯穿到民革的宣传教育、组织建设、参政议政、民主监督等各项工作中，使树立和学习、践行社会主义核心价值体系的成果最大程度地体现出来。

树立和学习、践行社会主义核心价值体系是一项长期任务，既需要不断的学习和实践，也需要不懈的理论研究与探索。要结合树立和学习、践行社会主义核心价值体系活动的展开，积极探索参政党建设的规律和有效途径，准确把握新形势下思想建设的规律，把民革建设成为坚定不移地走中国特色社会主义政治发展道路的高素质参政党。

各位委员、同志们，2009 年即将过去，我们将迎来更加光明的 2010 年。让我们更加紧密地团结在以胡锦涛同志为总书记的中共中央周围，高举中国特色社会主义伟大旗帜，以邓小平理论和“三个代表”重要思想为指导，深入贯彻落实科学发展观，继承和发扬孙中山先生爱国、革命、不断进步精神，继续解放思想，开拓创新，全面做好明年的各项工作，为推动科学发展、促进社会和谐作出更大的贡献！

中国国民党革命委员会中央监督委员会工作报告

（2009 年 12 月 5 日）

何丕洁

各位委员、同志们：

今天我受中央监督委员会的委托，向十一届三中全会报告 2009 年民革中央监督委员会的工作，请审议。

一、一年来的工作

去年年底，民革十一届二中全会根据新形势下民革自身建设的需要，为进一步加强党内监督，通过了《中国国民党革命委员会内部监督暂行条例》，并成立了中央监督委员会。2009 年是民革中央监督委员会开展工作的第一年。在民革中央的领导下，中央监督委员会认真按照《条例》履行职责、开展工作。

民革全党和中央领导班子高度重视民革的内部监督工作，认真落实《条例》。第十一届中央领导班子已先后召开了三次谈心会。在谈心会上每位同志都能开诚布公地就政治信念、思想作风、工作方法等内容进行交流和交换意见。谈心会对增进班子的团结和谐、加强班子建设、提高班子的整体能力起到了很好的促进作用。今年 5 月，十一届第七次中常会专题研究了加强民革内部监督工作。周铁农主席、厉无畏常务副主席分别就党内监督工作的重要意义、内涵及进一步推进内部监督工作应注意的问题、今后工作的重点和方法做了重要讲话。与会常委在深入讨论和研究中提出了很多意见和建议。在七次中常会期间，中央监督委员会召开了第二次全体会议，认真学习领会周铁农同志在开幕会上的讲话，沟通了上半年的具体工作，对下半年的工作交换了意见。今年 11 月召开的民革全国组织工作会议，把民革党内监督列为组织建设的重要组成部分，以进一步提高全党对此项工作的认识和重视。与会同志交流了各地开展这项工作的做法和经验，起到了互相促进的作用。12 月 4 日晚上，中央监督委员会召开了第三次全体会议。

根据《条例》规定，中央监督委员会办公室设在中央组织部，由组织处承办办公室的日常工作。为规范工作程序，监督委员会办公室制定了《中国国民党革命委员会中央监督委员会办公室工作规程》，报请刻制了中央监督委员会及办公室印章各一枚。办公室按照《条例》和工作规程，处理相关来信 50 件；根据来信内容建立专档三卷；对署真实姓名的来信，以“民革中央监督委员会办公室”名义复函 6 件。今年 3 月，由中央监督委员会建议，以“民革中央办公厅”名义向 30 个省级组织及中央机关各工作部门发出了《关于贯彻中办国办〈关于党政机关厉行节约若干问题的通知〉精神的通知》，要求民革各级组织及领导干部在工作中严格执行中办、国办《通知》的各项规定，并在工作中加强监督检查。办公室还就如何进一步做好党内监督工作，开展专题调研一次。

今年，民革中央组织部先后到广东等八省进行了组织工作调研。所到之处同志们普遍反映，民革十一届二中全会制定的《条例》，是加强民革自身建设的重要规定。《条例》对各级组织和全体党员提出的严格遵守本党章程的要求，非常及时、非常必要。《条例》的制定和执行，对于更好地规范民革各级组织、各级领导和广大党员的行为，增进党内和谐与团结，提高民革各级组织的凝聚力与战斗力，促进干部队伍建设和作风建设，督促广大党员廉洁自律、奋发向上，有着十分积极和重要的作用。目前，已有云南、新疆、江苏三个省级组织按照《条例》要求先后成立了同级监督委员会，还有些省级组织正在积极筹备中。

总体上看，各省级组织领导班子按照中央要求，在思想建设、作风建设、制度建设和推进民主建设贯彻民主集中制方面都倾注了很大的力量，取得了明显成果。主要包括：

各地组织通过开展以坚持走中国特色政治发展道路为主题，以继承和发扬民革老一代领导人的政治信念、优良传统和高尚风范为重点的政治交接教育活动，领导班子成员进一步增强了接受中国共产党领导的自觉性和坚定性，夯实了同中国共产党亲密合作的思想、政治基础。这对全党的领导干部政治素质的全面提高起到了积极的推进作用。

各地领导班子能够充分认识到民主集中制是党的根本组织制度和领导制度，也是推进党内民主建设、增强党的创新活力和维护党的团结统一的根本制度保证，在贯彻民主集中制、加强领导班子的制度建设上陆续建立了相应的制度，如议事制度、决策制度、学习制度、民主生活会（谈心会）制度等，能够坚持重大事项按照“集体领导、民主集中、个别酝酿、会议决定”的原则，一些省级组织还建立了领导班子成员岗位责任制和考核办法。在推进民主建设过程中，制度建设有效促进了班子整体力量的发挥，显现了集体作用的优越性。

提倡深入实际、求真务实、密切联系成员、团结民主和廉洁自律的作风，是提高领导班子决策水平和解决自身问题能力的重要前提。各地领导班子对加强作风建设普遍引起了高度重视，在改进班子的思想作风、学习作风、工作作风等方面，班子成员从自身做起，一方面身体力行营造团结民主氛围，一方面加大了联系基层的力度。各地普遍建立了省级领导班子、机关专职干部等联系基层支部的制度，并在实际工作中取得了很好的成效和经验。

但是，个别地方组织领导班子建设还存在不够重视的地方，例如有的地方组织领导班子工作机制还不健全，或建立了相应的制度却未起到应有的作用；有的领导班子在民主作风、协商议事、办事效率上存在明显不足，班子成员之间和谐气氛不够，不能坦诚沟通；有的地方领导班子谈心会、民主生活会流于形式。这虽然是个别现象，但应当引起高度重视，及时扭转这种有碍民革组织科学发展的局面。

二、明年工作的重点

周铁农主席在十一届七次中常会上，特别强调在开展民革党内监督工作中，要注意和处理好四方面的问题：（1）对组织监督与对领导班子成员及党员个人监督相结合，以对组织监督为主。（2）整体监督与个案监督相结合，以整体监督为主。（3）预防性监督与查处性监督相结合，以预防性监督为主。（4）自下而上的监督与自上而下的监督相结合，以自下而上的监督为主。周主席要求，民革各级领导班子要带头坚持民主集中制，进一步疏通党内民主渠道，拓宽党内民主途径，丰富党内民主形式，切实保障各级组织和广大党员的民主权利，保证党员对党内重大问题的知情权、参与权和监督权，实现党员对党内事务的广泛参与和积极、有效监督。我们一定要认真学习贯彻周铁农主席的讲话和十一届七次中常会的精神，充分认识做好党内监督工作，是新时期民革搞好自身建设，提高解决自身问题能力的新要求。健全和完善党内监督制度，是民革增强团结，更好地履行参政议政、民主监督的重要保障。我们要在科学发展观和中国共产党十七届四中全会关于加强党的建设新的理论精神的指导下，进一步研究和探讨推进民革党内监督工作的思路和方法，使这项工作取得实效。2010 年，在民革中央的领导下，中央监督委员会将重点做好以下几项工作：

（一）深入学习中共十七届四中全会精神，贯彻落实《民革党内监督暂行条例》，加强宣传和理论研究工作。一方面，通过学习宣传切实提高广大党员特别是各级领导干部遵守党章和各项规章制度的自觉性，履行好民革章程规定的权利与义务；另一方面，要进一步提高广大党员发扬党内民主、加强对党内监督工作重要性的认识，克服那种认为民主党派权力有限，没必要监督，以及因对监督效果缺乏信心而不愿监督的思想，积极、自觉地参与党内监督工作。

要进一步加强参政党党内监督理论的研究。如何在新形势下更好地开展参政党的党内监督工作，是一个全新的课题，需要不断地探索、实践和总结。民革各级组织和广大党员，都应当加强对参政党党内监督理论的探索和研究，注意对党内监督实践的总结，不断丰富和完善参政党的党内监督理论，使之能更好地指导实践。

（二）进一步履行中央监督委员会的职能和加强与各省级组织的联系沟通。民革的各级领导班子，既是党内监督工作的决策者、部署者和执行者，也是党员监督的重点对象。中央监督委员会要加强与各省级组织领导班子的联系和沟通，共同做好健全和完善党内监督制度的工作。中央监督委员会要依照《条例》赋予的责任，虚心听取来自地方各级组织和党员的意见和建议，履行好职责。明年各省级组织将全面推进领导班子谈心会、民主生活会制度和领导干部述职评议制度的落实工作，中央监督委员会将予以积极的关注和必要的协助。努力使民革中央和地方各级组织领导班子成员和各级监督委员会成员成为执行党章的模范、廉洁自律的模范。

（三）进一步推进党内监督机制建设，提高监督效果。中央监督委员会要按照《民革章程》和有关规章的要求，切实发挥应有的作用，在认真贯彻《民革内部监督暂行条例》的同时，要认真学习和借鉴兄弟党派的做法和经验，努力探索工作方法和机制，丰富民革党内监督工作的内容和经验。对已建立省级监督委员会的，要帮助其主动开展工作。对还没有建立省级监督委员会的，同样要按照《条例》的规定，积极稳妥地开展这方面的工作。已具备成立监督委员会条件的省级组织，要及时与当地中共党委统战部门进行沟通，适时建立监督委员会。

有效开展党内监督工作，健全和完善内部监督制度和机制，是一个较为复杂的系统工程，我们将秉持先易后难、循序渐进的原则，积极而稳妥地开展工作。

（四）继续加强信访工作。要继续按照《条例》和《民革中央机关信访工作原则》办理来信来访，对党员署名的来信、来访和举报事项，必须依据有关规章制度，认真接待和妥善处理。对重要信访事项的办理要跟踪监督检查，妥善处理。各省级组织及省级监督委员会，也要认真对待下级组织和党员的来信、来访和举报事项，并在职权范围内予以认真妥善处理，同时，在研究和处理相关问题的过程中真正提高各级组织解决自身问题的能力，履行好自身的职责。

同志们，加强民革内部监督机制建设，需要在探索和实践中不断完善。在学习和借鉴执政党宝贵经验的同时，也要注重发扬民革的优良传统，突出民革的特色，要把加强内部监督工作与领导班子建设结合起来，与履行参政议政职能结合起来，通过加强党内监督，进一步促进民革自身建设和履行参政党职能。希望民革各级组织和全体党员充分提高对加强内部监督重要意义的认识，增强进一步做好内部监督工作的自觉性和责任感，有效地推进党内监督工作，使民革组织在自我教育、自我约束中健康发展。

进一步做好党内监督工作，开创民革自身建设新局面

（2009年5月30日在民革十一届七次中常会上的讲话）

周铁农

同志们：

这次中央常委会的一个重要议题，是研究如何在新形势下进一步健全和完善民革党内监督机制，做好党内监督工作。

党的内部监督机制，是由党的代表大会制度、党的纪律检查制度、党的组织监督制度等组成的制度体系。在这个制度框架内，党通过建立必要的机构，依照党章和党内规定，对党员、党员干部和党的各级组织，是否正确行使权力或履行义务，实行监察和督促，从而达到发扬党内民主、增强党内团结和谐、防止并惩治党内腐败现象、保障党健康发展的目的。在当前的新形势下，大力开展健全和完善党内监督机制工作，进一步加强党内监督，对于正在全面加强自身建设的民革来说，有着十分重要的意义。

一、健全和完善民革党内监督机制的重要性和必要性

中共十六大以来，以胡锦涛同志为总书记的中共中央高度重视多党合作事业的发展，大力支持民主党派加强自身建设。2005年，中共中央在认真总结新中国成立以来特别是改革开放以来多党合作实践的基础上，制定了《关于进一步加强中国共产党领导的多党合作和政治协商制度建设的意见》，提出了参政党建设目标、原则和主要内容，为我们进一步加强自身建设指明了方向。文件指出："支持民主党派根据各自章程规定的参政党建设目标，按照坚持中国共产党的领导、发扬社会主义民主、体现政治联盟特点、体现进步性与广泛性相统一的原则，以思想建设为核心，以组织建设为基础，以制度建设为保障，把自身建设提高到新的水平。"

民革一向高度重视自身建设，高度重视党内监督工作。去年年底，民革十一届二中全会认真总结了近几年自身建设的经验，认为在当前的新形势下，要把自身建设提高到新的水平，使民革能真正适应新形势新任务的要求，就一定要高度重视党内监督问题，努力建立起一个基本健全和完善的党内监督制度体系。为此，全会通过了《中国国民党革命委员会内部监督暂行条例》，并成立了中央监督委员会，决定把进一步加强党内监督，健全和完善党内监督机制，作为民革各级组织当前和今后一段时间的重要工作。

今年上半年，民革中央组织部先后到广东、福建、甘肃、河北等省进行了调研。大家普遍反映，民革十一届二中全会制定的《条例》，是加强民革自身建设的重要规定。《条例》对各级组织和全体党员提出的严格遵守本党章程的要求，非常及时、非常必要。《条例》的制定和执行，对于更好地规范民革各级组织、各级领导和广大党员的行为，促进党内团结与合作，提高民革各级组织的凝聚力与活力，加强组织建设、干部

队伍建设和作风建设，督促各级组织和广大党员廉洁自律、奋发向上，有着十分积极和重要的作用。

在调研中我们也了解到，有一部分同志认为，民主党派所拥有的权力有限，没有必要特别强调党内监督。还有的同志对开展党内监督的工作环境缺乏信心，认为很难开展这项工作，因而不愿监督。因此，要进一步做好党内监督工作，开创民革自身建设新局面，民革的各级领导和广大党员就必须提高对进一步加强党内监督工作重要性和必要性的认识。

进一步加强党内监督工作，是新形势新任务对民革的新要求，是中国共产党领导的多党合作事业发展的需要，是参政党更好履行职能的保障。当前，我国正处在全面建设小康社会、加快推进社会主义现代化建设进程的关键时期，中国共产党领导的多党合作事业正朝着制度化、规范化、程序化方向稳步迈进。面对改革开放30年后新的起点、新的形势与新的问题，参政党要想更好地发挥作用，为国家富强、人民幸福和民族振兴作出更多、更大的贡献，就必须不断加强自身建设，全面提高参政议政、民主监督的能力和水平，提高解决自身问题的能力和水平。而进一步加强党内监督工作，健全和完善参政党内部监督制度，则是参政党自身建设中最基本和最重要内容之一，也是民革参政议政、民主监督工作顺利开展的重要保障。

进一步加强党内监督工作，是自身建设实际对民革的必然要求，是一个成熟政党所应具备的基本条件。回顾这些年来民革的自身建设工作，我们虽然取得了很大成绩，但在制度建设、领导班子建设、作风建设等方面，也还存在一些问题。比如，有些地方组织的班子不够团结，出现内耗；有的地方组织里，执行党内规章制度不严，不同程度地存在把制度当做摆设和有章不循现象；还有一些人因违反国家法律、民革规章受到惩处，仅2002年以来因触犯国家刑律而被开除民革党籍的就有33人。这些问题的出现，固然有很多的原因，但不可否认，其中重要原因之一，就是党内监督制度不够健全，党内监督工作不够有力。另外，随着多党合作制度的完善与发展，越来越多的民革党员通过各级组织举荐，或是进入各级政府机关及司法部门担任领导职务，或是担任各级人大代表、政协委员，或是成为各类特邀（约）监督员。这既为民革充分发挥参政党作用提供了广阔的舞台和可能，同时也使我们加强党内监督工作变得比以往更为迫切。在这样的一种情况下，如果不进一步加强党内监督工作，我们就有可能担负不起参政党的历史职责，就有可能有负于人民的期望。

进一步加强党内监督工作，是党员民主意识、参与意识不断增强的要求。近年来，民革党员数量不断增长，党员的年龄结构和知识结构也在不断优化。通过换届，一大批年富力强的同志走上了民革各级领导岗位，领导班子人员组成更加年轻化、知识化。与以前相比，广大民革党员和各级干部对自身民主权利、义务的认识，以及由此产生的政治情感、民主心理和自觉平等参与党内事务的意愿，都有很大的提高。他们希望各级组织都能尊重党员和下级组织的民主权利，希望能够经由民主的程序，有效参与党内事务，切实履行党章赋予的各项权利，并对党的各级领导机关和领导干部实施有效的监督。我们应当尊重广大党员的这种要求，努力发扬和扩大党内民主，进一步加强党内监督机制体制建设，充分发挥广大党员的积极性和主动性，把民革的党内监督工作做得更好。

二、当前开展党内监督工作应当注意的几个问题

规范和完善民革内部监督工作的内容、方法与形式，是民革党内监督机制建设的一项重要内容，也是我们做好这项工作的关键。

做好民革的党内监督工作，必须充分认识参政党的基本性质与工作特点。民主党派的政治联盟及进步性与广泛性相统一的性质，以及作为参政党的地位和特点，决定了其党内监督与执政党的党内监督既有相同或相似之处，又有一定的差异。充分认识这些异同，把握好参政党的基本性质与工作特点，才能更有效和更有针对性地开展民革的党内监督工作。

学习、借鉴执政党党内监督的理论与实际经验，总结民革多年来开展党内监督的工作实践，我们认为，在当前开展的民革党内监督工作中，应当注意和处理好这样一些问题：

（一）对组织监督与对领导班子成员及党员个人监督相结合，以对组织监督为主。对各级领导班子成员及党员个人遵守国家宪法和法律、遵守民革各项规章制度的监督，无疑是民革党内监督的一项重要内容，但这只是党内监督的一个方面。对参政党来说，更重要的是对各级组织的监督。通过加强对组织的监督，进一步推动民革各级组织和领导班子按照本党章程的规定，坚决贯彻落实中国共产党路线、方针、政策，遵守多党合作政治准则，同时推动各级组织和领导班子积极履行参政党职能，切实贯彻执行组织决议、决定和工作部署，更好地贯彻民主集中制和各项制度。

（二）整体监督与个案监督相结合，以整体监督为主。在目前的党内监督实践中，存在着整体监督与个案监督两种不同的形式。两种形式各有特点，各具作用，都是实行党内监督工作的好形式。但是，在这两种形式之中，我们既应当注意做好两方面的工作，注意二者之间的相互配合、相互促进，也要有所侧重。对于民革来说，当前党内监督工作的重点，应当放在整体监督上。也就是说，要把监督的重点，放在对政治性、原则性等问题的监督上，而不是专注于一些特殊的个案，只是解决部分党员的矛盾和纠纷。

（三）预防性监督与查处性监督相结合，以预防性监督为主。在中国特色社会主义政党制度框架下，参政党的性质、地位与工作方式、特点，都与执政党有所不同。这些不同，决定了民革应当把党内监督工作重点，放在防范违章违纪行为的事前预防性监督上，而不是专注于开展对违章违纪现象的事后查处性工作。为此，要做好预防性监督工作的制度建设工作，让制度来管人，用制度来管事，防止因权力被不正当使用而产生的消极和腐败行为。还要做好思想教育工作，使广大民革党员特别是各级领导干部遵章守法，做到办事民主、公正、透明和廉洁自律。

（四）自下而上的监督与自上而下的监督相结合，以自下而上的监督为主。自上而下的监督，是上级组织或领导在充分了解情况的前提下，督促和帮助下级组织解决问题和困难，及时纠正错误的一种方式。而自下而上的监督，则是群众对上级组织和领导进行的监督。它是群众路线在党内监督中的体现，可以体现党员重要的民主权利。

对民革来说，这两种党内监督的基本形式都不能偏废，都应当开展好，使党内监督形成各级委员会、各级监督委员会与党员个人一起各行其责、相辅相成的监督格局。但相对而言，民革的党内监督工作，还是应当将重点放在自下而上的监督上。也就是说，我们要进一步尊重党员的民主权利，扩大广大党员参与监督的范围，改进普通党员参与监督的途径、方式与方法，使自下而上的监督规范化、制度化，从而全面做好党内监督工作。

三、坚持民主集中制，不断加强领导班子作风建设

民主集中制是中国共产党的根本组织制度和领导制度，也是民主党派的根本组织制度和领导制度。加强民革党内监督工作，必须坚持民主集中制。

首先，民主集中制的本身就是一种监督。从民主集中制的基本原则和基本制度来看，它既是党的根本组织制度和领导制度，是群众路线在党的生活中的运用和体现，也包含着党内监督的制度内容。严格遵守民主集中制，是规范党内生活、协调党内关系、做好党内监督工作的重要保证。

其次，重视和实行党内监督是民主集中制的重要内容。民主集中制有着丰富的内涵，其中实行党内监督就是它的重要内容之一。坚持实行民主集中制，就可以通过组织制度功能和纪律约束功能，来对权力进行制约，从而使党的各个部分、各个方面都处于有效的监控状态和制约体系之中，起到促使和保障党健康发展的目的。

可以说，实行民主集中制是对党的最有力监督，离开民主集中制原则来谈党内监督，党内监督力量就会变得苍白无力。只有坚持民主集中制，才能健全党内民主生活，遏制独断专行的作风，充分调动民革全党的积极性、主动性和创造性，增强防腐拒变的能力，始终保持党的肌体的健康与活力。

民革各级领导班子要带头坚持民主集中制，进一步疏通党内民主渠道，拓宽党内民主途径，丰富党内民主形式，切实保障各级组织和广大党员的民主权利，保证党员对党内重大问题的知情权、参与权和监督权，实现党员对党内事务的广泛参与和积极、有效监督。

在加强党内监督工作中贯彻落实民主集中制，应注重以下几个方面：

一是建立健全领导班子议事制度，形成良性工作机制。领导班子及其成员要坚持集体领导和个人分工负责相结合的原则，制定、完善并严格执行议事规则，充分发挥领导集体组成人员的整体作用，保证决策科学、民主。凡属重大事项、重要问题、重要的政治安排和干部推荐，都要按照集体领导、民主集中、个别酝酿、会议决定的原则，由集体讨论作出决定。另外，各级领导班子成员，于每届届中和届末在全委会或常委会的范围进行述职，并接受民主评议或民主测评。

二是坚持定期召开领导班子谈心会和民主生活会，保证党内生活健康开展。谈心会和民主生活会是党内监督工作的重要内容，是实现监督的主要形式之一。谈心会和民主生活会的重点，是查找工作中遇到的问题，剖析问题存在的根源，提出整改措施，防患于未然。领导班子成员通过定期召开谈心会和民主生活会这种形式，交流思想，开展批评和自我批评，达到统一认识、增进团结的目的，使领导班子更具战斗力，从而在成员中更具凝聚力和感召力。

三是要健全和完善干部工作制度。民革各级组织和各级领导都要进一步解放思想，积极探索干部制度改革的新思路、新方法、新途径，健全和完善人事安排及干部选拔推荐任用制度，不断提高干部选拔工作的透明度，真正做到不拘一格选拔人才。要建立和完善干部竞争机制，从制度上保证人才资源的合理利用，用制度来确保干部的素质与水平。

进一步加强党内监督工作，重点在制度建设，关键在各级领导班子。因此，我们在强调坚持民主集中制的同时，还应强调要不断加强领导班子的作风建设。首先，在领导班子内部分工上，既要职责明确，分工合理，提高效率，又要互相制约，防止滥用权力和权力集中在少数几个人手中。其次，各级组织要根据自身工作特点，制定切实可行的工作制度，建立健全和切实推行干部任用公示制度、领导干部监督责任制度、离任审计制度、领导干部推荐责任制度等，使干部的培养、使用、管理、离岗的全过程都处于受控状态，并努力使之程序化、规范化。

各级领导班子成员还应注重和善于做党员的思想教育和引导工作。民革全党集纳了不同界别的专家学者，还有不少党员同志在各级人大、政府、政协及司法机关任职。各级领导要在鼓励党员做好本职工作、履行好参政党党员职责的同时，引导他们不断提高自身素养，廉洁自律，树立民革良好的社会形象。

四、对民革开展党内监督工作的几点要求

进一步加强党内监督，是民革全党当前和今后一段时期的重要任务。民革各级组织必须高度重视、全面做好这项工作。

第一，各级领导班子必须带头做好党内监督的工作。民革的各级领导班子，既是党内监督工作的决策者、部署者和执行者，也是党内监督的重点对象。因此，地方各级领导班子及其成员必须负起责任，按照民革中央的安排，认真组织谋划，加大工作力度，全面做好健全和完善党内监督制度的工作，把民革的党内监督工作和自身建设推上一个新的台阶。

第二，各级监督委员会要切实承担起监督职责。监督委员会是组织领导和协调民革内部监督的枢纽，承担着民革内部监督的主要职责。作为民革内部监督的专门机构，各级监督委员会要按照《民革章程》和有关规章的要求，积极组织和领导党内监督工作，切实发挥起监督作用。中央监督委员会每年要向中央委员会报告工作。目前没有成立监督委员会的省级组织，党内监督工作由省级委员会负责，所做的相关工作每年也要以一定形式向全委会报告。

第三，民革各级领导班子成员和各级监督委员会成员要带头廉洁自律。作为领导者和监督者，民革各级领导班子成员和各级监督委员会成员首先要管好自己，自觉接受组织监督和党员群众的监督，以身作则，加强自律，带头执行民革的各项规章制度，保证自身廉洁。对党员署名的来信、来访和举报行为，各级监督委员会及委员必须依据民革的有关规章制度，认真接待和妥善处理。

第四，做好宣传教育工作。加强党内监督，是民革一项长期性的工作任务，需要广大党员的积极参与。各级民革组织要做好有关的宣传教育工作，一是要切实提高广大党员特别是各级领导干部遵守民革各项规章制度的自觉性，履行好民革章程规定的权利与义务；二是要进一步提高广大党员对党内监督工作重要性的认识，克服那种认为民主党派权力有限，没必要监督，以及因对监督效果缺乏信心而不愿监督的倾向，积极、踊跃、自觉地参与党内监督工作。

第五，循序渐进，先易后难，逐步深入。健全和完善民革党内监督制度体系，是一个较为复杂和困难的系统工程，没有太多成熟经验可以借鉴。民革各级组织在开展这项工作时，要秉持先易后难、由浅入深的原则，有共识的先做，做得到的先做，打好工作基础、有了阶段性成果之后，再逐步深入发展，力争少走弯路。已建立省级监督委员会的，要积极主动开展工作，努力探索和创新工作机制和方法，丰富民革党内监督工作的内容和经验。还没有建立省级监督委员会的，民革各省级组织要按照《条例》的规定，积极稳妥地开展相关工作。

第六，大力加强参政党党内监督理论的研究。对参政党来说，如何在新形势下更好地开展党内监督工作，是一个全新的课题，需要不断地探索、总结和研究。民革各级组织和有能力进行理论研究的党员，都应当注意对党内监督实践的总结和分析，大力加强对参政党党内监督理论的探索和研究，不断丰富和完善参政党的党内监督理论，使之能更好地指导实践。

同志们，进一步做好党内监督工作的重要意义，在于保障民革全党在思想上、政治上和组织行为上的高度统一，在于保障民革全党坚定不移地走中国特色社会主义政治发展道路。各级民革组织要在邓小平理论和“三个代表”重要思想指导下，以科学发展观为统领，正确分析党内监督的现状，大力加强党内监督的制度建设工作，让党内监督的工作任务落到实处，使民革全党的纪律更加严明，肌体更加健康，事业更加辉煌，把民革建设成为一个适应新形势新任务要求的有作为的参政党。

在中共中央统战部召开的民主党派领导班子建设经验交流会上的发言

（2009 年 1 月 13 日）

厉无畏

杜部长，各位同志：

根据中共中央统战部的建议，民革中央于 7 月 1 日召开在京领导同志谈心会，就民主党派领导班子如何提高解决自身问题能力的问题进行了座谈，民革中央主席周铁农同志出席了谈心会。2008 年 12 月 29 日民革中央再次召开了在京领导同志谈心会。与会同志回顾总结了民革中央上一届领导班子和新一届领导班子自身建设的经验，对工作中存在问题实事求是地进行了分析，对进一步加强领导班子建设，提高领导班子解决自身问题能力提出了意见，并对中共中央进一步支持民主党派加强领导班子建设提出了建议。座谈会开得很好，大家畅所欲言，气氛十分活跃，洋溢着浓厚的民主气氛。

我们认为，总的说来，民革中央领导班子是一个积极进取、团结和谐的班子。第一，是一个能够把握民革作为参政党的全局，具有较强号召力的领导班子。每当民革中央领导班子为了推进多党合作事业发展、加强自身建设作出什么决定、提出什么要求的时候，民革各级组织和广大党员，都能够积极响应，采取各种各样相应的措施和行动，来加以贯彻落实。2007 年，民革中央提出在各级组织围绕政治交接专题教育开展“民革——我的精神家园”的演讲比赛，结果，各级组织从支部到基层委员会、地方委员会都行动起来，最后层层选拔的一批选手在民革十一大期间到北京进行决赛，许多普通党员的演讲十分感人，许多民革十一大代表流下了感动的泪水。这样的活动不仅体现了民革基层组织工作的活跃，也体现了民革中央领导机关的号召力。2008 年四川发生“5·12”特大地震，民革中央号召捐款，截至 6 月低，民革中央机关及团结报社、团结出版社工作人员不到 200 人共计捐款近 20 万元，而民革全党的捐款截至 6 月初就已达到 1.3 亿元。数额不是很大，但相对于我们的人数和收入水平来说，则是比较多的。

第二，是一个勤奋务实，积极进取，具有一定战斗力的领导班子。随着我国多党合作事业的不断发展，民革中央领导班子的工作任务也是越来越重。从上一届到现在，民革中央领导班子的调查研究工作越来越频繁，有的同志把我们主席和驻会副主席戏称为“空中飞人”。特别是本届领导班子成立以来，各位驻会主席、副主席，几乎每个月都要外出调研、开会或支持地方组织的活动等，每一位领导同志平均每一个月参加调研或活动一至两次，繁忙的时候达到三次之多。5 月上中旬在安徽省所作的关于健全农村基本公共服务的调研，民革中央调研组就有 6 位主席参加。2008 年 4 月“两会”之后，截至 7 月底，民革中央上报中共中央、国务院的调研报告已达 5 件，都是我们调查研究的成果。

第三，是一个思想解放，勇于创新，有创造力的领导班子。自九届民革中央领导班子成立以来，我们围绕建设一个什么样的参政党、怎样建设参政党这两个问题，积极推进自身建设、努力履行职责，形成了一整套适合民革组织实际情况的工作思路和工作方法，许多工作成果、工作思路和方法，都带有创新的意义。在参政议政工作方面，根据民革组织的实际情况，我们逐步形成了以对台工作和“三农”问题两个重点领域。对台工作方面，我们和有关方面密切合作，深入台湾岛内调查研究，取得的研究成果受到胡锦涛总书记的充分肯定。在海外联谊和接待工作方面，民革中央首创一年一度邀请台湾杰出青年大陆参访团来大陆参观访问的方式，六年来我们已经接待数百位分布在台湾各地各界的杰出青年，对做好台湾人民工作具有重要意义，这一做法受到了中共中央的充分肯定。在参政议政工作方面，我们连续七年把由中央统战部牵头组织的大调研的课题确定为“三农”问题，目前我们已经形成了以研究解决“三农”问题为参政议政工作重点这样一个特色。目前，根据民革组织的实际情况，我们还将开辟一个社会法制问题的参政议政工作重点领域，并将集中全党的智慧和力量，力争在这些领域的参政议政工作上有所突破。

在自身建设方面，我们着眼于全面提高各级组织和广大党员的政治把握能力、参政议政能力、合作共事能力和组织协调能力，坚持以思想建设为核心，以组织建设为基础，以制度建设为保障，努力把民革建设成为适应新世纪要求、始终保持进步性和广泛性相统一、具有完善的工作机制、能够在中国特色社会主义事业中有所作为的高素质参政党。具体的做法是每年选择一个重点，比如，领导班子建设、基层组织建设、后备干部队伍建设、制度建设等等，在调查研究的基础上，形成一个制度性的文件，在中央常委会通过，推动全党各级组织来贯彻落实。这样，民革组织从中央到地方，逐步形成了一个系统全面的制度体系。在自身建设方面，我们注重思想理论建设，通过民革中央的组织和推动，形成了一批质量较高的研究成果。2005 年我们编写出版了《中国的参政党》一书，这是从民主党派的角度研究参政党的性质、地位、职能、作用等理论问题的第一本专著。

第四，是一个团结和谐，配合默契，有凝聚力的领导班子。民革中央领导班子按照民主集中制原则，建立了一系列工作制度，比如《民革中央会议制度》、《中央常委会议事规则》、《民革中央主席会议议事规则》等。领导班子集体决策，成员分工负责，工作上密切配合，形成了 1 +1 大于 2 的整体合力。在谈心会上大家讲到了这样的体会，在这个领导班子集体中工作，没有因为人事关系问题煞费苦心的时候，大家没有杂念，一门心思，想的都是工作。领导班子的团结和谐也带动了民革中央机关工作班子的团结和谐。参加谈心会的民革中央两位副秘书长对此深有体会，他们说，任何单位如果领导班子不团结，下边的工作人员往往也会陷入复杂的人事矛盾中，而在民革中央机关没有这样的烦恼，大家都在努力工作。领导班子的团结和谐让下属心服，让社会认可，从领导班子和中央机关都保持着风清气正、积极向上的良性循环状态。

我们认为，民革中央领导班子之所以能够成为这样一个好的领导班子，根本原因在于多党合作的好形势。改革开放以来，特别是中共十六大以来，我国社会主义民主政治不断发展，多党合作事业不断进步，为民主党派充分发挥作用提供了越来越广阔的舞台，这是民主党派不断成长进步的根本原因，也是民主党派领导班子建设不断取得成绩的根本原因。中共中央统战部也为我们民革中央领导班子建设做了大量工作，发挥了重要作用。

从民革中央领导班子内部来看，首先是因为有一个好班长。民革中央上一届主席何鲁丽同志，本届主席周铁农同志，他们两位同志是大家公认的具有较强政治把握能力、参政议政能力、合作共事能力和组织协调能力的好班长。他们作风民主，公道正派，具有很高的思想境界和人格魅力，是领导班子富于号召力、凝聚力、创造力和战斗力的关键。

二是十分重视学习。何鲁丽主席无论到哪一个民革组织中讲话，首先强调的始终是学习。民革中央中心组学习制度也一直在坚持，每次都要确定一个中心，组织一篇比较有分量的专题发言。这一传统不仅促进了领导班子建设，对全党的思想政治工作都产生了积极的促进作用。2007 年在关于政治交接问题的学习会上，何鲁丽主席关于中国特色政治发展道路的讲话首次对中国特色政治发展道路的内涵作了系统的理论阐述，这一讲话又成为民革全党进行政治交接主题教育活动的重要文件，在全党范围内引起了良好的反响。

三是十分重视制度建设。一方面是多党合作的制度化、规范化、程序化建设不断推进，为民主党派领导班子建设提供了一个良好制度环境，另一方面是我们民革组织自己的制度建设不断推进，使我们的领导班子建设在制度化、规范化、程序化之中不断提升水平和质量。

四是十分重视作风建设。第一是团结的作风。民革中央主席会议上不管什么工作都通过讨论形成共识，谈意见的时候大家都没有任何顾虑。第二是民主作风。我们的任何工作都是民主决策，没有私下捏鼓的情况。第三是务实作风。不懂的话不说，要干就干可以干成的事情。调研报告、提案，内部文件力求实实在在，不要浮夸的东西。

五是十分重视提高整体能力。过去党派都有“旗帜性人物”，现在我们民革强调的是发挥领导班子每一个成员的作用，发挥领导班子的整体作用，注重领导班子整体上的能力建设。

我们认识到，民革中央领导班子建设也还存在着的许多问题。第一，作为肩负重任的参政党领导班子，我们深感能力不足。前些年，中共中央有领导同志重提毛泽东同志早在 1939 年讲过的“本领恐慌”，我们民主党派则有着一种“能力恐慌”。因为我们面临着为国家改革发展充分发挥作用的历史性机遇，要发挥好应有的参政议政、民主监督作用，我们始终感到有一种非常大的压力，迫切需要提高自身的能力，包括政治把握能力、参政议政能力、合作共事能力、组织协调能力，也包括解决自身问题的能力。即就在民革党内来说，我们也常常感到我们的工作能力落后于广大党员对我们的要求，许多民革党员的参政议政要求还不能得到充分满足，参政议政能力还不能得到充分发挥。只有提高我们领导班子的能力，整个党派和广大党员的能力才能够得到更加充分的发挥和提升。

第二，在组织建设方面，我们的工作还有很大空间可以发挥。一些民革党员对我们提出批评意见，比较集中的一点是在省级领导干部的实职安排中民革党员已经下降为零。说到底，不是因为民革组织中没有人才，而是因为我们在组织建设特别是干部队伍建设方面的工作还不到位。

第三，学习抓得还很不够。虽然我们建立并一直坚持中心组学习制度，但从工作的需要来看，我们学习和研究工作的时间还是太少，忙于事务性的时间则太多。同时，我们感到领导班子的思想政治工作做得也还不够。有的副主席建议主要领导同志要多找他们谈心，为他们做好工作提出意见建议。有的兼职副主席建议中央领导同志找他们所在单位的领导同志谈心，沟通情况，让他们所在单位的领导同志认识到，这些同志不仅个人在为所在单位作贡献，他们身后的民革组织也在发挥作用。

总的说来，我们民革中央领导班子有这样一个共识，主要领导同志和领导班子成员之间要欢迎监督，但有什么问题，首先要在领导班子内部解决，提高解决自身问题的能力，避免遇到问题就告状。我们一致认为，要继续发扬民革中央领导班子建设中形成的优良传统，切实解决领导班子建设中存在的各方面问题，不辜负中共中央对我们的希望，也不辜负民革全党对我们的希望。

为进一步加强民主党派中央领导班子建设，我们也希望得到中共中央领导同志特别是中共中央统战部进一步的关心、支持和帮助。我们建议：

第一，中共中央领导同志和中央统战部领导同志要经常找民主党派领导同志谈心，沟通思想，更多了解民主党派工作情况和各方面要求，切实帮助他们解决实际问题、克服困难。作为多党合作制度的领导党和亲密友党，执政党对参政党的自身建设负有主要责任。一方面，民主党派领导班子要提高解决自身问题的能力，另一方面，执政党也要帮助民主党派解决自身问题。没有执政党的支持帮助，民主党派的一些自身问题也是很难解决的。

第二，进一步加强民主党派领导干部的教育培训工作。民主党派领导班子成员的绝大多数是具备较强政治把握能力、参政议政能力、合作共事能力和组织协调能力的，但确实也有一些同志由于长期从事其他方面的工作，对多党合作事业和民主党派工作还不是很熟悉，因为工作需要而转到党派机关工作或者兼职工作，对党派工作、参政议政工作有一个学习的过程，需要在中央统战部的组织协调下进行专门学习培训，以进一步提高各方面能力。

第三，支持帮助民主党派进行工作创新和制度创新，不断探索领导班子建设新思路、新方法。一方面，我们必须进一步搞好政治交接，继承我们民主党派老一辈领导人的光荣传统，同时，随着多党合作事业的发展，参政党迫切需要开拓创新，根据新时代、新形势、新情况的要求，创新工作思路、工作方法、工作制度，从而推动多党合作事业不断发展和多党合作制度不断完善。

第四，适时组织参政党自身建设特别是领导班子建设理论研讨和工作经验交流。据了解，各民主党派都创造了许多有效的工作经验和方法，这些好的经验和做法都具有十分普遍的意义。希望中央统战部牵头组织开展这样的研讨和交流，以便于我们各民主党派互相学习、取长补短、共同进步。

第五，进一步加强民主党派干部特别是领导班子的实职安排和政治安排。我们感到多党合作事业的发展，迫切需要加强民主党派干部的实职安排。不仅党派中央的领导同志，党派机关的处级、局级干部也都需要通过实职安排来培养和锻炼。说实话，民主党派机关的一个处长、局长与行政机关的同级干部相比在各方面能力上都有很大差距。没有培养锻炼的机会就很难成长。这方面工作也需要得到中共中央统战部的大力支持和帮助。

以上建议，仅供参考。

谢谢大家！

大力发展创意产业，推进经济创新和传统产业的升级换代

（2009 年 3 月 7 日在全国政协十一届二次会议大会上发言）

厉无畏

主席、各位委员：

2008 年以来，由美国次贷危机引起的国际金融危机愈加发展，严重影响了全球实体经济的发展。受国际金融危机的影响，2008 年我国出口增长同比回落 8.5%，并带动 GDP 增长回落和许多产业增长速度下滑。可是，在如此严峻形势下，创意产业却能逆势而上，如网络游戏出口 2008 年三季度比二季度还增长了 21%，北京、上海、深圳

等地创意产业增长率也远高于同期 GDP 的增幅。在当前的经济寒冬中，创意产业已经成为了一股令人振奋的暖流。

为应对国际金融危机的影响，中共中央、国务院已及时果断调整政策，出台了一系列刺激经济、扩大内需的措施，并强调要增强自主创新能力、优化产业结构、加快发展方式转变。从历次金融危机引起的经济萧条情况看，只有实现了经济创新的国家才能迅速走出危机，而创意产业就是推动经济创新的一支重要力量。

创意产业是开发人类创造力、解放文化生产力、提升产业竞争力、增强国家软实力的有效手段。它强调创意和创新，强调把文化、技术、产品（服务）和市场有机结合起来，不仅能为人们提供文化含量较高的产品和服务，满足人们的精神需求，从而有效刺激内需，形成新的消费市场，更重要的是还可以与其他产业融合发展，促进产业创新和结构优化，有效地推动经济发展方式的转变。

首先，即使在经济不景气时期，创意产业也同样能找到新的发展机会。由于危机的出现，人们对于未来生活的担心转变成了程度不同的心理压力，十分需要舒解。以人为本、以需求为导向的创意产业，则可以利用自己的特点，非常“善解人意”地为公众制造一个舒解现实生活压力与苦闷的“欢乐世界”。同时，还可以用自己丰富多彩的文化创意，来为公众构筑一个宽阔的追逐自我愿望的平台，形成新的消费热点。

其次，创意产业是推动传统产业加快自主创新进程的重要力量。面对国际金融危机的冲击形势，我们首当其冲的任务是加强自主研发能力，加快自主创新进程，尽早拥有自己的品牌和核心技术，才能尽量减少对外经济的依存度。目前，我国总的对外技术依赖率超过 50%，工业产品的新开发技术中有 65% 属外源性技术，在世界上叫得响的品牌寥寥无几。这些现象的背后，反映了我国的不少企业缺乏自主创新能力。因此，提倡创新精神、鼓励自主创新，已经成了走出危机的必由之路。在这个过程中，传统产业可以通过技术创新和文化创意这两大引擎，来推动产业的创新：一是可以通过创意的融入，附加更多的文化内涵，实现差异化竞争，塑造出有特色的品牌，以提升产品的竞争力。二是可以在产品设计中融入文化创意，用不同的表现形式给予人们丰富的想象，以实现产品的价值创新。三是可以在营销中融入文化创意，引起消费者的文化认同，使之产生共鸣或好奇心，以拓展自己的市场。

最后，发展创意产业，有助于促进整个经济结构的优化和发展方式的转变。由于创意产业是开发人类的主体资源，通过满足人的精神需求而产生社会效益和经济效益，较少消耗自然资源，可以说是一个以人为本，高文化附加值、低消耗高产出的环保型新兴绿色产业。发展创意产业，不仅能够开发人的创造力和潜能，给每个有创造力的人提供发挥才能、创造财富的机会，推动创意阶层的形成，其文化创意还能够为产品的服务注入新的文化要素，为消费者提供与众不同的新体验，从而提高产品与服务的观念价值，并且因品牌的作用而大大提高产业的附加值。更重要的是，创意产业可以通过应用技术的嫁接，比较深入地融入传统产业，实现传统产业的价值创新和产业创新，促进整个经济结构的优化和发展方式的转变。

因此，在当前世界经济出现危机、中国经济出现暂时困难时，我们应当及时抓住机遇，大力发展创意产业，并以创意产业的思维逻辑和发展模式，来改造传统产业的发展模式，实现产业的创新和发展方式的转变，从而克服世界金融危机的影响，推进我国的结构调整和产业升级，实现经济的持续稳定增长。

为此建议：

一、将发展创意产业列入国家创新计划，科技创新和文化创意是推动经济持续发展的两大引擎，它理应成为创新计划中的一个重要内容

二、尽快成立全国性创意产业协会，整合社会各界力量，协助政府推进创意产业的发展。这既有利于突破条块分割的弊端，也有利于更广泛地开展国际交流。

三、制定促进创业产业发展的政策，包括促进投融资与风险分担的机制、知识产权的保护与运作、加强人才培养等等。

谢谢各位。

科学发展观与参政党建设

（2009 年 6 月 16 日）

周铁农

2008 年 10 月，中央统战部杜青林部长就统一战线学习实践科学发展观作了重要讲话。民革作为统一战线的重要组成部分，学习贯彻科学发展观是当前的最大政治任务。围绕杜青林部长重要讲话的精神，就“科学发展观与参政党建设”这一专题我谈三个问题，一是科学发展观的基本内容；二是民革作为参政党，为什么要学习、贯彻科学发展观，也就是民革学习贯彻科学发展观的重要意义；三是如何学习贯彻科学发展观，也就是民革如何以科学发展观为指导，服务于科学发展、促进自身科学发展的问题。

一、科学发展观的基本内容

总的来说，科学发展观是马克思主义关于发展的世界观和方法论的集中体现，是对中国共产党的三代中央领导集体关于发展的重要思想的继承和发展，是同马克思列宁主义、毛泽东思想、邓小平理论和“三个代表”重要思想既一脉相承又与时俱进的科学理论，是以胡锦涛为总书记的中共中央，全面、深入地总结建立和完善社会主义市场经济体制的经验这一重要基础上提出来的。科学发展观，第一要义是发展，核心是以人为本，基本要求是全面协调可持续，根本方法是统筹兼顾。

首先，为什么说以人为本是科学发展观的核心？“以人为本”是中国共产党全心全意为人民服务根本宗旨的深刻体现，中国共产党的一切奋斗和工作都是为了造福人民。共产党执政，就是要始终把实现好、维护好、发展好最广大人民的根本利益作为党和国家一切工作的出发点和落脚点，尊重人民主体地位，发挥人民首创精神，保障人民各项权益，走共同富裕道路，促进人的全面发展，做到发展为了人民、发展依靠人民、发展成果由人民共享。

科学发展观的核心“以人为本”的“人”，是人民群众；这当中的“本”，是人民群众的根本利益。“为什么发展”呢？一切都是为了“人”，重视满足人们的现实需要，

维护人们的切身利益，提高人的素质，发挥人的潜能，最终实现人的全面发展。一切从人们的现实需要出发，就能弄清“发展什么”的问题。当人们的生活从生存阶段上升到发展和享受阶段后，就要求在发展中不能只是单纯追求经济增长，还要追求经济、社会和自然的协调发展，坚持速度和效益的统一。因此，以人为本是发展的根本目的，以经济建设为中心则是达到这个目的的手段。明确了这些，在全面建设小康社会的进程中，就必须把人民的利益作为一切工作的出发点和落脚点。如果离开了满足人的全面需要，那任何工作就没有意义；离开了促进人的全面发展，其他的任何发展就会失去价值。

第二，为什么要把全面、协调、可持续发展作为科学发展观的基本要求？发展，对于全面建设小康社会、加快推进社会主义现代化，具有决定性意义，因此，必须坚持把发展作为中国共产党执政兴国的第一要务。同时，发展不能是盲目发展、片面发展，必须着力把握发展规律、创新发展理念、转变发展方式、破解发展难题，提高发展质量和效益，实现又好又快发展。努力实现以人为本、全面协调可持续的科学发展，实现各方面事业有机统一、社会成员团结和睦的和谐发展，实现既通过维护世界和平发展自己、又通过自身发展维护世界和平的和平发展。

坚持全面协调可持续发展的基本内容是，要按照中国特色社会主义事业总体布局，全面推进经济建设、政治建设、文化建设、社会建设，促进现代化建设各个环节、各个方面相协调，促进生产关系与生产力、上层建筑与经济基础相协调。坚持生产发展、生活富裕、生态良好的文明发展道路，建设资源节约型、环境友好型社会，实现速度和结构质量效益相统一、经济发展与人口资源环境相协调，使人民在良好生态环境中生产生活，实现经济社会永续发展。

第三，如何运用统筹兼顾这一科学发展的根本方法？作为中国特色社会主义的发展观，科学发展观的本质是在全面建设小康社会和实现社会主义现代化的进程中，选择什么样的发展道路和发展模式，如何发展得更好的问题。也就是如何实现全面、协调、可持续的发展问题。根据全面建设小康社会的基本要求，就必须做到五个“统筹”，即统筹城乡发展、统筹区域发展、统筹经济社会发展、统筹人与自然和谐发展、统筹国内发展和对外开放，这是实现科学发展的根本方法。

为此，要统筹中央和地方关系，统筹个人利益和集体利益、局部利益和整体利益、当前利益和长远利益，充分调动各方面积极性。统筹国内国际两个大局，树立世界眼光，加强战略思维，善于从国际形势发展变化中把握发展机遇，应对风险挑战，营造良好国际环境。既要总揽全局、统筹规划，又要抓住牵动全局的主要工作、事关群众利益的突出问题，着力推进、重点突破。

为了深入了解科学发展观的时代特征和先进性特征，我们可以从它的形成过程和背景，进一步展开来谈。

第一，科学发展观是针对当代中国发展的现实要求提出来的。

经过近30年的改革开放，进入新世纪新阶段，中国发展呈现出一系列新的阶段性特征，主要是：经济实力显著增强，同时生产力水平总体上还不高，自主创新能力还不强，长期形成的结构性矛盾和粗放型增长方式尚未根本改变；社会主义市场经济体制初步建立，同时影响发展的体制机制障碍依然存在，改革攻坚面临深层次矛盾和问题；人民生活总体上达到小康水平，同时收入分配差距拉大趋势还未根本扭转，城乡贫困人口和低收入人口还有相当数量，统筹兼顾各方面利益难度加大；协调发展取得显著成绩，同时农业基础薄弱、农村发展滞后的局面尚未改变，缩小城乡、区域发展差距和促进经济社会协调发展任务艰巨；社会主义民主政治不断发展，依法治国基本方略扎实贯彻，同时民主法制建设与扩大人民民主和经济社会发展的要求还不完全适应，政治体制改革需要继续深化；社会主义文化更加繁荣，同时人民精神文化需求日趋旺盛，人们思想活动的独立性、选择性、多变性、差异性明显增强，对发展社会主义先进文化提出了更高要求；社会活力显著增强，同时社会结构、社会组织形式、社会利益格局发生深刻变化，社会建设和管理面临诸多新课题；对外开放日益扩大，同时面临的国际竞争日趋激烈，发达国家在经济科技上占优势的压力长期存在，可以预见和难以预见的风险增多，统筹国内发展和对外开放要求更高。

中共十六大提出全面建设小康社会，即经过20年努力，建设一个能够惠及十几亿人口的更高水平的小康社会，这是一个很高的要求。尤其要看到，经过前20多年的改革和发展，我们虽然在总体上已经进入小康社会，但仍是低水平的、不完全的、发展很不平衡的小康社会。比如，2000年进入小康社会时，原定的16项监测指标和小康临界值有3项没有达到。一是农民的人均收入，指标是人均1200元，实际达到1066元；二是人均蛋白质日摄入量，指标是人均75克，实际达到73克；三是建成农村初级卫生保健基本合格县，指标是100%，实际上建成80%。这三项未完成的任务，集中反映出城乡差别、地区差别和经济社会发展不协调已经影响到中国现代化建设的全局。而且，进入21世纪后，农民收入增长率连续3年下降，城乡差别进一步扩大。因此，要全面建设小康社会，面临着一个艰巨的任务，即如何解决好城乡差别、区域发展中的差距，以及经济与社会发展不协调的问题。正因为如此，中国共产党在十六届三中全会上提出了树立和落实科学发展观，以此作为实现全面建设小康社会的指导方针。也就是说，科学发展观的形成和提出，同全面建设小康社会的目标有着直接的、内在的联系。另外，抗击“非典”斗争是科学发展观形成的一个重要的、直接的因素。2003年突如其来的“非典”疫情，虽然前后只有两个多月，地区也只涉及个别省份，但对于经济发展特别是对旅游业、商业服务业、航空业、运输业、建筑业和部分制造业造成了较大损失。疫情的发生和抗击疫情的艰苦努力提出了一个深刻的问题，这就是：在推动经济增长和人民生活水平提高的同时，还要搞好公共卫生、教育等各方面工作，要把对人的关爱放在工作的重要位置上。因此，在抗击“非典”取得决定性胜利后不久，中共中央就提出要贯彻经济社会协调发展、城乡协调发展、区域协调发展、人与自然和谐发展的方针。

第二，科学发展观是全面借鉴了世界现代化发展过程中的经验教训提出来的。

人类社会自工业革命以来，尤其是20世纪六七十年代以来，发展观念发生了深刻的变化。具体地说，世界现代化发展观的演变大致经历了四个阶段。

第一阶段是20世纪40年代到60年代中期的经济增长发展观。第二次世界大战结束后，西方工业国家大都受到物质匮乏的困扰，而战后非殖民化运动中获得独立的新兴国家都普遍感到自己贫穷落后。这样，无论是发达国家还是发展中国家，都把追求经济增长、消除物质匮乏或贫困作为自己最迫切的愿望。于是从经济学的角度去研究社会发展，把经济增长作为社会发展主要目标的经济增长论就应运而生。

经济增长论是发展研究中较早形成的关于发展的理论。其基本观点是，贫穷国家之所以贫穷，是因为“经济馅饼不够大，现在关键的问题是必须把蛋糕做大些”。在现实经济生活中，这一发展观表现为对国民生产总值的热烈追求。它的缺陷主要表现为，一是忽视自然资源和环境的价值；二是把 GDP 作为评判发展的首要标准。

第二阶段是 20 世纪 60 年代末到 80 年代末的综合发展观。20 世纪五六十年代，在以经济增长为核心的发展观指导下，许多发展中国家取得了巨大的经济增长，某些国家的年增长率甚至高于西方发达国家的水平。但是，由于经济增长并不能体现收入分配和社会结构的完善，不能反映技术进步的变化，并没有给人们带来所期望的福祉，相反，却出现了高增长下的分配不公、两极分化、社会腐败、政治动荡、环境恶化、生态失衡甚至局部战争等现象。是一种“有增长无发展”或“无发展的增长”现象。在这一阶段，随着工业化进程加快所带来的一些社会问题，使许多人开始意识到，对于发展来说，经济增长固然带有基础和前提意义，但毕竟不是发展的全部内涵和唯一规定。衡量一个国家的发展程度，除了经济尺度外，还应包括各项社会指标，即反映生活质量的“非经济尺度”。联合国在第二个十年（1970—1980 年）发展报告中指出：发展已不再是单纯的经济增长，社会制度和社会结构的变迁以及社会福利设施的改善具有同等重要的地位。此后，学者们把这种发展观称为综合发展观，它把发展看做是以民族、历史、文化、环境、资源等内在条件为基础，包括经济增长、政治民主、科技水平提高、文化价值观念变迁、社会转型、生态平衡等各种因素在内的综合发展过程。这种发展观的主要缺点是重点关注发展的当前状态，而没有考虑代际问题，即没有把满足当代人发展需求同满足后代人发展需求恰当地结合起来。

第三阶段是 20 世纪 80 年代到 90 年代初的可持续发展观。可持续发展观的提出源于人类对全球环境问题的认识。20 世纪 50 年代以来，随着经济增长、城市化、人口增加，环境污染、生态破坏日益严重，人们愈来愈认识到：环境污染和生态破坏具有不可逆性，不能只是狭隘地从环境保护角度，而应从人类生存和发展的高度来认识环境和生态问题。后发展国家不应再是“先污染后治理”的思路，不能再以环境破坏为代价来实现发展，而应谋求一种环境保护与发展同步的新观念，这就为可持续发展观的提出提供了现实背景和理论前提。1972 年，罗马俱乐部发表的研究报告《增长的极限》轰动了世界。这个报告进一步把经济增长、城市化同人口和资源等环境问题联系起来，提出了全球性的生态、人口、环境、资源等问题。在此基础上，形成了可持续发展的理论。

1987 年，联合国世界环境与发展委员会发表了题为《我们共同的未来》的报告，报告清晰地表达了可持续发展观，即“可持续发展是既满足当代的需求，又不对后代满足需求能力构成危害的发展。”1992 年在巴西里约热内卢召开的联合国环境与发展大会，把可持续发展作为全世界未来共同的发展战略，得到了与会各国政府的普遍认同，特别是会议通过的《里约热内卢宣言》和《21 世纪议程》两个纲领性文件，详尽地阐述了环境与发展的关系，提供了可持续发展的行动方略，进一步丰富了可持续发展理论。

第四阶段是20世纪90年代以来的以“人类发展”为核心的现代发展观。1990年，联合国开发计划署发表了第一份《人类发展报告》，首次提出了“人类发展”的概念。自那时以来，联合国开发计划署每年都坚持发表《人类发展报告》，经过十多年时间，人类发展的概念和思想已经得到各国政府、学术界和社会公众的普遍认可和广泛接受。人类发展是通过强化全体民众的能力而扩大人们的选择的过程，它强调发展的最终目的是改善所有人的生活，增进人类幸福、自由、尊重、安全、公正、参与等，它坚决主张将民众置于发展的中心地位，认为民众应该成为发展的受益者而不是发展的工具，更不应该成为发展的牺牲品。这一发展观从根本上扭转了发展理论忽视人的因素的趋势。

可以看出，在世界范围内，人们对发展问题有许多研究，这些研究是伴随着工业革命兴起和现代化的推进，伴随着工业革命和现代化过程中各种问题的暴露而逐步加深认识并逐步形成的一系列发展理论。中国共产党是一个具有世界眼光和宽广胸襟的马克思主义政党。无论是在革命中，还是在建设和改革中，中国共产党都非常重视世界经验，并善于吸收和借鉴人类文明的有益成果。以胡锦涛为总书记的中共中央在论述科学发展观形成的实践基础的时候，总是把“深刻总结我国长期以来经济建设中的经验教训”，同“吸收人类现代文明进步新成果”并提。在一个开放的中国，科学理论的创立将日益显示出这种内外经验相辅相成的新特点。科学发展观所具有的这种特点，进一步体现了这一理论的科学性。

第三，科学发展观是马克思主义中国化的最新成果。

科学发展观和马克思主义是一脉相承的，唯物史观关于人民群众是社会历史创造者的理论是科学发展观以人为本的理论依据。唯物史观认为，整个历史过程是由活生生的人民群众本身的发展所决定，人民群众是社会历史的创造者，任何阶级和个人，只有融入人民群众并代表他们的利益，才能成为历史发展的动力。以人为本，就是以人民群众为本，就是承认人民群众的社会历史主体地位，承认国家权力来自人民群众。以人为本就是始终把最广大人民的根本利益放在第一位，就是把实现好、维护好、发展好最广大人民的根本利益，作为推进改革开放和现代化建设的出发点和落脚点，就是要坚持立党为公、执政为民，坚持权为民所用、情为民所系、利为民所谋，就是必须不断满足人民群众的经济、政治、文化利益，做好关心群众生产生活的各项工作，为人民群众办实事、办好事。

唯物史观关于社会是有机体的理论是科学发展观全面协调发展的理论依据。唯物史观认为，社会是一个有机体，它由生产力、生产关系（经济基础）、上层建筑这三个基本层次构成。社会系统的整体性要求社会发展的全面性，社会系统的有机性要求社会发展的协调性，而社会系统内在的结构和机制则展示了实现全面协调发展的机制和形式。唯物史观关于生产力和生产关系构成一个社会的物质生产基础的理论，是实行以经济建设为中心的理论依据；唯物史观关于物质生活的生产方式和人们的社会生活、政治生活、精神生活之间存在的相互制约关系的理论，则要求在进行经济建设的同时，要进行政治建设、文化建设、社会建设，实现社会的全面进步和人的全面发展；唯物史观关于物质生产和精神生产，物质生活和精神生活，社会存在和社会意识，生产和交换、分配、消费，效率和公正，社会的所有制结构和分工结构之间，社会分工中的产业结构、职业结构、城乡结构、地区结构和人们的利益结构、需求结构之间，个人利益、群体利益、国家利益之间所存在的辩证关系，是实现协调发展的理论依据。只有协调发展，才能实现社会系统的有机性和整体性，才能在发展中保持社会的和平与稳定。正如胡锦涛同志所指出的，生产力的发展是人类社会发展的最终决定力量，只有坚持以经济建设为中心，不断解放和发展生产力，才能为社会全面进步和人的全面发展奠定坚实的物质基础。同时，经济发展又是同政治发展、文化发展紧密联系的。从根本上说，经济发展决定政治发展和文化发展，但政治发展和文化发展也会反过来对经济发展产生作用，在一定条件下还可以产生决定性作用。

唯物史观关于人类社会与自然界关系的思想是科学发展观可持续发展的理论依据。马克思说：劳动首先是人和自然之间的过程，是人以自身的活动来引起、调整和控制人和自然之间的物质变换的过程，人们的活动对环境所产生的影响还会对下一代乃至人类更长远的未来发展产生影响。马克思揭露了资本主义条件下物质变换过程中对土地的滥用和对森林等自然资源的破坏。他说：资本主义生产使它汇集在各大中心的城市人口越来越占优势，这样一来，它一方面聚集着社会的历史动力，另一方面又破坏着人和土地之间的物质变换，也就是使人以衣食形式消费掉的土地的组成部分不能回到土地，从而破坏土地持久肥力的永恒的自然条件。恩格斯也有类似的论述，他说：我们不要过分陶醉于我们对自然界的胜利。对于每一次这样的胜利，自然界都报复了我们。每一次胜利，在第一步都确实取得了我们预期的结果，但是在第二步和第三步却有了完全不同的、出乎预料的影响，常常把第一个结果又取消了。美索不达米亚、希腊、小亚细亚以及其他各地的居民，为了想得到耕地，把森林都砍完了，但是他们梦想不到，这些地方今天竟因此成为荒芜不毛之地。

作为可持续发展理论的先驱，马克思、恩格斯还探讨了正确处理和解决人、社会和自然关系的理论和途径，提出和回答了为什么要实现可持续发展、怎样实现可持续发展的问题，因而成为坚持科学发展观、实现可持续发展的理论依据。温家宝指出：我国人口众多，资源相对不足，生态环境承载能力弱，这是基本国情。特别是随着经济快速增长和人口的不断增加，能源、水、土地、矿产等资源不足的矛盾越来越尖锐，生态环境的形势十分严峻。高度重视资源和生态环境问题，增强可持续发展能力，是全面建设小康社会的重要目标之一，也是关系中华民族生存与长远发展的根本大计。为了实现可持续发展，就要统筹人和自然和谐发展，处理好经济建设、人口增长与资源利用、生态环境保护的关系，推动整个社会走上生产发展、生活富裕、生态良好的文明发展道路。

综上所述，可以看到，马克思主义唯物史观是科学发展观的理论基础，而科学发展观则是唯物史观在当代中国的应用和发展。

在马克思主义唯物史观的基础上，中国共产党三代领导集体在科学发展问题上作了艰辛的、卓有成效的探索。在1956年社会主义改造取得决定性胜利，社会主义建设取得历史性成就之际，毛泽东主席发表了著名的《论十大关系》、《关于正确处理人民内部矛盾的问题》等论著，提出了中国经济建设中的一些基本问题和后来长期困扰中国发展的一些重大关系问题，提出了要协调好重工业和轻工业、农业，沿海工业和内地工业，经济建设和国防建设，国家生产单位和生产者个人，中央和地方等关系，提出了“统筹兼顾、适当安排”的方针。毛泽东还特别强调：“这里所说的统筹兼顾，是指对于六亿人口的统筹兼顾。我们作计划、办事、想问题，都要从我国有六亿人口这一点出发，千万不要忘记这一点。”这些重要的论述及其所包含的深刻思想，来自于中国社会主义现代化建设最初的实践，也是中国共产党人今天提出科学发展观的源头。

当代中国共产党人关于科学发展问题的基本思想，是在邓小平理论指导下形成的。在“为什么要发展”的问题上，邓小平从社会主义本质、社会主义根本任务、社会主义初级阶段的基本国情和主要矛盾、中国社会主义所处的时代特征和面临的机遇等方面，作过系统论述，其结论就是：“发展才是硬道理”。在“什么叫发展”的问题上，邓小平强调发展必须以经济建设为中心，同时强调发展必须是经济、政治、文化和社会的全面发展。在“怎么样发展”的问题上，邓小平的论述更为丰富，包括发展要抓住机遇的思想，在对内改革和对外开放中解放和发展生产力的思想，“分三步走”基本实现现代化的思想，科学技术是第一生产力的思想，农业、交通、能源、通讯等基础产业和教育科技是发展重点的思想，速度与效益相统一的思想，尊重知识、尊重人才的思想，经济发展后劲大小取决于劳动者素质的思想，“两手抓、两手都要硬”的思想，通过一部分地区一部分人先富起来逐步实现共同富裕的思想，国内稳定和国际和平是发展的必要条件的思想，等等。可以这样说，邓小平的发展理论在马克思主义的发展史上是第一个比较完备的科学的发展理论。30 年改革开放的实践充分证明了这一理论的科学性。

以江泽民为主要代表的中国共产党第三代领导集体，在形成和创立“三个代表”重要思想的过程中，毫不动摇地坚持邓小平的发展理论，又不断从新的实践出发提出了一系列具有时代特点的新观点新思想，丰富和发展了邓小平的发展理论。在发展的观念上，明确提出发展的速度要与结构、质量、效益相统一，要在科教兴国中实现可持续发展，保持国民经济持续快速健康发展；在发展的全面性上，明确提出区域经济要合理布局和协调发展，物质文明、政治文明和精神文明要相互促进、全面推进；在发展的质量上，明确提出要实现经济体制和经济增长方式两个根本性转变，把改革开放与经济结构的战略性调整、经济增长方式的转变结合起来，要提高自主创新能力，从根本上解决发展的质量问题；在发展的模式上，明确提出要把工业化与信息化结合起来，走出一条科技含量高、经济效益好、能源消耗低、环境污染少、人力资源优势得到充分发挥的新型工业化路子；在发展的动力上，明确提出要在尊重劳动、尊重知识、尊重人才、尊重创造的方针下，最广泛最充分地调动一切积极因素；在发展的目的上，明确提出加快改革开放和发展的目的是为了满足人民群众日益增长的物质文化需要，要把改革的力度、发展的速度与社会可承受的程度有机地统一起来，处理好改革、发展、稳定关系的关键是始终注意维护人民群众的利益，使广大群众共享经济社会发展的成果；等等。这些来自于实践的重要思想理论成果以及与此相联系的丰富实践，是科学发展观形成和提出的直接来源。

从上面的分析可见，正是以中国共产党三代领导集体对中国现代化建设道路的探索和在此过程中积累的丰富经验为基础，同时借鉴国外发展经验，适应新的发展要求，以胡锦涛为总书记的中共中央提出“坚持以人为本，全面、协调、可持续发展”为主要内容的科学发展观，实现了中国共产党在社会主义现代化建设指导思想上的与时俱进。中国共产党十六届四中全会把树立和落实科学发展观同中国共产党在发展社会主义市场经济条件下如何提高执政能力联系起来，这就为更好地解决改革发展关键时期遇到的各种问题，确保社会主义市场经济体制改革的成功，确保我国经济社会协调发展，提供了指导思想和领导力量的坚强保证。

二、民革作为参政党，深入学习贯彻科学发展观的重大意义

深入学习贯彻科学发展观，是民革作为参政党坚持中国共产党领导，坚持中国特色社会主义政治发展道路，高举中国特色社会主义伟大旗帜，履行参政党职能、发挥参政党作用的需要，是民革各级组织和全体党员干部的首要政治任务。对此，我们可以从以下三个方面来理解。

第一，深入学习科学发展观是参政党坚持中国共产党领导、巩固多党合作的政治基础的需要。

中国共产党领导的多党合作和政治协商制度是我国的一项基本政治制度。这一政党制度的显著特点，是一党领导、多党合作，一党执政、多党参政。中国共产党是中国革命、建设和改革事业的领导核心，是社会主义事业从胜利走向胜利的根本保证。坚持中国共产党领导，是我国政党制度的基本前提和政治基础。民主党派坚持中国共产党的领导，是中国政党制度的根本要求，是民主党派进步性的集中体现。坚持中国共产党的领导，最根本的是要坚持中国共产党的理论路线、方针政策和指导思想的领导。科学发展观作为马克思主义中国化的最新成果，是中国共产党执政兴国的指导思想，是我国经济社会发展的重要指导方针。因此，深入学习贯彻科学发展观，是民主党派坚持中国共产党领导、巩固多党合作政治基础的需要。对于我们为实现全面建设小康社会的宏伟目标，推进中国特色社会主义事业作出新的贡献，具有重要的意义。

发展社会主义民主政治，不断完善和发展我国的多党合作和政治协商制度，是科学发展观的重要内容。科学发展观要求在大力加强经济建设的同时，还要大力加强政治建设、文化建设、社会建设，把政治文明建设与物质文明建设、精神文明建设和生态文明建设统一起来，整体把握，全面推进。以人为本、全面协调可持续的发展理念，本身就是社会主义政治文明发展的成果，同时又深化了社会主义民主政治的本质，丰富发展了社会主义民主政治的科学内涵，把社会主义民主政治理论和实践建设推向一个新高度，发展到一个新阶段。坚持和发展社会主义民主，最重要的是坚持好、发展好适合我国国情的社会主义政治制度。其中最为重要的就是作为根本政治制度的人民代表大会制度，和作为基本政治制度的中国共产党领导的多党合作和政治协商制度、民族区域自治制度。2005 年和 2006 年中共中央相继出台的两个 5 号文件，胡锦涛总书记在 2005 年、2006 年分别提出的关于加强多党合作制度建设的“五个坚持”和正确处理我国政党关系要注重把握好的“四个关系”，2007 年中共十七大报告对多党合作制度的新论述等，是科学发展观的重要内容，是指导中国特色政党制度的纲领性文件。民革作为参政党，要为发展社会主义民主政治作出自己独特的贡献，完善和发展多党合作，首要的任务就是要深入学习贯彻科学发展观，特别是要深入学习贯彻中共中央两个5号文件和胡锦涛总书记关于多党合作的一系列重要指示。

第二，深入学习贯彻科学发展观是民革不断提高参政议政能力，服务科学发展的需要。

参政议政是民主党派的基本职能，是民主党派在国家政治生活中发挥作用的基本方式。民革在全面建设小康社会、推进国家现代化建设中发挥了多少独特的作用，作出了多少新的贡献，很大程度上要看对中国特色社会主义政治建设、经济建设、社会建设和文化建设提出了多少具有真知灼见的意见和建议，要看其参政议政的质量和水平，要看其服务科学发展的能力。中国共产党和人民群众对此寄予了真切的期望。

这就向我们提出了不断提高参政议政能力，提高参政议政的质量和水平的艰巨任务。当前，中国经济社会进入了一个关键的发展阶段。在这个阶段，从国际环境看，综合国力竞争空前激烈，外部环境日趋复杂多变，而中国经济对外依存度不断提高，世界经济对中国发展的影响明显加深；从国内改革发展形势看，体制创新进入攻坚阶段，工业化和城镇化进程加快，经济结构调整加速，农村大量富余劳动力向非农领域转移，人民群众的物质文化需要不断提高并日趋多样化，与此同时，缩小地区发展差距和促进经济社会协调发展的任务也更加艰巨。这是一个既有巨大发展潜力和动力，又有各种困难和风险的发展阶段，是不进则退、无序推进则乱的发展阶段。处于这样一个关键的发展阶段，面对这样一个复杂的客观形势，要真正做到“参政参到关键处，议政议到点子上”，提出具有真知灼见的意见和建议，没有很高的参政议政的能力，是不可能的。

科学发展观是在准确把握世界发展趋势、认真总结我国发展经验、深入分析我国发展阶段性特征的基础上提出的，是中国共产党对当代中国实现发展一系列现实问题进行深刻思考的科学结晶。科学发展观强调一切从实际出发，解放思想，实事求是，尊重客观规律，体现了马克思主义鲜明的实践精神；强调发展是全面协调可持续的发展，坚持统筹兼顾的根本方法，充满了马克思主义的辩证思想；强调科学发展必须坚持以人为本，符合马克思主义关于实现“每个人全面而自由的发展”这一最高命题，体现了马克思主义的群众观点。科学发展观在发展观念、发展道路、发展模式、发展战略、发展动力、发展目的和发展要求等方面一系列新的思想观点，深化了对中国特色社会主义建设规律的认识，使我国的社会主义现代化建设理论较之以往更加具有了科学性、系统性和完整性，也更加充满了真理的魅力和时代的活力。学习贯彻科学发展观，必然加深我们对中国发展问题的规律性、系统性、全面性的认识。因此可以说，民革学习贯彻科学发展观，是巩固多党合作政治基础的需要，也是参政党参政议政能力建设的根本要求。

第三，深入学习科学发展观是加强参政党建设、实现自身科学发展的需要。

要不断提高参政议政的能力和水平，更好地服务于科学发展，民主党派必须实现自身科学发展。多年来，民革自身建设取得很大成绩，但与形势和任务的要求还有一定差距。如何继续不断搞好政治交接，以多党合作的制度化、规范化、程序化为主线，进一步促进参政党的思想建设、组织建设、制度建设和作风建设，为不断提高我们的参政议政能力练好内功，实现参政党自身科学发展，促进多党合作的科学发展，这始终是我们面临的重要任务。科学发展观为我们落实这一重要任务，提供了根本的指导思想和科学方法。

学习贯彻科学发展观，使我们能够以先进的科学理论统一思想，增强政治认同意识、政治参与意识、政治奉献意识和民主法治意识，真正做到以思想建设为主导，用思想指导行动，用理论指导实践，不断深化对民主党派参政规律、社会主义建设规律和人类社会发展规律的认识；以领导班子建设为重点，不断提高领导干部的“四种能力”；促进组织建设、后备干部队伍建设、制度建设的整体推进，全面提高。

民主党派的各方面建设最终都应该体现到提高参政党的参政能力上来。科学发展观进一步丰富、深化了民主党派的参政理念，对加强参政党参政能力建设提出了新的要求。学习贯彻科学发展观对于我们深化参政理念、加深对参政议政机制、基础、资源的新认识，提高政治把握能力、参政议政能力、组织领导能力和合作共事能力，具有重大意义。

三、以科学发展观为指导，提高服务科学发展水平，促进民革自身科学发展

解决了民主党派为什么要学习贯彻科学发展观的问题，把握了学习贯彻科学发展观对于民革的重要意义，接下来的问题是如何做的问题，是如何学习贯彻的问题。按照杜青林部长2008年10月的重要讲话精神，我们民革学习贯彻科学发展观，就是要在科学发展观的指导下，围绕服务科学发展、促进民革自身科学发展这两个方面来进行。具体谈以下几个问题。

第一，加强学习，凝聚共识，努力增强贯彻落实科学发展观的自觉性。

我们上面已经多次强调，科学发展观对于全面建设小康社会，推进中国特色社会主义现代化具有重大的意义和作用。以科学发展观为指导，大力推进中国特色社会主义事业，是执政党的历史使命，也是参政党的历史使命。这就要求我们，把深入学习贯彻落实科学发展观作为首要的政治任务，改变和消除部分党员干部中存在的科学发展观与民主党派无关、无招、无为的消极情况，坚持自觉自为、正面教育、结合实际、注重实效的原则，把握主题、明确重点、认真组织，确保学习贯彻的深入、扎实、有效开展，确保科学发展观入脑、入心，做到真学、真信、真用，并转化为实际行动、取得积极效果。

为此，首先要深入学习和领会科学发展观的实质和要求，了解其重大意义，将深入学习贯彻落实科学发展观与前一阶段开展的坚持走中国特色社会主义政治发展道路为主题的政治交接学习教育活动结合起来，使学习贯彻活动的成效转化为高举中国特色社会主义伟大旗帜的坚定意志，凝聚共识，巩固共同的理想信念；把学习贯彻落实科学发展观转化为运用科学理论分析问题、解决问题的实际能力，转化为推动科学发展、促进社会和谐的过硬本领。

实践品格是马克思主义科学理论的根本特征。科学发展观作为立足中国国情，总结我国发展实践，适应新的发展要求提出来的科学理论，源于全面建设小康社会的伟大实践，又有力地指导全面建设小康社会的伟大实践。这就要求我们把学习贯彻科学发展观与民革各项工作结合起来，与增强干部基本素质和能力结合起来，着力提高干部党员特别是领导干部的政治把握能力、参政议政能力、合作共事能力、组织协调能力，为更好地履行职责、开展工作奠定基础。

把握科学发展观的实践品格，就要进一步明确为科学发展服务的目标、任务、主要内容和途径，提高求真务实的能力，坚持从实践出发，不坐而论道；从实际出发，不无的放矢；从实效出发，不应付敷衍。使我们的每一项建议，每一个提案，每一项工作都体现实践的要求，努力在履行职能上有新的作为。进一步提高以科学发展观指导参政党建设的能力，形成民革自身科学发展的新思维、新机制、新举措，努力在自身建设上有新进步。

第二，以人为本，突出重点，积极服务科学发展。

发展是中国共产党执政兴国的第一要务，也是各民主党派参政议政的第一要务。胡锦涛总书记指出："要坚持把发展作为多党合作和政治协商的根本任务。中国共产党、各民主党派和无党派人士都要坚持以经济建设为中心，同心同德地为实现社会主义物质文明、政治文明、精神文明协调发展和人的全面发展作贡献。"我们要按照胡锦涛总书记的要求，坚持以发展作为参政议政的第一要务，紧紧围绕中共十七大提出的目标和任务，结合民革的实际和特点，服务科学发展、推动科学发展。

以人为本是科学发展的目的和归宿，是科学发展观的核心。发展为了人民、发展依靠人民的宗旨，解决了发展为了谁，发展依靠谁，发展成果由谁享受的问题。经济社会的发展是人的全面发展的前提和条件、基础和保障，人的全面发展是经济社会发展的根本目的，又是推动经济社会发展的最重要的力量，离开了人的全面发展，经济社会发展就失去了目标和动力。民革履行职能、促进科学发展，一定要牢牢抓住"以人为本"这一科学发展观的核心，把人民群众的利益放在第一位，把帮助执政党和政府协调好各方面的利益关系，处理好根本利益和具体利益、全局利益和局部利益、长远利益和当前利益的关系，作为我们参政议政的重要任务。我们每建一策、立一论，都要考虑我们的意见和建议会使谁受益，是否能够增进人民群众的福利。要真诚帮助执政党及时了解群众诉求，反映社情民意，帮助妥善化解利益冲突和矛盾纠纷。同时，作为参政党，我们也要重视反映和代表党员和所联系阶层群众的具体利益和要求，这是民主党派广泛性的体现，是我们的特色。所以，在参政议政的过程中，还要积极关注成员和所联系群众的利益要求，出主意、想办法，努力解决具体的民生问题。

民革参政议政的领域是十分广泛的，从理论上来说，凡是经济建设、政治建设、文化建设、社会建设方面的各种问题，我们都可以进行研究，提出我们的意见和建议。但是我们参政议政人才等资源有限，不可能面面俱到，撒胡椒面；也不能今天搞一点这个调研、明天搞一点那个提案，没有规划，漫无头绪。必须把我们的组织和人才资源进行整合，根据我们的特点，突出参政议政的主攻方向，形成参政议政的重点领域。只有突出重点，才能使我们提高参政议政能力的努力有切实的抓手，更好地为科学发展服务。近年来，民革中央根据自己的条件和传统特色，在"三农"问题、司法体制改革、对台工作三个方面开展了大量调查研究，提出一系列意见和建议，形成了民革中央参政议政的重点领域，得到了各方面的关注和认可。各地组织要围绕民革中央这三个重点，心往一起想，劲往一处使，把这三个领域的参政议政做深做透，做出特色。同时，也要根据本地具体条件和实际情况，围绕当地科学发展的需要，形成自身的参政议政重点。

胡锦涛总书记在2009年党外人士迎春座谈会上指出："当前，发挥好参政党作用，最主要的是要为保增长、保民生、保稳定作出积极贡献。面对来自国际国内的严峻挑战，保持经济平稳较快发展，是对中国共产党执政能力的重大考验，也是对各民主党派参政能力的重大考验。希望同志们自觉把服务科学发展作为工作的着力点，充分发挥自身优势，多建推动科学发展之言，多献推动科学发展之策，多尽推动科学发展之力，为保持经济平稳较快发展作出新的更大的贡献"。我们要按照胡锦涛总书记的指示，充分调动民革广大党员干部的积极性，以人为本，突出重点，在服务科学发展上作出新的贡献。

第三，探索规律，与时俱进，推进参政党自身科学发展。

推进民革自身科学发展，是我们不断提高参政议政能力，更好地服务科学发展的需要；是努力把民革建设成为同中国共产党长期亲密合作、适应新世纪新阶段多党合作发展要求、始终坚持走中国特色社会主义政治发展道路、致力于中国特色社会主义事业的高素质参政党的需要。推进自身科学发展，坚持以人为本，实现全面协调可持续的发展，是我们学习贯彻科学发展观的重要任务。

按照科学发展观的要求，推进自身科学发展，必须遵循参政党自身建设的规律性。科学发展就是遵循规律发展。多年来，民革在不断加强自身建设的过程中，努力探索，积累了许多经验。现在的关键是要在科学发展观的指导下，对这些经验进行总结，上升为规律，遵循规律推动自身的科学发展。这些规律主要是：

1. 参政党建设的总目标是努力提高参政党能力。也就是要着眼国际国内形势的变化，不断提高政治把握能力；着眼国家经济社会的发展，不断提高建言献策能力；着眼多党合作政治格局的巩固，不断提高合作共事能力；着眼执政党"两大历史性课题"的解决，不断提高民主监督能力；着眼参政党自身优势的发挥，不断提高组织协调能力。

2. 要坚持参政党建设的基本原则。主要有：严格遵循参政党章程的原则；有利于共产党领导的多党合作制度发展的原则；发扬社会主义民主的原则；凝聚人心，形成合力的原则；体现进步性和广泛性相统一的原则；系统性原则。

3. 要紧紧依靠执政党的支持。中共中央［2005］5号文件强调了"支持民主党派加强自身建设是党的一项重要责任"，中国共产党加强和完善对多党合作和政治协商的领导，是参政党搞好自身建设的前提和关键。各级统战部门是中共党委联系民主党派的职能部门，要加强与统战部门的沟通和联系，取得他们的指导、支持和帮助。

4. 要坚持参政党进步性与广泛性相统一的特点。进步性，是指坚持中国共产党领导，始终与中国共产党通力合作，共同致力于建设有中国特色社会主义事业。广泛性，是指其成员来自不同的社会阶层和群体，要代表和反映成员和所联系群众的具体利益和要求。只有坚持进步性与广泛性的统一，才能始终坚持正确的政治方向，并有效发挥自身独特的作用。

按照科学发展观的要求，推进自身科学发展，必须适应形势和任务的发展变化。进入新世纪新阶段，参政党面临的形势和任务都发生了很大变化。随着经济全球化的深入发展，西方“三权分立”、“多党竞争”等政治思想也会随之渗透进来，这就要求我们不断增强抵御“西化”、“分化”的能力；随着全面建设小康社会、建设社会主义和谐社会的进程不断深入，要求我们为科学发展服务的本领不断增强；中国共产党执政能力建设的不断加强，要求参政党的参政能力也与之相适应。为此，必须以与时俱进的精神状态，在自身建设的各个方面，提出新的要求和内容。

要坚持以思想建设为核心。通过加强政治理论学习和思想教育，促进社会主义核心价值体系建设，不断提高党员的政治素质和思想道德素质，使全体党员牢固树立中国特色社会主义的共同理想和坚定信念，牢固树立社会主义荣辱观，立足本职建功立业，为中国特色社会主义事业多作贡献。要继续深入开展“坚持走中国特色社会主义政治发展道路，搞好政治交接”的主题教育，使民革与中国共产党长期亲密合作、自觉接受中国共产党领导、坚持走中国特色社会主义道路的优良传统不断得到传承，要继续抓好参政党建设的理论研究，结合民革自身特点，积极探索参政党建设的规律和有效途径，为推进多党合作事业的发展积极实践和创新。要坚持民革特色，继承和发扬孙中山先生爱国、革命和不断进步的精神。

要坚持以组织建设为基础。要按照《民革章程》的规定，切实做好组织发展工作，坚持“三个为主”的原则，着重发展政治素质好、参政议政能力强、有代表性的人士。领导班子建设要按照《各民主党派中央关于加强地方组织领导班子建设座谈会纪要》的要求，在搞好政治交接、加强班子思想建设的基础上，着重于提高领导班子成员的政治把握能力、参政议政能力、组织领导能力和合作共事能力；要认真贯彻民主集中制，实行集体领导和分工负责制，建立健全会议制度和内部监督机制，做促进党内和谐、发扬党内民主的模范，形成团结民主、求真务实、廉洁自律的良好作风。后备干部队伍建设是关系到民革事业和我国多党合作制度长远发展的战略性任务，各级领导班子要充分认识其重要性和紧迫性，认真贯彻落实《民革中央关于加强后备干部队伍建设的意见》，建立健全后备干部的选拔、培养、使用、管理机制，通过教育培训、轮岗交流、挂职锻炼等途径，加强对干部的培养，使优秀干部能够脱颖而出。要高度重视基层组织建设，关心和指导基层组织的工作，帮助解决和反映工作中的困难与问题。

要坚持以制度建设为保障。要进一步落实2006年民革中央常委会通过的《民革中央关于进一步加强制度建设的意见》，促进制度的健全和完善，坚持以人为本，加强领导和决策制度、组织发展制度、日常党务运行制度、选举制度和党内监督制度的建设，进一步完善思想政治工作机制、发扬党内民主的机制、参政议政工作机制、后备干部队伍建设机制和其他工作机制。要把贯彻实施《中华人民共和国公务员法》和机关建设结合起来，加强对机关工作的管理，完善相关制度，使机关工作进一步制度化、规范化、程序化，把民革各级机关建设成为和谐、务实、高效的工作机构。

按照科学发展观的要求，推进自身科学发展，要着力解决当前自身建设中的薄弱环节。在自身建设中还存在着哪些薄弱环节，各地的情况不一样。但从总体上来说，还存在着这样一些现象：一是理论建设滞后，还不能够及时有效地回答干部党员提出的一些深层次理论问题，不能够及时有效地为自身建设提供理论支撑和智力支持；二是党员队伍的老化现象还没有从根本上得到改善，中青年党员比例偏小，影响到组织的活力和各项工作的开展；三是后备干部队伍机制建设落后于自身建设的需要，一些机制建设的文件还停留在文字上；四是机关建设与其参政党工作枢纽的地位不相适应，机构设置缺位与人浮于事并存，制度创新不足与规章制度陈旧老化并存，干部能力恐慌与安于现状并存，等等，诸如此类的现象还在一定范围内存在。按照科学发展观的要求，实现参政党自身建设的全面协调可持续的发展，就要着力解决自身建设中的各类薄弱环节，消除短板，为自身建设水平的进一步提高，奠定坚实的基础。为此，要运用统筹兼顾的方法，努力统筹好自身建设与履行职能、骨干队伍建设和后备干部队伍建设、理论政策研究和民革工作实践、机关建设和组织整体等方面的工作。

深入学习贯彻科学发展观，是民革当前和今后一个时期最重大的政治任务，各级领导班子要把组织实施好、学习贯彻好科学发展观的工作，放在首要的位置，坚持通过深入学习贯彻科学发展观推进各项工作，努力把科学发展观转化为谋划服务于科学发展的正确思路、促进自身科学发展的有力措施。我们相信，通过民革全党深入学习贯彻科学发展观，我们全体党员干部的思想政治素质一定能够有一个大的提高，民革的参政议政和自身建设的水平一定能够有一个大的提高，我们一定能够为全面建设小康社会，实现国家的科学发展，作出新的更大的贡献！

总结多党合作60年历程，加强民革自身建设，为促进科学发展立新功

（在庆祝中华人民共和国成立60周年暨多党合作制度确立60周年座谈会上的发言）

（2009年9月14日）

周铁农

尊敬的各位领导，同志们、朋友们：

今天，我们在这里，纪念新中国成立暨多党合作制度确立60周年。60年前的9月21日，中国人民政治协商会议第一届全体会议在北京隆重开幕。来自各行各界46个参加单位的662名代表，欢聚一堂，共同参加了这个中华民族历史上具有划时代意义的大团结、大联合的盛会。会议通过了《共同纲领》等重要文件，选举产生了包括毛泽东、宋庆龄、李济深、张澜等人在内的中央人民政府委员会及其他国家机构。这次盛会的顺利召开，光荣完成了创建中华人民共和国的历史使命，标志着中国共产党领导的多党合作和政治协商制度正式形成。

新中国成立60年来，在中国共产党领导下，全国人民万众一心，奋发拼搏，创造了中国历史上最辉煌的时代。特别是改革开放30多年来，中国经济建设和社会发展突飞猛进，社会生产力快速增长，综合国力迅速增强，人民生活水平和生活质量得到极

大提高——曾经饱受贫困、愚昧和专制制度压迫折磨的中国人民终于昂首走进了富裕、民主、文明的新时代。一个崭新的社会主义中国巍然屹立在世界东方。

中国共产党领导的多党合作和政治协商制度，是中国共产党把马克思主义政党学说和统一战线理论与中国具体实际相结合的伟大创造，是中国共产党同各民主党派、无党派人士长期团结奋斗的重大理论成果和实践成果，具有历史的必然性、伟大的独创性和巨大的优越性。60 年来，中国共产党始终致力于坚持和完善多党合作制度，不断巩固和发展多党合作事业。新中国成立初期，以毛泽东同志为核心的第一代中央领导集体，以极高的政治智慧和政治远见，及时做工作保留了八个民主党派，并提出“长期共存、互相监督”八字方针，在根本上解决了民主党派的发展前途问题，进一步确立了社会主义条件下我国多党合作的基本格局。十一届三中全会以来，以邓小平、江泽民同志为核心的中共中央领导集体和以胡锦涛同志为总书记的中共中央，先后制定颁布了《关于坚持和完善中国共产党领导的多党合作和政治协商制度的意见》、《关于进一步加强中国共产党领导的多党合作和政治协商制度建设的意见》、《关于加强人民政协工作的意见》等一系列重要文件，把多党合作事业不断推向前进。多党合作制度在中国的政治和社会生活中越来越显示出独特的政治优势和强大的生命力，发挥着不可替代的重大作用。

民革是由继承孙中山爱国革命不断进步精神的国民党民主派和其他爱国民主人士所组成的民主党派，在成立时公开表明，拥护中国共产党关于成立联合政府的主张，宣布“愿与全国各民主党派、民主人士携手并进，彻底铲除革命障碍，建设独立、民主、幸福之新中国”。1948 年 4 月 30 日，在人民解放战争胜利前夕，中共中央发布了纪念“五一”劳动节口号，号召“各民主党派、各人民团体、各社会贤达，迅速召开政治协商会议，讨论并实现召集人民代表大会，成立民主联合政府！”民革与各民主党派热烈响应“五一口号”，自觉地接受中国共产党的领导，坚定地走上新民主主义、社会主义的道路。为加速人民解放战争进程，民革配合中国共产党一方面大力开展反对国民党统治集团的政治斗争，另一方面利用同国民党的历史和社会关系，积极进行争取国民党军政人员弃暗投明的活动。新中国成立后，民革作为中国共产党领导的多党合作中的一个民主党派，进入了新的发展阶段。60 年来，民革始终与中国共产党风雨同舟，真诚合作，共同经历了曲折而光辉的历程。随着多党合作不断深入，民革参与政治协商的范围越来越广泛，参政议政渠道不断拓宽，参政议政成果越来越丰富，广大干部党员的荣誉感和自豪感不断增强，对中国特色社会主义政治发展道路的认识不断加深。

光阴似箭，岁月如歌。在庆祝新中国成立和多党合作制度确立 60 年的伟大时刻，我们回顾历史，总结经验，集中到一点，就是必须坚决接受中国共产党的领导，同中国共产党在政治上始终保持高度一致，坚定不移地走中国特色社会主义政治发展道路。中国共产党是全中国人民的领导核心，是中国特色社会主义事业的领导核心。没有共产党，就没有富强、民主、文明、和谐的社会主义新中国，这是历史的结论，是全中国人民的共同心声。对于民革来说，没有中国共产党的领导，就没有民革的今天。从酝酿成立到现在，民革一直得到中国共产党的大力支持和帮助。在每一个历史转折的重要关头，中国共产党总是为民革指明方向，引导民革沿着正确的道路不断前进。接受中国共产党的领导，始终同中国共产党和衷共济、风雨同舟，这是民革必然的历史选择，是民革的光荣传统，是民革老一辈领导人的政治交代，是民革的立党之本。不论在任何时候、任何情况下，民革都要坚决接受中国共产党的领导，坚定不移地走中国特色社会主义政治发展道路，绝不能有丝毫的动摇。

在中共中央有关精神的指引下，新世纪新阶段，民革以建设高素质参政党为目标，紧密结合中国迅速变化着的实际，切实抓好自身建设的每一个环节，不断积累经验，探索新的方法。在自身建设中，民革特别重视抓基础性建设，通过思想建设、理论建设、基层组织建设、后备干部队伍建设和制度建设全面提升自身素质；并积极努力探索参政党建设和参政党工作规律，形成一系列民革特有的工作机制和制度。近年来，民革开展了政治交接系列活动，加深了广大民革党员对民革接受中国共产党领导的历史必然性的理解，增强了接受中国共产党领导的自觉性和坚定性，激发了作为一名参政党党员的自豪感和荣誉感。

十七大以来，以胡锦涛同志为总书记的中共中央，在全面深入总结中国共产党三代领导集体探索中国特色社会主义发展道路所积累的丰富经验基础上，提出“在新的发展阶段继续全面建设小康社会、发展中国特色社会主义，必须坚持以邓小平理论和‘三个代表’重要思想为指导，深入贯彻落实科学发展观”这一重大命题，实现了中国共产党在中国特色社会主义发展道路指导思想上的与时俱进。这为更好地解决改革发展关键时期遇到的各种问题，确保我国经济社会全面、协调、可持续发展，提供了科学理论和指导方针。

科学发展观的提出，丰富、深化了民主党派的参政理念，对参政党参政能力建设提出了新的要求。在当前形势下，民革作为参政党，深入学习贯彻科学发展观是坚持中国共产党领导、巩固多党合作的政治基础的需要；是不断提高参政议政能力，服务科学发展的需要；是加强自身建设、实现科学发展的需要。为了使全体党员干部更深入了解科学发展观的精神实质，民革中央决定，将深入学习贯彻科学发展观作为民革当前和今后一个时期重要的政治任务。目前，民革各级领导班子正以此为契机，把组织实施好、学习贯彻好科学发展观工作放在首要的位置，通过深入学习贯彻科学发展观推进各项工作，以多党合作的制度化、规范化、程序化为主线，进一步加强自身建设，实现自身的科学发展。

当前，中国正经历着前所未有的、极为广泛而深刻的历史性变革。我们要高举中国特色社会主义伟大旗帜，紧密团结在以胡锦涛同志为总书记的中共中央周围，进一步履行好政治协商、参政议政和民主监督职能，继续为中国共产党领导的多党合作和政治协商制度的发展和完善，为我们伟大祖国的现代化建设和祖国统一事业作出更大贡献，不辜负时代所赋予民革的光荣使命。

在"孙中山研究与中山学"学术研讨会上的讲话

（2009年10月15日）

周铁农

近一段时间以来，举国上下沉浸在欢庆新中国成立60周年的喜悦气氛中，在这个独具纪念意义的金秋时节，中国辛亥革命研究会和民革中央孙中山研究学会在安徽黄山召开"孙中山研究与中山学"学术研讨会。首先，我代表民革中央和两个研究会，对莅会的各位安徽省领导致以衷心的感谢，对从百忙中拨冗参会的各位专家学者和理事表示热烈的欢迎！

孙中山先生是杰出的爱国主义者、民主革命的伟大先行者，是20世纪中国与毛泽东、邓小平并列站在时代最前列的伟人。他的一生，是为近代中国的民族独立、民主自由、民生幸福而无私奉献的一生，是为实现国家统一、振兴中华而殚精竭虑的一生。孙中山的革命思想和实践，对近现代中国产生了巨大的震撼和深远的影响，受到海内外亿万中华儿女的崇敬。

中国共产党几代领导人对中山先生始终给予了崇高的评价。早在1938年，毛泽东同志就在孙中山去世13周年纪念大会上指出，孙中山的伟大，"在于他的三民主义的纲领，统一战线的政策，艰苦奋斗的精神"，"三民主义纲领与统一战线政策"，是孙中山"对于中华民族最伟大的贡献"。1956年，毛泽东同志在著名的《纪念孙中山先生》一文中又指出，孙中山"在政治思想方面留给我们许多有益的东西"，"现代中国人，除了一小撮反动分子以外，都是孙先生革命事业的继承者"。

1996年，江泽民同志在孙中山诞辰130周年纪念大会上的讲话中指出："孙中山先生给中华民族和中国人民留下许多宝贵的精神遗产，特别是他的爱国思想、革命意志和进取精神，值得我们永远学习、继承和发扬。"江泽民同志还在中共十五大报告中把孙中山与毛泽东、邓小平并列为20世纪中国的三大伟人。

2006年，胡锦涛同志在孙中山诞辰140周年纪念大会上的讲话中进一步指出："孙中山先生追求真理的开拓进取精神和矢志不渝的爱国主义情怀，孙中山先生天下为公的博大胸怀和放眼世界的开放心态，孙中山先生生命不息、奋斗不止的坚强意志和鞠躬尽瘁、死而后已的高尚品德，是他留给我们的宝贵精神遗产。在我们为实现中华民族伟大复兴而奋斗的征程上，这一精神遗产仍然具有重要的启迪和教育意义，值得我们永远学习继承和发扬光大。"

党和国家领导人对中山先生的这些崇高评价和重要论述，对亿万炎黄子孙特别是广大民革党员继承、发扬孙中山精神，给予了巨大鼓舞和激励，也为学习、宣传、研究孙中山指明了正确的方向。

民革作为由原国民党民主派和其他爱国民主人士创建的民主党派，对中山先生一向怀有崇高的敬意和深厚的感情。民革从孕育、成立到发展的漫长历史阶段中，一直受到中山先生思想和精神的重要影响。许多民革前辈正是在中山先生的引导下，在孙中山先生晚年亲手制定的"联俄、联共、扶助农工"三大政策中，从新生的中国共产党身上看到了中国的前途和希望，从而在第一次国共合作及其以后的各个历史转折关头，坚持与中国共产党团结合作，从而奠定了民革成立的政治和思想基础。

自1948年成立以来，民革几代人继续秉承中山精神，坚持同中国共产党亲密合作，不断进步，从与中国共产党一起反对独裁内战、争取民主和平的政党，转变为自觉接受共产党的领导，共同致力于建立新中国的政党；转变为与中国共产党一道，致力于建设中国特色社会主义的、具有政治联盟性质的、进步性和广泛性相统一的参政党。继承、发扬孙中山爱国、革命、不断进步精神，成为民革优良传统的重要组成部分，是民革特色最基本、最重要的体现。特别是以孙中山爱国思想为纽带，团结、联合海内外朋友为祖国统一大业共同努力，成为民革一项十分有特色的工作。改革开放30多年来，民革中央及许多地方组织，在继承发扬中山精神的过程中，以孙中山研究学会为载体，召开各种学术研讨会、出版论文集，广泛开展各种研究、宣传活动，已经成为海内外推动孙中山学习、研究和宣传的一支重要力量。

由于孙中山在中国乃至世界的地位和影响，孙中山研究在海内外一度成为“显学”，研究队伍人才济济，学术成果汗牛充栋。而民革所开展的孙中山研究，则有其自身的特点，其中重要的一点就是把学术性和政治性有机结合起来。坚持正确的指导思想，坚持以马克思主义为指导，坚持为中国特色社会主义建设服务，是研究工作中突出政治性的关键。同时，学术性是开展研究的基础，没有坚实的学术基础，政治现实性也会被架空。近年来，学术界不断就如何在已有成果的基础上继续拓展和深化孙中山研究、使之不断走向深入展开探讨。我们因此也给予了充分的关注。正是在这一前提下，我们尝试提出“孙中山研究与中山学”这一课题，并召开本次学术研讨会。希望从事、关心孙中山研究的学术界同仁借此机会聚在一起，共同回顾、总结已经取得的成果，从学科建设的角度，对建立“中山学”的可行性和必要性，“中山学”与各门社会科学的联系与区别，“中山学”的学科性质、方法、范围和任务等课题各抒己见、畅所欲言，借以推进孙中山研究的系统和深化。与会的各位理事，特别是学术界的专家学者，十分支持我们的工作，在本职任务繁重的情况下，仍及时提交了高质量的、颇有见地的论文并参加会议，为本次研讨会注入了生机与活力。对此，我代表民革中央深表感谢。我们将用两天的时间，主要围绕“孙中山研究与中山学”展开探讨，希望大家本着“百花齐放，百家争鸣”的方针，进行热烈、深入的学术讨论，为孙中山研究如何才能在新的历史条件下走向深入贡献自己的一份智慧和力量。

在民革全国组织工作会议开幕式上的讲话

（2009年11月2日）

周铁农

同志们：

民革全国组织工作会议今天在风景秀丽的张家界开幕了。这次会议是在民革全党深入学习贯彻科学发展观、推动自身科学发展的形势下召开的关于全党组织建设的重要会议。我谨代表民革中央向莅临会议的湖南省、张家界市的各位领导和嘉宾表示热烈的欢迎和衷心的感谢！向与会的全体同志表示诚挚的问候！并通过你们向在基层为民革组织建设付出辛勤劳动的同志们表示敬意！

全国人民刚刚隆重庆祝了新中国成立60周年和人民政协成立60周年、中国共产党领导的多党合作和政治协商制度确立60周年。60年来特别是改革开放以来，我国各方面建设取得了举世瞩目的成就。随着中国共产党领导的多党合作和政治协商制度的不断加强，民革的组织发展和职能的发挥也取得了前所未有的成就。前不久成功召开的中共十七届四中全会，集中研究了新形势下执政党的党建工作，在深刻分析和把握世情、国情、党情的基础上，系统、科学地总结了执政党建设的基本经验和规律，高屋建瓴地提出了加强和改进新形势下执政党建设的总体战略部署，对于中国共产党更好地统筹国际国内两个大局，带领全国各族人民聚精会神搞建设、一心一意谋发展，实现中共十七大描绘的宏伟蓝图，具有重要意义。今天，我们召开民革全国组织工作会议的目的是：深入学习贯彻科学发展观，学习中共十七届四中全会关于加强党的建设新的理论精神，总结交流近年来民革组织工作取得的成绩和经验，积极探索新形势下进一步加强组织建设的思路和方法，为把民革建设成为适应时代要求的高素质参政党提供坚实的组织保证。

当今世界正处在大发展大变革大调整时期，世界多极化、经济全球化深入发展，科技进步日新月异，综合国力竞争更趋激烈，给我国发展带来新的机遇和挑战。我国仍处于并将长期处于社会主义初级阶段，改革开放和社会主义现代化建设任务繁重。面对国际国内形势的严峻挑战，中国共产党清醒地认识到，要在发展中国特色社会主义的历史进程中始终成为坚强的领导核心，就必须不断加强和改进自身建设。

民革作为参政党，是中国共产党领导的多党合作事业的一个重要组成部分，同样担负着推进社会主义现代化建设的重大历史使命。面对新形势新任务，民革所承担的政治责任越来越重大，可以发挥的作用也越来越大，要充分履行参政党职能，努力做好各项工作，加强自身建设至关重要。胡锦涛总书记在2005年党外人士迎春座谈会上明确指出，要坚持执政党和参政党建设互相促进，中国共产党要适应形势和任务的发展，不断加强自身的全面建设，各民主党派要不断提高政治把握能力、参政议政能力、组织协调能力和合作共事能力，同中国共产党一道开创多党合作事业的新局面。中共十七届四中全会召开前夕，中共中央召开党外人士座谈会，胡锦涛总书记在会上进一步提出，希望各民主党派加强自身建设，更好地履行参政议政、民主监督职能，推动参政党建设和执政党建设相互促进、共同提高，齐心协力为全面建设小康社会、坚持和发展中国特色社会主义而继续奋斗。我们要认真学习中共十七届四中全会精神，学习胡锦涛同志的重要讲话精神，学习新形势下执政党建设的经验和做法，自觉加强民革自身建设、提高参政议政能力，为促进科学发展、推进和谐社会建设作出新的贡献。

下面，我就民革组织建设谈三点意见。

一、组织建设是民革自身建设的重要基础

民革的自身建设，一直是以思想建设为核心，以组织建设为基础。组织建设是建设

高素质参政党的基本保证。民革自身建设的根本目标，是建设一个与中国共产党亲密合作、共同致力于建设中国特色社会主义的参政党。要实现这一根本目标，要靠正确的理论、纲领和路线作指导，要有健全和巩固的组织作保障。组织工作就是要按照民革章程的要求，组织好民革党员的队伍，组织好党员骨干队伍。有了基本符合民革要求的党员队伍，才能有效开展加强自身建设的各项工作。选拔、培养、使用好民革的骨干力量，才能保证民革全党的凝聚力、战斗力和组织正常运转，从而更好地发挥参政党作用。换句话讲，如果这两支队伍的基础工作没有做好，参政党自身建设就很难搞好，甚至无法进行。

进入改革开放新时期以来，无论是中国共产党还是各民主党派都十分重视参政党的组织建设工作。在1989年颁布的《中共中央关于坚持和完善中国共产党领导的多党合作和政治协商制度的意见》和2005年颁布的《中共中央关于进一步加强中国共产党领导的多党合作和政治协商制度建设的意见》中都对民主党派加强组织建设进行了具体的工作部署和指导，各民主党派也在中共中央的帮助支持下，先后制定了三个关于组织发展工作的《纪要》。民革各级组织贯彻落实以上文件精神，组织发展和基层组织建设平稳有序进行，党员结构不断改善，基层组织活力和凝聚力进一步增强。各级组织全面贯彻《各民主党派中央关于加强地方组织领导班子建设座谈会纪要》精神，各级领导班子的领导作风、工作能力、凝聚力、号召力都有了明显的增强。领导班子制度建设进一步完善，建立了一系列议事制度和决策制度，工作规范有序。后备干部队伍建设工作得到加强，在中央和地方各级组织的共同努力下，省级组织领导班子后备干部队伍已陆续建立，各市级组织也正在推进此项工作。同时，一批政治素质好、代表性较强、业务能力突出的民革党员被陆续选拔推荐到各级政府或司法机关等担任领导职务。党内监督工作积极稳步推进。去年年底，民革十一届二中全会通过了《中国国民党革命委员会内部监督暂行条例》，并成立了中央监督委员会，为建立和完善党内监督机制、为民革组织的健康发展迈出了新的一步。民革组织建设取得的这些成绩，得益于民革各级组织、广大党员干部的团结一致、共同奋斗，得益于中共各级党委的领导、指导和帮助，也凝聚着在座各位同志的心血和智慧。

当前，民革全党的组织建设状况总体上是与参政党地位相适应的。但是，与新形势对参政党提出的新任务、新要求相比，还面临不少新情况、新问题。主要表现在，党员队伍的年龄、知识等整体结构还需要进一步改善，民革整体参政议政的能力和水平有待进一步提高，党员参政的状况和我们的优良传统及社会地位还不相适应，部分省、地级委员会的领导班子还没有配齐，少数地方组织领导班子存在不团结、不和谐问题，多数基层组织开展活动存在诸多困难，年轻党员的培训、培养工作有待加强，后备干部推荐、选拔、培养、锻炼、使用的机制尚不健全，等等。这些新情况、新问题需要我们各级领导干部和广大党员有清醒的认识，我们要学习中国共产党通过加强自身建设、提高执政能力的精神和方法，加强民革的自身建设，特别是组织建设工作。为此我们要进一步解放思想，克服困难，根据形势发展的要求，充分认识加强组织建设的重要性和紧迫性，用科学发展观来指导民革组织工作，以改革创新精神认真研究解决当前组织工作中的突出矛盾和难点问题，推动组织工作的科学发展，进一步发挥组织工作在建设高素质参政党中的基础性关键作用，努力开创民革自身建设和发展的新局面。

二、加强组织建设的目的是更好地履行参政党的职能

在中国共产党领导的多党合作和政治协商制度中，参政党的职能是参政议政、民主监督。民革加强组织建设的目的，就是通过建设一支高素质人才队伍，更好地履行参政议政、民主监督职能。长期以来，民革严格按照《纪要》的要求，坚持“以协商确定的范围和对象为主、以大中城市为主、以有代表性的人士为主”和“在工作中发展，发展为了工作”的原则，按照我们的特色发展党员，逐渐形成了在“祖统”、“三农”、社会和法制等方面的人才智力优势，为国家一系列重大问题的决策提出意见建议，发挥了重要作用，在履行职能方面取得了可喜的成绩，为推进我国经济社会的发展作出了应有的贡献。

在发展党员的数量和质量问题上，我们一直坚持“数量与质量并重，质量优先”的原则。作为与中国共产党“长期共存、互相监督”的参政党，是要保持一定的党员数量，要不断吸收新鲜血液，保持民革的青春和活力。但一个政党在社会上存在的价值，取决于它的整体和党员在国家政治生活中所发挥的作用，取决于党员的个人素质和在党的组织下，整体功能的发挥。因此，我们必须把发展壮大有民革特色的高素质的人才队伍放在组织工作首位。不久前，民革中央下发了《民革中央关于进一步做好组织发展工作若干问题的意见》。这个文件是经过八个民主党派中央反复协商之后决定的。今后社会和法制方面的专家、学者、人才也是民革发展的对象。这为我们开辟了发展党员的新领域，也为我们参政议政提供了新的更高的平台。我们一定要认真研究这方面的情况和问题，做好这方面的工作。

新时期新阶段多党合作事业的发展，为民革提供了更广阔的参政议政舞台，同时也对做好民革的组织工作提出了新要求。只有以改革创新的精神进一步加强组织建设，建立科学高效的组织工作机制，切实做好优秀人才的吸收、培养、推荐、使用工作，实现人力资源的有效整合和智力资源的合理配置，才能充分调动广大民革党员参政议政、民主监督的积极性，为全面推进高素质参政党建设、更好地履行参政党职能奠定坚实的组织基础。我们要充分认识组织建设对履行参政党职能的重要作用，明确组织建设与履行参政党职能的密切关系，紧紧围绕履行职能来建设我们的组织，建设适应任务需要的干部队伍和工作运转机制。各级组织要继续认真贯彻三个《纪要》精神，严格按照《纪要》分工，结合参政议政的需要做好组织建设和党员发展规划，为民革的自身发展和多党合作事业做好人才储备。

三、严格遵循“党管干部”的原则，认真抓好民革干部队伍建设工作

民革干部队伍建设和管理工作是组织建设的重要内容。选配好各级委员会领导班子的组成人员，建设一支高素质的后备干部队伍，是民主党派自身建设的主要方面，直接关系到我国多党合作和政治协商制度的存在和发展。民革干部队伍建设作为国家干部队伍建设的有机组成部分，要坚持中国共产党“党管干部”的原则。党管干部，主要是指中共各级党委坚持贯彻执行党的干部路线、方针和政策，严格按照党的原则选

拔任用干部，并对各级、各类干部进行有效管理和监督。民革作为参政党，应该自觉按照根据这项原则所确立的干部管理权限、干部选拔任用的条件和工作程序，把干部队伍建设纳入国家各级、各类干部管理的整体工作中去。

中共中央［2005］5号文件指出，党外干部是国家干部队伍的重要组成部分。因此，中共各级党委和统战部门帮助我们考察、选拔、培养、使用各级领导班子成员和举荐符合条件的优秀同志到政府部门和司法机关任职，保证了民主党派干部队伍的质量和参政议政职能的发挥。同时，我们要负起责任，积极主动发现、培养、推荐优秀人才，把后备干部的培养使用纳入国家干部工作的总体规划中，通过挂职锻炼、岗位交流、定向培养等形式，能够为民革后备干部的成长架设必要的平台。我们一定要加强同中共各级党委的联系，紧紧依靠中共党委的领导、指导和帮助，选拔培养出一支有利于中国共产党领导的多党合作和政治协商制度，和中国共产党肝胆相照、荣辱与共的高素质的参政党干部队伍。这既是民革自身建设的需要，也是协助执政党落实“党管干部”的原则，管理好国家干部的需要。

民革要建立起一整套与“党管干部”原则相匹配的工作机制和程序，建立健全干部的选拔、培养、推荐制度。把组织发展与后备干部培养相结合，建立后备干部的锻炼、培养、教育体系，通过多种渠道加强培训教育，提高后备干部的政治把握能力、参政议政能力、组织领导能力和合作共事能力。制定后备干部的选拔推荐计划，重点抓好党派成员在人大、政协、政府及所属部门的政治安排和实职安排的举荐工作，主动了解各级党委的人才培养规划和各类干部的需求，以对社会负责、对多党合作事业和民革事业负责的精神，及时、有效地把经得起民主评议、公开选拔、推举的优秀后备干部人才推荐出去。

在坚持“党管干部”中要注意克服两种倾向。一是强调“党管干部”原则，认为自己就无所作为了。凡是有关干部的事，一概推给中共党委和统战部。这是一种消极不负责的态度，对民革的自身建设是十分不利的。民革各级领导干部应积极做好人才的选拔、培养、储备工作，才能及时地向党和政府推荐人才，充分发挥民革党员参政议政的积极性，争取有更大的作为。二是忽视“党管干部”原则。这方面有多种表现：有的认为民革党员的安排使用，只要符合民革章程和本级委员会议事规则就可以决定了；有的是在具体操作过程中，因为种种原因，忽略了应遵循的原则和工作程序，没有和中共党委充分协商及听取有关方面的意见；等等，凡此种种做法违反了“党管干部”的原则，给工作带来不利。因此，民革的干部管理工作，一定要坚持“党管干部”的原则，尤其是各级委员会的主要负责同志，分管组织工作的领导和具体从事组织工作的同志更要注意坚持好这项原则。

同志们，新时期新形势对民革自身建设和组织工作提出了新要求，希望各级组织和组工干部以中国特色社会主义理论体系为指导，深入学习贯彻科学发展观，以改革创新精神努力开拓工作思路和方法，不断总结组织建设的工作经验和规律，积极开创组织建设的新局面，为促进中国共产党领导的多党合作事业、建设中国特色社会主义伟大事业作出新的更大的贡献！

在民革全国组织工作会议闭幕式上的讲话

（2009 年 11 月 4 日）

厉无畏

同志们：

民革组织工作会议经过三天紧张的议程，今天就要闭会了。这次会议开得非常成功。与会同志认真讨论了周铁农主席在开幕时的重要讲话和何丕洁副主席关于民革当前组织工作情况报告，充分交流了工作经验，深入探讨了工作思路和方法，同时，对进一步加强民革全党的组织建设提出了积极的、有价值的意见和建议。应当说，这次会议达到了统一思想、明确目标、创新发展、推动工作的目的，为我们下一步推进组织建设奠定了良好的思想基础。

中国共产党十七届四中全会对执政党在新阶段新形势下的党建工作提出了新的更高的要求。我们作为参政党，也要学习并且跟上执政党的步伐。组织建设是自身建设的前提和基础，是民革履行参政党参政议政职能的先决条件，因此必须集全党的智慧和力量，共同完成这项历史重任。下面就深入贯彻中共十七届四中全会精神，结合民革组织工作的特点和大家关注的重点问题，谈几点意见。

一、关于领导班子建设

领导班子建设在自身建设中是一个长期的任务，并且处于关键位置。各地同志在工作交流中也介绍了各自的经验，我在这里再提几点希望。

第一，要将各级领导班子建设成学习型集体。中共十七届四中全会提出，要建设学习型政党，并且强调要把建设马克思主义学习型政党作为重大而紧迫的战略任务抓紧抓好。这是适应时代发展的需要，是学习贯彻“三个代表”重要思想和科学发展观的需要，也是加快全面建设小康社会进程的需要。作为参政党的民革应该向执政党学习，在全党增强学习意识，营造崇尚学习的浓厚氛围，强化学习力度，优化知识结构，提高全体党员、干部的综合素质。在建设学习型政党进程中，各级领导班子应做出表率，首先将领导班子建设成学习型的集体。

建设学习型领导班子，要紧密结合改革开放和现代化建设的实践，将理论学习与实践相结合。重点学习马克思主义理论，学习党和国家的方针政策和法律法规。在广泛学习现代化建设需要的经济、政治、文化、科技、社会、国际等各方面知识的同时，应注意努力掌握一切科学的新思想、新知识、新经验。在学习贯彻科学发展观，推动社会科学发展、推动民革事业科学发展的同时，注重提高运用科学理论分析和解决实际问题的能力。要健全学习制度，制订学习计划，明确学习内容，形成学用习惯，健全学习体系，增强学习效果，在学习中提高班子成员的自身素质。近一段时间来，中央领导班子成员分赴各地方组织辅导学习贯彻科学发展观，推动民革事业的科学发展。这项活动起到了很好的效果。各地方领导班子也要把学习贯彻科学发展观，推进民革工作列入建设学习型组织、建设学习型领导班子的计划中去。

建设学习型领导班子，要注重开展社会主义核心价值体系的学习。社会主义核心价值体系反映了社会主义本质特征，最集中、最鲜明地体现了当代中国价值追求的社会主义本质，体现了中国特色社会主义的核心价值诉求，是指导社会成员价值选择和行为取向的基本标尺。各级领导班子要注重在继续开展以深化政治交接为主题的学习教育活动的基础上，认真组织党员和干部学习践行社会主义核心价值体系，增强走中国特色社会主义道路的自觉性和坚定性，增强政治敏锐性和政治鉴别力，构筑坚实的思想防线，加强对马克思主义、社会主义公有制、中国特色社会主义民主的认识，坚决抵制各种错误思想的影响，始终保持坚定的立场和清醒的头脑。加强中华优秀传统文化教育，引导党员、干部弘扬以爱国主义为核心的民族精神和以改革创新为核心的时代精神，自觉践行社会主义荣辱观，培养高尚的道德情操和健康的生活情趣，保持昂扬奋发的精神状态。我们民革各级领导班子应建设成具有较高理论修养和思想素质，认识统一的领导集体，同时，带动各级组织不断加强党员干部理想信念教育和思想道德建设。

第二，要将各级领导班子建设成团结和谐的领导集体。团结产生力量，凝聚形成合力，一个坚强而团结的领导集体是做好一切工作的基础。我们建设团结和谐的领导班子，首先要高度重视建立健全民主集中制，积极推进党内民主建设。中共十七届四中全会对健全民主集中制，发展党内民主的重要性作了进一步阐述，强调党内民主是党的生命，集中统一是党的力量保证，在《决定》中对完善党内民主决策机制，维护党的集中统一等方面提出了明确的要求。我们建设团结和谐的领导班子要借鉴执政党丰富的经验，同时要紧密结合自身的特性。我们讲建设团结和谐的领导班子，是建立在民主集中制和推进党内民主建设基础上的。因此需要对民主集中制和党内民主建设原理进行深入学习和理解。

民主集中制是民主基础上的集中和集中指导下的民主相结合，这一原则广泛运用于国家政治生活和领导班子的决策程序中。坚持民主集中制，是以保障党员民主权利为根本，以加强党内基层民主建设为基础，以完善领导班子建设为重点，切实推进党内民主，广泛凝聚全党意愿和主张，充分发挥各级组织和广大党员的积极性、主动性、创造性，维护党的集中统一。

贯彻民主集中制原则，既不能离开民主讲集中，也不能离开集中讲民主，必须把二者有机地统一起来。离开集中讲民主就会出现议而不决，导致分散主义、极端民主化和无政府主义；离开民主讲集中就会独断专行，导致主观主义、官僚主义、命令主义。要防止两个极端的出现。

坚持民主集中制要通过学习掌握它的内涵，要提高领导班子成员的思想政治水平，要正确定位，把握全局，讲究领导艺术。民主集中制是经中国共产党实践检验的科学民主决策的组织原则和思想方法。领导班子建设一定要突出民主集中制这个核心，进行民主集中制学习教育，通过学习和教育，使班子成员熟悉和掌握民主集中制的基本理论和原则，做到理论与实际、学习与运用、言论与行动相统一，增强贯彻执行民主集中制的自觉性。

坚持民主集中制，必须坚持集体领导，正确处理好集体领导与个人分工的关系，完善内部决策制度，必须遵循“集体领导、民主集中、个别酝酿、会议决定”的十六字原则。做到班子成员服从集体领导，同时又按分工独立开展工作。对重大问题，如重要决策、干部任免等，要在班子成员深入调查研究的基础上，按民革章程规定，经主委会、常委会或全委会充分讨论，进行民主科学的决策，做出决定，形成决议。在议事和决策的过程中注意发扬民主，听取各方面的意见，杜绝“一言堂”，同时提高领导班子决策水平和解决自身问题的能力，班子成员形成根据工作分工，各司其职，各负其责，恪尽职守，密切配合的局面，调动和发挥各部门的积极性，确保各项决定和工作任务落到实处。坚持和健全民主集中制，自觉贯彻个人服从组织、少数服从多数、下级组织服从上级组织、地方服从中央的原则。要通过努力使得领导班子成员树立工作“一盘棋”的思想，顾全大局，积极参与和自觉维护集体领导。在增进党内民主和贯彻民主集中制原则的基础上，各级领导班子形成讲和谐、促团结的良好氛围。

在促进领导班子团结和谐中，我们要提倡班子成员之间相互尊重，相互信任，相互体谅，相互支持，建立以诚相见、以德相待的同志关系。希望各级领导班子成员把促进领导班子的团结和谐上升到对民革事业负责的高度来认识，来对待。

第三，要建设服务型领导班子。各级领导班子既是领导者，也是全体党员的服务者，既肩负着参政议政、自身建设和本职工作等组织赋予的重任，更承载着广大党员的重托。因此，各级领导班子一定要在工作中，树立和加强为基层组织和全体党员服务的意识，用这种服务意识促进工作的开展。

为基层和党员服务就要了解基层党员的思想状况，了解他们对组织的看法和要求，了解他们的工作、生活情况和面临的困难。各级领导班子要通过学习教育活动和联系支部活动等途径加强对党员的组织管理和对党员学习活动的引导，引导他们了解民革的历史和传统，了解民革的主要职责和任务，提高他们的思想认识和理论水平。要切实关心党员，帮助他们解决实际面临的问题和困难，促使他们更好地融入组织，培养他们对组织的热情和信念，以期为参政议政作出贡献。领导班子要转变传统的思维方式，树立以人为本的理念，寓管理于服务中，事事、处处、时时以维护党员权益为重，始终带着对党员的深厚感情去工作，把党员的安危冷暖真正挂在心上，真正做到思想上尊重党员，感情上贴近党员，行动上深入党员，工作上依靠党员，使党员充分感受到组织的关怀和温暖。各级领导班子成员一定要不断增强为全体党员服务的意识，密切与基层组织和党员群众的联系，着力为基层组织和党员做好服务，以此进一步增强组织的凝聚力和体现民主党派领导干部特有的民主作风和亲和力。

二、关于干部队伍建设

中国共产党把源源不断培养大批优秀年轻干部作为关系党和国家事业的根本大计，在十七届四中全会上提出要建设善于推动科学发展、促进社会和谐的高素质干部队伍。民主党派的干部队伍也是党和国家干部队伍中的一部分，我们要用中国共产党干部队伍建设的思想指导我们的干部工作。

周铁农主席在开幕会上就民革组织建设与履行参政议政职能的关系作了重要阐述。组织建设要为履行参政党职能服务，加强干部队伍建设就要围绕民革事业的需要，要有长远的人才战略思想。从民革自身任务和长远发展需要出发，我们要有足够的为参政议政服务的专家型干部和为加强党务建设的管理型干部。当前我们又面临2011年和2012年地方组织和中央的换届准备工作，干部队伍建设更显得尤为关键和紧迫。

要搞好干部队伍建设，首先就要认识到这项工作的重要性，在思想上和行动中重视它，增强对人才的“敏感度”。目前我们尤其要注重各级后备干部队伍的建设。

干部选拔任用需要三方面条件，一是来源，二是培养，三是推荐。来源应该趋于多样化，拓展视野，拓宽渠道，干部来源就会丰富。各省级组织既要注意在内部选拔人才，也要注意从外部引进人才。在民革体系内选拔优秀人才成为后备干部的同时，有必要引进有培养前途的高层次人才加入民革。这就需要各级组织同有关部门，如各级党委统战部、组织部等密切合作，争取把合适的人才引入民革。我们选拔出来的人才都是具有一定的专长和能力的同志，但他们当中可能有的人对党派工作不甚了解，有的同志还缺少锻炼的机会，这都需要我们为他们铺设道路，使他们在工作中得到锻炼和提高。所以，各级组织一定要做到不仅选好人才，还要培养人才，通过各种学习锻炼机会提高他们的统战理论水平和参政议政能力，为今后的工作打下坚实基础，在适当的时候积极推荐给党委和政府有关部门。各级组织要努力争取机会，让我们的后备干部到基层、到实际领导岗位上工作、锻炼和提高。

后备干部的推荐工作，必须按照干部选拔规则进行。在推荐工作中，民主和透明是一项重要原则，干部选拔推荐一定要注意贯彻民主程序，增强民主意识，坚持透明、公信，选出的干部一定要有群众基础，使广大党员信服。推荐工作还需要领导班子发挥集体和个人的力量，与统战部门沟通协商，为后备人才铺路搭桥。这是一项长期的工作，需要在日常的点滴工作中积累经验。希望我们的领导班子和组织部门的同志把这项工作时刻放在心上，主动做好协调沟通工作，将民革干部队伍的建设推到一个更新的高度。

这项工作要做得规范，需要有规章制度来保证，要制定科学、实用、可操作的后备干部选拔推荐制度并保证实施。我们要按照周主席讲话的要求，坚持党管干部原则，不断完善后备干部选拔推荐制度，积极推动民革干部选拔推荐制度与中共后备干部体系有机衔接，为民革后备干部选拔的科学化、系统化不懈努力。我们在工作中要严格按程序办事，不能违反原则，做到认真选好人才，主动积极推荐，通过严谨有效的后备干部队伍选拔和推荐机制推出更多优秀的人才，提高民革参政议政水平，真正行使好参政党职能。这是组织建设为参政议政服务的重要部分。

另外，在培养选拔后备干部的同时，我们还要注意培养和锻炼民革组织工作干部队伍。组织工作是一项具有长期性和严谨性的工作，有较强的专业性，关系到民革组织建设的质量，所以，组织工作干部队伍的素质十分重要。我们在选拔干部时，要善于发现适合组织工作的人才，并把他们放到合适的岗位。同时，也要注重对组织工作干部的日常培训，包括统战理论培训、民革党史党情和业务政策培训等，以提高他们的理论水平和工作能力。

三、关于党内监督工作

民革党内监督工作是民革全党非常关注的工作，关系到民革全党遵循党章、执行制度和党内民主生活的正常与否，关系到全党在思想上、政治上和组织行为上的统一，对民革事业健康有序发展起到保障作用。

党内监督工作也是民革自身建设的一部分，同样需要服从和服务于民革的科学发展和履行职能。中国共产党在总结党建经验时，明确提出，进一步发展党内民主是推进党内监督工作的必要条件之一，这对我们民主党派的内部监督工作有着非常重要的指导意义。

去年民革十一届二中全会通过的《中国国民党革命委员会内部监督暂行条例》，对开展内部监督工作和建立健全内部监督机制提出了明确的要求，今年第二季度的中常会对党内监督工作又作了专题研究。目前，各地都在认真研究落实中常会精神，已有三个省级组织建立了监督委员会。希望各地组织对内部监督工作真正重视起来，按照监督条例的要求，围绕党章的各项原则，积极研究制定符合本省情况的监督制度，结合推进党内民主建设，把相应的民主生活切实开展起来，包括领导班子民主生活会、谈心会、干部述职和民主评议等，要落到实处，起到实效，真正达到交流思想，统一认识，改进作风，增进团结，提高能力的目的。条件成熟的省级地方组织在与当地党委统战部门沟通后，可以建立监督委员会。

各级领导班子要多关心和支持担任政府实职工作的党员干部，增进与他们的沟通，加强对他们的帮助和教育，促使他们更好地行使职责，为党员树立学习的榜样，也为民革树立良好的社会形象。

四、关于届中调整工作和2012年换届前期基础准备工作

（一）做好届中调整工作

根据各地方的实际情况和2007年换届时的有关文件精神，一些地方组织领导班子和领导机构需要在届中作适当调整。届中调整虽然规模不大，涉及人数不多，但关系到一级组织的工作延续、平稳过渡和与下次换届工作的衔接。因此，各有关省级组织需要高度重视此项工作。

届中调整工作主要包括几种情况，一种是到龄同志退位，新同志继位；一种是原班子、机构名额未满，准备届中补充成员；再一种是名额已满，因工作需要需临时“加长板凳”，扩充成员，待换届时再恢复原有名额，等等。无论是哪种情况，都要做好充分的准备工作。这里需要强调的，　是要严格按照党章和有关文件规定程序办事；二是要充分听取群众意见，估计预测工作结果，耐心细致做好思想工作；三是要随时与当地党委统战部门沟通情况，以期意见一致并争取大力支持。对一些即将退位的老同志，各地组织，特别是班子成员和组织部门的同志，要协助他们做好工作交接，使他们心情愉快地完成最后的任务。对于新上任的同志，领导班子成员要主动帮助他们全面了解工作，尽快熟悉工作，与他们多沟通配合，形成新的和谐领导集体。我们期望的最终结果应该是：老同志心情舒畅退位，新同志顺利继任到位，干部群众都能满意。

（二）为2012年的换届做好调研等基础性准备工作

2012年是我们的换届年，距离换届还有两年，对于换届前的准备工作，时间已经非常紧迫了。从现在开始，我们应该开始思考和着手换届前期基础准备工作了。目前

的工作主要包括两个方面：

一是继续深入开展以“走中国特色政治发展道路”为主题的政治交接学习教育活动和学习贯彻科学发展观的系列活动。学习十七大和十七届四中全会精神，进一步增强接受中国共产党领导的自觉性，为换届工作奠定良好的思想基础。

结合学习教育活动，使各级领导干部和广大党员充分认识到换届工作不单纯是班子成员的新老交替、人员进退去留问题，更重要的是换届过程是政治交接从思想到组织全面落实的过程。要从有利于民革事业发展和中国共产党领导的多党合作事业的大局来提高认识，统一思想。

二是做好充分的调查研究工作，为换届做好基础性准备。这就需要各级领导班子和组织部门的同志结合党章要求，结合现有的政策，结合当前的具体情况，包括随着社会发展以及我们自身发展中不断出现的新情况，进行必要的测算、分析，对于那些突出的问题要重点调查、研究，在调研的过程中要做到细致、周到，做到百密无疏。例如，我们党章中规定的任期制，地方可以就如何落实在调查研究本级组织情况的基础上提出有参考价值的意见和建议，中央也会就这类问题开展调研。中央希望全党共同努力，将换届前的各项准备工作理顺，将各类问题在调查研究的基础上达成统一意见，以保证我们2012年换届工作稳步顺利进行。

另外，明年将在基层组织建设方面加大调研和推进工作，并准备表彰一批先进集体和优秀党员。希望各地方组织做好相应的调研等基础性准备工作。

各位同志，组织工作是关系到民革参政党职能的发挥，关系到民革未来和生存的重要任务。希望大家回去之后认真学习周主席在开幕式上的讲话，将这次组织工作会议的精神贯彻到实际工作中去。希望大家同心同德，再接再厉，继续扎实推进全党组织建设，为把民革建设成为适应新时代要求的高素质参政党而努力，为祖国的繁荣昌盛和中华民族的伟大复兴作出更大的贡献！

最后，祝大家工作顺利，在新的一年取得更好的成绩。

在民革全国参政议政工作暨成果交流会议上的讲话

（2009年11月22日）

齐续春

同志们：

很高兴跟大家在绿意盎然的南宁共聚一堂，召开一年一度的民革全国参政议政工作暨成果交流会议。我们这次会议的主要内容是：总结和交流民革全党一年来的参政议政工作成果和经验，并为今后的参政议政工作明确方向。

一年来，民革全党深入学习贯彻科学发展观，以高度的忧患意识和责任感，把协助执政党和政府有效应对世界经济及金融危机，确保经济平稳较快增长，作为参政议政的首要任务，紧紧围绕“保增长、保民生、保稳定”的发展目标，充分发挥民革联系广泛、智力密集的优势，切实履行参政党职能，针对如何应对国内外环境变化，保持经济、金融、资本市场稳定，保持社会大局稳定，实现经济社会全面协调可持续发展等问题进行深入调研，积极献计出力，发挥了参政党应有的作用。

一、发挥优势，树立品牌，积极调研结硕果

促进祖国和平统一，是民革参政议政工作的传统品牌和特色领域。一年来，民革各级组织深入学习胡锦涛总书记在纪念《告台湾同胞书》发表30周年座谈会上的重要讲话精神和中共中央各项对台方针政策，认真领会民革十一届二中全会提出的“四个转变”精神，根据“祖统工作重心向参政议政转变”的要求，努力拓宽工作渠道，切实加大了“涉台”参政议政的工作力度，形成了一批高质量的涉台提案和调研报告。如，民革中央与中国人民大学合作形成的《关于应对台当局所谓两岸“互不否认”问题的建议》的专题报告，被国台办确定为今年最重要议案之一。

长期关注“三农”问题，为社会主义新农村建设献计出力，是民革参政议政工作的传统优势和重点领域。今年，民革中央由领导同志带队，先后就“新农村建设”、“农民工返乡创业、就业”、“健全农村土地承包经营流转制度”、“灾后重建中城乡一体化”、“基层农技推广体系改革与发展”、“我国粮食主产区现代农业发展”、“农村环境污染与保护情况”、“毕节试验区生态建设”等问题开展调研考察，并通过高层协商会、专题报告和建议案等形式，向中共中央、国务院和全国政协提出相关的政策建议，均得到有关领导和部门的重视和采纳。如，《关于进一步扶持粮食主产区，确保我国粮食安全的建议》得到了国务院总理温家宝和副总理回良玉同志的批示；《关于进一步做好汶川特大地震灾后重建工作的建议》和《关于新农村建设中环境污染与保护情况的调研报告》得到了温家宝同志的重要批示；《关于健全农村土地承包经营权流转制度的建议》得到了全国政协主席贾庆林和国务院副总理回良玉同志的重要批示和肯定；《关于尽快在我国西南喀斯特岩溶山区继续实施退耕还林试点工作的建议》得到了贾庆林、回良玉和杜青林同志的批示；《关于进一步做好农民工返乡创业与就业的建议》得到了国务院副总理回良玉和张德江同志的批示；《关于大力推进基层农技推广体系改革与建设的建议》不仅得到温家宝、回良玉等领导同志的批示，而且建议中所提的内容在农业部、财政部共同启动的“基层农业技术推广体系改革与建设示范县项目”中得以体现和实施。

社会法制建设，是民革中央在参政议政工作中新的特色领域。5月，民革中央与全国政协和最高人民法院组成联合调研组，赴河北、山西、河南三省开展联合调研，并向中共中央、国务院呈报了《关于建立健全非正常上访终结机制的建议》，得到了中央政法委书记周永康和全国政协副主席王刚同志的重要批示，报告中的有关建议还被吸纳到《中央政法委员会关于进一步加强和改进涉法涉诉信访工作的意见》之中。为此，中央调研组的有关人员先后应邀出席中央联席会议办公室和国家信访局举办的专题研讨会，以及由全国政协、中国社会科学院和北京市政协共同主办的“新形势下社会和谐与稳定研讨会”，并作专题发言。民革中央调研组还针对《中华人民共和国食品安全法》颁布实施后我国保健食品监督管理体系的基本情况和存在的问题，开展调研考察，并取得了阶段性成果。

二、服务大局，关注民生，政协大会发言和提案赢得广泛关注

今年，民革中央向全国政协十一届二次会议提交了三篇大会发言，即《构建“海峡经济区”，促进两岸共同繁荣》、《大力发展创意产业，推进经济创新和传统产业的升级换代》和《关于出台〈推进新型农民返乡创业就业若干意见〉的建议》，特别是关于构建“海峡经济区”的大会发言和建议得到了海内外多家知名媒体的刊载，引起强烈反响。此外，民革中央还提交了《关于确保我国粮食安全，促进粮食主产区农民增收的建议》等23篇集体提案，内容涉及海峡两岸经济和文化交流、金融市场的稳定和发展、农村土地流转、生态环境保护和法制建设等多个领域。这些具有全局性和可操作性的意见、建议受到了有关领导和部门的重视和采纳，有些还引起了社会公众的瞩目。如，《关于当前做台湾民进党工作的几点建议》和《关于新形势下进一步做好争取台湾中南部民心工作的建议》两篇涉台提案被评为全国政协重点提案；《关于加快修订〈中华人民共和国城市房地产管理法〉，促进房地产产业的健康发展的建议》一经披露便被中央电视台、人民网等多家媒体进行重点报道，引起社会的广泛关注和热烈讨论；《关于将部分国有股划转社保基金用于农村社会保障的建议》和《关于沪深证券交易所公司制改革的建议》等完善金融市场秩序的提案也得到相关专业人士的高度认可，财政部、证监会等有关办理部门在提案答复中也对这些建议给予了充分肯定。

三、拓宽渠道，建立平台，专委会工作得到全面促进

专门委员会是民革各级组织做好参政议政工作的重要抓手。为切实加强专委会的自身建设，积极探索发挥专委会作用的方法和途径，为委员们加强信息交流提供平台，今年年初，民革中央创办了《专委会通讯》月刊，及时向委员们通报中央和地方各级组织的参政议政工作动态和取得的成果，反映委员参政议政、建言献策的活动情况与重要观点，并选登部分委员在参政议政工作方面所取得的成就，从而极大地提高了专委会委员的责任感和积极性，为他们更好地履行职责、发挥作用拓宽了渠道。同时，民革中央机关各职能部门也积极承担起为各自所联系的专委会委员提供服务和协助的职责。一年来，民革中央七个专委会分别召开委员座谈会和工作会议二十余次，由专委会组织或有专委会委员参加的调研活动15次。委员们在日常工作中紧紧围绕国家的经济建设和社会发展，围绕民革工作的重点和特色领域积极履行参政议政职责，提出了很多有益的意见和建议，发挥了应有的作用。

四、创新形式，共享成果，进一步加强与各方的合作

在充分发挥党内专家、学者专业优势的同时，民革中央也注重在更多的领域、以更多的形式寻求各方面支持，为全党的参政议政工作汲取更多的智慧与力量。3月，民革中央与上海市社科院针对加强学术交流、人才队伍培养、委托和合作调研、研究成果转化、信息资源共享等方面签订合作协议，为在新的模式下提高参政议政的能力和水平进行了有益的探索和实践。5月，民革中央作为主办单位之一，与国台办、教育部、商务部、福建省人民政府等十几个部门共同主办了首届“海峡论坛”系列活动，为在新形势下加强两岸交流合作，促进祖国和平统一寻求到新的发展空间。9月，民革中央

与中共重庆市委联合举办“2009中国新农村法制建设论坛”，将“三农”与“法制建设”这两个民革的参政议政重点领域进行了有机的结合，围绕农村土地承包经营权流转法律制度、农民专业合作社法律问题、农村社会保障法制研究等课题，针对加快涉农执法体制改革、健全和完善农村法律体系进行了深入探讨和交流，并将研究成果编印成论文集。10月，民革中央与农业部、国家旅游局、浙江省人民政府共同举办“中国（安吉）休闲农业与乡村旅游发展高层论坛”，围绕农业创意产业和农村旅游产业的发展进行了深入的研讨，取得了良好的效果。为了进一步加强合作、共同发展，民革中央还将浙江省安吉县确立为“社会主义新农村调研基地”，为今后有关调研工作的开展和成果的转化寻找到一个新的平台。

五、建章立制，广泛联系，反映社情民意信息工作取得新进展

去年的民革全国参政议政成果汇报暨反映社情民意信息工作会议之后，民革中央颁发了《关于加强和改进反映社情民意信息工作的暂行规定》，从制度化、规范化的角度进一步明确了社情民意信息的收集对象、反映内容、报送程序、负责部门、网络建立和工作人员培养，民革各级组织对这项工作的重要性有了进一步的认识，信息的收集和采用情况较以前也取得了一定的进步。同时，我们还就信息与提案、调研报告之间的形式转化也进行了一些有益的探索和实践。今年，民革中央共收到各级组织和党员个人发来的社情民意信息2000余件，经认真筛选并修改后，给全国政协研究室信息局报送了300多件。其中：以民革中央周铁农主席和万鄂湘副主席名义报送的《关于加强水资源司法保护的建议》、民革江苏省委会副主委张坚勇报送的《减轻农产品深加工企业税负》等信息被《政协信息》单篇采用。《促进农业农村持续稳定发展》、《对开好“两会”的期盼和建议》、《积极扶持中小企业发展》、《积极应对国际金融危机促进经济平稳发展》、《妥善解决返乡农民工就业问题》、《完善药品集中采购和统一配送措施》、《住房公积金管理制度亟须完善》等多篇信息被《政协信息》综合采用。此外，《加快修订〈中华人民共和国城市房地产管理法〉》、《建议上市公司进行“实物分红”》、《建议以每年5月19日为“国家旅游日”》、《进一步改进规模畜牧养殖场环境评估程序的建议》等被转送有关部门。

我们在履行参政党职能方面所取得的成绩和进步，是民革各级组织和广大党员共同努力的结果，也是中共各级党委、人大、政府、政协和社会各界的大力支持、关心和帮助的结果。借此机会，我代表民革中央，向民革各地方组织和广大党员，向所有对民革工作给予支持和帮助的组织、机构和单位表示衷心的感谢！

尽管我们的参政议政和反映社情民意工作有了很大的进步，取得了一些成绩，但是也要清醒地看到我们在工作中还存在着很多不足之处，如调研活动受客观条件的限制而深度不够，对于一些重点领域问题的研究缺乏延续性，以及中央与地方组织在参政议政工作方面的上下结合较少，等等。今后，我们要在巩固成绩的基础上，继续提高参政议政质量和水平，力争使我们的参政议政工作迈上一个新的台阶。

刚才，铁农主席就今后的参政议政工作从加强理论政策学习、加强参政能力建设、加强专委会建设等方面提出了明确要求。我们一定要认真学习和深入领会，并贯彻落实到工作之中。下面，就如何做好民革明年的参政议政工作，我谈几点意见，供大家参考。

第一，认真学习贯彻中共十七届四中全会精神，切实加强参政党自身建设，不断提高民革全党的思想政治素质和参政议政能力。

中共十七届四中全会是在新中国成立60周年、国际形势继续发生深刻变化、我国全面建设小康社会进入关键阶段召开的一次重要会议。胡锦涛同志所作的工作报告和《中共中央关于加强和改进新形势下党的建设若干重大问题的决定》着眼推进中国特色社会主义伟大事业和党的建设新的伟大工程，科学分析时代特征，深刻把握基本规律，着眼社会发展新要求、顺应人民群众新期待、贯穿科学发展新理念，对于推进执政党建设新的伟大工程、加快全面建设小康社会进程、坚持和发展中国特色社会主义，具有重大而深远的意义。民革作为参政党，要认真学习中共十七届四中全会精神，深入把握中共中央对新形势下执政党建设的战略部署，进一步加深对中国共产党先进性的认识，认真借鉴中国共产党自身建设的成功经验，全面推进民革自身建设，不断提高参政议政能力，为促进科学发展、建设和谐社会作出新贡献。

第二，发挥优势，突出特色，继续为推动我国经济社会的科学发展献计出力。

实践证明，中央应对金融危机采取的方针和一揽子计划是正确有效的，我国经济发展正处在企稳回升的关键时期，前景看好。但是，我们也要看到当前及今后一段时期内，经济运行中不稳定不确定因素还很多，民革各级组织和全体党员要切实把思想和行动统一到中共中央决策部署上来，把积极性、主动性、创造性引导到推动科学发展上来，紧紧围绕保持经济平稳较快发展的首要任务，不断研究新形势、新问题，共同为转变发展方式、破解发展难题献计出力。要根据民革在参政议政重点领域的特色和优势，突出参政议政的主攻方向，针对当前特殊的经济形势，以科学发展观为指导，继续把关于“祖统”、“三农”、社会法制，特别是把应对当前国际金融危机方面的参政议政工作做实做深做透，为保增长、保民生、保稳定、促和谐作出积极贡献。

第三，健全和完善参政议政工作机制，加强参政议政机构和队伍建设。

健全的参政议政工作机制，是履行好参政党职能的基础和保证。民革各级组织要加强对参政议政工作的领导，凝聚广大党员的智慧和力量，以参政议政工作为主导，带动各项工作的开展。要注意强化参政议政工作的支持系统，提高参政议政的组织化水平，加强机构和队伍建设，注重整合各方资源和力量，上下联动，内外合作，实现民革参政议政功能的最大化。要充分认识专委会工作的重要性，切实加强专委会的建设，以专委会为主体开展专题调研活动，尽可能地为委员们建言献策拓宽渠道、提供平台。明年，我们计划召开民革专委会工作研讨会，针对如何进一步完善专委会的参政议政工作机制，更好地发挥专委会的参谋和助手作用进行专题研讨。

第四，整合资源，提高质量，进一步做好反映社情民意信息工作。

反映社情民意信息工作是一项政治性、政策性很强的工作，责任大、任务重、要求高。一年来，民革各级组织、专委会和全体党员大力支持反映社情民意信息工作，从事信息工作的同志在工作岗位上也付出了大量的心血和劳动。在大家的共同努力下，民革的反映社情民意信息工作在扩大信息渠道、提高信息质量方面取得了很大进展。

今后，我们要进一步加强组织领导，充分发挥专委会委员和党员中的人大代表、政协委员的作用，整合资源，形成反映社情民意信息工作的合力。要重视对社情民意信息中有价值的观点进行综合分析和提炼深化，围绕决策、突出重点，重视反映带有苗头性、倾向性的问题，正确处理好数量和质量的关系，增强责任意识，提高反映社情民意信息工作质量。要健全工作机制，加强队伍建设，宣传民革反映社情民意信息工作取得的新成效、新经验，在协助执政党和政府做好理顺情绪、化解矛盾、维护稳定方面，继续发挥参政党应有的作用。

同志们，我们正处在多党合作事业发展的最好时期，我们的参政议政工作氛围和谐，舞台宽广，任务繁重，前程远大。希望大家继续继承和发扬孙中山先生爱国、革命、不断进步的伟大精神，高举中国特色社会主义伟大旗帜，以邓小平理论和“三个代表”重要思想为指导，深入贯彻落实科学发展观，同心同德，群策群力，以扎实的工作能力和高质量的业绩成果，为民革更好地履行参政议政和民主监督职能，为推动我国经济的又好又快发展和构建和谐社会作出新的、更大的贡献。

中国国民党革命委员会内部监督暂行条例

（2008 年 12 月 3 日第十一届中央委员会第二次全体会议通过）

第一章　总则

第一条　为加强党内监督机制建设，推进参政党自身建设，提高参政党履行职能能力，依据《中国国民党革命委员会章程》，制定本条例。

第二条　党内监督以邓小平理论和“三个代表”重要思想为指导，深入贯彻落实科学发展观，坚持中国共产党的领导，坚定不移地走中国特色社会主义政治发展道路。

第三条　党内监督以本党章程为准则，体现进步性与广泛性相统一的政治联盟特点，坚持民主集中制，坚持积极稳妥、循序渐进，惩防并举、重在预防的方针。

第四条　党内监督对象，包括党员和各级组织，重点是各级领导班子及其成员。

第五条　监督的重点内容：

（一）遵守本党章程和多党合作政治准则的情况；

（二）贯彻执行组织决议、决定和工作部署的情况；

（三）贯彻执行民主集中制和各项制度执行的情况；

（四）在人事安排和干部选用中遵守相关制度和程序的情况；

（五）执行领导班子谈心会和民主评议制度的情况；

（六）保障党员权利的情况；

（七）廉洁自律和民主作风建设的情况。

第二章　监督机构

第六条　中央设立监督委员会作为党内监督的专门机构。

省级组织设立内部监督机构，参照中央的精神，采取试点的办法，设立相应的机构，积极稳妥地进行。

中央监督委员会在中央委员会领导下工作，其组成人员由主席会议提名，提请中央委员会决定，每届任期与中央委员会相同。

中央监督委员会成员届中如需调整，由主席会议提出，中央委员会决定，在中央委员会全体会议闭会期间，由中央常务委员会决定。

中央监督委员会下设办公室，与组织部合署办公，承担中央监督委员会的日常事务。

第三章　监督职责

第七条　各级委员会在党内监督方面履行下列职责：

（一）领导党内监督工作，贯彻落实上级组织和同级代表大会关于加强党内监督工作的决议、决定，研究解决党内监督工作中的重要问题；

（二）对下一级组织及其领导班子，特别是主要负责人进行监督；

（三）监督上一级组织工作，提出意见和建议。

第八条　监督委员会履行下列职责：

（一）在同级委员会的领导下和上级监督委员会的指导下开展党内监督工作，研究制定党内监督的有关规定；

（二）指导、督促下级组织开展党内监督工作；

（三）按照党内监督内容，分别对中央和省、市、县级组织的领导机构及其领导班子成员进行监督；

（四）受理涉及领导班子成员和党员违反本党章程等问题的来信来访，提出处理意见和建议；

（五）对党内监督工作的重要事项和重大问题与有关部门进行沟通和协商。

第九条　党员在党内监督方面的责任和权利：

（一）及时向组织反映对各项工作的意见和建议；

（二）对组织决议、决定如有不同意见，在坚决执行的前提下，可以向组织提出保留，并可将意见向上级组织直至中央反映，但不应公开发表同组织决定相反的意见；

（三）有权在有根据的情况下批评各级组织和党员违反本党章程的行为。

第四章　监督制度

第十条　各级领导班子必须坚持集体领导和个人分工负责相结合的原则。凡属重大事项、重要问题、重要的人事安排和干部选用，都要按照集体领导，民主集中，个别酝酿，会议决定的原则，由集体讨论作出决定。领导班子成员要根据集体的决定和分工，切实履行自己的职责；同时要关心全局工作，积极参与集体领导。

各级领导班子主要负责人应当带头执行民主集中制，支持领导班子成员在职责范围内独立负责地开展工作。领导班子成员要互相信任和支持，自觉维护班子的团结。

第十一条　各级领导班子应当制定、完善并严格执行议事规则，保证决策科学、民主。

各级领导班子成员讨论决定事项，应当充分发表意见；对不同意见，应当认真考虑。对各种意见和主要理由应当如实记录。讨论干部选用事项，还应当如实记录推荐、考察、酝酿、讨论决定的情况。

各级领导班子决定重要事项，应当进行表决。表决采用口头、举手、无记名或记名投票等方式。表决结果和表决方式应当记录在案。

第十二条　监督委员会向同级委员会全体会议报告工作，报告的内容和形式由同级委员会决定。

第十三条　各级领导班子成员，于每届届中和届末在全委会或常委会的范围进行述职，并接受民主评议或民主测评。

第十四条　各级组织应当坚持领导班子成员谈心会制度，届内召开谈心会应不少于三次。通过谈心会，交流思想，统一认识，改进作风，增进团结，提高自身解决问题和矛盾的能力。

第十五条　上级组织应当加强对下级领导班子谈心会的指导和监督。

第十六条　各级领导班子主要负责人要不定期对下级组织领导班子负责人进行约谈，了解情况，听取意见，及早发现问题，及时进行诫勉。

第十七条　下级组织每年应向上级组织汇报工作，并对上级组织工作提出意见和建议（可书面）。

第十八条　监督委员会按照《民革中央机关信访工作原则》办理涉及监督内容的来信来访，对重要信访事项的办理应当监督检查，直至妥善处理。

第五章　监督保障

第十九条　监督委员会应当按照本条例规定切实履行监督职责，发挥监督作用。

党员和党的各级领导干部应当自觉接受监督。

第二十条　各级组织应当加强思想政治教育，建立健全工作制度，有效防范各种违章违法行为的发生。

第二十一条　对以真实身份反映问题的党员应予保护；对诬陷他人的在调查落实的基础上应予严肃处理。

第二十二条　党员对纪律处分的决定不服的，可以向作出处理决定的组织申诉，对复议作出的结论仍有意见，可以向上级组织直至中央申诉。

第二十三条　各级组织发现违反本条例的行为或接到有关反映，认为需要查明事实、纠正错误的，必须按照职责和权限，及时调查处理。

第六章　附　则

第二十四条　本条例由中央监督委员会解释。

第二十五条　本条例由中央委员会全体会议通过后，自发布之日起施行。

民革中央关于建立思想政治交接长效机制的实施意见（试行）

（2009年5月）

建立思想政治交接长效机制，将政治交接的措施、要求融入民革日常工作中，把政治交接的内涵、精神转化为民革党员的价值理念和规范行为，促进自身建设的不断深化，对民革组织更好地担负起历史所赋予的神圣使命具有重要的现实意义。根据民革中央关于构建政治交接长效机制的意见及有关规定，拟定本实施意见。

一、指导思想

以马列主义、毛泽东思想、邓小平理论和“三个代表”重要思想为指导，全面贯彻落实科学发展观，认真贯彻中共中央两个5号文件精神，以坚持走中国特色社会主义政治发展道路为核心，以增强接受中国共产党领导的自觉性和坚定性为关键，以继承和发扬民革老一辈长期与中国共产党形成的政治信念、优良传统和高尚风范为重点，不断巩固多党合作和政治协商的思想基础，初步建立起一套体现政治交接客观规律，科学规范、协调有序、持续有效的思想政治交接长效机制。

二、基本原则

（一）坚持实效性的原则。紧紧围绕思想建设实际，着力解决民革各级组织和广大党员在思想方面存在的突出问题，提高解决自身问题的能力。充分发挥党员的积极性和能动性，尊重群众的首创精神，对基层组织和党员创造的好做法、好经验，认真进行挖掘、提炼和总结，使各项制度更加符合新形势新任务的要求，更加具有现实针对性和鲜活的生命力。

（二）坚持协调性的原则。正确认识和把握思想政治交接的特点和规律，运用系统论和系统方法对思想政治交接的要素、组织、过程进行系统分析，积极探索切实可行的教育方式和手段，科学合理安排教育活动，提高教育绩效，做到科学性、系统性和可行性相统一。

（三）坚持创新性的原则。思想政治交接是政治交接的核心。随着实践的发展和时代的变迁，对思想政治交接的要求也在不断地变化和提升。应根据形势的发展变化，适时对思想政治交接长效机制进行调整、充实和完善，研究新情况，适应新变化，体现新要求，与时俱进，构建一个结构合理、功能齐全、关系协调、程序严密、运转高效的工作机制。

三、主要机制

（一）理论研究与创新机制。是否拥有强大的理论研究队伍和丰富的理论研究成果，是检验一个政党理论上是否成熟的重要标志，作为在国家政治生活中担负政治协商、参政议政、民主监督重任的参政党，要想在新形势下更好地履行参政党职能，引导民革党员在各自工作岗位上更好地发挥作用，就需要从较深的理论层面解决成员的政治观念、政治立场、政治态度和政治指导思想问题，不断提高政治理论素质和修养。

1. 理论研究与创新的主要内容：中国特色社会主义理论；中国特色政党制度；中山先生思想和爱国革命不断进步精神；中国特色参政党建设及其自身建设理论等。

2. 理论研究与创新的运行机制：将理论研究与创新纳入各级领导班子重要议事日程，调整和充实各级理论研究和学习委员会，充分发挥各级理论中心学习组作用，建立理论研究骨干队伍，定期召开理论研讨会和成果交流会，调动各级领导干部和广大党员参与理论研究的热情，把理论研究和创新工作不断推向深入。

3. 理论研究与创新的制度措施：一是制定理论研究和创新规划，确定目标，明确任务，有计划、有步骤的开展理论研究工作；二是探索建立政治理论研究委员会，作为领导班子加强理论学习和研究，特别是民革思想政治工作理论研究的参谋和咨询班子；三是完善理论学习中心组制度，将理论研究与创新作为理论学习中心组的重要职能，建立各级理论学习中心组的联动机制，促进成果交流；四是建立理论研究成果激励机制，定期对理论研究先进集体、先进个人、优秀成果进行表彰和奖励。

（二）日常思想政治教育机制。日常思想政治教育工作是民革思想政治工作传统的着力点和重点。其根本任务是学习邓小平理论、“三个代表”重要思想，贯彻落实科学发展观，提高成员的思想政治素质和思想道德水平，增加对中国特色社会主义的共识，提高接受中国共产党领导、贯彻基本路线和纲领的自觉性，深化对参政党地位、性质和历史使命的认识，在重大问题上分清是非，自觉保持坚定正确的政治方向，为巩固加发展同中国共产党的团结合作，奠定坚实的思想基础。

1. 日常思想政治教育的主要内容：基本理论教育；基本国情和基本路线教育；多党合作优良传统教育；形势、政策和任务教育；爱国主义、集体主义和社会主义教育。

2. 日常思想政治教育的运行机制：在各级宣传部门的组织协调下，以基层组织为主体，发挥宣传骨干作用，坚持自我教育与组织培训相结合、深入细致的思想工作与解决实际问题相结合、思想教育与多种形式的实际锻炼相结合，寓思想政治工作于各项活动之中，切实激发基层组织活力、履行教育引导职责。

3. 日常思想政治教育措施：一是建立时事政治学习制度，教育引导党员正确观察和分析国内外形势，正确认识国情，时刻保持清醒头脑，提高政治鉴别力和政治敏锐性；二是建立党史教育制度，组织和推动全体民革党员学习民革章程、民革党史和孙中山爱国革命不断进步精神，继承和发扬民革优良传统，激发民革党员自豪感，荣誉感和责任感。三是建立重人纪念日活动和重大节日纪念制度，以纪念重大纪念日和节日为契机，通过建立机制，把政治学习的经常性内容和重点内容结合起来。四是建立健全宣传骨干培训制度，造就一支高素质的思想政治工作骨干队伍。

（三）思想政治动态预警与处理机制。作为一个政党，必须始终保持高度的政治敏锐性和政治敏感性。当今社会飞速发展，国际政治经济文化思想观念的沟通和交流越来越便捷。西方敌对势力在对我国实行“西化”、“分化”的图谋时，往往把矛头指向中国特色政治发展道路和多党合作制度，竭力歪曲和攻击我国的政治制度和政党制度，企图用西方民主取代社会主义民主。对此，我们要高度重视，结合参政党的时代特点，建立层次清晰、权责明确、信息通畅、对话及时、反应快速的思想政治动态预警与处理机制，确保民革思想政治工作始终保持坚定正确的政治方向。

1. 思想政治动态预警与处理的主要内容：民革各级组织和党员对中国特色社会主义和政治发展道路的认识；对突发政治事件和重大事件的反映；对各级领导班子及其领导干部履职尽责情况的反映；各级组织和党员中存在的其他影响多党合作制度健康发展的思想言论及其行为。

2. 思想政治动态预警与处理的运行机制：将思想政治动态预警与处理能力作为各级领导班子的首要政治责任，建立主要领导分工负责制，加大思想政治工作调研力度，构建思想政治工作网络，及时收集和反映思想政治动态信息，对苗头性、倾向性思想动态进行分析研究，建立和完善决策机制，及时采取有关措施，防患于未然，将苗头消灭在萌芽状态。

3. 思想政治动态预警与处理的制度措施：一是建立思想动态分析和研究，及时、全面、准确地收集思想动态信息，对所掌握的材料和信息进行客观分析和深入研究，为正确处理矛盾、解决问题提供决策依据；二是建立思想政治动态预警机制，开展经常性思想调研，定期进行思想态势分析，主动提前介入，增强思想政治工作的实效性和针对性；三是建立突发政治事件和重大事件应急机制，及时动员全党力量，自觉担负重任，积极履行参政党职能；四是建立和完善领导干部监督机制，建立通畅的党内不同意见表达机制，研究和探索整合党内意志的新方法。

四、基本要求

（一）领导高度重视，提高思想认识。各级领导班子要进一步提高对思想政治交接长效机制建设工作重要性的认识，把思想政治交接长效机制建设纳入重要议事日程。

（二）培养理论人才，建立骨干队伍。各级民革组织都要加强思想建设骨干队伍建设，在实践中发现人才，有计划的培养、锻炼人才，形成优秀人才脱颖而出、人尽其才的良好机制，努力造就一批政治方向明确、理论功底扎实、勇于开拓进取、有志于参政党思想建设研究的骨干力量。

（三）增加经费投人，创造必要条件。长效机制建设是参政党自身建设的重要组成部分，是一项长期的系统工程。要把长效机制建设所需经费列入机关经费预算，根据需要和可能，有计划地添置硬件设施，丰富工作手段，提高工作效率。

总之，要在充分认识政治交接重要性、长期性的基础上，用完善制度、健全机制的办法，把政治交接学习教育活动的具体经验系统化、感性认识理性化、成功做法制度化，努力建立适应自身建设的长效机制。

关于开展“学习和践行社会主义核心价值体系”活动的通知

（2009年12月16日）

民革各省、自治区、直辖市委员会，中央各工作部门：

核心价值体系是一个国家全体人民或大多数社会成员共同认可、普遍遵循、自觉践行的主导价值观念和主导价值追求。社会主义核心价值体系集中体现了社会主义意识形态的本质要求，是现阶段我国广大人民群众所要树立的世界观、人生观、价值观和道德观的有机整体，它包括“马克思主义指导思想，中国特色社会主义共同理想，以爱国主义为核心的民族精神和以改革创新为核心的时代精神，社会主义荣辱观”四个方面。建设社会主义核心价值体系，是中国共产党在思想文化建设上的重大理论创新，也是中共十七大提出的一项重要战略任务。中共十七届四中全会提出，开展社会主义核心价值体系学习教育是建设马克思主义学习型政党的重要任务。

民革作为参政党，作为统一战线的重要组成部分，要不断加强思想建设，对广大民革党员进行思想引导，使他们进一步坚定坚持中国共产党领导、坚持走中国特色社会主义道路、坚持中国共产党领导的多党合作和政治协商制度的决心和信心。为此，民革中央决定在全党开展“学习和践行社会主义核心价值体系”活动，请各地按照通知所附“学习和践行社会主义核心价值体系”活动方案，认真策划，精心组织，把活动组织好、协调好、实施好。

中国民主同盟

中国民主同盟第十届中央常务委员会工作报告

（2009年12月10日在中国民主同盟第十届中央委员会第三次全体会议上）

蒋树声

各位委员、各位同志：

我受中国民主同盟第十届中央常务委员会的委托，向本次中央委员会全体会议报告工作，请予审议。

2009年工作回顾

2009年是新中国成立60周年，也是我国多党合作制度确立60周年。全国各族人民在中国共产党的领导下，以科学发展观为指导，努力克服国际金融危机严重影响，着力保增长、保民生、保稳定，社会主义经济建设、政治建设、文化建设、社会建设及生态文明建设稳步推进。一年来，民盟同志与全国人民一起，同庆盛典，共襄伟业，继承和发扬多党合作的优良传统，围绕应对国际金融危机、促进科学发展，积极履行参政党职能，各项工作都取得了可喜成绩。

一年来，我们主要做了以下几方面的工作：

一、深化学习教育活动，进一步夯实多党合作的共同政治思想基础

（一）认真学习中共十七届四中全会等重要会议精神。今年“两会”期间，民盟十届六次中常会通过了《民盟中央关于学习贯彻“两会”精神的决议》，对学习贯彻“两会”精神和胡锦涛同志在民盟、民进联组会上的重要讲话作了全面部署。中共十七届四中全会闭幕不久，民盟十届八次中常会专题学习中共十七届四中全会精神，要求全盟认清形势，增强紧迫感和忧患意识，学习借鉴执政党建设经验，不断提高盟的自身建设水平。

（二）深入开展“60周年”系列纪念活动。全盟认真学习胡锦涛同志在庆祝新中国成立60周年和人民政协成立60周年大会上的重要讲话。民盟在京中委出席了首都各界庆祝中华人民共和国成立60周年大会，盟中央领导参加了有关方面举办的一系列纪念会和座谈会。民盟中央、民盟北京市委共同举办了“中国民主同盟庆祝中华人民共和国成立六十周年大会暨文艺演出”，地方盟组织举办了纪念会、座谈会、征文和文艺表演等一系列活动。通过学习和开展庆祝活动，广大盟员回顾了民盟与共产党亲密合作、与新中国共同前进的光辉历程，更深刻地感受到60年社会主义建设和改革开放的巨大成就，进一步增强了对中国特色社会主义制度优越性的认识。

（三）努力加强新形势下的思想建设。民盟中央转发了《关于各民主党派深化坚持走中国特色社会主义道路学习教育活动的意见》，对在全盟深化学习教育活动进行了全面部署。全盟各级组织周密安排，积极行动，认真开展理论学习和形势教育，弘扬民盟优良传统，结合自身建设和履行职能的各项实践，不断增强活动实效，探索建立长效机制。

民盟十届七次中常会对盟的思想建设进行了专题研究，制定下发了《民盟中央关于加强思想建设的意见》，明确了新形势下民盟思想建设的重要意义、主要内容和基本原则，提出了建立完善思想建设工作机制等措施。地方盟组织也召开常委会和工作会议，学习贯彻中常会和《意见》精神，研究分析各地思想建设的情况，有针对性地开展工作，努力用社会主义核心价值体系引导盟员的思想，进一步巩固了多党合作的共同政治思想基础。

二、参与重大问题协商，积极在国家政治生活中发挥作用

2009年是新世纪以来我国经济发展最为困难的一年，保持经济平稳较快增长、维护社会稳定的任务极其繁重。民盟与中国共产党同甘苦、共患难，恪尽参政党之责。盟中央主要领导多次出席中共中央、国务院及有关部门召开的协商会、座谈会，先后就司法体制改革、《政府工作报告》（征求意见稿）、经济工作、执政党建设等发表意见，提出建议，受到了中共中央和国务院的重视。

民盟各级组织高度重视向政协会议提交的发言、提案的质量。在全国政协十一届二次会议上，民盟中央共提交大会发言1篇、书面发言3篇、提案25件，内容涉及经济、教育、科技、文化、“三农”等众多领域，其中《提高农民教育水平，促进现代农业发展》的大会发言，引起了广泛关注；《关于以“转方式、调结构”推动“保增长、扩内需”》的提案，提出了具有战略性、前瞻性的观点，被单独列入提案办理协商会；关于草原生态保护建设的提案被列为重点办理提案。目前，盟员担任各级人大代表的有2555人，担任各级政协委员的有12976人，他们围绕当地经济社会发展的重大问题，开展调查研究，积极建言献策，提出了很多高水平的议案和提案。

各级盟组织积极发挥民主监督作用，坚持政治监督的性质和特点，针对宪法和法律的实施、党和政府重要方针政策的制定、执行及依法行政情况等，利用多种形式和渠道提出意见、建议，不断提高履行民主监督职能的水平。中共十七届四中全会文件征求意见时，民盟中央就进一步加强执政党作风建设，更加密切党同人民群众的联系以及依法行政等方面的问题提出建议。盟中央领导应邀出席了最高人民法院、最高人民检察院、中央统战部召开的座谈会和情况通报会，就贯彻落实科学发展观、民主法制建设等问题提出建议。担任各级特约（邀）检察员、监察员、审计员、督导员等职务

的盟员，以认真负责的精神，参加执法检查监督、行风政风评议，在加强廉政建设，推进依法行政中发挥了积极的作用。

盟中央领导还参加了一些重要的国务和外事活动，蒋树声主席作为胡锦涛主席的特使出席蒙古新总统就职典礼；张梅颖第一副主席率中国妇女代表团访问韩国，率全国政协代表团访问吉尔吉斯斯坦、土库曼斯坦、黑山等国。通过这些活动推动了我国对外关系的发展，同时也展示了民盟的形象，扩大了民盟的影响。

三、围绕有效应对国际金融危机，优化选题，创新机制，不断提高议政建言水平

今年，全盟以高度的政治责任感和历史使命感，努力做好特殊情况下的参政议政工作。在山西太原举办的民盟参政议政工作会议，总结交流了全盟参政议政工作的经验，明确了推进新形势下参政议政工作的思路和措施。全盟围绕应对国际金融危机的挑战，精心论证参政议政选题，不断创新工作机制，形成了一批见解深刻、可操作性强的参政议政成果。

（一）拓宽思路，发挥优势，调查研究取得新成果。受中共中央委托，盟中央主要领导率领调研组在云南、重庆开展“发展农村职业教育与技能培训”调研，并委托民盟湖南、浙江、贵州三省委员会在当地进行调研，最后汇聚调研成果形成了《关于推进职业教育与技能培训事业科学发展的建议》。

盟中央与有关单位合作，吸收地方盟组织和盟员专家参与，就“稳定粮食生产，增加农民收入，拉动农村消费”实施情况及“海水灌溉作物的物种现状和发展前景”等进行深入调查研究。

盟中央加强与政府部门合作，努力提高参政议政的针对性和实效性。盟中央领导率领民盟中央、民盟甘肃省委和水利部联合调研组，就甘肃黄土高原坡耕地水土流失综合整治、渭河源区生态保护与治理进行调研，并考察扶贫开发工作。民盟中央和民盟黑龙江省委与当地政府合作调研大兴安岭生态问题，取得重要成果。

在深入调查研究和集中盟员专家智慧的基础上，盟中央领导7次向中共中央、国务院致函，就职业教育与技能培训、水生资源保护、黄河下游滩区综合治理、大兴安岭生态建设、坡耕地水土流失综合治理、海峡西岸经济区建设、农村义务教育管理体制等问题提出建议，得到了胡锦涛总书记和温家宝总理等领导的批示，要求有关部门认真研究、吸纳民盟中央的建议。

（二）丰富形式，深化内涵，论坛影响不断扩大。举办论坛、研讨会是民盟参政议政的重要工作形式。今年举办的论坛重点在优化选题、提高质量上下工夫。在江西南昌召开的民盟高等教育研讨会，共收到27个省级盟组织提交的103篇论文。会议组织专家对论文进行了匿名评审，选出优秀论文作为大会发言。这次论坛的成果，是民盟在教育领域议政建言的重要资源。

“灾害与社会管理”专家论坛和沿海省市发展海洋经济研讨会是民盟具有重要影响的参政议政品牌。今年民盟中央和达沃斯世界风险论坛共同主办了“2009中国·成都国际灾害风险大会”，同时举办民盟中央“灾害与社会管理”专家论坛第七次年会，围绕地震的应对及汶川灾后恢复重建问题进行研讨。这次会议规模、影响的范围超过往届，《光明日报》等主流媒体作了大篇幅的报道。第六届民盟沿海省市发展海洋经济研讨会在江苏连云港召开，会议邀请了国土资源部、国家海洋局等多个部委领导及专家，议题涉及海洋规划、海洋资源开发利用、海洋生态与环境保护等重大问题，会议成果经整理形成建议上报国务院有关部门。

民盟中央经济委员会、民盟北京市委等联合举办“2009 经济危机下的民生暨经济发展高级研讨会”；民盟中央教育委员会、民盟北京市委和民盟安徽省委在清华大学主办了“民盟教育论坛”；民盟中央文化委员会与中共银川市委、市政府共同主办了“民盟 2009 中国城市文化（银川）论坛”；民盟中央社会与法制委员会举办了“新中国成立 60 周年法治论坛”。“陶行知教育思想与西部农村教育发展”等地方盟组织举办的论坛也在当地产生了较大影响，为推动参政议政工作创新作了有益探索。

第五届“海峡两岸暨港澳地区大学校长联谊活动”在内蒙古举行，两岸四地 21 所大学的校长围绕“海峡两岸暨港澳地区大学改革与合作”的主题进行了深入研讨，达成了广泛共识，增进了参加活动的学校之间的友谊，推动了两岸四地的教育交流合作。

（三）广泛参与，注重质量，信息报送工作名列前茅。民盟中央社情民意信息报送系统正式投入使用，反映社情民意信息更为便捷和安全。截至目前，全盟省级组织和民盟中央各专门委员会共报送信息 4191 件，其中报送全国政协 824 件，全国政协采用 70 件，暂列全国政协信息报送系统首位。报送信息的质量不断提高，不少信息受到领导关注。民盟四川省委报送的信息《创新少数民族地区非志愿性移民搬迁办法的建议》，得到贾庆林主席的批示。

四、发挥优势，保持特色，稳步推进社会服务工作

（一）继承智力扶贫传统，积极投身新农村建设。民盟中央抓住毕节试验区成立 20 年的契机，认真贯彻落实胡锦涛同志对各民主党派中央、全国工商联参与毕节试验区建设工作的重要批示，加大对毕节试验区的帮扶力度。在民盟陕西省委的协助下，依托盟员专家圆满完成了“毕节试验区农村公路建设研究”调研任务；帮助协调商务部的“东桑西移”项目，促进了毕节市蚕桑产业的发展。与民盟贵州省委等合作，积极协调资金、项目，开展帮扶活动，在推动毕节的经济社会发展中发挥了积极作用。

盟中央领导邀请国务院有关部委负责同志参加，分别到河北广宗和甘肃定西开展扶贫开发、新农村建设和生态环境保护调研，帮助广宗落实了农村安全饮水项目和农村危房改造项目资金 3000 多万元，初步确定每年向定西拨款 2000 万元，用于支持渭河源区生态保护和治理及水土保持工作。民盟中央社会服务部荣获国务院授予的全国民族团结进步模范集体称号。

（二）“农村教育烛光行动”稳步推进，产生了较好的社会反响。“烛光行动”开展两年多来，各地盟组织采取多种形式，已培训农村中小学校长及一线骨干教师 5 万余人次；为改善办学条件，援建学校 36 所，捐赠款物合计 2500 多万元；河南、广西等地盟组织就农村教师队伍建设的政策建议受到重视。中央及地方媒体曾多次报道民盟“烛光行动”的情况，今年全国“两会”期间，胡锦涛总书记在参加民盟、民进联组会的讲话中充分肯定了民盟的“烛光行动”。

民盟社会服务工作会议总结交流了各地开展“烛光行动”的经验。今年开展的一些活动产生了较大影响：民盟中央与北京新东方教育科技集团合作，在河南、广东等8省联合开展“烛光行动——2009年新东方教师社会责任行”活动，培训中小学英语教师约1500人；民盟中央与美国科技教育协会合作，联合举办海内外基础教育研讨会，来自21个省市的教师700余人参加研讨培训，向11个省的19所“烛光行动”学校捐赠图书6000余册。民盟和四川省政协共同捐款1000万元援建的广元民盟烛光中学，即将投入使用。

（三）适应形势需要，积极探索社会服务工作新途径。目前，全盟已有26个省（区、市）的省级或市级盟组织开展了不同形式的帮教活动，社会效益日渐显现，受到司法部门的欢迎和社会舆论的好评。在一些有条件的地方，盟组织继续在城市社区开展社会服务工作，并取得了进展，为推进民盟社会服务工作创新作了有益探索。

五、努力加强自身建设，推动盟务工作不断深入

（一）宣传工作开创新局面。为了贯彻落实民盟十届七次中常会精神，先后召开了民盟宣传工作会议和研讨培训会议，举办了省级组织宣传工作成果汇展，全面总结了盟的宣传工作取得的成绩及经验体会，提出要认识和把握民盟宣传工作规律，建立宣传工作长效机制，并就如何扩大内外宣传，提高各地盟讯、网站质量进行了研讨和培训。

各级盟组织抓住新中国成立60周年和多党合作制度确立60周年的有利时机，努力营造宣传工作的良好氛围，盟讯和网站开设新中国成立60周年专栏，刊登盟组织和盟员的纪念文章。进一步加强与中央和地方主要媒体的联系，盟的活动报道数量呈明显上升趋势。

盟中央编辑完成了《民盟历史影像资料剪辑（1941—1965）》和民盟文史展厅的布展工作；编写完成了《汶川特大地震抗震救灾志·社会赈灾志》“民盟卷”的部分内容，为传承民盟与中国共产党肝胆相照、荣辱与共的优良传统留下了翔实的资料。《群言》杂志影响不断扩大，多篇文章被《新华文摘》等报刊转载。群言出版社出版的《中国农民与新农村》一书荣获新闻出版总署颁发的“三个一百”优秀原创图书奖。

盟中央和民盟湖北省委共同举办了闻一多先生诞辰110周年系列纪念活动，并将闻一多纪念馆辟为“全国盟员教育基地”。上海等地盟组织重视民盟传统教育基地建设，一些地方盟组织在盟史的整理研究方面取得了新成绩，编辑出版了《楚图南年谱》、《山东民盟贤达》、《江苏民盟群英录》等书籍。今年是民盟山西省委员会成立50周年、湖南民盟省级组织成立60周年、民盟海南省委员会成立20周年，各地开展了一系列庆祝活动，对盟员进行多党合作优良传统教育。

（二）理论研究工作取得新收获。今年，全盟各级组织加强了对理论研究工作的组织领导，进一步健全了工作机制，加强了人才队伍建设，紧紧围绕“建设一个什么样的参政党，怎样建设参政党”开展多层次的理论研究，产生了一批较高水平的研究成果。民盟中央汇集近年理论研究课题成果，编印了《民盟参政党理论研究文集》。民盟理论研究工作会议总结了近年来全盟开展理论研究工作的经验，研究分析了理论研究工作面临的新形势、新任务，形成了关于加强盟的理论研究工作的一些重要共识。民盟广东省委等地方组织也召开理论研讨会，出版了多部理论研究文集。

（三）组织建设取得新进展。今年是全盟“基层组织建设年”。在深入调查研究的基础上，召开了民盟基层组织工作会议，总结了近年全盟基层组织建设取得的成绩，交流和推广了一些先进基层组织的好做法、好经验，探讨了进一步增强基层组织活力等问题。

组织发展工作按照五年发展规划和年度发展计划稳步推进。民盟十届七次中常会通过了《民盟中央关于进一步做好组织发展工作有关问题的意见》；制定了《民盟中央2009 年度组织发展规划》，有计划、有重点地发展了一批高层次的代表性人士。截至2009 年 6 月底，全国盟员总数为 199460 人。

各级盟组织加大培训力度，切实加强干部队伍建设。盟中央举办了盟务工作骨干、从政干部研讨班，积极推荐骨干盟员参加中央统战部举办的党外干部学习班。盟中央领导与来京参加各类学习班的 20 多批盟员座谈，并借调研和参加会议的机会走访地方盟组织，召开盟员座谈会，看望老盟员，进一步密切了中央与基层组织之间的联系。

进一步加强组织工作规范化建设。盟中央制定下发了《民盟中央监督委员会 2009 年工作要点》，要求各省级组织按照有关文件要求，建立健全领导班子民主生活会制度、谈心会制度、述职和民主评议制度。根据形势需要，修订了盟籍管理、信息安全与管理、统计报表等方面的文件，编印了《民盟组织工作文件汇编》。

广大盟员立足本职，建功立业。33 位盟员获 2008 年度国家科学技术奖励，其中徐光宪获国家最高科学技术奖；谷超豪获小行星命名；丁建生获“何梁何利基金奖”；杨义先、汤国安、方积乾、陈放获第五届“高等学校教学名师奖”；厉以宁获 2009 年中国经济理论创新奖；万捷当选中央电视台评选的“十大经济年度人物”；王光谦、江雷、郑永飞当选中国科学院院士，岳光溪、陈温福当选中国工程院院士……这些盟员以出色的成就为盟组织争得了荣誉。

（四）盟内交流和盟务工作迈出新步伐。民盟省级组织之间的交流合作进一步加强，先后召开了西部、中南、华北和副省级市盟务工作会议，围绕更好地履行参政党职能等主题，地方盟组织的领导互相学习，交流经验，研究建立合作机制，促进了盟务工作水平的共同提高。

盟的各级机关以提高能力和转变作风为重点，建设学习型、服务型机关，通过举办学习讲座、参加培训、挂职锻炼等形式，为机关干部、特别是年轻干部成长提供条件。各级机关干部的素质和工作水平有明显提高，较好地发挥了机关作为全盟工作枢纽的作用。

各位委员，各位同志，2009 年是盟的各项工作取得丰硕成果的一年。成绩的取得应该归功于中国共产党的正确领导，归功于全体盟员的辛勤工作、无私奉献。值此机会，谨向全体委员和全盟同志表示衷心的感谢和崇高的敬意！

虽然我们的工作取得了很大成绩，但与参政党在中国特色社会主义事业进入关键发展阶段所肩负的历史责任相比，与广大盟员的期望相比，还存在差距。我们对参政党建设规律的认识、研究及用以指导工作实践还不够；"人才强盟"战略还需要进一步落实，有较大社会影响的代表性人士缺乏和高层次人才不能满足工作需要的状况还没有根本改变；对经济社会发展一些重大问题的研究不够系统深入等，这些都需要我们在今后的工作中进一步加强。

对2010年工作的建议

2010年将是我国改革发展关键的一年。明年全盟工作的指导思想是：认真学习中共十七届四中全会和中央经济工作会议精神，以科学发展观为指导，切实加强盟的自身建设，紧紧围绕促进科学发展这个第一要务，就推动转变经济发展方式，促进经济平稳较快发展、保障和改善民生等关系工作大局和国计民生的重大问题，深入调查研究，积极履行参政议政、民主监督职能，推进盟的事业全面发展。

对明年的主要工作，我们提出以下建议：

一、认真学习贯彻中国特色社会主义理论体系和中共十七届四中全会精神，团结带领全盟同志坚定不移地走中国特色社会主义政治发展道路

明年全盟的工作任务更加艰巨，我们肩负的责任更加重大。只有切实加强学习，努力建设学习型参政党，才能使我们永葆活力，紧跟时代前进步伐，不断提高参政议政能力和水平。

中国特色社会主义是引领当代中国发展进步的伟大旗帜，也是60年来中国共产党和各民主党派团结合作形成的最大共识。要引导广大盟员充分认识到，中国特色社会主义政治发展道路符合中国国情，有利于维护和实现最广大人民的根本利益，必须毫不动摇地加以坚持。全盟各级组织要带领广大盟员认真学习理论和政策，开展国情和形势任务教育，继续深化坚持走中国特色社会主义道路学习教育活动，自觉接受中国共产党的领导，不断提高运用科学理论指导工作实践的能力，努力巩固和发展多党合作的政治格局。

社会主义核心价值体系是社会主义意识形态的本质体现，是中国共产党和全国各族人民团结奋斗的共同思想基础，其基本内容包括马克思主义指导思想、中国特色社会主义共同理想、以爱国主义为核心的民族精神和以改革创新为核心的时代精神以及社会主义荣辱观。这四个方面相互联系、相互贯通，共同构成辩证统一的有机整体。民盟践行社会主义核心价值体系，就是要把这四个方面的基本要求融入盟的自身建设全过程和履行职能的各项工作之中，使之成为引领广大盟员思想和行为的强大精神力量。

中共十七届四中全会的召开，标志着执政党在自身建设方面走出了新的坚实步伐。作为参政党，民盟同样面临着国际国内形势深刻变化提出的新要求，面临着新的历史条件下承担多党合作更加艰巨任务的挑战。全盟同志必须明确：多党合作的发展，是以中国共产党和各民主党派长期存在和发展为前提的；多党合作的水平，是由中国共产党和各民主党派自身建设的水平所决定的。我们学习贯彻中共十七届四中全会精神，最根本的就是要学习执政党建设的成功经验，全面加强盟的自身建设，努力建设适应形势任务需要的高素质参政党。

二、充分发挥民盟特色和优势，不断提高参政能力，推动盟的议政建言和社会服务工作再上新台阶

2010年是“十一五”规划的收官之年，做好明年经济社会发展工作，对夺取应对国际金融危机冲击全面胜利、保持经济平稳较快发展、为“十二五”规划启动实施奠定良好基础具有十分重要的意义。全盟要按照中央经济工作会议精神，紧紧围绕党和政府的工作大局和重点部署，以促进科学发展为参政议政的第一要务，深入贯彻落实科学发展观，为推动转变经济发展方式、调整经济结构，促进经济平稳较快发展贡献力量。盟的各级组织要注重研究国外经济环境变化和国内经济运行新情况新问题，注意选择具有综合性、全局性、前瞻性的重大课题开展专题调研，如调整结构、扩大内需、改善民生、统筹城乡区域发展、教育改革、自主创新、“三农”工作、节能减排等，深入调查研究，谋长远之计、建睿智之言、献务实之策，争取形成一批有重大社会影响的参政议政工作成果。

在新的一年里，全盟要在保持传统领域参政议政优势的同时，不断拓展工作视野和范围。下一阶段的参政议政工作，要比以往更加重视民意、体察民情、关注民生，围绕群众普遍关心的问题确定调研课题，进一步提高调研、论坛和研讨会的质量，集中精力，发挥优势，抓好精品，务求在提高成果转化上见实效。进一步加强对参政议政工作的统筹协调，探索和完善上下联动、地方互动、优势互补工作机制，形成全盟参政议政的合力，更好实现资源整合与共享。各级盟组织和广大盟员要增强政治责任感，团结所联系的社会人群，共同协助党和政府，反映民意、协调关系、理顺情绪、化解矛盾，为维护安定有序的政治局面发挥积极作用。

要在巩固以往社会服务工作成果的基础上，进一步发挥民盟的智力优势，注重社会服务工作的政党属性和示范意义。继续做好社会主义新农村建设的联系点工作；在总结“农村教育烛光行动”前段经验的基础上，加强分类指导，建立长效机制，整合全盟力量，扩大实效和影响，把烛光行动不断引向深入；积极稳步、因地制宜推进帮教工作，并加强宣传、建言和社会带动作用；在有条件的地方探索开展城市社区的社会服务工作。继续做好台港澳同胞和海外侨胞的联谊和联络工作，利用自身优势，创造条件，搭建平台，加强两岸四地的文教和科技交流，为实现祖国统一大业贡献力量。

三、全面加强自身建设，为民盟在多党合作事业中的可持续发展奠定坚实基础

思想宣传工作要结合盟员队伍的思想实际和特点，积极开展广大盟员便于参加、乐于参与、易于接受的学习教育活动，引导盟员正确认识改革发展过程中的新情况新问题，牢固树立正确的世界观、人生观和价值观。以开展重大纪念活动和宣传优秀盟员事迹为着力点，进一步增强工作实效。做好费孝通、华罗庚诞辰一百周年等纪念活动，结合迎接民盟成立七十周年开展盟史资料的抢救、整理和研究工作，使广大盟员通过重温盟的历史，学习继承民盟前辈的高尚风范和多党合作优良传统，坚定广大盟员走中国特色社会主义政治发展道路的决心和信念。高度重视利用社会媒体、特别是主流媒体的宣传，扩大民盟组织的社会影响。

参政党理论是中国特色社会主义政党制度理论体系的重要组成部分。各级盟组织要加大对参政党理论建设工作的重视力度，积极开展参政党理论研究，并注意做好理论成果的转化，促进各项盟务工作的开展。继续做好全盟理论研究课题招标工作，进一步完善特邀研究员制度；充分发挥地方组织和盟员专家的积极性，进一步加强全盟理论研究的队伍建设。

继续实施“人才强盟”战略，重点抓好后备干部队伍建设。民盟“十大”以来，各省级组织都充实调整了后备干部队伍，后备干部的数量和质量有了一定程度的提高，但还不能很好地适应形势任务发展的需要。要把组织发展、基层组织建设同后备干部队伍建设有机结合起来。要在现有工作基础上，重点发展有较大社会影响的代表性人士和当前参政议政等工作需要的高层次人才，为盟的各级后备干部队伍提供新鲜血液，为盟的事业可持续发展打好基础。积极推进基层组织工作创新，增强盟组织的影响力、凝聚力和吸引力，充分发挥基层组织锻炼人才、考察人才、吸引人才的作用。在此基础上，各级盟组织要加大对后备干部培养、培训、推荐、使用的力度，真正形成一支结构合理、数量充足、充分体现民盟特色的后备干部队伍。

按照盟章要求，加强内部监督机制建设。民盟中央监督委员会将加强对省级组织的述职和民主评议活动的指导，并对省级盟组织贯彻谈心会制度、述职和民主评议制度的情况进行调研，推进地方领导班子建设的民主化、规范化、制度化。

盟的各级机关要按照《公务员法》的要求，重点加强制度建设和作风建设，充分发挥民盟各级机关的枢纽作用，为盟的工作和广大盟员做好服务。通过加强机关规范化、科学化管理，进一步提高办事效率，精简会议，改进会风文风，狠抓工作落实，把盟的机关建设提高到一个新的水平。

各位委员，各位同志，2009 年即将过去，2010 年即将到来，站在新的历史起点上，盟的事业前程远大，使命光荣，任务艰巨，让我们紧密团结在以胡锦涛同志为总书记的中共中央周围，同心同德、锐意进取，努力开创民盟工作新局面，为建设中国特色社会主义事业作出更大贡献。

学习中共十七届四中全会精神，全面加强盟的自身建设

（2009 年 9 月 24 日在民盟十届八次中常会上的讲话）

蒋树声

各位常委、各位同志：

这次会议的主题是：学习贯彻中共十七届四中全会精神和胡锦涛同志在庆祝中国人民政治协商会议成立 60 周年大会上的重要讲话精神，研究部署新形势下推进民盟自身建设的具体措施，为进一步提高盟的参政议政能力和水平奠定坚实基础。

一、学习贯彻中共十七届四中全会精神和胡锦涛同志重要讲话精神，认真总结民盟自身建设的经验

中共十七届四中全会是在新中国成立60周年、国际形势继续发生深刻变化、我国全面建设小康社会进入关键阶段召开的一次重要会议。全会充分肯定一年来中共中央带领全国各族人民着力保增长、保民生、保稳定，推进经济建设、政治建设、文化建设、社会建设以及生态文明建设，所取得的新进展新成就。会议审议通过了《中共中央关于加强和改进新形势下党的建设若干重大问题的决定》，认真总结了党执政以来加强自身建设的基本经验，深入分析了执政党建设所面临的新形势，对继续推进执政党建设作出了重大部署。这次会议的召开，对于进一步提高共产党的执政能力，动员全国各族人民深入贯彻落实科学发展观，开创中国特色社会主义事业新局面，具有重大而深远的意义。

坚持和完善共产党领导的多党合作和政治协商制度，是新形势下加强党的建设的重要内容。在刚刚举行的庆祝人民政协成立60周年大会上，胡锦涛同志发表了重要讲话，全面回顾了人民政协60年走过的光辉历程，高度评价了人民政协在我国社会主义革命、建设和改革进程中作出的重大贡献，科学总结了人民政协事业发展的四点启示，并从五个方面提出了进一步坚持多党合作制度、做好新形势下人民政协工作的新要求，是指导新世纪新阶段人民政协工作和多党合作事业的重要文件。

要坚持好、完善好、发展好我国的多党合作制度，使其充分发挥作用、展现优势，必须实现执政党建设与参政党建设互相促进。民主党派自身建设的成效，决定着参政党作用的发挥，也决定着多党合作的质量和水平。全盟学习贯彻中共十七届四中全会精神和胡锦涛同志重要讲话精神，最根本的就是要学习执政党建设的成功经验，深入领会“四点重要启示”和“五个方面的要求”，认真分析民盟自身建设的现状和面临的形势，全面加强自身建设，努力提高我们履行职责、发挥作用的能力和水平。

多年来，民盟高度重视自身建设，取得了很大成绩，也积累了一些宝贵经验。概括起来，主要有以下几点：一是坚持把推进自身建设与履行参政党职能紧密结合起来，始终把促进科学发展作为履行职能的第一要务；二是始终把思想建设放在首位，不断巩固多党合作的思想政治基础，坚持走中国特色社会主义政治发展道路；三是扎扎实实地抓好组织建设，坚持实施“人才强盟”战略，努力实现盟的可持续发展；四是高度重视制度建设，坚持在继承中创新，在创新中发展，建立健全盟内各项规章制度和工作机制；五是强化干部作风建设，坚持求真务实、甘于奉献、团结民主的工作作风，不断提升各项工作的水平；六是坚持树立大局意识、服务意识，切实提高机关干部的综合素质，充分发挥各级机关在盟务工作中的枢纽作用。

当前，盟的自身建设状况、盟的参政能力总体上与民盟所肩负的历史使命是相适应的，但同时也要看到，与新形势的要求相比，还存在一些不容忽视的问题。如：一些盟员的参政党意识需要进一步增强；盟员年龄结构老化，有较大社会影响的代表性人物和具有较强参政议政能力的高层次人才比较缺乏；一些工作制度还有待进一步完善；各级机关干部的工作能力有待提高；参政党建设理论滞后于实践的发展。我们必须认

真审视这些问题对民盟自身建设的影响，充分认识自身建设的重要性和紧迫性，研究制定加强自身建设的各项举措。

二、以中共十七届四中全会精神为指导，努力建设学习型参政党，推进盟的自身建设全面发展

中共十七届四中全会在深入分析世情、国情、党情变化的基础上，明确指出落实党的建设任务比过去任何时候都更为繁重和紧迫，号召全党必须居安思危，增强忧患意识，继续推进党的建设新的伟大工程。作为参政党，民盟同样面临着国际国内形势深刻变化提出的新要求，面临着新的历史条件下承担多党合作任务更加艰巨的挑战，全盟同志必须增强责任感、紧迫感，向执政党学习，全面加强自身建设，切实提高参政能力。

下面，我就进一步加强新形势下盟的自身建设谈几点意见：

1. 建设学习型参政党，不断提高全盟自身建设的科学化水平

世界在变化，形势在发展，多党合作制度的作用日益突出，参政党面临的任务日益繁重，我们必须加强学习，努力建设学习型参政党。“问渠哪得清如许，为有源头活水来。”学习就是源头，就是活水。盟的各级领导干部和广大盟员要强化学习意识，勤于学习，善于学习。

首先是加强政治理论学习。当前，要把学习中国特色社会主义理论体系与学习中共十七届四中全会精神、胡锦涛同志重要讲话结合起来，坚持用科学的理论、立场、观点和方法来认识问题、分析问题、解决问题，不断提高运用科学理论的能力。其次，从提高参政能力的需要出发，全面学习履行职能所必需的各类知识，努力了解掌握新思想、新知识、新经验，不断拓宽学习内容，完善知识结构，切实提高促进科学发展的能力。第三，认真学习执政党建设的经验，围绕解决自身建设中的实际问题开展有目的的学习，积极探索参政党自身建设的规律，不断提升民盟自身建设的科学化水平，努力把民盟建设成为理论上清醒、政治上坚定、组织上巩固、制度上健全和充满活力的参政党。

2. 继承传统，凝聚共识，坚定走中国特色社会主义政治发展道路的信念和决心

新中国60年的辉煌成就，充分证明了中国共产党是中国特色社会主义事业的领导核心，深刻揭示了我国多党合作制度的历史必然性、伟大独创性和巨大优越性。我们要抓住新中国成立60周年和多党合作制度确立60周年这一契机，深入开展多党合作优良传统教育，把盟的思想建设提高到一个新的水平。

民盟十届七次中常会对盟的思想建设做了研究和部署，我们要进一步抓好落实。这里我再强调三点：第一，要认真总结60年来民盟与中国共产党团结合作的宝贵经验，通过宣传盟的光荣历史、优良传统和优秀人物，引导盟员深化对参政党地位、性质、历史使命的认识，在重大问题上明辨是非、立场坚定，自觉坚持走中国特色社会主义道路。第二，把以社会主义核心价值体系引领盟员思想，作为深化中国特色社会主义主题学习教育活动的重要内容。社会主义核心价值体系是民族凝聚力的重要组成部分，也是民盟与中国共产党的共同思想基础。我们要高举社会主义和爱国主义两面旗帜，以这一体系引导广大盟员树立正确的价值观念，体现积极的精神状态，形成良好的行为规范。第三，维护稳定、促进和谐是当前的一项重要政治责任。各级盟组织要利用参政党在国家政治生活中的特殊地位，积极反映我们所联系的一部分知识分子的愿望和诉求，引导他们正确看待改革发展中出现的矛盾和困难，协助执政党做好理顺情绪、协调关系、化解矛盾的工作。

3. 注重基层，强化班子，进一步夯实自身建设的组织基础

组织建设的重点是领导班子建设，核心是人才队伍建设，基础是基层组织建设。当前，继续推进实施“人才强盟”战略，应突出抓好以下几个方面：

第一，要结合新形势的要求，不断强化领导班子的政治责任感，坚持自觉学习科学理论，着力加强实践锻炼，努力提高履行领导职责的能力，并以履职能力的提高带动全盟参政能力的提高。第二，组织发展要在巩固民盟传统界别的基础上，进一步解放思想，转变观念，关注经济、金融、管理、法律、新社会阶层等非重点界别的代表性人士，努力实现民盟十大提出的“确保民盟在主体界别的优势，确保盟员队伍的专业结构、知识结构适应参政议政等工作的需要，确保在职盟员数量的稳步增长”这一目标。第三，更加重视发展有较大社会影响的代表性人物加入盟组织，积极选拔一些热爱民盟事业、有参政议政潜能和务实奉献精神的优秀中青年骨干充实到后备干部队伍当中，为盟的事业可持续发展打好基础。第四，应把基层组织建设列入重要议事日程，积极探索新形势下开展基层工作的新思路新方法，推进基层组织工作创新，增强基层组织活力，千方百计解决基层组织活动难的问题。

4. 科学规范、务实高效，进一步完善各项制度机制

这些年来，各级盟组织结合本地实际，逐步建立健全了各项制度和工作机制，较好地适应了多党合作制度化、规范化、程序化的需要，使盟的参政能力不断提高。目前存在的主要问题是，有的制度需要进一步完善，有的制度在落实上还不尽如人意。

首先，要善于总结思想建设和宣传工作的经验和做法，逐渐完善思想建设的各项制度和长效机制，各级盟组织和机关各部门要互相配合，分工协作，树立“大宣传”观念，切实提高思想建设的针对性和有效性，真正发挥思想建设在自身建设中的核心和先导作用。其次，健全领导班子工作制度。在贯彻民主集中制的基础上，完善领导班子工作职责制度，做到集体领导与个人分工负责相结合；健全班子成员联系基层的制度，增进与基层盟员的沟通；认真执行《民盟中央监督委员会工作试行条例》，不断完善对各级领导干部的监督机制。第三，健全参政议政工作制度。从制度层面考虑如何更好地发挥专委会的作用、提升重大课题的调研水平、畅通盟内信息交流渠道，以不断丰富参政议政成果，提高参政议政质量；完善表彰奖励制度，把参政议政工作业绩作为盟内培养选拔和确定后备干部队伍的重要依据，充分调动广大盟员参政议政的积极性。

5. 修德守身，敬业奉献，树立良好的思想工作作风

长期以来，民盟形成了一套优良传统和作风，如立盟为公、敢于直言、正直正派、学有专长、甘于奉献、自尊自强等，这些都是民盟的宝贵精神财富。当前，我们要不断赋予这些优良传统以新的时代内涵，使优良传统与时代精神更好地结合起来，形成凝聚全盟的重要精神力量。

加强盟的作风建设，要坚持把盟的工作作为事业来做，恪尽职守，乐于奉献，树立爱岗敬业、创新进取、团结和谐的工作作风。要倡导求真务实之风，坚持深入基层调查研究，查实情、办实事，说实话、求实效，多关注百姓冷暖，多倾听群众心声。要坚持自爱、自修、自尊、自强，努力塑造品格，提高修养，陶冶情操，以良好的个人形象增强盟组织的凝聚力和吸引力。

6. 服务大局，完善管理，进一步提高机关工作水平

盟的机关是全盟工作运转的枢纽，是承上启下的桥梁。机关的工作作风、工作效能如何，直接影响着民盟工作的全局，影响着民盟的形象。

首先是建设学习型机关。要通过培训、挂职锻炼等途径，为机关干部创造良好的学习条件，营造积极向上的学习氛围，不断增强干部的政治素养和业务水平，使他们尽快成为盟务工作的行家里手。其次是建设服务型机关。盟的机关干部要增强服务意识，自觉地把自身工作定位在为工作服务、为盟员服务上，时时处处用“服务”去体现职责、体现价值。第三是建设效能型机关。从完善内部管理入手，建立健全机关各项规章制度，规范机关各部门之间的协调机制，通过良好的工作秩序和规范的运行程序，提高工作效率和工作质量。第四是建设和谐型机关。盟的机关干部想问题、办事情、谈看法都要从大局出发，树立整体观念，强化责任意识，想事、谋事、干事，形成融洽和谐、风清气正的工作氛围。

同志们，加强新形势下盟的自身建设，提高盟的参政能力，是全盟长期而艰巨的任务，也是促进多党合作制度长期存在和发展的必然要求。60年来，我国多党合作制度创造了崭新的政党制度模式、崭新的政党关系、崭新的民主形式和崭新的执政方式，在推进中国特色社会主义伟大事业中，发挥了独特的政治优势和作用。60年的多党合作事业成就辉煌，60年的实践经验弥足珍贵。希望各级盟组织和广大盟员以庆祝新中国成立60周年和多党合作制度确立60周年为契机，认真学习中共十七届四中全会精神和胡锦涛同志重要讲话，以求真务实、改革创新的精神全面推进盟的自身建设，不断提高履行职责的能力和水平，为在多党合作事业中谱写新篇章作出新贡献。

贯彻落实科学发展观，发挥参政党职能，推动科学发展

（2009年9月14日在统一战线庆祝中华人民共和国成立60周年暨多党合作制度确立60周年座谈会上的发言）

蒋树声

中华人民共和国成立60周年，是一个庆祝的时刻，也是一个回顾的时刻，更是一个思考的时刻。我们庆祝的是中国社会主义建设的伟大成就，回顾的是人民共和国的辉煌历史，思考的是60年来尤其是改革开放以来的历史经验。作为一个参政党，我们的庆祝、回顾和思考，自然地会紧密结合于中国共产党领导的多党合作和政治协商

制度，结合于我们的统一战线事业，结合于我们充分发挥参政党职能的实践。在这样一个过程中，我们所庆祝的成就、所回顾的历史、所思考的经验，都落到了同一个时代命题上，即科学发展观。60 年里创造的物质财富，60 年里形成的制度优势，60 年里积累的发展经验，都使我们对贯彻落实科学发展观的重大意义有了更深的理解。

60 年前，张澜、沈钧儒等众多民盟前辈领导人亲身参与建国大业，在天安门城楼见证了新中国成立的庄严时刻，与中国共产党人和人民群众一起开始书写中国历史新纪元。60 年来，在中国共产党领导的多党合作和政治协商制度确立和不断地巩固、完善的发展过程中，我们和执政党肝胆相照，荣辱与共。在一段历史曲折之后，改革开放带来了多党合作事业的春天，参政党履行自身职能也具有了越来越广阔的舞台。全盟同志为履行参政议政、民主监督职能，出主意，想办法，做好事，做实事，付出了热诚和智慧。做了大量卓有成效的工作。

例如，改革开放初期民盟中央关于落实知识分子政策的系列调研和建议；上世纪 80 年代中期关于发展乡镇企业和小城镇的系列调研和建议；80 年代后期关于黄河上游和攀西地区调研和西部开发的建议；90 年代初期关于建立长江三角洲经济开发区的构想，关于设立环渤海经济开发区的设想，等等，都是围绕中心、服务大局的实践范例。

民盟同志还数十年如一日地关注和重视教育问题，坚持了二十多年的素质教育建言，较早并多次提出建立义务教育的公共财政保障机制、促进农村义务教育发展、基础教育必须重视教师队伍建设、大力发展农村职业教育等系列建议，并及时提出发展高等教育要注重质量和推动高校科技创新的建议。

我们关注乡镇企业和小城镇，是感受到了城乡发展的不平衡；关注黄河上游和攀西地区，是感受到了东西发展不平衡；关注教育问题，是希望经济建设和社会事业发展更协调……总之，一个社会的健康发展，有迫切问题要解决，也有长远问题要重视。我们感受到这一点，希望能为此多作贡献。所以，中共中央提出科学发展观，也给我们参政议政、建言献策提出了科学的方向。

我们清楚地记得，执政党在十六大提出全面建设小康社会的目标和任务之后，又在十六届三中全会上进一步明确提出了“坚持以人为本，树立全面、协调、可持续的发展观，促进经济社会和人的全面发展”，并强调“按照统筹城乡发展、统筹区域发展、统筹经济社会发展、统筹人与自然和谐发展、统筹国内发展和对外开放的要求推进改革和发展”。其中，每一项统筹都有强烈的针对性，都有重大的现实意义，都体现了执政党对中国特色社会主义建设规律的准确把握。实践证明，凡是科学的理论，必然会随着时代发展而发展。科学发展观就是小平同志“发展是硬道理”的理论的深化和发展。

科学发展观的完整提出及其新的时代内涵，对科学发展观的学习和贯彻落实，使中国民主同盟的参政议政实践进入了一个新的历史时期，也使我们更深刻地理解了民盟前辈为国家发展出主意、想办法的远见，以及全盟同志数十年如一日坚持做好事、做实事的意义。

我们在以往长期关注的问题上继续调研，发挥作用，同时，为推动科学发展，我们结合国家的新形势，研究发展的新问题，回应时代的新要求，进一步开阔视野，更好地履行职能。近年来，我们针对经济社会发展必然要关注的一些前沿问题开展系列调研，如环境、资源和生态问题、发展生物技术产业战略问题、海岛管理和海洋经济发展问题、灾害应急和社会管理问题等等。我们的持续关注、深入调研，举办系列论坛，都在国家的民主决策、科学发展过程中受到了高度的重视，起到了应有的推动作用。

民盟的社会服务工作也越来越体现出了政党属性和示范意义，取得了越来越好的社会效果。多年来，我们在甘肃定西、四川遂宁、贵州毕节、河北广宗、广西百色等地的智力扶贫工作，得到了社会、群众的认可与称道。如今，在科学发展观的指导下，我们传统的智力支边和扶贫已逐步转到社会主义新农村建设的轨道上来。全盟在推进社会关注农村、关注义务教育、关注弱势群体等方面做出了新尝试。“民盟农村教育烛光行动”全面启动以来，得到了全盟同志和社会的广泛响应，正在扎实有效地深入开展。这意味着，在贯彻落实科学发展观的实践中，在推动整个社会科学发展的同时，民盟与执政党同心同德，全盟围绕党和国家中心任务发挥参政党作用的各项工作，也得到了科学的发展。

民盟在我国的政治生活中具有重要的地位和作用，有着光荣的历史。在今天这样一个重要的会议上，在中华人民共和国60华诞大庆前夕，我们总结成就，回顾历史，思考现实，抚今追昔，不胜感慨。历史和现实都在证实：中国共产党领导的多党合作和政治协商制度对维护政治稳定、促进社会和谐、实现科学发展，具有巨大优越性。中国特色社会主义建设需要我们参政党有更大作为。面对改革发展稳定的繁重任务，我们坚信：在新的历史起点上，在中国共产党的坚强领导下，中华民族伟大复兴的光辉目标一定会实现。民盟同志也一定会继续建科学发展之言，献共建和谐之策，尽富民强国之力。展望未来，科学发展观指导下的中国，经济、社会、文化、政治和生态文明建设都将迎来更加波澜壮阔的局面，多党合作事业必将书写出更加动人的历史篇章。让我们为此而共同努力！

在民盟理论研究工作会议上的讲话

（2009年11月7日）

张宝文

同志们：

民盟理论研究工作会议今天在美丽的羊城——广州开幕了。首先，请允许我代表民盟中央，向长期以来支持民盟工作的中共广东省委统战部表示衷心的感谢！向为这次会议付出辛勤劳动的承办单位民盟广东省委表示衷心诚挚的感谢！向参加会议的各位专职副主委、部门负责人和理论工作者们表示热烈的欢迎和诚挚的问候！

这次会议的主要内容是，总结交流近年来民盟理论研究工作的经验，分析民盟理论研究工作面临的新形势、新任务，研究今后一个时期加强全盟理论研究工作的具体措施。由于多种原因，近年来盟中央召开理论研究方面的会议不多，因此，这次会议的召开对于我们在新形势下统一思想，达成加强理论研究工作的共识，推动全盟理论研究工作上一个新台阶，具有非常重要的意义。

下面，我谈几点意见，供同志们参考。

一、充分认识新形势下加强参政党理论研究的重要性和必要性

今年是我国多党合作制度确立60周年。60年来，特别是改革开放以来，随着［1989］14号文件和［2005］5号文件的颁布，我国多党合作在制度化、规范化、程序化方面迈出了重要步伐，参政党理论作为中国特色社会主义政党理论体系的重要组成部分，也取得了开拓性进展。但是，这些进展同参政党肩负的历史使命、同新形势的要求相比较，还有不小的差距。特别是不久前召开的中共十七届四中全会对加强和改进执政党建设作出了新的重要部署，作为参政党，要实现与执政党的互相促进，加强对参政党建设理论的研究、科学把握参政党建设的规律显得十分必要和紧迫。

1. 加强参政党理论研究，是坚持和完善中国共产党领导的多党合作和政治协商制度的必然要求

当今世界不同形态的文化思潮、价值观念相互交流，不同形态的政治意识、政治制度相互影响。当代中国社会结构多层化、利益主体多元化、思想观念多样化趋势越来越明显。民主党派在成员构成、思想状况等方面也发生了很大变化，多党合作处在更加开放、更加复杂的国际国内环境中，坚持和完善多党合作制度的任务十分艰巨。

加强参政党理论研究，是打破西方国家政党理论话语垄断地位的迫切需要。民盟只有切实加强参政党理论的研究和学习，对我国多党合作的历史地位、基本方针、基本特征、功能价值、运行机制、发展趋势等重大理论政策问题有更加深刻的认识，才能在纷纭复杂的形势下始终保持理论上的清醒和政治上的坚定，不受各种错误思想的迷惑，自觉接受共产党的领导，坚持多党合作制度不动摇。

坚持不是墨守成规，不是一成不变，而是要适应时代变化不断发展，不断创造。只有不断完善才能更好地坚持。为此，我们必须通过加强理论研究，不断探索和回答新的历史条件下参政党面临的新问题，深化对参政党建设规律的认识。通过参政党理论的创新和发展，丰富和发展多党合作理论，以进一步完善多党合作制度，更好地发挥这一制度的巨大优势。

2. 加强参政党理论研究，是适应参政党工作实践的内在需要

实践呼唤理论，理论推动发展。从目前党派工作的实际看，各领域都出现了一些新情况、新变化，面临着一些新任务、新课题。近年来，随着形势的变化，民盟不断出台关于组织发展的规章、制度，谋划思想宣传的思路、举措，拓展参政议政、社会服务的方式、途径，工作中的一些老方法被改变，一些新思维在形成。这就要求我们必须加强理论研究，认真把握工作规律，将一些行之有效的方法、机制、制度升华为理性认识，以指导工作实践，促进履行职能和自身建设更自觉、更有序、更规范。

在参政党实践中还存在不少困难和问题，亟待我们从理论层面认真研究、努力破解。特别是多年积累下来的一些重点和难点问题，已成为制约参政能力提高、建设高素质参政党的瓶颈。我们必须加强理论研究，在认识层面厘清问题产生的背景原因，

分析解决问题需要具备的现实条件，提出解决问题的具体思路，然后才可能在实践中继续探索，实现工作上的创新和突破。

经验证明，在理论研究上投入精力比较多的盟组织，也是在思想认识上更清醒，在制度机制上更健全，各方面工作都更扎实，出现问题较少的盟组织；也是进取精神强，善于从繁杂的发展脉络和头绪中，寻找工作的切入点、着力点，能够不断开创工作新局面的盟组织。这也表明理论研究不是一项孤立的、可有可无的工作，它与盟的各项工作的开展，特别是与工作创新之间有着深刻的内在联系。

3. 加强参政党理论研究，是关系到参政党长远发展的战略任务

中共十七大报告指出："思想理论建设是党的根本建设"。任何一个成熟的政党，无不有一套比较完备的政党理论。民盟九大明确提出了建设高素质参政党的目标，要实现这一目标，使民盟在中国现代化进程中发挥更大的作用，必须把参政党理论建设作为一项长期的战略任务。要科学地回答"建设一个什么样的参政党，怎样建设参政党"这一历史性课题，没有系统的理论研究、没有深刻的理论创新是不行的。

多党合作事业是前无古人的伟大事业，参政党理论体系的建立还处于初级阶段，没有现成的理论可以套用。这就需要我们系统地研究参政党建设的基本原理，包括参政党的性质、社会基础、地位和作用，建设高素质参政党的内涵、原则、途径和方式，参政党与执政党、与人民政协、与统一战线、与政府的关系，等等。参政党理论研究对于建设高素质参政党是一项带有根本性的重要任务，需要盟的各级领导、各级机关干部和盟内专家学者共同努力，持之以恒，不断推进。

二、近年来全盟理论研究工作的主要经验和做法

进入新世纪以来，全盟高度重视参政党理论的学习和研究，工作意识不断增强，形式日益多样，机制逐步完善，水平不断提高，整体工作取得了可喜成绩，积累了不少宝贵经验。在此次会议召开之前，各省级组织按照会议要求报送了各地理论研究工作的开展情况，经过对各地材料的分析和总结，主要经验和做法可以概括为以下几点：

1. 坚持以中国特色社会主义理论体系指导研究工作

理论研究工作离不开科学的理论指导。中国特色社会主义理论体系是马克思主义中国化的最新成果，也是推进多党合作事业不断发展的强大理论武器。

各级盟组织通过下发学习通知、举办报告会、研讨会和经验交流会等多种形式，深入学习贯彻邓小平理论、"三个代表"重要思想和科学发展观，自觉运用中国特色社会主义理论体系武装头脑、指导工作。结合中国特色社会主义主题学习教育活动，不断增进对中国特色社会主义理论体系的理解，巩固多党合作的思想政治基础。通过坚持科学的理论指导，不断提高了对参政党面临的形势、任务的认知能力，对新形势下参政党特点和规律的把握能力，对参政党工作各种热点、难点、重点问题的处理能力，实现了理论研究与工作能力的共同提高。

2. 领导干部率先垂范，形成重视理论研究的良好氛围

盟中央和地方许多领导积极倡导、身体力行，带头学习理论、研究理论、运用理论，有力地推动了全盟理论研究工作的开展。

盟中央领导同志通过作报告、发表重要讲话，或撰写理论文章等形式，提出了关于参政党建设的很多新思想、新观点，丰富了参政党理论宝库，对全盟理论研究水平的提高和各项工作的开展起到了重大的指导作用。比如费老曾提出，“以经济建设为中心就是最大的政治”，参政党就是要“出主意、想办法，做好事、做实事”，这都是对参政党地位、职能、作用的凝练概括。朴素的道理下蕴含着深刻的理性思考。各省级组织领导同志也从当地的实际出发，或牵头组织课题攻关，或亲自撰写理论文章，或以其他形式指导支持理论研究工作的开展。他们对理论研究的重视，为在盟内形成理论研究的良好氛围，为提高机关干部和广大盟员的理论素质，具有重要意义。

3. 坚持理论联系实际，积极推动工作实践

我们坚持围绕党和国家的中心任务勤思考、多研究，把研究的重点放在履行职能和自身建设的实践上，从不断发展的实践中得到启示、提炼观点、总结规律。同时，重视研究成果的转化，讲究学以致用，始终把研究和解决实际问题作为理论工作的根本出发点。

近年来，我们在课题选择上贴近实际，理论调研时深入基层，研究成果的科学性、针对性持续增强。关于这一点，我们可以从近年来盟中央下发的研究课题中清晰地看到，如“新时期民主监督的定位、原则和功能效果”，“科学发展观视野中的民盟参政议政工作”，“探索民盟新形势下社会服务的新途径”，“信息时代背景下参政党思想建设研究”，以及“人才兴盟、人才强盟的战略研究”等等，这些都是与民盟实际工作密切相关的。正是在不断探索的基础上，全盟履行职能、发挥作用的方式和途径才能做到与时俱进、不断创新。

4. 重视机制建设，努力搭建研究平台

随着理论工作的深入开展，我们逐渐认识到参政党理论是一门重要的科学，必须改变以往仅依凭于个人专长、喜好进行研究的状态，加强机制建设，实行有目的、有重点的研究。

为此，盟中央积极创新理论研究工作方式，实行了理论课题招标制度，为地方研究提供经费支持。自2005年以来，共下发研究课题119个，中标对象涵盖了绝大部分省级组织。这几年来，主动申报课题的省份在增加，参与研究的人数在扩大，课题的质量在提高，全盟理论工作的影响在增强。实践证明，课题招投标工作是一项比较成功的尝试。不少省级组织也实行了类似的课题招标、奖励制度。

很多地方先后成立了专门的理论研究机构，并以此为依托，举办专题理论会议，编印出版研究论文集，表彰先进个人、优秀成果，广泛调动了盟员的参与热情。一批重要成果获得了国家或省级的奖励。同时，注重发挥盟讯、网站、报刊、会议、论坛等宣传载体的作用，提供理论探讨的园地，积极推广理论研究的成果。这些做法从制度层面逐渐被固定下来，为研究工作搭建了重要平台。

5. 实行专兼结合，加强人才队伍建设

各级地方组织坚持在研究工作中不断发现、培养和使用人才，普遍组建了较为稳定的研究队伍，大多由领导同志、机关干部和盟内专家学者共同构成，保证了理论研究与盟务工作的紧密结合，实现了由分散、个体研究向群体、集中研究的转变。这样有利于发挥各方特长，提升研究的整体水平。盟中央实行了特邀研究员聘任制度，整合了盟内一批优秀的研究人才，他们很多都成为课题研究的负责人，在一定程度上起到了模范带动作用。

在肯定成绩、总结经验的同时，我们也应该看到，全盟理论建设工作还处于起步阶段，存在着一些不足和问题，如参政党理论研究滞后于工作实践的需要，亟待形成完整的理论体系；发展不平衡，一些地方组织对此仍然不够重视，缺乏相应的机构、制度、措施和经费；高层次的理论研究人才比较匮乏，干部整体理论素养需要进一步提高；研究成果的质量和水平有待提升，转化和应用的渠道不够畅通等。对此，我们必须有清醒的认识，采取切实措施加以改进。

三、加强学习，健全机制，努力提高全盟理论研究的水平

参政党理论建设是一项长期的战略任务。随着我国民主政治建设和多党合作事业的不断推进，参政党理论建设要解决的问题也会越来越多，越来越复杂。我们要提高对理论研究重要性的认识，自觉借鉴执政党建设理论，紧紧围绕“建设一个什么样的参政党，怎样建设参政党”这个根本问题，研究和把握参政党建设的内在规律，努力推动全盟理论研究工作迈上一个新台阶。为此，应着重抓好以下几项工作：

1. 加强理论学习，不断提高领导干部理论修养

理论修养是领导干部素质的灵魂。在民盟十届八次中常会上，蒋树声主席提出民盟要建设学习型参政党。重视理论学习是建设学习型参政党的题中之意，也是加强参政党理论建设的基础和前提。

加强各级领导干部的理论修养，首先必须从政治的高度、全局的高度、事关参政能力提高和多党合作事业发展的高度看待理论学习，在头脑中真正把理论放到重要位置上，提高学习的主动性和自觉性。“应知学问难，在乎点滴勤。”希望各级领导积极带头学习，坚持终身学习，增强理论兴趣，养成勤于学习理论、善于思考理论的良好习惯。同时，以自身的表率影响、带动广大盟员共同提高政治理论素质。其次，必须提高理解掌握科学理论的能力。要认真学习中国特色社会主义理论体系，做到反复咀嚼而不是浅尝辄止，全面消化而不是囫囵吞枣，完整吸收而不是有所保留，努力夯实自身的思想理论基础。履行好参政党职能，需要丰富的知识，我们必须不断拓宽学习内容，完善知识结构，重点掌握政治、经济、社会等领域的基本理论和前沿动态，使民盟工作能够体现时代性、把握规律性、富于创造性。第三，倡导理论联系实际的优良学风，不能为了学习而学习，要善于把学习的体会和成果转变为谋划工作的思路、促进工作的措施和领导工作的本领，做到学习工作化、工作学习化。

2. 搞好规划指导，健全理论研究工作机制

各级盟组织要进一步提高对加强参政党理论建设重要性的认识，把理论建设摆上重要的议事日程，加大人力、物力、财力的支持，努力做到思想到位、组织到位、措施到位、经费到位。“凡事预则立，不预则废。”各级组织都需要加强工作规划，当然主要责任在中央。盟中央将考虑出台全盟加强理论研究工作的意见，制定整体规划，明确工作的思路、方向和重点。在适当时候将成立全盟范围的研究机构，盘活盟内的研

究资源，集中力量开展高层次、综合性课题研究。有条件的地方也可根据自身实际，建立多种形式的研究组织，制定研究计划，落实研究任务。

注重总结以往工作的成功经验和做法，逐步形成工作的长效机制，确保理论研究有序运转。当前，理论工作中的一些关键环节需要我们认真探讨、尽快完善，包括如何进一步完善课题招标制度，规范选题、申报、论证、调研以及评审等工作；如何扩大特邀研究员的聘用范围，更好地发挥他们的示范带动作用；如何健全理论研究的激励制度，通过评比、表彰优秀成果，强化研究的主动性；如何完善盟内研究信息的交流制度，加强同各级社会主义学院、统战理论研究会和政协理论研究会等机构的协作，实现优势互补和资源共享；如何加强与知名期刊、主流网站的联系，积极推荐发表优秀研究成果，扩大民盟理论研究的影响等。

3. 坚持面向实际，切实提高研究成果的质量

目前，我们的研究成果大多是在内部消化，走出去还比较困难，关键是在研究成果的质量。研究成果质量的高低，集中体现了理论研究水平的高低。

要提高研究质量，必须紧紧围绕国家的中心任务和民盟的工作大局，围绕广大盟员的思想实际开展研究，从解决存在的突出问题和盟员反映强烈的问题出发，不断增强运用理论解决实际问题的能力。所取得的研究成果，至少应满足以下要求：能够回答参政党建设中的一些重大理论和实践问题；能够帮助广大盟员解疑释惑，澄清模糊认识和错误观念；能够对实际工作有推动力，为领导决策提供理论支持。同时，积极扩展研究成果的转化和应用渠道，加强研究成果的评审、论证，促进研究成果尽快应用到盟务实践之中。

熟悉了解各项盟务工作是对理论研究工作者的基本要求。要加强与机关其他职能部门的协作，既要向他们了解自身建设、履行职能的情况，又要使他们成为研究的一分子，密切理论研究与实际工作的结合，争取在实际工作中不断开创新经验，取得新成果。

4. 培养理论人才，整合研究资源

参政党理论建设具有很强的政治性、思想性、创造性，需要着力打造一支理论基础扎实、了解熟悉盟务、具有研究能力的骨干队伍，为提高全盟理论研究水平提供人才保障。

各级组织要注重现有理论研究人才的使用和锻炼，既要关心爱护，又要放手使用，使他们真正施展理论才华，“人能尽其才则百事兴”。要通过开展研讨会、短期培训、成果交流、联合调研等活动，在实践中积极发现人才、培养人才，努力形成优秀人才脱颖而出的良好机制。同时，注重吸收一些社会科学领域的专家学者加入研究队伍，把其他学科的思维方式和手段方法运用到参政党理论研究之中，为研究注入新的活力。要努力整合理论研究资源，组织协调好专职人员与兼职人员、中青年与老同志、盟内与盟外等各方面的力量，有重点地开展一些带有基础性和有针对性的课题研究，将有限的研究实力发挥到更好的状态。

同志们，“路漫漫其修远兮，吾将上下而求索”，用这句《离骚》里名言来形容我们目前的理论研究工作，十分贴切。参政党理论建设使命神圣，任务艰巨，需要我们大家坚持不懈的共同努力，才能有所推进和加强。希望在座的各位在这次会议上能够联系实际，集思广益，深入研讨参政党工作的特点和规律，以理论创新推动工作创新，为开创民盟工作的新局面作出自己的贡献。

民盟中央2009年工作要点

（2009年1月7日民盟中央主席办公会议通过）

2009年是我国应对国际国内环境重大挑战、推动改革开放事业实现新发展的关键一年，也是民盟面对复杂形势和艰巨任务，充分履行参政党职能的重要一年。全盟工作总的指导思想是：深入贯彻中共十七大和十七届三中全会精神，以邓小平理论和“三个代表”重要思想为指导，认真学习贯彻科学发展观，围绕保持我国经济的平稳较快增长和推进农村改革发展，积极研究特殊情况下的参政议政工作，与执政党和衷共济、共克时艰；继续巩固政治交接主题学习教育活动的成果，夯实组织发展和后备干部队伍建设基础，加强盟的参政能力建设，确保民盟在多党合作事业中的可持续发展。

一、加强学习，认清形势，进一步坚定走中国特色社会主义政治发展道路的信念和决心

1. 全盟各级组织要认真学习中国特色社会主义理论体系和中共中央一系列治国理政的重要理念。结合纪念建国60周年、人民政协成立60周年、多党合作制度确立60周年等重要活动，加强对盟员的思想政治教育，重温多党合作历史，巩固政治交接成果，不断夯实多党合作的共同思想政治基础，团结广大盟员坚定不移地走中国特色社会主义政治发展道路。

2. 要把认真学习贯彻中共十七届三中全会精神与深入学习贯彻科学发展观结合起来，与民盟的参政议政和自身建设结合起来，不断提高参政能力，充分发挥民盟自身优势，切实履行参政党职能。

二、充分发挥主席会议和常委会领导核心的作用，加强对影响全局重大问题的研究规划

3. 主席会议和常委会要充分发挥全盟领导核心的作用，贯彻民主集中制原则，不断适应形势任务要求，就党和国家政治经济生活中的重大问题和关系全盟工作的重大问题做好研究规划，推动各项工作深入开展。

4. 今年常委会将重点研究换届以后全盟的思想政治工作。当前我国经济发展面临着来自国内外的严峻挑战，经济社会发展的一些深层次矛盾仍很突出，要教育引导广大盟员坚定信心、迎难而上，切实把思想认识统一到中共中央对国内外经济形势的分析判断和决策部署上来，始终不渝地坚持改革开放的前进方向，坚定不移地走中国特色社会主义道路。

5. 结合纪念多党合作制度确立60周年等重要活动，认真总结改革开放以来盟务工作的主要经验，对全盟先进集体、先进个人进行表彰，推动全盟工作稳步健康发展。

三、围绕国家经济和社会的关键问题，深入开展调查研究，进一步做好参政议政工作

6. 要始终坚持把促进科学发展作为参政议政的第一要务，密切关注影响经济社会发展全局的倾向性、关键性问题，围绕应对国际金融危机、农村职业教育与技能培训、粮食主产区建设和国家粮食安全、大学毕业生就业、促进第三产业发展、完善社会保障体系等重大问题，深入开展调查研究，建有据之言，谋务实之策，为推动经济社会又好又快发展、维护社会和谐稳定贡献力量。重点落实中共中央委托民盟中央进行的调研；协调落实有关资助调研课题、与国家有关部委联合进行的调研。

7. 上半年召开参政议政工作会议，总结经验，表彰先进，部署工作。下半年召开“民盟高等教育研讨会”，适时举办“灾害与社会管理专家论坛”、“资源环境高层论坛”和“民盟沿海省市发展海洋经济研讨会”。

8. 做好2009年全国政协会议上民盟中央的大会发言、提案的组织和准备工作。继续做好反映社情民意的信息工作，充分调动各级盟组织报送信息的积极性，努力提高信息工作质量。适时举办“省级组织信息员培训班”。

9. 整合盟内参政议政资源，充分发挥盟员专家，特别是经济领域专家的积极性，提出有价值的、高水平的意见建议，促进我国经济平稳较快运行。协助各专门委员会创造性开展工作。

四、继承传统，巩固成果，进一步推进社会服务工作

10. 按照中共十七届三中全会精神，把智力支边、对口扶贫与推进新农村建设有机结合起来，注重发挥示范和带动作用。继续做好贵州毕节、黔西南、河北广宗、甘肃定西、广西百色等地的智力支边扶贫工作，继续支持“盟遂合作”。适时召开民盟新农村建设试点工作研讨会。

11. 及时总结全盟开展“农村教育烛光行动”的经验，加强分类指导，建立长效机制，扩大活动实效。组织协调更多有条件的盟员积极参与“烛光行动”。适时召开“农村教育烛光行动”座谈会。

12. 稳步扩大帮教工作的覆盖面和影响，提高帮教工作的成效，在总结经验的基础上，通过建立相关机制，明确原则，准确定位，进一步在全盟范围内开展“帮教工作”。

13. 各省级组织要关注城市社区建设和社区统战工作，积极探索在城市社区开展社会服务工作，适时在条件具备的城市进行试点。

五、继续实施“人才强盟”战略，切实加强干部队伍建设

14. 在全盟深入开展基层组织专题调研，积极探索新形势下基层组织活动的新方式，不断增强基层组织活力，努力扩大盟组织的凝聚力和在广大知识分子中的影响。在调研的基础上，适时召开基层组织工作会议。

15. 认真贯彻落实《民盟中央关于加强省级组织领导班子后备干部队伍建设的意

见》精神，加大后备干部队伍建设的工作力度，重点在理顺机制上下工夫，做好与中共省委统战部和民盟省级组织的沟通协调，增强对后备干部培训、推荐等工作的目的性。

16. 加大对盟员干部的培训力度，适时举办“从政干部和盟务骨干培训班”。做好中央社会主义学院等的培训招生工作。

17. 按照组织发展工作的基本方针，注重质量，保证数量，继续做好组织发展工作。做好盟员信息管理系统的维护工作。

18. 按照《民盟中央监督委员会工作试行条例》的要求，认真做好民盟中央监督委员会办公室的日常工作。

六、加强参政党理论研究，进一步做好宣传思想工作

19. 加大参政党理论建设工作力度，以课题项目带动全盟的理论研究工作，在完成2008年理论研究课题成果转化工作的基础上，做好2009年理论研究课题招标工作。加强对全盟理论研究工作的调研和指导，进一步完善特邀研究员制度，适时召开“民盟理论研究暨特邀研究员工作座谈会”。

20. 以纪念建国60周年、人民政协成立60周年、多党合作制度确立60周年为契机，组织盟员深入学习盟史、盟章和多党合作理论，继续开展政治交接主题学习教育活动。在征求地方盟组织意见的基础上，完成盟中央盟史展厅的基本陈列工作。

21. 进一步加大思想建设和宣传工作力度，适时召开全盟思想建设和宣传工作会议，交流新形势下思想宣传工作经验，研究有效地开展思想政治工作的思路、形式和方法。加强与主要媒体的合作，继续做好盟内外的宣传工作。

22. 《群言》杂志社、《中央盟讯》编辑部要加强与地方盟组织的联系，突出重点栏目，不断提高办刊质量。围绕金融体制改革、“三农”问题、改善民生、教育改革与发展等问题，组织专题研讨会。

23. 群言出版社要依托民盟资源，继续加大“民盟历史文献”、“民盟历史人物”等丛书的出版力度，做好“灾害与社会管理专家论坛”、“海洋发展研究”等丛书的出版工作。

七、发挥自身优势，积极开展对外联谊活动

24. 继续发挥民盟在高教界的特点和优势，加强两岸四地的高教和科技交流，积极推动祖国和平统一大业。认真办好在内蒙古举行的第五届“海峡两岸暨港澳地区大学校长联谊活动”。

八、以制度建设和作风建设为重点，切实加强机关建设

25. 严格按照《公务员法》和公务员规范管理文件的要求，进一步加强机关工作制度化、规范化、程序化建设，不断提高管理质量和工作效率，营造团结和谐的工作氛围。创新工作思路，改善机关办公条件，理顺后勤管理体制。采取多种形式，切实加强机关干部的学习培训，不断提高机关干部的业务能力和综合素质。

民盟中央关于加强思想建设的意见

（2009 年 9 月 29 日）

民盟各省、自治区、直辖市委员会：

思想建设是民主党派自身建设的核心，是坚持正确政治方向、凝聚全盟力量、充分履行参政党职能的基本保证。为深入贯彻落实《中共中央关于进一步加强中国共产党领导的多党合作和政治协商制度建设的意见》和民盟十届七次中常会精神，增强民盟各级组织和广大盟员接受中国共产党领导的自觉性，坚持中国特色社会主义道路和中国特色社会主义理论体系，自觉维护多党合作的政治格局，遵循多党合作的政治准则，不断夯实多党合作的思想政治基础，现就加强盟内思想建设提出以下意见。

一、深刻认识加强思想建设的重要意义

1. 加强思想建设是保证多党合作事业健康发展的必然要求。在政治上形成广泛共识是民盟与中国共产党亲密合作的基础。在新的历史时期，不断加强思想建设，始终把中国特色社会主义作为共同理想信念、共同前进方向、共同奋斗目标，才能不断巩固多党合作的思想政治基础，发展我国社会主义和谐政党关系，推动新世纪新阶段多党合作事业的持续健康发展。

2. 加强思想建设是积极应对国际国内形势深刻变化的迫切需要。民盟思想建设面临更加开放、更加复杂多样的社会环境，面临改革开放不断深入、人们思想观念和价值取向深刻变化的时代背景，面临互联网等新兴媒体迅猛发展的新课题，不断加强思想建设，才能切实增强民盟成员的政治鉴别力和政治敏锐性，引导广大盟员认清形势、坚定信心，坚持走中国特色社会主义政治发展道路。

3. 加强思想建设是全面促进民盟自身建设的重要任务。面对盟员结构的新变化及其思想认识、价值观念、思维方式的新特点，牢牢抓住思想建设这一核心，努力提高广大盟员的政治素质和思想水平，才能不断深化对参政党地位、性质和历史使命的认识，自觉坚持和完善中国共产党领导的多党合作和政治协商制度。

4. 加强思想建设是民盟提高履职能力和水平的重要前提。社会主义民主政治建设的不断发展和多党合作在国家政治社会生活中地位的不断凸显，对民盟履行职能、发挥作用提出了更高要求。加强思想建设，才能切实做到围绕中心，服务大局，把发展作为参政议政第一要务，保证履行职能、发挥作用的正确方向，不断提高服务科学发展的水平。

二、准确把握思想建设的主要内容

5. 学习贯彻中国特色社会主义理论体系。中国特色社会主义理论体系是包括邓小平理论、“三个代表”重要思想和科学发展观等重大战略思想在内的科学理论体系，是全国各族人民共同奋斗的思想理论基础。民盟各级组织和广大盟员要认真学习、深刻领会中国特色社会主义理论体系的科学内涵、精神实质和根本要求，增强贯彻这一理

论体系的自觉性和坚定性，提高运用科学理论的能力。

6. 践行中国特色社会主义核心价值体系。马克思主义的指导思想、中国特色社会主义共同理想、以爱国主义为核心的民族精神和以改革开放为核心的时代精神以及社会主义荣辱观构成了社会主义核心价值体系的基本内容。民盟的思想建设必须以这一体系为引领，高扬社会主义和爱国主义两面旗帜，引导广大盟员树立正确的价值观念，体现积极的精神状态，形成良好的行为规范。

7. 学习统一战线和多党合作理论政策。学习新时期统一战线和多党合作的理论方针政策，深刻认识多党合作制度的理论基础，准确把握多党合作的基本特征，始终坚持多党合作的政治准则，自觉抵御西方两党制、多党制和议会制的影响。

8. 开展国情和形势任务教育。引导盟员正确认识社会主义初级阶段的基本国情，认真学习、深刻理解党和政府的各项方针政策，树立大局意识，正确看待深化改革中出现的矛盾和困难，理顺情绪，增强信心，紧密围绕国家的中心任务发挥作用。

9. 继承多党合作的优良传统。认真学习民盟章程，深入了解多党合作和民盟的历史，引导广大盟员自觉遵守民盟章程，继承和弘扬老一辈领导人与中国共产党风雨同舟、团结合作的优良传统，搞好政治交接，增强接受中国共产党领导的自觉性。

三、加强思想建设的基本原则

10. 坚持以领导班子为重点。民盟各级组织的领导班子要提高政治把握能力和思想理论水平，增强运用科学理论分析和解决问题的能力。要切实发挥领导班子的模范引领作用，团结带领广大盟员沿着正确的政治方向不断前进。

11. 坚持与自身建设其他方面互为促进。既要突出思想建设在民盟自身建设中的核心地位，又要把思想建设与组织建设、制度建设结合起来，融于参政议政、民主监督的实践之中，使得思想建设与其他各方面工作相互促进，相得益彰。

12. 坚持自觉、自主、自为。充分认识思想建设的重要意义，增强自觉意识，发挥主体作用，提高加强思想建设的积极性、主动性和创造性。处理好加强政治引导和搞好自我教育的关系，既不能放任不管，也不能包办代替。

13. 坚持正面教育、求同存异。坚持用正面教育的方式，引导盟员不断提高思想理论水平。在坚持共同理想、坚定正确政治方向的基础上，注意求同存异，营造宽松和谐的氛围。坚持具体问题具体分析，对于盟员中存在的不同思想认识问题，要区别情况，正确对待，耐心引导。对涉及重大是非和政治原则的错误观点，必须旗帜鲜明地开展批评教育。

14. 坚持从实际出发、注重实效。深入开展调查研究，加强日常联络工作，准确把握盟员的思想态势，有针对性地开展教育引导。紧贴社会发展实际和盟员思想特点，因地制宜，有的放矢，讲求工作方法和工作艺术，力求取得工作实效。

四、建立加强思想建设的工作机制

15. 注重把握思想态势，建立健全思想动态分析机制。定期了解和掌握盟员的思想动态和愿望诉求；及时了解和掌握盟员特别是各级领导班子成员和代表性人士对重大活动、重大事件、重要决策的思想反映；深入开展调研，关注网络舆情，全面深入地把握盟员的思想态势。

16. 加强骨干队伍建设，规范学习培训机制。制订教育培训规划，明确培训内容，改进培训方式，扩大培训规模，提高培训质量。推动各级组织建立健全理论学习的各项制度，完善学习计划，不断提高骨干队伍的政治理论素养和思想水平。积极借助各级社会主义学院作用，加强理论武装。盟的各级组织要加强思想宣传队伍建设，搞好业务培训。

17. 形成有效工作载体，研究健全宣传引导机制。注意抓住重大事件契机，因势利导，推动各级组织和广大盟员深入开展主题学习教育活动，形成有效工作载体。注重树立和推出盟内的先进人物和先进集体，积极探索盟史传统教育基地的建设工作，充分发挥其教育作用。

18. 高度重视突发事件，研究建立应急机制。既要建立思想工作的长效机制，防患于未然，又要建立应急机制，妥善应对盟员出现的思想认识问题，制订应急预案。对突发事件，要加强与民盟地方和基层组织的沟通联系，多方协调，形成合力；注意跟踪反馈，构筑信息上报的快速通道；加强对盟员的正面引导，保证队伍整体稳定。

五、新形势下加强思想建设的要求

19. 高度重视，进一步明确政治责任。各级盟组织要从推动多党合作事业健康发展的高度，把切实抓好思想建设作为重要职责，更新思想观念，改进工作方法，研究新情况、解决新问题，切实有效地推进思想建设。要制订工作计划，建立和完善机制，逐步形成有任务目标、责任分工、考核激励、督促检查的综合配套、易于操作的规章制度。

20. 加强引导，坚持正确的政治方向。政治引导是做好思想工作的重要内容。各级组织要认真总结成功经验和有效做法，尤其要善于抓住重大事件契机及时开展思想教育和政治引导，形成有效的工作载体和工作机制。同时，坚持把集中学习教育和日常学习教育结合起来，不断提高思想工作的针对性和有效性。

21. 探索规律，推动加强机制建设。推动各级领导班子尤其是主要领导，经常研究思想建设工作，从全局上考虑加强思想建设的思路和方式方法；深入开展调查研究，定期分析盟员思想动态，积极探索新形势下思想建设的基本规律；不断创新工作手段，完善工作机制，努力增强思想工作的吸引力、感染力、说服力。

22. 加强研究，适应网络发展新要求。充分认识以互联网为代表的新兴媒体的重要影响，努力使互联网成为加强民盟思想建设的有效平台和重要载体。努力办好民盟各级组织的网站，做好多党合作宣传和思想引导工作。密切关注网络舆情，重点关注社会热点、理论热点问题，及时反映重要情况，并结合民盟成员的实际，有针对性地开展思想教育工作。

民盟中央致在国家科学技术奖励大会上获奖盟员的贺信

（2009 年 1 月 19 日）

又是一年春来早，喜报频传万象新。欣闻徐光宪等 31 位盟员在 2008 年度国家科学技术奖励大会上分别荣获国家最高科学技术奖、国家科学技术进步奖一等奖、自然科学奖二等奖、技术发明奖二等奖、科学技术进步奖二等奖，民盟中央特向你们致以热烈的祝贺和衷心的慰问！

一部社会发展史，也是一部科技进步史。从“向科学进军”到“科学技术是第一生产力”，从科教兴国战略到建设创新型国家，科学技术的重要性不断地被我们所深刻认识。谁不重视科技，谁就要被淘汰，因此，一代代科技工作者们忘我奋斗、鞠躬尽瘁，前仆后继、刻苦拼搏，正是为了实现中华民族的崛起。在这样的认识和不懈的奋斗下，我国科学技术取得了历史性发展，杰出科学家和科学技术人才群体不断涌现，自主创新能力明显提升，科技事业的发展为我国全面建设小康社会提供了有力支撑。你们荣获该奖，正是党中央、国务院对你们在我国科技事业发展中作出的突出贡献给予的高度赞誉和肯定。你们用优异的工作成绩为民盟赢得了巨大的荣誉，用执著追求的科学精神为广大盟员树立了光辉的榜样。

当前，知识和科技的重大突破，将是我们克服目前经济困难，实现可持续发展的关键。衷心希望你们能更好地坚持科学发展观，与时俱进、锐意创新，继续发扬先天下之忧而忧的爱国爱民情怀，始终坚持求真务实、不畏艰险、勇于创新的科学精神，为推动科技成果加快向现实生产力转化，为我国科学技术事业的进一步发展，为实现我国现代化建设作出新的更大的贡献！我们也衷心希望广大盟员能以你们为榜样，再接再厉，为国家作出更大的贡献，为民盟赢得更多的荣誉。

中国民主建国会

发挥优势　服务大局　为科学发展与社会和谐作出新贡献

（2009年12月16日在中国民主建国会第九届中央委员会第三次全体会议上的工作报告）

陈昌智

各位委员、各位同志：

我受第九届中央常务委员会委托，向本次中央委员会全体会议报告工作，请予审议，并请列席会议的同志提出意见。

一、2009年工作回顾

2009年是新世纪以来我国经济发展最为困难的一年，也是中国共产党团结带领全国各族人民坚定信心、迎难而上，经受严峻考验的一年。面对国际金融危机持续扩散蔓延，世界经济严重衰退，国内经济社会发展遭遇冲击的严峻形势，中共中央、国务院审时度势，果断决策，全面实施应对国际金融危机的一揽子计划和政策措施，努力化挑战为机遇，有效遏止了经济增长明显下滑态势，率先实现经济形势总体回升向好，我国社会主义经济建设、政治建设、文化建设、社会建设以及生态文明建设都取得了新的重大进展。

今年也是本会以邓小平理论、“三个代表”重要思想为指导，深入学习贯彻科学发展观，努力提高履行参政党职能水平和自身建设能力的重要一年。会中央团结带领广大会员，正确认识形势，坚定信心，充分发挥密切联系经济界的特色和优势，积极献计出力，为有效应对国际金融危机和国内经济困难，为促进科学发展与社会和谐作出了新的贡献。同时，会的自身建设不断推进，参政能力建设取得了新的进展。

（一）围绕经济社会发展中的重大问题，积极建言献策

进一步加强参政议政工作，着力提高参政议政水平，是会中央确定的今年工作重点。在国际经济形势错综复杂，我国经济社会发展经受严峻挑战的形势下，本会作为密切联系经济界的参政党，参政议政工作既面临重要考验，也面临重要机遇。一年来，我们坚持把推动科学发展作为根本任务，密切关注和追踪经济发展态势，围绕中共中央“扩内需、保增长、调结构、惠民生”的方针政策，组织全会参政议政力量，深入

调查研究，积极建言献策。

群策群力，做好政协大会发言和提案工作。在全国政协十一届二次会议上，会中央、民建界别全国政协委员共提交发言 77 件，占大会发言总数的 10.01%。提交提案 263 件，占大会提案总数的 5.22%。其中，《建立长效机制，促进中小企业创新升级》、《保持经济平稳较快发展，更应加强农业基础地位》、《现行征地制度下存在五大突出问题》的大会发言引起良好反响。《关于加强社会信用体系建设的提案》被全国政协确定为重点提案调研项目。《关于积极扶持中小企业走出金融危机困境的提案》被全国政协确定为重点提案办理协商会内容。《关于创新财政支农资金方式的提案》、《关于加强境外资金流入监管的提案》、《关于依靠技术创新促进我国中小企业健康发展的提案》分别得到中共中央领导的批示。

认真研究准备，积极参加政治协商。经过深入调研和精心准备，在中共中央召开的多次高层协商会上，会中央领导代表民建中央就经济社会发展和人民群众普遍关心的重要问题作了发言，并提出有针对性的意见、建议。会中央在全国政协常委会上，提出了“着力保持扩大内需政策的稳定性、有效性和持续性”、“改善边境少数民族地区民生，促进社会和谐稳定”等建议。在全国政协专题协商会上，就节能减排问题作了发言。

加强合作，做好专题调研工作。一年来，会中央围绕年初确定的 4 个重点调研专题，先后与 12 个部委沟通情况、交换意见，到 15 个省、市、自治区进行深入调研，形成了专题调研报告。其中《加快节能减排，促进可持续发展》的调研报告和《关于扩大沿边开放，促进少数民族地区经济发展的建议》得到中共中央领导的批示。《建立煤炭期货市场交易机制，促进我国煤炭市场健康发展》的调研报告，作为提案报送全国政协。《保持经济可持续增长亟需扩大民间投资和充分发挥市场机制作用》的调研报告，作为社情民意信息报送全国政协。

推动建言献策经常化，及时提出专项建议。通过深入调研，会中央领导报送的《关于重视和加快我国服务外包产业发展的建议》受到中共中央重视，国务院制定专项政策就推动我国服务外包产业的发展作出部署。会中央在 4—9 月间报送的《关于做好出口退税工作稳定出口的建议》、《关于进一步推动新疆自治区发展的建议》、《关于农民工职业病防治问题的建议》、《关于高度关注汶川大地震灾区基层干部心理状况问题的建议》等 9 份建议，得到中共中央领导的批示。

注重发挥专门委员会和地方组织的作用，调动广大会员参政议政积极性。在中央专门委员会和地方组织围绕经济形势开展调研并提出相关建议的基础上，形成了《民建中央关于当前经济工作的建议》，为会中央领导参与中央经济工作高层协商会提供了重要素材。加强反映社情民意工作，组织开展了“我为应对国际金融危机影响献一策”活动，广大会员积极响应参与。截至 11 月底，已收到社情民意信息 2589 篇，其中省级组织报送 2463 篇，占来稿总数的 95%。会中央反映的信息被全国政协采用 66 篇，其中有两份信息得到了中共中央领导的批示。成功举办了“2009’中国风险投资论坛”和“2009’中国风险投资论坛——振兴东北高峰会”，受到社会各界广泛好评，扩大了本会的社会影响。成功举办了“2009’中国（辽宁）非公有制经济发展论坛”，1700

余名会员和企业家参会，收到论文200多篇，实际签约34个项目，签约金额100多亿元，论坛知名度和影响力得到进一步提高。

注重新形势下做好参政议政工作的研究，推进参政议政工作机制建设。召开省级组织主委工作会议，以推进参政议政工作为主题，总结经验，交流情况，进一步明确提高全会参政议政水平的思路与措施。召开民建中央专门委员会工作会议，制定了《民建中央关于加强中央专门委员会工作的意见》，进一步明确专门委员会在参政议政工作中的地位、职能和任务，强调专门委员会成员在参政议政工作中的骨干作用。举办省级组织调研处长暨社情民意信息工作人员培训班，重点研讨进一步巩固和提高反映社情民意工作的质量和水平。会中央机关局域网实现同全国政协局域网的链接，强化了信息反映的时效性。

（二）以纪念新中国成立60周年等重大活动为契机，深化思想宣传教育

今年是新中国成立60周年，也是人民政协成立和中国共产党领导的多党合作和政治协商制度确立60周年。我们抓住这一有利契机，着眼于推进思想建设，在全会开展形式多样的学习教育活动，不断巩固政治交接学习教育活动的成果，引导全会成员坚定不移地走中国特色社会主义政治发展道路。

深入开展学习贯彻科学发展观活动。会中央及时下发《关于深入学习贯彻科学发展观的安排意见》，对全会开展学习贯彻科学发展观活动作出总体部署，要求精心组织、注重实效。会中央领导集体带头学习，一年来，围绕科学发展观主题，会中央中心组集中学习12次，有效带动了全会学习贯彻科学发展观活动的深入开展。各级组织结合工作实际，采取多种形式，组织会员认真开展学习，深刻领会科学发展观的科学内涵、精神实质和根本要求，自觉提高思想认识和工作水平。

加强理论学习和研究。全会认真学习中共十七大、十七届三中、四中全会的精神，学习胡锦涛同志在人民政协成立60周年大会上的讲话，学习《六个“为什么”——对几个重大问题的回答》，学习多党合作理论政策。积极开展社会主义核心价值体系的学习教育活动。编发了《民建全国政治交接学习教育活动资料汇编》。开展“会内监督机制建设”理论研究，收到研究成果154篇，并形成专题研究报告。推动会史和会的优良传统学习教育，组织力量认真编撰《中国民主建国会简史》。

寓思想教育于活动之中。围绕纪念新中国成立60周年、人民政协成立60周年、多党合作制度确立60周年，各级组织举办了丰富多彩的活动。会中央开展了“与祖国同呼吸，与民建共奋进”的主题征文活动，收到征文800余篇。与中共重庆市委宣传部、民建天津市委、天津电影制片厂等联合摄制了重大革命历史题材电视连续剧《黄炎培》。成立民建中央画院，举办书画艺术品展览，出版书画作品集，汇聚会内书画人才，弘扬中华传统文化。

及时了解和掌握会员思想动态。各级组织主动拓宽渠道，采取多种形式，细致了解会员的思想状况，掌握会员关注的热点、疑点和难点问题，倾听会员呼声，有针对性地开展思想教育。适应形势发展，会中央及时发出《关于做好当前思想建设工作的通知》，要求各级组织引导会员正确认识国际金融危机带来的影响，把思想和行动统一到党和政府的决策部署上来。

加强会内外舆论宣传。推进会刊和网站建设，会中央网站和《民讯》适时开辟“纪念新中国成立60周年”、“深入学习科学发展观”等专栏，强化宣传效果。积极探索对外宣传新途径，加强与各种媒体的联络，注重专题策划，对本会重大活动、重点调研、重要提案以及会员突出事迹等，进行广泛深入的宣传报道。截至11月底，在《人民日报》、《人民政协报》、人民网、新华网等新闻媒体上，有关本会的报道达600多条，充分展现了本会作为参政党的良好形象和广大会员的时代风采。

（三）探索新形势下组织发展规律，扎实推进组织建设

随着形势发展变化，在参政党组织建设中出现了新情况、新问题，我们积极探索新形势下会的组织发展规律，认真研究落实进一步提高会的组织程度和整体素质的方法与措施。

认真做好组织发展工作。坚持注重质量、注意数量、保持特色、优化结构的组织发展原则，制定了《民建中央关于进一步做好组织发展工作若干问题的意见》，就发展新社会阶层代表性人士、制定新建省辖市级组织规划、新建县级组织、组织发展速度和保持界别特色等问题，作出明确规定。对当前省级组织的会员构成及发展情况进行认真分析，有针对性地对组织发展工作提出改进意见。围绕规范组织发展程序问题，对17个地市进行抽样调查，针对发现的问题，及时进行沟通，改进有关工作。到今年6月底，全会共有会员119688人，经济界会员占77.5%，其中企业界会员占会员总数62.2%；担任各种经济实体正副董事长、总经理等17707人，占会员总数14.8%；新的社会阶层人士26367人，占会员总数22%。会员结构和整体素质进一步改善。

着力加强领导班子和后备干部队伍建设。巩固政治交接学习教育活动成果，推动省级组织领导班子开好谈心会。目前已有30个省级组织召开谈心会，以提高领导班子的决策能力为出发点，充分发扬民主，认真开展批评和自我批评，达到沟通思想、增进团结、改进工作的目的。会中央主席、副主席参加了部分谈心会，了解情况，指导工作。积极推动后备干部队伍的规范化、制度化建设。贯彻落实《关于加强省级组织后备干部队伍建设的意见》，目前大部分省级组织都依据程序、按规定比例建立了后备干部队伍，并实行动态管理。

深入推进地方组织和基层组织建设。坚持和完善会中央领导集体成员联系基层制度，一年来会中央主席、副主席先后到70多个市级组织进行调研，指导推动地方工作。会中央对281个市级组织的办公活动条件进行情况摸底，撰写了《市级组织办公条件调查报告》报送有关方面，引起中共党委和政府的重视。目前，湖北省解决了市级组织经费问题，山西省解决了基层支部活动经费问题，其他省（区、市）的有关问题也得到不同程度的改善。在广泛调研的基础上，会中央分别召开南北片基层组织建设工作研讨会，探索新形势下加强基层组织建设的新思路。到今年6月底，全会共有基层组织5668个，支部活动的出勤率、覆盖率进一步提高。认真做好会员来信来访工作，切实维护会员的合法权益。继续向部分生活困难的原工商业者会员发放了慰问补助款。

积极稳妥推动会内监督工作。会中央监督委员会召开了第一次全体会议，成立了监督委员会办公室，标志着会内专门监督机构工作的正式启动。进一步完善会内监督条

例的相关配套制度，制定了《中国民主建国会中央监督委员会工作规则》、《关于中央监督委员会委员分工联系省级组织工作的方案》、《中央监督委员会办公室工作制度》等，为规范有效地推动会内监督工作提供了基础性保障。稳妥有序地开展省级组织内部监督试点工作，目前，民建湖北省委、四川省委作为第一批试点单位，积极筹备成立省级组织监督委员会，并开始相关工作，其他省级组织也在积极开展内部监督工作的探索。

进一步做好培训工作。举办了两期新中委培训班，选派部分新中委参加中共中央统战部组织的民主党派中青年干部培训班，推荐部分骨干会员参加中央社会主义学院举办的民主党派干部培训班、进修班。继续办好“建华课堂”，下发《关于加强建华课堂培训工作的意见》，要求省级组织有计划地推进市级组织的“建华课堂”培训工作。召开了“建华课堂”培训工作交流座谈会。今年已在9个省围绕经济形势、企业发展等主题，组织培训20多场，培训人数达5000多人次。

努力推进机关建设。召开了全国省级组织秘书长、办公室主任会议，交流做好新形势下机关工作的经验，分析研究机关建设中存在的问题，提出机关建设的目标、方法和重点，推进机关工作的制度化、规范化和程序化。加大机关干部培训力度，继续与中国高级公务员培训中心合作举办机关干部高级文秘培训班，组织专职会务干部赴德国学习培训。坚持会中央机关部门联系支部制度，一年来会中央各部门已与北京市10个基层组织联合开展活动29次。一些省级组织也开展了此类活动，并取得了比较好的效果。

（四）推进服务社会实践，拓展对外联络领域

做好社会服务和对外联络工作，是本会履行参政党职能的重要实践活动，对于提高会的参政议政水平，树立良好社会形象具有重要意义。

定点扶贫取得新成效。会中央领导带队分赴贵州黔西县和河北丰宁县进行扶贫考察。向黔西县捐款237万元用于水窖、村卫生室等5个援建项目；针对金融危机发生后大批农民工返乡的情况，与黔西县政府合作对当地农民开展实用技能、科学种田方法以及农村医务等方面的培训；实施了第二期“园丁计划”，对110名来自贵州偏远地区的民建援建小学教师进行了业务培训；帮助开展招商引资，组织会员企业家赴黔西县进行优势项目对接，签订意向投资协议5个，其中一项投资6000万元、年产10万吨饲料的加工厂项目已开工建设；完成了中共中央统战部关于毕节旅游产业发展专题调研任务和科技部在黔西县的经济林果木科技示范项目。向丰宁县捐赠了270万元款物，用于基础设施建设、信息化建设、农村医疗文化建设等方面的5个援建项目；引进会员企业在当地建立杂粮生产基地，发展特色农业；组织会员专家开展了地方旅游产业的调研，帮助制定旅游发展规划。

扎实推进“思源工程”建设。支持中华思源工程扶贫基金会完成了换届。召开民建全国“思源工程”工作会议，总结“思源工程”启动以来取得的成效和经验，对今后工作做出了部署。加强“思源工程”和基金会的宣传，引导会内外企业家和社会爱心人士参与到基金会的扶贫项目中。协助基金会举办了“思源·薪火计划”专项慈善拍卖晚会。关注四川地震灾区重建，会中央领导带队赴四川地震灾区考察基金会援建

的思源小学和卫生院重建工作。据不完全统计，今年全会在贫困地区共捐建沼气池8127座，思源学校57所，思源卫生院7所，修路830公里，造生态林10.9万亩，开展为“三农”办实事活动413次，实施农民增收项目123个，动员会员企业培训和安置农村富余劳动力12.8万人。

今年，在国务院召开的第五次全国民族团结进步表彰大会上，民建重庆市委、四川省委、会中央社会服务部被评为“全国民族团结进步模范集体”。还有40多名会员获得了国家及部委的表彰和奖励，其中14人被授予“第三届非公有制经济人士优秀中国特色社会主义事业建设者”称号。

积极帮助会员企业应对危机，走出困境。组织召开民建会员企业投融资经验交流会，就如何应对严峻经济形势、推动发展会内担保公司问题进行了专题研讨，为会员企业开展自救提供咨询服务。加强企业家信息交流平台建设，在今年“两会”前组织会中央企业委员会制造业小组成员，就如何应对金融危机影响开展网上交流。

继续拓展对外联络工作领域。加强同香港、台湾社团及代表人士的联系，推动两岸三地交流合作向更广阔领域拓展。在台北与台湾世新大学联合举办了“2009’两岸财经论坛——金融海啸的危机与因应学术研讨会”，就金融危机下全球经济发展、两岸金融合作进行了交流研讨，两岸200多名专家学者参加了会议。在山西太原市组织了经贸论坛暨项目洽谈会，来自台湾、香港和内地的近百位专家学者和企业家参会，并就煤矸石尾矿处理等项目签署合作意向书。组织金融、教育等方面3个团组赴台访问，加强内地与台湾的民间交流，促进两岸同胞融洽感情、深化合作、增进共识。结合会中央调研课题，组团赴国外就环境产业与资源保护、保障性住房、职业教育等专题进行考察。接待6个来自港台的访问团组100多人次。接待美、英等国工商经济界、教育界人士和联合国发展署官员来访，就促进环境保护、面对国际金融危机的应对措施以及合作机遇等问题交换意见，促进国际社会对中国的了解和对我国多党合作制度的认识。

各位委员、各位同志，一年来本会的各项工作取得的成绩是全会同志共同努力的结果。各级组织和广大会员以高度的责任感和使命感，面对困难与考验，与中国共产党和衷共济、同全国人民共克时艰，作出了参政党应有的贡献。这是新的历史条件下本会优良传统的传承与发展，是全会凝聚力与创造力的集中体现，是我们不断将民建事业发扬光大的强大动力。对此，我们深感欣慰和鼓舞，并在这里向全体同志的热忱支持和辛勤付出表示真挚的感谢！

今年，我们不仅取得了各项工作的新发展、新成绩，而且获得了履行参政党职能的新体会、新经验。我们把切实提高参政议政能力和水平作为全会工作的重点，着力推进参政议政工作，取得了明显成效。实践中我们认识到，做好参政议政工作必须把握以下几点：

第一，必须坚持把推动科学发展作为第一要务。参政议政工作要以科学发展观为统领，按照第一要义是发展的要求，坚持把推动科学发展作为根本任务，更新服务发展观念，创新服务发展举措，不断提高服务科学发展的能力和水平。

第二，必须充分发挥整体功能和群体优势。坚持依靠全会的力量，整合全会的资源，集中全会的智慧，充分发挥各级组织的作用和各方面人才的优势，充分发挥广大会员的积极性、主动性和创造性，加强与政府部门的沟通和协作，共同推动参政议政工作。

第三，必须不断增强科学判断形势和把握大局的能力。要注重和善于在经济社会发展的总体格局中对参政议政工作进行思考和研究，正确认识当今时代特征和国际国内形势，正确分析参政党实践中面临的新情况、新问题，明确参政议政工作的重点和方向。

第四，必须着力推进参政议政工作机制建设。立足本会实际，加强理论研究，认真总结经验，完善制度，规范程序，创新方法，逐步建立健全组织有力、上下联动、运行有序的参政议政工作长效机制。

各位委员、各位同志，在充分肯定成绩的同时，我们也要清醒地认识到，当前国际经济虽然有所回升，但经济运行还存在变数，我国经济回升的基础还不牢固，保持经济平稳较快发展面临很多困难和问题。从本会情况看，我们将长期面临巩固好政治交接教育活动成果和发挥好参政党职能作用的两大任务。随着会员队伍不断发展，会员结构发生新的变化，会员思想状况、价值取向多样性和多元化特征更加明显，组织建设与管理任务更加艰巨。

与新形势新任务对参政党提出的要求相比，我们的工作水平还有待不断提高，发挥作用的潜力还有待深入挖掘。在当前实际工作中我们也存在着一些问题和不足：参政议政能力建设、组织发展和后备干部队伍建设还需要进一步推动；思想建设和理论建设还需要进一步加强；推荐会员任政府部门实职的工作还需要大力推进；机关工作和服务水平还需要进一步提高等。为此，我们既要增强前进信心，又要增强忧患意识，不懈不怠，继往开来，努力在新的起点上把会的各项工作做得更好。

二、2010 年主要任务

2010 年是全国各族人民在中国共产党的领导下深入贯彻中共十七大、十七届三中、四中全会和中央经济工作会议精神，落实完成“十一五”规划，制定“十二五”规划的重要一年。进一步有效应对国际金融危机冲击，巩固经济回升基础，推动经济发展方式转变和经济结构调整，保持经济平稳较快发展的任务艰巨复杂。新的一年对于本会也具有特殊的意义，经历半个多世纪的风雨征程，我们将迎来建会 65 周年。面对新形势新任务，本会要坚持以中国特色社会主义理论体系为指导，着眼于服务科学发展、促进社会和谐，以推进全会自身建设为重点，进一步加强参政能力建设，认真履行参政党职能，切实做好各项工作，以自身建设的新成效、参政议政的新成果、服务社会的新贡献向建会 65 周年献礼。

（一）开拓进取，勇于创新，大力推进自身建设

中共十七届四中全会对加强和改进新形势下的执政党建设作出了战略部署。民建作为参政党也必须根据新形势的要求，与执政党的建设相适应，大力加强全会各级组织

自身建设，努力把民建建设成为高素质的参政党。

加强思想建设，提高政治素质。全会要把加强学习作为一项政治任务、一个长期工程和一种优良作风，贯穿于自身建设的各个方面。采取多种形式加大对领导集体成员、后备干部和机关公务员的学习教育培训，完善和落实中心组学习制度，在全会形成乐于学习、善于学习、崇尚学习的浓厚氛围，切实提高广大会员特别是领导干部的综合素质。要继续把深入开展中国特色社会主义理论体系特别是科学发展观、社会主义核心价值体系的学习教育活动，作为明年全会工作的重要内容。推动各级组织和会员通过认真学习，坚持以科学发展观指导履职实践，以社会主义核心价值体系引领价值取向和道德风尚。开展会章、会史、会的优良传统的学习教育活动，引导广大会员遵守会的章程，增进对会的热爱，增强接受中国共产党领导、维护多党合作政治格局的自觉性、坚定性。为配合学习，会中央将出版《中国民主建国会简史》并发至各地。要关注社会热点、理论热点问题，关注网络舆情，加强沟通联系，主动及时把握会员思想动态，增强思想教育的针对性和实效性。召开理论研讨会，总结建会65年自身建设的基本经验，深入分析新形势下自身建设面临的新情况、新问题，努力在参政党理论研究上推出新成果，为推动会的事业发展提供正确的理论指导。各级组织要本着节俭、隆重的原则，举办丰富多彩的纪念建会65周年活动，大力弘扬会的优良传统，宣传会的各项工作新成绩，增强会的凝聚力。会中央将举行建会65周年纪念大会，表彰优秀会员和先进集体。

加强组织建设，夯实人才基础。认真贯彻《民建中央关于进一步做好组织发展工作若干问题的意见》精神，着眼于优化会员结构、提高整体素质，重视发展和培养有代表性的高素质人才，把握重点、统筹兼顾，推进组织发展。继续深入贯彻《关于加强省级组织后备干部队伍建设的意见》精神，推进后备干部队伍建设，加大培养和锻炼力度，营造优秀人才脱颖而出的环境。坚持正确的用人导向，注重通过政治把握能力、参政议政能力、组织领导能力和合作共事能力的标准考察后备干部，各级组织应认真做好人才的发现、培养、选拔和举荐工作。认真总结和推广基层组织建设的成功经验，加大对基层组织建设指导的力度，创新活动内容和方式，增强基层组织的活力和凝聚力。坚持把组织发展、会员教育培养与会务活动结合起来，为实现会的政治任务提供人才保证。做好全会表彰优秀会员、先进集体和学习先进的工作，各级组织要进一步调动广大会员参与会务活动的积极性。认真贯彻《中国民主建国会会内监督条例（试行）》，以发扬民主、严肃纪律、增进团结，加强自身建设，推进会的事业持续健康发展为目标，积极探索，勇于实践，打牢基础，注重实效，建立健全各项制度及配套措施，把会内监督的任务逐步落到实处。继续加强对省级组织监督委员会试点工作的指导，稳步推进省级组织监督工作，保证会内监督工作健康有序的发展。

推进制度建设，提高组织程度。认真贯彻民主集中制，实行集体领导与个人分工负责相结合的工作目标责任制。完善各级领导班子的民主决策机制，按照集体领导、民主集中、个别酝酿、会议决定的原则，决定各级委员会的重大事项。完善各级领导班子的议事规则和决策程序，健全和规范常委会向全委会定期报告工作并接受监督的制度，不断提高各级领导班子科学决策、民主决策的水平。继续推行领导成员联系基层制度，健全各级组织的调查研究制度，创新联系会员的方式，深入基层，深入会员，及时反映社情民意，细心听取会员的诉求，认真解决会员反映的问题，维护会员的合法权益。畅通会务信息互通渠道，进一步提高会员对会内事务的参与程度，切实保障会员的主体地位和民主权利。

加强班子建设，提高领导能力。以提升政治素质和领导水平为重点，不断提高各级领导班子成员的“四个能力”。领导班子成员要经常交流思想，改进工作，增进班子团结，不断提高领导班子驾驭全局的能力，成为各级组织的坚强领导核心。要重视各级组织的机关建设，健全机关领导体制，明确工作职责和权限，加强工作检查督促，抓好工作落实，建设工作高效、服务周到的参政党机关。要加强政治理论和专业知识学习，提高机关干部素质，努力建设一支理论素养好、知识水平高、业务能力强的机关干部队伍。

明年，会中央将在调查研究的基础上，召开全会自身建设工作会议，认真研究新形势下自身建设的规律和特点，学习借鉴中国共产党加强自身建设的有益经验，制定加强本会自身建设的目标、任务和措施，进一步提高全会自身建设的水平。以领导集体建设为主题，召开省级组织主委工作会议，总结交流搞好班子建设的经验，研究探讨进一步加强领导班子建设的思路方法，促进全会各级组织的领导集体建设。

（二）发挥优势，突出特色，不断提高参政议政水平

紧密围绕党和国家的工作重心参政议政。明年，我国将制定“十二五”规划，进一步明确加快推进全面建设小康社会的发展目标、指导方针和总体部署。全会参政议政工作要围绕保持经济平稳较快发展、提高经济发展质量和效益、加快自主创新与产业结构调整、扩大内需增长空间、维护社会和谐稳定，特别是“十二五”规划的编制等中共中央和国务院的重大决策与工作部署，找准参政议政的切入点，搞好会中央和地方组织的重点专题调研，努力提出水平较高、时效性较强、价值较大的意见、建议。

进一步提高全会的参政议政水平。要针对国家经济社会发展中具有前瞻性、战略性和人民群众关心的重大问题，发挥会中央和地方组织的积极性以及各级组织相互协作、资源共享的优势，认真调查研究，积极建言献策。特别要为会中央参加中共中央举行的高层政治协商会、全国政协十一届三次会议、政协专题协商会等做好发言和提案的准备工作。要密切关注经济形势发展态势，继续开展经济形势分析研究，为全会准确判断形势，提高政治协商中的建言献策水平提供依据。各级组织要高度重视、积极做好反映社情民意工作，不断扩大信息渠道，努力提高报送信息的质量。认真筹备“2010’中国风险投资论坛”和“2010’中国（陕西）非公有制经济发展论坛”，选好论坛主题，扩大社会效应。

做好专门委员会的工作。认真落实《民建中央关于加强中央专门委员会工作的意见》精神，完善专门委员会的各项工作制度，注重发挥专家学者的骨干作用，富有创造性地开展工作。落实专门委员会的年度调研课题，精心组织力量，深入调查，集思广益，形成高质量的调研成果。会中央各工作部门要为专门委员会开展工作创造条件，主动支持和帮助专门委员会加强与政府有关部门的联系，畅通参政议政的知情渠道，推动专门委员会工作取得新成效。

着眼于发展和谐政党关系，认真履行民主监督职能，发扬积极建言、坦陈己见、当好诤友的精神，积极为推进决策的科学化、民主化，切实预防和治理腐败，维护社会稳定和谐提出建设性的意见、建议。

（三）巩固成果，拓展领域，进一步做好社会服务和联络工作

社会服务工作要以增加扶贫地区的农民收入、促进经济发展、改善生态环境、推进职业教育、提高文化水平为目的，以改善民生、增强造血功能和可持续发展能力为重点，密切同政府有关部门、会员专家和企业家的联系，不断创新扶贫开发的方式方法，为扶贫事业作出新的贡献。继续做好会中央定点帮扶县的工作，围绕促进当地产业结构调整、改善生产生活条件、提高农民收入等方面搞好扶贫开发，并将定点帮扶县作为本会思想建设的教育基地、参政议政的实践基地和干部培养的锻炼基地，为全会的定点帮扶工作做好示范，提供经验。扎实推进和实施好“思源工程”，充分发挥基金会和“思源工程”办公室的作用，做好宣传与募捐工作；树立品牌意识，打造“思源工程”品牌项目，加强制度建设，实行规范管理。深入会员企业，了解他们的发展情况，反映他们的诉求，协助解决他们的困难，促进会员企业健康发展。

对外联络工作要注重与参政议政工作相结合，将组织出境考察活动与参政议政调研课题相结合，努力拓展联络渠道和领域。继续推动港澳地区与内地的经贸往来与交流合作，继续做好争取台湾民众的工作，注重加强同两岸三地经济界、工商界、教育界代表人士的联系，细致周到地做好接待工作，促进两岸三地同胞关系更加密切、感情更加融洽、交流更加深化、合作更加广泛。继续探索与国外工商经济界交流合作的新途径。

完成好这些任务，需要全会的共同努力，这就要求各级领导集体成员要切实地担负起责任，充分发挥广大会员的首创精神，更好地发挥会员骨干的带头和桥梁作用，注意总结经验，在实践中不断开拓创新。各级组织要善于结合当地的具体实际，深入研究，统筹部署，抓好落实。

同志们，2010 年是我国完成“十一五”国民经济和社会发展规划的最后一年，任务十分艰巨。我们要更加紧密地团结在以胡锦涛同志为总书记的中共中央周围，带领广大会员坚定信心，团结奋进，开拓进取，扎实工作，为推动科学发展、促进社会和谐作出积极的贡献，以优异的工作业绩迎接中国民主建国会成立 65 周年！

在民建九届三中全会闭幕会上的讲话

（2009 年 12 月 17 日）

陈昌智

同志们：

九届中央委员会第三次全体会议圆满完成了各项议程。这次会议开得很好，认真审议了常委会工作报告并通过相应决议，分组讨论了会中央监督委员会工作报告和四个专题调研报告。在充分肯定成绩的基础上，同志们也提出了一些意见和建议。主席们

认为同志们提出的意见和建议很好，会后相关部门要加以汇总、研究和落实。

下面我就做好明年工作讲几点意见，供大家参考。

一、认真学习贯彻中共十七届四中全会精神，加强自身建设

中共十七届四中全会在深刻分析和把握世情、国情和党情的基础上，系统、科学地总结了执政党建设的基本经验，对加强和改进新形势下的执政党建设作出了战略部署。长期实践证明，执政党建设的每一次进步和发展，都对参政党建设起着积极的引领和推动作用。民建作为与中共亲密合作的参政党，要把握我国发展的阶段性特征，清醒认识变化着的国内外形势和自身建设面临的新情况新问题，准确把握自身定位和历史使命，不断研究自身建设的理论和规律，积极探索在新形势下加强自身建设的有效方法和途径。从参政党内部结构看，自身建设主要包含三个方面，即思想建设、组织建设、制度建设，这三个方面既各有重点、相对独立，又有机联系、不可分割，共同构成参政党自身建设的整体格局。我们必须以科学发展观为指导，加强思想建设、组织建设、制度建设，以班子建设带动队伍建设，努力实现新时期建会目标。本次全会已确定明年以加强自身建设为工作重点，下面就此提出几点要求：

1. 把社会主义核心价值体系作为自身建设的思想基础。社会主义核心价值体系是社会主义意识形态的本质体现，它包括四个方面的基本内容，即马克思主义指导思想、中国特色社会主义共同理想、以爱国主义为核心的民族精神和以改革创新为核心的时代精神、社会主义荣辱观。当今中国，社会主义核心价值体系揭示了社会主义国家经济、政治、文化、社会的发展动力，体现了富强、民主、文明、和谐的社会主义现代化国家的发展要求，反映了全国各族人民的核心利益和共同愿望。在当前经济体制深刻变革、社会结构深刻变动、利益格局深刻调整、思想观念深刻变化的背景下，建设社会主义核心价值体系，具有重要的理论意义和极强的现实针对性。我会各级组织和广大会员要把加强思想建设，树立和践行社会主义核心价值体系作为一项紧迫任务，抓紧抓好。明年，全会要抓住纪念建会65周年这一契机，开展社会主义核心价值体系学习教育活动，开展会章、会史和会的优良传统学习教育活动，继承和发扬老一辈领导人与中国共产党在长期团结合作中形成的政治信念、优良传统和高尚风范，坚定不移地接受中国共产党的领导，坚持走中国特色社会主义政治发展道路，做到在重大问题上明辨是非、立场坚定，不断增进对中国特色社会主义的政治认同和思想认同，不断增强走中国特色政治发展道路的自觉性和坚定性。电视剧《黄炎培》即将上映，这是一部非常生动、感人至深的会史和多党合作史教育片，希望各级组织能通知到每位会员收看，使每位会员都能切身感受先辈们的光辉奋斗历程，增强会员的光荣感和自豪感。

2. 把加强政治把握能力、参政议政能力、组织领导能力、合作共事能力作为自身建设的主要目标。中共十七届四中全会科学总结了中国共产党执政60年自身建设的6条基本经验，这些经验是马克思主义执政党建设规律的体现。民建作为中国共产党领导的多党合作政治总格局中的参政党，要认真学习领会十七届四中全会的精神，同时要认真总结建会以来加强自身建设的基本经验，深入分析自身建设面临的新情况新问

题，着眼于解决好巩固政治交接教育活动的成果、提高履行职能的能力这两大任务，努力探索参政党建设规律，研究新形势下加强自身建设的思路和措施，按照参政党建设的目标和要求，推进自身建设的制度化、规范化、程序化。要清醒认识世情、国情、会情的深刻变化，认识我会在服务科学发展和自身建设中存在的问题，着力提高各级领导干部特别是领导班子成员的政治把握能力、参政议政能力、组织领导能力与合作共事能力，树立高素质参政党的建设目标。

3. 把领导班子和后备干部队伍建设作为自身建设的重要保障。领导班子和领导干部是加强自身建设的关键，他们的能力和素质在很大程度上决定着一个组织自身建设的水平。会中央要从自身做起，牢固树立科学发展观，着力提高自身的思想觉悟、理论水平、责任意识、工作能力，树立团结、正派的作风，为推动我会自身建设提供坚强的领导保证。后备干部队伍建设是我会提高参政能力的人才保障，各级组织要与时俱进，努力建设高素质的领导干部队伍，结构合理、素质优良的参政议政骨干人才队伍，热心会务工作的机关干部队伍，长期支持和关注民建工作的“民建之友”队伍，为搞好参政党建设夯实人才基础。首先，要从入会抓起，建立培训、锻炼和提高的培养机制，根据不同类别、不同层次的特点和个人实际情况为人才提供施展才华的舞台。目前，部分地方组织已建立较系统的新会员培训体系，成立新会员俱乐部，对新会员进行统战理论、会章会史和参政议政等教育，可供其他地方组织学习和借鉴。同时要建立与中共地方党委和统战部门的协调沟通机制，积极争取支持。其次，要建立推荐、选拔的工作机制。认真贯彻落实后备干部队伍建设的方针和要求，做好中长期计划和短期安排，使后备干部的数量、结构、素质与领导班子建设和换届工作的需要相适应和匹配，保证各级各类后备人选的推荐过程、操作程序公开透明、公平公正。

二、学习贯彻中央经济工作会议精神，做好参政议政工作

这次中央经济工作会议是在全党全国认真贯彻落实中共十七届四中全会精神、应对国际金融危机冲击取得明显成效、经济回升向好，但国内外经济环境仍然十分复杂的背景下召开的一次重要会议。会议科学判断当前国际国内经济形势，认真总结今年经济工作。会议围绕加快经济发展方式转变、保持经济平稳较快发展，对明年经济工作进行了部署，提出了六个方面的重点任务。全会各级组织和广大会员要认真学习贯彻中央经济工作会议精神，切实把思想认识统一到中央关于国际国内经济形势的科学判断上来，统一到中央关于加快经济发展方式转变的战略重点上来，统一到中央关于做好明年经济工作的总体部署和原则要求上来，树立信心，迎接挑战，促进发展。

一年来，全会各级组织和广大会员积极参与，应对金融危机的冲击和挑战，提出了很多有建设性的意见，全会的参政议政水平有了新提高。明年是实施“十一五”规划的最后一年，做好明年经济社会发展工作，对夺取应对国际金融危机冲击全面胜利、保持经济平稳较快发展、为“十二五”规划启动实施奠定良好基础，意义十分重大。民建作为联系经济界的参政党，在特殊时期更要发挥应有的作用。

1. 围绕编制“十二五”规划，积极建言献策。我们要继续高度关注金融危机发展态势，针对宏观经济形势、经济体制改革、结构调整、农村改革发展、中小企业创新、

解决就业等方面存在的突出问题，特别是着眼于“十二五”规划中涉及全局性战略性问题、体制机制性问题、热点难点问题，建科学发展之言，献和谐稳定之策，争取拿出一批有价值、高水平的新成果。全国人大常委会明年将围绕“十二五”规划编制工作开展四个方面的专题调研，分别是：产业结构调整、收入分配制度改革、如何处理好内需与外需的关系、如何处理好投资与消费的关系。我们可以借鉴全国人大的选题，并注重体现民建的特点和优势。

2. 贯彻中央经济工作会议精神，服务经济社会的科学发展。全会各级组织和广大会员要加强对中央经济工作会议提出的“五个更加注重”、“六项任务”以及“六个结合”深刻内涵的认识，把中央的统一部署与工作实际紧密结合起来，找准角色定位，努力成为保持经济平稳较快发展的促进者，改革创新的支持者，社会和谐的维护者。作为联系经济界的参政党，要积极鼓励会员企业进行创新，宣传企业突出贡献，维护会员企业合法权益，帮助他们实现又好又快发展，为加快转变经济发展方式、促进经济平稳较快发展贡献力量。

3. 继续发挥参政议政的整体优势。充分调动各级组织、专委会等各方面的积极性，吸纳优秀人才充实专委会，加强中央专委会与地方专委会的联系，集全会的力量建言献策。

三、对做好明年经济工作的几点认识

最近，会中央会同会内专家学者就当前经济工作中的一些问题进行了研究，对做好明年经济工作取得了四点共识：

1. 继续实施积极的财政政策和适度宽松的货币政策，加强通胀预期管理。应控制信贷投放的总量、节奏，优化信贷结构。坚持适度宽松的货币政策，对明年信贷投放实行总量控制，我们认为新增货币信贷在7万亿左右为宜。同时应加强“信贷季度管理”。信贷投放要有利于经济结构调整和新兴产业发展。管理通胀预期，要紧盯主要发达国家的利率变化，根据我国经济回升的程度，采取的措施应由轻到重，由缓到急，需要动用货币政策工具时，先用温和的公开市场操作（发行央票），再视情况提高存款准备金率，最后动用利率工具。积极发挥财政政策在保民生的作用，加快落实保障性住房供应。加强对房地产市场和股市的监管，加大对违规行为的惩治。

2. 营造中小企业良好发展环境，特别关注小企业的发展，刺激带动民间投资。当前中小企业、特别是小企业经营困难还在延续，社会投资增长乏力。尽管政府推出4万亿经济刺激计划、9万亿信贷规模，但是中小企业受益不多。要尽快改变这种状况，我们认为：首先，应切实保障国有企业和民营中小企业平等竞争。认真落实国务院出台的鼓励中小企业发展政策，保障民间投资平等竞争。推进民营企业与其他所有制企业在投资审批、土地、外贸、财税扶持方面的待遇公平化。加快重点垄断行业的开放，鼓励和引导民间资本投入新能源、环保产业、生物医药、电子信息等新兴产业，平等参与公共服务、社会事业、公用设施等领域建设。其次，要拓宽中小企业特别是小企业融资渠道。支持发展村镇银行、社区银行和中小银行。培育和健全多层次资本市场体系，使中小企业能够从证券市场、私募股权基金、产权交易市场和债券市场上获得资金，拓宽中小企业直接融资渠道。尽快建立小企业贷款风险补偿基金。发展多层次小企业信用担保体系。民建会员也在积极探索和发展为小企业提供贷款的机构，如小额贷款公司和担保公司。

3. 规范地方政府融资平台，防范和化解财政风险。据相关部门不完全统计，在一年多的时间里，地方政府的投融资平台迅速增长到3000多家，其中70%以上在区县级，银行借款总量增加到5万多亿。“小财政、大城建”现象较为普遍，应引起高度关注。我们认为：首先，应尽快出台全国性政府债务管理办法。编制债务预算，按程序报各级人民代表大会审批。建立政府债务的预警机制和举债规模的审定制度。对政府债务指标进行动态监测和评估。其次，应完善相关法规政策，适度控制地方政府负债规模，严格财政担保管理。依法对财政违规为企业担保的行为，加大检查监督力度。第三，应加强地方政府融资机制建设，规范其融资行为。建立政府融资责任制度，政府债务期限尽可能与政府任期一致，负债规模与财力相匹配。

4. 艰苦奋斗，厉行节约，适度办会、办节、办展。当前，有一种现象值得重视，就是各地政府办节、办会、办展的热度很高，不少活动规模浩大，嘉宾云集，而且场面奢华，并且有从省级逐渐向市县级延伸的苗头。今年，各级政府财政收入明显减少，举办这样的活动不仅给本已紧张的政府财政增加很大负担，而且容易带来负面的社会影响。我们不反对地方政府扩大宣传，招商引资，为达到发展经济的目的而举办一些会议、展览，但要从实际出发，注重实际效果。

四、明年的几项工作

在新的一年里，全会要继续学习贯彻科学发展观，以自身建设为重点，做好以下各项工作：

1. 明年是本会建会65周年，各级组织要本着节约、隆重的原则，举行形式多样、丰富多彩的纪念活动。年底会中央将举行建会65周年纪念大会，表彰优秀会员和先进集体。

2. 会中央将对自身建设开展调查研究，在此基础上，召开自身建设工作会议，推动各级组织搞好自身建设。召开以领导集体建设为主题的省级组织主委工作会，促进全会各级组织领导集体建设提高到一个新水平。

3. 筹备和举办好“2010中国风险投资论坛”和“2010中国（陕西）非公有制经济发展论坛”，树立品牌意识，扩大民建的社会影响力。将两个论坛越办越好，越办越实。

4. 做好“两会”的议案和提案工作，积极履行参政党职能。要紧紧依靠省委会和市委会，依靠各级专门委员会做好这项工作。

我简要通报一下全国政协党派提案工作座谈会的有关情况。12月16日，全国政协在召开的党派提案工作座谈会上通报了有关情况。2009年全国政协共收到各党派提交的提案239件，民建中央提交了27件提案，其中有2件提案列入全国政协重点提案调研，有10件提案被《重要提案摘报》采用，有2件提案列入提案办理协商会。希望大家继续保持良好的工作状态，为明年“两会”提案做好准备。

5. 民建省级组织换届已满3年，会中央监督委员会要求各省级组织进行届中述职评议，希望各省级组织在明年完成这项工作。

同志们，2010年是我国完成“十一五”国民经济和社会发展规划的最后一年，改革发展和对外开放的任务十分艰巨，让我们团结在以胡锦涛同志为总书记的中共中央周围，高举中国特色社会主义理论伟大旗帜，深入学习贯彻科学发展观，继承和发扬民建优良传统，努力开创民建事业的新局面，以优异的成绩迎接建会65周年！

在民建中央专门委员会工作会议上的讲话

（2009年6月6日）

陈昌智

同志们，会中央将专门委员会工作确定为今年会的工作重点，并决定召开这次专门委员会的工作会议。会议的主要任务是：以中国特色社会主义理论体系为指导，深入学习贯彻科学发展观，总结本届专门委员会成立以来的工作，认真研究在新形势下如何进一步加强专门委员会的工作，讨论修订拟提交九届七次中常委会议审议的《民建中央关于加强中央专门委员会工作的意见（稿）》（以下简称《意见（稿）》），为充分发挥专门委员会在本会履行参政党职能和加强自身建设中的作用奠定坚实基础。下面我谈四个方面意见：

一、本届专门委员会成立以来的主要工作情况

去年5月，会中央召开了新一届中央专门委员会成立后的第一次主任会议，对做好本届专门委员会的工作进行了全面部署，提出了要求。之后，10个专门委员会相继召开了全体委员会议，按照会中央的部署和要求认真研究，制定了五年工作规划、工作规则、年度工作计划和确定调研课题等，并认真组织实施。一年多来，广大委员表现出了极高的工作热情，积极参加专门委员会举行的会议和活动，以认真负责和精益求精的态度对待专门委员会工作，为搞好会的参政议政和自身建设积极贡献聪明才智。专门委员会的工作主要有以下特点：

一是充分发挥优势，促进会的参政议政和自身建设水平有了新的提高。本届专门委员会有近一半委员是由省级组织新推荐的专家学者、企业家和其他方面的人士，他们年纪较轻、理论功底好、专业造诣高、管理经验丰富、工作积极性高，在专门委员会工作中充分发挥自己的才干，认真完成担负的工作任务，使会的参政议政和自身建设水平得到进一步提高。经济委员会和财政金融委员会为会中央在中共领导与民主党派的高层政治协商会、全国政协召开的常委会专题座谈会和专题协商会上的发言提供了大量基础材料，就进一步提高宏观调控政策的预见性、采取积极的财政政策扩大消费、统筹城乡协调发展、建立科学有效的金融监管机制推动金融改革创新、促进中小企业发展缓解就业压力、调动农民种粮积极性确保种粮农民收入稳定增长、推进能源资源价格改革、正确处理保持经济增长与抑制通货膨胀之间的关系等，提出了具有可行性

和可操作性的政策建议；经济委员会、财政金融委员会、企业委员会、联络委员会和人口资源环境委员会积极参与了会中央开展的重点专题调研、经济形势分析，许多委员承担了专题调研报告的撰写任务，较好地完成了《统筹城乡经济发展，促进城乡共同繁荣》、《解决普通工薪阶层住房问题，完善我国住房保障制度》、《推进我国能源（煤、电）价格形成机制的改革创新》、《依靠技术创新促进我国中小企业健康发展》和《关于当前经济工作的几点建议》等调研报告；理论研究委员会积极组织开展了会的优良传统的研究阐释，编写印发了《努力弘扬民建优良传统，共同致力于中国特色社会主义事业》宣传讲稿，对搞好会的自身建设起到了有力的推动作用；企业委员会参与承办了“‘2008’中国非公有制经济发展论坛”（第六届），这次论坛有近1400人参加，收到论文186篇，项目签约合同金额80.26亿元，扩大了民建的社会影响；企业委员会、经济委员会、科教委员会还成立了8个专业小组，以便充分发挥委员们的专长，深入做好重点领域的参政议政工作。

二是快速反应能力强，出色完成了应急研究任务。去年，受国际国内各种因素影响，我国的大事多、难事多，因而使会中央的参政议政活动比以往有所增加，除了常规的高层协商活动外，会中央还参加了中央统战部召开的关于“三农”问题座谈会、征求对《关于深化司法体制和工作机制改革若干问题的意见（稿）》的意见的座谈会，最高人民检察院、最高人民法院先后6次召开的听取各民主党派和工商联对两院工作意见的座谈会，卫生部召开的征求民主党派对《关于深化医药卫生体制改革的意见》的意见的座谈会，教育部召开的征求对《国家中长期教育改革和发展规划纲要》意见的座谈会等，并在会上提出了加强和改进工作的建议。这些应急工作任务是由法制委员会、科教委员会、文化委员会承担的，接受任务的委员在时间紧、要求高的情况下，对搜集到的资料进行深入研究和思考，提交了高质量的基础材料，显示了较强的快速反应能力。

三是深入调查研究，取得丰硕成果。去年，各专门委员会除承担会中央的参政议政任务外，还积极组织开展了各自的课题调研和反映社情民意等工作。经济委员会、财政金融委员会、法制委员会、企业委员会、文化委员会、妇女委员会、对外联络委员会和人口资源环境委员会就“加快承接国外服务外包，促进外向型经济发展”、“健全中央与地方财权与事权匹配的财税体制改革”、“健全行政问责制度”、“近期国家宏观经济政策对企业的影响分析”、“关于我国民营文艺表演团体发展的调研”、“工薪阶层住房的问题”、“新形势下建立两岸经济合作机制，推动两岸区域经济合作”、“产业转移中污染转移防治对策研究”等18个课题开展了深入调研，共提交了18份课题调研报告，其中14份调研报告被转化为今年以会中央名义提交政协十一届二次会议的13份提案、1份大会发言，占会中央提交提案总数的48%；经济委员会、财政金融委员会、法制委员会、企业委员会、妇女委员会、对外联络委员会和人口资源环境委员会共向会中央提交社情民意信息228篇，占全年投稿总数的10.95%。这是自专门委员会成立以来提交和转化调研成果、反映社情民意信息最多的一年。经济委员会、财政金融委员会、法制委员会、对外联络委员会和人口资源环境委员会还将委员们提交的调研报告或论文整理编辑了《参政议政文集》，为专门委员会留下了宝贵的资料。

在此，我谨代表会中央对同志们付出的辛勤劳动和取得的丰硕成果表示崇高的敬意和衷心的感谢！

二、我们当前面临的经济形势和参政议政任务

去年，我国经济社会发展经历了历史罕见的重大挑战和考验，在中共中央的坚强领导下，全国人民奋力拼搏，取得了改革开放和社会主义现代化建设的辉煌成就。在会中央的领导和组织下，会的各级组织和广大会员表现出了高度的责任感和使命感，与全国人民一道不惧艰难险阻，为战胜特大自然灾害、保持国民经济平稳较快增长、成功举办奥运会等作出了积极的贡献。中华思源工程扶贫基金会被中共中央、国务院、中央军委授予了“全国抗震救灾英雄集体”的光荣称号，为本会赢得了荣誉，扩大了会的社会影响，树立了会的良好形象。

今年，受全球金融危机的冲击，我国经济社会发展面临着更加严峻的形势。为此，中共中央和国务院采取了积极有效的措施，努力抑制经济的大幅度滑坡，使国民经济运行呈现出积极变化，内需增长势头良好，一些领域下行趋势有所遏制，市场信心有所恢复，社会预期有所改善，形势比预料的要好。据国家统计局发布的一季度和4月份统计数据显示，一季度GDP同比增长了6.1%，4月份全国规模以上工业企业增加值同比增长7.3%，比一季度提高2.2个百分点。3月份汽车市场进一步回暖，月销售110.98万辆，环比增长34.1%，同比增长5.01%，今年一季度销量达到267.88万辆，一举超过美国，成为世界第一。同时我们也要清醒地看到，国际金融危机还在发展和蔓延，对我国经济的影响还在加深，虽然我国经济运行出现了一些积极的变化，但基础还不稳固，外部需求持续萎缩，进出口形势十分严峻，一些行业的产能过剩，就业的困难增加，经济下行压力仍然较大。下面一组数据可以反映这些问题：一是对外贸易大幅下降。一季度，外贸进出口总额4287亿美元，同比下降24.9%，其中出口下降19.7%，进口下降30.9%。与3月份相比，4月份出口同比降幅5.5个百分点。二是工业生产增长下滑。4月份，规模以上工业增加值虽然同比有所增长，但比上年同期回落8.4个百分点。三是企业实现利润总体下降。1—2月份，全国规模以上工业实现利润2191亿元，同比下降37.3%，在39个工业大类行业中，23个行业利润下降，4个行业亏损。四是国家财政收入减少。一季度，全国财政收入1.46万亿元，同比下降8.3%。五是就业形势严峻。失业农民工近2500万，数百万大学毕业生就业困难。六是金融领域的潜在风险加大。金融机构各项贷款余额34.95万亿元，同比多增3.25万亿元。

关于形势好的和严峻的情况，我列举了很多数据，实际上这些数据都不是绝对的。现在的形势是复杂的，也是多变的，不确定性很大。我看现在要得出一个很准确的结论为时过早，只有随着时间的推移，观察形势的变化，不断校正我们的判断。现在有几个问题就值得我们分析和思考：第一个问题是金融危机后经济形势的走势。现在有很多不同说法，有说是U型、V型、L型、W型、N型、双W型，这都是经济学家的观点，众说纷纭。第二个问题是第一季度GDP同比增长6.1%，但是财政收入为什么又下降8.3%？GDP增长了，财政收入不应下降，起码略有增长。这说明了一个核心的问题，就是企业的效益还在下滑。虽然我们的投入在增长，但是我们的效益在下滑，

所以财政收入也是下滑的，没有同步向上。最近我去了几个省，和一些企业家座谈了解企业的生产经营情况，相当一部分企业的运转情况同以往水平差不多，但效益是下降的。所以我认为，目前的经济运行还不够良好，还有问题，不然效益不会下滑的。第三个问题是工业增加值在上升，而发电量却在下滑。4 月上旬、中旬和下旬的发电量都是下滑的，到5 月上旬还是在下滑。当然下滑有所减缓，波动不大。但是，这两个指标一贯是同向的，为什么在当前就变成逆向而相悖呢？究竟是我们的经济存在很大隐患或很大问题，还是像有的部门解释的那样：一是第三产业发展比较快，第二产业发展慢于第三产业；二是最近经济发展中，结构调整工作做得比较好，高污染高能耗企业受到压缩，产业结构调整有了成效，而不是反映当前经济形势的恶劣。我认为对此需要分析和思考。我们从来都认为发电量是衡量我国经济发展的一个标准，现在认为发电量下滑反映经济结构调整见成效了，是难以令人信服的。第四个问题是一季度新增贷款 4. 58 万亿，但是 CPI 和 PPI 还是下降的。全年贷款额度为 5 万亿，一季度就投了 4 万多亿，说明实施了积极的货币政策，应该会造成一些通胀。但一季度 CPI 同比下降 0. 6%，PPI 也同比下降 4. 6%。为什么货币大量投放出现的却是通缩呢？目前世界各国也在大量发行货币。当然，最近通胀预期比较强烈，大家从期货市场和股市都可以看出，资源的价格不断上涨，资源的股票也在不断上涨。这就涉及到最后一个问题：现在股市走好，期货市场资源型的走得也很好，这是对经济复苏的预期，还是对通胀的预期？我认为，经济的复苏还需要一段时间，主要是对通胀的预期。我刚才所说一些形势好转的指标和形势严峻的指标，都还要具体进行分析和研究，也需要我们在参政议政过程中对这些问题做深入的研究。

面对复杂形势，中共中央在科学判断和准确把握形势的基础上，制定了把保持经济平稳较快发展作为今年经济工作的首要任务，加强和改善宏观调控，着力扩大国内需求特别是消费需求，着力转变发展方式、加快经济结构战略调整，着力深化改革、提高对外开放水平，着力改善民生促进社会和谐，全面推进社会主义经济建设、政治建设、文化建设、社会建设以及生态文明建设的工作指导方针。国务院按照中央的方针制定了今年国民经济和社会发展的主要预期目标，确定了经济工作的重点“保增长、保民生、保稳定”，并把保障和改善民生作为经济工作的出发点和落脚点。

中共中央的经济工作方针为我们做好今年的参政议政工作指出了方向，但严峻复杂的经济形势在一定程度上也增加了我们参政议政的难度。面对参政议政的新形势，会的各级组织和领导要以科学发展观为指导，密切关注国际经济形势变化和国内经济运行情况，进一步增强科学判断和把握形势的能力，紧密围绕党和国家的工作中心，充分发挥本会联系经济界的特色和优势，认真履行好参政党的职能，以有效应对和化解金融危机为重点，围绕扩大国内需求、转变发展方式、消除体制机制障碍、保障和改善民生等重大问题，深入实际调查研究，发挥集体的智慧，向党和国家建有据之言，献可行之策，将会的参政议政工作提高到新的水平，为实现我国经济平稳较快发展作出应有的贡献。

最近，国务院转发了国家发改委制定的《关于 2009 年深化经济体制改革工作的意见》，这是我们专委会参政议政的重点或方向。主要内容：一是加快转变政府经济管理职能，激发市场投资的活力；二是深化垄断行业改革，拓宽民间投资领域和渠道；三是大力推进资源性产品价格和节能环保体制改革，努力转变发展方式；四是着力优化产业结构与所有制结构，推动服务业和非公有制经济发展；五是加快推进民生领域的改革，提高居民消费能力和意愿；六是深化科技、教育、文化、卫生体制改革，加快社会事业发展；七是继续深化改革，建立健全统筹城乡发展的机制；八是加快推进财税体制改革，建立有利于科学发展的财税体制；九是深化金融体制改革，构建现代金融体系；十是深化涉外经济体制改革，建全开放性的经济体系；十一是积极推进综合配套改革试点，为全国改革提供示范和借鉴。我认为这些方面很重要，是我们各个专门委员会的研究方向。

民建作为主要联系经济界的参政党，关注经济形势和经济问题是我们参政议政的重点，但也要关心其他方面的形势和问题。当前，由经济波动引发或加重的社会问题已经显现，并与经济问题错综交织在一起，影响到社会的和谐稳定：一是低收入群体生活状态恶化，许多低收入者享受不到足额的、政策规定的最低生活保障；二是中等收入群体发展受阻，家庭财富缩水；三是群体事件增多，由利益矛盾引发官民之间、劳资之间、贫富之间的纠纷和冲突，造成了群体事件；四是民主法制缺乏有效的监督和制衡，腐败案件时有发生等。同时，境外敌对势力仍然在以各种方式对我国进行渗透，境内民族分裂分子、地下宗教势力也伺机活动，对社会安定构成威胁。因此，我们要审时度势，增强大局观念和忧患意识，细致观察身边的社会各方面动态，及时反映社情民意，并提出切实可行的解决措施，协助党和政府将社会矛盾和问题解决在萌芽状态，维护来之不易的安定团结的大好局面。

三、充分认识专门委员会的重要地位和作用

综观改革开放以来本会的发展，会的全部工作始终围绕着两大主题开展，就是搞好参政议政和自身建设，而搞好参政议政是本会存在与发展的前提，搞好自身建设是提高本会参政议政水平的基础。

自1998年七届会中央成立专门委员会至今已十多年，专门委员会不断发展壮大，从开始成立时的6个专门委员会、176名委员，到八届会中央时增加到了9个专门委员会、340名委员。九届会中央同样十分重视专门委员会的建设，根据新时期参政议政工作的需要，新增加了人口资源环境委员会，共设立了10个专门委员会、540名委员，委员人数比上届增加了58.8%，从而大大加强了本届专门委员会的力量。从专门委员会的产生和发展来看，民主党派成立专门委员会是民主党派搞好参政议政和加强自身建设的一项创新之举。实践证明：专门委员会具有充分发挥民主党派聚集和培养人才的优势，充分发挥民主党派参政议政整体功能的优势，充分发挥民主党派密切联系和团结社会各界人士的优势，为民主党派增强参政议政能力、提高参政议政水平开辟了有效途径。为此，会中央这次准备制定《民建中央关于加强中央专门委员会工作的意见》。《意见（稿）》从加强专门委员会工作的重要性和必要性、专门委员会的主要任务、加强专门委员会的自身建设、加强对专门委员会工作的领导四个方面做了全面阐述，目的就是要充分认识和发挥专门委员会在本会履行参政党职能和加强自身建设中的作用。

近年来，随着我国政治经济体制改革的不断深化和社会主义现代化建设事业的加速发展，会的参政议政领域不断扩大，与社会各界人士的联系更加广泛，参政议政和自身建设的任务日益加重，因而专门委员会的作用越来越重要：一是深入调查研究提交高质量的调研成果，开展多种形式的社会服务活动，对进一步提高会的参政议政、民主监督和服务社会的水平发挥重要作用；二是对会的建设和发展规律开展深入研究和探索，为推动会的自身建设发挥重要作用；三是为开展好会的重要工作和活动积极出谋划策，对进一步提高会中央的民主化、科学化决策程度有着重要作用；四是积极反映所联系会员及社会各界人士的诉求和社情民意，为密切会与会员及社会各界人士的关系发挥重要作用；五是为会的各级组织输送骨干，在发现和培养优秀人才方面起着重要作用。总之，通过专门委员会的工作，会的参政议政和自身建设的能力会得到增强，参政议政建议受到中共中央和国务院的重视，在制定深化政治经济体制改革和经济社会发展的方针政策中被采纳，会为本会产生了良好的社会影响。因此，对专门委员会工作要在已有基础上进一步加强，使会内更多的人才能够在专门委员会工作的平台上得到锻炼和培养，进一步提高会的参政议政和自身建设的能力。

四、切实重视和加强专门委员会的建设

本届专门委员会的工作已经有了一个良好开局，取得了可喜的成效，我们在看到工作成绩的时候，也要看到需要进一步改进的地方，如：一些调研报告还带有较强的学术研究性，转化成参政议政成果有一定困难；提出的对策建议有的针对性不够强，还缺乏可行性和操作性；有的专门委员会对做好反映社情民意信息工作还没有引起足够重视，反映社情民意信息很少或没有；会中央对专门委员会的工作指导还有待加强等。因此，我们要着力加强专门委员会的建设。只要我们的认识到位，领导带头，措施有力，抓好落实，我相信专门委员会的工作一定会有所创新，一定会有所发展。我们要从以下四方面加强专门委员会的建设：

1. 继承和发扬优良传统和作风。前两届专门委员会在工作和活动中形成了一些好的传统和作风，是本届专门委员会在今后工作中需要继承和发扬光大的。一是继承和发扬深入实际调查研究的优良传统和作风。调查研究、建言献策，不仅是民主党派履行参政党职能的一种基本形式，也是衡量民主党派参政议政水平的一个重要标准。因此，我们提出的参政议政建议必须来自于深入实际的调查研究，要注重发挥自身的优势，突出特色、讲求质量、追求精品，使提出的政策建议有助于中共党委和政府决策。二是继承和发扬理论联系实际的优良传统和作风。专门委员会的委员都是各方面的专家学者，有着很高专业造诣和理论水平，只有在参政议政中将理论用于解决实际问题，提出的政策建议才更具有意义和价值。三是继承和发扬实事求是的优良传统和作风。实事求是是我们搞好参政议政应遵循的根本准则。参政党与执政党是否真诚合作，除重大问题在政治立场上、思想认识上和行动步调上与执政党保持高度一致，同时还要在参政议政中向执政党报实情、进诤言，因而我们要进一步做到察实情、讲实话、献实策、办实事，努力形成求真务实、真抓实干的良好作风。

2. 建立健全专门委员会的工作机制。做好新形势下的专门委员会工作需要有好的工作机制作保证。专门委员会的工作机制有两个重要方面，一方面各专门委员会要加强自身建设，健全工作制度，加强团结，充分发挥各自的特色；另一方面，各专门委员会之间又要建立相互紧密联系与协作的关系，形成整体优势，共同发挥好作用。实际上，会中央每年开展的重点专题调研都是调集了几个专门委员会的专家共同参与的，有的专门委员会也经常联合开展活动，如：去年，经济委员会联合财政金融委员会就“加快承接国外服务外包，促进外向型经济发展”共同开展了调研；今年4月份，财政金融委员会又联合经济委员会在广东召开了“当前宏观经济形势及对策研讨会”，为搞好会中央今年的参政议政做了准备。

《意见（稿）》中对建立专门委员会的工作机制从加强专门委员会的自身建设、建立专门委员会工作的培训制度和激励制度等方面做了原则性阐述，一些具体措施还要在会后修订《民建中央专门委员会通则》时加以完善，以便不断提高专门委员会工作的科学化、制度化和规范化程度。这里我想着重强调，落实专门委员会的工作机制是一项系统工程，需要会中央抓好指导和督促，需要专门委员会的主任、副主任们负起责任，需要全体委员的共同维护，不断增强工作的积极性、主动性和创造性，做到任务落实、责任明确、优势互补、相互协作、信息畅通。

3. 加强专门委员会的人才培养。专门委员会是本会培养人才的基地，是本会人才锻炼成长的平台。十多年来，有不少委员通过专门委员会的工作得到了锻炼，增长了才干，成为了会的参政议政骨干，有的安排到各级人大和政协，有的当选为会中央委员或常委，还有的走上了省市级组织的领导岗位。今后，我们还要继续把加强参政议政骨干队伍建设放在做好专门委员会工作的重要位置来抓：一要拓宽选人用人的视野，从委员中发现人才，不断扩大参政议政的研究骨干队伍；二要建立参政议政骨干人才的档案，进一步整合好人才资源，充分发挥好各类人才的作用和整体优势；三要加强培养，吸收更多的委员参与会中央的年度重点专题调研、经济形势分析和应急课题研究等活动，在参政议政工作的实践中加强对他们的锻炼和培养。

4. 为专门委员会做好工作创造条件。这主要体现在两方面：一方面是加强领导。《意见（稿）》中就加强对专门委员会工作的重视和领导提出了要求。我认为这是非常重要的，是专门委员会做好工作的重要保证。所谓领导重视，就是要把专委会的工作列入领导班子的议事日程，认真研究部署；就是领导要心里惦记着专门委员会的工作，经常主动地关心和过问工作情况，与专门委员会的领导班子一起研究工作；就是领导要亲身参加专门委员会组织的活动，特别是调研活动，及时帮助协调解决在工作中遇到的困难和问题。这是领导工作作风的重要体现。另一方面是提供保障。九届会中央延续了八届会中央的做法，每年给每个专门委员会提供6万元的工作经费用于会议和课题调研，并在财政部要求去年压缩机关公用经费和今年继续压缩机关专项经费的情况下，对专门委员会的工作经费给予保证。各专门委员会可以将课题调研或委员个人研究与政协提案、大会发言、反映社情民意等相结合，根据调研成果的特点和实际需要，以适当的方式反映或报送，还可以在会的刊物《经济界》、《民讯》上发表，以扩大调研成果的社会影响。对有些未获采纳的调研成果，各专门委员会可以结集汇编，建言立论，分送会中央的领导和机关工作部门参考。总之，会中央将积极地支持专门委员会的工作，为专门委员会开展工作创造条件。

同志们，我们面临的形势复杂而多变，我们担负的参政议政任务艰巨而繁重，只要我们坚定信心，扎实工作，勇于开拓进取，就一定能够开创本会参政议政和自身建设的新局面，为保持我国经济社会改革、发展、稳定的大好局面作出积极贡献。让我们共同努力，以优异的工作成果迎接建国60周年、人民政协和多党合作制度确立60周年。

在民建中央主委工作会议上的讲话

（2009年9月13日）

陈昌智

同志们，这次主委工作会议的主题是研究参政议政工作。刚才5个省委会作了发言，介绍了经验，大家感到很有启发。还有一些同志脱稿谈了一些观点和认识，提出了意见和建议，虽然有的问题提得尖锐一点，也可能我们认识还不完全相同，但大方向还是一致的。我认为发扬民主非常好，对大家提出的意见建议，我们将认真研究考虑。

会前，我把所有的材料都阅读了一遍，听了大家的发言，概括起来主要有以下几方面经验：

一是围绕党和政府中心工作及人民群众最关心的问题开展调查研究；二是领导重视、领导带头，注意发挥班子的作用；三是充分发挥市级组织、支部、会员的作用；四是发挥专委会作用，有的地方建立了专家组，有的地方成立了研究中心；五是加强与中共、政府部门、政协、会中央、兄弟省委会及其他党派的联系，避免局限性；六是加强机制建设，如招标机制、征选机制、激励机制等；七是提高机关服务能力；八是选好课题，深入调研，写好报告，做好成果转化。大家还谈到了一些困难和问题，比如人才缺乏、机制不够健全、情况变化快、选题难、经费紧张等，需要今后逐步加以解决。

下面我就做好全会参政议政工作谈三点意见。

一、充分发挥省级组织的作用，是做好全会参政议政工作的重要基础

会中央代表着全会履行参政党的职能，因而必须依靠全会的力量，运用全会的资源，集中全会的智慧，才能做好全会的参政议政工作。在近两年来的全会参政议政工作中，会中央充分运用全会的资源，注重发挥整体功能和优势，从而使会中央的参政议政质量和水平有了进一步提高，得到了中共中央领导和全国政协等有关部门的充分肯定，这其中省级组织作出了突出贡献。

去年，在以民建中央名义提交政协大会的22件提案中，有12件是由省级组织提供的，占提案总数的54.55%；在收到的2467篇社情民意信息中省级组织的2297篇，占

来稿总数的93.11%，在会中央采用的579篇中省级组织的439篇，占采稿率的75.82%。今年，在以民建中央名义提交政协大会的27件提案中，有12件是由省级组织提供的，占44.44%；在1—8月份收到的1989篇社情民意信息中省级组织的有1860篇，占来稿总数的93.51%，在会中央采用的409篇中省级组织327篇，占采稿率的79.95%。去年和今年，会中央进行的8个重点专题调研得到了北京、天津、河北、山西、内蒙、辽宁、黑龙江、上海、江苏、浙江、安徽、福建、湖北、湖南、广东、广西、重庆、四川、云南、甘肃、宁夏、新疆等省市委会的支持与配合；在起草会中央向常委会提交的经济形势分析报告过程中，北京市委会和上海市委会都组织力量积极参与，提供了大量素材。在此，我代表会中央对省级组织给予会中央参政议政工作的大力支持表示诚挚的感谢！

以上数据表明，省级组织是全会参政议政工作的中坚力量，是做好全会参政议政工作的重要基础。因此，我们要更加重视和支持省级组织搞好自身建设，从而为进一步提高全会的参政议政能力和水平奠定坚实基础。

二、把握参政议政的新形势新特点，是做好全会参政议政工作的着力点

我到会中央工作近两年时间，通过参政议政的实践体会到，把握参政议政的新形势和新特点是做好民建参政议政工作的着力点，只有认清形势，把握特点，才能保持在政治上的清醒，提出的政策建议才具有针对性、可行性。

去年以来，参政议政工作面临着一些新情况：一是突发性重大事件多。冰雪灾害、汶川大地震、全球暴发金融危机、藏独和疆独势力不断制造破坏、大范围水灾和旱灾频发，对安定团结的政治局面产生了影响。二是经济发展不确定因素多。一个是受金融危机的影响，一个是受我们自己机制、体制的影响，这两年的经济形势变化非常快，中央决策出台也非常快。现在国务院常务会议每星期召开一次，这是以前从来没有过的。三是社会不稳定因素多。土地占用、房地产开发、企业兼并、分配不公、环境破坏、腐败等等问题影响了社会的安定。

新情况也使我们的参政议政工作呈现出一些新的特点：一是参政议政增加了新的形式。以往会中央参政议政的形式主要是与中共高层领导和在政协常委会进行的专题协商、“两会”提案和大会发言、在国家制定法律法规过程中提出修订意见和反映社情民意信息四种。去年和今年，新增加了一些形式，如最高人民检察院、最高人民法院工作报告征求意见，教育部、卫生部、林业部等政府部门就有关纲要和工作主动听取各民主党派中央意见等。二是参政议政的任务加重了。这一点大家都有感受，会中央除做好重点专题调研外，还要参加全国政协组织的调查研究、扶贫的调查研究、政协系统和统战系统组织的调查研究等。三是参政议政的质量要求更高了。全国政协根据近年提交政协大会提案的质量情况，认为党派中央提交的提案质量很高。所以，今年以会中央名义提交了27件政协大会提案，比去年增加了5件。同时，全国政协还改变了以往政协常委会和专题协商会都有各党派中央代表口头发言的做法，而是每次以各党派中央提交协商发言稿的质量确定部分党派代表口头发言，因而使各党派更加注重提高参政议政的质量。今年，民建中央在政协常委会和专题协商会上都作了口头发言。

三、创新参政议政工作机制，是做好全会参政议政工作的重要保证

我曾在今年召开的会中央专门委员会工作会议上讲到，综观改革开放以来本会的发展，会的全部工作始终围绕着两大主题开展，就是搞好参政议政和自身建设，而搞好参政议政是本会存在与发展的前提，搞好自身建设是提高本会参政议政水平的基础。

如何进一步做好全会的参政议政工作？就是要创新全会参政议政的工作机制。这个机制主要包括几个方面：一是加强领导。"一把手"要亲自抓、亲自部署、亲自写文章，起到表率作用。副主委特别是分管参政议政的同志要下大力气抓，做好总的设计安排。二是配备好参政议政工作部门的力量。工作部门是做好参政议政工作的中枢，起着承上启下的重要作用，工作质量好坏直接影响到参政议政工作的成效，这些同志要熟悉经济工作，了解经济问题，必须配备文字水平较好和组织协调能力较强的人员。三是抓好参政议政工作骨干队伍的建设。重点是专门委员会和社情民意信息员队伍建设。专门委员会集中了会内专家学者和各方面人才，是参政议政的重要力量。会中央专门委员会在参政议政工作中发挥了重要作用。希望省级组织要加强对专委会的领导，完善专门委员会的设置，更好地发挥专委会的作用。目前省级组织专委会一般为5个，多的9个，少的3个。有的市级组织还没有专委会，这种状况需要改变，应根据实际情况增设专委会，吸收人才发挥作用，为优秀人才提供平台，这也是加强组织建设的重要方面。要选好专门委员会的带头人，专委会主任需要付出很多时间精力，要有奉献精神。因此，选好主任很重要。另外，还要注意选好调研课题。对社情民意信息员要实行动态管理，把素质好、积极性高和能力强的骨干集合在一起，并通过系统培训不断提高他们调查研究的能力、分析问题的能力和文字能力。希望各地加强对会员的培训，使信息员看问题更敏锐，将反映社情民意信息工作纳入各支部评优争先的考核中，提高支部反映社情民意工作的主动性。四是加强参政议政工作的制度建设。要建立领导班子研究参政议政工作制度、课题调查研究制度、反映社情民意信息制度、骨干培训制度和激励制度等。这些制度建设大家已经做了很多工作，主要还是要落实。

最后，我对省级组织做好参政议政工作提出三点希望：

一是要将组织建设与参政议政结合好。组织部门和参政议政部门要沟通，不能"单打一"。组织部门发展了哪个方面的优秀人才，要和参政议政部门通气。参政议政部门觉得哪方面人才比较薄弱，也需要及时让组织部门了解。要有全局观，使组织工作和参政议政工作互相促进、互相推动。

二是要将培养人才与参政议政结合好。大家已经概括为"出成果、出经验、出人才"，非常准确。

三是要将地方的参政议政与会中央的参政议政结合好。当然省里工作是省委会参政议政工作的重点，但也希望省级组织能突破省的界限，进一步加强对全国形势的研究，加强对全局问题的研究，使我们工作站得更高一些。去年，在会中央提交的全国政协提案中，从2007年23个省级组织提交的254份秋季征选调研成果中选用了12份，占征选总数的4.72%；今年，从2008年20个省级组织提交的184份秋季征选调研成果中选用了12份，占征选总数的6.52%，比例比去年有所提高。而去年新成立的10个

中央专门委员会在年底一共提交了18份调研报告，其中13份转化为以会中央名义提交今年全国政协的提案、1份大会发言，占提交总数的77.78%。我不是要求省委会也要达到这个比例，只是希望大家能继续加强对宏观问题的研究。

我们参政议政取得的成果主要是依靠省委会、市委会和专委会的力量，大家共同努力就提高了全会参政议政的水平。主委工作会议的形式非常好，应该坚持下去。

同志们，我们面临着复杂多变的国际国内形势，肩负着做好全会参政议政的重任，我相信，通过这次会议大家将进一步增强使命感和责任感，让我们团结一致，共同努力，以优异的工作成绩迎接建国60周年、人民政协和多党合作制度确立60周年。

在民建中央庆祝中华人民共和国成立60周年座谈会上的讲话

（2009年9月15日）

陈昌智

同志们：

今天我们欢聚一堂，庆祝新中国和人民政协成立60周年，纪念中国共产党领导的多党合作和政治协商制度确立60周年。回顾一同走过的奋斗历程，我的心情和大家一样，非常兴奋、非常激动。

60年前，中华人民共和国的成立揭开了中华民族自身发展新的历史纪元。新中国的成立、社会主义基本制度的建立，实现了中国历史上最广泛最深刻的社会变革，从根本上改变了中国人民的前途命运，为我们国家的一切发展进步奠定了根本的政治前提和制度基础。60年来，中国共产党带领全国人民以一往无前的进取精神和气势磅礴的创新实践，建设富强民主文明和谐的社会主义现代化国家，经历和战胜了种种艰难曲折，取得了举世瞩目的伟大成就。昔日积贫积弱的中国发生了翻天覆地的历史巨变，我国的经济实力和综合国力极大增强，人民生活水平根本改善，社会文明程度大幅提升，国际地位空前提高，中华民族迎来了社会主义现代化和伟大复兴的光明前景。

伴随着祖国前进的步伐，多党合作制度在我国革命、建设和改革进程中得以确立、并逐步发展和完善，成为立国安邦的基本政治制度。1949年9月人民政协第一届全体会议的召开，标志着中国共产党领导的多党合作和政治协商制度正式确立。1956年，中国共产党提出与各民主党派“长期共存、互相监督”的方针，为多党合作制度奠定了思想政治基础。中共十一届三中全会的召开，开辟了多党合作制度新的发展阶段。1982年，中共十二大把“长期共存，互相监督”的八字方针，进一步发展为“长期共存，互相监督，肝胆相照，荣辱与共”的十六字方针。中共十三届四中全会以后，中国共产党进一步丰富和发展了多党合作制度。1989年，颁布的《中共中央关于坚持和完善中国共产党领导的多党合作和政治协商制度的意见》，明确提出中国共产党领导的多党合作和政治协商制度是我国的一项基本政治制度。1993年，中共中央采纳了民建中央提出的建议，“中国共产党领导的多党合作和政治协商制度将长期存在和发展”正式写入八届全国人大一次会议通过的宪法修正案，上升为国家意志。中共十六大以来，以胡锦涛同志为总书记的中共中央继往开来、与时俱进，先后制定颁发了关于进一步加强多党合作和政治协商制度建设、加强人民政协工作、巩固和壮大新世纪新阶段爱国统一战线三个重要文件，为加强中共与民主党派合作共事，共同致力于中国特色社会主义事业提供了有力的制度保障，开创了多党合作制度化建设的新阶段。60 年来，多党合作制度的日臻发展和完善，显示出独特的政治优势和强大的生命力，为民主党派履行职能和自身建设开辟了广阔空间。

民建作为以经济界人士为主的具有政治联盟特点的政党，一经成立，就成为中国共产党的同盟者与合作者。1948 年，中国共产党发布了纪念“五一”劳动节口号，民建积极响应，公开宣告站在人民革命一边，走过了一条从与中国共产党合作到接受共产党领导的正确道路。1949 年 9 月，民建参加了新政协，参与了《共同纲领》的制定和中华人民共和国的创建。新中国成立后，民建参加了国家政权建设和国家事务的管理，在新组建的国家和地方领导机构中，民建不少领导人担任了重要职务，为建国初期人民政权的创立和稳固作出了贡献。广大民建成员积极投入到新中国的建设之中，为发展生产、繁荣经济、争取国家财政状况根本好转，作出突出贡献。改革开放以后，民建把促进发展作为履行职能的根本任务，围绕关系我国经济社会改革发展的重大问题，积极献计出力。民建就宪法修改、国企改革、“三农”问题、加快发展风险投资事业、引导非公有制经济健康发展、国民经济可持续发展、完善社会保障体系等重大问题提出的意见和建议，得到中共和政府的重视、采纳。开展社会服务活动，在扶贫支边、帮困助学、抗震救灾、咨询培训等方面，取得了可喜的成绩。思源工程、风险投资论坛和非公有制经济发展论坛取得良好成效。拓展与港澳台地区以及国外工商界人士的联系，为促进祖国统一作出了贡献。与此同时，民建自身也不断取得进步，不断得到发展。会员人数由新中国成立前夕的 404 人发展到目前的近 12 万人，地方组织 365 个，基层组织 5668 个，社会基础、组织构成都发生了重大变化，成为发展先进生产力、社会主义民主政治、社会主义先进文化和构建社会主义和谐社会的一支重要力量。

回顾历史，是为了更好地面向未来。当前，国际环境复杂多变，综合国力竞争日趋激烈，我国改革发展进入关键时期，出现了许多新情况、新问题。克服国际金融危机的影响，继续深化改革、全面建设小康社会的任务非常艰巨。民建作为参政党，适应形势和任务的要求，努力肩负起时代赋予的历史使命和光荣职责，我想，应从以下几个方面继续努力。

一、始终不渝地坚持中国共产党的领导

中国共产党的领导地位，是在中国人民追求民族独立、国家富强、生活幸福的长期斗争和实践中逐步形成的，是历史的选择、人民的选择。我国 60 年的沧桑巨变，尤其是改革开放 30 年取得的巨大成就充分证明，没有共产党就没有新中国，共产党的领导，是我国政治稳定、经济发展、文化繁荣、民族团结、社会进步的根本保证。60 年来，民建始终坚持中国共产党的领导，与中共风雨同舟、亲密合作，为我国的建设和改革事业作出了重要贡献，受到人民群众和历史的肯定。正是因为坚持共产党的领导，民建才能在半个多世纪的考验和磨炼中，始终把握正确的政治方向，不断焕发出生机和活力，发挥应有的作用。坚持共产党领导、竭诚合作共事，是民建开展一切工作的基本前提和重要保证。我们要自觉维护中国共产党的执政地位，自觉为共产党治国理政建言献策、分忧解难。在任何时候、任何情况下，都不能动摇接受中国共产党领导的信念，始终不渝地与共产党同心同德、肝胆相照、荣辱与共，共同致力于中国特色社会主义事业。

二、坚定不移地走中国特色政治发展道路

中国共产党领导的多党合作，是在开辟新民主主义政治发展道路过程中形成的，是在探索社会主义政治发展道路过程中发展完善的。中国共产党领导的多党合作和政治协商制度反映了社会主义民主的本质要求，是中国特色社会主义政治发展道路的重要内容。坚持和完善我国的多党合作制度，就要坚定不移地走中国特色政治发展道路。坚持这一发展道路，是民建长期与中共风雨同舟、患难与共形成的最基本、最广泛、最深刻的共识，也是在新的历史条件下面临的共同任务。今天开幕的中共十七届四中全会，是在国际局势发生深刻变化、我国改革发展处于关键时期召开的一次十分重要的会议。会议主要研究加强和改进新形势下中国共产党的建设等问题，民建作为参政党，要认真学习贯彻中共十七届四中全会精神，学习借鉴中共加强自身建设取得的重要经验，以思想建设为核心、组织建设为基础、制度建设为保障，以班子建设带动队伍建设，努力提高履行职能的能力，提高自身建设的水平，在中国特色政治发展道路上，迈出更加坚定有力的步伐。

三、继承和弘扬爱国主义的优良传统

民建在长期实践中，形成了坚持爱国主义等“五个坚持”的优良传统。爱国主义是民建成立的思想基础，也是民建在我国革命、建设和改革的各个历史阶段，不断前进发展，不断有所作为的根本原因。在全面建设小康社会、实现中华民族伟大复兴的进程中，爱国主义仍然是把广大民建成员紧密团结起来的核心凝聚力。我们要继承民建前辈在争取国家独立、民族解放、经济振兴、社会进步的事业中体现出来的民族豪情和爱国精神，始终把自己的命运同国家民族的前途联系在一起。努力弘扬爱国主义的优良传统，凝聚全会的智慧和力量，为发展中国特色社会主义献计出力。

四、坚持不懈地学习贯彻科学发展观

科学发展观，凝聚了新中国60年来社会主义建设的历史经验，是我们各项工作必须贯彻的指导方针。今年年初，会中央下发了深入学习贯彻科学发展观的安排意见。最近，根据掌握的情况来看，全会各级组织和广大会员在转变思想观念、指导实践、推动工作以及学以致用、用有所成等方面，取得了初步成效。然而，学习贯彻科学发展观是我们长期的重大战略任务，不是一朝一夕之功，必须坚持不懈、持之以恒。当前，我们要以庆祝活动为契机，进一步把学习贯彻的成效转化为运用科学理论分析问题、解决问题的实际能力，转化为推动科学发展、促进社会和谐的自觉行动。要坚持把发展作为第一要务，紧紧围绕应对国际金融危机、保持经济平稳较快发展，围绕扩大内需、转变发展方式和调整结构、保障和改善民生等重大问题，认真开展调查研究，积极建言献策，努力在服务经济社会科学发展和促进多党合作事业科学发展上不断有新作为。

回顾过去，我们备受鼓舞；展望未来，我们信心满怀。让我们紧密团结在以胡锦涛同志为总书记的中共中央周围，继承和发扬会的优良传统，坚定不移地走中国特色政治发展道路，为全面建设小康社会、实现中华民族伟大复兴作出新的更大的贡献！

在纪念施复亮先生诞辰110周年座谈会上的讲话

（2009年12月10日）

陈昌智

今年12月15日，是施复亮先生诞辰110周年纪念日。施复亮先生是中国民主建国会的主要发起人和领导人之一，是我国著名的政治活动家和经济学家，为我国的民主革命和社会主义建设事业作出了重要贡献。今天，我们召开纪念座谈会，追忆缅怀这位爱国革命的老前辈，就是为了继往开来，更加准确地认识和把握民建肩负的历史责任，做好在路线上的传承，坚持走中国特色社会主义政治发展道路；做好在使命上的传承，围绕促进科学发展这个第一要务，切实履行参政党职能；做好在事业上的传承，不断提高本会自身建设的水平，努力把会的事业进一步推向前进。

一、始终坚持走中国特色社会主义政治发展道路

中国特色社会主义政治发展道路是中国共产党领导中国人民在长期实践中走出的一条符合我国国情、顺应时代潮流，能够为国家富强、民族振兴、人民幸福、社会和谐提供根本政治保证的政治发展道路，也是包括民建在内的各民主党派几十年来在与中共风雨同舟、患难与共的历程中，取得的最基本、最广泛、最深刻的共识。坚定不移地走中国特色社会主义政治发展道路，是民建始终沿着正确的政治方向前进，在建设和改革的宏伟事业中真正有所作为的根本保证。坚持走中国特色政治发展道路，必须始终不渝地坚持中国共产党的领导，充分认识中国共产党的先进性，把坚持中国共产党的领导贯彻到民建工作的各个方面，在任何时候、任何情况下，都不能动摇接受中国共产党领导的信念。坚持走中国特色政治发展道路，必须继承和发扬民建老一辈的坚定信念、优良传统和高尚风范，把民建老一辈领导人的历史选择转化为新一代民建成员的现实选择，不断夯实多党合作的共同思想基础。明年是本会成立65周年，全会要抓住纪念建会65周年这一契机，深入学习贯彻科学发展观，开展社会主义核心价值体系学习教育活动，开展会章、会史和会的优良传统学习教育活动，在学习中不断深化对坚持中国特色社会主义政治发展道路的认识，深化对会的优良传统的理解，在实践中不断赋予优良传统新的时代内涵，做到在重大问题上明辨是非、立场坚定，不断增进对中国特色社会主义的政治认同和思想认同，不断增强走中国特色政治发展道路的自觉性和坚定性。

二、继续围绕促进科学发展这个第一要务献计出力

发展是中国共产党执政兴国的第一要务，也是各民主党派参政议政的第一要务。实践证明，新时期参政党的一切工作，只有围绕促进我国经济社会的科学发展来进行，才能出成果、见实效。民建作为参政党，要为促进科学发展献计出力，就要深入学习贯彻科学发展观，切实把广大会员的思想和行动统一到服务科学发展上来，把积极性、主动性、创造性引导到促进科学发展上来，不断提高促进科学发展的能力和水平。当前，在我国经济回升基础还不牢固，经济运行中的新老矛盾和问题相互交织，保持经济平稳较快发展、推动经济发展方式转变和经济结构调整难度进一步增大的情况下，做好明年的经济社会发展工作，对于进一步有效应对国际金融危机冲击、巩固经济回升基础，顺利完成“十一五”规划，为“十二五”规划启动实施创造良好条件至关重要。作为密切联系经济界的参政党，我们要把科学发展贯穿到参政议政、民主监督的各个方面，围绕经济发展方式转变和经济结构调整、推进改革开放和自主创新、改善民生、保持社会和谐稳定等重大问题，积极开展调查研究，建有据之言，献务实之策。积极反映社情民意，协助做好理顺情绪、化解矛盾的工作，在促进和谐稳定中发挥作用。抓住增加扶贫地区农民收入、促进科技进步、改善生态环境、推进职业教育等群众关心的最现实、最迫切的问题，多办好事实事。我们要认真做好全会调研成果的转化工作，为会中央参加中共举行的政治协商会、全国政协十一届三次会议、政协专题协商会做好发言和提案的准备，提出有分量的意见建议，为执政党和政府科学决策提供依据，为促进我国经济平稳较快发展作出新贡献。

三、进一步提高本会自身建设的科学化水平

中共十七届四中全会在深刻分析和把握世情、国情和党情的基础上，系统、科学地总结了执政党建设的基本经验，对加强和改进新形势下的执政党建设作出了战略部署。长期实践证明，执政党建设的每一次进步和发展，都对参政党建设起着积极的引领和推动作用。民建作为与中共通力合作的参政党，要从与执政党的互动中借鉴、获取自身建设的各种资源和动力，准确把握我国发展的阶段性特征，清醒认识变化着的国内外形势和民建的实际情况，不断推进会的自身建设，努力实现参政党建设与执政党建设互相促进。为此，我们要认真学习贯彻中共十七届四中全会精神，学习贯彻胡锦涛同志在庆祝人民政协成立60周年大会上的讲话精神，把加强学习作为一项政治任务、一个长期工程和一种优良作风，贯穿于自身建设的各方面。着力加强思想建设，以社会主义核心价值体系引领会员思想，引导广大会员树立正确的价值取向，保持积极的精神状态，形成良好的行为规范。着力加强组织建设，积极探索新形势下加强组织建设的新思路、新机制，推进组织工作创新，进一步增强会的组织程度，增强各级组织的生机和活力。着力推进制度建设，建立健全各级组织的领导体制和工作机制，努力形成涵盖本会自身建设各方面的完整制度体系，制定有效措施抓好落实。着力加强领导班子建设，以搞好政治交接为主线，以提高政治素质和领导水平为重点，着力提高各级领导班子成员的政治把握能力、参政议政能力、组织领导能力与合作共事能力。明年，我们要结合纪念民建成立65周年，认真总结建会以来加强自身建设的基本经

验，深入分析自身建设面临的新情况新问题，着眼于解决好政治交接、提高履行职能的能力这两大课题，努力探索参政党建设规律，研究新形势下加强自身建设的思路和措施，按照参政党建设的目标和要求，推进自身建设的制度化、规范化、程序化，切实提高自身建设的科学化水平。

今天，我们缅怀施复亮先生的历史功绩，追思施复亮先生的崇高风范，就要努力在继承中发展，在发展中创新。让我们更加紧密地团结在以胡锦涛同志为总书记的中共中央周围，深入学习贯彻科学发展观，认真履行参政党职能，努力建设适应时代要求的高素质参政党，为全面建设小康社会、坚持和发展中国特色社会主义作出新的更大的贡献！

民建中央2009年工作要点

2009年，全会要高举中国特色社会主义伟大旗帜，坚持以邓小平理论和“三个代表”重要思想为指导，深入贯彻落实科学发展观，围绕中心、服务大局，发挥特色和优势，全面加强会的自身建设，积极履行参政党职能，努力把会的各项工作推上一个新台阶。

1. 深入学习贯彻科学发展观。推动全会开展深入学习贯彻科学发展观活动，继续深化坚持走中国特色社会主义道路的学习教育活动，精心组织，注重实效，突出民建特色。认真学习胡锦涛同志在纪念改革开放30周年大会上的讲话，深刻理解继续推进改革开放，加快经济社会全面进步，把中国特色社会主义事业不断推向前进的重要性，增强对会的热爱和为会的事业不懈奋斗的精神动力。以纪念新中国成立60周年、多党合作制度确立60周年等重大活动为契机，进一步认识中国特色社会主义政治制度、政党制度的优越性，增强坚持中国共产党的领导，坚定走中国特色社会主义道路的信念。加强中心组学习，开展社会主义核心价值体系的学习教育活动，不断巩固中国特色社会主义的思想基础。深入了解会员思想动态，建立健全信息反馈制度，积极探索在新形势下做好会员思想政治工作的有效方法和途径。以会内监督为主题加强参政党建设理论的研究，注重理论联系实际，推进实践基础上的理论创新。编写《中国民主建国会会史》，认真开展会章、会史和会的优良传统的宣传教育活动。积极拓展舆论宣传，围绕会务工作重点和重大活动，组织形式多样、内容丰富的宣传报道，努力提高新闻宣传的质量和水平，扩大民建的社会影响。筹建民建中央书画院。

2. 发挥特色和优势，做好参政议政工作。认真做好“两会”议案、提案、发言的准备工作。密切关注国际国内经济形势发展的动态，以有效应对全球金融危机的影响为重点，认真组织开展经济动态的研究与分析，提交经济形势分析报告。关注宏观经济、民生发展、财政金融等领域，提出意见和建议。结合参政议政工作，聘请会外专家，适时召开会内外专家座谈会。认真做好中央和地方组织重点专题的调查研究，充分发挥专门委员会的作用，形成有价值、有影响的参政议政成果，巩固和拓展参政议政的优势领域。积极组织好参与人大有关经济法律修订的工作。结合参政议政积极开展民主监督，反映社情民意，拓宽信息来源，提高信息质量。做好中国风险投资论坛的相关组织工作。二季度将召开民建中央专门委员会工作会议；三季度以参政议政为主题召开省级组织主委会议，努力加强参政议政工作机制建设。

3. 加强组织建设工作。积极稳妥地做好组织发展工作，注重质量，注意数量，保持特色，优化结构。指导和协助地方制定组织发展规划。加强领导集体建设，巩固和发展政治交接成果。认真贯彻民主集中制，完善领导工作制度，开好谈心会和民主生活会。贯彻领导集体成员分工联系地方组织的制度，加强对地方组织工作的研究和指导。召开基层组织建设工作研讨会。加强后备干部队伍建设，认真做好后备干部的培养和选拔工作。贯彻《会内监督条例（试行）》，制定相关配套文件，逐步建立行之有效的会内监督体系。召开在政府担任实职的厅局长经验交流会。

4. 加大社会服务工作的力度。进一步发挥广大会员特别是会员企业家和专家学者队伍的优势，开展科技、项目、就业和教育扶贫。继续做好贵州黔西和河北丰宁帮扶点的扶贫工作，重点做好扶贫示范村的脱贫项目，帮助引进资金、技术和人才，以点带面，逐步扩大规模，推动全会扶贫工作的开展。进一步推进思源工程和扶贫基金会的工作，认真实施思源工程项目和园丁培训计划。坚持量力而行，尽力而为，鼓励和支持会员企业家参与社会公益活动。全会要形成合力，努力把思源工程打造成为本会服务社会的标志性品牌。继续组织好2009年中国非公有制经济发展论坛。编辑出版《民建会员企业家实用手册》。

5. 继续做好对外联络工作。联络工作要与参政议政、社会服务工作有机结合。继续加强同港澳各界特别是工商界、教育界等专业人士的联系，邀请香港、澳门会员会友来大陆访问，推动内地和港澳的交流与合作，继续为中西部地区的发展引进资金和技术。围绕两岸关系和平发展主题，巩固与拓展对台工作的渠道和领域，加强在金融、经济、职业教育、农业等方面的交流，促进两岸同胞融洽感情、深化合作。积极参与国际民间交流，加强与华侨华人以及国外工商经济界人士的联系，推动中华文化的传播，维护世界和平。

6. 加强机关建设，做好会务工作。认真贯彻《公务员法》及其配套法规，加强各级机关干部队伍建设。继续做好机关干部的招考录用、轮岗交流、培养锻炼、管理考核等工作。加强机关保密工作，开展全员安全保密教育，查找并及时消除隐患。适时召开全国秘书长、办公室主任会议。不断推进机关工作的制度化、规范化、程序化，加强教育和培训，以机关文化建设引导和促进机关干部的全面发展。继续探索各级机关与基层组织联系的方式方法，促进机关与基层组织和广大会员的沟通与交流。继续做好机关干部交流挂职锻炼工作。营造民主、团结、创新、敬业的机关文化氛围，建设以人为本的学习型机关。

民建中央关于加强中央专门委员会工作的意见

（2009年6月7日中国民主建国会第九届中央常务委员会第七次全体会议通过）

为进一步加强会中央专门委员会（以下简称专门委员会）的建设，充分发挥专门委员会在本会履行参政党职能和加强自身建设中的作用，现对专门委员会工作提出以下意见：

一、充分认识专门委员会工作的重要性

新时期、新阶段，我国改革开放和社会主义现代化建设事业的全面推进，中国共产党领导的多党合作和政治协商制度的不断完善，对建设适应时代要求的高素质参政党提出了新任务、新要求。本会肩负着光荣而重要的历史责任，要与时俱进，科学发展，不断提高参政议政和自身建设的能力和水平。

专门委员会工作是全会工作的重要组成部分，是本会加强参政议政和自身建设的重要基础，是本会履行参政党职能的重要方式，在会的全局工作中有着十分重要的地位。

专门委员会是本会在参政议政和自身建设的实践中建立的一种有效组织形式，对于提高会的参政议政、民主监督、服务社会的能力和水平，研究会的建设和发展规律，增强会中央决策的民主化、科学化，反映所联系会员和各界人士的诉求，发现和举荐会内人才等方面，发挥着重要作用。

做好专门委员会工作有利于增强会的凝聚力，有利于扩大会的社会影响力，有利于发挥好参政党作用，有利于促进会的事业发展。

二、专门委员会的工作指导思想和主要任务

在新形势下，专门委员会的工作指导思想是：以中国特色社会主义理论体系为指导，深入学习贯彻科学发展观，充分调动和发挥委员的积极性、主动性和创造性，把专门委员会建设成为会中央参政议政的智囊团，联系会员和社会各界人士的桥梁，发现和培养人才的基地，为本会的建设和发展作出积极的贡献。

专门委员会的主要任务是：深入开展调查研究，提交高质量的调研报告，提出具有针对性和可操作性的意见、建议，为本会履行好参政议政职能服务；在国家立法过程中提出建议，对法律法规实施中发现的问题提出改进建议，为本会履行好民主监督职能服务；开展咨询、扶贫等社会服务活动，不断扩大会的社会影响力，为本会履行好服务社会职能服务；注意总结会务工作实践经验，从理论上研究会的建设和发展规律，为加强会的自身建设服务；及时了解和反映所联系会员的诉求和社情民意，为维护社会和谐稳定服务；广泛联系会员和经济界人士，广交朋友，发现和举荐人才，为密切会与会员和社会各界人士的关系服务。

三、不断完善和创新专门委员会的工作机制

专门委员会在中央委员会的领导下开展工作，根据会中央的工作部署和要求制定工作规划、年度工作计划。每个委员会每年至少应召开 2 次主任会议和 1 次全体委员会议，完成 1—2 个自选调研课题，每位委员每年至少应反映 1 条社情民意信息。年度末，每个专门委员会应向中央委员会提交工作报告。

专门委员会应建立领导班子工作制度、课题调研制度、工作会议制度、反映社情民意信息制度、工作情况报告制度、委员活动制度等，健全工作机制，严格工作程序，实行规范管理，努力做到领导分工明确，职责权限清楚，工作任务落实，活动内容丰

富，成果质量较高。同时，应注重在工作实践中，不断创新工作思路、工作内容、组织形式和活动方式，活跃思想，丰富理论，创造性地开展工作。

专门委员会应重点加强调查研究，紧密围绕国家的大政方针，就政治、经济、文化、社会生活中的重要问题，发挥委员的专业特长，选择带有综合性、全局性、前瞻性的课题，精心组织力量，深入实际、深入基层、深入群众，认真调查研究经济社会发展中存在的问题，切实反映群众的意愿和呼声，通过理论论证、对策研究，集思广益，提出合理的对策和建议。

专门委员会在工作中要充分发扬民主，需要对工作做出决定时，应按照民主集中制原则和程序进行。遇到重大问题应提请主席会议或中央委员会会议审议。以专门委员会名义形成的文件，须经该委员会全体会议或主任会议讨论，由主任或主任委托的副主任审定。专门委员会需要以会中央办公厅名义发出的文件，按照规定程序办理。

专门委员会应建立和加强与政府有关部门之间的联系与合作，征求政府部门对调研成果的意见，使提出的政策建议更具有前瞻性、预见性和可行性，不断提高会的参政议政质量。各专门委员会应加强相互间的协调与配合，充分发挥人才和整体的优势，联合开展课题研究、工作研讨等多种形式的活动，形成工作合力。

四、切实加强对专门委员会工作的领导

会中央要将专门委员会工作列入议事日程，听取专门委员会的工作情况汇报，研究专门委员会的工作，对专门委员会做好工作提出指导方针和意见。每个专门委员会原则上由一名会中央副主席联系，对工作进行具体指导。

会中央要在总结专门委员会工作实践经验的基础上，进一步完善《民建中央专门委员会通则》，明确工作职责，规范工作程序，形成有利于优秀人才脱颖而出的工作机制。要建立专门委员会工作的培训制度，有计划地安排专门委员会委员参加会中央举办的培训班或采取以会代训等方式，不断增强委员们的责任感和使命感，不断提高委员们的调查研究能力，不断提高专门委员会工作的质量和水平。要建立专门委员会工作的激励制度，对专门委员会工作和委员进行表彰奖励；对做出优异成绩的委员，应向其工作单位反馈他们取得的业绩；对专门委员会的骨干成员，各级组织应重点加强培养和使用，努力为他们的成长创造良好条件。会中央各工作部门和会的各级组织要对专门委员会的工作给予大力支持，为专门委员会开展工作创造条件，提供保障。

地方组织可根据实际情况，参照本意见制定地方加强专门委员会工作的办法。

中国民主建国会信访工作规定

（2009 年 9 月 11 日中国民主建国会第九届中央委员会第九次主席会议通过）

总 则

第一条 信访工作是联系会员、维护会员合法权益、实行会内监督的重要渠道，是各级组织的一项重要工作。做好信访工作，对于增强会的凝聚力，促进会的自身建设，更好地履行参政党职能，扩大会的影响，具有重要意义。为进一步明确职能、规范工作，根据本会的实际，参考国家《信访条例》，特制定本规定。

第二条　要以邓小平理论和“三个代表”重要思想为指导，深入学习贯彻科学发展观，根据国家有关信访工作的规定，切实做好信访工作，认真处理来信、接待来访，倾听会员意见、建议和要求，接受会员监督，努力为会员服务。

第三条　信访工作应当在中央和各级组织的领导下，坚持“属地管理，分级负责，谁主管、谁负责，依法、及时、就地解决问题与疏导教育相结合”的原则。

第四条　会员向会的各级组织反映问题，提出批评、建议和申诉，是会章规定会员享有的民主权利，应当得到切实保障。任何人不得私自扣压来信，不准以任何借口对来信来访人打击报复。同时，严禁利用来信来访诬告陷害他人。

职责和范围

第五条　信访工作的职责：根据有关规定，认真处理反映会内有关工作和会员要求的来信来访；及时向上级组织和领导汇报信访反映的重要问题；督促、检查和指导下级组织的信访工作。

第六条　信访的受理范围：

(一) 反映各级组织在遵守会章，贯彻执行会的决议、决定，会的工作方针、任务方面的问题；

(二) 反映本级或上级组织领导班子、干部队伍建设和会员教育等方面的问题；

(三) 与会组织有关的其他问题；

(四) 涉及到会员个人权益的有关问题。

要求和办理

第七条　各级地方组织及其工作人员在办理信访时，应当恪尽职守，秉公办事，不得推诿、敷衍、拖延，应尽量把问题解决在基层。

第八条　各级组织要努力提高工作效率，坚持做到信访问题事事有答复，件件有着落。对上级领导要结果的信件，应当及时调查处理，并上报处理结果。遇重大问题需要转报上级组织时，下级组织须行文表明意见方可转办。

第九条　在处理信访件时，凡要求合理且能够解决却长期得不到解决的，应积极帮助，促使有关方面加快办理；要求虽合理，但一时难以解决的，要耐心进行解释；要求过高或不合理的，要坚持原则，并做好思想教育工作。

第十条　对检举各级领导、干部和会员的信访，要注意保密和保护检举人。信件需要转办的，只可转被检举人的领导或上一级组织处理，严禁转到被检举人手中。上级组织对所反映问题，应调查研究，认真解决。

第十一条　对待来访会员，要耐心听取他们的意见和要求，客观地分析、鉴别，防止偏听偏信、主观臆断。要注重调查研究，在认真听取有关方面的意见后，再作答复和处理。

第十二条　要严格区分诬告与错告、检举失实的界限。对于故意捏造事实、诬告陷害他人的，要严肃处理；对错告和检举失实的，应予指出或批评教育。

第十三条 要建立健全信访登记、统计、转办、反馈、检查、催办、总结和归档等制度，按程序办理，以保证信件不丢失、不积压。

第十四条 对于信访反映的问题，要分别按情况妥善处理。

（一）凡属历史遗留问题，按照有关方针政策进行办理；

（二）对反映的重要问题，应及时向有关领导汇报，并根据领导意见进行处理；

（三）对于多次重复反映的信访，经复查处理正确、本人仍然不服的，要讲清道理，不再受理；

（四）属于人民法院、人民检察院受理范围的问题，不予受理。当遇司法不公时，当地组织应给予必要的支持和帮助；

（五）涉及《中国民主建国会会内监督条例（试行）》监督内容的信访，转中国民主建国会中央监督委员会办公室处理。

（六）社会来信，视情况转有关部门办理。

领导和机构

第十五条 中央和各级地方组织要加强对信访工作的领导，应有一位主要领导同志分管信访工作，研究解决信访工作中的问题，检查指导信访工作。

第十六条 中央和各级地方组织可根据实际情况设立工作机构或专人负责信访工作。要选择作风正派，办事公道，能联系群众，并有一定法律知识、政策水平和业务能力的干部做信访工作。

第十七条 上级组织要经常了解下级组织信访工作的情况，总结交流经验，指导和推动信访工作。

第十八条 本规定经中央主席会议通过后施行，由组织部负责解释。

中国民主促进会

风雨同舟昌国运　和衷共济谱新篇

（2009 年 9 月 14 日在统一战线庆祝中华人民共和国成立 60 周年
暨多党合作制度确立 60 周年座谈会上的发言）

严隽琪

各位领导、各位同志：

今天，我们统一战线各党派团体和各族各界人士欢聚一堂，隆重庆祝新中国和人民政协成立 60 周年，纪念中国共产党领导的多党合作和政治协商制度确立 60 周年。回顾一同走过的奋斗历程，总结团结合作的历史经验，我们思绪万千、心潮难平。

天地轮回一甲子。60 年在人类文明的历程中只是非常短暂的片刻，但中国却在这 60 年中从积贫积弱走向繁荣富强，从封建专制走上民主新路。共和国 60 年辉煌的历程，让中国人从艰难曲折的前进道路和翻天覆地的伟大成就中感受到骄傲和自豪。而统一战线、人民政协和民主党派在其中发挥的重要作用、作出的巨大贡献，更让我们每个民进会员感受到骄傲和自豪。

中国共产党领导的多党合作与政治协商制度从诞生到现在，走过了不平凡的历程。无数事实说明了，这一制度既是历史的选择，也是现实的选择，它不但具有历史的必然性，而且在现实中发挥着重要作用。经过毛泽东、邓小平、江泽民三代中共中央领导集体和以胡锦涛同志为总书记的中共中央的不懈努力，这一制度不断完善和发展，上升为国家的基本政治制度，载入宪法，纳入社会主义初级阶段的基本纲领，成为社会主义民主政治建设的重要内容和中国特色社会主义理论和实践的重要组成部分。随着多党合作和政治协商制度化、规范化和程序化建设的推进，多党合作的地位更加重要，影响进一步扩大，优越性进一步发挥，作用更加显著。

60 年来，中国民主促进会作为人民政协中的一个组成单位和以教育文化出版为主要界别的参政党，参与和见证了新中国的成立、建设和发展，参与和见证了中国特色政党制度和社会主义民主政治的完善与发展，民进自身也得到发展、历练和提高。全会始终坚持接受中国共产党的领导、为社会主义服务的政治纲领，坚持中国特色社会主义理论体系的指导，自觉贯彻社会主义初级阶段的基本路线和与中国共产党“长期共存、互相监督，肝胆相照、荣辱与共”的方针，积极参与政治协商，认真履行参政议政、民主监督基本职能，为社会主义现代化建设和祖国和平统一大业，为坚持和完善中国共产党领导的多党合作和政治协商制度，作出了应有贡献。

60 年风雨同舟，60 年共铸辉煌，我们一同迈开前进的步伐，一同分享成功的喜悦，一同经受困难和风险的考验。总结民进与中国共产党团结合作的历史经验，我们认为有几条基本经验极为重要：

一是必须自觉坚定地接受中国共产党的领导。63 年前的 6 月 23 日，民进前辈马叙伦、雷洁琼赴南京国民党政府和平请愿，遭到特务的围攻殴打，血洒南京下关车站。在光明与黑暗的决战中，他们作出了正确的历史抉择，坚决拥护中共"五一"口号并接受中国共产党的领导，为新政协的筹备和新中国的建立作出了贡献。60 年来，几代民进人形成了"只有跟着共产党走，才是在正道上行"的坚定信念和优良传统。历史和现实一再证明，中国共产党是中国走向独立富强、实现现代化的坚强领导核心。坚持接受中国共产党的领导，是民进始终沿着正确的政治方向前进、在建设和改革的宏伟事业中真正有所作为的根本保证。民进要教育引导广大会员把老一辈领导人的历史选择变为新一代民进人的现实选择，把坚持党的领导全面准确地贯彻到民进工作的各个方面和环节。

二是必须坚定不移地走中国特色社会主义政治发展道路。60 年前，中国共产党与包括民进在内的各民主党派、无党派人士共同创立了中国共产党领导的多党合作和政治协商制度。从此，经历过"多党乱象"和"一党独裁"的中国走上了独具特色的民主新路。这条新路以马克思主义与中国实际相结合的科学理论为指导，以人民代表大会制度、多党合作和政治协商制度、民族区域自治制度等为制度设计，把党的领导、人民当家做主和依法治国有机结合起来，符合中国国情和实际，体现了社会主义民主的本质要求。事实表明，坚持和完善共产党领导的多党合作和政治协商制度，是建设社会主义民主政治的重要内容。面对时代的发展和会员结构的变化，民进必须不断夯实全会多党合作的共同思想基础，筑牢抵御西方两党制和多党制、两院制和"三权鼎立"的思想防线，坚定不移地沿着这条民主新路积极稳妥地前行。

三是必须坚持围绕中心、服务大局，努力为落实国家发展战略和发展目标作出积极贡献。自觉服从和服务于国家事业发展的重大战略和总体目标，把自身工作放在执政党和国家工作的大局中来思考和谋划，是民进履行参政党职能取得成绩和作出贡献的一条重要经验。改革开放以来，民进一直围绕着中国共产党的重大决策和部署议政建言、献计出力，为实施科教兴国战略、出版业改革、促进西部大开发、振兴东北老工业基地和中部崛起、生态建设作出了积极努力。实践证明，只有始终坚持围绕中心、服务大局，不断创造新业绩，才能更好地发挥参政党作用，树立参政党形象。当前民进必须更自觉、更深入地学习贯彻科学发展观，抓住"保增长、保民生、保稳定"中带有全局性、综合性和前瞻性的重大问题，建诤言、献妙策、解民忧，继续为推动科学发展、促进社会和谐作出新贡献。

四是必须坚持执政党建设和参政党建设相互促进，解决好民主党派自身建设的两大历史性课题。搞好政治交接、提高履行职能和发挥作用的能力，是新时期以来民进加强自身建设的重大任务。近年来，民进开展了政治交接学习教育活动和中国特色社会主义主题教育活动，以丰富的内容和有效的载体，切实加强和改进了自身的思想建设和组织建设，促进了领导班子建设，落实了政治交接长效机制、民主集中制和监督机制等制度建设，提高了参政议政、民主监督能力。事实表明，重视和加强自身建设，是民进永葆生机活力的重要保证。民进必须坚持以党为师、与时俱进，不断从与执政党建设的比较、借鉴、互动中获取自身建设的各种资源和动力，进一步保持进步性和广泛性，使执政党建设与参政党建设相互促进，更好地统一于多党合作、共创伟业的历史进程中。

风雨同舟昌国运，和衷共济谱新篇。回顾波澜壮阔的历史画卷和前辈先贤的丰功伟绩，我们更清醒地认识到参政党肩负的历史使命。面对复杂多变的国际形势和艰巨繁重的国内发展任务，我们更自觉地建设适应时代要求的高素质参政党，努力作出无愧于历史、无愧于前辈、无愧于时代的新贡献，在已经取得的辉煌业绩和奠定的坚实基础上，把中国共产党领导的多党合作事业和社会主义民主政治建设继续推向前进！

进一步提高学习贯彻科学发展观的水平

（2009 年 7 月 7 日在民进全国宣传思想工作会议暨科学发展观论坛上的讲话）

严隽琪

同志们：

召开这次会议和论坛，是我会学习贯彻科学发展观活动中的一个重要部署，主要任务是回顾总结前一阶段工作，交流切磋做法和体会，推动全会进一步提高学习贯彻科学发展观的水平，把这一重要指导方针和重大战略思想更好地贯彻落实到我会自身建设和履行职能的各个方面、各个环节。

去年 11 月，会中央在开展中国特色社会主义主题教育活动的基础上，发出了在全会深入学习贯彻科学发展观的通知和方案，全会各级组织高度重视、精心部署，在学习培训上下工夫；深入开展调查研究，在问计于基层组织和广大会员上下工夫；坚持解放思想，在转变思想观念、方式方法和体制机制上下工夫；努力指导实践、推动工作，在学以致用、用有所成上下工夫，取得了初步的成效。然而，学习贯彻科学发展观是我们长期的、艰巨的重大战略任务，绝非一朝一夕之功，不能浅尝辄止、半途而废。下面，我结合全会开展这项工作的情况，就当前我会学习贯彻科学发展观需要解决的几个问题，谈一些意见。

一、进一步明确民主党派学习贯彻科学发展观的着力点

科学发展观是中国共产党立足历史和时代高度，统筹国内国际两个大局，借鉴人类文明积极成果，认真应对严峻挑战而提出来的重大战略思想和根本指针。它是与时俱进的马克思主义发展观，以科学的态度回答了我国经济建设、政治建设、文化建设、社会建设以及生态文明建设和执政党建设面临的一系列重大问题；它是在实践中不断丰富和发展的科学理论，深刻反映了中国共产党坚持立党为公、执政为民的本质要求，

得到了全国各族人民的认同，成为中国共产党领导中国人民改造客观世界和主观世界的强大思想武器。

作为与中国共产党共同致力于中国特色社会主义事业的亲密友党，我会肩负着服务国家科学发展和促进自身科学发展的双重使命，对科学发展观的认识水平决定着贯彻落实的行动水平。我会各级组织和广大会员要深刻认识民主党派学习贯彻科学发展观的重大意义，深刻理解和全面把握科学发展观的科学内涵、精神实质、根本要求，系统掌握科学发展观所体现的马克思主义的立场、观点、方法，了解党和国家贯彻落实科学发展观的重大举措，增强学习贯彻科学发展观的自觉性和坚定性，坚定不移地把科学发展观贯彻落实到我会促进经济社会发展和加强自身建设的全过程和各个方面。

民主党派学习贯彻科学发展观，要始终抓住巩固与中国共产党团结合作的共同思想基础这个着力点。科学发展观具有鲜明的政治导向，中国共产党的基本路线是实现科学发展的政治保障。面对来自国内外的严峻考验和挑战，坚定政治立场和政治信念至关重要。我会各级组织和广大会员要结合纪念改革开放30周年、庆祝新中国成立与纪念人民政协成立和多党合作制度确立60周年等重大活动，深化走中国特色社会主义道路的主题教育活动，始终把中国特色社会主义作为共同理想信念、前进方向和奋斗目标，不为任何风险所惧，不为任何干扰所惑，坚定不移地高举中国特色社会主义伟大旗帜，坚定不移地接受中国共产党的领导，坚定不移地走中国特色社会主义政治发展道路。

民主党派学习贯彻科学发展观，最终要落实到更好地履行参政党职能这个着力点上来。科学发展观是我国经济社会发展的重要指导方针，也是参政党发挥作用的科学指南。我会各级组织和广大会员要把握科学发展观的内涵和要求，围绕中心、服务大局、发挥优势，有效参与政治协商、履行参政议政和民主监督职能，尽力做好社会服务。当前要围绕应对国际金融危机，在“保增长、扩内需、调结构”中需要研究解决的重大问题，加快推进以改善民生为重点的社会建设，维护人民的根本利益，促进社会公平正义，促进完善决策信息和智力支持系统，加强社会主义监督体系建设等问题，建科学发展之言，献和谐稳定之策，尽富国惠民之力，行发扬民主之实。

民主党派学习贯彻科学发展观，要同时抓好加强自身建设、提高自身素质和能力这个着力点。我会各级组织要按照科学发展观的基本要求和根本方法，坚持进步性和广泛性的特点，继承优良传统，勇于改革创新，全面推进高素质参政党建设。做到执政党建设与参政党建设互相促进，中央工作与地方组织的工作互相促进，履行职能与自身建设互相促进，理论研究与实际工作互相促进。当前，要积极探索建立我会思想建设和政治交接的长效机制，巩固和扩大领导班子建设的成果，进一步加强领导班子的制度建设和作风建设，高度重视组织发展、后备干部队伍建设和基层组织建设。努力建设学习型政党、学习型组织和学习型机关，不断提高履行职能和发挥作用的能力和水平，为自身科学发展提供可靠的政治和组织保障。

二、进一步解放思想、实事求是、创新求进

解放思想是实事求是地研究新情况、解决新问题、开拓新局面的重要前提。学习贯彻科学发展观是一场深刻的观念变革。我们必须清醒认识世情、国情、会情的深刻变化，不为过去历史背景下的认识观点所束缚；必须清醒认识存在的问题和不足，不为以往的成绩而自满；必须清醒认识我会发展面临的新挑战、新要求和新机遇，不为传统模式和做法所局限；必须清醒认识参政党在全国发展大局中的方位和任务，不为遇到的困难和挑战所阻挡。当前我会在服务科学发展和自身科学发展中存在的问题，要求我们努力转变影响和制约科学发展的思想观念、方式方法、体制机制，保持努力进取的精神状态，不断开阔视野、开阔思路、开阔胸襟，树立更高的目标追求。

改革创新是科学发展的动力，创新求进是我会学习贯彻科学发展观的必然要求。一要着力推进工作内容创新。当前我会的工作处在不断变化的环境中，要围绕执政党和国家的重大活动、重大任务确立工作主题，要根据自身建设的需要调整工作领域。只有不断更新、充实、拓展工作内容，才能紧跟中共中央的部署、顺应时代发展的潮流、满足广大会员的需要。二要着力推进工作方法创新。根据广大会员的思维方式和行为方式的新特点创新工作方法，多些互动式、少些灌注式，多些创意性、少些一般化，多些自主性、少些“一刀切”，使我会的工作更加生动活泼、富有实效。要善于运用现代技术手段创新工作手段，引入网络、视频、短信等构筑新的平台，使我会的工作更具时代气息和高效优势。三要着力推进工作理论创新。理论是实践的先导。理论上搞不透，实践上就走不远。因此，必须加强研究力量，调动各方面的积极性，整合研究资源。要着眼于工作中全局性战略性问题、体制机制性问题、热点难点问题，争取拿出一批有价值、有水平的新成果。要善于总结成功经验，还要注意从基层组织丰富实践中汲取源头活水、从基层会员的新鲜做法中吸纳真知灼见，进行理性思考和理论概括。

三、努力解决影响和制约我会科学发展的突出问题

为推动全会深入学习贯彻科学发展观，会中央开展了学习贯彻科学发展观问卷调查和“我为民进科学发展进一言”活动，得到各省区市县级组织的积极回应。大家认真查找并希望着力解决的突出问题有：

1. 用社会主义核心价值体系引领会员思想的工作还有待加强。目前在一些基层组织和一部分会员，甚至是骨干会员和领导班子成员中，由于一些思想上的原因，反映在入会动机、工作动力、组织活力、班子团结等方面，出现了一些不应有的现象。究其实质，我们称之为“价值观瓶颈”。这种情况虽不多见，但消极影响和侵蚀作用不容轻视。在这次民进全国宣传思想工作会议暨科学发展观论坛上，我们将认真研究这一思想建设中的重要课题。会中央和各地方组织宣传部门要大力开展社会主义核心价值体系的宣传普及活动，积极探索用社会主义核心价值观引领会员思想的有效途径，我会“立会为公、参政为民”的优良传统需要加强宣传，更好地继承与发扬。要引导广大会员在社会思想文化多元多样多变的情况下，始终坚持正确的价值取向和行为准则，从源头上解决“入会为什么、为国家做什么，为组织留什么”这样一些根本性的问题。

2. 一些领导干部的思想、作风、能力素质与科学发展观的要求不相适应。如有的学习与改革创新的劲头不足，缺乏发展思路，工作上迈不开新步；有的缺乏推动科学

发展必备的知识，缺乏进行战略思维、辨证思维、系统思维、创新思维的能力；有的作风不民主、工作不扎实、领导班子不团结，工作薄弱环节难以突破，我们称之为“能力素质瓶颈”。领导班子和领导干部是学习贯彻科学发展观的关键所在，他们的能力素质在很大程度上决定着一个地区民进组织学习贯彻科学发展观的成效。在上个月举行的民进第十二届七次中常会上，全会29个省级组织的主委都汇报了学习贯彻科学发展观的情况。会中央有这个决心，从自身做起，带动各地方组织领导班子，牢固树立科学发展的理念，着力提高自身的思想觉悟、理论水平、责任意识、工作能力，树立团结、正派的作风，为推动我会科学发展提供坚强领导保证。

3. 组织发展面临新挑战，后备干部队伍建设需要加强，人才结构与知识结构都需要优化。我们称之为“人才瓶颈”。组织发展和人才队伍建设是我会提高参政议政能力和水平的基本保障。今年6月召开了民进全国组织工作会议，总结交流了近年来我会组织建设的成绩和经验，就明确组织工作在建设高素质参政党中的重要作用进一步统一了认识，研究并提出了新时期进一步加强组织工作，特别是加快人才队伍建设的重要举措。我会各级组织要认真贯彻落实民进全国组织工作会议精神，与时俱进，推动组织工作的观念更新、方法创新，建立健全充满活力、科学有效的组织工作体制和机制，努力建设高素质的领导干部队伍，结构合理、素质优良的参政议政骨干人才队伍，热心会务工作的专职干部队伍，长期支持和关注民进工作的“民进之友”队伍，为参政党工作和建设不断夯实人才基础。

4. 保障我会科学发展的体制机制有待进一步健全。一方面是不适应新要求的一些传统体制机制需要改进，例如：中央、地方和基层组织之间缺乏互动，系统与部门之间缺乏协调，会内与会外沟通不畅等。另一方面是有利于科学发展的新的体制机制需要建立，例如领导班子决策科学化、民主化的机制，凝聚全会力量和智慧的工作机制，促进科学发展的监督机制。我们称之为“体制机制瓶颈”。当前，会中央和各地方组织，要以科学发展观为指导，根据我会的实际情况和各地的条件，认真思考现有体制机制对我会发挥作用和自身建设的影响如何，实事求是地构建促进我会全面协调可持续发展的体制机制，完善我会科学发展的决策、执行和监督机制，创造让一切积极性、主动性和创造性迸发，让一切资源和优势共享互补的局面。

四、进一步形成有利于我会科学发展的体制机制

目前我会要在自身建设和履行职能上取得新突破，必须建立和完善以下几个机制：

1. 政治交接长效机制。

近3年来，我会开展了以“坚持走中国特色社会主义政治发展道路”为主题的政治交接学习教育活动和中国特色社会主义的主题教育活动，取得了明显成效和丰富经验。建立长效机制，可从四个方面入手：

一是要把政治交接的内涵确定下来，也就是说应具有坚定不移的目的性。民主党派的政治交接必须以继承和发扬老一辈领导人与中国共产党在长期团结合作中形成的政治信念、优良传统和高尚风范为重点，以接受中国共产党的领导为关键，以走中国特色社会主义政治发展道路为核心。必须高举中国特色社会主义伟大旗帜，以中国特色

社会主义理论体系为指导，坚持走中国特色社会主义政治发展道路，增强接受中国共产党领导的自觉性与坚定性。

二是要把内容、形式和载体常态化，把成熟的经验做法固定下来，达到制度化、规范化，也就是说应具有与时俱进的可持续性。主题教育活动中，我会借鉴中国共产党的理论研究成果和党建经验，在中共党委与统战部门的支持、指导和帮助下，形成了全面系统的思想教育内容，创造了丰富多彩的活动形式，搭建了学习与实践的广阔平台，形成了学习培训、调查分析、宣传引导和交流激励等机制，这些成果应当尽可能提升为制度或规范。

三是要把指导原则和要求确定下来，追求入脑入心的实效性。在学习教育活动中，各级组织坚持知行并举、润物无声等原则，领导干部带头从自身做起，坚持以重要会议、重大事件和重大活动为契机，坚持与身边的人和事结合起来，坚持针对会员的活思想开展生动丰富的思想政治工作，以期收到明显成效。

四是要发挥自我教育方式的特点和党派特色、地方特色，也就是说应具有自主自为的积极性。学习教育活动中，各级组织在统一的基本要求下，根据本地实际和本地资源，因地制宜、富有创造性地开展自我教育，以形成以我会光荣历史、优良传统和代表人士为依托的党派特色。

2. 后备干部队伍建设的推荐、选拔、培养、管理机制。

加强后备干部队伍建设是保持我会充满生机活力的重要保障，也是我会学习贯彻科学发展观的一个重要课题。各级领导班子和组织工作干部要从多党合作事业和参政党建设的大局出发，努力形成一套科学的制度。

一是要从入会抓起，建立培训、锻炼和提高的培养机制，根据不同类别、不同层次的特点和个人实际情况为他们提供施展才华的舞台。同时，要建立与中共地方党委和统战部门的协调沟通机制，积极争取支持。

二是要建立统筹规划的安排机制，做好中长期计划和短期安排。把后备干部队伍建设与民进组织和人大、政协换届衔接起来安排部署，使后备干部的数量、结构和素质与领导班子建设和换届工作的需要相适应和匹配。

三是要建立推荐、选拔的工作机制，严格工作程序，确保工作成效。认真贯彻落实我会关于后备干部队伍建设的规定和要求，保证各级、各类后备人选的推荐过程、操作程序，公开透明、公平公正。

四是要建立联系、考察和激励的管理机制，防止培养中断、使用落空。定期联系后备干部及其工作单位和所属组织，掌握情况，给予指导和帮助，对思想先进、工作突出的要予以鼓励和推广。

3. 集智聚力的参政议政机制。

我会要更好地服务科学发展，就必须坚持改革创新，继续巩固与扩大参政议政机制的创新成果，集智聚力，切实提高履行职能的能力和水平。

一是课题立项机制。可以对课题分层次、多形式、多平台、多角度进行部署，进一步发挥各级组织的积极性和提供各类人才参与的机会。

二是完善资源整合和共享机制。资源的共享必然要求利益的共享，我们要实现资源共享，一定要在利益共享上多动脑筋，形成专职和兼职、中央和地方、会内和会外、参政议政与其他工作的多赢局面。

三是参政议政与其他工作成果转化机制。参政议政与社会服务成果的相互转化、与宣传工作成果的相互转化、与信息工作成果的相互转化，互相转化就会起到互相促进的作用。

四是常规工作和应急机制的结合与兼顾。常规工作需要常规的机制，还要建立突发性的应急机制，固定与灵活相补充。这些仍需要我们不断地探索。

4. 会内监督机制。

建立有序的会内监督机制，是我会以党为师，扩大会内民主，加强领导班子建设的重要探索。去年以来，会中央在广泛征求意见的基础上，制定了《中国民主促进会中央监督委员会工作条例（试行）》，今年上半年，中国民主促进会中央监督委员会正式成立，工作机构设在组织部。这个委员会在十二届七次中常会期间已经开始工作，共听取中常委和会中央机关部门负责人近30余位的意见和建议，对会中央领导班子履行职能的情况，特别是执行民主集中制的情况进行监督检查。今后，会中央将选择2—3个省级组织建立地方监督委员会，进行工作试点，探索建立相关制度，稳步推进会内监督。

同志们，学习贯彻科学发展观任重而道远，学习无止境，实践无止境，创新无止境。今天在座的都是分管宣传工作的专职副主委和宣传部门负责人，学习贯彻科学发展观是领导班子和全会的工作，不能看成仅是宣传部门的工作，必须是“一把手”工程，主委要切实负起领导责任。我希望大家能在政治交接学习教育活动取得宝贵的成功经验的基础上，进一步深入学习贯彻科学发展观，做到认识到位、组织到位、措施到位、工作到位。我希望各位能够做好转化、带动、提高三篇文章，更加自觉地用科学发展观武装头脑、谋划发展、解决问题、推动工作，努力在服务国家的科学发展上有新作为，在促进自身的科学发展上有新进步。

预祝本次会议和论坛取得圆满成功。谢谢大家！

民主党派在社会主义民主政治建设中的地位和作用

（2009年12月10日）

严隽琪

今年是新中国和人民政协成立60周年，也是中国共产党领导的多党合作和政治协商制度确立60周年。60年前中国结束封建专制，走上民主新路，这条新路就是建设和发展中国特色社会主义民主政治。60年来，几代中国共产党人率领中国人民和各民主党派在这条道路上奋力前行，形成了丰富的成果，积累了宝贵的经验。

坚持和完善中国共产党领导的多党合作和政治协商制度，是发展社会主义民主政治的一个重要方面。本文拟从二者的内在联系出发，浅议民主党派在社会主义民主政治建设中的地位和作用。

一、认清社会主义民主政治的特色、特征与发展方向

"中国实行什么样的民主形式，不是出于人们的主观愿望，而是由社会发展的条件和国家民族发展面临的任务所决定的。"（房宁，《新中国60年社会主义民主政治建设》）60年前新中国"一唱雄鸡天下白"，面对的是几千年封建专制统治造成的"万家墨面"和"万马齐喑"的社会现实；而中国要追赶上已经实现工业化和现代化的西方发达国家，必须打破常规实现跨越式发展。"这样的社会发展条件和发展任务使中国的民主政治具有保障人民权利和集中人民力量的'双重功效'"（房宁，《当代中国的民主政治发展》）：一方面要充分调动和发挥人民的积极性、主动性和创造性；另一方面，要相对集中国家权力，维护人民的整体利益、根本利益和长远利益，维护国家政权的稳定。这两方面成为中国特色社会主义民主政治建设的出发点和落脚点。

1. 了解社会主义民主政治实践的特色。

从毛泽东、邓小平、江泽民三代中共中央领导集体到以胡锦涛同志为总书记的中共中央，经过60年的开创、探索和推进，逐步形成了中国特色社会主义民主政治的基本制度框架，包括人民代表大会制度、共产党领导的多党合作和政治协商制度、民族区域自治制度和基层群众自治制度。这些制度源于"我国工人阶级领导的、以工农联盟为基础的人民民主专政"的国体，构成我国的政体，其中人民代表大会制度是根本政治制度，多党合作等制度是基本政治制度。具有历史意义的是人民政协早于人民代表大会成立，这表明国家权力机关最初也产生于各党派、各团体、各民族和各界人士的协商之中。由此形成了"人民通过选举、投票行使权利和人民内部各方面在重大决策之前进行充分协商，尽可能就共同性问题取得一致意见"，即选举民主和协商民主这两种重要的民主形式。两种形式"你中有我、我中有你"、相辅相成，这是我国社会主义民主政治实践的一个鲜明特色和独具优势。

2. 认清社会主义民主政治的本质特征。

中国共产党善于总结历史经验，吸收人类文明有益成果，中共十六大提出发展社会主义民主政治，最根本的是要把党的领导、人民当家做主和依法治国统一起来。这一论断揭示了社会主义民主政治建设的基本规律和社会主义民主政治的本质特征。共产党的领导是人民当家做主和依法治国的根本保证。无论是保障人民权利，还是集中人民力量，没有中国共产党的坚强领导，都不可能实现。中国共产党的先进性和执政能力，能够整合社会利益，保持政治稳定，确保人民当家做主和依法治国的实现。人民当家做主，就是人民群众在共产党的领导下，通过社会主义民主政治的制度安排，掌握国家政权，行使民主权利，管理国家事务、管理经济文化事业、管理社会事务。没有人民直接、间接的有序参与和实施多种监督，党的领导和依法治国就会偏离正确方向，甚至会走向反面。依法治国就是保证国家各项工作都依法进行，逐步实现社会主义民主的制度化、法制化。执政党、参政党、政府和社会组织乃至个人都必须在宪法和法律规定的范围内开展活动，不允许有任何凌驾于法律之上的"特权"，不能搞无政府主义的"大民主"。离开依法治国，党组织和人民内部就会重蹈"文革"中"全面瘫痪"和"分裂对立"的覆辙。这些本质特征表明，社会主义民主政治是一种共产党

领导下的、体制内的、非“零和”的、有序的民主。

3. 把握社会主义民主政治建设和发展的方向。

中国特色社会主义民主是中国实现社会主义现代化、实现中华民族伟大复兴的政治保证。古今中外的历史一再证明，民主的形式保障着民主的方向，民主的方向影响和决定了国家的前途命运。中共十七大提出了坚定不移发展社会主义民主政治的重大任务，全面系统地描绘了我国未来社会主义民主政治发展的蓝图。无论是深化政治体制改革的路径、方向和目标，还是发展社会主义民主政治的六大举措，都凸显了加强和改善中国共产党的领导与保障和扩大人民民主权利这两条红线。改革开放30多年来，以市场为取向的经济改革和以民主为取向的政治改革，共同促使中国发生了结构性变化，即“社会利益和价值多元分化、社会身份推陈出新、政党和社团多元并存、公私权力逐渐分离”（虞崇胜、王洪树，《协商合作：中国多元共识民主的重要实现形式》）。面对深刻变化的国内经济社会结构和国内外分裂势力的渗透和破坏，我们不搞多党竞选、“三权分立”和议会斗争，避免了争夺选民、利益分歧公开化、对立化，金钱政治和外部干预等问题，“通过推进社会主义民主政治制度化、规范化和程序化，扩大人民群众有序的政治参与、推进协商民主和加强权力监督，来推进我国社会主义民主政治的建设”（房宁，《当代中国的民主政治发展》），走出了一条符合中国国情、具有中国特色，既保障人民权利又集中人民力量，低成本、高效率、保稳定的社会主义民主新路。

二、明确民主党派在社会主义民主政治建设中的重要地位

中国共产党领导的多党合作和政治协商制度，是中国共产党把马克思主义的基本原理与中国具体实际相结合的产物，是中国共产党与各民主党派、无党派人士政治智慧的结晶。这一政党制度体现了中华民族和而不同、兼容并蓄的优秀文化传统，具有政治参与、利益表达、社会整合、民主监督和维护稳定的功能，在实践中显示出巨大优越性和强大生命力。我国多党合作制度是协商民主的重要源头，是国家政治体制的重要组成部分，是统一战线、人民政协和民主党派发挥作用的重要保障，因而是中国特色社会主义民主政治理论和实践的重要组成部分。民主党派作为协商民主的一方主体，其重要地位表现为：

1. 中国特色社会主义政党制度的实践者。

中国和世界上大多数国家一样实行政党政治。我国各民主党派是各自所联系的一部分社会主义劳动者、社会主义事业建设者和拥护社会主义爱国者的政治联盟，是接受中国共产党领导、同中国共产党通力合作的亲密友党，是坚持进步性与广泛性相统一、致力于中国特色社会主义事业的参政党。民主党派的这一性质和定位，意味着党派组织负有围绕事关国计民生的重大问题议政建言、反映社情民意等工作职能，党派成员可获得在不同层次参与政治协商、开展参政议政和民主监督活动的合法权利和政治资源。无论是党派组织还是党派成员，不论是在党派机关和人民政协的“言官”，还是参加国家政权机关的“责官”，都承担着沟通连接国家和人民、政府与社会的重要责任。民主党派的工作实践直接关系到我国多党合作制度的坚持与完善，关系到社会主义民

主政治实现的层次和水平。

2. 国家政治体制运行的参与者。

新中国成立以来、特别是改革开放以来，中国共产党注重在重大决策中体现人民民主，关于国计民生的重大问题，要通过中国共产党与各民主党派进行协商，通过人民政协进行协商，广泛听取各民主党派、各人民团体以及各族各界代表人士的意见，由人民代表大会行使国家权力进行决策，由人民政府执行。人民政协“不仅在重大决策之前能够进行充分协商，而且在重大决策之后还在继续进行协商，为执政党和政府贯彻决策、完善决策作贡献”，“通过协商民主这种形式在我国民主决策中发挥前锋作用，又可以担当起后卫作用”（李君如，《充分认识和发挥人民政协在民主政治建设中的重要作用》）。民主党派作为统一战线的重要成员和人民政协的重要界别，成为国家政治体制民主决策中的一个重要环节，所建之言、所献之策，对人大决策和政府执行能否起到“前锋”和“后卫”作用至关重要，关系到国家发展、社会稳定和人民福祉。

3. 中国特色社会主义政治发展道路的维护者。

60 年来，中国共产党带领中国人民找到了一条适应本国国情和社会发展要求的政治发展道路，正确解决了当代中国建设和发展社会主义民主的领导核心、指导思想和制度设计等问题。坚持这条政治发展道路，有利于调动人民的积极性、主动性和创造性，有利于实现和维护最广大人民的根本利益，有利于促进经济持续发展、社会长期稳定和人民生活水平不断提高。背离这条政治发展道路，将会造成社会动荡、政治倒退和经济停滞。各民主党派处于坚持走中国特色社会主义政治发展道路的前沿关口，坚持搞好政治交接，传承优良传统，就是维护中国共产党执政地位和多党合作政治格局的稳定。坚持中国特色社会主义的政治制度，需要形成全体人民的共识。民主党派的实践与宣传，增进了全社会对多党合作制度和参政党作用的了解和认同，有助于营造良好的政治氛围。

三、选准民主党派在社会主义民主政治建设中发挥作用的着力点

社会主义民主政治建设是发展中国特色社会主义的一项重大战略任务，也是一项长期、艰巨而复杂的系统工程。民主党派只能从中国特色社会主义民主政治的特色、特征出发，根据民主党派在协商民主中所处的地位，把握好方向和重点，选准着力点，才能发挥应有的作用。

1. 促进各民主党派与中国共产党之间的沟通，发展党际民主。

发展中国各政党之间，主要是执政党和参政党之间的党际民主，是推进中国特色社会主义民主政治建设的重要前提。党际民主已成为社会民主的“晴雨表”。民主党派促进党际民主的发展，一是要充分发扬社会主义民主，为科学决策提供真实可靠依据。在中共中央和国务院召开的高层民主协商会上，在中共中央委托有关部门召开的通报会、座谈会上，在给中共中央的书面建议和领导人的书信中，党派领导同志要坚持真理，讲真话、讲实话，建有据之言，献有用之策，求务实之效。二是要坚持贯彻“长期共存、互相监督、肝胆相照、荣辱与共”的十六字方针，认真实行互相监督。毛泽东主席说过：“所谓互相监督，当然不是单方面的。共产党可以监督民主党派，民主党

派也可以监督共产党。”当前加强党风廉政建设，人民群众关注的热点与党建的重点和难点问题，是“如何防止权力与资本结合的寻租行为，特别是‘官商利益共同体’的形成和发展”（房宁《当代中国的民主政治发展》），对此我们应给予更多的关注，勇敢地、负责任地发表意见，提出建议和批评。同时，也真诚地接受中国共产党对民主党派的监督。三是以党为师，互相促进。民主党派应当认真学习借鉴中国共产党关于加强党建的成功经验和做法，不断从与执政党建设的比较、借鉴、互动中获取自身建设的各种资源和动力，努力探索自身建设的理论、路径和体制机制，做到执政党建设与参政党建设互相促进。

2. 促进执政党和政府与人民群众和利益群体之间的沟通，发展社会民主。

人民政协是中国共产党领导的多党合作和政治协商制度的重要政治形式和组织形式。参加人民政协的各政党、各团体、各民族和各界别代表人士通过全委会议、常委会议、联组会议等会议以及专题协商、提案建议、大会发言、反映社情民意等形式，发挥政治协商、民主监督和参政议政作用。民主党派通过人民政协这个舞台，促进执政党和政府与人民群众和利益群体之间的沟通，发展社会民主。当前民主党派促进社会民主发展，应特别重视扩大公民有序的政治参与和畅通社会各阶层利益表达的渠道。如党派政协委员利用报刊、网络公开向社会征集提案线索和内容；党派政协委员大会期间开设“委员博客”，把自己在会上履行职责的行为直接展示于广大群众，把各界群众的意见和建议直接带进了会场，使会内会外、委员和百姓连为一体。政治协商是中国民主制度的一大特色，在中国共产党的领导下，通过政治协商，可以使不同群体的局部利益、个别利益与全社会的整体利益、长远利益相互协调。需要指出的是：“转型期中国利益的多元化要求呼唤着民主党派能够主动承担起利益表达的功能，协助执政党解决社会治理中出现的各种问题，承担起联系各阶层民众与政府之间关系和沟通功能。”（武建强，《中国民主党派的政治沟通功能分析》）

3. 促进民主党派中央、地方和基层组织与广大成员之间的沟通，发展党内民主。

加强自身的民主建设，是民主党派促进社会主义民主政治发展的题中之意和重要前提。对于组织结构比较松散、以兼职为主要工作方式和“知识分子干部集团型”政党的民主党派来说，党内民主是增强党的创新活力、巩固党的团结统一的重要保证。近年来，在中国共产党的支持下，各民主党派认真推进党内民主建设，“民主党派不民主”的说法已不符合绝大多数党派组织的实际。民主党派发展党内民主，首先要保证领导决策的科学化、民主化。要建立健全以坚持贯彻民主集中制为主要内容的议事规则和各项制度，形成重大事项决策体系和研究机制。第二要树立民主风气，营造民主团结的氛围。领导班子成员定期沟通思想、交换意见，听取各级组织和机关部门对工作的意见和建议，实行知无不言、言无不尽，言者无罪、闻者足戒，营造民主讨论的环境。第三要有序推进党内民主，积极探索党内监督机制。学习借鉴中国共产党扩大党内民主的试点经验，结合党派的实际，建立相关制度，扩大成员代表和广大成员的知情权、建议权与监督权，调动他们的积极性、主动性和创造性。要逐步成立中央和地方的监督机构，对领导班子履行职能的情况进行监督检查。

中国实行的根本政治制度和基本政治制度，决定了民主党派在国家政治体制中的重要地位，凸显了民主党派在社会主义民主政治建设中的重要作用。转型期的中国迫切需要民主党派进一步发挥进步性和广泛性的优势，真诚协助中国共产党，在促进经济社会又好又快发展的同时，把社会主义民主政治建设积极稳妥、有序有效地向前推进。

在民进十二届七次中常会闭幕式上的讲话

（2009年6月4日）

严隽琪

各位常委、各位同志：

民进十二届七次中常会经过大家的共同努力，圆满完成了预定的任务，今天就要结束了。这次会上，我们通过报告与交流，集体学习了科学发展观，交流了各地学习贯彻科学发展观的工作情况，总结了民进中央上半年工作，研究了今年下半年重点工作。会议紧凑充实，是一次学习交流、发扬民主、集中智慧和部署工作的会议。

一、关于会中央上半年工作

罗富和常务副主席作的会中央上半年工作情况汇报，较为全面地叙述了我会目前工作的基本情况。我认为，上半年我会工作的特点可以用三句话来概括：

一是求实。根据民进十大和民进十二届二中全会精神，年初我们就确定了2009年会中央工作的总体思路。半年来，会中央带领全会认清形势、把握大局，集智聚力、顺势而为，求真务实、开拓进取，认真落实工作思路。会中央领导分赴各地调研，听取大家的意见建议，汲取各地的经验，加强和促进会中央和地方组织的沟通和互动；在调研中也注意加强和当地党政、统战部门的联系，争取他们的支持，解决一些实际问题，切实支持地方组织的工作。去年，全会的领导班子建设取得了可喜成绩，但领导班子建设不是一朝一夕的事，今年我们继续巩固和扩大成果，把领导班子建设成果向各级组织、向各方面工作扩大、延伸，以领导班子建设带动全会自身建设的各个方面，切实提高我会履行职能的水平。我们在参政议政中把服务科学发展作为着力点，把应对金融危机、促进增长作为当前学习贯彻科学发展观的重要实践，在学习实践中，为促增长、惠民生、保稳定作出积极贡献。上半年的社会服务工作坚持与参政议政有机结合，更加注重成效。海外联谊工作坚持立足民进优势，发挥民进特点，顺应形势变化，从“请进来”发展到“走出去”。理论研究强调以应用研究为主，力图为回答和解决在自身建设和履行参政党职能中遇到的实际问题，提供理论支持。

二是建制。制度建设是规范各项工作有序开展，提高工作效率，继承与发扬优良传统的有效保障。上半年，我们继续努力把具体程序规范化，成功经验长效化，一方面改进和完善已有的规章制度，加强制度的执行和检查力度；另一方面，根据工作实际需要，在组织工作、机关建设、会史工作等方面又制定了相应的制度，使全会各项工作呈现出制度化、规范化、程序化的新面貌。

三是协调。民主党派的工作任务繁重复杂，需要集全会之智，聚社会之力，发挥多种积极性。上半年，全会上下，会内会外协调互动，比较好地履行了参政党职能，促进了参政党发展。今年，我们继续探索集智聚力的实现形式，例如今年参政议政调研课题从确定立项，邀请有关国家部委、研究会和大学参加调研，以及民进七个省级组织共同参与调研，政协大会提案的形成，会中央与地方组织联合举办一系列研讨会与座谈会等。我们取得的成果是全会各级组织和广大会员、会中央与地方组织、各级机关与专门委员会、会内力量与特邀研究员以及民进之友的力量和智慧的集聚，多个积极性充分发挥的集中体现。这使我们在换届以后，人事变动较大的困难情况下，取得了履行参政党职能的好成绩。

二、关于会中央下半年工作

关于下半年工作，我想说三句话：

一是认真学习贯彻科学发展观，以科学发展观指导我会工作。学习贯彻科学发展观有"四性"。首先它具有实实在在的紧迫性。因为科学发展观体现了时代的特征，它的提出是由我国的基本国情和发展阶段的需要决定的；这又是一个是科学性问题，是由发展的客观规律决定的；同时，它还具有实践性，因为它是来自我们改革发展实践，而且最终要在发展实践中接受检验；第四，它具有人民性，发展为了人，发展依靠人，发展成果要与人民共享。

学习贯彻科学发展观要做好"三个结合"：1. 要把学习贯彻科学发展观和政治交接，巩固共同的思想政治基础结合起来，深化坚持走中国特色社会主义道路学习教育活动，引导广大会员始终把中国特色社会主义作为共同的理想信念、前进方向和奋斗目标，坚定不移地走中国特色社会主义道路。2. 要把学习贯彻科学发展观和加强自身建设结合起来，切实提高我会自身素质和能力。3. 要把学习贯彻科学发展观和发挥参政党作用结合起来，继续为促增长、惠民生、保稳定作出积极贡献。

二是要认清形势，增强信心。当前，国际金融危机还在蔓延，如果把 2007 至 2008 年的全球金融危机看成是一场全球性大萧条的序幕，那么今年则是世界金融危机向实体经济危机转化的标志性年份。发达国家在进入虚拟资本主义阶段后，其国内的部分物质产业能够继续生存而没有外移，在很大程度上是靠产业资本也涉足于虚拟经济领域，用虚拟经济的盈利来补实体经济的亏损。现在虚拟经济垮了，实体经济不仅无法靠虚拟经济输血，反而由于被金融机构追债要被抽血。例如，通用汽车在 2005 年来自其金融子公司的利润竟高达总利润的 80%，通用电器来自其金融子公司的利润也高达总利润的一半左右。一个是世界最大的汽车生产商，一个是世界最大的电器生产商，这两家是美国物质生产企业的典型代表，现在却都到了要寻求破产保护的边缘。可以这样说，还会有一大批生产、流通企业在今年相继破产。

实体经济危机的爆发与金融危机的深化都会严重打击发达国家居民的收入与消费。在美国，居民储蓄率去年 12 月已提升到 3.9%，今年 1 月份又继续大幅上升到 5%，同期失业率也上升到前所未有的 8.1%。西方国家居民少花多存必然会引起进口减少，因为美国每年所消费的物质产品已经有 45% 要靠进口。去年 7—12 月又萎缩了 16%，同期内欧盟和日本也因经济恶化而进口大幅度下降。由于发达国家的经济危机目前还远没有达到高峰，而实体经济与金融体系的修复也必然需要很长时间，萧条不会在中期内结束，甚至有可能长期化。

从国内来看，我国经济运行面临诸多挑战：一是国际金融危机的波及面之广、影响度之深超出预期。主要经济体单方面或联手采取的措施并没有使危机出现转机，金融危机对实体经济的影响还在继续。国际经济金融形势的恶化已经并将继续影响我国的实体经济。二是经济周期性下行的惯性的影响。我国经济已进入周期性调整阶段，受金融危机的影响，经济周期性下行惯性还将持续，需要防止下行的周期因素与其他不利因素相叠加。三是投资、消费信心不足。面对国际国内的不利环境，各方面的信心降到近几年的低点。外需减弱、国内资本市场大幅下挫导致投资者信心受到伤害；城乡居民收入增速减缓、房地产业不景气则影响了消费信心。

但我国经济发展也有很多有利条件：从长期看，国内经济发展的基础牢固、活力强劲、潜力巨大，具有抵御国际金融危机冲击、克服国内矛盾和问题的能力。从短期看，经济运行的基本面依然良好。国内投资需求依然比较旺盛，长期的投资增长动力并没有因为短期调整而出现明显衰弱，灾后重建、东部劳动密集型产业向中西部的陆续转移将给投资带来持续增长的动力。消费和出口需求短期内受到的负面影响较大，但由于党中央国务院把“保增长”作为宏观调控的重点，进一步稳定和扩大国内需求特别是消费需求，使消费需求保持平稳较快增长，外需的减弱会得到一定的弥补。

面对我国经济发展面临严峻的形势，一方面，我们必须保持清醒的头脑，增强忧患意识和责任心，同时又要深刻认识我国发展的有利条件和积极因素，自觉地把思想和行动统一到中共中央的要求上来；另外一方面，我们要进一步增强克服困难、战胜危机的信心，保持社会的稳定，避免矛盾的叠加。

三是努力做好工作，完成今年预定的任务。下半年我们要巩固和发展上半年的工作成果，继续深入学习贯彻科学发展观，履行好参政党职能，进一步推进自身建设。具体有三个方面的重点工作：

（一）认真组织召开“民进全国宣传思想工作会议暨学习贯彻科学发展观论坛”，积极探索推进建立思想政治工作和政治交接的长效机制。7月份，我们要召开全国宣传思想工作会议，认真总结经验，巩固和扩大中国特色社会主义主题教育活动的成果，探索建立思想政治工作和政治交接的长效机制。

我会政治交接的长效机制建设必须具有“四性”：1. 坚定不移的目的性。这是由参政党在政党制度中的定位所决定的，也是参政党承担的历史责任所决定的。民主党派的政治交接必须坚定不移地高举中国特色社会主义伟大旗帜，坚持以中国特色社会主义理论体系为指导，坚持走中国特色社会主义政治发展道路，增强接受中国共产党领导的自觉性和坚定性。2. 与时俱进的可持续性。这是因为：中国特色社会主义理论体系是动态开放、不断发展的，参政党在与执政党相互促进中要与时俱进；成功的经验系统化、理论化、制度化，使具体的工作有章可循，这也有个与时俱进的过程；我们会史教育基地的完善和丰富，也要随时增加时代气息，使其成为能够代代相传的学习基地。3. 入脑入心的实效性。长效机制一定要和领导带头作用相结合，民主党派的特点决定了民主党派的代表人士的社会影响和会内影响。另外，长效机制要和重要会议、重大活动和重大事件相结合，开展生动丰富的思想政治工作。今年是新中国成立60周年，也是人民政协成立、中国共产党领导的多党合作和政治协商制度确立60周年。全会要以庆祝新中国成立60周年和纪念多党合作制度确立60周年为契机，继续深化坚持走中国特色社会主义道路学习教育活动。会中央将开展形式多样的座谈会、书画展览、征文活动、知识竞赛和文艺晚会等活动。各级组织要坚持紧密联系实际、注重实效、因地制宜的原则，面向基层、面向会员，吸引广大会员积极参与，把庆祝纪念活动与学习贯彻中共十七大精神结合起来，与学习胡锦涛同志在纪念中共十一届三中全会召开30周年大会上的重要讲话结合起来，与学习贯彻科学发展观结合起来，与做好2009年我会各项工作结合起来。通过这些生动活泼的庆祝活动，激励广大会员更加自觉地接受中国共产党的领导，更加坚定地走中国特色社会主义政治道路，在中国共产党领导的多党合作事业中作出新贡献，同时加强会员的个人修养，培养高尚的道德情操，在核心价值观方面增加共识。今年同时也是一个政治敏感的年份，今年是平息“六四”政治风波20周年，取缔“法轮功”邪教组织非法活动10周年。在这样的形势下，我觉得长效机制要和重大活动、重大事件相结合也体现在要及时将合理诉求和矛盾分开，并将矛盾化解在源头，化解在基层，这也是我们各级组织、各级干部应尽的政治责任。4. 自主自为的积极性。刚才各位主委的发言体现出各位都在积极利用本地的资源和本地的实际情况，在我们共同确立的政治原则下开展自主自为，我觉得这方面要体现以下的特点：一要体现党派的特点；二要体现地方的特点，调动地方的资源和地方的积极性；三要体现个人的特点。

（二）把组织发展工作作为重点，开好民进全国组织工作会议，推动组织工作迈上新台阶。今年我们的工作重点是组织工作和后备干部队伍建设。常委会结束以后，我们马上就要召开全国组织工作会议，总结交流经验，明确任务，提高认识，统一思想，并以此为契机，推动组织发展和高素质参政党建设。这里我主要讲三点：

1. 巩固和扩大领导班子建设的成果。去年我们的工作重点是领导班子建设，这是因为2007年以来，会中央和各级组织换届陆续完成，一批新一代代表人士走上各级领导岗位，班子内有新有旧，大家来自不同岗位、不同地区，需要磨合，而且领导班子建设不是一蹴而就之事。所以，今年把组织工作作为重点，就要继续巩固并扩大班子建设的成果，并向地方、市级组织延伸。要进一步加强领导班子的制度建设和作风建设，不断提高领导班子的思想觉悟、理论水平、责任意识、工作能力，树立团结、正派的作风。

2. 高度重视后备干部队伍建设。长江后浪推前浪，新老交替是一个组织永续不断的活力所在，加强后备干部队伍建设是每届班子不容推辞的历史责任。我们现在就要为明年的届中调整和2012年换届做准备，可见，抓好后备干部和骨干队伍的建设，既是重大的战略任务，又是迫在眉睫的当务之急，必须切实抓紧、抓好。各级组织的领导同志一定要以高度的政治责任感，积极做好这方面的工作。

3. 组织工作必须为履行参政党职能提供组织保障。随着时代的发展，迫切需要参政党提高参政议政的能力和水平。为全面实现小康社会目标，是我会作为参政党的基本职能所在，我会的组织工作必须以此为出发点和归宿。我们必须加强对组织发展工作的理性思考，坚持"在发展中工作，为了工作发展"的原则，更加重视高层次、有社会影响的参政议政人才的发展与作用的发挥，为我会更好地履行职能提供坚实的人才基础。同时要通过加强基层组织建设，提高我会的凝聚力，更有利于团结全体会员，发挥整体力量。

（三）在参政议政与社会服务中，积极学习贯彻科学发展观。学习贯彻科学发展观，最终要落实到更好地履行参政党职能上来。我们要从我国的基本国情出发，围绕中心、服务大局，建科学发展之言，献和谐稳定之策，尽富国惠民之力。

1. 要把为应对金融危机、保持经济平稳较快发展建言献策作为今年学习贯彻科学发展观的重要实践内容，围绕在"保增长、扩内需、调结构"中需要研究解决的重大问题，围绕有关政策措施的执行情况及改进意见等，主动思考，深入调研，及时建议。现在党中央国务院已经采取了一系列重大举措，但是这些举措够不够，好的举措能不能执行不走样，这些都是我们参政党要关注的重点。

2. 积极关注民生和社会建设。当前，随着经济体制、政治体制和各方面改革的深入，各种利益关系的调整，使得一些深层次的矛盾和问题凸显出来。我们要体察民情、反映民意，深入基层、深入群众，积极反映社情民意，通过参政议政，促进把以人为本的要求落到实处。另外，五位一体的建设中，社会建设还是有很多理论问题和实践问题有待探讨，也是比较薄弱的。总之，我们要为民生的改进，为和谐和稳定的社会贡献我们的力量。

3. "十一五"进入到关键时期，"十二五"的规划已经启动，这就要求我们要有前瞻性，对影响大同时我们又有基础有能力的问题早考虑，要及时提出我们的建议。比如说：教育的改革和发展，环境资源的问题，产业结构的调整和自主创新的问题，文化的繁荣发展和价值观问题等。这些问题都是民进的界别特色所在，也是我们一直关注的。

4. 继续完善参政议政工作机制。各级领导要亲力亲为，发挥代表性人士作用。一方面要健全制度，使得大家都要有渠道参与进来，集中智慧。同时，我们各级领导人一定要亲力亲为走到参政议政工作第一线，自己调研，自己写稿子，自己提意见，自己和有社会影响的人士交朋友。这两方面不能偏废，要同时改进。

5. 发挥特色和优势，真心实意服务社会。社会服务要坚持与参政议政的有机结合，坚持以体现党派特色的智力为主要的服务资源，以发挥地方组织与社会组织的积极性为重要原则，以项目形式为扶贫工作的主要依托，进一步集成各方力量，为建设小康社会扎扎实实开展社会服务工作。今年下半年要继续围绕四川灾后教育重建和西部农村教师培训，以及贵州石漠化治理，西部地区和河北省定点地区帮扶等项目，努力做好支边扶贫工作。在这里我要特别提一下毕节。毕节既是形成科学发展观雏形的经济欠发达地区，也是多党合作的试验田，而且最近胡锦涛同志和贾庆林同志都对毕节问题作出了重要批示，这些都要求我们围绕大局，将下半年的社会服务工作聚焦在毕节。另外，企业家新阶层会员是民进很重要的一个组成部分，我们要加强对企业家会员的引导和服务工作。

随着两岸形势的新变化，我们要继续为祖国统一大业服务。首先，海外联谊的形式和内容要与时俱进，加强和民间人士和专业人士进行深入交往，要利用民主党派的特色和优势来了解当地的实际情况和民心所在，提升我们建言献策的水平。另外，我们要和知识界的专业人士多交朋友，和香港的民主人士和台湾的绿营人士多交朋友，去了解、影响民心，这不仅能够提升民进的素质，也能更好地为国家服务。

各位常委、各位同志，希望大家能够将本次中常会的精神带回去，结合各地的实际情况，认真组织贯彻实施。也希望大家加强学习，继续思考，出谋划策，为完成今年下半年的各项工作任务，使我会在自身建设和履行参政党职能两方面都能提高到一个新的水平而努力。

谢谢大家。

学习贯彻中共十七届四中全会精神，指导我会下阶段工作

（2009 年10 月11 日在民进十二届八次中常会闭幕式上的讲话）

严隽琪

各位常委、各位同志：

民进十二届八次中常会今天就要结束了。这次会议内容充实，我们认真学习了中共十七届四中全会精神，听取了关于中共十七届四中全会精神的报告，交流了心得体会，围绕年底全会工作报告提纲（草案）回顾了今年走过的历程，总结了工作，并对会中央的工作提出了宝贵建议。大家反映，收获和启示很大。

在会议闭幕前，我想强调三方面的问题：一是学习贯彻中共十七届四中全会精神；二是认识形势，增强大局意识，坚定信心；三是就总结今年工作和规划明年工作谈点意见。

一、学习贯彻中共十七届四中全会精神

刚刚闭幕的中共十七届四中全会，是在新中国成立60 周年、改革开放30 周年、国际形势继续发生深刻变化、我国全面建设小康社会进入关键阶段召开的一次重要会议。四中全会通过的《中共中央关于加强和改进新形势下党的建设若干重大问题的决定》，认真总结了中国共产党在执政中自身建设的宝贵经验，深入分析了执政党建设面临的新情况新问题，进一步研究和部署以改革创新精神推进党的建设新的伟大工程。这是在新的历史起点上推进党领导的中国特色社会主义伟大事业的迫切需要，是在新的时代条件下永葆执政党的生机活力的必然要求。中共十七届四中全会的召开，对于全面贯彻中共十七大精神，以邓小平理论和“三个代表”重要思想为指导，深入贯彻落实科学发展观，有效应对国际金融危机冲击、保持经济平稳较快发展，夺取全面建设小康社会新胜利、开创中国特色社会主义事业新局面，具有重大而深远的意义。

刚才各位常委在发言中提到，在多党合作的框架下，执政党和参政党肝胆相照、荣辱与共、风雨同舟、长期共存，这就决定了我们参政党必须高度关注共产党的建设，学习共产党的有关决定。我们这次常委会，邀请了全国政协常委、中央党校原副校长

李君如同志作关于学习贯彻中共十七届四中全会精神的辅导报告，各位常委们听后交流了学习心得。《民进中央关于学习贯彻中共十七届四中全会精神的通知》也已下发。这对全会学习掌握和贯彻四中全会精神，将起到促进作用。各位常委、主委回去后，要及时安排部署所属各级组织和广大会员认真学习贯彻中共十七届四中全会精神，首先抓好班子成员、骨干队伍和机关的学习，一把手和中心学习组要带头学习。要认真学习领会四中全会对新形势下加强和改进党的建设重要性和紧迫性的深刻认识，要学习对执政党建设基本经验和规律的系统总结，要学习对提高党的建设科学化水平新的重大命题的科学阐述，要学习对加强和改进新形势下党的建设的战略部署，要学习对提高推动科学发展和促进社会和谐的能力、保持经济平稳较快发展的总体要求，要学习对做好统一战线和多党合作特别是民族工作的重要论述。在加强学习的同时，也要注重学用结合。这次会议就是我们用实际行动在继承民进的优良传统。民进的优良传统很大一方面是体现在会议上，特别是会议的发言、会议的氛围和会议所作出的决策等方面。这次会议体现了民进的优良传统：一是拥护党的领导。拥护党的领导是一个参政党的政治态度、政治立场，意味着我们要拥护党的方针政策，拥护党指出的道路；二是求真务实，立会为公。

强调几点：一是进一步增强坚持中国共产党领导的自觉性和坚定性。中国共产党成立88年、执政60年、领导改革开放30年来，始终以实现中华民族伟大复兴为己任，坚持把马克思主义基本原理同中国具体实际相结合，团结带领全国各族人民不懈奋斗，战胜各种艰难险阻，不断取得革命、建设、改革的伟大胜利。历史和现实一再证明，中国共产党是中国走向独立富强、实现现代化的坚强领导核心。坚持接受中国共产党的领导，是民进沿着正确的政治方向前进、在建设和改革的宏伟事业中有所作为的根本保证。当代民进人要发扬我会优良传统，把坚持党的领导贯彻到民进工作的各个方面和环节，进一步增强接受中国共产党领导的自觉性和坚定性。

二是坚持执政党建设和参政党建设相互促进，加强我会自身建设。执政党的建设是党领导的伟大事业不断取得胜利的重要法宝。在党和人民事业发展的重要关头，中国共产党总是紧紧抓住党的建设这个关键，保证党始终与时代发展同步伐、与人民群众共命运，更好地团结带领全国各族人民战胜各种艰难险阻，不断夺取新的胜利。长期以来，中国共产党高度重视自身建设，围绕提高领导水平和执政水平、提高拒腐防变和抵御风险能力，围绕提高执政能力、保持和发展先进性，不断加以推进。

作为中国共产党的亲密友党，民进必须以党为师、与时俱进，不断从与执政党的比较、借鉴、互动中获取自身建设的启示、资源和动力，进一步保持参政党的进步性和广泛性。必须深刻认识到加强参政党自身建设的必要性和紧迫性。复杂多变的国际国内政治经济形势，对建设适应时代要求的高素质参政党提出了更高的要求；中国共产党领导的多党合作和政治协商制度进入新阶段，对建设高素质参政党提出了新任务；我会队伍结构和会员思想观念的变化，对思想建设、组织建设提出了新课题。我们必须顺应时代发展的潮流，准确把握我国发展的阶段性特征，清醒认识变化着的国内外形势以及民进的会情，从确保我国多党合作事业和民进事业健康发展的高度，努力推进我会的自身建设。

三是继续把服务科学发展作为履行职能的第一要务。中共十七届四中全会指出，继续把保持经济平稳较快发展作为经济工作的首要任务。我们要坚持围绕经济建设这个中心，注重研究国外经济环境变化和国内经济运行新情况新问题，注意选择具有关键性、全局性、前瞻性的重大课题开展专题调研和参政议政活动，多想科学发展大事，多谋科学发展大计，努力为实现以人为本、全面协调可持续的科学发展谋深虑之计、建睿智之言、献务实之策。

二、认识形势，增强大局意识，坚定发展的信心

2009 年是中国共产党领导全国人民积极应对国际金融危机，推进经济平稳较快增长和社会又好又快发展，是完成“十一五”规划的关键一年，也是我国经济发展进入新世纪以来最困难的一年。面对极其严峻复杂的国际国内经济环境，党中央、国务院统揽全局，审时度势，及时果断决策，把保持经济平稳较快发展作为经济工作的首要任务，实施积极的财政政策和适度宽松的货币政策，及时出台并不断丰富完善应对国际金融危机的一揽子计划。今年 3 月，温家宝总理的政府工作报告，强调今年政府工作要以促进经济平稳较快发展为主线，全面阐述了应对国际金融危机的政策措施。这些决策部署和政策措施，统筹兼顾，突出重点，立足当前，着眼长远，体现了扩内需、保增长、调结构、促改革、惠民生的有机结合。

应当指出，虽然国际金融危机给全球经济带来重大影响，但我国经济发展的基本面和长期向好的趋势没有改变。在需求方面，我国是一个拥有 13 亿人口的发展中国家，正处于工业化、城镇化快速发展阶段，国内市场前景广阔，经济发展回旋余地大。消费结构和产业结构升级、基础设施建设、社会事业发展、环境保护和生态建设都蕴藏着巨大的需求和增长潜力。在供给方面，经过 30 年改革开放，物质技术基础日益增强，产业体系比较完整，社会资金相对充裕，有 7 亿多劳动力资源和不断扩大的人才队伍，有 20 多万亿元的居民储蓄，生产要素组合具有优势。庞大的需求和强有力的供给结合在一起，必然有利于我国经济长期持续发展。我国政治稳定，社会安定，社会主义制度具有集中力量办大事的优越性，宏观调控积累了丰富经验，为经济平稳较快发展提供了有力保障。

目前，经济运行出现积极变化，总体形势企稳向好。同时必须清醒地认识到，国际金融危机尚未平息，我国经济回升的态势还不稳定、不巩固、不平衡，世界经济复苏将是复杂和曲折的过程，可能需要较长一段时间。世界经济出现一些结构性变化的新特征。当前和今后一个时期，世界经济增长格局会有所变化，但经济全球化的大趋势不会改变；政府维护市场正常运行的职责会有所强化，但市场在资源配置中的基础性作用不会改变；国际货币多元化会有所推进，但美元作为主要国际货币的地位没有发生根本改变；发展中国家整体实力会有所上升，但发达国家综合国力和核心竞争力领先的格局没有改变。同时，世界经济也出现了一些新的苗头：（1）发达国家消费模式有所改变，国际市场萎缩难以在短期内改变。长期以来世界经济增长过度依赖美国消费，美国消费又过度依赖负债和信用支撑，依赖虚拟资产膨胀产生的财富效应。对现行消费模式的调整，可能影响全球贸易规模扩大。近来美国个人储蓄率有所上升，欧盟一些国家也出现类似征兆；各种形式的贸易保护和投资保护主义明显抬头，我们需要给予充分重视。（2）全球货币发行短期内大幅增加，给未来发展带来变数。为应对危机，世界主要国家普遍大幅增加财政赤字、大幅降低利率并实行“量化宽松”等政策措施，向经济注入了大量货币，使全球通货膨胀风险隐忧增加。受流动性增多、美元贬值等因素影响，最近国际一些大宗商品以及黄金等贵金属的价格快速上涨，增加了国际经济复苏的不确定性。（3）产业结构调整加快，新能源等产业可能成为新的增长点。许多发达国家在刺激经济增长的过程中，十分重视产业升级，尤其是大力发展新能源、节能环保等新兴产业，促其成为引领未来全球产业发展的增长点。美国把培育绿色产业作为经济复苏计划的核心，明确提出逐步以新能源替代化石能源；日本宣布实施“绿色新政”，大幅度提高太阳能发电量和新型环保汽车使用量；欧洲也把可再生能源作为战略重点。同时，随着后京都议定书阶段的接近，发达国家正凭借其在新能源、节能环保领域上的领先优势，推动形成“碳减排”、“碳关税”等规则或准则，这将对国际贸易与投资发展产生深远影响。

今年7月5日，我国新疆发生了60年来性质最恶劣、伤亡人数最多、财产损失最严重、破坏程度最大、影响最坏的一次暴力犯罪事件，严重干扰了新疆的民族团结和社会稳定。乌鲁木齐街头的血腥一幕，再一次让更多人看清了“三股势力”的本来面目：那就是打着“民族独立”的幌子，用暴力手段制造混乱和对抗，从而达到他们分裂国家、妄图独立的目的。血的事实证明，宗教极端势力、民族分裂势力和国际恐怖势力是影响国家安全和社会稳定的毒瘤。

因此，我们必须进一步增强忧患意识，统一思想，坚定信心，正确认识国际国内形势的复杂性、严峻性、多变性，充分认识我国改革开放和社会主义建设任务繁重。我们必须调动全会的积极性、主动性、创造性，把各级组织和会员们的智慧和力量凝集到党和国家事业中来，为促进我国经济平稳较快发展和社会和谐发展作出新的贡献。

三、关于总结今年工作和规划明年工作

按照民进十二届二中全会的精神，2009年我会按照科学发展观的要求，巩固和扩大开局之年的工作成果，以组织工作和后备干部队伍建设为重点，有思有行、集智聚力、顺势而为，创新工作机制，推动会中央工作和地方工作相互促进，高素质参政党建设和履行参政党职能相互促进，进一步提高工作水平，迎接新中国成立60周年和人民政协成立60周年。今年以来，会中央积极带领全会，高举中国特色社会主义伟大旗帜，以邓小平理论和“三个代表”重要思想为指导，以学习贯彻科学发展观为主线，深化坚持走中国特色社会主义道路学习教育活动，积极推动参政党理论研究，巩固和扩大领导班子建设的成果，大力加强骨干队伍建设，不断创新参政议政和社会服务的机制，加强会史资料的抢救工作和会史基地改建工作，各项工作取得了可喜的成果：（1）成功召开民进全国宣传思想工作会议暨科学发展观论坛。会议全面总结了我会思想建设以及学习贯彻科学发展观的经验，推动全会进一步提高学习贯彻科学发展观的水平，把这一重要指导方针和重大战略思想更好地贯彻落实到自身建设和履行职能的各个方面、各个环节。前不久十二届十七次主席办公会议审议通过了《民进中央关于

新形势下加强我会思想建设的意见》，这对于我会进一步实现政治交接、巩固多党合作思想政治基础，全面促进高素质参政党建设和更好地履行职能，具有十分重要的意义。(2) 顺利召开民进全国组织工作会议。今年我会的工作重点是组织工作和后备干部队伍建设，这次会议是在新的历史起点上，进一步加强组织工作，并全面促进我会自身建设的重要会议。会议总结交流近年来我会组织建设的成绩和经验，清醒认识参政党建设面临的形势和任务，研究探讨新时期进一步加强组织工作的措施，为把民进建设成适应时代要求的高素质参政党提供坚实的组织保障。(3) 深入务实地开展重点调研。今年的大调研课题是“新形势下的农村教育综合改革”。此次调研充分体现了会中央与地方组织合作联动，并借助社会力量的工作思路。会中央领导先后在上海、河南、山西、山东、安徽等地开展了前期调研、专题考察和补充调研。民进天津、广东等6个省级组织将该课题作为本省年度重点调研课题配合民进中央各有侧重开展同步调研。在此基础上，在教育部、农业部、科技部的支持协助下，会中央综合各方调研成果集中研讨，反复论证，最终形成了致中共中央、国务院的《关于新形势下的农村教育综合改革建议书》。(4) 进一步探索发挥专委会作用。八个专门委员会分别就“新机制后我国义务教育的新情况与新问题”、“深化文化行政管理体制改革”、“中国媒体走向世界，打造新时期中国国际形象”、“农村土地流转”、“中央公益类科研院所体制（机制）改革”、“土地节约集约利用”、“人口和计划生育公共服务网络在构建农村基本公共服务体系中的重要作用”等课题各自展开调研。调研得到了民进地方组织和有关国家部委的大力支持，产生了一批较高质量的参政议政成果。(5) 社会服务工作积极进行。一方面，积极参与灾后教育重建。我会高度重视四川灾区教育重建工作，将“为了灾区的孩子们”（特殊会费）的捐款全部投向受灾的川、甘、陕、渝，各建设项目进展顺利。并积极为灾区孩子们捐赠图书，还举办了“民进中央2009年地震灾区学校校长暑期培训班”。同时围绕灾后教育重建积极建言献策。其中，民进四川省委会积极行动，为灾区群众送温暖、献爱心、作贡献。四川省委会主委张雨东的有关建议被《政协信息专报》单篇采用，得到中央政治局委员、国务委员刘延东的批示。承担对口支援的各省的民进干部和会员也通过多种方式，为灾后重建贡献力量。另外一方面，积极推进毕节试验区建设。胡锦涛总书记曾批示，毕节试验区是多党合作和科学发展观的双重试验区。民进也是集全会之力，在民进贵州省委会的积极配合下正式启动了“彩虹计划”，并取得了较好成效，有七个省市已经和毕节签订了对口合作合同。(6) 组织新中国和人民政协成立60周年系列纪念活动。举办好庆祝“两个60周年”活动，对于我会巩固政治交接学习教育活动成果，引导全会继承和发扬民进优良传统，不断增强接受中国共产党领导的自觉性和坚定性，高举爱国主义和社会主义的大旗具有十分重要的意义。会中央组织开展了一系列富有思想内涵的纪念活动，如举办座谈会、联欢会、开展理论征文、摄影比赛、学习会史、重温先辈事迹，并加强会史资料的抢救工作等，以此为契机，抚今追昔、展望未来。唱响主旋律，加强我会广大成员在“中国特色社会主义道路”、“全面建设小康社会目标”和“中华优秀文化和社会核心价值观”等方面的认同。

在做好今年工作，认真总结经验的同时，我们希望以新中国成立60周年和纪念中国共产党领导的多党合作和政治协商制度确立60周年为新的起点，做好明年工作的规划。

（一）深入学习贯彻中共十七届四中全会精神，贯彻落实民进全国组织工作会议和宣传思想工作会议精神。

民进全国组织工作会议和宣传思想工作会议，全面总结了我会在思想政治工作和组织建设工作方面的成绩和经验，认真研究了参政党建设面临的形势和任务，提出了我会进一步加强自身建设的要求和措施。会议结束后，各级组织结合自身实际，认真学习贯彻会议精神，把思想建设与组织建设、制度建设结合起来，融于参政议政、民主监督的实践之中，使各方面工作相互促进，取得良好效果。

我们要将学习贯彻中共十七届四中全会精神与贯彻落实民进全国组织工作会议和宣传思想工作会议精神有机结合起来，通过学习中国共产党加强和改进执政党的建设的基本经验和重大举措，启发和促进我会自身建设取得新成效。切实做到执政党建设与参政党建设相互促进，自身建设与履行职能相互促进。

1. 学习贯彻科学发展观，加强新形势下我会的思想建设。各级组织要认真贯彻落实《民进中央关于新形势下加强我会思想建设的意见》，紧密结合自身建设和履行职能的工作实际，有针对性地在政治交接长效机制，后备干部队伍建设的推荐、选拔、培养、管理机制，以及会内监督机制等方面积极推进，创造经验，不断提高学习贯彻科学发展观的水平。要系统研读《六个为什么》，加大对深层次理论问题的研讨，深刻理解、准确把握社会主义核心价值体系的基本内容和精神实质，引导广大会员牢固树立科学的指导思想、共同的理想信念、强大的精神力量和良好的道德风尚，深化中国特色社会主义主题教育的成果。

2. 加强后备干部队伍建设，搞好届中调整。加强后备干部队伍建设是保持我会充满生机活力的重要保障。各级领导要以高度的政治责任感和强烈的使命感，从多党合作事业和参政党建设的大局出发，积极培养一支政治素质高、代表性强、结构合理、数量充足、体现民进特色的后备干部队伍，不断夯实建设高素质参政党的人才基础。后备干部的培养要从入会抓起，建立培训、锻炼和提高的培养机制，根据不同类别、不同层次的特点和个人实际情况，为他们提供施展才华的舞台。同时，要主动做好协调沟通工作，积极争取中共地方党委和统战部的支持。要认真贯彻落实《民进中央关于加强省级组织领导班子后备干部队伍的意见》，严格工作程序，巩固工作成效。要把后备干部队伍建设当做一项长期的战略任务，要有科学规划，中长期计划和短期安排，使后备干部的数量、结构和素质与领导班子建设和换届工作的需要相适应。明年各地方组织要开展届中调整工作，明年年底的十二届四次中全会上还将增补中央委员。各级组织的主要领导还必须认真思考2012年和2017年的换届工作，以及下两届各级人大代表、政协委员的后备人选。

（二）加强机关建设。

机关建设是全面落实组织工作会议精神的必须。参政党的机关发挥着极其重要的枢纽、桥梁、参谋、窗口、文秘与后勤保障的作用。机关作风和工作效率，反映了党派的精神面貌，关系到参政党的战斗力、影响力和凝聚力，关系到多党合作事业的巩固和发展。高素质参政党，必须有高素质的参政党机关。经过多年努力，我会各级机关良好的工作作风已产生了显著的政治效应和社会效应。但是加强机关作风建设是机关工作的长期任务，要不断研究，不断实践，不断加强。我们要从加强中国共产党领导的多党合作和政治协商制度的政治要求，从参政党建设可持续发展的历史要求，从坚持改革开放事业的时代要求，进一步提高对建设高素质参政党机关的重要性、必要性和紧迫性的认识，努力把机关建设提高到新的水平，为把我会建设成为适应时代要求的高素质参政党奠定坚实的基础和提供有力的保障。

1. 建设学习型机关，提高机关人员的政治素质和业务能力。学习是环境变化的需要、是提高素质和能力的途径、是人生观的表现。要在党派机关中进一步提高对学习必要性的认识，着力培养学习的习惯，切实提高学习的效果，持续完善学习的制度，形成学习的浓厚氛围。党派机关的人员必须具备的政治素质就是对中国特色社会主义理论体系的认识，对中国共产党领导的多党合作制度的认同，在干扰下保持清醒的政治敏锐性，对形势大局的把握以及对参政党履行职能的责任感。业务能力就是对参政党履行职能的渠道、资源的熟悉、掌握与开拓，完成任务的工作思路与办法以及与同事的合作、交流与协调。当然，业务能力必须通过勤用“脑瓜子、笔杆子和嘴巴子”，才能练出来。学习型机关是要通过时时、事事、处处体现出来的。

2. 弘扬社会主义核心价值体系，提高工作热情和服务意识。社会主义核心价值体系是优秀中华文化在新时期新阶段的体现。要加强党派机关的文化建设，可以体现在硬件上、可以体现在活动中，但最重要的是在全机关推动价值理念上的共识：提倡认真负责反对马虎松懈，提倡宽容和谐反对隔阂猜忌，提倡开拓进取反对意志衰退，提倡仁义之心反对揽功推过，提倡关怀互助反对冷漠自私，提倡主动服务反对“衙门”风气。努力建设机关的良好、健康的精神家园，使之成为机关所有人员温暖的家，成为全体会员温暖的家。从和谐机关推演到和谐政党、和谐社会。

3. 重视机关干部队伍建设。机关工作归根到底要靠人、靠队伍。队伍建设既要有数量，更要有合理的结构与优良的素质。所以必须不断总结经验，不断完善选人用人和培养锻炼人的方式、方法。努力营造有利于优秀人才迅速成长，支持每个人干事业、干成事业的环境。这需要我们进一步解放思想，开拓人力资源管理的思路。建立尊重、爱护、关心干部的机制；充分挖掘、利用和发挥每个人的兴趣、特长，使尽其所能；对优秀的年轻干部和业务骨干，要进一步加大选拔任用的力度，尽快改变人才断层、青黄不接的现象；应继续创造、开拓各种培养与交流的机会。

4. 加强机关制度建设，是提高工作效率、防止工作失误、利于统一思想的有力保障。这些制度中有全机关的学习制度、工作研究与沟通制度、民主决策制度、劳动人事制度，也有具体部门、具体工作事项的程序与相应规定，所以需要大家共同努力来做好它。

（三）在科学发展观指导下，履行好参政党职能。

履行好参政党职能，是民主党派深入贯彻落实科学发展观的主要着力点。我们必须加强对国际形势和我国基本国情的了解，在一些事关全局和民生的重大问题上，提出具有前瞻性、全局性、战略性、操作性的意见和建议，为保增长、保民生、保稳定，为“十一五”规划的完成和制定“十二五”规划，作出积极贡献。

1. 完善工作机制，进一步提升参政议政能力。进一步完善集智聚力的参政议政机制，搞好网上参政议政平台建设，将其浏览使用权限扩大到市级组织（地级市）；完善参政议政课题立项工作的中期跟踪制度；完善与上海社科院、清华大学政治经济学研究中心的参政议政课题合作机制。认真思考和贯彻参政议政工作的“六个结合”。即：新老结合——新领域和老阵地相结合；长短结合——长期规划与短线需求相结合；干群结合——参政议政专家骨干与专家群体力量发挥作用相结合；专兼结合——专职干部与兼职专家相结合；内外结合——会内力量和会外资源相结合；虚实结合——务虚的形势情况分析座谈会、研讨会等与务实的参政议政调研活动相结合，从而进一步提高参政议政能力。

2. 充分发挥各种积极性，积极服务社会。社会服务是参政党服务国家和人民的重要职能、是了解国情民意的重要渠道、是增加社会影响力与组织凝聚力的重要抓手。基本思路是发挥各级组织和广大会员的积极性和主动性；立足党派的特色与优势，顺势而为；根据形势发展与实际需要，与时俱进的创新工作方式。参与毕节试验区建设将继续作为明年支边扶贫工作的一项重点工作。海外联谊工作要进一步加强与拓展对海外的交流联谊渠道及方式，使其根据形势的发展发挥更大成效。会中央计划适时召开民进全国社会服务工作会议，交流社会服务工作经验，研讨和部署新形势下的社会服务工作。

3. 自觉维护社会稳定大局，为中国特色社会主义事业营造安定团结的社会环境。发展是硬道理，稳定是硬任务，没有稳定什么事情也办不成。这里需要特别提出的是，在“7·5乌鲁木齐严重打砸抢烧暴力事件”发生后，民进新疆区委会不仅立即发出通知，明确要求新疆民进各级组织、干部和会员，把思想和行动统一到中共中央指示的精神和自治区党委政府的决策上来。民进新疆区委会还通过慰问一线的武警官兵、向受害者献爱心、抽调干部从事公交站点安保工作等方式，用实际行动维护新疆民族团结和社会稳定。区委会还及时向会中央报送信息专报。充分说明新疆民进讲政治、见事快、工作到位，是经受了考验的。维护稳定是民主党派重要的政治责任。我们要从维护我国发展的重要战略机遇期出发，着眼人民安居乐业，就改革发展稳定中的突出问题积极建言献策，为完善相应的利益表达机制、有效化解和消除影响社会稳定的因素发挥积极作用；着眼社会安定有序，协助党和政府做好理顺情绪、协调关系、化解矛盾的工作，促进新形势下人民内部矛盾的解决；着眼国家长治久安，旗帜鲜明地维护祖国统一、反对民族分裂，坚决抵御国际敌对势力的渗透破坏活动，提高维护民族团结的自觉性，营造民族团结进步的良好社会氛围。

各位常委、各位同志，希望大家能够将本次中常会的学习成果和工作信息带回去，结合各地的实际情况，认真组织贯彻实施，做好全会今年第四季度的工作，同时着手考虑明年的工作规划。也希望大家继续思考，认清形势，顺势而为，使我会在自身建设和履行参政党职能两方面都能提高到一个新的水平，为维护社会稳定、促进经济社会又好又快发展、推进和谐社会等方面全力做好工作。

最后，请允许我代表所有与会人员向民进广东省委会对此次会议的精心操办表示衷心的感谢，对各位工作人员的辛勤付出表示感谢。

谢谢大家！

在民进中央庆祝中华人民共和国成立60周年纪念人民政协成立60周年座谈会上的讲话

（2009年9月23日）

严隽琪

同志们：

今天我们在这里召开座谈会，中央和地方、专职和兼职、新同志和老同志的代表，大家欢聚一堂，热烈庆祝中华人民共和国成立60周年，隆重纪念人民政协成立和中国共产党领导的多党合作和政治协商制度确立60周年。

听了各位精彩发言，我的心情也很激动，我觉得大家的发言表达了11万民进会员的共同心愿：那就是身为当代中国人的自豪，对我们伟大祖国的祝福，对组织和人民的感恩，对民进事业的深情，对美好未来的期盼，对走中国特色社会主义道路的决心。今天会议的发言，对大家是一次很好的、非常生动的学习机会。

在中国的传统文化中，60是个特别有意义的数字。而新政协召开、新中国成立以来的60年，对中华民族和中国人来说，更具有不同寻常的历史意义。中国共产党领导全国各族人民，经过奋斗探索，使中国彻底改变了“一穷二白”的面貌，摆脱了落后挨打的被动局面，呈现出欣欣向荣的局面：我国的经济持续增长，科技跨越发展，文化日益繁荣，民主政治逐步推进，社会长期稳定，人民生活总体达到小康水平，综合国力和国际地位不断提高。13亿中国人民意气风发，沿着中国共产党指引的方向和开辟的道路，抒写了中华民族历史的壮丽篇章。

60年来，民进参与和见证了新中国的成立、建设和发展，与人民政协事业一路同行，人事虽然有更替，但民进人始终同中国共产党同心同德、风雨同舟、团结奋斗，为建立和完善社会主义制度，为改革开放和现代化建设，为实现祖国和平统一大业，作出了自己应有的贡献。今天在举国同庆的大喜日子里，我们要缅怀老一辈民进领导人的历史功绩和宝贵精神，是他们把民进带上了“跟着共产党走”的正道，为民进的事业奠定了坚实的基础；我们要感谢为民进的事业呕心沥血、努力奉献的各位老领导和老同志，正是他们把民进的事业不断推向前进，使民进在为国家发展作出贡献的同时，自身也得到健康发展。今天我们相聚一堂，表达对伟大祖国的衷心祝福，同时座谈60年来民进的主要成绩和基本经验，是为了继往开来，更清楚地认识当代的民进人肩负的责任，更自觉地投身到建设中国特色社会主义的伟大事业中去，为祖国和人民作出新的贡献。

同志们，60年来民进与新中国和人民政协同行的历史为我们今天的民进人提供了那些重要的启示呢？

一、坚持和完善中国共产党领导的多党合作和政治协商制度，为建设中国特色社会主义民主政治作贡献

60年前，马叙伦、王绍鏊、周建人、雷洁琼等民进前辈与兄弟党派领导人和无党

派人士积极响应中共中央发布的《纪念“五一”劳动节口号》，他们为筹备新政协，共商建国大计，置个人生死于不顾，从香港等地毅然踏上了奔赴解放区的“光明行”。民进参加了1949年召开的新政协，这是为建立新中国奠基，也标志着中国共产党领导的多党合作和政治协商制度的确立，向世界宣告中国的历史从此掀开了人民民主新的一页。

新中国成立以后，特别是改革开放以来，尤其《中共中央关于坚持和完善中国共产党领导的多党合作和政治协商制度的意见》颁布后，民主党派参政党的性质和地位得到确认，多党合作事业进入新的发展阶段。民进始终自觉坚持和完善党领导的多党合作制度，积极促进社会主义民主政治发展。上世纪80年代以来，我国相继遇到国际国内政治风波、特大自然灾害、重大突发公共卫生事件以及地区和全球性金融危机等来自各方面的严峻考验，无论情况多么紧急和复杂，民进始终保持清醒头脑，坚持维护党的执政地位，维护多党合作的政治格局，与共产党同心同德，共克时艰，共应挑战，为确保社会政治稳定发挥了应有的作用。

民进积极参与政治协商。无论是在中共中央邀请各民主党派领导人出席的协商会、座谈会、通报会上，还是作为人民政协的组成单位之一，在人民政协提供的平台上，民进坚持讲真话，献良谋，做诤友。对中共中央和国务院征求民主党派意见的一系列重要会议文件认真提出修改意见，积极参与国家重大方针政策的讨论协商及履行职责的各种活动，为促进共产党和政府的科学民主决策献计出力，为推动人民政协事业的发展作出贡献。

民进认真履行参政议政和民主监督职能。近10年，民进中央围绕经济社会发展的重大问题和人民群众关心的热点问题，先后有15份向中共中央、国务院报送的书面意见和建议得到党和国家领导人的亲自批示和答复。民进连续多年获得全国政协信息工作一等奖，如关于大幅度提高矿产资源补偿费、关于政府预算需要阳光监督等信息引起了中共中央领导的重视，在促进相关问题的解决和改善中，体现了民进的作用。民进有一大批担任各级人大代表、政协委员和各级政府部门、司法机关领导干部的会员，还有各类特约人员，他们在各自岗位上不辱使命，发挥了参政议政和民主监督的特殊作用。

二、坚持围绕经济建设中心，以促进发展为履行职能的第一要务，为现代化建设和祖国统一大业作贡献

60年前，民进首任主席马叙伦在中国人民政治协商会议第一届全体会议上代表民进发言，表示要“用最大努力，从事于经济建设与文化建设，共同建立光辉灿烂的中华人民共和国。”民进人用坚持不懈的努力、扎实有效的工作践行着马老的发言。

1. 发挥我会的界别特色，促进新中国教育文化出版事业的发展与改革。建国初期，马叙伦任中央人民政府文化教育委员会副主任、教育部部长，周建人任国家新闻出版总署副署长，他们为新中国的教育出版事业做出了具有开创性的工作。民进全会也涌现出一大批在新中国文教战线和其他领域作出突出贡献的先进人物和代表。

教育一直是民进履行参政议政、民主监督职能的主要领域。特别是改革开放以来，

民进在推动教育立法，促进教育改革，呼吁教育结构优化和提高教育质量，推动城乡教育均衡发展，加强教师队伍建设等方面提出了许多建议，对国家的重大决策产生了积极的影响。如教师节的设立，还有中国民办教育协会的成立，都有民进的突出贡献。

民进中央先后就深化我国出版改革、文化体制改革、加强文化市场管理、加强社区文化建设、弘扬和培育民族精神、维护国家文化安全等问题深入调研、建言献策，并在全国政协会议上作大会发言，受到中共中央、国务院及有关部门的重视与肯定，以及被不同程度采纳。

2. 关注国计民生，在资源节约、环境保护和“三农”等重大问题上，促进国家发展战略的实施。民进根据我国社会主义建设推进的需要，不断拓展参政议政的视野。特别是1997年民进“八大”之后，我会就科技、经济、可持续发展中的资源节约和环境保护，西部大开发和“三农”问题、贫困地区和边疆地区经济社会发展、石漠化和沙漠化治理等一系列重大课题，开展深入调研，积极建言献策。如民进中央先后向中共中央报送《关于将“节约、合理利用和保护自然资源”确定为我国基本国策的建议》、《关于西部大开发中要特别重视农业、农村和农民问题的建议》、《关于长江中游湿地保护与合理利用的建议》等书面建议，得到中共中央的高度重视和采纳。民进中央向全国政协提交的《关于建设陇海星火产业开发带，推动中、西部经济发展的建议》、《关于引进市场机制，大力推进环保产业发展的建议》分别被列为当年全国政协会议1号提案，并重点办案，促进了星火产业的发展。

3. 开展社会服务，为促进贫困地区和边疆地区经济社会发展多办实事。改革开放以来，民进各级组织积极开展咨询服务、智力支边、扶贫开发、兴办公益事业等社会服务工作，为支持边疆地区和贫困地区经济社会发展付出了极大心血和努力。民进中央先后在河北滦平县开展了定点扶贫，在贵州毕节“科技扶贫、生态建设”试验区参与了重点扶贫。仅在贵州，20多年来，民进共完成各类支边项目70余个，培训各类人员5000余人次。民进中央与国家林业局等单位合作，与各地方民进组织联动，先后在贵州黔西南州和毕节金沙县启动“30万亩金银花基地项目”和“彩虹行动”，帮助当地探索一条既保护生态环境，又能带动农户增加收入的科学发展之路，以及帮助当地加强教师队伍建设，促进教育公平的可持续发展之路。在国家实施西部大开发战略以来，民进陆续开展了“六个西进”活动，通过合作投资、捐赠、结对扶贫、科教支援等多种方式，为我国城乡区域均衡协调发展和促进社会和谐作出积极贡献。

4. 促进海峡两岸的民间交流。为祖国和平统一大业贡献力量，民进视其为应尽的历史责任。1979年民进“四大”之后，民进各级组织都建立了相应工作机构，热情接待回大陆探亲观光的港、澳、台同胞和海外华人，积极宣传我国政府对台港澳的方针政策。新世纪以来，民进根据两岸关系的新形势，发挥民进的界别特色和组织优势，利用民进联系广泛的人脉资源，以“弘扬中华传统文化，促进祖国和平统一”为主题，以“海峡两岸中华传统文化与现代化研讨会”、“海峡两岸企业合作与发展论坛”、“海峡两岸中学校长论坛”等新形式，促进两岸民间交往、文化经贸交流，反映台湾同胞的意愿，增进海峡两岸的感情与互信，发挥了积极和独特的作用。

三、积极适应世情、国情和会情的变化，坚持以政治交接为主线，不断加强自身建设

民进在1949年全国解放前夕只有会员100人左右，经过60年的发展，现已在全国29个省、自治区、直辖市建立了地方组织，有市县级组织315个，基层组织5739个，会员11.4万余人。60年来民进共召开10次全国代表大会，修改了10次会章，使会的政治纲领、基本任务、工作总则和各项制度规定不断与时俱进，更加规范化。民进历届中央领导集体都高度重视把握时代规律、发挥民进特色，重视加强科学理论的学习、推进民主党派工作理论的创新，重视发挥会史的宣传教育作用。例如：民进八大提出了“巩固老阵地，开拓新领域”和“以政治交接为主线，以参政议政和自身建设为重点，努力把民进建设成为适应21世纪的高素质参政党”；民进十大提出了“集智聚力、顺势而为、有思有行”和“执政党建设与参政党建设相互促进、中央工作与地方组织工作相互促进、参政议政与社会服务工作相互促进、理论研究与实际工作相互促进”等。这些方针和思路是全会的经验财富，在民进的自身建设中发挥了重要作用。

围绕着参政党必需搞好政治交接和提高履行职能的能力这两大历史性课题，民进以思想建设为核心、以组织建设为基础、以制度建设为保障，努力推进高素质参政党建设。我们以主题教育活动和重大事件、重要活动为契机，不断丰富思想建设的内容、形式与载体，不断巩固与中国共产党团结合作的思想政治基础，为建设高素质参政党提供思想保证、精神动力和舆论支持。我们以领导班子建设、组织发展、后备干部队伍和基层组织建设为重点，通过加强组织建设发现人才、发展人才、造就人才，为建设高素质参政党提供人才支持和组织保障。我们坚持民主集中制的原则，实行集体领导和集体领导下的分工负责制，不断完善会议制度、议事决策制度、参政议政工作机制，有序扩大会内民主，探索建立会内监督机制，为建设高素质参政党提供制度保障。经历了60年的风雨波澜，民进形成了坚持接受中国共产党的领导，坚持爱国、民主、团结、求是，坚持立会为公的优良传统；形成了继承传统、以党为师、立会为公、参政为民的共同价值理念；形成了促进政治道路认同、奋斗目标认同和文化价值认同的共识。60年来民进人在长期的党派工作中形成了“知行统一、爱民亲民、淡泊名利、不尚空谈”的“老实党”作风，为国、为民、为民进，执著奉献、无怨无悔，重实干、轻空谈，踏踏实实做好每一件事……这些质朴的情感、高尚的人生追求、求真务实的作风，也是民进自身建设必须珍视和传承的重要成果。

同志们，60年来，民进始终与新中国和人民政协一道，共同迈开前进的步伐、共同经受困难风险的考验、共同分享成功的喜悦。当前，我国正处在改革发展的关键阶段，挑战与机遇并存。形势复杂多变，任务依然繁重。在伟大的祖国朝着建设富强民主文明和谐的社会主义现代化国家的宏伟目标阔步前进的征程上，需要我们继承民进优良传统，把一切积极性、主动性、创造性，把智慧和力量凝集到中国特色社会主义伟大事业中来，在未来的征程上，谱写民进新的历史篇章。

为此，民进在今后更要不被干扰所惑、不为风险所惧、不受困难所阻，进一步做好“四个坚持”：

必须坚持在中国共产党的领导下，坚定不移地走中国特色社会主义政治发展道路。历史和现实一再证明，只有在中国共产党的领导下，中国才能走向独立和富强，才能实现中华民族的伟大复兴。坚定不移地接受中国共产党的领导，走中国特色社会主义政治发展道路，是民进始终沿着正确的政治方向前进、在建设和改革的宏伟事业中真正有所作为的根本保证。面对时代的发展和会员结构的变化，民进必须不断夯实全会多党合作的共同思想基础，引导广大会员把老一辈领导人的历史选择变为新一代民进人的现实选择，把坚持党的领导全面准确地贯彻到民进工作的各个方面和环节。必须筑牢抵御西方两党制和多党制、两院制和“三权鼎立”的思想防线，坚定不移地沿着这条民主新路积极稳妥地前行。

民进必须坚持围绕中心、服务大局，为科学发展积极贡献力量。自觉服从和服务于国家事业发展的重大战略和总体目标，是民主党派履行职能的出发点和落脚点。把自身工作放在执政党和国家工作的大局中来思考和谋划，是民进提高履职能力的必需。当前民进必须围绕经济建设这个中心，更自觉、更深入地学习贯彻科学发展观，抓住“保增长、保民生、保稳定”中带有全局性、综合性和前瞻性的重大问题，深入调查研究，建睿智之言、献务实之策，继续为推动科学发展、促进社会和谐形成合力，作出新贡献。

民进必须坚持执政党建设和参政党建设相互促进，解决好党派自身建设的两大历史性课题。搞好政治交接、提高履行职能和发挥作用的能力，民进才能永葆生机活力。我们必须坚持以党为师、与时俱进，不断从与执政党建设的比较、借鉴、互动中获取自身建设的各种资源和动力，进一步保持进步性和广泛性，使执政党建设与参政党建设相互促进，更好地统一于多党合作、共创伟业的历史进程中，在促进我国政党关系的和谐，促进社会主义和谐社会的构建中，促进党派自身的进步。

民进必须坚持改革创新的精神，在工作中更好地体现时代性、把握规律性、富有创造性。解放思想、实事求是、与时俱进，不仅是发展中国特色社会主义的一大法宝，也是推进多党合作事业和民主党派工作的思想作风保证。面对当前大发展、大变革的新时代和世情、国情、会情出现的新变化，民进在继承老一辈领导人与中国共产党团结合作的政治信念、优良传统和高尚风范的同时，必须大力弘扬改革创新的时代精神，使我们的思想观念和工作能力适应社会的进步和时代的发展，在认真研究和探索解决新情况、新问题的基础上实现继承和发展，努力推动民进工作适应时代发展的趋势和形势任务的要求。

风雨同舟昌国运，和衷共济谱新篇。同志们，让我们高举中国特色社会主义伟大旗帜，坚持以中国特色社会主义理论为指导，团结引导全会各级组织和广大会员，努力建设学习型政党，当前特别要认真学习胡锦涛同志在庆祝人民政协成立60周年大会上的重要讲话和中共十七届四中全会精神，努力建设适应时代要求的高素质参政党，积极履行参政党职能，为贯彻落实科学发展观，夺取全面建设小康社会的新胜利，实现中华民族的伟大复兴作出新的贡献！

最后，让我们衷心祝愿伟大祖国更加繁荣昌盛，祝愿多党合作和民进事业进一步发展，祝各位健康、幸福、节日快乐！

民进中央2009年工作要点

（2009年1月20日民进十二届六次主席会议审议通过）

根据中共十七大和中共十七届三中全会的精神，结合民进十大和民进十二届二中全会提出的任务，按照会中央总体工作部署，2009年民进中央工作总的要求是：高举中国特色社会主义伟大旗帜，以中国特色社会主义理论为指导，坚定不移地走中国特色社会主义政治发展道路，深入学习贯彻科学发展观，巩固和扩大开局之年的工作成果。坚持继承和发扬我会自觉接受中国共产党的领导，爱国、民主、团结、求实，立会为公、参政为民的优良传统与作风；坚持按照“执政党建设和参政党建设相互促进”的要求，把高素质参政党建设与履行参政党职能相结合，形成会中央工作和地方工作相互促进的局面；坚持以科学发展观为统领，有思有行，集智聚力，顺势而为，创新工作机制，进一步提高工作水平。把组织工作和后备干部队伍建设作为2009年工作重点，全面加强自身建设，积极履行参政党职能，进一步开创我会工作的新局面。据此，提出民进中央2009年工作要点如下：

一、深入学习贯彻科学发展观，切实加强全会的思想政治工作

要深入学习贯彻中共十七大精神，进一步解放思想，坚持改革创新，把学习贯彻科学发展观摆在突出位置，深刻领会科学发展观的科学内涵、精神实质和根本要求，增强贯彻落实科学发展观的坚定性和自觉性，推动全会各项工作更加符合科学发展观的要求。

1. 召开民进全国宣传思想工作会议暨学习贯彻科学发展观论坛。认真总结经验，巩固和扩大中国特色社会主义主题教育活动的成果，7月召开“民进全国宣传思想工作会议暨学习贯彻科学发展观论坛”，探索建立思想政治工作和政治交接的长效机制。

2. 隆重庆祝和纪念新中国成立60周年和人民政协成立60周年。围绕“歌颂祖国、歌颂共产党、歌颂社会主义”的主题，在全会开展生动活泼、形式多样、富有特色的庆祝和纪念活动，激励广大会员更加自觉地接受中国共产党的领导，坚持完善多党合作制度，为全面建设小康社会多作贡献。

3. 加强宣传思想政治工作。结合实际情况，充分利用新闻媒体和现代化手段，切实加强宣传思想政治工作，促进思想政治工作更加深入有效；编写出版学习贯彻科学发展观等的学习资料，搞好《民主》杂志创刊20周年纪念活动。

二、大力加强组织建设，夯实高素质参政党建设的组织基础

加强对参政党组织建设面临的新形势新任务的研究，巩固政治交接的成果，巩固和继续加强领导班子建设，抓好后备干部队伍建设，优化组织结构，有序促进会内民主，加强会内监督，健全工作机制，推进我会组织工作健康发展。

1. 召开民进全国组织工作会议。总结交流全会组织工作的经验，研究新形势下参

政党组织建设工作，部署今后一个时期组织工作任务，拟在6月召开“民进全国组织工作会议”；举办民进全国省级组织组织部（处）长培训班。

2. 加强后备干部队伍建设。认真贯彻落实《民进中央关于加强省级组织领导班子后备干部队伍建设的意见》，进一步完善后备干部培养、选拔、推荐、任用机制，有重点、有针对性地做好组织发展工作；加大培训力度，举办民进全国后备干部培训班和民进中央专门委员会委员培训班。

3. 开展会内监督机制的试行工作。认真贯彻落实《中国民主促进会中央监督委员会工作条例（试行）》，稳步推进对领导班子履职情况的监督检查，选择2—3个省级组织，建立地方监督委员会工作试点。

三、加强参政议政体制与机制建设，进一步提升参政议政能力

紧密围绕中共十七大提出的任务，在事关全局和民生的重大问题上，力争提出前瞻性、综合性、全局性、战略性、可行性的意见和建议。集全会之力，聚全会之智，巩固和扩大参政议政体制机制的创新成果，不断提高参政议政的能力和水平。

1. 加强队伍和机制建设。进一步加强中央与地方的合作联动机制，发挥各专门委员会、广大会员和参政议政特邀研究员的积极性，用好会内外参政议政资源，健全全会参政议政工作网络，优化工作机制，搞好网上参政议政平台建设，为高层协商和参政议政提供优质服务。

2. 抓好重点调研项目。以经协商确定的调研项目为重点，以各专委会调研和地方组织调研为基础，继续做好参政议政课题立项工作，把专题调研、系列调研和地方组织调研相结合，在调研成果的基础上，形成向中共中央、国务院提出的意见、建议和“两会”提案、议案、大会发言、信息等。

3. 加强信息队伍建设。总结工作经验，调动会内资源，疏通信息渠道，加强信息员队伍建设，做好培训工作，提高信息工作质量。

4. 优化参政议政平台。集成各方面力量，筹备召开“第二届中国教师发展论坛”（9月）和“长江保护与发展研讨会（2009）”（5月）。

四、集成资源、创新机制，积极服务社会

发挥民进的特色和优势，坚持与参政议政的有机结合，坚持以智力为主要的服务资源，以发挥地方组织的积极性为重要原则，以项目形式为扶贫工作的主要依托，进一步集成各方力量，创新工作机制，为建设小康社会扎扎实实开展社会服务工作。

1. 继续做好支边扶贫工作。重视为农村的改革与发展服务，围绕四川灾后教育重建和西部农村教师培训，以及贵州石漠化、甘肃沙漠化治理，西部地区和河北省定点地区帮扶等项目，努力做好支边扶贫工作，积极筹备“石羊河流域综合治理高层论坛”。

2. 继续做好海外联谊工作。继续推进海峡两岸民间交流交往，筹备召开“第七届海峡两岸中华传统文化与现代化研讨会”（11月），“第三届海峡两岸基础教育论坛”（9月），“第四届海峡两岸企业发展与合作论坛”（6月），做好联委会涉台问题调研的服务工作等。

3. 努力开拓工作新渠道。继续坚持“教育、引导、支持、服务”的方针，筹备召开民进企业界会员联谊会联席会议，开展多种形式的智力服务和公益活动；积极创造条件，筹建开明基金会和开明画院。

五、继续加强理论研究、会史工作，提高为决策服务的水平

按照中国共产党领导的多党合作和政治协商制度的本质要求，科学总结多党合作和参政党建设的实践经验，研究新时期参政党建设和全面履行职能所面临的新形势新任务，为会中央决策服务。

1. 努力做好信息的采集、分析和利用。以服务会中央领导决策为重点，在“民进中央——上海社科院合作中心”的基础上，广泛开展调查研究，及时、准确地为会中央领导提供适用的信息和资料。

2. 积极推动参政党建设理论研究。深入开展调研，有针对性地开展理论研究，建立理论研究课题的申报、登记、奖励制度，促进理论研究常态化。

3. 做好会史资料的抢救工作和基地建设工作。按照“老账抓紧还，新账不欠”的原则，加大会史资料的收集、整理和编辑出版工作，注重近期史料的收集和整理，总结《中国民主促进会年鉴（试刊）》（2008）的编辑经验，研究制定《年鉴》编辑体例，同时，继续做好《中国民主促进会年鉴（试刊）》（2009）的编辑工作。完成会中央会史基地改建工作。

六、加强机关建设，不断提高服务能力和工作效率

坚持以人为本，以思想建设为核心，以信息化推动工作制度化、规范化，以机关文化建设和干部队伍建设提高机关干部素质，增强机关凝聚力，建设高效、务实、文明、团结、和谐、阳光的参政党机关。

1. 进一步加强机关干部队伍建设。继续深入学习贯彻落实《公务员法》和相关配套法规，不断完善机关干部选拔任用中的民主推荐、组织考察和民主测评工作制度和程序。继续拓宽干部实践锻炼渠道，进一步加强干部培训工作，结合机关工作实际，突出培训特色和重点。

2. 提高机关信息化应用水平。做好“民进中央信息资源管理平台”和“民进组织管理应用系统”建设项目，重点加强项目的推广和应用，提高信息资源的开发与利用，提升组织管理的信息化水平，更新机关干部相关设备，提高办公效率。

会中央机关各部门要结合上述工作要点，结合本部门的工作职责，制定本部门工作计划。

民进中央关于认真学习贯彻胡锦涛同志在全国政协民盟、民进联组会上重要讲话精神的通知

（2009 年 3 月 9 日）

民进各省、自治区、直辖市委员会：

3 月 4 日，中共中央总书记胡锦涛同志在全国政协主席贾庆林同志的陪同下看望了

全国政协民盟、民进界的委员，参加联组会讨论，并作了重要讲话。讲话高度评价了民盟、民进的历史贡献、优良传统和过去一年的工作，深刻分析了当前我国应对国际金融危机冲击面临的形势、任务和举措，坦诚提出了对民主党派及其成员进一步履行好发挥好参政议政、民主监督职能的新期望，对进一步巩固好、发展好中国共产党领导的多党合作和政治协商制度的新要求。

讲话既高瞻远瞩，又实事求是，通篇贯穿了科学发展观的重大战略思想，体现了全局立场、系统思维和整体意识，对于加强和改进参政党建设和履行职能具有十分重要的指导意义，对于各级组织和广大会员将产生极大的激励和鞭策作用。会中央要求各省级组织及时向所属组织和广大会员传达胡锦涛同志3月4日重要讲话精神，认真组织好领导班子和广大会员的学习，把讲话精神贯彻到履行职能、发挥作用的工作环节中去。

在传达、学习和贯彻中应注意把握几个要点：

一、要认清形势和任务，统一思想和行动，发扬优良传统，坚定信心，同心同德，迎难而上，共克时艰

2009年是新中国成立60周年，是全面贯彻中共十七大精神，推进“十一五”规划顺利实施的关键一年，也是我们应对国际金融危机的冲击，保持我国经济平稳较快发展的关键一年，切实做好保增长、保民生、保稳定的各项工作，对于维护改革发展稳定大局，推进全面建设小康社会进程具有十分重要的意义。我们要牢记胡锦涛同志的嘱托：把思想和行动统一到中共中央对经济形势的分析判断和决策部署上来，发扬伟大的民族精神，坚定信心，与中国共产党同心同德，共克时艰，积极地履行参政议政、民主监督职能，继续为全面建设小康社会，加快推进社会主义现代化贡献智慧和力量，以优异的成绩迎接新中国成立60周年。

二、要紧紧围绕党和国家的工作大局，为完成保持经济平稳较快发展的首要任务作出新贡献

面对世界经济形势的急剧变化，中共中央强调必须把保持经济平稳较快发展作为经济工作的首要任务。我们要深入学习贯彻科学发展观，正确认识和把握扩大内需与稳定外需，保增长和调结构、增效益的统一关系，坚持以深化改革保增长，以改善民生保增长，努力为建设社会主义新农村、解决“三农”问题作贡献，为保增长提供坚实的基础。要切实贯彻胡锦涛同志对各民主党派的要求，认真地分析国际金融危机走势及其影响，加强对国家宏观调控政策措施贯彻落实情况的调查研究，既为当前经济平稳较快发展集思广益，又要为今后实现全面协调可持续发展献计献策。

三、要紧紧围绕深入实施科教兴国战略，为推进建设创新型国家进程作出新贡献

胡锦涛同志强调，自主创新是掌握民族发展命运的关键之举，保持经济平稳较快发展、转变经济发展方式，推进经济结构战略性调整，实现全面协调可持续的科学发展，都离不开自主创新。教育是民族振兴的基石，是人的全面发展和社会全面进步的重要先导，是科技进步和自主创新的重要基础。我们要发挥民进的界别优势，继续认真地研究解决教育改革发展当中的重大问题，为落实好城乡免费义务教育政策，加强教师队伍特别是农村教师队伍的建设，为加快农村和中西部地区教育特别是职业教育的发展，促进教育公平，办好人民满意的教育，建言献策，不遗余力。

四、要紧紧围绕社会主义文化的大发展大繁荣，为提高全民族的思想道德素质和科学文化素质作出新贡献

胡锦涛同志指出，文化软实力是综合国力的重要组成部分，是决定一个民族繁荣进步的重要力量源泉，我国应对国际金融危机的冲击，保持经济平稳较快发展，要靠雄厚的物质基础，有效的政策措施，有力的制度保证，也要靠强大的精神力量。我们要调动会内外文化人才和资源，建设社会主义核心价值体系和社会主义思想道德，加强青少年的思想道德教育，建设和谐文化，培育文明风尚，推进科技教育，深化文化体制改革，推进文化创新，完善公共文化服务体系，繁荣文化市场，推动社会主义文化的大发展大繁荣，提高国家文化软实力，更好地保障人民基本文化权益。

五、要深入总结60年的实践和经验，进一步履行参政党职能，巩固发展共产党领导的多党合作和政治协商制度

今年是中国共产党领导的多党合作和政治协商制度确立60周年，胡锦涛同志指出，坚持和完善人民政协这种民主形式，坚持和完善中国共产党领导的多党合作和政治协商制度，符合全国各族人民的根本利益，体现了社会主义民主政治的本质要求，具有鲜明的中国特色。我们要在深入总结中国共产党领导的多党合作和政治协商制度60年来伟大实践和宝贵经验的基础上，进一步把参政议政、民主监督职能，履行好、发挥好，进一步把中国共产党领导的多党合作和政治协商制度巩固好、发展好，在新的历史起点上，与中国共产党一道把中国特色社会主义伟大事业推向前进。

民进中央关于学习贯彻中共十七届四中全会精神的通知

（2009年9月29日）

民进各省、自治区、直辖市委员会：

刚刚闭幕的中共十七届四中全会是在新中国成立60周年、国际形势继续发生深刻变化、我国全面建设小康社会进入关键阶段召开的一次重要会议。会议研究了加强和改进新形势下中国共产党的建设若干重大问题，审议通过了《中共中央关于加强和改进新形势下党的建设若干重大问题的决定》（下简称《决定》）。这对于推进中国共产党的建设新的伟大工程、加快全面建设小康社会进程、坚持和发展中国特色社会主义，具有重大而深远的意义。为指导和推动民进全会认真学习贯彻中共十七届四中全会精神，会中央提出如下要求：

一、深入学习、全面把握十七届四中全会的主要内容和精神实质

中共十七届四中全会充分肯定了十七届三中全会以来中央政治局的工作，分析了当前形势和任务，对经济、社会、统战等方面工作进行了部署。《决定》深刻阐述了加强和改进新形势下中国共产党的建设的重要性和紧迫性，深入分析了当前执政党建设面临的重大问题，认真总结了中国共产党执政以来加强自身建设的六条经验，并从六个方面对加强和改进执政党的建设作出了重大部署。《决定》不仅是指导当前和今后一个时期执政党建设的纲领性文件，也是参政党建设必须学习借鉴的重要文件。民进各级组织要切实加强领导，精心组织部署，引领广大会员在全会兴起学习贯彻中共十七届四中全会精神的热潮。要认真学习领会会议对新形势下加强和改进执政党建设的重要性和紧迫性的深刻认识，对执政党建设基本经验和规律的系统总结，对提高执政党的建设科学化水平新的重大命题的科学阐述，对加强和改进新形势下执政党建设的战略部署，对提高推动科学发展和促进社会和谐的能力、保持经济平稳较快发展的总体要求，对做好统一战线和多党合作特别是民族工作的重要论述，切实把思想和行动统一到中共中央决策部署上来。

二、学习中国共产党自身建设的成功经验，建设高素质参政党

我会各级组织和广大会员，要以贯彻落实十七届四中全会精神为契机，以纪念中国共产党领导的多党合作和政治协商制度确立60周年为新起点，认真借鉴中国共产党的党建经验，科学把握参政党自身建设规律，促进参政党建设的理论创新与实践创新。要着力加强思想建设，深化政治交接，努力建设学习型参政党，用中国特色社会主义理论体系武装全会，用社会主义核心价值体系引领广大会员；当前要组织全会认真学习胡锦涛同志在庆祝中国人民政治协商会议成立60周年大会上的重要讲话精神，进一步巩固多党合作共同的思想政治基础，增强接受中国共产党领导的自觉性和坚定性。着力加强组织建设，巩固和扩大领导班子建设成果，不断提高领导班子成员的大局意识、政治觉悟、理论水平和工作能力，积极培养政治素质高、代表性强、结构合理、数量充足、体现民进特色的后备干部队伍，创新基层组织工作方式和活动方式，增强全会的生机活力。加强制度建设，完善实行集体领导、民主科学决策的机制，逐步建立有序扩大会内民主、加强会内监督的机制，努力形成涵盖参政党各方面建设的完整制度体系。加强作风建设，继承和发扬民进的优良传统，艰苦奋斗、团结奉献、求真务实、开拓进取，充分调动和发挥各级组织和广大会员的积极性、主动性、创造性，不断增强全会的凝聚力。

三、围绕贯彻落实十七届四中全会精神，更好地履行参政党职能

我会各级组织和广大会员，要把推动科学发展作为履行职能的第一要务，切实增强谋远虑之计、建有用之言、献务实之策的本领，更有效地参与政治协商，履行参政议政和民主监督职能。要围绕中国共产党自身建设的总体部署，积极为加强和改进执政党的建设建言献策，为建设高素质的干部队伍努力培养和输送优秀的党外人才。要为保持经济社会又好又快发展凝智聚力，在转变发展方式、破解发展难题、解决民生等重大问题上，加强调查研究，提出对策建议，反映社情民意，多办好事实事。要着眼于维护社会大局稳定，协助中共各级党委和政府做好协调关系、化解矛盾和思想引导工作。要围绕促进民族团结进步事业建真言、献良谋，积极促进少数民族和民族地区经济社会发展，参与和推动民族团结宣传教育和民族团结进步创建活动，支持有效防范和打击民族分裂分子及其活动，坚决维护国家统一、民族团结和社会稳定。

会中央号召各级组织和广大会员，紧密团结在以胡锦涛同志为总书记的中共中央周围，高举中国特色社会主义伟大旗帜，以中国特色社会主义理论体系为指导，深入贯彻落实科学发展观，切实把中共十七届四中全会精神学习好、贯彻好、落实好，进一步提高我会自身建设和履行职能的水平，为国家富强、民族振兴和人民幸福作出新贡献。

民进中央关于深化坚持走中国特色社会主义道路学习教育活动的意见

（2009 年 3 月 9 日民进中央十二届六次常委会通过）

民进各省、自治区、直辖市委员会：

2007 年以来，我会扎实开展以“坚持走中国特色社会主义政治发展道路”为主题的政治交接学习教育活动，并在此基础上继续深入开展中国特色社会主义主题教育活动，取得了积极的成果。为适应当前形势发展需要，会中央决定在全会深化坚持走中国特色社会主义道路学习教育活动（下简称深化学习教育活动）。现将有关意见说明如下：

一、深化学习教育活动的重要意义

当前，国际金融危机快速扩散和蔓延，使我国经济平稳较快发展的压力加大，保持社会和谐稳定的任务更加繁重，用社会主义核心价值体系引领社会思潮更加迫切，面临着严峻挑战。民进全会在这样的形势下深化学习教育活动，有助于发挥各级组织和广大会员的积极作用，继承和发扬我会的优良传统，与中国共产党共克时艰、共渡难关；有助于全会在科学发展观的统领下，统一思想，坚定信心，振奋精神，切实履行参政党职能，为保增长、保民生、保稳定作出积极贡献。

二、深化学习教育活动的指导思想

深化坚持走中国特色社会主义道路学习教育，引导广大会员坚持改革开放，坚持四项基本原则，坚持中国特色社会主义道路，坚持中国特色社会主义理论体系，坚持中国共产党领导的多党合作和政治协商制度，为促进经济平稳较快发展、维护社会和谐稳定作贡献。

三、深化学习教育活动的主要内容

1. 认真开展理论学习，进一步夯实共同的思想政治基础。当前，要把学习科学发展观作为学习中国特色社会主义理论体系的重点内容，引导广大会员深入学习、深刻理解科学发展观的科学内涵、精神实质和根本要求，尤其是把握四个根本要求之间的内在联系，进一步坚定走中国特色社会主义道路、坚持中国特色社会主义理论体系的理想信念；进一步明确服务科学发展的目标任务、主要内容和途径载体，增强贯彻落实科学发展观的自觉性和坚定性，把科学发展观切实贯彻到我会自身建设和履行职能的各个方面、各个环节。

2. 深入开展形势教育，进一步增强历史责任感和使命感。要引导广大会员正确认识国际金融危机带来的影响，正确认识我国今年经济社会发展面临的严峻形势，要始终保持清醒的头脑，增强信心，明确肩负的历史责任，把思想统一到中共中央的精神上来，把行动统一到中共中央、国务院的决策部署上来。要广泛开展“如何看待形势”、“我为科学发展建一言”和“如何立足本职岗位作贡献”等讨论，围绕促进经济平稳较快发展、维护社会和谐稳定积极建言献策。

3. 弘扬我会优良传统，进一步增强接受中国共产党领导的自觉性。今年是新中国成立60周年，也是人民政协成立和多党合作制度确立60周年。要以此为契机，深入进行民进章程、多党合作历史和我会优良传统的教育，引导广大会员自觉遵守会章，继承老一辈领导人与中国共产党患难与共、团结合作的优良传统，教育和引导广大会员充分认识中国特色社会主义政治制度和政党制度的历史必然性、巨大优越性和伟大独创性，自觉抵制西方多党制、议会制的影响，巩固和完善中国共产党领导的多党合作和政治协商制度。

四、深化学习教育活动的要求

1. 高度重视，因地制宜，因势利导。深化学习教育活动是新形势下我会继续巩固政治交接成果的一项重大举措，要有的放矢，注重常讲常新、常新长效。我会各级领导班子要从自身实际出发，抓住“两会”召开、新中国成立60周年、人民政协成立和多党合作制度确立60周年等一系列重要事件节点，认真研究部署，突出思想内涵，把握正确导向，引导广大会员参与，抓好督促落实，确保学习教育活动进一步深化。

2. 抓住重点，搞好结合，力求实效。我会各级领导班子在深化学习教育活动中要切实起到表率作用。要把这一活动贯穿在日常工作之中，与学习贯彻科学发展观结合起来，与庆祝新中国成立和纪念人民政协成立60周年活动结合起来，与自身建设、履行职能结合起来，把学习教育活动的成果体现在参政议政、发挥作用的实践之中。

3. 确保队伍思想稳定，探索建立长效机制。我会各级领导班子要增强政治敏锐性和政治鉴别力，掌握广大会员的思想动态，及时加以引导，确保会内思想稳定。要着眼于加强制度建设，研究形成我会思想建设的信息沟通机制、思想动态分析机制和重大问题应急机制，把思想建设各项要求落到实处。

二〇〇九年三月十一日

民进中央关于加强新形势下我会思想建设的意见

（2009年9月28日）

思想建设是我会自身建设的核心。2007年以来，我会开展了以“坚持走中国特色社会主义政治发展道路”为主题的政治交接学习教育活动和中国特色社会主义主题教育活动，取得了重要成果和经验。会中央认为，在多党合作制度确立60周年之际，认真研究和部署我会的思想建设，建立长效机制，对于我会积极应对世情、国情、会情的深刻变化，进一步实现高水平的政治交接、巩固多党合作思想政治基础，全面促进高素质参政党建设，更好地履行职能、发挥作用，极为重要和紧迫。现就加强新形势下我会思想建设提出如下意见。

一、明确指导思想和目标

坚持高举中国特色社会主义伟大旗帜，以邓小平理论、“三个代表”重要思想为指导，深入贯彻落实科学发展观，以坚持中国特色社会主义道路为核心，以继承和弘扬民进老一辈的优良传统和高尚风范为重点，以社会主义核心价值体系为引领，增强各级组织和广大会员接受中国共产党领导的自觉性，增进建设中国特色社会主义的共识，深化对参政党地位、性质和历史使命的认识，自觉维护多党合作的政治格局，遵循多党合作的政治准则，不断夯实多党合作的思想政治基础，坚定不移地走中国特色社会主义政治发展道路。

二、把握基本原则

1. 坚持以领导班子思想建设为重点。领导班子及其成员要带头提高政治把握能力和思想理论水平，增强运用科学理论分析和解决问题的能力，团结带领广大会员沿着正确的政治方向不断前进。

2. 坚持与自身建设其他方面相互促进。要把思想建设与组织建设、作风建设、制度建设结合起来，融于民主党派的各项职能之中，使之与其他各方面工作相互促进，相得益彰。

3. 坚持自觉自主自为。激发各级组织和广大会员自我提高、自我完善的内在动力，充分发挥其积极性、主动性和创造性，在坚持统一要求的前提下进行富有特色的探索。

4. 坚持正面教育、求同存异。坚持正面教育的方式，引导广大会员不断提高思想理论水平。在坚定正确政治方向的基础上，注意求同存异，营造宽松和谐的氛围。对会员中存在的不同思想认识问题，要区别情况，耐心引导；对涉及政治原则的错误观点，必须进行批评教育。

5. 坚持以重大事件为契机，以重要活动为载体。结合国家、统一战线和民进的重大事件、重要活动，丰富思想建设的内容与形式，提高针对性和说服力，增强实效性。

三、确定任务和内容

1. 用中国特色社会主义理论体系武装全会，建设学习型参政党。我会要组织广大会员认真学习中国特色社会主义理论体系，提高应用科学理论解决实际问题的能力，增强贯彻落实这一理论体系的自觉性和坚定性；深入理解包括统一战线、多党合作在内的中国共产党的理论和路线方针政策，正确认识世情和基本国情；不断提高全会的思想政治素质和参政议政能力，为促进国家的科学发展和实现民进的科学发展发挥积极作用。

2. 用社会主义核心价值体系引领会员思想。引导广大会员坚持马克思主义的指导地位，坚定中国特色社会主义的共同理想信念，弘扬以爱国主义为核心的民族精神和以改革创新为核心的时代精神，树立社会主义荣辱观，弘扬爱国主义、集体主义、社会主义思想，坚持正确的世界观、人生观和价值观。既尊重差异、包容多样，又抵制各种错误和腐朽思想的影响。

3. 开展多党合作理论研究，推动参政党理论建设。坚持以参政党应用理论为研究方向，联合社会研究力量，以课题为纽带，以成果转化为抓手，推动全会广泛深入开展理论研究，努力回答参政党理论与实践中提出的重大问题，促进参政党理论创新和工作创新。

4. 用会章会史教育广大会员自觉传承优良传统。引导广大会员，特别是新会员认真学习会章会史，继承和发扬我会老一辈领导人的优良传统和高尚风范，深刻领会我会的政治纲领、基本任务和工作总则，了解我会的组织制度和会员的权利义务，为实现我会的政治纲领和各项任务团结奋斗，努力发挥参政党成员的作用，做中国共产党的挚友和诤友。

5. 做好思想引导和宣传工作，增强全会凝聚力，扩大会的影响力。运用报刊和互联网，加强对重大事件及社会热点的宣传引导，帮助会员析事明理，提高认识、统一思想，在重大问题上与中共中央保持一致。宣传我会各级组织加强自身建设、履行参政党职能取得的成绩和经验，报道先进集体、先进个人的事迹和贡献，激励各级组织和广大会员在会务工作和本职岗位上建功立业。深入了解和把握广大会员的思想脉搏，有针对性地开展思想引导工作。

四、注重方式方法

1. 组织学习、座谈、宣讲、研讨和培训等活动，指导推动全会深入学习科学理论，使广大会员认清形势和任务，明确前进方向和工作着力点，提高思想政治素质和履行职能的能力。

2. 举办知识竞赛、诗歌朗诵会、歌咏比赛和演讲比赛，书画展、摄影展、征文笔会、文艺演出等广大会员喜闻乐见的活动，寓教于乐，达到细雨润物、潜移默化的效果。

3. 结合国家、统一战线和民进的重大事件和重大活动，开展丰富多彩的主题教育活动，组织参观考察，结合自身优势开展参政议政和社会服务工作，以多种形式为社会送温暖、献爱心，使广大会员在实践中净化心灵，陶冶情操，升华境界。

4. 运用网络等现代传媒手段，增进与广大会员的交流互动，认真倾听会员心声，真实沟通思想，及时解疑释惑，努力化解矛盾、理顺情绪、平衡心理。

五、建立长效机制

1. 加强阵地建设。切实办好中央和地方组织的会刊，巩固思想建设的老阵地；加快推进中央和地方组织的信息化建设，开辟网上宣传思想工作的新阵地；建立会史教育基地、政治交接学习教育活动基地，充分发挥其持久的宣传教育作用。

2. 加快教材体系建设。中央有关部门要定期推荐、适时编写统一规范的会章会史、统一战线和多党合作理论的基本教材；省级组织可结合实际编写地方教材和辅助教材；基层组织可根据会员需求，向会员推荐、提供自主学习的相关材料。

3. 推进骨干队伍和工作网络建设。中央和地方组织要创造机会和条件，善于发现人才、注重培养锻炼，加快建设一支包括宣传报道通讯员、统战理论研究会成员、会刊编辑、网站编辑和思想政治工作特约研究员在内的工作骨干队伍，形成中央、省、市三级工作网络，确保思想建设的各项任务落到实处。

4. 建立完善工作机制。

一是规范学习培训机制。要建立健全理论学习和理论研究的各项制度，完善计划和规划，推动理论武装和理论创新，建设学习型参政党。要针对不同对象的需求，制定培训规划，确定培训内容，扩大培训规模，改进培训方式，提高培训质量。

二是建立健全思想动态分析机制。要定期了解和掌握会员的思想动态和愿望诉求，及时了解各级领导班子成员和代表性人士对重大事件和重大决策的思想反映；深入开展调研，关注网络舆情，加强与会员所在单位党组织的沟通联系，建立信息采集、分析和反馈系统。

三是健全宣传引导机制。要把握时机、因势利导、挖掘资源、搭建平台，推动全会开展有针对性的思想教育活动，形成有效工作载体。要大力推出典型宣传，定期总结工作，交流经验，表彰先进，奖励成果。

四是研究建立应急机制。要建立重大突发事件和不良信息的预警机制和应急预案，开启宣传思想工作的快速通道，及时沟通工作信息，大力宣传好人好事，加强对会员的正面引导，保证队伍整体稳定，形成全会思想工作的合力。

六、加强组织领导

1. 构建全面统筹的思想建设格局。积极探索领导班子一把手、分管领导、主管部门和全机关落实思想建设责任制的有效途径和方法，加强具体指导，注重工作落实，率先突破思想建设的薄弱环节，促进基层组织思想建设水平的提高，形成上下联动、齐抓共管、合力推进的思想建设格局。

2. 充分发挥主管部门的职能作用。要配备好宣传、研究部门的负责人和工作干部，帮助他们不断提高政治素质和业务能力，更新思想观念，改进工作方法，面向实际、基层和会员，研究新情况、解决新问题，促进我会的思想建设更加求真务实、深入有效。

3. 为加强思想建设提供必要保障。要抓好思想建设的基本队伍、基本阵地、基本活动、基本制度建设，通过考核激励和督促检查，切实把思想建设落到实处，提高会员的满意度。要逐步增加经费投入，创造必要工作条件，提高工作效率。要根据基层组织和广大会员的需求，做好思想建设的指导与服务工作。

各级组织要结合实际，制订实施方案，贯彻落实本意见。

关于成立民进中央开明画院的决定

（2009 年 7 月 23 日）

中国民主促进会第十二届中央委员会第十五次主席办公会议研究决定，民进中央开明画院于2009 年 7 月 28 日在北京成立。院长由冯骥才同志担任，常务副院长由朱永新同志担任，副院长为全国文联副主席、中国书法家协会副主席段成桂，中国书法家协会副主席、江苏省文联副主席言恭达，中国美院教授、博导、浙江美术家协会副主席、浙江开明画院院长吴山明，岭南画派纪念馆馆长、广东省美术家协会副主席陈永锵，中央美院副院长董长侠，苏州当代书画艺术研究院院长徐圭逊。

会议决定画院监事由民进中央组织部部长王建国担任。会议原则同意画院组织机构设置，会议决定画院为民进中央内置机构，按照内置机构管理办法进行管理，画院章程试行一年。

中国农工民主党

中国农工民主党第十四届中央常务委员会2009年工作报告

（2009年12月11日）

桑国卫

各位委员、各位同志：

我受中央常委会委托，向第十四届中央委员会第三次全体会议报告工作，请予审议。并请列席会议的同志提出意见。

一、2009年的工作回顾

过去的一年，我党中央认真贯彻中共中央的决策部署，高举中国特色社会主义伟大旗帜，以邓小平理论和“三个代表”重要思想为指导，深入学习贯彻科学发展观，贯彻中共十七大精神，落实我党十四届二中全会确定的2009年工作任务，坚持把发展作为参政议政的第一要务，切实履行参政党职能，各项工作都取得了新成绩。

（一）认真贯彻中共中央关于扩大内需促进经济平稳较快发展的决策部署，深入调查研究，积极建言献策

今年1月22日，胡锦涛总书记在中共中央召开的党外人士迎春座谈会上指出：“当前，发挥好参政党作用，最主要的是要为保增长、保民生、保稳定作出积极贡献。面对来自国际国内的严峻挑战，保持经济平稳较快发展，是对中国共产党执政能力的重大考验，也是对各民主党派参政能力的重大考验。”一年来，我党中央认真学习贯彻胡锦涛总书记的重要讲话精神，紧密围绕中共中央、国务院出台的关于扩大内需促进经济增长的政策措施，围绕中央经济工作会议确定的2009年经济工作重点任务，把服务科学发展作为参政议政工作的着力点，把促进经济平稳较快发展和社会和谐稳定作为我党的首要任务，充分发挥自身优势，积极建言献策。至11月底，我党中央以提案、调研报告、社情民意信息等形式提出的意见和建议，经由中共中央、国务院领导同志作出重要批示的8件。

在参与政治协商中积极提出意见和建议。今年以来，中共中央、国务院先后就《政府工作报告》、中共十七届四中全会文件、国家经济工作以及其他关系国家全局的重大问题，召开了5次党外人士座谈会，每次座谈会我党中央都高度重视、认真准备，

在调查研究、多方征询意见的基础上，积极提出意见建议。我党中央领导人应邀参加重要外事和国事活动，列席国务院重要会议。我党地方组织的领导人，出席中共党委和政府召开的协商会、座谈会，参与地方重大方针政策的协商，为促进地方经济社会又好又快发展积极作出贡献。在全国政协6月中旬召开的专题协商会上，我党中央作了题为《关于合理开发新能源，推进绿色经济发展的建议》的发言。

在3月份召开的全国政协十一届二次会议期间，我党中央作了题为《关于尽快解决村医基本待遇和养老保障问题的建议》的大会发言，并围绕促进经济平稳较快发展和社会和谐稳定、医药卫生事业改革、生态环境保护、"三农"等问题，提交大会书面发言16件、提案33件，2件提案入选《重要提案摘报》。《关于建设直达印度洋国际大通道的建议》受到高度关注，全国政协专门组织召开了"建设国际大通道，推进南向互利合作"的专题座谈研讨会，全国政协领导同志主持会议，商务部、外交部、交通运输部等部委的负责同志出席会议，陈勋儒副主席代表我党中央发言，阐述了该提案的意义和建议。《关于在农村贫困地区实施儿童保健综合项目的提案》，被全国政协列入《重要提案摘报》报送中共中央、国务院领导同志，国务院领导同志作了重要批示。

深入基层开展调查研究。今年年初，中央主席办公会议原则确定了2009年的中央调研计划。4月上旬，我党中央领导率团赴江苏、上海、重庆等地，就"推动基层卫生服务机构装备技术改造"等问题开展了专题调研。卫生部、科学技术部、中国药学会等有关单位的领导和专家应邀参加了调研。在深入调研的基础上，向中共中央报送了《关于设立"基层卫生机构医疗器械装备技术改造"和"医疗器械创制"专项，提升基层医疗服务能力，拉动内需的建议》。我们提出的关于加速我国医疗器械研制开发与产业化，采用自主研发的医疗器械装备基层卫生机构，满足群众需求，带动产业发展，增加就业、扩大内需的建议，中共中央、国务院领导同志高度重视，胡锦涛总书记作了重要批示，国务院领导同志也作了重要批示。据了解，国家发展改革委根据中共中央、国务院领导同志的批示精神，邀请中共中央统战部、财政部、科学技术部、工业和信息化部、卫生部等有关部委进行了专题研究。这是国家部委首次就民主党派提出的建议召开专题研讨会。科学技术部在我党中央建议的基础上，表示将以科技惠民为宗旨，围绕基层医疗卫生机构建设的重点需求，结合已有工作基础，适时启动基础医疗装备专项，同时推动信息化建设。

10多年来，我党中央一直关注三峡库区的建设和发展，以库区移民、环境保护等专题开展了多次调研。2008年，我党中央向中共中央、国务院报送了《关于做好三峡库区后续工作的建议》，国务院领导同志作了重要批示。今年7月，我党中央领导再次率调研组赴重庆，调研"三峡库区后续工作管理"等问题，并向中共中央、国务院报送了《关于加强三峡水库后续管理工作，建设和谐稳定新库区的建议》。目前，三峡工程在防洪、航运、发电等方面的综合效益日益显现，正由建设期转入运行期。但从调研的情况来看，后续工作任务依然艰巨。一是移民搬迁遗留问题较多，安稳致富的任务十分艰巨；二是生态环境治理和监测的难度进一步加大；三是地质灾害防治任务比较繁重；四是管理法规和体制有待进一步完善。对此我们提出的关于实现三峡工程建设期工作与后续工作有序对接、推进三峡库区地质灾害防治长效机制的研究与建设、扶持库区产业和移民稳定就业等建议，中共中央和国务院领导同志高度重视，温家宝总理等国务院领导同志作了重要批示，国家有关部委正在研究落实国务院领导同志的批示精神。

今年，我党中央把国家和广大群众都十分关心的公立医院改革问题确定为大考察的主题。为此，我党中央领导先后赴江苏、上海、重庆、四川、辽宁等地进行了实地调研。7月中旬，在中共中央统战部的大力支持和协调下，我党中央邀请中共中央编制委员会办公室、国家发展改革委、财政部、人力资源和社会保障部、卫生部、中国药学会等有关单位的领导和专家赴浙江省进行了重点调研。同时，我党广东、云南、湖北等省级组织也配合开展了调研。在深入调研的基础上，我们向中共中央、国务院报送了《关于公立医院改革的几点建议》。由于公立医院改革涉及面广、利益格局调整大、问题错综复杂，从总体上讲，我们建议公立医院改革的关键是保证公立医院的公益性，要在注重发挥政府主导作用的同时逐步引入市场竞争机制，在国家财力范围内，通过完善政策，明确各方职责，引导市场选择，形成以公立医院为主体、多种所有制形式为补充的城乡医疗卫生服务网络。

此外，我们还开展了多项调研，如关于福建海峡西岸经济区建设，湖南新能源建设和绿色经济发展，江苏连云港设立保税港区建设，重庆“一江两翼三洋”发展战略，北京新农村建设，陕西、福建、江西革命老区加快发展，湖北“两型社会”建设，南水北调中线工程水源区生态补偿机制，黑龙江省东北亚经济区和哈牡绥东对俄贸易加工区建设，湖南生物医药产业发展，上海国际金融中心和国际航运中心建设，云南南亚自由贸易区建设等多项调研。在调研的基础上，向中共中央、国务院报送了《关于加快推进福建对台经济合作的建议》、《关于合理开发新能源，发展绿色经济的建议》、《关于支持连云港设立保税港区的建议》、《关于推进直达印度洋的国际大通道建设，实施一江两翼三洋战略的建议》、《关于研究制定和实施碳税政策，促进低碳经济稳步发展的建议》等，为中共中央、国务院决策提供参考。近日，我党中央领导人撰写的文章《统筹城乡发展，推进新农村建设》在《求是》杂志上发表，体现了中共中央对我党建言献策的重视。

及时反映社情民意信息。今年以来，中央研究室共收到中央机关各部门、各专委会、地方各级组织和党员报送的社情民意信息1320件，遴选后向全国政协报送197件，其中36件被全国政协精选专报中共中央和国务院领导同志。云南省委会报送的《关于加快中国连接南亚、东南亚的西南国际大通道暨第三亚欧大陆桥建设的建议》、江苏省委会报送的《关于大力扶持自主创新国产医疗器械产业的建议》、浙江省委会报送的《关于高值医疗器械宜重复使用的建议》、广西区委会报送的《建议我国企业对东盟国家“走出去”战略中应加强农业技术安全保护》等4件社情民意信息，国务院领导同志作了重要批示。我们向中共中央、国务院报送的研究报告《关于进一步巩固我国粮食安全基础的建议》，国务院领导同志作了重要批示，并批转中央农村工作领导小组办公室。

各省级组织也都在自己所在地区，紧密围绕促进经济平稳较快发展和社会和谐稳定，深入基层开展专题调研，积极建言献策。担任全国和省级政协委员的我党党员，在“两会”期间提出的提案，许多被列为重点办理提案，或被评为优秀提案，为科学决策作出了重要贡献。

与有关方面合作举办论坛，是近几年我们在参政议政工作中创新方式的积极探索。11月份，我党中央与湖北省人民政府、全国政协人口资源环境委员会及环境保护部，在武汉联合主办了第五届“中国生态健康论坛”，在我党湖北省委会的精心组织下，社会各界近300位专家学者与会，围绕我国生态健康和生态文明的发展思路、目标定位、基本途径和工作重点等议题进行了深入探讨，各抒己见、畅所欲言，论坛取得圆满成功。专家学者的建议和研究成果拓宽了我们参政议政的信息来源，为做好参政议政工作提供了有价值的参考资料。我们还分别与吉林省人民政府在延吉联合主办了“中国(吉林)医药产业发展高峰论坛”，与重庆市政协在重庆联合主办了“2009三峡库区发展论坛”。我党中央还与全国政协教科文卫体委员会、卫生部、国家食品药品监督管理局、国家中医药管理局联合召开了“慢性非传染性疾病防治”专题研讨会，何维副主席作了《建立符合国情、有效的我国慢性非传染性疾病防控策略，为建设小康社会提供坚实的保障》的主题发言。

积极开展联络交流工作。中央和地方各级组织认真学习贯彻中共中央关于港澳台工作的一系列重要指示和对台工作的各项方针政策，深入学习贯彻胡锦涛总书记在纪念《告台湾同胞书》发表30周年座谈会上的重要讲话精神，把促进两岸关系发展作为一项重要工作列入议事日程，积极促进两岸交流。今年4月和10月，我们在中央机关分别与“台湾药师公会全国联合会参访团”、“台湾医师检验师公会”等八家专业团体联合参访团举行了座谈，交流了有关情况。张大宁副主席在天津主持召开座谈会，组织大陆医药卫生界人士与参访团成员开展座谈交流，进一步增进了相互了解。地方各级组织和广大党员，根据各自情况和条件，积极开展与香港、澳门、台湾同胞及海外侨胞的专业交流和亲情联谊，促进海内外中华儿女的大团结、大联合，努力为两岸关系和平稳定发展、促进祖国完全统一作贡献。

(二) 围绕落实地震灾区卫生援建项目、贵州毕节试验区建设、环境保护和群众健康事业开展社会服务工作

过去的一年，我们在社会服务工作中认真学习贯彻科学发展观，各项工作都取得了新的进展和成绩。

一是继续落实地震灾区卫生援建项目。去年5·12四川汶川特大地震发生后，我党各级组织和全党同志积极响应中共中央号召，全力投入抗震救灾和支援灾后重建工作，我党中央共接收各级组织和党员的爱心捐款228.86万元，党员缴纳“特殊党费”738.71万元，合计967.57万元。其中123万元于去年5月用于支持四川省委会的抗震救灾工作，余844.57万元，加上中国初级卫生保健基金会的捐款，用于援建四川、陕西地震重灾区的6个乡镇卫生院、30个村卫生室和1个兽医站。至今年11月底，已拨付资金904.2万元。此外还协调中国红十字基金会的援建资金1297.6万元，用于援建四川省的4个乡镇卫生院、20所村卫生站和甘肃省的4个乡镇卫生院。

二是积极支持贵州毕节试验区建设。我党中央已在毕节地区开展帮扶工作20多年。在今年1月中共中央召开的党外人士迎春座谈会上，我党中央就进一步支持毕节地区的

加快发展提出了建设性意见。4 月 14 日上午，各民主党派中央、全国工商联参与毕节试验区建设座谈会在京举行，中共中央政治局常委、全国政协主席贾庆林出席会议并作了重要讲话。4 月 14 日下午，中共中央统战部召开了支持毕节试验区建设工作研讨会，全国政协副主席、中共中央统战部部长杜青林就如何发挥统一战线优势、继续推进毕节试验区建设和智力支边工作等问题作了重要讲话。4 月 30 日，胡锦涛总书记在中共中央统战部呈报的文件中作出重要批示，充分肯定各民主党派中央、全国工商联 20 年来支持和参与毕节试验区建设所取得的成绩，希望持之以恒，扎实推进，不断取得新的成绩。

我党中央认真学习贯彻中共中央领导同志关于毕节试验区建设的重要讲话和批示精神，进一步开展帮扶工作，专门成立了农工党中央参与毕节试验区建设工作领导小组，召开了专门会议，加大了工作力度。根据中央智力支边扶贫协调小组的安排，以我党中央为主、九三学社中央参与，开展了《毕节试验区农村医疗卫生事业发展研究》课题调研；与民革中央合作，开展了《毕节试验区生态建设和环境保护研究》课题调研。组织党内外知名专家，与大方县政府共同制定了《大方县中药产业发展规划（2010—2020 年）》和《大方县天麻、半夏、刺梨专项规划（2010—2020 年）》。协调国家有关部门，推动成贵高速铁路大方县车站、杭瑞高速公路大方县匝道、大方县岔河水库等重大项目的立项。完成了毕节岩溶地区半夏种植试验示范课题，并通过了科学技术部的验收，在帮扶 400 多户农民脱贫致富的同时，也为大方县中草药产业的发展作出了示范。协调 1000 多万元资金与爱德基金会在大方县最贫困的大山乡开展农村社区综合扶贫项目，今年已完成项目资金 285 万元。在大方县实施整村推进项目，大方县鸡场乡大坝村的经济和社会事业得到全面发展，帮扶东关镇的半冲村成功脱贫。资助贫困学生 180 人。中央社会服务部被国务院扶贫开发领导小组办公室评为中央国家机关等单位定点扶贫先进单位。

各地方组织积极参与支持毕节试验区发展的工作。今年先后有上海、重庆、广东、浙江、河北、江苏、安徽、江西、吉林等省级委员会共 70 余人次赴贵州调研，为毕节试验区建设献计出力。上海市委会协调上海计生协会提供 30 万元资金在大方县开展了“幸福工程——救助贫困母亲”项目。江西省委会协调九江职业大学免费为大方县培养 30 名大学生，提供学费、住宿费和生活补助近 90 万元。

三是成功举办了第二届“中国环境与健康宣传周”活动。我党中央继续联合教育部、环境保护部、水利部、卫生部，并新增加科学技术部和国家林业局等部门，于 2009 年 5 月 31 日至 6 月 6 日开展了以“大气环境与健康”为主题的第二届“中国环境与健康宣传周”活动，并举办了“大气环境与健康”高峰论坛，多位专家、学者做了精彩演讲。主办单位在全国近 600 座城市举行各类宣传活动 1300 多次，张贴宣传画 3 万多张，发放宣传手册 3 万多册。开展了“绿书架”捐赠行动，为学校和自然保护单位捐赠有关环保和健康的图书，得到积极赞誉。我党中央作为“国际科学与和平周”的主办单位之一，今年在 30 个省（区、市）组织开展了义诊咨询、健康讲座、心理咨询、送医送药、文艺演出等多种活动，并再次获得中国组委会颁发的“最佳组织奖”。

我党在全国开展多年的新农村建设服务点、乡镇卫生院定点帮扶、和谐社会建设联系点、心理咨询、法律援助等各项社会服务工作，以及我党中央主办的中国初级卫生保健基金会、中国中医药研究促进会依照章程开展的公益慈善项目和学术交流活动，都取得了新的进展和积极成果。中国初级卫生保健基金会与有关方面合作开展妇科疾病检查、支持新农村建设服务点、捐助定点帮扶乡镇卫生院等项目，公益规模达1.2亿元，受益群众达50万人。

（三）各专门工作委员会服务于中央的参政议政和其他重点工作，发挥了重要作用，取得了新的成果

一年来，中央各专门工作委员会的各位委员，依照工作规程，发挥专业特长，积极开展调研、社会服务等各项活动，发挥了“专家库”和“智囊团”的重要作用。

一是发挥委员的专业特长提出提案。过去的一年，专委会提出的提案，有19件被选为中央提案提交全国政协十一届二次会议，占中央提交提案的58%。其中《关于在农村贫困地区实施儿童保健综合项目的建议》和《关于解决当前我国工业发展突出问题的建议》，被全国政协列入《重要提案摘报》报送中共中央、国务院领导同志。

二是围绕应对国际金融危机、推进节能减排以及社会保障等民生问题深入调研，先后开展了慢性非传染性疾病防治、黑龙江抚远三角洲生态保护与开发利用、大小兴安岭生态功能区建设和保护、人口老龄化应对措施、义务教育体系和学校标准化建设、职业技术学院师资培养体系建设、推进城乡幼儿优质教育模式、少数民族地区儿童“地中海贫血病”防治、未成年人犯罪现状、社区自治、国家基本药物制度等20多个议题的调研。

三是积极开展各项活动。经济工作委员会按季度编发“宏观经济形势分析与预测”报告，为我党中央参政议政提供参考。医药卫生工作委员会、教育工作委员会组织医疗队赴四川什邡开展帮扶活动。科技工作委员会、人口资源环境工作委员会和社会法制工作委员会协办第五届“中国生态健康论坛”。文化工作委员会和中国残疾人联合会为我党云南省委会艺术团主办庆祝建国60周年文艺演出。联络工作委员会在中秋节前组织在北京中医药大学就读的台湾学生与我党医药专家进行座谈交流。妇女工作委员会、社会与法制工作委员会联合向我党定点帮扶的安顺地区和大方县捐赠了价值12余万元的药品，并开展了医疗咨询活动。

（四）坚持把思想建设作为政治交接和自身建设的核心，思想理论建设和宣传工作取得新进展

在政治上形成广泛共识，是我党同中国共产党亲密合作的基础。今年以来，我党坚持把思想建设作为政治交接和自身建设的核心，坚持中国特色社会主义理论体系，加强政治理论学习，先后组织学习了胡锦涛总书记在纪念《告台湾同胞书》发表30周年、庆祝中国人民政治协商会议成立60周年、庆祝中华人民共和国成立60周年等大会上的重要讲话、中共十七届四中全会精神等，结合庆祝中华人民共和国成立60周年暨多党合作制度确立60周年，组织开展了《六个“为什么”》学习宣传活动和爱国主义教育活动等。

为了巩固政治交接学习教育活动的成果，中央宣传部开展了思想建设调研。调研组在江西、浙江、上海、云南、广西、广东等地，分别召开了省、市和基层支部座谈会

16次，并进行问卷调查，福建、辽宁、贵州等省级组织配合开展了问卷调查活动，共回收调查问卷1893份。从调研了解和问卷反馈的情况看，我党同志保持了团结和谐、积极向上的精神面貌，对建国60年特别是改革开放30年国家发展的伟大成就感到非常自豪，对中国特色社会主义道路充满信心，坚决拥护中国共产党的领导，衷心希望中国共产党成为始终站在时代前列最先进的领导核心。表示要在多党合作事业中积极发挥作用，学习贯彻科学发展观，树立和践行社会主义核心价值体系，在工作岗位上创优争先，为建设中国特色社会主义伟大事业积极贡献智慧和力量。

一年来，各级地方组织根据中央宣传部提出的《2009年理论研究课题年度计划》，结合实际确定重点研究课题。今年6月新建了江苏省委会参政党理论研究点。中央宣传部和上海市委会联合开展的《中国特色和谐政党关系论》课题研究，历时两年完成，4月下旬在中央机关举行了出版座谈会，中共中央统战部、各民主党派中央、中央社会主义学院，以及我党部分省级组织的代表出席了座谈会。8月，在陈述涛副主席的主持下，黑龙江省委会编辑建立了10个专题的《多党合作理论资料库》，完成了《中国特色参政党理论概论》一书。这些研究成果，较为系统地阐述了构建中国特色和谐政党关系和参政党建设的基本问题，对参政党建设的理论研究作出了有益探索和积极贡献。

各级宣传部门通过多种渠道积极宣传我党的重大活动和重要工作，宣传各级组织的参政议政成果和广大党员的先进事迹。据不完全统计，今年以来，国家级主要新闻媒体对我党工作的有关报道700余篇，起到了塑造形象、指导工作、鼓舞士气的积极作用。中央宣传部配合中央电视台和全国政协《共铸辉煌》摄制组，完成了对我党主要领导人"谈建国60周年"的专题节目采访。

中央宣传部认真总结经验，积极研究和建立完善宣传工作机制，制定了年度"好新闻奖"评选办法和社会宣传工作先进集体评选办法，完善中央机关各部门宣传联络员制度，建立宣传通报制度和信息反馈机制等，积极推进社会宣传工作的规范化、制度化建设。

党刊《前进论坛》继续坚持"提高质量、降低成本、扩大发行"的办刊方针，在文章内容和版式方面都进行了调整，不断提高质量，充分发挥党刊的作用。

今年12月2日，在我党上海市委会的精心组织下，我党中央在邓演达等前辈79年前召开建党会议的地方，隆重举行了"中国农工民主党第一次全国干部会议会址挂牌暨邓演达铜像落成揭幕仪式"。一干会址的查找、保护，得到中共中央统战部、中共上海市委、中共上海市委统战部等方面的指导帮助和热忱支持。

（五）明确新的界别重点分工，组织建设进一步加强

中共中央在致我党十四大的贺词中，希望我党"发挥在医药卫生界联系广泛的优势，就推进医疗卫生事业改革发展、实施环境保护基本国策、加强生态文明建设等问题加强调研，建言献策"，这是新的历史时期中共中央对我党工作提出的希望和要求。经过各方协商，我党组织发展的重点分工，增加环境保护和人口资源领域的代表性人士。今年7月，我党十四届六次中央常委会议审议通过了《中国农工民主党中央委员会关于进一步做好组织发展工作的若干意见》，首次以文件的形式明确了我党组织发展的重点分工为"医药卫生界高中级知识分子、环境保护和人口资源领域的代表性人

士”，这对于我党的组织发展和参政议政工作都提出了新的要求。

一年来，各级组织认真贯彻组织发展的方针政策，全党的组织发展工作平稳有序。截至2009年9月底，党员人数为110718人，其中医药卫生界占60.4%，文化教育界占18.6%，科学技术界占7.9%，其他界别占13.1%。目前，我党有661位党员在各级政府及司法机关任职，1832位党员当选各级人大代表，9805位党员担任各级政协委员，还有许多党员被各级政府部门及司法机关聘为特约检察员、监察员、审计员、教育督导员等。广大党员爱岗敬业，在各自专业领域和工作岗位取得优异成绩。据不完全统计，2009年有160多位党员获得“全国五一劳动奖章”、“全国三八红旗手”、“国家科技进步奖”等奖项和荣誉。我党中央领导人在国家科技重大专项“重大新药创制”专项中担任技术总师和实施管理工作办公室主任，今年5月专项启动以来，在促进我国医药科技创新和产业发展、满足广大人民群众用药需要等方面取得了显著进展，得到了国务院主要领导的重要批示。河北中医药专家吴以岭教授当选中国工程院院士。

各级组织认真贯彻落实《各民主党派中央关于加强地方组织领导班子建设座谈会纪要》精神，积极选拔人才，培养骨干，做好届中调整工作，一批德才兼备、年富力强的优秀干部被充实到各级领导班子中，进一步改善了班子结构；认真贯彻民主集中制原则，按照制度化、规范化的要求，初步建立了领导班子理论学习制度、集体领导和分工负责制、会议制度，稳步推进谈心会、述职和民主评议等项工作，增强了领导班子的团结和谐，促进了各项工作的全面开展。

各级组织进一步加强了干部推荐和培训工作，一批中青年党员被选拔到各级政府和司法机关、大专院校、科研院所担任领导职务，其中有多位同志担任单位正职。中央组织部推荐了一批党员担任社团职务和司法机关、政府部门的特约人员，推荐了一批党员参加民主党派干部进修班、培训班、出国研修班和赴港班的学习。在富阳干部培训基地举办了中青年党员培训班。

继续深入开展基层组织建设年活动。在去年工作的基础上，各级组织进一步加大了对基层组织建设工作的指导，基层组织的核心作用和组织生活质量进一步提高，形成了“中央抓省级组织领导班子建设”、“省级组织抓地市级组织和省属基层组织建设”、“地市级组织抓基层组织建设”的工作新格局。5月份在广东召开的全国组织工作会议，深入总结了十四大以来开展基层组织建设年活动的成果和经验，分析了存在的困难和问题，部署了下一阶段加强组织建设的任务和措施。

党内监督工作稳步推进。党内监督工作是一项新生事物，很多工作需要在探索和实践中不断完善。一年来，中央监督委员会采取了积极稳妥、循序渐进的工作方针，稳步推进党内监督工作。今年3月召开了中央监督委员会第一次全体会议，明确了职责定位和工作方向，强调中央监督委员会在履行职责过程中，要坚持正确的政治方向，坚持正确的职责定位，重点监督我党各级领导班子及其成员履行党内领导职责的情况，主要是制度层面的监督。根据第一次全体会议通过的年度工作计划，中央监督委员会先后赴福建、云南、江苏进行了工作调研，了解省级组织领导班子建设的有关情况，主要是领导班子集体领导和分工负责制、会议制度、谈心会制度、述职和民主评议制度的执行情况，并结合调研发现的情况和问题，进一步研究建立和完善党内监督工作的相关制度。妥善解决党员信访纠纷相关问题。

机关建设继续加强。以和谐机关建设为目标，以能力建设为重点，中央和地方组织进一步加强了机关建设。发扬优良传统，中央坚持开展慰问老党员活动，1月份我党中央领导带领机关同志前往安徽省慰问老党员。去年以来，以“工作业绩、群众认可、岗位需要”为原则，中央机关晋升了一批干部的职务，反响积极。5月份在武汉召开了中央和省级组织秘书长、办公室主任工作座谈会，交流了加强机关工作制度化、规范化、程序化建设的经验。去年成立的农工党中央书画院，已成为加强机关文化建设的重要平台，7月份承办了由我党中央和致公党中央、九三学社中央在中国美术馆联合举办的“庆祝中华人民共和国成立60周年、人民政协成立和中国共产党领导的多党合作和政治协商制度确立60周年书画展”，各省级组织推荐了600多幅作品。中央机关党团组织、工会、妇委会共同努力，召开了“自身能力建设座谈会”、“六个为什么”理论学习研讨会，开展了“读一本书活动”，举办了“庆祝建国60周年幸福生活图片展”。为交流学习成果和工作经验，机关工会创办了《会员之友》。为加强国情教育，机关党员5月份前往交通部规划研究院参观学习等。在全体工作人员的努力下，机关和谐团结、健康向上，积极进取、求真务实的风气更加浓厚。机关工作人员认真履行岗位职责，讲学习，讲团结，讲奉献，服务参政议政工作和党务工作的能力进一步提高。

各位委员、各位同志，一年来，我党各项工作在探索创新中进一步发展，取得了新的成绩，这是各级组织和全党同志共同努力的结果。同时也要看到，为适应多党合作事业发展的新要求，我们的参政议政能力建设、思想理论建设、组织发展和后备干部队伍建设等方面都需要进一步加强。我们要不断总结经验，不断推动全党工作的新发展。

去年下半年以来，受国际金融危机严重冲击，我国经济社会发展遇到严重困难。面对严峻复杂的经济形势，中共中央、国务院全面分析、准确判断、果断决策、从容应对，团结带领全国各族人民坚定信心、迎难而上、共克时艰，努力化挑战为机遇，坚持把保持经济平稳较快发展作为经济工作的首要任务，坚持积极的财政政策和适度宽松的货币政策，全面实施并不断丰富完善应对国际金融危机冲击的一揽子计划，大力改善民生和完善社会保障，实施与扩内需、调结构、保增长紧密相关的国家科技重大专项，促进自主创新和发展方式转变等等，有效遏止了经济增长明显下滑态势，在全球率先实现经济形势总体回升向好，应对国际金融危机冲击、保持经济平稳较快发展取得了重大成绩。在国际金融严重动荡、世界经济陷入衰退的情况下，取得这样的成绩极其不易，充分体现了中共中央科学应对危机、驾驭经济社会发展的坚强领导能力，体现了社会主义凝聚力量、万众一心的制度优势。

在前几天召开的中央经济工作会议上，胡锦涛总书记发表了重要讲话，全面分析了当前国际国内经济形势，深刻阐述了加快经济发展方式转变的重要性和紧迫性，明确提出了明年经济工作的总体要求、重要原则、主要任务，强调当前我国经济回升的基础还不牢固，国际金融危机使我国转变经济发展方式问题更加突显出来，明年的经济工作重点要在促进发展方式转变上下工夫，真正把保持经济平稳较快发展和加快经济发展方式转变有机统一起来，在发展中促转变，在转变中谋发展，把加快经济发展方式转变作为深入贯彻落实科学发展观的重要目标和战略举措，从制度安排入手，以优化经济结构、提高自主创新能力为重点，以完善政绩考核评价机制为抓手，增强加快经济发展方式转变的自觉性和主动性，不断在经济发展方式转变上取得实质性进展。

2010年是国家实施“十一五”规划的最后一年，保持经济平稳较快发展，对于进一步有效应对国际金融危机冲击、为“十二五”规划启动实施奠定良好基础具有十分重要的意义。我们要认真学习贯彻胡锦涛总书记的重要讲话精神，学习贯彻中央经济工作会议精神，把思想认识统一到中共中央关于国际国内经济形势的科学判断上来，统一到中共中央关于加快经济发展方式转变的战略重点上来，统一到中共中央关于做好明年经济工作的总体部署和原则要求上来，紧密结合中共中央的决策部署安排我们新一年的工作。我们要把保持经济平稳较快发展作为服务科学发展的首要任务，充分发挥政治优势、组织优势和智力优势，充分发挥广大党员的积极性、主动性和创造性，为完成明年国家经济工作任务积极作贡献；要坚持求真务实，深入实际、深入基层调研，积极反映社情民意，建睿智之言、献务实之策；要坚持狠抓落实，精心安排，使参政议政工作出成果、出精品、出实效；要坚持开拓创新，在围绕中心、服务大局中不断有新的思路、新的举措和新的作为。我们要加强广大党员及所联系群众的团结，认真履行好参政党职能，发挥好参政党的作用，为促进经济平稳较快发展、积极预防和有效化解矛盾和纠纷、防止群体性事件发生、防止各类矛盾叠加升级、维护社会和谐稳定积极开展工作。

二、2010年的工作任务

2010年我党工作的指导思想是：高举中国特色社会主义伟大旗帜，深入学习中共十七大和中共十七届三中、四中全会精神，坚持以邓小平理论和“三个代表”重要思想为指导，学习贯彻科学发展观，学习贯彻中共中央的各项决策部署，坚持把发展作为参政议政的第一要务，树立和践行社会主义核心价值体系，围绕中央经济工作会议确定的2010年工作任务和研究制定“十二五”规划积极建言献策，继承和发扬优良传统，团结广大党员在中国共产党领导的多党合作道路上不断前进，为全面建设小康社会作出新贡献。

（一）深入学习贯彻中共十七届四中全会精神，提高我党建设的科学化水平

2009年9月，中共十七届四中全会作出了《中共中央关于加强和改进新形势下党的建设若干重大问题的决定》（以下简称《决定》）。《决定》全面系统地总结了中国共产党在党建方面取得的丰富经验。这些经验，凝聚了几代中国共产党人对共产党执政规律、社会主义建设规律、人类社会发展规律在认识上的深化、理论上的创新，是极为宝贵的财富。《决定》明确提出了中国共产党进一步保持和发展先进性，不断提高领导水平和执政水平、提高拒腐防变和抵御风险能力，成为始终站在时代前列的最先进、最强大的领导核心的目标任务和一系列重要举措，是加强和改进中国共产党建设的纲领性文献。作为中国共产党的亲密友党，我们要认真学习，深刻领会中共中央对加强和改进新形势下中国共产党的建设作出的重要部署，深刻领会《决定》对多党合作事业发展的新要求，以中国共产党为榜样，与时俱进，进一步加强我党的自身建设，建

设学习型参政党，提高我党建设的科学化水平。

（二）树立和践行社会主义核心价值体系，深化坚持走中国特色社会主义道路主题教育活动

社会主义核心价值体系是中共十六大以来继科学发展观、社会主义和谐社会等之后又一重要理论创新成果，是中国共产党深刻把握时代发展要求、与时俱进推进社会主义意识形态建设的重大举措。中共十六届六中全会把社会主义核心价值体系的基本内容明确概括为四个方面：马克思主义指导思想、中国特色社会主义共同理想、以爱国主义为核心的民族精神和以改革创新为核心的时代精神、社会主义荣辱观。

社会主义核心价值体系，是社会主义中国的精神旗帜，是社会主义意识形态的本质体现，是各族人民团结奋斗的共同思想基础，是实现科学发展、社会和谐的推动力量，是国家软实力的核心内容。我党是与中国共产党长期亲密合作、致力于中国特色社会主义事业的参政党，树立和践行社会主义核心价值体系，是搞好我党政治交接，不断巩固和发展与中国共产党团结合作的思想基础，是我党与中国共产党长期亲密合作的政治保证。

各级组织和全党同志，要通过组织学习报告会、理论研讨会、专题研讨班等方式开展学习讨论活动，深刻领会社会主义核心价值体系的基本内容、内在结构和基本特征，把树立和践行社会主义核心价值体系作为加强思想建设的重要任务，作为深化坚持走中国特色社会主义道路主题教育活动的重要举措。广大党员要坚持用科学理论武装头脑，牢固树立中国特色社会主义共同理想，弘扬以爱国主义为核心的民族精神和以改革创新为核心的时代精神，用社会主义荣辱观引领社会风尚，在践行社会主义核心价值体系中发挥模范带头作用，为社会主义意识形态建设贡献力量。

（三）关注国际金融危机发展态势，紧密围绕中共中央的决策部署积极开展参政议政工作

我们要紧密结合中共中央关于保持经济平稳较快发展的决策部署开展参政议政工作，重点围绕中央经济工作会议确定的2010年经济工作的6项重点任务，即提高宏观调控水平，保持经济平稳较快发展；加大经济结构调整力度，提高经济发展质量和效益；夯实“三农”发展基础，扩大内需增长空间；深化经济体制改革，增强经济发展动力和活力；推动出口稳定增长，促进国际收支平衡；着力保障和改善民生，全力维护社会稳定等，深入开展调查研究，反映基层意见，汇聚各方智慧，积极建言献策。

我们要继续发挥界别优势，为促进医药卫生体制深化改革、健全医疗保障制度、规范药品生产流通秩序、完善医院管理体制和运行机制、促进中医药产业发展、应对人口老龄化和新生儿出生缺陷等问题提出意见和建议，为推进“国家重大新药创制”专项继续作贡献。要在环境保护、应对气候变化、发展“低碳经济”方面积极发挥作用。要积极关注现代生物产业的发展，在促进自主创新成果创造和产业化、生物遗传资源保护、生物安全监管、新能源应用、海洋经济、海洋生态保护等方面建言献策，为推进现代生物产业的发展、建设生态文明献智出力。要关注“十二五”规划的研究制定和西部地区经济社会发展问题，积极提出意见和建议。

适应参政议政工作的新要求，要进一步加强参政议政能力建设，发挥全党参政议政

的整体优势，发挥专门工作委员会的专业智慧。要继续落实我党中央与中共重庆市委、中共黑龙江省委关于加强协作的《纪要》精神，加强中央与地方的合作，积极支持地方经济社会的发展。

（四）不断拓宽社情民意信息渠道，进一步做好反映社情民意信息工作

社情民意信息工作，是政协各参加单位及其成员，通过政协向中共党委和政府反映重要情况、提出意见和建议的一项重要工作。社情民意信息已成为中共党委和政府制定方针政策和决策的重要依据，反映社情民意信息也成为各民主党派履行参政议政、民主监督职能的一个重要渠道。

领导重视、网络健全、专人负责，是做好反映社情民意信息工作的基本经验。要把调研与反映社情民意信息有机结合，特别是在调研中发现的一些反映全局性的重大问题、关系群众利益的突出问题、带有倾向性、苗头性的问题以及新情况，可采用社情民意信息的方式及时反映。要加强特约信息员队伍建设，各级组织要重点联络一批参政议政热情高、善思考、有见解的党员专家，组成特约信息员队伍，结合岗位工作实际，积极反映需要决策部门重视的问题，反映基层的意见和建议。要进一步发挥各级组织委员会委员、人大代表、政协委员的作用，发挥专委会的作用，不断拓宽社情民意信息渠道，推动全党社情民意信息工作再上新台阶。

（五）坚持以群众受益为宗旨，继续做好社会服务工作

要以科学发展观为指导开展社会服务工作，把开展社会服务工作与促进发展密切结合。

继续落实好我党各级组织和党员捐款援建的灾区卫生项目，监督捐助资金的使用，做好项目检查和竣工验收等工作。要进一步支持毕节试验区建设，继续开展在大方县的定点帮扶工作，协助联系国家部委的有关支持项目，落实爱德基金会在大方县开展的农村社区综合发展项目。支持毕节试验区加快发展是我党的一项重要工作，中央机关、各级组织和党员同志，有条件的都要积极支持毕节试验区加快发展的工作。要继续做好智力支边工作，加强对贵州黔西南、广西百色、贵州安顺等地区的帮扶工作。

要积极关注环境保护和人民健康事业，继续做好乡镇卫生院定点帮扶项目、中国环境与健康宣传周、国际科学与和平周、新农村建设服务点、和谐社会联系点、“三下乡”、心理咨询、法律援助、慢性病防治进社区等各种形式的社会服务工作项目。

（六）紧密结合党务工作和重大活动，进一步加强社会宣传工作

各级组织要从多党合作事业发展的高度，进一步提高对做好社会宣传的重要性的认识，进一步加强宣传工作。宣传工作要与党务工作紧密结合，积极宣传各级组织的重大活动和广大党员的先进事迹，进一步加强对参政议政、社会服务、思想建设、组织建设的社会宣传报道工作。各级组织各个部门都要重视宣传工作，支持宣传工作。开展的各项党务工作和活动，都要考虑宣传因素，做好宣传报道计划，承办部门要加强与宣传部门的沟通。宣传部门也要主动了解和配合各项党务工作和活动的开展。中央和地方的宣传部门要加强合作和联系，共同组织做好典型代表性人物、重要党务活动、重大参政议政成果的宣传报道工作。

各级组织要进一步加强对宣传骨干的培训和培养。广大宣传干部要进一步加强学

习，进一步提高政治素质和业务能力，坚持以人为本，增强宣传思想工作的主动性和针对性，努力推进宣传思想工作的创新。党刊《前进论坛》要继续坚持“提高质量、降低成本、扩大发行”的办刊方针，进一步办好，发挥党刊的作用。进一步贯彻落实《中国农工民主党关于加强理论建设的意见》和《中国农工民主党关于加强思想政治建设的意见》，要结合参政党履行职能的实际加强思想理论建设，形成理论成果，为加强自身建设和履行职能提供理论支持。

（七）进一步加强组织建设，稳妥推进党内监督工作

各级组织要认真执行《中国农工民主党中央委员会关于进一步做好组织发展工作的若干意见》，加强在医药卫生、环境保护和人口资源领域发展党员，进一步加强高层次人才的发展工作，发展速度继续执行由中央从总体上把握每年不超过5%的政策。进一步完善后备干部队伍建设的工作机制，严格工作程序，通过民主推荐、广泛听取意见、充分协商等方式选拔后备干部。加强对后备干部的培养，根据不同类别、不同层次后备干部的特点和本人实际，有计划、有针对性地进行培训和实践锻炼。进一步加强与中共党委部门的协调联系，加大对后备干部的使用和推荐力度。继续做好党员的培训工作。

认真总结基层组织建设年活动的经验，加强对基层组织的指导和帮助。建立健全领导班子成员和机关专职干部联系基层制度，各级领导班子成员要经常深入到基层和广大党员中，关心基层组织和党员，帮助基层组织解决遇到的困难和问题。要有计划、有针对性地开展对基层组织负责同志和工作骨干的培训工作。

稳妥推进党内监督工作。根据党章和《中国农工民主党党内监督条例（试行）》精神，结合我党工作实际，继续开展工作调研，不断改进工作方法，探索符合监督工作特点的调研方式。开展党内监督工作交流，不断建立完善党内监督工作的相关制度，研究如何进一步做好党内监督工作。

进一步搞好机关建设。要把机关建设的重点放在提高机关干部的业务能力上，进一步提高机关工作人员学习领会重大理论问题和重大方针政策的能力、调查研究和分析问题的能力、撰写参政议政和党务工作文稿的能力、服务参政议政和党务工作的能力。要加强机关的思想建设、作风建设和文化建设，进一步形成高效、务实、民主、团结的机关工作环境。

开展建党80周年纪念活动。我党于1930年8月9日在上海创建，至2010年整80周年。80年来，我党同志前赴后继，为中华民族的解放事业和新中国的繁荣富强作出了重要贡献，为统一战线和多党合作事业发展作出了重要贡献。值此建党80周年之际，我们要通过认真总结我党发展的历程和经验，进一步继承和发扬我党爱国革命的优良传统，进一步提高对中国特色社会主义政治制度和政党制度的历史必然性、巨大优越性和伟大独创性的认识，进一步增强发展中国特色社会主义的政治共识。

（八）认真学习贯彻中共中央有关对台工作的方针政策，积极开展联络交流活动

要认真学习贯彻中共中央有关对台工作的方针政策。胡锦涛总书记在纪念《告台湾同胞书》发表30周年座谈会上发表的重要讲话，是承前启后指导新形势下对台工作的纲领性文件，为站在历史新起点上的两岸关系指出了发展方向。各级组织和全党同志，要按照胡锦涛总书记在讲话中提出的：“要坚持以人为本，把寄希望于台湾人民的

方针贯彻到各项对台工作中去，理解、信赖、关心台湾同胞，体察他们的意愿，了解他们的诉求，为他们排忧解难，满腔热情为台湾同胞多办好事、多办实事，依法保护台湾同胞正当权益，最广泛地团结台湾同胞一道推动两岸关系和平发展”，以及“把坚持大陆和台湾同属一个中国作为推动两岸关系和平发展的政治基础，把深化交流合作、推进协商谈判作为推动两岸关系和平发展的重要途径，把促进两岸同胞团结奋斗作为推动两岸关系和平发展的强大动力”的工作要求，坚持把促进两岸关系和平发展作为履行职能的重要工作，通过开展两岸医药、科技等交流活动，学术活动，亲情联谊活动，促进两岸同根同祖的文化认同，加强调查研究，了解台情民意，努力为推动两岸关系和平发展、促进祖国完全统一多做工作。

各位委员、各位同志，让我们更加紧密地团结在以胡锦涛同志为总书记的中共中央周围，统一思想，凝聚力量，同心同德，奋发有为，为建设中国特色社会主义伟大事业，继续作出新的贡献。

在农工党全国组织工作会议上的讲话

(2009年5月18日)

桑国卫

同志们：

惠州是我党创始人邓演达先生的故乡，我们在这里召开我党全国组织工作会议，意义非同寻常。首先，我代表农工党中央向到会的各位代表表示诚挚的问候！向莅临会议的各位领导表示热烈的欢迎和衷心的感谢！

这次会议是在全国各族人民深入学习实践科学发展观的形势下召开的，是我党十四大以来召开的第一次全国组织工作会议，对做好我党今后一个时期的组织工作具有重要的意义。十四大以来，我党中央领导班子形成了共识，就是一定要把我们的党员队伍管理好，把党员教育好，把党务工作做好，把全体党员团结好，把我们联系的群众团结好，把全体农工党员的服务工作做好，首要的就是我们农工党中央的一班人团结好，中央换届后，我们农工党中央领导集体是非常团结、和谐、协作、民主的，得到了中共中央和统战部领导的肯定和好评。我想成绩的取得和农工党中央机关的同志，和各个省市农工党同志的努力工作、认真履行职责是分不开的。近年来，在各级组织和广大组工干部的共同努力下，我党组织建设呈现出良好的发展态势，领导班子建设、组织发展工作、基层组织建设和制度建设都取得了新的成果。特别是开展了政治交接主题学习教育活动和“基层组织建设年”活动，全党同志进一步提高了对中国共产党先进性的认识，进一步深化了对中国特色社会主义理论体系的理解，进一步增强了贯彻落实科学发展观的自觉性，进一步坚定了走中国特色社会主义政治发展道路的信心和决心，特别是在过去的一年里，我党各级组织通过各种有效形式纪念中共中央“五一口号”发布50周年、积极组织抗击南方低温冰冻雨雪灾害，5·12大地震后又积极投入到抗震救灾和灾后重建工作中，通过这一系列活动，我们更加坚定了坚持中国共产党领导，走中国特色社会主义政治发展道路的信心。最近我随锦涛同志到汶川参加5·12大地震一周年祭活动，到了经过8级特大地震后的都江堰、青川、汶川、北川等地区，在党中央、国务院以及中共四川省委、省政府坚强领导下，在各个省市对口支援下，灾区群众在生活、工作等方面得到了最大程度的保障，中国共产党这种团结全国各族人民战胜自然灾害的能力，进一步坚定了我们在中国共产党领导下，履行好参政党作用的决心和信心。同时，我党的参政议政能力进一步提高，基层支部的核心作用和组织生活质量进一步提高，各级组织对党员及所联系群众的凝聚力进一步增强。我们本次会议就是要总结组织工作取得的成绩和经验，分析存在的难题，安排下一阶段的组织工作任务。希望同志们共同努力，为推动全党组织建设的新发展作出新贡献。值此机会，我讲几点意见：

一、充分认识新时期蓬勃发展的多党合作事业对参政党组织建设提出的新要求

新时期必然有新要求，也必然会遇到新挑战。在中共十七大、我党十四大闭幕之后的2007年12月24日的上午，中共中央举行党外人士座谈会，同各民主党派中央、全国工商联新老主要领导人座谈。座谈会上，胡锦涛总书记发表了重要讲话，对各民主党派中央、全国工商联提出了三点希望：一是要继续高举中国特色社会主义伟大旗帜，进一步打牢同中国共产党亲密合作的思想政治基础。二是要继续深入贯彻落实科学发展观，进一步为实现全面建设小康社会奋斗目标献计出力。三是要继续搞好政治交接，进一步提高开展参政议政、民主监督的能力和水平。他强调："在新的历史起点上，我国统一战线和社会主义多党合作事业要继续发展、发挥更大作用"。"民主党派作为致力于中国特色社会主义事业的参政党，也需要不断加强自身建设，切实解决好政治交接、提高参政党履行职能和发挥作用能力的历史性课题。要按照各自章程规定的参政党建设目标和原则，坚持以思想建设为核心，以组织建设为基础，以制度建设为保障，全面加强自身建设，以班子建设带动队伍建设，不断提高参政议政、民主监督能力。"胡锦涛总书记的重要讲话中提出的"三点希望"和切实解决好"政治交接、提高参政党履行职能和发挥作用能力"的"两个历史性课题"，对参政党的组织建设提出了新要求，为我党的组织建设指明了努力方向，我们要认真学习、深刻领会，在实际工作中贯彻落实。

2009年1月22日，在中共中央举行的党外人士迎春座谈会上，胡锦涛总书记在讲话中强调："在政治上形成广泛共识，是各民主党派、无党派人士同中国共产党亲密合作的基础。"今年是新中国建立60周年，是人民政协成立和中国共产党领导的多党合作和政治协商制度确立60周年。60年来，我党与中国共产党共同前进，共同经受考验，结下了深厚的友谊；风雨同舟、团结合作，形成了许多弥足珍贵的优良传统。回顾农工党80年发展的历史，实际上就是一部对中国共产党在认识上不断深化、政治上不断认同、行动上不断靠拢的历史；是一部在中国共产党的影响、帮助、指导下不断进步的历史；是一部逐步走向同中国共产党团结合作、走向接受中国共产党领导的历史。我们深刻地体会到：中国共产党领导的多党合作和政治协商制度，植根于中华民族几千年来赖以生存发展的深厚土壤，产生于中国共产党和各民主党派争取民主自由和人民解放斗争的光辉实践，发展于建设中国特色社会主义的伟大进程，具有凝聚力量的显著功能，能够为科学发展提供强大动力；具有团结合作的鲜明特色，有利于最大限度地实现政治资源整合；具有包容协商的丰富内涵，体现了社会主义民主的本质要求；具有共创和谐的目标追求，有利于巩固安定团结的政治局面，在国家政治和社会生活中发挥着极其重要的作用，显示出了巨大的优越性和强大的生命力。去年 1 月份，我国南方遭遇了低温冰冻雨雪灾害，当时我在贵州，到了毕节、大方等灾情最严重的几个地方，回到北京后在中共中央召开的座谈会上作了情况汇报，建议能够尽快从北方调度有经验的抢修人员到南方灾区帮助工作。在后来的工作中，国家有关部门组织抽调了北方一些地区的优秀工程人员支持南方灾区抢修工作，发挥了很好的作用。通过这样一些事例，我们感觉到中国多党合作制度的确是适合中国国情、能够保障中国政治稳定、经济繁荣和社会发展的政党制度，是中国现代化发展的政治保障。坚持中国共产党领导的多党合作和政治协商制度，坚持走中国特色社会主义政治发展道路，就是我党与中国共产党在政治上形成的广泛共识，就是我党同中国共产党亲密合作的思想政治基础。因此，我们要充分认识新时期蓬勃发展的多党合作事业对我党组织建设提出的新要求，进一步加强组织建设，为切实解决好“政治交接、提高参政党履行职能和发挥作用能力”的“两个历史性课题”提供组织保障。解决这两个历史性课题，没有组织保障是不可能做到的，我们在座的组织工作干部，要感到自己的责任感、使命感和光荣感。

二、认真贯彻《各民主党派中央关于加强地方组织领导班子建设座谈会纪要》精神，大力加强领导班子建设

领导班子建设在组织建设中具有特殊重要的地位。工作好不好，团结不团结，关键的关键在于领导班子。新形势下加强领导班子建设，需要我们认真贯彻《各民主党派中央关于加强地方组织领导班子建设座谈会纪要》精神，选配好各级领导班子，加强领导班子的思想建设、制度建设和作风建设，提高领导班子成员的政治把握能力、参政议政能力、组织领导能力和合作共事能力，把我党的各级领导班子建设成为政治坚定、民主团结、工作高效、关系和谐、廉洁自律的坚强领导集体。

在 2006 年、2007 年中央、省、市三级组织换届工作中，我们在坚持人选政治标准和德才标准的基础上，重点在优化结构、提高能力上下了工夫，选出了一批政治坚定、结构合理、团结合作、工作有力的班子，整体上完成了领导班子的选配。但我们的领导班子也还有与新的形势和要求不相适应或者不完全适应的地方：有的班子的知识结构、年龄结构不尽合理，影响了班子整体功能的发挥，还有的地方领导班子后备人才储备不足。这些问题需要我们给予高度重视，有针对性的开展工作。特别是要结合即将开始的届中调整，积极选拔人才，培养骨干，把德才兼备、年富力强的优秀干部充实到班子中。

思想建设是领导班子建设的关键，是带动领导班子其他方面建设的一项根本性工作。领导班子要建立健全理论学习的各项制度，制订计划，明确内容。认真学习中国特色社会主义理论、基本国情和形势政策、多党合作历史和理论、农工党党史、章程和优良传统，希望同志们一定要多读一点书，多看我们自己的党刊、社会主义学院关于统一战线和多党合作方面的理论成果，不断提高班子成员的政治素质和理论水平，也希望各级领导班子成员、组织工作干部能够结合自己的工作，写一些文章，促进思考，这对提高自己能力、素质极有好处，有利于我们坚定走中国特色社会主义政治发展道路的信念。

制度建设是领导班子建设的基础。一定要按照“集体领导、民主集中、个别酝酿、会议决定”的原则，认真贯彻民主集中制，按照制度化、规范化的要求，尽快建立健全集体领导和分工负责制、会议制度、谈心会制度、述职和民主评议制度，确保班子团结协调、高效运转。重要决策、干部任免和重要事项，都必须领导班子集体讨论并形成决议，有关重大事项，应按章程规定，经常委会或全委会讨论通过。领导班子成员要各司其职，建立专职领导班子成员的岗位责任制，明确兼职领导班子成员的职责任务。

团结是领导班子建设的生命线。长期的工作实践证明，哪一级领导班子团结搞好了，哪一级的工作就开展得有声有色、有成绩，反之就会影响工作的开展，严重的可能会导致工作瘫痪。班子内部要加强团结，班子成员都要成为团结的模范，形成团结战斗的集体。主委要当好班长，要具有解决矛盾、化解矛盾的领导艺术和方法，既要倡导民主，又要善于集中。班子其他成员要有大局意识，求大同存小异，不要斤斤计较，不要心存私念，把智慧和力量集中到围绕中心、服务大局的工作上来。

三、保持界别特色，进一步做好组织发展工作

在组织发展工作中，要坚持重点分工。组织发展的重点分工是各民主党派在长期发展过程中形成的，也是经过各方协商形成的。保持界别特色，既是参政党存在发展的依据，也是参政党发挥优势、更好地履行参政党职能的基础。中共中央在致我党十四大贺词中，希望农工党“发挥在医药卫生界联系广泛的优势，就推进医疗卫生事业改革发展、实施环境保护基本国策、加强生态文明建设等问题加强调研，建言献策”，这是中共中央对我党在新的历史时期发挥参政议政作用提出的希望和要求。从界别来说，根据最新文件精神，我党在保持原有医药卫生特色的基础上，还可以重点发展环境保护和人口资源领域的代表性人士。因此，我党今后的组织发展工作，要把医药卫生、环境保护和人口资源界的高中级知识分子作为发展和联系的重点。同时，为适应参政议政工作的需要，在保持界别重点分工的前提下，也要积极发展一些在经济金融、社会法律、国际关系等领域的优秀代表性人士。比如去年，农工党中央根据国家战略安全要求，提出了关于打通西南通道，建立第三欧亚大陆桥的建议，以规避现在马六甲海峡对我国重要战略物资通道的“卡脖子”状态，我们的建议提交中共中央后，中共中央负责同志迅速做了批示。现在国家发改委已组织了强大的专家与设计组在云南开始此项工作。由于我们也需要做这方面的调研，因此就需要一些交通、经济、国际关系等领域的专家和代表性人士，说明了组织发展的重要性。

在组织发展工作中，要认真遵循多党合作的政治准则。要认真贯彻中共中央中发〔1989〕14 号文件和中共中央中发〔2005〕5 号文件的精神，贯彻 1996 年 6 月制定的《关于民主党派组织发展若干问题座谈会纪要》、1999 年 5 月制定的《各民主党派中央

关于加强自身建设若干问题座谈会纪要》，以及2004年10月制定的《关于进一步做好民主党派组织发展工作座谈会纪要》的精神。以上文件和座谈会纪要，科学定义了参政党的性质、地位和作用，明确了参政党组织发展的指导思想、基本方针、发展与巩固、重点分工、发展的地区和范围等，涵盖了参政党的组织路线、组织原则和重要的方针政策，符合参政党参加国家政治生活的基本特点和要求。在组织发展工作中，全面、正确地贯彻组织发展的各项政策，就能够从组织上保证我党政治联盟的性质和进步性与广泛性相统一的特点，推进我党整体素质的提高。

在组织发展工作中，要强调政党意识、强调讲政治。1992年，在与民主党派中央领导集体座谈时，江泽民同志语重心长地说："发展成员必须注意质量，对巩固民主党派组织有利，对提高民主党派在社会上的声誉有利。如果把一些政治质量差的，甚至搞资产阶级自由化的人发展进来，将使民主党派陷于被动，这个问题要讲清利害，不要含糊"。我们农工党在这个问题上是得到了中共中央高度肯定的。组织发展是政治性、政策性很强的工作，在社会发展多样化、社会结构复杂化、利益群体多元化变革的环境中，加强对发展对象的入党动机的考察十分重要。发展对象必须政治立场坚定、能够同中国共产党亲密合作，综合素质较高、代表性较强，热情参政议政、热心党派工作。有了这样一支党员队伍，我党在国家经济、政治、文化和社会发展中的一些重大问题上就能够切实履行好参政党职能，参与政治协商，提出意见建议，积极建言献策。千万不要认为我们是参政党而放宽政治标准，千万不要因为"人情难却"而放宽政治标准，千万不要为了"工作经费"而放宽政治标准。对在组织发展中出现的重大问题，必须有人承担责任。

在组织发展工作中，要进一步加强高层次人才的发展工作。高层次人才众多是民主党派的特点和优势。保持党员高层次高素质的特点，有利于保持民主党派的自身优势。发挥参政议政、民主监督的作用，主要是高层次人才发挥参政议政、民主监督作用。政治安排、实职安排的对象也主要是高层次人才。进一步做好高层次人才的发展工作，是履行参政党职能的组织基础和保障。要积极努力把政治上靠得住、工作上有本事、作风上过的硬的高层次人才更多地发展进来，更多地在以下方面发展高层次人才，包括在国家经济和社会发展重要领域起核心作用或作出突出贡献的优秀人才；对国家有突出贡献的专家、科学技术奖励获奖者、重大科技成果发明人；两院院士；国家重大科研项目专家、长江学者、百千万工程人才等；在医疗机构、大学、科研机构等方面的知名专家、学者。其中更重要的，我们希望各地与统战部门和当地党委加强协调联系，能够把一些政治上过硬、在政府岗位上担任重要职务的同志发展到农工党来，发挥他们的作用。要把发展工作与参政议政工作相结合，与改善组织整体结构相结合，与提高综合素质相结合。

新的社会阶层人士作为中国特色社会主义事业的建设者，是我党组织发展的社会基础之一。发展新的社会阶层代表性人士要坚持原则，做到注重素质、保持特色、适量发展、协调有序，重点在大中城市发展高中层次、符合我党特色、有代表性的专业知识分子。要把握标准，发展对象要有较高的政治素质，要遵纪守法、诚实守信、热心公益事业、社会影响好、在所在领域有较强的代表性，承认并遵守我党章程，一般已作一定政治安排或担任一定社会职务。同时，还要加强对新的社会阶层代表性人士入党前的考察。要在有关方面的协助下，向其所在单位或所在地方或所在行业协会、行业主管部门的中共党组织了解情况。对非公有制经济人士，还要听取企业所在地方的社团登记部门和工商、税务、社会保障等部门的意见，了解其依法经营、依法纳税和依法履行社会保障职责的情况。属工商联会员的，应听取所在地方工商联党组的意见。新的社会阶层代表性人士确定为我党的发展对象后，要有6个月以上的培养教育期。

四、进一步加强后备干部队伍建设和干部推荐工作

为适应我国多党合作事业发展的需要和要求，必须进一步加强后备干部队伍建设。持续不断地培养优秀的后备干部队伍，是直接关系我党履行参政党职能的能力，也是把我党建设成为适应多党合作事业发展要求的参政党的重要基础和保证。如果缺乏优秀的后备干部队伍，我党的领导班子建设、推荐实职安排和政治安排都将缺乏人才基础。各级组织的领导同志和负责组织工作的部门要从政治的高度来认识和重视党的后备干部队伍建设的重要性。民主党派和无党派人士担任国家和政府领导职务，是实现中国共产党领导的多党合作的一项重要内容。中共中央中发〔2005〕5号文件提出："县级以上地方政府要选派民主党派成员或无党派人士担任领导职务。重点在涉及行政执法监督、与群众利益密切相关、紧密联系知识分子、专业技术性强的政府工作部门领导班子中选派民主党派成员、无党派人士担任领导职务。符合条件的可以担任正职。国务院有关部委领导班子中要注意选配民主党派成员和无党派人士。各省、自治区、直辖市可根据各级政府机构设置情况，明确需要选配的工作部门的适当比例。各级法院、检察院要逐步选配符合任职条件的民主党派成员和无党派人士担任领导职务，重点做好省级法院、检察院领导职务的选配工作，带动市、县两级法院、检察院的选配工作"。我们要认真学习领会5号文件精神，总结经验，根据5号文件的要求进一步做好后备干部队伍建设工作和干部推荐工作。

我党是接受中国共产党领导、致力于中国特色社会主义事业的参政党，政治联盟的特点和参政党的政治属性，决定了我党选拔培养后备干部必须把政治标准、政治条件放在第一位。选拔培养的后备干部首先要政治素质好，能够把我党的优良传统以及老一辈领导人的高尚风范继承下来，能够坚持中国共产党领导的多党合作和政治协商制度，其次是工作成就和业务能力，具备胜任工作岗位的需要和任职条件。随着干部人事制度改革的进一步深化，包括民主推荐、民意测验、民主评议制度；任前公示制；公开选拔制度、选举制度；职务任期制；任职试用期制度；辞职制度；调整不称职、不胜任现职干部的制度和办法的公布和实施，对我党的后备干部队伍的建设提出了新的更高的要求。我们要根据这个新要求，采取相应的措施，把工作重点放在后备干部的培养和提高上，进一步加强并做好后备干部队伍的培养和培训工作。要根据这个新要求，增加培训内容、制订培训计划，培养一大批优秀的、经得起民主评议、公开选拔、选举等方面考验的后备干部队伍。

选拔后备干部要充分发扬民主、尊重多数党员的意见，采用民主推荐、广泛听取意见、充分协商的方式。通过扎实有效的工作，真正把政治上靠得住、工作上有本事、

作风上过得硬、党员信得过、代表性强的干部选进后备干部队伍。对善于做党务工作、善于做参政议政工作、善于团结同志，能干、肯干并取得突出成绩的同志要积极推荐使用，积极向中共党委和统战部推荐。后备干部的推荐工作，各地方组织的情况不一样，现实条件也不一样，各级组织要根据自身情况和条件制订工作计划，积极向中共党委和统战部推荐我党优秀人才，坚持“党管人才、党管干部”的原则，把政治把握能力、参政议政能力、组织领导能力和合作共事能力比较强，热爱党派工作，有较好的群众基础，以及在专业领域有一定代表性的党员专家人才推荐给中共党委和统战部，让党员专家人才在适当的岗位上为国家发展出力，作出更大贡献。要积极主动加强推荐工作，利用各种条件和机会为后备干部开辟更多的锻炼成长空间，通过多形式、多层次、多方面的培养锻炼，提高后备干部的综合素质和社会知名度。

五、继续深入开展“基层组织建设年”活动，切实加强基层组织建设

基层组织是我党的组织基础和工作基础。十四大闭幕以后，中央经过研究，决定结合当时正在开展的政治交接学习教育活动，从去年4月开始，在全党组织开展为期两年的“基层组织建设年”活动。活动开展一年多来，各级组织通过加强对基层组织的指导、帮助基层组织解决实际困难、优化组织设置、创新活动方式、健全基层组织制度等工作，有力地增强了基层组织的活力和凝聚力，并以此为载体进一步加强了省级组织领导班子建设，提高了地市级组织的工作水平。总结各地的经验，加强基层组织建设需要抓好以下几个方面：

一是要摆正位置，自觉接受中国共产党的领导。在基层组织建设中，要主动争取中共的领导，经常进行工作上的沟通，教育农工党员全力配合本单位的中心工作。每个单位对统一战线的认识、对民主党派的认识会有差异，但在任何情况下，我们都要用自己的工作成绩和出自对多党合作事业的真诚来体现自身的作用，靠发牢骚、挑毛病解决不了问题，在这一点上同志们一定要有正确的认识。

二是要选配好领导班子，积极培养工作骨干。基层组织的领导班子一定要选好人，结构也要合理。这些同志要政治素质好，业务能力强；要有良好的民主作风，能够和党员打成一片，善于听取不同的意见；要有相当的行政工作能力，热心农工党的工作，有奉献精神和创新意识。除了选配好班子，还要积极物色苗子，培养一批热心党务工作的基层工作骨干，确保农工党的事业后继有人。

三是要丰富基层组织的活动内容和形式。基层组织的活动要生动活泼，不能枯燥无味，对党员没有吸引力，不能为了开会而开会。开展活动要注意做到“四个结合”：即与本单位中心工作相结合，与参政议政工作相结合，与社会服务工作相结合，与社情民意工作相结合。要注意邀请中共的同志参加我们的活动，增进了解，联络感情，赢得中共的支持和帮助。

四是要建立健全基层组织制度。基层组织除了通过活动来凝聚党员外，还要通过制度来规范和指导党员的行为。建立的制度既要对党员形成激励，又要有一定的约束力，要有利于推动基层组织工作的制度化、规范化。

五是要切实加强对基层组织的指导。上一级组织要健全完善领导班子成员和机关专职干部联系基层制度，加强对基层组织的指导和支持。各级领导班子成员要经常深入到基层和广大党员中，关心基层组织和党员，帮助基层组织解决遇到的实际困难和问题。要有计划、有针对性地培训基层组织负责同志和工作骨干，提高他们的理论水平和工作能力。逐步建立一套科学有效的评价、奖惩、监督和约束机制，量化基层组织考核标准，使基层组织明确工作目标和任务。

六、积极稳妥推进党内监督工作

根据党章的规定，我党中央研究制定了《中国农工民主党党内监督条例（试行）》，成立了中央监督委员会。今年3月，中央监督委员会召开了第一次全体会议，制定了工作计划。目前，中央监督委员会的各项工作正稳步推进。这里要强调的是，我党的内部监督工作一定要坚持正确的政治方向，坚持党管干部原则和属地管理原则，严格按照干部管理权限开展工作。我党的内部监督主要是对各级组织和党员遵守章程的情况进行监督，重点监督各级班子及其成员履行党内领导职责的情况，主要是制度层面的监督。建立并逐步完善内部监督机制，是包括我党在内的各民主党派加强自身建设的一项重要内容。党内监督工作是一项全新的工作，目前还处于起步阶段，很多东西还需要在探索和实践中去完善。希望全党同志多多支持、配合中央监督委员会的工作，保障我党的内部监督工作能够循序渐进、有条不紊地进行。

同志们，建设一个始终坚持与中国共产党长期亲密合作、致力于中国特色社会主义事业的参政党，是我党自身建设的根本目标。一个政党要实现自身的政治任务，要靠正确的理论、纲领和路线作指导，要有健全和巩固的组织作保障。组织建设工作的任务光荣而艰巨。希望各级组织和组工干部进一步增强政治观念、大局观念、责任观念和忧患意识，坚定信心，振奋精神，扎实工作，锐意进取，努力探索组织建设的工作规律，不断开创组织建设工作的新局面。我们要更加紧密地团结在以胡锦涛同志为总书记的中共中央周围，统一思想，凝聚力量，同心同德，奋发有为，努力为促进我国经济平稳较快发展和社会和谐稳定，为建设中国特色社会主义伟大事业，作出更大的贡献。

深入学习贯彻科学发展观，努力开创宣传工作新局面

（2009年10月16日在农工党宣传工作会议上的讲话）

陈宗兴

同志们：

这次会议是在隆重纪念中华人民共和国成立60周年、人民政协成立60周年、中国共产党领导的多党合作和政治协商制度确立60周年的喜庆时刻举行的，主要内容是学习贯彻中共十七届四中全会精神，总结交流、研究部署农工党的宣传工作和党刊工作，表彰有关先进集体和个人。开好这次会议，对于我们在中共十七届四中全会精神指引下，加强参政党自身建设，开创全党宣传思想工作新局面，具有十分重要的意义。

去年全国宣传思想工作会议以来，各级组织认真贯彻会议精神和部署，积极主动地开展工作，各项工作都取得了进展。一是在全党深入开展学习贯彻科学发展观活动，进一步增强了广大党员走中国特色社会主义政治发展道路的自觉性、坚定性；二是大力深化、巩固政治交接学习教育活动的成果，中央常委会审议通过了《关于加强思想政治建设的意见》，各地组织认真贯彻，推动了思想政治建设深入开展；三是切实加强理论建设，在江苏省委会建立了第六个参政党理论研究点，中央与地方合作编撰出版了《中国特色和谐政党关系论》、《中国特色参政党理论概论》，形成了一批新的理论研究成果；四是围绕新中国成立暨多党合作和政治协商制度确立60周年等重要纪念活动，深入宣传我党的重大活动、代表人物、革命历史和优良传统，形成了宣传高潮和若干亮点；五是党刊工作在原有基础上有所改进，呈现出崭新面貌。总之，一年来我党的宣传思想工作成绩是显著的，各级组织尤其是广大宣传干部为此作出了重要贡献。

下面，我结合学习贯彻科学发展观和中共十七届四中全会精神，就做好新形势下农工党的宣传思想工作谈几点意见，供大家参考。

一、认真学习贯彻中共十七届四中全会精神，切实增强做好宣传思想工作的责任感

中共十七届四中全会，是在新中国成立60周年、国际形势继续发生深刻变化、我国全面建设小康社会进入关键阶段召开的一次重要会议。会议听取和讨论了胡锦涛同志所作的工作报告，审议通过了《中共中央关于加强和改进新形势下党的建设若干重大问题的决定》。这是一个求真务实、民主团结、锐意创新的会议，对于推进中国共产党的建设新的伟大工程、加快全面建设小康社会进程、坚持和发展中国特色社会主义，具有重大而深远的意义。学习贯彻中共十七届四中全会精神，我党中央已经发了专门的《通知》，各级组织要认真贯彻执行。我再强调几点：

第一，学习贯彻中共十七届四中全会精神，要深刻领会新形势下加强和改进中国共产党建设的重要性、紧迫性，进一步增强坚持中国共产党领导的自觉性、坚定性，积极为加强和改进中国共产党的建设建言献策。历史和实践都证明，没有中国共产党就没有新中国，就没有中国特色社会主义；坚持中国特色社会主义道路，推进社会主义现代化，实现中华民族伟大复兴，必须毫不动摇地坚持中国共产党的领导。农工党是与中国共产党风雨同舟、肝胆相照，共同经历了“血与火考验”的亲密友党，也是共同致力于中国特色社会主义的挚友和诤友。全党同志要更加自觉和坚定地接受中国共产党的领导，更加积极主动地为加强和改善执政党的领导作出贡献。

第二，学习贯彻中共十七届四中全会精神，要深刻领会执政党建设的基本经验和规律，认真学习借鉴执政党建设的成功经验，科学把握参政党自身建设规律，努力推动我党自身建设取得新突破。60年来，中国共产党围绕长期执政、改革开放和发展社会主义市场经济条件下建设什么样的党、怎样建设党进行了深入探索和实践，积累了丰富的经验。四中全会系统总结了六条基本经验，尤其是强调要坚持把思想理论建设放在首位，提高全党马克思主义水平。认真学习领会这些基本经验，给我们以深刻的启迪。胡锦涛总书记多次强调，“必须坚持执政党建设同参政党建设互相促进，提高执政

党的领导水平和参政党的参政能力”，这对我们提出了很高的要求。在自身建设实践中，我们要特别注意在立足自身特点的基础上，认真学习借鉴中国共产党的建设经验，从而为更好地履行参政议政、民主监督职能奠定坚实基础。

第三，学习贯彻中共十七届四中全会精神，要深刻领会新形势下中国共产党的建设的战略部署，充分发挥我党自身特色和优势，积极围绕中国共产党和国家中心工作献计出力。四中全会对当前和今后一个时期加强和改进中国共产党的建设作出了全面部署，胡锦涛总书记在庆祝人民政协成立60周年大会上发表的重要讲话，强调要坚持发挥人民政协作为中国共产党领导的多党合作和政治协商的重要机构作用，不断巩固和发展我国多党合作的政治格局。贾庆林主席在本月13日举行的中国人民政治协商会议成立60周年理论研讨会上，就进一步坚持和完善中国共产党领导的多党合作和政治协商制度系统阐述了四个方面的内容。四中全会精神和胡锦涛总书记、贾庆林主席的重要讲话精神，是我们党更好地履行职能、发挥作用新的动员令。我们要把学习成果自觉体现到积极参与保增长、保民生、保稳定的实际行动中去，更好地团结和动员全党同志，发挥优势自觉维护安定团结的社会局面，千方百计地促进经济平稳较快发展。

思想理论建设是参政党自身建设的核心，宣传干部是落实宣传思想工作任务的主力军。学习贯彻中共十七届四中全会精神，切实加强我党自身建设，宣传思想工作是重点，也是难点。希望大家能够以更加神圣的政治责任感、更加饱满的工作热情、更加细致的工作作风、更加过硬的工作本领，努力为开拓农工党宣传思想工作新局面作出更大贡献。

二、深入开展学习贯彻科学发展观活动，认真研究把握宣传思想工作特点和规律

科学发展观是中国共产党立足历史和时代的高度，统筹国内国际两个大局，借鉴人类文明积极成果，认真应对严峻挑战而提出来的重大战略思想和根本方针。宣传部门的同志们要充分认识学习贯彻科学发展观的重大意义，深刻理解科学发展观的科学内涵、精神实质、根本要求，系统掌握科学发展观所体现出的马克思主义立场、观点、方法，坚定不移地把科学发展观的要求贯彻落实到宣传思想工作的全过程和各个方面。

用科学发展观的标准来衡量，我们农工党的宣传思想工作还有许多可以改进的地方，需要引起大家的注意：

一是从宣传内容来看，生搬硬套的多，真正联系党员思想实际的还不够多。如果我们的宣传思想工作只是充当“传声筒”、“复印机”，却不能联系党员的思想实际释疑解惑，甚至只会说一些大话空话，就会和党员没有“共同语言”。参政党的成员大都是中高级知识分子，如果我们在这里利用大家的宝贵时间说大话空话，怎么能够做好宣传思想工作？

二是从宣传方法来看，会议多、文章说教的多，喜闻乐见、入脑入心的形式少。不少基层党员反映，目前我们的思想教育仍然主要依靠传统的会议模式，领导在台上讲、党员在下面听，以其昏昏，使人昭昭，效果肯定是不好的。我们的大部分基层党员都是所在单位的业务骨干，能够请假甚至利用休息时间参加组织活动十分不易，倘若我

们的活动形式不能更加活泼生动，学习内容总是老生常谈，活动的吸引力、组织的凝聚力将会被削弱。

三是从宣传途径来看，利用农工党党内报刊和统战报刊的相对较多，利用其他有广泛社会影响的主流媒体少。目前宣传工作的一个主要瓶颈是我们自己缺乏媒体，除了中央的《前进论坛》外，地方组织的党报党刊都是不定期内部报刊，社会影响不大。主要刊发我们宣传报道稿件的统战类报刊，读者也基本在统一战线这个范围，存在着“谁写谁看，写谁谁看”的局限性，有人甚至说是“自娱自乐”。而社会主流媒体，全国性的大报大刊，尤其是广播、电视、网络对我党的宣传报道屈指可数。

四是从宣传效果来看，短期效果尚可，长效机制亟待形成。社会宣传绝大多数是常规性的消息报道，给人留下深刻印象的比较少。思想建设中用社会主义核心价值体系引领广大农工党员树立和践行正确的世界观、人生观和价值观，是一项长期而艰巨的任务，总的来说目前我们仍然办法不多、效果不够理想。目前仍有少数地方组织、个别领导同志，把宣传思想工作视作可有可无、可松可紧的“软任务”，工作实际中存在着无从下手、无处着力的现象。

学习贯彻科学发展观是一场深刻的观念变革，我们必须清醒地认识我党自身宣传思想工作面临的新形势、新挑战和新要求，尽快转变不适应科学发展观要求的思想观念、方式方法、体制机制，深入把握宣传思想工作的特点和规律，努力做到以科学理论指导宣传思想工作，以科学制度保障宣传思想工作，以科学方法推进宣传思想工作，不断提高宣传思想工作的科学化、制度化、规范化、程序化水平，推动宣传思想工作科学发展。

一要有的放矢、对症下药。科学发展观的核心是“以人为本”，做好宣传思想工作首先要研究党员的思想特点，建立健全调查研究、定期研究分析党员思想态势的机制，掌握宣传思想工作的主动权。农工党以医药卫生、环境保护、人口、资源界的高中级知识分子为主，当然会具有一些独特的思想特征，需要大家深入研究把握，并在工作中采取有针对性的措施。另一方面，随着社会主义市场经济的发展，在培育人们的竞争意识、平等意识、民主意识、功利意识和契约观念的同时，也使得很多党员尤其是中青年党员在政治观念、价值理念和思维方式方面受到影响，表现出更多的理性色彩，要求我们更多地从理论层面予以引导。要进一步强调“贴近实际、贴近生活、贴近党员”，更加深入地走到党员中去，看看他们在做什么，了解他们在想什么，问问他们需要什么，与他们面对面地谈心交友。

二要潜移默化、润物无声。一定要减少自上而下的“灌输”、生搬硬套的“教育”，而是把宣传思想工作融化进参政党工作的各个环节、体现在参政党工作的方方面面。为此要努力做到三个结合：一是把宣传思想工作与履行参政党职能结合起来，引导动员党员积极参与社会实践活动，在多党合作中增强共识，通过宣传报道和社会反馈增强荣誉感、责任感、成就感；二是把宣传思想工作与基层组织建设结合起来，切实加强基层组织建设，通过思想建设增强基层组织的活力和凝聚力；三是把宣传思想工作与维护党员的合法权益结合起来，主动关心党员的思想、工作、生活，协助其解决实际困难，寓思想教育于办实事之中，通过解决现实问题引导党员提高精神境界。

三要解放思想，锐意求新。形势在发展，时代在进步，宣传思想工作必须与时俱进，不断创新方式方法，增强吸引力。一方面，上级组织要加强对下级组织的指导帮助，不同地区组织间要经常性地开展交流活动，大家都来总结推广我党宣传思想工作的好传统、好做法，形成自觉学习、彼此借鉴、相互促进、共同提高的良好氛围；另一方面，要坚决改革一些不适应形势发展需要、不受党员欢迎、宣传效果不好的工作方式方法。要大胆探索运用现代技术手段创造新的工作方法，积极引入互联网、多媒体、手机短信等构筑新的平台，善于运用社会媒体营造良好舆论氛围，使我们的宣传思想工作更有时代气息。

四要统筹兼顾，突出重点。重大事件、重要活动、突发事件是开展宣传思想工作的好契机，利用得当能够取得事半功倍的效果。这就要求我们平时必须有所准备、有所积累，并且始终保持高度的政治敏锐性，关键时刻才能趁势而上，掀起宣传高潮。各级组织领导班子要始终把思想建设作为参政党自身建设的核心，统筹考虑、统一安排，整合资源、整体推进，特别是涉及重要活动、重点人物或重要事件的宣传，要由主要领导或机关首长亲自协调落实。宣传干部要努力培育自己的大局观，真正发挥好参谋助手作用，认真做好宣传资源的统筹和协调，坚持对外宣传、对内宣传一起策划部署、一同组织实施，形成宣传工作的综合效应。同时也要看到，当前我党宣传思想工作任务十分繁重，专职工作人员又普遍较少，更加要求我们本着统筹兼顾的原则，坚持“有所为有所不为”，突出重点，切忌贪多求全、忽视实效。

三、以社会主义核心价值体系为引领，切实加强参政党思想理论建设

今年以来，在中共中央、国务院的坚强领导下，随着一揽子计划和政策措施的出台，我国努力克服国际金融危机的不利影响，经济增长明显下滑趋势得到遏制，经济形势总体呈现出企稳向好势头。广大人民群众对党和国家的路线方针政策的拥护更加坚定，对中国特色社会主义道路的前景更加充满信心。同时也要看到，随着我国改革开放的日益深入，社会意识必将更加多样、多元、多变，巩固多党合作共同的思想政治基础也会面临着许多新的复杂情况。

今年4月至5月，按照农工党中央的工作部署，宣传部对江西、浙江、上海、云南、广西、广东等南方部分地方组织开展了一次较为深入的思想建设情况调研，福建、辽宁、贵州等省委会也配合中央开展了问卷调查活动，经过统计分析，获得了许多第一手的材料。从我们这次调研中了解到的情况来看，广大农工党员的思想状况整体上呈现出团结和谐、积极向上的良好态势；但是个别党员在一些重大政治问题上仍然存在模糊认识。例如，7.6%的受访党员认为中国共产党对民主党派的领导是“中国共产党自己决定的”，7.2%的受访党员认为西方多党制、议会制“目前不适合中国国情，但将来可以采用”，等等。有这样思想认识的党员数量虽然很少，但是要引起我们重视，有针对性地引导党员澄清理论是非，化解思想困惑，辨明前进方向。

加强思想理论建设的关键，是要牢固树立和践行社会主义核心价值体系。当前及今后一个较长的历史时期，我们都要坚持不懈地把树立和践行社会主义核心价值体系作为加强思想理论建设的重要任务，作为深化坚持走中国特色社会主义道路主题教育活动的重要举措，认真谋划思路，精心组织开展，为推动多党合作事业蓬勃发展提供强大的精神力量。

一是要在广度上下工夫。充分运用党内外媒体、报告讲座、干部培训、普及读物等多种形式，使社会主义核心价值体系的宣传引导覆盖到各级组织和全体党员。要坚持多用事实说话、用数字说话、用我们身边的事例说话，注意发挥代表性人物的示范引导作用。中共中央宣传部理论局组织编写的《六个“为什么”——对几个重大问题的回答》观点鲜明、语言生动、情理交融，是广大党员学习领会中国特色社会主义理论体系的重要读物。一定要认真组织好有关学习活动，切实引导广大党员牢固树立正确的世界观、人生观和价值观，正确看待我国面临的形势和改革发展中出现的问题，坚定走中国特色社会主义道路的信心和决心。

二是要在深度上下工夫。深入的理论研究，既是我们认识世界、探索规律、指导工作的重要前提，也是引导和推动社会主义核心价值体系深入人心的重要方法。要联系农工党实际，结合党员关心的重大理论问题，确定一批重点研究课题，组织骨干力量进行科研攻关，力争取得一批新的理论研究成果。要始终把树立和践行社会主义核心价值体系作为思想理论建设的重点，从理论层面认真总结农工党自身建设的内容形式、方式方法、体制机制等，不断研究探索践行社会主义核心价值体系的新举措，形成更多理论研究成果供各级组织领导班子决策参考。要充分发挥参政党理论研究点的作用，积极筹备成立中央参政党理论研究中心，尽快形成覆盖全党的理论研究网络。

三是要在力度上下工夫。树立和践行社会主义核心价值体系，既要内化为价值观念，也要外化为自觉行动。要团结引导广大党员努力在多党合作的伟大实践中砥砺品格、磨炼意志，在积极投身中国特色社会主义伟大事业中升华思想境界。各级组织领导班子要进一步加强和完善理论学习制度，不断提高领导班子成员自身理论素养和工作水平。要高度重视发挥科学理论对工作的指导作用，注重把理论研究成果运用于各项决策，积极探索充满生机活力的理论工作新体制和运行机制。要加大对理论研究和理论宣传工作的支持力度，千方百计创造更好的工作条件，充分调动和发挥理论骨干和专职干部的积极性、主动性、创造性。

四、着眼于营造多党合作的良好舆论环境，全力做好我党的社会宣传工作

当前，我党社会宣传工作的总体态势是好的。特别是去年以来，围绕抗震救灾、中共“五一口号”发布60周年、北京奥运会、改革开放30周年、新中国成立60周年、人民政协成立60周年、中国共产党领导的多党合作和政治协商制度确立60周年等重大突发事件和重要纪念活动，各级组织都开展了形式多样的宣传活动，对我党参政议政、社会服务活动的经常性报道任务也完成得较好，起到了塑造形象、指导工作、鼓舞士气的作用。但是也要清醒地看到，由于各种主客观因素的制约，统一战线、多党合作的宣传在全社会还处于相对弱势；同时与广大农工党员的殷切期待相比，目前我们的宣传报道效果还有不小的差距。希望同志们以这次会议为新的起点，深入把握时代特点和工作规律，牢固树立政治意识、大局意识、责任意识和阵地意识，同心协力把我党的社会宣传工作推向前进。

第一，做好社会宣传工作的关键，是要努力形成一批宣传高潮和宣传亮点。我们一方面要高度重视常规工作的宣传报道，正面的宣传报道多多益善，这是我们工作的基础；另一方面也要进一步选择一些重大题材和重要时刻，努力刊发一批有分量、有影响的宣传稿件。这里所讲的“有分量”、“有影响”，其含义或者是刊登在头版头条等重要版面，或者是通讯、特写等新颖活泼的体裁形式，或者是有典型意义、引发广泛社会共鸣的报道内容。为此，宣传部门要进一步提高对社会热点问题的新闻敏感性，在工作计划中制定有操作性的预案。要特别注意做好我党重要会议、重要活动、重大事件以及主要领导人接受媒体采访的宣传策划，充分考虑宣传效果，深入挖掘宣传素材，切实把握宣传报道的主动权。

第二，做好社会宣传工作的根本，是要着力建立健全一套成熟的工作机制。社会宣传是我们的一项十分重要的常规性工作，必须立足当前，着眼长远，努力形成一套有章可循、规范有序、行之有效的工作机制。一是建立健全资源共享、优势互补的工作机制，宣传部门要大力加强与参政议政、社会服务等职能部门的联系和沟通，经常了解情况、及时宣传报道；其他职能部门也要牢固树立宣传意识，主动与宣传部门配合，把我们已经取得的工作成绩充分反映出去。上下级组织之间要加强协作和联系，共同组织好重要代表人物、重要活动的宣传报道工作。二是要切实畅通与人民日报、光明日报、人民政协报、团结报以及地方有影响的报刊等社会宣传主阵地的联系渠道，积极主动地邀请其主要领导、编辑记者参加我党的会议、活动，经常性地与他们沟通交流，全力配合他们完成宣传报道任务。对于社会影响面大的广播电视、都市类报刊、网站等媒体，也要认真研究他们的宣传特点和报道规律，有的放矢提供符合其报道需要的稿件素材，力争有所突破。三是建立健全社会宣传工作评价激励机制。今年以来，中央宣传部进一步明确了“社会宣传成果统计制度”、“机关宣传联络员制度”，制定下发了“社会宣传工作先进集体评选条件与办法”。这是促进社会宣传工作制度化建设的重要途径，一定要长期坚持、不断完善。

第三，做好社会宣传工作的保障，是要精心培养一支高素质的宣传干部人才队伍。民主党派的宣传工作是一项政治性、专业性很强的工作。它要求从事这项工作的同志具有较高的思想政治素质，热爱多党合作事业，熟悉我党的奋斗历史，具备相当的统一战线理论素养，能够熟练掌握和运用新闻写作、编辑、摄影摄像等知识技能。只有拥有这样一支专业化的宣传干部队伍，我们的各项宣传任务才能落到实处。从大家反映的情况来看，目前社会宣传工作的最大瓶颈，恰恰是新闻写作人才的匮乏，突出表现为宣传稿件的质量参差不齐。这是由于退休、晋职、转岗等原因，我党原有的很多熟悉宣传业务的工作骨干离开了宣传队伍，目前宣传部门年轻同志较多，他们的工作能力亟须提高，工作经验有待积累。但是年轻同志知识基础扎实、工作热情较高，只要重点培训、放手使用，经过岗位锻炼很快就可以成长起来。除了充分发挥老同志的“传帮带”作用、继续坚持“以会带训”等好做法外，中央初步规划，明年适当时候举办一次全国宣传干部培训班，以提高新闻写作能力为重点，系统培训一批中青年宣传骨干。以后还要尽快形成制度，使各级宣传干部都有轮训提高的机会。

五、着眼于有效发挥舆论导向和桥梁纽带作用，努力形成全党办刊的生动局面

今年以来，党刊《前进论坛》的面貌有了显著变化。一是改版扩页，大大增加了党刊的容量，版面设计也更加富有时代气息。二是编辑质量不断提高。特别是重点围绕我党参政议政、社会服务以及自身建设等方面的典型新闻事件进行了深入报道；结合国家新医改方案的颁布实施，党刊也及时组织党内外专家撰文，发挥了建言献策窗口的作用；为庆祝中华人民共和国成立60周年、应对国际金融危机、纪念四川汶川特大地震一周年等开辟了专栏，形成了较大的报道规模。三是经营管理体制改革迈出新步伐。根据主席办公会议的要求，《前进论坛》开始实行农工党中央监督下的自主经营、自负盈亏的经营管理体制。四是进一步扩大了发行规模。

这些成绩的取得，是全党同志共同努力的结果，更凝聚着在座各位同志的心血。《前进论坛》是我党中央的党刊，也是目前我党唯一一份公开出版的综合性政治刊物。多年来，党刊一直是我们多党合作的重要窗口、参政议政的重要平台、宣传教育的重要载体、联系党员的重要纽带，在我党履行参政党职能及加强自身建设各项工作中扮演着十分重要的角色。全党同志尤其是各级组织主要领导同志，一定要充分认识办好党刊的重大战略意义，牢固树立全党办刊的理念；一定要采取切实可行的措施，加强对党刊的领导和支持力度。宣传部门的同志也要心往一处想、劲往一处使，群策群力办好党刊。

第一，要把提高党刊质量放在更加突出的位置。

党刊质量是其存在并发挥作用的生命线。与蓬勃发展的多党合作形势相比，与各级组织和广大农工党员的殷切期待相比，《前进论坛》目前在编辑和发行质量上还有许多的不足和亟待改善的方面。一是缺乏办刊的总体思路和长远规划，对地方组织开展工作的指导性、对广大党员的吸引力总体上仍不强；二是读者、作者、编者之间互动不够，难以有效发挥党刊的桥梁纽带作用；三是编辑队伍能力水平需要进一步提高，开拓创新意识需要进一步加强；四是征订发行仍然较多地依赖组织动员作用，提高编辑质量与扩大刊物发行之间的良性互动关系有待形成。这些问题归纳起来，就是办什么样的党刊、怎样提高党刊质量、如何发挥党刊作用三大问题。希望同志们利用这次会议的机会，多提宝贵意见，共同帮助提高。

党刊要充分发挥舆论导向作用，始终把坚持正确的政治方向、政治立场、政治观点放在办刊工作的首位，把团结引导党员树立正确的世界观、人生观、价值观作为办好刊物的主旋律。同时要遵循办刊的客观规律、符合读者的阅读心理，用喜闻乐见的形式把我们要宣传的内容与读者需要了解的内容更好地结合起来，使党刊真正成为广大农工党员政治生活的良师益友，更好地发挥党刊引导舆论、凝聚共识、推动工作的作用。

党刊要充分发挥桥梁纽带作用，要格外珍惜广大党员对党刊的信赖和支持，更好地坚持贴近基层、贴近生活、贴近党员的方针，拿出更多的版面来反映基层组织和基层党员。要善于“以小见大”，挖掘基层组织和普通党员中的闪光点，从而缩短党刊与广大党员之间的心理距离，起到更好的宣传效果。要通过“三特人员”网络，把各级组

织专职干部、有写作才华的党员联系起来，充分调动和发挥大家的聪明才智，壮大我们的办刊力量。

第二，再接再厉做好党刊的征订发行工作。

提高质量是扩大发行的基础，扩大发行是确保党刊发挥作用的重要环节。近年来，《前进论坛》杂志社围绕发行工作想了很多主意，从各个环节都尽可能地减少纰漏，发行质量有了较大提高。要继续通过完善制度、规范流程、及时反馈、加强督促检查等措施，使党刊按时送到党员手中。多年来，各级组织一直本着“多发行一份党刊，多增加一块教育覆盖面”的思想，共同努力扩大党刊发行，这是我们农工党的一个好传统和好做法。我们要不骄不躁、再接再厉，齐心协力做好2010年的党刊征订发行工作。

六、着眼于继承和发扬多党合作的优良传统，精心组织好农工党建党80周年各项宣传纪念活动

明年将是农工党成立80周年。近80年来，农工党同中国共产党团结合作，走过了一条不平凡的道路，形成了爱国革命的光荣传统。初步考虑，各级组织要把纪念建党80周年作为一件大事来抓，及早筹划安排、精心组织实施，努力在凝聚思想、形成共识、振奋精神上取得明显实效。

一是要突出思想教育。纪念活动中要深入开展一次系统的社会主义核心价值体系和农工党党史、《党章》的宣传教育，引导党员联系中国近现代发展历史、多党合作发展历程，全面总结农工党的优良传统，进一步深刻理解接受中国共产党领导的自觉性坚定性，进一步坚定走中国特色社会主义政治发展道路的重要性必要性。

二是要营造浓厚氛围。《前进论坛》及地方组织党刊要开辟专栏专题，深入宣传农工党成立80年来与中国共产党风雨同舟、肝胆相照的辉煌历程，深入宣传农工党为新中国的建立，社会主义革命、建设及改革开放所作出的重大贡献。要统筹考虑、精心组织好各项重要纪念活动的宣传报道，综合运用各类新闻媒体、多种宣传手段，为多党合作事业营造更好的舆论氛围。要加紧制作完成文献电视专题片《中国农工民主党》，组织好广大党员集体观看学习活动，充分发挥其宣传教育效果。

三是要抓好重点活动。与人民同呼吸、与祖国共命运是我们农工党80年始终不渝的坚定信念。面对国际金融危机的冲击，我们更要在中国共产党的领导下，坚持把推动科学发展作为履行职能的第一要务，为促进经济平稳较快发展献计出力，以实际行动作为建党80周年的最好纪念。纪念活动要本着隆重、活泼、有序、节俭的原则，努力做到主题鲜明，注重实效。各级组织可以因地制宜组织开展图片展览、知识竞赛、考察参观等重点活动，增强广大党员对多党合作制度的了解和热爱。宣传部门要精心安排好重点活动的宣传报道。

同志们：宣传思想工作任务多、时间紧、责任重大，对大家的要求很高。同志们要树立正确的成才观、政绩观和得失观，始终坚持实事求是、严谨务实的工作作风，要耐得住寂寞，吃得了“亏”，在不懈奋斗和无私奉献中实现个人价值。各级组织的领导同志也要从政治上、思想上、工作上、生活上关心、理解、信赖宣传干部，做到既严格要求、又不求全责备，既关心爱护、又放手使用，充分发挥他们的积极性、主动性和创造性。让我们更加紧密地团结在以胡锦涛同志为总书记的中共中央周围，深入学习贯彻落实科学发展观和中共十七届四中全会精神，解放思想，与时俱进，同心同德，团结奋斗，为进一步做好农工党的宣传思想工作而努力。

中国农工民主党中央委员会关于进一步做好组织发展工作的若干意见

（2009 年 7 月中国农工民主党第十四届中央常务委员会第六次会议通过）

2004 年《中国农工民主党组织发展工作规程》施行以来，我党各级组织坚持标准，严格程序，组织发展工作取得了新成绩。为适应新形势下组织发展工作的新要求，现提出如下意见：

一、关于界别调整和发展速度

我党组织发展对象主要是医药卫生界高中级知识分子，要坚持注重质量，保持特色，组织发展与后备干部队伍相结合的组织发展方针，重点发展高素质、高层次的人才。同时，为适应多党合作事业发展的新要求和参政议政工作的需要，经协商同意，我党在保持界别特色，坚持原有重点分工基础上，可以重点发展环境保护和人口资源领域的代表性人士。调整后的重点分工为医药卫生界高中级知识分子、环境保护和人口资源领域的代表性人士。要继续坚持重点分工内的人士占党员总数的 70% 左右。

我党中央将制定全党组织发展规划，从宏观上总体把握每年不超过 5% 的净增率。各省级组织应在有关部门协助下，根据本省实际情况制定组织发展工作规划，并报我党中央组织部统筹安排。

二、关于新建省辖市级组织和县级组织

新建省辖市级组织（包括省、自治区所辖市及直辖市所属的区，以下统称省辖市），要坚持科学规划、合理布局、协调有序、平稳健康的原则，充分考虑组织发展空间、政治资源合理配置等因素，注重党员素质和组织工作基础。各省级组织应在与有关部门充分协商基础上，制定、完善未来 5 年即 2009 年至 2013 年的新建省辖市级组织总体规划。根据有关文件精神，一个省辖市以 3 至 4 个民主党派市级组织为宜，一般不超过 5 个。对列入规划的，经与有关部门协商一致并经我党中央批准，指定专人成立筹委会，原则上要有一年以上的筹备期。对我党尚未建立市级组织，且已有 5 个民主党派市级组织的省辖市，一般不再列入新建组织规划。个别情况特殊的，可成立工作委员会并列入规划。经济社会欠发达地区新建省辖市级组织要从严掌握。

原则上不再新建县级（县级市）组织，有党员的县和县级市，可在统筹规划的基础上，有计划、有步骤地成立支部或总支。

三、关于发展新的社会阶层代表性人士

发展新的社会阶层人士要坚持原则，做到注重素质、保持特色、适量发展、协调有

序，重点在大中城市发展高中层次、符合我党界别特色、有代表性的专业知识分子。对非公有制经济人士，我党可个别发展其中政治素质和社会影响好，符合我党特色的代表性人士。

发展新的社会阶层代表性人士要把握标准，发展对象要有较高政治素质，自觉接受中国共产党的领导，坚持中国特色社会主义道路和中国特色社会主义理论体系；遵纪守法，诚实守信，热心公益事业，社会影响好，在所在领域有较强的代表性；承认并遵守我党章程；一般已作一定的政治安排或担任一定的社会职务。

发展新的社会阶层代表性人士要认真考察。根据发展对象的情况，向其所在单位、所在地方或所在行业协会、行业主管部门的中共党组织了解情况；对非公有制经济人士，要听取企业所在地方的社团登记部门和工商、税务、社会保障等部门的意见，重点了解其依法经营、依法纳税和依法履行社会保障职责的情况。属工商联会员者，应听取所在地方工商联党组的意见。新社会阶层代表性人士确定为发展对象后，要有六个月以上的考察和培养教育期。

中国农工民主党关于加强思想政治建设的意见

（2008 年 12 月 13 日中国农工民主党第十四届中央常务委员会第四次会议通过）

2007 年 3 月我党开展以坚持走中国特色社会主义政治发展道路为主题的政治交接学习教育活动以来，在各级组织的共同努力下，取得了阶段性重要成果，积累了丰富的经验。多党合作薪火相传，政治交接任重道远。在新的历史起点上，为进一步切实加强农工党思想政治建设，巩固政治交接学习教育活动的成果，推进多党合作事业可持续发展，特制定本《意见》。

一、思想政治建设的意义、内涵、任务和基本原则

1. 思想政治建设的意义。思想政治建设是我党自身建设的核心。新世纪新阶段，国内外形势继续深刻变化，民主党派面临着开放性、多样性、复杂性的社会环境和西方政治意识形态的影响和渗透，面临着改革开放不断深入、各种社会矛盾更加突出，思想观念、价值取向不断变化，面临着党员队伍的年轻化和党员结构的新变化，加强思想政治建设显得特别重要。加强思想政治建设，是教育和引导全党同志，坚持中国共产党领导，自觉维护多党合作政治格局的迫切需要；是团结和凝聚全党力量，学习贯彻科学发展观，共同实现发展目标的迫切需要；是继承和发扬农工党老一代领导人与中国共产党长期亲密合作形成的优良传统，持续推进政治交接的迫切需要。

2. 思想政治建设的内涵。思想政治建设的重点是继承和发扬我党老一代领导人与中国共产党长期团结合作形成的政治信念、优良传统和高尚风范；关键是增强接受中国共产党领导的自觉性和坚定性；核心是坚持走中国特色社会主义政治发展道路；目的是坚持和完善中国共产党领导的多党合作和政治协商制度，推动多党合作事业可持续发展。

3. 思想政治建设的根本任务。学习马克思列宁主义、毛泽东思想、邓小平理论、“三个代表”重要思想和科学发展观，学习中共十七大精神和《中共中央关于进一步加强中国共产党领导的多党合作和政治协商制度建设的意见》，深化对参政党性质、地位和历史使命的认识，增强对发展中国特色社会主义的共识，不断提高广大党员的思想政治素质，坚定不移地走中国特色社会主义道路，为巩固和发展同中国共产党的团结合作奠定坚实的思想政治基础。

4. 思想政治建设必须遵循的政治准则。民主党派在同中国共产党长期团结合作中形成了一些政治共识，农工党思想政治建设必须遵循这些政治准则：坚持以马克思列宁主义、毛泽东思想、邓小平理论和“三个代表”重要思想和科学发展观为指导；坚持中国共产党的领导；坚持社会主义初级阶段的基本路线、基本纲领和基本经验；坚持“长期共存、互相监督、肝胆相照、荣辱与共”的基本方针；保持宽松稳定、团结和谐的政治环境；必须以宪法为根本活动准则，负有维护宪法尊严、保护宪法实施的职责。

5. 思想政治建设要遵循的工作原则。坚持用科学理论武装头脑，解放思想、以人为本、高举旗帜、围绕中心、服务大局，紧密联系农工党实际，推进农工党各项工作；坚持自觉、自主、自为的教育方式，以自我教育、正面教育为主，不断增强教育的吸引力、感染力，激发党员自我提高、自我完善的内在动力；坚持学习与教育、管理与服务相结合，面向基层、面向党员，不断增强思想政治建设的实效性；坚持常抓不懈、不断创新，加强制度建设，努力实现思想政治建设的规范化和制度化。

二、思想政治建设的主要内容

6. 深入开展中国特色社会主义理论体系学习教育。中国特色社会主义理论体系，包括邓小平理论、“三个代表”重要思想和科学发展观等重大战略思想，是马克思主义中国化的最新成果，是最可宝贵的政治和精神财富，是全国人民团结奋斗的共同思想基础。深入学习领会中国特色社会主义理论体系，对于深刻认识中共十七大提出的一系列新思想、新观点、新理论、新举措，切实把思想和行动统一到十七大精神上来，把智慧和力量凝聚到实现十七大确定的各项任务上来，意义十分重要。农工党各级组织和全党同志要认真学习和研究、全面系统地把握中国特色社会主义理论体系，提高应用科学理论解决实际问题的能力，增强贯彻落实这一理论体系的自觉性和坚定性，毫不动摇地沿着中国特色社会主义道路前进。

7. 深入开展科学发展观学习教育。科学发展观作为马克思主义中国化的最新成果，是我国经济社会发展的重要指导方针，是发展中国特色社会主义必须坚持和贯彻的重大战略思想。农工党各级组织和广大党员要深入开展学习贯彻科学发展观，引导全党同志认真学习和深刻领会科学发展观的科学内涵、精神实质和根本要求。要坚持理论联系实际，努力转变不适应、不符合科学发展要求的思想观念，着力解决影响和制约科学发展的实际问题，大力构建有利于科学发展的体制机制，坚持不懈地走科学发展道路，用科学发展观武装头脑、指导实践、推动工作，不断提高服务科学发展观和自身科学发展的能力水平。

8. 加强基本国情、基本路线、形势政策和任务教育。积极开展社会主义初级阶段基本国情教育，引导党员正确认识基本世情和国情，正确把握国际国内形势的变化及其发展趋势，坚持中国特色社会主义道路，深入理解和贯彻中国共产党和政府的各项方针政策。进一步增强全党同志贯彻基本路线和基本纲领的自觉性，坚持把发展作为参政议政的第一要务，为推进社会主义经济建设、政治建设、文化建设和社会建设贡献智慧和力量。

9. 积极开展社会主义核心价值体系学习教育。马克思主义指导思想、中国特色社会主义共同理想、以爱国主义为核心的民族精神和以改革创新为核心的时代精神、社会主义荣辱观，构成了社会主义核心价值体系的基本内容。社会主义核心价值体系，揭示了社会主义制度的内在精神之魂，是社会主义意识形态的本质体现。面对多变的时代、多样的社会、多元的思想、多种的需求，农工党各级组织和广大党员要认真开展社会主义核心价值体系的学习教育，切实加强爱国主义、社会主义和集体主义教育，大力加强中国近现代史教育，充分认识改革开放以来取得的伟大成就，进一步激发党员的爱国热情，增强历史责任感和使命感，牢固树立正确的世界观、人生观、价值观和社会主义荣辱观，自觉抵制拜金主义、享乐主义、极端个人主义等各种错误和腐朽思想的影响，要立足本职、发挥作用，努力成为爱国守法、明礼诚信、团结友善、勤俭自强、敬业奉献的模范。

10. 深入开展统一战线、多党合作理论、方针和政策学习教育。统一战线是中国革命、建设不断取得胜利的重要法宝，中国共产党领导的多党合作和政治协商制度，是我国的一项基本政治制度。各级组织和广大党员要认真学习统一战线和多党合作理论、方针和政策。通过各种学习实践活动，进一步提高广大党员对中国共产党先进性的认识，提高对我国政党制度历史必然性、伟大创造性和巨大优越性的认识，提高坚持和完善这项制度的自觉性。要围绕党员普遍关心的重大问题，深入开展参政党理论建设，从理论高度加以研究和阐释，在思想政治建设中不断增强理论说服力，增强前瞻性、预见性和有效性。

11. 切实加强农工党的光荣历史、优良传统的学习教育。农工党具有同中国共产党团结奋斗的光荣历史和爱国革命的优良传统，各级组织和广大党员，特别是新党员要认真学习农工党党史、党章，继承和发扬农工党老一辈领导人同中国共产党风雨同舟、团结合作的优良传统，明确我党的政治纲领和奋斗目标，了解我党的组织制度和党员的权利义务，进一步增强接受中国共产党领导的自觉性。继承和发扬自我教育的优良传统，在改造客观世界的同时努力改造主观世界，努力做中国共产党的挚友和诤友。

三、思想政治建设的主要措施

12. 各级领导要高度重视，摆在全局工作的重要位置。各级组织领导班子要进一步提高对思想政治建设极端重要性的认识，把思想政治建设作为一项重要的战略任务和紧迫的政治任务抓紧抓好。各级组织的主委、专职副主委要亲自抓思想政治建设，要在当地中共党委的统一领导和统战部门的指导帮助下，结合自身实际，制定工作目标、规划，明确工作任务，创新工作方法，落实工作责任。要努力探索社会主义市场经济和全方位对外开放条件下加强参政党思想政治建设的规律和方法，及时总结推广思想政治建设的好做法、好经验，坚持把思想政治建设成效作为领导班子绩效考核的主要内容。各级组织要把思想政治建设所需经费列入工作预算，并做到投入比例逐年有所增加。要根据工作实际，有计划地添置硬件设施，丰富工作手段，提高工作效率，增强工作实效。

13. 开展经常性学习教育，努力建设学习型政党。通过举办理论学习中心组、培训班、座谈会，上党课，举行报告会和专题研讨会等形式，有计划地组织好领导班子、骨干队伍和党员的学习培训。发扬“自己提出问题、自己分析问题、自己解决问题”的良好学风，引导党员根据自身思想实际和工作需要，利用业余时间自主选择学习内容和方式，认真搞好自学。健全形势政策教育制度，经常举行形势政策和国情教育报告会。特别是要建立健全领导班子、骨干党员和新党员的教育培训制度，使培训工作进一步规范化、制度化，努力造就高素质的干部队伍和党员队伍，努力建设学习型政党。

14. 坚持以人为本，切实做好思想政治工作。建立健全定期研究分析党员思想态势的机制，及时把握党员的思想脉搏，掌握思想政治建设的主动权。要注意倾听党员呼声，关心党员疾苦，主动协助其解决实际困难，维护党员合法权益，寓思想政治建设于办实事之中，通过解决现实问题引导党员提高精神境界，增强党员对中国共产党和政府的信任。要讲究方式方法，努力做到春风化雨，润物无声。大力宣传优秀党员先进事迹，发挥先进典型的示范引导作用。

15. 加强思想政治干部队伍建设。要充分发挥领导班子成员和骨干党员在思想政治建设中的表率作用，动员全党力量重视和加强思想政治建设，形成齐抓共管的生动局面。要高度重视选好配齐宣传思想职能部门工作人员，建立一支具有较高素质，热爱多党合作事业，熟悉我党奋斗历史，具备相当统一战线理论素养的宣传思想干部队伍。要充分发挥宣传部门和宣传干部在思想政治建设中的参谋助手作用，在政治上、工作上、生活上给予关心、支持，帮助他们不断提高政治素质和业务能力。

16. 加强教育阵地和教材体系建设。依托全党智力优势，切实办好党刊《前进论坛》，做好发行工作，广泛开展学党刊、用党刊活动，充分发挥党刊在思想政治建设中的桥梁和纽带作用。积极拓展思想政治建设的新途径新阵地，利用互联网便捷、交互的优势，发挥党务网站的独特作用。充分发挥省级组织参政党理论研究点的示范和辐射作用，深化参政党理论研究，加强参政党理论宣传，为思想政治建设提供强大理论武器。建立党员党史教育基地，充分发挥上海我党一干会议旧址、江苏邓演达墓、广东邓演达、黄琪翔、彭泽民故居、重庆歌乐山烈士陵园等思想政治教育基地的作用，切实加强对年轻党员和新党员的思想政治教育。中央有关部门要组织编写统一规范的党员教育基本教材；省级组织可结合实际编写制作党员教育辅助教材；基层组织应根据党员需求，向党员推荐、提供自主学习的相关材料。

中国农工民主党党内监督条例（试行）

（2008 年 12 月 13 日中国农工民主党第十四届中央常务委员会第四次会议通过）

第一章　总　则

第一条　为贯彻民主集中制原则，建立和完善党内监督机制，发展党内民主，维护党的团结，严肃党的纪律，有效履行党内监督职能，根据《中国农工民主党章程》等有关规定制定本条例。

第二条　党内监督以邓小平理论和“三个代表”重要思想为指导，深入学习贯彻科学发展观，按照国家干部管理体系、体制和干部管理工作的基本方针政策开展工作。

第三条　党内监督以本党章程为准绳，体现进步性与广泛性相统一；坚持民主集中制原则；坚持积极稳妥、循序渐进，惩防并举、重在预防的方针。

第四条　党内监督主要是对各级组织和党员遵守本党章程的情况进行监督，重点监督各级领导班子及其成员履行党内领导职责的情况。

第二章　监督机构

第五条　中央设立中央监督委员会。中央监督委员会在中央委员会领导下履行职责。省级组织在条件成熟的情况下，经报中央批准后，设立相应的监督委员会。地市级组织暂不设立监督委员会。

第六条　中央监督委员会由主任、副主任、委员组成。中央监督委员会组成人员由中央主席会议提名，提请中央委员会批准，规模一般为 7—11 人。

第七条　中央监督委员会每届任期与中央委员会相同。

第八条　中央监督委员会主任由中央常务副主席兼任，副主任由专职副主席兼任，委员一般由中央委员和党内其他方面（组织部等相关工作部门）人员组成。

第九条　中央监督委员会下设办公室，与组织部合署办公，承办中央监督委员会日常事务。

第三章　监督职责

第十条　中央监督委员会的职责是：

（一）对中央领导机构及其领导班子成员遵守多党合作政治准则、贯彻民主集中制和履行职责的情况进行监督，对违反本党章程的行为进行核查，提出意见和建议；

（二）指导地方组织在当地中共党委领导下加强内部监督工作；

（三）学习贯彻中共中央关于廉政建设的有关部署和要求，对本党廉政建设的有关政策、措施进行研究，提出意见和建议；

（四）受理涉及各级组织和党员违法违纪等问题的来信来访，提出处理意见和建议；

（五）对内部监督中的重要事项和重大问题与有关部门进行沟通和协商。

第十一条　中央监督委员会指导省级监督委员会开展工作，监督省级组织领导班子贯彻民主集中制的情况，参加省级组织领导班子谈心会、述职和民主评议活动。

第十二条　中央监督委员会定期向中央常务委员会汇报工作，反映各级组织和党员的意见要求。

第十三条　各级监督委员会受理党员对组织及其领导班子成员有关问题的来信、来访。

第十四条　各级监督委员会接受组织和党员的监督。

第四章　监督制度

第十五条　各级领导班子主要负责人应带头执行民主集中制，严格执行议事规则，应由集体讨论决定的事项必须列入会议议程。

第十六条　各级领导班子决定重要事项，应充分进行讨论、发表意见，对于少数人的不同意见应认真考虑。各种意见和主要理由应如实记录。讨论干部任免事项，应如实记录推荐、考察、酝酿、讨论决定的情况。

第十七条　各级领导班子决定重要事项和重大决策，可选用不同方式进行表决。表决方式和表决结果应有会议记录。

第十八条　各级领导班子做出的重要决议、决定，应及时向所属组织和党员通报。

第十九条　各级领导班子成员每年在规定范围内向同级委员会述职一次，述职可邀请部分党员代表参加会议。

第二十条　各级领导班子成员，在届中和换届前向同级委员会述职后，应结合当年的年度考核组织民主评议或民主测评。

第二十一条　要建立领导班子谈心会制度，通过党内民主生活，统一思想，改进作风，增进团结，提高解决自身问题的能力。

第二十二条　各级领导班子主要负责人对开好谈心会负责，承担制定和落实领导班子整改措施的领导责任。

第二十三条　中央监督委员会应加强对省级组织领导班子谈心会的指导和监督。

第二十四条　各级领导班子成员要自觉接受并正确对待组织和党员的监督。

第二十五条　对于违反本党章程和党内外纪律的情况，按章程有关纪律处分的规定和相关程序处理。

第五章　附　则

第二十六条　本条例由中央监督委员会负责解释。

中国致公党

中国致公党第十三届中央常务委员会工作报告

（2009 年 12 月 21 日在中国致公党第十三届
中央委员会第三次全体会议上）

万　钢

各位委员、各位同志：

我代表中国致公党第十三届中央常务委员会，向大会报告工作，请委员们予以审议，并请列席全会的同志们提出宝贵意见。

一、2009 年工作回顾

今年是新中国成立 60 周年。60 年来，中国共产党领导全国各族人民，团结奋斗，艰苦创业，中华大地发生了沧桑巨变。我们为祖国的日益强盛和欣欣向荣感到无比自豪。今年也是新世纪以来我国经济发展最为困难的一年。面对国际金融危机严重冲击，中共中央、国务院全面分析、准确判断、果断决策、从容应对，团结带领全国各族人民坚定信心、迎难而上、共克时艰，努力化挑战为机遇，有效遏止了经济增长明显下滑态势，率先实现经济形势总体回升向好，向世界充分展示了我国社会主义制度的巨大优越性。

一年来，致公党高举中国特色社会主义伟大旗帜，坚定不移地走中国特色社会主义政治发展道路，切实履行参政议政、民主监督职能，各项工作呈现出团结和谐、昂扬向上的良好态势，为全面建设小康社会、加快推进社会主义现代化、促进祖国和平统一大业作出了新的贡献。

（一）深入学习贯彻科学发展观，巩固团结合作的思想政治基础

深入学习贯彻科学发展观，是贯穿今年各项工作的主线。我们号召全党组织结合自身实际，通过多种形式，扎实推进深入学习贯彻科学发展观。先后两次召开常委会，就全党深入学习贯彻科学发展观进行研讨，强调要把科学发展观的要求贯穿于全党工作的各个领域和环节。本党中央也派出调研组，先后赴辽宁、重庆、西安、海南、湖北、广东、广西、山东、上海等地调研当地组织的学习贯彻情况，并召开全党深入学习贯彻科学发展观研讨会进行总结交流。通过一年的努力，全党进一步增强了学习贯

彻科学发展观的自觉性和坚定性，进一步明确了本党服务科学发展的基本着力点，进一步提高了本党履行自身职能的能力和水平。

我们认真学习贯彻全国“两会”精神，要求全党把思想统一到全国“两会”对经济社会发展的部署上来，切实把全国“两会”精神贯彻到工作实践中去。召开常委会认真学习贯彻中共十七届四中全会精神，强调要学习借鉴中国共产党党建工作的经验和做法，进一步明确新时期致公党自身建设的重点，积极为建设符合时代要求的参政党而努力。

我们认真学习胡锦涛同志在庆祝中华人民共和国成立60周年大会及在纪念人民政协成立60周年大会上的重要讲话精神，号召全党认真开展庆祝新中国成立60周年、人民政协成立60周年和中国共产党领导的多党合作和政治协商制度确立60周年活动，引导广大党员不断增强走中国特色社会主义道路，尤其是中国特色社会主义政治发展道路的坚定性，不断发展和巩固同中国共产党团结合作、荣辱与共的政治思想基础。本党中央专门组织了庆祝“三个60周年”书画展和专场文艺演出，贾庆林同志应邀参观了我们的书画展。

（二）扎实开展专题调研和协商议政活动，促进落实求实效

过去的一年，国际经济形势错综复杂，我国经济发展经受了严峻挑战。一年来，我们密切关注经济发展态势，先后4次在党外人士座谈会上就宏观调控、“三农”问题、促进就业、节能减排、应对气候变化、产业结构调整、改善民生等问题发表了意见，着重针对应对全球气候变化和促进经济结构向低碳经济转型、吸引海外优秀人才回国创业、实施碳汇林业试点工程、大力发展战略型新兴产业等方面提出了建议。

在全国政协十一届二次会议上，本党中央作了《城乡统筹必须高度重视中心镇的带动作用》的大会发言，提交书面发言15件，提案26件。发言和提案内容涉及教育、文化、“三农”问题、经济与区域发展、资源和生态环境、民生等多个方面。其中，本党中央提交的《关于解决国际金融危机影响下我国就业问题的提案》被列为本次政协会议的一号提案并在会议期间得到协商办理，受到了社会各界的广泛关注，取得了积极的反响。

一年来，我们紧紧围绕经济社会发展不同领域的重要问题积极议政建言。本党中央先后开展专题调研9项，分别就促进长三角区域合作发展、促进华侨农场“三融入”、农田水利工程建设、推进“兴地睦边”土地整治工程、加强草原保护与建设、侨资维权等问题进行了深入调查研究，提出了许多专项建议。其中《加大政策覆盖，促进华侨农场“三融入”的建议》、《关于加强农田水利建设的建议》、《关于推进土地整治、促进兴边富民重大战略的建议》、《关于加强草原保护与建设，促进农牧民增收的建议》等得到了中共中央和国务院领导同志的批示，并责成相关部门研究办理。同时，经过我们连续数年关于海岛保护和利用方面的调研和建议，今年也初见成效，海岛立法已进入全国人大的立法程序。

我们始终高度关注事关人民群众切身利益的民生问题，坚持把反映社情民意信息作为参政为民的基础性工作。截至11月底，全党各级组织、专门委员会报送反映社情民意信息1200余篇，其中报送全国政协信息局500余篇，信息数量和质量较往年有所提

升。其中《三鹿奶粉系列事件的警示》、《关于尽快加强大学生创业服务体系的建设》等6篇信息得到了有关领导同志的批示，为相关部门科学决策提供了参考。

我们继续重视以《中国发展》为平台，办好“中国发展论坛”。本党中央与湖北省人民政府联合举办“中国发展论坛·2009—武汉城市圈‘两型社会’建设”，为促进中部崛起战略的实施和武汉城市圈“两型社会”建设建言献策。召开全党参政议政工作会议，总结全党五年来在参政议政工作中所取得的成绩、经验和做法，并对先进集体、先进个人等进行了表彰，部署了下一阶段全党的参政议政工作。

我们重视发挥中央各专门委员会的作用，把专委会当成“行动中的致公党”。文化与体育委员会充分发挥成员的作用，筹办了致公党中央“庆祝建国60周年剪纸艺术展”、三党派（农工、致公、九三）庆祝新中国成立60周年书画展等活动；留学人员联络委员会深入开展调研，广泛征集留学人员和留学人员企业的意见建议，并召开第二届留委会论坛；经济与科技委员会经常召开座谈会，就国家宏观经济问题提出建议；法制委员会定期召开座谈会，就全国人大的立法工作建言献策；海外联谊委员会开展每位委员一年至少向本党中央提供一个提案或信息活动；社会发展与服务委员会组织学习江苏省委会“致福工程”的经验，积极推动农村信息化建设；党务研究会着手对党史进行重新修订等等。

此外，曾经担任本党重要职务的老领导、老专家们，也结合自身实际情况，继续发挥专业特长，为国家献计出力。例如，罗豪才同志著文立说、调查研究，为我国的人权事业和“软法”理论不断贡献力量。杨纪珂同志虽然已是九秩老人，仍然心系国家的安全生产、节能环保事业，常深入基层调查研究。杨老的调研报告得到国务院领导的高度重视，温总理给予很高的评价。王宋大同志认真组织调研，对本党历史上重要人物进行考证，并主持修订党史。老领导老同志们为党为国为人民不辞辛劳、努力工作，鞠躬尽瘁的精神值得我们认真学习和努力效法。

（三）广泛开展海外联谊工作，不断扩大友好交往

我们着眼凝聚侨心、汇聚侨智、发挥侨力、维护侨益，积极开展与海外侨社的联谊工作。一年来，本党中央共组织5个团组，赴巴拉圭、菲律宾、美国、加拿大、巴西、澳大利亚等9个国家和地区访问或出席会议，共接待来自30多个国家和地区的18个代表团访华。在交往过程中，我们注重巩固同传统侨团的友谊，加强与新华侨华人中专业人士的联系，注重做实与海外留学人员的联谊工作，坚持做好与台籍侨胞增进共识的工作。今年，我们邀请和推荐邀请了百余名海外侨界代表参加庆祝建国60周年系列活动，并向全体侨界代表赠送了本党中央庆祝60周年大型文艺演出纪念光碟及画册。同时，我们重视对外交往的平台建设，成立中国致公画院，促进与海外华侨华人的文化交流。

我们充分发挥自身优势，加强同未建交国家的友好往来，继续巩固和拓展海外联谊的工作领域。积极配合国家外交工作的总体部署，增进与当地政要和重要侨团的沟通，开展与未建交国家的文化交流。本党中央今年继续派遣文化艺术交流团赴巴拉圭访问演出，并邀请巴拿马中华总会代表团来华访问。

我们坚持以文化为纽带开展港澳地区工作，加强与港澳社团及代表人士的联系，发

展壮大爱国爱港、爱国爱澳力量。本党中央与有关部门联合主办“南京香港文化交流公益交响音乐会”，推动香港与内地的文化交流。我们关注台湾局势发展，坚持团结岛内洪门，引导他们在关键时刻发出声音，在重要问题上发挥作用。

我们关心广大归侨侨眷、留学回国人员及海外侨胞在国内的生活与发展。先后派出调研组赴江浙地区进行新侨乡侨情调研；与有关部门就侨资企业发展和权益保障问题赴辽宁、山东和天津进行联合调研，并将有关建议上报相关部门；与天津市委会合办第二届留学回国人员论坛，就如何充分发挥留学回国人员在经济建设和社会发展中的作用进行深入研讨和交流。

（四）坚持以改善民生为导向，做好社会服务工作

我们围绕灾后恢复重建，积极协调资源，努力为灾区人民办实事、办好事。本党中央抗震救灾领导小组筹措专项资金为灾区部分学校捐赠成立 41 支“致公爱心鼓号队”和 13 个“致公爱心图书室”；与四川省委会共同努力，顺利帮助 115 名受本党资助的青川学子返乡参加中考；鼓励党员中的企业界人士参与灾后援建工作，涌现了陈光标、徐明、沈国军等一批热心社会公益事业的优秀致公党员。

我们继续注重落实好对贫困地区的帮扶项目，努力突出示范带动作用。督导贵州毕节市大新桥办事处致公万泽小学和卫生室的建设，完成贵州毕节海子街镇大湾村优质肉牛养殖示范项目的专家验收，联合贵州省委会为黔西南地区兴仁县捐建了青少年气象科普教育园，指导四川省委会继续深入推进“致泸合作”项目向纵深发展，联合重庆市委会启动酉阳的“致福工程”，促进了酉阳农村信息化的普及工作。

我们注重社会服务工作的调研，加大智力支边工作力度。本党中央成立主席带队的专题调研组，在贵州毕节开展专题调研，进一步落实中共中央领导同志对做好毕节帮扶工作的有关批示精神。同时，积极配合中央统战部，发动党内专家学者认真做好“毕节农村劳动力转移与农民增收”课题的调研工作，为毕节发展出谋划策。

（五）稳步推进自身建设，不断提高履行职能的质量和水平。

我们重视开展参政党理论建设。今年，本党中央组织党内部分专家就学习贯彻科学发展观与参政党建设方面的重大理论问题进行研讨，并加大了党内理论研究骨干人才的储备和理论研究成果的整理工作。召开全党理论工作研讨会议，深入研讨当前参政党理论建设上的难点、热点问题，并部署了下一阶段本党理论建设的重点工作。

我们进一步加大宣传工作力度，不断增强宣传效果。本党中央高度重视《中国致公》及网站等载体建设，积极围绕庆祝三个 60 周年，及时组织有关文章和专版，全面展现了致公党在履行参政党职能和加强自身建设等各项工作中取得的成绩，树立了本党在社会上的良好形象。

我们切实加强组织建设，注重提高党员的整体素质和各级组织的活力。今年，本党中央先后召开了全党组织建设研讨会和全党组织工作会议，明确了今后一个时期全党在后备干部队伍建设、基层组织建设、监督委员会工作等方面的工作思路和任务。同时，我们还重点就后备干部队伍建设与 18 个中共省委统战部门进行了协商与沟通。截至今年 11 月底，全党党员总数为 33803 人，归侨、侨眷、归国留学人员、港澳台属及其他有海外关系的党员占 81.7%，教育、科技、医药卫生、文体界的党员占 60.3%。

目前，担任各级人大代表的党员761人次，担任各级政协委员的党员3449人次。其中，全国人大代表37名，全国政协委员51名。今年，本党市级组织建设方面有了新突破，云南省保山市、福建省南平市和湖北省襄樊市三个地级市先后获批成立市委员会，湖南省常德市成立市筹委会。

我们注重机关建设，促进机关工作团结和谐、协调统一、规范有序、灵活高效运转。首次召开全党秘书长、办公厅（室）主任工作会议，进一步明确各级组织秘书长、办公厅（室）主任的职责和工作要求。加强机关制度建设，逐步建立起有利于加强中央与地方组织联系的长效机制。继续开展机关干部调研写作竞赛，并将覆盖面进一步扩大。中央机关适应形势发展，推行干部人事制度改革，对机关局级干部实行轮岗，进一步促进中央机关规范化建设。

各位委员、各位同志！过去一年我们所取得的成绩，是以胡锦涛同志为总书记的中共中央正确领导的结果，是各级中共党委、政府和全社会对我们大力支持的结果，是全党同志团结奋斗、共同努力的结果。在此，我向一年来辛勤工作的全体委员和全党同志，特别是老领导、老同志表示衷心的感谢和崇高的敬意！

总结一年来的生动实践，我们深深地体会到，推进致公党事业的发展，必须坚定不移地把中国特色社会主义作为共同理想、前进方向和奋斗目标，不断巩固我国多党合作的思想政治基础。必须深入贯彻科学发展观，全面加强自身建设，不断提高参政议政、民主监督的能力和水平，努力为实现科学发展建睿智之言、献务实之策。必须围绕大局，配合国家整体外交工作和对台工作，坚持有所为、有所不为，充分发挥“侨”“海”优势。必须把发挥党员主体作用作为本党工作的重要基础，尊重党员首创精神，用事业凝聚党员，用实践锻炼党员，用机制激励党员，不断提高全党的向心力和凝聚力。

我们也要清醒地看到，面对新形势新任务，我们的工作还面临一些挑战和难题，主要包括：

一是随着我国综合国力不断提高和对外开放的不断深入，致公党所联系的群体正在呈现出新的变化。特别是改革开放30多年来，我国已有数以百万计的留学人员赴国外学习，而这些怀抱理想的高素质群体正在逐步成为我们联系和发展的重要对象。这就需要我们不断深入这些所联系的群体，加强与他们的联谊活动，为他们的创新创业服务，切实解决他们在工作和生活中遇到的难题，努力把他们的力量和智慧汇聚到我国现代化建设的伟大事业之中，形成“侨”“海”报国的良好局面。

二是近年来，本党中央加强了扶贫解困、帮教助学、支持“三农”、促进发展等各类社会服务工作，得到了各界的大力支持和好评。本党的各级干部在参与社会服务的过程中进一步了解了社情民意，提高了思想觉悟，增强了服务大局的自觉性。但由于历史原因，本党中央及地方组织机关都未设立专门的社会服务部门，缺乏对社会服务方面的统筹规划和组织协调。

三是这些年来，我们高度重视加强中央与地方的联动，并采取了一些举措，如本党中央现在的出访团邀请地方组织的同志随团出访；本党中央的提案发言工作，都非常重视征集各个省级组织的素材和建议。但是，我们还是感到中央与地方在信息沟通与共享、资源整合、人员交流等方面还有进一步加强的空间。

四是高层次、代表性人物储备还不够丰富。今年在我们召开的几次常委会上，不少同志提出目前党内人才资源相对不足；不少省市在推荐后备干部时，总是感到捉襟见肘。同时，我们全党组织发展的速度也较去年有所减慢，离合理的发展规模还有一定距离。

五是本党基层组织工作不够平衡。根据组织部今年的调研，有一些市级组织和基层支部能够根据所在地的情况，通过不同形式的活动，提高党员思想觉悟，组织党员参加社会服务，帮助党员解决困难，提高了基层组织的向心力和凝聚力。但也有的基层组织很少开展活动，对党员工作生活不甚了解，党员对组织的情况也十分生疏，自然也缺乏向心力。在新形势下如何开展好基层组织工作，是明年组织工作的一大重点。

六是各专门委员会的工作还不够平衡。有些专委会的委员人数已近40人，在这样的情况下，组织好、安排好这支队伍有效开展工作，是当前需要研究和解决的问题。有些委员很少参加专委会活动，因此，如何调动他们的积极性，特别是发挥京外委员的作用，也是需要解决的问题。此外，目前专委会的一些老的工作制度也需要根据形势发展要求进一步修订。

七是目前对外交流面临新的形势，特别是随着两岸交流的不断深化，这对做好海外传统侨团的工作提出了新的要求。这就需要我们认真研究和提出侨务对台工作的新思路，继续为实现祖国的完全统一作出新贡献。

八是各级机关的制度化建设和机关干部的能力培养还需要进一步加强。目前，中共党委和政府越来越重视民主党派的意见和建议，我们党派机关承担的任务越来越重。但我们目前的机关人员编制相对较少，这就需要我们机关的工作人员不断增强自身素质和能力，通过部门协作、资源整合、轮岗锻炼、交流培养，使机关干部成为能够担当起重任的复合型公务员。

对上述工作中遇到的挑战和难题，我们要认真研究，并在今后的工作中切实加以应对和破解。

二、2010 年工作部署

2010 年是实施“十一五”国民经济和社会发展规划的最后一年。做好 2010 年的经济社会发展工作，对夺取应对国际金融危机的全面胜利、保证经济平稳较快发展、为“十二五”规划启动实施奠定良好基础具有十分重要的意义。我们全党的工作重点要按照中央经济工作会议精神，围绕中心，服务大局，积极开展参政议政、建言献策和社会服务工作。

2010 年全党工作的总体思路是：以邓小平理论和“三个代表”重要思想为指导，深入贯彻科学发展观，进一步解放思想、开拓创新，把加强自身建设与围绕中心、服务大局紧密地结合起来，坚持巩固思想政治基础与提高参政党能力并重，坚持搭建平台与发挥“侨”“海”优势并重，最大限度地团结全体党员和所联系的群众，为全面建设小康社会、加快推进社会主义现代化凝聚力量，作出新的贡献。

（一）要深化中国特色社会主义主题教育活动，树立和践行社会主义核心价值体系

我们要把树立和践行社会主义核心价值体系作为深入学习贯彻科学发展观的重要内容，作为加强思想建设的重要任务，作为深化中国特色社会主义主题教育活动的重要举措，认真谋划思路，精心组织开展，为进一步推进多党合作发展凝聚思想共识。

要积极开展自我教育，通过学习培训、专题研讨等方式，切实把社会主义核心价值体系转化为本党党员的人生态度、行为准则和价值取向。要增强政治敏锐性和政治鉴别力，提高抵御西方多党制、议会制影响的能力。要着重发挥党内人文社会领域专家学者的作用，深入研究如何形成社会主义核心价值体系建设的理论导向、舆论导向、政策导向、利益导向和法制保障，为建设社会主义核心价值体系献计出力。

（二）要围绕形成全党合力，实现参政议政工作新突破

中央经济工作会议科学判断了当前国际国内经济形势并全面部署了2010年的工作。我们认为，2010年要根据中央经济工作会议的总体部署，继续坚持创新驱动、内生增长、调整结构、扩大内需的发展思路。在保持总量增长与提高质量上要更加注重质量，在保持增长速度与提高效益上要更加注重效益，大力促进经济结构调整和发展方式转变，从而继续保持我国经济持续平稳较快发展。

全党要按照这个思路开展参政议政工作，把促进经济平稳健康发展作为我们履行职能、建言献策的主攻方向。要根据中央经济工作会议的部署，抓住趋势性、苗头性问题，多做前瞻性、预见性研究，为编制“十二五”规划建言献策。比如，如何应对气候变化、如何推进发展战略性新兴产业、如何做好民生工程、如何做好不同层次留学回国人员的工作等等。

同时，全党要进一步总结经验，深入探索参政议政工作的规律，努力实现全党参政议政工作四大突破，即参政议政的主要力量由依靠少数几位专家或领导向发挥全党整体功能方面突破；参政议政的选题由个别领域逐步向国家经济社会生活多个领域方向突破；参政议政的渠道由以人大、政协会议为主向多渠道共同发展方面突破；参政议政的成果转化由间歇性量少向持续性量多方面突破，从而努力在全党形成参政议政工作领导得力、信息畅通、人尽其才、资源共享、规范有力的生动局面。

（三）要坚持促进民生改善，做好社会服务工作

随着经济快速回升，提高生活、改善民生再次成为社会关注的焦点。保障基本民生需求需要政府履行责任，但是改善民生的措施，也是扩大内需的重要手段。内生增长的含义，就是要按照民生需求，开发适合于人民大众需要的经济产品和公共服务，既可以改善民生，又有利于经济发展。因此，除了在参政议政和反映社情民意，要更加关注民生事业和经济发展的内在关系，社会服务工作也要以改善民生为着眼点和落脚点。

各级组织要进一步重视做好社会服务工作，按照“量力而行，尽力而为”的原则，在做好对口扶贫、智力支边的基础上，进一步拓展社会服务的新领域，实现社会服务资源的可持续运转。要结合本党特色，把社会服务工作与做好归侨侨眷工作紧密结合起来，努力了解他们的困难和诉求，切实推进归难侨遗留问题的解决，多做稳侨心、暖侨心、得侨心的工作。要着眼社会安定有序，协助执政党和政府做好理顺情绪、协

调关系、化解矛盾的工作，为有效化解和消除影响社会稳定的因素发挥积极作用。

要根据本党成员专业特点，充分发挥本党在科技界、教育界等人才优势明显的特点，把社会服务工作与发挥智力优势相结合，积极鼓励广大党员参与和组织贴近民生的公益活动，提高广大党员的社会服务意识和社会奉献精神。要进一步鼓励广大非公企业党员参与本党社会服务工作，鼓励他们多参与慈善事业，努力实现党员自身价值与党派职能的良性结合，并加强对在社会服务工作中作出突出贡献的党员的宣传和表彰工作。

（四）要坚持继承、巩固和提高，实现海外联谊工作稳步发展

当前海内外侨情正随着国际形势发生新的变化，我们要始终按照中共中央的战略部署，正确分析形势，保持清醒头脑，把握历史机遇，加大对外宣传我国政党制度的力度，做实做宽海外联谊工作。要巩固老阵地，继续做好、做细老侨工作，更加密切本党同他们的关系。继续配合中央外交战略，坚持保持与未建交国家对我友好侨团组织的联系，努力创新形式，丰富双方交往内容，不断增进相互了解。

要积极拓展新领域，针对海外留学人员和华侨新生代等新侨人数不断增加、素质不断提高和分布更加广泛的特点，在对外交流活动中，积极推进与新侨的联系，特别要重视与留学生相关专业群体的联系，广泛宣传国家的侨务和鼓励留学人员回国创业的政策。要积极推动海外华文教育，关注华侨新生代的需求，帮助他们更多地了解中华文化，了解祖国发展，增强他们对祖国的感情和亲情。同时，要充分发挥“侨”“海”优势，积极为我国企业特别是民营企业“走出去”服务，实现海外侨情新发展与国内经济新趋势的有力对接。

要坚决贯彻中央对台工作的大政方针，稳步推进与岛内相关社团组织的联系。本党中央考虑明年适时召开海峡两岸科技论坛，提升本党开展两岸交流工作的层次与深度。要全面启动开展对外文化交流活动，本党中央计划成立新的对外文化交流机构，并充分利用中国致公画院，加大对外宣传中华文化的力度，增强海外同胞对中华民族的向心力。

（五）要坚持改革创新，推动全党自身建设

不断加强自身建设是更好地开展本党工作的基本保障和关键所在。要进一步加大理论研究、思想建设和宣传工作力度，深入研究有效开展思想教育宣传工作的新思路、新形式和新方法，努力巩固政治交接学习教育和科学发展观学习的成果，始终做到思想建设要为全党引领正确方向服务，宣传工作要为全党扩大影响、塑造形象服务。

要进一步抓紧落实全党组织工作会议精神，认真抓好组织发展、骨干党员培养、后备干部队伍建设和监督委员会工作。全党要树立起“人才兴党”的意识。人才资源作为第一资源，对实现致公党“致力为公、参政兴国”的宗旨具有重要的战略意义。各级组织要适应新形势的要求，按照本党中央 6 号文件的要求，结合本地实际，有规划、有重点、有步骤地做好组织发展和人才吸收、培训、培养和锻炼工作，尤其要注意联系和吸纳更多的留学回国人员，挖掘本党“侨”“海”特色的潜力。各级组织一把手要亲自抓后备干部队伍建设工作，要积极为后备干部推荐使用搭建台阶，使他们有更多锻炼和施展才华的机会。要进一步加强基层组织特别是支部的建设，不断增强基层组

织的凝聚力和影响力。

要进一步重视加强专委会的工作和建设，进一步充实各专委会组成人员，积极吸收高层次留学回国人员参加专委会工作，厘清工作机制，着力解决专委会发展不平衡问题。要进一步密切本党中央与地方组织的联系，交流经验，研究问题，推动工作。要进一步加强机关建设，完善体制机制，努力创建服务型党派机关，促进机关工作团结协调、规范有序、灵活高效运转，为履行职能、开展工作提供有力保障。

各位委员，各位同志！科学发展的伟大征程，要求我们创新思路、开拓进取；多党合作的光辉前景，需要我们凝聚力量、团结奋斗。让我们紧密团结在以胡锦涛同志为总书记的中共中央周围，高举中国特色社会主义伟大旗帜，坚持以邓小平理论和“三个代表”重要思想为指导，深入学习贯彻科学发展观，解放思想，开拓创新，团结全体党员和所联系的群众，为夺取全面建设小康社会新胜利、实现中华民族的伟大复兴而努力奋斗！

在纪念中国共产党领导的多党合作和政治协商制度确立60周年座谈会上的发言

（2009年9月14日）

万　钢

今年是新中国成立60周年，也是人民政协成立和中国共产党领导的多党合作和政治协商制度确立60周年。今天，我们在此一起回顾多党合作和人民政协事业与新中国同行的60年，展望多党合作和人民政协事业的远大前景，具有重要的现实意义和深远的历史意义。

中国共产党领导的多党合作和政治协商制度，是在我国长期的革命、建设和改革实践中产生、发展和完善的。新民主主义时期，在中国共产党统一战线政策的影响下，各民主党派同中国共产党建立了密切的合作关系。新中国成立之初，以毛泽东同志为核心的中共中央领导集体，以非凡的政治智慧和卓越的政治远见，创立了中国共产党领导的多党合作和政治协商制度，确立了社会主义条件下我国多党合作的基本格局。改革开放以来，在以邓小平、江泽民同志为核心第二、第三代中共中央领导集体和以胡锦涛同志为总书记的中共中央的正确领导下，我国的多党合作制度不断完善，程序不断健全，机制不断顺畅，中国共产党与各民主党派的团结合作关系更加密切，多党合作制度在国家政治生活中的地位不断巩固，展现出巨大的优越性和深远的影响力。

历史证明：中国共产党领导的多党合作和政治协商制度，是世界政党和政治制度史上的伟大创造，是中国社会历史发展的必然选择，是中国共产党和中国人民政治智慧的结晶。这一基本政治制度，适应中国的国情、符合全国各族人民的根本利益，体现了社会主义民主政治的本质要求。

60年来，在中国共产党的领导下，致公党始终坚持和维护中国共产党领导的多党合作和政治协商制度，自觉服务于改革发展稳定大局，积极发挥参政议政、民主监督的作用，维护党员和所联系的归侨、侨眷、留学归国人员的合法权益和海外侨胞的正当权益，为促进社会主义经济建设、政治建设、文化建设、社会建设和祖国的完全统一贡献自己的力量，发挥参政党应有的作用。综观历史，不管是从1949年司徒美堂、陈其尤、黄鼎臣等致公党前辈参加中国人民政治协商会议第一次全体会议，到如今致公党共有约2900多名党员担任各级政协委员；还是从致公党在全国政协大会上提出的第一份党派团体提案，到现在每年致公党都通过提案、发言、社情民意、报告、建议等形式向有关部门献计献策。我们深深地感到，致公党发展的历史，就是一部在多党合作制度下，坚持社会主义、爱国主义两面旗帜不断奋进的历史；就是一部在多党合作的政治格局中，在中国共产党的指导和帮助下，不断团结和发展的历史。

当前，国际形势发生的重大变化和我国改革发展面临的繁重任务，对我国多党合作事业也提出了新的挑战和要求。这就需要我们继续坚定正确的政治方向，以科学发展观为指导，进一步加强中国共产党领导的多党合作和协商制度的建设，把这一制度坚持好、完善好、落实好。

一、始终坚持中国共产党的领导，实现我国政党关系的长期和谐

我国的多党合作制度是具有中国特色的政党制度，也是典型的合作型政党制度。多党合作中的党际关系既强调了共产党的领导，又充分肯定了各民主党派参政议政、民主监督的作用。“共产党领导、多党派合作，共产党执政、多党派参政”是我国政党关系与政党制度的突出特点与独特优势。实现政党关系的长期和谐，是我国政党制度的内在要求。当前，要进一步坚持走中国特色社会主义政治发展道路，坚决抵制西方不良政治思潮对我国的影响，进一步坚持和完善中国共产党领导的多党合作和政治协商制度。按照科学发展观的要求，用发展的眼光和思路，来面对我国多党合作制度在发展中遇到的挑战和机遇，努力将我国的多党合作事业推向科学发展新的高度。

二、以科学发展观统领自身建设，努力建设符合新时期要求的参政党

我们各民主党派作为致力于中国特色社会主义事业的参政党，在新的历史条件下，需要进一步加强自身建设，切实解决好政治交接、提高参政党履行职能和发挥作用能力的历史性课题。当前，面对多党合作事业持续发展的内在要求，面对党派队伍结构和成员的变化，更加需要我们以科学发展观为指导，厘清自身发展的思路，科学地回答我们在加强自身建设中遇到的现实问题，例如：如何建设好一个素质更高、能力更强的参政党？如何继承好传统，保持好特色？等等。这些问题需要我们在实践和理论中，以中发［2005］5号文件为准绳，把科学发展观的精髓与多党合作事业的发展相结合，不断加以研究和探索。

三、不断提高服务科学发展的能力，积极服务科学发展

今年是建国60周年。60年来，我国经济社会发展取得了举世瞩目的伟大成就。聚精会神搞建设，一心一意谋发展成为我国60年的生动写照。服务科学发展理应继续成为我们各民主党派参政议政的首要任务。去年以来，我国经济受到全球金融危机的影响，改革发展遇到巨大挑战。保持经济平稳较快发展、维护社会和谐稳定，仍是当前

的首要任务，也应该是我们参政党围绕中心、服务大局的首要任务。我们参政党，必须把认真学习贯彻中共中央、国务院的有关决策部署，把保持经济平稳较快发展作为履行我们自身职能的首要任务，广泛凝聚各方面的智慧和力量，深入调查研究，多建推动科学发展之言，多谋推动科学发展之策，多尽推动科学发展之力。

60年的伟大实践昭示多党合作制度的光辉前景！站在新的历史起点上，我们满怀信心，致公党将在中国共产党的领导下，坚持中国共产党领导的多党合作和政治协商制度，团结带领广大党员和所联系的群众，以高度的政治责任感和时代紧迫感，充分发挥“侨海”优势，认真履行参政党职能，在为完成全面建设小康社会的宏伟征程中发挥更大的作用。

关于结合加强爱国主义教育做好当前宣传思想工作的通知

（2009年5月6日）

各省、自治区、直辖市及中央直属组织：

今年是中华人民共和国成立、人民政协成立和多党合作制度确立60周年，也是我们应对国际经济形势复杂变化、保持我国经济平稳较快发展的重要一年。近日，中共中央办公厅发出通知，将在全国范围内深入开展群众性爱国主义教育活动。爱国主义作为民族精神的核心，是中华民族团结统一的精神纽带，是凝聚力和向心力的基本源泉，是推动中国社会发展进步的巨大力量。为此，全党要进一步加强宣传思想工作，紧紧围绕促进经济平稳较快发展和维护社会和谐稳定这两大任务，结合当前深入开展的学习贯彻科学发展观活动，切实加强爱国主义教育，激发爱国热情，坚定发展信心，认真履行参政党职能，为全面完成今年国家的各项任务及本党各项工作目标作出积极贡献。

一、提高思想认识，在宣传思想工作中突出爱国主义教育主题

开展爱国主义教育活动，对于激发爱国热情，振奋民族精神，增强战胜困难的信心，凝聚全体人民的力量，同心同德推动经济社会又好又快发展，奋力开拓改革开放和社会主义现代化建设新局面，具有十分重要的意义。各级组织要切实增强政治意识、大局意识、责任意识，注意在宣传思想工作中突出爱国主义教育的主题，将开展爱国主义教育活动纳入今后一个时期工作的统筹安排。

全党各级组织要认真学习贯彻《中央宣传部关于围绕庆祝新中国成立60周年深入开展群众性爱国主义教育活动的意见》精神，进一步明确加强爱国主义教育的思想内涵、主要内容和总体要求。要把开展爱国主义教育活动与深化政治交接学习教育活动成果结合起来，进一步坚定走中国特色社会主义道路的理想信念；与深入学习贯彻科学发展观结合起来，不断提高服务经济社会发展和促进多党合作事业科学发展的意识和能力；与加强思想建设结合起来，继承和发扬致公党热爱祖国、致力为公的光荣传统，不断增强组织的凝聚力和向心力；与新中国成立、人民政协成立和多党合作制度

确立60周年等纪念活动结合起来，把握加强爱国主义教育的有利契机和有效载体，教育广大党员更加紧密地团结在中共中央周围，为夺取全面建设小康社会新胜利、实现中华民族伟大复兴不懈奋斗。

二、力求形式多样，在活动中深化爱国主义教育

开展爱国主义教育活动，要适应新形势下的环境和条件，各级组织要积极创新载体和形式，拓展途径和渠道，增强教育活动的实效，在丰富多彩的活动中深化爱国主义教育。可以通过组织报告会、编发宣传提纲、制作宣传展板、举办文艺演出等多种办法，把思想性、知识性和趣味性统一起来，努力增强教育活动的吸引力、感染力；通过组织征文比赛、在内报内刊和网站上开办专题专栏专版、加强对外宣传等多种途径，宣传爱国主义，努力扩大教育活动的覆盖面、影响力；通过座谈研讨、知识竞赛、书画摄影展等多种载体，激发学习热情，充分调动广大党员的积极性、主动性；通过缅怀革命先烈、学习先进典型、组织参观爱国主义教育基地等多种形式，挖掘教育资源，特别是要积极围绕重大纪念日开展系列活动，紧紧抓住纪念新中国成立、人民政协成立和多党合作制度确立60周年的有利时机，统筹安排，精心组织，掀起教育活动的高潮，让广大党员在参与中受到爱国主义精神的熏陶和感染。

三、注重实践特色，引导党员在履行参政党职能中体现爱国主义精神

开展爱国主义学习教育活动，重在联系实际，重在务求实效。要注重结合国内外形势变化，结合推动科学发展、促进社会和谐的伟大进程，不断赋予爱国主义教育鲜明的实践特色，不断增强爱国主义教育活动的实际效果。还要紧密联系当前我国改革发展稳定的实际，积极引导党员将爱国之情转化为报效祖国的实际行动，教育党员在履行参政党职能、参与党务工作中体现爱国之情和报国之志。通过扎实有效的工作，把教育活动的成果转化为迎接挑战、战胜困难的坚定信心，转化为推动科学发展、促进社会和谐的自觉行动，转化为全面建设小康社会、实现中华民族伟大复兴的强大精神力量。

四、当前几项主要的宣传思想工作

各级组织要紧密结合当前形势，积极开展宣传思想工作，当前要做好如下几项工作：

1. 围绕纪念抗震救灾一周年作好宣传报道工作，集中展现本党各级组织和党员为抗震救灾所作的贡献。

2. 根据《致公党中央关于在全党范围内深入学习贯彻科学发展观的通知》和《致公党中央关于深入学习贯彻科学发展观的实施意见》的要求，认真学习贯彻科学发展观，组织好相关的学习会、报告会、研讨会等。

3. 广泛开展新中国成立、人民政协成立和多党合作制度确立60周年纪念活动，以组织座谈会、编辑纪念文集、举办书画展、举行文艺演出等形式歌颂宣传建国60年来的伟大成就。

4. 加强宣传工作。办好内报内刊和网站，加大对外宣传力度，着力宣传建国60来多党合作和政治协商制度取得的巨大成绩及本党各级组织和广大党员热爱祖国、报效祖国的突出事迹，扩大致公党的社会影响，形成宣传合力，营造良好氛围。

关于深入学习贯彻科学发展观的实施意见

（2009年3月4日）

各省、自治区、直辖市及中央直属组织：

为进一步贯彻落实各民主党派深入学习贯彻科学发展观座谈会纪要精神，推动全党深入学习贯彻科学发展观，根据《致公党中央关于在全党范围内深入学习贯彻科学发展观的通知》（致中发〔2008〕7号）的要求，结合本党实际情况，提出如下实施意见。

一、指导思想和目标任务

按照中共十七大精神，高举中国特色社会主义伟大旗帜，以邓小平理论和“三个代表”重要思想为指导，深刻把握科学发展观的科学内涵、精神实质和根本要求，努力增强贯彻落实科学发展观的自觉性和坚定性，不断提高服务经济社会发展和促进多党合作事业科学发展的能力。

要通过深入学习贯彻科学发展观，引导各级组织和广大党员更加自觉地维护中国共产党的领导，进一步坚定走中国特色社会主义道路的理想信念，努力在思想认识上有新提高；更加主动地围绕经济社会又好又快发展，进一步明确为科学发展服务的目标任务、主要内容和途径载体，努力在履行职能上有新作为；更加积极地加强领导班子建设，进一步提高以科学发展观指导参政党建设的能力，努力在自身建设上有新进步。

二、主要内容和实施安排

深入学习贯彻科学发展观主要包括两大阶段：2009年3月至6月为理论学习阶段，以方针、政策和文件精神的学习领会为主；2009年7月至12月为改进提高阶段，以查找不足、分析原因、健全制度为主。各级组织要把学习贯彻科学发展观贯穿于参政党各项工作中，重点做好以下几个方面的工作：

1. 组织理论学习。要重点学习中共十七大精神、胡锦涛总书记在深入学习实践科学发展观动员大会上的重要讲话精神、《毛泽东邓小平江泽民论科学发展》、《科学发展观重要论述摘编》以及《科学发展观与统一战线学习辅导材料》等内容，全面领会科学发展观的科学内涵、精神实质和根本要求，在全党营造认真学习、积极探索、争作贡献的良好氛围。

2. 开展交流活动。各级组织要适时举办专题学习会，邀请专家学者就科学发展观的有关内容进行讲解。要通过组织座谈会、研讨会等形式，交流学习体会和经验。要充分发挥各级党刊和网站的作用，登载相关文章，开展民主讨论。致公党中央将于三季度召开研讨会，推动学习贯彻科学发展观的深入开展。

3. 结合思想建设及重大活动深化学习。要引导广大党员和所联系群体正确认识改革发展过程中出现的挫折和矛盾，经得起困难和风险的考验，坚定不移地与中国共产党团结合作，共同致力于中国特色社会主义伟大事业。要以庆祝新中国成立60周年和中国共产党领导的多党合作和政治协商制度确立60周年为契机，组织丰富多彩的纪念活动，增强广大党员学习贯彻科学发展观的自觉性和坚定性。

4. 把学习贯彻科学发展观寓于各项党务工作之中。要把学习贯彻科学发展观与党务工作一起部署，一起检查，尤其要围绕应对国际金融危机、保持经济平稳较快发展，围绕人民群众普遍关心和迫切需要解决的热点难点问题，深入调查研究，提出有针对性、可操作的对策建议。要在科学发展观的指导下，认真查找本级组织在工作思路、工作方向和工作方法等方面存在的不足，分析原因并提出改进措施，切实提高运用科学理论分析问题、解决问题的实际能力，不断开辟参政议政新途径，形成服务科学发展新思路。

三、几点要求

深入学习贯彻科学发展观，是全党政治生活中的一件大事。各级组织要统筹安排、突出重点、务求实效，确保学习贯彻科学发展观的顺利进行。

（一）加强领导，精心组织。各级组织要提高主动性和积极性，结合各地实际情况，制定学习贯彻计划，并将计划报本党中央宣传部。各级领导成员要发挥表率作用，带头参加学习，加强组织领导。

（二）联系实际，突出特色。要根据本党履行参政党职能和加强自身建设的实际，结合本党的“侨”“海”特色和优势，不断充实学习内容，丰富学习形式，把这项工作抓紧、抓实。

（三）积极探索，注重实效。要努力探索广大党员便于参加、易于接受的载体和平台，使党员通过深入学习不断提升自身素养，不断提高服务科学发展的本领和水平。

在“中国发展论坛2009—武汉城市圈‘两型社会’建设”开幕式上的讲话

（2009年10月23日）

万　钢

尊敬的罗清泉书记、李鸿忠省长，各位专家、各位同志：

由致公党中央和湖北省政府联合主办的“中国发展论坛2009—武汉城市圈‘两型社会’建设”今天在历史悠久、风景秀丽的江城武汉开幕了。在此，我谨代表致公党中央，向参与本次论坛的各位领导、来宾及专家学者表示热烈的欢迎！向中共湖北省委、省政府表示诚挚的谢意，并向为本次论坛做出积极努力和细致安排的中共湖北省委统战部、湖北省发改委以及武汉市的相关部门表示崇高的敬意和衷心的感谢！

自2007年以来，致公党中央每年都与一个省市合作，就我国经济社会发展中的一些重大问题，举办“中国发展论坛”，集思广益，共谋良策。前年，我们在天津以“循环经济发展与资源节约型和环境友好型社会建设”为主题，成功举办了论坛。去年，我们在重庆就城乡统筹中的重大理论和实践问题进行了研讨，并将研讨成果在今年的全国“两会”上作了大会发言。今天，我们相聚在这里，一起来讨论“两型社会”的建设问题，这有着重要的理论和实践意义。大家知道，建设“两型社会”，是我国总结过去、展望未来，为落实科学发展观、全面建设小康社会、实施可持续发展战略而确立的重大举措。2007 年以来，国家设立了“两型社会”建设综合配套改革试验区。作为试验区之一的武汉城市圈在以资源节约和环境友好为核心，探索新型工业化、新型城市化的发展道路上做了许多的工作，取得了积极成效。然而，我们也要清醒地认识到，“两型社会”建设是一项长期、系统、全新的工程，需要我们继续以开拓创新的精神来不断进行探索和实践，丝毫不能懈怠。

下面，我就武汉城市圈“两型社会”建设谈几点想法，与大家一起讨论。

一、“两型社会”建设首先必须实现节能减排和产业转型

改革开放以来，我国经济社会实现了令人惊叹的飞速发展，但就其内涵而言，主体走过的是资源型、高耗能、高污染和低端化发展道路。大家清楚，这给我国当前经济社会平稳较快发展造成严重影响，也将给未来经济社会的可持续发展带来巨大挑战。因此，加快资源节约、环境友好型社会建设已成为我国刻不容缓的当务之急。中央决定分别在湖南、湖北建立以长、珠、潭城市群和武汉城市圈“两型社会”建设综合配套改革试验区，赋予试验区先行先试的政策创新权。从而实现在能源资源环境压力不断激增的趋势下，通过中部地区，在我国工业化、城镇化进程中探索出一条有别于传统发展模式的新型道路。所以，实现节能减排和产业转型是“两型社会”建设的必然要求。

二、实现节能减排和产业转型必须仰仗于科技的支撑

从世界主要国家发展的经验可以窥见，实现节能减排和产业转型归根结底要靠有力的科技支撑。就节能减排而言，节能减排需要全社会全方位共同参与，需要政策法规保驾护航，但向纵深目标推进，关键还在于科技的支撑。一方面通过技术改造、技术推广，淘汰技术落后、资源利用效率低、环境污染严重的工艺、设备和装置，有效降低资源消耗，减少污染排放；另一方面通过科技开发，技术创新，大力发展新能源和可再生能源；第三通过集成创新，以多元因素开展高能耗、高污染行业的节能减排创新。就产业转型而言，一方面是战略性新兴产业的推动和培育，着眼于长远的战略需求和未来竞争需要，发展和壮大战略性高新技术产业，实现产业的创新式发展，如：新能源产业、生物技术产业、信息技术产业等等；一方面是传统行业结构优化和产品升级换代。虽然节能减排和产业转型是多因素综合，但本质上是一个科技问题。

三、发挥科技支撑作用核心在于加强能力建设，大力推动自主创新

十七大报告明确指出：提高自主创新能力，建设创新型国家，这是国家发展战略的核心，提高综合国力的关键。要把增强自主创新能力贯彻到现代化建设各个方面。因此创新能力建设是充分发挥科技支撑经济社会发展的核心问题。创新能力包括科研院

所知识创造能力、企业技术创新能力、科技中介服务机构的服务能力等等。武汉城市圈两型社会建设必须把提高创新能力作为重要任务，在制定规划、完善政策措施、配置科技资源、加强人才队伍建设等各个方面，都要紧紧围绕创新能力建设确定目标，明确任务。一是发挥和利用好武汉科研机构、高等院校密集和科技人力资源丰富的优势，在光电子、生物、能源、信息、汽车、资源环境等具有一定优势的领域加强部署，不断取得具有影响的科技成果。二是加强创新条件平台建设，结合国家重大科技任务，整合资源，创新组织模式，突出开放共享，建设一批开放共享、高质量的科技创新条件平台。三是加强企业技术创新工程和技术创新联盟建设，大力推动产学研有效合作，提高企业的技术创新能力。

四、要以宏大的气魄推动武汉城市圈“两型社会”建设，引领中部崛起

武汉城市圈“两型社会”建设综合配套改革试验区，对武汉和湖北省而言，既是巨大的机遇，也是崭新的挑战。与上海浦东、天津滨海、四川成渝等综合配套改革试验区相比，其模式更新、任务更艰。在先期推进武汉城市圈建设过程中，湖北省委省政府按照既定的以市场机制为主导、以经济利益为纽带、以各类企业为主体、以构建产业链为主线、以政府调控为推动力、以科学发展观为统筹等六条基本原则和推进基础设施建设一体化、产业布局一体化、区域市场一体化、城乡建设一体化、体制创新一体化、招商引资一体化等六个工作重点，取得了明显成效。

科技创新是发展的不竭之源。随着武汉城市圈“两型社会”建设的深入，希望综合配套改革试验区以宏大的气魄，立足于本区域科技资源优势，面向全国、放眼世界，不断提升科技创新能力，以创新驱动发展和壮大，努力引领“中部崛起”，并为我国整体的科学发展与和谐社会建设发挥重要的示范和带动作用。

各位专家，各位同志，建设“资源节约型、环境友好型”社会是我国当前发展阶段协调经济发展与环境保护的重要目标，关系到我国人民的切身利益和中华民族的可持续发展。按照十七大精神和科学发展观要求，将国家战略和试验区的实际结合起来，探寻新型城市化道路既是武汉城市圈义不容辞的职责，也是广大专家和学者应该努力的重要课题。希望大家能够围绕本次论坛主题，交流经验、探讨问题、共商对策，更好地研究和破解我国“两型社会”建设中遇到的难点和挑战，为我国探索出一条低投入、高产出、低消耗、少排放、能循环、可持续的发展路子，为落实科学发展观和促进和谐社会建设，共同贡献力量！

最后预祝本次论坛圆满成功！谢谢大家！

中国致公党党内监督条例（试行）

第一章　总　则

第一条　为加强致公党自身建设，建立健全党内监督机制，根据《中国致公党章程》的有关规定，制定本条例。

第二条　以邓小平理论和“三个代表”重要思想为指导，深入贯彻落实科学发展观，通过加强党内监督，确保致公党各级组织和党员始终坚持中国共产党的领导，高举中国特色社会主义伟大旗帜，坚定不移地走中国特色社会主义道路。

第三条　坚持中国共产党的领导；坚持民主集中制；坚持积极稳妥、循序渐进，惩防并举，重在预防的方针。

第二章　监督的对象和内容

第四条　监督的对象是各级组织和党员；重点是各级领导班子及其成员。

第五条　监督的内容是对本党党务工作的监督，其主要内容是：

（一）贯彻执行多党合作和政治协商的政治准则的情况；

（二）遵守《中国致公党章程》和党内其他制度，执行本党的决议、决定和工作部署的情况；

（三）贯彻执行民主集中制和履行职责的情况；

（四）保障党员权利的情况；

（五）在本党人事安排和干部选拔任用工作中执行国家有关规定的情况；

（六）清正廉洁的情况。

第三章　监督的机构和职责

第六条　中央和省级组织成立监督委员会，在中央和省级委员会领导下履行职责；中央和省级组织监督委员会每年召开一次全体会议，向中央和省级组织委员会汇报工作。

第七条　监督委员会组成人员由主席（主委）会议酝酿，常务委员会提名，中央和省级委员会决定。届内如需调整，由常务委员会决定。监督委员会的任期与该届委员会相同。

第八条　监督委员会下设办公室，与组织部合署办公，承担监督委员会的日常事务。

第九条　中央监督委员会的职责：负责对中央领导机构及领导班子成员遵守多党合作政治准则、贯彻民主集中制和履行职责的情况进行监督；对违反《中国致公党章程》的行为进行核查，提出意见和建议；学习贯彻中共中央关于廉政建设的有关部署和要求，对本党的廉政建设的有关政策、措施进行研究，提出意见和建议；受理涉及本党各级组织和党员违法违纪等问题的来信来访，并提出处理意见和建议；对中央机关内部干部、人事等方面的违纪问题进行核查，提出处理意见和建议；对党内监督中的重要事项和重大问题与有关部门进行沟通和协商；并且，负责指导地方组织加强内部监督工作。

第十条　省级组织监督委员会的职责：协助同级委员会，组织协调党内监督工作，组织开展对党内监督工作的督促检查；对同级及下一级领导班子及其成员履行职责的情况进行监督；检查同级及下一级领导班子及其成员违反《中国致公党章程》和党的决议、决定的比较重要的问题，提出处理意见；向同级委员会和中央监督委员会报告党内监督的情况，提出建议；受理对同级及下一级领导班子及其成员违反党纪行为的检举和党员的控告、申诉，保障党员的权利；对机关内部的干部、人事等方面的违纪问题进行核查，提出处理意见和建议；与有关部门进行沟通和协商。

第四章　监督的形式和渠道

第十一条　党内监督，可以以组织的名义进行监督，也可以以领导班子成员、常务委员、委员、代表大会代表、党员等个人名义进行监督。

第十二条　党内监督可以根据不同情况，采取会议发言、约见谈话、书面意见、检举和控告等形式反映情况，提出意见、建议。

第十三条　党内监督的渠道主要是：

（一）在本党代表大会、代表会议、委员会会议、常务委员会会议、各种工作会议上提出意见和建议；

（二）在委员会总结工作征求意见时提出意见和建议；

（三）在领导班子举行谈心会时，开展批评、自我批评，提出意见和建议；

（四）在进行党务工作的调查研究时，提出意见和建议；

（五）在各级组织和领导班子成员进行述职时，提出意见和建议；

（六）通过信访的形式，反映情况，提出意见和建议；

（七）通过检举和控告的形式，反映情况，提出意见和建议；

（八）加强同有关部门的联系，沟通情况，交流有关党内监督的信息。

第五章　监督制度

第十四条　中央议事决策制度。建立健全全国代表大会、中央委员会会议、中央常务委员会会议、主席会议、主席办公会议等议事和决策规则。

第十五条　集体领导和分工负责制。建立健全集体领导和个人分工负责制度，凡属方针、政策性大事，全局性大事，重要干部的推荐、任免和奖惩，都要按照集体领导、民主集中、个别酝酿、会议决定的原则办理。

第十六条　谈心会制度。建立健全各级组织领导班子谈心会制度，领导班子谈心会一般每年进行一次，可采取领导班子成员集体谈心和个别谈心两种形式。谈心会之前，要在一定范围内听取对领导班子及其成员的意见和建议。

第十七条　述职和民主评议制度。中央常务委员会向中央委员会会议每年报告工作一次；地方各级常务委员会向委员会会议每年报告工作一次。各级委员会的领导班子成员，分别在届中和换届前一年在规定范围内述职一次，述职后进行民主评议或民主测评。

第十八条　信访处理制度。要重视来信、来访，及时研究来信、来访中提出的重要问题，对重要信访事项的办理，应督促检查，直至妥善处理。凡向本党组织检举领导班子成员、常务委员、委员严重违纪、违法问题的，以及党员控告侵犯自己合法权益行为的，本党组织应当按照有关规定及时调查处理。

第十九条　谈话和诫勉制度。建立对委员会工作部门负责人和下级组织领导班子负责人进行任职谈话制度；并在任职期间进行不定期谈话，提出建议和要求。发现委员会工作部门负责人和下级组织领导班子成员在政治思想、履行职责、工作作风、道德品质、勤政廉政等方面暴露出来的问题和苗头，应当对其进行诫勉谈话。

第二十条　廉政建设制度和机关建设规章制度等。

第六章　监督保障

第二十一条　各级监督委员会应当按照本条例切实履行监督职责，发挥监督作用。各级领导班子成员应当正确履行职责，自觉接受监督。对违反本条例，不履行或不正确履行党内监督职责、不遵守党内监督制度的，视情节追究责任，严肃处理。

第二十二条　各级组织应当加强思想政治教育，健全工作制度，有效防范各种违纪行为的发生；各级监督委员会对本党组织和党员反映的问题，应当认真处理。

第二十三条　鼓励、支持、保护本党组织和领导班子成员、常务委员、委员、代表大会代表、党员在党内监督中发挥作用。对署真实姓名反映问题和检举、控告违纪违法行为的，各级监督委员会和有关人员应当为其保密，对泄露的要追究责任；对检举、控告违纪违法问题经查证属实的，应给予表扬和奖励。

第二十四条　对打击报复监督者的；对以监督为名侮辱、诽谤、诬陷他人的；以及在党内监督中有违纪行为的，各级委员会应严肃处理。

第二十五条　经过调查，需要追究党组织责任的，要求其纠正错误或给予通报批评，情节严重的，依照有关规定处理；需要追究党员责任的，依照有关规定给予批评教育、组织处理或党纪处分；没有发现被调查的组织和党员有违纪行为的，应当作出书面结论，消除影响。

第二十六条　被党内追究或处理的组织和个人对处理决定不服的，可以向作出处理决定的本党组织申诉。有关组织应当认真复议、复查，并作出结论。如仍有意见，可以向本党上一级组织直至中央申诉。申诉期间，不影响处理决定的执行。

第七章　附　则

第二十七条　各省级组织监督委员会的建设，采用试点方式积极稳妥地推进。条件成熟的省级组织可根据本条例精神，结合自己的实际情况制定具体的实施意见或办法。

第二十八条　本条例由中央监督委员会负责解释。

第二十九条　本条例自发布之日起施行。

九三学社

九三学社第十二届中央常务委员会 2009 年工作报告

（2009 年 12 月 7 日）

韩启德

各位委员、同志们：

我受九三学社第十二届中央常务委员会委托，向全会作工作报告，请予审议。

2009 年工作回顾

即将过去的 2009 年，全国各族人民在中国共产党的坚强领导下，万众一心、共克时艰，全力保增长、保民生、保稳定，加大转变经济发展方式和调整经济结构力度，沉着应对国际金融危机冲击，保持经济平稳较快发展，加快推进地震灾区灾后恢复重建，维护民族地区社会大局稳定，隆重纪念中华人民共和国成立 60 周年，社会主义经济建设、政治建设、文化建设、社会建设以及生态文明建设取得新的显著成就。一年来，九三学社高举中国特色社会主义伟大旗帜，以纪念新中国成立 60 周年和多党合作制度确立 60 周年为契机，深化优良传统教育，坚持科学发展观，认真履行参政议政、民主监督职能，积极开展社会服务，切实加强自身建设，各项工作均取得了可喜成绩，为促进我国经济发展和社会进步，为维护团结和稳定作出了新贡献。

一、以纪念新中国成立 60 周年和多党合作制度确立 60 周年为契机，不断推进九三学社的思想建设

今年是新中国成立 60 周年和多党合作制度确立 60 周年，全社以此为契机，开展了多种形式的纪念活动，深化坚持走中国特色社会主义道路学习教育活动，着力为服务科学发展和实现自身科学发展提供精神动力和思想保证。

一是以加强学习为主线，积极组织相关活动，深化坚持走中国特色社会主义道路学习教育活动。去年社中央对以坚持走中国特色社会主义政治发展道路为主题的政治交接学习教育活动进行了总结。今年社中央从实际出发，结合相关重大事件，继续深化坚持走中国特色社会主义道路的学习教育活动，把学习作为推动工作的重要方法，切实巩固政治交接主题学习教育活动的成果。五四运动90周年前夕，社中央在五四运动的发祥地北京大学举办了“传承五四精神，弘扬民主科学”的专题访谈活动。7月，社中央组织开展了《六个“为什么”》学习座谈活动。8月，举办了庆祝新中国成立60周年书画展、文艺会演和征文活动。9月，在合肥召开九三学社全国宣传工作会议，总结了宣传思想工作经验，研讨了宣传思想工作面临的新情况新问题。同月，召开了庆祝新中国成立60周年暨九三学社成立64周年座谈会。发动社员积极参与有关部门组织的“双百”人物评选活动，王选、邓稼先入选100位新中国成立以来感动中国人物。在社刊社讯开辟纪念新中国成立60周年的专栏，在社中央网站开辟纪念专题，交流认识体会，推广好的经验和做法。王选基金会积极拓宽筹资渠道，基金规模有所扩大，完成了2009年的资助工作。社中央还组建了九三学社中央艺术团，丰富社内的文化生活。这些活动扩展了学习教育活动的内涵，增强了社组织的凝聚力。

二是加强思想调研，把握社员思想动态。社中央领导深入基层，利用各种机会走访地方组织和基层社员，直接与社员面对面交流，了解和掌握社员的思想状况，热情帮助社员解决工作和生活中的困难，增强了思想政治工作的吸引力和感召力，提高了社组织的向心力和凝聚力。“两会”前夕，社中央通过召开不同界别不同层次的座谈会，对社员关心的社会热点、难点和重点问题进行了调查研究和综合分析，组织力量深入辽宁、山东、江苏、安徽等地开展了思想调研。4月，社中央发出《关于开展思想调研和总结宣传思想工作经验的通知》，各省级组织共提交调研报告25篇。今年还对社中央思想建设研究中心进行了换届，并编发《社员思想动态》3期。这些活动为把握社员思想动态、增强宣传思想工作的针对性和实效性创造了条件。

三是坚持正确导向，拓展新闻宣传阵地。社中央利用社刊社讯、网站，进一步密切了与社会新闻媒体的联系，树立了九三学社良好的社会形象。据不完全统计，一年来社中央在中央级媒体上刊发消息、通讯、政论性文章210余篇，起到了较好的宣传效果。《民主与科学》杂志突出办刊理念，强调精品意识，办刊质量不断提高。学苑出版社出版的长篇报告文学《中国海军三部曲》荣获第十一届全国精神文明建设“五个一工程文艺类图书作品奖”，实现了该奖项设立以来全国统战系统出版社的首次突破。社中央成立了出版社体制改革工作领导小组，启动了出版社转制工作。

四是深入开展参政党理论研究和社史研究工作。今年社中央整合全社研究力量，分别成立了九三学社中央参政党理论研究中心和九三学社中央社史研究中心，在社内初步建立起一支理论研究与社史研究的骨干队伍。同时，积极扩大与社外的合作，利用社会资源拓展研究平台，结合中共十七届四中全会的召开和新中国成立60周年深入开展理论研究，并多次召开专题研讨会，促进了全社的理论研究工作。社史工程进展顺利，许多方面取得阶段性成果。“九三人物系列丛书”第一批23本书稿中的大部分已完成初稿，即将进入评审和修改阶段；社史专题片已完成前两集的后期制作，后两集将在近期完成；编写出版了第二期《社史研究通讯》，第三期也将于年底出版；完成了《汶川特大地震抗震救灾志·九三学社篇》的编纂工作。进一步加强与高龄社员和各省级组织的联系，抢救了一批珍贵的社史研究资料。

二、落实科学发展观，参政议政、民主监督取得新成绩

一年来，九三学社深入贯彻落实科学发展观，紧紧抓住科学发展这个第一要务，围绕我国经济社会发展中的重要问题以及人民群众普遍关心的问题开展参政议政和民主监督，提出了不少有价值的意见和建议，取得了较好成绩。

一是努力提高高层政治协商建言议政质量。社中央主要领导多次应邀参加中共中央、国务院就《政府工作报告》、经济形势和经济工作、《中共中央关于加强和改进新形势下党的建设若干重大问题的决定》等举行的高层政治协商活动，分别就坚持走有中国特色的低碳发展道路、构建科学高效的科技宏观管理体制、将调整国民收入分配结构和改善民生作为重要的宏观调控指标、在土地流转中将保护耕地和农民利益以及推进中小城镇工业化结合起来、建设扎根农村的高素质人才队伍、扩大党内民主维护中央权威、运用新兴媒体推进党建工作等问题在高层协商会上发言，受到中共中央、国务院的重视。此外，还先后十几次参加中央统战部举办的座谈会、情况通报会、学习会，及时了解形势、掌握情况，并发表意见和建议，取得良好效果。

二是围绕经济和社会发展中的重大问题深入开展专题调研。“应对全球气候变化，发展低碳经济”是我社确定的一项长期跟踪调研的重大战略课题。4月，社中央主要领导率队赴广东省就低碳经济发展问题进行调研，向中共中央、国务院报送了《关于我国经济社会低碳发展的建议》，提出要抢占以低碳技术为代表的新兴产业竞争制高点，得到胡锦涛、温家宝同志的高度重视和批示。11月，社中央与辽宁省人民政府共同举办了“低碳经济与绿色建筑产业发展高峰论坛”，研讨我国发展低碳经济和绿色建筑的现状与发展趋势，分析了当前存在的问题和困难，并对发展低碳经济和绿色建筑提出了重要建议。“促进科技发展和自主创新”是本届社中央确定的重大参政议政课题。今年，课题组对国内外科技体制及自主创新体系进行了实地调查，召开了“深化我国科技宏观管理体制改革”等一系列专题研讨会，完成了“我国科技和高等教育发展情况与对策调查问卷初步分析报告”，课题取得阶段性成果，为下一步的研究奠定了坚实基础。城乡统筹是当前我国经济社会发展中的重大战略性问题，4月，社中央领导率队赴重庆市和四川省成都市就城乡统筹问题进行调研，5月，社中央主题常委会就“统筹城乡发展与三农问题”进行了研讨，在调研和研讨的基础上，社中央形成了《重庆、成都统筹城乡发展的调研报告》，从耕地保护、农民权益保障、小城镇发展、完善乡村治理结构和体制机制创新五个方面提出了建议，温家宝总理认为报告反映了一些新情况，批示有关部门认真研究。

社中央在其他专题调研方面，也取得了良好的成效。3月初，社中央主要领导致函温家宝总理，报送了九三学社中央《关于毕节地区草海治理与保护的建议》，温家宝、李克强同志先后对报告做出批示，对推动草海治理与保护工作发挥了重要作用。3月，社中央主要领导还率队赴河南、湖北、陕西三省就南水北调中线水源保护问题进行调研，形成了《关于南水北调中线工程水源保护的建议》，受到中共中央和国务院领导同志的高度重视，胡锦涛、温家宝、李克强、回良玉先后做出批示，请有关部门认真研究。6月，社中央主要领导率队赴吉林省调研中药与生物制药发展的有关问题，形成了

《吉林省中药与生物制药调研报告》并报送中共中央、国务院，受到重视。9月，社中央主要领导就国家医疗器械原始创新问题向中共中央、国务院报送了《关于大力扶持国产原始创新医疗器械的建议》，期望扶持我国医疗器械新兴产业中的自主创新、开辟新的产业领域，李克强和刘延东同志先后对报告做出批示。此外，社中央领导还分别就节水农业问题率队赴内蒙古、宁夏和甘肃进行调研，就生态旅游发展问题赴湖南、贵州进行调研，就打击制售假药相关问题赴江苏、浙江、河南调研，并提出了有关建议。

三是在政协会议和活动中充分发挥作用。在全国政协十一届二次会议上，九三学社以社中央名义提交大会发言17篇，其中有3篇入选口头发言，加上个人一篇，占各民主党派中央、全国工商联以及工青妇口头发言总数17篇的近1/4，为近年来最多的一次。其中，三位副主席分别代表社中央作了《加强农技推广体系改革建设，提高现代农业科技支撑能力》、《维护科技奖励尊严，深化奖励制度改革》、《改变行政化趋向，推动高等教育健康发展》的口头发言，获得广泛好评，引起了社会的高度关注。我社以社中央名义提交提案37件，占各民主党派中央和全国工商联提案总数的16%；以九三学社界别名义提交提案29件，占界别、小组提案总数的66%。其中，通过课题招标和提案征集而来的社省级组织提案达31件，接近提案总数的一半。

会议期间，九三学社提交的《关于建立创业就业扶持机制的建议》等三件提案入选全国政协提案委员会召开的提案办理协商会。会后至今，我社又有《关于推进海西建设，促进两岸交流合作的建议》等四件提案被全国政协提案委员会列为重点提案召开提案办理协商会。财政部就《关于加快建立我国农业巨灾保险制度的建议》提案召开了办理协商会，国家知识产权局就《关于加大对地方实施知识产权战略的指导和支持力度的建议》提案除召开办理协商会外，还举行了专题研讨会并组织了实地考察。此外，《关于推进产学研结合技术创新体系建设的提案》等八件提案入选全国政协重要提案摘报，报送中共中央、国务院。

四是信息工作发展态势良好。从去年10月到今年9月，社中央共收到来稿近2000篇，采编形成《九三信息》、《九三信息专报》543篇，被全国政协采用78篇，采用篇数在各兄弟单位中继续保持前列。今年最为突出的是得到党和国家领导人批示的信息数量大幅增加，达到15篇，其中有多篇信息得到多位领导同志批示，这是九三学社开展信息工作以来得到批示最多的一年。如《建议在食品行业取消国家免检，健全抽查制度》等四篇信息分别得到贾庆林、李克强、王刚批示；《要立即制止用毒垃圾填造耕地的行为》等两篇信息分别得到温家宝、回良玉批示；《请高度关注与当前国家政策相悖离的税务跨年度'预征'行为》等三篇信息得到李克强批示；《关于积极应对乌鲁木齐'针扎'事件的建议》等五篇信息得到回良玉批示；《建议整顿中小学辞书出版市场，尽快实行严格的准入制》得到刘延东批示。

五是参政议政工作机制进一步完善。社中央不断改进工作方法，进一步完善了课题招标和提案征集机制、提案信息转化机制、社中央与省级组织上下互动机制、社中央专门委员会工作机制、激励机制、保障机制等。为整合资源，充分发挥社中央各专门委员会的人才优势，社中央将信息工作由办公厅调至参政议政部，并增加了专职工作人员。10月，在京召开了九三学社中央参政议政工作座谈会，交流了参政议政工作经验，进一步研究了如何完善参政议政工作机制，提高参政议政水平。

六是民主监督工作积极推进。社中央把参政议政工作与民主监督工作紧密结合起来，通过高层政治协商、“直通车”建议、人大建议案、政协提案、“九三信息”等多种方式来推进民主监督。九三学社担任各级特约监督员、监察员、检察员、审计员和教育监督员的同志，以高度的政治责任感，认真参加有关执法检查和执法监督工作，参与有关法律法规制定的研究，参与对重大案情的调查，充分发挥了特约人员作用。

三、发挥优势、突出重点，做好社会服务工作

一年来，九三学社坚持围绕中心，服务大局，主动作为，顺势而为，多渠道、多形式积极开展社会服务工作，取得了很大的成绩。

一是积极开展灾后援建工作。去年6月，社中央发出《灾后重建伸援手募集善款献爱心倡议书》，得到广大成员的积极响应，在社内外共募集资金383万元。为保证这笔资金的有效使用，增强援建工作的针对性，社中央领导和相关专家多次赴灾区青川县沙洲镇江边村二组开展实地勘察，结合实际情况，确定了以住房、基础设施、产业发展、村委会阵地建设为主的帮扶工作方案。江边村二组援建项目共投入资金158万元，经过集中统一整治，村容村貌焕然一新，解决了人畜安全引水工程，形成了“一林二畜三种植”的产业格局，并初具规模效益。目前，全组55户全部入住新居。社中央还投入225万元实施都江堰天马敬老院生活配套设施用房建设、绵阳游仙区新桥镇民主村灾后重建和德阳什邡市南泉镇农村新能源建设等3个灾后援建项目。11月底，广元青川县沙洲镇江边村二组和都江堰天马敬老院生活配套设施用房建设的援建项目分别举行了竣工验收典礼。

二是“九地合作”的范围不断扩大，内容不断延伸，服务更加广泛深入，合作形式更加多样。据不完全统计，目前，九三学社组织已与30多个地方政府开展“九地合作”。2009年，山西省委、福建省委、湖南省委、云南省委、辽宁省委分别与晋城市、南平市、漳州市、衡阳市、楚雄州、朝阳市等地方政府签署合作协议。河南省委与上海市委开展“沪豫科技合作”，“上海交通大学国家轻合金精密成型工程研究中心鹤壁分中心”等五个项目进展顺利；安徽省委先后与马鞍山市、铜陵市、芜湖市开展“九地合作”项日达十余项；山西省委把绿色生态农业技术作为“九地合作”主导项目与各级政府合作，大力进行绿色生态农业的示范和推广。这些合作实现了九三学社智力、人才和技术优势与地方产业、资源、环境的有效对接，成效显著。

三是积极为社会主义新农村建设添砖加瓦。九三学社分别在河南省、重庆市、黑龙江省、湖北省等地选点开展了“多党合作新农村建设试点”工作。河南漯河市坡高村新农村建设试点通过采取优化种植结构、推广小麦、玉米优良品种等措施，使农业大幅增效，农民显著增收。重庆市万州区五土村通过红橘综合技术改造、建设生态沼气池和文化活动中心，对该村的产业发展、环境改造和文化建设，起到了积极的推动作用。湖北黄石市南山村和黑龙江省兰西县新阳村新农村建设试点，结合当地实际，大力发展种养业和改善草原生态平衡、加快草原改良建设，取得了预期的效果，深受农民的欢迎。为了适应新农村建设中农民群众的精神文化需求，九三学社在北京举办了全国性的“新农村建设农民乒乓球比赛”，丰富和活跃了农民的业余生活。

四是努力做好扶贫工作，大力开展“亮康行动”，为贫困地区做好事、办实事。年初，九三学社被国务院扶贫开发领导小组评为中央国家机关等单位定点扶贫先进单位。6月，社中央主要领导赴毕节试验区考察扶贫工作，促成农业部基层农技推广体系示范县建设项目落户威宁，并派专职干部到威宁县挂职，做好与地方党委、政府的沟通、联系、交流与合作。我社还积极参加了贵州威宁喀斯特地区扶贫开发综合治理协调小组工作，完成了“毕节试验区统筹城乡经济社会发展”课题研究和“威宁县草海镇科技种草养牛示范项目”。与农业部联合在贵州举办了“农产品加工技术对接会”。积极组织社山东省医疗队和河北省医疗队在江西广丰、内蒙古太仆寺旗开展“亮康行动”，免费为100位贫困白内障患者实施了复明手术，取得良好的社会效益。

五是“九三论坛”、“科普进乡村入学堂”等活动全面展开。社中央在杭州举办了以“推进省直管县财政体制改革”为主题的第四届“九三论坛”。社各级地方组织也开展了形式多样的论坛活动，反响热烈。从今年开始，社中央决定每年在全社开展“科普进乡村入学堂”活动。10至11月份，已有20个省市的社组织围绕低碳经济、健康生活、生态环境、未成年人保护等内容，纷纷集中开展活动，受众广泛，影响良好。11月，社各级组织围绕“弘扬科学，关注民生，发展公益，促进和谐”的主题，积极开展了内容丰富的第21届中国国际科学与和平周活动。

四、探索工作新思路，组织建设健康发展

积极协助地方组织做好后备干部队伍建设是今年组织工作的重点。根据《九三学社中央关于加强省级组织领导班子后备干部队伍建设的意见》的要求，结合明年省级组织届中调整和2012年换届工作，经过民主推荐，社中央分别与各省级组织主要负责人及中共省委统战部沟通协商，初步建立了省级组织领导班子后备干部队伍名单。加强领导班子成员与后备干部的培训工作，有计划、分层次地举办各种类型的学习班、研讨班、培训班以及出国考察学习班等，累计培训近300人次，领导班子成员素质得到提高。

组织发展工作健康有序，社员质量逐步提高，结构进一步优化。为保持九三学社的特点和优势，配合参政党职能的履行，在广泛调研的基础上，社中央制定了《九三学社中央关于进一步做好组织发展工作若干问题的意见》，对发展新的社会阶层人士作了明确规定，严格控制新建县级组织，加强对地方组织发展的管理。各省级组织根据社中央文件精神，制定了未来五年组织发展规划。截至2009年6月30日，九三学社在全国30个省、自治区、直辖市共有市级组织（含筹备机构）302个，基层组织4549个，社员116266人，净增长率4.5%。其中主体界别占83.57%，其他界别占16.43%，高级职称占60.43%，平均年龄54.46岁。与去年同期相比，平均年龄和高级职称比例基本持平，其他界别增加0.71个百分点。社中央高度重视基层组织建设，在全社范围内开展了基层组织建设问题调研，共收到调研报告30余份，进一步摸清了九三学社基层组织的状况。10月，在桂林召开了全国基层组织工作研讨会，总结了经验，进一步明确了基层组织的工作任务，研究讨论并形成了《九三学社中央关于进一步加强基层组织工作的意见》。

2009 年是社中央监督委员会成立的第一年，各项工作起步顺利。一年来，社中央监督委员会在中央委员会领导和地方组织支持下，认真履行职责，加强调查研究，健全工作机构，研究制定工作规划，明确内部监督工作任务。积极推动各级组织领导班子成员开展谈心会、述职和民主评议工作。重视和认真处理社员来信来访等工作，在社内监督上迈出了坚实的一步。

机关建设的整体水平进一步提高。社中央着力完善机关各项规章制度，先后制定了关于公文处理、预算管理、机关采购、离退休人员管理等方面的 4 个文件。继续贯彻《九三学社中央关于机关干部挂职锻炼工作的实施意见（试行）》精神，选派年轻干部到基层挂职锻炼。认真执行《公务员法》和《党政领导干部选拔任用工作规定》，着力抓好机关干部的选拔任用和优化组合，共选拔任用机关局级干部 11 名，处级干部 12 名，优化了干部结构，充实了中坚力量。着力抓好机关干部政治理论、业务知识的学习培训，继续办好“九三讲堂”，相继邀请钱乘旦、王蒙、秦大河、秦伯益等著名专家举办专题讲座，激发了机关工作人员的学习热情，同时也扩大了九三学社的社会影响。

五、加强港澳台和海外联络工作，为扩大爱国统一战线作贡献

除圆满完成各项外事任务外，为促进两岸四地的交流，社中央在北京举办了以“薪火相传—中华民族共有精神家园”为主题的学术交流和书画雅集活动，与安徽省人民政府、中国农学会共同主办了“皖台农业合作高层论坛”，与福建省人民政府共同主办了首届海峡两岸农业科技论坛。许多地方组织也结合自身优势开展了形式多样的海外联谊活动。

各位委员、同志们，一年来，九三学社的各项工作成绩都是在中共中央领导下，在中央统战部的支持下，也是在各位中央委员和全社同志共同努力下取得的，在这里我谨代表九三学社中央常务委员会，向中共中央、中央统战部，向各位社中央委员和全社同志表示衷心感谢！

同时，我们也要清醒地看到，还有许多工作需要进一步加强，比如：在新形势下如何树立和践行社会主义核心价值体系，不断巩固多党合作的思想政治基础；在参政议政工作中，如何在更大的范围内整合力量与资源，切实提高履行职责的能力；如何加快高层次人才、代表性人物的培养；如何进一步加强全社的机关建设和信息化工作等等。这些问题必须引起全社的高度重视，并在今后的工作中认真加以解决。

2010 年工作安排

2010 年九三学社中央工作的指导思想和主要任务是：高举中国特色社会主义伟大旗帜，全面贯彻中共十七大、十七届三中、四中全会和九三学社十二届三中全会精神，牢固树立和践行社会主义核心价值体系，并以其引领各项社务工作。深入贯彻落实科学发展观，以科学发展为重点建言献策，积极履行参政党职能，顺利完成届中调整工作，全面加强自身建设，把九三学社的各项工作推上一个新台阶。

一、牢固树立和践行社会主义核心价值体系，不断推进九三学社的思想建设

深入学习贯彻中共十七届四中全会精神，是九三学社的一项重要政治任务。要把学习贯彻全会精神与加强九三学社自身建设相结合，充分借鉴中国共产党自身建设成功经验，科学把握参政党自身建设规律，坚持和健全民主集中制，不断发展社内民主。

牢固树立和践行社会主义核心价值体系是加强思想建设的关键，各级组织要把认真学习践行社会主义核心价值体系作为当前和今后一个时期加强思想建设的重要任务，作为深化坚持中国特色社会主义道路学习教育活动的重要举措。要引导广大社员深刻认识践行社会主义核心价值体系的重大意义、主要内容、科学内涵和实践要求，增强建设核心价值体系的自觉性、坚定性。社中央将对如何树立和践行社会主义核心价值体系进行专题研究，并做出相关部署。各地也要从实际出发，加强组织领导，做到认识到位，措施到位，工作到位。要广泛开展宣传普及，正确把握社员的思想动态和愿望要求，充分发挥社讯、社刊、网站等宣传舆论阵地的作用，在社内形成有利于核心价值体系建设的舆论氛围。要把学习践行社会主义核心价值体系活动贯穿于届中调整工作，引导各级领导干部把社会主义核心价值体系内化为自己的人生态度、行为准则和价值取向，为届中调整的顺利进行提供思想保证。要充分发挥社会主义核心价值体系的引领作用，逐步形成有利于参政党工作规范化和科学化的运行制度和工作机制，推动参政党职能的更好履行。

进一步加强思想调研工作，着力强化工作机制建设，逐步形成思想建设信息沟通机制和思想动态分析机制。充分发挥社中央思想建设研究中心作用，紧密结合形势和国内外重大事件及时召开会议，汇集舆情，分析动态，要特别关注网络舆情，加强对涉及多党合作制度和九三学社的网络舆情的报告和分析工作，提高应对化解能力。继续扩展王选基金会的工作，努力开展筹资工作，加大对因病生活困难社员的资助力度和受惠面。书画院工作要配合社中央的重要政治和文化活动，进行高层次书画艺术研讨与交流，扩大社会影响。积极推动九三学社中央艺术团开展活动，活跃社内文化生活。

二、以科学发展为重点建言献策，积极履行参政党职能

科学发展是九三学社履行参政议政职能的核心主题。明年的参政议政工作要深入贯彻落实科学发展观，落实中央经济工作会议精神，强化九三学社科技特色，重点围绕以下问题展开：一是研究如何加快经济发展方式转变和经济结构调整，实现经济平稳较快发展；二是研究“十二五”规划编制中的一些重大问题，并在总结“十一五”规划制定、执行情况的基础上，就完善“十二五”规划制定的体制、机制，充实“十二五”规划的内容提出建议，促进决策的科学化、民主化；三是深化“科技发展与自主创新”课题研究，重点抓好科技宏观管理、科研机构改革、自主创新环境等方面的调研；四是继续抓好发展低碳经济和应对气候变化这一长期课题，特别要在解决体制、机制的障碍上下工夫；五是围绕调整国民收入分配结构开展调研，重点关注扩大就业、住房保障、增加居民收入、提高社保水平等民生问题；六是深化“三农”问题调研，特别要关注城乡统筹中的一些关键问题如农业人口转移与小城镇发展，农产品深加工与农业产业化，等等；七是研究培育我国战略性新兴产业的思路，特别要发挥九三学

社科技优势，在发展战略性高技术产业、为战略性新兴产业提供科技支撑、以技术改造推动传统产业优化升级上建言献策；八是研究制约我国可持续发展的资源瓶颈问题，提出解决我国水资源、能源资源、矿产资源、土地资源等基础资源短缺的对策建议。明年我们要通过重点课题调研等形式对以上课题进行深入研究；要动员全社力量，集思广益，锐意创新，力争拿出更具前瞻性、战略性、综合性和可行性的对策建议，把我们的参政议政提高到一个新水平。

三、细致周密做好届中调整工作，加强后备干部队伍建设

明年的届中调整工作任务繁重，社中央将召开全国社务工作会议对届中调整工作进行研究，并出台相关意见，指导地方做好此项工作。各地应高度重视、加强领导、及早动手，并根据本地实际情况，积极与统战部门协商沟通，根据有关政策，制定周密的届中调整工作方案。在调整过程中要充分发扬民主，广泛听取意见，严格按程序办事，搞好人事协商，扎实做好拟任人选的物色、考察和选举工作。社中央要加强与省级组织的沟通和联系，协助地方组织完成届中调整。要积极稳妥地做好社中央届中调整的各项准备，圆满地完成届中调整任务。此外，社中央还要着手起草换届工作文件，为2012年换届奠定基础，要从“人才强社”战略出发，着眼于2012年的换届准备工作，对各级领导班子的构成进行研究分析，下大力气加强后备干部队伍建设，认真听取社员的意见，做好后备干部的发展、推荐、选拔、培养工作。

四、发挥智力优势，扎实做好社会服务工作

“九地合作”要在巩固已有成绩的基础上，围绕地方经济社会发展的重大问题，探索建立更加完备的工作机制和规范，进一步整合全社力量，完善合作形式，丰富合作手段，提高合作实效。重点开展对贵州威宁县的扶贫工作，积极动员经济较发达地区的省级组织与威宁的相关乡镇结对子，开展对口帮扶工作。积极配合相关部委加大对威宁县草海生态环境的综合治理力度，配合威宁县喀斯特地区扶贫开发综合治理协调小组做好规划实施、咨询论证、项目跟踪、技术服务等工作。加大“亮康行动”开展力度，力争对威宁县白内障患者全部实施免费手术，并对当地医卫技术人员进行培训。继续推动“多党合作社会主义新农村建设示范点”工作，做好产业扶持、技术培训和文化建设工作，并力求取得实效。召开九三学社全国社会服务工作会议，总结5年来全社社会服务工作经验，表彰社会服务工作中表现突出的地方组织及个人，促进工作水平进一步提高。办好第五届“九三论坛”，围绕经济社会发展重点献计出力，带动地方开展多种形式的论坛活动，形成新的九三品牌。继续开展“百名专家进乡村入学堂”和“国际科学与和平周”活动，出版《社会服务工作通讯》。

五、积极开展与港澳台和海外联络工作

联络工作要与参政议政、社会服务工作有机结合，加强与中国科协、欧美同学会等团体的合作，广泛开展对外交流，顺利完成明年社中央外事出访任务。加强与港澳的科技、教育和文化交流，为维护香港和澳门的繁荣稳定作出贡献。牢牢把握两岸关系出现转折，持续改善和发展的历史机遇，巩固与拓展对台工作的渠道和领域，促进两岸科技、农业、文化和民间交流与合作，积极推动两岸交流合作先行区建设。

六、大力拓展宣传阵地，加强新闻宣传工作

要紧密配合建社65周年等纪念活动，做好宣传报道工作。要以参政议政、社会服务工作为重点及时开展消息报道、深度报道、跟踪报道和系列报道。要大力拓展宣传阵地，加强与统战系统报刊以外的主流媒体及科技、教育、农业、环保等媒体的联系，既要重视传统媒体的宣传，又要重视发挥新媒体的作用，努力形成生动活泼的工作格局。续编《九三学社社员风采录系列丛书》，修订再版《九三学社院士风采录》。按照中央出版社转制方案的要求，扎实推进社中央所属出版社的转制工作。加强宣传队伍建设，举办一期全社宣传干部业务培训班。

七、努力推动参政党理论研究和社史研究工作的开展

各级组织要高度重视参政党理论研究和社史研究工作，并采取切实有效的措施将这两项工作向前推进一大步。要充分发挥社中央参政党理论研究中心和社中央社史研究中心的作用，最大限度地整合中心研究员的力量和智慧，加强对履行职能和自身建设中亟待解决、广大社员密切关注的重大理论和实践问题的深入调研和深层次研讨，并在此基础上编写《参政党理论和实践问题问答》；加强对《九三人物系列丛书》编纂工作的指导，对部分已完成书稿进行评审和修改，力争第一批出版5—8本；加快社史专题片后期制作工作进度，6月底前完成所有审片工作，确保建社65周年纪念日前正式出版发行；在已经编写出版3期《社史研究通讯》的基础上，明年再编写出版2期；加快推进口述史项目，明年争取完成两项；三季度召开第三届参政党理论和社史工作研讨会。

八、加强内部监督制度建设，完善内部监督机制

加强制度建设，把制度建设作为强化内部监督的基础性工作来抓，进行调查研究，建立健全内部监督长效机制。要以领导班子建设为重点，认真贯彻落实《九三学社中央关于加强地方组织领导班子建设的意见》、《九三学社中央监督委员会关于建立健全谈心会制度的意见》和《九三学社中央监督委员会关于建立健全述职和民主评议制度的意见》，全面开展和实施谈心会、述职和民主评议工作。社中央监督委员会要加强对地方组织的督导，积极参与地方组织的谈心会、届中述职和民主评议活动。积极稳妥地推进建立健全省级组织监督机构，根据《九三学社中央监督委员会工作条例》的要求和地方组织对加强内部监督工作的意见和建议，在条件比较成熟的省级组织，逐步建立起省级组织监督委员会。加强信访工作，畅通自下而上的监督渠道，扩大社员参与社内监督的途径，进一步发挥信访工作的作用。召开加强内部监督工作的座谈会，促进社内监督理论研究的开展，不断丰富和完善参政党的内部监督理论，使之能更好地指导实践。

九、建设学习型机关，不断提高机关干部的综合素质

各级组织要高度重视机关自身建设，积极采取措施，抓好机关建章立制工作，修订完善机关规章制度，逐步建立一套科学完整、系统规范、操作有效的制度体系。以建立学习型机关为目标，继续办好“九三讲堂”，采取多种形式提高机关干部的综合能力和业务素质，二季度将组织一次以提高机关干部能力素质为主要内容的集中培训。加强机关作风建设，关心机关工作人员的工作和生活。继续做好机关干部交流挂职锻炼工作，探索各级机关与基层组织联系的方式方法，促进机关与基层组织及广大社员的沟通与交流。社中央机关要率先垂范，为各级机关做榜样。社中央将在全国社务工作会议上专门研究全社机关建设问题，交流工作经验，制定进一步加强机关建设的文件。

各位委员、同志们，回顾过去，我们备受鼓舞；展望未来，我们信心满怀。让我们更加紧密团结在以胡锦涛同志为总书记的中共中央周围，高举中国特色社会主义伟大旗帜，以邓小平理论和“三个代表”重要思想为指导，深入贯彻落实科学发展观，牢固树立和践行社会主义核心价值体系，大力弘扬爱国、民主、科学的优良传统，紧紧围绕国家经济社会发展的全局，坚定信心，振奋精神，凝聚力量，开拓创新，扎实工作，为全面建设小康社会、坚持和发展中国特色社会主义作出新的更大贡献！

在九三学社第十二届中央委员会第三次全体会议闭幕会上的讲话

（2009 年 12 月 9 日）

韩启德

各位委员、同志们：

经过大家两天时间的努力和积极工作，十二届三中全会就要闭幕了。这次会议集中讨论了社中央常委会的2009 年工作报告，大家普遍对2009 年的工作表示满意。昨天我参加了4 个小组的分组讨论，刚才又听了所有8 个组的讨论情况汇报，大家对常委会这一年的工作给予了充分的肯定，我心里非常高兴。因为这不只是对常委会工作的表扬，也是对中央委员会和广大社员的表扬。回顾一年的工作，我深感这些成绩来之不易，里面凝聚着各位中央委员和广大社员的心血和汗水。对成绩应该给予充分的肯定，这样我们才会有更大的信心去做好明年的工作。同时，大家对2010 年的工作提出了许多有创见的建议，我听后很受启发，也深深感受到中央委员的高度政治热情和责任心。我想，九三学社中央有这样一批工作骨干，各位委员在参政党履行职能以及自身建设中切实发挥着重要的作用，这是九三学社工作不断取得进步的重要保证。全会之后，社中央要认真考虑委员们提出的意见和建议，根据大家的意见对报告进行修改，在今后的工作中认真落实委员们提出的意见，并将结果反馈给委员们。我想，这样的过程就是发扬社内民主的过程，也是常委会科学决策的重要基础。

全会通过了《关于陈抗甫同志不再担任中央副主席、常委、委员及监督委员会主任职务的决定》，相信大家和我一样都有依依不舍的感觉。抗甫同志是在2000 年11 月开始进入第十届中央委员会担任副主席的，随后在2002 年的“八大”及2007 年的“九大”都当选副主席，2003 年始还担任了常务副主席。在担任社中央副主席期间，他把全部精力都投入到九三学社的工作中，为多党合作事业和九三学社的发展殚精竭虑，作出了重要贡献。抗甫同志具有很强的政治把握能力，在政治原则方面非常坚定，在具体的工作中体现了高度的政治敏锐感，非常值得我们学习。抗甫同志工作作风严谨，考虑问题认真细致、思路缜密、全面周到，为我们树立了很好的榜样。抗甫同志特别重视九三学社的组织建设，不断探索组织建设的新思路、新方法，大力实施人才强社战略，对九三学社的长远发展发挥了重要作用。我提议，大家对抗甫同志为九三学社所作的贡献和付出的努力，再次表示崇高的敬意和衷心的感谢！

关于明年的工作，我主要讲三个方面的问题。

一、深刻认识、牢固树立和努力践行社会主义核心价值体系

社会主义核心价值体系问题是我今天讲话的重点内容。2006 年 10 月，中共十六届六中全会明确提出建设社会主义核心价值体系。胡锦涛总书记在中共十七大报告中，把社会主义核心价值体系作为建设和巩固全党全国人民团结奋斗的共同思想基础。明确指出："建设社会主义核心价值体系，增强社会主义意识形态的吸引力和凝聚力。""切实把社会主义核心价值体系融入国民教育和精神文明建设全过程，转化为人民的自觉追求"。不久前，杜青林同志在中央社会主义学院 2009 年秋季开学典礼上的讲话中明确要求："民主党派加强思想建设，关键是要牢固树立和践行社会主义核心价值体系"。中央统战部对各个民主党派的要求是非常明确的，就是在这个时期要把牢固树立和践行社会主义核心价值体系作为民主党派思想建设的重中之重，作为民主党派各项工作的重中之重。下面，我就如何深刻认识、牢固树立和努力践行社会主义核心价值体系谈几点体会，供大家参考。

（一）社会主义核心价值体系的基本内容。中共十六届六中全会把社会主义核心价值体系概括为四个方面的内容，即马克思主义指导思想，这是社会主义核心价值体系的灵魂；中国特色社会主义共同理想，这是社会主义核心价值体系的主题；以爱国主义为核心的民族精神和以改革创新为核心的时代精神，这是社会主义核心价值体系的精髓；社会主义荣辱观，这是社会主义核心价值体系的基础。这四个方面把政治与伦理、理想与现实结合起来，是一个结构完备、逻辑缜密的科学体系，充分体现了社会主义意识形态的本质。

（二）树立和践行社会主义核心价值体系的必要性。为什么在现在这个时期要强调树立和践行社会主义核心价值体系呢？我认为，有以下几个方面的理由。

1. 社会的发展和稳定需要建立共同的思想基础。具有共同的思想基础和理想信念，这是世界上每个国家的社会发展和稳定都需要的，特别是当一个国家崛起时更是如此。回顾世界近代历史，任何一个民族国家的强大和崛起，都有核心价值体系作为思想基础、精神凝聚力和引领前进的旗帜。比如：欧洲通过文艺复兴和思想启蒙运动，打倒神权，实现了人的解放，特别是人的思想的解放。当时，欧洲出现了一大批思想家和哲学家，包括培根、笛卡尔、牛顿、伏尔泰、狄罗德、康德、黑格尔等先哲，现在看他们的著作，仍然闪耀着人类智慧的光芒。他们引领了当时的社会思想，凝聚了社会的力量。例如培根在 16 世纪后期写作了《新工具论》，阐明了经验认识原则，开近代唯物主义经验论的先河。他在《新大西岛》一书中，集中地描绘了他追求的理想社会

的图景。这个理想社会，就是“本色列国”。这个国家的核心，就是“所罗门之宫”，即所谓最高学府。科学主宰一切，是“本色列国”的特点。在那里，非常重视自然科学的研究，提倡科学发明，奖励科学人才，用重赏和最高荣誉表彰在科学上有贡献的人。这种科学万能和科学至上的主张，不论在当时和以后，都是不切实际的，也是极难实现的。但他描绘了新的理想社会的图景，极大地促进了英国社会的改革和强大，从历史上看是有一定积极意义的。再如：美国的崛起，也有许多值得我们思考的地方。南北战争后，美国实现了统一，资本主义自由经济制度得到确立，美国实施了一次大规模的移民拓殖运动，也就是西进运动，彻底改变了美国的面貌，加速了资本主义生产方式的确立过程，促进了美国国内统一大市场的形成，极大地激发了美国人的创造力和经济的活力，提高了美国的综合国力和国际地位。但到19世纪末叶，美国社会腐败横行，假冒伪劣猖獗，重大灾难屡屡发生，社会矛盾异常尖锐。随着美国与西班牙战争的爆发，在美国国内掀起了“进步主义”思潮。法律、媒体、慈善、教育等方面出现了深刻的变革，全社会反托拉斯、反政界头面人物、反贫民窟，这场思想进步运动大大激发了社会进步的正面力量，以至于有了20世纪美国的迅速发展。现在不少人把美国的迅速发展归结于在世界大战中获利，其实它的发展与19世纪末这场进步运动很好地解决了社会矛盾、统一了思想有很重要的关系。又如：日本的明治维新前后，一系列深刻的思想变革对日本的崛起发挥了重要作用。中国要崛起，同样需要建立坚实的思想基础，必须发展中国特色社会主义理念，必须建立起社会主义核心价值体系，建立起能够团结和动员社会各阶层人士、全国各族人民为建设富强民主文明和谐的社会主义现代化国家奋斗的共同思想基础和精神旗帜。

2. 我国改革发展进入关键阶段要求建设核心价值体系。我国已进入改革发展的关键时期，经济社会发展呈现出许多新的阶段性特征，在经济体制深刻变革、社会结构深刻变动、利益格局深刻调整、思想观念深刻变化的新形势下，整个社会的思想文化出现了多元、多样、多变的特色。这既为社会发展进步注入了活力，也带来了社会思潮的纷繁变幻。这种变化是我们在社会生活中能够真切感受到的。社会的进步使得人们有了利益诉求的机会和可能，这种现象是与社会进步密切相关的，也正是这样的变化使得社会产生了强大的动力和活力。但与此同时，西方发达国家在当前仍然占据着话语霸权，西方形形色色的思潮总是很快传播到我国，学术活动中流行的观点各种各样，媒体也在传播着不同的观点。我们有的同志鉴别能力不足，缺乏定力，今天听这个观点有道理，明天听那个观点有道理，最后又觉得什么观点也没道理。此外，社会生活中急功近利、道德失范、拜金主义、享乐主义、极端个人主义、封建迷信等错误的、消极的、颓废的思想意识也有所滋长，沉渣泛起，占领了一定的阵地，有时甚至引起社会冲突。特别是某些官员腐败的问题，引起了广大人民的强烈不满，影响了大家对社会主义的信心和对中国共产党的热爱。这样的形势下，更加迫切需要扩大主流意识形态的影响，弘扬积极健康的道德风尚；更加迫切要求最大限度地形成广泛的思想共识，凝聚各方面的力量。

3. 经济全球化和世界多极化的深入发展要求建立核心价值体系。我们正处在一个大发展、大变革的时代，从国际看，经济全球化趋势深入发展，各种思想文化相互激荡，不同文明交流、交融、交锋更加频繁和深入，意识形态斗争更加激烈。目前，我国的国际地位在不断提高，已经成为一个举足轻重的国家。在这种国际格局下，中国要真正成为强国，不仅要有经济实力，还要有文化实力。核心价值体系的战略地位显得尤为重要，它在社会发展和国家安全中发挥着“生命线”的作用。如果我们没有建立起社会主义核心价值体系，就会被人家牵着鼻子走，国家安全、经济社会发展和人民群众利益会受到严重影响。

（三）社会主义核心价值体系深深植根于中华优秀文化。中国从来都存在核心价值，中国在数千年的社会发展中形成了特有的中华文化，其中的核心价值是中华文明绵延不断的重要原因。人类历史上共存在过26种文明，影响最大的是古代四大文明，但唯有中华文明生生不息、绵延不断。其中原因固然很多，但十分重要的原因是中华文化中存在核心价值，而且是深深扎根于老百姓中。中华文化传统中的主流思想是儒家思想，它不是封闭和一成不变的，而是随着社会的发展不断吸收儒家以外诸子百家乃至外来文化如佛教等的精华成分，不断发展完善的。儒家思想在中国传统社会尽管前后有所不同，但作为一种文化传统，其具有一以贯之的精神，一直是中华民族的核心价值。儒家思想的核心价值包括“五常”和“五伦”。“五常”是指仁、义、礼、智、信，其中以仁为核心，这主要是从人文道德的角度来确立个人应该具有的德行。“五伦”是指“父子有亲，君臣有义，夫妇有别，长幼有序，朋友有信”，这主要是从伦理的角度来确立个人在社会中的位置。儒家实现其核心价值的根本方法可归纳为中庸之道，包括中正和中和两个方面，“执其两端，用其中于民”，“和而不同”，“和实生物”。儒家为了推广普及其核心价值观，使之不局限于社会上层的实际生活中，而内化于社会大众的日常行为中，做到“百姓日用而不知”，有一套行之有效的价值观的养成体系。特别是通过经典教育和礼乐培养，使儒家的核心价值观植根于人们的内心深处，成为集体无意识行为。

英国历史学家汤因比曾说过：“现在各民族中具有最充分准备的，是两千年来培育了独特思维方法的中华民族”，中国在“几千年来，比世界任何民族都成功地把几亿民众，从政治文化上团结起来。他们显示出这种在政治、文化上统一的本领，具有无与伦比的成功经验。”对于中华传统文化对当今中国人的深刻影响，不管你肯定也好，否定也好；欣赏也好，反对也好；自觉也好，不自觉也好，总是客观存在的，可以说根深蒂固，无处不在，无时不有。我只要举一个例子就可以充分说明这一点，那就是春节时民工的返乡潮。我想，这种现象在世界上任何国家都不会有，只可能发生在中国。记得8年前，我在北京大学医学部的春节座谈会上以“北医是个家”为题发表了一个简短的演讲，没有想到当即产生了巨大的反响并得到了大家的拥护，大家广为传用，乃至后来成了北医的一种文化。有人认为把一个单位比作一个家，不符合现代化，也是一种落后的管理理念。但实际情况是大家都认可它，产生了很大的凝聚力。我们大家平时也常说“九三是个家”，每当此时大家都会感到温暖，会想到和谐，会产生团结的力量。可见“家”和“家国”理念是深深埋在中国人心里的，这就是中华传统文化的作用。我认为中华传统文化就像是中华民族的基因，不管我们是不是承认它、喜欢它，它都客观存在，并在实实在在地影响着我们。因此，社会主义核心价值体系只能也必须建立在中华传统文化的基础上。

（四）中华传统文化必须适应现代化的潮流。现代化对中国社会造成强烈冲击。16世纪以来，资本主义市场经济和政治制度在西方的率先发展，以及现代科学技术的迅速发展，使欧美成为全球现代化的先行者，而中国在现代化的进程中逐步落伍。西方列强用坚船利炮打开了中国的大门，中华帝国逐渐沦为贫弱不堪的半殖民地。我认为作为一种思想体系，儒家总体上是属于封建宗法等级社会的意识形态，维护专制君主制度和社会差序格局，是适合中国封建社会专制主义中央集权统治的思想工具。康有为在给皇帝上书中提到："如果地球没有开发，西方人不过来，中国仍然沿着老路再走一千年也不会改变。"

为了救亡图存，中国就出现了近代以来重新建构民族精神、提倡思想观念现代化、以期实现中华文明伟大复兴的问题。鸦片战争后，传播西学和"师夷长技"成为朝野的共识。魏源、王韬、李善兰、徐寿、严复、郑观应等一批仁人志士著书立说，在社会上产生了很大的影响，促使清朝政府开始推行洋务运动。辛亥革命结束了中国2000多年的封建君主专制制度，建立民国，实行共和。五四运动高扬德先生和赛先生的旗帜，中国先进分子接受了马克思主义，成立了中国共产党。后来在中国共产党领导下完成了新民主主义革命，建立了中华人民共和国。今年纪念建国60周年，回顾走过的道路，胡锦涛总书记在庆祝人民政协成立60周年大会上的讲话中指出："60年来，我国相继实现了从半殖民地半封建社会到民族独立、人民当家做主新社会的历史性转变，从新民主主义革命到社会主义革命和建设的历史性转变，从高度集中的计划经济体制到充满活力的社会主义市场经济体制、从封闭半封闭到全方位开放的历史性转变，综合国力大幅跃升，人民生活明显改善，国际地位显著提高，彻底改变了旧中国积贫积弱、一穷二白的落后面貌。"

我想，通过回顾历史，可以得出这样的结论，鸦片战争以来中国近100多年的历史，是中国不断变革，逐步走向中国特色社会主义的过程；也是中国传统文化逐渐适应现代化潮流和经济社会发展，社会主义核心价值体系逐渐建立的过程。

（五）现代中国的价值体系必须以社会主义为核心。中国近现代的历史和实践一再证明：只有社会主义才能救中国，只有中国特色社会主义道路才适合中国。核心价值体系必须与社会基本制度以及要求相适应，社会主义核心价值体系是中国特色社会主义意识形态的本质体现、核心内容和最重要的组成部分，是社会主义制度在价值层面上的本质表现。而树立社会主义的理想信念，是坚持社会主义核心价值体系的中心点。社会主义的理想信念不仅是社会主义核心价值体系与资本主义价值体系的根本区别，也是与中国传统价值体系的根本区别。坚持中国特色社会主义理想信念，主要体现在经济制度上坚持和发展社会主义市场经济，坚持和完善公有制为主体、多种所有制经济共同发展的基本经济制度；坚持和完善按劳分配为主体、多种分配制度并存的分配制度。在政治制度上要坚持党的领导、人民当家做主和依法治国的有机统一；坚持和完善人民代表大会制度、中国共产党领导的多党合作和政治协商制度、民族区域自治制度和基层民主自治制度。社会主义核心价值体系是社会主义的精神之魂，渗透于政治、经济、文化、社会的各个方面，为中国特色社会主义发展提供了思想基础。

人类社会发展的规律是从原始社会、奴隶社会、封建社会、资本主义社会走向社会主义和共产主义社会。人类文明不断从低级向高级进化，人类的价值体系也随之由低级向高级发展。社会主义核心价值体系包含了它之前各个社会发展阶段文明的优秀成分，具有无比的精神魅力和强大的精神力量。

如果我们来看一些具体例子，可能会对上面所讲的社会主义核心价值体系有更深的体会。先来看我国“两弹一星”元勋身上闪烁的精神。邓稼先先生是九三学社的前辈，他在美国留学，学到了先进的科学技术和现代化理念，怀着一片赤诚回到祖国，投身于原子弹的研制。他领导一个重要方面的工作，身先士卒，与大家打成一片。在他身上有一种气象，使大家都愿意亲近他，乐意与他一起工作。王选副主席曾在一篇文章中把邓稼先先生与美国原子弹之父奥本海默作了生动的比较，他们俩都是在核物理领域的顶级科学家，但在他们身上显示出迥然不同的东西方文化内涵。王选副主席断定，奥本海默如果在中国，是领导不了原子弹研制的，只有邓稼先先生才有可能。每次核试验爆炸后，邓稼先先生总是第一个进入爆炸区中心收集样本，以致受到过度放射线的侵害，得了恶性肿瘤，过早离开了我们。在病痛折磨下，他依然顽强工作，向中央提出尽早进行地下核武器试验的建议。他高瞻远瞩的战略预见为我国在国际核武器竞争中争取了时间，占据了主动地位。我认为在邓稼先先生身上，最集中体现了社会主义核心价值体系。我们再来回忆去年汶川大地震中发生的一幕幕情景。我认为中华民族在抗震救灾中显示出来的精神，是一切高尚美好的品格在抗击自然灾害殊死搏斗中所形成的交汇点，是时代精神和民族精神的交汇点，是社会主义和爱国主义、集体主义的交汇点，是革命英雄主义和社会主义人道主义的交汇点，是波澜壮阔的改革开放时代中华民族精神的一次伟大升华。尽管在西方救灾活动中同样也存在人性光辉的一面，但与社会主义制度下所表现的精神是大不相同的。我们再来一起看看这次世界金融危机。其爆发的原因有许多，但华尔街精英们的贪婪显然是不可推托的重要原因之一。再看我们的企业，大家在党和政府的有力领导下，共克时艰。很多企业非常困难，但坚持不进行大规模裁员。今年3月全国人大会议浙江代表团讨论时，万向集团公司的鲁冠球代表发言说，他的企业从来不搞庆典活动，但今年一定要举行盛大庆典，以鼓舞员工士气，团结起来克服困难。中国企业在金融危机下的这些表现也是社会主义核心价值体系的具体体现。再来看我们国家的外交方面，以胡锦涛为总书记的中共中央领导集体提出了建设和谐世界的目标，这也是中华传统文化与社会主义本质的结合。西方发达国家是在野蛮掠夺殖民地中发展起来的，中国当前的发展面临资源缺乏、产能过剩等问题，但中国从未想到通过侵占别国利益来实现发展，而是提出要建设和谐世界，这就是社会主义价值体系在国际关系方面的体现。通过上面这些例子，我认为中国人应该有充分的自信，我们有优秀的文化传统，我们选择了这么好的中国特色社会主义发展道路，社会主义核心价值体系一定能发挥出巨大的力量。如果说当年有“美国梦”的话，我们现在应该建立“中国梦”，中国不仅要经济强大，而且要用我们的价值体系去影响世界。九三学社广大成员在这个问题上要有坚定的信念和信心。

当然，现代中国社会是多元的，我们要在坚持社会主义核心价值体系的前提下，尊重差异，兼容多样，正确把握理想性与现实性、主导性与多样性、先进性与广泛性、时代性与历史性、社会性与个体性的辩证关系。

（六）九三学社如何树立和践行社会主义核心价值体系。我认为，第一，要把树立和践行社会主义核心价值体系作为当前和今后一个时期加强思想建设的关键，制定具体计划。第二，要牢牢把握正确的政治方向和原则，把树立和践行社会主义核心价值体系的活动放到中国共产党领导的多党合作和政治协商制度的框架中来进行，在社会主义核心价值体系上问题上要坚持党的领导，坚持走中国特色社会主义的政治发展道路，要严格政治纪律。第三，要密切联系思想实际，积极组织学习，讲求学习效果，拓展视野，崇尚精神。社中央准备在已召开两次“社会主义核心价值体系学习研讨会”的基础上，在全社更大范围开展关于社会主义核心价值体系的学习研讨活动，以期进一步统一思想认识。第四，要把树立和践行社会主义核心价值体系落实到履行参政党职能上。改革开放已进入攻坚时期，经济社会发展面临诸多挑战，我们参政议政的任务很重，这需要我们以更多的投入、更大的热情、更负责任的态度去做好工作，这其中必然涉及价值观的问题。第五，树立和践行社会主义核心价值体系要与弘扬九三学社的优良传统紧密结合。九三学社爱国、民主、科学的优良传统，本身就是精神，就是价值观。我们要把九三学社的优良传统放在社会主义核心价值体系的框架中来认识，不断赋予其新的时代内涵，不断予以发扬光大。王选副主席在这方面是典型代表，他既是九三学社优良传统的优秀践行者，也是社会主义核心价值体系的最好体现者。今天我又想起已故的山东省委主委蔡秋芳同志。2005 年夏天九三学社中央在青岛召开常委会时，她肝癌术后复发，已到晚期，但她仍然一丝不苟地进行会议的组织工作。在会议结束的欢送晚会上，她发表热情讲话，会后送我上车时她告诉我，自己已到了生命的最后时刻。但她没有显出一丝悲伤，还跟我说一定会认真贯彻会议精神。蔡秋芳同志身上体现的不正是社会主义核心价值体系吗？四川省委的黄润秋主委是国家地质灾害重点实验室主任。汶川地震发生后他在第一时间赶赴灾区，是他最早判断唐家山堰塞湖的险情，是他对多处震后继发地质灾害做出判断，是他对重震区县城搬迁决策提供重要意见。所有这些都建立在他平时对四川山山水水地质情况的深入实地考察。他曾说过：“我要证明自己能够爬上每一座山。”他的精神使我感到震撼。在青海医学院有一位我们年轻的九三学社社员，2002 年她在南京中医药大学获得博士学位，完全有条件留在发达地区工作，但她有志于发掘藏医学宝库，主动申请到青海医学院藏医系工作，至今已经有 7 年了。她把藏族学生当成同胞弟妹，给他们无微不至的关爱。为了学习藏医药，她学习藏语，深入到各地寺庙，向僧侣学习藏医，收集他们的经验。她到玉树、果洛等高海拔地区寻找失传的藏药，有一次因高山反应失去知觉。她给我写信说：“韩主席，你下一次来西宁，可能见不到我，因为我很可能去采药了。”“松下问童子，言师采药去，只在此山中，云深不知处。”是的，她在“云深不知处”默默地奉献着自己的人生，这是多么崇高的精神境界和中国传统知识分子特有的情怀啊！

在我们九三学社历史上有非常多优秀的成员，他们身上无不闪烁着社会主义核心价值体系的光芒，所以我们必须进一步做好社史研究工作，充分挖掘九三学社前辈们的感人事迹，更好地继承和弘扬优良传统。最后，我们还要在社内开展丰富多彩的文化活动。现在很多省级组织都成立了书画院，组织好这类活动有利于增强组织的凝聚力，促进社会主义核心价值体系学习践行活动的开展。

二、以科学发展为第一要务，更好地履行参政党职责

（一）为“十二五规划”制定工作提出制度性和战略性建议。明年要完成“十二五规划”的制定工作。即将到来的“十二五”是我国改变发展方式和经济结构，深化改革开放，全面建设小康社会的关键时期。“十二五规划”制定得好不好，直接关系到中国特色社会主义事业的成败。为“十二五规划”制定建言献策是我们参政议政的重要任务。我认为，重点是要对规划制定的体制、机制问题提出意见和建议。为此，首先有必要认真总结“十一五规划”制定的经验教训，要回顾“十一五规划”制定的过程，检查“十一五规划”的落实情况，找出存在的问题，分析其原因。然后提出制定“十二五规划”在体制机制上应做何改革，如何做到民主和科学决策。

（二）进一步解放思想、深入调查研究，在几个重大问题上为推动我国科学发展建言献策。我国积极主动应对世界金融危机，在世界上率先走出低谷。但我国经济仍面对很多深层次的困难和挑战，如何切实有效转变发展方式和调整经济结构，如何实施自主创新，需要提出切实有效的措施。刚刚结束的中央经济工作会议为我们提出了指导意见，我们要认真学习。明年的参政议政工作计划在以下这几方面取得重点进展：

1. 关于确定我国的新兴战略产业。回顾历史，上个世纪后期的信息技术革命对世界经济发展起到了巨大的推动作用，美国在这一领域捷足先登，占尽了优势和利益。当然信息技术的普及和经济全球化，我国也受益良多。那么下次技术革命会发生在什么领域？新的重大经济增长点在哪里？中国究竟应该把什么产业确定为新兴战略产业？究竟是信息、新能源、生物医药，还是材料、空间、海洋、矿产，这都需要我们下大力气去研究。

2. 关于应对全球气候变暖，促进我国低碳经济发展。在这个问题上既要看到国际政治斗争和西方的图谋，也要尊重科学。应该认识到低碳发展是我国可持续发展的必然要求。世界气候大会正在哥本哈根召开，斗争非常激烈，会后还有很多问题要解决。恰恰这些问题中有许多都是科学问题，在这些问题上的参政议政很能突显九三学社的科技特色，这两年我们一直关注这个问题，有了很好的工作基础，要着力进行更加深入的调研。

3. 关于应对资源紧缺的策略措施。社中央除了一贯关注的水资源问题外，还要加强研究能源问题、矿产资源问题等。比如：我国是稀土储量最大的国家，生产量、出口量和应用量均居世界第一，是我国具有国际竞争力的优势产业之一。但稀土产业大而不强，在深加工、应用开发领域与发达国家差距较大，多年贱卖初级产品，资源优势尚未转化为经济优势。现在我国对稀土出口稍微加以限制，西方国家就群起而攻之。而我国在世界上到处去买铁矿、石油等资源，其他国家不断提价，使我国总是吃亏。究竟该如何应对这个问题值得我们深入研究。

4. 关于解决城乡统筹发展的关键。城乡统筹牵涉到很多问题，比如三农问题、小城镇和县域经济发展问题、农村劳动力转移问题、社会保障问题等等，都与此有关。但我们要找出解决城乡统筹发展的关键环节，提出解决这个关键环节切实有效的

办法。

5. 关于科教体制的改革。这方面我们已做了很多好的基础性工作，但还缺乏很有分量的成果，还有很多问题有待深入研究。现在社会上正在广泛讨论“钱学森之问”，根本问题到底在哪里？我们的教育问题究竟出在什么地方？《国家中长期教育改革和发展规划纲要》（草案）即将向社会公开征求意见，其中还存在不少有争议的原则性问题，九三学社要提出意见来。在科技体制改革方面，包括科技投入、经费支配、评价体系、科研院所改革等问题，都是以科技界为主体的九三学社参政议政的重点。

（三）如何进一步提高参政议政工作质量。在前不久召开的全社参政议政工作研讨会上，我们对如何进一步做好参政议政工作取得了共识。这里，我再着重强调几点。

1. 参政议政工作要多看几步。比如：美国总统奥巴马提出：“当今世界，能够领导全世界在21世纪发展清洁能源的国家，必定是领导21世纪全球经济的国家”。事实上，美国已经从清洁能源的提出中获得利益。有人说，清洁能源是西方国家设置的陷阱。这有科学依据吗？如果美国在新能源上取得突破性进展，对中国会产生什么影响？我曾经在今年9月的科协年会上讲过：“一旦发达国家在能源技术上率先取得重大突破，我们与发达国家的产业技术差距就有可能从代内差距扩大为代际差距，我国现有的大量技术装备就面临很快过时淘汰的危险，巨额投资可能变成沉没成本，我国企业的利润空间会大幅压缩。”但最近有学者认为，如果美国发明新能源，那么中国将是最大的受益者。因为制约中国发展的瓶颈问题是能源和资源问题，如果有了新能源，那么中国的优势就能得到更加充分的发挥，这是不是也有一定道理呢？所以参政议政工作必须要看得远一些，多看几步，只有这样才能提出战略性的建议。

2. 参政议政要多看几个方面。比如：外需与内需的问题，中国现在能够不发展外需吗？日前召开的中央经济工作会议仍然把外需放在相当重要的位置。又如医疗卫生体制改革中的目前的基本药物制度改革，不仅要满足患者的利益，也必须同时顾及医院、制药企业、流通环节的利益以及实际情况，否则就难以实行。所以参政议政要注意综合性，考虑到各个方面，只有这样才能提出可行性的建议。

3. 参政议政要为地方的当务之急出主意、想办法。在这一方面，今年广东省委的《完善协调机制，推动珠江三角洲地区改革发展规划纲要》和浙江省委的《加强我省中小企业危机管理，推动浙江经济科学发展和可持续发展》的提案，为我们做出了很好的榜样。

4. 参政议政要求真务实。现在有些调研工作是先有了结论，然后再去找些证据，这不是科学的态度。最近，温家宝总理在国务院参事室会议上讲话，倡导求真务实、深入实际的调查研究作风，提倡独立思考、敢讲真话，我们应该努力践行。

（四）通过推动几个项目来促进参政议政工作。社中央目前考虑2010年主要推动两个项目。一个项目是沈阳、大连绿色开发区建设。地方政府对这个项目表现了很高的积极性，近日社中央和辽宁省政府已在人民大会堂共同举办了“低碳经济与绿色建筑产业发展高峰论坛”，我们设想在开发区发展绿色产业和推行绿色建筑，力图在项目推行过程中发现更多政策层面的问题，为发展低碳经济提出更深层面、更有可操作性的建议。另一个项目是重庆“海扶”的医疗设备原始创新突破计划。医疗设备产业服务民生，经济效益高，但我国医院使用的大型医疗设备都从发达国家进口。以我社中央委员王智彪同志为首的科研团队经过20年努力，自主原始创新的“海扶”超声聚焦治疗系列产品，目前处于国际领先地位。我们将协调国务院各部门推动这项创新成果的推广和发展，从中进一步深入研究我国自主创新的体制性、机制性障碍，并提出改进意见。

（五）关于社会服务工作。大家认为在过去的几年里，九三学社的社会服务工作取得了很大的成绩，但还需要重点突破。毕节地区是各个党派扶贫开发的重点，九三学社重点联系威宁县，而现在威宁的贫困问题还没有根本解决。为了做好威宁的扶贫工作，今年我到威宁进行考察，促成了农业部基层农技推广体系示范县建设项目落户威宁。我们还派了一名机关干部到威宁县挂职，确定了4项重点工作。下一步还要动员全社力量做好威宁的扶贫工作，力争取得显著成绩。“九地合作”受到广泛欢迎，还要继续扩大，但要有重点。在现在的“九地合作”工作中，往往是动员各地九三学社组织支援一个地方。今年我到山西去，得到一个启发。刘滇生主委在山西推广绿色有机肥，取得成果，今年又通过九三学社吉林省委在吉林这个农业大省推广。由此我想到，如果一个地方的九三学社组织有一项好的科技成果，各省市的九三学社组织可以一起来推广这个项目。这可以成为“九地合作”的一种新形式。我们要进一步探索办好“九三论坛”的思路，重点可以考虑放在为会议召开地的经济社会发展建言献计上。继续开展好“百名专家进乡村入学堂”和做好新农村建设示范点工作，并注意在实践中总结新鲜经验，不断提高实效。

三、进一步加强组织建设

后备队伍建设在明年工作中要继续放到重要的位置上。要进一步落实人才强社战略，做好后备干部的发展、推荐、选拔、培养工作，为省及省辖市的换届工作做好准备。明年的届中调整工作任务繁重，社中央和省级组织都应高度重视、加强领导、及早筹备。要积极与统战部门协商沟通，根据有关政策，制定周密的届中调整工作方案。要充分发扬民主，广泛听取意见，做好拟任人选的物色、考察和选举工作。这次全会上很多委员对地方组织和基层组织建设工作，提出了不少好的意见和建议，社中央要把大家反映的问题归纳整理，积极与中央统战部沟通，并加强与各省市统战部的联系，争取逐步解决组织建设中存在的问题。

总之，明年的工作任务很重，我们要在进一步加强学习的基础上，牢固树立和践行社会主义核心价值体系，并以此引领各项社务工作，促进各项工作顺利开展，在新的一年中取得更大的成绩。

新年很快就要到了，祝大家新年快乐，万事如意，合家幸福！

谢谢大家！

在九三学社第十二届中央常务委员会第六次会议上的讲话

(2009 年 3 月 3 日)

韩启德

同志们：

2009 年将是本世纪以来我国经济发展最困难的一年。从国际上看，由美国次贷危机引发的金融危机带来了对实体经济的影响。对现在国际上的金融危机以及经济的困难，到底将是什么样的走势，专家们有各种不同见解，未来的走向还有待观察。从国内看，经济下行的压力很大，出口明显下滑，部分企业生产经营困难，部分行业产能过剩问题比较明显。保持农业稳定发展、农民继续增收的难度加大。我国经济是不是到了谷底？对这个问题也有不同看法。其次，转变经济发展方式和调整经济结构的任务相当重。再次，涉及群众切身利益的就业、农民工、食品安全等问题突出。人民内部矛盾多发，保持社会稳定的任务繁重。胡锦涛总书记在最近一次中央政治局集体学习时强调，一定要增强忧患意识，要充分认识到我们面临的困难，动员出我们最大的能力来克服它。同时，我们也要有机遇意识，应该有信心。胡锦涛总书记这次会上讲了四个没有发生根本变化：一是我国经济发展的基本态势没有发生根本变化；二是我国经济发展的优势条件没有发生根本变化；三是我国工业化城镇化加快发展趋势没有发生根本变化；四是我国发展的外部环境也没有发生根本变化。所以我们要有信心，信心比金子还要宝贵。要紧紧围绕保持经济平稳较快发展这一经济工作的首要任务，切实做好保增长保民生保稳定工作。在这里我代表主席会议对全社工作提出三个方面的要求。

一、坚持以科学发展观为指导，为保增长、保民生、保稳定作出积极贡献

科学发展观的第一要义是发展。制止经济下滑，保持经济平稳较快发展是硬道理，是当前的首要任务。我们这么大一个国家，这么多民生问题，如果经济继续下滑，带来的影响是全面的，是广泛的，是涉及面非常大的。因此，现在的首要任务就是促发展，就是把经济下滑止住。与此同时，我们仍然一刻都不能忘记科学发展观的全面含义。第一要义是发展，但还要记住发展的核心是以人为本，基本要求是全面协调可持续，根本方法是统筹兼顾。首先，我们要坚持把改善民生作为保增长的出发点和落脚点。政府工作报告提出，今年国内生产总值（GDP）增长在 8% 左右。重要的是为什么要增加 8%，我认为还是要从保民生的角度来看，这里面非常重要的一点就是保就业。我们要站在保就业的角度来看待保增长。另外，要统筹兼顾，要兼顾扩内需和扩外需。现在很明确，以扩大内需为主，内需是可持续的。但是，外需也要保，今年还是要努力保持出口。要兼顾好基础设施投入和促进消费需求，要兼顾城市和农村，要兼顾近期和远期。今年全国人大通过决定，不仅中央要增发国债，也允许地方经中央批准后发行国债。发债是拉动经济所必需的，但是从长期看债是要还的，必须考虑债务的长期效应。投资效应到底有多大是要认真考虑到的。比如，2008 年中央政府安排紧急财

政投入1000亿元，其中投向卫生的经费主要用于乡镇卫生院的房子和设备。但是如果人员素质跟不上，买了医疗设备没人会用，就会造成浪费，所以，我一直主张把这部分费用首先用于农村基层卫生工作人员培训。

我们的参政议政要兼顾近期和长期效果，要兼顾局部和全局利益。最近网上纷纷扬扬的九三学社广东省委关于“珠三角就业岗位替换的政策设计”提案，我看确实缺乏全局观念，只考虑到广东的利益；即使就广东看，也只考虑到一个局部，带有很大的片面性，不少网民的批评意见是有道理的。这对我们全社应该是一次警示。另外，要利用现在这难得的契机，加快经济发展模式和经济结构的调整。比如，现在外向型制造业遇到了很大问题，那就需要尽快向服务业调整、向内需型经济来调整。最近我常常在思考一个问题，九三学社作为以科技界为代表的参政党，应该加强研究，力争对我国下一个新经济增长点做出准确的预测。国务院定了十大产业振兴规划，对拉动经济与加强产业结构调整很重要。但我觉得更重要的可能还在于判断下一个新的经济增长点，是信息产业、是新能源产业、是材料产业、还是生物工程产业？我认为对下一个新经济增长点的准确预测，具有重大战略意义，准备好和没准备好是大不一样的。人类社会每一次经济上的飞跃，都只是由某一个领域（而不是几个领域）的技术革命带动的。预见到这个领域，就能早作准备，主动出击，形成竞争优势。当然，所有上述问题的根本动力还在于推动重点领域和关键环节的改革。我们还是要把力量集中在解决深层次问题、落脚到改革上面。改革里面最重要的还是完善社会主义市场经济机制，发挥市场在资源配置中的基础性作用。现在西方国家好像更重视政府作用了，但是跟我国的基础是不一样的，人家是在自由资本主义的基础上，是在市场更加成熟的基础上的。而我国30年改革开放的发展是从计划经济转向市场经济，我们的市场经济还没有完善。而市场在资源配置上的基础作用要能够发挥出来，最根本的在于政府行政管理体制的改革。

九三学社能不能在当前形势下为保增长保民生保稳定作出积极的贡献，是对我们参政能力的重大考验。我们要响应中央统战部“我为应对国际金融危机影响献一策”的号召，每一位社员都来建言献策。特别要努力提高参政议政质量。近几年我们九三学社就参政议政工作专门开过两次主题常委会，每年全会也都提怎样提高参政议政质量。在当前，除了继续坚持原来的方针和有效的做法外，要特别注意以下三个方面：一是注意捕捉和解析我国经济运行中的深层次矛盾和问题；二是要围绕人民群众普遍关心和迫切需要解决的热点、难点问题；三是落实到比较关键的改革措施，对把握改革时机、节奏、力度提出实实在在的建议。这三个方面互相关联，必须同时考虑到。举个例子来讲，现在面临着一个最大的也是非常棘手的问题就是就业问题。就业问题是重大的民生问题，也是群众非常关心、牵涉切身利益的问题。要分析就业问题的深层次原因，有针对性地进行改革，否则问题难以解决。最近社中央参政议政部副部长郭悦同志写了一个报告，对我很有启发。我们现在的就业问题，为什么这么突出，直接的原因是外向型经济，国际金融危机一来，订单减少，产能过剩，用工骤减。但这只是表面现象。即使不发生金融危机，长此下去迟早也会发生就业问题。为什么呢，根本的原因是产业重型化不断加剧。重工业在上世纪50年代、60年代是完成我国工业化所必须的，但同时形成了城乡二元化结构。改革开放后这个问题没有解决，重化产业比重继续增高，而服务业的发展严重滞后。重化产业用工少，创造的就业岗位就少。如果要追究为什么会造成这个结构的话，那就有更深层次的问题，就是追逐GDP、财政收入和政绩的结果。按照一般规律，北京、上海、广东等大城市的制造业在发展到一定程度时就会向外转移，自己转到产业的更高端去，走向设计、销售等“微笑曲线”的两端去，走到金融等服务业方向去。但是在我国的一个奇怪现象是，制造业硬是走不出大城市。为什么？因为大城市的政府不愿意让能产生即刻GDP和财政收入的制造业企业转移出去。而且他们手里有土地、税收等各种给予这些企业优惠的手段。于是大城市越搞越大，服务业却发展不起来，中小城市也发展不起来，就业总量发展过慢。就业难的另一个原因就是中小企业的生存和发展难，为什么难？因为他们的利润空间实在太小。我国中小企业总体的税费负担还是很重，融资又困难。市场在资源配置中发挥的基础性作用很不够，其中一个很重要的原因是留给中小企业特别是民营中小企业的空间太小。而中小企业是使用劳动力最多的，这又是造成目前就业问题的一个重要原因。第三个原因是城镇化发展滞后，由于时间关系我就不再展开。总之，要解决就业问题，就必须抓住这些深层次的问题进一步深化改革。九三学社在当前要为保增长保民生保稳定作出积极贡献，最重要的就是要能提出战略性的、有前瞻性的，而又有可操作性的建议。

今年社中央准备加大力度，就重点问题展开调研。目前已经确定了社中央今年大调研的四个选题，一是“发展低碳经济，提升综合国力”、二是“应对全球气候变化，发展节水型现代农业”、三是“城乡统筹与‘三农’”、四是“南水北调工程水污染治理和生态环境保护”。当然社中央今年调研的课题还不止这些，比如还要调研服务业发展、城镇化战略等等。我们抓住这些根本性的、与当前形势有重大关系的课题进行调研，希望得到各地方九三组织的配合。当然每个地方有其自身发展的需要，可以根据自身实际定出重点课题。5月份的主题常委会将围绕参政议政的实践，围绕保增长保民生保稳定来建言献策。这次主题常委会共展开四个方面题目的研讨：一是“促进科技发展和自主创新”，这是我们的长期课题，也是九三学社的特色，我们有四位副主席组成四个方面课题组进行长期研究。去年全社进行的问卷调查共收回问卷8000多份，现在已进行了初步分析，这些结果我们会提供给各位。希望能尽量利用这个问卷的成果展开研究，为我们的自主创新建言献策。二是“城乡统筹与‘三农’”。三是“发展低碳经济”。四是比较总体和覆盖面比较广的“‘保增长扩内需调结构’措施的实施对策”。因为是在福建开常委会，我们还要为福建地方的发展作一些建言献策，所以在“保增长扩内需调结构”这个课题里面要抽出一段时间来研讨“加强海峡西岸建设，促进两岸交流”的课题。为了开好主题常委会，从去年11月份开始，在赖明副主席的带领下做了一些初步调研，定下来这四个课题。开好主题常委会的关键在于每一位常委要贡献力量。主席会议决定请每一位常委在3月15日以前就在上述四个方面选择其一。4月15日以前，每位常委提交3000字以上的调研报告，为主题常委会发言做准备。具体组织的时候，每一个课题会先邀请几位常委做主题发言，然后进行自由研讨、争论，把一些问题进行进一步的梳理，争取形成建议。会议结束后将把每位常委的报告汇编成一个报告集，作为我们此次常委会的成果。希望大家积极配合，努力开好这次常委会。社中央常委大多是省级组织主委，因而围绕选题开展重点调研并不太困难，希望大家能够再加把劲。

除了参政议政以外，还希望大家积极反映社情民意，为促进社会和谐、为解决人民内部矛盾作出贡献。另外，还要加强社会服务工作。上次全会提出要推广九三学社安徽省委的经验，在全社开展“科普进学校”活动。社中央将于近期就此发出通知，希望每一个省市参照安徽的经验，结合自身具体情况开展这个活动。我们还要组织科技力量为地方“保增长、调结构、促内需”来作出实实在在的贡献。

社十二届二中全会上给每一位中央委员都发了一个内部 BBS 的密钥，但到现在为止只有三四位同志在上面发过帖子。我在上面发的帖子没有得到大家的回应，希望大家充分利用这个平台。这是个很好的东西，一个人一发，在座同志统统都能看见，很有意思。希望这次会后各位常委能先用起来。参政议政各地方有什么困难、碰到什么问题，社会服务各地方需要哪方面的人才，或者个人有什么样的困难，都可以利用这个平台交流。我们每个人都有密码和配套软件。由于需要使用密码加密钥，可能用起来有些不方便，但这有必要，因为有利于保密。

二、要提高对中国特色社会主义的认识，不断增强走中国特色社会主义政治发展道路和接受中国共产党领导的自觉性

对这个问题我们经常强调，在现在这个特殊时期需要进一步强调。中国特色社会主义道路和理论体系是改革开放以来取得一切成就和进步的根本原因，当然也是指导我国科学发展的基础。解决当前困难要靠发展，但一定要科学发展。科学发展的核心和内涵就是中国特色社会主义，这是 30 年改革开放总结出来的一套成功经验，我们要高举这面旗帜。现在很多争论的问题其实都是一个走中国特色社会主义道路的问题。所以，为了搞好参政议政、能够发挥我们的作用，必须坚持中国特色社会主义。同时，提高对中国特色社会主义的认识，增强走中国特色社会主义政治发展道路的自觉性，也是各民主党派和中国共产党达成政治共识和亲密合作的基础。完善中国共产党领导的多党合作和政治协商制度，是促进社会主义民主政治建设，达到政治和谐的基础，而政治和谐又是社会和谐的基础。当前，在实际生活当中，政治斗争还相当尖锐。改革开放 30 年，我们在座的都是过来人，对我们走的道路应该都有比较深刻的认识。但如果一旦我们放松了学习、放松了警觉，在一些似是而非的问题上也可能犯糊涂。现在社会上的一些不稳定因素在增加，改革发展当中出现了一些矛盾和问题，随着民主政治的发展，利益诉求的多元化和利益诉求的渠道也在增加，所以人民内部矛盾多发。当前的经济困难无疑会加深人民内部矛盾的积聚，甚至于爆发。再加上西方敌对势力的调唆，维护社会稳定的任务相当繁重。

在这种形势下，要加强九三学社的思想建设，要经得住困难和风险的考验，跟中国共产党共度时艰、一起克服困难，坚定地走中国特色社会主义道路。九三学社各级组织都要继续深化走中国特色社会主义政治发展道路的学习教育活动，我们在去年全会作了一个总结，这并不是说学习教育到此为止了。在新形势下，我们还需要结合形势继续开展走中国特色社会主义道路的学习教育活动，第一要开展理论学习，进一步夯实基础；第二要深入开展形势教育，进一步明确肩负的重大责任，要联系当地各方面的问题深入学习；第三要弘扬九三学社的优良传统，进一步增强接受中国共产党领导的自觉性。社史工程进行了两年多，应该说取得了比较明显的成果，社史专题片正在拍摄之中，更重要的是在此过程中收集了大量九三学社的史料。最近我看了一下研究成果和搜集的资料，对我的教育非常深，原来以为九三学社的历史已经很清楚了，经过这些研究发现要挖掘的历史实在太多，现有的历史还太局限。社史研究的深入不会造成对九三学社另外的看法，只会使广大社员更加热爱九三学社，更加深刻体会中国共产党领导的重要性，自觉弘扬爱国、民主、科学的优良传统。这与中国特色社会主义道路学习教育活动是完全衔接起来的，而且是非常重要的教育。我衷心希望社中央常委带头学习，特别是要加强中国特色社会主义理论体系的学习。要把九三学社办成一个学习型政党。

三、希望各位常委以高度的政治责任感开好“两会”

现在全国人民都关心“两会”。中国的“两会”越来越成为社会的焦点，可以说“两会”是动员、团结、宣传群众的好机会。引导得好是增加凝聚力、动员大家克服困难的很好时机。但是正因为“热”，也就容易触发社会的不稳定事件的发生。在这种情况下需要我们十分注意稳定，稳定是改革发展的前提，也是克服现在经济困难的前提。如果社会不稳定，困难就更难克服，改革开放的成果也得不到保障，也正因如此，我们把这次常委会提前到今天来召开。在座的都是“两会”代表、委员，而且大多是各地的主委，希望大家积极带头，带动其他代表、委员开好“两会”。要充分发扬民主、勇于发表意见、积极建言献策，这是爱国民主科学精神的体现，也是九三学社的传统；但同时一定要注意参政议政的社会效果，要注意政治影响和全局利益，这两个方面不可偏废。

在这里我提出几点希望：第一，希望大家在两会期间认真学习领会中共十七大、十七届三中全会、中央经济工作会议精神，特别是中国特色社会主义与科学发展观的内涵。很多原则性的问题在十七大报告中都已经非常明确了，但需要结合当前形势再进一步学习。同时要认真学习胡锦涛同志 1 月 22 日在党外人士迎春座谈会上的重要讲话精神，以及 3 月 3 日上午“两会”党员干部会议上的讲话精神。第二，希望大家以饱满的热情全力参加好“两会”。大家都有本职工作，事情很多，但自参会起还是希望大家把精力和注意力集中在“两会”上来。第三，希望大家保持高度的政治敏锐性，讲政治、顾大局、求稳定。有可能会在“两会”期间出现一些议论、出现一些小道消息。正常的意见交流甚至争论都是正常的，但要增强政治敏锐性，维护改革开放大局，保持中国特色社会主义道路不偏离，避免发生影响改革开放、影响全局的事情。有些事情看起来好像是小事情，但有可能成为导火索，请大家要注意。九三学社作为参政党，一定要讲政治。第四，希望大家提高发言质量，考虑政治影响，要建真言、献实策。第五，遇到特殊问题要及时请示汇报。第六，希望大家积极审慎对待媒体。媒体有放大效应，好的意见会被放大，不好的意见也会放大，好的意见也可能会被曲解成不好的放大，这都有可能。既要勇于对待媒体，也要善于对待媒体。更好地利用媒体，使我们的建言献策起到好的作用，防止一些错误的理解和错误的发挥。

总的来讲，这次“两会”是在一个不同寻常的时候召开的，2009 年是需要我们克服严重困难、面对严峻挑战的一年。在这种情况下，对九三学社也意味着严峻考验。社中央常委会作为九三学社的领导集体，要从自己做起，认真学习，以饱满的政治热情开好“两会”。同时在工作中，贯穿九三学社的宗旨，以行动维护中国共产党领导的多党合作政治协商制度，更加自觉地接受中国共产党领导，为克服当前的困难做出积极贡献。“两会”刚刚开始，在接下来的时间，希望同志们保持紧密联系，一起努力争取圆满的会议成果。

谢谢大家！

在九三学社第十二届中央常务委员会第七次全体会议闭幕会上的讲话

(2009 年 5 月 8 日)

韩启德

各位常委、同志们：

本次常委会今天就要闭幕了，在此，我就本次会议的情况做一个简要总结，并谈几点想法。下面，我讲五个方面的问题。

一、关于本次常委会的基本评价

这次常委会开得很成功，收获很大。会议期间，各位常委围绕“发展低碳经济”、“促进科技发展和自主创新”、“城乡统筹与‘三农’问题”、“保增长扩内需调结构的实施对策”等四个主题和海峡西岸经济区建设专题进行了交流探讨。每位常委都向会议提交了调研报告。常委们在这四个主题上都有很好的工作基础，调研报告很深入，有见解、有亮点，为常委会的顺利召开作了充分的准备。会议期间，先后有 12 位同志作了重点发言，大家围绕这四个主题进行了很好的研讨。常委们在发言中结合实际、互相碰撞，产生了很多好的想法，凝聚了焦点。这四个主题都是很复杂的问题，互相联系，涉及方方面面。在短短的三天会议中，我们不可能在这四个主题上取得太大的成果，但通过大家的讨论，我们深化了对问题的认识，为今后围绕这四个主题参政议政打下了很好的基础。同时，这次常委会也是一次对中国特色社会主义理论和科学发展观的学习活动。我们得到了一次很好的互相学习机会。大家在会议上听取了 12 位同志的发言，每位同志都全面详细地介绍了某一方面的相关情况，提供了非常丰富的、重要的信息。譬如，通过这次会议，大家对重庆、成都城乡统筹综合改革的情况有所了解，对湖南、湖北的两型社会建设情况有所了解。此次常委会在福建召开，也是恰逢其时，国务院常务会议刚刚通过了关于支持福建省加快建设海峡西岸经济区的意见，使我们对这样一个具有重要战略意义的、促进海峡两岸交流融合的重大举措，有了更加深入的了解。这次常委会增加了大家的信息量、扩展了视野，对于当前的国际国内形势和中国特色社会主义理论、实践以及科学发展观的方方面面，都有了更新的、更深的认识。总之，我认为，这次常委会提供了在集体参政议政实践中互相学习的机会，是提高大家参政议政能力的一次实践，取得了很好的效果，是一次成功的尝试。这就是我对此次常委会的基本评价和肯定。

二、关于四个主题的几点想法

2007 年，在义乌召开的社中央常委会上，讨论了三个主题。常委会闭幕时，我就那三个主题全面谈了自己的看法。这次常委会上，大家对会议的四个主题的讨论非常深入、具体，不需要再做进一步的归纳总结。此外，我们对这四个主题还没提出全面的解决办法，尚不到最后总结的阶段。因此，今天我不就这四个主题进行全面总结，仅将四个主题中的若干焦点、难点问题提出来，供大家进一步思考研究。

（一）关于发展低碳经济

在第一天的会议上，郑楚光同志发言后，听了大家的讨论，我觉得，在发展低碳经济重要性的认识上，大家还有分歧。低碳经济的确是一个复杂的问题，它究竟是一个经济问题、社会问题，还是政治问题？是一个国内问题，还是国际问题？不管从哪个角度看，都有一定的道理。广东低碳经济调研活动结束后，我在调研总结座谈会上有一个讲话，集中总结了调研组的看法，已经印发给大家，一些重复问题就不讲了，我着重再强调一下发展低碳经济的重要性和紧迫性。现在，大家对全球气候变暖的事实没有分歧，在过去 100 年中大气温度增加了 0.7 度，这是一个不争的事实。对于全球气候变暖对冰冻圈、生态系统、海岸带、粮食安全、人类健康、地区安全、经济发展带来明显的影响，也没有争议。工业化以来，大气中 CO_2 浓度明显增高，这是经过实际测量的，从公元 1750 年到 2000 年，大气中的 CO_2 数值都有据可查，大气中的 CO_2 浓度增加可以使气温增高，对此，也无明显分歧。但气温增高与 CO_2 浓度增加是不是正相关关系，在这个问题上是有分歧的。世界气候组织根据很多科学的依据，在有关报告中基本肯定了这二者的关系。即使如此，报告也只是说气温的变化与温室气体浓度的增加有关系，但究竟近百年来气温的升高有多少因素是碳排放量增加引起的，在这一点上还是有比较大的分歧的。如果回过头去看，过去 100 年间，气温平均值的升高与大气中 CO_2 浓度的增加在相应时间点上并不是一个非常好的正相关关系。有时候大气中的 CO_2 浓度增加，但气温并没有提高；而有时候气温升高，大气中的 CO_2 浓度并没有增加。在科学研究中最难的一个问题，就是确定事物的因果关系。大多数科学家都认为二者是有因果关系的，大气中 CO_2 浓度的增加可以造成气温升高。我的一个看法是，即使把这个分歧搁置起来，也不能排除应控制 CO_2 浓度的增加。目前，关于这个问题的争论，已经远远超出了科学的范畴。自从科学界提出控制 CO_2 排放以来，气候变暖问题在西方国家的推动下，已经逐渐成为一个广为接受的国际共识，成为一种政治上的议题和压力。京都会议上，各国还没有达成一致，当时美国不愿意签署《京都议定书》。而现在奥巴马政府上台后，美国的态度来了个 180 度的大转变。预计今年在哥本哈根召开的全球气候会议上将明确提出确定排放指标，在这个问题上，西方国家已经基本达成一致，并准备提出具体的指标，也就是到 2050 年 CO_2 总体减排 50%。这样一个具体的排放指标的确会给我国带来非常大的压力。制定出这样一个指标究竟有多少科学依据，CO_2 减排 50% 究竟会对气温有多大影响，都还没有一个科学的定论。但这个事情是确定的，是不以我们的意志为转移的，并且已经对我国形成了很大的政治压力。这是因为，现在我国 CO_2 排放量已经超过美国，而且在新增排放量中我国占了一半以上，美国仅占 3.2%。目前，虽然我国人均 CO_2 排放量还是低的，但已经达到了国际平均水平。从东部沿海的发展势头来看，很快就会接近发达国家的排放水平。加上人口众多等因素，将来我国的 CO_2 排放量是国际社会不可能接受的。西方国家可能会在哥本哈根会谈中提出，到 2050 年，全球的 CO_2 排放总量应控制在 120 亿吨到 200 亿吨。而根据我国现在的发展情况，即使能做到每年单位 GDP 能耗降低 4%，但 GDP 平均每年增加 8%，我国的 CO_2 排放量到 2020 年就会达到 80 亿吨，2030 年就会达到 100 亿吨。我国 CO_2 排放量占世界 CO_2 排放量的比例太大，面临的压力是可想而知的。

面临这样一种形势，决定了发展低碳经济是一个必然的趋势。胡锦涛总书记在参加国际会议时，已经正式承诺我国要实行减少碳排放量的政策，要大力发展低碳经济。这是中共中央做出的应对国际形势变化的正确决策。目前，我国还没有把发展低碳经济放到足够重要的地位，还没有将其作为一个重大的经济发展战略，还没有把碳列入评价大气污染的指标中。因此，我们建议，要把发展低碳经济作为国家战略，同时列入国家十二五发展规划，并作为一个重要的行动来实施。

如何发展低碳经济，特别是在参政议政工作中我们应该怎样建言献策？

首先，要把我国 CO_2 排放的底数摸清楚。然后，在此基础上进行科学的测算，究竟需要减排多少、能够减排多少。目前，我国每年的 CO_2 排放量只是一个大概的数字，很多地方根本就没有一个准确的排放量，数据很不准确。如果排放量的底子都没有摸清楚，就谈不上战略的制定；数据都不清楚，就没有办法决策。要发展低碳经济，就要监测在现有的情况下，全国到底排放了多少，根据经济发展规划、能够采取的减排措施，我们应该控制到多少、能够控制到多少。这是战略规划中最重要的内容。

其次，发展低碳经济的关键是恰当的政策导向。现在国家采取了相当多的政策鼓励发展清洁的、非化石的能源。在广东调研时，我们提出要破解这个问题的关键，就是要提高资源能源的价格。如果不提高资源能源价格，企业用传统化石能源仍然能得到很大的效益，要推动低碳经济发展是很难的。世界上大多数国家都是采取激励的措施，而瑞典采取的是与之相反的约束方式。瑞典制定了一个雄心勃勃的计划，要在 2020 年摆脱对石油的依赖。到目前为止，已经取得很好的效果，石油占全部能源的比例已经降到了三分之一。瑞典采取的办法不是直接鼓励发展可再生能源和新能源，而是通过对石油课以高额征税的方式。这种措施的好处是，如果鼓励发展可再生能源，就必须知道发展哪种能源是最好的，是生物质能、水能、风能还是太阳能？但对使用石油征收很高的税，企业就只好主动去寻找更便宜的能源，这是一种市场行为。这个措施的效果要比政府规定去发展哪种替代能源的效果好得多。当然，实行这种措施最大的反对者是汽车行业。在这种情况下，政府可以采取许多灵活的经济措施帮助汽车行业变“绿”。比如，使用环保汽车，可以获得退税、可以不交停车费、可以减免进城费等。

对我国来说，作为发展中国家，工业化还没有完成，如果化石能源价格太高，企业就不能生存，我们还要具体分析，权衡利弊。还有一个问题是，要不要征收碳税。燃油税推出后，遭到了很大反对，如果征收碳税，会产生什么样的情况？这些都是在今后的参政议政工作中要重点关注的问题。

最后，关于科技在发展低碳经济中的支撑作用。发展低碳经济离不开科技创新，国家发展低碳经济的科技创新重点应放在哪个方面？是放在发展清洁能源、可再生能源方面，还是放在提高能源利用效率方面？工业、建筑、交通是三大能源消费产业，重点放在哪里？这些都需要我们深入研究。关于如何发展低碳经济中，还有一个重要问题。在我们这样一个大国发展低碳经济，是不是要先在一个区域进行试点？但是，现在各地的经济发展都是紧密联系的，只在一个地方发展低碳经济，可行性如何？我在想，是不是先提出一个科学的重大行动计划，确定若干主攻方向比较可行呢？比如，以大力发展绿色建筑来推动发展低碳经济，等等。总的来说，发展低碳经济，首先要达成共识，要把发展低碳经济纳入科学发展观的范畴，置于国家发展的战略层面。具体如何发展，要抓住哪几个重点问题来着力提出建议，这就是我们参政议政的着力点。

（二）关于促进科技发展和自主创新

本届常务委员会成立以后，就把这个问题作为这一届乃至今后长期的参政议政的重点内容，决定要坚持不懈地做下去，做出九三学社的特色。当然这个问题也很复杂，九三学社是以科技界成员为主的参政党，我们一直强调要在科技方面加强参政议政。但是，恰恰是在科技方面，我们提出的对国家科技发展有重大推动作用的建议比较少，反而是在其他方面还有所建树。比如，在三江源保护、改善离退休人员待遇方面、农业方面、地区经济发展等方面提出的建议，受到中共中央和国务院的高度重视，但在科技教育方面则缺少特别重大的参政议政成果。我们决定扎扎实实地从基础做起，现在我们已经做了一件很好的基础工作，就是进行了问卷调查。通过这次会议的讨论，我们又产生了许多新的想法。我认为，九三学社能不能在这一方面有所突破，关键之一就是能不能提出一个顶层的科技管理体制改革的全面设计方案。冯培恩副主席在发言中提出了很多切中问题根本的建议，值得我们在参政议政时认真思考。今年，要下决心深入做好这项工作，力争提出一个比较全面的科技管理体制改革顶层设计方案，然后根据方案进行问题分解、深入调研、征求意见，不断完善方案。在做方案时，要抓住若干焦点、重点、热点问题来进一步调研，提出专项的建议。

近期，要在两个方面进一步调研。

一是改革科技投入管理方式。近年来，国家科技投入的增加速度很快，但是对投入的管理相对滞后，造成很多浪费。在改革科技投入管理方式方面，冯培恩副主席提出的成立国家基金委员会的方案非常值得进一步来研究论证。这个方案要考虑科技管理的客观规律和中国国情。目前，这项工作非常迫切。政府的科技投入管理不当，不仅是个浪费问题，而且还导致学术风气变坏。

二是围绕科技人才问题进行调研。前不久，国家有关部门提出了“千人计划”，这是吸引最高层次人才的重点计划，但在执行过程中存在一些问题，我们应跟踪这些问题来提出相关建议。比如，如何平衡已经归国的科技人才和还没有归国的科技人才之间的待遇问题，是不是应该作为一个迫切的问题来追踪研究？在讨论中，有的同志还提出人才问题中最重要的是环境问题。对于要建设一个什么样的人才环境，大家认为环境要宽松。但宽松与养懒人的区别何在？我看还是要有竞争。怎么营造一个既宽松又公平的竞争环境，重点就是要反对泛行政化和泛市场化。建立一个什么样的人才环境，如何建立？这都需要我们去研究、去思考。此外，关于人才评价问题。科技教育评价的本质其实就是人才评价问题。马大龙副主席提出，今后评价科研成果就是评价人才。但是，应该如何评价人才？这也是参政议政工作中的重点问题。最后，科技人员的收入分配问题也是一个焦点问题。几年前，中国科技大学的朱清时校长就提出，要改革高校教师的收入分配制度，不要以一时做出的科研成果来评价绩效。科技人员收入应该是什么水平，如何来实现？采取等同公务员的办法，好还是不好？如何与激励机制相对应？与营造宽松的学术氛围之间是什么关系？这都是在参政议政工作中应该重点考虑和研究的。

（三）关于城乡统筹和“三农”

这个问题相当复杂，粮食安全是关系到国家安全的重大战略问题。“三农”问题这么长时间没有得到根本解决，农民收入增加的空间越来越小，农业增产面临很大问题，要解决好这些问题，根据这次会议讨论的情况，我建议在以下四个方面进行深入调研。

一是关于盘活土地和农民其他资产的问题。这是解决农民增收问题的最根本途径。如果土地和农民的其他资产不能盘活，如果农民不能离开土地，就很难解决收入提高的问题，也很难有生产力更大的进一步解放。

二是城镇化发展战略和城镇工业化问题。城镇化问题是城乡统筹一体化建设中一个非常重要的问题。“三农”问题表现在农村，但实际上与城市密切相关。农村劳动力不能转移出去，就不可能从根本上解决农民收入难以提高的问题。农民要转移出去，要有就业的岗位，关键是城镇工业化，特别是中小城市产业的健康发展，这是解决“三农”问题的关键。但目前我国的城镇化战略在此问题上还有不足之处，亟待完善。县级城市和中小城镇发展不科学、不协调，产业没基础、经济无后劲、发展缺动力，不能真正发挥农民、农村和大城市之间的桥梁作用。

三是农业科学技术的发展问题。必须要实现农业的现代化，在现有体制条件下，农业技术推广做好了，对农民增收、农业增产的作用也是非常大的。

四是农村教育的改革发展问题。我认为，“三农”问题在根子上是农民的教育问题。有一篇文章提出这样的观点，如果农民有70%上过大学，就什么问题都可以解决了。当然这是一种理想主义的解决办法。现在农村义务教育已经有了非常大的改观，包括在经费投入、教学环境、师资力量等方面都有了不小的变化，但还非常不够，还要下大力气把更多的钱、更多的精力、人力、物力投到农村去。而且，要改革农村教育的内容和模式，现在农村的教育是城市教育的翻版，是教育学生成为市民的教育，而不是做新型农民的教育。农村教育必须真正做到适应中国农村的情况，才会对解决“三农”问题发挥作用。当然，也要重视农村教育和城市教育的衔接，这里面也有很大的学问值得深入研究。

（四）关于保增长扩内需调结构的实施对策

第一，非常重要的一点是对目前的经济形势确立四个基本估计。一是全球化的基本趋势不会变。这是不以人的意志为转移的。工业化发展到今天，产业分工的基本要求需要全球化，不管是发达国家的利益还是发展中国家的利益都要求推进全球化。从我国的情况来看，作为全球化的受益者必须支持这一趋势。二是市场化的基本趋势不会变。金融危机后，各国政府虽然加强了对经济的干预，但市场机制仍然是最好的经济调节手段，尽管市场机制有很多缺点，但目前找不到更好的办法来替代。特别是对中国来讲，市场还不完善，市场机制发挥的作用还不大，更是必须大力发展。三是发达国家在世界经济中占主导地位的格局不会变。对于当前的经济状况，我们不能太乐观。从一些报道上看，“金砖四国”好像力量很强大，在G20中要由美国和中国说了算，这些都不符合实际情况。在相当长时期内，发达国家还是在世界经济中占据主导地位。四是以美元为主要储备货币的货币体系在短期内不会发生大的改变。目前的世界货币体系是一个很不合理的体系，用一个国家的货币来指导全世界的货币明显不合理，但这种情况是历史造成的，也是现在的世界经济格局所决定的。尽管在G20会议前，我国学者也对美元作为世界储备货币的地位提出一定的质疑，但并不会改变现在的状况，美元仍然相对坚挺。我国可以在区域范围内逐步增加人民币的分量和影响力，但美元的地位是短期内无法取代的。这四个基本估计是判断当前经济形势很重要的基础，在此基础上才能正确决定相关的经济行为。

第二，应对当前国际金融危机，保持经济平稳健康发展，必须要全面认识“危”和“机”。国内有些地方政府和部分企业的行为短视，只考虑到“危”，没有考虑到“机”。比如，经济结构的调整问题，外向型经济和内向型经济的调整问题，确实很难一下子改变过来。出口转变成内需，这个过程是很痛苦的，也会有一定的经济损失。但也只有在现在的危机情况下，才要痛下决心去改变，把金融危机作为一种调整经济结构的机遇，利用好这样的形势去调整产业结构，转变我们的经济发展方式。

第三，要掌握好保增长扩内需调结构的内涵和三者之间的关系。在讨论中，不少同志都认为保增长的主要目的要落到保就业、保民生上。显然，经济增长本身并不是目的，单有增长，不能拉动就业、不能保障民生，这样的增长没有意义。保增长最根本的目的就是保就业、保民生，这一点一定要把握好。在保增长过程中，要防止新一轮的产能过剩，防止新的银行呆坏账产生，这一点也是要特别注意的。从新闻报道中，可以看到许多地方借着保增长的名义，上马了国家节能环保等政策限制的项目，这都是与我们的努力方向相悖的。

第四，保增长要避免以牺牲资源和环境为代价。过去上项目的环评要三个月，而现在两个星期就可以。如果控制“两高”的项目守不住，就会影响过去在调整经济结构上所作的努力，就背离了科学发展观的要求。

第五，保增长很重要一点就是要找到新的、强大的经济增长点。国家提出了十大产业调整和振兴规划，发展新型制造业是非常必要的，必须要有实实在在的产业发展。但寻找新的、强大的经济增长点更加重要，结合发展低碳经济来说，如果将来我国的CO_2排放量占了全世界CO_2排放量很大的比重，绝不是一件好事。我国既要振兴发展已有的产业，同时也要寻找新的经济增长点，参与世界范围的高层次竞争。

第六，保增长扩内需要调整居民收入分配结构，增加居民的可支配收入。中国老百姓的储蓄那么多，为什么还要增加居民收入呢？对这个问题应有一个深入的分析。目前，中国储蓄中约有40%是企业存的，而且主要是国有大中型企业的；剩下的储蓄中大部分是由20%的高收入群体存的，所以普通老百姓的存款并不多。因此，有学者提出，如果把国有大中型企业储蓄的这部分钱分配给员工、回馈给全社会，那么国民收入就能明显增加。现在政府为刺激消费出台了很多的办法，但效果不明显。所以，除了完善社会保障，让老百姓敢花钱外，重要的办法就是要改变分配结构，让居民有更多的收入来消费。我们应根据目前的形势，抓住若干重要问题深入研究，从而提出切实可行的具体建议。

三、关于做好今年参政议政工作的几点意见

第一，今年的参政议政工作重点还是要放在四个主题的调研上。其他内容的调研可以包括在四个主题之中，继续就这四个主题深入研究，争取重点突破。要对现有调研成果进行分析、综合，提炼出若干焦点问题，有针对性地提出切实可行的建议。

第二，根据大家的讨论，我总结了目前做好参政议政尤其要注意的几个原则。一是近期和远期相结合的原则。既要注意近期的目标，也要有长期的战略眼光。比如，对保增长问题，近期来讲，经济增长是紧迫的，不增长马上就有大量人员失业，就会造成社会不稳定，所以发展速度不能降。但一定不能忽视长远目标，要在危机中把握机遇调整好经济结构。二是注意局部和整体关系的原则。有许多建议在局部是可行的，但放在全局却是不可行的。三是必要性与可行性相统一的原则。四是治本与治标相结合的原则。大家在讨论中提到的所有问题，最后都可以归因于体制上的问题，都涉及泛行政化和泛市场化的问题，都牵涉到行政不作为和行政乱作为的问题，都牵涉到既得利益改革的问题。体制改革，包括行政管理体制改革不是一朝一夕能做到的，根本的问题不解决，其他事情是不是都要等？我认为不能等，把治标的事情做好也会促进根本问题的解决，处理好具体问题就是在推动根本问题的解决，这是个辩证的关系。要重视根本问题，抓住根本问题，但是不能等根本问题解决后，再去解决其他问题。五是处理好政府、市场和公共社会三者关系的原则。过去比较强调政府和市场，现在越来越体会到公共社会的重要性。在中国的国情下，如何正确处理这三者的关系是个非常有意义的问题，非常值得我们在参政议政中给予重视。

第三，要突出科技特色。中共中央多次提出，多党合作制度中的各民主党派要继续保持各自的界别特色。九三学社引以为自豪的就是科技特色。我们在参政议政工作中要保持科技特色，始终把促进科技发展和技术创新作为参政议政的重点，力争提出一些重大的且有影响的成果。即使不是科技方面的问题，也要尽量发挥科技的作用，强调科技的作用。譬如，在解决“三农”问题方面，就可以利用科学技术来推动绿色农业、正确使用化肥、提高效益、减少污染；发展低碳经济，要利用科技摸清底数、核算碳排放量减到什么程度、节能做到什么程度，等等，这里面都有科技的问题。把科学技术问题与参政议政工作结合起来，这是我们的特色。

第四，要进一步整合力量。这次低碳经济调研就是个很好的例子。最早提出这个问题的是珠海的社员陈利浩同志，他在珠海市政协会议上提出要重视发展低碳经济，并做了很深入的研究。陈抗甫常务副主席到珠海去考察，觉得这是个很好的建议，后来汪洋同志也作了批示。在调研过程中，我们不但整合了地方的力量，而且把相关部委的力量也整合起来了，对推动低碳经济发展发挥了很好的作用。因此，要创新工作思路，进一步整合全社、全社会的力量来做好参政议政工作。会议结束后，建议各位常委做一些努力，进行尝试，采取更好的办法，把社内外的智慧和力量凝聚起来。

第五，要改善调研方法，提高调研质量。社中央和各社省委每年都有调研活动，但效率不太高，成效也不太大。一般性的、面上的调研多，深入的、细致的调研少。因此，在今后的调研活动中一定要深入，最好进行蹲点，要有非常具体的调研提纲，有的放矢地深入调查，这样的效果才能更好。

第六，要学会写文章。同样的菜让一级厨师、家庭主妇和不会做饭的人分别来炒，味道就大不一样。现在我觉得写好参政议政的文章越来越重要，这是参政议政成果的最终体现。我看古人写的奏折，文字优美，篇幅不长，但言之有理，能把事情说清楚、说明白。现在我们的一些文章写得很长，却不知所云，让人印象不深刻。我们要努力改变八股文风，不断提高写文章的本领，把参政议政的报告写好。

四、关于支持福建省加快建设海西经济区的问题

这次到福建召开常委会，其中一个目的就是支持海西经济区发展。在会议上，福建省的领导对我们给予了很高的评价，寄予了很大的希望。海西建设不只是一省一地的事，它涉及中华民族的长远利益和国家安全。我们要认真研究如何发挥九三学社整体的力量为海西的建设做点事情，大家都要为海西经济区的建设做点工作。包括其他的区域发展，如湖南、湖北的两型社会建设，重庆、成都的城乡统筹综合改革，西部地区的发展等，除了所在区域的九三学社各级组织要尽力，其他省市的组织也要有全国一盘棋的思想，努力在这些区域经济发展方面作出更大贡献。

五、关于今年的其他工作

今年是个纪念的年份。我们将迎来庆祝建国60周年、多党合作和政治协商制度建立60周年等大型活动，以及其他一些纪念活动。社中央和地方组织对于这些活动，都要尽量创新形式。组织这些活动要结合实际、讲求实效，真正在思想政治工作水平方面有所提高。

各地还要加强社史工作。目前，在社中央研究室的努力下，社史的研究也进入到了一个新阶段，今年就会有相关成果出来。九三学社的思想建设很重要的一个方面就是对历史的了解。大家都是生活在历史之中，我们现在的思想，我们的见解主张，都是从自己的历史、别人的历史和整个社会的历史中产生的。弘扬九三学社的优良传统，不是一句空话。除了对九三学社的历史有一般概念的了解之外，更重要的是对九三学社的历史要有直觉和经验的了解，对九三学社前辈的思想、事迹要有具体的、深入的了解，这样才能真正感受九三学社优良传统，增强我们的凝聚力。

在今年的形势下，大家千万不能忘记做好稳定工作的重要性。特别是对于网络上炒

作的事件要有预警机制，把不利影响控制到最小程度，用正确的声音去引导社员。

要继续做好组织工作。要努力坚持做好人才强社工作，把最优秀的人才发展进组织。近期，社中央将下发一个关于组织工作的文件，对于新的社会阶层成员的发展问题、市级组织的设立问题，都会有规定，希望大家遵照执行。

关于后备干部和届中调整工作。希望大家在这一过程中要充分发扬民主，广泛听取社员意见，把最合适的人、广大社员所拥护的人选出来。

还要推动内部监督工作的开展。谈心会、民主生活会要尽快开展起来，社中央也会发文予以指导。

当前，多党合作的形势非常好，中共中央及各级党组织对多党合作越来越重视，要求也越来越高，这为我们的工作提供了很好的环境和条件。希望常委们加强交流，加强力量整合，齐心协力把我们的各项工作推上新台阶，力争为建设中国特色社会主义作出更大的贡献。

谢谢大家！

在庆祝新中国成立60周年暨九三学社成立64周年座谈会上的讲话

（2009年9月3日）

韩启德

今天我们在这里召开座谈会，庆祝中华人民共和国成立60周年，纪念九三学社成立64周年。刚才，6位同志发了言，还有多位同志即席发表了意见，我听后非常感慨。九三学社老中青人才济济，有话说“江山代有人才出”，我们真是九三代有人才出。在刚才的发言中，大家都讲自己的话，讲心里话，讲实话，讲真话，讲科学的话。开得像个座谈会，开得像个九三学社的座谈会。

纪念就是记起和怀念那些过去的事，就是讲历史。历史使我们懂得当今存在的必然性，事情都有它的来龙去脉。我们每个人都生活在历史当中，都在创造着历史，都在给历史留下些什么。将来，人家是要说我们的，要说我们今天做了什么，说了什么。所以，今天开这个座谈会是增加了我们的历史责任感。

庆祝共和国成立60周年，回忆这60年来新中国走过的道路，把这60年放在中华民族的历史长河来讲，是个短短的一瞬间。但是从中华人民共和国成立起，就开始了中国历史的新纪元。这60年所走过的道路，是中华民族可歌可泣的历史，是一段闪光的历史。我们完成了新民主主义革命以后，很快又完成了社会主义改造，开始了社会主义建设。我们经历了种种艰难曲折。我们经历了反右，经历了3年自然灾害，又经历了灾难的“文革”。改革开放30年来，我们实现了从阶级斗争为纲到以经济建设为中心，以人为本的伟大转变；实现了从计划经济到充满生机和活力的社会主义市场经济的伟大转变；也实现了从封闭、半封闭到全面开放的伟大转变。

九三学社的历史，可以从1945年说起。九三学社成立64周年，是指从建社开始。其实，我认为，九三学社的历史，至少应该从“五四”讲起，因为九三学社的渊源和

“五四”是不可分的，与我们国家进入现代化轨道是不可分的。中国在打破2000多年的封建专制统治以后，怎样走上一个正确的、现代的发展道路，九三学社的先人已经在探索了，只是到1945年以后才成立了九三学社。九三学社成立以后，坚定地站在中国共产党的一边，积极响应中共中央的“五一”口号，和中共一起制定了共同纲领，一起组建共和国新的政府。九三学社是为完成新民主主义革命作出贡献的。新中国成立后，九三学社及时响应中共的号召，投入社会主义革命和建设。即使在非常艰难的时刻，九三学社始终没有忘记自己的职责，为我们的国家和民族作出了贡献。即便在“文革”期间，九三学社成员还是用科学技术、用掌握的知识和本领为共和国的发展作出了不可磨灭的贡献。更不要说改革开放30年以来，随着中国共产党领导的多党合作和政治协商制度的不断完善，九三学社发挥的作用越来越大。九三学社成员不仅在本职工作上都是优秀者，更是在政治协商、民主监督、参政议政、社会服务等等各个方面作出了越来越多的贡献。当然，并不是说，现在的成员比起前辈本事更大。如果拿个人来比，是很难与前辈来比的。但是，有幸的是，我们赶上了改革开放30年，我们遇上了好时代，九三学社和中共肝胆相照，经历了风风雨雨，为社会主义建设事业作出了积极的贡献。最近，庆祝新中国成立60周年，电视台、电台、网络、报纸等媒体多次采访，我都是有说不完的话，每次都要把九三学社做的一些工作向社会介绍。九三学社做过这么多事，走过60多年的道路，今天来回忆历史，很重要的目的就是要总结经验。

回顾九三学社64年的历史，有几点是值得我们深深思考的。

第一，爱国主义是九三学社不断发展进步的力量源泉。无论是九三学社的前辈还是在座的各位，每个人的思想都不相同，境界也不相同，但是有一点是共同的，那就是九三学社社员都是满怀着爱国主义情怀。九三学社就是要把这一作用发挥到极致，用这一点来凝聚力量，来把各项工作做好。

第二，接受中国共产党领导是九三学社不断发展的根本保证。接受中国共产党的领导是九三学社历史发展的必然。从社史中一件件具体的事来回顾，是不难体会的。当年，毛泽东主席到重庆与蒋介石会谈时会见了许德珩先生和劳君展夫人。毛主席建议把民主科学座谈会发展成一个政治性组织。当时，许先生说，我们人很少，也就一二十人，怎么成为一个政党？毛主席说，人数少不要紧。你们人少，但是，你们都是有影响的代表性人物，经常在报上发表意见和看法，不是也起很大作用吗？后来，毛主席到中央大学接见了一批九三学社创始人。当时，梁希、潘菽、金善宝等也有很多顾虑；金善宝还有其他几位先生都说两个字，就是“苦闷”。但是，毛主席的这次会见解除了他们的苦闷，提高了他们的信心，他们觉得应该组织起来，完成自己的政治使命。这两次会见是九三学社发展起来的根本性事件。接受中国共产党领导不用说更大的道理，历史事实告诉我们，九三学社完全是在中国共产党领导下建起来的。所以，我总是强调要加强社史的研究和教育。接受中国共产党的领导是中国特色社会主义事业不断向前发展的根本保证。接受中国共产党领导就要认可中国特色社会主义理论和道路，坚持中国特色政治发展道路。这是我们的政治使命。

第三，把自身跟全社会事业结合起来，在当前就是要和国家的发展紧密结合起来，这是九三学社有所作为的根本途径。九三学社从新中国成立时的100多人，发展到现在近12万人，已经成为一个有较高政治素质的，有广泛代表性的，团结和谐的，有较强参政能力的，有一定社会影响的参政党。所有这些都是在九三学社发挥作用的过程中完成的。因此，只有为经济、政治、社会、文化的发展作出应有贡献，才有九三学社的地位和发展。

第四，维护广大社员及其联系群众的切身利益，把广大知识分子紧密团结在中国共产党周围，共同为社会主义事业服务，是九三学社义不容辞的政治责任。九三学社有一大批优秀成员，要把全体社员紧紧联系在中国共产党周围，形成建设中国特色社会主义事业的重要力量。广大社员又联系一批知识分子，代表他们的利益，维护他们的权益，表达他们的诉求，对于社会的稳定也具有非常重要的作用。九三学社是个大家庭。每个人可能会遇到各种各样的困难和问题，社组织要尽力帮助他们解决。

第五，加强自身建设是九三学社充分发挥作用的必然要求。新时期对参政党的要求越来越高，九三学社组织发展不仅要看数量，更重要的是质量、能力。要进一步加强思想建设，组织建设，制度建设。九三学社的基础在于基层组织，在于每一名成员。许多人当初之所以加入九三学社就是仰慕身边九三学社优秀成员，在他们的魅力影响下入社的。刚才有人说，因为成员优秀，因此这个组织就是优秀的，光凭这一点，就要加入。这是有一定道理的，这并不是不讲政治，这其实就是很大的政治。每一名九三学社成员要把本职工作做到最好，让别人一说起九三学社的成员，就认为是好样的。做到了这一点，九三学社的力量就是巨大的。每一名社员在政治上都要能够坚定，都要能够有一种敏锐性，都要能够为中国特色政治发展道路作出贡献。要加强修养，加强学习，要有一种风骨，这些都是很重要的。另外，更重要的，是要发挥组织的作用。九三学社组织体系要完善，要大力实施人才强社战略，把优秀分子发展进来，使他们发展进来后变得更优秀。社会在发展，社会主义民主政治在发展，要放在更大的历史尺度上来考虑一些问题。九三学社的思想建设、组织建设、制度建设，都要放到一个更大的时空来检验。从全球的尺度，从历史的尺度，来看现在的每一件事情，这样，自身建设才能做好做实，做得有前瞻性。只有搞好了自身建设，才能在中国特色社会主义事业中发挥更大作用。近年来，参政议政工作还是在非常快地发展和进步当中，但是跟新时期对参政党的要求来对比，还有一定的距离，还有待于每个人的努力。团结就是力量。我在今天的座谈会上看到了团结，看到了我们的思想基础，看到了我们拥护中国共产党，坚持走中国特色社会主义道路的决心。九三学社有那么多优秀的社员，有那么强的凝聚力，有这么好的工作基础，九三学社的工作一定能做得更好。在纪念新中国成立60周年暨九三学社成立64周年的时候，一起来回顾历史，展望未来，全社同志要更加紧密地团结起来，用做好各项工作的实际行动，创造更加美好的明天，作出新的更大贡献。

台湾民主自治同盟

台湾民主自治同盟第八届中央常务委员会工作报告

（2009 年 12 月 8 日在台盟第八届中央委员会第三次全体会议上）

林文漪

各位委员：

现在，我代表台湾民主自治同盟第八届中央常务委员会，向全会作工作报告，请予审议，并请列席的各位同志提出意见。

一、2009 年工作回顾

今年是新中国成立 60 周年，也是中国共产党领导的多党合作和政治协商制度确立 60 周年。60 年来，我国社会面貌发生了历史性转变，中华民族巍然屹立于世界民族之林。60 年来，中国共产党领导的多党合作和政治协商制度为我国社会主义现代化建设作出了重要贡献，发挥了不可替代的作用。60 年来，台盟几代领导人和广大盟员，始终与中国共产党一道携手前进，一道应对挑战，书写了风雨同舟、团结合作的光辉历史和绚丽篇章。

在 60 年的新起点上，中国共产党团结带领全国各族人民，成功应对国际金融危机冲击，保持经济平稳较快发展取得了重大成就，在全球率先实现经济形势总体企稳回升；坚决维护国家安定，巩固民族团结，社会大局保持和谐稳定；深入推进“一国两制”伟大实践，两岸关系实现历史性转折，步入和平发展的轨道。

台盟作为参政党，一年来，积极参与国家政治生活，与中国共产党共商国是、共谋发展。在中国共产党的领导下，台盟八届中央常务委员会高举中国特色社会主义伟大旗帜，坚持以邓小平理论和“三个代表”重要思想为指导，深入学习贯彻科学发展观，团结带领全体盟员及所联系的台胞，开拓创新、锐意进取，认真履行参政党职能，圆满完成了台盟八届二中全会提出的各项任务，各方面都取得了新的进展。

（一）积极参与政治协商，台盟的参政职能进一步发挥

常委会把参与高层政治协商作为发挥参政职能的首要任务，给予高度重视。台盟中央领导班子全程参与协商的准备过程，对协商议题进行集体研究，根据各自的专业领域分工负责意见和建议的准备工作，并协调相关地方组织共同参与。一年来，台盟中

央领导共参加由中共中央、国务院召开及委托有关部门召开的协商会、座谈会、情况通报会等15次，围绕着中共十七届四中全会《决定》、政府工作报告等重要文件，以及国民经济运行情况等事关国计民生的重大问题建言献策。在扎实调查研究的基础上，台盟中央着重就构建海峡经济区、引导台资向中西部地区转移、调整产业结构、转变经济发展方式、持续扩大国内消费需求等全局性问题提出政策建议，为国家制定相关政策提供了重要参考。

台盟各级组织还充分运用人民政协的各种协商方式，参与对国家和地方大政方针的协商讨论。全国政协十一届二次会议期间，在充分吸收地方组织调研成果的基础上，台盟中央提交了题为《构建“海峡经济区”，探索建立具有两岸特色的经济合作机制》的大会发言，以及20篇党派提案，台盟组全国政协委员提交个人提案110篇。围绕着保持经济平稳较快发展、推动两岸互利合作等问题，台盟提出的大量务实性和前瞻性建议，受到政府有关部门的高度重视，部分意见和建议得到采纳，并引起境内外主流媒体的广泛关注和持续报道，产生了较大的社会影响。今年，台盟中央还参加了全国政协以提高可持续发展能力为主要议题的专题协商会，在台盟重庆市委专题调研的基础上，就加快发展生产性服务业、推动产业结构优化升级做了大会发言，取得了较好的效果。

（二）深入开展参政议政，台盟的履职能力进一步提高

常委会坚持把服务国家发展大局和对台工作大局作为履行参政党职能的第一要务。一年来，台盟各级组织精心选择了深化两岸农业合作、保护利用涉台文物史迹、规范商品流通秩序、解决就业难等热点问题开展专题调研，形成调研报告292份。其中，台盟中央组织协调全盟各地方组织，着重围绕引导台资向中西部地区拓展、推进海峡西岸经济区建设两项重大课题集中开展考察调研，提出了一系列全局性和战略性的政策建议。

为及时准确把握两岸经济合作中出现的最新动向，台盟中央将今年的民主党派大考察课题确定为中西部地区的对台经济合作情况，并选择了湖北省作为切入点。通过深入实地的调查研究，台盟中央就引导台资企业扎根大陆市场，深化两岸农业、科技、物流产业合作，实现中西部地区跨越式发展等问题形成了一系列建议。与此同时，台盟中央还与西部直辖市重庆市政府签订了合作协议，发挥参政党的政策咨询和对台联络优势，为加强渝台产业合作、促进两岸经济交流出谋划策。作为合作的重要内容之一，台盟中央会同台盟重庆市委围绕推进“台资西进，IT先行”战略开展深入调研，形成了专题报告报送给中共中央。温家宝总理、李克强副总理都做出重要批示。工业和信息化部还专门召开会议落实中央领导同志的有关批示，并针对台盟调研报告中的建议回复了五个方面的具体意见，提出了促进西部地区IT产业发展的对策措施。

海峡西岸经济区建设是台盟长期关注的一项重点调研课题。今年，台盟中央与福建、浙江、广东等相关地方组织密切配合，重点就建立海西经济区内的区域协作机制，推动海西经济区与东岸台湾的对接，进而构建“海峡经济区”等问题开展专题调研，向有关部门提出了具有针对性和较强操作性的政策建议。5月份，国务院正式发布了《关于支持福建省加快建设海峡西岸经济区的若干意见》，建设海峡西岸经济区上升为

国家战略。在这个过程中，台盟也发挥了重要的助推作用。5月16日至18日，台盟中央与二十多个国家部委、福建省人民政府等单位，以及28家台湾民间机构共同主办了首届“海峡论坛”。这是迄今为止规模最大、人数最多、台湾各界参与最广泛的一次两岸民间交流盛会。作为“海峡论坛”的重要活动内容之一，台盟中央还与福建省政协、国务院发展研究中心、经济日报社共同主办了“海峡经济区高层研讨会”，邀请海峡两岸的知名专家学者和企业界人士，围绕着海峡经济区的形成与发展进行探讨，为进一步深化两岸经济合作、携手应对国际金融危机提出对策建议。论坛和研讨会在两岸都引起了强烈反响，得到多家新闻媒体的重点关注和专题报道，凤凰卫视还为此专门邀请台盟中央主席进行了为时三个小时的专访，并通过《问答神州》栏目向海内外播出，有力地扩大了台盟的社会影响。

（三）大力推动对台工作，台盟的政党特色进一步凸显

常委会不断探索体现台盟特色、发挥台盟优势的对台工作思路。一年来，在“专、精、深、久”工作方针的指导下，台盟各级组织进一步深化了与台湾医疗、教育、科技等领域高层专业人士的交流合作，逐步打造台盟对台工作的特色品牌。今年年初，台盟中央医学交流团赴台参访，为台盟中央直接入岛开展专业领域的交流首开先河。台盟中央妇委会参访团、文化教育考察团等也于年底赴台，与岛内各界开展广泛的联络交流。与此同时，台盟各级组织还热情接待了海内外228批2835人次的台胞来访。其中，台盟中央邀请接待了台南市医师公会、台湾原住民社会发展协会、台南大中学生等团体来访。台南市医师公会医疗访问团是首次以该公会的名义组团到大陆访问，大多数来自台湾南部的医师团员也是第一次到祖国大陆，其中包括一些政治态度偏绿的人士。台盟中央与台盟南京市委等地方组织紧密配合，精心设计参访内容，并特别安排访问团到全国政协和中共中央统战部拜访，使访问团成员亲身感受到祖国大陆善意务实的对台政策以及独具特色的多党合作制度。通过台盟的牵线和推动，两岸在医疗专业领域的交流得到进一步深化，两岸医师之间的了解和互信也得到进一步增强，为反“独”促统做了扎扎实实的工作。

以新中国成立60周年为契机，台盟中央广泛邀请所联系的台湾各界代表性人士、旅居海外的台胞参加国庆60周年庆典观礼，并积极向他们介绍新中国走向繁荣发展、民主进步、文明开放的光辉历程，介绍祖国改革开放和社会主义现代化建设所取得的巨大成就，使台湾同胞共享伟大祖国的荣耀，体会身为中国人的自豪。

今年，台盟中央与浙江、福建、安徽、重庆、广东等地方组织合作，围绕着纪念台湾义勇队成立70周年、研讨“五四”运动对台湾文学产生的巨大影响、重温渝台抗战史、推动皖台合作发展现代农业、深化粤台中医药产业交流合作等丰富多彩的主题，举办了形式多样的论坛、报告会、研讨会等活动。这些活动通过回顾两岸历史渊源，展望未来发展前景，为促进两岸经济文化交流与合作、密切两岸同胞间的情谊搭建了新的平台，引起了较大的社会反响。

为鼓励和培养中青年盟员及机关干部关注两岸局势，不断传承发展台盟对台研究的特色与优势，今年，台盟中央组织编写了《台湾同胞与八年抗战》、《台湾百问》等具有相当理论水平和学术水准的涉台研究类书籍。编辑出版此类书籍是提高中青年盟员

及机关干部台情研究能力的积极探索和有益尝试。结合台海局势和两岸关系的发展变化，台盟中央还就台湾县市长选举、两岸合作机制建设等问题召开专题座谈会以及全盟台情研讨会，为政府决策部门提供了许多有价值的建议。台盟中央的《海峡快讯》、《台情分析》两份刊物，坚持快捷、客观、多角度的特点，及时分析报道岛内重大事件，为涉台研究工作提供了丰富的信息和重要的参考。

（四）务实推进社会服务，台盟的资源优势进一步整合

常委会注重整合全盟资源，积极参与贵州毕节试验区建设，大力开展相关社会服务工作。今年，台盟中央顺利完成了科技部“促进毕节试验区发展科技示范项目”，帮助赫章县引进技术和良种，支持当地种植业的发展。台盟中央还在实地调研的基础上，本着量力而行的原则，研究拟订了“联系有关农业种植专家对赫章县万亩优质核桃良种繁育基地给予技术指导”、“支持帮助赫章县制定《古夜郎国旅游产业》控制性详细规划”、“积极筹资帮助赫章县教育局扩建赫章县一中”三个重点帮扶项目，并广泛动员全盟共同参与。台盟各地方组织根据自身实际，迅速筹集了50万元人民币的项目资金。许多盟员个人也主动捐款，资助当地女童求学。通过台盟中央的牵线搭桥，一些台资企业也积极参与到开发扶贫中来。其中，威盛电子向赫章县一中捐赠了整套电教设备，并计划帮助学校建设校园网络，受到师生的热烈欢迎。

今年8月，台盟中央专门就赫章县可乐遗址的发掘保护问题致函国家文物局，得到大力支持，争取到项目总投资1.8亿元。这是贵州省近年来获得的文物保护和开发利用的最大项目。9月，北京、上海、天津等11个台盟地方组织的负责同志以及所联系的农业专家，亲赴赫章县实地开展科技扶贫工作。这是台盟开展帮扶工作以来范围最广、力度最大、参与人员最多的一次科技扶贫活动。10月，台盟中央又首次与赫章县政府共同在北京举办了项目招商洽谈会，邀请京津地区50多位台商参加，为赫章县的招商引资与台资企业投资西部地区进行对接。洽谈会后，台盟中央又由一位副主席带队，组织部分台商赴赫章县开展了实地考察。

一年来，台盟各级组织还广泛开展义诊、助学、捐资救灾等社会服务活动，产生了良好的社会影响。今年8月，台湾部分县市遭受“莫拉克”台风侵袭，灾情牵动着全体台盟盟员的心。灾情发生后，全盟上下迅速行动起来，积极踊跃为家乡灾民捐款。台盟中央以两岸台胞民间交流促进会的名义致电台湾中国统一联盟，对受灾乡亲表示慰问，并通过中国红十字总会捐款10万元人民币。台盟各地方组织也踊跃响应，据不完全统计，各地方组织的捐款近55万元。台盟各级组织还始终关心着到祖国大陆投资兴业的台湾乡亲，注意倾听他们的意见，反映他们的呼声。在国台办等相关部门以及地方政府的大力支持和帮助下，台盟中央协助部分台商维护了自身的合法权益，使台湾同胞由衷地感受到温暖和亲情。

（五）不断加强自身建设，台盟的优良传统进一步传承

常委会坚持把加强自身建设作为一项基础性工作扎实推进。围绕庆祝新中国成立60周年、多党合作制度确立60周年以及人民政协成立60周年，台盟各级组织举办了座谈会、历史图片展等一系列纪念活动。通过这些活动认真总结60年来台盟与中国共产党团结合作、风雨同舟的宝贵经验，宣传中国共产党领导的多党合作和政治协商制

度的巨大优越性，大力开展社会主义核心价值体系的宣传教育活动，引导广大盟员继承和发扬台盟的优良传统，更加自觉地坚持中国共产党的领导，坚定不移地走中国特色社会主义政治发展道路。

一年来，台盟各级组织有针对性地加大了后备干部队伍建设和人才培养的力度。台盟中央先后举办了参政议政骨干培训班、第三期中青年干部培训班等，为盟员干部搭建学习提高的平台，取得良好的效果。台盟中央还选送了22人参加中共中央统战部以及中央党校、社院举办的各类进修班、培训班，同时，配合中共中央统战部向国家各部委推荐了特约人员4人，各类团体、协会的代表、理事11人。通过系统地培训和有计划地推荐，盟员干部的政治素质、业务能力、工作水平都得到进一步提高。

在中共各级党委的大力支持下，台盟地方组织建设与盟员发展工作取得了很大进展。台盟中央召开了全盟组织工作会议，并于年内出台了《关于进一步做好组织发展工作若干问题的意见》。在《意见》指导下，台盟中央研究制定了《台盟组织发展规划(2010—2012年)》，首次以规划的形式进一步明确了组织发展工作的目标，确保台盟的组织发展协调有序、平稳健康。

台盟各级组织还不断加强制度建设，使各项工作做到有章可循。今年年初，台盟中央监督委员会召开第一次全体会议，确定了工作重点及分工，明确了监督方式与工作流程，盟内监督工作有了良好的开局。老盟员是台盟的宝贵财富，台盟中央专门出台了《关于进一步做好关心老盟员工作的意见》，有力地促进了联系老盟员工作的规范化和制度化。

今年，台盟中央机关根据工作需要进行了干部人事调整，充实了机关干部队伍，推动机关更好地为中央委员会和广大盟员服务。台盟中央还不断加强机关制度建设，进一步完善公文运转流程等工作机制，提高了工作质量和效率。

各位委员，回顾一年来的工作，我们在各方面所取得的成绩，确实来之不易。这是中国共产党正确领导的结果，是多党合作政治格局进一步巩固的结果，是全盟齐心协力、开拓进取的结果。在此，我谨代表八届中央常务委员会，向全体中央委员和全体盟员以及机关工作人员表示衷心的感谢!

在看到成绩的同时，我们也清醒地认识到，与新形势新任务的要求和各位委员的期望相比，我们的工作还存在许多不足之处。主要是：参政议政队伍建设和人才培养需要进一步加强，对台联络和台情研究需要进一步深化，宣传工作的渠道需要进一步拓宽，社会服务工作的力量需要进一步强化，后备干部队伍建设需要进一步推进，制度建设需要进一步完善等等。这些不足都需要在今后的工作中采取有效措施加以解决。

二、2010年工作部署

当前，我国正处在进一步发展的重要战略机遇期，经济社会改革与发展面临的任务异常复杂和艰巨。作为参政党，台盟在国家政治生活中的作用更加重要，在全面建设小康社会中的任务更加繁重，在推进祖国统一大业中的责任更加重大。台盟各级组织要坚定不移地把中国特色社会主义作为前进方向和奋斗目标，坚持中国共产党的领导，齐心协力，扎实工作，不断开创台盟事业发展的新局面。为此，八届中央常务委员会建议，2010 年全盟应着重做好以下四个方面的工作：

（一）围绕学习贯彻中共十七届四中全会精神，全面加强自身建设

中共十七届四中全会是在国际形势继续发生深刻变化、我国全面建设小康社会进入关键阶段召开的一次重要会议。会议着眼推进中国特色社会主义伟大事业和中共自身建设新的伟大工程，科学分析时代特征，深刻把握基本规律，是一个求真务实、民主团结、锐意创新的会议，是一个着眼社会发展新要求、顺应人民群众新期待、贯穿科学发展新理念的会议。

深入学习贯彻中共十七届四中全会精神，是当前和今后一个时期台盟的首要政治任务。台盟各级组织要按照《台盟中央关于学习贯彻中共十七届四中全会精神的意见》要求，切实把四中全会精神学习好、贯彻好、落实好。一方面，要进一步增强坚持中国共产党领导的自觉性和坚定性，积极围绕中共自身建设的总体部署献计出力，围绕推动多党合作事业的不断发展献计出力。另一方面，要认真借鉴和汲取中国共产党在加强自身建设中的成功经验和做法，按照科学发展观的基本要求和根本方法，全面推进高素质参政党建设，着力提高履行职责的能力和水平。

要进一步加强思想政治建设，牢固树立和践行社会主义核心价值体系，建设学习型参政党；要进一步加强领导班子建设，着重能力培养，健全内部监督机制；要进一步加强后备干部队伍建设，重点增强后备干部的政治素质和业务能力，确保台盟事业后继有人；要进一步加强作风建设，坚持理论联系实际，坚持改革创新，不断研究和探索适应新形势和新任务的工作方式方法；要进一步加强制度建设，使台盟的各项工作有章可循、运转协调、规范有序；要进一步加强机关建设，提升信息化水平，强化保密安全工作，不断提高机关的工作效率和服务质量。

（二）围绕特色领域和重点课题，切实履行参政议政职能

台盟各级组织要坚持把发展作为参政议政的第一要务，深入学习贯彻科学发展观，学习贯彻中央经济工作会议精神，按照《台盟中央参政议政工作五年（2008—2012年）规划纲要》的要求，紧扣关系国家事业发展全局的重大问题，选择各级中共党委和政府重视、人民群众关心、我们有条件做好的课题，多搞务实调研，多献可行之计。

要继续抓住已经初步形成的参政议政特色领域和重点课题，深入挖掘，渐次推进，逐步深化，形成台盟参政议政的独特品牌。要凝聚全盟的智慧和力量，重点围绕海峡经济区的战略构想、建立两岸经济合作机制、推动两岸文化交流等重大课题，深入实际了解情况，推动国家有关政策措施的制定完善和落实。要继续落实台盟中央与重庆市政府签订的合作协议，利用参政议政平台为台资西进以及西部大开发战略建言献策。

要进一步整合盟内资源，密切台盟中央与地方组织之间的纵向联系，畅通地方组织之间的横向沟通渠道，不断在实践中总结如何充分发挥参政议政工作委员会以及其他专委会的作用，力争形成纵横协调的工作网络。同时，还要大力借助社会资源，积极吸才引智，与盟外专家顾问建立经常性联系渠道，使台盟的参政议政工作呈现多边协作、合力聚焦的良好局面。

要继续规范参政议政人才的发现、培养、选拔和使用工作，不断挖掘盟员和机关干部中的参政议政人才，完善培训机制。继续推行参政议政工作量化评价体系，通过树

立榜样、奖励先进、宣传典型等办法激发广大盟员和机关干部的工作热情，引导和激励全盟各级组织不断提升参政议政工作质量和水平。

作为政协的参加单位，台盟要按照胡锦涛总书记在庆祝人民政协成立60周年大会上重要讲话的要求，更加积极地通过人民政协提供的广阔空间和制度渠道，切实做好提案、专题协商、反映社情民意信息等工作，为人民政协事业的不断发展作出新的贡献。

（三）围绕促进两岸大交流、大合作，进一步推动对台工作

当前，两岸关系发生了历史性转折，呈现出和平发展的光明前景。中共中央提出，新形势下推动两岸关系和平发展，最重要的是更加有力地推动两岸同胞大交流，促进两岸各界大合作，鼓励最广泛的基层民众参与到两岸交流合作中来。台盟各级组织要认真学习胡锦涛总书记关于推动两岸关系和平发展的一系列重要讲话，按照中共中央对台工作的最新部署，充分发挥与台湾同胞联系广泛的优势，紧紧围绕着促进两岸大交流、大合作开展工作，为两岸民众加深理解、密切感情贡献力量。

要继续深化与台湾医疗教育界、科技文化界、工商界等领域专业人士的交流合作，扩大与台湾少数民族、中南部民众、民间信仰领域代表人士、青年学生以及妇女团体等的接触面，深交老朋友，广交新朋友。要利用各种接待场合、采取适当方式，宣传一个中国的原则和两岸复归统一的内涵，帮助台湾同胞更好地了解国家的方针政策，不断增进两岸同胞间的互信，逐步积累共识，为两岸关系和平发展营造良好氛围。

要特别关注国际金融危机背景下台资企业的生产经营状况，帮助他们增强信心、共渡难关，协助国家有关部门引导台湾产业和资本向中西部地区转移，推动台资全方位融入大陆经济发展过程，实现互利双赢。要以上海世博会为契机，协助台湾同胞参与世博、共享世博，利用世博会的平台为推动两岸经济合作、文化交流以及人员往来服务。要以弘扬中华文化、增强民族意识为主线，着力在闽南文化、民间信仰、涉台文物等领域，组织丰富多彩、形式多样的两岸文化交流活动，包括与有关方面共同办好“首届海峡两岸闽南文化节”等活动，充分发挥文化润物细无声的作用。

要借助与台湾同胞交往密切的优势，及时反映岛内民情，科学研究分析，为国家开展对台工作提出好的思路和建议。要探索台情研究工作的新模式、新方法，明确目标任务和重点课题，兼顾学术性与时效性，加强预见性与计划性，注重将研究成果转化为有深度、有见地、可操作的对策建议，及时提交给国家有关部门。要注意发挥老一代台胞在台情研究工作中的独特作用，引导年轻同志不断传承老同志的好经验与好作风，着力培养中青年盟员和机关干部中的新生力量，造就一批专家型的台情研究工作者。同时，还要借助外力，邀请盟外的专家学者共同参与台情研究工作，实现优势互补。

（四）围绕支持毕节实验区建设，开创支边扶贫工作新局面

支边扶贫工作是台盟履行参政党职能的重要内容，也是展示参政党形象的重要形式。中共中央对各民主党派如何发挥自身优势，参与毕节试验区建设高度关注，作出了一系列重要批示。台盟各级组织要认真学习，深刻领会，进一步增强责任感和使命感，为推动试验区科学发展作出新的贡献。

台盟各级组织要按照“选点要准、方案要精、项目要有可持续性”的原则，整合全盟的人力、物力以及对台联络资源优势，集中力量对口支援毕节地区赫章县。要促成台湾先进农业技术与赫章县农业资源优势相结合，为推动当地农业结构调整、发展特色农业搭建平台，变救济式扶贫为开发式扶贫；要促成台资企业用工与当地劳动力转移相结合，既为当地贫困农户提供增加收入的途径，也为台资企业解决用工问题，努力创造互利双赢；要促成盟内外的人才资源与当地社会事业发展相结合，深入毕节地区，广泛开展义诊、支教、培训、咨询、扶贫等各种公益活动，为推动当地脱贫致富发挥作用。

各位委员！60 年风雨同舟，60 年岁月辉煌。回顾往昔，我们倍感自豪；展望未来，我们信心满怀。让我们紧密团结在以胡锦涛同志为总书记的中共中央周围，高举中国特色社会主义伟大旗帜，以邓小平理论和“三个代表”重要思想为指导，深入学习贯彻科学发展观，振奋精神，锐意进取，把台盟的各项工作不断推向前进，为建设中国特色社会主义、促进两岸关系和平发展作出新的贡献！

与新中国俱进而成长　与多党合作事业同行而进步

（在“台盟中央纪念新中国成立 60 周年座谈会”上的讲话）

林文漪

同志们：

20 世纪上半叶，中国共产党与各民主党派、人民团体和各族各界人士建立了广泛的统一战线，经过艰苦卓绝的奋斗，终于完成了新民主主义革命任务，实现了民族独立和人民解放。1949 年 9 月中国人民政治协商会议第一届全体会议在北平召开，标志着中国共产党领导的多党合作和政治协商制度正式确立，实现了我国从几千年的封建专制向人民民主制度的伟大跨越，中国人民不仅在思想上、政治上，而且在组织上也开始形成坚强的团结。尤其是 1949 年 10 月 1 日毛泽东主席在开国大典上向全世界庄严宣告中华人民共和国中央人民政府成立，标志着中国人民从此站起来了，中华民族从此开启了历史新纪元。

新中国成立以来，在中国共产党的领导下，中国人民发愤图强，艰苦奋斗，实现了中国历史上亘古未有的社会大变革。特别是改革开放以来，中国人民以更加一往无前的进取精神和波澜壮阔的创新实践，促进了社会生产力的快速发展、综合国力的大幅提升、各项社会事业的全面进步和人民生活的明显改善，走上了中国特色社会主义的广阔道路，迎来了中华民族伟大复兴的光明前景。

新中国成立的 60 年，既是中国共产党领导全国各族人民奋勇夺取社会主义革命、建设和改革事业伟大成就，实现自鸦片战争以来无数仁人志士为之奋斗牺牲的崇高理想的 60 年，也是统一战线不断巩固和壮大，中国共产党领导的多党合作和政治协商制度进一步加强和完善的 60 年，同时也是台盟在中国共产党的引导下，与新中国俱进、与多党合作事业同行的 60 年。

1948 年 5 月 7 日，刚刚成立不到半年的台湾民主自治同盟以发表《告台湾同胞书》公开响应中共“五一口号”为标志，掀开了与中国共产党通力合作、共同致力于中国革命和建设事业，以及解决台湾问题的历史篇章。1949 年 9 月，台盟推举代表出席中国人民政治协商会议第一届全体会议，使台湾人民的悠悠爱国情、拳拳报国志得以永载新中国的创建史册。人民政协也成为台盟从一个地方性政团组织上升为与中国共产党通力合作的、具有全国性影响和地位的民主党派的历史起点。建国初期，台盟积极开展工作，为巩固新生的人民政权，恢复和发展国民经济，推进社会主义革命和建设作出了贡献。中共十一届三中全会后，台盟开始进入全面发展的历史新阶段。1979 年 11 月台盟召开第二次全盟代表大会，制定了以服务社会主义现代化建设为中心、以促进祖国统一为重点的工作方针，实现了工作重心的转移。以此为标志，台盟又开创了与中国共产党通力合作、共同致力于中国改革开放事业以及祖国和平统一大业的新局面，在履行参政党职能、发展两岸关系和加强自身建设等方面取得了显著的成绩，推动台盟的整体面貌发生了重大而深刻的历史性变化。

台盟 60 年的奋斗历程，如同一幅逶迤而绚丽的历史画卷，上面永远镌刻着：以毛泽东同志为核心的中共第一代中央领导集体，把马克思主义统一战线理论和政党理论与中国具体实际相结合，领导创立了中国共产党领导的多党合作和政治协商制度，确立了社会主义条件下统一战线工作和多党合作的基本格局；以邓小平同志为核心的中共第二代中央领导集体，以改革开放的精神提出了一系列理论观点和方针政策，从根本上实现了关于统一战线工作和民主党派性质、地位和作用认识的与时俱进，恢复并有力地推进了新时期统一战线工作和多党合作事业；以江泽民同志为核心的中共第三代中央领导集体，制定颁布了中共中央 14 号文件，提出了一系列新思想、新观点、新举措，将统一战线工作和多党合作事业全面推向 21 世纪；以胡锦涛同志为总书记的中共中央，创造性地继承和发展了中共三代中央领导集体的思想和理论，颁布实施了三个纲领性文件，实现了统一战线工作和多党合作事业的可持续发展。

温故知新，格物穷理。台盟走过的爱国、民主、进步的光辉道路启示我们：第一，必须大力弘扬爱国主义。这是推动台盟发展进步的精神支撑。孕育于台湾人民爱国主义光荣传统的台盟始终不忘本、不褪色，并不断赋予爱国主义以新的时代内涵和特色，适时地融汇以爱国主义为核心的民族精神和以改革创新为核心的时代精神，有机地统一爱国之情、强国之志和报国之行于中国革命、建设和改革开放的伟大实践。第二，必须积极致力于巩固和发展中国共产党领导的多党合作的政治格局。这是台盟赖以发挥作用的政治基础。正是通过多党合作这一制度化渠道，台盟得以履行政治协商、民主监督和参政议政职能，致力于祖国和平统一大业，从而赢得了社会的认可和尊重，体现了参政党存在的价值和意义。

总结台盟历史，归结到一点，就是必须自觉接受中国共产党的领导，坚定不移地走中国特色社会主义政治发展道路。这是台盟与新中国俱进而成长、与多党合作事业同行而进步的历史真谛。

一周前，中共十七届四中全会胜利闭幕，会议审议通过了《中共中央关于加强和改进新形势下党的建设若干重大问题的决定》；两天后的 9 月 20 日上午，“庆祝中国人民政治协商会议成立60周年大会”又在全国政协礼堂隆重召开，胡锦涛总书记出席大会并发表重要讲话。当天下午，台盟第八届中央委员会第八次主席会议就迅即在京召开。

主席会议完全赞同和拥护中共十七届四中全会取得的成果和通过的《决定》，以及胡锦涛总书记在庆祝人民政协成立60周年大会上发表的重要讲话。会议决定，要把认真学习贯彻中共十七届四中全会精神和胡锦涛总书记的重要讲话精神，列为当前和今后一个时期全盟的首要政治任务。会议认为，中共十七届四中全会通过的《决定》主题鲜明、立意高远、结构合理、重点突出、文风朴实，思想性、理论性、指导性和可操作性都很强，体现了中共党建的理论创新、实践创新、制度创新、工作创新的丰富成果，反映了中国共产党和国家事业的发展要求，以及中共加强和改进新形势下党建的共同意志，是一个求真务实、改革创新的文件。会议指出，学习贯彻中共十七届四中全会精神和胡锦涛同志在纪念人民政协成立60周年大会上的重要讲话，对于进一步坚定全盟走中国特色社会主义政治发展道路的信心和决心，推动全盟更加积极地通过人民政协提供的广阔空间和制度渠道，切实履行参政党职能，不断提高对台工作的成效，特别是认真借鉴中国共产党不断推进党的建设伟大工程以永葆马克思主义政党先进性的伟大实践，进一步加强自身建设，为坚持和发展中国特色社会主义、推进祖国和平统一进程、实现中华民族伟大复兴作出台盟应有的贡献，具有十分重要的意义。

当前和今后一个时期，继续坚定不移地走中国特色社会主义政治发展道路，全盟就要紧密结合新中国成立60年来所取得的伟大成就，特别是改革开放和现代化建设的生动实践，认真学习贯彻中共十七届四中全会精神和胡锦涛总书记关于进一步加强人民政协工作的重要讲话精神，积极践行社会主义核心价值体系，着力用马克思主义中国化最新成果武装头脑，指导实践，推动工作，始终保持进步性和广泛性。

继续坚定不移地走中国特色社会主义政治发展道路，全盟就要进一步坚持把推动科学发展作为第一要务，按照《台湾民主自治同盟中央委员会参政议政工作五年（2008—2012）规划纲要》的要求，为实现以人为本、全面协调可持续的科学发展建睿智之言、献务实之策；协助各级中共党委和政府切实做好保增长、保民生、保稳定各项工作；准确把握新时期人民内部矛盾的特点和规律，不断提高民主监督能力，协助做好协调关系、化解矛盾、增进团结的工作，致力于实现社会和谐稳定和人民安居乐业。

继续坚定不移地走中国特色社会主义政治发展道路，全盟就要进一步把思想和行动统一到胡锦涛总书记关于做好对台工作的一系列重要讲话精神上来，牢牢把握两岸关系和平发展的主题，广泛联系台湾岛内外各界人士，推动两岸交流合作向更广领域拓展，促进两岸同胞联系更广泛、感情更融洽、合作更深化。

继续坚定不移地走中国特色社会主义政治发展道路，全盟就要进一步汲取中国共产党加强自身建设的成功经验，科学把握参政党自身建设规律，以政治交接为主线，全面加强思想建设、制度建设、能力建设和作风建设，为切实履行参政党职能、顺利开展各项工作提供有力的组织保障。

光荣属于历史，奋斗成就未来！台盟全体成员及所联系的广大台湾同胞，要以庆祝新中国60华诞、纪念中国共产党领导的多党合作和政治协商制度确立60周年为契机，更加紧密地团结在以胡锦涛同志为总书记的中共中央周围，以邓小平理论和“三个代表”重要思想为指导，深入学习贯彻科学发展观，在发展中国特色社会主义的伟大道路上，在全面建设小康社会、构建社会主义和谐社会和促进祖国和平统一的历史征程中，与统一战线各界人士戮力同心，锐意进取，续写统一战线工作和多党合作事业的新华章，不断描绘中华民族伟大复兴的壮丽图景！

今天，我们很高兴地请到了张克辉、田富达、林东海等台盟的老领导、老同志。我们重温历史，是为了更好地展望未来。中秋节将至，我代表台盟向广大台胞以及海峡两岸的父老乡亲致以节日的问候，祝大家身体健康，万事如意！

发挥特色　凝聚力量　开创联络工作和支边扶贫工作新局面

（2009 年 6 月 23 日在台盟联络工作和支边扶贫工作会议上的讲话）

黄志贤

各位代表、同志们：

今天我们在这里召开台盟联络工作和支边扶贫工作会议。本次会议是在我国经济社会发展进入新的历史时期，两岸关系和平发展面临新的历史机遇的背景下，为进一步发挥自身特色，凝聚全盟力量，努力开创台盟联络工作和支边扶贫工作新局面而召开的一次重要会议。会议从筹备到召开，得到了中共广东省委的关心与支持，也得到了省委统战部的具体指导与帮助，广东台盟的同志们做了大量具体细致的工作。在这里我谨代表台盟中央，代表出席会议的全体同志向中共广东省委表示崇高的敬意，向省委统战部和台盟广东省委、广州市委表示衷心的感谢。

本次会议的主要任务，一是学习贯彻胡锦涛总书记在纪念《告台湾同胞书》发表三十周年座谈会上的重要讲话精神；二是学习贯彻中央领导同志关于支边扶贫工作的重要讲话精神；三是总结、交流各级盟组织开展联络工作和支边扶贫工作的经验；四是研究新形势下台盟联络和支边扶贫工作的方向和重点。

过去一年多的时间，台海局势发生了积极变化，海峡上空阴霾尽扫，雨过天晴。两岸双方抓住难得机遇，推动两岸关系展现出和平发展的前景。台盟中央和台盟各级组织积极适应形势发展变化，贯彻落实中共中央对台工作方针，努力发挥自身特色，广交朋友、求同存异，通过多种渠道和形式不断扩大与台湾岛内不同党派、不同阶层、不同界别人士的接触和交往，增进了广大台湾同胞对祖国大陆的了解和对祖国、对中华文化的认同。许多工作收到了良好效果，所开展的一些活动在海峡两岸产生了积极的影响。

支边扶贫工作是台盟履行参政议政职能的重要内容，是台盟整体工作的重要组成部分，也是我们发挥参政党作用，展示参政党形象的重要形式。

在中央统战部的部署下，台盟中央与各民主党派中央、全国工商联一起直接参与了毕节试验区的建设。可能有些同志对毕节还不够了解。毕节是贵州省的一个贫困地区，1988 年，时任贵州省委书记的胡锦涛同志经过调研，提出了建立以“扶贫开发、生态建设、人口控制”为主题的毕节试验区。各民主党派中央、全国工商联积极参与毕节的各项开发建设。20 年过去了，毕节这片土地不仅成为落实科学发展观的示范基地，也成为中国共产党领导的多党合作事业发挥作用的宽广舞台，成为各民主党派与工商联认识国情、服务社会、参政议政的实践基地。近几年来，在中央统战部的指导和统一协调下，通过全盟的努力，台盟在毕节地区赫章县开展了一些对口帮扶工作，取得了可喜的成绩。

今天，利用这个难得的机会，我向大家简要介绍一下近年来开展联络工作和支边扶贫工作的主要情况以及我们的一些体会与感受，供大家参考。如有不对的地方，也请大家批评指正。

一、联络工作

由于台盟是生活在祖国大陆的台胞组成的参政党，所以我们的工作与两岸关系的发展变化密不可分，特别是对台联络工作，更要求我们时刻关注两岸关系形势的发展。近年来，我们根据两岸关系及台湾岛内形势的发展，在深入持久地做好岛内及海外老一代代表性人士和统派团体工作的同时，积极拓宽对台联络的领域和范围，主动转变工作重点，探索与创新工作模式和方法，经过实践的检验，应该说取得了一定的成绩。这是和大家的共同努力分不开的。具体讲有五点：

（一）台盟中央领导高度重视、身体力行，有力推动了联络工作的开展

台盟中央历届领导都非常重视联络工作，长期的工作中，积累了很多好的经验和作法，密切了台盟与岛内同胞丰富的人脉关系。台盟八大以来，随着对台工作不断发展和深入，新一届中央领导集体更加重视对台联络交流工作，身体力行，在加强台盟的对台联络交流工作方面做了大量工作。例如林文漪主席经常亲自会见来自岛内和海外的台胞，并同他们就一些问题交换意见，深入沟通。对一些从岛内来的重要客人，她还亲自到宾馆看望。遇到有关岛内政局、民情的重要反映时，林主席都是亲自撰写或亲笔修改信息稿件向中央领导同志及有关部门反映情况，并要求机关以“专报”的形式在第一时间报送。汪毅夫常务副主席常会见来自岛内的客人，他以自己深厚的学养就有关台湾历史、闽台文化等方面的问题与岛内的朋友进行深入的交流，有时还将自己多年收藏的历史文献复印送给客人。同时他还带领机关一些年轻干部从涉台历史和文化的角度入手，开展一些研究工作，为台盟中央参政议政提供素材，同时也促进了机关年轻同志的学习研究气氛。其他各位副主席也充分发挥各自的资源优势，分别推动涉台文物保护、组织台湾青年学生夏令营、举办海峡两岸中医药和口腔医学等方面的交流。台盟中央领导根据两岸关系的新形势，明确提出联络工作要探索和开创新的工作形式，力求实效。对台盟中央举办的两岸交流活动和支持地方组织、专门委员会开展的各项活动，都要在专职主席会上进行认真的研究和工作部署，以保证活动圆满成功并实现预期目的。我们知道，台盟各省市的领导也都是这样，做了大量的对台联络工作，取得了许多成绩。正因为有台盟中央领导和台盟各省市领导对联络工作的高度重视和身体力行并起到了很好的表率和示范作用，所以才能有力地推动对台联络工作的开展，才能取得今天的成绩。

（二）贯彻“专、精、深、久”工作方针，打造台盟联络工作特色品牌

台盟中央一直把做好岛内专业人士、代表性人士的工作作为工作重点之一，多年来坚持做台湾高层专业人士工作、中南部民众工作、原住民工作、青年学生工作及民间信仰代表性人士工作，并强调要把工作做深入、做持久，力争做出实效，做出自己的品牌。

2007 年至 2009 年，我们连续邀请了台湾台南县市医师公会组团到北京、上海、浙江、南京等地交流访问，与医科大学、公立综合医院、民办专科医院、行业协会等进行深入交流。今年 5 月，台盟中央继续邀请台南市医师公会医疗访问团来访，并特意安排参访团成员拜会中央统战部和全国政协，林主席和尤兰田副部长亲切会见了访问团全体成员，并作了生动和感人的讲话。2007 年，台盟中央还接待了中华（台湾）各省市同乡会总会访问团，在每次接待中，始终突出乡情这一主线，用以增进两岸同胞之间的相互了解与共识。在京期间，贾庆林、刘延东等领导同志在人民大会堂接见了全体团员。这些团体都是在台湾有一定实力的社团，在岛内具有很大的影响力。我们通过精心安排行程，给他们留下深刻难忘的印象，通过他们在祖国大陆的真实感受来影响岛内更多的民众。

去年 11 月台盟中央与北京航空航天大学、科技日报社、北京市科委共同举办的“京台经济科学发展论坛”，邀请两岸著名专家学者、知名企事业单位代表，围绕海峡两岸金融合作、构建两岸循环经济体、开展环保产业合作等议题进行充分交流，探索合作契机，取得了一定的成果。林文漪主席和周铁农副委员长出席开幕式并致词祝贺。新华社、中新社、人民日报、科技日报、人民政协报等新闻单位刊登了有关论坛的详细报道，中央电视台 1 套晚间新闻节目、4 套海峡两岸节目以及北京电视台作了重点报道，多家主流网站也在新闻频道转载了有关论坛的消息。论坛的举办产生了一定的社会影响。这个论坛的前身是“京台环境保护科技交流会”，已分别在北京、台湾轮流举办了三届，此次在原有的基础上扩大了规模、提高了层次。

台盟中央每年都邀请接待一个原住民社团到少数民族地区参访，让他们亲身感受祖国大陆经济发展、社会进步给人民生活带来的实惠。同时，也让他们了解祖国大陆的民族政策，参观并介绍少数民族的生活，特别是教育状况的改善，让他们通过一系列的活动来认识大陆的民族自治政策。

做好岛内民间信仰代表性人士的工作也是一项十分重要的工作。如妈祖、保生大帝在台湾信众很多，其信仰总会和宫庙很有实力，社会影响力很强。做好这方面代表性人士的工作，对于影响台湾民众，争取台湾民心有着重要的意义。2006 年 9 月，我们协助台湾妈祖联谊会组织台湾信徒近 7000 人赴湄州妈祖庙进香，张克辉主席和林文漪主席出席了相关活动。这次活动在当时可以说是两岸规模最大的民间信仰交流活动，也是以小三通形式进入福建省规模最大的团队。这项活动有力地促进了两岸妈祖文化的交流。2007 年 11 月，台盟中央与国家宗教局、无锡市人民政府共同举办“两岸和合、共生吉祥”文化交流之旅（第二届中国无锡灵山胜会）活动，促进两岸宗教界人士交流。

2008 年 4 月，林文漪主席专程前往福建，出席厦门海沧举办的第三届保生慈济文

化节活动，并在厦门会见了率团前来的台湾保生大帝信仰总会理事长、台北保安宫董事长廖武治先生，并与当地台商座谈，听取意见和反映，产生了良好的影响。8月，廖武治先生应国台办邀请到北京参加奥运会闭幕式期间，林文漪主席、汪毅夫常务副主席分别会见并宴请了廖先生。由于廖先生是第一次到北京，联络部根据廖先生的意愿，安排他参观了故宫、天坛、白云观等名胜。回到台湾后，廖先生专门打电话来，对台盟中央给予的礼遇表示感谢，认为台盟中央领导尊重台湾民间信仰，很有诚意。今年在厦门举办的第四届保生大帝慈济文化节，林主席专门发去了贺信，问候海峡两岸的广大信众。

2008 年，在连续举办"海峡两岸青年音乐之旅夏令营"的基础上，台盟上海市委举办了台胞青年夏令营；台盟福建省委受台盟中央委托，承办了"血脉相连——台南大学生海西乡土文化研习营"，在做台湾学生工作方面取得了很好的成效；在台盟中央和台盟上海市委的支持下，石四箴教授牵头组织的"两岸医务合作研讨会"在上海举行；在陈蔚文副主席的主持下，由台盟广东省委和广州中医药大学联合举办的"粤台中青年中医药专家交流研讨会"在广州举办。这些活动地方的同志还会作更详细的介绍，我在这里就不多谈了。

此外，台盟中央抓住奥运机遇，协助台湾南部高校参与奥运志愿者启动仪式，以鼓励和支持更多的台湾青年参与奥运、服务奥运、建设奥运；在奥运会和残奥会期间，台盟中央和台盟北京市委一起邀请了一些台湾同胞参加开幕式、闭幕式，组织在京台商、台生观看中华台北棒球队的比赛。期间，还邀请了台湾学术教育界、科技界、工商企业界组团到祖国大陆参访，这些团组除了参观考察祖国大陆的经济建设成就外，还与有关高校、学术机构、政府部门进行了交流。

台盟中央在联络工作中开展的一些主题突出、实效明显、参与层次较高、社会影响较大的活动正在逐步形成台盟对台工作的特色品牌。

（三）举办活动，搭建平台，促进两岸经济文化交流与合作

台盟中央贯彻落实胡锦涛总书记"深化互利双赢的交流合作是实现两岸关系和平发展有效途径"的讲话精神，加强与地方政府及相关部门的合作，举办不同类型的活动，其目的就是为促进两岸经济文化交流与合作搭建平台。

2006 年、2007 年，台盟中央与安徽省人民政府、全国政协港澳台侨委员会连续主办海峡两岸暨港澳经贸合作与商品交易会，邀请台商参会，累计达成合作项目 43 项，协议投资 16.7 亿元。2006 年，由台盟中央引进，投资 1.2 亿元的"台湾水果·农副产品暨建材大市场"项目在合肥正式挂牌启动。2006 年、2007 年我们连续两年参与举办"京台科技论坛"，展示北京和台湾的高新技术，推动两岸科技合作创新，为台商参与北京奥运会赞助计划、市场计划和科技奥运计划搭建平台，寻求扩大两地经贸交流与合作的进一步发展。2006 年，我们与北京市科委共同主办京台环保科技交流会，以 2008 年北京奥运会为契机，积极推动北京市与台湾科技、环保专业人士的交流与合作。通过利用自身的资源优势，我们为台胞在祖国大陆投资牵线搭桥，为促进地方经济建设和社会发展作贡献，促进两岸经济文化合作实现互利双赢。

（四）发挥自身特色优势，赴台交流取得新突破

2008 年 12 月 29 日至 2009 年 1 月 7 日，由台湾中华医疗科技协会邀请，台盟中央医学交流团搭乘两岸直航班机赴台，在岛内进行了为期十天的参访，为台盟中央直接入岛对台交流首开先河。

访问团多数团员籍贯为台湾，交流中处处流露着同胞乡情和骨肉亲情。在台期间，通过与大型公立医院、大型私立医学中心、慈善医院、中型地区医院、小型社区诊所等多家各具特色和代表性的医疗单位的考察交流，访问团对台湾的医疗卫生体系、健保制度、医院的管理理念与管理手段等有了进一步的了解。同时，在真诚交流中与台湾同行、乡亲拉近了距离，增进了了解，建立了友情，并与台南县市医师公会、奇美医学中心达成加强联系，定期互访的意愿。

目前两岸关系进入新的发展阶段，在大交流、大合作的环境下，台盟各级组织都要充分发挥自身特色优势，加强入岛交流，把台盟中央原来做境外、海外台胞工作的重点放在岛内，坚持在医学、教育、文化等领域深入持久地开展工作，通过与专业人士建立的交流平台，深入交往，结交岛内一些有实力、有一定社会影响的人士。力争在岛内建立并保持有一批理解互信较强，在关键时间、关键场合能够通过他们传出我们的声音的朋友群体。

（五）维护台商台生正当权益，认真做好台商台生工作

两岸关系和平发展的新形势，要求我们进一步做好在祖国大陆的台商、台生的工作。一年多以来，台盟中央根据两岸关系发展、岛内局势变化多次召开台商座谈会。如台湾的“立委选举”、“总统大选”、“马英九就职”以及两会复谈等，都及时听取了台商的意见和看法。2008 年 4—5 月，林主席在福建参加活动和考察期间，就先后召开了三次台商、台生座谈会。台商、台生踊跃参加，发言热烈。汪毅夫常务副主席也曾专门为台生举办“闽南社会宗法制度与宗族乡村”的讲座，与台生进行交流，这些活动都产生共鸣，深化感情。我们在平时也注意与台商、台生加强联系，了解他们的正当需求，针对他们提出的问题积极与地方政府有关部门联系沟通，为他们提供切实的帮助。如协助有关部门落实台湾学生在祖国大陆就业的相关政策，为一位在中国民航管理干部学院就读的台生争取工作机会，使台胞首次得以进入大陆航空公司工作。再如我们协助台资企业天福集团在北京建设茶文化博物馆，协助与教育部沟通，解决了天福茶学院对外、对台招生问题。

此外，关于联络工作，我还想提醒同志们特别注意几个问题。第一，我们开展各项工作必须认真贯彻中央对台方针政策，为推动两岸关系和平发展和促进祖国和平统一服务；第二，对台联络工作，政治性、政策性都很强，在新的形势下，我们既要努力进取、勇于创新，又要把握政策界限，严格报批、报备程序，积极、稳妥、有序地开展工作；第三，联络工作要为盟的参政议政服务，要善于把联络工作成果转化为参政议政的实践。在陆续出台的 60 多项惠及台湾同胞的政策措施中，有许多内容都蕴涵了台盟参政议政的心血。

二、支边扶贫工作

多年来，台盟中央和各级组织在开展支边扶贫、为社会服务方面做了大量卓有成效

的工作，在会议的介绍经验和交流过程中，相信大家会充分讨论，我今天主要讲一讲近几年台盟中央及各级组织的支边扶贫工作。现在中共中央高度重视民主党派支援毕节试验区的问题，台盟中央也希望通过这次会议，经过与会同志充分研讨，凝聚全盟力量，为毕节试验区建设做几件实事。在此我也向大家介绍一下台盟中央在毕节试验区扶贫和参与试验区建设的情况。

（一）集中力量，对口支援毕节地区赫章县，落实了一批扶贫项目

2005 年，经台盟中央主席会议和中常会专门研究，达成集中力量在贵州省开展扶贫工作的共识，确定将贵州省毕节地区赫章县河镇乡海雀村作为台盟中央的重点帮扶点，开展的具体工作有：

1. 帮助改善基础设施

落实海雀村人畜饮水工程项目。海雀村共有 200 多户 800 多人、500 多头牲畜饮水困难，平均每年有半年多的时间要到 3 公里外去挑水吃，给全村人民群众的生产、生活带来沉重的负担。台盟中央决定帮助其修建主（分）输水管道 10 公里，蓄（取）水池 5 口。项目总投资 16. 31 万元，台盟中央协调水利部长江水利委员会专款 10 万元，地方匹配 6. 31 万元。该项目现已完成，解决了全村人畜的饮水困难。

落实海雀村精神文明活动站项目。海雀村距离赫章县城 97 公里，距离河镇乡政府所在地 15 公里，道路状况很差，交通极不方便，没有适合广大村民开展精神文明活动的阵地。海雀村是少数民族村，大部分村民不会说汉语，甚至听不懂普通话。台盟中央决定帮助海雀村建立文化活动站，购置电教及文化娱乐设备。该项目总投资 15 万元，台盟中央捐资 10 万元，地方配套 5 万元，建筑面积 252 平方米，包括图书室、阅览室、电教室共 6 间，并添置了阅览桌 5 张，椅子 20 张，远程教育设备 1 套，配备图书 3580 册。活动站建成后，丰富了群众的精神文化生活，为海雀村群众开展文化活动和农村现代远程教育搭建了平台。

落实村卫生室建设项目。2008 年 7 月，汪毅夫常务副主席联系全国政协委员、香港南益集团董事总经理林树哲先生通过台盟中央捐款 100 万元人民币，在毕节地区赫章县修建 20 个村级卫生室，每个卫生室规划占地 200 平方米，建筑面积 60 平方米，分诊室、药房、治疗室、病房四间。该项目涵盖赫章县 10 个乡镇 20 个行政村，建成以后有效地解决了赫章县边远地区民众“看病难”的问题。

2. 帮助发展教育事业

落实海雀村小学扩建项目。海雀村小学原只有三个年级，142 名学生，只能满足一至三年级学生就学。因邻近 6 个村均没有完小，四至六年级的学生要到河镇乡或邻近的乡镇上学，有的学生甚至是跨省界到云南上学，距离都在几十公里以上。台盟中央决定帮助海雀村扩建小学教室，使学校从三个年级升为六个年级，解决该村及邻近 6 个村的学生就近入学问题。该项目总投资 46 万元，台盟中央支持 10 万元，地方配套 36 万元。该项目已经完成，达到了预期目的。

捐资捐物帮扶贫困学生。2007 年 8 月，林文漪主席代表台盟中央向赫章县捐赠了价值 5 万余元的《学生规范字典》共 4200 册，由县委统战部分发给河镇乡海雀小学、可乐乡丰收小学、水塘乡杉木箐小学等学校，解决了边远山村学校学生缺乏工具书的

问题。2008 年 6 月 10 日，台盟中央常务副主席汪毅夫拿出自己的稿费 1.3 万元，救助海雀村 26 名贫困失学儿童重返校园。今年“六一”儿童节之前，台盟中央、台盟福建省委派人专程到海雀村向少年儿童表达节日祝贺，并向海雀小学 250 余名学生每人赠送了一套崭新的书包、文具等学习用品。

3. 大力实施社会扶贫

落实茅草房改造项目。台盟中央捐资 40 万元为海雀村 72 户农户的茅草房进行改造。2007 年 8 月，台盟中央帮扶赫章县项目签约暨捐赠仪式在毕节举行，台盟中央主席林文漪出席签约仪式。现茅草房改造工程已经完工，建成砖混结构一楼一顶平房 62 栋，砖瓦房 10 栋，总建筑面积 4320 平方米，结束了村民居住茅草房的历史。

落实“三改一气”工程。为 15 户茅改户新修了畜圈，15 户茅改户对厨房、圈舍、厕所进行了改造，并修建了沼气池，消除了“人畜同居”现象，美化了人居环境。

奉献爱心抗雪灾。2008 年初，赫章县遭受了严重的冰冻雪凝灾害，河镇乡也在受灾之列。灾情发生后，台盟中央迅速向扶贫联系点海雀村伸出援助之手，通过中国红十字会向海雀村捐赠了现金 10.4 万元（每户 500 元），大米 5.2 吨（每户 50 斤）、棉衣 208 件、棉手套 3000 双，帮助村民渡过难关，开展灾后重建。

4. 帮助开发农特产品

2008 年台盟中央参加了科技部《毕节试验区新农村建设示范项目》，该项目是科技部与民主党派第一次开展扶贫合作，重点支持各民主党派中央、全国工商联在 2008—2009 年度在毕节试验区八个县市开展科技示范。台盟中央从山东引进萨米脱、美早、先锋、红灯、意大利早红五个优质樱桃品种，在赫章县野马川镇进行试种推广，首期苗木于 2008 年 11 月底移栽结束，成活率在 90% 以上。目前，苗木长势良好。

（二）积极向地震灾区捐款捐物，奉献爱心

2008 年 5 月，四川汶川发生 8.0 级地震，给当地人民的生命财产造成了严重损失。消息传来，牵动着每一位盟员的心。台盟中央和各级组织迅速行动起来，开展送温暖献爱心活动，累计捐款 14.251 万元，后续还捐赠了大量棉衣棉被等，努力为灾区民众送去一份爱心。从各地的信息和刊物上看，各级台盟组织、各地的盟员同志们也都尽自己最大的努力，以不同的方式支援灾区人民抗震救灾，重建家园。

（三）发挥优势，为贫困地区办实事

台盟各地组织针对地方特点，发挥自身优势，创新思路开展智力支边工作，落实了多项新的扶贫及引资项目。如积极参与儿童公益活动；为贫困地区小学志愿提供捐助；资助贫困大学生；组织博士生到农业科技企业进行社会实践服务；帮助建设村级图书室，满足村民求知需要；为农村开展医疗咨询服务；牵线搭桥引进优良种子资金等，推动地方经济发展。值得一提的是，《团结报》去年 11 月 22 日 3527 期专门报道台盟浙江省委的扶贫事宜。11 月 11 日至 12 日，为实施中共浙江省委统战部提出的统战工作“五大行动计划”之一的“少数民族低收入群众增收帮扶行动计划”，台盟浙江省委重点课题调研组一行驱车 400 多公里，赴帮扶结对村—浙西南山区景宁畲族自治县沙湾镇张庄村，就有关欠发达地区农民专业合作社问题进行调研，并现场为村民“支招”。同时，台盟浙江省委积极发挥自身优势，继续牵线搭桥，在“引智”、促进“山海合作”方面，即欠发达山区与台湾农业合作等方面，为脱贫致富办实事。

据统计，到2008年11月底，台盟各地方组织共捐助扶贫款80.9786万元，引进资金6项、约3478万元，为地方经济发展和新农村建设作出了自己的贡献。

各位代表、同志们，全盟各级组织的联络工作和支边扶贫工作都取得了很大成绩，为今后的工作打下了良好的基础。这其中凝聚了广大盟员和全体机关干部的智慧和心血，在此我向大家表示衷心的感谢！

在总结成绩的同时，我们也要清醒地认识到，对台联络方面，与岛内代表性人士的接触交流需要进一步深入；支边扶贫方面，信息的沟通以及与社会各界的联系需要进一步加强。我们只有加倍地努力工作，才能够推动全盟的联络工作和支边扶贫工作不断进步，才能够承担起时代赋予我们的神圣使命，也才能够肩负起促进经济社会发展和推进祖国和平统一进程的历史重任。

此次台盟联络工作和支边扶贫工作会议开得很及时，我们要通过沟通和交流，总结台盟中央和各省市组织的成功经验，也要深入思考以后的工作部署。希望大家在讨论中就台盟如何发挥自身特色，促进两岸关系和平发展；如何凝聚全盟力量在参与毕节试验区建设，请大家畅所欲言，提出宝贵意见和建议。今天，联络部郑世凯同志、王学军同志还要分别传达中共中央有关对台工作会议的精神和4月14日各民主党派中央、全国工商联参与毕节试验区建设座谈会中共中央领导讲话精神。希望与会同志能够结合两岸关系发展形势和我们对台工作任务，结合履行参政党职能和发挥参政党作用，认真学习胡锦涛总书记和中共中央有关领导同志重要讲话，深刻领会和正确把握中共中央对台工作会议精神和各民主党派中央、全国工商联参与毕节试验区建设座谈会精神，贯彻落实中共中央领导同志的重要批示，努力开创台盟联络工作、支边扶贫工作的新局面。

同志们，新的形势为我们带来了新的机遇，同时也对我们的工作提出了更高的要求。让我们团结起来，振奋精神，树立信心，以优秀的工作业绩为早日实现祖国和平统一和中华民族的伟大复兴作出我们应有的贡献。

谢谢大家。

在台盟中央2009年参政议政工作会议上的讲话

（2009年12月10日）

林文漪

今年，是中华人民共和国成立60周年，同时也是台盟在中国共产党的领导下，与新中国俱进、与多党合作事业同行的60年。一年来，台盟作为参政党，积极参与国家政治生活，与中国共产党一道共商国是、共谋发展。台盟全体盟员和机关干部紧紧围绕中共中央、国务院做出的各项重大战略部署，准确把握住两岸关系发展的最新走向，为国家的经济社会发展作出了应有的贡献。

参政议政会议作为台盟最重要的工作会议之一，从主席、常务副主席以及几位副主席今天都来参加。因为我们是参政党，做好参政议政工作是我们的首要任务。一年来，在大家的共同努力下，我们圆满地完成了年初制定的各项工作计划。全盟上下参政议政的责任感和使命感进一步增强，各项工作都取得了丰硕的成果。一会儿，我们将在这里对今年全盟参政议政的先进集体和先进个人进行表彰。利用今天这个机会，我代表台盟中央向所有为台盟参政议政工作付出辛勤劳动的同志们，表示衷心的感谢！

岁末年终，是收获的日子。回顾今年的参政议政工作，我感到主要呈现出以下几个突出的特点：

首先，参政议政有规划、有目标，工作思路上进一步明确、清晰。比如，从2008年起，我们制定了参政议政工作规划纲要，就得到了贾庆林主席的充分肯定和批示，并发给其他党派作为参考，使我们今后几年的工作目标更加明确、具体。随后，我们还就参政议政工作的评估制定了一套科学有效的评分标准，进一步增强了工作的科学性。今年，台盟中央以湖北、重庆等地为切入点，着重就台资向中西部地区转移的动向开展的党派大考察，就体现了近年来台盟中央在参政议政工作上的一种连贯思维。从2007年关于台资高科技产业在江苏等长三角地区快速发展情况的专题调研，到2008年以“推进海峡西岸经济区建设、构建海峡经济区”为主题的重点调研，再到今年的大调研，我们正是紧紧围绕国家关于区域经济发展战略的重大决策，准确把握两岸经济合作的趋势和最新动向，精心组织、周密设计，开展了一系列紧密相关的考察调研活动。结合这些调研活动，我们连续提出了一系列的政策建议，很多都得到中共中央、国务院的高度重视和采纳。比如说，比较突出的一个是关于加强海西经济区建设，构建海峡经济区的调研成果，就得到了温家宝总理、贾庆林主席、李克强副总理等领导人的批示，为海西经济区建设最终上升为国家战略作出了一定的贡献。同时，我们经过扎实调研，形成关于台资西进，IT先行的调研报告也得到了温家宝总理和李克强副总理的高度重视并指示国家工信部具体办理，为重庆等西部地区的发展贡献了一份力量。这些系列调研活动的开展，有力地促进了全盟上下参政议政工作的深入开展，也为推动两岸关系和平发展作出了积极的贡献。

其次，参政议政“上下联动、横向联合”的工作机制进一步健全完善。近年来，台盟各级组织认真落实“上下联动，横向联合”的工作机制，逐渐形成了地方组织围绕台盟中央的相关重点调研课题、地方组织之间围绕共同的调研课题积极开展参政议政工作的良好局面。比如，围绕台资企业在我国中西部地区的发展状况，湖北、重庆等地的台盟组织与台盟中央相互配合，共同开展专题调研，并形成专题调研报告报送中共中央；围绕海西经济区的发展，福建、广东、浙江等地的台盟组织也共同开展了基础设施状况的联合调研。我们正是充分发挥了各自的优势，密切配合、通力协作，才使得台盟中央和台盟地方组织的参政议政工作都取得了丰硕的成果。今年，台盟中央在高层政治协商会议上所提出的调整经济结构、加快构建海峡经济区、推动“西三角”经济区建设、着力构建海峡西岸农业深度融合的平台等意见和建议，就是在综合各地方组织提供相关调研报告和资料素材的基础上形成的。

第三，我们进一步整合了盟内外资源，加强了与政府部门和社会各界的密切联系与合作。台盟虽然盟员不多，资源有限，但我们非常注重参政议政资源的整合，以此充分调动每一位盟员的积极性，充分发挥每一位盟员的聪明才智。一年来，通过专委会以及其他各种形式，广大盟员为全盟的参政议政工作作出了很大的贡献，取得很多的成绩，这一点从今年的评奖情况就可以明显地看出来。各地方组织报送评奖的材料非常丰富，先进集体和先进个人的分值都有很大的提高，这就可以充分说明大家的工作做得多，做得好。在充分挖掘盟内资源的同时，台盟中央还非常重视借助盟外资源，不断加强与政府部门和社会各界的协作与互动。例如，今年4月，台盟中央充分发挥参政党的政策咨询和对台联络优势，与重庆市人民政府正式签订合作协议，为加强台资IT产业向我国中西部地区转移、促进两岸经贸交流搭建了新的合作平台。这也是台盟中央首次与地方政府签订的合作协议。同时，针对近年来海峡两岸农业合作呈现出的良好势头，我们还重点就推动台湾农民创业园的进一步发展与农业部进行了广泛而深入的合作。近年来，从台盟中央到台盟各级组织，许多都建立了一支相对稳定的盟外专家咨询队伍。专家们充分运用所长，为我们做好参政议政工作提供了重要的智力支持和政策参考。专家学者站在宏观和全局的角度思考问题，而我们则站在对台联络交流、促进台资企业发展等具体角度来考虑问题，这样，将不同角度的思考相结合起来，最终就形成具有一定价值的意见和建议。

第四，全盟的参政议政队伍建设和人才培养工作取得了新的进展。一年来，台盟中央参政议政工作委员会进一步完善相关机制，逐渐形成了定期召开主任会议和全体委员会议的工作制度。并且在专委会内部开展专长调查，为集中盟内优势力量、进一步做好参政议政工作奠定了良好基础。参政议政专委会的工作不仅推动了全盟参政议政工作的深入开展，同时也为全盟参政议政队伍的建设和人才的培养作出了重要的贡献。另外，我们还着重加强了对年轻盟员和机关干部的培养，台盟的年轻人，许多都经过公务员考试的层层选拔，无论安排在什么岗位工作，都有很大的潜力可挖。今年，汪毅夫常务副主席就亲自指导台盟中央机关的一批年轻人业余时间找资料、写论文，最后编辑出版了《台湾同胞与八年抗战》一书，得到了大家的好评。今年6月，在台盟福建省委、南平市委的大力支持和协助下，我们还成功举办了全盟参政议政骨干培训班，也取得了很好的成效。这些都是抓好人才培养的好形式、好做法，以后应该多坚持、多提倡。

一会儿，黄志贤副主席将对2009年的参政议政工作进行较为全面的总结，在此，我就不一一列举了。利用今天这个机会，我想就进一步加强台盟参政议政工作谈几点意见，与大家共同探讨。

一是要进一步加强盟内外参政议政资源的整合力度，提高整体工作效能。在今后的工作中，我们要继续探索有利于参政议政资源整合的各种有效途径，进一步完善有利于人才成长和发挥作用的工作制度，努力挖掘广大盟员和机关干部的参政议政潜能，充分调动每个人的参政议政积极性。我们要进一步落实“上下联动、横向联合”的工作机制，不断加强台盟中央与台盟各级组织的统筹协调，不断加强台盟各级组织之间的统筹协调。同时，我们还要加强与各级中共党委、人大、政府、政协的工作联系和沟通，加强与海峡两岸各个领域专家学者的联络与交流，不断扩大我们参政议政的信息源，不断拓展我们分析问题的思路与参政议政的渠道，不断提高我们参政议政的质量和水平。

二是要坚持自身的特色，持之以恒地开展工作。希望台盟各级组织在今后的工作中，更加注重结合当地实际，突出自身的地方特色。对自身具有一定优势和调研基础的课题，要保持相关工作的连续性和持续性，不断巩固成果，持续深入调研，逐步形成区别于其他党派、其他台盟组织的特色。希望台盟各级组织要根据各自的实际状况，找准参政议政的主攻方向，再接再厉，不断提高建言献策的水平。

三是要坚持学习，努力创新，不断推动参政议政工作向前发展。当今世界的发展日新月异，只有不断坚持学习，才能适应新时期新形势的发展要求。希望同志们要进一步加强理论学习，努力提高自身的政治业务素质；要进一步加强实践锻炼，在工作中不断发现新情况、解决新问题；要向身边的先进典型多学习、多请教，认真总结和借鉴他们的好经验、好做法，不断提高自己的工作能力和水平。同时，希望同志们不但要善于学习，还要勤于思考，做到举一反三，灵活运用，以发展的眼光和创新的思维去拓展和丰富我们已有的工作形式、方法和内容，使我们的工作更加规范有序、更加富有成效。

参加这次会议的同志们都在台盟的参政议政工作中担负着重要职责，大家的工作直接影响着全盟的参政议政工作水平。希望同志们认真开好这次会议，认真总结一年来的工作成绩，相互交流启发，相互学习借鉴，共同为推动全盟参政议政工作献计出力。希望同志们在今后的工作中不断增强推动改革开放、服务科学发展的责任感和使命感，继续开拓进取、扎实苦干，为两岸关系的和平发展和中华民族的伟大复兴作出新的贡献。

最后，预祝会议取得圆满成功。

在台盟中央台情研讨会开幕式上的讲话

（2009 年 11 月 6 日）

林文漪

同志们：

大家上午好！

很高兴能参加今天的台情研讨会，和长期关心并致力于对台研究的老前辈、老同志，以及在台盟各级组织从事台情研究工作的同志们一起交流。过去一年多的时间，台海局势发生了积极变化。经过两岸同胞共同努力，迎来了大交流、大合作、大发展的难得历史机遇。两岸关系进入了和平发展的新阶段，形成了良好的发展势头。特别是面对国际金融危机的挑战，两岸加强经济合作，相互支持，共克时艰；四川汶川特大地震、台湾“莫拉克”风灾等危难时刻，两岸同胞守望相助、风雨同心。

过去的一年，全盟的台情研究队伍围绕两岸关系发展中的热点问题科学选题，努力加强全局性、战略性、前沿性、动态性问题研究，竭心尽智，在促进两岸关系和平发展、争取台湾民心方面提出了不少好的建议。借着今天这个机会，我代表台盟中央向所有为台盟台情研究工作付出辛勤劳动的同志们，表示衷心的感谢！

深入开展台情研究调研工作，是做好各项对台工作的基础。对台湾问题的研究，不是简单的、一般的学术研究，而是与现实问题、敏感问题关联非常密切的政策研究和工作对策研究。这就要求我们的研究工作首先要把握好大方向、大原则，而且要与两岸关系和岛内政局发展动态和趋势紧密结合。开展对台研究，更要求我们，要坚持以中国共产党的对台方针政策为指导，既要实事求是，又要解放思想，与时俱进；既要重视基础性、理论性的研究，也要重视现实性、对策性的研究，更好地为对台工作服务。

下面，我想就新形势下进一步加强台盟台情研究工作谈几点想法，与大家共同探讨。

一是要抓住规律，把握全局。今天，两岸比任何时候都更有条件携手合作、共同发展。这就需要我们从如何为两岸同胞谋福祉、为台海地区谋和平、为全体中华儿女谋利益出发，积极探索交流合作的新思路，不断拓宽交流合作的新领域，提出切实可行的建设性意见。

两岸关系在面临难得发展机遇的同时，也存在着历史遗留问题和今后难免遇到的新问题。如何做到积极抓住和切实用好机遇，冷静务实地对待和化解两岸同胞之间的分歧，保持和推动两岸关系发展，是我们面临的大的课题。古人说，不谋全局者不足以谋一域。今天，对于我们来说，谋全局，就是要以中华民族的根本利益为重，服务于两岸关系和平发展的大局。我们要准确把握两岸关系的历史脉络，全面认识反对“台独”、坚持“九二共识”的重要意义，结合事件的成因背景分析制定应对策略，及时形成提案建议反映给决策部门，努力争取台湾民心、维护国家和民族的根本利益。

二是要展示台盟特色，锤炼自己的品牌。我们要根据台盟自身的优势和特点，结合目前两岸关系和平发展的形势，有重点、有针对地选择台情研究的课题，逐步拓展对台研究的领域，在研究内容、方法、思路上有新的突破，加强重点课题的规划、组织和协调，逐步展现台盟的特色，务求以更多的研究成果，成为全国台情研究领域的一支重要力量。

（一）把专业性研究和时效性研究相结合。台盟的资源有限，我们的研究不可能全面开花，要根据我们擅长的领域，有选择的开展重点课题调研，做出水平。比如汪毅夫常务副主席出版的有关台湾问题的学术专著，就是有研究水平和理论高度的成果。台情研究还要注意时效性，把握两岸关系中的热点问题。台盟有自己的特点，就是与台胞联系密切，我们要及时了解台胞动态，向决策部门反映情况和意见。

（二）规划选题，加强对台研究的计划性。近年台盟的参政议政工作有突出成绩，出台了《参政议政五年规划》，得到了中央领导的重视，推进了台盟的参政议政工作水平，中央和地方形成了上下联动的工作机制。台盟中央《关于建设海峡经济区的几点建议》，得到了贾庆林、温家宝、李克强三位中央领导的批示，必将加深两岸经济合作。又比如台盟中央提出《台资西进，IT 先行》的调研报告得到温家宝、李克强的批示，工信部专门研究、专门回函，我们还与重庆签订了全面合作协议。

台情研究应该更有规划性，思考如何集中力量解决重点问题，要上水平、出成果，锤炼自己的品牌。各地台盟组织也可以考虑根据自己的特点选题研究。我们不可能覆盖全面，不必求全，可以抓住几个重点来作出成绩。选题也不必拘泥，角度可多元化，学术探讨、对策研究都可以。

三是要加大力度，在盟内建设好一支台情研究工作队伍。人才是台情研究最核心的因素，也是提高台情研究能力和水平的决定性因素。我们要通过建立和完善各项规章制度以及内部运行机制，不断激发和汇聚全盟的智慧和力量，推动台情研究整体能力的提升。我们要继续规范人才的发现、培养、选拔和使用工作，逐步造就一支结构合理、素质优良的台情研究人才队伍。其实台盟的潜力很大。今年，台盟中央机关的年轻干部撰写了台胞参与抗日战争的相关论文，并合成论文集《台湾同胞与八年抗战》。盟员更有潜力，关键是要发掘、培养。全盟老、中、青三代盟员和机关干部将近年台情研究的成果汇集成了《台湾百问》一书，反响也不错。我们就要这样通过这样的锻炼来提高自身的水平。一方面，要不断在实践中总结如何充分发挥涉台政策策略咨询委员会和两岸关系研究委员会以及各专门委员会的作用。其实这就是要发挥老同志的作用，他们是台盟的精华力量、宝贵财富，要争取他们的指导和帮助。另一方面，要继续挖掘盟员和机关干部中的台情研究人才，创新培养和使用方式，并逐步探索建立与台情研究工作开展需求相适应的人才培训机制。

还要加大与盟外的协助力度，聘请盟外专家作为顾问，动员一切力量，借助外脑。全国的涉台研究机构很多，厦大、清华等高校的对台研究取得长足进展。我们要以开放的思路、合作的精神，加大交流、合作。

同志们，在两岸关系不断改善和发展的新形势下，正是我们研究台情、促进两岸交流与合作的大好时机。台情研究工作者要一步增强使命感和责任感，认真贯彻中央对台工作的大政方针和指导原则，切实提高理论水平和战略思维，积极探索两岸关系发展的规律，及时提出解决问题的政策建议，为推动两岸关系的发展和实现祖国统一大业作出贡献。

台盟中央 2009 年工作要点

2009 年是中华人民共和国成立 60 周年，是中国共产党领导的多党合作和政治协商制度确立 60 周年，但同时也是我国进入新世纪以来经济发展最为困难、面对挑战最为严峻的一年。作为与中国共产党共同致力于中国特色社会主义事业的参政党，台盟今年的工作显得尤为艰巨和繁重。

根据台盟八届二中全会的部署，今年台盟中央工作总的要求是：全面贯彻中共十七大和十七届三中全会精神，高举中国特色社会主义伟大旗帜，以邓小平理论和“三个代表”重要思想为指导，深入学习贯彻科学发展观，围绕参政议政、增进两岸同胞交流交往、加强自身建设等中心任务，积极有序地开展工作。

一、把落实中共十七届三中全会精神、学习贯彻科学发展观作为突出任务

1. 要在深入贯彻落实中共十七大精神的基础上，准确领会好、贯彻好中共十七届

三中全会精神，认真总结和学习我国改革开放30年的历史经验，以科学发展观为指导，切实把思想和行动统一到十七大和十七届三中全会精神上来，统一到中央对当前形势的分析和工作部署上来。

2. 要深化坚持走中国特色社会主义道路学习教育活动，紧密结合当前形势，紧紧围绕促进经济平稳较快发展、维护社会和谐稳定这两大任务，深入学习贯彻科学发展观，统一思想，凝聚人心，振奋力量，切实履行参政议政、民主监督职能。

3. 深入学习贯彻胡锦涛总书记2008年12月31日在“纪念《告台湾同胞书》发表30周年座谈会”上的重要讲话精神，是全盟当前和今后一个时期的重要政治任务。要通过举办座谈会、研讨会等多种形式，深刻领会和全面把握讲话的精神实质和根本要求，以此推动工作不断创新与发展。

4. 及时组织召开对全国“两会”和其他重要会议精神的学习活动。开展以“深入学习两会精神，学习贯彻科学发展观”为主题的培训讲座。

5. 根据中共中央的统一部署和安排，通过组织座谈会、研讨会、展览等形式，庆祝新中国成立60周年以及中国共产党领导的多党合作和政治协商制度确立60周年，筹划安排好节俭、隆重的庆祝活动。

二、把服务经济社会科学发展作为第一要务

6. 积极参加与中共中央的高层政治协商。定期召开并委托部分台盟地方组织召开专家、台商经济社会发展专题分析会议，集中社会各界的智慧和力量，围绕政府工作报告、半年及全年经济形势分析、中共十七届四中全会报告等重要文件以及关系国计民生的重大问题，向中共中央、国务院提出切实可行的意见和建议。

7. 认真参与全国政协大会、常委会、专题座谈会和专题协商会等政协相关会议。围绕政协十一届二次会议审议政府工作报告，政协十一届六次、七次常委会议和政协专题协商会议的相关议题，做好准备工作，积极建言献策。

8. 妥善安排好各项专题调研活动。重点围绕促进海峡经济区建设，构建海峡两岸全面经济合作机制；扩大国内需求，保持经济平稳较快发展；保障和改善民生，促进社会和谐；加快发展方式转变和结构调整，提高可持续发展能力等方面进行深入调研，力争形成一批高质量的调研报告。结合对台资企业在湖北发展状况的调查，认真组织好党派大调研活动，进一步推动台资企业由沿海地区向中西部地区发展。

9. 做好专题论坛、会议等重要活动的组织筹备工作。召开“海峡经济区”高层论坛，举办2009年京台经济科学发展论坛，举办海峡西岸文化遗产保护论坛，举行纪念台湾义勇队成立70周年座谈会等。支持有条件的地方组织开展两岸专题论坛等交流活动。

10. 努力做好反映社情民意信息工作。着力提高信息质量，建立健全信息的收集整合与跟踪反馈机制，认真反映各界群众关心的热点和难点问题，及时收集、汇总来自各方面的社情民意信息，系统分析，科学分类，不断提高信息工作的实效。

11. 积极投身社会服务活动。继续深入开展对扶贫重点贵州赫章县的帮扶工作，为推动贫困地区脱贫致富发挥应有的作用。广泛动员全盟各级组织开展义诊、扶贫、科技支农、捐资救灾等多种形式的社会服务活动。

三、把增进两岸同胞的了解和认同作为重要使命

12. 深入领会、坚决贯彻中共中央关于对台工作的一系列重大决策，准确把握两岸关系发展的新形势，进一步做好对台联络工作。本着“专、精、深、久”的工作方针，积极主动地开展与台湾岛内经济、科教、医卫、民间信仰领域的代表性人士，以及青年、妇女、原住民等各界人士的交流交往。适时召开两岸台胞民间交流促进会第二次会员大会、全盟联络工作会议等专门会议。认真组织接待台胞国庆观礼团等岛内访问团组赴祖国大陆参访活动，并适时组团赴台开展交流活动。加强与欧美日、港澳等国家与地区台胞社团的联络与往来。

13. 发挥与台胞交往密切的优势，充分反映岛内民情，提出政策建议。积极探索在新形势下开展台情研究工作的思路和方法。适时召开全盟台情研讨会。

14. 深入开展涉台宣传工作。广泛利用各种接待场合、采取多种宣传方式，生动展示我国改革开放的伟大成就，切实展现祖国大陆为促进两岸关系和平发展的诚意和善意。举办两岸关系专题研讨会，制作台盟简介电视宣传片和歌曲光盘，举办《台盟》创刊20周年座谈会，制作完成中国民主党派专题文献片之台盟篇。

四、把加强自身建设作为重大课题

15. 以思想建设为核心。将中国特色社会主义理论、多党合作历史和理论、盟章盟史、涉台形势政策作为思想建设的重要内容，大力弘扬和传承台盟政治坚定、爱国爱乡的优良传统。启动和推进盟史编撰工作。编辑《台盟纪念改革开放三十周年征文暨盟员书画作品集》。着手开展参政党理论研究，适时召开参政党理论盟内研讨会。

16. 以组织建设为基础。开展台盟组织发展工作情况调研，召开全盟组织工作会议。举行台盟第三期中青年干部培训班，举办全盟参政议政骨干培训班，召开台盟宣传思想工作培训会。编辑《台盟政治交接学习教育活动材料汇编》。完成公务员招录工作。

17. 以制度建设为保障。认真梳理和落实现有的各项规章制度，不断充实和完善各项制度。充分发挥专门委员会作用，探索完善专门委员会的运作机制。召开台盟中央监督委员会会议，建立健全内部监督机制。开展台盟中央机关事业单位岗位设置规范管理工作。加强机关保密制度建设。

18. 做好机关新址的装修和搬迁工作。

台盟中央关于深化坚持走中国特色社会主义道路学习教育活动的意见

（2009年2月20日）

2007年以来，台盟各级组织扎实开展以“坚持走中国特色社会主义政治发展道路”为主题的政治交接学习教育活动，取得了阶段性重要成果。当前，国际金融危机快速扩散和蔓延，对我国经济发展造成严重影响，保持我国经济平稳较快发展的压力加大；切实解决民生问题，保持社会和谐稳定的任务更加繁重；各种思想观念相互碰撞，用社会主义核心价值体系引领社会思潮更加迫切。在这样的形势下，要坚定信心，迎难而上，变压力为动力，化挑战为机遇，更加需要发挥我国政治制度、政党制度的政治优势，发挥台盟各级组织和广大盟员的积极作用，弘扬台盟与中国共产党风雨同舟、患难与共的优良传统，共克时艰，共渡难关。为此，台盟要深化坚持走中国特色社会主义道路学习教育活动，紧密结合当前形势，紧紧围绕促进经济平稳较快发展、维护社会和谐稳定这两大任务，深入学习贯彻科学发展观，统一思想，凝聚人心，振奋力量，切实履行参政议政、民主监督职能，为全面完成今年国家的各项任务作出积极贡献。

一、指导思想

深化坚持走中国特色社会主义道路学习教育，引导广大盟员坚持改革开放，坚持四项基本原则，坚持中国特色社会主义道路，坚持中国特色社会主义理论体系，坚持中国共产党领导的多党合作和政治协商制度，为促进经济平稳较快发展、维护社会和谐稳定作贡献。

二、主要内容

1. 认真开展理论学习，进一步夯实共同政治基础。要把深入学习中国特色社会主义理论体系作为台盟思想建设的重要内容，引导广大盟员始终把中国特色社会主义作为共同理想信念、共同前进方向、共同奋斗目标。要深入贯彻科学发展观念，深刻理解科学发展观的科学内涵、精神实质和根本要求，进一步明确服务科学发展观的目标任务、主要内容和途径载体。要深入学习胡锦涛总书记在纪念中共十一届三中全会召开30周年大会、纪念《告台湾同胞书》发表30周年大会上的重要讲话精神，引导广大盟员坚定不移地走中国特色社会主义道路，坚定不移地坚持中国特色社会主义理论体系，坚定不移地贯彻国家对台方针政策，切实推动海峡两岸关系和平发展。

2. 深入开展形势教育，进一步明确肩负的历史责任。要引导广大盟员正确认识国际金融危机带来的影响，正确认识我国今年保持经济社会发展面临的严峻形势，把思想统一到中共中央的精神上来，把行动统一到中共中央、国务院的决策部署上来。要引导广大盟员围绕“如何看待形势”、“作为台盟盟员，当前形势下我能做什么”和“如何立足本职岗位作贡献”等开展讨论，围绕促进经济平稳较快发展、维护社会和谐稳定积极建言献策。要引导广大盟员深刻理解和把握改革开放30年的伟大历程、光辉成就和宝贵经验，既要始终保持清醒的头脑，居安思危、未雨绸缪，又要增强信心，明确肩负的历史责任，增强与中国共产党风雨同舟、亲密合作、共迎挑战的坚定信念。

3. 弘扬台盟优良传统，进一步增强接受中国共产党领导的自觉性。今年是新中国成立60周年，也是人民政协成立和多党合作制度确立60周年。要以此为契机，深入开展传统教育，深入学习台盟的历史和优良传统，学习多党合作的光辉历程，引导广大盟员自觉遵守台盟章程，继承老一辈领导人与中国共产党患难与共、团结合作的优良传统，教育和引导广大盟员充分认识中国特色社会主义政治制度和政党制度的历史必然性、巨大优越性和伟大独创性，自觉抵御西方政党制度、议会制度的影响，巩固和完善中国共产党领导的多党合作和政治协商制度。

三、几点要求

1. 高度重视、周密安排。全国人大、全国政协“两会”召开在即，台盟各级组织和盟员人大代表、政协委员要统一思想、振奋精神，认真做好各项准备工作，确保“两会”顺利召开。要紧紧抓住纪念建国60周年和人民政协、多党合作制度确立60周年以及其他重要事件等节点，认真研究部署，明确工作目标，抓好督促落实。同时，要把深化坚持走中国特色社会主义学习教育活动，贯穿在日常工作之中，增强自我教育意识，切实抓出成效。

2. 抓住重点，发挥领导班子的带头作用。台盟各级领导班子是自身建设的重点，在深化坚持走中国特色社会主义学习教育中要起到表率作用。要带头接受中国共产党的领导，维护中国共产党的执政地位；带头高举中国特色社会主义伟大旗帜，牢固树立中国特色社会主义的共同理想和坚定信念；带头坚持中国共产党领导的多党合作和政治协商制度，全面认真贯彻落实；带头抵御西方政党制度、议会制度的影响，团结带领广大盟员沿着正确的政治方向不断前进。

3. 力求实效，与履行参政党职能相结合。要把开展学习教育活动与台盟自身建设、履行职能的实践相结合，把学习教育活动的成果体现在参政议政、发挥作用的实践之中。要引导广大盟员发挥智力优势，把保持经济平稳较快发展作为围绕中心、服务大局的重中之重，为执政党分忧，为国家发展献计；要围绕贯彻落实中央“保增长、扩内需、调结构”的各项措施，加强民主监督；要发挥联系广泛的优势，围绕经济社会发展中的重大课题，围绕人民群众普遍关心和迫切需要解决的热点难点问题，深入了解和反映社情民意，协助中共党委和政府做好化解矛盾、维护稳定的工作；要突出自身特点，牢牢把握两岸关系和平发展的主题，加强对台联络与交流，推动两岸关系继续发展。

4. 确保队伍稳定，探索形成思想建设的长效机制。台盟各级领导班子要增强政治敏锐性和政治鉴别力，教育和引导广大盟员坚定政治信念，始终保持清醒头脑，确保队伍思想稳定。要掌握队伍和盟员思想动态，及时加以引导；要注重反映社会情况，及时化解矛盾。要着眼于加强制度建设，研究形成台盟思想建设的信息沟通机制、思想动态分析机制和重大问题应急机制，把思想建设的各项要求落到实处。

台盟中央关于学习贯彻中共十七届四中全会精神的意见

（2009年9月20日台湾民主自治同盟第八届中央委员会第八次主席会议通过）

秋风送爽，丹桂飘香。在全国各族人民喜迎新中国60华诞的欢庆时刻，中国共产党第十七届中央委员会第四次全体会议胜利闭幕。这次全会，是在国际形势继续发生深刻变化，我国处在进一步发展的重要战略机遇期召开的一次重要会议。全会听取和讨论了中共中央总书记胡锦涛受中央政治局委托作的工作报告，审议通过了《中共中央关于加强和改进新形势下党的建设若干重大问题的决定》，对于深入贯彻落实科学发展观，夺取全面建设小康社会新胜利，开创中国特色社会主义事业新局面，具有重大而深远的意义。

全会对当前和今后一个时期加强和改进中共党建作出了部署，强调要建设马克思主义学习型政党、提高全党思想政治水平，坚持和健全民主集中制，积极发展党内民主，深化干部人事制度改革，建设善于推动科学发展和促进社会和谐的高素质干部队伍，做好抓基层打基础工作，夯实党执政的组织基础，弘扬党的优良作风，保持党同人民群众的血肉联系，加快推进惩治和预防腐败体系建设，深入开展反腐败斗争。全会的部署完全符合中国国情和中国共产党党情，是一个着眼社会发展新要求、顺应人民群众新期待、贯穿科学发展新理念的会议。

全会通过的《决定》，着眼于推动中共十七大关于党建总体部署的贯彻落实，具有很强的思想性、指导性和针对性，是指导当前和今后一个时期中共党建的纲领性文件。《决定》主题鲜明、立意高远、结构合理、重点突出、文风朴实，思想性、理论性、指导性和可操作性都很强，体现了中共党建的理论创新、实践创新、制度创新、工作创新的丰富成果，反映了中国共产党和国家事业的发展要求和中共加强和改进新形势下党建的共同意志，是一个求真务实、改革创新的文件。

全会所取得的成果充分表明，中国共产党是一个负责任和有魄力的执政党，无愧于发展着的时代和发展着的事业，将一如既往、与时俱进地为全中国人民谋改革、谋利益、谋进步。

作为统一战线的一员，学习贯彻中共十七届四中全会精神，是当前和今后一个时期台盟的一项重要工作任务。台盟中央号召各级组织和全体盟员，密切结合实际，切实把中共十七届四中全会精神学习好、贯彻好、落实好。一方面，进一步增强坚持中国共产党领导的自觉性和坚定性，积极为加强和改进中共党建建言献策，为推动多党合作事业的不断发展献计出力。另一方面，认真借鉴和汲取中国共产党在加强党建中的成功经验和做法，科学把握参政党自身建设规律，全面加强台盟的自身建设，着力提高履行参政党职能的能力和水平，为中国特色社会主义事业发展作出更大的贡献。

一、进一步加强思想理论建设

台盟各级组织和全体盟员要始终坚持以邓小平理论和“三个代表”重要思想武装头脑、指导实践和推动工作。要深入学习贯彻科学发展观，抓住新中国成立60周年和多党合作确立60周年的契机，紧密结合广大盟员的思想实际，开展形势任务教育、爱国主义教育和社会主义教育、多党合作优良传统教育，引导盟员进一步认识国情、政情，认识中国特色社会主义的优越性，巩固坚持中国共产党的领导，与中国共产党团结合作的思想基础。

二、进一步加强领导班子建设

台盟各级领导班子要努力提高领导水平，熟悉理论政策，使自己成为具有复合型知识结构的社会活动家。要努力掌握台盟的工作规律和特点，使自己成为具有较强综合能力的领导者。要加强团结，贯彻民主集中制原则，经常展开批评与自我批评，自觉接受广大盟员与群众的监督。要发挥模范表率作用，带领全体盟员沿着中国特色社会主义道路阔步前进。

三、进一步加强后备干部队伍建设

台盟各级组织要站在全局和战略的高度，抓紧选拔和培养后备干部。要健全工作机制，把后备干部的物色、考察、选拔和培养等各项工作制度化、规范化。要有爱才之心，识才之眼，聚才之方，更要懂得用才之道和激励之术，为后备干部的成长铺台阶、搭舞台。要把工作的重点放在后备干部能力的提高上，通过有计划地培训学习等一系列手段和方法，增强台盟后备干部的政治素质和业务能力，保证台盟事业后继有人。

四、进一步加强作风建设

台盟各级组织和全体盟员要弘扬马克思主义的思想作风和学风，进一步解放思想、实事求是。要深入实践科学发展观，坚持理论联系实际，坚持改革创新，不断研究和探索适应新形势和新任务的工作方式方法。要大力弘扬求真务实的精神，切实履行好政治协商、民主监督和参政议政的职能。

五、进一步加强制度建设

台盟各级组织要按照发展社会主义民主政治和建设新时期参政党的要求，进一步建立健全适合自身发展的各项制度。要继续规范工作程序，完善工作方法，把经过实践检验的好做法、好经验用制度的形式明确下来，使台盟的各项工作都有章可循、运转协调、规范有序。

六、进一步加强机关建设

台盟各级机关要进一步推进干部人事制度改革，开展干部的竞争选拔工作。要加强对干部队伍的考察考核，加大干部交流力度，增强干部队伍活力。要加大投入，加快机关基础设施建设和信息化建设速度。要加强机关各部门之间的协调与配合，强化机关为各级委员会、常务委员会和盟员服务的力度。

各地方组织学习贯彻中共十七届四中全会精神的情况请及时报送台盟中央宣传部。

台盟中央关于进一步做好关心老盟员工作的意见

（台盟八届二十二次专职会议通过）

第一条 做好老盟员工作是台盟工作的重要组成部分。台盟各级组织要充分认识做好这项工作的重要性，不断加强和改进新时期的老盟员工作，促进联系老盟员工作的规范化、制度化，进一步做好老盟员探视联系工作。

第二条 老盟员一般指年龄在70岁以上的盟员。他们在台盟的工作中，积累了丰富的经验，保持着优良传统和作风，是台盟的宝贵财富。对新中国成立前后入盟的老盟员要给予特别的关心。

第三条 台盟各级组织要从生活上关心帮助老盟员，积极帮助他们解决实际困难。老盟员生活上有特殊困难时，要及时为他们排忧解难。

第四条 在重大节日期间，台盟各级组织领导班子成员要及时看望老盟员，关心他们的生活。

第五条 老盟员生病住院时，在医院允许的情况下，要及时探望，了解病情；对久病卧床、长期住院的老盟员，台盟各级地方组织按照属地原则要适时探望，台盟中央根据情况以适当方式探望。

第六条 曾任台盟中央委员、台盟省级组织主委、副主委或在盟内有一定代表性的老盟员生病住院时，台盟省级组织部门要及时告知台盟中央组织部，台盟中央组织部及时报告主管副主席。台盟中央根据情况安排工作人员适时就近前往探望或以适当方式表示慰问。

政党活动纪要

中国共产党

2009年是新世纪以来我国经济发展最为困难的一年。在党中央、国务院的坚强领导下，经过全党全国共同努力，我国社会主义经济建设、政治建设、文化建设、社会建设以及生态文明建设和党的建设都取得了新的重大进展。

一、重要会议及活动

1. 隆重举行国家科学技术奖励大会。1月9日上午，中共中央、国务院在北京隆重举行国家科学技术奖励大会。党和国家领导人胡锦涛、温家宝、李长春、习近平、李克强出席大会并为获奖代表颁奖。温家宝代表党中央、国务院在大会上讲话。中共中央政治局常委、国务院副总理李克强在主持大会时强调，党中央、国务院隆重奖励为我国科技事业发展作出杰出贡献的科技工作者，充分体现了党和国家对科技事业的高度重视和对广大科技工作者的亲切关怀。希望同志们继续发扬忠于祖国、忠于人民的奉献精神，实事求是、脚踏实地的科学精神，敢于创新、不懈攀登的求索精神，严肃认真、一丝不苟的工作精神，坚持走中国特色自主创新道路，把增强自主创新能力贯彻到现代化建设的各个方面，为实现祖国繁荣富强和人民幸福安康贡献自己的智慧和力量。

2. 党和国家领导人参观“西藏民主改革50年大型展览”。3月27日，在“西藏百万农奴解放纪念日”来临之际，党和国家领导人胡锦涛、吴邦国、温家宝、贾庆林、李长春、习近平、李克强、贺国强、周永康分别来到北京民族文化宫，参观“西藏民主改革50年大型展览”。胡锦涛指出，50年前实行的西藏民主改革，是西藏历史上最为广泛、最为深刻、最具进步意义的社会变革，也是中国人民对世界人权事业发展作出的重大贡献。民主改革以来西藏社会的沧桑巨变雄辩地说明，只有在中国共产党领导下，只有在社会主义祖国大家庭里，西藏经济社会才能实现跨越式发展，西藏各族人民才能同全国各族人民一道成为国家的主人、共同创造和享有幸福安康的生活。胡锦涛强调，西藏今天的大好局面来之不易，务必倍加珍惜。要高举中国特色社会主义伟大旗帜，坚持走有中国特色、西藏特点的发展路子，进一步加快西藏经济发展步伐，进一步改善各族人民特别是农牧民生产生活条件，进一步推动西藏从基本稳定走向长治久安，努力在建设团结、民主、富强、和谐的社会主义新西藏的征途上迈出新的步伐，开创西藏更加美好的明天。

3. 党和国家领导人出席纪念五四运动90周年大会。5月4日上午，纪念五四运动 90 周年大会在人民大会堂举行。胡锦涛、吴邦国、温家宝、贾庆林、李长春、习近平、李克强、贺国强、周永康等党和国家领导人出席大会。中共中央政治局常委李长春在大会上讲话。李长春强调，党和国家事业发展离不开青年。在新的历史条件下，当代青年要进一步弘扬五四精神，按照胡锦涛总书记提出的要求，把爱国主义作为始终高扬的光辉旗帜，把勤奋学习作为人生进步的重要阶梯，把深入实践作为成长成才的必由之路，把奉献社会作为不懈追求的优良品德，努力成为理想远大、信念坚定的新一代，品德高尚、意志顽强的新一代，视野开阔、知识丰富的新一代，开拓进取、艰苦创业的新一代，切实肩负起时代赋予的光荣使命。李长春希望当代青年自觉用中国特色社会主义理论体系武装头脑，努力成为中国特色社会主义共同理想的坚定信仰者；积极投身全面建设小康社会伟大实践，努力成为科学发展观的忠实执行者；勤奋刻苦学习，努力成为党和国家事业的合格建设者；勇于开拓创新，努力成为建设创新型国家的积极推动者；注重道德修养，努力成为社会主义核心价值体系的模范践行者，不断谱写无愧于前辈、无愧于时代的更加辉煌的篇章。

4. 中共中央举行纪念李先念同志诞辰 100 周年座谈会。6 月 23 日上午，中共中央在人民大会堂举行纪念李先念同志诞辰 100 周年座谈会。吴邦国、温家宝、贾庆林、李长春、习近平、李克强、周永康出席。胡锦涛在座谈会上发表重要讲话。贾庆林在主持座谈会时指出，胡锦涛总书记的重要讲话，回顾了李先念同志伟大光辉的一生，高度评价了李先念同志的丰功伟绩和崇高精神，号召全党全国各族人民特别是各级领导干部努力学习李先念同志的光辉思想、崇高品德、高尚风范，对于激励全党全国各族人民继承老一辈革命家的遗志，继续开创中国特色社会主义事业新局面具有重要指导意义。

5. 中共中央政治局常务委员会召开会议研究部署维护新疆社会稳定工作。7 月 8 日晚，中共中央总书记胡锦涛主持中央政治局常务委员会会议，研究部署维护新疆社会稳定工作。会议指出，维护和保持新疆社会大局稳定，是当前新疆最重要最紧迫的任务。要巩固和发展前一段工作成果，坚持维护社会稳定、维护社会主义法制、维护人民群众根本利益。会议强调，要高举各民族大团结旗帜，倍加珍惜各民族共同团结奋斗、共同繁荣发展的大好局面，坚决同不法分子的违法犯罪活动作斗争，自觉维护民族团结和社会稳定。会议号召，各级党委和政府要增强政治敏锐性和政治鉴别力，切实把思想统一到中央对形势的分析判断和对工作的决策部署上来，扎扎实实做好工作。各有关部门要齐心协力、加强协调，形成做好工作的合力。各级干部特别是领导干部要增强工作责任感，团结带领群众坚决做好保增长、保民生、保稳定各项工作。

6. 第八次全国归侨侨眷代表大会开幕。7 月 14 日，第八次全国归侨侨眷代表大会在北京人民大会堂开幕。胡锦涛、吴邦国、温家宝、贾庆林、李长春、习近平、李克强、贺国强、周永康等党和国家领导人到会祝贺。中共中央政治局委员、全国人大常委会副委员长王兆国代表党中央发表了题为《在实现中华民族伟大复兴中充分发挥广大归侨侨眷和海外侨胞的重要作用》的祝词。

7. 党和国家领导人出席第十一次驻外使节会议。7 月 17 日至 20 日，第十一次驻外使节会议在北京召开。中共中央总书记、国家主席、中央军委主席胡锦涛在会上发表重要讲话强调，坚持以邓小平理论和“三个代表”重要思想为指导，深入贯彻落实科学发展观，高举和平、发展、合作旗帜，坚持统筹国内国际两个大局，不断提高外交工作能力和水平，努力使我国在政治上更有影响力、经济上更有竞争力、形象上更有亲和力、道义上更有感召力，为全面建设小康社会、加快推进社会主义现代化营造良好国际环境和外部条件。党和国家领导人吴邦国、温家宝、贾庆林、李长春、习近平、李克强、贺国强、周永康出席会议。温家宝在会上讲话。

8. 召开中国共产党第十七届中央委员会第四次全体会议。9 月 15 日至 18 日，中国共产党第十七届中央委员会第四次全体会议在北京举行。全会由中央政治局主持，中央委员会总书记胡锦涛作重要讲话。全会听取和讨论胡锦涛受中央政治局委托作的工作报告，审议通过《中共中央关于加强和改进新形势下党的建设若干重大问题的决定》。《决定》从六个方面对加强和改进党的建设做出具体部署：建设马克思主义学习型政党，提高全党思想政治水平；坚持和健全民主集中制，积极发展党内民主；深化干部人事制度改革，建设善于推动科学发展、促进社会和谐的高素质干部队伍；做好抓基层打基础工作，夯实党执政的组织基础；弘扬党的优良作风，保持党同人民群众的血肉联系；加快推进惩治和预防腐败体系建设，深入开展反腐败斗争。习近平就《决定（讨论稿）》向全会作了说明。全会认为，我们党在长期执政实践中，探索形成了我们党作为马克思主义执政党加强自身建设的基本经验，这就是：坚持把思想理论建设放在首位，提高全党马克思主义水平；坚持把推进党的建设伟大工程同推进党领导的伟大事业紧密结合起来，保证党始终成为社会主义事业的坚强领导核心；坚持以执政能力建设和先进性建设为主线，保证党始终走在时代前列；坚持立党为公、执政为民，保持党同人民群众的血肉联系；坚持改革创新，增强党的生机活力；坚持党要管党、从严治党，提高管党治党水平。这些基本经验，必须倍加重视、倍加珍惜，必须作为加强和改进新形势下党的建设的重要指导原则长期坚持，并在实践中不断丰富发展。全会提出，加强和改进新形势下党的建设，必须全面贯彻党的十七大关于党的建设总体部署，按照党章要求，着眼于继续解放思想、坚持改革开放、推动科学发展、促进社会和谐，着眼于提高党的执政能力、保持和发展党的先进性，着眼于增强全党为党和人民事业不懈奋斗的使命感和责任感，着眼于保持党同人民群众的血肉联系，突出重点，突破难点，全面推进思想建设、组织建设、作风建设、制度建设和反腐倡廉建设，提高党的建设科学化水平，进一步把党建设成为立党为公、执政为民，求真务实、改革创新，艰苦奋斗、清正廉洁，富有活力、团结和谐的马克思主义执政党，确保党始终是中国工人阶级的先锋队、同时是中国人民和中华民族的先锋队。全会号召，全党要紧密团结在以胡锦涛同志为总书记的党中央周围，高举中国特色社会主义伟大旗帜，全面贯彻党的十七大精神，以改革创新精神全面推进党的建设新的伟大工程，团结带领全国各族人民为把党和国家事业继续推向前进而努力奋斗，永远不辜负人民的信任和期望！

9. 召开第五次全国民族团结进步表彰大会。9 月 29 日上午，国务院第五次全国民族团结进步表彰大会在北京举行。党和国家领导人吴邦国、温家宝、贾庆林、李长春、习近平、李克强、贺国强、周永康出席大会。大会由温家宝主持。中共中央总书记、国家主席、中央军委主席胡锦涛出席大会并发表重要讲话，强调我国民族团结进步事业，是中国特色社会主义事业的重要组成部分。我国各民族团结进步是中华民族的生命所在、力量所在、希望所在。胡锦涛就推进我国民族团结进步事业提出4点要求。第一，进一步推动各民族共同团结奋斗、共同繁荣发展，高举各民族大团结旗帜，不断巩固和发展平等团结互助和谐的社会主义民族关系，显著加快民族地区保障和改善民生进程，让各族人民共享改革发展成果。第二，进一步推动民族团结进步事业创新发展，总结和发扬成功经验，探索和创新工作思路，不断丰富民族团结进步事业内涵、创新民族团结进步事业活动。第三，进一步动员全社会投身民族团结进步事业，增强广大干部群众维护民族团结的自觉性和坚定性，使维护民族团结、维护社会稳定、维护祖国统一成为各族人民的共同意志和自觉行动。第四，进一步加强和改进党对民族团结进步事业的领导，不断提高驾驭和解决新形势下民族问题能力，推进民族工作制度化、规范化。

10. 隆重庆祝中华人民共和国成立60周年。10月1日上午，首都各界庆祝中华人民共和国成立60周年大会在北京天安门广场隆重举行，20万军民以盛大的阅兵仪式和群众游行欢庆节日。中共中央总书记、国家主席、中央军委主席胡锦涛检阅受阅部队，并发表重要讲话。江泽民、吴邦国、温家宝、贾庆林、李长春、习近平、李克强、贺国强、周永康等出席庆祝大会。胡锦涛在讲话中指出，新中国60年的发展进步充分证明，只有社会主义才能救中国，只有改革开放才能发展中国、发展社会主义、发展马克思主义。中国人民有信心、有能力建设好自己的国家，也有信心、有能力为世界作出自己应有的贡献。胡锦涛强调，我们将坚定不移坚持中国特色社会主义道路，全面贯彻执行党的基本理论、基本路线、基本纲领、基本经验，继续解放思想，坚持改革开放，推动科学发展，促进社会和谐，推进全面建设小康社会进程，不断开创中国特色社会主义事业新局面、谱写人民美好生活新篇章。我们将坚定不移坚持“和平统一、一国两制”的方针，保持香港、澳门长期繁荣稳定，推动海峡两岸关系和平发展，继续为实现祖国完全统一这一中华民族的共同心愿而奋斗。我们将坚定不移坚持独立自主的和平外交政策，坚持和平发展道路，奉行互利共赢的开放战略，在和平共处五项原则基础上同所有国家发展友好合作，继续同世界各国人民一道推进人类和平与发展的崇高事业，推动建设持久和平、共同繁荣的和谐世界。中国人民解放军和人民武装警察部队要发扬光荣传统，加强自身建设，切实履行使命，为维护国家主权、安全、领土完整，为维护世界和平再立新功。胡锦涛最后指出，展望未来，中国的发展前景无限美好。全党全军全国各族人民要更加紧密地团结起来，高举中国特色社会主义伟大旗帜，与时俱进，锐意进取，继续朝着建设富强民主文明和谐的社会主义现代化国家、实现中华民族伟大复兴的宏伟目标奋勇前进，继续以自己的辛勤劳动和不懈奋斗为人类作出新的更大的贡献。

11. 党和国家领导人到八宝山革命公墓送别著名科学家钱学森同志。中国共产党的优秀党员，忠诚的共产主义战士，享誉海内外的杰出科学家和我国航天事业的奠基人，中国科学院、中国工程院资深院士，中国人民政治协商会议第六届、七届、八届全国委员会副主席钱学森同志，因病于2009年10月31日8时6分在北京逝世，享年98岁。钱学森同志病重期间和逝世后，胡锦涛、江泽民、吴邦国、温家宝、贾庆林、李长春、习近平、李克强、贺国强、周永康等同志，前往医院看望或通过各种形式对钱学森同志的逝世表示沉痛哀悼并向其亲属表示深切慰问。11月6日，胡锦涛、江泽民、吴邦国、温家宝、贾庆林、李长春、习近平、李克强、贺国强、周永康等到八宝山革命公墓送别。

12. 国家主席胡锦涛同美国总统奥巴马举行会谈。美国总统奥巴马访华，胡锦涛就进一步推进中美关系发展，提出五点重要主张：一、持之以恒增进中美战略互信。二、保持密切高层交往和其他各级别对话磋商。三、加强宏观经济金融政策协调。四、继续推进各领域交流合作。五、共同应对各种地区和全球性挑战。奥巴马完全同意胡锦涛关于进一步加强两国关系的五点意见。他表示，美国不寻求遏制中国，欢迎一个强大、繁荣、成功和在国际事务中发挥更大作用的中国。双方一致同意，共同努力建设21世纪积极合作全面的中美关系，并将采取切实行动稳步建立应对共同挑战的伙伴关系。

13. 召开中央经济工作会议。12月5日至7日，中央经济工作会议在北京召开。中共中央总书记、国家主席、中央军委主席胡锦涛发表重要讲话。吴邦国、温家宝、贾庆林、李长春、习近平、李克强、贺国强、周永康出席会议。会议提出，明年经济工作的总体要求是：全面贯彻党的十七大和十七届三中、四中全会精神，以邓小平理论和“三个代表”重要思想为指导，深入贯彻落实科学发展观，保持宏观经济政策的连续性和稳定性，继续实施积极的财政政策和适度宽松的货币政策，根据新形势新情况着力提高政策的针对性和灵活性，特别是要更加注重提高经济增长质量和效益，更加注重推动经济发展方式转变和经济结构调整，更加注重推进改革开放和自主创新、增强经济增长活力和动力，更加注重改善民生、保持社会和谐稳定，更加注重统筹国内国际两个大局，努力实现经济平稳较快发展。会议提出了明年经济工作的主要任务。一、提高宏观调控水平，保持经济平稳较快发展。二、加大经济结构调整力度，提高经济发展质量和效益。三、夯实“三农”发展基础，扩大内需增长空间。四、深化经济体制改革，增强经济发展动力和活力。五、推动出口稳定增长，促进国际收支平衡。六、着力保障和改善民生，全力维护社会稳定。会议强调，全党全国要更加紧密地团结在以胡锦涛同志为总书记的党中央周围，高举中国特色社会主义伟大旗帜，同心同德，顽强拼搏，为全面实现“十一五”时期经济社会发展目标、夺取全面建设小康社会新胜利而努力奋斗。

14. 温家宝出席哥本哈根联合国气候变化领导人会议并发表重要讲话。12月18日，国务院总理温家宝在哥本哈根出席联合国气候变化领导人会议，并发表题为《凝聚共识　加强合作　推进应对气候变化历史进程》的重要讲话，全面阐述中国政府应对气候变化问题的立场、主张和举措。强调，中国政府确定减缓温室气体排放的目标是中国根据国情采取的自主行动，是对中国人民和全人类负责的，不附加任何条件，不与任何国家的减排目标挂钩。我们言必信、行必果，无论本次会议达成什么成果，都将坚定不移地为实现、甚至超过这个目标而努力，为应对气候变化作出不懈努力和积极贡献。

15. 召开中央农村工作会议。12 月 27 日至 28 日，中央农村工作会议在北京举行。会议认真贯彻党的十七大和十七届三中、四中全会以及中央经济工作会议精神，系统总结 2009 年农业农村工作，重点研究加大统筹城乡发展力度、进一步夯实农业农村发展基础的政策措施，全面部署 2010 年的农业农村工作。党中央、国务院高度重视这次会议。会前，中央政治局常委会议、国务院常务会议和中央农村工作领导小组会议专门研究审议了会议文件，对开好会议提出了明确要求。会议讨论了《中共中央、国务院关于加大统筹城乡发展力度，进一步夯实农业农村发展基础的若干意见（讨论稿）》。中共中央政治局委员、国务院副总理回良玉出席会议并讲话。

二、经济政治文化社会建设

（一）经济建设

1. 国务院批复《珠江三角洲地区改革发展规划纲要（2008—2020 年）》。1 月 8 日，国务院新闻办就国务院批复《珠江三角洲地区改革发展规划纲要（2008—2020 年）》召开新闻发布会。珠三角地区包括广东省的广州、深圳、珠海等 9 个城市，是我国改革开放的先行地区，经济市场化和外向程度最高，地区生产总值 1998 年超过新加坡，2003 年超过香港地区，2007 年超过台湾地区，赶超亚洲“四小龙”的目标已经完成大半。规划纲要赋予珠三角地区新定位，即：探索科学发展模式试验区、深化改革先行区、扩大开放的重要国际门户、世界先进制造业和现代服务业基地、全国重要的经济中心。纲要提出到 2020 年，分阶段形成以现代服务业和先进制造业为主的产业结构及具有世界先进水平的科技创新能力，形成粤港澳三地分工合作、优势互补、全球最具核心竞争力的大都市圈之一，人均地区生产总值达到 135000 元，服务业增加值比重达到 60%。该规划纲要的获批，标志着珠江三角洲地区的改革开放和经济社会发展从此进入一个新的阶段。

2. 国家统计局公布 2008 年国民经济统计数据。1 月 22 日，国家统计局公布了 2008 年国民经济统计数据，初步核算，全年国内生产总值 300670 亿元，比上年增长 9.0%。分季度看，一季度增长 10.6%，二季度增长 10.1%，三季度增长 9.0%，四季度增长 6.8%。分产业看，第一产业增加值 34000 亿元，增长 5.5%；第二产业增加值 146183 亿元，增长 9.3%；第三产业增加值 120487 亿元，增长 9.5%。2008 年经济总体增长较快、价格回稳、结构优化、民生改善。

3. 中共中央政治局以中国特色农业现代化道路研究为内容进行集体学习。1 月 23 日下午，中共中央政治局进行第十一次集体学习。中国农业大学何秀荣教授、国务院发展研究中心韩俊研究员就这个问题进行讲解，并谈了他们对推进农村改革发展的意见和建议。中共中央政治局各位同志认真听取了他们的讲解，并就有关问题进行了讨论。胡锦涛在主持学习时发表讲话指出，走中国特色农业现代化道路，是顺应世界农业发展普遍规律、立足我国国情的必然选择，是统筹城乡发展、协调推进工业化和城镇化的必然要求，是建设社会主义新农村、促进农业可持续发展的必由之路。各级党委和政府要按照党的十七届三中全会确立的新形势下推进农村改革发展的总体思路，把建设社会主义新农村作为战略任务，把走中国特色农业现代化道路作为基本方向，把加快形成城乡经济社会发展一体化新格局作为根本要求，坚持工业反哺农业、城市支持农村和多予少取放活方针，推动农村经济社会又好又快发展。

4.《中共中央国务院关于2009年促进农业稳定发展农民持续增收的若干意见》发表。2月2日，《人民日报》发表《中共中央国务院关于2009年促进农业稳定发展农民持续增收的若干意见》，《意见》共分五个部分：一、加大对农业的支持保护力度；二、稳定发展农业生产；三、强化现代农业物质支撑和服务体系；四、稳定完善农村基本经营制度；五、推进城乡经济社会发展一体化。

5. 中共中央政治局以世界经济形势和推动我国经济又好又快发展为内容进行集体学习。2月23日下午，中共中央政治局进行第十二次集体学习。国务院发展研究中心赵晋平研究员、国家发展和改革委员会宏观经济研究院毕吉耀研究员就这个问题进行讲解，并谈了意见和建议。中共中央政治局各位同志认真听取了他们的讲解，并就有关问题进行了讨论。胡锦涛在主持学习时发表讲话强调，我们一定要增强忧患意识和机遇意识，既充分认识世界经济环境急剧变化给我国经济发展提出的新问题新挑战，又充分认识我国经济发展的基本态势和长期向好趋势；既做好应对世界经济最困难最复杂局面的充分准备，又统筹国内国际两个大局、善于从国际国内条件的相互转化中用好发展机遇、创造发展条件，审时度势、科学决策、周密部署、扎实工作，继续推动经济又好又快发展。

6. 温家宝出席达沃斯世界经济论坛。1月28日，国务院总理温家宝出席在瑞士达沃斯举行的世界经济论坛2009年年会并发表了题为《坚定信心　加强合作　推动世界经济新一轮增长》的特别致词，全面阐述了中国对世界金融经济形势的看法和主张以及采取的政策举措，表示中国完全有信心、有条件、有能力保持经济平稳较快发展，继续为世界经济发展做出积极贡献。温家宝提出五点意见：一是深化国际经贸合作，推进多边贸易体制健康发展；二是推动国际金融体系改革，加快建立国际金融新秩序；三是加强国际金融监管合作，防范金融风险积聚和扩散；四是切实保护发展中国家利益，促进世界经济共同发展；五是协同应对全球性问题挑战，建设人类共有的美好家园。

7. 国务院常务会议审议并原则通过关于推进上海加快发展现代服务业和先进制造业、建设国际金融中心和国际航运中心的意见。3月25日，国务院总理温家宝主持召开国务院常务会议，审议并原则通过关于推进上海加快发展现代服务业和先进制造业、建设国际金融中心和国际航运中心的意见，决定提高部分产品出口退税率。会议提出，到2020年，将上海基本建成与我国经济实力和人民币国际地位相适应的国际金融中心、具有全球航运资源配置能力的国际航运中心。主要任务是：（1）建设比较发达的多功能、多层次金融市场体系。（2）优化现代航运集疏运体系，实现多种运输方式一体化发展。（3）发挥先进制造业优势，为服务业发展提供有力支撑，以服务业发展带动先进制造业的更大发展。（4）坚持以改革促发展，以改革解难题，以改革建制度。（5）加强上海与长三角地区以及国内其他中心城市的相互协作和支持，加强与香港的优势互补和战略合作，形成分工合理、相互促进、共同发展的格局。

8. 胡锦涛出席二十国集团领导人第二次金融峰会。4月2日，二十国集团领导人第二次金融峰会在英国首都伦敦举行。国家主席胡锦涛出席会议并发表了题为《携手合作　同舟共济》的重要讲话，提出：第一，进一步坚定信心。第二，进一步加强合作。第三，进一步推进改革。第四，进一步反对保护主义。第五，进一步支持发展中国家。胡锦涛主席出席峰会取得五方面重大成果：一、阐明了中方应对国际金融危机的看法。二、提出了中方关于国际金融体系改革的主张。三、宣介我国应对危机的举措和取得的初步成效。四、表明了反对保护主义、关注发展问题的鲜明立场。五、推动了与有关国家双边关系发展。

9.《国务院关于支持福建省加快建设海峡西岸经济区的若干意见》发布。5月14日，中国政府网全文刊登《国务院关于支持福建省加快建设海峡西岸经济区的若干意见》。在这份文件中，海峡西岸经济区的战略定位为两岸人民交流合作的先行先试区域，服务周边地区发展新的对外开放的综合通道，东部沿海地区先进制造业的重要基地，我国重要的自然和文化旅游中心。《若干意见》共分9部分，包括"充分认识支持福建省加快建设海峡西岸经济区的战略意义，明确总体要求和发展目标"，"发挥独特的对台优势，努力构筑两岸交流合作的前沿平台"，"加快现代化基础设施建设，强化发展保障"，"增强自主创新能力，推进产业结构升级"，"统筹区域内协调发展，促进互动融合"，"全面深化改革开放，增强经济社会发展动力活力"，"加快社会事业发展，促进社会和谐"，"加快生态文明建设，实现经济社会可持续发展"，"加强组织领导，落实保障措施"。

10. 中共中央政治局以中国特色军民融合式发展路子研究为内容进行第十五次集体学习。7月24日上午，胡锦涛主持中共中央政治局进行集体学习。中国人民解放军国防大学战略教研部金一南教授、国防大学经济研究中心姜鲁鸣教授就中国特色军民融合式发展路子问题进行讲解，并谈了他们的意见和建议。中共中央政治局各位同志认真听取了他们的讲解，并就有关问题进行了讨论。胡锦涛在主持学习时强调，在新的历史条件下，我们要按照党的十七大提出的要求，站在国家安全和发展战略全局的高度，坚持军民融合式发展，推动国防建设和经济建设良性互动，确保在全面建设小康社会进程中实现富国和强军的统一，确保军队有效履行新世纪新阶段历史使命。

11. 国务院讨论并原则通过《关于进一步实施东北地区等老工业基地振兴战略的若干意见》。8月17日，国务院总理、国务院振兴东北地区等老工业基地领导小组组长温家宝主持召开领导小组会议，讨论并原则通过《关于进一步实施东北地区等老工业基地振兴战略的若干意见》。要着重抓好以下工作：（1）优化经济结构，建立现代产业体系。（2）推进企业技术进步，全面提升自主创新能力。（3）加快发展现代农业，不断巩固和发展农业基础地位。（4）加强基础设施建设，为东北地区全面振兴创造条件。（5）积极推进资源型城市转型，促进可持续发展。（6）切实保护好生态环境，大力发展绿色经济。（7）着力解决民生问题，加快推进社会事业发展。（8）深化省区协作，推动区域经济一体化发展。（9）继续深化改革开放，增强经济社会发展活力。

12. 中共中央政治局以新中国成立以来对社会主义现代化的认识和实践为内容进行第十六次集体学习。9月9日上午，胡锦涛主持中共中央政治局进行集体学习。中央党史研究室第二研究部郑谦研究员、国务院发展研究中心发展战略和区域经济研究部张军扩研究员就这个问题进行讲解，并谈了他们的意见和建议。中共中央政治局各位同志认真听取了他们的讲解，并就有关问题进行了讨论。胡锦涛在主持学习时发表讲话强调，回顾和总结新中国成立以来我们党团结带领人民推进社会主义现代化的长期实践，可以得出很多重要启示，感受最深的有四点。一是要坚持解放思想、实事求是、与时俱进，着力探索和把握我国社会主义现代化规律。二是要坚持以经济建设为中心，着力推进全面协调可持续的科学发展。三是要坚持加强制度建设，着力构建有利于科学发展的体制机制。四是要坚持正确处理改革发展稳定关系，着力保持社会大局稳定。

13. 胡锦涛出席联合国气候变化峰会。9 月 22 日，联合国气候变化峰会在纽约联合国总部举行，国家主席胡锦涛出席峰会开幕式并发表重要讲话。他强调，中国高度重视和积极推动以人为本、全面协调可持续的科学发展，明确提出了建设生态文明的重大战略任务，强调要坚持节约资源和保护环境的基本国策，坚持走可持续发展道路，在加快建设资源节约型、环境友好型社会和建设创新型国家的进程中不断为应对气候变化作出贡献。

14. 国务院常务会议讨论并原则通过《促进中部地区崛起规划》。9 月 23 日，国务院总理温家宝主持召开国务院常务会议，讨论并原则通过《促进中部地区崛起规划》。会议指出，包括山西、安徽、江西、河南、湖北和湖南六省在内的中部地区，是我国重要粮食生产基地、能源原材料基地、装备制造业基地和综合交通运输枢纽，在经济社会发展格局中占有重要地位。会议提出，实施《促进中部地区崛起规划》，争取到 2015 年，中部地区实现经济发展水平显著提高、发展活力进一步增强、可持续发展能力明显提升、和谐社会建设取得新进展的目标。为此，一要以加强粮食生产基地建设为重点，积极发展现代农业。二要按照优化布局、集中开发、高效利用、精深加工、安全环保的原则，巩固和提升重要能源原材料基地地位。三要以核心技术、关键技术研发为着力点，建设现代装备制造业及高技术产业基地。四要优化交通资源配置，强化综合交通运输枢纽地位。五要加快形成沿长江、陇海、京广和京九“两横两纵”经济带，积极培育充满活力的城市群；推进老工业基地振兴和资源型城市转型，发展县域经济，加快革命老区、民族地区和贫困地区发展。六要努力发展循环经济，提高资源节约和综合利用水平。七要优先发展教育，繁荣文化体育事业，增强基本医疗和公共卫生服务能力，千方百计扩大就业，完善社会保障体系。八要以薄弱环节为突破口，加快改革开放和体制机制创新，不断增强发展动力和活力。

15. 创业板在深圳证交所开市。10 月 23 日，历经十年筹备，我国创业板市场在深圳正式启动。中共中央政治局委员、广东省委书记汪洋和中国证监会主席尚福林共同为创业板开板。尚福林在开板仪式上表示，建立和发展创业板市场是我国经济社会发展的内在要求。推出创业板，是党中央、国务院从经济社会发展全局做出的战略决策，适应了国际国内经济金融形势发展变化的要求，标志着我国多层次资本市场体系建设迈出了重要一步，对我国资本市场乃至经济社会持续健康发展都具有重要的意义。

16. 中国经济“保八”成定局。应对国际金融危机冲击，党中央、国务院果断采取包括4万亿投资、十大产业调整振兴规划在内的一揽子计划，保持经济平稳较快发展。通过全国人民一年的努力，2009年中国经济率先实现V形反转，经济增速呈逐季加快态势。10月23日，国家统计局发言人宣布，三季度GDP同比增长8.9%，全年“保八”没有悬念。在整个应对金融危机过程中，我国还始终把改善民生摆在重要位置，包括提高退休职工待遇和保障水平、推进医疗改革等。

17. 国务院正式批复图们江区域开发规划纲要，将建设长吉图开发开放先导区。11月16日，《人民日报》报道：国务院已正式批复《中国图们江区域合作开发规划纲要——以长吉图为开发开放先导区》，标志着长吉图开发开放先导区建设已上升为国家战略，成为迄今唯一一个国家批准实施的沿边开发开放区域。图们江区域是我国参与东北亚地区合作的重要平台。国务院在批复中指出，以吉林省为主体的图们江区域在我国沿边开放格局中具有重要战略地位，加快图们江区域合作开发，是新时期我国提升沿边开放水平、促进边疆繁荣稳定的重大举措。

18. 国务院常务会议讨论并原则通过《关于加快发展旅游业的意见》。11月25日，国务院总理温家宝主持召开国务院常务会议，讨论并原则通过《关于加快发展旅游业的意见》。会议认为，近年来，我国旅游业快速发展，但仍面临发展方式粗放、基础设施建设滞后、服务质量水平不高等问题，必须加强统筹规划，从改革、开放、服务、管理入手，着力提升发展质量，把旅游业培育成国民经济的战略性支柱产业和人民群众更加满意的现代服务业。

19. 国务院常务会议研究确定我国控制温室气体排放行动目标。11月25日，国务院总理温家宝主持召开国务院常务会议，研究部署应对气候变化工作，决定到2020年我国控制温室气体排放的行动目标，并提出相应的政策措施和行动。会议决定，到2020年我国单位国内生产总值二氧化碳排放比2005年下降40%—45%，作为约束性指标纳入国民经济和社会发展中长期规划，并制定相应的国内统计、监测、考核办法。会议决定，通过大力发展可再生能源、积极推进核电建设等行动，到2020年我国非化石能源占一次能源消费的比重达到15%左右；通过植树造林和加强森林管理，森林面积比2005年增加4000万公顷，森林蓄积量比2005年增加13亿立方米。

20. 中共中央政治局召开会议分析研究2010年经济工作。11月27日，中共中央政治局召开会议，分析研究明年经济工作。中共中央总书记胡锦涛主持会议。会议强调，明年是实施“十一五”规划的最后一年，做好经济工作，对于进一步有效应对国际金融危机冲击、巩固经济回升基础，为“十二五”规划启动实施创造良好条件至关重要。要全面贯彻党的十七大和十七届三中、四中全会精神，以邓小平理论和“三个代表”重要思想为指导，深入贯彻落实科学发展观，保持宏观经济政策的连续性和稳定性，继续实施积极的财政政策和适度宽松的货币政策，根据新形势新情况着力提高政策的针对性和灵活性，特别是要更加注重提高经济增长质量和效益，更加注重推动经济发展方式转变和经济结构调整，更加注重推进改革开放和自主创新、增强经济增长活力和动力，更加注重改善民生、保持社会和谐稳定，更加注重统筹国内国际两个大局，努力实现经济平稳较快发展

（二）政治建设

1. 新一轮地方政府机构改革方案启

动。1月15日，根据中央编办消息，全国范围的新一轮地方政府机构改革已进入方案审批和实施阶段，上海、重庆、陕西、河南、宁夏、云南、吉林、黑龙江、内蒙古、湖北、安徽、西藏、海南、青海、新疆等15个省（区、市）的政府机构改革方案已经获批，并陆续实施。其他省（区、市）政府机构改革方案也将在近期上报中央。这次地方政府机构改革，既注意与国务院机构改革的衔接，又充分考虑地方实际，注重政策的指导性和可行性，给地方探索创新留出空间。

2. 国家统计局进行“社会各阶层思想动态调查”。《人民日报》1月24日报道：2008年11月，国家统计局以了解社会各阶层对党和国家发展方向、发展形势、发展政策的评价为重点，进行了“社会各阶层思想动态调查”。调查以问卷方式为主，在全国范围内东、中、西和东北地区18个地级市的500多个居委会、20个县（县级市）的100个村镇展开，共发放样本10000个，其中城镇7000个、农村3000个，同时辅以调研座谈的方式。调查显示，人们对党和国家发展方向、发展道路、发展政策具有很高的支持率和认同度，中国特色社会主义具有广泛而深厚的社会思想基础。特别是在举办大事、应对难事过程中，党和政府的驾驭能力、处置能力得到高度赞誉，各阶层众志成城、共克时艰、推进改革建设的信心进一步增强，全社会的凝聚力向心力明显提升。

3. 中共中央政治局召开会议讨论《政府工作报告》稿。2月23日，中共中央政治局召开会议，讨论国务院拟提请第十一届全国人民代表大会第二次会议审议的《政府工作报告》稿。中共中央总书记胡锦涛主持会议。会议指出，做好今年的政府工作，必须把握好扩内需、保增长，调结构、上水平，抓改革、增活力，重民生、促和谐的原则。要以应对国际金融危机、促进经济平稳较快发展为主线，统筹兼顾，突出重点，全面实施促进经济平稳较快发展的一揽子计划，大规模增加政府投资，大范围实施调整振兴产业规划，大力推进自主创新，大幅度提高社会保障水平。要加强和改善宏观调控，保持经济平稳较快发展；积极扩大国内需求特别是消费需求，增强内需对经济增长的拉动作用；巩固和加强农业基础地位，促进农业稳定发展和农民持续增收；加快转变发展方式，大力推进经济结构战略性调整；继续深化改革开放，进一步完善有利于科学发展的体制机制；大力发展社会事业，着力保障和改善民生，维护社会和谐稳定；推进政府自身建设，提高驾驭经济社会发展全局的能力。全党全国要在党中央领导下，坚定必胜信心，勇敢面对挑战，齐心协力，扎实工作，锐意进取，奋力把改革开放和社会主义现代化建设推向前进。

4. 吴邦国强调深入领会宪法精神，牢固树立宪法意识。2月28日上午，吴邦国委员长主持十一届全国人大常委会第八讲专题讲座。此次专题讲座的主讲人是全国人大常委会委员、全国人大法律委员会主任委员胡康生，讲座题目是《学习宪法　忠于宪法　维护宪法权威》。他从宪法确定的基本原则，我国的根本政治制度，社会主义初级阶段的基本经济制度，国家尊重和保障人权以及保障宪法实施、维护宪法权威五个方面作了详细讲解。胡康生说，坚持中国共产党的领导是宪法确定的一项基本原则。中国共产党的领导地位是历史形成的，中国特色政党制度是由中国国情决定的，中国共产党的领导是发展中国特色社会主义事业的政治保证。宪法规定的人民代表大会制度是我国的根本政治制度，是中国人民当家做主的根本途径和最高实现形式。实践证明，人民代表大会制度是符合我国国情的，必须坚定不移地坚持它并在实践中完善它。胡康生还就保障宪法实施、维护宪法权威提出了三点建议：必须保持宪法稳定；深入学习宪法，增强政治鉴别力；切实保障宪法实施，推进依法治国。吴邦国指出，宪法是国家的根本大法，它确认了我国各族人民奋斗的成果，规定了国家的根本制度、根本任务、公民的基本权利和义务以及国家生活的基本原则，在中国特色社会主义法律体系中居核心地位、起统帅作用，是治国安邦的总章程，是保持国家统一、民族团结、经济发展、社会进步和长治久安的基础，是党执政兴国、带领全国各族人民建设和发展中国特色社会主义的法制保障，具有最大的权威性和最高的法律效力。吴邦国强调，在人大工作的同志要带头学习宪法，模范遵守宪法，深入领会宪法精神，牢固树立宪法意识，在重大原则问题上保持清醒头脑，增强政治敏锐性和政治鉴别力，从巩固党的执政地位、保障最广大人民根本利益、实现国家长治久安的高度，旗帜鲜明地维护宪法的尊严和权威。

5. 温家宝与网友在线交流。28 日下午，全国两会召开前夕，中共中央政治局常委、国务院总理温家宝来到中国政府网访谈室，与网友在线交流，并接受中国政府网和新华网的联合专访。温家宝说对网友们说，我一直认为群众有权利知道政府在想什么、做什么，并且对政府的政策提出批评意见，政府也需要问政于民、问计于民，推进政务公开和决策的民主化。今天的在线交流应该是一次谈心，或者说用心谈话，就是把真实情况告诉大家，倾听群众真实的声音。这是中国政府总理首次与网友进行实时交流，中国政府网和新华网全程进行文字和视频直播。两个小时的在线交流中，温家宝就教育改革和发展、医疗卫生改革、灾区重建、反腐倡廉、社会保障、缩小收入差距、两岸关系发展、中美关系以及个人工作生活情况等方面回答了网友提出的 29 个问题。

6. 中国人民政治协商会议第十一届全国委员会第二次会议开幕。3 月 3 日下午，中国人民政治协商会议第十一届全国委员会第二次会议在人民大会堂开幕。党和国家领导人胡锦涛、吴邦国、温家宝、李长春、习近平、李克强、贺国强、周永康等出席，祝贺大会召开。贾庆林代表政协第十一届全国委员会常务委员会，向大会报告工作。贾庆林从 6 个方面总结了过去一年人民政协的工作。贾庆林强调，2009 年，人民政协工作的总体思路是：全面贯彻中共十七大和十七届二中、三中全会精神，高举中国特色社会主义伟大旗帜，以邓小平理论和“三个代表”重要思想为指导，深入贯彻落实科学发展观，继续贯彻《中共中央关于加强人民政协工作的意见》，系统总结人民政协成立 60 年的宝贵经验，把保持经济平稳较快发展作为首要任务，把维护社会和谐稳定作为重要责任，认真履行政治协商、民主监督、参政议政职能，坚定信心、迎难克艰，为继续全面建设小康社会、加快推进社会主义现代化凝聚强大力量，作出积极贡献。贾庆林指出，新的一年，人民政协要着力用科学发展观指导推动工作，着力推动经济平稳较快发展，着力促进民生改善与社会和谐稳定，着力加强同港澳台侨同胞的大团结大联合，着力拓展人民政协的对外友好交往，着力加强人民政协的自身建设，在中国特色社会主义政治发展道路上把人民政协事业不断推向前进。

7. 第十一届全国人民代表大会第二次

会议在人民大会堂开幕。3 月 5 日上午，第十一届全国人民代表大会第二次会议在人民大会堂开幕。会议由大会主席团常务主席、执行主席吴邦国主持。胡锦涛、温家宝、贾庆林、李长春、习近平、李克强、贺国强、周永康等出席。温家宝代表国务院向大会作政府工作报告。报告共分三个部分：一、2008 年工作回顾；二、2009 年工作总体部署；三、2009 年主要任务。温家宝说，2009 年的政府工作，要以应对国际金融危机、促进经济平稳较快发展为主线，统筹兼顾，突出重点，全面实施促进经济平稳较快发展的一揽子计划。要着力抓好七方面工作：加强和改善宏观调控，保持经济平稳较快发展；积极扩大国内需求特别是消费需求，增强内需对经济增长的拉动作用；巩固和加强农业基础地位，促进农业稳定发展和农民持续增收；加快转变发展方式，大力推进经济结构战略性调整；继续深化改革开放，进一步完善有利于科学发展的体制机制；大力发展社会事业，着力保障和改善民生；推进政府自身建设，提高驾驭经济社会发展全局的能力。

8. 国务院召开第二次廉政工作会议。3 月 24 日，国务院召开第二次廉政工作会议，李克强、贺国强等出席。国务院总理温家宝在会上发表讲话强调加强廉政建设，为经济平稳较快发展提供有力保障。要重点抓好四个方面工作：正确履行政府职能，创造良好发展环境；落实改善民生政策措施，有效维护群众利益；强化对行政权力的制约监督，确保权力不被滥用；政府要带头勤俭节约，确保资金用到最急需的地方。

9. 中共中央办公厅、国务院办公厅印发《关于加强和改进村民委员会选举工作的通知》。5 月 31 日，《人民日报》全文发表中共中央办公厅、国务院办公厅印发的《关于加强和改进村民委员会选举工作的通知》。《通知》指出，近年来，村民委员会选举工作在全国各地农村深入开展，对保障村民实行自治、发展农村基层民主发挥了重要作用。但也应看到，有的地方村民委员会选举竞争行为不规范、贿选现象严重，影响了选举的公正性；有的地方没有严格执行村民委员会选举的法律法规和相关政策，影响了村民的参与热情；有的地方对村民委员会选举中产生的矛盾纠纷化解不及时，影响了农村社会稳定。为进一步做好当前和今后一个时期的村民委员会选举工作，保障村民委员会选举的公正有序，保障村民享有更多更切实的民主权利，推动农村经济平稳较快发展，确保农村社会和谐稳定，经党中央、国务院同意，现就加强和改进村民委员会选举工作通知如下：一、充分认识加强和改进村民委员会选举工作的重要意义；二、切实加强村民委员会选举前的各项准备工作；三、依法规范村民委员会选举程序；四、扎实做好村民委员会选举后续工作；五、坚决查处村民委员会选举中的贿选等违法违纪行为；六、加强对村民委员会选举工作的组织领导。

10. 首个《中国法治建设年度报告(2008 年)》发布。6 月 2 日，《中国法治建设年度报告（2008 年)》由中国法学会正式对外发布。这是我国首次就法治建设发布年度报告。报告显示，2008 年中国法治建设成就巨大：立法、执法、司法、普法、法律监督、法制宣传、法学教育、法学研究等各个环节整体推进；在举办北京奥运会、应对特大自然灾害和国际金融危机中，彰显了法治的促进、保障和服务作用等。许多专家表示，在一个拥有 13 亿人口的发展中大国进行社会主义法治建设，是一项前无古人的伟大实践。法治年度报告的发布，标志着我国对法治建设的重视程度提升到一个新高度。

11. 吴邦国强调进一步加强和改进立法工作，确保到2010年法律体系形成。6月27日，中共中央政治局常委、全国人大常委会委员长吴邦国在十一届全国人大常委会第九次会议闭幕会上强调，今明两年是形成中国特色社会主义法律体系的关键时期，立法工作的任务艰巨而繁重。要进一步加强和改进立法工作，确保到2010年形成中国特色社会主义法律体系。吴邦国指出，到2010年形成中国特色社会主义法律体系，是党的十五大提出的新时期立法工作总体目标。经过各方面共同努力，到上届末，中国特色社会主义法律体系已经基本形成。本届全国人大常委会结合新形势和新任务，确定了以形成中国特色社会主义法律体系为目标、以提高立法质量为重点的立法工作思路，科学回答了形成中国特色社会主义法律体系必须坚持的若干重大原则，及时制定了五年立法规划，坚持“两手抓”，一是抓紧制定在法律体系中起支架作用的重要法律，二是集中力量开展法律清理工作，以确保到2010年形成中国特色社会主义法律体系。

12. 胡锦涛出席新疆维吾尔自治区干部大会并发表重要讲话。8月25日上午，新疆维吾尔自治区干部大会在乌鲁木齐召开。正在新疆考察工作的中共中央总书记、国家主席、中央军委主席胡锦涛出席大会并发表重要讲话。他强调，要深刻认识新中国成立以来特别是改革开放以来新疆发生的沧桑巨变，倍加珍惜来之不易的大好局面，紧紧抓住国家深入实施西部大开发战略的宝贵机遇，坚持一手抓改革发展一手抓团结稳定，加快建设繁荣富裕和谐的社会主义新疆。

（三）文化建设

1. 李长春出席全国宣传部长会议并讲话。1月4日至5日，全国宣传部长会议在北京举行。中共中央政治局常委李长春出席会议并讲话强调，宣传思想文化战线要按照高举旗帜、围绕大局、服务人民、改革创新的总要求，着力统一思想、增强信心，促进经济平稳较快发展；着力推动社会主义核心价值体系建设，不断巩固全党全国各族人民团结奋斗的共同思想基础；着力推动文化体制改革，促进社会主义文化大发展大繁荣；着力提高舆论引导能力，营造积极健康向上的舆论环境，维护社会稳定，为夺取全面建设小康社会新胜利提供强大的思想保证、舆论支持和文化条件。

2. 李长春主持中央文明委全体会议并讲话。1月12日，中共中央政治局常委、中央精神文明建设指导委员会主任李长春主持中央精神文明建设指导委员会全体会议，研究部署精神文明建设工作。他强调，精神文明建设要深入贯彻落实科学发展观，为保持经济平稳较快发展提供强大精神动力。

3. 全国精神文明建设工作表彰大会召开。1月20日上午，全国精神文明建设工作表彰大会在北京举行。中共中央政治局常委、中央文明委主任李长春出席并讲话。他强调，精神文明建设要深入贯彻落实科学发展观，着力推动社会主义核心价值体系建设，提高公民文明素质和社会文明程度，促进社会主义文化大发展大繁荣，为应对国际金融危机、保持经济平稳较快发展，夺取全面建设小康社会新胜利提供强大精神动力、营造良好社会环境。

4. 胡锦涛致电祝贺我国第一个南极内陆科学考察站昆仑站建成。1月27日 中共中央总书记、国家主席胡锦涛致电我国第一个南极内陆科学考察站昆仑站在南极内陆冰盖的最高点冰穹A地区胜利建成。胡锦涛在贺电中指出，中国南极昆仑站的建成，必将拓展我国南极科学考察研究的领域和深度。这是我国为人类探索南极奥秘作出的又一个重大贡献。胡锦涛希望考察队员们再接再厉、连续作战，深入推进考察活动，积极开展国际合作，努力取得更多考察研究成果，不断谱写我国南极科考事业新篇章，为人类揭开南极奥秘、和平利用南极作出新的更大贡献。

5. 嫦娥一号卫星准确受控撞击月球。3月1日16时13分10秒，嫦娥一号卫星在北京航天飞行控制中心科技人员的精确控制下，准确受控撞击在月球东经52.36度、南纬1.50度的月球丰富海区域，为我国探月一期工程画上圆满的句号。

6. 李长春出席纪念《光明日报》创刊60周年座谈会并讲话。6月26日上午，纪念《光明日报》创刊60周年座谈会在京举行。中共中央政治局常委李长春出席并讲话。他希望光明日报社认真学习贯彻胡锦涛总书记在视察人民日报社时的重要讲话精神，按照高举旗帜、围绕大局、服务人民、改革创新的总要求，锐意进取、开拓创新，进一步办出特色、办出水平，扩大影响力、增强凝聚力，努力办成高水平、高质量的一流媒体，在推动经济发展、引导人民思想、培育社会风尚、促进社会和谐方面发挥更大作用，在立足知识界、服务知识界，成为党团结凝聚广大知识分子的重要桥梁方面发挥更大作用，在推进文化创新，兴起社会主义文化建设新高潮、推动社会主义文化大发展大繁荣方面发挥更大作用。

7. 国务院常务会议讨论并原则通过《文化产业振兴规划》。7月22日，国务院总理温家宝主持召开国务院常务会议，讨论并原则通过《文化产业振兴规划》。会议指出，文化产业是市场经济条件下繁荣发展社会主义文化的重要载体。在当前应对国际金融危机的新形势下，在重视发展公益性文化的同时，加快振兴文化产业，对于满足人民群众多样化、多层次、多方面精神文化需求，扩大内需特别是居民消费，推动经济结构调整，具有重要意义。会议强调，振兴文化产业，必须坚持把社会效益放在首位，努力实现社会效益与经济效益的统一；坚持以体制改革和科技进步为动力，增强文化产业发展活力，提升文化创新能力；坚持推动中华民族文化发展与吸收世界优秀文化相结合，走中国特色文化产业发展道路；坚持以结构调整为主线，加快推进重大工程项目，扩大产业规模，增强文化产业整体实力和竞争力。为此，要做好八项重点工作。

8. 全国文化体制改革经验交流会召开。8月14日，全国文化体制改革经验交流会在江苏南京召开。中共中央政治局常委李长春对会议作出重要批示，强调当前文化体制改革已进入攻坚克难的关键阶段，迫切要求我们在已有工作基础上，抓住关键环节和重点领域，加大力度、加快进度，在解决影响和制约文化科学发展的一些深层次矛盾和问题上实现重点突破，推动文化体制改革向纵深发展。中共中央政治局委员、书记处书记、中宣部部长刘云山，中共中央政治局委员、国务委员刘延东出席会议并讲话。会议表彰了12个全国文化体制改革先进地区和58家先进企业

9. 李长春祝贺《中国大百科全书（第二版)》出版并发表重要讲话。8月26日，中央宣传部、新闻出版总署在北京人民大会堂召开“《中国大百科全书（第二版)》出版总结表彰大会”。会前，中共中央政

治局常委李长春同志亲切会见参加《中国大百科全书（第二版）》编纂出版工作的专家学者和出版工作者代表，代表党中央、国务院，对《中国大百科全书（第二版）》的出版表示祝贺，向为此付出辛勤劳动、做出重要贡献的专家学者和编辑人员表示感谢，并发表重要讲话。李长春在讲话中说，党中央、国务院对《中国大百科全书（第二版）》的编辑出版高度重视，将其作为国家重大出版工程和文化工程，投入了大量人力物力财力。第二版的修订工作前后有3万多人参加，历经13年，注重反映中国特色社会主义事业的新成就、新经验，注重反映人类科学文化的新进展、新变化，注重反映中华民族悠久历史和文化遗产的新发现、新认识。它的出版，在我国文化发展史上具有重要意义，是社会主义文化建设新的重大成果，是文化大发展大繁荣的重要标志，是中华民族对人类文明的重要贡献，也是我国知识出版界为新中国成立60周年奉献的一份厚礼。

10. 胡锦涛等中央领导亲切会见“双百”人物代表和部分“双百”人物亲属。9月14日，“100位为新中国成立作出突出贡献的英雄模范人物和100位新中国成立以来感动中国人物”代表座谈会在北京举行。会前，党和国家领导人胡锦涛、吴邦国、温家宝、贾庆林、李长春、习近平、李克强、贺国强、周永康等亲切会见了全体与会代表。李长春出席座谈会并讲话。

11. 中央宣传部、新闻出版总署召开《辞海》第六版出版总结表彰大会。12月8日，中共中央宣传部、新闻出版总署在北京人民大会堂召开《辞海》第六版出版总结表彰大会。会前，中共中央政治局常委李长春亲切会见参加《辞海》第六版编纂出版工作的专家学者和出版工作者代表，对《辞海》第六版的出版表示祝贺，向所有参与这项重大文化工程的同志表示诚挚问候和衷心感谢。他勉励大家与时俱进、继续努力，随着我国经济社会的进步、新的实践发展和文化的繁荣，对《辞海》不断修订，不断完善，为推动社会主义文化大繁荣大发展作出更大的贡献。中共中央政治局委员、中央书记处书记、中宣部部长刘云山出席会议并讲话。刘云山高度评价《辞海》第六版修订出版工作，指出《辞海》修订出版是我国文化建设的一大盛事，是知识界、出版界团结协作的一大成果。新修订的《辞海》系统反映了人类文明特别是中华文明的优秀成果，充分汇集和展示了新中国60年发展变化和辉煌成就，体现了我国科学文化发展最新水平，对社会主义文化发展繁荣、经济社会发展进步必将起到积极的推动作用。

12. 李长春出席中国思想政治工作研究会第九次会员代表大会并讲话。12月15日，中国思想政治工作研究会第九次会员代表大会在京召开，中共中央政治局常委李长春出席会议并讲话。他强调，面对新形势新任务，思想政治工作要不断创新内容形式、方法手段和体制机制，不断增强针对性实效性和吸引力感染力，着力巩固全党全国各族人民团结奋斗的共同思想基础，着力推进社会主义核心价值体系建设，着力加强全社会思想道德建设，着力调动广大干部群众的积极性主动性创造性，促进社会全面进步和人的全面发展，为夺取全面建设小康社会新胜利、开创中国特色社会主义事业新局面提供强大的精神动力和思想保证。

13. 李长春出席中国网络电视台开播仪式。12月28日，中共中央政治局常委李长春出席中国网络电视台开播仪式，指出，在信息传播技术高度发达的当今社会，主流媒体向互联网等新兴传播领域延伸是大势所趋，谁占领了新兴媒体阵地，谁的传播手段就更先进、传播能力就更强大。主流媒体在加强传播能力建设中，一定要增强向互联网延伸的紧迫感和主动性，积极开拓新兴媒体领域，不断扩大覆盖面、增强影响力。中国网络电视台（英文简称 CNTV，域名www. cntv. cn）是依托中央电视台、在央视网基础上创办的国家网络电视播出机构，是以视听互动为核心、融网络特色和电视特色于一体的全球化、多语种、多终端的公共服务平台，目前已建成 5 个海外镜像点，覆盖了欧洲、北美洲、东南亚、中东、俄罗斯等国家和地区。

（四）社会建设

1. 温家宝主持召开国务院常务会议研究部署做好高校毕业生就业工作。1 月 7 日，温家宝主持召开国务院常务会议，部署做好高校毕业生就业工作。会议研究确定了加强高校毕业生就业工作的 7 项措施。(1) 鼓励和引导毕业生到城乡基层就业；(2) 鼓励毕业生到中小企业和非公有制企业就业；(3) 鼓励骨干企业和科研项目吸纳和稳定高校毕业生就业；(4) 鼓励和支持毕业生自主创业；(5) 强化毕业生就业服务；(6) 提升毕业生就业能力。所有高校都要确保毕业生在离校前都能参加学习实践活动；(7) 建立和完善困难毕业生援助制度。

2. 温家宝主持召开国务院常务会议审议并原则通过《关于深化医药卫生体制改革的意见》和《2009—2011 年深化医药卫生体制改革实施方案》。1 月 21 日，国务院总理温家宝主持召开国务院常务会议，审议并原则通过《关于深化医药卫生体制改革的意见》和《2009—2011 年深化医药卫生体制改革实施方案》，明确了今后 3 年的阶段性工作目标：到 2011 年，基本医疗保障制度全面覆盖城乡居民，基本医疗卫生可及性和服务水平明显提高，居民就医费用负担明显减轻，“看病难、看病贵”问题明显缓解。会议决定，从 2009 年到 2011 年，重点抓好基本医疗保障制度等五项改革。一是加快推进基本医疗保障制度建设。二是初步建立国家基本药物制度。三是健全基层医疗卫生服务体系。重点加强县级医院（含中医院）、乡镇卫生院、边远地区村卫生室和困难地区城市社区卫生服务中心建设。四是促进基本公共卫生服务逐步均等化。五是推进公立医院改革。初步测算，为保障上述五项改革，3 年内各级政府预计投入 8500 亿元。

3. 李长春对全国净化社会文化环境工作会议作出重要批示。2 月 20 日至 21 日，全国净化社会文化环境工作会议召开，中共中央政治局常委李长春对会议作出重要批示，强调进一步增强责任感、使命感和紧迫感，在以胡锦涛同志为总书记的党中央坚强领导下，以对党负责、对人民负责、对子孙后代负责的精神，把净化社会文化环境工作抓紧抓实、抓出成效，为培养中国特色社会主义事业合格建设者和可靠接班人作出积极贡献。李长春指出，净化社会文化环境、促进未成年人健康成长，是党中央从党和国家事业长远发展出发作出的重大决策部署。进一步净化社会文化环境，是社会主义精神文明建设以及加强和改进未成年人思想道德建设的基础工程，是实现亿万家庭最大希望和切身利益的民心工程，是确保中国特色社会主义事业后继有人的希望工程。

4. 中共中央办公厅、国务院办公厅转发三个文件，强调提高党的执政能力，促进和谐社会建设。4月15日，《人民日报》报道：近日，中共中央办公厅、国务院办公厅转发《关于领导干部定期接待群众来访的意见》、《关于中央和国家机关定期组织干部下访的意见》、《关于把矛盾纠纷排查化解工作制度化的意见》等三个文件，强调提高党的执政能力，促进和谐社会建设。

5. 贾庆林强调全面贯彻党的宗教工作基本方针，全力维护我国社会安定团结的良好局面。4月17日，中央组织部、中央统战部、国家宗教局和国家行政学院共同举办的省部级领导干部宗教工作专题研讨班在京结业。中共中央政治局常委、全国政协主席贾庆林在结业式上强调，要深入贯彻落实科学发展观，全面贯彻党的宗教工作基本方针，扎实做好宗教工作，全力维护我国社会安定团结的良好局面。贾庆林指出，随着国际国内形势的发展变化，我国宗教领域出现了一些值得注意的新情况新动向，给做好新形势下的宗教工作带来了新挑战、新考验，必须引起高度重视，妥善应对。贾庆林说，要坚决贯彻中央的决策部署，全力维护宗教领域的和谐稳定，最大限度地把广大信教群众和不信教群众团结起来，积极投身建设中国特色社会主义事业。要认真落实宗教事务条例，促进宗教工作走上法制化、规范化轨道。积极开展对外平等友好交往，坚决抵御境外利用宗教进行渗透。要发挥宗教界人士和信教群众的积极作用，共同为经济社会发展作贡献。贾庆林强调，各级党委和政府要从全局和战略的高度，充分认识做好新形势下宗教工作的特殊重要性，切实加强党对宗教工作的领导。要加强对宗教现状的调查研究、加强基层宗教工作、加强支持爱国宗教团体建设的力量。要充分调动和发挥爱国宗教团体和宗教人士的积极性和主动性，发挥宗教团体作为政府和信教群众之间的桥梁纽带的作用，切实维护宗教领域的和谐稳定。

6. 胡锦涛就防控甲型H1N1流感疫情作出重要指示。5月11日，由美国回四川探亲的一名中国留学生被确诊为我国内地首例输入性甲型H1N1流感病例。中共中央总书记、国家主席、中央军委主席胡锦涛对此高度重视，作出重要指示强调，鉴于当前甲型H1N1流感疫情仍在一些国家和地区蔓延，我国也发现首例输入性确诊病例，必须引起我们高度重视。要进一步加强领导，继续抓紧做好应急响应的各项工作，科学、有效实行卫生防范措施，全力制止疫情在我国传播，确保人民群众身体健康和生命安全。

7. 胡锦涛等中央领导同志会见全国社会治安综合治理表彰大会与会代表。5月18日上午，全国社会治安综合治理表彰大会在人民大会堂举行。会前，中共中央总书记、国家主席、中央军委主席胡锦涛，中共中央政治局常委、国务院总理温家宝，中共中央政治局常委、中央书记处书记、国家副主席习近平，中共中央政治局常委、中央政法委书记、中央社会治安综合治理委员会主任周永康亲切会见了全体与会代表。周永康出席表彰大会并讲话。

8. 中共中央政治局以世界主要国家社会保障体系和我国社会保障体系建设为内容进行第十三次集体学习。5月22日下午，中共中央政治局进行集体学习，内容是世界主要国家社会保障体系和我国社会保障体系建设。中共中央总书记胡锦涛主持。中国社会科学院周弘研究员、中国劳动保障科学研究院何平研究员就这个问题进行讲解，并谈了他们对我国社会保障体系建设的意见和建议。中共中央政治局各位同志认真听取了他们的讲解，并就有关问题进行了讨论。胡锦涛在主持学习时发表了讲话强调，加快建立覆盖城乡居民的社会保障体系，要坚持广覆盖、保基本、多层次、可持续方针，以社会保险、社会救助、社会福利为基础，以基本养老、基本医疗、最低生活保障制度为重点，以慈善事业、商业保险为补充，统筹协调做好各项工作，实现社会保障事业可持续发展。

9. 理温家宝主持召开国务院常务会议，研究部署开展新型农村社会养老保险试点。6 月 24 日，国务院总理温家宝主持召开国务院常务会议，研究部署开展新型农村社会养老保险试点。会议指出，建立新型农村社会养老保险制度，是加快建立覆盖城乡居民的社会保障体系的重要组成部分，对确保农村居民基本生活，推动农村减贫和逐步缩小城乡差距，维护农村社会稳定意义重大，同时对改善心理预期，促进消费，拉动内需也具有重要意义。会议决定，2009 年在全国 10% 的县（市、区）开展新型农村社会养老保险试点。9 月 1 日，国务院印发《关于开展新型农村社会养老保险试点的指导意见》，全国新农保试点工作正式实施。这被视为继取消农业税、农业直补、新型农村合作医疗等政策之后的又一项重大惠农政策。试点将逐步扩大，到 2020 年前基本实现全覆盖。

10. 胡锦涛等党和国家领导人会见第四次全国自强模范暨扶残助残先进集体和个人表彰大会全体与会代表。7 月 3 日，第四次全国自强模范暨扶残助残先进集体和个人表彰大会在北京举行。会前，中共中央总书记、国家主席、中央军委主席胡锦涛，中共中央政治局常委、国务院总理温家宝，中共中央政治局常委李长春，中共中央政治局常委、中央书记处书记、国家副主席习近平，中共中央政治局常委、国务院副总理李克强，亲切会见了全体与会代表。中共中央政治局委员、国务院副总理、国务院残疾人工作委员会主任回良玉出席大会并讲话。

三、多党合作和政治协商

1. 胡锦涛在党外人士迎春座谈会上发表重要讲话。1 月 22 日下午，中共中央在中南海召开党外人士迎春座谈会。座谈会由中共中央政治局常委、全国政协主席贾庆林主持。中共中央政治局常委、书记处书记、国家副主席习近平，中共中央政治局常委、国务院副总理李克强，中共中央书记处书记、中央办公厅主任令计划，全国政协副主席、中央统战部部长杜青林出席。与会的各民主党派中央、全国工商联的领导同志和无党派人士代表先后发言。胡锦涛在认真听取大家的发言后发表了重要讲话。胡锦涛强调，2009 年，是新中国成立 60 周年，是推进“十一五”规划顺利实施的关键一年，做好今年各项工作具有十分重要的意义。我们要全面贯彻中共十七大、十七届三中全会和中央经济工作会议精神，以邓小平理论和“三个代表”重要思想为指导，深入贯彻落实科学发展观，紧紧围绕保持经济平稳较快发展这一经济工作的首要任务，切实做好保增长、保民生、保稳定工作。胡锦涛指出，当前，发挥好参政党作用，最主要的是要为保增长、保民生、保稳定作出积极贡献。面对来自国际国内的严峻挑战，保持经济平稳较快发展，是对中国共产党执政能力的重大考验，也是对各民主党派参政能力的重大考验。希望同志们自觉把服务科学发展作为工作着力点，充分发挥自身优势，多建推动科学发展之言，多谋推动科学发展之策，多尽推动科学发展之力，为保持经济平稳较快发展作出新的更大的贡献。胡锦涛指出，今年，我们将迎来人民政协成立和中国共产党领导的多党合作和政治协商制度确立60周年。60年的实践充分证明，中国共产党领导的多党合作和政治协商制度，体现了社会主义民主政治的本质要求，显示出巨大优越性和强大生命力。我们要从建设社会主义政治文明的高度，认真总结中国共产党同各民主党派团结合作60年的宝贵经验，着眼于适应新形势、完成新任务，继续把中国共产党领导的多党合作和政治协商制度坚持好、完善好、发展好。胡锦涛指出，在政治上形成广泛共识，是各民主党派、无党派人士同中国共产党亲密合作的基础。希望同志们把思想建设作为政治交接和自身建设的核心，深入开展多党合作历史和光荣传统教育，加深广大成员和所联系的群众对多党合作历史和优良传统的认识，不断提高思想政治素质，增强接受中国共产党领导的自觉性和坚定性，坚定不移地走中国特色社会主义政治发展道路。

2.《人民日报》发表坚持和完善中国共产党领导的多党合作和政治协商制度系列评论员文章。4月8日至17日，《人民日报》发表坚持和完善中国共产党领导的多党合作和政治协商制度系列评论员文章：《基本的政治制度　重要的民主形式》、《优越的政党制度　鲜明的中国特色》、《加强改善党的领导　坚持正确政治方向》、《发挥政协优势　积极履行职能》、《紧紧围绕中心　自觉服务大局》、《完善基本制度　推进政治文明》。

3. 中共中央召开党外人士座谈会，就当前经济形势和经济工作听取意见。7月21日上午，中共中央在中南海召开党外人士座谈会，就当前经济形势和下半年经济工作听取各民主党派中央、全国工商联领导人和无党派人士意见和建议。中共中央总书记胡锦涛主持座谈会并发表重要讲话。中共中央政治局常委温家宝、贾庆林、习近平、李克强出席座谈会。温家宝通报了上半年经济工作有关情况，介绍了中共中央、国务院关于做好下半年经济工作的考虑。在认真听取了大家的发言后，胡锦涛作了重要讲话。他说，同志们在发言中充分肯定了今年上半年以来我国应对国际金融危机冲击、保持经济平稳较快发展取得的成绩，并提出了许多很好的意见和建议。对于大家提出的意见和建议，我们将认真研究、积极采纳。

4. 中共中央召开党外人士座谈会，就中共中央关于加强和改进新形势下党的建设若干重大问题的决定听取意见和建议。8月11日，中共中央在中南海召开党外人士座谈会，就中共中央关于加强和改进新形势下党的建设若干重大问题的决定听取各民主党派中央、全国工商联领导人和无党派人士的意见和建议。中共中央总书记胡锦涛主持座谈会。中共中央政治局常委贾庆林、习近平、贺国强出席座谈会。在认真听取了大家的发言后，胡锦涛发表了重要讲话。他说，大家各抒己见，提出了许多有价值、有见地的意见和建议，体现了中国共产党和民主党派的亲密合作关系，我们将认真研究并尽量吸收。胡锦涛强调，中共十七届四中全会之后，学习贯彻全会精神将是中国共产党全党的一项重要政治任务。希望各民主党派积极协助和支持我们党抓好全会精神贯彻落实。同时，希望各民主党派加强自身建设，更好履行参政议政、民主监督职能，推动参政党建设和执政党建设相互促进、共同提高，齐心协力为全面建设小康社会、坚持和发展中国特色社会主义而继续奋斗。

5.《人民政协重要文献选编》出版。9月14日《人民日报》报道：由政协全国委员会办公厅、中共中央文献研究室编辑的《人民政协重要文献选编》，已由中央文献出版社、中国文史出版社出版发行。《人民政协重要文献选编》分上、中、下三卷。上卷收入1948年4月至1962年4月这段时间的文献；中卷收入1978年3月至2000年3月这段时间的文献；下卷收入2000年12月至2009年1月这段时间的文献。共142篇。其中，毛泽东、邓小平、江泽民、胡锦涛等中央领导同志的文稿101篇，中共中央、全国人大、人民政协有关文件41篇。有些文献是第一次公开发表。《人民政协重要文献选编》的出版发行，对于帮助广大干部和群众深入了解人民政协的光辉历程和伟大成就，充分认识人民政协在中国革命、建设、改革事业中的重大作用，坚持和完善中国共产党领导的多党合作和政治协商制度，在建设中国特色社会主义伟大实践中把人民政协事业不断推向前进，具有重要意义。

6. 统一战线庆祝中华人民共和国成立60周年暨多党合作制度确立60周年座谈会召开。9月14日，统一战线庆祝中华人民共和国成立60周年暨多党合作制度确立60周年座谈会在北京召开。中共中央政治局常委、全国政协主席贾庆林为召开座谈会作重要批示。贾庆林在批示中说，中国共产党领导的多党合作和政治协商制度作为我国的一项基本政治制度，是马克思主义同中国革命、建设和改革实践相结合的伟大创造。60年来，我国多党合作制度始终服务国家中心工作，为促进经济发展、政治文明、社会稳定和祖国统一作出重要贡献。实践证明，我国多党合作制度是符合中国国情、体现中国特色、具有中国气派的社会主义政党制度，在国家政治生活中发挥着十分重要的作用。希望全面总结多党合作60年取得的成就和经验，认真探索，把握规律，不断完善方针政策。在新的历史条件下，坚持和完善多党合作制度，必须坚定不移地走中国特色社会主义政治发展道路，坚持长期共存、互相监督、肝胆相照、荣辱与共的基本方针，保持宽松稳定、团结和谐的政治环境，推进制度化、规范化和程序化建设，巩固发展团结和谐的政党关系，推动我国多党合作事业蓬勃发展，为建设中国特色社会主义事业提供重要制度保障。

7. 胡锦涛出席庆祝中国人民政治协商会议成立60周年大会并发表重要讲话。9月20日上午，首都各界代表在全国政协礼堂隆重集会，庆祝中国人民政治协商会议成立60周年。党和国家领导人吴邦国、温家宝、李长春、习近平、李克强、贺国强、周永康出席大会。大会由中共中央政治局常委、全国政协主席贾庆林主持。中共中央总书记、国家主席、中央军委主席胡锦涛出席大会并发表重要讲话。他强调，在新的历史条件下，人民政协要高举中国特色社会主义伟大旗帜，以邓小平理论和“三个代表”重要思想为指导，深入贯彻落实科学发展观，继承和发扬人民政协优良传统和宝贵经验，牢牢把握团结和民主两大主题，紧紧围绕党和国家工作大局，继续扎实有效地履行好政治协商、民主监督、参政议政职能，切实发挥好协调关系、汇聚力量、建言献策、服务大局的重要作用，为推进改革开放和社会主义现代化建设、推进祖国和平统一大业、维护世界和平与促进共同发展作出新的贡献。

8. 政协十一届全国委员会常务委员会第七次会议开幕。9月21日，政协十一届全国委员会常务委员会第七次会议在北京开幕。会议的主要议题是学习贯彻中共十七届四中全会精神、学习贯彻胡锦涛同志在庆祝中国人民政治协商会议成立60周年大会上的重要讲话精神。中共中央政治局常委、全国政协主席贾庆林主持开幕会。中共中央政治局常委、书记处书记、国家副主席习近平出席会议，并作了关于中共十七届四中全会会议情况和会议精神的报告。贾庆林在主持讲话中指出，刚刚闭幕的中共十七届四中全会，对于全面贯彻党的十七大精神，以邓小平理论和“三个代表”重要思想为指导，深入贯彻落实科学发展观，有效应对国际金融危机冲击、保持经济平稳较快发展，夺取全面建设小康社会新胜利、开创中国特色社会主义事业新局面，具有重大而深远的意义。昨天，胡锦涛同志在庆祝中国人民政治协商会议成立60周年大会上发表了十分重要的讲话，全面回顾了人民政协60年来与祖国和人民共同发展进步的光辉历程，高度评价了人民政协在我国社会主义革命和建设、社会主义改革进程中作出的重大贡献，科学总结了人民政协事业发展积累的宝贵经验，深刻阐述了人民政协在党和国家事业发展大局中的重要地位和作用，明确提出了新形势下开展人民政协工作的方针原则和工作要求，对于我们在新形势下充分发挥人民政协的优势，把各方面智慧和力量凝聚到党和国家事业中来，在中国特色社会主义道路上继续把人民政协事业推向前进，具有十分重要的指导意义。贾庆林强调，人民政协已经走过了60年的光辉历程，站在新的历史起点上，我们肩负的任务十分繁重。我们要把学习贯彻中共十七届四中全会精神与学习贯彻胡锦涛同志在庆祝人民政协成立60周年大会上的重要讲话精神结合起来，与人民政协履行职能的实践结合起来，切实把思想和行动统一到中共中央关于推进党的建设新的伟大工程和推进人民政协事业发展的新部署新要求上来，努力开创人民政协工作新局面。

9. 中共中央召开党外人士座谈会，征求对经济工作的意见和建议。11月24日，中共中央在中南海召开党外人士座谈会，就当前经济形势和明年经济工作听取各民主党派中央、全国工商联领导人和无党派人士意见和建议。中共中央总书记胡锦涛主持座谈会并发表重要讲话。中共中央政治局常委温家宝、习近平、李克强出席座谈会。温家宝通报了经济工作的有关情况，介绍了中共中央、国务院关于做好明年经济工作的考虑。在认真听取了大家发言后，胡锦涛作了重要讲话。他表示，大家实事求是地评价和分析了今年经济工作取得的成绩和面临的问题，提出许多好的意见和建议，对我们安排好明年经济工作很有帮助。我们将认真研究、积极采纳。胡锦涛最后希望各民主党派、全国工商联和无党派人士坚持把推动科学发展作为履行职责的第一要务，注重研究国际经济环境新变化和国内经济运行新情况，着重围绕中央确定的明年经济工作目标任务建睿智之言、献务实之策，围绕人民群众普遍关心的问题积极反映社情民意，协助做好理顺情绪、化解矛盾工作，继续为推动经济社会又好又快发展作出贡献。

四、港澳台工作

1. 贾庆林出席对台工作座谈会并作重要报告。2月6日至7日，对台工作座谈会在北京举行。中共中央政治局常委、全国政协主席贾庆林出席会议并作重要报告。贾庆林强调，胡锦涛总书记的重要讲话是新形势下指导对台工作的纲领性文件，对进一步做好对台工作具有十分重要的指导意义。讲话的核心内容，就是在继承中央对台工作大政方针的基础上，首次全面系统地阐述了两岸关系和平发展的思想，提出了推动两岸关系和平发展的六点意见，科学回答了为什么要推动两岸关系和平发展、怎样推动两岸关系和平发展的重大问题。讲话体现了中央对台工作大政方针的一贯性和连续性，体现了对两岸关系发展规律的深刻认识，体现了构建两岸关系和平发展框架的战略思考，体现了我们为两岸同胞谋福祉、为台海地区谋和平、为中华民族谋复兴的决心和诚意。

2. 贾庆林会见出席首届海峡论坛的两岸各界人士。5月16日下午，中共中央政治局常委、全国政协主席贾庆林今天在厦门海峡会议中心会见了出席首届海峡论坛的两岸各界人士。受胡锦涛总书记的委托，贾庆林首先代表中共中央，向来自海峡两岸的各界朋友特别是来自台湾的各位同胞，表示热烈的欢迎和诚挚的问候。贾庆林说，举办海峡论坛，是在两岸关系步入和平发展轨道的新形势下推动两岸民间交流的一个创举。国共两党举办的两岸经贸文化论坛是由两岸政党搭建的一个交流对话平台，侧重于政策性研讨，主要讨论两岸关系发展中的重要政策问题。而海峡论坛另有一番风貌，侧重促进两岸民间交流，体现民间性、广泛性、社会性。参加论坛的两岸民众多数来自基层，是论坛各项活动的主体和主角。论坛各项活动内容丰富，形式多样，贴近两岸同胞特别是基层民众的需求，为各界朋友广泛参与提供了广阔的空间。只要是赞成两岸加强交流合作的，不分党派、不分界别，都可以在这里平等相处、友善交流。希望两岸各界朋友坦诚相见，加强交流，献计献策，不断增强论坛的吸引力和影响力，努力把海峡论坛办成两岸各界大交流的重要平台，办成吸引广大台湾同胞积极参与的两岸交流著名品牌。

3. 中共中央总书记胡锦涛同中国国民党主席吴伯雄举行会谈。5月26日下午，中共中央总书记胡锦涛在人民大会堂会见中国国民党主席吴伯雄和他率领的国民党大陆访问团全体成员，并同吴伯雄举行会谈。胡锦涛强调，实践证明，改善和发展两岸关系是人心所向、大势所趋，两岸关系和平发展促进了台海地区和平稳定，受到国际社会广泛欢迎和支持。推动两岸关系在新的起点上向前发展，需要我们站在全民族发展的高度，审视世界发展潮流，看清两岸关系发展趋势，牢牢把握两岸关系和平发展的主题，坚持正确方向，拓宽前进道路，不断开创两岸关系和平发展新局面。胡锦涛就在新的起点上进一步推动两岸关系向前发展发表了重要意见。第一，关于增进两岸政治互信。第二，关于两岸经济合作。第三，关于加强两岸文化教育交流。第四，关于涉外事务。第五，关于结束两岸敌对状态、达成和平协议。第六，关于国共两党交流对话。吴伯雄表示，双方政治互信的基础就是坚持“九二共识”、反对“台独”。多数台湾人民都感受到了两岸交流与协商带来的正面效应，从而更加支持两岸关系和平发展。

4. 贾庆林会见中国国民党主席吴伯雄。7月10日下午，中共中央政治局常委、全国政协主席贾庆林在长沙会见了中国国民党主席吴伯雄和应邀出席第五届两岸经贸文化论坛的部分台湾人士。贾庆林高度评价吴伯雄为推动两岸关系改善和发展作出的宝贵贡献，并转达了胡锦涛总书记的亲切问候。贾庆林表示，全面推动两岸关系和平发展，任重而道远。构建两岸关系和平发展框架，既要有雄厚的经济基础，还要有坚实的文化基础和有力的精神支撑，凝聚起两岸同胞的共同意志。两岸同胞同属中华民族，有责任共同传承和弘扬中华文化，通过全面加强文教交流合作，不断增强对中华文化的认同、对中华民族的认同，不断增进两岸文化、社会和人民思想感情的大融合。吴伯雄表示，两岸关系和平发展的方向是正确的，得到了两岸人民的支持。两岸人民同文同种，同属炎黄子孙，应该加强文化交流和感情融合。由国共两党有关方面举办的论坛，已成为两岸各界交换意见的重要平台。这次来参加论坛的台湾方面代表，国民党人士只占不到四分之一，大多数是其他党派和社会各界人士，这是十分可喜的。希望论坛能够取得丰硕成果。

5. 第五届两岸经贸文化论坛在长沙隆重开幕。7 月 11 日上午，中共中央政治局常委、全国政协主席贾庆林和中国国民党主席吴伯雄等海峡两岸各界人士出席了开幕式。贾庆林发表了题为《大力加强两岸文化教育交流　建设两岸同胞共同精神家园》的演讲。他首先代表中共中央和胡锦涛总书记，对本届论坛的举办表示热烈祝贺。贾庆林提出全面推进和深化两岸文化教育交流合作的五点意见：第一，维护两岸共同的中华文化传承，加强两岸同胞的精神纽带；第二，推进和深化两岸文化交流合作，增强对中华文化和中华民族的认同；第三，推进两岸文化产业合作，提升中华文化的国际影响力；第四，加强两岸教育交流合作，增添两岸关系和平发展的蓬勃活力；第五，协商签订两岸文化教育交流协议，建立两岸文化教育交流合作机制。

6. 中共中央总书记胡锦涛电贺马英九当选中国国民党主席。7 月 27 日上午，中共中央总书记胡锦涛向中国国民党主席当选人马英九发出贺电。胡锦涛在贺电中表示："值此先生当选中国国民党主席之际，谨致祝贺。由衷期望贵我两党继续推动两岸关系和平发展，进一步深化政治互信，不断为两岸同胞谋福祉，开创中华民族的伟大复兴。"同日上午，中国国民党主席当选人马英九复电，向中共中央总书记胡锦涛表示感谢。马英九在复电中表示："今日贺电敬悉，谨致谢忱。四年来，经过贵我两党的共同努力，当前两岸关系已在'九二共识'的基础上，走上和平发展、稳定共荣的大道，既符合两岸人民的期望，也赢得世界各国的肯定。今后，仍须双方顺应民意，继续在'正视现实、建立互信、搁置争议、共创双赢'的原则下，不断努力，以巩固海峡和平、重建区域稳定、促进两岸持续发展与繁荣。"

7. 贾庆林会见连战。7 月 27 日下午，中共中央政治局常委、全国政协主席贾庆林在人民大会堂会见了前来大陆参访的中国国民党荣誉主席连战一行。贾庆林向连战转达了胡锦涛总书记的诚挚问候，高度评价连战为发展两岸关系作出的重要贡献，并介绍了今年以来两岸关系发展的主要情况。他表示，2005 年国共两党领导人发布的"两岸和平发展共同愿景"正在得到落实，给两岸同胞带来了实实在在的利益，使两岸关系呈现出光明的前景。

8. 贾庆林致信祝贺中国和平统一促进会香港总会成立。7 月 30 日，为响应胡锦涛总书记在纪念《告台湾同胞书》发表 30 周年座谈会上的重要讲话，更好地发挥香港各界在国家和平统一事业中的作用，由多位香港知名人士联合发起的中国和平统一促进会香港总会在香港成立。全国政协主席、中国和平统一促进会会长贾庆林发来贺信，代表政协全国委员会和中国和平统一促进会表示热烈祝贺，并希望中国和平统一促进会香港总会广泛联系和团结香港各界人士，积极推动海峡两岸关系和平发展，宣传"一国两制"在香港的成功经验，努力为实现中国和平统一大业作贡献。全国政协副主席、中央统战部部长、中华海外联谊会会长、中国和平统一促进会执行副会长杜青林出席庆典并发表讲话。

9. 8月10日，国务院总理温家宝主持召开国务院全体会议，决定任命崔世安为中华人民共和国澳门特别行政区第三任行政长官，任期自2009年12月20日起至2014年12月19日止。会议审议了澳门特别行政区政府关于选举崔世安为澳门特别行政区第三任行政长官人选的报告，听取了国务院港澳事务办公室主任廖晖关于澳门特别行政区第三任行政长官人选产生过程的汇报。温家宝在会上作了重要讲话。

10. 中共中央电贺中国国民党第十八次代表大会召开。10月17日，中国共产党中央委员会致电中国国民党中央委员会暨马英九主席，祝贺中国国民党第十八次代表大会召开。中国国民党中央委员会复电表示感谢。同日，中共中央总书记胡锦涛分别致电吴伯雄和连战，祝贺吴伯雄荣任中国国民党荣誉主席、连战续任中国国民党荣誉主席。

11. 吴邦国在纪念澳门特别行政区基本法实施10周年座谈会上发表重要讲话。12月4日，纪念澳门特别行政区基本法实施10周年座谈会在人民大会堂隆重举行。中共中央政治局常委、全国人大常委会委员长吴邦国在会上发表重要讲话强调，要认真总结澳门特别行政区基本法实施的成功经验，增强贯彻实施“一国两制”方针和基本法的自觉性和坚定性，增强维护促进澳门长期繁荣稳定的自觉性和坚定性，把“一国两制”的伟大实践不断推向前进。中共中央政治局常委、书记处书记、国家副主席习近平出席座谈会。吴邦国说，总结基本法实施的成功经验，必须牢牢把握以下三点。一是始终高举爱国爱澳旗帜。二是充分发挥制度体制功效。三是全力保障稳定发展。吴邦国强调，实践已经证明并将继续证明，“一国两制”方针和基本法是符合中国国情和澳门实际的，是经得起实践和历史检验的。他在讲话中结合澳门实际，提出三点希望。一要全面增强法制观念。二要大力加强制度建设。三要努力提高依法管治能力。

12. 胡锦涛出席庆祝澳门回归祖国10周年大会暨澳门特别行政区第三届政府就职典礼并发表重要讲话。12月20日上午，庆祝澳门回归祖国10周年大会暨澳门特别行政区第三届政府就职典礼在澳门东亚运动会体育馆隆重举行，澳门特别行政区第三任行政长官崔世安及特别行政区第三届政府主要官员等宣誓就职。中共中央总书记、国家主席、中央军委主席胡锦涛出席并发表重要讲话。他指出，“一国两制”在澳门的成功实践，为澳门发展谱写出新的辉煌篇章，为国家发展增添了夺目光彩。我们坚信，澳门的明天与伟大祖国一样，一定会更加美好；澳门同胞的未来生活与全国各族人民一样，一定会更加幸福。

13. 胡锦涛会见曾荫权。12月28日下午，国家主席胡锦涛在中南海会见了来京述职的香港特别行政区行政长官曾荫权，听取了他对香港当前形势以及特别行政区政府一年来工作的汇报，并向香港同胞致以新年的祝贺和良好的祝愿。胡锦涛说，去年下半年以来，由于受国际金融危机的冲击，香港经济遇到较大困难，中央政府对此高度关注，迅速采取一系列政策措施，支持香港稳定金融、发展经济、改善民生。我们高兴地看到，一年来，在你和特别行政区政府的带领下，香港社会各界同舟共济、群策群力、共克时艰，取得了明显成效。中央政府对此给予充分肯定。胡锦涛希望香港特别行政区政府和社会各界同心同德、再接再厉，不懈努力，扭住稳定金融、发展经济、改善民生不放松，妥善处理政制发展问题，维护社会和谐稳定，巩固和发展当前的良好局面，携手开创香港更加美好的未来。

14. 贾庆林出席学习贯彻胡锦涛总书记重要讲话座谈会并讲话。12 月 30 日下午，学习贯彻胡锦涛总书记重要讲话座谈会在北京人民大会堂举行。中共中央政治局常委、全国政协主席贾庆林出席并发表重要讲话。他强调，胡锦涛总书记去年 12 月 31 日在纪念《告台湾同胞书》发表 30 周年座谈会上发表的题为《携手推动两岸关系和平发展　同心实现中华民族伟大复兴》的重要讲话，首次全面系统地阐述了两岸关系和平发展的思想，首次明确提出了推动两岸关系和平发展的六点意见，确立了推动两岸关系和平发展的目标、任务和各项政策，为在历史新起点上推动两岸关系发展指明了前进方向。我们一定要把胡锦涛总书记的重要讲话作为统一思想、推进工作的行动指南，把学习贯彻讲话精神作为当前和今后一个时期对台工作的主要任务，切实推动各项对台工作取得新成效，不断开创两岸关系和平发展新局面。

五、党际交往活动

1. 李长春在悉尼会见澳大利亚自由党领袖特恩布尔。3 月 23 日上午，中共中央政治局常委李长春在悉尼会见了澳大利亚自由党领袖特恩布尔。李长春积极评价自由党执政期间为推动两国关系发展做出的重要贡献，强调政党交往是中澳关系的重要组成部分，中国共产党高度重视两党之间业已存在的友好交往关系，希望两党在新形势下探索交流合作的新形式和新内容，扩大青年政治家之间的互访和交流，为中澳友好增添新的动力。特恩布尔说，澳大利亚自由党一直十分关注中国经济社会的发展，中方为克服国际金融危机影响所采取的一系列富有远见的措施及取得的成效，对包括澳大利亚在内的世界各国均具有重要启示意义。自由党无论执政还是在野，始终高度重视澳中关系，愿通过继续深化与中国共产党的党际交流，为促进两国关系不断向前发展作出新的贡献。

2. 李长春在东京分别会见了日本公明党党首太田昭宏和社民党党首福岛瑞穗。3 月 31 日下午，中共中央政治局常委李长春在东京分别会见了日本公明党党首太田昭宏和社民党党首福岛瑞穗。李长春表示，中国共产党高度重视与日本公明党和社民党开展多种形式的交流与合作，高度评价两党长期以来为促进两国关系持续健康稳定发展作出的重要贡献。太田昭宏说，日中关系是当今世界最重要的双边关系之一。公明党建议日中两国把合作扩大亚洲内需作为双方应对国际金融危机的重要内容。福岛瑞穗高度评价中方为维护东北亚和平稳定所作出的非凡努力，强调社民党主张日本永远走和平发展道路。

3. 李克强会见社会党国际客人。5 月 14 日，中共中央政治局常委、国务院副总理李克强在北京会见了来华出席可持续发展问题研讨会的社会党国际主席帕潘德里欧等外方代表。李克强说，中国共产党与社会党国际自 1982 年开始交往以来，交流与合作不断深化。此次在华举办可持续发展问题研讨会，是双方进一步加强和深化战略对话的积极举措，具有重要意义。他强调，中国共产党重视发展同社会党国际及其成员党之间的关系，愿在独立自主、完全平等、互相尊重、互不干涉内部事务的原则基础上，进一步提升合作水平，深化战略对话，为推动世界和平、发展与合作共同努力。

4. 胡锦涛会见社会党国际客人。5 月 15 日下午，中共中央总书记、国家主席胡锦涛在人民大会堂会见了来华出席可持续发展问题研讨会的社会党国际主席帕潘德里欧等外方代表。胡锦涛充分肯定了中国共产党同社会党国际就可持续发展问题共同举办研讨会的做法，积极评价了中国共产党与社会党国际之间的关系。胡锦涛表示，社会党国际是当今国际政治生活中一支重要力量。在推动世界和平与发展、促进南北合作等重大问题上，中国共产党与社会党国际有许多相同或相似的看法和主张。中国共产党重视发展同社会党国际及其成员党的良好关系，愿加强对话，增进了解，扩大合作，为应对各种全球性挑战，推动建设持久和平、共同繁荣的和谐世界而不懈努力。帕潘德里欧说，社会党国际及其成员党高度评价中国经济社会建设所呈现出的良好势头，重视并欢迎中国在国际事务中所发挥的日益重要的作用，愿不断深化与中国共产党之间的交流与合作，共同为维护世界和平、促进可持续发展作出贡献。

5. 贺国强在开罗与埃及民族民主党总书记、协商会议主席穆罕默德·萨夫瓦特·谢里夫举行会谈。当地时间 6 月 14 日上午，中共中央政治局常委、中央纪委书记贺国强在开罗与埃及民族民主党总书记、协商会议主席穆罕默德·萨夫瓦特·谢里夫举行了会谈。贺国强对埃及民族民主党对中国共产党代表团的热情邀请和盛情款待表示衷心感谢。他积极评价埃及民族民主党在维护民族独立、建设国家方面发挥的重要作用，并就进一步发展中国共产党与埃及民族民主党关系提出三点建议：一是继续保持两党高层交往，增进政治互信，促进国家关系发展。二是深化务实合作，实现两党交流合作机制化。三是丰富两党交流形式和内容，努力开拓创新。谢里夫说，埃及民族民主党与中国共产党同为执政党，两党多层次交流与合作对推动埃中战略合作关系具有重要意义，也符合两国人民的共同利益。谢里夫完全赞同贺国强提出的积极建议，表示埃及民族民主党愿与中国共产党继续加强友好交往，并愿以签订两党交流合作备忘录为契机，努力将埃中两党关系提升到一个新高度。

6. 贺国强会见越共中央检查委员会代表团。7 月 17 日下午，中共中央政治局常委、中央纪委书记贺国强在人民大会堂会见了由越南共产党中央政治局委员、中央书记处书记、中央检查委员会主任阮文芝率领的越共中央检查委员会代表团。

7. 胡锦涛与老挝人民革命党中央委员会总书记、国家主席朱马利·赛雅贡举行会谈。9 月 9 日下午，中共中央总书记、国家主席胡锦涛在人民大会堂与来华进行工作访问的老挝人民革命党中央委员会总书记、国家主席朱马利·赛雅贡举行会谈。双方就进一步发展两党两国关系达成广泛共识，一致同意把中老关系提升为全面战略合作伙伴关系。

8. 胡锦涛会见朝鲜劳动党代表团。10 月 28 日下午，中共中央总书记、国家主席胡锦涛在人民大会堂会见了以朝鲜劳动党中央政治局候补委员、中央书记崔泰福为团长的朝鲜劳动党代表团。胡锦涛表示，中朝友谊是两党、两国老一辈领导人亲手缔造和精心培育的，是两国人民共同的宝贵财富，不断巩固和发展中朝友好合作关系是我们共同的责任和使命。中国党和政府高度重视中朝关系，我们愿与朝鲜同志一道，本着“继承传统、面向未来、睦邻友好、加强合作”的精神，进一步推进双方各领域、各层次友好往来，推动中朝友好合作关系再上新台阶，为维护地区和平稳定，促进共同发展繁荣而共同努力。

9. 胡锦涛会见日本民主党代表团。12月10日下午，中共中央总书记、国家主席胡锦涛在人民大会堂会见了以民主党干事长小泽一郎为团长的日本民主党代表团主要成员。胡锦涛说，今年9月，日本民主党执政后，中日双方积极互动，两国关系实现平稳过渡。我同鸠山首相就新形势下进一步发展中日战略互惠关系达成重要共识，推动中日关系进入新的发展阶段。中方愿与日方携手努力，按照中日四个政治文件的原则和精神，进一步密切各领域各层次的交流与合作，妥善处理两国间重大敏感问题，共同应对各种全球性挑战，推动中日战略互惠关系向更高层次更广领域发展。胡锦涛表示，中国共产党重视同日本民主党的友好交流，愿与民主党一道，不断健全和完善两党交流机制，共同把这一机制打造成两国执政党开展对话、增进互信、促进合作、共谋发展的重要平台，为中日战略互惠关系长期健康深入发展作出贡献。小泽一郎高度评价中国经济社会发展取得的新成就和在国际地区事务中发挥的重要建设性作用。他表示，深刻变化的国际地区形势为两国深化各领域的友好合作开辟了广阔的前景。民主党一直以促进日中关系的全面发展为己任，今后将继续以两党交流机制为平台，加强与中方合作，努力推动日中战略互惠关系不断迈上新台阶。

10. 习近平会见日本社民党党首。12月16日，国家副主席习近平在东京分别会见了日本社民党党首福岛瑞穗和日本外相冈田克也。习近平说，社民党一贯重视中日关系，早在1983年就同中国共产党建立了党际交流关系，为加强双方友好合作，改善和发展中日关系作出了重要贡献，我们对此表示赞赏。中方珍视与社民党的传统友谊，重视发展同社民党的关系，期待福岛党首和社民党在联合政权内为推动中日关系发展发挥更大作用。福岛瑞穗表示，社民党一直以与中国保持密切友好关系而自豪，对习近平副主席访问日本感到非常高兴和亲切。鸠山新政权成立以来，日中关系保持了良好发展势头。社民党作为新政权一员，愿更加努力，加强与中国的交流与合作，进一步推动两国民众特别是青少年之间的友好交流，不断增强中日友好的社会基础。

六、自身建设

1. 中国共产党第十七届中央纪律检查委员会第三次全体会议。胡锦涛在十七届中央纪律检查委员会第三次全体会议上发表重要讲话。1月12日至14日，中国共产党第十七届中央纪律检查委员会第三次全体会议在北京举行。中央纪委常委会主持了会议。会议全面贯彻党的十七大和十七届三中全会精神，高举中国特色社会主义伟大旗帜，以邓小平理论和“三个代表”重要思想为指导，深入贯彻落实科学发展观，总结了党的十七大以来党风廉政建设和反腐败工作，研究部署了2009年的任务。全会审议通过了中央纪委书记贺国强代表中央纪委常委会所作的《深入贯彻落实科学发展观，以完善惩治和预防腐败体系为重点，扎实推进党风廉政建设和反腐败斗争》的工作报告。中国共产党中央委员会总书记胡锦涛出席全会第二次大会并发表了重要讲话。吴邦国、温家宝、贾庆林、李长春、习近平、李克强、贺国强、周永康等党和国家领导人出席了会议。

中共中央总书记胡锦涛在会议上发表重要讲话。中共中央政治局常委、中央纪律检查委员会书记贺国强在主持会议时指出，胡锦涛总书记的重要讲话，从党和国家事业发展全局和战略的高度，全面分析了当前的反腐倡廉形势，明确提出了深入推进党风廉政建设和反腐败斗争的总体要求和主要任务，深刻阐述了新时期加强领导干部党性修养、树立和弘扬良好作风的重要性和紧迫性以及基本要求和工作重点，对于深入开展党风廉政建设和反腐败斗争，全面推进党的建设新的伟大工程，具有重大而深远的意义。我们一定要认真学习领会，坚决贯彻落实，不断开创党风廉政建设和反腐败斗争新局面，为深入贯彻落实科学发展观、夺取全面建设小康社会新胜利、开创中国特色社会主义事业新局面提供有力保证。

全会提出，2009 年，全党要全面贯彻党的十七大和十七届三中全会精神，高举中国特色社会主义伟大旗帜，以邓小平理论和“三个代表”重要思想为指导，深入贯彻落实科学发展观，坚持标本兼治、综合治理、惩防并举、注重预防的方针，以完善惩治和预防腐败体系为重点加强反腐倡廉建设，以改革创新精神抓好《建立健全惩治和预防腐败体系 2008—2012 年工作规划》的落实，严格执行党风廉政建设责任制，加强对中央关于推动科学发展、保持经济平稳较快发展政策措施执行情况的监督检查，着力解决党员干部在党性党风党纪方面存在的突出问题，以党风廉政建设和反腐败斗争的新成效取信于民，为改革发展稳定提供坚强保证。第一，严明党的政治纪律，推动科学发展重大决策部署的贯彻落实。第二，切实加强领导干部作风建设，进一步密切党群干群关系。第三，加强党风廉政教育，认真抓好领导干部廉洁自律工作。第四，加大查办案件工作力度，维护党纪国法的严肃性。第五，坚决纠正损害群众利益的不正之风，着力解决群众反映强烈的突出问题。第六，推进重点领域和关键环节改革，深化治本抓源头工作。第七，切实加强对领导干部特别是主要领导干部的监督，确保权力正确行使。第八，加强基层党风廉政建设，促进社会和谐稳定。全会号召，全党同志要更加紧密地团结在以胡锦涛同志为总书记的党中央周围，高举中国特色社会主义伟大旗帜，深入贯彻落实科学发展观，以昂扬的精神状态和扎实的工作作风，深入推进党风廉政建设和反腐败斗争，为夺取全面建设小康社会新胜利、开创中国特色社会主义事业新局面作出新的更大贡献！

2. 中共中央政治局召开会议听取政治局常委参加学习实践活动民主生活会的通报。1 月 23 日，中共中央政治局召开会议，听取中央政治局常委参加深入学习实践科学发展观活动专题民主生活会情况的通报。中共中央总书记胡锦涛主持会议。会议指出，办好中国的事情，关键在党，关键在各级领导班子和领导干部。要按照党的十七大对党的建设作出的总体部署，以改革创新精神全面推进党的建设新的伟大工程，坚持党要管党、从严治党，不断提高党的执政能力、保持和发展党的先进性，把党的政治优势和组织优势转化为推动经济社会又好又快发展的强大力量。要切实抓好深入学习实践科学发展观活动，增强广大党员、干部贯彻落实科学发展观的自觉性和坚定性，突出实践特色，注重把学习实践活动同应对国际金融危机冲击、克服经济发展困难更加紧密地结合起来，着力提高各级领导班子和领导干部推动科学发展、促进社会和谐的能力，真正达到党员干部受教育、科学发展上水平、人民群众得实惠的目标，努力把各级党组织建设成为贯彻落实科学发展观的坚强堡垒、把干部队伍建设成为贯彻落实科学发展观的骨干力量。

3. 习近平在中央学习实践活动领导小组第五次会议上强调确保第二批学习实践活动顺利启动开局良好。2 月 24 日，中共中央政治局常委、中央书记处书记、国家副主席、中央深入学习实践科学发展观活动领导小组组长习近平，主持召开中央深入学习实践科学发展观活动领导小组第五次会议，对第一批学习实践活动进行总结，对第二批学习实践活动的有关工作进行研究部署。习近平强调，各地区各部门各单位要充分认识搞好第二批学习实践活动的艰巨性，按照中央的要求抓紧做好调查摸底、组建工作机构、开展舆论宣传、制订实施方案等准备工作，确保第二批学习实践活动顺利启动、开局良好。

4. 习近平在全国机关党的建设工作会议上强调，以改革创新精神扎实推进机关党的建设。5 月 8 日，全国机关党的建设工作会议在北京召开。中共中央政治局常委、中央书记处书记、国家副主席习近平在会见与会代表时强调，各级机关党组织要认真贯彻落实胡锦涛同志关于机关党建工作要“走在党的基层组织建设的前头”的要求，以党的执政能力建设和先进性建设为主线，以建设为民、务实、清廉机关为目标，以加强机关党员干部党性锻炼、改进机关作风为重点，坚持党要管党、从严治党，围绕中心、服务大局，改革创新、开拓进取，不断提高机关党建工作水平，引导广大机关党员、干部做高举旗帜、坚定理想信念的表率，做服务大局、推动科学发展的表率，做转变作风、服务基层群众的表率，做改革创新、保持先进本色的表率。

5. 中共中央政治局召开会议研究党政领导干部问责暂行规定、中国共产党巡视工作条例、国有企业领导人员廉洁从业若干规定。5 月 22 日，中共中央政治局召开会议，审议并通过《关于实行党政领导干部问责的暂行规定》、《中国共产党巡视工作条例（试行）》、《国有企业领导人员廉洁从业若干规定》。中共中央总书记胡锦涛主持会议。会议要求，各级党组织要充分认识学习贯彻这三项法规制度的重要意义，把贯彻落实这三项法规制度作为加强反腐倡廉建设的重要政治任务，列入议事日程，深入学习宣传，认真组织实施。各级纪委和有关部门要协助党委抓好任务分解和组织协调，保证制度贯彻落实。

6. 中共中央政治局召开会议，研究建立促进科学发展的干部考核评价机制。6 月 29 日，中共中央政治局召开会议，审议并通过《关于建立促进科学发展的党政领导班子和领导干部考核评价机制的意见》。中共中央总书记胡锦涛主持会议。会议认为，建立促进科学发展的干部考核评价机制，是深入贯彻落实党的十七大精神的重要举措，对于进一步巩固开展深入学习实践科学发展观活动成果，完善体现科学发展观和正确政绩观要求的干部考核评价体系，着力构建有利于科学发展的体制机制，具有十分重要的意义。

7. 胡锦涛在中共中央政治局第十四次集体学习时强调，高度重视积极推进党内民主建设充分发挥全党积极性主动性创造性。6 月 29 日下午，中共中央政治局就积极推进党内民主建设问题进行第十四次集体学习。中国人民大学李景治教授、中央组织部党建研究所高永中研究员就积极推进党内民主建设问题进行讲解，并谈了他们的意见和建议。中共中央政治局各位同志认真听取了他们的讲解，并就有关问题进行了讨论。中共中央总书记胡锦涛在主持学习时强调，在新的历史条件下，我们必须高度重视和积极推进党内民主建设，最大限度凝聚全党智慧和力量，最大限度激发全党创造活力，最大限度巩固党的团结统一，更好地坚持科学执政、民主执政、依法执政，进一步形成全党全国各族人民齐心协力推进中国特色社会主义伟大事业的强大合力。他指出，发展党内民主，是坚持党的性质和宗旨、保持和发展党的先进性的内在要求和重要体现。我们要从更加坚强有力地团结带领全国各族人民夺取全面建设小康社会新胜利、开创中国特色社会主义事业新局面的高度，把推进党内民主建设作为全面推进党的建设新的伟大工程的战略任务切实落实好。

8. 中央组织部发布最新党内统计数据。6月30日，《人民日报》报道，中央组织部发布的最新党内统计数据显示，截至2008年底，中国共产党党员总数为7593.1万名，比新中国成立时增加了16倍；党的基层组织371.8万个，是新中国成立时的19倍。各项数据表明，新中国成立以来党员队伍不断发展壮大，结构不断优化，素质逐步提高，党组织的覆盖面不断扩大，中国共产党展现出蓬勃的生机和活力。从党员的性别、民族和学历来看，全国现有女党员1596.9万名，占党员总数的21%，而1949年女党员占党员总数的比例仅为11.9%；少数民族党员494.4万名，占党员总数的6.5%，新中国成立初期这一比例为2.5%，大专以上学历的党员2583.3万名，占党员总数的34.0%，1949年时这一比例仅为0.3%。这些数据充分说明，60年来，在团结带领全国人民战胜各种困难和风险、取得社会主义建设和改革开放巨大成就的同时，中国共产党队伍自身的结构在不断优化，素质不断提高。从基层党组织的数据看，全国现有基层党委17.9万个，总支部22.9万个，支部331万个。从申请入党人的数据看，新中国成立以来，申请入党人数不断增长，2008年达到1944.9万人。这些数据表明，近年来党的基层组织的覆盖面不断扩大，党的影响力不断提高，吸引力不断增强。

9. 9月8日，中共中央政治局召开会议，讨论十七届三中全会以来中央政治局的工作，研究加强和改进新形势下党的建设等问题。中共中央总书记胡锦涛主持会议。会议决定，中国共产党第十七届中央委员会第四次全体会议于9月15日至18日在北京召开。中共中央政治局听取了《中共中央关于加强和改进新形势下党的建设若干重大问题的决定》稿在党内外一定范围征求意见的情况报告，决定根据这次会议讨论的意见进行修改后将文件稿提请十七届四中全会审议。

10. 中国共产党第十七届中央纪律检查委员会第四次全体会议举行。9月19日，中国共产党第十七届中央纪律检查委员会第四次全体会议在北京举行。全会认为，党的十七届四中全会是在新中国成立60周年之际，在应对国际国内重大挑战、推动党和国家事业实现新发展的关键一年召开的一次具有重要意义的会议。会议审议通过的《中共中央关于加强和改进新形势下党的建设若干重大问题的决定》，是指导当前和今后一个时期党的建设的纲领性文件。全会一致拥护十七届四中全会审议通过的《决定》，一致拥护胡锦涛同志在十七届四中全会上的重要讲话。全会号召，全党同志要更加紧密地团结在以胡锦涛同志为总书记的党中央周围，高举中国特色社会主义伟大旗帜，以邓小平理论和“三个代表”重要思想为指导，深入贯彻落实科学发展观，进一步统一思想、坚定信心，开拓创新、真抓实干，以党风廉政建设和反腐败斗争的新成效，保证党的十七届四中全会精神的贯彻落实。

11. 9月28日，《人民日报》发表《中共中央关于加强和改进新形势下党的建设若干重大问题的决定》。《决定》共8个部分：一、加强和改进新形势下党的建设的重要性和紧迫性。二、总结运用和丰富发展执政党建设基本经验。三、建设马克思主义学习型政党，提高全党思想政治水平。四、坚持和健全民主集中制，积极发展党内民主。五、深化干部人事制度改革，建设善于推动科学发展、促进社会和谐的高素质干部队伍。六、做好抓基层打基础工作，夯实党执政的组织基础。七、弘扬党的优良作风，保持党同人民群众的血肉联系。八、加快推进惩治和预防腐败体系建设，深入开展反腐败斗争。《决定》最后号召，全党要紧密团结在以胡锦涛同志为总书记的党中央周围，高举中国特色社会主义伟大旗帜，全面贯彻党的十七大精神，以改革创新精神全面推进党的建设新的伟大工程，团结带领全国各族人民为把党和国家事业继续推向前进而努力奋斗，永远不辜负人民的信任和期望！

12. 胡锦涛在中共中央政治局第十七次集体学习时强调，扎实贯彻党的十七届四中全会精神，努力提高党的建设科学化水平。11月27日下午，中共中央政治局就贯彻落实党的十七届四中全会精神，努力提高党的建设科学化水平进行第十七次集体学习。国防大学军队建设与军队政治工作教研部齐彪教授、中央组织部党建研究所张守华研究员就这个问题进行讲解，并谈了他们的意见和建议。中共中央政治局各位同志认真听取了他们的讲解，并就有关问题进行了讨论。胡锦涛在主持学习时强调，加强和改进新形势下党的建设，必须着眼于继续解放思想、坚持改革开放、推动科学发展、促进社会和谐，着眼于提高党的执政能力、保持和发展党的先进性，全面推进思想建设、组织建设、作风建设、制度建设和反腐倡廉建设，提高党的建设科学化水平。提高党的建设科学化水平，是加强和改进新形势下党的建设的一项重大任务，也是需要在实践中不断探索、不断总结、不断推进的一个重大命题。

胡锦涛指出，今天，我们党拥有370多万个基层组织、7500多万名党员，正领导人民在一个拥有13亿人口的发展中大国发展中国特色社会主义，管理好、建设好这样一个大党任务十分艰巨。深入贯彻落实科学发展观、推动经济社会又好又快发展，坚持科学执政、民主执政、依法执政，推进党和国家决策科学化、民主化，切实解决党内存在的突出问题，提高党的执政能力、保持和发展党的先进性，都要求我们提高党的建设科学化水平。加强和改进党的建设，要努力在以科学理论指导党的建设、以科学制度保障党的建设、以科学方法推进党的建设上见到实效。

胡锦涛强调，要坚持用中国特色社会主义理论体系武装全党，高度重视探索和把握马克思主义政党建设规律，高度重视总结运用和丰富发展马克思主义执政党建设经验，不断丰富和发展党建理论，为加强和改进新形势下党的建设提供理论指导。要建立健全以党章为根本、以民主集中制为核心的制度体系，既要坚持我们党在长期实践中形成的一系列行之有效的制度，又要以改革创新精神推进党的制度建设创新，增强制度建设的系统性、协调性、科学性，通过制度建设保障党的团结统一、增强党的创造活力。要继承和发展党在长期实践中形成的成功方法，又要不断创新和丰富党的建设有效管用的新方法，积极探索运用现代科学方法，创造性地研究和解决时代发展、社会变革对党的建设提出的新课题。

13. 12 月 4 日电　中共中央办公厅近日印发了《关于进一步从严管理干部的意见》。《意见》的印发和实施，是深入贯彻党的十七大和十七届四中全会精神，落实党要管党、从严治党方针的重要举措，对于改变当前干部管理中存在的失之于宽、失之于软的问题，促进干部健康成长，建设高素质干部队伍，保持党的先进性，具有十分重要的意义。

14. 胡锦涛总书记指示强调毫不动摇地推进干部人事制度改革。12 月 18 日电　中共中央总书记、国家主席、中央军委主席胡锦涛作出重要指示强调，要抓住当前干部群众反映突出的重点难点问题，毫不动摇地推进干部人事制度改革，既要积极探索创新，又要稳妥有序推进。中共中央政治局常委、中央书记处书记、国家副主席习近平也作出指示，要求认真贯彻《2010—2020 年深化干部人事制度改革规划纲要》，在建立健全科学的选人用人机制上迈出更大步伐、取得更大成效。经中央批准，《2010—2020 年深化干部人事制度改革规划纲要》已正式印发。这个《规划纲要》在总结以往改革经验基础上，提出了今后 10 年深化干部人事制度改革的指导思想、基本目标、重点突破项目和整体推进任务，并对统筹推进国有企事业单位人事制度改革、加强对干部人事制度改革中长期问题的研究探索、加强对干部人事制度改革的领导提出了明确要求。《规划纲要》提出，要坚持党管干部原则，坚持德才兼备、以德为先标准，坚持民主、公开、竞争、择优方针，坚持科学化、民主化、制度化方向，解放思想、勇于创新，着力解决领导班子和干部队伍建设的关键问题、干部人事工作中的重点难点问题和干部群众反映强烈的突出问题，树立坚定信念、注重品行、科学发展、崇尚实干、重视基层、鼓励创新、群众公认的正确用人导向，提高选人用人公信度，通过坚持不懈的努力，逐步形成广纳群贤、人尽其才、能上能下、公平公正、充满活力的中国特色社会主义干部人事制度。

15. 习近平在会见全国高校党建工作会议代表时发表讲话。12 月 24 日，中共中央组织部、中共中央宣传部、中共教育部党组在北京召开第十八次全国高等学校党的建设工作会议。中共中央政治局常委、中央书记处书记、国家副主席习近平在会前会见出席会议的代表并发表讲话。他强调，认真贯彻落实党的十七大和十七届四中全会精神，进一步加强和改进新形势下高校党的建设，是坚持社会主义办学方向、促进高校改革发展、培养社会主义合格建设者和可靠接班人的根本政治保证，各级党委一定要高度重视、切实抓紧抓实抓好。党中央、国务院始终高度重视高校党建工作，从 1990 年开始每年召开一次全国高校党建工作会议，研究新问题、交流新经验、作出新部署。这次全国高校党建工作会议的主要任务是，深入分析高校党的建设面临的新情况新问题，对进一步加强和改进新形势下高校党的建设进行部署。

16. 李长春出席《马克思恩格斯文集》《列宁专题文集》出版座谈会并讲话。12 月 25 日《马克思恩格斯文集》《列宁专题文集》出版座谈会在京举行，中共中央政治局常委李长春出席会议并讲话。他强调，马克思主义经典著作是人类文明的瑰宝，是马克思主义政党的精神支柱和强大思想武器，要紧密联系中国特色社会主义伟大事业，紧密联系用科学理论武装全党、教育人民的长期任务，学习好运用好马克思主义经典著作，不断推动用发展着的马克思主义指导新的实践。李长春指出，高度重视马克思主义理论的学习研究宣传，是我们党的优良传统。党的十六大以来，以胡锦涛同志为总书记的党中央，作出了实施马克思主义理论研究和建设工程的重大战略决策。其中一项重要任务，就是组织最强的力量，重新修订和编译马克思主义经典作家的重要著作。做好这项工作，既是当代中国共产党人义不容辞的职责，也是进一步深化马克思主义研究、更好地用马克思主义指导实践的需要。两部文集的出版是党的思想理论建设的一件大事，是马克思主义理论研究和建设工程的一个重大成果，对于推进中国特色社会主义伟大事业，推进党的建设新的伟大工程，具有重要的现实意义和深远的历史意义。他向为这项工作付出辛勤劳动的同志和所有从事马克思主义经典著作编译、研究和传播工作的同志表示崇高敬意和衷心感谢。李长春强调，学习研究马克思主义，要坚持以我们正在做的事情为中心，着眼于马克思主义理论的运用，着眼于对实际问题的理论思考，着眼于新的实践和新的发展。要把学习研究马克思主义经典著作与推进马克思主义学习型政党建设紧密结合起来，不断提高全党的马克思主义理论水平；把学习研究马克思主义经典著作与把握中国国情和时代特征紧密结合起来，大力推进马克思主义中国化、时代化和大众化；把学习研究马克思主义经典著作与研究阐释中国特色社会主义理论体系紧密结合起来，推动用马克思主义中国化最新成果武装头脑；把学习研究马克思主义经典著作与学习贯彻科学发展观紧密结合起来，进一步增强贯彻落实科学发展观的自觉性坚定性；把学习研究马克思主义经典著作与开展社会主义核心价值体系学习教育紧密结合起来，进一步凝魂聚气、强基固本。各级党组织要把两部文集作为领导干部理论学习的重要内容，通过学习深刻掌握马克思主义立场观点方法。马克思主义理论研究和建设工程要把两部文集的编译成果充分体现到哲学社会科学学科体系和教材体系建设中，推动这些成果更好地进教材、进课堂、进头脑。

17. 中共中央政治局召开会议，研究部署党风廉政建设和反腐败工作。12 月 29 日，中共中央政治局召开会议，听取中央纪律检查委员会2009 年工作汇报，分析当前党风廉政建设和反腐败工作形势，研究部署 2010 年党风廉政建设和反腐败工作。会议审议并通过《中国共产党党员领导干部廉洁从政若干准则》。中共中央总书记胡锦涛主持会议。会议指出，必须清醒地看到，当前反腐倡廉建设面临不少新情况新问题，形势依然严峻，任务依然艰巨。全党必须充分认识反腐败斗争的长期性、复杂性、艰巨性，把反腐倡廉建设放在更加突出的位置，做到反腐倡廉常抓不懈、拒腐防变警钟长鸣。会议强调，2010 年，各级党委、政府和纪检监察机关要全面贯彻党的十七大和十七届三中、四中全会精神，高举中国特色社会主义伟大旗帜，以邓小平理论和“三个代表”重要思想为指导，深入贯彻落实科学发展观，坚持标本兼治、综合治理、惩防并举、注重预防的方针，加强以保持党同人民群众血肉联系为重点的作风建设，加强以完善惩治和预防腐败体系为重点的反腐倡廉建设，抓紧解决反腐倡廉建设中人民群众反映强烈的突出问题，着力推进反腐倡廉制度建设，围绕中心、服务大局，开拓创新、狠抓落实，不断取得党风廉政建设和反腐败斗争新成效。要继续加强对中央重大决策部署贯彻落实情况的监督检查，坚决查处违纪违法案件，严厉惩处腐败分子和整治消极腐败现象，坚决纠正损害群众利益的不正之风。要以改革创新的精神，加大教育、监督、改革、制度创新力度，更加有效地预防腐败。要进一步落实党风廉政建设责任制，各级党委和政府要切实负起责任，加强组织领导，协调各部门搞好反腐倡廉工作。全党要同心同德、狠抓落实，深入推进党风廉政建设和反腐败斗争，为改革发展稳定提供坚强保证。会议强调，党员领导干部廉洁从政是全面贯彻党的理论和路线方针政策的重要保障，是从严治党、不断加强党的执政能力建设和先进性建设的重要内容。促进党员领导干部廉洁从政，必须按照建立健全惩治和预防腐败体系的要求，加强教育，健全制度，强化监督，深化改革，严肃纪律，坚持自律和他律相结合。《中国共产党党员领导干部廉洁从政若干准则》是规范党员领导干部从政行为的重要基础性法规，对保证党员领导干部廉洁从政、加强领导干部廉洁自律工作和干部队伍建设、进一步提高管党治党水平和深入推进反腐倡廉建设具有十分重要的意义。各级党组织要结合贯彻落实党的十七届四中全会精神，深入学习宣传，认真组织实施。各级党员领导干部要深入学习理解准则，严格遵照执行，认真自查自纠，真正做到为民、务实、清廉。各级纪检机关和有关部门要协助党委抓好督促检查，严肃处理违反准则的行为，保证贯彻落实。

贾小明　中央社会主义学院中国政党制度研究中心副秘书长

中国国民党革命委员会

2009年，中国国民党革命委员会（以下简称“民革”）认真学习贯彻中共十七大和十七届三中、四中全会精神，以科学发展观为统领，以庆祝新中国成立和人民政协成立60周年为契机，紧紧围绕执政党和政府的中心工作，在继续搞好政治交接为主线开展自身建设的基础上，以促进科学发展和社会和谐为主题搞好参政议政、民主监督，以两岸关系和平发展为主题搞好促进祖国和平统一工作，各项工作取得了新的进展，为积极应对国际金融危机、促进经济社会平稳较快发展和促进祖国和平统一大业，作出了应有的贡献。

一、重要会议及活动

2009年，民革中央领导机构根据党章规定，通过召开中常会、中央监督委员会会议、中全会和专题工作会议来领导全党工作，同时中央还在本年的有关重大事件和纪念日召开了各种形式的座谈会和纪念会。

（一）中央常务委员会会议

2009年，民革第十一届中央常务委员会根据党章规定和履行职能需要，共召开了4次会议。

1. 十一届六次中常会

民革十一届六次中常会于3月7日在北京召开，会议学习座谈了十一届全国人大二次会议和全国政协十一届二次会议精神，通过了关于学习贯彻十一届全国人大二次会议和全国政协十一届二次会议精神的决议。会议印发了关于民革中央自十一届二中全会以来工作情况和2009年第二季度工作安排的报告，修订通过了《民革地方委员会组织规程》、《民革发展党员手续及审批办法》、《民革支部工作条例》、《民革党员交纳党费及党费使用办法》、《民革党员组织关系转移办法》等5个组织工作文件，何丕洁副主席就修订工作作了说明。

周铁农主席在会上作重要讲话，就学习贯彻全国“两会”精神，做好民革2009年的工作提出四点意见：（1）认真学习贯彻全国“两会”精神，全面贯彻中共十七大、十七届三中全会和中央经济工作会议精神，提高认识，统一思想，坚定信心，把民革全党力量凝聚到完成全国“两会”提出的目标和任务上来；（2）积极研究新形势、新问题，紧紧围绕保持经济平稳较快发展的首要任务，进一步履行好参政议政、民主监督职责，为保增长、保民生、保稳定、促和谐作出积极贡献；（3）抓住新中国成立60周年和人民政协成立60周年的契机，以科学发展观为统领，进一步加强自身建设，努力把民革建设成一个适应新形势发展要求的高素质参政党；（4）

深入学习胡锦涛总书记在纪念《告台湾同胞书》发表30周年座谈会上的重要讲话精神，发挥民革的优势和特色，进一步做好新形势下的促进祖国和平统一工作。周铁农主席还要求出席全国“两会”的代表和委员们以饱满的政治热情继续开好“两会”，确保会议圆满成功。返回地方后要及时传达、宣传和组织党员学习讨论全国“两会”精神，进一步认清形势，明确任务，增强信心，掌握有关方针政策，按照全国“两会”精神的要求，结合民革实际，以饱满的热情投入到民革的各项工作和本职工作中去。

2. 十一届七次中常会

民革十一届七次中常会于5月30日—31日在湖北省武汉市召开，会议的主题是：研究如何在新形势下进一步健全和完善民革党内监督机制，做好党内监督工作；研究如何面对国际金融危机，更好地发挥民革优势与特色，进一步做好参政议政工作。

周铁农主席在开幕式上作《进一步做好党内监督工作，开创民革自身建设新局面》的重要讲话，讲话首先阐述了健全和完善民革党内监督机制的重要性和必要性。讲话指出，进一步加强党内监督工作，是新形势新任务对民革的新要求，是中国共产党领导的多党合作事业发展的需要，是参政党更好履行职能的保障。面对新形势、新问题，参政党要想更好地发挥作用，就必须不断加强自身建设，而进一步加强党内监督工作，健全和完善参政党内部监督制度，则是自身建设中最基本和最重要内容之一，也是民革参政议政、民主监督工作顺利开展的重要保障。进一步加强党内监督工作，是自身建设实际对民革的必然要求，是一个成熟政党所应具备的基本条件。回顾这些年来民革的自身建设工作，虽然取得了很大成绩，但在制度建设、领导班子建设、作风建设等方面，也还存在一些问题。随着多党合作制度的完善与发展，越来越多的民革党员进入各级政府机关及司法部门担任领导职务，或是担任各级人大代表、政协委员，或是成为各类特邀（约）监督员。这既为民革充分发挥参政党作用提供了广阔的舞台，同时也使民革加强党内监督工作变得比以往更为迫切。

周铁农主席在讲话中提出开展党内监督工作应当注意的四个问题：对组织监督与对领导班子成员及党员个人监督相结合，以对组织监督为主；整体监督与个案监督相结合，以整体监督为主；预防性监督与查处性监督相结合，以预防性监督为主；自下而上的监督与自上而下的监督相结合，以自下而上的监督为主。同时，讲话对民革开展党内监督工作提出六点要求：各级领导班子必须带头做好进一步加强党内监督的工作；各级监督委员会要切实承担起监督职责；民革各级领导班子成员和各级监督委员会成员要带头廉洁自律；做好宣传教育工作；循序渐进，先易后难，逐步健全和完善民革党内监督制度体系；大力加强参政党党内监督理论的研究。

厉无畏常务副主席在开幕式上作了关于当前经济形势的报告。与会同志围绕周铁农主席的重要讲话、厉无畏常务副主席的经济形势报告，就进一步做好党内监督工作、组织发展工作和参政议政工作进行了充分讨论。会议印发了关于民革中央2009年第二季度工作情况和第三季度工作安排的报告，原则通过了《民革中央关于进一步做好组织发展工作若干问题的意见》，通过了关于民革党员党纪处分的备案事项。

厉无畏常务副主席在闭幕式上作重要讲话，对民革今后一个时期的工作提出三点要求：(1) 各级组织都要充分提高对进一步加强党内监督重要意义的认识，认真学习党内监督的原则、内容与形式，有条件的省级组织要设立相关监督机构，把民革全党的党内监督体系逐步构建起来。(2) 正确认识当前国际国内的经济形势，围绕"保增长、扩内需、调结构"的中心工作，积极履行好参政党职能，为促进经济平稳较快发展贡献力量。(3) 做好纪念新中国成立60周年、人民政协成立60周年的各项工作，以纪念两个60周年活动为契机，进一步坚定与中国共产党风雨同舟的信念，进一步探索新时期多党合作理论的创新与发展。

3. 十一届八次中常会

民革十一届八次中常会于9月21日在北京召开，会议主题是学习中共十七届四中全会精神。与会同志座谈了学习中共十七届四中全会精神的体会，原则通过了《民革十一届中央常委会关于学习贯彻中共十七届四中全会精神的决定》。会议报告了自民革十一届七次中常会以来的主要工作情况和2009年第四季度工作安排，审议并通过了关于召开民革十一届三中全会的决定，通过了关于民革党员党纪处分的备案事项。

周铁农主席在会上作重要讲话。讲话指出，民革完全拥护中共十七届四中全会的决定。相信在四中全会精神指导下，通过深入学习和贯彻落实《决定》精神，全面推进思想建设、组织建设、作风建设、制度建设和反腐倡廉建设，切实提升执政党建设科学化水平，进一步提高执政能力、保持和发展先进性，中国共产党必将始终走在时代前列引领中国发展进步，永不辜负人民的信任和期望。深刻认识四中全会的重要意义，深入学习四中全会精神，对于民革进一步增强接受中国共产党领导的自觉性和坚定性，做好各项工作，有着重要的指导作用。

讲话就学习和领会好四中全会精神，做好各项工作提出三点意见：(1) 把认真学习、深刻领会四中全会精神，作为民革各级组织当前和今后一个时期的重要政治任务。(2) 继续深入开展学习贯彻科学发展观活动，积极参与科学发展实践，进一步完善工作机制，更好地发挥全体党员作用，切实加强参政议政能力建设。(3) 以科学发展观为统领，进一步加强自身建设，努力把民革建设成一个适应新形势新任务发展要求的高素质参政党。

4. 十一届九次中常会

民革十一届九次中常会于12月4日在北京召开，会议报告了民革中央2009年第四季度主要工作情况和民革十一届三中全会筹备工作情况；通过了十一届三中全会议程草案和日程安排、第十一届中央常务委员会向十一届三中全会作的工作报告、十一届三中全会小组召集人名单；会议决定何丕洁副主席不再兼任中央社会服务部部长职务；通过了关于民革党员党纪处分的备案事项。部分省级组织主要负责人、中央各工作部门、团结报社、团结出版社负责人列席会议。

（二）中央监督委员会会议

1. 中央监督委员会第二次全体会议

民革中央监督委员会第二次全体会议于5月30日在湖北省武汉市召开，民革中央常务副主席、中央监督委员会主任厉无畏，中央副主席、监督委员会副主任何丕洁及监督委员会委员参加会议。会议听取了何丕洁副主席关于中央监督委员会成立以来的工作情况汇报；讨论了周铁农主席在民革十一届七次中常会上所作的关于进一步做好党内监督工作的重要讲话；研究了中央监督委员会下一阶段工作。

2. 中央监督委员会第三次全体会议。

民革中央监督委员会第三次全体会议于12月4日在北京召开。民革中央常务副主席、监督委员会主任厉无畏，民革中央副主席、监督委员会副主任何丕洁及监督委员会委员出席会议。会议讨论通过了《民革中央监督委员会2009年工作报告》并提交民革十一届三中全会审议。会议还研究了中央监督委员会2010年工作重点。委员们认为，民主党派内部监督是一项全新的工作，正在逐步摸索中前行。2010年要重点学习贯彻中共十七届四中全会和民革十一届七次中常会精神，按照民革内部监督暂行条例精神，把党内监督工作进一步深入推进。

（三）十一届三中全会

民革十一届三中全会于12月5日—7日在北京召开，会议的主题是学习贯彻中共十七届四中全会精神，审议第十一届中央常务委员会工作报告。

厉无畏常务副主席主持会议开幕式并致开幕词。他指出，在2009年，民革隆重庆祝了新中国成立60周年和人民政协成立60周年。60年来，民革作为参政党与中国共产党风雨同舟，携手前行，为中国特色社会主义事业添砖加瓦，各项工作取得重要成果，为把我国建设成富强、民主、文明、和谐的社会主义现代化国家作出了重要贡献。

周铁农主席代表第十一届中央常务委员会作工作报告。报告回顾总结2009年民革全党工作：2009年里，民革全党认真学习贯彻中共十七大和十七届三中、四中全会精神，学习胡锦涛总书记在庆祝人民政协成立60周年、庆祝新中国成立60周年大会上的重要讲话精神，以科学发展观为统领，紧紧围绕执政党和政府的中心工作，继续牢牢把握搞好政治交接这条主线开展自身建设，牢牢把握提高能力和水平这个关键搞好参政议政、民主监督，牢牢把握两岸关系和平发展这个主题搞好促进祖国和平统一工作，各项工作取得了新的进展和可喜成绩，为积极应对国际金融危机、促进经济社会平稳较快发展和促进祖国和平统一大业，作出了应有的贡献。各级组织在科学发展观的指导下，以建设高素质参政党为目标，自身建设得到全面加强。报告对民革2010年的工作提出四项任务：认真学习中共十七届四中全会精神，借鉴执政党的党建工作经验，大力加强参政能力建设；围绕推动科学发展、促进社会和谐的任务，把参政议政工作做深做实；创新思路，突出重点，不断深化促进祖国和平统一工作；深入开展思想教育，树立和学习、践行社会主义核心价值体系，坚定不移地走中国特色社会主义政治发展道路。

何丕洁副主席在开幕式上代表中央监督委员会作工作报告，回顾了中央监督委员会成立一年来的主要工作，并针对贯彻落实《民革内部监督暂行条例》、进一步履行中央监督委员会的职能和加强与各省级组织的联系沟通、进一步推进党内监督机制建设、加强信访工作等方面对2010年的工作进行了部署。

在闭幕会上，会议通过了《民革十一届三中全会决议》。厉无畏常务副主席作重要讲话，对做好下一步的工作提出五点意见：（1）认真学习贯彻中共十七届四中全会精神，以科学发展观为指导，切实加强自身建设，特别是参政能力建设，努力把民革建设成为高素质的参政党。（2）清醒认识当前国际国内经济形势，积极协助执政党和政府进一步做好应对国际金融危机挑战，为确保我国经济平稳较快增长献计出力。（3）切实提高参政议政的能力和水平，努力使民革参政议政工作迈上新台阶。（4）发挥民革优势，突出民革特色，进一步做好促进祖国和平统一工作。（5）围绕社会主义核心价值体系加强思想理论建设，更好地履行参政党职能和发挥作用。

（四）中央中心学习组学习活动

10月9日，民革中央中心学习组举行学习座谈会（扩大），专题学习中共十七届四中全会精神。

周铁农主席出席会议并作重要讲话。讲话指出，中共十七届四中全会在深刻分析和把握世情、国情、党情的基础上，系统、科学地总结了执政党建设的基本经验和规律，高屋建瓴地提出了加强和改进新形势下执政党建设的总体战略部署，充分体现了中国共产党把握时代脉搏、引领时代前进的使命感和高超能力，充分证明了中国共产党的先进性。民革作为参政党，深入学习十七届四中全会就是要进一步深入认识这一先进性，不断增强坚持中国共产党领导的信念和决心。民革有理由坚信，在十七届四中全会精神指导下，中国共产党一定能够不断保持和发展先进性，带领全国各族人民共同创造美好生活，实现中华民族的伟大振兴。

讲话指出，认真学习中共十七届四中全会精神，民革要把坚持中国共产党领导的信念和信心，自觉转化为民革加强自身建设、提高参政议政能力的动力，围绕十七届四中全会对经济工作和民族工作提出的任务，进一步建言献策，为促进经济平稳较快发展，为在新形势下把民族团结进步事业继续推向前进，作出民革的新贡献。讲话要求，民革各级组织和全体党员要把认真学习、深刻领会和贯彻中共十七届四中全会精神作为当前和今后一个时期的重要政治任务，切实把思想和行动统一到中共中央决策部署上来。在充分保持和发挥民革在参政议政重点领域的特色和优势的同时，针对当前特殊的经济形势，以科学发展观为指导，继续把关于“祖统”、“三农”、社会法制，特别是把当前国际金融危机方面的参政议政工作做实做深做透，努力提升民革参政议政的能力和水平，更好地为科学发展服务。民革各级组织要始终不渝地坚决拥护中国共产党的民族区域自治制度，尤其是在民族地区的民革组织，要积极协助当地中共党委和政府维护平等、团结、互助、和谐的社会主义民族关系，做好社情民意工作，为加强和维护民族团结安定，坚决防范和打击境内外敌对势力利用民族问题进行各种分裂、破坏活动作出应有的贡献。

讲话强调，认真借鉴中国共产党自身建设的宝贵经验，努力推进民革自身建设，是民革面对的另一项重要任务。当前，如何学习中国共产党对自身建设的高度重视，不断通过党建改进和完善自己，加强执政能力的提高；如何学习借鉴中国共产党党建工作的经验和做法，结合自身实际，全面推进自身建设，更好履行参政党职能，已经是摆在民革全党面前需要解决的重大课题。当前形势下，特别要重视抓好全党的思想理论建设、基层组织建设、后备干部队伍建设、党内监督机制建设等，不断总结、运用和发展自身建设的宝贵经验，紧紧围绕增强全党凝聚力开展自身建设，大力推进社会主义核心价值体系建设，更好地履行参政党职能和发挥作用，把民革建设成为一个素质更高、特色更明、能力更强的参政党。

万鄂湘副主席在发言中指出，中国共产党领导的多党合作和政治协商制度是我国的基本政治制度。中国的政党制度、民主模式、政治协商制度适合我国国情，具有很大的优越性。搞好中国共产党的建设，可以将执政党党内民主和反腐败相结合，用扩大党内民主来解决腐败问题。中共十七届四中全会对执政党的建设工作作出了部署，必将进一步加强和改善共产党的领导，同时也对参政党履行参政议政职能提出了更高的要求。民革要进一步加强自身建设，继承和发扬民革优良传统和宝贵经验，继续发挥汇聚力量、建言献策、服务大局的作用，扎实有效地做好参政议政、政治协商和民主监督工作。

修福金副主席结合学习贯彻中共十七届四中全会精神，就树立和践行社会主义核心价值体系作了发言。他指出，树立和践行社会主义核心价值体系是多党合作事业发展的基础工程和灵魂工程，同时也是当前参政党加强思想建设，走稳和走好中国特色社会主义政治发展道路的一个重要举措。随着改革进程的推进，参政党的政治思想建设面临更加复杂的局面，巩固多党合作思想政治基础的任务更加艰巨，因此参政党必须要学习和践行社会主义核心价值体系。践行社会主义核心价值体系，既要重视普遍性的要求，也要立足参政党的定位，准确把握其内涵，体现政党特点。在学习过程中要加强教育引导，体现民主党派进步性与广泛性相统一的特色，在尊重差异中扩大认同，在包容多样中增进共识。

（五）中央专门工作会议

2009年，民革中央召开了一系列专门工作会议，通过这些会议总结经验、指导和推动工作。

1. 全国社会服务工作研讨会

2月21日—22日，民革全国社会服务工作研讨会在甘肃省兰州市召开。会议主题是深入学习贯彻中共十七届三中全会精神和科学发展观，总结多年来民革全党在社会服务领域取得的成绩，探索社会服务工作如何适应新形势的要求，研究和部署下一阶段的工作。来自全国30个省、12个副省级市民革组织的社会服务工作负责同志共80余人参加会议。

民革中央副主席何丕洁出席会议并讲话指出，民革的社会服务工作得到了中共中央的支持和肯定，受到了民革各级组织的高度重视。进入新世纪以来，民革的社会服务工作与国家的中心工作结合得越来越紧密，社会服务传统项目和内容在巩固已有成果的基础上更加健康地发展。办学、书画、智力支边扶贫、引导民营企业发展、招商引资、“三下乡”等工作都取得了显著成绩。讲话对民革今后的社会服务工作提出三点要求：（1）统一思想，积极行动，共同应对当前的困难和挑战；（2）认真总结社会服务工作经验，结合新形势、新要求，作出新规划，取得新成绩；（3）继承和发扬民革的优良传统，以科学发展观为指导，开创社会服务工作新局面。与会同志进行了充分的交流和讨论，大家一致认为，此次会议召开的十分必要、十分及时，进一步提高了大家对社会服务工作意义的认识。大家结合自身从事社会服务工作的实践交流经验和做法，提出了许多中肯的意见和建议。

2. 全国涉台参政议政暨第五届《台湾研究》特邀撰稿人工作会议

6月5日—7日，民革全国涉台参政议政暨第五届《台湾研究》特邀撰稿人工作会议在甘肃省酒泉市召开。会议的主要议题是深入学习贯彻胡锦涛总书记在纪念

《告台湾同胞书》发表30周年座谈会上的重要讲话精神，总结民革十大以来涉台参政议政工作经验，部署下一阶段工作，完成民革中央《台湾研究》特邀撰稿人换届工作。这次会议是民革中央首次就涉台参政议政工作召开的专题会议。

周铁农主席出席大会并在开幕式上作重要讲话。讲话指出，2008年12月31日胡锦涛总书记在纪念《告台湾同胞书》发表30周年座谈会上发表重要讲话，对做好对台工作具有十分重要的指导意义，对推动两岸关系和平发展必将产生极为深远的影响。2008年台湾局势发生了重大而积极的变化，两岸关系实现了历史性转折。面对当前的新形势，民革全党要认真学习领会、全面贯彻落实胡锦涛总书记的重要讲话精神，深刻理解当前对台工作形势，深刻理解胡锦涛总书记提出的两岸关系和平发展的思想，深刻理解民革中央提出的民革对台工作重心向参政议政转变，工作领域向多向型转变，工作渠道向多元化转变，工作主题向和平发展转变的“四个转变”要求，把民革全党促进祖国和平统一工作水平推上一个新的高度。讲话指出，面对当前的新形势，既要看到两岸关系改善和发展不断取得新突破的一面，也要看到和平发展不会一蹴而就、一帆风顺的一面。各级组织要深刻理解“四个转变”之间的内在联系，根据“四个转变”要求，紧密联系当前两岸关系发展的实际，抓住机遇，动员全党，为两岸关系和平发展，为祖国和平统一大业谋长远之道，建有用之言，献务实之策。

修福金副主席在开幕式上作工作报告。报告对民革十大以来民革中央和各级地方组织在涉台参政议政工作中取得的成果、积累的经验和目前存在的挑战和问题进行了总结。报告指出，针对民革对台工作中存在的问题，今后要着重抓好以下四方面的工作：（1）认真学习中共中央对台工作的方针政策和胡锦涛总书记关于对台工作的一系列重要讲话精神，把思想和行动统一到中共中央对台工作方针政策上来。（2）要认真学习周铁农主席的重要讲话，重点把握关于“三个深刻理解”的精神实质。（3）深入调查研究，推进成果转换，不断提高涉台参政议政工作水平和质量，努力把“四个转变”落到实处。（4）要努力加强队伍建设，苦练内功，推动对台工作再上新台阶。

3. 全国省级组织办公室工作研讨会

8月8日—10日，民革全国省级组织办公室工作研讨会在云南大理召开，会议主题是研究落实民革中央关于加强机关建设的部署，研讨如何进一步加强机关建设，特别是办公室工作。

齐续春副主席在会上作重要讲话，讲话总结了近年来民革各级组织机关建设的进展情况，阐述了加强机关建设的重要性。讲话指出，加强机关建设是更好地履行参政议政职能的迫切需要；是贯彻落实《中华人民共和国公务员法》的客观要求；是充分发挥机关职能作用的重要前提。归结为一点就是机关工作的出发点和归宿都是为参政党的参政议政职能这一中心任务服务，机关建设一定要围绕加强参政议政工作来展开。讲话强调，机关建设的指导思想是在科学发展观统领下构建和谐机关；机关建设的根本目的是为履行好参政议政职能提供保障；机关建设的主要方法，一方面是通过以人为本和统筹协调的观念促进和谐，另一方面是通过体制、机制创新和制度建设保障和谐。讲话要求，要进一步加强机关思想政治建设，不断增强坚持走中国特色社会主义政治发展道路的决心和信心；要以改革创新的精神加强机关人才队伍建设，努力创造一个人尽其才、人才辈出的体制、机制；要进一步加强机关文化建设，努力构建和谐机关；要积极推进机关信息化建设，以信息化建设促进机关工作的创新，促进工作效率和质量的提高。齐续春副主席还就加强民革机关建设服务参政议政职能问题作了辅导报告。报告从坚持和完善中国共产党领导的多党合作和政治协商制度的高度，深刻阐明了加强民革机关建设的重要性和紧迫性，明确了进一步加强民革机关建设的指导思想和具体要求。

4. “孙中山研究与中山学”学术研讨会

10月15日—16日，由民革中央孙中山研究学会和中国辛亥革命研究会联合主办的“孙中山研究与中山学”学术研讨会在安徽省黄山市召开。会议的主要任务是围绕“孙中山研究与中山学”这个主题，从学科建设的角度，对建立“中山学”的可行性和必要性、“中山学”与各门社会科学的联系与区别、“中山学”的学科性质、方法、范围和任务等课题进行研讨。民革中央主席、民革中央孙中山研究学会和中国辛亥革命研究会会长周铁农，民革中央副主席修福金、安徽省人大常委会副主任郭万清、民革安徽省委会主委夏涛，安徽省、黄山市有关方面负责同志，学术界孙中山研究专家、学者60余人参加会议。

周铁农主席在会议开幕式上的讲话中说，孙中山先生是杰出的爱国主义者、伟大的民主革命先行者，是20世纪中国与毛泽东、邓小平并列站在时代最前列的伟人。孙中山的革命思想和实践，对近现代中国产生了巨大的震撼和深远的影响。中共中央几代领导人对中山先生也始终给予了崇高的评价。民革作为由原国民党民主派和其他爱国民主人士创建的民主党派，对中山先生一向怀有崇高的敬意和深厚的感情。民革从孕育、成立到发展的漫长历史阶段中，一直受到中山先生思想和精神的重要影响。继承、发扬孙中山爱国、革命、不断进步精神，成为民革优良传统的重要组成部分，是民革特色最基本、最重要的体现。特别是以孙中山爱国思想为纽带，团结、联合海内外朋友为祖国统一大业共同努力，成为民革一项十分有特色的工作。

讲话指出，民革所开展的孙中山研究有其自身的特点，其中重要的一点就是把学术性和政治性、现实性有机结合起来。要坚持马克思主义，坚持以中共中央几代领导人对孙中山的重要论述为指导，坚持为中国特色社会主义建设服务；同时，学术性是开展研究的基础，没有坚实的学术基础，政治现实性也会被架空。近年来，学术界不断就如何在已有成果的基础上继续拓展和深化孙中山研究、使之不断走向深入展开探讨，民革也给予了充分的关注。讲话希望，从事、关心孙中山研究的学术界同仁借此机会聚在一起，共同回顾、总结成果、畅所欲言，借以推进孙中山研究的系统和深化。

在闭幕式上，周铁农主席就“中山学”的概念，“中山学”的政治性与学术性，“中山学”的对象、内容、方法等方面提出了自己的看法，充分肯定了此次会议所取得的成绩。他指出，继承和发扬孙中山的爱国、革命和不断进步精神，已经写入民革党章，成为民革最基本的特色。民革通过研究孙中山，继承和发扬中山精神，用中山精神来激励民革更好地发挥参政党的作用，体现了民革作为八个民主党派之一的独特性。因此，研究和宣传孙中山，继承和发扬中山精神，应该始终成为民革的一个非常基础性的工作。他希望各位专家要把自己的兴趣进一步引导到对中山先生的研究上来，并且多出一些有影响、有价值的成果。

5. 全国组织工作会议

11 月 2 日—4 日，民革全国组织工作会议在湖南省张家界市召开，会议主题是深入学习贯彻科学发展观，学习中共十七届四中全会关于加强党的建设新的理论精神，总结交流近年来民革组织工作取得的成绩和经验，积极探索新形势下进一步加强组织建设的思路和方法，为把民革建设成为适应时代要求的高素质参政党提供坚实的组织保证。

周铁农主席在开幕会上作的重要讲话指出，组织建设是民革自身建设的重要基础。民革自身建设的根本目标，是建设一个与中国共产党亲密合作、共同致力于建设中国特色社会主义的参政党。要实现这一根本目标，要有健全和巩固的组织作保障。组织工作就是要组织好民革党员的队伍，组织好党员骨干队伍。有了基本符合民革要求的党员队伍，才能有效开展加强自身建设的各项工作。选拔、培养、使用好民革的骨干力量，才能保证民革全党的凝聚力、战斗力和组织正常运转。当前，民革全党的组织建设状况总体上是与参政党地位相适应的。但是，与新形势对参政党提出的新任务、新要求相比还面临不少新情况、新问题。为此要充分认识加强组织建设的重要性和紧迫性，用科学发展观来指导民革组织工作，以改革创新精神认真研究解决当前组织工作中的突出矛盾和难点问题，进一步发挥组织工作在建设高素质参政党中的基础性关键作用，努力开创民革自身建设和发展的新局面。

讲话指出，加强组织建设的目的是更好地履行参政党的职能。在中国共产党领导的多党合作和政治协商制度中，参政党的职能是参政议政、民主监督。民革加强组织建设的目的，就是通过建设一支高素质人才队伍，更好地履行职能。只有以改革创新的精神进一步加强组织建设，建立科学高效的组织工作机制，切实做好优秀人才的吸收、培养、推荐、使用工作，实现人力资源的有效整合和智力资源的合理配置，才能充分调动广大民革党员参政议政、民主监督的积极性，为全面推进高素质参政党建设、更好地履行参政党职能奠定坚实的组织基础。

讲话强调，民革干部队伍建设作为国家干部队伍建设的有机组成部分，要坚持中国共产党“党管干部”的原则。民革作为参政党，应该自觉按照根据这项原则所确立的干部管理权限、干部选拔任用条件和工作程序，把干部队伍建设纳入国家各级、各类干部管理的整体工作中去。要建立起一整套与中国共产党“党管干部”原则相匹配的工作机制和程序，建立健全干部的选拔、培养、推荐制度，主动发现、培养、推荐优秀人才。要加强同中共各级党委的联系，紧紧依靠中共党委的领导、指导和帮助，选拔培养出一支高素质的参政党干部队伍。要注意克服消极对待“党管干部”原则和忽视“党管干部”原则的不良倾向。

何丕洁副主席在开幕会上作了《深入学习贯彻科学发展观，全面推进民革组织工作》的工作报告。报告回顾了近年来民革组织建设所取得的成绩，分析了目前存在的突出困难和问题，就当前和今后一段时期加强民革组织建设工作提出了要求。

厉无畏常务副主席在闭幕会上的讲话中说，当前要大力加强领导班子建设，将各级领导班子建设成学习型集体；要在民主集中制和推进党内民主建设的基础上建设团结和谐的领导班子集体；要建设服务型领导班子。讲话指出，要进一步加强干部队伍建设，当前尤其要注重各级后备干部队伍的建设，要制定科学、实用、可操作的选拔推荐制度，推出更多优秀的人才，提高民革参政议政水平，真正行使好参政党职能。讲话强调，民革党内监督工作关系到民革全党遵循党章、执行制度和党内民主生活的正常与否，关系到全党在思想上、政治上和组织行为上的统一，对民革事业健康有序发展起到保障作用。希望各地组织对内部监督工作真正重视起来，按照民革中央有关文件的要求，围绕党章的各项原则，积极研究制定符合本省情况的监督制度，条件成熟的省级地方组织应当建立监督委员会。厉无畏常务副主席还对届中调整工作和2012年换届前期基础准备工作提出了要求。

6. 全国参政议政工作暨成果交流会

11月22日—24日，2009年民革全国参政议政工作暨成果交流会在广西南宁市召开，会议主题是总结交流一年来参政议政工作经验和成果，表彰2009年参政议政工作先进集体、先进个人和反映社情民意信息工作先进集体，研讨2010年参政议政工作。

周铁农主席在开幕式上作的重要讲话中指出，2009年以来，民革中央多项调研报告、建议案得到了中共中央、国务院领导同志的重要批示和充分肯定，有的还在社会上引起巨大反响。这些提案、建议案或调研报告，不仅是中央参政议政成果的体现，更是工作在基层一线同志智慧的结晶，正是有了在基层工作同志的辛勤劳动，才有了民革参政议政工作的重大进步。讲话对今后一个时期民革的参政议政工作提出三点意见：第一，要充分认识加强理论政策学习是做好参政党参政议政工作的先决条件。第二，着力加强参政能力建设，切实把握新时期参政议政工作的主动权。第三，以加强专委会建设为抓手，推进民革全党的参政议政工作。

厉无畏常务副主席向与会同志介绍了世界金融危机与结构调整的趋势和我国当前经济发展态势，并围绕明确未来经济发展制高点和重点方向、调整出口导向型经济发展战略、促进创意产业的发展、摒弃单纯以低价竞争占领海外市场模式等问题进行了阐述。

齐续春副主席作参政议政工作报告。报告总结了近一年来民革参政议政工作取得的可喜成果，并就进一步健全完善参政议政机制、加强参政议政机构和队伍建设等方面对2010年的参政议政工作提出了要求。

会议对民革天津市委会等8个为民革中央提案工作作出贡献的先进集体，民革江苏省委会等5个为中央反映社情民意信息工作作出贡献的先进集体，王京京等10位为中央提案工作作出贡献的先进个人进行了表彰。与会同志围绕领导同志讲话和报告，结合各地参政议政工作的经验和体会进行了分组讨论并听取了部分省级组织的经验介绍。

（六）中央举办的有关纪念会、座谈会

1. 2009年迎春茶话会

1月19日，民革中央在机关举行2009年迎春茶话会，周铁农主席在会上发表讲话，代表民革中央向关心、支持民革工作的各界人士，向台湾同胞、海外侨胞及海内外友人致以新春祝福。讲话指出，2008年台湾局势发生积极变化，两岸关系迎来难得历史机遇，两岸关系和平发展呈现出前所未有的光明前景。胡锦涛同志在纪念

《告台湾同胞书》发表30周年座谈会上的重要讲话，为进一步推动两岸关系和平发展指明了方向。在新的一年里，民革将坚持“和平统一、一国两制”的方针和现阶段发展两岸关系、推进祖国和平统一进程的八项主张，按照胡锦涛总书记就做好新形势下对台工作的四点意见和进一步发展两岸关系的六点意见，牢牢把握两岸关系和平发展的主题，牢牢抓住两岸关系改善的历史机遇，积极促进两岸交流合作，为两岸关系和平发展作出新的贡献。讲话指出，在过去的一年里，民革紧紧围绕国家改革、发展、稳定大局，积极履行参政议政、民主监督职能，参政议政、民主监督工作水平有了新的提高。在新的一年里，民革各级组织和广大党员要把思想认识统一到中共中央对国内外经济形势的分析判断上来，把积极性、主动性、创造性引导到推动科学发展、促进社会和谐上来，继续深入调查研究，积极建言献策，涉农、对台和社会法制方面的参政议政工作力争继续有所突破。

国务院台湾事务办公室常务副主任郑立中、中共中央统战部副部长楼志豪出席茶话会并致词。郑立中副主任在致词中对民革中央给予国台办工作的支持表示感谢，简要介绍了国台办2009年对台工作的思路，并希望民革在新的一年里继续支持国台办的工作，共同为开拓两岸关系和平发展新格局作出贡献。楼志豪副部长在致词中说，多党合作事业进一步制度化、规范化，在协商基础上进行决策已经成为一项制度。包括民革在内的各民主党派积极建言献策，为维护社会稳定、促进经济社会发展作出了巨大贡献。在新的一年里，我国经济社会发展面临着新的困难和挑战，但只要我们统一思想，坚定信心，就没有克服不了的困难。

2.《创意改变中国》出版座谈会

2月24日，厉无畏常务副主席新著《创意改变中国》出版座谈会在北京举行，周铁农主席为新书作序。周铁农主席在序言中指出，创意产业正日益成为驱动社会经济全面发展的新引擎，这对正处于面临国际、国内双重挑战的中国经济来说，具有重要的战略意义。《创意改变中国》一书为更多人打开了一扇认识创意产业的窗口，更为创意精英提供了创意产业的理论依据和实践指导。厉无畏常务副主席在座谈会上讲话指出，在国际竞争日趋激烈的今天，创意产业已经不仅仅是一个发展的理念，而是有着巨大经济效益和社会效益的直接现实。创意产业的理论和实践是随着经济发展与社会进步不断完善并走向成熟的，希望此书能为不同层面的读者提供有益的启迪。

3. 孙中山先生逝世84周年纪念仪式

3月12日，民革中央在北京中山公园中山堂隆重举行孙中山先生逝世84周年纪念仪式。厉无畏常务副主席主持纪念仪式，全国政协副主席李金华、民革中央主席周铁农、中共中央统战部副部长楼志豪、北京市副市长程红、民革北京市委会主委傅惠民在纪念仪式上分别代表全国政协、民革中央、中共中央统战部、北京市人民政府、民革北京市委会向孙中山先生像敬献花篮。与会同志向孙中山先生像三鞠躬，缅怀这位伟大的民主革命先行者。

4. 女党员庆祝“三八”国际劳动妇女节联谊会

3月2日，民革中央妇女和青年工作委员会、民革北京市委会妇委会在中央机关联合举办庆祝“三八”国际劳动妇女节联谊会。专委会主任钮小明代表民革中央向女党员们致以节日的祝贺。在谈到专委会工作时钮小明副主席强调，中央将原有妇女工作委员会调整和充实为妇女和青年工作委员会，旨在进一步加强妇女和青年工作。调整后的专委会将在继续做好联谊工作的基础上，把工作重心转移到参政议政上来。

5. 中央网站开通仪式

5月26日，民革中央网站开通仪式在民革中央机关举行。周铁农主席出席开通仪式并点击鼠标开通网站。修福金副主席在开通仪式上讲话表示，民革中央网站不仅是民革中央的官方网站、工作网站，是民革中央与广大党员、干部和所联系人士沟通、联系的桥梁，也是社会各界了解民革、获取民革各方面信息的窗口和平台。民革中央网站的开通是落实中共中央、国务院《关于推进国家电子政务网络建设的意见》要求的一项实际行动，是提高民革机关工作效率，加强中国共产党领导的多党合作和政治协商制度宣传，扩大民革社会影响的有力措施。民革中央网站网址为http://www.minge.gov.cn，网站共设民革介绍、多党合作动态、民革要闻、自身建设、参政议政、祖统工作、社会服务、世纪中山、民革人物、专题等10个一级栏目，30个二级栏目，重点反映民革中央的工作动态。

6. 纪念南社成立100周年系列纪念活动

11月13日，由民革中央主办，民革江苏省委会等单位协办，中共苏州市委统战部等单位联合承办的纪念南社成立100周年大会在江苏省苏州市举行。纪念大会后相继举行了南社纪念馆开馆仪式、纪念南社成立100周年学术研讨会等系列活动。周铁农主席在纪念大会上讲话指出，南社是中国近代史上重要的革命文学社团。何香凝、柳亚子等民革前辈既是南社的发起人或重要成员，又是民革的重要创始人和领导人。基于这种特殊关系，民革中央历来非常关心、支持南社研究，为推进南社研究的丰富和深化，研究成果的普及做了大量的工作。在21世纪的今天，隆重纪念南社成立100周年主要有两个方面的意义：一是通过深入研究南社，进一步继承和发扬爱国主义精神。通过南社这一精神纽带，丰富海内外华夏儿女的交流合作内涵，联系和动员他们进一步为社会主义建设事业、为祖国统一和民族振兴贡献力量。二是通过深入研究南社，有利于挖掘传统文化精华，为社会主义文化建设服务。讲话希望与会专家学者利用这次机会，互相交流研究成果，为南社研究如何在新形势下走向深入，如何更好地为社会主义文化建设服务而共同努力。

7.《民革与新中国的建立》出版座谈会

12月1日，《民革与新中国的建立》一书出版座谈会在民革中央机关举行。周铁农主席在出席座谈会的讲话中指出，为纪念新中国成立60周年，重温民革参与新中国创建的历史，激励广大民革党员继承和发扬民革的优良传统，更加自觉地接受中国共产党的领导，更加坚定地走中国特色社会主义政治发展道路；为使民革党员正确认识民革的性质、地位、作用，更好地履行参政党职能，民革中央宣传部组织力量编撰了《民革与新中国的建立》一书并由团结出版社出版。此书重在史料的收集、史实的梳理，具有一定的学术价值和现实启迪意义。讲话强调，重温民革参与创建新中国的历史，最重要的是为了从中得到丰富的教益和启迪。这就是接受中国共产党的领导，走中国特色的政治发展道路，是民革必然的选择；继承孙中山爱国、革命和不断进步的精神是民革的基本特色；突出特点、发挥优势是民革作为政党履行职能的最优路径。讲话指出，希望本书的出版不仅能够使广大民革党员深入了解民革历史，而且能够使广大的读者从民革与新中国建立的历史中，了解中国共产党领导的多党合作和政治协商制度的形成和发展。

8. 纪念昆仑关大捷70周年系列活动

12月17日—18日，由民革中央、民革广西区委会、南宁市人民政府共同主办的“纪念昆仑关大捷70周年”系列活动在广西南宁市举行。12月17日，“纪念昆仑关大捷70周年学术研讨会”17日在南宁市举行。周铁农主席在出席会议的讲话中指出，在昆仑关战役中，中华民族进一步弘扬了以爱国主义为核心的伟大民族精神，并表现出鲜明的特点：坚持国家和民族利益至上、誓死不当亡国奴的民族自尊品格；万众一心、共赴国难的民族团结意识和不畏强暴、敢于同敌人血战到底的民族英雄气概；百折不挠、勇于依靠自己的力量战胜侵略者的民族自强信念；坚持正义、自觉为人类和平进步事业贡献力量的民族奉献精神。这是昆仑关大捷留给后人的宝贵精神财富。讲话强调，重温昆仑关大捷，就是要牢记历史、不忘过去、珍爱和平、开创未来，进一步弘扬以爱国主义为核心的中华民族精神；进一步加强海峡两岸的沟通和交流，以爱国主义的情感维系海内外中华儿女，促进祖国和平统一大业；进一步珍惜来之不易的和平环境，汇集海内外各界人士的力量，为加快北部湾经济区开放开发，为推动国家的改革开放和社会主义现代化建设事业，实现中华民族的伟大复兴而不懈努力。12月18日，“公祭抗日民族忠烈大典”在昆仑关战役遗址举行，公祭大典结束后，各界人士还参观了新落成的昆仑关战役博物馆，周铁农主席为博物馆题词。

（七）中央领导出访活动

7月1日—12日，应巴西中国和平统一促进总会、阿根廷中国和平统一促进会及智利中国和平统一促进会的邀请，周铁农主席率中华中山文化交流协会代表团赴巴西、阿根廷、智利访问。代表团先后到巴西圣保罗、里约热内卢，阿根廷布宜诺斯艾利斯及智利圣地亚哥进行访问，拜会中国驻当地使、领馆官员，三地中国和平统一促进会，企业界代表，并与当地近100家华人社团、广大侨胞进行了广泛的交流和接触，了解侨胞的工作生活情况，向他们介绍祖国经济发展的状况，听取他们对中国和平统一事业的建议，同时表达祖国人民对他们的亲切关怀和问候。在阿根廷首都布宜诺斯艾利斯访问期间，周铁农主席一行出席了中国街牌楼揭幕仪式。在该活动的欢迎晚宴上，周铁农主席发表了热情洋溢的讲话。讲话指出，广大华侨虽然身居海外，但不忘弘扬和传播祖国的传统文化，体现了海外中华儿女的团结与合作，表明了中国和世界各国之间的友谊与合作得到进一步发展。讲话强调，台湾同胞和大陆同胞都是中华儿女，不管在政治观点或在其他问题上可能有这样或那样不同，但是大家都要传承中华民族勤劳、奋进的精神，把各项事业做好，为中华民族的振兴与发展作出贡献。

7月17日—26日，修福金副主席率中华中山文化交流协会代表团赴美国、加拿大访问。在美国期间，修福金副主席一行参加了由美国南加州中国和平统一促进会联盟和美国大洛杉矶地区促进中国统一联合会共同承办的全球华侨华人促进中国和平统一大会（2009洛杉矶），并在会上作了《牢牢把握两岸关系和平发展主题，努力确保两岸关系和平发展》的书面发言。

在加拿大期间，修福金副主席一行先后走访了多伦多、渥太华和温哥华等地，拜会了加拿大华人促进中国统一联盟、全加华人促进中国统一委员会、加拿大中国统一促进会等加拿大侨界统派团体及传统社团、侨领近百人，了解华侨华人在加工作、生活情况，就维护国家统一、加强两岸交流、祖国经济建设等议题听取侨界的意见与建议。代表团一行还与加拿大各界人士进行了广泛接触，巩固了传统友谊，拓展了新的工作渠道。

二、参政议政

积极应对国际金融危机影响、保持经济社会平稳较快发展，是2009年执政党和国家的首要任务。民革各级组织以高度的责任感，把协助执政党和政府有效应对世界经济及金融危机，确保经济平稳较快增长，作为参政议政的首要任务，充分发挥民革联系广泛、智力密集的优势，切实履行参政党职能，针对如何应对国内外环境变化，保持经济、金融、资本市场稳定，保持社会大局稳定，实现经济社会全面协调可持续发展等问题开展深入调研，积极献计出力，为保增长、保民生、保稳定、促和谐作出了积极贡献。

（一）在高层政治协商和征求意见座谈会上提出意见和建议

2009年，中共中央、国务院、最高人民检察院等分别就《政府工作报告（征求意见稿）》、经济形势和经济工作、落实司法体制改革等重大问题举行高层政治协商和征求意见座谈会，民革中央主要领导参加会议并就协商的专题发表了意见和建议。以下是部分座谈会民革中央领导发言的情况。

1月22日，周铁农主席、厉无畏常务副主席出席中共中央在中南海召开的党外人士迎春座谈会。中共中央总书记、国家主席、中央军委主席胡锦涛出席，中共中央政治局常委、全国政协主席贾庆林主持。周铁农主席代表民革中央在座谈会上发言，认为2009年是深入贯彻落实中共十七大精神、推进“十一五”规划顺利实施的关键一年，也是积极应对国际经济形势复杂变化、保持我国经济平稳较快发展的重要一年。如何抓住机遇、顺利度过这场危机，保持经济平稳较快发展和维护好社会稳定，是党和国家今年最重要的工作，也是民革2009年参政议政的首要任务。周铁农主席就应对危机、做好2009年的工作提出四点建议：大力发展创意产业，并借以推进经济创新和传统产业的升级换代；加快海峡西岸经济区建设，尽快形成新的经济增长极；加大对农村商品流通市场的支持力度，建立与社会主义新农村建设相适应的现代物流网络；充分调动社会各方面投资的积极性，开放民间资本投资新领域，全面激活和扩大民间投资。

2月9日，周铁农主席、厉无畏常务副主席出席国务院召开的党外人士座谈会。国务院总理温家宝主持召开党外人士座谈会，征求各民主党派中央、全国工商联负责人和无党派人士对即将提请十一届全国人大二次会议审议的《政府工作报告（征求意见稿）》意见。周铁农主席代表民革中央发言说，《政府工作报告（征求意见稿）》对2008年取得的成绩作了很好的总结和肯定，令人鼓舞。民革中央领导班子全体同志完全赞同这个报告，完全赞同报告确定的政府工作原则和主要任务，完全赞同2009年国民经济和社会发展的主要预期目标。报告公开发表后，将组织民革全体同志认真学习，围绕促进经济社会平稳较快发展这条主线和报告确定的工作原则、主要任务，进一步做好参政议政、民主监督工作。周铁农主席还对《政府工作报告（征求意见稿）》提出了修改意见。

3月17日，修福金副主席出席由中共中央统战部召开的，就落实司法体制改革问题征求各民主党派中央意见座谈会。修福金副主席在代表民革中央的发言中说，近几年来，我国司法机关认真贯彻《关于进一步加强中国共产党领导的多党合作政治协商制度建设的意见》，不断加强与各民主党派的联系和沟通，主动接受各民主党派的民主监督，尤其是"两高"新领导班子上任后，将民主党派对司法机关的民主监督制度化、常态化，为发扬中国特色社会主义民主探索了新路。发言提出，更好地发挥民主监督作用，真正实现司法为民，可从以下两个方面着手：一是进一步加强民主党派在司法工作中的民主监督作用。要切实抓好有关政策的贯彻落实；将司法机关配备党外干部制度化，并尽快落到实处；加大司法机关聘请特约人员工作力度，充分发挥人民政协对司法工作的民主监督作用。二是进一步建立健全司法工作的多元化民主监督机制。增强民主监督与其他监督有机结合的整体合力，营造有利于民主监督的氛围和条件。

7月21日，周铁农主席、厉无畏常务副主席出席中共中央在中南海召开的，就当前经济形势和下半年经济工作听取各民主党派中央、全国工商联领导人和无党派人士意见和建议的党外人士座谈会。中共中央总书记胡锦涛主持座谈会并发表重要讲话，中共中央政治局常委温家宝、贾庆林、习近平、李克强出席座谈会。温家宝总理通报了上半年经济工作有关情况，介绍了中共中央、国务院关于做好下半年经济工作的考虑。周铁农主席在座谈会上代表民革中央发言说，我国已经成功顶住了国际金融危机的巨大冲击，在较短的时间内稳定了各方面的信心，遏制住了经济增长下滑态势，呈现出经济企稳向好的可喜势头。在下半年的工作中，民革将动员和组织广大党员认真学习贯彻科学发展观，按照中共中央、国务院的决策部署，进一步统一思想，坚定信心，为巩固和发展当前经济企稳回升的好形势，努力实现2009年国民经济发展的各项目标任务，全面做好参政议政、民主监督工作。发言就全面做好下半年的经济工作提出五点建议：抓住机遇，加快推进经济结构调整；以扩大消费为目标，下大力气调整收入分配结构；关注投资的结构与方向，严防重复建设造成的产能过剩扩大；努力保持和扩大我国在世界贸易中的份额，力争在国际市场上对大宗商品有更大定价权；更多地关注民生，关注就业。

11月24日，周铁农主席、厉无畏常务副主席出席中共中央在中南海召开的，就当前经济形势和2010年经济工作听取各民主党派中央、全国工商联领导人和无党派人士意见和建议的党外人士座谈会。中共中央总书记胡锦涛主持座谈会并发表重要讲话，中共中央政治局常委温家宝、习近平、李克强出席座谈会。温家宝总理通报了经济工作的有关情况，介绍了中共中央、国务院关于做好2010年经济工作的考虑。周铁农主席代表民革中央发言说，民革完全赞同中共中央、国务院对当前及2010年形势的基本分析和判断，完全赞同2010年经济工作的总体要求、政策取向和经济社会发展的主要目标。发言结合当前经济社会发展中面临的问题和调研中了解的情况提出四点建议：明确未来经济发展的重点方向，抢占制高点产业；以大力发展、重点扶持农民专业合作经济组织为抓手，促进农业增效、农民增收；逐渐调整出口导向型的经济发展战略，改变单纯依靠低价竞争占领海外市场的模式；大力发展小额金融服务业，积极促进民间投资，着力扶持民营小企业。

（二）以民革中央名义向中共中央和国务院提交专项建议

2009 年，民革中央先后就返乡农民工创业与就业工作、农村土地流转、建立健全非正常上访终结机制、在我国西南喀斯特岩溶山区继续实施退耕还林试点工作、进一步做好汶川特大地震灾后重建工作、大力推进基层农技推广体系改革与建设、进一步扶持粮食主产区确保我国粮食安全、新农村建设中环境污染与保护、构建海峡经济区促进两岸共同繁荣等问题作了专题调研，并以调研成果为基础向中共中央、国务院提出专项建议。主要有：

4 月 8 日—12 日，修福金副主席率民革中央调研组赴安徽省，就农民工返乡就业与创业问题进行调研，在调研基础上形成了《关于进一步做好返乡农民工创业与就业工作的建议》。5 月 22 日，民革中央通过中共中央统战部向中共中央、国务院报送了该建议。建议总结了当前返乡农民工创业与就业工作的成果及存在的困难和问题，并提出：（1）从贯彻中共十七届三中全会精神和建设社会主义新农村的高度，重视返乡农民工的创业与就业工作。要把这项工作作为一项长期的战略，而非仅仅是此次金融危机下的应急之策。（2）深入研究就业形势，尽快出台相关政策，促进包括返乡农民工在内的未就业群体的就业。（3）健全农民工培训机制，整合各类培训资源，提高培训资金使用效率，使农民工培训落到实处，发挥实效。（4）积极研究和出台相关政策，为有条件的农民工返乡创业提供有力的金融支持。（5）搭建服务平台，做好返乡农民工就业和创业服务工作。（6）进一步加大管理和监督力度，坚决防范大量占用土地、资金搞政绩工程。（7）加强土地承包管理，加快和规范土地流转。（8）抓住机遇，把新农村建设与促进农村劳动力就业有机结合。

5 月 5 日—11 日，周铁农主席、厉无畏常务副主席率民革中央调研组赴山东，就进一步规范农村土地流转问题开展调研。钮小明、修福金副主席及中共中央统战部、农业部、上海市社科院、安徽农业大学等单位相关部门负责人和专家学者参加调研。中共山东省委书记姜异康会见了调研组一行，山东省人大常委会副主任鲍志强、副省长才利民及省有关部门负责同志与调研组一行座谈，介绍了山东省农村土地承包经营权流转制度建设情况。其后，调研组一行先后到枣庄市、泰安市、青岛市等地进行实地考察调研。在调研基础上形成了《关于健全农村土地承包经营权流转制度的建议》。6 月 30 日，民革中央通过中共中央统战部向中共中央、国务院报送了该建议。建议总结了当前我国农村土地承包经营权流转的现状、主要特点和存在的问题，并提出：（1）加强宣传和引导，进一步深化对农村土地承包经营权流转客观必然性，以及农村土地承包经营权流转实质的认识，切实处理好若干重要关系。（2）建立和完善农村社会保障体系，营造有利于农地承包经营权流转的社会环境。（3）充分发挥政府的管理、服务和监督职能，健全土地承包经营权流转机制，培育良好的流转市场环境。（4）进一步完善制度设计，健全农地承包经营权流转管理制度，规范农地承包经营权流转行为。（5）为防止农村土地承包经营权流转中可能出现的“非粮化”倾向，建议国家加强基本农田用途管制，对交售粮食的农民按数量给予相应的补贴。（6）加强金融配套制度创新，为规模农业提供资金支持。中共中央政治局常委、全国政协主席贾庆林，中共中央政治局委员、国务院副总理回良玉先后就民革中央报送的《关于健全农村土地承包经营权流转制度的建议》作出批示。

5月20日—27日，厉无畏常务副主席率全国政协、民革中央及最高人民法院联合调研组，先后赴河北、山西、河南三省就建立健全非正常上访终结机制开展专题调研。民革中央副主席、最高人民法院副院长万鄂湘，最高人民检察院副检察长姜建初，全国政协社会和法制委员会、最高人民法院、最高人民检察院等单位相关部门负责同志和部分专家参加调研。调研期间，调研组与三省人大、政协、政法委，公、检、法机关及信访局等相关部门负责同志进行座谈，听取相关部门的情况介绍并进行了交流和探讨。7月17日，民革中央通过中共中央统战部向中共中央、国务院报送了《关于建立健全非正常上访终结机制的建议》。建议分析了非正常信访问题产生的主要原因、存在的主要问题并提出：（1）加强源头治理，注重预防，切实做好基层工作；（2）进一步完善相关法律、法规，将信访工作纳入法制化轨道；（3）明确规范非正常上访的法律概念，以及处置非正常上访行为的责任主体；（4）创建“纵横联动”的上访信息网络化共享机制，同时建立非正常上访登记系统；（5）针对非正常上访案件中涉诉事由集中的情况，应建立涉诉非正常上访终结听证、评估制度；（6）从信访保障机制上考虑，应尽早建立“疑难复杂信访问题救助机制”。中共中央政治局常委、全国政协主席周永康，国务委员兼国务院秘书长马凯分别就民革中央报送的《关于建立健全非正常上访终结机制的建议》作出批示。

3月17日—21日，周铁农主席率队赴贵州省毕节地区考察调研喀斯特岩溶地貌山区生态恢复与治理情况。国家林业局中共党组副书记、副局长李育材，民革中央副主席何丕洁和国家发改委、财政部、国土资源部、环保部、农业部、国家林业局等单位相关部门负责人参加调研。调研组一行先后深入毕节地区黔西县素朴镇古胜村，大方县羊场镇羊场村、穿岩村，毕节市梨树镇保河村、长春堡镇阳雀沟、撒拉溪镇，考察当地退耕还林、石漠化治理等生态建设情况，并听取了毕节地区和纳雍县的工作汇报。7月21日，民革中央通过中共中央统战部向中共中央、国务院报送了《关于尽快在我国西南喀斯特岩溶山区继续实施退耕还林试点工作的建议》。建议总结了毕节试验区实施退耕还林以来在生态建设方面取得的主要成绩、当前在退耕还林工作中存在的主要问题并提出：（1）认真总结经验，尽快在重点地区继续开展退耕还林的试点工作；（2）以毕节地区为实施新一轮退耕还林的重点试验区，为继续退耕还林积累经验、探索路子；（3）试机制，试政策，试技术，赋予生态建设试验区新活力。中共中央政治局常委、全国政协主席贾庆林，中共中央政治局委员、国务院副总理回良玉分别就民革中央报送的《关于尽快在我国西南喀斯特岩溶山区继续实施退耕还林试点工作的建议》作出批示。

6月29日—7月4日，钮小明副主席率民革中央调研组就四川地震灾后重建的城乡一体化问题在四川调研。调研组一行先后到彭州、德阳、绵竹、广元、青川等市、县，与各级政府有关职能部门和当地负责人进行座谈，实地考察并详细了解了这些地方灾后重建的扶持政策、建设情况、产业恢复情况以及基层民主情况等。8月17日，民革中央通过中共中央统战部向中共中央、国务院报送了《关于进一步做好汶川特大地震灾后重建工作的建议》。建议总结了灾区重建工作取得的重大成绩，同时指出，重建工作在资金支持、任务目标、规划布局、援建形式等方面还存在一些不足，并针对这些问题提出：(1) 坚持用科学发展观指导灾后恢复重建工作，切实做到科学重建。(2) 对口援建工作向深度发展。(3) 把灾后恢复重建和新农村建设进一步有机地结合起来。(4) 根据灾区实际需要，增加对恢复重建的资金支持。中共中央政治局常委、国务院总理温家宝就民革中央报送的《关于进一步做好汶川特大地震灾后重建工作的建议》作出批示。

7月12日—16日，齐续春副主席率调研组赴宁夏回族自治区，就基层农技推广体系改革与发展问题进行调研。调研组一行先后到银川市永宁县、石嘴山市惠农区、中卫市沙坡头区进行考察，深入田间地头、蔬菜果棚、瓜地牧场，了解宁夏农业发展以及基层农业科技服务推广体系的建设、运转情况；与当地中共党委、政府领导同志和相关部门负责同志进行座谈，深入了解基层农技推广体系改革所取得的成效和经验及存在的问题，听取来自基层的建议。8月19日，民革中央通过中共中央统战部向中共中央、国务院报送了《关于大力推进基层农技推广体系改革与建设的建议》。建议总结了宁夏在基层农技推广体系改革中取得的显著成效及目前存在的主要问题，对下一步在全国范围内继续推进这项改革提出以下意见：(1) 修订和完善相关法律法规，为农技推广工作提供法律保障。(2) 提高基层农技人员素质，提升基层农技推广体系的服务水平。(3) 加大农技推广经费投入，为基层农技推广工作提供经费保障。(4) 改善基层农技推广设施条件，增强基层农技推广体系的公共服务能力。中共中央政治局常委、国务院总理温家宝，中共中央政治局委员、国务院副总理回良玉，中共中央政治局委员、国务委员刘延东分别就民革中央报送的《关于大力推广基层农技体系改革与建设的建议》作出批示。

7月21日—30日，周铁农主席率民革中央调研组赴黑龙江省，就国家粮食主产区现代农业发展问题进行专题调研。调研组一行先后考察了伊春、嘉荫、萝北、鹤岗、同江、抚远、建三江等市（县），了解当地农、林、渔业的发展情况。9月23日，民革中央通过中共中央统战部向中共中央、国务院报送了《关于进一步扶持粮食主产区，确保我国粮食安全的建议》。建议分析了黑龙江省在发展和推广现代化粮食生产中所取得的主要成绩及目前面临的阻碍粮食生产能力提高的不利因素，并针对提高粮食生产能力，确保我国粮食安全提出：(1) 国家继续完善各项支农惠农强农政策，继续对粮食主产区给予政策重点倾斜。(2) 建立多元投入机制，拓宽投入渠道。(3) 完善土地流转制度，稳步推进规模经营。(4) 加强水利工程建设和管理，健全和完善农机管理体制，深化农业科技推广体系改革。(5) 作为自然条件较好，粮食增产潜力大的重点商品粮产区，国家应进一步重视黑龙江省的粮食生产和农业发展。10月2日，中共中央政治局常委、国务院总理温家宝，中共中央政治局委员、国务院副总理回良玉，分别就民革中央报送的《关于进一步扶持粮食主产区，确保我国粮食安全的建议》作出批示。

8月28日—9月3日，周铁农主席、谢克昌副主席率民革中央调研组赴山西省太原、阳泉、晋中、临汾、运城等地，就农村环境污染与保护现状开展调研。10月26日，民革中央通过中共中央统战部向中共中央、国务院报送了《关于新农村建设中环境污染与保护情况的调研报告》。报告分析了当前农村环境污染问题的现状及造成农村环境污染的主要因素，就做好农村环境保护工作提出以下建议：一要全面提高农村干部群众的环保意识，形成全社会共同参与的工作合力。二要科学统筹规划，大力加强农村环境基础设施建设。三要加快有关法律、法规的制定，进一步完善农村环保标准体系和管理体系。四要加大政策扶持，保证农村生态建设环境保护的资金投入。中共中央政治局常委、国务院总理温家宝就民革中央报送的《关于新农村建设中环境污染与保护情况的调研报告》作出批示。

近年来，民革中央高度关注海峡西岸经济区的发展和海峡经济区的构建，多次赴福建开展专题调研，实地考察福州、厦门、泉州等地港口设施和台资企业。通过调研对加快以福建为主体的海峡西岸经济区建设有了更加深入的了解。12月2日，民革中央通过中共中央统战部向中共中央、国务院报送了《关于构建海峡经济区，促进两岸共同繁荣的建议》。建议分析了构建海峡经济区的必要性和可能性，并提出：（1）惠台政策向台湾中低阶层、中小企业及中南部倾斜，取得台湾方面的支持；（2）利用“两会”、“海峡论坛”等多种协商机制，加速海峡经济区从概念到实施进程；（3）加强研究，制定区域发展规划，加大海峡经济区建设支持力度；（4）创新合作机制，打造更多合作平台；（5）加强产业引导合作，打造海峡经济区的产业支撑体系。

（三）在全国政协十一届二次会议和专题会议上的提案和发言

在3月3日—12日召开的全国政协十一届二次会议上，厉无畏常务副主席代表民革中央作了《大力发展创意产业，推进经济创新和传统产业升级换代》的大会发言，认为在当前世界经济出现危机、中国经济出现暂时困难时，应当及时抓住机遇，大力发展创意产业，并以创意产业的思维逻辑和发展模式，来改造传统产业的发展模式，实现产业的创新和发展方式的转变，从而克服世界金融危机的影响，推进我国的结构调整和产业升级，实现经济的持续稳定增长。在本次全国政协大会上，民革中央还提交了另外两件大会发言，分别是：《构建“海峡经济区”，促进两岸共同繁荣》、《关于出台〈推进新型农民返乡创业就业若干意见〉的建议》；提交提案23件，分别是：《关于确保我国粮食安全，促进粮食主产区农民增收的建议》、《关于加快新农村现代流通体系建设，拉动农村市场内需的建议》、《关于进一步完善农村法制环境建设，促进社会主义新农村和谐发展的建议》、《关于将部分国有股划转社保基金用于农村社会保障的建议》、《关于规范农村土地承包经营权流转及土地流转标准合同文本的建议》、《加强农村垃圾管理，促进农村生态环境建设》、《关于返乡农民工就业、创业的建议》、《加强草原生态保护建设，促进牧区可持续发展》、《关于构建“海峡经济区”的几点建议》、《当前加强民进党工作的几点建议》、《关于新形势下进一步做好争取台湾中南部民心工作的建议》、《关于加强水资源司法保护的建议》、《关于检察院提起民事公益诉讼的建议》、《关于增加法定公证事项的建议》、《关于沪深证券交易所公司制改革的建议》、《关于加强对限售股减持进行监管的建议》、《关于在我国发展“伊斯兰金融”的建议》、《关于加快修订〈中华人民共和国城市房地产管理法〉，促进房地产产业的健康发展的建议》、《关于进一步推动我国社会工作发展的建议》、《沿海城市相对海平面上升因素及其对策》、《加大力度控制母婴垂直传播传染病的建议》、《关于采取有效措施控制出生缺陷的建议》、《关于尽早易地重建广州新一军抗日阵亡将士公墓的建议》。

7月13日，全国政协召开专题协商会，围绕“加快发展方式转变和结构调整，提高可持续发展能力”问题听取政协委员和各民主党派中央、全国工商联意见，修福金副主席参加会议并代表民革中央作了《完善民营企业共享行业发展机遇的制度环境，帮助民营企业在化危为机中发展壮大》的发言。发言中说，无论是当前应对国际金融危机影响，还是实现经济社会可持续发展长期战略规划，民营经济都是不可或缺的重要力量。但民革中央在调研中发现，目前国家为应对国际金融危机影响而出台的重要产业调整、振兴规划，都是中小企业和民营企业难以进入的重点产业。这种情况反映出：在国家为应对国际金融危机而推进的这一轮产业振兴中，民营企业的积极作用还没能充分发挥。发言指出，让民营企业在承担义务和责任的同时，能够共享产业振兴给行业发展带来的机遇，理应成为一个长期坚持的经济发展原则。对此民革中央建议：改革不利于民营企业发展的体制机制，进一步健全和完善民营企业共享行业发展机遇的制度环境，为民营企业的发展创造一个健康、良好的外部环境和制度体系，使民营经济发展更快地迈上新的台阶；充分发挥政府的引导和促进作用，支持民营企业做大做强；适当扩大国家重点支持的产业范围，把提高民营企业的科技含量纳入国家科技发展规划，进一步建立健全社会化服务体系。各级政府要帮助民营企业尽快渡过当前难关，对于行业中有品牌、实力较强、诚信度较高的专业服务业企业，可以采取主动邀标、定向邀标的方式，直接给予机遇式的支持。

（四）专门委员会参政议政工作会议、专题研讨会

1. 专门委员会工作会议

专门委员会是民革各级组织做好参政议政工作的参谋和助手，是民革参政议政工作的重要平台和依托。民革中央各专委会在2009年分别召开会议，部署具体工作。

6月12日，民革中央人口资源环境委员会召开在京部分委员会议，与会委员就民革中央拟向中共中央、国务院报送的《关于尽快继续开展退耕还林试点工作的建议》稿，如何进一步加强提案、社情民意信息工作以及2009年拟开展的调研课题展开了广泛深入的讨论。民革中央副主席、人资环委员会主任何丕洁出席会议并作总结讲话。讲话指出，各位委员针对报送中共中央、国务院的建议稿并结合各自的工作以及社会上的热点难点问题提出一些有见地的意见和建议，专委会办公室应予以归纳整理，为2010年全国“两会”提案准备素材；2009年的提案、社情民意信息工作可以充分借鉴2008年好的经验和做法，提前征集课题，筛选出紧跟当前形势和政策、关注民生、具有新意的课题为2010年全国“两会”提案作准备；对有些具体问题可以集体研究，或采取分组讨论的形式，要加强主任、组长、委员的相互

沟通联系，建立畅通有效的工作运行机制，提高专委会的工作水平。

11 月 10 日—12 日，民革十一届中央祖国和平统一促进委员会第二次全体会议在天津召开。祖统委员会负责人、委员、民革中央联络部有关同志参加会议。会议听取了 2009 年中央祖统工作和祖统委员会工作总结报告，听取了近期台湾情况报告。会议充分肯定了一年来的祖统工作和专委会工作。与会同志一致认为，当前两岸关系取得重要进展，实现了历史性转折，民革中央祖统工作和专委会工作以胡锦涛总书记在纪念《告台湾同胞书》发表 30 周年座谈会上的重要讲话精神为指导，切实贯彻民革十一届二中全会提出的“四个转变”精神，以两岸关系和平发展主题，以做好台湾人民工作为核心，做了不少实事，取得了积极的成绩。与会同志围绕在新形势下进一步做好祖统工作的有关重要问题进行了认真的探讨。

12 月 6 日，民革十一届中央妇女和青年工作委员会第二次全体会议在北京国际会议中心召开。民革中央副主席、妇女和青年工作委员会主任钮小明，专委会副主任、委员出席会议。会议宣布了妇女和青年工作委员会新增补的副主任及委员名单，通过了妇女和青年工作委员会 2009 年工作总结和 2010 年工作计划，各地市委员做了工作汇报。与会委员就 2010 年调研课题进行了讨论，确定了调研的主要方向。

12 月 8 日，民革十一届中央社会和法制委员会第二次全体会议在北京国际会议中心召开。民革中央副主席、社会和法制委员会主任万鄂湘，专委会副主任、委员出席会议。万鄂湘副主席在会上讲话中说，一年来，由社会和法制委员会及委员提交的提案素材、调研报告、社情民意信息有很多都得到了国家领导人的重要批示和充分肯定，有的还被有关部门吸纳，体现在出台的政策和措施之中。他希望在新的一年中，社法委员会要着眼专业领域，积极就司法体制和工作机制改革建言献策，着力调查研究，推进成果转化，为执政党和政府建有益之言，献务实之策。与会委员就“司法公正与司法环境”专题调查问卷的修改与完善、提交明年全国政协会议的提案、社会法制领域调研选题进行了热烈讨论，提出了富有建设性的意见和建议。

12 月 8 日—9 日，民革十一届中央人口资源环境委员会第二次全体会议在北京召开。民革中央副主席、人口资源环境委员会主任何丕洁，专委会副主任、委员出席会议。会议对人口资源环境委员会 2009 年工作进行了总结。何丕洁副主席在会上讲话指出，2009 年人资环专委会开展重点调研，形成一些精品提案，特别是向中共中央、国务院提交的《关于尽快在我国西南喀斯特岩溶山区继续实施退耕还林试点工作的建议》，得到中共中央领导同志的高度重视并作出重要批示。专委会在加强沟通协调、促进交流合作的同时，注重加强自身建设，建立了委员信息统计反馈制度，进一步推动了专委会工作的规范化、程序化、制度化。何丕洁副主席还对专委会下一步工作提出了要求。与会委员围绕中央经济工作会议精神、“十二五”规划可能涉及的问题、准备向 2010 年全国“两会”提交的提案以及明年工作展开了广泛而深入的讨论，初步确定了 2010 年重点调研课题。

12 月 19 日—20 日，民革十一届中央经济委员会、教科文卫体委员会第二次联席会议在北京召开。民革中央副主席、经济委员会主任齐续春、刘凡，民革中央副主席、教科文卫体委员会主任傅惠民，两个专委会有关负责同志及委员出席会议。齐续春副主席在讲话中指出，2009年里经济委员会结合委员的专业特点，认真履行职责，深入开展调查研究，在积极应对国际金融危机、促进经济社会平稳较快发展等方面积极建言献策，取得了明显的成绩和实效。教科文卫体委员会围绕我国经济建设和社会发展大局，在教育、科技、文化、医药卫生和体育事业等多个领域积极建言献策，为推进科学发展、建设和谐社会做了许多实事，积累了许多经验。与会委员围绕经济社会发展的重大课题和人民群众关注的热点问题，结合各自专业领域的研究成果，就专委会明年工作重点提出了有价值的观点和思路。

2. 专题研讨会

2009年里，民革中央结合参政议政工作的重点，与一些省市的中共党委、政府和国家有关部门举办论坛，丰富参政议政工作的形式和内容。

8月19日，民革中央社会和法制委员会与致公党中央法制建设委员会在北京联合召开“司法公正与司法环境”专题座谈会。民革中央副主席、社会和法制委员会主任万鄂湘，中国侨联副主席、致公党北京市委会主委、致公党中央法制建设委员会主任李昭玲等参加会议。万鄂湘副主席在会上就开展“司法公正与司法环境”专题调研的目的、调研方式、调研范围、调研问卷设计等方面的问题向与会专家学者作了简要介绍。与会专家学者就我国司法公正与司法环境问题现状进行了深入解析，并对开展此次专题调研的基本思路等问题提出了意见和建议。与会专家普遍认为，此次专题调研的目的应分为近期目标和远期目标，近期目标是为了使中共中央政法委等有关部门更好地了解司法工作中所遇到的实际情况；远期目标应为正在开展的司法体制和工作机制改革提供第一手材料，以促进司法体制和工作机制改革更好地开展。

9月8日—9日，民革中央与中共重庆市委在重庆市联合主办“2009年中国新农村法制建设论坛”，周铁农主席，钮小明、万鄂湘副主席等出席会议。中共重庆市委常委、政法委书记刘光磊出席论坛开幕式并致词。部分“三农”问题、法学、社会学专家学者，中国新农村法制建设研究论文征集活动优秀论文作者参加会议。

周铁农主席在论坛开幕式上讲话指出，农村法制建设的状况，直接关系和影响到整个国家的法制建设，直接关系到依法治国方略能否实施并取得效果。没有农村法制建设的顺利进行，依法治国的基本方略也就无法顺利实施。维护好、实现好广大农民的根本利益，是新农村法制建设的主要任务。新农村法制建设具有长期性和艰巨性，必须从战略的高度来重视。

中国政法大学教授蔡定剑、西南政法大学教授李昌麒在会上分别作了《当前农村民主法制的困境与出路》和《当前推进新农村法制建设必须着力解决的几个问题》主题演讲。与会专家学者围绕农村土地承包经营权流转、新农村保障体系建设、新农村基本制度建设、农村剩余劳动力转移就业、新型农村合作医疗制度建设、农村教育体制改革、农民专业合作社法律问题等新农村法制建设中比较重要和迫切的问题进行了热烈的探讨。

万鄂湘副主席作论坛总结指出，本次论坛规格高、参会范围广、主题鲜明、成果显著。汇总与会同志的意见和建议，现阶段农村法制建设可在以下几个方面着手和着力：(1) 加强在广大农民群众中的普法教育，为更好地调处人民内部矛盾，建设和谐新农村打下良好基础。(2) 应加快建立健全农村土地承包经营权流转中的制度保障机制。(3) 针对我国农村社会保障法律法规缺乏的现状，加快农村社会保障的法制建设。(4) 加快我国农民工权益保障方面立法工作。

10 月 25 日，民革中央与农业部、国家旅游局、浙江省人民政府在浙江省湖州市安吉县联合举办“中国（安吉）休闲农业与乡村旅游高层论坛”。厉无畏常务副主席出席论坛并作“创意农业与创意旅游”主题演讲，修福金副主席在会上代表民革中央向安吉颁发了“民革中央社会主义新农村建设调研基地”匾额并致词。修福金副主席在致词中指出，长期以来，民革中央紧紧围绕“三农”问题积极开展参政收政工作，并一直致力于创意农业与创意旅游产业方面的研究与实践；将安吉定为“民革中央社会主义新农村建设调研基地”是一次互利、双赢的合作，一方面有利于民革中央调研工作的开展和成果的转化，另一方面可以为安吉、为浙江省的新农村建设提供有益的参考，为进一步推进我国经济社会的科学发展贡献力量。

（五）促进祖国和平统一工作

2009 年，民革各级组织和广大党员以科学发展观为指导，深入学习胡锦涛总书记在纪念《告台湾同胞书》发表 30 周年座谈会上的重要讲话精神和中共中央各项对台方针政策，认真领会中央提出的“四个转变”精神，以两岸关系和平发展为主题，以做好台湾人民工作为核心，加大力度，开拓创新，努力拓宽工作渠道，扩大工作成果，进一步推动了民革的祖统工作。民革各级组织按照民革中央关于祖统工作重心向参政议政转变的要求，切实加大了涉台参政议政工作的力度；民革各级组织还以广大党员为主体，以专家为依托，充分发挥专委会作用，依靠执政党及政府有关部门，深入开展涉台课题调研，形成了一批高质量的涉台提案和调研报告，同时进一步强化涉台参政议政工作机制建设。

对台交流工作，一直是民革促进祖国和平统一工作的一个重点，在 2009 年里，民革中央开展了多项“请进来走出去”交流活动。2 月 10 日，民革中央常务副主席、中华中山文化交流协会会长厉无畏，民革中央副主席修福金在民革中央机关会见了以陈长风为团长的第七届台湾高校杰出青年赴大陆参访团一行。厉无畏常务副主席代表民革中央对参访团一行表示欢迎并指出，2008 年是两岸关系极不平凡的一年，在两岸同胞的共同努力下，两岸和平发展取得了一系列重要成果。中共中央总书记胡锦涛最近就发展两岸关系提出了六点建议，进一步表明了推动两岸和平发展、构建两岸和平发展框架的诚意。相信只要两岸同胞秉持建立互信、搁置争议、求同存异、共创双赢的精神，就一定能够不断开创两岸关系和平发展的新局面。座谈会上，参访团成员就经济、医疗卫生、食品安全等方面的问题与部分民革青年党员进行了交流。本届参访团的 35 名团员来自台湾 23 所高校，均为各大高校学生自治会、学生议会、各系所、社团的青年领袖。参访团一行在大陆期间到北京、广东、河南进行了参观交流。

3 月 23 日，周铁农主席、厉无畏常务副主席，齐续春、修福金、何丕洁副主席在民革中央机关会见了以台湾新同盟会会长许历农为总团长，海峡两岸和平统一促进会会长郭俊次、中国统一联盟主席王津平为副总团长的台湾“三团体”北京参访团一行。周铁农主席代表民革中央对参访团一行表示热烈欢迎并指出，民革作为中国共产党领导的多党合作和政治协商制度中的参政党，多年来一直将推动祖国和平统一作为工作重点，与岛内反对“台独”分裂、支持祖国统一的各界人士和众多团体建立了广泛联系，并合作开展了形式多样的交流活动。现在两岸良性互动的态势已初步形成，两岸关系已经开始步入和平发展轨道，两岸大交流、大合作、大发展的新时期已经到来。事实证明，两岸加强交流、扩大合作、和平发展已经成为两岸同胞的共同愿望所在和根本利益所系。本次到访的各位嘉宾都是在岛内颇具影响力的代表人士，同时也是岛内反“独”促统事业的中坚力量。民革诚挚地期望与“三团体”加强合作，共同巩固两岸双方反对“台独”分裂、坚持“九二共识”的政治基础，团结壮大岛内外反“独”促统力量。参访团成员表示，当前两岸关系进入和平发展新时期，两岸的和平是台湾人民最大的安全利益，两岸的经贸合作是台湾人民最大的经济利益，两岸的交流是台湾人民最大的文化利益。希望两岸进一步加强合作，积极推动两岸关系向前发展。

8月3日，由历届“台湾高校杰出青年大陆参访团”成员组成的“第一届台湾杰出青年暑期研习营”一行15人走访了民革中央机关，民革中央有关部门负责人会见了营员并与营员们亲切座谈。营员们在座谈时表示，上次拜访民革中央机关的情景还记忆犹新，这次重访感觉像回到自己家里一样熟悉，见到很多老朋友感到很高兴。在谈起历届“杰青团”活动时，营员们对民革中央给予的热情周到接待和照顾表示感谢。当被询问在参访过程中最希望实现哪些愿望时，营员们不约而同地围绕创新创业形式、大陆学生赴台学习、两岸就业、学位认证，构建两岸青年论坛等问题踊跃发言。营员们还希望利用研习营短短几天的时间，更多地了解祖国大陆的文化传统、经济和社会发展状况，让更多的台生创业团队到大陆国企和民营企业实习，并请有关部门给予就业指导。

9月28日，周铁农主席、副主席修福金在民革中央机关会见并宴请应民革中央邀请来京参加国庆活动的部分台湾知名人士、参加欧洲华侨华人社团联合会十五届二次理事会议的部分代表及在京的欧洲、北美、南美、大洋洲部分侨界代表人士。周铁农主席在晚宴致词中说，台湾同胞、海外侨胞和大陆同胞都是中华儿女，大家都要传承中华民族勤劳、奋进的精神，为中华民族的伟大复兴作出贡献。2008年5月以来，两岸关系发生了重大而积极的变化。两岸三通已经实现；两岸经济互补性增强，双方积极开展合作实现双赢；国共两党建立了交流平台，政治互信增强。希望广大台湾同胞和海外侨胞继续为促进国内经济发展和实现祖国和平统一作出积极的贡献。

10月21日，周铁农主席、修福金副主席在民革中央机关会见了以台湾新同盟会会长许历农为团长的第三届台湾新同盟会中南部会员（会友）大陆参访团一行。周铁农主席在会见时表示，希望能够以此次交流、联谊活动为契机，增进两岸彼此间的了解，为今后进一步以亲情和友情为纽带开展两岸基层民众的交流、交往打下良好基础。许历农先生介绍了近年来多次访问大陆的感受和体会，台湾新同盟会秘书长王守愚就两岸共同纪念辛亥革命100周年及感谢大陆同胞捐助台南水灾作了发言。

10月27日，齐续春、何丕洁副主席在民革中央机关会见并宴请台湾爱丽丝合唱团一行。齐续春副主席在致词中指出，推动两岸关系和平发展，符合两岸同胞的利益和福祉，也是包括海外华侨在内的全体中华儿女的共同心愿，更是不可阻挡的历史潮流。希望大家抓住机遇，进一步深化交流、加强沟通、增进共识、扩大合作，共同开创两岸关系和平发展新局面，共同迎来中华民族伟大复兴的美好明天。北京市政协、北京市港澳台侨海外联谊会、民革中央有关部门的负责同志出席了宴会。当晚，北京市台联在北京梅兰芳大剧院举办“金秋牵手两岸情，北京放歌度重阳”演唱会。台湾爱丽丝合唱团与北京市政协合唱团、民革中央老干部合唱团共同在舞台上献唱。

民革中央还高度重视“走出去”开展工作。民革中央领导分别率团赴阿根廷、智利、巴西访问和参加美国洛杉矶全球华侨华人促进中国和平统一大会，对宣传中国特色政党制度、团结海外爱国力量，发挥了一定作用。另外，民革中央还组织参访团赴台开展交流。3 月 20 日—29 日，应台湾“中华花艺文教基金会”邀请，民革中央秘书长兼办公厅主任李惠东率中华中山文化交流协会代表团赴台湾参观访问。本次参访的主要目的，是对几年来在岛外的工作成果进行总体检验，通过回访新老朋友，进一步联络感情、巩固友谊、深化合作，为下一阶段继续扩大交流奠定基础。4 月 15 日—22 日，应台湾“新同盟会”邀请，修福金副主席率中华中山文化交流协会代表团赴台湾访问。代表团赴台北、台中、高雄等县市参访，先后拜会了中国国民党主席吴伯雄、名誉主席连战、副主席蒋孝严，新党主席郁慕明；与 2009 年 3 月访问大陆的台湾“新同盟会”、“海峡两岸和平统一促进会”、“中国统一联盟”联合参访团成员，曾参加历届“台湾高校杰出青年大陆参访团”的部分成员，曾赴大陆参访的台湾中南部代表人士进行联谊；赴南亚科技大学、醒吾技术学校等两所私立学校参访并与师生进行了座谈。代表团一行还拜会了高雄市商业总会理事长黄和平、中国国民党黄国梁党部主委陈筑藩、台湾“华侨救国联合总会”理事长简汉生、台湾“两岸人民服务中心”名誉主任冯沪祥、台湾“中华花艺文教基金会”理事长黄永川、奇美集团董事长廖锦祥等新老朋友，会见了部分国民党、新党中生代代表人士及部分台湾知名人士。代表团与岛内各界有关团体和人士进行了广泛、深入的交流，就进一步扩大交流层面、深化两岸合作、促进两岸关系和平发展等议题充分交换了意见。

2009 年，民革中央在祖国统一工作研究和机制建设方面还开展了以下工作。

1 月 16 日—18 日，民革中央联络部在福建省福州市召开涉台参政议政工作研讨会。民革中央修福金副主席及有关专家学者、部分民革中央祖国和平统一促进委员会委员参加会议。会议就民革中央在全国政协十一届二次会议上准备提交的涉台提案、大会发言、联组发言和 2009 年民革中央涉台调研课题等进行了充分的审议和任务部署。

4 月 27 日—29 日，民革中央联络部在北京召开台湾问题与国际问题专家专题研讨会。修福金副主席，30 余位知名台湾问题和国际问题专家学者及中央联络部负责同志出席会议。与会专家学者围绕当前台湾政局、新形势下两岸经贸合作、影响台湾问题的国际因素、新一届美国政府的台海政策，以及如何贯彻落实中共中央有关促进两岸关系和平发展的方针政策、进一步做好台湾人民工作等问题进行了深入研讨。

12 月 5 日，第二届中华中山文化交流协会在京常务理事会议在北京国际会议中心召开。民革中央常务副主席、中华中山文化交流协会会长厉无畏，民革中央副主席齐续春、修福金、何丕洁及在京常务理事出席会议。厉无畏常务副主席在会上讲话指出，一年来中华中山文化交流协会结合自身优势和特色，充分发挥对台湾和海外的交流平台和纽带作用，继续坚持以做好台湾“泛蓝”阵营工作和全面做好台湾人民工作两条主线，分别组织了“第七届台湾高校杰出青年大陆参访团”、“台湾及海外人士国庆观光团”等来大陆参访；民革中央代表团时隔近5年后恢复入台参访，周铁农主席、修福金副主席率团赴阿根廷、智利、巴西、美国、加拿大访问，这些活动对于宣传中国政党制度，团结海内外爱国力量为祖国建设事业服务，取得了很好的效果。讲话对协会2010年的工作提出总体规划：在交流工作中，要充分发挥民革对台工作的特色，继续做好岛内“泛蓝”阵营工作；在出访工作方面，将继续组织高层次的赴台参访交流活动，在推动两岸和平发展过程中发挥更加积极的作用。与会理事就进一步做好台湾人民工作、纪念辛亥革命100周年活动等进行了深入的讨论。

为纪念中华人民共和国成立60周年和《告台湾同胞书》发表30周年，民革中央策划了“台湾记忆——宝旺杯海峡两岸交流图片故事”征文活动，由民革中央联络部、《团结报》、中国台湾网、新浪网、北京宝旺集团联合主办。征文活动从2008年12月1日开始后即得到民革各级组织、广大党员和社会各界人士的关注和支持，先后共收到全国各地寄来的稿件400余篇，在相关媒体上发表稿件200余篇，作者中有多年致力于两岸交流的业界人士、青年学生、赴台探亲人员、因公赴台人士，还有台湾开放大陆游客赴台观光的第一批大陆游客。特别是这次征文还收到不少台湾同胞寄来的稿件。8月26日，民革中央联络部在民革中央机关举行“台湾记忆——宝旺杯海峡两岸交流图片故事”征文活动颁奖仪式暨《台湾记忆——图说宝岛》图书首发式。

2009年12月团结出版社出版了由民革中央联络部主编的《民革祖统工作读本》。该书包括了国家对台方针政策法律法规、民革对台工作与相关组织机构、台湾概况等方面的内容，力求融政治性、政策性、实用性为一体，以期对民革各级组织和广大党员做好祖统工作有所助益。

三、社会服务

2009年里，民革各级组织在认真总结经验的基础上，根据新形势、新任务的要求，努力创新社会服务工作新形式、新内容，开创民革社会服务工作的新局面。

（一）智力支边扶贫和科技推广工作

2月19日—20日，民革中央社会服务部、甘肃省白银市人民政府、民革甘肃省委会在白银市联合召开“秸秆生物反应堆技术”示范推广现场会。周铁农主席、何丕洁副主席出席现场会。周铁农主席在会上讲话指出，民革坚持把参政议政、社会服务工作重点放在解决“三农”问题上，积极探索新思路，努力提高新成效，推进工作取得新突破。自2003年起，民革就积极关注并参与实施“秸秆生物反应堆技术”示范推广工作，多次组织专题调研及开展技术服务，取得了显著成效。宣传推介这一农业新技术，目的是落实资源节约和环境保护的国策，推进现代农业发展，促进农民增收。讲话要求，民革各级组织要进一步探索拓展智力支边扶贫的新思路，牢固树立服务“三农”的宗旨，坚持从农民最根本的利益出发，充分尊重农民的意愿、全力维护农民的权益。要依靠当地中共党委的领导和政府部门的支持，结合自身特点，发挥智力优势，大胆探索、勇于实践，进一步深化丰富民革社会服务工作的内容及领域，努力把民革各项工作推上新的台阶。现场会总结了“秸秆生物反应堆技术”实施推广以来取得的成果和经验。与会代表到白银市高科技农业示范园进行了现场观摩，民革山东省委会，沈阳、丹东、濮阳市委会以及山东省农业厅的有关同志作了经验交流发言。

8 月 24 日—28 日，社会服务部与中国医学基金会、联合考察组赴宁夏回族自治区、内蒙古自治区，就基层医疗扶贫工作进行考察。从 2009 年初开始，民革中央通过中华慈善总会、中国医学基金会，通过帮扶形式将一批“魅力 20”彩色 B 超机捐献给宁夏、内蒙古的基层医疗机构，以期提高这些机构的诊断水平。考察组先后考察了宁夏银川、青铜峡、吴忠、石嘴山等地的农村卫生院、中心卫生院、市级医院及内蒙古鄂尔多斯、包头、呼和浩特下属的中心血站，与当地医疗卫生系统负责同志、民革组织负责人及部分医疗工作者进行座谈，了解基层医疗机构的能力、需求及存在的问题，并实地考察基层医院对“魅力 20”彩色 B 超机的使用情况。

11 月 18 日—19 日，由国务院扶贫办、全国工商联主办，民革中央社会服务部等单位承办的全国扶贫协作优势产业推介暨招商引资洽谈会在广西南宁市召开。周铁农主席、何丕洁副主席出席会议。周铁农主席在洽谈会上讲话指出，创设一个促进东部发达地区企业与中西部欠发达地区资源对接的服务性平台，是扶贫开发工作的新途径。各界要通过认真扎实的工作，充分发挥社会各界在扶贫开发中的作用，广泛动员社会各界力量，尤其是东部发达地区企业到中西部地区投资兴业，为增强贫困地区、贫困农户的自我发展能力提供强大的外部支持。200 多家企业的代表与来自全国 21 个省、区、市的 110 个国家重点贫困县代表参加洽谈会，并进行了对接洽谈，共签约项目 170 多个。民革中央社会服务部推荐的宁夏回族自治区海原县、贵州省晴隆县等参加了项目签字仪式。

11 月 26 日—29 日，民革中央社会服务部有关同志及贵州大学有关专家赴贵州省纳雍县开展扶贫调研工作。针对纳雍县提出的“30 万亩茶叶、30 万亩经果林和 30 万亩牧草”的发展目标，调研组一行来到董地乡、寨乐乡、乐治镇等地考察特色经果林种植点的基本情况，为选址建立“民革中央科技生态示范林基地”进行初期考察，并与县林业局等有关部门共同制定初步规划和相关工作计划。随后赴阳长镇对《促进毕节试验区发展科技示范项目——纳雍县核桃寨村经果林示范》进行验收和总结，与县林业局、扶贫办和中共县委统战部等有关部门及阳长镇政府共同研究了 2010 年的项目实施方案。在核桃寨村，专家们对农户进行了现场技术培训和指导；在新房乡考察了饲料桑种植示范点，拟在该乡试验示范“林—农—牧”三位一体的生态农业发展模式，促进当地农业产业结构调整和农民增收致富。调研组还考察了上海新纪元教育集团与纳雍县教育局合作的教育培训项目开展情况。

（二）办学和非公经济人士工作

5 月 5 日—9 日，何丕洁副主席率民革中央社会服务部调研组赴广西北海、防城港、南宁和百色等地调研。在南宁市期间，调研组一行参观考察了邕江大学，听取了民革广西区委会主委、学校董事长刘新文和校长罗里熊关于学校近年来办学情况以及今后发展规划的汇报。调研组还在南宁召开座谈会，听取多位民革企业家和经济界人士面对当前国际金融危机采取的措施与决策，了解民革企业家和民营企业的状况并赴民革党员参与合办的广西田园生化股份公司参观考察。

5月9日—13日，何丕洁副主席率民革中央社会服务部调研组赴云南开展社会服务工作调研。调研组在昆明与民革云南省委会领导班子成员、基层组织负责人、民革党员企业家、书画家进行座谈。调研组一行还赴大理白族自治州进行调研，实地考察了大理白族自治州祥云县米甸镇石沉江小学和大理学院。何丕洁副主席在听取学校负责人情况介绍后，对两所学校的办学工作给予了充分肯定，并表示民革中央要继续在祥云县等边疆地区开展好社会服务工作。

10月11日—17日，民革中央社会服务部调研组赴湖南、湖北两省就民革非公经济发展情况和支边扶贫工作进行调研。调研组先后到湖南省长沙、益阳、湘潭市，湖北省武汉、襄樊、十堰市，实地考察了长沙民政职业技术学院、由民革党员创办的长沙凯迪机械有限公司、湖南美林集团，民革湖南省委会对口扶贫点——安化县龙塘乡和睦村等，与两省民革各级组织、党员企业家代表进行座谈，了解两省民革各级组织扶贫助学、扶危济困工作开展情况；了解民革党员企业家及其企业发展现状；了解各级组织以各种形式组织引导民革党员企业家在促进企业健康发展，参政议政及回报社会等方面所做的工作；听取党员企业家对国家和地方经济发展提出的意见和建议。

（三）书画工作

开展“盛世风采——庆祝中华人民共和国成立60周年民革全国书画展”全国巡展活动，是民革中央2009年书画工作的重点内容。4月28日，由民革中央办公厅主办、民革中央画院承办的“盛世风采——庆祝中华人民共和国成立60周年民革全国书画展”开幕式在北京中国美术馆举行。周铁农主席出席开幕式并致词说，在中华人民共和国60华诞即将来临之际，民革全国各地的书画家们，怀着对祖国、对人民的无限赤诚，把握时代脉搏，挥毫泼墨，用自己的作品，讴歌祖国60年翻天覆地的历史变迁，书写国人在华夏大地上创造的人间奇迹，彰显中国传统书画艺术的奇特魅力。本次展览共收到民革全国各地书画组织和党员的书画作品1000余幅，从中遴选出160余幅代表性作品参展。这些作品不仅集中展示了书画家们的丹青妙笔，更展示了他们热爱祖国的赤子衷肠。其后到2009年底，书画展先后在山东、辽宁、甘肃、安徽、江西、海南等地巡展，厉无畏常务副主席、齐续春副主席分别赴各地出席了巡展的开幕式。

11月3日至5日，由民革中央画院、民革福建省委会、莆田市逸仙书画院、台中市中国书学研究发展学会、台北福建同乡会等单位联合举办的“盛世风采·潮涌海西——海峡两岸书画名家作品交流展”在福建省莆田市艺术馆举行。钮小明副主席在出席书画展开幕式上讲话指出，“海峡两岸名家书画作品交流展”分别在台中市和莆田市举行，真正体现了“书画同源、两岸一家、和谐共荣、复兴文化”的宗旨。

在民革中央画院工作机制方面，1月14日，画院在民革中央机关召开秘书长、在京副秘书长办公会议。民革中央副主席、画院秘书长何丕洁及在京副秘书长出席会议。会议通报了民革中央画院院务委员会会议有关事项，讨论了“盛世风采——庆祝中华人民共和国成立60周年民革全国书画展览”作品征集、评审、巡回展览等事项及增补画院个人理事事宜。7月9日，民革中央画院在民革中央机关召开第八次院务会议，民革中央副主席、画院秘书长何丕洁，画院院长宋雨桂，副院长龙瑞、宋旭及中央社会服务部有关负责同志参加会议。会议研究了民革中央画院院刊筹备工作、“盛世风采——庆祝中华人民共和国成立60周年民革全国书画展览”巡展工作、第二批签约画家事宜、增补团体理事单位和个人理事事宜，讨论了《关于各地建立民革中央画院创作写生基地的有关规定》（草稿）；研究了“纪念辛亥革命100周年民革全国书画展”策划方案；讨论了两岸书画名家精品美术展筹备方案。9月2日，民革中央画院在天津市召开第三次理事会，民革中央副主席、画院秘书长何丕洁，民革天津市委会主委田惠光，画院院长宋雨桂及理事120余人出席会议。何丕洁副主席在会上代表画院院务委员会作的工作报告指出，画院要继续大力弘扬主旋律，积极推动书画艺术创新，打造当代书画精品；不断加强联络工作，增进书画艺术家的和谐和团结；以艺术为平台，促进交流交往；坚持普及与提高相结合，加强民革中青年书画家的培养；积极参加社会公益活动，进一步扩大民革书画工作的影响。

四、自身建设

（一）思想建设

民革全党高度重视理论学习，始终把思想建设放在首位。2009年里，民革各级组织把深入学习贯彻科学发展观作为全党思想政治工作的首要内容，切实把科学发展观贯穿于民革工作的全过程和各环节。通过认真组织和精心部署，着力引导党员干部全面把握科学发展观的科学内涵、精神实质、根本要求，深刻理解贯穿其中的科学立场、观点和方法，切实增强贯彻落实科学发展观的自觉性和坚定性，不断提高服务科学发展的能力和水平，民革自身建设得到了全面加强。

为进一步指导和帮助民革各地组织深入学习贯彻科学发展观，民革中央在12个省级组织举办了“民革中央学习贯彻科学发展观辅导讲座”，由中央领导同志亲自作专题辅导报告。讲座在对科学发展观的精神实质、主要内容、基本要求等进行深入阐述的基础上，就深入学习贯彻科学发展观的重要意义，民革如何服务于科学发展、促进自身科学发展等问题，提出了明确、具体的意见。具体情况如下：

6月16日，民革中央学习贯彻科学发展观辅导讲座在民革北京市委会举行。民革中央主席周铁农向民革北京市委会各级领导班子成员和中青年骨干党员近300人作了学习贯彻科学发展观专题辅导报告。民革中央厉无畏常务副主席，齐续春、修福金、刘凡、傅惠民、何丕洁副主席及民革中央在京常委出席报告会。

7月28日，厉无畏常务副主席在上海市为民革上海市各级组织领导班子成员和骨干党员200余人作辅导报告；8月12日、17日、25日，修福金副主席先后在黑龙江哈尔滨市、吉林长春市、宁夏银川市为三省、区民革各级组织领导班子成员、骨干党员作专题辅导报告；8月25日，何丕洁副主席在天津市为天津市民革各级组织领导班子成员、骨干党员200余人作专题辅导报告；9月16日，钮小明副主席在四川省成都市为民革四川省委常委，省直工委及民革成都市委会骨干党员，省委会、市委会机关干部等近200人作专题辅导报告；9月19日，齐续春副主席在安徽省合肥市为民革安徽省委常委、部分市级组织和省直支部领导班子成员及骨干党员作专题辅导报告；10月12日，程崇庆副主席在江苏省南京市为民革江苏省委会常委、各市委会和省直工委负责人、省委会机关干部作专题辅导报告；11月20日，修福金副主席在山东省济南市为民革山东省各级组织领导班子成员、党员骨干200余人作专题辅导报告；12月17日，谢克昌副主席在山西省太原市为民革山西省委会委员、省直各基层支部主委、省委会机关干部作专题辅导报告；12月21日，修福金副主席在云南省昆明市为民革云南省委会常委、委员、各专门委员会委员、省直各支部以及昆明市委会部分党员作专题辅导报告，等等。这些辅导报告会引起民革各地党员干部的强烈反响，参加报告会的同志纷纷表示，不仅自己要认真学习和领会辅导讲座的重要精神，把学习贯彻科学发展观和本职工作结合起来，还要向身边的党员干部传达，共同学习、彼此促进，切实提高自身服务科学发展的水平，为构建和谐社会、为本地区经济社会更好更快发展作出自己的贡献。

5月11日，民革中央下发了《关于建立思想政治交接长效机制的实施意见（试行）》，把这项多党合作事业发展的基础性工程，不断向深度和广度推进。

5月25日—26日，民革中央宣传部在机关举办了民革中央网站特约编辑培训班。为保证民革中央网站开通后及时、准确、持续报道民革中央领导的活动，中央各工作部门、各省各地组织的工作，保证信息畅通，决定在中央各工作部门、各省级组织，设民革中央网站特约编辑1人。修福金副主席出席开班仪式并讲话指出，信息化是当今世界发展的大趋势，互联网正在渗透着人类社会的各个领域，改变着人们的工作、生活和思维方式。互联网的普及和发展，也给参政党建设带来了机遇，提出了新的要求。修福金副主席对今后民革组织网站建设提出了四点要求：民革各级组织领导同志要充分认识网络媒体的重要性，高度重视民革中央网站的建设工作；民革中央网站要做好定位，形成自己的特色和品牌；建立机制，扩大信息来源；民革中央网站特约编辑要加强学习，提高业务素质。培训班分别就民革宣传工作的特点和新闻报道的基本要求、民革中央网站内容、网站管理操作技术进行了培训，并讨论了《民革中央网站特约编辑工作规程》（讨论稿），会后形成正式文件下发各地执行。

在2009年里，民革各级组织还注意将学习科学发展观与庆祝新中国成立60周年、人民政协成立60周年系列活动结合起来，通过举办座谈会、演讲比赛、征文、画展、文艺晚会等多种形式，营造出了浓厚、热烈的庆祝纪念的气氛。

（二）组织建设

组织建设是民革自身建设的基础。2009年里，民革各级组织围绕《民革第十一届中央常务委员会关于加强省级组织领导班子后备干部队伍建设的意见》，积极加强领导班子和后备干部队伍建设，进一步提高以科学发展观指导参政党建设的能力。上半年，民革中央分别赴9个省进行了组织工作以及民革青年党员思想和工作状况调研，并于11月在湖南召开了民革全国组织工作会议，深入研讨新形势下民革组织建设面临的新问题，积极探寻切实加强组织建设的新思路、新方法，有力促进了民革组织建设新局面的开创。2009 年以来，民革 30 个省级组织在当地中共党委统战部的协助下，启动了省级组织领导班子后备干部队伍推荐选拔工作。到 2009 年底已有 26 个省级组织完成第一轮后备干部队伍建立工作，有 3 位同志被正式任命为省高级人民法院副院长或最高人民检察院副厅级领导干部。

加强党内监督，是民革全面加强自身建设、推进党内民主、适应新形势下多党合作事业发展要求的重要保证。2009 年 5 月召开的民革十一届七次中常会，对如何进一步健全和完善民革党内监督机制，以及监督的形式与方法等问题，进行了专门的研究和讨论，推动了民革党内监督工作的开展。

2009 年，民革全党组织发展工作健康平稳。5 月，民革第十一届中央常务委员会第七次会议原则通过了《民革中央关于进一步做好组织发展工作若干问题的意见》，民革组织发展范围有所拓宽，组织发展工作稳步向前推进，社会和法制方面的专业人士作为民革特色，成为发展的主体之一。2009 年共发展新党员 4600 余人，党员总数达到 92200 余人。民革地方组织共有 340 个，其中省级委员会 30 个，市级委员会 259 个，县级委员会 51 个。民革基层组织共有 4414 个，其中基层委员会 9 个，总支委员会 350 个，支部 3988 个，小组 67 个。

截止到 2009 年底，民革党员在人大、政府、司法、政协任职情况如下：在人大方面，全国人大常委会副委员长 1 人、常委 4 人、代表 38 人，省级人大常委会副主任 6 人、常委 43 人、代表 203 人，市级人大常委会副主任 39 人、常委 176 人、代表 601 人，县级人大常委会副主任 80 人、常委 183 人、代表 467 人；在政府及司法机关方面，国务院有关部门领导 2 人、司局级 3 人，地方司局级 42 人、地市级 27 人、县处级 570 人；在政协方面，全国政协副主席 1 人、常委 24 人、委员 67 人，省级政协副主席 18 人、常委 190 人、委员 709 人，市级政协副主席 176 人、常委 828 人、委员 3336 人，县级政协副主席 190 人、常委 1190 人、委员 4015 人。

6 月 24 日，民革中央向荣获 2009 年度全国五一劳动奖章的 4 名民革党员发出贺信，他们是：河北省水利水电第二勘测设计院规划处副处长冯战洪、内蒙古澳淳投资有限公司董事长郭凌云、浙江省衢州市国家税务局信息中心副主任吴长根、云南省玉溪水松纸厂高级工程师迟广俊。11 月 19 日，民革中央向获得 2009 年“全国三八红旗手”荣誉称号的两名民革党员发出贺信，向她们表示热烈的祝贺和诚挚的问候。两位民革党员是：北京市民革党员、北京安贞医院教育处处长王以新，山西省民革党员、山西医科大学第二附属医院血液科主任杨林花。12 月 10 日，民革中央致信祝贺民革山东省委会副主委、中国海洋大学水产学院院长麦康森当选中国工程院院士。麦康森同志长期从事水生生物营养和饲料学的教学、研究、开发工作，取得了多项重大科研成果，12 月 2 日被增选为中国工程院院士（农业学部）。

（三）制度建设

在民革的整体工作中，特别是自身建设中，各级机关发挥着至关重要的作用。为适应新形势下机关工作需要，民革中央机关以科学发展观为指导，继续完善各项工作制度，对机关机构职能、机构设置、人员配备等方面进行了调整，使各部门职能更明确，干部使用更合理。2009年里，民革中央在制度建设方面，主要开展机关建设调研和召开了民革全国省级组织办公室工作研讨会。

6月24日—7月2日，民革中央办公厅副主任边旭光率调研组赴安徽、江西两省就民革省、市级组织机关建设情况进行调研。调研组先后与民革安徽省委会，合肥、黄山市委会，民革江西省委会，上饶、鹰潭、南昌市委会负责同志、机关干部进行座谈，实地考察了安徽、江西省民革各级组织的办公环境和办公条件，听取了各级组织在机关制度化、信息化建设及工作运行机制方面的情况汇报，听取了对民革中央工作的意见和建议，深入了解了机关建设目前存在的主要问题和困难。

6月18日—22日，民革中央办公厅副主任蔡永飞率调研组赴广东省和上海市，就民革省级组织机关建设工作进行调研。调研组分别与民革广东省委会，广州、佛山、中山、深圳市委会及民革上海市委会负责同志、机关干部进行座谈，了解机关制度建设、信息化建设、文化建设和和谐机关建设的情况，并就办公室如何为民革履行参政议政职能做好服务与保障工作交换了意见。

7月12日—19日，民革中央秘书长兼办公厅主任李惠东率中央办公厅调研组赴云南、贵州两省，就民革省市级组织机关建设情况进行调研。调研组先后走访了民革云南省委会、昆明市委会、大理州委会，民革贵州省委会、贵阳市委会、遵义市委会，与各级组织领导班子成员、机关干部、当地中共党委统战部有关负责同志进行座谈。了解各级组织的基本状况和思想政治建设、工作制度建设、干部队伍建设、电子信息化建设、机关文化建设等方面取得的主要成绩，以及目前机关建设方面存在的主要问题与困难。

另外，民革中央机关还选举产生了第一届工会委员会和工会经费审查委员会，为进一步做好民革各项工作，加强机关建设开辟了新的途径。2月25日，民革中央机关工会成立暨第一次会员大会在民革中央机关礼堂召开，会议经过选举产生了民革中央机关第一届工会委员会，选举产生了工会经费审查委员会。齐续春副主席代表民革中央向机关工会成立表示热烈祝贺，并讲话指出，民革中央机关工会的成立，为进一步做好民革各项工作、加强机关建设开辟了新的途径，将为构建和谐机关发挥积极作用。齐续春副主席代表民革中央对机关工会工作提出三点意见：（1）工会工作要有利于民革中央履行参政议政、民主监督职能。要注重发挥工会组织和民主党派优势，把履行参政党职能与工会工作相结合；（2）工会工作要有利于构建和谐机关。通过开展各种活动切实促进机关工作，增强机关凝聚力；（3）工会组织要加强自身建设，提高工作水平，努力把工会工作做好。

吴先宁　民革中央宣传部部长
张海鸿　民革中央宣传部主任科员

中国民主同盟

2009年是新中国成立60周年，也是我国多党合作制度确立60周年。全国各族人民在中国共产党的领导下，以科学发展观为指导，努力克服国际金融危机严重影响，着力保增长、保民生、保稳定，社会主义经济建设、政治建设、文化建设、社会建设及生态文明建设稳步推进。一年来，民盟同志与全国人民一起，同庆盛典，共襄伟业，继承和发扬多党合作的优良传统，围绕应对国际金融危机、促进科学发展，积极履行参政党职能，各项工作都取得了可喜成绩。

一、重要会议及活动

（一）中全会

12月10日—11日，中国民主同盟第十届中央委员会第三次全体会议在北京举行。全国人大常委会副委员长、民盟中央主席蒋树声出席会议并作了十届常委会工作报告，全国政协副主席、民盟中央第一副主席张梅颖主持开幕会，副主席李重庵主持闭幕会。

蒋树声主席在报告中回顾了2009年全盟各项工作的成绩，包括以纪念“60周年”为契机，深化学习教育活动，进一步夯实了多党合作的共同政治思想基础；参与“两会”及国家重大问题协商，积极在国家政治生活中发挥作用；围绕有效应对国际金融危机，优化选题，创新机制，不断提高议政建言水平；发挥民盟智力优势，坚持民盟界别特色，抓住“农村教育烛光行动”等品牌活动，社会服务工作稳步推进；努力加强自身建设，推动盟务工作不断深入。蒋树声主席指出，2010年将是我国改革发展关键的一年，全盟要认真学习中共十七届四中全会精神和中央经济工作会议精神，切实加强盟的自身建设；紧紧围绕党和政府的工作大局和重点部署，以促进科学发展为参政议政的第一要务，深入贯彻落实科学发展观，为推动转变经济发展方式、调整经济结构，促进经济平稳较快发展贡献力量，充分发挥民盟特色和优势，不断提高参政能力，推动盟的议政建言和社会服务工作再上新台阶；全面加强自身建设，为民盟在多党合作事业中的可持续发展奠定坚实基础。

在闭幕会上，常务副主席张宝文作了总结讲话。他就贯彻落实好这次会议精神提出了三点意见：一是努力建设学习型参政党，不断提高运用科学理论指导实践的能力；二是认真把握形势变化趋势，积极做好明年的参政议政工作；三是以学习盟务先进集体为契机，推动自身建设等各项工作再上新台阶。

会议还授予民盟北京市海淀区委员会等239个集体“中国民主同盟盟务工作先进集体”荣誉称号，副主席索丽生宣读了《民盟中央关于表彰盟务工作先进集体的决定》。蒋树声主席、张梅颖第一副主席等盟中央领导为盟务工作先进集体代表颁奖。会议通过了《中国民主同盟第十届中央委员会第三次全体会议决议》。

副主席吴正德、张圣坤、李重庵、郑兰荪、索丽生、丁仲礼、陈晓光、徐辉、温思美、欧阳明高，秘书长高拴平及全体中央委员出席会议。

（二）中常会

1. 十届六次中常会

3月10日，民盟十届六次中常会在京举行。会议主题是学习贯彻十一届全国人大二次会议和全国政协十一届二次会议精神。蒋树声主席主持会议并讲话。会议审议通过了《民盟中央关于学习贯彻十一届全国人大二次会议和全国政协十一届二次会议精神的决定》。

会议要求，全盟各级组织和全体盟员要认真学习贯彻全国两会精神，把思想和行动统一到中共中央对经济形势的分析判断和决策部署上来，统一到科学发展观的要求上来；坚持把促进科学发展作为参政议政的第一要务，围绕构建社会主义和谐社会的要求和“十一五”时期经济社会发展的重大问题，充分发挥自身优势，体现民盟在教育、科学、文化等领域的界别特色，整合参政议政资源，深入调研，建言献策，切实履行参政党职能；围绕转变经济发展方式、促进产业结构调整、统筹区域和城乡协调发展、缩小贫富差距、农业增效、农民增收及就业等问题，关注民生，服务社会，最大限度地增加和谐因素，最大限度地激发社会活力，为全面建设小康社会、构建社会主义和谐社会贡献智慧和力量。

第一副主席张梅颖，常务副主席张宝文，副主席吴正德、李重庵、郑兰荪、索丽生、丁仲礼、陈晓光、徐辉、温思美、欧阳明高出席会议。会上，秘书长高拴平汇报了上次中常会以来的主要工作。

2. 十届七次中常会

6月2日—3日，民盟十届七次中常会在江苏省南通市召开。会议的主要议题是：全面总结近年来民盟加强思想建设和宣传工作的成绩和经验，研究分析新形势对盟的思想建设和宣传工作提出的新任务、新要求，进一步解放思想，开拓创新，努力把盟的思想建设和宣传工作提高到一个新的水平。

蒋树声主席作了《适应形势要求，凝聚全盟共识，努力开创民盟思想建设和宣传工作新局面》的主题报告。他强调，当前民盟思想建设的首要任务，就是用中国特色社会主义理论体系武装全盟，增强全盟同志坚定走中国特色社会主义政治发展道路的自觉性和坚定性。蒋树声主席要求，各级组织领导班子成员特别是一把手，要从多党合作可持续发展的战略高度，进一步提高对思想建设和宣传工作重要性的认识；贴近盟员思想实际，弘扬优良传统，持续开展“深化坚持走中国特色社会主义道路学习教育活动”；以人为本，注重实效，积极建立民盟思想建设和宣传工作的长效机制；加强参政党理论研究，推进理论创新，为思想建设和宣传工作提供理论支撑。

开幕会上，秘书长高拴平汇报了上次中常会以来的主要工作。会议还讨论通过了《民盟中央关于进一步做好组织发展工作有关问题的意见》。副主席吴正德、张圣坤、李重庵、郑兰荪、张平、索丽生、丁仲礼、徐辉、温思美、欧阳明高出席会议，民盟中央各部门负责人、部分专门委员会主任、参加思想建设和宣传工作会议的同志列席会议。

3. 十届八次中常会

9月24日，民盟十届八次中常会在京召开。会议主题是学习贯彻中共十七届四中全会精神和胡锦涛同志在庆祝人民政协成立60周年大会上的重要讲话精神，研究部署新形势下推进民盟自身建设的具体举措，为进一步提高盟的参政议政能力和水平奠定坚实基础。

蒋树声主席出席会议并讲话。他在讲话中高度评价了中共十七届四中全会和全会审议通过的《中共中央关于加强和改进新形势下党的建设若干重大问题的决定》的重大意义。他指出，全盟学习贯彻中共十七届四中全会精神和胡锦涛同志重要讲话精神，最根本的就是要学习执政党建设的成功经验，认真分析民盟自身建设的现状和面临的形势，全面加强自身建设，努力提高履行职责、发挥作用的能力和水平。蒋主席在总结多年来民盟自身建设的宝贵经验和存在的问题的基础上，就加强新形势下民盟自身建设提出了六项举措：建设学习型参政党，不断提高全盟自身建设的科学化水平；继承传统，凝聚共识，坚定走中国特色社会主义政治发展道路的信念和决心；注重基层，强化班子，进一步夯实自身建设的组织基础；科学规范、务实高效，进一步完善各项制度机制；修德守身，敬业奉献，树立良好的思想工作作风；服务大局，完善管理，进一步提高机关工作水平。

会议还审议通过了关于召开民盟第十届中央委员会第三次全体会议的决定，并听取了高拴平秘书长所作的自十届七次中常会以来主要工作情况的汇报。

第一副主席张梅颖，常务副主席张宝文，副主席吴正德、张圣坤、李重庵、郑兰荪、张平、索丽生、陈晓光、徐辉、温思美、欧阳明高和中央常委出席会议。部分民盟中央专门委员会负责人、机关各部门负责人列席会议。

4. 十届九次中常会

12月9日，民盟十届九次中常会在京召开。会议的主要内容是：审议通过民盟十届三中全会议程、日程、小组召集人名单；审议通过第十届中央常务委员会工作报告征求意见稿；推定民盟中央主席蒋树声为报告人。蒋树声主席主持会议。会议还听取了高拴平秘书长所作的自民盟十届八次中常会以来主要工作情况的汇报。

第一副主席张梅颖，常务副主席张宝文，副主席吴正德、张圣坤、李重庵、郑兰荪、索丽生、丁仲礼、陈晓光、徐辉、温思美、欧阳明高和中央常委60人出席会议。部分民盟中央专门委员会负责人、机关各部门负责人列席会议。

（三）部门专题会议

1. 中央妇女委员会全体会议

2月19日，民盟中央妇女委员会召开2009年第一次全体会，研究部署2009年工作。副主席索丽生出席会议并讲话。索丽生副主席在讲话中说，自2008年新一届专门委员会成立以来，妇女委员会在反映社情民意信息工作方面呈现出较高水平，有特色、有亮点。同时，对妇女委员会2009年的工作方向提出了三点建议。会议还确定了妇委会2009年合作调研课题承担意向，委员们就医疗改革、民主政治建设、宗教、大学生就业等共同关心的话题进行了讨论。妇女委员会主任尚绍华主持会议。

2. 参政议政工作会议

4月13日—14日，民盟参政议政工作

会议在太原召开。主席蒋树声，副主席、民盟山西省委主委张平，副主席索丽生等出席开幕式。开幕式由秘书长高拴平主持。

蒋树声主席在开幕式上强调指出，面对来自国际国内的严峻挑战，作为参政党，能不能为保增长、保民生、保稳定作出新的贡献，是对我们参政议政能力和水平的考验，也是对我们作为参政党的价值和作用的考验。最后，他对做好今年的参政议政工作要提出了五点要求。索丽生副主席作参政议政工作报告。他指出，当前，做好参政议政工作，发挥好参政党作用，最主要的就是要为保增长、保民生、保稳定作出积极贡献。要始终坚持把促进科学发展作为全盟参政议政的主题，密切关注影响经济社会发展全局的倾向性、关键性问题，深入开展调查研究，建有据之言，谋务实之策。

会议确定了民盟中央22个资助、合作课题。会议还对2008年度民盟信息工作6个先进集体和22个先进个人进行了表彰。会议期间，与会同志还听取了民盟中央经济委员会副主任谢卫关于当前经济形势的报告。民盟中央农业委员会、民盟北京市委、山西省委、江苏省委、重庆市委的代表作了大会发言，介绍交流了各自开展参政议政工作的情况。

出席会议的有民盟各省、自治区、直辖市委员会负责参政议政工作的领导和部门负责人，民盟中央各专门委员会、机关各部门和《群言》杂志社的负责同志。民盟山西省委、各地市和高校民盟组织的负责人列席了会议。

3. 思想和宣传工作会议

6月2日—3日，民盟思想建设和宣传工作会议在江苏南通召开。与会代表列席了民盟十届七次中常会，听取了蒋树声主席作的主题报告和副主席李重庵做的工作报告。

李重庵副主席总结了近年来民盟思想建设和宣传工作的成绩和体会，就贯彻中常会精神提出了意见。他强调，在新形势、新任务下，要把政治交接教育活动取得的阶段性成果转化到盟的各项工作中，创新工作思路、工作方法，注意认识各项盟务工作中蕴含的思想影响和宣传效应，按照“大宣传”的理念来认识和改进工作，把思想建设切实作为民盟自身建设的核心工作抓紧抓好。

与会同志通过大会发言、小组讨论等方式，交流了工作，总结了经验，共同探讨了新形势下如何做好思想和宣传工作，为民盟搞好自身建设和更好地履行参政党职能提供思想保障。会上，展出了民盟30个省级组织思想建设和宣传工作成果。与会同志还观看了《民盟历史影像资料剪辑(1941—1965)》。民盟江苏省委主委曹卫星，民盟各省级组织专职副主委、宣传部长、特邀代表70余人出席会议。

4. 宣传工作研讨会

9月20日—22日，民盟宣传工作研讨会在浙江杭州召开。会议的主要任务是学习落实民盟十届七次中常会的精神及民盟思想建设和宣传工作会议的部署，结合宣传工作的实际和主要问题，通过培训和研讨，提高宣传工作水平，扎实推进全盟宣传工作。

副主席李重庵出席会议并讲话。他指出，做好宣传工作，必须树立大宣传理念，这有两方面的含义。一方面，民盟的思想宣传工作是一个大概念、大范畴，盟的各级组织开展的各方面工作和活动都宣传和扩大了民盟在社会上的影响；另一方面，宣传工作要有大视野，要主动服务于各级盟组织职能作用的发挥，服务于广大盟员的成长进步，具体来说要抓住四个基本点：其一，思想建设是盟的自身建设的核心，要落实好这个核心任务；其二，要建立大宣传的工作格局，并落实这个理念；其三，要完善工作机制，用好盟内外资源；其四，要吃透两头，既要领会和把握好党的政策，又要贴近基层，贴近群众，不断提高工作水平，从而达到同盟、同志、同心、同德的境界。

研讨会特邀中宣部、团结报社有关部门负责人作了专题讲座。民盟浙江省衢州市委、四川省委、重庆市江津区委、吉林省委的代表分别就各自网站、盟讯工作在会上作了交流发言。民盟各省级组织、副省级组织宣传工作负责人和从事盟讯、网站具体工作的人员及浙江省各市委会、省直属总支以上基层组织宣传工作负责人等100余人出席会议。

5. 基层组织工作会议

10月14日—15日，民盟基层组织工作会议在广西桂林市召开。会议的主要任务是总结交流各地基层组织工作经验，研讨新形势下进一步加强盟的基层组织建设的新思路、新举措。蒋树声主席出席会议并作开幕讲话，常务副主席张宝文出席会议并作闭幕讲话，民盟广西区委主委刘慕仁出席会议并致词。

蒋树声主席在讲话中强调，基层组织是否具有活力，直接关系着我们履行参政党职能的能力大小和水平高低，也直接关系着我们能否真正深入了解最基层的民生情况和民众的愿望，直接关系着我们能否为国家分忧，为人民谋利。张宝文常务副主席介绍了今年开展的基层组织建设调研情况，总结了近年来全盟基层组织建设取得的成绩，并将经验提炼为“六个一”，即要坚持一个正确的政治方向，要组建一支奋发有为、积极向上的领导班子和骨干队伍，要经营一份和谐的党盟关系和盟内关系，要制定一套行之有效的规章制度，要打造一个参政议政、社会服务的平台，要保持一种不等不靠的工作心态。

会议期间，来自民盟湖北省委、民盟甘肃省委、民盟南京大学委员会、民盟广西师范大学总支、民盟绍兴市委、民盟北京市崇文区工委科技支部的同志介绍了基层组织工作的经验和体会；与会同志还就如何做好基层组织工作进行了分组讨论，交流了工作经验，研究了工作中存在的问题。来自全盟30个省级组织的有关负责同志及基层组织代表共120多人参加了会议。

6. 理论研究工作会议

11月7日—8日，民盟理论研究工作会议在广州市举行。会议的主要内容是，总结交流近年来民盟理论研究工作的经验，分析民盟理论研究工作面临的新形势、新任务，研究今后一个时期加强全盟理论研究工作的具体措施。

常务副主席张宝文，副主席、民盟广东省委主委温思美出席开幕式。张宝文常务副主席作了重要讲话。他指出，新时期新阶段，需要我们紧紧围绕“建设一个什么样的参政党，怎样建设参政党”这一根本问题，研究和把握参政党建设的内在规律，不断加强理论学习，提高领导干部的理论修养，搞好规划指导，健全理论研究工作机制，坚持面向实际，切实提高研究成果的质量，培养理论人才，整合研究资源，努力推动全盟理论研究工作迈上一个新台阶。

民盟北京市委、上海市委、安徽省委、湖南省委、广东省委、四川省委先后就开展理论研究工作的做法和体会作了大会交流。与会代表还听取了中国人民大学国际关系学院教授、博导，中国人民大学当代中国政党研究中心副主任周淑真所作的题为《关于政党理论研究的几个问题》的报告，并进行了互动交流。民盟中央研究室副主任刘圣宇作了大会总结。民盟中央汇集近年理论研究课题成果，编印了《民盟参政党理论研究文集》。民盟各省级组织专职副主委、理论研究部门负责人以及盟内专家学者80余位同志参加会议。

7. 社会服务工作会议

11月11日—14日，民盟社会服务工作研讨会在福州召开。研讨会总结交流了2008年以来民盟社会服务工作，特别是各地开展民盟“农村教育烛光行动”的经验、体会，深入研究了民盟社会服务工作的现状和规律，共同探讨了新形势下如何进一步做好民盟的社会服务工作。

蒋树声主席出席会议并讲话。他在讲话中简要回顾了民盟社会服务工作的发展历程，高度评价了全盟社会服务工作取得的成绩，强调了社会服务工作的重要意义。他认为，社会服务是民盟履行参政党职能的重要内容和投身现代化建设的有效途径，并就如何做好社会服务工作提出了建议。

会议期间，与会代表听取了民盟中央常委、新东方科育教技集团董事长兼总裁俞敏洪同志关于“烛光行动”与教师培训的专题讲座。民盟中央“烛光行动”专家顾问组组长柏均和作了专题报告。民盟安徽省委，民盟咸阳、昆明、南京、南昌、洛阳、南宁、沈阳、唐山市委先后作了典型发言，介绍了当地开展“烛光行动”的经验和做法。闭幕会上，民盟四川、山东、青海、广东、福建、江苏省委和民盟上海市委作了大会交流。会议期间，民盟中央“烛光行动”专家顾问组召开第一次会议，顾问组专家结合理论与实践，就如何提升“烛光行动”的水平和质量提出了很好的意见和建议。

副主席郑兰荪、秘书长高拴平与民盟各省级组织专职副主委、社会服务部（处）负责同志、盟中央部门负责人以及部分地市级盟组织负责同志出席了会议。

8. 中央监督委员会全体会议

12月10日，民盟中央监督委员会第二次全体会议在京召开。民盟中央常务副主席、监督委员会主任张宝文作2009年民盟中央监督委员会工作报告，民盟中央副主席、监督委员会副主任索丽生出席会议。

张宝文常务副主席在报告中指出，民盟中央监督委员会根据《民盟中央监督委员会工作试行条例》精神，按照《民盟中央监督委员会2009年工作要点》要求，主要做了四项工作：一是推进盟内谈心会制度、述职和民主评议制度的建设；二是及时处理盟员违反盟章的行为；三是监督开除盟籍工作情况；四是认真处理盟员有关监督问题的来信来访。对于明年的工作，他提出，重点要做好三方面工作：一是为建立健全谈心会、述职和民主评议制度建设做好调研和督促检查工作，监督委员会拟视情参加部分省级组织的述职和民主评议活动，督促检查活动的执行情况；二是加强对省级组织盟务工作的检查，特别是要调研各省级领导班子贯彻落实盟的各项规章制度情况；三是要进一步探索监督委员会的定位、职能，创新监督委员会的工作思路和方法。

9. 中央经济委员会全体会议

12月29日，民盟中央经济委员会在京召开全体会议，总结2009年工作，分析讨论2010年经济形势，研究2010年工作部署。索丽生副主席出席并讲话，经济委员会副主任何茂春主持会议。经济委员会主任郑功成，副主任丁元竹、谢卫、程雁等11位委员出席会议。

郑功成主任报告了经济委员会2009年的工作情况。索丽生副主席在讲话中指出，经济委员会在2009年做了很多有实效的事情，为盟中央参政议政作出了贡献，表现突出。他希望经济委员会能够进一步发挥积极性，在明年的参政议政工作中，特别是关于收入分配的大调研、盟中央和地方盟组织合作的几项重要调研中发挥作用；积极参与“灾害与社会管理专家论坛”、民盟沿海省市发展海洋经济研讨会的筹备工作。与会委员围绕财政金融体制改革、经济结构调整、收入分配改革、社会保障和“十二五”规划等一些关系国计民生的重大问题展开了热烈讨论，并对2010年经济委员会工作提出了初步设想。

10. 中央社会与法制委员会全体会议

12月30日，民盟中央社会与法制委员会全体会议在京召开。索丽生副主席出席会议并发表讲话，社法委主任贾庆国主持会议，副主任曹义孙、崔永东、郭振忠、杨汉平等12名委员参加了会议。会议主题是总结2009年工作，研究讨论2010年工作部署。

贾庆国主任报告了社法委2009年的工作情况。索丽生副主席对社法委在2009年的工作表示了肯定。他说，2009年社法委在论坛、研讨会、联络工作等方面作出了积极贡献，形式多样，内容丰富，他代表民盟中央对此表示感谢。索丽生副主席同时指出了社法委在2010年的工作重点。首先，加大对“十二五”规划纲要起草工作的关注力度，并从法制角度提出意见建议；其次，积极参与民盟中央关于收入分配的大调研、盟中央和地方盟组织的合作调研；最后，选好形式与主题，筹备2010年法制论坛。与会专家还围绕城乡二元体制、水资源保护、监狱帮教、财产申报制度等热点问题进行了讨论，并对2010年社法委的工作提出了初步设想。

（四）其他重要会议及活动

1. 4月14日，各民主党派中央、全国工商联参与毕节试验区建设座谈会在京召开。受蒋树声主席委托，张宝文常务副主席出席座谈会并代表民盟中央发言。张宝文在发言指出，二十年来，民盟不仅见证了毕节试验区发展的全过程，为促进试验区特别是毕节市的发展，做了一些工作，在完善发展规划、扶贫开发、科技推广、支教助学、基础建设、通过机制建设提高自身发展活力等方面做了不少努力，更在工作过程中向毕节干部群众学习到了艰苦奋斗、团结协作的精神和科学发展的实践经验，与毕节人民建立了深厚的感情，推进了参政党自身建设，谱写了一首“情牵乌蒙共谋发展”的时代乐章。民盟中央原名誉副主席厉以宁也参加了座谈会并发言。各民主党派中央、全国工商联、国务院有关部委，毕节试验区专家顾问组，贵州省及毕节地区有关负责同志参加座谈会。同日，李重庵副主席还出席了支持毕节试验区建设工作研讨会。

5月12日，中共中央在四川汶川县映秀镇举行纪念四川汶川特大地震一周年活动。中共中央总书记、国家主席、中央军委主席胡锦涛出席纪念活动并发表重要讲话，向在地震灾害中不幸罹难的同胞们、向为夺取抗震救灾斗争重大胜利而英勇献身的烈士们表达深切思念，号召全党全军全国各族人民大力弘扬伟大抗震救灾精神，奋力夺取抗震救灾斗争全面胜利。全国人大常委会副委员长、民盟中央主席蒋树声出席纪念活动，向在地震灾害中不幸罹难的同胞、向为夺取抗震救灾斗争重大胜利而英勇献身的烈士们献花默哀。

6月4日，中国民主同盟中央委员会与上海社会科学院举行合作签约仪式。蒋树声主席与上海社科院领导共同签署合作协议书并为合作研究中心揭牌。作为探索推进多党合作事业的新举措和新实践，今后，双方将联合开展理论研究、课题调研和学术交流等活动，实现信息共享、资源整合、互利共赢。副主席张圣坤，上海市人大常委会副主任、民盟上海市委主委郑惠强等出席。张圣坤副主席在发言表示，受蒋主席委托，代表民盟中央向出席仪式的领导、嘉宾表示衷心的感谢，向长期以来始终支持民盟工作的领导和朋友们致以诚挚的谢意。

7月11日4时30分，中国民主同盟盟员，著名哲学家、宗教学家、历史学家，国家图书馆名誉馆长任继愈先生因病医治无效，在北京医院逝世，享年93岁。7月13日下午，常务副主席张宝文前往设在国家图书馆的任继愈先生灵堂吊唁。张宝文常务副主席代表民盟中央和蒋树声主席向任继愈先生的遗像献上一枝白菊，三鞠躬后，深情地凝视着任先生遗像，寄托哀思。17日上午，任继愈先生遗体告别仪式在北京八宝山殡仪馆东礼堂举行。蒋树声主席、索丽生副主席到八宝山革命公墓参加了遗体告别仪式，并向任先生家属致以深切慰问。

7月11日上午9时，中国民主同盟盟员，北京大学校务委员会名誉副主任、北京大学资深教授，国际著名东方学家、印度学家、梵语语言学家、文学翻译家、教育家季羡林先生，因病医治无效，在北京逝世，享年98岁。7月13日上午，常务副主席张宝文、秘书长高拴平来到北京大学季羡林先生灵堂吊唁。张宝文常务副主席代表民盟中央、代表蒋树声主席对季先生的去世表示深深的哀悼。19日上午，季羡林先生遗体告别仪式在北京八宝山革命公墓举行。张梅颖第一副主席、李重庵副主席到八宝山革命公墓参加了遗体告别仪式，并向季先生家属致以深切慰问。

9月5日，由民盟中央和民盟北京市委合办的“中国民主同盟庆祝中华人民共和国成立六十周年大会暨文艺演出”在京举行。主席蒋树声参加大会并致词，常务副主席张宝文主持会议，副主席李重庵、索丽生，民盟北京市委主委葛剑平，原副主席吴修平、卢强、王维城，原顾问邬沧萍和其他兄弟党派等领导出席庆祝大会。在致词中，蒋主席回顾了民盟同志与共和国共奋进的光辉历程和取得的成绩，从实现科学发展、维护政治稳定、促进社会和谐等方面，全面总结了中国共产党领导下的多党合作制度的巨大优越性，勉励全体盟员继续做好执政党的诤友，建科学发展之言、献共建和谐之策、尽富民惠民之力。会后，全体同志观看了盟员们精彩的文艺演出，整场演出节目丰富多彩，歌曲、舞蹈、京剧、评剧、相声等节目精彩纷呈。演出结束后，民盟领导同志与演员们亲切握手并合影留念。

9月14日，统一战线庆祝中华人民共和国成立60周年暨多党合作制度确立60周年座谈会在京举行。主席蒋树声出席会议并代表民盟中央发言，回顾新中国成立60年来取得的巨大成就及中国共产党领导下的多党合作事业走过的非凡历程，庆祝新中国各项事业取得的丰硕成果，展望祖国及多党合作事业灿烂辉煌的未来。张梅颖第一副主席，张宝文常务副主席，李重庵、索丽生副主席出席会议。原副主席吴修平也出席了会议。

9月20日，庆祝中国人民政治协商会议成立60周年大会在北京举行。蒋树声主席、张梅颖第一副主席、张宝文常务副主席与全体担任政协常委的民盟盟员及部分机关部门负责人共同参加了庆祝大会。会后，大家欣赏了庆祝中国人民政治协商会议成立60周年文艺演出。原副主席吴修平也应邀出席会议并参加文艺演出。

10月1日上午，首都各界庆祝中华人民共和国成立60周年大会在北京天安门广场隆重举行，20万军民以盛大的阅兵仪式和群众游行欢庆新中国60华诞。中共中央总书记、国家主席、中央军委主席胡锦涛检阅受阅部队，并发表重要讲话。民盟主席蒋树声、第一副主席张梅颖、常务副主席张宝文登上天安门城楼观礼，民盟在京中委出席大会。

11月9日—12日，全国人大常委会副委员长、民盟中央主席蒋树声应香港浸会大学邀请访问香港并接受浸会大学荣誉博士学位。浸会大学表示，蒋树声教授作为一位以新思维推动高教发展的卓越学者被授予荣誉人文学博士学位。11月11日上午，蒋树声主席应邀参加了浸会大学"文明的光辉"系列讲座，与浸大师生就教育、科技与科教兴国进行了广泛而深入的交流。在港期间，蒋主席还分别会见了部分港区全国人大代表、全国政协委员以及香港专业与资深行政人员协会负责人，就两地的合作与交流交换了意见。此外，蒋树声主席还会见了部分香港实业家，专程看望了原全国人大常委会委员曾宪梓先生。

二、参政议政

2009年，全盟以高度的政治责任感和历史使命感，努力做好特殊情况下的参政议政工作。全盟围绕应对国际金融危机的挑战，精心论证参政议政选题，不断创新工作机制，形成了一批见解深刻、可操作性强的参政议政成果。

（一）积极参与高层政治协商、民主监督

民盟中央主要领导多次出席中共中央、国务院及有关部门召开的协商会、座谈会，先后就《政府工作报告（征求意见稿）》、经济工作、教育发展、执政党建设等坦诚发表意见。同时，积极发挥民主监督作用，坚持政治监督的性质和特点，利用多种形式和渠道提出意见、建议。

1月4日，蒋树声主席、张梅颖第一副主席、张宝文常务副主席出席中共中央统战部情况通报会，听取统战部领导班子学习实践科学发展观有关情况的通报。蒋主席代表民盟中央发言，对统战部领导班子学习实践科学发展观情况提出意见和建议。

1月22日，蒋树声主席、张梅颖第一副主席、张宝文常务副主席出席中共中央党外人士迎春座谈会。蒋主席代表民盟中央发言，就我国经济社会更好更快发展提出三条建议：一是把加强中西部地区农村教师队伍建设，作为当前和今后一个时期发展农村义务教育的着力点；二是把促进农民增收、扩大农村消费作为"扩内需"的重点来抓；三是把加快服务业发展作为增加就业和"保增长"的重点来抓。

2月9日，蒋树声主席、张梅颖第一副主席、张宝文常务副主席出席中共中央党外人士座谈会。蒋主席代表民盟中央发言，对《政府工作报告（征求意见稿）》提出三条修改建议：一是把改善民生作为保增长的出发点和落脚点；二是大幅增加"三农"投入，把农民教育培训和农业技术推广放在更加重要的位置；三是切实推进高等教育管理体制改革，不断提高高校办学质量。

3月17日，索丽生副主席出席中央统

战部召开的落实司法体制改革项目征求意见座谈会，并代表民盟中央发言，提出了研究制定关于党外人士对司法工作行使民主监督职能的法律法规和政策文件，为党外人士履行职能提供相应的法律依据和制度保障；构建宽松和谐、互动高效的工作平台，建立健全配套工作制度和相关机制两条建议。

4月1日，张宝文常务副主席出席中央统战部党外人士座谈会，会议就如何加强新形势下党的建设问题听取各民主党派中央、全国工商联和无党派人士的意见。张宝文代表民盟中央发言，提出了以科学发展观为指导，始终保持党的先进性和战斗力；积极推进干部人事制度改革，切实加强党的作风建设；坚定不移地推进改革开放，努力构建社会主义和谐社会等五条建议。

7月21日，蒋树声主席、张梅颖第一副主席、张宝文常务副主席出席中共中央党外人士座谈会，会议就当前经济形势和经济工作听取各民主党派中央、全国工商联领导人和无党派人士的意见和建议。蒋树声主席代表民盟中央发言，提出了逐步放开民间资本对能源、交通、电力、电信等垄断行业的投资准入；建立健全中小企业融资体系；调整社会收入分配格局与结构；准确把握信贷投放，注意防范金融风险等五条建议。

8月11日，蒋树声主席、张梅颖第一副主席、张宝文常务副主席出席中共中央党外人士座谈会，会议就中共中央关于加强和改进新形势下党的建设若干重大问题的决定听取各民主党派中央、全国工商联领导人和无党派人士的意见和建议。蒋树声主席代表民盟中央发言，提出加强制度建设和作风建设，进一步提高领导干部应对金融危机冲击、推动科学发展的能力；进一步增强干部的法制观念，坚持依法行政；进一步加强党对统战工作的领导，切实提高各级领导干部的统战意识和统战水平等五条建议。

11月24日，蒋树声主席、张梅颖第一副主席出席中共中央党外人士座谈会。会议征求各民主党派中央、全国工商联领导人和无党派人士对经济工作的意见。蒋主席代表民盟中央发言，提出加快清洁能源产业发展，加强节能减排和能源高效利用的科技创新，积极发展低碳经济，促进产业结构调整；注意信贷大量投放的负面影响，防止金融风险扩大；采取有力措施，促进民营经济发展等三条建议。

（二）全国政协十一届二次会议上的发言和提案

民盟中央向全国政协十一届二次会议提交大会发言1篇、书面发言3篇、提案25件。温思美副主席代表民盟中央所作的大会口头发言《提高农民教育水平 促进现代农业发展》，引起社会普遍关注。民盟中央《关于以“转方式、调结构”推动“保增长、扩内需”》的提案和《关于支持返乡农民工创业就业问题》的提案分别入选全国政协提案办理协商会，受到相关单位和媒体的高度重视，温思美、徐辉副主席分别出席协商会。

7月，全国政协提案委员会再次就《关于以“转方式、调结构”推动“保增长、扩内需”》的提案召开专门的提案办理协商会。为一份党派中央提案单独召开办理协商会，近年来还是第一次。此外，《关于加快我国太阳能开发与利用的提案》作为重要提案摘报；《关于加强草原生态保护的提案》被列为重点办理提案，全国政协提案委员会和农业部在联合调研的基础上报送了《关于建立草原生态补偿长效机制的调研报告》，王刚副主席、回良玉副总理作出重要批示，提案反映的有关问题和建议在中央制定2010年农村政策时被纳入统筹考虑。截至2009年年底，25件提案已全部收到相关部委认真答复，部分建议已被吸收采纳。

（三）调查研究工作

5月5日—8日，在国际金融危机蔓延、我国就业形势十分严峻的情况下，第一副主席张梅颖率调研组赴四川对国务院关于促进高校毕业生就业一系列政策的贯彻落实情况进行考察调研。民盟中央副主席、民盟四川省委主委吴正德，民盟中央常委、中国人民大学教授郑功成等参加调研。张梅颖副主席一行先后深入到四川多所大学、成都经济技术开发区实地走访调研，与政府、高校、企业和已就业创业毕业生及应届毕业生代表开展座谈，详细了解贯彻落实国务院及有关部委出台的促进大学生就业政策的情况及存在的问题。在与省政府相关部门就调研进行沟通座谈时，张梅颖副主席从“把大学生就业与高等教育改革和高校内涵建设结合起来，与产业升级、结构调整、经济发展结合起来，与社会建设、新农村建设结合起来”等几个方面对四川做好长期规划，进一步做好高校毕业生就业工作提出了希望。调研期间，四川省委书记刘奇葆，省政协主席陶武先，省委常委、秘书长、统战部长陈光志等会见了张梅颖副主席一行。

5月6日—12日，受中共中央委托，主席蒋树声率调研组在云南对发展农村职业教育与技能培训进行调研。常务副主席张宝文，副主席李重庵、索丽生、徐辉、温思美，民盟中央教育委员会主任、清华大学水利系教授王光谦，民盟中央农业委员会主任钱克明，农业委员会副主任李成贵，民盟云南省委主委倪慧芳等参加调研。七天时间里，全体调研人员分成两组，共走访三市（州）六县（区）的十个考察点，召开十六次座谈会，在昆明市、红河哈尼族彝族自治州和保山市多所农村职业中学、农业大学、工业园区和企业进行了重点调研，考察了农村职业学校基础设施建设、专业设置、资金来源、师资队伍、招生就业、学生生活等各方面情况，了解了相关部门开展农民技能培训的状况。调研组与政府部门、职业学校师生、用工单位和农民工代表进行座谈，详细了解了当地政府、学校和企业开展农村职业教育与技能培训的好做法和亟须解决的问题。在反馈调研意见座谈会上，张宝文常务副主席谈了对加强农村职业教育的十点体会。

5月31日—6月1日，索丽生副主席到江苏盐城就“海水灌溉作物的种植现状和发展前景”课题进行实地考察。在两天时间里，索丽生副主席参观了盐城盐土农业展，听取了研究人员的介绍，并深入田间地头察看作物的生长情况。每到一地，索丽生副主席都认真听取研究人员的讲解，仔细询问研究进展、海水灌溉的比重、是否已经形成产业化、经济效益怎样、在发展中还存在哪些问题、需要国家在政策上怎么支持等问题。民盟江苏省委副主委于琨奇等陪同调研。

6月10日—12日，第一副主席张梅颖，副主席索丽生率调研组到重庆万州考察调研职业教育情况。这是张梅颖副主席第三次率队深入三峡库区腹心万州进行专题调研。此前，她曾分别于2006年2月、2008年8月两次到万州考察。库区职业教育如何服务移民安稳致富是民盟中央今年要重点抓好的调研课题。调研组先后来到三峡医药高等专科学校、万州职业教育中心考察，在详细了解学校办学、教学，学生学习、就业等方面的情况后，并与重庆三峡库区有关区县领导、职业教育学校师生进行了座谈。根据此次调研的情况，和民盟中央5月在广西、云南关于职业教育问题的大调研以及民盟中央委托民盟湖南、浙江、贵州三省在当地进行的调研情况，最后汇聚调研成果形成了《关于推进职业教育与技能培训事业科学发展的建议》。蒋树声主席与张梅颖第一副主席代表民盟中央向中共中央递呈了这一建议，提出了制定相应的发展战略和目标，提高职业教育在经济社会发展中的战略地位，完善职业教育管理体系，提高职业教育教师队伍素质等三条建议。建议得到了胡锦涛总书记、温家宝总理和刘延东国务委员的批示。

7月31日—8月4日，主席蒋树声、副主席索丽生带队在黑龙江调研大兴安岭生态功能区建设情况。在几天的实地考察后，调研组与大兴安岭地委、行署、林业集团公司召开座谈会。蒋主席在座谈发言中指出要从国家生态安全的战略层面来认识大兴安岭地区的生态作用与意义，正确定位大兴安岭地区的功能和未来发展方向；要以教育为支撑、以科技为引领，构建新型林业经济；要加快产业结构调整，解决政企不分的体制问题。民盟黑龙江省委主委赵雨森等盟员专家随同调研。10月16日，蒋树声主席、张梅颖第一副主席代表民盟中央向中共中央递呈了《关于大兴安岭生态建设的建议》，提出将大小兴安岭的生态保护与建设上升为国家战略；以生态效益为核心，确定大小兴安岭地区未来的发展方向；解决管理体制上长期存在的政、事、企不分问题；调整林区经济结构，改造传统产业、发展非林产业；加大投入，支持林区实现全面的生态休养生息和生态保护与建设等5条建议。建议得到温家宝总理的批示。

10月12日—19日，张梅颖第一副主席率领全国政协经济委员会与政协民盟组部分委员赴安徽就“稳定粮食生产、促进农民增收、拉动农村内需”专题进行调研。调研组就重新认识农业的基础地位，建立农民稳定增收的长效机制，完善粮食主产区利益补偿机制，提高科技对农业生产的支撑能力，大力发展农村公共事业等方面提出建议和要求。民盟安徽省委主委刘光复参加调研。调研成果受到中共中央领导的重视，批示有关部门在2010年起草文件时借鉴。

在深入调查研究和集中盟员专家智慧的基础上，全年盟中央领导7次向中共中央、国务院致函，就职业教育与技能培训、水生资源保护、黄河下游滩区综合治理、大兴安岭生态建设、坡耕地水土流失综合治理、海峡西岸经济区建设、农村义务教育管理体制等问题提出建议，得到了胡锦涛总书记和温家宝总理等领导的批示，要求有关部门认真研究、吸纳民盟中央的建议。

（四）论坛研讨

举办论坛、研讨会是民盟参政议政的重要工作形式。2009年举办的论坛重点在优化选题、提高质量上下工夫。

4月8日—10日，副主席索丽生，盟员、哈尔滨工业大学王绍玉教授专程到成都，就“2009年中国·成都国际灾害风险大会”的召开，与四川省人大、省政协、民盟四川省委等进行了协商探讨，并与四川大学、民盟四川省委、省地震局等单位协商落实了会议筹备工作。6月15日，“2009年中国·成都国际灾害风险大会”新闻发布会在民盟中央机关举行。大会执行主席王绍玉同志介绍了大会筹备情况；索丽生副主席介绍了民盟中央第七届“灾害与社会管理专家论坛”的筹备情况。首都近30家媒体参加会议。7月13日—15日，“2009年中国·成都国际灾害风险大会”在成都举行。大会由达沃斯世界风险论坛（GRF）、哈尔滨工业大学、民盟中央灾害与社会管理专家论坛、水利部科技委、四川大学等共同发起组织。大会以纪念汶川地震一周年为主题，旨在总结国内外应对各种灾难的经验，探讨国际社会减轻灾害风险的措施和办法，搭建交流、合作的平台，为人类战胜各种自然灾害，建设一个更加安全、可持续发展的和谐世界贡献力量。民盟中央主席蒋树声应邀作为大会名誉主席出席并致词，副主席索丽生作为大会共同主席与大会执行主席王绍玉教授主持了开幕式，副主席吴正德和民盟中央“农村平安社区建设”试点广东省阳江市的代表在大会上发言。应邀作为大会名誉主席与会的联合国秘书长减灾事务特别助理玛格丽特·沃尔斯塔姆女士高度评价和十分赞赏民盟在该领域所作的努力。大会期间，作为专题分会之一的民盟中央第七届“灾害与社会管理专家论坛”同时举行，主题是“汶川地震灾后重建和农村平安社区建设”。会上，农业部、国土资源部等部委和四川省的有关领导和清华大学、民盟四川省委、民盟广东省委等单位的有关专家应邀作主题发言。与会专家就加强灾害应急管理，提高保障公共安全和处置突发公共事件的能力、尤其是地震灾后恢复重建问题进行了深入研讨和交流。

6月29日，由民盟中央教育委员会、民盟北京市委、民盟安徽省委主办的“民盟教育论坛”在清华大学举行。论坛主题是中国教育改革和发展规划研讨，旨在通过研讨，为我国教育事业的健康、可持续发展提出建设性的意见和建议，也为《国家中长期教育改革和发展规划纲要》的科学制定尽绵薄之力。在开幕式上，张宝文常务副主席首先表达了对论坛的热烈祝贺，并在形象阐述民盟与教育深厚渊源的基础上指出，正是由于身负的使命感和责任感，民盟长久不懈地关注教育，关注它的走向，而且尤其要不断致力于推动教育事业的健康、和谐和可持续发展。副主席索丽生作了《关于我国教育改革和发展规划纲要的几点建议》的主题发言，重点就教育财政投入与学校负债、教育行政化与教师贬值、教育社会环境与教育短板、奥赛大国难觅大师等四个问题作了分析，并提出了相应的政策建议。教育部、清华大学、民盟安徽省、民盟中央教育委员会等单位的领导、专家作了发言。民盟北京市委主委葛剑平，民盟中央教育委员会部分委员，民盟中央以及民盟北京市委、安徽省委、四川省委、天津市委的专职干部及教育界盟员参加了会议，并在会上作了发言。

9月3日—5日，民盟中央经济委员会、民盟江苏省委在连云港联合举办第六届“民盟沿海省市发展海洋经济研讨会”。主席蒋树声、副主席索丽生出席会议。蒋主席在开幕式上发表讲话指出，关注海洋，促进海洋事业发展，一直是民盟参政议政工作中的一个重要内容。要充分发挥民盟沿海11个省市区盟组织的优势，聚集盟内外专家的智力资源，深入进行调查研究，广泛开展交流合作，为我国的沿海地区发展和海洋事业，提出更多更好的具有前瞻性、全局性、战略性和可操作性的建议。会议期间，交通运输部总工程师徐光、国家海洋信息中心副主任何广顺作了主题报告，江苏省水利厅、民盟江苏省委等单位专家作了专题报告，民盟沿海省市部分组织代表作了大会发言。民盟沿海11省市组织的70余位专家、专职干部就近海资源利用与生态环境保护、海洋运输与综合布局、海洋科技发展与成果转化、海洋管理体制改革、加快江苏沿海综合开发等问题进行了深入研讨。民盟江苏省委主委曹卫星，国家发改委、交通运输部、国土资源部、环境保护部、国家海洋局等有关部门领导出席会议。会议的部分成果整理为信息上报全国政协。

9月16日—17日，由民盟中央教育委员会和民盟江西省委联合主办的民盟高等教育研讨会在江西省南昌市举行，主题是：提高教育质量，促进内涵发展。民盟中央主席蒋树声，副主席索丽生、徐辉，民盟江西省委主委刘晓庄，民盟中央秘书长高拴平及来自28个省级盟组织和8所驻昌高校的130余位领导、专家和盟员出席了会议。会议主要围绕高等教育内涵发展与素质教育推进的对接、高校的科技创新与提高教育质量的关系、高校办学自主权及管理体制的研究、高等职业教育与民办教育的发展等议题进行了研讨，旨在汇集和交流全盟的调研成果，搭建参政议政平台，为推动我国高等教育事业健康发展积极建言献策。会上，共有27个省级盟组织提交论文103篇，是2006年教育研讨会的3.5倍。经过专家评审，最终有14篇论文被遴选为大会发言。这些发言不仅阐述了对高等教育发展问题的真知灼见，更为这些问题的解决提出了不少好主意、好办法。

9月22日，民盟2009中国城市文化（银川）论坛在银川市举行。论坛由民盟中央文化委员会和中共银川市委、银川市人民政府共同主办。副主席索丽生，民盟宁夏回族自治区主委安纯人，著名作家、民盟中央常委、文化委员会主任梁晓声教授等出席开幕式。城市文化论坛是民盟适应新时期我国经济社会发展的需要打造的一个较新的参政议政平台，索丽生副主席代表盟中央对论坛的召开表示热烈祝贺，他希望与会专家学者能够围绕城市文化的品牌与定位，从城市文化的传承与创新、城市文化的个性与共性，城市文化“软实力”与城市综合竞争力，城市文化生态与现代城市建设等不同角度进行研讨和交流，发表真知灼见，积极建言献策。著名作家梁晓声，民盟中央文化委员会副主任万捷等多位专家作了大会主题发言。来自全国各省区市的近百名城市文化专家学者、民盟组织代表，围绕城市文化的品牌与定位，就如何塑造城市文化，打造城市品牌，提升城市形象，促进城市的全面发展等进行了热烈讨论。

10月16日，由民盟中央社会与法制委员会主办、民盟中央办公厅和民盟北京市委协办的“新中国成立60周年法治论坛”在民盟中央机关举行。论坛的举办旨在回顾建国60年法治建设的历程，总结经验教训并展望未来，充分发挥民盟的参政议政职能，促进中国法治建设发展。副主席索丽生，民盟中央社法委主任贾庆国主持论坛。副主席李重庵出席论坛并致词，他全面介绍了新中国成立60年来、特别是改革开放30年来我国法治建设所取得的成就，并向在法律和法学领域工作的盟员们提出了期许和建议。最高人民法院审判委员会专职委员、二级大法官黄尔梅，中国政法大学原校长、中国政法大学刑事法律科学研究中心主任陈光中教授作了专题发言。盟内外部分专家分别就旧中国宪政运动、民盟与社会主义法治建设、应对社会群体性事件、大学法学教育等问题发表了演讲。此次论坛还收到全国各地民盟法律专家、学者提交的论文66篇。民盟中央各专门委员会委员，民盟北京市、上海市等省市委员会的同志，民盟中央机关各部门、群言杂志社、群言出版社和服务中心的工作人员也参加了会议。

12月8日，为纪念中国律师制度恢复30周年，由民盟中央社会与法制委员会、上海市律师协会主办的“律师精神的传承与发扬”学术研讨会在上海科学会堂举行。副主席索丽生，最高人民法院原副院长、中国行为学会会长刘家琛，民盟中央原法制委员会主任黄景钧，民盟中央社法委副主任崔永东以及上海市律协、上海市人大、上海市政府、卢湾区委、区政府及驻沪高校和科研机构的领导、专家出席了会议。索丽生副主席在讲话中指出，研讨会的目的是在回顾律师制度恢复重建30年来非凡历程的同时，对提升律师社会地位、传承律师文化、发挥律师在促进和谐法治建设中的作用等议题进行交流研讨，从而进一步贯彻社会主义法治理念，落实依法治国的基本方略，为推动社会主义民主法治建设、推进和谐社会构建作出新贡献。黄景钧、崔永东分别作了《继承优良传统，建设适应时代发展要求的律师文化》与《如何提高律师社会地位》的主题发言。

12月8日，民盟中央文化委员会、国家发改委国际合作中心等单位在京联合举办2009中国文化产业（国际）论坛。张梅颖第一副主席出席论坛并作主旨演讲，同时为中国民族文化产业研究中心成立揭牌。民盟中央常委、文化委员会主任梁晓声教授等在论坛上致词。民盟中央文化委员会副主任范芳主持论坛开幕大会。来自全国政协、国家发改委等中央机关、北京大学等高校以及各文化产业企业等相关单位的百余位嘉宾围绕“机遇与挑战——中国民族文化产业在振兴中前进”主题进行了热烈讨论。本届论坛的专题分论坛还以国家灾害预防体验主题公园的建设与发展为题，针对我国目前文化产业主题公园的规划建设中存在的问题以及在全社会开展灾害预防体验文化活动、增进全民防灾能力等进行专题讨论。

（五）信息工作

积极把民盟成员和所联系的知识分子来自基层的意见建议、对党的大政方针颁布后的落实情况向有关方面反映，是民盟十分重视的经常性工作。

2月10日，2008年全国政协信息工作先进单位和先进个人评选结果揭晓，民盟中央参政议政部荣获信息工作一等奖。这是民盟中央参政议政部连续第六年被评为政协信息工作先进单位，继2004、2005、2006年后第四次荣获一等奖。

5月18日—19日，第二期民盟部分省市社情民意信息采编工作培训班在珠海市举办。副主席索丽生，民盟广东省委专职副主委兼秘书长李竟先等出席开班式。索丽生副主席作了《民盟参政议政的形势和任务》的讲话。与会人员就反映社情民意的意义、内容以及如何做好这项工作进行了分组讨论。民盟北京市委、广东省委、江苏省委介绍了各自在参政议政和信息工作中的经验。民盟中央相关部门还就如何进一步做好信息工作和民盟中央反映社情民意信息网上报送系统进行了交流。来自民盟部分省市及广东省各市、省直属基层组织从事信息工作的120多位同志参加了培训。

7月1日，民盟中央自行开发编辑的社情民意信息报送系统正式投入使用，使信息报送更加正规，并实现了信息的统计和检索功能。

据统计，民盟中央全年共收到30个省级盟组织和各专门委员会报送信息4734

件，从中选编、报送全国政协872件，被全国政协采用82篇，其中9篇获中央领导批示。根据全国政协统计，2009年全年民盟社情民意信息工作总分数仍排第一。同时，报送信息的质量不断提高，不少信息受到领导关注。如民盟四川省委报送的信息《创新少数民族地区非志愿性移民搬迁办法的建议》，得到贾庆林主席的批示。

（六）对外联谊工作

6月18日，中国国家主席胡锦涛特使、全国人大常委会副委员长、民盟中央主席蒋树声在乌兰巴托出席了蒙古国总统查希亚·额勒贝格道尔吉的就职典礼。蒋树声主席转达了胡锦涛主席对额勒贝格道尔吉就任蒙古国总统的良好祝愿，并对近年来中蒙关系良好的发展势头给予了积极评价。他说，蒙方把发展对华关系作为外交政策首要方针，中方对此表示赞赏。当前，中蒙双方高层交往密切，经贸合作发展迅速，政治互信不断加深，人文领域交流与合作日益扩大，在国际和地区事务中保持着良好沟通与协调，中方对此感到满意。中方高度重视中蒙关系，愿同蒙方一道，推动中蒙关系取得新的更大发展。此前，蒋树主席还分别会见了蒙古国总理巴亚尔、国家大呼拉尔主席（议长）登贝尔勒，同他们就进一步发展中蒙关系进行了亲切友好交谈。双方一致同意，继续扩大和深化双方在政治、经济、文化等各领域的交流与互利合作，加强双方在国际和地区事务中的沟通与协调，推动中蒙关系不断深入发展。

7月25日—30日，第五届“海峡两岸暨港澳地区大学校长联谊活动”在内蒙古举行。作为联谊活动内容之一的“两岸四地大学校长论坛”在内蒙古大学同期开幕。本届活动由民盟中央、北京大学、南京大学、台湾大学主办，内蒙古大学、民盟内蒙古区委承办。蒋树声主席、索丽生副主席及来自大陆、港澳台地区的22所高校校长参加活动。论坛分为主题演讲和讨论两个部分。论坛主题为：海峡两岸暨港澳地区大学改革与合作；子议题包括两岸四地大学教育的改革与合作方向，当前在联合培养高端人才方面可以开展哪些具体工作，海峡两岸学分学历互认以及查证机制的发展等。主题演讲由北京大学周其凤校长主持，讨论由南京大学陈骏校长主持。

民盟中央主席、南京大学原校长蒋树声介绍了大陆方面关于海峡两岸暨港澳地区联合培养高端人才的推动情况。清华大学校长顾秉林介绍了大陆地区高等教育发展情况及正在起草阶段的《国家中长期教育改革和发展规划纲要》的主要精神。台湾成功大学校长赖明诏介绍了台湾地区高等教育发展情况。香港科技大学校长朱经武介绍了香港地区高等教育发展的情况。台湾联合大学系统主席曾志朗介绍了台湾地区关于学历认证及查证机制的有关情况。在自由发言的讨论中，与会校长们一一发言，他们表示，联谊活动举办以来，在两岸四地大学增进了解、促进合作上发挥了很大作用。一年来，两岸经贸文化交流发展迅速，两岸四地大学共同发展前景广阔，希望把合作推向更高的层次。校长们还特别关注中华文化的发展，就如何推动中华文化走向世界提出了很多好的建议。

“海峡两岸暨港澳地区大学校长联谊活动”由北京大学、南京大学、台湾大学、民盟中央共同发起，自2005年起已成功举办了四届。加上这次新参加活动的校长，先后有12所大陆地区高校、15所台湾地区大学、8所港澳地区大学共35所著名大学的校长参加了这一活动。这项活动层次高、形式新、影响大、亮点多、凝聚强，有力促进了海峡两岸暨港澳地区高校间的交流、合作与发展。

三、社会服务

2009年，全盟以履行参政党职能为己任，认真贯彻科学发展观，参与社会主义新农村建设成绩斐然，"农村教育烛光行动"树立了社会服务工作的品牌，"帮教工作"覆盖面迅速扩大，"社区服务"在探索中有新的发展；社会服务与参政议政等盟务工作紧密结合，在"做实事、做好事"的同时，展现了中国民主同盟良好的社会形象。

（一）扎实推进新农村建设，积极为扶贫联系点做好事、做实事

2009年，民盟中央认真贯彻落实胡锦涛、贾庆林同志对各民主党派中央、全国工商联参与毕节试验区建设工作的重要批示，结合自身特点和优势，加大了在毕节试验区的帮扶力度。

一是根据统一战线参与毕节试验区建设专题调研的分工，圆满完成了"毕节试验区农村公路建设研究"调研任务。在民盟陕西省委的大力支持下，依托长安大学的盟员专家，撰写了高质量调研报告，将通过参政议政平台，为促进毕节地区农村公路建设的可持续发展建言献策。二是在毕节市海子街镇实施的中草药标准化栽培科技示范项目顺利通过专家组验收。该项目由科技部提供20万元资金支持，民盟中央社会服务部组织完成。三是民盟中央在毕节市上小河村的新农村建设试点工作取得新进展。莱茵鹅养殖、蔬菜种植等富农项目已完成技术培训、示范种植和育种（苗）基地建设，深受农民欢迎，辐射带动作用明显；帮助建设的村文化室、卫生室、通村公路等项目已全部得到落实；民盟贵州省委组织村民到大理学习白族民居房屋建设，并协调资金62万元用于上小河村白族特色民居改造。四是帮助毕节市协调落实了商务部的"东桑西移"项目和农业部"生猪调出大县"项目。2009年，蒋树声主席分别致信商务部和农业部领导，帮助毕节市协调落实了商务部的"东桑西移"项目和农业部"生猪调出大县"项目。"东桑西移"项目已顺利通过贵州省商务厅、财政厅验收，并得到财政部80万元先期支持资金。毕节市全年新增蚕桑种植基地6000亩，蚕农增收800万元，极大促进了毕节市蚕桑产业的发展。2010年起，毕节市将得到农业部和财政部"全国生猪调出大县奖励资金"扶持，将极大调动当地农民生猪生产的积极性。五是协调北京中医院、温州医学院附属眼视光医院对口帮扶毕节地区中医院，启动民盟"明眸工程"，以培养白内障手术技术力量为突破口，通过提高定点帮扶医院眼视光诊疗水平，带动全地区县级医院眼视光诊治水平，进而提高全地区人民群众的视觉健康水平。

5月18日—19日，蒋树声主席率领水利部、住房和城乡建设部、国务院扶贫办等有关部委负责同志到河北省广宗县调研扶贫开发和新农村建设工作。蒋主席一行实地考察了北塘疃村蔬菜大棚基地、葫芦乡供水站及广宗中学，慰问了民盟中央的定点联系村——西焦庄村的五保户，还看望了五里庄小学的全体师生。在与当地政府座谈交流时，蒋主席指出，在广宗未来的经济社会发展中，要坚持以科学发展观为指导、坚持教育的优先发展地位、继续完善民盟与广宗县的对口帮扶工作机制，加快推进广宗县社会主义新农村建设进程，早日实现共同富裕。民盟河北省委主

委龙庄伟陪同调研。在民盟中央协调下，广宗县得到了水利部农村安全饮水项目1840万元的资金支持，还得到住房和城乡建设部农村危房改造项目资金1440万元。6月，民盟中央组织民盟温州企业家联谊会赴河北广宗考察，盟员企业家为广宗县的发展建言把脉，围绕转变观念、劳动力转移培训、专业市场的培育和开发、产业升级等问题提出了建议。

为促进定西的科学发展，2009年3月，民盟中央与清华大学继续教育学院共同举办了定西市领导干部经济管理高级研修班。来自定西市的43名主管经济工作的县处级领导干部通过为期10天的学习，接受了一次较为全面、系统的现代经济管理知识的培训。副主席李重庵作了开班讲话，常务副主席张宝文作了有关三农问题的报告。

民盟中央的社会服务与参政议政工作结合更加紧密。8月11日—15日，蒋树声主席、索丽生副主席及水利部副部长胡四一共同率领民盟中央和水利部调研组，在甘肃省定西市就坡耕地水土流失综合整治、渭河源区生态保护与治理进行调研，并考察扶贫开发工作。在调研中，蒋树声主席希望定西坚持落实科学发展观，进一步推进小流域治理、“坡改梯”建设，把定西建设成为生态文明示范区、坡耕地水土流失综合整治示范点；在渭河源区保护与治理中，要努力做到统一规划、协调统筹、稳步推进。民盟甘肃省委主委张世珍陪同考察。经民盟中央协调，有关部门初步决定今后每年向定西拨款2000万元，用于支持渭河源区生态保护和治理及水土保持工作。这标志着民盟中央与定西市的合作进入了新阶段。

民盟中央大力支持民盟广西区委在百色市田东县的新农村建设试点工作。民盟广西区委借助政治交接田东实践基地平台，开展了丰富多彩的社会服务活动，田东香米原种提纯复壮、利亚娜番茄、蓝孔雀养殖、三元杂肉猪养殖等多个科技推广项目，取得了较好的经济效益和社会效益。盟员通过参与社会主义新农村建设，既学习和继承了老一辈盟员的优良传统和高尚风范，又能发挥自身专业特长，帮助农民增强自我发展能力，提高了农民科技致富的积极性。

民盟中央的社会服务工作得到了国家有关部门的高度肯定。9月29日，民盟中央社会服务部荣获国务院第五次全国民族团结进步模范集体称号。

（二）烛光行动

民盟“农村教育烛光行动”自2007年全面启动，得到了全盟广泛响应。据不完全统计，截至2009年12月，共培训乡镇、农村中小学校长及一线骨干教师6.7万余人次，援建学校50所，捐赠图书近20万册，电脑448台，课桌椅3000余套；捐款捐物及援建学校资金共计3600多万元。行动取得了良好的成效，得到了当地党委、政府、教育行政部门及受助学校教师的广泛好评。中央及地方媒体曾多次报道民盟“烛光行动”的有关情况，特别是在2009年“两会”期间，胡锦涛总书记在会见民盟、民进组全国政协委员时曾专门提到“烛光行动”并予以肯定。“烛光行动”已产生广泛社会影响，并日益成为民盟社会服务工作的品牌。

1月6日，李重庵副主席会见美国科技教育协会副主席乔龙庆，李重庵副主席简要介绍了民盟开展“农村教育烛光行动”的背景、内容、主要方式及工作思路，双方就今后进一步加强在教育领域的合作进行了座谈。

4月，民盟中央社会服务部、清华大学、中华职教社社会服务部一行赴河南鹤壁等地考察调研职业教育发展情况，为推动鹤壁职业教育发展牵线搭桥，献计出力。

7月14日—17日，民盟中央与美国科技教育协会（ESS）合作，联合举办海内外基础教育研讨会活动。李重庵副主席应邀作了《先之、劳之、无倦》的主题演讲，民盟广西区委主委、广西师范学院院长刘慕仁，民盟中央教育委员会副主任、北京四中校长刘长铭等出席开幕式。ESS捐助11个省的19所学校图书约6000余册，价值人民币7万余元。今后，民盟中央将把与ESS合作举办的海内外基础教育研讨会作为“烛光行动”的一个组成部分，深入探索双方的合作模式与合作内容，不断推动“烛光行动”深入持续开展。

8月，民盟中央与北京新东方教育科技集团合作，在河南、辽宁、广东、宁夏、甘肃、福建等8省联合开展“烛光行动——2009年新东方教师社会责任行”活动，共培训中小学英语教师约1500人。民盟中央常委、新东方教育科技集团董事长俞敏洪亲赴贵州毕节演讲。民盟中央社会服务部还与清华大学教育扶贫办公室就年内在湖北、河南、河北总共62个国家级贫困县建设清华大学远程教育扶贫教学站做了专门部署。

12月，民盟中央召开“烛光行动”专家顾问组第二次会议，研究部署民盟中央2010年“烛光行动”工作安排。

12月17日，由全体民盟盟员捐款援建的四川省广元民盟烛光中学竣工，蒋树声主席、吴正德副主席、李重庵副主席出席学校竣工典礼。

经蒋树声主席协调，深圳光汇石油集团股份有限公司和香港荣华纺织公司通过民盟中央捐款170万元，援建河北广宗、甘肃定西、贵州毕节的四所学校。

（三）帮教工作

2006年以来，盟中央总结和推广重庆等地配合有关部门开展对失足人员帮教工作的经验，得到了各地盟组织的积极响应。三年来，帮教工作的内容不断丰富，形式日益多样。目前，全盟已有26个省（区、市）的省级或市级盟组织参与了帮教工作。帮教工作已初具规模，初见成效，并得到了国家司法部和地方司法部门的支持。

（四）继续探索城市社区服务工作

民盟在党委领导和政府总体部署下，参与社区建设，并在城市社区选择开展符合民盟特点的社会服务工作，是民盟履行参政党职能，发挥自身优势，为推动社会进步与和谐作贡献的重要新领域。自2007年民盟部分省市城市社区服务工作研讨会召开以来，越来越多的地方盟组织开始在社区服务方面进行探索和试点。

四、自身建设

（一）思想建设、理论建设

2009年，为迎接新中国成立60周年和多党合作制度确立60周年，民盟中央盟讯和网站开设了新中国成立60周年专栏，刊登盟组织和盟员的纪念文章。同时，进一步加强了与中央和地方主要媒体的联系，民盟活动的报道数量呈明显上升趋势。民盟中央还制定下发了《关于加强思想建设的意见》，明确了新形势下民盟思想建设的重要意义、主要内容和基本原则，提出了建立完善思想建设工作机制等措施。

2月23日，民盟中央向民盟各省级委

员会转发了中共中央统战部《关于各民主党派深化坚持走中国特色社会主义道路学习教育活动的意见》，希望各省级委员会按《意见》的要求，适应形势发展的需要，进一步深化 2007 年以来开展的以“坚持走中国特色社会主义政治发展道路”为主题的政治交接学习教育活动，坚定走中国特色社会主义政治发展道路的信心和决心。

4 月 7 日—16 日，为切实推动盟的思想建设和宣传工作取得新进展，李重庵副主席率队赴重庆、云南调研思想建设和宣传工作。调研组深入到省、市（州）和高校等各级盟组织，深入了解盟员思想现状和各级盟组织思想建设与宣传工作情况，座谈讨论实践中的好思路、好做法，梳理工作体会，总结有益经验，分析存在的问题和困难，并征求对今后开展思想建设和宣传工作的意见建议。李重庵副主席在调研中充分肯定了重庆、云南两地盟组织近年来在思想建设和宣传工作方面取得的成绩和创新性的做法、经验。李重庵副主席以“同盟、同志、同心、同德”为主题阐述了民盟思想建设内涵中的四个层次，作为开展盟的思想建设与宣传工作的目标指向，鼓励大家认真工作，探索规律，创新方法。这次调研也是为民盟十届七次中常会和全盟宣传工作会议的文件起草工作做前期准备。

10 月 13 日，副主席张圣坤、李重庵出席由民盟上海市委举行的纪念谈家桢诞辰 100 周年暨铜像揭幕仪式。民盟上海市委主委郑惠强等领导和上海逾 400 位盟员参加活动。李重庵副主席代表民盟中央，表达对谈家桢深切的怀念并对家属致以亲切的问候。他说，谈家桢的一生是“求是”的一生，也是“求实”的一生，体现出爱国知识分子的典型精神特征。纪念谈家桢先生百年诞辰，就是要学习他高尚的爱国情操，学习他对中国共产党、对社会主义坚定的理想信念，学习他务求真知、笃行不倦的治学精神，更好地继承和发扬民盟老一辈与中国共产党风雨同舟的光荣传统，为构建社会主义和谐社会、实现中华民族伟大复兴做出我们更大贡献。

11 月 20 日—21 日，闻一多诞辰 110 周年系列纪念活动在湖北举行。活动内容包括召开闻一多诞辰 110 周年纪念大会、举办闻一多国际学术研讨会及闻一多先生故乡行暨“全国盟员教育基地”授牌仪式等。21 日上午，李重庵副主席出席由民盟中央、中共湖北省委联合召开的闻一多诞辰 110 周年纪念大会。民盟湖北省委主委郭生练主持会议。李重庵副主席在讲话中指出，闻一多先生的一生，是热爱祖国、热爱人民的一生，是不断追求进步、追求真理的一生，是坚持革命、顽强奋斗的一生，是献身中国文化和教育事业的一生。湖北省委、省政府、武汉市、黄冈市相关部门的领导，中国闻一多研究会和闻一多基金会的领导，闻一多先生家属代表和家乡代表，民盟湖北省委、武汉市委同志参加了会议。纪念大会结束后，与会领导及来宾前往湖北省浠水县闻一多纪念馆举行了凭吊活动，并举行了“全国盟员教育基地”授牌仪式。

12 月 8 日，“中国民主同盟盟史图片展”在盟中央机关正式开展，《民盟历史影像资料剪辑（1941—1965）》也同时制作完成。主席蒋树声、常务副主席张宝文、副主席李重庵、秘书长高拴平出席开展仪式并为展览剪彩。“中国民主同盟盟史图片展”经过一年多的筹备、征集资料和建设，在广泛听取盟内外各方意见的基础上，选取了 300 余张历史图片，制作而成。展览集中展示了民盟从成立到跨入新世纪以来的发展历程，展现了民盟与中国共产党长期合作、风雨同舟的光荣历史，也体现了一代代民盟人忧国忧民、上下求索的不懈追求。

2009年，民盟中央还编写完成了《汶川特大地震抗震救灾志·社会赈灾志》“民盟卷”的部分内容，为传承民盟与中国共产党肝胆相照、荣辱与共的优良传统留下了翔实的资料。

（二）组织建设、机关建设

2009年，盟中央领导与来京参加各类学习班的20多批盟员座谈，进一步密切了中央与基层组织之间的联系。民盟中央制定了2009年度组织发展规划，按照五年发展规划和年度发展计划稳步推进，有计划、有重点地发展了一批高层次的代表性人士。进一步加强了组织工作规范化建设，制定下发了《民盟中央监督委员会2009年工作要点》，要求各省级组织按照有关文件要求，建立健全领导班子民主生活会制度、谈心会制度、述职和民主评议制度。根据形势需要，修订了盟籍管理、信息安全与管理、统计报表等方面的文件，编印了《民盟组织工作文件汇编》。

1月9日，高拴平秘书长出席民盟宜昌组织成立60周年纪念大会。高拴平秘书长宣读了“中国民主同盟中央委员会致民盟宜昌市组织成立60周年纪念大会贺词”。1月9日，温思美副主席出席湖南民盟省级组织成立60周年庆祝大会，并代表民盟中央致词。1月10日，蒋树声主席出席民盟海南省委会成立20周年庆祝大会，并代表民盟中央向民盟海南省委会成立20周年表示热烈的祝贺。

1月16日，民盟中央和民盟北京市委联合召开中青年盟员新春座谈会。主席蒋树声、常务副主席张宝文、副主席李重庵、秘书长高拴平、北京市委主委葛剑平出席座谈会，来自北京市的15名中青年盟员参加了座谈会。蒋主席在发言中希望大家继续发扬老一代盟员关注民生、奔走国是的优良传统，为民盟增光添彩，争取荣誉；同时希望民盟北京市委进一步建设好中青年盟员队伍，特别是代表性人士队伍，团结带领大家在立足本职、建功立业的同时，积极履行好参政议政等各项职能。

2009年是全盟“基层组织建设年”。4月23日—28日，常务副主席张宝文率队赴陕西、甘肃调研基层组织工作。分别与省直基层、市县委员会就基层组织建设现状以及如何做好基层组织工作进行了座谈。张宝文常务副主席就有关问题与大家进行了深入的交流和探讨，在每次座谈会的最后都做总结讲话。张宝文常务副主席强调：一是要提高政治素质和政治敏感性，充分认识中国共产党领导的多党合作和政治协商制度，要深入掌握其基本定位、基本特征、基本方针和基本功能；二是要从履行好参政议政职能的角度，高度重视盟的组织发展和人才培养工作，盟的各级领导班子和领导机构成员要带头抓、亲自抓，要积极发展有潜力的年轻盟员；第三，要把基层组织工作抓紧、抓好、抓实，有活动才有活力，有活力才有凝聚力，有凝聚力才有影响力。陕甘两省民盟领导班子成员分别参加会议。民盟中央组织部同志陪同考察。

7月3日—5日，张宝文常务副主席出席在青海省西宁市召开的民盟西部省（区、市）第九次盟务工作会议，并代表民盟中央在会上讲话。10月12日—13日，高拴平秘书长出席由民盟杭州市委承办的、以“新时期参政党民主监督的创新与发展”为主题的民盟全国副省级城市第五次盟务工作联席会议，并代表民盟中央对会议的召开表示热烈的祝贺。民盟中央副主席、民盟浙江省委主委徐辉出席会议。

7月21日—22日，民盟盟务工作骨干、从政干部研讨班在北京举办。来自民盟30个省级组织的盟务工作骨干、从政干部共81人参加了研讨培训。这次研讨班的主要内容是讨论交流如何提高履职能力，做好盟的各项工作。主席蒋树声出席研讨班并作开幕讲话，常务副主席张宝文出席研讨班并作闭幕讲话，副主席李重庵、索丽生出席研讨班并分别就思想宣传、社会服务和参政议政、组织建设工作作了专题报告。在小组讨论中，大家结合工作实际，进行了交流和讨论。研讨班期间，与会同志还听取了民盟中央经济委员会副主任、清华大学国际问题研究所何茂春教授作的国际关系格局与发展趋势分析专题报告。

10月，民盟中央机关邀请民盟中央经济委员会副主任、北京大学光华管理学院蔡洪斌教授就当前国内外经济形势作专题报告；11月，邀请民族画报社主任记者凌风就摄影常识与技巧作专题报告；12月，邀请闻一多先生长孙、中国社科院近代史研究所研究员闻黎明教授作关于民盟历史的专题讲座。随后，在全机关开展了一次盟史知识问答活动。

（三）盟员及组织概况

截止到2009年年底，民盟共有成员204641人，平均年龄55.0岁，其中本年度新发展盟员9622人。从界别分布上看，高等教育界占25.2%，普通教育界占33.3%，科学技术界占10.0%，医药卫生界占8.2%，文化艺术界占5.1%，新闻出版界占0.8%，公有制经济界占4.9%，新社会阶层人士界占3.6%，机关、团体和其他界别约占8.9%。

民盟地方组织共有434个，其中省级委员会30个，市地级委员会307个，县市区级委员会97个。民盟基层组织共有6911个，其中基层委员会357个，总支委员会593个，支部5749个，小组212个。

盟员中担任各级人大代表的共有2555人，其中全国人大代表71人，省级人大代表369人，市地级人大代表1196人，县市区级人大代表1052人。

盟员中担任政府及司法机关县处级以上领导职务的共有797人，其中在中央政府及司法机关担任领导职务9人，在地方政府及司法机关担任省级领导职务6人，司局级51人，地市级56人，县处级675人。

盟员中担任各级政协委员的共有13664人，其中全国政协委员132人，省级政协委员1212人，市地级政协委员5838人，县市区级政协委员6482人。

盟员中担任中央有关部门特约（邀）工作的共有19人次，其中最高人民检察院特约检察员4人，最高人民法院特约监督员3人，监察部特邀监察员4人，审计署特约审计员1人，国家特邀国土资源监察专员4人，教育部特约教育督导员1人，国家税务总局特邀监察员1人。

盟员中担任中国科学院院士的共有42人。盟员中担任中国工程院院士的共有20人。其中2人为双院士。盟员中担任大学校、院长的共有138人。

广大盟员立足本职，建功立业，以出色的成就为盟组织争得了荣誉。

1月9日，2008年度国家科学技术奖励大会举行。民盟盟员、中国科学院院士、北京大学教授、北京大学稀土化学研究中心主任徐光宪，荣获2008年度国家最高科学技术奖。32位盟员获2008年度国家科学技术奖励。1月19日，民盟中央向获奖盟员发去贺信，祝贺他们取得的成绩，鼓励他们为国家科技事业的发展作出更大贡献，为民盟赢得更多荣誉。11 月 7 日是徐光宪先生的九十华诞，副主席李重庵出席了庆祝会并代表民盟中央致贺词，对徐光宪先生的九十大寿表示衷心祝贺。

1 月 20 日，2008CCTV 中国经济年度人物评选结果揭晓。本届年度人物评选以责任、探索、远见和凝聚力为标准，民盟中央委员、雅昌企业（集团）有限公司董事长万捷荣获“十大经济年度人物”，民盟中央原名誉副主席、北京大学国家高新战略研究院院长厉以宁荣获“特别荣誉奖”。

9 月 1 日，教育部下发《关于表彰 2009 年全国优秀教师和全国优秀教育工作者的决定》。赵承烈、刘宝等 18 位盟员教师获“全国优秀教师”荣誉称号，单强获“全国优秀教育工作者”荣誉称号。

9 月 3 日，由教育部、财政部联合开展的“第五届高等学校教学名师奖”评选结果揭晓。杨义先、汤国安、方积乾、陈放等 4 位盟员教师获第五届高等学校教学名师奖。

9 月 4 日，人力资源社会保障部、教育部联合下发《关于表彰全国教育系统先进集体和全国模范教师、全国教育系统先进工作者的决定》。陈温福、王淑、刘辉波、刘建国等 4 位盟员教师获“全国模范教师”荣誉称号，王渭宁、张敏等 2 位盟员教师获“全国教育系统先进工作者”荣誉称号。

9 月，为表彰先进，凝聚力量，激励广大妇女为社会主义现代化建设再立新功，在隆重庆祝中华人民共和国成立 60 周年之际，全国妇联决定表彰 2000 名全国三八红旗手。李有毅、冷金花等 12 位盟员获此殊荣。

10 月 20 日，以我国著名数学家、中国科学院院士、民盟盟员谷超豪命名的小行星“谷超豪星”命名仪式在复旦大学举行。被命名的小行星是 2007 年 9 月 11 日由中科院紫金山天文台盱眙观测站发现的，国际编号为 171448，该小行星绕日运行周期为 3. 47035 年。经国际小行星中心和国际小行星命名委员会于今年 8 月 6 日批准，这颗小行星被命名为“谷超豪星”。次日，民盟中央向谷超豪同志发去贺信，致以热烈的祝贺和诚挚的问候！

11 月 10 日，何梁何利基金 2009 年度颁奖大会暨何梁何利基金成立 15 周年庆典在北京钓鱼台国宾馆举行。民盟盟员、兰州大学公共卫生学院丁建生教授获“何梁何利基金科学与技术创新奖”。

11 月 12 日，中国经济理论创新奖（2009）揭晓，著名经济学家、民盟中央原名誉副主席厉以宁的国有企业股份制改革理论高票获奖。原名誉副主席厉以宁长期致力于中国经济改革与发展的研究与实践，是中国当代最具影响力的经济学家之一。

周　荣　民盟中央研究室副处长
马向东　民盟中央社会服务部主任科员

中国民主建国会

2009年是民建以邓小平理论、“三个代表”重要思想为指导，深入学习贯彻科学发展观，努力提高履行参政党职能水平和自身建设能力的重要一年。民建中央团结带领广大会员，正确认识形势，坚定信心，充分发挥密切联系经济界的特色和优势，积极献计出力，为有效应对国际金融危机和国内经济困难，为促进科学发展与社会和谐作出了新的贡献。同时，民建自身建设不断推进，参政能力建设取得了新的进展。

一、重要会议及活动

（一）九届三中全会

12月16日，中国民主建国会第九届中央委员会第三次全体会议在京召开。会议的主要议程是学习中共十七届四中全会、中央经济工作会议精神；听取和审议中央常务委员会工作报告；审议民建中央监督委员会工作报告；评审民建中央2009年专题调研报告等。全国人大常委会副委员长、民建中央主席陈昌智，全国政协副主席、民建中央第一副主席张榕明出席会议。

陈昌智代表民建第九届中央常务委员会作工作报告。报告指出，2009年，民建中央团结带领广大会员，正确认识形势，坚定信心，围绕经济社会发展中的重大问题，充分发挥密切联系经济界的特色和优势，深入开展调查研究，积极建言献策；以纪念新中国成立60周年等重大活动为契机，在全会开展形式多样的学习教育活动，深入学习贯彻科学发展观，不断巩固政治交接学习教育活动成果，引导全会成员坚定不移地走中国特色社会主义政治发展道路；探索新形势下组织发展规律，着力加强领导班子和后备干部队伍建设，深入推进地方组织和基层组织建设，积极稳妥地推动会内监督工作；扎实推进服务社会实践，继续拓展对外联络工作领域。一年来，会的各级组织和广大会员以高度的责任感和使命感，与中国共产党和衷共济、同全国人民共克时艰，为有效应对国际金融危机和国内经济困难，推进经济社会科学发展发挥了参政党的应有作用。

报告强调，2010年，全会要坚持以中国特色社会主义理论体系为指导，开拓进取，勇于创新，大力推进自身建设；发挥优势，突出特色，不断提高各级组织参政议政水平；巩固成果，拓展领域，进一步做好社会服务和联络工作，以自身建设的新成效，参政议政的新成果、服务社会的新贡献，迎接建会65周年。会议号召，各级组织和广大会员要更加紧密地团结在以胡锦涛同志为总书记的中共中央周围，坚定信心、团结奋斗，为推动科学发展与社会和谐作出新的贡献。

会议听取了马培华所作的关于《加快节能减排，促进可持续发展》，张榕明所作的关于《推动沿边开放，促进边境少数民族地区经济发展》，张少琴所作的关于《建立煤炭期货市场交易机制，促进我国煤炭市场健康发展》，辜胜阻所作的关于《中小企业后危机时代转型升级实现可持续发展的对策建议》等四个专题调研报告的说明。

张榕明主持会议。第十届全国人大常委会副委员长、八届民建中央主席成思危，民建中央常务副主席马培华，副主席程贻举、王少阶、陈政立、张少琴、辜胜阻、宋海、李谠、周汉民及民建中央委员200余人出席会议。

（二）中央常务委员会

1. 九届六次中常会

中国民主建国会第九届中央常务委员会第六次全体会议3月10日在京召开。会议就学习贯彻十一届全国人大二次会议和全国政协十一届二次会议精神，动员全会为保增长、保民生、保稳定献计出力认真讨论并作了部署。全国人大常委会副委员长、民建中央主席陈昌智，全国政协副主席、民建中央第一副主席张榕明出席会议。

陈昌智主持会议并讲话。他在讲话中指出，2009年是推进“十一五”规划顺利实施的关键一年，也是我国应对国际金融危机影响、推动经济平稳较快发展的关键一年。民建作为密切联系经济界的参政党，要在全会深入开展学习贯彻科学发展观活动，更加自觉地维护中国共产党的领导，进一步坚定走中国特色社会主义道路的理想信念，不断巩固多党合作的共同思想政治基础；要以有效应对全球金融危机的影响为重点，深入基层特别是中小企业开展调查研究，为中小企业发展出谋划策，加大社会服务工作力度，进一步发挥广大会员特别是会内企业家和专家队伍的优势，努力帮助企业立足实际、树立信心、渡过难关；要巩固和发展政治交接成果，认真贯彻民主集中制，逐步建立行之有效的会内监督体系和工作机制，推进会内民主。

陈昌智强调，全会要紧密团结在以胡锦涛同志为总书记的中共中央周围，高举中国特色社会主义伟大旗帜，以邓小平理论和“三个代表”重要思想为指导，深入学习贯彻科学发展观，努力提高参政议政的能力和水平，切实加强自身建设，团结一心，群策群力，努力把会的各项工作推上一个新台阶，共同把今年的工作做好。

民建中央常务副主席马培华，民建中央副主席程贻举、王少阶、陈政立、张少琴、辜胜阻、宋海、李谠、周汉民等出席会议。

2. 九届七次中常会

6月7日，中国民主建国会第九届中央常务委员会第七次全体会议在北京召开。会议听取了《民建中央关于加强中央专门委员会工作的意见（草案）》的说明，听取了民建新疆维吾尔自治区委员会工作情况汇报，以及民建中央联络部工作情况汇报，会议审议并通过了《民建中央关于加强中央专门委员会工作的意见》。全国人大常委会副委员长、民建中央主席陈昌智，全国政协副主席、民建中央第一副主席张榕明出席会议。

陈昌智主持会议并讲话。他就今后一段时期的工作谈了几点意见。一是要结合纪念建国60周年等活动，加强爱国主义教育。按照《中央宣传部关于围绕庆祝新中国成立60周年深入开展群众性爱国主义教育活动的意见》的要求，在会员中认真开展理论学习，深入开展热爱中国共产党和自觉接受中国共产党领导的宣传教育，深入开展基本国情和形势政策的宣传教育，要利用丰富多彩的形式，组织安排好各项活动。

二是要认清形势，树立信心，积极应对金融危机。在错综复杂的国内外形势下，既要看到经济社会发展的有利条件和积极因素，坚定战胜困难的决心和信心；又要充分估计面临形势的复杂性和严峻性，决不能盲目乐观。民建要充分发挥联系经济界的优势，在保增长、保民生、保稳定方面，向中共和政府提出真知灼见，推动经济实现科学发展、和谐发展；会员企业既要增强信心，把握新的发展机遇，妥善处理各种风险和隐患，又要注重社会责任，为促进就业、保持和谐安定的社会环境作出贡献。

三是要与时俱进，不断开创专委会工作新局面。民建中央专门委员会自成立以来，队伍不断发展壮大，参政议政功能显著增强。各专委会要围绕中共中央、国务院的总体部署，结合民建中央的中心工作，着眼大局、突出重点、精心选题，深入开展调查研究，认真履行职能，不断总结工作经验，创新工作方法，进一步提高专委会工作的实效。各专委会工作要与民建的优势和特点相结合，要加强对专委会的领导，建立中央副主席分工联系专委会制度，充分调动专委会委员参政议政的积极性。要发挥专委会主任、副主任的表率作用。要为专委会做好相关服务工作，民建中央各工作部门要发挥好服务和纽带作用，为专委会开展活动创造良好的工作环境。各省级组织也要高度重视专委会工作，民建中央专委会可以和省级组织相应专委会上下联动、联合调研，形成整体合力，共同提高参政议政的质量和效能。

四是要坚持谈心会制度，加强领导班子建设。为进一步深化政治交接学习教育活动，巩固学习教育活动制度成果，今后民建中央分管领导要尽量安排时间参加省级组织的谈心会。谈心会要切实保证质量，要注意务“虚”，研究工作思路，使谈心会产生“实”的效果，要将整改措施落实情况作为下一次谈心会的内容，予以对照检查。

陈昌智主席最后强调，面对新形势、新任务，要继续高举中国特色社会主义伟大旗帜，与中国共产党一道风雨同舟，荣辱与共，为夺取全面建设小康社会新胜利、实现中华民族伟大复兴不懈努力，与时俱进，开拓创新，把全会工作继续向前推进。

民建中央常务副主席马培华，副主席程贻举、王少阶、陈政立、张少琴、辜胜阻、李谠、周汉民等出席会议。

3. 九届八次中常会

9月12日，民建九届八次中常会在海口召开。全国人大常委会副委员长、民建中央主席陈昌智，全国政协副主席、民建中央第一副主席张榕明出席会议。

会议认真讨论了《民建中央关于当前经济工作的几点建议（稿）》；听取了民建宁夏区委会《学习贯彻科学发展观 不断提升参政议政能力》和民建中央组织部《努力做好组织工作 为进一步加强会的自身建设提供组织保证》的工作情况汇报；会议决定于12月中旬在北京召开民建九届三中全会。

陈昌智主持会议并讲话。陈昌智在讲话中主要谈了以下几点意见。第一，要发挥整体优势、积极建言献策，继续为“保增长、保民生、保稳定”作贡献。他说面对新的形势和任务，如何把握参政议政的第一要务，如何科学、准确、适时地提出建设性意见，是我们当前参政议政工作的重要课题。

第二，要进一步继承和发扬会的优良传统，结合学习六个“为什么”，加强思想理论建设。他指出，对于一个参政党来说，理论上成熟是政治上成熟的基础，理论上清醒是政治上清醒的保证。思想理论建设要与时俱进、常抓不懈。只有依靠学习，才能使思想永葆青春。《六个“为什么”》以鲜明的观点、深入的分析、生动的事例、透彻的说理，深刻阐述了社会主义核心价值体系的重大意义、科学内涵和实践要求，有助于我们引导广大会员认真学习社会主义核心价值体系，推动全会统一思想认识，树立共同的理想信念，凝聚推动改革开放和社会主义现代化建设的精神力量。他要求，结合学习六个“为什么”，要在全会深入开展爱国主义教育、多党合作历史和会的优良传统教育，加深广大会员对我会发展的历程和多党合作制度形成历史的了解，加深对我会爱国革命光荣传统的认识，不断提高思想政治素质。中央和各级地方组织要组织广大会员认真学习、深刻领会，开展多种形式的学习活动。

第三，要以科学发展观为指导，加强组织建设。他说，组织建设是一项系统工程，全面开展组织建设，必须充分调动各级领导班子和会员积极性，必须注意系统内各项工作的联系，做到整体推进。基层组织要做到可持续发展，在发展会员时要以科学发展观为指导，注重质量，注意数量，保持特色，统筹协调。加强领导班子建设重要的是搞好团结，各地要认真学习贯彻会内监督条例，省级领导班子要开展好谈心会，搞好述职评议。各级组织要从坚持和完善中国共产党领导的多党合作和政治协商制度的战略要求出发，着眼于加强参政党能力建设、发挥参政党作用，培养一支政治素质好、代表性强、结构合理、数量充足、充分体现本会特色的领导班子后备干部队伍。

民建中央常务副主席马培华，民建中央副主席程贻举、王少阶、陈政立、张少琴、辜胜阻、宋海、周汉民，全体中常委出席了会议。民建部分省级组织负责人、民建中央秘书长和机关各部门负责人列席了会议。

4. 九届九次中常会

12月15日下午，民建九届九次中常会在京召开。全国人大常委会副委员长、民建中央主席陈昌智，全国政协副主席、民建中央第一副主席张榕明出席会议。

会议通过了本次会议议程、日程；审议了九届三中全会议程（草案）、日程（草案）、分组名单（草案）；审议通过了中央常务委员会工作报告和报告人；审议了民建中央监督委员会工作报告（书面）；审议了通过关于批准朔州、威海、黄冈、眉山成立地方组织的决定。

陈昌智主席主持会议并讲话，他介绍了民建中央在中共中央近期召开的党外人士座谈会上的发言内容；通报了民建中央画院正式成立的有关情况；强调了2010年的工作重点是加强自身建设，各级组织明年要把此项工作作为重点工作来抓。最后，陈昌智主席希望大家全身心投入到即将召开的三中全会中，充分发扬民主，使会议开得圆满成功。

民建中央常务副主席马培华，副主席程贻举、王少阶、陈政立、张少琴、辜胜阻、宋海、李说、周汉民及40余位民建中央常委出席会议。

（三）风险投资论坛和非公有制经济发展论坛

1. 风险投资论坛

2009（第十一届）中国风险投资论坛于6月5—6日在深圳举行，全国人大常委会副委员长、民建中央主席陈昌智出席论坛。

本届论坛以“提升VC/PE核心竞争力，培育中国经济新的增长点”为主题，国家部委领导、海内外的顶级风险投资家、投资银行高管、金融中介机构负责人等共1100多人出席了本次论坛。

开幕式上，民建中央主席陈昌智、副主席辜胜阻、宋海分别发表了主旨演讲和演讲。陈昌智指出我国风险投资整体来说处于发展的初期，面临着这样或那样的问题，尤其在金融危机的冲击下，一些体制性的问题更是显现出来。部分风投机构被迫倒闭、重组，不少注入了基金的企业出现了经营的困难。因此资金来源有待优化，有关的法律法规还需要建立。

辜胜阻指出，创业板对实体经济与虚拟经济是新举措和新机遇。第一，创业板是转化危机的新举措，可以把储蓄转为投资，另外可以解创新型中小企业的融资难问题。第二，创业板能促进企业的转型，能够把创新企业做大做强，解决创新型国家难题，我们建设创新型国家，没有创业板的投资，没有技术的创新，只靠银行贷款是没有办法支持高风险、高回报的创新型企业。第三就是活金融新战略，可以促VC和PE大发展，改变资本市场短板，实现主板、二板、三板层次分明的创新体系。

宋海在开幕致词中表示：风险投资作为创新经济发展的助推器，在推动我国自主创新战略实施的进程中，发挥了非常重要的作用，广东是全国最早进行风险投资试验，并对建立风险投资机制进行大胆探索的省份之一，目前已经成为国内风险投资发展最为迅速和最为活跃的地区之一。通过本届论坛，必将进一步增进风险投资业界人士与政策制定者的对话与交流，促进广大风险投资家与企业家的深度合作，我国风险投资界必将迎来更加灿烂的明天。

其他政府官员与创投界的领军人物也对当前热点问题发表了看法。论坛召开前夕，陈昌智主席、民建中央副主席辜胜阻考察了深圳证券交易所、深圳金蝶公司，并到民建深圳市委会就“中小企业应对全球金融危机”进行专题调研。

2. 非公有制经济发展论坛

2009年9月4日—5日，由民建中央、工业和信息化部、辽宁省人民政府共同主办的’2009中国（辽宁）非公有制经济发展论坛在沈阳隆重举办。来自全国的1700余名企业家、经济界学者齐聚沈阳，参加这一非公有制经济的年度盛会。全国人大常委会副委员长、民建中央主席陈昌智，全国政协副主席、民建中央第一副主席张榕明出席会议。

论坛开幕式在辽宁人民会堂礼堂举行。陈昌智作了题为“积极应对金融危机，促进中小企业持续健康发展”的主旨演讲。中共辽宁省委书记张文岳致欢迎词，辽宁省省长陈政高作了大会演讲。中国银监会副主席王兆星，民建中央副主席辜胜阻等专家学者应邀在论坛上作主题演讲。民建中央常务副主席马培华，民建中央副主席陈政立、张少琴、周汉民等出席论坛开幕式。

论坛围绕“非公有制经济发展与应对国际金融危机”的主题广开言路、深入探讨。在主题论坛中，国家统计局总经济师兼新闻发言人姚景源、清华大学教授魏杰、欧姆龙集团总裁后藤龙之介、财政部财政科学研究所所长贾康、金蝶软件总裁徐少春等一批著名学者、政府官员、企业家代表围绕研究探索应对国际金融危机，不断促进非公有制经济健康快速发展，在辽宁沿海经济带大开发的背景下老工业基地全面振兴等论题展开演讲。论坛组委会还收到来自全国各地的论文211篇，围绕加速我国的非公有制经济发展与应对全球金融危机、中国装备制造业发展、辽宁老工业基地振兴、提升企业国际竞争力等热点问题展开探索和交流。在4日的论坛上，中国企业家调查系统秘书长李兰作了问卷调查发布，辽宁省中小企业厅厅长吴野松作了辽宁民营企业发展情况报告。在5日举行的三场分论坛上，与会者还分别与专家对话交流，共同探讨危机下的投融资策略、企业升级转型与可持续发展、非公有制经济发展与中国装备制造业振兴。

本届论坛还为辽宁省吸引了总额达180亿元的招商引资项目。

（四）中华思源工程扶贫基金会理事会议

8月20日中华思源工程扶贫基金会在北京召开会议，推选陈昌智担任基金会新一届理事长。

会议审议并通过了《中华思源工程扶贫基金会第一届理事会工作报告》、《中华思源工程扶贫基金会第一届理事会财务报告》等文件。中华思源工程扶贫基金会从2007年创建以来特别是在“南方冰雪灾害”和“汶川特大地震”等重大自然灾害面前，牢记宗旨，心系灾区百姓，为政府分忧解难，在抗震救灾中曾率先发起了以“重返家园”、“重返校园”、“心理救助”等为代表的10项全国救灾“最先”，充分展现出能吃苦、奉献的精神风貌。汶川大地震期间基金会向四川等省份捐赠善款5886.60万元，确保全部捐赠款物下放到了灾区，使数十万受灾群众得到了及时的救助。基金会荣获中共中央、国务院、中央军委联合授予的“全国抗震救灾英雄集体”称号和2008年度中华慈善奖“最具影响力慈善项目奖”。

中共中央统战部副部长楼志豪出席会议并作讲话，殷切希望基金会认真做好扶贫工作，注意完善制度、规范管理，要总结新经验、探索新方法、谋划新思路、采取新措施，努力开创基金会工作新局面，为构建社会主义和谐社会再立新功。

会议上选举了新一届理事会成员，一致推选陈昌智同志担任基金会新一届理事长。陈昌智表示，开展社会服务工作是民建重要实践活动，也是履行参政党职能，为全面建设小康社会献计出力的一项政治任务。中华思源工程扶贫基金会的成立为民建搭建了一个帮助弱势群体解决生产生活困难、促进我国贫困地区经济和社会事业发展的载体和平台。基金会未来发展要继续依托民建的优势和组织网络，理事会要充分发挥自身优势作用积极参与基金会的工作，进一步树立品牌意识，保证扶贫计划资金来源的持续性，更好地打造宣传“思源工程”和拳头项目品牌，真正实现宣传与募捐工作的紧密结合。

最后，陈昌智强调，要围绕基金会宗旨，严格遵守相关章程、条例，完善制度、规范管理、加大工作力度，保证基金会持续、健康发展，为扶贫、社会公益事业发展作出更大贡献。

二、参政议政

2009年在国际经济形势错综复杂，我国经济社会发展经受严峻挑战的形势下，民建作为密切联系经济界的参政党，充分发挥自身优势和特色，确定参政议政工作以围绕国际国内经济形势发展动态，有效应对全球金融危机影响为重点，以贯彻落实中共中央“扩内需、保增长、调结构、惠民生”的方针政策为主线，着重在宏观经济、民生发展、财政金融等领域，组织全会力量，深入开展调查研究，积极建言献策。

（一）全国政协大会发言和提案

2009年，民建中央共提交全国政协十一届二次会议大会发言4件、大会提案27件、界别提案4件和平时提案2件。其中，《关于加强社会信用体系建设，增强抵御经济风险能力的提案》、《关于加强农民工职业技能培训的提案》等2件提案列入全国政协重点提案调研；《关于依靠技术创新促进我国中小企业健康发展的提案》、《关于创新财政支农资金方式的提案》等10件提案被《重要提案摘报》采纳；《关于创新财政支农资金方式的提案》、《关于加强境外资金流入监管的提案》、《关于依靠技术创新促进我国中小企业健康发展的提案》、《关于利用民间资本加快我国石油储备体系建设的提案》等4件提案得到领导批示；《关于加速海西经济区的基础设施建设，促进海峡经济区发展的提案》、《关于积极扶持中小企业走出金融危机困境的提案》等2件提案列入提案办理协商会。

全国政协常委会期间，民建中央作了《着力保持扩大内需政策的稳定性、有效性和持续性》的口头发言和题为《改善边境少数民族地区民生，促进社会和谐稳定》的书面发言；在全国政协专题协商会上，作了《加强节能减排，促进可持续发展》的口头发言，均取得了较好的效果。

（二）精心准备，积极参加政治协商

经过深入调研和精心准备，在中共中央召开的多次高层协商会上，民建中央领导代表民建中央就经济社会发展和人民群众普遍关心的重要问题作了发言，并提出有针对性的意见、建议。除在高层协商会上积极建言献策以外，民建中央还积极向中共中央提出书面意见建议，推动建言献策经常化。根据平时调研中发现的情况，民建中央及时整理提出了《关于重视和解决边境少数民族地区教育问题的建议》、《重视和解决云南、广西边境地区贫困群众居住破旧危房、茅草房问题的建议》、《关于做好出口退税工作稳定出口的建议》、《关于加快湘江流域重金属污染综合治理的建议》、《关于高度关注汶川大地震灾区基层干部心理状况问题的建议》、《关于扩大沿边开放促进边境少数民族地区经济发展的建议》、《关于进一步推动新疆自治区发展的建议》、《关于防治农民工职业病的建议》、《全球金融危机和我国的政策》、《加快节能减排促进可持续发展》等10份专项建议，报中共中央有关领导后受到重视和批示。

民建中央还就适用公司法若干问题的规定、外国投资者并购境内企业和国家中长期教育改革和发展规划纲要等问题，提出意见建议并反馈有关部门。

（三）专题调研

一年来，民建中央围绕节能减排、促进边境地区经济发展、煤炭期货市场交易机制、中小企业后危机时代转型升级等4个方面的重点专题，先后到16个省市自治区开展调研，召开了100余次座谈会，与12个部委沟通情况，交换意见。在此基础上，分别形成《加强节能减排，促进可持续发展》、《推动沿边开放，促进边境少数

民族地区经济发展》、《建立煤炭期货市场交易机制 促进我国煤炭市场健康发展》、《中小企业后危机时代转型升级实现可持续发展的对策建议》4 份课题报告。其中《加快节能减排，促进可持续发展》调研报告通过中央统战部报送中共中央后得到了批示；建立煤炭期货市场交易机制课题报告转化为平时提案报送全国政协。此外，民建中央报送全国政协十一届三次会议的发言和提案中，有 4 份大会发言和 7 份大会提案也是由重点专题报告转化而成。

（四）发挥专委会和地方组织作用

专门委员会是民建中央参政议政的重要力量。据不完全统计，2009 年，本民建中央 10 个专门委员会共提供课题报告、建议等基础材料 189 篇，其中有 37 篇被民建中央以社情民意形式采用，有 17 篇被用作民建中央提案、发言或者专项建议。民建中央每年分春秋两季面向各省级组织进行年度调研成果征选，据统计，2009 年民建中央共收到地方组织报送成果材料 331 篇，其中 15 篇被转化为民建中央提交全国政协十一届三次会议的提案，几乎占民建中央全部提案总数 1/2。

（五）积极反映社情民意

反映社情民意是民主党派发挥参政议政作用的重要内容和渠道。2009 年，民建中央共收到中央及地方的社情民意来稿 2825 篇，编辑并向中央统战部、全国政协等有关方面报送 532 篇，被全国政协采用 71 篇，其中《应优先进行小型农田水利建设》、《建议进一步推广土著菌发酵床畜禽养殖技术》得到国务院副总理回良玉的批示；《社会保险基金“以资抵保”现象严重》信息反映到全国政协后得到了相关部门的重视，派专人对反映的问题进行调查，并将调查情况向信息反映单位进行了及时反馈。民建中央调研部被全国政协评为政协信息工作先进单位。

不断完善社情民意工作激励机制。2009 年民建中央对民建四川省委调研处等 13 个省级组织的社情民意职能处室进行了表彰和奖励。同时，民建中央还对采用稿件给予一定的稿费奖励，提高会员反映信息的积极性。注重加强对社情民意信息工作人员的培训。2009 年 10 月，民建召开了省级组织调研处长会议暨社情民意信息工作人员培训班，各省级组织信息一线工作人员接受了培训，培训班邀请了全国政协信息局有关同志作了辅导报告，部分先进单位作了经验交流报告。除了“引进来”，民建中央积极“走出去”，专门派人参加地方组织的培训，对地方组织社情民意信息员及一线工作人员进行有针对性的辅导。

此外，民建中央积极推动机关局域网实现与全国政协局域网的链接，强化了信息反映的时效性，

（六）不断推进参政议政工作

召开省级组织主委工作会议，以推进参政议政工作为主题，总结经验，交流情况，进一步明确提高全会参政议政水平的思路与措施。召开民建中央专门委员会工作会议，制定了《民建中央关于加强中央专门委员会工作的意见》，进一步明确专门委员会在参政议政工作中的地位、职能和任务，强调专门委员会成员在参政议政工作中的骨干作用。举办省级组织调研处长暨社情民意信息工作人员培训班，重点研讨进一步巩固和提高反映社情民意工作的质量和水平。

三、社会服务

做好社会服务工作，是民建履行参政

党职能的重要实践活动，对于提高民建的参政议政水平，树立良好社会形象具有重要意义。2009年，民建中央的社会服务工作得到了国务院扶贫办等有关方面的认可。在国务院召开的第五次全国民族团结进步表彰大会上，民建重庆市委、民建四川省委、民建中央社会服务部被评为“全国民族团结进步模范集体”。还有40多名民建会员获得了国家及部委的表彰和奖励，其中14人被授予“第三届非公有制经济人士优秀中国特色社会主义事业建设者”称号。

（一）围绕黔西、丰宁两个扶贫联系点，扎实做好扶贫开发工作

1. 认真贯彻落实4月14日座谈会和中共中央领导同志重要指示精神，为推动黔西经济发展作出新贡献。

为了贯彻落实2009年4月14日召开的各民主党派中央、全国工商联参与毕节试验区建设座谈会、支持毕节试验区建设研讨会和贾庆林主席重要讲话精神，民建中央迅速行动，民建中央主席陈昌智、第一副主席张榕明分别率队赴河北丰宁、贵州黔西考察扶贫工作。

5月上旬，张榕明亲自带队，组织会员企业家、专家学者队伍前往黔西县考察扶贫工作，开展招商引资活动。张主席对黔西县的经济社会发展、产业结构调整、扶贫攻坚等重要工作提出了指导意见。民建中央及会员企业家共捐款237万元分别用于5个援建项目，内容涉及人畜饮水工程、沼气池建设、农村卫生文化基础设施建设以及农家乐旅游开发等方面。随行的会员企业家经过实地考察，与当地政府推出的优势项目进行了对接，达成了包括饲料加工、蔬菜种植、肉产品开发等在内的6个合作意向，既为黔西县经济社会发展注入了新的活力，也为会员企业寻找新的发展空间和回报社会提供了机会。

7月上旬，陈昌智率领会员企业家赴丰宁县考察调研。陈主席就如何做好“整村推进”、开展招商引资、加强基础设施建设等方面作出了指示，并对丰宁的县域经济发展、生态产业建设以及发展循环经济等方面提出了建议和希望。随同陈主席考察的会员企业家们共捐款270万元，用于当地的扶贫项目。其中，价值60万元的电子政务平台已开通使用。价值20万元的眼晶体已由当地政府安排接收并配套医疗费用，将为全县贫困的白内障患者提供无偿治疗。捐款100万元配套地方资金用于20个村级卫生室建设，建成后将极大地改善村级卫生医疗条件，使25000多人受益。捐款30万元分别援建小坝子乡中心小学和草原乡民建思源小学两所学校。捐款30万元配套地方及农户自筹资金援建200口沼气池项目，将使700人受益。捐款30万元配套地方资金修建人畜饮水工程，将解决潮河源村100多人的饮水问题。目前，捐赠资金已全部到位，项目已开始实施。

为进一步落实毕节试验区座谈会精神，民建中央充分发挥政治优势，把服务毕节科学发展作为参政议政的切入点，当好出谋划策的“智囊团”。9月下旬，民建中央召开了毕节旅游产业发展调研组建组座谈会，张少琴副主席出席会议。10月上旬，王少阶副主席率民建中央旅游产业发展调研组一行赴毕节开展旅游产业发展专题调研，并在调研的基础上形成了《毕节试验区旅游业发展路径研究调研报告》。11月上旬，民建中央召开毕节旅游课题论证会，组织专家、企业家对报告进行论证，张少琴副主席出席会议并对报告的修改完善提出了重要意见。该调研报告得到了统战部和国家旅游局的充分肯定，对指导毕节旅游产业发展具有重要战略意义。

2. 充分发挥民建密切联系经济界的优势，整合全会力量，帮助两个扶贫县开展招商引资工作。

民建紧紧依靠会内企业家和专家两支队伍，帮助地方开展招商引资工作。充分发挥本会联系广泛的优势，通过“走出去”和“请进来”，帮助扶贫联系点开展招商引资工作。今年3月，民建中央协助黔西县政府在化屋村举办了2009中国杜鹃花都投资考察项目推介会，帮助地方开展招商引资工作，邀请近60位民建会员企业家参加活动，组织企业家们实地考察，对接优势项目，扶持落后项目，就煤矸石加工、油菜子加工、饲料加工、蔬菜产业及服装加工等项目达成了多项合作意向。

3. 协助调整产业结构，培育农村支柱产业，帮助增加农民收入。

2009年，民建中央重点围绕调整产业结构、帮助农民增收，培育农村支柱产业，大力发展种植、养殖业。首先，在黔西县新仁乡发展滚动养殖业取得重大突破。民建中央协调资金120万元在新仁乡的三个村实施能繁母猪饲养与生猪滚动饲养项目。项目实施后，当年就有509户2294人受益，为实施户增加收入81.2万元，户均增收1562元，人均增收401元。通过滚动饲养，预计三年后，项目覆盖面可达2330户，加上自养农户2450户，总计可达4780户，生猪饲养覆盖率达90.8%。通过在当地发展滚动养殖业，既培养了一批专业技术人才，也切实增加了农户收入，更形成了生猪饲养的规模化产业基地。

其次，将发展种植业与做大做强当地生态旅游业相结合，取得显著进展。协调资金20万元在化屋村建设经果林400亩。联系会员企业家捐赠价值200万元的速生杨树苗130万株，建立速生杨育苗基地。这些项目的实施，不仅绿化了荒山，保护了生态，增加了农民收入，产生了可观的经济效益，而且为当地旅游增添了生态农业观光旅游线路，进一步丰富了化屋旅游业的内容，增强了对游客的吸引力。

第三，通过提供无息借款，帮助农民发展生产，增加收入。协调资金20万元在新仁乡化屋村示范种植了14亩玛瑙红樱桃。樱桃种植后，实现了当年挂果。试验取得成功，明年准备推广。协调无息借款30万元在化屋村帮助发展生姜种植项目。目前，400亩生姜产量已达80万斤，仅此一项，户均纯收入达到1万元。另外采取无息借款的方式，在化屋村发展10户农户农家乐，待农户分期返还后用于支持下一批农户。这种帮扶方式，很好地解决了贫困群众发展生产的资金难问题，提高了资金的使用效率，也带动了农民增收致富。

此外，民建中央还承接了在黔西县素朴镇实施的科技部毕节试验区新农村建设示范的林果项目。2009年8月，金钱橘、薄皮核桃及金银花项目顺利通过了科技部的验收。

4. 充分发挥民建的智力优势，开展多种技能培训，提高劳动者素质。

年初，针对金融危机发生后大批农民工返乡的情况，民建在广泛调研的基础上，有计划性地对黔西县农民开展了实用技能、科学种田方法等方面的专门培训，取得了较好的效果。出资开办了“村医培训班”，对黔西县七个乡镇及下属村卫生机构培训从事医疗、预防保健和卫生监督工作人员共128人开展了培训，采取理论培训结合临床讲解的方式，对于提高农村卫生人员专业技术服务水平和整体素质起到了积极的作用，受到了当地群众的欢迎。

5. 打造“思源工程”品牌，推动民建

扶贫工作进入新阶段。

据不完全统计，民建“思源工程”活动开展以来，各级组织共建立扶贫工作联系点116个，在贫困地区共捐建沼气池4900座，人畜饮水工程415个，思源（希望）学校500多所，开展为“三农”办实事活动2000次，动员会员企业培训和安置农村富余劳动力30多万人。2009年11月，民建中央召开民建全国思源工程工作会议，会议总结了2005年12月“思源工程”启动以来取得的成绩和经验，对明年及今后一段时期内的“思源工程”活动的工作进行了部署，民建全会的扶贫工作进入蓬勃发展期。

（二）创新性地开展联系非公经济人士的工作

1. 积极走访会员企业，关心会员企业发展，听取会员企业呼声。

年初面对金融危机笼罩下的严峻形势，民建中央主要领导同志非常关心会员企业受影响情况，陈昌智主席、各位副主席利用下去调研的机会多次走访会员企业，召开座谈会，听取大家的意见反映。民建中央向各省级组织发出呼吁，要求各地积极开展服务会员、帮助会员抱团过冬的活动。据不完全统计，全年各省级组织走访会员企业共2943家。通过上门走访、设计问卷调查、举办讲座、组织座谈等多种形式，帮助会员分析经济形势，解读国家经济政策，向党委和政府及时反映会员企业的意见建议，鼓励会员增强信心，应对挑战，为保增长、保民生、促就业作出贡献。

2. 组织召开民建会员企业投融资经验交流会。

通过调研走访我们发现，会员企业普遍存在投、融资难的困难。2009年2月，民建中央在江苏组织召开了民建会员企业投融资经验交流会，就如何在经济形势极为严峻的情况下推动发展会内担保公司做了专题研讨，为会员企业开展自救提供咨询服务。各级组织和广大会员积极关注，踊跃参加，来自17个省市108位代表出席了会议。会议就如何结合地方实际情况成立担保公司，为民建会员以及其他中小企业提供服务和帮助，帮助大家经受考验、共克时艰等问题达成了共识。参会会员表示这个会议召开及时，有针对性地对会员企业开展引导，为会员企业提供帮助，让人感受到组织关怀的温暖。会后江西、黑龙江哈尔滨、山东德州以及湖北的民建会员分别成立了担保公司，目前已促成为会员企业贷款2亿7千余万元。四川、内蒙等地市级组织在会后再次赴江苏考察学习。

3. 组织会员加强学习，主动增强政治素质。

《国务院关于进一步促进中小企业发展的若干意见》即“36号文件”的出台，对于中小企业发展具有重要意义。早在文件征求意见期间，张榕明就非常关心和重视对文件精神的学习工作，要求民建中央推动省级组织开展学习，了解会员反映。非公论坛召开期间，陈昌智主席与会员企业家代表座谈，邀请工信部中小企业司负责人介绍国务院关于促进中小企业发展六条措施的背景和意义，组织企业家们从自身企业情况学习政策并提出意见建议。文件出台之后，民建中央又及时组织企业委员会在京委员和专业组成员座谈学习，邀请工信部中小企业司有关同志做文件解读，听取与会人员对文件的反映，参会会员对民建中央及时召开学习会给予了高度赞扬。同时，福建、四川、湖南、陕西、江苏、广东等省委会纷纷举办学习座谈会，还有更多的省级组织通过其他形式向会员传达了学习要求。

4. 搭建招商引资平台，为会员企业发展服务。

为切实做好为会员企业服务的工作，2009年11月，民建中央与民建江苏省委、高淳县人民政府等单位在南京高淳县联合主办了“2009民建会员企业南京（高淳）投资项目洽谈会”。200多人出席会议，会议达成意向签约64亿。这次投资项目洽谈会充分展现了民建密切联系经济界的特色，是民建组织更好地服务地方经济发展的一次新尝试，不仅有利于会员企业投资发展，也有利于地方经济发展，更有利于扩大民建的社会影响力。

5. 举办'2009中国（辽宁）非公有制经济发展论坛。

2009年9月，'2009中国（辽宁）非公有制经济发展论坛在沈阳隆重举行。论坛以“非公有制经济发展与应对全球金融危机”为主题。论坛首次采用了邀请著名经济学家和知名企业负责人开设专题论坛的形式，赢得了参会人员的喝彩，成为本届论坛的一大亮点和创新点。为使论坛成功举办，民建中央协同民建辽宁省委做了大量的前期筹备工作，各省级组织积极响应民建中央号召，组织征文，组团参会，本届论坛收到征文200多篇，与会人员近1700人。会前，民建辽宁省委与辽宁省招商局还组成招商小分队到江苏、浙江、广东、福建等四省七市开展招商活动，得到当地民建组织的大力支持，在论坛项目签约仪式上签约项目34个，签约额180亿。

（三）实施“园丁计划”，提高基层骨干教师的教学水平和综合素质

2009年8月9日—14日，民建中央“园丁计划”骨干教师培训班（第二期）在贵州省社会主义学院举办，来自贵州省100多所民建援建学校的110名校长和骨干教师参加了培训。培训旨在帮助提高援建学校的教育教学质量和教学管理水平。老师们在培训后纷纷反映，既开阔了眼界，同时也学习了先进的教学理念和方法，很有收获。此外，还协调香港基督教青年会举行暑期教师英语、数学培训班，对贵州山区教师进行了培训。

（四）搭建参政议政平台，做好联系专委会及其专业组的工作

开展了企业委员会专业组成员资格确认工作，组织召开了民建中央企业委员会、妇女委员会春节联谊会。全年共组织召开企业委员会全体会议一次，科教委员会全体会议一次，企业委员会主任会议三次，企业委员会专业组会议六次，组织企业委员会委员及专业组成员参与问卷调查3次，收集专委会委员和专业组成员提交提案和社情民意稿件16件，由企业委员会协办和承办的“第二届川渝经济合作与发展论坛”、“第二届海峡物流论坛”等各项活动4次。引导企业家会员积极捐款，奉献爱心，支持思源工程活动。全年企业委员会委员及专业组成员捐款达347.5万元，争取海外捐助资金1万欧元。

四、联络工作

2009年，民建中央联络工作积极拓宽工作思路，创新工作形式，较好地完成了既定的任务目标。全年累计接待6个港澳台访问团100余人次，派出赴台交流团组3个累计32人次。派出赴国外交流考察团组5个共计40余人次。

（一）对台湾、香港工作

加强同香港和台湾的社团及代表人士的联系和交往，推动两岸三地交流合作向更广领域拓展，是联络工作的重中之重。

为了解对台工作政策，增强对台工作的针对性，7 月，全国人大常委会副委员长、民建中央主席陈昌智率领调研组赴福建，就“加快海峡西岸经济区建设，促进两岸经贸交流合作先行先试”开展调研考察。

在组团入岛交流与邀请接待港澳台团组上取得了新的突破。累计派出赴台交流团组 3 个计 32 人次，接待涉台访问团 6 个计 100 余人次。4 月接待了台湾南开科技大学访问团，出席由民建和中国老龄科研中心联合举办的两岸老龄问题研讨会；5 月接待了台湾金融以及科技专家访问团；8 月接待了台湾嘉义大学访问团；接待了赴云南出席思源学校开幕仪式的香港爱心家庭考察团；9 月接待了港台经贸合作访问团赴山西出席了两岸三地经贸研讨会；10 月接待了台北开平餐饮学校职业教育考察团赴苏州扬州考察。利用建国 60 周年大庆的机会，邀请接待了台湾客人成嘉玲、蔡武璋等到京参加国庆观礼等活动。让他们分享了祖国繁荣与发展成就。

组织 3 个团赴台访问。一是民建中央原主席成思危在 1992 年之后首次回台湾省亲并进行学术访问；二是民建中央副主席辜胜阻率大陆金融学者代表团赴台，出席民建中央与台湾世新大学共同举办的第十一次论坛，主题为“2009 两岸财经论坛——金融海啸的危机与因应学术研讨”，访问了诸多金融和教育机构；三是组织职业教育团赴台湾交流考察，期间将拜会六家院校和职业培训机构并进行座谈交流。同时，还派干部赴香港参加中央统战部组织的第十四期研讨班，学习中央各项对港政策，了解香港经济社会发展动态。

（二）国际交流工作

结合民建中央重点调研课题，2009 年先后组织了 4 个出国考察团，共计 40 余人参加。包括：民建中央常务副主席马培华率环境产业与资源保护考察团赴北欧访问。该团拜访了芬兰拉赫提市市政厅环保署、斯德哥尔摩生态示范城 HAMMARBY 生态环保社区、挪威绿色生态环保组织等环保相关机构，并与当地的政府专员、学者进行座谈交流，获得第一手资料，取得良好的效果；民建中央副主席辜胜阻赴韩国参加“全球化与发展中的东亚公民社会”的国际学术论坛，并作《中国的企业公民与劳动关系》的学术报告。报告介绍了全球金融危机背景下，中国政府、企业在完善劳动法规与政策等方面取得的最新成就；分析了金融危机给发展中国家劳动就业带来的困难等，同时提出了当前中国稳定企业劳动生产关系的一系列举措和政策建议。此访增进了与东亚地区经济界、学术界和教育界的交流与合作，为我国完善劳动合同法、促进就业起到积极的借鉴作用；民建中央副主席张少琴带领中小企业考察团赴新加坡、马来西亚、印度尼西亚三国访问。通过对所到国家官方、民间机构和企业的参访，促进了民建会员中小企业与所访各国的经济合作与文化交流，对当地投资环境和中小企业发展情况进行比较深入的了解，为我国中小企业到东南亚投资发展奠定基础；民建中央培训中心主任周传云带领职业教育培训团赴德国培训。培训期间，参观了德国相关的政府部门、企业和大学院校，并与企业负责人、专家学者进行交流。通过上述各项活动，对德国职业教育的发展规划、实施情况以及存在的一些问题等有了较全面具体的了解，开阔了民建开展培训工作的思路，获得了很多启示；民建中央秘书长张皎率保障性住房考察团赴新加坡、日本访问。保障性住房是民建中央近年来持续关注的重要议题，是参政议政的重要研究内容。考察团成员拜会了政府相关部门和房地产企业，就上述两国在相关方面的政策、实际运作情况等展开交流，并实地参观保障性住房楼盘，普通市民家庭，为形成提案进行了深入的、多视角的比较研究。

除筹备出访团组相关工作外，民建中央还接待了来自美国、英国、澳大利亚以及联合国发展署的工商经济界、金融界、教育界相关人士。就美国新领导人当选以及上任后的两国关系发展走向、促进环境保护、各国在金融危机中的自救政策以及合作机遇、香港和台湾社会的政治、经济发展状况等方面充分交换了意见。

五、自身建设

2009年民建以邓小平理论、“三个代表”重要思想为指导，深入学习贯彻科学发展观，自身建设不断推进，为进一步提高参政能力夯实了基础，提供了保障。

（一）思想建设

为推动全会学习贯彻科学发展观，以科学发展观统揽会的宣传思想工作，武装会员思想，进一步坚定走中国特色社会主义道路的理想信念，1月下发了《关于深入学习贯彻科学发展观的安排意见》，对全会开展学习贯彻科学发展观活动作出总体部署，要求精心组织、注重实效。2月下发了《关于做好当前思想建设工作的通知》，及时了解和掌握各地学习情况和会员思想动态。2—3月收集各省政治交接学习教育活动资料，4月编印了《薪火相传 共创未来——民建全国政治交接学习教育活动资料汇编》，并下发至各省级组织，推动政治交接学习教育活动深入开展。

结合纪念建国60周年与多党合作制度确立60周年，开展“与祖国同呼吸，与民建共奋进”主题征文活动，收到各地报送征文800多篇。积极参加统一战线庆祝新中国成立60周年征文活动，及时向各省级组织发出通知，做好相关组织工作。组织编撰中国民主建国会会史，为会员更好地了解会史，继承和发扬会的优良传统，奠定坚实的思想基础提供支持。积极开展了会内监督课题研究。年初向各省级组织和民建中央理论专委会委员下发了《民建中央关于做好重点理论研究课题工作的通知》，围绕“会内监督机制建设”组织全会开展理论研究，收到论文154篇，在此基础上召开了会内监督机制建设理论研讨会。

利用会内外宣传资源，积极拓展舆论宣传。两会前夕，组织召开了记者座谈会，邀请人民日报社、新华社、中央电视台、中新社等25家媒体记者到会，向大家通报有关提案、发言情况，从规模和效果看，都是一次突破，产生了很好的效果。“两会”期间，积极联系和接待有关媒体记者，提供新闻素材，联系采访参会民建委员和代表。在《团结报》刊发专版，宣传民建一年来的工作成绩。1月7日，陈昌智作客人民网强国论坛，以当前经济形势为主题与网友进行在线交流。在江苏就“加快节能减排促进可持续发展”重点调研进行考察，在贵州黔西开展扶贫考察中，都邀请相关媒体记者进行深入报道。组织策划一些有深度、有影响的专题报道。如年初对民建中央扶贫方式进行了深入挖掘，联系有关媒体记者对“化屋”模式进行总结宣传，展现了民建中央开展生态、教育、科技等多方面扶贫工作取得的成绩。国庆节前夕，在《团结报》上刊登专版。据统计，全年在《人民日报》、《光明日报》、《人民政协报》、人民网、新华网等主要新闻媒体上，有关民建报道达

600多条。

（二）组织建设

为适应新形势新任务的需要，在有关部门主持下，经各民主党派中央协商，取得一致意见，民建中央组织部就今后一段时期组织发展工作中关于发展新的社会阶层代表性人士、新建省辖市级组织规划、新建县级组织、发展会员速度和保持特色等问题，起草了《民建中央关于进一步做好组织发展工作若干问题的意见》，经九届八次主席会议讨论通过，下发各省级组织贯彻执行。

为准确掌握会员情况，组织部加强了数据分析和对地方的指导。分别对30个省级组织当前会员构成情况及发展情况进行分析研究，找出问题，提出建议，指导地方工作。对17个地市的发展工作进行了抽样调查，特别对入会程序、新会员层次、年龄等方面的情况进行详细了解，发现问题，及时与省级组织沟通，以避免今后在发展中的违规做法。

继续推动和完善组织管理系统工作。在全会各级组织和广大会员的密切配合下，加强了信息动态管理。对各省级组织会员信息的录入工作进行检查，草拟《会员信息录入情况简要分析》。并随时与各地沟通情况、督促指导，促进市级组织对系统的使用。完善修改组织管理系统，着眼于未来的长期使用，尽最大努力提高系统的使用效率。

以贯彻民主集中制为核心，推动领导集体建设。为不断提高班子成员素质，提高参政能力和水平，进一步增强大局意识、责任意识、忧患意识，各省级组织以"建设适应新世纪要求的参政党"、"增进团结、推进工作、提高素质"为主题，结合班子思想、工作、作风和能力建设实际，认真开展谈心活动，总结检查工作，分析存在问题，研究制定整改措施，开展批评与自我批评，不断深化政治交接教育活动成果，使省级组织领导班子建设得到了进一步加强。民建中央对省级组织召开谈心会高度重视，主席、各位副主席和组织部依据有关规定，参加了12个省级组织的谈心会，进行面对面的指导，督促和检查。总体上看，大部分谈心会事先有准备，效果比较好，起到了交流思想，统一认识，增进团结，提高自身解决问题和矛盾能力的作用。民建中央主席、副主席深入市级组织，直接了解情况，帮助和指导工作，取得了很好的效果。一年来，主席、副主席到山西、湖北、广东、云南等省所属的54个市级组织进行调研和指导工作。

切实做好会内监督工作，对于促进民建事业发展具有十分重要的意义。民建中央围绕贯彻落实会内监督条例，以加强领导班子谈心会、充实办公机构力量、扩大宣传等为重点，积极稳妥地开展有关工作。一是加强办公机构力量，积极做好监督委员会办公室工作。监督委员会办公室自成立以来，切实担负起自身职责，积极做好各项工作，如报请制作监督委员会及办公室印章、印制民建中央签发文稿纸、修改会内信访工作规则、研究下一步拟出台的制度细则等，并就会内监督工作积极与有关部门沟通，通过电话联系、走访座谈等，及时把握政策信息。二是加大宣传力度，提高会内外对监督工作的认知程度。会内，将《中国民主建国会会内监督条例》以文件形式下发至各省级组织，并在《民讯》上全文刊载，便于各级组织及广大会员了解监督条例的意义和内容；会外，通过《人民日报》、《人民日报（海外版）》、《中国纪检监察报》等媒体对内部监督问题进行报道，使社会各界对民主党派内部监督有了更准确的认识和了解，同时扩大影响，树立形象。三是从工作实际出发，逐步完善相关制度。行之有效的工作机制是做好会内监督工作的保障，因此根据章程精神和会务实际，不断完善相关制度将是一项长期而重要的工作。2009 年 7 月，召开民建中央监督委员会第一次主任会议，通过了《关于中国民主建国会中央监督委员会委员分工联系省级组织工作的方案》、《中国民主建国会中央监督委员会办公室工作制度》文件。起草了《民建中央监督委员会保密工作制度（草案）》、《民建中央关于成立省级组织监督委员会的办法（草案）》等规章制度。结合实际对信访工作规则做了进一步调整修改，对涉及监督内容的信访作出可操作的规定，形成的《中国民主建国会信访工作规定》经九届九次主席会议通过，并下发各省级组织。

召开基层组织工作片会，推动基层组织建设上新台阶。基层组织是实现会的政治任务的基础，是联系广大会员的桥梁和纽带。目前，全会有基层组织 5668 个，其中，基层委员会 53 个，总支 502 个，支部 5022 个，小组 91 个。支部活动的出席率、覆盖率有了明显增长，活动好的和比较好的支部已占支部总数的 80% 以上，全会基层组织建设不断呈现出新局面。近年来，民建中央高度重视基层组织建设工作：2004 年在广泛深入调研的基础上制定出台了《关于进一步加强基层组织建设的意见》；2006 年和 2007 年又先后召开了基层组织建设东西片会。五年来，各地结合实际，认真贯彻落实《意见》精神，取得了一定成效。从总体上看，各省级组织对支部工作的重视程度提高了，都把基层组织建设作为一项经常性的工作来抓，纳入到会务工作的重要议事日程；都以把基层组织建设成为自我教育的学校、团结互助的集体、参政议政的桥梁、培养人才的基地为目标，根据地域和会员的不同特点，调整基层组织形式，充实支部领导班子，建立和健全各项制度，开展丰富多彩的组织活动，进一步增强了基层组织的凝聚力。今年在《关于进一步加强基层组织建设意见》贯彻实施五年之际，在调研的基础上，于 6 月、10 月分别在江西萍乡和河南郑州召开了基层组织建设工作南北两个研讨会。会议按照九大关于加强组织建设工作的要求和民建中央五年工作规划纲要的安排，30 个省的与会代表总结交流了五年来贯彻民建中央《关于进一步加强基层组织建设的意见》，落实基层组织建设目标，在创新活动形式，丰富活动内容等方面取得的新成绩、新经验；分析研究了基层组织建设工作中存在的问题和改进办法，探索了新形势下加强基层组织建设的新思路。会后，出台了南北片基层组织工作研讨会议纪要，同时对两次会议的经验进行汇总，印发给各基层组织学习推广。

加强培训工作，培养和提高领导干部和会员的素质。一是召开民建会员在政府机关任地厅级领导干部培训班。为进一步加强本会的参政能力建设，提高在政府和司法机关任职的领导干部的政治把握能力、参政议政能力、组织领导能力和合作共事能力，按照民建中央的部署和组织部的安排，12 月中旬举办“民建会员在政府和司法机关任地厅级领导干部培训班”。协助做好进修班、培训班本会学员的推荐选送、组织协调等相关工作。选送 45 名本会学员参加中央统战部举办的第 21 期、22 期民主党派领导干部进修班、培训班。

此外，为进一步了解市级组织在人员编制、办公经费等方面的情况，赴地方调研指导工作更具有针对性，下发了《市级组织办公条件调查表》，对全国281个市级组织的编制情况、经费情况、办公用房、支部活动场所、主委副主委驻会等情况进行了解，并撰写了《市级组织办公条件调查报告》。继续对部分生活困难的原工商业者会员进行春节慰问补助。共补助151人，寄发慰问金8万余元，这些老同志纷纷写信或打电话感谢民建中央领导对他们的关怀。处理来信来访460（件），出信访简报2期，接待会员来访7（人次）。

（三）组织发展概况

截至2009年12月底，民建共有地方组织365个。其中包括省级组织30个，省辖市级组织281个，县级组织54个。基层组织5717个，其中基层委员会72个，总支478个，支部5167个。会员总数123478人。

经济界会员96663人，占78.3%。其中企业界会员76805人，占会员总数的62.2%。企业界会员中担任各种经济实体的正、副董事长、总经理、厂长等高级管理人员18747人，占企业界会员的24.4%，占会员总数的15.2%；其中私营企业主14493人，占企业界会员的18.9%，占会员总数的11.7%。新社会阶层人士28317人，占会员总数的比例22.9%。会员中人大代表3041人，政协委员15260人。担任县处级以上政府及司法领导职务的1032人，担任各级特邀（约）职务的3971人。

全年入会6450人，其中有大专以上学历的占97.1%；有大本以上学历的占70.8%；有研究生以上学历的占15.2%；有中、高级职称的占41.6%。

孟孝忠　民建中央宣传部部长
王永飞　民建中央宣传部新闻处处长

中国民主促进会

2009年是新中国成立和人民政协成立60周年，是我国“十一五”规划实施的关键年，也是我国应对国际金融危机挑战、改革开放的攻坚年。中国民主促进会（以下简称“民进”）坚持以中国特色社会主义理论体系为指导，清醒认识国际国内两个大局，积极带领民进全会与中国共产党同心同德，努力工作。深入学习贯彻科学发展观，巩固扩大2008年工作成果，以求真务实、改革创新的精神全面履行职责、推进高素质参政党建设。

一、重要会议及活动

为加强对民进全会工作的指导，2009年民进举行中央全会1次、常委会4次、主席会议4次。根据工作需要举行了一系列专项工作会议和纪念座谈会，研究部署并推动各项工作的开展。

（一）十二届中央委员会第三次全体会议

12月7日—9日，中国民主促进会第十二届中央委员会第三次全体会议在北京召开。这次会议的主要内容是：学习贯彻中共十七届四中全会精神，审议中国民主促进会第十二届中央常务委员会工作报告，听取中国民主促进会中央监督委员会2009年度工作情况报告等。

12月7日，民进十二届三中全会在京开幕。严隽琪主席受中国民主促进会第十二届中央常务委员会委托向三中全会作工作报告。罗富和常务副主席主持开幕式。潘贵玉副主席代表民进中央监督委员会向民进十二届三中全会作2009年度工作情况报告。

中央统战部一局局长吴晓礼、副局长孙凌雁应邀出席开幕式。民进第十次全国代表大会部分代表，民进中央专门委员会负责人、部门负责人，民进各省级组织会务工作负责同志列席会议。

严隽琪在报告中回顾了2009年民进的主要工作。报告中指出：2009年，民进中央深入贯彻落实科学发展观，坚持“有思有行、集智聚力、顺势而为”，切实履行参政议政、民主监督职能，积极服务国家科学发展；不断探索高素质参政党建设规律，力求做到知行合一、务实创新，努力促进自身科学发展，实现在思想认识上有新提高，在履行职能上有新作为，在自身建设上有新进步。

报告对民进2010年工作进行了部署：（1）深入学习中共十七届四中全会精神，进一步增强民进的政治责任感和使命感。（2）围绕中心，服务大局，努力提高民进履行参政党职能的水平。（3）进一步加强自身建设，激发组织活力，切实提升民进的整体素质和能力。

12 月 9 日下午，民进十二届三中全会顺利完成各项议程，在京圆满闭幕。严隽琪主席在闭幕式上作重要讲话，对贯彻落实民进十二届三中全会精神提出明确要求。第一，清醒认清形势，贯彻落实中央经济工作会议精神。第二，借鉴执政党建设经验，努力把建设学习型政党落实到实处。第三，适应时代要求，积极稳妥推进会内民主。

会议通过了《中国民主促进会第十二届中央委员会第三次全体会议决议》。

（二）中央常务委员会会议

1. 十二届中央常务委员会第六次会议

2009 年 3 月 9 日，中国民主促进会第十二届中央常务委员会第六次会议在京举行。会议认真学习十一届全国人大二次会议、全国政协十一届二次会议精神，并就做好民进中央 2009 年的重点工作进行了部署。民进中央主席严隽琪出席会议并讲话。民进中央常务副主席罗富和，副主席潘贵玉、王佐书、贺旻、刘新成、蔡达峰、朱永新、张帆等常委出席会议。

严隽琪主席在讲话中就深入学习贯彻科学发展观提出三点意见：一是要把学习贯彻科学发展观和巩固共同的思想政治基础结合起来，深化坚持走中国特色社会主义道路学习教育活动，不断增进民进全会的政治认同和目标认同；二是要把学习贯彻科学发展观和加强自身建设结合起来，以组织工作和后备干部队伍建设为重点，切实提高民进自身素质和能力；三是要把学习贯彻科学发展观和发挥参政党作用结合起来，为促增长、惠民生、保稳定作出积极贡献。

会议审议通过了《民进中央关于学习贯彻十一届全国人大二次会议和全国政协十一届二次会议精神的通知》、《民进中央关于深化坚持走中国特色社会主义道路学习教育活动的意见》。

罗富和常务副主席就民进全国组织工作会的筹备情况进行了说明，王佐书副主席就民进全国宣传思想工作会议暨学习贯彻科学发展观论坛的筹备情况作了说明，朱永新副主席就民进中央庆祝建国 60 周年、人民政协成立 60 周年书画展筹备情况作了说明。

民进中央部门负责人列席会议。

2. 十二届中央常务委员会第七次会议

6 月 3 日—4 日，中国民主促进会第十二届中央常务委员会第七次会议在北京举行。严隽琪主席，罗富和常务副主席，潘贵玉、王佐书、贺旻、刘新成、蔡达峰、朱永新副主席和中央常委出席会议。会议的主要内容是总结上半年工作，交流各地学习贯彻科学发展观的工作情况，研究 2009 年下半年工作重点。

严隽琪主席在会上讲话。她指出 2009 年下半年民进全会要巩固和发展上半年的工作成果，紧紧围绕工作重点，深入学习贯彻科学发展观，全面履行参政党职能，切实推进适应时代要求的高素质参政党建设。要继续深入开展学习贯彻科学发展观活动，探索建立思想政治工作和政治交接的长效机制；要继续把组织发展工作作为重点，召开民进全国组织工作会议，推动组织工作迈上新台阶；要以庆祝新中国成立 60 周年和纪念多党合作制度确立 60 周年为契机，继续深化坚持走中国特色社会主义道路学习教育活动；要积极践行科学发展观，把应对国际金融危机、保持经济平稳较快发展作为当前学习贯彻科学发展观的重要实践。

罗富和常务副主席报告民进中央 2009

年上半年的工作：民进中央认真贯彻落实年初确定的总体工作思路，带领民进在巩固和扩大开局之年工作成果的基础上，推动各项工作不断取得新进展、新成果。半年来，民进中央把学习贯彻科学发展观摆在更加突出的位置，坚持用科学发展观武装思想、指导工作，积极推进高素质参政党建设；把服务科学发展作为参政议政的着力点，继续完善和加强“一个平台、三项机制、一个转化”，进一步提升参政议政能力，为保增长保民生保稳定积极建言献策；把发挥民进的特色和优势，进一步集成各方力量，作为创新工作机制、拓宽工作渠道的有效途径，扎扎实实地做好各项社会服务工作。

会议审议通过了《民进全国代表大会代表联系办法（试行）》。为不断加强自身建设，有序推进会内民主，切实发挥好民进全国代表大会代表在代表大会闭会期间的作用，办法在联系形式、联系内容、联系要求和联系机构等四个方面作出具体规定。

民进中央部门负责人，部分省级组织驻会负责人列席会议。

3. 十二届中央常务委员会第八次会议

10月10日—11日，中国民主促进会第十二届中央常务委员会第八次会议在广州举行。民进中央主席严隽琪，常务副主席罗富和，副主席潘贵玉、王佐书、贺旻、刘新成、蔡达峰、朱永新、张帆和常委出席会议。会议的主要内容是学习贯彻中共十七届四中全会精神，听取四中全会精神专题报告，讨论交流学习心得；研究民进十二届三中全会工作报告提纲等。

严隽琪主席在讲话中高度评价了中共十七届四中全会的重要意义，并指出民进学习贯彻中共十七届四中全会精神，首先要坚持接受中国共产党的领导，确保民进始终沿着正确的政治方向前进，在建设和改革的宏伟事业中真正有所作为。要引导广大会员把民进老一辈领导人的历史选择变为新一代民进人的现实选择，把坚持党的领导贯彻到民进工作的各个方面和环节，进一步增强接受中国共产党领导的自觉性和坚定性。要继续把推动科学发展作为履行职能的第一要务，牢牢扭住经济建设这个中心，注意选择具有综合性、全局性、前瞻性的重大课题开展专题调研和参政议政活动，多想科学发展大事，多谋科学发展大计，努力为实现以人为本、全面协调可持续的科学发展谋深虑之计、建睿智之言、献务实之策。

罗富和常务副主席向常委会报告了民进中央2009年重点调研项目成果《关于在新形势下进一步推进农村教育综合改革的建议》。王佐书副主席报告了民进十二届三中全会工作报告提纲（征求意见稿），并就报告提纲征求常委意见。

民进十二届八次中常会10月10日下午和11日上午举行报告会，交流学习中共十七届四中全会精神的心得体会。报告会分别由刘新成、蔡达峰、张帆主持。

民进中央专委会负责人，民进中央部门负责人，民进省级组织负责人等列席会议。

4. 十二届中央常务委员会第九次会议

12月6日，中国民主促进会第十二届中央常务委员会第九次会议在京召开。民进中央主席严隽琪主持会议并讲话。民进中央常务副主席罗富和，副主席潘贵玉、王佐书、贺旻、刘新成、蔡达峰、朱永新、张帆和常委出席会议。

会议审议通过了中国民主促进会第十二届中央委员会第三次全体会议议程和日程（草案）；听取了关于《中国民主促进会第十二届中央常务委员会工作报告（草

案)》的起草说明，审议通过这一报告(草案)，提交民进十二届三中全会审议，并推定严隽琪同志为报告人；会议还通过了有关人事事项。

王佐书副主席向常委会报告了起草工作报告的指导思想、起草过程，以及工作报告结构和主要内容。

民进中央部门负责人、部分省级组织的负责同志列席会议。

（三）专项工作会议

1. 网站（2009）年度工作会议

2月6日，民进网站（2009）年度工作会议上午在民进中央举行。民进中央主席严隽琪、常务副主席罗富和、副主席王佐书出席会议。会议总结了2008年民进网站的工作，讨论了2009年民进网站工作计划，并研讨如何提高网站的内容质量和实效。

严隽琪主席在会上作重要讲话，并对民进网站工作提出了要以“内容为王”，广泛搜集各种用户需求；抓住主线，突出重点；利用网站开展思想政治工作，要形式生动、内容亲切，“入脑入心”等要求。

王佐书在讲话中对进一步办好民进网站提出八条注意事项：一、加强安全意识，从硬件和软件两方面确保网站安全；二、讲究实效，确保网站内容对民进全会工作推进有实效，管理制度切合时宜、切实有效、切实可行；三、做好服务工作，明确定位，认真思考网站如何为统战服务，为工作服务，为基层组织、会员和民进之友服务；四、用统筹兼顾的方法，建立定期、长效的激励机制；五、与时俱进，体现时代性、把握规律性，富于创造性；六、突出党派特色、部门特色；七、突出重点，每个部门都要明确什么是你的重点，如何突出重点。精心设计、悉心策划，认真维护，做成亮点；八、部门和编辑要强化落实网站工作责任。

会上，民进网站主编总结了2008年民进网站工作，宣传部负责人介绍了网站2009年工作计划。与会人员结合讨论这一计划，对如何搞好网站工作提出意见建议。民进中央秘书长赵光华主持会议，各部门负责人及民进网站编辑共30余人参加会议。

2. 中央机关第八次部门工作研讨会

2009年2月7日至8日，民进中央机关第八次部门工作研讨会在京召开。民进中央主席严隽琪，常务副主席罗富和，副主席王佐书、朱永新出席研讨会并讲话。

严隽琪主席在讲话中对部门负责人提出了五点希望：一、勤学习，识大局。二、夯基础，建制度。三、树正气，带队伍。四、善总结，出主意。五、多联系，出合力。同时要求加大培养机关笔杆子、加强行文规范、重视机关谈心活动等，并进行了具体指导。

罗富和常务副主席在讲话中指出，2008年对于国家、对于民进、对于民进中央机关都是极不平凡的一年，机关部门负责人都承担了责任，完成了任务，也推动了工作，形成了认真谋事、真心交流、相互支持的良好氛围。对于部门负责人工作，他从思路、重点、人才、基础、协调、互补等六个方面提出意见和要求。

王佐书在讲话中希望部门负责人能成为“四序干部”，即思考决定问题要按照规律、按照规章制度、按照程序、按照最优化等次序来周密考虑。

朱永新在讲话中对着重就民主党派社会服务工作的定义、作用以及如何开展工作进行了阐述。

座谈会由秘书长赵光华主持。民进中央各部门负责人出席会议。

3. 中央监督委员会第二次全体会议

6月2日—4日，中国民主促进会中央监督委员会第二次全体会议在北京召开。民进中央主席严隽琪，常务副主席罗富和，民进中央副主席、监督委员会副主任潘贵玉，监督委员会委员邓宗全、吴正宪、陈智伦、尚勋武、陶凯元、黄震出席会议。

严隽琪代表民进中央领导班子听取监督委员会对民进中央领导班子工作的反馈意见并讲话。

罗富和代表民进中央从三个方面向监督委员会介绍民进中央领导班子制度建设与执行情况。

监督委员会查阅了民进中央领导班子有关规章制度情况和会议记录，向民进中央部门负责人了解制度建设的有关问题，听取民进中央部分常委、部门负责人对民进中央领导班子、工作情况的意见建议。

监督委员会认为，新一届中央领导班子高度重视领导班子的思想建设、制度建设和作风建设，重视体制与工作机制的创新，在制度建设与执行情况方面，突出了四个方面的特点。监督委员会还就进一步完善民进中央领导班子制度建设与执行情况，加强会务工作、人才培养以及会内外联动等方面，提出17条意见建议。

民进中央组织部部长、监督委员会办公室主任王建国，组织部副部长李焕喜列席会议。

4. 全国组织工作会议

6月5日—6日，民进全国组织工作会议在北京召开。民进中央主席严隽琪出席并讲话，常务副主席罗富和主持开幕式，副主席王佐书、蔡达峰、朱永新出席开幕式。会议的主要任务是，深入学习贯彻科学发展观，落实民进十大精神，总结交流近年来民进组织建设的成绩和经验，清醒认识参政党建设面临的形势和任务，研究探讨新时期进一步加强组织工作的措施，为把民进建设成适应时代要求的高素质参政党提供坚实的组织保障。

严隽琪主席以“扎实工作，开拓进取，为建设适应时代要求的高素质参政党提供组织保障”为题作主题报告。

严隽琪在报告中对做好新时期的组织工作提出了六点意见。一是学习贯彻科学发展观，切实加强各级领导班子建设。二是从人才兴会、人才强会的战略高度，抓好组织发展工作。三是完善后备干部队伍建设的推荐、选拔、培养、管理机制，促进工作的制度化、规范化、程序化。四是加强对基层组织工作的指导，创新基层组织工作和活动方式，增强组织的活力和凝聚力。五是主动适应新形势，扎扎实实工作，进一步提高机关工作的质量和水平。六是努力建设一支政治强、业务精、作风正、形象好的组工干部队伍。

民进中央部门负责人，民进省级组织负责人，民进省级组织部门负责人80多人参加会议。

会议期间，与会的各省级组织围绕组织工作的开展情况进行了大会交流。民进江苏省委、云南省委、北京市委、上海市委、新疆区委、湖北省委、广东省委、广西自治区省委等8个省级组织负责同志先后在大会上发言。

5. 全国宣传思想工作会议暨科学发展观论坛

7月7日—9日，民进全国宣传思想工作会议暨科学发展观论坛在北京召开。会议的主要任务是：深入学习贯彻科学发展观，交流宣传思想工作与学习贯彻科学发展观的经验和成果，听取宣传思想工作的专题讲座，讨论修改《民进中央关于新形势下加强思想建设的决定》。会议暨论坛7

日上午开幕。民进中央主席严隽琪出席并讲话，常务副主席罗富和主持开幕会，副主席王佐书作工作报告。

严隽琪在开幕讲话中强调，民进必须解放思想、实事求是、创新求进，解决当前影响和制约民进科学发展的突出问题，努力突破价值观瓶颈、能力素质瓶颈、人才瓶颈、体制机制瓶颈，着力推进工作的内容创新、方法创新和理论创新。

严隽琪要求，民进全会要在政治交接学习教育活动取得宝贵的成功经验的基础上，进一步深入学习贯彻科学发展观，做到认识到位、组织到位、措施到位、工作到位，做好转化、带动、提高三篇文章，更加自觉地用科学发展观武装头脑、谋划发展、解决问题、推动工作，努力在服务国家的科学发展上有新作为，在促进自身的科学发展上有新进步。

王佐书在开幕会上作工作报告。他在报告中全面回顾了近几年特别是换届以来民进的宣传思想工作，总结了主要工作经验，并对今后一个时期的工作进行了部署。

7月9日下午，民进全国宣传思想工作会议暨学习贯彻科学发展观论坛圆满完成了各项议程，胜利闭幕。民进中央常务副主席罗富和出席并讲话，副主席王佐书出席会议，民进中央副主席刘新成主持闭幕会。

闭幕会上罗富和总结了本次会议和论坛的主要收获，并要求民进全会要认真学习贯彻严隽琪主席在开幕式上的讲话精神，做好“转化”、“带动”和“提高”三篇文章。

罗富和结合下半年工作，对宣传部门提出三点要求。一是结合庆祝新中国成立60周年与纪念人民政协和多党合作制度正式确立60周年活动，加强对民进全会的思想教育，增强接受中国共产党领导的自觉性和坚定性，不断巩固多党合作的思想政治基础。第二，宣传思想工作要很好的学习借鉴抗震救灾斗争和奥运宣传报道的成功经验，更多地面向基层、面向会员，不断提高宣传思想工作的感染力和说服力，进一步增强民进的凝聚力。第三，要重视会员思想苗头，发挥宣传思想工作的疏导作用。民进中央和各级组织要关心会员的所思所想，化解矛盾、理顺情绪、平衡心理，以会内和谐促进社会和谐。

6. 中央开明画院在京成立并召开第一届理事会

7月28日，民进中央开明画院在北京正式成立并召开第一届理事会。民进中央副主席冯骥才、朱永新出席会议。

开明画院是民进中央为响应中共十七大推动文化大发展大繁荣的号召，发挥民进在文化界别的特色和优势，弘扬中华民族的优秀文化和传统而成立的机构。

民进中央副主席、开明画院院长冯骥才在理事会上讲话。他在讲话中总结了开明画院的四个特点：社会性、服务性、交流性、学术性。

民进中央副主席朱永新在会上宣读关于《成立民进中央画院的决定》。会议审议通过了由董长侠副院长作的《民进中央开明画院筹备工作情况汇报》以及《民进中央开明画院章程》，明确了画院工作的指导思想、各项职能和活动方式。

参加会议的各位理事认真讨论了画院的工作规划，一致认同：开明画院是在民进中央领导下，由具有较高书画艺术造诣的民进会员为主体的非盈利性艺术活动机构，按照民进中央内设机构管理办法进行管理。画院应当发挥书画工作的特点和优势，为配合民进中心工作服务，为公益活动服务，为美术的普及与提高服务。为繁荣书画艺术，凝聚优秀人才，发展海外教育，促进统一大业贡献力量。同时画院应积极为主流文化服务，体现本身的高端性、人文性。

7. 中央专门委员会工作研讨班

10月24日—25日，民进中央专门委员会工作研讨班在京举办。民进中央常务副主席罗富和、民进中央副主席朱永新出席会议并讲话。

此次研讨班重点研讨了民进中央2010年专题调研课题，讨论未来一段时期民进中央参政议政重点关注的领域和调研方向，规划民进中央专门委员会未来几年参政议政的调研课题。

朱永新在讲话中充分肯定了专委会在民进参政议政工作中所发挥的重要作用，并提出了对专委会工作的希望：对2010年民进中央参政议政的选题进行讨论、研究和分析，同时考虑未来几年民进参政议政的目标和定位；各专委会应立足各专门领域对某些问题在未来几年做深入持续的研究，围绕国计民生提出有分量、有影响力的真知灼见，不断地为民进中央的参政议政提供智力支持，为民进中央参政议政工作更上一个台阶作出贡献。

会议传达了主席办公会精神和民进中央领导对此次会议的期望。民进中央希望通过此次研讨班，加强参政议政课题储备，对民进参政议政工作进行长期的规划，探讨未来几年民进中央参政议政将围绕哪些重点问题进行深入调研并提出建议，使民进参政议政调研有计划、有步骤地推进。

在会上，民进中央八个专门委员会的负责同志和民进中央两位参政议政特邀研究员围绕本领域的改革和发展形势，针对其中的难点、焦点和热点问题进行了研讨。

民进中央组织部、社会服务部、参政议政部负责人，八个专门委员会部分骨干成员、特邀研究员等40余人出席会议。

8. 参政议政年会

11月4日—5日，2009年民进中央参政议政年会在河南省郑州市召开。此次会议的主题是加强和改进提案工作，并对民进中央2009年度参政议政成果进行表彰。

年会4日开幕。全国人大常委会副委员长、民进中央主席严隽琪出席并作主题报告，全国政协副主席、民进中央常务副主席罗富和主持开幕式。民进中央副主席朱永新出席会议。

严隽琪在主题报告中充分肯定了2009年民进参政议政工作所取得的成果。并指出要不断创新思路，推进参政议政工作的“六个结合”，进一步提高参政议政能力。一是新老结合，即参政议政“新领域”和“老阵地”相结合；二是长短结合，即长期规划与短线需求相结合；三是干群结合，即参政议政骨干与会员群体力量相结合；四是专兼结合，即专职干部与兼职专家相结合；五是内外结合，即民进会内力量和会外资源相结合；六是虚实结合，即宏观分析研究与参政议政具体工作相结合。

民进各省级组织分管副主委、参政议政部门负责人，民进中央专门委员会主任、副主任，民进中央参政议政特邀研究员，民进中央部分部门负责人共70多人出席会议。

与会同志听取了关于提案工作的辅导报告，并围绕提高参政议政和提案工作水平进行研讨和交流。

9. 中央监督委员会召开第三次全体会议

12月6日—8日，民进十二届三中全会期间，民进中央监督委员会先后两次召开全体会议。民进中央常务副主席、民进中央监督委员会主任罗富和出席并主持会议。

会议审议了《民进中央监督委员会2009年工作情况报告》，并推举民进中央副主席、民进中央监督委员会副主任潘贵玉为报告人，向民进十二届三中全会作2009年工作情况的报告。

会议明确了明年中央监督委员会的工作重点，并就如何完成明年的两项重点工作，讨论了具体工作安排。与会委员一致认为，明年中央监督委员会的工作重点突出，切实可行，对完善民进内部监督机制，推动民进自身建设必将起到积极作用。

民进中央监督委员会委员出席会议。民进中央监督委员会办公室成员列席会议。

10. 省级组织负责人会议

12月9日，民进省级组织负责人会议在京举行。民进中央主席严隽琪，常务副主席罗富和，副主席王佐书出席会议。副主席兼秘书长朱永新主持会议。会议为获得专项工作先进单位的代表颁奖。

罗富和针对《民进中央2010年工作要点》(草案)，作了简要说明。他指出，工作要点紧紧围绕学习贯彻中共十七届四中全会精神，围绕参政党自身建设和履行职能的工作需要，对2010年全年工作作出了部署。民进全会要本着高度负责和极其认真的态度，努力落实这些工作任务和要求。

会议对省级组织专项工作进行了表彰。朱永新宣读了《2009年民进中央关于表彰省级组织专项工作先进单位的决定》，以及2009年省级组织专项工作先进单位和进步突出单位的名单。

民进中央副秘书长、各部门负责人，民进各省级组织负责人出席会议。

(四) 各类纪念活动、座谈会

1. “共庆辉煌”民进全国书画展

2009年7月29日，“共庆辉煌——庆祝中华人民共和国成立60周年、纪念人民政协成立60周年民进全国书画展”在北京中国美术馆隆重开幕。全国人大常委会副委员长、民进中央主席严隽琪出席开幕式并致词，全国政协副主席、民进中央常务副主席罗富和主持开幕式。

此次书画展得到了民进各级组织与广大会员的积极响应，特别是书画界会员以热爱祖国的赤胆忠心和体现精湛技艺的妙笔丹青，提供了许多佳作。这些作品弘扬了中华书画艺术追求真、善、美的优良传统，反映了新中国成立60年来，民进与中国共产党荣辱与共，风雨同舟，共同致力于建设中国特色社会主义伟大事业的辉煌历程，是民进全国各地各界会员展现特色、展示风采，积极投身中国特色社会主义建设的最好体现。

开幕式上举行了民进中央开明画院成立揭牌仪式，严隽琪、文化部部长蔡武为开明画院成立揭牌。

民进中央副主席、开明画院院长冯骥才，中国文联副主席、书记处书记冯远分别在开幕式上发言。

严隽琪、罗富和，全国政协原副主席、民进中央原第一副主席张怀西，蔡武，中国文联党组书记、常务副主席胡振民，全国人大常委会副秘书长李连宁，中央统战部副部长楼志豪，冯骥才，全国工商联副主席孙晓华，民革中央副主席何丕洁等领导共同为画展开幕剪彩。

画展由民进中央主办，民进中央办公厅、民进中央开明画院承办，展出时间为7月29日—8月6日。画展分3个展厅共展出近200幅作品，其中有民进中央领导人的作品，有特邀艺术家的作品，还有各地民进会员的书法和绘画作品。为记载此盛事，民进中央还将全部参展作品和选送作品编印成专题画册。

2. 纪念《民主》杂志创刊20周年座谈会

9月9日，民进中央纪念《民主》杂志创刊20周年座谈会在京召开。全国政协副主席、民进中央常务副主席罗富和，民进中央副主席、民主杂志社社长王佐书，民进中央副主席朱永新，民进中央原副主席、《民主》杂志社原社长楚庄出席会议。

罗富和代表民进中央和严隽琪主席祝贺《民主》杂志创刊20周年，并指出《民主》杂志作为民进重要的舆论宣传阵地，需要做到以下几点：一是要继续坚持正确的舆论导向。二是要坚持促进中国特色社会主义民主政治的发展。三是坚持“以会员为本”的特色。四是要坚持开拓创新。五是要加强队伍建设。

王佐书深情回顾了《民主》杂志创刊20年来的历程。他总结了20年来《民主》杂志工作的几点做法与体会：第一，始终坚持围绕中心和大局办刊。第二，坚持突出特色、面向社会办刊。第三，坚持体现服务、开门办刊。

中共中央统战部宣传办副主任贺劲松发言，向《民主》杂志创刊20周年表示热烈祝贺。新闻出版总署报刊司为《民主》杂志创刊20周年发来贺信。农工党中央宣传部部长石光树代表兄弟党派中央宣传部致词，祝贺《民主》杂志创刊20周年。

楚庄以及《民主》杂志社的老同志在发言中回顾了杂志创刊的背景、意义和作用。兄弟党派中央宣传部门负责人、统战系统期刊的领导同志、作者代表、读者代表在座谈会上先后发言，充分肯定《民主》杂志二十年来取得的工作成绩，同时提出进一步发展的中肯意见，表现出对《民主》杂志深厚的感情与始终的关注。

出席会议的还有中共中央统战部一局副局长孙凌雁，中央统战部宣传办副主任高飞，各兄弟党派中央宣传部负责人，统战系统各期刊的领导同志，民进中央有关部门负责人。会议由民进中央宣传部负责人主持。

3. 叶圣陶115周年诞辰纪念会暨叶圣陶教育思想当代价值研讨会

9月21日，叶圣陶115周年诞辰纪念会暨叶圣陶教育思想当代价值研讨会在南京举行。与会嘉宾怀着崇敬的心情缅怀和纪念叶老的一生，并专门学习研讨他的教育思想与实践。

叶圣陶研究会会长张怀西出席纪念会并讲话。民进中央副主席、叶圣陶研究会常务副会长朱永新主持上午的纪念会。民进江苏省委副主委、江苏省叶圣陶研究会副会长徐菊英致欢迎词。

纪念会上还举行了全国首届叶圣陶教育思想与当代课程教学改革网络征文颁奖仪式。

当日下午举行的叶圣陶教育思想当代价值研讨会由民进江苏省委副主委、江苏省叶圣陶研究会会长朱晓进主持。

研讨会上，9位研究、实践叶圣陶先生教育思想的专家学者和来自教学一线的教师，以叶圣陶教育思想当代价值为主题进行了深入的交流讨论。

在纪念会前，张怀西亲切会见叶老的家属。他高度评价叶老对我国社会文化事业发展所发挥的积极作用，并对叶老后人矢志不渝的整理、研究和宣传叶老的著作、思想，表示肯定和感谢。

4. 民进中央庆祝中华人民共和国成立60周年、纪念人民政协成立60周年座谈会

9月23日，民进中央庆祝中华人民共和国成立60周年、纪念人民政协成立60周年座谈会在京举行。全国人大常委会副

委员长、民进中央主席严隽琪出席并讲话。民进中央副主席王佐书主持座谈会，副主席朱永新发言，原副主席蔡睿贤出席座谈会。

严隽琪在讲话中说，民进与新中国和人民政协同行的历史为我们提供了以下重要的启示：一是坚持和完善中国共产党领导的多党合作和政治协商制度，为建设中国特色社会主义民主政治作贡献。二是坚持围绕经济建设中心，以促进发展为履行职能的第一要务，为现代化建设和祖国统一大业作贡献。三是积极适应世情、国情和会情的变化，坚持以政治交接为主线，不断加强自身建设。

民进在今后要进一步做好“四个坚持”：民进必须坚持在中国共产党的领导下，坚定不移地走中国特色社会主义政治发展道路；必须坚持围绕中心、服务大局，为科学发展积极贡献力量；必须坚持执政党建设和参政党建设相互促进，解决好党派自身建设的两大历史性课题；必须坚持改革创新的精神，在工作中更好地体现时代性、把握规律性、富有创造性。

民进中央出版传媒委员会主任、人民出版社副社长李春生，天津市河西区副区长、民进天津市委常委张金英，民进中央原副秘书长徐德骁，河北省政协副主席、河北省科学院院长、民进河北省委主委王刚，朱永新等分别代表民进中央专门委员会，担任政府和司法机关领导职务的会员，民进中央老同志，民进省级组织，担任人大代表、政协委员的会员先后在座谈会上发言。

民进中央秘书长赵光华，原秘书长陈益群，各部门负责人，民进北京市委、天津市委、河北省委的负责同志，民进中央老同志和机关干部代表近 40 人参加座谈会。

二、参政议政

参政议政、民主监督是参政党的基本职能。2009 年，民进中央坚持把推动科学发展作为履行职能的第一要务，以新作为巩固老阵地，在顺势中开拓新领域，在事关全局和民生的重大问题上，提出具有综合性、全局性、前瞻性或者关键性的意见和建议，为促进经济平稳较快发展、维护社会和谐稳定作出了积极贡献。

2009 年，民进中央重点就应对国际金融危机提出了优化投资结构、发展新能源产业、扶持中小企业、推动科技创新等意见，为中共中央、国务院适时调整宏观经济政策，推动经济平稳较快发展发挥了应有的作用；积极关注民生，就加强重大项目监督、加快小城镇建设、解决国有林区职工生产生活困难、推进基础研究和科普工作等提出意见；关注政治文明建设，就推动执政党建设与参政党建设相互促进，改善执政方式，建设惩治和预防腐败体系等提出建议。民进中央领导还以个人名义，就我国多党合作制度和实践的宣传、国家区域发展规划、海洋权益保护、水资源可持续利用、土地整治、统计系统信息化建设、特殊领域高层人才政策、国家地震纪念馆建设以及香港教育方面的问题向中共中央、国务院领导提交了建议书。

（一）积极做好全国政协会议上的发言与提案工作

在全国政协十一届二次会议期间，民进中央和民进组围绕公共文化投入、出版事业发展、粮食安全保障、涉诉信访长效机制建设、农业科技服务体系完善、基层群众自治、城乡统筹发展等议题，向大会提交党派提案 20 件，民进组提案 7 件，大会发言5件，其中3件提案被列为重点提案，得到国家发改委、教育部、科技部等20余个部委的积极响应。

会议期间，民进中央副主席张帆代表民进中央围绕当时紧急旱情作了《实施水库清淤工程是应对旱灾的长效措施》的大会口头发言；民进山西省委会主委卫小春围绕资源焦点问题作了《关于健全我国矿产资源有偿取得制度的建议》的大会个人口头发言；胡锦涛总书记参加了民盟、民进联组会议。民进组潘贵玉、蔡达峰、史贻云、姚爱兴、赵光华、蔡继明等6位委员分别就人事制度改革、基层群众自治、农村职业教育、城乡统筹发展、职业教育发展等问题发言，引起广泛关注。

民进中央提案得到了国家发改委、财政部、教育部、商务部、文化部、科技部、农业部、新闻出版总署、建设部、国土资源部、银监会等20余个相关部委的重视、研究、沟通及办复。其中，关于《加快小城镇建设，推进城乡统筹发展》、《创新机制，解决中小企业融资难问题》以及《完善相关政策，保障国家粮食安全》的提案被列为重点提案，先后参加了全国政协"积极扩大内需促进经济平稳较快发展"、"加快小城镇建设，推进城乡统筹发展"等提案办理专题协商会。

3月4日，中共中央总书记、国家主席、中央军委主席胡锦涛下午看望出席全国政协十一届二次会议民盟、民进界委员并参加联组讨论。中共中央政治局常委、全国政协主席贾庆林参加了看望和讨论。全国政协副主席、民进中央常务副主席罗富和主持会议。联组会上，吴正德、史贻云、潘贵玉、梁晓声等12位委员先后发言，大家各抒已见，会场气氛十分活跃。在听取委员们发言后，胡锦涛就确保粮食安全、加强农村教育、发展新能源汽车等话题同大家交流看法，并作了重要讲话。

民进海南省委主委史贻云在会上作了关于《大力发展农村职业教育，培养新农村建设实用人才》的发言。

3月8日，全国政协十一届二次会议上午举行第三次全体会议，委员进行大会发言。全国政协常委张帆代表民进中央发言，题目是"实施水库清淤工程是应对旱灾的长效措施"。

3月10日，全国政协副主席、民进中央常务副主席罗富和上午出席全国政协十一届二次会议政协提案委员会在京召开的提案办理协商会。各提案党派、提案人、全国政协委员以及发展改革委等提案承办单位负责人，围绕"关于积极扩大内需促进经济平稳较快增长问题"展开交流，对部分提案进行集中协商办理。会上，民进中央提出的《关于加快小城镇建设，推进城乡统筹发展的提案》，成为重点办案提案。

（二）全力服务高层协商

2009年，民进中央主席严隽琪代表民进中央先后在1月召开的党外人士迎春座谈会上，就中西部地区农村中小学校校舍安全、研究和完善现有统计指标体系、关注国有林区职工生产生活困难等问题提出了建议；在2月召开的征求对政府工作报告意见的党外人士座谈会上，就大力推进基础研究和科普工作、加快小城镇建设、对重大项目建设加强监督等问题提出了建议；在4月召开的征求对十七届四中全会文件起草意见的党外人士座谈会上，就加强对社会建设的领导与部署、进一步把党的作风建设落到实处、丰富反腐倡廉建设内涵、加强基层党组织建设等问题提出了建议；在7月召开的征求对国家经济工作意见的党外人士座谈会上，就优化投资结构、发展新能源产业、扶持中小企业发展及推动小企业科技创新等问题提出了建议。

2009年，民进中央以严隽琪主席、罗富和常务副主席的名义共同或分别于1月上旬，向温家宝总理报送了《关于实施水库清淤工程，促进水资源可持续利用的建议》；于3月中旬，向国务委员刘延东同志报送了《关于对特殊领域高层人才给予特殊政策的建议》；于4月下旬，向李克强副总理报送了《关于尽快实施“金统”工程，加快统计系统信息化建设进程的建议》；于5月上旬，向习近平副主席致信，就更加有效地推进香港基础教育阶段的国民教育、完善香港高校到内地办学和参与国家科研项目的相关政策，培养和扩大新的爱国统一战线组织骨干等提出了建议；于6月上旬，向温家宝总理报送了《关于尽快采取措施，切实维护国家海洋权益的建议》；于8月上旬，向温家宝总理报送了《关于将“北川国家地震遗址博物馆”更名为“北川地震纪念馆”的建议》；于8月中旬，向贾庆林主席报送了《关于进一步做好多党合作和政治协商制度对外宣传的建议》；于8月下旬，向温家宝总理报送了《关于推进“三项整治”工作，切实保障18亿亩耕地红线的建议》；于10月中旬，向回良玉副总理报送了《关于适应“建立促进科学发展的干部考核机制”，改进和完善国家森林资源连续清查体系的建议》，等等。建议和信函得到了党和国家领导人的高度重视和批复，有关国家部委进行了研究和办理。

（三）反映社情民意信息

民进中央信息工作在全国政协参加单位中继续保持较好水平，前三季度总分列第三位。今年2月，民进中央配合中共中央统战部提出的“我为金融危机献一策”活动，报送15份建议。2009年民进各级组织向民进中央反映社情民意信息2645篇，民进中央编报743期。

在民进全会的大力支持下，民进中央信息质量保持稳定并有所提升，如《建议中央拨专款扶持阿坝师专灾后重建》、《把加快小城镇建设作为推进城乡统筹发展的重要抓手》等信息被全国政协信息局单篇采用，得到国家领导人的重要批示。

（四）各种论坛、研讨会

9月8日，民进中央与首都师范大学共同举办了庆祝第二十五个教师节暨第二届中国教师发展论坛活动。全国人大常委会副委员长、民进中央主席严隽琪，全国政协副主席、民进中央常务副主席罗富和，民进中央副主席、中国教育学会副会长朱永新出席会议。论坛开幕式由民进中央副主席、民进北京市委主委、首都师范大学校长刘新成主持。论坛以“科学发展观和教师队伍建设”为主题，组织民进会内外专家深入研讨，深化了民进在教育领域内参政议政的内涵，扩大了社会影响力，探索了在“老阵地”中积极开辟“新领域”的途径。

5月26—27日，由民进中央和长江水利委员会共同主办的长江流域湖泊保护与管理研讨会在南昌召开。国家水利部、林业局、长江水利委员会、中科院、世界自然基金会及江西省等有关方面的领导和负责人出席开幕式。来自民进相关省级组织、科研院所及社会团体的业内专家围绕“湖泊的保护与管理”主题交流研讨，为国家科学决策提供参考。此次研讨会上共有25位专家发言，提出了许多有价值的意见和建议。研讨会后，民进中央印制了《“长江流域湖泊的保护与管理研讨会”论文集》。

（五）专门委员会工作

专门委员会是参政议政的一线工作机构。民进中央高度重视、大力支持和积极鼓励专门委员会在各自的工作领域，充分利用会内外资源，努力寻找专兼职工作的契合点和参政议政的着力点。教育委员会与首都师范大学联合举办“中国教师发展论坛”，科技医卫委员会与国家长江水利委员会联合举办“长江流域湖泊保护与管理研讨会”，出版与传媒委员会、妇女儿童委员会承接国家新闻出版总署、国家人口和计划生育委员会的课题，文化艺术委员会、联络委员会的课题得到了国家文化部、中共中央统战部和国务院台湾事务办公室的支持，经济委员会与清华大学“政治经济学研究中心”合作开展调研，社会与法制委员会的调研得到了地方政府的大力支持。各专门委员会与政府机关、社会团体、研究机构开拓合作渠道、加强合作机制的有效举措，成为今年专门委员会工作的一个亮点。

1月18日，由民进中央教育委员会和中国教育学会高中教育专业委员会联合主办的2009年基础教育改革座谈会在京举行。这次会议的主题是：关于我国高中教育的定位和关于对国家中长期教育改革和发展规划的建议。全国人大常委会副委员长、民进中央主席严隽琪全天主持会议并讲话。全国政协副主席、民进中央常务副主席罗富和，教育部副部长陈小娅，民进中央副主席朱永新出席座谈会。教育部基础教育二司司长郑富芝、民进中央秘书长赵光华、全国部分著名高中校长、民进中央有关部门负责人等40余人参加会议。

（六）深入开展调查研究

民进全会集智聚力，本着利益共享、资源共享和成果共享的原则，组织实施了民进中央2009年“新形势下的农村教育综合改革”专题调研。民进中央主席严隽琪主席、常务副主席罗富和等民进中央领导先后在上海、河南、山西、山东、安徽等地开展了前期调研、正式调研和后期调研。民进天津、广东等6个省级组织将该课题作为本省年度重点调研课题配合民进中央各有侧重开展同步调研。在此基础上，在国家教育部、农业部、科技部的支持协助下，民进中央综合各方调研成果集中研讨，反复论证，最终形成了致中共中央、国务院的《关于新形势下的农村教育综合改革建议书》。

民进中央8个专委会按照调研计划，分别就“新机制后我国义务教育的新情况与新问题”、“深化文化行政管理体制改革”、“中国媒体走向世界，打造新时期中国国际形象”、“农村土地流转”、“中央公益类科研院所体制（机制）改革”、“土地节约集约利用”、“人口和计划生育公共服务网络在构建农村基本公共服务体系中的重要作用”等课题有序展开调研。调研得到了有关国家部委、社会团体、研究机构和民进地方组织的大力支持，产生了一批较高质量的参政议政成果。

民进中央2009年确定8个参政议政立项课题，内容涉及城乡统筹社会保障、社会建设和管理体制、中小企业融资、促进两岸经济发展、就业保障体系、农村垃圾研究、欠发达地区财政支农资金使用绩效、农村专业合作社等领域，由民进湖北省委会、民进中央经济委员会等15个省级组织和专门委员会承担完成，产生的提案等参政议政成果拟报送2010年全国政协大会。

三、社会服务

面对社会、面对基层、面对群众开展

社会服务，是参政党服务国家、社会和人民的重要职能，是了解国情民意的重要渠道，是增加组织凝聚力与社会影响力的重要抓手，是体现立会宗旨的重要形式。民进中央注意分析新形势下社会服务工作的需求和特点，不断完善工作机制，加强和改进对民进社会服务工作的指导和统筹协调，充分发挥地方组织的积极性和创造性，在服务社会中培养会员、锻炼组织。

（一）积极参与贵州毕节试验区建设

1月7日，全国政协副主席、民进中央常务副主席罗富和，民进中央副主席朱永新在京会见来访的毕节地区行署专员张吉勇，共商进一步深化合作，促进试验区发展。

在座谈中，罗富和常务副主席建议民进与试验区合作开展推进城镇化专题调研，草海治理技术支撑服务等工作。

朱永新副主席指出，民进中央会同国家有关部委主办石漠化治理论坛，启动金沙县民心有机农业试验示范园建设，支持举办草海治理规划评审会，编辑出版《携手毕节二十年——民进试验区工作回顾》；经牵线搭桥，会员企业——贵州青利集团将在毕节市建设磷煤生态工业园，意向投资达到106亿元，一些企业家捐款修建学校。

张吉勇感谢民进中央对试验区建设的关注和支持，介绍了毕节试验区2008年经济社会发展情况与2009年工作安排。中共毕节地委委员、行署副专员许庆，地委委员、地委统战部部长吴维方，民进中央社会服务部负责人参加会见。

1月12日，民进中央副主席朱永新在民进中央亲切会见中共贵州省金沙县委常委、县人民政府常务副县长王丽，中共金沙县委常委、县委统战部部长刘军，双方就促进金沙县经济社会发展和民进智力支边扶贫工作进展深入交换了意见。

朱永新指出，民进开展支边扶贫以智力服务为主，特色和优势在教育领域，要帮助金沙成为教育文化大县，教育各项指标在全地区乃至全省名列前茅。今后要着重抓好农村职业教育发展，千方百计提升教育质量，与本地经济发展水平相称；要把参与金沙区域发展作为民进智力支边扶贫工作的重中之重，建立与地方联动的工作机制，充分调动各方面的积极性；智力支边工作要加强计划性和针对性，从事具体工作的同志务必深入了解地方的需求，熟悉地方经济社会发展的方方面面，在调研分析的基础上寻求工作切入点。

4月11日—12日，民进中央社会服务部调研组赴四川省绵阳、德阳等地就民进中央600万资金支持四川灾后教育重建项目落实情况考察调研，并在12日出席了民进中央捐资115万元援建成都市金堂县清江中学的捐赠仪式。

民进中央高度重视灾区教育重建工作，将民进会员捐出的862万元捐款全部投向重灾区的川、甘、陕、渝。其中600万元用于四川的成都、德阳、绵阳、广元、眉山几市受灾学校的教育重建工作。调研组先后考察民进中央捐建的北川县擂鼓中学多媒体教室工程进展情况，和绵阳市涪城路小学、城郊小学板房教学点，还有绵阳民进会员李佳创办的以培养高、中级电子技工人才为主的绵阳市电子教育学校。

9月5日上午，民进中央“彩虹行动”启动暨签约捐赠仪式在金沙县举行。民进中央主席严隽琪出席并发表重要讲话。启动仪式上，民进北京市委会、民进上海市委会、民进天津市委会、民进山东省委会、民进江苏省委会、民进浙江省委会等6个省级民进组织分别与金沙县教育局及对口支援乡镇签订了对口支援协议。

经过积极联络，深圳职业技术学院与毕节职业技术学院签署了合作办学协议，汇思集团与金沙县人劳局签署劳动力战略合作协议。钱江实业有限公司向“彩虹行动”计划捐赠100万元，作为启动资金；北京特智诚科技有限公司向“彩虹行动”计划捐赠15万元；杭州师范大学附属小博士艺术幼儿园向“彩虹行动”计划捐赠10万元，用于培训金沙县幼儿教师。

启动仪式上举行捐赠活动。北京京鸿疆科技发展有限公司向金沙一中捐赠远程卫星教育设备；北京神墨教育机构捐赠15万元，将建设高坪乡完小综合楼；源宏集团、中国红十字基金会西部女性阳光基金向金沙中医院捐赠一套价值20万元的宫颈癌筛查仪；上海亚能生物科技有限公司向金沙县人民医院捐赠价值5万元的“快速诊断CRP”。成都武侯试验中学校长李镇西、翔宇教育集团总校长卢志文、深圳中学校长王铮等知名校长应民进中央邀请为金沙县近500位学校校长分别作了题为“做幸福的教师”、“校长的管理哲学与实践智慧”、“课程建设与学生发展”的讲座，这是“彩虹行动”启动后开展的第一次对金沙县校长的全员培训。启动仪式结束后，民进有关省级组织分别根据协议通过组织讲学团、金沙校长到发达地区接受培训等方式开展支援工作；其中民进北京市委会举办了金沙校长培训班，民进浙江省委会举办了金沙幼儿教师培训班，民进上海、浙江、山西等地方组织企业界会员到金沙考察洽谈合作；金沙县领导先后到南京、苏州等地就落实劳动力就业转移合作协议等开展对接商谈。

（二）继续参与地震灾区教育重建

举办“2009年地震灾区学校校长暑期培训班”，加强对灾区教师的心理辅导，对帮助灾区提高教学和管理水平起到了积极作用。在民进四川、甘肃、陕西和重庆四省、市委会的精心组织与监督下，民进投入770万元特殊会费建设的灾区教育重建项目进展顺利。民进中央积极带领和组织专家学者，深入边疆民族地区和西部地区，开展智力支边活动，到贵州黔西南开展民族文化培训工作，到海南开展黎族文化调研，组织甘肃星火科技带头人到发达地区学习培训，均受到了当地干部群众的欢迎。积极支持各级组织通过多种方式，持之以恒地开展“三下乡”、社区服务、兴教助学等社会公益活动，对促进和谐社会建设和社会稳定发挥了积极作用。一年来民进各级组织累计捐建学校27所，捐助农家书屋17座，资助学生9910名，培训西部地区教师7675人次，培训农民26707人次，捐赠物资折合人民币1621万元，开展医疗服务、文化下乡等活动771次，受益人数达13万。

4月2日，抗震救灾任瑞华瓷艺作品捐赠仪式上午在民进中央举行。民进中央副主席朱永新出席活动并讲话。

民进会员、景德镇陶瓷学院教授任瑞华向民进中央赠送了曾获国家级金奖的瓷艺作品《花絮飞扬》。朱永新向他颁发收藏证书。赵光华秘书长向他颁发捐赠证书。任瑞华同志在四川汶川地震后积极努力，为抗震救灾做了大量工作。他通过民进中央向灾区捐赠了8件瓷艺精品，其中2件曾获国家级金奖、1件曾获国家级银奖，此次捐赠价值约300万元人民币。

民进江西省委副主委李志跃，景德镇陶瓷学院党委书记肖任贤，民进景德镇市委主委顾幸勇、副主委汪其凡，民进中央办公厅负责人参加活动。民进中央社会服务部负责人主持仪式。

4月20日，民进中央捐资30万元援建四川省青神县汉阳学校签约仪式在青神县举行。民进四川省委秘书长张宏受民进中央委托与青神县人民政府签约并致词。眉山市政协副主席、市委统战部长李亚非出席仪式，向民进中央以及民进四川省委表示由衷感谢。青神县人民政府、政协等有关方面领导同志出席签约仪式。

受汶川5·12特大地震影响，青神县汉阳学校受损严重，多处房屋被鉴定为D级危房，必须拆除，影响了正常的教学工作。得知这一消息后，民进眉山市委心系灾区，积极向省委会反映汇报眉山受灾情况。在民进四川省委的积极支持和努力下，争取到民进中央资金支持用于该校重建工作。这笔资金在该校的重建工作中将用于修建教学综合楼，建成后建筑面积达1340平方米，可基本满足教学需要。

5月7日、8日，中国民主促进会抗震救灾恢复重建捐赠仪式先后在宝鸡、汉中举行。两个捐赠仪式的项目款项40万元均来自民进中央向全国民进组织及广大民进会员发起“为了灾区的孩子们”抗震救灾缴纳的“特殊会费”。受民进中央委托，陕西省政协副主席、民进陕西省委主委李进权出席两地的捐赠仪式并讲话。民进陕西省委副主委董家蕙一同参加仪式。

7月29日—8月1日，民进中央2009年地震灾区学校校长暑期培训班在京举办。29日下午举行开班仪式，民进中央主席严隽琪讲话，常务副主席罗富和、副主席朱永新出席，副主席刘新成主持会议。

开班仪式上民进北京市委会员、北京民营科技实业家协会副会长、北京书生公司董事长王东临，向来自四川、甘肃、陕西、重庆地震灾区的中小学校长捐赠价值20万元的电子图书。

严隽琪在开班仪式上向战斗在灾区重建一线的校长和老师们表示崇高的敬意和诚挚的问候。她认为此次培训有三个特点：一是紧紧围绕教育重建展开培训。二是培训体现了“一切为了教育，一切为了孩子”的宗旨。三是培训体现了民进的特色与优势，是民进参与灾区教育重建与师资队伍建设的具体行动。

此次培训班为来自灾区的50位校长精心排了4次专题讲座，涉及教育管理、心理辅导等方面。

（三）积极服务会员

民进中央高度重视对社会新阶层会员的教育、引导、支持、服务工作，积极为会员排忧解难，支持和帮助会员在推动自身企业健康发展的同时积极服务社会，不断提高自身素质和能力。鼓励和推动省市级组织组建“企业界会员联谊会”，及时召开“2009年民进企业家联谊会联席会议”，促进了企业界会员之间的交流与合作。为拓展社会服务平台，还成立了“开明画院”；鼓励和支持“民办教育协会”的工作，为凝聚书画界会员和民办教育界会员，更好地服务社会进行了新探索。

10月14日至15日，2009年民进企业家联谊会联席会议在南京举行。全国人大常委会副委员长、民进中央主席严隽琪出席开幕式并讲话。民进中央副主席朱永新主持会议。

严隽琪在讲话中强调了关于当前民进社会服务工作的三点要求：加强学习，提高认识；把握重点，发挥优势；勇于开拓，创新机制。

本次会议听取了国务院发展研究中心副主任卢中原作的《应对危机、跨越危机》专题报告，并参观考察了江苏雨润食品产业集团。

会议期间进行了分组讨论，各小组结

合工作实际，对严隽琪主席的重要讲话和卢中原的报告进行了认真的学习和讨论，围绕如何开展社会服务工作和企业家联谊会工作充分交换了意见。闭幕式上，参加会议的企业家会员各小组推选出的代表向大会汇报了分组讨论的情况。

（四）积极为祖国和平统一大业作贡献

两岸关系的和平发展是中华儿女的共同期盼。民进积极发挥自身优势，通过多种形式和渠道，促进海峡两岸和港澳地区的文化、教育和经贸交流，拓展与港澳台社会各界人士的联系，作出了新的贡献。

以文化教育为背景，邀请港澳台地区的新老朋友，举办各种形式的研讨会，是民进行之有效的、推进与港澳台地区交流交友的重要形式。民进中央根据对台工作形势的变化，对论坛的内容、与会人员的范围、交流研讨主题与方式等进行认真研究，调整工作思路，改进工作方法，提高了会议成效。成功举办了“第四届海峡两岸企业发展与合作论坛”、“2009 年海峡两岸基础教育论坛”、“第七届海峡两岸中华传统文化与现代化研讨会暨首届海峡两岸医学文化与医学发展论坛”，为加强海峡两岸和港澳地区的合作与交流，促进两岸同胞的感情沟通，增强民族凝聚力，弘扬中华民族精神，做出了积极的努力。先后有来自台湾、香港、澳门的政界、学界、商界的 180 位人士出席了民进组织的上述活动，收到论文 64 篇，签订文化交流、经贸合作项目协议 9 项，协议引资金额达 200 亿人民币。民进中央在热情接待来自港澳台地区的多批代表人士，做增信释疑、加强感情交流的同时，还积极创造条件，组织访台代表团、赴港考察团，主动“走出去”，扩大接触面，交更多朋友。民进中央与中国社会科学院台湾研究所合作，在有关地方组织的配合下，就“两岸签署金融合作协议后大陆台商融资情况”、“构建两岸中医药经济交流平台”等课题开展专题调研，向中共中央、国务院有关部门提出具有针对性的意见和建议。在台湾地区遭受风灾之后，民进还组织会员踊跃捐款捐物，支持台湾人民重建家园，体现了血浓于水的同胞之情。

4 月 2 日，朱永新在民进中央会见以台湾工商建研会吴嘉璘副理事长为团长的台湾工商建研会中区联谊会大陆参访团一行 26 人并座谈。

6 月 15 日—16 日，第四届海峡两岸企业发展与合作论坛在唐山市举行，来自海峡两岸的企业家和经济界知名人士近 200 人出席论坛。全国人大常委会副委员长、民进中央主席严隽琪出席闭幕式并讲话。全国政协副主席、民进中央常务副主席罗富和出席开幕式并讲话。民进中央副主席朱永新出席论坛。

本届论坛围绕“推动海峡两岸经贸交流与合作，促进祖国统一和中华民族振兴，促进河北经济社会发展和唐山、曹妃甸新区开发开放”的宗旨，就两岸携手共同应对金融危机，循环经济与资源型城市可持续发展，曹妃甸与台湾临港产业的对接，中小企业发展与产业结构优化，台资进入环渤海地区的机遇和战略选择等议题进行广泛而深入的交流与研讨，并进行项目洽谈和参观考察等活动。

9 月 18 日—19 日，2009 年海峡两岸基础教育论坛在南京召开。本届论坛以“教师专业发展”为主题，吸引了大陆 21 个省、自治区、直辖市和台湾、香港地区近 70 所名校的中学校长及教育界专家参加。

论坛期间，大陆和台湾、香港地区的

17位中学校长、教育界官员和专家进行了精彩的主题演讲。大家围绕海峡两岸教师专业发展的途径和方法、教师专业发展评价，以及校长与教师的专业发展等议题，发表见解、展开讨论、共议心得，交流两岸中学教师发展的思考和经验，共促两岸中学教育改革与创新不断深化。

11月1日—2日，第七届海峡两岸中华传统文化与现代化研讨会暨首届海峡两岸医学文化与医学发展论坛在杭州市举办。本次会议围绕中华传统文化与医学发展、中西文化交融与医疗卫生服务、中华传统文化与医学模式转变等议题，共同探讨祖国医药事业的发展大计。

论坛的主要特点，一是论坛的主题从以往六届的以地域文化为主题转向以领域文化为主题；二是论坛规格较高，邀请到大陆和台湾、香港、澳门地区医学界专家学者近200人与会；三是论坛内容丰富、成果多样，不仅涉及中华传统医药文化的继承与弘扬，也涉及中西方医药文化的交流与融合；四是浙台两地深厚的文化渊源，以及改革开放以来浙江省医药卫生事业所取得的显著成就，为本次浙台交流奠定了基础。

在为期两天的论坛上，大陆和台港澳地区近20位专家学者作了发言，近百位与会嘉宾分专题进行了交流，对医学发展与社会文化的关系达成了广泛共识。大家期待，两岸四地以中华文化为纽带，有更多的机会和条件探讨交流，促进医疗人文环境建设和医疗卫生事业发展，不断增进两岸人民的健康福祉。

全国人大常委会副委员长、民进中央主席严隽琪在开幕式上作《打造包容中西医精华的二十一世纪新医学》的讲话。全国政协副主席、民进中央常务副主席罗富和在论坛闭幕式上作《弘扬天人合一理念推动医学和谐发展》的讲话。

四、纪念中华人民共和国和人民政协成立60周年工作

纪念中华人民共和国和人民政协成立60周年，对于民进坚定不移地走中国特色社会主义道路，推进民进事业健康发展具有十分重要的意义。民进中央把庆祝活动与学习贯彻中共十七大精神、学习贯彻科学发展观和做好2009年各项工作结合起来，主动参与中共中央、全国政协和统战系统举办的一系列纪念活动；积极指导民进全会开展主题突出、形式多样、广泛参与的一系列庆祝活动，引导广大会员深刻认识多党合作和政治协商制度的历史必然性和现实优越性，进一步激发了广大会员的爱国主义热忱和接受中国共产党领导的自觉性。通过召开座谈会、联欢会、开展征文、制作专题网页、开展网上知识竞答，举办“共庆辉煌”民进全国书画展、摄影展，等等，回顾中华人民共和国60年的光辉历程、人民政协及多党合作制度60年来取得的巨大成就，展示民进60年来为社会主义建设和改革开放事业作出的重大贡献，进一步增强了广大会员的自豪感和致力于多党合作事业的使命感。民进中央把纪念“两个60周年”活动和加强民进优良传统教育结合起来，编写“新中国成立以来民进的发展与贡献”，编印会史重要人物传略丛书，创刊《中国民主促进会年鉴》，并出版试刊号，完成会史教育基地的改建，制作《中国民主促进会》宣传短片，参与全国政协《辉煌历程——人民政协成立60年纪念刊》的编纂等，对弘扬民进与中国共产党风雨同舟、团结合作的历程中形成的优良传统起到了积极的作用。各级地方组织积极响应民进中央号

召，结合自身实际，开展各具特色、丰富多彩的庆祝纪念活动。广大会员通过创作诗歌、散文、书画作品等特有的方式，表达了对祖国的祝福和对民进的热爱。这些系列活动，进一步增强了广大会员的爱国爱会感情和以更大的热情投身改革开放和社会主义现代化建设事业的责任感，有效地增强了民进坚定走中国特色社会主义政治发展的"道路认同"，全面建设小康社会的"目标认同"，中华民族优秀文化与民进优良传统的"文化认同"。

五、自身建设

（一）思想建设

思想建设是高素质参政党建设的核心。面对国际金融危机影响日益复杂，社会思想日益多元的形势，民进中央带领民进全会高举中国特色社会主义伟大旗帜，深入学习贯彻科学发展观，坚持以社会主义核心价值体系为引领，深化坚持走中国特色社会主义道路学习教育活动，扎实推进政治交接长效机制建设，努力提高理论指导实践的水平，进一步统一思想、坚定信念，为建设适应时代要求的高素质参政党奠定坚实的思想基础。

1. 学习贯彻科学发展观

科学发展观是民进加强自身建设、履行参政党职能的强大思想武器。一年来，民进从国际国内形势的新变化和自身建设的新要求出发，结合学习中共中央重要会议精神，兴起了学习贯彻科学发展观的热潮。民进中央中心学习组和常委会先学一步，邀请有关专家学者辅导，主席、副主席和常委会组成人员带头谈体会、写文章、作宣讲，发挥了示范带动作用。民进中央举办科学发展观论坛，召开学习贯彻科学发展观视频会议，制作专题网页，开展问卷调查，发动广大会员"为民进科学发展进一言"等，强化理论学习、创新学习活动方式、转化学习成果，进一步增强了民进学习贯彻科学发展观的自觉性和坚定性，明确了学习贯彻科学发展观的着力点，更加自觉地用科学发展观武装头脑、谋划发展、解决问题、推动工作。

1月20日，民进中央上午在国谊宾馆召开学习贯彻科学发展观专题报告会。全国人大常委会副委员长、民进中央主席严隽琪主持会议并讲话。全国政协副主席、民进中央常务副主席罗富和，民进中央副主席潘贵玉、王佐书、贺旻、刘新成、蔡达峰、张帆出席报告会。报告会邀请国家发改委宏观经济研究院副院长马晓河同志作题为《当前经济形势及今后政策走向》的专题报告。报告从当前国际国内经济形势出发，客观分析了我国在全球金融危机中面临的挑战和困难，科学解析了我国当前经济形势和宏观经济今后走势，并重点介绍了下一步国家将实施的经济政策。

民进北京市委常务副主委吴文彦，民进中央各部门负责人，民进中央各专委会主任、副主任，民进中央和民进北京市委干部职工等一百余人参加报告会。

2月24日，民进中央上午在机关举行学习贯彻科学发展观视频会议，王佐书副主席作《学习贯彻科学发展观的体会》宣讲报告。报告会通过民进中央网站进行了视频直播。

王佐书的报告从科学发展观的提出、解释、重要地位、如何树立贯彻落实科学发展观、学习贯彻落实科学发展观的总要求等五个方面，联系民主党派工作实际对科学发展观进行了全面系统、深入浅出的讲解。

王佐书着重宣讲了怎样树立、贯彻、

落实科学发展观，以及学习、贯彻、落实科学发展观的总要求。宣讲报告中，王佐书还结合“2007年进出口依存度参考值”、“城镇、乡村人口”、“城镇、农村居民人均收入及比值”等实例，运用科学发展观进行了具体分析。整个宣讲报告条分缕析、重点突出，很好地回答了民主党派学习贯彻科学发展观学什么、怎么学和如何贯彻落实的问题。

民进中央、民进北京市委、开明出版社有关负责人参加报告会。民进中央宣传部负责人主持会议。民进中央、民进北京市委机关和开明出版社干部职工100余人现场听取报告。

6月3日，民进中央上午召开学习贯彻科学发展观专题报告会。民进中央主席严隽琪，常务副主席罗富和，副主席贺旻、朱永新及民进中央常委出席报告会。王佐书副主席主持报告会。会议邀请中央社会主义学院副院长张峰作题为《关于民主党派深入学习贯彻科学发展观的思考》的专题报告。民进中央部门负责人，民进部分省级组织负责人，民进中央和民进北京市委干部等100余人参加报告会。

2. 中国特色社会主义道路学习教育活动

深化坚持走中国特色社会主义道路学习教育活动，是新形势下民进巩固政治交接成果，扎实推进政治交接长效机制建设的一项重大举措。今年以来，针对我国经济发展面临的严峻挑战，以及社会上出现的一些不和谐的声音，民进中央作出了深化坚持走中国特色社会主义道路学习教育活动的决定。民进全会以学习贯彻全国“两会”精神为契机，深入开展形势教育，认真学习胡锦涛总书记在全国政协民盟、民进联组会上重要讲话的精神，学习吴邦国委员长对我国人民代表大会制度与西方议会制本质区别的重要论述，进一步增强了战胜危机、应对挑战的信心，坚定了多党合作的信念。民进中央把深化主题教育与庆祝新中国和人民政协成立60周年结合起来，加强对社会热点、难点问题的引导，大力宣传民进的模范人物、先进典型，推动广大会员深入学习社会主义核心价值体系。民进中央认真总结推广地方组织在主题教育活动中创造的经验，不断丰富民进思想建设的内容、形式和方法，适时召开了民进全国宣传思想工作会议，制定下发了《民进中央关于加强新形势下我会思想建设的意见》。民进各级组织认真贯彻会议精神，努力把思想建设与理论建设、组织建设、作风建设、制度建设结合起来，规范学习培训机制，建立健全思想理论动态分析机制、宣传引导机制，研究建立重大突发事件和不良信息预警机制，初步形成了政治交接的长效机制，增强了坚持接受中国共产党领导、走中国特色社会主义政治发展道路的信心。

3. 加强理论建设

理论建设是参政党自身建设和发展的必然要求。只有理论的清醒，才有政治的坚定、行动的自觉。民进中央强调以参政党应用理论研究为重点，紧密结合实际，就政治交接长效机制、组织工作和后备干部队伍建设、社会服务、专委会工作、机关建设等进行了深入研究，形成了一批具有较高价值的研究成果，为进一步推动民进的思想建设、组织建设和履行职能提供理论依据。民进中央积极整合会内外力量，集成中央和地方资源，发挥参政党理论研究会及其特邀研究员的作用，部署并下发参政党理论研究课题，参与地方组织召开的理论研讨会，走访中共中央、兄弟党派统战理论研究部门，交流和研讨理论研究的最新成果，编辑出版参政党建设理论研讨会论文选集，设立理论研究专项奖，等等，有效地推动了民进理论研究工作的开展。在今年庆祝新中国和人民政协成立60周年之际，民进中央组织民进全会撰写了理论研究文章达760篇。民进全会开展参政党应用理论研究呈现新的局面，研究活力迸发，成果更加丰富，质量进一步提高。

（二）组织建设

组织建设是高素质参政党建设的基础。根据形势发展的要求，民进中央高度重视组织工作在民进思想建设、作风建设、制度建设、理论建设和履职能力建设等各方面的作用，巩固和扩大领导班子建设成果，有序推进会内民主，努力提升民进履行参政党职能的能力和自身建设的科学化水平。

1. 有序推进会内民主

民进中央适时召开领导班子民主生活会，对换届以来的工作进展和思想状况交换看法、进行分析；进一步完善了重大事项通报制度，利用各种途径和机会与中央常委和中央委员及时联系沟通、征询意见；大力指导、支持监督委员会开展工作。按照《中国民主促进会中央监督委员会工作条例（试行）》规定，在民进十二届七次中常会期间，中央监督委员会举行第二次全体会议，认真听取民进中央领导班子制度建设与执行情况介绍，查阅有关规章制度情况和会议记录，以个别谈心的形式听取部分常委和机关部门负责人对民进中央领导班子的意见和建议。民进中央学习借鉴中共党建经验，进一步完善领导后备人选的选拔制度，保证后备人选推荐过程、操作程序公开透明、公平公正；结合民进实际，制定了《民进全国代表大会代表联系办法（试行）》，并采取多种形式与代表保持经常联系。如邀请代表参加相关会议，领导班子成员到地方调研时邀请代表参加座谈等，扩大了代表的知情权和参与权，调动了广大会员参与会务工作的积极性和主动性，对指导民进工作、凝聚民进智慧和力量起到了积极作用。

2. 注重人才队伍建设

人才队伍建设是民进永葆生机活力、实现可持续发展的根本保证。民进中央从建设适应时代要求的高素质参政党目标和“人才强会”的战略高度，把人才队伍建设作为2009民进组织工作的重中之重，在后备干部、骨干会员和机关干部的培养、使用等方面做了积极努力。一是加强对领导班子后备干部人选产生程序的指导、检查和督促，了解和掌握各省级组织后备人选的民主推荐、遴选协商、考察确定等各阶段工作进展，主动与各省、自治区、直辖市中共党委和有关部门沟通协商，保证了后备干部人选的质量。二是不断充实会员人才库并实行动态管理，将政治素质好、有较强参政议政能力和组织领导能力的中青年骨干会员纳入人才库，为2010年“届中调整”和2012年换届进行人才储备，为民进更好地履行参政党职能奠定人才基础。三是举办各种形式的培训班、研讨班，针对后备干部、骨干会员、专职干部的类别、层次、特点和个人实际进行培训，推荐民进会员到各级党校和社会主义学院学习，通过培训发现和培养人才。2009年民进全会各级组织共举办各类培训班90多个，累计培训达7000余人次。民进中央继续选派机关干部到基层挂职、锻炼，接收地方组织机关干部到民进中央兼职和挂职，促进了民进机关干部的交流。四是制定组织和会员发展规划，对民进会员及新建市、县级组织的数量、结构、比例分布等进行认真规划，对高层次会员发展趋势进行分析，增强了会员和组织发展的计划性和针对性。五是多渠道推荐民进会员和干部担任社会职务。2009 年民进中央共推荐了国土资源部特邀国土资源监察专员 4 名，中华职业教育社第十届理事会理事、副理事长各 1 名；中国和平统一促进会第八届副会长 1 名、名誉会长 1 名、常务理事 1 名、理事各 3 名；中华民族文化促进会第三届理事 11 名、副主席 2 名；最高人民法院特约监督员 2 名；国家出版基金评审专家 10 名，为民进会员在各个领域争取了更多展示才能的机会，扩大了民进的社会影响。

（三）组织发展概况

截至 2009 年底，民进共有地方组织 355 个，其中省级组织 29 个，市级组织 267 个，县级组织 59 个；基层组织 5859 个，其中基层委员会 114 个，总支委员会 409 个，支部 5188 个，小组 148 个。当年新建地方组织总数为 4 个，其中市级委员会 4 个，县级委员会 0 个；当年新建基层组织总数为 151 个，其中基层委员会 12 个，总支委员会 28 个，支部 99 个，小组 12 个。

截至 2009 年底，民进共有会员 117705 人。从界别分布上看，教育界占 66.4%（其中，高教占 13.4%，普教占 53.0%）；文化艺术界占 5.9%；新闻出版界占 2.1%；科学技术界占 2.4%；医药卫生界占 6.1%；经济界占 8%（其中，公有制经济占 3.6%，新的社会阶层人士占 4.4%）；机关、团体和其他界别占 9.1%。

会员担任人大代表共 1938 人，其中全国人大副委员长 1 人，全国人大常委 5 人，全国人大代表 54 人，省级人大代表 283 人，市级人大代表 835 人，县级人大代表 759 人。

会员担任政协委员共 10441 人，其中全国政协副主席 1 人，全国政协常委 13 人，全国政协委员 65 人，省级政协委员 827 人，市级政协委员 4477 人，县级政协委员 5058 人。

会员担任县处级以上政府及司法机关实职 721 人。

梁红星　民进中央研究室二处处长
沈轶筠　民进中央研究室干部

中国农工民主党

2009 年，中国农工民主党认真学习贯彻中共十七大和十七届三中全会精神，深入落实中共中央“保增长、保民生、保稳定”的战略部署，围绕汶川地震灾后恢复重建、促进经济平稳较快发展、推进科技创新、医药卫生、文化教育事业改革发展和生态文明建设等问题，积极参政议政，开展社会服务，加强自身建设，为推动科学发展、促进社会和谐、着力改善民生作出了积极贡献。

一、重要会议及活动

（一）中央全会

农工党第十四届中央委员会第三次全体会议 12 月 11 日—12 日在北京举行。会议认真学习贯彻中共十七届四中全会精神，审议通过了桑国卫主席代表农工党第十四届中央常委会所作的工作报告。

桑国卫主席全面总结了农工党 2009 年的工作。他说，过去的一年，农工党中央认真贯彻中共中央的决策部署，高举中国特色社会主义伟大旗帜，以邓小平理论和“三个代表”重要思想为指导，深入学习贯彻科学发展观，贯彻中共十七大精神，落实农工党十四届二中全会确定的 2009 年工作任务，坚持把发展作为参政议政的第一要务，切实履行参政党职能，各项工作都取得了新成绩。

桑国卫主席指出，2010 年农工党的工作任务是：深入学习贯彻中共十七届四中全会精神；树立和践行社会主义核心价值体系，深化坚持走中国特色社会主义道路主题教育活动；关注国际金融危机发展态势，紧密围绕中共中央的决策部署积极开展参政议政工作；不断拓宽社情民意信息渠道，进一步做好反映社情民意工作；坚持以群众受益为宗旨，继续做好社会服务工作；紧密结合党务工作和重大活动，进一步加强社会宣传工作；进一步加强组织建设，稳妥推进党内监督工作；认真学习贯彻中共中央有关对台工作的方针政策，积极开展联络交流活动。

桑国卫主席强调，农工党要坚持以中国特色社会主义理论体系为指导，把学习贯彻中共十七届四中全会精神与加强参政党自身建设相结合，学习借鉴执政党建设的成功经验，积极探索参政党建设规律。要认真学习领会社会主义核心价值体系的基本内容、内在结构和基本特征，引导广大党员树立和践行社会主义核心价值体系，深化坚持走中国特色社会主义主题教育活动。要认真学习贯彻刚刚召开的中央经济工作会议精神，把思想认识统一到中共中央关于国际国内经济形势的科学判断上来，统一到中共中央关于加快经济发展方式转变的战略重点上来，统一到中共中央关于做好明年经济工作的总体部署和原则要求上来。要把保持经济平稳较快发展作为服务科学发展的首要任务，为完成明年国家经济工作任务，维护社会和谐稳定积极开展工作，作出贡献。

陈宗兴常务副主席在闭幕会上发表讲话要求，农工党各级组织和广大党员要认真学习贯彻中央经济工作会议精神，努力为推动经济平稳较快发展作出新贡献。要深刻领会明年经济工作的总体部署和原则要求，以中共中央的决策部署统一思想。要充分发挥专家优势、突出界别特点，为实现中共中央确定的经济工作任务积极作出贡献。要认真学习贯彻中共十七届四中全会精神，全面加强农工党自身建设：以建设学习型参政党为目标，不断推进参政党理论建设；以社会主义核心价值体系为引领，大力加强思想政治建设；以人才队伍建设为重点，切实加强组织建设；以继承和发扬优良传统为核心，组织开展好农工党成立80周年纪念活动。

会议增补曲凤宏同志为农工党中央监督委员会委员。全会期间，委员们还听取了中央社会主义学院副院长张峰教授关于“贯彻中共十七届四中全会精神，提高党派工作科学化水平”的专题报告。

农工党中央副主席张大宁、王宁生、陈勋儒、汪纪戎、刘晓峰、陈述涛、何维、杨震，以及农工党中央委员200余人出席了会议。

（二）中央常务委员会会议

1. 十四届五次中常会

3月11日，农工党第十四届中央常务委员会第五次会议在北京举行。会议审议通过了《关于学习贯彻十一届全国人大二次会议和全国政协十一届二次会议精神的通知》。农工党中央主席桑国卫出席会议并发表讲话，农工党中央常务副主席陈宗兴主持了会议。

桑国卫主席强调，要认真学习贯彻“两会”的各项重要文件和中共中央领导同志在“两会”期间的重要讲话精神，把思想和行动统一到中共中央对国内外经济形势的分析判断和决策部署上来，坚决支持国家为应对国际金融危机所采取的各项政策措施，以科学发展观为指导，创造性地开展工作。要高度关注国内外经济环境和金融危机的新变化，高度关注人民群众日益增长的新需求，高度关注影响社会和谐稳定的新问题，自觉把保持经济平稳较快发展作为压倒一切的首要任务，充分发挥农工党的自身优势，多建推动科学发展之言，多谋推动科学发展之策，多尽推动科学发展之力，努力为保增长、保民生、保稳定作出积极贡献。

2. 十四届六次中常会

农工党第十四届中央常务委员会第六次会议于7月6日—7日在重庆召开。会议审议通过了《中国农工民主党中央委员会关于进一步做好组织发展工作的若干意见》。农工党中央主席桑国卫出席会议并讲话，农工党中央常务副主席陈宗兴主持会议。

桑国卫主席在回顾总结了农工党十四届五次中常会以来的主要工作后指出，农工党要把保持经济平稳较快发展、维护社会和谐稳定作为围绕中心、服务大局的首要任务，积极建言献策，继续为保增长、保民生、保稳定作出新贡献；要认真学习贯彻中共中央领导同志关于毕节试验区建设的重要批示和讲话精神，进一步开展帮扶工作，支持贵州毕节试验区加快发展；要认真学习、深刻领会《六个“为什么”——对几个重要问题的回答》，在重大问题上坚持正确的观点和立场；要认真贯彻执行本次会议审议通过的《中国农工民主党中央委员会关于进一步做好组织发展工作的若干意见》，保持界别特色，进一步加强组织建设工作；要结合新中国成立60周年、人民政协成立和中国共产党领导的多党合作和政治协商制度确立60周年，深入开展爱国革命优良传统教育活动。

会议还听取了中央社会主义学院副院长袁廷华关于中国共产党领导的多党合作和政治协商制度确立60周年的专题报告。农工党重庆、黑龙江、福建、海南、贵州、青海、云南等省（市）委员会就参政议政工作进行了大会交流。

3. 十四届七次中常会

12月11日上午，农工党第十四届中央常务委员会第七次会议在北京举行。会议审议通过了《中国农工民主党第十四届中央委员会第三次全体会议议程》、《中国农工民主党第十四届中央常务委员会2009年工作报告（草案）》、《中国农工民主党第十四届中央常务委员会2010年工作要点》等。

（三）中央监督委员会会议

3月10日上午，农工党中央监督委员会第一次全体会议在京召开。农工党中央常务副主席、中央监督委员会主任陈宗兴出席会议并讲话，会议由农工党中央副主席、中央监督委员会副主任刘晓峰主持。

陈宗兴常务副主席指出，建立并逐步完善内部监督机制，是包括农工党在内的各民主党派加强自身建设的一项重要内容。建立党内监督制度从初步动议，到写入党章，再到监督条例的制定和中央监督委员会的成立，是经过较长时间准备和酝酿的，在这个过程当中，我们认真总结了近年来农工党各级组织在加强自身建设方面的实践经验，吸收借鉴了中国共产党和其他民主党派的有益经验，并经过了深入调研和反复征求意见，努力做到使内部监督工作既坚持正确的政治方向，又体现自身特色；既能切实推进党内监督，又有利于维护和促进党内的团结和谐。这次会议的召开，标志着中央监督委员会的各项工作正式开展起来，也标志着农工党党内监督机制的正式运行。

陈宗兴常务副主席强调，农工党中央监督委员会在履行监督职责过程中，要坚持正确的政治方向。《中国农工民主党党内监督条例（试行）》在第一章总则中明确规定了党内监督工作的一个重要准则就是“按照国家干部管理体系、体制和干部管理工作的基本方针政策开展工作”，这一点落实到具体工作中，就是要坚持中国共产党的领导，坚持党管干部原则，坚持属地化管理的原则，按照干部管理权限开展工作。同时，党内监督工作要以农工党章程为准绳，在组织原则上坚持民主集中制；在工作方针上坚持积极稳妥、循序渐进，惩防并举、重在预防。

陈宗兴常务副主席强调，中央监督委员会要坚持正确的职责定位。《中国农工民主党章程》和《中国农工民主党党内监督条例（试行）》明确规定，农工党的内部监督主要是对各级组织和党员遵守本党章程的情况进行监督，重点监督各级领导班子及其成员履行党内领导职责的情况。中央监督委员会就是要通过这种对制度层面的监督，推动和促进农工党各项制度措施的完善和落实，提高农工党各级领导班子成员的政治把握能力，参政议政能力，组织领导能力和合作共事能力，进一步加强自身建设，确保各级组织和党员始终坚持中国共产党的领导，坚定不移地走中国特色社会主义政治发展道路；同时通过监督工作，密切领导班子和党员的联系，协调关系，化解矛盾，维护和加强农工党的团结和谐，为发展和完善中国共产党领导的多党合作和政治协商制度作出贡献。

陈宗兴常务副主席要求，中央监督委员会组成人员要认真学习邓小平理论和“三个代表”重要思想，学习贯彻科学发展观，增强政治把握能力，坚持解放思想、实事求是，依据《中国农工民主党章程》和《中国农工民主党党内监督条例（试行）》认真行使权力，切实履行监督职责，在做好本职工作的同时，积极参与中央监督委员会的有关工作。

会议讨论了中央监督委员会今后的有关工作要求，并通过了《中国农工民主党中央监督委员会2009年工作计划》。

（四）中央理论中心组学习

1月7日上午，农工党中央理论学习中心组举行座谈会，专题学习胡锦涛总书记2008年12月31日在纪念《告台湾同胞书》发表30周年座谈会上发表的重要讲话。农工党中央主席桑国卫主持座谈会并讲话，常务副主席陈宗兴出席座谈会并讲话。桑国卫主席说，农工党要坚持把促进两岸关系和平发展作为参政议政、知情出力的一项重要工作列入议事日程，整合资源、编织网络，了解情况，广交朋友，争取推动祖国统一的人心，凝聚反对分裂祖国的力量，进一步加强两岸医药卫生界、知识界的联络交流，发挥中医药文化的纽带作用，通过开展交流，促进两岸同根同祖的文化认同，加强调查研究，了解社情民意，努力为推动两岸关系和平发展、促进祖国完全统一作出新贡献。陈宗兴常务副主席在发言中表示，农工党要把促进两岸关系和平发展作为参政议政的重要工作，不断探索加强联络交流的新思路，拓宽联络交流的新领域。农工党中央副主席刘晓峰，农工党中央秘书长及各部门负责同志参加了学习座谈。

7月14日，农工党中央理论学习中心组举行学习《六个“为什么”——对几个重大问题的回答》专题座谈会。这次座谈会的召开是农工党中央在认真自学的基础上，贯彻落实农工党十四届六次中央常委会精神，进一步深入交流学习体会、加强领导班子政治思想建设的重要举措。桑国卫主席在座谈会上就《六个“为什么”》一书的重大意义、科学内涵等做了深刻阐释。谈到近日发生的“7·5”事件时，他强调，“树欲静而风不止”，事实更加警醒我们，必须时刻保持清醒头脑，不断增强危机意识和忧患意识，有效抵御西方思想文化渗透和政治图谋。我们要把学习宣传《六个“为什么”》作为当前思想建设的一项重要任务，把这本书作为全党开展爱国主义、社会主义教育的重要辅导材料，切实用中国特色社会主义理论体系武装思想、指导工作，要坚定理想信念，与中国共产党在政治上形成广泛共识，与全国人民团结一致，坚定不移地走中国特色社会主义发展道路。桑国卫主席还就农工党中央学习宣传贯彻《六个“为什么”》的活动提出了具体要求：一是要突出重点，切实抓好各级组织领导班子成员和骨干党员的学习活动；二是各级组织要按照中央要求，积极开展各种形式的学习教育活动。要广泛宣传，确保广大农工党员思想认识有新的提高；三是要把学习《六个“为什么”》的收获，转化为履行参政党职能的强大精神动力。要发挥作用，积极为建设中国特色社会主义事业献计出力；四是要有所创新，推动参政党理论建设取得新成果。要以科学发展观为指导，努力探索、不断总结参政党自身建设规律，结合参政党实际进行理论创新，自觉推动农工党的思想建设、组织建设和制度建设迈上新的台阶，不断提高全党服务科学发展及自身科学发展的能力和水平。陈宗兴常务副主席在座谈会上指出，编写出版《六个“为什么”》有着重要的现实意义。“7·5”事件有着深刻的政治背景，这既不是民族问题，也不是宗教问题，而是一场捍卫祖国统一、维护民族团结、维护社会稳定的政治斗争。我们认真学习、领会《六个“为什么”》的主要内容和精神实质，就是要坚持马克思主义在意识形态的指导地位，要坚持中国特色社会主义道路，要坚持中国共产党领导的多党合作和政治协商制度，要坚持改革开放不动摇。农工党各级组织要结合实际，认真组织好学习活动，要结合巩固开展中国特色社会主义道路为主题的学习教育活动成果，结合庆祝新中国成立60周年、中国共产党领导的多党合作和政治协商制度确立60周年活动进行学习宣传，努力在参政党思想建设上取得新的进步。农工党中央秘书长陈建国以及机关部门负责人和处级干部也参加了学习活动。

9月29日，农工党中央理论学习中心组举行会议，专题学习中共十七届四中全会精神和胡锦涛总书记在庆祝中国人民政治协商会议成立60周年大会上的讲话精神。农工党中央主席桑国卫主持学习会并讲话强调，农工党要认真学习、深刻领会中共中央对加强和改进新形势下党的建设作出的重要部署，进一步提高对中国共产党先进性的认识，进一步增强接受中国共产党领导的坚定性。要认真学习、深刻领会《中共中央关于加强和改进新形势下党的建设若干重大问题的决定》对多党合作事业发展的新要求，坚定不移地把中国特色社会主义作为共同理想信念，努力把中国共产党领导的多党合作和政治协商制度坚持好、完善好、发展好。要认真学习、深刻领会《决定》精神，以中国共产党为榜样，全面加强农工党的自身建设，发挥好参政党的作用，努力为促进科学发展、构建社会主义和谐社会积极贡献智慧和力量。陈宗兴常务副主席发言说，农工党要认真学习中共十七届四中全会精神，切实加强参政党思想建设，引导广大党员进一步坚定多党合作的共同理想信念，增强接受中国共产党领导的自觉性和坚定性，坚定不移地走中国特色社会主义政治发展道路；要不断加强组织建设工作，着力提高领导干部的自身素质，不断提高政治把握能力、参政议政能力、组织协调能力、合作共识能力；着力建设高素质参政党，努力形成参政党建设和执政党建设相互促进、共同提高的良好局面。农工党中央副主席汪纪戎，秘书长陈建国以及机关各部门负责人参加了学习活动。

（五）部门工作会议

1. 全国组织工作会议

中国农工民主党全国组织工作会议于2009年5月18日—20日在广东省惠州市举行。农工党中央主席桑国卫出席会议开幕式并讲话。

桑国卫主席指出，农工党十四大以来，在各级组织和广大组工干部的共同努力下，组织建设呈现出良好发展态势，特别是通过开展政治交接主题学习教育活动和“基层组织建设年”活动，全党进一步坚定了走中国特色社会主义政治发展道路的信心和决心，参政议政能力进一步增强，基层支部的核心作用和组织生活质量进一步提高，各级组织对党员及所联系群众的凝聚力进一步增强。今年是新中国建立60

周年，也是人民政协成立和中国共产党领导的多党合作和政治协商制度确立60周年。农工党要充分认识新时期蓬勃发展的多党合作事业对农工党组织建设提出的新要求，进一步加强组织建设，为切实解决好政治交接、提高参政党履行职能和发挥作用能力两个历史性课题提供坚强组织保障。他还对做好今后一个时期农工党组织工作提出了具体要求。

农工党中央副主席刘晓峰出席会议并作总结讲话。会议期间，农工党中央组织部部长肖燕军作了工作报告。会议组织了大会发言，广东等4个省级组织和杭州等4个地市级组织的代表介绍了组织工作的基本情况和经验体会；会议代表参观了邓演达故居并敬献花篮。

来自全国30个省级组织的主委、副主委，组织部（处）长，地市级组织分管组织工作的干部等共90余人出席了会议。

2. 秘书长、办公室主任工作座谈会

5月10日—13日，农工党秘书长和办公室主任工作座谈会在湖北武汉召开。农工党中央副主席汪纪戎出席会议并讲话。

汪纪戎副主席在讲话中说，中国共产党领导的多党合作事业的蓬勃发展，参政党的职能和工作任务的增加，都对机关工作提出了新要求。农工党机关工作同志要努力适应多党合作事业发展的新要求，进一步加强能力建设，忠诚地为中国共产党领导的多党合作事业服务。机关能力建设是机关建设的重点，包括提高机关工作人员学习、领会重大理论问题和重大方针政策的能力，调查研究和分析问题的能力，撰写文稿的能力，服务参政议政和党务工作的能力。要按照国家公务员法的要求，做好机关工作人员的教育培训、轮岗交流、挂职锻炼等工作，通过多种途径，为机关干部提供政治理论和业务知识培训学习的机会，在实践中经受锻炼，积累经验，增长才干。

汪纪戎副主席向与会同志提出了四点希望：第一要发挥模范带头作用。以身作则，带头学习、带头工作，做推进机关建设的带头人。第二要营造充满活力的机关文化，营造团结和谐、积极向上的充满活力的人文环境。第三要继承优良传统搞好传帮带，让年轻同志在工作的实践中得到锻炼和成长。第四要建设资源节约型、环境友好型机关，成为同类机关中的标兵。

农工党中央秘书长陈建国、办公厅主任游宏炳，农工党各省级组织秘书长和办公室主任约60余人出席会议。

3. 服务社会主义新农村建设工作座谈会暨社会服务干部业务培训班

6月11日—13日，农工党中央在浙江省杭州市举行服务社会主义新农村建设工作座谈会暨社会服务干部业务培训班。农工党中央副主席汪纪戎出席会议并讲话指出，两年来，农工党各级组织积极行动，把服务社会主义新农村建设作为当前和今后一个时期参政议政的重要职能和社会责任，充分发挥优势、集中力量，选择贫困村或相对贫困村，通过对口帮扶等形式，建立了“社会主义新农村建设服务点”近百个，形成了“百村帮扶、整体推进”的格局；按照“量力而行、尽力而为”的社会服务工作原则，配合当地政府在社会主义新农村建设中开展了大量工作。当前新农村建设已进入到一个新的发展阶段，大家要认真学习中共十七届三中全会《关于推进农村改革发展若干重大问题的决定》，遵循中共中央推进新农村建设的指导思想、目标任务、重大原则；今年国办转发了《关于实行“以奖促治”加快解决突出的农村环境问题的实施方案》，大家要根据各服务点的实际情况，有针对性的提出整治方案，争取得到此农村环境综合整治专项资金的支持，提升各新农村建设服务点的水平。我国政治、经济、社会形势发展非常快，各级统战部门对民主党派社会服务工作的要求也在提高，我们的社会服务工作的内容和方法也要不断调整，所以社会服务干部必须加强培训和学习，不断提高素质和能力，适应工作的新需要。

农工党中央办公厅主任游宏炳作了题为《关于社会服务工作的几点认识》的培训报告，刘峻杰副部长作了有关当前和将来社会服务具体工作的指导讲话。会议还表彰了2007—2008年度农工党社会服务信息工作先进集体和个人。来自农工党全国30个省级组织的主管社会服务工作的专职副主委、秘书长和社会服务部门负责人等共30余人参加了会议。

4. 宣传工作会议

10月16日—19日，农工党中央在天津召开宣传工作会议。这次会议的主要内容是学习贯彻中共十七届四中全会精神，总结交流和研究部署农工党宣传工作和党刊工作，表彰有关先进集体和个人。农工党中央常务副主席陈宗兴出席会议并讲话。

陈宗兴常务副主席在讲话中指出，农工党各级组织宣传干部要认真学习贯彻中共十七届四中全会精神，切实增强做好宣传思想工作的责任感。学习贯彻中共十七届四中全会精神，要深刻领会新形势下加强和改进中国共产党的建设的重要性和紧迫性，进一步增强坚持中国共产党领导的自觉性、坚定性，积极为加强和改进中国共产党的建设建言献策；要深刻领会执政党建设的基本经验和规律，认真借鉴执政党建设的成功经验，科学把握参政党自身建设规律，努力推动农工党自身建设取得新突破；要深刻领会新形势下中国共产党建设的战略部署，充分发挥农工党自身特色和优势，积极围绕中国共产党和国家中心工作献计出力。

陈宗兴常务副主席强调，要深入开展学习贯彻科学发展观活动，认真研究把握宣传思想工作特点和规律。学习贯彻科学发展观是一场深刻的观念变革，要努力做到以科学理论指导宣传思想工作，以科学制度保障宣传思想工作，以科学方法推进宣传思想工作，不断提高宣传思想工作的科学化、制度化、规范化、程序化水平，推动宣传思想工作科学发展。

陈宗兴常务副主席强调，要以社会主义核心价值体系为引领，切实加强参政党思想理论建设。要坚持不懈地把树立和践行社会主义核心价值体系作为加强思想理论建设的重要任务，作为深化坚持走中国特色社会主义道路主题教育活动的重要举措，认真谋划思路，精心组织开展，为推动多党合作事业蓬勃发展提供强大的精神力量。他还就进一步做好农工党社会宣传工作、着眼于继承和发扬多党合作的优良传统，精心组织好农工党建党80周年各项宣传纪念等活动进行了部署。

农工党中央副主席张大宁、秘书长陈建国出席了会议。来自农工党各省级组织的宣传部长、部分地市级组织的专职副主委60余人参加了会议。

（六）其他重要会议和活动

1. 中央领导出席全国政协新年茶话会

2009年1月1日，全国政协在京举行新年茶话会。中共中央总书记、国家主席、中央军委主席胡锦涛发表重要讲话，中共中央政治局常委、全国政协主席贾庆林主持了会议。农工党中央主席桑国卫代表各民主党派中央、全国工商联和无党派人士讲话强调，要始终坚持中国共产党的正确领导，这是克服一切艰难险阻的中流砥柱；要更加自觉地贯彻落实科学发展观，着力转变不适应不符合科学发展观的思想观念，着力解决影响和制约科学发展的突出问题，努力构建有利于科学发展的体制机制；要更加充分地发挥各民主党派、工商联人才荟萃、智力密集、联系广泛的特点和优势，汇成风雨同舟、共克时艰的强大力量。在新的一年里，农工党将按照中共中央的战略部署和要求，始终坚持把促进发展作为参政议政的第一要务，紧紧围绕保持经济平稳较快增长，加强和改善宏观调控，促进农业增产、农民增收，改善民生，加快转变经济发展方式，推进经济结构战略性调整等重大战略任务，深入开展调查研究，了解民情、体察民意、化解矛盾，为推动经济社会又好又快发展、维护社会和谐稳定贡献全部智慧和力量。

2. 中央机关、北京市委会2009年迎春团拜会

1月18日，农工党中央机关、北京市委会机关联合举行2009年迎春团拜会。农工党中央桑国卫主席、陈宗兴常务副主席，汪纪戎、刘晓峰、何维、姚建年副主席，李蒙原常务副主席，章师明、陈建生原副主席等同农工党中央机关、北京市委会机关全体人员欢聚一堂，共迎2009年新春。桑国卫主席发表讲话，希望农工党各级机关工作人员加强学习、加强团结，加强和谐机关建设，进一步形成职责明确、运转有序、积极向上、奉献争先的机关工作良好局面，进一步提高服务参政议政、做好党务工作的能力和水平，推动农工党工作取得新的更大成绩。团拜会上，农工党中央领导同志与农工党中央、北京市委会机关工作人员亲切交谈、互致问候，并一起观看了文艺节目。

3. 农工党、致公党、九三学社在京联合举办书画展

7月2日—7日，农工党中央、致公党中央和九三学社联合举办的“庆祝中华人民共和国成立60周年、人民政协成立暨中国共产党领导的多党合作和政治协商制度确立60周年书画展”在北京中国美术馆隆重举行。此次画展作品是从上述三党派征集的500余幅稿件中，遴选出120余幅精品参展。由三党派收藏的周谷城、卢嘉锡、启功、朱屺瞻、齐白石等知名人士的书画作品也在此次书画展上展出。艺术家们用饱含深情的笔触，热情讴歌中国共产党的领导，讴歌中国特色社会主义事业的伟大成就，讴歌中国共产党领导的多党合作和政治协商制度的巨大优越性。桑国卫、罗富和、陈宗兴、罗豪才、李蒙等领导同志出席了书画展。

4. 中央工作通报会暨中央老同志慰问活动

9月29日上午，农工党中央隆重举办了工作通报会暨中央老同志慰问活动。农工党中央主席桑国卫、常务副主席陈宗兴，副主席汪纪戎、刘晓峰、王宁生，原主席蒋正华、原常务副主席李蒙、原副主席章师明、田光涛、宋金升、陈建生，原副秘书长石楚等新老几届领导齐聚一堂，共庆中华人民共和国60华诞和中华民族的中秋传统佳节。

桑国卫代表农工党十四届中央领导集体，向到会的老领导老同志介绍了农工党中央一年来都在参政议政、社会服务、思想建设、组织建设和机关建设等方面开展的重点工作和取得的主要成绩。希望老领导老同志对农工党中央工作多提宝贵意见建议，共同把农工党的事业不断推向前进。农工党中央要充分重视老同志工作，继续坚持定期通报中央工作、登门看望等

制度和做法，不断提高服务质量和服务水平，努力为老领导老同志发挥余热、安享晚年提供良好的条件。陈宗兴在发言中说，农工党的事业就像是一把燃烧的火炬，从一代又一代农工党中央老领导传到了我们这一届领导班子手中，我们深感责任重大，唯有精诚团结、兢兢业业地工作，使农工党在中国共产党领导的多党合作和政治协商制度这一日益广阔的政治舞台上，努力发挥更大作用，不断创造新的辉煌。

通报会后，新老领导同志一起参观了农工党中央机关工会举办的“庆祝新中国成立60周年·幸福生活图片展”。

5. 一干会址挂牌暨邓演达铜像落成揭幕仪式

12月2日，农工党中央在上海淡水路332弄1号举行“一干会址”暨邓演达铜像落成揭幕仪式。农工党中央桑国卫主席，陈宗兴常务副主席，王宁生、陈勋儒、汪纪戎、刘晓峰、杨震副主席，中共中央统战部副部长楼志豪等出席了揭幕仪式。桑国卫主席在讲话中回顾了农工党建党以来为中华民族解放事业和新中国的繁荣发展作出的积极贡献，强调要深刻缅怀革命先烈的伟大功绩，进一步继承和发扬农工党爱国革命的优良传统，深入学习贯彻科学发展观，树立和践行社会主义核心价值体系，不断巩固和发展与中国共产党团结合作的思想政治基础，始终不渝地把中国特色社会主义作为共同理想信念、共同前进方向，为建设中国特色社会主义不断作出新贡献。

二、参政议政

2009年，农工党中央团结带领广大农工党员，充分发挥自身的优势和特点，认真贯彻落实中共中央关于“保增长、保民生、保稳定”的战略部署，积极履行职能、发挥作用，为促进我国经济平稳较快发展与社会和谐稳定作出了重要贡献。

（一）在高层政治协商和征求意见座谈会上提出意见和建议

一年来，中共中央、国务院先后就《政府工作报告》、中共十七届四中全会文件、国家经济工作以及其他关系国家全局的重大问题，召开了5次党外人士座谈会。农工党中央领导高度重视、认真准备，在调查研究、多方征询意见的基础上，积极提出意见建议。

1月22日下午，中共中央在中南海召开党外人士迎春座谈会，邀请各民主党派中央、全国工商联的领导同志和无党派人士代表欢聚一堂，共商国是，畅叙友情，喜迎新春。农工党中央主席桑国卫、常务副主席陈宗兴，农工党中央原主席蒋正华、原常务副主席李蒙出席座谈会。桑国卫主席代表农工党中央发言，他充分肯定了过去一年我国经济社会发展取得的重大胜利，并就进一步加强对山区经济发展的指导和支持、启动实施“基层卫生机构技术改造工程”提出了意见建议。

2月9日下午，温家宝总理在中南海主持召开座谈会，征求对即将提请十一届全国人大二次会议审议的《政府工作报告（征求意见稿）》的意见。桑国卫主席出席座谈会并作了发言。他说，意见稿实事求是地总结了国家在抗击灾害、深化改革、改善民生等各个方面取得的伟大成就。对2009年政府工作的部署，思路明确，重点突出，目标具体。强调要把扩大内需与改善民生相结合，突出了全局性重大问题，突出了人民群众最关心、最直接、最现实的利益问题，充分体现了中国共产党和人民政府执政为民的理念和对人民高度负责的精神。我们表示完全赞同。桑国卫主席在发言中也结合农工党的考察调研情况对《征求意见稿》提出几点修改意见。农工党中央常务副主席陈宗兴出席了座谈会。

7月21日上午，中共中央在中南海召开党外人士座谈会，就当前经济形势和下半年经济工作听取各民主党派中央、全国工商联领导人和无党派人士意见和建议。中共中央总书记胡锦涛主持座谈会并发表重要讲话。中共中央政治局常委温家宝、贾庆林、习近平、李克强出席座谈会。温家宝通报了上半年经济工作有关情况，介绍了中共中央、国务院关于做好下半年经济工作的考虑。桑国卫主席出席座谈会并发言认为，在稳定外需的同时，坚持扩大内需对保增长的意义更加突出。他建议：第一，保持宏观经济政策的连续性和稳定性，在保增长的同时，更加注重结构调整和发展方式的转变；第二，促进区域协调发展，支持西部开发，从国家战略研究规划建设以重庆作为长江中下游交通枢纽和建设重庆、贵阳、昆明直达印度洋的西南地区对外国际物流大通道；第三，研究建立三峡工程运行管理体制机制，推进三峡工程后续管理工作的有序展开。陈宗兴常务副主席出席了座谈会。

8月11日上午，中共中央在中南海召开党外人士座谈会，就中共中央关于加强和改进新形势下党的建设若干重大问题的决定听取各民主党派中央、全国工商联领导人和无党派人士的意见和建议。中共中央总书记胡锦涛主持座谈会。中共中央政治局常委贾庆林、习近平、贺国强出席座谈会。桑国卫主席出席座谈会并发言表示，中国共产党根据新的形势和实践，从领导国家经济社会发展的长远战略高度，明确提出进一步加强和改进党的建设，保持和发展先进性，不断提高领导水平和执政水平、提高拒腐防变和抵御风险能力，成为始终站在时代前列的最先进、最强大的领导力量和领导核心，这是历史的需要和全国人民的心愿，也是农工党的心愿，农工党完全赞成。他也对《中共中央关于加强和改进新形势下党的建设若干重大问题的决定》（征求意见稿）提出了若干修改建议。陈宗兴常务副主席出席了座谈会。

中共中央11月24日在中南海召开党外人士座谈会，就当前经济形势和明年经济工作听取各民主党派中央、全国工商联领导人和无党派人士意见和建议。中共中央总书记胡锦涛主持座谈会并发表重要讲话。中共中央政治局常委温家宝、习近平、李克强出席座谈会。温家宝通报了经济工作的有关情况，介绍了中共中央、国务院关于做好明年经济工作的考虑。桑国卫主席对2010年经济工作提出几点建议：第一，保持宏观经济政策连续性和稳定性，继续坚持扩大内需、扩大居民消费需求的方针；第二，研究制定符合我国国情的碳税政策，促进发展低碳经济，促进经济增长方式转变；第三，把支持革命老区的加快发展列为扩大内需的重要内容。陈宗兴常务副主席出席了座谈会。

（二）考察调研与专项建议

4月上旬，桑国卫主席率领农工党中央调研组，以“推动千县万乡、千城万区基层卫生服务机构装备技术改造，拉动内需”为主题，一周之内先后赴江苏、上海、重庆三地调研。调研组考察了多个基层医疗卫生服务机构和医疗器械生产企业，并就公立医院改革举行座谈会，听取有关方面的意见。桑国卫主席在调研中强调，要抓住新医改方案出台的大好机遇，提高基层医疗卫生服务机构的医疗器械配置标准，同时从我国国情出发，重点抓常规、中低端医疗器械产品的现代化。国内各医疗器械生产企业要充分发挥自身优势，加强自主创新，提高有自主知识产权的创新型医疗器械的研发水平，促进产业发展。卫生部、科学技术部、中国药学会等有关单位的领导和专家应邀参加了调研。在深入调研的基础上，农工党中央向中共中央报送了《关于设立“基层卫生机构医疗器械装备技术改造”和“医疗器械创制”专项，提升基层医疗服务能力，拉动内需的建议》。中共中央、国务院领导同志高度重视，胡锦涛总书记作了重要批示，国务院领导同志也作了重要批示。国家发展改革委根据中共中央、国务院领导同志的批示精神，邀请中共中央统战部、财政部、科学技术部、工业和信息化部、卫生部等有关部委进行了专题研究。科学技术部表示将在农工党中央建议的基础上，以科技惠民为宗旨，围绕基层医疗卫生机构建设的重点需求，结合已有工作基础，适时启动基础医疗装备专项，同时推动信息化建设。

7月，农工党中央常务副主席陈宗兴率调研组赴重庆，调研“三峡库区后续工作管理”等问题，并向中共中央、国务院报送了《关于加强三峡水库后续管理工作，建设和谐稳定新库区的建议》。建议指出，目前三峡工程在防洪、航运、发电等方面的综合效益日益显现，正由建设期转入运行期，但是后续工作任务依然艰巨：一是移民搬迁遗留问题较多，安稳致富的任务十分艰巨；二是生态环境治理和监测的难度进一步加大；三是地质灾害防治任务比较繁重；四是管理法规和体制有待进一步完善。为此农工党中央提出了实现三峡工程建设期工作与后续工作有序对接、推进三峡库区地质灾害防治长效机制的研究与建设、扶持库区产业和移民稳定就业等建议，中共中央和国务院领导同志高度重视，温家宝总理等国务院领导同志作了重要批示。

2009年，农工党中央把国家和广大群众都十分关心的公立医院改革问题确定为大考察的主题。为此，农工党中央领导先后赴江苏、上海、重庆、四川、辽宁等地进行了实地调研。7月中旬，在中共中央统战部的大力支持和协调下，农工党中央邀请中共中央编制委员会办公室、国家发展改革委、财政部、人力资源和社会保障部、卫生部、中国药学会等有关单位的领导和专家赴浙江省进行了重点调研。同时，农工党广东、云南、湖北等省级组织也配合开展了调研。在深入调研的基础上，农工党中央向中共中央、国务院报送了《关于公立医院改革的几点建议》。建议指出，由于公立医院改革涉及面广、利益格局调整大、问题错综复杂，要在注重发挥政府主导作用的同时逐步引入市场竞争机制，在国家财力范围内，通过完善政策，明确各方职责，引导市场选择，形成以公立医院为主体、多种所有制形式为补充的城乡医疗卫生服务网络。

此外，2009年农工党中央还开展了多项调研，如关于福建海峡西岸经济区建设，湖南新能源建设和绿色经济发展，江苏连云港设立保税港区建设，重庆“一江两翼三洋”发展战略，北京新农村建设，陕西、福建、江西革命老区加快发展，湖北“两型社会”建设，南水北调中线工程水源区生态补偿机制，黑龙江省东北亚经济区和哈牡绥东对俄贸易加工区建设，湖南生物医药产业发展，上海国际金融中心和国际航运中心建设，云南南亚自由贸易区建设等多项调研。在调研的基础上，向中共中央、国务院报送了《关于加快推进福建对台经济合作的建议》、《关于合理开发新能源，发展绿色经济的建议》、《关于支持连云港设立保税港区的建议》、《关于推进直达印度洋的国际大通道建设，实施一江两翼三洋战略的建议》、《关于研究制定和实施碳税政策，促进低碳经济稳步发展的建议》等，为中共中央、国务院决策提供参考。农工党中央常务副主席陈宗兴撰写的文章《统筹城乡发展，推进新农村建设》在《求是》杂志2009年第23期上发表。

（三）向全国政协会议提交提案和发言

农工党中央高度重视在人民政协中发挥作用。在全国政协十一届二次会议期间，农工党委员围绕促进经济平稳较快发展和社会和谐稳定、医药卫生事业改革、生态环境保护、“三农”等问题积极建言献策。其中农工党中央提交大会书面发言16件、提案33件。

在3月8日上午政协十一届二次会议第三次全体会议上，刘晓峰副主席代表农工党中央作了《关于尽快解决村医基本待遇和养老保障问题的建议》的大会口头发言。发言指出，村医承担了大量的基本公共卫生和基本医疗服务，为农村经济发展和社会和谐稳定提供了有力的健康保障；但村医生存压力日益加大、队伍不稳定，已经成为影响和制约农村卫生工作科学发展的“瓶颈”。发言建议尽快研究解决村医基本待遇问题，加快建立村医社会养老保险制度。

3月8日，全国政协结合农工党中央《关于加快中国连接南亚、东南亚的西南国际大通道暨第三亚欧大陆桥建设的建议》提案情况，举行了“建设国际大通道，推进南向互利合作”专题座谈研讨会。陈勋儒副主席代表农工党中央出席会议，介绍了桑国卫主席率团调研情况和提案的主要内容，并介绍了该提案的意义和建议。全国政协和国家有关部门都表示，将一如既往关注和支持云南进一步发挥区位优势、拓展南向开放，合力推动云南国际大通道建设进入全国沿边开放总体规划，加快推进步伐，尽早付诸实施。

此外，《关于在农村贫困地区实施儿童保健综合项目的提案》和《关于解决当前我国工业发展突出问题的建议》，被全国政协列入《重要提案摘报》报送中共中央、国务院领导同志，国务院领导同志作了重要批示。

3月7日上午，国家食品药品监督管理局副局长吴浈、国家海洋局副局长王宏、国家自然科学基金委副主任何鸣鸿参加农工小组讨论，他们认真听取委员们的发言，围绕委员们关心的部分问题作了沟通交流。

为做好提案工作，农工党中央充分发挥和调动全党的智慧和力量，一是在各专门工作委员会、各省级组织和广大农工党员中广泛征集提案，更加客观全面地反映经济社会发展的关键问题和人民群众普遍关注的重点问题；二是加强与国家有关部门、全国政协有关机构以及各界别专家学者的联系沟通，集思广益，增强提案的科学性和可操作性；三是组建提案评审委员会和提案工作小组，对提案进行认真遴选、重点修改，进一步提高提案的质量。

（四）举办高水平论坛活动

举办论坛活动是近几年农工党中央发挥自身优势，逐步形成的具有鲜明特色和广泛社会影响的参政议政新形式。2009年，农工党中央按照“发挥优势、认真选题、精心组织、联合举办、扩大影响”的工作思路，在“两型”社会建设、医药产业发展、环境与健康、三峡库区等领域组织论坛，取得了良好效果。

8月底，农工党中央与吉林省政府共同主办的“中国（吉林）医药产业发展高峰论坛”在吉林省延吉市举行。桑国卫主席作了《我国创新药物研发专项实施与进展》的主题报告。与会的卫生部、发改委等相关部门负责同志以及部分知名企业代表纷纷发言，就国家基本药物目录、药品价格、新药研发、药品注册等医药产业发展中的战略问题进行了深入的探讨，并对促进我国医药产业在更高层次上和更大范围内的发展提出了许多有价值的建议和思路。来自全国18个省、自治区、直辖市以及香港特别行政区的近200名知名医药企业高管参加了论坛。

9月，应黑龙江省伊春市人民政府邀请，农工党中央作为“环境与发展（伊春）论坛”指导单位，参与论坛召开，宣传和普及生态健康知识，倡导和推动全社会共同建设健康人居环境。农工党中央常务副主席陈宗兴向论坛致了贺信。

10月，农工党中央与重庆市政协联合主办“2009三峡库区发展论坛”，为加快三峡库区全面建设、构建库区生态文明建言献策，进一步推进移民后续工作深入开展。农工党中央常务副主席陈宗兴出席论坛并作了题为《坚持科学发展，建设和谐稳定新库区》的主旨演讲。

11月7日—8日，由农工党中央与湖北省人民政府、全国政协人口资源环境委员会、环境保护部共同主办的第五届中国生态健康论坛在湖北省武汉市举行。这次论坛的主题是“生态健康与两型社会建设”，来自全国各地的近300位专家学者与会，围绕我国生态健康和生态文明的发展思路、目标定位、基本途径和工作重点等议题进行了深入探讨，各抒己见、畅所欲言。农工党中央桑国卫主席、陈宗兴常务副主席、汪纪戎副主席等出席论坛并分别作了发言。

11月，农工党中央与全国政协教科文卫体委员会、卫生部、国家食品药品监督管理局、国家中医药管理局联合召开了“慢性非传染性疾病防治”专题研讨会。农工党中央副主席何维作了《建立符合国情、有效的我国慢性非传染性疾病防控策略，为建设小康社会提供坚实的保障》的大会发言。

（五）编报、反映社情民意

一年以来，农工党中央共收到中央机关各部门、各专委会、地方各级组织和党员报送的社情民意信息1320件，遴选后向全国政协报送197件，其中36件被全国政协精选专报中共中央和国务院领导同志。其中，云南省委会报送的《关于加快中国连接南亚、东南亚的西南国际大通道暨第三亚欧大陆桥建设的建议》、江苏省委会报送的《关于大力扶持自主创新国产医疗器械产业的建议》、浙江省委会报送的《关于高值医疗器械宜重复使用的建议》、广西区委会报送的《建议我国企业对东盟国家“走出去”战略中应加强农业技术安全保护》等4件社情民意信息，国务院领导同志作了重要批示。农工党中央向中共中央、国务院报送的研究报告《关于进一步巩固我国粮食安全基础的建议》，国务院领导同志作了重要批示，并批转中央农村工作领导小组办公室。

（六）专委会积极参政议政

2009年，农工党中央各专门工作委员会的各位委员，依照工作规程，发挥专业特长，积极开展调研、社会服务等各项活动，发挥了“专家库”和“智囊团”的重要作用。

发挥委员的专业特长提出提案。过去的一年，专委会提出的提案，有19件被选为中央提案提交全国政协十一届二次会议，占中央提交提案的58%。其中《关于在农村贫困地区实施儿童保健综合项目的建议》和《关于解决当前我国工业发展突出问题的建议》，被全国政协列入《重要提案摘报》报送中共中央、国务院领导同志。

围绕应对国际金融危机、推进节能减排以及社会保障等民生问题深入调研，先后开展了慢性非传染性疾病防治、黑龙江抚远三角洲生态保护与开发利用、大小兴安岭生态功能区建设和保护、人口老龄化应对措施、义务教育体系和学校标准化建设、职业技术学院师资培养体系建设、推进城乡幼儿优质教育模式、少数民族地区儿童"地中海贫血病"防治、未成年人犯罪现状、社区自治、国家基本药物制度等20多个议题的调研。

积极开展各项活动。经济工作委员会按季度编发《宏观经济形势分析与预测》报告，为农工党中央参政议政提供参考。医药卫生工作委员会、教育工作委员会组织医疗队赴四川什邡开展帮扶活动。科技工作委员会、人口资源环境工作委员会和社会法制工作委员会协办第五届"中国生态健康论坛"。文化工作委员会和中国残疾人联合会为农工党云南省委会艺术团主办庆祝建国60周年文艺演出。联络工作委员会在中秋节前组织在北京中医药大学就读的台湾学生与农工党医药专家进行座谈交流。妇女工作委员会、社会与法制工作委员会联合向农工党定点帮扶的安顺地区和大方县捐赠了价值12余万元的药品，并开展了医疗咨询活动。

三、社会服务

2009年，农工党深入贯彻落实科学发展观，紧紧围绕中国共产党和国家的中心工作，把发挥农工党特色、促进经济社会发展作为社会服务的工作宗旨，关注民生、关注农村、关注社会弱势群体、关注环境保护和生态文明建设、关注人民群众健康，不断拓宽社会服务新思路新领域，不断创新社会服务新形式新内容，取得了新的成绩。

（一）继续落实地震灾区卫生援建项目

去年5·12四川汶川特大地震发生后，农工党各级组织和全党同志积极响应中共中央号召，全力投入抗震救灾和支援灾后重建工作，农工党中央共接收各级组织和党员的爱心捐款228.86万元，党员缴纳"特殊党费"738.71万元，合计967.57万元。其中123万元于去年5月用于支持四川省委会的抗震救灾工作，余844.57万元，加上中国初级卫生保健基金会的捐款，用于援建四川、陕西地震重灾区的6个乡镇卫生院、30个村卫生室和1个兽医站。至今年11月底，已拨付资金904.2万元。此外还协调中国红十字基金会的援建资金1297.6万元，用于援建四川省的4个乡镇卫生院、20所村卫生站和甘肃省的4个乡镇卫生院。

（二）积极支持贵州毕节试验区加快发展

农工党中央已在毕节地区开展帮扶工作20多年。今年以来，农工党中央认真学习贯彻中共中央领导同志关于毕节试验区建设的重要讲话和批示精神，进一步开展帮扶工作，专门成立了农工党中央参与毕节试验区建设工作领导小组，召开了专门会议，加大了工作力度。根据中央智力支边扶贫协调小组的安排，以农工党中央为主、九三学社中央参与，开展了《毕节试验区农村医疗卫生事业发展研究》课题调研；与民革中央合作，开展了《毕节试验区生态建设和环境保护研究》课题调研。组织党内外知名专家，与大方县政府共同制定了《大方县中药产业发展规划（2010—2020年）》和《大方县天麻、半夏、刺梨专项规划（2010—2020年）》。协调国家有关部门，推动成贵高速铁路大方县车站、杭瑞高速公路大方县匝道、大方县岔河水库等重大项目的立项。完成了毕节岩溶地区半夏种植试验示范课题，并通过了科学技术部的验收，在帮扶400多户农民脱贫致富的同时，也为大方县中草药产业的发展作出了示范。协调1000多万元资金与爱德基金会在大方县最贫困的大山乡开展农村社区综合扶贫项目，今年已完成项目资金285万元。在大方县实施整村推进项目，大方县鸡场乡大坝村的经济和社会事业得到全面发展，帮扶东关镇的半冲村成功脱贫。资助贫困学生180人。中央社会服务部被国务院扶贫开发领导小组办公室评为中央国家机关等单位定点扶贫先进单位。

农工党各地方组织积极参与支持毕节试验区发展的工作。今年先后有上海、重庆、广东、浙江、河北、江苏、安徽、江西、吉林等省级委员会共70余人次赴贵州调研，为毕节试验区建设献计出力。上海市委会协调上海计生协会提供30万元资金在大方县开展了“幸福工程——救助贫困母亲”项目。江西省委会协调九江职业大学免费为大方县培养30名大学生，提供学费、住宿费和生活补助近90万元。河南省委会继续落实从2005年开始实施的五年100名毕节贫困大学生免费上学项目。

（三）举办第二届“中国环境与健康宣传周”活动

农工党中央继续联合教育部、环境保护部、水利部、卫生部，并新增加科学技术部和国家林业局等部门，于2009年5月31日至6月6日开展了以“大气环境与健康”为主题的第二届“中国环境与健康宣传周”活动。

5月31日上午，“宣传周”启动仪式暨“大气环境与健康”高峰论坛开幕式在人民大会堂举行，农工党中央桑国卫主席、汪纪戎副主席及国家有关部委领导出席仪式并讲话，多位专家、学者作了精彩演讲。6月3日，中国网邀请“宣传周”主办方及有关专家与广大网友在线互动，就“大气环境与健康”这一主题进行了一系列的现场解答与研讨。6月5日，“宣传周”活动走进清华大学，与师生们共同就环境保护、关爱健康等内容进行了一场别开生面的互动宣传活动。6月6日，“宣传周”在北京天坛公园北门广场举行大型专家义诊咨询和科普宣传活动。“宣传周”期间，共在全国近600座城市举行各类宣传活动1300多次，张贴宣传画3万多张，发放宣传手册3万多册。开展了“绿书架”捐赠行动，为学校和自然保护单位捐赠有关环保和健康的图书，得到积极赞誉。

（四）开展“国际科学与和平周”活动

11月12日，第21届中国“国际科学与和平周”活动在北京人民大会堂举行开幕式，农工党中央桑国卫主席出席开幕式并发表讲话。农工党中央作为“国际科学与和平周”的主办单位之一，今年在30

个省（区、市）组织开展了义诊咨询、健康讲座、心理咨询、送医送药、文艺演出等多种活动，并再次获得中国组委会颁发的“最佳组织奖”。

（五）促进社会主义和谐社会建设

一年来，农工党在全国开展多年的新农村建设服务点、乡镇卫生院定点帮扶、和谐社会建设联系点、心理咨询、法律援助等各项社会服务工作，以及农工党中央主办的中国初级卫生保健基金会、中国中医药研究促进会依照章程开展的公益慈善项目和学术交流活动，都取得了新的进展和积极成果。中国初级卫生保健基金会与有关方面合作开展妇科疾病检查、支持新农村建设服务点、捐助定点帮扶乡镇卫生院等项目，公益规模达 1.2 亿元，受益群众达 50 万人。

四、自身建设

加强参政党自身建设，是多党合作制度长期存在和发展的必然要求。2009 年，农工党中央切实加强思想建设、组织建设和制度建设，为履行参政党职能和各项工作的开展提供了有力的保障。

（一）思想建设

1. 深入开展基层组织思想建设情况调研

一年来，农工党中央以邓小平理论和“三个代表”重要思想为指导，深入学习贯彻科学发展观，推动全党大力加强思想建设，围绕实现全面建设小康社会，落实科学发展观和构建社会主义和谐社会的要求，努力提高广大农工党员的政治素质和思想道德水平，增强对发展中国特色社会主义的共识，深化对参政党地位、性质和历史使命的认识，发扬求真务实的思想作风，为巩固和发展多党合作事业奠定了坚实的思想基础。农工党中央下发了《关于围绕庆祝新中国成立 60 周年、多党合作制度确立 60 周年，在全党开展爱国主义教育活动的通知》、《关于认真学习宣传〈六个“为什么”——对几个重大理论问题的回答〉的通知》、《关于认真学习贯彻中共十七届四中全会精神和胡锦涛总书记重要讲话精神的通知》。

为了巩固政治交接学习教育活动的成果，推动学习贯彻《农工党中央关于加强思想政治建设的意见》，中央宣传部开展了一次较为深入的思想建设调研。4 月 16 日，农工党中央常务副主席陈宗兴亲自参加了在江西省委会的调研活动并发表讲话。陈宗兴指出，农工党各级组织要充分认识思想建设的重要性，把思想建设作为政治交接和自身建设的核心，不断巩固中国共产党领导的多党合作的政治思想基础。要进一步深化政治交接学习教育活动，坚定走中国特色社会主义政治发展道路的信念；认真学习贯彻科学发展观，为服务科学发展和促进农工党自身科学发展而努力。4 月至 5 月间，调研组先后在江西、浙江、上海、云南、广西、广东等地，分别召开了省、市和基层支部座谈会 16 次，并进行问卷调查，福建、辽宁、贵州等省级组织也配合开展了问卷调查活动，共回收调查问卷 1893 份。在综合分析的基础上，研究撰写了 6 篇调研报告。从调研了解和问卷反馈的情况看，农工党保持了团结和谐、积极向上的精神面貌，对新中国成立 60 年特别是改革开放 30 年国家发展的伟大成就感到非常自豪，对中国特色社会主义道路充满信心，坚决拥护中国共产党的领导，衷心希望中国共产党成为始终站在时代前列最先进的领导核心；表示要在多党合作事业中积极发挥作用，学习贯彻科学发展观，树立和践行社会主义核心价值体系，在工作岗位上创优争先，为建设中国特色社会主义伟大事业积极贡献智慧和力量。

2. 参政党理论研究取得丰硕成果

一年来，农工党各级地方组织根据中央宣传部提出的《2009年理论研究课题年度计划》，结合实际确定重点研究课题。今年6月新建了江苏省委会参政党理论研究点。中央宣传部和上海市委会联合开展的《中国特色和谐政党关系论》课题研究历时两年完成，4月下旬在农工党中央机关举行了出版座谈会，中共中央统战部、各民主党派中央、中央社会主义学院，以及农工党部分省级组织的代表出席了座谈会。8月，在陈述涛副主席的主持下，黑龙江省委会编辑建立了10个专题的《多党合作理论资料库》，完成了《中国特色参政党理论概论》一书。这些研究成果，较为系统地阐述了构建中国特色和谐政党关系和参政党建设的基本问题，对参政党建设的理论研究作出了有益探索和积极贡献

3. 社会宣传工作蓬勃开展

2009年，农工党中央宣传部认真总结经验，积极研究和建立完善宣传工作机制，制定了年度"好新闻奖"评选办法和社会宣传工作先进集体评选办法，完善中央机关各部门宣传联络员制度，建立宣传通报制度和信息反馈机制等，积极推进社会宣传工作的规范化、制度化建设。各级宣传部门通过多种渠道积极宣传农工党的重大活动和重要工作，宣传各级组织的参政议政成果和广大党员的先进事迹。据不完全统计，今年以来，国家级主要新闻媒体对农工党工作的有关报道700余篇，起到了塑造形象、指导工作、鼓舞士气的积极作用。中央宣传部配合中央电视台和全国政协《共铸辉煌》摄制组，完成了对农工党主要领导人"谈建国60周年"的专题节目采访。2月17日，农工党中央常务副主席陈宗兴作客强国论坛，就农工党参政议政工作、医疗卫生体制改革、生态环境保护、三农等话题与网友进行在线交流，人民网与搜狐网对访谈进行了视频、图文联合直播。这次访谈吸引了众多网民参与，网友累计提问1000多条，同时在线人数最高超过120万。

4. 党刊编辑发行工作迈出新的步伐

党刊《前进论坛》继续坚持"提高质量、降低成本、扩大发行"的办刊方针，积极探索管理体制改革的新路子，在文章内容和版式方面都进行了调整，不断提高质量，充分发挥党刊的思想政治教育作用。

（二）组织建设

1. 继续做好组织发展工作

一年来，农工党各级组织认真贯彻组织发展的方针政策，组织发展工作平稳有序。截至2009年年底，农工党有省级组织30个，地市级组织269个，基层组织5565多个；党员11.3万多人，其中医药卫生界占59.7%，科技界占7.8%，文教界占18.8%，其他界别占13.7%；有620位党员在各级政府及司法机关任职，1860位党员当选各级人大代表，9868位党员担任各级政协委员，还有许多党员被各级政府部门及司法机关聘为特约检察员、监察员、审计员、教育督导员等。广大农工党员爱岗敬业，在各自专业领域和工作岗位取得优异成绩。据不完全统计，2009年有160多位农工党员获得"全国五一劳动奖章"、"全国三八红旗手"、"国家科技进步奖"等奖项和荣誉。农工党中央领导人在国家科技重大专项"重大新药创制"专项中担任技术总师和实施管理工作办公室主任，

今年5月专项启动以来，在促进我国医药科技创新和产业发展、满足广大人民群众用药需要等方面取得了显著进展。农工党员、河北中医药专家吴以岭教授当选中国工程院院士。

经过各方协商，农工党组织发展的重点分工，增加环境保护和人口资源领域的代表性人士。今年7月，农工党十四届六次中央常委会议审议通过了《中国农工民主党中央委员会关于进一步做好组织发展工作的若干意见》，首次以文件的形式明确了农工党组织发展的重点分工为“医药卫生界高中级知识分子、环境保护和人口资源领域的代表性人士”，这对于农工党的组织发展和参政议政工作都提出了新的要求。

2. 着力加强后备干部队伍建设和干部推荐工作

各级组织认真贯彻落实《各民主党派中央关于加强地方组织领导班子建设座谈会纪要》精神，积极选拔人才，培养骨干，做好届中调整工作，一批德才兼备、年富力强的优秀干部被充实到各级领导班子中，进一步改善了班子结构；认真贯彻民主集中制原则，按照制度化、规范化的要求，初步建立了领导班子理论学习制度、集体领导和分工负责制、会议制度，稳步推进谈心会、述职和民主评议等项工作，增强了领导班子的团结和谐，促进了各项工作的全面开展。

各级组织进一步加强了干部推荐和培训工作，一批中青年党员被选拔到各级政府和司法机关、大专院校、科研院所担任领导职务，其中有多位同志担任单位正职。中央组织部推荐了一批党员担任社团职务和司法机关、政府部门的特约人员，推荐了一批党员参加民主党派干部进修班、培训班、出国研修班和赴港班的学习。在富阳干部培训基地举办了中青年党员培训班。

3. 继续深入开展基层组织建设年活动

在去年工作的基础上，各级组织进一步加大了对基层组织建设工作的指导，基层组织的核心作用和组织生活质量进一步提高，形成了“中央抓省级组织领导班子建设”、“省级组织抓地市级组织和省属基层组织建设”、“地市级组织抓基层组织建设”的工作新格局。5月份在广东召开的全国组织工作会议，深入总结了十四大以来开展基层组织建设年活动的成果和经验，分析了存在的困难和问题，部署了下一阶段加强组织建设的任务和措施。

4. 党内监督工作稳步推进

一年来，农工党中央监督委员会采取了积极稳妥、循序渐进的工作方针，稳步推进党内监督工作。今年3月召开了中央监督委员会第一次全体会议，明确了职责定位和工作方向，强调中央监督委员会在履行职责过程中，要坚持正确的政治方向，坚持正确的职责定位，重点监督本党各级领导班子及其成员履行党内领导职责的情况，主要是制度层面的监督。根据第一次全体会议通过的年度工作计划，中央监督委员会先后赴福建、云南、江苏进行了工作调研，通过列席省级领导班子谈心会、召开党员座谈会、走访中共统战部门等方式，了解省级组织领导班子建设的有关情况，主要是领导班子集体领导和分工负责制、会议制度、谈心会制度、述职和民主评议制度的执行情况，并结合调研发现的情况和问题，进一步研究建立和完善党内监督工作的相关制度。妥善解决党员信访纠纷相关问题。

（三）机关建设进一步加强

以和谐机关建设为目标，以能力建设

为重点，农工党中央和地方组织进一步加强了机关建设。发扬优良传统，中央坚持开展慰问老党员活动，1月份农工党中央领导带领机关同志前往安徽省慰问老党员。去年以来，以“工作业绩、群众认可、岗位需要”为原则，中央机关晋升了一批干部的职务，反响积极。5月份在武汉召开了中央和省级组织秘书长、办公室主任工作座谈会，交流了加强机关工作制度化、规范化、程序化建设的经验。2008年成立的农工党中央书画院，已成为加强机关文化建设的重要平台，7月份承办了由农工党中央和致公党中央、九三学社中央在中国美术馆联合举办的“庆祝中华人民共和国成立60周年、人民政协成立和中国共产党领导的多党合作和政治协商制度确立60周年书画展”，各省级组织推荐了600多幅作品。中央机关党团组织、工会、妇委会共同努力，召开了“自身能力建设座谈会”、“六个为什么”理论学习研讨会，开展了“读一本书活动”，举办了“庆祝建国60周年幸福生活图片展”。为交流学习成果和工作经验，机关工会创办了《会员之友》。为加强国情教育，机关党员5月份前往交通部规划研究院参观学习等。

石光树　农工党中央宣传部部长
王鑫帅　农工党中央宣传部理论研究处副处长

中国致公党

2009年，中国致公党高举中国特色社会主义伟大旗帜，坚定不移地走中国特色社会主义政治发展道路，切实履行参政议政、民主监督职能，各项工作呈现出团结和谐、昂扬向上的良好态势，为全面建设小康社会、加快推进社会主义现代化、促进祖国和平统一大业作出了新的贡献。

一、重要会议及活动

（一）十三届三中全会

中国致公党第十三届中央委员会第三次全体会议于12月21日—22日在北京召开。会议的主要内容是学习中共十七届四中全会和中央经济工作会议精神，听取并审议第十三届中央常务委员会工作报告，部署2010工作。

全国政协副主席、致公党中央主席万钢代表致公党第十三届中央常务委员会作工作报告。会议指出，新中国成立60周年来，中国共产党领导全国各族人民，团结奋斗，艰苦创业，中华大地发生了沧桑巨变，国家经济实力和综合国力极大增强，人民生活显著改善，社会文明程度大幅提升，国际地位空前提高。一年来，致公党高举中国特色社会主义伟大旗帜，坚定不移地走中国特色社会主义政治发展道路，切实履行参政议政、民主监督职能，各项工作呈现出团结和谐、昂扬向上的良好态势，为全面建设小康社会、加快推进社会主义现代化、促进祖国和平统一大业作出了新的贡献。致公党各级组织结合自身实际，通过多种形式，扎实推进深入学习贯彻科学发展观，进一步巩固了多党合作的共同思想政治基础；紧紧围绕经济社会发展不同领域的重要问题和事关人民群众切身利益的民生问题，扎实开展专题调研和协商议政活动，为执政党和政府有关决策提供了重要参考；着眼凝聚侨心、汇聚侨智、发挥侨力、维护侨益，积极开展与海外侨社的联谊工作，不断扩大友好交往；坚持以文化为纽带开展港澳台地区工作，进一步促进两岸三地的民间交流；坚持以改善民生为导向，努力为地震灾区和贫困地区的人民办实事、办好事；重视开展参政党理论建设，稳步推进思想建设、组织建设和机关建设，不断提高履行职能的质量和水平。

会议指出，2010年将是我国改革发展面对新形势、实现新发展的关键一年。全党要以邓小平理论和“三个代表”重要思想为指导，将树立和践行社会主义核心价值体系作为深入学习贯彻科学发展观的重要内容，进一步解放思想、开拓创新，把加强自身建设与围绕中心、服务大局更加紧密地结合起来，坚持巩固思想政治基础与提高参政党能力并重，努力搭建平台与发挥“侨海”优势并重，最大限度地团结全体党员和所联系的群众，为继续全面建设小康社会、加快推进社会主义现代化凝聚强大力量，作出积极贡献。

会议审议通过了《中国致公党第十三届中央委员会第三次全体会议关于中央常务委员会工作报告的决议》。会议期间，还安排了关于国内外经济发展形势的报告。

致公党中央常务副主席王钦敏，致公党中央副主席王珣章、程津培、杨邦杰、严以新、黄格胜、曹小红、李卓彬和中央委员及列席会议的同志130余人出席会议。

（二）中央常务委员会会议

2009年，致公党十三届中央常务委员会根据党章规定和履行职能需要，共召开了4次会议。

1. 3月10日，致公党第十三届中央常务委员会第六次会议在京召开。会议认真学习了全国“两会”精神，审议通过了《致公党中央关于学习贯彻“两会”精神的决议》，通报了《致公党中央2009年工作要点》。全国政协副主席、致公党中央主席万钢出席会议并讲话。会议由致公党中央常务副主席王钦敏主持。

万钢在讲话中指出，深入学习贯彻科学发展观和学习贯彻今年“两会”精神是致公党当前面临的两个重要任务。各级组织要组织党员认真学习领会“两会”有关文件精神，认清当前经济社会发展形势，认真贯彻落实中共中央、国务院的决策部署，把保持经济平稳较快发展作为履行职能的首要任务，深入调查研究，积极建言献策，切实把学习贯彻科学发展观落实到与执政党和衷共济、共克时艰上来；要努力发挥民主党派与所联系的群众关系密切的优势，坚持以人为本，履职为民，关注民生，反映社情民意，切实把学习贯彻科学发展观落实到促进社会和谐稳定大局上来；要巩固政治交接的成果，大力加强以团结协作为核心的党风建设、以勤奋好学为重点的学风建设、以求真务实为基础的文风建设，切实把学习贯彻科学发展观落实到加强自身建设上来。

万钢强调，各级组织要紧密围绕《政府工作报告》对今年工作的总体部署和“保增长、惠民生、促稳定”这一主题，认真做好致公党2009年各项工作，切实履行参政党职能，团结一心，振奋精神，为夺取全面建设小康社会新胜利、加快推进社会主义现代化建设作出积极贡献。

致公党中央副主席王珣章、程津培、杨邦杰、严以新、黄格胜、曹小红、李卓彬等28名中常委出席会议，参加全国“两会”的致公党人大代表、政协委员及中央机关局级干部列席会议。

2. 7月5日—6日，致公党第十三届中央常务委员会第七次会议在贵阳召开。会议认真学习了中共中央有关文件精神，全面总结了致公党上半年各项工作情况，并就致公党下半年的工作进行了深入研讨。全国政协副主席、致公党中央主席万钢出席会议并讲话。中共贵州省委常委、统战部部长龙超云出席会议并致词。

万钢指出，2009年上半年以来，致公党以深入学习贯彻科学发展观为主线，切实开展了一系列行之有效的工作，在参政议政、海外联谊、社会服务及自身建设等方面取得了一定的成绩。在新的形势下，致公党要更好地发挥作用，需要树立科学发展、全面发展、和谐发展的意识，努力统筹好促进经济社会发展与推进多党合作事业发展、加强参政议政与搞好民主监督、加强参政党建设与发挥参政党作用的关系，不断提高履行自身职能的水平。

万钢说，在新中国成立60周年、人民政协成立60周年、中国共产党领导的多党合作和政治协商制度确立60周年之际，致公党要继续以科学发展观为指导推动各项工作，深刻认识学习贯彻科学发展观与保持致公党特色的内在联系。他强调：要重视对海外侨情信息的分析研究，积极向有关部门反映海外侨胞的意见建议，使之成为致公党反映社情民意的独特视角；要高度关注归国留学人员这一重要群体，尽己所能为广大归国留学人员做好服务工作，使之成为致公党组织可持续发展的重要动力；要进一步发挥致公党近年来在可持续发展领域、农业领域、科技领域和区域发展领域建言献策的优势，使之成为致公党参政议政新的亮点。

万钢要求，今后致公党要进一步加强组织建设的总体规划，牢固树立"人才强党"的组织发展思想，实现组织发展的结构优化和人才优化；不断增进致公党中央与致公党各级地方组织的联动，整合全党资源，发挥群体功能；不断在学习贯彻科学发展观的实践中实现致公党"致力为公"的宗旨，为促进国家各项事业的发展作出自己的贡献。

致公党中央常务副主席王钦敏，副主席王珣章、程津培、杨邦杰、黄格胜、曹小红、李卓彬等21名中常委出席会议，部分省级组织代表及中央机关局级干部列席会议。

3. 9月22日，致公党第十三届中央常务委员会第八次会议在京召开。会议认真学习了中共十七届四中全会精神，审议通过了《致公党中央关于学习贯彻中共十七届四中全会精神的决议》。全国政协副主席、致公党中央主席万钢出席会议并讲话。

万钢在讲话中指出，刚刚闭幕的中共十七届四中全会，是在新中国建立60周年之际召开的一次重要会议。这次会议以研究加强和改进新形势下执政党的建设问题为主题，审议通过了《中共中央关于加强和改进新形势下党的建设若干重大问题的决定》，这对于全面贯彻中共十七大精神，深入贯彻落实科学发展观，有效应对国际金融危机冲击、保持经济平稳较快发展，夺取全面建设小康社会新胜利、开创中国特色社会主义事业新局面，具有重大而深远的意义。致公党各级组织和广大党员要认真学习、热情宣传、坚决贯彻中共十七届四中全会精神，切实把思想和行动统一到中共中央的决策部署上来。

万钢指出，长期的实践证明，执政党建设的每一次进步和发展，都对参政党的自身建设有着积极的引领和推动作用。当前，如何通过学习借鉴执政党党建工作的经验和做法，结合自身实际，全面推进致公党的自身建设，已经是摆在全党面前需要解决的重大课题。万钢强调，要紧紧围绕增强全党凝聚力开展自身建设，大力推进社会主义核心价值体系建设，更好地履行参政党职能和发挥作用。当前形势下，特别要重视抓好全党的思想理论建设、基层组织建设、后备干部队伍建设、党内监督机制建设等，不断总结、运用和发展自身建设的宝贵经验，与时俱进，把致公党建设成为一个素质更高、特色更明、能力更强的参政党。

会上，致公党中央常务副主席王钦敏就中共十七届四中全会的主要精神向大家做辅导报告。致公党中央副主席程津培、严以新、黄格胜、曹小红、李卓彬等出席会议。

4. 12月20日，致公党第十三届中央常务委员会第九次会议在京召开。全国政协副主席、致公党中央主席万钢主持会议。会议认真学习了中共中央经济工作会议精神，审议通过了致公党十三届三中全会的日程安排、会议议程和常委会工作报告等，审议通过了《中国致公党中央专门委员会增补主任、副主任建议名单》。

（三）专项会议

1.“致福工程”学习交流会暨社会发展与服务专委会扩大会议

6月9日—11日，中国致公党“致福工程”学习交流暨社会发展与服务专委会扩大会议在江苏省南京市召开。全国政协常委、致公党中央副主席李卓彬到会讲话，中共江苏省委常委、副省长黄莉新，省政协副主席、致公党江苏省委主委黄因慧出席会议并致词。致公党各省、自治区、直辖市及中央直属组织分管社会服务工作的副主委或秘书长及社会发展与服务专委会部分委员参加会议。与会同志听取了致公党江苏省委会就“致福工程”开展5年多来的情况介绍；观看了“致福之光”专题片；赴高资、丹阳、高邮三个“致福工程”培训点和部分学员代表的种养殖基地现场学习观摩。

黄莉新副省长代表中共江苏省委、省政府感谢致公党中央和各省级组织对江苏发展的支持，特别对致公党江苏省委倡导、发起并全程参与实施的以“致力扶农、教农民上网、为农民造福”为宗旨的“致福工程”给予高度评价和肯定。

李卓彬副主席称赞“致福工程”是贯彻落实科学发展观的典型范例，是多党合作、共谋发展的生动实践，也是民主党派社会服务工作的有益探索。他要求致公党各地方组织在开展社会服务工作时，学习借鉴江苏的经验，在有条件的地区探索实践，使这项富民、惠民工程成为建设社会主义新农村、促进农民增收致富的有效途径和主要抓手，成为致公党社会发展与服务工作的一个重要品牌。

中共中央统战部、国务院扶贫办、中国扶贫开发协会也派员莅会指导。

2. 第四期参政议政干部培训班

6月16日—19日，致公党中央参政议政部举办第四期参政议政干部培训班，来自致公党19个省、自治区、直辖市和中央直属组织的50多名同志参加了培训。致公党中央常务副主席王钦敏、副主席程津培、杨邦杰出席会议并为与会同志作讲座。

杨邦杰副主席出席开幕式并讲话，他希望全党从事参政议政具体工作的同志要认真学习有关中国共产党领导的多党合作和政治协商制度等方面的文件，包括《中共中央关于进一步加强中国共产党领导的多党合作和政治协商制度建设的意见》、《中共中央关于加强人民政协工作的意见》、人民政协理论、《中国的政党制度》白皮书等，在做好理论武装的基础上，紧紧围绕发展这个主题，发挥致公党“侨”、“海”特色，动员全党力量，做好参政议政工作。

程津培副主席在报告中就如何做好提案工作、提高参政议政工作的水平和质量，提出三点建议：一要善于发现问题，多看、多听、多思考、多调研；二要有大局意识，提出的建议和意见对社会稳定与发展要有实质性的推进作用；三要有合作意识，要有善于联合党内外专家的能力，共同做好参政议政工作。

王钦敏常务副主席以“国家信息化与电子政务工程”为题，针对民主党派开展参政议政工作的具体情况以及工作特点，对信息化概念、特征、电子政务、数字地球和应用等问题向学员们作了讲解，其目的在于希望以信息化建设来推进全党参政议政工作水平的提高，同时他希望所有从事参政议政工作的同志，尤其是年轻同志，应该把握信息化这个时代契机，做好提案和信息工作。

与会人员围绕讲座内容和工作实际进行了认真学习和讨论，并交流了在参政议政工作中的经验和做法，对今后如何进一步加强参政议政工作提出了意见和建议。

3. 第二届留学回国人员论坛

8 月 20 日，由致公党中央主办、致公党天津市委会承办的“创意、创新、创业”——第二届留学回国人员论坛在津开幕。论坛设有“天津及滨海新区发展与展望”、“留学人员回国创业的思考”两个学术分会，留学回国人员和来自海外及全国各地的专家学者围绕“创意、创新、创业”主题，就如何充分发挥留学回国人员在经济建设和社会发展中的作用进行深入研讨和交流。

全国政协副主席、致公党中央主席、科技部部长万钢致开幕词。他说，大力推行自主创新是经济建设中的一项迫切任务，在激烈的国际竞争中，拥有强大的自主创新能力才能把握先机。留学回国人员是具有爱国情怀和创新思维的群体，在不同时期均为祖国建设作出了卓越的贡献。致公党作为具有“侨”、“海”特色的参政党，今后将继续把联络留学人员作为自己的重要工作职责，为留学人员服务国家经济发展和各项社会事业建设开拓更多的渠道。

致公党中央常务副主席王钦敏，致公党中央副主席程津培、李卓彬出席开幕式。中共天津市委常委、市委宣传部部长肖怀远代表中共天津市委、市政府对论坛的举办表示热烈的祝贺。会议由致公党中央副主席、天津市政协副主席曹小红主持。

4. 海外及岛内洪门中青年人士研讨班

9 月 2 日—3 日，致公党中央在福州举办了“海外及岛内洪门中青年人士研讨班”。这是致公党中央第三次举办这样的研讨班，邀请了来自美国、澳大利亚、巴拿马、波多黎各、大溪地、菲律宾及台湾等国家和地区的 23 位洪门中青年人士参加。

李卓彬副主席出席开幕式并讲话。他说，中国致公党与海外洪门团体不存在组织关系，但两者有着深厚的历史渊源，致公党始终注重加强同包括海外及岛内洪门在内的广大华侨社团的联系。近些年来，海外及岛内洪门与时俱进，取得了许多可喜的变化。他希望广大海外及岛内洪门团体团结互动不断扩大影响力，改革争先保持旺盛的生命力，传承中华文化以更具发展力。

福建省委统战部翁卡常务副部长出席了开幕式并讲话。他介绍了福建省经济社会发展情况以及海峡西岸经济区建设的有关情况。国务院侨办政研司范如松副司长作了关于和谐侨社建设的讲座，国家民委政策法规司毛公宁司长作了关于中国民族问题和民族政策的讲座。

5. 纪念中华人民共和国成立 60 周年庆祝活动

9 月 12 日，中国致公党庆祝中华人民共和国成立 60 周年系列活动在全国政协礼堂隆重举行。全国政协主席贾庆林，全国政协副主席、致公党中央主席万钢，十届全国政协副主席、原致公党中央主席罗豪才等领导出席活动。

万钢在致词中指出，致公党作为参政党，60 年来，在中国共产党的领导下，始终坚持和维护中国共产党领导的多党合作和政治协商制度，自觉服务于改革发展稳定大局，积极履行自己的职能，为促进社会主义经济建设、政治建设、文化建设、社会建设和祖国的完全统一贡献了自己的力量，发挥了参政党应有的作用。万钢强调，当前，我国进入了全面建设小康社会、加快推进现代化建设的新的发展阶段。我们要更加紧密地团结在以胡锦涛同志为总书记的中共中央周围，高举中国特色社会主义伟大旗帜，以邓小平理论和“三个代表”重要思想为指导，深入贯彻落实科学发展观，同心同德，团结拼搏，为全面建设小康社会、开创中国特色社会主义事业新局面而不懈奋斗！

庆祝活动在百名致公党员深情合唱的《今天是你的生日，中国》中拉开序幕。著名舞蹈表演艺术家陈爱莲，著名歌唱家朱明瑛等一批致公党文艺工作者表演了歌舞、朗诵、武术、器乐等精彩节目。最后，致公党中央领导登台与全体演员合唱《歌唱祖国》，把现场气氛推向高潮。

庆祝活动由致公党中央常务副主席王钦敏主持。原致公党中央常务副主席杜宜瑾，致公党中央副主席杨邦杰、严以新、黄格胜、曹小红、李卓彬等出席活动并观看演出。

全国政协港澳台侨委副主任林兆枢，北京市政协主席阳安江，全国人大、全国政协、中央统战部、部分党派中央及相关部委、社会团体的领导以及在京的部分海外侨胞、归侨侨眷、社会有关方面知名人士等1000余人出席活动并观看了演出。

演出前还举行了中国致公党庆祝中华人民共和国成立60周年书画展开幕式及中国致公画院成立仪式，由部分当代书画名家以及致公党员、海外侨胞和台湾同胞精心创作的百余幅作品在展览中展出。

6. 秘书长、办公厅（室）主任工作会议

9月17日—18日，致公党秘书长、办公厅（室）主任工作会议在西安召开。致公党中央常务副主席王钦敏、秘书长曹鸿鸣、办公厅主任王增祺、中央统战部一局四处副调研员张衍前及致公党各省级组织和部分市（区）级组织代表约80人参加会议。中共西安市委常委、统战部部长张雷，致公党西安市委主委王元应邀出席开幕式，并分别代表中共西安市委、市政府和致公党西安市委会致词。

王钦敏常务副主席在会上作了重要讲话。他指出，近年来，致公党中央和各省级组织紧密围绕国家经济建设和社会发展，认真履行参政党职能，积极参政议政，充分发挥与海外联系广泛的特点和优势，切实加强自身建设，为创造和维护国家稳定和平的环境做出了一定的贡献。全党上下形成团结一致、奋发向上的良好局面，各级组织的机关建设也切实得到了加强。他说，党派办公室工作起着承上启下，衔接各方的枢纽作用，机关通过这个枢纽使整个工作体系有机结合、有效运转、形成合力，促进各项工作的落实。秘书长和办公厅（室）的工作职责就是为大局服务，为领导集体和领导服务，为全机关服务。服务工作的关键是要有一丝不苟的事业心，一板一眼的责任心和一团和气的忍耐心。为此，王钦敏常务副主席提出三点要求：加强能力建设，提高自身素质，适应时代要求；坚持有序管理，注重细致规范，保持耐心和谐；增强政党意识，端正工作作风，聚精会神服务。

会议还组织与会人员观看了《警钟长鸣》、《政务礼仪教程》光盘，发放了《领导者应对和处理突发事件的9件能力》一书，编印了《致公党中央及地方组织规章制度摘编》和《致公党秘书长、办公厅（室）主任工作会交流材料》。

7. 中国发展论坛·2009

10月23日，“中国发展论坛·2009——武汉城市圈‘两型社会’建设”

在武汉市隆重举行。本次论坛由致公党中央和湖北省人民政府联合主办，由致公党湖北省委会、湖北省发展和改革委员会、致公党中央环境与可持续发展委员会、《中国发展》杂志社共同承办。全国政协副主席、致公党中央主席、科技部部长万钢出席开幕式并做主旨报告。中共湖北省委书记罗清泉出席开幕式并致词。开幕式由致公党中央常务副主席王钦敏主持。出席开幕式的领导还有：中共湖北省委副书记、省长李鸿忠，致公党中央副主席杨邦杰，中共湖北省委常委、省委统战部部长苏晓云，湖北省政协常务副主席李佑才，湖北省政协副主席、九三学社湖北省主委郑楚光，致公党湖北省委会主委姚凯伦等。

万钢在讲话中指出：与上海浦东、天津滨海、成渝等综合配套改革试验区相比，武汉城市圈“两型社会”建设综合配套改革试验区模式更新、任务更艰，对武汉和湖北而言，既是巨大的机遇，也是崭新的挑战。他赞赏武汉城市圈在以资源节约和环境友好为核心，探索新型工业化、新型城市化的发展道路上做了许多的工作，取得了积极成效。但同时他也强调“两型社会”建设是一项长期、系统、全新的工程，武汉城市圈要义不容辞地将国家战略和试验区的实际结合起来，以开拓创新的精神不断进行探索和实践，探寻新型城市化道路。他对武汉城市圈“两型社会”建设谈了四点看法：一是“两型社会”建设首先必须实现节能减排和产业转型；二是实现节能减排和产业转型必须仰仗于科技的支撑；三是发挥科技支撑作用核心在于加强能力建设，大力推动自主创新；四是要以宏大的气魄推动武汉城市圈“两型社会”建设，引领中部崛起。他说，科技创新是发展的不竭之源。武汉城市圈“两型社会”建设综合配套改革试验区要立足于本区域科技资源优势，面向全国、放眼世界，不断提升科技创新能力，以创新驱动发展，努力引领“中部崛起”，并为我国整体的科学发展与和谐社会建设发挥重要的示范和带动作用。

罗清泉对论坛的举办表示热烈祝贺，对万钢主席一行的到来表示热烈欢迎。他说：建设资源节约型、环境友好型社会是贯彻落实科学发展观的具体实践。自2007年武汉城市圈“两型社会”综合配套改革试验区获批以来，武汉城市圈内各市进一步推动“五个一体化”建设，在经济、科技、教育、交通、旅游等多方面合作更加紧密，一批重大项目已经启动。武汉城市圈已成为湖北省经济社会发展的快速增长极，对全省经济发展的“龙头”作用已经显现。他指出：武汉城市圈肩负着中部崛起战略的落实和推动东、中、西部协调发展的重担，不仅是湖北经济发展的核心区域，也是湖北成为中部崛起重要战略支点的强劲动力。他表示，湖北要发挥科教、交通、人才等方面的优势，牢牢抓住“七个方面的机遇”，把“两型社会”建设全面推向深入，为中国经济的发展作出新的贡献。

本次论坛的主题是：围绕武汉城市圈“两型社会”建设综合配套改革试验区建设的发展思路、目标定位、基本途径和工作重点等重大问题开展学术交流和讨论，为促进中部崛起战略的实施和武汉城市圈“两型社会”建设建言献策。

为充分诠释和体现论坛主题，使之更加充实、富于成效，此次论坛邀请了部分全国知名专家和学者，他们当中有两院院士、长江学者和国家“863”计划首席科学家以及研究武汉城市圈“两型社会”建设方面的专家学者。他们就提高中部地区经济发展水平、提升可持续发展能力、实现和谐社会建设目标等问题展开研讨。

会后，与会代表还参观考察了东湖高新技术开发区生物能源项目、武汉经济技术开发区新能源汽车项目。

出席本次论坛的还有中共中央统战部、国家发改委、科技部、国土资源部、环境保护部、水利部、国家林业局等部委有关方面负责人。湖北省委、省政府，省人大、省政协，省委统战部的有关单位和部门的负责人，武汉城市圈政府有关部门的负责人也应邀参加了论坛。

8. 参政议政工作会议

10月27日，中国致公党参政议政工作会议在京召开。全国政协副主席、科技部部长、致公党中央主席万钢，全国政协常委、全国政协副秘书长、致公党中央常务副主席王钦敏，全国人大常委、全国人大华侨委员会副主任、致公党中央副主席杨邦杰等出席会议。致公党各省级组织有关领导同志、参政议政部门负责同志以及副省级组织、部分地方市级组织领导同志等70余人参加了会议。

会议认真学习贯彻中共十七大和十七届四中全会精神，梳理、总结了五年来致公党中央及地方各级组织在参政议政工作中所取得的成绩、经验和做法，宣读了《关于表彰致公党参政议政工作先进集体和先进个人、参政议政优秀调研报告、提案工作及信息工作优秀组织奖、致公党机关参政议政优秀工作者的决定》，授予致公党北京市委会等48个集体“致公党参政议政工作先进集体”荣誉称号；授予马进等83位同志“致公党参政议政工作先进个人”荣誉称号；评选《关于大力发展碳汇林业促进生态文明建设的调研报告》等65篇调研报告为“致公党参政议政优秀调研报告”；授予致公党北京市委会等8个组织“致公党信息工作优秀组织奖”；授予丁瑜等12位同志“致公党机关参政议政优秀工作者”荣誉称号，并对致公党下一阶段的参政议政工作进行了总体部署。

万钢在会议开幕式上作重要讲话。他说，参政议政是民主党派履行职能、发挥作用的重要方式，是民主党派实现自身价值的重要体现。要坚持把调查研究作为做好致公党工作的重要工作方式，要深入地进行执政党和政府所关心的热点、难点问题的调研，注重对海外侨情和国内归侨侨眷、归国留学人员状况的调研。在参政议政、考察调研的工作中加强学习、加强总结、加强交流。建言献策不仅要提建议，还应在积极推动落实中献计献策。关于选题，要围绕民主党派新时期的参政重点，努力形成政治共识、思想共识和行动共识，加强致公党中央部门与地方的沟通，有效地整合人才资源，做好建言立论工作。在社情民意工作中，要进一步提高对信息工作的重视程度，创新工作机制和方法，挖掘信息工作的潜力，谋求新的发展。

万钢指出，在新的历史条件下，如何实现参政议政依靠力量由少数几位专家或领导孤军奋战向发挥全党整体功能方面突破；参政议政选题由个别领域逐步向国家生活多个领域方向突破；参政议政渠道由以人大、政协会议为单一渠道向多渠道方面突破；参政议政成果转化由间歇性量少向持续性量多方面突破，从而推动致公党参政议政工作的跨越式发展，需要大家共同来研究和探索。万钢还勉励大家，要更加努力地开展工作，团结一心，开拓创新，共同奋斗，继续为促进科学发展、夺取全面建设小康社会的新胜利作出新的贡献。

开幕式结束后，会议认真听取了杨邦杰副主席所做的致公党参政议政工作报告。

9. 深入学习贯彻科学发展观暨参政党理论建设研讨会

10月29日—30日，中国致公党深入学习贯彻科学发展观暨参政党理论建设研讨会在京召开。全国政协副秘书长、致公党中央常务副主席王钦敏，全国人大常委、致公党中央副主席严以新出席会议。致公党各省级组织有关领导同志、宣传部门负责同志等60余人参加了会议。

王钦敏常务副主席在开幕式讲话中指出，科学发展观是推进我国改革开放和社会主义现代化必须长期坚持的指导方针，深入学习贯彻科学发展观，不仅是中国共产党的重大政治任务，也是各民主党派更好地履行职能、发挥作用的客观需要。开展学习贯彻科学发展观活动近一年来，广大致公党员对中国特色社会主义伟大旗帜的理解更加深刻，对坚持走中国特色社会主义道路的信念更加坚定，对新时期参政党的目标、任务和努力方向更加明确，各级组织的自身建设也得到了进一步加强，在服务当地科学发展的同时实现了自身的科学发展，扩大了致公党的社会影响。在总结经验、肯定成绩的同时，王钦敏常务副主席也指出了当前工作中存在一些的不足，并就继续学习贯彻好科学发展观提出两点要求：一是要站在新的高度，学习和把握科学发展观的精神实质。二是立足新起点，实践和实现科学发展观的时代价值。

针对参政党理论建设问题，王钦敏常务副主席指出，参政党只有做到理论上的清醒与坚定，才能保持政治上的清醒和坚定，从而使加强自身建设和履行职能更加全面和自觉。要从战略高度，充分认识和深刻理解加强理论建设的重要性和紧迫性；要从回顾总结中，努力厘清致公党理论建设的经验和不足；要从谋求实效上，努力推进致公党理论建设新跨越。他强调，当前应注意两点：一是通过理论建设，促进思想建设和自身建设，以科学的理论武装头脑和指导实践，保证广大党员理论上的清醒和政治上的坚定。要把理论建设和思想建设结合起来，并着力思考致公党如何牢固树立和践行社会主义核心价值体系的问题。全党务必要把树立和践行社会主义核心价值体系作为下一阶段思想理论建设的重点，认真思考把社会主义核心价值体系如何融入思想建设和自身建设中去，融入发挥参政党职能、提高履职能力中去，融入政治交接和对新党员的学习教育中去。二是加强理论建设，要在措施上重视队伍建设、载体建设和机制建设。

严以新副主席就当前学习贯彻科学发展观、思想建设和理论建设三方面的内容，结合2010年的工作计划指出：第一，继续深入学习贯彻科学发展观，切实把思想和行动落实到坚持自身发展和服务科学发展上来。第二，切实加强思想建设，增强广大致公党员接受中国共产党领导的自觉性和坚定性，努力夯实多党合作的思想政治基础。第三，切实加强参政党理论建设，从理论上系统研究参政党建设规律，努力建设符合时代要求的高素质参政党。他说，我们必须看到理论研究工作中存在的问题，如研究机构不健全、研究内容缺乏针对性、具有实践意义的研究成果不多、研究的深度和广度不够。因此，我们要采取切实有效的措施：要提高认识，加强领导，把理论建设摆到重要的议事日程；要循序渐进地建立一套工作管理机制；要培养理论人才，建立骨干队伍。不断提高广大党员运用理论解决实际问题的能力，以理论创新推动工作创新，为构建社会主义和谐社会，全面建设小康社会作出更大贡献。

会议传达了中共中央有关文件精神，

并邀请中央社会主义学院专家就“民主党派如何学习贯彻科学发展观”做专题报告。19个致公党省级组织代表先后发言，就如何进一步推动全党学习贯彻科学发展观工作和加强参政党理论建设工作进行了研讨。来自党内的一批专家、学者还以“科学发展观与参政党建设”为主题进行了论文交流。

10. 组织工作会议

11月17日—18日，中国致公党组织工作会议在京召开。全国政协副主席、致公党中央主席万钢出席开幕式并讲话。他指出，这次全党组织工作会议，是在新形势下，本届中央委员会召开的第一次全党组织工作会议，希望大家对此次会议予以高度重视，对全党组织工作目前面临的一些难点、焦点问题共同研讨、共同出谋划策。万钢对今后一个时期的组织建设工作提出了几点要求：一、要充分认识做好后备干部队伍建设工作的重要性和紧迫性，要以政治素质为首要标准去选拔人才、要以求贤若渴的心情去物色人才、要在参政议政等履行职能的实践中去发现人才和锻炼人才，要在科学的干部管理办法和严密的规划下去储备人才和推荐人才；二、要着力解决基层组织发展不平衡问题，从保证基层组织生活正常化、解决基层组织遇到的实际困难和提高基层组织参政议政能力等几个方面来全面加强基层组织建设；三、要高度重视致公党中央监督委员会工作，建立并逐步完善内部监督机制，努力做到使党内监督工作既坚持正确的政治方向，又体现自身特色，既切实推进党内监督，又有利于维护和促进党内的团结和谐。

中共中央统战部副部长楼志豪应邀出席开幕式并讲话。他详细介绍了关于民主党派组织发展的有关文件精神，同时强调，当前形势对参政党建言献策，履行参政党职能和发挥参政党作用提出了很高的要求，民主党派加强自身建设就是要为民主党派履行职能和发挥作用提供有力的组织保障，为此要着眼于新的形势，着眼于解决实际问题，深刻理解文件的重大意义和精神实质，认真学习，切实贯彻，确保组织发展工作健康有序地发展。

致公党中央常务副主席王钦敏在会议闭幕式上做总结发言，他指出，如何更好地适应新时期、新时代、新形势的要求，加强组织建设，这是关系到致公党今后能否与时俱进、有效履行职能的大事，与会同志要认真领会万钢主席的讲话精神和工作部署，深入理解相关文件精神，准确把握组织建设内涵，切实提高自身建设水平，精心落实“人才强党”思想。他还就届中调整和换届准备工作提出了相关意见和要求。他希望各级组织从现在做起，努力发现和吸收更多高层次、高素质的人才，同时努力培养和推荐党员，通过锻炼和使用，培养出一支政治上比较成熟、有管理经验的精英型骨干党员所组成的后备干部队伍，进一步提升致公党的整体素质和形象。

致公党中央副主席王珣章、曹小红以及来自致公党各省、自治区、直辖市和中央直属组织的部分主委、分管组织工作的副主委及组织处工作人员出席会议。与会同志认真学习了《致公党中央关于进一步做好组织发展工作若干问题的意见》，研究讨论了《中国致公党组织发展规划(2009—2013年)》（讨论稿），研究部署了有关党内监督工作及届中调整和2012年换届前期的准备工作，就各地组织工作的经验和做法进行了总结和交流。

11. 信息化工作会议

11月30日—12月1日，中国致公党信息化工作会议在江苏南京召开。全国人大常委、致公党中央副主席严以新出席会议并讲话，中共南京市委常委、统战部部长钱继红出席会议并致词。致公党十九个省级组织及部分市级组织的近五十名代表出席会议。

严以新副主席在讲话中指出，加强民主党派信息化建设是宣传好贯彻好中国共产党领导的多党合作和政治协商制度的重要途径，是致公党加强自身建设、提高履职能力的重要内容。近年来，在万钢主席的高度重视和各级组织的共同努力下，致公党信息化工作扎实推进，在硬件设施配备、信息服务水平、人才队伍建设等方面都取得了明显进展，此次会议就是要充分总结交流中央及各省市级组织宣传信息工作中好的经验做法，就信息工作开展中的新情况、新问题进行深入研讨，努力探索提高致公党信息化水平的有效途径。他要求各级组织今后要充分认识信息化建设的重要性，切实在组织领导、人员经费等方面给予保障，促进全党信息化水平稳步提高；要不断推进信息化进程，加快信息资源共享，提高机关工作效率，为致公党做好参政议政、海外联谊、社会服务等各项工作提供有利条件；要充分发挥信息化平台的优势，不断增进各级组织及广大党员间的交流互动，进一步增强全党的凝聚力，为促进当地经济社会发展与和谐社会建设作出更大的贡献。

致公党中央宣传部部长王翔主持开幕式。致公党中央宣传部副部长王启平介绍了当前信息化工作形势及中央统战部、全国政协对各民主党派信息化工作的要求。来自广东、江苏、辽宁、上海、深圳、淄博、南京等七个省市的代表围绕所在组织信息化工作开展情况作大会发言。

会上与会代表听取了南京大学邵波副教授作的《互联网环境下的信息传播与网络安全》专题报告。

12. 中国发展论坛·浦东论坛

12月3日，“中国发展论坛·浦东论坛”在上海浦东张江隆重举行。本次论坛由致公党中央主办，致公党上海市委会、致公党中央留学人员委员会承办，致公党上海市浦东新区委员会、上海张江高新技术创业服务中心协办。论坛主题为“经济走势与企业机遇”。全国政协副秘书长、致公党中央常务副主席王钦敏出席论坛并致词。致公党中央副主席严以新出席论坛，上海市政协副主席、致公党上海市委会主委吴幼英主持论坛开幕式。

王钦敏常务副主席在致词中指出，当前我国经济企稳回升态势已基本形成，但经济增长中依然面临诸多困难，致公党中央举行本次论坛的目的，就是要借助党内外专家、学者的力量，共同展望2010年中国经济走势，探寻企业发展的机遇，为我国企业克服发展中的困难提供对策和思路。他说，中国致公党多年来围绕我国经济、社会、文化、科技、教育领域存在热点、难点问题，以及维护归侨、侨眷和留学归国人员权益等开展调研、建言献策，取得了一系列成效。特别是近年来，致公党关心留学归国人员在国内的发展情况，发挥“侨”、“海”特色，以调研、论坛等形式汇聚各方力量，积极推动了留学归国人员的创业发展。他相信藉本次浦东论坛的举行，一定能够更好地集思广益，为留学归国人员创业发展提供支持和帮助，同时进一步强化科学发展理念，促使留学生企业在实现经济结构转型中发挥更大的作用。

在近3小时的主旨演讲和互动活动中，来自国内的知名专家、学者和企业家着重介绍了当前经济形势以及上海经济的发展趋向，分析了企业面临的生存状况，阐述了对企业如何应对危机的看法，并和与会者就相关问题进行了交流。

会议期间，中共上海市委常委、浦东新区区委书记徐麟会见了致公党中央领导和与会专家学者。中共上海市委统战部、中共浦东新区区委以及浦东新区人民政府的有关领导出席本次论坛。约150位张江留学归国创业人员代表和致公党员与会聆听了专家学者的精彩演讲并参与互动。

（四）其他重要会议及活动

1. 组织工作研讨会

4月21日—25日，致公党中央组织工作研讨会在浙江省宁波市召开。会议总结、交流了致公党组织工作的经验，研讨了组织工作面临的新形势、新任务，并通过以会代训方式对组工干部进行了业务培训。致公党中央常务副主席王钦敏出席会议并讲话。各省级组织分管组织工作的副主委、组工干部40余人参加了会议。

王钦敏常务副主席在讲话中对换届以来致公党的组织工作进行了回顾和总结，对下一阶段的组织工作重点提出了意见和要求。他说，自致公党十三大召开以来，致公党各级组织工作部门在中央的领导下，认真学习十三大提出的工作思路，落实十三大提出的各项举措，在前届组织工作取得成绩的基础上，主要从三个方面入手，努力推进全党的组织工作：以政治交接为主线，加强领导班子建设；加强后备干部队伍建设，建立科学规范的工作机制；加强自身建设，积极探索党内监督新途径。换届以来，全党的组织发展、干部队伍建设和人才队伍建设呈现良好发展势头，为履行参政党职能提供了必要的组织保证。面对新的形势，致公党的组织工作要以服务中心、推进改革、加强基层为重点，着力做好一选后备、二配班子、三建队伍、四提素质的工作，即贯彻中央关于后备干部队伍建设的文件，构建科学的选人用人机制；进一步加强领导班子的各项能力建设，做好届中调整工作；适应形势，注重质量，搞好组织发展；加强自身建设，提高组织工作干部自身素质。他希望全党各级组织要以更高的标准、更严的要求、更有力的措施，把组工干部队伍教育好、管理好、监督好，努力树立组工干部公道正派、知人善任的可信形象，清正廉洁、忠诚正直的可靠形象，创新求实、锐意改革的可敬形象，团结和谐、真诚待人的可亲形象。

会议期间，致公党中央原分管组织工作的副主席王宋大同志和致公党中央组织部副部长李刚同志分别作了专题报告。

2. “促进长三角区域合作发展”专题调研座谈会

7月2日，致公党中央召开“促进长三角区域合作发展”专题调研座谈会，针对上半年“促进长三角区域合作发展”系列调研形成的调研报告进行研讨。致公党中央主席万钢，常务副主席王钦敏，副主席杨邦杰出席会议并讲话。

万钢在讲话中指出，“促进长三角区域合作发展”系列调研，是致公党中央今年集中力量进行的一次重要调研。长三角地区是我国经济社会发展水平最高、综合实力最强、城镇体系较为完备的区域，具有区域联动发展的坚实基础。长三角区域合作是一个大课题，研究好该课题对于促进区域合作发展，打破我国行政体制分割有着重要的示范意义，可以为全国其他地区的发展提供有益经验。万钢强调，长三角区域两省一市发展的水平差异不大，区域合作逐步加强，安徽与长三角地缘相近、人文相融，长三角与安徽已经呈现出梯度转移的现象，要在产业转移的过程中依靠自主创新，发展先进技术，实现产业结构优化升级，并以环境生态建设和社会保障方面的跨区合作为切入点，加快安徽融入泛长三角区域的合作步伐。

参与相关调研的专家、学者围绕“促进长三角区域合作发展”的制度设计、金融支持、中小企业发展、科技自主创新、生态文明建设等内容进行了热烈的讨论。

3. 经济界专家座谈会

7月9日，致公党中央经济界专家座谈会在京举行，会议议题是“气候变化与应对金融危机”。致公党中央主席万钢出席会议并讲话，致公党中央常务副主席王钦敏出席会议。会议由致公党中央副主席杨邦杰主持。

万钢主席作总结讲话。讲话指出，致公党与海外联系广泛，理应具有国际视野，就国家经济社会发展中的战略性、前瞻性问题深入调研、建言献策是致公党履行参政党职能的重要体现。万钢主席强调，节能减排、清洁发展是贯彻落实科学发展观的重要体现之一。中国在节能减排上起步早，措施硬，实施以来所取得的成效有目共睹。当然，在推进这项战略的进程中也面临着一些挑战和压力。对内在发展过程中，应充分认识到节能减排、清洁生产是走新型工业化道路的必然选择，要积极调整产业结构，努力推动技术进步，逐步推进产业转移，加快发展新能源产业，实现产业结构优化升级；要树立信心，面对挑战，立志超越；在对外气候谈判中，应树立中国是一个负责任大国的形象，坚持原则，积极主动，构建框架。中国近些年来为推动节能减排做了大量工作，应该继续在科学发展观的指导下，注意抓住新的经济增长点，努力为节能减排营造良好的内外部环境，为应对国际气候变化和促进世界经济发展作出贡献。

来自国家科技部、国家环保部、国家林业局、国家税务总局、北京市政管委会等单位，清华大学、北京大学、中国地质大学、中国电子产业发展研究院等科研院所，北大青鸟集团、长城人寿保险有限公司等企业的专家学者出席会议。

4. 党务研究会2009年工作会议

7月17日—23日，致公党中央党务研究会2009年度工作会议在云南召开。致公党中央常务副主席王钦敏在开幕式上讲话。他指出，在深入学习贯彻科学发展观的今天，要坚持“以人为本”，用“尊重历史、尊重事实”的科学态度来研究过去的史料。对于历史人物和历史事件，坚持客观表述，不做结论性评价的原则，既不片面拔高，也不盲目贬低，澄清史实，去伪存真，拾遗补缺，使以前不太完整的党史部分尽量完整起来。研究历史的目的是“以史为鉴”，更好地传承先辈的光荣传统，继承致公党人的优秀品行，并把它们发扬光大，在新的时代为中华民族的复兴和强盛做出更新的贡献。

会议就如何对待致公党的历史评述及历史人物在致公党发展中的历史作用，尤其是致公党成立初期的相关活动进行了深入研讨。经过讨论研究，与会同志针对致公党初期，尤其是对党史中一大、二大的不清晰的部分提出了修改意见，形成了新的《中国致公党简史》第一、二章修订建议稿和陈炯明简历（建议稿）。

致公党中央原副主席王宋大、原秘书长邱国义等中央党务研究会成员、云南省委有关领导及有关同志参加了此次会议。

5. 中央监督委员会部分委员工作会议

9月1日，致公党中央监督委员会在北京召开部分委员工作会议。致公党中央常务副主席王钦敏，副主席杨邦杰出席会议。会议听取了中央组织部关于《致公党中央监督委员会工作规则（试行）》（草案）起草经过和细则内容的简要介绍，对文件具体内容进行了认真讨论，提出了明确的修改建议；听取了关于致公党长沙市委会监督工作试点的情况汇报。王钦敏常务副主席在讲话中强调，搞好致公党党内监督工作，建立健全各项工作机制，对于加强致公党自身建设，更好地坚持中国共产党领导的多党合作和政治协商制度，在中国特色政治格局中发挥好参政党作用，具有极其重要的现实意义。

6. 中央专门委员会工作研讨会

12 月 23 日，中国致公党中央专门委员会工作研讨会在京召开。会议学习了致公党十三届三中全会精神，总结了 2009 年各专委会的工作情况，结合 2010 年致公党工作部署对如何更好地发挥专委会作用进行研讨。王钦敏常务副主席出席会议并讲话。会议由杨邦杰副主席主持。副主席李卓彬，原副主席王宋大、吴明熹出席会议。

杨邦杰副主席指出，各专委会长期以来努力配合与支持致公党中央各项工作，围绕国家经济社会发展积极建言献策，为树立致公党在社会上的良好形象、为促进和谐社会建设作出了贡献。他希望新的一年各专委会努力开展好社会主义核心价值体系的学习，切实开展好提案调研、服务社会等工作，不断提高专委会的凝聚力与执行力，争取在各项工作中取得更大的进展。

王钦敏常务副主席作总结讲话，他对各专委会一年来积极发挥优势、努力履行职能、不断加强自身建设所取得的成绩给予肯定，对全体专委会成员乐于奉献、不计得失、积极为专委会工作献智出力表示感谢。他对 2010 年专委会工作提出了三点要求：一是各专委会要结合自身特色科学分工，更好地调动成员的积极性和责任感，深入调研、加强宣传，扩大影响；二是要不断完善工作机制，增进专委会成员之间的横向联系，促进专委会工作的制度化、规范化；三是要配合致公党“人才兴党”思想，在专委会工作中挖掘人才、造就人才，将更多的优秀党员团结到专委会工作中来，不断推动专委会工作的可持续发展，为促进致公党中央各项工作开展发挥出更大的作用。

中央各专门委员会的代表、中央机关有关部门负责人等共百余人出席会议。

二、参政议政

2009 年，致公党中央坚持以邓小平理论和“三个代表”重要思想为指导，深入学习贯彻科学发展观，推进参政议政的制度化、规范化建设，在政治协商、建言献策、民主监督等方面取得显著成绩。

一年来，国际经济形势错综复杂，在国际金融危机的影响下，我国经济发展经受了严峻的挑战。因此，致公党中央密切关注经济发展态势，把经济社会发展领域的相关问题作为参政议政的重点内容，深入开展调查研究，积极建言献策。

（一）积极参与高层政治协商

2009 年以来，致公党中央先后 6 次在党外人士座谈会上就宏观调控、三农问题、促进就业、节能减碳、应对气候问题等重大问题发表了意见，着重针对应对全球气候变化和促进经济结构向低碳经济转型、吸引海外优秀人才回国创业、建议国家启动发展碳汇林业的试点工程等方面提出了建议，其中不少意见被采纳。为做好重大建言的准备工作，建言于决策之前，致公党中央在每次建言之前，都召集相关专家，举行座谈会，进行充分论证。

（二）充分利用“两会”舞台建言献策

在致公党员中，担任十一届全国人大代表的有37名。他们在2009年十一届全国人大二次会议期间，踊跃提交了多篇有关农业发展、海岛保护、教育发展等方面的大会议案。

2009年全国政协十一届二次会议上，致公党中央共向会议提交发言16件，其中口头发言1件，书面发言15件；向会议提交大会提案26件，所提提案已全部通过了全国政协提案委员会的审查，并予立案。这些提案涉及“侨”、“海”方面，经济金融，新农村建设，可持续发展，改善民生等多个方面。在这次会议上，致公党的政协委员向大会提交个人提案115件（其中致公组委员个人提交95件），发言32件（其中致公组委员个人提交8件），社情民意16件（其中致公组委员个人报送5件）。

致公党中央提交的《关于解决国际金融危机影响下我国就业问题的提案》被列为本次政协会议的一号提案，中央电视台朝闻天下、中央广播电台、新华社、《人民日报》、新浪网首页等各种媒体都通过不同的角度对这份提案进行了报道。会议期间，大会举办了两场提案协商办理会，致公党中央提交的《关于解决国际金融危机影响下我国就业问题的提案》和《关于加快推进集体林权制度改革，促进农民工返乡就业的提案》、《关于加快商贸流通业发展促进消费的提案》都得到了现场办理。

2009年3月10日，政协致公组委员围绕就业和教育问题，观看影像资料，结合常委会工作报告与履行自身职能，进行了专题讨论。《人民日报（海外版）》对致公组提案影像化的做法作了专门报道，认为这是一种创新。

致公党中央提出的《关于加强内河航道资源的保护和开发，促进江河水资源综合开发利用》提案，被全国政协列为重点提案。为推动该提案的办理和落实，全国政协提案委员会与交通运输部、国家发展改革委、财政部、水利部、国务院法制办及致公党中央组成联合调研组，由全国政协常委、提案委员会副主任王显政带队，于2009年11月4日至11日，赴广西壮族自治区、贵州省进行了调研。

（三）举办第三届“中国发展论坛”

致公党中央的“中国发展论坛”已经连续举办了三届，成为汇聚致公党各方面专家力量，发挥界别特色和优势，主动参政议政、建言献策的重要平台。2007年以来，致公党中央主办的中国发展论坛，以《中国发展》杂志为平台，就发展循环经济、统筹城乡发展、两型社会建设等重大问题积极建言献策，推动中国的科学发展、持续发展以及和谐发展。建设“资源节约型、环境友好型”社会是我国当前发展阶段协调经济发展与环境保护的重要目标，关系到我国人民的切身利益和中华民族的可持续发展，2009年10月份，“中国发展论坛·2009——武汉城市圈两型社会建设”在武汉举办，全国政协副主席、致公党中央主席、科技部部长万钢出席并作主旨报告，湖北省委书记、省人大常委会主任罗清泉，省长李鸿忠，致公党中央委员会常务副主席王钦敏、副主席杨邦杰等领导出席了开幕式。这次论坛就“两型社会”的破题进行研究论证，包括两院院士、长江学者和国家“863”计划首席科学家在内的数十位专家学者就“两型社会”建设的发展思路、目标定位、基本途径等重大问题开展了学术交流和讨论，为“两型社会”建设提供了新的视角，受到了社会的广泛关注和有关部门的高度评价。《人民政协报》、《光明日报》、人民网、《湖北日报》等媒体纷纷报道。

（四）精心组织考察调研活动

2009年，致公党中央组织和参与的参政议政方面的调研11项，内容涉及农田水利建设、农村土地整治、长三角区域合作与发展、华侨农场“三融入”、草原保护与建设、云南境内难民安置、侨资维权等多个方面。其中，《关于加强农田水利建设的建议》、《关于推进土地整治、促进兴边富民重大战略的建议》等5件建议得到了中共中央和国家领导人的重视和亲笔批示。

2009年2月，致公党中央杨邦杰、严以新两位副主席率调研组，深入重旱区河南省和河北省，就农田水利工程状况进行了专题调研，并与当地政府领导、水利技术管理人员和农民进行了交谈。形成的《关于加强农田水利建设的建议》上报后，得到了国务院多位领导同志的亲笔批示，起到了良好的效果。

2009年3月，杨邦杰副主席率致公中央调研组赴云南省西双版纳州就推进土地整治、促进兴地富民问题开展调研。调研后提出的《关于推进土地整治、促进兴边富民重大战略的建议》得到了国务院领导同志的亲笔批示，国土资源部高度重视，对项目进行了认真研究和论证。目前，云南“兴地睦边”农田整治重大工程项目已经立项，计划用5年的时间，建设300多万亩高稳产田，新增耕地20多万亩，总投资92.49亿元。

为了探索促进长三角区域一体化的有效途径，并扩大长三角的辐射效应，为全国其他地区提供有益经验，在中央统战部和各地方政府的大力支持下，致公党中央于2009年4、5月间围绕“促进长三角区域合作发展”问题赴江苏、浙江、安徽和上海进行了四次专题调研，其中江苏、浙江和安徽为分调研，上海为主调研。致公党中央主席万钢、常务副主席王钦敏、副主席程津培、杨邦杰、严以新等致公党中央领导，中共中央统战部、国家发改委、国家科技部、国家工业和信息化部、国家环保部等有关部门负责人及党内外专家参加了调研。在前期的考察调研中，致公党中央邀请国家发改委、科技部、工业和信息化部、环保部等部门的相关负责人及致公党内外的部分专家同行，认真听取他们的意见建议。在后期调研报告和给中共中央、国务院的《建议》形成过程中，致公党中央又按照不同主题，多次召开座谈会，分别征求吸纳相关专家的意见。在此基础上，2009年8月，致公党中央向中共中央、国务院提交了《促进长三角区域合作发展的几点建议》。在这份经过周密调研、数易其稿的《建议》中，致公党中央从七个方面着手，重点阐述了加快长三角区域合作发展的现实路径及长远思考。此次调研取得了良好成效。据了解，由国家发改委牵头制定的长三角区域规划，就参考了致公党中央《促进长三角区域合作发展的调研报告》的部分内容。

2009年6月，致公党中央会同国务院侨办就“加大政策覆盖，促进华侨农场‘三融入’”问题赴福建开展调研。致公党中央常务副主席王钦敏，副主席杨邦杰，国务院侨办副主任马儒沛参加调研。调研形成了《关于加大政策覆盖、促进华侨农场“三融入”的建议》，得到了国务院领导同志的亲笔批示。

2009年7月，在农业部畜牧业司、农

业部草原监理中心、农业部规划设计院的配合与支持下，致公党中央副主席杨邦杰率致公党中央调研组，赴内蒙古自治区就“加强草原保护建设、促进农牧民增收”开展调研，形成了《关于加强草原保护与建设，促进农牧民增收的建议》，得到了国务院多位领导同志的亲笔批示。

2009 年 11 月，致公党中央副主席杨邦杰率全国人大华侨委与致公党中央联合调研组，赴云南昆明、红河、德宏、丽江等地，深入归难侨家中，实地调研华侨农场和归难侨生产生活情况。调研形成了《关于云南境内难民安置问题的调研报告》和相关建议，得到了国务院有关领导的亲笔批示。

此外，致公党中央还组织参与了国务院侨办牵头，五侨单位共同参与的侨资维权调研，以及中央统战部组织的各民主党派中央全国工商联参加的贵州毕节试验区重大课题调研等。

（五）努力拓展反映社情民意信息工作

社情民意信息工作是参政党履行参政议政职能的一项重要的日常性、基础性工作。2009 年全年，全党各级组织、专门委员会报送反映社情民意信息 1390 余篇，其中，报送全国政协信息局和中共中央统战部 550 篇，中共中央统战部采用 55 篇，全国政协采用 39 篇，信息数量和质量较往年都有所提升。特别是乌鲁木齐市发生打砸抢烧严重暴力犯罪事件后，致公党中央旗帜鲜明地拥护中共中央的决定，及时通过反映社情民意信息，就维护国家安全、维护新疆稳定提出意见建议。

其中，《三鹿奶粉系列事件的警示》、《深化农村土地使用权流转改革的思考》、《土地流转值得注意几个问题》、《关于尽快加强大学毕业生创业服务的建议》、《加快农民工培训促进农民工就业的建议》、《殡葬行业亟待规范》等多项信息得到了多位国家领导人的高度重视并亲笔批示。2009 年，反映社情民意信息刊物改版为《建言策——致公社情民意精选》，每月一辑。2009 年 6—7 月，组织了第四期各省级组织信息员培训班，进一步提高了信息员的工作能力和业务水平。

（六）充分发挥专门委员会的作用

专门委员会汇集了致公党内各个学术领域的专家学者，智力密集，人才济济，是参政议政工作的好参谋和好助手。致公党中央经济与科技委员会经常召开座谈会，就国家宏观经济问题提出建议；法制委员会定期召开座谈会，就全国人大的立法工作建言献策，2009 年还分别与最高人民法院和致公党中央文化与体育委员会、致公党北京市委会合作，就司法公正与司法环境、完善未成年人司法环境及救助等课题开展调研；环境与可持续发展委员会作为中国发展论坛的承办方之一，相关成员积极参加“中国发展论坛·2009”并作主题发言，取得良好效果；文化与体育委员会充分发挥成员的作用，2009 年筹办了致公党中央“庆祝建国 60 周年文艺演出和书画展”等大型活动。

2009 年 12 月 23 日，中国致公党中央专门委员会工作研讨会在京召开，致公党中央常务副主席王钦敏出席会议并做了重要讲话。会议结合 2010 年致公党工作部署对如何更好地发挥专委会作用进行研讨，为下一部做好专委会工作奠定了坚实基础。

三、海外联谊和港澳台工作

2009 年是中华人民共和国成立 60 周

年，60 年的辉煌成就使中国在国际舞台上发挥着越来越重要的作用，也使广大海外华侨华人对祖（籍）国的凝聚力和向心力进一步增强，这为致公党开展海外联谊工作提供了更为广阔的空间。这一形势下，致公党中央努力贯彻落实中共中央、国务院对侨、台港澳工作方针，积极发挥特点与优势，在有关部门的支持和配合下，使海外联谊工作取得了稳步发展。

（一）结合庆祝建国 60 周年活动开展海外侨胞工作

结合庆祝建国 60 周年活动，致公党中央举办了“致公党中央庆祝中华人民共和国成立 60 周年书画展”及“致公党庆祝新中国成立 60 周年文艺演出”等活动，邀请海外侨胞代表观看展览及演出，并于国庆期间将 3000 份演出光盘分送到来京观礼的海外侨胞和港澳台同胞手里，取得良好的效果。与此同时，致公党中央通过多种渠道推荐包括洪门人士在内的海外侨界代表参加庆祝建国 60 周年系列活动，包括参观“新中国成立六十周年成就展”，参加中央各涉侨部门联合国庆招待会以及观看盛大的国庆阅兵式和群众游行、焰火晚会等庆祝活动。通过这一系列活动，海外侨胞代表充分感受到了包括中国致公党在内的社会各界对祖国的无限热爱，感受到新中国成立 60 年来所取得巨大成就，与会侨胞纷纷表示为 60 年来国家的发展感到骄傲和自豪，表示一定要把这种热情带回去，激发当地侨胞的团结爱国精神，为祖（籍）国的发展进步作出新的贡献。

（二）积极推动与未建交国家的友好往来工作

2009 年，致公党充分发挥自身优势，积极配合国家外交工作的总体部署，加强同未建交国家的友好往来，增进与当地政要和重要侨团的沟通，开展与未建交国家的文化交流。

5 月，李卓彬副主席率演出团赴巴拉圭访问演出。此访是为了落实胡锦涛总书记关于在新形势下更好地发挥海外侨胞重要作用的指示，同时，配合国家整体外交部署，开展未建交国家工作。演出团得到了巴拉圭第一夫人等政要的高度重视。特别是第一夫人出席了在巴拉圭首都亚松森的全部演出。巴拉圭主流媒体对此给予了高度关注，巴拉圭国家电视台也跟随其对演出情况进行了转播。

9 月，致公党中央邀请以黄伟文会长为团长的巴拿马中华总会代表团一行来华访问。在京期间，致公党中央、国侨办领导先后会见了代表团，向代表团一行介绍了近年来国内经济社会发展情况，以及当前海峡两岸关系和我有关外交和对台政策。除北京外，代表团还赴昆明、大理和广州等地进行了访问考察，分别拜会了致公党地方组织和有关地方政府部门。

11 月中旬，致公党中央邀请了以秘书长黄金泉为团长的美洲各地中华会馆中华公所华侨总会联谊会一行 20 人来华访问。成员分别由美国、巴拿马、萨尔瓦多、尼加拉瓜、危地马拉、哥斯达黎加等五个国家的侨领组成。

（三）持之以恒地开展海外洪门等传统侨团工作

2009 年，致公党中央共组织 5 个团组，赴巴拉圭、菲律宾、美国、加拿大、巴西、澳大利亚等 9 个国家和地区访问或出席会议，共接待来自 30 多个国家和地区的 18 个代表团访华。在交往过程中，致公党注重巩固同传统侨社的友谊，持之以恒地开展海外洪门等传统侨团工作。

4月，程津培副主席率团访问菲律宾、马来西亚。长期以来，致公党通过与洪门的历史渊源关系，与菲律宾洪门组织建立了良好的传统友谊。此次访问期间，代表团着重走访了菲律宾洪门五属，并与他们开展座谈和交流。我驻菲大使馆李钦峰参赞在庆典大会的致词中肯定了致公党在做菲律宾洪门社团的工作中所取得的成绩。

7月，严以新副主席率团访问加拿大、美国。代表团出席了加拿大洪门民治党多伦多支部成立115周年庆典活动，出席了2009全球华侨华人促进中国和平统一大会，访问了多伦多华人团体联合总会、西雅图和平统一促进会、罗省中华会馆、美洲各地中华会馆中华公所华侨总会联谊会等在当地有重要影响的涉侨社团，详细了解各社团的组成及近些年会务开展的情况，进一步巩固友谊，拓展工作渠道。

10月，杨邦杰副主席率团访问澳大利亚、法属波利尼西亚和新西兰。访问期间，代表团出席了庆祝中华人民共和国成立60周年暨澳洲洪门致公总堂成立155周年庆典活动，走访了澳洲洪门致公总堂、大溪地洪门致公堂和墨尔本洪门民治党，并与洪门人士进行座谈，赞扬海外洪门坚持发扬爱国爱乡、忠心义气的精神，鼓励他们继续发扬优良传统，加强团结，与时俱进，为推动中国和平发展作出新的贡献。同时，代表团还通过走访、座谈等方式广泛接触了三个国家和地区近60个主要侨团。

近年来，致公党在开展全球侨团联谊工作的同时，也将引导海外洪门社团改革和发展作为一项重要的工作任务。9月，致公党中央在福州举办了第三届“海外及岛内洪门中青年人士研讨班”，邀请了来自美国、波多黎各、菲律宾、澳大利亚等6个国家和地区、10个海外洪门组织的23名中青年成员参加。研讨班上，李卓彬副主席针对当前的热点问题及侨社海外发展中遇到的问题作了主题讲话，国侨办政研司、国家民委政策法规司领导做了专题讲座，会后研讨班还考察了社会主义新农村代表华西村。

（四）坚持做台籍侨胞工作，促进侨务对台工作的开展

2月，王钦敏常务副主席率团访问巴西、阿根廷，着重拜访了巴西洪门协会和阿根廷洪门协会。这两个洪门组织均属于世界洪门南美总会，主要成员是20几年前移居南美的台籍移民。据我驻阿大使馆反映，以台籍侨胞为主的阿根廷洪门协会几乎从未与大使馆有过接触，也很少与当地的其他大陆移民为主的华侨华人社团有往来。了解到这一情况后，代表团主动与阿根廷洪门协会协商，邀请大使馆参赞和有关工作人员参加洪门协会为欢迎代表团所举办的宴会，还邀请洪门协会台胞参加阿根廷福清会馆（成员全部为新移民）为代表团举办的欢迎会，促进了洪门协会台胞与大使馆及当地其他侨团的交流，使我对台籍侨胞工作取得新的进展。

（五）加强与留学人员中专业人士的沟通与联系，围绕国家发展问题进行调查研究、征求意见

致公党中央代表团在阿根廷、巴西访问期间，召开了两场科技界人士和留学人员座谈会，与当地留学人员进行了广泛和深入的交流，建立了初步的联系。参加座谈会的人员专业涉及卫星太空遥感、化学、核物理、应用物理、微电子等行业。

访美加代表团分别在多伦多和西雅图召开了两场留学人员座谈会，向他们介绍了留学人员回国创业的有关优惠政策，表

达了中国致公党愿意为广大留学人员回国创业提供服务的意愿，并向他们了解中国留学人员在当地的学习、生活情况，听取了他们的意见和建议。

访澳新代表团在墨尔本举办了华裔专家学者座谈会，从事农业、地理学、免疫学、高分子材料、病毒学等领域研究的华裔专家参加了座谈。代表团就专家学者关心的中国立法程序、粮食安全、中国在海外投资环境、中国与海外经济文化教育方面交流、中国绿卡申请以及引智等问题进行了深入的讨论与交流。为结合致公党参政议政调研课题，代表团还专程考察了新西兰、澳大利亚的两个农牧场。通过考察，代表团将为我国农业与现代畜牧业发展提出建议。

（六）以文化为纽带开展港澳地区工作

致公党坚持以文化为纽带开展港澳地区工作，加强与港澳社团及代表人士的联系，发展壮大爱国爱港、爱国爱澳力量。7月，致公党中央与有关部门联合主办“南京香港文化交流公益交响音乐会”，以音乐为媒、以香港青少年为主要对象，推动与香港与内地的文化交流。积极关注台湾局势发展，坚持团结岛内洪门，引导他们在关键时候发出声音，在重要问题上发挥作用。

（七）关心广大归侨侨眷、留学回国人员及海外侨胞在国内的生活与发展。

2009年，致公党中央先后派出调研组赴江浙地区进行新侨乡侨情调研；与有关部门就侨资企业发展和权益保障问题赴辽宁、山东和天津进行联合调研，并将有关建议上报相关部门；与致公党天津市委会合办第二届留学回国人员论坛，就如何充分发挥留学回国人员在经社会发展中的作用进行深入研讨和交流。

四、社会服务

一年来，致公党中央社会服务工作紧紧抓住“发展”这一主题，在科学发展观指引下，深入贫困地区开展帮扶工作，热心为困难群众送去温暖，并通过联系党内外学术界、企业界人士共同参加调研，与地方有关部门领导座谈、到发达省份学习致富经验等多种途径，积极为贫困地区发展献计出力。2009年也是汶川特大地震受灾地区全面恢复重建的紧迫之年，致公党中央积极与灾区有关部门联系，加大帮扶力度，全面落实好对灾区的支援工作，为努力夺取灾后恢复重建和经济社会发展的新胜利而贡献力量。

（一）注重调研，加大智力支边工作力度

为了更好地贯彻4月14日在京召开的“各民主党派、全国工商联参与毕节试验区建设座谈会”精神，进一步了解毕节地区发展的经验和问题，真正为毕节群众办实事，致公党中央积极配合中央统战部，密切联系地方政府，发动党内专家学者认真做好“毕节农村劳动力转移与农民增收”课题的调研工作。

2009年7月初，由万钢主席率队，王钦敏常务副主席，杨邦杰、李卓彬副主席、曹鸿鸣秘书长等参加的考察组，在毕节地区开展了一系列调研活动，先后对毕节市梨树镇梨树村精品水果新品种示范基地、毕节热电有限公司、毕节发展村镇银行进行了考察，并与地方领导进行了积极的座谈，万钢主席在座谈中指出：毕节是落实科学发展观的试验田，致公党中央将继续发挥全党力量支持帮扶毕节的发展，要认真落实好4月14日会议精神，做好调研工作，继续做好各项扶贫工作并为毕节拓展新的发展空间，为毕节发展出谋划策。

2009年10月初，致公党中央专题调研组再次赴毕节，就毕节农村劳动力转移与农民增收课题展开调研。调研期间，调研组采取考察、座谈、问卷等多种形式开展了富有成效的调研，召开了省、毕节地区有关单位及返乡创业人员各层次座谈会，完成了100份调查问卷的回收工作，并形成了调研报告，为毕节发展出谋划策。

（二）密切合作，落实项目，加强对贫困地区的帮扶力度

一年来，致公党中央继续落实好对贫困地区的帮扶项目，突出示范带动作用。督导毕节市大新桥办事处致公万泽小学和卫生室的建设，7月份万钢主席亲赴毕节检查项目的进展情况；落实好毕节新农村建设示范项目——毕节市海子街镇大湾村优质肉牛养殖示范项目，并于9月圆满通过毕节专家顾问组验收；通过致公党贵州省委会与黔西南州扶贫办协作，为贵州省黔西南地区兴仁县捐建了青少年气象科普教育园；与致公党重庆市委会在酉阳开展了连续三年的“一帮一”助学活动的最后年帮扶，为当地的贫困学生送去致公党中央及致公党重庆市委机关干部们的助学金；指导四川省委会继续深入推进“致泸合作”项目向纵深发展。

6月9日—12日，致公党中央在江苏省南京市召开了“致福工程”学习交流会，学习推广“致福工程”经验。7月，致公党中央联合重庆市委会将重庆市酉阳县作为“致福工程”的第一个推广点，正式启动了酉阳县“致福工程”。同时，致公党中央还与中国扶贫开发协会、清华大学教育扶贫办公室联系，为酉阳县捐赠了50台电脑及配置了远程接收设备，进一步推动酉阳农村信息化工作的开展。

（三）广泛联系，认真落实，为灾区重建工作作贡献

2009年，致公党中央围绕灾后恢复重建，积极协调资源，努力为灾区人民办实事、办好事。致公党中央抗震救灾领导小组筹措专项资金为灾区部分学校捐赠成立41支“致公爱心鼓号队”和13个“致公爱心图书室”；与四川省委会共同努力，顺利帮助115名受致公党资助的青川学子返乡参加中考；先后赴彭州市通济镇中心小学、什邡市北京小学和国人小学看望慰问灾区师生，考察了彭州、什邡等灾区灾后民房重建情况；鼓励党员中的企业界人士参与灾后援建工作，涌现了陈光标、徐明、沈国军等一批热心社会公益事业的优秀致公党员。

2009年5月12日，在四川汶川特大地震一周年之际，李卓彬副主席与中央机关有关同志来到北大青鸟附属实验学校，与36名致公党中央与北大青鸟集团联合资助的青川灾区孩子们一起开展了“我们在一起”主题活动，共同缅怀在地震灾害中不幸罹难的同胞和为抗震救灾中英勇献身的烈士，并为在一年来给予北京致公青川班学生极大关爱支持的组织者、志愿者、爱心人士颁发证书。李卓彬副主席在现场还带头为灾区孩子捐助善款。

五、自身建设

一年来，致公党中央稳步推进自身建设，为各项工作的开展和促进履行参政党职能提供了有力的保障和持续的动力。

（一）思想建设

深入学习贯彻科学发展观，是贯穿全年各项工作的主线。继2008年12月，致公党中央向全党下发《关于在全党范围内深入学习贯彻科学发展观的通知》后，2009年3月，致公党中央又结合自身实际，向全党下发了《致公党中央关于深入学习贯彻科学发展观的实施意见》，从指导思想和目标任务、主要内容和实施安排及有关要求等三个方面作了全面部署。先后两次召开常委会，就全党深入学习贯彻科学发展观进行研讨，强调要把科学发展观的要求贯穿于全党工作的各个领域和环节。

4月—10月，万刚主席和严以新副主席先后带队赴辽宁省委会、重庆市委会、西安市委会、海南省委会、湖北省委会、广西区委会、山东省委会、上海市委会开展了相关调研活动。在为期半年的调研过程中，调研组除了到上述的一些省级组织进行调研外，还深入到抚顺、琼海、鄂州、桂林、德州等市级组织，与基层支部的党员进行座谈交流，了解基层支部在学习贯彻科学发展观方面的做法、经验以及存在的问题。10月底，召开了全党深入学习贯彻科学发展观暨参政党理论建设研讨会，及时总结今年以来各地深入学习贯彻科学发展观的总体情况，进一步推动全党深入学习贯彻科学发展观。通过一年的努力，全党进一步增强了学习贯彻科学发展观的自觉性和坚定性，进一步明确了致公党服务科学发展的基本着力点，进一步提高了全党履行自身职能的能力和水平。

2009年是中华人民共和国成立60周年、人民政协成立60周年以及多党合作制度确立60周年，也是我们应对国际经济形势复杂变化、保持我国经济平稳较快发展的重要一年。为此，2009年5月，致公党中央下发《关于结合加强爱国主义教育做好当前宣传思想工作的通知》，要求全党要进一步加强宣传思想工作，紧紧围绕促进经济平稳较快发展和维护社会和谐稳定这两大任务，结合当前深入开展的学习贯彻科学发展观活动，切实加强爱国主义教育，激发爱国热情，坚定发展信心，认真履行参政党职能，为全面完成今年国家的各项任务及本党各项工作目标作出积极贡献。致公党中央和各级组织都按照通知要求，结合庆祝“三个60周年”和抗震救灾一周年等重大纪念活动，以组织座谈会、编辑纪念文集、举行文艺演出等形式歌颂宣传建国60年来的伟大成就，以及致公党各级组织和广大党员热爱祖国、报效祖国，积极为抗震救灾作贡献的突出事迹。

重视开展参政党理论建设。2009年，致公党中央组织党内部分专家就学习贯彻科学发展观与参政党建设方面的重大理论问题进行研讨，并加大了党内理论研究骨干人才的储备和理论研究成果的整理工作。召开了全党理论工作研讨会议，深入研讨当前参政党理论建设上的难点、热点问题，并部署了下一阶段致公党理论建设的重点工作。

进一步加大宣传工作力度，不断增强宣传效果。致公党中央高度重视《中国致公》及网站等载体建设，积极围绕庆祝“三个60周年”，及时组织有关文章和专版，全面展现了致公党在履行参政党职能和加强自身建设等各项工作中取得的成绩，树立了致公党在社会上的良好形象。

（二）组织建设

2009年，致公党中央先后召开了全党组织建设研讨会和全党组织工作会议，明确了今后一个时期全党在后备干部队伍建设、基层组织建设、监督委员会工作等方面的工作思路和任务。印发了《致公党中央关于进一步做好组织发展工作若干问题的意见》，对致公党各省级组织发展新的社会阶层代表性人士、新建省辖市级组织、新建县级组织，以及有关界别和保持特色等问题提出了指导性意见。同时，致公党中央还重点就后备干部队伍建设与18个中共省委统战部门进行了协商与沟通。截止2009年11月底，全党党员总数为33803人，归侨、侨眷、归国留学人员、港澳台属及其他有海外关系的党员占81.7%，教育、科技、医药卫生、文体界的党员占60.3%。目前，担任各级人大代表的党员761人次，担任各级政协委员的党员3449人次。其中，全国人大代表37名，全国政协委员51名。2009年，致公党市级组织建设方面有了新突破，云南省保山市、福建省南平市和湖北省襄樊市三个地级市先后获批成立市委员会，湖南省常德市成立市筹委会。

（三）机关建设

2009年，致公党中央机关围绕促进机关工作团结和谐、协调统一、规范有序、灵活高效运转着力加强了思想作风建设、制度建设和能力建设。首次召开全党秘书长、办公厅（室）主任工作会议，进一步明确各级组织秘书长、办公厅（室）主任的职责和工作要求。建立健全各种规章制度，逐步建立起有利于加强中央与地方组织联系的长效机制。继续开展机关干部调研写作竞赛，并将覆盖面进一步扩大。中央机关适应形势发展，推行干部人事制度改革，对机关局级干部实行轮岗，进一步促进中央机关规范化建设。

张刃　致公党中央宣传部副处长

九三学社

2009年，九三学社各级组织和广大社员高举中国特色社会主义伟大旗帜，以纪念新中国成立60周年和多党合作制度确立60周年为契机，深入学习贯彻科学发展观，认真履行参政党职能，努力加强自身建设，各项工作均取得了显著成绩。

一、重要会议及活动

（一）中央常务委员会会议

3月3日，九三学社十二届六次常委会在京召开。会议审议通过了《九三学社中央关于学习贯彻十一届人大二次会议和全国政协十一届二次会议精神的决议》和九三学社中央机关有关人事任免事项。九三学社中央主席韩启德出席会议并讲话。韩启德对九三学社的工作提出了三方面的要求：一是要坚持以科学发展观为指导，为保增长、保民生、保稳定作出积极贡献；二是要提高对中国特色社会主义的认识，不断增强走中国特色社会主义政治发展道路和接受中国共产党领导的自觉性；三是要以高度政治责任感开好“两会”。会议由九三学社中央主席会议主持。九三学社中央副主席王志珍，常务副主席陈抗甫，副主席冯培恩、贺铿、邵鸿、谢小军、张桃林、赖明、马大龙出席会议。

5月6日—8日，九三学社十二届七次常委会在福建省福州市召开。这次会议的主要任务是，交流促进科技发展和自主创新、城乡统筹与三农、发展低碳经济、保增长扩内需调结构措施的实施对策等四个问题的调研成果，研究如何进一步加强参政议政课题调研并形成调研成果。九三学社中央主席韩启德出席会议并讲话。韩启德强调，此次常委会研究的四个课题都是关系国民经济和社会发展的重大问题。做好今年九三学社的参政议政工作，就是要在此次会议的基础上，对四个课题做进一步深入研究，以形成有价值的参政议政成果。九三学社中央副主席王志珍，常务副主席陈抗甫，副主席冯培恩、贺铿、邵鸿、张桃林、赖明、马大龙出席会议。

9月21日，九三学社十二届八次常委会在京召开。会议认真学习了中共十七届四中全会精神，审议通过了《九三学社中央关于学习贯彻中共十七届四中全会精神的决议》。会议决定，12月上旬在北京召开九三学社第十二届中央委员会第三次全体会议。九三学社中央主席韩启德出席会议并讲话。韩启德说，九三学社作为参政党，要认真学习贯彻中共十七届四中全会精神，用中共十七届四中全会精神武装头脑，加强自身建设。九三学社中央副主席王志珍，常务副主席陈抗甫，副主席冯培恩、贺铿、邵鸿、张桃林、赖明、马大龙出席会议。

12月6日，九三学社十二届九次常委会在京召开。会议审议通过了九三学社中央常务委员会2009年工作报告并确定了报告人。九三学社中央主席韩启德主持会议。九三学社中央副主席王志珍，常务副主席陈抗甫，副主席冯培恩、贺铿、邵鸿、谢小军、张桃林、赖明、马大龙等出席。

（二）中央全会

12月7日—9日，九三学社十二届三中全会在京召开。会议听取并审议了九三学社中央常委会2009年工作报告，通过了关于常委会工作报告的决议；对陈抗甫同志为中国共产党领导的多党合作事业和九三学社发展作出的重要贡献表示崇高敬意，并通过了《关于陈抗甫同志不再担任中央副主席、常委、委员及监督委员会主任职务的决定》；表彰了2009年度信息工作先进集体和先进个人，通报了九三学社庆祝新中国成立60周年暨纪念多党合作制度确立60周年征文活动评选结果。九三学社中央主席韩启德代表十二届中央常务委员会作了工作报告。韩启德强调，要高举中国特色社会主义伟大旗帜，全面贯彻中共十七大、十七届三中、四中全会和九三学社十二届三中全会精神，牢固树立和践行社会主义核心价值体系，并以其引领各项社务工作。深入贯彻落实科学发展观，以科学发展为重点建言献策，积极履行参政党职能，顺利完成届中调整工作，全面加强自身建设，把九三学社的各项工作推上一个新台阶。副主席王志珍，常务副主席陈抗甫，副主席冯培恩、贺铿、邵鸿、谢小军、张桃林、赖明、马大龙及在京部分老领导和中央委员共200多人出席会议。九三学社各省级组织专职副主委和秘书长、社中央机关各部门负责人列席会议。

（三）其他重要活动

1月14日，金开诚同志追思会在九三学社中央机关举行。九三学社中央主席韩启德出席会议并讲话。韩启德在讲话中追忆了金开诚同志把毕生的精力都奉献给我国的文化教育事业和多党合作事业的杰出成就和高尚品德。会上，著名作家王蒙等分别以亲身经历，从不同角度回顾了金开诚同志在中华传统文化、文艺心理学、古文献学、书法艺术和多党合作等领域取得的突出成就和为继承和弘扬中华传统文化作出的杰出贡献，缅怀和赞颂了金开诚同志崇高的道德风范，表达了对金开诚同志的深切怀念。九三学社中央副主席贺铿出席会议。九三学社中央副主席邵鸿主持会议。

2月4日，九三学社中央与国家科技部就有效应对国际金融危机、促进经济平稳较快发展提供科技支撑的有关问题在九三学社中央机关座谈。全国人大常委会副委员长、九三学社中央主席韩启德，全国政协副主席、科技部部长万钢，科技部党组书记、副部长李学勇出席座谈会并讲话。全国政协副主席、九三学社中央副主席王志珍，九三学社中央副主席贺铿、邵鸿、赖明出席座谈会。座谈会由九三学社中央常务副主席陈抗甫主持。韩启德在讲话中对万钢和李学勇率队走访表示欢迎，对科技部关于应对国际金融危机、促进经济平稳较快增长所制定的具体措施等表示赞同。韩启德还就继续加强科技发展的战略性研究、把握科技发展的自身规律、推进知识产权战略、努力创造吸引人才的环境、健全科技管理机制以及应对当前战略机遇和挑战等问题谈了自己的想法和建议。

3月6日，九三学社中央在社中央机关举办“两会”代表委员茶话会。九三学社中央主席韩启德出席并讲话。九三学社中央副主席王志珍，常务副主席陈抗甫，副主席冯培恩、贺铿、邵鸿、谢小军、张桃林、赖明、马大龙，参加全国“两会”的九三学社代表委员，以及在中央社会主义学院参加培训的部分九三学社学员近100人出席会议。

3月13日，九三学社中央召开学习会，传达十一届全国人大二次会议和全国政协十一届二次会议精神。九三学社中央主席韩启德出席会议并讲话。九三学社中央副主席贺铿、邵鸿分别传达了十一届全国人大二次会议和全国政协十一届二次会议精神。韩启德在讲话时结合“两会”阐述了中国特色社会主义政治制度的特色和优势，结合他所在的浙江代表团反映的情况透视了当前我国经济社会发展面临的困难和挑战，分析了实现保增长、保民生、保稳定任务的极其重要性和工作着力点。贺铿从会议总体情况及特点，会议中讨论的热点问题，中共中央、国务院领导同志参加湖南代表团审议时的讲话精神等三个方面传达了十一届全国人大二次会议精神。邵鸿从会议的基本情况和特点，会议比较集中关注的问题，九三学社的建言献策情况等三个方面传达了全国政协十一届二次会议精神。九三学社中央常务副主席陈抗甫出席会议。九三学社中央副主席赖明主持会议。

4月21日，由九三学社中央与九三学社北京市委联合主办，以“传承五四精神，弘扬民主科学”为主题的纪念活动，在五四运动的发源地——北京大学拉开帷幕。九三学社中央主席韩启德，九三学社中央副主席邵鸿，九三学社中央副主席兼北京市委主委马大龙等出席活动。在播出了回顾“五四”运动纪录片之后，召开了嘉宾座谈会，韩启德、邵鸿、九三学社创始人许德珩之孙许进与几位九三学社中青年社员进行了互动交流。韩启德在总结讲话中就如何传承五四精神作了精炼概括。他强调，作为“九三人”，要加强历史感、时代感和责任感。九三学社60多年的历史表明，爱国主义是贯穿其中的一条主线，追求民主与科学在本质上与爱国主义是一脉相通的。

7月1日，由九三学社中央和农工党中央、致公党中央联合举办的“庆祝中华人民共和国成立60周年、人民政协成立和中国共产党领导的多党合作和政治协商制度确立60周年书画展”在中国美术馆举行。此次画展作品是从三个党派征集的500余幅稿件中，遴选出120余幅参展。此外，由党派收藏的周谷城、卢嘉锡、启功、朱屺瞻、齐白石等知名人士的书画作品也在此次书画展上展出。九三学社中央副主席邵鸿主持开幕仪式。九三学社中央副主席赖明等出席了开幕式。

7月2日，王选事迹陈列馆在江苏省无锡市正式对外开放。九三学社中央主席韩启德，副主席王志珍出席开馆仪式并共同为王选铜像揭幕。开馆仪式上，王选夫人陈堃銶教授为无锡市第一女子中学等三所学校的“王选中队”授旗。期间，韩启德、王志珍一行还参观考察了无锡博物院集成电路体验馆、祺久精密医疗器械有限公司等，听取了无锡市科协工作情况汇报，并接见了九三学社无锡市委班子成员和社员代表。

7月16日，九三学社中央参政党理论研究中心成立大会在京举行。九三学社中央副主席邵鸿出席会议并讲话。邵鸿指出，成立这个中心，目的就是为了加强参政党理论研究，逐步改变参政党理论研究建设相对滞后的局面。邵鸿还对研究中心的工作提出了三点希望。会议向九三学社中央参政党理论研究中心组成人员颁发了聘书。8位同志就参政党理论研究中心近期工作谈了自己的意见和看法。九三学社中央参政党理论研究中心组成人员共20余人参加会议。

7月17日，九三学社中央社史研究中心成立大会在京举行。九三学社中央副主席邵鸿出席会议并讲话。邵鸿指出，社史工作是应该做、可以做、能够做好的一项工作。这个中心的成立，目的就是为了集中全社力量，加强社史研究。邵鸿还对研究中心的工作和各位研究员分别提出了三点希望。会议向九三学社中央社史研究中心组成人员颁发了聘书。13位同志就社史研究中心近期工作谈了自己的意见和看法。九三学社中央社史研究中心组成人员共20余人参加会议。

9月3日，九三学社中央与九三学社北京市委在京联合召开座谈会，庆祝新中国成立60周年暨九三学社成立64周年。九三学社中央主席韩启德出席会议并讲话。韩启德回顾了新中国成立60年来，九三学社与中国共产党风雨同舟、荣辱与共的光辉历史，总结了九三学社致力于多党合作事业的五点宝贵经验。九三学社中央常务副主席陈抗甫，九三学社中央副主席兼北京市委主委马大龙，九三学社中央原副主席徐采栋、洪绂曾出席会议。洪绂曾等同志结合自己的亲身经历和所见所闻，回顾了新中国成立60年来经济和社会发展取得的伟大成就，畅谈了认识体会。座谈会由九三学社中央副主席邵鸿主持。

9月5日，九三学社中央"薪火相传——建设中华民族共有精神家园"系列文化活动在京启动。九三学社中央主席韩启德出席活动并致词。活动由九三学社中央副主席邵鸿主持。作为系列活动第一项的书画笔会活动邀请到了来自大陆、台湾两地的书画名家以及长期以来热衷于中华文化传播的日本、韩国友人。此次文化活动的主旨是响应胡锦涛同志"建设中华民族共有精神家园"的号召，传承与弘扬中华文化，增强中华民族凝聚力，维系两岸三地同胞及海外华人华侨的民族感情，推动中华传统文化艺术及其他非物质文化遗产和文物的保护、抢救与传承、发展。

9月10日—11日，九三学社全国宣传工作会议在安徽省合肥市召开。这次会议的主要任务是，以科学发展观为指导，深入学习贯彻中共十七大和中共中央关于宣传思想工作有关文件精神，总结宣传工作经验，交流思想调研成果，研讨宣传思想工作面临的新情况新问题，部署下一阶段工作。九三学社中央副主席贺铿出席会议并讲话。会议听取了九三学社中央宣传部的工作报告，11名同志做了大会发言。会议还讨论了《九三学社中央新闻宣传工作评选表彰办法（意见征求稿）》。

9月24日，九三学社中央学习中共十七届四中全会精神座谈会在京举行。九三学社中央副主席邵鸿出席会议并讲话。邵鸿说，中共十七届四中全会的主题是加强和改进中国共产党的自身建设。这对于执政党的发展、国家的未来和民族的命运都是至关重要的。邵鸿指出，全社各级组织和广大社员要认真学习中共十七届四中全会精神。要充分借鉴中共加强党的建设的成功经验，努力加强参政党自身建设，为维护多党合作的政治格局，为实现全面建设小康社会的宏伟目标作出贡献。

10月12日—15日，九三学社中央基层组织工作研讨会在广西桂林召开。这次会议的主题是：结合今年基层组织建设调研情况，讨论《九三学社中央关于加强基层组织建设的意见》（讨论稿），研讨社的基层组织建设问题。九三学社中央常务副主席陈抗甫出席会议并作重要讲话。会上，九三学社江苏省委、辽宁省委、浙江省委、河南省委等4个省委会和广西平果铝基层委员会、北京市朝阳区综合支社、成都市委双流基层委员会等4个基层组织分别做了基层组织工作经验交流发言。

11月14日，九三学社中央委员会和辽宁省人民政府在人民大会堂共同举办“低碳经济与绿色建筑产业发展高峰论坛”。全国人大常委会副委员长、九三学社中央主席韩启德出席并致词。全国政协副主席、九三学社中央副主席王志珍出席论坛。

12月6日，九三学社中央监督委员会第二次全体会议于在京召开。九三学社中央主席韩启德出席会议并讲话。九三学社中央常务副主席、监督委员会主任陈抗甫主持会议并在会上总结回顾了2009年的工作，对2010年的工作要点作了进一步说明。会议审议通过了《九三学社中央监督委员会工作细则》。中央监督委员会全体成员参加会议。

12月24日，九三学社中央主办的《民主与科学》杂志创刊20周年纪念座谈会在京召开。九三学社中央主席韩启德出席会议并讲话。韩启德对民主与科学杂志社20年来所取得的成绩给予了充分肯定，韩启德指出，在新的形势和条件下，《民主与科学》要更好地把握政治方向，坚持政治原则，和中共中央保持一致；要进一步弘扬爱国、民主、进步的精神，用历史的眼光更加深刻地理解民主与科学的精神内涵；要进一步解放思想，加强学习，深入研究问题；要进一步深化改革，按照更高的标准要求；要坚持好的文风，语言风格活泼，努力扩大读者群。九三学社中央副主席贺铿、邵鸿出席座谈会。

二、参政议政

2009年，九三学社紧紧抓住科学发展这个第一要务，围绕我国经济社会发展中的重要问题以及人民群众普遍关心的问题开展参政议政和民主监督，提出了不少有价值的意见和建议，取得了较好的成绩。

（一）在政协会议上的发言和提案

在全国政协十一届二次会议上，九三学社以社中央名义提交大会发言17篇，其中有3篇入选口头发言，加上个人一篇，占各民主党派中央、全国工商联以及工青妇口头发言总数17篇的近1/4，为近年来最多的一次。其中，九三学社中央三位副主席分别代表九三学社中央作了《加强农技推广体系改革建设，提高现代农业科技支撑能力》、《维护科技奖励尊严，深化奖励制度改革》、《改变行政化趋向，推动高等教育健康发展》的口头发言，获得广泛好评，引起了社会的高度关注。

会议期间九三学社以社中央名义提交提案37件，占各民主党派中央和全国工商联提案总数的16%；以九三学社界别名义提交提案29件，占界别、小组提案总数的66%。其中，通过课题招标和提案征集来的社省级组织提案达31件，接近提案总数的一半。《关于推进产学研结合技术创新体系建设的提案》等四件提案入选全国政协重要提案摘报，报送中共中央、国务院。《关于建立创业就业扶持机制的建议》等三件提案入选全国政协提案委员会召开的提案办理协商会。会后，九三学社又有《关于推进海西建设，促进两岸交流合作的建议》等四件提案被全国政协提案委员会列为重点提案召开提案办理协商会。此外，财政部还就九三学社提案《关于加快建立我国农业巨灾保险制度的建议》召开了办理协商会。

（二）积极参与高层政治协商

2009 年，九三学社中央主要领导多次应邀参加中共中央、国务院就《政府工作报告（征求意见稿）》、经济形势和经济工作、《中共中央关于加强和改进新形势下党的建设若干重大问题的决定》等举行的高层政治协商活动，分别就在保增长中强调贯彻落实科学发展观和促进就业、为民族工业自主创新提供机遇、加强对中央经济工作部署落实的监督检查力度、调整国民收入分配结构、扩大党内民主维护中央权威、运用新兴媒体推进党建工作等问题在高层协商会上发言，受到中共中央、国务院的重视。以下是部分会议发言情况。

1 月 22 日，中共中央在中南海召开党外人士迎春座谈会，邀请各民主党派中央、全国工商联的领导同志和无党派人士代表欢聚一堂，共商国是，畅叙友情，喜迎新春。中共中央总书记、国家主席、中央军委主席胡锦涛发表重要讲话。座谈会由中共中央政治局常委、全国政协主席贾庆林主持。九三学社中央主席韩启德、副主席王志珍、常务副主席陈抗甫出席会议。韩启德代表九三学社中央发言。韩启德在发言中说，2008 年，在以胡锦涛同志为总书记的中共中央坚强领导下，我国从容应对了极不寻常的严峻挑战。全党上下团结一致，显现出卓越的执政能力。我们对中国共产党及其领导下所取得的成就表示由衷敬佩。韩启德指出，近年来，中央把“三农”问题作为全党工作的重中之重，采取了一系列强农惠农措施，取得了举世瞩目的成就。但是，农村基层医疗卫生、教育、科技推广、社会管理等方面人才严重短缺、素质低下，已经成为农村发展的制约瓶颈。人才是强国之本，人才更是强农、富农的关键。因此，应将建设一支适合农村实际需要的、高素质的、扎根农村的人才队伍作为解决“三农”问题的重要突破口。韩启德从实施农村人才培训计划、建立农村专门人才培养渠道、人才管理体系、人才执业资格体系、提高农村人才待遇、鼓励大学生到农村工作等方面提出了建议。

2 月 9 日，中共中央政治局常委、国务院总理温家宝在中南海主持召开党外人士座谈会，征求对即将提请十一届全国人大二次会议审议的《政府工作报告（征求意见稿）》的意见。九三学社中央主席韩启德，副主席王志珍，常务副主席陈抗甫出席座谈会。韩启德代表九三学社中央发言。韩启德说，九三学社中央对中共中央、国务院从容应对挑战的胆识气魄和驾驭复杂局面的领导能力表示由衷钦佩。九三学社中央认为，《政府工作报告》对过去一年的总结是实事求是的，对面临困难和挑战的认识是十分清醒的，对我国经济社会发展基本面没有改变的判断是非常准确的，把保持经济平稳较快发展作为今年工作的首要任务是完全正确的，提出的各项工作和措施是切实可行的，体现了保增长、保民生、保稳定的决心和信心。九三学社中央将号召全体九三学社社员积极行动起来，肝胆相照、荣辱与共，在本职岗位上，在参政议政中，为完成报告提出的各项任务贡献力量。韩启德在发言中，从加大社会保障投入，扩大内需特别是居民消费需求；在大规模基础设施投资过程中要淘汰落后产能，鼓励节能环保产品和产业的发展；围绕促进就业保增长；对医疗、教育、住房等民生工程的宣传要合理引导社会预期；发展小城镇，壮大县域经济；更加珍惜民族工业自主创新和发展的机遇等方面提出了建议。

7月21日，中共中央在中南海召开党外人士座谈会，就当前经济形势和下半年经济工作听取各民主党派中央、全国工商联领导人和无党派人士意见和建议。中共中央总书记胡锦涛主持座谈会并发表重要讲话。中共中央政治局常委、国务院总理温家宝通报了上半年经济工作有关情况，介绍了中共中央、国务院关于做好下半年经济工作的考虑。九三学社中央主席韩启德、副主席王志珍、常务副主席陈抗甫出席座谈会。韩启德代表九三学社中央发言。韩启德说，去年下半年以来，面对历史罕见的国际金融危机，中共中央、国务院及时果断地实施了保增长、保民生、保稳定的一揽子计划。中央对形势的判断深刻全面，应对的措施坚决有力，保增长、调结构、促改革、惠民生的成效显著，我国的经济企稳向好，进一步增强了我们应对金融危机的信心。九三学社赞成中央对当前经济形势的基本判断和决策部署。韩启德还从确保中央的部署落到实处，将保障民生与深化国有企业改革结合起来，在土地流转中将保护耕地和农民利益以及推进中小城镇工业化结合起来，谨防潜在的滞胀风险，确保经济平稳健康发展等方面提出了建议。

11月24日，中共中央在中南海召开党外人士座谈会，就当前经济形势和明年经济工作听取各民主党派中央、全国工商联领导人和无党派人士意见和建议。中共中央总书记胡锦涛主持座谈会并发表重要讲话。中共中央政治局常委、国务院总理温家宝通报了经济工作的有关情况，介绍了中共中央、国务院关于做好明年经济工作的考虑。九三学社中央主席韩启德、常务副主席陈抗甫出席座谈会。韩启德代表九三学社中央发言。韩启德说，短短一年之间，中国经济经历了让世界惊叹的止跌、企稳、向好，充分说明中共中央、国务院应对国际金融危机的一揽子计划是及时、有力、有效的。九三学社赞同中共中央关于明年经济工作的部署。韩启德还从着力调整国民收入分配结构；着力调整产业与经济的布局与结构；着力推进城乡统筹发展；着力加快产业结构调整；着力增强自主创新能力；着力深化一些重点领域、关键环节改革等方面提出了建议。

（三）围绕重大问题专题调研

3月，九三学社中央主席韩启德率领由九三学社中央和国务院相关部委组成的调研组，深入河南省南阳市、湖北省十堰市、陕西省商洛市等南水北调中线工程水源地9个县（区），实地查看水源保护项目进展情况，详细了解水源保护工作中的困难和问题，形成了《关于南水北调中线工程水源保护的建议》，受到中共中央和国务院领导同志的高度重视，胡锦涛、温家宝、李克强、回良玉先后作出批示，请有关部门认真研究。

4月，九三学社中央主席韩启德率队赴广东就低碳经济发展问题进行调研，在广州、珠海、东莞、深圳等地考察了16家企事业单位，召开了10场专题座谈会，深入探讨如何发展新能源、提高能源效率、推广绿色建筑、推进循环经济以及建设低碳城市低碳社会等课题，并以“发展低碳经济”为主题形成调研报告，报送中共中央、国务院，得到胡锦涛、温家宝的高度重视和批示。

同月，九三学社中央副主席王志珍率九三学社中央调研组赴重庆、成都就统筹城乡发展进行了考察调研，听取了重庆市政府和成都市政府关于统筹城乡发展的情况介绍，考察了一些具有代表性的项目，形成了《重庆、成都统筹城乡发展的调研报告》，报告受到温家宝的高度重视，批示有关部门认真研究。

7月，九三学社中央主席韩启德率领九三学社中央考察团就吉林省中药与生物制药发展现状及其存在的问题进行了专题调研，形成了《吉林省中药与生物制药调研报告》并报送中共中央、国务院，受到高度重视。

9月，由九三学社中央常务副主席陈抗甫，副主席赖明率队的九三学社中央生态旅游调研组一行赴贵州、湖南，就有关生态旅游问题进行专题调研并提出了有关建议。此外，九三学社中央领导还分别就节水农业问题率队赴内蒙古、宁夏和甘肃进行调研，就打击制售假药相关问题赴江苏、浙江、河南调研，并提出了有关建议。

“促进科技发展和自主创新”是本届九三学社中央确定的重大参政议政课题。2009年，在以九三学社中央副主席王志珍为组长的课题组领导下，此项课题取得阶段性成果，完成了“我国科技和高等教育发展情况与对策调查问卷初步分析报告”，对国内外科技体制及自主创新体系进行了实地调查、召开了“深化我国科技宏观管理体制改革”等一系列专题研讨会，为下一步的课题研究奠定了坚实基础。

（四）信息工作

从2008年10月到2009年9月，九三学社中央共收到来稿近2000篇，采编形成《九三信息》、《九三信息专报》543篇，被全国政协采用约80篇，采用篇数在各兄弟单位中继续保持前列。2009年最为突出的是得到党和国家领导人批示的信息数量大幅增加，达到15篇，其中有多篇信息得到多位领导人批示，这是九三学社开展信息工作以来得到批示最多的一年。如《建议采取积极善后措施，防止奶农“杀牛”》等四篇信息分别得到贾庆林、李克强、王刚批示；《要立即制止用毒垃圾填造耕地的行为》等两篇信息分别得到温家宝、回良玉批示；《政府在经济萧条时要注意处理好眼前利益和长远利益之间的关系》等三篇信息得到李克强批示；《关于积极应对乌鲁木齐‘针扎’事件的建议》等五篇信息得到回良玉批示；《建议整顿中小学辞书出版市场，尽快实行严格的准入制》得到刘延东批示。

（五）完善参政议政工作机制

九三学社中央不断改进工作方法，进一步完善了课题招标和提案征集机制、提案信息转化机制、中央与省级组织上下互动机制、社中央专门委员会工作机制、激励机制、保障机制等各项工作机制。为整合资源，充分发挥九三学社中央各专门委员会的人才优势，九三学社中央将信息工作由办公厅调至参政议政部，并增加了专职工作人员。10月，九三学社中央在京召开了参政议政工作座谈会。九三学社中央主席韩启德出席会议并讲话。韩启德强调，参政议政要把握“四性”——前瞻性、战略性、综合性、可行性，参政议政要强化科技特色。九三学社中央参政议政部相关负责人就课题招标、提案征集、信息工作作了说明；九三学社各省级组织汇报了参政议政中标课题调研成果。会议总结交流了全社参政议政、信息工作所取得的成绩和经验；研究了如何进一步完善参政议政工作机制，提高参政议政水平。

（六）民主监督工作

九三学社把参政议政工作与民主监督工作紧密结合起来，通过高层政治协商、“直通车”建议、政协提案议案、“九三信息”等多种方式来推进民主监督。九三学社担任各级特约监督员、监察员、检查员、审计员和教育监督员的同志，以高度的政治责任感，认真参加有关执法检查和执法监督工作，参与有关法律法规制定的研究，参与对重大案情的调查，充分发挥了特约人员作用。

三、社会服务

2009 年，九三学社社会服务工作坚持围绕中心、服务大局，主动作为，顺势而为，多渠道、多形式积极开展社会服务工作，在九地合作、新农村建设、支边扶贫、亮康行动、科普进乡村入学堂、灾后援建等方面做了大量有益的工作，取得了很大的成绩。

（一）深化“九地合作”

据不完全统计，目前，九三学社组织已与 30 多个地方政府开展“九地合作”。山西省委、福建省委、湖南省委、云南省委分别与晋城市、南平市、漳州市、衡阳市、楚雄州等地方政府签署合作协议。其中河南省委与上海市委开展“沪豫科技合作”，“上海交通大学国家轻合金精密成型工程研究中心鹤壁分中心”等五个项目进展顺利；安徽省委先后与马鞍山市、铜陵市、芜湖市开展“九地合作”项目达 10 余项；山西省委依托绿色生态农业技术作为“九地合作”主导项目与各级政府合作，大力进行绿色生态农业的示范和推广，极大地促进了农业增长和农民增收。3 月，九三学社中央副主席贺铿赴马鞍山考察了“九马合作”项目并出席中共马鞍山市委主持召开的“九地合作”座谈会。9 月，九三学社中央主席韩启德赴山西晋城考察了九地合作情况。在晋期间，韩启德一行先后到晋城市的陵川县、泽州县考察了王莽岭旅游建设开发和九三学社山西省委参与的中草药种植基地建设、大豆示范种植点，出席了晋城市政府与九三学社山西省委的科技合作协议签字仪式，并与晋城市党政干部和九三学社晋城市委部分成员进行了座谈。

（二）推进社会主义新农村建设

九三学社分别在河南省、重庆市、黑龙江省、湖北省等地选点开展了“多党合作新农村建设试点”工作。河南漯河市坡高村新农村建设试点通过采取优化种植结构、推广小麦、玉米优良品种等措施，使农业大幅增效，农民显著增收。重庆市万州区五土村通过红橘综合技术改造、建设生态沼气池和文化活动中心，对该村的产业发展、环境改造和文化建设，起到了积极的推动作用。湖北黄石市南山村和黑龙江省兰西县新阳村新农村建设试点，结合当地实际，大力发展种养业和改善草原生态平衡、加快草原改良建设，取得了预期的效果，深受农民的欢迎。为了适应新农村建设中农民群众的精神文化需求，九三学社在北京举办了全国性的“新农村建设农民乒乓球比赛”，丰富和活跃了农民的业余生活，推动了新农村精神文明建设。

（三）扶贫工作与“亮康行动”

2009 年年初，九三学社被国务院扶贫开发领导小组评为中央国家机关等单位定点扶贫先进单位。6 月，九三学社中央主席韩启德赴毕节试验区考察扶贫工作。10 月，九三学社中央副主席贺铿就毕节试验区统筹城乡经济社会发展情况赴毕节试验区及威宁彝族回族苗族自治县深入考察调研。九三学社还派专职干部到威宁县挂职，做好与地方党委、政府的沟通、联系、交流与合作。九三学社积极参加了贵州威宁喀斯特地区扶贫开发综合治理协调小组工作，完成了“毕节试验区统筹城乡经济社会发展”课题研究和“威宁县草海镇科技种草养牛示范项目”。与农业部联合在贵州举办了“农产品加工技术对接会”。积极组织九三学社山东省医疗队和河北省医疗队在江西广丰、内蒙古太仆寺旗开展亮康行动，免费为100位贫困白内障患者实施了复明手术，取得良好的社会效益。

（四）“九三论坛”、“科普进乡村人学堂”等活动

11月，九三学社中央在浙江省杭州市举办了以“加快推进省直管县改革”为主题的第四届“九三论坛”。论坛期间，九三学社中央副主席贺铿作了题为《国际金融危机形势下的经济分析》的报告。全国各地100多名九三学社社员专家、学者等参加本次论坛，并出版了《聚焦省直管县改革》论文集。九三学社各级地方组织也开展了形式多样的论坛活动，反响热烈。从2009年开始，九三学社中央决定每年在全社开展“科普进乡村入学堂”活动。10至11月份，已有20个省市围绕低碳经济、健康生活、生态环境、未成年人保护等内容，纷纷集中开展专家进农村学堂讲科普、进乡村送科技等活动，受众广泛，影响良好。

（五）灾后援建工作

为增强援建工作的针对性和实效性，九三学社中央领导和相关专家多次赴灾区青川县沙洲镇江边村二组开展实地勘察，结合实际情况，确定了以住房、基础设施、产业发展、村委会阵地建设为主的帮扶工作方案。江边村二组村容村貌得到集中统一整治，焕然一新，解决了人畜安全引水工程。截止2009年6月底，全组55户全部入住新居。此外，九三学社在都江堰、绵阳和德阳等地实施灾后重建工作的援建项目也进展顺利。

四、自身建设

2009年，九三学社以纪念新中国成立60周年和多党合作制度确立60周年为契机，在思想建设、组织建设和机关建设等方面都富有成效。

（一）思想建设

2008年九三学社曾经对以坚持走中国特色社会主义政治发展道路为主题的政治交接学习教育活动进行了总结。2009年九三学社中央从实际出发，结合相关重大事件，继续深化坚持走中国特色社会主义道路的学习教育活动，把学习作为推动工作的重要方法，切实巩固政治交接主题学习教育活动的成果，使九三学社的思想建设提升到一个新水平。

一是深化坚持走中国特色社会主义道路学习教育活动，抓住重要节点组织相关活动。五四运动90周年前夕，九三学社中央在五四运动的发祥地北京大学举办了“传承五四精神，弘扬民主科学”的专题访谈活动。7月，九三学社中央组织开展了《六个“为什么”》学习座谈活动。8月，举办了庆祝新中国成立60周年书画展、文艺会演和征文活动。9月，召开了庆祝新中国成立60周年暨九三学社成立64周年座谈会。在九三学社社刊社讯开辟纪念新中国成立60周年的专栏，在九三学社中央网站开辟纪念专题，交流认识体会，推广好的经验和做法。王选基金会积极拓宽筹资渠道，基金规模有所扩大，完成了2009年的资助工作。九三学社中央还组建了九三艺术团，丰富社内的文化生

活。这些活动扩展了学习教育活动的内涵，增强了九三学社组织的凝聚力。

二是加强思想调研，把握社员思想动态。“两会”前夕，九三学社中央通过召开不同界别不同层次的座谈会，对社员关心的社会热点难点和重点问题进行了调查研究和综合分析，还组织力量深入辽宁、山东、江苏等地开展了思想调研。4 月，九三学社中央发出《关于开展思想调研和总结宣传思想工作经验的通知》，各省级组织共提交调研报告 25 篇。2009 年还对九三学社中央思想建设研究中心进行了换届，并编发《社员思想动态》3 期。这些活动为把握社员思想动态，增强宣传思想工作的针对性和实效性奠定了基础。

三是坚持正确导向，拓展新闻宣传阵地。九三学社中央利用社刊社讯、网站，进一步密切了与社会新闻媒体的联系，树立了九三学社良好的社会形象。据不完全统计，2009 年九三学社中央在中央级媒体上刊发消息、通讯、政论性文章210 余篇，起到了较好的宣传效果。学苑出版社出版的长篇报告文学《中国海军三部曲》荣获第十一届全国精神文明建设“五个一工程文艺类图书作品奖”，实现了该奖项设立以来全国统战系统出版社的首次突破。《民主与科学》杂志突出办刊理念，强调精品意识，办刊质量不断提高。根据国家部委出版社改制政策规定，九三学社中央成立了出版社体制改革工作领导小组，在深入调研的基础上制定了所属出版单位的转制方案，为妥善做好转制工作打下了良好基础。

四是推动参政党理论研究与社史研究工作深入开展。2009 年九三学社中央整合全社研究力量，分别成立了九三学社中央参政党理论研究中心和九三学社中央社史研究中心，在社内初步建立起一支理论研究与社史研究的骨干队伍。同时，积极扩大与社外的合作，利用社会资源拓展研究平台，结合中共十七届四中全会的召开和新中国成立 60 周年深入开展理论研究，并多次召开专题研讨会，促进了全社的理论研究工作。社史工程进展顺利，许多方面取得阶段性成果。“九三人物系列丛书”第一批 23 本书稿中的大部分已完成初稿，即将进入评审和修改阶段；社史专题片已完成前两集的后期制作，后两集也即将完成；编写出版了第二期《社史研究通讯》；进一步加强与高龄社员和各省级组织的联系，抢救了一批珍贵的社史研究资料。

（二）组织建设

2009 年，九三学社中央继续认真贯彻落实《九三学社中央关于加强省级组织领导班子建设的意见》，加强了领导班子成员培训的力度，并与后备干部队伍建设紧密结合，以学习和掌握多党合作理论、统一战线知识、党派工作技能为重点，有计划、分层次地举办各种类型的学习班、研讨班、培训班以及出国考察学习班等，累计培训近 300 人次，安排 8 人次赴境外学习培训，领导班子成员素质明显提高。从 2008 年年底开始九三学社启动了届中调整和 2012 年换届的准备工作。经过民主推荐，九三学社中央分别与各省级组织主要负责人及中共省委统战部沟通协商并交换意见，初步建立了省级组织领导班子后备干部队伍名单。

组织发展工作积极稳妥、健康有序，社员数量稳步增加，质量逐步提高，结构进一步优化。在广泛调研的基础上，九三学社中央制定了《九三学社中央关于进一步做好组织发展工作的若干问题的意见》，对发展新的社会阶层人士作了相应的规定，严格新建县级组织，强调保持特色。

各省级组织根据九三学社中央文件精神，制定并上报了未来五年新建省辖市级组织和组织发展规划。

基层组织建设是2009年九三学社组织工作的重点。九三学社中央与省级组织联合，在全社范围内开展了基层组织建设有关问题的调研，共收到调研报告30余份，摸清了九三学社基层组织的状况和存在的问题。10月，在广西桂林召开了基层组织工作研讨会，进一步明确了基层组织的工作任务，研究讨论并形成了《九三学社中央关于进一步加强基层组织工作的意见》。

2009年是九三学社中央监督委员会成立的第一年，各项工作起步顺利。一年来，九三学社中央监督委员会在中央委员会领导和地方组织支持下，认真履行职责，围绕领导班子建设、坚持民主集中制、增强社内民主，不断提高领导班子成员的自身修养、自我约束和抵御腐败的能力。积极推动各级组织开展谈心会、民主评议活动，重视和认真处理社员来信来访等工作，在社内监督上迈出了坚实的一步。

截至2009年12月，九三学社社员总人数已达119593人，平均年龄54.03岁，其中女社员占38.11%，离退休社员占39.94%，大学以上学历占92.37%，高级职称占60.10%。共拥有30个省级组织，279个省辖市级组织，25个县级市组织，4714个基层组织。

社员中担任各级人大代表的共有1824人。其中全国人大副委员长1人，全国人大常委5人，全国人大代表57人。

社员中担任各级政协委员的共有8808人。其中全国政协副主席1人，全国政协常委21人，全国政协委员84人。

社员中担任县处级以上政府及司法机关领导职务的共有782人。其中在中央政府及司法机关担任领导职务的部级1人，司局级3人；在地方政府及司法机关担任领导职务的省级5人，厅局级72人，地市级55人，县处级646人。

社员中担任各级各类特约人员的共有2000余人，其中国家各部委特约人员14人。

（三）机关建设

九三学社中央着力完善机关各项规章制度，先后制定了《九三学社中央机关公文处理规定》等4个文件。继续贯彻《九三学社中央关于机关干部挂职锻炼工作的实施意见（试行）》精神，选派年轻干部到基层挂职锻炼。认真执行《公务员法》和《党政领导干部选拔任用工作规定》，着力抓好机关干部的选拔任用和优化组合，共选拔任用机关局级干部11名，处级干部12名，优化了干部结构，充实了中坚力量。着力抓好机关干部政治理论、业务知识的学习培训，继续办好“九三讲堂”，相继邀请了钱乘旦、王蒙、秦大河、秦伯益等著名专家举办专题讲座，激发了机关工作人员的学习热情，同时也扩大了九三学社的社会影响。

乔发进　九三学社中央研究室干部

台湾民主自治同盟

2009年是新中国成立60周年，也是中国共产党领导的多党合作和政治协商制度确立60周年。60年来，台盟几代领导人和广大盟员，始终与中国共产党一道携手前进，一道应对挑战，书写了风雨同舟、团结合作的光辉历史和绚丽篇章。一年来，台盟积极参与国家政治生活，与中国共产党共商国是、共谋发展。在中国共产党的领导下，台盟八届中央常务委员会高举中国特色社会主义伟大旗帜，坚持以邓小平理论和“三个代表”重要思想为指导，深入学习贯彻科学发展观，团结带领全体盟员及所联系的台胞，开拓创新、锐意进取，认真履行参政党职能，圆满完成了台盟八届二中全会提出的各项任务，各方面都取得了新的进展。

一、重要会议及活动

（一）八届中央委员会第三次全体会议

台湾民主自治同盟第八届中央委员会第三次全体会议于12月8日—9日在北京召开。会议学习了中共十七届四中全会精神，听取并审议通过了林文漪主席所作的常委会工作报告，研究讨论了新形势下进一步做好参政议政和对台工作的思路和方法。汪毅夫常务副主席、吴国祯副主席、陈蔚文副主席、杨健副主席、黄志贤副主席、张宁秘书长及中央委员出席会议，台盟中央各专委会主任及机关各部门负责人列席会议。

会议认为，过去的一年，台盟高举中国特色社会主义伟大旗帜，坚持以邓小平理论和“三个代表”重要思想为指导，深入学习贯彻科学发展观，团结带领全体盟员及所联系的台胞，认真履行参政党职能，圆满完成了台盟八届二中全会提出的各项任务，各方面都取得了新的进展。

会议指出，深入学习贯彻中共十七届四中全会精神，是当前和今后一个时期台盟的首要政治任务。会议要求，全盟要认真借鉴和汲取中共在加强自身建设中的成功经验和做法，按照科学发展观的基本要求和根本方法，进一步加强思想政治建设、领导班子建设、后备干部队伍建设、制度建设和机关建设，不断提高履行职责的能力和水平。

会议要求，全盟要坚持把发展作为参政议政的第一要务，按照《台盟中央参政议政工作五年（2008—2012年）规划纲要》的要求，紧扣关系国家事业发展全局的重大问题，选择各级中共党委和政府重视、人民群众关心、台盟有条件做好的课题，深入挖掘，渐次推进，逐步深化，形成台盟参政议政的独特品牌。

会议要求，全盟要认真学习胡锦涛总书记关于推动两岸关系和平发展的一系列重要讲话精神，按照中共中央对台工作的最新部署，充分发挥与台湾同胞联系广泛的优势，紧紧围绕着促进两岸大交流、大合作开展工作，为增进两岸同胞间的了解与互信贡献力量，为两岸关系和平发展营造良好氛围。

会议号召，全盟要紧密团结在以胡锦涛同志为总书记的中共中央周围，高举中国特色社会主义伟大旗帜，以邓小平理论和“三个代表”重要思想为指导，深入学习贯彻科学发展观，振奋精神，锐意进取，为建设中国特色社会主义、促进两岸关系和平发展作出新的贡献。

（二）中央常务委员会会议

台湾民主自治同盟第八届中央常务委员会第六次全体会议于 3 月 6 日在北京召开。会议学习了中共中央总书记胡锦涛在纪念《告台湾同胞书》发表 30 周年座谈会上的重要讲话精神及 2009 年全国“两会”精神，通报了《台盟中央 2009 年工作要点》，审议通过了《台盟中央关于深化坚持走中国特色社会主义道路学习教育活动的意见》。林文漪主席出席并主持会议。汪毅夫常务副主席、吴国祯、陈蔚文、杨健、黄志贤副主席、张宁秘书长等 22 名台盟八届中央委员会常务委员参加会议，台盟部分地方组织及中央机关各部门负责人列席会议。会议指出，胡锦涛总书记在纪念《告台湾同胞书》发表 30 周年座谈会上的重要讲话，在继承中共中央对台工作大政方针的基础上，首次全面系统地阐述了两岸关系和平发展的思想，提出了推动两岸关系和平发展的六点意见，科学回答了为什么要推动两岸关系和平发展、怎样推动两岸关系和平发展的重大问题，是新形势下指导对台工作的纲领性文件。会议要求，全盟要认真贯彻落实中共中央对台工作大政方针，抓住当前有利时机，不断增进两岸同胞间的互信，为两岸关系和平发展营造良好氛围；要特别关注国际金融危机背景下台资企业的生产经营状况，帮助他们增强信心、共渡难关，为逐步建立具有两岸特色的经济合作机制建言献策；要以弘扬中华文化，增强民族意识为主线，组织丰富多彩、形式多样的两岸文化交流活动；要借助与台湾同胞交往密切的优势，及时反映岛内民情，为国家开展对台工作提出好的思路和建议。会议要求，全盟要认真学习贯彻全国“两会”精神，以科学发展观为指导，深入开展坚持走中国特色社会主义道路学习教育活动，坚持把促进发展作为参政议政的第一要务，积极协助政府谋划发展思路，落实发展任务，不断提高建言献策水平，继续为全面建设小康社会、加快推进社会主义现代化建设贡献智慧和力量。

台湾民主自治同盟第八届中央常务委员会第七次全体会议于 7 月 10 日—11 日在吉林省长春市召开。林文漪主席出席会议。汪毅夫常务副主席、陈蔚文副主席、杨健副主席、黄志贤副主席、张宁秘书长出席了会议，台盟中央各专门委员会主任、部分地方组织及中央机关各部门负责人列席了会议。会议主要议题包括：传达胡锦涛、贾庆林等党中央领导同志对毕节试验区建设工作的重要批示，学习贯彻胡锦涛总书记在纪念《告台湾同胞书》发表 30 周年座谈会上的重要讲话精神，听取有关地方组织负责人关于台盟中央参与筹办首届海峡论坛、与重庆市人民政府签订合作协议以及赴湖北考察的有关情况汇报，研究部署全盟下一阶段的工作。林文漪主席在讲话中指出，近段时间以来，全盟各级组织齐心协力，密切配合，开展了很多开拓创新性的工作。全盟的参政议政、对台联络、社会服务、自身建设等方面都呈现出生机勃勃的良好局面：一是参与举办了规模盛大的两岸民间交流活动——首届“海峡论坛”，并与福建省政协、国务院发展研究中心、经济日报社共同主办了“海峡经济区高层研讨会”；二是及时把握台资企业向中西部地区转移的动向，并以此为题赴湖北省开展了民主党派大考察活动；三是与重庆市人民政府签订合作协议，充分发挥台盟作为参政党的政策咨询和对台联络优势，为加强渝台产业合作、促进两岸经济交流献计出力；四是顺利举办了首次参政议政骨干培训班，为逐步探索建立全盟参政议政人才培养机制进行了一次有益尝试；五是与台南县市医疗领域的专业人士开展了深入持久的交流交往，经过努力，台盟中央与台南县、市医师公会互访活动模式基本成型；六是召开了台盟中央换届以来首次全盟联络工作和支边扶贫工作会议，总结、交流了各级盟组织开展联络工作和支边扶贫工作的经验，进一步明确了新形势下台盟联络和支边扶贫工作的方向和重点。汪毅夫常务副主席在总结讲话中提出了全盟下一阶段工作重点的安排：一是围绕庆祝新中国成立60周年系列活动，进一步做好宣传思想工作；二是围绕特色领域和重点课题，进一步做好参政议政工作；三是围绕促进两岸大交流、大合作，进一步做好对台工作；四是围绕支持毕节试验区建设，进一步做好支边扶贫工作。

台湾民主自治同盟第八届中央常务委员会第八次全体会议于10月10日—11日在陕西省西安市召开。会议学习了中共十七届四中全会精神和胡锦涛总书记在庆祝人民政协成立60周年大会上的重要讲话精神，研究部署了进一步开展好台盟参政议政和社会服务工作。林文漪主席出席并讲话。汪毅夫常务副主席、吴国祯副主席、陈蔚文副主席、杨健副主席、黄志贤副主席及常委出席会议，部分台盟地方组织及中央机关各部门负责人列席了会议。陕西省委副书记王侠到会致词。林文漪主席在讲话中指出，全盟要以庆祝新中国成立60周年暨中国共产党领导的多党合作和政治协商制度确立60周年，以及人民政协成立60周年为契机，坚持走中国特色社会主义政治发展道路，传承弘扬台盟老一代领导人同中国共产党风雨同舟的精神风范，为推动多党合作事业蓬勃发展作出新的贡献；要认真学习领会中共十七届四中全会对加强和改进新形势下中共自身建设的战略部署，对提高推动科学发展和促进社会和谐的能力、保持经济平稳较快发展的总体要求，对做好统一战线和多党合作工作的重要论述，切实把思想和行动统一到中共中央的决策部署上来，特别是认真借鉴中国共产党自身建设的成功经验，科学把握参政党自身建设规律，着力提高履行参政党职能的能力和水平，为中国特色社会主义事业发展作出更大的贡献；要按照胡锦涛总书记在庆祝人民政协成立60周年大会上的重要讲话要求，更加积极地通过人民政协提供的广阔空间和制度渠道，切实履行好参政党职责，为人民政协事业的不断发展作出新的贡献。汪毅夫常务副主席在总结讲话中就全盟继续深入学习贯彻中共十七届四中全会精神提出了要求：一方面，要进一步增强坚持中国共产党领导的自觉性和坚定性，积极围绕中共自身建设的总体部署献计出力，围绕推动多党合作事业的不断发展献计出力；另一方面，要认真借鉴和汲取中国共产党在加强自身建设中的成功经验和做法，科学把握参政党自身建设规律，全面加强台盟的自身建设，着力提高履行参政党职能的能力和水平。要进一步加强思想政治建设，牢固树立和践行社会主义核心价值体系，建设学习型政党；要进一步加强领导班子建设，着重能力培养，健全内部监督机制；要进一步加强后备干部队伍建设，重点增强后备干部的政治素质和业务能力，确保台盟事业后继有人；要进一步加强作风建设，大力弘扬马克思主义的思想作风和学风；要进一步加强制度建设，使台盟的各项工作都有章可循、运转协调、规范有序；要进一步加强机关建设，强化机关为各级委员会、常务委员会和盟员服务的力度。

（三）重要国事和外事活动

2009 年，台盟中央领导同志多次应邀参加重要外事、内事活动，其中包括参加纪念“五四运动”90 周年大会、纪念四川汶川特大地震一周年活动、庆祝人民政协成立 60 周年大会、中华人民共和国成立 60 周年庆祝活动等重要庆典、慰问、纪念活动，陪同中共中央和国家领导人会见日本首相麻生太郎、塞尔维亚总统塔迪奇等外宾。

（四）专题工作会议

中央妇女工作委员会全体会议。台盟八届中央委员会妇女工作委员会于 5 月 6 日—9 日在江西省南昌市召开第一次全体会议，总结换届以来的工作，交流各省市妇委会开展工作的经验和体会，并部署本届妇委会五年的工作任务。台盟中央八届妇委会主任郭理围绕台盟中央妇委会组织机构落实的情况、本届的五年工作计划、换届以来已开展的各项工作等内容作工作报告。妇委会副主任高美琴、陈宜安等分别介绍了所在台盟地方组织妇女工作的开展情况，并对台盟中央及地方妇委会的工作提出了建议。妇委会副主任吴国华针对落实本次会议精神向委员们提出，会后向各地台盟组织汇报会议精神并提出贯彻落实会议精神的意见，将落实情况于五月底前报台盟中央妇委会办公室；妇委会南、中、北片根据本次会议精神适时召开各片会议并提出本片的工作规划；将会议精神与会中进行的革命传统教育情况相结合完成一篇心得体会，作为会议成果发布。会后全体与会人员还参观了“八一”南昌起义纪念馆，以接受革命传统教育，深化坚持走中国特色社会主义道路学习教育活动。

联络工作和支边扶贫工作会议。台盟联络工作和支边扶贫工作会议于 6 月 23 日—24 日在广州召开。陈蔚文副主席、黄志贤副主席出席会议。黄志贤副主席致开幕词。他说，近年来，台盟各级组织认真贯彻“专、精、深、久”的工作方针，积极拓宽对台联络的领域和范围，主动转变工作重点，探索与创新工作模式和方法，在对台联络工作方面取得了一定的成绩。智力支边是民主党派为社会服务的一个重要环节，是台盟的一部分重要工作，台盟要发挥直通车、智囊团、联络员的作用，集全盟力量，一点一滴地做好支边扶贫工作，切实做出成效。台盟中央联络部的同志传达了中央对台工作有关精神，各民主党派中央、全国工商联参与毕节试验区建设座谈会精神。会议期间，大家就如何进一步开展台盟联络和智力支边工作进行了讨论，并提出了许多有针对性的意见和建议。陈蔚文副主席致闭幕词。他说，我们要调整、转变工作思路，进一步明确联络工作和支边扶贫工作的方向与重点；探索、创新工作方式，进一步拓宽联络工作和支边扶贫工作的渠道与层面；建立、健全工作机制，进一步加强联络工作和支边扶贫工作的领导与协调，进一步做好联络工作，做好支边扶贫工作，开创台盟联络工作和支边扶贫工作的新局面。台盟中央及各地方盟组织从事联络和支边扶贫工作的领导和工作人员共50余人参加了会议。

两岸台胞民间交流促进会第二次会员大会。两岸台胞民间交流促进会第二次会员大会暨二届一次理事会于7月11日在吉林省长春市举行。林文漪主席、陈蔚文副主席、杨健副主席、黄志贤副主席、张宁秘书长出席。中共吉林省委统战部部长刚占标等到会祝贺。林文漪主席在讲话中说，两岸民间交流是促进两岸关系和平发展的重要动力，是两岸同胞增进了解、融洽感情的重要途径，更是凝聚两岸同胞意志、共同推进中华民族伟大复兴的必然要求。两岸民间交流不断深入发展，一定会为两岸关系和平发展打下更为扎实的民意基础，营造更为和谐的良好环境。她表示，作为由生活在祖国大陆台籍人士组成的民主党派，台盟一向将促进两岸交流、推进祖国和平统一视为义不容辞的责任。两岸台胞民间交流促进会提供了一个崭新的平台，通过它更好地体现了台盟的优势和特色。促进会成立3年多来，为促进两岸民间的沟通和理解，为推进两岸关系和平发展，作出了自己的贡献。林文漪主席还就新一届促进会工作提出了要求。她说，要深入学习贯彻中央对台方针政策，牢牢把握两岸关系和平发展的主题，更加有力地推动两岸同胞的交流，促进两岸民间各界的合作；精心选择项目，弘扬中华民族优秀文化传统，增进台湾同胞的文化归属感和国家认同感；要充分发挥民间团体的独特优势，提高服务意识，提升服务水平，竭诚为广大台湾同胞到祖国大陆从事经贸、文化、科技等活动提供各种便利条件和服务。会议审议通过了两岸台胞民间交流促进会第一届理事会工作报告及《两岸台胞民间交流促进会章程（修正案）》，并选举出第二届理事会常务理事。在随后召开的两岸台胞民间交流促进会二届一次常务理事会上，选举林文漪为第二届理事会会长，汪毅夫为常务副会长，吴国桢、陈蔚文、杨健、黄志贤、张宁为副会长，郑世凯为秘书长。张克辉被聘为名誉会长。两岸台胞民间交流促进会理事、台盟中央各专门委员会负责人、台盟中央机关各部门负责人参加了会议。

第三期中青年干部培训班。台盟第三期中青年干部培训班于7月20日—23日在中央社会主义学院举行。汪毅夫常务副主席，黄志贤副主席分别出席开班仪式和结业仪式并讲话。汪毅夫常务副主席在开班仪式上指出，台盟中青年干部要增强自觉坚持我国政党制度的政治意识，深刻认识这项制度的历史必然性、巨大优越性和伟大独创性。要提高以科学发展观为指导的政治素养，致力于促进经济社会和多党合作事业的科学发展。他强调，要继承台盟前辈的优良传统，树立坚定的政治信念，不断提高参政议政能力，积极致力于发展两岸关系。要加强道德修养，培养人格魅力，树立良好形象。黄志贤副主席在结业仪式上要求台盟中青年干部要坚定理想信念，要加强学习，在实践中继续深化认识，不断巩固和扩大学习成果，加强道德修养，弘扬优良作风。培训期间，大家先后聆听了中央党校、中央社会主义学院教授的授课，国台办、全国政协相关负责同志所作的报告，担任过台盟地方组织负责人的老同志的经验介绍以及汪毅夫常务副主席所作的闽南文化专题讲座。来自台盟各级组织的50多名中青年干部参加了培训。

中央台情研讨会。台盟中央台情研讨

会于11月6日—7日在北京召开。会议深入学习了胡锦涛总书记在纪念《告台湾同胞书》发表30周年座谈会上的重要讲话以及今年5月26日胡锦涛总书记在会见时任中国国民党主席吴伯雄时发表的六点重要意见，结合海峡经济区建设和构建两岸关系和平发展框架等议题，就两岸合作机制建设及进一步做好台湾人民工作进行了广泛研讨。会议同时交流了台盟各级组织台情研究、调研工作经验，并对下一阶段的台情研究、调研工作提出意见、建议。林文漪主席出席会议开幕式并讲话。林文漪主席在讲话中充分肯定了全盟的台情研究工作在新形势下取得的成绩和产生的影响。她强调，对台研究工作要把握好大方向、大原则，要与两岸关系和岛内政局发展动态和趋势紧密结合，既要重视基础性、理论性的研究，也要重视现实性、对策性的研究，更好地为对台工作服务。她指出，新形势下进一步加强台盟台情研究工作要抓住规律，把握全局，要以中华民族的根本利益为重，服务于两岸关系和平发展的大局；要体现台盟特色，锤炼自己的品牌，把专业性研究和时效性研究相结合，要注意规划选题，加强对台研究的计划性；要加大力度，建设好一支台情研究工作队伍，还要加大与盟外的协助力度，聘请盟外专家作为顾问，借助外脑。汪毅夫常务副主席，吴国祯副主席，黄志贤副主席出席会议。来自台盟各级组织的台情研究工作者50余人参加了此次研讨会。

组织工作会议。台盟组织工作会议于10月20日—21日在辽宁省大连市召开。会议的主要任务是：深入学习贯彻科学发展观，回顾总结2007年以来台盟的组织工作；交流台盟组织发展、领导班子和后备干部队伍建设、盟员培训以及组织部门自身建设等问题。汪毅夫常务副主席出席会议并讲话。他指出，要充分认识加强台盟组织建设的重要性和紧迫性。全面建设小康社会的宏伟目标，对民主党派的自身建设提出了新的要求。加强台盟组织建设是适应多党合作事业发展的客观要求，也是台盟自身发展的迫切需要。他强调，要以高度的政治责任感做好台盟组织工作。要积极稳妥地做好组织发展工作，扎实有效地推进领导班子建设，规范有序地抓好后备干部队伍建设，统筹兼顾地完成好组织建设、盟员培训、盟内监督等工作。他要求，要进一步加强组织部门自身建设，提高履行职责能力。要进一步增强政治意识、大局意识、责任意识、服务意识。要弘扬组织部门的优良传统，进一步树立组织工作干部政治坚定、本领过硬、公道正派、实事求是、团结协作的良好形象。张宁秘书长以及台盟各级组织有关负责同志50余人参加了会议。

参政议政工作会议。台盟中央2009年参政议政工作会议于12月10日在北京召开。林文漪主席出席开幕式并讲话。汪毅夫常务副主席、杨健副主席、黄志贤副主席、张宁秘书长、参政议政工作委员会主任孙南雄以及台盟各级组织的参政议政主管领导和具体负责同志等共60余人参加了会议。会议开幕式由汪毅夫常务副主席主持。林文漪主席在开幕式上讲话，就进一步加强台盟参政议政工作作出了重要部署。她指出，要进一步加强盟内外参政议政资源的整合力度，提高整体工作效能。继续探索有利于参政议政资源整合的各种有效途径，进一步完善有利于人才成长和发挥作用的工作制度，努力挖掘广大盟员和机关干部的参政议政潜能。同时，加强与各级中共党委、人大、政府、政协的工作联系和沟通，加强与海峡两岸各个领域专家学者的联络与交流，扩大参政议政信息源、拓展分析问题的思路与参政议政的渠道。要坚持自身的特色，持之以恒地开展工作，对具有一定优势和调研基础的课题，要保持相关工作的连续性和持续性，不断巩固成果，逐步形成台盟的独特品牌。要坚持学习，努力创新，不断推动参政议政工作向前发展。全体盟员和机关干部要进一步加强理论学习，努力提高政治业务素质，加强实践锻炼，不断提高工作能力和水平。黄志贤副主席作了题为《凝心聚力，认真履职，共同开创全盟参政议政工作新局面》的总结报告。报告指出，2009 年，台盟中央与地方组织的互动更加频繁、配合更加密切、合作更加深入，推动全盟参政议政工作取得丰硕的成果：高层协商准备工作的制度化、规范化进一步加强，就构建海峡经济区、引导台资向中西部地区转移、持续扩大国内消费需求等全局性问题提出的建议，为国家制定相关政策提供参考。调研工作的持续性、实效性进一步增强，对推进海西经济区建设和中西部地区对台经济合作等具有台盟特色和优势的课题进行了深入挖掘。涉台研究与社会活动相结合，参与主办首届“海峡论坛”等一系列社会活动，台盟的社会影响进一步扩大。台盟中央与各地方组织互动效率进一步提高，在参与《国家中长期教育改革和发展规划纲要》的起草修改过程中，以及政协提案、信息工作中，有效地发挥了台盟作为参政党的组织优势和群体优势。队伍建设和人才培养工作进一步落实，举办了首次参政议政骨干培训班、开展了参政议政专委会委员专长调查，为更好地培养人才、使用人才奠定了基础。会上，还对台盟中央 2009 年度参政议政先进集体和先进个人进行了表彰。

（五）座谈会、纪念会

台盟中央、全国台联于 1 月 4 日在人民大会堂台湾厅共同举办了“学习贯彻胡锦涛总书记重要讲话暨纪念《告台湾同胞书》发表 30 周年座谈会”。林文漪主席，全国台联会长梁国扬，中共中央统战部副部长尤兰田，国务院台湾事务办公室副主任孙亚夫，吴国祯副主席，黄志贤副主席，张宁秘书长出席了座谈会。吴国祯副主席代表台盟中央在会上发言。他说，在中共中央纪念《告台湾同胞书》发表 30 周年座谈会上，胡锦涛总书记在讲话中深刻阐述了《告台湾同胞书》的重大意义，高度评价了几代领导人为确立、丰富和发展中央对台方针政策作出的重大贡献，精辟概括了《告台湾同胞书》发表 30 年来两岸关系发展的主要成果，全面总结了推动两岸关系发展的主要经验，提出了推动两岸关系和平发展的六点意见，强调要把寄希望于台湾人民的方针贯彻到各项对台工作中去，号召两岸同胞携手推动两岸关系的和平发展，同心实现中华民族的伟大复兴。胡锦涛总书记的讲话引起了广泛的社会反响，也得到了台湾当局的积极回应。虽然当前两岸经济发展面临着国际经济金融形势复杂变化带来的严峻挑战，但只要两岸双方牢牢把握和平发展的主题，珍惜难得的历史机遇，顺应两岸同胞的愿望和要求，努力开创两岸大交流、大合作的新局面，相互扶持、共克时艰，就一定会步入两岸关系和平发展的光明坦途。座谈会由全国台联副会长史茂林主持，台湾同学会会长林盛中、老台胞陈弘、北京市台联副会长郑大在会上发了言。在京部分台胞、台商和台生代表等 150 人出席了此次座谈会。

台盟中央妇女工作委员会于 1 月 13 日在北京紫玉山庄俱乐部召开两岸女台胞春节座谈会，就中共中央总书记胡锦涛在纪念《告台湾同胞书》发表 30 周年座谈会上的重要讲话，以及两岸关系30年来发生的巨大变化座谈交流。郭理主任主持会议，紫玉山庄董事长黄紫玉女士等发言，在京部分女台商和台盟中央妇女工作委员会部分委员参加。

台盟中央、全国台联、台盟北京市委和北京市台联于1月17日在京西宾馆联合举办“在京台胞春节联欢会”。林文漪主席，黄志贤副主席，张宁秘书长出席并向与会人员拜年。

春节前夕，林文漪主席、黄志贤副主席、张宁秘书长于1月20日到位于北京市丰台区的育青食品开发有限公司，看望部分在京台资企业代表，向他们致以节日问候。林文漪主席仔细询问台资企业的经营情况和台商们的生活状况。她表示，两岸一家亲，祖国大陆一直十分关心台资企业的发展，出台了各种鼓励和支持措施，切实保障台胞的正当投资权益。大陆市场潜力巨大，购买力强，可以为台企提供广阔的发展空间。特别是两岸直接“三通”基本实现后，两岸经济交流合作进一步加强，两岸一定能够妥善应对国际金融危机的挑战，实现共同繁荣和发展。作为生活在大陆的台湾省人士组成的参政党，台盟长期致力于发挥自身优势，为台商在大陆投资牵线搭桥、排忧解难。林文漪主席介绍说，台盟每年都会就台商投资、保障台胞权益等方面的问题向中共各级党委、各级政府及有关部门提出意见和建议。她表示，台盟将一如既往地关心台湾乡亲在大陆的投资、求学和生活情况，尽最大努力帮助他们解决实际困难。“打拼还靠亲兄弟。只要两岸骨肉兄弟携手同心，凝聚智慧和力量，必将克服种种困难，共同创造美好的明天。”

台盟中央与全国台联于1月21日在北京好苑建国饭店共同举办“2009年在京台胞新春同乐会”。林文漪主席，吴国祯副主席，张宁秘书长，北京市政协副主席、台盟北京市委主委蔡国雄，以及来自全国人大、全国政协、中共中央统战部、国台办、全国青联、北京市相关部门的领导出席。黄志贤副主席主持会议。台盟中央机关各部门负责人、全体干部，在京大陆台胞及台商、台生等300多人参加。

台盟中央于2月17日在北京举行“2009年台商新春座谈会”，邀请部分在京台商共叙乡情，共话两岸关系发展。林文漪主席，黄志贤副主席出席座谈会。座谈会由台盟中央联络部副部长郑世凯主持。林文漪主席在会上表示，乡亲们到祖国大陆投资创业，多年来在促进两岸人员往来，经济文化等方面的交流与合作等方面起到了十分积极的作用，两岸关系和平发展，有你们的努力。台盟作为生活在祖国大陆的台胞的组织，始终关心两岸关系进展，希望通过我们的工作，为两岸人民多做实事。中共中央越来越重视民主党派的作用，总书记、总理每年都多次听取各民主党派中央的意见建议，大家提出的问题，我们一定会通过适当的方式和渠道进行反映，并努力促其妥善解决。今后，大家有什么问题和好的建议，欢迎随时向我们提出，不拘形式，一张纸、一个电话都可以，大家既然是同胞乡亲就不需客气。黄志贤副主席代表台盟中央向各位台商乡亲拜年，并表示在过去的一年里两岸关系有了长足的发展，祝愿新的一年两岸各项交流更加热络，两岸关系进一步和平稳定发展。与会台商谈及一年来在大陆的感受及春节回台湾的见闻，纷纷对这一年两岸关系取得的进展感到高兴，对祖国大陆出台的多项惠台政策在促进台湾经济发展社会稳定方面起到的作用表示高度肯定。会上，各位台商还围绕着两岸如何携手共克时艰，共谋发展以及进一步落实、完善各项政策措施等问题充分发表看法。与会台商表示，当前金融危机对全球经济造成重大影响，两岸更应该携起手来，加强合作，共同应对，充分发挥两岸各自优势，努力把挑战变为新的发展机遇。部分台商对在工作、生活中遇到的困难和问题提出意见和改进的建议，希望台盟中央能为他们向有关部门反映，促进问题的解决。

台盟中央与全国台联于2月24日在台盟中央礼堂共同举行“纪念台湾‘二·二八起义’62周年座谈会”。林文漪主席，汪毅夫常务副主席，全国人大常委、全国台联会长梁国扬出席座谈会。黄志贤副主席主持会议。他说，纪念“二·二八”起义是为了促进两岸同胞团结合作，共同推动两岸关系和平发展，共同促进中华民族的伟大复兴。中共中央总书记胡锦涛去年12月31日在纪念《告台湾同胞书》发表30周年座谈会上的重要讲话，立足于维护和发展中华民族的整体利益，贯穿了寄希望于台湾人民的方针，本着积极面向未来的务实态度，从政治、经济、文化、社会、涉外交往乃至军事安全等诸方面提出了一系列新的政策主张，充分显示了为两岸同胞谋福祉、为台海地区谋和平、为中华民族谋复兴的决心和诚意。这一重要讲话，对于我们做好新形势下的对台工作、开创两岸关系和平发展新局面，具有重大指导意义。全国台联副会长纪斌在座谈会上讲话。台盟中央盟史研究会主任蔡世彦、“二·二八”起义亲历者黄幸、台盟中央联络部二处处长潘新洋先后在会上发言。参加座谈会的还有台盟中央秘书长张宁，部分在京“二·二八”起义的亲历者，部分在京台盟中央涉台政策策略咨询委员会委员，中共中央统战部、全国台联相关负人以及台盟中央机关各部门负责人。

台盟中央于3月18日在机关礼堂召开传达学习“两会”精神报告会。张宁秘书长介绍台盟参会情况并传达了全国“两会”精神。黄志贤副主席在讲话中要求，全盟要深入学习领会“两会”精神，把思想认识统一到“两会”精神上来，把学习贯彻“两会”精神和自己的工作实际结合起来。台盟中央要发挥表率作用，积极协助和指导地方组织坚持以科学发展观为指导，深入开展坚持走中国特色社会主义道路学习教育活动，围绕中心，服务大局，坚持把促进发展作为参政议政的第一要务，积极协助政府谋划发展思路，落实发展任务，不断提高建言献策水平，用实际行动、以优异成绩迎接建国60周年的到来。

台盟中央于6月19日在机关礼堂召开“台湾同胞与八年抗战——台盟中央机关学术报告会”。汪毅夫常务副主席出席会议。台盟中央机关十几位工作人员先后就《台湾同胞与台湾调查委员会》、《从“农民斗士”到“商海巨子”的七大谜团——台籍志士刘启光的传奇人生》、《爱国台胞何非光的烽火影事》、《台湾同胞康大川与日本战俘的反战运动》、《记爱国台胞蔡智堪反日救国二三事》、《用文字抗日救国——记在重庆为抗战呐喊的李纯青》、《黄朝琴对台湾省制设计的探索》、《台湾同胞与“在华日本人民反战同盟”》、《1944—1945：台湾光复前夕的连震东》、《简述台湾革命同盟会》、《台湾义勇队重庆通讯处的几个史实纪要》、《为台湾复生呐喊的志士——谢东闵》等有关台湾历史研究的论文，以PPT的形式图文并茂地做了报告。

台盟中央涉台政策策略咨询委员会于7月2日在机关礼堂召开会议，邀请十届全国政协副主席、台盟中央原主席张克辉介绍赴台参访见闻，并就当前岛内局势、两岸关系出现的新情况、新热点、新问题进行了研讨交流。会议由台盟中央涉台政策策略咨询委员会主任张华军主持。台盟中央涉台政策策略咨询委员会委员及台盟中央机关部分工作人员参加了会议。

台盟第三期中青年干部培训班于7月20日—23日在中央社会主义学院举行。来自台盟各级组织的50多名中青年干部参加了培训。培训期间，大家先后聆听了中央党校、中央社会主义学院教授的授课，国台办、全国政协相关负责同志所作的报告，担任过台盟地方组织负责人的老同志的经验介绍以及汪毅夫常务副主席所作的闽南文化专题讲座。汪毅夫常务副主席，黄志贤副主席分别出席开班仪式和结业仪式并讲话。汪毅夫常务副主席在开班仪式上指出，台盟中青年干部要增强自觉坚持我国政党制度的政治意识，深刻认识这项制度的历史必然性、巨大优越性和伟大独创性。要提高以科学发展观为指导的政治素养，致力于促进经济社会和多党合作事业的科学发展。他强调，要继承台盟前辈的优良传统，树立坚定的政治信念，不断提高参政议政能力，积极致力于发展两岸关系。要加强道德修养，培养人格魅力，树立良好形象。黄志贤副主席在结业仪式上要求台盟中青年干部要坚定理想信念，要加强学习，在实践中继续深化认识，不断巩固和扩大学习成果，加强道德修养，弘扬优良作风。

台盟中央涉台政策策略咨询委员会于9月15日在机关礼堂召开会议，吴国祯副主席出席，并做赴台观感的讲座，讲授有关礼仪方面的知识。会议由台盟中央联络部副部长郑世凯主持，部分台盟中央涉台政策策略咨询委员会委员参加了会议。

台盟中央、全国台联于9月22日在北京举行在京台胞中秋茶话会。全国政协副主席、中共中央统战部部长杜青林，全国政协副主席、台盟中央主席林文漪，十届全国政协副主席、台盟中央原主席张克辉，全国人大常委、台盟中央常务副主席汪毅夫，全国人大常委、全国台联会长梁国扬，中央统战部副部长楼志豪，国台办副主任、海协会执行副会长孙亚夫，全国政协港澳台侨委员会副主任、海协会副会长安民，海协会副会长王在希，中直机关工委副书记赵凯，中共中央党校副校长孙庆聚、全国政协常委、台盟中央副主席杨健、黄志贤，全国台联原会长、中国侨联顾问林丽韫，全国台联副会长纪斌、苏辉，台湾同学会会长林盛中，北京市台企协会理事长林清发等出席。梁国扬代表台盟中央、全国台联致词，向居住在大陆、台湾、港澳及海外的台湾乡亲致以诚挚问候和良好祝愿。全国人大，全国政协，中央统战部，外交部，教育部，国台办，中直机关管理局，中央党校，中国和平统一促进会，台湾同学会，台湾会馆，全国妇联，北京市人大、市政协，中共北京市委统战部、市台办、市民委、市教委、市海峡两岸民间交流促进会，中国国际问题研究所等有关单位领导及在京台胞、台商和台湾学生300余人参加了此次活动。

台盟中央与台盟北京市委于9月25日在北京共同举办“庆祝新中国成立60周年座谈会”。林文漪主席出席座谈会并讲话，汪毅夫常务副主席主持会议。林文漪主席在讲话中说，新中国成立以来，中国人民以更加一往无前的进取精神和波澜壮阔的创新实践，促进了社会生产力的快速发展、综合国力的大幅提升、各项社会事业的全面进步和人民生活的明显改善，走上了中国特色社会主义的广阔道路，迎来了中华民族伟大复兴的光明前景，在人类文明发展史上树起了一座不朽的丰碑。林文漪主席指出，新中国成立的60年，既是中国共产党领导全国各族人民奋勇夺取社会主义革命、建设和改革事业伟大成就，实现自鸦片战争以来无数仁人志士为之奋斗牺牲的崇高理想的60年，也是统一战线不断巩固和壮大，中国共产党领导的多党合作和政治协商制度进一步加强和完善的60年，同时也是台盟在中国共产党的引导下，与新中国俱进、与多党合作事业同行的60年。林文漪主席表示，一周前，中共十七届四中全会审议通过了《中共中央关于加强和改进新形势下党的建设若干重大问题的决定》。《决定》体现了中共党建理论创新、实践创新、制度创新、工作创新的丰富成果，反映了中国共产党和国家事业的发展要求和中共加强和改进新形势下党建的共同意志，是一个求真务实、改革创新的文件。9月20日上午，胡锦涛总书记在“庆祝中国人民政治协商会议成立60周年大会”上发表了重要讲话。台盟要把认真学习贯彻中共十七届四中全会精神和胡锦涛总书记的重要讲话精神，列为当前和今后一个时期全盟的首要政治任务，进一步坚定全盟走中国特色社会主义政治发展道路的信心和决心，推动全盟更加积极地通过人民政协提供的广阔空间和制度渠道，切实履行参政党职能，不断提高对台工作的成效，认真借鉴中国共产党不断推进党的建设伟大工程，进一步加强自身建设。林文漪主席强调，全盟要继续坚定不移地走中国特色社会主义政治发展道路，在全面建设小康社会、构建社会主义和谐社会和促进祖国和平统一的历史征程中，与统一战线各界人士戮力同心，锐意进取，续写统一战线工作和多党合作事业的新华章，不断描绘中华民族伟大复兴的壮丽图景！亲历过开国大典盛况的老台胞田富达、林东海，北京市政协副主席、台盟北京市委主委蔡国雄，及部分盟员代表在座谈会上发言，回顾了新中国成立的伟大历史时刻，畅谈了对国家繁荣发展、多党合作事业不断前进的体会和感受，表达了为推动两岸关系和平发展、实现中华民族伟大复兴努力奋斗的坚定决心。十届全国政协副主席、原台盟中央主席张克辉，黄志贤副主席，部分在京盟员，以及台盟中央和台盟北京市委有关负责同志等70余人参加了座谈会。座谈会结束后，与会人员还参观了“台盟历史图片展”。

台盟中央与全国台联于10月23日在北京举办纪念台湾光复64周年座谈会。黄志贤副主席，全国台联副会长纪斌，全国台联副会长、北京市台联会长苏辉等出席。黄志贤副主席在讲话中说，今天我们在这里纪念台湾光复，回顾那段不平凡的历史，是为了更好地面向未来。中华民族从屈辱中奋起的历史，对今后两岸关系和平发展、两岸同胞共谋中华民族的伟大复兴都具有重要的启示意义。台湾光复的历史再次向世人昭示，大陆和台湾同属一个中国，虽然台湾回归祖国以后两岸长期分离，但台湾和大陆同属一个中国的事实从未改变。台湾是中国领土不可分割的一部分，这在历史和法理上具有坚实的基础，不容任何人质疑和撼动。台湾人民爱国爱乡的光荣传统是中华文化的精神传承，是中华民族宝贵的财富，必将在两岸复归统一的过程中发挥重要的作用。座谈会由全国台联副会长纪斌主持，在京老台胞、台商、台生代表约60人出席了座谈会。

（六）论坛、研讨会

由台盟中央与全国台联、福建省档案馆共同举办的“纪念台湾义勇队成立70周年座谈会”于2月20日在北京召开。林文漪主席出席座谈会，汪毅夫常务副主席在会上发表讲话，黄志贤副主席主持了会议。台湾义勇队老队员代表，相关专家学者，以及台盟中央和台盟北京市委有关负责同志等50余人参加了座谈会。汪毅夫常务副主席在讲话中强调，台湾义勇队是台湾同胞投身祖国抗战的杰出代表。进一步加强台湾义勇队历史遗迹的保护和相关研究宣传工作，弘扬义勇队抗日事迹，对于增进两岸同胞之间的了解和认同，反对台独分裂活动，维系两岸同胞血脉亲情具有重要的意义。全国台联副会长纪斌、福建省档案馆副馆长林真、台湾义勇队老队员郑坚、台盟浙江省委副主委陈清玲等在座谈会上发言，从不同角度深切缅怀了台湾义勇队先辈们的不朽功绩，表达了为推动两岸关系和平发展、实现中华民族伟大复兴共同奋斗的坚定决心。座谈会结束后，与会人员还参观了《台湾义勇队档案图片展》。

由台盟中央、全国台联共同举办的"'五四'运动与台湾文学发展学术报告会"于4月29日在北京召开。汪毅夫常务副主席，黄志贤副主席，全国台联副会长纪斌，部分在京老台胞代表，相关专家学者等共50余人参加了报告会。会议由黄志贤副主席主持。福建省社会科学院研究员、福建师范大学中文系教授、博士生导师刘登翰，台湾新文学运动的代表性人物张我军先生之子、台盟中央涉台政策策略咨询委员会委员何标，台港澳暨海外华文文学联络委员会副主任、中国人民大学中文系教授赵遐秋，厦门大学台湾研究中心研究员、教授、博士生导师朱双一先后作了精彩演讲。黄志贤副主席在总结报告会时指出，薪火相传的五四精神是两岸同胞共同的宝贵精神财富。传承光大五四精神，继承弘扬民族文化，是两岸同胞共同的历史责任。两岸学术界和文化界不断增进共识，持续推动两岸间的文化交流，一定能够汇聚成共谋中华民族伟大复兴的强大精神力量，不断开创两岸关系和平发展的新局面。

由台盟中央等民主党派中央、国务院台办等25个国家部委、福建省人民政府和28家台湾民间机构共同主办的"海峡论坛"于5月15日—22日在福建举行。作为首届"海峡论坛"的重要组成部分之一，由台盟中央、福建省政协、国务院发展研究中心、经济日报社共同主办的"海峡经济区高层研讨会"，于5月18日在福州召开。林文漪主席，国务院发展研究中心副主任卢中原，经济日报社原总编杨尚德出席研讨会并致词。林文漪主席在致词中表示：在当前应对全球金融危机的形势下，构建海峡经济区，将为建立两岸全面经济合作机制进行有益探索，为两岸同胞开展经济大合作充当"先行军"；将为中部崛起、西部开发提供一条便捷的对外开放综合通道，并逐步形成我国东部沿海一线从环渤海湾到珠江三角洲的完整发展布局；将推动台湾海峡地区与亚太地区的经济合作，是在当今经济全球化与地区合作趋势下我国参与全球经济竞争与合作的重要战略举措。两岸兄弟同心，共谋发展，海峡经济区必将成为我国又一重要的经济繁荣区和新的增长极。研讨会分两个阶段进行，分别由福建省委副书记于广洲和汪毅夫常务副主席主持。出席研讨会的还有全国人大常委会副委员长、民革中央主席周铁农，十届全国政协副主席罗豪才，全国台联会会长梁国扬，中国社会科学院原副院长王洛林，国务院参事、外交部原纪委书记乔宗淮，全国政协副秘书长、民革中央副主席修福金，国务院参事陈全训，新党主席郁慕明，台湾两岸共同市场基金会执行长洪读，工党主席郑昭明以及北京承办单位领导、来自海峡两岸的知名专家学者、港澳知名企业家、中央有关媒体领导、论文作者代表等250多位来宾。研讨会上，与会专家围绕“着力先行先试，扩大两岸交流，发展海峡经济，共创合作双赢”的主题发表了精彩演讲。研讨会共印发论文82篇，其中台湾专家学者论文12篇。论坛和研讨会在两岸都引起了强烈反响，得到多家新闻媒体的重点关注和专题报道，凤凰卫视还为此专门邀请台盟中央主席进行了为时三个小时的专访，并通过《问答神州》栏目向海内外播出。

由台盟中央、海协会主办，台盟福建省委承办，台盟南平市委、台盟厦门市委、台盟漳州市委和厦门大学统战部、厦门思明区统战部等单位协办的“2009台南大（中）学生海西乡土文化研习营”于8月11日在厦门大学隆重开营。陈蔚文副主席出席开营仪式。本次夏令营旨在巩固原有联谊成果，加强做好争取台湾民心、尤其是台湾青少年的工作，发挥台盟优势，本着“专、精、深、久”的工作原则，拓展两岸交流，扩大交流规模和提高成效。参加研习营的有来自台湾南部台南市的大、中学师生76人，他们奔赴福建省的厦门、武夷山、漳州进行闽南文化、朱子文化、土楼客家文化等乡土文化的实地考察，亲身感受中华文化的博大精深和两岸同胞血脉相连的文化渊源，参观福建省改革开放30年经济、社会发展的新成果，以及省重点建设项目，进一步加深对祖地文化的认识，领略华夏五千年的悠久历史和灿烂文明，了解祖国大陆经济社会发展状况，共同感受作为炎黄子孙的自豪与荣耀。

由台盟中央主办、台盟重庆市委承办的“重庆与台湾：历史和未来”学术研讨会于8月30日在重庆市举行。研讨会以“珍惜历史传统、密切同胞情谊、共创美好未来”为主题，旨在通过重温回顾重庆与台湾在抗战时期形成的历史渊源，展望渝台两地交流合作发展前景，助推重庆成为台资台企转移的重要聚集地。杨健副主席，中共重庆市委常委翁杰明出席研讨会并致词。黄志贤副主席主持研讨会。杨健副主席在代表台盟中央致词中说，重庆作为抗战时期国民政府的首都，今天仍有着深厚的对台交流基础，台湾不少政经界人士和普通民众都对重庆有着深厚的感情。这几年重庆举办的涉台学术活动、涉台经贸活动、对台招商引资活动硕果累累，正是对此最好的诠释。在可以预见的未来，渝台经贸文化交流合作还将不断深化，继续为我国西部大开发战略、区域经济的协调发展和两岸关系的和平发展增添新的活力。举办这次研讨会，对于重温抗日战争时期重庆与台湾形成的特殊渊源，回顾历史、展望未来，对于进一步拓展渝台交流与合作，促进中西部地区发展和两岸关系和平发展均有着积极作用。他表示，当前，两岸交流合作已经进入一个新的阶段，台盟中央将以此次学术交流为契机，加强与中共重庆市委的沟通与合作，积极推动西部大开发和区域经济协调发展，为促进渝台交流和两岸关系和平发展作出新贡献。研讨会上，来自海峡两岸的专家学者朱卫东、陆炳文、李重华、谢政谕等人，重点围绕台湾同胞在重庆的抗日斗争事迹、加强渝台农业和经贸合作、重庆与台湾的历史渊源和未来合作发展等议题进行了主题演讲。海峡两岸的专家学者、台商代表、中共中央统战部、重庆市级相关部门和部分区县、高校党委统战部负责人等150余人参加会议。

由台盟中央举办的“赫章县项目招商洽谈会”于10月24日在台盟中央机关礼

堂举行。黄志贤副主席出席并讲话。他说，赫章是贵州省西北部一个多民族聚居地区，历史文化悠久，自然资源丰富。作为胡锦涛总书记倡导建立的“开发扶贫、生态建设、人口控制”毕节试验区的发祥地和中央统战部、台盟中央对口帮扶开发的重点县，赫章近年来的生态环境得到根本性改变，经济社会发展取得了明显进步。尽管如此，赫章与发达地区差距还很大，很多宝贵资源仍待开发，是黔西北极具经济投资价值的一块宝地。黄志贤指出，广大台商热情参与并积极投身于祖国大陆的开发建设，在大江南北、长城内外，乃至西南边陲赫章都留下足迹。今年，台资企业威盛电子公司提出自愿无私帮扶赫章县第一中学整套电教及校园网络设备。借此机会，我们向为祖国经济社会发展付出努力和作出贡献的台湾企业界同仁表示衷心的感谢！黄志贤表示，台盟是有着鲜明“台”字特色的参政党，我们希望通过自身渠道，积极为岛内同胞在祖国大陆投资牵线搭桥、提供服务、排忧解难。同时，也希望能将台湾的技术和资金优势与赫章的资源优势结合起来，以台湾先进科技为支撑，以市场为导向，变当地的资源优势为经济优势，促成更多合作，创造互利双赢。我们相信在赫章这个新兴的平台上，各位台商朋友在大陆的事业能继续蓬勃发展。赫章县县委书记范元平、北京市台资企业协会执行副理事长林彦宏分别在会上做了发言。赫章县委常委、常务副县长钱超国还介绍了赫章县县情，并向在座的台资企业人士展示了赫章相关投资项目，介绍了赫章县关于招商引资的一系列优惠政策。会议由台盟中央副秘书长、研究室主任宋焱主持。台盟中央、台盟北京市委、赫章县部分领导及北京市、天津市近50位台资企业人士参加了会议。

由台盟中央与安徽省人民政府共同主办的“海峡两岸现代农业发展研讨会”于11月4日在安徽省和县召开。黄志贤副主席，中共安徽省委常委、副省长赵树丛，安徽省政协副主席、安徽省委统战部部长沈素琍出席。开幕式由安徽省政协副主席、安徽省委统战部部长沈素琍主持。黄志贤副主席在会上发表讲话。他指出，举办此次研讨会，两岸共同探索现代化农业之路，对于加强两岸同胞间的交流，搭建经济合作平台具有积极作用。台盟中央将与安徽省加强合作，积极探索两岸经贸合作新渠道，共建合作的新平台。本次研讨会旨在为进一步加强海峡两岸交流、探索现代农业之路搭建经济合作的新平台，促进皖台共同发展。安徽省人大常委会副主任朱先发、安徽省省长助理邵国荷、巢湖市委书记陈强等安徽省市的主要领导，台盟中央副秘书长兼研究室主任宋焱，相关部门负责人以及来自海峡两岸的专家、学者共140余人也参加了会议。在皖期间，黄志贤副主席还应邀出席“2009年中国安徽（合肥）农业产业化交易会”开幕式以及“台湾农民创业园揭牌仪式暨和县第四届蔬菜博览会”开幕式，并与安徽省、市有关领导共同为台湾农民创业园进行揭牌。

由两岸台胞民间交流促进会、台盟广东省委、广州中医药大学以及台盟广州市委联合主办的粤台中医药产业交流合作研讨会于11月12日—14日在广州召开。广东省政协副主席、台盟中央副主席、台盟广东省委主委陈蔚文，全国政协常委、台盟中央副主席黄志贤，中共广东省委统战部副部长唐晓萍，广东省台办副主任蒋长芳，广州中医药大学校长徐志伟等领导出席了开幕式。广东省经济和信息化委员会、广东省食品药品监督管理局、广东省中医药局、中共广州市委统战部、广州市台办等有关部门领导也应邀出席了大会。黄志贤副主席，中共广东省委统战部副部长唐晓萍，广州中医药大学校长徐志伟及台湾嘉宾代表、大仁科技大学副校长黄国庆先生在开幕式上致词。黄志贤副主席在致词中指出，作为中华传统文化的重要组成部分，中医药文化源远流长、瑰丽灿烂。在与我们文化血脉相连的台湾，中医药文化深植于此，并得到丰富和发展，成为两岸同胞共同的宝贵财富。我们深信，两岸同胞共同努力，集中智慧和力量，必将为两岸中医药产业的发展与合作，为中华传统文化的弘扬和传播，为凝聚起实现民族复兴的共同意志贡献力量。研讨会以粤台两地中医药产业发展为主题。台湾省中药商工会联合会理事长林所、大仁科技大学副校长黄国庆等30多位台湾中医药界专家及粤中医药界专家、学者和企业人士等参加了研讨会。

二、参政议政

2009年，台盟各级组织坚持把服务国家发展大局和对台工作大局作为履行参政议政、民主监督职能的第一要务，深入学习贯彻科学发展观，按照《台盟中央参政议政工作五年（2008—2012年）规划纲要》的要求，紧扣关系国家事业发展全局的重大问题，选择各级中共党委和政府重视、人民群众关心、台盟有条件做好的课题，开展考察调研，提出政策性建议，为推进中国特色社会主义经济、政治、文化、社会建设和生态文明建设作出了新的贡献。

（一）积极参与政治协商

一年来，台盟中央领导共参加由中共中央、国务院召开及委托有关部门召开的协商会、座谈会、情况通报会等15次，围绕着中共十七届四中全会《决定》、政府工作报告等重要文件，以及国民经济运行情况等事关国计民生的重大问题建言献策。在扎实调查研究的基础上，台盟中央着重就构建海峡经济区、引导台资向中西部地区转移、调整产业结构、转变经济发展方式、持续扩大国内消费需求等全局性问题提出政策建议，为国家制定相关政策提供了重要参考。

1月22日，中共中央在中南海召开党外人士迎春座谈会，邀请各民主党派中央、全国工商联的领导同志和无党派人士代表欢聚一堂，共商国是，畅叙友情，喜迎新春。林文漪主席出席座谈会并代表台盟中央发言。林文漪主席的发言认为，2008年中国人民在中国共产党的坚强领导下，历经许多重大事件，创造了前所未有的奇迹。其中最让世界刮目相看的是：中国经济经受住了国际金融危机的冲击，表现出中国特色社会主义市场经济的稳定性与优越性。同时，2008年也是两岸关系发展历史上值得铭记的一年。在中共中央对台工作大政方针和一系列重大决策推动下，两岸关系迎来了难得的历史机遇。发言还围绕进一步深化海峡两岸经济合作、积极推动海峡两岸文化交流、逐步探索普及高中教育等问题提出了具体建议。

2月9日，中共中央政治局常委、国务院总理温家宝在中南海主持召开党外人士座谈会，听取各民主党派中央、全国工商联、无党派人士对即将提请十一届全国人大二次会议审议的《政府工作报告》（征求意见稿）的意见。林文漪主席出席座谈会并代表台盟中央发言。她认为，《政府工作报告（征求意见稿）》以科学发展观为指导，突出了以人为本的执政理念，是一个求真务实、鼓舞人心的报告。

她进一步明确“建立具有两岸特色的经济合作机制”的具体方式和途径；进一步拓展两岸文化交流的范围、提升交流的层次；进一步规范商品流通秩序，可持续地拉动居民消费增长等问题提出了具体建议。

4月14日，中共中央政治局常委、全国政协主席贾庆林主持召开各民主党派中央、全国工商联参与毕节试验区建设座谈会。林文漪主席出席座谈会并代表台盟中央发言。林文漪主席认为，扶贫工作不仅仅是牵线搭桥、捐钱赠物，而是要在实践中不断探索适合当地可持续发展的帮扶项目，从而促进贫困地区经济、社会、文化、生态等各项建设的和谐发展。发言还围绕将台湾农业技术与当地资源优势相结合、将台资企业用工与当地劳动力转移相结合、将民主党派的人才资源与当地社会事业发展相结合等问题提出了具体建议。

7月21日，中共中央总书记胡锦涛在中南海主持召开党外人士座谈会，就当前经济形势和下半年经济工作听取各民主党派中央、全国工商联领导人和无党派人士的意见和建议。林文漪主席出席座谈会并代表台盟中央发言。林文漪主席的发言围绕引导台湾产业和资本向中西部地区转移、加速推动海峡西岸经济区建设、两岸共同修复和建设台湾海峡生态系统等问题提出了具体建议。

8月11日，中共中央总书记胡锦涛在中南海主持召开党外人士座谈会，就中共十七届四中全会文件听取各民主党派中央、全国工商联领导人和无党派人士的意见和建议。林文漪主席出席座谈会并代表台盟中央发言。发言围绕加强思想理论建设，进一步引导多党合作共同为最广大人民的根本利益服务；坚持全体人民共同富裕，进一步提高驾驭市场经济的能力；完善干部考核评价体系，进一步提高领导科学发展的能力等问题提出了具体建议。

11月24日，中共中央总书记胡锦涛在中南海主持召开党外人士座谈会，就当前经济形势和明年经济工作听取各民主党派中央、全国工商联领导人和无党派人士的意见和建议。林文漪主席出席座谈会并代表台盟中央发言。林文漪主席的发言围绕着眼后金融危机时代，调整产业结构，转变经济发展方式；统筹交通基础设施布局，试点两岸合作的海关特殊监管区域，推动海峡区域经济一体化；引导台资高新技术产业向西部地区转移，推动构建“西三角”经济区；进一步发挥台湾农民创业园的作用，着力构建两岸农业深度融合的平台等问题提出了具体建议。

（二）在全国政协会议上的发言和提案

全国政协十一届二次会议期间，台盟中央提交了题为《构建“海峡经济区”，探索建立具有两岸特色的经济合作机制》的大会发言，以及21篇党派提案，内容涉及促进两岸关系发展、促进社会主义新农村建设、促进经济发展、促进社会发展、加强法制建设等多方面。台盟组的政协委员共提交书面发言材料8篇，个人提案110篇，社情民意信息3篇。委员们提出的一系列具有全局性和前瞻性的意见和建议，受到了新闻媒体和社会各界的广泛关注。新华社、中新社、人民日报、中国国际广播电台等主流媒体，对台盟组政协委员参会履职情况开展宣传报道80余次，刊登消息60余篇，专访10余次。杨健副主席在代表台盟中央、全国台联所做的大会发言中提出，当前，两岸经济关系发展正处在新的历史起点上。但两岸经济发展也面临着国际经济形势复杂变化带来的严峻挑战，海峡两岸特别是台湾以出口为导向的经济增长模式面临巨大的结构性调整压力。全面扩大和深化两岸经济交流合作，共同应对国际金融危机势在必行。发言从促进海峡区域经济互动发展的角度，提出了构建“海峡经济区”的战略设想：一是两岸协商做好“海峡经济区”发展的长远规划；二是加强“海峡经济区”的重大项目建设；三是在“海峡经济区”试行更加宽松灵活的两岸经济整合政策；四是打造“海峡经济区”的产业发展支撑体系。台盟中央提交的党派提案《关于重视乡镇水厂问题，保障人民饮水安全的提案》、《关于进一步推进两岸农业科技合作的提案》、《关于发布国有企业白皮书的提案》等入选全国政协《重要提案摘报》。政协大会期间，黄志贤副主席代表台盟中央就《关于开辟绿色信息通道，支持返乡农民工就业创业》的提案，与有关部委进行了现场协商。

在全国政协以“加快发展方式转变和结构调整，提高可持续发展能力”为议题的专题协商会上，台盟中央作了题为《加快发展生产性服务业，推动产业结构优化升级》的发言。发言提出，当前，在全球金融危机的背景下，我国经济发展的基本面虽然没有改变，但我国通过传统比较优势参与国际分工所面临的压力已经日益增大，产业结构亟需由粗放式发展向集约式发展转变。必须加快发展生产性服务业，推动产业结构的优化升级，培育新的经济增长点，才能逐步改变粗放的工业化进程，真正提升产业竞争力。发言围绕加快发展生产性服务业这一主题，提出了“强化规划，引导产业集聚”、“完善政策，加强政府扶持”、“健全制度，规范市场发展”、“拓展功能，搭建要素平台”、“扩大开放，提升服务层次”等五个方面的建议。

（三）与政府部门、国家部委和司法机关开展联系合作情况

1. 参与《国家中长期教育改革和发展规划纲要》的制定工作

2008 年底至 2009 年 11 月，教育部先后三次就《国家中长期教育改革和发展规划纲要》的制定向台盟征求意见。台盟中央及时向全盟各地方组织下发通知，调动全盟组织结合台盟特色和实际选择相关课题，集中全盟力量开展调研。在整理各级地方组织上报有关材料，并总结近年来调研积累的基础上，2 月初，台盟中央围绕职业教育发展、教育对外开放、基础教育发展等我国教育改革的重大问题提出了书面建议，供《规划纲要》工作小组参考。《规划纲要（讨论稿）》出台后，台盟中央又两次分别就促进教育公平、明确教育发展阶段性目标等问题提出了具体修改意见，供有关部门参考。

2. 与重庆市人民政府签订合作协议

台盟中央积极助推西部重地重庆市关于“打造重庆台资西进示范市”的发展战略，2009 年 4 月，台盟中央与重庆市人民政府签订了合作协议，发挥参政党的政策咨询和对台联络优势，为加强渝台产业合作、促进两岸经济交流出谋划策。林文漪主席亲自出席了合作协议的签字仪式。在台盟中央的推介和指导下，台盟重庆市委充分发挥涉台优势，积极转化 08 年台盟中央与中共重庆市委共同主办的国共合作学术研讨会成果，台盟重庆市委主委李钺锋通过多次与参加过学术研讨会的台湾海峡农业基金会董事长黄一钟联系洽谈、陪同考察，促成了该基金会与重庆市九龙坡区人民政府达成投资意向。5 月 28 日上午，九龙坡区人民政府区长丁洪、台湾海峡农业基金会董事长黄一钟和台盟中央常委、

台盟重庆市委主委李钺锋三方共同正式签署了《渝台农业综合开发示范区》的项目投资协议。该项目选址在九龙坡区白市驿镇，规划用地近1万亩，将着力打造集观光、生态、休闲于一体的特色农业基地，项目总投资额9亿元人民币。8月，台盟中央又在重庆市举办了“重庆与台湾：历史和未来”学术研讨会。研讨会以“珍惜历史传统、密切同胞情谊、共创美好未来”为主题，旨在通过重温回顾重庆与台湾在抗战时期形成的历史渊源，展望渝台两地交流合作发展前景，助推重庆成为台资台企转移的重要聚集地。

3. 加强与司法部门的联系沟通

台盟中央重视加强与最高人民法院、最高人民检察院的联系和沟通，积极发挥参政议政、民主监督的作用。2009年3月，黄志贤副主席代表台盟中央，参加了由中共中央统战部召开的落实司法体制改革项目意见座谈会，并就建立党外人士对司法工作行使民主监督职能的工作渠道和工作机制等问题提出了意见和建议，包括进一步推进司法部门与民主党派沟通联络工作的制度化；支持民主党派各级组织增设法律服务的职能部门；在涉台案件等有关两岸司法问题的处理过程中，加强与台盟等参与涉台工作的民主党派、人民团体的联系，等等。台盟中央还不断深化与最高人民法院、最高人民检察院的交流合作，多次参加有关座谈会，了解情况，提出建议。

（四）专题研讨会和工作会议

台盟中央2009年度调研课题协调会于3月27日—28日在南京市召开。来自台盟16个省级组织相关负责同志共20余人参加了会议。台盟中央参政议政工作委员会主任孙南雄在发言中介绍了召开此次会议的背景和目的：为进一步落实2009年课题调研工作，促进上下联动、横向联合工作机制的健全完善。通过协调会提供的平台，一是有利于全盟在参政议政上目标一致，形成“全盟围绕（盟）中央，（盟）中央围绕（全国）政协”的良好共识；二是有利于提高参政议政的力量和水平；三是有利于培养盟员和机关干部调研工作的能力和素质，推动全盟参政议政工作逐步迈上新台阶。

6月2日—3日，台盟中央参政议政骨干培训班在福建省南平市举行。台盟中央参政议政工作委员会委员和各地方盟组织从事参政议政工作的盟员及机关干部共70余人参加了培训。培训期间，大家听取了农业部对台农业事务办公室副主任李永华关于台湾农民创业园的发展与两岸农业合作的专题报告，台盟中央参政议政工作委员会主任孙南雄关于参政议政工作中需注意的几个问题的专题讲座，台盟中央妇女工作委员会主任、参政议政工作委员会副主任郭理关于调研选题以及成果转化的专题讲座以及台盟重庆市委主委李钺锋关于借助社会资源和力量做好参政议政工作的专题讲座。为使学员们更好地学习国家对台工作的方针政策和了解台海局势的发展变化，培训班还特别邀请了厦门大学台湾研究中心副主任、闽江学者特聘教授、博士生导师李非讲解新形势下的台海局势与两岸关系走向，台盟中央参政议政工作委员会副主任、台盟上海市委副主委王中讲解关于学习贯彻“胡六点”若干问题的思考，台盟中央联络部二处处长潘新洋结合中央对台工作方针的贯彻落实，讲解如何进一步做好台情研究工作等。黄志贤副主席出席会议并讲话，表示本次参政议政骨干培训班是台盟中央参政议政工作的一项重要内容，也是干部培养和队伍建设的一次重要尝试。希望通过这样的尝试，逐步探索、建立与台盟中央参政议政工作开展需求相适应的人才培训机制。

台盟中央半年经济形势分析座谈会于7月2日在北京召开。林文漪主席，黄志贤副主席出席座谈会并和与会专家进行了座谈交流。与会专家围绕扩大国内需求、保持经济平稳较快发展，保障和改善民生、促进社会和谐，深化两岸经济合作、共同应对国际金融危机等议题进行了深入讨论并提出政策建议。清华大学中国与世界经济研究中心教授袁钢明、中国经济改革研究基金会国民经济研究所副所长王小鲁、国家发改委经济研究所经济形势分析室主任王小广、国家发改委经济体制与管理研究所循环经济研究中心主任杨春平、首都经济贸易大学首都经济研究所所长张强等参加了会议。

11月6日，台盟中央全年经济形势分析座谈会在北京召开。林文漪主席，黄志贤副主席出席座谈会并和与会专家进行了座谈交流。与会专家围绕推进产业结构调整、保持经济平稳较快发展，保障和改善民生、促进社会和谐，深化两岸经济合作，共同应对国际金融危机等议题进行了深入讨论并提出政策建议。北京大学国家发展研究院教授霍德明、中国改革基金会国民经济研究所副所长王小鲁、北京市发改委副主任王海平、北京市农村商业银行副书记任俊峰、国家发改委经济体制与管理研究所循环经济研究中心主任杨春平、首都经济贸易大学首都经济研究所所长张强等参加了会议。

台盟中央参政议政评优工作会议于11月20日在北京举行。黄志贤副主席、宋焱副秘书出席会议。会议邀请部分台盟中央参政议政工作委员会委员及地方组织代表，对2009年度台盟中央参政议政先进集体、先进个人候选人名单进行审核，并对制定《台盟中央2010年度参政议政先进集体和先进个人评选实施细则》进行研讨。

台盟中央2009年参政议政工作会议于12月10日在北京召开。林文漪主席出席开幕式并讲话。汪毅夫常务副主席、杨健、黄志贤副主席、张宁秘书长、参政议政工作委员会主任孙南雄以及台盟各级组织的参政议政议政主管领导和具体负责同志等共60余人参加了会议。会议开幕式由汪毅夫常务副主席主持。黄志贤副主席作了题为《凝心聚力，认真履职，共同开创全盟参政议政工作新局面》的总结报告。会议对台盟中央2009年度参政议政先进集体和先进个人进行了表彰。

（五）专题调查研究

2009年，台盟各级组织坚持把发展作为参政议政的第一要务，精心选择了深化两岸农业合作、保护利用涉台文物史迹、规范商品流通秩序、解决就业难等热点问题开展专题调研，形成调研报告292份。其中，台盟中央组织协调全盟各地方组织，着重围绕引导台资向中西部地区拓展、推进海峡西岸经济区建设两项重大课题集中开展考察调研，提出了一系列全局性和战略性的政策建议。

1. 党派大考察

为及时准确把握两岸经济合作中出现的最新动向，台盟中央将2009年的民主党派大考察课题确定为中西部地区的对台经济合作情况，并选择了湖北省作为切入点。

为组织好这次调研，台盟中央做了精心准备，提前进行了“预调研”，确保调研工作的有序进行。3月19日—21日，黄志贤副主席率课题组提前赴武汉进行了考察安排。在武汉期间，课题组听取了湖北省台办关于湖北省对台经济工作基本情况的报告和武汉市东西湖区政府、黄陂区政府关于台资企业情况的汇报，考察了武汉市东湖高新区、吴家山台商工业园区和海峡两岸科技产业园区、湖北武汉黄陂台湾农民创业园，参观了台湾统一集团、中芯国际、华城集团、台湾兆丰世纪农业科技观光休闲园、台湾盈年集团花卉项目等并召开了在武汉台商代表座谈会。

经过充分的前期准备，4 月 20 日—24 日，林文漪主席率领台盟中央考察团一行，赴湖北省围绕“在鄂台资企业发展状况”开展了民主党派大考察活动。

大考察期间，中共湖北省委书记罗清泉，省政协主席宋育英，省委常委、统战部部长苏晓云分别会见了考察团成员。在中共湖北省委的精心安排下，考察团先后听取了湖北省对台经济工作情况介绍和武汉市东湖高新技术开发区、黄陂区、东西湖区关于台商工作情况、台资企业发展状况的介绍，实地考察了东湖高新区、黄陂台湾农民创业园、吴家山台商投资区，邀请了 10 家台资企业负责人召开座谈会，交换意见并参观了富士康、多普达等 4 家台资企业。

4 月 24 日上午，湖北省委、省政府、省政协与台盟中央考察团就调研情况进行了座谈。座谈会由湖北省副省长田承忠主持，湖北省政协副主席李宗柏，湖北省政协副主席、台盟湖北省委主委吴秀凤，湖北省政协常委、副秘书长、台盟湖北省委副主委兼秘书长张天弓以及湖北省委统战部、省台办、省农业厅、省财政厅等有关部门的负责人参加了座谈。座谈会上，台盟中央考察团的有关专家分别就推动台湾农民创业园发展，深化两岸农业、科技、物流等产业合作，实现中部地区跨越式发展提出了意见、建议。随后，林文漪主席代表考察团作了关于湖北台资企业调研情况的反馈意见讲话。

林文漪主席在讲话中指出，湖北作为辛亥革命的首义之地，与台湾各界有着深厚的历史渊源。特别是随着当前两岸关系的持续改善和发展，湖北与台湾已经是“天涯咫尺，处处通途”，鄂台开展互利合作的条件比以往任何时候更加具备。近年来，国家西部大开发和中部崛起战略的相继实施，以及 2007 年武汉城市圈两型社会综合配套改革实验区的方案获国务院批准，都为湖北吸引台资创造了难得的机遇。

林文漪主席表示，通过调研了解到，湖北省在发展战略上，抓住机遇、发挥优势，吸引台资企业来鄂投资置业；在工作方式上，开拓创新，努力拓展鄂台经贸合作的新渠道、新领域；在服务理念上，注重改善和优化投资环境，让台商“愿意来、留得住、能发展”。实践证明，湖北省各级政府和有关部门在台资企业的健康有序发展、深化两岸交流合作方面已经作出了许多有益的尝试，积累了一定的经验，值得进一步学习和推广。

汪毅夫常务副主席，黄志贤副主席，张宁秘书长，中共中央统战部、国务院台办、财政部、农业部等部门的相关负责同志，清华大学台研所专家，台湾在大陆投资的工商业知名人士以及全国政协委员、台盟中央参政议政工作委员会主任孙南雄，台盟中央妇女工作委员会主任、台盟中央参政议政工作委员会副主任郭理和部分台盟地方组织负责人如全国人大代表、台盟陕西省委主委马克宁，全国政协委员、台盟重庆市委主委李钺峰等参加了此次考察调研活动。

考察结束后，台盟中央在整理相关调研成果的基础上，形成了《关于加强中西部地区对台交流与合作的几点建议》以及相关研究报告报送中共中央。

2. 推进“台资西进，IT先行”战略

4月16日—19日，林文漪主席一行赴重庆围绕推进“台资西进，IT先行”战略开展调研。林文漪主席在重庆先后听取了重庆市经济和信息化委员会、重庆市台办、重庆市发改委、重庆市外经贸委、重庆市社科院以及重庆邮电大学、西永微电子产业园、重庆台商协会有关负责人的情况介绍，详细了解重庆承接台湾产业转移尤其是IT产业转移的现状、优势和规划。

林文漪主席表示，加强渝台合作，促进台资西进、IT先行，这不仅仅是重庆发展的地方战略，也是加强两岸经济合作，促进两岸经济发展的国家战略。无论是贯彻落实胡锦涛总书记在纪念《告台湾同胞书》发表30周年会上讲话精神，还是应对当前的金融危机，都需要海峡两岸亲兄弟联手打拼，携手并进。近年来，台资企业在沿海发展较快，但由于缺乏纵深度，没能充分利用大陆的优势资源进一步加快发展。如果把沿海城市比作弓箭的弦，内陆比作弓背，具有重要区位优势的重庆就是拉满弓后力量最强的那个战略支点。重庆应当成为中西部地区承接台湾地区IT产业转移的战略支撑点，也有条件成为继珠三角、长三角、环渤海湾、海峡西岸之后台资企业聚集的“第五极”。

林文漪主席指出，4月17日，台盟中央就共同推进重庆城乡统筹发展和内陆开放型经济建设、创立台资西进示范市，同重庆市政府签订合作协议，双方就课题调研、促进两岸经济及学术交流等方面达成合作。为此，台盟中央将全力对台资西进重庆尽一份力，利用好参政议政的平台积极建言献策。台盟中央还将鼓励、支持盟内的专家、学者深入重庆，为统筹城乡配套改革试验和内陆开放型城市建设提出意见建议；协助联系台湾各界人士，适时在重庆举办海峡两岸经贸与学术等交流活动，促进渝台两地人员的交往和经济、文化等方面的交流与合作；发挥广泛联系台湾同胞的优势，协助重庆市开展引进人才、技术、资金等方面的工作，增强重庆市在招商引资工作中的力度。

在渝期间，中共中央政治局委员、重庆市委书记薄熙来，重庆市市长王鸿举先后会见了林文漪主席一行，并就加强重庆与台盟合作进行了交流。

调研结束后，台盟中央形成了《关于推进“台资西进，IT先行”战略，促进西部地区经济快速发展的几点建议》以及相关研究报告报送中共中央。温家宝、李克强等中央领导同志都做出重要批示，工业和信息化部还专门召开会议落实中央领导同志的有关批示，并针对台盟调研报告中的建议回复了五个方面的具体意见，提出了促进西部地区IT产业发展的对策建议。

3. 建设海峡西岸经济区

海峡西岸经济区建设是台盟长期关注的一项重点调研课题。2009年，台盟中央与福建、浙江、广东等相关地方组织密切配合，重点就建立海西经济区内的区域协作机制，推动海西经济区与东岸台湾的对接、进而构建“海峡经济区”等问题开展专题调研，向有关部门提出了具有针对性和较强操作性的政策建议。

5月15日—16日，林文漪主席率台盟中央考察团赴福建考察。福建省政协副主席陈芸，漳州市委副书记、常务副市长、漳州市漳浦县委书记陈冬，漳州市委常委、统战部长游婉玲，漳州市人大常委会副主任、台盟漳州市委主委李珊珊，漳州市政协副主席许少钦陪同考察。林文漪主席一行前往台资企业天福集团，先后考察了天福茶博物院、天福茶职业技术学院和天福窑。考察中，林文漪主席一边听取企业负责人关于企业经营、企业文化建设等情况介绍，一边不时提出问题。她表示，天福集团作为台资企业在漳台交流合作方面作出很大贡献，弘扬了中国茶文化，壮大了中国茶产业，尤其是在兴办学校、培育人才方面所作的努力，对加快海西建设起到了良好的促进作用。

6月6日—7日，黄志贤副主席率调研组就福建平潭岛的开发情况赴福州市平潭县进行调研。福州市政协主席陈扬富，副主席李纯粹，平潭县委副书记、县长陈文波等陪同调研。调研期间，黄志贤副主席一行实地察看了平潭海峡大桥建设施工现场、东澳台轮停泊点、长江澳二期风电场项目和火烧港及幸福洋区域的规划开发情况，参观了岛上的利亚造船厂制造基地，并就平潭岛的整体开放开发情况与当地领导干部和相关工作部门的负责同志进行了深入座谈。台盟中央妇女工作委员会主任、参政议政工作委员会副主任郭理，台盟中央副秘书长宋焱，福建省政协副秘书长、台盟福建省委副主委江尔雄，福建行政学院副院长郑龙及相关专家学者参加了调研活动。调研结束后，台盟中央及时将相关情况整理形成了平时提案《关于在福建平潭设立两岸合作海关特殊监管区的建议》提供给有关部门参考。

6月24日—27日，黄志贤副主席率台盟中央调研组赴江西就海峡西岸经济区建设进行专题调研。调研组与江西省政协副主席兼省委统战部部长宋晨光、常务副部长黄小华，江西省社科院汪玉奇教授，以及省发改委、商务厅、工信委，以及赣州市有关部门负责同志进行了深入的座谈，全面了解赣台经贸合作情况及赣州等四地市融入海西经济区建设的有关情况，并对光宝力信科技（赣州）有限公司等台资企业进行了实地考察。在整理相关调研成果的基础上，台盟中央整理形成了专题报告，提交给有关部门参考。

4. 推进海峡两岸农业交流与合作

6月11日—13日，陈蔚文副主席率台盟中央调研组赴陕西“海峡两岸杨凌农业合作试验区”调研两岸农业合作交流情况。

在试验区工作情况座谈会上，围绕试验区的基本情况、在促进两岸农业产业合作与交流方面所做的主要工作、试验区存在的问题及原因、对于推动试验区发展和促进两岸农业合作的意见与建议，杨凌农业高新技术产业示范区管委会副主任张宏、杨凌示范区台湾事务办公室主任王居仓分别向调研组做了详细介绍。陈蔚文副主席在听取情况介绍后表示，随着国家西部开发战略的实施和东部人口、资源、环境压力的增大，西部的综合发展优势日益显现。杨凌作为中华农耕文明的发祥地，农业科技人才优势显著，适应西部农业发展的科研成果丰富，对于促进西北地区发展具有重要战略意义，这正是国家在此设立示范区的意图所在。为扩大杨凌同台湾在农业领域的科技交流与经贸合作、推动西部地区农业可持续发展，试验区在招商引资中需要进一步加强规划，培育好产业链，增强吸引力。台盟中央也将利用自身优势为两地农业交流与合作牵线搭桥。

调研组一行还实地考察了杨凌东科麦迪森制药有限公司、杨凌科森生物医药有限公司，参观了西北农林科技大学博览园。

台盟中央常委、台盟陕西省委主委马克宁，台盟中央常委、台盟吉林省委主委王天戈，台盟中央副秘书长、研究室副主任宋焱，台盟中央参政议政工作委员会委员、台盟湖北省委副主委兼秘书长张天弓等参加了调研活动。

（六）反映社情民意

2009年，台盟各级组织结合自身资源优势，积极转化考察调研的最新成果，及时收集台盟盟员和大陆台胞、台商所反映的各种问题和建议，向各级政协、统战部门报送了大量的社情民意信息。台盟中央全年共编发《台盟社情民意信息》60期。其中，《加快发展生产性服务，推动产业结构优化升级》被全国政协《政协信息》单篇采用，《当前防控甲型H1N1流感疫情的几点建议》、《台盟部分组织对新疆乌鲁木齐暴力事件的反映》、《关于完善风险投资体系，促进新兴产业发展的建议》、《应让民主监督的阳光照向4万亿元“大蛋糕”》等4篇信息被全国政协以综合形式采用并上报中共中央、国务院，供有关领导同志批阅。《关于建立食品安全网的建议》、《赴台交流期间应重视手机泄密问题》、《森林生态保护区内不宜鼓励发展烤烟产业的建议》、《争取海峡两岸共同举办辛亥革命100周年纪念活动意义重大》、《推进检察体制改革，加强对侦查活动的监督》等5篇信息被全国政协以转送稿形式采用，供国家有关部门参考。

同时，台盟各级组织围绕“台”字特色，重视在日常接待、联络和出访交流中收集涉台情况，挖掘第一手材料，并以涉台信息的形式及时报送中共中央统战部、国台办等相关单位。据不完全统计，2009年全盟共报送涉台信息227篇，特别是在有关胡锦涛总书记在纪念《告台湾同胞书》发表30周年座谈会上的重要讲话、胡锦涛总书记在欢迎吴伯雄应邀率团来访的讲话、陈水扁弊案宣判、大陆居民赴台旅游热等两岸重点、热点问题及事件中，台盟各级组织通过多种渠道广泛收集各种意见观点，及时撰写和报送涉台信息，为国家有关部门制定相关政策提供了多方面的参考。

（七）开展民主监督

台盟各级组织寓民主监督于政治协商、参政议政过程之中，充分发挥人大代表、政协委员和各类特约人员在民主监督中的作用。担任全国人大代表的盟员，认真履行人民代表的职责，反映人民意愿，参与了《妇女权益保障法》、《工会法》等问题的视察和执法检查工作。担任国家税务总局、公安部、教育部等部门特约人员的盟员，发挥参谋咨询作用和联系人民群众的桥梁纽带作用，充分履行了民主监督职责。

三、对台工作

2009年，台盟各级组织认真学习胡锦涛总书记关于推动两岸关系和平发展的一系列重要讲话，按照中共中央对台工作的最新部署，充分发挥与台湾同胞联系广泛的优势，紧紧围绕着促进两岸大交流、大合作开展工作，为两岸民众加深理解、密切感情贡献力量。

（一）对台联络

2009年，台盟中央及各地盟组织共接待台湾团组及港澳、海外涉台团组228批2835人次。其中，台湾团组165批2298人次，港澳涉台团组8批25人次，海外涉台团组26批153人次。台盟中央直接接待18批539人次，其中，台湾团组15批491人次，港澳涉台团组1批6人次，海外涉台团组2批42人次。

2009年，台盟中央及各地盟组织共出访42批166人次。其中，赴台30批142人次，赴港澳4批13人次，赴海外8批11人次。台盟中央直接出访9批44人次，赴台6批34人次，赴港澳1批5人次，赴海外2批5人次。

1. 不断加强两岸专业领域合作，打造对台精品活动

一年来，在“专、精、深、久”工作方针的指导下，台盟各级组织进一步深化了与台湾医疗、教育、科技等领域高层专业人士的交流合作，扩大了与台湾少数民族、中南部民众、青年学生等的接触面，逐步打造台盟对台工作的特色品牌。

台盟各级组织着力发挥盟内医药专业领域的人才优势，与岛内医药界人士及社团保持着良好的关系，组织邀请参访团来大陆参访交流、参加研讨会、举办学术交流会等，推动两岸专业领域合作共赢，增进两岸同胞的交往与互信。台盟中央已连续三年组织台南医师访问大陆，今年初台盟中央医学交流团又成功回访，台盟中央与台南县、市医师公会已经建立了良好的关系，互访活动模式基本成型。通过几年的经验积累，在医院、医生、行业协会等专业层面的交流取得了一定的成果，逐步形成两岸一些专科医院等医疗单位的长期对口联系渠道。今年5月底到6月初，台盟中央又邀请接待了台南市医师公会医疗访问团一行23人赴南京、北京访问。访问团成员分布在台南市的15家诊所和医院，多为各诊所和医院的院长，其中不少属泛绿人士。台盟中央根据该访问团的实际情况，安排访问团与南京医科大学第一附属医院、北京大学人民医院、北京玛丽妇婴医院、中国医师协会等具代表性的大型公立综合医院、民营专科医院及行业协会座谈交流。大陆各医疗单位均表示希望在两岸不断深入的交流中出一份力，为今后两岸医疗合作打开良好局面；来访团员在交流中也多次表示希望能够深入了解大陆特别是内地基层的医疗卫生资源配置等状况，表达将来可能实现的医疗合作意向。台盟中央还特别安排访问团拜访了全国政协、中共中央统战部，全国台联领导还出面会见、宴请了全体团员，使他们在了解祖国大陆医院管理、医疗教学和医学研究情况的同时，更亲身感受到祖国大陆善意务实的对台政策以及独具特色的多党合作制度。通过台盟的牵线和推动，两岸在医疗专业领域的交流得到进一步深化，两岸医师之间的了解和互信也得到进一步增强，为反“独”促统做了扎扎实实的工作。

台盟各级组织重视促进两岸少数民族间的交往，一直与台湾原住民社会发展协会等少数民族社团保持着良好的关系。2009年7月，台盟中央邀请接待了台湾少数民族访问团一行26人赴广西和海南进行交流访问。该团成员大部分生活在台湾中部山区，主要从事水果、蔬菜和茶叶的种植经营业，因此特别组织他们到海南的台湾农业休闲观光园、水果种植园参观，与广西和海南的少数民族村寨交流，使他们了解大陆不同地域、不同民族的风情文化，实地感受大陆少数民族政策，潜移默化地增进两岸少数民族之间的情谊。

8月，台盟中央与海协会在福建省共同主办“2009台南大（中）学生海西乡土文化研习营”，来自台南大学、台南大学附中、台南一中、台南宜宁中学、台南女中的76名师生参加了此次活动。他们大多是第一次踏上过去仅从教科书和媒体中看到的祖国大陆的土地，感受如其所言“再生动的文字、再美丽的图片都很难真正承载空间给人的感动，虽然来不及参与都市发展的过去，但我们一同见证与感受了这片迈向繁荣进步未来的土地”。

以新中国成立60周年为契机，台盟中央还广泛邀请所联系的政治受难人互助会及工商企业界等台湾各界代表性人士、旅

居海外的台胞参加国庆60周年庆典观礼，并积极向他们介绍新中国走向繁荣发展、民主进步、文明开放的光辉历程，介绍祖国改革开放和社会主义现代化建设所取得的巨大成就，使台湾同胞共享伟大祖国的荣耀，体会身为中国人的自豪。

2. 把握难得机遇，组团直接入岛初现成果

随着两岸局势打开新局面，2009年年初，台盟中央医学交流团赴台参访，为台盟中央直接组团入岛开展专业领域的交流首开先河。该团共11人，由全国政协委员、台盟中央常委、南京医科大学教授、博士生导师孙南雄任团长，团员中各级人大代表、政协委员7人，台湾省籍7人。访问团先后参观考察了台北荣民总医院、台南奇美医院、奇美医院柳营分院、花莲慈济医院、台南宏科医院、台南和平诊所、台南县医师公会、台南市医师公会和奇美集团下属的奇菱电子厂等医院、诊所、行业公会、医疗电子设备制造单位，与各参访单位管理层进行了较深入的座谈交流。通过考察交流，访问团对台湾的医疗卫生体系、健保制度、医院的管理理念与管理手段有了进一步的了解，同时与台湾同行、乡亲拉近了距离，增进了了解，建立了友情，并真切地体察了台湾的社情民风，为进一步开展参政议政和对台工作提供了有益的帮助。

11月，应台湾财团法人功文文教基金会邀请，由台盟中央妇委会主任郭理任团长，台盟中央妇委会副主任、委员，台盟部分省市女领导和机关专职干部等14人组成的台盟中央妇委会参访团赴台开展了为期10天的访问交流活动。台盟中央妇委会与功文文教机构有着10多年的友好交往，此次再度受邀访问，参访团参加了台湾财团法人功文文教机构成立30周年、财团法人功文文教基金会成立20周年庆典活动，拜会了功文文教基金会执行长蔡雪泥博士和功文文教基金会董事长赵广瀛先生，参观了功文文教机构30周年展览、亲职教育活动中心和台中地区功文文教教育辅导室，并参加了第十四届海峡两岸家庭建设及亲职教育学术研讨会。在台期间，参访团还开展了多项研讨交流活动，包括参加“如何发挥人道关怀精神，共促两岸和谐社会发展”主题座谈会，拜会台北市立教育大学，走访天福集团在台北的天仁茗茶集团总部等。通过与岛内各界开展广泛的联络交流，加深了团员对故乡的了解和乡亲间的感情。

此外，2009年台盟中央领导受邀赴台机会增多，入岛工作力度得到加强。十届全国政协副主席、原台盟中央主席张克辉以中华妈祖文化交流协会会长身份应邀赴台访问；台盟中央常务副主席汪毅夫以中国人民大学人类学研究所博士生导师的身份赴台参加台湾成功大学中文系举办的“2009闽南文化学术研讨会”；台盟中央副主席吴国祯以清华大学物理系教授身份应邀赴台讲学；台盟中央秘书长张宁以全国台湾同胞投资企业联谊会顾问的身份赴台考察。

3. 心系岛内同胞，密切维护台湾同胞的切身利益

台盟各级组织始终关心着岛内同胞，关心着祖国大陆的台湾乡亲，注意倾听他们的意见，反映他们的呼声，从事关台湾同胞切身利益的事情做起，为岛内同胞赴祖国大陆投资求学、探亲旅游提供帮助、排忧解难。2009年，台盟各级组织为台商提供各类咨询服务635人次，组织协助台商投资考察220人次，走访慰问台商484人次，接待处理台商投诉86人次，为台生提供求学咨询服务86人次，组织台商、台

生参加座谈、联谊活动928人次。

在国台办等相关部门以及地方政府的大力支持和帮助下，台盟中央协助部分台商维护了自身的合法权益，使台湾同胞由衷地感受到温暖和亲情。台盟还务实地为台胞排忧解难、牵线搭桥，比如协助台胞翟厚灏赴北京友谊医院进行手术治疗；协助安排台资企业威盛集团董事长王雪红拜会中共中央统战部；协助台湾嘉义大学副教授兼进修推广部主任侯嘉政赴上海复旦大学讲学；协助台湾成功大学教授叶光毅赴北京交通大学讲学；结合台盟社会服务工作，举行台商在赫章县的招商洽谈会，并率台商组团赴贵州考察投资状况等。台盟中央领导也多次出席各种涉台活动，如出席台湾新光人寿保险公司开业典礼；会见台湾“统派”三团体访问团；会见全美台湾同乡联谊会访问团；会见台湾跨世纪企业家展望协会访问团；会见台湾各界知名人士访京团；会见台北市立教育大学大陆科技教育访问团；会见来京举办“台湾中部四县市（台中市、彰化县、南投县、台中县）农特产品暨观光展览会”人员及台湾媒体等。

（二）涉台宣传

台盟各级组织不断探索涉台宣传的有效渠道和方式，利用各种接待场合、采取适当方式，宣传一个中国的原则和两岸复归统一的内涵，帮助台湾同胞更好地了解国家的方针政策，不断增进两岸同胞间的互信，逐步积累共识，为两岸关系和平发展营造良好氛围。

2009年，台盟中央与浙江、福建、安徽、重庆、广东等地方组织合作，围绕着纪念台湾义勇队成立70周年、研讨“五四”运动对台湾文学产生的巨大影响、重温渝台抗战史、推动皖台合作发展现代农业、深化粤台中医药产业交流合作等丰富多彩的主题，举办了形式多样的论坛、报告会、研讨会等活动。这些活动通过回顾两岸历史渊源，展望未来发展前景，为促进两岸经济文化交流与合作、密切两岸同胞间的情谊搭建了新的平台，引起了较大的社会反响。

（三）台情研究

为鼓励和培养中青年盟员及机关干部关注两岸局势，不断传承发展台盟对台研究的特色与优势，今年，台盟中央组织编写了《台湾同胞与八年抗战》、《台湾百问》等具有相当理论水平和学术水准的涉台研究类书籍。编辑出版此类书籍是提高中青年盟员及机关干部台情研究能力的积极探索和有益尝试。结合台海局势和两岸关系的发展变化，台盟中央还就台湾县市长选举、两岸合作机制建设等问题召开专题座谈会以及全盟台情研讨会，为政府决策部门提供了许多有价值的建议。台盟中央的《海峡快讯》、《台情分析》两份刊物，坚持快捷、客观、多角度的特点，及时分析报道岛内重大事件，为涉台研究工作提供了丰富的信息和重要的参考。

今年11月，台盟中央在京召开台情研讨会。会议深入学习了胡锦涛总书记在纪念《告台湾同胞书》发表30周年座谈会上的重要讲话以及今年5月26日胡锦涛总书记在会见时任中国国民党主席吴伯雄时发表的六点重要意见，结合海峡经济区建设和构建两岸关系和平发展框架等议题，就两岸合作机制建设及进一步做好台湾人民工作进行了广泛研讨。会议同时交流了台盟各级组织台情研究、调研工作经验，并对下一阶段的台情研究、调研工作提出意见、建议。来自台盟各级组织的台情研究工作者50余人参加了此次研讨会。

四、社会服务

（一）积极参与贵州毕节试验区建设

2009年，中共中央统战部组织各民主党派中央、全国工商联直接参与的毕节试验区扶贫工作，迈入一个崭新的阶段。4月14日，在北京召开的“各民主党派中央、全国工商联参与毕节试验区建设座谈会和支持毕节试验区建设研讨会”上，贾庆林主席和杜青林部长都作了重要讲话。林文漪主席代表台盟中央在会上发言，总结了台盟近年来在中共中央统战部的统一协调和指导下，在毕节试验区赫章县开展智力支边的工作成果，并表示要进一步整合盟内外资源，突出“台”字特色优势，继续加大对赫章县的对口帮扶力度。

1. 召开全盟工作会议，加强智力支边工作力度

6月台盟中央召开了联络工作和支边扶贫工作会议，总结交流各地台盟扶贫工作经验，并对全盟大力开展支边扶贫工作做了进一步的部署和动员，要求各地方盟组织按照“选点要准、方案要精、项目要有可持续性”的三项原则，努力开创台盟支边扶贫工作新局面，为毕节试验区建设多做实事、多献良策。

2. 汇集全盟力量，落实对赫章县重点帮扶项目

5月22日—26日，黄志贤副主席带领工作组赴贵州赫章，与赫章县委、县政府一起研究拟定了三个重点帮扶项目：一是联系有关农业种植专家对赫章县万亩优质核桃良种繁育基地给予技术指导；二是支持帮助赫章县制定《古夜郎国旅游产业》控制性详细规划；三是积极筹资帮助赫章县教育局扩建赫章县一中。

考察结束后，台盟中央向全盟下发了“关于贯彻落实参与毕节试验区建设的通知”及“关于加强全盟对毕节地区赫章县帮扶工作的意见”，要求全盟各级组织结合地方实际，挖掘内部潜力，借助社会资源和力量，脚踏实地的积极参与到台盟中央在赫章县的帮扶工作中来，扎实推进全盟支边扶贫工作。各级台盟组织根据实际情况和自身条件，积极动员筹划，迅速筹集资金50万元，并联系核桃种植方面的专家学者，参加科技扶贫工作，为上述三个帮扶项目建设提供了有力的支持。

9月17日，黄志贤副主席以及11个台盟地方组织的负责同志与部分农副产品种植专家来到赫章县，就“毕节试验区县域经济发展战略研究”课题进行调研，开展科技扶贫工作，并与赫章县人民政府共同签署了《台盟中央与赫章县人民政府关于合作编制〈古夜郎国旅游产业〉控制性详细规划项目协议书》及《台盟中央与赫章县人民政府关于赫章县第一中学搬迁工程部分项目帮扶协议书》。这是台盟开展帮扶工作以来范围最大、力度最大、参与人员最多的一次科技扶贫活动。

与此同时，台盟中央还致函国家文物局，就再次对贵州省赫章县可乐遗址进行发掘和保护事宜进行协商，得到国家文物局的大力支持，争取到项目总投资1.8亿元。这是贵州省近年来获得的文物保护和开发利用的最大项目。

通过台盟中央的牵线搭桥，一些台资企业也积极参与到开发扶贫中来。其中，威盛电子向赫章县一中捐赠了整套电教设备，并计划帮助学校建设校园网络，受到师生的热烈欢迎。

3. 发挥自身优势，推进赫章县招商引资工作

10月24日，台盟中央首次与赫章县

政府共同在北京举办了“赫章县项目招商洽谈会”。会议邀请了北京、天津等地的30多家台资企业参加，为赫章县的招商引资与台资企业投资西部地区进行对接。赫章县政府在会上介绍了赫章县经济发展、自然条件、当地资源和招商项目。台资企业根据自身的优势和发展需求，与赫章县相关人员进行了深入交流。会后，有13家台资企业与赫章县政府招商局进行了进一步接触。

为了加快推动赫章县招商引资工作，11月24日，由黄志贤副主席带队，台盟中央组织有投资意向的7家台资企业，赴赫章县详细考察了当地的农林畜、中草药、矿产、城市建设、旅游、文物保护等情况。通过座谈和实地考察，台商认为赫章县风景秀美，资源丰富，核桃、樱桃、中草药、黑山羊等农林资源绿色环保，有较好的市场潜力。参加考察的台商表示，将帮助赫章做好宣传推介，并联系更多农产品加工、保鲜行业的台资企业来赫章考察，争取促成台资企业与赫章县的合作双赢。

4. 参与中共中央统战部关于毕节试验区的专题调研工作

根据楼志豪副部长在中共中央统战部召开的“统一战线参与毕节试验区专题调研座谈会”上的讲话要求，台盟中央将帮扶毕节试验区的工作思路从过去的以定点扶贫为主，转到整体推进和定点扶贫相结合；从过去的以项目推动为主，转到通过调研帮助毕节明确发展思路和项目推动相结合。经过统一协调，台盟中央与全国工商联、毕节试验区专家顾问组共同参与完成“毕节试验区县域经济发展战略研究”，与民盟中央共同完成“毕节试验区农村公路建设研究”两项课题。同时，台盟还圆满完成了由中共中央统战部组织、国家科技部安排的“促进毕节试验区发展科技示范项目”——赫章县野马川镇优质大樱桃引种试验与基地建设科技示范课题，并参加了成果验收会。

5. 踊跃捐款捐物，情系群众生活

2009年儿童节前夕，台盟中央、台盟福建省委共同向赫章县海雀村小学的250余名学生赠送了价值6万余元的书包、文具等学习用品，并表达了对小朋友们的节日祝贺。汪毅夫常务副主席和台盟重庆市委主委李钺峰还以个人名义分别向赫章县的女童捐助1万元人民币。

（二）开展捐资救灾等社会服务工作

一年来，台盟各级组织广泛开展义诊、助学、捐资救灾等社会服务活动，产生了良好的社会影响。2009年8月，台湾部分县市遭受“莫拉克”台风侵袭，灾情牵动着全体台盟盟员的心。灾情发生后，全盟上下迅速行动起来，积极踊跃为家乡灾民捐款。台盟中央以两岸台胞民间交流促进会的名义致电台湾中国统一联盟，对受灾乡亲表示慰问，并通过中国红十字总会捐款10万元人民币。台盟各地方组织也踊跃响应，据不完全统计，各地方组织的捐款近55万元。

五、自身建设

2009年，台盟各级组织坚持以思想建设为核心，以组织建设为基础，以制度建设为保障，扎实推进自身建设，进一步传承台盟的优良传统。

至2009年底，台盟共有省、直辖市组织13个，市级组织22个，盟员2434人，2009年内发展97人。台盟盟员在人大、政府、政协、司法部门任职情况和担任特约人员的情况如下：在人大方面，全国人大常委2人，代表13人；省级人大常委会常委13人，代表18人；市级人大常委会副主任3人，常委26人，代表37人；县级人大常委会常委5人，代表16人。在政府及司法机关方面，中央司局级1人，地方厅局级7人。在政协方面，全国政协副主席1人、常委6人、委员24人；省级政协副主席3人、常委28人、委员72人；市级政协副主席3人、常委46人、委员143人；县级政协副主席4人、常委39人、委员77人。

（一）思想建设

围绕庆祝新中国成立60周年、多党合作制度确立60周年以及人民政协成立60周年，台盟各级组织举办了座谈会、历史图片展等一系列纪念活动。通过这些活动认真总结60年来台盟与中国共产党团结合作、风雨同舟的宝贵经验，宣传中国共产党领导的多党合作和政治协商制度的巨大优越性，总结开展政治交接学习教育活动的阶段性成果，研究部署开展树立和践行社会主义核心价值体系活动的有关工作，引导广大盟员继承和发扬台盟的优良传统，更加自觉地坚持中国共产党的领导，坚定不移地走中国特色社会主义政治发展道路。

（二）组织建设

台盟各级组织有针对性地加大后备干部队伍建设和人才培养的力度。台盟中央先后举办了参政议政骨干培训班、第三期中青年干部培训班等，为盟员干部搭建学习提高的平台，取得良好的效果。台盟中央还选送了22人参加中共中央统战部以及中央党校、社院举办的各类进修班、培训班，同时，配合中共中央统战部向国家各部委推荐了特约人员4人，各类团体、协会的代表、理事11人。通过系统地培训和有计划地推荐，盟员干部的政治素质、业务能力、工作水平都得到进一步提高。

在中共各级党委的大力支持下，台盟地方组织建设与盟员发展工作取得了很大进展。台盟中央召开了全盟组织工作会议，并于年内出台了《关于进一步做好组织发展工作若干问题的意见》。在《意见》指导下，台盟中央研究制定了《台盟组织发展规划（2010—2012年）》，首次以规划的形式进一步明确了组织发展工作的目标，确保台盟的组织发展协调有序、平稳健康。

（三）制度建设

台盟各级组织不断加强制度建设，使各项工作做到有章可循。年初，台盟中央监督委员会召开第一次全体会议，确定了工作重点及分工，明确了监督方式与工作流程，盟内监督工作有了良好的开局。老盟员是台盟的宝贵财富，台盟中央专门出台了《关于进一步做好关心老盟员工作的意见》，有力地促进了联系老盟员工作的规范化和制度化。

今年，台盟中央机关根据工作需要进行了干部人事调整，充实了机关干部队伍，推动机关更好地为中央委员会和广大盟员服务。台盟中央还不断加强机关制度建设，进一步完善公文运转流程等工作机制，提高了工作质量和效率。

郑世凯　台盟中央宣传部部长
朱　焱　台盟中央宣传部处长
郭　婷　台盟中央研究室干部

学术会议　学术人物

学术会议

中国共产党和巴西劳工党第二届理论研讨会

中国共产党和巴西劳工党第二届理论研讨会于5月18—19日在京举行。中联部部长王家瑞和劳工党总书记若泽·爱德华多·卡多佐出席研讨会开幕式并分别致词。劳工党代表团全体成员以及中央党校、中央文献研究室、中央党史研究室、外交部、中央编译局、中国现代国际关系研究院及新华社、人民日报等8个单位的专家学者与会。

王家瑞在致词中高度评价中巴两国关系发展。他指出，在当前新兴大国地位和作用日益上升、推动国际体系深刻调整的背景下，中巴作为具有重要国际影响的发展中大国，进一步密切彼此间的对话与合作，不仅将进一步造福于两国人民，而且还将为维护和促进发展中国家整体利益作出新的贡献。中国共产党和巴西劳工党同为执政党，通过共同举办研讨会等各种方式就各自国家以及当今世界面临的重大问题进行对话和交流，不仅具有重要的现实意义，而且具有深远的战略意义。

卡多佐在致词中说，中国是巴西重要的战略伙伴，面对新的国际形势，两国有必要加强交流与合作。发展与中国共产党的友好关系是劳工党的优先目标。作为执政党，劳工党十分重视中共的党建和治国理政经验，愿意加强与中国共产党的党际理论交流。

为期两天的研讨会中，中巴两党专家学者围绕“国际金融危机的成因与影响”、“巴西劳工社会主义”、“巴西政党政治的主要特点和2010年大选前景分析”、“新自由主义对巴西的影响”以及“卢拉政府的执政理念和实践”等议题展开讨论。

民主党派省委领导班子建设交流研讨会

6月20日，民主党派黑龙江省委领导班子建设交流研讨会在哈尔滨市召开。会议交流研讨了各民主党派省委加强领导班子建设情况。

黑龙江省政协副主席、省委统战部部长王涛志主持会议并讲话。省政协副主席、民革省委主委何小平，省政协副主席、民盟省委主委赵雨森，省政协副主席、民建省委主委孙东生，省政协副主席、九三学社省委主委陶夏新，民进省委副主委康凤英，农工党省委副主委刘长青分别作了主题发言。

王涛志指出，进入新世纪新阶段，形势和任务的发展变化，对作为参政党的各民主党派加强自身建设特别是加强领导班子建设，提出了新的更高的要求。各民主党派只有切实加强领导班子建设，才能团结和带领广大成员坚定不移地走中国特色社会主义政治发展道路；才能适应新形势新任务的要求，组织和带领广大党派成员，更好地发挥参政党作用；才能全面带动各民主党派加强思想建设、组织建设和制度建设，成为与中国共产党亲密合作、能够经受各种困难和风险考验、致力于中国特色社会主义事业的参政党。

王涛志强调，要深入贯彻落实《各民主党派中央关于加强地方组织领导班子建设座谈会纪要》精神，把搞好政治交接、加强思想建设作为贯彻落实《纪要》精神的首要任务，通过深化坚持走中国特色社会主义道路学习教育活动和抓住新中国成立60周年、人民政协成立和多党合作制度确立60周年的有利契机，进一步坚定走中国特色政治发展道路的信心和决心。把围绕中心、服务大局作为贯彻落实《纪要》精神的有效途径，紧紧围绕我省应对国际金融危机影响和建设“八大经济区”和推进“十大工程”建设等中心任务，深入开展调查研究，积极建言献策。把学习运用科学理论作为贯彻落实《纪要》精神的核心内容，认真学习中国特色社会主义理论、基本国情和形势政策、多党合作历史和理论、民主党派章程和优良传统等，不断提高自身素质。

王涛志希望，各民主党派省委要自觉以科学发展观统领参政党建设，不断加强学习锻炼，牢固树立全局观念，紧紧围绕中心工作，多建科学发展之言，多献共建和谐之策，多尽富民惠民之力。要讲尊重、讲谅解、讲包容，要把维护团结作为不懈追求，使班子成员真正成为政治上志同道合的同志、思想上肝胆相照的知己、工作上密切配合的同事、生活上互相关心的挚友。要建立健全民主科学的决策机制和履行参政议政、民主监督职能的工作机制，进一步提高领导水平和工作效率。

各民主党派省委领导班子在哈其他成员也参加了会议。

科学发展与多党合作论坛

6月24日—6月25日，“科学发展与多党合作”论坛在上海市社会主义学院召开。本次论坛由上海市社会主义学院与上海市统一战线理论研究会共同主办。论坛先后由市社会主义学院副院长、市统战理论研究会副会长兼秘书长张颖和市社会主义学院副院长、市统战理论研究会副会长彭镇秋主持。中央社会主义学院常务副院长游洛屏、中国人民大学国际关系学院教授周淑真、复旦大学国际关系与公共事务学院教授林尚立、中央社会主义学院副院长袁廷华先后作专题报告。

游洛屏作了题为“民主党派的代表性研究”的专题报告。他从历史的纵向视角考察了民主党派代表性内涵的发展，分析了民主党派代表性与代表性人士的关系。他指出，共产党讲先进性，民主党派讲代表性。要保持民主党派的代表性，必须加强民主党派代表性建设，主要要处理好五个关系，即：政治思想的进步性与成员思想观念广泛性的关系，根本利益的一致性与成员具体利益的多样性的关系，一般成员与代表性人士的关系，中共党委的肯定与民主党派成员的认同的关系，领导班子中整体的代表性与成员个体的代表性的关系；要抓住三个环节：民主党派代表性的理论建设，民主党派代表性人士的培养和民主党派思想教育、组织机制建设。

周淑真报告的题目是“比较视野中的中西方政党制度”。周淑真说，政党是当代世界政治的发动机和调节器。她介绍了世界政党发展历程和政党的分类，分析了各种政党制度的特点。她指出，政党的发展，就运行层次而言，由政治层次提升到法律层次；就国家对政党活动的态度而言，由放任到规范；就互动形态而言，由冲突抗衡到竞争协调。政党制度，即由哪一个政党执政，以什么样的方式执政的问题，是政治制度的基础。政党制度需要政党来运作，政党的组织结构对一个国家的政治经济发展非常关键。政党制度没有完全相同的形式，一个国家的政党制度要适合一个国家的国情、社会结构和社会心理。

林尚立作了题为“政党政治与协商民主”的报告。林尚立说，对政党政治的认识，需要从常识发展到理论，必须认真研究政党从何而来，政党政治如何形成，为什么会形成政党政治。他指出，政党与国家的关系的起点是不同的，政党的产生有两种情况，一是现代政治催生政党；二是为了建立现代政治而产生政党。后一种政党的使命是政治体系的重建，中国共产党就属于这种政党。政党在西方近代社会历史发展过程中，经历了被排斥到逐步被接受的过程。政党被现代政治所接受的前提是政党自身的转变，即从反对整体的“部分”转变为整体的“部分”。而政党政治的历史不过100年，政党政治的产生，是基于国家与社会的重大转型，即大众民主替代自由主义民主。政党政治的出现，又导致国家治理形态的变化，即政党国家的出现。评价政党政治的标准应该是多层面多维度的，一国政党政治既取决于社会，也取决于国家；政党政治的成熟有赖于现代社会的成熟。政党政治的协商，包括公民参与、公共利益、党内民主、合作治理，是国家一体化与自主性的必然要求。

袁廷华在题为“人民民主专政的国体与多党合作制度”的报告中指出，中国共产党领导的多党合作和政治协商制度的形成和发展是近现代中国历史发展逻辑演进的必然结果，也是由我国人民民主专政国体的性质所决定的。马克思、列宁的多党合作思想奠定了多党合作的理论根基，而人民民主专政的理论渊源是马克思的无产阶级专政理论。人民民主专政是阶级性与民主性的有机统一，体现了我国的国家性质，也规定了我国的政党制度，表现在：人民民主专政理论为我国政党制度提供了理论依据；人民民土专政为我国多党合作提供了共同的政治理念和价值日标；人民民土专政的国体决定了我国各政党在国家政治生活中和国家政权中的地位。我国多党合作制度是一种既有坚强领导又开放民主的政党制度，对巩固人民民主专政具有重要意义，它明确了中国共产党的领导地位，是我国事业胜利和发展的根本保证；各民主党派、无党派人士对巩固人民民主专政也具有不可替代的重要作用。

上海市社联领导、中央社会主义学院和部分省市社院领导，上海市委统战部、各区县统战部及部分高校统战部领导，上海市、区社会主义学院干部教师，上海市统战理论研究会部分理事、会员100余人参加了论坛。

全国副省级城市九三学社参政党建设研讨会

6 月 25 日，全国副省级城市九三学社参政党建设研讨会在沈阳市召开，九三学社中央副主席邵鸿，中共沈阳市委统战部部长赵晓川出席会议。

沈阳市政协副主席、九三学社市委主委卢柯院士致欢迎辞后，与会的 13 个副省级城市九三学社的代表分别就参政议政、加强自身建设进行了交流发言。武汉市九三学社刘厚伯在会上介绍了武汉市九三学社深入开展反映社情民意信息工作的做法、取得的成绩及下一步工作努力方向。

最后，九三学社中央副主席邵鸿指出，副省级城市的工作很具有代表性，对全国的工作也有引领和推动作用。副省级城市所面临的困难和问题九三学社中央要给予充分的重视。邵鸿还就加强副省级城市自身建设提出了三点要求：一是要继承和发扬九三学社的优良传统，增强做好民主党派工作的责任感和使命感；二是要解放思想开拓创新，努力开创参政议政新局面；三是要加强工作中的交流与总结，针对问题开展工作。

九三学社中央研究室主任岳庆平、中共沈阳市委统战部常务副部长王晓明及 13 个副省级市九三学社的主委、专职副主委、秘书长及部门负责人共 30 余人参加会议。

新中国成立 60 年统一战线理论与实践研讨会

7 月 29 日，“新中国成立 60 年来统一战线历史发展、辉煌成就和基本经验”全国研讨会在北京召开。会议围绕新中国成立 60 周年以来统一战线理论和实践、统一战线的发展规律，如何巩固壮大统一战线事业等问题展开深入研讨。该课题是中央统战部今年立项完成的重点课题，具体交由北京市委统战部牵头，联合黑龙江、湖南、广东、甘肃、广西、天津、上海等地统战部共同完成。这次会议是课题的一次中期推动会。

研讨会获得了以下研究成果：1. 关于新中国成立 60 年统一战线的辉煌成就和基本经验。承担各个分课题的省、市委统战部的同志，就统一战线理论与实践在各个方面和领域取得的辉煌成就与基本经验进行了初步的概括。在探讨新中国成立 60 年辉煌成就和基本经验的同时，各分课题组还就自己所承担的统战工作面临的现实问题作了深刻反思并提出了对策，对未来作了展望。2. 关于对社会主义条件下统一战线的规律性认识。《新中国成立 60 年统一战线历史发展、辉煌成就和基本经验研究》作为中央统战部今年的一个重点课题，研究的目的就是要通过总结提高人们对社会主义条件下统一战线的规律性认识，以利于推动今后的统战工作，更好地服务于中国特色社会主义伟大事业。

北京市委统战部长牛有成同志在研讨会的致词中，提出要研究处理好 60 年与中国共产党的关系，60 年与 28 年的关系，60 年与文化（和而不同）的关系。

中央统战部副部长陈喜庆同志到会讲话，对社会主义条件下统一战线的规律性认识作了集中而精辟的回答。他根据大家的发言，对规律性认识概括了五个“必须”：一是必须坚持中国共产党的领导，二是必须坚持围绕中心服务大局，三是必须坚持大团结大联合，四是必须坚持一致性和多样性的统一，五是必须坚持合作共赢。他还从哲学世界观的高度指出，规律是事物发展过程中所固有的、本质的、必然的联系，具有客观性、普遍性、稳定性和约束性。从一定意义上说，统一战线发展过程，就是对其发展规律的探索、把握和运用的过程。他还就此指出，科学地探索规律，必须正确处理客观规律与人的主观能动性的关系，注意防止把规律随意化和把规律神秘化的两种倾向。

科学发展观与政党理论创新研讨会

8 月 16 日—19 日，由中央编译局、中共山东省委党校联合举办的“科学发展观与政党理论创新”研讨会在烟台长岛举行。中央编译局副局长王学东、中共山东省委宣传部副部长黄泽存、中共山东省委党校副校长商志晓到会并作了重要讲话和发言，中共烟台市委副书记齐秀生、中共长岛县委副书记吴有进出席会议并致词。

会议研讨阶段分别有中央编译局政党研究中心执行主任季正矩和中共山东省委党校党建教研部主任李剑主持。来自中组部、中宣部、中联部、中央党史研究室、中央编译局、清华大学、北京师范大学、中央社会主义学院、山东省委宣传部、山东省委党校、烟台市委党校等单位的 40 余名领导和专家、学者参加了会议。会议由山东省党建研究基地具体筹办。

研讨会以科学发展观为指导、围绕着政党理论创新这个主题，主要就关于政党理论创新的指导思想问题、政党理论创新的方法论问题、政党政治的一般规律和特殊规律问题、国外政党政治发展问题、执政理论研究的方向与重大现实问题及政党理论研究的机制建设等问题作了深入的研讨。

除此之外，许多学者还从多角度提出了执政理论建设应研究的重大现实问题，包括：执政理论建设的价值、意义和贡献；党的先进性建设、执政能力建设与党的思想、组织、作风、制度和反腐倡廉建设如何推进；执政党如何处理好与参政党的关系、与国家政权和社会的关系、与宪法和法律的关系、与民族宗教的关系、与媒体的关系等。党的执政合法性与有效性、执政成本与执政效率的等。

九三学社天津市委举行纪念新中国成立 60 周年暨多党合作制度确立 60 周年理论研讨会

8 月 18 日—21 日，九三学社天津市委举行纪念新中国成立 60 周年暨多党合作制度确立 60 周年理论研讨会。九三学社中央副主席邵鸿出席会议。他在致词中充分肯定了九三学社天津市委理论研究中心成立以来的工作，就当前参政党理论研究存在的问题进行了分析和阐述，希望九三学社天津市委理论研究中心加强组织领导，在坚持正确的方向、原则的同时充分解放思想，以实际问题为中心，结合履行参政党职能过程中的规律性问题搞好研究，形成创新性研究成果。

研讨会从多层次、多角度，就建国 60 年来我国在发展社会主义民主、建立完善社会主义民主政治制度取得的辉煌成就，参政党如何适应时代发展加强自身建设，为深入贯彻落实科学发展观，推进多党合作事业不断前进多作贡献等问题进行了研讨交流。

天津市政协副主席、九三学社天津市委主委陈永川在讲话中说，多党合作和政治协商制度在国家政治社会生活中发挥着重要的作用，具有巨大的优越性和旺盛的生机与活力。我们要始终高举中国特色社会主义伟大旗帜，保持坚定正确的政治方向，坚持推进改革开放，把思想和行动统一到中共中央的决策和部署上来，统一到贯彻落实科学发展观的要求上来。在中共天津市委和九三学社中央的领导下，为全面建设小康社会、实现中华民族伟大复兴，为促进天津科学发展和谐发展率先发展，再接再厉，作出更大的贡献。

九三学社中央研究室主任岳庆平，天津市政协理论研究会副秘书长张迎春，九三学社天津市委副主委乐国安等出席会议。

民建贵州省委召开纪念中国共产党领导的多党合作和政治协商制度确立60周年理论研讨会

8月31日下午，民建贵州省委召开纪念中国共产党领导的多党合作和政治协商制度确立60周年理论研讨会。这次理论研讨会议，目的是为了共同回顾民主党派与中国共产党团结合作的光荣历程，展望多党合作事业发展的美好前景，全面理解和把握我国政治制度和政党制度的历史必然性和巨大优越性，充分认识中国共产党领导的多党合作和政治协商制度的重大意义和伟大成就，深刻总结中国共产党领导的多党合作和政治协商制度确立以来的伟大历程和宝贵经验，进一步坚定走中国特色社会主义政治发展道路的信念，为中国共产党领导的多党合作事业的可持续发展作出更大的贡献。

会议由民建贵州省委副主委兼秘书长李奕樯主持。省政协副主席、民建省委主委、省社会主义学院院长武鸿麟，民建省委原主委、省政协原副主席王录生，中共贵州省委统战部副部长何萍，省政协办公厅研究室主任梁大力，省直机关工委统战部部长熊敏春，民建省委副主委李汉宇、余维祥、徐大佑、林浩、谢强、赖世强等出席会议。

王录生、李清竹两位同志代表老同志作了发言，会员文晓鹏、龙其才、吴耀晖、王尧燕、莫莉萍、徐仁烈等同志结合自身的专业和特长，分别从历史与现实、理论与实践等角度谈了自己的认识和体会。中共贵州省委统战部副部长何萍在会上作了讲话。

在听取大家的发言后，武鸿麟主委强调，面对当前错综复杂的国际国内环境和艰巨繁重的改革发展任务，民建全省各级组织和广大会员要把思想和行动统一到中共十七大精神上来，把智慧和力量凝聚到实现中共十七大提出的各项任务和中共贵州省第十次党代会上提出的实现贵州经济社会发展历史性跨越的目标上来，要深刻理解高举中国特色社会主义伟大旗帜的重大意义，深刻认识中国特色社会主义道路是历史的选择、人民的选择，深刻领会中国特色社会主义理论体系凝结着中国人民不懈探索、实践的智慧和心血，进一步打牢同中国共产党亲密合作的思想政治基础，坚定不移地把中国特色社会主义作为共同理想信念、共同前进方向、共同奋斗目标，坚持不懈地为之奋斗。武鸿麟强调，开展政治交接学习教育活动，建立健全政治交接长效机制，是贯彻落实科学发展观、全面建设小康社会和构建社会主义和谐社会，努力实现贵州经济社会发展历史性跨越的必然要求，是发展社会主义民主政治、建设社会主义政治文明的必然要求，是继承民主党派老一代的优良传统，实现新世纪新阶段我省统一战线和多党合作事业可持续发展的必然要求。武鸿麟要求，民建全省各级组织和广大会员要不断探索建立健全政治交接的长效机制，始终把政治交接学习教育活动作为一项长期的战略任务抓紧抓好。要在深入学习贯彻科学发展观中搞好政治交接，在建立健全政治交接长效机制过程中贯彻落实好科学发展观。要突出抓好自身建设，使民建各级组织永葆生机和活力。要严格按照民建章程规定的参政党建设目标和原则，坚持以思想建设为核心，以组织建设为基础，以制度建设为保障，以班子建设带动队伍建设，全面加强自身建设，不断提高参政议政、民主监督的能力和水平。要切实把握政治交接的丰富内涵，继承和发扬民建老一辈与中国共产党长期团结合作形成的政治信念、优良传统和高尚风范，不断增强接受中国共产党领导的自觉性和坚定性，紧密团结在中国共产党周围，自觉贯彻中国共产党的路线纲领，自觉维护中国共产党的执政地位，在错综复杂的形势和环境中始终坚持正确的政治方向。要始终坚持把促进发展作为民建参政议政的第一要务，以解决人民群众最关心、最直接、最现实的利益问题为重点，不断推进“和谐贵州”建设。要充分发挥自身优势，紧紧围绕“保持经济社会平稳较快发展、维护社会和谐稳定大局”这两大任务，切实把思想和行动统一到中共中央对当前经济社会形势的分析判断上来，统一到党中央、国务院和中共贵州省委、省政府的决策部署上来，积极开展战略性、前瞻性、综合性的调查研究，及时做好社情民意反映工作，多做化解矛盾、理顺情绪、激发奋进的工作，多建惠民之言，多献惠民之策，积极为中共党委、政府分忧解难，切实为和谐贵州建设及我省经济社会发展实现历史性跨越贡献应有的力量。

参加研讨会的还有民建会员中的在黔全国人大代表、全国政协委员，省人大代表、省政协委员，民建省委委员，民建省委直属各支部主要负责人、各专门委员会主要负责人，民建省委机关及贵阳市委机关干部，民建市州委员会提交纪念研讨文章的代表。省政协办公厅、中共贵州省委统战部、省直机关工委有关领导和同志也应邀出席会议。

北京市召开多党合作和政治协商制度确立60周年理论与实践研讨会

为纪念中华人民共和国建国60周年和中国共产党领导的多党合作和政治协商制度确立60周年，北京市委统战部、北京社院、各民主党派北京市委、北京市工商联、北京高教统一战线理论研究会、北京统战理论研究基地于9月9日联合举办了“多党合作和政治协商制度确立60周年理论与实践”研讨会。北京市委统战部副部长、北京社院党组书记李卫东同志出席会议并发表讲话，北京社院副院长卢晓华主持会议。

九三学社市委主委马大龙、民进市委秘书长王报换、中央编译局政党研究中心副秘书长葛海彦、北京高教统战理论研究会秘书长赵竹村、通州区委统战部副部长刘景龙、北京社院教授廖继红等6位专家学者，围绕如何做好参政议政工作、多党合作制度60年来的发展历程、如何增强执政党的包容性、如何在高校发挥民主党派的作用、如何在基层切实落实多党合作制度、政协60年的变化发展等问题作了大会发言。

李卫东在讲话中指出，多党合作制度走过了60年的风雨历程，这60年的历程始终贯穿着一个探索过程，始终伴随着我们对社会主义道路怎么走的探索，始终伴随着对中国国情的探索，始终伴随着对中共执政规律的探索。作为理论研究者，今后对多党合作制度的研究要更加注重理性研究，弄清楚这一制度建立的原因和如何坚持完善这一制度。李卫东强调，多党合作制度的研究要把握四个基础、三大规律和一个方向。四个基础，即马克思主义中国化的基础、中国传统历史文化的基础、中国国情独特性的基础和现代社会发展阶段性的基础。三大规律，即社会建设规律、执政规律和政党制度建设规律。一个方向，即坚持和完善多党合作制度。同时，研究多党合作制度，既要坚持自身特色，又要学习借鉴西方政治文明的成果；既要坚持解放思想、实事求是，又要不断探索和创新，逐步完善多党合作制度。

来自中央社会主义学院、中央编译局、北京市委党校、北京市社科院、部分高校、区县统战部、区县社院等单位的100余位领导和专家学者参加了此次研讨会。

纪念多党合作制度确立60周年学术研讨会

9月13日至14日，由中央社会主义学院、黑龙江省社会主义学院和黑龙江省统一战线史研究会共同举办的“纪念多党合作制度确立60周年学术研讨会”在黑龙江省哈尔滨市召开。来自中央社会主义学院、全国各省（地）、市社会主义学院以及黑龙江省统一战线史研究会的近百位专家、学者出席了会议。

中央社会主义学院副院长、中国政党制度研究中心主任袁廷华，黑龙江省政协副主席、省委统战部部长、省社会主义学院院长王涛志，中央社会主义学院统战理论教研部主任、中国政党制度研究中心秘书长李金河以及黑龙江省社会主义学院副院长乔红光等出席了开幕式。

开幕式上，黑龙江省社会主义学院院长王涛志对研讨会的召开表示热烈的祝贺，并就黑龙江省经济、社会的发展以及统一战线工作的基本情况作了简要的介绍。

中央社会主义学院副院长袁廷华在研讨会上作了主题报告。他就我国多党合作制度确立和不断深入发展的历史、中国特色社会主义政党制度的基本价值与功能以及如何不断发展和完善中国共产党领导的多党合作和政治协商制度等三方面的内容进行了阐述。

关于我国多党合作制度确立和不断深入发展的历史，袁廷华指出，中国共产党领导的多党合作和政治协商制度是我国的一项基本政治制度，是符合我国国情、具有中国特色的社会主义政党制度。这一制度孕育于民主革命时期，确立于建国之初，蓬勃发展于社会主义现代化建设新时期。它的形成和发展是中国近现代历史演进和政治发展的必然选择，是中国共产党领导的新民主主义革命胜利发展的必然结果，也是社会主义革命和中国特色社会主义建设事业发展的必然要求。

袁廷华在回顾了我国多党合作制度六十年间不同历史发展阶段的基础上强调，任何制度的存在和发展都不是偶然的，都有其深刻的历史原因和现实必然性。中国共产党领导的多党合作和政治协商制度之所以能够在我国长期存在并发展，是因为其功能与中国现代化变迁的国家目标有着深刻的、内在的契合性。中国政党制度的发展及其作用不同于西方国家。其一，西方发达国家大都是先建立了政治制度，后有现代政党。中国的情况则不同，是先有政党，后有国家政治制度，政党是实现民族独立和建设新型国家的支撑力量。其二，西方发达国家大都经历过几百年的发展，经济社会高度发达，法律秩序较为完善，社会共识普遍较强，其民主的核心是维护私权，限制和制约公权。而中国是“后发赶超型”国家，实现现代化是国家的核心目标。现代化的两大目标——实现经济社会现代化和广泛民主是相辅相成的。中国政党制度的价值就在于它有利于促进和保障这两个目标的实现。首先，它能够形成强大的社会和政治整合功能，有利于建设现代国家；有利于引导和组织多元一体的、超大规模的社会实现现代化变迁；也有利于有效应对和处理现代化过程中激活的各种社会矛盾。特别是中国“后发赶超型”的发展模式和国家主导型的现代化发展机理，更需要依靠强有力的领导核心。其次，它具有民主化的功能，是开放的、民主的制度。通过制度化的政治协商、参政议政和民主监督等多种民主渠道和民主形式，形成有序的政治参与，推进社会主义民主政治的发展。第三，它具有强大的政治稳定功能。由中国共产党实行坚强的领导，有利于政治稳定；一个开放性的制度能够兼容和同化新兴社会力量，有利于政治稳定；作为合作型政党制度，能够最大限度地减少内耗，有利于政治稳定。也正因为如此，在民主政治建设中，我们要借鉴人类的一切文明成果，但决不能照搬照抄。

袁廷华还指出，新世纪新阶段，全球化浪潮席卷各国，国内改革开放不断深化，社会结构深刻变动。适应形势发展的要求，不断发展和完善中国共产党领导的多党合作和政治协商制度，是时代发展提出的重大课题。为此，我们必须从中国特色社会主义政治发展的实际出发，根据中央对坚持、完善和发展多党合作和政治协商制度的战略部署和要求，大力加强多党合作和政治协商的理论建设，努力构建具有中国特色的政党制度理论体系；努力加强团结合作，构建和谐的政党关系；充分发挥民主党派和无党派代表人士在国家社会政治生活中的地位和作用；扩大多党合作和政治协商制度的团结面和包容性；大力加强参政党建设。

中央社会主义学院李金河教授在研讨会上作了中心发言。他就当前我国政党制度研究中存在的几个热点、难点问题——民主联合政府问题、第三条道路问题、民主党派接受共产党领导的标志性问题、毛泽东与斯大林两封电报的问题、我国政党制度的归类问题以及我国政党制度所具有的中国特色等问题一一作了详细介绍，并对一些相关的研究结论作了简要评述。

关于我国政党制度的归类问题。他提出，当前，在我国政党制度研究领域，人们总是自觉不自觉地沿用西方学者区分不同政党制度的标准系统及其相关结论。这就有一个把政治学基本理论、政党政治基础理论民族化和具体化的问题，有一个如何处理政党制度归类的问题。考察政党制度的归类标准，主要包括四个方面：即政党数目、政党与政权的关系、政党关系以及意识形态特征。总体来看，西方对政党制度模式划分的主要依据是看政党是否具有执政权以及政党与政权的关系。按照这种划分方法，目前，世界上大多数民主国家中政党制度的模式最基本的就是一党制、两党制和多党制。

这种划分方法存在着很大的再探讨空间。因此，我们在确定自己的政党制度类型标准时，更应侧重于对政党关系和意识形态的思考。同时，加入经济社会发展的历史性思考。为此，我们可以将世界范围内的政党制度大致划分为三大部类：发达国家的竞争性政党制度；发展中国家的竞争性政党制度；发展中国家的非竞争性政党制度。其中，发达国家的竞争性政党制度又可以细分为极化多党制、温和多党制、两党制和一党优位制，除极化多党制外，其他政党制度都相对比较稳定；发展中国家的竞争性政党制度同样可以分为极化多党制、温和多党制、两党制和意识形态实用型一党制，它们各自的有效性依这些国家民主化进程的不同而有所差别；至于发展中国家的非竞争性政党制度，则可以细分为意识形态霸权型的一党制、意识形态主导型的多党合作制、意识形态兼容型的多党合作制。在这样的标准体系、参照系中，我国的多党合作制度才能找到自己最适合的方位。

关于中国共产党领导的多党合作和政治协商制度问题。李金河教授首先回顾了十月革命后列宁首倡的多党合作试验以及其后苏联、东欧国家多党合作的历史。他提出，共产党领导的多党合作理论和实践是从苏俄时期开始的，虽然很短暂，没有成功，但是，毕竟是在国际共产主义运动中的第一次划时代尝试，给我们留下了可资借鉴的、弥足珍贵的政治遗产——社会主义国家在国家政权中与其他党派合作必须坚持的两个基本原则：共产党的领导和社会主义发展方向。列宁去世后，共产党领导、多党合作的政治实践并没有结束。二战后，除苏联、阿尔巴尼亚一直是共产党一党执政外，剧变前东欧的政党制度可以分为两种类型：一是以匈牙利、罗马尼亚、南斯拉夫、捷克斯洛伐克为代表的由共产党领导的多党合作制转为一党制国家；二是以波兰、民主德国和保加利亚为代表的共产党领导的多党或两党合作制国家。他强调，所有这些政党合作的共同特征都是在共产党领导下多党或两党联合执掌国家政权。这就意味着共产党领导和多党派合作是各国共产党坚持了列宁提出的基本原则，即坚持合作中共产党的领导地位，共同建设社会主义。因此，这不是中国共产党人自己的独创，也并非我国政党制度独具的特色。中国共产党领导的多党合作和政治协商制度的中国特色主要体现在以下几个方面：第一，共产党和各民主党派长期共存。第二，共产党和各民主党派之间互相监督。第三，各民主党派是参政党。参政党概念的提出，从而确定了民主党派在国家政治生活中的政治地位。第四，无党派人士群体是我国多党合作制度的有机构成。第五，人民政协是多党合作、政治协商的重要机构。

研讨会上，中央社会主义学院教授王小鸿、哈尔滨社会主义学院院长王洪元、黑龙江大学教授王俊杰、河北省社会主义学院教授王树臣、武汉社会主义学院副教授范前锋、江西社会主义学院教授徐佩瑛、福建社会主义学院副教授龚继民等分别就六十年来我国政党制度的理论和实践进行了专题发言。在分组讨论过程中，与会专家、学者深入探讨了六十年来我国多党合作的历史经验和教训，分析、展望了多党合作制度进一步发展和完善的前景。最后，黑龙江省社会主义学院党组书记、常务副院长乔红光就本次研讨会作了总结讲话。他指出，此次学术研讨会采取主题报告与中心发言、大会交流、分组讨论相结合的方式，主题鲜明突出，讨论热烈深入。并总结了本次研讨会的三个特点：一是宗旨明确、主题鲜明；二是各级领导高度重视；三是与会代表积极参与，论文质量普遍较高。他还概括了本次研讨会的三项收获：一是对多党合作制度及其理论有了更深入的认识；二是对如何发展好这一制度有了更明确的目标；三是进一步明确了多党合作理论今后的研究方向。

人民政协成立60周年理论研讨会

人民政治协商会议成立60周年理论研讨会9月13日在北京开幕。中共中央政治局常委、全国政协主席贾庆林出席开幕会并讲话。中共中央政治局委员、全国政协副主席王刚主持会议。

贾庆林在讲话中说，前不久召开的中共十七届四中全会，明确提出了加强和改进党的建设的总体要求、目标任务和重要举措，进一步强调了多党合作和人民政协事业在党的工作中的重要地位和作用，对于加强党对统一战线的领导、推进多党合作和人民政协事业发展，具有重大意义。胡锦涛同志在庆祝中国人民政治协商会议成立60周年大会上的重要讲话，全面回顾了人民政协60年来的光辉历程，高度评价了人民政协在我国社会主义革命和建设、改革开放进程中作出的重大贡献，科学总结了人民政协事业积累的宝贵经验，明确提出了新形势下开展人民政协工作的方针原则和工作要求，是指导多党合作和人民政协事业发展的纲领性文献。我们要认真学习贯彻中共十七届四中全会精神和胡锦涛同志重要讲话精神，按照中共中央关于新形势下加强和改进党的建设、推动多党合作和人民政协事业发展的新部署新要求，进一步探索和把握新形势下多党合作和人民政协事业发展的特点和规律，不断开创多党合作和人民政协事业新局面。

贾庆林就进一步坚持和完善中国共产党领导的多党合作和政治协商制度强调了四个方面内容。第一，中国共产党领导的多党合作和政治协商制度是中国社会政治发展的必然选择，是马克思列宁统一战线理论、政党理论、社会主义民主政治理论同中国具体实践相结合的伟大创造，是中国共产党同各民主党派和无党派人士、各人民团体和各族各界人士风雨同舟、团结奋斗的伟大成果。坚持中国特色社会主义，必须坚持中国共产党领导的多党合作和政治协商制度，充分发挥人民政协的独特优势，巩固和发展中国共产党同各民主党派民主团结、生动活泼的良好政治关系。第二，中国共产党领导的多党合作和政治协商制度是符合我国国情、具有鲜明中国特色的社会主义新型政党制度。这一制度在政党关系上，坚持共产党领导、多党派合作；在政权运作方式上，坚持共产党执政、多党派参政；在协调利益关系上，坚持维护国家和人民的根本利益、照顾同盟者的具体利益；在民主形式上，坚持充分协商、广泛参与。第三，中国共产党领导的多党合作和政治协商制度为我国社会主义现代化建设作出了重要贡献。新中国成立60年来，我们始终坚持这一基本政治制度，服从服务大局、广泛凝聚力量，为党和国家事业发展提供强有力支持；充分发扬民主、扩大有序参与，推动社会主义民主政治发展；积极协调关系、努力化解矛盾，维护社会和谐稳定；高举爱国主义和社会主义旗帜、加强团结联谊，促进祖国和平统一大业。这一制度在促进我国社会主义革命、建设和改革开放事业，全面建设小康社会，实现中华民族伟大复兴的历史进程中发挥了不可替代的作用。第四，在中国特色社会主义道路上不断完善和发展中国共产党领导的多党合作和政治协商制度。要坚持长期共存、互相监督、肝胆相照、荣辱与共的方针，总结运用和丰富发展多党合作和政治协商的宝贵经验，不断推进理论创新、制度创新和工作创新，进一步巩固多党合作的思想政治基础，增强人民政协和各民主党派服务大局的能力，完善我国社会主义民主的形式，提高多党合作和政治协商的科学化水平，不断谱写多党合作和人民政协事业的新篇章，为夺取全面建设小康社会新胜利、开创中国特色社会主义新局面作出新的更大贡献。

全国政协副主席杜青林、白立忱、阿不来提·阿不都热西提、钱运录、郑万通、陈宗兴，全国政协原副主席罗豪才等出席开幕会。本次理论研讨会为期两天，中国人民政协理论研究会有关领导同志和理事、部分地方政协代表和提交论文的作者代表300余人参加会议。陈宗兴等五位同志在上午的会议上作了大会发言。

理论研讨会14日在京闭幕。中共中央政治局委员、全国政协副主席王刚出席闭幕会并讲话。王刚强调，要切实把思想和行动统一到中央关于人民政协工作的重大部署上来，牢牢把握团结和民主两大主题，紧紧围绕党和国家工作大局，扎实有效地履行各项职能，切实发挥重要作用，不断推动人民政协事业实现新发展，为夺取全面建设小康社会新胜利、开创中国特色社会主义事业新局面作出更大贡献。

王刚说，胡锦涛总书记在庆祝中国人民政治协商会议成立60周年大会上的重要讲话是新形势下指导人民政协工作的纲领性文献，必须把深入学习贯彻胡锦涛总书记重要讲话精神作为当前和今后一个时期人民政协的一项重大政治任务，进一步深化对人民政协伟大历程、成功经验和理论创新成果的认识，不断丰富和发展人民政协理论、推动人民政协实践。

王刚指出，实现推进现代化建设、完成祖国统一、维护世界和平与促进共同发展这三大历史任务，在中国特色社会主义道路上实现中华民族伟大复兴，人民政协肩负着重大历史使命和责任。在新的历史条件下，推进人民政协事业发展，是应对国际国内形势深刻变化的需要，是完成改革发展稳定各项任务的需要，是发展社会主义民主政治的需要，是推进祖国和平统一大业的需要。我们要以世界眼光、从全局高度审视人民政协工作、发展人民政协事业，不断巩固和发展民主团结、生动活泼、安定和谐的政治局面，调动各方力量有效应对前进道路上的各种风险和挑战，顺利实现全面建设小康社会的宏伟目标。

王刚强调，要注重把加强思想理论建设与巩固共同思想基础结合起来，切实把加强思想理论建设摆在人民政协各项建设的首要位置，坚持不懈地用马克思主义中国化的最新成果武装头脑，同时，坚持把巩固团结奋斗的共同思想基础作为理论建设的核心内容，不断增强走中国特色社会主义政治发展道路的自觉性和坚定性；注重把履行各项职责与服务党和国家工作大局结合起来，把加强团结和发扬民主贯穿于履行职能的各个方面，最大限度地团结一切可以团结的力量，同时，自觉围绕党和国家中心任务开展工作，紧紧抓住关系改革发展稳定全局的重大问题，多建睿智之言，多献务实之策；注重把继承优良传统与积极开拓创新结合起来，坚持和发扬人民政协平等协商、求同存异、合作共事的优良传统，增强人民政协的广泛代表性和巨大包容性，同时，不断探索新方法、拓展新领域，使人民政协事业始终保持旺盛生机和活力；注重把推进人民政协工作与加强人民政协自身建设结合起来，进一步加大重点领域和关键环节的工作力度，不断提高人民政协工作水平，同时，全面推进人民政协自身建设，努力在提高委员素质、规范和活跃专委会工作、加强机关建设等方面取得新成效。

全国政协副主席郑万通主持闭幕会。全国政协副主席杜青林、钱运录，全国政协原副主席罗豪才出席会议。

统一战线庆祝中华人民共和国成立60周年暨多党合作制度确立60周年座谈会

统一战线庆祝中华人民共和国成立60周年暨多党合作制度确立60周年座谈会9月14日在北京召开。中共中央政治局常委、全国政协主席贾庆林为召开座谈会作重要批示。

贾庆林在批示中说，中国共产党领导的多党合作和政治协商制度作为我国的一项基本政治制度，是马克思主义同中国革命、建设和改革实践相结合的伟大创造。60年来，我国多党合作制度始终服从国家中心工作，为促进经济发展、政治文明、社会稳定和祖国统一作出重要贡献。实践证明，我国多党合作制度是符合中国国情、体现中国特色、具有中国气派的社会主义政党制度，在国家政治生活中发挥着十分重要的作用。希望全面总结多党合作60年取得的成就和经验，认真探索，把握规律，不断完善方针政策。在新的历史条件下，坚持和完善多党合作制度，必须坚定不移地走中国特色社会主义政治发展道路，坚持长期共存、互相监督、肝胆相照、荣辱与共的基本方针，保持宽松稳定、团结和谐的政治环境，推进制度化、规范化和程序化建设，巩固发展团结和谐的政党关系，推动我国多党合作事业蓬勃发展，为建设中国特色社会主义事业提供重要制度保障。

座谈会全面回顾了统一战线和多党合作伴随新中国成立60年来的光辉历程，总结了中国共产党领导的多党合作和政治协商制度取得的成就和经验，提出在新世纪新阶段必须始终坚持高举中国特色社会主义伟大旗帜，坚持走中国特色政治发展道路，不断把统一战线和多党合作事业稳步推向前进。

座谈会上，民革中央主席周铁农、民盟中央主席蒋树声、民建中央主席陈昌智、民进中央主席严隽琪、农工党中央主席桑国卫、致公党中央主席万钢、九三学社中央主席韩启德、台盟中央主席林文漪、全国工商联主席黄孟复，无党派人士代表、卫生部部长陈竺，少数民族界代表、中国钢研科技集团公司党委书记才让，宗教界代表、中国基督教三自爱国运动委员会主席傅先伟，港澳台和海外侨胞代表、全国台联会长梁国扬等分别发言。他们高度评价中国共产党60年来带领全国各族人民解放思想、大胆探索，团结奋斗、勇往直前，战胜一个又一个困难，夺取一个又一个胜利，成功开辟了中国特色社会主义伟大道路；高度赞扬中国共产党领导的统一战线和多党合作为推进社会主义革命、建设和改革事业作出的巨大贡献。大家表示，要坚持中国共产党的领导，坚定不移地走中国特色社会主义道路，坚持和完善中国共产党领导的多党合作和政治协商制度，始终同中国共产党风雨同舟、荣辱与共，始终坚持科学发展，积极参政议政、建言献策，为全面建设小康社会、构建社会主义和谐社会作出新贡献。

全国政协副主席、中共中央统战部部长杜青林在讲话中指出，60年来，中国共产党领导的多党合作和政治协商制度，创造了崭新的政党制度模式，有力地推动了我国社会主义政治制度的建立和完善；创造了崭新的政党关系，有力地凝聚了社会各界的智慧和力量；创造了崭新的民主形式，有力地推动了社会主义民主的发展；创造了崭新的执政方式，有力地促进了中国共产党执政能力的提高。多党合作事业60年的兴旺发展昭示我们：必须坚持中国共产党领导，为多党合作蓬勃发展提供坚强保障；必须坚持科学理论指导，巩固共产党同民主党派团结奋斗的共同思想政治基础；必须坚持把发展作为多党合作的首要任务，充分发挥多党合作的独特优势和作用；必须坚持加强多党合作制度建设，促进多党合作稳步有序发展；必须坚持加强参政党自身建设，提高参政议政、民主监督水平。

座谈会由中共中央统战部常务副部长朱维群主持。各民主党派中央、全国工商联有关负责人，无党派人士代表，民族宗教界、新的社会阶层、港澳台侨界代表，中共中央统战部和统战系统单位负责同志约150人参加座谈会。

民进上海市委、上海市统战理论研究会联合举行纪念多党合作和政治协商制度确立60周年理论研讨会

9月19日下午，民进上海市委、上海市统战理论研究会在上海市民主党派大厦联合举行纪念多党合作和政治协商制度确立60周年理论研讨会。民进上海市委副主委赵丽宏、上海市统战理论研究会副会长彭镇秋出席并讲话，民进上海市委专职副主委兼秘书长陈强努主持研讨会。民进上海市委老领导刘恒椽、蒋家祥、陈炳生，中共上海市委统战部党派处处长顾惠民出席研讨会。

研讨会全面回顾多党合作和政治协商制度确立60年来的光辉历程，总结了上海民进在党中央和中共上海市委领导下，始终坚持中国共产党领导的多党合作和政治协商制度，坚持发扬优良传统，在“长期共存、互相监督、肝胆相照、荣辱与共”十六字方针的指引下，履行参政党职能和全面加强自身建设取得的成就和经验，提出在新世纪新阶段必须始终坚持高举中国特色社会主义伟大旗帜，坚持走中国特色政治发展道路，加强统战理论研究，不断把统一战线和多党合作事业稳步推向前进。

赵丽宏副主委在讲话中指出，上海民进组织的成立与发展历程，生动体现了中国共产党领导的多党合作和政治协商制度60年的历程。事实证明，凡是多党合作制度得到坚持和发展的时候，就是共和国各项事业顺利发展的时候，也是民主党派建设取得成绩的时候。民进上海市委会成立60年来，为新中国、新上海建设增添了新的重要力量，上海民进的发展，为统一战线事业和上海建设发挥了独特的作用。60年来，上海民进会员队伍不断发展壮大，会员结构不断完善，基层组织不断健全，工作条件不断改善。60年来，上海民进始终坚持中国共产党领导的多党合作和政治协商制度，坚持发扬优良传统，全面开展思想建设、组织建设、制度建设和作风建设。60年来，上海

民进始终围绕中心，服务大局，认真履行职责，积极参政议政，反映社情民意，广泛联系群众，开展社会服务，为上海建设和发展作出了贡献。赵丽宏副主委强调，60年来特别是改革开放30多年来，多党合作理论和制度不断发展，民主党派在多党合作的政治格局中地位更加提高，民主党派组织及其成员投身改革开放和现代化建设的热情不断增强，履职空间更加广阔。展望未来，作为参政党地方组织，我们要努力履职，关心国家，关心社会，关心人民，提高认识复杂问题的能力，加快提高参政议政的能力，发挥党派进步性与广泛性相统一的特点，发挥教育、文化、出版等界别人才优势，围绕上海经济社会建设的中心任务和发展大局，深入调查研究，广泛联系群众，反映社情民意，积极建言献策，实现新时期参政党组织的使命。

彭镇秋副会长在讲话中强调，60年的实践充分证明，在新民主主义革命中形成，社会主义建设中发展的中国共产党领导的多党合作和政治协商制度，适合中国国情，符合中国特色社会主义事业的发展要求，符合中国各族人民的共同意愿和根本利益，具有显著的优越性和强大生命力。作为参政党的民主党派纪念中国共产党领导的多党合作和政治协商制度确立60周年，就是要坚定不移地把促进经济社会发展作为履行职能的首要任务；要努力当好科学发展观认真学习者、积极贯彻者和自觉实践者；要牢固树立参政为民理念，为改善民生多献良策；要以党的十七届四中全会精神为指导，努力建设高素质的参政党，为中国特色社会主义伟大事业和中华民族的伟大复兴作出更大的贡献，在我国多党合作的历史上继续谱写新的篇章。

研讨会上，上海市社会学学会会长、上海大学教授邓伟志就“做原材料的积极提供者——我是怎样提出‘社会发展三原则’的”；民进上海市委学习委员会主任、复旦大学教授余源培就“多党合作和政治协商制度60年创新解决的主要问题”；上海司法研究所所长、上海政法学院教授倪正茂就“发分挥民主党派优势，促进社会主义民主政治”；华东师范大学政治学系主任、教授齐卫平就“政治协商制度在当代中国民主政治发展中的品牌意义”；华东政法大学政党理论研究所所长、教授蒋德海就“进一步发挥统一战线在公民有序政治参与中的作用”；上海社会科学院法制研究所副所长、教授殷啸虎就“关于多党合作制度的价值取向”分别作主题发言。

上海市政协研究室领导，民进上海市各区县和直属委员会正副主委、各专门委员会正副主任、中青年联谊会部分成员和民进上海市委机关各部室负责人参加了研讨会。

致公党重庆市委召开庆祝中华人民共和国成立60周年、纪念我国多党合作制度确立60周年座谈会暨理论研讨会

9月21日，致公党重庆市委在机关会议室召开庆祝中华人民共和国成立60周年、纪念我国多党合作制度确立60周年座谈会暨理论研讨会。会议既是庆祝会、纪念会，又是研讨会、学习会。致公党重庆市委主副委、各区委主副委、直属支部主副委，市、区专干及基层组织党员代表70余人参加会议，会议由致公党重庆市委专职副主委谭净主持。

部分参会党员围绕建国60年来我国发生的翻天覆地的变化作了发言。建国60年来，中国的发展举世瞩目，综合国力明显增强，国际地位显著提高，让人倍感骄傲与

自豪。党员们由衷地抒发了对祖国的热爱和喜悦之情，发自肺腑，感人至深。

在理论研讨环节，党员们分别作了“中国特色社会主义政党制度及其思想理论体系的创建历程”、“切实提高人民政协参政议政的实效性”、“论新时期高校网络空间统战工作的法治特征”、“浅谈现阶段民主党派的代表性”的探讨，从理论上探讨了中国共产党领导的多党合作和政治协商制度的有关问题，实事求是，富于启迪。

致公党重庆市委主委王孝询高度肯定了这次会议的成效，并要求参会人员高度关注近期中国重大政治事件，如就中共党的建设问题做出了若干重大决定的十七届四中全会，以及9月20日胡锦涛总书记在全国政协隆重庆祝人民政协成立60周年大会上的重要讲话。王孝询主委指出，胡锦涛总书记就党的建设提出“六个必须坚持”，推进了中共党的建设，对民主党派的党建工作有非常重要的指导作用。作为中共的挚友、诤友，参政党也必须加强党的建设，要把思想理论建设放在首位，保证政治不偏航，在大是大非面前保持清醒的政治头脑；必须坚持把民主党派自身建设和作为参政党的能力建设结合起来，加强参政能力建设，提高参政能力；必须坚持“致力为公、参政为民”，结合民主党派自身建设，对自己提出更高要求。

对于致公党如何做好党派工作，履行好民主党派职能，王孝询主委提出，要更加自觉地接受中国共产党的领导，坚定不移地走中国特色社会主义政治发展道路，坚持完善好中国共产党领导的多党合作和政治协商会议制度，不断加强党派自身建设尤其是思想建设，充分发挥参政党职能。

会议共同祝愿祖国更加繁荣富强，祝愿我国多党合作制度更加巩固。

四川省统一战线庆祝中华人民共和国成立60周年暨多党合作制度确立60周年座谈会

9月22日，四川省统一战线庆祝中华人民共和国成立60周年暨多党合作制度确立60周年座谈会在成都召开。省委副书记李崇禧出席会议并讲话，强调要深入贯彻落实中共十七届四中全会精神和胡锦涛总书记在庆祝中国人民政治协商会议成立60周年大会上的重要讲话精神，高举中国特色社会主义伟大旗帜，牢牢把握团结和民主两大主题，不断开创统一战线和多党合作事业新局面，共同谱写全省“两个加快”新篇章。

李崇禧代表中共四川省委、省政府，代表省委书记、省人大常委会主任刘奇葆，省委副书记、省长蒋巨峰向各民主党派和无党派人士，向各族各界人士表示感谢并致以节日的祝贺！

李崇禧指出，新中国成立以来的60年，是中国共产党与统一战线广大成员肝胆相照、合作共事、团结奋进的60年，是我省统一战线不断巩固和发展壮大的60年，是我省多党合作事业蓬勃发展、取得显著成效的60年，是我省统一战线和多党合作事业探索前进、积累宝贵经验的60年。实践证明，统一战线不仅是中国共产党夺取革命、改革和建设事业胜利的重要法宝，而且是党执政兴国、实现中华民族伟大复兴的重要法宝。中国共产党领导的多党合作制度是符合中国国情、体现中国特色、具有中国气派的社会主义政党制度，在国家政治生活中具有重要作用。各民主党派、无党派人士和广大统一战线成员是与中国共产党通力合作的诤友、挚友。希望统一战线广大成员高举中国特色社会主义伟大旗帜，不断增强走中国特色社会主义政治发展道路的自觉性和坚定性，充分发挥统一战线人才荟萃、智力密集、联系广泛的独特优势，紧紧围绕保增长、保民生、保稳定，广泛调查研究，积极建言献策，凝聚智慧力量，为我省“两个加快”作出新的更大贡献。

民革省委主委王宇坤、民建省委主委陈文华、民进省委主委张雨东、致公党省委主委陈杰、民盟省委副主委赵振铣、农工党省委副主委王正荣、九三学社省委副主委沈光明、省工商联副主席谢光大、无党派人士代表何天谷、民族宗教界代表雷世银分别发言，讴歌了60年来在中国共产党领导下社会主义祖国取得的伟大成就，回顾了60年来中国共产党和各民主党派长期共存、互相监督、肝胆相照、荣辱与共的光辉历程，总结了60年来中国共产党同各民主党派、无党派人士团结合作的宝贵经验，表达了坚定不移拥护中国共产党的领导，坚定不移地走中国特色社会主义政治发展道路，团结全省广大成员和所联系的社会各界人士，巩固发展爱国统一战线，为“两个加快”作出新贡献的愿望和决心。

省委常委、秘书长、统战部长陈光志主持会议。省领导张东升、晏永和及各民主党派省委、省工商联负责人，无党派代表人士，民族宗教界和统战系统单位负责同志100余人出席座谈会。

广西统一战线庆祝中华人民共和国成立60周年暨多党合作制度确立60周年座谈会

9月25日，广西统一战线庆祝中华人民共和国成立60周年暨多党合作制度确立60周年座谈会在南宁召开。自治区党委书记、自治区人大常委会主任郭声琨在会上强调，面对构建国际区域经济合作新高地、打造中国沿海经济发展新一极的宏伟目标，面对建设富裕文明和谐新广西的艰巨任务，更加需要进一步发挥多党合作的独特优势与作用，更加需要各民主党派、人民团体和各族各界人士的鼎力支持，更加需要团结一切可以团结的力量，调动一切可以调动的积极因素，共同为广西的美好未来而努力奋斗。全区各级统战部门要切实增强责任感和自觉性，充分运用统一战线的优势和作用，在推进我区科学发展、和谐发展、跨越发展中发挥更大作用，作出更大贡献。

座谈会上，自治区人大常委会副主任、民革广西区委会主委刘新文，民盟广西区委会主委刘慕仁，民建广西区委会主委钱学明，民进广西区委会主委陈自力，自治区政协副主席、农工党广西区委会主委彭钊，致公党中央副主席、自治区政协副主席、致公党广西区委会主委黄格胜，自治区政协副主席、九三学社广西区委会主委李彬，自治区工商联主席磨长英，无党派人士代表、自治区政协副主席黄日波，民族界人士代表、全国人大代表陆云，宗教界人士代表、自治区佛教协会会长释成清，港澳台侨界代表、全国政协委员谭锦球先后作了发言。

郭声琨代表自治区党委、政府，向全区各级统战干部、统一战线各界人士和祖籍广西的港澳台同胞、海外侨胞，致以诚挚的问候。郭声琨指出，60年来，全区各民主党派、无党派人士始终坚持与中国共产党亲密合作、同心同德、患难与共，在巩固发展团结和谐的政党关系中发挥了重要作用。始终坚持围绕中心、服务大局，切实履行参政议政、民主监督职能，按照"党委出题，党派调研，政府采纳，部门落实"的工作机制，围绕各级党委、政府重大决策和我区经济社会发展的重大问题，深入开展调查研究，积极建言献策，为各级党委、政府科学决策、民主决策提供了重要的参考和依据。始终坚持充分发挥人才荟萃和智力密集的优势，大力开展思源工程、烛光活动和"百企入县"、科技教育文化"三下乡"、扶危济困等活动，为改善民生、服务社会作出了重要贡献。始终坚持充分利用乡情、亲情、友情的关系，积极开展海外联谊，加强与海外侨胞和港澳台同胞的联系，为促进交流交往和扩大对外开放搭建了重要桥梁。始终坚持加强自身建设，深入开展以"坚持走中国特色社会主义政治发展道路，做老一辈优良传统和高尚风范的传承者，做巩固和发展政治交接成果的实践者"为主题的政治交接教育实践活动，为民主党派自身建设提供了重要经验，促进了全区多党合作事业的健康发展，得到了中央统战部和各民主党派中央领导同志的高度评价，其经验做法也在全国推广。可以说，我区经济社会发展所取得的每一份成绩、每一个进步，都包含着各民主党派、无党派人士的不懈努力，凝结着各民主党派、无党派人士的辛劳和智慧。郭声琨强调，全区各级统战部门要重点做好以下六方面工作：一是凝聚统一战线各方面力量，努力为建设富裕文明和谐新广西作出新贡献。要始终围绕中心、服务大局，坚持把促进科学发展作为团结奋斗的第一要务，充分发挥统一战线争取人心、凝聚力量的优势和作用，最大限度地把社会各方面的智慧和力量，凝聚到建设富裕文明和谐新广西上来，支持引导广大统一战线成员围绕我区经济社会发展重大问题，多层次、多渠道、多形式地开展调研，促进我区经济社会又好又快发展。二是坚持走中国特色社会主义政治发展道路，努力推动我区多党合作事业迈上新台阶。要深入贯彻落实《中共中央关于进一步加强中国共产党领导的多党合作和政治协商制度建设的意见》和自治区党委的《实施意见》，扩大各民主党派、各团体、各民族、各阶层和各界人士有序的政治参与，保证人民当家做主权利的充分实现。切实加强同党外人士的合作共事，充分发挥民主党派和无党派人士的民主监督作用，支持各民主党派按照各自章程规定加强自身建设，推动执政党和参政党建设相互促进。三是充分发挥统一战线文化交流创新融合平台作用，努力推动我区先进文化建设取得新发展。统战工作要有针对性地加强统一战线成员的思想道德建设，大力开展以爱国主义为核心的民族精神和以改革创新为核心的时代精神教育，用科学理论武装广大统一战线成员，用先进文化引导广大统一战线成员，突出先进文化在统一战线的主导性。要充分发挥统一战线成员在先进文化建设中的优势，推动文化事业和文化产业共同发展。四是正确处理社会各阶层的关系，努力为维护社会和谐稳定凝聚新力量。要科学分析和准确把握社会阶层结构发生的变化，正确处理和协调劳动者、建设者、爱国者之间的关系，协调好改革进程中的各种利益关系，兼顾和实现各阶层群众的利益。统一战线广大成员要充分发挥联系多方、代表广泛的优势，积极协助党和政府多做沟通思想、凝聚人心的工作，努力维护社会和谐稳定。五是认真做好港澳台和海外统战工作，努力为促进祖国和平统一和我区对外开放作出新成绩。要认真做好港澳台和海外统战工作，充分发挥政协港澳委员及各方面代表人士和爱国团体的作用，加强我区同港澳台在经贸、科教、文化等领域的交流合作；充分发挥广西对台工作资源丰富的优势，通过卓有成效的工作，进一步巩固和扩大桂台在各个领域的交流合作。同时，要以凝聚侨心、汇集侨智、发挥侨力为目标，加强与海外华侨华人、归侨归眷联系交往，鼓励他们关心和参与我区现代化建设，促进我区对外开放。六是坚持执政党建设与参政党建设相互促进，努力推动参政党自身建设上新水平。继续深化和拓展民主党派政治交接教育实践活动和无党派主题教育活动，不断提高统一战线服务科学发展和实现自身科学发展的能力和水平。郭声琨要求，统一战线和多党合作事业是全党的事业，加强和改善党的领导，是统一战线和多党合作事业发展的根本保证。各级党委要站在全局和战略的高度，充分认识巩固壮大统一战线和加强多党合作制度建设的重大意义，进一步加强和改善对统一战线和多党合作事业的领导。

自治区党委常委、统战部部长黄道伟，自治区党委常委、秘书长余远辉，自治区副主席陈章良出席会议。座谈会由黄道伟主持。

宁夏统一战线庆祝中华人民共和国成立60周年，多党合作制度确立60周年座谈会

9月25日，自治区党委统战部召开“宁夏统一战线庆祝中华人民共和国成立60周年，多党合作制度确立60周年”座谈会。自治区党委常委、统战部长马金虎出席并作重要讲话。自治区党委统战部副部长蔡明主持会议。民进宁夏区委会副主委杨瑞生参加了会议。

马金虎常委在讲话中说，60年来我区多党合作事业不断发展，多党合作制度化规范化不断推进，建言献策、社会服务成果丰硕，民主监督渠道进一步拓宽，自身建设不断加强。马金虎希望我区统一战线广大成员继承传统、再创佳绩，要坚持中国特色社会主义道路，始终保持正确的发展方向；要坚持围绕中心、服务大局，进一步发挥自身独特优势；要坚持继承和弘扬优良传统，不断巩固多党合作事业的共同思想基础；要坚持加强参政党自身建设，不断提高履行职责能力和水平；要认真学习贯彻中共十七届四中全会精神，齐心协力推进宁夏跨越式发展。

杨瑞生副主委代表民进宁夏区委会作了题为《坚持和完善中国共产党领导的多党合作和政治协商制度，为促进科学发展献计出力》的交流发言。他说，民进宁夏区委会要在民进中央和自治区党委的领导下，在统战部的指导下，继续开展走中国特色社会主义政治发展道路为主题的政治交接学习教育活动，坚持不懈地深入开展学习贯彻科学发展观活动。要在加强我会自身建设上下工夫，进一步推动思想建设取得新成果、组织建设取得新发展，以制度建设为保障，把自身建设提高到新的水平，切实加强“政治把握能力、参政议政能力、组织领导能力、合作共事能力”建设；要在不断提高履职的水平和实效上下工夫，把保持经济平稳较快发展作为围绕中心、服务大局的重中之重，组织和带领广大会员充分发挥自身优势，多建保增长之言，多献保民生之策，多尽保稳定之力，切实当好党委政府应对金融危机、推动科学发展的助手，为促进我

区经济社会又好又快发展做出新的贡献，进一步谱写多党合作事业新篇章。

各民主党派、工商联、无党派人士代表出席了会议。

吉林省统一战线庆祝中华人民共和国成立60周年暨多党合作和政治协商制度确立60周年座谈会

9月25日，中共吉林省委在长春召开座谈会，隆重庆祝中华人民共和国成立60周年和中国共产党领导的多党合作和政治协商制度确立60周年。

座谈会由吉林省委副书记王儒林主持。中共吉林省委书记王珉出席会议并作了重要讲话。吉林省委常委、省委秘书长房俐，吉林省委统战部部长刚占标等领导出席了座谈会。吉林省级各民主党派的主要领导、无党派代表人士，各民主党派的驻会领导和秘书长等近百人出席了会议。出席会议的还有省级各民主党派的原主要领导人、退休的省级无党派代表人士。

阎洪臣代表退休的省级老领导、车秀兰代表民建省委、支建华代表九三学社省委、别胜学代表省工商联、张伯军代表无党派代表人士、吴迪代表民营企业、赵树华代表党外高级知识分子、李振磐代表新的社会阶层在会上发了言，热烈庆祝伟大祖国60华诞，热情讴歌了中国共产党领导的多党合作和政治协商制度取得的巨大成功。讴歌了中国特色社会主义建设事业取得的伟大成就，表达了接受中国共产党领导的决心和走中国特色社会主义伟大道路的信心。

车秀兰主委在发言中，回顾了中国民主建国会从成立到响应“五一”口号，接受中国共产党的领导，建国后各阶段积极投身社会主义建设和改革开放伟大事业的历程，从理论上、实践上，通过今昔对比、国内外对比，论证了中国共产党领导的多党合作和政治协商制度符合中国国情，具有历史的必然性、现实的合理性和伟大的创造性。她表示，60年的实践证明，民建之所以能够在中国革命和建设各历史阶段不断发展进步，得益于中国共产党的正确领导，得益于多党合作制度。在不同历史阶段，民建不断解放思想，与时代同步，创造性地发挥自身优势与特色，与中国共产党及其他党派一道共同为国家富强与社会进步作出历史性贡献。她强调，在民建中央和中共省委的正确领导下，民建吉林省委一定认真学习贯彻中共十七届四中全会精神，不断加强自身建设，认真履行参政党职能，积极落实抓班子、带队伍、上水平的工作思路，切实发挥与经济界紧密联系的优势，努力为振兴吉林老工业基地和构建和谐社会做出新的贡献。她相信，中国共产党领导的多党合作和政治协商制度，必将为进一步发扬社会主义民主，推进中国特色社会主义事业创造新的辉煌！

中共吉林省委书记王珉在座谈会结束前讲话时，向广大统一战线成员致以崇高的敬意和节日的问候。他强调，新形势下，全省统一战线要按照中共十七届四中全会和即将召开的中共省委九届八次全会的部署，锐意进取，求真务实，不断适应新形势，努力做出新贡献。王珉就进一步巩固和发展吉林省统一战线和多党合作事业提出四点要求。一要加强理论学习，凝聚共识，巩固党内和党外人士共同团结奋斗的思想政治基础。二要总结实践经验，完善制度，促进社会主义民主政治建设。三要发挥政治优势，汇集力量，为吉林振兴发展、社会和谐稳定提供有力支撑。四要坚持解放思想，与时俱进，不断开创全省统战工作的新局面。

吉林省政协原副主席、民建省委原主委伍龙章，民建省委驻会主副主委赵暘、秘书长宋村珠出席了座谈会。

广州市统一战线召开庆祝中华人民共和国成立60周年暨多党合作制度确立60周年座谈会

9月27日，广州市统一战线举行庆祝中华人民共和国成立60周年暨多党合作制度确立60周年座谈会，深情回顾全市统一战线和多党合作事业伴随新中国60年来的光荣历史，总结中国共产党领导的多党合作和政治协商制度取得的伟大成就和宝贵经验，共同展望广州多党合作事业的美好前景。广东省委常委、广州市委书记、市人大常委会主任朱小丹出席座谈会并作讲话，强调要认真贯彻中央政治局委员、省委书记汪洋同志在全省统一战线庆祝中华人民共和国成立60周年暨多党合作制度确立60周年座谈会上的重要讲话精神，坚持和完善中国共产党领导的多党合作和政治协商制度，努力开创广州爱国统一战线事业新局面，为加快国家中心城市建设、全面提升科学发展实力作出新的贡献。广州市政协主席朱振中和凌伟宪、孔少琼、许瑞生等市领导，广州市各民主党派、工商联、侨联、台联负责人，无党派人士、民族宗教界人士代表，非中共副局级领导以及各区、县级市委统战部长等约160人出席了座谈会。

座谈会上，李勤德、孙峰、潘胜燊、陈国安、林生珠、陈怡霓、林沛勋、张嘉极、邵建明、姚建明、邓向端、冯浩、龚辉等代表统一战线各界人士先后作了发言，高度评价了新中国成立60年来，中国共产党带领全国各族人民艰苦奋斗，建设和发展中国特色社会主义事业的伟大成就；高度赞扬了中国共产党领导的统一战线和多党合作制度为推进社会主义建设和改革开放作出的巨大贡献。纷纷表示，要始终坚定不移地坚持中国共产党的领导，坚持走中国特色社会主义道路，继续坚持和完善中国共产党领导的多党合作和政治协商制度，坚持科学发展，积极参政议政、建言献策，为广州加快国家中心城市建设、全面提升科学发展实力作出新贡献。朱小丹最后作了讲话。

朱小丹首先代表中共广州市委向出席会议的统一战线代表以及为广州统一战线和多党合作、政治协商事业作出突出贡献的各民主党派、工商联、各人民团体和各族各界人士表示崇高的敬意和诚挚的问候。他说，新中国成立以来的60年，是中国共产党领导全国人民艰苦奋斗、建设和发展社会主义的60年，也是党领导统一战线不断发展壮大、坚持和完善多党合作制度建设的60年。60年来，我们党同各民主党派肝胆相照、风雨同舟、团结奋斗，充分发挥了统一战线在社会主义革命、建设和改革中的重要法宝作用。广州具有光荣革命传统，是我国改革开放的前沿地，统一战线资源丰富、特色鲜明、优势显著。改革开放以来尤其是近年来，我们不断推进社会主义经济建设、政治建设、文化建设、社会建设协调发展，坚持和完善多党合作制度有新成效，围绕中心、服务大局有新作为，促进社会和谐稳定有新贡献，实行民主监督有新举措，推动穗港澳台合作和侨务事业有新发展，加强民主党派自身建设有新提高，为推动广州经济社会又好又快发展作出了重要贡献。广州的多党合作实践充分说明，只要我们坚定不移地走中国特色社会主义政治发展道路，坚持“长期共存、互相监督、肝胆相照、荣辱与共”的基本方针，保持宽松稳定、团结和谐的政治环境，不断推进多党合作制度化、规范化和程序化建设，就一定能够巩固和发展团结和谐的政党关系，推动我市爱国统一战线蓬勃发展，为广州加快国家中心城市建设、全面提升科学发展实力不断作出新的贡献。朱小丹指出，当前，广州正认真贯彻落实《珠江三角洲地区改革发展规划纲要》，加快建设国家中心城市，全面提升科学发展实力。统一战线是我们党夺取革命、建设、改革事业胜利的重要法宝。促进广州更好地肩负起新使命、实现新发展，统一战线具有不可替代的独特优势和重要作用，必须进一步推进新形势下我市多党合作和政治协商事业发展。朱小丹强调，要坚持正确方向，全面筑牢多党合作和政治协商的思想基础。各民主党派要继承与中国共产党肝胆相照、荣辱与共的优良传统，坚定不移地把中国特色社会主义作为共同理想信念，把坚持中国特色社会主义政治发展道路作为坚持和完善中国共产党领导的多党合作和政治协商制度的最重要的政治共识，增强对我国基本政治制度、政党制度的认同感。大力传承和弘扬老一辈民主党派、工商联和无党派人士热爱共产党、热爱祖国、热爱社会主义的优良传统和精神风范，引导和教育新一代各民主党派成员、工商联和无党派人士健康成长。坚持用中国特色社会主义理论武装头脑、指导实践，树立和践行社会主义核心价值体系，筑牢同中国共产党亲密合作的思想政治基础。在发展多党合作事业的过程中，要始终划清中国共产党领导的多党合作制度和资本主义政党制度的界线；划清社会主义民主政治和资本主义民主政治的界线；划清我国参政党和资产阶级反对党、在野党的界线。朱小丹强调，要推动科学发展，牢牢把握多党合作和政治协商的根本任务。全市各民主党派、工商联和无党派人士要不断增强贯彻落实科学发展观的自觉性和坚定性，动员和组织各自成员和所联系群众，把智慧和力量凝聚到建设国家中心城市、全面提升科学发展实力的奋斗目标上来。要以参政议政、建言献策促进发展。当前，尤其要注重创新精神，为实现发展模式转型多献良策，重点围绕如何以“三促进一保持”推动结构调整和发展方式转变，如何实现经济发展由投资拉动为主转向以创新驱动为主，如何统筹城乡区域协调发展，如何促进城市发展模式由粗放型扩张转向可持续发展，如何发扬社会主义民主、体现多党合作的政治地位，如何推进以改善民生为重点的社会建设，如何促进文化大发展大变革、提升我市文化软实力，多议科学发展大事，多谋科学发展大计，多兴科学发展之举。要以凝聚人心、汇聚力量推动发展。充分发挥各民主党派人才荟萃、智力密集优势，为推动科学发展提供强大智力支持、奠定坚实群众基础。要以协调关系、化解矛盾保障发展。多做化解矛盾、理顺情绪、联系各方、沟通感情的工作，为推进改革发展减少阻力、增加助力、形成合力，以党派和谐促进社会和谐，以政治安定促进社会和谐。朱小丹强调，要注重制度建设，大力推进多党合作和政治协商的制度化、规范化、程序化。坚持和遵循多党合作和政治协商长期实践形成的基本政治制度和重要政治准则，积极探索多党合作的新机制、新方式，使多党合作和政治协商内容更加丰富、体制机制制度更加健全、程序设计更加规范、实施成效更加显著。加强中共各级党委和各民主党派、工商联各级组织和无党派人士的协调沟通机制，实现资源整合，形成工作合力。认真学习贯彻《中共广州市委政治协商规程》，落实好有关制度要求，提高政治协商制度化、规范化、程序化水平，增强政治协商的科学性、系统性、创造性，推进党和政府决策的科学化、民主化、法制化，进一步发展社会主义民主政治。朱小丹要求，要加强自身建设，不断夯实多党合作和政治协商的组织基础。加强自身建设是一个政党永葆生机活力的重要保证，也是执政党履行执政使命、参政党发挥职能作用的基本要求。只有加强中国共产党与各民主党派的自身建设，实现相互促进、共同发展，才能为推进多党合作事业发展奠定坚实基础。要认真贯彻党的十七届四中全会精神，在坚持政治原则、政治方向的基础上，妥善处理好坚持中国共产党的领导与充分发扬民主、尊重并发挥各民主党派作用的关系，积极支持各民主党派根据各自章程规定的参政党建设目标和原则，以思想建设为核心、组织建设为基础、制度建设为保障，以班子建设带动队伍建设，全面加强参政党建设，不断提高政治把握能力、参政议政能力、民主监督能力、合作共事能力和组织协调能力，使执政党与参政党的建设更好地统一于多党合作、共创伟业的历史进程中。

第二届中俄政党论坛

第二届中俄政党论坛10月9日在黑龙江省绥芬河市举行。中共中央政治局委员、国务院副总理王岐山，俄罗斯统一俄罗斯党最高委员会常委、联邦政府副总理茹科夫出席开幕式并致词。

王岐山在致词中首先代表中共中央对统一俄罗斯党代表团表示热烈欢迎。他说，中国共产党和胡锦涛总书记高度重视与统一俄罗斯党的交往。不久前，两党顺利启动高层对话机制，正式签署新的合作协议和合作备忘录。全面深化两党交流与合作，有利于促进两国人民的共同利益，有利于促进两国战略协作伙伴关系的发展，有利于促进两国人民的世代友好。中国共产党愿在“独立自主、完全平等、互相尊重、互不干涉内部事务”原则基础上，进一步加强与统一俄罗斯党的合作。

王岐山指出，中俄边境地区经济合作潜力巨大，前景广阔。双方应当把边境地区经济合作纳入两国经济合作的战略重点，增进互信，扩大开放。进一步放宽贸易投资限制，拓宽合作领域，全面提升边境地区贸易、投资、技术等合作项目的层次。加快跨境交通和口岸基础设施建设，规范通关秩序，共同打击“灰色清关”，营造良好的合作环境。

茹科夫说，统一俄罗斯党和中国共产党自签署合作协议以来，党际关系发展取得长足进步，对推动两国农业、科技、能源等领域合作发挥了积极作用。在第14次中俄总理定期会晤前，举办第二届中俄政党论坛，有利于促进双方的沟通了解，推动边境地区经济合作深入发展。希望双方认真落实两国元首的共识，不断加强务实合作。

开幕式由中联部部长王家瑞和统一俄罗斯党杜马议员团第一副主席别赫京主持。黑龙江省委书记吉炳轩，海关总署署长盛光祖，国家发改委副主任、国家能源局局长张国宝，商务部副部长高虎城，以及统一俄罗斯党中央机构和俄罗斯相关部委负责人，就中俄边境地区经济合作有关议题发表了演讲。北京、内蒙古、辽宁、吉林、黑龙江、新疆等省区市负责人，以及俄罗斯滨海边疆区、阿穆尔州等 12 个地区领导人出席会议。

会议期间，来自两党中央及地方代表、中俄双方中央部委、地方省市的领导以及企业家代表，就中俄边境地区合作战略规划、地区合作面临的矛盾和问题，以及如何推动边境地区经济合作等议题，进行了对口交流。

闭幕式上，中联部部长王家瑞作总结性发言并致闭幕辞。他说，本届中俄政党论坛是在中俄战略协作伙伴关系全面深入发展，中国共产党和统一俄罗斯党友好合作关系取得实质性提升的背景下举行的一次盛会。双方就两国边境地区经济合作进行了深入研讨，提出了进一步加强合作的政策建议，为两国有关部门的决策提供了重要参考。今后两党要继续努力，发挥各自优势，落实论坛共识，推动中俄边境地区经济合作快速、健康、持续发展，共同造福两国人民。

闭幕式由统一俄罗斯党总委员会副书记科萨乔夫主持。中联部副部长陈凤翔宣读了《中国共产党与俄罗斯统一俄罗斯党关于促进中俄边境地区经济合作的共同措施备忘录》。北京市、内蒙古自治区、辽宁省、吉林省、黑龙江省、新疆维吾尔自治区等省区市负责人，以及俄罗斯统一俄罗斯党杜马议员团第一副主席别赫金等出席了闭幕式。

九三学社中央召开学习中共十七届四中全会精神促进参政党党内民主理论研讨会

10 月 10 日，九三学社中央参政党理论研究中心在社中央机关举行以“学习中共十七届四中全会精神，促进参政党党内民主”为主题的理论研讨会。九三学社中央副主席邵鸿出席会议并讲话。

邵鸿说，今天这个理论研讨会的题目很有意义。学习中共十七届四中全会精神，认真借鉴中国共产党自身建设的成功经验，研讨如何促进参政党党内民主，对于我们民主党派的自身建设具有十分重要的意义。民主党派如果离开民主就失去了自身存在的价值。今天参加研讨会的不仅仅有我们参政党理论研究中心的研究员，还邀请了兄弟党派和有关研究机构的专家和学者，大家畅所欲言，提出了很多有价值的意见和建议。邵鸿指出，参政党党内民主是一个应该认真思考和研究的问题，也是一个比较复杂的问题，短时期内难以研讨清楚。过去我们对党内民主问题考虑较少，但是今天我们这个理论研讨会开了一个好头，非常务实，也比较深刻，启示和收获很大。希望各位同志今后继续努力，把参政党理论研究工作进一步向前推进，从而使我社各项工作跟上时代前进的步伐。

会上，民建中央组织部部长李世杰，中央社会主义学院教授郑宪，民革中央办公厅副主任蔡永飞，九三学社中央参政党理论研究中心副主任王元丰等 9 位同志结合学习中共十七届四中全会精神，从不同角度畅谈了对促进参政党党内民主的意见和看法。

会议由九三学社中央研究室主任岳庆平主持。九三学社中央参政党理论研究中心部分研究员，兄弟党派及有关研究机构专家学者 20 余人参加会议。

民盟广东省委召开参政党理论研讨会

10月11日，民盟广东省2009年参政党理论研讨会在广州召开。广东省部分民盟组织负责人、民盟广东省委会参政党理论研究小组成员和论文作者，在与会期间，探讨交流了参政党理论研究工作的做法和体会。与会者从参政党工作的实践和现状出发，坚持理论源于实践、服务实践、指导实践的原则，对参政党建设问题进行了深入的探讨和研究。与会者对今后的参政党理论研究工作重点形成三点共识：不断深化对参政党理论研究意义的认识；制订规划，明确研究方向和重点课题，努力提高理论研究水平；壮大队伍、健全机制，推动理论研究深入发展。

会议还为2008年度民盟广东省统战理论研讨优秀论文获得者颁奖。获奖论文作者代表在会上发了言，总结了理论研究经验，介绍了论文的撰写情况。

本次参政党理论研讨会共收到论文70余篇。许多论文解放思想，敢于探索，广泛涉猎了参政党理论研究领域中的众多课题，提出了独到的见解。

民盟广东省委负责人提出，将以本次会议为契机，通过上下互动，共同建立全省参政党理论研究网络，使之成为思想建设的工作体系，以高质量、高水平的研究成果推进盟务工作，为即将在广州召开的民盟中央理论研究工作会议做充分的准备。

中国特色政党制度理论研讨会

10月12日至14日，中央社会主义学院中国政党制度研究中心第七届年会暨“中国特色政党制度理论”研讨会在杭州召开，来自中央社会主义学院和各地社会主义学院、民革中央、中央编译局等39个单位的95名代表出席了会议。本届年会以“中国特色政党制度理论研究”为主题，主要就中国特色政党制度理论的基础、中国特色政党制度理论的基本框架、中国特色政党制度理论的历史沿革、中国特色政党制度与国家政权的关系、中国特色政党制度理论创新的难点和重点等问题进行了深入的探讨和交流。与会的各位专家学者发扬解放思想、求实创新的学术精神，就中国特色政党制度理论研究形成了许多有价值的见解和富于启发性的研究思路。大会共收到论文64篇。主要观点如下：

一、关于中国特色政党制度的理论基础

中国特色政党制度是马克思主义政党理论和统一战线学说与中国的实际相结合的产物，是中国特色社会主义民主政治和政治制度体系的重要组成部分，在当今世界政党制度中独具特色。会议代表从马克思列宁主义统一战线理论、政党理论和民主政治理论、中国传统文化等多方面进行深入探索，对中国特色政党制度理论基础进行了广泛研讨。

有学者指出我国多党合作制度是实现人民民主的重要形式，也是中国特色社会主义政治发展道路的重要组成部分。我国多党合作制度符合中国国情，在社会主义民主政治建设中具有独特的优势。主要体现在三个方面：一是体现了社会主义民主政治的本质要求。我国多党合作制度以自身广泛的社会基础、组织构成和代表性为特征，畅通了利益表达渠道，有利于充分反映民意、广泛集中民智，有利于实现党的领导、人民当家做主和依法治国的有机统一。二是有利于党和国家的决策民主化、科学化。通过我国的多党合作制度，使各民主党派、无党派人士广泛参与国家和社会管理，履行参政议政、民主监督的基本职能，党和国家在作决策时，能够听到各方面的意见和建议。三是可以实现各界人士有序的政治参与。我国多党合作制度既维护人民的根本利益，又照顾各方面的具体利益，可以有效协调社会各方面的关系，使一些社会矛盾和问题能够在现有的体制框架内得到妥善化解，有利于形成全体人民各尽所能、各得其所而又和谐相处的局面，从而促进社会的和谐发展。四是有利于党的执政能力建设，加强和巩固党的领导。在我国多党合作制度中，执政党建设与参政党建设互相促进，从而提高了执政党的领导水平和参政党的参政能力。各民主党派作为共产党的亲密友党，它对中共和政府的批评监督有利于促进共产党提高执政能力。

有学者提出，“长期共存、互相监督”的“八字方针”的提出及对这一方针的理论阐述，是以毛泽东为代表的中国共产党人对马克思列宁主义关于政党和政党合作理论的创造性发展，是中国政党制度发展史上的一个重要里程碑，它科学地解决了在社会主义社会我国政党制度的若干重大的、基础性的理论问题，其理论价值在于：确立了中国共产党在社会主义整个历史阶段与民主党派长期合作的战略思想；提出了中国共产党与民主党派互相监督的重要思想；在这一方针指引下，中国共产党把作为新民主主义政治遗产的多党合作和政治协商推进到社会主义社会，从而突破了苏联一党制的政党制度模式，在社会主义政党制度上作出了符合中国国情的选择，标志着中国共产党领导的多党合作和政治协商制度在社会主义条件下得到进一步确立。

有学者提出，人民民主是当代中国政党制度的政治基石。多党合作是人民民主在政党与政党关系层面上的基本体现。统一战线是人民民主在政党与社会关系领域中的体现。政治协商是人民民主在政党同政府及国家关系上的体现。当前，我们所有推动政治改革、政治发展的努力，所有政治制度的巩固、完善和发展都是为了推进人民民主。反过来，所有这些改革和发展的努力，这些制度的巩固、完善和发展也当自觉遵循人民民主的基本原则与精神，始终与人民民主的政治实践相一致。具体到政党制度领域，各相关政治主体更应当高度重视人民民主的基础地位和作用，使中国特色社会主义政党制度自觉服务于其要求，充分发挥其功能，从而有效地支撑起人民民主政治的良性运转。

有学者提出，“民主集中”的思想理论在我国政治制度、政党制度的形成和发展过程中占有极其重要的位置，是中国特色政党制度理论的重要基石。民主集中制理论是马克思主义政党理论的重要内容。中国共产党人不仅发展民主集中制理论，还扩大了其应用范围，在国家政权的创建和政治制度的建立中充分运用了这一原则，民主集中制理论也成为我国政党制度的重要理论基础。我国政党制度既贯穿民主又体现集中，是民主与集中的统一。体现民主集中还是分权制衡是中西方政党制度的重大区别，这也决定了中国的政党制度不能照搬西方政党制度的模式。

有学者指出，中国特色政党制度理论体系的基础包括历史、理论和实践三个层面。中华民族的历史文化传统、近代以来的中国的特殊国情、中国共产党领导的多党合作和政治协商制度的形成历史，构成了理论体系的历史基础。马列主义的多党合作思想、党的三代领导集体和以胡锦涛同志为总书记的党中央关于多党合作和政治协商的思想提供了思想基础。中国共产党领导的多党合作和政治协商制度在中国的成功发展与实践则奠定了实践基础。

有学者提出，中国特色政党制度理论源于国情、合于国情、利于国情。中国的基本国情决定了中国政党制度具有与西方国家政党制度不同的特色，不同的理论，不同的目的。中国社会主义生产资料公有制、近现代经济政治的发展、阶级结构和阶级特征、社会主义制度、现实国情这五个方面为中国特色政党制度理论提供了坚实的基础。

有学者提出中国之所以选择了多党合作的政党制度，固然有诸多历史和现实缘由，但文化上的认同是一个特别值得关注的因素。按照社会认同理论，“制度认同”的内在根源和深层基础在于“文化认同”。文化上的特殊性是造成政党制度差异的关键因素。同西方文化比较起来，中国文化精神较为明显的特点就是讲“和谐”胜于讲“对立”，重“和”而不重“斗”的文化精神影响了中国政党制度运行的内韵风格。守“中”而不偏执的政治理念奠定了中国政党制度运行的结构模式，依“势”而不盲从的价值理想塑造了中国政党制度运行的基本范式。

二、中国特色政党制度理论的基本框架

部分与会学者认为，基本框架就是指那些带有基础性、全局性的重大理论问题，是构建中国特色社会主义政党制度理论的基本要素，将指导中国政党政治实践，为中国政治发展指明方向。论文主要从中国特色政党制度的结构、称谓、核心价值及功能方面就理论框架提出了自己的观点。

有学者提出，中国多党合作制度的主体结构包括执政党和各民主党派，在宽泛的意义上民主党派也包括无党派（民主）人士，执政党和各民主党派在规范上是平等的，在经验上则具有主次之分。在政治结构方面，中国多党合作制度包括“多党合作制度”和“政治协商制度”，两者密切联系在一起，又具有不同的含义；“多党合作制度”具有更重要的地位。在功能结构方面，中国多党合作制度在决策功能上具有互补性，在监督功能上具有偏重性。

有学者指出，中国特色政党制度理论至少应包括如下内容：历史脉络——中国特色政党制度理论萌芽、产生、形成、发展完善和创新的过程；中国特色——中国特色政党制度理论的特点；立体架构——中国特色政党制度理论的配置组合；与时俱进——中国特色政党制度理论具有鲜明的时代性；路径选择——走中国特色社会主义政治发展道路。

有学者提出，在我国政党制度理论的研究中，对一些重要的称谓有必要提出来探讨，进一步规范化。

有学者指出，多党合作制度建立60年以来，在维护社会和政治稳定方面显现出来了巨大优势和强大生命力，促进了中国特色社会主义事业的发展。在新的历史条件下，发展社会主义民主政治，坚持和完善中国共产党领导的多党合作和政治协商制度，要始终围绕维护社会政治稳定这个核心展开，从而更充分、全方位地发挥出这一制度的各项具体价值和功能。

三、关于中国特色政党制度理论的历史沿革

中国特色政党制度是在我国长期革命和社会主义建设过程中形成和发展起来的。与此相适应，中国特色政党制度的理论也有一个萌芽、形成与发展完善的历史过程。全面回顾多党合作理论发展的历程，准确把握多党合作思想的发展规律，对于推进中国特色政党制度理论研究具有重大的理论意义。代表们对于这一问题，提出了各自的看法。

有学者提出，马克思主义多党合作理论经历了六个历史时期：马克思、恩格斯的多党合作思想，是多党合作理论的开创时期；列宁的多党合作思想，是多党合作理论的初步实践时期；以毛泽东同志为核心的中共第一代中央领导集体的多党合作思想，是中国共产党多党合作理论的创立和在国家政权中付诸实践的时期；以邓小平同志为核心的中共第二代中央领导集体的多党合作思想，是多党合作理论的恢复发展时期；以江泽民同志为核心的中共第三代中央领导集体的多党合作思想，是多党合作理论的制度化建设时期；以胡锦涛同志为总书记的中共中央的多党合作思想，是多党合作理论的全面发展时期。其中每一时期都有着丰富的内容。

有学者以中国政党制度的诞生、中国社会主义政党制度的确立、中国特色社会主义道路的确立为界，将中国特色社会主义政党制度划分为萌芽时期、形成时期、曲折发展、发展完善四个阶段，并分别阐述了这四个阶段内中国共产党领导的多党合作制度理论建设方面的重大进展，指出我国政党制度理论已经形成为一整套与西方两党制、多党制、一党制相区别的一种新型政党制度模式理论。

有学者提出，党的十六大以来，以胡锦涛同志为总书记的党中央十分重视我国多党合作制度的发展，继往开来、与时俱进，紧紧围绕党和国家工作大局，对多党合作事业的发展作出战略部署，提出了一系列新的理论观点和政策，对多党合作制度建设和多党合作实践进行了新的理论概括和科学的总结。一是明确提出完善多党合作制度是社会主义政治文明建设的重要内容，要坚持推进多党合作的制度化、规范化、程序化；二是提出了构建和谐政党关系的崭新论断，要求巩固和发展社会主义政党关系，实现我国政党关系长期和谐；三是提出了“执政党建设与参政党建设互相促进”的思想，进一步明确建设中国特色社会主义事业的参政党的目标和原则。

四、中国特色政党制度与国家政权的关系

中国特色政党制度与国家政权稳定、人民民主的实现息息相关。适应人民民主专政国体的要求，为巩固人民民主专政服务，是中国特色政党制度确立和发展的内在逻辑。围绕中国特色政党制度与国家政权的关系，大家从不同方面提出了自己的观点。

有学者指出，国家政权是一切阶级社会上层建筑的核心，现代国家政权一般都紧密联系着三大要素即国体、政体和政党制度。中共中央 2005 年颁发《中共中央关于进一步加强中国共产党领导的多党合作和政治协商制度建设的意见》指出“我国是人民民主专政的社会主义国家，同这种国体相适应的政权组织形式是人民代表大会制度，同这种国体相适应的政党制度是中国共产党领导的多党合作和政治协商制度。”这一重要表述，第一次从国家制度层面阐述了我国国体（国家政权的性质）、政体（国家政权的组织形式）和政党制度的关系。人民民主专政的国家政权孕育了中国特色政党制度，人民民主专政的国体从制度建设、政治理念、政治程序和政治行为等不同层面诠释了我国政党制度的政治理念和价值目标。人民民主专政决定我国各政党在国家政权中的功能定位和格局划分。而中国特色政党制度巩固了人民民主专政的国家政权。

有学者指出，政党与政权关系确立的基础主要取决于三个条件：一是选择什么样的民主形式，二是选择什么样的政党制度，三是选择什么样的政党。中国多党合作制度是中国特色社会主义政党制度，是为人民民主专政的国家政权服务的。这项基本政治制度在国家政治制度和政治体制中具有总体性、全局性、深层次性的重要影响，是中国特色民主政治的重要组成部分。中国多党合作制度与国体、政体有良好的匹配性和适应性。国体是国家的性质，政体是国家政权的性质，中国多党合作制度是在既定的国体和政体下对政党制度作出的一项选择和安排，这种选择具有历史必然性和现实合理性，因而，多党合作制度是中国政党制度唯一可行的路径。

有学者指出，中国特色的政党制度具有的政治参与、利益表达、社会整合、民主监督、维护稳定五大功能有效地推动着国家政权的正常运转，共产党领导、多党派合作，共产党执政、多党派参政的显著特征有力促进了国家政权建设，它广泛深厚的社会基础使国家政权具有广泛的群众基础，它具有的良好防御功能使国家政权保持独立性。

五、关于中国特色政党制度理论创新的难点、重点和热点

对于中国特色政党制度理论的研究和创新，与会专家学者都寄予了厚望，也从解放思想、实事求是出发，衷心提出了许多相关研究领域存在的矛盾和困难。主要有以下观点：

有学者提出我们当前的绝大多数研究还处在仅仅从统一战线角度，或是党建角度进行分析，停留在对我国政党制度基本情况的介绍和对多党合作方针政策的阐释。而从更为宏观视角、一般政治学视角的研究还比较少，研究方法也过于单一，因而，更具有说服力的学理性分析还很不够，特别是从政治专业角度，能让世界范围内的理论研究者更为信服的专业理论还有待加强，这也是目前中国特色政党理论研究中急待突破的难点问题。所以，研究者应更加注重从更深层次来研究，提高其学术含量，努力建立一个科学、系统、完整的政党制度理论体系。

有学者指出，中国特色社会主义政党制度理论创新最困难的地方，在于这个人类历史上独有、独创的制度及其将形成的理论是否联系实际、是否符合客观存在。谋求政党实践与政党理论良性互动，其实就是在寻求中国社会主义特色政党制度的理论创新的持续、持久推动力；民主是中国特色政党制度理论萌生的最深厚土壤，中国特色政党制度理论萌芽是民主的产物，中国特色政党制度理论成长、成熟也都是民主的结晶；理论与实践良性互动、中共持续发扬民主、领袖积极参与是形成、完善中国特色社会主义政党制度理论所必不可少的三要素。

在小组讨论和大会交流中，与会代表紧密围绕会议主题，畅所欲言，就进一步深入研究中国政党制度理论的方式、逻辑、立场等进行了研讨，提出了许多有益的学术见解和启发性的思路。大家表示，随着我国多党合作制度理论研究的不断发展，需要逐步深化对这个制度的基础理论问题进行研究，不断清晰对其内在规律的认识，要尊重政党制度的一般规律，也要尊重我国政党政治发展的规律，用发展的眼光看待中国政

党制度，将理论与实际结合起来。要进一步发挥社会主义学院的研究优势，在教学科研中坚持正确的政治方向、正确宣传党的统一战线和多党合作的理论方针政策，为发展和完善中国特色社会主义政党制度理论作出应有的贡献。

新中国60年与执政党建设理论研讨会

由中共中央文献研究室与中国中共文献研究会联合举办的“新中国60年与执政党建设”理论研讨会，10月21日至23日在北京召开。

中央文献研究室主任、中国中共文献研究会会长冷溶，中央党校副校长石泰峰，中央党史研究室副主任李忠杰，中国社会科学院副院长李慎明，在开幕式上致词。中央文献研究室常务副主任、中国中共文献研究会副会长杨胜群主持开幕式。有关方面的领导和专家学者李景田、滕文生、逄先知、邵华泽、金冲及、陈群、刘国光、沙健孙、侯树栋、朱佳木、李君如等出席了研讨会。

本次研讨会以党的十七大和十七届四中全会精神为指导，深入研讨新中国成立60年的伟大历程、辉煌成就和执政党建设的基本经验，深入研讨以毛泽东、邓小平、江泽民同志为核心的党的三代中央领导集体和以胡锦涛同志为总书记的党中央在执政兴国伟大实践中积累的宝贵思想财富和精神财富，积极推进理论武装和理论创新。

与会同志认为，党的十七届四中全会是在国际形势继续发生深刻变化、我国处在进一步发展的重要战略机遇期的情况下召开的一次重要会议。全会审议通过的《中共中央关于加强和改进新形势下党的建设若干重大问题的决定》，深刻分析党的建设面临的新形势新任务，认真总结我们执政党60年来加强自身建设的基本经验，对加强和改进新形势下党的建设作出战略部署，是指导当前和今后一个时期党的建设的纲领性文献。

与会同志认为，我们党在革命、建设和改革各个历史时期形成的大量文献，是几代中国共产党人智慧的结晶。特别是毛泽东、邓小平、江泽民和胡锦涛同志的论著，集中反映了我们党的指导思想、基本理论和基本经验，是党的思想理论建设的基本教材。深入开展党的文献研究工作，对于贯彻落实建设马克思主义学习型政党的战略任务，推进马克思主义中国化、时代化、大众化，将起到积极的作用。这次研讨会，通过中国中共文献研究会这个平台，进一步加强了全国理论界、学术界的合作，推动了党的基本理论和党史、国史研究，有利于党的文献工作更好地为党和国家工作大局服务。

与会同志认为，要深入研究新中国60年的伟大历程与执政党建设的关系，特别是要结合十七届四中全会精神，进一步探讨我们党在长期执政的历史条件下“建设什么样的党、怎样建设党”这个重大课题。要深入研究新中国60年的伟大历程与中国特色社会主义道路的探索、开辟和发展的关系，特别是要处理好以毛泽东同志为核心的党的第一代中央领导集体的艰辛探索与中国特色社会主义道路的关系问题。要深入研究新中国60年的伟大历程与中国特色社会主义理论体系形成和发展的关系，特别是要注意处理好毛泽东思想与中国特色社会主义理论体系的关系。我们要把它们作为一个整体来研究和宣传。

本次研讨会于10月23日闭幕。在为期三天的会议上，来自全国各地的近200位专家学者将围绕会议主题进行深入研讨。本次研讨会共收到377篇论文，其中134篇入选，论文已结集为《新中国60年研究文集》，由中央文献出版社出版发行。

新中国政治建设与政治发展60年学术研讨会

2009年10月24日—25日，由中国政治学会主办、西南交通大学承办的“新中国政治建设与政治发展60年”学术研讨会暨中国政治学会2009年年会在成都举行。来自全国各地的近280名代表与会，围绕会议主题展开了热烈的讨论。

中国社会科学院杨海蛟研究员从党的执政能力、社会主义民主政治制度建设、人权发展、依法治国、行政体制改革等方面，对新中国的政治建设和政治发展60年的经验进行了总结。在此基础上，北京师范大学施雪华教授提炼出新中国政治发展的基本经验和教训，并对未来政治发展的方向做出了展望。他认为今后更长一段时间，将继续坚持以科学发展观为导向的政党主导型，将政治合法性与政治有效性相结合为价值核心和主要方法的渐进式政治发展模式。华东政法大学张明军教授则对新中国政治渐进发展的基本经验进行了总结，认为这种改革在科学定位中国政治发展历史方位基础上，在注重国体民主的同时，又重视政体民主发挥；政治体制与经济体制互动在保证质的同时，又注重量的适度；政治参与既关注公民参与积极性的提高，又注重参与技能的提升和制度化渠道建设，在这些经验基础上，走出了一条较为成功的有中国特色的政治渐进发展道路。中共中央党校李良栋教授回顾了新中国成立以来社会主义民主政治建设的历史发展进程，对60年来民主政治建设的正反经验进行了梳理。他认为，未来党的领导方式和执政方式将进一步适应民主法治的要求，社会主义民主和党内民主将不断扩大。

政治体制改革和执政党建设也是学者们讨论的热点，武汉大学虞崇胜教授将政党制度分为对称性政党制度和非对称性政党制度，认为中国的多党合作制度是非对称性政党制度，具有巨大的政治优势。西南政法大学郑传坤教授对党内监督和巡视制度进行了分析，机构，科学确定并适度扩大巡视对象和重点范围，并大力开展巡视制度的理论研究。山东省社会科学界联合会包心鉴教授认为，深化政治体制改革的核心是坚持以人为本，以人为本是政治体制改革的目标定位、动力定位和标准定位，政治体制改革的根本环节是统筹政治关系，进而形成政治发展的共识和合力。苏州大学沈荣华教授对中国地方政府体制改革的形式、方法、策略以及手段进行了研究，认为改革形式主要体现为以利益调整为核心的渐进式改革，包括中央统合主义的改革策略和行政力量为推动力的强制性手段，他还对地方政府在特定环境下所形成的“悬浮式”单向改革进行了反思。

新中国的成立为基层民主的发展提供了重要的体制保障，华中师范大学徐勇教授认为，从建国到改革开放前，执政党虽然提出了基层民主的设想，但是还属于动员式民主，缺乏有效的制度基础和发展空间，并被群众运动所代替。改革开放以后，建立了在个人利益基础上的参与式民主，基层民主的制度化基础日益巩固，发展空间日益扩大，促进了国家治理的转变和有效政治整合的实现。山西大学董江爱教授在梳理中国农村基层民主60年演变历程的基础上，以农民对村庄内部公共事务的参与为参照物，分析了国家通过公共政策影响农民的政治参与，通过农民的政治参与实现对农村社会有效治理的过程。她认为，前30年国家发展需求对公共政策的制定起主导作用，后30年农民的利益诉求对公共政策的制定起主导作用。西南交通大学王习明教授通过对湖北荆门和四川德阳的比较研究，对当代中国农村基层治理体制的历史演变进行了总结，并指出，农村治理体制改革必须服从国家发展目标，并与农村经济发展水平相适应；必须保持历史的连续性；必须加强基层政权建设及其上级政权、下级组织的配套改革。

中国政治模式与世界政治文明理论研讨会

10月26日，"中国政治模式与世界政治文明"理论研讨会在重庆市召开。重庆市委常委、统战部部长翁杰明为研讨会发来贺信。他指出，广大统战成员要进一步坚定对中国政治模式的信心，任何时候都要与党委政府的工作全局保持高度一致，以高度负责、与时俱进的态度，去分析处理涉及改革发展稳定的新情况新问题。

此次研讨会由重庆社会主义学院和重庆多党合作历史研究中心联合举办。来自国家行政学院、中央社会主义学院、全国各地方社会主义学院、部分高校和党校的专家和学者，以及重庆市统战系统成员参加研讨会。会上，国家行政学院汪玉凯教授就中国政治模式的张力和生命力作专题报告。与会专家学者围绕中国政治发展模式和政党制度研究等10个理论专题作大会发言。大家探讨了开展"真信、真懂、真走"中国政治发展模式活动的重要意义，中国政治发展模式的内涵、发展阶段和运行方式，以及中国政治模式对世界政治文明的贡献等。同时，结合统一战线实际，着重研讨了如何不断坚持和完善我国的政党制度，如何构建和谐的政党关系，如何推进多党合作和政治协商的规范化、程序化和制度化建设。

翁杰明在贺信中指出，新中国成立60年来特别是改革开放以后，党领导人民不断探索中国特色社会主义道路，在形成富有活力的经济模式的同时，也创造了原则性、全面性、均衡性相统一的政治模式。中国政治模式正逐步回答世界政治发展需要解决的一系列重要问题，特别是在科学处理民主与效率、政党竞争与保障各方民众利益、民主形式单一性与多样性、保持民族特性与顺应人类发展潮流、依法办事与解决实际问题、间接民主与直接民主之间的关系上，已为世界政治文明提供了许多有益的实践。

翁杰明在贺信中强调，面对经济全球化、信息一体化、社会扁平化带来的新情况新问题，全球范围内对政治发展的规律与趋势有各种各样的分析与预测。作为中国政治文明建设的重要力量，广大统战成员要保持清醒头脑，既要充分把握人类社会发展的基本规律，又要准确把握中国的基本国情，任何时候都要与党委政府的工作全局保持高度一致，以高度负责、与时俱进的态度，去分析、处理涉及改革、发展、稳定的新情况新问题，与其他领域的同志一起不断探索更具先进性、实效性的举措，努力促使中国政治模式始终按照科学有序、富于活力的轨迹前行。

致公党召开深入学习贯彻科学发展观暨参政党理论建设研讨会

10月29日至30日，中国致公党深入学习贯彻科学发展观暨参政党理论建设研讨会在京召开。全国政协副秘书长、致公党中央常务副主席王钦敏，全国人大常委、致公党中央副主席严以新出席会议。致公党各省级组织有关领导同志、宣传部门负责同志等60余人参加了会议。

王钦敏常务副主席在开幕式上讲话。他说，科学发展观是推进我国改革开放和社会主义现代化必须长期坚持的指导方针，深入学习贯彻科学发展观，不仅是中国共产党的重大政治任务，也是各民主党派更好地履行职能、发挥作用的客观需要。开展学习贯彻科学发展观活动近一年来，广大党员对中国特色社会主义伟大旗帜的理解更加深刻，对坚持走中国特色社会主义道路的信念更加坚定，对新时期参政党的目标、任务和努力方向更加明确，各级组织的自身建设也得到了进一步加强，在服务当地科学发展的同时实现了自身的科学发展，扩大了致公党的社会影响。在总结经验、肯定成绩的同时，王钦敏常务副主席也指出了当前工作中存在一些的不足，并就继续学习贯彻好科学发展观提出两点要求：一是要站在新的高度，学习和把握科学发展观的精神实质。二是立足新起点，实践和实现科学发展观的时代价值。

针对参政党理论建设问题，王钦敏常务副主席指出，参政党只有做到理论上的清醒与坚定，才能保持政治上的清醒和坚定，从而使加强自身建设和履行职能更加全面和自觉。要从战略高度，充分认识和深刻理解加强理论建设的重要性和紧迫性；要从回顾总结中，努力厘清本党理论建设的经验和不足；要从谋求实效上，努力推进本党理论建设新跨越。他强调，当前应注意两点：一是通过理论建设，促进思想建设和自身建设，以科学的理论武装头脑和指导实践，保证广大党员理论上的清醒和政治上的坚定。要把理论建设和思想建设结合起来，并着力思考致公党如何牢固树立和践行社会主义核心价值体系的问题。全党务必要把树立和践行社会主义核心价值体系作为下一阶段思想理论建设的重点，认真思考把社会主义核心价值体系如何融入到本党的思想建设和自身建设中去，融入到本党发挥自身职能、提高履职能力中去，融入到政治交接和对新党员的学习教育中去。二是加强理论建设，要在措施上重视队伍建设、载体建设和机制建设。

会议传达了中共中央有关文件精神，并邀请中央社会主义学院专家就“民主党派如何学习贯彻科学发展观”做专题报告。19个致公党省级组织代表先后发言，就如何进一步推动全党学习贯彻科学发展观工作和加强参政党理论建设工作进行了研讨。来自本党的一批专家、学者还就“科学发展观与参政党建设”进行了论文交流。

严以新副主席在闭幕式上讲话。他认为，本次会议进一步统一了思想，提高了认识；明确了继续加强参政党理论建设的工作思路；会议通过充分交流，取得了重要成果。就当前学习贯彻科学发展观、思想建设和理论建设三方面的内容，严以新副主席结合明年的工作计划指出：第一，继续深入学习贯彻科学发展观，切实把思想和行动落实到坚持自身发展和服务科学发展上来。第二，切实加强思想建设，增强广大党员接受中国共产党领导的自觉性和坚定性，努力夯实多党合作的思想政治基础。第三，切实加强参政党理论建设，从理论上系统研究参政党建设规律，努力建设符合时代要求的高素质参政党。他说，我们必须看到理论研究工作中存在的问题，如研究机构不健全、研究内容缺乏针对性、具有实践意义的研究成果不多、研究的深度和广度不够。因此，我们要采取切实有效的措施：要提高认识，加强领导，把理论建设摆到重要的议事日程；要循序渐进地建立一套工作管理机制；要培养理论人才，建立骨干队伍。不断提高广大党员运用理论解决实际问题的能力，以理论创新推动工作创新，为构建社会主义和谐社会，全面建设小康社会作出更大贡献。

出席本次会议的还有致公党中央秘书长曹鸿鸣，致公党中央宣传部部长王翔等。

民盟理论研究工作会议

2009年11月7日至8日，民盟理论研究工作会议在广东省广州市举行。会议的主要内容是，总结交流近年来民盟理论研究工作的经验，分析民盟理论研究工作面临的新形势、新任务，研究今后一个时期加强全盟理论研究工作的具体措施。

民盟中央常务副主席张宝文，民盟中央副主席、广东省政协副主席、民盟广东省委主委温思美，中共广东省委统战部副部长唐晓萍，民盟中央常委、民盟广东省委专职副主委兼秘书长李竟先，民盟中央组织部副部长何奉贤，民盟中央宣传部副部长张冠生，民盟中央宣传部副部长、群言杂志社副主编吴志实，民盟中央参政议政部副部长刘骆生，民盟中央研究室副主任刘圣宇出席开幕式。民盟各省级组织专职副主委、理论研究部门负责人以及盟内专家学者80余位同志参加会议。开幕式由李竟先主持。

温思美副主席代表民盟广东省委致欢迎辞。他说：经过近几年的工作，我们的理论研究取得了一定的成绩，但与新形势下建设高素质的地方参政党要求还存在着差距。民盟作为与中国共产党通力合作的参政党，在新的形势下，面临着建设一个什么样的参政党、怎样建设参政党的重大历史性课题。解决好这个重大课题，必须靠理论上的探索、工作上的创新、实践上的发展。为此，召开理论研究工作会议，显得非常及时，非常重要，具有深刻的现实意义。民盟中央将首次理论研究工作会议交给民盟广东省委承办，既是对广东民盟理论研究工作的支持与肯定，更是对我们今后工作的鞭策与鼓励。他希望在这次会议上，大家盘点理论研究的成绩、交流理论研究的做法、总结理论研究的经验、畅谈理论研究的体会，更好地推进盟的理论研究工作。

张宝文常务副主席作了重要讲话。他说，这次会议的召开对于我们在新形势下统一思想，达成加强理论研究工作的共识，推动全盟理论研究工作上一个新台阶，具有非常重要的意义。他强调，我们要充分认识新形势下加强参政党理论研究的重要性和必要性，加强参政党理论研究既是坚持和完善中国共产党领导的多党合作和政治协商制度的必然要求，是适应参政党工作实践的内在需要，也是关系到参政党长远发展的战略任务。他在讲话中指出，进入新世纪以来，全盟高度重视参政党理论的学习和研究，工作意识不断增强，形式日益多样，机制逐步完善，水平不断提高，整体工作取得了可喜成绩，积累了不少宝贵经验，概括起来主要包括：坚持以中国特色社会主义理论体系指导研究工作；领导干部率先垂范，形成重视理论研究的良好氛围；坚持理论联系实际，积极推动工作实践；重视机制建设，努力搭建研究平台；实行专兼结合，加强人才队伍建设。在肯定成绩的同时，我们也应该看到，全盟理论建设工作还处于起步阶段，存在着一些不足和问题。这就需要我们紧紧围绕“建设一个什么样的参政党，怎样建设参政党”这个根本问题，研究和把握参政党建设的内在规律，不断加强理论学习，提高领导干部的理论修养，搞好规划指导，健全理论研究工作机制，坚持面向实际，切实提高研究成果的质量，培养理论人才，整合研究资源，努力推动全盟理论研究工作迈上一个新台阶。

与会人员围绕张宝文常务副主席的讲话，就如何搞好理论研究工作进行了认真讨论。民盟北京市委、上海市委、安徽省委、湖南省委、广东省委、四川省委先后就开展理论研究工作的做法和体会作了大会交流。

中国人民大学国际关系学院教授、博导，中国人民大学当代中国政党研究中心副主任，中国统战理论研究会政党制度建设理论研究基地副主任周淑真作了题为《关于政党理论研究的几个问题》的报告，并与大家进行了互动交流。民盟中央研究室副主任刘圣宇作了大会总结，他希望大家在研究中不断拓宽视野，提高参政党理论研究的质量和水平，并对加强全盟理论研究工作信息沟通和组织协调提出了一些设想。民盟中央副秘书长、办公厅主任李勇主持闭幕式。

第二届中国政党研究论坛暨政党内部民主与人民民主关系学术研讨会

11月14日—15日，北京大学政党研究中心和中央社会主义学院中国政党制度研究中心联合举办的第二届中国政党研究论坛在北京香山饭店举行，论坛主题为“政党内部民主与人民民主关系”。来自中央社会主义学院和北京大学、中国人民大学、上海交通大学、中共中央党校、中共中央编译局、中国社科院、民革中央等21个单位的40余位专家学者出席了会议。中央社会主义学院原副院长甄小英教授、北京大学政治发展与政府管理研究所副所长燕继荣教授相继致词，中央社会主义学院统战教研部主任、中国政党制度研究中心副主任兼秘书长李金河教授出席会议，北京大学政党研究中心主任金安平教授主持会议。

甄小英教授在致词中充分肯定了举办此次学术会议的重要意义，指出在党员的民主要求大幅度提高、党肩负的执政使命复杂艰巨、民主政治是时代要求等新形势下，发展党内民主，推进人民民主，不仅具有重要性、必要性，而且具有紧迫性。以党内民主带动人民民主是发展社会主义民主的有效途径，贯彻落实十七届四中全会《决定》，党内民主必须有实质性的推进。燕继荣教授在致词中指出，改革开放30年，随着经济发展、社会变迁，民主政治的紧要性与迫切性与时俱增；着力建设党内民主，以党内民主为切入点，推动人民民主，是一条可行的路径。他还对这一路径实现提出了一系列的问题思考，呼吁专家学者作出进一步的研究。

会议采取主题发言、自由发言、提问讨论、提交论文等形式，与会专家学者围绕会议主题，发表了许多精辟独到的见解，提出了许多富有建设性和启发性的观点和研究思路。论坛的主要观点如下：

一、关于执政党党内民主与人民民主的关系

上海交通大学国际与公共事务学院院长胡伟教授从中国特色社会主义民主政治的高度来阐释党内民主推动人民民主的重要性和可行性，指出在社会主义初级阶段，通过发展党内民主来积极推动人民民主，是把坚持党的领导、人民当家做主、依法治国辩证统一起来的有效途径，是中国特色社会主义民主政治的生动体现，也是我国深化政治体制改革的必由之路。

中央社会主义学院统战教研部主任、政党制度研究中心副主任兼秘书长李金河教授指出，有怎样的民主观，就有怎样的民主政治和政党制度发展。在新的历史条件下，要以马克思主义民主观引领中国特色社会主义民主政治和政党制度发展。

北京大学政党研究中心主任金安平教授提出，要实现“党内民主带动人民民主”的战略，必须在“党内民主”与“人民民主”之间找到互动的机制。因为政党内部民主和人民民主在原则、内容和规范上存在着显著的区别，因此，通过“党的民主”以推动人民民主的实现比通过“党内民主”示范和带动人民民主的命题更具有理论逻辑、宽广的外延和深刻的意义，也具有更现实和可操作的运行机制。

中国人民大学特聘教授任剑涛教授也持类似的看法，他分析了党内民主与人民民主不同的发生学逻辑，并提出可以尝试通过党际民主这个环节实现党内民主与人民民主的对接。

北京师范大学教授施雪华教授认为，从党内民主到社会民主是理论与实践证明的中国特色的社会主义民主政治发展的有效途径之一，这是由中国共产党领导地位与中国社会政治民主和社会民主形态的实现决定的。党内民主的示范效应能够有效“拉动”和“推动”社会民主发展，在党内民主和社会民主的“联动”中实现中国民主政治的发展。

中央社会主义学院孙信教授在发言中指出以党内民主带动党际民主，处理好党管干部和参政党内部民主的关系；以党际民主促进党内民主，通过党际监督，防止寡头政治和腐败产生；加强多党合作制度法制化建设推动人民民主。

山东大学许忠明副教授从思想、组织、作风建设方面对党内民主发展的困境进行了详细分析，并就其对策作出了深入的探索。

民革中央办公厅蔡永飞博士认为，本着推进民主政治建设应当先易后难的原则，在总结基层民主实践经验基础上，以地方民主带动党内民主应当是更可行的策略选择，发展党内民主应在县级地方率先突破。

二、关于参政党内部民主与人民民主的关系

中央社会主义学院郑宪教授认为，参政党发展党内民主，建立党内监督机制很有必要。参政党的党内民主制度建设是当代世界政党改革的潮流、政党发展规律和执政党参政党相互促进的要求，是提高参政党参政能力建设的新探索。

北京市社会主义学院廖继红教授认为，参政党作为多党合作民主政治运作的主体之一，其内部民主建设与发展直接影响到共产党多党合作的成效，对进而影响人民民主政治的发展。要在共产党领导下，以党内民主制度建设为重点，建立健全参政党内部监督机制，提高参政党成员的民主政治素养。

北京市社会主义学院孙瑞华认为，加强参政党党内民主建设的关键，是要建设尊重党员的主体地位、维护和实现党员的民主权利，全体党员能够自觉遵守民主制度与规范的民主文化环境。

蔡永飞博士提交的另一篇论文《关于参政党发展党内民主的几个问题》指出，多党合作制度的领导党要发展党内民主，接受领导的参政党也应当发展党内民主，而执政党发展党内民主的做法将成为参政党党内民主制度建设的示范。

三、关于国外政党的党内民主与国家民主的关系

中央党校胡振良教授对法国共产党二战后的发展、力量、执政理念等情况进行了详细报告。胡教授以2004年法国电力、天然气公司化改革中法共在议会中的斗争、法共在圣丹尼斯的执政状况等实际案例，考察了苏东剧变后法共活动方式的变化，包括：突出法共是领导群众斗争有益的党，而非先锋党、领导党；重新定义了党员的权利，突出以党员为本的理念；改革了法共的全国代表大会制度与领导程序；加强了党的基层组织建设；引进竞争机制，改革了党的选举制度。

中央编译局政党制度研究中心秘书长朱昔群在对国外政党制度科学分类的基础上分析了政党制度对国家民主的影响，指出不同国家存在不同政党和政党制度的合理性以及政党和政党制度变迁的必然性。

北京大学政党制度研究中心主任金安平教授分析了印度国大党在党内民主欠缺的情况下的运行机制，提出缺少党内民主的政党必须加强和改善党内民主，才能应对更多的机遇和挑战。

与会代表紧密围绕会议主题，各抒己见，提出了许多有益的学术见解和启发性的思路。与会者一致认为，在中国共产党长期执政条件下，以党内民主为切入点推动人民民主是中国特色社会主义民主政治发展的有效途径；既要尊重民主政治发展的一般规律，也要尊重我国民主政治发展规律，用发展的眼光研究中国特色社会主义民主政治发展，将理论与实际结合起来，用学术思想和行动促进社会进步。

深化党内基层民主实践创新研讨会

12月19日，“深化党内基层民主实践创新”研讨会在上海闵行区举行，来自中央党校、中国浦东干部学院等机构的30多位党建专家和上海、四川、湖北、浙江、陕西等地的党建工作者，结合各地区基层党建民主创新的实践进行面对面的探讨。

研讨会上，中共闵行区委员会围绕改革全委会运行机制作了交流。近年来，闵行区改革全委会运行模式，创新机制，通过坚持落实对重大事项的决定权、完善对常委会的监督功能，构建“有权”的全委会；坚持改变会议模式、增加审议内容、设立专门工作委员会，建立“有序”的全委会；坚持引入询问制度、优化表决方式、扩大网络民主，建设“有活力”的全委会；坚持建立区委委员联系区党代表机制、推进“三联四会”群众工作机制、创设提案工作制度，打造“有源”的全委会。

同时，闵行区深化推进党务公开工作，尊重和落实党员的主体地位，建立区委带动、上下联动、考核促进的党务公开责任制，创建互动式公开形式，做到党内重大事项主动公开、社会关注事项重点公开、涉及群众利益的事项及时公开。通过党务公开网实现公开的转型。

中共浦东新区区委在会上交流时说，浦东新区坚持先行先试，把实践性作为推进党内民主的重要途径，以制度体系建设为主线，制定出台《关于建立健全党内民主制度体系的若干意见》，在街镇党委层面，进一步强化党委“总揽全局、协调各方”的作用，在村、居民区等基层党组织层面，进一步完善党组织领导下的村（居）民自治制度。

研讨会上，中共四川省成都市委、巴中市委、雅安市委，浙江省台州市黄岩区委、陕西省西安市未央区委、湖北省宜昌市委分别作交流发言。李君如、蔡长水、王长江等党建专家作了精彩的点评和讲评。

学术人物

王浦劬，男，1956 年出生，教授，江苏省盐城市人。北京大学政治发展与政府管理研究所（国家教育部人文社会科学研究重点基地）副所长，北京大学政府管理学院教授、博士生导师，国务院特殊津贴专家。

1978 年考入北京大学国际政治系，至 1988 年先后获北京大学法学学士、硕士和博士学位。

中国政治学会副会长、中国行政管理学会副会长、国家哲学社会科学规划委员会政治学科评议组副组长、国家教育部社会科学委员会政治学社会学民族学部召集人、国家教育部全国政治学指导委员会副主任委员、全国公共管理专业硕士学位（MPA）教育指导委员会委员、北京市政治与行政学会会长。兼任中国社会科学院学术委员会政法部委员、中山大学行政管理研究中心（国家教育部人文社会科学研究重点基地）兼职研究员。

主要研究领域为政治学理论与方法。编撰《政治学基础》、《选举的理论与制度》、《中国高校哲学社会科学发展报告 1978—2008（政治学）》、《政府向社会组织购买公共服务研究》等作品，主译《政治生活的系统分析》、《东亚模式的启示》、《普遍人权的理论与实践》、《官僚制与公共经济学》、《理念与公正》、《政治现实与政治意识》、《和平与战争：1648 ~ 1989 年的武装冲突与国际秩序》等作品。在《北京大学学报》、《政治学研究》等刊物上发表多篇学术论文。主持国家哲学社会科学重大项目、国家教育部跨世纪人才项目、国家教育部全国优秀青年教师项目等多项科研项目。主持编撰国家哲学社会科学规划委员会政治学科“十五”、“十一五”发展规划研究报告，主持《中国高校哲学社会科学发展报告（政治学科）2005/2006/2007/2008》专项研究。中央马克思主义理论研究和建设工程政治学组首席专家，《中国大百科全书（第二版）》（政治学部分副主编）。1998 年被评选为“国家教育部跨世纪人才”，2002 年被评为国家教育部“全国优秀青年教师”，2006 年被批准为中央“四个一批”社会科学理论人才。

胡伟，男，1964 年 1 月出生，汉族，河南人，中共党员。上海交通大学特聘教授、博士生导师、国际与公共事务学院院长，上海市社会科学界联合会副主席，“东北亚名人会”中方成员。主要研究领域为比较政治学、政策分析、中国政府与政治。1982 年入复旦大学国际政治系学习，1989 年研究生毕业后留校任教，历任复旦大学政治与行政研究所副所长、教授、博士生导师。2000 年 9 月转任上海交通大学任教至今。曾在美国哈佛大学、斯坦福大学、法国政治学院、挪威卑尔根大学等做高级访问学者或访问教授。兼任中国国际关系学会副会长、中国政治学会常务理事、中国领导科学研究会常务理事、上海市行政管理学会副会长、上海市政治学会副会长、上海市领导科学学会副会长、上海市廉政研究会副会长、上海市太平洋区域经济发展研究会副会长、教育部高等学校政治学学科教学指导委员会委员、上海市人民政府决策咨询特聘专家、上海市人大常委会决策咨询专家、国家行政学院兼职教授、澳大利亚新南威尔士大学（UNSW）访问研究员、*International Review of Administrative Science* 中文版学术顾问、*Journal of Comparative Policy Analysis* 编委、《政治学研究》编委等。

先后承担国家哲学社会科学基金、教育部人文社会科学规划、上海市哲学社会科学规划、教育部资助优秀青年教师基金、霍英东基金、美国福特基金等研究项目 10 余项，主持国家“211 工程”三期重点学科建设项目和上海市社会科学创新研究基地。著有《政府过程》、《司法政治》、《论政治》、《现代化的模式选择》等，译有《民主与全球秩序》等，在《中国社会科学》、《国外社会科学》、《政治学研究》等国内外刊物发表论文上百篇。主要荣誉有：上海市高校优秀青年教师（1997 年）、中宣部“五个一工程”奖（1997 年）、国家“百千万人才工程”第一、二层次人选（1999 年）、教育部“高校青年教师奖”（2002 年）、上海市育才奖（2004 年）、国务院政府特殊津贴（2005 年）、国家精品课程（2009 年）等。获上海市哲学社会科学优秀成果奖 9 项、上海市邓小平理论研究与宣传优秀成果奖 7 项。

游洛屏，中国藏学研究中心党组书记。1955 年 12 月出生，福建省永定县人。1978 年 10 月就读于厦门大学哲学系，1982 年 8 月毕业后分配至中央统战部。曾任中央统战部研究室编辑处处长、理论处处长、副巡视员；一局副局长、局长；中央统战部秘书长。2005 年 12 月至 2009 年 12 月，任中央社会主义学院常务副院长。现任第十一届全国政协委员，人民政协理论研究会副会长；马克思主义理论研究和建设工程“中国政治思想史”课题组首席专家。

长期从事统一战线理论和实际工作，重点研究我国多党合作制度和民主党派理论、方针、政策，重视结合实际工作研究统一战线重大理论问题。出版专著《我国多党合作制度理论体系》，主编《民主党派成员知识读本》、《中国政党制度年鉴》等。在国家级和省部级刊物发表文章数十篇。主要论文有:《论多党合作制度中的政治权力及其关系》、《从完善政党制度功能思考多党合作制度的坚持和发展》、《论我国多党合作制度的特点和基本经验》、《论多党合作的发展》、《关于加强民主监督的几点认识》、《发展社会主义民主政治的重要内容》、《我国多党合作制度的民主理论基石》、《社会主义民主政治的创造性实践》、《纪念“五一口号”应研究的若干问题》等。

庄聪生，男，1954 年 4 月生，汉族，福建人，中共党员，研究生学历。中共中央统战部副秘书长兼研究室主任；现任全国工商联专职副主席、党组成员，中国民（私）营经济研究会会长，中国统一战线理论研究会常务理事、秘书长。

自 2003 年以来主编《前进中的中国统一战线》9—15 辑，《中共中央关于进一步加强中国共产党领导的多党合作和政治协商制度建设的意见》学习问答，2006 年主编《第 20 次全国统战工作会议精神解答》，2007 年主编《统一战线知识手册》，2003 年以来主持出版《“三个代表”与统一战线》、《科学发展观与统一战线》等书籍，2006 年—2009 年作为首席专家完成国家社科基金项目《新时期爱国统一战线》，2008 年至今作为首席专家主持中央马克思主义理论研究工程项目《中国特色社会主义政党制度理论体系》研究。其代表文章主要有：《坚持走中国特色社会主义政治发展道路》、《具有强大生命力的政党制度》、《协商民主：中国特色社会主义民主的重要形式》、《人民民主是社会主义的生命》、《民主的多种面孔》、《统一战线工作要坚持以人为本》、《以理论创新推动统一战线工作发展》等。

张献生，男，1954 年生，山西临猗人，中央统战部研究室主任，主要研究方向为统一战线与中国政党制度。现为中国政治学会理事、《政治学研究》编委，中国法学会理事，中国统一战线理论研究会副秘书长，中央社会主义学院兼职教授，中央社会主义学院政党研究中心、中国民主促进会中央理论研究会特邀研究员，马克思主义建设工程项目《中国政党制度理论体系研究》首席专家。2000 年以来，先后在《人民日报》、《重庆日报》、《人民政协报》、《团结报》等报刊，在《政治学研究》、《中央社会主义学院学报》、《中国统一战线》、《理论研究》、《建设中国特色社会主义研究》、《新视野》、《民主》、《群言》、《上海社会主义学院学报》、《重庆社会主义学院学报》等学术刊物，发表《我国多党合作中的政党关系》、《共产党领导的多党合作：世界政党制度中一个独特的类型》、《试论我国政党制度的民主价值》、《我国参政党的理论价值和实践意义》、《经济全球化与坚持和完善我国的政治党制度》、《东欧国家政党体制的演变对坚持和完善我国政党制度的启示》、《健全和完善我国多党合作的运行机制》、《健全和完善我国多党合作的运行机制》、《关于我国政治协商的主体问题》、《正确把握衡量我国政党制度的标准》、《“趋同论”刍议》、《江泽民同志对中国多党合作理论的丰富、完善和发展》等论文50多篇，有8篇被中国人民大学复印资料《中国政治》全文转载，其中，《经济全球化与坚持和完善我国的政治党制度》获中国政治学会“经济全球化与中国政治发展战略学术研讨会优秀论文奖”，《东欧国家政党体制的演变对坚持和完善我国政党制度的启示》获中直机关党建研究会课题研究优秀论文一等奖，《邓小平对多党合作理论的发展和创新》获“华明杯”邓小平与统一战线理论征文一等奖。

参政议政案例选

中国国民党革命委员会参政议政案例

一、建言扶持粮食主产区，为我国粮食安全积极献策

“民以食为天”，粮食问题关系到国计民生。中共十七届三中全会指出，必须巩固和加强农业基础地位，始终把解决好十几亿人口吃饭问题作为治国安邦的头等大事。2009年10月，民革中央在深入调研的基础上向中共中央、国务院报送了《关于进一步扶持粮食主产区，确保我国粮食安全的建议》，国务院总理温家宝、副总理回良玉相继对《建议》作出批示。

2009年7月21日—30日，民革中央主席周铁农率领民革中央调研组赴黑龙江省，就粮食主产区的现代农业发展问题开展专题调研。调研组一行先后考察了伊春、嘉荫、萝北、鹤岗、同江、抚远、建三江等市（县），了解当地农、林、渔业的发展情况。其中，黑龙江省农垦总局建三江分局的现代农业发展现状，给调研组留下了深刻印象。调研组了解到，黑龙江省作为农业大省和国家重要商品粮基地，是我国21世纪粮食增产和粮食供给能力潜力最大的地区之一。耕地总面积和人均占有量均居全国首位，松嫩平原、三江平原土壤肥沃，地势平坦，水资源丰富，有机质含量高，气候适宜，农业机械化程度高，这些都是黑龙江发展现代粮食生产的基础条件。黑龙江已经连续5年夺取粮食丰收，2008年的粮食产量达到845亿斤，创历史最高纪录。2009年该省粮食作物播种面积预计达到1.7亿亩，比上年再增加500万亩以上，力争连续第六年夺取粮食丰收。根据《国家粮食安全中长期规划纲要（2008—2020年）》中提出的“核心产区、后备产区等粮食增产潜力较大的地区要抓紧研究增加本地区粮食生产的规划和措施”的要求，2008年黑龙江省制定并向国务院报送了《黑龙江省千亿斤粮食生产能力建设规划》，提出到2015年全省粮食生产能力在现有的770亿斤基础上，增加240亿斤，达到1010亿斤以上，成为我国千亿斤粮食生产大省，年提供商品粮600亿斤以上，为国家打造一个优质、稳固、可靠的“大粮仓”。

在参观了二道河农场万亩水稻田、七星农业科技园区、七星农场集中浸种催芽基地和现代化农机停放场后，周铁农主席充分肯定了黑龙江省在发展现代农业上的积极尝试和成功经验，并指出，发展现代农业是社会主义新农村建设的首要任务，是以科学发展观统领农村工作的必然要求。推进现代农业建设，是促进农民增加收入的基本途

径，是提高农业综合生产能力的重要举措，是建设社会主义新农村的产业基础。加快现代农业建设步伐，对于实现城乡协调发展、合理利用资源、保护和改善生态环境、增强农业可持续发展能力等方面，同样具有重要的积极意义。周铁农强调，中国粮食安全问题依然存在，要继续加大对农业的投入力度。一方面，要加强农业基础建设方面的投入，推进农业科技创新，促进现代农业发展，提高粮食生产能力；另一方面，要努力提高产粮区经济收入，提高农民种粮积极性，提高各级政府抓粮食生产的积极性，保障我国粮食生产的稳定与安全。

在调研中调研组也了解到，当前在产粮区还存在一些阻碍粮食生产能力提高的不利因素，主要包括：（1）种粮比较效益持续走低的局面，并未因粮价提高和种粮补贴的增加而有根本性的改变。此外，农业生产资料价格涨幅过大，也影响了农民种粮的积极性。（2）农业基础设施薄弱。农田水利设施薄弱，水资源调控能力低下，种粮靠天吃饭的局面还没有根本改变。农机总量不足，结构不合理。（3）耕地质量逐年下降，水土流失严重。尤其是随着化肥施用量的逐年增加、农肥施用量的减少以及小型农机具的大量使用，土壤板结、有机含量下降的情况愈发严重。（4）资金投入不足。农民收入水平不高，扩大再生产的能力较弱。各级财政对粮食生产投入稳定增长的机制还没有建立起来，财政支农资金投入有限。农业信贷资金投入规模不能满足农业结构调整和农民增收对资金的需求，服务亟待改善和加强。（5）生产组织方式和经济管理体制不适应。近年来，尽管在推进土地流转、发展规模经营上取得了一些成效，但是农村土地小规模生产、分散经营与大市场对接困难的问题还相当突出。促进产销衔接、社会化服务、产业化发展的现代经营管理体制还没有全面形成。

虽然在国家近年来一系列强农惠农政策的有力支持下，到2008年为止，我国粮食生产已经实现了连续五年的增产增收，但是我们也必须清醒地认识到，随着人口增长和生活水平提高，粮食需求呈刚性增长，粮食增产制约因素增多，利用国际市场调剂国内粮食余缺的空间有限，我国的粮食安全依然面临严峻挑战。从长远来看，只有实施可持续发展战略，进一步扶持粮食主产区，保护好农民种粮的积极性，推进农业结构战略性调整，提高农业综合效益和竞争力，不断提高粮食生产能力，才能确保我国的粮食安全。

根据上述调研情况，调研组提出了以下几点建议：

1. 国家继续完善各项支农惠农强农政策，继续对粮食主产区给予政策重点倾斜。在一些农业项目资金的分配上，应按照耕地面积、人口数量、商品粮贡献率来分配项目资金，多向农业大省（市、县）倾斜，多向产粮大省（市、县）倾斜。为平衡产粮区和其他地区之间的经济收入差距，国家还应加大对粮食主产区的转移支付力度，并把当地的转移支付与交纳商品粮的数量挂钩，以调动各级粮食主产区抓粮食生产的积极性。通过提高粮食收购价、加强对农资价格的调控和质量监控等，来切实保障农民种粮的利益，提高农民种粮的经济收入，调动农民种粮的积极性。要在加大对粮农补贴力度的同时，探索改变粮食直补的方式，把对农民的直接粮食补贴改为实行“产补”挂钩的模式，由单纯根据种粮面积补贴，改为依照种粮面积和向国家出售的商品粮数量和质量相结合的补贴方式，使粮食补贴向粮食主产区和种粮大户倾斜。要建立健全农资补贴机制，逐步探索农资补贴的新方式，将把对生产、流通领域的补贴逐步转为与农资市场变化相挂钩，对农民实行化肥、农药、农机使用等的直接补贴方式。

2. 建立多元投入机制，拓宽投入渠道。各级政府特别是产粮区的政府部门，应进一步调整财政支出结构，不断推进公共财政向农村延伸和覆盖，逐步建立健全以政府投入为主导，农民投入为主体，市场融资、社会资金投入为补充的多元投入机制。要加快农村金融体制的创新，支持农村信用社进一步深化改革，运用多种渠道化解历史包袱，充分发挥支农主力军的作用。要探索建立农业贷款贴息机制，加快发展农业保险，支持政府和各类资本共同参与设立农村担保机构，大力培育各类具有担保功能的农民专业合作组织，逐步建立健全支农信贷投放持续增加的长效机制。

3. 完善土地流转制度，稳步推进规模经营。要提高粮食产量，确实需要集中土地，形成规模效益，但这一做法与现行的土地联产承包责任制有一定的冲突。加快农村土地流转步伐，推进适度规模经营，是破解现行土地经营制度对推进粮食生产机械化、水利化、科技化、集约化制约的重要措施。要在坚持土地承包经营基本制度和农民土地收益权不变的基础上，创新农村土地经营权流转机制，积极探索土地流转的新途径。要坚持搞好农业结构的战略性调整，牵动土地使用权流转；加快农机化建设，促进土地使用权流转；加快农村劳动力转移，拉动土地使用权流转；推进农业产业化经营，带动土地使用权流转；开展中介服务，推动土地使用权流转。要进一步利用转包经营、联合经营、租赁经营、股份经营、龙头企业带动等已有成功流转形式，加快土地流转步伐。逐步完善和加强土地流转信息、法律政策咨询、价格评估、指导合同签订、协调利益机制、调处流转纠纷等各项服务。

4. 加强水利工程建设和管理，健全和完善农机管理体制，深化农业科技推广体系改革。要加强粮食主产区的基本农田水利建设，发展节水农业，加强节水改造和配套设施建设，大力培肥地力，增加旱涝保收、稳产高产的基本农田，降低农民的生产成本，提高粮食生产能力。要解决好水利工程建设中重建设、轻管理的问题，完善工程管理体制，提高水利工程的使用效益。要完善推广农机作业合作社、龙头企业、农机大户、公司企业等新型农机经营体制，健全运行机制，要在农业科技成果推广转化上下工夫，按照强化公益性、放活经营性服务的要求，推进农业科技体系改革，建立起一个职能明确、体制理顺、设置合理、布局优化、运转协调的多元化基层农业技术推广体系，推进农业科技不断创新，为农民种粮和国家的粮食安全提供科技保障。

5. 作为自然条件较好、粮食增产潜力大的重点商品粮产区，国家应进一步重视黑龙江的粮食生产和农业发展。实施《黑龙江省千亿斤粮食生产能力建设规划》，在黑龙江建设国家级粮食生产和储备基地，既是从国家粮食安全的战略高度出发，探索现代农业发展道路，实现农业可持续发展的需要，也是进一步扶持粮食主产区，提高粮食生产能力，构建适应社会主义市场经济发展要求、符合我国国情的粮食安全保障体系的需要。农垦企业是中国特定时期形成的特殊企业团体。作为全国最大的农垦区之一，黑龙江拥有国内目前最大的国营农场群。农垦企业对于建设国家商品粮基地、农产品精深加工基地、农业高新技术产业基地，和推进农业现代化、农区工业化的进程，都起到了重要的示范和带动作用。但是由于一些历史遗留问题，农垦企业也面临着政策边缘化和管理体制边缘化等困难。国家对于农垦企业，应给予相应的政策扶持，帮助垦区解决遗留问题，发挥自身优势。例如国有农场的经营建设，现在完全依靠自身的经营管理而无财政收入，国家能否考虑将农场的税收给予一定比例的返还。

二、建言健全土地流转制度建设，助推农村生产力发展

农村土地承包经营权流转是我国农村经济社会发展到一定阶段的自然要求，也是传统农业向现代农业转型的必由之路。为了解我国农村土地承包经营权流转的现状，探索进一步规范我国农村土地流转市场、健全农村土地流转制度的基本对策，2009 年 5 月 6 日—10 日，民革中央主席周铁农、民革中央常务副主席厉无畏率领民革中央调研组，在山东省就相关问题开展了调研。

调研组一行听取了山东省人民政府副省长才利民关于山东省农村土地承包经营权流转制度建设有关情况的介绍，并与山东省人大常委会法制工作委员会、农业厅、国土资源厅、发改委、省人大农委等有关部门负责人进行了交流。周铁农主席在座谈时指出，土地流转是将农民和土地进行合理配置。而生产主体和生产资料的合理配置，历来是推动生产发展的重要因素。因此，在不改变基本所有制、基本经营制度，不影响损害农民利益的前提下，应对其采取积极的态度。5 月 8 日—10 日，民革中央调研组依次赴滕州、宁阳、青岛胶州等地县乡村考察走访，了解当地在土地流转方面的经验做法，并对其中出现的一些问题进行收集整理。在枣庄调研时调研组了解到，枣庄是鲁南经济带和淮海经济区的重要城市，有“江北水乡·运河古城”之称。2006 年，枣庄市创建了全国首家农村土地流转有形市场，在促进农村土地流转工作规范化方面，取得了明显成效。2008 年，枣庄对农村土地使用产权制度进行了尝试性的改革探索，使农民的土地变成了资本，“死地”变成了“活钱”。随着枣庄农村土地流转的发展，一批以土地为纽带、以规模经营为目标的专业合作社像雨后春笋般发展起来。像滕州滕阳富硒农产品合作社，曾拿到沃尔玛、银座等大型超市的订单，但由于目前的土地制度不允许承包土地抵押贷款，银行不敢放贷，让好生意泡了汤。

调研组还深入到泰安市宁阳县蒋集镇郑龙村有机蔬菜基地考察。宁阳县探索土地流转新机制，确立以土地入股、合作经营的“股份 + 合作”的土地流转模式和“底金 + 分红 + 劳务收入”的分配方式。郑龙村有机蔬菜合作社理事长兼郑龙村党支部书记田文武告诉调研组，2006 年下半年郑龙村成立了这个合作社，到 2007 年，郑龙村仅种植有机蔬菜一项就增加村集体经济收入 40 万元。郑龙村村民张四妮是合作社成员。调研组询问她的收入情况。她说：土地流转前，每亩纯收入大概有 500 元。现在，一年每亩地分红 500 元，加上合作社支付给她的每亩 700 元底金，及在合作社的打工收入 3500 元，算下来每亩流转土地的平均收益是流转前的近 5 倍。

胶州市胶北镇土地流转服务中心于 2008 年 10 月 17 日正式挂牌成立，是青岛市首家土地流转服务中心。5 月 10 日上午调研组一行来到胶北镇土地流转服务中心实地考察，并与青岛市及胶州市有关负责人进行座谈。胶州市有关负责人向调研组一行汇报了胶州市“推动土地流转促进规模经营工作情况”，其中“三主两辅”的土地流转模式

引起了调研组的关注。“三主两辅”即以转包、租赁、入股的模式为主，以转让、互换的模式为辅，鼓励引导农民进行土地流转。

调研组总结出，当前我国农村土地承包经营权流转总体趋势是好的，主要呈现出以下几个特点：(1) 流转数量和规模逐步增长。特别是在经济较发达地区，农民流转意愿较强，土地承包经营权流转呈明显上升势头。统计表明，到2008年底，全国土地承包经营权流转面积达到1.09亿亩，比2007年增长71%；占农户承包耕地总面积的8.8%，比2007年提高了3.6个百分点，呈加速发展态势。(2) 流转形式以转包、出租为主。土地承包经营权流转形式多样，主要以转包和出租为主，占流转总面积的80%，在农民专业合作社的带动下，土地承包经营权入股有所上升，比2007年提高了0.4个百分点，达到4.4%。(3) 流转对象呈多元化趋势。近年来，随着农村劳动力外出增多和现代农业的发展，土地承包经营权除在农户之间流转外，一些工商企业、龙头企业、农民专业合作组织、专业大户等规模经营主体作为受让方参与流转，并呈逐步增加趋势。农业部的数据显示，目前土地承包经营权在农户之间流转占64%，受让方为企业等其他主体的已占到36%。

调研组在调研中也发现了一些问题，主要表现为：(1) 一些农民对土地流转认识模糊，积极性不高，加上我国尚未建立城乡一体化的社会保障体系，农民仍心存疑虑，致使农地流转规模小、范围窄。农村社会保障体系的缺位，使农民不得不把土地作为最后一道吃饭、就业、养老的保障防线。由于土地对农民仍具有很强的社会保障功能，所以，实现土地流转，尤其是较大规模流转就很困难。(2) 农地流转的程序不规范、手续不完善。特别是农户之间的土地流转，自发性流转比较多，没有签订规范的书面协议或合同，有的甚至只有口头协议，引起纠纷很难调处。(3) 在流转中存在着“非粮化”倾向。由于种粮比较效益偏低，流转土地用于种粮的面积有进一步缩减的趋势，特别是企业进入土地流转用于种粮的相对较少。(4) 未建立合理的规避农业风险机制。“靠天农业”仍旧是当前农业最突出的问题。农业保险政策的滞后乃至空白，发展规模经营带来的市场风险和自然风险，阻碍了土地的规模经营和土地流转规模，也阻碍了农业的健康发展。

针对调研中发现的问题，调研组经研讨后认为，为进一步做好土地流转工作，应重视以下几个方面的问题：

1. 加强宣传和引导，进一步深化对农村土地承包经营权流转客观必然性，以及农村土地承包经营权流转实质的认识，切实处理好若干重要关系。土地承包经营权流转是发展现代农业的客观要求，也是伴随农村劳动力转移和农村经济发展的客观经济现象。要加强对党的十七届三中全会有关土地承包经营权流转政策的宣传，准确把握中央的要求和农村土地承包法律规定，正确指导土地承包经营权流转规范有序进行；充分调动农户参与土地承包经营权流转的积极性，引导土地承包经营权流转健康发展。

土地承包经营权的特殊性决定了土地承包经营权流转市场是特殊的交易市场：它是以承包农户为流转主体，以土地承包经营权为交易对象，符合产权清晰、形式多样、用途管制、严格管理、流转顺畅的要求，发挥市场机制的基础作用，按照依法自愿有偿原则运行的有序市场。农村土地承包经营权流转的主体是承包农户而不是干部，流转的机制是市场而不是政府。因此，要充分尊重农民意愿，杜绝以各种借口强迫农民搞土地流转。

土地承包经营权流转是促进农村经济发展的手段而非目的。农村经济发展需要多方面因素的共同作用。当前，必须正确处理好以下关系：要在坚持农村基本经营制度的前提下开展土地承包经营权流转；要着力推进“两个转变”，即家庭经营向提高集约化水平转变，统一经营向提高组织化程度转变；要统筹协调土地流转中的各方利益，确保土地承包经营权流转不改变集体所有性质、不改变土地用途、不损害农民土地承包权益。

2. 建立和完善农村社会保障体系，营造有利于农地承包经营权流转的社会环境。要通过建立和完善农村新型合作医疗、农民社会化养老、农村最低生活保障等多层次的农村社会保障体系，逐步弱化土地的福利和社会保险功能，从根本上增强农民离开土地的安全感和适应市场风险的能力，为转出土地、甚至走出土地的农民解除后顾之忧，为农村土地流转创造良好的外部环境。

3. 充分发挥政府的管理、服务和监督职能，健全土地承包经营权流转机制，培育良好的流转市场环境。各级政府要采取有效措施，积极鼓励支持有条件的地方依托农村经营管理部门建立流转服务组织，为流转提供有关法律政策宣传、流转信息、流转咨询、价格评估、合同签订指导、利益关系协调、纠纷调处等服务，逐步建立完善的流转服务平台和网络，不断健全流转机制。建立健全乡村调解、县市仲裁、司法保障的土地承包纠纷调处体系，及时化解流转矛盾纠纷。

4. 进一步完善制度设计，健全农地承包经营权流转管理制度，规范农地承包经营权流转行为。政府有关部门要按照中央要求，进一步健全农村土地流转规范管理制度。要切实做好农户承包土地的登记、造册、颁证工作，制定和使用规范统一的土地流转合同文本，强化发包方、流出方和流入方三方的“契约”行为，加强对流入方的农业经营能力认定管理和流转土地用途管制与行为规范。要落实土地流转合同备案、登记制度，建立流转合同审查和履行监管制度。

5. 为防止农村土地承包经营权流转中可能出现的“非粮化”倾向，建议国家加强基本农田用途管制，对交售粮食的农民按数量给予相应的补贴。依照《基本农田保护条例》规定，基本农田不得用于林果业和挖塘养鱼，对将粮田特别是优质粮田转为经济作物等高效农业种植及观光、休闲、旅游农业等用途没有规定。建议国家对基本农田依地力实行分等定级，属优质粮田的不得转为其他农业用途，对保护粮田的给予补偿。同时，要进一步完善粮食直接补贴政策。国家对种粮农民实行直接补贴，提高了农民种粮积极性，但也存在着一些不可忽视的问题。如种粮农民直接补贴政策“原则上按农户实际种植面积补贴”。这样一来，一些压根儿就没有种粮食、甚至被撂荒的耕地也同样得到了补贴，刺激粮食生产的预期目的难以实现。建议国家对交售粮食的农民按数量给予相应的补贴。同时，国家应对种粮大户和粮食生产专业合作社产业链延伸上给予支持，即对上游的农资、化肥，下游的农产品加工等给予扶持，以促进集约化生产，提高种粮效益。此外，按照市场机制逐步形成合理的粮食价格，缩小粮食产品与非粮种植产品的比较效益差距，确保我国粮食生产持续稳定发展和粮食安全。

6. 加强金融配套制度创新，为规模农业提供资金支持。农业规模化经营离不开金融的支持。农村土地收益资本化是促进土地流转、实现规模经营的关键。为解决金融支持农业集约化、组织化发展问题，建议制定并实施有利于引导资金流向农业的投资优惠政策，利用农业龙头企业、农民专业合作社、家庭农场承接更多的金融资源，创新和发展多种农村金融形式，以满足农业发展的资金需求。此外，国家应建立健全政策性农业保险制度，特别是巨灾保险体系，进一步拓展农业保险的深度和广度，加快实现商业保险与政策保险的对接，用分保方法分散农业风险。

根据此次的调研结果，民革中央形成了《关于健全农村土地承包经营权流转制度的建议》的调研报告，通过中央统战部报送了中共中央、国务院。全国政协主席贾庆林和国务院副总理回良玉同志对调研报告作了批示。

三、关注农村环境污染问题，建言农村环境保护

农村环境是整个社会生态系统的重要组成部分。近年来，在城市环境日益引起重视并得到显著改善的同时，农村环境污染和生态破坏的问题愈显突出。中共十七大以来，中共中央、国务院针对加强农村环境保护工作作出了一系列的重大决策和工作部署，取得了积极的成效，全社会对于农村环境保护的关注程度也明显提高。但是，随着农村经济的较快发展和城镇化建设步伐的不断加快，我国农村环境污染和生态破坏的趋势仍然没有从根本上得到有效遏制。为此，2009 年 8 月 28 日—9 月 3 日，民革中央主席周铁农率民革中央调研组一行赴山西太原、阳泉、晋中、临汾、运城等地，就农村环境污染与保护情况开展调研。调研组一行先后来到阳泉桃林沟村、太原赵家山村、临汾曲沃万亩蔬菜大棚、翼城南寿城村和运城、乔阳村等地进行考察，了解山西新农村建设中存在的农村环境污染问题和治理情况。通过此次调研所形成的《关于新农村建设中环境污染与保护情况的调研报告》得到了温家宝总理的批示。

8 月 28 日，调研组一行听取了阳泉市委、市政府的情况介绍，对阳泉市紧紧围绕“统筹城乡、率先转型、全面崛起、富民强市”主题，着力走好转型、统筹、和谐、创新、绿色发展之路，加快建设新型能源基地、新型材料及装备制造业基地和现代服务业基地，努力把阳泉建设成为生态文明、平安和谐的宜居家园和具有较强竞争力的现代化区域中心城市的工作思路和基本做法给予了充分肯定，对所取得的发展成绩给予了好评。调研组在平坦镇桃林沟村实地察看了阳泉市新农村建设情况，参观了民居，详细了解阳泉在发展农村经济、改善人居环境等方面取得的成效。当得知桃林沟村新建小区是阳泉市的采煤沉陷区治理工程后，周铁农主席充分肯定了阳泉生态环境保护、城市环境绿化等工作，希望阳泉市继续努力，高度重视采煤沉陷区治理工作，使居民充分享受改革发展的成果，切实把这一工程建设成全市人民的放心工程和沉陷治理的示范工程。

8 月 29 日，山西省委书记、省人大常委会主任张宝顺看望并与调研组一行并亲切会谈。山西省副省长牛仁亮为调研组介绍了山西经济社会发展情况。在听取情况介绍后，周铁农主席指出，目前从全国来讲，各级各部门高度重视工业污染和城市环境污

染，但对农业污染、农村环境污染关注度还不够。农村环境污染治理关系到社会主义新农村建设，关系到农民生存环境改善。要从根本上破解这个难题，各级各部门必须深入贯彻落实科学发展观，把农村环境污染治理作为改善民生、实现农村可持续发展、构建和谐社会的重要内容，把更多的精力投入到农村环境建设上。

8 月 30 日—31 日，调研组与临汾市市委、市政府主要领导进行了座谈，听取了临汾市经济社会发展情况和加强农村环境污染治理有关情况的汇报，并深入农村实地考察。在翼城、曲沃、乡宁、吉县等地考察期间，调研组进村入户走访农民，深入校企调研。就农村环境建设方面，调研组重点赴盐湖区泓芝驿镇乔阳村开展调查研究。乔阳村是远近闻名的打饼子村，2008 年，该村 700 多名村民靠外出务工年收入超过 1600 万元。走上富裕之路后，该村不断改善基础设施，努力改善人居环境：新打深井 12 眼，耕地全部实现水利化；硬化大街小巷万余米；建起改氟水塔，家家用上了自来水；彻底清除村内垃圾，半数农户用上了新式厕所。在实地察看并与该村村民面对面交流后，周铁农指出，党的十七大确定节能减排约束性指标以来，工业污染受到普遍重视，但农村和农业污染还未得到足够重视。实际上，农村和农业污染也比较严重。这几年，山西省不断提高对农村和农业领域环境保护工作的认识，在改善农村环境方面做了大量卓有成效的工作。他希望运城市在山西省委、省政府的领导下，努力实践科学发展观，把更多精力投入到农村环境治理中来，努力防止城市污染向农村转移，努力防治农村和农业环境污染，全力推进城乡协调发展。

调研组了解到，农村环境污染问题是由众多因素共同造成的，其中包括以下几个主要原因：

1. 环保意识淡薄，重视程度不够。近年来，经过社会上的宣传教育和中央的一系列政策部署，生活在城市里的干部群众的环保意识日益加强。但在广大农村，环保法律法规和环保意识的宣传力度仍然十分欠缺。由于受整体教育程度的限制，广大农村地区居民的公众观念和环境保护意识较为薄弱，相对落后的生产、生活习惯根深蒂固，对自身破坏或影响环境的行为缺乏自我约束，导致制造污染的主体十分庞大，污染环境和破坏生态的现象十分普遍。一些基层领导和基层组织的主要精力大多用于发展经济和农民增收上，几乎无心关注环境和生态治理，因而在领导决策和招商引资时很少优先考虑环保问题。

2. 农村环保缺少科学规划，基础设施建设严重不足。近年来，随着我国农村经济的较快发展，农民收入不断增加，生活水平不断提高，但他们生活的环境条件仍不能令人满意，离新农村建设所要求的“村容整洁”尚有一定差距。据测算，全国农村每年产生生活污水约 90 多亿吨，生活垃圾约 2.8 亿吨，其中绝大多数污水随意排放，垃圾随意丢弃或燃烧，人畜粪便随处暴露在空气中，究其原因，一方面来自于农民生活习惯和环保意识的匮乏，更大程度上还是缘于农村环保规划和基础设施建设的欠缺。时至今日，我国大部分农村地区的供水、排水等管网尚未建立，生活污水和垃圾的收集和处理缺乏最基本的设施保障。“工欲善其事，必先利其器”，这些硬件设施的规划和建设如果不到位，农村居民的环保意识再高，也只能望污兴叹。

3. 立法缺位、制度保障不力。长期以来，我国关于环境保护的法律法规对农村环保问题的关注不够。《环境保护法》对农村环境保护问题虽有所提及，但都是原则性的规定，缺乏针对性和可操作性；《水污染防治法》对农村环境管理和污染治理的具体困难考虑不足，例如对污染物排放实行的总量控制制度只对点源污染有效，对解决农村面源污染的意义不大；对诸多小型企业的污染监控也由于成本过高而难以实现。目前，我国仅仅只有几个部门规章涉及农村环境保护问题，但因其效力有限，各省市重视程度不够，没有相应的配套措施来具体贯彻落实，造成了农村环境保护工作无法可依的局面。此外，关于农村环境的规划、监测、统计和技术指导等工作体系仍没有完全建立起来，而现有的农技推广体系在缺少环境政策制约机制的情况下，受自身利益的驱使，对指导农民提高化肥和农药的使用效率缺乏积极性，对农业污染的治理也起不到应有的作用。

4. 农村环境管理体系不健全，治理模式不适。我国的环境管理体系是建立在城市和重要点源污染防治上的，不能适应农村污染防治的需要。现行的多部门、多层次执法管理体制，造成了农村环境管理机构繁杂、执法主体混乱，环境管理权责不明、权力过于分散等问题，起不到应有的监督和执法效力，还在一些农业和农村环境保护建设项目的实施中造成了资金分散、重复建设和“自下而上”决策等现象。另外，用城市污染和规模以上工业企业污染的末端治理手段治理农村环境污染，也存在许多技术和经济障碍。

5. 资金来源渠道不畅通，缺少扶持措施。各级政府在环保方面的投入主要用于城市生活污染和工业污染治理，真正用于农村环境污染治理及生态保护的投入是极为有限的。尤其是国际金融危机爆发以来，各省的经济都受到一定程度的影响，环保投入大幅下降，导致农村从财政渠道却几乎得不到污染治理和环境管理能力建设资金，也很难申请到用于专项治理的排污费。而且这项工作公益性较强，难以取得投资回报，对社会资金也缺乏吸引力。此外，我国对城市和规模以上的工业企业污染治理制定了许多优惠政策，如排污费返还使用，城市污水处理厂建设征地低价或无偿、运行中免税免排污费，规模以上工业企业污染治理设施建设可以申请财政资金对贷款贴息，等等，而对农村各类环境污染治理却没有类似政策。由于农村污染治理的资金本来就匮乏，建立收费机制困难，又缺少扶持政策，导致农村污染治理基础设施建设和运营的市场机制难以建立。

针对上述问题，调研组总结认为，在我国新农村建设中的污染防治、环境保护和生态恢复工作，应重点抓好以下工作：

1. 全面提高农村干部群众的环保意识，形成全社会共同参与的工作合力。一方面向农村干部宣传环境保护对社会主义新农村建设的重要性，并将环境保护列入干部政绩考核体系，促使其充分认识加强农村环保工作的紧迫性和必要性；另一方面向广大农民大力宣传公益意识和环保意识，树立环保榜样，加大农民在环保项目的参与机会和权利，减低农民参与环保的成本，从而在农村社会营造人人关心环境、个个参与环境保护的氛围。

2. 科学统筹规划，大力加强农村环境基础设施建设。在新农村建设中，应结合实际，将饮用水源保护、生活污水排放、垃圾集中处理、畜禽圈舍建设、改厕改灶、庭院绿化、兴建沼气等纳入整个规划之中，严格要求，坚持标准，统一建设，从根本上为解决农村环境污染问题提供必要的保障。同时，要进一步调整优化农业产业结构，积极倡导农村循环经济和推行清洁生产，大力发展生态农业和绿色产业，从而降低农药和化肥的使用量，有效防止农业污染。

3. 加快有关法律、法规的制定，进一步完善农村环保标准体系和管理体系。中央有关部门应尽快出台土壤污染防治法、畜禽养殖污染防治条例、农村环境保护条例等法律、法规，建立健全农村环境监测、信息统计、质量评价等标准、方法体系，尽快完善农村生活污水和垃圾处理等技术规范，切实加大政策指导力度。要加强环境保护的机构和能力建设，完善农村环境管理基础体系，并逐步实现城乡环境保护监督管理一体化。要明确中央各部门在农村环境保护工作中的职责，减少管理职能交错，做到部门职权统一，中央地方事权匹配。各地也要结合实际，制订实施适合本地区的农村环境保护法规和标准。

4. 加大政策扶持，保证农村生态建设环境保护的资金投入。财政政策应适度向农村环境保护重点工程倾斜，鼓励发展资源综合利用、农村清洁能源、有机肥生产等环境友好型生产方式，在农村饮用水水源地、自然保护区、矿产资源开发区等地优先开展生态补偿试点。在经济政策的制定和产业结构的调整中，应当考虑工业污染对农村环境的补偿因素，明确工业污染排污费中按一定比例要求设立农村环保专项资金，逐步建立和完善政府、集体和个人多渠道融资机制，保证稳定有效的农村环境综合整治资金投入。

四、建言助推国家启动实施“基层农技推广体系改革与建设示范县”项目

农业发展的根本出路在科技进步，基层农技推广体系则是实施科教兴农战略的重要载体。中共十七届三中全会通过的《关于推进农村改革发展若干重大问题的决定》和2009年中共中央1号文件都明确提出，力争3年内在全国普遍健全乡镇或区域性农业技术推广、动植物疫病防控、农产品质量监管等公共服务机构，尽快明确职责、健全队伍、完善机制、保障经费，切实增强服务能力。

为充分了解我国基层农技推广体系改革与建设的现状，探索新形势下进一步做好农业科技服务工作的对策措施，2009年7月12日—16日，民革中央副主席、经济委员会主任齐续春率民革中央调研组，赴宁夏就基层农技推广体系改革开展专题调研。农业部科技教育司副司长杨雄年、民革中央经济委员会委员张坚勇、民革中央调研部副部长周丽萍，以及民革宁夏区委会主委张守志等同志参加了此次调研。

7月的塞上江南，灌渠纵横，林木成行，稻浪翻滚。13日—15日，调研组一行先后到银川、石嘴山、中卫等地，深入田间地头、蔬菜果棚、瓜地牧场，了解宁夏农业发展以及基层农业科技服务推广体系的建设、运转情况。调研组听取了宁夏回族自治区农业、科技行政主管部门的情况介绍，深入农村实地考察农技站、科技特派员工作，并与银川、石嘴山、中卫、永宁等市县有关负责同志、基层农技人员座谈交流。7月16日，在听取宁夏有关方面关于基层农业科技服务体系改革与建设情况汇报后，齐续春

副主席充分肯定了宁夏农业科技推广服务体系改革取得的成果，并表示在这次调研中听到了一线基层干部和农技推广人员的心里话，了解到他们从事着艰苦的工作，任劳任怨，为农村的发展作出了贡献。齐续春副主席强调，要注重发现改革建设过程中产生的问题，研究解决问题，继续深化改革，进一步转变政府职能，提高为农公共服务能力，充分发挥科技对农业的支撑作用，为实现宁夏跨越式发展打下坚实基础。

调研组在调研中感到，近年来中央有关在全国普遍健全乡镇或区域性农业技术推广机构的政策是完全正确的，提出的要求明确而又具体，全国各地按照中共中央、国务院关于加强基层农技推广体系改革的有关要求，出台相关政策文件，制定条件建设规划，加大财政支持力度，改革与建设工作呈现出良好的发展态势。据调研了解，宁夏回族自治区在全国率先启动基层农技推广体系改革工作，率先在全区实行农技人员进村入户补贴，率先在乡镇配备农业技术服务车，并于2008年8月底率先基本完成基层推广体系改革任务，取得了显著成效：

一是强化了公益性职能。确定了基层农技推广机构的公益性地位，实行公益推广和经营服务分离，明确了公益性推广机构在试验示范、疫病防控、质量监管、信息服务、农民培训等方面的职能任务。二是激发了农技推广活力。乡级农技推广站实现了由乡管为主向县管为主转变，成为县农业部门的派出机构，优化了基层农技推广体系。农技人员实行职业资格准入，竞聘上岗，事业心和责任感明显增强，提高了基层农技推广的服务效率。三是扩展了农技服务体系。适应农民多层次、多领域、多形式的科技服务需求，深入开展科技特派员创业行动，鼓励农民专业合作社、龙头企业、专业服务公司通过多种形式，开展产前、产中、产后的技术服务，扩大农民服务的覆盖面。

在看到所取得成绩的同时，调研组也了解到，虽然全国各地正在积极探索有效的工作机制，加快推进基层农技推广体系改革与建设，工作也取得了初步成绩。但总体来看，改革进展与中央的要求和农民的需求还有很大差距，亟待进一步完善。当前，基层农技推广体系存在的主要问题有三点：

一是基层农技人员素质亟待提高。由于编制等原因，近年来大多数基层农技推广机构没有接收大中专毕业生，出现了人才断层。近5年，现有基层农技推广人员中，每年只有约8.7%的基层农技推广人员参加过培训，其中培训时间在三个月以上的仅为2%，基层农技人员普遍知识老化，业务素质不高，已成为制约农技推广有效开展的瓶颈。二是基层农技推广经费严重不足。虽然中共中央文件明确要求各级财政加大基层农技推广工作的经费投入，但由于要求不具体，责任不明确，投入效益不明显，导致各级财政对基层农技推广工作的投入都不足。目前，县以下农技推广机构中，财政全额拨款的仅占69.8%，工作经费由财政保障的仅占36.8%，很多机构缺乏基本经费保障，严重影响了基层农技推广工作的开展。三是基层农技推广设施条件落后。多年来，国家对乡镇推广机构条件建设基本没有投入。特别是由于管理体制频繁改革，乡镇农技推广机构资产流失严重。目前，乡镇农技推广机构中，70%以上的没有固定办公用房和计算机，50%以上没有办公电话，90%以上没有试验示范用地，严重制约了基层农技推广的公共服务能力。

基层农技推广体系改革与建设工作是一项系统工程，涉及机构设置、管理体制、编制核定、财政保障、人员安置等多个重要问题，再加上基层农技推广体系历史欠账多，实施改革成本高，因而地方对改革存在畏难情绪。据农业部统计，目前只有宁夏、浙江、重庆、湖北4省（区、市）完成改革。调研组认为，推进基层农技推广体系改革与建设，应及时总结地方改革经验，以满足农民发展现代农业的技术需求为出发点和落脚点，坚持体制改革、机制创新与条件建设同步推进，立足农村改革发展的新形势新要求，着眼整个农业科技系统来谋划农技推广事业，整体提升其公共服务能力。针对上述问题，调研组在调研后总结出四点建议：

1. 修订和完善相关法律法规，为农技推广工作提供法律保障。针对农技推广工作中的新情况、新问题，及时调查研究，修订和完善《中华人民共和国农业技术推广法》等相关法律制度。出台配套的实施条例，明确基层农技推广机构的性质和承担的公益性职能，科学测算核定承担公益性职能人员的编制数量，确保一线农技人员的比例，并保障履行公益性职能的条件实施和工作经费，为新时期农技推广工作提供坚实的法律保障。

2. 提高基层农技人员素质，提升基层农技推广体系的服务水平。要像教师、医生一样，对农技人员素质提出资格条件。要安排专项资金，对现有基层农技人员进行知识更新培训和学历提升教育，提高其专业技术水平、服务能力和综合素质。安排专门资金，扶持和引导素质优良、作风踏实、吃苦耐劳的涉农专业大学生下基层实施农技推广项目，鼓励大学生到西部、到农村就业创业，为基层农技推广体系储备新生力量。

3. 加大农技推广经费投入，为基层农技推广工作提供经费保障。农技推广是政府提供的公共产品，应是公共财政支持的重要内容。认真总结地方经验，制定基层农技推广经费投入的长效机制，建议按农业生产面积、畜牧业头数、水产面积、农机保有量等因素测算，量化各级财政对农技推广的经费投入要求。鉴于目前地方财政特别是县级财政的投入困难，建议中央财政要优先加大对基层农技推广工作的投入力度，引导和带动地方财政的投入。

4. 改善基层农技推广设施条件，增强基层农技推广体系的公共服务能力。以国务院或发改委的名义，出台基层农技推广体系建设规划，明确基层农技推广体系的建设任务和建设要求。当前，应按照中共十七届三中全会要求，把乡镇农技推广机构作为建设重点，加强业务用房建设和仪器设备、交通工具配备，同时加强试验示范基地建设，实现乡镇农技推广机构工作有场所、服务有手段、下乡有工具，保证基层农技人员能够开展及时、便捷、高效的科技服务。

调研结束后，民革中央将相关调研结果整理后，形成《关于大力推进基层农技推广体系改革与建设的建议》，于8月19日通过中共中央统战部向报送中共中央、国务院。中共中央政治局常委、国务院总理温家宝，中共中央政治局委员、国务院副总理回良玉，中共中央政治局委员、国务委员刘延东分别对该《建议》作出批示。9月，农业部、财政部共同启动在全国实施“基层农业技术推广体系改革与建设示范县项目”，民革中央《建议》所提内容在农业部、财政部出台的举措中得到体现。该项目于2009年度即在全国770个县实施，中央财政给每个示范县安排农技推广工作经费100万元。项目资金主要用于农技人员下乡开展技术指导和培训费用、农业科技示范户的物化技术补助、农业科技试验示范基地建设补助、聘请专家、农技人员和新型农民培训、技术资料印刷和制度建设、工作考评等费用。

卢　淼　民革中央宣传部副主任科员

五、民革天津市委会建言中小企业金融扶持

2009年1月在天津市政协十二届二次大会上，民革天津市委会的题为《应对金融危机，金融业重点扶持我市中小企业发展的建议》的提案受到市政协主席何荣林重视，被选定为重点促办提案。5月，在民革天津市委会牵头举办的天津市民主党派为“保增长、渡难关、上水平”作贡献主题论坛上，以该提案为主要内容的论坛报告，受到了中共天津市委统战部副部长潘万青的高度评价和充分肯定，同时也获得了与会各政府职能部门的好评，天津各大媒体纷纷对这一发言内容进行报道。民革天津市委会随即将此提案上报了市长黄兴国，市长很快作了批示，要求市政府办公厅将该文转各政府部门参阅研究。天津市金融办和发改委对该提案内容进行了反复研究，并多次与民革天津市委会沟通、征求意见，开始拟定相应办法，以支持中小企业拓展融资渠道，应对国际金融危机影响，保持稳定增长。这份颇有影响力的提案，源自一位天津民革党员的调研报告。

2008年下半年，愈演愈烈的美国金融危机终于演变为一场波及全球的金融海啸。在经济日益全球化，世界各国的关联度越来越紧密的今天，我国经济也不可避免地受到了冲击，这一影响在波及金融领域的同时，让本来就处于困境的中小企业面临更大的困难和挑战。民革天津市委会城建环保委员会副主任、建设银行天津市分行房地产信贷部政策研究室高级经济师邵四华，以其多年的工作经验和专业视角意识到，这场金融危机将给天津的实体经济造成严重的影响，尤其对于部分中小企业打击可能是致命的。危机固然可怕，但如果应对妥当，却能把危机变为机遇。因为谁能挺过这次“寒冬”，谁就将在未来占有更大的市场。

2008年9月，邵四华跟随天津市政协经济委员会对天津市多家中小企业进行了跟踪调研。在调研中调研组了解到，天津市中小企业占全市企业总数的99%，达到14万家，对GDP增长的贡献超过70%，对就业的拉动和在市场发挥配置资源的基础性作用中扮演了非常重要的角色。2008年以来，为应对金融危机影响，切实解决中小企业生存发展难题，市财政安排中小企业发展资金已达6.3亿元，并实施了多项税收宽让政策，鼓励担保机构为中小企业担保，扩大金融机构对中小企业的信贷规模，缓解中小企业融资难的问题。由政府出资的信用担保机构发展到10家，注册资本总额3.85亿元，累计担保户数1400户，累计贷款担保额近百亿元。已有2326户中小企业的信用信息录入了信用档案库，其中344户企业已经取得银行授信意向，208户企业获得了银行贷款。截至2008年底，区县中小企业担保资金累计达到10.3亿元，区县信用担保机构支持中小企业贷款融资工作陆续开展。天津市各家银行的中小企业贷款余额占各项贷

款比重达57.7%。从贷款结构来看，中小银行的主要客户群体是中小企业。但支持的企业总量和贷款金额，远远不能与中小企业发挥的作用和给社会带来的效益相匹配。由于中小企业规模小、抗风险能力弱、竞争处于劣势，首当其冲受到这次金融危机的冲击，融资难的问题仍然制约着中小企业的发展。中小企业在国民经济发展中起着不可忽视和不可替代的作用，不仅现在乃至将来，都急需政府和金融部门的有效支持和配套政策的有力助推。

在深入调研、大量搜集资料和分析总结的基础上，邵四华提出以下五点建议：

1. 天津市财政每年安排中小企业发展专项资金应确定相应比例，并随着企业规模和潜力的增大调高这一比例。这个比例要量化，根据天津市财政收入状况，制定一个有回旋余地的量化比例，比如5%—7%，政府财政部门可以根据实际情况灵活调整这一比例。

2. 商业银行直接面对中小企业客户。一是确定支持中小企业信贷资金比例。确保对中小企业贷款的增长速度不低于整个银行业的贷款平均增长速度，并单独考核。建议政府与银行签订合作协议，借鉴韩国中小企业银行的做法，规定国有商业银行信贷资金的20%用于支持中小企业发展；中小股份商业银行所规定的比例要高于国有商业银行；天津银行、滨海农村商业银行和农业合作银行规定的比例要高于中小商业银行，明确其市场定位和锁定目标客户群，统一中小企业信贷资金倾斜政策，为中小企业拓宽融资渠道提供融资便利；二是成立小企业融资中心或相应的专门管理机构，全方位为小企业提供信贷服务。设立专门为中小企业服务的和专营性机构，独立审批、独立核算和独立激励。建议在所有商业银行内部公司业务项下设立中小企业融资部，配备人员，制定经营管理办法和考核办法，在机构和管理上开展中小企业贷款零售业务。中小股份制商业银行还要借鉴招商银行成立的小企业信贷中心的做法，为小企业提供融资便利；三是创新符合小企业特点的金融产品和服务。对单户200万元以下的贷款项目，只要有抵质押物，不需要评级，直接授信，为各类中小企业量身定做适合发展的综合产品贷款业务。

3. 逐步完善天津市中小企业担保体系。（1）在现有财政拨款形式建立的信用担保基金基础上，应该把建立技术创新基金和国际市场开拓基金作为重点。（2）健全中小企业信用担保体系，包括以政府为主体的政策性信用担保机构、商业性信用担保机构和中小企业互助性信用担保机构三级机构体系。市经委经办的两家担保机构要做大做强。尽快形成市、区县和互助性三级担保网络。（3）发展信用再担保。引入国家信用对政策性和商业性信用担保机构实施再担保，有效分散信用担保机构的风险，扩大担保资源总量，放大担保金额的倍数。（4）继续发挥政府出资的10家信用担保公司的作用，还要鼓励担保机构为中小企业提供多种形式担保。鼓励担保机构对符合国家产业政策、有发展前景且担保金额较大的担保项目，进行联合担保，开展分担保业务，增强融资担保实力。（5）对已经认定的中小企业担保机构业务收入从目前执行的3年内免征营业税放宽到5年，并从其获利年度起3年内返还已交企业所得税地方留成部分；对业绩突出的担保机构给予免征部分税收的优惠政策。

4. 鼓励非银行金融机构对小企业贷款的支持。（1）适度发展典当业。目前全市有

20 家典当行，拥有 7 个多亿元资本金，70% 典当金用于中小企业融资，弥补了商业银行不做的业务空缺。各级政府应该制定适度鼓励典当业税收减免的优惠政策。（2）发展融资性租赁业务。借鉴广东、深圳市成功做法和先进经验，制定相应管理办法和实施方案。（3）利用天津市产权交易所、高新技术交易所和利用私募的渠道（民营企业让渡部分产权），解决中小企业融资问题。

5. 地方立法支持中小企业发展，出台后续政策。（1）建议市人大以地方立法形式，尽快制定《天津市金融业支持中小企业实施条例》，明确国有商业银行信贷资金的 20% 用于中小企业发展；确立天津银行、农村商业银行面向中小企业融资的市场定位和用于支持中小企业发展的最低比例；确立中小企业贷款监管上一定的宽容度；保证地方财政支持的信用担保基金、中小企业发展基金足额到位；规范不同性质的担保机构市场准入条件、市场运作规则和市场推出机制。（2）出台《小额贷款公司或中介机构工作实施办法》，明确支持中小企业的中介机构职责和市场定位，以及职能权限，制定相应税收减免条款。明确小企业贷款公司的监管职能部门，出台统一的监管标准和监管操作流程，防止小企业贷款公司出现的大面积违约。（3）尽快制定《天津市中小企业发展条例》和实施细则。明确建立天津市中小企业发展基金；明确财政、税收部门职责和分工、建立风险补偿机制；明确中小企业财务信息和非财务信息披露制度，建立中小企业信用档案等有关政策指导意见，确保支持中小企业有法可依、有章可循，为中小企业贷款和发展提供良好的法律保护和支持。

2009 年 1 月，民革天津市委会以邵四华的调研报告为基础，组织力量进一步深入研讨，最终以《应对金融危机，金融业重点扶持我市中小企业发展的建议》为题，作为市委会提案提交天津市政协十二届二次大会，受到广泛关注。民革提案在充分调研的基础上，通过大量的论据和有力论证，为金融业重点扶持中小企业发展提出了很多建设性的意见和建议，为天津市应对国际金融危机影响，实现“保增长、渡难关、上水平”寻求有效途径作出了新的贡献。

代欣慰　民革天津市委会调研处副主任科员

中国民主同盟参政议政案例

一、建言农村义务教育发展　完善"以县为主"管理体制

经过深入研究，民盟中央认为：管理体制的改革与建设和增加投入，是巩固和发展农村义务教育的两大关键环节。新世纪以来，党和政府一方面积极推进"以县为主"管理体制的改革与建设，一方面大力构建经费保障机制、加大投入，成就巨大。但由于历史和国情原因，我国农村义务教育仍未根本摆脱薄弱局面，仍需在这两方面持之以恒地努力。

2009 年 8 月 6 日，民盟中央向中共中央、国务院报送了《关于完善"以县为主"的农村义务教育管理体制的建议》，得到了刘延东等领导同志的批示。

民盟中央认为，"以县为主"的农村义务教育管理体制的改革与建设，成效明显，但主要还有以下两方面问题：

第一，"上下缺位"情况突出。相对于县、区而言，省级政府和乡镇政府是管理体制的上位和下位，也负有重要职责，但在实际工作中均有缺位现象，导致县、区级压力过大，难以承担。主要表现是经费紧张，这一现象在欠发达地区更为突出。如年财政收入只有 8.65 亿的重庆市万州区，截至 2006 年底教育累计债务总额已达 7.6 亿。这其中，既有城乡二元结构和农村义务教育欠账太多等因素的影响，也有对"以县为主"片面认识、忽视自身责任的原因。在省一级，统筹工作力度不够，而在乡镇一级，则认为办教育是县、区的事，与自己无关，出现普遍的责任"真空"。

第二，教育发展不均衡。相当一部分县、区级政府没有把均衡发展作为管理的主要职责，导致本区域内义务教育发展出现经费投入、办学条件、办学效益、教师配备、教师待遇等多方面失衡。造成这种现象，固然与很多县、区经济水平仍低、能力和条件困难有关，但轻视义务教育的公平性是不容忽视的一个原因。在当前义务教育已进入全面发展的阶段，必须明确管理体制的主要任务和核心目标是促进均衡发展、完善教育公平。在继续加大中央政府的投入和支持力度的同时，一方面，尽力加大教育经费省级统筹的力度，制定政策、办法，推进省、乡镇级政府履行义务教育职责；另一方面，严格要求县、区级政府切实承担"为主"的管理职责，特别是在本辖区内推进义务教育均衡发展的职责。在严格执行《教育法》和《义务教育法》的基础上，鼓励

各级政府制定、实施促进义务教育协调发展的法规和措施。

民盟中央提出了以下建议：

（一）加大政策和项目支持力度，积极探索改革，为“以县为主”管理确立体制支撑。

1. 进一步完善符合中央政策、体现时代特点、适应地方实际的农村义务教育经费保障机制，制定和分步实施农村义务教育债务偿还计划。考虑发行农村义务教育债券、农村义务教育彩票，实行农村义务教育发展债务“停账挂息”政策。

2. 设立国家级农村义务教育远程教育工程，设立农村义务教育教师定点招生定项培养项目，鼓励各地设立“双高普九”国家行动计划。

3. 允许地方政府开展城市义务教育以区为主、农村义务教育经费省级统筹等义务教育管理体制改革、试验项目，促进发达省市对口支援国家级贫困县义务教育发展。

（二）统筹农村义务教育的经费投入、学校建设和师资队伍等各项标准，完善“以县为主”管理的保障体系。

1. 以2008年为基数，参照各地城乡总体规划、城市功能的分区和生产力布局以及经济社会发展状况，划片制定教育经费财政拨款增长幅度、教育经费占财政总支出比例、占GDP比例和农村义务教育生均事业费、生均公用经费等最低标准，作为各地义务教育经费“保底”的依据和评价省（市）、县（区）政府履行义务教育职责的重要依据。省市级财政设立农村中小学标准化建设、“双高普九”统筹资金，并重点向县、区倾斜。

2. 尽快编制国家农村义务教育学校建设标准。建设标准应科学区分各地实际情况，明确农村义务教育学校的服务半径、修建地点、设计标准、建设成本、基本配置等主要指标，作为农村中小学建设项目设立、投资控制、工程验收以及义务教育均衡发展合格县区验收的依据。

3. 调整农村义务教育教师配置标准，分地区分学段在2012年前后实现城乡义务教育教师配置标准一体化。适度逐年提高农村义务教育教师津贴标准，特别是边远地区教师住房货币补贴标准。设立全国义务教育教师教育基金，主要用于农村义务教育教师的培训工作；加强农村地区教师进修学院建设，发挥省级教师培训机构对农村教师培训功能，加大农村教师的培训工作力度。

（三）完善制度、法规，督促县、区政府全面履行教育发展的“为主”职责。

1. 加大义务教育考核权重。重点从区域义务教育均衡发展政策措施、经费投入、办学条件改善、标准化学校建设、困难家庭学生资助、农民工子女和农村留守儿童受教育权益保障、入学考试招生制度执行、控辍保学措施及效果等方面，加大对县、区政府履行职责的全面考核，并建立考核结果公示制度、绩效奖惩制度和问责制度。

2. 完善教育督导评估制度。对教育督导工作正其名、归其位、授其权、明其责，定期发布教育督导报告；建立教育督导特派制度，逐步实现对县、区教育督导机构的垂直管理。

3. 畅通民主监督评议渠道。完善人大审议教育事业发展重大问题制度，政府定期向人大汇报教育职责履行情况；拓宽政协视察、监督义务教育的渠道，设立政府教育工作履职民众监督员。

二、关注职业教育与技能培训　建言献策促进科学发展

新世纪以来，我国职业教育与技能培训事业进入了一个较快的发展时期，但仍是国民教育体系中最薄弱的环节，在欠发达地区和农村尤为滞后；既面临着前所未有的发展机遇，也正处于克难攻坚、实现历史性突破的关键阶段。当前我国就业形势异常严峻，未能实现就业的大学毕业生、失业农民工以及新增劳动力，有千万之众，这与职业教育和技能培训的缺失有直接关系。

2009年5月6日—12日，全国人大常委会副委员长、民盟中央主席蒋树声，民盟中央常务副主席张宝文，民盟中央副主席李重庵、索丽生、徐辉、温思美率民盟中央调研组赴云南，就农村职业教育与技能培训发展问题进行调研。调研组走访三市（州）六县（区）的10个考察点，召开16次座谈会，在昆明市、红河哈尼族彝族自治州和保山市多所农村职业中学、农业大学、工业园区和企业进行了重点调研，考察了农村职业学校的各方面情况，了解了相关部门开展农民技能培训的状况；与中共云南省委、省人大、省政府以及教育厅、科技厅、人力资源和社会保障厅、农业厅等部门进行了座谈交流。

2009年6月10日—12日，全国政协副主席、民盟中央第一副主席张梅颖、民盟中央副主席索丽生率调研组赴重庆万州进行了职业教育专题调研。到三峡医药高等专科学校、万州职业教育中心，考察"学教结合、注重实践"的培养模式和"校企合作"的办学路子，了解学校办学、教学和学生学习、就业等情况，并与国务院三峡办、教育部、重庆市、万州区等单位领导以及重庆三峡库区有关区县领导、职校师生进行座谈。

此外，民盟中央还委托民盟湖南、重庆、浙江、贵州四省（市）委员会在本省（市）内就职业教育和技能培训问题开展调研。

综合多次调研成果，民盟中央认为：加快发展职业教育与技能培训，尤其是农民的职业教育与技能培训，具有极重要的战略意义，是长远解决经济社会发展诸多问题的关键之一；对中国经济社会的发展具有一举多得的功效，更能推动我国教育体制的改革与发展，破解其中的难题。

1. 与扶贫、富民的关系。国际金融危机对我国经济和就业冲击的经验证明，只有建立在转变经济发展模式、调整产业结构和加强对农民工职业教育与技能培训的前提下，农民工就业问题才能从根本上得到解决，才能让他们保住就业、保住生计，并逐步走向富裕。也只有数以亿计的农民走向富裕，才能真正拉动内需，所实现的GDP才是创造财富的GDP，才是一个良性的、可持续发展的GDP。因此，加快发展农村职业教育与技能培训，既是当务之急，更是长远大计。

2. 与城乡一体化、城市化、城镇化的关系。我国30年经济发展的一个突出问题，是城镇化速度远远低于工业化。工业化创造的是供给，城市化创造的是需求。工业化超前、城市化滞后，必然导致经济结构扭曲、内需消费长期压抑。当前迫切需要以城

市化的带动来创造新的经济增长点。而农民变不了市民，除了政策性因素，主要是知识、技能的差距。因此，职业教育又是推动城市化的教育。

3. 与产业调整升级和发展第三产业的关系。职业技术人才的短缺，已严重制约我国产业结构调整、技术水平升级和第三产业的发展。要真正成为制造业的大国、强国，必须进行深广的产业革命，而这对技术工人的需求将是数以千万计、甚至亿计。只有储备足够的、掌握一技之长的大批人才，中国制造才能有扎实的基础，才能走向高端，也才能提高经济效益。

4. 与新农村建设的关系。农民劳动力整体素质不高，已成为新农村建设的主要制约。大多数农民没有受过技能培训，难以适应现代农业发展和农业产业结构调整的需要。只有坚持以农民成才为主导、建立起完善的农村职业教育与技能培训体系，才能提高农民的科学素养水平和农业生产经营能力，也才能提高农村教育、医疗、卫生等社会事业发展的能力，同时也有利于改变基层政权人员的知识结构、管理水平和人文理念，新农村建设才能成为现实。

5. 与解决移民问题的关系。由于经济建设、解决某些地区人口与资源紧张关系和保护生态的需要，我国已有不少移民，今后也还会再有。比如，三峡库区移民数量之大就是世界之最。完善后扶政策，要着眼于移民的长远生计和未来发展。对移民中的青少年一代，要靠长期稳定、完善的职业教育与技能培训，赋予生存和发展的能力，使之以知识和技能融入现代社会。这样，一方面可解决移民地区的长治久安，另一方面也可解除政府、企业承担的无限责任。

2009 年 8 月 28 日，民盟中央向中共中央、国务院报送了《关于推进职业教育与技能培训事业科学发展的建议》。胡锦涛、温家宝、刘延东等领导同志对该建议作了批示。

建议详细阐述了职业教育与技能培训发展所面临的困难和破解思路：

1. 传统观念的影响。中国自古以来轻视技能，“劳心者治人，劳力者治于人”、“万般皆下品，唯有读书高”的偏见意识根深蒂固。在此影响下，社会形成了重知识理论、轻技术技能的潮流，认为考不上大学才上职校。在现实中，往往条件最差的也是职业院校。同时，对于技术工人的身份、地位、待遇，也都有观念歧视，其价值被严重低估。而另一方面，就业准入、持证上岗制度又不健全，现状混乱，正规职业教育毕业生的就业机会被无证人员挤占。

要成为制造业大国，恰恰需要大量的专业技术、技能人才。因此，需建立正确的成才观，明确职业教育是直接创造财富的成才教育，纠正评价人才机制的偏差，完善行业资格准入制度，加强职业技能鉴定的规范化和标准化建设。

2. 定位不准、定性不清、投入不足的问题。

一是定位问题。大学扩招十年来，形成了高校和职校两极分化。普通高校是大跃进、鼓足劲发展，职业教育却是一条很短的小腿，二者没有实现并行不悖的协调发展。普通教育和职业教育其实是皆不可缺的互补关系，而非替代关系。不能将人才培养错误地理解为就是要大办雷同的普通高校；而且目前许多高职院校办学完全按照普通高校的模式，教学内容、方法十分靠近，迷失了自身的方向。这也是当前中职毕业生就业率高于高职的原因。

二是定性问题。职业教育谁是投资主体，一直是困扰职业教育发展的难题。名不正则言不顺，要厘清投资的主体，首先要界定性质。职业教育是公共产品，其对象大多是弱势群体，农民的孩子、城市困难家庭的孩子和一些找不到工作的人，培养目标的公共性、服务功能的公益性，甚至比高等教育更强。职业教育承担如此之大的社会责任，得到的公共经费却少得可怜，原因就在于定性不清。

三是投入问题。虽然近些年的投入确有增加，但在政府总体教育投入不到GDP4%的情况下，职业教育又仅占教育投入的8%左右。培养中职学生所需经费约是高中生的2—3倍，但政府拨付的经费平均仅为同级普通教育经费的60%，致使职校学费远高于普通学校。企业责任又体现得远远不够，一些培训机构则功利性太强，以赚钱为目的。种种因素，导致职业教育的投入远远不足。

应提高职业教育在经济社会发展中的战略地位，并制定相应的发展战略和目标、规划，改善发展环境。在准确定位、明确定性后，需雪中送炭，解决投入问题，大幅度提高职业教育经费在整个教育投入中的比例，至少应提高到占20%；这样有利于发挥财政资金的导向作用，拓宽职业学校融资的渠道，中国经济质量的提升将从中受益匪浅，其收益会远远大于投入，这笔账非常划算。同时，职业教育向义务制的发展，应优先在中西部和老、少、边、穷地区以及三峡库区等移民聚居地区实现。

3. 体系不完善，管理体制复杂、混乱、低效。一是多头管理，没有设立专门负责职业教育与技能培训的部门和体系，不能有效整合资源，职业学校又缺少实习场所。主要的管理职能由教育部门负责并实施，发放技能证书又属于人力资源部门；职业学校隶属于教育、人力资源、农业、科技、卫生等系统，技能培训则牵涉到20多个部门，各个部门单独组织培训，都撒胡椒面；政府、企业、劳动市场、农民工各走各的路，形成不了合力，起不了作用。又带来了各自闭门制定政策、管理粗放、评价机制不健全等诸多问题。最终的结果就是教育培训与实际需求两张皮。

在管理体制上，应正确界定政府与市场的边界，将政府职能定位在宏观规划和调控上，给学校更多的自主权；建立科学的政府部门协调统筹机制，形成统一的职业教育管理支持体系；利用政策导向引导社会资源向职业教育流动。

4. 教师数量不足，且素质不高。这是职业教育的“瓶颈”。教师数量奇缺，而且待遇很低，吸引不了有能力的人。有的职校生师比竟高达50：1；在职业教育相对发达的广东，有三年以上实践经验的教师也仅占15%。职业院校的老师不同于、甚至对其要求要高于一般院校，既要有理论知识，又要有职业实践，应是具有多方面知识、经验相结合的“双师型”教师。现在的职业教师，很多是从普通教育转行、甚至是淘汰出来的。这样的教师队伍，职业教育无法健康发展。

现在大学生就业难，可选拔一批理工科大学毕业生，专攻职业教师这个专业，建设合格的师资队伍，强化新课程设计能力。应尊重职业教育的独特规律，采取专兼教师结合的模式，明确增加“能工巧匠”式兼职教师的比例。改革职校教师的选拔标准和职称评定办法，打通一线技师取得职业教育教师资格证书的通道。

5. 中国的职业教育还有很长的路要走，完善的刚性法律体系是保障。我国现行职业教育法与发展需要不相适应，如：管理职责分工不清，违法行为没有具体的法律处罚规定，企业的培训责任没有刚性要求，经费保障也没有明确的规定。

应考虑尽快修改《职业教育法》。

三、调研大兴安岭生态建设　建议上升为国家战略

大兴安岭是我国仅存的寒温带生物基因库，也是我国粮食安全的主要生命线之一，为东北平原、华北平原等地农业生产提供着不可或缺的天然屏障；它又是我国极重要的生态保护防线，比如：据专家测算，每年仅纳碳、贮碳、制氧等方面的生态效益就高达上千亿元。但目前，大兴安岭的生态状况十分令人忧虑。由于长期高强度的过量采伐，成过熟林资源早已采伐殆尽，现在采伐的已基本都是中幼龄林，就我们调研所见，成片的树小林稀，已很难说是森林；从1983年至2007年，草地面积已由296万公顷降至116万公顷，天然湿地面积已由284万公顷降至139万公顷，而且下降趋势仍未扭转。大兴安岭的生态功能已退化得极其脆弱，实行全面的生态休养生息、加快生态建设，已是刻不容缓。

2009年7月31日—8月4日，全国人大常委会副委员长、民盟中央主席蒋树声、民盟中央副主席索丽生率调研组赴黑龙江调研大兴安岭生态功能区建设问题。调研组与大兴安岭地委、行署、林业集团公司在加格达奇召开了座谈会，了解详细情况和面临的问题、困难。

调研发现，近十年来，通过实施“天保工程”和各级管理部门的极大努力，大兴安岭生态恶化的趋势有所减缓，但形势仍十分严峻。目前的主要问题：一是功能定位仍不明晰。由于种种原因（包括林区职工的生计问题），商业材采伐始终无法完全中止。二是体制混淆。政企合一的体制延续至今，行政职能、林业管理、企业经营的政、事、企性质混杂一身，3县4区中仍有2县3区的政府、公检法和文教科卫体等部门由企业“出资供养”。沉重的公共事业负担，使林区经济不得不靠“砍树养人”；同时，由此带来的产权混乱，也造成林区创建“良性经济”的主体缺失。黑龙江与浙江相比，2008年的林业产值约为1:3，而前者仅林区面积就是后者全省面积的约两倍，经营动力、能力和活力的低下可见一斑。三是经济水平低，基础设施、公共事业滞后。林区职工年均工资收入还不到全省人均水平的50%；林区路网密度仅为0.72米/公顷，远低于国家5米/公顷标准，防火安全保障严重不足。四是经济结构调整艰难，替代产业远未成型，尚不具备反哺能力。林区经济对木材的依存度，虽已由“天保工程”实施初期的90%大为下降，但仍超过50%。

2009年10月16日，民盟中央向中共中央、国务院报送了《关于大兴安岭生态建设的建议》。温家宝等领导同志对该建议作了批示。

建议的主要内容有：

（一）将大兴安岭与小兴安岭作为一个国家层面的整体生态功能区，将其生态的保护与建设上升为国家战略。大小兴安岭是一个整体的生态系统。大兴安岭面临的问题与困难，在小兴安岭地区也全部存在；比如，伊春市的21个县（包括县级市）、区，

13 个为政企合一体制。虽然黑龙江省委、省政府已经把大小兴安岭生态功能区列为全省规划的建设重点，但这一区域地分属两省区（内蒙古有近 1/5），总面积近 20 万平方公里、总人口近 400 万，关系重大、任务艰巨、牵涉面广、困难众多，仅靠黑龙江省自身财力和政策推动远远不够。同时，因需妥善处理众多关系和难题，整体建设全面启动前，宜先选择一地级单位进行试点。

（二）以生态效益为核心和主导，定位大小兴安岭地区的功能和未来发展方向。将全面的生态休养生息、修复生态环境、加强资源保护和建设作为首要任务，全面停止商品材生产，只保留一定数量的、严格的、旨在提高森林质量的抚育伐生产，大力加快公益营林建设。相应的政策和投入，可结合延续的“天保工程”统筹考虑。

（三）迅速组织深入调研、制订方案，尽早彻底解决管理体制问题。大兴安岭管理部门挂着地区行署、林业管理局、林业集团公司三块牌子，这一既亦政亦事亦企、又非政非事非企的体制，虽是当年开发会战的需要，却与今天的生态保护与建设需要极不适应。

1. 尽快进行政、事、企分离，将企业承担的政府、社会、公共事业职能移交给当地政府，各归其位、各担其任、各负其责；同时，成立大兴安岭国有森林管理局（属国家事业单位），代表国家行使资源管护和培育，监督、检查、指导区内生产经营活动等职能；完全生停产和采伐量在一定数量之下的林业局，其性质由企业转为事业，从事营林生产和森林管护。

2. 与宏观层面的体制改革配套，在微观层面进行产权制度改革，将合理的市场机制引入营林生产和林区经济结构重塑之中，以生态经济为核心和主导，打造具有反哺功能、可持续发展的地区经济。

（四）加快建设适宜产业、培育替代产业，以生态主导型经济为主要增长极，调整区内经济结构，改造传统产业，发展非林产业；国家支持其积极推进赴俄采伐、开展对俄经贸合作。

（五）国家加大投入，支持其实现全面的生态休养生息和生态保护与建设。大兴安岭林业曾为国家建设做出重大贡献，也付出了很大牺牲。全面停止主伐生产、进入休养生息，势必打乱其延续数十年的经济社会生命线和现有的生产布局，涉及企业转型、政府职能重建、职工转产以及大量的生态移民，不仅是林区经济社会的重大变革，也涉及千家万户林区职工、居民的切身利益。大兴安岭地区 2008 年的全口径财政收入虽然比 2005 年翻了一番，但仍无力承担如此重大的改革；黑龙江省作为老工业基地，自身财力也有困难。因此，必须有国家的支持，否则无法进行。

1. 停止商品材生产，国家应给予相应补偿，以解决停产带来的职工生计问题。

2. 公益营林建设以及中幼龄林抚育、次生林改造等，投资巨大，在相当长时间内没有收益，国家应设立专项资金，予以资助。

3. 实行管理体制的政企分离，最大难题是地方政府自身现有财力极为薄弱，又一直未承担相应的公共、社会事业开支，重建政府职能需要一个过渡期；而且，由企业“出资供养”的国家公职人员执行的是企业工资标准，与同类人员的应有标准相差甚远，一直意见很大。因此，国家和黑龙江省应在一定时期内以转移支付的方式，分担相应的预算开支；并着力培育地方经济，争取早日实现自立。

（六）大力发展教育、科技等社会事业。目前，大兴安岭各林场职能部门，大学毕业生寥寥无几，有的甚至连中专毕业生都没有。这样的人才结构，根本无法适应需要。建设适宜产业，培育替代产业，打造新型的区内经济结构，科技是引导，教育是基础。对此，国家应予以相应的扶持。

四、推进坡耕地水土流失综合治理　建言列入国家专项

我国山丘区面积大、坡耕地分布广，现有坡耕地3.59亿亩，占总耕地面积的19.7%，是我国山丘区群众赖以生存的土地，而坡耕地水土流失是我国水土流失的重要策源地，其影响极大、危害严重，关系到国家生态安全、防洪安全和粮食安全。如何整治坡耕地水土流失，是我国面临的一个重大战略问题。为此，民盟中央与水利部科技委组织专家赴川、甘两省开展了“坡耕地水土流失综合治理”专题调研。

2009年8月11日—15日，全国人大常委会副委员长、民盟中央主席蒋树声，民盟中央副主席索丽生，水利部副部长胡四一率领由民盟中央和水利部科技委、水土保持司组成的联合调研组，在黄河上游的安定、陇西、漳县、渭源等县（区）开展调研，考察了安定区响河沟流域、石家岔小流域综合治理情况，西巩河上游康乐小流域、大咸河流域坡耕地水土流失情况，漳河北山流域雷家坡水土流失情况，渭源县里仁沟流域水土保持治理和秦祁河流域水土流失情况。调研组听取了水利部水土保持司、甘肃省水利厅和中共定西市委、市政府所作的全国、甘肃省和定西市坡耕地水土流失综合整治情况汇报。早在8月8日，调研组赴四川省凉山彝族自治州就长江上游水土流失综合治理情况开展了为期3天的先期调研。

调研组认为，坡耕地水土流失综合整治是一项提高水土资源利用效率、推进解决“三农”问题、修复改善生态环境的战略工程。至少有三大好处：一是增加基本农田，促进粮食增产。坡改梯后，地平、墒好、土肥，易于耕作，抗干旱能力强，可以转变成高产稳产基本农田。据试点观测，同等耕作条件下，与坡耕地相比，每亩梯田每年可增产粮食70—200公斤，如采取地膜覆盖等科技措施，还可进一步提高产量。甘肃省定西市目前累计修建了500万亩梯田，全市粮食产量由解放初期的2.7亿公斤增长到9.8亿公斤。二是发展山丘区特色产业，增加农民收入。经过坡耕地水土流失综合整治的地区，农民人均年纯收入增加数百元到数千元。四川凉山州通过坡耕地水土流失综合整治，发展烤烟、蚕桑、石榴等当地特色产业，农民人均纯收入由1989年的450元提高到2008年的4400元。三是改善生态环境，减少水土流失。治理好现有坡耕地，稳定解决农民吃粮、增收，可以有效巩固退耕还林成果，减少土地开垦，保护生态环境，同时可最大限度降低水土流失。甘肃全省梯田每年可拦截泥沙1.1亿吨。全国已有的水土保持措施每年可保持土壤15亿吨，增加蓄水能力250多亿立方米，其中梯田发挥了很好的保水保土作用。另外，实施这项工程需要当地农民参与，可就地吸附农村富余劳动力，增加山丘区农民收入，促进新农村建设。

调研中发现，目前坡耕地水土流失综合治理存在的主要问题是：

1. 坡耕地面广量大，水土流失危害严重，综合治理刻不容缓。

我国坡耕地广泛分布于全国30个省（区、市）的1569个县级行政区域。全国现有坡耕地占全国水土流失面积的6.7%，而土壤流失量却占全国土壤流失总量的28.3%；坡耕地比较集中的地区，其土壤流失量甚至占当地的50%以上。云、贵、川、甘、陕、晋、渝、鄂、黑、吉、桂、蒙等12个省（区、市），坡耕地面积共计3.0亿亩，占全国坡耕地面积的83.5%。这些区域基本上也是我国老少边穷分布比较集中的地区。

半个世纪以来，全国因水土流失毁掉耕地达5000万亩，平均每年100万亩，其中绝大部分为坡耕地。长期观测研究结果表明：东北黑土区坡耕地开垦20年土壤肥力下降1/3，40年下降1/2，80年下降2/3左右，平均每年流失表土层3—8毫米，严重地区已出露母质，失去生产能力。最近，水利部、中国科学院和中国工程院联合开展的中国水土流失与生态安全综合科学考察发现，按现流失速度，50年后东北黑土区将有1400万亩耕地的黑土层全部流失掉，“北大仓”粮食产量将因此降低40%左右；35年后，西南岩溶地区石漠化面积将翻一番，届时将有近1亿人失去赖以生存和发展的土地。

坡耕地水土流失产生的泥沙，淤积江河湖库，降低了水利设施调蓄功能和天然河道泄洪能力，加剧洪涝灾害的发生，影响水利设施发挥效益。据不完全统计，全国水库已累计淤积泥沙200亿吨以上，占兴利库容的10%。根据实测资料，1950—1999年黄河下游河道共淤积泥沙92亿吨，河床普遍抬高2—4米，“悬河”形势进一步加剧。长江上中游地区水土流失加速了暴雨径流汇集，每年约有3.5亿吨粗沙、石砾淤积在支流水库和河道。

2. 投入明显不足，整治速度缓慢，工作难以推进。

坡耕地水土流失综合整治工程任务重，所需投资多，据测算，目前我国按标准综合整治一亩坡耕地（包括坡面水系和田间生产道路）约需投资在南方为3000元，北方1000元，而目前国家对此尚无专项投资。建国后新修的1.63亿亩梯田，大多为60、70年代农业学大寨时期修建，标准低，不配套。国家重点工程建设等项目由于规模小，投资修建的梯田数量较少，仅几千万亩。农村“两工”取消后，梯田建设速度进一步减缓，由90年代中期每年兴修600万亩，下降到目前不足200万亩，许多低标准梯田还老化失修。尽管地方政府和群众积极性高，但坡耕地分布集中的地方，大多为我国经济落后地区，地方财力有限，无力加大投入。坡耕地水土流失综合整治工作难以整体推进、大规模开展。

2009年11月24日，民盟中央向中共中央、国务院报送了《关于加强坡耕地水土流失综合治理的建议》。胡锦涛、温家宝、回良玉等领导同志对该建议作了批示。

建议的主要内容是，将坡耕地水土流失综合整治作为重大战略工程列入国家专项，加大投入力度，扎实推进实施。

1. 修改完善并批准实施《全国坡耕地水土流失综合整治工程规划》，优先在水土流失严重、人地矛盾突出的地区开展，每年中央补助投资150—200亿元，建设梯田1000万亩。力争通过10年综合治理，建设高标准基本农田1亿亩。

2. 以此为契机，积极整合资源、资金，以流域为单元，整体推进山、水、田、林、路、村综合整治。一方面，统筹资金，打捆使用，将国土资源、林业、农业、环保、科技以及新农村建设中的相关资金整合配套，提高使用效益。另一方面，完善多元投入机制，制定鼓励政策，调动、引导社会资金进入和广大农民积极参与。

3. 坚持科学发展理念和专业技术指导。一方面，注意针对地区特点因地制宜，不能“一刀切”；不能片面强调耕地面积的扩大和经济效益，更应注重生态效益，特别在干旱地区，“坡改梯”的规模必须与水资源的承载能力相协调；要在现有耕地范围内改造，不要破坏尚不是农田的植被；注意与“退耕还林（草）”等项目衔接。另一方面，加强快速机修梯田技术、梯田水土资源高效利用技术、综合整治工程实施效益监测技术和评价方法等方面的研究，以指导坡耕地水土流失综合整治工程的顺利实施。

宋立宝　民盟中央参政议政部调研处科员

五、民盟吉林省委建言助革命老区白山市开通进京列车

吉林省白山市（原名浑江市，1994年改为现用名。）位于长白山腹地，面积17485平方公里，人口133万。在全国地级城市革命老区中，在解放前即建有铁路线，而新中国成立后一直没有直通首都北京旅客列车的，只有抗日战争时期“抗联根据地”和解放战争时期“四保临江战役根据地”——东北革命老区白山市了。(2005年7月铁路部门已新开行革命老区进京列车有“延安（陕北）—北京”、“泰州（苏北）—北京”、“吉安（江西）—北京”等三对快速列车）。

民盟吉林省委社会法制委员会在深入调研的基础上就拓展沈局东南铁路线客运发展，开行白山市进京列车可行性进行了研究，建议将现有的通化—北京2538/2537次直快列车，东延60公里改在白山市站始发、终到。

调研认为，将现在“通化—北京直快列车”东延60公里由白山市始发直通首都列车，条件已十分成熟：

一是2005年初，国家发改委，中央宣传部、铁道部等13部委局（办）联合发布《关于公布全国一百处红色革命旅游经典景区（点）通知》中，吉林省有六处，而革命老区白山市即占四处，分别是：白山市郊“七道江会议”会址、临江市“四保临江”烈士陵园、陈云旧居、靖宇县杨靖宇将军殉难地。因此开行白山市直通首都列车，对加快革命老区经济建设、促进红色旅游以及沈阳铁路局东南铁路线客运发展作用突出。

二是吉林省白山市火车站，1939年建成时为四等小站，90年代省市政府出资1360万元，按照铁路部门设计“开行跨局列车的候车能力”，将候车室扩建成3000平方米，旅客容量1200人，日接发能力10000人次。每日始发（终到）旅客列车三对，经停旅客列车五对，属二等编组站，具备开行始发、终到跨局列车的硬件条件。

三是现在开行的通化—北京2538/2537次列车，在“通化站间停时间11小时35分”(6:42—18:17)。其中通化延伸60公里到白山市单程运行1小时零3分，两个往

返运程（1 时 03 分 ×4）为 4 小时 12 分，再需白山市站停（30 分 ×2）60 分钟，两项时间相加计 5 小时 12 分，还剩有 6 小时 23 分，能够保证铁路部门要求的“通化站库检时间 6 小时”的规定。

四是无列车车库的地级城市开行进京列车多有范例。据调研，沈局开行的抚顺—北京 K96/95 次和鞍山—北京 2550/2549 次列车的车库在沈阳（北），分别距离 48 公里、89 公里；阜新市开行的进京列车，车库与锦州站相距 119 公里；哈局开行的满洲里—北京 1302/1301 次列车，车库在海拉尔站距离 186 公里，因此白山市火车站无车库亦不应成为不能开行进京始发旅客列车的原因。

为了尽早开行白山市直通首都旅客列车，除通过民盟组织反映社情民意信息外，还促成《人民政协报》、《法律服务时报》、《协商新报》等报刊多次发表《老区白山市民众热盼早日开行进京旅客列车》的建言。

经过几年的不懈努力，2009 年 5 月 15 日晚上 7 点 33 分，伴随着隆隆的声响，首列由白山市发往首都北京的快 7430 次列车准时发出，结束了吉林省唯一一个地级城市没有直通首都列车的历史，老区 132 万民众盼直通北京列车的梦想成真。

六、民盟四川省委关注甘孜藏族自治州水利工程移民矛盾

在建的两河口水电站建于雅砻江与庆大河、鲜水河分别交汇处。电站装机容量 270 万千瓦，调节库容 63.3 亿立方米，具有多年调节能力，它的兴建对改善四川电网电源结构，实现电源优化配置，推进“西电东送”将起到积极作用，是雅砻江乃至西部水电开发，促进社会经济协调发展的战略性工程。两河口电站淹没涉及四个县（雅江、道孚、新龙、理塘县）的部分地区，道孚县有 6 个乡即将被淹没，其中有 5 个乡属于藏族支系——扎巴藏族聚居地扎巴坝区。扎巴藏族因其沿袭了传统的母系走婚习俗而闻名于世。

在民族地区建设大中型水利水电工程，受少数民族风俗、文化、信仰、生活方式的影响，非自愿性少数民族移民搬迁中不仅涉及一般性征地补偿和移民安置，还关系到民族问题。

经常深入少数民族地区工作的盟员同志发现，四川甘孜藏族自治州雅江县境内的两河口建设工程，因移民搬迁问题，已经在当地引起矛盾：

一是搬迁群众知情权丧失，对立情绪加剧。移民安置规划方案滞后，从工程的启动后 4 年，淹没区群众对搬迁去向、寺庙搬迁细则、搬迁补偿、搬迁后副业收入、扎巴藏族独特文化保护等知之甚少，道听途说信息搞得人心惶惶。移民安置方向不明，信教群众及僧侣要求知晓移民政策和补偿方案的呼声强烈，扎巴藏族群众的正常诉求得不到回应，激化了矛盾。

二是一些搬迁方式触犯了信教群众的忌讳。扎巴藏族是全民信仰藏传佛教，如果以插花形式安置藏传佛教中黄教、红教、黑教、花教等不同教派信徒，势必打破他们原有的生活格局，让他们难以接受。佛教习俗认为，寺庙、佛像、佛塔、玛尼堆等建筑修好后，就不能拆，引起僧众和信教群众的极大愤怒。

三是搬迁移民对拆迁补偿不满意。扎巴藏族生活在地广人稀的贫困地区，电站的修建，让他们被迫迁出家园，没有享受到直接利益，还要承担因房屋补偿政策的不合理造成的财产损失。移民后，挖虫草、贝母等药材和拣松茸等菌类的副业收入不复存在，主要经济收入形式又得不到国家的补偿，生活水平会大大下降，扎巴藏族群众难以接受。

四是政府有关部门工作方法简单，引发政府与藏族及藏族内部矛盾。2009 年 5 月，水电站勘探人员对即将淹没的库区进行房屋等实物测量，由于缺乏事前沟通引发冲突，实物测量工作也无法开展。政府以扎巴藏族干部动员扎巴藏族群众搬迁的做法，以扣发工资方式胁迫退休的扎巴藏族干部带头实测房屋的粗野方式，破坏了民族和谐氛围。

少数民族地区非自愿性移民搬迁，事关经济发展、国家稳定和社会和谐，必须高度重视，认真对待。民盟四川省委在了解相关情况后，提出了几条建议：

1. 严格执行国务院完善水库移民后期扶持的政策。《国务院关于完善大中型水库移民后期扶持政策的意见》（2006 年），提出三点：第一，强调工程建设、移民安置与生态保护并重，切实转变“重工程、轻移民”和“重搬迁、轻安置”的观念；第二，强调继续坚持开发性移民的方针，完善扶持方式，加大扶持力度；第三，强调要逐步建立促进库区经济发展、水库移民增收、生态环境改善、农村社会稳定的长效机制，使广大移民共享改革发展成果，实现库区和移民安置区经济社会可持续发展的工作目标。有关部门应加强督促和检查，将移民后期扶持政策落到实处。

2. 尽快出台《甘孜藏族自治州移民办法》。在甘孜藏族自治州开展大中型水电站建设项目尚属首次，无任何模式和经验可借鉴，加之移民政策尚在完善中，一时还难以完全涵盖少数民族地区移民工作中存在的不同地域、不同文化、宗教信仰等特殊问题。依据我国《民族区域自治条例》，根据甘孜州的淹没地区地广人稀、农民的副业生产占经济收入较大比重的实际情况和甘孜州广大藏族移民的宗教、文化、语言等特殊情况，在充分调查、分析民意的基础上，制定《甘孜州移民搬迁办法》，让今后甘孜州因水电站移民搬迁有法可依。

3. 各级政府应当充分听取水库淹没区群众的意见。水电站建设事关他们的切身利益，移民安置方案应充分听取群众意见，按正常程序进行公告，让群众充分享有知情权、参与权、监督权，认真调研，做耐心细致的思想工作，保证移民诉求渠道的畅通，维护社会稳定。

4. 将反对分裂的工作贯穿移民搬迁安置的全过程。寺庙搬迁是宗教界极为敏感的问题，在道孚县被淹没的地区内，属于扎巴藏族聚居区需要搬迁的宗教寺庙有 4 座；受影响的寺庙有 4 座；被淹没的佛塔 25 座；转经房 3 坐，涉及僧侣百余人，信教群众 3000 余人。政府应尊重少数民族的习俗、宗教信仰，尽最大可能让移民们的宗教生活保持原样，不为民族团结破坏分子提供任何借口。

这些建议经整理后，由民盟中央报送全国政协信息局，全国政协旋即报送中央有关领导，得到了中央领导同志的高度重视，做出了重要批示，中央办公厅督查室函转四川省督查室要求督办。

朱中卫　民盟中央参政议政部信息处副主任科员

中国民主建国会参政议政案例

一、为加快节能减排，促进可持续发展建言

节能减排是贯彻落实科学发展观、构建社会主义和谐社会的重要举措，也是推进经济结构调整、转变发展方式、实现经济和社会可持续发展的必然要求。今年是实现国家“十一五”节能减排目标具有决定性意义的一年。为此，民建中央把“加快节能减排，促进可持续发展”作为年度重点专题之一，并报送为中央统战部组织的民主党派大考察课题，全国人大常委会副委员长、民建中央主席陈昌智亲自带队调研。

2月，民建中央组织来自相关企业、高等学校及科研机构的会内专家召开专题开题会，研究成立了专题调研组并初步制定了调研方案。随后，专题调研组走访了国家发改委、环保部等政府有关部门，认真听取了节能减排相关情况介绍，并就专题调研方案征求了意见。在此基础上，专题调研组进一步完善了调研方案。4月、5月，陈昌智率专题调研组分别赴江苏和湖南省进行调查研究，先后在江苏省苏州市、江阴市、镇江市和南京市等四个城市以及湖南省长沙市、浏阳市、郴州市、衡阳市、株洲市和湘潭市等五个城市进行实地调研，分别与当地省委省政府和市委市政府进行了座谈，听取了节能减排相关情况介绍，并与中共江苏省委省政府交换了意见；实地考察了江苏有关工业园区和纺织、电力、钢铁、化工、机械制造、新材料、电子等行业的12家知名企业和湖南有关循环经济示范园区和电力、钢铁、化工、有色金属、水泥、机械制造、房地产、新能源、新材料等行业的16家知名企业；还就农村环保方面，考察了江苏镇江市土著菌发酵床养猪技术试点和湖南浏阳市葛家乡金塘村农村环保自治模式。专题调研组较全面地掌握了相关信息和材料，切实感受到各地扎实推进节能降耗和污染减排工作，并取得了积极进展。但是我国总体上仍处于工业化、城市化加速发展阶段，长期形成的粗放型增长模式尚未得到根本转变，资源环境压力较大，且存在完成国家下达的指标后出现反弹的可能，节能减排仍然任重而道远。专题调研组将这些情况转化为参政议政成果，并通过各种渠道及时报送，得到了有关领导的重视和肯定。其中，《关于加快湘江流域重金属污染治理的建议》、《建议进一步推广土著菌发酵床畜禽养殖技术》得到了中共中央领导的批示。6月，专题调研组在前期调研的基础上撰写完成了专题调研报告初稿和两份分报告，为民建中央在全国政协专题协商会上的发言

提供了重要依据。8 月，在广泛征求有关部门和专家意见的基础上，专题调研组修改形成了《加快节能减排，促进可持续发展》调研报告。

报告指出，我国节能减排工作存在的主要问题：（1）产业结构仍偏重型化，主要污染物排放增量压力大；（2）节能减排区域差距较大；（3）宏观政策、管理机制还不完善；（4）法律体系仍不健全；（5）节能减排技术相对落后；（6）受国际金融危机影响产生的新挑战。报告提出，加强节能减排工作的对策建议：（1）优化经济结构，培育新的经济增长点。一是完善落后产能淘汰机制；二是积极提升产业竞争力；三是推进能源结构调整。（2）完善并落实财税政策，稳步推进能源资源价格改革。一是加大财政倾斜投入力度；二是完善财政补贴机制；三是建立环境基金，广泛吸收社会投入；四是尽快制定资源税、环境税改革方案；五是改革和完善能源价格形成机制。（3）制定和完善法律法规体系，提高法律保障。（4）支持研发和引进节能减排先进技术。一是推进循环经济示范工程；二是加大对节能减排技术引进和创新的扶持力度；三是尽快设立节能减排相关技术的应用推广项目，瞄准重点行业和区域，推广一批节能降耗潜力大、应用面广、投入少的重大节能减排技术。（5）健全管理体制，强化节能减排的监管力度。一是健全管理体制；二是进一步落实目标责任制；三是强化节能减排的监管力度。（6）加强宣传，推动全民参与节能减排工作。一是加强媒体宣传；二是组织宣传推广活动；三是推动全民参与节能减排工作。（7）关于制定“十二五”规划的有关建议。一是完善节能减排指标体系；二是对节能减排实行分类指导；三是积极采取预防措施应对美国等提出的征收“碳关税”方案，并在制定“十二五”规划过程中予以对策研究；四是将“继续加大节能减排工作力度”列入“十二五”规划内容。

中共中央和国务院领导对该报告作了重要批示，并经过转化后以书面发言的形式提交全国政协十一届三次会议。

二、为推动沿边开放，促进边境少数民族经济发展献计

中共十七大提出要“拓展对外开放广度和深度”、“提升沿边开放”，这是总结我国改革开放的历史经验，进一步扩大对外开放的战略部署。30 年间，我国的对外开放逐渐由沿海向内地和沿边地区展开。沿海地区发展取得了巨大成绩，而沿边地区的发展则严重滞后。沿边开放不仅关系到对外开放整体水平的提高，更关系到边疆稳定和民族团结，关系到少数民族群众收入的提高和生活的改善，关系到经济社会协调发展。2009 年，民建中央将“推动沿边开放，促进边境少数民族地区经济发展”作为重点调研专题之一，全国政协副主席、民建中央第一副主席张榕明担任专题负责人。

3 月 23 日至 4 月 1 日，调研专题组赴云南、广西进行调研，考察了畹町、瑞丽、东兴、凭祥四个边境经济合作区。调研过程中，除了沿边开放问题外，当地干部群众反映了一些民生问题，专题组据此形成了《关于重视和解决云南、广西边境地区贫困群众居住破旧危房、茅草房问题的建议》和《关于重视和解决边境少数民族地区教育问题的建议》，得到国务院领导同志的批示。《关于进一步支持云南边境地区开展替代种植，加强禁毒防艾工作的建议》通过社情民意报送全国政协信息局，被政协信息专

报采用。之后形成《改善边境少数民族地区民生，促进社会和谐稳定》的建议作为民建中央提交全国政协常委会的发言材料。5月31日至6月4日，专题组赴黑龙江调研，考察了黑河、绥芬河两个边境经济合作区。6月20日至27日，专题组赴新疆调研，考察了博乐、伊宁边境经济合作区和喀什地区。调研结束不久，新疆发生了“7.5”打砸抢烧严重暴力犯罪事件，专题组根据调研情况，从发展经济维护稳定的角度形成了《关于进一步推动新疆自治区发展的建议》，得到中共中央领导的批示。通过对四省区的调研，专题组认真总结有关情况，形成了《关于扩大沿边开放，促进边境少数民族地区经济发展的建议》。建议提出：

1. 将沿边开放提升为国家战略

在国家确立了要努力发展开放型经济、着力提升沿边开放的目标后，在少数民族地区的经济发展水平越来越成为我国民族政策重要着力点的背景下，必须明确“提升沿边开放水平是国家战略”，确定新时期沿边开放和边境经济合作区发展的总体目标，将沿边开放和边境经济合作区发展纳入国家“十二五”规划。同时，根据沿边不同地区产业特点和毗邻国家产业、资源特点，对具备比较优势和发展潜力的产业制订符合区域特点的产业政策。针对边境经济合作区发展遇到的困难和现状，以培育加工制造业为重点，加大投入，完善基础设施和产业配套条件，增强引资吸引力。

2. 一区一策，分类指导；统筹规划，创新思路

由于各边境接壤国家的政治经济情况不同，我国不同边境地区差异也很大，因此需要因地制宜，一区一策，使边境经济合作区充分发挥各自比较优势。建议有关部门对现有的14个边境经济合作区进行重新梳理，帮助地方制定科学的产业发展规划，出台优势产业发展指导目录，扶持加工贸易和高附加值产业发展。同时，允许边境经济合作区扩区和改变区位，动态调整，支持条件成熟的沿边地区增设边境经济合作区。鼓励边境地区和合作区加强与东部沿海地区各类开发区的合作，引进先进的人才、理念和管理经验。

在新形势下，将边境经济合作区以边贸带动为主的单一发展模式转变为以贸易、投资、加工制造、旅游等协调带动的综合发展模式，赋予贸易中心、加工中心、物流中心、信息交流中心、转运仓储中心、展示交易中心等边境经济合作区的综合功能。将产业、财税、金融、投资、贸易政策纳入双边合作机制，积极务实推进边境经济合作区的发展。

3. 适应形势变化，出台支持政策

一是合作区内生产型企业享受15%的所得税优惠；区内边贸企业在“十二五”期间所得税减半征收。二是将合作区5年内新增财政收入留给当地。三是为合作区内基础设施建设提供专项贷款，扩大贷款贴息规模，提高贴补率。四是财政设立专项资金，完善口岸建设，提高通关效率。五是适度调整边贸政策。各地对国家以财政转移支付替代边境小额贸易进口关税和进口环节税减半征收政策的反映都比较强烈。由于转移支付资金短期内很难到位，地方财政受影响较大，如博尔塔拉州仅去年11—12月，口岸地方财政收入因此减收4500万元；国际金融危机期间出台此政策，对企业来讲无异于雪上加霜。建议认真研究，适度调整。六是放宽沿边地区企业进口邻国资源类商品

经营资质条件，增加企业进口商品配额等。七是吸引劳动密集型外资转移。今年上半年西部地区实际使用外资同比下降26.5%，比全国高8.6个百分点。建议加大引进外资力度，对劳动密集型企业转移到开发区的给予资金、社会保险转移政策支持。

4. 积极推动边境地区逐步实现人民币结算

鼓励边境贸易企业以人民币对周边国家投资，鼓励邻国以人民币对中国投资，以相互投资带动人民币的区域化发展，进而提高人民币在边境贸易结算中的信用度。只有不断提高人民币在周边国家的影响力，才能促进对外贸易与投资合作中的人民币结算。在无法实现本币结算的经贸领域，通过加强中方与邻国之间银行的沟通和合作，尽快开办两国银行间的代理业务，促进边境贸易货币结算便捷化。具体而言：一是吸收上海和广东等地人民币结算经验，在条件成熟的边境地区特别是边境经济合作区开展人民币结算试点；二是逐步落实边境贸易采用人民币结算全额退税政策；三是推动与经贸往来较多的国家签订两国央行货币互换协议；四是银行分支机构为人民币结算提供规范渠道，规避风险，研究设立离岸金融账户的可行性。

5. 加强对“走出去”工作的宏观指导

在发展商品贸易的同时，积极鼓励边境地区的企业对邻国投资，尤其鼓励具有比较优势的企业进行技术投资，在出口商品的同时实现技术输出、劳务输出和资本输出，这应当成为沿边开放的重要内容。对资源型产品的进口，应当坚持对外投资、加工和进口一体化的运作模式，这种模式符合周边国家对资源型产品出口的相关政策，也有利于边境贸易向次区域经济合作的逐步转化。次区域经济合作与经济发展水平、经济制度和文化背景等软环境密切相关。因此，在发展对周边国家投资和劳务输出的同时，也需要加强我国与邻国边境城市的政策协调，保障我国外出务工人员的合法权益。有关部门要对周边国家的经济发展、基础设施建设、产品市场需求、资源能源土地利用情况进行认真研究，从宏观上统筹规划调度，可与对方政府签订双边经贸合作中长期发展规划，实现双方的资源、市场、技术、人才优势互补。组织企业以投资、对外承包工程、境外资源开发、对外农业合作等形式“走出去”的同时，注意树立责任意识，把对外援助与“走出去”结合起来，把“走出去”与环境保护结合起来。对在境外开发资源、承包土地的企业加强引导，出台相关政策措施，维护国家形象和企业形象，提高境外投资合作的效益和可持续发展能力。

6. 加快中哈霍尔果斯国际边境合作中心建设

该中心对我国与上合组织国家及其他周边国家加强经济联系具有示范意义，建议从国家层面推动建设：一是列入国家发改委规划，加大中央财政投入；二是尽快确定中哈双方认可的运营模式，明确管理方式；三是建立两国间对话协调机制，可考虑设立商务部特派员等，及时就有关问题与对方沟通；四是尽快封关运行，建立小范围的商贸业务往来，使中心在运作中完善和发展。

对于边境省区提出的建立将边民互市、货物进出口、保税仓库、加工贸易等多种功能融为一体的跨境经济合作区的问题，需要认真研究。建议充分考虑各地区边贸对象的不同发展水平和特点，由相关省区根据本地区的实际情况，统一规划，选择交通条件好、基础设施完善、有发展前途的已开放的边境口岸作为试点，报国务院批准，成熟一个，批准一个。经初步考察，我们认为云南“中缅瑞丽—木姐”、广西“中越凭祥—同登”、黑龙江“中俄绥芬河—波格拉尼奇内”三地条件相对成熟。鉴于目前情况，建议先行推动霍尔果斯合作中心的建设，待其封关运行一段时间后，总结经验再逐步推开。

7. 加大对沿边地区基础设施建设的支持力度

沿边开放的前沿是口岸，而我国沿边的一些口岸由于建设较早，基础设施较差，又经过长年失修，与邻国相比有较大差距，体现不出我国改革开放后经济发展的水平，更没有显示出大国形象。因此，建议国家要加大边境口岸的建设，除设立专项资金外，可要求地方配套。同时，实行口岸关税按比例返还，完善查验设施，并将条件成熟的二类口岸提升为一类口岸。进一步改善口岸检验、检疫管理模式，完善便捷的现代物流环境，提高审批效率，提高出入境人员和货物通关速度。加强口岸管理改革，开辟绿色通道，对过往车辆不实施分散、拆零和普通检查，对信誉好的公司和商号的人员、车辆给予便捷检验、检查手续优惠，保证出入境人员及货物的通畅。

8. 加强与周边地区国际通道建设

周边地区汇聚了我国重要的政治、经济和安全利益。推动我国与周边地区国际通道建设，对巩固和发展我与周边国家关系、深化区域和次区域合作、保障我国能源资源供应安全、推进国防安全建设、促进边境地区社会经济发展具有重要意义。当前，不少地区将建立国际大通道、欧亚大陆桥作为地方经济发展战略，考虑到国际通道建设资金量大、涉及面广、敏感性强、不可预见因素较多，建议有关部门加强对通道建设的规划和研究论证工作，加大信贷保险等方面的支持力度，逐步实现互联互通和网络化。引导舆论导向，重点介绍资源、高技术等重要和敏感领域的跨国合作，宣传双赢的利益分享前景。

9. 全方位多渠道加强多双边合作

提升沿边开放水平不仅需要国内政策措施的支持，也有赖于毗邻国家的合作。建议：一是在与毗邻国家商签经贸合作政府间协议时，将边境贸易作为一项重要内容列入其中，在政府间经济贸易混委会或双边政府间定期磋商中，将其列为经常性议题，及时交流与沟通，争取对等开放与对等优惠，使边贸能够更为便利地展开。二是重视加强与对方国家职能部门的沟通与合作，尤其是加强与毗邻国家在海关、检验检疫、银行、保险、仲裁方面的合作，促进边境贸易的正常发展；加强海关、公安（边防）、司法部门的合作，共同打击走私和各种犯罪活动，保障边贸发展有一个良好的环境。三是除在中央政府一级进行交流与磋商外，也应加强我国边境省区地方政府与毗邻国家边境地区地方政府的协调与沟通，在互惠互利的基础上共同发展。四是在“中国—东盟国家自由贸易区”、“上海合作组织”、“澜沧江—湄公河次区域经济合作开发”、“图们江经济合作开发”等区域性经济合作的多边磋商谈判中，将边境地区的贸易与经济技术合作列为重要议题，赋予边境省区参与区域合作一些新的权力，通过更大范围的贸易与经济技术合作，促进边境地区的繁荣发展，使边疆地区成为次区域经济合作的先导。

10. 改善边境少数民族地区民生

一是尽快对危房校舍排查加固，利用税收等优惠政策鼓励企业和各类民间资本帮助捐建、修缮校舍，完善配套基础设施；二是边境地区贫困家庭寄宿生生活费补助在原有标准上提高100元，使补贴标准与实际消费相匹配，中央给予一定范围转移支付；三是提高医疗保险报销比例，减少边民负担，保证乡镇中心医院和行政村卫生室设置，配备基本医疗器械和药品，培养有专业知识的全科医生和卫生员，加强人畜疾病防疫；四是加快交通路网基础设施建设，解决边境乡村出行难题，保证边民生活用水用电；五是警惕越南等邻国利用边民民族语言相通，通过广播电视对我进行文化渗透、思想渗透和宗教渗透等行为，建议加大广播电视发射功率，推广普及汉语言的同时，保证少数民族语言节目播放，通过发达地区送文化下乡等活动，使少数民族人民更加热爱发扬本民族文化、拥护民族团结和祖国统一。

该建议得到中共中央和国务院领导的批示，要求发改委会同商务部研究，并经过转化后以口头发言的形式提交全国政协十一届三次会议。

三、为建立煤炭期货交易机制，促进煤炭市场健康发展献策

改革开放以来，我国对煤炭价格实行了渐进的市场化改革，极大地促进了煤炭市场的发展。但是，由于价格形成机制尚不健全，煤炭市场呈现非正常波动，煤炭“买难”与“卖难”交替出现，导致煤炭价格大起大落，使煤炭和相关行业的可持续发展面临巨大困难。为此，民建中央将就“建立煤炭期货交易机制，促进煤炭市场健康发展”作为年度重点调研专题之一。该重点专题由全国人大常委会副秘书长、民建中央副主席张少琴任组长。

课题组先后到中国证监会、电监会和华能集团公司、皖北煤电集团、淮北矿业集团、淮南矿业集团、阳泉煤业集团等有限公司及上海期货交易所、上海黄金交易所、上海石油交易所等单位进行实地调研，了解近年我国煤炭市场价格变化情况、存在问题、建立煤炭期货交易机制必要性和可行性以及相关政策等问题，最后形成专题调研报告。

调研报告提出了建立煤炭期货市场交易机制的政策措施。一是创建煤炭价格指数。国家通过规范、法定的统计制度，建立我国统一的煤炭价格指数，定期发布。二是大力构建统一的煤炭市场，不断完善煤炭市场交易机制。建立完善包括全国煤炭交易中心和区域煤炭交易中心的煤炭市场组织体系。建立全国统一的煤炭交易机制和规则。鼓励煤炭企业与相关企业建立战略联盟，签订长期合同。提高煤炭产业集中度，规范和提高煤炭质量标准。三是加大运力投资，建立和完善运力资源市场交易机制。大力拓宽铁路建设投资渠道和加快铁路建设步伐，搞好水路联运，改革铁路管理体制，在现代信息技术的基础上搞好运输业和仓储业的整合。四是理顺煤电价格机制，加快电力市场化改革。建立统一透明的煤炭市场和组建煤电战略联盟。五是以焦炭期货合约为突破，加强对各种不同煤炭期货合约产品的研究和开发。焦炭具有现货交易广泛，易于标准化和质量易于检验，物化性能稳定和现货交易价格波动频繁等诸多特点，具

有成为期货交易标的物的明显优势。六是转变政府职能，加强市场监管。相关政府主管部门应从具体审批职能中摆脱出来，把主要精力放在统筹规划，建立机制，完善政策，加强立法和监管以及配套改革上来，对煤炭期货新产品实行市场化上市机制。

课题报告经过转化后以书面发言的形式提交全国政协十一届三次会议，受到有关方面的高度重视。

四、为中小企业应对全球金融危机鼓与呼

我国经济的持续稳定需要保持广大企业的生机与活力。促进中小企业发展，是保持国民经济平稳较快发展的重要基础，是关系民生和社会稳定的重大战略任务。而2009年以来，国际金融危机带来的不利影响逐渐显现，对实体经济尤其是对中小企业的冲击也更加明显。2009年民建中央把“中小企业应对全球金融危机”作为重点调研专题之一。

3月至12月，由全国人大常委、全国人大内务司法委员会副主任委员、民建中央副主席辜胜阻带领的专题组就今年“中小企业应对全球金融危机”重点专题先后赴北京、湖南、江苏、浙江、广东、内蒙古、宁夏、甘肃、辽宁、山东等十多个省市自治区进行了调查研究和实地考察，并与会内外200多位企业家进行了座谈。在形成了调研的初步结论后，专题组又同国家发改委、工信部、财政部、人保部、商务部、国务院发展研究中心等国务院部委和中国人民银行、银监会、证监会、深圳证券交易所等相关金融管理层以及相关方面就有关政策建议进行了讨论、沟通与协商。同时，专题组还就相关的政策观点征询了北京大学和中国民私营经济研究会等高校和学术团体的专家学者的意见，并先后主持召开近20多场专题座谈会，探讨中小企业应对全球金融危机的对策。在此调研的基础上，专题组形成了《中小企业后危机时代转型升级实现可持续发展的对策建议》调研报告，并形成了《保持经济可持续增长亟需扩大民间投资和充分发挥市场机制作用》的社情民意信息报送了全国政协。同时，课题报告经过转化后以书面发言的形式提交全国政协十一届三次会议。

主要提出的政策建议是：(1) 进一步完善中小企业的财政政策支持体系，加大财税政策扶持力度，减税、减费、减息，继续大力减轻中小企业的税费负担。(2) 制定相对稳定的支持中小企业融资政策，完善多层次银行体系和资本市场体系，让中小金融机构支持中小企业，通过有效的财税政策引导银行向中小企业贷款，切实解决中小企业融资难问题。(3) 积极扩大内需，鼓励政府投资向扶持中小企业和启动民间投资倾斜，抓住消费升级契机，以财政手段扩大中小企业内需市场。(4) 建立健全创新利益补偿、风险分摊和产学研合作机制，建立中小企业创新平台，进一步完善创新型中小企业创新服务体系，优化企业创新的“小环境”。(5) 构建创业网络服务系统，加强创业集群建设，重视创业教育，培育创业文化和企业家精神，进一步完善我国创业政策体系。(6) 切实保障平等竞争和平等保护“两个平等”，推进垄断行业改革，放宽市场准入条件，拓宽民间资本进入领域。

同时为中小企业“苦练内功”培育核心竞争力也积极献计：(1) 做强主业，实施

企业战略归核化。（2）推进管理创新和技术革新，增强企业核心竞争力。（3）改变“家族化治理”，推进治理结构的制度创新。（4）广聚贤才，推进企业人才战略实施。（5）通过产业转移降低成本，实现布局合理化。（6）实施“走出去”战略，实现经营国际化。

这些建议均受到有关方面的重视，对中小企业应对危机，走出困境也具有启示作用。

孟孝忠　民建中央宣传部部长

王永飞　民建中央宣传部新闻处处长

中国民主促进会参政议政案例

一、关注农村教育，献计综合改革

始于上世纪80年代的农村教育综合改革，不仅为农村的发展繁荣作出了贡献，也使农村教育发生了深刻变化。然而随着城镇化、工业化进程的加快，以及农村经济社会的发展变化，农村教育应如何定位？新一轮改革的方向在哪里？怀着对农村教育多年的关注之情，民进中央将“新形势下的农村教育综合改革”作为2009年的重点专题考察题目。

5月13日—21日，民进中央主席严隽琪，民进中央常务副主席罗富和率民进中央考察团赴山西进行专题考察。为期9天的考察中，考察团深入吕梁、忻州、晋中、运城四市，通过对“三教统筹”和“农科教结合”试点，农村职业教育和农业科技推广体系建设的试点，高等教育为农服务试点的系统考察，了解了农村教育发展存在的主要问题及可能解决的途径；发现并总结了农村教育在为当前经济社会发展作贡献，促进学生发展、农民致富、科技进步等方面的新经验。

而此前，民进中央已在北京、上海、广东、河南等地开展了一系列的预调研，并征集了数十位教育方面和农村研究方面专家的意见，其中包括教育部、农业部、科技部有关司局，叶圣陶研究会、中央教科所、联合国教科文组织国际农村教育研究与培训中心的专家。同时，民进北京市委会等7个省级组织也将该课题作为本省年度重点调研课题，同步开展调研。专题考察之后，民进中央还赴山东、安徽就农村职业教育进行了补充调研。

民进中央综合各方调研成果集中研讨，反复论证，最终形成了致中共中央、国务院的《关于新形势下的农村教育综合改革建议书》，得到了李克强副总理的批示。

民进中央指出，我国农村教育在工业化、城镇化、农业现代化加快推进的新形势、新任务下，要适应人才需求在数量、质量和结构方面的新情况，还存在值得高度重视的差距，还面临迫切需要解决的困难和问题，特别是教育资源在城乡、区域间配置的差距较大、农村学校在实施素质教育上面临着巨大的压力和困难、大量农村适龄学童向城市转移对农村基础教育的发展产生很大影响、农村职业教育为地方经济社会发展服务的功能有待进一步发挥。

深化农村教育综合改革要坚持城乡教育统筹发展的原则，统筹城乡教育发展规划，统筹城乡教育资源配置，统筹城乡教师队伍建设。

为此，民进中央提出：

（一）建议政府有关部门尽快启动对农村教育综合改革的研究和规划，并及时召开第二次全国农村教育工作会议进行部署。如何认识当前的形势以及新形势下的农村教育综合改革方向如何确定，改革方案如何设计？应在体制机制方面有什么创新？需要国家有关部门深入地进行调研和探讨，及早谋划。建议在充分调研、凝聚共识的前提下，尽快召开一次全国农村教育工作会议，对如何进一步深化农村教育综合改革进行部署。

推进农村教育综合改革是一项系统性、综合性的工程，需要统筹配置各类教育资源。这项工作涉及教育、人力资源和社会保障、农业、科技等多个部门。建议在国家层面建立由主管副总理牵头的教育、农业、科技、劳动、扶贫等相关部门的部际协调机制，有关部门各司其职，形成合力。在地方，可建立由分管领导牵头的协调机制。

（二）统筹城乡教育发展规划，推进城乡教育均衡发展。地方政府要统筹规划城乡教育发展的规模、结构、布局，集中教育、教师资源，办好农村各级各类教育。要根据地方经济社会发展总体规划、尤其是中小城镇的发展合理调整农村学校布局，为农村青少年就近提供尽可能均衡的受教育机会。农民工子女大量涌入城市就读的根本原因是农村缺乏优质教育资源。解决问题的出路是要有重点地从加强农村地区乡镇中心小学和农村初中建设做起，加大农村薄弱学校改造力度，缩小城乡之间、校际之间办学水平差距，以满足农民子弟就近接受优质教育的需求。中央及地方政府应加大“农村中小学标准化建设工程”、“寄宿制学校建设工程”等项目实施力度，推进农村学校布局调整。

建议探索教育部门与农村基层政权对农村普通中小学共建共管的机制，扩大中小学教育资源的来源渠道和综合服务功能，使农村中小学成为农村社区的教育、科技中心，信息资源和文化传播中心，成为建设农村文明的高地。

（三）统筹配置城乡教育资源，推进城乡学校协调发展。要统筹城乡的教育投入和资产配置，在市、县范围内推进统一城乡学校公用经费和生均教育经费标准，统一学校教学设施、仪器设备等资源配置标准，使城市和乡村中小学生基本享有同等的学习条件。地方政府应在财政投入和拨款、学校设施设备配置等方面向农村学校倾斜，以尽快改善其办学条件，提高办学质量。

同时，要按照统筹城乡教育发展的思路，鼓励城市优质基础教育学校通过组建教育集团、城乡联合办学等方式，带动农村学校共同发展。要借鉴各地已有的职业教育集团模式，推动建立市、县范围内的职业教育联合体，实现城乡职业教育师资队伍、实训基地的资源共享。

（四）统筹城乡教师队伍建设，推进城乡师资水平均衡提高。教育发展不均衡的集中体现是教师队伍发展的不均衡，因此加强农村教师队伍建设是统筹城乡教育发展的重要任务。要通过制度建设促进城乡教师队伍的均衡发展。统筹城乡教育人事资源的配置结构与布局，建立城市有效支援农村的教师管理体制。将城市教师到农村支教的做法制度化，真正实现城乡教师的双向交流。逐步完善农村教师的补充机制，除农村教师特岗计划外，还应推广地方师范院校学生顶岗支教的做法，让地方师范院校真正成为农村教师队伍的培养、补充基地。建议设立农村教师津贴，通过建立利益补偿机制，吸引更多优秀的人才到农村任教；设立国家“中西部地区义务教育师资培训基金”，重点支持中西部农村地区的教师培训。

（五）统筹城乡建设人才培养目标和模式，为新农村建设提供人才支撑。

一是要坚持转移富余劳动力和服务“三农”并举，建立适应统筹城乡发展的农村职业教育体系。要按照统筹城乡发展的要求，把农村职业教育发展的重心逐步转移到促进农村富余劳动力转移和为地方经济社会发展服务并举上来。建议国家有关部门（如教育、农业、科技、人力资源）联合组成调研组，对新农村建设人才需求进行调研，并编制新农村建设人力资源发展规划，以指导农村职业教育的发展。同时，要制定倾斜政策，扶持农业职业教育发展。对中等职业学校开办涉农专业的，各级财政予以一定比例的补助，以保证其维持正常运转。在农村职业教育免费的基础上，对涉农专业的学生给予一定数额的奖学金。

二是要实施“科教兴农工程”，培养新农村建设人才。农村继续教育既要满足留在农村的农民的教育需要，又要满足农民走出农村的教育需要。要强化政府统筹，有效整合资源，把新型农民的培养培训工作落到实处。要加强农村成人文化技术学校建设。针对目前成人文化技术学校大多没有人员编制、缺乏办学经费的现状，建议国家有关部门进行专题调研，并制定“促进农村成人文化技术学校发展的意见”。“意见”中应明确办学编制和办学经费标准；要加强农民培训能力建设。根据十七届三中全会《决定》中“健全县域职业教育培训网络，加强县域农民培训能力建设”的要求，尽快制定《全国县域职业教育培训网络建设规划》，并尽早实施，争取在若干年内建立起覆盖全国主要农区的、较完善的农民培训网络。要实施“科教兴农工程”。在全国农业高校、农业职业技术学院认定一批基层农技人员培训基地，分期、分批对全国基层农技人员开展知识更新培训。同时在全国遴选一批年纪轻、素质较高、具有较强敬业精神的基层农技人员到农业高校进修。

二、把脉小城镇建设，建言城乡统筹

改革开放以来，中国的城镇化虽然取得了巨大的成就，但是也存在一个突出的问题，即城镇化的发展偏重于沿海和发达地区的大城市、特大和超大城市，忽视了中小城市和小城镇的发展。民进中央密切关注中小城市和小城镇建设，经过多次较为深入的调研以及多次走访有关部委、沟通情况、交换意见后，逐步加深了对推进中小城镇建设重要现实意义和长远战略意义的认识，多次在高层协商和国家政策征询座谈会中，明确提出要将中小城镇作为拉动内需的重要举措，积极为国家大政方针的出台提供意见参考。

2009年“两会”期间，民进中央提交了《加快小城镇建设，推进城乡统筹发展》的党派提案。民进中央认为，中小城市和小城镇是促进城乡统筹、推进工业化转移、拉动国内市场、形成新的消费需求的突破口。中国只有农村经济得到充分发展，消费需求才能持续增长，才能真正扭转内外失衡的局面。如果说，20 年前中小城镇的蓬勃发展是以乡镇企业集聚为拉动力，那么时至今日，我们需要以政策支持和中央统筹作为中小城镇发展的拉动力。

民进中央指出，当前制约中小城镇发展的因素，一是政策支持不到位，在城乡统筹建设中处于“不农不城”的政策真空地带；二是缺乏规划和有力引导，存在布局不尽合理、部分地区发展无序化、定位不清晰等问题；三是基础设施建设的低水平、资金严重不足，相对降低了转移农民的相对稳定性；四是就业渠道狭窄影响了农民向小城镇转移。

针对存在问题、参照已有经验，民进中央建议：

一是进一步提高对推进中小城镇建设重要意义的认识。之所以提出这个问题，主要是一些地方对建设新农村还停留在较低水平的认识层面，对于解决“三农”问题要以中小城镇为重要抓手一直未给予足够重视。必须强调要把优先发展中小城镇放在科学发展观的大框架里来认识，放在建设新农村的大背景下来思考，放在吸纳农村富余劳动力的大战略中来谋划。要加强规划，在一些条件成熟的中小城镇率先推进。

二是在国家扩大内需的 4 万亿投资计划中，应安排专项资金支持中小城镇建设。建议尽快将中小城镇的基础设施建设纳入国家积极财政政策的大盘子，针对大城市郊区和中西部小城镇的不同特点，在基础设施方面进行资金和政策倾斜。地方各级政府应扩大内需的财政政策，加大对中小城镇基础设施投资的力度，让转移的人口和返乡的部分农民工在小城镇扎根，稳定他们非农就业收入，并以此来带动他们的消费，促进内需的拉动。

三是集成资金，形成推进中小城镇建设的合力。建议从各部委已经安排的项目中拿出一部分集成用于中小城镇建设。如农村交通建设的部分资金可用于加快中小城镇周边的道路建设，农村学校建设的部分资金可用于加强中小城镇的学校建设，农村卫生医疗的部分资金可用于加强中小城镇医疗设施建设。

四是改革完善现行的土地制度、户籍制度、金融制度和乡镇行政管理制度，为中小城镇建设提供配套的制度保障。一是在严格保护耕地的前提下，通过探索农村存量集体建设用地改革为中小城镇建设提供土地支持。二是取消城乡户口差别，建立统一的居住证登记制度。三是逐步建立以自筹为主、国家扶持为辅，农民带资进镇、集资进镇、企业与个人积极参与等多渠道、多元化的投入机制。四是按“新城镇新体制”的要求，建立一个职能明确、结构合理、廉洁高效的小城镇管理体制。

该提案被全国政协列为重点提案，并召开专题办理协商会。尽管建言献策取得了阶段性的成效，但民进中央推动中小城镇建设的步伐并没有停止。2009 年，民进全会上下联动、集智聚力，重庆、宁夏、江苏、广东等省委会共同就中小城镇建设展开调研，形成调研报告。与此同时，民进中央常务副主席罗富和在赴山西、广东、江苏等地考察的同时，也就不同地区的中小城镇发展、建设进行了实地调研。2009 年底，民进中央领导在高层协商座谈会上又递进式地提出了推进中小城镇发展的若干建议。

“小城镇，大战略”，中小城镇建设是系统工程。在过去递进式参政议政建言献策的基础上，民进中央将继续围绕“统筹城乡发展，加快中小城镇建设”发动全会进行更为深入的调查研究，建睿智之言，献务实之策。

三、关注水库清淤工程，促进水资源可持续利用

中国是世界上水库数量最多的国家，目前全国有87000多座水库。但是，我国现有水库中，就有8万多座是在上世纪五六十年代投资兴建的。经过40多年的运行，这些水库普遍存在着两大问题：一是大坝存在病险隐患；二是多数水库淤积严重，损失了兴利库容。水库病危，淤积消融，尽快恢复水库的功能，关系到国计民生。为此，民进中央积极建言，呼吁在全国范围内开展水库清淤工作。

2009年初，民进中央与民进广东、浙江、福建省委会关于实施水库清淤、促进水资源可持续发展的联合调研报告，得到温家宝总理的批示。2009年3月，全国政协十一届二次会议期间，全国政协常委、民进中央副主席张帆代表民进中央作了《实施水库清淤工程是应对旱灾的长效措施》的大会发言。会议期间，民进中央还提交了《关于实施水库清淤工程，促进水资源可持续利用的提案》。

民进中央认为，我国清淤条件基本具备。我国对水库淤积的研究开展较早，已取得一定成果，基本具备必需的技术设备和方法，一些省市在清淤实践中也取得了很好的经验，如广东省将科学研究与试点工程紧密结合，清淤工程与淤积泥沙资源化利用互相促进；厦门市以恢复库容和改善水质为目标，结合周边环境综合整治开展清淤工作；杭州市余杭区结合水库除险加固工作开展水库清淤，提高了效率，降低了成本等。而清淤成本也低于新建水库成本，还具有不占用耕地、不产生移民的优势。

实施水库清淤工程不但可以增加兴利库容、改善库区水质，而且技术上可行，相对成本较低，淤积泥沙资源化利用还能带动相关产业发展。目前在全国范围内还未大规模展开水库清淤工作，主要原因是投资还只侧重于开展大规模的病险水库除险加固工作，水库管理单位没有用于水库维修养护的专项资金，更没有水库清淤专项资金。

为此，民进中央建议：

一是安排专项资金，启动水库清淤工程。结合国家扩大内需、促进经济增长的措施，增加安排专项资金启动实施水库清淤工程。安排水库清淤专项资金不应挤占原有病险水库除险加固资金。从目前情况来看，大型水库淤积情况相对较轻，中小水库淤积较重，尤其是部分中小型水库及山塘水库情况非常严重。中小型水库在枯水期更易于排干，为清淤创造了有利条件。因此，中小水库可以作为当前开展水库清淤工作的重点，将水库清淤与除险加固工作相结合，以降低清淤成本。

二是开展专项调研，摸清淤积情况。建议水利部门结合全国病险水库排查工作，在全国范围开展一次水库淤积情况的普查。在掌握情况的基础上，综合考虑水库淤积严重程度、影响范围等，按照轻重缓急部署清淤工作。

三是探索因地制宜的清淤模式，积累经验。目前一些清淤工作试点已经初步取得了一些经验，建议水利部门及时调研，进行总结推广。鉴于各地情况不同，各类水库情况不同，应在总结已有经验的同时进一步分类开展试点工作，选择典型省份的典型水

库率先开展清淤工作，为下一步大规模的全面清淤积累经验。

四是鼓励清淤工作与水库日常运行维护相结合，建立清淤长效机制。我国大多数河流含沙量较高，水库泥沙淤积的情况不可能在短期内改变，水库清淤也不可能一劳永逸。要探索建立水库清淤长效机制，为水库管理部门配备必要的清淤设备，定期进行清淤，实现清淤工作常态化。试行按清淤量拨款补助，同时出台税收减免政策，鼓励发展淤积泥沙资源化产业。

五是开展清淤科研攻关，提供支撑技术体系。建议水利部门联合科技部门，立项开展对清淤技术的进一步研究；进行清淤装备改进的科技攻关，以保证清淤时水库水质不受二次污染；进一步开展对水库淤积泥沙资源化利用的科研，以“化害为利”为构想，实现淤积泥沙的资源化产业化利用，降低清淤成本。

民进中央关于“水库清淤”的建言，得到了相关职能部门的高度重视。2009 年 4 月，国家发改委农村经济司、水利部规划计划司主持召开水库淤积问题专题座谈会，研究如何防治和减缓水库淤积、科学实施水库清淤工程、促进水资源可持续利用等问题。众多相关领域的专家学者和职能部门的有关负责同志参加了座谈会，针对水库清淤的可行性进行了论证，对这项工作如何开展进行了探讨。与会专家认为，实施水库清淤工程十分必要，目前应通过选取不同地区不同类型水库进行清淤试点，以便摸清情况、积累经验，为今后工作做好准备。

四、关注长江流域湖泊的保护与管理

民进关于长江问题系列调研的序幕始于 1997 年，十余年来民进对长江的关注从未间断，我们非常重视对课题规划性的研究，逐步加强参政议政的深度、广度，先后完成了对长江流域资源环境问题的多项调查研究，其内容涵盖了长江流域水、能源、农业和生物多样性等领域内存在的各种问题。2009 年 5 月，民进中央与水利部长江水利委员会共同在江西省南昌市主办了“长江流域湖泊的保护与管理研讨会”。

研讨会由民进江西省委会、江西省水利厅共同承办，世界自然基金会协办。中共江西省委书记苏荣、省长吴新雄、国家水利部副部长胡四一、国家林业局副局长印红、水利部长江水利委员会主任蔡其华出席开幕式。

来自中科院科技政策与管理研究所、世界自然基金会、华东师范大学资源与环境科学学院、长江勘测规划设计研究院、北京林业大学、长江科学院、中科院地理资源所、中科院测量与地球物理研究所、湖南洞庭湖水利工程管理局、中科院地理资源所、江西山江湖委办等相关单位以及沿江民进组织的 20 余位国内著名专家参与研讨。

研讨会上，与会专家针对实施流域综合管理的难点与未来工作的重点、流域综合管理与湖泊开发和保护、湖泊综合管理的体制与政策、湖泊水环境保护与治理、流域规划与健康湖泊、通江湖泊与河湖关系、长江中下游湿地管理与保护区建设、鄱阳湖生态经济区等重大问题进行了研讨，并提出了进一步推进长江流域综合管理、创新管理模式；建立湖泊水环境保护长效管理机制；采取长江流域水库联合调度和生态调度，维护江湖健康等观点。

会议认为，从长江流域的经济社会发展看，尽管取得了长足的进步，但是长江流域的湖泊正面临来自各方面的新挑战、新问题，包括全球变暖产生的一系列变化，三峡工程运行及上游水库兴建所带来的水文形势、江湖关系的变化，社会经济发展所引发的湖泊富营养化、湿地和生物多样性的保护等问题。在今后一个时期，必须站在全流域和整个生态系统角度，综合思考长江流域湖泊开发与保护的战略，提出系统的解决方案，从体制机制、法规管理、规划评估、技术措施、利益相关方参与等方面不断取得新的进展。

会议认为，鄱阳湖生态经济区建设是结合国家社会经济发展趋势和江西省省情所提出的一项有利于促进地方发展和生态文明建设的综合性方案，对发挥江西省的比较优势，保护鄱阳湖的“一湖清水”，具有重要意义，但针对日益复杂的气候变化影响和江湖关系变化，鄱阳湖水利枢纽设施的建设还存在许多需要认真考虑和论证的问题，需要进一步加强研究和广泛研讨，听取各利益相关方的意见和建议，找到科学合理的解决方案。

为了长江流域的湖泊管理与保护，与会专家建议：

一是要加快推进立法工作。从国家层面需要推进江河湖泊的统一立法工作。在江河湖泊法还未纳入立法规划前，一些大江、大河、大湖流域，可以先行制定“流域水资源管理条例”。在立法中，要统筹考虑江河湖泊的经济功能和生态功能，协调保护与开发，明确管理体制、管理责任。

二是继续推进流域综合管理。要推进建立部门和地区之间的协调机制，建立水质监测、预报和发布的公共平台，完善信息通报和共享机制、联合会商机制和联手行动机制，逐步实现综合管理。

三是妥善处理江湖关系，实现江湖两利。解决长江中下游的一系列水问题，核心在于处理好江湖关系。因此，必须坚持和落实科学发展观，调整江湖治理思路，由过去单纯的江湖整治向江湖管理、保护和综合治理转变。已经建立了控湖工程的湖泊，要通过优化调度方式、鼓励利益相关方参与、建立补偿机制等多种手段，逐步实现江湖联通。同时，还要注意湖泊和水库的联合生态调度。

四是要探索流域的湿地生态系统保护，保护好候鸟栖息地。长江流域的湖泊大多是珍稀鸟类的栖息地，鄱阳湖、洞庭湖还列入了国际重要湿地名录。在湖泊的开发利用中，一定要协调好发展与湿地保护的关系，保护好鸟类的栖息地。

马　宪　民进中央参政议政部干部

中国农工民主党参政议政案例

一、关注医改最难点，建言公立医院改革

公立医院是医疗卫生服务体系中最重要的组成部分，对促进我国医药卫生事业发展和增进人民健康发挥了重要的、不可替代的作用。随着经济社会的发展和科学技术的进步，人民群众对医疗服务的需求与日俱增，公立医院的服务供应能力面临严重的挑战。同时，公立医院能够提供的医疗诊治服务与社会需求的矛盾以及医院良性运行与发展机制的矛盾未能有效解决，也成为导致“看病难”、“看病贵”的重要原因之一。公立医院管理体制和运行机制亟待完善，改革势在必行。

由于公立医院改革涉及面广、利益格局调整大、问题错综复杂，从总体上讲，要在注重发挥政府的主导作用的同时强调逐步引入市场竞争机制，在国家财政能力范围内，通过完善政策，明确各方职责，引导市场选择，形成以公立医院为主体，多种所有制形式为补充的城乡医疗卫生服务网络。当前深化医药卫生体制改革的一个重要问题是要解决好在我国国情具体条件下，尽力要求加大国家医疗投入和尽力合理用好国家投入和现有医药卫生资源，何者更为现实、更为重要的指导思想。

长期以来，农工党中央积极关注国家医药卫生事业改革发展。为贯彻落实中共中央、国务院《关于深化医药卫生体制改革的意见》，2009 年，农工党中央先后赴江苏、上海、重庆、四川、辽宁等地就“公立医院改革”进行了专题调研。7 月，全国人大常委会副委员长、农工党中央主席桑国卫率团对浙江省公立医院改革情况进行了重点调研。同时，农工党广东、云南、湖北等省委会配合开展了同步调研工作。在深入调研的基础上，2009 年 11 月 9 日，农工党中央通过中共中央统战部向中共中央、国务院报送了《关于公立医院改革的几点建议》，希望从以下几个方面做好近期公立医院改革的相应工作：

1. 完善区域医疗机构设置规划，优化医院结构布局，尽快建立分级医疗服务体系，有效缓解“看病难”的问题。

老百姓“看病难”主要有三方面原因：医疗服务需求快速上升，是造成“看病难”的表层原因；医疗资源配置不合理是造成“看病难”的深层原因（包括医院地理分布不合理和医卫技术人员配置不合理）；医疗服务不分级，就医流向不合理，是造成“看

病难”的体制原因。目前，一方面三甲医院人满为患（患者中一多半是在基层医院即可解决的常见病和多发病），另一方面，基层医院门可罗雀，资源闲置。因此，要解决“看病难”问题，必须解决医疗卫生资源配置不合理和就医流向不合理的问题。解决医疗卫生资源配置不合理问题，实现公正、合理配置的关键，是强化区域卫生规划，本着优化医院结构布局的原则，合理确定各级各类医院的布局、数量和规模，使医疗资源向基层倾斜，解决资源配置的结构性矛盾。解决就医流向不合理问题的关键，是按照建立分级医疗服务体系的要求，科学界定各级医疗机构的功能定位。城乡基层医疗机构应成为提供基本医疗服务和公共卫生服务的基础平台，大医院应把主要精力用于提升医疗技术、加强学科建设、增强医学创新能力、解决疑难重症疾病诊治上。医疗保障制度应在报销范围、额度、比例等方面作出有利于分级诊疗和降低医疗费用的机制调整。

2. 转变公立医院运行机制，改革公立医院人事管理和薪酬制度，充分调动院长和广大医务人员的积极性。

公立医院改革包括内外两个方面，内部改革应从四个方面完善公立医院的运行机制，通过改革焕发医务人员的积极性、主动性和创造性，使之真正成为推动医疗卫生事业改革发展的原动力。

一是完善院长选拔任用资格办法和岗位规范，逐步试行职业化院长模式，加强对院长的选择、培养、考核、激励和约束，试行院长年薪制，加强院长问责，为有责任心、有能力的院长脱颖而出创造良好的制度和政策环境，使其能够带领广大医务人员积极主动地参与医改。

二是推进公立医院人事制度改革，建立能进能出、能上能下的用人机制，促进医疗卫生人力资源合理流动。实行全员聘用，建立竞争性的用人制度，以岗位管理代替身份管理，实行岗位设置管理制度和公开招聘制度、竞争上岗制度，实现按需设岗、竞聘上岗、按岗聘用、合同管理。

三是改革公立医院薪酬制度，体现医务人员特殊劳动价值，逐步建立“多劳多得、优劳优得”的内部收入分配机制，在国家对基层医疗机构实行绩效工资的基础上，探讨推行针对所有公立医疗机构的绩效工资制，实行医务人员工资总额动态控制，调动医务人员改善服务、钻研技术、增长技能的积极性。

四是不断优化医师多点执业的法律和政策环境。目前医师多点执业还面临着政策和法律瓶颈的制约，特别是人事管理制度的制约，建议将多点执业的推行与双向选择聘任制、合同制及医疗单位用人制度改革紧密联系起来；同时应尽快修订《执业医师法》和《医师执业注册管理暂行办法》，明确多点执业医师与医疗机构的法律关系及法律后果承担方式。由于多点执业大大增加了管理难度，随着试点的推进应注意不断加强和提高卫生行政部门监管能力。

3. 积极引导社会力量发展医疗卫生事业，尽快形成多元化办医格局，从根本上解决医疗卫生事业财政投入不足的长期困惑。

中共中央、国务院医改《意见》明确提出，“鼓励和引导社会资本发展医疗卫生事业”，这是符合我国国情的正确的发展思路。因此，我们要在坚持公立医院占主导地位的前提下，建立多渠道筹措卫生事业建设资金的新机制，鼓励和吸引社会资本办医，尽快形成多元化办医格局。

一是区域卫生规划应给民营医院预留一定的发展空间，使社会资本办医享有政府投资同等的地位。现有公立医院的数量和服务功能无法满足区域卫生规划要求的部分，鼓励社会资本办医来补充医疗卫生资源的不足。在新建的大型居民区，鼓励发展非盈利性民营医院，采取政府购买服务的方式，引导民营医疗机构提供基本医疗服务和公共卫生服务，鼓励社会资本投入社会公共事业。

二是公立医院的发展可探索多种合作方式吸纳社会资金。公立医院采取公私合作的融资方式一方面可以解决政府公共财政投资的缺口，促进公立医院运行机制改革，提高公立医院运行效率，另一方面可以较好地“坚持公共医疗卫生的公益性质”，并为民营资本提供新的投资渠道。公立医院公私合作的项目融资方式在国际上已得到广泛应用。成都市武侯区的融资和管理模式以及浙江的公立医院后勤服务社会化改革等，都进行了公私合作的很好的尝试，取得了较好的效果。公立医院可向社会资本开放后勤服务、大型设备购买、基础设施建设和临床检验中心等，引导民营资本参与地方卫生事业发展。但是，社会资本进入医疗卫生事业，可能会出现一些问题。这就需要加强政府监管，制定相应政策和法规加以规范引导。（1）在公私合作办医过程中，政府要主导公立医院的办医方向，加强经营行为的监管，确保公立医院公益性的办院方向。（2）民营资本投资公立医院应是与地方政府合作，而不是直接与公立医院合作。地方政府与民营资本在具体合作项目上应约定合作期限（如公立医院的基本建设和基础设施改造，可考虑15—30年的合作期）。在合作协议中约定合作结束时的资产归属，民营资本可收回投资，也可将投资捐赠。对所捐赠资产可给予一定的税收抵扣，逐步引导民营资本投入公益事业。

三是尽快制定促进民营资本、境外资本和社会力量办医的优惠政策。目前，国内社会资本投资非营利性医疗机构的积极性不高的主要原因是缺少鼓励性的投资与税收政策。对符合区域卫生规划的社会资本投资，国家可以允许对其实行税收折抵，鼓励民营资本办医，促进公立医院和民营医院的公平有序竞争。

四是给予民营医院平等的地位。医疗市场向民营医院平等开放，在城镇职工和城镇居民医疗保险、新型农村合作医疗等各类社会医疗保险定点医疗机构的选定上，在参加急救120医疗网络上，对民营医院与公立医院设定同样标准、同等条件、同样监管。

五是逐步实现医疗机构立法规范。通过三年改革试点，逐步形成公立医院和民营医院规范发展的主要政策措施，尽快制定适合于各类（公立、民营等）医疗机构的准入条件（技术、设施、人员结构、信息系统等）和规范管理规程的政策、法规，为医疗机构立法奠定基础，使各类医疗机构都能在《医疗机构法》的规范下共同发展。

4. 完善医疗纠纷预防和处置机制，切实保护医患双方合法权益，有效维护社会和谐稳定。

长期以来，医疗机构的趋利倾向导致医患之间缺乏信任，关系紧张。调查发现，37%的医务人员认为责任太重、执业环境差，26%的医务人员曾经遭受过患者的语言侮辱或躯体暴力，88%的医务人员认为工作中有必要防范患者对医疗行为提出质疑和追究。加上医疗纠纷预防与处置机制不够完善，医疗事故处理赔偿标准过低，频繁引发“医闹”现象，有些地方还出现了“职业医闹”，影响了社会的和谐稳定。

真正解决医患纠纷这一问题取决于我国医疗制度与机制上的改革是否到位，能否使公立医院确实回归到公益性的轨道。从长远来看，要消除医患关系紧张的社会根源，应对现有的公立医院的运行机制和体制进行改革，还医疗工作者在救死扶伤、实行革命的人道主义方面的崇高地位与形象；从近期来看，应不断提高和改进广大医务人员的医德医风以及医疗服务质量和水平，规范诊疗标准，减少医疗纠纷的发生，建立健全医疗纠纷预防与处置机制，确保医患双方合法权益，形成医护人员爱护病人、病人尊重医护人员，医患双方都满意的和谐互信的医患关系。

通过调研发现，浙江省宁波市的经验值得借鉴，其主要内容是：以“市长令”的形式实施《宁波市医疗纠纷预防与处置暂行办法》，创新医疗责任理赔处置机制和医疗纠纷人民调解机制，形成了具有特色的“政府主导、部门配合”的第三方医疗纠纷调处机制，迈开了探索建立医疗纠纷预防与处置新模式的道路。就近期而言，我们建议重点在如下几方面做些探索和努力。

一是建议卫生部尽快出台医疗服务的标准和诊疗规范以及标准处方集，加强对医疗服务行为的监管，减少医疗事故的发生，在处理医患纠纷时也可有章可循，有据可依。

二是建议总结宁波市的经验，以行政法规或地方性规章的形式出台医疗纠纷预防与处置办法。明确政府和社会相关部门在处理医疗纠纷中的责任和义务，充分发挥公安、司法、卫生、保险、新闻媒体等各相关部门的职能作用，加强部门间配合与协作，维护社会的安定和谐，有效防止国有资产任意流失。卫生行政部门应当依法履行监管职能，指导医疗机构做好医疗纠纷的预防与处置工作，条件成熟的地方可以成立专门处理各类医院医疗纠纷事宜的合法机构，医患纠纷双方应按规定向该机构提供有关材料，供医疗机构管理部门作为评判医院医疗服务质量的重要依据；公安部门应适时介入纠纷，做好现场秩序的维持工作，防止事态扩大，保证医疗机构正常的工作秩序；承担医疗责任保险的保险机构应当设立医疗纠纷理赔部门，接受医疗机构委托，参加医疗纠纷处理；新闻媒体应力求客观准确、事实求是的报道，正确发挥舆论监督作用。

三是通过政策实施，总结经验，加强立法调研，从而逐步过渡到立法保障，实现依法预防和处置医疗纠纷。

二、实施基层医疗机构医疗器械装备改造升级工程，推动民族医疗器械产业快速发展

在深入基层调研的基础上，2009 年 5 月 26 日，农工党中央通过中共中央统战部向胡锦涛总书记报送了《关于设立“基层卫生机构医疗器械装备技术改造”和“医疗器械创制”专项，提升基本医疗服务能力，拉动内需的建议》。胡锦涛总书记，李克强副总理高度重视，并作出了重要批示。

民族医疗器械产业的整合、发展和国产先进实用医疗器械的推广使用，是满足基本医疗卫生服务需求和提高基层医疗卫生机构服务能力的关键要素之一，医疗器械产业

是具有巨大潜在增长空间的产业领域，完全有可能在国家投入8500亿元实施医药卫生体制改革的过程中，提升和拉动我国“民族医药”和“民族医疗器械”两个重要的生物医药产业。

为贯彻落实《中共中央、国务院关于深化医药卫生体制改革的意见》，2009年4月上旬，全国人大常委会副委员长、农工民主党中央主席桑国卫率团赴苏、沪、渝就推动基层卫生机构医疗器械装备技术改造，提高基层医疗卫生服务能力，拉动内需，加速我国医疗器械科技与产业发展问题等进行了专题调研。卫生部、科技部、国家药监局医疗器械技术审评中心、中国医疗器械行业协会的领导和专家陪同参加了调研。

调研组深入无锡梅村镇卫生院、重庆涪陵珍溪镇中心卫生院和高粱中心卫生院等三家乡镇卫生院，无锡后宅镇大坊桥社区卫生服务站、上海张江、重庆崇义街道桥南及周家坝和百安坝移民社区卫生服务中心，上海新丰村卫生室、重庆江北街道邓家村卫生室，了解基层医疗卫生服务机构的医疗卫生服务能力和医疗器械配备状况。调研发现，基层卫生机构医疗器械装备的状况令人担忧，严重制约了基本医疗服务的能力。目前，我国医疗资源分布很不均匀，主要集中在大城市的大医院。中小医院、特别是基层卫生机构医疗器械配置还存在严重问题：

一是整体装备水平很低，不能满足基本需求。据卫生部统计，2007年我国医疗机构万元以上医疗设备为198.6万台，其中，乡（镇）卫生院19.3万台，仅占9.7%左右。需要引起重视的是60%以上的乡（镇）卫生院缺乏基本医疗设备，严重制约了其医疗服务能力。调研组在重庆市了解到，截至2008年底，全市乡（镇）卫生院缺X光机、B超、心电图、半自动生化分析仪、尿分析仪等15类基础设备的占50%以上。潼南县22个乡（镇）卫生院中8个连最基本的三大常规检查也无法开展。万州区12个乡（镇）卫生院中没有一家能达到国家规定的设备配置标准；另据12个村卫生室抽样调查显示，其医疗器械配置基本上还是以听诊器、血压计、体温计为主，只有一所村卫生室配备有儿童身高体重计，有的村卫生室连压舌板、止血带都没有，医疗器械配置不足的问题十分突出，难以满足农村基本公共医疗卫生服务和农民的实际医疗需求。

二是器械严重老化，更新速度慢。全国医疗机构中15%的仪器设备是70年代以前的产品，60%的设备是80年代中期以前的产品。按一般电子设备平均使用寿命10年计，许多设备基本上已经不能正常使用了。全国80%的一般卫生院和70%的中心卫生院需要装备或更新X光机、B型超声诊断仪及心电图机。

调研组一行实地考察了无锡怡生医疗设备有限公司和祥生医学影像有限责任公司、上海医疗器械厂和爱申科技发展有限公司，了解我国民族医疗企业产业的生产能力和水平，尤其是具有自主知识产权的民族企业的发展。调研了解到，我国医疗器械市场空间大，医疗器械的研究开发与产业发展已有一定基础，完全能够在保障人民健康、拉动内需方面发挥重要作用。

第一，我国医疗器械市场的需求和配置拥有很大空间，能够为拉动内需发挥重要作用。我国现有医疗器械价值总量为2600多亿元，按国际上器械与药品市场空间1∶1的情况推算，我国医疗器械的市场应当在8000亿元左右。据我们调研，有的高档医院医疗器械总价值超过25亿元，一些大型医院达到15亿元左右，省级医院一般为5—8亿元，地市医院为1亿元左右，县医院为4000万元左右，乡（镇）卫生院基本器械配置应当在150万元左右。按此估算，未来我国医疗器械的市场空间也将达8000亿元左右。据专家测算，在未来5—7年内，我国将超过日本，成为全球第二大医疗设备消费市场。

第二，我国医疗器械产品开发与产业发展已经具备一定基础，能够在为人民健康作出贡献的同时，成为拉动内需的一个新的经济增长点。改革开放以来，我国医疗器械产业发展迅速，已经能够生产47个大门类、3500多个品种、12000余种规格的医疗器械产品，几乎涵盖了医疗器械的所有领域。江苏昆山、南通，浙江宁波，上海，广东深圳等地已经形成了一些医疗器械研究与生产基地。此外，数字化超声、人工心脏（磁驱动单双泵）、超声治疗、腔道机器人、无线窥镜和肿瘤磁性热疗（纳米级磁颗粒静脉注射）等一批具有自主知识产权的医疗器械高技术产品已经比较成熟，有的已经走在了国际医疗器械行业的先进行列，如能加速产业化，则能够为提升我国医疗器械产业水平和保障人民健康做出重要贡献。由于我国自主知识产权的医疗器械价格一般为国外同类产品的1/3—1/2，使用国产医疗器械还能有效降低医疗费用。

在基层卫生机构特别是乡（镇）卫生院、社区卫生服务中心和村卫生室保证基本医疗器械配备和基本药物的使用，可在保证基本医疗服务质量的同时，又形成两个重要的内需市场。科技部也提出了“关于实施千县万乡、千城万区基层卫生服务机构装备技术改造工程的建议”，与我们的想法是基本一致的。面对国际国内的新形势，从我国国情出发，国家完全可能以深化医药卫生体制改革为契机，把“更新和充实基层卫生机构的医疗器械装备”和“发展民族医疗器械产业”纳入拉动内需的工作并给予重点支持，重点抓常规、中低端的医疗器械产品的现代化，加速具有自主知识产权的医疗器械新产品的产业化和军用技术在医疗器械产业中的应用，用我国自主研究开发的中小型医疗器械，装备乡镇、社区基层卫生机构，采取“农村包围城市”的策略，逐步收回并占领我国医疗器械的市场。

针对以上情况，在《关于设立“基层卫生机构医疗器械装备技术改造”和“医疗器械创制”专项，提升基本医疗服务能力，拉动内需的建议》的报告中，提出了四点建议：

一是设立“基层卫生机构医疗器械装备技术改造”专项。建议采用类似“家电下乡”的补贴方式，加速“国产医疗器械下基层”。做法是：对乡（镇）卫生院、城市社区基层卫生机构采购国家标准配置标准内的医疗器械品种给予一定比例的资金补贴，中央财政补一点、地方财政配一点、生产企业让一点、基层卫生机构拿一点的方式。建议中央财政未来两年安排100亿元，地方财政配套100亿元，加上企业让利，不仅能够迅速提高基层卫生机构的医疗能力，增进人民健康，还能形成医疗器械产业1000—1500亿元的增加值。

二是设立国家“医疗器械创制”科技专项，大幅度提高医疗器械创新能力。我国医疗器械创新能力与国外的差距比药品还大，亟须加强。因此，建议参照“重大新药创制”重大科技专项的模式，在政府科技经费中安排100亿元专门资金，支持医疗器械的研究开发与产业化。据测算，如果国家未来3年投入100亿元，专门加强医疗器械研发与产业化，加速医疗器械的国产化、标准化，不仅能形成新的经济增长点，可望形成500—1000亿元的产值，节约近千亿元进口医疗器械的外汇，而且能增加约50—80万个就业岗位。

三是建议卫生部会同有关部门尽快制定和落实基层卫生机构基本医疗器械配置标准，为基层医疗器械合理配置提供技术支持。

四是建议尽快启动医疗器械的发展规划与相关立法工作。促进我国医疗器械产业的迅速转型，拉动投资与内需，最终使人民得以受益。

三、以科学发展观为指导，努力建设和谐稳定繁荣新库区

2009年8月，农工党中央在深入调研的基础上，通过中共中央统战部向中共中央、国务院报送了《关于加强三峡工程后续工作管理　建设和谐稳定新库区的建议》（以下简称《建议》）。

长期以来，农工党中央一直十分关注三峡库区的发展和建设，特别是1998年《中国农工民主党中央与中共重庆市委、市政府加强协作座谈会议纪要》的签署，为双方的合作奠定了良好的基础，在过去的十多年里，农工党中央始终把“关注重庆、关注库区”作为参政议政的一项重要工作。蒋正华、李蒙、桑国卫等国家领导人多次率调研组深入重庆和三峡库区，就环境保护、生态建设、城乡统筹发展、医药卫生体制改革和西南国际大通道建设等问题开展专题调研，并及时向中共中央、国务院报送意见建议。2008年，农工党中央在深入三峡库区调研后，提出了《关于做好三峡库区后续工作的建议》，温家宝总理、贾庆林主席、李克强和回良玉副总理都作了重要批示；中共中央政治局委员、中共重庆市委书记薄熙来同志委托中共重庆市委统战部致电农工党中央，感谢农工党对重庆市及三峡库区工作的关心和支持。2009年4月份，全国人大副委员长、农工党中央主席桑国卫同志在重庆调研期间，与薄熙来书记进行了亲切的会谈，薄书记多次提到多年来农工党中央与中共重庆市委、市政府加强合作所取得的成绩，并希望今后双方能够在重庆对外开放、三峡库区建设和医药卫生体制改革等方面进一步加强合作。

为了进一步深化农工党中央与中共重庆市委、市政府的合作，积极推动三峡库区的发展和建设，2009年7月5—10日，全国政协副主席、农工党中央常务副主席陈宗兴率调研组赴三峡库区就“三峡工程后续工作管理”等问题进行了专题调研。国务院三峡建设委员会办公室党组书记兼主任汪啸风同志以及交通运输部等单位的领导和专家一同参加了调研。

调研组一行先后赴重庆市万州区、云阳县、奉节县等地，对万州工业园区盐气化工园、重庆大全新能源公司的多晶硅项目、重庆宜化公司的制盐和联碱项目、万州三峡服装艺术学校，云阳县巴阳镇移民安置点、盘龙镇生态屏障建设等进行了实地调研；此外，调研组一行还考察了部分库区文物保护情况，并乘船考察了库区消落区治理和水质保护情况。调研期间，调研组与重庆市以及万州区、云阳县、开县相关部门召开了座谈会。

调研组在实地调研中了解到，三峡工程建设进展顺利，防洪、发电、航运等综合效

益已经初步显现。但目前三峡工程后续工作还存在一些亟待解决的问题，应该做好长期应对困难、克服艰难险阻的准备。

（一）移民稳定致富问题。三峡库区经济基础薄弱，产业发展滞后，人多地少矛盾突出，劳动就业不充分。据统计，重庆库区第一产业从业人员达45%左右，其产业增加值仅占5%，库区农村人均土地仅有0.74亩。此外，由于移民工程量大、延续时间长、涉及面广、问题复杂，而移民搬迁安置实际上是一个集中连片区域的社会重建、经济重组和人文关系重构的社会再造工程，客观上给库区经济社会发展和稳定和谐带来多重压力，新情况、新问题也不断出现。从调研情况看，要实现移民“稳得住、逐步能致富”的目标，任务还很艰巨，需要在后续工作中继续予以高度关注。

（二）生态环境建设问题。三峡库区多是山地和丘陵地区，土地资源非常有限，环境承载能力较差，生态系统十分脆弱。三峡水库蓄水后，三峡库区人地矛盾进一步加剧，库区经济社会发展对生态环境的压力不断加大，消落区治理和疫病防治问题较为突出，库区部分支流富营养化趋势比较明显，对附近一些居民的饮水安全造成一定影响。同时，由于缺乏统筹管理和协调机制，三峡库区的生态环境保护和治理工作受到较大程度的制约和影响。

（三）地质灾害防治长效机制问题。三峡库区属于地质灾害多发地区，随着三峡水库试验性蓄水的进行，库区原有的地质重力平衡发生变化、水流动力环境有所改变，出现了比较多的崩塌、滑坡、泥石流等地质灾害，对库区人民的生命和财产安全产生了威胁，影响着库区经济社会的稳定发展。由于地质的稳定需要一个比较长的时间过程，库区地质灾害的防治还会存在很多不确定的因素和风险，因此，尽早建立库区地质灾害防治的长效机制十分迫切。

（四）管理体制和政策问题。现行的中央与地方、流域管理与区域管理、综合管理与行业管理的复杂关系，造成库区管理体制机制与水库管理的复杂性不相适应。由于国家还没有出台专门针对三峡工程运行期的法规或条例，各地区之间、各部门之间的职责和任务不太明确，相关各方都难以进行及时有效的监督管理和行政执法；此外，目前水库管理系统大都是从事移民工作的干部，缺乏水库管理方面的专门人才，有关部门的技术力量未得到有效整合，影响了水库管理工作的正常有效开展。

根据实地调研，调研组认为，如何稳妥有序、卓有成效地推进各项工作，逐步研究和解决这些问题，保证库区社会经济的稳定发展，努力实现胡锦涛总书记提出的“三有一新”的目标，不仅关系到三峡工程的平稳运行和库区经济社会又好又快发展，更关系到国家西部大开发战略的深入实施。因此，研究解决库区发展所面临的问题，既需要立足库区实际，又要站在国家全局高度来研究和考量，充分认识到这项工作的长期性、艰巨性和复杂性。对此，应坚持科学的发展理念，进一步增强全局意识、忧患意识和创新意识，理顺工作思路，形成发展合力。

一是正确处理当前和中长期的关系。三峡工程的后续工作管理是一项系统庞大的工作，由于目前的一些问题，不是我们现在能够判断好、解决好的。因此，我们在着力解决当前问题的时候，也要未雨绸缪、积极谋划，加强对现在难以解决、将来可能出现的各种情况的关注和监测工作，增强预判、预防能力，为保证库区持续稳定发展奠定基础。

二是处理好与相关部委和省份的关系。做好三峡工程的后续工作，需要各方面的共同努力和通力合作，重庆市应进一步加强与国务院三峡办、发改委、财政部、水利部、国土资源部、环境保护部、交通运输部等相关部委，以及云南、贵州、四川、湖南、湖北、江西等有关省份的沟通与合作，积极推动建立通畅高效的协调机制，平衡好部门和地区发展之间的利益关系，保证各项工作有序衔接和顺利开展，共同建设统筹协调、共谋发展的新局面，这也是三峡工程后续工作管理中的一项重要任务。

三是处理好不同区域之间平衡发展的关系。三峡工程建设的时间跨度比较长，又正好处在国家管理体制转轨、经济转型、利益格局发生重大变化的背景下，一些后续政策不到位，财政补偿标准偏低，再加上库区“人多地少”矛盾突出，产业空心化问题明显等因素，不同区域、行业和人群在工程建设和后续工作中受到的影响也不一样，客观上造成了三峡库区经济社会发展不平衡。在今后的规划和建设过程中，应根据实际情况，对受影响较大的区域、行业和人群给予重点支持和帮助，减少这些区域之间经济社会发展的差距，缩小移民和非移民之间的贫富差距，逐步实现库区的统筹协调全面的可持续发展。

重庆市具有大城市、大农村、大库区、大山区并存的特点，在建设城乡统筹直辖市的工作中，既面临十分艰巨的挑战，也具有十分独特的典型性和示范性。做好三峡库区城乡统筹工作，及时总结工作方法和经验，对于推动全国城乡统筹发展具有积极的示范带动作用。对此，应把三峡工程后续工作纳入城乡统筹改革试验区的实践中，不断创新管理体制和机制，进行统一规划、统一管理、统一建设，缩小库区城乡差异，构建城乡发展一体化格局，努力实现库区的跨越式发展。

《建议》对三峡库区面临的困难和问题进行了深入分析，认为当前三峡工程已由建设期进入运行期，后续工作即将有序展开，如何做到三峡工程建设与后续工作的无缝对接，实现三峡工程的科学管理，对于确保三峡工程安全平稳运行、持续发挥巨大综合效益、推动库区经济社会稳定发展具有十分重要的意义。对此，提出以下建议：

（一）加快推进三峡工程后续工作规划编制及实施工作。以科学发展观为指导，把库区的建设和新农村建设以及城乡统筹建设有机结合起来，把库区的发展和两型社会建设以及西部大开发战略统一起来，着力研究解决移民安稳致富、生态环境建设与保护、地质灾害防治和三峡工程安全有效运行的管理体制机制及政策体系建设问题，进一步加强全国对口支援三峡库区工作，创新和完善相关机制，不断加大对库区的优惠政策、资金支持和产业发展扶持力度，抓紧推进三峡工程后续工作规划编制的步伐，确保规划尽快审批和实施，为三峡工程后续工作管理有序展开奠定良好基础。

（二）尽快开展三峡工程正常运行管理的政策法规研究。政策法规是确保三峡工程安全运行和持续发挥综合效益、实现库区经济社会环境可持续发展、统筹协调各方利益关系的重要保障。由于三峡工程建设期的主要政策法规将在2009年底到期或终止，建议尽快清理并研究出台有关三峡工程综合性管理法规和相关政策，如枢纽管理、水库管理、流域管理，优化水文调度等，统筹兼顾发电、航运、水利和地方利益等方面的关系。目前，最紧迫的是要抓紧研究制定三峡水库管理条例。

（三）加快研究建立三峡库区地质灾害防治长效机制。据了解，国务院三峡工程建设委员会第十六次全体会议已决定并责成有关部门牵头研究三峡库区地质灾害防治长效机制问题。对此，一是建议抓紧推进和落实工作，尽快组织研究并建立起三峡库区地质灾害防治长效机制，确保库区人民生命和财产安全；二是建议加快推进组建“中国科学院三峡生态与环境研究机构”的有关工作，加强三峡库区生态建设和环境保护的研究与监测。

（四）抓紧研究创新三峡工程管理体制和机制。管理体制机制直接关系到三峡工程安全、科学、长期和稳定运行，需要建立统一、高效的工程运行管理体系机制，以保障三峡工程综合效益持续发挥。为此，建议在三峡工程后续工作规划阶段，认真总结三峡工程建设期的管理经验，结合运行期管理的特点，协调好中央与地方、流域管理与区域管理、综合管理与行业管理的复杂关系，由中央编办会同有关部门抓紧研究三峡工程运行管理的体制机制问题，尽早确立与水库管理的复杂性相适应的库区管理体制机制。此外，根据三峡工程运行管理的需要，建议有关部门加大三峡库区综合应急救援能力建设，及时有效处置三峡库区的突发自然灾害、事故灾难、公共卫生等事件。

《建议》报送后，中共中央、国务院领导高度重视，温家宝总理、李克强副总理、回良玉副总理作了重要批示。

四、着眼长远，谋求双赢，积极推动对俄贸易战略不断升级

2009年12月，在深入实地调研和充分征求商务部等有关单位专家意见的基础上，农工党中央通过中共中央统战部向中共中央、国务院报送了《关于立足国家资源战略需求 推进对俄贸易战略升级的建议》（以下简称《建议》）。

中俄两国都是世界大国，并且互为最大邻国，中俄两国经贸关系的健康发展是推动区域经济发展、维护地区安全稳定的重要保障，同时也是两国在其他领域进一步加强合作的重要基石。但是由于受到国际金融危机的严重冲击，2009年以来中俄两国贸易形势呈现逐步下降的严峻趋势。为了进一步推动中俄经贸关系的健康发展，实现在危机中转型、确保经济平稳较快发展，2009年8月13—19日，全国政协副主席、农工党中央常务副主席陈宗兴率调研组，赴黑龙江省就“推动对俄贸易战略升级”等问题进行了专题调研。调研组一行深入哈尔滨、牡丹江以及绥芬河、东宁等市县，实地考察了哈尔滨飞机制造公司、黑龙江省地理信息产业园、绥芬河口岸、木耳批发市场、穆凌市下城子工业园区等。

调研组了解到，中俄边境贸易历经沙俄、苏联、俄罗斯联邦等不同历史时期，至今已有300多年的历史。虽然两国政治关系几经波折，但从民间到地方政府，从零散易物到商品交易的边贸互市交往历史从未长期中断。即使上个世纪六七十年代由意识形态冲突引发的严重中苏对峙，也只是短暂的历史一瞬间。80年代中苏关系逐渐融解，两国确立了平等互利睦邻友好合作的新型国家关系。90年代苏联解体后，中国与俄罗斯的经贸关系进入了新的发展阶段。从1992年至今，中俄两国贸易的发展大致经历了以下四个阶段：

第一阶段（1992—1993 年），中俄双边贸易发展较快，1993 年双边贸易额达到 76. 6 亿美元的高峰。这一阶段双边贸易的快速发展主要是因为苏联解体后，相当一部分国有企业生产滑坡，国内商品十分匮乏，急需我国进口商品。我国对易货贸易也实行了一系列优惠政策，两国政府为这一时期双边贸易的迅速发展起到了积极的推动作用。

第二阶段（1994—1996 年），1994 年中俄双边贸易额开始下降（50. 8 亿美元），比上年降幅达 33. 8%。主要原因是 1993 年俄方大幅度提高进口关税，使我国出口商品盈利下降，在一定程度上抑制了出口。与此同时，俄方大幅度降低出口关税，鼓励出口，所以使 1995、1996 年我国对俄国的进口额有所回升。但由于贸易方式由易货贸易逐步向现汇贸易过渡，双方企业均缺乏资金，且俄出口商品也逐渐失去其价格优势，所以这一时期的双边贸易始终未能超过 1993 年的水平。

第三阶段（1997—1998 年），由于上述原因的持续效应，这一阶段双方贸易额依然下滑。1998 年贸易额 54. 8 亿美元，同比又下降 10. 5%，其中出口 18. 4 亿美元，下降 9. 4%，进口 36. 4 亿美元，下降 11%。但是这一时期两国边境地方贸易发展较快，1998 年边地贸易额比 1997 年增长 20% 以上，约占两国贸易总额的 1/3。

第四阶段（1999 年至今），1999 年两国贸易止跌回升，2000 年中俄签署了《中俄政府间 2001—2005 年贸易协定》，2001 年 7 月两国又签署了《中俄睦邻友好合作条约》，使中俄贸易渡过了 10 年的磨合和过渡时期，走入了快车道。1999—2008 年中俄贸易连续 10 年保持高速增长，平均增速接近 30%，2008 年双边贸易额实现 568. 3 亿美元。

作为我国与俄罗斯毗邻的重要省份，黑龙江省依靠优越的区位条件和产业、人才等方面的优势，已经成为我国对俄贸易的重要基地和前沿。经过多年来的经贸往来，黑龙江省已经积累了比较丰富的经验，对俄罗斯的市场行情和经济社会制度具有较为深入的了解和把握，也已经树立了较好的企业形象和信誉；再加上黑龙江省的产业基础比较好，经济上互补性较强，积极发展对俄贸易具有其他地方很难比拟的优势。2008 年黑龙江省实现对俄进出口 110. 6 亿美元，占中国对俄进出口总额的 19. 5%。

但由于受到国际金融危机的影响，2009 年以来中俄双边贸易出现较大幅度下降，黑龙江省对俄进出口总值比上年下降近五成。同时，调研组还了解到，由于各种因素的影响，中俄两国贸易摩擦也逐渐增多，其中存在的很多问题已经影响到中俄贸易关系的健康发展。

第一，中俄贸易结构不尽合理、投资合作规模较小。目前，中俄双边贸易结构仍沿袭着传统格局，能源、原材料等资源型产品在双边贸易中一直占据较大比重，机电类产品比重偏低，贸易结构不尽合理，使得双边贸易极易受到国际市场行情影响，抗风险能力不强。同时，相互投资规模有限，对贸易的拉动作用不强，也是贸易额偏低的主要原因之一。

此外，随着我国国防科技力量的增强，对俄罗斯军民两用技术进口需求出现大幅减少，造成我国对俄贸易顺差逐年增大。这种贸易结构虽然对我国有利，但从长远来看，俄罗斯不会安于现状，经济形势一旦好转，很可能会加强对各种资源性产品出口的限制。

第二，我国对俄贸易优势正在减少。目前，中俄双方缺乏中长期的经贸合作战略规划，随着俄方消费品进口的多元化和国内消费品生产企业逐步摆脱困境，俄方消费品市场的买方特征已不复存在；欧美各国正在依靠其资金、技术、营销技巧等方面的优势抢占俄罗斯市场，而我国依然停留在传统的贸易结构和营销方法上，我国许多传统产品受到了一定的挑战，对俄出口优势正在逐步下降。此外，来自日本、韩国的竞争压力越来越大。日韩均属人多地少、资源匮乏的国家，俄罗斯西伯利亚和远东地区的资源也是日韩两国大力争取的对象，这无疑加大了我国利用俄罗斯资源的难度。

第三，我国对俄贸易企业规模较小，缺乏集团优势。我国从事对俄贸易和投资的企业大多规模小、资金实力较弱，普遍缺少周转资金，严重影响了企业拓展规模。同时，由于中俄边贸和相互投资的总体规模较小，银行在中俄边境设立网点成本较高，商业银行一般都不重视对中俄边贸地区的市场拓展，金融服务更缺乏柔性。这些因素都严重阻碍了中俄两国贸易的发展，在一定程度上造成了贸易摩擦问题。此外，由于中俄双方客观上存在利益差异，加之金融危机的影响，俄贸易保护主义抬头，已经出台多项旨在保护本国生产者利益的政策措施，还针对我多种商品发起反倾销或保障措施调查，对双边贸易和经济技术合作造成了一定的负面影响。这些都影响了中俄贸易合作的长远健康发展。

调研组的同志们认为，在当前国际形势复杂多变的情况下，积极调整对俄贸易政策、推动对俄贸易战略升级、实现中俄经贸关系的健康发展，不仅有利于应对国际金融危机的不利影响、振兴东北老工业基地，同时，对于保障我国资源需求和经济安全、提高我国对外开放水平，也具有十分重要的战略意义。对此，《建议》对调研中发现的主要问题进行了认真分析，在与商务部等有关部委专家进行认真研讨论证的基础上，提出了以下建议：

（一）积极推动对俄贸易战略升级。建议国家立足我国资源战略需求，把发展对俄贸易提高到国家战略的高度，进一步推动对俄贸易战略升级，制定对俄贸易的整体战略规划，统一对俄贸易政策，建立良好的协调机制，逐步形成一体化的区域发展格局，形成大范围、多形式、多主体的贸易发展战略，建立南北兼顾、东西联动、分工合作的大贸易协作区。建议国家统筹黑龙江省与长吉图开发开放先导区和满洲里的协调发展，鼓励地方针对新情况和新问题大胆改革、积极探索、先行先试，不断积累经验，为构建东北亚自由贸易区打好基础。与此同时，建议国家加强对俄的宣传和交流工作，进一步增强互信，减少不必要的误解，为积极推动对俄贸易战略升级铺平道路。

（二）创造良好的贸易投资合作环境。一是优化投资环境，逐步简化境外投资审批手续，完善监督和管理机制，加强对投资活动全过程的监管和调控力度，进一步规范通关监管秩序，共同打击灰色清关；加强与俄方在劳务和移民领域的磋商合作，尽快就“便利人员合法往来及合作打击非法移民活动”等问题签订协议，引导双方企业和商贸人员守法经营，加大对投资者权益的保护。二是通过联合办学、专业培训和出国培训等方式，有计划地培育对俄贸易人才，尽快建设一支精通外语、对外投资和跨国经营的人才队伍，以满足未来双边贸易发展的需求。三是建立和启动权威的对外经贸信息发布机构和发布制度，为企业提供俄罗斯各方面的投资信息，减少企业在境外投资和生产经营上的盲目性，引导和帮助企业建立投资主体内部风险控制机制。政府相关机构还应为企业的对外投资提供良好的法律、认证等服务，并引导企业进行体制改革和创新，建立适应国际化经营的现代企业制度。四是完善金融服务。继续深入探讨扩大边贸本币结算范围、建立两国货币互换安排和人民币—卢布交易系统等问题，推动中俄银行互设机构，引导其为两国企业提供更广泛和高质量的服务。同时，建议提高口岸市县银行等金融机构的授信额度，扩大政策性银行的用汇规模，解决当前边境口岸地区企业融资难问题。

（三）逐步调整对俄贸易政策，推动重点领域的大项目合作。一是建议国家制定有关优惠政策，进一步加大对俄投资项目和境外园区建设的支持力度，鼓励企业扩大对俄投资，积极吸引内地和港澳台企业，按照跨省区和跨国境组织产业链的要求，构建对俄经贸的产业集群优势，把优质优价的产品成规模地打进俄方主流市场。同时，大力推动民营企业的对俄贸易，促进民营经济的产业升级，提高民营企业的发展水平，逐步扩大知识密集型、资本密集型高附加值产品的出口，从俄方市场获取更多的比较利益。二是加大对俄农业合作的支持力度，将境外粮食开发项目列入信贷支持重点和中央政府对农业生产的支持范围，合理降低评估标准和门槛，并加大对外农业合作专项资金补贴力度。三是积极推进中俄原油管道、天然气管道、原油上下游开发、电力贸易、核能、航空航天、通信等领域的重点合作项目；加大能源和资源开发、林业加工、高技术等重点领域在俄的大项目投入；利用俄举办索契冬奥会、海参崴 APEC 峰会和实施远东开发契机，支持我企业承揽大型工程项目。

（四）深化边境和地方间经贸合作，把黑龙江省建设成为对俄贸易的桥头堡和枢纽站。一是建议加强东北地区与俄远东地区发展规划协调，加快跨境物流运输通道和口岸设施建设，开展中俄陆海联运合作，争取将俄罗斯的宽轨延伸至牡丹江，将我国的标准轨延伸至海参崴，提高综合运输能力；进一步加大对我边境省区对俄合作的政策扶持力度，探索建立跨境经济区等新模式。二是建议把黑龙江省列为沿边开放先行区，制定有关优惠政策，允许黑龙江省先行先试，在有关规划、重大项目布局及项目审批、核准、备案、基础设施建设等方面给予必要的支持；建议支持黑龙江尽快制定口岸建设和进出口加工区建设布局总体规划，特别是应从国家层面对东北亚经济区和哈牡绥东对俄贸易加工区进行重新定位和规划。三是建议国家加大对黑龙江省交通基础设施建设的支持力度，尽快改造哈尔滨、牡丹江至俄罗斯远东城市的跨国铁路通道网络，重点推进以绥芬河至牡丹江铁路复线、哈尔滨至牡丹江城际列车、绥芬河至海参崴和东方港的准轨铁路、绥芬河至格罗捷克沃之间套轨改造并轨线路、东宁至珲春铁路等建设项目，并尽快开通哈尔滨至海参崴跨国公路货运通道。

《建议》报送后，中共中央、国务院领导高度重视，温家宝总理、贾庆林主席、王岐山副总理作出重要批示。

五、把握后危机时代新机遇，推动革命老区加快发展

2009 年 12 月，在深入调研、认真研究的基础上，农工党通过中共中央统战部向李克强副总理报送了《关于用好后危机时代新机遇　积极扶持革命老区加快发展的建议》(以下简称《建议》)，李克强副总理高度重视，并作出重要批示。

中国革命老区，是指土地革命时期和抗日战争时期在中国共产党领导下创建的革命根据地。目前，全国共有 1300 多个革命老区县（旗、市、区），分布在 28 个省、自治区、直辖市。在战争年代，老区人民为中国共产党及其领导的人民军队，提供了坚持长期斗争所需要的大量人力、物力和财力，为壮大革命力量，取得最后胜利，作出了巨大贡献。革命老区是新中国的摇篮，是社会主义大厦的牢固基石。革命战争年代，广大老区人民在中国共产党的领导下，为了国家独立和民族解放事业，前仆后继，英勇奋斗，作出了杰出贡献和重大牺牲。

长期以来，中共中央、国务院对于革命老区的建设和发展一直都十分关心和重视，并陆续出台了一系列的政策和措施，十分显著地推动了革命老区的经济社会发展，取得了很大成绩；但由于革命老区大都地处偏远地区，自然资源和地理条件较差，原有的经济社会发展基础较为薄弱，经济结构不尽合理，科技、文化、教育、医疗等公共事业的发展较为缓慢，人才流失问题比较突出，与经济较为发达的地区还存在比较明显的差距。

为了进一步推动革命老区的建设和发展，2009 年全国政协副主席、农工党中央常务副主席陈宗兴率调研组赴陕西、福建、江西等地，就“如何积极推动革命老区加快发展”等问题进行了专题调研。2009 年 5 月下旬，调研组赴陕西省西安市、延安市、安康市，考察了新农村建设、扶贫开发以及革命老区的“红色旅游”发展状况。调研组对延安市宝塔区在实践中摸索出来的“不求新建，但求新貌”、“不求大变，但求方便”，“不求整齐划一，但求整洁美观”、“不求园林化，但求生态化”的经验和做法留下了深刻印象，调研组还就农村基层民主政治建设进行了深入考察。2009 年 11 月中下旬，调研组又赴宁德、福州、龙岩、三明、瑞金、井冈山等地的革命老区和原中央苏区，实地了解老区的产业发展、特色农业、基础教育、合作医疗等情况，并深入山区和农村，实地调研了宁德市蕉城区上金贝畲族村、龙岩市新罗区龙门镇洋畲村、长汀县古城镇南岩村、三明市安乐乡谢坊村、吉安市樟山镇泸田村、井冈山市厦坪镇菖蒲村等，分别听取了各级政府及各职能部门的有关情况介绍，并与当地的干部和群众进行了深入交流和探讨。通过实地考察，调研组了解到，当前，革命老区基础设施建设步伐加快，群众生活得到明显改善。但老区总体上还比较落后，仍然面临着许多困难和挑战。

第一，自然条件恶劣，许多地方不宜人居。绝大多数革命老区县分布在边远地区、高寒山区、地方病疫区和灾害多发地区，生存条件极为恶劣。贫困面大、贫困程度深、返贫率高是老区的普遍问题。陕西省 56 个革命老区县中就有 52 个是扶贫重点县，贫困发生率达 14% 以上。如果加上因灾致贫人口，一些地方的返贫现象更加严重。

第二，基础设施建设不足，社会事业发展滞后。由于历史原因，革命老区路、水、电、田等基础设施建设欠账较多，教育、医疗、卫生等社会公共事业发展滞后，群众生产生活条件较差。目前，福建省还有1000多个老区基点村未通公路，1200多个行政村未通安全饮用水，龙岩市约50%的自然村道路尚未硬化。

第三，产业发展缓慢，群众收入水平低。老区发展基础薄弱，产业结构调整步伐缓慢，缺乏主导产业，地方财政较为困难，群众增收乏力，收入水平较低，特别是广大农村地区债务负担沉重。2008年江西赣州市贫困村农民人均纯收入只有2476元，仅相当于全国平均水平的52%，全市人均纯收入在1196元以下的贫困人口多达39.8万。

第四，区域发展不平衡，发展差距不断拉大。革命老区缺乏跨省连片开发的经济联动效应，大多仍然处于分散的小农经济状态，经济社会发展滞后，缺乏增长后劲，一推一动、不推不动、往往处于原地不动，有些甚至出现向后移动的趋势，与其他地区的发展差距不断拉大。2000—2008年，陕西革命老区县农民人均纯收入增速明显低于全省和全国水平，与全省和全国农民纯收入之比由2000年的1∶1.1∶1.7扩大到2008年的1∶1.23∶1.87。

第五，革命老区透支较多，自身发展基础薄弱。历史上革命老区为中国革命事业奉献了大量的人力、物力、财力，经济社会各方面透支较多，发展基础十分薄弱；如今不少地区继续在为国家发展做着牺牲和贡献。如陕北老区是全国重要的煤、油、气能源基地，资源大量输出，环境受到影响；陕南老区作为南水北调的重要水源涵养地，发展工业项目受到限制。此外，一些老区经济社会发展不协调、城乡居民收入差距扩大所引起的社会问题，不断积累加剧，已经影响到社会的团结和稳定。

经过深入研究和探讨，调研组认为，经过建国60年特别是改革开放30年的快速发展，我们已经有能力、有条件解决革命老区发展滞后的问题。积极扶持革命老区加快发展，对于用好后危机时代新机遇，切实转变经济发展方式，统筹城乡区域协调发展，加快经济结构调整步伐，推动我国经济社会平稳较快发展，具有十分重要的意义。

调研组认为，革命老区的发展和建设应坚持以科学发展观为指导，积极探索革命老区发展的新思路，把革命老区建设和城乡统筹、生态环境保护结合起来，正确处理好近期与远期、需要与可能、资源有效利用与生态环境保护等一系列关系，坚持走可持续发展的道路，加大科技、资金、人才和项目的投入力度，积极选择、引进有利于生态环境保护、有利于激发老区后发优势的产业项目，推动革命老区实现人口、资源与环境的协调发展、和谐发展、健康发展。

对此，《建议》深入分析了调研中发现的问题，在认真征求国家有关部委专家意见的基础上，经过充分探讨和研究，提出了以下建议：

（一）将“革命老区发展战略”纳入国家“十二五”发展规划。应尽快对全国革命老区县的经济社会发展情况进行一次全面深入的摸底调查，根据各地的资源禀赋、发展现状等实际情况，制定一个全面系统的加快革命老区发展的战略规划。该规划应以科学发展观为指导，将“整体推进”的战略规划与“分层开发”的具体措施结合起来，将统筹城乡区域协调发展和推进城镇化建设结合起来，对革命老区进行连片、系统的开发和建设，努力实现革命老区在经济、社会、文化、生态等领域的全面、协调与可持续发展。建议将陕北老区和福建、江西的原中央苏区，作为全国革命老区建设的综合试点区域，以区域发展带动老区开发，研究和探索革命老区发展建设的有效途径。

（二）建立革命老区建设的长效机制。一是应针对革命老区建设进行专门立法，明确老区建设相关主体的责任、权利和义务，把革命老区的建设纳入法制化轨道，建立革命老区建设的长效机制。二是在国务院扶贫办下设专门的革命老区工作机构，承担起革命老区扶持政策的制定、发展规划的编制与审核、相邻区域共同发展的协调与衔接、产业发展与项目扶持以及干部培训等职能。同时，明确各级老区开发机构的定位和设置要求，加强对老区开发建设工作的组织领导和监督，加大对扶贫开发工作重点县的跟踪监控和动态管理力度，更好地落实建设开发规划和开展具体工作。三是逐步建立和完善对各级政府、各级干部的老区建设考核评价机制，加大中央和革命老区干部双向挂职交流的力度。

（三）完善革命老区建设的扶持政策。一是应进一步加大中央和地方政府对革命老区建设的投入。完善革命老区建设专项资金的拨付管理办法，将中央扶持老区专项建设资金从一般性转移支付中分离出来，独立行文下达，拨付老区县区财政专款专用；取消或减免革命老区广大欠发达的农村地区的建设项目配套资金，由中央财政和省级财政按适当比例分担。二是支持革命老区产业结构优化调整。如制定发展工商业的减免税收政策、信贷优惠政策等，设立革命老区扶贫开发和建设基金，鼓励优势产业和企业向革命老区转移，大力扶持农业产业龙头企业，积极发展生态农业和循环经济。三是对革命老区的重点地区实施连片开发、综合治理。对生态和生存条件恶劣地区的老区群众，实施整体搬迁，从根本上改变他们的生存条件；对革命遗址进行修复和保护，加强革命传统教育，为经济社会发展提供精神动力。

徐战英　农工党中央参政议政部主任科员
苏耀光　农工党中央参政议政部副主任科员

中国致公党参政议政案例

一、促进长三角区域合作发展

长三角地区已经成为中国改革开放的前驱，其以全国2.1%的陆地面积、11%的人口，创造了全国21.7%的国内生产总值、24.5%的财政收入、47.2%的进出口总额。在这个我国经济社会发展水平高、综合实力强、城镇体系较为完备的区域，区域联动发展具有坚实基础。

如何更快地促进长三角区域一体化发展，如何更好地扩大长三角对周边地区的辐射效应，如何使长三角的区域合作发展为其他地区提供有益经验，是致公党中央长期关注区域发展提出的重要命题。

（一）走进“长三角”

2009年4、5月间，万钢主席率领的“致公党中央促进长三角区域合作发展”调研组在国家发改委、国家科技部、国家工业和信息化部、国家环保部和各地方政府及致公党内外专家的大力支持和配合下，围绕“促进长三角区域合作发展”问题赴江苏、浙江、安徽和上海进行有针对性的专题调研。

江苏——“科技合作与科技创新”。为了解长三角地区科技合作与科技创新的推进状况，有效实现长三角地区科技体系一体化，王钦敏常务副主席于2009年4月率致公党中央调研组赴江苏省就“促进长三角地区科技一体化”进行调研。期间先后对南京、泰州、无锡与苏州4市进行了实地考察，走访了江苏省生产力促进中心、中科院地理与湖泊研究所以及东南大学等高等院校与科研院所，考察了泰州中国医药城与苏州工业园区等高新技术园区，参观了无锡尚德公司等企业，听取了江苏省政府有关部门关于长三角地区科技合作与科技创新的情况介绍，并与相关部门进行广泛座谈。

浙江——“中小企业应对国际金融危机”。2008年以来，受国际金融危机影响，浙江省中小企业和全国其他各省的企业一样出现了不同程度的问题。杨邦杰副主席于2009年4月率致公党中央调研组先后到浙江省外向度较高的杭州、萧山、义乌、宁波、温州等地，实地走访中小企业，积极听取各级中小企业主管部门的意见建议，就中小企业应对金融危机、推进产业结构调整、转变经济增长方式等问题进行深入研讨。

安徽——“泛长三角区域发展”。5月，致公党中央副主席程津培、严以新率领致公党中央调研组就安徽省参与泛长三角区域合作与发展、承接长三角产业转移等情况赴安徽进行调研。调研组一行先后走访了凤台电厂、顾桥煤矿、奇瑞汽车股份有限公司等，并在合肥、淮南、芜湖、马鞍山等地，与当地相关政府部门举行多场座谈，听取相关情况介绍，探寻泛长三角区域发展路径。

上海——“长三角区域合作发展”。5月，全国政协副主席、致公党中央主席、科技部部长万钢率致公党中央调研组赴上海就“促进长三角区域合作发展”问题进行专题调研。常务副主席王钦敏、副主席杨邦杰参加调研。调研组深入企业、学校实地考察，并与中共上海市委、市政府有关部门进行了广泛深入的座谈。调研组结合今年以来在江苏、浙江、安徽的调研情况，就促进上海“两个中心”建设和长三角区域合作发展建言献策。

（二）解读“长三角区域合作发展”

长三角地区地域相连，文化相近，经济相融，人缘相亲。改革开放以来，在中共中央和国务院的正确领导下，在全国其他地区的协调配合和支持下，长三角已成为我国经济社会发展水平高、综合实力强、城镇体系较为完备的区域，具有区域联动发展的历史渊源和坚实基础，也将继续承担引领我国科学技术发展的任务。近年来，长三角地区认真贯彻国家区域发展总体战略，加强沟通协调，切实推进长三角区域合作发展的各项工作，在一些重要领域已取得了较大成效。表现在：

1. 国务院颁布《关于进一步推进长江三角洲地区改革开放和经济社会发展的指导意见》（以下简称《指导意见》）后，长三角地区积极研究制订贯彻落实国家《指导意见》的实施意见。目前沪苏浙三地正抓紧起草各自的实施意见，上海已形成实施意见（送审稿），并已完成各部门意见征求工作，待修改完善后将与江浙两省《实施意见》同步出台。

2. 交通、科技、环保三大平台建设已见成效。长三角开展了区域异地联网售票试点，推进跨省市短途班线公交化运营；顺利完成与全国区域大型科学仪器协作共用网的对接，不断深化长三角科技资源共享服务平台、科学仪器共用系统建设；在完善区域环境管理政策、推动区域水环境综合治理、促进区域大气污染控制、开展区域环境监测合作、健全环境联合执法机制等九个方面开展了深入合作。

3. 区域旅游合作、海洋生态环境保护、区域信用体系建设、区域人力资源合作、区域信息资源共享等重点专题合作取得阶段性成果。

4. 区域合作协调机制逐步完善。在2008年度长三角地区主要领导座谈会的推动下，“三级运作、统分结合、务实高效”的区域合作协调机制已经形成。

5. 科技合作日益紧密。2003年11月，沪苏浙三地共同签署了《沪苏浙共同推进长三角创新体系建设协议书》，长三角地区科技合作体系初步建立。尤其是自建立“长三角区域创新体系建设联席会议”制度以来，实现了科技资源在更大范围、更广领域和更高层次上高效配置和共享利用。2008年三地又联合制定了《长三角科技合作三年行动计划（2008—2010）》，并共同编制出台了《长三角地区贯彻国务院〈指导意见〉共同推进若干重要事项的意见》，确立了今后一个阶段长三角科技创新和科技合作的基本方向。

6. 安徽参与泛长三角分工合作取得重大进展。现在，泛长三角概念已进入国家政策层面，刚刚出台的《长三角发展指导意见》明确提出“积极推进泛长三角区域合作”。在国家发改委组织编制的《长三角区域规划》中，已经将安徽纳入规划范围。

与此同时，调研组认为，长三角的发展也面临社会转型的阵痛、金融危机的压力、资源环境的约束等，从国家战略和国际视角的高度看，通过建立政府引导与市场调控相结合的区域合作机制，辅之以信息共享、政策融合，可全面提升区域发展质量和整体竞争力；通过国际化金融市场的建设和中小企业发展环境的改善，可为长三角及全国的经济发展注入活力；通过完善科技创新体制机制和建设国际先进技术高地，将形成具有国际水准的区域竞争力；通过构建区域环境管理一体化平台，将动员全社会力量协同解决区域共同关心的资源环境热点与难点；通过资源整合、产业分工和环境保护及生态建设合作，将安徽纳入长三角的区域合作发展进程，可充分发挥发达地区的辐射功能和地区间的互补联动功能。长三角区域合作发展的改革和实践，是落实科学发展观，建设生态文明的具体举措，具有十分重要的现实意义。

（三）献计“长三角区域合作发展”

推进长三角区域合作发展，既是繁重务实的系统工程，需要周密细致的部署举措，又是复杂深刻的制度创新，需要科学发展观的思想引导。

围绕长三角开展的系列调研结束后，致公党中央调研组深入整理调研所取得的第一手资料，并进一步梳理形成书面材料。2009 年 5 月 31 日，致公党中央召开经济界专家座谈会，广泛听取党内外专家对促进长三角区域合作发展的意见，及时将有益建议吸纳到相关文件中。

7 月 2 日，致公党中央召开“促进长三角区域合作发展”专题调研座谈会，针对上半年“促进长三角区域合作发展”系列调研形成的调研报告进行研讨。万钢主席、王钦敏常务副主席、杨邦杰副主席出席会议并讲话。参与相关调研的专家学者围绕“促进长三角区域合作发展”的制度设计、金融支持、中小企业发展、科技自主创新、生态文明建设等内容进行研讨。

2009 年 7 月 11 日，致公党中央向中共中央、国务院提出《促进长三角区域合作发展的几点建议》。指出：长三角已成为我国经济社会发展水平高、综合实力强、城镇体系较为完备的区域，具有区域联动发展的历史渊源和坚实基础，也将继续承担引领我国科学技术发展的任务。但也面临社会转型的阵痛、金融危机的压力、资源环境的约束等问题。加快长三角区域合作发展，有利于整合资源，提升区域综合竞争力，实现产业结构优化升级，为全国其他地区发展提供经验和示范作用。

致公党中央建议：

1. 尽快出台包括安徽在内的《长三角地区区域发展规划》，促进区域合作的制度化。首先，推动“长三角区域合作条例”的建立，对长三角区域合作的目标、主题、方式、手段、合作协调机构和形式等一系列重大问题作出具有一定约束力的制度安排，促使长三角区域合作由现阶段的“会商联动”提升为“制度导向”。其次，长三角区域合作的主要内容应体现为经济、社会、环境一体化发展。通过建立“长三角区域发展基金”和以市场机制为主要调节手段的区域利益协调机制，逐步推动市场一体化建设，实现区域的可持续、稳定、均衡的发展。第三，通过在科技创新、环境保护、城乡统筹、社会保障体系等方面的一体化制度设计和通过试点建立区域行业、专业协会，上海、江苏、浙江和安徽资质互认，实现区域资源的共建共享和优势互补。第四，推广应用新一代网络技术，以推动三网融合为抓手，实现政务信息、资源环境信息和市场信息的区域整合和共享服务。

2. 推动亚洲美元离岸市场发展，加快“上海国际金融中心”的建设。充分利用“上海国际金融中心”建设中所形成的“信息积聚”和“风险分散”的比较优势，为长三角区域民间金融的健康成长提供必要的信息和市场扶持，从而强化中国企业自主创新和提高产品附加价值的动力。鉴于亚洲拥有全球三分之二的美元资产和各国出现的改变美元投资的动向，建议在人民币汇率和资本账户还没有完全市场化的情况下，率先在上海国际金融中心开展“美元离岸业务”和建立用来支撑该业务所需要的“亚洲美元的共同投资基金”，结合人民币结算业务探索和试点，推动中国企业“走出去”的发展战略和亚洲债券市场的建设，进而深化亚洲各国和地区之间的金融合作，为保障我国巨额外汇储备的财富价值和逐步实现人民币国际化以及进一步推动亚洲货币的一体化，创造出“市场、人才和制度”等方面的必要条件。

3. 大力扶持中小企业健康发展。中小企业发展与统筹城乡发展、加快城市化进程和促进就业紧密结合，与当前保增长、保民生、保稳定密切相关。建议国家依据中小企业区域特点和国际惯例，抓紧修订《中小企业标准暂行规定》，实现分类指导，明确重点扶持范围，加大对小型企业尤其是微型企业的扶持。按照中小企业自身发展周期配置相应的融资渠道：鼓励设立与小企业和科技创业融资需求相匹配的社区银行、科技创业金融机构、小额贷款公司、村镇银行等新型中小金融机构。国有商业银行和股份制银行在专营机构基础上，实行授信制度和差异化监管，以提高中小企业间接融资的专业化和覆盖率；依据风险定价原则，建立银行中小企业贷款呆、坏账自主快速核销机制，探索建立长三角地区“小企业贷款风险补偿基金”，以鼓励、刺激商业银行增加小企业金融业务；完善中小企业信用担保体系，建立省（直辖市）级再担保机制，行业互保联保机制，试行中小企业应收账款、仓单订单和知识产权等质押，扩大中小企业集合债发行规模，发挥典当、融资租赁等中小企业传统融资方式作用；巩固和完善现行中小企业板块，及早推出创业板，整合私募、创投、风投、增发及再融资等专业机构，形成中小企业“上市培育成熟机制”，加大其直接融资比重；探索建立“泛长三角产权交易市场”，加强区域自主配置资源的能力。

4. 推进长三角区域科技创新合作制度建设。建议中央批准建设长三角科技创新综合试验示范区。在区域内选择若干典型城市先行先试，大力培育具有国际先进水平的高新技术产业；建立与完善公共技术服务平台与中介服务平台，实现更大范围的科技资源共享；依托上海、南京和杭州等大城市的科研优势，积极打造长三角地区的研发中心与总部经济，以全球金融危机为契机，以城市户籍改革与更为灵活的人才引进政策为突破口，构筑培养创新人才、吸纳海内外优秀人才的人才高地；设立“区域公共技术创新基金”，通过政府引导、企业主体运作的模式，开展重点产业科技创新示范；完善知识产权保护制度，加大执法力度，努力营造自主创新的制度保障和社会氛围。

5. 充分利用国际资源，加快长三角科技创新建设步伐，优先发展低碳产业。积极加快长三角地区重点产业、重点企业、重点产品核心技术的突破，培育新的经济增长点。长三角对外开放较早、融入全球化程度较深。虽然目前受国际金融危机影响较大，但不能以此束缚开放的步伐。当下应该充分利用国际资源，继续鼓励吸引先进技术和智力资源的进入，鼓励跨国企业建立研发企业，推进金融、科技、管理等领域的现代服务业发展。通过国际合作和直接购买等方式掌握产业的核心和关键技术，重视对引进的高、精、尖技术的系统集成消化、吸收和再创新。继续加大力量发展新能源、新材料等战略性新兴产业，特别是发展新能源汽车、低成本光伏和风能及生物质能等新兴“低碳产业”，着力发展低碳经济。完善政府支持自主创新产品的首购机制，加大科技成果产业化的推行力度。深化重点产业、产品创新体系产业化推广应用，政府应采用市场支持的方式，鼓励和支持自主创新技术投入市场，扩大自主高新技术市场份额，使企业从市场中得到利润，再反馈于技术研发，支持长三角地区高新技术企业发展。以政府引导、企业主体运作的模式，开展重点产业试点示范。

6. 以区域环境政策一体化为目标，建立区域环境保护协调机制。科学制定和逐步落实长三角生态功能区划，推动区域性环境管理结构的调整。以政府牵头、各方参与的形式创新长三角地区环境保护合作体制和机制，明确责任与义务，整合长三角区域内政府、公众、企业等社会各种力量，共同解决区域所面临的诸如太湖、淮河、巢湖、长江水污染和酸雨等环境热点、难点问题。以区域环境保护政策一体化为目标，研究环境交易制度，试点建设环境交易平台，围绕环境资源有偿使用、排污交易、生态补偿、绩效考核、跨界目标责任制、环境应急联动等，全方位促进区域环境协同管理目标的实现。通过科技创新，开发环保技术，大力发展环保产业，建立区域环保技术库和环保专家库，降低区域内技术壁垒，发挥各地区科研优势和特色，分工合作，实现科技成果的共享。构建区域性环境监测网络，整合区域内已有信息平台与科学数据资源，构建网络化的信息系统，形成多类型环境信息的共享，提高区域环境综合管理和污染应急处置的效率。

7. 支持安徽参与泛长三角区域合作。建议国家从宏观层面全力推进泛长三角区域合作。长三角具有人才、资金和技术优势，而安徽具有生态、资源和劳动力优势，因此安徽参与长三角区域合作可实现优势互补、错位发展，对推动泛长三角区域发展具有重要意义。首先，将安徽纳入“长三角地区区域发展规划”，从国家战略层次全面推进安徽参与长三角区域合作。在江淮之间进行科技创新、产业承接和生态保护的综合配套改革试验和示范，严格产业转移的准入制度，实现区域的产业升级、环境与经济的可持续协调发展。其次，国家从财政、税收等方面给予优惠和政策倾斜，为安徽经济社会快速发展提供基础，从而帮助安徽尽快融入长三角，尽早实现区域对接。第三，把安徽的环境保护和生态建设纳入长三角规划，综合治理太湖水环境，协调长江、巢湖、淮河、运河的一体化治理，制定和实施黄山、九华山、千岛湖区域的生态保护及生物多样性规划和发展。

二、为加强草原保护与建设，促进农牧民增收献策

2009 年 9 月，经过深入细致的调研，致公党中央形成了《关于加强草原保护与建设，促进农牧民增收的建议》。建议报送中共中央和国务院有关部门后，得到了国务院多位领导同志的亲笔批示。

我国是草原大国，草原不仅是生态安全的屏障，也是广大农牧民赖以生存和发展的物质基础。同时，我国草原地区大多是少数民族聚居的地方和边疆地区，保护与建设好草原对建设社会主义新农村、维护社会安定团结乃至全面建设小康社会都具有非常重要的作用。为探讨改善生态环境与促进草原地区农牧民增收的良策，推动草原管理体制和机制的改革，2009 年 7 月中旬，致公党中央副主席杨邦杰率调研组，在农业部畜牧业司、草原监理中心、规划设计院的配合与支持下，辗转 2800 余公里，赴内蒙古就“加强草原保护与建设、促进农牧民增收”问题开展调研。

调研组先后考察了蒙牛乳业集团、伊利实业股份有限公司、伊金霍洛旗敏盖绒山羊养殖基地、天福祥现代农牧业示范园区和塔拉豪镇沙棘产业加工基地；实地察看了退牧还草项目区草原生态恢复情况；深入阿拉善左旗牧区厢跟达来苏木牧民家中座谈。听取了自治区农牧业厅、草原监理所以及鄂尔多斯市、阿拉善盟有关部门的建议和意见。

通过实地考察和深入调研，调研组认为，内蒙古自治区草原保护与建设取得了显著成绩，生态环境逐步改善，草原产业链不断延伸，农牧民生活质量得到提高，社会安定团结。在调研过程中，调研组也发现了当前草原保护与建设过程中存在的问题，比较突出的是：

一是草原权属不清，草原的地位没有得到应有的重视。普遍存在重农轻牧、重林轻草的倾向，没有把草原与林地、耕地放在同等地位。草原在国民经济和生态建设中的重要作用没有得到应有的重视和发挥。作为草原大省的内蒙古，草原始终处于弱势，在社会经济发展战略、机构设置、投资预算和科学研究多方面得不到应有的体现。在这次林权改革中，有的地方为了某种利益，将本是草原的地方划归林地，这点在南方尤其严重，在内蒙古许多地方也存在这种问题，严重侵害了农牧民的利益。

二是经济发展对草原的占用加快。有些地方在招商引资过程中，把草原作为廉价的资源，乱占乱挖现象日益突出，国家实行了最严格的耕地保护政策和林地保护政策，但对于草原没有相关的配套政策。

三是草原保护建设项目缺乏完整的配套政策，项目成果难以巩固。近几年来，国家设施了退牧还草等草原保护建设项目，在退牧还草项目区，给予农牧民一定的生活补贴，项目区草原植被得到了恢复，草原生态状况正在好转，但许多项目区补贴政策已经到期，如不能继续实行补贴政策，那么草原保护建设的成果将会毁于一旦。

针对以上问题，调研组在报送中共中央、国务院的《关于加强草原保护与建设，促进农牧民增收的建议》中提出以下六点建议：

第一，重视草原的战略定位。草原是我国国土的主体和重要的战略资源，草业与农

业、林业一样，是重要的基础产业，是第一产业的重要组成，是一项具有特殊功能的公益事业。草原占我国国土面积的五分之二还多，是重要的碳库和最经济的吸碳器，是面积最大的绿色生态屏障，是重要的动植物物种基因库。草原对于维护生物多样性，应对全球气候变化具有重要的作用。没有草原的良好生态环境，就没有全社会的生态文明。草原大都分布在边疆地区和少数民族的聚居地。没有草原的繁荣，就没有边疆的安全和社会稳定。草原是农牧民的基本生产资料，没有草原的永续发展，就没有农牧民的小康生活。草业是农业和农村经济的重要组成部分，没有草业的现代化，就没有农业现代化。牧区是我国农村的重要组成部分，没有牧区的稳定，就没有全国农村的稳定。因此，我们要从国家战略的高度认识草原，保护草原。

第二，深化草原综合改革。一是推进草原管理体制改革。随着草原在生产、生态方面作用日益增强，过去沿用的草原资源部门管理分割、工作拆分管理的体制弊端凸现，“多头管理，权责不清”，严重阻碍了草原的发展。就全国而言，草原资源不合理利用、生态环境恶化、逆行演替已成为草原及草原畜牧业可持续发展的主要制约因素，推进草原管理体制改革是协调社会、经济、生态三者可持续发展的迫切要求，是落实科学发展观、尊重客观实际、加强草原资源管理的具体体现。为统筹草原资源管理，建议国家在农业部内组建“国家草原与草业局”，通过管理创新与机制创新，建立集资源管理、执法监督、技术推广于一体的新型草原管理机构，全面推进草原的保护、建设、利用和管理工作，实现“草原绿起来、农牧民富起来、畜牧业强起来”的目标。二是推进草原承包经营。草原家庭承包经营制度是我国土地承包制度的重要组成部分，是党在草原地区政策的基石。在明确草原权属和确定草原属性的前提下，坚持“因地制宜，分类指导，重点突破，整体推进”的原则，统筹生态、生产和生活，完善和深化草原承包经营管理，规范草原承包经营权流转，明确使用权，落实承包权，保障收益权，充分调动广大农牧民保护和建设草原的积极性，转变草原畜牧业生产方式，保障草原生态安全，实现草原资源可持续利用，加快草原地区经济与社会发展。

第三，统筹农区牧区协调发展。近些年来，我国出台了一系列鼓励粮食生产的强农惠农政策，农村经济加快发展，农民持续增收，生产生活条件逐步改善。今年中央财政拟安排“三农”的投入是7161亿元，进一步增加农业补贴，中央财政拟安排今年的补贴资金达到了1230亿元，比上年增加200亿，补贴范围也是覆盖全国所有的农业县(场)。我国的草原主要分布在老少边穷地区，生存的绝对贫困人口较多，同样为国家畜牧业的发展和国家生态安全保障作出了重要贡献，但并没有纳入补贴范围。由于享受不到相应的政策补贴，比较效益显著降低，草原放牧压力增大，草原生态环境恶化，草原权属改变现象屡禁不止，严重影响了国家的生态安全和草食畜牧业的发展。因此，建议将草原纳入农业补贴范围，按照“扩大范围、提高标准、完善办法”的原则，对牧民实施种草、牧草良种、禁牧休牧、牧业机械等补贴政策，积极推动各项补贴政策的落实，缩小农区和牧区的差距，让广大农牧民共享发展成果，实现农区牧区全面协调可持续发展。

第四，完善草原保护建设投入保障机制。为改善草原生态环境日益恶化的现状，重建国家生态安全屏障，2000年以来，国家相继实施了天然草原植被恢复、牧草种子基地、草原围栏、育草基金、京津风沙源治理、退牧还草和岩溶地区石漠化草地治理试点等草原保护建设项目，截至2008年，已累计投入中央资金165亿元。但是，这些项目的实施少则一两年多则10年，经费投资与计划差别较大，项目实施效果大打折扣，项目一旦结束又陷入“破坏—建设—再破坏”的境地，项目成果不能得到维持，草原生态环境恶化的总体态势得不到实质性的改善。因此，建议国家要落实工程投入资金，重视建设项目可持续性研究，加快项目衔接办法、后续政策出台，加强项目管理，完善项目实施措施，处理好项目的实施与稳定和提高农牧民生活水平之间的关系，真正实现“投资一片、保护一片、改善一片、带动一片”的目标。

第五，加快完善涉草法律法规。近年来，为适应草原保护建设利用的需要，修订了《草原法》，又先后制定和修订了《草种管理办法》、《草畜平衡管理办法》、《草原征占用审核审批管理办法》、《甘草麻黄草采集管理办法》和《草原防火条例》等配套法规和规章。但随着各项草原各项工作的不断推进和社会的发展，相关法律依据缺失或不尽完善，导致《草原法》中的部分法律条款缺乏可操作性，陷入有法可依，无章可循的尴尬境地，严重阻碍了草原管理工作的整体推进。因此，建议尽快起草《草原法》中规定的制度及办法的实施条例，加快出台《基本草原保护条例》、《草原植被恢复费征收使用管理办法》和《草原调查制度实施条例》等目前草原工作急需的规章制度，争取经过一段时间的努力，形成以“一法”为主线，“多条例多办法”为配套的草原法律框架体系，为依法治草兴草奠定法律基础。

第六，加强草原监理体系建设。新修订的《草原法》确立了草原监督管理机构的法律地位和职责。《国务院关于加强草原保护与建设的若干意见》（国发［2002］19号）也明确指出，草原监督管理部门是各级人民政府依法保护草原的主要力量。目前，草原监理体系不健全，有的草原大省（区）市县没有监理机构，使草原监理工作实际无法展开。草原监理人员不足，全国平均几百万亩草原才有一名，内蒙古自治区平均60万亩才有一名。草原执法监理手段落后，由于没有统一着装等，使权威性大打折扣。草原防火投入不足，设施设备落后。因此，建议加快草原监理体系建设，健全机构，充实队伍，改善设施，保障经费，尽快扭转当前草原监理体系不适应新形势新任务要求的局面。

张刃　致公党中央宣传部副处长

郭琪　致公党中央宣传部干部

三、为绿色北京建设中的农村循环经济发展模式建言

“人文北京、科技北京、绿色北京”不仅是北京奥运会的特点概括和经验总结，也是北京市城市发展的目标所在。但如何构建绿色北京，尤其是如何结合农村循环经济促进绿色北京的建设，则是当前正在建设中的绿色北京和农村循环经济建设都必须考量和研究的问题。致公党北京市委经主委会研究确定《绿色北京建设中的农村循环经济发展模式研究》为2009年主委课题。调研组先后到北京市农委、北京市发改委和昌

平区农委进行调研。同时，深入北京蟹岛集团、北京德青源农业科技股份有限公司和昌平区属企业沼气厂进行了实地调研。

调研报告形成后，于11月17日召开专家论证会，分别邀请党内外专家对调研成果进行论证，致公党中央、市委统战部、市农委、中国农业科学院农业经济与发展研究所、北京农学院、北京市农林科学院农业综合发展研究所、中国农业大学和北京大学等10余家单位的领导和专家参加了研讨，认为课题提出的建议具有参考意义，人民政协报等新闻媒体进行了报道。此报告在北京市统战系统优秀调查研究报告评比中获得一等奖。同时，转化为党派提案，提交北京市政协十一届三次会议，得到中共北京市统战部、北京市政协领导的高度重视。

调研组在调研中感到，当前绿色北京建设步伐明显加快，已初步构建了以城市生态环境改善为着力点、适应现代首都需要、持续高效的绿色北京建设格局。但随着绿色北京建设的发展，如何按照城乡经济社会发展一体化的要求，统筹城乡发展，推进社会主义新农村建设，推动城乡一体化，解决好首都人口资源环境问题，日益显现。另外，北京农村循环经济建设，自从实施“亮起来、暖起来、循环起来”工程和“221”行动计划以来，有效地改善了农民的生产生活条件，改善了生态环境，促进了农村节能减排和农业废弃物资源的循环利用；初步搭建了北京都市型现代农业信息服务体系，推进了郊区现代化。但随着农村循环经济的发展，如何在绿色北京建设中更有效地推动和提升农村循环经济持续发展问题，逐渐显现。因此，进一步寻求绿色北京建设与农村循环经济建设的有效对接，就成为破解上述难题的一个工作思路。

绿色北京的建设不仅仅体现为绿色环境的持续建设，更重要的是要在绿色经济中实现环境的持续绿色。因此，绿色经济作为绿色北京建设的核心要素，对北京当前农村循环经济工作提出了三大发展需求：一是需要进一步促进“三起来”工程中农民生活环境改善与绿色农业建设的结合，为绿色农业的形成和发展提供持续动力；二是需要进一步推动“三起来”工程中农业与其他产业间的绿色循环，为绿色经济的形成和发展提供产业支撑；三是需要进一步构建“221行动计划”开发农业生态服务功能的产业发展路径，为现代农业的绿化提供现实推力。这三个需求都可归结为一个总需求，即循环农业的发展需求。所谓循环农业是把循环经济理念引入农业生产的全过程，以追求更大经济效益、更少资源消耗、更低的环境污染和更多的劳动力就业。其实质就是通过农业循环实现工业循环、消费循环，从而实现绿色农业、绿色工业、绿色服务业和绿色消费，即绿色经济。

由于循环农业是一项综合性较强的系统工程，需要规划、政策、机制、措施等方面的综合配套。因此，我们在充分肯定当前绿色北京建设和农村循环经济工作已取得成果的基础上，本着承继与提升的原则，以循环农业的发展为着力点，围绕“一个规划、五个工作重点、十七项具体措施”，提出以下建议：

（一）编制“循环农业发展‘十二五’规划”，并将这一规划作为专项规划纳入“北京新农村建设‘十二五’规划”

由北京市农委会同相关部门编制“循环农业发展‘十二五’规划”，并根据该规划编制循环农业行动指南、操作规程和手册。该规划的指导思想为：以党的十六大、十七大和中央农村工作会议精神为指导，以绿色北京的发展战略为导向，以可持续发展为前提，以城乡绿色一体化为总揽，通过推动农村循环经济与绿色北京建设的有效对接，提升农村循环经济发展的品质，提高北京城乡经济社会发展一体化的绿色含量、生态道德水平及生态人文思想。

（二）五个工作重点和十七项具体措施

1. 推动产业间循环及循环产业链的延伸，加快形成循环农业的产业支撑体系。具体包括四项措施：（1）北京市农委应会同相关行业组织，通过建立“面对面”产销联合组织、鼓励专业流通配送组织发展宅配送、鼓励农民专业化合作组织组织配送、支持大型连锁超市、大卖场与有机农产品基地订单销售、设立连锁专卖店、支持食品加工企业与循环农业基地订单直销、加强产销沟通交流等方式，尽快建立多元化的循环农业产品的流通渠道；（2）北京市农委应会同质检、工商等部门，配合北京食用农产品安全生产体系建设，大力推进以提升循环农业生产、经营企业、循环农业生产基地、产品的绿色品质为目的的标准、检测、标识、认证体系；实施从生产、加工、流通等环节全面推进标准化管理；重点选拔一些政府扶持的循环农业生产企业，鼓励这些企业共同出资建立循环农业产品质量保证基金，促使企业通过自律方式自主提高产品品质；建立循环农业所有生产、流通环节企业的信用管理体系。（3）北京市发改委应会同农委，通过大力培育农业废弃物回收利用的品牌和龙头企业、积极发展环保专业企业和组织、安排政府采购或政府订单等方式，推动北京农业废弃物回收利用产业链的延伸；（4）北京市发改委应会同农委、城建等部门，一是完善循环农业与城市回收利用和垃圾处理对接的各项管理制度。既要防止将农村变为城市垃圾无序化处理场，又要防止极端地绝对禁止城市垃圾与循环农业；二是要遵循技术成熟原则和循环渐进原则；三是要实施合理的垃圾分类和收集费用分担制度。

2. 降低循环农业生产要素成本，加快形成循环农业的利润保障空间。具体包括三项措施：（1）北京市农委应会同科委充分发挥首都的科技和人才资源优势，积极借助北京农业“221信息平台”，加速推动循环农业的科技创新和信息整合；（2）北京市土地管理局、水务局、人事局等部门应会同北京市农委：一是针对当前农村集体土地流转存在的一些阻碍性因素，探索一条既可以让循环农业品牌企业或龙头企业获得持续的、有保障的土地使用权，同时又让农民能合理分享企业发展收益的土地流转制度；二是针对水是一个流域系统，水的高效配置必须流域化实现的客观规律，大力发展和扶持以水资源的跨流域共享和配置为基点的跨县域、跨市域的循环农业企业，大力发展和扶持节水农业，积极参与或推进流域水资源的总量分配；三是针对北京人才市场的城市化导向的特征，针对循环农业发展的人才需求，有条件地专门建立循环农业人才的国内外人才和专家库，为循环农业的发展提供人才和智力保证。（3）北京市农委应会同相关的行业组织和协会，加快培植一批规模较大、带动能力较强、运作较规范的农民专业化合作经济组织；积极鼓励一批专业能力较强、信用较好、网络较广的城市专业化组织、中介组织的业务向农村拓展。

3. 创新生态价值市场化机制，完善生态价值补贴制度，建立多元化的循环农业投融资渠道。具体包括三项具体措施：（1）政府应改变传统的政府生态补贴的观念，建立起生态补偿的政府财政转移观念；（2）北京市发改委应会同农委，结合低碳交易，建立北京循环农业生态价值的市场化机制；（3）北京市发改委应会同农委，在完善以重点企业和重点项目作为生态价值补偿的常态机制外，进一步探索和建立以个体农民直接受益为特征的生态价值补偿机制。

4. 提高农村公共服务能力和体系，增强农村公共管理和社会化服务能力。具体包括四项具体措施：（1）北京市民委应会同农委，加快机制和体制创新，促进农民自治性公共服务组织和机构的建立和持续运行；（2）北京市城建管理部门应会同农委，推动城市公共服务机构和组织的业务范围的农村拓展，促进农村物业管理的现代化和规模化；（3）北京市城建管理部门应会同农委，开放农村公共服务设置建设和运营的市场化，通过吸收社会资本和人才，多渠道、多形式地建立郊区循环农业社会化服务体系，为循环农业提供产前、产中和产后服务；（4）北京市农委应进一步重视循环农业宣传工作，充分发挥农村各种自治组织、专业化组织、各种行业协会的带头示范效应，培育新型的农村生活观念和文化观念。

5. 健全促进循环农业发展的法律、政策、组织保障，保证循环农业工作的常态化、制度化和持续化。具体包括三项具体措施：（1）在法律上，北京市法制办应依据《循环经济促进法》制定并颁布《北京市促进循环农业管理办法》；（2）在政策上，北京市农委应侧重强化和丰富“221 行动计划”中有关循环农业的工作内容。同时，对于“221 行动计划”没有涉及但对循环农业的开展具有重要作用和意义的措施，应单列相关政策；（3）在组织上，北京市政府除在已有的“221 行动计划”综合小组，建立循环农业发展的专门联席会议制度外，还应通过体制创新，建立政府部门“分工与合作”的硬性约束和激励机制。

李满英　致公党北京市委调研处副处长

四、为上海开发区发展寻找新的突破口

上海经济近年来尽管呈现出不错的发展势头，但是有限的空间始终是一个绕不过去的潜在制约因素，其中就包括曾经为上海作出过重要贡献的几十个开发区。致公党上海市委高度重视与可持续发展密切关联这一问题，于 2009 年初组织党内外专家一起参与的《关于上海开发区与外省市合作共建开发园区的政策调研》课题组，由市委主要领导挂帅，对此展开有针对性的调查研究。

课题组经过充分准备，于 3 月 9 日邀请市决策咨询委员会、市社科院城市化发展研究中心、市改革发展研究院、华东师大资源和环境科学学院、市经济学会所有制结构研究专业委员会的多位知名专家举行开题会。会上专家们围绕上海经济开发区在发展中暴露出来的问题——成本上升、优惠政策失去吸引力、外部环境不可逆变化、国际经济和金融市场动荡等，展开深入分析与讨论，为课题组下一步深入研究指明了方向。

随即，课题组在 5—6 月间分别深入上海漕河泾新兴技术开发区和上海外高桥保税区调研，对漕河泾开发区与浙江海宁经济开发区合作共建的漕河泾（海宁）产业园区

以及外高桥保税区与江苏启东滨海工业园区合作共建外高桥（启东）产业园区的背景、进展、做法、政策对接、遇到问题和今后设想作详细了解，此外还先后走访市经信委开发区管理处、市政府政策研究室经济处等相关职能管理部门，从点到面，从实践到政策，对上海国家级、市级开发区在外省市与当地省级经济开发区合作共建开发园区的基本情况、主要动因和作用、面临问题和今后打算有了进一步的认识，在此基础上，课题组对调研获得的材料和数据进行归纳总结，多次召开专题会反复予以论证，寻找解决问题具有实际操作意义的办法。

通过深入的研究课题组发现，上海部分国家级、市级开发区到外省市合作共建开发园区，在 2008 年即有合作开发、招商引资等实质性启动，长三角区域经济一体化进入以跨省市合作共建开发园区新阶段，引起沪、苏、浙三地政府、园区、企业、协会和学界各方面高度关注。表现为（1）跨省市异地合作主要集中于长三角，如启东、盐城、海门等省级经济开发区；以及浙江的海宁。中西部地区多属对口支援项目落地。（2）多为交流互动、联合招商，少量筹备合资开发。如漕河泾开发区与江苏盐城经济开发区即处于互通信息、互派人员、互推项目、互介商资、互搭平台的阶段。（3）当地政府配套优惠政策适时、紧密对接。（4）正在形成上海开发区主导的合作共建开发园区机制。上海开发区发挥管理、招商、人才和品牌等优势，外省市经济开发区发挥区位、土地、政策、产业配套和政府服务等优势，共谋发展，共享成果。

据分析主要动因为：（1）上海建立服务经济为主经济结构和依靠创新驱动为主发展经济的调整、转型要求和趋势，以及开发区成长、转型、率先实现科学发展的需要。（2）上海要率先实现科学发展、开放发展和和谐发展，需要在推进长三角一体化和全国区域协调中，形成优势互补、合理分工格局。

上海开发区与外省市开发区合作共建开发区，开辟了上海推进长三角一体化和全国区域协调发展的一条重要途径。2008 年 9 月 17 日，《国务院进一步推进长三角改革开放和经济社会发展指导意见》出台，跨长三角异地联建开发园区全面启动，因此长三角一体化的具有广阔前景和深远效应。

但是，课题组在调研中也发现了这项工作正面临一些问题：①上海缺少市级职能部门统一协调，尚未出台全市性、分类别鼓励上海国家级、市级开发区跨省市异地合作共建开发园区的指导意见和配套政策。②合作共建的开发园区不能充分享有外省省级特殊优惠政策，影响了异地合作共建开发园区的积极性。③全球金融危机滞后效应正在显现，导致对外招商困难。④停留在联合招商为主的浅层次、松散型合作共建。⑤目前主要还局限于长三角、尤其是江苏苏北地区，范围狭小，不利于跨省市异地合作共建开发园区长期持续发展，不利于促进全国区域协调发展。⑥上海国家级开发区与市级开发区合作共建，将会提高上海开发区土地产出水平，但是这一进程十分缓慢。

面对上述这些问题，课题组在综合各方面的意见和看法，经过反复斟酌、深思熟虑，就贯彻落实国家战略，着眼于更好服务长三角、服务全国，在加快推进上海开发区与外省市合作共建开发园区问题上，从加强引导、分类推进、统筹协调等方面，提出如下一些建议：

第一，建立上海市级“异地办区”统一协调推进机制。以上海市经信委为牵头部门，设立推进办公室，会同其他相关政府职能部门，建立市级职能部门推进上海开发区跨省市异地合作共建开发园区工作的统一协调推进机制。

第二，制定《推进上海开发区“异地办区”指导意见》，内容应当包括指导思想、总体目标、基本原则和相关配套政策，以及政策的制订和执行的责任部门等。

第三，应把上海开发区跨省市异地合作共建开发园区工作纳入上海市政府近期工作重点和“十二五”规划中，抓住当前发展的有利时机，鼓励和引导上海开发区积极“走出去”，参照已经在实践中基本成型的外高桥等操作模式，结合上海产业结构调整任务，实质性推进上海开发区“异地办区”，作为上海产业结构调整优化、经济长期又好又快发展和促进全国区域协调发展的战略任务。

第四，积极发挥开发区协会等中介组织的牵线搭桥作用，进一步推动上海开发区协会与江浙等地开发区协会联合，签订长三角和其他省市开发区协会旨在协调推进上海开发区与长三角和其他省市开发区合作共建开发园区的“行动协议”，拓宽和加深合作共建的便利通道。

第五，将上海开发区“异地办区”纳入长三角两省一市领导定期协商机制和全国各省市领导不定期互访机制中，协商解决长三角两省一市和全国各省市“异地办区”中一些涉及省（市）际之间、省（市）部之间关系的重大问题。

第六，优先推进上海开发区跨省市异地合作共建上海开发区公司主导的紧密型开发园区，以利上海开发区发挥开发管理、招商引资、人才科技和品牌效应优势等，促进上海开发区、促进上海的产业调整升级、突破工业用地指标限制、化解商务成本高企、建设自主创新体系、实现环境友好和可持续发展、做好“三个服务”工作，贯彻国家战略，进一步推进长三角经济一体化。

第七，除了苏北地区作为近期上海开发区“异地办区”的重点工作地区外，要研究、推动将安徽、江西等中部、乃至西部、东北地区列为中远期上海开发区“异地办区”的重点地区。会同上海外协办，研究、试点上海开发区“异地办区”用于上海对口支援地区如云南、西藏、都江堰等的可行性，创造一个变“输血型”对口支援为“造血型”对口支援的机制、平台。总之，通过扩大上海开发区“异地办区”的重点选择区域，把上海开发区主导的“异地办区”变成上海服务长三角、服务长江流域和服务全国的新途径、新模式。

第八，积极推动上海开发区与外省市开发区合作共建步伐的主体是上海开发区公司，而基础则是上海开发区公司要做好自身发展。一是要处理好开发区公司自身从开发区的开发营运商向开发区的开发营运商、创新服务集成商和资产经营者或高科技项目的投资者转型做强与“异地办区”做大做长开发营运商问题。二是要制订好“走出去”发展战略规划和步骤，加强开发区品牌建设和导向，明确合作共建的近期工作和后备打算。三是要力促市区政府落实鼓励和支持开发区高新技术产业和现代服务业的政策和措施。

第九，设立专项资金支持上海国家级开发区在本市“跨区”合作共建，可以借鉴广东省和江苏省建立专项扶持补贴资金做法。广东省为推动本省发达地区产业和劳动力“双转移”到不发达地区，从2008年到2012年省财政每年安排15亿元产业转移竞争性扶持专项资金，主要用于示范性产业转移工业园区建设。江苏省对苏南、苏北工业开发区联动发展即“南北挂钩”合作共建开发区给予连续三年、每年1000万的专项补贴引导资金支持。对上海国家级开发区在本市“跨区”、与有剩余土地但产出不高的市级开发区采取投资批租合作共建，政府给予专项扶持补贴资金等。

上述课题完成后，除了将报告提交到市决策咨询委员会外，还在此调研报告的基础上，形成了致公党上海市委在政协大会上的口头发言，并将报告建议中的主要精神整理成市委的集体提案，送交市政协十一届三次会议。调研报告、大会发言和提案得到市政府有关方面的高度重视与好评，专家们一致认为课题调研报告对率先实现经济发展转型和更好地服务全国，提供了富有创新意义的工作思路，具有非常高的参考价值。

方修仁　致公党上海市委参政议政部部长

九三学社参政议政案例

一、关注低碳经济，形成中国特色的低碳发展道路

全球气候变暖已经成为当今世界政治、外交的热点和焦点问题。低碳经济提出的背景，是出于应对全球气候变暖对人类生存和发展的严峻挑战。西方一些发达国家，在政治上将气候变化问题作为钳制中国等发展中国家发展的外交工具，在经济上将气候变化问题作为继续控制世界经济命脉的技术手段。但值得重视的是，温室气体减排催生的低碳经济，是以低能耗、低污染、低排放为基础的经济模式，已成为全球经济新发展模式的共识，是人类社会继农业文明、工业文明之后的又一次重大进步。2003 年英国能源白皮书《我们能源的未来：创建低碳经济》首次在政府文件中提出“低碳经济”一词。2006 年 10 月英国政府又发布《气候变化的经济学：斯特恩报告》，呼吁全球向低碳经济转型。2007 年 7 月，美国参议院提出了《低碳经济法案》。美国奥巴马政府已经将发展清洁能源作为最重要的经济增长点和克服金融危机的核心手段。

早在 2007 年，在关注转变经济发展方式同时，低碳经济的课题首次进入九三学社中央的视野。2008 年，九三学社中央确定将“全球气候变化对我国经济社会的影响”作为一项战略性课题长期跟踪，并联合有关部委、专家开展了一系列调研。

在调研中九三学社中央发现，低碳发展，以提高能效、发展清洁能源为核心，以转变发展方式、创新发展机制为关键，以经济社会可持续发展为目标，可能是今后我国经济社会发展的必然战略取向。对内，我们在产业、经济、能源结构调整，节能减排技术推广等方面的空间巨大，低成本减碳量比较优势明显，低碳发展有利于我们缓解发展中的资源环境约束、抢占以低碳技术为代表的新兴产业竞争制高点；同时，将低碳发展与节能减排、清洁生产、循环经济、两型社会建设、生态文明建设、可持续发展等战略部署的要求结合起来，形成中国特色的低碳发展道路，有利于更加明确目标，更加集中体现科学发展观的要求。对外，在继续坚持“共同但有区别的责任”原则的基础上，如果我们向国际社会表明低碳发展的姿态，既有利于我们经济社会健康发展，又不会对发展构成太大的刚性约束；同时，还有利于我们应对国际社会的政治外交压力、破解正逐步形成的“低碳”贸易壁垒。

经过近两年的调查研究和分析论证，九三学社中央在 2009 年全国政协十一届二次

会议上提交了《发展低碳经济提升综合国力》的大会发言和《关于发展低碳经济的建议》的提案。

2009 年两会闭幕后不久，全国人大常委会副委员长、九三学社中央主席韩启德率队奔赴广东调研低碳经济发展情况，在广州、珠海、东莞、深圳等地考察了 16 家企事业单位，召开了 10 场专题座谈会，深入探讨如何发展新能源、提高能源效率、推广绿色建筑、推进循环经济以及建设低碳城市低碳社会等课题。

2009 年 6 月，九三学社中央以“发展低碳经济”为主题形成调研报告，报送中共中央、国务院，得到胡锦涛、温家宝同志的高度重视和批示。

2009 年 11 月，九三学社中央和辽宁省人民政府共同举办了“低碳经济与绿色建筑产业发展高峰论坛”。九三学社中央、国务院相关部委、辽宁省人民政府以及有关科研单位和企业的领导、专家学者共 70 余人探讨了我国发展低碳经济和绿色建筑的现状与发展趋势，分析了当前存在的困难问题，并对发展低碳经济和绿色建筑提出建议。随后，双方把沈阳、大连确定为低碳发展实验区，并把建筑节能和绿色建筑作为试点的突破口。

九三学社中央在调研报告中就低碳经济发展方面提出以下六点建议：

第一，将中国特色低碳发展道路确定为经济社会发展的重大战略。一是组织有关方面力量，以科学发展观为指导，认真研究低碳发展与节能减排、清洁生产、循环经济、两型社会建设、生态文明建设、可持续发展等战略部署的关系，明确中国特色低碳发展道路的核心要求、实现方式和战略目标。二是将低碳经济作为新的经济增长点，将中国特色低碳发展道路作为应对气候变化、推动经济发展的重大战略，列入“十二五”规划，重新调整经济结构、规划产业发展布局、转变发展方式、优化能源结构、提高能源利用效率。

第二，尽快启动低碳发展的相关基础性工作，做到心中有数。一是把低碳发展与节能减排等有关战略部署结合起来，尽快将温室气体排放纳入监测指标。二是迅速普及碳排放测算技术，着手摸清区域、行业的排放水平，建立和完善全国性的温室气体排放普查、统计、监测管理体系，做到心中有数，为逐步将其作为控制指标奠定基础。三是根据国情和发展预期，结合哥本哈根会谈的可能结果，进行多情景的分析，重新审视或调整我们经济社会发展规划的一些约束性指标，如节能减排目标等，或调整表述方式，如采用单位 GDP 碳排放约束性指标等。四是尽快开展地方碳排放指标核定工作，逐步构建碳排放交易机制，择机开展碳排放交易试点和碳排放问责制。

第三，实施若干低碳发展的重大行动计划。一是重点实施能源结构调整、绿色能源开发利用、绿色建筑、公共交通、农村沼气化和陆地生态碳循环等重大行动计划。二是强化区域限批等行政手段，坚决遏制高能耗、高排放项目上马，避免高碳排放锁定。三是政府采购带头向低碳排放产品倾斜，限制高碳排放产品进入政府采购目录。四是在东、中、西部经济发展水平不同的地区，建立若干低碳发展试验区，探索低碳发展经验。五是开展将外汇储备转化为低碳技术、装备、人才投入的战略可行性研究，并择机实施。

第四，大力增强低碳发展的科技支撑能力。一是从众多的低碳技术中，选择符合国情和发展需求的关键、共性技术，尽快制定低碳技术重点发展战略规划，列入“十二五”科技发展计划及相关产业技术创新计划。二是巨额投入比较效益高、占据技术制高点的前沿低碳技术研发。三是重点加强农业、水资源、能源等领域适应气候变化和应对极端天气事件的科技支撑能力。四是出台企业低碳技术研发与推广的投入抵税等激励政策，鼓励低碳技术创新与产业化应用。五是针对一些量大面广的碳减排技术，加快相关方法学研究，以争取更多的国际碳交易的技术、资金和能力建设合作。

第五，创新低碳发展机制。一是权衡经济发展利弊，尽快调整能源价格形成机制，逐步达到利用价格杠杆来刺激经济活动转向提高能效、发展清洁能源的低碳发展道路。二是尽快整合完善已出台的能源、产业、金融、财政、税收及贸易等法律法规，制定清晰稳定的激励和约束政策，形成低碳发展的长效机制。三是重点修改完善能源法、节约能源法和循环经济法等法律，为低碳经济立法做准备。四是逐步建立行业、重要产品、服务的碳排放限额标准，配套出台相关约束与激励措施，强化企业的社会责任感。五是采取垃圾按量收费，住房按人均面积、汽车按排量大小累进征税等措施，引导公众消费方式转变。

第六，健全低碳发展体制。一是将国家能源局升格成立能源部，整合相关工作，形成合力，统筹协调能源及低碳发展相关事务。二是积极推动全社会参与，利用各种途径和方式，宣传普及低碳发展知识。三是创新宣传方式，通过政策法规制定的公众参与，让公众全面了解低碳发展的概念、内容及责任，增加全社会对低碳发展的认同和自觉行为。

二、聚焦重庆、成都统筹城乡发展

统筹城乡发展，是中共十六大着眼全面建设小康社会、开创中国特色社会主义事业新局面提出的一项战略任务。十六届五中全会，提出了建设社会主义新农村这一我国现代化进程中的重大历史任务。中共十七大，进一步提出要加强农业基础地位，走中国特色农业现代化道路，建立以工促农、以城带乡的长效机制，形成城乡经济社会发展一体化新格局。2008 年年底召开的中共十七届三中全会，明确指出城乡二元结构是阻碍农村发展的基本矛盾，强调新形势下推进农村改革发展，要加快形成城乡经济社会发展一体化新格局作为根本要求，进而提出到 2020 年“城乡经济社会发展一体化体制机制基本建立”的奋斗目标。这标志着我国总体上已经进入了以工促农、以城带乡的发展阶段，进入了加快改造传统农业、走中国特色农业现代化道路的关键时期，进入了着力破除城乡二元结构、形成城乡经济社会发展一体化新格局的重要时期。

2009 年 4 月 22 日—29 日，全国政协副主席、九三学社中央副主席王志珍率九三学社中央调研组赴重庆、成都就统筹城乡发展进行了考察调研。考察期间，调研组听取了重庆市政府和成都市政府关于统筹城乡发展的情况介绍，考察了一些具有代表性的项目，亲身感受到两地统筹城乡协调发展方面所做的努力。

调研组在调研中了解到，成渝两地按照中共中央、国务院的部署，勇于探索、积极创新，在推进统筹城乡发展中积累了很多经验，取得了很大成绩：一是统筹规划城乡经济社会发展和建设布局；二是推进农村土地的市场化和土地流转；三是促进农村劳动力转移；四是推进新农村建设和城乡公共服务均等化；五是转变政府职能，构建城乡一体的管理体制。

2009 年 5 月 6 日—8 日，九三学社在福州市召开十二届七次常委会，会议期间，把“统筹城乡发展与三农问题”作为重要主题进行了研讨。其后，在调研和研讨的基础上，九三学社中央形成了《重庆、成都统筹城乡发展的调研报告》报送国务院。温家宝总理认为报告反映了一些新情况，批示有关部门认真研究。

九三学社中央《重庆、成都统筹城乡发展的调研报告》提出如下建议：

第一，全面提升对统筹城乡发展的战略认识。打破城乡分割的二元体制，实现城乡统筹发展，是一项关系我国社会主义现代化事业全局的战略性任务，是推动我国经济社会可持续发展的关键所在，也是继农村联产承包责任制和国有企业改革之后，我国又一次最为深刻的制度性变革。统筹城乡经济社会发展的主要任务，是建立城乡经济社会发展一体化的体制机制；其基本内涵，是在城乡规划、产业布局、基础设施建设、公共服务一体化等方面取得突破，促进公共资源在城乡之间的均衡配置以及生产要素在城乡之间的自由流动，推动城乡经济社会发展的融合；其实质，是坚持以人为本，大幅度提高农民收入，逐步缩小城乡差距，让广大农民共享改革和发展的成果，实现全体人民的共同富裕；其根本途径，是将大量农村富余劳动力转移出来，并在此基础上促进农村土地的适度集中和规模经营，从而提高农业劳动生产率和农民收入。要实现这一目标，必然涉及一系列更大范围、更深层次的制度改革，包括财政税收体制改革、政府管理体系改革等等，是一项巨大而艰巨的系统工程。从农村来讲，不仅要通过改革完善现行农村土地制度，建立健全有利于土地流转的产权制度，而且要建立健全农村市场体系特别是金融服务体系；不仅要建立健全农业发展支持体系和农村公共服务体系，而且要完善乡村治理结构、发展农村基层民主。从城镇来讲，不仅要制定和实施科学的发展规划、产业布局和经济发展政策，通过发展和壮大县域经济，加快城镇化进程，吸纳大量农村富余劳动力，而且要在就业服务、社会保障、教育和住房等各个方面作出制度安排，使进城农民在各个方面逐步享有与城市居民同等的权利，促进他们向城镇稳定转移。

第二，土地流转应坚持以保护耕地为核心。在探索土地流转的过程中，保护耕地是必须坚持的最基本原则。从全国范围来看，如何确保开发整理的耕地质量将是一个非常突出的问题。成都、重庆这两个试验区，应借助中央批准的先行先试优势，在确保耕地质量方面进行探索，为全国的统筹城乡综合改革提供经验。一是以提高农业生产综合能力为指标确保耕地的数量和质量。二是科学测算耕地综合生产能力。三是加强耕地质量监管和检查。四是重视土地流转的“非粮化”倾向。

第三，土地流转应以切实保障农民权益为根本。纵观 30 年的农村改革发展，可以看到，什么时候农民的权益保障得好，什么时候农民的积极性就高、农村的发展形势就好。做好土地流转工作，是一件促发展、安民心的大事，必须始终把实现好、维护好、发展好广大农民的根本利益作为这项工作的出发点和落足点。一是加强制度建设，完善市场机制。二是扩大土地流转市场，为农民争取更多的利益。三是将农村土地流转的级差收益，尽可能多地反馈农村。四是大力发展农村专业合作社和农业社会化服务组织。

第四，土地流转应有利于调整产业布局，以保障经济社会可持续发展为目标。在农村土地流转中，我们不仅要维护农民的眼前利益，更要保障农民的长远生计，保障经济社会可持续发展。产业布局应体现城乡经济社会协调发展的需要，由国家整体发展的要求来决定。在统筹城乡发展的过程中，应该从国家层面、从区域层面、从城乡一体化层面，调整产业布局，使城乡协调发展；应该加强城镇体系规划和土地利用规划，把城市和农村作为一个整体来规划；应该加强农村公共服务和基础设施建设，逐步改变“发达地区不逊于欧洲，但不发达地区就像非洲”的区域差距和城乡差距的现状；应该提前重视土地流转集中经营后，村镇农业产业化发展面临的市场风险，在深化农村改革、尊重市场规律的基础上建立相关机制以分散经营风险，等等。

第五，完善乡村治理结构。在乡村治理结构方面存在的主要问题是如何深化乡村中政治、经济、社会合为一体的体制改革。当前，乡村集体经济组织结构考虑了生产要素股份因素，但主要还是依附和从属于行政管理体系，村干部往往同时是集体企业的领导者和管理者。由于这种结构，在一些地方出现了影响农村基层民主发展，侵害农民利益、滋生腐败的现象。这种治理结构在中国特色市场经济体制建设的初期是无可厚非的，但随着社会主义民主政治的不断发展，农村基层民主不断完善，应逐步注重乡村治理结构的建设和改革。在深化农村土地改革过程中，要逐步改造传统的政企合一的农村集体企业，将其资产量化为村民的股份，构建和谐的利益分配机制和民主管理制度。

第六，以加强机制体制创新推动改革前进，以拓宽政策空间促进探索实践。从地方层面来看，改革农村土地制度问题既十分敏感又非常关键，深化改革、完善制度仍然面临着重重阻碍。要想在当前的困境中打破僵局，开辟新的道路，只有大力解放思想，加强机制体制上的创新。重庆、成都两个试验区都已做了一些积极的探索与尝试。在深化农村改革，针对农村土地制度不断探索、不断创新的同时，下一步，是不是应立足于城乡一体化的角度，考虑如何利用好土地所创造的价值，以机制创新保障加大对农村的投入和城乡公共服务均等化等问题。通过考察，调研组也感到，较少的行政层级，“简政放权”，有利于工作向农村延伸，重心向基层下移，在这方面应该更多的闯、更多的试。从中央层面来看，应该给予试点地区更大的政策空间。应该给试验区更大的空间，让他们去探索，去发现。当然，更要加强研究，把改革试错的成本最小化。因此，为了全国的深化农村改革与发展的大局，应给予试点地区更大的政策空间。在坚持大方向的基础上，应允许先行先试，大胆探索。通过实践和探索，成功的推而广之，不成功的改正。

三、为改变大学行政化趋向、推动高等教育健康发展建言献策

全国政协十一届二次会议期间，九三学社中央就《改变行政化趋向　推动高等教育健康发展》作大会发言，获得广泛好评，引起了社会高度关注。

近年来，九三学社中央一直十分关注我国高校泛行政化的现象。通过认真调研，九三学社中央发现，由于多方面的原因，90 年代以来政府对大学的行政干预日趋严重，大学行政化趋势日益明显，主要表现在以下两个方面：

一是政府对大学的行政管理日益强化，大学越来越像行政单位而非独立的教学科研机构。高校办学自主权不断受到挤压。不仅《高教法》规定的自主权多未落实，而且政府部门通过招生计划、专项教学科研项目及学科建设平台经费、学位点、工程立项审批，以及评估、评奖等手段，不断强化对大学的行政干预，政府行政力量日益渗透到大学管理的各个方面，加大了政府对大学的控制和大学对政府的依赖。大学行政级别日益强化。按照改革要求，本应逐渐淡化大学的行政级别。但实际情况却正好相反。原来本科院校的党委书记和校长是正局（厅）级，近年来，位列“985 高校”的 31 所大学先后成为“副部级大学”，其党委书记和校长成为副部长级干部。无论这一做法的出发点为何，客观上都强化了高校的官本位意识，严重制约了大学的改革和发展。大学主要领导来源行政化。公立大学的主要领导应由政府任免，但大学校长应从学术界产生，以保障大学的学术地位。近年来，随着大学行政级别的强化，国家部委司局级干部“空降”升任部属重点大学党政一把手，以及省市甚至县级行政官员提拔担任高校领导现象明显增多，使大学行政化格局更为严重。

二是大学内部高度行政化，行政权力凌驾于学术权力之上。行政机构成为学校主导部门。大学内部资源由行政权力而非学术能力决定配置，行政部门决定重要事务。同时行政权力与学术权力互相转化，缺乏有效规范。学术委员会权力被虚化。《高教法》规定的大学学术委员会的审议学科、专业的设置等有关学术事项职能，实际上很少有学校真正落实。学术委员会的这些权力通常被分解到教务、科研等部门，其权力被虚化。教代会权力被弱化。在一些学校，教代会和学术委员会一样，徒具形式，教职工仅仅是被管理者和雇员，主体地位无从谈起。一些高校负债几亿到二三十亿，教职员工却不知道，最基本的知情权尚得不到保障，更遑论参与管理和监督。

九三学社中央认为，我国大学行政化程度越来越深，事实上否定了教师和学术在大学中的主体地位，使真正追求教育工作和学术创新的人才在大学中不断边缘化。类似深圳一个处长职位竟有 40 个教授来竞争的报道，充分说明当前学术与官位“追求倒挂”的现象已经到了很严重的程度。尽管 20 多年来，高等教育的发展与改革取得很大成就，但在计划经济体制下形成的大学行政化这个问题上，不但没有被改变和削弱，反而更加强化。改变高校的行政化趋向是高等教育改革的当务之急。

为解决上述问题，九三学社中央提出如下对策与建议：

第一，尽快落实《高教法》切实保障大学自主权。1999 年起实施的《高教法》是目前指导、规范高等教育的主要法律。但该法存在着有关法条比较粗，缺乏实践操作性的缺陷。因此应及时修订《高教法》有关内容，并制定配套的相关条例或实施细则，切实保障大学自主权的落实。

第二，淡化行政权力对高等学校的约束和干预。要改变政府对学校统的过多、过死的弊端，使高校依照国家法律成为相对独立的办学实体。一方面，要明确和规范政府高等教育管理的职能是重在政策引导、经费保障、提供服务、管理监督。另一方面，要切实扩大高校自主权，减少项目审批式的资源分配方式，增加按照学校规模和性质确定的财政拨款基数，为高校自主办学创造条件。

第三，明确取消高等学校的行政级别，改变大学校长的产生方式。大学的行政级别是政府行政化管理高校的重要标志，要取消大学的行政级别使其回归本位。可借鉴欧美国大学做法，成立由政府代表、教职工代表、校友代表、学生代表、社区代表组成专门的校长遴选委员会，通过严格的程序遴选大学的校长人选。

第四，制定相关条例，强化高校学术委员会、教代会的权力。制定《高等院校学术委员会条例》，明确学术委员会职责和议事规则，完善学术委员会在学校重大事务决策中的辅助决策机制。制定《高等院校教职工代表大会条例》，强化教代会的权力。

第五，制定《高等院校信息公开条例》，加大信息公开力度。高校应及时将学校基本工作情况和有关信息公布，接受师生员工和社会监督，防止出现教育腐败现象，促进高校民主管理。

四、积极推动政府加快海西经济区建设

近年来，九三学社中央牢牢把握两岸关系和平发展的主题，努力发挥优势，积极参政议政，为推动两岸和平发展，深化交流合作，做出了不懈努力。2008 年 3 月份以来，台湾局势发生了重大的积极变化，两岸关系出现了历史性转机，步入和平发展的崭新轨道。九三学社中央敏锐地意识到，应当牢牢抓住这一契机，将其作为参政议政的一项重要任务抓出成效。

其后，九三学社中央召开主席会议进行专题研究，决定将促进海峡西岸经济区建设作为九三学社中央 2008 年参政议政重点课题，并做出了具体部署。

2008 年 5 月，九三学社中央常务副主席陈抗甫率领由国家发改委、教育部、科技部、国台办和九三学社中央有关负责人组成的调研组就促进海峡西岸经济区建设赴闽展开专题调研。调研组先后考察了福州市平潭岛金井深水码头、澳前镇台轮停泊点、将军台和厦门市多威电子有限公司、华联电子有限公司、双十中学等地。

九三学社中央在调研中了解到，福建作为海峡西岸的主体，长期处于对台工作的前沿。近年来，福建依托自身“地缘相近，血缘相亲，文缘相承，商缘相连，法缘相循”的独特优势，不断扩大闽台间经贸、科技和教育等方面的交流合作。目前，福建已累计利用台资达 140 亿美元，占全国的 1/4 强；2000 年以来，闽台互访教育界人士近万人次，举办两岸各类学术研讨会 80 多场次，交流交往日益频繁。福建积极推进海峡西岸经济区建设，为推动两岸经贸及科教文化交流合作作出了重要贡献，其平台作用逐渐凸显。但同时也发现，海峡西岸经济区仍存在着发展基础薄弱，地方财力有限，区域发展不平衡等亟待解决的问题，束缚了其两岸交流平台作用的进一步发挥。

在此次调研的基础上，九三学社中央形成了《加快海西经济区建设，促进两岸交流合作》的建议，报送中共中央和国务院，受到中央领导高度重视。

2009 年全国两会前，根据两岸形势的发展变化，九三学社中央又对建议材料做了进一步修改，作为九三学社中央提案提交政协大会。2009 年 4 月 29 日，全国政协就九

三学社中央提出的《加快海西经济区建设，促进两岸交流合作》提案召开办理协商会。

针对海峡西岸经济区存在的发展基础薄弱、投入不足、区域发展不平衡等问题，九三学社中央提出以下四点建议：

第一，建立对台经贸实验区，对两岸经贸合作实行特殊政策。在福建建立对台经贸实验区，有利于融合两岸经济，形成你中有我、我中有你的局面，加速两岸经济一体化进程；有利于提高岛内经济对大陆市场的依存度，增强岛内民众对祖国大陆的认同感。建议在对台经贸实验区实行特殊政策。如在台湾对大陆商品解除进口限制后，考虑对台部分商品实行进出口零关税政策；货物自由进出；两岸贸易交易以人民币结算；建立综合保税港区，与台湾自由港区对接；结合港口建设，引进台湾高新技术、低污染企业入区，建立临港工业集聚区；设立两岸商品展示交易中心；简化台资项目、投资主体资格证明的公证和认证；充分发挥旅游资源丰富的优势，结合对台经贸实验区的规划，加快相关休闲度假配套设施建设，鼓励旅游服务业发展；引入台湾优质职业教育资源及教育模式，结合海西重点产业项目建设，针对实验区乃至海西发展所需的职业技术人才进行订单式培养。

第二，创建海西新竹科学工业园。被誉为“台湾硅谷”的新竹科学工业园是世界科技园区建设的成功范例之一。一方面，由于台湾近年来经济形势、投资环境、土地、人力资源等制约，其在岛内发展空间已十分有限；另一方面，大陆经济发展强劲、投资环境优越、土地及人力资源丰富，但科技园区建设普遍存在管理模式、资源利用、产学研结合等方面的不足。两岸在此方面存在很强的互补性。此外，国际金融危机冲击给两岸高新技术产业带来的严峻挑战，更增加了两岸深度合作的必要性。建议在福建创建海西新竹科学工业园。一方面，福建有着良好的科技服务软环境，已经积累了不少科技平台的建设经验，且具有高新技术产业众多、高校特色学科实力突出、人才资源丰富的优势。另一方面，福建对台区位优势明显，在多项科技领域与台合作密切，且对周边省份有着较强的辐射作用。我们认为，海西新竹科学工业园依托海峡西岸土地、人力资源和政策优惠等优势，引入台湾新竹科学工业园的发展模式与管理机制，吸引海峡两岸高校、研发机构和企业入驻，在增强产业技术标准合作、加快科研成果产业化、带动高新技术产业发展的同时，也将会对大陆以企业为主体、市场为导向、产学研结合的技术创新体系建设产生积极的影响和作用；同时，通过不断深化的合作，增进两岸知识界、科技界的相互了解和认同。

第三，成立两岸交流基金。当前，尽管“大三通”的启动很大程度降低了两岸交流的成本，但资金匮乏仍是加强两岸交流合作的重要阻碍之一。全国各地特别是海峡西岸，对台交流的经费有限且分散，致使不少交流活动难以持续开展，在文化、教育交流领域表现尤为突出。如近年来开展过多项两岸教育交流活动的厦门双十中学，现已面临交流经费短缺的问题，使得一些两岸青少年交流项目难以持续开展，交流的内容和规模也受到制约。同时，由于缺乏专项资金支持，不少大型交流活动只能耽于构想，难以策划实施，严重制约了两岸交流合作的深度和广度。前不久，总书记在纪念《告台湾同胞书》发表30周年座谈会重要讲话中指出，两岸要继续推进经济合作，要共同弘扬中华文化，要积极加强人员往来。这些重大工作的落实必然需要大量的资金投入；而构建对台经贸实验区、创建海西新竹科学工业园等措施，更不能缺少专项资金的大力扶持。以目前有限而分散的交流经费及其管理方式，显然难以支撑。建议中央财政出资并引导、整合社会资金成立两岸交流基金，以鼓励和支持两岸开展多领域、多形式、多层次的交流合作，解决两岸交流活动经费不足问题，依此培育更多的交流主体、交流平台，促进两岸大交流、大合作、大发展局面的形成。

第四，加强海峡西岸基础设施建设。长期以来，海峡西岸作为对台海防前线，中央对其投入很少，经济基础比较薄弱。改革开放前28年中央在福建的投入只有10亿元，占全国总投入不到2%。改革开放以来，国家将福建作为沿海发达省份安排国债资金、中央预算内投资、中央专项资金，但其享受项目补助的标准较低，加上福建地形地质复杂，交通项目建设成本高，地方筹资压力大，致使福建在道路交通等基础设施方面投入十分有限。同时，福建90%的县市是革命老区，不少地区经济落后，道路交通、医疗卫生等基础设施较差，加快这些地区发展的任务十分艰巨。近年来，随着海西经济区在两岸经济、科技、教育、文化交流合作中的平台作用逐渐显现，许多中西部省份也开始借助该平台，积极拓展对台交流合作。一方面，这对福建的基础设施建设提出了更高的要求，目前福建道路交通等基础设施的现状很难适应这种要求。另一方面，仅依靠航空和水路两种交通方式已远远不能满足对台交流合作的需要。作为京台高速重要部分的台海通道建设正式列入国家交通规划之中已有4年，而两岸学术界针对此问题已共同论证了10年，认为技术层面已不存在较大难题。当前，两岸关系积极稳步发展正是开展前期工作千载难逢的机遇。建议国家在保增长扩内需调结构的政策措施中加大对海峡西岸经济区道路交通等基础设施建设的投入力度，加大对革命老区发展建设的扶持，提高福建省内和与周边省份省际间的物流运输能力，推动连接台海两岸海底通道项目尽快实施，为对台交流合作向大陆腹地延伸打造坚实的基础。

2009年5月，国务院总理温家宝主持召开国务院常务会议，讨论并原则通过了《关于支持福建省加快建设海峡西岸经济区的若干意见》。作为长时期关注海峡西岸经济社会发展的九三学社，从上到下无不深受鼓舞。同月，九三学社十二届七次常委会在福州召开，对海峡西岸经济区建设问题进行了进一步研究。九三学社中央主席韩启德在会上表示，建设并利用好海峡西岸经济区这个平台，加强两岸经济、科技与教育交流，在推动海西经济又快又好发展的同时，推进两岸关系朝着更好的方向发展，已成为一项国家层面的重大课题。九三学社中央将继续密切关注国务院《关于支持福建省加快建设海峡西岸经济区的若干意见》实施过程中遇到的新情况新问题，紧密跟踪这个课题，加强与福建省的联系，更好地为海西经济区的建设献计出力。

五、关注南水北调中线工程水源保护

南水北调是为缓解中国北方地区严重缺水问题而实施的一项具有重大战略意义的特大型工程，同时也是一项极具挑战性的基础设施工程。其工程进展与环境生态情况，无时无刻不牵动着国人的心，同时也引起了九三学社中央的高度关注。

2009年3月，全国人大常委会副委员长、九三学社中央主席韩启德率领由九三学社中央和国务院八部委组成的调研组，翻崇山、越溪流，进农村、入工矿，深入河南省南阳市、湖北省十堰市、陕西省商洛市等南水北调中线工程水源地 9 个县（区），实地查看水源保护项目进展情况，详细了解水源保护工作中的困难和问题。

通过调研，九三学社中央了解到，在中共中央、国务院的高度重视下，有关各方以“一库清水北送”的神圣使命为己任，采取有力措施开展污染防治和水源保护，使水源区水质得到较大改善。同时，九三学社中央也注意到中线水源保护面临着一些困难和问题：

一是水源区经济发展与水源保护矛盾突出。2007 年，水源区总人口 1461 万，人均生产总值 7749 元，区内 40 个县中有 29 个国家级贫困县、5 个省级贫困县，是贫困人口最为集中的区域之一，发展经济的愿望十分迫切。而作为水源区，水质标准要求高、考核指标多，必须限制低水平开发，发展与保护的矛盾十分突出。二是水质安全的潜在威胁依然存在。近年来，有关部门和水源区各级政府加大治理力度，关停污染严重的小企业近千家，使一度呈恶化趋势的汉、丹江支流水质得到初步改善。但库区水体总磷总氮和汉、丹江干流城市断面水质仍然超标，神定河等几条入库支流污染还很严重。与此同时，水源区加快发展愿望强烈，生产、生活、农业面源污染排放总量面临继续加大的压力，汉、丹江水质安全的潜在威胁依然存在。三是防治与保持规划实施进展缓慢。《丹江口库区及上游水污染防治和水土保持规划》应在 5 年内完成，但实施 3 年来，规划近期实施项目的已建在建率仅为 33%，中央补助资金仅安排了 38%。其中，原计划 2006 年底全部完工的 53 个工业点源治理项目，除 7 个正在实施外，其余项目均未开工。在 2008 年 12 月召开的丹江口库区及上游第二次部际联席会议上，确定要加大规划实施力度，将一批远期项目中与保证水质密切相关的、且前期工作成熟的污染防治项目提前到近期实施，但目前投资尚亟待落实、任务十分艰巨。同时，尽管已投入使用的污染治理公共设施不多，但运营费用的制约已开始显现。四是水质监测设施建设滞后。水源区流域面积在 1000 平方公里以上的河流 21 条，规划建立水质监测站点 65 个，目前有关部门和地方仅设有监测站点 35 个，很难满足水源保护的需要。

九三学社中央认为，时至今日，水源保护、污染治理的任务仍很艰巨，如不采取有力措施，极有可能影响 2014 年调水目标的实现。为进一步做好中线水源保护工作，九三学社中央提出以下几点建议：

第一，提升水源区的战略地位。中线水源区，既是国家战略资源的承载地，也是生态敏感区；既是革命老区，也是贫困集中区；既肩负着水源保护的战略任务，也承担着脱贫致富、发展稳定的政治责任。为此建议，一是在当前扩大投资、加大生态环境保护的背景下，加快实施《丹江口库区及上游水污染防治和水土保持规划》确定的近期和远期项目。加快编制出台《丹江口库区及上游经济社会发展规划》，以明确水源区经济社会发展思路、目标、重点任务和政策措施。二是将两个规划项目纳入 4 万亿投资范围，并加大支持力度。三是统筹布局中线工程沿线利益相关省市的产业和城镇发展。受水区对水源区的帮扶，不仅要体现在资金的支持上，而且要落实到产业的相互接续、劳动力与智力的相互支持上。四是将中线水源区的保护与发展纳入国家国土主体功能分区规划。

第二，建立国家生态保护综合改革试验区。今后一段时期，区域经济统筹发展、资源价格形成机制、生态补偿机制、财政转移支付制度等将成为国家深化改革的重要方面。鄂豫陕三省中线水源区具有跨行政区划、资源禀赋突出、生态系统敏感、扶贫任务艰巨的代表性，为此建议将其作为国家生态保护综合改革试验区。一是探索试验区管理体制。从调水工程的长期运营来看，宜建立将经济社会、资源环境、生态保护、产业布局以及政府与公众参与综合起来的管理体制。建议借鉴发达国家“水区”协调管理模式，探索建立符合我国国情的“试验区”管理体制。二是探索试验区运行机制。重点研究跨区域水源保护政策、水价调节机制、水资源管控合作机制、产业和基础设施联合布局机制，生态补偿协调机制以及应急综合管理机制等等，并先行先试。三是探索“水银行”市场机制，为我国资源管理深化改革积累经验。四是探索水源区污染治理公共设施长期稳定运行的保障制度。五是加大对试验区的财政支持。在已实行的生态保护财政转移支付基础上，加大公共财政对水源区的支持力度。建立中央财政支持的试验区水源保护专项资金、产业发展基金和生态保护基金。

第三，以科技进步提升水源保护能力。建议将中线工程水源保护纳入“水体污染控制与治理”科技重大专项或专门的国家重大科技支撑计划，重点攻克一批水源区迫切需要解决的水污染防治关键技术。一是在流域范围内，综合考虑库区水质要求、河流自净能力、点源及面源污染权重等因素，以投资的经济社会效益最大化为目标，制订科学合理的、因地制宜的、分门别类的污染控制和水源保护标准。加强点源污染治理，但控制标准要科学合理，避免投资效益低下；高度重视面源污染，采取切实可行措施，确保库区水质达标。二是针对水源区一些企业生产工艺流程进步很快，而污染治理工艺不能及时调整的状况，加强对企业的污染治理技术支持和指导，使污染治理设施发挥最大效益。三是针对水源区农业经济作物种植面积快速增加，化肥、农药使用量大幅增长的趋势，加强农业科技的帮扶，发展生态农业，减少量大面广的农业面源污染。四是在库区周边，结合退耕还林和生态保护，建立自然与人工相结合的生态防护林带，切实降低面源污染。五是对适合水源区大规模种植的黄姜、龙须草、茶叶、核桃、中草药等经济作物，由国家组织科技力量对其种植、生产加工过程中的污染治理进行科技攻关，以推进水源区的经济发展、脱贫致富、污染治理协调发展。

第四，加强水质监测及应急处理能力建设。一是加强水源区水质预警、预测及应急监测体系建设，为水源保护和监督管理提供及时、准确的科学决策依据。二是在协调整合中线水源区现有水质监测站点的基础上，以控制单元和断面为基础，建设全面的、系统的动态监测体系。三是在汉、丹江干流省界、市界以及重要支流市界、县界设置监测站，及时监测水质变化，以落实目标责任。四是加强市县基层应急监测及处置能力建设，以提高突发性污染事件的应急处理能力。

在深入调研的基础上，九三学社中央形成了《关于南水北调中线工程水源保护的建议》报送中共中央和国务院，受到中共中央和国务院领导同志的高度重视，胡锦涛、温家宝、李克强、回良玉先后做出批示，请有关部门认真研究。

乔发进　九三学社中央研究室干部

台湾民主自治同盟参政议政案例

一、建言中部地区对台交流合作，推动两岸经济深度融合

中部大省湖北，作为辛亥革命的首义之地，与台湾各界有着深厚的历史渊源。随着当前两岸关系的持续改善和发展，鄂台之间经贸交流愈发热络、人员往来日益频繁。湖北省在加强鄂台产业交流与合作，促进两岸关系和平发展方面开展了大量的工作，也取得了显著的成效。

为了解以湖北省为代表的中部地区台资企业发展及两岸产业合作情况，2009 年 4 月 20 日—24 日，林文漪主席率台盟中央考察团赴湖北省进行了考察活动。中共中央统战部、国务院台办、财政部、农业部等部门的负责同志以及来自清华大学台湾研究所的专家应邀参加了考察。通过深入实地调研，考察团了解到，湖北省的对台经贸往来、产业合作最早始于 1988 年，20 多年的发展经历了曲折波动的过程。2001 年以来，两岸经贸交流稳步快速发展，鄂台产业合作进一步深化。截至 2008 年底，全省共注册台资企业 2020 家，投资总额达 50.89 亿美元，合同利用台资 41.25 亿美元，实际到位台资 31.78 亿美元，位列全国各省市的前十名。在鄂台资企业已由传统的劳动密集型产业为主逐步转向高科技企业、现代制造企业、现代物流企业和农业产业化企业，且呈现出规模不断扩大、领域不断拓展、层次不断提升、管理不断规范的良好势头。随着在鄂台资企业的不断发展，其在促进湖北经济、社会发展中的作用也日益显著。一批台资项目和高新技术企业已成为带动当地经济发展的龙头企业，对地方经济的贡献逐年增大，推动了当地的产业结构调整和发展方式转变。

4 月 24 日上午，湖北省委、省政府、省政协与台盟中央考察团就调研情况进行了座谈。座谈会由湖北省副省长田承忠主持，湖北省政协副主席李宗柏，湖北省政协副主席、台盟湖北省委主委吴秀凤，湖北省政协常委、副秘书长、台盟湖北省委副主委兼秘书长张天弓以及湖北省委统战部、省台办、省农业厅、省财政厅等有关部门的负责人参加了座谈。座谈会上，台盟中央考察团的有关专家分别就推动台湾农民创业园发展，深化两岸农业、科技、物流等产业合作，实现中部地区跨越式发展提出了意见、建议。随后，林文漪主席代表考察团作了关于湖北台资企业调研情况的反馈意见讲话。

通过在湖北的深入调研，台盟中央整理形成了《关于加强中西部地区对台交流与

合作的几点建议》以及相关研究报告，报送中共中央。报告总结了湖北省促进对台产业交流合作的几点经验：

一是把握机遇，充分发挥自身优势。湖北素有“九省通衢”之称，区位交通优势、科教优势、资源优势、劳动力优势、产业基础优势都十分明显，对承接台资转移特别是台资制造业转移具有很强的吸引力。近年来，随着国家西部大开发和中部崛起战略的相继实施，台商投资开始出现沿长江西进，向中西部地区扩张的态势，中部地区逐步成为台商投资的新热点。中共湖北省委、湖北省政府结合湖北实际，提出构建中部崛起“重要战略支点”的“两圈一带”（“武汉城市圈”、“鄂西生态文化旅游圈”和“长江经济带”）发展战略。根据“两圈一带”发展战略，在对台经济工作中提出，要抢抓机遇，乘势而上，将湖北打造成继珠三角、海峡西岸、长三角、环渤海湾之后台资聚集的第五极，提升湖北对外开放水平，开创鄂台交流的新局面。面对这样的形势、任务和目标，湖北省结合区位、人才、资源等多方面的优势，科学布局、合理规划，积极推动鄂台产业对接。比如，黄陂台湾农民创业园设立一年多来，发挥了很好的宣传和示范作用，吸引了台湾农业技术和人才进入园区，达到了国家设立台湾农民创业园的初衷，加速了两岸农业技术的交流与融合。东湖高新区利用区位和人才优势，吸引了中芯国际、富士康、冠捷科技等一批台湾知名资讯电子企业来汉投资落户。而吴家山台商投资区则充分利用农业资源和产业基础优势，大力发展食品产业，形成了台湾统一食品等百余家知名企业为龙头的食品加工企业群。通过发挥好自己的优势，湖北省有效地提升了在鄂台资企业的发展水平，推动了鄂台交流合作的不断深化。

二是积极创新，不断拓展两岸合作的新渠道、新领域。湖北省高度重视台资企业在促进区域经济社会发展中的作用。围绕两岸和平发展、合作发展、共同发展的主题，全省各级台办等有关部门采取有力措施，努力推进鄂台经济、文化交流合作与人员往来。近年来，湖北省精心组织并成功举办了“海峡两岸光电子信息产业研讨会”、“湖北武汉台湾周”、“海峡两岸企业发展与合作论坛”、“海峡两岸农业合作成果展览”等系列活动，积极为两岸产业合作搭建平台，取得了丰硕的成果。2008 年第五届台湾周期间吸引台商投资达 96. 18 亿元人民币。同时，湖北省还积极组织经贸文化等团组赴台交流，开展宣传，仅 2008 年全省赴台进行经贸交流的团组就达 140 批 787 人次。通过这一系列举措，鄂台之间的交流渠道得到大幅拓宽，交流层次进一步提升，规模和影响进一步扩大，呈现出鄂台经贸文化交流方兴未艾、教育和学术研讨活动持续发展的良好态势。

三是服务为先，注重改善和优化投资环境。湖北省以建设中西部地区环境最好、效率最高、成本最低、回报最快、台资转移最佳承接地为目标，积极探索、认真落实惠及广大台湾同胞的政策措施，制定并于 2008 年 2 月正式施行了《湖北省实施〈台湾同胞投资保护法〉办法》，进一步维护台商的合法权益。同时，湖北省各有关部门还秉承“产业第一、企业至上”的理念，为台商提供“保姆式”服务。对于拟在鄂投资的项目，省市各级台办都认真做好跟踪服务工作，积极为台商解决投资上的问题和困难。各园区也积极配合，注重深化行政审批制度改革，提高服务意识和服务水平。比如，吴家山台商投资区推行“绿色通道”，实行“一条龙、一站式服务”，并且多年来吴家山台商投资区所在的东西湖区一直保持着两项“零”纪录，即区级政府对台资企业的收费项目为零、台资企业对政府和园区的投诉为零。企业落户之后，各地台办还坚持经常性地走访，了解企业经营情况，帮助台商解决实际困难。1996 年，湖北省就成立了台商投诉协调中心，并组织成立了由司法、公安、税务等 16 个单位组成的台商投诉协调小组。2005 年以来，全省受理台商投诉案件共 300 多件，每年结案率均在 90% 以上。这些惠台的政策、细致的工作、优质的服务，大大增强了台商投资落户湖北的信心。

报告就进一步促进中西部地区加强对台产业合作问题，提出了具体政策建议，包括：合理布局，充分发挥各地的资源优势和产业基础，使中西部地区在承接台资转移，加强两岸产业合作的过程中，形成“区位品牌”，重点打造区域特色产业集群；结合中西部地区独特的地理位置、资源条件，积极引导台资企业转变传统的外销代工模式，在投资方向、市场定位等方面更加关注内需市场的要求，更加积极地参与内需市场的开发；通过政策扶持着力构建两岸产业合作的优质平台，如依托台湾农民创业园吸引台湾农业科技、人才，建设国家级台商经济技术开发区以深化两岸产业合作；加大落实力度，切实解决中西部地区台资企业发展的实际问题等。

二、推进“台资西进，IT 先行”，助力西部地区经济快速发展

近年来，随着国家西部大开发战略的实施，台商投资开始出现沿长江西进，向西部地区扩张的态势，西部地区逐步成为台商投资的新热点。2008 年以来，受到国际金融危机的影响，密集于大陆沿海地带的、面向欧美出口加工型的台资企业，更开始加速向广阔的大陆西部分流转移，寻求潜力巨大的内需市场的支持，这其中也包括许多台资 IT 企业。

在这种形势下，借力“台资西进”，激活西部地区高新技术产业尤其是 IT 产业的大发展，就成为西部地区实现跨越式发展的一个新思路。为此，由林文漪主席带队，台盟中央于 4 月 16 日—19 日在重庆市围绕着推进“台资西进，IT 先行”战略开展了专题调研活动。

在重庆调研的过程中，考察团了解到，作为西部地区重要的中心城市和唯一的直辖市，重庆自 1997 年直辖以来，经过十几年的快速发展，如今又站在了新的起点上。2007 年 3 月，以胡锦涛为总书记的中共中央为重庆今后的发展作了“导航定向”：把重庆加快建成西部地区的重要增长极、长江上游地区的经济中心、城乡统筹发展的直辖市，在西部地区率先实现全面建设小康社会，作为中国欠发达地区实践科学发展的一块“试验田”。近年来，台资企业在沿海发展较快，但由于缺乏纵深度，没能充分利用大陆的优势资源进一步加快发展。如果把沿海城市比作弓箭的弦，内陆比作弓背，具有重要区位优势的重庆就是拉满弓后力量最强的那个战略支点。重庆应当成为中西部地区承接台湾地区 IT 产业转移的战略支撑点，也有条件成为继珠三角、长三角、环渤海湾、海峡西岸之后台资企业聚集的“第五极”。可以预见，在台资大举“西进”过程中，重庆率先在西部地区做好承接台湾地区乃至欧美日电子信息产业向该区域内的转

移，其窗口示范作用和对周边地区的辐射作用将不断加强。

考察团认为，当前，重庆开展两岸IT产业合作，面临着台商投资向中西部转移、台湾IT产业急需大陆腹地支持、中央授予重庆部分先行先试权以及对重庆对台工作地位高度重视等难得的机遇，同时，重庆开展两岸IT产业合作还具有独特的优势，包括：得天独厚的区位优势和交通条件、政策洼地优势、产业基础配套优势、组织领导保障优势、城市环境建设优势、基础人才储备优势以及渝台合作平台优势等。但是从目前来看，重庆虽然位居西部，其生产要素成本偏高，与福州、苏州、厦门等发达地区相比并无优势，且本地IT企业自主研发能力较弱，高尖端人才比较匮乏，这些都制约了渝台IT产业合作的开展。

通过在重庆的深入调研，台盟中央整理形成了《关于推进“台资西进，IT先行”战略，促进西部地区经济快速发展的几点建议》以及相关研究报告，报送中共中央。报告认为，推进“台资西进，IT先行”，从两岸关系层面看，进一步加强两岸经贸交流是贯彻落实胡锦涛总书记在纪念“告台湾同胞书”发表30周年座谈会上重要讲话精神、推进两岸和平发展的重大举措；从宏观经济层面看，在我国正处于信息产业大国向信息产业强国转变的战略发展期，加强两岸经贸合作，借助“台资西进”的历史机遇，推动西部地区IT产业的整体发展，是推动国家IT产业发展战略的重要支撑；从区域经济层面看，发挥重庆等西部中心城市在西部地区的引领、带头作用，建设国家级的两岸IT产业合作示范区，是支持西部地区提升经济发展水平、实现区域经济协调发展的重要推手；从西部地区自身发展看，抓住当前台资IT产业大规模“西进”的历史机遇，发挥重庆等西部中心城市的辐射作用，是推动西部地区进一步开发、开放的重要途径。

报告就发挥重庆在两岸IT产业合作发展中的示范带头作用，推动西部地区经济快速发展提出了若干政策建议，如，以重庆为示范区，支持西部地区实施“台资西进，IT先行”的发展战略；健全机制、创新模式，为西部地区吸引台资IT企业营造良好的投资氛围，尽快建立两岸深化IT产业合作交流的高层磋商渠道，推进两岸金融服务和贸易结算的便利化，创新研发投入扶持模式，实施“西三角”战略；在承接台资IT产业转移的过程中，对西部地区给予适当的工作指导与政策支持，在安排海峡两岸IT产业合作项目时，可根据西部地区的发展条件给予适当倾斜，支持重庆等西部城市的公共平台和人才培养建设；在建设“两岸IT产业合作示范市”的探索中，给予重庆适当的政策优惠，等等。

台盟中央的专题报告得到了温家宝、李克强等中央领导同志的重要批示，工业和信息化部还专门召开会议落实中央领导同志的有关批示，并针对台盟调研报告中的建议回复了五个方面的具体意见，提出了促进西部地区IT产业发展的对策建议。

三、助推海峡西岸经济区建设上升为国家战略

海峡西岸经济区建设是台盟长期关注的一项重点调研课题。围绕着推动海西经济区发展，促进两岸经济深度融和，台盟各级组织开展了大量的调查研究，并通过高层协

商、人民政协等平台积极建言献策。相关研究报告得到了温家宝、贾庆林、李克强等中央领导同志的重要批示。

2009 年 5 月 15 日—22 日，台盟中央与 20 多个国家部委、福建省人民政府等单位，以及 28 家台湾民间机构共同主办了首届“海峡论坛”。这是迄今为止规模最大、人数最多、台湾各界参与最广泛的一次两岸民间交流盛会。作为“海峡论坛”的重要活动内容之一，台盟中央与福建省政协、国务院发展研究中心、经济日报社共同主办了“海峡经济区高层研讨会”。林文漪主席在研讨会致词中表示：在当前应对全球金融危机的形势下，构建海峡经济区，将为建立两岸全面经济合作机制进行有益探索，为两岸同胞开展经济大合作充当“先行军”；将为中部崛起、西部开发提供一条便捷的对外开放综合通道，并逐步形成我国东部沿海一线从环渤海湾到珠江三角洲的完整发展布局；将推动台湾海峡地区与亚太地区的经济合作，是在当今经济全球化与地区合作趋势下我国参与全球经济竞争与合作的重要战略举措。据测算，台湾、福建、浙南地区、粤东地区以及腹地江西中东部共同构成的经济板块，面积约 29 万平方公里，人口为 1. 14 亿，人均区域产值为 4900 美元，是全国平均水平的两倍，已经达到世界银行上中等收入经济体的水平。但是发展潜力还很大，与有着 35. 7 万平方公里面积和 8237 万人口的德国相比，经济总量还相差约 4. 5 倍。如果两岸兄弟同心，共谋发展，海峡经济区必将成为我国又一重要的经济繁荣区和新的增长极。

来自海峡两岸的 250 多位领导、专家学者、媒体和企业代表参加了会议。与会专家围绕“着力先行先试，扩大两岸交流，发展海峡经济，共创合作双赢”的主题发表了精彩演讲。研讨会共印发论文 82 篇，其中台湾专家学者论文 12 篇。论坛和研讨会在两岸都引起了强烈反响，得到多家新闻媒体的重点关注和专题报道，凤凰卫视还为此专门邀请台盟中央主席进行了为时 3 个小时的专访，并通过《问答神州》栏目向海内外播出。

2009 年 5 月，《国务院关于支持福建省加快建设海峡西岸经济区的若干意见》（以下简称《意见》）正式发布，建设海峡西岸经济区上升为国家战略。在这个过程中，台盟也发挥了重要的助推作用。

《意见》出台后，为进一步支持海西经济区建设，进而构建“海峡经济区”，台盟中央与福建、浙江、广东等相关地方组织密切配合，重点就建立海西经济区内的区域协作机制，推动海西经济区与东岸台湾的对接、进而构建“海峡经济区”等问题开展了专题调研。

5 月 15 日—16 日，林文漪主席率台盟中央考察团一行前往福建的台资企业天福集团调研，先后考察了天福茶博物院、天福茶职业技术学院和天福窑。考察中，林文漪主席一边听取企业负责人关于企业经营、企业文化建设等情况介绍，一边不时提出问题。她表示，天福集团作为台资企业在漳台交流合作方面作出很大贡献，弘扬了中国茶文化，壮大了中国茶产业，尤其是在兴办学校、培育人才方面所作的努力，对加快海西建设起到了良好的促进作用。

6 月 6 日—7 日，黄志贤副主席率调研组就福建平潭岛的开发情况赴福州市平潭县进行调研。调研期间，黄志贤副主席一行实地察看了平潭海峡大桥建设施工现场、东澳台轮停泊点、长江澳二期风电场项目和火烧港及幸福洋区域的规划开发情况，参观了岛上的利亚造船厂制造基地，并就平潭岛的整体开放开发情况与当地领导干部和相关工作部门的负责同志进行了深入座谈。调研结束后，台盟中央及时将相关情况整理形成了平时提案《关于在福建平潭设立两岸合作海关特殊监管区的建议》提供给有关部门参考。提案就充分发挥平潭的区位优势，加快海峡西岸的经济发展，进一步促进两岸经贸交流与产业合作的问题提出了若干政策建议，包括：在平潭设立两岸合作特殊海关监管区，加快海西地区的经济建设；贯彻落实国务院《意见》精神，对创建平潭两岸合作海关特殊监管区给予政策支持和工作指导；立足两岸合作共建，就创建平潭海关特殊监管区事宜与台湾岛内人士进行多渠道协商等。

台盟中央还与台盟福建省委、福建行政学院、福建省委政研室等单位合作，围绕创建海西区两岸经济合作试点链的问题开展了深入的研究，并形成专题研究报告。报告提出，在海西经济区创建经济合作试点链，为构建两岸特色经济合作机制先行先试。可以选择宁德市霞浦县东冲半岛试验区、福州市马尾区琅岐岛试验区、福州市平潭岛试验区、莆田市忠门半岛（含湄洲岛）试验区、厦门市翔安（大嶝岛）试验区和漳州东山岛试验区等六个节点区域，因地制宜设计具有不同特点和内容的对台合作交流机制。如，将平潭岛作为两岸服务业集中对接区，翔安大磴岛作为两岸社会交融和政治合作试验点，东山岛作为两岸闽南文化交融地等。同时，将以上区域自北至南连点成链，形成布局合理、各具特色的对台合作试点链，为构建两岸特色经济合作机制积累经验。报告还围绕创建试点链的有关工作，提出了制订规划，明确试点的原则和目标，将试点区域定位为两岸合作的海关特殊监管试验区等一系列具体政策建议。台盟中央还与台盟福建省委、厦门大学等单位合作，围绕“加强基础设施建设，推进海峡西岸经济区的构建与发展”问题开展了深入研究，并形成专题研究报告。报告提出，增强海西经济协作与发展，提升海西的辐射力和影响力，从根本上必须解决海峡西岸经济区的交通运输瓶颈制约、提高综合运输能力。因此，必须加快交通基础设施的建设，为海峡西岸经济的经济社会发展提供强有力的运力支撑。报告建议，统筹规划，科学布局，合理安排，加快交通、通讯等基础设施建设，加快构建和完善适度超前、功能配套、安全高效的现代化基础设施体系，服务、引导和促进区域经济发展。在中共中央、国务院召开的高层政治协商会议上，台盟中央将上述研究成果转化为了政策建议，并通过政协党派提案、大会发言等形式多角度、渐次深入地提出了许多意见和建议，为国家有关部门的工作提供了重要参考。

6 月 24 日—27 日，黄志贤副主席又率台盟中央调研组赴江西省，就加快推进江西省四地市融入海西经济区的思路和措施等问题开展了深入的调研。调研组与江西省政协副主席兼省委统战部部长宋晨光、常务副部长黄小华，江西省社科院汪玉奇教授，以及省发改委、商务厅、工信委，以及赣州市有关部门负责同志进行了深入的座谈，全面了解赣台经贸合作情况及赣州等四地市融入海西经济区建设的有关情况，并对光宝力信科技（赣州）有限公司等台资企业进行了实地考察。调研组了解到，江西赣州等有关地市对《意见》的出台非常欢迎，并积极申请、明确要求划入海西经济区。近年来，江西在积极策应海西经济区建设方面也做了许多工作，包括推动赣州、上饶、鹰潭、抚州四地市因地制宜地加强与周边区域的经济合作，加快区域中心城市的发展，构建连接“海西经济区”的交通大通道，搭建与海西经济区经贸与投资的交流合作平台，推进产业对接等，为下一步加快融入海西经济区奠定了坚实的基础。关于加快融入海西经济区建设的问题，江西省有关部门也提出了一些思考和建议，包括希望成立跨省际的海西经济区协调机制，有序推动区内的省际交流与合作，包括交通、投资、资源等共享；提升鄱阳湖生态经济区规划层次；加快建立生态补偿机制，加大东江、赣江和岷江等江河源头地区的环境生态保护工作力度，等等。通过在江西省的深入调研，台盟中央在考察结束后立即将相关情况整理形成了专题报告，供有关部门参考。

与此同时，台盟相关地方组织也对广东、浙江部分地区融入海西经济区建设的有关情况开展了实地调研，并分别形成专题报告，提出明确界定海西经济区范围、深化海西经济区区域合作等建议。

通过着力对海峡西岸经济区建设这一台盟重点课题进行跟踪调查，注重对调研成果进行提炼总结，注重形成切实可行的政策建议，注重跟踪成果的转化落实，台盟的参政议政工作更加具有实效、更加具有针对性，逐步形成了台盟参政议政的特色领域。

四、建言两岸司法互助，推动两岸司法合作

加强两岸司法交流合作、维护两岸同胞合法权益一直是台盟关注的重点参政议政课题之一。

2009 年 4 月，海协会与海基会签订了《海峡两岸共同打击犯罪及司法互助协议》（以下简称《互助协议》），双方同意在民事、刑事领域开展司法互助。此后，最高人民法院又出台了《关于人民法院认可台湾地区有关法院民事判决的补充规定》，对涉台民事案件做出了更具规范性和操作性的规定。

为及时了解《互助协议》出台后，两岸司法互助的进展情况，台盟上海市委就有关问题开展了专题调研。

调研了解到，《互助协议》为两岸开展共同打击犯罪和司法互助提供了共识性规范文件，标志着海峡两岸刑事合作进入了一个新的时代，意义非同凡响。目前，两岸对于涉台刑事案件的互助具有三个特点：其一，刑事案件互助既涉及实体法领域，又涉及程序法领域；其二，两岸就此问题的历史互信较少，政治因素涉入较多；其三，当前涉台刑事案件呈现逐年上升趋势。两岸刑事司法互助的途径和方式主要有：送达刑事司法文书和司法外文书、协助调查取证、遣返案犯、相互承认犯人的前科事实、交换犯罪组织情报等。而相对于两岸刑事司法互助，两岸民事司法互助则呈现出如下特点：一是两岸就民事司法互助开展时间较晚，但发展迅速；二是当前民事司法互助的主要问题是程序问题；三是近年涉台民事案件数量有所下降。

调研发现，当前，海峡两岸司法互助有了重大进展，但在具体操作中，还存在着一些需要完善的地方。比如，在刑事司法互助方面，两会签订的《互助协议》只是框架性的规范文件，缺乏细致而易操作的规定，在实践过程中，须由海峡两岸司法实务界根据需要进一步协商，制定相应的实施细则，以充实和完善该协议；某些重要的刑事

司法互助制度，比如冻结刑事案件财产、刑事案件移交等在《互助协议》中没有涉及；当前两岸刑事司法互助主要是通过国际刑警组织、红十字会、海协会和海基会等间接的或者民间、半官方组织来完成的，司法机关直接参与的力度不足等，造成了司法资源的浪费，也相应的降低了司法效率；以及两岸在具体个罪的认定以及刑事诉讼程序方面的司法实践中仍然存在若干差异，给两岸的合作和互助带来一定的阻碍和矛盾。在民事司法互助方面，签订《互助协议》的同时，两岸在相互承认对方法域内的裁判方面仍设置了较高的门槛，且台湾地区还强加了对等原则，要求人民法院的裁判和祖国大陆仲裁裁决需要特定机构或者民间团体认证，使得当事人若要在台湾申请承认和执行人民法院的判决或者祖国大陆的仲裁裁决，程序烦琐，困难重重。

根据调研中了解到的情况，台盟上海市委形成了题为《海峡两岸司法互助问题研究》的专题报告。报告针对两岸司法互助尚存在的问题，提出若干思考和建议：

1. 尽快细化落实《互助协议》的内容和规定。随着两岸关系的改善，建议进一步签署更为具体和专门的合作协定。可以由最高人民法院和司法部牵头，制定具体的实施细则和行办法，细化落实《互助协议》的规定与内容。

2. 进一步扩大刑事司法互助的范围。可以从刑事诉讼移管和刑事判决的承认和执行方面入手。刑事诉讼移管有利于确保被告人出庭受审、调查取证、判决的执行和提高社会效应，也有助于各法域间加深相互了解对方的司法制度，推动其他司法合作事项向纵深发展，应当被纳入两岸刑事司法互助的范围。关于两岸互相承认和执行对方法院的刑事判决，可以参照最高人民法院在《互助协议》签订以后颁布的《关于人民法院认可台湾地区有关法院民事判决的补充规定》的精神。

3. 建立两岸司法机关直接协作机制。在今后的实践中，可以逐步脱离红十字会、国际刑警组织、海协会和海基会等第三方的居间互助，由两岸司法机关按照相对应的地域级别直接联系和沟通，及时、有效地惩治犯罪。

4. 建立两岸刑事司法人员相互派驻制度。被派驻的司法工作人员主要是承担联络和互助等职责，必要时代表己方参与对方的刑事司法活动。

5. 建立犯罪信息交换机制。两岸司法机关尽快建立犯罪信息网络和犯罪信息交换机制，及时交换各自获取的情报，提供对岸所需要的各种有益信息，使对岸司法机关及早采取措施，防范犯罪的发生或者更快地侦破犯罪案件。此外，也应当及时通报刑事诉讼结果，包括相互通报己方法院对彼岸居民所作出的已生效的刑事裁决以及向对方法院提供在审的本岸居民先前判刑的情况。

6. 加强两岸司法工作者的交流。建议祖国大陆的法院与台湾地区有关法院结成友好法院，以法官协会的名义组织法官与台湾地区法官开展司法交流和法学实务研讨会，通过针对性的交流与学习，使两岸能够充分了解对方的司法制度、法律规定、工作特点、程序流程等，及时发现和排除分歧，协调行动，提高工作效率。同时，建议针对《互助协议》及涉台法律法规组织专门学习，不断提高司法工作者的涉台业务水平。

台盟上海市委的专题报告经台盟中央转化后，提供给了最高人民法院等司法部门，为司法部门开展相关工作提供了重要参考。

助推海峡西岸经济区建设上升为国家战略。海峡西岸经济区建设是台盟长期关注的一项重点调研课题。围绕着推动海西经济区发展，促进两岸经济深度融和，台盟各级组织开展了大量的调查研究，并通过高层协商、人民政协等平台积极建言献策。相关研究报告得到了温家宝、贾庆林、李克强等中央领导同志的重要批示。

2009 年 5 月，《国务院关于支持福建省加快建设海峡西岸经济区的若干意见》（国发〔2009〕24 号文件）（以下简称《意见》）正式发布，建设海峡西岸经济区上升为国家战略。在这个过程中，台盟也发挥了重要的助推作用。

1. 主办“海峡论坛·海峡经济区高层研讨会”

2009 年 5 月 15 日—22 日，台盟中央与 20 多个国家部委、福建省人民政府等单位，以及 28 家台湾民间机构共同主办了首届海峡论坛。这是迄今为止规模最大、人数最多、台湾各界参与最广泛的一次两岸民间交流盛会。论坛安排了族谱展览、妈祖信众朝拜、县市主题日、武术比赛等一系列丰富多彩的活动，并在两岸旅游协作、经贸洽谈、文化交流、民间往来等方面，达成了一系列协议。

作为首届海峡论坛的重要分活动之一，台盟中央还与福建省政协、国务院发展研究中心、经济日报社共同主办了海峡经济区高层研讨会。研讨会于 5 月 18 日在福州召开，邀请了海峡两岸的知名专家学者和企业界人士，围绕着海峡经济区的形成与发展进行探讨，为进一步深化两岸经济合作、携手应对国际金融危机提出对策建议。林文漪主席，国务院发展研究中心副主任卢中原，经济日报社原总编杨尚德出席研讨会并致词。

林文漪主席在致词中表示：在当前应对全球金融危机的形势下，构建海峡经济区，将为建立两岸全面经济合作机制进行有益探索，为两岸同胞开展经济大合作充当“先行军”；将为中部崛起、西部开发提供一条便捷的对外开放综合通道，并逐步形成我国东部沿海一线从环渤海湾到珠江三角洲的完整发展布局；将推动台湾海峡地区与亚太地区的经济合作，是在当今经济全球化与地区合作趋势下我国参与全球经济竞争与合作的重要战略举措。据测算，台湾、福建、浙南地区、粤东地区以及腹地江西中东部共同构成的经济板块，面积约 29 万平方公里，人口为 1. 14 亿，人均区域产值为 4900 美元，是全国平均水平的两倍，已经达到世界银行上中等收入经济体的水平。但是发展潜力还很大，与有着 35. 7 万平方公里面积和 8237 万人口的德国相比，经济总量还相差约 4. 5 倍。如果两岸兄弟同心，共谋发展，海峡经济区必将成为我国又一重要的经济繁荣区和新的增长极。

研讨会分两个阶段进行，分别由福建省委副书记于广洲和汪毅夫常务副主席主持。出席研讨会的还有全国人大常委会副委员长、民革中央主席周铁农，十届全国政协副主席罗豪才，全国台联会会长梁国扬，中国社会科学院原副院长王洛林，国务院参事、外交部原纪委书记乔宗淮，全国政协副秘书长、民革中央副主席修福金，国务院参事陈全训，新党主席郁慕明，台湾两岸共同市场基金会执行长洪读，工党主席郑昭明以及北京承办单位领导、来自海峡两岸的知名专家学者、港澳知名企业家、中央有关媒体领导、论文作者代表等 250 多位来宾。

研讨会上，与会专家围绕“着力先行先试，扩大两岸交流，发展海峡经济，共创合作双赢”的主题发表了精彩演讲。研讨会共印发论文 82 篇，其中台湾专家学者论文 12 篇。论坛和研讨会在两岸都引起了强烈反响，得到多家新闻媒体的重点关注和专题报道，凤凰卫视还为此专门邀请台盟中央主席进行了为时3个小时的专访，并通过《问答神州》栏目向海内外播出。

2. 围绕《意见》落实情况赴福建、江西等地开展专题调研

《意见》出台后，为进一步支持海西经济区建设，进而构建"海峡经济区"，台盟中央与福建、浙江、广东等相关地方组织密切配合，重点就建立海西经济区内的区域协作机制，推动海西经济区与东岸台湾的对接、进而构建"海峡经济区"等问题开展了专题调研。

5月15日—16日，林文漪主席率台盟中央考察团一行前往福建的台资企业开展调研。考察团一行先后考察了天福茶博物院、天福茶职业技术学院和天福窑。考察中，林文漪主席一边听取企业负责人关于企业经营、企业文化建设等情况介绍，一边不时提出问题。她表示，天福集团作为台资企业在漳台交流合作方面作出很大贡献，弘扬了中国茶文化，壮大了中国茶产业，尤其是在兴办学校、培育人才方面所作的努力，对加快海西建设起到了良好的促进作用。

6月6日—7日，黄志贤副主席率调研组就福建平潭岛的开发情况赴福州市平潭县进行调研。调研期间，黄志贤副主席一行实地察看了平潭海峡大桥建设施工现场、东澳台轮停泊点、长江澳二期风电场项目和火烧港及幸福洋区域的规划开发情况，参观了岛上的利亚造船厂制造基地，并就平潭岛的整体开放开发情况与当地领导干部和相关工作部门的负责同志进行了深入座谈。调研结束后，台盟中央及时将相关情况整理形成了平时提案《关于在福建平潭设立两岸合作海关特殊监管区的建议》提供给有关部门参考。提案就充分发挥平潭的区位优势，加快海峡西岸的经济发展，进一步促进两岸经贸交流与产业合作的问题提出了若干政策建议，包括：在平潭设立两岸合作特殊海关监管区，加快海西地区的经济建设；贯彻落实国务院《意见》精神，对创建平潭两岸合作海关特殊监管区给予政策支持和工作指导；立足两岸合作共建，就创建平潭海关特殊监管区事宜与台湾岛内人士进行多渠道协商等。

6月24日—27日，黄志贤副主席又率台盟中央调研组赴江西省，就加快推进江西四地市融入海西经济区的思路和措施等问题开展了深入的调研。调研组与江西省政协副主席兼省委统战部部长宋晨光、常务副部长黄小华，江西省社科院汪玉奇教授，以及省发改委、商务厅、工信委，以及赣州市有关部门负责同志进行了深入的座谈，全面了解赣台经贸合作情况及赣州等四地市融入海西经济区建设的有关情况，并对光宝力信科技（赣州）有限公司等台资企业进行了实地考察。调研组了解到，江西赣州等有关地市对《意见》的出台非常欢迎，并积极申请、明确要求划入海西经济区。近年来，江西在积极策应海西经济区建设方面也做了许多工作，包括推动赣州、上饶、鹰潭、抚州四地市因地制宜地加强与周边区域的经济合作，加快区域中心城市的发展，构建连接"海西经济区"的交通大通道，搭建与海西经济区经贸与投资的交流合作平台，推进产业对接等，为下一步加快融入海西经济区奠定了坚实的基础。关于加快融入海西经济区建设的问题，江西省有关部门也提出了一些思考和建议，包括希望成立跨省际的海西经济区协调机制，有序推动区内的省际交流与合作，包括交通、投资、资源等共享；提升鄱阳湖生态经济区规划层次；加快建立生态补偿机制，加大东江、

赣江和岷江等江河源头地区的环境生态保护工作力度，等等。通过在江西省的深入调研，台盟中央在考察结束后立即将相关情况整理形成了专题报告，供有关部门参考。

与此同时，台盟相关地方组织也对广东、浙江部分地区融入海西经济区建设的有关情况开展了实地调研，并分别形成专题报告，提出明确界定海西经济区范围、深化海西经济区区域合作等政策建议。

3. 与政府部门、大专院校联合开展海西经济区课题研究

《意见》出台后，台盟中央还与有关政府部门、大专院校合作，围绕着创建两岸经济合作试点链、加强海西经济区基础设施建设等课题联合开展研究，为国家决策部门提供参考。

一方面，台盟中央与台盟福建省委、福建行政学院、福建省委政研室等单位合作，围绕“创建海西区两岸经济合作试点链”问题开展了深入的研究，并形成专题研究报告。报告提出，在海西经济区创建经济合作试点链，为构建两岸特色经济合作机制先行先试。可以选择宁德市霞浦县东冲半岛试验区、福州市马尾区琅岐岛试验区、福州市平潭岛试验区、莆田市忠门半岛（含湄洲岛）试验区、厦门市翔安（大嶝岛）试验区和漳州东山岛试验区等6个节点区域，因地制宜设计具有不同特点和内容的对台合作交流机制。如，将平潭岛作为两岸服务业集中对接区，翔安大磴岛作为两岸社会交融和政治合作试验点，东山岛作为两岸闽南文化交融地等。同时，将以上区域自北至南连点成链，形成布局合理、各具特色的对台合作试点链，为构建两岸特色经济合作机制积累经验。报告还围绕创建试点链的有关工作，提出了制订规划，明确试点的原则和目标，将试点区域定位为两岸合作的海关特殊监管试验区等一系列具体政策建议。

另一方面，台盟中央与台盟福建省委、厦门大学等单位合作，围绕“加强基础设施建设，推进海峡西岸经济区的构建与发展”问题开展了深入研究，并形成专题研究报告。报告提出，增强海西经济协作与发展，提升海西的辐射力和影响力，从根本上必须解决海峡西岸经济区的交通运输瓶颈制约、提高综合运输能力。因此，必须加快交通基础设施的建设，为海峡西岸经济的经济社会发展提供强有力的运力支撑。报告建议，统筹规划，科学布局，合理安排，加快交通、通讯等基础设施建设，加快构建和完善适度超前、功能配套、安全高效的现代化基础设施体系，服务、引导和促进区域经济发展。

在中共中央、国务院召开的高层政治协商会议上，台盟中央将上述研究成果转化为了政策建议，并通过政协党派提案、大会发言等形式多角度、渐次深入地提出了许多意见和建议，为国家有关部门的工作提供了重要参考。

通过着力对海峡西岸经济区建设这一台盟重点参政议政课题进行跟踪调查，注重对调研成果进行提炼总结，注重形成切实可行的政策建议，注重跟踪成果的转化落实，台盟的参政议政工作更加具有实效、更加具有针对性，逐步形成了台盟参政议政的特色领域。

五、建言闽南文化生态保护试验区建设，奠定民族认同基石

闽南文化是海峡两岸文化一脉相承、相互交融的见证和纽带。更好地发挥闽南文化在推动两岸关系和平发展中的作用一直是台盟参政议政的重点课题。台盟中央曾多次由主席带队赴福建围绕闽南文化、闽台文化关系等问题开展调研，相关地方组织也开展了大量田野调查及案头归纳整理工作。

在台盟各级组织的大力推动下，国家文化部于2007年正式批准在闽南地区设立第一个国家级地域性文化生态保护区——闽南文化生态保护实验区（以下简称实验区）。至今，实验区已成立两年，各项保护和传承工作取得了很大进展。为深入了解实验区的推进情况，及时向有关部门提出更具针对性和操作性的建议，2009年，由台盟福建省委牵头组织了调研课题组，赴闽南地区和徽州文化生态保护实验区进行调查走访。

调研过程中，课题组了解到，实验区建立后，福建省政府成立了实验区工作领导小组，领导小组下设办公室。厦门、漳州、泉州三市也分别成立相关领导小组，制订实施方案，各地本着对物质文化遗产“保护为主、抢救第一、合理利用、加强管理”、对非物质文化遗产“保护为主、抢救第一、合理利用、传承发展”的方针，推动各试点项目的实施，取得了一定的成效，初步形成“保护区、示范点、传承人和项目”的“一条龙”保护范畴。可以说，实验区的建设在前一阶段工作中已经取得明显成效。

但是，由于建设文化生态保护区是一项全新的工作，无前章可循，目前许多实践和做法都属于探索性的。课题组在调研中也发现，当前，如何处理好重点保护和整体保护、物质遗产与非物质遗产保护、文化生态保护与自然生态保护、民间团体力量及专家学者与文化主管部门的关系；如何建立和运用正确的保护和发展理念，促进实验区在经济、政治、社会和文化上的协调发展，以期科学有效地推进建设实验区的各项工作，成为亟待解决的问题。

根据调研中实地了解到的情况，课题组整理形成了《保千般文象，护一脉文心——闽南文化生态保护实验区调研报告》，就推进实验区的健康发展提出了一系列建议措施：

一是建设文化生态保护区要形成合理有效的工作机制。建议福建省文化厅针对建设实验区的实际工作需要，加大对厦门、漳州、泉州三市文化局的资金和设备投入力度，充实县文化馆，以县文化馆为节点，组织文化协管员开展普查保护工作，资金经费从文化厅——文化局——文化馆——文化协管员这一渠道流动，示范点、示范园区、文化协管员的补助金也由这个渠道拨付。建议针对目前一些古民居、古街区的空壳化现象，可让文化馆、艺术研究机构、民间文化团体、非物质文化遗产传习中心进驻其间，以修缮、维护为条件与户主达成免费的承租关系。由于非物质文化遗产的特殊性，甄别、记录它们需要一定的专业知识与技术技能，建议在无法对普查人员进行速成培训的情况下，借用艺术研究院等学术机构和相关专业人员介入该工作，参与数据库的建立和完善，让他们在这项工作中既能形成自己的研究成果，又得到一定的工作补贴。为了调动各乡镇村对保护文化遗产的积极性，鼓励设立市级的示范点、示范园区，结合新

农村建设主题，将保护工作纳入文化乡镇的评比内容，并根据实际情况给予奖励或资金补贴，通过文化主管部门与各级地方政府的协作，最终形成文化遗产资源保护发展的长效机制。

二是着眼总体发展，理顺地方关系。实验区内的民间文化艺术多种多样，而各种的文化艺术样式又有自己的传播和影响区，这种文化区域与行政区域不可能完全重叠，这就使得协调各地方政府和部门实施共同保护显得必要和紧迫。闽南文化生态保护实验区工作领导小组及其下设的办公室需真正发挥协调统筹、理顺关系的作用，打破行政界限和阻碍，科学规划总体发展的举措和进程，指导建立各市级文化主管部门间的横向联合互动机制，着眼整体活态保护，真正做到全局一盘棋，推动实验区的健康发展。

三是有序规划，梯次推进，实现整体性、活态性保护。建议在选择示范点和示范园区工作上，要以具有代表性的原生态为原则，以未受建设性破坏的城市古街区和古村落为重点，选择若干传统文化艺术相对集约、人文环境基础相对丰厚的地点，采用生态博物馆的形式与理念，借助学术力量，设立园区，进而以园区为载体，进行物质文化遗产与非物质文化遗产的全方位、原生态整体性保护。同时在建设园区上要注重相对均衡的网状布局，以核心园区为重点，兼顾文化的延伸扩展区和辐射区，在网状布局成形的基础上，梯次推进，促进各园区的互动和融合，形成既丰富多彩又具备共有特色的活态整体，最后建成在文化上既保有各核心区文化特色、又和谐统一的闽南文化生态保护实验区。建议选择若干古街区、古村落为试点，以生态博物馆的形式，主要针对台湾市场，进行旅游开发，将入住体验、手艺传习、区域文化工艺品制作销售、传统仪式参与等进行整体打包，打造特色乡土旅游的新亮点。

四是从非物质文化入手，培育丰厚的地域人文环境。众多的非物质文化遗产自有它的文化功能，或在娱神娱人、或在崇德教化、更多寓教于乐，串缀它们的是民间的节庆活动——大多为民间的民俗和信俗活动，要使这些非物质文化遗产真正生动活泼地存在并传承，就要恢复这些活动的承载体。政府可采取各种鼓励手段保护乃至弘扬民间节庆的活动，在期间组织民众喜闻乐见的民间传统艺术的展演，营造喜庆气氛，使一系列传统的民俗活动得以保全乃至恢复，为非物质文化遗产的传承发展培育沃土。对于乡村有一定组织力和号召力的老人会等社团，可规范和借助他们的力量和作用，开展日常性的传统礼仪活动，真正使传统回归日常，成为生活常态。可以积极开展与台湾的相关民间团体与学术机构的合作：在民间层面上，可邀请台湾富有经验的司仪等组织人员以文化交流的形式来闽南地区协助组织节庆民俗活动；在学术层面上，与台湾的民俗学家和人类学家以学术交流的形式开展合作，请他们以影视人类学等方法与途径记录整理台湾相关民间活动的全貌及其中的细节，借此，与我们保有的传统习俗相补充、相融合，使相对原真与完整的礼俗节庆活动回到民间，丰富充实实验区内的民间节庆礼俗形式，做强实验区的民间支撑力量。

五是重视自然生态与文化生态的保育工作，促进社会经济人文的全面可持续发展。自然生态与文化生态的关系至为密切，人的文化总是随时跟着外在自然环境的转化而进行调适，任何社会都是自然人文的复合体，任何文化都是特殊地域的人文风光。为此，建议对闽南地区的自然生态加强保护，扼制对自然资源的破坏和污染，在农村要维持山清水秀的良好生态，在城市要制止对绿地和水域的侵蚀，营造适宜人居的环境。结合新农村建设和创建文明城市等主题，保护好自然生态、自然资源，让区域文化不致偏离它原有的发展轨迹；利用好自然资源和文化资源，促进经济、文化等社会方方面面的可持续发展，达成社会和谐与进步。文化生态的保育工作，牵涉到诸多方面问题，而这些问题都需要有先期周详的考虑，如在城市中，文化场所的选点设置，就应该在人群的活动半径之内；在农村的送文化下乡中，就要选择群众喜闻乐见的具本土风格和表演形式的节目，这些本土节目才更适合他们的审美需求与心理需求，从而达到更好的娱乐与宣传效果。

课题组认为，闽南文化生态保护实验区的设立，是增强台湾同胞对祖地、祖国的认同，促进祖国完全统一的重要内容。要充分发挥实验区的功能和作用，牢牢掌握对闽南文化、台湾乡土文化的话语权、阐释权，正本清源，以正视听。闽南文化生态保护实验区在维护国家统一和文化安全两个方面的作用不可替代，要保千般文象，护一脉文心，把实验区建设成台湾民众向往的原乡，闽南海外移民心中的圣地。

郑世凯　台盟中央宣传部部长
朱　焱　台盟中央宣传部处长
郭　婷　台盟中央研究室干部

政党活动大事记

中国共产党

1月1日　胡锦涛、吴邦国、温家宝、贾庆林、李长春、习近平、李克强、贺国强、周永康等党和国家领导人出席中国人民政治协商会议全国委员会在全国政协礼堂举行的新年茶话会。

1月4日—5日　中共中央政治局常委李长春出席全国宣传部长会议并讲话。

1月7日　2009年全国宗教工作会议在北京召开。中共中央政治局常委、全国政协主席贾庆林会见与会代表并发表重要讲话。

1月9日　中共中央、国务院在北京隆重举行国家科学技术奖励大会。党和国家领导人胡锦涛、温家宝、李长春、习近平、李克强出席大会并为获奖代表颁奖。温家宝代表党中央、国务院在大会上讲话。李克强主持大会。

1月12日—14日　中国共产党第十七届中央纪律检查委员会第三次全体会议在北京举行。中国共产党中央委员会总书记胡锦涛出席全会第二次大会并发表了重要讲话。吴邦国、温家宝、贾庆林、李长春、习近平、李克强、贺国强、周永康等党和国家领导人出席了会议。

1月16日　中共中央政治局常委、全国政协主席贾庆林出席全国政协在京举行的已故党外全国政协委员、知名人士夫人新春茶话会。

1月19日　国务院总理温家宝主持召开国务院第二次全体会议，讨论即将提请十一届全国人大二次会议审议的《政府工作报告（征求意见稿）》。

1月20日上午　中共中央政治局常委、中央文明委主任李长春出席全国精神文明建设工作表彰大会并讲话。

1月20日　中共中央政治局常委、全国政协主席贾庆林邀请全国性宗教团体负责人到中南海座谈。

1月21日　国务院总理温家宝主持召开国务院常务会议，审议并原则通过《关于深化医药卫生体制改革的意见》和《2009—2011年深化医药卫生体制改革实施方案》。

1月22日，中共中央在北京中南海召开党外人士迎春座谈会。中共中央总书记、国家主席、中央军委主席胡锦涛发表重要讲话。座谈会由中共中央政治局常委、全国政协主席贾庆林主持。中共中央政治局常委、书记处书记、国家副主席习近平，中共中央政治局常委、国务院副总理李克强出席。

1月22日　国家统计局公布了2008年国民经济统计数据，据初步核算，全年国内生产总值为300670亿元，比上年增长9.0%。

1月23日　中共中央政治局召开会

议，听取中央政治局常委参加深入学习实践科学发展观活动专题民主生活会情况的通报。中共中央总书记胡锦涛主持会议。

1月24日　中共中央、国务院在人民大会堂举行2009年春节团拜会。党和国家领导人胡锦涛、吴邦国、温家宝、贾庆林、李长春、习近平、李克强、贺国强、周永康等出席。中共中央总书记、国家主席、中央军委主席胡锦涛主持团拜会。中共中央政治局常委、国务院总理温家宝讲话。

1月28日　国务院总理温家宝出席在瑞士达沃斯举行的世界经济论坛2009年年会，并发表了题为“坚定信心 加强合作 推动世界经济新一轮增长”的特别致词。

2月6日　中共中央政治局常委、全国政协主席贾庆林主持召开政协第十一届全国委员会第十一次主席会议并讲话。

2月6日—7日　中共中央政治局常委、全国政协主席贾庆林出席对台工作座谈会并作重要报告。

2月6日—13日　国务院总理温家宝在中南海主持召开五次座谈会，征求对即将提请十一届全国人大二次会议审议的《政府工作报告（征求意见稿）》的意见。各民主党派中央、全国工商联负责人和无党派人士，经济、社会领域专家学者，科技、教育、卫生、文化、体育界代表，企业界代表和工人、农民等基层群众代表，分别出席了座谈会。

2月18日　中共中央政治局常委、全国政协主席贾庆林主持召开政协第十一届全国委员会第十二次主席会议。

2月23日　中共中央政治局召开会议，讨论国务院拟提请第十一届全国人民代表大会第二次会议审议的《政府工作报告》稿。中共中央总书记胡锦涛主持会议。

2月24日　中共中央政治局常委、中央书记处书记、国家副主席、中央深入学习实践科学发展观活动领导小组组长习近平，主持召开中央深入学习实践科学发展观活动领导小组第五次会议，对第一批学习实践活动进行总结，对第二批学习实践活动的有关工作进行研究部署。

2月25日　吴邦国委员长主持十一届全国人大常委会第七次会议第一次全体会议。

2月25日　中共中央政治局常委、全国政协主席贾庆林主持政协第十一届全国委员会常务委员会第四次会议开幕会。

2月25日　中共中央政治局常委、中央书记处书记、国家副主席习近平出席中国中共文献研究会成立大会并作重要讲话。

2月27日—28日　深入学习实践科学发展观活动第一批总结暨第二批动员会议在北京召开。

2月28日　全国“两会”召开前夕，中共中央政治局常委、国务院总理温家宝来到中国政府网访谈室与网友在线交流，并接受中国政府网和新华网的联合专访。

2月28日　中共中央政治局常委、全国政协主席贾庆林主持政协第十一届全国委员会常务委员会第三次学习讲座并讲话。

3月3日　中国人民政治协商会议第十一届全国委员会第二次会议在北京人民大会堂开幕。党和国家领导人胡锦涛、吴邦国、温家宝、贾庆林、李长春、习近平、李克强、贺国强、周永康等出席，全国政协主席贾庆林代表政协第十一届全国委员会常务委员会向大会作工作报告。

3月5日　第十一届全国人民代表大会第二次会议在北京人民大会堂开幕。胡锦涛、吴邦国、温家宝、贾庆林、李长春、习近平、李克强、贺国强、周永康等出席。吴邦国主持会议。国务院总理温家宝作政府工作报告。

3月9日　第十一届全国人民代表大会第二次会议在北京人民大会堂举行第二次全体会议，全国人民代表大会常务委员会委员长吴邦国作全国人民代表大会常务委员会工作报告。胡锦涛、温家宝、贾庆林、李长春、习近平、李克强、贺国强、周永康等出席，听取和审议全国人大常委会工作报告。

3月10日　第十一届全国人民代表大会第二次会议在北京人民大会堂举行第三次全体会议，胡锦涛、吴邦国、温家宝、贾庆林、李长春、习近平、李克强、贺国强、周永康等出席，听取和审议最高人民法院工作报告和最高人民检察院工作报告。

3月12日　中国人民政治协商会议第十一届全国委员会第二次会议在北京闭幕。党和国家领导人胡锦涛、吴邦国、温家宝、李长春、习近平、李克强、贺国强、周永康等出席会议。全国政协主席贾庆林主持闭幕会并讲话。

3月13日　第十一届全国人民代表大会第二次会议在北京人民大会堂闭幕。党和国家领导人胡锦涛、温家宝、贾庆林、李长春、习近平、李克强、贺国强、周永康等出席。吴邦国主持闭幕会并讲话。

3月23日　中共中央政治局常委李长春在悉尼会见了澳大利亚自由党领袖特恩布尔。

3月24日　国务院召开第二次廉政工作会议，李克强、贺国强等出席，国务院总理温家宝在会上发表讲话。

3月25日　国务院总理温家宝主持召开国务院常务会议，审议并原则通过关于推进上海加快发展现代服务业和先进制造业、建设国际金融中心和国际航运中心的意见。

3月27日，纪念西藏百万农奴解放50周年座谈会在北京人民大会堂举行。中共中央政治局常委、全国政协主席贾庆林出席并讲话。

3月27日　在“西藏百万农奴解放纪念日”来临之际，党和国家领导人胡锦涛、吴邦国、温家宝、贾庆林、李长春、习近平、李克强、贺国强、周永康分别来到北京民族文化宫，参观“西藏民主改革50年大型展览”。

4月2日　二十国集团领导人第二次金融峰会在英国首都伦敦举行。国家主席胡锦涛出席会议并发表《携手合作 同舟共济》的重要讲话。

4月7日　《人民日报》发表中共中央、国务院《关于深化医药卫生体制改革的意见》。

4月10日　深化医药卫生体制改革工作会议在北京召开，中共中央政治局常委、国务院副总理、深化医药卫生体制改革领导小组组长李克强出席会议并讲话。

5月4日　纪念“五四”运动90周年大会在北京人民大会堂举行。胡锦涛、吴邦国、温家宝、贾庆林、李长春、习近平、李克强、贺国强、周永康等党和国家领导人出席大会。中共中央政治局常委李长春在大会上讲话。

5月14日　中国政府网全文刊登《国务院关于支持福建省加快建设海峡西岸经济区的若干意见》。

5月15日　中共中央总书记、国家主席胡锦涛在北京人民大会堂会见了来华出席可持续发展问题研讨会的社会党国际主席帕潘德里欧等外方代表。

5月16日　首届海峡论坛在福建省厦门市开幕。中共中央政治局常委、全国政协主席贾庆林出席论坛并宣布开幕。中共中央台湾工作办公室主任、国务院台湾事务办公室主任王毅和中国国民党副主席、台湾桃园县县长朱立伦分别在开幕式上致词。

5月22日　中共中央政治局召开会议，审议并通过《关于实行党政领导干部问责的暂行规定》、《中国共产党巡视工作条例（试行）》、《国有企业领导人员廉洁从业若干规定》。中共中央总书记胡锦涛主持会议。

5月25日　中共中央政治局常委、全国政协主席贾庆林在人民大会堂会见了中国国民党主席吴伯雄率领的中国国民党大陆访问团全体成员。

5月26日　中共中央总书记胡锦涛在人民大会堂会见中国国民党主席吴伯雄和他率领的中国国民党大陆访问团全体成员，并同吴伯雄举行会谈。

6月17日晚　中俄建交60周年庆祝大会在俄罗斯国家大剧院隆重举行。正在俄罗斯进行国事访问的中国国家主席胡锦涛和俄罗斯总统梅德韦杰夫共同出席大会并讲话。

6月23日　中共中央在人民大会堂举行纪念李先念同志诞辰100周年座谈会。胡锦涛、吴邦国、温家宝、贾庆林、李长春、习近平、李克强、周永康出席。胡锦涛在座谈会上发表重要讲话。

6月24日　国务院总理温家宝主持召开国务院常务会议，研究部署开展新型农村社会养老保险试点。会议决定，2009年在全国10%的县（市、区）开展新型农村社会养老保险试点。

6月26日　纪念《光明日报》创刊60周年座谈会在京举行。中共中央政治局常委李长春出席并讲话。

6月27日　中共中央政治局常委、全国政协主席贾庆林在北京会见了台湾台中市、台中县、彰化县、南投县负责人，并参观了四县市农特产品暨观光展览会。

6月29日　中共中央政治局召开会议，审议并通过《关于建立促进科学发展的党政领导班子和领导干部考核评价机制的意见》。中共中央总书记胡锦涛主持会议。

6月30日　《人民日报》报道，中央组织部发布的最新党内统计数据显示，截至2008年底，中国共产党党员总数为7593.1万名，比新中国成立时增加了16倍；党的基层组织为371.8万个，是新中国成立时的19倍。

7月8日　中共中央政治局常务委员会召开会议，研究部署维护新疆社会稳定工作。

7月10日　中共中央政治局常委、全国政协主席贾庆林在长沙会见了中国国民党主席吴伯雄和应邀出席第五届两岸经贸文化论坛的部分台湾人士。

7月11日　第五届两岸经贸文化论坛在长沙隆重开幕。中共中央政治局常委、全国政协主席贾庆林和中国国民党主席吴伯雄等海峡两岸各界人士出席了开幕式。贾庆林发表了题为“大力加强两岸文化教育交流　建设两岸同胞共同精神家园”的演讲。

7月14日　第八次全国归侨侨眷代表大会在北京人民大会堂开幕。胡锦涛、吴邦国、温家宝、贾庆林、李长春、习近平、李克强、贺国强、周永康等党和国家领导人到会祝贺。中共中央政治局委员、全国人大常委会副委员长王兆国代表党中央发表了题为“在实现中华民族伟大复兴中充分发挥广大归侨侨眷和海外侨胞的重要作用”的祝词。

7月17日下午　中共中央政治局常委、中央纪委书记贺国强在北京人民大会堂会见了由越南共产党中央政治局委员、中央书记处书记、中央检查委员会主任阮文芝率领的越共中央检查委员会代表团。

7月17日—20日　第十一次驻外使节会议在北京召开。中共中央总书记、国家主席、中央军委主席胡锦涛在会上发表重要讲话。

7月21日　中共中央在中南海召开党外人士座谈会，就当前经济形势和下半年经济工作听取各民主党派中央、全国工商联领导人和无党派人士意见和建议。中共中央总书记胡锦涛主持座谈会并发表重要讲话。中共中央政治局常委温家宝、贾庆林、习近平、李克强出席座谈会。

7月27日上午　中共中央总书记胡锦涛向中国国民党主席当选人马英九发去贺电。

7月27日下午　中共中央政治局常委、全国政协主席贾庆林在北京人民大会堂会见了前来大陆参访的中国国民党荣誉主席连战一行。

7月30日　为响应胡锦涛总书记在纪念《告台湾同胞书》发表30周年座谈会上的重要讲话，更好地发挥香港各界在国家和平统一事业中的作用，由多位香港知名人士联合发起的中国和平统一促进会香港总会在香港成立。全国政协主席、中国和平统一促进会会长贾庆林致信祝贺。

8月10日　国务院总理温家宝主持召开国务院全体会议，决定任命崔世安为中华人民共和国澳门特别行政区第三任行政长官，任期自2009年12月20日起至2014年12月19日止。

8月19日　中共中央总书记胡锦涛在北京人民大会堂会见了高金素梅率领的台湾少数民族代表团全体成员，并发表了即席讲话。

9月1日，国务院印发《关于开展新型农村社会养老保险试点的指导意见》，全国新农保试点工作正式实施。这被视为继取消农业税、农业直补、新型农村合作医疗等政策之后的又一项重大惠农政策。试点将逐步扩大，到2020年前基本实现全覆盖。

9月8日　中共中央政治局召开会议，讨论十七届三中全会以来中央政治局的工作，研究加强和改进新形势下党的建设等问题。中共中央总书记胡锦涛主持会议。

9月9日　中共中央总书记、国家主席胡锦涛在北京人民大会堂与来华进行工作访问的老挝人民革命党中央委员会总书记、国家主席朱马利·赛雅贡举行会谈。

9月14日　统一战线庆祝中华人民共和国成立60周年暨多党合作制度确立60周年座谈会在北京召开。中共中央政治局常委、全国政协主席贾庆林为召开座谈会作重要批示。

9月15日—18日　中国共产党第十七届中央委员会第四次全体会议在北京举行。全会由中央政治局主持，中央委员会总书记胡锦涛作重要讲话。

9月19日　中共中央在中南海召开党外人士座谈会，就中共中央关于加强和改进新形势下党的建设若干重大问题的决定听取各民主党派中央、全国工商联领导人和无党派人士的意见和建议。中共中央总书记胡锦涛主持座谈会。中共中央政治局常委贾庆林、习近平、贺国强出席座谈会。

9月20日　首都各界代表在全国政协礼堂隆重集会，庆祝中国人民政治协商会议成立60周年。党和国家领导人吴邦国、温家宝、李长春、习近平、李克强、贺国强、周永康出席大会。大会由中共中央政治局常委、全国政协主席贾庆林主持。中共中央总书记、国家主席、中央军委主席胡锦涛出席大会并发表重要讲话。

9月21日　政协十一届全国委员会常

务委员会第七次会议在北京开幕。

9月24日　中国和平统一促进会第八届理事大会在京闭幕。中共中央政治局常委、全国政协主席贾庆林再次当选为中国和平统一促进会会长。

9月28日　《人民日报》发表《中共中央关于加强和改进新形势下党的建设若干重大问题的决定》。

9月29日上午　国务院第五次全国民族团结进步表彰大会在北京举行。党和国家领导人吴邦国、温家宝、贾庆林、李长春、习近平、李克强、贺国强、周永康出席大会。大会由温家宝主持。中共中央总书记、国家主席、中央军委主席胡锦涛出席大会并发表重要讲话。

10月1日　首都各界庆祝中华人民共和国成立60周年大会在北京天安门广场隆重举行。江泽民、吴邦国、温家宝、贾庆林、李长春、习近平、李克强、贺国强、周永康等出席庆祝大会。中共中央总书记、国家主席、中央军委主席胡锦涛检阅受阅部队，并发表重要讲话。

10月17日　中国共产党中央委员会致电中国国民党中央委员会暨马英九主席，祝贺中国国民党第十八次代表大会召开。中国国民党中央委员会复电表示感谢。同日，中共中央总书记胡锦涛分别致电吴伯雄和连战，祝贺吴伯雄荣任中国国民党荣誉主席、连战续任中国国民党荣誉主席。

10月28日　中共中央总书记、国家主席胡锦涛在人民大会堂会见了以朝鲜劳动党中央政治局候补委员、中央书记崔泰福为团长的朝鲜劳动党代表团。

11月6日　党和国家领导人到八宝山革命公墓送别著名科学家钱学森同志。

11月16日　《人民日报》报道，国务院已正式批复《中国图们江区域合作开发规划纲要——以长吉图为开发开放先导区》，标志着长吉图开发开放先导区建设已上升为国家战略，成为迄今唯一一个国家批准实施的沿边开发开放区域。

11月16日　中共中央政治局常委、全国政协主席、中国和平统一促进会会长贾庆林在北京会见香港知名人士杨孙西为高级顾问、高敬德为团长的中国和平统一促进会香港总会访京团。

11月24日　中共中央在中南海召开党外人士座谈会，就当前经济形势和明年经济工作听取各民主党派中央、全国工商联领导人和无党派人士意见和建议。中共中央总书记胡锦涛主持座谈会并发表重要讲话。中共中央政治局常委温家宝、习近平、李克强出席座谈会。

11月25日　国务院总理温家宝主持召开国务院常务会议，决定：到2020年我国单位GDP二氧化碳排放比2005年下降40%—45%，作为约束性指标纳入国民经济和社会发展中长期规划，并制订相应的国内统计、监测、考核办法。这是我国根据国情采取的自主行动，受到国际社会的高度赞赏。“十一五”以来，我国单位GDP能耗已降低13%以上，到明年末将完成降低20%的目标。

12月5日　《人民日报》发表中共中央办公厅印发的《关于进一步从严管理干部的意见》。

12月5日—7日　中央经济工作会议在北京召开。中共中央总书记、国家主席、中央军委主席胡锦涛发表重要讲话。吴邦国、温家宝、贾庆林、李长春、习近平、李克强、贺国强、周永康出席会议。

12月10日　中共中央总书记、国家主席胡锦涛在人民大会堂会见了以民主党干事长小泽一郎为团长的日本民主党代表团主要成员。

12 月 16 日　国家副主席习近平在东京分别会见了日本社民党党首福岛瑞穗和日本外相冈田克也。

12 月 18 日　中共中央总书记、国家主席、中央军委主席胡锦涛作出重要指示强调，要抓住当前干部群众反映突出的重点难点问题，毫不动摇地推进干部人事制度改革，既要积极探索创新，又要稳妥有序推进。中共中央政治局常委、中央书记处书记、国家副主席习近平也作出指示，要求认真贯彻《2010—2020 年深化干部人事制度改革规划纲要》，在建立健全科学的选人用人机制上迈出更大步伐、取得更大成效。

12 月 21 日　中共中央政治局常委、全国政协主席贾庆林在人民大会堂会见了台湾少数民族代表人士访问团一行。

12 月 24 日　中共中央组织部、中共中央宣传部、中共教育部党组在北京召开第十八次全国高等学校党的建设工作会议。中共中央政治局常委、中央书记处书记、国家副主席习近平在会前会见出席会议的代表并发表讲话。

12 月 25 日　《马克思恩格斯文集》、《列宁专题文集》出版座谈会在京举行，中共中央政治局常委李长春出席会议并讲话。

12 月 27 日—28 日　中央农村工作会议在北京举行。

12 月 28 日下午　国家主席胡锦涛在中南海会见了来京述职的香港特别行政区行政长官曾荫权，听取了他对香港当前形势以及特别行政区政府一年来工作的汇报，并向香港同胞致以新年的祝贺和良好的祝愿。

12 月 29 日　中共中央政治局召开会议，听取中央纪律检查委员会 2009 年工作汇报，分析当前党风廉政建设和反腐败工作形势，研究部署 2010 年党风廉政建设和反腐败工作。会议审议并通过《中国共产党党员领导干部廉洁从政若干准则》。中共中央总书记胡锦涛主持会议。

12 月 30 日　学习贯彻胡锦涛总书记重要讲话座谈会在北京人民大会堂举行。中共中央政治局常委、全国政协主席贾庆林出席并发表重要讲话。

贾小明　中央社会主义学院中国政党制度研究中心副秘书长

中国国民党革命委员会

1月1日　全国政协副主席厉无畏、全国政协常委修福金在政协礼堂参加全国政协2009年新年茶话会。

1月4日　中共中央统战部召开会议，听取各民主党派中央、全国工商联对部领导班子学习实践科学发展观活动分析检查报告的意见。民革中央主席周铁农、常务副主席厉无畏参加会议。

1月5日　厉无畏、何丕洁在机关会见中共贵州省毕节地委书记秦如培一行。

1月5日—17日　全国人大常委会副委员长周铁农率全国人大代表团赴老挝、文莱、新加坡访问。

1月13日　民革中央常务副主席厉无畏，副主席万鄂湘、何丕洁在中共中央统战部参加民主党派中央领导班子建设经验交流研讨会。

1月16日—18日　民革涉台参政议政工作研讨会在福建省福州市召开，修福金出席会议。民革中央祖国和平统一促进委员会委员和有关专家、学者参加会议。

1月18日下午　民革北京市委会在民革中央机关举行纪念北平和平解放60周年座谈会。周铁农、何鲁丽、傅惠民、刘民复及中共北京市委统战部部长牛有成出席座谈会。

1月20日　河北精英教育集团慰问四川地震受灾民革党员捐赠仪式在民革中央机关举行。周铁农、齐续春、修福金、何丕洁出席捐赠仪式。

1月22日　中共中央在中南海召开党外人士迎春座谈会。中共中央总书记、国家主席胡锦涛代表中共中央、国务院，向各民主党派中央、全国工商联领导同志和无党派人士，向统一战线广大成员，致以新春的祝福。座谈会由中共中央政治局常委、全国政协主席贾庆林主持。民革中央主席周铁农、常务副主席厉无畏出席座谈会，周铁农代表民革中央发言。

1月23日　原民革中央监察委员会常务委员、民革江苏省委会原副主委夏琫瑛在南京逝世，享年96岁。

1月24日　民革中央主席周铁农，常务副主席厉无畏，副主席齐续春、刘凡、傅惠民、何丕洁在人民大会堂参加中共中央办公厅、国务院办公厅2009年春节团拜会。

2月5日　全国政协常委修福金、何丕洁在全国政协参加在京常委专题座谈会，讨论《政府工作报告（征求意见稿)》。

2月9日　国务院总理温家宝主持召开党外人士座谈会，就即将提请十一届全国人大二次会议审议的《政府工作报告(征求意见稿)》征求各民主党派中央、全国工商联负责人和无党派人士意见。民革中央主席周铁农、常务副主席厉无畏出席座谈会，周铁农代表民革中央发言。

2月10日　厉无畏、修福金在民革中央机关会见了以陈长风为团长的第七届台湾高校杰出青年赴大陆参访团一行。座谈会上，参访团成员就经济、医疗卫生、食品安全等方面的问题与部分民革青年党员进行了交流。本届参访团的35名团员来自台湾23所高校，均为各大高校学生自治会、学生议会、各系所、社团的青年领袖。参访团一行在大陆期间到北京、广东、河南进行了参观交流。

2月10日　全国人大常委会副委员长周铁农在英才会所出席欢迎法国前总理拉法兰访华宴会。

2月12日—18日　民革中央调研组赴四川，就《民革第十一届中央常务委员会关于加强省级组织领导班子后备干部队伍建设的意见》、《中国国民党革命委员会内部监督暂行条例》执行情况及组织发展情况进行调研。

2月15日—22日　民革中央调研组赴陕西开展组织工作调研。

2月18日　民革中央副主席何丕洁在中共中央统战部参加党员思想态势分析会。

2月19日—20日　民革中央社会服务部、甘肃省白银市人民政府、民革甘肃省委会在白银市联合召开"秸秆生物反应堆技术"示范推广现场会。周铁农、何丕洁出席现场会。

2月21日—22日　民革中央在甘肃省兰州市召开民革全国社会服务工作研讨会，来自全国30个省、12个副省级市民革组织的社会服务工作负责同志共80余人参加会议。何丕洁出席会议并讲话。

2月23日　民革中央副主席齐续春在最高人民法院参加最高人民法院与各民主党派中央、全国工商联负责人和无党派人士代表座谈会。

2月24日　民革中央主席周铁农，副主席齐续春、修福金、何丕洁在中共中央统战部参加情况报告会，听取经济形势报告。

2月25日　民革中央机关工会成立暨第一次会员大会在民革中央机关召开，齐续春出席大会并讲话。

2月26日晚　厉无畏、修福金在机关会见并宴请台湾奇美集团廖锦祥先生。

3月2日　民革中央下发《民革中央关于加强和改进反映社情民意信息工作的暂行规定》。

3月3日—12日　全国政协副主席厉无畏，全国政协常委钮小明、万鄂湘、修福金、刘凡、程崇庆、傅惠民、何丕洁参加全国政协十一届二次会议。

3月5日—13日　全国人大常委会副委员长周铁农，全国人大常委齐续春、谢克昌参加十一届全国人大二次会议。

3月6日　厉无畏在全国政协十一届二次会议驻地北京会议中心接受新华社、《第一财经日报》等媒体记者的集体采访。

3月7日　中国国民党革命委员会第十一届中央常务委员会第六次会议在北京会议中心召开。周铁农、厉无畏、钮小明、万鄂湘、齐续春、谢克昌、修福金、刘凡、程崇庆、傅惠民、何丕洁及中央常委出席会议，厉无畏主持会议，周铁农在会上讲话。

3月12日　民革中央在北京中山公园中山堂隆重举行孙中山先生逝世84周年纪念仪式。厉无畏主持纪念仪式，全国政协副主席李金华、民革中央主席周铁农、中共中央统战部副部长楼志豪、北京市副市长程红、民革北京市委会主委傅惠民在纪念仪式上分别代表全国政协、民革中央、中共中央统战部、北京市人民政府、民革北京市委会向孙中山先生像敬献花篮。

3月17日下午　中共中央统战部召开座谈会，就落实司法体制改革问题征求各民主党派中央意见。民革中央副主席修福金出席座谈会并代表民革中央发言。

3月17日—21日　周铁农率民革中央调研组赴贵州省毕节地区考察调研喀斯特岩溶地貌山区生态恢复与治理情况。国家林业局中共党组副书记、副局长李育材，民革中央副主席何丕洁和国家发改委、财政部、国土资源部、环保部、农业部、国家林业局等单位相关部门负责人参加调研。

3月19日　民革中央向各省级组织、中央各工作部门下发《关于贯彻中办国办〈关于党政机关厉行节约若干问题的通知〉精神的通知》。

3月20日—29日　中华中山文化交流协会代表团应台湾“中华花艺文教基金会”邀请，赴台湾参观访问。

3月23日上午　周铁农、厉无畏、齐续春、修福金、何丕洁在民革中央机关会见以台湾新同盟会会长许历农为总团长，海峡两岸和平统一促进会会长郭俊次、中国统一联盟主席王津平为副总团长的台湾“三团体”北京参访团一行。

3月23日下午　全国人大常委谢克昌在人民大会堂参加国家主席胡锦涛举行的欢迎乌拉圭总统巴斯克斯访华仪式及晚宴。

3月23日—28日　民革中央调研组赴河北省开展组织工作调研。

3月24日　厉无畏、何丕洁在机关会见在中央社会主义学院第21期民主党派干部进修班、培训班学习的民革学员并举行座谈。

3月26日—4月3日　民革中央调研组赴福建省开展组织工作调研。

3月30日　民革中央与上海市社会科学院合作签约仪式在上海社科院举行。厉无畏、齐续春出席签约仪式。

4月1日　民革中央副主席修福金、何丕洁在中共中央统战部参加杜青林部长主持召开的党外人士座谈会，会议听取各民主党派中央对加强和改进新形势下党的建设问题的意见和建议，修福金代表民革中央发言。

4月3日中午　何丕洁在民革中央机关会见并宴请中国国民党驻美东支部“溯源之旅”大陆访问团一行。

4月8日—12日　修福金率民革中央调研组赴安徽省就农民工返乡就业与创业问题进行调研。

4月9日中午　周铁农、何丕洁在民革中央机关会见并宴请美国亚裔顾问委员会主席尚摩西。

4月13日　全国人大常委会副委员长周铁农在人民大会堂会见加拿大议会代表团。

4月14日　各民主党派中央、全国工商联参与毕节试验区建设座谈会在京召开。中共中央政治局常委、全国政协主席贾庆林出席并讲话。中共中央统战部部长杜青林主持座谈会。民革中央主席周铁农、副主席何丕洁出席座谈会。周铁农代表民革中央发言。

4月14日—22日　何丕洁率民革中央调研组赴广东省进行组织工作调研。

4月15日—22日　应台湾“新同盟会”邀请，修福金率中华中山文化交流协会代表团赴台湾访问。

4月20日　何丕洁在云南昆明出席民革社会服务工作昆明研讨会。

4月26日晚　周铁农、修福金在民革中央机关会见并宴请巴西中国和平统一促进总会访问团。

4月27日　全国政协副主席厉无畏率全国政协社会和法制委员会、民革中央联合调研组，就“非正常信访的终结机制”于上午在最高人民法院调研，下午在全国政协听取最高人民检察院、公安部、国家信访局的情况介绍。

4 月 27 日—29 日　民革中央在北京召开台湾问题与国际问题专家专题研讨会，修福金出席会议。

4 月 28 日　由民革中央办公厅主办、民革中央画院承办的“盛世风采——庆祝中华人民共和国成立 60 周年民革全国书画展”开幕式在中国美术馆举行。周铁农出席开幕式并致词。

5 月 4 日　民革中央副主席何丕洁在人民大会堂出席纪念“五四”运动 90 周年大会。

5 月 5 日—9 日　何丕洁率民革中央调研组赴广西北海、防城港、南宁和百色等地调研。

5 月 5 日—11 日　周铁农、厉无畏率民革中央调研组赴山东，就进一步规范农村土地流转问题开展调研。钮小明、修福金及中共中央统战部、农业部、上海市社科院、安徽农业大学等单位相关部门负责人和专家学者参加调研。

5 月 5 日—13 日　民革中央调研组赴江西省进行组织工作调研。

5 月 9 日—13 日　何丕洁率民革中央调研组赴云南开展社会服务工作调研。

5 月 10 日　全国政协常委修福金在人民大会堂参加国家主席胡锦涛举行的欢迎科威特国埃米尔萨巴赫访华仪式及晚宴。

5 月 11 日　民革中央下发《民革中央关于建立思想政治交接长效机制的实施意见（试行）》。

5 月 12 日　全国人大常委会副委员长、民革中央主席周铁农随中共中央领导同志赴四川参加“5·12”大地震 1 周年纪念活动。

5 月 13 日　厉无畏在北京雍和宫大厦出席全国创意产业发展研讨会。

5 月 13 日—19 日　周铁农率民革中央调研组赴福建省，就构建海峡经济区、促进两岸共同繁荣课题开展调研。修福金及中央有关工作部门负责人参加调研。

5 月 15 日—17 日　程崇庆在海口出席民革海南省委会成立 20 周年纪念大会。

5 月 18 日—25 日　民革中央调研组赴甘肃进行组织工作调研。

5 月 19 日　全国人大常委会副委员长周铁农陪同国家主席胡锦涛在人民大会堂会见巴西总统代表团。

5 月 20 日—21 日　《团结报》顾问委员会 2009 年工作会议在民革中央机关召开。修福金出席会议开幕式并讲话。

5 月 20 日—27 日　全国政协副主席、民革中央常务副主席厉无畏率全国政协、民革中央及最高人民法院联合调研组，先后赴河北、山西、河南三省就建立健全非正常上访终结机制开展专题调研。民革中央副主席、最高人民法院副院长万鄂湘，最高人民检察院副检察长姜建初，全国政协社会和法制委员会、最高人民法院、最高人民检察院等单位相关部门负责同志和部分专家参加调研。

5 月 21 日—23 日　何丕洁在上海出席民革上海市委会庆祝上海解放 60 周年暨民革上海香山画院建院 5 周年庆典活动。

5 月 22 日　民革中央教科文卫体委员会调研课题座谈会在民革中央机关举行，委员会主任傅惠民出席座谈会。

5 月 22 日　民革中央通过中共中央统战部向中共中央、国务院报送了《关于进一步做好返乡农民工创业与就业工作的建议》。

5 月 25 日下午　全国人大常委会副委员长周铁农在人民大会堂会见韩国议会代

表团。

5月25日—26日　民革中央网站特约编辑培训班在民革中央机关举办，修福金出席开班仪式并讲话。

5月26日　民革中央网站开通仪式在民革中央机关举行，周铁农出席开通仪式并点击鼠标开通网站，齐续春、修福金、何丕洁出席开通仪式，修福金在开通仪式上讲话。民革中央网站网址为 http://www.minge.gov.cn。

5月27日　民革中央副主席修福金在中共中央统战部参加统战系统对台工作研讨会。

5月30日下午　民革中央监督委员会在武汉市召开第二次全体会议。中央监督委员会主任厉无畏，副主任何丕洁及监督委员会委员参加会议。会议听取了何丕洁关于中央监督委员会成立以来的工作情况汇报；讨论了周铁农在民革十一届七次中常会上所作的关于进一步做好党内监督工作的讲话；研究了中央监督委员会下一阶段工作。

5月30日—31日　中国国民党革命委员会第十一届中央常务委员会第七次会议在武汉市召开。本次会议的主题是研究如何在新形势下进一步健全和完善民革党内监督机制，做好党内监督工作；研究如何面对国际金融危机，更好地发挥民革优势与特色，进一步做好参政议政工作。周铁农、厉无畏、钮小明、齐续春、修福金、刘凡、傅惠民、何丕洁及中央常委出席会议，厉无畏主持会议开幕式，周铁农在开幕式上作“进一步做好党内监督工作，开创民革自身建设新局面”的讲话。

6月5日—7日　民革全国涉台参政议政暨第五届《台湾研究》特邀撰稿人工作会议在甘肃省酒泉市召开。周铁农出席会议并在开幕式上讲话，修福金作报告。

6月10日　全国人大常委会法制工作委员会就民革中央在全国政协十一届二次会议上提交的《关于进一步完善农村法制环境建设，促进社会主义新农村和谐发展的建议》提案作出答复。

6月10日　全国人大常委会副委员长周铁农在人民大会堂会见意大利议会中国之友协会代表团。

6月12日　民革中央人口资源环境委员会召开在京部分委员会议，委员会主任何丕洁出席会议并讲话。

6月15日　周铁农、厉无畏、齐续春、修福金在中共中央统战部参加情况通报会。

6月15日、18日　民革中央妇女和青年工作委员会围绕“民革青年党员思想和工作情况”主题召开两场调研座谈会。钮小明、傅惠民、何丕洁及来自北京市的青年党员参加座谈会。

6月16日　民革中央学习贯彻科学发展观辅导讲座在民革北京市委会举行。周铁农向民革北京市委会各级领导班子成员和中青年骨干党员作学习贯彻科学发展观专题辅导报告。厉无畏、齐续春、修福金、刘凡、傅惠民、何丕洁及民革中央在京常委出席报告会。

6月18日—22日　民革中央调研组赴广东省和上海市，就民革省级组织机关建设工作进行调研。

6月21日—23日　修福金在江苏省南京市参加民革南京市委会举办的纪念孙中山先生奉安大典80周年系列活动。

6月23日　财政部就民革中央在全国政协十一届二次会议上提交的《关于进一步完善农村法制环境建设，促进社会主义新农村和谐发展的建议》提案作出答复。

6月24日　民革中央向荣获2009年度全国五一劳动奖章的四名民革党员发出

贺信，向他们表示热烈祝贺。

6月24日—7月2日　民革中央调研组赴安徽、江西两省，就民革省市级组织机关建设情况进行调研。

6月25日　全国人大常委会副委员长周铁农在人民大会堂参加国家主席胡锦涛举行的欢迎土耳其总统居尔访华仪式及晚宴。

6月26日　民革中央副主席何丕洁在中共中央统战部参加统一战线参与毕节试验区建设专题调研动员会。

6月28日　住房和城乡建设部就民革中央在全国政协十一届二次会议上提交的《关于加强农村垃圾管理，促进农村生态环境的建议》提案作出答复。

6月29日—7月4日　钮小明率民革中央调研组就四川地震灾后重建的城乡一体化问题在四川调研。

6月30日　民革中央通过中共中央统战部向中共中央、国务院报送了《关于健全农村土地承包经营权流转制度的建议》。

7月1日　全国人大常委会法制工作委员会就民革中央在全国政协十一届二次会议上提交的《关于检察院提起民事公益诉讼的建议》提案作出答复。

7月1日—12日　应巴西中国和平统一促进总会、阿根廷中国和平统一促进会及智利中国和平统一促进会的邀请，周铁农率中华中山文化交流协会代表团赴巴西、阿根廷、智利访问。

7月2日　何丕洁在中国美术馆出席“庆祝中华人民共和国成立60周年暨中国共产党领导的多党合作和政治协商制度确立60周年书画展”开幕式。

7月7日　民革中央下发《民革中央关于进一步做好组织发展工作若干问题的意见》。

7月9日　民革中央下发《关于认真学习〈六个“为什么”——对几个重大问题的回答〉的通知》。

7月9日　民革中央画院第八次院务会议在民革中央机关召开，何丕洁与画院有关负责同志参加会议。

7月12日—16日　齐续春率调研组赴宁夏回族自治区，就基层农技推广体系改革与发展问题进行调研。

7月12日—19日　民革中央调研组赴云南、贵州两省，就民革省市级组织机关建设情况进行调研。

7月13日　全国政协召开专题协商会，围绕“加快发展方式转变和结构调整，提高可持续发展能力”问题听取政协委员和各民主党派中央、全国工商联意见。全国政协常委、民革中央副主席修福金参加会议并代表民革中央作了题为《完善民营企业共享行业发展机遇的制度环境，帮助民营企业在化危为机中发展壮大》的发言。

7月15日　湖南中山文化交流协会成立暨第一届理事大会在长沙市举行，民革中央常务副主席、中华中山文化交流协会会长厉无畏出席会议并致贺词。

7月15日—20日　何丕洁率民革中央调研组赴内蒙古，就组织工作进行专题调研。

7月17日　民革中央通过中共中央统战部向中共中央、国务院报送了《关于建立健全非正常上访终结机制的建议》。

7月17日　民革内蒙古自治区委会成立25周年庆祝大会在呼和浩特市举行，何丕洁出席大会并致贺词。

7月17日—26日　中华中山文化交流协会副会长修福金率中华中山文化交流协会代表团赴美国、加拿大访问。

7月21日　中共中央在中南海召开党外人士座谈会，就当前经济形势和下半年经济工作听取各民主党派中央、全国工商联领导人和无党派人士意见和建议。中共中央总书记胡锦涛主持座谈会并发表重要讲话，中共中央政治局常委温家宝、贾庆林、习近平、李克强出席座谈会。民革中央主席周铁农、常务副主席厉无畏出席座谈会，周铁农代表民革中央发言。

7 月 21 日　民革中央通过中共中央统战部向中共中央、国务院报送了《关于尽快在我国西南喀斯特岩溶山区继续实施退耕还林试点工作的建议》。

7 月 21 日—30 日　周铁农率民革中央调研组赴黑龙江省，就国家粮食主产区现代农业发展问题进行专题调研。

7 月 24 日　由民革中央和农工党中央共同组成的毕节地区生态建设和环境保护专题调研组在民革中央机关召开第一次会议。民革中央副主席、调研组组长何丕洁出席会议。

7 月 28 日　民革中央在民革上海市委会举行学习贯彻科学发展观辅导讲座。厉无畏出席报告会并为民革上海市各级组织领导班子成员和骨干党员作辅导报告。

国家发改委就民革中央在全国政协十一届二次会议上提交的《关于构建“海峡经济区”的几点建议》提案作出答复。

7 月 28 日—29 日　中共中央政治局常委周永康、国务委员兼国务院秘书长马凯分别就民革中央报送的《关于建立健全非正常上访终结机制的建议》作出批示。

7 月 29 日、8 月 14 日　住房和城乡建设部、水利部分别就民革中央在全国政协十一届二次会议上提交的《沿海城市相对海平面上升因素及其对策》提案作出答复。

7 月 30 日—8 月 7 日　民革中央妇女和青年工作委员会主任钮小明率“孤残儿童救助与权利保护”调研组赴湖南调研。

8 月 3 日　由历届“台湾高校杰出青年大陆参访团”成员组成的“第一届台湾杰出青年暑期研习营”一行 15 人走访民革中央机关，民革中央有关部门负责人会见营员并与之亲切座谈。

8 月 3 日—9 日　全国政协副主席厉无畏率全国政协委员考察团在内蒙古考察新中国成立 60 年民族地区经济社会发展情况，全国政协常委修福金参加考察。

8 月 4 日　商务部就民革中央在全国政协十一届二次会议上提交的《关于加快新农村现代流通体系建设，拉动农村市场内需的建议》提案作出答复。

8 月 5 日—11 日　全国人大常委会副委员长周铁农率全国人大检查团在辽宁进行《中华人民共和国工会法》执法检查。

8 月 7 日—23 日　由民革中央画院主办的“盛世风采——庆祝中华人民共和国成立 60 周年民革全国书画展”分别在山东省青岛市美术馆、辽宁省大连市现代博物馆、甘肃省兰州市博物馆巡展。厉无畏出席大连巡展开幕式，何丕洁出席三省巡展开幕式并致词。

8 月 8 日—10 日　民革中央在云南大理召开全国省级组织办公室工作研讨会，齐续春出席会议并讲话。

8 月 10 日　民革中央以中华中山文化交流协会名义致电台湾“新同盟会”、中华花艺文教基金会、南台湾社团精英联谊会、海峡两岸和平统一促进会、奇美集团、高雄商业总会等六团体，对台湾遭受“莫拉克”台风暴雨袭击表示亲切慰问。海峡两岸和平统一促进会、台湾“新同盟会”等团体收到函电后，立即回复表示感谢。

8 月 10 日　住房和城乡建设部就民革中央在全国政协十一届二次会议上提交的《关于加快修订〈中华人民共和国城市房

地产管理法〉，促进房地产业的健康发展的建议》提案作出答复。

8 月 11 日　人力资源和社会保障部就民革中央在全国政协十一届二次会议上提交的《关于返乡农民工就业、创业的建议》提案作出答复。

8 月 11 日　中共中央在中南海召开党外人士座谈会，就《中共中央关于加强和改进新形势下党的建设若干重大问题的决定》（征求意见稿）听取各民主党派中央、全国工商联领导人和无党派人士的意见和建议。中共中央总书记胡锦涛主持座谈会，中共中央政治局常委贾庆林、习近平、贺国强出席座谈会。民革中央主席周铁农、常务副主席厉无畏出席座谈会，周铁农代表民革中央发言。

8 月 12 日上午　修福金在哈尔滨市出席民革中央孙中山研究学会黑龙江分会成立大会。

8 月 12 日　民革北京市委会在全国政协礼堂举行纪念多党合作制度确立 60 周年暨民革北京市委会成立 60 周年纪念大会。民革中央主席周铁农、原主席何鲁丽，北京市政协主席阳安江，中共北京市委常委、市委统战部部长牛有成，民革中央副主席、民革北京市委会主委傅惠民等出席会议。周铁农代表民革中央在大会上致词。傅惠民讲话。

8 月 12 日、17 日、25 日　民革中央分别在黑龙江哈尔滨市、吉林长春市、宁夏银川市举行学习贯彻科学发展观辅导讲座，修福金出席并为三省、区民革各级组织领导班子成员、骨干党员作专题辅导报告。

8 月 18 日上午　周铁农在民革中央机关接受全国政协“共铸辉煌”专题片剧组采访。

8 月 18 日　民革中央副主席傅惠民、何丕洁在京西宾馆出席中华职教社第十次全国代表大会开幕式。

8 月 19 日上午　民革中央社会和法制委员会与致公党中央法制建设委员会在民革中央机关联合召开“司法公正与司法环境”专题座谈会。民革中央社会和法制委员会主任万鄂湘，中国侨联副主席、致公党北京市委会主委、致公党中央法制建设委员会主任李昭玲等参加会议。

8 月 19 日　民革中央通过中共中央统战部向中共中央、国务院报送了《关于大力推进基层农技推广体系改革与建设的建议》。

8 月 19 日　民革中央办公厅向民革各省级组织下发了《关于向台湾受灾同胞提供援助的通知》。截至 9 月 9 日，已收到民革各级组织、广大党员捐款共计人民币 424216 元。

8 月 19 日—20 日　修福金在吉林会见台湾新同盟会会长许历农先生一行。

8 月 20 日　农业部就民革中央在全国政协十一届二次会议上提交的《关于确保我国粮食安全，促进粮食主产区农民增收的建议》提案作出答复。卫生部就民革中央在全国政协十一届二次会议上提交的《关于采取有效措施控制出生缺陷的建议》提案作出答复。

8 月 20 日　周铁农在民革中央机关就新中国成立 60 周年以及 60 年来多党合作和政治协商制度发展情况接受新华社、中央人民广播电台采访。

8 月 21 日　民革中央办公厅向民革各省级组织下发《齐续春同志在民革全国省级组织办公室工作研讨会上的讲话》。

8 月 24 日—25 日　修福金在宁夏银川市出席民革西部十一省（区、市）第九次党务工作研讨会。

8 月 24 日—28 日　民革中央社会服务

部、中国医学基金会联合考察组赴宁夏回族自治区、内蒙古自治区，就基层医疗扶贫工作进行考察。

8月25日　民革中央在天津市举办学习贯彻科学发展观辅导讲座，何丕洁出席并为天津市民革各级组织领导班子成员、骨干党员作专题辅导报告。

8月25日　广东省政府就民革中央在全国政协十一届二次会议上提交的《关于尽快易地重建广州新一军抗日阵亡将士公墓的建议》提案作出答复。

8月25日、27日、31日　水利部、最高人民法院、环境保护部分别就民革中央在全国政协十一届二次会议上提交的《关于加强水资源司法保护的建议》提案作出答复。

8月26日上午　“台湾记忆——宝旺杯海峡两岸交流图片故事”征文活动颁奖仪式暨《台湾记忆——图说宝岛》图书首发式在民革中央机关举行。周铁农、修福金、何丕洁、台盟中央副主席黄志贤、全国台联副会长纪斌出席仪式，周铁农在仪式上讲话。

8月26日　财政部就民革中央在全国政协十一届二次会议上提交的《关于将部分国有股划转社保基金用于农村社会保障的建议》提案作出答复。

8月26日　司法部就民革中央在全国政协十一届二次会议上提交的《关于增加法定公证事项的建议》提案作出答复。

8月26日晚　全国人大常委会副委员长周铁农在钓鱼台国宾馆会见缅甸联邦巩固与发展协会访问团一行。

8月27日　民革中央主席周铁农在中央统战部接受中央电视台《焦点访谈》栏目组采访。

8月28日—9月3日　周铁农率民革中央调研组赴山西省太原、阳泉、晋中、临汾、运城等地，就农村环境污染与保护现状开展调研，谢克昌等参加调研。

8月30日—9月6日　全国政协常委修福金参加全国政协代表团赴西藏拉萨，庆祝西藏自治区政协成立50周年。

8月31日　民革中央办公厅向民革各省级组织下发了《关于做好2010年度〈团结报〉征订工作的通知》。

9月2日　民革中央画院第三次理事会在天津市召开，何丕洁出席会议。

9月4日—8日　由中共中央统战部牵头组织，民革中央、农工党中央负责的“毕节实验区生态建设和环境保护专题调研”课题组组织部分专家赴贵州毕节地区开展考察调研。环境保护部、国土资源部、清华大学、贵州大学有关专家参加调研。

9月5日　中共中央政治局常委、国务院总理温家宝就民革中央报送的《关于进一步做好汶川特大地震灾后重建工作的建议》作出批示。

9月5日—6日　中共中央政治局常委、国务院总理温家宝，中共中央政治局委员、国务院副总理回良玉，中共中央政治局委员、国务委员刘延东分别就民革中央报送的《关于大力推广基层农技体系改革与建设的建议》作出批示。

9月7日　第五期民革中青年干部培训班在中央社会主义学院开班。周铁农、何丕洁出席开班式。

9月8日—9日　由民革中央、中共重庆市委联合主办的“2009年中国新农村法制建设论坛”在重庆市举行，周铁农、钮小明、万鄂湘等出席会议。周铁农在论坛开幕式上讲话，万鄂湘作论坛总结。中共重庆市委常委、政法委书记刘光磊出席论坛开幕式并致词。

9月9日　司法部就民革中央在全国

政协十一届二次会议上提交的《关于进一步完善农村法制环境建设，促进社会主义新农村和谐发展的建议》提案作出答复。

9月10日　全国政协常委修福金在人民大会堂参加胡锦涛主席主持的欢迎中非共和国总统博齐泽访华仪式及晚宴。

9月10日—11日　民革中央教科文卫体委员会就我国保健食品安全状况及监督管理体系在北京市开展专题调研。委员会主任傅惠民及部分在京委员参加调研。

9月14日　《合作与奉献——毕节试验区专家顾问组20年》出版座谈会在民革中央机关举行。周铁农、何丕洁、民进中央副主席朱永新、致公党中央副主席李卓彬、全国工商联副主席孙安民、支援贵州毕节试验区规划实施专家顾问组部分成员及中共中央统战部有关负责同志、各民主党派中央、全国工商联社会服务部门负责同志、中共贵州省委统战部、毕节地委统战部领导同志等参加会议。座谈会由顾问组副组长、民革中央原副主席胡敏主持。

9月14日　统一战线庆祝中华人民共和国成立60周年暨多党合作制度确立60周年座谈会在北京召开。民革中央主席周铁农、常务副主席厉无畏，副主席齐续春、修福金、傅惠民、何丕洁出席座谈会，周铁农代表民革中央发言。

9月16日上午　全国政协副主席厉无畏在全国政协礼堂出席《情系国计民生·政协提案的故事（丛书）》首发式。

9月16日　民革中央学习贯彻科学发展观辅导讲座在民革四川省委会举行。钮小明出席并为民革四川省委会常委、省直工委及民革成都市委会骨干党员，省委会、市委会机关干部作专题辅导报告。

9月16日—20日　民革中央人口资源环境委员会主任何丕洁率调研组赴江苏、浙江两省就风电能源开发利用问题开展专题调研。

9月17日　证监会就民革中央在全国政协十一届二次会议上提交的《关于加强对限售股减持进行监管的建议》提案作出答复。

9月19日上午　民革中央主席周铁农，常务副主席厉无畏，副主席修福金在中共中央统战部礼堂参加情况通报会，杜青林部长传达中共十七届四中全会精神。

9月19日　民革中央学习贯彻科学发展观辅导讲座在安徽省合肥市举行。齐续春出席并为民革安徽省委会常委、部分市级组织和省直支部领导班子成员及骨干党员作专题辅导报告。

9月19日—22日　由民革中央画院主办的“盛世风采——庆祝中华人民共和国成立60周年民革全国书画展”在安徽省合肥市久留米友好美术馆进行巡展。齐续春及安徽省有关方面领导同志出席巡展开幕式。

9月20日　民革中央主席周铁农，常务副主席厉无畏，副主席钮小明、齐续春、修福金、刘凡、程崇庆、傅惠民、何丕洁在全国政协礼堂参加庆祝中国人民政治协商会议成立60周年大会。

9月21日　中国国民党革命委员会第十一届中央常务委员会第八次会议在民革中央机关召开，会议主题是学习中共十七届四中全会精神。周铁农、厉无畏、钮小明、齐续春、修福金、刘凡、程崇庆、傅惠民、何丕洁及中央常委出席会议，厉无畏主持会议，周铁农在会上讲话。

9月22日　民革中央主席周铁农、副主席齐续春在中共中央统战部参加党外人士情况通报会。

9月23日　民革中央通过中共中央统战部向中共中央、国务院报送了《关于进一步扶持粮食主产区，确保我国粮食安全的建议》。

9月23日—24日　厉无畏、修福金在京西宾馆参加中国和平统一促进会第八届理事大会。

9月24日—27日　由民革中央画院主办的“盛世风采——庆祝中华人民共和国成立60周年民革全国书画展”在江西省南昌市南昌美术馆进行巡展。何丕洁与江西省有关方面领导同志出席巡展开幕式。

9月26日　民革中央副主席修福金在安徽九华山出席欧洲华侨华人社团联合会十五届二次常务理事工作会议开幕式并致词。

9月27日　厉无畏、何丕洁在民革中央机关会见在中央社会主义学院第22期民主党派干部进修班学习的民革学员并座谈。

9月28日　农业部就民革中央在全国政协十一届二次会议上提交的《关于规范农村土地承包经营权流转及土地流转标准合同文本的建议》提案作出答复。

9月28日晚　周铁农、修福金在民革中央机关会见并宴请应民革中央邀请来京参加国庆活动的部分台湾知名人士、参加欧洲华侨华人社团联合会十五届二次理事会议的部分代表及在京的欧洲、北美、南美、大洋洲部分侨界代表人士。

9月29日　周铁农在民革中央机关会见澳大利亚中国和平统一促进会代表团一行。

9月30日　民革中央主席周铁农，常务副主席厉无畏，副主席万鄂湘、齐续春、刘凡、傅惠民、何丕洁在人民大会堂参加国务院举行的2009年国庆招待会。

10月1日上午　周铁农、厉无畏、万鄂湘、齐续春、修福金、刘凡、傅惠民、何丕洁在天安门广场参加首都各界庆祝中华人民共和国成立60周年大会。

10月1日晚　周铁农、厉无畏、万鄂湘、齐续春、修福金、刘凡、傅惠民、何丕洁在天安门广场参加首都各界庆祝中华人民共和国成立60周年联欢晚会。

10月2日　温家宝、回良玉分别就民革中央报送的《关于进一步扶持粮食主产区，确保我国粮食安全的建议》作了批示。

10月9日下午　民革中央中心学习组在民革中央机关召开学习座谈会（扩大），专题学习中共十七届四中全会精神。周铁农出席会议并讲话，厉无畏主持座谈会。万鄂湘、齐续春、修福金、傅惠民、何丕洁，在京中央常委，中央机关处级以上干部，《团结报》负责人参加座谈会。

10月11日—17日　民革中央调研组赴湖南、湖北两省就民革非公经济发展情况和支边扶贫工作进行调研。

10月12日　民革中央学习贯彻科学发展观辅导讲座在江苏省南京市举行。程崇庆出席并为民革江苏省委会常委、各市委会和省直工委负责人、省委会机关干部作辅导报告。

10月13日　民革中央教科文卫体委员会调研组赴天津经济技术开发区，就我国保健食品安全状况和监督管理体系开展调研。委员会主任傅惠民及部分委员参加调研。

10月15日—16日　由民革中央孙中山研究学会和中国辛亥革命研究会联合主办的“孙中山研究与中山学”学术研讨会在安徽省黄山市召开。民革中央主席、民革中央孙中山研究学会和中国辛亥革命研究会会长周铁农，民革中央副主席、民革中央孙中山研究学会和中国辛亥革命研究会副会长修福金，安徽省、黄山市有关方面负责同志，学术界孙中山研究专家、学者参加会议。

10月15日—16日　由民革中央画院

主办的“盛世风采——庆祝中华人民共和国成立60周年民革全国书画展”在海南省博物馆进行巡展。齐续春及海南省有关方面负责同志出席巡展开幕式。

10月16日—18日　民革华北地区工作会议在山西省临汾市召开。谢克昌、傅惠民、何丕洁，民革天津市委会、河北省委会、内蒙古区委会有关负责同志和机关处室负责人，民革中央办公厅、中共山西省委统战部有关负责同志出席会议。

10月21日　周铁农、修福金在民革中央机关会见了以台湾新同盟会会长许历农先生为团长的第三届台湾新同盟会中南部会员（会友）大陆参访团一行。许历农先生向民革中央赠送了一批手稿。此次捐赠的手稿包括许历农先生多年来发表的演讲稿、建言、信函及政论文章，真实展现了他坚持祖国统一、反对“台独”分裂的鲜明立场。

10月23日—24日　《团结报》2009年度记者站工作会议在浙江省杭州市举行，修福金出席会议并讲话。

10月25日　为促进社会主义新农村建设，发展休闲农业与乡村旅游，民革中央与农业部、国家旅游局、浙江省人民政府在浙江省湖州市安吉县联合举办“中国（安吉）休闲农业与乡村旅游高层论坛”。厉无畏出席论坛并作“创意农业与创意旅游”主题演讲，修福金在会上致词并代表民革中央向安吉颁发了“民革中央社会主义新农村建设调研基地”匾额。

10月26日　民革中央通过中共中央统战部向中共中央、国务院报送了《关于新农村建设中环境污染与保护情况的调研报告》。

10月27日　齐续春、何丕洁在中央机关会见并宴请了台湾爱丽丝合唱团一行并与团员亲切交流。当晚，北京市台联在北京梅兰芳大剧院举办“金秋牵手两岸情，北京放歌度重阳”演唱会。台湾爱丽丝合唱团与北京市政协合唱团、民革中央老干部合唱团共同在舞台上献唱。

10月28日—30日　2009年民革华东地区六省一市工作研讨会在安徽省芜湖市召开。何丕洁及民革安徽、上海、江苏、浙江、福建、江西、山东等省级组织有关负责同志出席会议，安徽省、芜湖市有关方面负责同志到会祝贺。何丕洁在会议开幕式上代表民革中央向会议召开表示祝贺。

10月30日　农业部就民革中央在全国政协十一届二次会议上提交的《关于加强草原生态保护建设，促进牧区可持续发展的建议》提案作出答复。

11月2日—4日　民革全国组织工作会议在湖南省张家界市召开。周铁农、厉无畏、万鄂湘、谢克昌、何丕洁，部分民革省级组织主委、各省级组织分管副主委、组织部门负责同志，民革中央有关部门负责同志参加会议。周铁农在开幕会上讲话，何丕洁在开幕会上作了题为“深入学习贯彻科学发展观，全面推进民革组织工作”的工作报告，厉无畏在闭幕会上讲话。

11月3日　中共中央政治局常委、国务院总理温家宝就民革中央报送的《关于新农村建设中环境污染与保护情况的调研报告》作出批示。

11月3日—5日　由民革中央画院、民革福建省委会、莆田市逸仙书画院、台中市中国书学研究发展学会、台北福建同乡会等单位联合举办的“盛世风采·潮涌海西——海峡两岸书画名家作品交流展”在福建省莆田市艺术馆举行。周铁农、修福金，中国国民党荣誉主席连战等为此次书画展题词，钮小明出席书画展开幕式。

11月9日　民革中央下发《科学发展

观与参政党建设》。

11 月 10 日　全国人大常委会副委员长周铁农在人民大会堂会见塞尔维亚议会外委会代表团一行。

11 月 10 日—12 日　民革十一届中央祖国和平统一促进委员会第二次全体会议在天津召开。祖统委员会负责同志、委员参加会议。

11 月 12 日　全国政协在北京中山公园中山堂举行仪式，纪念伟大的革命先行者孙中山先生诞辰 143 周年。全国政协副主席陈奎元主持纪念仪式。全国政协副主席孙家正代表全国政协、民革中央主席周铁农代表民革中央、中共中央统战部副部长楼志豪代表中共中央统战部、北京市副市长陈刚代表北京市人民政府向孙中山先生塑像敬献花篮。

11 月 13 日　由民革中央主办，民革江苏省委会等单位协办，中共苏州市委统战部等单位联合承办的纪念南社成立 100 周年大会在江苏省苏州市举行。周铁农、修福金、朱培康出席大会。周铁农在会上讲话。纪念大会后还举行了南社纪念馆开馆仪式、纪念南社成立 100 周年学术研讨会等系列活动。

11 月 13 日　民革中央下发《关于表彰 2009 年度为民革中央提案工作作出贡献的先进集体及先进个人的决定》、《关于表彰 2009 年度为民革中央反映社情民意信息工作作出贡献的先进集体的决定》。

11 月 15 日　民革福建省委会在福州市举行成立 55 周年纪念大会，齐续春出席大会。

11 月 16 日　民革中央副主席修福金在中共中央统战部参加党外人士情况通报会，听取银监会主席刘明康关于近期经济金融情况的介绍。

11 月 18 日—19 日　由国务院扶贫办、全国工商联主办，民革中央社会服务部等单位承办的全国扶贫协作优势产业推介暨招商引资洽谈会在广西南宁市召开。周铁农、何丕洁出席会议，周铁农在洽谈会上讲话。

11 月 19 日　修福金在民革中央机关参加民革中央与台盟中央关于协调全国政协大会发言及建立对台工作交流合作机制会议。

11 月 19 日　民革中央向获得 2009 年“全国三八红旗手”荣誉称号的 2 名民革党员发出贺信。

11 月 20 日　民革中央在民革山东省委会举行学习贯彻科学发展观辅导讲座，修福金为山东省民革各级组织领导班子成员、党员骨干作专题辅导报告。

11 月 22 日—24 日　2009 年民革全国参政议政工作暨成果交流会在广西南宁市召开，周铁农、厉无畏、齐续春出席会议。周铁农在开幕式上讲话，齐续春作工作报告。

11 月 23 日下午　民革中央副主席修福金、何丕洁在中共中央统战部参加党外人士情况通报会，听取关于美国总统奥巴马访华情况介绍。

11 月 23 日　民革中央顾问、原民革中央监察委员会常务委员，我国著名翻译家、外国文学研究专家杨宪益在北京逝世，享年 95 岁。

11 月 23 日—12 月 2 日　应台湾中华文化教育学会的邀请，中华中山文化交流协会职业教育交流考察团赴台湾参观访问。

11 月 26 日—29 日　民革中央调研组及贵州大学有关专家赴贵州省纳雍县开展扶贫工作调研。

11 月 30 日　农业部就民革中央在全国政协十一届二次会议上提交的《关于强化财政投入，创新体制机制，大力推进基层农技推广体系改革和建设的建议》提案作出答复。

12月1日　《民革与新中国的建立》一书出版座谈会在民革中央机关举行，周铁农、厉无畏、修福金、何丕洁、朱培康出席座谈会，周铁农在出版座谈会上讲话。该书由民革中央宣传部组织编写，修福金任主编，周铁农作序。

12月2日　民革中央通过中共中央统战部向中共中央、国务院报送了《关于构建海峡经济区，促进两岸共同繁荣的建议》。

12月4日　中国国民党革命委员会第十一届中央常务委员会第九次会议在北京国际会议中心召开。周铁农、厉无畏、钮小明、万鄂湘、齐续春、谢克昌、修福金、刘凡、程崇庆、傅惠民、何丕洁及中央常委出席会议，厉无畏主持会议。

12月5日　第二届中华中山文化交流协会在京常务理事会议在北京国际会议中心召开。中华中山文化交流协会会长厉无畏，副会长齐续春、修福金、何丕洁及在京常务理事出席会议，厉无畏在会上讲话。

12月5日—7日　中国国民党革命委员会第十一届中央委员会第三次全体会议在北京国际会议中心召开。会议主题是学习贯彻中共十七届四中全会精神，审议第十一届中央常务委员会工作报告。周铁农、厉无畏、钮小明、万鄂湘、齐续春、谢克昌、修福金、刘凡、程崇庆、傅惠民、何丕洁及中央委员出席会议，何鲁丽、童傅、胡敏、朱培康、刘民复和中央顾问出席会议开幕式，中央各工作部门和团结报社、团结出版社负责人列席会议。

12月6日　民革十一届中央妇女和青年工作委员会第二次全体会议在北京国际会议中心召开。委员会主任钮小明，副主任、委员出席会议。

12月7日　民革中央副主席齐续春在中共中央统战部参加党外人士情况通报会，听取杜青林部长通报中央经济工作会议精神。

12月8日上午　民革中央副主席何丕洁在中共中央统战部参加各民主党派中央、全国工商联负责人参与毕节试验区建设工作座谈会。

12月8日　民革十一届中央社会和法制委员会第二次全体会议在北京国际会议中心召开。委员会主任万鄂湘，副主任、委员出席会议，万鄂湘在会议上讲话。

12月8日—9日　民革十一届中央人口资源环境委员会第二次全体会议在北京召开。委员会主任何丕洁，副主任、委员出席会议。

12月10日　民革中央致信民革山东省委会副主委、中国海洋大学水产学院院长麦康森，祝贺他当选中国工程院院士。12月2日，麦康森被增选为中国工程院院士（农业学部）。

12月11日　中国证券监督管理委员会就民革中央在全国政协十一届二次会议上提交的《关于沪深证券交易所公司制改革的建议》提案作出答复。

12月11日—22日　全国政协副主席厉无畏率中国人民争取和平与裁军协会代表团出访土耳其、塞浦路斯。

12月16日　民革中央下发《关于开展“学习和践行社会主义核心价值体系”活动的通知》。

12月16日　宁夏回族自治区卫生厅就民革中央向宁夏基层卫生机构捐赠医疗设备一事向民革中央发来答谢函。2009年以来，经民革宁夏区委会深入基层调研及多方协调，民革中央先后向宁夏9家县乡级医疗卫生机构捐赠了总价值720万元的进口先进医疗设备。

12月17日　民革中央学习贯彻科学发展观辅导讲座在山西省太原市举行。谢克昌出席并为民革山西省委会委员、省直各基层支部主委、省委会机关干部作专题辅导报告。

12月17日—18日　由民革中央、广西区委会、南宁市人民政府共同主办的“纪念昆仑关大捷70周年”系列活动在广西南宁市举行。周铁农、修福金出席活动。17日，“纪念昆仑关大捷70周年学术研讨会”在南宁市举行，周铁农、修福金出席会议，周铁农在学术研讨会上讲话。18日，“公祭抗日民族忠烈大典”在昆仑关战役遗址举行，周铁农、修福金，中国国民党副主席蒋孝严，海峡两岸关系协会副会长王在希，广西壮族自治区有关方面领导同志，部分抗战将领后代出席公祭活动，周铁农宣读祭文。

12月18日　国家海洋局就民革中央在全国政协十一届二次会议上提交的《沿海城市相对海平面上升因素及其对策》提案作出答复。

12月19日—20日　民革十一届中央经济委员会、教科文卫体委员会第二次联席会议在北京召开。经济委员会主任齐续春、刘凡，教科文卫体委员会主任傅惠民，两个专委会有关负责同志及委员出席会议，齐续春在会议上讲话。

12月21日　民革中央学习贯彻科学发展观辅导讲座在云南省昆明市举行。修福金出席并为民革云南省委会常委、委员，各专门委员会委员，省直各支部及昆明市委会部分党员作专题辅导报告。

12月25日　国务院扶贫开发领导小组办公室向民革中央发来感谢信，对民革中央多年来对扶贫开发工作的关心与支持表示崇高的敬意和衷心的感谢。

12月30日　中共中央政治局常委、全国政协主席贾庆林就民革中央提交的《关于在两岸关系和平发展新形势下进一步做好台湾中南部人民工作的几点意见》作出批示。

刘则永　民革中央宣传部党史处副处长

中国民主同盟

1月1日　蒋树声主席、张梅颖第一副主席、张宝文常务副主席、李重庵副主席出席全国政协2009年新年茶话会。

1月4日　蒋树声主席、张梅颖第一副主席、张宝文常务副主席出席中共中央统战部情况通报会。会议通报统战部领导班子学习实践科学发展观有关情况，并就此征求各民主党派中央的意见和建议。蒋树声代表民盟中央发言。

1月4日—5日　李重庵副主席先后与中共毕节地委委员、毕节市委书记周荣和中共毕节地委副书记、行署专员张吉勇一行座谈，双方就扶贫开发、新农村建设及民盟对毕节的对口帮扶工作等交换了意见。蒋树声主席会见了张吉勇一行。

1月6日　李重庵副主席会见美国科技教育协会副主席乔龙庆，双方就今后进一步加强在教育领域的合作进行座谈。

1月7日　蒋树声主席主持召开主席办公会议，研究民盟中央2009年工作要点、民盟中央在全国政协十一届二次会议上的发言和提案题目及2009年重点调研课题等事项。张梅颖第一副主席，张宝文常务副主席，李重庵、索丽生副主席及高拴平秘书长出席会议。

1月9日上午　张梅颖第一副主席出席2008年度国家科学技术奖励大会。盟员徐光宪在大会上获国家最高科学技术奖，庄巧生等其他30位盟员分获国家科学技术进步奖一等奖等奖项。

1月9日下午　张宝文常务副主席会见中共广宗县委书记毕振水、县长刘立生等一行。社会服务部负责人参加会见。

1月9日　温思美副主席出席湖南民盟省级组织成立60周年庆祝大会，并代表民盟中央致词。

1月10日　蒋树声主席出席民盟海南省委会成立20周年庆祝大会，并代表民盟中央致词。会议期间，蒋树声与海南部分盟员座谈，并看望了民盟海南省委会机关工作人员。

1月12日—21日　蒋树声主席，张梅颖第一副主席，张宝文常务副主席，李重庵、索丽生副主席，高拴平秘书长及相关部门负责人分别看望在京老同志及老同志遗孀。

1月13日上午　索丽生副主席及参政议政部负责人出席全国政协举行的部委工作情况通报会。

1月13日下午　张宝文常务副主席、欧阳明高副主席出席中共中央统战部召开的各民主党派中央领导班子建设交流研讨会。张宝文代表民盟中央发言。

1月13日晚　张梅颖第一副主席，张宝文常务副主席出席中共中央统战部召开的党外人士迎春餐叙会。原副主席吴修平、厉以宁、袁行霈、俞泽猷、王维城，原顾问邬沧萍也应邀出席了餐叙会。

1月13日　李重庵副主席赴河北省广宗县葫芦乡西焦庄村看望慰问困难群众，了解当地养殖种植情况，并实地考察广宗县五里庄小学，出席民盟中央向五里庄小学捐赠电脑仪式。社会服务部负责人等陪同考察。

1月14日　张梅颖第一副主席、索丽生副主席走访水利部，与陈雷部长、胡四一副部长等座谈。参政议政部负责人陪同走访。

1月16日　民盟中央机关召开全体工作人员大会，总结机关2008年工作及青年干部培训班学习情况，部署2009年工作。张宝文常务副主席出席并讲话。高拴平秘书长主持会议。

1月22日　蒋树声主席、张梅颖第一副主席、张宝文常务副主席出席中共中央党外人士迎春座谈会。蒋树声代表民盟中央发言。

2月2日　蒋树声主席，张宝文常务副主席，李重庵、索丽生副主席阅读《政府工作报告（征求意见稿）》。

2月9日下午　蒋树声主席、张梅颖第一副主席、张宝文常务副主席出席中共中央党外人士座谈会。会议征求各民主党派中央、全国工商联负责人和无党派人士对《政府工作报告（征求意见稿）》的意见、建议。蒋树声代表民盟中央发言。

2月10日—14日　索丽生副主席陪同全国政协主席贾庆林在重庆调研。期间，索丽生走访了民盟重庆市委机关，并看望机关全体同志。

2月18日上午　索丽生副主席出席中共中央统战部召开的“两会”前民主党派成员思想态势分析座谈会，并代表民盟中央发言。宣传部负责人也参加了会议。

2月18日　李重庵副主席在随人大考察团赴浙江调研期间，走访民盟浙江省委会并与机关同志座谈。副主席徐辉也参加了座谈会。

2月19日上午　蒋树声主席主持召开主席办公会议，研究民盟中央在全国政协十一届二次会议上的大会发言、书面发言、提案及民盟十届六次中常会等事项。张梅颖第一副主席、张宝文常务副主席、索丽生副主席及高拴平秘书长出席会议。

2月19日下午　索丽生副主席出席民盟中央妇女委员会2009年第一次全体会议并讲话。参政议政部负责人参加会议。

2月21日　李重庵副主席在云南省红河州开展人大立法工作调研期间，看望红河州民盟基层干部，并同民盟州、市（县）主要负责人及机关专职干部座谈。

3月2日上午　张宝文常务副主席出席中央社会主义学院春季开学典礼，并受聘为中央社会主义学院院务咨询委员会委员。组织部负责人也参加了开学典礼。

3月2日晚　张宝文常务副主席，李重庵、索丽生副主席，高拴平秘书长及组织部负责人出席由九三学社中央主办的统战部长联谊会。会后，李重庵出席了北京市委统战部举办的京剧专场演出。

3月3日—12日　全国政协十一届二次会议在京举行。民盟中央提交大会口头发言1篇，书面发言3篇，提案25件，并参加了全国政协提案委员会举办的两场提案办理协商会。

3月10日晚　民盟十届六次主席会议在京举行。会议由蒋树声主席主持。张梅颖第一副主席，张宝文常务副主席，吴正德、李重庵、郑兰荪、张平、索丽生、丁仲礼、陈晓光、徐辉、温思美、欧阳明高副主席出席会议。会议原则通过了《民盟中央关于学习贯彻十一届全国人大二次会议和全国政协十一届二次会议精神的决定(草案)》,提请民盟十届六次中常会讨论通过;会议还讨论通过了民盟中央有关人事任免名单。高拴平秘书长等列席会议。

3月10日晚　民盟十届六次中常会在京举行。会议的主要内容是讨论通过《民盟中央关于学习贯彻十一届全国人大二次会议和全国政协十一届二次会议精神的决定》。蒋树声主席主持会议。张梅颖第一副主席,张宝文常务副主席,吴正德、李重庵、郑兰荪、索丽生、丁仲礼、陈晓光、徐辉、温思美、欧阳明高副主席及中央常委共55人出席会议。民盟中央部分专门委员会主任及机关各部门负责人列席会议。

3月11日　蒋树声主席、索丽生副主席会见参加十一届全国人大二次会议的江苏代表团盟员。高拴平秘书长及组织部负责人参加会见。

3月13日　李重庵副主席会见中共定西市委书记杨子兴、市长许尔锋、市政协主席秦素梅一行,双方就扶贫开发、新农村建设以及民盟中央对定西的帮扶工作交换了意见。社会服务部负责人参加座谈。

3月17日　索丽生副主席出席中共中央统战部召开的落实司法体制改革项目征求意见座谈会,并代表民盟中央发言。

3月18日上午　民盟中央机关召开学习贯彻"两会"精神报告会。索丽生副主席、组织部陈幼平部长分别传达了十一届全国人大二次会议和全国政协十一届二次会议的精神。张宝文常务副主席出席并讲话。高拴平秘书长主持会议。

3月18日晚　索丽生副主席出席温家宝总理为应邀访华的朝鲜总理金英日举行的欢迎仪式及晚宴。

3月23日　蒋树声主席、张宝文常务副主席会见走访民盟中央的中共北京市委常委、统战部部长牛有成一行。

3月24日　蒋树声主席会见参加中央社会主义学院第二十一期民主党派干部进修班、培训班的盟员。张宝文常务副主席、高拴平秘书长等与盟员们座谈。

3月25日　李重庵副主席出席"清华大学——定西市领导干部经济管理高级研修班"开学典礼并讲话。

3月27日　丁仲礼副主席出席民盟中国科学院委员会换届大会并讲话。

3月31日　张宝文常务副主席为"清华大学——定西市领导干部经济管理高级研修班"学员作有关"三农"问题的报告。

4月1日　张宝文常务副主席出席中共中央统战部党外人士座谈会,会议就如何加强新形势下党的建设问题听取各民主党派中央、全国工商联和无党派人士的意见。张宝文代表民盟中央发言。

4月2日　索丽生副主席出席民盟贵州省委参政议政工作研讨会并作报告。

4月7日—16日　李重庵副主席率队赴重庆、云南调研思想建设和宣传工作。期间,李重庵还出席了云南省第三女子监狱"民盟帮教工作基地"挂牌仪式并讲话。

4月13日—14日　民盟参政议政工作会议在山西太原召开。会议总结了2008年参政议政工作并研究部署了2009年全盟参政议政工作。蒋树声主席,张平、索丽生副主席,高拴平秘书长出席会议并讲话。民盟各省、自治区、直辖市委员会负责参政议政工作的领导和部门负责人、民盟中央各专门委员会负责人及机关部门负责人参会。

4月14日　张宝文常务副主席、李重庵副主席出席各民主党派中央、全国工商联参与毕节试验区建设座谈会。张宝文代表民盟中央发言，原副主席厉以宁也参加了座谈会并发言。同日，李重庵还出席了支持毕节试验区建设工作研讨会。

4月22日　张宝文常务副主席代表民盟中央出席农业部组织的“2009年三峡库区水生生物增殖放流活动”。

4月23日—28日　张宝文常务副主席带队赴陕西、甘肃两省盟组织调研基层组织工作。

4月24日　蒋树声主席出席清华大学“王雪莲基金”捐赠仪式并讲话。

4月28日上午　李重庵副主席出席民革中央主办的“盛世风采——庆祝中华人民共和国成立60周年民革全国书画展览”开幕式。

5月5日—8日　张梅颖第一副主席率四川省政协与民盟四川省委联合调研组就四川省贯彻落实国务院及有关部委出台的促进大学生就业政策情况开展调研。副主席、民盟四川省委主委吴正德参加了调研。

5月6日—12日　蒋树声主席率民盟中央调研组赴云南就“发展农村职业教育与技能培训”进行调研。张宝文常务副主席，李重庵、索丽生、徐辉、温思美副主席参加了调研。

5月12日　蒋树声主席赴四川省汶川县映秀镇出席纪念四川汶川特大地震一周年活动。

5月14日　张宝文常务副主席走访民盟四川省委会并与省委会及成都市委会的同志座谈。副主席吴正德主持座谈会。

5月18日—19日　蒋树声主席、李重庵副主席一行赴河北广宗考察调研扶贫开发与新农村建设工作。

5月18日—19日　索丽生副主席在广东珠海出席第二期民盟部分省市社情民意信息采编工作培训班并讲话。

5月19日　张宝文常务副主席出席中共中央统战部情况通报会。

5月21日　蒋树声主席主持召开主席办公会，研究召开民盟十届七次中常会的有关事宜。张梅颖第一副主席，张宝文常务副主席，李重庵、索丽生副主席和高拴平秘书长出席会议。

5月27日　蒋树声主席，张宝文常务副主席，李重庵、索丽生副主席出席中共中央统战部党外人士情况通报会。

5月31日—6月1日　索丽生副主席在江苏盐城实地考察海水灌溉农业。

6月1日　民盟十届七次主席会议在江苏南通举行。会议由蒋树声主席主持。张宝文常务副主席，吴正德、张圣坤、李重庵、郑兰荪、张平、索丽生、丁仲礼、徐辉、温思美、欧阳明高副主席出席会议。

6月2日—3日　民盟十届七次中常会在江苏南通举行。会议的主要内容是研究如何加强全盟的思想建设和宣传工作。蒋树声主席作了题为“适应形势要求，凝聚全盟共识，努力开创思想建设和宣传工作新局面”的报告。张宝文常务副主席，吴正德、张圣坤、李重庵、郑兰荪、张平、索丽生、丁仲礼、徐辉、温思美、欧阳明高副主席及中央常委共56人出席会议。

6月2日—3日　民盟思想建设和宣传工作会议在江苏南通召开。会议的主要内容是研究如何在新形势下做好民盟思想建设和宣传工作，为民盟搞好自身建设和更好地履行参政党职能提供思想保障。李重庵副主席出席会议并作主题报告。高拴平秘书长主持开幕会。

6月4日　中国民主同盟中央委员会与上海社会科学院举行合作签约仪式，蒋树声主席与上海社科院党委书记、院长王荣华共同签署合作协议书并为合作研究中心揭牌。张圣坤副主席、民盟上海市委主委郑惠强等出席活动。

6月6日　张宝文常务副主席在中央社会主义学院与参加山西省党外人士培训班的近40名盟员座谈。

6月9日—12日　张梅颖第一副主席、索丽生副主席率民盟中央调研组赴重庆万州调研职业教育情况。

6月11日上午　张宝文常务副主席、高拴平秘书长在盟中央机关接见民盟河北省委盟员信息管理系统培训班学员并与大家合影留念。

6月11日下午　蒋树声主席、李重庵副主席在机关接见民盟温州企业家联谊会赴河北广宗投资考察团成员。随后，李重庵还与之座谈。

6月15日上午　民盟中央召开“2009中国·成都国际灾害风险大会”新闻发布会。索丽生副主席出席并介绍“民盟中央灾害与社会管理专家论坛”第七次年会筹备情况，高拴平秘书长主持会议。

6月15日下午　蒋树声主席、张宝文常务副主席出席中共中央统战部党外人士情况通报会。会议通报了中办有关文件精神。

6月15日下午　蒋树声主席主持召开主席办公会，讨论通过《民盟中央机关2009年局、处级干部选拔任用工作方案》。张宝文常务副主席、李重庵副主席和高拴平秘书长出席会议。

6月18日　蒋树声主席作为中国国家主席胡锦涛特使在乌兰巴托出席了蒙古国总统查希亚·额勒贝格道尔吉的就职典礼。

6月21日　李重庵副主席出席在北京举行的“首届新东方留学高峰论坛”，并发表主题演讲。

6月24日　蒋树声主席、张宝文常务副主席会见参加第19期民主党派中青年干部培训班的民盟中央委员并与之座谈。

6月29日　由民盟中央教育委员会、民盟北京市委、民盟安徽省委主办的“民盟教育论坛”在清华大学举办。张宝文常务副主席在开幕式上致词，索丽生副主席作主题报告。

7月3日—5日　张宝文常务副主席、高拴平秘书长出席在青海西宁召开的民盟西部省（区、市）第九次盟务工作会议，并代表民盟中央分别在开幕会和闭幕会上致词。

7月8日　蒋树声主席、张宝文常务副主席出席中共中央统战部党外人士情况通报会。会议通报了7·5乌鲁木齐市打砸抢烧严重暴力事件有关情况。

7月9日　张梅颖第一副主席、索丽生副主席出席《中国教师报》在北京大学举办的“2009中国名师大讲堂”活动开幕式。张梅颖在开幕式上讲话。

7月10日　蒋树声主席、张梅颖第一副主席、张宝文常务副主席出席中共中央统战部党外人士情况通报会。

7月11日　民盟盟员任继愈、季羡林因病在京逝世。

7月13日　张宝文常务副主席代表民盟中央到任继愈、季羡林灵堂吊唁。

7月13日—15日　由达沃斯世界风险论坛（GRF）、民盟中央灾害与社会管理专家论坛等单位共同主办的“2009中国·成都国际灾害风险大会”在成都召开，蒋树声主席应邀作为大会名誉主席出席并致词。索丽生副主席主持了开幕式。

7月14日—15日　李重庵副主席在广西南宁出席海内外基础教育研讨会，并赴田东县考察调研民盟广西区委政治交接暨社会服务工作基地。

7月15日　张宝文常务副主席与高拴平秘书长等看望北大数学系老盟员徐献瑜先生，并为他祝贺百岁寿诞。

7月17日　蒋树声主席、索丽生副主

席参加任继愈同志遗体告别仪式。

7月18日　蒋树声主席，张宝文常务副主席，李重庵、索丽生副主席在中共中央统战部阅读中央经济工作的有关文件。

7月19日　张梅颖第一副主席、李重庵副主席参加季羡林同志遗体告别仪式。

7月21日上午　蒋树声主席、张梅颖第一副主席、张宝文常务副主席出席中共中央党外人士座谈会。会议就当前经济形势和经济工作听取各民主党派中央、全国工商联领导人和无党派人士的意见和建议。蒋树声代表民盟中央发言。

7月21日—22日　民盟盟务工作骨干、从政干部研讨班在北京举办。蒋树声主席、张宝文常务副主席出席研讨班并分别作开、闭幕讲话，李重庵、索丽生副主席就思想宣传、社会服务和参政议政、组织建设工作作了专题报告。

7月25日—30日　第五届“海峡两岸暨港澳地区大学校长联谊活动”在内蒙古举行。蒋树声主席、索丽生副主席、高拴平秘书长与两岸四地21所大学的校长共同出席活动。

7月27日　索丽生副主席、高拴平秘书长出席民盟北方生态园与鄂尔多斯市东胜区人民政府生态建设项目签字仪式。索丽生在仪式上讲话。

7月31日—8月4日　蒋树声主席、索丽生副主席一行在黑龙江调研大兴安岭生态功能区建设情况。期间，蒋树声主席、索丽生副主席还会见了大兴安岭地区的盟员并与大家座谈。

8月11日　蒋树声主席、张梅颖第一副主席、张宝文常务副主席出席中共中央党外人士座谈会。会议征求了各民主党派中央、全国工商联领导人和无党派人士对《中共中央关于加强和改进新形势下党的建设若干重大问题的决定》的意见。蒋树声代表民盟中央发言。

8月11日—15日　蒋树声主席、索丽生副主席等率民盟中央和水利部联合调研组，在甘肃省定西市调研坡耕地水土流失综合整治、渭河源区生态保护与治理情况，并考察扶贫开发工作。

8月16日　索丽生副主席出席在甘肃天水举行的2009年民盟高等教育研讨会筹备会。

8月19日　索丽生副主席出席中共中央统战部召开的报告会，听取世界银行副行长兼首席经济学家林毅夫作关于“全球经济形势及发展趋势”的报告。机关部分部门负责人也出席了报告会。

8月24日　李重庵副主席、高拴平秘书长在盟中央机关会见民盟湖南省委机关干部一行并与大家座谈。

8月30日—31日　索丽生副主席出席在秦皇岛举行的“2009经济危机下的民生暨经济发展高级研讨会”并发表讲话。

9月1日　张宝文常务副主席出席中央社会主义学院秋季开学典礼及院务委员会会议。

9月2日　李重庵副主席出席庆祝新中国成立60周年献礼影片——评剧电影《西柏坡》首映式。

9月3日　教师节前夕，李重庵副主席看望了原民盟中央委员、北京大学物理系章立源教授。

9月3日—5日　第六届民盟沿海省市发展海洋经济研讨会在江苏连云港召开。蒋树声主席、索丽生副主席出席会议并讲话。

9月4日　蒋树声主席在民盟中央机关会见参加中央社会主义学院湖南省党外中青年代表人士培训班的盟员。

9月5日　“中国民主同盟庆祝中华人民共和国成立60周年大会暨文艺演出”

在京举行，蒋树声主席出席大会并致词，常务副主席张宝文，副主席李重庵、索丽生，原副主席吴修平、卢强、王维城，原顾问邬沧萍等出席大会。

9月6日—8日　李重庵副主席、高拴平秘书长在陕西省宝鸡市、延安市调研社会服务工作，并与两地盟员代表座谈。

9月7日下午　蒋树声主席、张宝文常务副主席等在京会见民盟娄底市委主委邵瑛一行。

9月7日下午　蒋树声主席、张宝文常务副主席与2009年民盟中央机关新录用公务员及工作人员座谈。

9月9日　张宝文常务副主席与来京参加中央社会主义学院第22期民主党派干部进修班、培训班的盟员座谈。

9月14日上午　蒋树声主席，张梅颖第一副主席，张宝文常务副主席，李重庵、索丽生副主席，高拴平秘书长在京出席统一战线庆祝中华人民共和国成立60周年暨多党合作制度确立60周年座谈会。蒋树声主席代表民盟中央发言，原副主席吴修平应邀出席会议。

9月14日下午　蒋树声主席，李重庵、索丽生、温思美副主席，高拴平秘书长在京会见参加中央社会主义学院民盟广东省中青年骨干研讨班的盟员一行。

9月16日—17日　民盟高等教育研讨会在江西省南昌市举行，蒋树声主席、索丽生副主席出席会议并讲话，徐辉副主席作专题报告，高拴平秘书长主席开幕式。

9月19日　张宝文常务副主席、高拴平秘书长出席中共中央统战部召开的党外人士情况通报会，会议通报了中共十七届四中全会精神。

9月20日上午　庆祝中国人民政治协商会议成立60周年大会在京举行。蒋树声主席、张梅颖第一副主席、张宝文常务副主席、吴修平原副主席参加大会。

9月20日下午　蒋树声主席、张梅颖第一副主席、张宝文常务副主席在京观看庆祝中国人民政治协商会议成立60周年文艺演出。原副主席吴修平应邀参加演出。

9月20日—22日　民盟宣传工作研讨会在浙江省杭州市召开，李重庵副主席出席会议并讲话。

9月21日—22日　民盟2009中国城市文化论坛在宁夏回族自治区银川市召开，索丽生副主席出席论坛并致词。

9月22日上午　蒋树声主席、张宝文常务副主席出席党外人士情况通报会。

9月23日晚　民盟十届八次主席会在京举行。会议由蒋树声主席主持。张梅颖第一副主席，张宝文常务副主席，吴正德、张圣坤、李重庵、郑兰荪、索丽生、丁仲礼、陈晓光、徐辉、温思美副主席出席会议。会议讨论通过了民盟十届八次中常会有关事宜。

9月24日　民盟十届八次中常会在京举行。会议的主要内容是学习贯彻中共十七届四中全会精神，研究如何在新形势下加强民盟自身建设。蒋树声主席作了题为“学习中共十七届四中全会精神，全面加强盟的自身建设”的讲话。张梅颖第一副主席，张宝文常务副主席，吴正德、张圣坤、李重庵、郑兰荪、张平、索丽生、陈晓光、徐辉、温思美、欧阳明高副主席及中央常委共49人出席会议。

9月28日　蒋树声主席会见来访的教育部党组副书记、副部长陈希一行，双方就高等教育改革与发展问题交换意见。

9月29日上午　民盟中央社会服务部在国务院第五次全国民族团结进步表彰大会上荣获全国民族团结进步模范集体奖。

9月29日晚　张梅颖第一副主席、张宝文常务副主席、索丽生副主席在京出席全国政协、中共中央统战部、国家港澳办、台办、侨办联合举办的国庆招待会。

9月30日　蒋树声主席，张梅颖第一副主席，张宝文常务副主席，李重庵、索丽生副主席，吴修平、王维城原副主席出席国务院国庆招待会。

10月1日　蒋树声主席，张梅颖第一副主席，张宝文常务副主席，李重庵、索丽生、欧阳明高副主席与部分盟员代表参加国庆观礼与群众游行、联欢等活动。

10月11日—15日　李重庵副主席代表全国人大法律委员会接待罗埃德·卡辛戈主席率领的纳米比亚国民议会宪法与法律委员会代表团，并举行工作会谈。

10月12日—13日　民盟全国副省级城市第五次盟务工作联席会议在杭州召开，高拴平秘书长出席会议并代表民盟中央讲话。

10月13日　张圣坤、李重庵副主席出席谈家桢诞辰100周年暨铜像揭幕仪式。在沪期间，李重庵副主席还考察了民盟上海传统教育基地，并看望老盟员。

10月14日—15日　民盟基层组织工作会议在广西桂林召开。蒋树声主席、张宝文常务副主席出席会议并分别作了开、闭幕讲话，高拴平秘书长主持开幕式。

10月15日　李重庵副主席出席温家宝总理为吉尔吉斯斯坦总理丘季诺夫举行的欢迎仪式。

10月16日　李重庵、索丽生副主席出席民盟中央社会与法制委员会主办的“新中国成立60周年法治论坛”。

10月17日—19日　张宝文常务副主席陪同全国政协主席贾庆林到内蒙古地区调研当地学习贯彻党的十七届四中全会精神，进一步做好统一战线和人民政协工作，促进少数民族和民族地区经济发展和社会稳定情况。

10月18日　民盟中南六省（区）第十二次盟务工作会议在海南省海口市召开，高拴平秘书长出席会议并代表民盟中央讲话。

10月21日　张宝文常务副主席，李重庵、索丽生副主席会见中央社会主义学院甘肃省民主党派骨干培训班的盟员，并与盟员座谈。

10月22日—24日　李重庵副主席赴河北省唐山市调研民盟“农村教育烛光行动”工作。调研期间，李重庵副主席还与基层盟员代表座谈。

10月23日　蒋树声主席、张宝文常务副主席、高拴平秘书长会见参加中央社会主义学院第18期民主党派中青年干部培训班的盟员，并与盟员座谈。

10月26日　李重庵副主席出席并主持全国人大法律委员会与来访的柬埔寨国会立法和司法委员会代表团的工作会谈。

10月28日　第四届北大民盟高教论坛在北京大学举行，高拴平秘书长出席论坛并代表民盟中央致词。

10月30日　张宝文常务副主席会见参加中央社会主义学院镇江市党外领导干部研修班的盟员。

11月2日　张宝文常务副主席走访民盟湖北省委机关，并与机关干部座谈。

11月2日—6日　李重庵副主席及社会服务部工作人员赴江苏和安徽两省调研民盟“农村教育烛光行动”工作。

11月3日　蒋树声主席、张宝文常务副主席、高拴平秘书长会见民盟浙江省委及各市委机关干部，并与他们座谈。

11月5日—6日　欧阳明高副主席赴成都考察新能源汽车产业发展。考察期间，欧阳明高与吴正德副主席及民盟四川省委、民盟成都市委机关干部座谈。

11月7日　李重庵副主席在京出席无

机和稀土化学前沿学术研讨会暨徐光宪先生90华诞庆祝会，并代表民盟中央致贺词。

11月7日—8日　民盟理论研究工作会议在广东省广州市举行，张宝文常务副主席、温思美副主席出席会议并讲话。

11月8日　李重庵副主席在盟中央机关会见了西藏大学副校长强额巴·次央，双方就西藏大学的文献建设工作交流了意见。

11月9日—12日　蒋树声主席应香港浸会大学邀请访问香港，并接受浸会大学授予的荣誉博士学位。

11月11日—14日　蒋树声主席、郑兰荪副主席、高拴平秘书长出席在福建省福州市召开的民盟社会服务工作研讨会。蒋树声主席作重要讲话，高拴平秘书长受李重庵副主席委托作总结讲话。

11月17日　蒋树声主席主持召开主席办公会，讨论通过民盟十届三中全会议程、日程草案，工作报告草稿，盟务工作表彰会及组织工作有关事项。张梅颖第一副主席，张宝文常务副主席，李重庵、索丽生副主席和高拴平秘书长出席会议。

11月19日—12月3日　张宝文常务副主席陪同全国政协主席贾庆林对菲律宾、秘鲁、厄瓜多尔、巴西四国进行友好访问。

11月20日　李重庵副主席在京出席第三届国家特邀国土资源监察专员聘任仪式，并代表各民主党派中央、全国工商联致词。

11月21日　由民盟中央、中共湖北省委联合召开的闻一多诞辰110周年纪念大会在湖北举行，李重庵副主席出席大会并讲话。

11月23日　李重庵、索丽生副主席出席中共中央统战部党外人士情况通报会，听取有关奥巴马访华情况的通报。

11月24日　蒋树声主席、张梅颖第一副主席出席中共中央党外人士座谈会。会议征求了各民主党派中央、全国工商联领导人和无党派人士对经济工作的意见。蒋树声代表民盟中央发言。

11月25日　民盟广东省委农村安全社区建设试点应急物资捐赠仪式在广东省阳江市举行。索丽生、温思美副主席出席捐赠仪式并讲话。

12月3日　蒋树声主席、张梅颖第一副主席、李重庵副主席出席盟员陈振濂在中国美术馆举办的书法大展开幕式。李重庵代表民盟中央致贺词。

12月7日　蒋树声主席、张宝文常务副主席出席中共中央统战部党外人士情况通报会，听取杜青林部长通报中央经济工作会议精神。

12月8日上午　由国家发改委国际合作中心、民盟中央文化委员会、中央民族大学联合举办的2009中国文化产业（国际）论坛在北京举行。张梅颖第一副主席出席论坛并作主旨演讲。

12月8日上午　李重庵副主席出席统一战线参与毕节试验区建设座谈会并代表民盟中央发言。

12月8日上午　索丽生副主席出席民盟中央社会与法制委员会和上海市律师协会等单位共同举办的“律师精神的传承与发扬”研讨会，并代表民盟中央讲话。

12月8日下午　“中国民主同盟盟史图片展”在盟中央机关开展，《民盟历史影像资料剪辑（1941—1965）》制作完成。蒋树声主席、张宝文常务副主席、李重庵副主席、高拴平秘书长出席开展仪式并为展览剪彩。

12月9日晚　民盟十届九次中常会在京举行。会议的主要内容是研究召开民盟十届三中全会有关事项。蒋树声主席主持会议。张梅颖第一副主席，张宝文常务副主席，吴正德、张圣坤、李重庵、郑兰荪、索丽生、丁仲礼、陈晓光、徐辉、温思美、欧阳明高副主席，高拴平秘书长及中央常委共60人出席会议。

12月10日　民盟中央监督委员会第二次全体会议在京召开。常务副主席、监督委员会主任张宝文作2009年民盟中央监督委员会工作报告，副主席、监督委员会副主任索丽生等出席会议。

12月10日—11日　民盟十届三中全会在京召开。会议的主要议程是：学习中共十七届四中全会精神，听取并审议第十届中央常务委员会工作报告，审议通过《中国民主同盟第十届中央委员会第三次全体会议决议》，表彰盟务工作先进集体。蒋树声主席，张梅颖第一副主席，张宝文常务副主席，吴正德、张圣坤、李重庵、郑兰荪、索丽生、丁仲礼、陈晓光、徐辉、温思美、欧阳明高副主席等出席会议。

12月12日　民盟中央在京召开第二次“烛光行动”专家顾问组会议，李重庵副主席出席会议并讲话。

12月13日　张宝文常务副主席出席中央社会主义学院院务咨询委员会会议并发言。

12月15日　索丽生副主席在北京师范大学出席由民盟北京市委员会主办的首届基础教育论坛并致词。

12月16日—18日　蒋树声主席，吴正德、李重庵副主席，高拴平秘书长出席四川省广元民盟烛光中学竣工典礼，并与当地盟员代表亲切座谈。

12月17日　索丽生副主席应邀出席国家税务总局第四届特约监察员聘任仪式。盟员尹中立、何茂春被聘任为特约监察员。

12月21日　张宝文常务副主席与来民盟中央调研的中央社会主义学院党组书记、副院长叶小文一行座谈。高拴平秘书长等出席座谈会。

12月29日　民盟中央经济委员会全体会议在京举行，索丽生副主席出席并讲话。

12月30日上午　张宝文常务副主席，李重庵、丁仲礼副主席出席中共中央统战部党外人士情况通报会，听取统战部常务副部长朱维群和副部长楼志豪通报全国统战部长会议精神。

12月30日下午　张宝文常务副主席代表民盟中央出席国务院台湾事务办公室主办的学习贯彻胡锦涛总书记重要讲话座谈会。

12月30日下午　民盟中央社会与法制委员会全体会议在京举行，索丽生副主席出席并讲话。

关宏茹　民盟中央主席办公室主任
周　密　民盟中央主席办公室副主任科员

中国民主建国会

1月1日　民建中央主席陈昌智，第一副主席张榕明，副主席辜胜阻在全国政协出席新年茶话会。

1月2日　民建中央主席陈昌智赴重庆调研，期间参观考察了三峡电缆集团、超科实业集团，并分别与民建重庆市南岸区委会部分会员和部分民建会员企业家座谈。

1月4日　民建中央主席陈昌智在中央统战部出席情况通报会。

1月5日　民建中央主席陈昌智在民建中央机关主持召开局级干部会议，传达学习胡锦涛同志在纪念《告台湾同胞书》发表三十周年座谈会上的讲话精神。

1月6日　民建中央主席陈昌智在民建中央机关会见贵州毕节地委副书记、行署专员张吉勇一行。秘书长张皎和社会服务部相关同志参加。

1月7日　民建中央主席陈昌智在人民日报社接受人民网强国论坛“对话民主党派系列访谈”采访。

1月7日　民建中央主席陈昌智在京出席2009（第七届）中外华人新春联谊会暨杰出华人颁奖活动。

1月8日　民建中央主席陈昌智在人民大会堂出席首届建设创新型国家年会。

1月8日　民建中央副主席张少琴在北京国际展览中心出席北京图书订货会并视察中国民主法制出版社展台。

1月8日　民建中央副主席张少琴在人民大会堂参加纪念黄镇同志诞辰100周年座谈会。

1月9日　民建中央主席陈昌智在成都与民建四川省委老同志座谈。

1月9日　民建中央第一副主席张榕明在人民大会堂出席中国关心下一代工作委员会顾问迎春茶话会。

1月9日　民建中央副主席辜胜阻在京出席民建北京市委文化、联络、妇女三个专门委员会年终总结会并作“当前经济形势与宏观政策思考”的报告。

1月10日　民建中央主席陈昌智在成都出席2008年四川省科技奖励大会。

1月11日　民建中央主席陈昌智在四川自贡与民建自贡市委部分会员座谈。

1月12日　民建中央主席陈昌智在京会见河北丰宁县委书记冼献军一行。张皎秘书长和社会服务部包瑞玲部长参加。

1月12日　民建中央第一副主席张榕明在京看望黄大能、朱元成、冯克煦、白大华、路明、陈明德等同志。

1月13日　民建中央主席陈昌智、第一副主席张榕明在京看望冯梯云同志。

1月13日　民建中央第一副主席张榕明在京看望孙起孟同志。

1月13日　民建中央主席陈昌智、第

一副主席张榕明、常务副主席马培华、副主席张少琴在京出席民主党派中央领导班子建设交流研讨会。陈昌智在会上发言。

1月13日　民建中央主席陈昌智，第一副主席张榕明，常务副主席马培华，副主席张少琴，在京老同志成思危、冯梯云、黄大能、朱元成、冯克煦、白大华、路明、刘珩、朱相远、陈明德、王艮仲、柏岳、陈毓珍等在中央统战部出席党外人士迎春招待会。

1月14日—15日　民建中央主席陈昌智主持召开九届二十次主席办公会，分别与组织部、宣传部、调研部、社会服务部、联络部、办公厅研究2009年工作。民建中央第一副主席张榕明，常务副主席马培华，副主席张少琴、辜胜阻，秘书长张皎，各部门负责同志及相关干部参加。

1月16日　民建中央第一副主席张榕明、常务副主席马培华在全国政协出席全国政协新老领导聚会。

1月17日　民建中央主席陈昌智在京出席2009年侨界新春茶话会。

1月17日　民建中央副主席张少琴在京出席中国民主促进会2009年迎新春民族音乐会。

1月19日　民建中央主席陈昌智、第一副主席张榕明在京看望万国权、王艮仲同志。

1月19日　民建中央主席陈昌智前往医院看望孙起孟同志。

1月19日　民建中央副主席辜胜阻在京出席2008年度中国民营经济发展分析会。

1月20日　民建中央举行机关全体工作人员大会，总结2008年工作。民建中央主席陈昌智讲话，民建中央常务副主席马培华主持会议并作工作总结，副主席张少琴、秘书长张皎及机关全体同志参加。

1月20日　民建中央举办机关2009年迎新春联欢会。民建中央主席陈昌智、第一副主席张榕明，常务副主席马培华，副主席张少琴、辜胜阻，秘书长张皎及机关全体同志参加。

1月20日　民建中央下发《民建中央关于深入学习贯彻科学发展观的安排意见》。通知对民建深入学习贯彻科学发展观作出部署，提出深入学习贯彻科学发展观的指导思想、目标任务、主要内容、实施安排以及基本要求。

1月20日　民建中央主席陈昌智在京出席2008CCTV中国经济年度人物颁奖典礼。

1月20日　民建中央第一副主席张榕明在京出席中国法学会第六次全国会员代表大会开幕式。

1月21日　民建中央在机关举行在京老同志茶话会。民建中央主席陈昌智讲话，第一副主席张榕明到会看望老同志，常务副主席马培华向老同志们通报民建中央近期主要工作情况。秘书长张皎及在京老同志朱元成、冯克煦、白大华、路明、刘珩、陈明德，钱椿涛、柏岳、潘庆华、方占瀛、张永康、韦文林参加。

1月22日　民建中央主席陈昌智到家中看望成思危同志。

1月22日　民建中央主席陈昌智，第一副主席张榕明，常务副主席马培华，成思危、万国权同志在中南海出席各民主党派、全国工商联、无党派人士代表迎春座谈会。陈昌智在会上发言。

1月22日　民建中央主席陈昌智在机关分别接见北京市旅游局副局长安金明及中纪委信息中心张荣久主任、耿道宽副主任和中国人寿财险公司王骥副总裁。

1月23日　民建中央主席陈昌智、第一副主席张榕明到家中看望王光英同志。

1月23日　民建中央下发《民建中央关于做好重点理论研究课题工作的通知》。通知对今年全会理论研究工作作出部署，重点围绕“会内监督机制建设”开展研究。

1月24日　民建中央主席陈昌智，第一副主席张榕明，常务副主席马培华，副主席张少琴、辜胜阻，秘书长张皎，在京老同志成思危、冯梯云、朱元成、白大华、路明、刘珩、陈明德、王艮仲、柏岳在人民大会堂出席春节团拜会。

2月1日　民建中央主席陈昌智、常务副主席马培华、副主席辜胜阻、秘书长张皎在民建中央机关看望各部门工作人员。

2月6日　民建中央主席陈昌智在京观看“纪念改革开放三十周年”2009年民建北京市委元宵文艺汇演。

2月8日　民建中央主席陈昌智、副主席辜胜阻在人民大会堂出席第二届“张培刚发展经济学优秀成果奖”颁奖大会。

2月9日　民建中央主席陈昌智、第一副主席张榕明、常务副主席马培华在中南海出席党外人士座谈会。陈昌智发言。

2月9日　民建中央主席陈昌智、副主席张少琴在人民大会堂出席元宵节联欢会。

2月10日—14日　民建中央常务副主席马培华随同全国政协主席贾庆林视察重庆。

2月10日　辜胜阻副主席在京会见台湾前土地银行董事长陈棠先生一行。

2月11日　民建中央主席陈昌智到医院分别看望孙起孟同志和万国权同志。

2月11日—14日　民建中央第一副主席张榕明、副主席张少琴赴山西就组织工作进行调研。

2月12日　民建中央主席陈昌智在民建中央机关会见国务院扶贫办党组成员、国际合作与社会扶贫司司长张磊一行。社会服务部部长包瑞玲等参加。

2月15日　民建中央副主席张少琴在京会见国际人口行动组织主席兼首席执行官 Amy Coen 女士一行。社会服务部部长包瑞玲、联络部副部长金德安参加。

2月16日　民建中央召开2009年重点专题“加快节能减排，促进可持续发展”专家座谈会。民建中央主席陈昌智出席并讲话，常务副主席马培华主持会议，调研部副部长蔡玲及有关专家出席。

2月18日　民建中央副主席张少琴在中央统战部出席“两会”前党派成员思想态势分析会。

2月19日　民建中央常务副主席马培华率民建中央重点专题调研组前往环境保护部，就重点调研专题“加快节能减排，促进可持续发展”与环境保护部副部长张力军进行座谈。

2月19日　民建中央在京召开记者座谈会，就当前民建中央关注的相关热点问题进行了通报。民建中央副主席辜胜阻针对当前金融危机背景下我国经济运行形势作了演讲并回答记者提问。《人民日报》、新华社、中央电视台、《经济日报》等多家媒体记者到会。

2月20日　民建中央副主席辜胜阻在中央统战部参加对台工作会议。

2月23日　民建中央第一副主席张榕明、副主席辜胜阻率专题调研组就普通工薪阶层住房问题赴住房和城乡建设部进行调研。

2月23日　民建中央副主席辜胜阻在京出席全国第二届大学生科学就业与创业合作暨产学研结合洽谈会。

2月24日　民建中央召开中心组学习会，民建中央主席陈昌智以“深刻理解学习贯彻科学发展观的重要意义”为主题作中心发言，常务副主席马培华、副主席张少琴、秘书长张皎和机关各部门负责人参加。

2 月 24 日　民建中央主席陈昌智主持召开九届二十一次主席办公会，研究审议九届七次主席会议有关内容和民建中央 2009 年四个重点调研专题及其他事项。民建中央第一副主席张榕明，常务副主席马培华，副主席张少琴、辜胜阻参加，秘书长张皎列席。

2 月 24 日　民建中央主席陈昌智、第一副主席张榕明、常务副主席马培华、秘书长张皎及机关部分局级干部在中央统战部参加经济形势报告会。

2 月 24 日　民建中央第一副主席张榕明在中央社会主义学院参加中华职教社换届工作座谈会并讲话。

2 月 25 日　民建中央秘书长张皎在民建中央机关会见了国家发改委环资司谢极副巡视员一行，并就民建中央今年的重点专题“加快节能减排，促进可持续发展”的有关问题进行座谈。调研部副部长蔡玲主持会议。

2 月 27 日　民建中央在京召开提案座谈会，民建中央副主席辜胜阻、调研部副部长蔡玲及有关专家参加。

2 月 28 日　民建中央副主席张少琴在京参加中华思源工程扶贫基金会薪火计划大型慈善晚宴。

3 月 1 日　民建中央第一副主席张榕明到医院看望孙起孟同志。

3 月 2 日　民建中央常务副主席马培华在中央社会主义学院出席春季开学典礼并接受中央社会主义学院咨询委员会委员聘书。

3 月 2 日　民建中央主席陈昌智到医院看望孙起孟同志。

3 月 2 日　民建中央第一副主席张榕明在京出席浙江省经济社会发展情况汇报会。

3 月 2 日　民建中央常务副主席马培华、副主席张少琴、秘书长张皎、组织部部长李世杰在京参加各民主党派中央、全国工商联与各省、自治区、直辖市委统战部长联谊会。

3 月 3 日　全国政协十一届二次会议在人民大会堂隆重开幕。民建中央主席陈昌智出席了开幕会。民建中央第一副主席张榕明代表政协第十一届常务委员会向大会作提案工作情况报告。

3 月 3 日　民建中央在京举行餐叙会。民建中央主席陈昌智致词，第一副主席张榕明，副主席程贻举、王少阶、陈政立、张少琴、辜胜阻、宋海、李谠、周汉民，秘书长张皎和 120 多位担任全国人大代表、全国政协委员的民建会员及民建中央各工作部门负责人出席。民建中央常务副主席马培华主持会议。

3 月 3 日　民建中央主席陈昌智在民建中央主持召开九届七次主席会议，会议审议通过关于认真学习贯彻十一届全国人大和全国政协二次会议精神的决议（草案），审议关于批准成立地方组织的决定（草案），决定提请九届六次中常委会议审议；研究确定民建中央 2009 年重点调研题目。第一副主席张榕明，常务副主席马培华，副主席程贻举、王少阶、陈政立、张少琴、辜胜阻、宋海、李谠、周汉民出席。

3 月 4 日　民建中央主席陈昌智、民建中央第一副主席张榕明陪同中共中央政治局常委、中央纪委书记贺国强看望出席全国政协十一届二次会议民建、工商联界委员并参加联组讨论。

3 月 4 日　民建中央主席陈昌智在北京饭店设晚宴招待来京出席十一届全国人大二次会议和全国政协十一届二次会议的港澳部分代表和委员，民建中央副主席辜胜阻、联络部副部长金德安参加。

3月4日　民建中央第一副主席张榕明在京出席宁波经济社会发展情况汇报会。

3月5日　十一届全国人大二次会议在人民大会堂隆重开幕，民建中央主席陈昌智，副主席程贻举、张少琴、辜胜阻、宋海和民建会员中的全国人大代表出席。民建中央第一副主席张榕明出席了开幕会，出席全国政协十一届二次会议民建会员中的全国政协委员列席。

3月6日　民建中央主席陈昌智前往几内亚比绍驻华大使馆吊唁已故总统贝尔纳多·维埃拉。

3月6日　民建中央第一副主席张榕明在人民大会堂出席纪念“三八”国际劳动妇女节99周年中外妇女招待会。

3月7日　民建中央第一副主席张榕明陪同中共中央政治局常委、全国政协主席贾庆林看望出席全国政协十一届二次会议的工青妇界委员并参加联组讨论。

3月8日　民建中央第一副主席张榕明在北京会议中心就民建中央“推动沿边开放，促进少数民族地区经济发展”重点调研专题召开座谈会。商务部外资司司长李志群及有关处室负责人、民建部分省级组织主委、调研部副部长蔡玲等参加。

3月10日　民建中央主席陈昌智在北京会议中心主持召开民建九届中央常务委员会第八次全体会议。民建中央第一副主席张榕明，常务副主席马培华，副主席程贻举、王少阶、陈政立、张少琴、辜胜阻、宋海、李说、周汉民和全体常务委员会委员出席，秘书长张皎和机关各部门负责人列席。

3月11日　民建中央副主席辜胜阻在京就民建中央重点调研专题“中小企业如何应对全球金融危机”召开部分会员企业家及专家学者座谈会。

3月12日　全国政协十一届二次会议在人民大会堂胜利闭幕。民建中央第一副主席张榕明，常务副主席马培华，副主席王少阶、陈政立、李说、周汉民，秘书长张皎和民建会员中的全国政协委员出席闭幕会。民建中央主席陈昌智出席闭幕会。

3月12日　民建中央主席陈昌智在北京中山公园中山堂出席孙中山先生逝世84周年纪念仪式。

3月13日　十一届全国人大二次会议在人民大会堂胜利闭幕，民建中央主席陈昌智，副主席程贻举、张少琴、辜胜阻、宋海和民建会员中的全国人大代表出席。民建中央第一副主席张榕明出席了闭幕会。

3月17日　民建中央机关召开全体工作人员会议，民建中央常务副主席马培华、副主席张少琴分别传达全国政协十一届二次会议和十一届全国人大二次会议精神，秘书长张皎和机关全体干部参加。

3月17日　民建中央副主席辜胜阻在中央统战部参加落实司法体制改革项目征求意见座谈会并发言。

3月17日　民建中央副主席张少琴在中央统战部参加扶贫工作座谈会。

3月17日—20日　民建中央常务副主席马培华赴云南出席民建云南省委领导班子谈心会，并就组织建设工作到昆明、玉溪、曲靖三个市级组织进行调研。期间，考察了民建会员企业，走访了民建省委、市委机关。

3月19日　民建中央秘书长张皎在机关主持召开民建中央各专门委员会秘书长会议，研究专委会工作会议文件起草工作。

3月20日　民建中央主席陈昌智、第一副主席张榕明在北京展览馆参观“2009中国国际节能减排和新能源科技博览会”展览。

3月21日　民建中央主席陈昌智在全

国人大会议中心出席2009年金牛基金论坛暨第六届中国基金金牛奖颁奖典礼。

3月23日—4月1日　民建中央第一副主席张榕明率民建中央专题调研组，就“推动沿边开放，促进少数民族地区经济发展”赴云南、广西进行调研。

3月24日　民建中央主席陈昌智、副主席辜胜阻在民建中央机关会见北京市委常委、统战部部长牛有成一行，秘书长张皎、组织部部长李世杰参加。

3月24日　民建中央主席陈昌智在京会见并宴请塞舌尔国民议会议长赫米尼耶。

3月24日　民建中央常务副主席马培华在京参加国务院第二次廉政工作会议。

3月25日　民建中央举行中心组学习扩大会，邀请国家知识产权局李玉光副局长作题为“企业、经济和国家核心竞争力”的报告，民建中央常务副主席马培华主持，民建中央主席陈昌智、副主席张少琴、秘书长张皎和机关全体工作人员参加。

3月25日　民建中央主席陈昌智在京为原名誉副主席万国权90寿辰祝寿。

3月25日　民建中央主席陈昌智、常务副主席马培华在民建中央机关接见第二十一期民主党派干部进修班、培训班的民建学员。

3月26日　民建中央主席陈昌智在京会见并宴请俄罗斯联邦委员会副主席梅津采夫一行。

3月26日　民建中央常务副主席马培华在杭州出席民建浙江省委企业委员会会议，与企业家会员座谈，出席中国民主建国会建华课堂高端讲座并致词。

3月27日—28日　民建中央副主席辜胜阻在湖南就民建中央重点调研专题“中小企业应对金融危机”进行调研。期间出席民建长沙市委“中小企业应对金融危机”座谈会，并先后考察了三家会员企业。

3月28日　民建中央副主席辜胜阻在湖南出席首届两型社会建设论坛，并作了题为“长株潭城市群两型社会建设与双承接战略”的主题演讲。

3月30日　民建中央主席陈昌智到医院分别看望孙起孟、王光英、应伊利同志。

4月1日　民建中央主席陈昌智，常务副主席马培华，副主席张少琴、辜胜阻在中央统战部参加情况通报会。

4月1日　中央统战部召开党外人士座谈会，听取加强和改进新形势下党的建设问题的意见建议，民建中央主席陈昌智、常务副主席马培华出席，陈昌智代表民建中央发言。

4月2日　民建中央副主席辜胜阻在京会见并宴请来京参加“乙丑年清明公祭轩辕黄帝典礼”活动的台湾友人，并陪同台湾客人参观北京蟹岛绿色生态度假有限公司。

4月3日　民建中央主席陈昌智在民建中央机关主持召开九届二十二次主席办公会议。民建中央第一副主席张榕明，常务副主席马培华，副主席张少琴、辜胜阻参加。

4月7日—12日　民建中央主席陈昌智、常务副主席马培华率专家调研组就会重点专题“加快节能减排，促进可持续发展”赴江苏省专题调研。

4月8日—9日　民建中央秘书长张皎率队赴民建中央定点扶贫县河北省丰宁满族自治县开展调研考察活动。

4月9日　民建中央副主席张少琴在民建中央机关主持召开民建中央重点专题“建立我国煤炭期货市场交易机制　促进煤炭市场健康发展”开题会。

4月10日　民建中央第一副主席张榕明赴医院看望孙起孟、应伊利同志。

4月10日　民建中央第一副主席张榕明在北京延庆八达岭林场参加全国政协机关迎接新中国成立60周年——碳汇造林活动。

4月13日　民建中央、民建上海市委、中国老龄科学研究中心、台湾南开科技大学联合主办的第三届两岸老龄福祉研讨会在上海开幕。民建中央原副主席黄关从、台湾南开科技大学董事长成嘉玲等出席并致词。

4月13日—16日　民建中央第一副主席张榕明赴湖北省鄂州、黄冈、黄石、咸宁市进行调研。

4月14日　民建中央主席陈昌智、副主席张少琴在中央统战部出席各民主党派中央、全国工商联参与毕节实验区建设座谈会。

4月14日　民建中央主席陈昌智在人民大会堂会见俄罗斯联邦杜马副主席巴巴科夫。

4月15日　民建中央副主席李谠在人民大会堂出席温家宝总理欢迎巴布亚新几内亚总理索马雷访华仪式。

4月15日　民建中央主席陈昌智在民建中央机关分别会见湖北省随州市市长刘晓鸣、江苏智思机械集团公司董事长杜爱洋、华旗资讯董事长冯军等。

4月15日　民建中央常务副主席马培华在京出席中华健康管理论坛开幕式。

4月16日　民建中央主席陈昌智在人民大会堂出席胡锦涛主席为哈萨克斯坦总统纳扎尔巴耶夫举行的欢迎仪式和晚宴。

4月16日　民建中央常务副主席马培华在民建中央机关主持召开在京老同志座谈会，传达十一届全国人大二次会议和全国政协十一届二次会议精神。

4月16日　民建中央副主席张少琴在中央统战部参加党外人士情况通报会。

4月18日—19日　民建中央财政金融委员会在广东省惠州市召开“当前宏观经济形势及对策研讨会”，民建中央副主席宋海出席并讲话。

4月20日　民建中央主席陈昌智、常务副主席马培华在民建中央机关会见正在中央党校参加“江西省民主党派领导干部培训班”学习的民建江西省委主委胡振鹏及省民建领导班子成员一行，并与大家座谈。

4月20日　民建中央常务副主席马培华在民建中央机关会见江西省委统战部副部长黄晓华一行。

4月21日　民建中央主席陈昌智在京出席百万雄师越大洋——中国民族品牌自信“走出去”誓师大会。

4月22日　民建中央主席陈昌智在人民大会堂出席首届中国资本与产业国际论坛。

4月23日　民建中央第一副主席张榕明在京出席由全国总工会联合有关单位共同拍摄的新中国成立60周年献礼影片《铁人》首映式并接见剧组主创人员。

4月24日　民建中央主席陈昌智在京出席中国国际交流协会第十届理事会会议。

4月24日　民建中央第一副主席张榕明在京出席由卫生部、人力资源和社会保障部、国家安全监管总局、全国总工会联合举办的“保护农民工健康高层论坛”并致词。

4月27日　民建中央主席陈昌智在民建中央机关主持召开中心组学习会，民建中央第一副主席张榕明作题为“科学发展观的第一要义是发展”的中心发言，常务副主席马培华，副主席张少琴、辜胜阻，秘书长张皎和机关各部门负责人参加并发言。

4月27日　民建中央主席陈昌智在民

建中央机关主持召开民建九届二十三次主席办公会议，讨论《民建中央关于加强中央专门委员会工作的意见（稿）》和其他事项，民建中央第一副主席张榕明，常务副主席马培华，副主席张少琴、辜胜阻参加会议。

4月28日　民建中央主席陈昌智、第一副主席张榕明、常务副主席马培华在人民大会堂出席2009庆祝“五一”国际劳动节暨“同舟共济保增长、建功立业促发展”劳动竞赛推进大会。

4月30日　民建中央主席陈昌智、第一副主席张榕明、常务副主席马培华在中央统战部参加情况通报会。

4月30日　民建中央张少琴副主席在太原出席民建山西省委七届二次全会并作讲话。组织部部长李世杰参加。

5月3日　民建中央常务副主席马培华赴家中看望首都师范大学教授、著名书法家欧阳中石。

5月4日　民建中央秘书长张皎在人民大会堂出席纪念“五四”运动90周年大会。

5月4日—7日　民建中央副主席张少琴率民建中央“建立我国煤炭期货市场交易机制　促进我国煤炭市场健康发展”重点专题调研组赴安徽省、上海市调研。

5月5日—8日　民建中央第一副主席张榕明率队赴四川看望慰问地震灾区干部群众，视察中华思源工程扶贫基金会捐赠的灾区学校、卫生院重建情况。先后到成都市崇州市、绵阳市涪城区、游仙区、江油市、北川县、广元市剑阁县等地，深入学校、卫生院、留守儿童中心检查重建工程质量，慰问干部群众，在北川县城遗址向遇难同胞敬献花圈。

5月5日—10日　民建中央主席陈昌智率民建中央“加快节能减排，促进可持续发展”重点调研专题组赴湖南调研。先后到长沙、浏阳、郴州、衡阳、株洲和湘潭进行实地调研，分别与中共湖南省委、省人民政府和郴州、株洲市委市政府进行座谈。

5月8日—11日　民建中央第一副主席张榕明率部分企业家会员，并邀请中央统战部、国务院扶贫办、国家旅游局等有关部委负责同志到民建中央定点扶贫县——贵州省毕节地区黔西县进行扶贫考察。

5月11日　民建中央主席陈昌智就基层组织建设工作赴重庆调研。期间，与永川区部分民建会员进行了座谈，并参观了重庆文理学院、视察了永川区新区建设情况。

5月12日　民建中央主席陈昌智在四川汶川参加纪念四川汶川特大地震一周年活动。

5月12日　民建中央常务副主席马培华在民建中央机关会见浙江省委统战部副部长陈金虎一行。

5月13日　民建中央主席陈昌智在重庆参观“特园——中国民主党派历史陈列馆”。

5月13日　民建中央主席陈昌智在重庆出席第12届中国（重庆）国际投资暨全球采购会开幕式和签约仪式并参观了展馆。

5月14日　民建中央主席陈昌智在民建中央主持召开九届二十四次主席办公会。民建中央第一副主席张榕明，常务副主席马培华，副主席张少琴、辜胜阻出席。

5月15日　民建中央画院筹备工作座谈会在京召开，民建中央常务副主席马培华，宣传部部长孟孝中等出席。

5月18日—21日　民建中央第一副主席张榕明赴广东深圳、惠州、中山、佛山就地方组织工作进行调研。

5月19日　民建中央副主席张少琴在中央统战部出席情况通报会。

5月19日—21日　民建中央主席陈昌智在湖北调研。

5月19日—31日　民建中央常务副主席马培华率资源与环境保护考察团赴芬兰、瑞典、挪威考察访问。

5月20日　民建中央主席陈昌智在湖北随州出席2009中国（湖北）首届世界华人炎帝故里寻根节暨拜祖大典开幕式并宣布开幕。

5月20日—21日　民建中央副主席辜胜阻就民建中央重点调研专题“中小企业应对全球金融危机”到江苏省进行考察调研。

5月21日　民建中央副主席辜胜阻在由全国工商联和南京市政府共同在南京主办的“2009中国民营企业家峰会”作题为“危机下民营经济的发展机遇与挑战”的演讲。

5月22日　民建中央主席陈昌智到医院看望孙起孟同志。

5月23日—24日　民建中央副主席辜胜阻就民建中央重点调研专题“中小企业应对全球金融危机”到浙江省进行考察调研。

5月26日　民建中央主席陈昌智在京会见中智议会政治对话委员会智方主席参议院罗梅罗一行。

5月27日　民建中央主席陈昌智、第一副主席张榕明、副主席张少琴在京出席党外人士情况通报会。

5月27日—31日　民建中央副主席辜胜阻出席韩国“全球化与发展中的东亚公民责任”的国际学术论坛。

5月31日　民建中央主席陈昌智在成都会见联合国教科文组织总干事代表、联合国教科文组织驻北京办事处主任辛格，以及出席第二届中国成都国际非物质文化遗产节的31个国家常驻联合国教科文组织大使。

5月31日—6月4日　民建中央第一副主席张榕明率民建中央“推动沿边开放，促进少数民族地区经济发展”重点专题调研组赴黑龙江调研。

6月1日　民建中央主席陈昌智在成都出席第二届中国成都国际非物质文化遗产节开幕式并宣布开幕。

6月2日　民建中央常务副主席马培华在民建中央机关主持召开2009年第2次机关办公会。

6月2日　民建中央主席陈昌智在民建中央机关会见广西壮族自治区副主席陈武一行。

6月3日　民建中央主席陈昌智在京出席第十一届中国国际环保展览会暨会议开幕式。

6月3日　民建中央常务副主席马培华在人民大会堂参加温家宝总理欢迎马来西亚总理纳吉布访华仪式及晚宴。

6月4日　民建中央主席陈昌智、副主席辜胜阻在深圳参观深圳证券交易所和金蝶软件集团。

6月4日　民建中央副主席辜胜阻出席了2009（第十一届）中国风险投资论坛“创业板与风险投资”圆桌会议并讲话。

6月4日　民建中央副主席辜胜阻就民建中央“中小企业应对全球金融危机”重点调研专题在深圳进行调研，并出席民建深圳市委组织的“中小企业应对金融危机”座谈会。调研部副部长蔡玲参加。

6月5日　民建中央主席陈昌智，副主席辜胜阻、宋海在深圳出席2009（第十一届）中国风险投资论坛开幕式。陈昌智在开幕式上作题为“机遇挑战并存，动力压力同在——金融危机冲击下的我国风险投资事业”的主旨演讲。辜胜阻在高层论坛上作“创业板与应对危机改变发展模式的新机遇”的演讲。

6 月 5 日　民建中央主席陈昌智、宋海副主席在深圳会见出席 2009（第十一届）中国风险投资论坛的香港理工大学校长、各地政府领导和 VC 机构代表。

6 月 5 日　民建中央副主席辜胜阻在京召开经济形势座谈会。

6 月 6 日　民建中央专门委员会工作会议在京开幕。民建中央主席陈昌智，第一副主席张榕明，常务副主席马培华，副主席程贻举、王少阶、陈政立、张少琴、辜胜阻、李说、周汉民，秘书长张皎和各专门委员会委员出席会议。

6 月 6 日　民建中央主席陈昌智在京主持召开民建九届中央委员会第八次主席会议。民建中央第一副主席张榕明，常务副主席马培华，副主席程贻举、王少阶、陈政立、张少琴、辜胜阻、李说、周汉民出席。

6 月 7 日　民建中央主席陈昌智在京主持召开民建九届中央常务委员会第七次全体会议。审议通过《民建中央关于加强中央专门委员会工作的意见》；听取民建新疆区委会有关工作情况的汇报；听取民建中央联络部工作情况的汇报。民建中央第一副主席张榕明，常务副主席马培华，副主席程贻举、王少阶、陈政立、张少琴、李说、周汉民出席会议。

6 月 7 日—14 日　民建中央副主席辜胜阻率大陆金融学者访问团赴台湾出席由台湾世新大学主办的 2009 两岸财经论坛——金融海啸的危机与因应学术研讨会。成思危原主席作为特邀嘉宾莅会并作了“华尔街金融风暴对我们的启示”的演讲。

6 月 8 日　民建中央第一副主席张榕明，常务副主席马培华，副主席张少琴到医院看望孙起孟同志。

6 月 8 日　民建中央常务副主席马培华在民建中央机关接见在中央社会主义学院参加山西省党外领导干部培训班学习的 14 位民建学员，并与大家合影留念。之后，学员们参观了会史展览。民建中央组织部部长李世杰参加。

6 月 9 日　民建中央第一副主席张榕明、常务副主席马培华、副主席张少琴在民建中央机关会见中共山西省委统战部常务副部长王大高一行。

6 月 15 日　民建中央第一副主席张榕明、副主席张少琴在中央统战部出席情况通报会。

6 月 16 日　民建中央副主席张少琴率民建中央“建立我国煤炭期货市场交易机制，促进我国煤炭市场健康发展”重点专题调研组走访中国证券监督管理委员会，与中国证监会党委委员、主席助理姜洋等进行了座谈。调研部有关同志参加。

6 月 16 日—19 日　民建中央第一副主席张榕明，常务副主席马培华，副主席王少阶、陈政立、李说、周汉民和民建成员中的全国政协常委在京出席全国政协十一届六次常委会议。

6 月 18 日　民建中央企业委员会物流组在厦门举行第一次全体会议。会前，民建中央副主席张少琴接见了部分代表并合影留念。

6 月 18 日　民建中央副主席辜胜阻在江苏调研期间，考察了台资企业京华城中城生活置业有限公司，并到民建扬州市委会看望机关干部。

6 月 18 日—20 日　民建（南片）基层组织建设工作研讨会议在江西省萍乡市召开，南方 15 个省、市民建地方和基层组织负责人出席了会议。民建中央组织部部长李世杰参加并作关于本会基层组织建设工作的情况报告和会议总结。

6 月 19 日　民建中央副主席张少琴在厦门出席第二届（2009）海峡物流论坛开幕式并致词。

6 月 20 日　民建中央副主席张少琴在厦门参观 2009 海峡两岸（厦门）物流与供应链博览会并接见部分参展的民建会员企业家代表。

6 月 20 日—27 日　民建中央第一副主席张榕明率民建中央"推动沿边开放，促进少数民族地区经济发展"重点专题调研组赴新疆调研。

6 月 22 日—26 日　民建中央主席陈昌智，副主席程贻举、张少琴、辜胜阻和担任全国人大常委的民建会员在京参加十一届全国人大第九次常委会。

6 月 24 日　民建中央主席陈昌智、常务副主席马培华在民建中央机关接见参加中央统战部第十九期民主党派中青年干部培训班的民建会员。

6 月 26 日　民建中央副主席张少琴在中央统战部出席统一战线参与毕节实验区建设专题调研动员会。

6 月 29 日　民建中央主席陈昌智在民建中央机关主持召开中心组学习会，民建中央常务副主席马培华作题为"树立以人为本的科学发展思想"的中心发言，民建中央第一副主席张榕明，副主席张少琴，秘书长张皎和机关各部门负责人参加。

6 月 29 日　民建中央主席陈昌智在民建中央机关主持召开民建九届二十五次主席办公会。研究民建省级组织成立监督委员会试点工作；研究机关年中小结工作方案和其他事项。民建中央第一副主席张榕明，常务副主席马培华，副主席张少琴、辜胜阻出席。

6 月 29 日　民建中央副主席张少琴率民建中央"建立我国煤炭期货市场交易机制，促进我国煤炭市场健康发展"重点专题调研组走访国家电力监管委员会。

6 月 30 日　民建中央主席陈昌智在人民大会堂会见西班牙众议院第二副议长、议会西中友好小组主席帕斯托尔女士率领的西班牙众议院财政经济委员会访华代表团一行。

6 月 30 日　民建中央第一副主席张榕明在天津出席"2009 全国职业院校技能大赛"闭幕式和"中国·天津海河教育园区工程"开工仪式。

6 月 30 日　民建中央副主席张少琴率民建中央"建立我国煤炭期货市场交易机制，促进我国煤炭市场健康发展"重点专题调研组走访中国华能集团公司。

7 月 1 日　民建中央第一副主席张榕明在全国政协机关会见越南祖国阵线中央委员会常委阮文坡一行。

7 月 2 日　民建中央主席陈昌智在厦门与民建厦门市委会部分会员座谈，并考察了厦门禹洲集团、中国粮食城和大帝工业区。

7 月 3 日　民建中央主席陈昌智在福建省福州市出席"加快海峡西岸经济区建设"调研座谈会。

7 月 3 日　民建中央常务副主席马培华在民建中央机关会见国家外汇管理局综合司副司长王允贵一行，听取该局就民建中央提交全国政协十一届二次会议的《民建中央关于加强境外资金流入监管的提案》有关意见建议的答复。

7 月 6 日　民建中央机关召开 2009 年年中小结会议。各工作部门负责人分别就部门上半年目标责任制完成情况进行总结，民建中央常务副主席马培华作机关工作总结并对下半年工作提出要求，民建中央主席陈昌智在会上讲话。民建中央副主席张少琴、张皎秘书长和机关全体工作人员参加。

7月7日—9日　民建中央主席陈昌智赴河北省承德市、丰宁满族自治县就民建基层组织及扶贫工作开展考察调研，并出席丰宁县工作汇报会，听取丰宁县经济社会发展情况的汇报。汇报会上举行了捐款仪式，随行的11名民建会员企业家共向丰宁县捐款270万元用于修建人畜饮水工程、村卫生室、沼气池和希望小学等项目。民建中央副主席张少琴，秘书长张皎，社会服务部部长包瑞玲等陪同考察调研。

7月8日　民建中央第一副主席张榕明、常务副主席马培华、副主席辜胜阻在中央统战部出席情况通报会。

7月8日　民建中央第一副主席张榕明在人民大会堂出席中国扶贫基金会“敬贺新中国成立六十周年·心基金启动仪式”。

7月9日　民建中央第一副主席张榕明在机关会见中华职业教育社总干事陈广庆一行，听取中华职教社换届工作情况汇报。

7月10日　民建中央主席陈昌智、副主席辜胜阻在民建中央机关出席“民建中央调研部、民建中信支部当前经济形势座谈会”，并分别讲话。

7月10日　民建中央主席陈昌智、第一副主席张榕明、副主席张少琴在中央统战部出席情况通报会。

7月10日　民建中央主席陈昌智在人民大会堂出席国家副主席习近平欢迎利比里亚副总统约瑟夫·尼乌马·博阿凯访华仪式。

7月10日　民建中央第一副主席张榕明到家中看望王光英夫妇。

7月10日　民建中央副主席张少琴在京出席“纪念宋任穷同志诞辰100周年座谈会”。

7月11日　民建中央副主席辜胜阻在京出席首届中国企业自主创新高峰论坛，并作了题为“企业创新是应对危机的战略起点”的演讲。

7月11日　民建中央第一副主席张榕明、常务副主席马培华在全国政协机关出席“加快发展方式转变和结构调整，提高可持续发展能力”专题协商会，民建中央副主席周汉民代表民建中央作题为“加强节能减排，促进可持续发展”的发言。

7月13日—14日　民建中央主席陈昌智、第一副主席张榕明、常务副主席马培华先后到家中为原顾问王艮仲同志106岁寿辰祝寿。

7月14日　民建中央第一副主席张榕明、副主席辜胜阻就民建中央重点调研专题“推动沿边开放，促进少数民族地区经济发展”到商务部与商务部部长陈德铭、副部长马秀红等进行座谈，调研部副部长蔡玲等参加。

7月14日　民建中央监督委员会第一次主任会议在民建中央机关召开。民建中央常务副主席、中央监督委员会主任马培华，民建中央副主席、中央监督委员会副主任李说出席。

7月14日　民建中央主席陈昌智在人民大会堂出席第八次全国归侨侨眷代表大会开幕式。

7月14日—20日　民建中央主席陈昌智在甘肃调研期间，与民建白银、兰州市委会部分会员座谈。

7月15日　民建中央第一副主席张榕明在京参加中华职业教育社换届领导小组会议。

7月15日　民建中央副主席辜胜阻在民建中央机关主持召开经济形势座谈会，民建会员中的部分专家学者和调研部副部长蔡玲等参加。

7 月 17 日　民建中央第一副主席张榕明在内蒙古出席第三届中国民族商品国际展览会暨首届呼和浩特国际汽车展览会开馆仪式。

7 月 19 日—21 日　民建中央副主席辜胜阻赴宁夏回族自治区银川市、石嘴山市、吴忠市等地进行市级组织调研并召开座谈会，听取当地民建市委工作汇报和会员企业如何应对当前金融危机的措施、意见和建议，并就中小企业如何应对全球金融危机与会员们交流。

7 月 20 日—31 日　民建中央副主席张少琴率民建中央中小企业考察团赴新加坡、马来西亚、印度尼西亚考察访问。

7 月 21 日　民建中央主席陈昌智、第一副主席张榕明、常务副主席马培华在中南海出席党外人士座谈会。

7 月 22 日—28 日　民建中央主席陈昌智在河北调研期间，与民建保定、沧州、石家庄市委会部分会员座谈。

7 月 29 日　民建中央主席陈昌智前往医院看望老同志黄大能。

8 月 4 日　民建中央第一副主席张榕明，副主席张少琴到医院看望黄大能同志。

8 月 4 日　民建中央副主席张少琴在京出席民主法制出版社和中国出版集团工作座谈会。

8 月 4 日—9 日　民建中央常务副主席马培华参加全国政协人口资源环境委员会考察团，赴青海就“三江源生态保护与建设”进行调研。

8 月 5 日　民建中央副主席张少琴、秘书长张皎到家中为冯梯云同志 84 岁寿辰祝寿。

8 月 5 日—8 日　民建中央第一副主席张榕明率民建中央“推动沿边开放，促进少数民族地区经济发展”重点专题调研组赴内蒙古呼和浩特、满洲里、二连浩特调研。期间，与民建内蒙古自治区领导班子成员进行座谈。

8 月 6 日　民建中央主席陈昌智在广西南宁出席“2009 泛北部湾经济合作论坛”开幕式并致词。之后分别考察广西甲天下皇氏乳业集团、广西育才学校和中国电信（广西）分公司。

8 月 6 日　民建中央副主席辜胜阻在京主持座谈会，就民建中央“中小企业应对金融危机”重点调研专题分别与财政部和工信部有关司局领导座谈。

8 月 7 日　民建中央主席陈昌智在广西南宁与民建广西区委会、南宁市委会部分会员座谈。

8 月 10 日　民建中央第一副主席张榕明在八宝山革命公墓参加卓琳同志遗体送别仪式。

8 月 11 日　民建中央主席陈昌智、第一副主席张榕明、常务副主席马培华在中南海出席党外人士座谈会。

8 月 12 日　民建中央常务副主席马培华到家中为王光英同志 90 岁寿辰祝寿。

8 月 13 日　民建中央主席陈昌智到医院看望孙起孟同志。

8 月 14 日　民建中央主席陈昌智、第一副主席张榕明、常务副主席马培华、副主席张少琴在八宝山革命公墓参加李维汉夫人吴景之同志遗体送别仪式。

8 月 14 日　民建中央主席陈昌智在人民大会堂出席国家副主席习近平主持的阿联酋王储阿布扎比访华欢迎仪式及晚宴。

8 月 15 日　民建中央主席陈昌智在京与民建北京市委央企小组座谈，副主席李谠参加。

8 月 17 日　民建中央第一副主席张榕明到医院看望孙起孟同志。

8 月 17 日　民建中央第一副主席张榕明、副主席程贻举、原主席成思危在京出席中华职业教育社第九届理事会第八次理事长会议、第九届常务理事会第六次会议、第九届理事会第六次全体会议。

8月17日　民建中央常务副主席马培华在民建中央机关主持召开2009年第三次机关办公会议。

8月18日　民建中央主席陈昌智、第一副主席张榕明、常务副主席马培华、副主席程贻举在京出席中华职业教育社第十次全国代表大会开幕式。

8月18日　民建中央副主席张少琴在京出席全国人大机关出版社体制改革工作领导小组会议。

8月19日　民建中央主席陈昌智，副主席张少琴、辜胜阻在中央统战部出席经济形势报告会，听取世界银行副行长、首席经济学家林毅夫作题为“全球经济形势及发展趋势”报告，张皎秘书长和机关部分局级干部参加。

8月19日　民建中央第一副主席张榕明在京出席中华职业教育社中华就业网启动仪式。

8月20日　民建中央主席陈昌智在京出席民建北京市委会成立60周年纪念大会。

8月20日　中华思源工程扶贫基金会第一届理事会第二次全体会议和第二届理事会第一次全体会议在京召开。会议分别由民建中央副主席陈政立、张少琴主持。

8月20日　民建中央主席陈昌智在人民大会堂出席国家主席胡锦涛主持的塞尔维亚总统鲍里斯·塔迪奇访华欢迎仪式及晚宴。

8月20日　中华职业教育社第十次全国代表大会在京闭幕。张榕明当选第十届理事会理事长，马培华当选副理事长。

8月24日　民建中央副主席辜胜阻在京主持座谈会，就创业板推出对促进我国风险投资事业发展的作用问题与有关专家座谈。

8月24日—27日　民建中央第一副主席张榕明赴山西就民建工作进行调研。期间，先后与民建阳泉、临汾、运城市委领导班子成员、支部主任及骨干会员进行了座谈。

8月24日—27日　民建中央主席陈昌智，副主席程贻举、张少琴、辜胜阻及民建成员中的全国人大常委在京出席十一届全国人大第十次常委会议。

8月27日　民建中央第一副主席张榕明在京出席全国政协十一届十七次主席会议。民建中央常务副主席马培华列席。

8月28日　民建中央主席陈昌智在京出席民建北京市委会“当前经济形势分析”座谈会并讲话。

8月28日　民建中央主席陈昌智在京接受中央电视台《焦点访谈》采访。

8月28日　民建中央副主席辜胜阻在长沙出席湖南县域经济论坛并发表题为“县域城镇化发展与扩大内需战略”演讲。

8月30日　民建中央主席陈昌智在京出席第二届中国管理科学大会开幕式。

8月31日　民建中央主席陈昌智在民建中央机关主持召开民建九届二十六次主席办公会议。民建中央第一副主席张榕明，常务副主席马培华，副主席张少琴、辜胜阻出席。

8月31日　民建中央副主席辜胜阻在京主持座谈会，就民建中央重点专题“中小企业应对金融危机”分别与银监会、证监会有关领导座谈。

9月1日　民建中央常务副主席马培华在京出席中央社会主义学院秋季开学典礼和新一届院务咨询委员会第一次会议。

9月1日　民建中央主席陈昌智在沈阳出席第八届中国国际装备制造业博览会

开幕式，考察祥龙企业集团和远东新型管业发展公司。

9月1日—2日　民建中央副主席辜胜阻就民建中央“中小企业应对金融危机”重点专题赴山西进行调研，并在太原出席两岸三地经贸论坛暨投资项目洽谈会。

9月2日　民建中央主席陈昌智在辽宁省阜新市调研，听取有关情况汇报，与民建阜新市委会班子成员及部分骨干会员座谈，参观考察振隆土特产有限公司。

9月3日　民建中央主席陈昌智在辽宁省辽阳市调研，与民建辽阳市委会班子成员及部分骨干会员座谈，参观考察辽宁忠旺集团。

9月3日　民建中央第一副主席张榕明、副主席陈政立在沈阳出席民建中央企业委员会信息技术组第二次全体会议。

9月4日　民建中央主席陈昌智，第一副主席张榕明，常务副主席马培华，副主席陈政立、张少琴、辜胜阻、周汉民在沈阳出席2009中国（辽宁）非公有制经济发展论坛开幕式，陈昌智发表主旨演讲。

9月4日　民建中央主席陈昌智、副主席陈政立在沈阳参加民建企业家座谈会，听取企业家对应对当前金融危机的意见和建议。国家工业和信息化部有关负责人以及部分民建企业家会员30多人参加。

9月5日　民建中央主席陈昌智在大连调研，考察大连东立工艺纺织品有限公司和大连明清家具艺术品有限公司。

9月5日　民建中央第一副主席张榕明在沈阳听取辽宁中华职业教育社工作情况汇报并讲话。

9月5日　民建中央副主席张少琴在辽宁沈阳出席民建沈阳市大东区委会庆祝新中国成立60周年、中国共产党领导的多党合作和政治协商制度确立60周年纪念活动。

9月6日　民建中央主席陈昌智在大连出席全国地方金融第十三次论坛。

9月6日　民建中央第一副主席张榕明在重庆出席重庆首届慈善·福彩活动周启动仪式。

9月7日　民建中央第一副主席张榕明、常务副主席马培华在民建中央机关会见参加两岸三地（山西）经贸论坛暨项目洽谈会的台湾世新大学董事长成嘉玲一行。

9月7日　民建中央副主席张少琴、秘书长张皎在京参加中央各部门各单位出版社体制改革工作经验交流会。

9月8日　民建中央主席陈昌智在民建中央机关接受新华社和中央人民广播电台记者采访。

9月8日　民建中央第一副主席张榕明在全国政协出席“关注气候变化：挑战、机遇与行动”论坛开幕式并讲话。

9月9日　民建中央主席陈昌智在京会见并宴请塞浦路斯劳动人民进步党总书记安德罗斯·基普里亚努访华代表团一行。

9月9日　民建中央第一副主席张榕明在京出席国家图书馆建馆100周年庆祝大会。

9月9日　民建中央常务副主席马培华在全国政协参加影片《建国大业》汇报观摩活动。

9月10日　民建中央主席陈昌智在海南省海口市考察通威股份有限公司海南分公司和海南水产食品有限公司。

9月10日　民建中央第一副主席张榕明、常务副主席马培华在海口听取海南省中华职业教育工作情况汇报并视察海南职业技术学院。

9月10日　民建中央副主席张少琴在海南省三亚市考察民建会员企业三亚天行旅游实业有限公司南天生态大观园和三亚凤凰岛发展有限公司。

9月11日　民建中央主席陈昌智在海南省海口市主持召开民建九届九次主席会议。民建中央第一副主席张榕明，常务副主席马培华，副主席程贻举、王少阶、陈政立、张少琴、宋海、周汉民出席。

9月11日　民建中央主席陈昌智在海南主持召开民建中央主席务虚会议。民建中央第一副主席张榕明，常务副主席马培华，副主席程贻举、王少阶、陈政立、张少琴、宋海、周汉民出席。

9月12日　民建九届八次中常委会议在海南省海口市召开，民建中央主席陈昌智主持会议并讲话。民建中央第一副主席张榕明，常务副主席马培华，副主席程贻举、王少阶、陈政立、张少琴、辜胜阻、宋海、周汉民以及常委出席。秘书长张皎及民建中央各工作部门负责人列席。

9月13日　民建全国主委工作会议在海南省海口市举行。会议围绕如何进一步提高本会参政议政工作水平交流经验、探讨问题、提出对策。民建中央常务副主席马培华主持会议，民建中央主席陈昌智讲话。民建中央第一副主席张榕明，副主席王少阶、陈政立、张少琴、辜胜阻、宋海、周汉民以及各省级组织主委参加。

9月14日　民建中央主席陈昌智、第一副主席张榕明、常务副主席马培华、副主席张少琴、秘书长张皎在中央统战部出席统一战线庆祝中华人民共和国成立60周年暨多党合作制度确立60周年座谈会。陈昌智作“总结经验，续写辉煌”的发言。

9月14日　民建中央副主席辜胜阻在京会见美国商业软件联盟（BSA）总裁兼首席执行官罗伯特·霍利曼（Robert W. Holleyman）等一行六人。

9月15日　民建中央机关举行庆祝中华人民共和国成立60周年座谈会。民建中央常务副主席马培华主持会议，民建中央主席陈昌智讲话，副主席张少琴及机关干部代表发言。第一副主席张榕明、副主席辜胜阻等参加。

9月15日　民建中央主席陈昌智在京听取农业部有关工作汇报。

9月16日　民建中央第一副主席张榕明到医院看望孙起孟同志。

9月16日—19日　民建中央主席陈昌智率全国人大代表视察团赴宁夏进行调研。

9月17日　民建中央第一副主席张榕明在京出席第五届环境与发展中国（国际）论坛开幕式并致词。

9月18日　民建中央第一副主席张榕明在全国政协听取全国政协和外交部有关部门负责人关于出访越南筹备工作情况汇报。

9月18日　民建中央常务副主席马培华在中央统战部出席各民主党派中央常务副主席会议。

9月19日　民建中央第一副主席张榕明、常务副主席马培华、副主席张少琴在中央统战部参加党外人士情况通报会。

9月19日　民建中央第一副主席张榕明在北京展览馆参观新中国成立60周年成就展。

9月20日　民建中央主席陈昌智，第一副主席张榕明，常务副主席马培华，副主席王少阶、陈政立、张少琴、周汉民，秘书长张皎及老同志冯梯云、朱元成、冯克煦、陈明德在全国政协礼堂出席庆祝中国人民政治协商会议成立60周年大会。

9月20日　民建中央主席陈昌智，第一副主席张榕明，常务副主席马培华，副主席王少阶、陈政立、张少琴、辜胜阻、周汉民，秘书长张皎及在京老同志朱元成、陈明德在京观看庆祝中国人民政治协商会议成立60周年文艺演出。

9月20日　民建中央第一副主席张榕

明在京出席全国政协十一届十八次主席会议。民建中央常务副主席马培华列席。

9月21日　民建中央第一副主席张榕明在全国政协会见教育部副部长鲁昕，双方围绕如何加强教育部与中华职教社的联系与合作、更好地发挥中华职教社的作用等问题进行座谈。

9月21日—23日　民建中央第一副主席张榕明，常务副主席马培华，副主席王少阶、陈政立、李谠、周汉民和民建成员中的全国政协常委在京出席全国政协十一届七次常委会议。

9月22日　民建中央第一副主席张榕明、副主席辜胜阻在八宝山革命公墓参加第九届全国政协副主席、全国工商联原主席经叔平同志遗体送别仪式。

9月22日　民建中央第一副主席张榕明、常务副主席马培华在中央统战部参加情况通报会。

9月22日　民建中央副主席张少琴出席民建中央在京召开的贵州省毕节旅游工作调研组座谈会并讲话。

9月22日　民建中央主席陈昌智在人民大会堂出席《食品安全法》执法检查第一次全体会议。

9月22日　民建中央常务副主席马培华在京出席“时代领跑者——新中国成立以来最具影响的劳动模范颁奖盛典”。

9月23日　民建中央主席陈昌智在京出席中国和平统一促进会第八届理事大会开幕式。

9月23日　民建中央副主席辜胜阻在辽宁就民建中央“中小企业应对国际金融危机”重点专题与浑南新区管委会、辽宁电能科技发展有限公司、东方钛业、沈阳东管电力科技集团有限公司、中科三耐科技股份有限公司、沈阳萃华金银制品有限公司、辽宁天禹星电子科技有限公司等单位座谈。

9月23日—29日　民建中央第一副主席张榕明率全国政协代表团赴越南出席越南祖国阵线第七次全国代表大会并顺访越南。

9月24日　民建中央主席陈昌智在京出席中国和平统一促进会第八届理事大会及闭幕式，并主持召开中国和平统一促进会八届一次常务理事会议。

9月24日　民建中央副主席辜胜阻在沈阳出席“2009中国风险投资论坛——振兴东北投资高峰会”并作主题演讲。同日出席沈阳国际会展中心举办的“2009年东北亚高新技术博览会”开幕式。

9月25日　民建中央机关举行民建在京老同志迎国庆、庆中秋座谈会，民建中央常务副主席马培华主持会议，并通报本会九届八次中常委会议精神。民建中央主席陈昌智到会听取了老同志的发言。

9月25日　民建中央机关举行庆祝中华人民共和国成立60周年歌咏活动，民建中央主席陈昌智、常务副主席马培华、副主席张少琴等参加。

9月25日　民建中央主席陈昌智、常务副主席马培华在民建中央机关会见了正在中央社会主义学院参加中央统战部举办的“第二十二期民主党派干部进修班”学习的14位民建学员。

9月27日—28日　民建中央主席陈昌智在山东曲阜参加孔子国际文化节。

9月28日　民建中央副主席辜胜阻在京出席中华海外联谊会三届二次常务理事会会议及招待晚宴。

9月29日　民建中央主席陈昌智，第一副主席张榕明，副主席辜胜阻在人民大会堂出席全国政协办公厅、中共中央统战部、国务院侨办、国务院港澳办、国务院台办联合举办的国庆招待会。

9月30日　民建中央主席陈昌智，第一副主席张榕明，常务副主席马培华，副主席张少琴、辜胜阻，全国政协常委陈明德及在京老同志朱元成等在人民大会堂出席2009年国庆招待会。

10月1日　民建中央主席陈昌智，第一副主席张榕明，常务副主席马培华，副主席张少琴、辜胜阻、李谠，秘书长张皎和部分在京中央委员、部分在京老同志出席国庆60周年庆祝大会和联欢晚会。

10月6日　民建中央主席陈昌智在京视察会员企业北京华冉集团。

10月8日—12日　民建中央副主席王少阶率民建中央旅游产业发展调研组赴毕节开展旅游产业发展专题调研。期间，出席毕节试验区第三届旅游产业发展大会暨2009中国·贵州·黔西乌江源百里画廊旅游文化节开幕式并宣布文化节开幕。

10月10日　民建中央副主席辜胜阻赴甘肃酒泉、张掖、金昌、武威市就基层组织工作进行调研。期间，在酒泉出席"酒泉市统一战线服务科学发展'6+2'论坛"并作题为"发展方式转型与中小企业变革之道"的主题演讲。听取甘肃省委会及市委会工作汇报，与班子成员和骨干会员座谈。

10月10日—14日　民建中央主席陈昌智率全国人大执法检查团赴山西进行执法检查。

10月12日　民建中央副主席辜胜阻在甘肃兰州出席2009年民建省级组织调研处长会议暨社情民意信息工作人员培训班并讲话。

10月13日　民建中央副主席张少琴在人民大会堂出席温家宝总理欢迎俄罗斯总理普京访华仪式及晚宴。

10月13日　民建建华研究院学术委员会主任成思危、副主任辜胜阻在中国人民大学出席建华研究院学术委员会第十三次全体会议。

10月16日　民建中央主席陈昌智在成都出席第十届中国国际西部博览会暨第二届中国西部国际合作论坛开幕式。

10月16日　民建中央第一副主席张榕明在人民大会堂会见联合国人口基金执行主任欧拜德女士一行。

10月16日　民建中央第一副主席张榕明在京出席第十届中国教育国际论坛暨2009中国国际教育展开幕式。

10月17日—18日　民建中央第一副主席张榕明在湖北出席第五届中国总部经济高层论坛暨第二届中部省会城区发展论坛开幕式并讲话。

10月18日　民建中央主席陈昌智在京出席第五届亚洲安全社区会议。

10月18日—19日　民建（北片）基层组织建设工作研讨会议在河南省郑州市召开。

10月19日—23日　应民建中央邀请，台湾著名餐饮类学校——台北市开平餐饮学校考察团一行考察访问江苏扬州、苏州两地的职业教育学校，并与当地餐饮企业进行交流。

10月20日　民建中央第一副主席张榕明到民建湖南省委会看望机关干部，听取民建湖南省委会工作汇报，并与省委会领导班子成员和骨干会员座谈。

10月20日—22日　民建中央常务副主席马培华在京出席香山科学会议"国家战略需求中的化学问题"学术研讨会并担任会议执行主席，就我国盐湖资源的合理利用和保护发言。

10月21日　民建中央副主席辜胜阻在新华社接受"新华08金融讲堂"专访。

10月22日　民建中央主席陈昌智在京会见以色列议会外交与国防事务委员会

主席查希·哈内戈比访华代表团一行。

10月23日　天津鸿正集团向中华思源工程捐赠仪式在民建中央机关举行。民建中央主席陈昌智出席捐赠仪式并会见捐赠者天津鸿正集团董事长孟庆如。

10月23日　民建中央主席陈昌智、第一副主席张榕明在民建中央机关会见美国名人出版股份有限公司总裁、美国南加州华人社团联合会共同主席李甫田先生一行。

10月23日　民建中央主席陈昌智在民建中央机关会见在京参加中央统战部举办的第十八期民主党派中青年干部培训班的民建学员，并与大家座谈、合影。

10月23日—24日　民建中央常务副主席马培华在江苏出席天目湖中欧经济论坛并发表讲演。

10月25日　民建中央主席陈昌智在京出席亚洲制造年会。

10月26日　民建中央第一副主席张榕明到医院看望孙起孟同志和万国权同志。

10月26日　民建中央副主席辜胜阻在民建中央机关就“关于完善公交优先发展财政扶持政策建议”课题与交通部冯正霖副部长一行进行座谈。

10月27日　民建中央第一副主席张榕明在京出席中国红十字会第九次全国代表大会开幕式和第一次全体会议。

10月27日—29日　民建中央第一副主席张榕明率全国政协委员视察团，就北京奥运场馆赛后管理、使用情况进行视察。

10月27日—31日　民建中央主席陈昌智，副主席程贻举、张少琴、辜胜阻和民建会员中的全国人大常委在京出席十一届全国人大十一次常委会会议。

10月28日　民建中央常务副主席马培华在民建中央机关会见中国美术家协会主席刘大为，并就筹建民建中央画院有关事宜进行座谈。

10月30日　民建中央常务副主席马培华在安徽合肥出席民建全国秘书长办公室主任会议并讲话，民建中央秘书长张皎主持会议，民建中央办公厅有关同志参加。

10月30日—11月3日　民建中央副主席王少阶在河南省平顶山、商丘、周口、漯河等市就民建组织建设工作进行调研，听取各市委会工作汇报并与骨干会员座谈。

10月31日　民建中央常务副主席马培华在安徽考察会员企业安徽省六方深冷股份有限公司。

11月2日　民建中央主席陈昌智在中央统战部会见香港专业联盟访问团一行。

11月3日　民建中央主席陈昌智在京出席第十届北京国际工程机械展览与技术交流会暨建国六十周年工程机械行业成就展开幕式。

11月3日—5日　民建中央副主席周汉民在辽宁就地方组织工作进行调研。期间，分别与民建鞍山市委、铁岭市委、民建大连市委东北财经大学支部的会员进行座谈会。

11月4日　民建中央主席陈昌智在民建中央机关主持召开中心组学习会，民建中央副主席张少琴以“促进科学发展必须坚持统筹兼顾”为题作中心发言。民建中央第一副主席张榕明、常务副主席马培华等参加。

11月4日　民建中央主席陈昌智在民建中央机关主持召开九届二十七次主席办公会，研究九届三中全会方案、讨论常委会工作报告及其他事宜。民建中央第一副主席张榕明、常务副主席马培华、副主席张少琴出席。

11月4日　民建中央副主席张少琴在民建中央机关出席毕节旅游课题研讨会。

11 月 4 日　民建中央副主席辜胜阻在中南海参加国务院常务会议。

11 月 5 日　民建中央副主席张少琴在中央统战部出席统一战线参与毕节试验区发展专题调研工作情况座谈会。

11 月 6 日　民建中央主席陈昌智在京出席第三届全国非公有制经济人士优秀中国特色社会主义事业建设者表彰大会。民建 14 名会员获“优秀建设者”称号。

11 月 6 日　民建中央主席陈昌智、第一副主席张榕明在八宝山革命公墓参加钱学森同志遗体送别仪式。

11 月 7 日　民建中央主席陈昌智在杭州出席 2009 第二届中国休闲城市市长峰会，考察浙江江南涤化有限公司、金都房地产公司和万事利集团。

11 月 8 日—10 日　民建中央主席陈昌智在上海就地方组织工作进行调研，先后与民建上海黄浦区、浦东新区和奉贤区委会的部分会员进行座谈。

11 月 9 日—12 日　民建中央第一副主席张榕明赴河南就民建和中华职教社工作进行调研。调研期间，先后召开民建河南省委领导班子成员、骨干会员座谈会，听取省职教社工作汇报，并视察黄河科技学院。

11 月 11 日　民建中央常务副主席马培华在中央统战部出席各民主党派中央常务副主席会议。

11 月 12 日　民建中央主席陈昌智、常务副主席马培华在民建中央机关会见天津市委统战部部长刘长喜一行。

11 月 12 日　民建中央主席陈昌智在京参加纪念白求恩逝世 70 周年大会。

11 月 13 日　民建中央第一副主席张榕明在京出席第三届中国医师协会医师奖颁奖大会并致词。

11 月 13 日　民建中央副主席辜胜阻在上海出席 2009 中国企业管理高峰论坛暨 2009 第二届中国管理模式杰出奖活动颁奖典礼并作“后危机时代发展模式转型与企业战略”的主旨演讲。

11 月 15 日　民建中央第一副主席张榕明在京出席第三届中国杰出质量人颁奖典礼。

11 月 15 日　民建中央常务副主席马培华在杭州出席 2009（杭州）村镇银行发展高峰论坛。

11 月 15 日—17 日　民建中央法制委员会课题组就“非公企业在司法审判中的不公平待遇”课题到上海、浙江调研。

11 月 16 日　民建中央主席陈昌智在中国社会科学院出席民建中国社会科学院支部活动——“当代中国经济与社会发展问题”专题座谈会并讲话。

11 月 16 日　民建中央主席陈昌智在民建中央机关主持召开九届二十八次主席办公会，研究机关处级干部交流方案和其他事项，民建中央第一副主席张榕明，常务副主席马培华，副主席张少琴、辜胜阻出席。

11 月 16 日　民建中央副主席辜胜阻在中央统战部出席情况通报会，听取银监会主席刘明康通报经济金融情况。

11 月 16 日　民建中央副主席辜胜阻率队赴中关村科技园进行调研，分别考察了奥瑞金种业股份有限公司、北京神州泰岳软件股份有限公司、水晶石数字科技有限公司，并与企业的创业者座谈。

11 月 17 日—19 日　民建中央主席陈昌智在江西南昌出席首届世界低碳与生态经济暨技术博览会，期间，与民建江西省委领导班子和部分会员座谈，并考察会员企业江西煌上煌集团和晶能光电公司。

11 月 19 日　民建中央常务副主席马培华在民建中央机关会见在中央社会主义

学院参加第22期民主党派干部培训班的民建会员。

11月19日　民建中央副主席张少琴在京出席全国人大机关出版社体制改革工作领导小组会议。

11月19日　民建中央副主席辜胜阻在京出席“2009两岸信用管理论坛”并就论坛主题“两岸经贸合作与风险管控”发言。

11月20日　民建中央在京召开会内监督机制建设课题研讨会。民建中央主席陈昌智会前接见了与会人员。民建中央第一副主席张榕明、副主席张少琴出席并讲话。民建中央理论研究委员会、民建中央监督委员会部分成员及有关人员参加了会议。

11月20日　民建中央副主席张少琴在京出席第三届国家特邀国土资源监察专员聘任仪式。

11月20日—21日　民建中央常务副主席马培华到河北就组织工作进行调研。

11月21日　民建中央主席陈昌智在京出席第七届中国食品安全年会开幕式。

11月22日　民建中央主席陈昌智在京出席第四届中国中小企业家年会。

11月23日　民建中央主席陈昌智、第一副主席张榕明、常务副主席马培华、副主席张少琴在中央统战部出席情况通报会。

11月23日　民建中央主席陈昌智在民建中央机关主持召开九届二十九次主席办公会。

11月24日　民建中央主席陈昌智，第一副主席张榕明，常务副主席马培华在中南海出席党外人士座谈会。

11月24日—26日　民建中央常务副主席马培华在四川出席民建四川省委七届二次主委谈心会并就地方组织工作到德阳、成都两个市级组织进行调研。

11月26日　民建中央主席陈昌智、常务副主席马培华在四川都江堰考察灾后重建工作并出席都江堰青城山平生思源儿童福利院奠基仪式。

11月27日　第二届川渝经济合作与发展论坛在成都举行。民建中央常务副主席马培华主持上午的开幕会，民建中央主席陈昌智作主旨演讲。民建中央副主席辜胜阻在下午的专家论坛上作“推进区域城镇化是实现城乡统筹的重大战略”的演讲。民建中央副主席程贻举、民建四川省委主委陈文华、重庆市委主委卢晓钟、湖北省委主委仇小乐等出席。

11月27日　民建中央主席陈昌智在成都出席四川大学经济发展研究理事会首届常务理事会议，随后出席科技金融与创新型企业发展座谈会暨《科技金融》首发式。

11月27日　民建建华课堂培训工作交流座谈会在福建省福州市召开，来自全国14个省（地区）负责建华课堂培训工作的同志和民建中央培训中心同志参加。

11月28日　民建中央第一副主席张榕明在京出席2009中国社会信用体系建设高峰会暨第四届中国诚信企业家大会开幕式并致词。

11月28日　民建中央第一副主席张榕明在京出席第三届企业家高峰论坛暨优秀企业家颁奖典礼。

11月28日　民建中央副主席辜胜阻在上海出席中国休闲产业经济研讨会。

11月30日　民建中央第一副主席张榕明在民建中央机关会见人力资源和社会保障部邱小平司长一行，双方就《关于适时完善劳动合同法实施条例的提案》进行座谈。

11月30日—12月1日　民建全国

"思源工程"工作会议在北京召开。民建中央副主席张少琴出席会议并讲话，社会服务部部长包瑞玲和来自全国30个省级组织的"思源工程"办公室负责人、中华思源工程扶贫基金会有关人员出席。

12月1日　民建中央主席陈昌智，第一副主席张榕明，常务副主席马培华，副主席张少琴、辜胜阻，秘书长张皎在民建中央机关会见前来走访的中央统战部一局新任局长吴晓礼一行。

12月1日　民建中央机关举行机关干部文秘高级进修班第三次授课，邀请清华大学校务委员、新闻与传播学院常务副院长、国际传播研究中心主任李希光讲授《新闻宣传与报道》。民建中央常务副主席马培华主持，秘书长张皎和机关全体干部参加。

12月1日　民建中央主席陈昌智在人民大会堂接见荣获"2009紫金花杯杰出企业家"的企业家。

12月2日　民建中央副主席辜胜阻在中南海参加国务院常务会议。

12月3日　民建中央主席陈昌智在人民大会堂出席2009年"12·4全国法制宣传日"座谈会。

12月4日　民建中央第一副主席张榕明在京出席第九届中国年度管理大会颁奖典礼。

12月4日—5日　民建中央副主席辜胜阻赴山东东营、潍坊调研。期间，听取两地民建市委会工作情况介绍，与部分会员骨干座谈，并考察了东营市会员企业民建大厦有限责任公司以及潍坊经济开发区内的多家高新技术企业。

12月5日　民建中央副主席辜胜阻在山东潍坊出席"中国百城经济发展世纪行——后危机时代之领导韬略高峰论坛"，作题为"后危机时代发展模式转型与企业战略"的专题演讲并与听众进行交流互动。

12月6日　民建中央机关工会与中宣部、全国政协工会等6家单位受中直机关工会指定在中直机关工会培训班作了经验交流。

12月7日　民建中央主席陈昌智在民建中央机关主持召开中心组学习会，民建中央副主席辜胜阻作题为"正确把握全面协调可持续基本要求，努力提高参政议政水平"的中心发言。民建中央第一副主席张榕明、常务副主席马培华、副主席张少琴等参加。

12月7日　民建中央主席陈昌智在民建中央机关主持召开九届三十次主席办公会。民建中央第一副主席张榕明，常务副主席马培华，副主席张少琴、辜胜阻出席。

12月7日　民建中央主席陈昌智，第一副主席张榕明，常务副主席马培华，副主席张少琴、辜胜阻、李说，秘书长张皎在中央统战部出席情况通报会，听取中央经济工作会议有关精神的通报。

12月8日　民建中央主席陈昌智在京出席全国推行全面质量管理暨中国质量管理协会成立30周年纪念大会开幕式。

12月8日　民建中央第一副主席张榕明、副主席张少琴在中央统战部出席统一战线参与毕节试验区建设座谈会并发言。

12月8日　民建中央常务副主席马培华在民建中央机关主持召开2009第五次机关办公会，听取各部门汇报近期重点工作安排、布置近期主要工作。

12月9日　民建中央主席陈昌智在中国剧院出席首都慈善公益组织联合会举办的"善行天下——2009年度首都慈善公益日晚会"。

12月10日　民建中央机关举行纪念施复亮先生诞辰110周年座谈会。民建中央主席陈昌智主持，民建中央第一副主席张榕明，老同志代表冯克煦、陈明德和机关干部代表分别发言，民建中央常务副主席马培华、副主席张少琴等参加。

12月10日　民建中央发出关于“与祖国同呼吸，与民建共奋进”主题征文活动表彰通报。活动共收到征文847篇，评选出优秀作品55篇，优秀组织奖10个。

12月11日　民建中央第一副主席张榕明到医院看望孙起孟同志。

12月11日　民建中央第一副主席张榕明、常务副主席马培华在京出席中华职业教育社第十届理事会第二次理事长会议。

12月11日　民建中央第一副主席张榕明在首都博物馆参观澳门特别行政区10周年成就展。

12月11日　民建中央常务副主席马培华在京出席国家高技术产业化项目“青海盐湖提锂及资源综合利用高新技术产业化示范工程”验收会。

12月12日　民建中央发出2008—2009年度新闻宣传工作表彰通报。评选出新闻宣传工作先进单位19个，优秀作品29篇。

12月13日　民建中央常务副主席马培华在京出席中央社会主义学院院务咨询委员会会议。

12月15日　民建中央画院在京成立。民建中央主席陈昌智、第一副主席张榕明出席成立大会，常务副主席马培华主持并报告民建中央画院成立筹备工作的情况，副主席张少琴宣读民建中央画院顾问、名誉院长、院长、副院长和艺术委员会主任、副主任、秘书长以及首批聘任书画艺术家名单。陈昌智和画院顾问、中国书法家协会名誉主席沈鹏共同为画院揭牌。

12月15日　民建中央主席陈昌智在京主持召开九届十次主席会议。民建中央第一副主席张榕明，常务副主席马培华，副主席程贻举、王少阶、陈政立、张少琴、辜胜阻、宋海、李说、周汉民出席。

12月15日　民建九届九次中常委会议在京举行，民建中央主席陈昌智主持会议，民建中央第一副主席张榕明，常务副主席马培华，副主席程贻举、王少阶、陈政立、张少琴、辜胜阻、宋海、李说、周汉民和常务委员出席。

12月15日　民建中央监督委员会第二次全体会议在京举行，民建中央副主席李说主持会议，民建中央主席陈昌智出席会议并讲话，常务副主席马培华作题为“适应民建自身建设要求，积极稳妥推进会内监督工作”的工作报告。

12月16日　中国民主建国会第九届中央委员会第三次全体会议在京开幕。民建中央主席陈昌智代表中央常务委员会作了题为“发挥优势，服务大局，为科学发展与社会和谐作出新贡献”的工作报告，民建中央第一副主席张榕明主持会议。民建中央常务副主席马培华、第一副主席张榕明、副主席张少琴、辜胜阻先后就《加快节能减排，促进可持续发展》、《推动沿边开放，促进边境少数民族地区经济发展》、《建立煤炭期货市场交易机制，促进我国煤炭市场健康发展》、《中小企业后危机时代转型升级实现可持续发展的对策建议》四个专题报告作了说明。民建中央副主席程贻举、王少阶、陈政立、张少琴、辜胜阻、宋海、李说、周汉民及中央委员182人出席。八届中央委员会主席成思危出席会议。民建中央专门委员会和工作部门主要负责同志列席。

12月16日　民建中央在京举行庆祝民建成立64周年晚宴并观看重大历史题材电视连续剧《黄炎培》片花。民建中央副主席陈政立主持，民建中央主席陈昌智，第一副主席张榕明，常务副主席马培华，副主席程贻举、王少阶、张少琴、辜胜阻、宋海、李谠、周汉民和出席民建九届三中全会的全体出列席人员参加。

12 月 16 日　全国政协召开民主党派提案工作座谈会，并通报有关提案工作情况。民建中央提交提案 27 件，其中 2 件提案列入全国政协重点提案调研，10 件提案被《重要提案摘报》采纳，2 件提案列入提案办理协商会。

12 月 17 日　民建九届三中全会举行专题报告会，邀请工业和信息化部李毅中部长作题为“我国工业和信息化发展形势与任务”的报告。民建中央副主席张少琴主持，民建中央主席陈昌智，第一副主席张榕明，常务副主席马培华，副主席程贻举、王少阶、陈政立、张少琴、辜胜阻、李谠、周汉民和民建九届三中全会的全体出列席人员以及出席全国在政府和司法部门任地厅级领导干部培训班的学员参加。

12 月 17 日　民建中央副主席张少琴在京出席国税总局特邀监察员聘任仪式，并代表各民主党派中央和无党派人士发言。

12 月 17 日　中国民主建国会第九届中央委员会第三次全体会议在京闭幕。民建中央副主席辜胜阻主持，民建中央主席陈昌智讲话。民建中央第一副主席张榕明，常务副主席马培华，副主席程贻举、王少阶、陈政立、张少琴、辜胜阻、李谠、周汉民和民建九届三中全会的全体出列席人员参加。

12 月 17 日　民建中央第一副主席张榕明在京参加民建湖北省委领导班子成员谈心会并讲话。

12 月 17 日　民建中央企业委员会北京中国职工之家召开第五次主任会议，总结 2009 年工作，通过《民建中央企业委员会专业组工作通则》。

12 月 18 日　民建会员在政府和司法部门任地厅级领导干部培训班在京举行。民建中央主席陈昌智出席并讲话，常务副主席马培华主持并参加分组讨论。中共中央统战部一局副局长孙凌雁作了关于多党合作的报告。民建中央组织部部长李世杰主持报告会，来自全国在政府和司法部门任地厅级领导干部的会员 76 人参加。

12 月 20 日　民建中央主席陈昌智、副主席张少琴在人民大会堂出席中华思源工程扶贫基金会举办的“爱国侨领陈沙立慈善基金”捐赠仪式。

12 月 20 日　民建中央主席陈昌智在人民大会堂出席“第二届中国经济百人榜、中国品牌百强榜”暨第四届“人民社会责任奖”颁奖仪式。

12 月 20 日　民建中央主席陈昌智在人民大会堂出席中海联经济文化交流中心成立揭牌仪式暨书画笔会。

12 月 21 日　民建中央主席陈昌智、张少琴副主席在京出席全国人大常委会纪念地方人大常委会成立三十周年座谈会。

12 月 25 日　民建中央副主席辜胜阻在中央统战部出席调研工作情况通报会。

12 月 28 日　民建中央主席陈昌智、第一副主席张榕明、常务副主席马培华，在京老同志朱元成、白大华在八宝山革命公墓礼堂参加阿沛·阿旺晋美同志遗体送别仪式。

12 月 28 日　民建中央主席陈昌智在京出席环境产业基金发起仪式。

12 月 29 日　全国政协召开会议，研究各民主党派中央 2010 年“两会”大会发言有关工作，秘书长张皎、调研部副部长蔡玲参加。

12 月 29 日　民建中央主席陈昌智在京出席中国林业企业国际维权问题研讨会。

12 月 30 日　民建中央副主席张少琴

在中央统战部出席党外人士情况通报会。

12 月 30 日　民建中央副主席辜胜阻在京出席中央台办举办的学习贯彻胡锦涛总书记重要讲话座谈会。

12 月 31 日　民建中央主席陈昌智、第一副主席张榕明在京观看 2010 年新年音乐会。

孟孝忠　民建中央宣传部部长
王永飞　民建中央宣传部新闻处处长

中国民主促进会

1月1日上午　中国人民政治协商会议全国委员会在全国政协礼堂举行新年茶话会。民进中央主席严隽琪、常务副主席罗富和、原第一副主席张怀西等出席茶话会。

1月4日　中国民主促进会网站发布报道，民进中央主席严隽琪撰写的《在正道上行》荣获“薪火相传，共创未来——纪念中共发布‘五一口号’60周年”征文一等奖。

1月5日下午　民进中央副主席朱永新带队走访民政部，与民政部副部长姜力、民政部民间组织管理局局长孙伟林交流座谈。

1月6日下午　全国政协副主席、民进中央常务副主席罗富和，民进中央副主席潘贵玉带队走访国家民委，受到国家民委党组书记、副主任杨传堂，国家民委副主任杨健强热情接待，并介绍了2008年民族工作情况和2009年国家民委工作安排。

1月6日　全国人大常委会副委员长、民进中央主席严隽琪，民进中央副主席朱永新走访科技部。科技部党组书记、副部长李学勇热情接待民进中央一行。

1月7日下午　全国人大常委会副委员长、民进中央主席严隽琪，民进中央副主席潘贵玉一行走访国家人口和计划生育委员会，受到国家人口和计划生育委员会主任李斌，副主任赵白鸽、王培安热情接待。

1月7日　全国政协副主席、民进中央常务副主席罗富和，民进中央副主席朱永新在京会见来访的毕节地区行署专员张吉勇，共商如何进一步深化合作，促进试验区发展。

1月8日上午　全国人大常委会副委员长、民进中央主席严隽琪，民进中央副主席王佐书走访教育部，与部长周济及各司局长座谈。

1月8日上午　全国政协副主席、民进中央常务副主席罗富和，民进中央副主席朱永新走访国土资源部，受到国土资源部部长、党组书记、国家土地总督察徐绍史热情接待。

1月8日—12日　全国人大常委会副委员长、民进中央主席严隽琪在上海调研。

1月9日上午　全国政协副主席、民进中央常务副主席罗富和走访国家环保部，受到部长周生贤、副部长吴晓青以及各司局负责同志热情接待。

1月9日　2008年度国家科学技术奖励大会在北京人民大会堂隆重举行。民进会员、山东先声麦得津制药有限公司首席科学家罗永章作为项目第一完成人受邀参会，中央政治局委员张德江为罗永章颁发了获奖证书。

1月9日—19日　应美国洛杉矶水晶大教堂和夏威夷中华总商会的邀请，民进中央原主席、中国国际友好联络会高级顾问、世界汉语教学学会会长许嘉璐率团前往美国洛杉矶、夏威夷，与美国宗教界、教育界、军界、华侨华人等进行了广泛友好的交流。

1月12日下午　全国政协副主席、民进中央常务副主席罗富和走访水利部，与水利部部长陈雷，副部长矫勇、胡四一就当前我国水利工作有关情况进行座谈交流，就双方共同关心的领域深入开展合作进行了沟通和协商。

1月12日下午　民进中央副主席朱永新带队走访卫生部，受到卫生部副部长陈啸宏热情接待，双方围绕共同关心的卫生领域问题以及今后在卫生领域的沟通与合作，进行了坦诚而务实的座谈。

1月12日　民进中央副主席朱永新在民进中央亲切会见中共贵州省金沙县委常委、县人民政府常务副县长王丽和中共金沙县委常委、县委统战部部长刘军，双方就促进金沙县经济社会发展和民进智力支边扶贫工作进展深入交换了意见。民进中央社会服务部负责人陪同会见。

1月13日下午　全国政协副主席、民进中央常务副主席罗富和走访农业部，与农业部部长孙正才亲切会面，互致新年问候；与农业部副部长危朝安就当前“三农”工作有关情况进行座谈和交流，并提出建议。

1月14日下午　民进中央副主席朱永新走访中国林科院，受到林科院分党组书记、院长张守攻，分党组成员、纪检组组长陈幸良，分党组成员、副院长储富祥热情接待。与会同志就“石羊河流域综合治理高层论坛”、草海湿地综合治理、金沙县和黔西南州以及河北省滦平县的支边扶贫工作进行了深入细致的沟通交流。

1月14日　民进中央召开机关2008年度考核总结大会。民进中央主席严隽琪讲话，副主席朱永新出席。会议由民进中央秘书长赵光华主持。机关全体干部职工参加会议。

1月15日上午　全国人大常委会副委员长、民进中央主席严隽琪，民进中央副主席朱永新，民进中央原副主席蔡睿贤，于10点30分来到民进中央原名誉主席雷洁琼家中看望，向敬爱的雷老祝贺新春。

1月15日上午　民进中央常务副主席罗富和、副主席朱永新走访国家林业局，受到国家林业局局长贾治邦，副局长祝列克、张建龙、印红、孙扎根以及各局负责人热情接待。双方举行了交流座谈。

1月15日下午　国家新闻出版总署与民进中央举行新春座谈会。全国人大常委会副委员长、民进中央主席严隽琪讲话。全国政协副主席、民进中央常务副主席罗富和介绍了民进近年来围绕促进出版事业发展所做的一些工作。民进中央副主席朱永新出席会议。

1月16日上午　全国人大常委会副委员长、民进中央主席严隽琪，全国政协副主席、民进中央常务副主席罗富和看望全国政协原副主席、民进中央原第一副主席张怀西。严隽琪向张怀西致以新春的良好祝愿，罗富和通报了民进中央近期走访林业局、农业部、科技部，以及会中央2009年重点工作的有关情况。

1月16日下午　新聘国务院参事、中央文史馆馆员聘书颁发仪式于3时许在北京中南海紫光阁举行。中共中央政治局常委、国务院总理温家宝出席仪式，向新聘的冯骥才等9位国务院参事和任继愈等6位中央文史馆馆员颁发聘书。随后，温家宝来到国务院小礼堂与部分参事、馆员进行座谈，听取大家的意见和建议，并发表讲话。

1月16日下午　民进中央庆祝新春联欢会在机关召开。民进中央主席严隽琪、常务副主席罗富和、副主席朱永新出席。会场洋溢着欢歌笑语，机关各部门干部职工表演了精彩的文艺节目。

1月18日　由民进中央教育委员会和中国教育学会高中教育专业委员会联合主办的2009年基础教育改革座谈会在京举行。全国人大常委会副委员长、民进中央主席严隽琪全天主持会议并讲话。全国政协副主席、民进中央常务副主席罗富和，教育部副部长陈小娅，民进中央副主席朱永新出席座谈会。

1月19日上午　民进中央副主席朱永新在民进中央会见民进中央定点帮扶县——中共河北省滦平县委副书记常金超，滦平县政协副主席、中共滦平县委统战部部长杨敬东，双方互致新春问候，并就民进定点帮扶工作深入交换了意见。民进中央社会服务部负责人等参加会见。

1月20日上午　中国民主促进会年鉴（试刊）编委会第一次全体会议在北京国谊宾馆召开。编委会主任严隽琪，副主任潘贵玉、王佐书、贺旻、刘新成、蔡达峰、朱永新、张帆以及编委出席会议。会议听取《中国民主促进会年鉴（试刊）》（2008）编纂情况的汇报，研究《中国民主促进会年鉴（试刊）》（2009）编纂方案。

1月20日上午　民进中央在国谊宾馆召开学习贯彻科学发展观专题报告会。全国人大常委会副委员长、民进中央主席严隽琪主持会议并讲话。全国政协副主席、民进中央常务副主席罗富和，民进中央副主席潘贵玉、王佐书、贺旻、刘新成、蔡达峰、张帆出席报告会。

1月20日—21日　民进中央十二届六次主席会议在北京国谊宾馆召开。民进中央主席严隽琪主持会议。常务副主席罗富和，副主席潘贵玉、王佐书、贺旻、刘新成、蔡达峰、朱永新、张帆出席会议。秘书长赵光华、各部门负责人列席会议。会议审议通过《民进中央2009年工作要点》。

1月22日下午　中共中央在中南海召开党外人士迎春座谈会，邀请各民主党派中央、全国工商联的领导同志和无党派人士代表欢聚一堂，共商国是，畅叙友情，喜迎新春。民进中央主席严隽琪在座谈会上与各民主党派、全国工商联领导同志、无党派人士代表等先后发言。

1月22日　民进中央主席严隽琪、常务副主席罗富和、副主席朱永新看望民进中央原主席许嘉璐。严隽琪向许嘉璐同志拜年，祝他身体健康、春节愉快，并介绍了民进中央近期工作。

1月31日下午　民进中央副主席冯骥才在天津图书大厦为《天津老画》签名售书。他为该书撰写序言并撰写多篇文章。《天津老画》将散落的文化记忆通过一幅幅珍贵的老画又重新整理记忆起来。

2月1日上午　春节长假后上班第一天，民进中央主席严隽琪、常务副主席罗富和、副主席王佐书走访机关各部门，向大家拜年。

2月2日—3日　民进中央主席严隽琪，常务副主席罗富和，副主席王佐书、朱永新在中央统战部阅读《政府工作报告（征求意见稿）》等相关文件。

2月3日　民进中央副主席朱永新出席民进中央社会服务部部务工作会。

2月3日　全国政协常委、民进中央原副主席王立平致信中央政治局委员、国务委员刘延东，就制定《国家中长期教育改革和发展规划纲要》提出四点思考和四点建议。刘延东为此作出批示，要求教育部有关部门认真研究王立平的意见并在规划纲要中加以体现。

2月4日上午　民进中央主席严隽琪、常务副主席罗富和、副主席朱永新以及秘书长赵光华在机关出席民进中央庆祝建国60周年、纪念人民政协成立60周年书画展专题协商会。

2月4日下午　民进中央主席严隽琪、常务副主席罗富和、副主席王佐书以及秘书长赵光华在民进中央出席网站宣传工作专题会议。

2月5日　国家统计局党组成员、副局长林贤郁走访民进中央，就国家统计制度方法改革等问题进行座谈。民进中央主席严隽琪讲话，常务副主席罗富和主持座谈会，副主席朱永新参加座谈。

2月6日上午　民进网站（2009）年度工作会议在民进中央举行。民进中央主席严隽琪作重要讲话。常务副主席罗富和出席会议。副主席王佐书对进一步办好民进网站提出八条注意事项。

2月6日　政协第十一届全国委员会第十一次主席会议在京召开。中共中央政治局常委、全国政协主席贾庆林主持会议并讲话。全国政协副主席罗富和等出席会议。

2月6日　民进中央副主席王佐书在民进中央出席民进会史工作委员会会议。

2月9日　民进中央主席严隽琪、常务副主席罗富和在中南海出席《政府工作报告（征求意见稿）》征求意见座谈会。

2月9日　民进中央副主席王佐书走访开明出版社，看望出版社全体职工，听取工作汇报并讲话。

2月10日　全国政协副主席、民进中央常务副主席罗富和在中国农业展览馆参观中国非物质文化遗产传统技艺大展。

2月11日下午　民进中央联络委员会第一季度主任扩大会议召开。民进中央副主席朱永新出席会议并讲话。

2月12日下午　全国人大常委会原副委员长、民进中央原主席许嘉璐在人民大学堂会见由台湾贤德惜福基金会董事长周荃任荣誉团长，台北大学政治经济研究中心主任、公共行政暨政策学系教授郑又平任团长的台湾医护专业研习营一行66人并亲切座谈。民进中央副主席朱永新陪同会见。

2月12日　民进中央捐款115万元援建四川省绵阳市灾区5所学校多媒体教室捐赠仪式，在受助学校之一的涪城路小学板房教室隆重举行。民进四川省委副主委刘激涛，民进四川省委秘书长张宏，绵阳市政协副主席、市委统战部部长文久喜，统战部常务副部长周华清，民进绵阳市委主委李京平，5所受助学校校长、教师代表、各县市区委统战部和教育局负责同志出席捐赠仪式。

2月13日上午　民进中央主席严隽琪与中共海南省委统战部负责同志座谈。

2月13日　民进中央常务副主席罗富和，副主席王佐书、朱永新以及秘书长赵光华在民进中央出席民进全国组织工作会议专题协商会。

2月13日—20日　全国人大常委会副委员长、民进中央主席严隽琪在海南省海口市、琼海市、三亚市等地考察调研农村综合教育改革工作，并会见了中共海南省委副书记、人民政府省长罗保铭。海南省人大常委会副主任康耀红，海南省政协副主席、民进海南省委主委史贻云，省人大科教文卫工委、民进中央研究室负责人全程参加考察调研。

2月14日上午　民进中央主席严隽琪

到民进海南省委看望机关工作人员，与民进海南省委领导班子成员、各市县主委座谈并讲话。民进海南省委主委史贻云汇报了换届以来省委认真学习贯彻科学发展观、加强自身建设和履行参政党职能等方面的情况。

2月15日　民进中央副主席王佐书在京出席中国民办教育协会2009年第一次会长办公会议。

2月17日—19日　受全国人大常委会副委员长、民进中央主席严隽琪，全国政协副主席、民进中央常务副主席罗富和委托，全国政协常委、民进甘肃省委主委李国璋，民进甘肃省委秘书长温艳赴陇南、平凉，参加民进中央、民进甘肃省委援建陇南青少年活动中心图书馆和平凉市崆峒区香莲乡图书室建设捐款活动。

2月18日　全国人大常委会副委员长、民进中央主席严隽琪在海南省调研工作，下午参加民进三亚市委机关支部活动并讲话。

2月18日　民进中央常务副主席罗富和出席政协第十一届全国委员会第十二次主席会议。

2月18日　民进中央副主席王佐书、朱永新在中央统战部出席“两会”前民主党派成员思想态势分析会。

2月18日　民进中央与民进北京市委在民进中央举行机关各部门负责人对口交流座谈会。

2月19日　中国民主促进会中国林业科学研究院支部成立大会在中国林科院报告厅隆重举行。民进中央副主席朱永新出席并讲话。

2月20日　民进中央副主席王佐书在京出席全国人大教科文卫委员会第十四次会议。

2月20日　民进中央副主席朱永新在中央统战部出席统战系统对台工作会议。

2月23日　民进中央十二届十一次主席办公会议在京召开。民进中央主席严隽琪主持会议。常务副主席罗富和，副主席潘贵玉、王佐书、刘新成、朱永新，秘书长赵光华出席会议。各部门负责人列席会议。

2月23日　民进中央副主席朱永新在京出席最高人民法院党外人士座谈会并发言。

2月24日上午　民进中央在机关举行学习贯彻科学发展观视频会议，王佐书副主席作题为“学习贯彻科学发展观的体会”的宣讲报告。

2月24日上午　民进中央副主席朱永新在民进中央会见民进成都市委副主委、成都市金堂县人民政府副县长万琳。万琳专程汇报落实民进中央捐赠的115万元特殊会费用于成都市金堂县学校灾后重建事宜。

2月25日　中国民主促进会网站发布民进中央办公厅《致民进“两会”代表、委员的一封信》。

2月25日—28日　十一届全国人大常委会第七次会议在人民大会堂举行。全国人大常委会副委员长严隽琪，常委王佐书、贺旻、刘新成、朱永新出席会议。

2月25日—28日　全国政协副主席罗富和，常委冯骥才、潘贵玉、蔡达峰、张帆在北京出席政协第十一届全国委员会常务委员会第四次会议。

2月26日下午　民进中央召开“两会”新闻通气会暨与首都新闻记者联谊会。全国政协副主席、民进中央常务副主席罗富和出席并讲话，

2月26日下午　民进中央常务副主席罗富和在人民大会堂出席建国60周年献礼歌曲《国家》发布仪式。

2月26日　全国人大常委会副委员长、民进中央主席严隽琪在人民大会堂出席全国妇联纪念“三八”国际劳动妇女节99周年暨表彰大会。

2月27日上午　全国人大常委会副委员长严隽琪在京出席全国人大常委会委员长会议。

2月27日下午　全国人大常委会副委员长、民进中央主席严隽琪在京会见香港理工大学校长唐伟章。

2月27日　民进中央副主席朱永新在中南海出席《国家教育中长期发展规划纲要》座谈会。

3月2日上午　中央社会主义学院2009年春季开学典礼在北京举行。全国人大常委会副委员长、民进中央主席、中央社会主义学院院长严隽琪，全国政协副主席、中央统战部部长杜青林出席开学典礼并发表讲话。民进中央副主席王佐书代表各民主党派中央、全国工商联和无党派人士讲话。中央统战部副部长、中央社会主义学院党组书记楼志豪主持开学典礼。

3月2日上午　民进中央副主席朱永新在民进中央会见了民进浙江省委副主委赵光育带队的杭州民进企业家联谊会一行8人。

3月2日　民进中央妇女儿童委员会与民进中央机关工会女工委员会联合举办民进中央庆祝“三八”国际妇女节联谊会。全国政协副主席、民进中央常务副主席罗富和出席并讲话。民进中央副主席朱永新、民进中央妇女儿童委员会主任邹泓先后主持联谊会。民进中央专门委员会在京女委员、民进中央机关女同志等近百人参加联谊会。

3月2日晚　全国人大常委会副委员长、民进中央主席严隽琪，民进中央副主席朱永新在梅兰芳剧场观看北京市委统战部主办的京剧专场演出。

3月3日下午　民进中央主席严隽琪、副主席朱永新在民进中央亲切会见到访的江苏省苏州市部分人大代表和民进会员。

3月3日—12日　中国人民政治协商会议第十一届全国委员会第二次会议在北京举行。全国政协副主席罗富和，常委冯骥才、潘贵玉、蔡达峰、张帆出席会议。全国人大常委会副委员长、民进中央主席严隽琪出席开幕式。

3月4日下午　中共中央总书记、国家主席、中央军委主席胡锦涛看望出席全国政协十一届二次会议民盟、民进界委员并参加联组讨论。中共中央政治局常委、全国政协主席贾庆林参加了看望和讨论。全国政协副主席、民进中央常务副主席罗富和主持会议。联组会上，吴正德、史贻云、潘贵玉、梁晓声等12位委员先后发言，大家各抒己见，会场气氛十分活跃。在听取委员们发言后，胡锦涛就确保粮食安全、加强农村教育、发展新能源汽车等话题同大家交流看法，并作了重要讲话。

3月4日晚　全国人大常委会副委员长、民进中央主席严隽琪在北京饭店宴请出席全国“两会”的部分香港人大代表和政协委员并致词。全国政协副主席、民进中央常务副主席罗富和，全国人大常委会原副委员长、民进中央原主席许嘉璐，全国政协原副主席、民进中央原第一副主席张怀西，全国政协常委、民进中央副主席潘贵玉，全国人大常委、民进中央副主席王佐书、贺旻、朱永新，全国政协常委、民进中央副主席张帆出席晚宴，与30多位香港人大代表和政协委员欢聚一堂、共叙友情。

3月5日下午　全国政协民进组委员就十一届全国人大二次会议开幕式上温家宝总理所作的政府工作报告进行小组讨

论，讨论由全国政协常委、民进中央副主席蔡达峰主持。

3月5日—13日　第十一届全国人民代表大会第二次会议在北京举行。全国人大常委会副委员长严隽琪，常委王佐书、贺旻、刘新成、朱永新出席会议。

3月8日　全国政协副主席、民进中央常务副主席罗富和在北京会议中心接受中央电视台《聚焦三农》栏目专访，就当前农业农村经济的发展、应对金融危机的长效机制、林权制度改革、农村教育综合改革等问题回答了记者的提问。

3月9日　中国民主促进会第十二届中央常务委员会第六次会议在京举行。民进中央主席严隽琪出席会议并讲话。常务副主席罗富和，副主席潘贵玉、王佐书、贺旻、刘新成、蔡达峰、朱永新、张帆等常委出席会议。

3月9日　民进中央发出《关于认真学习贯彻胡锦涛同志在全国政协民盟、民进联组会上重要讲话精神的通知》。

3月10日上午　全国政协副主席、民进中央常务副主席罗富和出席全国政协十一届二次会议政协提案委员会在京召开的提案办理协商会。民进中央提出的《关于加快小城镇建设，推进城乡统筹发展的提案》成为重点办案提案。

3月10日上午　民进中央捐建德阳市罗江中学“开明图书楼”及奠基仪式在罗江中学举行。受民进中央委托，民进四川省委副主委、省人民政协副秘书长刘激涛出席并讲话。

3月10日　中国新闻网发布报道《民进中央建议：重视水库清淤　促水资源可持续发展》。

3月12日上午　中国人民政治协商会议第十一届全国委员会第二次会议圆满完成各项议程后在人民大会堂闭幕。全国政协副主席罗富和在主席台前排就座。全国人大常委会副委员长、民进中央主席严隽琪出席闭幕会。

3月13日上午　第十一届全国人民代表大会第二次会议在人民大会堂闭幕。民进中央主席严隽琪、常务副主席罗富和出席闭幕会。

3月13日　全国人大常委会副委员长、民进中央主席严隽琪，全国政协副主席、民进中央常务副主席罗富和考察国家统计局数据管理中心和中国统计资料馆，听取国家统计局局长马建堂关于统计工作的汇报，并就进一步推进我国的统计事业提出建议。民进中央副主席朱永新参加考察。

3月13日　《中国教育报》报道，在今年的“两会”上，民进中央批驳了错误的政绩观，并提交了一份关于完善教育政绩考核、建立教育问责制度的提案。民进中央建议必须建立刚性的简明的可操作的政府教育目标考核评价体系，并就此提出5点建议。

3月13日　民进中央组织全体机关干部参观西藏民主改革50周年大型展览。此次参观活动是2009年干部教育培训内容之一。

3月16日　中国民主促进会网站发布报道《内容丰富　形式多样　亮点纷呈——2009年全国“两会”民进新闻宣传的三个特点》。

3月17日下午　中央统战部部长杜青林主持召开毕节试验区发展和智力支边工作座谈会。民进中央常务副主席罗富和出席并发言。

3月18日上午　全国人大常委会副委员长、民进中央主席严隽琪邀请全国政协常委、民进中央原副主席王立平畅谈国家教育问题。

3月18日　民进中央发出《关于学习贯彻十二届全国人大二次会议和全国政协十二届二次会议精神的通知》。

3月18日　全国人大常委会副委员长、民进中央主席、中央社会主义学院院长严隽琪在人民大会堂会见莫斯科大学代表团和莫斯科大学政治学院院长舒托夫一行。

3月19日上午　民进中央在机关召开农村教育综合改革专题考察座谈会。全国人大常委会副委员长、民进中央主席严隽琪出席会议并讲话。会议由全国政协副主席、民进中央常务副主席罗富和主持。

3月19日　民进中央邀请中国陶行知研究会在机关座谈，民进中央主席严隽琪出席并讲话。座谈会就民进中央2009年重点调研课题“农村教育综合改革”调研提纲草案交换意见。中国教育学会副会长、中国陶行知研究会会长朱小蔓应邀出席座谈会。

3月19日　四川省政协原副主席、民进四川省委原主委荀建丽，四川省政协常委、民进四川省委副主委刘激涛，民进四川省委秘书长张宏，代表民进中央在四川省广元师范学校参加民进中央援建捐赠仪式。民进中央为援建广元师范艺术楼捐款320万元。

3月21日上午　民进中央办公厅、民进北京市委在民进市委报告厅联合召开“民进学习传达两会精神报告会”，学习贯彻十一届全国人大二次会议和全国政协十一届二次会议精神。全国人大常委会副委员长、民进中央主席严隽琪作重要讲话。全国政协副主席、民进中央常务副主席罗富和，民进中央副主席、民进北京市委主委刘新成出席会议。民进中央副主席王佐书主持会议。

3月21日—27日　受台湾中华海峡两岸客家文经交流协会邀请，以中国叶圣陶研究会名誉会长许嘉璐为团长，叶圣陶研究会副会长朱永新为副团长，民进中央有关部门等14人组成叶圣陶研究会代表团赴台湾进行为期7天的访问考察。

3月23日下午　全国政协副主席、民进中央常务副主席罗富和会见中央社会主义学院第21期民主党派干部进修班、培训班的民进学员并座谈。民进中央组织部负责人主持座谈。

3月24日下午　全国人大常委会副委员长、民进中央主席严隽琪在人民大会堂会见中共北京市委常委、统战部部长牛有成。

3月25日　全国人大常委、民进中央副主席王佐书在新疆进行《职业教育法》调研期间，在乌鲁木齐会见民进新疆区委领导班子。

3月25日　民进中央在民进北京市委召开高校科研体制专题座谈会。会议由民进北京市委副主委李焕喜主持。民进中央参政议政部负责人介绍高校科研体制问题调研有关情况。

3月26日　《文汇报》发表全国人大常委会副委员长、民进中央主席严隽琪署名文章《让风险投资在建设创新型国家中发挥更大作用》。

3月30日　《人民日报》（海外版）发表民进中央副主席冯骥才的署名文章《人文知识分子处于弱势不利国家软实力提高》。

3月31日　民进中央十二届十二次主席办公会议在京召开。民进中央主席严隽琪，常务副主席罗富和，副主席王佐书、刘新成、朱永新，秘书长赵光华出席会议。机关部门负责人列席会议。严隽琪主持会议。

4月1日　民进中央主席严隽琪、副

主席朱永新在中央统战部出席征求加强执政党建设意见的党外人士座谈会。

4月1日　民进中央发出《关于在民进全会开展“多党合作　共铸辉煌——纪念多党合作制度确立60周年”征文活动的通知》。

4月1日—3日　全国政协副主席、民进中央常务副主席罗富和赴吉林省就固体生物质燃料研发与应用考察调研。

4月2日上午　抗震救灾任瑞华瓷艺作品捐赠仪式在民进中央举行。民进中央副主席朱永新出席活动并讲话。

4月2日　民进中央副主席朱永新在民进中央会见以台湾工商建研会吴嘉璘副理事长为团长的台湾工商建研会中区联谊会大陆参访团一行26人并座谈。

4月6日—10日　民进中央副主席朱永新带队到对口支持的毕节地区金沙县考察调研并出席系列智力支边活动。

4月7日—10日　全国政协原副主席、民进中央原第一副主席张怀西在洛阳参观，考察当地历史文化、人居环境、牡丹产业。市有关领导陪同考察。

4月7日—11日　全国人大常委会副委员长、民进中央主席、叶圣陶研究会名誉会长严隽琪应香港理工大学邀请赴香港访问。

4月9日下午　民进中央副主席王佐书出席民进天津市委《纪念改革开放30周年参政党建设理论文集》首发式并讲话。

4月11日—12日　民进中央社会服务部调研组赴四川省绵阳、德阳等地就民进中央600万资金支持四川灾后教育重建项目落实情况考察调研，并在12日出席了民进中央捐资115万元援建成都市金堂县清江中学的捐赠仪式。

4月13日上午　十一届全国人大常委会第二十二次委员长会议在人民大会堂举行。会议决定，十一届全国人大常委会第八次会议于4月20日至24日在北京举行。吴邦国委员长主持会议。全国人大常委会副委员长严隽琪等出席会议。

4月13日下午　民进中央主席严隽琪、常务副主席罗富和、副主席朱永新下午在民进中央出席台港澳工作专题协商会。

4月14日　各民主党派中央、全国工商联参与毕节试验区建设座谈会在京召开。中共中央政治局常委、全国政协主席贾庆林出席并讲话。民进中央主席严隽琪在座谈会上发言。

4月15日　温家宝总理为欢迎新西兰总理约翰·基访华举行仪式。民进中央副主席朱永新出席仪式。

4月15日—17日　全国人大常委王佐书就《中华人民共和国考试法草案》到上海调研。他听取了部分市人大代表、在沪全国人大代表对《中华人民共和国考试法草案》中关于考试法规范、考试内容设置、考试组织程序、考试成绩评定、考试相关保障等方面的意见建议。

4月16日上午　全国人大常委会副委员长、民进中央主席严隽琪参观上海市包玉刚实验学校并座谈。

4月16日下午　民进中央主席严隽琪在上海科技馆出席第二届中德“虚拟现实与增强现实技术及工业应用”研讨会开幕式并致词。

4月16日　民进中央邀请农业部、科技部和教育部的相关负责同志，再次围绕农村教育综合改革专题考察提纲开展座谈。民进中央常务副主席罗富和出席并讲话。

4月17日下午　民进中央主席严隽琪在上海交通大学召开“科研经费管理与使用专题座谈会”并讲话。交大各部处负责人，学院、教授代表，民进上海市委副秘书长蔡泉源等20余人参加座谈会。

4月17日—18日　全国人大常委会副委员长、民进中央主席严隽琪在上海调研农村教育综合改革工作。上海市人大常委会副主任、民进中央副主席、民进上海市委主委蔡达峰随同调研。

4月18日　全国政协副主席、民进中央常务副主席罗富和出席民进山东省委成立20周年纪念大会并讲话。

4月19日上午　民进中央副主席朱永新出席无锡市学前教育发展座谈会。

4月19日　民进中央副主席、中国民办教育协会常务副会长王佐书在杭州出席中国幼儿教育科学发展论坛暨第三届中国幼儿教育投资合作洽谈会开幕式，并代表中国民办教育协会致词。

4月20日　全国政协副主席、民进中央常务副主席罗富和上午在山东潍坊出席“第十届中国（寿光）国际蔬菜科技博览会开幕式”，并宣布博览会开幕；下午出席“第二十六届潍坊国际风筝会开幕式”，并宣布大会开幕。

4月20日　民进中央捐资30万元援建四川省青神县汉阳学校签约仪式在青神县举行。

4月20日—24日　十一届全国人大常委会第八次会议在北京举行。全国人大常委会副委员长严隽琪，常委王佐书、贺旻、刘新成、朱永新出席会议。

4月21日　全国人大常委会副委员长严隽琪在京出席第四届“母亲河奖”颁奖仪式。“母亲河奖”是共青团中央、全国绿化委员会等为表彰奖励对我国生态环保事业作出突出贡献、产生重要影响的个人、组织和项目而设立的。

4月21日　民进中央副主席朱永新出席中央国家机关“强素质，作表率”读书活动启动仪式。

4月21日下午　民进中央副主席张帆在华东师范大学调研，并出席民进华东师范大学委员会座谈会。

4月22日中午　民进中央副主席朱永新在民进中央会见佛教慈济慈善事业基金会发言人何日生先生一行。朱永新对慈济基金会给予民进中央以叶圣陶研究会名义组织的赴台参访团的热情接待表示衷心感谢。

4月23日上午　中国人民争取和平与裁军协会第八届会员团体联席会议在京召开。会议产生了新一届领导机构。全国人大常委会副委员长严隽琪等担任副会长。

4月23日　民进中央十二届十三次主席办公会议在京召开。民进中央主席严隽琪，常务副主席罗富和，副主席潘贵玉、王佐书、刘新成、朱永新，秘书长赵光华出席会议。部门负责人列席会议。会议由严隽琪主持。

4月24日—30日　全国人大常委会副委员长、民进中央主席严隽琪率调研组深入河南省的郑州、开封、周口、洛阳等市，就农村教育综合改革进行调研。

4月25日，民进中央主席严隽琪到民进河南省委与省委领导班子和部分骨干会员进行座谈。

4月26日，民进中央主席严隽琪就河南周口市土地管理与保护模式进行调研。

4月27日　全国人大常委会原副委员长、民进中央原主席许嘉璐在澳门出席“2009年高等教育国际合作与创新论坛”。

4月27日　全国政协副主席、民进中央常务副主席罗富和到湖南民进长沙市委亲切看望机关工作人员，并与来自长沙、株洲、湘潭三地的民进市委负责同志和基层组织负责人座谈。

4月28日　民进中央常务副主席罗富

和在湖南各民主党派政治交接学习教育岳云中学基地揭牌仪式上作题为“无愧于历史 无愧于前辈 无愧于时代”的讲话。

4 月 28 日—30 日 民进中央副主席朱永新赴广西壮族自治区进行社会服务工作考察调研。

4 月 29 日下午 全国政协副主席罗富和在全国政协会见了土耳其大国民议会土中友好小组主席阿尔斯兰。阿尔斯兰一行是应全国政协外事委员会的邀请于 25 日抵华开始访问的。

4 月 29 日 民进中央副主席蔡达峰出席杭州民进企业家联谊会成立大会并讲话。

4 月 30 日上午 民进中央举行第七届职工运动会。全国政协副主席、民进中央常务副主席罗富和出席开幕式并讲话。

4 月 30 日 全国人大常委、民进中央副主席王佐书在人民大会堂会见土耳其议会友好代表团。

5 月 4 日—6 日 民进中央副主席朱永新就民进中央今年 9 月中旬在南京举办“2009 年海峡两岸基础教育论坛”与南京市有关部门磋商，初步确定了举办论坛的时间、规模，研究了论坛的议题、议程，落实了会议的分工。

5 月 5 日 全国人大常委会原副委员长、民进中央原主席许嘉璐就深入贯彻落实科学发展观情况在唐山调研。

5 月 5 日—11 日 全国政协副主席罗富和率领全国政协委员视察团到广州、深圳两地就《国家中长期科学和技术发展规划纲要（2006—2020 年）》及其配套政策的实施情况进行视察调研。中共中央政治局委员、广东省委书记汪洋于 5 日在广州会见视察团。中国科协副主席、书记处书记、视察团副团长齐让，全国政协科教文卫体委员会专职副主任、视察团副团长张秋俭，科技部党组成员、科技日报社社长、视察团副团长张景安等参加调研。

5 月 6 日上午 全国人大常委会副委员长严隽琪在人民大会堂会见了莫桑比克国防部长菲利佩·纽西一行。

5 月 6 日—7 日 民进中央副主席朱永新就民进中央今年 10 下旬在杭州市举办“第七届海峡两岸中华传统文化与现代化研讨会”与浙江省有关部门进行协商。7 日上午在浙江省政协举行座谈会。会议由浙江省政协副主席、民进浙江省委主委盛昌黎主持。

5 月 7 日—8 日 中国民主促进会抗震救灾恢复重建捐赠仪式先后在宝鸡、汉中举行。两个捐赠仪式的项目款项 40 万元均来自民进中央向全国民进组织及广大民进会员发起的“为了灾区的孩子们”抗震救灾缴纳的“特殊会费”。受民进中央委托，陕西省政协副主席、民进陕西省委主委李进权出席两地的捐赠仪式并讲话。民进陕西省委副主委董家蕙一同参加仪式。

5 月 8 日 民进中央副主席朱永新率民进中央社会服务部有关人员赴唐山，就 6 月中旬在唐山举办“第四届海峡两岸企业发展与合作论坛”与唐山方面进行磋商。座谈会确定论坛的主办单位和支持单位，明确论坛的规模、议题和日程安排，成立论坛组委会，细化论坛各个工作组的职能和人员配备。

5 月 10 日下午 国家主席胡锦涛在人民大会堂东门外广场主持仪式，欢迎科威特埃米尔萨巴赫访华。全国人大常委会副委员长严隽琪等出席欢迎仪式。

5 月 11 日—16 日 全国人大常委、教科文卫委员会副主任委员王佐书率全国人大调研组在湖北省就农村义务教育和《考试法》立法等情况开展调研。全国人大常委、民进中央教育委员会主任庞丽娟参加调研。调研组在武汉分别召开义务教育座谈会和《考试法》征求意见座谈会。调研组赴宜昌市及长阳县调研，听取市、县人民政府关于农村义务教育工作情况的汇报，并提出意见建议。

5月12日　纪念四川汶川特大地震一周年活动在震中汶川县映秀镇隆重举行。中共中央总书记、国家主席、中央军委主席胡锦涛出席纪念活动并发表重要讲话。全国人大常委会副委员长、民进中央主席严隽琪出席活动。民进中央敬献花篮。

5月12日　民进中央办公厅向民进各省区市委员会发出《民进中央关于响应中共中央宣传部等五部门倡议，为汶川地震灾区儿童捐赠优秀少儿读物的通知》。

5月12日　民进中央副主席朱永新在民进中央会见民进甘肃企业家联谊会访京团并座谈。

5月13日　全国政协副主席、民进中央常务副主席、民进广东省委主委罗富和日前率民进广东省委“自主创新企业行”调研组一行在广东调研企业知识产权工作。

5月13日—21日　全国人大常委会副委员长、民进中央主席严隽琪，全国政协副主席、民进中央常务副主席罗富和率民进中央考察团抵达山西太原，进行为期9天的“新形势下的农村教育综合改革”专题考察。民进中央副主席朱永新一同考察。

5月14日下午　民进中央出版和传媒委员会在民进中央召开“中国媒体如何走向世界，打造新时期中国国际形象”课题研讨会。新华社、中新社、《光明日报》、中央电视台、中国国际广播电台、人民网、《环球时报》等多家媒体外宣工作主要负责人，以及中国青年政治学院等单位传媒研究领域的专家、学者参加。

5月19日—20日　上海市社会主义学院、民进上海市委在上海市社会主义学院联合举办各区县委主委学习班。民进中央副主席、民进上海市委主委蔡达峰出席开班仪式并讲话。

5月21日　政协第十一届全国委员会第十五次主席会议在北京召开，中共中央政治局常委、全国政协主席贾庆林主持会议并讲话。罗富和副主席等出席会议。

5月22日　民进中央十二届十四次主席办公会议在京召开。民进中央主席严隽琪主持会议。常务副主席罗富和，副主席王佐书、朱永新，秘书长赵光华出席会议。部门负责人列席会议。

5月22日　由香港教育学院举办的首届“亚洲地区教育大学校长论坛”在香港举行。全国人大常委会原副委员长、民进中央原主席许嘉璐出席并演讲。来自中国内地、日本、韩国、新加坡、马来西亚、越南、印度尼西亚、巴基斯坦及香港等十多个国家和地区的20多所师范院校的校长、副校长或特别代表出席论坛。

5月24日　长江流域湖泊保护与管理研讨会召开前夕，全国人大常委会副委员长、民进中央主席严隽琪，全国政协副主席、民进中央常务副主席罗富和在南昌会见与会同志并讲话。会见由民进中央副主席朱永新主持。

5月25日下午　中共江西省委书记、省人大常委会主任苏荣，中共江西省委副书记、省长吴新雄，在南昌看望民进中央主席严隽琪、常务副主席罗富和。全国政协原副主席、民进中央原第一副主席张怀西，民进中央副主席朱永新，水利部长江水利委员会主任蔡其华看望时在座。

5月25日　民进中央“新形势下我国农村教育综合改革”江西调研座谈会在南昌举行。民进中央主席严隽琪出席会议并讲话。会议由副主席朱永新主持。

5月25日　民进中央常务副主席罗富和参加民进九江市委共青城支部生活会并

讲话。

5月26日下午　民进中央主席严隽琪、常务副主席罗富和走访民进江西省委，亲切看望机关干部，与民进江西省委领导和会员代表座谈。严隽琪认真听取工作汇报并讲话。

5月26日下午　全国人大常委王佐书在京出席全国人大财经委员会会议。

5月26日下午　由民进中央、全国防盲指导组、金融街控股股份有限公司共同主办，江西同仁眼科医院承办的江西光明行启动仪式在南昌市举行。全国政协原副主席、民进中央原第一副主席张怀西出席启动仪式。民进中央副主席朱永新出席并讲话。

5月26日—27日　由民进中央、长江水利委员会主办的长江流域湖泊的保护与管理研讨会在南昌召开。全国人大常委会副委员长、民进中央主席严隽琪出席会议，强调要保护流域生态，维护长江健康。全国政协副主席、民进中央常务副主席罗富和主持开幕式。

5月27日上午　全国人大常委会副委员长严隽琪在京出席全国人大立法调研组全体会议。

5月27日　中华炎黄文化研究会第三届常务理事会第四次会议在民进中央举行。全国政协副主席、民进中央常务副主席罗富和出席会议。中华炎黄文化研究会会长许嘉璐出席会议并讲话。

5月30日　民进中央副主席朱永新到山东省菏泽市考察教育工作。

5月31日下午　民进纪念多党合作制度确立60周年征文活动评委会会议在民进中央举行。民进中央副主席、征文活动评委会主任王佐书出席会议并讲话。

6月1日　民进中央副主席王佐书、朱永新在京出席新一轮高等教育评估方案座谈会。

6月2日上午　民进中央主席严隽琪、常务副主席罗富和、副主席朱永新在民进中央出席对台工作专题会议。

6月2日　民进中央十二届七次主席会议在北京召开。民进中央主席严隽琪主持会议。常务副主席罗富和，副主席王佐书、贺旻、蔡达峰、朱永新副出席会议。

6月2日　民进中央副主席王佐书在京受聘为中关村软件园顾问。

6月2日—4日　中国民主促进会中央监督委员会第二次全体会议在北京召开。民进中央主席严隽琪，常务副主席罗富和，民进中央副主席、监督委员会副主任潘贵玉，监督委员会委员邓宗全、吴正宪、陈智伦、尚勋武、陶凯元、黄震出席会议。

6月3日上午　民进中央召开学习贯彻科学发展观专题报告会。民进中央主席严隽琪，常务副主席罗富和，副主席贺旻、朱永新及民进中央常委出席报告会。副主席王佐书主持报告会。会议邀请中央社会主义学院副院长张峰作题为“关于民主党派深入学习贯彻科学发展观的思考”的专题报告。民进中央部门负责人，民进部分省级组织负责人，民进中央和民进北京市委干部等100余人参加报告会。

6月3日—4日　中国民主促进会第十二届中央常务委员会第七次会议在北京举行。民进中央主席严隽琪，常务副主席罗富和，副主席潘贵玉、王佐书、贺旻、刘新成、蔡达峰、朱永新和中央常委出席会议。会议的主要内容是总结上半年工作，交流各地学习贯彻科学发展观的工作情况，研究今年下半年工作重点。民进中央部门负责人，民进部分省级组织负责人列席会议。严隽琪在闭幕式上讲话。

6月5日　民进全国组织工作会议在

北京召开。民进中央主席严隽琪出席并讲话，常务副主席罗富和主持开幕式，副主席王佐书、蔡达峰、朱永新出席开幕式。会议期间，与会的各省级组织围绕组织工作的开展情况进行了大会交流。民进江苏省委、云南省委、北京市委、上海市委、新疆区委、湖北省委、广东省委、广西壮族自治区省委等8个省级组织负责同志先后在大会上发言。

6月6日　民进全国组织工作会议闭幕。民进中央主席罗富和讲话，副主席王佐书出席，副主席朱永新主持闭幕式。

6月6日—13日　全国人大常委会副委员长、民进中央主席严隽琪率全国人大《畜牧法》立法调研组在内蒙古、吉林考察。

6月7日—8日　民进中央在京举办民进全国组织部（处）长培训班。民进中央常务副主席罗富和出席并讲话。

6月8日上午　民进中央常务副主席罗富和、副主席朱永新在民进中央会见民进广西区委常委一行，举行座谈并合影。朱永新与民进广西区委主委陈自力，原主委俞曙霞等就民进开展自身建设、社会服务工作等进行广泛的座谈。

6月8日—10日　为深入学习实践科学发展观，切实提高高校管理水平、提升高校人才培养质量，帮助大学生健康成长、早日成才，受西北民族大学（甘肃兰州）邀请，民进中央副主席王佐书为该校师生作系列讲座。

6月9日下午　带领全国人大常委会畜牧法执法检查和农田水利建设专题调研组到吉林省检查调研的全国人大常委会副委员长、民进中央主席严隽琪视察民进吉林省委，举行座谈并讲话。

6月9日　叶圣陶研究会名誉会长、中华社会救助基金会理事长许嘉璐在民进中央会见台湾慈济基金会副总执行长林碧玉女士。叶圣陶研究会常务副会长、民进中央副主席朱永新，民政部社会救助司司长、中华社会救助基金会理事米勇生，中华社会救助基金会秘书长时正新陪同会见。

6月9日—10日　全国政协副主席、民进中央常务副主席罗富和在广东省就农科院科研项目进行调研。

6月10日　民进中央副主席朱永新在江苏常州考察教育工作并讲学。

6月10日—14日　全国人大常委会原副委员长、民进中央原主席许嘉璐在内蒙古考察。

6月11日　全国政协副主席、民进中央常务副主席罗富和在京出席衡水湖湿地保护与发展北京高峰论坛。

6月11日　民进中央副主席朱永新在京会见民进中央原常委、中国电影家协会主席李前宽。

6月12日　民进中央副主席朱永新在石家庄出席京津冀民进第三届出版业改革与发展论坛并讲话。

6月14日晚　全国政协副主席、民进中央常务副主席罗富和，叶圣陶研究会会长张怀西在唐山曹妃甸新区渤海国际会议中心会见前来参加第四届海峡两岸企业发展与合作论坛的港台代表。国台办副主任叶克冬，中共河北省委副书记车俊，河北省委常委、唐山市委书记赵勇一同会见。会见由民进中央副主席朱永新主持。

6月15日上午　全国人大常委会副委员长严隽琪在人民大会堂出席全国人大委员长会议。

6月15日下午　民进中央主席严隽琪在京出席“2009未来之星——香港传媒专业大学生国情课程班”开班典礼。

6月15日下午　民进中央常务副主席罗富和、副主席王佐书在中央统战部出席党外人士情况通报会。

6月15日—16日　第四届海峡两岸企业发展与合作论坛在唐山市举行，来自海峡两岸的企业家和经济界知名人士近200人出席论坛。全国人大常委会副委员长、民进中央主席严隽琪出席闭幕式并讲话。全国政协副主席、民进中央常务副主席罗富和出席开幕式并讲话。民进中央副主席朱永新出席论坛。

6月15日—17日　全国人大常委、全国人大教科文卫委员会副主任委员王佐书在陕西西安出席西部12省（区、市）人大教科文卫职业教育工作研讨会。

6月16日上午　第二届河北曹妃甸临港产业合作会议开幕仪式暨循环经济发展合作论坛在唐山渤海国际会议中心隆重举行。全国人大常委会副委员长、民进中央主席严隽琪出席并宣布大会开幕。中华社会救助基金会理事长许嘉璐出席开幕式并讲话。出席海峡两岸企业发展与合作论坛的嘉宾参加开幕式。

6月16日　民进中央—上海社科院合作中心针对当前国内经济形势及宏观经济运行面临的主要问题，组织在沪专家举行讨论会。

6月16日—19日　政协第十一届全国委员会常务委员会第六次会议在北京召开。会议的主要议题是围绕“着力扩大国内需求，保持经济平稳较快发展”和“保障和改善民生，促进社会和谐”问题建言献策。全国政协副主席罗富和，常委冯骥才、潘贵玉、蔡达峰、张帆等出席会议。

6月17日上午　全国人大常委会副委员长严隽琪在京会见并宴请应邀来访的南太平洋岛国议长集体访华团。

6月17日下午　全国人大常委会副委员长、民进中央主席严隽琪在人民大会堂出席“未来之星——香港传媒专业大学生国情课程班”开班仪式，并为“未来之星”课程班的学员授旗。“未来之星——香港传媒专业大学生国情课程班”由“香港传媒专业大学生国情课程”组委会主办，香港文汇报社、未来之星同学会总承办，中国传媒大学具体承办。

6月17日　全国人大常委会副委员长严隽琪在北京会见应邀来访的汤加王国议会议长图伊拉克帕、密克罗尼西亚联邦国会外事委员会主席帕利克诺瓦·韦利、斐济群岛共和国公共账目委员会主席马努·科罗乌拉乌拉和纽埃议会议案委员会主席比利·塔拉吉。

6月17日　中国林科院隆重举行中国林科院荒漠化研究所成立大会。全国政协副主席、民进中央常务副主席罗富和出席会议并为研究所揭牌。

6月17日　民进中央主席严隽琪、常务副主席罗富和会见和宴请在京部分科技界民进会员。

6月18日上午　民进中央副主席朱永新在京出席民进中央开明画院、“共庆辉煌”民进全国书画展筹备工作会议。

6月18日下午　民进中央副主席王佐书在民进中央会见浙江民进新社会阶层人士理论培训班一行。

6月19日上午　全国人大常委会副委员长、民进中央主席、中央社会主义学院院长严隽琪出席在福建省武夷学院举行的中华文化学院武夷山教学科研基地揭牌仪式。

6月19日　民进中央副主席朱永新在民进中央会见民进深圳企业联谊会访京交流团。民进中央社会服务部负责人会见时在座。

6月19日　朱永新于下午在中央社会主义学院出席浙江新社会阶层人士理论培训班结业仪式并讲话。

6月20日下午　纪念中国民主促进会上海市委员会成立60周年大会在上海市政协文化俱乐部礼堂召开。全国政协副主席、民进中央常务副主席罗富和，中共上海市委常委、统战部部长杨晓渡出席并讲话。民进中央副主席、上海市人大常委会副主任、民进上海市委主委蔡达峰出席并致词。

6月20日下午　中央社会主义学院古田会议会址爱国主义教育基地揭牌仪式在上杭古田隆重举行。全国人大副委员长、民进中央主席、中央社会主义学院院长严隽琪为基地揭牌。

6月22日上午　全国人大教科文卫委员会副主任委员王佐书在京出席全国人大教科文卫委主任委员办公会议扩大会议。

6月22日—25日　全国政协副主席、民进中央常务副主席罗富和为进一步了解我国农村教育综合改革情况，赴安徽重点就农村职业教育进行调研。此次调研也是对山西专题考察的重要补充。

6月22日—27日　十一届全国人大常委会九次会议在北京举行。全国人大常委会副委员长严隽琪，常委王佐书、贺旻、刘新成、朱永新等出席。

6月22日—30日　民进中央副主席朱永新应邀参加国家中长期教育改革和发展规划纲要修改工作。

6月23日上午　民进中央主席严隽琪前往北京医院看望原名誉主席雷洁琼。常务副主席罗富和，副主席王佐书、贺旻、朱永新也先后前往看望。

6月25日　中央社会主义学院第19期民主党派中青年干部培训班民进学员到民进中央参观并座谈。

6月25日—7月1日　“民进组织会员管理系统”项目组赴浙江、上海、江苏民进组织，就会员管理现状进行调研。

6月26日—27日　民进中央常务副主席、民进广东省委主委罗富和在广东出席民进广东省常委会议。

6月27日晚　民进中央副主席朱永新应邀出席中国电影基金会赴京参加首届台湾电影展和李行导演从影60年电影展的台湾电影界人士欢迎晚宴。

6月29日　全国人大常委会副委员长、民进中央主席严隽琪在上海会见上海社科院领导并座谈。

6月30日—7月2日　民进中央副主席王佐书在湖南长沙出席中国民办教育协会年会筹备会议。

7月1日　全国政协副主席、民进中央常务副主席罗富和出席全国地理信息产业峰会和全国地理信息应用成果及地图展览会开幕式。

7月1日—3日　民进中央副主席朱永新到宁夏调研民进宁夏区委的社会服务工作。

7月4日—8日　民进中央副主席朱永新应邀参加国家中长期教育改革和发展规划纲要修改工作。

7月6日下午　民进中央主席严隽琪，常务副主席罗富和，副主席王佐书、朱永新在民进中央出席中央监督委员会反馈意见专题会议。

7月6日　民进中央十二届十五次主席办公会议在京召开。民进中央主席严隽琪主持会议。常务副主席罗富和，副主席潘贵玉、王佐书、刘新成、朱永新，秘书长赵光华出席会议。

7月7日上午　民进全国宣传思想工作会议暨科学发展观论坛在北京开幕。民进中央主席严隽琪出席并讲话，常务副主席罗富和主持开幕会，副主席王佐书作工作报告。会议的主要任务是：深入学习贯彻科学发展观，交流宣传思想工作与学习贯彻科学发展观的经验和成果，听取宣传思想工作的专题讲座，讨论修改《民进中央关于新形势下加强思想建设的决定》。

7月8日上午　全国人大常委会副委员长严隽琪在人民大会堂出席全国人大常委会畜牧法执法检查和农田水利建设专题调研组第二次全体会议。

7月8日　民进中央副主席王佐书上午为民进全国宣传思想工作会议暨科学发展观论坛与会同志作“宣传的艺术”专题讲座。下午，会议进行分组讨论。

7月9日上午　全国人大常委会副委员长严隽琪在青岛国际会展中心出席2009中国国际消费电子博览会并宣布博览会开幕。

7月9日上午　民进全国宣传思想工作会议暨科学发展观论坛进行第二次大会交流。民进中央副主席王佐书出席会议。来自宁夏、天津、山东、四川、江苏、浙江、湖北、湖南等8个民进省级组织的代表在会上交流学习贯彻科学发展观的论文成果。

7月9日下午　民进中央主席严隽琪到民进青岛市委考察，与市委班子成员和机关干部亲切座谈。

7月9日　民进中央副主席王佐书在京出席中国名师大讲堂暨《中国教师报》出版300期庆典。

7月11日—13日　民进中央副主席朱永新在江苏出席全国新教育第九届大会。

7月13日上午　黑龙江省农垦总局举行现代化大农业座谈会。全国人大常委、教科文卫委员会副主任委员、民进中央副主席王佐书出席并讲话。

7月13日　全国人大常委会副委员长、民进中央主席严隽琪在山东省泰安市调研期间，会见民进泰安市委班子成员、机关干部和部分会员并座谈。

7月13日　民进中央印发《民进全国代表大会代表联系办法（试行）》的通知（附《民进全国代表大会代表联系办法（试行）》）。

7月13日　民进中央印发《民进全国组织工作会议纪要》的通知（附《民进全国组织工作会议纪要》）。

7月13日　民进中央印发《关于开展创建民进全国先进地方组织、先进基层组织活动的意见》的通知（附《关于开展创建民进全国先进地方组织、先进基层组织活动的意见》）。

7月13日　北京师范大学举行许嘉璐先生从教50周年庆祝大会。全国政协副主席、民进中央常务副主席罗富和出席并宣读贺信。

7月14日下午　民进中央副主席朱永新到民进苏州市委看望机关同志并座谈。

7月15日　全国政协副主席、民进中央常务副主席罗富和在京出席中国对外华语广播暨中国国际广播电台华语广播开播60周年庆典并讲话。

7月15日　民进中央副主席王佐书在京出席中华职教社换届领导小组会议。

7月15日—18日　民进中央社会和法制委员会赴江苏省淮安市就2009年重点调研课题“土地节约集约利用问题”进行调研。

7月16日下午　民进中央常务副主席罗富和走访中国出版集团公司及其主要成员单位商务印书馆、中国图书进出口（集团）总公司，就我国出版“走出去”战略实施情况进行调研并座谈。

7月16日　民进中央副主席王佐书在京出席宣武区各民主党派班子成员培训班并作题为“如何加强民主党派班子建设”的讲座。

7月17日　2009年全球华侨华人促进

中国和平统一大会在美国洛杉矶举行，来自全球“反独促统”组织的300多名代表与会。中国和平统一促进会副会长许嘉璐出席并致词。

7月17日　民进中央副主席王佐书在京出席全国人大教科文卫委员会第二十次主任委员办公会议。

7月17日—18日　民进中央副主席朱永新赴江西省参加中国教育学会活动。

7月18日　民进中央主席严隽琪，副主席潘贵玉、王佐书、朱永新在中央统战部阅读中共中央经济工作有关文件。

7月18日　全国政协副主席、民进中央常务副主席罗富和在广东珠海出席2009年全国海洋宣传日开幕式暨新中国成立60周年“十大海洋事件”和“十大海洋人物”揭晓仪式。

7月19日　民进中央常务副主席罗富和在广东出席中央五号文件督查组听取意见座谈会。

7月19日—24日　民进中央经济委员会主任、清华大学政治经济学研究中心主任蔡继明教授率民进中央“城乡统筹与农村土地制度改革问题”课题组一行10人在重庆开展土地流转问题调研。

7月20日　民进中央常务副主席罗富和在中央统战部阅读中共中央经济工作有关文件。

7月20日　全国人大教科文卫委员会副主任委员王佐书在京出席全国人大教科文卫委员会第十八次会议。

7月21日上午　中共中央在中南海召开党外人士座谈会，就当前经济形势和下半年经济工作听取各民主党派中央、全国工商联领导人和无党派人士意见和建议。中共中央总书记胡锦涛主持座谈会并发表重要讲话。民进中央主席严隽琪与其他各民主党派、全国工商联领导人、无党派人士先后发言。民进中央常务副主席罗富和出席座谈会。

7月24日　民进中央科技医卫委员会与中国林科院共同主办召开“中央公益类科研机构机制创新研讨会”。全国人大常委会副委员长、民进中央主席严隽琪出席开幕式并讲话。

7月24日—27日　中国教育学会副会长朱永新考察黑龙江省鸡西市教育工作。

7月26日上午　民进中央副主席王佐书在黑龙江省齐齐哈尔职业学院出席中国高等教育学会高等教育管理研究会2009学术年会，并作题为“为高等教育文化建设与发展提供研究线索”的主旨演讲。

7月27日　民进中央副主席朱永新在黑龙江参加中国教育学会校长培训和鸡西实验区中期评估。

7月27日—28日　全国政协副主席、民进中央常务副主席、民进广东省委主委罗富和在广东韶关出席广东省民主党派暑期座谈会。

7月27日—28日　全国人大常委、全国人大教科文卫委员会副主任委员王佐书率黑龙江省全国人大代表第二小组成员，就资源型城市可持续发展问题在大庆市调研。

7月28日　民进中央开明画院在北京正式成立并召开第一届理事会。民进中央副主席、开明书画院院长冯骥才出席并讲话。民进中央副主席朱永新宣读有关决定。冯骥才、朱永新宴请出席会议的理事。

7月29日　“共庆辉煌——庆祝中华人民共和国成立60周年、纪念人民政协成立60周年民进全国书画展”在北京中国美术馆隆重开幕。全国人大常委会副委员长、民进中央主席严隽琪出席开幕式并致词，全国政协副主席、民进中央常务副主席罗富和主持开幕式。民进中央副主席冯骥才发言，副主席朱永新出席。

7月29日　民进中央2009年地震灾区学校校长暑期培训班在京开班。民进中央主席严隽琪讲话，常务副主席罗富和、副主席朱永新出席，副主席刘新成主持会议。

7月30日　全国人大常委会副委员长、民进中央主席严隽琪到吉林省考察工作。中共吉林省委副书记、省长韩长赋会见严隽琪。

7月31日上午　由国家旅游局和吉林省人民政府主办，长白山管委会承办的2009中国长白山国际旅游节在长白山西景区隆重开幕。民进中央主席严隽琪出席开幕式并宣布旅游节开幕。

7月31日　民进中央召开“新形势下的农村教育综合改革”调研成果研讨会。全国政协副主席、民进中央常务副主席罗富和出席并讲话。民进中央副主席朱永新主持会议。

8月1日上午　民进中央2009年地震灾区学校校长暑期培训班举行结业仪式。民进中央副主席朱永新出席并讲话。

8月1日　民进中央主席严隽琪慰问武警边防总队长白山支队。

8月1日　民进中央常务副主席罗富和在民进中央亲切会见民进四川省委副主委、广元市副市长赵爱武。

8月3日　民进中央副主席朱永新在民进中央出席社会服务部部务工作会议。

8月4日　民进中央常务副主席罗富和，副主席潘贵玉、王佐书、朱永新在中央统战部阅读十七届四中全会有关文件。

8月5日　民进中央副主席朱永新在京出席华德福教育与中国语言文化的融合之道研讨会。

8月6日　民进中央副主席朱永新在民进中央出席叶圣陶研究会工作会议。

8月6日—15日　民进中央副主席王佐书在黑龙江考察调研。

8月7日　全国政协副主席、民进中央常务副主席罗富和为中国人口60年成就展暨第五届生殖健康技术产品博览会开幕式揭幕。民进中央副主席、中国计生协常务副会长潘贵玉出席。

8月8日下午　第八届冀台经济合作洽谈会开幕式下午在河北张家口市涿鹿县隆重举行。民进中央常务副主席罗富和出席并宣布大会开幕。在冀出席开幕式期间还会见了民进张家口市委主委何兰并听取工作汇报。

8月8日　民进中央副主席朱永新在人民大会堂出席中国早教论坛并讲话。

8月8日—9日　民进中央副主席朱永新在京出席国家教育发展和改革中长期规划专家征求意见会议。

8月10日　民进中央常务副主席罗富和在京出席卓琳同志遗体告别仪式。

8月11日上午　民进中央主席严隽琪、常务副主席罗富和在中南海出席《中共中央加强和改进新形势下党的建设若干重大问题的决定》征求意见座谈会，严隽琪代表民进中央发言。

8月11日下午　民进中央主席严隽琪、常务副主席罗富和、副主席朱永新在民进中央出席叶圣陶研究会专题会议。

8月12日　民进中央副主席朱永新在河北张家口出席民进华耐种植示范基地揭牌仪式。

8月13日—14日　民进中央副主席朱永新在上海出席中国原创图画书论坛。

8月13日—16日　全国人大常委会副委员长、民进中央主席严隽琪在上海调研。

8月14日　全国政协副主席、民进中央常务副主席罗富和在京出席李维汉夫人吴景之同志遗体告别仪式。

8 月 16 日　民进中央常务副主席罗富和在京出席第二届中华民族艺术珍品文化节开幕式暨庆祝中华人民共和国建国 60 周年民族艺术珍品展。

8 月 17 日上午　全国人大常委会委员长吴邦国在人民大会堂主持召开全国人大常委会第二十八次委员长会议，决定十一届全国人大常委会第十次会议于 8 月 24 日至 27 日在北京举行。严隽琪副委员长出席会议。

8 月 17 日　全国人大常委会副委员长、民进中央主席严隽琪在民进中央就庆祝新中国成立 60 周年、纪念人民政协成立 60 周年接受新华社、中央电视台、中国人民广播电台（广播网）记者的采访。

8 月 17 日　民进中央副主席王佐书在京出席中华职教社九届八次理事长会议。

8 月 17 日　民进中央副主席朱永新上午在机关会见成都市华德福学校校长一行；下午，在机关出席第三届海峡两岸教育论坛专题筹备会议。

8 月 18 日上午　民进中央召开晋升局级干部民主推荐会议。民进中央主席严隽琪讲话。常务副主席罗富和主持会议。副主席朱永新出席会议。

8 月 18 日　民进中央十二届十六次主席办公会议在京召开。民进中央主席严隽琪主持会议。常务副主席罗富和，副主席王佐书、朱永新，秘书长赵光华出席会议。挂职副秘书长、部门负责人、代理部门负责人列席会议。

8 月 18 日—20 日　民进中央副主席王佐书在京出席中华职教社第十次全国代表大会。

8 月 19 日　民进中央副主席、中国文联副主席、中国民间文艺家协会主席冯骥才到民进宁夏区委看望区委干部职工并座谈。

8 月 19 日—22 日　民进中央副主席朱永新一行赴内蒙古自治区呼伦贝尔市调研义务教育。这是民进中央教育委员会 2009 年就“新机制后我国义务教育新情况、新问题”课题进行调研的第一站。

8 月 22 日　民进中央副主席王佐书在京出席 2009 年中国国际不孕不育高峰论坛。

8 月 24 日—27 日　十一届全国人大常委会第十次会议在北京举行。全国人大常委会副委员长严隽琪，常委王佐书、贺旻、刘新成、朱永新出席会议。

8 月 26 日　全国造林绿化现场会在山西省长治晋城召开，全国政协副主席、民进中央常务副主席罗富和出席会议并向山西省颁发“全国生态建设突出贡献奖”。罗富和期间考察了当地林业建设并讲话。

8 月 27 日　政协第十一届全国委员会第十七次主席会议在北京召开。中共中央政治局常委、全国政协主席贾庆林主持会议并讲话。会议审议通过了政协第十一届全国委员会常务委员会第七次会议议程（草案）和日程，决定于 9 月下旬召开全国政协十一届常委会第七次会议。全国政协副主席罗富和出席会议。

8 月 27 日　全国人大常委会副委员长、民进中央主席严隽琪在伊春市宣布伊春林都机场开航。

8 月 27 日—31 日　全国人大常委王佐书在黑龙江参加人大调研活动。

8 月 28 日　民进中央主席严隽琪出席首届东北亚生态（伊春）论坛并致词。

9 月 3 日　全国人大暨各省（区、市）人大教科文卫委员会工作培训班在江西庐山举行，全国人大常委王佐书出席开班典礼并作题为“为研究中国文化战略与安全提供一些研究线索”专题报告。

9 月 4 日下午　全国人大常委会副委

员长、民进中央主席严隽琪在贵州省毕节金沙县驻地会见前来参加“彩虹行动”启动仪式的民进组织负责人、民进企业家和授课校长。

9月5日上午　民进中央“彩虹行动”启动暨签约捐赠仪式在贵州省毕节试验区金沙县第一中学隆重举行，支援毕节教育计划全面实施。民进中央主席严隽琪出席并讲话。民进中央副主席朱永新主持仪式。

9月5日　民进中央主席严隽琪在金沙第二职业中学出席“民进中央毕节职业教育调研暨教师节座谈会”，与金沙县优秀教师代表亲切座谈。民进中央副主席朱永新出席座谈会。

9月7日上午　以“海西城市发展与合作”为主题的上海世博会福建专题论坛在厦门国际会展中心举行。民进中央主席严隽琪应福建省人民政府邀请在论坛上作主旨演讲。

9月8日　民进中央与首都师范大学举办庆祝教师节暨第二届中国教师发展论坛，围绕“科学发展观和教师队伍建设”主题展开研讨。全国人大常委会副委员长、民进中央主席严隽琪，全国政协副主席、民进中央常务副主席罗富和，民进中央副主席、中国教育学会副会长朱永新出席会议。论坛开幕式由民进中央副主席、民进北京市委主委、首都师范大学校长刘新成主持。

9月9日　民进中央纪念《民主》杂志创刊二十周年座谈会在京召开。全国政协副主席、民进中央常务副主席罗富和致“与时俱进　创新发展”的贺词。民进中央副主席、《民主》杂志社社长王佐书讲话。民进中央副主席朱永新，民进中央原副主席、《民主》杂志社原社长楚庄出席会议。

9月10日上午　民进中央主席严隽琪、副主席朱永新来到由民进会员王东临创办的北京书生公司考察并座谈。

9月12日　民进中央原名誉主席雷洁琼104岁寿辰。上午10点，全国人大常委会副委员长、民进中央主席严隽琪，全国政协副主席、民进中央常务副主席罗富和，民进中央副主席、民进北京市委主委刘新成，民进中央副主席朱永新，一同来到敬爱的雷老家，代表中国民主促进会向雷老祝贺生日。

9月13日　民进中央副主席朱永新应邀出席民进陕西省委新中国成立60周年暨多党合作和政治协商制度确立60周年庆祝活动。

9月14日　统一战线庆祝中华人民共和国成立60周年暨多党合作制度确立60周年座谈会在北京召开。民进中央主席严隽琪在座谈会上发言。

9月14日　民进中央副主席、民进北京市委主委刘新成，民进中央副主席朱永新出席民进北京市委校长联谊会成立大会。

9月14日　《合作与奉献——毕节试验区专家顾问组20年》出版座谈会在民革中央举行。民进中央副主席朱永新出席座谈会。

9月18日—19日　2009年海峡两岸基础教育论坛在南京召开。全国人大常委会副委员长、民进中央主席严隽琪出席开幕式并讲话。全国政协副主席、民进中央常务副主席罗富和出席并在闭幕式上作总结讲话。

9月19日　受中共中央委托，全国政协副主席、中共中央统战部部长杜青林向各民主党派中央、全国工商联领导人和无党派人士通报了中共十七届四中全会精神。民进中央主席严隽琪出席会议。

9月20日上午　首都各界代表900多人在全国政协礼堂隆重集会，庆祝中国人民政治协商会议成立60周年。中共中央总书记、国家主席、中央军委主席胡锦涛出席大会并发表重要讲话。民进中央主席严隽琪、常务副主席罗富和、民进中央原第一副主席张怀西出席会议。

9月21日　叶圣陶115周年诞辰纪念会暨叶圣陶教育思想当代价值研讨会在南京举行。叶圣陶研究会会长张怀西出席纪念会并讲话。民进中央副主席、叶圣陶研究会常务副会长朱永新主持上午的纪念会，并在下午的会议上讲话。

9月21日—23日　政协十一届全国委员会常务委员会第七次会议在北京召开。这次会议的主要议题是学习贯彻中共十七届四中全会精神、学习贯彻胡锦涛同志在庆祝中国人民政治协商会议成立60周年大会上的重要讲话精神。全国政协副主席罗富和，常委冯骥才、潘贵玉、蔡达峰、张帆出席会议。

9月23日　民进中央庆祝中华人民共和国成立60周年、纪念人民政协成立60周年座谈会在京举行，全国人大常委会副委员长、民进中央主席严隽琪出席并讲话。民进中央副主席王佐书主持座谈会，副主席朱永新发言，原副主席蔡睿贤出席座谈会。

9月24日　中国和平统一促进会第八届理事大会在京闭幕。中共中央政治局常委、全国政协主席贾庆林再次当选为中国和平统一促进会会长。严隽琪等当选为副会长。大会聘请许嘉璐等为中国和平统一促进会第八届理事会名誉会长。

9月24日—25日　民进全国骨干会员培训班在京举行。全国人大常委会副委员长、民进中央主席严隽琪出席结业式并讲话。全国政协副主席、民进中央常务副主席罗富和出席培训班开班式并讲话。

9月25日上午　中共中央政治局常委、全国政协主席贾庆林在京会见徒步横穿撒哈拉沙漠的云南省政协委员、民进会员金飞豹，云南省政协委员费宣一行。民进中央主席严隽琪、常务副主席罗富和参加会见。

9月25日上午　为庆祝新中国成立60周年，人民政协成立、中国共产党领导的多党合作和政治协商制度确立60周年，民进中央副主席、上海市人大常委会副主任、民进上海市委主委蔡达峰接受上海文广新闻传媒集团《风雨同舟　再创辉煌》电视片专访。

9月25日下午　“民进中央、京津冀省（市）委会机关国庆六十周年联欢会”在北京好苑建国饭店举行。民进中央主席严隽琪出席并致词。民进中央常务副主席罗富和，民进中央副主席、民进北京市委主委刘新成，民进中央原副主席蔡睿贤出席联欢会。

9月26日下午　民进中央常务副主席罗富和在民进中央会见参加中央社会主义学院第22期民主党派干部培训班、进修班的民进学员并座谈。

9月28日　民进中央十二届十七次主席办公会议在京召开。民进中央主席严隽琪主持会议。常务副主席罗富和，副主席潘贵玉、王佐书、刘新成、朱永新出席会议。

9月28日　《民进中央关于加强新形势下我会思想建设的意见》发出。

9月29日晚　全国政协办公厅、中共中央统战部、国务院侨办、国务院港澳办和国务院台办在人民大会堂宴会厅联合举行国庆招待会。民进中央主席严隽琪、常务副主席罗富和等出席招待会。

9月29日　《民进中央关于学习贯彻中共十七届四中全会精神的通知》发出。

10月1日上午　首都各界庆祝中华人

民共和国成立60周年大会在北京天安门广场隆重举行，20万军民以盛大的阅兵仪式和群众游行欢庆伟大祖国的这一盛大节日。全国人大常委会副委员长、民进中央主席严隽琪，全国政协副主席、民进中央常务副主席罗富和与许嘉璐、张怀西等在天安门城楼出席观礼。严隽琪就庆典观感接受新华社记者采访。

10月7日　全国政协原副主席、民进中央原第一副主席张怀西赴太仓视察，民进中央副主席朱永新参加视察。

10月9日下午　民进中央在广州举行报告会，认真学习中共十七届四中全会精神。民进中央主席严隽琪，常务副主席罗富和，副主席王佐书、贺旻、刘新成、蔡达峰、朱永新、张帆和将要出席民进十二届八次中常会的常委参加学习。

10月9日　民进中央十二届八次主席会议在广东省广州市召开。

10月10日—11日　中国民主促进会第十二届中央常务委员会第八次会议在广州举行。本次会议的主要内容是学习贯彻中共十七届四中全会精神，听取四中全会精神专题报告，讨论交流学习心得；研究民进十二届三中全会工作报告提纲等。民进中央主席严隽琪作闭幕会讲话。常务副主席罗富和作《关于2009年民进中央重点调研工作的情况汇报》。副主席潘贵玉、王佐书、贺旻、刘新成、蔡达峰、朱永新、张帆和常委出席会议。

10月12日上午　教育部副部长鲁昕、职成教司司长葛道凯一行拜会全国人大常委、全国人大教科文卫委员会副主任、民进中央副主席王佐书，大家就我国职业教育事业改革与发展问题进行广泛深入的座谈交流。

10月12日—13日　全国人大常委会副委员长、民进中央主席严隽琪，民进中央副主席朱永新在深圳考察。

10月13日　民进中央主席严隽琪在江苏省南京市会见出席“2009年民进企业家联谊会联席会议”的各省企业家联谊会会长。副主席朱永新主持会见。

10月14日上午　全国政协副主席、民进中央常务副主席罗富和出席由农业部草原监理中心和中国草学会在安徽省合肥市举办的“2009中国草原发展论坛”开幕式并致词。

10月14日　第十八届金鸡百花电影节开幕式暨文艺晚会在江西省体育馆隆重举行。民进中央常务副主席罗富和出席并宣布电影节开幕。

10月14日—15日　2009年民进企业家联谊会联席会议在南京召开。民进中央主席严隽琪出席并讲话，副主席朱永新主持会议。

10月15日—17日　全国人大常委会副委员长、民进中央主席严隽琪在江苏省南通市调研。

10月15日—18日　民进中央常务副主席罗富和在广东省汕头市视察，出席第二届闽粤赣13市政协“加强两岸交流合作，促进海西南翼发展”论坛开幕式，走访民进汕头市委并座谈。

10月16日上午　民进中央副主席朱永新和出席2009年民进企业家联谊会联席会议的代表在江苏省金湖县参观考察。

10月19日　全国人大常委会委员长吴邦国在人民大会堂主持召开全国人大常委会第三十一次委员长会议，决定十一届全国人大常委会第十一次会议于10月27日至31日在北京举行。全国人大常委会副委员长严隽琪等出席。

10月19日　中国民办教育发展大会暨中国民办教育协会（2009）年会在湖南韶山隆重召开。全国人大常委会副委员长、民进中央主席严隽琪给大会发去贺信。中国民办教育协会名誉会长许嘉璐出席并讲话。中国民办教育协会常务副会长、民进中央副主席王佐书主持大会。

10月19日　民进中央副主席朱永新在湖北省武汉市出席2009民进中南六省理论研讨会。

10月20日上午　民进中央常务副主席罗富和在人民大会堂出席首批“全国生态文化村”及“全国生态文化示范基地”授牌仪式，并向中国生态文化协会首批生态文化村授牌。

10月21日上午　由中华人民共和国农业部、山西省人民政府、中国国际贸易促进会联合主办的“中国（山西）特色农产品交易博览会”在太原隆重开幕。全国政协副主席、民进中央常务副主席罗富和出席博览会开幕式。

10月22日　贺旻率领辽宁省政协人口资源和环境委员会学习考察团，就宁夏回族自治区生态建设特别是水资源保护与合理开发利用问题进行了考察。

10月23日上午　河南省农业科学院创建100周年庆祝大会暨河南现代农业研究开发基地揭牌仪式在省农科院礼堂隆重举行。中共中央政治局常委、国务院副总理李克强发来贺信。全国政协副主席、民进中央常务副主席罗富和出席开幕式，并与省委书记、省人大常委会主任徐光春一起为河南现代农业研究开发基地揭牌。

10月23日上午　全国职业院校师生美术书法篆刻作品展览暨获奖作品颁奖仪式在全国政协隆重举行。民进中央副主席、中华职业教育社副理事长王佐书出席并讲话。

10月23日下午　全国人大常委会副委员长、民进中央主席严隽琪会见中央社会主义学院第18期民主党派中青年干部进修班的民进学员并座谈。民进中央副主席朱永新参加会见。

10月23—25日　全国政协原副主席、民进中央原第一副主席张怀西在陕西省视察。

10月27日—31日　十一届全国人大常委会第十一次会议在人民大会堂召开。全国人大常委会委员长吴邦国主持会议。全国人大常委会副委员长严隽琪，常委王佐书、贺旻、刘新成、蔡达峰等出席会议。

10月29日下午　民进上海市委召开“学为人师，行为世范”特级教师座谈会。民进中央副主席、民进上海市委主委蔡达峰出席座谈会并讲话。

10月29日　以“GIS产业创新与发展”为主题的“2009中国地理信息产业论坛暨第二届教育论坛就业洽谈会”在湖北省武汉市开幕，全国政协副主席、民进中央常务副主席罗富和出席大会。

10月31日　民进中央常务副主席罗富和在浙江省宁波市鄞州区出席“第九届中国民间文艺山花奖颁奖典礼”并宣布典礼开幕。

11月1日　由民进浙江省委和民进杭州市委共同主办的“民进中央‘彩虹行动’西部幼儿教师首届培训班开班典礼暨培训基地揭牌仪式”在浙江省杭州市余杭区杭州师范大学附属小博士艺术幼儿园举行。民进中央主席严隽琪出席并讲话。

11月1日　民进中央副主席王佐书在京为全国社会主义学院院长培训班讲课。

11月1日—2日　第七届海峡两岸中华传统文化与现代化研讨会暨首届海峡两岸医学文化与医学发展论坛在杭州市举办。全国人大常委会副委员长、民进中央主席严隽琪在开幕式上作题为“打造包容中西医精华的二十一世纪新医学”的讲话。全国政协副主席、民进中央常务副主席罗富和在论坛闭幕式上作题为“弘扬天人合一理念　推动医学和谐发展”的讲话。

11月4日—5日　2009年民进中央参政议政年会在河南省郑州市召开。民进中央主席严隽琪出席开幕式并作主题报告，罗富和常务副主席主持开幕式。朱永新副主席出席会议。

11月5日下午　毕节实验区调研课题成果介绍座谈会在中央统战部举行。民进中央副主席朱永新出席并发言。

11月6日上午　全国政协副主席、民进中央常务副主席罗富和，民进中央副主席王佐书在京出席中国著名科学家、中国航天之父钱学森同志遗体告别仪式。

11月6日　由国家林业局和福建省人民政府主办的第五届海峡两岸林业博览会暨投资贸易洽谈会在“中国绿都”福建省三明市隆重开幕。民进中央主席严隽琪出席并宣布开幕。

11月6日　中共上海市委统战部召开党外人士座谈会，通报了党风廉政建设有关情况，并听取各民主党派市委、市工商联和无党派代表人士的意见建议。民进中央副主席、民进上海市委主委蔡达峰结合学习贯彻中共十七届四中全会精神，针对党风建设，作了题为“减少群众负担，树立群众观念”的发言。他的发言得到中共中央政治局委员、上海市委书记俞正声的高度重视和重要批示，并印发全市局以上领导干部学习。

11月6日　民进中央副主席朱永新在外交学院学习。

11月7日　全国政协副主席、民进中央常务副主席罗富和在京出席国务院原副总理、全国政协原副主席谷牧同志遗体告别仪式。

11月7日　民进中央副主席朱永新在江苏省苏州市出席教育创新论坛。

11月8日　民进中央常务副主席罗富和在广州出席华南农业大学建校100周年庆祝大会。

11月8日　民进华东六省一市第十一次工作研讨会在南昌召开。民进中央副主席王佐书讲话并作专题报告。

11月8日—9日　全国人大常委、民进中央副主席朱永新随同全国人大在江苏省南京市考察，并出席民进星火科技带头人培训班开班仪式。

11月9日　民进中央副主席朱永新在南京市出席河西走廊星火产业带科技管理培训班开班仪式并讲话；下午，出席民进北京市委在北京民主党派人民团体大楼举行的对口支援贵州省金沙县直属中小学校长培训班开班仪式并讲话。

11月10日　民进纪念多党合作制度确立60周年评委会第二次会议在京举行，会议初步确定本次征文活动优秀作品奖和优秀组织奖名单。民进中央副主席王佐书出席会议并讲话。

11月10日—20日　全国人大常委朱永新参加全国人大考察团出访意大利、西班牙。

11月11日上午　民进中央常务副主席罗富和在中央统战部出席各民主党派、全国工商联常务副主席会议。

11月11日下午　民进中央主席严隽琪、常务副主席罗富和在机关会见中共天津市委统战部部长刘长喜、常务副部长张炳学。

11月11日下午《中国民主促进会年鉴（试刊）2008》出版座谈会在民进中央召开。严隽琪、罗富和出席并讲话。会议由王佐书主持。

11月12日　全国人大常委会副委员长严隽琪会见以意大利众议院意中合作委

员会主席洛伦佐·切萨为团长的访华代表团一行8人。除北京外，代表团还访问了上海。

11月12日　全国政协副主席、民进中央常务副主席罗富和在京出席纪念孙中山诞辰143周年活动。

11月13日　全国政协副主席、民进中央常务副主席罗富和在民进中央亲切会见由陕西省政协副主席、民进陕西省委主委李进权率领的民进陕西省企业家联谊会访京团一行。

11月15日　全国人大常委会副委员长、民进中央主席严隽琪在上海出席"2009全球创业周中国站"开幕式暨创业音乐话剧《瞬间不是永远》首演。

11月16日　2009亚洲教育论坛暨欧亚教育合作会议在西安拉开帷幕。全国人大常委、民进中央副主席王佐书出席开幕式并致词。

11月17日上午　政协第十一届全国委员会第二十次主席会议在京召开。全国政协副主席罗富和等出席会议。

11月22日—23日　由《创业家》杂志社主办的2009年创业家年会在北京香格里拉饭店举行。此次创业家年会的主题为"一亿中流：大地商业之路"。全国人大常委会副委员长、民进中央主席严隽琪出席并致词。

11月23日　民进中央十二届十八次主席办公会议在北京召开。民进中央主席严隽琪主持会议。常务副主席罗富和，副主席王佐书、刘新成、朱永新出席会议。

11月24日　中共中央在中南海召开党外人士座谈会，就当前经济形势和明年经济工作听取各民主党派中央、全国工商联领导人和无党派人士意见和建议。中共中央总书记胡锦涛主持座谈会并发表重要讲话。民进中央主席严隽琪出席并发言，常务副主席罗富和出席座谈会。

11月25日　中国人民对外友好协会在京举行宴会庆祝中国与阿尔巴尼亚建交60周年，全国人大常委会副委员长严隽琪出席。全国友协会长陈昊苏与阿尔巴尼亚驻华大使马忠·佩卡分别在宴会上致词。

11月25日　全国政协副主席、民进中央常务副主席罗富和考察方正集团。

11月26日　全国人大常委会副委员长、民进中央主席严隽琪来到北京中国国际展览中心，参观第四届北京文博会展览会。

11月26日　民进中央副主席王佐书出席民进天津市委学习贯彻中共十七届四中全会精神理论座谈会，并作关于学习《中共中央关于加强和改进新形势下党的建设若干重大问题的决定》体会的专题报告。

11月26日—29日　民进中央常务副主席罗富和赴甘肃省武威市就石羊河流域重点治理、节水农业、防沙治沙进行考察调研。

11月27日下午　民进十二届三中全会筹备会议召开。民进中央副主席朱永新出席并作动员报告。机关全体干部职工参加会议。

11月30日　全国人大常委会副委员长严隽琪在人民大会堂会见了爱沙尼亚议会外事委员会主席斯文·米科萨率领的代表团一行。

12月1日　全国人大常委会副委员长、民进中央主席严隽琪，民进中央副主席蔡达峰、朱永新在全国人大会议中心会见中共上海市委统战部长杨晓渡、上海交通大学书记马德秀一行，并就第八届海峡两岸中华传统文化与现代化研讨会事宜进行商谈。

12月1日　2009海峡两岸应用性（技

术与职业）高等教育学术研讨会在深圳开幕。民进中央副主席朱永新应邀出席并致词。

12月2日　全国人大常委王佐书出席教科文卫委员会第十九次会议。

12月3日上午　民进中央召开学习中共十七届四中全会精神视频报告会。王佐书副主席作学习体会报告。

12月3日下午　全国人大常委会副委员长、民进中央主席严隽琪在民进中央接受凤凰卫视《问答神州》栏目主持人吴小莉的专访。

12月3日　全国政协副主席、民进中央常务副主席罗富和在京出席全国法制宣传日座谈会暨五五普法神州行媒体系列选宣传活动启动仪式。

12月3日　民进中央副主席朱永新上午在机关会见中共湖北黄石市委统战部同志和黄石民进有关同志，下午在北京出席第五届“色彩中国”年度颁奖典礼并颁发本年度色彩传播奖。

12月4日　民进中央原第一副主席张怀西在北京出席第六届亚洲色彩论坛并宣布开幕。

12月5日　民进中央副主席王佐书在京出席2009年中国新能源产业经济发展年会。

12月6日上午　民进中央十二届九次主席会议在京召开。

12月6日　中国民主促进会第十二届中央常务委员会第九次会议在京召开。

12月6日—8日　民进中央监督委员会先后两次召开了第三次全体会议。民进中央常务副主席、民进中央监督委员会主任罗富和出席并主持会议。

12月7日下午　民进中央副主席兼秘书长朱永新在中央统战部出席中央经济工作会议情况通报会。

12月7日—9日　中国民主促进会第十二届中央委员会第三次全体会议在北京召开。

12月8日上午　民进中央副主席朱永新在中央统战部出席贵州毕节试验区征求意见座谈会。

12月9日　民进省级组织负责人会议在京举行。民进中央主席严隽琪，常务副主席罗富和，副主席王佐书出席会议。副主席兼秘书长朱永新主持会议。会议为获得专项工作先进单位的代表颁奖；同时，举行“多党合作　共铸辉煌——纪念多党合作制度确立60周年”征文活动颁奖仪式。

12月10日—11日　民进中央副主席朱永新在外交学院学习。

12月11日　全国政协副主席、民进中央常务副主席罗富和在京出席澳门特别行政区10周年成就展。

12月11日　民进中央副主席王佐书在京出席首届中国管理咨询与培训业振兴论坛和中华职教社理事长会议。

12月12日　民进中央常务副主席罗富和在京出席著名画家杨之光从艺60周年成就展。

12月12日　民进中央副主席兼秘书长朱永新在广州岭南大讲堂作《阅读为什么重要》的报告。

12月13日—19日　民进中央副主席王佐书一行赴加拿大考察。

12月14日　全国人大常委会委员长吴邦国在人民大会堂主持召开全国人大常委会第三十五次委员长会议，决定十一届全国人大常委会第十二次会议于12月22日至26日在北京举行。严隽琪副委员长等出席会议。

12月14日　民进中央常务副主席罗富和在京出席女娲社会责任奖颁奖典礼。

12月14日—16日　民进中央原第一副主席张怀西在广东省汕头市考察。民进汕头市委主委看望张怀西并汇报工作。

12月16日　民进中央主席严隽琪、常务副主席罗富和、副主席兼秘书长朱永新，在机关会见北京师范大学党委书记刘川生一行，并就筹备成立中国教育政策研究院进行座谈。

12月16日　民进中央副主席朱永新上午在京出席腾讯教育风云人物颁奖，下午在全国政协出席党派提案工作座谈会。

12月17日上午　民进中央副主席朱永新在京出席中国国际远程教育大会，并出席国家税务总局第四届特约监督员聘任仪式。

12月18日　民进中央副主席朱永新在京出席戏出桃坞——苏州桃花坞木刻年画精品展开幕式。

12月19日　民进海南省委在海口召开民进海南省委成立20周年庆祝大会。全国政协副主席、民进中央常务副主席罗富和出席并致贺词。

12月19日　民进中央副主席朱永新在京出席芳草地国际学校教育培训活动并作讲座。

12月20日　“2009·上海民进教育论坛”在上海民主党派大厦举行。全国人大常委会副委员长、民进中央主席严隽琪出席并讲话。

12月20日　民进中央副主席朱永新在京出席首届全国教育改革创新颁奖典礼。

12月21日　全国人大常委会副委员长严隽琪出席纪念《居民委员会组织法》颁布实施20周年座谈会并讲话。

12月22日—26日　十一届全国人大常委会第十二次会议在北京举行。全国人大常委会副委员长严隽琪，常委王佐书、刘新成、朱永新等出席会议。

12月23日—25日　民进中央常务副主席、民进广东省委主委罗富和在广州出席民进广东省第六届委员会第四次全体会议。

12月25日　政协第十一届全国委员会第二十一次主席会议在北京召开。全国政协副主席罗富和等出席会议。

12月26日　全国政协副主席、民进中央常务副主席罗富和在人民大会堂出席第五届全国优秀班主任暨优秀校长颁奖大会。

12月26日　民进中央副主席兼秘书长朱永新在京出席民进中央与北京师范大学共建中国教育政策研究院筹备会议。

12月27日　民进中央副主席朱永新在京出席中华十大财智人物颁奖典礼。

12月29日上午　第六次全国社会主义学院院长会议在北京召开。全国人大常委会副委员长、民进中央主席、中央社会主义学院院长严隽琪出席并讲话。

12月29日上午　民进中央副主席王佐书在京出席中国民办教育协会高等教育专业委员会成立大会暨民办高等教育发展报告会。

12月29日下午　美国林肯国际大学授予四川音乐学院张莉教授荣誉艺术博士学位仪式在人民大会堂举行，全国人大常委、民进中央副主席王佐书出席仪式。

12月29日　民进中央网站发布全国人大常委会副委员长、民进中央主席严隽琪撰写的文章《坚定信念、同心同德、扎实工作，为全面建设小康社会作出新贡献》。

12月29日　全国政协副主席、民进中央常务副主席罗富和在京出席加强重大工程安全质量管理、创建国家优质工程表彰大会。

12月29日　民进中央副主席朱永新

在京出席全国特色学校建设论坛。

12月30日上午　民进中央常务副主席罗富和在中央统战部出席党外人士情况通报会。

12月30日　民进中央主席严隽琪、副主席王佐书在机关出席工作报告起草小组座谈会。

12月30日　民进中央常务副主席罗富和出席中央美术学院民进支部成立大会，他向支部成立表示祝贺，向中央美院的全体会员表示慰问。

12月30日　民进中央副主席王佐书在人民大会堂出席国台办传达中央有关精神会议。

12月30日　民进中央机关2009年第十次部门负责人会议在机关召开。民进中央副主席兼秘书长朱永新主持会议。副秘书长及各部门负责人出席会议。

梁红星　民进中央研究室二处处长

沈轶筠　民进中央研究室干部

中国农工民主党

1月1日　全国人大常委会副委员长、农工党中央主席桑国卫，全国政协副主席、农工党中央常务副主席陈宗兴，十届全国政协副主席、农工党中央原常务副主席李蒙，农工党中央副主席汪纪戎、姚建年在全国政协礼堂出席2009年新年茶话会。

1月4日　农工党中央主席桑国卫在中共中央统战部出席党外人士座谈会，中央常务副主席陈宗兴出席座谈会并发言。

1月5日上午　全国政协副主席、农工党中央常务副主席陈宗兴在北京出席“2008中国收藏界十大人物、十大事件揭晓典礼”。

1月5日—17日　全国人大常委、农工党中央副主席汪纪戎参加全国人大考察团出访文莱、新加坡，并出席在老挝举办的亚太议会论坛十七届年会。

1月6日　农工党中央常务副主席陈宗兴在中央机关会见贵州省毕节地区领导来访。

1月7日　农工党中央理论学习中心组在中央机关召开座谈会，学习胡锦涛总书记在《告台湾同胞书》发表30周年座谈会上的重要讲话精神。中央主席桑国卫主持会议并讲话，中央常务副主席陈宗兴、副主席刘晓峰出席座谈会并发言。中央机关各部门负责人及局级干部列席座谈会。

1月9日　全国人大常委会副委员长、农工党中央主席桑国卫在人民大会堂出席2009年度国家科学技术奖励大会。

1月12日上午　农工党中央主席桑国卫在北京出席重大专项会议。

1月12日下午　全国人大常委会副委员长、农工党中央主席桑国卫在北京出席中国科协七届全委会四次会议。

1月13日上午　农工党中央主席桑国卫、常务副主席陈宗兴、副主席刘晓峰一行在北京先后看望并慰问了中央原主席蒋正华、原常务副主席李蒙、原副主席陈建生。

1月13日下午　农工党中央主席桑国卫在中共中央统战部出席民主党派中央领导班子建设研讨会并发言，中央常务副主席陈宗兴、副主席刘晓峰出席会议。

1月13日晚　农工党中央主席桑国卫、常务副主席陈宗兴，原主席蒋正华、原常务副主席李蒙，副主席刘晓峰、何维、姚建年，原副主席章师明、田光涛等在中共中央统战部出席迎春招待会。

1月14日上午　农工党中央常务副主席陈宗兴在中央机关会见《人民政协报》负责人。

1月14日—15日　农工党中央副主席刘晓峰一行赴安徽合肥慰问老党员。

1月15日上午　农工党中央主席桑国卫、常务副主席陈宗兴一行在北京看望并慰问了中央原副主席姚峻、章师明、田光涛、宋金升及王大鲁同志。

1月15日下午　农工党中央主席桑国卫在中央机关接待贵州省大方县领导来访。

1月15日下午　全国政协副主席、农工党中央常务副主席陈宗兴在全国政协礼堂出席全国政协教科文卫体委员会联谊活动。

1月16日上午　农工党中央主席桑国卫、副主席刘晓峰在中央机关出席农工党中央赴福建调研征求意见座谈会。

1月16日下午　全国人大常委会副委员长、农工党中央主席桑国卫在人民大会堂出席全国人大机关新春联欢会。

1月16日下午　全国政协副主席、农工党中央常务副主席陈宗兴，十届全国政协副主席、农工党中央原常务副主席李蒙，全国政协副秘书长、农工党中央副主席刘晓峰在全国政协礼堂出席全国政协新老领导聚会。

1月18日上午　农工党中央机关、北京市委会机关2009年春节团拜会在中央机关举行。农工党中央主席桑国卫出席团拜会并致词。中央常务副主席陈宗兴，原常务副主席李蒙，副主席汪纪戎、刘晓峰、何维、姚建年，原副主席章师明、陈建生等出席团拜会。农工党中央机关全体工作人员及离退休干部、北京市委会机关全体同志参加团拜会。

1月18日下午　农工党中央主席桑国卫在中央机关主持召开2009年第一次主席办公会议。中央常务副主席陈宗兴，副主席汪纪戎、刘晓峰出席会议。

1月18日晚　全国政协副主席、农工党中央常务副主席陈宗兴在全国政协礼堂出席全国政协书画室委员新春联谊会。

1月19日上午　农工党中央2009年中青年党员新春座谈会在中央机关召开。中央主席桑国卫出席座谈会并讲话，中央常务副主席陈宗兴、副主席刘晓峰出席座谈会。

1月19日上午　农工党中央常务副主席陈宗兴在中央机关出席农工党中央机关工会第三届委员会换届会议并讲话。

1月20日上午　农工党中央主席桑国卫、常务副主席陈宗兴一行看望中央原常务副主席方荣欣。

1月20日上午　农工党中央副主席汪纪戎在中央机关接待中共中央统战部五局领导。

1月21日上午　农工党中央副主席汪纪戎在中央机关接待国家林业局治沙办有关领导。

1月22日上午　农工党中央主席桑国卫在中央机关主持召开2009年第二次主席办公会议。中央常务副主席陈宗兴，副主席汪纪戎、刘晓峰出席会议。会议研究了机关有关人事事项。

1月22日下午　中共中央在中南海举行党外人士迎春座谈会。全国人大常委会副委员长、农工党中央主席桑国卫，全国政协副主席、农工党中央常务副主席陈宗兴，十届全国人大常委会副委员长、农工党中央原主席蒋正华，十届全国政协副主席、农工党中央原常务副主席李蒙出席座谈会。

1月24日上午　2009年春节团拜会在人民大会堂举行。全国人大常委会副委员长、农工党中央主席桑国卫，全国政协副主席、农工党中央常务副主席陈宗兴，十届全国人大常委会副委员长、农工党中央原主席蒋正华，十届全国政协副主席、农工党中央原常务副主席李蒙，农工党中央副主席汪纪戎、何维，原副主席田光涛等出席团拜会。

2月2日　农工党中央主席桑国卫、常务副主席陈宗兴，副主席汪纪戎、何维、姚建年在中共中央统战部阅读《政府工作报告（征求意见稿）》。

2月3日上午　全国人大环资委副主任、农工党中央副主席汪纪戎在全国人大环资委主持召开应对气候变化问题座谈会。

2月3日下午　全国人大环资委副主任、农工党中央副主席汪纪戎在全国人大环资委阅读《政府工作报告（征求意见稿）》。

2月5日　全国政协常委、农工党中央副主席刘晓峰在全国政协阅读《政府工作报告（征求意见稿）》。

2月6日下午　全国政协副主席、农工党中央常务副主席陈宗兴在全国政协出席全国政协十一届十一次主席会议。全国政协副秘书长、农工党中央副主席刘晓峰列席会议。

2月9日下午　全国人大常委会副委员长、农工党中央主席桑国卫在中南海出席《政府工作报告》征求意见座谈会并发言，全国政协副主席、农工党中央常务副主席陈宗兴出席座谈会。

2月10日上午　全国人大环资委副主任、农工党中央副主席汪纪戎在北京出席全国人大环资委关于《大气污染防治法》调研座谈会。

2月10日晚　农工党中央副主席汪纪戎在北京观看非物质文化遗产展览。

2月12日下午　全国人大常委会副委员长、农工党中央主席、中国药学会理事长桑国卫在北京出席由中国药学会主办的“新药论坛”。

2月13日上午　农工党中央主席桑国卫在中央机关主持召开2009年第三次主席办公会议。中央常务副主席陈宗兴，副主席汪纪戎、刘晓峰出席会议。

2月13日上午　农工党中央副主席汪纪戎到北京市环保局调研。

2月15日上午　农工党中央原主席、中国初级卫生保健基金会理事长蒋正华，原常务副主席、中国初级卫生保健基金会副理事长李蒙，中央副主席汪纪戎在中央机关出席中国初级卫生保健基金会“2008年度工作总结暨表彰大会”。

2月16日上午　全国政协副秘书长、农工党中央副主席刘晓峰在全国政协出席全国政协十一届第六次秘书长会议。

2月16日—21日　全国人大环资委副主任、农工党中央副主席汪纪戎率全国人大环资委调查组赴上海、福建调研大气污染防治进展情况。

2月17日上午　全国人大常委会副委员长、农工党中央主席桑国卫在全国人大出席十一届全国人大常委会十八次委员长会议。

2月17日下午　农工党中央常务副主席陈宗兴在人民日报社接受人民网“强国论坛”采访并与网民在线交流。

2月18日上午　全国政协副主席、农工党中央常务副主席陈宗兴在全国政协出席全国政协十一届十二次主席会议。全国政协副秘书长、农工党中央副主席刘晓峰列席会议。

2月19日上午　农工党中央常务副主席陈宗兴在中央机关接待中联部领导来访。

2月20日上午　农工党中央常务副主席陈宗兴在中央机关出席“中央和首都主要新闻媒体记者新春联谊会暨‘两会’情况通报会”。

2月20日下午　农工党中央副主席刘晓峰在全国政协出席全国政协十一届二次会议党派、团体大会发言汇稿会。

2月23日下午　农工党中央副主席刘

晓峰在最高人民法院出席《最高人民法院工作报告（草案）》情况通报会。

2 月 24 日下午　农工党中央主席桑国卫，常务副主席陈宗兴，副主席汪纪戎、刘晓峰在中共中央统战部出席党外人士经济形势报告会。

2 月 25 日上午　全国人大环资委副主任、农工党中央副主席汪纪戎在北京出席全国人大环资委第十一次主任委员会议。

2 月 25 日—28 日　全国人大常委会副委员长、农工党中央主席桑国卫，全国人大常委、农工党中央副主席王宁生、汪纪戎、陈述涛、姚建年在人民大会堂出席十一届全国人大常委会第七次会议。

2 月 25 日—28 日　全国政协副主席、农工党中央常务副主席陈宗兴，全国政协常委、农工党中央副主席陈勋儒、刘晓峰、何维在全国政协出席全国政协十一届四次常委会议。

2 月 26 日上午　农工党中央副主席、全国妇联副主席汪纪戎在人民大会堂出席纪念“三八”国际劳动妇女节 99 周年暨表彰大会。

3 月 2 日上午　农工党中央副主席刘晓峰在中央社会主义学院出席中央社会主义学院春季开学典礼。

3 月 2 日晚　农工党中央主席桑国卫，副主席汪纪戎、刘晓峰在中共中央统战部出席各民主党派中央、全国工商联与各省、自治区、直辖市委统战部长联谊会。

3 月 3 日下午　全国政协十一届二次会议开幕式在人民大会堂举行。全国人大常委会副委员长、农工党中央主席桑国卫，全国政协副主席、农工党中央常务副主席陈宗兴，全国政协常委、农工党中央副主席陈勋儒、刘晓峰、何维，全国政协委员陈建国、游宏炳、肖燕军出席开幕式。

3 月 3 日—12 日　全国政协十一届二次会议在北京召开。全国政协副主席、农工党中央常务副主席陈宗兴，全国政协常委、农工党中央副主席陈勋儒、刘晓峰、何维，全国政协委员陈建国、游宏炳、肖燕军出席会议。

3 月 4 日晚　农工党中央副主席刘晓峰在云南大厦出席中共云南省委统战部晚宴。

3 月 5 日上午　十一届全国人大二次会议开幕式在人民大会堂举行。全国人大常委会副委员长、农工党中央主席桑国卫，全国政协副主席、农工党中央常务副主席陈宗兴，全国人大常委、农工党中央副主席王宁生、汪纪戎、陈述涛、姚建年，全国人大代表、农工党中央副主席杨震出席开幕式。

3 月 5 日—13 日　十一届全国人大二次会议在北京召开。全国人大常委会副委员长、农工党中央主席桑国卫，全国人大常委、农工党中央副主席王宁生、汪纪戎、陈述涛、姚建年，全国人大代表、农工党中央副主席杨震出席会议。

3 月 6 日下午　农工党中央副主席、全国妇联副主席汪纪戎在人民大会堂出席“三八”妇女节中外妇女招待会。

3 月 10 日上午　农工党中央监督委员会第一次全体会议在北京召开。中央常务副主席、中央监督委员会主任陈宗兴，中央副主席、中央监督委员会副主任刘晓峰出席会议。

3 月 11 日上午　农工党中央常务副主席陈宗兴，中央原主席、中国初级卫生保健基金会理事长蒋正华在中央机关出席中国初级卫生保健基金会“管飞江西扶贫基金”成立仪式。

3 月 11 日晚　农工党中央主席桑国卫在中央机关主持召开十四届七次中央主席会议。中央常务副主席陈宗兴，副主席王宁生、陈勋儒、汪纪戎、刘晓峰、陈述涛、何维、姚建年、杨震出席会议。

3月11日晚 农工党十四届五次中常会在中央机关召开。农工党中央主席桑国卫出席会议并讲话，常务副主席陈宗兴主持会议，副主席王宁生、陈勋儒、汪纪戎、刘晓峰、陈述涛、何维、姚建年、杨震等中央常委出席会议。

3月11日晚 农工党出席2009年"两会"的全国人大代表、政协委员联谊会在农工党中央机关召开。农工党中央主席桑国卫、常务副主席陈宗兴，副主席王宁生、陈勋儒、汪纪戎、刘晓峰、陈述涛、何维、姚建年、杨震和其他担任本届全国人大代表、全国政协委员的农工党党员，中央机关各部门负责人等出席联谊会。

3月12日上午 全国政协十一届二次会议闭幕式在人民大会堂举行。全国人大常委会副委员长、农工党中央主席桑国卫，全国政协副主席、农工党中央常务副主席陈宗兴，全国政协常委、农工党中央副主席陈勋儒、刘晓峰、何维，全国政协委员陈建国、游宏炳、肖燕军出席闭幕式。

3月12日上午 农工党中央主席桑国卫、常务副主席陈宗兴、副主席汪纪戎在北京中山公园中山堂出席孙中山先生逝世84周年纪念仪式。

3月13日上午 十一届全国人大二次会议闭幕式在人民大会堂举行。全国人大常委会副委员长、农工党中央主席桑国卫，全国政协副主席、农工党中央常务副主席陈宗兴，全国人大常委、农工党中央副主席王宁生、汪纪戎、陈述涛、姚建年，全国人大代表、农工党中央副主席杨震出席闭幕式。

3月17日下午 农工党中央副主席汪纪戎在中共中央统战部出席关于推动新时期毕节试验区发展和做好统一战线智力支边工作的座谈会。

3月17日下午 农工党中央副主席刘晓峰在中共中央统战部出席楼志豪副部长主持召开的落实司法体制改革项目征求意见座谈会。

3月18日上午 农工党中央机关召开传达2009年"两会"精神报告会。农工党中央副主席汪纪戎、刘晓峰分别向机关工作人员以及离退休同志传达了十一届全国人大二次会议和全国政协十一届二次会议的精神和有关情况。秘书长陈建国主持会议。

3月19日下午 农工党中央主席桑国卫在北京会见美国SANDOZ公司CEO杰夫·乔治。

3月20日上午 农工党中央主席、中国药学会理事长桑国卫在北京出席中国药学会理事长、秘书长联席会议。

3月23日下午 全国人大常委会副委员长、农工党中央主席桑国卫在人民大会堂会见阿根廷众议院体育运动委员会代表团。

3月23日下午 农工党中央副主席汪纪戎在中央机关出席社会服务部与中国初级保健基金会的座谈会。

3月24日上午 农工党中央常务副主席陈宗兴在中央机关接受《中国县域经济报》记者专访。

3月24日下午 农工党中央副主席汪纪戎在国务院小礼堂出席国务院第二次廉政工作会议。

3月25日上午 农工党中央主席桑国卫在中央机关主持召开2009年第四次主席办公会议。中央常务副主席陈宗兴，副主席汪纪戎、刘晓峰出席会议。

3月25日中午 农工党中央主席桑国卫、常务副主席陈宗兴，副主席汪纪戎、刘晓峰在中央机关接见正在中央社会主义学院学习的19名农工党学员。

3月27日上午　农工党中央主席桑国卫在科技部出席重大专项协调会。

3月27日上午　农工党中央常务副主席陈宗兴在中央机关出席农工党中央医药卫生工作委员会2009年度全体委员会议。

3月29日上午　全国政协副主席、农工党中央常务副主席陈宗兴在河南新郑出席“己丑年黄帝故里拜祖大典”。

3月29日下午　农工党中央常务副主席陈宗兴在河南郑州出席中央教育工作委员会2009年度全体委员会议。

3月29日下午　农工党中央常务副主席陈宗兴在河南郑州看望农工党中央资助在郑州交通职业技术学院学习的毕节地区贫困大学生。

3月31日下午　农工党中央主席桑国卫、常务副主席陈宗兴在中央机关接待前来走访的中共北京市委常委、统战部部长牛有成，统战部副部长李卫东等一行。

4月1日下午　农工党中央主席桑国卫、常务副主席陈宗兴、副主席汪纪戎在中共中央统战部出席情况通报会。

4月1日下午　中共中央统战部部长杜青林在统战部主持召开党外人士座谈会。农工党中央主席桑国卫出席座谈会并发言，中央常务副主席陈宗兴出席座谈会。

4月5日—12日　农工党中央主席桑国卫一行赴江苏、上海、重庆就“推动基层医疗卫生服务机构装备技术改造，拉动内需，促进医疗器械产业发展”进行调研。

4月7日上午　农工党中央常务副主席陈宗兴在中央机关出席农工党中央科技工作委员会2009年度全体委员会议。

4月7日—8日　全国人大环资委副主任、农工党中央副主席汪纪戎在北京出席全国人大环资委全体委员会议，听取有关部委关于大气污染防治进展情况的汇报。

4月8日下午　农工党中央副主席、全国妇联副主席汪纪戎在北京出席全国妇联成立六十周年纪念大会。

4月9日上午　全国人大常委、农工党中央副主席汪纪戎在北京参加全国人大机关春季义务植树活动。

4月9日下午　全国政协常委、农工党中央副主席刘晓峰在全国政协出席全国政协出访亚洲三国组团会。

4月10日上午　全国政协副主席、农工党中央常务副主席陈宗兴在北京参加全国政协机关义务植树活动。

4月10日下午　全国政协副主席、农工党中央常务副主席陈宗兴在全国政协出席全国政协无党派界委员“促进中小企业发展”视察团视察提纲研讨会。

4月13日上午　全国人大常委会副委员长、农工党中央主席桑国卫在人民大会堂出席十一届全国人大常委会第二十二次委员长会议。

4月13日上午　农工党中央常务副主席陈宗兴在中央机关出席农工党中央人口资源环境工作委员会2009年度全体委员会议。

4月13日—17日　全国政协常委、农工党中央副主席刘晓峰参加全国政协组团赴朝鲜访问。

4月14日　农工党中央主席桑国卫、副主席汪纪戎在中共中央统战部出席毕节试验区建设座谈会。

4月16日上午　农工党中央常务副主席陈宗兴在江西南昌出席全党思想建设调研座谈会。

4月16日上午　全国人大环资委副主任、农工党中央副主席汪纪戎在全国人大会议中心听取国家发改委、气象局关于气候变化、大气状况的介绍。

4月16日下午　农工党中央副主席汪纪戎在中共中央统战部出席党外人士通报会。

4月16日下午　农工党中央副主席汪纪戎在人民大会堂出席胡锦涛主席欢迎哈萨克总统纳扎尔·巴耶夫访华欢迎仪式及晚宴。

4月18日上午　农工党中央常务副主席陈宗兴在江西南昌出席江西中医学院50周年校庆活动。

4月20日上午　农工党中央常务副主席陈宗兴在中央机关出席农工党中央联络工作委员会2009年度全体委员会议、中央妇女工作委员会2009年度全体委员会议。

4月20日上午　农工党中央常务副主席陈宗兴在中央机关接见在中央党校江西省党外领导干部专题研讨班学习的农工党党员。

4月20日—24日　全国人大常委会副委员长、农工党中央主席桑国卫，全国人大常委、农工党中央副主席王宁生、汪纪戎、陈述涛、姚建年在人民大会堂出席十一届全国人大常委会第八次会议。

4月20日—29日　全国政协常委、农工党中央副主席刘晓峰参加全国政协组团赴阿曼、叙利亚访问。

4月21日—25日　农工党中央常务副主席陈宗兴在湖北出席“海联论坛—新农村建设与科学发展战略研讨会”。

4月24日上午　全国人大环资委副主任、农工党中央副主席汪纪戎在人民大会堂出席全国人大环资委主任会议。

4月24日下午　农工党中央副主席汪纪戎在中央机关出席“庆祝中华人民共和国成立60周年、中国人民政协成立和中国共产党领导的多党合作和政治协商制度确立60周年书画展”三党派中央（农工党中央、致公党中央、九三学社中央）协调会第一次会议。

4月24日下午　农工党中央副主席汪纪戎在中央机关接待台湾药师公会来访。

4月25日—29日　农工党中央主席桑国卫一行赴福建就“更好发挥福建优势，加快推进两岸经贸合作”进行调研。

4月27日下午　农工党中央副主席汪纪戎在中央机关主持召开“南水北调中线工程水源区生态补偿机制座谈会”。来自国家发改委、财政部、环保部、水利部、国家南水北调办公室等相关单位的专家参加此次座谈会。

4月28日上午　农工党中央副主席汪纪戎在北京出席民革中央“盛世风采——庆祝中华人民共和国成立60周年民革全国书画展”开幕式。

4月28日下午　全国政协副主席、农工党中央常务副主席陈宗兴在故宫博物院出席“丘壑独存——张仃书画艺术展”。

4月29日上午《中国特色和谐政党关系论》出版座谈会在农工党中央机关召开。农工党中央常务副主席陈宗兴、中共中央统战部副部长楼志豪出席座谈会并讲话。中央副主席姚建年主持座谈会。中共中央统战部、统一战线理论研究会、中国人民政协理论研究会、各民主党派中央、中央社会主义学院等单位领导及专家学者以及农工党中央机关和部分省级组织负责人等共计60余人参加座谈会。

4月29日上午　全国人大环资委副主任、农工党中央副主席汪纪戎在全国人大会议中心出席全国人大环资委南水北调中线调研座谈会。

4月30日上午　农工党中央常务副主席陈宗兴一行看望并慰问中央原副主席田光涛，为他庆祝88岁生日。

4月30日　全国人大常委会副委员长、农工党中央主席桑国卫在浙江杭州出席中国书法家协会主席张海书画展。

5月4日—6日　农工党中央副主席刘晓峰一行在四川开展“公立医院改革”调研。

5月5日上午　农工党中央主席桑国卫在北京出席新药创制重大专项启动会。

5月5日上午　农工党中央常务副主席陈宗兴一行看望并慰问了中央原常务副主席李蒙、原副主席章师明，为他们祝贺生日。办公厅主任游宏炳等陪同。

5月5日下午　农工党中央主席桑国卫在北京出席新药创制重大专项合同签订会。

5月5日下午　全国政协副主席、农工党中央常务副主席陈宗兴在人民大会堂会见厄瓜多尔主权祖国联盟运动代表团。

5月5日下午　农工党中央副主席、全国妇联副主席汪纪戎在人民大会堂出席中国妇女发展基金会“纪念5·12汶川地震一周年暨‘博宥基金’启动仪式”。

5月6日上午　农工党中央主席桑国卫在北京出席新药创制重大专项总体专家组会。

5月6日—10日　全国人大环资委副主任、农工党中央副主席汪纪戎在广西出席全国人大环资委第九次全体会议暨《自然保护区法》立法座谈会。

5月6日—13日　全国政协副主席、农工党中央常务副主席陈宗兴率全国政协无党派视察团在山东视察中小企业发展。

5月8日—10日　农工党中央副主席刘晓峰在四川什邡出席农工党中央向什邡捐赠医疗专用车仪式并参加北京华商企业援建什邡项目奠基仪式。

5月9日上午　全国政协副主席、农工党中央常务副主席陈宗兴在北京师范大学出席“汶川地震应对一周年回顾与展望”研讨会。

5月9日—11日　农工党中央主席、中国药学会理事长桑国卫在陕西西安出席化学制药工业协会七届三次会长会议。

5月11日　农工党中央副主席汪纪戎在湖北武汉出席农工党全国秘书长和办公室主任工作座谈会并讲话。

5月11日—13日　全国人大环资委副主任、农工党中央副主席汪纪戎率全国人大环资委调研组在湖北开展“南水北调中线工程水生态建设情况”的调研。

5月11日—17日　农工党中央副主席汪纪戎率中央调研组在湖北、河南、陕西开展“南水北调中线工程水源区生态补偿机制”专题调研。参政议政部部长隋路等参加。

5月12日下午　纪念四川汶川特大地震一周年活动在四川省汶川县映秀镇举行。全国人大常委会副委员长、农工党中央主席桑国卫出席纪念活动。

5月13日—15日　全国人大常委会副委员长、农工党中央主席桑国卫在上海出席中国科学院上海药物所有关活动。

5月15日上午　农工党中央常务副主席陈宗兴在中央机关出席农工党中央文化工作委员会2009年度全体委员会议。

5月15日—16日　农工党中央主席、中国药学会理事长桑国卫在广东广州出席广东省药学会会员代表大会。

5月18日上午　全国人大环资委副主任、农工党中央副主席汪纪戎在北京出席全国人大环资委接待美国众议院议长佩洛西一行来访筹备会。

5月18日—20日　农工党中央主席桑国卫、副主席刘晓峰在广东惠州出席全国组织工作会议。

5月19日上午　农工党中央常务副主席陈宗兴、副主席汪纪戎在中共中央统战部出席党外人士情况通报会。

5月21日下午　全国政协副主席、农工党中央常务副主席陈宗兴在全国政协出席全国政协十一届第十五次主席会议。

5月22日上午　农工党中央主席桑国卫在中央机关主持召开2009年第五次主席办公会议。中央常务副主席陈宗兴，副主席汪纪戎、刘晓峰出席会议。

5月25日上午　农工党中央常务副主席陈宗兴在陕西西安出席农工党中央、中国初级卫生保健基金会向陕西省捐赠公益项目仪式。

5月25日下午　全国人大常委会副委员长、农工党中央主席桑国卫在人民大会堂会见国际战略学会水资源安全国际研讨会外宾。

5月25日—27日　农工党中央常务副主席陈宗兴率中央调研组在陕西延安就加快革命老区新农村建设进行调研。

5月26日下午　全国人大常委、农工党中央副主席汪纪戎在人民大会堂出席中智议会政治对话委员会第四次会议。

5月27日上午　全国人大环资委副主任、农工党中央副主席汪纪戎在人民大会堂出席全国人大环资委接待美国众议院议长佩洛西一行来访欢迎活动。

5月27日下午　农工党中央主席桑国卫、副主席汪纪戎在中共中央统战部出席党外人士情况通报会。

5月28日上午　全国政协副主席、农工党中央常务副主席陈宗兴在陕西安康出席西康高速公路全线通车仪式。

5月28日上午　全国政协副主席、农工党中央常务副主席陈宗兴在陕西安康出席“第九届安康龙舟节”开幕式。

5月31日上午　第二届“中国环境与健康宣传周”启动仪式暨“大气环境与健康”高峰论坛开幕式在人民大会堂隆重举行。农工党中央主席桑国卫出席仪式并讲话。

5月31日下午　“中国环境与健康宣传周——大气环境与健康高峰论坛”在农工党中央机关举行。农工党中央副主席汪纪戎出席论坛，秘书长陈建国主持论坛。宣传部部长石光树、社会服务部副部长刘峻杰等参加论坛。

6月2日—4日　农工党中央主席桑国卫、常务副主席陈宗兴一行在北京怀柔区、延庆县进行新农村建设情况调研。中央副主席汪纪戎、刘晓峰，秘书长陈建国，参政议政部部长隋路以及北京市委会部分领导参加此次调研。

6月3日上午　全国人大环资委副主任、农工党中央副主席汪纪戎在北京出席“第十一届中国国际环保展览暨会议”开幕式。

6月4日—10日　“农工党中央2009年中青年党员培训班”在浙江富阳举办。农工党中央副主席杨震出席开幕式，组织部部长肖燕军主持。

6月5日　全国人大环资委副主任、农工党中央副主席汪纪戎在北京出席“六五”环境日活动——千名青年环境友好使者行动项目启动仪式。

6月5日—12日 全国政协常委、农工党中央副主席刘晓峰在四川参加全国政协常委灾后重建视察团视察活动。

6月6日上午　农工党中央主席、中国药学会理事长桑国卫在北京出席中国药学会临床评价专业委员会成立大会。

6月6日上午　全国政协副主席、农工党中央常务副主席陈宗兴在四川成都出席“2009国际茶业大会暨展示会”开幕式。

6月6日上午　农工党中央副主席汪纪戎在北京天坛公园出席农工党中央与北京市委会联合举办的第二届“中国环境与

健康宣传周”大型专家义诊咨询和科普宣传活动。

6月7日上午 全国政协副主席、农工党中央常务副主席陈宗兴在四川成都出席统筹城乡发展高端论坛并作主旨发言。

6月8日—11日 农工党中央常务副主席陈宗兴在湖南进行“推进新能源建设、发展绿色经济”调研。

6月9日下午 农工党中央主席、中国药学会理事长桑国卫在北京出席中国药学会科技奖评审活动。

6月10日上午 由农工党北京市委会主办的“祖国颂——庆祝中华人民共和国成立六十周年暨人民政协成立六十周年书画展”在中央机关开幕。农工党中央主席桑国卫，原常务副主席李蒙，副主席汪纪戎、姚建年等出席开幕式。秘书长陈建国主持开幕式。办公厅主任游宏炳，宣传部部长石光树，社会服务部副部长刘峻杰等以及中央机关、北京市委会机关的工作人员等参加开幕式。

6月11日—13日 农工党中央副主席汪纪戎在浙江杭州出席“中国农工民主党服务社会主义新农村建设工作座谈会暨社会服务干部业务培训班”。

6月14日—16日 农工党中央副主席汪纪戎在四川成都出席农工党中央、中国初级卫生保健基金会援助四川地震灾区重建卫生院资金及药品捐赠仪式。

6月15日上午 全国人大常委会副委员长、农工党中央主席桑国卫在人民大会堂出席十一届全国人大常委会第二十三次委员长会议。

6月15日下午 农工党中央主席桑国卫、常务副主席陈宗兴在中共中央统战部出席党外人士通报会。

6月16日—19日 全国政协副主席、农工党中央常务副主席陈宗兴，全国政协常委、农工党中央副主席张大宁、陈勋儒、刘晓峰、何维在北京出席全国政协常委会十一届六次会议。

6月17日下午 农工党中央副主席汪纪戎在人民大会堂出席温家宝总理欢迎格林纳达总理蒂尔曼·托马斯访华欢迎仪式及晚宴。

6月17日 农工党中央社会服务部副部长刘峻杰在贵州安顺参加中央社会服务部与安顺市人民政府签署《推进“农安合作”，促进安顺发展协议书》。

6月17日—19日 全国人大常委会副委员长、农工党中央主席桑国卫在吉林长春出席第三届生物产业大会。

6月22日上午 农工党中央主席桑国卫在中央机关出席《毕节模式》出版座谈会并讲话。中央副主席汪纪戎主持座谈会。《毕节模式》一书是由农工党原中央常委、中国农业大学教授、毕节试验区专家顾问组常务副组长常近时教授所著。

6月22日上午 农工党中央主席桑国卫、副主席汪纪戎在中央机关与贵州省委会会谈毕节工作有关事宜。

6月22日下午 农工党中央常务副主席陈宗兴在江苏南京出席“农工党参政党理论研究江苏点授证仪式”，并作题为“加强参政党理论建设，坚持和完善多党合作制度”的重要讲话。

6月22日—27日 全国人大常委会副委员长、农工党中央主席桑国卫，全国人大常委、农工党中央副主席王宁生、汪纪戎、陈述涛、姚建年在人民大会堂出席十一届全国人大常委会第九次会议。

6月23日—25日 农工党中央常务副主席陈宗兴率中央调研组在江苏就推进设立连云港保税港区进行调研。

6月25日 全国人大常委会副委员长、农工党中央主席桑国卫在天津出席

“2009国际生物经济大会”。

6月25日—29日　农工党中央副主席刘晓峰在辽宁进行公立医院改革调研。

6月27日　全国人大环资委副主任、农工党中央副主席汪纪戎在全国人大会议中心出席全国人大环资委全体会议。

6月29日—30日　农工党中央主席、中国工程院院士桑国卫在北京出席中国工程院院士大会。

6月29日—30日　全国政协副主席、农工党中央常务副主席陈宗兴率全国政协教科文卫体委员会调研组在湖北调研农村职业教育问题。

7月1日上午　农工党中央常务副主席陈宗兴在北京出席中央文化工作委员会扩大会议。

7月2日上午　由农工党中央、致公党中央和九三学社中央联合举办的“庆祝中华人民共和国成立60周年、人民政协成立和中国共产党领导的多党合作和政治协商制度确立60周年书画展”在中国美术馆开幕。农工党中央主席桑国卫致开幕词。中央常务副主席陈宗兴，原常务副主席李蒙，副主席汪纪戎、刘晓峰、姚建年，原副主席宋金升等出席开幕式。

7月3日下午　农工党中央主席桑国卫、副主席刘晓峰在中央机关出席由农工党中央组织召开的“公立医院改革”专题座谈会。来自国家发改委、财政部、人力资源与社会保障部、卫生部、浙江省卫生厅等单位的专家和农工党部分党员参加座谈会。

7月3日—4日　农工党中央副主席、全国妇联副主席汪纪戎在北京出席全国省区市妇联主席工作会议。

7月5日　农工党中央主席桑国卫、常务副主席陈宗兴一行在重庆调研“西南国际大通道建设”。

7月6日上午　农工党中央主席桑国卫在重庆主持召开十四届八次中央主席会议。中央常务副主席陈宗兴，副主席陈勋儒、汪纪戎、刘晓峰、陈述涛、何维、姚建年、杨震出席会议。

7月6日—10日　农工党十四届中央常务委员会第六次会议在重庆召开。农工党中央主席桑国卫出席会议并讲话，常务副主席陈宗兴主持会议。中央副主席张大宁、陈勋儒、汪纪戎、刘晓峰、陈述涛、何维、姚建年、杨震等中央常委出席会议。

7月7日—8日　农工党中央常务副主席陈宗兴率中央调研组在重庆就“三峡库区后续管理问题”进行专题调研。

7月8日—12日　全国人大环资委副主任、农工党中央副主席汪纪戎率全国人大环资委调研团在江西进行稀土等重要矿产资源战略储备专题调研。

7月9日　农工党中央主席、中国药学会理事长桑国卫在北京出席中国药学会药学发展奖评审会。

7月10日—12日　全国人大常委会副委员长、农工党中央主席桑国卫在辽宁大连出席“2009年中国航海日系列活动”。

7月11日上午　全国政协副主席、农工党中央常务副主席陈宗兴在中国社会科学院出席《西部开发研究报告》发布会。

7月13日　农工党中央主席桑国卫在北京出席新药创制重大专项专题工作会议。

7月13日　全国政协副主席、农工党中央常务副主席陈宗兴在全国政协出席全国政协“加快发展方式转变和结构调整，提高可持续发展能力”专题协商会。

7月13日　全国人大常委、农工党中央副主席汪纪戎在人民大会堂出席全国人大常委会宴请新加坡中华总商会会长张松声一行的活动。

7月14日上午　全国人大常委会副委

员长、农工党中央主席桑国卫在人民大会堂出席全国侨联第八次代表大会开幕式。

7月14日下午　农工党中央理论学习中心组在中央机关召开座谈会，学习中共中央宣传部理论局组织编写的《六个“为什么”——对几个重大问题的回答》一书。中央主席桑国卫、常务副主席陈宗兴出席座谈会并讲话。中央机关处级以上干部参加座谈会。

7月14日下午　全国人大环资委副主任、农工党中央副主席汪纪戎在全国人大环资委出席稀土专题调研座谈会。

7月15日—16日　全国人大常委、农工党中央副主席汪纪戎在全国人大会议中心出席全国人大财经委经济分析工作会议。

7月15日—20日　农工党中央主席桑国卫率中央考察团赴浙江就“公立医院改革”进行考察。中央副主席刘晓峰、何维，参政议政部部长隋路以及中编办、财政部、卫生部、人力资源和社会保障部、发改委等部门的相关领导和专家参加此次考察。

7月18日上午　农工党中央常务副主席陈宗兴、副主席汪纪戎在中共中央统战部阅读有关文件。

7月21日上午　全国人大常委会副委员长、农工党中央主席桑国卫，全国政协副主席、农工党中央常务副主席陈宗兴在中南海出席中共中央党外人士座谈会。

7月21日—24日　全国人大环资委副主任、农工党中央副主席汪纪戎率全国人大环资委调研团在内蒙古就稀土等重要矿产资源战略储备问题进行专题调研。

7月22日下午　九三学社中央主席韩启德、副主席邵鸿等一行参观农工党中央书画院，农工党中央常务副主席陈宗兴、原常务副主席李蒙、副主席刘晓峰、秘书长陈建国等接待并介绍有关情况。

7月22日　农工党中央主席桑国卫在北京出席新药创制重大专项专题会议。

7月23日下午　农工党中央主席、中国药学会理事长桑国卫在北京出席中国药学会专项工作会议。

7月24日上午　全国人大常委会副委员长、农工党中央主席桑国卫在北京出席第三届肿瘤内科大会。

7月24日下午　农工党中央副主席汪纪戎在民革中央机关出席农工党中央与民革中央联合召开的统一战线参与毕节试验区建设专题调研组第一次会议。

7月27日　农工党中央主席桑国卫在北京出席《中国新药杂志》编委会会议。

7月28日　全国人大常委会副委员长、农工党中央主席桑国卫在人民大会堂会见瑞辉公司全球董事长杰夫·金德勒。

7月28日—31日　全国人大环资委副主任、农工党中央副主席汪纪戎率全国人大环资委调研组在四川进行稀土等重要矿产资源战略储备专题调研。

8月3日上午　全国人大常委会副委员长、农工党中央主席桑国卫在北京出席“药物安全、家庭健康”宣传活动启动仪式。

8月4日　农工党中央主席桑国卫、常务副主席陈宗兴，副主席汪纪戎、刘晓峰在中共中央统战部阅读文件。

8月5日　全国政协副主席、农工党中央常务副主席陈宗兴在内蒙古呼和浩特出席《中国政协》杂志2009年全国宣传会议。

8月5日　农工党中央副主席汪纪戎在中央机关接待民革中央副主席何丕洁一行，座谈毕节生态建设有关课题。

8月5日—9日　全国人大常委会副委员长、农工党中央主席桑国卫在辽宁出席生物医药高新技术交易会、中国药学会医院药学专业委员会年会和第四届中国医药生物技术论坛。

8月7日—10日　农工党中央副主席刘晓峰在海南出席海南省委会成立二十周年纪念活动。

8月8日　全国政协副主席、农工党中央常务副主席陈宗兴在山东青岛出席第三届中国品牌节开幕式。

8月9日　全国政协副主席、农工党中央常务副主席陈宗兴在山东青岛出席“2009年青岛海洋节”开幕式。

8月10日下午　全国人大环资委副主任、农工党中央副主席汪纪戎在全国人大会议中心出席全国人大环资委第十四次会议，审议全国人大常委会关于应对气候变化的决议（草案）的议案。

8月11日上午　全国人大常委会副委员长、农工党中央主席桑国卫在中南海出席中共中央党外人士座谈会并发言，全国政协副主席、中央常务副主席陈宗兴出席座谈会。

8月11日中午　全国人大常委会副委员长、农工党中央主席桑国卫在人民大会堂会见并宴请各国议联主席。

8月12日—19日　农工党中央常务副主席陈宗兴率调研组在黑龙江调研“哈牡绥东对俄贸易加工区建设”。中央副主席陈述涛，参政议政部部长隋路等参加调研。

8月16日上午　全国政协副主席、农工党中央常务副主席陈宗兴在黑龙江牡丹江出席“第五届中俄区域合作论坛”开幕式并致词。

8月17日上午　全国人大常委会副委员长、农工党中央主席桑国卫在人民大会堂出席十一届全国人大常委会第二十八次委员长会议。

8月18日上午　农工党中央主席桑国卫、副主席张大宁在中央机关接受全国政协《共铸辉煌》专题片摄制组采访。

8月18日下午　农工党中央常务副主席陈宗兴、副主席陈述涛在黑龙江哈尔滨出席黑龙江省委会《中国特色参政党理论概论》首发仪式暨2009年黑龙江省委会党员培训班。

8月19日上午　农工党中央副主席汪纪戎在中共中央统战部出席全球经济形势及发展趋势报告会。

8月19日—21日　全国人大环资委副主任、农工党中央副主席汪纪戎率全国人大环资委调研团在浙江宁波进行稀土等重要矿产资源战略储备专题调研。

8月21日　全国人大常委会副委员长、农工党中央主席桑国卫在北京出席中国医药科技创新与发展高峰论坛。

8月22日上午　农工党中央副主席汪纪戎在八宝山革命烈士公墓出席张鋌秀同志遗体告别仪式。

8月24日—27日　全国人大常委会副委员长、农工党中央主席桑国卫，全国人大常委、农工党中央副主席王宁生、汪纪戎、陈述涛、姚建年在人民大会堂出席十一届全国人大常委会第十次会议。

8月26日上午　全国人大环资委副主任、农工党中央副主席汪纪戎在人民大会堂出席全国人大环资委十五次会议。

8月27日下午　全国政协副主席、农工党中央常务副主席陈宗兴在全国政协出席全国政协十一届第十七次主席会议。

8月28日上午　全国政协副主席、农工党中央常务副主席陈宗兴在甘肃陇西出席“中国·定西第二届中药材产业发展大会”开幕式。

8月30日—9月3日　农工党中央主席桑国卫在吉林延吉出席农工党中央和吉林省人民政府共同主办的“中国（吉林）医药产业发展高峰论坛”并作关于“我国

创新药物研发专项实施与进展”的主题报告。

9月1日上午　全国人大环资委副主任、农工党中央副主席汪纪戎在全国人大会议中心出席全国人大环资委关于稀土等重要矿产资源战略储备专题调研座谈会。

9月1日上午　农工党中央副主席陈述涛在中央社会主义学院出席中央社会主义学院2009年秋季开学典礼并代表各民主党派中央发言。

9月2日上午　全国人大环资委副主任、农工党中央副主席汪纪戎在全国人大会议中心出席全国人大财经委、环资委联合召开的关于建筑节能工作会议。

9月3日上午　农工党中央常务副主席陈宗兴在中央机关接受《人民政协报》关于《农工党中央情系三峡库区》专访。

9月5日　全国政协副主席、农工党中央常务副主席陈宗兴在辽宁大连出席全国地方金融第十三次论坛。参政议政部部长隋路参加。

9月5日—13日　全国人大常委会副委员长、农工党中央主席桑国卫在法国、瑞典进行学术访问。

9月8日—11日　农工党中央副主席汪纪戎在宁夏进行中央妇委会《未成年人犯罪现状调查及其对策研究》调研。

9月11日下午　全国人大环资委副主任、农工党中央副主席汪纪戎在全国人大会议中心会见美国自然资源保护委员会总裁弗朗西斯·拜内克一行。

9月12日下午　农工党中央副主席汪纪戎在全国政协礼堂出席中国致公党庆祝建国60周年文艺演出暨书画展开幕式。

9月14日上午　中共中央统战部在统战部礼堂召开统一战线庆祝中华人民共和国成立60周年暨多党合作制度确立60周年座谈会。农工党中央主席桑国卫出席座谈会并发言。中央常务副主席陈宗兴，副主席汪纪戎、刘晓峰出席座谈会。

9月15日　全国人大常委会副委员长、农工党中央主席桑国卫在四川成都出席中国抗生素60年纪念活动。

9月15日　全国政协副主席、农工党中央常务副主席陈宗兴在北京观看《盛世和谐赞》国庆晚会。

9月15日—17日　全国政协副秘书长、农工党中央副主席刘晓峰在浙江宁波出席浙江象山开渔节。

9月16日上午　全国人大常委会副委员长、农工党中央主席桑国卫在四川成都出席中国医药产业促进会会长会议。

9月16日上午　全国政协副主席、农工党中央常务副主席陈宗兴在北京出席“第二届中华民族珍品文化节”闭幕式。

9月17日　全国政协副主席、农工党中央常务副主席陈宗兴在广东东莞出席“世博广东论坛”。

9月18日上午　农工党中央常务副主席陈宗兴、副主席王宁生在广东惠州出席邓演达纪念园奠基仪式。

9月18日上午　农工党中央副主席汪纪戎在中共中央统战部出席统战部副部长楼志豪主持召开的各民主党派中央常务副主席会议。

9月19日上午　中共中央统战部部长杜青林在统战部礼堂传达中共十七届四中全会会议精神。农工党中央主席桑国卫，常务副主席陈宗兴，副主席汪纪戎、刘晓峰、姚建年，秘书长陈建国出席通报会。

9月20日上午　庆祝中国人民政治协商会议成立60周年大会在全国政协礼堂举行。农工党中央主席桑国卫，常务副主席陈宗兴，原常务副主席李蒙，副主席陈勋儒、汪纪戎、刘晓峰、何维出席大会。

9月20日下午　庆祝中国人民政治协

商会议成立60周年文艺演出在中央电视台举行。农工党中央常务副主席陈宗兴，原常务副主席李蒙，副主席陈勋儒、汪纪戎、刘晓峰、何维等观看文艺演出。

9月21日下午　农工党中央主席桑国卫在中央机关接受新华社、中央人民广播电台采访。

9月21日下午　农工党中央副主席汪纪戎在中央机关主持召开碳税工作座谈会。

9月21日晚　农工党中央副主席、全国妇联副主席汪纪戎在国家广播电影电视总局出席全国妇联、广电总局组织的电影《建国大业》、《沂蒙六姐妹》观摩会。

9月21日—23日　全国政协副主席、农工党中央常务副主席陈宗兴，全国政协常委、农工党中央副主席张大宁、陈勋儒、刘晓峰、何维在北京出席全国政协十一届七次常委会。

9月22日上午　全国人大常委会副委员长、农工党中央主席桑国卫在人民大会堂出席全国人大食品安全法执法检查组第一次会议。

9月22日上午　中共中央统战部常务副部长朱维群在统战部通报新疆问题有关情况。农工党中央常务副主席陈宗兴，副主席汪纪戎、刘晓峰出席通报会。

9月23日上午　全国人大常委会副委员长、农工党中央主席桑国卫在山东烟台出席“第三届烟台国际葡萄酒节”开幕式。

9月23日晚　中共中央统战部在部礼堂举办各民主党派中央老同志迎国庆、中秋餐叙会。农工党中央原副主席章师明、田光涛、宋金升、陈建生出席餐叙会。

9月23日—24日　中国和平统一促进会第八届理事大会在北京京西宾馆召开。在此次理事大会上，农工党中央主席桑国卫当选为统促会第八届理事会副会长，农工党中央原主席蒋正华当选为名誉会长。农工党中央副主席张大宁出席理事大会并当选为第八届理事会常务理事，秘书长陈建国、办公厅主任游宏炳参加理事大会并当选为理事。

9月24日—28日　全国人大常委会副委员长、农工党中央主席桑国卫在山东进行全国人大食品安全法执法检查。

9月25日下午　农工党中央副主席汪纪戎在北京出席国家环境咨询委和环保部科技委专题座谈会。

9月26日上午　农工党中央副主席、全国妇联副主席汪纪戎在中国妇女活动中心出席中国妇女儿童博物馆揭牌仪式。

9月26日　全国人大常委会副委员长、农工党中央主席桑国卫在山东青州出席“第七届中国花卉博览会（山东展区）”开幕式。

9月27日下午　农工党中央副主席汪纪戎在中央机关出席碳税政策座谈会。

9月28日上午　农工党中央常务副主席陈宗兴，副主席汪纪戎、刘晓峰在京看望并慰问中央原常务副主席方荣欣、原副主席姚峻。

9月28日下午　农工党中央副主席汪纪戎在北京看望并慰问王大鲁同志。

9月28日晚　全国人大常委会副委员长、农工党中央主席桑国卫，全国政协副主席、农工党中央常务副主席陈宗兴，十届全国人大常委会副委员长、农工党中央原主席蒋正华，十届全国政协副主席、农工党中央原常务副主席李蒙，农工党中央副主席汪纪戎、刘晓峰在人民大会堂观看《复兴之路》文艺演出。

9月29日上午　农工党中央主席桑国卫在中央机关主持召开中央工作通报会并讲话。常务副主席陈宗兴，原主席蒋正华，原常务副主席李蒙，副主席王宁生、汪纪戎、刘晓峰，原副主席章师明、田光涛、宋金升、陈建生等出席通报会。

9月29日下午　农工党中央主席桑国卫在中央机关出席全体公务员会议并讲话。中央常务副主席陈宗兴主持会议，副主席汪纪戎、刘晓峰出席会议。机关全体公务员参加会议。

9月29日下午　农工党中央理论学习中心组在中央机关召开专题学习座谈会，学习中共十七届四中全会精神和胡锦涛总书记在庆祝中国人民政治协商会议成立60周年大会上的讲话精神。中央主席桑国卫主持座谈会并讲话。中央常务副主席陈宗兴，副主席汪纪戎、刘晓峰，秘书长陈建国出席座谈会并讲话。机关局级干部参加学习。

9月29日晚　全国人大常委会副委员长、农工党中央主席桑国卫，全国政协副主席、农工党中央常务副主席陈宗兴，农工党副主席汪纪戎、刘晓峰在人民大会堂出席由全国政协、中央统战部、港澳办、台办、侨办联合举办的国庆招待会。

9月30日上午　农工党中央主席桑国卫，常务副主席陈宗兴，副主席汪纪戎、刘晓峰一行看望并慰问中央原主席蒋正华，为他祝贺72岁生日。

9月30日晚　全国人大常委会副委员长、农工党中央主席桑国卫，全国政协副主席、农工党中央常务副主席陈宗兴，十届全国人大常委会副委员长、农工党中央原主席蒋正华，十届全国政协副主席、农工党中央原常务副主席李蒙，农工党中央副主席汪纪戎、刘晓峰，原副主席陈建生在人民大会堂出席国庆招待会。

10月1日上午　中华人民共和国成立60周年庆祝大会在天安门广场举行。全国人大常委会副委员长、农工党中央主席桑国卫，全国政协副主席、农工党中央常务副主席陈宗兴，十届全国人大常委会副委员长、农工党中央原主席蒋正华，十届全国政协副主席、农工党中央原常务副主席李蒙，农工党中央副主席汪纪戎、刘晓峰、何维、姚建年等出席庆祝大会。

10月1日晚　中华人民共和国成立60周年联欢晚会在天安门广场举行。全国人大常委会副委员长、农工党中央主席桑国卫，全国政协副主席、农工党中央常务副主席陈宗兴，十届全国人大常委会副委员长、农工党中央原主席蒋正华，十届全国政协副主席、农工党中央原常务副主席李蒙，农工党中央副主席汪纪戎、刘晓峰、何维、姚建年等观看联欢晚会。

10月9日上午　农工党中央主席桑国卫、常务副主席陈宗兴在中央机关接待了北京市大兴区部分领导。

10月9日下午　农工党中央主席桑国卫在中央机关主持召开2009年第六次主席办公会议。常务副主席陈宗兴、副主席汪纪戎出席会议。

10月12日上午　全国政协副主席、农工党中央常务副主席陈宗兴在全国政协出席社区卫生服务工作研讨会。

10月12日上午　农工党中央副主席汪纪戎在中央社会主义学院出席“农工党江苏省领导干部培训班”开班仪式并讲话。

10月12日晚　农工党中央副主席汪纪戎在全国政协礼堂观看大型文献故事展演《我们共同走过的路》。

10月12日—23日　全国人大常委会副委员长、农工党中央主席桑国卫率全国人大代表团出访蒙古、俄罗斯、埃及。

10月13日晚　农工党中央副主席刘晓峰、何维、姚建年在全国政协礼堂观看大型文献故事展演《我们共同走过的路》。

10月13日—14日　全国政协副主席、

农工党中央常务副主席陈宗兴，中国人民政协理论研究会顾问、农工党中央副主席刘晓峰在全国政协出席中国人民政治协商会议成立60周年理论研讨会。

10月15日—16日　全国人大环资委副主任、农工党中央副主席汪纪戎在全国人大会议中心出席环境资源立法与可持续发展国际论坛。

10月16日上午　农工党中央常务副主席陈宗兴在天津出席农工党宣传工作会议。

10月16日上午　农工党中央副主席汪纪戎、刘晓峰在中央机关接待中央原副主席朱兆良一行，接受江苏省委会向中央办公楼赠送礼品并接见在京学习的农工党江苏省领导干部培训班学员。

10月16日下午　全国政协副主席、农工党中央常务副主席陈宗兴在天津出席南开中学105周年校庆纪念大会。中央秘书长陈建国参加。

10月16日下午　农工党中央副主席汪纪戎在中央机关出席《毕节试验区医疗卫生事业发展研究》课题组调研汇报会。

10月19日下午　全国政协副主席、农工党中央常务副主席陈宗兴在北京出席中国再保险（集团）股份有限公司成立60周年回顾展。

10月19日下午　全国人大环资委副主任、农工党中央副主席汪纪戎在全国人大会议中心出席《噪声法》调研汇报会。

10月19日—20日　全国政协副秘书长、农工党中央副主席刘晓峰在广东佛山出席佛山陶瓷节。

10月20日　全国政协副主席、农工党中央常务副主席陈宗兴在陕西西安出席西安美术学院60周年校庆活动。

10月22日下午　农工党中央副主席汪纪戎在中央机关接待前来走访的“台湾医药界2009年度大陆联合参访团”。参访团成员与农工党中央邀请的部分北京医药卫生界人士座谈，秘书长陈建国主持座谈会。

10月23日上午　农工党中央副主席刘晓峰在中央机关接见在中央社会主义学院参加第18期民主党派中青年干部培训班、第22期民主党派干部培训班和甘肃省党外干部培训班学习的农工党学员。

10月24日上午　农工党中央常务副主席陈宗兴、副主席张大宁在北京出席2009中华名中医论坛。

10月25日—28日　全国政协副主席、农工党中央常务副主席陈宗兴在四川率全国政协提案委员会调研组就酒类标准制定进行调研。

10月26日下午　农工党中央副主席、中国红十字会第八届理事刘晓峰在北京出席中国红十字会第八届理事会第六次会议。

10月27日上午　农工党中央副主席刘晓峰在人民大会堂出席中国红十字会第九次全国会员代表大会开幕式。

10月27日—31日　全国人大常委会副委员长、农工党中央主席桑国卫，全国人大常委、农工党中央副主席王宁生、汪纪戎、陈述涛、姚建年在人民大会堂出席十一届全国人大常委会第十一次会议。

10月28日晚　由农工党中央文化工作委员会、云南省委会及中国残疾人联合会主办的“彩云之南飞来的歌——热烈庆祝新中国成立60周年，边疆儿女歌唱祖国文艺晚会”在北京保利剧院举行。农工党中央主席桑国卫，常务副主席陈宗兴，原主席蒋正华，原常务副主席李蒙，副主席陈勋儒、陈述涛、何维等观看文艺晚会。

10月29日　全国人大环资委副主任、农工党中央副主席汪纪戎在北京参加《噪声法》调研。

10 月 29 日　农工党中央副主席陈勋儒、汪纪戎在中央社会主义学院观看“彩云之南飞来的歌——热烈庆祝新中国成立 60 周年，边疆儿女歌唱祖国文艺晚会”。

10 月 29 日—30 日　农工党中央常务副主席陈宗兴在重庆万州出席由农工党中央与重庆市政协联合主办的“2009 三峡库区发展论坛”。

10 月 29 日—31 日　农工党中央主席、中国工程院院士桑国卫在北京出席中国工程院院士大会。

11 月 2 日上午　农工党中央主席、中国药学会理事长桑国卫在北京出席药品信息协会年会。

11 月 2 日—5 日　全国人大环资委副主任、农工党中央副主席汪纪戎在湖北武汉出席“第十三届世界湖泊大会”。

11 月 3 日上午　国务院总理温家宝在人民大会堂向首都科技界发表题为“让科技引领中国可持续发展”的讲话。全国人大常委会副委员长、农工党中央主席、中国工程院院士桑国卫出席会议。

11 月 4 日上午　全国人大常委会副委员长、农工党中央主席、中国工程院院士桑国卫在北京陪同全国人大常委会委员长吴邦国考察中国工程院。

11 月 5 日下午　全国人大常委会副委员长、农工党中央主席桑国卫在北京出席北京国际生物医药产业发展论坛。

11 月 5 日　农工党中央副主席、四川省委会主委刘晓峰在四川成都出席四川省委会主委会议。

11 月 7 日晚　全国政协副主席、农工党中央常务副主席陈宗兴在湖北咸宁出席“首届咸宁国际温泉文化旅游节”开幕式。

11 月 7 日—8 日　“第五届中国生态健康论坛——生态健康与两型社会建设”在湖北武汉举行。此次论坛由农工党中央、湖北省人民政府、全国政协人口资源环境委员会和环境保护部联合主办。农工党中央主席桑国卫出席论坛开幕式并致词，中央常务副主席陈宗兴主持开幕式。中央副主席汪纪戎出席论坛并作特邀报告。

11 月 8 日晚　全国人大常委会副委员长、农工党中央主席桑国卫在河北石家庄出席“第 12 届中国吴桥国际杂技艺术节”闭幕式。

11 月 9 日—12 日　全国人大常委会副委员长、农工党中央主席桑国卫率全国人大检查组在河北进行食品安全法执法检查。

11 月 10 日上午　全国政协副主席、农工党中央常务副主席陈宗兴在湖北武汉出席第六届中国武汉农业博览会开幕式。

11 月 11 日上午　农工党中央副主席刘晓峰在中共中央统战部出席楼志豪副部长主持召开的各民主党派中央常务副主席会议。

11 月 11 日　全国政协副主席、农工党中央常务副主席陈宗兴在全国政协出席慢性非传染性疾病防治专题研讨会。

11 月 11 日—13 日　农工党中央副主席、中国环境与发展国际合作委员会中方委员汪纪戎在北京出席中国环境与发展国际合作委员会 2009 年年会。

11 月 12 日上午　全国政协副主席、农工党中央常务副主席陈宗兴在北京中山公园出席孙中山先生诞辰 143 周年纪念仪式。

11 月 12 日下午　全国人大常委会副委员长、农工党中央主席桑国卫在人民大会堂出席第二十一届“国际科学与和平周”启动仪式。中央社会服务部副部长刘峻杰参加启动仪式并代表农工党中央领取中国组委会颁发的第二十届“国际科学与和平周最佳组织奖”奖牌。

11月13日上午　农工党中央主席桑国卫、常务副主席陈宗兴、副主席刘晓峰在中央机关接待中共天津市委统战部部长刘长喜一行来访。

11月13日上午　农工党中央主席桑国卫在中央机关主持召开2009年第七次主席办公会议。中央常务副主席陈宗兴、副主席刘晓峰出席会议。

11月14日上午　全国政协副主席、农工党中央常务副主席陈宗兴，农工党中央副主席张大宁在北京会议中心出席海峡两岸中医药发展大会。

11月14日—15日　农工党中央副主席汪纪戎在江苏连云港出席农工党中央与江苏省委会联合举办的第二十一届“国际科学与和平周”活动。

11月15日—22日　农工党中央常务副主席陈宗兴一行在福建、江西进行革命老区新农村建设调研。

11月16日上午　全国政协副主席、农工党中央常务副主席陈宗兴在福建宁德出席“第三届海峡两岸茶叶博览会”开幕式。

11月16日下午　农工党中央副主席刘晓峰在中共中央统战部出席党外人士情况通报会，中国银监会主席刘明康通报近期金融经济情况。

11月16日—18日　全国人大常委会副委员长、农工党中央主席桑国卫在广西梧州出席中国中医药发展大会。

11月16日—18日　全国人大环资委副主任、农工党中央副主席汪纪戎在浙江杭州进行《噪声法》调研。

11月17日上午　全国政协副秘书长、农工党中央副主席刘晓峰在全国政协列席十一届全国政协第二十次主席会议。

11月19日下午　农工党中央副主席汪纪戎在中央机关出席“毕节试验区农村医疗卫生事业发展研究”课题专家论证会。社会服务部副部长刘峻杰参加。

11月19日—23日　农工党中央主席、中国药学会理事长桑国卫在湖南长沙出席中国药学会年会系列活动。

11月20日上午　农工党中央副主席汪纪戎、刘晓峰在中央机关出席为中央领导参加党外人士座谈会组织召开的经济工作专家研讨会。

11月20日下午　农工党中央副主席刘晓峰在全国政协礼堂出席第三届国家特邀国土资源监察专员聘任仪式。农工党党员常纪文、陈利顶、肖燕军被聘为第三届国家特邀国土资源监察专员。

11月21日　农工党中央副主席刘晓峰在中共中央统战部阅读文件。

11月21日—26日　全国人大环资委副主任、农工党中央副主席汪纪戎在湖北进行三峡工程生态环境建设调研。

11月23日下午　农工党中央副主席刘晓峰在中共中央统战部出席美国总统奥巴马访华情况通报会。

11月24日上午　全国人大常委会副委员长、农工党中央主席桑国卫在中南海出席中共中央党外人士座谈会并发言，全国政协副主席、农工党中央常务副主席陈宗兴出席会议。

11月24日下午　农工党中央主席桑国卫在北京出席国务院重大专项实施推进会。

11月25日　全国政协副主席、农工党中央常务副主席陈宗兴在北京出席第四届北京文博会中华民族艺术珍品馆分会场开幕式。

11月26日　农工党中央监督委员会2009年主任办公会议在中央机关召开。中央常务副主席、中央监督委员会主任陈宗兴，中央副主席、中央监督委员会副主任刘晓峰，中央组织部部长、中央监督委员会办公室主任肖燕军出席会议。

11月28日—30日　全国政协副秘书长、农工党中央副主席刘晓峰在浙江丽水出席“浙江丽水国际摄影节”。

11月29日—30日　全国人大常委、农工党中央副主席汪纪戎在安徽参加安徽省人大关于实施民生工程的专题视察。

12月1日上午　全国人大常委会副委员长、农工党中央主席桑国卫在上海视察中科院上海药物研究所和上海中医药大学。

12月1日下午　全国人大常委会副委员长、农工党中央主席桑国卫在中科院上海药物研究所与有关专家座谈。

12月1日—2日　全国人大常委、农工党中央副主席汪纪戎在安徽参加安徽省人大关于实施民生工程的专题视察。

12月2日上午　“中国农工民主党第一次全国干部会议会址挂牌暨邓演达铜像落成揭幕仪式”在上海举行。农工党中央主席桑国卫出席仪式并讲话，中央常务副主席陈宗兴，中共中央统战部副部长楼志豪，中共上海市委副书记殷一璀，中央副主席王宁生、陈勋儒、汪纪戎、刘晓峰、杨震，原副主席陈灏珠、左焕琛，上海市委会主委蔡威出席仪式。

12月3日上午　全国人大常委会副委员长、农工党中央主席桑国卫在上海视察复旦大学药学院。

12月3日下午　农工党中央副主席汪纪戎陪同国务院总理温家宝出席欢迎加拿大总理斯蒂芬·哈珀访华欢迎仪式及晚宴。

12月3日—5日　农工党中央副主席刘晓峰一行在江苏进行党史工作调研。

12月6日上午　全国政协副主席、农工党中央常务副主席陈宗兴在人民大会堂出席“2009全国基层优秀中医表彰大会”。

12月6日上午　全国人大环资委副主任、农工党中央副主席汪纪戎在全国人大会议中心出席全国人大环资委第十七次全体会议。

12月7日下午　中共中央统战部在统战部礼堂召开党外人士情况通报会，杜青林部长通报中央经济工作会议精神。农工党中央主席桑国卫，常务副主席陈宗兴，副主席汪纪戎、刘晓峰，秘书长陈建国出席通报会。

12月8日上午　中共中央统战部部长杜青林在统战部主持召开统一战线参与毕节试验区建设座谈会。农工党中央常务副主席陈宗兴出席会议并发言。

12月8日—10日　农工党中央主席桑国卫在北京出席“新药创制”重大专项工作会议。

12月10日晚　农工党中央主席桑国卫在北京铁道大厦主持召开2009年第八次主席办公会议。中央常务副主席陈宗兴，副主席汪纪戎、刘晓峰出席会议。会议研究了有关人事事项。

12月10日晚　农工党中央主席桑国卫在北京铁道大厦主持召开十四届九次中央主席会议。中央常务副主席陈宗兴，副主席张大宁、王宁生、陈勋儒、汪纪戎、刘晓峰、陈述涛、何维、杨震出席会议。

12月11日上午　农工党中央主席桑国卫在北京铁道大厦主持召开十四届七次中常会。中央常务副主席陈宗兴，副主席张大宁、王宁生、陈勋儒、汪纪戎、刘晓峰、陈述涛、何维、杨震，以及农工党中央常委出席会议。

12月11日下午　农工党中央监督委员会第二次全体会议在北京铁道大厦召开。中央常务副主席、中央监督委员会主任陈宗兴出席会议并讲话，副主席、监督委员会副主任刘晓峰主持会议。

12月11日—12日　农工党十四届三

中全会在北京铁道大厦召开。农工党中央主席桑国卫出席会议并作工作报告，常务副主席陈宗兴主持会议开幕式并作闭幕讲话。中央副主席张大宁、王宁生、陈勋儒、汪纪戎、刘晓峰、陈述涛、何维、杨震及中央委员200余人出席会议。

12月12日下午　农工党中央主席桑国卫在北京铁道大厦主持召开十四届十次中央主席会议。中央常务副主席陈宗兴，副主席张大宁、王宁生、陈勋儒、汪纪戎、刘晓峰、陈述涛、何维、杨震出席会议。

12月13日上午　农工党中央副主席刘晓峰在中央社会主义学院出席第二届院务咨询委员会第二次会议。

12月13日—15日　农工党中央副主席、全国妇联副主席汪纪戎赴广东东莞出席全国妇联、国家体育总局和广东省政府联合主办的“第四届全国妇女健身活动展示大赛”。

12月14日上午　全国人大常委会副委员长、农工党中央主席桑国卫在人民大会堂出席全国人大常委会第三十五次委员长会议。

12月14日　全国人大常委会副委员长、农工党中央主席、中国药学会理事长桑国卫在北京出席国家药监局、中国药学会主办的“社区安全用药科普活动”。

12月15日　农工党中央原副主席田光涛同志回忆录《俯首甘为孺子牛——田光涛同志革命生涯》出版座谈会在中央机关召开。农工党中央常务副主席陈宗兴、副主席刘晓峰、原副主席田光涛出席座谈会。

12月16日上午　全国政协副主席、农工党中央常务副主席陈宗兴在全国政协礼堂出席“中国·广川董子文化协会成立大会”。

12月16日上午　农工党中央常务副主席陈宗兴在北京看望并慰问中央原副主席姚峻，向他祝贺85岁生日。

12月16日下午　农工党中央主席桑国卫在中央机关接受电视文献专题片《中国农工民主党》摄制组采访。

12月16日　农工党中央副主席刘晓峰在北京出席全国政协党派提案工作座谈会。

12月16日—17日　农工党中央副主席汪纪戎在上海出席农工党上海市委会主办的第二届“上海生态与健康论坛”。

12月18日上午　农工党中央常务副主席陈宗兴、副主席刘晓峰在中央机关接待中央社会主义学院党组书记、第一副院长叶小文一行并亲切座谈。

12月22日上午　全国政协副秘书长、农工党中央副主席刘晓峰在全国政协出席全国政协十一届九次秘书长会议。

12月22日—26日　十一届全国人大常委会第十二次会议在人民大会堂召开。全国人大常委会副委员长、农工党中央主席桑国卫，全国人大常委、农工党中央副主席王宁生、汪纪戎、陈述涛、姚建年出席会议。

12月23日晚　农工党中央主席桑国卫在中央机关主持召开2009年第九次主席办公会议。中央常务副主席陈宗兴，副主席汪纪戎、刘晓峰出席会议。会议研究了中央机关干部人事事项。

12月23日晚　农工党中央主席桑国卫在中央机关主持召开十四届十一次中央主席会议。中央常务副主席陈宗兴，副主席张大宁、王宁生、汪纪戎、刘晓峰、陈述涛、何维、姚建年出席会议。会议研究了中央机关干部人事事项。

12月24日上午　农工党中央常务副主席陈宗兴，原常务副主席李蒙，副主席张大宁、刘晓峰在全国政协礼堂出席中国中医药研究促进会成立20周年庆典活动。

12月25日上午　全国政协副主席、农工党中央常务副主席陈宗兴在全国政协出席全国政协十一届二十一次主席会议，全国政协副秘书长、农工党中央副主席刘晓峰列席会议。

12月25日下午　农工党中央副主席刘晓峰在中共中央统战部出席考察调研选题交流会。

12月26日　全国政协副主席、农工党中央常务副主席陈宗兴在北京师范大学出席北京市社会建设研究院成立仪式。

12月27日上午　全国人大环资委副主任、农工党中央副主席汪纪戎在全国人大会议中心出席全国人大环资委主任委员会议第十三次会议、全国人大环资委第十八次会议。

12月28日上午　全国人大常委会副委员长、农工党中央主席桑国卫在北京出席中国医科院医药生物技术所50年庆典。

12月28日上午　农工党中央副主席、全国妇联副主席汪纪戎在北京妇女活动中心出席全国妇联十届一次主席办公会议。

12月28日—30日　农工党中央副主席、四川省委会主委刘晓峰在四川成都出席农工党四川省十届八次常委会议。

12月29日上午　全国人大常委会副委员长、农工党中央主席桑国卫在北京出席“十二五规划与健康中国2020”高层研讨会。

12月30日上午　中共中央统战部在部机关召开党外人士情况通报会。中央统战部常务副部长朱维群主持并通报全国政协主席贾庆林在全国统战部长会议上的讲话，统战部副部长楼志豪通报中办发电有关精神。农工党中央主席桑国卫、常务副主席陈宗兴、副主席汪纪戎出席通报会。

12月30日上午　农工党中央副主席、四川省委会主委刘晓峰在四川泸州出席农工党泸州市委员会成立仪式。

12月30日下午　农工党中央副主席汪纪戎在人民大会堂出席学习贯彻胡锦涛总书记重要讲话座谈会。

王素芳　农工党中央办公厅副主任
刘　静　农工党中央主席办公室干部

中国致公党

1月4日　致公党中央常务副主席王钦敏在中央统战部出席有关会议。

1月4日　致公党中央常务副主席王钦敏在北京厦门商务会馆出席新春座谈会。

1月5日　致公党中央副主席李卓彬、秘书长曹鸿鸣在机关会见贵州毕节地区四套班子领导。

1月5日—8日　致公党中央常务副主席王钦敏在黑龙江出席全国政协经济委员会有关活动。

1月7日—10日　致公党中央副主席李卓彬在京出席中国侨联全会。

1月9日　致公党中央常务副主席王钦敏、副主席李卓彬在机关出席侨界专家学者座谈会。

1月9日　致公党中央副主席严以新在北京饭店出席北京市侨办主办的首都侨界新春联谊会。

1月10日—14日　致公党中央副主席李卓彬赴四川、重庆慰问灾区群众。

1月12日　致公党中央经济工作座谈会在京召开，主席万钢、常务副主席王钦敏、副主席杨邦杰出席会议。

1月13日　致公党中央主席万钢，常务副主席王钦敏，副主席杨邦杰、严以新在统战部综合楼出席党派中央领导班子建设交流研讨会。

1月13日　致公党中央主席万钢，常务副主席王钦敏，副主席程津培、杨邦杰、严以新出席中共中央统战部迎春招待会。

1月13日—14日　致公党中央常务副主席王钦敏在京出席全国政协提案委员会情况通报会。

1月15日　致公党中央主席万钢，常务副主席王钦敏，副主席杨邦杰、严以新、李卓彬，秘书长曹鸿鸣及机关干部参加“五侨”机关新春联欢会。

1月16日　致公党中央主席万钢，常务副主席王钦敏，副主席杨邦杰、严以新、李卓彬在中央机关宴请致公党中央老同志。

1月16日　致公党中央常务副主席王钦敏在人民大会堂出席在京老同志迎春茶话会。

1月16日　致公党中央常务副主席王钦敏在全国政协出席新老领导聚会。

1月16日　致公党中央副主席杨邦杰在人民大会堂出席国务院侨办主任会议。

1月17日　致公党中央主席万钢，常务副主席王钦敏，副主席程津培、杨邦杰、严以新、李卓彬，秘书长曹鸿鸣在人民大会堂出席首都侨界新春茶话会。

1月19日　致公党中央常务副主席王钦敏在京出席全国政协经济委员会第四次主任会议。

1月20日　致公党中央常务副主席王钦敏、秘书长曹鸿鸣看望在京中央老领导。

1月21日　致公党中央常务副主席王钦敏在人民大会堂出席首都春节联欢会。

1月22日　致公党中央主席万钢、常务副主席王钦敏在中南海出席党外人士迎春招待会。

1月24日　致公党中央副主席程津培、杨邦杰在人民大会堂出席中办、国办举办的2009年春节团拜会。

2月2日—3日　致公党中央常务副主席王钦敏，副主席杨邦杰、严以新、李卓彬在统战部阅读《政府工作报告（征求意见稿）》。

2月4日　致公党中央常务副主席王钦敏，副主席杨邦杰、严以新、李卓彬在机关三楼会议室出席主席专题会。

2月5日　致公党中央副主席李卓彬在全国政协阅读讨论《政府工作报告（征求意见稿）》。

2月5日　致公党中央常务副主席王钦敏在京出席全国政协常委会有关会议。

2月6日　致公党中央常务副主席王钦敏、副主席杨邦杰、秘书长曹鸿鸣在中央机关出席致公党中央提案发言工作研讨会。

2月6日　致公党中央常务副主席王钦敏在京列席全国政协主席会议。

2月9日　致公党中央主席万钢、常务副主席王钦敏在京出席国务院召开的党外人士座谈会。

2月9日　致公党中央常务副主席王钦敏在人民大会堂出席中共中央举办的元宵晚会。

2月10日　致公党中央常务副主席王钦敏、副主席李卓彬在机关三楼会议室出席致公党中央代表团出访巴西、阿根廷行前情况通报会。

2月10日　致公党中央主席万钢，常务副主席王钦敏，副主席杨邦杰、严以新、李卓彬，秘书长曹鸿鸣在机关三楼会议室出席主席办公会。

2月10日　致公党中央副主席李卓彬陪同罗豪才同志在京宴请泰国侨领常园夫妇一行。

2月11日—21日　致公党中央常务副主席王钦敏率致公党中央代表团赴巴西、阿根廷访问。

2月15日—16日　致公党中央副主席李卓彬在京出席十届青联五次常委（扩大）会议。

2月17日—19日　致公党中央副主席杨邦杰、严以新，秘书长曹鸿鸣赴河南、河北就农田水利工程调研。

2月23日　致公党中央副主席严以新在京出席最高人民法院召开的党外人士座谈会。

2月24日　致公党中央副主席杨邦杰、严以新在机关五楼会议室出席法律研讨会。

2月24日　致公党中央秘书长曹鸿鸣在中央社会主义学院出席统战系统人事工作负责人业务研讨会。

2月24日　致公党中央副主席杨邦杰、李卓彬在机关三楼会议室出席致公党“两会”新闻通报会，并在会后接受《人民政协报》记者专访。

2月25日—27日　致公党中央主席万钢、常务副主席王钦敏、副主席李卓彬在京参加十一届全国政协四次常委会。

2月25日—28日　致公党中央副主席杨邦杰、严以新在京参加十一届全国人大七次常委会。

2月28日　致公党中央主席万钢、常务副主席王钦敏、副主席李卓彬在京参加十一届全国政协三次常委学习讲座。

3月2日　致公党中央常务副主席王钦敏在中央社会主义学院出席社院春季开学典礼。

3月2日　致公党中央主席万钢，常务副主席王钦敏，副主席杨邦杰、严以新、李卓彬，秘书长曹鸿鸣在中央统战部出席各民主党派中央、全国工商联与各省自治区直辖市统战部长联谊会。

3月3日—12日　致公党中央主席万钢、常务副主席王钦敏、副主席李卓彬、秘书长曹鸿鸣在京出席全国政协十一届二次会议。

3月4日　致公党中央副主席杨邦杰、严以新在京出席十一届全国人大二次会议预备会。

3月5日—13日　致公党中央副主席杨邦杰、严以新在京出席十一届全国人大二次会议。

3月9日　致公党中央主席万钢，常务副主席王钦敏，副主席程津培、杨邦杰、严以新、黄格胜、曹小红、李卓彬，秘书长曹鸿鸣在中央机关会见并宴请列席全国政协十一届二次会议的海外华侨华人代表。

3月10日　致公党中央副主席李卓彬在全国政协出席《关于积极扩大内需促进经济平稳较快增长问题》提案办理协商会。

3月10日　致公党中央主席万钢，常务副主席王钦敏，副主席王珣章、程津培、杨邦杰、严以新、黄格胜、曹小红、李卓彬在中央机关出席致公党中央第十三届第六次主席会议。

3月10日　致公党中央主席万钢，常务副主席王钦敏，副主席王珣章、程津培、杨邦杰、严以新、黄格胜、曹小红、李卓彬，秘书长曹鸿鸣及其他中央常委在中央机关出席致公党中央第十三届第六次常委会，出席“两会”的致公党党员及机关局级干部列席会议。

3月16日　致公党中央常务副主席王钦敏，副主席杨邦杰、李卓彬，秘书长曹鸿鸣在机关二楼会议室出席学习贯彻“两会”精神机关全体会。

3月16日　致公党中央副主席严以新在致公党福建省委会机关与机关干部座谈。

3月16日—22日　致公党中央副主席严以新赴福建参加全国人大职业教育法贯彻实施情况调研。

3月17日　致公党中央常务副主席王钦敏在统战部出席落实司法体制改革项目征求意见座谈会。

3月17日　致公党中央副主席李卓彬在统战部出席毕节试验区智力支边座谈会。

3月17日—22日　致公党中央副主席杨邦杰赴云南省就“兴地睦边”土地整治重大工程情况进行调研。

3月18日　致公党中央常务副主席王钦敏在中央机关与在中央社会主义学院学习的致公党党员进行座谈。

3月22日　致公党中央副主席李卓彬在京出席致公党北京画院成立仪式。

3月23日　致公党中央主席万钢，常务副主席王钦敏，副主席杨邦杰、严以新、李卓彬在中央机关三楼会议室出席十三届第九次主席办公会，秘书长曹鸿鸣列席会议。

3月24日　致公党中央副主席杨邦杰在国务院小礼堂出席第二次廉政工作会议。

3月24日—27日　致公党中央副主席李卓彬赴安徽、浙江考察海外联谊工作。

3月30日　致公党中央常务副主席王钦敏在机关会见来访的国资委有关同志。

3月30日　致公党中央副主席李卓彬，秘书长曹鸿鸣及机关全体干部在中央机关二楼会议室参加全体学习会，学习中共中央关于经济形势的报告。

3月31日　致公党中央常务副主席王钦敏在京出席全国政协经济委员会会议。

4月1日　致公党中央副主席李卓彬在京走访中华民族文化促进会。

4月1日　致公党中央副主席李卓彬在中央机关会见并宴请参加黄帝祭礼的台湾金台山堂主王进发、台湾《武林杂志》主编刘康毅一行。

4月2日—3日　致公党中央副主席李卓彬、秘书长曹鸿鸣与北京致公画院有关人员赴天津交流。

4月3日　致公党中央常务副主席王钦敏、副主席杨邦杰在中央统战部出席党外人士座谈会。

4月3日　致公党中央常务副主席王钦敏在京出席全国政协经济委员会第五次主任会议。

4月7日　致公党中央常务副主席王钦敏、副主席杨邦杰在机关听取社会服务部关于毕节扶贫工作的报告。

4月8日　致公党中央常务副主席王钦敏在京出席国家卫星遥感协会会议。

4月9日　致公党中央副主席严以新在人民大会堂出席全国人大代表资格审查委员会第七次会议。

4月9日　致公党中央副主席严以新在机关会见并宴请台湾全球洪门联盟会长刘会进一行。

4月9日—10日　致公党中央常务副主席王钦敏在闽参加致公党福建省委会有关会议。

4月10日—11日　致公党中央副主席严以新在京参加教育部2020年教育中长期规划纲要第二次咨询会议。

4月13日　致公党中央副主席严以新在机关参加宣传部全体干部会议，研究并安排近期工作计划。

4月14日　致公党中央主席万钢、副主席李卓彬在中央统战部出席关于毕节科技发展工作座谈会。

4月14日　致公党中央副主席李卓彬在中央统战部出席关于毕节科技发展工作研讨会。

4月14日—15日　致公党中央常务副主席王钦敏视察致公党江苏省委会并走访中共江苏省委统战部。常务副主席王钦敏率队在江苏省进行长三角经济课题调研。

4月14日—19日　致公党中央副主席杨邦杰率队在浙江省进行长三角经济课题调研。

4月15日　致公党中央副主席李卓彬、秘书长曹鸿鸣在机关会见科技部科技合作司同志，商议关于“两岸科技论坛”合作事宜。

4月16日　致公党中央主席万钢、副主席严以新赴致公党辽宁省委会调研学习贯彻科学发展观情况。

4月16日　致公党中央副主席严以新在辽宁抚顺与致公党抚顺市委会党员干部座谈。

4月20日—24日　致公党中央副主席杨邦杰、严以新在京出席第十一届全国人大常委会第八次会议。

4月21日　致公党中央副主席杨邦杰在人民大会堂出席温家宝总理为芬兰总理万哈宁举行的欢迎仪式。

4月21日—25日　致公党中央组织工作研讨会在浙江宁波举行，常务副主席王钦敏出席研讨会。

4月24日—5月3日　致公党中央副主席程津培率致公党中央代表团赴菲律宾、马来西亚访问。

4月25日—30日　致公党中央副主席杨邦杰赴四川出席致公党四川省委会参政议政工作会议及相关考察活动。

4月27日 致公党中央副主席严以新在人民大会堂出席全国人大教科文卫委员会第十六次会议。

4月28日 致公党中央副主席严以新在人民大会堂出席全国总工会庆祝“五一”国际劳动节暨“同舟共济保增长、建功立业促发展”劳动竞赛推进大会。

4月29日 致公党中央副主席严以新在人民大会堂出席中国地震局举办的贯彻防震减灾法座谈会。

4月29日 致公党中央常务副主席王钦敏在京出席全国政协经济委员会会议。

5月4日 致公党中央副主席杨邦杰在人民大会堂出席纪念“五四”运动90周年大会。

5月4日 致公党中央主席万钢、常务副主席王钦敏在机关会见并宴请中共北京市委统战部相关领导。

5月5日—7日 致公党中央副主席李卓彬率队赴四川灾区慰问并向学校捐赠鼓号设备。

5月5日—10日 致公党中央常务副主席王钦敏赴广东参加全国政协经济委员会调研。

5月5日—10日 致公党中央副主席程津培、严以新率调研组赴安徽就“促进长三角区域合作发展”进行调研。

5月7日 致公党中央秘书长曹鸿鸣在中央统战部礼堂参加有关卫生体制改革情况报告会。

5月13日—19日 致公党中央主席万钢、常务副主席王钦敏、副主席杨邦杰率致公党中央调研组赴上海就“促进长三角区域合作发展”进行调研。

5月14日 致公党中央副主席严以新在重庆出席学习贯彻科学发展观座谈会。

5月14日 致公党中央副主席李卓彬在人民大会堂出席全国青联成立60周年座谈会。

5月15日—16日 致公党中央副主席严以新在重庆出席留学人员委员会全体会议。

5月16日—17日 致公党中央副主席李卓彬在京出席中华文化促进会三次会员代表大会。

5月19日 致公党中央副主席严以新、李卓彬在中央统战部出席情况通报会。

5月19日 致公党中央副主席李卓彬与致公党中央演出团全体成员在中央机关三层会议室出席出访前情况通报会。

5月19日 致公党中央常务副主席王钦敏、秘书长曹鸿鸣在中央机关设宴为率团出访巴西、巴拉圭的副主席李卓彬送行。

5月20日 致公党中央常务副主席王钦敏、副主席李卓彬在京会见并宴请美洲至孝笃亲公所代表团。

5月20日—31日 致公党中央副主席李卓彬率致公党中央演出团赴巴西、巴拉圭访问。

5月21日 致公党中央副主席严以新在京参加全国人大教科文卫委员会组织的国防大学参观考察活动。

5月21日 致公党中央常务副主席王钦敏在京列席全国政协十五次主席会议。

5月21日 致公党中央副主席严以新在京西宾馆出席中央各部门各单位出版社体制改革工作会议。

5月22日 致公党中央副主席杨邦杰在人民大会堂出席全国人大中叙友好小组与叙利亚大使默哈默德·海依尔·瓦迪的会见活动。

5月22日 致公党中央常务副主席王钦敏在中央机关与中共湖南省委统战部领导座谈。

5月26日 致公党中央常务副主席王钦敏在南京出席江苏黄埔慈善捐赠仪式，

秘书长曹鸿鸣随同参加。

5月26日　致公党中央副主席严以新在人民大会堂听取政府重大公共投资部分项目实施情况专题汇报。

5月27日　致公党中央副主席杨邦杰在中央统战部礼堂出席对台工作研讨会。

5月27日　致公党中央常务副主席王钦敏、副主席杨邦杰在中央统战部出席情况通报会。

5月31日　致公党中央常务副主席王钦敏、副主席杨邦杰在中央机关出席致公党中央经济界专家座谈会。

5月31日—6月5日　致公党中央副主席严以新参加全国人大教科文卫委员会考察组，在河南省调研中央财政2009年教育、卫生等民生工程资金安排使用情况。

6月2日　致公党中央副主席杨邦杰在全国政协礼堂出席中国基因科学及产业发展高峰论坛开幕式。

6月8日—11日　致公党中央副主席李卓彬在江苏南京出席致公党中央举办的"致福工程"学习交流会暨社会发展与服务专委会扩大会议。

6月9日　致公党中央副主席严以新在全国人大会议中心参加技术改造与科技创新专题调研组全体会议。

6月9日—15日　致公党中央常务副主席王钦敏，副主席杨邦杰，秘书长曹鸿鸣赴福建、广西华侨农场调研。

6月15日　致公党中央主席万钢，副主席杨邦杰，副主席严以新、李卓彬在中共中央统战部出席情况通报会。

6月15日　致公党中央常务副主席王钦敏在京出席全国政协经济委员会主任会议。

6月16日　致公党中央副主席杨邦杰在中央机关二楼会议室出席致公党中央第四期参政议政干部培训班开幕式。

6月16日—19日　致公党中央常务副主席王钦敏、副主席李卓彬在京出席全国政协十一届六次常委会。

6月16日—19日　致公党中央第四期参政议政培训班在京举办。

6月19日　致公党中央副主席李卓彬在京参加全国政协第四次学习讲座。

6月19日　致公党中央副主席杨邦杰在中央机关出席致公党中央法制建设委员会2009年工作会议。

6月21日　致公党中央副主席杨邦杰在全国人大会议中心出席全国人大华侨委主任办公会议及全国人大华侨委全体会议。

6月22日　致公党中央主席万钢在中央机关主持召开致公党十三届第十次主席办公会议。常务副主席王钦敏，副主席杨邦杰、严以新、李卓彬，秘书长曹鸿鸣出席会议。

6月22日—27日　致公党中央副主席杨邦杰、严以新在京出席十一届全国人大常委会第九次会议。

6月24日　致公党中央常务副主席王钦敏在中央统战部与四川、山东统战部领导商谈有关事宜。

6月24日　致公党中央常务副主席王钦敏在中央机关与参加中央社会主义学院第十九期中青年干部培训班的致公党党员进行座谈。

6月25日　致公党中央常务副主席王钦敏在京出席国家主席胡锦涛为应邀来华访问的土耳其总统居尔举行的欢迎仪式及欢迎晚宴。

6月26日　致公党中央副主席李卓彬在中央统战部出席统一战线参与毕节试验区建设专题调研动员会。

6月26日—29日　致公党中央常务副主席王钦敏带队赴四川灾区考察调研，并出席致公党中央向四川地区捐赠陈光标所筹款物仪式。

6月28日—29日　致公党中央副主席杨邦杰在青岛出席由致公党山东省委会参与主办的“山东海洋经济发展战略高层论坛”。

6月29日　致公党中央副主席杨邦杰在烟台等地就海岛保护问题进行调研。

6月29日　致公党中央副主席李卓彬、秘书长曹鸿鸣在中央机关会见并宴请致公党湖南省委会有关同志。

6月29日—7月1日　致公党中央常务副主席王钦敏带队赴四川灾区考察慰问，并与当地致公党员座谈。

6月29日—7月3日　致公党中央副主席严以新赴陕西参加全国人大技术改造和科技创新专题调研。

6月30日　致公党中央副主席李卓彬在中央机关会见并宴请台湾东海大学教授郭应哲。

7月1日　致公党中央副主席李卓彬在中央机关会见并宴请澳大利亚新南威尔士州参政华人访华团。

7月2日　致公党中央主席万钢、副主席李卓彬、秘书长曹鸿鸣在中国美术馆出席庆祝多党合作和政治协商制度60周年画展开幕式。

7月2日　致公党中央常务副主席王钦敏，副主席杨邦杰在中央机关出席致公党中央“促进长三角区域合作发展”专题调研座谈会。

7月2日　致公党中央常务副主席王钦敏在中央机关会见中共云南省统战部部长一行。

7月2日　致公党中央副主席李卓彬在京出席致公党中央海联会在京委员会议。

7月3日—5日　致公党中央主席万钢，常务副主席王钦敏，副主席杨邦杰、李卓彬，秘书长曹鸿鸣赴贵州毕节考察。

7月5日—8日　致公党中央十三届七次中常会在贵州召开，主席万钢，常务副主席王钦敏，副主席杨邦杰、李卓彬，秘书长曹鸿鸣出席会议，机关各部门负责人列席会议。

7月5日—8日　致公党中央十三届七次中常会在贵州召开，主席万钢，常务副主席王钦敏，副主席杨邦杰、李卓彬出席会议。

7月5日—9日　致公党中央副主席严以新赴辽宁参加全国人大技术改造和科技创新专题调研。

7月10日—21日　致公党中央副主席严以新率团出访加拿大、美国，秘书长曹鸿鸣随行出访。

7月13日　致公党中央常务副主席王钦敏在全国政协出席“加快发展方式转变和结构调整，提高可持续发展能力”专题协商会。

7月13日—18日　致公党中央副主席杨邦杰率致公党“加强草原保护与建设，促进农牧民增收”调研组赴内蒙调研。

7月14日—16日　致公党中央常务副主席王钦敏在云南昆明出席25省政协经济委员会联席会议。

7月14日—18日　致公党中央副主席李卓彬在京出席中国侨联第八次全国代表大会。

7月16日—24日　致公党中央党务研究会会议在云南召开，常务副主席王钦敏出席。

7月20日　致公党中央副主席杨邦杰在京出席北京市西南五区统筹城乡发展论坛筹备座谈会并到门头沟区调研。

7月21日　致公党中央主席万钢、常务副主席王钦敏在中南海出席中共中央召开的党外人士座谈会。

7月24日—27日　致公党中央由致公

党中央联络部主办的香港南京音乐交流活动在南京举行，副主席严以新出席有关活动。

7月26日—31日　致公党中央常务副主席王钦敏在黑龙江参加全国政协考察活动。

7月28日　致公党中央副主席杨邦杰在机关出席“加强草原保护与建设”调研座谈会，农业部畜牧业司、农业部草原监理中心有关领导，秘书长曹鸿鸣参加会议。

8月4日　致公党中央常务副主席王钦敏在统战部礼堂阅读文件。

8月6日　由致公党中央、中国奥林匹克委员会、中国剪纸艺术协会联合主办，致公党中央文化与体育工作委员会承办的“六十年的腾飞——中国体坛英杰艺术剪纸展”在全国政协礼堂举行剪彩仪式，常务副主席王钦敏、秘书长曹鸿鸣及机关相关同志出席仪式。

8月11日　致公党中央主席万钢、常务副主席王钦敏在中南海出席中共中央召开的党外人士座谈会。

8月17日　致公党中央抗震救灾领导小组在机关召开会议，组长常务副主席王钦敏，常务副组长副主席李卓彬、副组长副主席严以新及小组成员和机关有关同志出席会议。

8月18日　致公党中央副主席严以新在京西宾馆参加中华职教社第十次全国代表大会开幕式。

8月19日　致公党中央常务副主席王钦敏、副主席李卓彬及机关部分局级干部、致公党北京市委会相关同志在中央统战部礼堂报告厅出席林逸夫《全球经济形势发展趋势》报告会。

8月20日—21日　致公党中央主席万钢、常务副主席王钦敏、副主席李卓彬、秘书长曹鸿鸣在天津出席由致公党中央主办、致公党天津市委会承办的第二届留学回国人员论坛。

8月21日　致公党中央主席万钢在天津向天津市政协作科技创新辅导报告。

8月21日　致公党中央常务副主席王钦敏在京出席全国政协秘书长会议。

8月22日　致公党中央常务副主席王钦敏、秘书长曹鸿鸣在天津参加致公党天津市党员骨干座谈会。

8月24日—27日　致公党中央副主席杨邦杰、严以新在京出席十一届全国人大常委会第十次会议。

8月25日　致公党中央副主席李卓彬、秘书长曹鸿鸣在中央机关出席致公党庆祝建国60周年书画展评选会议。

8月26日　致公党中央主席万钢、常务副主席王钦敏、副主席李卓彬在机关会见并宴请国台办主任王毅一行。

8月28日　致公党中央副主席杨邦杰在京出席全国人大华侨委全体会议及全国人大华侨委主任办公会议。

8月28日—29日　中央机关组织全体人员就深入学习贯彻科学发展观进行集中学习，常务副主席王钦敏出席学习活动。

8月31日　致公党中央副主席李卓彬、秘书长曹鸿鸣在中央机关出席致公党庆祝建国60周年书画展暨文艺演出活动筹备会。

8月31日　致公党中央常务副主席王钦敏在机关接受湖南电视台经济频道采访。

8月31日—9月4日　致公党中央副主席严以新、秘书长曹鸿鸣在海南、湖北调研学习贯彻科学发展观情况。

9月1日　致公党中央常务副主席王钦敏在中央社会主义学院出席秋季班开学典礼。

9月1日　致公党中央常务副主席王钦敏、副主席杨邦杰在中央机关出席致公党中央监督委员会会议。

9月1日　致公党中央副主席李卓彬在福州出席致公党中央海外联谊委员会会议，联络部许怡参加会议。

9月1日—3日　由致公党中央主办的第三届海外及岛内洪门中青年人士研讨班在福州举行，副主席李卓彬出席有关活动。

9月2日　致公党中央常务副主席王钦敏在中央统战部与中共广西区委统战部领导座谈。

9月5日　致公党中央副主席李卓彬在京出席民盟中央庆祝建国60周年文艺演出。

9月7日　致公党中央常务副主席王钦敏在京出席全国政协秘书长会议。

9月7日　致公党中央常务副主席王钦敏在京出席北大数字地球讲座。

9月8日　致公党中央常务副主席王钦敏在机关出席中央社会主义学院第22期学习班党员座谈会。

9月9日　致公党中央常务副主席王钦敏在中央统战部与有关领导协商工作。

9月9日　致公党中央常务副主席王钦敏在京出席中科院国际数字地球会议。

9月10日　致公党中央副主席李卓彬在机关会见并宴请巴拿马中华总会代表团。

9月12日　致公党中央主席万钢，常务副主席王钦敏，副主席杨邦杰、严以新、李卓彬，秘书长曹鸿鸣在全国政协礼堂出席由致公党中央主办的庆祝中华人民共和国成立60周年书画展开幕式暨中国致公画院成立仪式和文艺演出。

9月14日　致公党中央主席万钢，常务副主席王钦敏，副主席严以新、李卓彬，秘书长曹鸿鸣在中央统战部出席建国60周年座谈会。

9月14日　致公党中央副主席李卓彬在民革中央机关出席毕节专家顾问组《合作与风险》出版座谈会。

9月14日　致公党中央副主席严以新在机关主持召开致公出版社转制动员会议。

9月14日—21日　致公党中央副主席杨邦杰赴闽南农村考察。

9月15日—16日　致公党中央常务副主席王钦敏赴西安调研。

9月15日—17日　致公党中央副主席严以新赴广西调研学习贯彻科学发展观情况。

9月16日　致公党中央副主席李卓彬在全国政协礼堂出席《情系国计民生——政协提案故事丛书》首发式。

9月16日—19日　致公党秘书长、办公厅（室）主任工作会在西安召开。常务副主席王钦敏出席会议并讲话，秘书长曹鸿鸣参加会议。

9月18日　致公党中央常务副主席王钦敏在中央统战部出席各民主党派常务副主席会。

9月18日　致公党中央副主席李卓彬在京出席侨联《华侨华人与共和国》图片展开幕式。

9月19日　致公党中央常务副主席王钦敏、副主席李卓彬在中央统战部出席十七届四中全会精神党外人士通报会。

9月20日　致公党中央主席万钢、常务副主席王钦敏、副主席李卓彬在京出席庆祝人民政协成立60周年大会。

9月20日　致公党中央常务副主席王钦敏在京列席全国政协主席会议。

9月20日　致公党中央主席万钢、常务副主席王钦敏、副主席李卓彬出席庆祝人民政协成立60周年文艺演出。

9月25日—28日　致公党中央副主席严以新在山东参加全国人大教科文卫委员会食品安全法执法检查。

9月28日—30日　致公党中央副主席

严以新在山东调研学习贯彻科学发展观情况。

9月29日　致公党中央常务副主席王钦敏，副主席杨邦杰、李卓彬在钓鱼台出席国侨办举行的华侨华人国庆观礼活动招待宴会。

9月30日　致公党中央常务副主席王钦敏在人民大会堂出席国庆招待会。

10月10日—16日　致公党中央副主席李卓彬赴辽宁、山东就维护华侨投资权益调研。

10月10日—20日　致公党中央副主席杨邦杰率致公党中央代表团出访澳大利亚、新西兰及法属大溪地。

10月13日—14日　致公党中央副主席严以新在京出席纪念中国人民政协成立60周年理论研讨会和中国人民政协理论研究会理事会。

10月15日—16日　致公党中央副主席严以新在武汉出席2009年华侨华人创业发展洽谈会。

10月19日—20日　致公党中央副主席李卓彬赴天津就维护华侨投资权益调研。

10月22日—24日　致公党中央主席万钢、常务副主席王钦敏、副主席杨邦杰、秘书长曹鸿鸣在湖北武汉出席"中国发展论坛·2009——武汉城市圈两型社会建设"。

10月26日　致公党中央常务副主席王钦敏，副主席杨邦杰、严以新、李卓彬，秘书长曹鸿鸣在中央机关三楼会议室出席第十三次主席办公会议。

10月26日　致公党中央副主席杨邦杰在京出席全国人大华侨委全委会。

10月26日　致公党中央副主席严以新在京参加全国人大教科文卫委员会第十八次会议。

10月27日　致公党中央副主席李卓彬在京出席中国红十字会第九次全国代表大会。

10月27日—28日　致公党参政议政工作会在京举行。主席万钢、常务副主席王钦敏、副主席杨邦杰、秘书长曹鸿鸣及机关各部门负责人出席，参政议政部全体同志及机关有关同志参加会议。

10月27日—31日　致公党中央副主席杨邦杰、严以新在京参加全国人大常委会第十一次会议。

10月29日—31日　致公党中央学习贯彻科学发展观暨参政党理论建设研讨会在京举行。常务副主席王钦敏、副主席严以新、秘书长曹鸿鸣及机关各部门负责人出席，宣传部全体同志及机关有关同志参加会议。

10月31日—11月8日　致公党中央副主席杨邦杰随中国科协代表团赴科威特参加2009年世界工程组织联合会（WFEO）代表大会。

11月2日　致公党中央副主席严以新在全国人大听取教育部、人力资源和社会保障部汇报关于促进高校毕业生就业重点处理建议办理情况。

11月2日　致公党中央副主席李卓彬在中央机关会见香港侨领曾文仲先生。

11月2日—5日　致公党中央常务副主席王钦敏在无锡出席全国政协经济委员会主任会议和经济委员会工作会议。

11月4日—7日　致公党中央副主席严以新在福建漳州、厦门参加福建省人大组织的代表考察活动。

11月5日　致公党中央副主席李卓彬在中央统战部出席统一战线参与毕节试验区发展专题调研工作情况座谈会。

11月8日—13日　致公党中央副主席严以新在河北参加全国人大教科文卫委员会食品安全法执法检查。

11月10日　致公党中央常务副主席王钦敏、副主席杨邦杰、秘书长曹鸿鸣在机关与科技部有关同志商讨联合调研工作。

11月11日　致公党中央常务副主席王钦敏在中央统战部出席各民主党派常务副主席会议。

11月11日　致公党中央副主席杨邦杰在京参加中央政策研究室加强海岛管理工作座谈会。

11月12日　致公党中央副主席李卓彬在中山纪念堂出席孙中山诞辰134周年纪念会。

11月12日　致公党中央常务副主席王钦敏、副主席李卓彬在中央机关会见美洲各地中华会馆、中华会所、华侨总会联谊会代表团。

11月14日　致公党中央常务副主席王钦敏、副主席李卓彬在京宴请美洲各地中华会馆、中华会所、华侨总会联谊会代表团。联络部许怡及其他同志参加活动。

11月15日—16日　致公党中央副主席李卓彬在广东潮州出席第二届侨博会和潮州第三届文化旅游节开幕式。

11月16日　致公党中央副主席杨邦杰在中央统战部出席情况通报会，听取银监会主席刘明康通报近期经济金融情况。

11月16日　致公党中央常务副主席王钦敏在京出席谷牧同志遗体告别仪式。

11月17日—18日　致公党组织工作会议在京举行，主席万钢，常务副主席王钦敏，副主席王珣章、曹小红出席会议。

11月17日—18日　致公党中央副主席杨邦杰赴山东德州、禹城等地考察并参加中科院禹城试验站的相关活动。

11月17日—18日　致公党中央副主席李卓彬在广州出席第十五届国际潮团联谊年会。

11月18日—20日　致公党中央副主席严以新赴酉阳扶贫考察并代表致公出版社捐赠15万码洋书籍。

11月19日—21日　致公党中央主席万钢、常务副主席王钦敏在福建南平出席致公党南平市委会成立大会。

11月22日　致公党中央常务副主席王钦敏在京出席致公党经济委员会座谈会。

11月23日　致公党中央常务副主席王钦敏、副主席李卓彬在中央统战部综合楼二层会见厅参加会议，听取奥巴马访华有关情况。

11月23日　致公党中央法制建设委员会、致公党中央文化与体育委员会在中央机关召开未成年人司法环境与救助问题调研座谈会。

11月24日　致公党中央主席万钢、常务副主席王钦敏在中南海怀仁堂出席中共中央召开的党外人士座谈会。

11月25日　致公党中央副主席李卓彬在扶贫开发协会参加“扶贫开发协会向酉阳赠送电脑仪式”。

11月25日—30日　致公党中央副主席杨邦杰赴云南参加全国人大华侨委员会组织的《归侨侨眷权益保护法》执法检查活动。

11月27日—28日　致公党中央在河北唐山召开致公党中央领导班子谈心会。主席万钢，常务副主席王钦敏，副主席严以新、李卓彬，秘书长曹鸿鸣，机关各部门负责人出席会议。

11月30日　致公党中央常务副主席王钦敏在科技部参加专家组会议。

11月30日—12月2日　致公党中央信息工作会议在南京举行，副主席严以新出席会议。

12月1日　致公党中央常务副主席王钦敏，副主席杨邦杰、李卓彬，秘书长曹鸿鸣在机关三楼会议室与来访的中央统战部一局局长吴晓礼一行座谈。

12 月 1 日　致公党中央副主席杨邦杰在京参加国家海洋局召开的全国海岛保护规划会议。

12 月 2 日—3 日　致公党中央常务副主席王钦敏在上海出席由致公党中央留委会举办的留学生论坛。

12 月 3 日　致公党中央副主席李卓彬在中央机关主持召开中国致公画院秘书长会议。

12 月 4 日　致公党中央主席万钢、常务副主席王钦敏、副主席李卓彬、秘书长曹鸿鸣在全国人大出席五侨联席会。

12 月 5 日　致公党中央常务副主席王钦敏在北大出席“三生论坛”。

12 月 6 日　致公党中央副主席李卓彬在全国政协礼堂参加九三学社举办的“薪火相传——建设中华民族共有精神家园”书画展开幕式。

12 月 6 日—18 日　致公党中央副主席严以新参加全国人大代表团出访美国、哥斯达黎加。

12 月 7 日　致公党中央常务副主席王钦敏在中央社会主义学院向致公党江苏省委组织的骨干党员培训班学员作报告。

12 月 7 日　致公党中央常务副主席王钦敏，副主席程津培、李卓彬在中央统战部出席情况通报会，杜青林部长就中央经济工作会议精神进行了传达。

12 月 8 日　致公党中央副主席李卓彬在中央统战部出席杜青林部长主持召开的统一战线参与毕节试验区建设工作座谈会。

12 月 9 日　致公党中央常务副主席王钦敏在机关与来访的中央社会主义学院领导座谈，秘书长曹鸿鸣及机关部分局级干部参加会谈。

12 月 15 日　致公党中央副主席李卓彬在京出席民建中央画院成立大会。

12 月 16 日—17 日　致公党中央副主席杨邦杰在京出席全国政协召开的提案工作座谈会。

12 月 18 日　致公党十三届十四次主席办公会议在中央机关召开，主席万钢、常务副主席王钦敏、副主席杨邦杰、秘书长曹鸿鸣出席会议。

12 月 18 日　致公党中央副主席李卓彬在广州美术馆出席四大名著四国联展广州展开幕式。

12 月 19 日　致公党中央副主席李卓彬在广州出席广东省致公画院成立仪式。

12 月 20 日　致公党中央主席万钢，常务副主席王钦敏，副主席杨邦杰、严以新、李卓彬在京出席十三届九次主席会议。

12 月 20 日　致公党中央主席万钢，常务副主席王钦敏，副主席杨邦杰、严以新、李卓彬，秘书长曹鸿鸣在京出席致公党十三届九次常委会议。

12 月 21 日—22 日　致公党十三届三中全会在京举行。致公党中央主席万钢，常务副主席王钦敏，副主席王珣章、程津培、杨邦杰、严以新、黄格胜、曹小红、李卓彬和中央委员及列席会议的同志 130 余人出席会议。

12 月 23 日　致公党中央专门委员会工作研讨会在京召开。常务副主席王钦敏出席会议并讲话。会议由副主席杨邦杰主持。副主席李卓彬，原副主席王宋大、吴明熹出席会议。

12 月 28 日　致公党中央常务副主席王钦敏、副主席杨邦杰、参政议政部全体同志在机关四楼会议室讨论 2010 年政协大会发言相关事宜。

12 月 28 日　致公党中央副主席李卓彬在京出席文促会主席团新年团拜会。

12 月 28 日—30 日　致公党中央常务副主席王钦敏在闽出席致公党福建省委七

届五次全会。

12 月 28 日—30 日　致公党中央副主席严以新在四川调研基层组织建设和灾后重建情况。

12 月 29 日　致公党中央副主席杨邦杰在京出席全国政协召开的党派团体发言协调会。

12 月 29 日　致公党中央副主席李卓彬在京参加温家宝总理为欢迎尼泊尔总理来华访问举行的欢迎仪式和晚宴。

12 月 30 日　致公党中央副主席杨邦杰在机关接受《南风窗》记者专访。

12 月 30 日　致公党中央副主席李卓彬在京出席学习贯彻胡锦涛总书记重要讲话座谈会。

张　刃　致公党中央宣传部副处长
宋雅轲　致公党中央办公厅干部

九三学社

1月1日　全国政协在北京举行新年茶话会。九三学社中央主席韩启德，副主席王志珍，常务副主席陈抗甫，副主席邵鸿、马大龙出席茶话会并观看演出。

1月4日　九三学社中央常务副主席陈抗甫出席中央统战部领导班子学习实践科学发展观活动评议会。

1月4日—8日　九三学社中央主席韩启德先后赴青川、北川、汶川等地震灾区，实地了解灾后恢复重建和群众生产生活情况，看望慰问灾区干部群众、援建人员和九三学社社员代表。

1月5日　农业部副部长、九三学社中央副主席张桃林在农业部农机推广（监理）总站考察农机推广和农机监理工作。

1月6日　九三学社中央副主席贺铿在社中央机关会见中共毕节地委负责人一行，并进行座谈。

1月6日　九三学社中央副主席邵鸿前往九三学社中央原副主席赵伟之寓所，祝贺赵伟之85岁寿辰。

1月8日　农业部副部长、九三学社中央副主席张桃林在贵州省黔西县出席农业部2009年科技下乡活动启动仪式并讲话。

1月9日　中共中央、国务院在北京隆重举行国家科学技术奖励大会。胡锦涛等党和国家领导人向获得2008年度国家最高科学技术奖、国家科学技术进步奖特等奖、国家自然科学奖、国家技术发明奖以及其他国家科学技术进步奖的代表颁奖。九三学社中央主席韩启德出席大会。九三学社33名社员主持或参与完成的28个项目荣获2008年度国家科学技术奖励。

1月11日　全国政协副主席、九三学社中央副主席、中国科学院院士王志珍在长沙医学院为“九三科学论坛”作关于蛋白质科学的学术报告。

1月13日　九三学社中央主席韩启德，副主席王志珍，常务副主席陈抗甫，副主席邵鸿、赖明、马大龙在中央统战部出席民主党派中央领导班子建设交流研讨会。

1月13日　九三学社中央主席韩启德，副主席王志珍，常务副主席陈抗甫，原名誉副主席徐采栋、陈明绍、赵伟之，原副主席洪绂曾，副主席邵鸿、张桃林、赖明出席中央统战部党外人士迎春招待会。

1月13日—14日　九三学社中央常务副主席陈抗甫，副主席邵鸿、赖明出席全国政协举行的国家有关部委工作情况通报会。

1月15日　全国政协提案委员会副主任、九三学社中央副主席邵鸿在政协礼堂出席全国政协提案工作通气联谊会。

1月16日　全国政协副秘书长、九三

学社中央常务副主席陈抗甫在全国政协礼堂出席已故党外全国政协委员、知名人士夫人春节茶话会。

1月21日 九三学社中央机关举行迎新春联欢会。九三学社中央主席韩启德，常务副主席陈抗甫，副主席贺铿、邵鸿、赖明出席联欢会。

1月21日 全国政协副主席、九三学社中央副主席王志珍做客人民网强国论坛，以科技发展、自主创新等话题与网友进行在线交流。

1月22日 九三学社中央主席韩启德，副主席王志珍，常务副主席陈抗甫，原副主席王文元在中南海出席党外人士迎春座谈会。

1月24日 九三学社中央主席韩启德，副主席王志珍、贺铿、邵鸿，原副主席赵伟之、洪绂曾在人民大会堂出席2009年春节团拜会。

1月26日 九三学社中央常务副主席陈抗甫到山东省滨州市调研社务工作。

2月4日 九三学社中央与科技部就有效应对国际金融危机、促进经济平稳较快发展提供科技支撑的有关问题在九三学社中央机关座谈。

2月5日 九三学社中央副主席贺铿在社中央机关出席“两会”前社会热点问题座谈会。

2月6日 全国人大常委会副委员长、九三学社中央主席韩启德致信正在南极进行科学考察的九三学社社员、南昌大学医学实验教学部副研究员余万霰，向他致以节日的问候和崇高敬意。

2月6日—9日 农业部副部长、九三学社中央副主席张桃林带领国务院抗旱春耕生产督导组一行赴兰州，检查指导甘肃省抗旱和春耕生产工作。

2月9日 中共中央政治局常委、国务院总理温家宝在中南海主持召开党外人士座谈会，征求对即将提请十一届全国人大二次会议审议的《政府工作报告（征求意见稿）》的意见。九三学社中央主席韩启德代表九三学社中央建言。

2月11日—14日 农业部副部长、九三学社中央副主席张桃林赴海南就发展农业科技和农村沼气建设情况进行调研。

2月13日 九三学社中央在社中央机关开展“九三讲堂”活动，邀请北京大学历史学教授钱乘旦作了“大国崛起的启示”专题报告。九三学社中央主席韩启德、副主席邵鸿出席。

2月18日—20日 九三学社中央副主席贺铿率队赴黑龙江省绥化市兰西县，就河南省漯河市与黑龙江省兰西县合作实施的“东北民猪产业化”项目进行考察。

3月1日—2日 九三学社中央副主席贺铿赴辽宁省阜新市和朝阳市调研社会服务工作。

3月3日 九三学社十二届六次常委会在京召开。

3月3日—12日 全国政协十一届二次会议在京召开。九三学社中央副主席王志珍，常务副主席陈抗甫，副主席冯培恩、邵鸿、张桃林、赖明、马大龙等参加。九三学社以社中央名义提交大会发言17篇，提交提案37件；以九三学社界别名义提交提案29件。

3月5日—13日 十一届全国人大二次会议在京召开。九三学社中央主席韩启德，副主席贺铿、谢小军等参加会议。

3月6日 九三学社中央在社中央机关举办“两会”代表委员茶话会。

3月10日 全国政协副主席、九三学社中央副主席王志珍做客中国国际广播电台，在该台国际在线网站《外国人对话代表委员》节目中，讨论我国科学发展事业和海外人才引进政策。

3 月 13 日　九三学社中央召开学习会，传达十一届全国人大二次会议和全国政协十一届二次会议精神。

3 月 13 日　吴传钧逝世。吴传钧(1918—2009)，江苏苏州人。著名地理学家、中国科学院院士，国际地理联合会(IGU)原副主席，中国地理学会名誉理事长，《地理学报》原主编，中国科学院地理研究所原副所长，中国科学院地理科学与资源研究所研究员，1951 年加入九三学社。

3 月 16 日—22 日　全国人大常委会副委员长、九三学社中央主席韩启德率队赴河南、湖北、陕西考察南水北调中线水源保护工作。九三学社中央副主席赖明随队考察。

3 月 19 日—24 日　应全美中国研究联合会、美国华人人文社科教授协会、路易斯维尔大学亚洲民主中心邀请，九三学社中央副主席邵鸿率团赴美国肯塔基州路易斯维尔大学出席“中国的和平崛起与亚洲的关系：民主、文化、交流”论坛。

3 月 23 日　国家主席胡锦涛在人民大会堂北大厅主持仪式，欢迎乌拉圭东岸共和国总统塔瓦雷·巴斯克斯访华。全国人大常委会副委员长、九三学社中央主席韩启德出席欢迎仪式。

3 月 23 日—26 日　九三学社中央副主席贺铿赴安徽社会主义学院、安徽财经大学作经济形势报告并赴马鞍山考察“九马合作”项目。

3 月 23 日—28 日　九三学社黑龙江省委、九三学社江苏省委分别在中央社会主义学院举办组织干部培训班和中青年骨干培训班。九三学社中央常务副主席陈抗甫出席两班开班典礼并为学员作辅导报告。

3 月 25 日　农业部副部长、九三学社中央副主席张桃林在广西南宁出席全国“平安农机”创建工作会议并讲话。

3 月 26 日　九三学社中央副主席邵鸿、赖明率队走访国家质检总局，了解产品质量和食品安全工作。

3 月 27 日　第五届国际智能、绿色建筑与建筑节能大会暨新技术与产品博览会在北京国际会议中心开幕。全国人大常委会副委员长、九三学社中央主席韩启德出席开幕会并讲话。

3 月 28 日—29 日　湖南 2009 年首届“两型”社会建设论坛在长沙举办。九三学社中央副主席贺铿应邀出席论坛并发表主题演讲。

3 月 31 日　全国人大常委会副委员长、九三学社中央主席韩启德在人民大会堂会见以韩国民主党国会议员禹济昌为团长的韩国青年政治家代表团一行，双方就中韩关系等问题交换了看法。

3 月 31 日　全国人大常委会副委员长、九三学社中央主席韩启德在九三学社中央机关会见了中共北京市委常委、统战部部长牛有成一行。九三学社中央常务副主席陈抗甫，副主席邵鸿、赖明参加会见。

4 月 3 日　九三学社中央在社中央机关开展“九三讲堂”活动，邀请文化部原部长、著名作家王蒙作了题为“治大国若烹小鲜”专题报告。九三学社中央主席韩启德，副主席王志珍，常务副主席陈抗甫，副主席邵鸿出席。

4 月 3 日　九三学社中央副主席贺铿应中共漯河市委统战部、组织部的邀请，在漯河市科教文化艺术中心作深入学习实践科学发展观活动专题辅导报告。

4 月 5 日—12 日　全国人大常委会副委员长、九三学社中央主席韩启德率领九三学社中央考察团到广东省调研发展低碳经济的有关问题。九三学社中央常务副主席陈抗甫，副主席谢小军、赖明一同参加考察和调研。

4 月 9 日—12 日　全国政协副主席、九三学社中央副主席王志珍赴温州考察，并出席全国第 28 届“爱鸟周”活动启动仪式。期间，王志珍与九三学社温州市委领导班子进行了座谈，就如何深入学习贯彻科学发展观，促进我社各方面工作再上新台阶进行了探讨交流。

4 月 13 日　九三学社“沪豫科技合作”项目暨“引智入鹤”启动仪式在河南省鹤壁市举行。全国政协副主席、九三学社中央副主席王志珍出席仪式并讲话。

4 月 14 日　各民主党派中央、全国工商联参与毕节试验区建设座谈会在京召开。中共中央政治局常委、全国政协主席贾庆林出席并讲话。全国人大常委会副委员长、九三学社中央主席韩启德在座谈会上发言。

4 月 14 日—15 日　全国政协副主席、九三学社中央副主席王志珍先后到中钢集团洛阳耐火材料研究院、河南工业大学视察。

4 月 21 日　九三学社纪念“五四”运动 90 周年活动在北京大学拉开帷幕。

4 月 22 日—29 日　全国政协副主席、九三学社中央副主席王志珍率队赴重庆市和四川省成都市就城乡统筹问题进行调研。九三学社中央副主席赖明等陪同调研。

4 月 23 日　农业部副部长、九三学社中央副主席张桃林出席由农业部、国家林业局、国家知识产权局共同在京举行的中国实施《植物新品种保护条例》和加入国际植物新品种保护联盟 10 周年庆祝活动。

4 月 23 日　中国人民争取和平与裁军协会第八届会员团体联席会议在京召开。会议产生了新一届领导机构。全国人大常委会副委员长、九三学社中央主席韩启德担任会长。

4 月 24 日　全国人大常委会副委员长、九三学社中央主席韩启德在京出席第八届外交官之春暨第四届杰出华商大会财富领袖论坛。

4 月 25 日　九三学社沙坪坝区委召开成立 20 周年纪念大会。九三学社中央副主席、重庆市委主委谢小军，九三学社中央副主席赖明出席会议。

5 月 6 日—8 日　九三学社十二届七次常委会在福建省福州市召开。

5 月 8 日　全国政协副主席、九三学社中央副主席王志珍来到由上海和福建两地九三学社社员共同捐资复建的丰乐九三小学，亲切看望了该校师生。

5 月 14 日—15 日　应中共大连市委统战部邀请，九三学社中央常务副主席陈抗甫赴大连作专题报告并看望九三学社大连市委机关工作人员。

5 月 15 日—17 日　全国政协副主席、九三学社中央副主席王志珍赴浙江考察调研。

5 月 18 日　九三学社中央副主席邵鸿走访九三学社江西省委并与机关工作人员座谈。

5 月 19 日　全国人大常委会副委员长、九三学社中央主席韩启德在浙江省宁海市出席“第七届中国徐霞客开游节”开幕式。

5 月 21 日　九三学社中央常务副主席陈抗甫在社中央机关分别会见中共宁夏回族自治区区委统战部、中共湖南省委统战部领导，就有关干部工作进行沟通座谈。

5 月 22 日　九三学社中央副主席邵鸿前往北京友谊医院探望张光斗院士。

5 月 25 日　国家主席胡锦涛在人民大会堂东门外广场主持仪式，欢迎塞拉利昂共和国总统欧内斯特·巴伊·科罗马访华。全国政协副主席、九三学社中央副主席王志珍出席欢迎仪式。

5月27日　九三学社中央主席韩启德，副主席王志珍、邵鸿、赖明在中央统战部出席党外人士情况通报会。

5月29日　韩德培逝世。韩德培（1911—2010），江苏如皋人。中国当代著名法学家、杰出教育家、社会活动家，中国国际法学一代宗师，中国环境法学开拓者和奠基人，武汉大学人文社会科学资深教授、博士生导师。中国人民政治协商会议第六届、第七届全国委员会委员。1980年加入九三学社。九三学社第七届中央委员会顾问，九三学社中央参议委员会委员。

6月2日　中国基因科学暨产业发展高峰论坛在京举行。全国政协副主席、九三学社中央副主席王志珍出席并讲话。

6月3日　全国政协副主席、中国国际交流协会副会长、九三学社中央副主席王志珍在北京钓鱼台国宾馆会见德国联邦议院人权与人道援助委员会主席、前联邦司法部长、社民党前副主席海尔塔·多伊布勒·格梅林女士等客人。

6月7日—11日　九三学社中央主席韩启德、副主席赖明赴贵州考察扶贫工作。

6月7日—18日　九三学社中央副主席王志珍率王选基金会代表团先后访问爱尔兰、德国、芬兰，对上述国家科技创新管理体制、创新政策的决策机制以及产学研合作模式进行调研考察。

6月8日—21日　九三学社中央副主席贺铿随全国人大常委会代表团一行赴哈萨克斯坦、吉尔吉斯斯坦、爱尔兰进行访问。

6月11日　九三学社中央副主席邵鸿率九三学社中央机关社员考察九三学社北京市委“一村一博”工程示范村之一的昌平区长陵镇康陵村。

6月15日　九三学社中央常务副主席陈抗甫在社中央机关会见中共北京市委统战部领导，就有关干部工作进行沟通座谈。

6月16日—6月19日　九三学社中央常务副主席陈抗甫，副主席冯培恩、邵鸿、张桃林、赖明在京参加政协第十一届全国委员会常委会第六次会议。

6月22日—23日　农业部副部长、九三学社中央副主席张桃林在安徽省调研农业机械化工作。期间，在合肥参加了“全国农机购置补贴工作会议”并讲话。

6月23日　九三学社中央副主席邵鸿在中央社会主义学院为第十九期民主党派中青年干部培训班学员作“民主党派思想建设的工作方法”主题报告。

6月24日　九三学社中央副主席赖明在北京人民大会堂参加温家宝总理为泰国总理阿披实访华举行的欢迎仪式和欢迎宴会。

6月25日　九三学社中央副主席邵鸿在辽宁省沈阳市出席“全国副省级城市九三学社组织参政党建设研讨会”并讲话。

6月27日　九三学社中央副主席邵鸿在京出席“中国教育行政体制改革研讨会”。

6月28日—7月11日　九三学社中央常务副主席陈抗甫陪同全国政协副主席、中共中央统战部部长杜青林出访俄罗斯、挪威、爱尔兰、斯洛文尼亚四国。

6月30日　九三学社中央主席韩启德、副主席赖明在社中央机关参加“中国医疗器械自主创新突破行动计划暨海扶项目座谈会”。

6月30日　全国人大常委、九三学社中央副主席贺铿在四川省成都市为参加全国人大外事工作培训班的学员作“国际金融危机背景下的中国经济形势”主题报告。

7月1日　九三学社中央副主席邵鸿、赖明在京参加由九三学社中央和农工党中央、致公党中央联合举办的“庆祝中华人民共和国成立60周年、人民政协成立和中国共产党领导的多党合作和政治协商制度确立60周年书画展”。

7月1日—2日　九三学社中央主席韩启德、副主席王志珍赴江苏省无锡市考察科学技术推广普及工作。期间，韩启德、王志珍出席了王选事迹陈列馆开馆仪式并为王选铜像揭幕。

7月8日　九三学社中央副主席贺铿做客人民网强国论坛接受网上采访，就“统计法的修改与当前宏观经济形势”与网友在线交流。

7月8日　九三学社中央副主席邵鸿、赖明在中共中央统战部参加新疆乌鲁木齐“7·5”事件情况通报会。

7月9日　九三学社中央副主席邵鸿、马大龙在北京市民主党派大楼出席九三学社北京市委会庆祝建国60周年“祖国在我心中”演讲比赛决赛。

7月10日　九三学社中央在社中央机关开展“九三讲堂”活动，邀请中国科学院院士秦大河作了题为“气候变化：影响与对策”专题报告。九三学社中央主席韩启德、副主席邵鸿出席。

7月10日　九三学社中央副主席王志珍、冯培恩、赖明、马大龙在社中央机关出席由九三学社中央“促进科技发展和自主创新”课题组举办的“深化我国科技宏观管理体制改革研讨会”。

7月12日　九三学社中央主席韩启德在京出席第七届世界卫生经济大会，并在开幕式上作学术报告。

7月13日　九三学社中央副主席张桃林在全国政协礼堂参加“加快发展方式转变和结构调整，提高可持续发展能力”专题协商会。

7月13日—15日　九三学社中央主席韩启德，副主席赖明、马大龙率队赴吉林省就“中药与生物制药发展现状与展望”课题进行调研。

7月16日　九三学社中央参政党理论研究中心成立大会在京举行。

7月16日—22日　九三学社中央副主席贺铿赴甘肃进行工作调研。

7月17日　九三学社中央社史研究中心成立大会在京举行。

7月21日　九三学社中央主席韩启德、副主席王志珍、常务副主席陈抗甫在中南海参加由温家宝总理主持的党外人士座谈会，就经济工作进行座谈。

7月22日　九三学社中央常务副主席陈抗甫在社中央机关接受《团结报》记者专访，介绍近期陪同全国政协副主席、中共中央统战部部长杜青林出访俄罗斯、挪威、爱尔兰、斯洛文尼亚的有关情况。

7月23日　九三学社中央副主席贺铿在社中央机关接受新华社《财经》栏目专访，就当前经济形势相关问题阐述观点。

7月23日　九三学社中央常务副主席陈抗甫、副主席邵鸿在社中央机关会见莫斯科大学政治学院参加北京夏令营活动的全体成员，并与来宾进行了亲切座谈。

7月26日　全国人大常委会副委员长、欧美同学会会长、九三学社中央主席韩启德在京出席欧美同学会“会员健康日”活动开幕式并讲话。

7月27日—8月2日　九三学社中央主席韩启德赴内蒙古自治区呼伦贝尔市考察，并与九三学社呼伦贝尔市委社员亲切座谈。

7月31日　九三学社中央常务副主席陈抗甫在中央社会主义学院为国家机关工委系统民主党派基层组织负责人就“合作

共事”作主题报告。

8月6日　九三学社中央副主席邵鸿在全国政协礼堂出席“六十年的腾飞”中国体坛英杰剪纸展开幕剪彩仪式。

8月7日—10日　九三学社中央副主席贺铿赴四川先后出席九三学社四川省委与九三学社成都、绵阳、德阳市委抗震救灾援助项目协议签字仪式。期间，对当地九三学社援建项目进行了考察调研。

8月11日　九三学社中央主席韩启德、副主席王志珍、常务副主席陈抗甫在中南海参加由中共中央召开的党外人士协商会。

8月11日　九三学社中央副主席贺铿、谢小军一行到重庆市万州区大周镇五土村实地考察“九万合作”新农村建设试点项目，并出席九三学社中央向重庆市农民赠送《新农村卫生健康手册》、九三学社重庆市委支持万州区大周镇卫生院建设捐赠仪式。

8月12日　九三学社中央主席韩启德、副主席邵鸿在社中央机关出席王选基金会第一届第六次理事会议。

8月12日　九三学社中央主席韩启德在社中央机关接受《共铸辉煌》摄制组采访。

8月13日　九三学中央副主席贺铿一行赴重庆市荣昌县考察和调研畜牧业生产和“九荣合作”项目实施情况。

8月14日　九三学社中央副主席邵鸿前往北京友谊医院看望社中央原副主席陈明绍同志，并代表社中央向其95岁寿诞表示祝贺。

8月15日　九三学社中央常务副主席陈抗甫在北京奥体中心应邀出席第47届国际速记联合会大会开幕式。

8月17日　全国人大常委会副委员长、欧美同学会会长、九三学社中央主席韩启德在京出席欧美同学会·中国留学人员联谊会海外留学人员座谈会开幕式并致词。

8月18日　九三学社中央副主席贺铿在社中央机关接受《人民日报（海外版）》专访，就我国经济有关统计数据问题阐述观点。

8月18日　九三学社中央副主席王志珍、冯培恩、张桃林、赖明、马大龙在社中央机关参加九三学社中央“促进科技发展和自主创新”课题组召开的“我国科研院所改革问题”研讨会。

8月18日—20日　九三学社中央主席韩启德在青海省考察调研。期间，会见了九三学社青海省委主要负责同志。

8月18日—21日　九三学社中央副主席邵鸿赴天津出席九三学社天津市委会举行的纪念新中国成立60周年暨多党合作制度确立60周年理论研讨会。

8月18日—24日　九三学社中央副主席马大龙率队赴江苏、浙江、河南三省，就药品涉刑案件中法律适用问题开展专题调研。

8月19日　九三学社中央副主席贺铿、赖明在中共中央统战部听取由世界银行高级副行长林毅夫所作的“全球经济形势和发展趋势”主题报告。

8月24日　九三学社中央主席韩启德、副主席王志珍、常务副主席陈抗甫、副主席邵鸿、马大龙在北京市天桥剧院出席九三学社中央与九三学社北京市委会联合举办的“祖国在我心中——庆祝新中国成立60周年文艺汇演暨书画摄影展”。

8月24日—27日　九三学社中央主席韩启德、副主席贺铿在人民大会堂出席十一届全国人大第十次常委会议。

8月27日　九三学社中央主席韩启德在社中央机关接受新华社、中央人民广播电台记者的联合采访。

8月27日—9月6日　九三学社中央副主席王志珍、邵鸿、赖明带队赴甘肃、内蒙、宁夏三省（自治区）就节水农业工作开展情况进行调研。

8月28日　九三学社中央主席韩启德在中共中央统战部接受中央电视台《焦点访谈》栏目采访。

8月29日　九三学社中央主席韩启德在京出席中国中医药出版社举办的“名家、名著、名社”战略研讨会。

8月31日　农业部副部长、九三学社中央副主席张桃林随全国政协提案委员会调研组一行在呼和浩特市出席内蒙古自治区党委、政府、政协就内蒙古草原保护与建设情况及请求建立草原生态补偿长效机制举行的汇报会。

9月1日　九三学社中央常务副主席陈抗甫在中央社会主义学院文华大厦出席秋季开学典礼及新一届院务咨询委员会第一次会议。

9月1日　全国人大常委、全国人大财经委副主任、九三学社中央副主席贺铿在人民大会堂出席人大财经委、环资委联合举行的工作会议，听取《节约能源法》落实中有关建筑节能工作情况的汇报。

9月2日　九三学社中央副主席邵鸿看望了九三学社中央原参议委员会副主任、九三学社北京市委原副主委李毅同志，并祝贺他90华诞。

9月3日　九三学社中央与九三学社北京市委员会在社中央机关联合举办庆祝新中国成立60周年、政治协商制度确立60周年以及建社64周年座谈会。

9月4日　九三学社中央副主席贺铿在浙江省杭州市出席“2009浙商财智论坛”并作主题报告。

9月4日　全国人大常委会副委员长、九三学社中央主席韩启德在人民大会堂会见印度卡纳塔克邦首席部长叶迪乌拉帕一行。

9月4日　九三学社中央常务副主席陈抗甫前往莆田湄洲岛考察。期间，与九三学社莆田市委的领导班子成员和部分社员进行了座谈。

9月5日　九三学社中央“薪火相传——建设中华民族共有精神家园”系列文化活动在京启动。

9月5日　陈明绍逝世。陈明绍（1914—2009），广东大埔人。曾任北京工业大学教授、副校长。第五、六、七届全国政协委员，第八届全国政协常委，全国政协教育文化委员会副主任。1949年3月加入九三学社。九三学社第八、九届中央委员会副主席，第十届中央委员会名誉副主席，北京市第八、九届人民代表大会常务委员会副主任，政协北京市第五届委员会副主席。

9月7日　九三学社中央常务副主席陈抗甫在中央社会主义学院出席九三学社湖北省委骨干培训班开班仪式，并就合作共事作主题报告。

9月8日—10日　九三学社中央主席韩启德，副主席王志珍、谢小军在重庆出席第十一届中国科协年会。

9月9日　九三学社中央副主席邵鸿赴杭州出席九三学社浙江省委以“庆祝新中国成立60周年及政治协商制度确立60周年”为主题的第二十六次思想政治工作会议并讲话。

9月10日—20日　九三学社中央常务副主席陈抗甫、副主席赖明带队赴湖南、贵州就生态旅游问题进行考察调研。

9月11日　九三学社中央副主席邵鸿在中央社会主义学院为九三学社湖北省委骨干培训班作九三学社社史专题讲座。

9月11日—13日　九三学社中央副主席贺铿赴安徽省合肥市出席九三学社全国宣传工作会议并讲话。

9月12日　九三学社中央副主席邵鸿在全国政协礼堂出席中国致公画院成立仪式及国庆文艺演出。

9月12日　九三学社中央副主席王志珍在京出席“2009中国农村发展高层论坛”。

9月14日　九三学社中央主席韩启德，副主席王志珍、张桃林，原常务副主席王文元，原副主席洪绂曾在中央统战部出席统一战线庆祝新中国成立60周年大会。

9月14日—16日　九三学社中央副主席邵鸿赴辽宁省丹东市出席九三学社辽宁省委主办的统战理论研讨会。

9月14日—18日　九三学社中央副主席贺铿赴山西省太原市出席华北地区人大财经工作座谈会并讲话。

9月14日—19日　九三学社中央常务副主席陈抗甫、副主席赖明率队赴贵州就生态旅游问题进行调研。

9月16日　李毅逝世。李毅（1919—2009），四川安岳人。1948年10月加入九三学社。第四、五届全国政协委员，第六、七、八届全国政协常委，九三学社第四届中央委员、副秘书长，第五、六届中央常委、副秘书长，第七、八、九届中央常委，第八、九届中央参议委员会副主任兼秘书长，第十一届中央委员会顾问，九三学社北京市委原副主委。

9月16日　全国人大常委会副委员长、九三学社中央主席韩启德在京出席中国科技馆新馆开馆仪式并致词。

9月16日—17日　全国政协副主席、九三学社中央副主席王志珍赴河北省唐山市进行考察调研。期间，在唐山国际会展中心出席了第十二届唐山中国陶瓷博览会开幕式。

9月16日—18日　九三学社中央主席韩启德赴山西省晋城市考察调研“九地合作”情况。

9月17日　杨遵仪逝世。杨遵仪（1908—2009），广东揭阳人。著名地质学家、地质教育家、中国科学院资深院士、中国地质大学教授。1950年加入九三学社。

9月18日　重庆市副市长、九三学社中央副主席谢小军在重庆市出席重庆市人口文化促进会第二次会员代表大会并讲话。

9月19日　九三学社中央副主席王志珍、贺铿、邵鸿、马大龙在中央统战部听取中共中央十七届四中全会精神传达。

9月20日　九三学社中央主席韩启德，副主席王志珍，常务副主席陈抗甫，副主席贺铿、邵鸿、谢小军、马大龙，原常务副主席王文元，原副主席赵伟之在全国政协礼堂出席庆祝中国人民政治协商会议成立60周年纪念大会。

9月21日　全国人大常委会副委员长、九三学社中央主席韩启德在京出席国际和平日座谈会并发表讲话。

9月21日　九三学社十二届八次常委会在京召开。

9月21日—23日　九三学社中央副主席王志珍，常务副主席陈抗甫，副主席冯培恩、邵鸿、张桃林、赖明在京出席全国政协十一届七次常委会议。

9月22日　九三学社中央副主席王志珍、常务副主席陈抗甫、副主席赖明在中央统战部出席党外人士情况通报会。

9月22日　九三学社中央副主席邵鸿在中央社会主义学院出席庆祝新中国成立60周年活动。

9月24日　九三学社中央副主席邵鸿

在社中央机关出席学习贯彻中共十七届四中全会精神座谈会。

9月25日　九三学社中央常务副主席陈抗甫在中央社会主义学院为民主党派第22期培训进修班作报告。

9月27日　九三学社中央副主席邵鸿在天津出席九三学社天津市委会庆祝新中国成立暨多党合作制度确立60周年书画展开幕式并参观书画展。

9月30日　九三学社中央主席韩启德，副主席王志珍，常务副主席陈抗甫，副主席贺铿、邵鸿、赖明、马大龙在北京人民大会堂宴会厅出席国务院举办的国庆60周年招待会。

10月1日　九三学社中央主席韩启德，副主席王志珍，常务副主席陈抗甫、副主席贺铿、邵鸿、赖明、马大龙在京出席首都各界庆祝中华人民共和国成立60周年大会及联欢晚会等活动。

10月10日　九三学社中央副主席贺铿在中央财经大学出席人力资本度量及中国人力资本指数国际研讨会并作主题演讲。

10月12日—15日　九三学社中央基层组织工作研讨会在广西桂林召开。

10月12日—17日　全国人大常委会副委员长、九三学社中央主席韩启德率全国人大常委会《食品安全法》执法检查组，赴广西进行食品安全执法检查。

10月13日—17日　全国政协提案委员会副主任、九三学社中央副主席邵鸿赴河南省安阳市出席全国政协提案承办单位办理工作座谈会。

10月15日　全国政协副主席、九三学社中央副主席王志珍在京出席由全国政协人口资源环境委员会和中国奶业协会联合主办的中国奶业振兴态势分析会开幕式并致词。

10月19日　九三学社中央副主席王志珍出席九三学社上海市委科技创新座谈会，听取九三学社上海市委参政议政工作情况汇报，并与院士、科技界人士围绕科技创新面临的问题和挑战进行座谈。

10月19日—20日　九三学社中央副主席贺铿赴浙江省温州市出席九三学社华东六省一市工作经验交流会。

10月19日—20日　农业部副部长、九三学社中央副主席张桃林出席在江苏省泰州市召开的全国农业科技创新与推广现场会。

10月20日　全国政协副主席、九三学社中央副主席王志珍在京会见孟加拉—中国人民友好协会代表团一行。

10月20日—23日　全国人大常委会副委员长、九三学社中央主席韩启德率全国人大常委会执法检查组，对北京市贯彻实施《食品安全法》情况进行执法检查。

10月21日—24日　九三学社中央副主席贺铿赴贵州就毕节试验区统筹城乡经济社会发展情况进行调研。

10月22日　九三学社中央副主席赖明在京出席“第四届中国国际数字城市大会”并致词。

10月23日　九三学社中央常务副主席陈抗甫在社中央机关会见九三学社广州市委机关干部并进行座谈。

10月24日　全国政协副主席、九三学社中央副主席王志珍出席在重庆市举办的第四届中国畜牧科技论坛暨第六届中国畜牧科技新项目新技术新产品博览会。

10月24日—25日　九三学社中央常务副主席陈抗甫赴湖南长沙出席第六届中国生态旅游发展论坛。

10月29日—30日　九三学社中央参政议政工作座谈会在京召开。

10月30日　全国政协副主席、九三学社中央副主席王志珍在人民大会堂出席中国科学院建院60周年纪念会。

10月30日　九三学社中央副主席贺铿在深圳市出席“寻找中国经济新引擎——网易2009中国创业板峰会”。

11月2日—3日　九三学社中央在浙江省杭州市举办第四届“九三论坛”。

11月2日—4日　九三学社中央副主席邵鸿在安徽省合肥市出席“皖台农业合作高层论坛”。

11月2日—11日　全国人大常委会副委员长、欧美同学会会长、九三学社中央主席韩启德率欧美同学会代表团赴澳大利亚、新西兰访问，并在澳大利亚悉尼市出席“21世纪中国”研讨会。

11月6日—8日　九三学社中央副主席邵鸿在海南省海口市出席九三学社海南省委成立20周年庆祝活动并代表九三学社中央致贺词。在琼期间，邵鸿还出席了海南师范大学建校60周年庆典。

11月9日　九三学社中央副主席王志珍、常务副主席陈抗甫在社中央机关会见天津市政协、市委统战部有关领导。

11月10日—11日　农业部副部长、九三学社中央副主席张桃林率团出席在文莱召开的第31届东盟国家农林部长会议暨第9届东盟与中日韩（10+3）农林部长会议。

11月13日　九三学社中央主席韩启德、副主席邵鸿专程前往九三学社中央原顾问、材料科学界泰斗、中国科学院和中国工程院资深院士师昌绪的办公室，祝贺师昌绪90岁寿辰。

11月13日　九三学社中央副主席邵鸿在社中央机关出席由九三学社中央研究室举办的“社会主义核心价值体系”理论研讨会。

11月14日　九三学社中央主席韩启德，副主席王志珍、邵鸿、赖明在京出席由九三学社中央和辽宁省人民政府联合主办的低碳经济与绿色建筑产业发展高峰论坛。

11月16日　九三学社中央副主席赖明出席中央统战部召开的党外人士情况通报会。

11月16日—19日　九三学社中央副主席冯培恩在黑龙江省哈尔滨市出席工信部所属高校研究生教育优秀工程评估活动。

11月17日—19日　九三学社中央副主席王志珍、贺铿，原副主席洪绂曾在福建漳州出席首届海峡两岸现代农业博览会暨第十一届海峡两岸花卉博览会，并出席由九三学社中央委员会和有关方面联合主办的2009年海峡农业科技论坛。

11月18日　九三学社中央在社中央机关开展“九三讲堂”活动，邀请中国工程院院士秦伯益作了“神州独游——揽胜　读史　抒怀”专题报告。九三学社中央主席韩启德，副主席邵鸿、赖明出席。

11月19日—20日　九三学社中央副主席赖明赴山东参加住房和城乡建设部组织的调研活动。

11月21日　九三学社中央常务副主席陈抗甫，副主席贺铿、邵鸿、赖明、马大龙出席中央统战部召开的党外人士情况通报会。

11月23日　九三学社中央主席韩启德，副主席贺铿、邵鸿在中央统战部出席有关美国总统奥巴马访华的情况通报会。

11月23日—12月4日　全国政协副主席、九三学社中央副主席王志珍率中国国际交流协会代表团对德国、塞尔维亚和斯洛伐克进行友好访问。

11月24日　九三学社中央主席韩启德、常务副主席陈抗甫在京出席中共中央召开的党外人士座谈会。

11月26日　九三学社中央主席韩启

德在社中央机关主持召开王选关怀基金会第一届第七次理事会议。九三学社中央副主席邵鸿出席。

11月30日—12月3日　九三学社中央副主席贺铿赴四川地震灾区出席沙洲镇江边村二组、都江堰市天马镇敬老院灾后重建工程竣工典礼活动，并看望灾区群众，考察“九地合作”工作。

12月2日　九三学社中央常务副主席陈抗甫，副主席邵鸿、赖明在机关会见中共中央统战部一局局长吴晓礼一行。

12月2日　九三学社中央主席韩启德，副主席邵鸿在社中央机关出席“社会主义核心价值体系”理论研讨会。

12月4日　九三学社中央主席韩启德在人民大会堂出席纪念澳门特别行政区基本法实施10周年座谈会。

12月6日　九三学社中央主席韩启德，副主席贺铿、邵鸿、赖明，原副主席洪绂曾在全国政协礼堂出席“薪火相传——建设中华民族共有精神家园”书画展开幕式。

12月6日　九三学社十二届九次常委会在京召开。

12月7日　九三学社中央副主席赖明出席中央统战部召开的党外人士情况通报会。

12月7日　九三学社中央副主席贺铿分别做客人民网“强国论坛”和接受中央电视台新闻专题部采访，就中央经济工作会议与宏观经济形势发表看法。

12月7日—9日　九三学社十二届三中全会在京召开。

12月10日　全国政协提案委员会副主任、九三学社中央副主席邵鸿和全国政协提案委员会有关人员一起走访科技部，就提案办理工作进行深入座谈。

12月10日—11日　全国人大常委会副委员长、九三学社中央主席韩启德在广西百色出席百色起义、龙州起义80周年纪念活动。

12月15日　全国人大常委会副委员长、九三学社中央主席韩启德在京会见由白俄罗斯国民会议代表院主席安德烈琴科率领的白俄罗斯国民会议代表团。

12月15日　九三学社中央副主席邵鸿在京出席民建中央书画院成立大会。

12月15日　九三学社中央副主席邵鸿在社中央机关会见九三学社河北衡水市委领导班子成员和社员代表。

12月16日　九三学社中央主席韩启德，副主席赖明在社中央机关与卫生部部长陈竺等进行座谈。

12月16日—21日　全国人大常委、全国人大财经委副主任、九三学社中央副主席贺铿率全国人大财经委《台湾同胞投资保护法》执法检查组到广西、海南进行执法检查。

12月17日　九三学社中央主席韩启德，副主席赖明在社中央机关与科技部部长万钢等进行座谈。

12月17日　九三学社中央副主席王志珍、邵鸿在社中央机关与中央社会主义学院领导班子成员进行座谈。

12月18日　九三学社中央副主席冯培恩出席九三学社杭州市委举行的科技讲堂第二讲“创新——先进制造业的灵魂”报告会。

12月18日　九三学社中央副主席邵鸿在机关出席九三学社中央教育文化专门委员会工作会议，商讨明年“两会”提案和调研等事宜。

12月21日　全国政协常委、九三学社中央副主席邵鸿在京出席法国总理菲永访华欢迎仪式。

12月24日　九三学社中央主办的

《民主与科学》杂志创刊20周年纪念座谈会在京召开。

12月25日 九三学社中央副主席邵鸿出席中央统战部召开的考察调研选题交流会议。

12月28日 九三学社中央书画院迎新年书画雅集活动在社中央机关进行。九三学社中央主席韩启德，副主席邵鸿参加活动。

12月30日 九三学社中央主席韩启德，副主席邵鸿出席中央统战部召开的党外人士情况通报会。

12月30日 九三学社中央副主席贺铿在京出席北京各界学习贯彻胡锦涛总书记重要讲话座谈会。

乔发进 九三学社中央研究室干部

台湾民主自治同盟

1月1日　中国人民政治协商会议全国委员会在全国政协礼堂举行新年茶话会。中共中央总书记、国家主席、中央军委主席胡锦涛出席并发表重要讲话。台盟中央主席林文漪，常务副主席汪毅夫，副主席吴国祯、黄志贤，秘书长张宁应邀出席。

1月4日　台盟中央、全国台联在人民大会堂台湾厅联合举行“学习贯彻胡锦涛总书记重要讲话暨纪念《告台湾同胞书》发表30周年座谈会”。台盟中央主席林文漪、副主席黄志贤、秘书长张宁出席会议。台盟中央副主席吴国祯代表台盟中央在会上发言。

1月5日　台盟中央副主席黄志贤在机关会见贵州省毕节地委书记一行。

1月7日　台盟中央医学交流团结束在台湾的访问返京。台盟中央副主席黄志贤到机场迎接，并与交流团进行座谈。

1月13日　中共中央统战部在部机关召开“民主党派中央领导班子建设经验交流会”，全国政协副主席、中央统战部长杜青林出席并作总结讲话。台盟中央副主席吴国祯、黄志贤出席会议。

1月13日　中共中央统战部在部机关礼堂举行“党外人士迎春招待会”。台盟中央原主席张克辉，副主席吴国祯、黄志贤，原副主席田富达、陈仲颐，原秘书长潘渊静、张华军出席。

1月13日　台盟中央妇女工作委员会在紫玉山庄俱乐部召开两岸女台胞春节座谈会，就中共中央总书记胡锦涛在“纪念《告台湾同胞书》发表30周年座谈会”上的重要讲话，以及两岸关系30年来发生的巨大变化座谈交流。妇委会主任郭理主持会议，紫玉山庄董事长黄紫玉女士等发言，在京部分女台商和台盟中央妇女工作委员会部分委员参加。

1月14日　台盟中央在机关礼堂举行迎春联欢会。台盟中央副主席黄志贤，原副主席田富达，秘书长张宁，原秘书长潘渊静、张华军等出席，并向荣获2008年度机关优秀公务员和先进职工称号的同志颁发奖状。机关离退休老同志和机关全体工作人员参加。

1月15日　全国台湾同胞投资企业联谊会在京举办“台企联顾问新年联谊会”。台盟中央秘书长、台企联顾问张宁出席。

1月15日　台盟中央副主席黄志贤在机关会见日本归国者北大阪协会会长一行。

1月16日　中共中央统战部在部机关礼堂举行“2009年在京台胞新春招待会”。台盟中央副主席吴国祯、黄志贤，原副主席田富达、陈仲颐，秘书长张宁，原秘书长潘渊静、张华军等应邀出席。

1月16日　北京市台联、北京市台企

协会在首都大酒店举行“2009年在京台胞迎新春联谊晚会”。台盟中央副主席黄志贤应邀出席。

1月17日　台盟中央、全国台联、台盟北京市委和北京市台联在京西宾馆联合举办“在京台胞春节联欢会”。台盟中央主席林文漪，副主席黄志贤，秘书长张宁出席并向与会人员拜年。

1月19日　台盟中央副主席黄志贤走访北京市台资企业协会。

1月20日　台盟中央主席林文漪，副主席黄志贤，秘书长张宁到位于北京市丰台区的育青食品开发有限公司，看望在京台资企业部分代表并致以新春的问候。

1月21日　台盟中央和全国台联在北京好苑建国饭店共同举办“2009年在京台胞新春同乐会”。台盟中央主席林文漪，副主席吴国祯，秘书长张宁，台盟北京市委主委蔡国雄，以及来自全国人大、全国政协、中共中央统战部、国台办、全国青联、北京市相关部门的领导出席。同乐会由台盟中央副主席黄志贤主持。台盟中央机关各部门负责人、全体干部，在京大陆台胞及台商、台生等300多人参加。

1月22日　中共中央总书记胡锦涛在中南海怀仁堂主持召开党外人士迎春座谈会，并发表重要讲话。台盟中央主席林文漪，原主席张克辉参加座谈会。

1月24日　中共中央、国务院在人民大会堂宴会厅举行春节团拜会。台盟中央主席林文漪，副主席黄志贤应邀出席。

2月6日　政协第十一届全国委员会第十一次主席会议在全国政协礼堂召开。台盟中央主席林文漪出席，副主席黄志贤列席。

2月9日　中共中央在国务院第一会议室召开党外人士座谈会。台盟中央主席林文漪出席并发言，副主席黄志贤出席。

2月9日　中共中央、国务院在人民大会堂举行2009年元宵晚会。台盟中央副主席黄志贤应邀出席。

2月11日　台盟中央主席林文漪，副主席黄志贤在全国政协礼堂会见并宴请台湾《海峡评论》杂志社访问团一行。

2月11日—12日　台盟中央副主席黄志贤率台盟盟史研究小组赴天津市开展调研。

2月16日—20日　受台盟中央主席林文漪的委托，台盟中央副主席、广东省委主委陈蔚文率台盟代表团赴香港走访居港台胞，展开以“加强联系、沟通乡情、融洽亲情”为主旨的“续缘之旅”，并应邀做客中央人民政府驻香港特别行政区联络办公室，与台湾事务部座谈交流。

2月17日　台盟中央在和乔宾馆召开在京台商座谈会，就进一步促进两岸关系和平发展及帮助台资企业在大陆更好地发展听取意见、建议。台盟中央主席林文漪，副主席黄志贤出席会议。

2月18日　政协第十一届全国委员会第十二次主席会议在全国政协礼堂召开。台盟中央主席林文漪出席，副主席黄志贤列席。

2月20日　台盟中央在机关礼堂举行“台湾义勇队成立70周年座谈会”。台盟中央主席林文漪出席会议，常务副主席汪毅夫在会上发表讲话。会议由台盟中央副主席黄志贤主持。

2月24日　台盟中央、全国台联在台盟中央礼堂共同举行“纪念台湾‘二·二八起义’62周年座谈会”。台盟中央主席林文漪，常务副主席汪毅夫，秘书长张宁出席。会议由台盟中央副主席黄志贤主持。

2月25日—27日　政协第十一届全国委员会常务委员会第四次全体会议在京召开。台盟中央主席林文漪，副主席黄志贤出席。

2月25日—28日　第十一届全国人民代表大会常务委员会第七次全体会议在北京人民大会堂召开。台盟中央常务副主席汪毅夫出席。

3月3日　中国人民政治协商会议第十一届全国委员会第二次会议在北京人民大会堂开幕。中共中央政治局常委、全国政协主席贾庆林代表政协第十一届全国委员会常务委员会向大会作工作报告，全国政协副主席张榕明作关于政协十一届一次会议以来提案工作情况的报告。台盟中央主席林文漪，副主席吴国祯、杨健、黄志贤，秘书长张宁等出席大会开幕式。

3月5日　中华人民共和国第十一届全国人民代表大会第二次会议在北京人民大会堂开幕。中共中央政治局常委、国务院总理温家宝代表国务院向大会作政府工作报告。台盟中央主席林文漪，常务副主席汪毅夫，副主席吴国祯、陈蔚文、杨健、黄志贤，秘书长张宁等出席大会开幕式。

3月6日　台湾民主自治同盟第八届中央常务委员会第六次全体会议在北京会议中心召开。台盟中央主席林文漪出席并主持会议，常务副主席汪毅夫，副主席吴国祯、陈蔚文、杨健、黄志贤，秘书长张宁等22名台盟八届中央委员会常务委员出席，台盟部分地方组织及中央机关各部门的负责人列席。

3月12日　中国人民政治协商会议第十一届全国委员会第二次会议在人民大会堂举行闭幕会。中共中央政治局常委、全国政协主席贾庆林致闭幕词。台盟中央主席林文漪，副主席吴国祯、杨健、黄志贤，秘书长张宁等出席。

3月13日　中华人民共和国第十一届全国人民代表大会第二次会议在人民大会堂举行闭幕会。中共中央政治局常委、全国人大常委会委员长吴邦国主持。台盟中央主席林文漪，常务副主席汪毅夫，副主席陈蔚文等出席。

3月17日　中共中央统战部在部机关召开以“过去怎么看、今后怎么干”为主题的“统一战线智力支边工作座谈会”，总结贵州省毕节试验区建立以来所取得的成就和经验，探讨今后统一战线如何深入学习贯彻科学发展观、进一步推进智力支边工作的思路和措施。台盟中央常务副主席汪毅夫出席。

3月18日　台盟中央在机关礼堂召开“传达学习全国‘两会’精神报告会”。台盟中央副主席黄志贤主持，秘书长张宁介绍台盟参会情况并传达全国“两会”精神。机关全体工作人员、离退休老同志和台海出版社全体职工等参加。

3月18日—21日　台盟中央副主席黄志贤率队赴湖北省武汉市开展台盟中央2009年党派大考察预调研，期间会见了中共湖北省委常委兼统战部部长苏晓云。台盟湖北省委主委吴秀凤，副主委兼秘书长张天弓等参加。

3月20日　台盟福建省委在福建省福州市召开恢复活动三十周年纪念大会。台盟中央秘书长张宁出席并代表台盟中央向大会致贺词。大会回顾了台盟福建省委三十年的发展历程，表彰了一批老盟员和长期从事盟务工作的机关干部，并号召全省盟员继续为促进福建省全面发展和推进祖国和平统一进程作出新贡献。

3月25日　台盟中央副主席黄志贤会见由岛内新同盟会、海峡两岸和平统一促进会和中国统一联盟组成的访问团。

4月1日　全国政协副主席、中共中央统战部部长杜青林在部机关主持召开党外人士座谈会，就新形势下如何进一步加强党的建设等问题征求意见、建议。台盟中央主席林文漪出席并代表台盟中央发言，常务副主席汪毅夫出席。

4月10日　首届“海峡论坛”组委会在京委员会聚北京市福建大厦，听取论坛相关筹备工作汇报和各成员单位的意见、建议。台盟中央常务副主席、“海峡论坛”组委会副主任汪毅夫出席。

4月14日　中共中央统战部在部机关礼堂召开各民主党派中央、全国工商联参与毕节试验区建设座谈会。台盟中央主席林文漪出席并代表台盟中央发言，副主席黄志贤出席。

4月17日　台盟中央与重庆市人民政府合作协议签字仪式在重庆市渝州宾馆举行。台盟中央主席林文漪、副主席黄志贤，台盟重庆市委主委李钺锋、副主委许沛出席。在渝期间，中共中央政治局委员、中共重庆市委书记薄熙来和中共重庆市委常委、重庆市市长王鸿举先后会见了林文漪一行。

4月20日—24日　台盟中央主席林文漪率台盟中央考察团一行20余人，赴湖北省就在鄂台资企业发展状况开展调研。台盟中央常务副主席汪毅夫，副主席黄志贤，秘书长张宁以及特别邀请的中共中央统战部、国台办、财政部、农业部等部委的负责同志和清华大学台湾研究所专家等参加。

4月28日　中华全国总工会在人民大会堂主办“庆祝‘五·一国际劳动节’暨同舟共济保增长、建功立业促发展”劳动竞赛推进大会。台盟中央副主席黄志贤出席。

4月29日　应国务院总理温家宝邀请，日本首相麻生太郎访华。台盟中央主席林文漪应邀出席在北京人民大会堂举行的欢迎仪式和晚宴。

4月29日　台盟中央在机关礼堂举办“‘五·四运动’与台湾文学发展学术报告会”。台盟中央常务副主席汪毅夫，副主席黄志贤出席。台盟中央机关全体干部及全国台联、台盟北京市委部分同志参加。

5月1日—2日　台盟中央常务副主席汪毅夫走访台湾已故知名企业家王永庆先生创办的厦门长庚医院。

5月4日　纪念“五四”运动90周年大会在北京人民大会堂隆重举行。台盟中央副主席黄志贤出席。

5月5日　台盟中央领导在机关礼堂会见中央党校第八期台湾籍干部培训班全体学员并座谈交流。台盟中央主席林文漪出席并发表讲话，副主席黄志贤、秘书长张宁出席。

5月7日—8日　全国台联、北京市台联在北京鑫海锦江大酒店联合举办“2009年两岸关系展望研讨会”。台盟中央副主席黄志贤，台盟北京市委主委蔡国雄，常务副主委兼秘书长陈军出席。

5月11日　台盟中央副主席黄志贤在机关礼堂会见全美台湾同乡联谊会访问团并座谈交流。

5月12日　纪念四川汶川特大地震一周年活动在四川省汶川县映秀镇北川中学遗址举行。台盟中央主席林文漪参加。

5月13日　台盟中央副主席黄志贤在机关礼堂会见台湾跨世纪企业家展望协会京津访问团。

5月17日　首届“海峡论坛”大会在福建省厦门市海峡会议中心举行。台盟中央主席林文漪、常务副主席汪毅夫出席开幕式。

5月18日　台盟中央、福建省政协、国务院发展研究中心、《经济日报》等联合在福建省福州市举办“海峡经济区高层论坛”。台盟中央主席林文漪出席并致词，常务副主席汪毅夫出席。

5月21日　政协第十一届全国委员会第十五次主席会议在全国政协机关礼堂召开。台盟中央主席林文漪出席，副主席黄志贤列席。

5月22日—26日　为贯彻中共中央政治局常委、全国政协主席贾庆林在4月14日各民主党派中央、全国工商联参与毕节试验区建设座谈会上的重要讲话精神，台盟中央副主席黄志贤率台盟中央考察组赴贵州省赫章县调研。

5月26日　台盟中央常务副主席汪毅夫应邀赴中央党校，为第八期台籍干部培训班及中青二班学员作关于宗法制度与宗族乡村的学术讲座。

5月28日　首届“重庆·台湾周”活动在重庆市隆重开幕。台盟中央副主席黄志贤，台盟重庆市委主委李钺锋，副主委骆亚非、许沛出席。开幕式结束后还举行了渝台经贸合作项目签约仪式。

5月28日　台盟重庆市委、重庆市九龙坡区人民政府与台湾海峡农业基金会三方，在重庆市金源大饭店正式签订《渝台农业综合开发示范区》项目投资协议。台盟中央副主席黄志贤出席签约仪式。

5月28日　中共重庆市委常委、统战部部长翁杰明会见来渝出席首届“重庆·台湾周”活动的台盟中央副主席黄志贤一行，并就进一步加强合作、共同推动渝台经贸文化交流交换意见。

5月30日、6月1日　台盟中央主席林文漪、副主席黄志贤分别会见并宴请应台盟中央邀请来大陆参访的台南市医师公会医疗访问团。

6月2日　台盟中央主席林文漪在机关接受香港凤凰卫视首席主持人吴小莉的专访。

6月2日—4日　台盟中央参政议政骨干培训班在福建省南平市举行，邀请有关专家学者围绕参政议政、调研选题、台情研究等课题进行讲解。台盟中央副主席黄志贤出席并在开幕式上发表讲话，台盟各地方组织参政议政工作骨干等70余人参加。

6月5日—7日　台盟中央副主席黄志贤率调研小组赴福建省福州市平潭县开展调研。

6月11日　台盟中央主席林文漪、副主席黄志贤走访孔子学院北京总部，并听取学院领导关于孔子学院发展情况的汇报。

6月18日　政协第十一届全国委员会第十六次主席会议在全国政协礼堂召开。台盟中央主席林文漪出席，副主席黄志贤列席。

6月22日—27日　第十一届全国人民代表大会常务委员会第九次全体会议在人民大会堂召开。台盟中央常务副主席汪毅夫出席。

6月23日　由中共中央统战部党委主办、团委承办的“中央统战系统青年辩论赛决赛”在部机关礼堂举行。台盟中央机关代表队在比赛中发挥出色，最终胜出荣获第一名。台盟中央主席林文漪出席，常务副主席汪毅夫出席并在比赛结束后上台为获得前八名的参赛代表队颁奖。

6月23日—24日　台盟中央在广州市召开全盟联络工作和支边扶贫工作会议。台盟中央副主席、广东省委主委陈蔚文，副主席黄志贤出席。

6月24日—27日　台盟中央副主席黄志贤率台盟中央调研组，就江西省学习贯彻《国务院关于支持福建省加快建设海峡西岸经济区的若干意见》（国发〔2009〕24号文件）精神的有关情况，以及有效推动江西省四地市融入海西经济区建设的思路和措施，在江西省台联的协助下赴江西省南昌市、赣州市开展专题调研。

6月27日　台盟中央主席林文漪、常务副主席汪毅夫在北京全聚德亚运村店会见并宴请台湾中部四县市农特产品暨观光展览活动代表团。

7月1日　为纪念中国共产党成立88周年，台盟中央机关党支部、工会和团支部联合组织机关全体职工参观北京市李大钊故居，并在北京市厦门会馆以集体唱响革命歌曲的形式缅怀革命先驱的历史功绩，进一步深化坚持走中国特色社会主义道路学习教育活动。台盟中央副主席黄志贤、秘书长张宁参加。

7月5日　台盟北京市委在北京市国际饭店隆重召开纪念多党合作制度确立60周年暨北京台盟组织成立60周年大会。台盟中央原主席张克辉、副主席黄志贤、秘书长张宁出席，黄志贤代表台盟中央致贺词。

7月7日　2009年两岸互联网发展论坛在北京市新世纪日航酒店举行。台盟中央副主席黄志贤出席开幕式。

7月10日—11日　台湾民主自治同盟第八届中央常务委员会在吉林省长春市召开第七次全体会议。台盟中央主席林文漪，常务副主席汪毅夫，副主席陈蔚文、杨健、黄志贤，秘书长张宁出席。

7月11日　两岸台胞民间交流促进会第二次会员大会暨二届一次理事会在吉林省长春市举行。林文漪当选为会长，汪毅夫当选为常务副会长，吴国祯、陈蔚文、杨健、黄志贤和张宁当选为副会长。台盟中央原主席、两岸台胞民间交流促进会第一届理事会会长张克辉被聘为名誉会长。

7月13日　全国台联在京西宾馆举行夏令营开营仪式。台盟中央副主席黄志贤出席并向夏令营授团旗。

7月14日　第八次全国归侨侨眷代表大会开幕式在北京人民大会堂举行。台盟中央副主席黄志贤出席。

7月15日　2009年中国长春国际汽车论坛召开。台盟中央主席林文漪出席开幕式并致词。

7月17日　受台盟中央主席林文漪的委托，常务副主席汪毅夫携生日蛋糕和鲜花登门拜访台盟中央原副主席田富达，代表台盟中央祝贺田老八十周岁寿辰。

7月20日　台盟中央常务副主席汪毅夫在机关会见旅美知名台胞代表。

7月20日—23日　台盟中央在中央社会主义学院举办台盟第三期中青年干部培训班。台盟中央常务副主席汪毅夫出席开班仪式并作动员讲话，期间还为全体学员讲授题为“民间信仰：世俗化、制度化及其他”的学术讲座。台盟中央副主席黄志贤出席结业仪式并作总结讲话。

7月21日　中共中央在中南海召开党外人士座谈会，就当前经济形势和下半年经济工作听取各民主党派中央、全国工商联领导人和无党派人士的意见、建议。台盟中央主席林文漪出席并发言，常务副主席汪毅夫出席。

8月1日　台盟上海市委召开纪念台盟上海组织成立60周年大会。台盟中央常务副主席汪毅夫到会致贺。

8月5日　台盟中央副主席黄志贤在机关礼堂会见“台湾各界知名人士访京团”一行。

8月6日　全国政协副主席王刚在京会见“台湾各界知名人士访京团”一行。台盟中央副主席吴国祯参加会见。

8月19日　为表达对台湾中南部灾民的亲切慰问，台盟中央通过中国红十字总会向台湾红十字会捐款10万元人民币。

8月20日　中共中央总书记、国家主席胡锦涛在北京人民大会堂举行仪式，欢迎塞尔维亚总统塔迪奇访华。台盟中央副主席黄志贤应邀出席欢迎仪式和晚宴。

8月24日—27日　第十一届全国人大常委会第十次会议在北京人民大会堂召开。台盟中央常务副主席汪毅夫出席。

8月26日　台盟中央副主席黄志贤会见并宴请台北市立教育大学“大陆科技教育访问团”。秘书长张宁及机关部门负责人陪同参加。

8月27日　政协第十一届全国委员会第十七次主席会议在政协礼堂召开。台盟中央主席林文漪出席，副主席黄志贤列席。

8月30日　由台盟中央主办，台盟重庆市委承办的“重庆与台湾：历史和未来”学术研讨会在重庆举行。台盟中央副主席、上海市委主委杨健，中共重庆市委常委、统战部部长翁杰明出席研讨会并致词，台盟中央副主席黄志贤主持。

8月30日—9月6日　庆祝西藏自治区政协成立50周年纪念活动在西藏自治区举行。台盟中央副主席吴国祯应邀出席。

9月3日　首都各界纪念多党合作制度确立60周年座谈会隆重举行。中共中央政治局委员、北京市委书记刘淇出席并讲话。九三学社中央主席韩启德、台盟中央主席林文漪出席。台盟北京市委主委蔡国雄、常务副主委陈军等参加。

9月7日—9日　台盟中央主席林文漪出席在辽宁省大连市举行的“2009·东北老工业基地区域发展论坛”开幕式并致词。

9月14日　中央统战部在统战部礼堂举行统一战线纪念中华人民共和国成立60周年大会。台盟中央主席林文漪出席大会并代表台盟中央在会上发言。常务副主席汪毅夫，副主席吴国祯、黄志贤，秘书长张宁等出席会议。

9月16日　由中国传媒大学、中国教育国际交流协会和韩国高等教育财团共同举办的“第四届世界大学女校长论坛”在中国传媒大学南广学院开幕。台盟中央主席林文漪出席并致词。

9月17日　受南京市人民政府邀请，台盟中央主席林文漪出席南京金秋经贸洽谈会暨2009南京台湾名品交易会开幕式并讲话。在宁期间，中共江苏省委常委、南京市委书记朱善璐，江苏省政协副主席许仲梓分别会见并宴请林主席一行。

9月17日—19日　台盟中央副主席黄志贤率台盟11个地方组织的负责同志、核桃种植专家一行18人，赴贵州省毕节地区赫章县开展扶贫工作。18日，台盟中央与赫章县人民政府举行签字仪式，黄志贤副主席代表台盟中央与赫章县人民政府签署了《台盟中央与赫章县人民政府关于合作编制〈古夜郎国旅游产业〉控制性详细规划项目协议书》及《台盟中央与赫章县人民政府赫章县第一中学搬迁工程部分项目帮扶协议书》，并与赫章县委、县政府就进一步落实好今后一段时期台盟中央对赫章县的帮扶项目进行了座谈。

9月18日　台盟天津市地方组织成立60周年纪念大会在津举行。台盟中央副主席吴国祯出席并代表台盟中央致贺词。台盟天津市委主委叶惠丽在会上作题为“回顾天津台盟成立60周年”专题发言。在津各民主党派和有关团体负责人参加会议。

9月20日　庆祝人民政协成立60周年大会在全国政协礼堂举行，中共中央总书记、国家主席、中央军委主席胡锦涛出席并发表重要讲话。大会由全国政协主席贾庆林主持。台盟中央主席林文漪，常务副主席汪毅夫，副主席吴国祯、杨健、黄志贤参加。

9月21日—23日　全国十一届政协第七次常委会在京召开。台盟中央主席林文濒，副主席吴国祯、杨健、黄志贤出席。

9月22日　由台盟中央、全国台联共同主办的“2009年在京台胞中秋茶话会”在中央统战部礼堂举行。全国政协副主席、中央统战部部长杜青林，台盟中央主席林文濒，常务副主席汪毅夫，副主席杨健、黄志贤出席。有关单位领导及在京台胞代表共350余人参加。

9月22日—27日　台盟中央副主席吴国祯率团出访香港。参访团拜会了港澳台湾同乡会、香港台湾工商协会和国际华商协进会等在港台胞社团，并出席由三会联合主办的“乙丑年中秋迎月联欢晚会”。

9月23日—24日　中国和平统一促进会第八届理事会在京西宾馆召开。林文濒主席当选为中国和平统一促进会副会长。

9月25日　台盟中央和台盟北京市委共同举办“纪念新中国成立60周年座谈会”。台盟中央主席林文濒出席并讲话，常务副主席汪毅夫主持会议。台盟中央原主席张克辉，副主席黄志贤，台盟中央和台盟北京市委有关负责同志以及部分盟员等70余人参加了会议。会后，与会人员参观了《台盟历史图片展》。

9月28日　台盟中央、全国台联在京共同举办2009国庆参访团欢迎晚宴，迎接参加国庆观礼的海内外台湾同胞。台盟中央主席林文濒，原主席张克辉，副主席杨健、黄志贤，秘书长张宁等出席晚宴。

9月29日　全国人大、全国政协、国务院侨办等联合举办的2009国庆招待会在人民大会堂宴会厅举行。台盟中央主席林文濒，常务副主席汪毅夫，副主席黄志贤应邀出席。

9月30日　2009国庆招待会在人民大会堂隆重举行。台盟中央主席林文濒，常务副主席汪毅夫，副主席黄志贤应邀出席。

10月1日　中华人民共和国成立60周年庆祝活动在天安门举行。台盟中央主席林文濒，常务副主席汪毅夫，副主席黄志贤，秘书长张宁及部分台盟中央在京中央委员出席了庆祝大会，并参加晚间在天安门广场举行的联欢晚会。

10月10日—11日　台湾民主自治同盟第八届中央常务委员会第八次全体会议在西安举行。台盟中央主席林文濒出席并讲话。陕西省委副书记王侠到会致词。台盟中央常务副主席汪毅夫，副主席吴国祯、陈蔚文、杨健、黄志贤，台盟中央常委以及台盟部分省市组织负责人出席会议。

10月20日—21日　台盟组织工作会议在辽宁省大连市召开。台盟中央常务副主席汪毅夫出席并讲话。中共辽宁省委统战部副部长王春生等到会庆贺并讲话。台盟中央秘书长张宁及台盟各级组织相关负责同志约50人参加会议。

10月22日—27日　台盟中央常务副主席、中国人民大学博士生导师汪毅夫应邀赴台湾参加由台南成功大学、金门县文化局主办的“2009闽南文化国际学术研讨会”。

10月23日　台盟中央、全国台联在盟中央机关礼堂联合举办纪念台湾光复64周年座谈会。台盟中央副主席黄志贤讲话，在京老台胞、台商、台生代表约60余人出席。座谈会由全国台联副会长纪斌主持。

10月24日　台盟中央与贵州省赫章县人民政府在台盟中央机关礼堂联合举办“赫章县项目招商洽谈会”。会议邀请来自北京、天津两市的近50位台商参会，赫章县人民政府有关领导向与会台商介绍了赫章县基本情况和招商引资相关的优惠政策，并与台商就房地产开发、农作物种植开发等项目进行了深入洽谈。台盟中央副主席黄志贤，台盟北京市委常务副主委陈军等参加。

10月28日—29日　台盟北京市委、台盟天津市委共同举办“2009交流与共享——京津台中华传统文化交流研讨会”。台盟中央副主席黄志贤，全国台联副会长蔡世彦，台盟北京市委主委蔡国雄，天津市委主委叶惠丽，台盟北京市常务副主委兼秘书长陈军，副主委杨晓东、蔡国斌、谢正观、蔡勉以及盟员近百人出席研讨会。

11月4日　由台盟中央和安徽省人民政府共同主办的“海峡两岸现代农业发展研讨会”在徽召开。台盟中央副主席黄志贤出席会议并讲话。

11月6日—7日　台盟中央台情研讨会在京举行。台盟中央主席林文漪出席会议并讲话，常务副主席汪毅夫，副主席吴国祯、黄志贤，秘书长张宁出席会议。台盟各级组织台情研究工作者共50余人参加了研讨会。

11月12日—14日　两岸台胞民间交流促进会、台盟广东省委、广州中医药大学、台盟广州市委在广州联合举办粤台中医药产业交流合作研讨会。台盟中央副主席、两岸台胞民间交流促进会副会长陈蔚文、黄志贤，台盟广东省委副主委孔令人、谢志成、卢馨，台盟广州市委副主委叶耀华、吕继东等出席会议有关活动。

11月24日　中共中央在中南海召开党外人士座谈会，就当前经济形势和明年经济工作征求民主党派中央、全国工商联领导和无党派人士意见和建议。台盟中央主席林文漪、常务副主席汪毅夫出席，林文漪代表台盟中央发言。

12月1日—6日　台盟中央副主席、上海市委主委杨健参与同济大学援建四川灾区项目，并前往当地进行考察。

12月2日—6日　台盟中央主席林文漪赴漳州参加“第二届福建土楼文化节暨第三届漳州旅游节”活动并出席文化节开幕式。

12月8日　台盟八届九次中常会在京举行，审议台盟八届三中全会的有关文件。台盟中央主席林文漪，常务副主席汪毅夫，副主席吴国祯、陈蔚文、杨健，秘书长张宁及中央常务委员出席会议。

12月8日—9日　台盟八届三中全会在京召开。台盟中央主席林文漪，常务副主席汪毅夫，副主席吴国祯、陈蔚文、杨健、黄志贤，秘书长张宁及中央委员出席会议，台盟中央各专委会主任及机关各部门负责人列席。

12月10日　台盟中央2009年参政议政会议在福建大厦召开。台盟中央主席林文漪出席并讲话，会议由常务副主席汪毅夫主持，副主席陈蔚文、杨健、黄志贤，秘书长张宁出席开幕式。

12月21日　由全国台联主办的“台湾少数民族历史文化展”在北京民族文化宫举办开幕式。台盟中央主席林文漪出席开幕式。秘书长张宁及机关各部门负责人出席了当晚在全国政协礼堂举办的“台湾少数民族原生态艺术演出”活动及酒会。

12月22日—26日　第十一届全国人大常委会第十二次会议在北京人民大会堂召开。台盟中央常务副主席汪毅夫出席。

12月23日　台盟中央副主席黄志贤会见并宴请台湾少数民族代表性人士参访团。

12月23日　台盟中央主席林文漪率调研组赴北京市昌平区就科技创新工作及台资高新技术企业发展情况开展相关调研活动。

12月25日　全国政协召开第二十一次主席会议。台盟中央主席林文漪出席，副主席黄志贤列席。

12月28日　全国审计工作会议暨全

国审计系统先进集体和先进工作者表彰大会在北京市国谊宾馆举行。台盟中央副主席、国家审计署特约审计员黄志贤出席。

12 月 30 日—1 月 8 日　应台湾财团法人中国海峡两岸学术文化交流协会的邀请，台盟中央副主席、上海市委主委杨健率台盟中央文化教育考察团赴台考察。

12 月 31 日　台盟中央常务副主席汪毅夫应邀参观全国台联在北京市民族文化宫举办的“台湾少数民族历史文化展”。

郑世凯　台盟中央宣传部部长
朱　焱　台盟中央宣传部处长
郭　婷　台盟中央研究室干部

附　录

附录一：台湾政党制度研究摘要

一、大陆学者的研究

《中国国民党的转型：背景、内容与成效》（周建勇，《上海行政学院学报》2009 年第 10 卷第 2 期）

中国国民党转型的背景分析。台湾的经济发展、社会变迁和政治转型，构成国民党转型的背景。一是台湾的经济发展。通过近 40 年的发展，台湾达到了发达的西欧国家水平。经济发展将为民主政权创造基础，它促进了中产阶级的形成、提高了公民的教育程度和参与意识，这些都支持民主转型，并不断瓦解着国民党党国威权体制。二是台湾的社会发展。由于工业化和都市化的发展，台湾的社会结构越来越复杂和分殊化，社会多元化出现，中产阶级迅速崛起。社会变化的另一方面是族群对立和台湾意识的兴起。三是台湾宪政体制的变化。一方面，从内阁制过渡到半“总统”制；另一方面，从“立法院”、“国民大会”、“监察院”三院并立演变为立法院为单一立法机关。从政党制度看，最初实行一党制到 20 世纪 80 年代末开始出现多党并存制，到 2008 年后，出现一党独大的趋势。政治、经济和社会的变化，既是国民党转型的原因，也是国民党转型的结果。因应威权体制的解体和民主体制的形成，国民党必须进行转型，这是国民党生存的需要，也是台湾政治发展的需要。

中国国民党转型的内容分析。1986 年转型正式开始。国民党在 2000 年“总统”大选失败后，再次着手进行政党改造，并在组织结构、人员精简、党政运作方面做出了巨大调整，国民党开始成为一个选举型政党。国民党组织变迁的目标是建立选举型政党，以适应民主社会的要求，并实现其选举目标。为此，它在组织规模、组织成分、组织机构、党内民主方面进行了调整。1. 组织结构。发展组织、吸收党员一直是国民党改造以来的重要任务。国民党党员数的变化趋势是：从 1950 年到 90 年代中期，党员不断增加；1992 年达到最高值为 260 万。之后缓慢下降，2000 年大幅下滑至 95 万多。2. 党员（省籍）成分。1952 年底，国民党改组后很多台湾人入党，到了 80 年代末，本省籍党员比例已达 68% 之多，到了李登辉时代，国民党最终在人员方面实现了本土化。3. 组织结构的调整。为了实现向选举型政党的转型，国民党组织朝扁平化和民主化的方向发展，在党内进行了多次的组织结构调整和权力关系的变化。2000年前调整的目的是为了理顺党政关系，2000年后的目的是为了赢得选举。4. 党内民主的发展。国民党党内民主的发展，主要表现为党内选举和初选两方面。在党内选举上，党员可以直接选举党内领导职务层级不断提高。国民党提名制度日趋分权和开放，基层党员的权利得到了更大程度的尊重。

国民党党政关系的变化。在党政关系上，国民党的最大变化就是，从议会外转为议会内，通过“立法院”内国民党议会党团来实现本党意志。早期国民党实行“以党领政”制度，改造后的《党章》第六条规定“本党党政关系，以主义制定政策，以政策决定人事，以组织管理从政党员，党之决策，应责成从政党员贯彻实施。”在组织运作上，国民党通过中央政策委员会、政治小组、国会党部三个部门来实现以党领政。随着“立法院”成为单一国会，再加之2000年选举失利，国民党只能通过“立法院”党团来实现党的意志，这就促成了“以政领党”制度的确立。一个明显的变化是，在国民党中常委内，立委系统的权力和比重都越来越高。

国民党意识形态的调整。国民党意识形态包括三民主义、政党属性、两岸关系政策等重要内容。早期，三民主义被写入党纲，成为国民党坚持的最高纲领，其间历经17次党章修改，但这一原则从未改变。不过，国民党对三民主义的内涵进行了新的解读。关于政党属性，1952年，中国国民党明确规定是“革命民主政党”。在十四中全会时将政党属性界定为具有革命精神的“民主政党”，十五临全会修订的党章将党定位为“一个民主的、公义的、创新的全民政党”，标志着国民党政党属性的转型。两岸关系是国民党意识形态的重要组成部分。国民党当局终止动员戡乱时期临时条款是一个重大转变，它标志着国民党最终承认共产党统治大陆的合法性。以这一事件为分期，国民党的两岸政策进入了一个新的阶段。

中国国民党转型的成效分析。评价政党转型的成功与否必须和它的目标联系起来。民主化以来，中国国民党转型的目标，是确立选举型的、本土化的、民主化的政党。选举型、本土化和民主化既是国民党适应性转型的方向，也规定着国民党转型的过程。从2008年“总统”大选和立委选举来看，国民党的转型是极其成功的。在台湾从民主转型启动到巩固的时期内，国民党不仅经受住了民主化的冲击，而且以很高的得票率重新掌握了政权。党务革新以来，国民党在党内民主化方面迈出了巨大步伐。1972年，国民党开始了本土化的战略。随着国民党政权在政治精英、政治权力正统性、国民统合的意识形态、国家象征体系等方面相继发生变化，本土化的内涵更加丰富。政党的延续同样重要，转型后的国民党还是中国国民党。迁台后的国民党一直坚持一个中国的理念（即“九二共识”）、统一中国的理想和三民主义的最高意识形态纲领等。这些都使我们有理由坚信，民主化以来的国民党转型，与它1924年改组、1950年改造是一脉相承的。国民党在中国化（内地化）和本土化（台湾化）的并行中前进，这既是国民党转型的难点，也是它的成功之处。

《国民党“百年老店”向何处去》（郑振清，《同舟共进》月刊2009年第8期）

一是介绍了国民党退守台湾后蒋介石新一次的党务整顿。蒋介石败逃台湾后，首先通过重整党务来巩固统治秩序。国民党当局通过“全国总动员令”，颁布《戒严法》和《动员戡乱时期临时条款》，高压统治台湾社会。另一方面，台湾开始了长期的经济发展。1970 年代初因应国际局势的变化，蒋经国大力推动国民党在台湾地区的“本土化”转型，主要是拔擢台湾本省籍精英，进行党务与行政改革。由于蒋经国晚年解除“戒严”，开放“党禁”“、报禁”，加上李登辉执政初期（1988—1991）一方面维持蒋经国时期的“党国体制”，另一方面废除《动员戡乱时期临时条款》，1980 年代末到 1990 年代初，台湾进入“自由化”时期。不少学者也称这个时期的国民党政权是一种“软性威权主义体制”。

二是探讨了不同时期的国民党政商关系模式。国共内战以后，台湾社会结构基本特点是本省籍台湾民众在地方基层能够参政，以外省籍为主的党政军公教人员则垄断“中央”政经权力。国民党在 1970 年代推动了台湾经济的发展，一些新兴的台湾本土中小企业通过支持国民党争取生存空间，但实际上国民党政权更关注的是公营事业和民营大企业。从 1950 年代到 1980 年代中期，台湾地区政治—经济关系的基本格局是资源分配上的“侍从体制”，在政治—社会关系上则是威权统合主义体制。在这两大格局下，国民党“党国一体”的政权直接控制公营企业，并提供各种经济租金拉拢大型本土民营企业，从而与一批大陆籍和本省籍大资本家形成紧密联盟。这批民营企业在国民党的庇护下与公营企业共享岛内的垄断和寡头垄断利润，成长为台湾的主要企业集团。今天在台湾经济呼风唤雨的传统产业集团，大都是这种政经关系的受益者。由于 1980 年代以前国民党政权的产业政策对中小企业既不鼓励也不压制，大批中小企业走向自立发展、加工出口的道路，游离于“党国”政经体系之外，为“党外”力量和后来的民进党所拉拢。1987 年台湾地区“解严”以后，经济自由化、自主社会运动和政治民主化三方合力促进了国民党威权统合主义政商关系的松动。政治上，民进党与中下层工农运动相呼应，试图对抗国民党的“党国”政经体系。有黑道势力背景的资本家趁机向民意代表和基层政权渗透，不断出现权、钱与选票暗中勾结的情况，“黑金政治”由此成型。

经济自由化也是导致政商关系变化的原因。从 1980 年代后期开始，经济自由化思潮从美国传播到东欧、拉美和东亚，促使台湾开始了公营事业民营化。在公营事业民营化进程中，国民党既想革除公营事业弊端，也想趁机扩大党营事业，而资本家则试图争取原先为“党国”垄断的经济资源，扩大自身实力。国民党充分运用控股公司和股市机制来操控大小党营事业轻易获利，民营大资本家则通过政治上表衷心分得一杯羹，并且效忠国民党政权。这就是李登辉执政后期的政商关系模式。

三是比较李登辉与蒋经国的政党“本土化”差异。自李登辉掌控大权后，国民党的党员组成、社会基础、政党体制、政治任务和政党纲领在台湾政治转型中经历了新一波“本土化”的“洗礼”，其主要特点是国民党由企图代表“大中国”的威权主义政党（国民党党史称为“革命民主政党”）逐渐演变为只代表台湾地区人民利益、完全回应台湾社会需求的本土型政党。这波本土化不仅区别于蒋经国时期的本土化，很多内涵也超出了“自由化”和“民主化”的解释范围。蒋、李二人“本土化”的区别在于认同差异：蒋经国首先认同自己是中国人，其次才是台湾人，中国人认同乃是台湾人认同的基础；而李登辉内心缺乏中国人认同，片面强调台湾人认同，建构“去中国化”的“台湾主体性”，以此推动“中华民国”政治体制以及中国国民党的本土化转型。在李登辉的推动下，台湾“本土意识”不仅是民进党的路线和口号，也成为国民党内精英的普遍主张，而且“本土意识”的诠释权已经成为国民党政治运作的重点之一。

四是马、吴为首的国民党中央出现新变化。“总统”兼任党首、“党国一体”，乃两蒋及 1990 年代李登辉时期的执政惯例。但是李登辉政治地位的稳固是经过复杂的党内斗争形成的。1994 年以后，李登辉通过第三次“修宪”促成“总统直选”，“总统直选”后国民党中央集权体制未改，台湾政治转型中出现执政党“党内民主”落后于“宪政民主”和“基层民主”的现象，李登辉的主张可以通过国民党中常会渗透整个党政系统。

2008 年台湾地区重新回到国民党主政状况。从马英九就职至今的表现看，党政之间出现前所未有的关系：1. 党政核心角色分离：“总统”不兼任党主席；2. 双重结构的动态政党政治体系：国民党在“立法院”为绝对优势党，但在社会支持面上与民进党保持均衡对立状况；3. 国民党经党务改造后推广党内民主。国民党中常会以“立法委员”和地方实力派政商人士为主，自主意愿和主动提案能力大为增强。与李登辉时期比较，可以看出马英九—刘兆玄为首的行政权与吴伯雄为首的国民党中央出现前所未有的关系体例——自蒋经国以来国民党执政下，第一次出现“总统”和党主席不是同一人的现象，第一次出现作为执政党的国民党不再也无法干预政务的体制。马、吴之间虽然私人关系良好，但由于缺乏制度保障，面临政治挑战时变得脆弱而敏感。在马、吴关系背后，乃是台湾当前党政关系的不确定性。这种不确定性体现在两个重要方面：1. 党政关系如何准确定位？受何种因素影响？2. 马英九的“遵宪”说法与实际行为能否一致？对行政分权有何影响？2009 年 6 月马英九宣布再次参选国民党主席，这意味党政关系即将再次出现重要变化，党政核心角色将再次一体化。但这并非回归国民党“党国一体”的状况。事实上，国民党由威权体制色彩浓厚的政党转型为现代意义上的竞争型民主政党，已经是不可逆转的趋势了。

五是关于台湾的“民主转型”与前途困惑。从 20 年来台湾的政治发展，可以发现台湾的“民主化”原本有具体的问题导向，就是要扩大台湾民众的政治参与、解决旧有政治体制弊端等问题。这个过程伴随着复杂的权力争夺与政党分合，并且笼罩着“第三波”民主化的光环，其结果超出了问题所能解决的层面。一方面，台湾地区建立起竞争性政党政治体制，实施全面的直接的民主选举，基层民意得到前所未有的重视，司法正义得以增强，似乎实现了“人民主权”的理想和台湾人“出头天”的自我期待。另一方面，高度对抗性的选举竞争导致每逢选举社会就遭受严重撕裂，政党严重缺乏互信，贪污腐败披着政治信仰外衣大行其道，台独话语霸权将言论自由逼到了“墙角”。有时候，选举所制造的问题比它所解决的问题更多，并且多数选民常常除了例行投票外，并未拥有有效影响政府决策的方式。这是台湾民主治的一体两面，强调任何一方面而忽略另一方面，都难免产生对台湾政治发展的误读。但总的来说，选举制度无法根本解决台湾面临的前途困惑。

台湾社会身处中国大陆政治经济影响力不断增强的大时代，最需要对两岸关系及前途有符合历史与现实的共识，并表现为推进两岸共同发展的政治选择，而不是“脱钩”来思考台湾的“主体性”。那种认为“公民投票”可以决定台湾前途的说法无疑还是没有摆脱“选举至上”论。不仅没有哪个台湾政治人物敢真正推动“公投”来决定统独，而且即便真的进行“公投”，也只是某种形式而已，它所造成的内外动荡恐怕会更大，从长远看依然无法解决台湾的前途问题。

《国民党与台湾政治转型的内在关联性探析》（王丰，《福建论坛》2009 年第 2 期）

国民党“宪政制度”不直接否定多党竞争，也并不挑战“民主宪政”的基本原则，蕴含了较高的调试弹性，为台湾的政体转型提供了一个“回归宪政”的选项。国民党退台后依然宣称以“中华民国宪法”的“宪政”设计为政权统治的法理基础。“中华民国宪法”是国民党在统治大陆时期颁布的。从内容考察，与国民党 1936 年的“五五宪草”比较，“中华民国宪法”并不完全如国共处于尖锐政治和军事斗争时期所被宣称的那样“人民无权，独夫集权”，也不能简单地指斥为“性质与《训政时期约法》的法西斯法统一脉相承，其文本本身蕴含着民主宪政的基本内涵。

“中华民国宪法”在意识形态上并不直接否定多党竞争，不挑战民主宪政的基本原则。首先，从总纲第一条有关国体的规定来看，“中华民国宪法”与“五五宪草”的规定比较有明显进步。第二，从政权与治权的划分来看，“中华民国宪法”依据孙中山的“权能分治”和“五权分立”理论，把国家权力分为政权和治权两种。这种政权与治权划分的理论作为“中华民国宪法”的宪政理念，是符合民主宪政特质的。第三，“中华民国宪法”关于“人民的自由权利”诸条款也合于保障人权的宪政理念。通过对国体、政权和治权、人权几个层面加以检视发现，“中华民国宪法”结构的主要理念，是依据孙中山先生遗教，经西方宪政原理的调和，基本上切合民主政治的精神。从这一意义上说，“中华民国宪法”文本本身具有一定的调适弹性，这就为“宪法”的回归与修正奠定了基础。

国民党的党组织也具有较高的调适弹性，使得国民党能够从威权体制顺利过渡到“支配性一党”体制，并能在很长一段时间内享受民主转型的政治果实。从 1970 年代开始，国民党采取了通过“本土化”政策、开放“中央”层级选举等举措，在进一步满足台湾人民的政治参与要求、强化对内“合法性”方面，表现出较高的调适弹性。国民党的本土化政策启动较早。威权统治时期，在面对政治体制改革的历史课题时，国民党面临的最大威胁是潜在的省籍矛盾。所幸的是，国民党的领导者很早就开始重视这些矛盾。特别是蒋经国“主政”后，立即采取了几项措施开启国民党“本土化”的进程，对此后台湾政治发展产生了较大影响。具体措施是：第一，大力吸收台籍党员，使国民党成为以台湾人为主体的政党。第二，在国民党中常会和“行政院”部会首长中增加台籍比例。第三，实行“国会”增额选举。

与国民党本土化相伴随的是国民党的民主化。在 1986 年民主转型正式启动后的前 14 年里，国民党基本上能够透过竞争来维持它在政治上的支配地位，经历四次“立法院”选举均能成功维持其多数党地位。虽然在 2000 年的“总统”大选中从执政党沦为在野党遭遇空前挫败，但是导致这次挫败的主因是国民党的内部分裂，而非民进党的政治版图大幅扩充。选后“泛蓝阵营”的政治势力仍明显超过民进党。同时，原来在国民党主导下所建构的宪政秩序也并未出现断裂，民进党政府的权力行使仍受到既有宪政体制的约束，这与国民党自身具有较大调适弹性有很大关系。当民进党上台“执政”宣布台湾“宁静革命”完成时，他们恰好忘记了台湾政治发展史的一个重要事实：台湾政治民主化进程中的政党轮替“宁静地”完成，是与国民党统治后期的这种妥协让步相关联的。这种让步以及两蒋时期国民党政府对台湾经济的贡献，既是当时国民党政治合法性的基础，也是政党轮替后“蓝军”仍然保持政治集团动能的根本原因。

失去执政权后的国民党厉行改造，实现“体面的再生”，成为现今台湾政坛上一支重要的制衡力量。国民党丧失执政权沦为在野党，这对国民党无疑是巨大打击，如果不能“脱胎换骨”、“浴火重生”，国民党将有可能走上组织萎缩的命运。2000 年 6 月，连战当选党主席，开始对国民党进改造。改造集中几个方面进行：一是办理党员重新登记，以期“重振党魂”。二是从制度层面落实党内民主。2004 年大选的再次挫败，让国民党人认识到继续推进党组织改造的迫切性。从几年来的实践层面观察，这次一直在持续的改造已初见成效。随着民进党“执政”业绩乏善可陈，弊案被接连曝光，国民党的民意支持度一路上升。马英九当选国民党主席后所引发的“马英九效应”和 38 岁的林益世当选国民党青年团总团长兼国民党副主席所引发的“林益世效应”，再次给国民党加分。至此，国民党实现了“体面的再生”。因此在 2008 年台湾地区领导人选举中，国民党候选人最终胜出。

从民主化的角度来看，一个新兴民主社会出现政党轮政是很正常的。因此任何政治体制改革都有其风险性和不可预知性。国民党在 1980 年代主动回应政治改革压力，本可以有效掌握改革的进程与幅度，建立起支配性一党体制，长期享有民主改革的政治成果。但由于国民党内缺乏民主竞争机制，加之李登辉在国家认同上的一意孤行和党外力量介入党内冲突，国民党内部的分裂就无法避免了。国民党的内部分裂对于其内部凝聚力与选举动员实力均构成严重的损伤，而且一次比一次严重，最终导致在 2000 年台湾地区领导人大选中挫败，这一结局并不是民主化转型的必然选项，个中原因值得国民党深思。

《国民党重回马英九时代》（吴新明，《世界知识》2009 年第 14 期）

马英九最近一次参加党主席选举，党内无人出面与其竞争，党主席选举成了“独角戏”。7 月下旬，马将毫无悬念轻车直取党主席之职，国民党再次回归“马英九时代”。

马英九选党主席的原因是：马英九行政团队与党务系统、立法系统关系不顺。加上马英九本人协调能力有限，导致“总统府”、“行政院”、“立法院”、国民党中央各行其是，始终没有形成强有力的领导核心。在上述四方关系中，党、政、立法系统合作运作尤其不畅，严重影响了马英九的施政绩效。痛定思痛，马英九终于准备以党主席为平台，整顿党务系统，控制立法系统，慑服地方诸侯，配合中央施政，为连任打造政绩敲门砖。

马英九兼任党主席想做以下事情：首先是强化党政运作，减少内部沟通成本。大体来说，党主席一可提名副主席、指派县市党部主委，控制党内人事权、财权和智库。二可以决定县市长、县市议员提名，分配辅选经费，大体控制地方大小诸侯。三可在很大程度上决定"立委"提名，分配辅选经费。马英九兼任党主席形成以"总统府"为中心的权力核心，理顺行政、立法、党务系统关系，强化合作，尤其是指挥"立法院党团"兑现竞选支票，贯彻施政理念，尽速拿出执政成绩。此外，改造国民党，让"百年老店"焕发青春也是马英九的一贯主张，2005年初其任党主席时试过水，后因故中断。马兼任党主席后的第二任务，当然是重掌党务改革主导权，加速世代交替步伐，改革国民党政治文化，重塑国民党廉能形象，争取中间及浅绿选民认同与支持，让党成为马英九竞选连任的强大后盾。

然而，马英九兼党魁并非没有风险，如果处理不好，也将对其竞选连任产生负面影响。一是马英九"完全执政"，在野党的攻击火力完全集中在马英九身上，采取的标准也更严格。如果党政关系未能明显改善，立法效率、执政成绩与民众期望落差仍然很大，民众的不满可能更为强烈，民进党的攻击将更为猛烈。二是"百年老店"内部关系盘根错节，转型过程注定不平顺。马英九如果无法达成廉能执政目标，加强党内团结，彻底改造党内文化，明快处理党产包袱，妥善安置冗余党工，摆平派系利益纠葛，理顺与泛蓝大老的关系，势将削弱其领导权威。三是马亲上火线操盘选举和大小党务，将承担全部责任，凡事没有了缓冲空间。

马英九兼任党主席对国共平台作用的影响有变数。吴伯雄以执政党主席身份两次登陆与胡锦涛总书记会面，形成了两执政党领导人会晤机制。马英九兼任党主席，学界出现两种解读。一种观点认为，马有意抢夺两岸关系主导权，并借国共经贸文化论坛平台，落实"胡马会"，两岸关系会有质的飞跃。另一种观点认为，马限于身份，不能登陆，胡总书记也不可能赴台，两党领导人会晤机制可能从此难以为继，国共平台作用下降。这两种观点缺乏时间维度。当前乃至整个第一任期，马英九施政重点是缓和两岸关系，发展岛内经济，稳定执政，为竞选连任创造条件。兼任党主席最主要的着眼点是党内整合，是内部事务，而不是抢夺两岸关系主导权，也不是奠定两岸关系中的历史地位。因而，未来马当局大陆政策务实开放的方向不会改变，这一点基本是可以确定的。但马英九是跟上国共平台的步伐，还是拖慢国共平台的节奏，国共平台在两岸关系中所发挥的作用是被强化还是削弱，则尚待进一步观察。至于国共两党领导人会晤机制能否继续，马能否以"适当身份或名义"来大陆，与胡总书记举行"世纪会面"，则面临一系列因素的制约。

《马英九的"整党"难题》（钟岷源，《双周刊》2009年第24期）

马英九重掌国民党帅印，表象上预示着马英九时代的来临，但实质上则是权力重组的妥协结果。显然，马英九时代的国民党依然面临着难以理清的老问题和亟需处理的新使命。打击贿选不正之风，削弱地方派系实力，适当处理党产，是马英九重新获任党主席之后的三个改革火力点，也是顺应台湾政治潮流和民意的正确之举。中常委的翻盘补选，拉开了马英九党务改革大幕。然而，其改革困难重重。

党内呛马，声浪未减。马英九运作中常委集体请辞并全面改选，尽管有些中常委被迫站在马的一边，但他们私下的反弹声浪未减。就连一些中常委也质疑自己的党能否脱胎换骨。任何改革都会涉及方方面面的利益纠葛，必然会带来内部的反弹。马英九抓贿选举措在党内引发的争议，反对者大有人在，甚至有中常委指出选举送礼是“历史共业”，更是党内约定成俗的惯例。随着马英九党务改革力度的不断深入，党内反对力量将会全面反弹，这对马英九推动改革相当不利。

“百年老店”，派系林立。就团结而言，威权独裁如老蒋、精专权术的李登辉都无法使国民党抱团取暖，何况是优柔寡断缺乏协调能力的马英九？事实证明，马英九祭出党鞭开除违规参选公职的做法，来自地方基层的对抗已经传导至中央层面，加上中常委改选带来的权力斗争，蠢蠢欲动的反马派系会不会和马英九决裂很难预料。已经执掌大权一年多的马英九，在多方力量的拉锯下，未能展现足够的魄力和决断，使他的领导威信不断遭到挑战。

贿选风气，根深蒂固。台湾是一个选举社会，对于政党和候选人而言，选举才是获得政治权力与政治利益的最重要手段。在很多时候，政党对于候选人的贿选行为不仅不予处罚，而且还采取某种程度的纵容，从而使台湾选举社会中的贿选风气越演越烈。马英九因中常委贿选罪证确凿而开铡办人，是想从扭转党风开始，企图扭转政风。马英九近日指示党内研议推动政党法修法或修订“选罢法”，让政党内部选举比照公职人员选举规范，一旦涉及贿选，判刑确定也要坐牢服刑。对选举送礼怎么处理是考验马英九最直接的难题。如何使清廉的政治诉求真正贯彻到选举中，真不是一个简单的问题。

党产的“臭豆腐效应”。党产既是国民党的原罪，也是一块吸引国民党凝聚力的利益大蛋糕。党产的“臭豆腐”效应，使党产清零说起来容易做起来难。虽然马英九信誓旦旦，但从党内民意的反应看，和马论并不共振，更多强调要逐步渐进地抛掉党产包袱。可见，国民党和党产依然有着难以割舍的利益依赖。利益分配搞不好，国民党内有“反骨”者不是小众而是大众，没有多少人会“唯马首是瞻”。“党产”问题也仍然是国民党的“软肋”。

《马英九将国民党引向何方》（汪曙申，《世界知识》2009 年底 21 期）

马英九上台一年多来，国民党这一“百年老店”并未因其重返执政而焕然一新，反而许多沉疴已久的问题不断凸显，政党满意度始终难以有效提升。马英九兼任党主席实现“党政一体”后，大动作启动党务革新步伐，提出一系列改革措施与愿景。

中常委补选亮出刀锋。国民党新一届中常委曝出送礼买票丑闻，刚接任党主席的马英九决心以此事“开刀”。保证达到预设的目标，国民党专门拟定杜绝贿选的五项选风要求，鼓励政务官和形象清新人士参选，并对 12 名涉及贿选的当选或候补中常委处以停止党权的处罚。

马英九所倡导的党务革新带有明显的理想主义色彩，与台湾岛内的政治现实以及国民党的内部生态有着相当大的鸿沟，他最终能否按照其意志打造一个全新优质的国民党，面临严峻挑战。一是如何真正铲除贿选顽疾。台湾政治场上向来充斥五花八门的贿选文化，选举买票绑桩泛滥，屡禁不止。台湾媒体10月公布的最新民调中，51.7%的岛内民众并不看好马英九的举措，认为“马式改革”无法排除黑金、建立国民党的清廉形象。这从一个侧面反映出在台湾选举政治中坚守清廉正派的艰困局面。二是如何摆平党内派系山头的抵制。由于历史原因，国民党内各种地方派系盘根错节，其中不少与黑金势力有千丝万缕的联系，严重影响到国民党的形象。但地方派系把持了相当数量的基层票源，国民党中央囿于胜选考虑，对此往往无可奈何。如何有效运用掌握的各种资源削弱派系的牵制，在理想与现实之间求取平衡，是马英九今后推动党务革新面临的重大挑战。三是如何妥善应对民进党的政治攻击。目前民进党虽然体质虚弱，但基本盘并未溃散，制衡国民党的能量也未消失。在岛内蓝绿政争加剧的情势下，马英九改革的任何疏忽都很可能成为民进党攻击的靶子。如何妥善处理改革中各种复杂棘手的事宜，防止民进党见缝插针，已成为马英九不可回避的重要问题。四是如何进一步巩固执政地位和党内权威。马英九的执政地位和党内权威与其推动党务革新的能力密切相关，声望越高就越容易整合党内力量，压制反弹势力，反之亦然。事实上，马英九上任以来因政绩不佳光环尽失，“八八水灾”事件中还被贴上“马无能”标签，执政压力大幅增加。如今马身兼政务和党务重责，在“拼经济”和进行灾后重建的同时还要主管党务，力争打赢年底县市长选举。但目前岛内经济形势并不乐观，国民党的县市长选情也因内耗或执政政绩不佳频现变数，二者的发展走势将直接影响到马英九的政治声望和权力基础，进而作用于其改革国民党的现实成效。

一年来两岸关系的缓和与发展是马英九当局执政的重大亮点，也是岛内民意对马英九正面评价的重要方面。出于政治需要，马当局将延续推动两岸开放政策的大方向，但马英九一身二任势将对两岸关系特别是国共关系带来重要影响。首先，马英九全面主导国民党的两岸政策。马英九“完全执政”后，台当局大陆政策将全面贯彻“马英九路线”。马兼任党主席为理论上的“胡马会”创造了可能。不过，马英九全面掌控党务后，国民党的两岸政策将更紧密地服从、服务于马巩固执政地位和谋求竞选连任的大目标，在局面做法上恐将与连、吴任党主席时有所区别。其次，国共平台的作用恐将有所弱化。马英九任党主席后，一方面受客观条件限制，国共两党领导人在一段时期内将无法直接会面，两党交流对话的层级在形式上势必有所下降。另一方面，马英九虽肯定国共平台的重要作用，但一直将其定位于低于两会平台的第二轨管道。最后，马英九的两岸政策仍受制于岛内外诸多复杂因素。马英九的两岸政策既有积极务实的内容，也有消极保守的方面，根本上难以摆脱两岸关系发展的现实需要、岛内根深蒂固的“台湾主体意识”、民进党等“台独”势力的牵制、美国干预等因素的影响，实际上是这些矛盾因素相互平衡和折冲的结果。

《从民进党盛衰轨迹看其未来发展前景》（杨泽军，《世界经济与政治论坛》2009年第4期）

分析、研究民进党的盛衰史，观察、关注民进党的现实表现，有助于探讨民进党未来发展前景。该文从影响民进党盛衰起落的一些重大、关键性因素，从民进党失去政权后的现状等层面，历史地、现实地对民进党未来发展前景作了分析与探讨。

影响民进党盛衰起落的几大关键因素有：政党形象至为关键；温和路线相当讨巧；经济民生极其重要；地方政权作用明显；美国态度举足轻重。

民进党在野后，采取了一系列措施，以图东山再起，但其努力成效并不明显，困境依旧：(1) 党务革新虎头蛇尾，重塑形象努力破功。民进党败选后，试图重塑政党形象。但由于党内矛盾重重，败选检讨、党务革新流于形式。(2) 路线调整进退维谷，争取中间选民支持不易。由于党内基本教义派及党外激进"台独"势力的强烈反弹，加之陈水扁绑架民进党，民进党的路线及问政风格调整举步维艰，理性问政难以为继。(3) 领导乏力组织涣散，凝聚力战斗力下降。败选后民进党对人事进行了大调整，新的权力班底呈现出"世代交替"的态势。可"四大天王"不甘退出历史舞台，党中央的领导地位被削弱，蔡英文的领导权威受到严峻挑战。(4) 监督施政效果有限，预期目标未能达成。民进党的强力监督、制衡，对当局施政确造成较大冲击。不过，其逢马必反、不问是非的做法，难以得到外界广泛认同，打压对手的预期效果有限。(5) 地方选举布局不顺，突破现有格局难度大。败选后，民进党把赢得年底县市长选举视为当前最重要的政治任务，希冀有所突破，重新形成地方包围中央态势。从目前情况分析，民进党选情并不乐观，难以突破地方政权"蓝强绿弱"的现有格局。(6) 频频赴美告洋状，寻求支持效果有限。民进党执政时期，一意孤行推动"台独"，危及美全球战略利益，导致美台互信尽失。民进党在野后，急于修补。然而，美对马英九上台后两岸关系出现的积极变化多次给予肯定，告诫民进党不要过于阻挠两岸关系发展。

因此，民进党未来几年仍将处于恢复、盘整期，发展前景不容乐观，岛内"蓝强绿弱"的政治格局难以打破，民进党寻求第三次政党轮替暂无可能。依据是：(1) 民进党发展壮大的因素不在。回顾民进党的发展历程，检视民进党的现实表现，不难发现，当年民进党赖以生存、发展壮大并走上执政地位的诸多有利条件几乎不复存在，而导致其衰败没落的因素却紧紧缠绕着民进党。(2) 民进党的发展方向不明。失去政权后，民进党有意进行路线调整，但在党内基本教义派及党外"激进台独"势力的强烈反弹下，民进党、蔡英文是左右为难，不得不含糊以对。(3) 民进党重新执政的主导权不在自己手中。未来三年，民进党的前途从一定程度上主要取决于国民党的执政作为，只要马英九基本兑现竞选承诺，特别是经济复苏好转，民进党在地方政权、"国会"席次及执政权上均难取得大的突破。而目前国民党施政渐入佳境，经济出现回暖、复苏迹象，有助于国民党稳定政局。

当然，这也不是说民进党毫无希望，民进党依然是岛内颇具实力、且是唯一可与国民党相抗衡的政党：一是民进党基本盘依然稳固，实力不弱。从 2008 年民进党组织的几次游行，可以看出其在岛内有一定的社会基础，仍具有相当的政治动员能量。二是岛内民意走向极其复杂便于民进党操弄。近年来岛内的民意呈现出极为复杂的态势：一方面民意走向理性与成熟，有助于遏制"台独"。另一方面"台湾主体意识"不断增强，大中国意识弱化，"统消独长"的走势较为明显。三是经济前景仍然严峻，易为民进党利用。岛内经济形势仍很严峻。尤其是世界经济衰退尚未见底，台湾经济形势将会随时受到冲击与影响。四是美日"以台制华"本质未变，会打民进党牌。美日不会放弃台湾这枚制华的重要棋子，会在一定时候协助民进党与国民党形成分庭抗礼之势。

《对民进党年度工作重点的考察》（冷波，《两岸关系》2009 年第 4 期）

综合民进党临时中常会决议，以及会议前后相关政策宣示，该党 2009 年的工作重点主要包括：一是通过社会运动“监督制衡”马英九当局。二是推动“全民保台运动”。三是联结民间，改造民进党。四是全力打赢年底县市长选举。

民进党临时中常会确定的以上年度工作重点，就是想借此打赢县市长选战、让党止跌回升，其意图一是结合社会力改造民进党，提高政党形象和社会认同度。二是蔡英文欲巩固党内地位，加强党内团结。领导者是否有足够权威和政策自主性、党内是否团结，是民进党能否止跌回稳的关键之一。三是在“议会路线”走不通的情况下，以“社会运动”全力打马，提振绿营士气。四是以“全民保台运动”包装“台独”，骗取选票。

民进党 2009 年将围绕工作重点对国民党全力展开反扑，势必对岛内政局、两岸关系产生重要影响。一是民进党止跌回稳的难度依然较大。“社会运动”、“全民保台运动”虽在一定程度上有助于凝聚绿营士气，但由于尚未触及民进党最核心的贪腐和两岸路线问题，因此赢得民众认同、提升党的作用会比较有限。二是岛内政争将更加激烈，马当局施政面临更大压力。尽管蔡英文辩称“社会运动路线”并非狭隘的“街头运动”，而是结合民间社运团体，针对社会议题、政治体制进行思想改造，但其主要手段无疑仍是街头抗争。预计马英九就职周年、年底县市长选举前后，将是民进党针对经济不佳、失业问题发动群众抗议活动的主要时间点。由于今年台湾经济好转的可能性不大，因此马当局施政势必会面临更大压力。三是两岸协商合作及和平发展势头可能受到些干扰。2009 年是两岸进一步展开两会协商、加强交流合作、强化两岸和平发展势头的重要一年。民进党发起“全民保台运动”，尤其是借县市长选举炒热统独议题，势必会对马当局的两岸政策形成较大压力和一定牵制，有可能在一定程度上会影响到两岸协商与交流合作的成效。

《民进党：在“台独”怪圈中徘徊》（王建民，《世界知识》2009 年第 15 期）

民进党下台后，其政治势力除七个地方县市的执政权外，主要表现在“立法院”的 27 席“立委”。蔡英文无派系支持，是一个空壳党主席。失去政权一年多时间里，民进党“立法院”党团一直由扁势力掌控，预示着“扁势力”继续掌握民进党，主导未来民进党的发展路线。不仅未来民进党的政治路线更加难以调整，且将会进一步“独化”与“偏激化”，从而陷入更大的危机与衰退。

陈水扁对民进党的影响。陈水扁虽然关了半年有余，但对民进党的影响力依然很大，尤其是党内一些有意问鼎大位的人，更是希望与扁结盟或接收扁的势力。在陈水扁以“激进台独”绑架民进党之后，谁都不敢公然与扁决裂。而与扁结盟，虽在党内易于取胜，但却会失去更多的中间选民，决定了其在大选中必然败北的命运。蔡英文也曾试图与扁切割，带领民进党走出一条没有陈水扁的民进党新路。然而结果其从“切割派”也变成“挺扁派”。

民进党两岸政策的困境。眼下民进党发展面临两大难题，除陈水扁问题外，另一个就是两岸问题。这两个问题又是相互关联、密不可分的。民进党失去政权后，面对海峡两岸关系的大发展，面对两岸经济合作的大潮，有一种强烈的恐惧感、危机感。在新形势下，民进党不是思考如何确定大陆政策，如何应对两岸关系的发展形势，而是采取一种强烈的“反中”情绪，凡“中”必反，结果将自己逼到了墙角，只能在深绿群众中找到一种精神寄托。

一年来，民进党没有任何的反省与检讨，其原因关键在于民进党已彻底被“台独基本教义派”绑架。在民进党支持群体中，“台独基本教义派”活动能力强，民进党现有40%左右的支持率，其中最坚定的支持者就是这些铁杆“台独”分子。民进党也曾试图进行改革，调整路线，希望走一条中间偏左的路线，蔡英文等人甚至提出要检讨扭曲的本土主义，但“台独基本教义派”坚决反对，民进党担心失去这些深绿的支持只好妥协让步，理性改革的声音被“台独”叫嚣所淹没。民进党对深绿“台独”势力的妥协是建立在一种奇怪的权力思考逻辑之上的。在民进党看来，改革需冒风险，不仅可能争取不到中间选民，反而会使基本盘都保不住。这种投机取巧的权利算计，确实在2000年大选中出现过。于是民进党有了类似“守株待兔”的自欺欺人的想法。

“台独”是民进党困境的根源。其实，民进党面临困境的根源不在陈水扁，也不在蔡英文，而在“激进台独路线”。“台独”是民进党的政治灵魂。为坚持“台独”，民进党就只有“反中国”与大陆对抗。这样，“台独”与“反中国”就成为民进党核心思想与价值的一体两面：要坚持“台独”，就得“反中国”；“反中国”，就得坚持“台独”。因为一切归于反对，一切归于维护“台独”立场，让民进党只能是为反对而反对，提不出符合台湾地区与两岸关系现实需要的政治主张，提不出任何有利于台湾经济发展的方案，因此即使马英九执政表现不尽如人意，经济形势不佳，民众也无法认同与支持民进党。所以“台独”不除，民进党没有希望。

《民进党调整路线：换了包装内容依旧》（党朝胜，《世界知识》2009年第9期）

民进党失去政权后，党内围绕“改革”、路线调整等议题展开激辩。日前民进党主席蔡英文向岛内媒体投文，抛出所谓“新本土观”，无非是用“本土”包装“台独”，用“主权”置换“台独”，企图在“主权”和“本土”的旗号下，让台湾同胞不分“本省”、“外省”，和他们一起推进“台独”，共同对抗大陆。此论大有为长期困扰民进党的“台独”路线进行解套的意味。

党内“台独”路线争论再起。2000年陈水扁执政之后，民进党一步步被牵着陷入“急独”路线深渊，俨然成为“急独党”。但在2008年初接连两次重大选举中民进党惨败，党内再次出现了是否应坚持走“台独”路线的争论，不少人尖锐地指出，是陈水扁的“急独”路线葬送了民进党政权。只不过当时岛内舆论关注的焦点仍是陈水扁及民进党新贵们的贪腐问题，要求检讨“台独”路线的声音受到民进党内权贵们及“急独”派的强力弹压，争论无法持续深入。国民党重新上台后两岸关系出现新的互动局面，民进党内对可能失去两岸议题主导权的局面产生高度焦虑感。党内再次出现检讨“台独”路线的声音。民进党临时中常会讨论该党今年的工作重心时，该党政策会提出了一份报告，直指民进党党纲许多内容已不合时宜，且基本纲领、行动纲领、决议文等叠床架屋，应予检视。由于报告触及了民进党最敏感的政治神经，被认为该党可能修改“台独党纲”。但党内重要人物反对碰触“台独党纲”，讨论再次搁浅。民进党之所以不会也不敢修改“台独党纲”，主要的顾虑是，受陈水扁弊案的冲击，民进党已经流失了大量的中间与浅绿选民，如果再贸然修改“台独党纲”，可能不但于事无补，反而会失去传统的“台独铁票”。从以上不难看出，是否继续坚持“台独”路线始终是隐藏在民进党内的最大路线斗争问题。尽管民进党至今仍然顽固坚持“台独”路线立场，但他们并非都认为“台独”是民进党不可动摇的“神主牌”，只不过在当前形势下，缺乏修改“台独党纲”的勇气。

民进党强调“主权”的诱惑性。民进党在路线选择时始终面临两难。一方面，从民意走向看，岛内民众绝大多数都希望维持台海现状，“台独”始终不能被台湾主流社会接受，另一方面，“台独党纲”却一直被党内基本教义派捧为不可动摇的“神主牌”。因此，蔡英文在思考一套既能拉住选民，又能让党内基本教义派接受，同时还让国民党难以反击的新论述。最终，她选择了“主权”论述。首先，“主权”论述更有欺骗性。民进党讲“主权”，无论是国民党还是民进党，无论是泛蓝选民还是泛绿选民，都无法反对。其次，强调“主权”有可行性。在陈水扁等民进党新权贵“假台独真贪腐”的本质暴露后，“台独”对岛内选民的蛊惑作用已大大降低，因此，用“主权”论述取代“台独”更为可行。再次，强调“主权”付出的成本最低。目前，民进党要想重新获得选民认同的首要任务就是与扁切割，扁势必全力反扑，如此民进党代价太大。第四，用“主权牌”对付马英九最管用。在民进党看来，马英九背负“外省人原罪”，只要持续打“主权牌”，马当局自然不敢反击。正是基于上述考虑，蔡英文喊出了维护台湾“主权”的口号。为阻止两岸两会复谈和两岸交流合作的深入，蔡又喊出了“防止主权流失”的口号。甚至，蔡英文及民进党其他头面人物，不仅将两岸交流过程中的所有议题都上升到“主权”高度，而且连一些岛内的内部事务也往“主权”话题上扯。一时间，蔡英文、民进党扮演为台湾“主权”的守护神与代言人，并以此议题让马英九当局常常动辄得咎。

民进党能维护“台湾主权”吗？如果蔡英文及民进党诸要只是强调“主权”，而提不出维护“主权”的具体方式与方向，显然无法让其支持者有方向感和着力点。因此，今年以来，他们先后提出了“社会运动”的具体方式和“新本土观”的大方向。民进党之所以做出如此选择，主要原因是：在失去权力和“议会路线”行不通的情况下，不得不重新使用20年前的老办法，即以走上街头的“社会运动”维护“主权”。其实，在“台独”仅是陈水扁等人用来进行争权夺利和为贪腐做烟幕弹与遮羞布的真相大白于天下之后，蔡英文要想真正带领民进党走出困境，就必须勇敢地面对当前岛内民意与两岸关系发展趋势的现实，勇敢地抛弃“台独”路线。换汤不换药的结果只能是，既无法阻挠两岸合作交流步伐，又无法获得基本教义派的谅解，而民进党也只能永远充当“有执政经验的在野党”。

《民进党在野后的七大困境》（张文生，《两岸关系》2009年第2期）

在野后的民进党面临空前的危机和困境。困境之一：扁家弊案。下台后的陈水扁不仅面对司法的调查，而且在公务机要费案之外，又被揭出了海外洗钱、贪污受贿等弊案。陈水扁执政期间的许多高官也面临贪腐案的追诉，民进党政治人物相继被揭发、侦查、起诉、判决的一系列弊案使得民进党威信扫地。困境之二："台独"路线。"台独"是万恶之源，民进党如果不处理"台独"问题，很难摆脱政治瓶颈。但是民进党无法割舍深绿支持者，在政治路线上必然受到深绿支持者的限制。

蔡英文担任民进党主席后，仍然延续两岸冲突的"台独"政治路线，不仅否认"九二共识"，而且处处以"反对中国"、维护所谓"台湾主权"为能事。

困境之三：世代更替。民进党要顺利完成世代更替并不容易。第一，民进党内的所谓"天王"不肯放手，始终操纵着党内权力布局，试图卷土重来。第二，要求接班的青壮世代缺乏选举战功，大部分人在2007年初的党内初选中被排蓝民调排挤出局。第三，青壮世代试图重树政治形象，在民进党内没有去豢养人头党员，在党内选举中处于不利地位。第四，这批青壮世代主张要检讨政治路线，必然会激起党内极独政治势力的强烈反弹。但是从长远来看，民进党内青壮世代接班是必然趋势。民进党下台后，青壮世代在党内权力重组的过程中发挥了重要的影响力，他们是民进党下一阶段发展的主要领导力量。

困境之四：派系斗争。民进党是一个党内派系共治的组织。民进党内的派系在党内选举中，尤其是中执委、中评委和中常委选举中，相互配票和换票，起了决定性的作用，因此成为党内斗争的重要问题。蔡英文出任党主席是民进党内各派系妥协与平衡的产物。民进党在权力重组的过程中，派系恶斗的状况并没有改善，反而屡次掀起斗争高潮。

困境之五：人头党员。人头党员问题是民进党内选举制度的产物。由于人头大户的存在，使得民进党内形象清新的青壮代难以出头，也逼使他们有些人不得不学着经营"人头党员"。民进党下台后，青壮派一致批判党内的"人头党员"问题，但是仍然不能解决。

困境之六：排蓝民调。民进党在党内民意代表与台湾地区领导人提名初选过程中采取的排除泛蓝阵营支持者的民调方式。排蓝民调使得民进党内"台独"主张激进的政治人物得以出线，而政治形象较为理性、务实、温和的政治人物被排挤出局。排蓝民调被认为是挑起民进党内初选恶斗乃至民意代表和台湾地区领导人选举失利的重要原因，排蓝民调使得民进党内的"台独"极端主义抬头，政治斗争加剧，"台独"立场成为检验民进党政治人物的唯一标准。排蓝民调反映了民进党近年发展中出现的极端化与"台独化"的趋势。民进党在野后，民进党内尤其是青壮派对"排蓝民调"深恶痛绝，要求废除排蓝民调的呼声高涨，但是排蓝民调造成的民进党政治文化极端化与"台独化"的恶劣影响仍未消除。

困境之七：财务困难。民进党下台后，面临严重的财务困难。民进党没有党产，没有党营事业，主要收入来自于各级党公职人员缴交的募款责任额，以及台湾当局提供的政党竞选补助金。民进党下台后，没有了执政资源，募款大户陈水扁等人又受到司法调查，民进党政治人物募款越来越困难。"巧妇难为无米之炊"，民进党只好减少大型的动员造势和游行示威活动，以减少财务开支。

《透视陈水扁的执政本质及其历史教训》（沈言明，《菏泽学院学报》2009年第7期）

陈水扁执政期间抛出并实施了一系列的"台独"路线及其"台独"活动；"台独"

路线对两岸关系产生严重的冲击和影响；陈水扁遭到台湾检方的起诉，引发台湾人民对陈水扁执政本质的种种反思。

陈水扁执政期间的“台独”路线及其“台独”活动。一、“一边一国论”的提出。“一边一国”论提出是陈水扁台独本质的大暴露。“一边一国”论提出之后，台湾当局一再地强化这一“台独”主张，在多个领域进行“去中国化”、“正名”活动。其后，陈水扁执意实行“公投”绑“大选”及公开宣称要废除“国统会”和“国统纲领”。而与此同时，一直在进行舆论和组织准备的“制宪”也进入具体实施阶段。二、“四要一没有”论的抛出。“四要一没有”论的提出，再一次完全暴露出陈水扁是一个“台独”阴谋家，他的政治目标就是建立现在不存在、将来也是不会存在的“台湾共和国”。

陈水扁“台独”路线对两岸关系的影响。陈水扁种种倒行逆施的行为不但没有达到他的目的，反而使得岛内政局动荡、经济停滞、族群撕裂，严重损害了台湾同胞的利益。两岸关系也是一波三折，持续的处于僵持和恶化的状态之中。一、一个中国原则受到挑战。陈水扁所推行的“台独”路线和实施的一系列的“台独”活动完全背离了一个中国原则，企图把台湾从中国分离出去，建立一个虚幻的“台湾共和国”。这实质上就是分裂中国国土的行为，实行“两个中国”或“一中一台”，是对一个中国原则的严重挑衅和破坏。二、两岸关系受到严重冲击，损害了包括台湾同胞在内的中华民族利益。若“台独”势力一意孤行，公然制造“台独”等重大事变，必将导致两岸关系推向战争的边缘，这不仅损害了台湾同胞的利益，也危害了大陆同胞的利益，因而是对整个中华民族的根本利益的伤害。三、亚太地区乃至世界的和平与稳定受到了危害。

陈水扁的“台独”路线所引发的历史教训。首先，陈水扁从反面告诉了台湾地区人民：“大陆和台湾同属一个中国”这一铁事实，是任何人都不可能篡改的。“世界上只有一个中国，大陆和台湾都是中国的一部分”，这是铁的事实，是任何人也改变不了的。陈水扁虽然向其发起了挑战，但是结果注定是要失败的。其次，陈水扁从反面告诉了台湾地区人民：“台独”是一条走不通的死路。搞“台独”损害了包括台湾同胞在内的整个中华民族的利益，因此对两岸人民而言，从政治、经济、法律、文化等方面全面打击和遏制“台独”活动是一个长期而艰巨的任务。再次，陈水扁从反面告诉了台湾地区人民：贪污腐化必将被人民所唾弃。最后，陈水扁从反面告诉了台湾地区人民：作为一个政治领袖应该两袖清风、言而有信、廉洁奉公。

《台湾民主化进程与民进党社会基础的变迁》（徐晓迪，《青年科学》2009 年第 6 期）

台湾民主化启动后，民进党执政基础不断得以发展壮大，逐渐成为台湾政坛上一支不可忽视的力量。但进入 2000 年后，台湾的民主政治趋向成熟，极端的政治主张越来越难以惑众，追求两岸和平与发展，已成为岛内绝大多数民众的务实选择，民进党执政版图不断萎缩。

政治民主化是民进党社会基础壮大的根本动因。蒋经国启动了台湾民主化进程，使台湾向民主社会迈出了关键性的步伐。从总的政治倾向分析，一个由专业技术人员和管理人员构成的新兴中间阶层得以崛起和扩大，作为一种新的阶级成分，它仍处于力量集结过程的上升状态，具有一定的批判性和革命性。党外运动在政治上的表现，体现了新兴中产阶级的主要特质。在国民党内聚力弱化，政权控制力下降的同时，民进党不断巩固其最大在野党的地位。一些政治嗅觉灵敏的岛内代表资产阶级的大企业大财团感受到了民主化所带来的政治“游戏规则”的改变，纷纷改变自己“政治投资”策略，由单边下注变成两边同时下注。民进党的主干领导力量大都出自中产阶级，与中产阶级有一种天然结盟关系。种种迹象表明在岛内政治民主化过程中民进党抢得先机已经跃升为台湾政坛上一支不可忽视的支配力量。

民进党社会基础的扩张与衰减的双重变奏。在陈水扁“执政”的8年期间，是其执政基础由膨胀到衰减的一个时期，大致分为前后两个阶段：2000年——2004年为扩张期。这是民进党执政基础的扩张期。民进党上台后，利用手头上丰富的行政资源，不断扩张其政治版图。其在重要选举中得票率由党外时期的20%左右，增加执政前的30%上下，执政后的前4年，泛绿阵营重要选举得票率维持在41%至%51%之间，这在一定程度上表明民进党的社会统治基础有所扩大。2004年至今为衰减期。这是“台独”思想社会基础的衰减期。陈水扁政府在涉及岛内民生议题上毫无作为，经济发展裹足不前，导致其社会执政基础的板块也会随之悄然快速的移动。陈水扁的倒行逆施，原先支持民进党的社会政治基础也开始转向，岛内大资产阶级与以“台独”势力代表民进党渐行渐远。

台湾政治民主化的成熟及民进党未来走向。一旦民众的视野由意识形态转向民生议题，则民进党立即失去了动员的着力点。在2008年台湾地区领导人的大选中出现了新的转向，“不分蓝绿、只要黑白”，渐成一种趋势。民众在岛内政治民主化的进程中经受了不断地洗礼与锻炼，他们的政治见解和辨别判断能力整体上得到了提升，这种提升将使极端政治主张的市场越来越小，空洞的政治口号越来越难以惑众。选民在投票时将把政党的执政能力和政绩置于首要考量位置，将越来越根据自己的实际利益作出务实选择。对民进党而言，顺应台湾政治民主化的趋势，改造其“政党体质”，从根本上抛弃“台独”纲领，抛弃意识形态挂帅的政治议题操弄，从“历史悲情”中走出来，把自己塑造成一个为“为民生，促发展”的“正常政党”，才有可能未来重新崛起。否则照此沉沦，未来两岸日益密切的交往过程中民进党将会走向泡沫化和边缘化，失去应有的政治话语权。投入到祖国必将统一的历史潮流中，方能重生。

《管窥未来台湾政党政治之发展》（徐锋，《广州社会主义学报》2009年第4期）

民意和制度这两个关键变量决定了未来台湾政党政治的前途。台湾两次关键性选举显示，经历了第一阶段民主化的喧闹和动荡，台湾已然发生了深刻的选民重组。在制度变迁的必要性已被广泛认同的情况下，政党重组甚至是整个台湾政治社会的重组都不无可能。

政党政治走向的关键变量：民意。一个时期以来，台湾民意发生了重大的变化，这些变化预示着台湾政党政治将步入又一个全新的阶段：1. 从总体上看，当前台湾民意的分歧、冲突仍然多于共识。民意的南北分歧与台湾政坛上“泛蓝”、“泛绿”两大阵营的存在直接相关，也与台湾政治斗争的统“独”主题直接相关。族群矛盾和族群撕裂对台湾民意的趋同产生阻力。在政党的操弄下，台湾民意短期内很难走向谐和、兼容。地方派系矛盾仍对台湾民意产生重要影响。2. 台湾民意已普遍厌倦于纷争、混乱的台湾政党政治现状，希望尽快结束无休止的族群与统“独”之争，使台湾尽快回归稳定和发展的主轴。对民众而言，经济发展和改善民生永远最重要。台湾民众最看重的还是“重视民意”、“改善经济”和“施政经验”。3. 人口的世代更替也对台湾民意变化产生重大影响。“民主世代”与“威权世代”相比，他们对国民党威权统治没有太多的集体记忆，对台湾民主政治、政党政治及其主题的理解与“威权世代”之间存在着明显差距。在族群和统“独”问题上，“民主世代”较少受省籍影响，立场中立。相对于“威权世代”，在“台湾人/中国人”族群意识方面，“民主世代”内心较少差异性，他们对“既是中国人又是台湾人的”认同比率也相对要高。相对于“威权世代”，“民主世代”更关心台湾民主。对族群、统“独”和民主理解的不同也折射在政党认同上。研究表明，2003 年后“民主世代”对国民党的认同明显回升。民进党支持者则老化速度严重。其他台湾政党及其支持者也都或多或少存在政治理念上的转变。尽管没有最终成型，但转变的趋势不可遏止，是故，民意变化、特别是新民意的产生迟早会对未来台湾政党政治产生积极影响。

政党政治走向的关键变量：制度。未来台湾“宪法”制度和选举制度的变化，特别是它们当中内在的精神以及相关的规则的转变都将对政党政治发生根本性影响。1. 台湾地区宪政体制的变化。台湾政党政治发展最大的罩门就是“宪政体制”屡屡遭受搁置、切割和扭曲因而无法有效约束政党政府行为、防止政党政治整体失范。从民主巩固、发展角度看，台湾“宪政体制”确有整饬和强化的必要。未来台湾不管哪个党主政，“宪改”前景都直接关乎台湾政治发展的大环境。无论是搞“总统制”还是“内阁制”，未来台湾理性的“宪改”应首先解决“人高于党”、“党大于法”的问题。此外，未来台湾政党政治的发展与台湾司法独立发展的关系也将更加密切。2. 台湾选举制度的变革。与政治文化相比，选举体制对未来台湾政党政治的影响更直接、迅捷。台湾传统政治文化与选举体制导致政策、政见无法主导选举过程。

未来台湾可能的政党政治走向。因应民意和制度这两个自变量的明显变化，未来台湾政党政治将面临较为全面和深刻的转型。这些转型将涵括政党体系、政党理念等诸方面，并最终影响到政党政治的过程，影响到台湾经济社会的发展。首先，台湾政党理念及政策的走向。总体上看，未来台湾政党及其候选人都必须致力于争取大多数选民的支持，其意识形态势必会渐趋温和。因应新选制，各党必须逐步放弃在原选制下养成的习惯，转向迎合、讨好中间选民。公众政治意识将根本决定政党理念的变化。民意驱动和制度变化的共同结果是，颠倒的政党理念与民众意愿的关系出现了回复民意主导这一正常状态的契机，政党政治的重点向政策层面回归成为一种现实的可能。这对国民党来说是利好，主张渐进改革的国民党终于有可能以其相对温和的政治理念重获台湾多数民意的认同。但这并不意味着激进的“台独”理论及实践会很快失去市场。新选制不具备足以排除极端势力的力量。统“独”矛盾还将继续，只是失去了在政治和政策上的主导权、话语权。

其次，未来台湾政党体系的走向。制度改革明显地会引发政党体系发生变化。台湾政党体系已由威权一党制解体并走向准两党制，继而演化为多党制。未来新选制势必也会发生相似的影响。上一次变化的特点是：新旧前后的政党体系之间既有接续的一面，也有中断的另一面。接续的一面，是指制度的变化并没有在短期内引发政党体系的根本转型；中断的一面，是指制度变化起到了从根本上重塑政党体系的作用。台湾新的制度变革与政党体系变化重复上一次的某些特征的可能性当然存在。从最近几次选举前后各政党及其精英的理念与行为的变化中，我们可以明显地感受到新选制的影响已提前到来，事实上也已开始了对台湾政党体系的重塑。无论未来台湾政党体制是走向两党制，还是"一个半政党体系"，台湾主辅二元、多党竞合的政党政治体系似已走到尽头。

最后，二次政党轮替与台湾政党政治发展的前景。政治现实严厉地迫使台湾民众在国民党和民进党之间选边站。在这样的政治气候中，台湾完成了二次政党轮替。这体现了台湾人民的智慧：拿下腐败偏执的民进党，但希望保留它作为政治制衡的手段。国民党虽因经济社会政策受到选民欣赏而获得较高支持率，但这不足以扭转民进党给它带来的压力和困局。它还是必须正视少数选民的意见。从战略高度来看，台湾政治发展的前途无非有二：一是改弦更张有所起色，台湾民众长期努力并付出沉重代价的民主成果得以巩固和发展，台湾走向相对成熟的民主社会，这是比较光明的前途。设若台湾能够中短期内确立起类似美国式两党制或类似日本式一党独大体制，责任政治、政治责任就将逐步植入台湾政治社会，台湾的政治发展的前景是令人乐观的。二是继续混乱不堪甚至每况愈下，最终导致台湾政党政治的失败并带来第二次民主化进程的挫折，这是比较阴郁的前途。因应选民重组的要求，台湾已经出现了各小党分别向两大政党靠拢的局面，但毕竟人们看到的还只是政党合作，而非政党合并。所以，我们也只能将其视为政党重组的初始阶段。此外，台湾两大政党内部都长期存在严重的分裂倾向，其中任何一个党因发生内讧和分裂，都会造成政党结构发生实质性的重组。重组后，除一党优势、两党制以外，台湾政治也还存在继续维持多党混战、政治动荡的可能性。在可预见的将来，台湾政党政治、民主政治还将承受更多考验，经历更高层次的发展。

《台湾政党政治的发展历程及其时代特征》（刘舸、张美芬，《学理论》2009 年第 7 期）

自台湾政党轮替以来，一个以蓝绿两大政党联盟为特征的"两党制"政党政治已经开始。但与此同时，台湾政党政治中的非理性因素依然严重，族群矛盾、"台独"意识形态、肢体冲突等现象依然存在，构成台湾政党政治未来良性发展的严重障碍。文章将台湾政党政治的发展大致划分为三个阶段，在梳理台湾政党政治发展历程的基础上，分析了台湾政党政治的时代特征。

台湾政党政治发展的第一阶段及其特征。台湾岛内政党政治发展的第一阶段是两蒋威权一党制（1949—1988）。败逃台湾的蒋介石国民党政权颁布了"戒严令"，宣布台湾地区处于"战时动员状态"，全省实行戒严。此后国民党又通过了一系列法令、法规，构建了戡乱法制体系，作为维持国民党一党专制和"党国一体"威权政治的法律依据。这个时期国民党威权一党制的主要特点是：1. 在“党国一体”的架构上“以党领政”、“以党领军”、“以党领社”。2. “总统”和“中央民意代表”终身化。3. 严禁党外组党，打击“台独”势力。

台湾政党政治发展的第二阶段及其特征。台湾政党政治发展的第二阶段是李登辉一党独大、多党竞争时期（1989—2000）。进入20世纪70年代后，两蒋威权体制在台湾日益面临严重的内外政治危机，台湾当局不得不从岛内着手，推行“革新保台”政策，导致台湾政治生态开始转型。这一时期台湾政党政治的主要特点是：1. 国民党继续执政但党内出现分裂。2. 台湾“执政党”大陆政策背离“一个中国”原则。3. 以民进党为代表的“在野党”迅速崛起，纷纷参与岛内各级公职选举，形成多党竞争的初始态势。

台湾政党政治发展的第三阶段及其特征。台湾政党政治发展的第三阶段是自2000年以来的政党轮替“泛蓝”与“泛绿”两大政党联盟竞争和并行发展时期。民进党是在反对国民党专制独裁的运动中发展起来的，民进党上台执政，标志着台湾政党政治时代的正式开始。这一时期台湾政党政治的特征是：1. 政党轮替进一步推动台湾的政党政治向前发展。2004年以来，台湾历次“立委”、“总统”和县市长选举中“泛蓝”与“泛绿”两大阵营之间的对决表明，台湾岛内多党纷争的局面正在随着政党之间的重新整合而结束，一个以蓝绿两大政党联盟为特征的“两党制”政党政治已经开始。2. 人数不断增加的台湾中间选民日益成为决定政党选举成败的关键因素。从目前台湾选民的政治立场上看，中间选民以占到全体选民的七到八成，而且仍呈增加趋势。现实表明，台湾人数不断增加的、务实理性的中间选民正在引导台湾政党政治走向理性成熟。3. 克服贪污腐败和“黑金政治”依然是台湾政党政治发展所面临的严重问题。4. “泛绿”阵营的“台独”政治纲领是台湾政党政治未来良性发展的巨大隐患。

台湾政党政治以西方式的民主政治为蓝本，从最初一党专政的威权体制中脱胎换骨，逐渐确立起以蓝绿两大政党联盟为特征的“两党制”政党政治制度，在一定意义上体现了文明政治发展的一种独特模式。但与此同时，台湾的民主政治运作还远不规范，政党政治中的非理性因素依然严重。在民主的表象之下，各政党选票高于一切，政党利益高于国家利益，金权黑道势力猖狂，“立法院”乱象频生，政党之间为了否定而否定现象还依然存在，这些将构成台湾政党政治未来良性发展的挑战。

《台湾地区政党体制嬗变原因探析》（赵晓昕，《企业家天地》2009年第9期）

国民党发动内战失败退台后的半个多世纪里；台湾地区的政党体制经历了“党国一体”的一党专政制度到党国体制向支配性一党体制再到两党制政党制度发展的渐进过程。2008年国民党再次上台执政，台湾地区实现了第二次政党轮替，两党制政党政治格局逐渐成形。

台湾地区政党体制的变迁过程分为：一、转型前的台湾一党体制（1949年10月—1986年9月）。直到1986年9月民进党的成立，台湾都只有国民党、中国青年党和中国民主社会党三个政党。实际上，中国青年党和中国民主社会党对国民党言听计从，根本起不到监督和制衡国民党的作用，更谈不上挑战国民党的执政地位。二、转型后的一党独大制（1986 年 9 月—2000 年 3 月）。在这 14 年里，国民党始终能够通过选举胜利来维持它对台湾政局的主导，保持了一党独大的地位。三、两党制雏形的显现（2000 年 3 月至今）。2000 年“大选”，台湾民进党胜出，台湾实现了政党轮替，这标志着台湾地区政党制度由一党独大制向两党制雏形演进。选后台湾出现了国、民、亲三党竞争并主导台湾政局的局面。四、国、民、亲三党竞争并主导台湾政局的局面。在 2004 年台湾“总统”选举中，国民党和亲民党两大在野党势力实现了初次整合，蓝绿两大阵营初步形成。2005 年地方“三合一”选举中，国民党、亲民党、新党等组成了泛蓝大联盟。同时，民进党、台联等也开始联起手来进行反击，结果“三合一”选举似乎成了一场蓝绿阵营的攻防战。最终，泛蓝阵营在地方选举中大获全胜，泛蓝联盟实现了全面的整合，台湾形成了两大联盟对峙的政治局面。从某种意义上说，台湾走向两党政治的趋势开始显现。这种演进的趋势在 2008 年台湾“总统”选举之后得到进一步的巩固。

台湾政党体制变迁的内在推动因素。台湾地区政党体制的演变有着其特有的主导因素。

一是经济发展引起的社会结构变迁是台湾政党制度演变的根本原因。经济基础决定上层建筑。经济的发展是政治改革以及政党制度变革的根本原因，台湾地区也不例外。国民党被迫于 1986 年进行政治革新，开放党禁，台湾政治实现全面转型，政党制度也由一党专政慢慢转向一党独大制。二是国民党的威权统治、腐败作风和党内组织分裂是台湾政党制度演变的内在原因。三是省籍与族群矛盾的存在与发展对台湾政党体制的演变产生了深远影响。民众的历史情结与本土情结通过选举发生作用，深刻地改变台湾的政治生态，改变着政党之间的力量对比，进而改变着台湾的政党体制。四是选举制度的发展是台湾政党体制政治演变的现实载体。首先，台湾基层选举的开放为反动势力的发展提供了空间。其次，转型后国民党开放党禁，“总统”、各级民意代表和公职人员逐渐进行直接选举，这就为反对党的发展提供了途径和载体。再次，台湾各层次选举的全面开放为民进党执政铺平了道路。五是台湾政治体制得以变化的外部因素美国的影响是台湾政党制度演变的重要外在因素。美国打着民主的旗号，不断向国民党当局施压，是国民党一党专制转向民主化的催化剂。六是大陆对台政策的调整是影响台湾政党制度演变的重要因素。近年来，中国政府对台政策的发展直接影响到了台湾政局的变化。2005 年颁布的《反分裂国家法》展示了中国人民维护国家主权与领土完整的决心，也沉重地打击台独势力的嚣张气焰，从某种角度上加速和催化了岛内政党对两岸关系的表态，使台湾“泛蓝”、“泛绿”联盟泾渭分明。

《台湾政党政治发展理念中的民主、民本与民粹》（徐锋，《广州社会主义学院学报》2009 年第 1 期）

当代台湾政党政治的发展遭遇到来自民本主义和民粹主义两方面的理念和政治袭扰。国民党在一党执政中逐步形成基于民本主义的保守政治理念和政治体系，党外、民进党在反对国民党专制的过程中又推动台湾政治社会走向了激进民粹主义。没有理性、科学的民主观，这是台湾政党政治发展状况频出的一个根本原因。

推动政治发展的两条进路及其关系。在台湾，各政党对于怎样巩固和完善台湾的民主制度都有各自不同的认识和主张。由于在民主理念和台湾意识这两个基本问题上存在根本分歧，国民党、民进党实际上是在两条不同的进路上影响台湾的政治发展。在台湾，激进的民粹主义是以民粹形式表现出来的自由主义倾向，改良的民本主义则是以民本形式表达出来的保守主义。上述两种趋向都同时存在于任何一个能动的主体身上，只不过由于分量不同而在整体上呈现出或自由或保守的特质。同时，在东亚特定的历史背景下，民粹和民本主义实际上是人们对于本地区政治发展问题作出的自由主义性质或保守主义取向的回答。在台湾，它表现为既糅合了中国传统政治文化和西方民主政治文化，又掺杂了对台湾历史、现实的或正常或扭曲的理解的两条进路：国民党改良的民本主义路线和民进党激进的民粹主义路线。

民本与民粹都是前现代的东西，它们与作为现代市场经济自然结果的现代民主分属于不同的时代。民主的眼光和步伐都是向前的，民本与民粹则不尽然，都给人以向前的假象而坚持了滞后的本质。现代民主与现代市场经济一脉相承。有没有现代市场经济决定有没有现代公民人格，但并不能单方面决定国家、社会民主发育的成熟与否。除此而外，东亚还有其他历史与文化因素制约政党政治的发展，制约民主政治理念的成熟度。新旧理念尚处于此消彼长的过程中，这就决定了虽然已有现代市场经济但人们对民主的理解却没有完全走出误区的现状。同时，它也决定了台湾政党政治中民本主义与民粹主义相拮抗，而民主主义尚未全然占到支配地位的现实。

国民党对改良和民本的坚持。国民党对民主的解读，以及它在台湾长期的政治实践都倾向于民本主义、保守主义。自孙中山先生以降，多数国民党人对中国人是否有能力与素质实践民主始终抱有怀疑。到了蒋介石时期，国民党搞出所谓训政体制。此后，该党更是从“民主保姆”膨胀成“专制家长”。尽管不得不施行“宪政”，但是国民党还是长期固守了威权体制。国民党政权一直以被动、渐进和自上而下的姿态来对待民主、“宪政”的发展。由于眷恋威权的好处，除非压力足够强大，才会考虑体制的调整；由于并非每时每刻都面临巨大的压力，而且后者往往是缓慢积累后才最终表面化，那就“分期付款”，不必一次性出让政治利益。李登辉将国民党威权劣质的一面推向了极致，国民党政策开始寻求和黑金势力结盟来垄断台湾的社会资源。李登辉所以能一手遮天搞掉国民党，原因不能全部算在他个人的头上，国民党在政治上一贯的保守性为其提供了可乘之机。

经过最新的改造，国民党虽然在组织上实现了民主化，但它对未来台湾政治发展的前景及其路径的理解还是不清晰的。它还是拿不出能够取得话语权的主导意见，还是被动地随民进党的节拍起舞。虽然一部分精英对于宪政和法治的坚持是有目共睹的，但国民党高层却很难在这一方面说服民众甚至是自己的党员。国民党应当在坚守中国国家认同的情况下，旗帜鲜明地夺回并行使在台湾政治发展和制度重构问题上的话语权、主导权，面对在上述领域和问题上咄咄逼人的民进党，它需要更多些“革命性”。

民进党对激进与民粹的偏好。如果说国民党是始终走不出党国体制局限的话，那么民进党则是走得太远，它不仅要终结国民党的统治，还渴望着彻底颠覆整个“中华民国”体制。无论是在野还是执政，民进党对台湾政治发展所走道路的主张始终没有离开激进的和民粹取向。台湾民主运动从一开始就无法摆脱“台独”纠缠，这既是历史形成的，也是民进党人刻意利用的结果。民主运动是火，“台独”运动是油。火上浇油，就是民进党政治上的激进和狂飙。20 世纪 90 年代，民进党话语权力遭到国民党主流派的强劲竞争，加之大陆方面对“台独”的强烈反应引发了民意阶段性的变化，民进党的政治市场大幅萎缩，不得不模糊处理反对“中华民国体制”及“台独”的诉求。2000 年执政以后，民进党凭借行政资源迅速扩张了政治实力。但它对于如何解决台湾经济社会发展问题束手无策。更难堪的是，作为民主运动起家的政党，它也无力、甚至无心推动民主政治的巩固、前行。由于对民主理解的贫乏，由于事实上无法兑现民主承诺，它只好继续在野时的激进狂飙：一是作为执政党继续反对作为在野党的国民党，不仅要彻底清算其历史，还要扼杀其未来。二就是回归激进的目的性“台独”老巢。在一片反对声浪中，民进党被迫宣示“四不一没有”，但始终没有放弃在台面下小步快跑的“去中国化”，企图影响台湾民意发生决定性的改变。

民主政治的发展遭遇来自民本与民粹的牵制或夹击，台湾并非唯一的个案。实际上，这在世界各地区、各民族的政治发展中是一个极为常见的现象。不管基于什么样的政治意愿，将政治发展引向民本主义，民粹就不可避免；一旦民粹大行其道，真正的民主精神就会萎靡，一切可能回归原点，甚至回到民主是否必要的底层。

《略论选举制度、政府体制与政党体系的相关性——对我国台湾政治实践的思考》（陈健，《太平洋学报》，2009 年第 4 期）

就选举制度、政府体制与政党体系三种政治制度而言，国内学者大多分而论之。他们的方法论原则就是先探讨一种选举制度的政治效应，即它倾向于产生何种政党体系，之后再将其与他种选举制度的政治效应进行比较。这种前提假设对应的是内阁制的政府体制。如若在首长制或双首长制下，则极有可能存在两种不同的选举制度，即行政首长选举采用一种选举制度，民意代表选举则采用另一种选举制度。如此一来，并行的两种选举制度之间会否相互影响而共同催生出完全不一样的政治效应呢？我国台湾现行的政府体制恰好是双首长制，这就为我们观察选举制度、政府体制与政党体系之间的相关性提供了一个实证的场所。在我国台湾，行政首长的产生，一直采用相对多数选举制。而“立法委员”（简称“立委”）的产生，以 2008 年为界，之前采用单记不可让渡投票制（SNTV），之后采用单一选区两票制。

相对多数选举制分析。在台湾，各级行政首长都依相对多数选举制产生。尤其是 1996 年的最高行政首长选举，是相对多数选举制首次在全台湾真正实施，也是它对台湾总体政治生态产生主导性影响的开始。“机械效应”是指选举制度本身的技术安排所产生的直接后果。在相对多数选举制下，得票最多者占据唯一一个应选席位，“赢者通吃”，所以大党天然地占据有利地位。小党长期不当选，要么被淘汰，要么只好并入大党以求分一杯羹。这种“机械效应”就会逐步促成两党体系。“心理效应”则是指选举制度的技术安排及其机械效应对政党（包括候选人）和选民的心理预期及其所支配下的行为的影响。在相对多数选举制下，首先是政党包括其候选人意识到“赢者通吃”，所以他们会选择强强联手、强弱合并，以增加胜算。这在客观上就减少了参选者的数目，使候选人数目逐渐趋于2；其次是选民心态，当他们意识到继续支持当选无望的小党是一种不明智的举动时，他们就会将手中的选票转投自己最喜欢或最不讨厌的大党，以阻止自己最不喜欢或最略论选举制度、政府体制与政党体系的相关性讨厌的大党当选。这在客观上就会出现选票集中的现象，进一步造成对小党不利、对大党有利的格局，直到出现两强相争为止。

需要特别指出的是，相对多数选举制倾向于产生两党体系，而非必然出现两党体系。也就是说，相对多数选举制下，并非场场选举都会出现两党对决，而是从总体和长远趋势看，两党体系将最终形成。另外，也不是每次选举都只有两党，更常见的反而是在两强之外，有其他弱小的候选人同时参与。但这些弱小的候选人根本无法与两大党推出的候选人等量齐观，几乎可以忽略不计。

单记不可让渡投票制分析。单记不可让渡投票制（Single Non-Transferable Vote），简称SNTV。SNTV在2008年之前应用于台湾各级民意代表选举上。2008年起，台湾第七届立委选举改采“单一选区两票制”，但各县市议员选举仍沿用SNTV。在SNTV下，政党竞选大有“万马齐喑”之势。即便用“有效政党数”进行加权测算，也呈现一种温和多党体系。总之，SNTV下，小党或独立候选人只需拿到安全票数即可，毋需像在相对多数选举制下非胜即负。SNTV为小党保留了一定的活动空间，对小党有利。不但如此，大党在提名和配票上的困境客观上还会为小党创造更多的回旋余地。

单一选区两票制评析。它是“混合制”的一种，即相对多数选举制与比例代表制的混合。“两票”是指选民可同时投两票，一票圈选候选人，另一票圈选候选政党。候选人票采相对多数选举制，在本选区内计算，得票最多者当选。

立法者的原意在于通过相对多数选举制，形成两党体系，以利政治稳定。同时引入比例代表制，予小党以适度存活空间，因为依照迪韦尔热的“三重社会学法则”，比例代表制倾向于形成多党体系，各政党依得票率分配席位，小党也有一定的政治空间。通过小党进入“立法院”，社会多样性多少能体现为政治多样性，少数族群及弱势群体的声音不至于被湮没。从两种选举制度所占比例来看，立法者更多地追求政治稳定。但是，政治稳定的目的已然在双首长制下行政首长选举中基本达到，又何必多此一举呢？将行政首长选举考虑在内，相对多数选举制占据了绝对优势。这种绝对优势不仅消弭了原先SNTV的制约力量，更会对新实行的比例代表制产生强烈的干扰作用，破坏其保护小党的功效。

选举制度与政党体系之间的关联是当代选举制度研究的主题之一，但论者大多忽略政府体制在其中的桥梁作用。本应催生出两党体系的相对多数选举制在台湾只促成了两大政党联盟，理论上特别照顾小党的旧有立法委员选举制度下却形成温和多党体系，原因就在于两种选举制度在双首长制的政府体制下相互影响。相对多数选举制借助于新的立法委员选举制度组合，严重挤压了小党的政治空间，使台湾朝向两党体系发展。台湾经验可以由此衍生出一系列关于选举制度、政府体制与政党体系相关性的猜想。

《台湾政坛“第三势力”的发展空间分析——一种公共选择的视野》（孙云、文胜武，《世界经济与政治论坛》2009年第3期）

选举规则与政党数目。关于政治体系中活跃的政党的数目，在一般公共选择理论看来，首先与选举规则有着密切关系。台湾地区目前共有九项选举，其中具有全岛影响意义的主要是地区领导人选举和“立法委员”选举。就地区领导人的选举来看，在已经过去的四次选举中，我们可以看到有一个明显的两党制的趋势。按照公共选择学派的理论，这样一个趋势是在不断的回应规则环境的过程中逐渐形成的，台湾亦是如此。我们可以看出，“总统大选”从最初的“群雄逐鹿”到现在的“两党 PK”是选举规则下必然的演进，而在此一选制不变的前提下，很难有“第三势力”胜选的可能。“立法委员”选举相对“总统”选举更为复杂。因为对于势力远不及国、民两大党的“第三势力”来说，如果能够在“立法院”占有一定的席位，同样能保有一定的生存空间。然而目前在台湾，潜在的“第三势力”尚缺乏有足够公信力的政治人物来实现整合。另一方面，在名额最多且至关重要的“区域立委”部分，由于选举规则的限制，“第三势力”也很难在近期内拿到席次。

选民偏好与政党数目。公共选择理论认为，政治体系中的政党数目不仅与选举规则有关，也与选民的偏好分布有关。以下重点考察民众在“统独”问题和“中国人台湾人身份认同”问题上的偏好及其与政党数目之间的关系。台湾地区选民的“统独”偏好，“维持现状”的比例最高。近年来国、民两大党对“统独”的宣示有着明显的“中间化”的现象。“第三势力”如果期望从“统独”议题切入，一是走极端的支持统一或主张“台独”的路线，而这样做可能得到的选民支持率是极为有限的；第二是走中间路线，而这样又面临与两大党政见“雷同”的尴尬局面，同样无法争取选民的认同。台湾的“族群认同问题”，分歧主要发生在认同自己“既是中国人又是台湾人”和“只是台湾人”的民众之间。从民调反映来看，持此两种认同偏好的选民比例各自都一直维持在40%以上，几乎涵盖了台湾地区民众的绝大多数，而且近年来呈现出更为稳定的趋势。由此便形成稳定的两党（政治联盟）的局面。从以上的分析可以看到，在目前岛内最具分歧性的两个议题上，不管是政客的操弄还是民众的真实意愿，国、民两大党已经在客观上占得了代表和回应绝大部分选民偏好的绝对优势地位，能够提供给“第三势力”有所作为的空间非常小。

新选民与新政党。台湾自上世纪80年代中期开始实行民主转型以来，民众的政治观念受到了内外环境的很大影响，特别是没有经历过“两蒋威权时期”的年青一代选民在很多政治观点上与老一代有着不小的差别。据研究，在民众关于“统独”立场上，年青一代选民较老一代选民更不愿意改变现状，而持有极端“统独”取向的也远低于后者。在这种情况下，他们自然也就不希望两岸兵戎相见，而是期望搁置暂时的争议，两岸携手合作，共创和平发展的局面。虽然选民在“统独取向”和“族群认同”方面有最大分歧，但是相关数据表明在新一代选民身上已经表现出明显的淡化这一分歧的趋势，他们更关心的是经济的稳定和“小我的幸福”。总体而言，在这一新的选民偏好的变化趋势中，国民党较民进党更为适应，而后者如果碍于自身的意识形态和党内的派系争斗而无意调整政策方向，将会为未来的第三势力创造不小的空间。

通过以上研究发现，在台湾目前的选举规则之下，短期内“第三势力”除了在“不分区立委”部分不排除能获得个别席次外，很难有其他进入政坛的途径。而在路线和选举策略上，“第三势力”如果想获取一席之地，可能的选择之一便是努力突破“统独”的屏障，淡化“族群认同”等等已经为国、民两大党稳稳占据的老议题，及时回应由新一代选民的加入而带来的新议题。另一方面，也应该利用现存政治势力之间的恶斗和劣迹，引导选民的民主制衡意识和对新生势力的信任感。当然，在目前的台湾政坛错综复杂的情况下，前提还是“第三势力”能实现有效的整合。

二、台湾学者的研究

《台湾半“总统”制下的党政关系：以民进党执政时期为焦点》（陈宏铭，《政治科学论丛》2009年第41期）整体而言，半“总统”制下的党政关系之厘清和探索，有独立于传统“总统”制和议会制经验之外的价值。作者看到，现有相关文献比较多地探讨政党对于党政关系和宪政体制运作的影响，很少论及特定宪政体制、政府运作对党政关系和政党的影响。一般来说，半“总统”制存在着实权“总统”，“总统”与所属政党的关系，特别是其是否同时为执政党的党魁和领导人，位居党政关系金字塔顶端，具有牵引次级体系的作用。当代民主宪政体制的主要类型包括“总统”制、议会制（内阁制）与半“总统”制。在“总统”制下，行政与立法之关系采行较严格的权力分立与制衡，执政党与政府的关系主要涉及“总统”、国会（党团）和政党的关系，而且政府具有浓厚的“总统”单一领导特质，并不强调党政关系或者“政党政府”。在议会制之下，情况却大相径庭，由于内阁政府权威系源于议会多数的信任和支持，内阁的成员多由国会议员组成，内阁成为行政和立法的枢纽，故党政关系较为单纯、更为显见，而所谓“政党政府”也就成为常态，“党政合一”、“以党领政”也是十分常见。相对的，在半“总统”制下，行政权由“总统”和总理（在台湾为“行政院院长”）分享，党政关系就较为复杂。譬如在芬兰等国，由于内阁政府常由三个政党以上组成大型联合政府，主要政党在内阁政府中另设有党团，党政关系极其复杂，但因其运作属于偏向总理优势的半“总统”制，所以就与议会制有些相似。

台湾党政关系的三项结构特质：第一，“宪政现实上”属于“总统”优势的半“总统”制型态。作者认为，台湾“总统优势的半总统制”的定位，虽非全然基于宪法性规范，但却是经验积成的“宪政现实”。第二，分立与少数的政府。2000年5月20日陈水扁上台后任命国民党籍的唐飞担任“行政院”院长，组成所谓“全民政府”，在野的国民党虽然曾有争取组阁权之议，但始终未被接受。唐飞去职后的八年中，民进党在“立法院”中从未有掌握过半的席次，它也从未让出组阁权给国民党，形成所谓“共治”政府，亦未筹组过多党联合政府，“分行政府”或“少数政府”的状态始终未变。“分立与少数的政府”对党政关系的塑造体现在：1. 面对“立法院”中的少数困境，必须仰赖同属绿营的台联党的奥援，才可勉强与国民党抗衡。2. “总统”采取不断更换“行政院院长”的作法加以因应，导致内阁人事频繁更动，进而牵动民进党党主席人选的布局。3. 面对“分立与少数政府”，执政团队不断寻求最适的党政各部门协调模式，以图舒缓上述立法的、行政上的种种困局。第三，党政精英的山头化。半“总统”制的宪政结构特性，使执政党党政关系中除“副总统”以外，共存在四个核心的单位：“总统”、“行政院”、“党中央”、“立法院”党团。在民进党执政时期，除该党内部的派系外，这四个政治单位可以孕育出山头化的党政精英。整体而言，民进党执政时期政策决策虽然偏向“总统”主导，但山头化的党政精英仍然提高了执政团队内部的沟通成本。这一状况不仅存在于民进党执政时期，2008 年国民党重新执政后也是如此。

大部分半“总统”制国家、地区中的“总统”未兼任党主席。但是，虽然“总统”未具党魁身份，他不一定就不是党的实质领导人，譬如法国第五共和“总统”。相反，具党魁身份者，却难想象不是党的实质领导人。从这一点来看，兼任党魁的“总统”，有利于掌控政党，从而更有效发挥“总统”的权力。表面上看，自由度排名较优的国家，“总统”多未兼党魁，像是一般较熟悉的而属于相对民主稳定而成熟的国家，如法国、芬兰、波兰、葡萄牙、奥地利等等。作者指出，宪政传统、政党性质、选举制度都可能是解释为什么有些国家“总统”兼任党魁而有些国家不是。在宪政传统方面，若历来“总统”较不涉入政党政治，强调超党派身份，则就较有可能如此。在政党性质上，由于兼任党魁与否，与“总统”是否为实质领导人没有直接相关，“总统”可能选择不担任名义上的党魁，而找一位代更人帮忙，但仍能掌控政党。且在政党重组、政党体系变迁较快的国家，新旧政党的更代和起伏较大，且政党或政党联盟常为支持特定“总统”候选人而组成，成为选举的战斗单位，并不是那么制度化的政党，故选后“总统”虽具党员身份，却未必需要担任名义上的党魁。此外，选举制度的因素也有关，“总统”选举多采绝对多数两轮投票制，当举行第二轮投票时，候选人为寻求跨党支持，也会倾向不担任名义上的党魁。除上述原因外，作者在参考舒哥特、凯瑞和埃尔基的分类法，将半“总统”制简单的划分成“总统优势”和“总理优势”两种类型之后，又提出另外一项基于宪政体制角度的解释，即：越属于“总统”优势的半“总统”制，“总统”越有可能兼任党魁；“总统”兼任党魁，也强化“总统”优势的半“总统”制政府运作。

台湾“总统优势的半总统制”对党政关系的影响显而易见：相较于“行政院院长”，“总统”才是党政关系中的最核心的枢纽，“总统”若不兼任执政党主席就会产生以下现象：党政双重代理政治两橛、体制外各种党政平台叠床架屋、“总统”意志与政党意志有明显的落差。陈水扁任期之初虽以“全民总统”自居未兼任党主席，试图与所属政党保持距离，但确实终无法避免自己必须同时在政党与政府中建立代理人（“党主席”与“行政院院长”）的现象，且“总统”与执政党都需要费力建立体制外各种决策咨询机制和党政联系平台，再加上“总统”若无法有效掌控政党，就会发生双方意志可能出现严重落差等现象。及至 2008 年国民党重返执政后，马英九也正在面临同样的问题，他也不得不从幕后走向前台，从与本党保持适度距离走向兼任国民党的主席。

《台湾民众的民主评价：以 2004 年为例的验证性因素分析》（蔡佳泓，《社会科学论丛》2009 年 3 卷 1 期）认为，学者大多关注民主价值、政治支持、民主满意度等问题的研究，但相比较而言更值得重视的当推民主政治的制度性运转。论文以台湾民众为研究对象，以实证性因素譬如民意调查的结果来分析探讨当前台湾民众的民主满意度，以及与民主或独裁紧密关联的民主评价问题。该项实证研究的理论假设是：民主评价主要由受到人们对政治制度评价的影响，特别是包括了对选举的功能以及公平性的评价。至于人们对政党政府官员贪污的评估、对政府官员的信任性评价，同样也是两项重要的因素。在研究中，作者采用了政治大学选举研究中心 2004 年执行的两次电话访问调查的相关资料，建立数个容纳众多已观察以及潜在变项的因果模型，以确认潜在变项的效度，并且估计出相关变项之间的因果关系。经由上述验证性的要素分析，研究确认：民主评价由民主满意度以及民主或独裁程度两个变量所构成，人们应当从这两个变量出发进而估计民主评价与各个潜在变项之间的关系。研究发现，公众对制度的评价、贪污的评价与民主运行的成效之间存在着某种密切的关系，这一关系可以用作设计测量民主满意度量表的参照。研究表明，政治制度的特质对于民主实践及相关感受、评价而言，是极为重要的因素。作者认为，上述研究发现对于未来确立民主化指标体系的相关研究而言具有重要的参考价值。

《民主的脆弱性与巩固：一个败者同意的视角》（张传贤，《政治科学论》2009 年第 42 期）看到，在诸如泰国、蒙古和台湾地区等转型期的新兴民主国家和地区，循民主体制合法产生的政党政府却往往受到来自反对势力的强劲挑战，因而无法持续维系稳定的民主政体终告失败，甚而解体并回流到威权统治。问题显然不在于民主本身，而在于民主巩固。作者指出，传统政治学研究因研究往往基于多数的角度观察民主进程，这一做法在面对新兴民主社会时就存在着难以突破的盲点，无法解决后者面临的最为迫切的民主巩固问题。民主巩固牵涉了两个层面：一方面为民主已臻巩固而排除威权复辟可能性的稳定状态；另一方面则为从民主转型发展成为民主巩固的过程，意即为从流动（fluidity）到巩固（consolidation）的凝结过程。这两个层面看似相同，但事实上存在高低位阶之别。对于某些先进民主国家而言，在维系了数百年的民主运作机制后，早已排除了威权复辟与民主解体的可能性，属于民主巩固第一层面的问题，亦属于民主的高位概念。然而对于新兴民主社会而言，最重要的是如何在民主发展过程当中，排除威权复辟与避免民主解体的可能性，亦即属于第二层面的问题，为民主发展的低位需求。

传统研究对于民主巩固与民主脆弱性研究的盲点，在于仅仅将民主巩固视为民主转型的终点，在罗列了如法治、人权与正当法律程序、对行政权力的监督与制衡、军队国家化，以及具有独立的传播媒体系统、充分的公民参与政策机制及健全的市民社会团体等民主巩固的必要条件之余，一方面忽略民主巩固实为持续状态因而并无终点可言，另一方面也忽略了民主巩固与民主质量的关系。总之，是没有看到新兴民主国家正处于走向民主巩固的凝结过程，最迫切要实现的是那些明确、易达成且能使民主稳定发展的目标，而非遥不可及地以提高民主质量为目标。因此，作者转向从民主政体如何产生胜者与败者的角度，以及败者如何看待民主体制来区别民主与非民主，及民主巩固与未臻巩固的阶段。并进一步利用亚洲民主化调查研究的资料，实际检视了日本、台湾地区、菲律宾、蒙古与泰国胜选与败选支持者在政治态度上的差异。

文章指出，民主的基本条件在于客观上具有全面且具有竞争性的选举机制。这样的机制却不必然带来预期的平和结果。新兴民主国家之所以产生暴乱的原因，在于某种程度上具备民主最基本的要件：全面且具竞争性的选举，并在客观层面上提供权力制度化的基础与政治参与的机会。然而在主观层面，并非成熟的政治市场上的竞争者们却往往保留了威权时期的思维与价值观。政治团体为了达到胜选的目的，动员群众支持成为必要的工作。但在欠缺民主经验与实际施政政绩的情形下，促使各个政党与政治团体以民族主义、阶级意识或民粹主义等意识形态作为动员群众支持的基础，而非以公共政策与政见作为选举竞争的主轴。再者，由于新兴民主政治制度化程度不高，败者主观上对于选举结果的不满情绪常常转化为对制度化选举机制公平性与执政者合法性的挑战与质疑，进而鼓动支持者挑战执政者与既有的民主体制。一旦过度激化的政治竞争结合败者对于选举结果的不满，就会对于民主稳定造成更大的冲击。文前所提到关于泰国、菲律宾及蒙古等国家的暴动都是类似情形。

作者发现，相较于日本与台湾地区，菲律宾、蒙古与泰国的受访者对于选务机构与其代表长期选举公平性十分欠缺，这可能是造成其选后暴动迭起并影响民主巩固的主要原因。这项发现也从经验上支持了以败者主观上是否服从选举机制的公平性作为民主巩固关键的假设。针对以上的分析，基于“少数同意”的视角，文章最后主张如下：第一，营造开放性的竞争环境、开放选举竞争，提供少数政党与弱势族群所认同的竞争机制与参与政治影响政策制定与执行机会，并且减少选举的零合性，这是迈向民主巩固与解决政治纷争的充分条件。第二，建立可为少数接受的制度化官僚机制，确保选务机关必须具备普遍可认同的公平性、合格的候选人能自由参与选举竞争、选民投票依凭个人偏好，不受外力影响。要做到这一点，还要确保信息与媒体的中立以及政治资源分配的公共性。这就有赖制度化的制度设计与政治环境，而这两项要素的欠缺正是新兴民主国家的通病。关键是官僚体系的法制化。当官僚的升迁、任免、降职、考核、考绩与励奖受到法律保障后，政党较难以介入。第三，扩大公共参与。选举赛局的零合性会加剧政治竞争的不稳定并诱发竞争者间的持续对抗。从败者角度来看，一旦败选即完全丧失对决策的影响力，再加上预期于下次选举获胜的几率极小，就很容易选择体制外的非民主方式，借由诉求支持者走上街头甚而造成暴乱来影响政局稳定。然而，选举只是民主政治下取得权力的方式与过程，其零合性并不代表民主政治的零合性。执政者可以在政策制定时尽可能借由政治协商与公共参与的方式来消弭政治竞争的零合性，并且借由提供少数参与决策的机会来增加其对民主体制的政治认同，并消弭多数与少数之间的抗争。采用协合式民主（consociational democracy）或共识型民主（consensus democracy）的模式实现权力分享，这在政治高度分裂的国家、地区是极其重要的。第四，寻求国际组织协助。作者以为，国际组织对于民主巩固的影响可以分为两个层面：维持秩序调停纷争、对参与竞争者的相关政策施加影响。

从败选者角度考虑民主政治的巩固问题，这是揭示并解决相关国家和地区民主化以后出现政治纷争以至对抗格局的一个重要尝试。值得关注的是，文章指出：不能否认先进民主国家的发展经验绝对具有参考价值，然而疏于区分“巩固而稳定”的先进民主国家与“追求稳定发展与避免威权复辟与民主解体”的新兴民主国家，就将前者的发展经验与特色提供给后者，往往过于流于不切实际且无法了解真正导致民主巩固的原因。这一思路蕴含着合理处理民主政治一般性与民主化、民主巩固过程特殊性的自觉努力，这一自觉和努力意味着台湾公众对民主巩固问题的理解正在走向全面和深入。

《台湾的深绿支持者及其政治容忍力：基于肯尼迪假设的分析》（王德育、郑夙芬、陈陆辉，《问题与研究》英文版 2009 年第 45 卷 1 期）开篇指出，极端主义是世界政治生活中司空常见的现象。尽管就其本质而言并非新鲜事物，但它还是每时每日透过不同的渠道、以不同的方式产生并表现出来，不时地展现出某种非对称性的政治影响。罗伯特·肯尼迪曾经一语破地指出：极端主义者的危险性不在于他们见解的极端，而在于他们的不宽容；其邪恶不在于他们如何说自己，而在于他们如何说别人（对手）。政治不宽容极大地挑战着民主政治的基本价值之一：多元宽容。将肯尼迪的这一论断作为一个假设的政治前提去考察台湾政治，人们对台湾政坛上能量巨大的深绿群体就有了更多、更深刻的把握。文章将所谓的深绿支持者定位为台湾的“极端民族主义者”，特别探讨了如下几方面的问题：深绿支持者都是些什么样的人？他们的主要特征是怎样的？较之台湾普通大众，他们是否更少政治上的宽容？文章首先回顾了台湾政治发展的历程，指出近代以来特殊的历史际遇使得族群认同成为台湾民主政治中举足轻重的问题。那些深绿支持者们都是以此来分割划界的，他们把居住在台湾的所谓本地人、客家人、闽南人看作自己人，把大陆人看作对头。这些人的共同特征是：50多岁、本土出生、居住在南台湾，大多支持民进党搞“台独”。相关数据分析表明，这些所谓的深绿支持者的确存在较低的政治宽容度。譬如，他们当中的绝大多数都倾向于深化民主特别是进一步拓展公民权利，但却非常不愿意和他们的对头共享这些拓展了的权利。对于一切被他们视为威胁的群体及其政治主张、价值理念，他们大都持敌视的态度。这一态度甚至于直接威胁到民主政治权利平等的基本原则。简言之，文章不仅揭示了当前台湾“民族主义者”、极端主义政治不宽容的内在动因，同时也为外来台湾民主政治的发展提供了相当重要的政策参考、镜鉴。

《选举输家与民主巩固—台湾2004年“总统”选举落选阵营对民主的态度》（张佑宗，《台湾民主季刊》2009年6卷1期）认为，民主体制具有脆弱性，选民通过选票所做出的集体决定，也有可能制造民主巩固所难以超越的障碍。选举结果使选民被区分为赢家与输家。相比较而言，选举输家对民主体制的支持态度，通常会比较不明确或不坚定。所以，民主体制得以运作与持续的原因，并不在于赢家的胜利，而是在输家是否能够自我克制。输家必须接受令其反感的选举结果，以及造成如此结果的民主程序。否则民主的巩固就始终是一个问题。本文从对民主的认同以及对民主体制表现的评价这两个方面着手，试图建构一个台湾社会对民主支持的独特模型，以此比较选举赢家与输家在民主支持态度上的差异。本文的研究结果显示，选举结果所产生的胜选阵营与败选阵营，的确在民主支持的态度上的确具有明显的差异。对选举输家而言，比较多的人属于民主批评者；其次则是民主反对者，只有很少的人属于民主支持者。而对于选举赢家而言，虽然也有比较多的人属于民主批评者，但比例上却要少很多；其次是民主支持者。在控制其他因素的条件下，研究仍然发现，选举的输家与赢家是解释不同的民主支持类型最重要的因素。此外，台湾社会对民主体制的表现反应出高度的不满，这与目前西方国家的研究发现很是类似，但有必要指出的是，批判性公民的出现和存在野的确是民主巩固与深化不可或缺的正面力量。然而，比较令人忧心的发现是，人们对社会整体经济情况的评价，以及他们对民主支持的态度之间，仅具有微弱的相关性。这种微弱的相关，日后是否会因台湾经济持续的恶化而被强化，很值得后续的观察、分析来予以解答。

《台湾民主转型的"人权保障"未竟志业——"言论自由"和"集会游行自由"往何处去》（刘静怡，《台湾民主季刊》2009 年 6 卷 3 期）指出，台湾社会历经民主转型和两次政党轮替，本应步入民主制度的"权力制衡"和"人权保障"的常轨，但是时至今日，民主制度良善运作的期待不仅未曾出现，台湾社会反而陷入分裂对立的民主困境。文章首先分析台湾民主转型所遭遇的瓶颈，指出"人权保障"问题是人们在尝试缓和台湾社会分裂对立现状时，最为可行的共识基础。论文分析指出：自从 1990 年代解除戒严状态到政党的二次轮替，台湾政治社会无论是在媒体改革或集会游行自由保障的成效上，实质上的进展均相当有限。因此，台湾的公共空间实际上从未真正解禁，其公共领域也从未建立起足够坚实的基础，因而使得公民参与无从真正蓬勃发展起来，公民社会也很难成为促成民主宪政体制良善运作的基石。由此，"人权保障"可说是台湾民主转型的未竟志业。的确，若从"人权保障"的标准来看，台湾的民主转型并未真正成功。然而，正因为"人权保障"可以作为现代文明社会的共识基础，而真正符合民主宪政要求的政党政府，也必须是尽其所能地保障基本人权，这也是无可否认的共识。所以，台湾目前基础尚未稳固的公民社会，必须彻底反省，思考如何以集体行动的努力，建构并深化人权保障的共识基础，进而促成出现更多人权保障的制度化成果。如此，透过人权保障这一共同价值的普及化与深化，台湾社会或可缩短政治和族群对立阵营的距离，并借由人权保障这个共识基础，真正开启理性沟通和对话展开的可能。那么，台湾民主转型的未竟志业，或许才算勉强克尽其功。

《民粹威权主义？——从小区总体营造的推行重探 1990 年代的民主论述》（谢升佑、魏龙达，《国家与社会》2009 年总第 7 期），通过对台湾小区总体营造政策的经验检视，表明民粹威权主义的概念不足以准确理解台湾 1990 年代的民主化过程。民粹威权主义较早是由台湾学者王振寰、钱永祥提出的解读台湾政治发展的理论工具，2005 年美国学者迪克森又一次使用了这个概念。台湾政治学界对于这个问题的争论一直在持续。本文作者认为，1990 年代是台湾政治转型的关键时刻。在这个过程中，台湾一方面完成了多项重大的政治变革，另一方面却也逐渐形成了资本家与政治精英结盟的情势。身处这个剧烈变动时代的知识分子究竟是如何看待这一政治转型的？他们形成了何种的民主论述，观察并介入现实？而经过将近 20 年的时间，应该如何重新定位 1990 年代当时批判台湾民主发展的论述？"民粹威权主义"即是知识分子对于 1990 年代民主化过程的一种具有代表性的理论批判。本文对民粹威权主义的批判主要从其概念建构、方法论运用等方面展开，通过对一项具体的政策过程的剖析，证明了台湾民主政治的发展实际上超越了所谓的民粹威权主义的范畴。

《台湾地区民众领袖情结的世代差异》（包正豪，《选举评论》2009 年总第 7 期）探讨了民主制度转型后的台湾社会是否已经相对应地建立起了主动参与公共事务的公民意识，并将焦点集中在台湾地区民众内心领袖情结的分析上。经研究作者发现，代表自我政治能力评估的内在政治效能感、影响政治产出的主观能力认知之外在政治效能感，以及对民主政治的信任程度，是影响台湾地区民众领袖情结程度的重要心理变数。与此同时，研究结果也指出，不同政治世代参与政治的经验，对台湾民众的领袖情结也有显著的影响。在民主制度建立完备后成长的起来的台湾第四代民众，因为制度转型后大面积出现政治与社会失序现象，一定程度上开始失去对民主政治的信心，转而仰望强有力的政治领袖出现并引领政治社会发展。作者认为，这种政治效能感与政治信任的倒退，成为公民意识弱化以致倒退的突破口，因而会潜在地危及未来台湾民主制度的巩固。

《理性选择和非理性的结果：民进党在台湾选举改革中的制度选择》（张传贤、张佑宗，《问题与研究》英文版2009年第45卷第2期）尽管民进党在2008年1月12日台湾第七次“立法院委员”选举当中成功地保住了它的固有的票仓和支持率，但是较之以往适用复数选区比例代表制的情况，它所瓜分到的“立院”席位出现了大幅的下降。此次选举适用的新选制式类似日本模式的单一选区两票并立的混合选举制度。有意思的是，这一制度的选用却是民进党本身经过理性计算和政策推动的结果。在2004年改革选制过程中，摆在民进党面前的有两种选举制度设计。一种是德国式的，另一种是日本式的。德式、日式选制都是混合选举制度，两者间最大的不同在于：前者更倾向于台湾原有的复数选区比例代表制，而后者更有类于英美胜者通吃的单一选区相对多数制。民进党一开始是非常倾向于采用德国式的单一选区两票联立制的，但最终出于议席最大化的考虑，还是同国民党一道推动了牺牲小党、补肥大党的现行选制。具体来讲，民进党为何要做这样的制度选择？当时的民进党拥有执政优势。此外，在1995年以后至2004年的选举中，民进党一直保持了比较优异的成绩。综合考虑上述两个方面的因素，民进党对自己的政治前途作了非常乐观的估计。它以为，无论泛蓝阵营政治上如何分化组合，自己都可以稳操胜券。一方面，如果泛蓝继续分裂，它可以乘机瓦解国民党；另一方面，即便泛蓝最终整合成功，民进党凭借现有优势也可以在稳住既有席位的基础上和国民党一起瓜分小党的席位。由此可见，民进党关于选举改革的思路是高度理性的。但是，转眼到了2008年，由于在选举中未能高效收获传统泛绿阵营的充分支持，高估了本党在2004年大选中胜利的意义，同时也低估了泛蓝整合的力量，这样一个深思熟虑的改革思路、制度选择却将民进党引向了前所未有的溃败。

《立委选举中民进党的“联合竞选策略”：以北高两市为例》（林长志，《台湾政治学刊》2009年13卷1期）认为，在历届的“立委”选举中，民进党在各地区的选战策略容或有所差异，然而在观察台北、高雄两直辖市的选举时，人们会发现，“联合竞选策略”（united campaign strategy）已经得到广泛的运用，遵循这一选战策略，同一选区中的数名候选人结合为一个选举联盟，取代过去个别候选人单兵作战的竞选模式。而伴随联合竞选而来的就是严密的“配票”措施，后者也成为在SNTV（复数选区单记不可让渡制）选制下，一种特殊的竞选策略。本研究主要探讨了促成政党或候选人采取联合竞选的原因，厘清了在何种背景条件或选举情势之下，政党或候选人会有较高的动机区采取联合竞选或配票措施，并尝试评估了该策略可能产生的选举效应。作者通过研究发现，政党促成联合竞选与配票的目的具体包括“团结”、“排外”，以及“席次极大化”等。除了候选人愿意配合该竞选策略除了希望提高当选机会外，节省竞选经费也采用这一选举策略的重要目的之一。至于形成联合竞选前的评估因素，则包括了候选人本身的意愿、政党票源的估计、党内候选人间的实力差距、敌对政党候选人的实力，以及该选区过去有无联合竞选传统等。在策略的选举效应方面，在政党选区得票率、席次率，以及候选人间平均得票情形，皆须有其他条件如提名策略的配合、联合竞选的策略运用，才能在上述三个指标上充分发挥其正面的效果。文章最后认为，即使“立委”选举从第七届开始改采“单一选区两票制”，政党与候选人不再有联合竞选或平均配票的需求，但在地方层级民意代表选举仍然维持 SNTV 选制的情况下，联合竞选与配票依然会是选举竞争中重要的竞选策略。

《“立法委员”的“立法问政”与选区服务之分析：2000 年政党轮替前后的持续与变迁”》（王靖兴，《台湾政治学刊》2009 年 13 卷 2 期）2000 年政党轮替对台湾“立委”“立法问政”与选区服务行为产生重大的影响。第一，在法律提案方面，国民党和民进党“立委”在政党轮替前后出现明显改变。不论是国民党或民进党的“立委”，在野时的法律提案次数皆高于其执政的时候。这显示出，两党“立委”的法律提案行为的确会因为其执政或在野的差异而有不同的行为模式；第二，在施政质询方面，在政党轮替前，执政的国民党和其他的在野党“立委”之间并无明显差异，不过在政党轮替之后，两党“立委”都开始有了比较明显的改变，亦即成为执政党的民进党“立委”在质询上明显不如其他在野党“立委”来得积极，而成为在野党的国民党“立委”则是在施政质询上变得比其执政时期要积极得多；第三，在预决算质询方面，在野党“立委”在政党轮替前较执政的国民党“立委”要踊跃，然而在政党轮替之后，成为在野党的国民党“立委”在预决算质询上则变得较过去在野时积极，而成为执政党的民进党“立委”则是转为消极；第四，在选区服务方面，民进党“立委”在政党轮替后，同样投入较多的时间和精力在选区经营和选区服务上。不论是在选区服务工作时间比例、选民服务个案数以及红白帖数目上，处于执政地位的民进党“立委”皆比处于在野地位的民进党“立委”在选区服务上要卖力得多。

《两千年政党轮替之后政府与非营利组织关系的分析架构：民主化研究途径》（孙炜，《东吴政治学报》2009 年 27 卷 2 期）整合了当代三种民主化理论：现代化理论、历史社会学以及转型理论，采用适合于台湾特殊历史结构的要素，讨论了台湾 2000 年政党轮替之后民进党政府与非营利组织的互动，提供了一个 2000 年政党轮替之后，在民进党的治理下台湾非营利组织发展的分析架构。文章在讨论了政党轮替之前的民主化背景之后，分别由弱势政府、分立政府、政府再造、政党取向等四项因素入手，分析民进党政府的治理。同时，也由快速扩充、政策环境、内部矛盾等三项因素出发，分析了台湾非营利组织的变迁。

文章指出，1990 年代以后，台湾的非营利组织大致上可以分作两类，一是一社会变革为目标，以抗争性社会运动为策略的价值提倡型非赢利组织，另一种就是以改善弱势族群的生活为目标，以传递及提供社会福利为策略的提供服务型非营利组织。虽然两者都有改革社会的意向，但价值提倡型的非营利组织在台湾的民主化进程当中确是扮演了极为重要的角色。它一方面推动了民主转型，另一方面则又起到了巩固新兴民主体制的作用。在成熟的发达民主国家中，第三部门、非赢利组织与政府间往往结成伙伴关系、委托代理人之类的关系，但代发展中社会，政府非营利性组织的界限并非十分明确，政府基于维护权利不受侵蚀的考虑，往往对第三部门、非盈利性组织的政治参与怀有某种敌意，但在一定意义上讲，这却不妨碍它对后者产生协助自己的要求。1990年代初期，台湾非赢利组织与当时政党政治的关系最为密切。在1993—2000年间，价值提倡型的非赢利组织与国民党政府虽然保持距离，但也已经走向温和倡议的路线，并展开相关的游说活动，同时也积极参与政策上的"体制内的抗争"。

但是，在2000年正当轮替之后，台湾第三部门与政府的关系发生了质的变化。劳工、环境和社会福利三类的价值提倡型非赢利组织开始对民进党政府一心企求稳定执政的局面、同时向饱受倾斜的执政心态表示不满，更对民进党政府无力化解朝野政党恶斗牺牲社会改革契机感到失望。相应的，反倒是妇女、人权、原住民三类价值倡导型非赢利组织与民进党保持了正面的联系，若干代表人物甚至入阁参政，参与了民进党政府相关的决策过程。而在另一方面，提供服务型的非赢利组织与民进党政府则是保持了较好的合作关系。当然，对于民进党的官僚作风、分配不均，它们也是提出了自己的批评。值得关注的是，越是与民进党政府走得近的非赢利组织越是能够获得更多地公共资源，这引起了第三部门内部的不平之鸣。此外，在野的国民党也未能与第三部门建立起良性的合作关系，也无心与之共组有行动力的改革联盟。文章认为，台湾的非营利组织在2000年政党轮替以后似乎较前更降低了自主性，因而无法独立于力与政治力之外显现其丰沛的社会力。

文章指出，未来台湾的非营利组织应当在推动福利经济、建构社会资本以及深化审议民主三个层扮演更为重要的角色。为此，有必要从调整非营利组织本身的认知、治理与对外关系三个方面作出努力，来维系台湾非盈利织的使命与特色。

《族群、认同与"总统"选举投票抉择》（郑夙芬，《选举研究》2009年16卷2期）一文，鉴于族群与认同是台湾近年来的政治上重要的议题，因而由族群与认同理论出发，探究所谓的"台湾认同"的内涵，并据此发展"台湾意识"指标，用以测量认同因素在过去四次台湾地区领导人大选中的作用。研究结果发现：近年来台湾民众当中台湾意识有逐年增加的情况，据2008年台湾地区领导人选举后的调查资料的分析结果，已有54.7%的民众，可以被归类为持有高台湾意识者；而在四次台湾地区领导人直选中，不同程度的台湾意识者，他们的投票行为的确有所不同，也有两极分化的情况。台湾意识高者，比较明显地较支持泛绿候选人；台湾意识较低者，则是显著地倾向于支持泛蓝候选人；至于不同政党候选人的支持基础，也有明显的差异。泛绿候选人的支持，大部分都来自高台湾意识的民众，且有逐渐增高的倾向；而高台湾意识者对泛蓝候选人的支持比例，则是明显地偏低。分析的结果也指出，尽管目前在台湾"政党偏好"对重大选举结果的解释力度已经强于台湾意识的解释力度，但是，台湾意识仍然是一个具有相当解释力的指标。此外，作者用在研究中也发现：在控制了其他相关变量之后，省籍因素对台湾选举的影响在过去四次台湾地区领导人选举中变得越来越不显著。文章因此结论道：目前台湾的认同问题，省籍因素应该不再是主要因素，问题最终还是源自意识形态上的差异。

《宗族、宗亲会与选举动员》（刘佩怡，《选举评论》2009年月总第6期）注意到，台湾地区各姓氏宗亲会组织有着极强的社会整合能力。这些宗亲组织，即便是同姓不同源者，也不会因此而遭排斥。民间的宗族、宗亲会还扩大组织为全台湾地区及世界性的同姓宗亲会。台湾的“宗族”观念与“宗亲会”的以其浓厚的社会连带性，在地方选举中有着举足轻重的地位，宗亲关系将文化与政治关联了起来，提供了政治认同与政治行动的管道，传统的宗族与宗亲等原初团体因而得以在政治舞台上仍扮演着重要角色。在台湾，宗亲会与选举事务最为密切者，莫过于桃园县。文章即是以桃园县为例，尝试具体说明宗亲与地方选举之间的关系。在研究过程中，作者试图以姓氏与宗亲会作为自变量，把选举时的得票数（率）当做因变量，实证考察两者间的函数关系。文章还以连续三届县议员和镇长选举为个案展开分析，深入考察参选人是否有大姓或大型宗亲会支持的背景，他们是否明确在选举中具有相对的优势。分析结果表明，在县议员选举部分，候选人身属前十大姓者的确十分受益；至于属于前十大宗亲会者，则不具有类似的关联性。而在乡镇市长选举部分，候选人是前十大姓者或前十大宗亲会者，都在选举中处于较为有利的地位。

《以入选机率调整法修正调查推估偏差的成效评估》（杜素豪、罗婉云、洪永泰，《政治科学论丛》2009 年第 41 期）指出，以往民意调查资料因样本代表性失真而造成对母体推估偏差的补救办法通常是采用加权处理，基本上以社会人口特征为依据。然而仅从样本人口特征的分布是否和母体相符去判断样本的代表性，并不能保证样本在认知、态度与行为等主题变项在分布上的推论就不会有偏差。

为了突破传统加权方法无法解决的问题，相关研究努力的方向包含从问卷设计与考虑到认知态度或行为的加权方法。入选机率调整法（propensity scores adjustment，PSA）就是由此发展而来的一个比较方便优秀的校正方法。这个方法不仅考虑到人口特征，也用到与推估变项有相关的认知、态度与行为等非人口变项。此种方法在早期是源于针对观察性资料而发展的次样本分组调整法，目的是降低观察性资料因缺乏实验设计中的控制组比对而产生的推估误差，其基本原理是在有实验组与控制组的资料中，利用模式分析观察的特征变项可预测某些个案是否包含于实验组的机率值（propensity scores，PS），此机率值以配对、平均或其他方法分为多个分群，每一分群都分别包含了一定数目的实验组与控制组个案，透过比较实验组与控制组在每一分群之权重的调整对实验效果进行推估。此法的精髓在于将入选机率值可平衡地分布在各分群中，在推估实验效应的时候，由于相关共变量（预测入选机率的特征变项）受到控制，于是每一分群中无论是实验组、控制组的个案均具有相似的共变特征，人们便可依据这一共同的性征，作最后精确的评估。

文章以台湾“总统”选举投票行为的调查资料为例，探讨依据入选机率的次样本分组所调整的电话调查结果在投票行为推估方面的成效。首先利用 2004 年台湾地区社会变迁基本调查第四期第五次公民权组问卷资料，以样本重抽法（bootstrapping）产生包含 20000 个虚拟母体（Pseudo-population），再从虚拟母体中以简单随机抽样法抽取 200 个案为参考样本，另外从一个典型的电话访问调查资料中以分层随机法抽出 800 案为试验样本。两套样本组合成为一套 1000 个案的新样本。其次依据入选机率调整法（propensity score adjustment，PSA）进行电访样本“投票行为”估计值的调整。整个流程进行 2000 次的模拟分析。

研究结果表明，虚拟母体（PF）在2004年“总统”大选两组候选人的得票比例同抽样2000次后所得面访参考样本的平均估计值结果相近，虚拟母体“投票对象陈水扁、吕秀莲”的比例为41.9%，“投票对象连战、宋楚瑜”的比例为27.8%。若依变数选项一“投票对象陈水扁、吕秀莲”的结果与面访参考样本估计值比较时，亦即未经入选机率修正系数调整时，在电访样本估计误差为0.10872，经过调整后所得的估计值误差为0.0319861，误差消减的比例是70.58%。依变数选项二“投票对象连战、宋楚瑜”在未调整前的电访样本估计误差为0.0753969，经过调整后的估计误差为0.0460872，误差消减比例是38.87%。从误差消减的比例来看，经过入选机率方法调整后的电访样本估计值误差比起调整前的误差要小，因而更为精确。可见，以入选机率修正系数调整电访样本估计值，可明显地降低估计误差。评估结果确认，借由次样本分组所产生的入选机率调整法确有明显降低评估偏差的功效。当然，这还要看是否能找得到可信赖的母体资料。特别要指出的是，与搜集客观的社会人口特征的母体资料相比，搜集主观态度方面的母体资料更加不容易。

《台湾选举改革的缘由和结果》（谢复生，《问题与研究》英文版2009年第45卷第2期）从选举制度比较的角度出发，对台湾的选制改革进行了深入的探讨。文章首先分析了比例代表制、单一选区相对多数当选制和混合选举制度各自的特点及其分别带来的政治后果，指出单一选区两票并立的选举制度有偏向大党特别是最大党的倾向，大党、最大政党往往可以在选举中获得不菲的议席红利。根据杜瓦杰定律，比例代表制易形成多党制、单一选区相对多数决的选制则容易形成两党制。而在混合选举制度下，则有一个选民意志和议会席次分布之间分布均衡或不均衡的问题。作者指出，此种杜瓦杰均衡（或不均衡）及其考克斯论证的关键，还是要取决于选民的策略性投票行为。他并认为，要考察此种选制与政党体系的关系问题，就要非常关注政党及其候选人的选战战略以及社会、选民分化组合的结构。亦即，如果社会分裂的空间足以容许第三党的存在，那么即便在混合选举制度下，一个多党体制的出现也是可能的。作者认为，台湾也面临这样一种可能。文章综合分析了台湾选制变革前后的相关数据后指出，未来台湾政党政治将在单一选区选民分立政府的策略考虑下出现反国民党阵营和泛民进党阵营各自整合、彼此竞争，但国民党相对具有些许优势的局面。原因在于，国民党作为最大政党，将长期分得并保有新选制下最大的议席红利（bonus）。由此，民进党当初倾向单一选区的制度考虑的确有类于政治自杀。但是，民进党的选择有非全然没有道理，它没有能够预见到2004年、2008年政治形势的根本逆转，选举制度的变革已近乎夸张的形式放大了主要政党之间在支持率上的差距。这也是2008年国民党获得压倒性胜利的主要原因之一。文章的最后结论指出，台湾现行的新选制是一个以牺牲小党、牺牲主要政党间相对弱势的党为代价成就大党、多数党优势的体制。在这样的制度环境中，小党的生存状况非常恶劣。此外，除非发生戏剧性的变化，只要这样一种损不足以补有余的选制继续存在，作为第二大政党的民进党在未来的选举中翻盘获胜的概率也始终不会太高。

《两岸关系与2008年台湾“总统”大选：认同、利益、威胁与选民投票取向》（陈陆辉、耿曙、王德育，《选举研究》2009年第16卷2期）运用2008年台湾地区领导人选举前的民意调查资料，深入分析了包括台湾民众台湾意识深浅、两岸经贸利害，以及对大陆方面动用武力解决台湾问题的预期等因素，全面考察了它们对选民在大选中选举投票行为的影响。根据上述逻辑分析的架构，作者研究发现：台湾民众的台湾意识与蓝绿政党认同，是影响其投票行为的主要政治心理认同因素。愈是具备台湾意识与泛绿政党的认同的人们，愈是倾向于支持民进党方面的候选人。而在另一方面，台湾民众对于两岸经贸关系的开放态度以及他们预期因此而获利的程度，也在相当大的程度上反映为他们对国民党方面候选人的支持。换言之，理性与感性这么两类因素，在2008年的选举中均扮演了相当关键的角色。相形之下，出乎人们意料之外的是，有关宣布独立会否引起台海两岸武力相向的这一方面因素，在选举中却并没有出现什么大的影响。经参照本研究与之前的相关研究，作者发现，无论是泛绿政党所凸显的武力威胁、台湾认同要素，还是泛蓝政党所强调的两岸交流与经济利害关系，都与中国大陆的政策响应有关。因此，大陆方面如何缓和两岸紧张局面，切实促进合作互惠发展，这对于两岸和平稳定以至台湾民主发展，都将是至关紧要的。

《混合式选制下的投票思维：台湾地区与日本‘国会’选举变革经验的比较》（王鼎铭、郭铭峰，《选举研究》2009年16卷2期）指出，近年来以融合“单一选区多数决制”与“比例代表制”两种选制精神的“混合式选制”（Mixed or Hybrid Systems），深受各界的重视并为越来越多的国家和地区所采用。相关的研究除不仅对混合选制的内涵进行了概念性界定与归类，另外还对该选制与多元社会发展之关联、它与选民策略性分裂投票行为的关系、对既有的选举文化同政党竞争策略的相互影响，以及对政党体系塑造的影响等多方面问题进行了详尽的考察。本文则是循着制度比较的思路，透过对比“日本选举研究”（JES）与“台湾选举与民主化调查”（TEDS）所汇整地来的个体层次民调数据，比较台湾地区、日本选举制度分别从“单记非让渡投票制”变革为“单一选区两票并立制”后，选民投票思维及其对政党体系发展等诸多问题上所展现出来的差异。研究结果显示，台湾地区和日本选民在初次实践新选制时的投票决策，以及纵跨选制变革前后的动态投票转移趋向等方面，确实存在不同程度的差别。从选民一致分裂投票行为模式的横断面分析而言，新选制实行后两地主要政党虽然均获得选区票、政党票两票高度一致的支持，但台湾地区不仅国民党、民进党两个主要大党获得的一致支持率较日本为高，同时其转而走向两党体制目标的趋向也较日本来得明确。另外，关于投票动态转移的跨时序问题，本文也发现选制变革后，新的单一选区两票并立制确实有利于大党选票的聚集，而且采用这一新选制后，台湾地区选票聚集于主要大党的比例，也比日本情况更为明显。本文的分析结果充分表明，一方面台湾地区在改采新选制后，有效政党数较之日本的状况更趋近于两党竞争的格局，而在另一方面，实践新制对小党生存空间造成的压缩效果，在台湾地区也是比日本来得更为负面。

《台湾选举预测：预测市场的运用与实证分析》（童振源、林馨怡、林继文、黄光雄、周子全、刘嘉凯、赵文志，《选举研究》2009年16卷第2期）详尽介绍了预测市场的理论支撑及其实际运作的基本机理，归纳总结了世界各国云中预测市场从事政治、经济等领域管理活动的基本概况，并最终将研究的落脚点放置在这样一个问题上：预测市场是否可以准确预测台湾选举结果。

文章介绍，“预测市场”是让参与者买卖“未来事件合约”的市场，参与者依据对价格走势的判断及事件发生结果的预测进行买卖，合约的价格可以作为预测该事件是否发生或如何发生的预测的参考。每个合约都会事先设定“所预测的事件”、“清算标准”及“到期日”，合约到期时，由该事件“发生”、“未发生”或是“如何发生”决定该合约的清算价格。这个市场的运作类似一般的“期货市场”，透过这个机制来汇整各方面的信息预测未来事件发生的结果。“预测市场”又称为信息市场（information markets）、构想市场（idea markets）、决策市场（decision markets）或是事件期货（event futures）。

根据合约形式和报酬计算方式的不同，“预测市场”分为以下三大类：1. 报酬由特定事件发生与否决定（例如，候选人甲当选）。2. 报酬由连续性变量决定（例如，候选人甲之得票率）。3. 报酬由以上两者交叉汇编决定（例如，候选人甲之得票率超过30%）。在上述每一类“预测市场”中，合约价格会透露出不同的参数（例如事件发生机率）的市场预期。第一类合约的价格可以作为预测“事件发生的机率”（候选人甲当选的机率）的参考；第二类合约的价格则有助预测“事件发生落点的期望值”（候选人甲最可能的得票率）；第三类合约可以用来取得其他的参数。“预测市场”数据库是一个以“未来事件”为买卖标的之事务数据库，所有交易之形成皆以参与者对时事未来发展之预测为基础，类似一般金融交易市场，透过众人的买卖构成一个预测市场，提供了社会科学研究一种可操作型的实验室。数据库的历史交易纪录可以反映出参与者对相关议题的趋势判断，可让研究者持续性地收集大众意见，并与新闻发生时点作交叉分析，以检验趋势和舆论的交互作用与影响，提供社会实时的预测结果，并且进行“预测市场”研究方法之研究，与比较相关研究方法之优劣。

预测市场在理论上要解决的问题是：市场价格是否刚好会等于所有交易者的平均预测？研究发现，在每个交易者愿意承担的最大损失相同的假设之下，事件发生的机率大于该价格的交易者占所有交易者的比例恰好等于该价格。如果将所有交易者对事件发生机率的预测取平均值，则这平均值会落在一个以均衡价格为中点的区间（半径为均衡价格减均衡价格的平方）。此外，在交易者效用为对数函数的假设之下，均衡价格等于所有交易者对事件发生机率预测值的加权平均。如果所有交易者的财富相同，均衡价格就等于所有交易者的平均预测。在大多数的状况下，即使放宽对效用函数的假设，结论也大致相同，所以预测市场的观察者可以使用价格预测事件发生的机率。“预测市场”和其他两种常见的预测方法（民意调查和专家座谈）的主要区别在于：该测市场能够透过奖励拥有较佳信息的参与者连续不断地透过交易而修正市场的预测（价格）。相比较而言，其他的预测方式通常难以兼有“适当的奖惩”与“连续的修正”这么两项特征。正是由于能够兼容这两个方面，预测市场能够：1. 使市场价格倾向于迅速反应新信息。2. 使价格的时间序列近乎符合随机漫步（random walk）原理，而单纯根据公开信息操作并无法获利。3. 操弄（manipulate）市场价格的企图通常都会失败。总之，“预测市场”的预测准确性相当高，一般而言均高于其他预测方法，例如民意调查或是专家预测。

在台湾，由政治大学预测市场研究中心、“中央研究院”信息科学研究所与御言堂公司所合作设立的“未来事件交易所”对各种新闻事件进行预测，其合约范围相当多元，包含政治、经济、娱乐、体育、国际、社会与两岸关系等领域议题。政治类是以台湾的选举为主要合约标的，但也包含美国总统大选、两岸政府是否签署和平协议、两岸是否签署两岸共同市场协议的预测。在财经类的合约包括了：台湾股市开盘指数预测、台湾物价指数预测、台股收盘指数预测、产品在台湾销售量预测、中国经济成长率与台湾经济成长率预测、美国联邦资金利率预测、上海 A 股收盘预测、港股收盘预测等合约。此外，还有运动类、社会类、国际类等其他部类的合约。

近年来“未来事件交易所”对政治类合约的买卖比较热络，由此而产生的对于许多重大选举结果的预测也更加令人瞩目。根据未来事件交易所的数据显示，预测市场机制运用于2006 年台北、高雄市长选举以及 2008 年的“总统”选举、“立委”选举，预测结果都非常准确，均超过同一时间就同一问题所进行（但尚未加权）的民意调查。在北高市长选举方面，从选举前 33 天开始，预测市场的准确度便已经达到 80% 以上，在选举前 10 天以后的准确度更高达 95% 以上。在“立委”选举方面，从选举前 13 天起，对 73 个选区的预测命中率便已经达到 80% 以上，从选举前 3 天开始，预测命中率高达 85% 以上。在“总统”大选方面，从选前两个半月开始，市场价格便趋于稳定、并接近最后的选举结果。从合约发行日开始（2007 年 11 月 16 日），预测市场对得票率预测的准确度就大部分维持在 80% 以上；在 2007 年 12 月 25 日（大约选举前三个月）以后，对于得票率预测的准确度就都达到 90% 以上；从 2008 年 1 月 27 日（大约选举前两个月）以后，“预测市场”得票率预测的准确度就平均在 95% 以上。和其他未经加权的民意调查相比，预测市场的预测准确度是比较高的。若将民意调查的结果进行适当处理（例如加权），预测能力或许能超越预测市场，但预测市场的长处就在于实时反映最新价格（当选率），所以是一种有效率的预测机制。

文章最后指出，预测市场代表的是网络时代的新分析工具，透过实时而大量的数据交换，不但协助研究者探询事件变化的趋势，更可能成为辅助政策形成的工具。预测市场和传统的研究途径并不冲突，在许多方面都是可以互补的。预测市场可以实时而精确地反映民意的变化，但交易者是匿名的；民意调查虽然耗费较高的成本，但可针对受访者的背景与行为进行相关性分析。若能结合两者的长处，对于台湾的选举研究应该会有很大的帮助。

《影响原住民政策利益分配的因素：族群代表或选举竞争？》（罗清俊、陈文学，《选举研究》2009 年 16 卷第 2 期》）一文，基于少数族群代表理论与分配政策理论，借由次级资料的统计分析，探讨了如下问题：2003 年至 2005 年“行政院原民会”分配给全台湾 23 县市的原住民补助款是否受到原住民“立法委员”族群代表因素的影响？或是受到与原住民“立法委员”选举相关政治因素的影响？文章指出，假如原住民“立委”真的会比较关心自己的族群，并因而表现在补助款的争取方面，那么现行以全台湾为唯一选区的原住民“立委”选举制度就很有必要思考是否要朝向族群代表制的选举制度转变的问题。因为，只有促成这一转向才可能让原住民各族群都得以平衡发展。透过统计分析，本文发现，第一，原住民“立委”并没有特别利用争取补助款来照顾自己的族群，反而会关心与自己不同族的原住民。虽然如此，但是与原住民“立委”相同族群的原住民，仍然能获得基本的补助款额度。第二，原住民“立委”选举相关的政治因素是影响原住民补助款分配的重要因素。这些发现隐含着目前原住民“立委”选举制度大致上仍能均衡各族群的发展。最后，作者基于研究发现，讨论了现行原住民“立委”选举制度对大族与小族发展的影响，并对未来进行原住民选举、族群代表与政策利益关系研究的方向进行了勾画。

《2008 年“总统”大选竞选期间政党支持者选择性接触媒体倾向的分析》（刘正山，《选举研究》2009 年 16 卷 2 期）指出，大多数政治学者与传播学者都同意，媒体在影响选民偏好的形成、塑造过程中扮演着极其重要的角色。然而，选民并非尽如假设那般，被动地等待媒体来塑造自己的政党偏好。经验观察发现，有些选民会主动地选择信息来源。由此，选择性过程（selective processes）的相关理论（包括了选择性接触、选择性认知和选择性记忆等）可以用作研究选民如何处理个人生活中多元政治信息研究的开端。文章简要绍介了选择性接触理论。该理论指出，选民在面对多元化的信息时将会“避重就轻”，选择性地接收自己听得进去、看得进去的信息。这一选择性接触理论原本建基于对美国选民的研究。在台湾地区，该理论是否适用于民众以及相关政论节目对选民发生影响的程度尚未经过进一步检证。而这正是本文作者所要重点考察、验证的问题。验证这个理论的第一步，是确认选择性接触现象是否发生在台湾选民（或是特定选民）身上。由于大选期间往往是这个选择性接触现象最容易被观察到的时候，因此本研究将使用台湾地区领导人大选前夕收集的全台湾性的面访资料（TEDS2008L，N＝1，240）来分析有政党倾向的选民是否如理论预期般出现选择性接触媒体的倾向，以及理论所提供的变量具有多大程度的解释力。分析的第一部分先以描述性统计呈现选择性接触的现象与选民政党认同之间的相关性，第二部分进一步以“二元逻辑回归”分析（binary logistic regression）的方法检视政治立场是否如理论预期般会提高选民选择性接触媒体的可能性。研究最终确认了一开始的理论预期：台湾地区选民的确有较强的选择性接触媒体的倾向，选择性接触媒体理论完全可以适用于台湾选民研究。

《2008 年“总统”大选电视广告之功能分析》（温伟群、游梓翔，《选举研究》2009 年 16 卷 2 期）指出，无论是基于候选人的经费支出还是出于选民对传播媒介的使用来看，电视广告均为当代选举中最重要的候选人讯息来源。不过考虑电视广告可能对民主社会产生的负面影响，因此不同的国家和地区对于是否限制电视广告也出现过不同的立法例。为了提供相关讨论的依据，作者对 2008 年台湾地区领导人大选期间的电视广告进行了内容分析，并结合国内外相关研究成果进行了比较分析。相关研究的主要发现包括如下三方面：第一，台湾 2008 年大选电视广告的功能大致呈现出三分之二自夸（正面讯息）、三分之一攻击（负面讯息）与极少数防御（明确响应）的比例。就国家和地区比较而言，对比美国 2008 年大选电视广告，台湾的电视广告的相关内容明显较为正面。而就个别候选人而言，此间民调领先者马英九电视广告中的自夸讯息明显多于落后者谢长廷。第二，台湾 2008 年大选电视广告的论题大致呈现“四分政策、六分人格”的比例。此种“政策少、人格多”的模式相似于文献中台湾 2000 年大选广告的发现“三分政策、七分人格”，但比例有所变化；而与美国 2008 年大选电视广告“六分政策、四分人格”的比例恰好相反，这显示出台湾选举广告战中内容结构仍然不够合理。第三，对比同为电视讯息的电视辩论，2008 年台湾地区领导人大选中电视广告较为正面、较偏重人格而不重政策；相对应地，电视辩论则比电视广告要更加重视政策，并且同时含有较高比例的防御讯息。总的来看，文章从一个细微的侧面，对台湾选战中的主要内容、焦点问题的结构和性质进行了深入且有价值的理论探讨。

《北、高网络选民大不同？——媒介使用、媒介重要性评估与政治犬儒主义、投票行为之关连性研究》（洪雅慧，《东吴政治学报》2009 年 27 卷 2 期）尝试检测“媒介使用”与“媒介重要性评估”对于“政治犬儒主义”与选举投票行为的影响力，特别是其对于台北与高雄的互联网络选民是否有不同？作者采用“电子邮件调查法”展开研究，调查于 2006 年台北、高雄两市市长选举投票日后一周执行。研究结果发现，无论是台北市或高雄市的网络选民，都对政治充满了高度愤世嫉俗的情感。以台北市而言，年纪越大、政治兴趣越低的网络选民越倾向有较高的政治犬儒主义；使用候选人网站、博客的频率越高、越是觉得这类媒介对于个人政治信息的提供和获取非常重要，越是有较低的政治犬儒主义倾向；越是觉得电视政治 call-in 节目对于政治信息的提供非常重要并且经常点阅与政治相关的电子邮件的人们，其政治犬儒主义则越高。在高雄，男性网络选民比女性网络选民倾向有较高的犬儒主义；越是觉得候选人网站、博客对于个人政治信息的提供是重要的，越倾向有较低的犬儒主义；越是认为点阅门户网站的政治新闻在政治信息的提供上是重要的，则越倾向于有较高的犬儒主义。而在“投票行为”的预测上，无论是台北市或高雄市网络选民，其政治兴趣皆可以显著地预测其投票行为，而其政治犬儒主义倾向则没有显著的预测力；越常收看电视政治 call-in 节目的台北市网络选民，越倾向在此次台北市长选举中去投票，但经常去点阅门户网站政治新闻的高雄市网路选民，却倾向在此次的高雄市长选举中缺席。通过上述研究，我们可以从中捕捉到互联网络对于选民政治倾向、政治情感的影响，不仅同媒体提供的信息有关，也与他们自己对相关信息的主动选择相联系。上述这两个向度之间存在着一定的辅成关系，这一关系通过投票行为间接地影响到政党政治的具体环节。

《选制改变前选区规模对“立委”分配政策提案行为的影响》（罗清俊、廖健良，《台湾政治学刊》2009 年 13 卷 1 期）对台湾第七届“立法委员”选举制度确定将改为单一选区两票制并将员额减半后，第六届区域“立委”的分配政策提案行为进行了实证性的考察和分析。具体提出并解决了如下一系列的问题：这些区域“立委”的分配政策提案行为是否会因为选制的即将改变而产生变化？他们与第五届区域“立委”的作为是否截然不同？相关变化的幅度是否会随着选区规模的不同而有所差异？研究发现，第五届大型及中型选区“立委”的分配政策提案数量皆远低于小型选区“立委”，其中又以大型选区“立委”的分配政策提案数量最少。这表明，代表选区的规模越大，由其所产生的“立委”就越没有动机提出相关的分配政策提案。而在第六届“立法院”任期内，大、中、小型选区“立委”之间的分配政策提案数量却没有显著的差异。出现这种现象主要原因在于，基于未来在校选区内争得民心以延续自身政治生命的考虑，第六届的中、大型选区“立委”在分配政策提案的数量上大幅地成长，明显地多过于第五届的中、大型选区“立委”。至于小型选区“立委”，其分配政策提案数量在五、六两届“立法院”之间则并没有明显的差异。这意味着来自选区规模越大的区域“立委”，受到选制即将改变为单一选区与员额减少的影响也越为深远。总的来看，本研究不仅发现了选区规模对于台湾“立法委员”分配政策提案行为发生显著影响的政治现象，同时也观察到了新选举制度在其实际应用之前就已经对“立法委员”们的分配政策提案行为产生了重大的影响。

《媒介使用与投票参与：正向增强或负向抑制?》（刘念夏，《选举评论》2009年总第7期）指出，公众的媒介使用与其选举投票参与之间的关系，一直都是政治传播学研究当中一个很流行的研究重点。在本文中，作者借由台湾社会变迁基本调查计划第四期第四次大众传播组的相关调查资料，使用“二元逻辑回归”（Binary Logistic Regression）的分析方法以及“预测机率变化”的相关指标，具体探究不同的媒介使用时间与媒介使用内容对台湾民众投票参与行为的影响。分析结果发现，（1）“媒介使用时间的高低多寡”对于台湾民众的“选举投票参与”并未具有显著的影响效果。不管是报纸的使用、电视的使用、或者是互联网络的使用，频繁使用媒体者与甚少使用媒体者，他们在选举投票参与的程度上，并未呈现出显著的差异；（2）“政治新闻内容的接触习惯”对于台湾民众的“选举投票参与”，具备一定的正向增强效果。其中，越是经常阅读报纸政治新闻者以及越是经常观看电视政治新闻的人们，成为“经常投票者”的机率就会越高；（3）从媒介使用时间与媒介使用内容两方面的“综合指标”看，接触“政治新闻内容”愈频繁的民众，愈能“有效地”、“正向增强”其选举投票的参与程度；但“使用媒介时间”愈多的民众，不仅无法有效正向增强其参与选举投票的程度，反而会产生一种“负面抑制”的效果，从而降低其选举投票的参与水平。

《台北市选民具有制衡观吗？一九九八年及二〇〇二年市长选举之比较研究》（许胜懋，《选举评论》2009年总第7期）认为，在1998年台北市选举中，选民分裂投票的现象已相当明显。而2002年的台北市选举，选民再次出现分裂投票的行为。此种政治现象不断重复，那么，究竟是选民“蓄意”造成分裂投票现象，还是“无意”行为造成既成事实？若是选民“有意”进行分裂投票的行为，则促成选民有意进行分裂投票的主因是选民的分立制衡观念，还是其他因素？一般说来，选民的制衡观念可分成三个层次：第一是选民未深入思考分立制衡问题，仅凭对分立政府、一致政府的简单评价就进行分裂投票；第二是选民具有分立制衡的“认知性麦迪逊主义”（cognitive Madisonianism），导致选民做出分裂投票的决定；第三则是选民希望获得政策中和的结果，因而积极地进行分裂投票。文章首先探究了台北市选民的分立制衡观念在不同层级选举的分布状况。其次分析了1998年到2002年间，台北市选民分立制衡的观念的变化趋势。最后，文章利用“多项胜算对数模型”（multinominal logit model）统计方法，探讨了分立制衡观念是否为影响选民分裂投票的主要因素。统计分析的结果发现，台北市选民的分立制衡观念与选民的分裂投票，两者之间并未没有出现统计上的显著性，也就是说，分立制衡观念并不是真正影响台北市选民在1998年与2002年分裂投票的主因。作者发现，在1998年的模型中，政治世代、省籍、“台湾人”/中国人认同、政党认同及其强弱程度是影响选民分裂投票的主因。而在2002年的选举中，省籍、“台湾人”/中国人认同、政党认同及其强度、候选人形象、对马英九施政的评价、内在和外在功效意识则是影响选民分裂投票的主因。由此可知，在 1998 年及 2002 年的选举中，真正影响台北市选民分裂投票的主因乃是省籍或与省籍密切相关的政治世代、“台湾人”/中国人认同、政党认同与政党认同强弱，而非选民的制衡观念。

三、主要研究性著作

2009 年无论大陆还是台湾的学者们都有较多与台湾政党制度相关的研究性著作出版，显示出人们对台湾政党政治的考察和反思正在逐步的系统化，同时也深入到了台湾政党政治相关问题内在的本质层面。

《历史剧场——痛苦执政八年》（林浊水著，印刻出版公司 2009 年版）的作者是民进党创党党员、精神领袖，对民进党八年执政最无情却也最深情的剖析。本书紧密围绕如下几方面的问题展开论述：2000 年，民进党创造了台湾历史上第一次政党轮替，在胜选的狂喜中上台执政；然而八年之后却被民众羞耻地赶了下台，甚至在国会的席次剩下不到四分之一，甫下台的“总统”更因贪污洗钱遭到收押。这中间，到底发生了什么事？台湾未来的路，又该怎么走？作者细数了民进党执政时期朝野八年的功过，分析了台湾政治与社会的病态史症，道出许多迷失方向的过往错误，并期望公众能够走出各种基本教义派或绝对主义的迷情，以更清明的睿智来关怀台湾的未来。台湾本地相关书评指出，作者在有如恶梦一场又仿如荒谬剧一般的经验中，情感上虽令人痛苦到想从记忆中赶快排除，但在理智上又知必须深入探讨以为殷鉴。这种情感和理智的冲突，以及对台湾未来幸福深深的期盼，复杂地交织成写成此书的动力。本书将解严以降的领导人物一一品评，从民进党执政八年的错乱、贪腐，到国民党上台之后的马前失蹄、百般萧条，乃至中间路线、绝对主义、大小三通、台独策略、全盘修正等逻辑及实践问题，巨细靡遗且皆有相当精辟的分析。

《国民党兴衰史（增订本）》（蒋永敬著，台湾商务印书馆 2009 年版）指出，国民党自孙中山一八九四年创党以来，迄今有百余年之历史，期间兴衰轮替不只一次。前期于大陆，虽最后败于中共，但仍于台湾继续发展；后期在台湾已近六十载，自 2000 年至今，历经两次政党轮替，国民党政权失又复得。百余年来的国民党，曾有四次由衰而兴的历史，2008 年政党转替，国民党再度执政，应是第五次由衰而兴的契机。如何掌握这一契机，同时记取先前的教训，也受到各界的关注。党史专家蒋永敬教授依前作《国民党兴衰史》，续将近年发表多篇新论文，增订补充加入五篇，均是探讨有关国民党兴衰的问题，对于《国民党兴衰史》原先内容多有补。

《台湾“政党再轮替”与两岸关系》（郑海麟著，海峡学术出版公司 2009 年版）看到，自 2008 年 5 月 20 日国民党籍的马英九当选“总统”上台执政以来，台海两岸的政治形势发生了很大的变化。其中最具指标意义的是，陈云林访台和两岸正式实现“三通”。海协、海基两会恢复协商并达成“互不否定”对方的默契，标志着两岸关系发展进入新的里程。本书以《台湾“政党再轮替”与两岸关系》命名，目的正是要凸显马政府上任后两岸关系发生的上述重大变化。本书内容除讨论两岸关系这一热门话题外，也涉及作者长期关注的钓鱼岛问题和中日关系问题，以及中国的改革开放及其现代化进程。书中既有深入探讨重大历史事件的考据文字，也有大胆评论重要历史人物的新颖看法，对研究两岸问题和中国未来的统一和发展有一定的学术参考价值。

《逃——面对困境的国民党》（石之瑜著，海峡学术出版公司2009年版）对国民党重新上台执政以后的台湾社会政治生态以及国民党的消极回应作了批判性的检视。该书指出，国民党执政一年半载以来，大政方针莫测高深，远虑不及，近忧不断。社会人心持续涣散，而民进党更执意杯葛，以致两岸民间大通以后所带来的究竟是什么效应，人云亦云。在好像一切都要靠自己的氛围中，新闻媒体借机兴风作浪，造谣生事蔚为风潮。加以士林溃散，瓦釜雷鸣，有术无学，思想归零。百姓在真伪莫辨之下，出现了时代进入和平，社会却陷于敏感恐慌的奇景。国民党执政因此陷入消极被动、步履维艰的状况之中。

《当代台湾政党政治研究》（徐锋著，时事出版社2009年版）共有五章，计30多万字。第一章是导论，除了就选题意义、研究方法等进行阐述以外，主要侧重于从宏观角度对本课题研究中将会遇到的一些重要问题进行预先的处理，譬如政党政治的世界性与民族性问题，以及文化传统、政治发展对政党政治的影响，等等。本章写作的目的就是给当代台湾政党政治一个时空上的定位——它是当代处于传统与现代化折冲、融会阶段东亚社会，特别是中国社会政治发展的一个极具代表性的个案。第二章的主题是台湾政党政治的缘起。分作两大部分，首先是从地域和历史文化、经济社会变迁以及制度和法律沿革这三个方面介绍台湾政党政治的生态。其次，是以历史叙述的方法考察台湾威权统治时期威权政党与反对派、反对党力量的消长。结合这两个方面，本章写作的目的是要回溯台湾政党政治的发生过程，深入触及主导这一过程的内在基因，为后文中具体的分析预作铺垫。论文的第三、四、五章则是分别从政治理念、政治过程和基本特质三个方面具体考察当代台湾政党政治的思维和活动方式，探讨研究台湾各主要政党的组织和政策行为，等等。写作的目的是希望能够把握当代台湾政治发展中存在问题，以及找寻所以会产生这些问题的本质原因。论文的最后一章回归第二章历史考察的维度，对台湾当前政党政治的现状作了简要的梳理，希望能够从中透视未来台湾政党政治进一步发展的前景。从事比较政党研究的学者指出，该书综合运用逻辑与历史相统一、比较政党研究和政治过程研究的方法，从当代台湾政党政治的缘起问题入手，紧密围绕市场经济和公民社会发展、民主理念深化同东亚威权社会民主转型之间的关系这条主线，深入考察了台湾政党政治的理念、过程、特质及其未来发展的趋向，展现了台湾政党政治的全貌，发现并回答了许多富有理论探讨价值的历史和现实问题，当是内地涉台研究中首次结合比较政党理论从整体上审视台湾政党政治的一本具有较高学术及实践价值的著作。

四、相关学术会议

2009年台湾政局暨两岸关系回顾与展望研讨会　12月10日由全国台研会在京举办，有来自清华大学、人民大学、厦门大学、北京联合大学台湾研究院、中华文化发展促进会等涉台机构的20余位专家学者与会，回顾2009年两岸关系发展历程，并对今后两岸关系的和平发展建言献策。会议由全国台研会执行副会长兼秘书长周志怀主持。周志怀在会上指出，2009 年两岸关系取得重大进展，两岸政治互信基础进一步增强，两岸关系发展变得相对透明，并向制度化方向发展。他用“三热三温”来概括 09 年的两岸关系，即：经济交流热、政治互动温；党际交流热、官方往来温；高层往来热、基层交流温。与会专家普遍认为，两岸关系的和平发展，是实现祖国统一必经的过渡性历史阶段。基于当前台海局势与两岸关系的认识，两岸应当立足和平发展，确定战略目标，把握好历史进程，坚定不移地推动两岸关系和平发展。军事科学院世界军事研究部副部长王卫星在会上发言表示，在胡总书记提出的十六字方针的引领下，两岸关系呈现一系列积极变化。两岸和解、两岸“统独”由激烈对抗第一次转变为“和平发展、共创双赢”，这是 60 年来两岸关系发展史上的重要转折点。中国社科院台湾研究所研究员修春萍指出，2009 年，涉台外交形势继续朝着有利于两岸关系和平发展的方向发展。国际社会普遍欢迎与支持两岸关系和平发展，一个中国国际框架更加巩固。

两岸关系和平发展路径学术研讨会 由中国社会科学院台湾研究所与来自台湾的两岸统合学会共同举办的，9 月 12、13 日两天在北京举行。此次研讨会系两岸学者就两岸现阶段最敏感的政治议题，亦即两岸的政治定位，以及文化统合、经济一体化等问题进行的一次正式而具有深度的对话。国台办副主任孙亚夫在致词时表示：“这个会议非常有意义，希望能够经由此一探讨，为这些问题的解答找到必要的理论支撑”。会上，台湾知名政治评论家南方朔语重心长地提出了警告，必须正视两岸关系发展中的一些危险因素，其警告也引起与会者的高度重视，并就如何避免两岸关系发生逆退问题，作了深刻的讨论。台湾玄奘大学文学院院长暨中文系主任季旭升教授就两岸文化统合中有关“两岸文字趋同化”议题，提出了具体建议，希望大陆方面能考虑针对一些容易引生混淆的简化字，开放允许繁简互用，并具体提出了 157 个字，建议优先考虑，此一建议十分具体，也引起了与会者相当的重视。国台办经济局局长徐莽、台研所所长余克礼在做会议总结时都分别表示，两岸问题的解决，最根本的面向在于台湾一定要解决认同问题，而大陆方面则要进一步深化各项改革；两岸关系造势阶段已经过去，现在更需要理性务实的探讨；妥善解决两岸问题，是两岸当局与人民都责无旁贷的工作。

“两岸一甲子”学术研讨会 由台湾民间团体太平洋文化基金会主办，11 月 13、14 日在台北举行。由于与会专家都具相当的代表性及重要性，皆有学、政两栖背景，此次会议备受各方关注。经过两天密集讨论，110 位学者在政治、经济、文化、涉外事务及安全事务方面达成多项共识。本次研讨会的成功举办，将两岸民间对话从经贸文化层面推进到政治层面，使得双方在轻松自由的气氛中加深了解、增进共识，争取形成彼此都能接受的主张与方案。另外，两岸双方没有刻意遮掩本次研讨活动，事先都作了充分报道，做到公开透明，使得两岸人民能够充分了解情况，作出冷静判断，避免为相关政治力量所误导。

宋淑玉 北京联合大学台湾研究院政党所所长、副教授
徐 锋 中央社会主义学院中国政党制度研究中心副教授

附录二：国外政党制度研究报告

2009年国际金融危机加剧了政党政治的复杂局面，一些国家政治生态遭受冲击，执政党困境加深。从总体上看，世界范围内政党力量对比呈“右强左弱”态势，国外政党政治变化的复杂性、不可测性增多。在不少西方国家，左、右力量轮替加速，“政治钟摆”周期明显变短。在经济全球化冲击下，政党在履行其传统职能时面临更多的挑战。但是，来自政党体制内、外的各种冲击，没有从根本上撼动政党在政治、经济和社会生活中的主导地位，反而丰富了政党政治的内涵。2009年我国学者在传统研究领域取得了较好的成果，而且加强了金融危机背景下国外政党政治发展态势方面的研究。

一、国外政党建设与执政经验教训研究

长期以来，国外政党执政经验教训研究一直是国外政党研究的重点。2009年，中国学者比较深入地研究了西方国家政党和发展中国家政党在党内民主建设、廉政建设、维护党员权利以及处理党政关系等方面的经验，主要成果有：

中共中央组织部党建研究所课题组撰写的《国外主要政党关于党内民主建设的理论与实践》（《当代世界》2009年第6期）一文，分析了一些外国政党加强党内民主建设的理论和实践方面的经验，总结了不同类型国家政党党内民主建设的内在规律。

社会主义国家共产党党内民主建设上，把发展党内民主作为巩固党的执政地位的重要保障，在坚持和完善民主集中制的基础上稳步推进民主。苏东剧变后，非执政的各国共产党绝大多数抛弃了苏共的党建模式，逐步确立了党内民主的基本原则。少数发达国家共产党放弃“民主集中制”，实行“民主的运转原则”，大多数发达国家共产党重新界定民主集中制原则；一些较有影响的发展中国家共产党既坚持集中又扩大民主。

发展中国家主流政党对党内民主的理论思考比较薄弱，党内生活中所体现的民主性相对较少。受苏联共产党党内运作模式影响较大的一些发展中国家主流政党，一般主张在党内实行民主集中制原则，但对民主集中制的内涵认识较为狭窄，较为肤浅。受西方国家政党制度的影响较大的发展中国家主流政党，在自身建设上强调奉行西方式的民主原则，在内部运作中突出强调民主作风。

西方政党在价值取向、组织结构以及运作方式上都具有同国家政治生活相一致的民

主特性，因而普遍建立起以民主原则为基础的党内权力运行机制。西方社会党关于党内民主的主要观点有：党的政治和组织原则民主化；党员自由表达自己的思想和意志，广泛参与党内事务；允许党内不同派别、思潮存在，允许党内争论和辩论；在政治上、组织上实行妥协、协商原则，在思想上具有多元性、开放性和包容性。西方发达国家的中右翼政党，按照国家政治生活层面的自由主义民主理念，确立党内民主的各种原则，主要包括普遍性原则、平等性原则、自由原则、直接和公开性原则。

文章还分析了国外一些主要政党党内民主建设的实践探索。国外政党在改革完善组织体系、维护党员民主权利、建立健全党内民主制度等方面，采取了一些相同或者类似的政策主张。第一，提高党员民主意识，尊重和保障党员民主权利。第二，健全党内选举制度，充分体现和反映广大党员的愿望。第三，完善党内决策机制，提高决策的科学化、民主化水平。第四，改革党的领导体制和相关制度，加强集体领导，扩大党内民主的范畴。第五，构建党内监督体系，防止和克服党内可能出现的腐败现象。第六，严肃党的组织纪律，维护党的团结与统一。第七，推进基层民主建设，发挥基层组织联系民众的作用。第八，利用互联网等信息技术，探索党内民主建设的新模式。

另外，文章分析了国外一些主要政党党内民主建设存在的主要问题，主要表现在：社会主义国家共产党党内民主建设存在一些封建残余思想和形式主义现象；发展中国家主流政党受到专制主义倾向和极端民主化倾向的双重干扰；西方主要政党组织向专业化发展、权力向中央集中的趋势，明显地限制了党内民主的发展。

张文红撰写的《人民党缘何失去其人民?》（《当代世界与社会主义》2009 年第 4 期）一文，分析了德国社民党的党员不断流失民意支持率持续走低，丧失第一大党的地位的原因。二战以后，德国社民党完成了从政治边缘到权力核心，从纯粹反对派到主要执政党，从产业工人党到职员/工人党的转变。1959 年，社民党完成了从工人阶级政党到（左翼）人民党的转变，在组织、纲领、决策机制和竞选战略等方面都进行了适应时代发展的新尝试。在 2005 年联邦选举失利之后，社民党不仅丧失了对联邦政府的主导权，而且在联邦州层面也损失惨重。目前仅在极少数的联邦州执政或参与执政。普通民众对社民党的认同度也持续走低。

文章认为原因主要有：一是社民党在指导思想上提出的“新中间”路线，二是社民党在执政中实施的社会福利改革——“2010 规划”。2007 年德国社会民主党通过了该党历史上的第七部党纲《汉堡纲领》。纲领论及了所面临的种种挑战，阐述了社民党对于核心的社会政治冲突所持的基本立场，但并未确定是维持已有发展路线抑或转向新的发展路径。汉堡纲领通过之后，社民党内并没有出现士气大振的局面，而是陷入了更为深刻的纷争，面临着前所未有的混乱和困境。文章认为，德国社民党必须在传统与创新、改革与继承方面有所突破，并且兼顾社会公正。

代金平、唐海军撰写的《国外一些政党维护党员主体地位的主张、举措与问题》（《当代世界与社会主义》2009 年第 4 期）一文，介绍了国外一些政党维护党员主体地位的主张、举措并分析了其中存在的问题。国外一些政党对维护党员主体地位的认识及主张大致有以下几个方面的内容：其一，普遍强调党员在党和国家政治生活中的崇高地位。其二，认为党员是党内生活的核心和主体。其三，强调党员有权自由表达自己的意志，参与党内决策。其四，强调党员对党的领导者、党的各级机构以及党内决策者的批评和建议权必须得到尊重和保障。其五，主张保障党员的各种权利，特别是知情权、参与权、选举和被选举权以及监督权等。国外一些政党维护党员主体地位的政策思路与主要举措有：扩大党员的政治参与力度，在选举和被选举上行使更大的表决权；进行党内的相关制度与体制改革，为发挥党员的主体作用提供更好的条件；为党员在党内生活中发挥重要作用开辟平台、创造有利条件；发挥基层组织作用，使党员的主体作用能够得到较好展现；保障党员的知情权、教育培训权，加强同党员的对话与沟通，使党员真诚地为党的事业效力；扩大党员的监督、质询等权力，确保党员对自身权利的维护。国外一些政党维护党员主体地位面临的困难与问题主要有：第一，受国际大气候和国内环境的影响，国外许多政党都面临党员对党的忠诚度下降、政治参与热情降低等棘手问题。第二，国外不少政党基层组织涣散，战斗力下降，直接影响了党员主体作用的发挥。第三，不少政党内党员自身的素质和能力也影响了其主体地位的维护和保障。第四，党员主体作用的发挥与本党党内民主建设和推进状况息息相关，许多政党内依然存在着体制、机制及领导人的意识对党员主体地位的制约性障碍的问题。

赵刚印撰写的《西欧主要政党干部的培养与选拔探析》（《学术探索》2009 年第 4 期）一文，分析了西欧主要政党在干部培养与选拔方面的经验。西欧政党培养选拔干部的主要做法包括以下几个方面：在干部的物色与发掘方面，西欧政党对党的干部的物色与发掘主要是在基层选区党组织、议会党团以及政党的外围组织中进行的。在干部的提名与选举方面，党内候选人的提名出现“民主化”趋势；党内干部的选拔普遍采取选举方式，直选力度不断加大；政党领袖选拔机制从封闭走向开放，普通党员拥有了一定的发言权。在干部的监督与管理方面，西欧政党普遍建立了党内纪律监察制度，对干部中各种违背党的意愿的行为进行惩戒。在干部的教育与培训方面，西方各党也开展了有针对性的专业化教育培训，提高党内党员尤其是党的骨干的理论水准和专业技能。文章认为，干部选拔的过程要体现公开性和竞争性的原则；干部的来源要体现一定的开放性和多元化；干部队伍应体现“非兼职”原则，保持一定的专业化和职业化。

杨金卫撰写的《国外政党对互联网的运用及对我国政治发展和政党建设的启示》（《山东大学学报》2009 年第 1 期）一文，介绍了国外政党运用互联网的主要做法和网络信息技术对政治发展和政党执政活动的影响。文章认为，网络信息技术将成为政党执政的便利工具，并对政党的执政方式提出了新要求。国外政党运用互联网为其政治发展和政党建设服务的主要做法有：积极发展电子政务和电子党务，利用社会网络资源为政治发展服务；运用网络扩大政党在社会上的影响和谋求选民支持；在网络上提供更多服务便民的途径；许多政党和政党领袖建立自己的独立网站。

张宏艳撰写的《西方国家政党监督的研究与启示》（《黑龙江省社会主义学院学报》2009 年第 2 期）一文，研究了西方国家政党监督的主要形式和特点。文章认为西方国家政党之间监督的主要形式表现为在野党或反对党对执政党的监督。这种监督包括四种形式：把选举作为政党监督的重要形式，通过竞选实施制约；利用议会（国会）中拥有的权力，对执政党政府的决策实施监督和制约；通过新闻媒体强化对执政党的监督制约；在野党通过地方自治体也可以起到一定的制约作用。

张爱军、高勇泽撰写的《西方国家执政党协商民主的演进及其对我党的启示》（《云南行政学院学报》2009 年第 2 期）一文，提出了一个类似“政党协商民主”的概念，文章认为西方国家执政党协商民主主要涉及三个领域：执政党内部不同派别之间的协商；执政党与在野党（或反对党）的协商；执政党与各社会团体（公民）的协商。

雷青松撰写的《西方执政党意识形态中间化的价值目标及启示》（《党政干部学刊》2009 年第 11 期）一文，分析了全球化背景下西方执政党意识形态调整的特点，认为意识形态中间化的价值理念是一种规避执政风险、适应全新执政环境的比较好的调适方式，是政党为达到扩大执政的社会基础、增强社会竞争力、谋求或维系执政合法性、促进自身现代化等基本价值目标而采取的一种新思路。西方执政党意识形态中间化的价值目标对搞好新时期我们党的意识形态建设主要有五个方面的启迪意义。第一，要坚持对马克思主义的不断创新与发展，增强党的意识形态的包容性。第二，要坚持执政为民的价值理念，增强马克思主义对社会多元意识的整合力。第三，要坚持党对意识形态的谨慎调适，防止出现错误倾向。第四，要坚持党的意识形态与具体政策紧密结合，增强党的意识形态的务实性。第五，要坚持以经济建设为中心任务，反对意识形态中心论。

郑权撰写的《国外政党执政理论创新概要》（《中共云南省委党校学报》2009 年第 2 期）一文，归纳总结了国外政党执政创新理论。文章认为，国外执政党顺应时代发展潮流，加大自身建设力度，对自身的理念、目标和组织结构进行了调整，取得显著成效。近年来，国外部分政党执政理论方面的创新主要有：在保持意识形态继承性的同时，在思想理论纲领革新方面表现出更大的灵活性和包容性，其政策主张更具有全民性、时代感，以使自己始终处于思想政治领域的领导地位；执政意识的中间化，不同政治取向的政党的政策分野日趋模糊，一些国家的政治生活中出现了“左翼不左，右翼不右”的现象；扩大党的社会基础，保持党的开放性，注意与群众团体、利益集团的互动，有些西方政党吸收群众团体和利益集团为团体党员；扩大党内民主，加强组织动员的能力，遏制政党高层的寡头化倾向和政党的官僚化倾向，吸引足够的社会精英以及游离于政党之外的政治资源，以增强政党对民众的吸引力和对其他政党的竞争能力；加强决策过程的民主参与，增强决策的权威性和党员对决策的认同感；吸引、选拔高素质的人才，建设强有力的干部队伍；促进经济增长，维护社会公平，重视驾驭经济社会的均衡发展，都根据内外经济环境和本国的发展水平，寻求合适的发展模式，通过税收、社会福利等调节手段维护社会公平，防止贫富分化，以达到经济的可持续发展与社会的和谐；增强应对危机的防范与处理机制，重视危机管理，在长期的实践中逐渐形成了一套相对成熟的危机管理体系；重视民族、宗教问题，排解内部纷争；保持清正廉洁的公众形象，加强对权力的监督和制约；通过积极的党际交往，树立政党良好的国际形象。

刘娟、权伟太撰写的《从党政关系看西方国家的政党政治》（《当代世界与社会主义》2009 年第 6 期）一文，分析了西方国家政党政治的特点，西方国家执政党如何处理党政关系。政党最先在西方国家产生，经过长期发展，其在西方国家政治构架中发挥的作用逐渐被纳入了宪政和法律的框架，形成了全面的制度性安排。一般来说，西方国家遵从政党与国家性质的不同性，严格区分政党与政府的职能，执政党主要是通过对政权的间接控制来执政，由此形成了对议会、政府、司法机构发生作用和影响的诸多特点。首先，西方国家执政党与代议机构的关系。由于议会在国家政治生活中具有重要地位，政党总是千方百计地在议会中寻求自己的立足之地。政党都把议会看做是为本党谋利益，使本党开启最高权力之门的钥匙。政党主要是通过竞选取得议会多数，由此掌握、控制政权，在议会中进行党的活动，否则，政党的作用将无从发挥。其次，西方国家执政党与政府的关系。西方国家执政党对政府的控制方式，虽然情况各异，但概括起来主要有以下方面：执政党控制政府的组成；执政党通过间接方式控制政府；注重与在野党建立既竞争又合作的关系；执政党注重引导公务员队伍，保持政府的有效运作。再次，西方国家执政党与司法机关的关系。在西方国家，司法机关与立法机关、行政机关相互独立，互不从属。司法是公共权力的一个重要部分。执政党对司法机关的控制是巩固其执政地位的一个重要方面。因此，执政党总会千方百计地对司法机关予以控制。西方执政党对司法机关进行控制主要有以下几点：执政党通过议会立法规定司法机关的结构和功能，通过法律条规的实施来贯彻本党的政治意图；执政党通过推荐或直接任命高级司法人员影响司法机关；议会或政府部门与司法机关的某种合二为一的结构及一人兼任不同的职务，是执政党影响司法工作的重要方法。最后文章分析了西方国家党政关系特点：第一，党政分开是形式，党政不分是实质。西方国家党政不分不仅体现在体制外政党体系对政权组织体系的控制上，而且主要表现在政党通过掌握和占有政权内的各个关键的机构部门与职位，渗透到政权体系内的各个领域，使“党”融入“政”内。第二，政党与政府的上层是融合的。党政关系中政党与政府（主要指官僚机构）的平行性，决定了政党与政府上层的融合性。第三，官僚机构在党政关系中发挥重要作用。第四，党政关系存在多样性。由于政党与政府质的区别，党政关系也有很多种形式。第五，党政关系的主体双方相互影响、相辅相成。在西方民主国家，政府不仅是政党的附属物，它还能够在政党各个组成部分的关系中扮演重要角色。第六，通常情况下，西方国家党政关系是分开的，不会出现以党代政的现象。其根本原因在于政党严格在宪法所规定的范围内活动，在政治体制的范围内运作。

魏伟撰写的《发展中国家政党如何在多党民主制体制内实现长期执政?》（《当代世界》2009 年第 2 期）一文，分析了新加坡、马来西亚、南非、埃及、坦桑尼亚等发展中国家政党长期执政的原因。一些国家的强势政党对多党民主制进行本土化改造，独立自主地探索出具有本国特色的政党政治体制，保留了西方多党民主制的外壳，利用了多党制的“游戏规则”实现长期执政，确保了国家的稳定与繁荣。文章认为，一些发展中国家的强势政党维持强势政治地位的主要作法有：第一，利用自身权威资源，构建有利于本党的权力体制。第二，利用本国的宗教和文化特性塑造“主流社会价值观”，营造有利于政权稳固的思想和文化氛围。第三，把反对党限定于“存在”，但“不发挥实质性作用”的范围内，以捍卫自己的独尊地位。第四，通过提高自身的执政能力，创造良好的执政绩效来获取民众的坚定支持。第五，扩大纲领政策的包容性，寻求社会各阶层的认同。第六，维护本国政治制度的独立性，适度展示政党体制的竞争性，妥善应对来自西方的压力。

刘金东撰写的《日本自民党缘何下野》（《中国党政干部论坛》2009年第10期）一文，分析了日本自民党在长期执政后下台的原因。文章认为，日本自民党下台的主要原因有：第一，自民党始终没有解决好日本民众普遍关心的经济和民生问题。第二，自民党严重忽视党内人才的培养。在此次大选中，自民党党内人才不足特别是年轻人才严重不足暴露无遗。自民党党内人才不足特别是年轻人才严重不足，严重削弱了其竞争力。第三，自民党党内派系斗争不断，政治丑闻频出。自1955年自民党成立以来，党内的派系斗争就没有停止过。伴随派系斗争的是金权政治腐败。正是这些金权政治腐败案件，使选民对自民党执政日益失去信任。第四，自民党缺乏政策的统一性和延续性。自冷战结束以后，日本经济社会发展模式面临全面转型，但自民党在政治、经济、外交上缺乏一个清晰的思路，老在自由主义改革和恢复传统之间摇摆不定，始终拿不出一套有长期战略眼光的措施。第五，自民党选举策略失当。自民党解散众议院的时机把握不当。从自民党的执政史来看，解散众议院已成为日本历届首相在应对复杂局面、摆脱不利困境、争取主动权时，广泛采用、屡试不爽的“传家宝刀”。如今自民党欲故伎重施，无奈时过境迁，此次解散众议院提前进行大选却引来灭顶之灾。

二、世界政党制度比较研究

从比较分析中找出中外政党执政的普遍性规律与特殊性规律，一直是政党研究的重点。2009年中国学者以政党比较的视角，从政党制度的文化基础、党政关系、党内民主、政党基层组织的功能定位等方面对中外政党进行了深入的分析。

王长江撰写的《论政治流通——建立一种研究政党体制的新视角》（《马克思主义与现实》2009年第4期）一文，从政治流通的角度来分析民主政治的本质。长期以来，东西方学者为一党制和多党制的孰优孰劣争论不休。其实，在政党体制模式背后真正起作用的是政治流通。对于需要进行政治体制改革的国家来说，关键问题不在于变换政党体制，而在于各要素之间的政治交流是否通畅，互动是否良好。体制改革与制度设计应着眼于此。文章提出了关于政治流通理论的五个观点。第一，政治流通与民主政治的本质是什么关系？作者认为，所谓民主政治，本质上讲的是民众和公共权力之间的互动。从运行的角度看，民主政治就是各种与政治有关的信息在一个政治共同体内流通的过程，这就是所谓的“政治流通”。第二，哪些因素决定着政治流通的流量？决定政治流通量的，首先是市场经济的发展。其次，公民社会的发展，也在相当程度上导致政治流通量的增加。再次，当今时代传播工具、特别是新兴媒体的发展，进一步刺激了公民诉求的增长。第三，政治流通在多大程度上和政治稳定相关联？政治流通作为客观存在的事实，是向政治体制提出的挑战。政治沟通则是执政者处理政治流通问题而作出的应对之举。综观各类执政者的应对实践，存在缺乏沟通、流通不畅和沟通顺畅三种情况。第四，如何认识当今时代的政治流通？从政治流通的角度看民主政治，不难发现，几百年近现代民主政治发展的历史，实际上就是一部人们寻找更多的政治流通渠道和政治沟通载体的历史。不同的载体相互博弈而又相互补充，形成了民主政治的一系列具体模式。西方多党制是民主政治长期发展形成的最典型的政治沟通模式。多党制不是实现民主的唯一选择。政党数量的多少，也不是判断政治体系是否稳定的根本标准。政治体制的政治沟通量的大小才是政治稳定的根本指标。第五，中国特色的民主政治应朝什么方向探索？我国实行的是一党领导的多党合作制。拓展政治沟通的渠道，健全政治沟通的体制，增加政治沟通的流量，寻求政治沟通量和政治流通量的平衡，是全部问题的核心，是改革应当把握的基本方向。

李路曲撰写的《政党制度的制度化和民主化变迁》（《新视野》2009 年第 5 期）一文，比较了欧美和东亚政党制度的制度化和民主化的变迁，分析了政党制度的制度化和民主化之间的关系。文章认为，政治环境对政党制度有重要的影响。政治架构、社会文化结构以及大众传媒状况构成了政党制度特色及其运作的基本的外部条件，而从以忠诚为价值取向的群众型政党向以忠诚和“问题”为纽带的全方位政党的转化是建立稳定而民主的政党制度的重要的内部条件，欧美和东亚在这些方面的差异是其政党制度的制度化和民主化存在较大差异的基本原因。社会结构和政党的变迁对政党制度也有重要的影响。政党制度制度化和民主化水平提高的前提之一是主要政党要突破以纵向社会分裂为基础的社会束缚，成为以社会群体支持和问题支持相结合的新型政党，从而改变旧的政党格局或政党制度。这一转变过程是传统的群众型政党要逐渐放松与原有阶级之间的联系，使自己不再是特定阶级的专有工具，同时要扩大自己的支持基础，争取和主导各种支持者的政治倾向，并愿意或不得不尊重政党之间公平竞争的原则。欧美大多数主要政党都完成了这一转变，东亚的政党正在完成这种转变。当然，无论对欧美还是对东亚来说这都不是轻而易举的事情，一些政党很难完成这种转变。文章认为，政党制度的制度化和民主化程度从根本上来说取决于这个国家社会分裂的强度和性质，构成政党制度的政党的状况，包括党的结构、党的领导集团的立场和党的路线等。每个国家甚至每个时期主要政党的力量对比和相互关系都有可能呈现不同的格局，因而政党制度的形式和作用也就有所不同。各政党之间的竞争有时激烈，有时缓和；其合作有时密切，有时松散。由此而产生的关系模式既可能是一种对抗性的，也可能是一种合作性的。竞争不能过于激烈，以至于政党制度经常处于分裂或被一党权威主义所替代的危险之中；合作不能过于紧密，以至于形成一种卡特尔来统治国家，抑制了利益表达并使政治生活失去活力。这就是政党制度所要发挥的包容和规范作用。无论是欧洲还是东亚，其政党制度的制度化和民主化都是在这两种关系的角逐中不断变迁或向前发展的。

徐锋《政治发展中民主与政党制度的经验与建构》（《马克思主义与现实》2009 年第 4 期）一文，分析了发达社会与发展中社会两种民主及政党制度的差异，探析了中国民主与政党制度的突破性进展与问题。文章认为，发达社会经验主导的民主及其政党制度有别于发展中社会建构主导的民主和政党制度，两者也存在彼此通约、相互借鉴的可能。在发达社会中，对于民主政治的经验支撑主要来自于公民和公民社会的独立自主的意见表达，以及由此而来的政治参与实践。在经验主导民主的条件下，一方面，政党体系是通过自由开放、多元互动的政治过程而生成的，责任政治和多党充分竞争成为政党制度的一个基本特征。另一方面，国家与政府、政党与政府的关系呈现出适度分离的态势，政党无论执政或是在野都不会导致社会的分裂，政党政府的轮替不至于造成国家的动荡，社会稳定和人民自由权利可以得到保证。发展中社会的民主更多地是建国政党、优位政党结合自身的政治理念和社会发展状况主观能动地选择和建构的结果。相比较而言，此种建构主导性的民主缺乏足够的经验支撑，这是其不成熟的地方，但又是其不断发展和完善的起点。

文章认为，与中国经济社会发展和政治发展的历史进程相一致，中国的政党制度也经历了一个理念建构结合经验支撑的发展过程。在中国，建构型民主开始于新中国的建立，而经验型民主则开始于市场经济的发展和确立。目前，中国的执政党和政党政府比以往任何一个时候都更加重视法治，更加注意维护宪法和人权尊严。同时，它的政治理念也有了重大的发展。政治发展的现状和未来发展的趋势都表明，中国特色社会主义民主制度和政党制度正在不断地从理念建构变现为政治现实，正在获得越来越多的经验支撑，正处于一个迅速走向成熟的过渡阶段。为了中国民主与政党制度的完善和发展，未来应当努力探索和解决如下几个方面的问题：继续完成政党的内造化、法制化进程；完善选举制度，推动程序民主建设，特别是程序民主的合理化建设，促使各政党对民意的代表更趋直接和真实；除了党政分开、政企分开，还必须慎重处理好政党政府与市场经济的关系；政治理念的更新和政治伦理的建设问题。

胡小君撰写的《东亚民主转型与政党政治的发展模式》（《马克思主义与现实》2009 年第 4 期）一文，对东亚民主化后政党政治发展的模式差异及产生这种差异的关键性因素进行分析，进而探讨政党政治发展中的路径依赖现象。东亚的菲律宾、韩国、蒙古、泰国、柬埔寨、印尼等国自 20 世纪 80 年代中期以来，相继实现了由威权政体向多党民主政体的转变。东亚威权政体民主化后，政党政治的发展大致呈现出三种模式。韩国、菲律宾、印尼形成了不稳定的多党制。从政党体制来看，并未形成稳定的政党力量对比和权力分布，政党间的分化组合频繁，执政力量通常依靠脆弱的政党联盟获得支持。蒙古逐步演化出分裂的两党制。从政党体制来看，蒙古在民主化初期政治参与过度，政党丛生，但大党优势明显。柬埔寨基本确立了一党独大体制。民主化进程开始后，人民党一直延续执政地位，对国会中的主要反对党奉辛比克党和桑兰西党根据时势采取拉拢或打压政策。东亚政党政治的发展空间和自主性程度存在较大差异。导致这种模式分化的关键性因素在于威权政体建立时政治危机的处理方式以及威权时期政党组织发展程度的差异。在一党体制的威权统治下，政党对传统社会的动员整合程度较高，政党组织的自主性强，在民主化中对反对派向整合化的政党组织发展起到压力和示范作用，有利于形成两党或一党独大体制。而在军人政权或个人统治下，传统社会组织延续，政党组织的依附性浓厚，在民主化中难以承受被依附的权力中心退缩或崩解带来的冲击，政党政治发展空间受限，难以形成稳定的政党体制。东亚政党政治发展呈现出明显的路径依赖现象，现代化前期政治危机的处理方式预设了之后政党政治发展的先决条件。群众性革命的方式造就了群众型组织党的集权式统治，政党组织的触角深入民间社会，社会生活的政治化和权力的政党化，为政党政治的发展和政党组织的延伸拓展了空间。既往的历史制度因素虽然对东亚民主化后政党政治的发展模式产生了关键性的影响，但政党毕竟是连接公共权力与社会民众的桥梁，社会结构的进化与分化对政党组织的影响才具有最终决定意义。

陈崎撰写的《中国与西方国家党政关系比较研究》（《当代世界与社会主义》2009年第4期）一文，对中西方国家党政关系进行了比较研究。文章认为中国与西方国家党政关系有一定的共性。党政关系从一开始形成就体现了“国家植根社会，民众掌控政府”的现代政治逻辑。中国与西方的政治理论在此没有重大分歧。此外，政党的阶级性决定了它们执政的基础是否坚实，导致了在阶级属性不同的政府中同样的现代政治逻辑可能产生极为不同的政治后果。中国与西方国家党政关系的差异主要体现在以下几个方面：第一，中西党政关系中所体现出来的政党和政府的阶级属性有所不同。西方政党的狭隘代表性使权力集中在少数人手中，国家和政府日益凌驾于社会和民众之上。与之相比，中国共产党的先进性和广泛代表性不仅赋予党的长期领导和执政地位更充分的依据，而且为进一步改善党的执政方式、理顺党政关系奠定了更牢固的基础，这是中西党政关系的本质区别所在。第二，在中国与西方国家的党政关系中，执政党相对于政府的地位不同。中国的党政关系是在特殊的历史条件下形成的。在先有党、后有政府的情况下，执政的中国共产党自然而然地取得了对政府的支配地位。在西方各国，国家政权的基本组织形式早在政党出现之前或政党形成过程中就已存在，主要政党都是在接受现有政治体制架构、遵循既定的政治游戏规则的前提下，通过合法途径获得执政地位的。第三，中国共产党与西方国家的执政党在领导政府的方式上有明显的区别。在我国，为了保证党的各项方针政策得到充分的贯彻执行，由党对政府的各级行政机关实行直接领导。西方国家的执政党领导政府的方式与我国不同，大多采用间接方式实现对政府的领导。文章最后论述了从中西方国家党政关系比较中得到的经验和借鉴。首先，坚持和完善中国共产党的领导是改善我国党政关系必须遵循的根本原则。其次，加强党内民主和人民民主，密切党和政府与人民群众的血肉联系是完善我国党政关系的基础。再次，全面落实依法治国的基本方略，在法制的基础上加强党的执政能力建设是当前改善我国党政关系的有效手段。

刘芳撰写的《中西政党党内民主比较分析》（《湖北经济学院学报（人文社会科学版）》2009年第7期）一文，分析了中西方政党党内民主的主要差异，以及西方政党党内民主机制建设。文章认为，中西政党党内民主的主要差异有：第一，党内民主发展态势不同。西方政党党内呈现民主化与集权化共同发展态势。相比西方政党，民主化是中国共产党党内压倒性发展趋势，民主与集中处于失衡状态，由此滋生很多问题。第二，党内民主发展侧重点不同。西方政党党内民主发展的侧重点是：把公开原则作为实现党内民主的前提；把选举原则作为实现党内民主的基石；把民主决策作为实现党内民主的主要内容。相形之下，中共发展党内民主的重点是构建和完善代表制民主。中国共产党发展代表制民主多年，思路总体受限于“领导本位”，即以各级领导机构和领导班子的民主建设为重点。第三，党内竞争形式不同。在西方国家，党际竞争是民主政治的重要内容及民主发展的重要推动力，党内民主更多是政党在激烈竞争中加强竞争力的重要手段。中国实行的是共产党领导的多党合作和政治协商制度。共产党与各民主党派是执政党与参政党的关系，是进行合作的亲密友党。且中国共产党禁止以派系为主体的党内竞争，派系在中国共产党的历史上从没有过合法的空间。在长期的探索实践中，西方政党已经建立起了一套以广大党员积极参与为核心的比较完善的政党决策机制。西方政党的决策机制对于我国政党发展党内民主，实现决策的民主化、科学化具有重要的借鉴意义。

周敬青、吴海红撰写的《中外政党基层组织的功能定位》（《上海党史与党建》2009 年 3 月号）一文，分析了西方国家政党基层组织的主要功能及其重要性，并从中得出对中国共产党的启示。文章认为，西方国家的许多政党基本上是根据选区设置党的基层组织。基层组织的主要功能就是通过在选区内组织俱乐部、组织文娱等服务社会的活动，培养与选民的感情，拉近本党与选民的距离，为本党候选人争取更多的选票。基层党组织功能的弱化将会导致政党内部瓦解。如苏联共产党，在失去执政地位前基层党组织出现混乱和失控，其基本功能难以得到发挥。进入 20 世纪 80 年代，苏共“民主化”、“公开性”、“多元化”泛滥，击溃了维系自身存在的民主集中制原则。苏共基层党组织开始越来越脱离中央、远离群众、思想分化、组织涣散，缺乏凝聚力和战斗力，陷于瘫痪或半瘫痪的状态，丧失了联系群众、团结群众、贯彻党的方针政策的作用。文章认为，中国共产党的基层组织同西方政党的基层组织的功能又有所不同。西方政党为竞选型政党，其基层组织的一切工作，都是为竞选唯一目标服务。中国共产党是长期执政的党，因此，基层党组织必须从维护党长期执政地位的高度确定其要承担的功能。主要有以下几个方面：第一，政治引导功能。基层党组织是党直接联系社会的桥梁和纽带，自觉地宣传和贯彻执行党的路线方针和政策，组织和动员群众为实现党的政治主张而奋斗是其首要功能。第二，社会控制功能。基层党组织的社会控制，不同于其他方式的社会控制，如法律、政府、军警等硬控制。基层党组织主要依靠党的政治优势对社会进行广泛的宣传、教育和社会动员等软控制。第三，利益表达和利益协调功能。政党是公共权力与民众的中介。民众的利益诉求，一般主要是通过政党输送到公共权力系统中，从而影响公共政策的制定和执行。中国共产党是中国最广大人民根本利益的代表者，党的基层组织直接面对群众利益的分化和冲突，因此，在利益的表达和协调中起着十分重要的作用。第四，教育、管理和监督党员，吸纳和培育社会精英的功能。党要管党，从严治党。对于基层党组织来说，就是要教育、管理和监督好自己的党员，特别是党员干部。第五，社会关怀和服务功能。党要回归政党的本质功能，即从党在现代政治原则下实现有效执政的内容要求出发，党的基层组织从传统的行政化的功能定位回归到政党化的功能定位。在新的历史条件下，基层党组织的功能转变是一种结构性的转变，即从以组织或动员革命与生产为轴心的功能结构，转变为以社会关怀和利益协调为轴心的功能结构。基层党组织功能角色的定位应该是：“政治引导者、社会控制者、利益代表者、公众服务者、民怨倾听者、纠纷仲裁者、权利保护者、权力监督者、情感寄托者”。

石学峰撰写的《中外政党章程的比较研究》（《上海党史与党建》2009 年 5 月号）一文，比较分析了世界各国各类政党现行章程。文章认为，世界政党现行章程主要有纲章合立、纲章分立和无纲章程三种体例。中国共产党现行章程与国外主要政党现行章程主要存在以下相同之处：党员条款是基础；组织条款是核心；纪律条款突出。中国共产党与国外主要政党现行章程涵盖领域还存在若干不同之处，主要表现在以下几个方面：第一，《中国共产党章程》中没有设置章程修改专章。国外其他政党现行章程无一例外都载有党章修订专章（条），并且在党章修订专章（条）中，对党的性质、奋斗目标、宗旨等等有根本性影响的条文，往往采取重点保护政策来保证其存在的稳定性。第二，《中国共产党章程》中未对“提案”制度作出规定。国外其他政党现行章程都专门对提案制度作了规定，并且非常细致，这种细致主要体现在对议案提出的规定性上。第三，中国共产党与国外政党在章程中所体现的意识形态内容与风格存在很大差异。意识形态本质内容上存在的差异，是区别政党性质的根本标志。意识形态表现风格的差与它们对意识形态的处理方式有直接关系。文章通过比较中国共产党与国外政党章程得出几点启示：第一，“纲章分立”、“无纲章程”体例未来会在某种程度上自发地倾向于“纲章合立”。第二，设置章程修改专章是维护党章的权威性和稳定性的重要体现。第三，在党章中设立提案制度有利于发挥党章的最高规范功能。第四，在章程中灵活设置意识形态内容，有利于开展党际交往，增强政党国际影响。

张津凤撰写的《论政党制度的政治文化基础——基于中西传统政治文化比较的研究视角》（《中央社会主义学院学报》2009 年第 4 期）一文，基于中西传统政治文化比较的研究视角，阐释了中西政党制度之所以具有不同模式的文化根源。文章认为，在影响政党制度的各种因素中，政治文化是深层次的因素，任何一个国家的政党制度都能够从该国的政治文化中找到依据。从我国文化传统和政治实践来分析，政党制度作为民主政治的工具和手段确实能在一定程度上促进民主文化的形成与发展；反之，民主的文化又能为政党制度的民主化、现代化提供坚实基础和根本保证。因此，政党制度的完善和发展，必须以相适应的政治文化的转换、创新和发展作为基础和保障。首先，中西传统政治文化差异对政党制度模式的影响。西方人不相信政府，只相信制度。在以执政为目标的政党出现以后，它们最初被看做是个祸害。反对党作为制约执政党、防止一种利益集团独霸政治的有效政治力量，在自由社会中不可或缺。竞争型的两党制、多党制就成为西方社会的主要政党制度模式。在中国，君主（政府）就是“善”，人们只能顺从君主，而不能以自己的方式表达和维护自己的利益要求。当中国共产党以自己的理念和行动赢得了人民和各民主党派信任的时候，中国共产党对各民主党派的领导地位确立以后，其作为唯一的执政党的地位也得以确定下来，而各民主党派则与中国共产党通力合作，为其更好地执政提供支持。其次，民主取向对中西政党制度发展的引导与制约。政党制度模式虽然建立在不同的政治文化基础之上，但是，其基本价值取向都是为了实现民主、为民主政治服务。不同政治文化下的民主性质及其实现形式也会有所差别，中西政治文化下的民主取向的差别就更为明显。与西方自由民主相适应，西方政治制度包括政党制度往往更多地体现出各种利益的融合与聚合。而两党制和多党制这种政党体制，至少在形式上为不同的阶级、阶层和集团提供了多种政治选择的余地，也使人们有了更多的利益表达渠道，满足了人们的多种政治形式与政治途径的愿望。但在实际政治运行中，自由民主被最大限度地追求自身利益而不考虑后果的狭隘个人主义所削弱。建立在集体主义基础上的社会主义民主或人民民主，即人民当家做主，是把最广大人民的根本利益放在首位，个人权利的实现要以人民权利和根本利益的实现为前提。这种民主既要体现民主主体的多数性，又要探索民主参与的全程性，还要落实民主实现的真实性。与此相适应，在我国的政党制度中，中国共产党作为最广大人民根本利益的代表被宪法赋予了长期的执政党地位，各民主党派则由于其社会基础的客观存在、人民民主价值取向真实实现的客观要求而被赋予了参政党地位，希望通过政党之间的合作和监督来最终实现人民的有序参与、真正实现“人民的统治”。

三、国外政党与政党制度发展研究

随着世界多极化和经济全球化趋势深入发展，国外政党政治经历着前所未有的广泛深刻调整，特别是国际金融危机背景下，政党政治变化频率加快，力量对比的演进更具复杂性。对国外政党政治的发展的跟踪研究逐渐成为政党研究的重要内容。2009年我国学者广泛地总结和分析了世界政党发展的现状，并在此基础上分析了未来世界政党的发展趋势。除了密切关注发达国家的政党制度变化外，着重研究了发展中国家和新兴民主国家政党制度的发展。

段志超撰写的《“政党政治危机”与当代政党政治的发展形态》（《求实》2009年第1期）一文，分析了政党政治危机的原因，并从政党政治危机的角度分析了当代世界政党政治的特点。政党政治是作为民主政治的重要实现方式而出现和发展起来的，是现代政治文明的重要组成部分。政党政治的危机源于政党的危机，是由政党在产生和发展中的特殊规定性导致、并与特定社会互动而最终形成和显现出来。文章认为，政党危机的原因是：政党理念缺乏感召力和吸引力；政党组织方式和运作方式与民主政治精神相违，难以得到大众支持；政党的结构—功能不能适应现实的需要；政党缺乏必要的组织生存条件和运作资源；政党腐败而导致政治生命力耗竭。从政党政治危机的角度来看，当代世界政党政治具有以下特点：一般意义上，任何政党都面临着危机，因而任何形态的政党政治都同样面临危机；政党政治的发展在世界范围内仍将表现出不平衡性；由政治现实需要所致，政党政治仍是国家政治体系中不可或缺的一部分，它必然得到推动和发展，而且会出现新的形式；由国际政治局势的变化而带来的政党发展必然推动政党政治的发展；总体上而言，世界政党格局有明显的“右盛左衰”迹象；政党政治趋向多元化，其面临的主要议题随着国际局势和时代主题的变化而变化。

中共上海市委党校课题组撰写的《全球化信息化背景下德国社民党组织建设的新趋势》（《中共中央党校学报》2009年第6期）一文，分析了在全球化和信息化所带来的挑战下德国社民党在组织建设方面的应对措施。全球化信息化对德国社民党组织建设的影响和挑战主要有：第一，党的社会基础面临着不断被削弱的危险。随着产业结构和就业结构的调整，德国社民党的传统支持者受到冲击，对党的认同感降低。新中间阶层的异质性决定了德国社民党选民基础的脆弱。德国民众尤其是青年非政治化倾向蔓延。德国当代青年对政党的认识具有较强的不确定性，他们重视个人自由、个性完整，喜欢参与一些比较松散、民主性强、约束力小的组织。德国社民党的社会基础面临着其他政党、非政府组织等的激烈竞争和新社会运动的挑战。第二，党员规模和党员队伍的质量下降。党员队伍的总体数量不断减少，党员队伍的年龄结构逐步老化，青年党员的比例不断下降。另外，普通党员参加党组织生活的积极性不高。第三，经济与社会变革对政党的组织结构和决策水平提出了更高的要求。党的组织呈现松散、无序和虚弱的特征。党的外围组织减少，党同工会之间的关系紧张，德国社民党处于相对孤立的状态。经济一体化和政党政治区域化使得政党政策丧失独立性，制定政策的难度增大。第四，信息化对政党的组织运行与组织沟通提出了新的挑战。信息化造成了政党组织功能的弱化，给政党组织领导方式带来了负面效应。为应对挑战，德国社民党在组织建设上作出了新的战略选择。首先，整合社会资源，巩固党的社会基础，扩大党在社会各阶层中的影响力。加强理论创新，扩大执政理念的包容性，以此提高德国社民党的威望和吸引力。加强党的组织与选民、社会各阶层的联系，增强党在社会各阶层群众中的影响力。其次，积极发展青年和妇女党员，创新党组织活动方式，提高党员队伍的数量和质量。再次，通过变革党的组织结构，加强党内选举制度建设，实现民主选举和决策体制的民主化。注重党的领导体制和相关决策机制的改革。引进党内直接民主，坚持民主选举原则，保障普通党员的民主权利。最后，对新闻媒体采取建设性的合作态度，利用现代信息技术构筑网络信息交流平台，实现组织沟通的信息化。在全球化信息化的共同背景下，各国政党也同样面临着多方面的挑战。

门洪华撰写的《社会结构、政党危机与 2009 年大选前景——关于德国政党体制变迁的调研与思考》（《国际观察》2009 年第 5 期）一文，探讨了导致德国政党体制变迁和政党危机的深层原因。目前，德国政党体制正在陷入困境，意识形态混乱的信仰危机、党员人数日益减少且异质化严重的组织危机、着眼于具体问题的应对而陷入功能危机、民众支持度持续下降的信任危机并发。各政党为了克服危机而进行变革，逐渐以中间化为长期趋向，但这一趋势弱化了政党作为不同阶层代表的存在意义，使得政党的先进性正在失去。在战后重建过程中，德国创立混合选举制，确定了 5% 的刚性门槛条款。1961—1983 年进入联邦议院的政党长期保持 3 个：联盟党（CDU/CSU）、社民党（SPD）和自民党（FDP），从而形成了两个半政党格局。这一格局的形成与当时德国经济长期增长的趋向相关，也与联盟党、社民党成为人民党的取向直接相关。对处于优势的联盟党而言，与自民党合作是最佳选择，联盟党和社民党继续联合执政可能性也较大，是次优选择；牙买加模式有一定的吸引力，但三党联合的历史经验不多，可列为第三选择。设若联盟党未能成功实现与其他政党的联合，社民党与绿党、自民党得票率超过 50%，则信号灯模式也许是第四种选择。文章认为，联盟党与自民党或联盟党与社民党的两党合作可能是最现实的两个选择，而哪一个方案入选最终取决于自民党的得票率。德国政党政治面临挑战。在多党制选举制度之下，人民党的纲领选择是现实性的，从神圣化走向世俗化似乎是必然的趋势，政党危机的出现固然与政党组织架构和主要领导人的思想有着必然的联系，但随着现代化深入而出现的社会结构、选民结构和选民心态变化更具有引领意义。当前，德国各政党继续调整传统的政治理念，政党竞争继续围绕具体的政策而不是基本纲领展开，争取政治中间位置成为一种稳定的趋势，政党完全充当了行政管理制度和社会的中介，各主要政党在寻求政治权力的不同之处越来越模糊，政党不仅缺乏细致入微的洞察力和全面的表达能力，在政党的平台上区别于其他政党的特定支撑也在丧失。这种趋同意味着，政党越来越世俗化而选入信仰危机，党内争议越来越大而陷入组织危机，越来越着眼于具体问题的应对而陷入功能危机，越来越失去民众的认同而陷入信任危机。

章德彪撰写的《发展中国家政党体制面临的挑战及未来走势》（《当代世界》2009年第3期）一文，分析了发展中国家政党体制面临的挑战及其未来发展趋势。当前，由于国际和国内形势的深刻变化，无论采取何种政党体制，发展中国家都不同程度地出现这样或那样的问题，面临诸多考验。发展中国家现行政党体制面临的问题和挑战有：第一，不少实行多党制的国家都面临制度照搬与权力转型的阵痛。党之间为了利益的斗争而导致相互攻歼、争斗。政党之间围绕路线、方向问题的争斗甚至可以使盟友翻脸，政治对手展开厮杀，在大选中多党矛盾与争斗不断。第二，现行政党体制仍存在相当的脆弱性，以至被军事政变等非正常手段所打断。目前，多党制没有带来所预期的安定，这在非洲更加突出。第三，不少发展中国家的政党体制在塑造与构建过程中一直面临着外来因素的干预，特别是西方国家的施压众多发展中国家自独立以来，其国家政治制度特别是政党体制的塑造与构建都不同程度地受到西方国家的干预和影响。第四，多数发展中国家在现行政党制度与体制条件下，都程度不同地面临着腐败现象滋生的问题。发展中国家政党体制的未来演进有如下趋势：首先，多数发展中国家的政党制度与体制处在过渡时期，弹性还很大。发展中国家政党制度及体制先天不足的情况短期难以改观，广大民众自发推动多党民主发展、自主维护多党民主制度的条件与土壤还有待造就和培育。其次，许多发展中国家将借用西方多党民主制的外壳和基本规制，进一步探索具有本国本民族特色的政党政治发展模式。当前，亚非拉许多国家在基本肯定实行多党民主政治的必要性的同时，也在反思自己究竟需要怎样的民主制度。再次，发展中国家推行多党民主制是一种大趋势，但其政党体制的健全与完善将会是一个漫长的过程。尽管多党制在不少发展中国家带来了诸多严重的消极影响甚至危害，但在西方及某些国际组织的外力作用下，仍在绝大多数发展中国家基本确立，随着未来一段时期的磨合，多数国家现行的政党制度与体制将慢慢趋于稳定和逐步走向常态。发展中国家的政党政治、政党制度和体制的演变容易受到国际大气候的影响，特别是易受西方政党政治、政党制度与体制演进的影响。从发展中国家政党制度与体制的演变轨迹可以看出，不少国家在这一进程中并非只是被动适应、消极无为，而是努力争得和扩大自己的话语权。

姜辉撰写的《当前国外共产党组织总体状况及发展前景》（《红旗文稿》2009年第1期）一文，介绍了当前国外共产党组织的总体状况并分析了其发展前景。苏东剧变之后，有10个社会主义国家的共产党丧失了执政地位，广大非执政的共产党力量锐减，其数量从剧变之前的180多个，下降到剧变之初的120多个。经过近20年的调整，国外共产党组织的力量有所恢复，目前约有100多个国家存在着共产党或坚持马克思主义性质的政党，共产党组织的总数约有130个，国外共产党党员总人数约有1400多万，越南、朝鲜、古巴、老挝等共产党执政的社会主义国家党员人数约有730万，其他非共产党执政国家约有700多万。目前，国外共产党执政的国家有7个，除越、朝、古、老4个社会主义国家外，还有摩尔多瓦（共产党人党）、塞浦路斯（劳动人民进步党）和尼泊尔［共产党（毛主义）］3个非社会主义国家。参政的共产党有11个，包括巴西共产党、保加利亚共产党、圣马力诺重建共产党、南非共产党、斯里兰卡共产党、尼泊尔共产党（联合马列）、尼泊尔共产党（联合阵线）、尼泊尔共产党（联合中心—Masal）的阵线组织贾纳莫查党、叙利亚共产党（费萨尔派）、叙利亚共产党（巴格达什派）和乌拉圭共产党。近年来，俄罗斯政治力量对比发生变化，俄共复兴的势头受阻；其内部思想分歧也日益加剧，多次发生分裂，力量受到很大削弱。目前，绝大多数发达国家存在着共产党组织。在西欧地区，经过苏东剧变冲击后坚持下来的共产党，到20世纪90年代中期，组织和力量基本稳定下来。其中，较有影响的有法国共产党（13万多党员）、葡萄牙共产党（13万多党员）、意大利重建共产党（9.6万党员）、意大利共产党人党（3.5万党员）、西班牙共产党（4万多党员）和希腊共产党（3万多党员）。苏东剧变对发展中国家共产党同样造成了深刻而广泛的冲击。但从实践看，绝大多数共产党并未因此瓦解。相反，亚非拉地区许多共产党的实力和影响甚至有所扩大。对于国外共产党组织的发展前景，文章认为，由于所处国际国内环境的不同，也由于各自力量存在差异，其发展很不平衡，面临的问题也纷繁复杂，各有不同。越、朝、古、老社会主义国家执政的共产党不断强化自身和政权建设，治国理政能力显著增强，执政地位不断巩固。从实践看，当前坚持下来的各国共产党普遍摆脱了苏东剧变之初极端困难的局面，在国内政治方面的影响程度不同地有所回升，有的党甚至能够直接或通过执政联盟参与执政。但是，非执政共产党的整体表现仍然起伏不定、时好时坏。近一段时期来，一些主要共产党的影响甚至呈下降态势。

马细谱撰写的《中东欧社会党执政现状及其走向》（《当代世界与社会主义》2009年第2期）一文，分析了东欧剧变以来中东欧社会党和社会民主党的发展趋势。东欧剧变后，中东欧共产党出现社会（民主）党化的趋势。目前在中东欧政治舞台上出现了三种主要政治势力，即西方式自由民主派势力、民族主义势力和民主社会主义势力（从某种意义上说，战前的情况也是这样）。剧变初期前两种势力占优势。随后，民主社会主义势力和左翼势力经过改组革新之后又重新崛起。目前，社会党和社会民主党是中东欧政坛上的一支主要左翼力量。它们的共同特点是：主张建立自由平等的公正社会和强有力的法治国家；实行议会民主、多党制、地方自治；建立公民社会、宗教信仰自由、尊重科学和艺术创作充分自由；强调社会市场经济同国家干预相结合；实行多种经济成分、有效的各种形式的社会所有制逐步取代国家所有制、发展私人所有制。它们主张成为欧洲新左派，不掩盖过去的错误，不再回到过去。它们的目标是实现民主社会主义。东欧社会党都赞成加入欧盟，在加入北约的问题上多数党赞同，部分党有一定的保留。近二十年来，中东欧国家的左翼党有时在朝成为执政党，有时又在野沦为反对党，但它们已形成为以左右翼两大势力较量为中心的轮流坐庄的一大力量。从左翼党近二十年的执政情况来看，其优点和缺点都很明显。第一，中东欧左翼政党缺乏明确的目标和纲领。第二，社会党在对外政策上亲美、亲西方，执行一边倒的政策。第三，社会党党员人数呈减少趋势，选民支持率降低，直接威胁到党的生存。

第四，中间力量的崛起和联合政府的建立，是中东欧多党制发展的一个趋势，是社会党执政的方向和特点。总而言之，以社会党为代表的左翼执政前景仍然光明。

罗云力撰写的《当代公民社会对西欧主流政党的冲击与后果》（《中央社会主义学院学报》2009 年第 1 期）一文，分析了公民社会的发展对西欧主流政党的影响。当代公民社会，又被称为第三部门或非营利部门等，主要指在国家和市场之外，通常追求某些较为具体的公共目标的民间自决组织与活动。当代公民社会表现和发展的形式堪称空前多样，其中，比较重要的形式可以归纳为互有联系和交织的三种——非政府组织、社区和论坛，其最突出的特点是独立性和灵活性。当代公民社会在 20 世纪 70 年代兴起后，立即受到传统主流政党的打击。但当代公民社会并没有夭折，反而是各主流政党在时代的作用下频现危机，最终不得不改变对公民社会的态度。在战后西欧建设中成就卓著的那些主流大党，对当代新崛起的公民社会更是一度蔑视有余，打压有加。传统主流政党压制现代公民社会的发展，不仅没起作用，反而使自己显得老态龙钟，从而迫使它们不得不反思和改变自己的态度。总体上放弃了对公民社会的诋毁，并赋予其举足轻重的地位。除了观念突破，传统政党改变态度还在行动上促进公民社会实现自我管理。近年来，西欧政党的发展体现了公民社会的重要影响，例如西欧政党出现意识形态和价值观公民社会化、性质公民社会化、组织运作公民社会化、政治方略公民社会化。文章最后认为：第一，传统主流政党的公民社会化反映出其中间化的转型取向。第二，西欧政党政治的危机并没有因为各党的公民社会化而终结。第三，西欧民主制度的民主化及其潜在风险。公民社会的崛起和传统政党的公民社会化尽管危及到西欧上百年的政党民主，但这并不是西欧民主制度的终结，而是“民主制度民主化”的一种社会转型。

向文华、朱宝强撰写的《社会党国际与亚非拉社会党的发展》（《太平洋学报》2009 年第 9 期）一文，分析了社会党国际推动亚非拉国家社会党发展的过程及原因。社会党国际是世界上信奉民主社会主义政党的国际性联盟。自 20 世纪 70 年代中期，特别是 1976 年社会党国际十三大以来，社会党国际开始重视广大第三世界国家，大力向亚非拉国家渗透和传播民主社会主义，支持广大亚非拉国家民主社会主义政党的发展，吸收它们成为社会党国际的成员，支持这些党在各国发展和执政。社会党国际在发展中国家传播民主社会主义思想体系是首先通过推动这些国家中社会党的发展来进行的。扶持和帮助社会党的发展是社会党国际向亚非拉国家扩展影响的主要途径和方式。社会党国际推动亚非拉国家社会党发展的具体表现有：拉丁美洲成为社会党国际组织和影响力的第二根重要支柱；非洲地区的社会党成为社会党国际的一支重要力量；社会党国际在亚太地区的组织和影响力在不断扩大。社会党国际大力向亚非拉发展中国家扩展并取得较明显的成效是基于多方面原因：第一，这是社会党国际摆脱自身发展困境的需要。1976 年社会党国际十三大前，社会党国际面临着自身在组织和影响力上的发展困境，急于寻找摆脱困境的出路。社会党国际主动调整社会党国际的发展战略，对外特别是对第三世界国家实行“开放”政策，以图在亚非拉国家实现组织和力量的突破，扩大它在世界范围内的政治影响，以此来抵御新保守主义的挑战。第二，这是对亚非拉新兴独立国家影响力增强的一种积极回应。20 世纪 70 年代以来，广大亚非拉新兴独立国家的经济发展取得重大进展，它们在国际政治中趋向联合以增强力量。社会党国际以积极的姿态来回应发展中国家的诉求，致力于在帮助这些国家发展经济和推进民主化的过程中扩大自己对它们的影响，谋求民主社会主义在发展中国家的落地生根。第三，这是社会党国际一直坚信民主社会主义具有普适性的一种具体实践。社会党国际始终坚信，民主社会主义既有别于资本主义又有别于现实共产主义，它是全人类未来道路的必然选择，具有一种普适的价值。第四，发展中国家的民主化浪潮和苏联的解体为社会党国际向亚非拉发展中国家的扩张提供了有利时机。发端于1974年的第三波世界民主化浪潮，使许多发展中国家走上民主化道路。社会党国际支持旨在通过自由化和民主化改造共产党社会的努力。

赵刚印撰写的《欧洲右翼政党组织发展趋势论析》（《湖北社会科学》2009年第9期）一文，分析了欧洲右翼政党组织发展的主要特征和趋势。文章认为欧洲右翼政党组织发展的主要特征有：欧洲右翼政党组织发展带有突出的“干部党”、“精英党”特征；组织成员上，欧洲右翼政党党员数量相对较少，在党内处于无足轻重的地位；在右翼政党的组织运作上体现出既“集权”又“松散”的两面性。欧洲右翼政党组织发展长期以来所体现出来的“精英化”、“松散性”、“集权型”的特点，是与其长期所处的政治生态相适应的。近年来欧洲右翼政党组织发展呈现以下基本趋势：以“中间化”拓展组织发展的空间；以“开放性”扩张组织的包容能力；以“民主”和“秩序”的统一增强组织的行动能力；以“市场化”和“扁平化”提高组织的运作效率。最后，文章总结了对欧洲右翼政党组织发展趋势的几点认识。第一，欧洲右翼政党的组织变革既是对外部环境变化的适应性反应，也符合政党组织体系发展的内在要求。第二，右翼政党重视发挥自身的综合政治优势，以己之长补己之短，提升政党的组织竞争力。第三，在推进组织系统民主化的同时，又强调了保持党内有效集中的必要性。第四，推动组织的开放性是政党自产生以来组织形态的一个长期趋向，也是右翼政党应对全球化信息化大潮的不二选择。第五，右翼政党组织变革的发展前景仍然存在许多不确定性。

林怀艺撰写的《苏联解体后俄罗斯政党政治的发展探析》（《南华大学学报（社会科学版）》2009年第4期）一文，分析了苏联解体后俄罗斯政党政治的发展势态。文章认为，20世纪的最后几年俄罗斯的政党政治的特点有：党派林立，但政党发育不足；党争激烈；不同政党的意识形态色彩较为鲜明；“总统中心”的立宪定位决定了“强势总统，弱势政党”的局面；以俄共为首的议会反对派与叶利钦政权之间的关系长期处于对峙状态；政党与政权相脱节。总起来说，多党制的确立给俄罗斯带来了“民主”的繁荣，但政党运作的失范所付出的代价也是沉痛的。普京执政时期积极推进俄罗斯政党政治的改革，试图以此为突破口，寻求政局的稳定。普京的改革举措主要有：第一，肯定政党的地位和作用。普京在执政之初就意识到了提高政党地位、发挥政党作用、变“府院之争”为“府院合作”的重要性。第二，适时果断推出《政党法》。《政党法》颁布后，俄罗斯出现了政党之间重新组合的浪潮，政党的数量大为减少，开始走向量与质的双重规范，政党政治亦逐渐从混乱、无序走向稳定、有序，这就为推进政党法治奠定了有利的基础。第三，大力扶持统一俄罗斯党，将其作为自己的政治依靠力量。统一俄罗斯党于2001年12月由三大亲总统的中派组织——“祖国”、“团结”和“全俄罗斯”合并而成，它依靠普京的支持迅速崛起，反过来又全力支持普京的对内对外政策。关于苏联解体后俄罗斯政党政治的发展，文章作出如下概括：首先，在这一过程中，“做成”的因素大于“长成”的因素。苏联解体后俄罗斯政党政治所走过的历程，表现出政治强人的高度导向性。再次，俄罗斯的多党制具有“一党独大型”的特点。目前，俄罗斯出现了“大党更强，小党更弱”的政党格局，并朝着普京设想的实行两三个或四个政党参加的多党制迈进。俄罗斯政党政治仍处于发育期，其成熟还有很长一段艰难的路程要走。最后，统一俄罗斯党今后的走向值得关注。统一俄罗斯党的辉煌靠的不是艰苦繁琐的党建工作，而主要是普京的威权。这种不是政党产生领袖、而是领袖决定政党的运作方式，与当今世界各国政党大力加强党内民主建设的潮流并不一致。统一俄罗斯党实际上是以权力为基础的“大杂烩”，内部成分复杂，组织并不严密，意见也不统一，存在各种不同派别和不同利益集团之间的矛盾和斗争。统一俄罗斯党的目标，是成为执政党，实现“政党政府”的目标。但从目前情况看，俄罗斯还没有变更宪政制度的打算，强调的还是总统权力，包括对普京寄予厚望。所以，近期内统一俄罗斯党由政权党转变为执政党还难以实现。至于何时实现，归根结底仍然取决于俄罗斯的政情。

轩传树撰写的《从欧洲议会选举看欧洲社会党现状》（《当代世界与社会主义》2009年第5期）一文，从欧洲议会党团中主要社会党的意识形态、政策主张和活动方式三个维度，分析其成败得失的背后原因，评判欧洲社会党的整体现状。冷战结束前，欧洲实际上是分属于意识形态不同的东西方两大阵营，欧洲议会中的社会党党团只是由西欧所有欧盟成员国的社会民主党、社会党、工党以及社会工党等主张民主社会主义的左翼政党组成（统称为社会党）。社会党党团作为欧洲主流左翼政治力量，长期以来在欧洲议会中所占席位一直超过右翼的人民党党团。冷战结束后，随着欧盟东扩的完成，社会党党团主要成员不仅包括西欧原有的历史比较悠久、影响比较大的社会党，还包括中东欧地区由共产党发展而来的改建社会党。自1999年欧洲议会选举以来，社会党不仅作为第一大党团的地位不复存在，而且在议会中所占席位比率日益萎缩。文章认为其衰落的原因主要在三个方面：一是在政治意识形态上，随意性很大，没有明确目标；二是在具体政策上，与右翼政党趋同，很难提供一个不同于现实的理想图景；三是在活动方式和策略上，自身定位模糊，无法整合国内左翼力量。这使得社会党的传统选民渐渐转向绿党和极左政党，而中间选民又看不出它与右翼政党的区别，社会党衰退不可避免，右翼“回潮”也就可以理解了。

潘德礼撰写的《俄罗斯联邦共产党的兴衰》（《百年潮》2009年第9期）一文，分析了俄罗斯联邦共产党发展兴衰的历程及其缘由。俄罗斯联邦共产党在逆境中崛起。俄罗斯联邦共产党成立于苏联解体前一年的1990年，这一年戈尔巴乔夫的“改革”陷入绝境，苏共党内分化日趋严重，联盟国家面临解体的威胁。在当年7月举行的苏共二十八大上，苏共党内的派别斗争达到了最高峰，叶利钦等人退出了苏共。在苏共二十八大召开前夕，俄罗斯联邦共产党宣告成立。俄罗斯联邦共产党在乱世中壮大。1995年1月，俄共召开第三次代表大会，通过了党纲，修改了党章，同时针对社会政治形势，提出了俄共参加 1995 年议会选举的竞选纲领。为适应选举后新的社会政治形势，避免同政权当局发生直接政治对抗，从 1996 年中至 1999 年底，俄共领导层适度调整了斗争策略，暂时放弃“夺取政权”、“改变国家发展方向”等激烈的政治口号，对执政集团采取了一种“妥协 + 对抗”的态度。俄罗斯联邦共产党在新形势下日渐衰微。俄共领导人对执政集团的政策调整遭到了党内“左”、“右”两派势力的激烈反对。观点对立的两派在党内相继组成了各自的政治派别。党内派别的出现不仅在俄共内部造成了理论上的混乱，同时还引发了俄共组织上的分化。由于内部的分化与组织上的分裂，这一时期以俄共为首的左翼反对派已经基本丧失了与政权当局抗衡的能力。文章总结了俄共兴衰的缘由。从俄罗斯国内政治背景方面看：第一，在转轨进程中，由于社会各阶层处在发展变化之中，致使作为社会阶级、阶层、利益群体的政治代表的各政党本身也处于演变发展过程中，迄今为止尚未形成成熟的政党体制，多数政党实质是自上而下建立的精英团体。而俄共作为一个真正的反对派政党，也同样面临着党的社会基础问题。第二，俄罗斯现行政治制度对俄共的兴衰有着直接影响，客观上制约了俄共执掌国家政权的可能性。第三，来自执政集团的打压持续不断。普京执政后，对俄共采取了“打拉结合”的策略。从俄共自身思想组织建设方面看：第一，俄共纲领脱离社会发展现实。意识形态与行动纲领上的缺陷是俄共由盛而衰的根本原因。第二，俄共党内派别严重导致内部分裂。重建后的俄共内部在思想意识与党的行动纲领上分歧很大，各派观点不一。更有一些投机者利用俄共急需资金和扩大社会影响的之机加入俄共，以谋求在议会中的议员资格，而他们的到来也更加剧了党内既得利益者们之间的争权夺利，加速了俄共组织上的分裂。

张萍撰写的《剧变后东欧共产主义政党状况研究》（《当代世界与社会主义》2009 年第 5 期）一文，系统地考察了剧变后东欧共产主义政党的发展状况及其转型变革的情况。文章首先分析了东欧共产主义政党的艰难复苏过程。剧变后东欧共产主义政党的发展大致经历了三个阶段，即在反共浪潮中艰难重建阶段、在“左翼复兴”中求得发展阶段及在政党政治渐趋稳定中融入选举体制阶段。第一阶段从 1989 年到 1992 年。在这一阶段，整个东欧弥漫着强烈的反共气氛，各共产主义政党举步维艰。尽管处境艰难，新的共产主义政党大都在老党员的维护下生存下来，并且适时参加到新的政治洪流中。第二阶段从 1993 年到 1997 年。在这一时期，共产主义政党虽有一定发展，但总体上仍处于恢复阶段，其活动依然受到某些限制。第三阶段从 1998 年至今。东欧政党竞争进入左、右翼交替执政阶段。进入 21 世纪，东欧各国的私有化过程基本结束，全面的市场经济建立起来，“重返欧洲”的目标逐渐达成。在新的历史阶段，参加选举已成为共产主义政党最重要的活动。在最近 10 年中，大部分东欧共产主义政党虽未能获得执政机会，但在选举政治的磨炼下，作为在野党已经日益成熟起来。其次，文章分析了东欧共产主义政党的自我革新过程。围绕着摆脱历史的羁绊、实现党的现代化，东欧共产主义政党不断探寻新的发展模式，进行自我革新。在意识形态方面。随着西方发展模式在东欧的全面确立，它们也不得不从现实出发对自己的政治主张进行调整。其次是在组织方面。由于缺乏资金，无法维持庞大的组织机构，东欧共产主义政党不得不改变以往那种从中央到地方层层设置组织机构的做法，对党员不再进行严格管理。

东欧共产主义政党的自我革新并未改变其根本性质，它们仍然是具有鲜明意识形态的政党。这主要表现为：坚持马克思列宁主义，并旗帜鲜明地将这一立场写入党章。坚持对资本主义剥削的批判，认为资本主义正利用全球化对雇佣劳动者进行更为严酷的剥削，反对中东欧国家加入欧盟和北约，反对新帝国主义在这一地区的扩张。坚持以建设人道、民主、公平、正义的新型社会主义和实现共产主义为奋斗目标。坚持以工人阶级及整个雇佣劳动阶层为基础。最后，文章分析了东欧共产主义政党面临的机遇和挑战。近年来，随着共产主义政党力量的复苏，右翼保守势力掀起的反共浪潮再度袭来，有媒体称之为“欧洲麦卡锡主义的抬头”。历史问题依然是共产主义政党发展中的最大障碍。随着时间的推移和形势的变化，大部分共产主义政党都表示即使执掌政权也不会回到过去，但很多从旧体制中走出来的人仍无法对历史达成谅解。从客观条件来看，这些政党正处于一个有利的国内外环境之中。首先，社会主义意识形态在这一地区仍有一定的号召力。其次，随着市场经济的全面实行，东欧社会阶级结构发生了重要变化，庞大的雇佣劳动阶层成为共产主义政党的潜在支持者，共产主义政党发起的活动正在受到越来越多的关注。不仅如此，东欧共产主义政党在保持独立性的前提下，已经越来越注重通过广泛联合为自身争取更大的生存空间。除本国和地区内的联合外，东欧共产主义政党还积极参与到国际共产主义政党的活动中。总体上看，在目前资本主义经济发展出现不确定因素、新帝国主义仍有市场的情况下，东欧共产主义政党仍有望在不久的将来重新进入执政领域。但是，对于东欧共产主义政党的前景也不能过于乐观。考虑到世界社会主义运动的整体态势，东欧共产主义政党还有很长的路要走。

王志连、姬文刚撰写的《捷克与斯洛伐克共产主义后继党发展演变比较研究》（《科学社会主义》2009 年第 3 期）一文，比较分析了捷克和斯洛伐克共产主义后继党发展演变的差异及其原因。“共产主义后继党”，是指东欧国家原执政的共产党在组织上的主要继承者，它们继承了原执政党的组织体系和人力资源。捷克—摩拉维亚共产党（简称“捷摩共”）与斯洛伐克民主左派党同属捷克斯洛伐克共产党的后继党，但在剧变后走上了极为不同的发展道路。两党的政治选择截然不同。捷摩共作为捷共在捷克地区的继承组织坚持不改名易帜，成为整个东欧地区唯一继续使用共产主义名称的后继党组织。剧变以来的 20 年中，捷摩共遭受着各方面打压，但在议会始终保持了第三大党的地位。民主左派党作为捷共在斯洛伐克地区的继承组织迅速进行了政治转型，成为社会民主主义性质的政党，但并未像波兰、匈牙利等国的共产主义后继党那样，成为本国左翼阵营的主导力量。捷摩共与民主左派党的不同选择反映了两党内部的主流派对过去历史以及新政治环境的不同认识。捷摩共内的主流派认为，捷共是有着优良历史传统的党，虽然在过去历史中犯了许多错误，但其历史功绩不容抹杀。社会主义和共产主义是广大党员愿意为之赴汤蹈火的理想。民主左派党新领导集团认为，共产主义的历史对该党是个极为沉重的包袱。只有坚决与过去历史一刀两断，实现向西欧式社会民主党的转型，该党才能适应新社会政治制度要求，重新获得选民的信任和支持并最终赢得执政地位。捷摩共与民主左派党在政党定位和发展方向上的选择迥然不同，但在剧变后两国政治发展中，两党所取得的政治成就均差强人意。捷摩共与民主左派党之所以政治成就有限，还在于未能实现左派政党的团结与统一。捷摩共与民主左派党的党内矛盾冲突与组织分裂也是其政治成就不大的重要原因。如果说捷摩共和民主左派党的政治成就都不尽如人意的话，那么，两大政党的政治命运却大相径庭：实现了向社会民主主义转型的民主左派党在遭受2002年大选惨败后一蹶不振，最后被合并到方向党之中；而坚持共产主义政党属性的捷摩共不仅在逆境中坚持了下来，而且始终保持了议会第三大党的地位。究其原因，除了捷摩共继承了斯共的大部分组织和人力资源，是捷克党员人数最多、组织结构最为严密的政党之外，该党能够根据形势的变化不断调整自己的发展战略和政策主张。

杨直撰写的《左翼党的崛起及其对德国政坛的影响》（《国际论坛》2009年第4期）一文，分析了德国左翼党崛起的原因和背景，以及对德国政党格局的影响。德国左翼党的崛起大致经历了初登政坛、处境艰难；站稳脚跟、影响上升；左翼联合、进军全德三个发展阶段。

第一阶段是1989年至1993年。此时刚成立不久的民社党还远未摆脱东德政权垮台和德国统一等事件对其产生的不利影响，同时作为一个前东德执政党的后继党，民社党从其诞生之日起就受到了德国社会、尤其是德国西部各传统政党的抵制和排斥，处境维艰。第二阶段1994年至2001年。因原东德民众对于两德统一所带来的负面影响如大规模私有化和大量失业等现象的不满与失望，民社党在此期间在东部得到了较快的发展。第三阶段2002年至2008年。该阶段初期民社党因党内分歧和竞选策略失误等原因一度受挫陷入低谷。2008年左翼党在德国政治舞台上更加活跃。今天的左翼党无论是根据其各级议会中的议席还是按其党员人数来衡量，均已成为德国政坛中的第三大政治力量。这充分表明，左翼党已真正进入了德国的政治决策舞台，而不再只是作为一个政党制度的陪衬而存在。文章认为，左翼党之所以能从当年的被人不屑一顾迅速地发展成为一支迫使各主流政党不得不认真对待和与之打交道的政治力量，可以说有着多方面的原因，例如红—绿联合政府的改革政策造成了社民党的分裂和施罗德提前大选的决定催生了左派党和劳动与社会公平党的合并等，但全球一体化浪潮下德国社会所凸显的种种问题和矛盾以及德国民众对各传统政党解决这些问题的不满与失望才是左翼党成功的根本原因。左翼党的崛起震撼了德国政坛，特别是对社民党造成了极大的冲击。左翼党的出现则形成了对社民党这种“左派专利”和传统垄断地位的一种挑战和威胁。左翼党的崛起客观上刺激了社民党，迫使其加快了左倾化的步伐，同时引发了社民党内部的分裂和加深了左右翼之间的矛盾。除社民党外，其他政党也都一无例外的感受到了左翼党这股新兴势力的影响，并随之发生了程度不同的变化。文章认为，在左翼党崛起所产生的冲击和带来的种种变化中，最引人注目的有两点：一是促使和带动了德国政坛的左倾化，它使各政党主动或被迫对其政策和立场进行了或多或少的“左移”修正，现在已没有人再敢冒无视社会问题而带来的风险了，即便是自民党在这方面也表示出一定的弹性。而变化最明显的当属社民党和基民盟这两大党派。左翼党带来的变化中第二个特点是它所形成的新的五党体制下各政党间的联合与合作更呈多元化趋势，左右两大阵营间的界限与对峙逐渐淡化，意识形态和传统原则正在让位于务实灵活的立场和对于政权的渴望。

伍慧萍撰写的《德国全民党的沉浮》（《德国研究》2009 年第 3 期）一文，分析了导致全民党面临挫折和挑战的重要因素，从各大政党在 2009 年联邦议院大选竞选纲领方面的变化阐述了全民党的最新发展动态，并探讨了全民党应当如何调整自身以成功面对前途挑战。文章首先分析了全民党的形成与发展。在德国战后的政治传统中，此概念特指基民盟和社民党这两个大党。二战结束后，随着社会和工业结构的变化，基民盟和社民党先后去除意识形态和世界观的束缚，扩大政治基础面，将更多社会阶层和利益纳入民主进程，由此从利益党发展成为全民党。自 20 世纪 80 年代末以来全民党的危机开始日益显现，两大政党的选票数总和逐渐跌至 70% 以下，社民党的支持率甚至跌至魏玛共和国时期的低谷。在党员数量和支持率等指标方面，这两大党均有所退步。作为政治体制中的主要行为体，全民党的沉浮折射着现代化加速进程中社会和政治的变迁。自上世纪 80 年代以来，绿党作为一支新生力量崛起，与长期以来“天平上的砝码”——自民党分庭抗礼；而自两德统一以来，以东部党员力量为主的左翼党发展迅速。由此，德国全民党赖以生存的传统政治格局发生了变化，种种因素导致了选民选举行为的变化，铁杆选民大量减少，不再是泾渭分明，联邦和州层面的组阁形势和政府稳定性出现了更多变数。文章认为，全民党前途问题引发的争论、政治影响力下降和选民不确定性加强等因素影响了全民党的发展。文章分析了全民党面临的主要挑战及其应对策略。全民党这一政治概念在最新的政治实践中依旧发挥着重要影响：一方面，虽然全民党正面临基层流失和定位调整的问题，但是德国的政治格局较之其他国家而言是稳步发展的，这当中全民党功不可没，德国需要全民党，这是全民党存在的必要性；另一方面，全民党不等于大党，不能光从党员和支持者数量来定义，它应是向所有社会阶层开放、争取各阶层选民的政党。然而，政党的政治意愿和现实之间毕竟存在较大差距，全民党今后的发展面临着双重挑战，一方面要重新体现自己传统的政治特色，另一方面要提高对各阶层的吸引力、融入更多不同的社会阶层和利益，能在这两个看似矛盾的方面找到平衡是困难的：如果过于强调本党特色，就可能将持相反政治立场的选民拒之门外，而如果针对的受众面、提出的政策议题过于宽泛，又容易令人产生毫无原则和特色的印象。全民党是否有前途主要看它们能否选择有利于未来的发展方向，提高解决问题的能力，并动员大多数人参与这一过程。

朱艳圣撰写的《冷战以后日本共产党的曲折发展及前景》（《当代世界社会主义问题》2009 年第 1 期）一文，分析了冷战后日共经历从低谷到高峰再到低谷的曲折发展过程的原因，并对其前景进行展望。20 世纪 90 年代初，随着东欧剧变和苏联解体，国际共产主义运动陷入低潮。受此影响，日共的发展也陷入低谷。随着日本政治格局的变化和政党重组，日共在 20 世纪 90 年代中后期一度实现跃进。但进入 21 世纪以后，日共的发展再次受阻。在由美国“次贷危机”引起的全球金融危机的背景下，日共的发展出现了一些好的兆头。文章认为，冷战以后日共曲折发展的原因有：第一，日本两大政党尤其是民主党的发展极大地挤压了日共的生存空间。第二，日共的政党形象仍然不为日本国民所接受。第三，日共在一些方针政策方面存在着教条主义的现象。除了以上原因外，大幅修改党章、党纲，在选举中的失误，也是造成日共支持率下降的原因。文章认为，尽管在冷战之后的发展经历了一个曲折的过程，仍然应该相信日共未来的发展前景。首先，日共始终坚持维护劳动者尤其是派遣员工的合法权益，从而扩大了影响和势力。其次，日共作为社会主义政党，在日本政坛发挥着第三极的作用。第三，作为传统的老牌革新政党，日共仍然有着潜在的影响力。在冷战期间，以社会党、共产党为主的革新势力能与保守的自民党相抗衡的一个重要原因，就是革新势力坚持维护宪法。

张淑兰、宋丽萍撰写的《印度左翼政党对金融危机的看法：与国大党政府的比较》（《南亚研究季刊》2009 年第 3 期）一文，通过对比印度左翼政党和国大党政府对金融危机的看法和态度，探究大选结果的背景因素，并依此把握印度政治经济发展的未来趋势。印度第十五次全国大选以印共（马）为首的左翼力量败北，国大党大获全胜。这一结果与这次大选的金融危机背景有很大关联。对这次金融危机，左翼政党与国大党的最大分歧是对危机的根源认识不同。国大党认为这场危机是美国的错误，根本原因是美国和其他发达国家过度地放松对金融市场的管制造成的。左翼政党认为这次全球性的经济危机是资本主义制度危机的总爆发。在金融危机对印度的影响方面，双方分歧主要是在统计数据及关注的侧重点不同。在对付危机的政策措施方面，双方在国内政策措施层面有一定差异，但在对外政策方面则截然不同。国大党政府一直强调必须加强全球性的合作，全球协调财政刺激全面改革布雷顿森林金融体制，尤其是发达国家要重视金融危机给发展中国家带来的问题，消除保守主义的倾向，为受冲击的发展中国家提供更多的援助。左翼政党的根本指导思想就是放弃对美国的依赖，反对融入全球经济体系，同时主张发展中国家和社会主义国家在政治上的联合。与印度左翼政党的看法和态度相比，印度国大党对待危机的态度和政策措施更适合印度国情，更具有现实性，所以更易为广大印度人民所接受。印度左翼政党和国大党的分歧主要是由于意识形态的差异造成的。从历史发展的经验来看，历史性的发展机遇总是垂青于印度国大党。国大党一路磕磕绊绊地走过来，成功地巩固了印度的统一，也成功地在一个人口众多、贫穷落后的国家稳固地建立起了西方式的民主政治。从国际影响来看，自金融危机发生后，印度在国际上的地位日益提高，国际影响日益增强，印度在国际金融秩序的建立过程中将发挥更大的作用。从国家发展模式来看，国大党的老一辈领导人尼赫鲁等为印度定下的中间道路在很长的时期内将在印度继续发挥其积极的效能。国大党将继续坚持奉行“中间道路”。

时宏远撰写的《孟加拉国政党之间的政治冲突》（《南亚研究》2009 年第 3 期）一文，分析了孟加拉国政党格局及其政治冲突的形式、原因与结果。首先，文章介绍了孟加拉国的政党格局。孟加拉国虽然国家不大，但政党却很多，影响比较大的有四个政党：人民联盟、民族主义党、民族党和伊斯兰大会党。孟加拉国的政党格局在 1991 年之后基本上是人民联盟和民族主义党两党独大，轮流执政，而民族党和伊斯兰大会党在 90 年代中期以后则分别与人民联盟和民族主义党结盟。孟加拉国政党之间的政治冲突主要就发生在这两大政党及其盟党之间。其次，文章介绍了孟加拉国政党之间政治冲突的表现形式。最常见的冲突形式有四种：抵制议会、联盟大罢工、绑架和暗杀、政府镇压。再次，文章分析了孟加拉国政党之间政治冲突产生的原因。孟加拉国政治冲突产生的深层原因主要是几大政党对一系列问题的看法不一致。第一，各主要政党对国家意识形态的看法有差异。这主要表现在对国家身份的认知上。第二，各主要政党在国家的世俗化问题上存在争执。人民联盟和左派政党坚决支持政治世俗化。它们甚至要求取消伊斯兰政党，希望能将政治与宗教分离。第三，各主要政党对对方在独立运动中发挥的作用存有分歧。在这一问题上，人民联盟一方面强调自己是独立运动的积极倡导者和推动者，为孟加拉国的独立做出了不可替代的贡献。另一方面，强烈谴责伊斯兰政党如伊斯兰大会党在独立运动中的表现，指责它们站在巴基斯坦一边，反对独立运动。第四，各主要政党对选举制度争议较大。另外，文章还分析了孟加拉国政党之间政治冲突造成的消极影响。政治冲突使孟加拉国政局难以稳定，阻碍了孟加拉国的经济发展；为极端主义和恐怖主义提供了可乘之机；政治冲突破坏了正常的社会秩序。最后，文章认为由于在国家意识形态、世俗化、独立运动中各政党发挥作用的大小、选举制度等一系列问题上存在着严重分歧，孟加拉国几个主要政党互不信任，彼此猜忌。这种对立集中体现在对国家权力的激烈争夺上。持续的政治冲突不仅使孟加拉国的政治局势难以实现稳定、经济发展受到制约，而且还给极端势力和恐怖分子提供了可乘之机，使孟加拉国的国家安全受到威胁。鉴于几个主要政党尤其是人民联盟和民族主义党之间长期积累的矛盾比较深、很难在短期之内得到化解、孟加拉国今后还会发生不同形式的政治冲突。

向文华撰写的《突尼斯宪政民主联盟的宪政社会主义实践》（《当代世界与社会主义》2009 年第 6 期）一文，梳理分析了突尼斯宪政民主联盟的历史演变、执政实践。宪政社会主义是突尼斯宪政民主联盟（简称宪盟）的指导思想，强调通过法制和宪政实现社会主义。宪政民主联盟的前身是自由宪政党和社会主义宪政党。宪政民主联盟的前身可上溯到 1908 年成立的突尼斯爱国知识分子组织——青年突尼斯。该党主张限制法国人的影响和恢复突尼斯传统的伊斯兰文化，提出参与政治生活的民族主义要求。在发展中宪政民主联盟逐渐放松了政治控制，在进行政治改革的同时，继续保持了其在突尼斯政坛的主导地位。宪政民主联盟的社会主义实践不断发展，进行了多方面的改革。第一，逐步推行政治改革，引入多党竞争。宪政民主联盟在本·阿里执政期间基本上建立了以宪政民主联盟为主导的多党制。第二，推行经济改革，促进经济转型。1985 年，宪政党政府迫于经济压力向国际货币基金组织申请援助。宪政党完全接受了国际货币基金组织的条件，进行金融改革，实行国有企业私有化，引进外资与贸易自由化。第三，完善社会保障制度，提高妇女的社会地位。突尼斯宪政民主联盟的宪政社会主义实践取得了相当大的成就。尽管由于其政治体制上是权威统治，多党制形式多于实质，但是宪盟在经济发展和社会发展上还是得到了国际社会的认同，走出了一条独具特色的突尼斯“宪政社会主义道路”。

王鹏权撰写的《冷战后加勒比地区社会党的发展》（《当代世界社会主义问题》2009 年第 2 期）一文，分析了冷战后加勒比地区社会党发展的现状、原因和面临的挑战。截止社会党国际二十三大，加勒比地区已有 12 个政党加入了社会党国际，其中正式成员党七个，观察员党一个，此外还有许多社会民主主义性质的政党，它们虽然尚未加入社会党国际或尚未被社会党国际所认可，却在各国发挥着重要的政治影响。冷战后，社会党之所以能在加勒比地区获得迅速发展，主要有以下几个方面的原因：首先，与人们对社会民主主义左派政策的历史记忆密不可分。其次，新自由主义试验在该地区的彻底破产直接促进了社会党力量的兴盛。第三，冷战后在欧洲出现的社会党执政高潮，进一步扩大了社会民主主义在加勒比地区的影响。第四，共产主义运动在这一地区的发展遭受挫折，从反面促进了社会民主主义的发展。此外，社会党上台后为抵制毒品大都制定了严厉的法律，深受民众和国际社会欢迎。在惩治政治腐败方面，社会党也作出了一定的成绩。各国社会党普遍支持加勒比地区经济一体化建设，使加勒比经济合作渐趋活跃，一体化步伐明显加快，这也增加了其对选民的吸引力。在当前全球化进程加快和社会民主主义理论与政策全球性大调整的背景下，加勒比国家社会党也面临着一系列新的挑战，其中最主要的是：第一，全球化对社会党发展战略的挑战。在社会民主主义思想变革与新自由主义改革受挫的情境下，如何在更新指导思想及争取执政地位的同时促进国家发展，成为考验加勒比地区社会党集体智慧的重大挑战。第二，面对"小国寡民"的基本国情，如何在积极参与世界经济时保证经济的稳定性和独立性，是加勒比地区社会党必须认真考虑的问题。第三，传统优势丧失、政党普遍"中间化"加剧了民主选举的"钟摆效应"。执政政策的普遍中间化正在消弭政党之间的差别，使各个政党的政绩和形象取代政党理念成为决定其能否竞选成功的关键因素。最后，就政党组织自身而言，加勒比地区社会党领袖中子承父业的情况多有出现。这一方面有助于保持领导者个人的威信，有利于保持政党理念和治理政策的延续性；另一方面却不利于政党自身的新旧更替，使政党领袖仍然在组织中发挥着过大的作用，对政党的稳定性构成了潜在威胁。无论是经典的西方式民主，还是倡导市场原教旨主义的新自由主义，都没能解决加勒比地区所面临的发展问题。而就它们长期秉持的社会民主主义指导思想而言，发达国家的社会党正在进行着形形色色的调整，这让加勒比地区社会党甚至找不到一个足以学习的榜样。所以，无论是社会民主主义还是新自由主义，都不能原封不动地搬到发展中国家的发展战略中，如何选择适合国情特点和自身发展需要的道路，仍然需要长期的探索。

朱昔群　中共中央编译局政党研究中心秘书长
金　彪　北京语言大学讲师

附录三：中国政党制度年鉴文献目录

本目录共收录论文2186篇，分为政党制度、执政党建设、参政党建设、国外政党研究和比较研究四部分。收录图书172种。

一、论文

1. 政党制度

周淑真,武建强. 当代中国政党关系结构与廉政建设. 江苏行政学院学报,2009,(1).

陶维兵. 武汉抗战前后国共两党的竞争与合作. 湖北行政学院学报,2009,(1).

师吉金. 中共发布“五一口号”以来多党合作的历史进程及基本经验. 渤海大学学报(哲学社会科学版),2009,(1).

李波. 社会主义和谐政党关系探析. 沈阳建筑大学学报(社会科学版),2009,(1).

周淑真,柴宝勇. 政党制度价值的普适性与多党合作制度形式的民族性. 探索与争鸣,2009,(1).

蔡永飞. 多党合作制度 · 一党领导,多党合作 · 参政党. 团结,2009,(1).

金铁平. 多党合作谱新篇. 政协天地,2009,(1).

刘锦理. 从“三三制”政权看今天的多党合作制度. 世纪桥,2009,(1).

丁俊萍,程铁军. 政党关系的和谐与党际和谐文化建设. 教学与研究,2009,(1).

周宝龙. 从和谐角度解读中国政党的党际关系. 工会论坛(山东省工会管理干部学院学报),2009,(1).

李玲波. 论国民党拒绝中共联合政府主张的原因. 楚雄师范学院学报,2009,(1).

李冉. 论政党文化研究的两个范式. 复旦学报(社会科学版),2009,(1).

张春季. 孙中山、陈独秀对国共合作认识的歧异. 安庆师范学院学报(社会科学版),2009,(1).

周余云. 论新型党际关系. 毛泽东邓小平理论研究,2009,(1).

焦少会. 论民主党派在中国政治现代化进程中的历史作用. 攀登,2009,(1).

曾辉. 1927—1931年间中国青年党与国民党关系述略. 山东科技大学学报(社会科学版),2009,(1).

李燕奇. 改革开放以来中国多党合作制度的发展. 北京社会科学,2009,(1).

马振生. 关于党外代表人士概念和工作的探讨. 中央社会主义学院学报,2009,(1).

熊必军. 协商民主的价值所在与人民政治协商制度的完善. 中央社会主义学院学报,2009,(1).

陈建中. 开发政协组织资源、政治资源和制度资源的实证研究. 中央社会主义学院学报,2009,(1).

高曙东. 论中国特色社会主义政党制度理论的奠基、形成与发展. 中央社会主义学院学报,2009,(1).

张衍前. 论我国多党合作制度的创设价值. 中央社会主义学院学报,2009,(1).

王小鸿. 中国特色政党制度理论产生的思想渊源——马克思、恩格斯的多党合作思想. 上海社会主义学院学报,2009,(1).

王小鸿. 中国特色政党制度理论的重要思想渊源——列宁的多党合作思想. 江苏社会主义学院学报,2009,(1).

谢启华. 加强人民政协自身建设充分发挥政协在构建和谐社会中的作用. 贵州社会主义学院学报,2009,(1).

龙威. 贵州省党外干部培养和选拔的现状分析及政策建议. 贵州社会主义学院学报,2009,(1).

赵蔷. 肝胆两相照　同舟谱和谐. 贵州社会主义学院学报,2009,(1).

廖继红. 改革开放以来人民政协基本理论的创新. 湖北省社会主义学院学报,2009,(1).

杨建国,申亚力,李艳霞. 意识形态认同与中国的政党制度关系探索. 湖北省社会主义学院学报,2009,(1).

任世红. 影响中国特色政党制度功能与价值的基本因素. 湖北省社会主义学院学报,2009,(1).

王允端. 新形势下完善多党合作制度探究. 湖北省社会主义学院学报,2009,(1).

谢翠萍. 浅谈中国特色政党制度与民主政治发展. 福建省社会主义学院学报,2009,(1).

王习贤. 论党际和谐的基本要求及实现途径. 湖南省社会主义学院学报,2009,(1).

曹丰汉. 抗日统一战线是党在抗战局部执政时期开发的最丰厚的政治资源. 重庆社会主义学院学报,2009,(1).

贺永泰,葛彬. 论多党合作制度是中国政治文明进程的重要成果. 重庆社会主义学院学报,2009,(1).

罗艳梅. 试析中国国民党右派与顽固派. 重庆社会主义学院学报,2009,(1).

朱燕丽,杜英慧. 改革开放30年中国特色政党制度的创新与发展. 重庆社会主义学院学报,2009,(1).

任文启. 以改革开放精神引领我国政党制度的发展. 重庆社会主义学院学报,2009,(1).

赵增彦. 中国特色政党制度是世界政党制度发展中的伟大独创. 重庆社会主义学院学报,2009,(1).

王孝询．改革开放促进我国多党合作事业蓬勃发展．重庆社会主义学院学报，2009，(1)．

徐锋．台湾政党政治发展理念中的民主、民本与民粹．广州社会主义学院学报，2009，(1)．

崔珏．第三党成立问题探源．广州社会主义学院学报，2009，(1)．

廖珍玉．从发展协商民主角度浅析加强政协委员队伍建设的对策建议．广东省社会主义学院学报，2009，(1)．

鲁开垠，蔡冬菁．SCP 范式：中国政党制度的框架分析．广东省社会主义学院学报，2009，(1)．

包心鉴．科学发展观与新时期人民政协历史使命．中国政协理论研究，2009，(1)．

齐卫平．政治协商制度蕴藏着巨大的生长空间．中国政协理论研究，2009，(1)．

虞崇胜．中国协商政治模式与现代民主政治的发展趋势．中国政协理论研究，2009，(1)．

张绪明．等不得也急不得——谈人民政协与中国民主政治建设的渐进性．中国政协理论研究，2009，(1)．

杨勇．关于人民政协法制化问题的探讨．中国政协理论研究，2009，(1)．

贾庆林．高举中国特色社会主义伟大旗帜把人民政协事业不断推向前进．中国政协理论研究，2009，(1)．

罗豪才．人民政协与软法之治．中国政协理论研究，2009，(1)．

李君如．充分认识和发挥人民政协在民主政治建设中的重要作用．中国政协理论研究，2009，(1)．

卞晋平．改革开放与人民政协．中国政协理论研究，2009，(1)．

曹天生．论中国政党制度的生态文明建设．江苏工业学院学报(社会科学版)，2009，(1)．

张桃荣．论多党合作制的历史必然与发展逻辑．山西社会主义学院学报，2009，(1)

张红胜．完善多党合作制度　推进中国特色社会主义政治发展．中共四川省委省级机关党校学报，2009，(1)．

李金河．返本开新，以马克思主义民主观引领当代中国民主政治发展．团结，2009(1)．

游洛屏．改革开放三十年　多党合作和政治协商制度的新发展．中国政协理论研究，2009，(1)．

柳云飞，雍海龙，张远凤，黄洋．关于做好新时期无党派人士工作的思考．金陵科技学院学报(社会科学版)，2009，(1)．

房宁．我国决不能搞西方的多党制．理论导报，2009，(2)．

吴兴唐．中国特色政党外交的新时期．当代世界，2009，(2)．

李美玲，郑毅．论多党合作在改革开放中的优势和作用．传承，2009，(2)．

邓野．皖南事变之后国共两党的政治较量．历史教学(高校版)，2009，(2)．

陈惠丰．人民政协与中国特色的社会主义民主政治．中国政协理论研究，2009，(2)．

虞崇胜，王洪树. 协商合作：中国多元共识民主的重要实现形式. 中国政协理论研究，2009，(2).

王文滋. 论“把政治协商纳入决策程序”. 中国政协理论研究，2009，(2).

林芳. 政协委员的利益代表性刍议. 中国政协理论研究，2009，(2).

杜青林. 以胡锦涛为总书记的党中央对多党合作理论政策的发展. 四川统一战线，2009，(2).

汪朝光. 抗日战争胜利后中国中间党派的政治抉择. 学术月刊，2009，(2).

李建政. 基层多党合作迈出新步伐. 中国统一战线，2009，(2).

权宗田. 论传媒政治视阈下的和谐政党关系——基于当代中国执政党与参政党关系分析. 当代传播，2009，(2).

虎海峰. 中国共产党领导的多党合作和政治协商制度的发展逻辑. 甘肃理论学刊，2009，(2).

耿春光，宋玉忠. 中国共产党多党合作制度历史探源. 中共郑州市委党校学报，2009，(2).

徐书生. 发展完善多党合作制度的历史回顾和现实思考. 江西教育学院学报，2009，(2).

赵晓昕. 科学发展视野下和谐党际关系构建. 中共铜仁地委党校学报，2009，(2).

杨永光，李勇华. 30 年我国政党制度规范体系的演进及其评析. 陕西行政学院学报，2009，(2).

熊必军. 多党合作和政治协商制度适应性效率的理论分析. 中国政协理论研究，2009，(2).

尹涛. 中国民主社会党的成立及特点. 民国档案，2009，(2).

苏红霞，王晓利. 传统文化视角下中国共产党领导的多党合作制度. 邯郸学院学报，2009，(2).

高奇琦. 中国协商民主的内核：在党际协商与党群协商之间. 探索，2009，(2).

胡建，刘惠. 论新时期统一战线与执政党的政治整合. 石河子大学学报(哲学社会科学版)，2009，(2).

熊必军. 中国多党合作制度效率的理论分析. 社会主义研究，2009，(2).

杨腾. 论第三代领导集体对多党合作制的理论贡献. 济源职业技术学院学报，2009，(2).

陈一容，张国镛. 国民参政会性质研究述评. 抗日战争研究，2009，(2).

章明. 试论人民政协在构建公民社会中的作用. 中央社会主义学院学报，2009，(2).

周秋光，孙中民. 论人民政协与构建社会主义和谐社会. 中央社会主义学院学报，2009，(2).

曲宏明，沈艳. 中国特色政党制度的民主价值与功能开发. 中央社会主义学院学报，2009，(2).

解永强. 论中国特色政党制度价值体系的构建. 中央社会主义学院学报，2009，(2).

崔晓庚，张艳伟. 政治交接与中国特色政党制度的完善和发展. 中央社会主义学院学报,2009,(2).

宋春丽. 福建省新的社会阶层政治参与问题研究. 福建省社会主义学院学报,2009,(2).

周挺. 改革开放以来多党合作和政治协商的理论与实践. 福建省社会主义学院学报,2009,(2).

杨爱珍. 解放思想与我国多党合作制度合法性分析. 湖南省社会主义学院学报,2009,(2).

李琳. 新的社会阶层对我国政党政治的影响分析. 湖南省社会主义学院学报,2009,(2).

王继宣. 新时期中国特色政党制度的理论与实践. 湖南省社会主义学院学报,2009,(2).

耿春光. 理论、保障、政策——抗战时期毛泽东团结中间党派策略的三个维度. 广东省社会主义学院学报,2009,(2).

严兴文,李正华. 有关人民政协界别的几个问题. 广东省社会主义学院学报,2009,(2).

童庆平. 邓小平发展政党协商民主价值思想探析. 重庆社会主义学院学报,2009,(2).

闫顺利,敦鹏. 论多元文化背景下新社会阶层的统战工作. 重庆社会主义学院学报,2009,

陈焰. 加强基层党外代表人士队伍建设工作的对策与思考. 重庆社会主义学院学报,2009,(2).

宋玉波,段明学. 我国领导—合作型政党关系模式的优势. 重庆社会主义学院学报,2009,(2).

赵太航. 从时代视角对建国前夕政党关系形成的历史考察. 重庆社会主义学院学报,2009,(2).

席文启,仲计水. 论中国特色社会主义政治发展道路. 新视野,2009,(2).

郑万通. 人民政协六十年的光辉历程和重要启示. 中国政协理论研究,2009,(3).

李昌鉴. 人民政协理论研究之现状及前瞻. 中国政协理论研究,2009,(3).

李君如. 人民政协两次转型的历史记录. 中国政协理论研究,2009,(3).

俞可平. 人民政协与人民民主. 中国政协理论研究,2009,(3).

陶武先. 强化政协履职的质量观. 中国政协理论研究,2009,(3).

孙德汉. 科学发展观与政协履行职能. 中国政协理论研究,2009,(3).

齐卫平. 民意汇聚:人民政协履行职能的新着力点. 中国政协理论研究,2009,(3).

陈惠丰. 人民政协存在的必要性及其在国家政治生活中的地位和作用——人大召开后毛泽东、周恩来有关人民政协的论述. 中国政协理论研究,2009,(3).

周清. 人民政协民主的特点及前景展望. 中国政协理论研究,2009,(3).

张桃荣. 论多党合作制的历史必然与发展逻辑. 党政干部学刊,2009,(3).

庄聪生. 多党合作和政治协商制度具有共创和谐的目标追求. 四川统一战线,2009,(3).

吴美华. 改革开放以来中国多党合作制度的创新. 新视野,2009,(3).

朱猷武. 国共两党在国统区的文化策略. 潍坊学院学报,2009,(3).

宋自永. 1939—1943 年间河南三青团与共产党关系探析. 许昌学院学报,2009,(3).

石国亮. 试析政党价值观的内涵和特征. 扬州大学学报(人文社会科学版),2009,(3).

闫俊明. 构建和谐政党关系的路径选择. 山东行政学院山东省经济管理干部学院学报,2009,(3).

贾德忠. 从现代政党的特征看无党派人士的党派性. 当代世界与社会主义,2009,(3).

韩树艺. 用科学发展观指导多党合作事业的发展. 团结,2009,(3).

赵晓昕. 科学发展视野下和谐党际关系构建. 福州党校学报,2009,(3).

王峰,李艳梅. 论国共两党在抗日战争中的若干不同——兼论国际友人视野中的国共抗日. 延安大学学报(社会科学版),2009,(3).

王江燕. 中国政党制度理论的“破”与“立”. 新视野,2009,(3).

张海云. 论建国以来我国多党合作制度的历史和发展. 沧桑,2009,(3).

梁晓宇. 新中国成立以来党的多党合作理论的发展与创新. 中共南宁市委党校学报,2009,(3).

李文善,梁晓宇. 建国以来党的多党合作理论发展的伟大历程. 延边党校学报,2009,(3).

孙璟泽. 当代我国政党制度的特性及发展趋势. 北京电子科技学院学报,2009,(3).

郑焕清. 试论党发展人民政协事业基本理论的本质特征. 中国政协理论研究,2009,(3).

李道灵. 人民政协要充分发挥协调关系的重要作用. 协商论坛,2009,(3).

花亚伟. 民主党派应充分发挥在政协工作中的作用. 协商论坛,2009,(3).

王小鸿. 多党合作理论的历史沿革. 中央社会主义学院学报,2009,(3).

王远启. 人民政协对中国特色社会主义政治发展道路的重大贡献. 中央社会主义学院学报,2009,(3).

张凤玲. 人民政协提案运行机制与民意表达的相关问题. 中央社会主义学院学报,2009,(3).

于秋兰. 制度变革与国家转型——1946 年政协会议的政治学意义初探. 中央社会主义学院学报,2009,(3).

游洛屏. 论我国多党合作制度与社会主义民主政治. 中央社会主义学院学报,2009,(3).

李劲夫. 重视党外干部正职配备　全面推进多党合作. 中央社会主义学院学报,2009,(3).

刘菊香,农林. 和合文化与党际和谐. 中央社会主义学院学报,2009,(3).

郭福基,李启先,姜刚杰. 同舟共济创伟业　薪火相传向未来——写在中国共产党领导的多党合作和政治协商制度确立 60 周年之际. 贵州社会主义学院学报,2009,(3).

李启先,汤力. 继承优良传统　创造辉煌业绩——纪念中国共产党领导的多党合作和政治协商制度确立 60 周年. 贵州社会主义学院学报,2009,(3).

孙东升,郭景有,郭明. 中国共产党领导的多党合作的"三座实践高峰"和"三次理论飞跃". 黑龙江省社会主义学院学报,2009,(3).

常庆林. 试论人民政协成立 60 年来发挥的巨大作用. 黑龙江省社会主义学院学报,2009,(3).

徐丹,杜庆林. 坚持共产党领导　实现多党合作事业科学发展. 黑龙江省社会主义学院学报,2009,(3).

赵广东. 我国多党合作制度建设的新成就. 黑龙江省社会主义学院学报,2009,(3).

赵秀忠. 新中国建立 60 年来党对多党合作制度理论的创新与发展. 广州社会主义学院学报,2009,(3).

徐映奇. 利益集团多元化与多党合作整合力. 广州社会主义学院学报,2009,(3).

石家庄经济学院宣传统战部课题组,甄秀兰. 对新形势下党外知识分子工作的探讨. 河北省社会主义学院学报,2009,(3).

赵淑英. 以务实创新为切入点　探索高校党外知识分子思想政治工作新途径. 河北省社会主义学院学报,2009,(3).

石媛,梁琛. 加强党外干部工作的对策思考. 河北省社会主义学院学报,2009,(3).

刘菊香. 从人民政协看我国协商民主的发展趋势. 广东省社会主义学院学报,2009,(3).

熊必军. 我国多党合作制度产生和变迁的分析. 广东省社会主义学院学报,2009,(3).

仇小乐. 沿着民建前辈的足迹续写多党合作事业的新篇章——纪念中国共产党领导的多党合作和政治协商制度确立 60 周年. 湖北省社会主义学院学报,2009,(3).

王艳明. 从信息不对称理论看我国多党合作制度的科学性. 湖北省社会主义学院学报,2009,(3).

杨海文,杜领军. 现代国家视野下的中国政党制度建设. 湖北省社会主义学院学报,2009,(3).

关学贵. 改革开放与中国政党制度的发展与完善. 湖北省社会主义学院学报,2009,(3).

李震雷. 试析建国初期我国多党合作和政治协商的成功经验. 湖北省社会主义学院学报,2009,(3).

韩颖. 科学发展观与中国特色政党制度. 福建省社会主义学院学报,2009,(3).

孙宝林. 合作型政党制度下的民主问题探析. 广西社会主义学院学报,2009,(3).

杨永光,李勇华. 推进和完善执政党与参政党新型党际关系的思考. 广西社会主义学院学报,2009,(3).

戴安林. 论毛泽东社会主义革命与建设时期的多党合作思想. 湖南省社会主义学院学报,2009,(3).

肖北庚，邓慧强. 协商民主：中国宪政民主新趋势. 湖南省社会主义学院学报，2009，(3).

唐中明，袁满林. 论完善我国多党合作制度面临的机遇和挑战. 湖南省社会主义学院学报，2009，(3).

阳沐乎韧. 中国政党关系和谐与坚持中国特色. 重庆社会主义学院学报，2009，(3).

李琳. 论新社会阶层与市民社会的共生结构与互动逻辑. 重庆社会主义学院学报，2009，(3).

杜俊华. 试论旧政协会议后国共两党在政协决议问题上的博弈. 重庆社会主义学院学报，2009，(3).

周挺. 改革开放以来多党合作和政治协商的理论与实践. 重庆社会主义学院学报，2009，(3).

齐春雷. 民意代表视野下的中国政党制度. 重庆社会主义学院学报，2009，(3).

陈汉彬. 多党合作体制的中华文化底蕴. 贵州社会主义学院学报，2009，(3).

杨雪燕. 人民政协——体现中国特色协商民主的重要实现形式——纪念人民政协成立六十周年. 贵州社会主义学院学报，2009，(3).

张绍春. 努力探索"三化"建设　不断开创政协工作新局面. 贵州社会主义学院学报，2009，(3).

刘冬和，彭诗升. 刍议协商民主与政治协商. 广州社会主义学院学报，2009，(3).

耿相魁，付兰霞. 建国六十年多党合作和政治协商制度的新发展. 浙江海洋学院学报(人文科学版)，2009，(3).

邢元敏. 周恩来对毛泽东人民政协思想的丰富和发展. 中国政协理论研究，2009，(4).

李君如. 人民政协与协商民主. 中国政协理论研究，2009，(4).

王伟光. 人民政协事业是中国特色社会主义事业的重要组成部分. 中国政协理论研究，2009，(4).

房宁. 政治协商是中国特色社会主义民主政治的重要形式和主要特色. 中国政协理论研究，2009，(4).

郑宪. 论人民政协在中国特色社会主义事业中的地位. 中国政协理论研究，2009，(4).

刘杰. 论人民政协的整合执政资源功能. 中国政协理论研究，2009，(4).

孙凌雁. 改革开放三十年来多党合作发展的历史回顾. 中国统一战线，2009，(4).

石国亮. 政党价值观与政党其他要素的辩证关系. 安徽师范大学学报(人文社会科学版)，2009，(4).

基本的政治制度　重要的民主形式——一论坚持和完善中国共产党领导的多党合作和政治协商制度. 世纪行，2009，(4).

优越的政党制度　鲜明的中国特色——二论坚持和完善中国共产党领导的多党合作和政治协商制度. 世纪行，2009，(4).

加强改善党的领导　坚持正确政治方向——三论坚持和完善中国共产党领导的多党

合作和政治协商制度. 世纪行,2009,(4).

发挥政协优势　积极履行职能——四论坚持和完善中国共产党领导的多党合作和政治协商制度. 世纪行,2009,(4).

紧紧围绕中心　自觉服务大局——五论坚持和完善中国共产党领导的多党合作和政治协商制度. 世纪行,2009,(4).

完善基本制度　推进政治文明——六论坚持和完善中国共产党领导的多党合作和政治协商制度. 世纪行,2009,(4).

本刊评论员. 坚定不移地推进我省多党合作事业. 四川统一战线,2009,(4).

唐华生. 多党合作法制化建设的理论与实践. 四川统一战线,2009,(4).

倪瑾. 党际关系研究的方法论纲. 中共福建省委党校学报,2009,(4).

王坤,贾孔会. 重庆谈判中的国共两党政治博弈浅析. 理论界,2009,(4).

蔡菁. 中国共产党领导的多党合作和政治协商制度是历史的必然. 今日南国(理论创新版),2009,(4).

刘涛. 论社会利益集团的发展和党内利益集团的遏制. 甘肃联合大学学报(社会科学版),2009,(4).

徐锋. 政治发展中民主与政党制度的经验与建构. 马克思主义与现实,2009,(4).

桑学成. 政党转型与党的现代化. 江海学刊,2009,(4).

佟一. 新世纪新阶段我国多党合作事业蓬勃发展. 团结,2009,(4).

佟一. 我国多党合作理论政策的创新与发展. 团结,2009,(4).

李金船. 改革开放30年我国多党合作制度的理论与实践. 团结,2009,(4).

苑晓杰,张春丽. 政党价值观的先进性及其实现. 大连海事大学学报(社会科学版),2009,(4).

陈延武. 跨越——纪念多党合作和政治协商制度确立60年. 中国发展,2009,(4).

闫凤琴. 完善参政党功能　服务科学发展. 内蒙古统战理论研究,2009,(4).

王喆. 中国特色政党制度理论与参政党建设理论的关系. 内蒙古统战理论研究,2009,(4).

饶银华. 党的第三代中央领导集体发展党际关系的理论与实践. 探索,2009,(4).

李宏. 房宁:我国决不能搞西方的多党制. 西藏发展论坛,2009,(4).

欧永宁. 关于中国政党制度的结构模式及其和谐化的思考. 华北电力大学学报(社会科学版),2009,(4).

贾庆林. 在中国特色社会主义道路上不断完善和发展中国共产党领导的多党合作和政治协商制度. 中国政协理论研究,2009,(4).

陈宗兴. 加强中国共产党领导的多党合作和政治协商制度建设　扩大公民有序政治参与. 中国政协理论研究,2009,(4).

张健,蒋霞. 论中国特色政党制度的民主功能. 江苏工业学院学报(社会科学版),2009,(4).

王立新. 增强履行监督职能的责任感. 协商论坛,2009,(4).

滕新国,李卫群,曹蔚华. 创新工作方法　提高履职水平. 协商论坛,2009,(4).

阎玉田. 国民参政会与汪精卫叛国投敌. 河北大学学报(哲学社会科学版),2009,(4).

李斌. 论人民政协与网络参政的契合性. 中共福建省委党校学报,2009,(4).

周清. 人民政协民主的发展历程、特点及前景展望. 中央社会主义学院学报,2009,(4).

周生俊. 人民政协机制论. 中央社会主义学院学报,2009,(4).

李仁质. 新阶段中国共产党多党合作制度理论的创新与发展. 中央社会主义学院学报,2009,(4).

齐春雷. 政治参与视野中的中国特色政党制度. 中央社会主义学院学报,2009,(4).

张津凤. 论政党制度的政治文化基础——基于中西传统政治文化比较的研究视角. 中央社会主义学院学报,2009,(4).

李震雷. 建国初期民主党派在国家政治生活中的地位探析. 中央社会主义学院学报,2009,(4).

赵洁. 我党对台政党交流政策的发展阶段. 广东省社会主义学院学报,2009,(4).

刘兵,梁其才,何军峰. 加强高校党外干部培养选拔的作用和意义. 广东省社会主义学院学报,2009,(4).

朱世海. 关于人民政协代行全国人大职权时间问题的探讨. 广东省社会主义学院学报,2009,(4).

岳世平. 现阶段中国特色政党制度理论创新的障碍分析与路径建议. 广东省社会主义学院学报,2009,(4).

黄景睿. 试析中国特色政党制度理论形成与发展的基础. 广东省社会主义学院学报,2009,(4).

任瑞玒. 六十年来多党合作的历程及启示. 广东省社会主义学院学报,2009,(4).

石学峰. 社会分层与我国政党制度整合功能研究. 广东省社会主义学院学报,2009,(4).

李俊. 民间组织的成长与中国政党制度整合功能的优化. 广东省社会主义学院学报,2009,(4).

贾小明. 多党合作制度的核心价值. 广州社会主义学院学报,2009,(4).

徐锋. 管窥未来台湾政党政治之发展. 广州社会主义学院学报,2009,(4).

贺蕊玲,陈文华. 多党合作制度在我国的形成和发展. 广州社会主义学院学报,2009,(4).

黄景睿. 关于中国特色政党制度历史与现实的几点思考. 河北省社会主义学院学报,2009,(4).

王长春. 多党合作制度60年来的基本经验. 河北省社会主义学院学报,2009,(4).

庄聪生. 推动我国多党合作事业蓬勃发展的两个纲领性文件——写在中国共产党领导的多党合作和政治协商制度确立60周年之际. 河北省社会主义学院学报,2009,(4).

王克群. 中国多党合作六十年的历程与宝贵经验. 湖北省社会主义学院学报,2009,(4).

雷敏捷. 浅论我国多党合作制的历史必然性及现阶段发展中要注意的问题. 湖北省社会主义学院学报,2009,(4).

苏晓云. 加强制度建设开创多党合作事业的新局面. 湖北省社会主义学院学报,2009,(4).

王东勤. 六十年来我国政党制度变迁的历史脉络. 湖北省社会主义学院学报,2009,(4).

刘远翔,韩竞. 浅谈和谐政党关系在社会主义和谐社会中的作用. 湖北省社会主义学院学报,2009,(4).

杨全海,洪文杰. 新时期引领新的社会阶层健康发展的战略思考. 福建省社会主义学院学报,2009,(4).

杨雪燕. 试析中国特色政党制度理论的三大基石. 福建省社会主义学院学报,2009,(4).

刘菊香. 论我国多党合作制度的核心价值. 福建省社会主义学院学报,2009,(4).

童庆平,叶旺根. 周恩来加强政党协商的价值思想论析. 福建省社会主义学院学报,2009,(4).

任世红. 试论中国特色政党制度功能与价值的变动规律. 福建省社会主义学院学报,2009,(4).

福建中医学院课题组,谭卫星,陈佳. 构建和谐政党关系,促进决策科学化民主化. 福建省社会主义学院学报,2009,(4).

陈雪琴. 士当弘毅,任重而道远——解读《论语》与高校党外干部队伍建设. 福建省社会主义学院学报,2009,(4).

任艳妮. 新社会阶层人士服务新农村建设的途径. 广西社会主义学院学报,2009,(4).

王继宣. 坚定不移走中国特色社会主义政治发展道路——纪念多党合作制度确立60周年. 广西社会主义学院学报,2009,(4).

王占阳. 政党与社会:考察多党合作制的首要视角. 湖南省社会主义学院学报,2009,(4).

曾迎红. 中国特色的多党合作制度是通向民主的有效途径. 湖南省社会主义学院学报,2009,(4).

潘慧春. 试论构建和谐政党关系的重大意义. 湖南省社会主义学院学报,2009,(4).

刘蓉宝. 民主党派在长沙"两型社会"建设中的重要作用及其实现路径. 湖南省社会主义学院学报,2009,(4).

高轩,神克洋. 协商民主中国化的必要性、可行性及途径. 重庆社会主义学院学报,2009,(4).

李雅兴,陈建华. 中国多党合作制度60年的发展及其启示. 重庆社会主义学院学报,2009,(4).

王树臣. 中国政党制度核心价值观基本要义解读. 重庆社会主义学院学报,2009,(4).

梁晓宇. 建国以来中国共产党与民主党派关系的发展历程探析. 重庆社会主义学院学报,2009,(4).

刘菊香. 论影响我国政党关系的文化因素. 重庆社会主义学院学报,2009,(4).

黄小娟. 浅议中国特色政党制度的特征及其优势. 重庆社会主义学院学报,2009,(4).

任艳妮. 新社会阶层人士服务新农村建设的途径与效用. 重庆社会主义学院学报,2009,(4).

陈孝维. 对重庆非公有制经济人士参与政治和社会事务现状分析及思考. 重庆社会主义学院学报,2009,(4).

韩春平,饶昱崴. 统一战线、多党合作与政治协商的宪政路径. 云南行政学院学报,2009,(4).

关立新. 发展社会主义民主:中国特色政治建设的指向——纪念中国共产党领导的多党合作和政治协商制度确立60周年. 理论探讨,2009,(4).

王晓明. 新时期高校党的知识分子工作基本特征分析. 思想理论教育导刊,2009,(5).

卢冀宁,张海,孙存良. 为什么必须坚持中国共产党领导的多党合作和政治协商制度,而不能搞西方的多党制. 思想理论教育导刊,2009,(5).

王春华. 1945年国共两党谈判前的秘密情报战. 档案天地,2009,(5).

沈殿忠. 科学发展观是我国多党合作事业共同的思想基础. 前进论坛,2009,(5).

秋石. 为什么必须坚持中国共产党领导的多党合作和政治协商制度,而不能搞西方的多党制. 世纪行,2009,(5).

杭元祥. 坚持多党合作制度　发展和谐政党关系. 民主,2009,(5).

叶帆,朱佩娴. 世界上不存在适用于各国的民主模式——中国共产党领导的多党合作和政治协商制度符合中国国情. 理论导报,2009,(5).

朱小丹. 多党合作要出"精品"成果. 中国统一战线,2009,(5).

肖志伟,张海燕. 抗日民主政权中共产党人与党外人士合作述论. 新视野,2009,(5).

余科杰. 论当代中国政党制度的系统构成和基本特色. 新视野,2009,(5).

李路曲. 政党制度的制度化和民主化变迁. 新视野,2009,(5).

周淑真. 政党制度的"中国模式"特征. 新视野,2009,(5).

张东木. 多党合作和我的人生之路. 春秋,2009,(5).

王红光. 现代政治文明视野下政党执政的基本逻辑. 信阳师范学院学报(哲学社会科学版),2009,(5).

肖立军,王锡超. 中国共产党领导的多党合作制度不容动摇. 文史杂志,2009,(5).

丁青. 中国多党合作60年的成功实践. 北京党史,2009,(5).

何君安. 中国多党合作制度的创新意义及其完善:民主理念的视角. 云南社会科学,2009,(5).

林尚立. 政党、政党制度与现代国家——对中国政党制度的理论反思. 中国延安干部学院学报,2009,(5).

常士訚. 坚持中国特色的政党制度. 天津师范大学学报(社会科学版),2009,(5).

王前,贾红勋. 历史视阈下的中国多党合作制度. 南京政治学院学报,2009,(5).

杨素群. 民主党派在我国公民政治参与中的地位和作用. 山东师范大学学报(人文社会科学版),2009,(5).

佟一. 我国多党合作理论政策的创新与发展. 民主与科学,2009,(5).

李建平. 践行科学发展观　推进多党合作事业发展. 内蒙古统战理论研究,2009,(5).

钟宇海. 新世纪多党合作的新发展. 内蒙古统战理论研究,2009,(5).

景力文. 论推进人民政协协商民主. 协商论坛,2009,(5).

李天相. 用科学发展观指导基层政协工作. 协商论坛,2009,(5)

袁廷华. 论"长期共存、互相监督"方针的当代理论价值. 当代世界与社会主义,2009,(5).

陈宗兴. 伟大的旗帜　光明的未来——试论坚持走中国特色社会主义政治发展道路. 中央社会主义学院学报,2009,(5).

游洛屏. 民主政治的创造性实践. 中央社会主义学院学报,2009,(5).

郑万通. 人民政协六十年的光辉历程和重要启示. 中央社会主义学院学报,2009,(5).

李金船. 创新人民政协民主实现形式　扩大公民有序政治参与. 中央社会主义学院学报,2009,(5).

武士俊,武海英. 毛泽东人民政协思想的重要意义. 中央社会主义学院学报,2009,(5).

袁廷华. 协商建国　共创伟业. 中央社会主义学院学报,2009,(5).

林文漪. 风雨同舟　共创未来. 中央社会主义学院学报,2009,(5).

韩启德. 风雨同舟六十载　肝胆相照创未来. 中央社会主义学院学报,2009,(5).

陈昌智. 风雨同舟六十载　多党合作书华章. 中央社会主义学院学报,2009,(5).

万钢. 鲜明的特色　远大的前程. 中央社会主义学院学报,2009,(5).

张锦炎,李莽. 我国多党合作制度的伟大创新. 中央社会主义学院学报,2009,(5).

吴先宁. 中国特色政党制度理论体系形式化研究. 中央社会主义学院学报,2009,(5).

张献生. 我国多党合作的基本经验. 中央社会主义学院学报,2009,(5).

李金河. 多党合作制度 60 年理论与实践的发展. 上海社会主义学院学报,2009,(5).

姜晓丽,刘兵,翁礼成. 人文关怀:高校党外人士思想政治工作的基本原则. 广西社会主义学院学报,2009,(5).

钟瑞华. 求真务实、科学发展:中国特色政党制度理论创新必须坚持的精神. 广西社会主义学院学报,2009,(5).

文琳. 论现代教育技术在党外干部培训中的重要作用. 湖南省社会主义学院学报,2009,(5).

李金河. 中国特色政党制度60年理论与实践的历史演进. 湖南省社会主义学院学报,2009,(5).

岳世平. 改革开放以来我党领导的多党合作制度建设的成就回顾. 湖南省社会主义学院学报,2009,(5).

庄聪生. 推动我国多党合作事业蓬勃发展的两个纲领性文件. 重庆社会主义学院学报,2009,(5).

刘伟. 党对人民政协性质的认识历程. 重庆社会主义学院学报,2009,(5).

赵洁. 简述我党对台政党交流政策的发展阶段. 重庆社会主义学院学报,2009,(5).

宁文晓,马晓燕. 做好高校党外干部培养选拔工作的基本途径. 重庆社会主义学院学报,2009,(5).

王毅军. 高校党外知识分子政治引导工作要注重强化“八性”. 重庆社会主义学院学报,2009,(5).

童庆平. 新中国筹建过程中的政党协商民主探析. 重庆社会主义学院学报,2009,(5).

段援埃. 关于多党合作制度框架内民主监督的几点思考. 重庆社会主义学院学报,2009,(5).

张成明. 中国政党制度对世界政治文明的贡献. 重庆社会主义学院学报,2009,(5).

耿春光. 略论中国政党政治模式的历史演进. 重庆社会主义学院学报,2009,(5).

罗松远. 党的统一战线理论发展的历史轨迹. 湖北省社会主义学院学报,2009,(5).

赵太航,李现良. 浅析建国初我国政党关系的基本特征. 湖北省社会主义学院学报,2009,(5).

何桃元. 多党合作制度与中华民族“和而不同”的文化传统. 湖北省社会主义学院学报,2009,(5).

李传兵. 构建和谐社会　全面提高党的利益整合能力. 湖北省社会主义学院学报,2009,(5).

李波. 中共对邓演达及其第三党态度的演变与中共统战政策的转变. 湖北省社会主义学院学报,2009,(5).

孙丽娟. 和谐的中国政党关系建立的历史动因初探——以中国传统文化历史为路径进行的思考. 湖北省社会主义学院学报,2009,(5).

张新梅. 关于新形势下多党合作的几点思考. 湖北省社会主义学院学报,2009,(5).

刘晓芬,李娜. 协商民主视野下的政协改革研究. 福建省社会主义学院学报,2009,(5).

孟轲. 改革开放以来党的知识分子理念的新变化. 河南社会科学,2009,(5).

冯庆芳. 浅析1957年党的知识分子政策变化的原因. 党史文苑,2009,(6).

钟廉岩. 多党制不是解决腐败问题的灵丹妙药. 当代世界,2009,(6).

杨德山. 历史的必然选择　现实的当然要求——论坚持中国共产党领导的多党合作和政治协商制度. 前线,2009,(6).

席小军. 发挥多党合作优势　推进社会科学发展. 中国统一战线,2009,(6).

汤家玉．渡江战役与新中国多党合作制度的雏形．党史纵览，2009，(6)．

曹彦．司法社工队伍党团组织建设刍议．上海党史与党建，2009，(6)．

陈宗兴．构建和谐政党关系　促进多党合作事业．前进论坛，2009，(6)．

房世刚，栾雪飞．解放战争时期国共两党关系对民主党派的影响．黑龙江社会科学，2009，(6)．

周震．1956—1966：党对知识分子阶级属性的认定历程及其影响．延安大学学报（社会科学版），2009，(6)．

杨文娟．新形势下加强多党合作和政治协商制度建设应进一步明确四个方面的关系．中国石油大学学报（社会科学版），2009，(6)．

肖铁肩，余国华，张道平．政党文化的研究现状及其思考．中南大学学报（社会科学版），2009，(6)．

林祥庚．党的第三代领导集体对统战理论的重大创新．党史研究与教学，2009，(6)．

裴建中．营造民主和谐的政治氛围．协商论坛，2009，(6)．

任郑杰．发挥民主党派人才优势　努力推动新农村发展．协商论坛，2009，(6)．

游洛屏．正确理解我国政党与政权的关系．四川统一战线，2009，(6)．

刘冀瑗．对社区党组织和社区居民自治组织关系的思考．中央社会主义学院学报，2009，(6)．

游洛屏．充分发挥"三个基地"作用　做好党外代表人士教育培养工作．中央社会主义学院学报，2009，(6)．

郑宪，朱世海，韩冬梅．简论人民政协在中国特色社会主义事业中的地位．中央社会主义学院学报，2009，(6)．

蔡馥生，赵惠兰．新的社会阶层的发展趋势及其政治参与问题——基于浙江省的调查研究．中央社会主义学院学报，2009，(6)．

贺蕊玲．多数制、比例制和混合制三种选举制度的比较．中央社会主义学院学报，2009，(6)．

徐晓暖．中国特色政党制度运行的文化因素分析．中央社会主义学院学报，2009，(6)．

唐华生．多党合作法制化建设的理论与实践．中央社会主义学院学报，2009，(6)．

楚向红．当代中国政党制度建设的历程、成就及经验．中央社会主义学院学报，2009，(6)．

王江燕．持续深入推进中国特色政党制度理论研究——中国政党制度研究中心2009年年会综述．中央社会主义学院学报，2009，(6)．

周洪宇．继承传统　明确职责　坚定不移走中国特色社会主义道路——纪念新中国成立60周年和人民政协成立60周年．湖北省社会主义学院学报，2009，(6)．

邓方国．关于新阶段统战理论研究路向的思考．湖北省社会主义学院学报，2009，(6)．

陈文胜．毛泽东邓小平民主政治建设思想的发展——以我国政党制度的演进为视角．湖北省社会主义学院学报，2009，(6)．

孙信．多党合作制度与政党关系和谐．湖北省社会主义学院学报,2009,(6).

杨选锋．科塞的冲突理论对我国构建和谐政党关系的启示．湖北省社会主义学院学报,2009,(6).

艾那吐拉·哈力克,姜丽华．中国特色政党制度理论的历史发展和基本经验．湖北省社会主义学院学报,2009,(6).

杨雪燕．人民政协——中国特色协商民主的重要实现形式．福建省社会主义学院学报,2009,(6).

关媛媛,陈秋莲．科学发展观视角下党外干部成长路径初探．福建省社会主义学院学报,2009,(6).

陈文胜．试析我国政党制度的演进与毛泽东邓小平的民主政治建设思想的发展．福建省社会主义学院学报,2009,(6).

肖春艳．西方协商民主与我国人民政协的政治协商制度．重庆社会主义学院学报,2009,(6).

谢晶莹．新社会阶层人士工作的重新审视．重庆社会主义学院学报,2009,(6).

梁宏．推进中国多党合作制度化、规范化、程序化建设．经济研究导刊,2009,(6).

中共重庆市委统战部经济处．对地(区)、县非公有制经济代表人士担任工商联主席及进入同级政协领导班子问题的调查与思考．重庆社会主义学院学报,2009,(6).

王彦飞．党外代表人士综合评价体系研究．重庆社会主义学院学报,2009,(6).

关媛媛．新时期促进党外干部成长的路径探索．重庆社会主义学院学报,2009,(6).

王锋．抗战时期中共对国统区知识分子的统战工作．重庆社会主义学院学报,2009,(6).

刘开寿．中国政党制度在中国政治模式中的地位．重庆社会主义学院学报,2009,(6).

许道权．简论中国政党制度的特色和优越性．重庆社会主义学院学报,2009,(6).

李静．浅谈我国多党合作制度的发展态势．重庆社会主义学院学报,2009,(6).

王小鸿．中国特色政党制度的结构与功能．湖南社会主义学院学报,2009,(6).

刘红凛．政党法律地位比较与思考．中国人民大学学报,2009,(6).

胡国喜．建设马克思主义学习型政党:历史渊源与路径探究．上海市经济管理干部学院学报,2009,(6).

童庆平．中国多党合作制度本质上是协商民主制度．中共天津市委党校学报,2009,(6).

虞崇胜．非对称性政党制度的特点和优势——中国多党合作制度的内在机理分析．理论探讨,2009,(6).

孙景峰,汪凤敏．政党制度权威的建构与重塑:当代中国政治体制完善的契机．河南师范大学学报(哲学社会科学版),2009,(6).

苏红军．以科学发展观推动多党合作事业不断向前发展．中共云南省委党校学报,2009,(6).

具有强大生命力的政党制度——为什么必须坚持中国共产党领导的多党合作和政治

协商制度,而不能搞西方的多党制．理论学习,2009,(7)．

中共南京市委统战部．坚持多党合作政治制度　巩固发展和谐政党关系．民主,2009,(7)．

中央对外联络部研究室．多党制是解决腐败问题的灵丹妙药吗?．党建,2009,(7)．

中共中央宣传部理论局．具有强大生命力的政党制度——为什么必须坚持中国共产党领导的多党合作和政治协商制度,而不能搞西方的多党制．党建,2009,(7)．

游洛屏．坚持完善我国多党合作制度应加强中国特色政治文化建设．中国统一战线,2009,(7)．

朱兆华．以党内民主促进多党合作的民主化进程．理论视野,2009,(7)．

高庆．对必须坚持中国共产党领导的多党合作和政治协商制度而不能搞西方的“多党制”的深度思考．中国证券期货,2009,(7)．

崔霞．浅谈中国共产党领导的多党合作政治协商制度在西柏坡初步形成．党史博采(理论),2009,(7)．

唐长久．和谐社会构建中多党合作发展战略的辩证思考．求索,2009,(7)．

陈雪平．浅谈政协工作创新．协商论坛,2009,(7)．

李琳．发挥多党合作在构建和谐社会中的积极作用．福建党史月刊,2009,(8)．

秋石．为什么必须坚持中国共产党领导的多党合作和政治协商制度,而不能搞西方的多党制．求是,2009,(8)．

吴九占．建国以来我国多党合作制度的理论创新与实践推进．湖北社会科学,2009,(8)．

王世海．论邓小平在改善党的领导方面对马克思主义政党学说的新发展．传承,2009,(8)．

侯光兰,甘义锋．第一次国共合作对国共两党的影响．传承,2009,(8)．

任达．为什么我国不能选择多党制．人民政坛,2009,(8)．

赵海月．坚持共产党领导的多党合作和政治协商制度．新长征,2009,(8)．

周晓红．论邓小平对新时期多党合作政党制度的重大贡献．前沿,2009,(8)．

士东．国共两党争夺名人大战．四川统一战线,2009,(8)．

李大宏．政治协商结硕果　风雨同舟谱新歌．中国统一战线,2009,(8)．

张海洋．和谐社会架构中的新型政党关系．江苏技术师范学院学报(职教通讯),2009,(8)．

凌海金,杨会清．新中国成立前后毛泽东的多党合作思想比较研究．广西社会科学,2009,(8)．

马丽．论建国初期党对知识分子的思想政治教育及启示．法制与社会,2009,(9)．

佟一．新世纪新阶段我国多党合作事业蓬勃发展．民主,2009,(9)．

佟一．我国多党合作理论政策的创新与发展．民主,2009,(9)．

梁晓宇．实行多党合作和政治协商制度的历史必然．理论学习,2009,(9)．

林祥庚．多党合作创建新中国之历史考察．探索与争鸣,2009,(9)．

秋石．为什么必须坚持中国共产党领导的多党合作和政治协商制度而不能搞西方的多党制(上). 吉林人大,2009,(9).

钱东浩. 多党合作要包括无党派人士. 四川统一战线,2009,(9).

虢正贵. 加强制度建设　推进多党合作. 中国统一战线,2009,(9).

林木. 政治协商会议:开创中共领导下的多党合作和政治协商制度. 党史博览,2009,(9).

周慧超. 多党合作　60 年政治与历史的考验. 协商论坛,2009,(9).

林泰. 中国为什么不能搞西方那样的多党制. 思想理论教育导刊,2009,(9).

常丽静. 执政党及其对政府的控制. 哈尔滨学院学报,2009,(9).

祝灵君. 社会变迁与政党转型——中国共产党领导的社会革命与社会建设论析. 科学决策,2009,(9).

钟彤. 多党合作和政治协商制度何时确立. 四川统一战线,2009,(9).

王宇坤. 坚持多党合作制度不动摇. 四川统一战线,2009,(9).

本刊评论员. 推动多党合作事业再创辉煌——纪念中国共产党领导的多党合作制度确立 60 周年. 四川统一战线,2009,(9).

梁晓宇. 毛泽东对多党合作理论的伟大贡献. 四川统一战线,2009,(9).

萧苏. 周恩来:多党合作制度形成雏形的推动者. 四川统一战线,2009,(9).

罗佩琦. 多党合作制度为何要长期存在. 四川统一战线,2009,(9).

闵昌辉. 多党合作制度对世界政党制度的贡献. 四川统一战线,2009,(9).

刘启昌. 我国多党合作制度的优越性. 四川统一战线,2009,(9).

刁建国. 在视察中凸显民主监督功能. 协商论坛,2009,(9).

杨家岭,韩栋. 让委员视察成为民主监督的"品牌". 协商论坛,2009,(9).

吴靖平. 发挥统战法宝作用　奋力推进"三个加快". 四川统一战线,2009,(9).

李云清. 统一战线六十年发生深刻变化. 四川统一战线,2009,(9).

陈喜庆. 对社会主义条件下统一战线发展的若干规律性认识. 中国统一战线,2009,(9).

胡广坤. 发挥统战优势　促进社会就业. 中国统一战线,2009,(9).

浙江省委统战部. 以网络建设推动无党派人士主题教育活动. 中国统一战线,2009,(9).

吕爱国. 加强领导　完善机制　强化措施　做好统战宣传工作. 中国统一战线,2009,(9).

段尧刚. 创新培养选拔机制　推进党外干部工作. 中国统一战线,2009,(9).

农工党黑龙江省委会参政党理论研究点. 实现多党合作事业科学发展. 前进论坛,2009,(9).

林尚立. 中国政党制度与国家建设. 毛泽东邓小平理论研究,2009,(9).

张莉莉. 近代国共两党的情报机构体制比较. 科技信息,2009,(10).

高世春. 前进的号角——纪念多党合作制度确立六十周年. 中国统一战线,2009,(10).

庄聪生. 推动我国多党合作事业蓬勃发展的两个纲领性文件——写在中国共产党领导的多党合作和政治协商制度确立 60 周年之际. 中国统一战线,2009,(10).

刘畅然．试论第一次国共合作建立时期两党政治分歧的搁置．福建党史月刊，2009，(10)．

郑心穗．多党合作六十载　同舟共济写华章——在湖北省各界人士庆祝新中国成立60周年和人民政协成立60周年座谈会上的发言．世纪行，2009，(10)．

秋石．为什么必须坚持中国共产党领导的多党合作和政治协商制度而不能搞西方的多党制(下)．吉林人大，2009，(10)．

闫兴德．国共两党关系的历史启示．黑龙江教育学院学报，2009，(10)．

汪海清．自相矛盾的政党——以抗战时期中国青年党的两面性为视角的考察．西南民族大学学报(人文社科版)，2009，(10)．

佟一．新世纪新阶段我国多党合作事业蓬勃发展．前进论坛，2009，(10)．

宋金升．见证我国多党合作制度的确立与发展．前进论坛，2009，(10)．

吕忠梅．进一步推进多党合作制度化、规范化、程序化建设．前进论坛，2009，(10)．

刘伦武．坚持和巩固我国多党合作制度．前进论坛，2009，(10)．

冯筱白．多党合作是政党制度的科学实践．前进论坛，2009，(10)．

李崇禧．风雨同舟六十年　携手共进创伟业——纪念新中国成立六十周年暨多党合作制度确立六十周年．四川统一战线，2009，(10)．

杜青林．建国60年来多党合作形成的最大共识．四川统一战线，2009，(10)．

徐宁，周春华，秦新建．三个创新　加强非公有制经济人士思想政治工作．中国统一战线，2009，(10)．

黄晗．浅析中国多党合作制度的政治民主化功能及建设．法制与社会，2009，(11)．

刘绍卫．一九四九年国共两党文化名人争夺战．党史文苑，2009，(11)．

吴凯．发扬优良传统　开创崭新局面——雅安市多党合作60年成就斐然．四川统一战线，2009，(11)．

徐光寿．陈独秀是中国共产党的早期领袖——与陈独秀"领导核心"说商榷．中共党史研究，2009，(11)．

佟一．我国多党合作理论政策的创新与发展．前进论坛，2009，(11)．

尤俊意．中国多党合作制度的确立和发展．前进论坛，2009，(11)．

王同和．找准多党合作着力点　促进执政党建设．中国党政干部论坛，2009，(11)．

王峙东，朱玉正．对人民政协履职为民的认知．协商论坛，2009，(11)．

景力文，李晋生．围绕重大战略问题建言立论．协商论坛，2009，(11)．

樊建松，高学明．创新是基层政协工作的活力之源．协商论坛，2009，(11)．

王吉．"草根委员"参政议政．协商论坛，2009，(11)．

秦海路．中国共产党60年执政历程．四川统一战线，2009，(11)．

刘光远．高度重视培养党外领导干部．四川统一战线，2009，(11)．

赵万清．加强基层无党派人士工作．四川统一战线，2009，(11)．

刘雪岩．多党合作的光辉历程与宝贵经验．新长征，2009，(12)．

贾庆林．在中国特色社会主义道路上不断完善和发展中国共产党领导的多党合作和政治协商制度．前进论坛，2009，(12)．

陈宗兴. 加强多党合作制度建设 扩大公民有序政治参与. 前进论坛,2009,(12).

刘占兴. 夯实多党合作思想基础巩固中国特色政党制度——浅析《中国特色参政党理论概论》. 学术交流,2009,(12).

康洪兵. 不断完善机制 致力拓宽渠道——成都多党合作事业呈现良好态势. 四川统一战线,2009,(12).

青云,吴跃华. 新形势下非公经济人士思想政治工作思考. 四川统一战线,2009,(12).

李燕. 第一次国共合作前夕国共两党真实实力之比较. 学理论,2009,(14).

中央对外联络部研究室:多党制是解决腐败问题的灵丹妙药吗?. 红旗文稿,2009,(14).

张超. 浅谈邓小平对我国多党合作制度的巩固和发展. 中国科技信息,2009,(15).

朱松岭. 马英九兼任党主席之我见. 观察与思考,2009,(15).

蒋洪回. 关于当代中国政党制度发展的几点思考——坚持和完善中国共产党领导的多党合作和政治协商制度. 传承,2009,(16).

刘舸,张美芬. 台湾政党政治的发展历程及其时代特征. 学理论,2009,(17).

王陆军,陆冰. 新时期我国特色多党合作制度挑战与完善. 网络财富,2009,(17).

刘畅. 论我国改革开放以来多党合作制度的发展. 现代商贸工业,2009,(17).

赵玉,李娟. 新时期构建我国和谐发展党际关系的途径. 法制与社会,2009,(20).

吴继锋. 浅析抗战胜利后国共两党和平建国的可能性. 学理论,2009,(20).

钟宇海. 新世纪多党合作的新发展. 现代经济信息,2009,(20).

张峰. 论协商民主与改善党的领导的统一性. 人民论坛, 2009,(21).

李庆刚. 六十年来中国共产党领导的多党合作和政治协商制度的重大发展. 理论前沿,2009,(21).

黄道伟. 让历史告诉未来——纪念中国共产党领导的多党合作制度确立 60 年随想. 当代广西,2009,(22).

刘树燕. 建国后党的统一战线发展基本经验浅析. 黑龙江史志,2009,(22).

柏春林. 湖南省新时期多党合作的恢复发展. 黑龙江史志,2009,(23).

石小俭. 浅谈抗日战争初期国共两党在军事上的合作. 学理论,2009,(23).

钟岷源. 马英九的“整党”难题. 南风窗,2009,(24).

冯宏岳,高瑞静. 试论改革开放以来党的统一战线思想. 首都师范大学学报(社会科学版),2009,(S2).

马大龙. 从三个重点课题看多党合作的发展. 北京观察,2009,(Z1).

贾庆林. 在中国特色社会主义道路上不断完善和发展中国共产党领导的多党合作和政治协商制度. 人民日报,2009/11/01(002).

杨崇汇. 人民政协制度化建设的推动者. 人民日报,2009/06/24(008).

贾庆林. 高举中国特色社会主义伟大旗帜 把人民政协事业不断推向前进. 人民日报,2009/01/16(001).

胡锦涛. 在庆祝中国人民政治协商会议成立 60 周年大会上的讲话. 人民日报,

2009/09/21(002).

风雨同舟写历史　团结奋斗向未来. 人民日报,2009/09/21(004).

胡靖国. 以实际行动推进多党合作和政治协商制度建设. 人民日报,2009/09/19(004).

吴美华. 符合国情的我国政党制度具有独特优势. 人民日报,2009/09/17(007).

叶帆,朱佩娴. 发展社会主义民主政治的重要形式. 人民日报,2009/05/18(007).

包俊洪. 多党合作、共谋发展的生动实践. 人民日报,2009/05/18(007).

叶帆,朱佩娴. 中国共产党领导的多党合作和政治协商制度符合中国国情. 人民日报,2009/04/27(007).

李金河. 中国各政党共同奋斗历史凝结起来的伟大成果. 人民日报,2009/02/09(007).

翁杰明. 符合国情的社会主义民主政治模式. 人民日报,2009/06/08(007).

刘维涛,宋伟. 协商民主六十年. 人民日报,2009/03/04(005).

唐宋. 协商民主彰显政治智慧. 人民日报,2009/03/03(004).

李江源. 最符合我国国情的民主政治制度. 人民日报,2009/02/02(007).

倪迅. 近两千三百名民主党派成员、无党派人士任政府和司法机关特约人员. 光明日报,2009/08/26(009).

李正华. 中国多党合作制度的特色和优势. 光明日报,2009/04/09(003).

游洛屏. 社会主义民主政治的创造性实践. 学习时报, 2009/09/27(005).

温玉堂. 不同政党制度的社会成本之分析. 北京日报,2009/04/20(008).

李金河. 新中国政党制度:历史与国情的选择. 北京日报,2009/07/6(008).

韩金伟. 多党合作实践离不开理论指导. 团结报,2009/03/26(001).

冯筱白. 多党合作是政党制度的科学实践. 团结报,2009/08/11(008).

曹小红. 共创多党合作新篇章. 团结报,2009/09/08(008).

林文漪. 与新中国俱进而成长　与多党合作事业同行而进步. 团结报,2009/09/15(003).

陈抗甫. 把握“三个统一”精神实质　共谱多党合作事业新篇章. 人民政协报,2009/11/28(A03).

陆亚林. 加强对党员干部的民主监督是促进党的建设的重要途径. 人民政协报,2009/10/12(C03).

梁晓宇. 我国多党合作制度形成的历史必然. 人民政协报,2009/07/20(C03).

栗震亚. 改革开放助推多党合作事业发展. 人民政协报,2009/01/19(C03).

张宝文. 坚持走中国特色社会主义政治发展道路不断夯实共同政治基础. 人民政协报,2009/11/17(W03).

刘晓峰. 浅谈促进中共与民主党派、无党派人士在人民政协的合作共事. 人民政协报,2009/12/12(A03).

严书翰. 要使协商民主成长为先进文化的重要组成部分. 人民政协报,2009/11/30(W03).

孙忠焕. 从政协文化的视角看人民政协以民主促民生工作. 人民政协报,2009/11/30(W04).

王慧峰. 重要在于制度的创新和建设. 人民政协报,2009/09/24(A02).

席晓艳. 协商民主法制建设问题初探. 人民政协报,2009/09/21(C03).

房宁. 当代中国的民主政治发展. 人民政协报,2009/08/24(C03).

梁晓宇. 建国以来中国共产党和民主党派关系的不断发展. 人民政协报,2009/06/22(C03).

温宪元. 协商民主:科学发展的一种治理机制. 人民政协报,2009/05/11(C03).

王顺生. 发展人民政协协商民主　推进社会主义民主政治建设. 人民政协报,2009/05/04(C03).

周国富. 发展人民政协协商民主 建设社会主义政治文明. 人民政协报,2009/04/27(C03).

邢元敏. 周恩来对毛泽东人民政协思想的丰富和发展. 人民政协报,2009/10/26(A03).

郑万通. 人民政协六十年的光辉历程和重要启示. 人民政协报,2009/09/17(A01).

栗震亚. 改革开放助推多党合作事业发展. 人民政协报,2009/01/19(C03).

王青云. 改革开放以来党外干部培养选拔的历史发展. 人民政协报,2009/01/05(C03)

孙忠焕. 不断推进人民政协事业创新发展. 人民政协报,2009/12/10(A03).

顾秋麟. 培育协商文化　提高协商实效. 人民政协报,2009/11/30(W04).

孙德汉. 立足"五位一体"新格局　努力推动人民政协自身建设迈上新台阶. 人民政协报,2009/11/26(A03).

路宪民,何瑞林. 人民政协与社会主义政治文明. 人民政协报,2009/11/23(C03).

齐景海. 发挥政协优势促进和谐发展. 人民政协报,2009/11/16(C03).

邵克文,康民,袁喜言,张世珍,刘长缨,赵新文,王学俭,马启昕. 认识把握政协工作规律　丰富发展人民政协理论. 人民政协报,2009/09/28(B03).

刘君. 充分发挥人民政协优势扩大公民有序政治参与. 人民政协报,2009/09/16(A04).

李君如. 人民政协两次转型的历史记录. 人民政协报,2009/09/15(A03).

罗富和. 人民政协是民主党派发挥作用的广阔舞台. 人民政协报,2009/09/14(A01).

朱进. 进一步完善和发展人民政协协商民主. 人民政协报,2009/09/07(C03).

王志龙. 人民政协实践与理论的政治文明解读. 人民政协报,2009/07/13(C03).

孙德汉. 人民政协是构建和谐社会的参与者和推动者. 人民政协报,2009/07/06(C03).

陈志明. 人民政协践行科学发展观应把握好"一二三". 人民政协报,2009/06/01(C03).

潘玉荣. 推动政协工作科学发展. 人民政协报,2009/05/18(C02).

廖继红. 改革开放以来人民政协基本理论的创新. 人民政协报,2009/02/02(C03).

刘晓静. 把多党合作事业不断推向前进. 团结报,2009/09/22(008).

张道宏. 多党合作制度:符合中国国情的政治制度. 团结报,2009/09/22(008).

杜青林. 不断把统一战线和多党合作事业推向前进. 团结报,2009/09/15(002).

周铁农. 团结合作 共创未来 推动多党合作事业蓬勃发展. 团结报,2009/09/15(002).

陈昌智. 风雨同舟六十载 多党合作书华章. 团结报,2009/10/15(002).

风雨同舟六十载 建言献策谋发展. 团结报,2009/10/13(007).

2. 执政党建设

汪峰. 党的理论创新与高校思想政治教育实效性研究. 重庆科技学院学报(社会科学版),2009,(1).

肖立辉. 立党为公,执政为民. 人民论坛,2009,(1).

资金议,杨肖. 廉洁文化对党执政能力的重要意义. 法制与社会,2009,(1).

袁博. 中国共产党与中国现代化. 湖北广播电视大学学报,2009,(1).

薛德震. 党的执政地位与思维方式的变革. 今日中国论坛,2009,(1).

刘子平. 利益:党内民主发展的内在动力. 桂海论丛,2009,(1).

韦英思. 发展党内基层民主的实践与启示. 桂海论丛,2009,(1).

丁清晔,陈建坡. 当前党的作风建设存在的问题及对策思考. 桂海论丛,2009,(1).

石学峰. 转型时期我国社会分层与执政党建设研究. 桂海论丛,2009,(1).

罗英. 探索高校党建新思路 构建和谐校园. 绵阳师范学院学报,2009,(1).

方伟. 当代中国马克思主义执政党建设路径研究. 中国延安干部学院学报,2009,(1).

中共安徽省委党校课题组. 改革开放以来农村基层党组织的功能调适及启示. 中国延安干部学院学报,2009,(1).

唐小芹. 论执政能力建设下党员素质建设的有效模式. 中南林业科技大学学报(社会科学版),2009,(1).

徐长恩,彭杰. 加强大学生党建工作提高思想政治教育的实效性. 沈阳农业大学学报(社会科学版),2009,(1).

赵增全. 邓小平在新时期对党的思想建设的新贡献. 吉林省教育学院学报,2009,(1).

叶再春,杜梅萍,林小波,顾崇华. 党的建设在创新中不断加强. 前线,2009,(1).

靳绥东. 弘扬红旗渠精神 永葆党的先进性. 中国集体经济,2009,(1).

朱树彬,张书林. 党的组织员制度思考. 理论探索,2009,(1).

徐遥. 不断解放思想 推进理论创新——纪念党的十一届三中全会召开三十周年理论研讨会综述. 党建,2009,(1).

赵旭. 新时期党的执政理念创新的重要意义. 知识经济,2009,(1).

本刊评论员. 满怀信心地开创党的建设和组织工作新局面. 党建研究,2009,(1).

虞云耀．改革开放以来党的执政理论的发展和创新．党建研究,2009,(1).

金安平．“党内民主”与“党的民主”——党内民主示范、带动人民民主机制的思考．社会科学研究,2009,(1).

顾骏．党的基层组织设置的布局和趋势．上海市经济管理干部学院学报,2009,(1).

汪海霞．关于加强党的依法执政能力路径探究．北京人民警察学院学报,2009,(1).

陆树程,李瑾．社会主义核心价值体系心理认同机制在党的建设工程中的运用．上海党史与党建,2009,(1).

吴桂韩．论党的建设新的伟大工程与改革开放新的伟大实践的内在统一．大连干部学刊,2009,(1).

包心鉴．以改革创新精神进一步推进党的建设理论创新．理论学刊,2009,(1).

李剑,张书林．30 年来山东省党的基层组织建设论析．理论学刊,2009,(1).

陈俊．加强党的执政建设的几点思考．理论探讨,2009,(1).

张荣臣．建立起党执政的防错纠错机制．领导之友,2009,(1).

蒯正明．论科学发展观对党探索执政规律的新贡献．党政论坛,2009,(1).

谢忠平．改革开放以来党的制度建设的基本经验．中共天津市委党校学报,2009,(1).

张玉明,王新迎．论解放思想与党的理论创新．思想教育研究,2009,(1).

毕岩,吴绍飞．论党的三代领导集体关于党内民主的理论与实践．沈阳建筑大学学报(社会科学版),2009,(1).

郝连儒．从十六大到十七大党的理论创新体系研究．辽宁师范大学学报(社会科学版),2009,(1).

丁祥艳．从党的理论自觉性视角理解科学发展观．前沿,2009,(1).

王荣栓．改革开放三十年党建的伟大成就．徐州师范大学学报(哲学社会科学版),2009,(1).

沙蓉,姚铁军．突破党内民主发展过程中路径依赖的思考．沈阳工业大学学报(社会科学版),2009,(1).

潘学萍．论党的思想路线的丰富与发展．社科纵横,2009,(1).

陈嘉陵．重温邓小平《党和国家领导制度的改革》．江汉论坛,2009,(1).

淳悦峻．党的历代中央领导集体和谐社会思想初探．实事求是,2009,(1).

吴九占．党的执政能力评价指标体系研究．求实,2009,(1).

叶麒麟．政治沟通视阈下党的当代执政逻辑．宁夏党校学报,2009,(1).

撒承贤．新时期创新高校党建工作的若干思考．宁夏党校学报,2009,(1).

王钦双．论中共六大对党的建设的探索及历史贡献．世纪桥,2009,(1).

袁雪娣．对新形势下以改革创新精神加强党的建设的思考．理论导报,2009,(1).

郭新民,曾庆学．在加强党的自身建设中促进党内和谐．湖南行政学院学报,2009,(1).

鲁书月．胡乔木晚年在党的指导思想拨乱反正中的历史作用．教学与研究,2009,(1).

周知民. 关于改革开放 30 年党的建设理论和实际经验的思考. 行政与法,2009,(1).

范明英. 论党的执政能力建设与社会主义民主的发展. 长白学刊,2009,(1).

李海莲. 党的三代领导集体对当代中国发展问题的探索及启示. 工会论坛(山东省工会管理干部学院学报),2009,(1).

张书林. 论认识把握党的建设现代布局的逻辑规程. 学习与实践,2009,(1).

洪文杰,杨全海. 改革开放以来党的执政意识的新发展与历史启示. 学习与实践,2009,(1).

彭宪法. 学习实践科学发展观重在统一思想付诸行动——学习胡锦涛总书记在中央党校重要讲话的体会. 湖南科技大学学报(社会科学版),2009,(1).

石小娟,张雪. 试析中国共产党依法执政能力建设的意义及途径. 胜利油田党校学报,2009,(1).

林尚立. 以功能开发带动体制创新——以党的基层组织建设为视角. 上海市经济管理干部学院学报,2009,(1).

李辽宁,闻燕华. 中国共产党软权力发挥的基本经验. 福建师范大学学报(哲学社会科学版),2009,(1).

蔡丹. 中国共产党"以人为本"思想历史发展脉络. 南阳师范学院学报,2009,(1).

庹平. 新时期中国共产党民主集中制建设的理论与实践. 当代中国史研究,2009,(1).

刘付春. 试论战争视野下党对民主执政的尝试——以井冈山、中央革命根据地为例. 毛泽东思想研究,2009,(1).

周小清. 论马克思恩格斯关于共产党的先进性思想. 湖南师范大学社会科学学报,2009,(1).

欧黎明. 改革开放 30 年党的先进性建设的重要启示. 中共云南省委党校学报,2009,(1).

邵和平. 略论党的三代领导人和胡锦涛同志的党内监督思想. 中共云南省委党校学报,2009,(1).

郭亚丁. 党执政意识变化和发展的启示. 中共云南省委党校学报,2009,(1).

吴家骥. 社会信息化时代党的执政能力建设的实践选择. 中共云南省委党校学报,2009,(1).

包仕国. 党的思想路线与马克思主义中国化理论创新. 中共云南省委党校学报,2009,(1).

王玉周. 面向伟大实践,谱写辉煌篇章——改革开放 30 年来党的理论创新成就. 中共云南省委党校学报,2009,(1).

黄成武. "三个代表"重要思想与党的先锋队性质的辩证思考. 中小企业管理与科技(下旬刊),2009,(1).

皮毅华,林亚兰. 新时期加强党执政能力建设的紧迫性和途径. 今日南国(理论创新版),2009,(1).

罗可成. 从坚持党的领导、人民当家做主和依法治国的统一看党的执政方式. 产业与科技论坛,2009,(1).

权宗田. 传媒对党的执政安全之影响及其应对. 探索,2009,(1).

马涛. 党员主体地位问题研究综述. 中共铜仁地委党校学报,2009,(1).

李秀芸. 科学发展观对党的学风建设的新贡献. 辽宁工业大学学报(社会科学版),2009,(1).

方玉萍,张志华. 科学发展观:党的发展观的传承和创新. 滁州学院学报,2009,(1).

张建. 论进一步增强党的忧患意识. 滁州学院学报,2009,(1).

丁威. 关于构建和谐政党关系的思考. 南京财经大学学报,2009,(1).

吴桂韩. 论党的价值观的基本层面与主要内容. 中国特色社会主义研究,2009,(1).

原淑玲. 加强党的执政能力建设的再思考. 中共山西省直机关党校学报,2009,(1).

刘琼. 关于新时期党内监督体制改革的思考. 江汉大学学报(社会科学版),2009,(1).

王世谊. 新经济组织党的建设运行机制探索——以苏南地区为例. 中共中央党校学报,2009,(1).

左吉祥. 改革开放以来党的忧患意识的传承轨迹. 攀登,2009,(1).

靳连芳. 论改革开放新时期党的领导人的监督思想. 北京行政学院学报,2009,(1).

刘进民. 改革开放以来党的建设的辉煌成就与基本经验. 延安大学学报(社会科学版),2009,(1).

张伟良. 蔡和森成为中国提出建党学说第一人的文化思考. 石家庄经济学院学报,2009,(1).

左吉祥. 改革开放以来党的制度建设的三次历史性跨越. 中共郑州市委党校学报,2009,(1).

赵晓昕. 改革开放条件下党的建设模式的解读与思考. 中共郑州市委党校学报,2009,(1).

李婷. 探析"党的生命"内涵. 沙洋师范高等专科学校学报,2009,(1).

马汝慧. 论党的四次思想大解放及成果启示. 延边党校学报,2009,(1).

陈宏. 提高执政能力是基层党组织建设的核心. 乌鲁木齐成人教育学院学报,2009,(1).

张晓燕. 以改革创新精神全面推进农村党的制度建设. 中共珠海市委党校珠海市行政学院学报,2009,(1).

徐勇,刘义强. 发展党内民主是保持党长期执政地位的重要保证——中国共产党与苏联共产党比较研究. 政治学研究,2009,(1).

任学辉,王康华. 论灾后重建中的党内民主建设. 西南科技大学学报(哲学社会科学版),2009,(1).

中国社科院马克思主义研究院国情调研课题组,辛向阳,陈建波. 新世纪新阶段党的思想理论建设调研报告. 当代世界与社会主义,2009,(1).

于昆. 巩固和扩大党在农村执政的青年群众基础. 天中学刊,2009,(1).

林德宏. 提倡人文治国的理念——党的发展观三次战略转移的回顾. 郑州轻工业学院学报(社会科学版),2009,(1).

鄢新萍. 胡锦涛新世纪党的作风建设思想研究. 武汉理工大学学报(社会科学版),2009,(1).

许金生,陈君生. 加强领导干部作风建设是新时期党风建设的“重头戏”. 衡阳师范学院学报,2009,(1).

陈东平. 用辩证唯物论和历史唯物论观点研究认识改革开放30年党的建设. 探索,2009,(1).

郑伟明. 从十六大到十七大:中国共产党党内民主的逻辑演绎进程. 中共南昌市委党校学报,2009,(1).

宣扬,李乐. 三十年改革开放成功的关键:坚持党的建设与发展. 安徽电子信息职业技术学院学报,2009,(1).

张振. 进一步巩固党的执政基础的路径选择. 当代世界与社会主义,2009,(1).

吴克明. 网络文化视角下党的执政能力建设. 当代世界与社会主义,2009,(1).

王荣发. 党建根本问题的当代求解. 华东理工大学学报(社会科学版),2009,(1).

刘发国. 试论党在井冈山革命根据地局部执政的初步尝试. 沧桑,2009,(1).

吴九占,纪竹荪. 论构建党的执政能力评价指标体系的几个问题. 沧桑,2009,(1).

罗国亮. 中共执政意识的觉醒及其对政治文明建设的意义. 中南大学学报(社会科学版),2009,(1).

马晓路. 当代中国共产党党内民主运行机制分析. 天水行政学院学报,2009,(1).

林茂申,赵立涛. 从革命道德到执政道德——变革时代中执政党道德的演变及展望. 天水行政学院学报,2009,(1).

丁小宇,蔡普民. 加强和改进党的建设与构建和谐社会的统一. 河北理工大学学报(社会科学版),2009,(1).

陆传照. 利益分化和执政合法性难题. 中央社会主义学院学报,2009,(1).

卜鼎焕. 试析科学发展观与党的执政理念. 广东省社会主义学院学报,2009,(1).

李美玲. 民主是党的执政合法性的动力和资源. 中共四川省委省级机关党校学报,2009,(1).

邹谨. 胡锦涛执政党意识形态整合思想探讨. 南通职业大学学报,2009,(1).

李芬. 建国初期党对一元化领导体制下从以党代政到党政分开执政方式的探索. 世纪桥,2009,(1).

车辚. 从党建角度看国民党在大陆的最终失败. 楚雄师范学院学报,2009,(1).

李金河,孙信,徐锋. 新时期党和政府必须积极鼓励、引导和规范公众的政治参与. 中央社会主义学院学报,2009,(1).

郭红军. 关于党内民主的几点思考. 河南科技学院学报,2009,(1).

王兵,何涛. 党的危机治理能力对我国社会的影响. 管理观察,2009,(2).

金晔,李晓健. 改革开放以来党的制度建设的回顾与总结. 传承,2009,(2).

张安,邹谨. 经济增长与党的执政有效性. 党政论坛,2009,(2).

赵汉强．独立学院党的组织建设探索和实践．学校党建与思想教育,2009,(2)．

张发贵．统一战线与加强党的执政能力建设．中共贵州省委党校学报,2009,(2)．

姜晖,康剑．从传统到现代:实现党的执政理念与模式的根本转变．上海党史与党建,2009,(2)．

祝福恩,张红娣．汶川抗震救灾对提升党的执政能力的启示．学习论坛,2009,(2)．

郭亚丁．以改革创新精神加强党的建设的路径选择．唯实,2009,(2)．

曹鹏飞．应对国际国内复杂局势挑战　努力加强党的作风建设．中共石家庄市委党校学报,2009,(2)．

王伟平．论科学发展观与党的建设的内在统一．协商论坛,2009,(2)．

张应军．在落实科学发展观中加强党的自身建设——浅谈科学发展观与高校党的自身建设．福建论坛(社科教育版),2009,(2)．

孙畅雪,单伟．改革开放给党的建设注入了生机与活力．党政干部学刊,2009,(2)．

林学启．论党的建设新布局的基本特征．理论学刊,2009,(2)．

吴桂韩．论党的建设新的伟大工程与改革开放新的伟大实践．唯实,2009,(2)．

魏加尧．党的建设思想创新之发展历程．各界(科技与教育),2009,(2)．

李君如．在改革创新中开创党的建设新局面．中国党政干部论坛,2009,(2)．

李君如．党的领导干部要成为科学发展观的忠实执行者．当代江西,2009,(2)．

中共福建省委党校课题组,张诺夫,温敬元,徐彬．福建省非公有制企业党的建设的历史回顾与现实思考——以改革开放30年为背景．中共福建省委党校学报,2009,(2)．

李正军．和谐社会与党的执政能力建设．实践(思想理论版),2009,(2)．

韩永生．党的建设目标:执政党建设的首要问题．理论月刊,2009,(2)．

任杨文．试论改革开放以来中国共产党政党外交思想的演进发展．山西高等学校社会科学学报,2009,(2)．

李乾宝．政党执政下的中国宪政诉求．长江师范学院学报,2009,(2)．

李冉．从中共早期的政治环境与文献看革命型政党文化的发生——中国共产党政党文化的发生学初探．毛泽东邓小平理论研究,2009,(2)．

孙树芳．解放战争时期中苏两党关系与新中国的建立．中国石油大学胜利学院学报,2009,(2)．

顾文浩．论社会转型与中国共产党权威的互动关系．中央社会主义学院学报,2009,(2)．

周胜欣,刘术泉．中国独特的政党和政府关系——以布隆代尔政治学理论为维度．重庆社会主义学院学报,2009,(2)．

孙晓毛．略论以人为本的价值蕴涵与党的执政方略．求实,2009,(2)．

殷峰．高校党的执政能力建设的时代定位．理论界,2009,(2)．

熊茉莉．执政为民是党的执政理念．知识经济,2009,(2)．

庞雅莉,侯治水,梅松伟．以人为本:党的执政文化之根基．新长征,2009,(2)．

秋洁．加强党的执政能力建设和先进性建设．实践(党的教育版),2009,(2)．

杨利民．改革开放以来党的思想解放与执政理念创新．领导科学,2009,(2)．

谭和熙. 坚持改革创新　推进机关党的建设. 学习月刊,2009,(2).

洪建设. 党的十六大以来党内民主建设的经验与启示. 学习月刊,2009,(2).

密珊. 对党执政的先进性资源的几点思考. 福建党史月刊,2009,(2).

启强. 科学发展——党的价值观的新提升. 经济研究导刊,2009,(8).

宋波. 参与机制对党内民主建设的价值考量. 经济研究导刊,2009,(8).

郭亚丁. 党的执政意识变化发展启示. 岭南学刊,2009,(2).

姚尚建. 从政治社会学视角看党的基层组织的功能与执政能力提高. 岭南学刊,2009,(2).

林怀艺. 析蔡和森对党的组织原则的探索. 青海师范大学学报(哲学社会科学版),2009,(2).

叶春涛. 网络社会视域下党的执政能力面临的挑战与应对. 中州学刊,2009,(2).

尹书博. 要着力加强党的依法执政能力建设. 中州学刊,2009,(2).

张明军. 建国以来党在不同时期开发利用执政资源的特点分析. 中州学刊,2009,(2).

钟爱萍. 试析中国共产党"以人为本"执政理念的形成. 山东省农业管理干部学院学报,2009,(2).

董军明. 改革开放以来党内民主建设的历程及其基本经验研究. 内蒙古师范大学学报(哲学社会科学版),2009,(2).

袁其波. 新社会阶层视角下加强党的执政能力建设. 安徽工业大学学报(社会科学版),2009,(2).

谭真雄. 目前党内民主建设的关键——按新党章治党. 理论探讨,2009,(2).

王黎明. 当前中国的行政伦理建设——坚定不移发展社会主义民主政治与执政党的执政道德建设. 河北理工大学学报(社会科学版),2009,(2).

姚桓. 新时期党内民主建设的回顾与思考. 中国延安干部学院学报,2009,(2).

吴茂朝. 论单位制与执政党的社会整合机制. 宁夏党校学报,2009,(2).

石福洲. 国内政治生态变化与党的执政效率的提高. 新乡学院学报(社会科学版),2009,(2).

赵海姣. 科学发展观:我党弘扬理论自觉性的伟大成果. 玉林师范学院学报,2009,(2).

康伟. 论党的社会建设理论发展的三个维度. 湖北行政学院学报,2009,(2).

王兵,何涛. 党的危机治理能力对我国社会的影响. 中共太原市委党校学报,2009,(2).

温玉琴. 科学发展观与党的执政能力建设. 中共山西省直机关党校学报,2009,(2).

石国亮. 民主革命时期朱德对党的建设的贡献. 毛泽东思想研究,2009,(2).

侯晋雄. 邓小平对加强党的制度建设的思考与贡献. 中共贵州省委党校学报,2009,(2).

陈洪玲,刘勇. 毛泽东的思想建党理论与保持党员先进性. 大连海事大学学报(社会科学版),2009,(2).

张寿春. 刘少奇关于建设党和国家民主制度的精辟见解. 中共南京市委党校学报，2009,(2).

吴海红. 党内监督路径创新探讨. 新视野,2009,(2).

齐卫平. 党的指导思想与中国特色社会主义理论体系的定位. 中国浦东干部学院学报,2009,(2).

姜卫平. 增强执政党应对金融危机的能力. 攀登,2009,(2).

李蓬. 试析党的执政方式创新的路径选择. 攀登,2009,(2).

蒯正明. 改革开放以来党的执政理论的发展与创新. 石河子大学学报(哲学社会科学版),2009,(2).

孙继红. 社会中间阶层的兴起对党执政能力建设的挑战. 中共四川省委党校学报，2009,(2).

杨军. 民生问题:加强党的执政能力建设的时代课题. 马克思主义与现实,2009,(2).

赵宬斐,陈波. 试析风险境域中政党治理能力的再造与提升. 南京航空航天大学学报(社会科学版),2009,(2).

杨仕斗. 论胡锦涛对党的思想路线的创新发展. 陕西青年职业学院学报,2009,(2).

吴茂朝. 转型时期党执政的政治资源的流失现象与对策探讨. 中共南宁市委党校学报,2009,(2).

刘玉,郭常花. 加强和改进党的建设路径新探. 南昌高专学报,2009,(2).

郑洁. 中国共产党对执政理念的探索. 江苏工业学院学报(社会科学版),2009,(2).

刘圣陶,赵俊. 试论构建和谐社会视角下党的执政能力建设. 湖南工程学院学报(社会科学版),2009,(2).

向葵葵,魏丽萍. 试析非公有制经济领域党建工作. 湖北省社会主义学院学报，2009,(2).

谢春红. 毛泽东对建设学习型政党的探索. 广西社会主义学院学报,2009,(2).

曾志东. 贯彻落实科学发展观　积极应对执政新考验. 广西社会主义学院学报，2009,(2).

梁晓宇. 人民政协与党的执政能力建设——纪念人民政协成立60周年. 广西社会主义学院学报,2009,(2).

吴文华. 构建社会主义和谐社会理论对党的执政理念的创新. 马克思主义与现实，2009,(2).

林常颖. 论执政党的个体道德. 理论前沿,2009,(2).

顾文浩. 党的现代化与合法性探析. 云南行政学院学报,2009,(3).

柳礼泉,张红明. 民生政治视野中的党的执政伦理建设. 求实,2009,(3).

周金堂. 改革开放30年来党的理论创新的基本经验初探. 求实,2009,(3).

于文善,刘剑华. 龚育之对党的理论研究工作的贡献述论. 理论导刊,2009,(3).

王鹏志. 改革开放30年看党的建设——访著名党史专家、北京师范大学教授张静如. 前线,2009,(3).

孔祥秀. 浅析党的十七大提出科学发展观的时代背景. 中小企业管理与科技(上旬刊),2009,(3).

唐军书. 开展统一战线工作 加强党的执政能力建设. 辽宁行政学院学报,2009,(3).

姚玉明. 改革开放30年——党的建设理论取得创新成果. 决策探索(下半月),2009,(3).

翟桂平. 整合社会:提升党的执政能力的重要路径——以上海社区党建为例. 上海党史与党建,2009,(3).

钟佩君. 略论党的建设总体布局的形成及意义. 唯实,2009,(3).

陆凤贤. 论新形势下党的执政基础的建构. 重庆科技学院学报(社会科学版),2009,(3).

张雪. 加强党的理论建设 促进党的事业发展. 重庆科技学院学报(社会科学版),2009,(3).

汪家斌. 党内民主:党内思想整合的基本方式. 长春大学学报,2009,(3).

尚璐璐. 对新时期党的执政能力建设的思考. 南方论刊,2009,(3).

焦玉军. 思想政治工作与党的执政能力之间的关系. 资治文摘(管理版),2009,(3).

李俊. 胡耀邦执政党建设思想探析. 胜利油田党校学报,2009,(3).

毛亚雄. 试论新形势下党内民主制度建设. 江汉石油职工大学学报,2009,(3).

周金堂. 改革开放三十年党的理论创新启示. 岭南学刊,2009,(3).

徐敏杰. 学习实践科学发展观与党的执政能力建设哲学解读. 东北师大学报(哲学社会科学版),2009,(3).

包心鉴. 人民政协的基本职能与加强和改进中国共产党的自身建设. 中国政协理论研究,2009,(3).

谢征. 论党的建设与中国特色社会主义事业的互动关系. 浙江学刊,2009,(3).

谭扬芳,张治银. 试论党的执政能力建设——以应对南方雪灾为例. 淮阴师范学院学报(哲学社会科学版),2009,(3).

侯欣一. 党治下的司法——南京国民政府训政时期执政党与国家司法关系之构建. 华东政法大学学报,2009,(3).

张书林. 党文化的基因、支脉与性状. 中共成都市委党校学报,2009,(3).

权宗田. 传媒政治与政党权威:互动、限度及启示. 中南大学学报(社会科学版),2009,(3).

戴辉礼. 中国执政党认同的概念、功能及构建途径探析. 江南社会学院学报,2009,(3).

杨军. 从群众路线视角看党的执政能力建设. 长沙大学学报,2009,(3).

张书林. 论以改革创新精神推进党的干部作风建设. 西藏发展论坛,2009,(3).

李龙,周雪峰. 论"党的领导、人民当家做主和依法治国的有机统一". 湘潭大学学报

（哲学社会科学版），2009，（3）.

任经辉．新时期保持共产党员先进性面临的挑战和对策．河南机电高等专科学校学报，2009，（3）.

杨永利，尉向阳．基层党建三十年：充分发挥基层党组织的细胞作用．内蒙古师范大学学报（哲学社会科学版），2009，（3）.

李听．新时期执政党廉政建设应注意的几个问题．鄂州大学学报，2009，（3）.

谢冠富．论陈云党的执政理念的价值逻辑：一个民生视阈的考察．天津行政学院学报，2009，（3）.

张宏辉，曹彩霞．论王稼祥对党建理论的探索与贡献．中国延安干部学院学报，2009，（3）.

王寿林．加强党的制度建设的几点思考．新视野，2009，（3）.

管永前．试论党建创新的理论成果．宁夏党校学报，2009，（3）.

陈自才．论党章与党的先进性关系．西南大学学报（社会科学版），2009，（3）.

蒋仁勇．建设学习型政党对党的建设理念的创新．哈尔滨市委党校学报，2009，（3）.

高勇泽．论党的民主政治建设理论体系——以架构和特征为视维的理性审思．探索，2009，（3）.

张书林．论党内民主与国家治理的互动．江汉大学学报（人文科学版），2009，（3）.

费迅，张忠山．党代表任期制与党内民主制度的创新发展．扬州大学学报（人文社会科学版），2009，（3）.

黄玲丽．党员主体地位：党的自身建设的新理念．信阳师范学院学报（哲学社会科学版），2009，（3）.

李美玲．从民主的角度谈党的执政合法性．桂海论丛，2009，（3）.

张凯．试论我国城市社区中执政党权威的结构转型．山东行政学院山东省经济管理干部学院学报，2009，（3）.

杨继军．邓小平的党内和谐思想探析．山西农业大学学报（社会科学版），2009，（3）

黄祐，黄若寒．论江泽民对党的时代精神理论的继承与发展．延安大学学报（社会科学版），2009，（3）.

赵自力．改革开放以来党内民主建设的回顾与总结．安阳师范学院学报，2009，（3）.

耿庆彪．论毛泽东邓小平对执政党建设的理论贡献．天水行政学院学报，2009，（3）.

赵晓昕，彭晓艳．改革开放条件下党的建设模式解析．理论研究，2009，（3）.

谢嘉梁，郑博旺．新时期中国共产党执政风险若干问题研究述要．十堰职业技术学院学报，2009，（3）.

林学启．改革创新党的思想建设的着力点．消费导刊，2009，（3）.

杨跃华．浅议新形势下加强党的先进性建设．中共伊犁州委党校学报，2009，（3）.

涂小雨．执政党价值整合视域中人的全面发展问题探析．淮海工学院学报（社会科学版），2009，（3）.

李抒望．共产党长期执政的一个重大历史课题——关于“民主执政”的几点思考．黑龙江省社会主义学院学报，2009，（3）.

宋玉国. 以科学发展观为指导　提升改革开放新境界. 中央社会主义学院学报,2009,(3).

黄承国,王瑞华. 在科学发展观统领下搞好社会建设的基本途径. 中央社会主义学院学报,2009,(3).

边威. 贯彻落实科学发展观和民生保障的内在联系. 河北省社会主义学院学报,2009,(3).

苏世隆. 中国共产党执政资源构建的三大特点. 湖南省社会主义学院学报,2009,(3).

赵叔西. 科学发展观统领基层党建创新的理性思考. 湖南省社会主义学院学报,2009,(3).

王彬彬. 网络政治与党的执政能力建设. 广东行政学院学报,2009,(3).

张书林. 党的三代领导核心的科学发展观思想探析. 中共四川省委党校学报,2009,(3).

王雪婴. 论社会主义核心价值体系在党的执政能力建设中的地位和作用. 西安社会科学,2009,(3).

李翔,李国兴. 主义治军、以党领军与以军控党——论1923—1926年国民党军队政工制度的引入与变异. 江苏社会科学,2009,(4).

黄春珍. 试论新时期党的执政规律. 福建党史月刊,2009,(4).

李年鑫,马维振. 论改革开放视角下推进党的自身建设. 党史文苑,2009,(4).

卢文华. 论贯彻落实科学发展观与加强党的执政能力建设的关系. 党史文苑,2009,(4).

侯保善. 党内民主是党的生命. 学习论坛,2009,(4).

包仕国. 科学发展观是我们党对"三大规律"认识的集中体现. 大连干部学刊,2009,(4).

刘晓钟,邢洪儒. 党的建设整体布局对组织工作创新提出新要求. 大连干部学刊,2009,(4).

李光胜,许凯. 新时期以来党的建设的成就及其价值思考. 改革与开放,2009,(4).

易新涛. 改革开放以来党的先进性建设的历史回顾及其主要特点. 湖北社会科学,2009,(4).

周建军. 学习实践科学发展观与党的执政能力建设. 理论月刊,2009,(4).

赵朝峰. 建国以来中国共产党自身建设的理论创新和实践. 新视野,2009,(4).

许耀桐,赵麟斌. 关于发展党内民主防范风险问题研究. 新视野,2009,(4).

刘益飞. 推进党的建设改革创新的重要尝试——论深圳市积极推进机关党委"公推直选"的可贵价值及启示. 中国党政干部论坛,2009,(4).

林常颖. "以人为本"——党执政伦理的核心诉求. 中国党政干部论坛,2009,(4).

王歆. 略论邓小平新时期加强和改进党的建设思想. 思想理论教育导刊,2009,(4).

李会珍. 以改革创新精神全面推进党的建设　构建社会主义和谐社会. 党史博采(理论),2009,(4).

龚咏梅. 重视党的建设的规律性研究. 理论视野,2009,(4).

张永刚. 党的执政方式完善的重要特征——党的十六大以来的新探索. 理论探索,2009,(4).

罗志源. 执政环境面临的新问题与党的执政能力提高. 岭南学刊,2009,(4).

赵中源. 党的执政资源若干问题研究述评. 岭南学刊,2009,(4).

张首先. 生态文明建设:中国共产党执政理念现代化的逻辑必然. 重庆邮电大学学报(社会科学版),2009,(4).

张冰. 改革开放以来关于党建的理论创新和基本经验. 河南机电高等专科学校学报,2009,(4).

曾艳. 社会转型期加强党的执政合法性建设探析. 工会论坛(山东省工会管理干部学院学报),2009,(4).

胡国喜,周萍. 党内民主60年:成就与展望. 江苏广播电视大学学报,2009,(4).

李晖. 基于国际金融危机下对党的执政安全再认识. 湖南社会科学,2009,(4).

牛廷伟. 新中国成立以来党探索自身先进性建设的历史启示. 中国井冈山干部学院学报,2009,(4).

吴珍美. 论抗日战争时期中国共产党意识形态建设. 上海师范大学学报(哲学社会科学版),2009,(4).

康洪. 毛泽东学习型政党思想的当代价值. 湖南师范大学社会科学学报,2009,(4).

牛安生. 提高党发展社会主义民主政治的能力. 中共云南省委党校学报,2009,(4).

张荣华,易凡. 论胡锦涛党建思想的基本特征. 中国石油大学学报(社会科学版),2009,(4).

邵宇. 近代中国国家建设的困境与政党的政治应对. 沈阳大学学报,2009,(4).

李发戈. 依法执政与党的领导方式和执政方式的重大转变. 中共成都市委党校学报,2009,(4).

张书林. 当前党的建设面临的困境与战略选择. 中共南京市委党校学报,2009,(4).

刘智峰. 科学发展观标志着党执政治国的理念和方式走向成熟——从中共执政六十年的角度看科学发展观. 北京行政学院学报,2009,(4).

李少莉. 党的建设目标演进的经验探析. 长春市委党校学报,2009,(4).

杨军. 制度建设:党的执政能力建设的核心. 当代教育理论与实践,2009,(4).

李玉荣. 新中国60年党的制度建设的回顾与思考. 政治学研究,2009,(4).

任晓伟. 六届六中全会在党的建设中的作用论析. 党的文献,2009,(4).

蒯正明. 建国60年来党的制度资源开发的历史阶段与现实启示. 理论研究,2009,(4).

刘仲科. 对新形势下加强党的建设的思考. 理论建设,2009,(4).

赵平,赵清云. 建国60年发展与变迁的根本保证:党的建设创新与发展. 中共乐山市委党校学报,2009,(4).

孙珲. 党的和谐理念与孙中山的民生主义之比较. 法商论丛,2009,(4).

邓洪军. 提高党员素质　提高党的执政能力. 广东省社会主义学院学报,2009,(4).

鲁开垠. 执政党实现可持续发展的新要求. 广东省社会主义学院学报,2009,(4).

周强. 增强忧患意识　永葆党的先进性. 广东省社会主义学院学报,2009,(4).

李冰. 论党员自我身份认同危机及教育对策. 河北省社会主义学院学报,2009,(4).

卢少求. 新时期中国共产党执政文化建设的路径选择. 安徽理工大学学报(社会科学版),2009,(4).

苏亮乾. 辩证地理解和把握党的建设的总体要求. 柳州职业技术学院学报,2009,(4).

刘朋. 论胡锦涛执政党建设思想的理论特征. 中共桂林市委党校学报,2009,(4).

王增杰. 中国共产党推进党的建设科学化的历史经验. 中共四川省委省级机关党校学报,2009,(4).

韦世强. 略论新时期党风廉政建设中的党外监督. 桂林师范高等专科学校学报,2009,(4).

郑权. 以改革创新精神全面推进党的建设必须解放思想. 天津行政学院学报,2009,(4).

金刚. 和谐心理建设:加强和改进新形势下党的建设的关键. 中共济南市委党校学报,2009,(4).

俞怀宁,姜红,鲜于运波. 关于新时期加强党的执政能力建设的几点思考. 学校党建与思想教育,2009,(5).

谷松岭. 新中国成立后党的领导人对社会主义和谐社会理论的发展. 世纪桥,2009,(5).

陈仲. 关于"依法治党"的问题. 学理论,2009,(5).

杜春华. 科学发展观是党和国家解放思想的必然选择. 学理论,2009,(5).

王亚娟. 试论邓小平党的先进性思想的科学内涵. 网络财富,2009,(5).

唐方裕. 对党的建设几个问题的认识和理解. 今日浙江,2009,(5).

颜善俊. 毛泽东"着重从思想上建党"的思想对新时期党的建设的启示. 世纪桥,2009,(5).

姚桓,刘智峰. 论中国共产党加强执政能力建设的历史经验. 新视野,2009,(5).

包心鉴. 人民政协的基本职能与加强和改进中国共产党的自身建设. 新视野,2009,(5).

任志国. 浅谈新时期党的先进性建设. 青年记者,2009,(5).

张藤芳. 论公共政策评估与党的执政能力建设. 辽宁行政学院学报,2009,(5).

张志慧. 正确理解党的执政能力的内涵. 学习论坛,2009,(5).

姚玉明. 改革开放30年来党的建设理论取得的丰硕成果. 学习论坛,2009,(5).

李先伦,张子礼. 改革开放以来我们党关于民主执政思想的探索历程及启示. 学习论坛,2009,(5).

周善红. 党的历史方位与党的建设. 理论学刊,2009,(5).

张加华. 加强党的执政能力建设的三维考察. 唯实,2009,(5).

李平凡,徐杜海. 新时期改进和完善党的执政方式思考. 重庆科技学院学报(社会科学版),2009,(5).

秦宣. 改革开放以来党的意识形态建设的基本经验. 思想政治工作研究,2009,(5).

陈建华. 孙中山何时自称“革命党”——早期思想地图与“革命”指涉的勘探. 中国图书评论,2009,(5).

郑林,丁忠甫. 认同与反思:加强党的执政能力. 经济师,2009,(5).

赵铁锁,肖光文. 新中国成立以来党的制度建设历史回顾与经验总结. 理论探讨,2009,(5).

徐中,王培利. 新中国成立60年来党的执政方略的发展历程和基本经验. 理论探讨,2009,(5).

周义顺. 党的执政方式现代化研究综述. 深圳大学学报(人文社会科学版),2009,(5).

张雪凤,王滨. 略论毛泽东邓小平关于党的执政能力建设思想. 中共云南省委党校学报,2009,(5).

亓涛. 中国共产党执政合法性的历史评价和思考. 泰山学院学报,2009,(5).

资金星. 依宪执政:建国六十年中国共产党执政方式的新思维. 甘肃理论学刊,2009,(5).

蒯正明. 建国60年来中国共产党社会资源开发的历史阶段与现实启示. 胜利油田党校学报,2009,(5).

刘朋. 胡锦涛执政党建设思想论析. 胜利油田党校学报,2009,(5).

张永伟. 科学发展观、宪政思维与党的执政能力建设. 胜利油田党校学报,2009,(5).

何庚文. 新中国成立60年党对历史经验的科学总结. 攀登,2009,(5).

廖胜平. 对新中国成立以来党的制度建设的历史考察. 攀登,2009,(5).

张书林. 胡锦涛关于党内民主思想初探. 攀登,2009,(5).

杨宪福. 党的建设目标的演变进程及启示. 中共太原市委党校学报,2009,(5).

杨天英. 论胡锦涛对党的治国理论的重大创新. 中共太原市委党校学报,2009,(5).

赵凯. 党的执政能力建设与共和国的发展. 中共山西省直机关党校学报,2009,(5).

郭树人,邓群策,李志民. 改革开放以来党的建设取得的重要经验. 湖南社会科学,2009,(5).

梁鸿鸣,梁金辉. 吸取苏联解体教训　加强党的执政能力建设. 中共贵州省委党校学报,2009,(5).

雷厚礼. 党内民主事关党能否长期可持续执政. 中共贵州省委党校学报,2009,(5).

胡祖凤,谢嘉梁. 十六大以来江泽民执政思想若干理论问题研究进展. 高校社科动态,2009,(5).

张明志. 论党的先进性建设与构建社会主义和谐社会. 重庆工商大学学报(社会科学版),2009,(5).

唐茂高,孙颜民. 论陈云关于党的执政能力建设思想. 柳州师专学报,2009,(5).

宋道平. 建设学习型党组织　永葆党的先进性. 科学社会主义,2009,(5).

张延安. 试论科学发展观与党的执政能力建设. 沈阳干部学刊,2009,(5).

杨天英. 论胡锦涛对党的治国理论重大创新. 中共银川市委党校学报,2009,(5).

罗学工. 关于加强和改进新形势下党的建设的思考. 理论学习与探索,2009,(5).

张冬烁. 以科学发展观为指导　开创基层党建工作新局面. 中共铜仁地委党校学报,2009,(5).

赵中源. 问题与探索:党的执政资源问题研究综述. 当代世界与社会主义,2009,(5).

付铁军. 党的执政能力建设中的民心问题探析. 中共成都市委党校学报,2009,(5).

朱兆华,唐文成,吴晓红. 发展党内协商民主　完善党际民主协商. 理论建设,2009,(5).

衣自强. 中国共产党执政合法性的路径选择. 天水行政学院学报,2009,(5).

张永伟. 科学发展观、宪政思维与党的执政能力建设. 天水行政学院学报,2009,(5).

袁忠信,董方. 新形势下加强和改进党的建设的行动纲领. 西安政治学院学报,2009,(5).

王红光. 公民社会的兴起与党的执政方式的创新. 四川理工学院学报(社会科学版),2009,(5).

高成林. 浅谈邓小平论党的制度建设的思想理论. 延边党校学报,2009,(5).

王国田,高喜贵. 先进性建设是党执政六十年的基本经验. 延边党校学报,2009,(5).

林立公. 试论两新组织党的建设. 政治学研究,2009,(5).

蒋树声. 在科学发展观指导下迈向新征程. 中央社会主义学院学报,2009,(5).

李林. 中国共产党执政方式的改革和完善——以党的十一届三中全会为起点. 中共天津市委党校学报,2009,(5).

范爽,王建新. 以改革创新精神推进党的建设. 长春理工大学学报(社会科学版),2009,(5).

王书利. 实现从"行政"到"善政"的转变——提高党的执政能力的根本要求. 领导之友,2009,(5).

姚红. 改革开放30年党的领导方式和执政方式的转变. 云南行政学院学报,2009,(5).

张永伟. 科学发展观、宪政思维与党的执政能力建设. 中共贵州省委党校学报,2009,(5).

周金堂. 论井冈山斗争时期党的建设的历史经验及时代价值. 中国井冈山干部学院学报,2009,(5).

石磊峰. 毛泽东对党的先进性的认识——关于两个先锋队问题的思考. 法制与社会,2009,(6).

陈红英. 建国初期党对意识形态资源的开发及其启示. 党史文苑,2009,(6).

曹彩霞,张宏辉. 论王稼祥对党的建设理论的杰出贡献. 党史文苑,2009,(6).

胡国金,王员. 论和谐社会视野下党的形象建设的实现路径. 党史文苑,2009,(6).

李轶楠. 论党的执政能力内涵及其一般评价要素. 今日科苑,2009,(6).

李彦平. 改革开放以来党的执政能力提升及启示. 理论界,2009,(6).

王国梁. 试论30年来党的理论创新的主要成果. 求实,2009,(6).

赵璐,翟淑君. 建国初期马克思主义中国化的基本经验探讨——以党的奋斗目标与执政能力为视角. 理论导刊,2009,(6).

王守光. 善于在"结合"中总结60年党执政的经验. 理论学习,2009,(6).

郑志强. 金融危机视野下加强党的执政能力建设的思考. 前进,2009,(6).

姬丽萍,孙桂珍. 南京国民政府时期"党国"体制下公务员制度的变异. 河北大学学报(哲学社会科学版),2009,(6).

刘思源. 党性修养:党的建设的永恒课题——访中央社会主义学院原副院长甄小英教授. 上海党史与党建,2009,(6).

张书林. 推进党的建设的战略选择. 党政论坛,2009,(6).

柳建辉. 在历史和人民的选择中走过执政为民的60年. 新视野,2009,(6).

丁俊萍,甘信奎. 执政安全与党内民主建设中的风险防范. 理论学刊,2009,(6).

郭景森. 加强党的执政能力与领导水平的思考. 科技促进发展,2009,(6).

王芝华. 党的先进性三要素与维护执政安全. 求索,2009,(6).

许顺富. 用科学发展观创新党的领导方式和执政方式. 党政干部学刊,2009,(6).

徐民华. 党的执政方式面临的困局与思考. 江苏行政学院学报,2009,(6).

桑学成,郭海龙. 执政党建设与政治体制改革的契合与互动. 江苏行政学院学报,2009,(6).

王久渊. 试论科学发展观与党内民主的关系. 长江师范学院学报,2009,(6).

高新民. 以改革创新精神全面推进党的建设——学习党的十七届四中全会精神. 理论探索,2009,(6).

王同昌,陈琛. 对改革开放以来对党的建设作出决定的中央全会的考察与思考. 甘肃理论学刊,2009,(6).

郭伟. 认识把握党的建设基本规律,提高党的建设科学化水平. 理论与改革,2009,(6).

张素云. 中国共产党应对各种风险考验的经验与启示. 辽宁大学学报(哲学社会科学版),2009,(6).

柳礼泉,张红明. 民生视角下党的执政资源建设. 岭南学刊,2009,(6).

蔡世忠. 党的建设的历史方位和历史性转变. 中国延安干部学院学报,2009,(6).

王庭大. 建国以来党的制度建设的成就和经验. 中国延安干部学院学报,2009,(6).

肖纯柏. 执政合法性的一般理论及其启示——执政党建设的全球化视角. 中国延安干部学院学报,2009,(6).

张书林. 论提高党的建设科学化水平. 中共天津市委党校学报,2009,(6).

邢洪儒. 提高党的建设科学化水平的价值意蕴及现实要求. 领导之友,2009,(6).

麻秀荣. 当代中国社会转型期增强党执政基础的对策思考. 学习与探索,2009,(6).

朱彦姝. 推进党的建设科学化的路径. 中共山西省委党校学报,2009,(6).

吴德慧. 十一届三中全会以来党的理论创新的轨迹、特点及动因分析. 中共山西省委党校学报,2009,(6).

屈明. 在经受"四个考验"中谱写党的建设新篇章. 南京政治学院学报,2009,(6).

邱圣宏. 新形势下党的建设重大而紧迫的战略任务——关于建设马克思主义学习型政党的思考. 南京政治学院学报,2009,(6).

陈章龙. 党的建设科学化命题的逻辑必然——党的十七届四中全会精神的辩证解读. 扬州大学学报(人文社会科学版),2009,(6).

贺全胜. 邓小平关于党的执政安全思想探微. 毛泽东思想研究,2009,(6).

刘永富. 一部以全球化视野研究党的执政能力建设的优秀学术著作——评辜堪生主编的《全球化与中国共产党执政能力研究》. 毛泽东思想研究,2009,(6).

王建军. 学习毛泽东建党思想 加强新时期党的建设. 中国井冈山干部学院学报,2009,(6).

袁绍东. 党的先进性建设要为贯彻落实科学发展观服务. 中共云南省委党校学报,2009,(6).

韩宏亮. 党的先进性与人民对执政党的选择. 中共云南省委党校学报,2009,(6).

杨宪福. 党的建设目标的演变进程及启示. 哈尔滨市委党校学报,2009,(6).

祝福恩,谢璐妍. 执政党的党风关系党和人民事业的成败——学习十七届四中全会《决定》体会. 行政论坛,2009,(6).

苑申成. 社会主义先进文化与党的执政能力建设关系论析. 工会论坛(山东省工会管理干部学院学报),2009,(6).

王建刚. 不断提高党的建设科学化水平. 胜利油田党校学报,2009,(6).

靳连芳. 按照党的建设科学化的要求不断提高管党治党水平. 中国特色社会主义研究,2009,(6).

刘汉峰. 党内民主文化建设——党的建设的新视角. 中国特色社会主义研究,2009,(6).

曹义孙,梁文永. 加强依法执政的对策研究提高党的执政能力. 中国特色社会主义研究,2009,(6).

唐洲雁,王骏. 党的建设与中国特色社会主义事业的发展. 中国特色社会主义研究,2009,(6).

颜晓峰,刘光明. 全面把握运用马克思主义执政党建设规律 努力提高党的建设科学化水平. 军队政工理论研究,2009,(6).

宋锦华. 深刻认识新形势下加强和改进党的自身建设的重要性. 军队政工理论研究,2009,(6).

徐新彦. 浅析十七届四中全会对党内民主建设的创新. 攀登,2009,(6).

刘长发. 正确处理党内主要矛盾的制度创新——以利益为视角. 攀登,2009,(6).

李恩侠,尹宁. 提高党的建设科学化水平的路径选择. 中共郑州市委党校学报,2009,(6).

陈雅莉,冯德军. 反思与深化:党的执政规律与改革开放. 黑龙江社会科学,2009,(6).

陈兰英,米华,韩平. 论毛泽东建党思想哲学基础的湖湘文化特色. 湖南工业大学学报(社会科学版),2009,(6).

胡献忠. 论执政党行使公共权力的规范与监督. 天中学刊,2009,(6).

张春丽. 政党价值观之历史性与具体性的统一及其实现. 山东师范大学学报(人文社会科学版),2009,(6).

车辚. 边疆民族地区党的执政安全战略. 探索,2009,(6).

罗柏林. 邓小平执政党执政合法性思想探析. 四川理工学院学报(社会科学版),2009,(6).

王开禄. 实施党建"零距离"工程的构想. 中共铜仁地委党校学报,2009,(6).

李亮,宋庆森. 发展党内民主任重而道远——学习十七届四中全会精神. 中共铜仁地委党校学报,2009,(6).

郑东升,周成龙. 中共政党心理研究:一个价值观的视角. 晋中学院学报,2009,(6).

陈岩. 人民政协与中国共产党执政能力的提高. 中央社会主义学院学报,2009,(6).

张广辉,姜静亚. 党的执政有效性实现的要素. 中共山西省直机关党校学报,2009,(6).

胡永芬. 深刻认识、准确把握党的十七届四中全会精神. 兵团党校学报,2009,(6).

李俊伟. 党的建设总体布局中基层党建的着力点及创新方向. 长春市委党校学报,2009,(6).

冯章. 民主是党建的基石——读《党的领导与民主监督》. 出版参考,2009,(7).

王宝中. 改革开放三十年党的建设发展与创新. 世纪桥,2009,(7).

罗可成. 对党的领导方式和执政方式的理解——基于党政分开和依法执政的视角. 学理论,2009,(7).

王伟光. 坚持和发展马克思主义是党的建设之本. 前线,2009,(7).

李红丽. 党的执政能力与政治资源. 经济师,2009,(7).

刘好香. 从党的纪律性看党的先进性. 湖南科技学院学报,2009,(7).

周晓虹. 以人为本:党的先进性建设的根本理念. 新长征,2009,(7).

宋清渭. 探索和奋斗是党执政兴国的重要法宝——纪念新中国成立60周年. 党建研究,2009,(7).

牛田盛. 建国60年来党的发展观演变研究述评. 兰州学刊,2009,(7).

甘信奎. 党的十七大对基层党建理论的创新与发展. 学习论坛,2009,(7).

周全. 浅析邓小平、江泽民关于党的建设思想. 湖北经济学院学报(人文社会科学版),2009,(7).

张翠. 论和谐社会的构建与党的执政能力. 湖北经济学院学报(人文社会科学版),2009,(7).

赵恩朋. 农村"两票制"之于党的执政能力建设的价值. 中共青岛市委党校. 青岛行政学院学报,2009,(7).

刘冀瑗. 落实科学发展观　加强党的执政能力建设. 中共石家庄市委党校学报, 2009,(7).

许永璋,王力建. 论科学发展观的时代特征. 协商论坛,2009,(7).

张晋芳. 孙中山"以党治国"思想对中国共产党的影响. 今日南国(理论创新版), 2009,(7).

高新民. 按照科学发展观要求加强和改进党的建设. 前线,2009,(8).

庞永三. 我们党执政60年的国际影响. 党建研究,2009,(8).

尹学朋. 党内民主制度创新:党的执政能力建设的固本之策. 大连干部学刊,2009,(8).

卓光琳,黎道忠,王明兴. 论提高党的执政能力的多元动因和系统建构. 广东技术师范学院学报,2009,(8).

涂青松. 党的执政方式创新与中国特色社会主义政治发展. 理论月刊,2009,(8).

邱月玲. 以整风精神加强党的先进性建设. 理论界,2009,(8).

李发铨. 从"三统一"看党的执政方式. 党政干部学刊,2009,(8).

郭亚丁. 党的执政意识的历史演进及其启示. 上海党史与党建,2009,(8).

郑易平,聂圣平. 论邓小平对列宁党内民主思想的继承与发展. 毛泽东邓小平理论研究,2009,(8).

常双会. 从党的制度建设看思想理论建设的重大意义——兼论新时期思想建设的现实要求. 学理论,2009,(9).

李英锋. 论新时期党的先进性建设. 发展,2009,(9).

王长江. 大力推进党自身的改革. 中国报道,2009,(9).

高飞乐. 党内民主是党的生命. 理论参考,2009,(9).

刘会柏. 论江泽民对执政党建设理论的新贡献. 大理学院学报,2009,(9).

刘鸿义. 试论改革和完善党的执政方式. 社科纵横,2009,(9).

欧阳超. 从阶级斗争为纲到科学发展——我党执政意识的觉醒和执政理念的升华. 内江师范学院学报,2009,(9).

龙爽. 社会主义核心价值体系建设与巩固党执政的民众基础的关系. 职业技术, 2009,(9).

陈东平,龚加成. 立党为公　执政为民——中国共产党执政60年的根本经验. 今日中国论坛,2009,(9).

梁妍慧. 怎样理解以改革创新精神推进党的建设. 今日中国论坛,2009,(9).

本刊编辑部. 以改革创新精神　全面推进党的建设新的伟大工程. 理论导报,2009,(9).

边红军. 弘扬西柏坡精神　全面推进党的建设. 社会科学论坛(学术研究卷),2009,(9).

潘志纯. 深入学习实践科学发展观　加强党的自身建设. 上海党史与党建,2009,(9).

赵阳,李春. 构建社会主义和谐社会进程中党的执政能力建设. 法制与经济(下旬刊),2009,(9).

刘磊．增强忧患意识　提高党的执政能力．党政论坛,2009,(9).

林松柏．论科学发展观的实践特征．理论前沿,2009,(9).

唐洲雁．邓小平在改革开放历史新时期对党的建设的探索．毛泽东邓小平理论研究,2009,(9).

曾向阳．新中国60年党巩固和提高意识形态领域执政能力的历史经验．南京社会科学,2009,(9).

赵志家．积极探索党的执政规律,加强党的执政能力建设．经营管理者,2009,(10).

孙继红．关于加强党的执政能力建设的历史思考——从政党适应性理论看改革开放以来党的执政能力建设．福建党史月刊,2009,(10).

本刊编辑部．以改革创新精神全面推进党的建设新的伟大工程．新湘评论,2009,(10).

本刊编辑部．走科学民主依法执政之路　进一步提高党的执政水平——纪念新中国成立60周年．党建研究,2009,(10).

虞云耀．长期执政条件下加强党的建设的宝贵经验．党建研究,2009,(10).

王报换．以党为师　与党俱进——关于建设符合时代要求的学习型高素质参政党的思考．民主,2009,(10).

本刊编辑部．推进党的建设新的伟大工程．中国农业会计,2009,(10).

汪晓红．执政以来党的建设实践与理论．社科纵横,2009,(10).

谢磊．张荣臣:党的建设要直面两类问题把握主动权．理论导报,2009,(10).

加强和改进新形势下党的建设的行动纲领——学习党的十七届四中全会精神的体会．福建理论学习,2009,(10).

刘朋．应然与必然:由党领导地位的确立看执政安全——纪念中国共产党执政60周年．大连干部学刊,2009,(10).

李国和．论改革开放30年党执政理论的新发展．今日南国(理论创新版),2009,(10).

熊鉴衡．关于加强党的执政能力建设的思考．市场周刊(理论研究),2009,(10).

高象琨．浅谈学习实践科学发展观与提高党的执政能力．各界(科技与教育),2009,(10).

袁秉达．党的建设彰显改革创新精神——解读中共十七届四中全会精神的关键词．党政论坛,2009,(10).

衣芳．坚持人民群众主体论——中国共产党执政60年的根本经验．理论学刊,2009,(10).

黄彦丰．新时期加强党的执政能力建设的四个途径．南方论刊,2009,(10).

王伟光．开启党的建设伟大工程新篇章．前线,2009,(10).

曹鹏飞．夯实党的建设的执政基础．前线,2009,(10).

桑学成．提高党的建设科学化水平．群众,2009,(10).

高相辉,刘桂英．新中国60年党的先进性建设理论探索与经验．理论学习,2009,(11).

张宁. 始终抓住执政能力和先进性建设这条主线全面推进党的建设. 世纪桥,2009,(11).

赵理富. 中国共产党政党文化是全党的灵魂. 学习月刊,2009,(11).

陈俊宏. 以人为本:我们党执政理念的重大创新——陈俊宏在中央电视台《对话》栏目答问. 人民论坛,2009,(11).

张书林. 论党的建设科学化——兼解析党的十七届四中全会提出的"党的建设科学化"思想. 理论与当代,2009,(11).

王秀芳. 中国工人阶级的历史抉择——党的领导与建设中国特色社会主义工会溯源. 中国工运,2009,(11).

孙大力. 对新形势下党的建设的各项任务需要从总体上把握. 中国党政干部论坛,2009,(11).

罗一民. 推进党的建设科学化需要把握的几个环节. 中国党政干部论坛,2009,(11).

王家瑞. 世情国情党情的深刻变化给党的建设提出新要求. 当代世界,2009,(11).

姚桓. 根据时代发展要求审视和加强党的建设. 党建,2009,(11).

戴焰军. 把党的建设和党领导的事业紧密结合起来. 党建,2009,(11).

李君如. 党的建设如何科学化. 中国报道,2009,(11).

张国骥. 科学发展观:60 年来党的创新理论新飞跃. 新湘评论,2009,(11).

刘鹏. 60 年来党探索执政规律的历程及启示. 中共青岛市委党校. 青岛行政学院学报,2009,(11).

苏文慧. 治党强党兴党的行动纲领——访中央社会主义学院原副院长甄小英教授. 上海党史与党建,2009,(11).

邹安乐. 加强党的执政能力建设的三个向度. 唯实,2009,(11).

张书林. 党的十七届四中全会灵魂:党的建设科学化. 党政论坛,2009,(11).

叶世荪. 坚定扎实推进民主进程——学习党的十七届四中全会文件体会. 党政论坛,2009,(11).

胡伟. 以改革创新精神推进党的建设科学化、制度化、规范化. 毛泽东邓小平理论研究,2009,(11).

陈桦. 创建学习型党组织是一项艰巨而长期的任务——学习党的十七届四中全会《决定》的点滴体会. 中国核工业,2009,(11).

王一平. 充分认识加强和改进新形势下党的建设的重要性紧迫性. 理论导报,2009,(11).

翁有为,余源鑫. 抗战前中国共产党治党思想初探. 东岳论丛,2009,(11).

李庄. 以坚强党性保证党的作风建设. 南方论刊,2009,(11).

苏星海. 构建党建理论新体系的基本思路. 山西高等学校社会科学学报,2009,(11).

郑宽衡. 论科学发展观视域下党的执政能力建设. 赤峰学院学报(汉文哲学社会科学版),2009,(11).

刘芬. 巩固党执政的合法性　提高党执政的科学性——浅论加强党的执政能力建设的途径. 法制与社会,2009,(12).

黄春梅. 中国共产党执政理念的历史演进——从党的历次全国代表大会看党的执政理念科学发展. 传承,2009,(12).

梁海斌. 党的民主建设是提高执政能力的关键——"中国共产党的民主建设"学术研讨会综述. 上海党史与党建,2009,(12).

本刊编辑部. 不断提高党的建设科学化水平. 兵团建设,2009,(12).

朱彦姝. 推进党的建设科学化的路径与重点. 理论学习,2009,(12).

李庄. 以坚强党性保证党的作风建设. 理论学习,2009,(12).

马振清. 党的先进性建设长效机制建立的必要性与途径. 理论月刊,2009,(12).

杨绍华. 一个重大命题和重大任务:提高党的建设科学化水平. 中国党政干部论坛,2009,(12).

盛克勤. 深入践行先进性　推进党的建设科学化. 群众,2009,(12).

陈登才. 把握马克思主义执政党建设的基本经验　提高党的建设科学化水平. 前线,2009,(12).

全国党建研究会秘书处. 新中国成立60年来党的建设主要成就与经验研讨会综述. 党建研究,2009,(12).

毛光烈. 在党领导的伟大事业中进一步加强执政党的建设. 宁波经济(三江论坛),2009,(12).

储霞. "党的建设科学化":一个全新而重大的战略命题. 党政干部学刊,2009,(12).

段冰冰. 加强党性修养　以坚强的党性保证党的作风建设. 党政干部学刊,2009,(12).

李春耕. 党的历史方位与党的建设科学化. 唯实,2009,(12).

张书林. 十七届四中全会的灵魂:党的建设科学化. 唯实,2009,(12).

张晨. 新媒体背景下党的执政能力建设思考. 唯实,2009,(12).

周多刚. 建国以来党的领导核心对人民内部矛盾理论的探索. 唯实,2009,(12).

刘健婷. 新形势下如何完善执政党建设——从党内民主到多党合作制的发展与完善. 党政论坛,2009,(12).

张昊. 三大作风与现阶段党的建设. 企业导报,2009,(12).

李君如. 新形势下执政党建设的纲领性文献——学习党的十七届四中全会《决定》的几点体会. 当代江西,2009,(12).

李春耕. 党的历史方位与党的建设科学化. 上海党史与党建,2009,(12).

王春玺. 正确处理社会公正问题——以加强党的建设为视角. 毛泽东邓小平理论研究,2009,(12).

吴桂韩. 努力提高党的建设科学化水平. 南方论刊,2009,(12).

马栗. 中国共产党意识形态在其建设历程中功能的嬗变. 山西高等学校社会科学学报,2009,(12).

黄霞. 新形势下继续推进党的建设的重大意义. 今日南国(理论创新版),2009,(12).

靳连芳,黄小钫. 提高执政危机意识　加强和改进党的建设. 办公室业务,2009,(12).

巴杰. 延安精神与党的先进性教育. 创新,2009,(12).

张艳梅,刘建德,牛保明. 延安时期党的作风建设的意义. 学校党建与思想教育,2009,(13).

沙拉买提·阿斯木,热合木江·巴拉提. 加强和改善党的执政能力是保持党的先进性的基础. 经济研究导刊,2009,(13).

本刊评论员. 党的坚强领导是社会主义中国的最大政治优势——纪念中国共产党成立88周年. 求是,2009,(13).

张莺. 抗日战争时期陈云对党的知识分子政策的贡献. 学理论,2009,(13).

王学红. 试论党的中央领导集体对党内民主建设的探索及创新. 中国市场,2009,(13).

戴立兴. 党的建设前沿理论的探索与创新. 中国监察,2009,(13).

李永忠. 60年执政党整党的启示. 南风窗,2009,(13).

原永胜. 民主集中制执行中存在问题及对策建议. 理论前沿,2009,(13).

朱民安. 加强基层党内民主集中制的实践着力点. 理论前沿,2009,(13).

李贵富. 试论党的中央领导集体对党内民主建设的探索及创新. 才智,2009,(14).

赵彩霞. 论七千人大会上刘少奇对党的建设理论的历史贡献. 党史文苑,2009,(14).

陈方勐. 农村基层党组织如何适应社会转型的新形势. 理论前沿,2009,(14).

朱夫夫. 论《论共产党员的修养》对党的先进性建设的启示. 传承,2009,(16).

漆奋勇. 切实加强党的执政能力建设要坚持"以人为本". 广东科技,2009,(16).

毛政相. 增强党员自豪感:加强党的先进性建设的重大课题——对五年来党员自豪感情况的对比调查与分析. 理论前沿,2009,(16).

刘吉红. 时代的要求　人民的期盼——以改革创新精神加强党的建设. 学理论,2009,(16).

胡苏平. 在积极应对挑战中推进党的思想理论建设. 求是,2009,(17).

程继山. 用科学发展观统领党的建设. 学习月刊,2009,(17).

石仲泉. 六十年发展进步与党的创造性探索经验. 理论前沿,2009,(17).

本刊编辑部,马永义. 中共十七届四中全会对新形势下党的建设作出重大部署. 党史文苑,2009,(18).

李灵玲. 陈云党内民主思想对党的执政能力建设的重大价值. 党史文苑,2009,(18).

刘亚军. 探索党的先进性建设的实践思考. 政工研究动态,2009,(18).

孟德生. 不断加强党的建设　全面提升党的执政能力. 先锋队,2009,(18).

谢峰. "执政经验与执政规律"理论研讨会综述. 理论前沿,2009,(18).

郭增荣. 继续加强党的执政能力建设. 黑龙江史志,2009,(19).

曾成贵. 在坚持的基础上丰富发展党的建设基本经验. 学习月刊,2009,(19).

孙承斌,李亚杰,谭浩. 从党的十七届四中全会看党的建设. 当代贵州,2009,(19).

贾秀莲. 六十年来党对执政方式的探索与启示. 理论前沿,2009,(20).

陈东平,余振武. 坚持真理、修正错误是党执政60年的鲜明特征. 红旗文稿,2009,(20).

李艳波,李瑞珂. 古田会议前后毛泽东的三落三起与党的建设思想的发展. 福建党史月刊,2009,(20).

李苏琼. 略论中共五大前后党的建设. 学理论,2009,(21).

罗松远. 论保持党的先进性的必要性. 世纪桥,2009,(21).

陈建华. 努力提高党的建设科学化水平. 学习月刊,2009,(21).

贾庆林. 在中国特色社会主义道路上不断完善和发展中国共产党领导的多党合作和政治协商制度. 求是,2009,(21).

孙承斌,李亚杰,谭浩. 从十七届四中全会看党的建设. 先锋队,2009,(21).

彭焕才. 善治与党构建社会主义和谐社会能力建设. 学理论,2009,(22).

马冀. 促进党内民主与人民民主良性互动的建议. 理论前沿,2009,(22).

朱兆华. 党内民主对党际民主的示范和带动作用. 理论前沿,2009,(22).

余立,朱夫夫. 延安整风与党的先进性建设. 传承,2009,(22).

张娟. 新时期提高党的依法执政能力研究. 传承,2009,(22).

苏媛媛. 抗战时期党的建设与"三三制"政权建设. 福建党史月刊,2009,(22).

邢洪儒,邵玉. 提高党的建设科学化水平的价值意蕴、基本思路和实践要求. 政工研究动态,2009,(22).

汤文隽. 科学发展与执政之基. 理论前沿,2009,(23).

王玉华. 把握好党内民主建设的几个关键环节. 理论前沿,2009,(23).

邹婷婷. 提高党的执政能力需加强权力制约监督. 黑龙江史志,2009,(23).

石月荣. 江泽民执政党建设理论发展进程简析. 学理论,2009,(24).

杜艳艳. 建国六十年党的先进性建设的历史沿革和基本经验. 学理论,2009,(24).

李庆刚. "执政60年历史进程与经验"研讨会综述. 理论前沿,2009,(24).

刘军,徐生. 阶层文化整合中的执政党意识形态建设问题. 理论前沿,2009,(24).

秋石. 不断提高党的建设科学化水平. 求是,2009,(24).

王克群. 党加强自身建设六大基本经验解读. 当代广西,2009,(24).

王丽华. 公民社会下巩固党的执政基础之对策. 理论前沿,2009,(24).

谢越. 提高党的制度建设科学化水平. 理论前沿,2009,(24).

尤立俊,吴常柏. 浅探中国共产党的执政理念——立党为公,执政为民. 黑龙江史志,2009,(24).

张长明. 挑战与超越:和谐社会语境下党的执政能力断想. 学理论,2009,(26).

秦浩元. 党的先进性建设的意义及实现途径. 黑龙江科技信息,2009,(28).

本刊评论员. 新中国60年党的建设的宝贵经验. 学校党建与思想教育,2009,(30).

梅荣政,荣开明. 我们党不断增强执政的理论基础的宝贵经验. 学校党建与思想教育,2009,(32).

本刊评论员. 提高党的建设科学化水平. 学校党建与思想教育,2009,(33).

崔冠杰. 对党的先进性建设的一些思考. 中国市场,2009,(48).

夏芸,万俊杰. 加强党的执政能力建设必须树立和践行社会主义荣辱观. 求实,2009,(S1).

周勇. 中共"七大"视角下对新时期党的先进性建设的创新思考. 兰州学刊,2009,(S1).

王引珍. 科学发展观背景下党执政理念的新发展. 山西师大学报(社会科学版),2009,(S1).

鞠华. 论改革开放与加强党的建设——纪念中国改革开放三十周年. 首都师范大学学报(社会科学版),2009,(S2).

王慧明,刘炳良,王德中. 十六大以来党的执政理念的新发展与社会主义和谐社会的构建. 首都师范大学学报(社会科学版),2009,(S2).

张蕊. 毛泽东邓小平江泽民党的思想建设理论比较. 三峡大学学报(人文社会科学版),2009,(S2).

侯路军. 改革开放以来我党对科学社会主义理论的丰富和发展. 三峡大学学报(人文社会科学版),2009,(S2).

乐奇,蔡常青. 发展党内民主是全面推进党的建设的战略任务. 实践(思想理论版),2009,(Z1).

高翔莲,张锦高. 有效开展党的执政理念教育的途径与方法探讨. 中国高等教育,2009,(Z3).

卢先福. 党的执政方式研究的新视角、新思路. 光明日报,2009/01/29(003).

虞云耀. 以新的视角深入研究党的执政方式. 人民日报,2009/02/06(007).

庞学东. 党的建设要更加关注"民情". 学习时报,2009/06/08(005).

杨健. "替谁说话"与"为谁执政". 人民日报,2009/06/19(005).

董宏君. "我们一直在努力提高执政水平". 人民日报,2009/07/01(008).

江超. 实践科学发展观永葆党的先进性. 学习时报,2009/07/06(014).

张全景,周新建,刘海藩,高选民,孙学玉,王占生,姜培茂,王通讯,沙启军. 提升核心能力　增强执政能力. 光明日报,2009/07/07(010).

李亚杰. 认真开展党务公开工作　促进党内民主建设. 人民日报,2009/07/18(002).

李智勇. 考验执政智慧. 人民日报,2009/07/21(012).

祝灵君. 党领导下的民主. 学习时报,2009/08/03(005).

艾沐. 坚持把党的执政能力建设和先进性建设作为主线. 人民日报,2009/08/26(007).

吴毅君. 着力解决民生问题　夯实党的执政基础. 光明日报,2009/08/29(007).

汤一原,王皓. 创新社会领域党建　夯实党的执政基础. 北京日报,2009/09/15(001).

闫志民. 我们党的执政地位是在不懈奋斗中取得和巩固的. 人民日报,2009/09/16(007).

虞云耀. 长期执政条件下加强党的建设的宝贵经验. 光明日报,2009/09/23(006).

曹建文. 执政为民 铸就党的中坚力量. 光明日报,2009/09/27(007).

董宏君. 夯实执政兴国之基 党建尽显蓬勃生机. 人民日报,2009/09/28(008).

董宏君. 铸就党执政为民的中坚力量. 人民日报,2009/09/30(008).

祝灵君. 新时期党的基层组织建设回顾. 学习时报,2009/10/12(005).

任大立. 推进党内民主要以保障党员民主权利为根本. 人民日报,2009/10/28(007).

李直,裴智勇. 公众有序参与助推科学民主决策. 人民日报,2009/11/18(017).

袁赛男,泊宁. 探索后发地区以党建促发展的科学之路. 学习时报,2009/12/07(011).

李良栋. 党的纪律检查工作历史经验总结和思考. 学习时报,2009/12/14(006).

王天祥. 积极探索加强党内基层民主建设的途径. 人民日报,2009/12/17(007).

刘继贤. 治党治国治军之道:理·法·情. 学习时报,2009/12/21(007).

徐姗娜. 不断提高党的建设科学化水平. 学习时报,2009/12/28(011).

王比学,秦佩华,裴智勇. 2009 民主政治新亮点. 人民日报,2009/12/23(017).

3. 参政党建设

张艳国,陈阳. 论整合政协民主监督与新闻监督. 社会主义研究,2009,(1).

王刚,魏晓文. 人民政协的民主监督功能开发探析. 甘肃社会科学,2009,(1).

吕晔. 无锡市政协探索加强民主监督新形式. 江苏政协,2009,(1).

张大钧. 积极履行民主监督职责 做好党风联络员、特约监察员工作. 江苏政协,2009,(1).

刘蓉宝. 论构建适应新一代民主党派干部成长规律的培养选拔机制. 中央社会主义学院学报,2009,(1).

朱国维,郑锋. 论进一步加强民主党派后备干部队伍建设. 中央社会主义学院学报,2009,(1).

高会洪. "柔性监督"与强化约束力——关于加强民主党派民主监督的几点思考. 中央社会主义学院学报,2009,(1).

农工党黑龙江省委理论研究组,徐丹,杜庆林. 深入学习实践科学发展观 全力推进民主党派的各项工作. 黑龙江省社会主义学院学报,2009,(1).

梁宏. 中国政治发展与参政党建设的互动关系. 黑龙江省社会主义学院学报,2009,(1).

郑心穗. 把握主题 注重实效 深入扎实开展政治交接学习教育活动. 湖北省社会主义学院学报,2009,(1).

姚凯伦. 深入学习贯彻十七大精神 全面加强参政党自身建设. 湖北省社会主义学院学报,2009,(1).

吕忠梅. 关于民主党派成员参政议政素质的思考. 湖北省社会主义学院学报,2009,(1).

张永红. 在政治交接中提升民主党派参政能力的思考. 湖北省社会主义学院学报,2009,(1).

李物让,吴楚云,王临平. 发挥优势　创新机制　积极协助民主党派搞好政治交接. 湖北省社会主义学院学报,2009,(1).

赵霞. 增强民主党派领导干部培训工作实效性. 福建省社会主义学院学报,2009,(1).

赵太航. 论建国初期民主党派的政党意识. 福建省社会主义学院学报,2009,(1).

张世坤. 改革开放背景下参政党建设的依据和途径. 广西社会主义学院学报,2009,(1).

宋丹蕾. 民主党派开展新的社会阶层人士工作的思考. 广西社会主义学院学报,2009,(1).

民建南宁市西方塘区总支. 如何充分发挥民主党派的民主监督作用. 广西社会主义学院学报,2009,(1).

彭忠平,卢青豪. 浅谈当前民主党派基层组织建设存在的问题及对策. 广西社会主义学院学报,2009,(1).

祝淑月. 民主党派参与公共政策制定的实践分析——以近十年民主党派浙江省委会提交的提案为分析对象. 福建省社会主义学院学报,2009,(1).

许奕锋. 关于我国民主监督制度效率的理论思考. 湖南省社会主义学院学报,2009,(1).

张达青. 改革开放以来参政党民主监督探析. 重庆社会主义学院学报,2009,(1).

李炜永. 近10年来民主党派监督职能研究述评. 重庆社会主义学院学报,2009,(1).

郁建栋. 科学发展观对民主党派发展的几点启示. 重庆社会主义学院学报,2009,(1).

陈文正. 参政党建设与民生问题研究. 重庆社会主义学院学报,2009,(1).

徐映奇. 广州市民主党派基层组织建设中的问题和对策. 广州社会主义学院学报,2009,(1).

肖承罡. 多党合作制框架下参政党推进自身民主建设的几点思考. 广东省社会主义学院学报,2009,(1).

徐剑锋. 公道自在人心——读《中国致公党史论稿》. 广东省社会主义学院学报,2009,(1).

李淑兰. 论强化民主党派参政党意识的内涵与路径. 江西行政学院学报,2009,(1).

曹蓉. 中国参政党参政议政的历史发展. 四川统一战线,2009,(1).

中国农工民主党关于加强思想政治建设的意见. 前进论坛,2009,(1).

李炜永. 近十年来民主党派监督职能研究述评. 宁夏党校学报,2009,(1).

余天武. 抗战时期的农工党·农工党在武汉的抗日活动. 前进论坛,2009,(1).

刘则永．李济深：从创立民革到参加新中国筹建．团结，2009，(1)．

李立，黄莉．我省党外知识分子的思想状况政治诉求调查与思考．贵州社会主义学院学报，2009，(1)．

艾婷芳．新时期加强高校党外知识分子队伍建设的思考．湖北省社会主义学院学报，2009，(1)．

湖南省委统战部课题组．对党外正职与党组织关系问题的调查与思考．湖南省社会主义学院学报，2009，(1)．

邵阳市委统战部课题组．关于基层党外正职与任职单位党组织关系的调查与思考．湖南省社会主义学院学报，2009，(1)．

张雄．党外正职履职的几个复杂关系及调适．湖南省社会主义学院学报，2009，(1)．

方雷，李新锁．新形势下加强党外人士政治引导的探索．重庆社会主义学院学报，2009，(1)．

王守平．选准角度　增强民主监督实效．协商论坛，2009，(2)．

杨爱珍．民主党派政党文化建设的路径选择．新视野，2009，(2)．

中国致公党湖南省委，中国致公党长沙市委．开展民主党派党内监督应注意的几个理论问题．中央社会主义学院学报，2009，(2)．

杨雪燕．发挥参政党功能优势　引导新社会阶层的有序政治参与．湖北省社会主义学院学报，2009，(2)．

曾宪强．民主党派在参政议政中存在的问题及改进途径．湖北省社会主义学院学报，2009，(2)．

唐长久，蒋艳丽．论民主党派的政治价值及其演变．湖北省社会主义学院学报，2009，(2)．

吴秀凤．弘扬台盟老一辈的优良传统　夯实多党合作政治思想基础．湖北省社会主义学院学报，2009，(2)．

郑楚光．继承传统　努力建设新型参政党．湖北省社会主义学院学报，2009，(2)．

周宜开．薪火相传　政治交接任重道远．湖北省社会主义学院学报，2009，(2)．

周洪宇．以政治交接学习教育活动推进湖北民进自身建设．湖北省社会主义学院学报，2009，(2)．

仇小乐．湖北民建开展政治交接学习教育活动的实践与体会．湖北省社会主义学院学报，2009，(2)．

郭生练．开展政治交接学习教育活动　推动民盟各项工作．湖北省社会主义学院学报，2009，(2)．

袁廷华．把参政党建设理论研究提高到一个新水平——在浙江社会主义学院“改革开放30年与参政党建设”理论研讨会上的发言．福建省社会主义学院学报，2009，(2)．

李美玲，郑毅．新一轮思想解放视域中的民主党派．福建省社会主义学院学报，2009，(2)．

陈文正．民主党派参政议政能力的实证研究——基于浙江省台州市的考察．福建省社会主义学院学报，2009，(2)．

范前锋. 二十年来参政党建设研究综述——纪念中发[1989]14 号文件颁发 20 周年. 广西社会主义学院学报,2009,(2).

黄爱军. 增强民主党派民主监督的活力和实效. 广西社会主义学院学报,2009,(2).

覃建平. 试论执政党建设对参政党建设的引导和示范. 广西社会主义学院学报,2009,(2).

王钦敏. 做好专委会工作,更好地履行参政党职能. 湖南省社会主义学院学报,2009,(2).

中共重庆市大渡口区委统战部课题组. 民主党派内部监督机制研究. 重庆社会主义学院学报,2009,(2).

廖周. 九三学社社章总纲历史考察. 重庆社会主义学院学报,2009,(2).

王卓贤. 民革组织工作的新情况及对策. 团结,2009,(2).

傅远佳. 提高广西民主党派参政议政整体水平的若干思考. 钦州学院学报,2009,(2).

周铁农. 认真学习贯彻全国"两会"精神,切实履行参政党职能. 团结,2009,(2).

刘思弘,谢群慧. 参政议政. 浦东开发,2009,(2).

梁罡,于晓霞. 试析第三党的社会主义思想. 吉林省社会主义学院学报,2009,(2).

郑琼茹,贺新宇. 论新时期民族地区高校民主党派的作用. 西昌学院学报(社会科学版),2009,(2).

成鸿飞. 新阶段党外人士政治引导过程中存在的问题与对策分析. 河北省社会主义学院学报,2009,(2).

蔡永飞. 政治协商·民主监督·参政议政. 团结,2009,(2).

佟一. 用科学发展观指导新形势下的民主党派工作. 中央社会主义学院学报,2009,(3).

杨爱珍. 民主党派的政党职能和政党功能分析. 中央社会主义学院学报,2009,(3).

梁英. 建设高素质的参政党是民主党派自身发展的需要. 中央社会主义学院学报,2009,(3).

王小鸿. 论民主党派在应对突发事件中的作用. 上海社会主义学院学报,2009,(3).

高贤芳. 论民主党派在应对突发公共事件中的地位和作用. 贵州社会主义学院学报,2009,(3).

何筑霞. 新时期民主党派参政议政的实践与探索. 贵州社会主义学院学报,2009,(3).

梁晓宇. 改革开放以来参政党建设的主要经验探悉. 贵州社会主义学院学报,2009,(3).

徐德荣. 论民主党派科学发展的路径. 黑龙江省社会主义学院学报,2009,(3).

胡筱秀. 与共和国一起成长的中国民主党派. 黑龙江省社会主义学院学报,2009,(3).

周谦. 浅议民主党派的监督机制和内部监察体系. 广州社会主义学院学报,2009,(3).

李玲. 民主党派在人民政协创建时期的重要作用. 广州社会主义学院学报,2009,(3).

杨归泓. 整合地方政治资源　发挥民主党派在科学发展中的促进作用. 广州社会主义学院学报,2009,(3).

张书民. 搞好政治交接,筑牢高素质参政党可持续发展的根基. 河北省社会主义学院学报,2009,(3).

徐祖荣. 科学发展观与参政党参与公共决策研究——基于民进杭州市委会参政议政工作. 广东省社会主义学院学报,2009,(3).

陈文正. 民主党派参政议政能力的实证研究——基于浙江省台州市的考察. 广东省社会主义学院学报,2009,(3).

夏立义. 试论基层人民政协民主监督的现状与创新. 湖北省社会主义学院学报,2009,(3).

吕忠梅. 关于民主党派成员参政议政素质的思考. 湖北省社会主义学院学报,2009,(3).

彭光华,陈波. 试论参政党文化建设. 湖北省社会主义学院学报,2009,(3).

陈大明,曾昭富,鲁昌宏. 从"参政议政三件大事"看民主党派参政能力建设. 湖北省社会主义学院学报,2009,(3).

王相红. 湖北省参政党理论研究专委会第三届年会论文观点综述. 湖北省社会主义学院学报,2009,(3).

刘菊香. 关于参政党建设理论创新的思考. 广西社会主义学院学报,2009,(3).

郑宪. 浅议我国民主党派职能的定位与开发. 重庆社会主义学院学报,2009,(3).

何羡. 力求创新　探索民主党派主题教育活动新路径. 重庆社会主义学院学报,2009,(3).

陈亚东. 加强自身建设　提高参政议政能力. 重庆社会主义学院学报,2009,(3).

张素云,安晓波,宋辉. 高校民主党派工作面临的新形势与新要求探析. 重庆社会主义学院学报,2009,(3).

陆杰华. 改革开放以来参政党发展与创新的若干思考. 北京观察,2009,(3).

姜天麟. 学习贯彻科学发展观　切实加强参政党建设. 前进论坛,2009,(3).

苏文杰. 如何增强民主监督的活力与实效的探索与思考. 内蒙古统战理论研究,2009,(3).

浦兴祖. 用足人民政协的"民主监督"功能. 中国井冈山干部学院学报,2009,(3).

张传友,周兰先. 畅通民主监督渠道　促进改革发展稳定. 协商论坛,2009,(3).

郑平. 和谐是民革基层组织建设的重要目标. 团结,2009,(3).

姜胜洪. 新社会阶层参政议政存在的问题及对策思考. 前沿,2009,(3).

本刊编辑部. 政协委员参政议政. 贵阳文史,2009,(3).

兰岚. "三个有"提高基层组织活动含金量. 团结,2009,(4).

张解放. 民主监督实践的点滴体会. 团结,2009,(4).

李绪松,夏立义. 浅议基层人民政协民主监督的创新. 学习月刊,2009,(4).

黑龙江省社会主义学院课题组,张宏艳. 增强民主党派民主监督活力与实效的对策研究. 中央社会主义学院学报,2009,(4).

梅晓山,王淑华. 浅谈如何充分发挥民主党派在人民政协中的作用. 中央社会主义学院学报,2009,(4).

魏晓文. 改革开放以来参政党能力建设的发展与创新. 广州社会主义学院学报,2009,(4).

黄爱军. 发挥民主党派民主监督功能,促进科学发展. 广州社会主义学院学报,2009,(4).

张朝军. 关于参政党机关文化建设的一些思考. 河北省社会主义学院学报,2009,(4).

张焕金. 民主党派加强自身建设问题的几点思考. 河北省社会主义学院学报,2009,(4).

刘菊香. 浅议民主党派政治交接中的文化认同——以广西民盟为例. 河北省社会主义学院学报,2009,(4).

储建增. 浅谈民主党派主委角色的丰富内涵. 河北省社会主义学院学报,2009,(4).

张欧阳. 试论参政党在维护弱势群体利益中的作用. 湖北省社会主义学院学报,2009,(4).

吕琳. 学习实践科学发展观与加强参政党的制度建设. 湖北省社会主义学院学报,2009,(4).

任瑞珏. 关于建立健全民主党派内部监督机制的思考. 湖北省社会主义学院学报,2009,(4).

刘菊香. 论以文化认同推进民主党派政治认同. 湖北省社会主义学院学报,2009,(4).

刘传红,魏昌华. 高校民主党派组织生活创新研究. 湖北省社会主义学院学报,2009,(4).

刘中建. 论科学发展观指导下的民主党派基层组织建设. 福建省社会主义学院学报,2009,(4).

卿孝勇. 参政党内部监督问题研究. 广西社会主义学院学报,2009,(4).

加强参政党建设要把握好三个关系. 团结,2009,(4).

秦宣. 推进人民政协民主监督的几点思考. 中国政协理论研究,2009,(4).

朱坤道. 高校党外干部培养选拔工作探索. 集美大学学报(哲学社会科学版),2009,(4).

郭清梅. 用科学发展观指导党外干部培养选拔工作. 中央社会主义学院学报,2009,(4).

孙瑞华. 中国参政党建设理论体系探究. 新视野,2009,(5).

严隽琪. 民主党派在社会主义民主政治建设中的地位和作用. 中央社会主义学院学报,2009,(5).

周铁农. 走中国特色社会主义政治发展道路是民革的必然选择. 中央社会主义学院学报,2009,(5).

王善平，姚靠华，江子福. 多重述告制：民主党派涉职公权力成员内部监督刍议. 广西社会主义学院学报，2009，(5).

何化利，符玉梅. 以科学发展观引领民主党派新发展. 广西社会主义学院学报，2009，(5).

刘菊香. 以文化认同增进民主党派成员的国家认同. 广西社会主义学院学报，2009，(5).

何灵芝. 完善民主党派履行职能发挥作用的机制. 重庆社会主义学院学报，2009，(5).

赵太航. 20 世纪 90 年代以来国内参政党意识研究述评. 重庆社会主义学院学报，2009，(5).

李志坚. 以党内法规建设为抓手　加强参政党的制度建设. 重庆社会主义学院学报，2009，(5).

孙瑞华. "政党功能"与"参政党职能". 湖北省社会主义学院学报，2009，(5).

赵道静. 新形势下民主党派社会服务工作相关问题探析. 湖北省社会主义学院学报，2009，(5).

吴世金. 民主党派参政议政职能思考. 湖北省社会主义学院学报，2009，(5).

蔡永飞. 政治交接·政治安排和实职安排·中上层人士. 团结，2009，(5).

文久喜，熊仪江. 努力建设适应时代要求的参政党——绵阳市民主党派自身建设实践与探索. 四川统一战线，2009，(5).

唐敏. 用科学发展观引领参政党的建设与发展. 西南民族大学学报(人文社科版)，2009，(5).

郑惠强. 加强参政党制度建设提高参政议政水平. 中国统一战线，2009，(5).

肖爱莉. 以科学发展观为统领　切实加强机关民主监督. 现代经济(现代物业下半月刊)，2009，(5).

赵秀芳. 党际和谐与参政党在构建和谐社会中的作用. 山东行政学院山东省经济管理干部学院学报，2009，(5).

周铁农. 科学发展观与参政党建设. 团结，2009，(5).

袁建民. 浅谈参政议政的基础性工作. 前进论坛，2009，(5)

闫星光. 浅论增强民主监督的活力和实效. 内蒙古统战理论研究，2009，(5).

陈燎宏. 论中国的民主监督. 嘉兴学院学报，2009，(5).

邹立新. 搭建履职平台　畅通参政渠道. 吉林人大，2009，(6).

徐锦笙. 论有效发挥人民政协民主监督的作用. 沧桑，2009，(6).

徐祖荣. 善治语境下创新政协民主监督机制研究. 马克思主义与现实，2009，(6).

邱永文. 论参政党的政治参与. 北京社会主义学院学报，2009，(6).

王耀辉，杨永. 充分发挥民主党派在人民政协参政议政中的作用. 湖北省社会主义学院学报，2009，(6).

蔡永飞. 论党的建设中参政党党内民主建设. 中国延安干部学院学报，2009，(6).

彭光华. 参政党民主监督的难点分析及对策探讨. 湖北省社会主义学院学报，2009，(6).

席成涛. 关于提高参政议政能力的几点思考. 湖北省社会主义学院学报,2009,(6).

龚继民. 改革开放以来我国民主党派进步机制探讨. 福建省社会主义学院学报,2009,(6).

郑立. 切实把政治协商纳入决策程序. 重庆社会主义学院学报,2009,(6).

邱道持. 中国民主党派要坚定不移地坚持多党合作制度. 重庆社会主义学院学报,2009,(6).

李朝林. 增强民主党派政治参与的有序性. 重庆社会主义学院学报,2009,(6).

李美玲. 论参政党内部监督的理论基础. 重庆社会主义学院学报,2009,(6).

杨钢,包绍棠,周光敏,杨云霞. 民主党派组织发展工作趋势的思考. 重庆社会主义学院学报,2009,(6).

王光. 对医疗事业单位民主党派工作的探讨——以重庆医科大学教学医院为例. 重庆社会主义学院学报,2009,(6).

牛汝极. 树立参政党意识,为新疆发展贡献力量. 民主,2009,(6).

刘嗣元. 积极参政议政　服务于党和政府的中心工作. 世纪行,2009,(6).

李波. 新世纪以来参政党理论建设研究综述. 辽宁工业大学学报(社会科学版),2009,(6).

付丽萍. 加强素质培养　提高参政议政能力. 世纪行,2009,(6).

曹建国. 以提案为载体,积极履行参政党职能. 民主,2009,(7).

生态文明建设是新时期农工党工作的重要着力点. 前进论坛,2009,(7).

李震雷. 浅议民主党派的民主监督. 湖北第二师范学院学报,2009,(7).

成伟. 论私营企业主参政议政对构建和谐社会的价值. 东岳论丛,2009,(7).

陶世贤,王强. 参政议政"六步工作法"的实践与思考. 江苏政协,2009,(7).

严隽琪. 为建设适应时代要求的高素质参政党提供坚实的组织保障. 民主,2009,(8).

赵腊根. 提高参政议政实效的思考与实践. 江苏政协,2009,(8).

戴正春. 主动作为　务实创新　提高参政议政实效. 江苏政协,2009,(8).

冒怀澧. 为祖国建设和改革开放积极参政议政. 四川统一战线,2009,(8).

唐莉芳. 加强民主监督作用的实现路径分析. 新西部(下半月),2009,(8).

郭立魁. 全面准确地认识人民政协民主监督的性质和作用. 协商论坛,2009,(8).

冯波. 论人民政协民主监督在社会主义监督体系中的地位. 长春理工大学学报(高教版),2009,(8).

郁乐仁. 围绕中心巧参政. 协商论坛,2009,(9).

彭雪莲. 毕节试验区民主党派参政现状研究. 毕节学院学报,2009,(9).

廖秀健. 论民主党派内部监督机制的完善. 行政与法,2009,(9).

任郑杰. 提高参政党参政议政整体能力和水平. 协商论坛,2009,(9).

钱玉峰. 新社会阶层应该成为参政党建设的积极因素. 党政干部学刊,2009,(9).

张金英. 在参政议政中历练　在尽职尽责中奉献. 民主,2009,(9).

郁乐仁. 围绕中心巧参政. 协商论坛,2009,(9).

杨勇，高雷，张卫星．委派监督员把民主监督落到实处．协商论坛，2009，(9)．

陆书洪．发挥人民政协优势　提高民主监督实效——对政协履行民主监督职能的几点思考．江苏政协，2009，(9)．

王彩玲．挑战与回应——论民主党派参政议政专业化．湖北社会科学，2009，(10)．

喻建．在党际和谐背景下对我国参政党组织建设的思考．产业与科技论坛，2009，(10)．

张亚光，郭国祥．论中国特色的政协民主监督．理论月刊，2009，(10)．

张峰．把政治协商纳入决策程序的切实之举——评《中共广州市委政治协商规程(试行)》．中国政协，2009，(10)．

吴依殿．强化社情民意工作　提升民主监督作为．政协天地，2009，(11)．

曹蓉．试论民主监督制度化规范化程序化建设．四川统一战线，2009，(12)．

王彩玲．参政党的科学发展之路．理论前沿，2009，(22)．

吴礼芹．网络环境下政治参与及民主监督促进作用．中国集体经济，2009，(28)．

喻建．在党际和谐背景下对我国参政党组织建设的思考．学理论，2009，(30)．

杜青林．我国民主党派光辉的发展历程．人民日报，2009/09/16(007)．

叶晓楠．民主党派打造党内监督机制．人民日报，2009/01/12(010)．

潘跃．积极参政议政护航民企民生．人民日报，2009/10/27(018)．

潘跃，杨路，张晶．民革　促进和平统一　履行参政职能．人民日报，2009/07/28(018)．

刘翔霄．用创新精神提升民盟参政能力．人民日报，2009/04/16(004)．

贾国祥．政协参政议政莫当“旁观者”．人民政协报，2009/11/09(C03)．

王健．实现“三个对接”提高参政议政实效．人民政协报，2009/10/26(C03)．

董淑亮．运用科学方法提高参政议政水平．人民政协报，2009/07/27(C03)．

毛丽萍，彭爱平，龚正．从八方面完善政协民主监督工作机制．人民政协报，2009/12/12(A02)．

刘学明．发挥民主监督作用重在善于监督力求实效．人民政协报，2009/12/07(C03)．

夏玉珠．委员视察是独特而有效的民主监督形式．人民政协报，2009/11/23(C03)．

潘庆元．正确把握民主监督着力点　增强民主监督实效性．人民政协报，2009/10/19(C03)．

陈光源．强化对灾后重建工作的民主监督．人民政协报，2009/09/07(C03)．

周清水．把握好民主监督的三性与三度．人民政协报，2009/08/17(C03)．

李光平．自觉接受政协民主监督．人民政协报，2009/05/20(A02)．

张峰．完善民主监督机制　建设社会主义政治文明．人民政协报，2009/05/04(C03)．

康建才．创新机制　拓展平台　有效履行政协民主监督职能．人民政协报，2009/04/04(A03)．

宋土生．完善民主监督机制　提高民主监督实效．人民政协报，2009/02/23(B03)．

叶金生. 推进政治协商纳入决策程序的实践与思考. 人民政协报,2009/08/31(C03).

屠海鸣. 实践科学发展观　积极履行政协委员职责. 人民政协报,2009/11/30(B03).

田晓玉. 政治协商纳入决策程序的实效性思考. 人民政协报,2009/06/08(C03).

宋敬国. 重视反映社情民意为和谐发展进诤言献良策. 人民政协报,2009/06/08(C03).

刘东吉. 搞好参政议政应把握五个要点. 人民政协报,2009/01/12(C03).

钟盟研. 研究参政党建设内在规律. 团结报,2009/11/21(001).

严隽琪. 为建设高素质参政党提供组织保障. 团结报,2009/10/27(008).

张峰. 论民主党派深入学习贯彻科学发展观. 团结报,2009/06/27(008).

张民. 基层组织建设关系参政党职能发挥. 团结报,2009/10/22(001).

王宇航. 用独特方式还原历史. 团结报,2009/10/20(002).

科学把握参政党自身建设规律. 团结报,2009/10/17(001).

李德强. 打造学习型政党,建设高素质的参政党队伍. 团结报,2009/10/13(008).

李硕. 搞好自身建设　建设高素质参政党. 团结报,2009/09/26(004).

蒋树声. 发挥参政党职能　努力推动科学发展. 团结报,2009/09/15(002).

万钢. 加强参政党自身建设　不断提高服务科学发展的能力. 团结报,2009/09/15(003).

韩启德. 全面落实科学发展观　建设高素质参政党. 团结报,2009/09/15(003).

吴俊锋. 以科学发展观为统领抓好机关党的建设. 团结报,2009/09/07(003).

秦维. 建设适应时代要求的参政党. 团结报,2009/09/05(001).

李金河. "四个提高"是民主党派学习科学发展观的落脚点. 团结报,2009/07/14.

韩芸. 深入学习贯彻科学发展观是参政党的重要政治责任. 团结报,2009/05/30(008).

黄列. 民主党派学习贯彻科学发展观　对履行参政党职能具有重要指导作用. 团结报,2009/04/04(008).

张云新. 以科学发展观为指导　充分发挥参政党功能. 团结报,2009/02/07(008).

王晓军. 从利益主体多元化看参政党自身建设. 团结报,2009/02/07(008).

陈晓燕. 充分发挥特色提高参政能力. 团结报,2009/12/12(001).

韩金伟. 着力通过自身建设提高参政能力. 团结报,2009/12/08(001).

高文朗. 积极创新　增强参政议政作用. 团结报,2009/12/08(008).

刘振清,陈晓利. 关于民主党派参政议政能力建设的思考. 团结报,2009/11/24(008).

李志学. 推进参政议政"六个结合". 团结报,2009/11/07(001).

参政议政要强化科技特色. 团结报,2009/11/03(001).

张洪. 发挥参政议政作用是时代的要求. 团结报,2009/10/13(008).

陈竺. 参政议政　建言献策　为经济发展和社会稳定贡献力量. 团结报,2009/09/

15(003).

蒋孝亮. 切实提高政协参政议政的实效性. 团结报,2009/09/08(008).

董淑亮,许蓉萍. 运用科学方法提高参政议政质量. 团结报,2009/09/08(008).

李红光. 力促民主党派知情参政议政. 团结报,2009/08/25(002).

李重庵. 社会服务工作是为了参政议政. 团结报,2009/08/11(008).

黄威娜,蒋玲. 要把加快推进"两个中心"建设作为参政议政着力点. 团结报,2009/05/21(001).

郑国柱. 加强民主党派参政议政能力建设的思考. 团结报,2009/04/04(008).

李原. 参政议政要有预见性针对性. 团结报,2009/03/24(001).

陈述涛. 进一步提高民主党派参政议政能力的思考. 团结报,2009/02/21(008).

夏颖. 浅淡如何进一步提高民主党派参政议政的实效. 团结报,2009/01/22(004).

4. 国外政党研究和比较研究

杨金卫. 国外政党对互联网的运用及对我国政治发展和政党建设的启示. 山东大学学报(哲学社会科学版),2009,(1).

侯衍社. 社会民主主义基本价值观念与"第三条道路"价值观念的现代转型. 烟台大学学报(哲学社会科学版),2009,(1).

谢韬. 美国国会两党分化的原因及后果. 国际论坛,2009,(1).

吴茜. 论苏联解体后中亚五国的左翼政党. 国际论坛,2009,(1).

王振光. 当代西欧社会党的危机及转型. 辽宁行政学院学报,2009,(1).

高艳萍,苗光新. 印共(马)未来发展的不利因素探析. 廊坊师范学院学报(社会科学版),2009,(1).

张传鹤. 瑞典社会民主党政绩和瑞典成功因素新解. 科学社会主义,2009,(1).

李亚洲. 逆境中崛起的塞浦路斯劳动人民进步党. 当代世界与社会主义,2009,(1).

陈彬. 从泰国政党政治的发展看近年来泰国的乱局. 当代世界,2009,(1).

张光平. 影响发展中国家政党体制演变的内外因素. 当代世界,2009,(1).

韩冬梅. 西方协商民主的概念与特征解析. 中国政协理论研究,2009,(1).

张捷,杜瑞靖. 捷克—摩拉维亚共产党发展演变探析. 忻州师范学院学报,2009,(1).

汪长明. 从"印度教特性"看印度人民党的政治复兴对印度政治的影响. 燕山大学学报(哲学社会科学版),2009,(1).

甄鹏. 塞尔维亚2008年大选与社会党政策的转变. 当代世界社会主义问题,2009,(1).

罗云力. 当代公民社会对西欧主流政党的冲击与后果. 中央社会主义学院学报,2009,(1).

李丹. 罗莎·卢森堡论布尔什维克党的组织策略——重读卢森堡的《俄国社会民主党的组织问题》. 科教文汇(中旬刊),2009,(2).

黄志高. 凯末尔革命与二十世纪二十年代共产国际、苏联的对华工作. 中共党史研究,2009,(2).

周华. 伊斯兰解放党探析. 西亚非洲,2009,(2).

秦德占,唐海军. 南非非国大党内民主建设的实践考察. 新视野,2009,(2).

马胜利. 当前欧洲社会政治思潮简析. 当代世界,2009,(2).

江时学. 拉美社会政治思潮新动向. 当代世界,2009,(2).

张晓东. 中东地区社会政治思潮发展趋势简析. 当代世界,2009,(2).

庞大鹏. 近期俄罗斯保守主义的主要表现和影响. 当代世界,2009,(2).

丁兆中. 日本社会政治思潮发展新动向. 当代世界,2009,(2).

董卫华. 2008 年第四季度世界政党形势综述. 当代世界,2009,(2).

魏伟. 发展中国家政党如何在多党民主制体制内实现长期执政. 当代世界,2009,(2).

王一迪. 日本学者比较分析自民党和民主党的经济政策. 当代世界,2009,(2).

孟建波,王智. 从"次贷危机"看美国政党政治与价值观. 银行家,2009,(2).

于丹红. 俄罗斯政坛上的新党派——右翼事业党. 俄语学习,2009,(2).

李福泉. 黎巴嫩真主党的社会福利活动及影响. 国际资料信息,2009,(2).

林怀艺. 苏联政党制度的嬗变:历史考察与理论剖析. 浙江工商大学学报,2009,(2).

赵玉峰. 对战后英国工党"民主社会主义"改革的认识. 南昌大学学报(人文社会科学版),2009,(2).

林德山. 英国工党的社会政策解读——观念变化与政策变迁. 欧洲研究,2009,(2).

郭静. 解析当代英国执政党竞选中的福利主张——政党竞争与福利政策. 欧洲研究,2009,(2).

马细谱. 中东欧社会党执政现状及其走向. 当代世界与社会主义,2009,(2).

唐海军,秦德占. 世界社会党的现状与发展趋势探析. 当代世界与社会主义,2009,(2).

汪长明. 印度人民党教派主义形态下的政治复兴对邻国关系的影响. 重庆交通大学学报(社会科学版),2009,(2).

项佐涛,孔寒冰. 1939—1940 年托派关于苏共党内干部官僚化现象的争论. 国际政治研究,2009,(2).

石学峰. 世界政党的当代发展趋势及其现实启示. 攀登,2009,(2).

孟艳. 当代社会民主党应对媒体社会的策略分析. 科学社会主义,2009,(2).

金安平,姚传明. 党内民主欠缺条件下的政党运作与政党建设——印度国大党政党内部运作机制研究. 科学社会主义,2009,(2).

孟宪波. 冷战后波兰社会党议会执政的嬗变与启示. 聊城大学学报(社会科学版),2009,(2).

彭燕林,冯祥武. 浅谈"生态文明"与德国社会民主党人的生态社会观. 西安社会科学,2009,(2).

陈露. 欧洲社会党组织转型比较研究——以英国工党、法国社会党、德国社民党为例. 当代世界社会主义问题,2009,(2).

潘亚玲. 从2009超级大选年看德国左翼党. 当代世界社会主义问题,2009,(2).

王鹏权. 冷战后加勒比地区社会党的发展. 当代世界社会主义问题,2009,(2).

中央对外联络部研究室. 南非非国大努力提升党的行动能力. 党建,2009,(3).

闫东. 政党与民间组织关系的国际视角. 新视野,2009,(3).

李润明. 俄罗斯联邦共产党新党纲述评. 当代世界,2009,(3).

胡雪,郭浩文. 俄罗斯政党制度的特点及成因分析. 长春师范学院学报(人文社会科学版),2009,(3).

谢徐玮. 秘鲁阿普拉党研究综述. 重庆科技学院学报(社会科学版),2009,(3).

潘西华. 葛兰西和毛泽东有关党建思想的比较研究. 毛泽东邓小平理论研究,2009,(3).

章德彪. 发展中国家政党体制面临的挑战及未来走势. 当代世界,2009,(3).

刘志明. 列宁党内民主思想探析. 重庆邮电大学学报(社会科学版),2009,(3).

乔印伟. 论新加坡国家创建对于人民行动党成立与发展的意义. 河南师范大学学报(哲学社会科学版),2009,(3).

许昌. 新加坡人民行动党研究在中国五十年(1959—2008). 河南师范大学学报(哲学社会科学版),2009,(3).

刘靖北. 国外主要政党组织革新及发展趋势. 中国浦东干部学院学报,2009,(3).

王建礼. 资本主义经济和金融危机与世界社会主义前景——2008年第十次世界共产党和工人党国际会议综述. 国外社会科学,2009,(3).

吴寄南. 浅析民主党外交安保团队及其政策构想. 日本学刊,2009,(3).

颜杰峰,祖金玉. 20世纪80年代苏共党内分派及其教训. 河北学刊,2009,(3).

比扬·冯西斗,高锋. 瑞典社会民主党党纲述评. 当代世界与社会主义,2009,(3).

王志连,姬文刚. 斯洛伐克民主左派党发展演变初探. 当代世界与社会主义,2009,(3).

李明斌. 中苏两党关于修正主义问题的争论评析. 郑州大学学报(哲学社会科学版),2009,(3).

展金霞,李广民. 当今世界主要国家政党制度探析. 山西大同大学学报(社会科学版),2009,(3).

李紫莹. 阿根廷正义党的重组及其意义. 北京城市学院学报,2009,(3).

李淑华. 十二月党人在西伯利亚的教育活动. 西伯利亚研究,2009,(3).

涂用凯. 后冷战时期社会党国际的全球政策及其特性分析. 科学社会主义,2009,(3).

王志连,姬文刚. 捷克与斯洛伐克共产主义后继党发展演变比较研究. 科学社会主义,2009,(3).

宋效峰. 马来西亚政党制度的制度化与政治稳定功能. 东南亚研究,2009,(3).

丁琳琳,俞蕾. 欧洲绿党在政府行为上的角色研究. 才智,2009,(3).

时宏远. 孟加拉国政党之间的政治冲突. 南亚研究,2009,(3).

李广民,王玉琴. 民主党崛起及对中日关系的影响. 日本研究,2009,(3).

伍慧萍. 德国全民党的沉浮. 德国研究,2009,(3).

张淑兰,宋丽萍. 印度左翼政党对金融危机的看法:与国大党政府的比较. 南亚研究季刊,2009,(3).

刘强. 日本民主党内阁的内外政策及中日关系. 国际展望,2009,(3).

高洪. 日本民主党联合政权内政外交刍议. 国际展望,2009,(3).

刘江永. 民主党执政后的日本政治与外交. 国际展望,2009,(3).

黄明哲,赖路成. 国外政党尊重党员主体地位和保障党员民主权利的实践及启示. 湖南省社会主义学院学报,2009,(3).

汪守军. 原东欧社会主义国家在统一战线政权建设方面的探索及启示. 重庆社会主义学院学报,2009,(3).

石学峰. 世界政党发展的新走势及其启示. 重庆社会主义学院学报,2009,(3).

韩冰. "为和平、民主、主权、进步和社会主义而斗争"——世界共产党和工人党第十次国际代表会议浅析. 马克思主义与现实,2009,(3).

吴敏. 新加坡人民行动党基层支部为民服务的经验及启示. 上海党史与党建,2009,(4).

陆伟芳. 英国妇女选举权与自由党的衰落. 江苏行政学院学报,2009,(4).

杨直. 左翼党的崛起及其对德国政坛的影响. 国际论坛,2009,(4).

谭元敏. 列宁联合民主政党的思想探论. 河南师范大学学报(哲学社会科学版),2009,(4).

朱艳圣. 日本民主党的崛起及其前景. 中共天津市委党校学报,2009,(4).

陈明凡. 越南党的领导体制改革的有益探索. 中共天津市委党校学报,2009,(4).

陈静. 借鉴国际共运经验　加强党的先进性建设. 和田师范专科学校学报,2009,(4).

张红侠,申健. 谢尔盖·米罗诺夫和他的"公正俄罗斯党". 俄罗斯中亚东欧研究,2009,(4).

刘淑春. 为建设"21世纪社会主义"而斗争——俄共十三大述评. 俄罗斯中亚东欧研究,2009,(4).

黄明哲,赖路成. 国外政党尊重党员主体地位和保障党员民主权利的实践及启示. 江苏广播电视大学学报,2009,(4).

张新平,喻问琼. 论列宁时期苏联共产党执政体制. 兰州大学学报(社会科学版),2009,(4).

曹瑞涛. 动荡的多党制——土耳其共和国政治民主化一瞥. 南京师大学报(社会科学版),2009,(4).

杨永明. 从1956年《人民日报》"两论"看中苏两党分歧. 当代中国史研究,2009,(4).

杨明佳. 论联邦党人的人民主权观. 长江论坛,2009,(4).

赵刚印. 西欧主要政党干部的培养与选拔探析. 学术探索,2009,(4).

李华锋. 英国工党处理工会问题的经验教训对其他政党的启示. 天中学刊,2009,(4).

王传兴. 美国第五政党体系中的两次少数派颠覆事件及影响——从社会力量结构的变化进行分析. 同济大学学报(社会科学版),2009,(4).

曾媛媛. 俄国知识分子与社会革命党政治恐怖主义路线. 俄罗斯研究,2009,(4).

刘杉杉. 一劳永逸净化俄罗斯——1922 年俄共(布)驱逐知识分子运动. 俄罗斯研究,2009,(4).

李畅. 19 世纪末俄美民粹主义异质性探析——民粹派与人民党运动的三维对比. 郑州航空工业管理学院学报(社会科学版),2009,(4).

杨明佳. 理性与经验之间:试论联邦党人的政治哲学基础. 武汉理工大学学报(社会科学版),2009,(4).

张文红. 人民党缘何失去其人民——《汉堡纲领》之后的德国社会民主党. 当代世界与社会主义,2009,(4).

周敏晖. 浅谈俄罗斯政党在总统选举中的作用. 湖州师范学院学报,2009,(4).

林怀艺. 苏联解体后俄罗斯政党政治的发展探析. 南华大学学报(社会科学版),2009,(4).

吉·哈拉兰博斯,张文成. 塞浦路斯劳动人民进步党选举成功析论. 当代世界社会主义问题,2009,(4).

向文华. 牙买加人民民族党的民主社会主义道路及其启示. 当代世界社会主义问题,2009,(4).

吴永年. 论尼共(毛派)从暴力革命向和平民主的转变. 南亚研究,2009,(4).

张宏斌. 瑞典社会民主党党纲演进的几点启示. 广东省社会主义学院学报,2009,(4).

赵岐山. 对列宁多党合作思想的认识. 河北省社会主义学院学报,2009,(4).

л. B. 波利亚科夫,贾小明. 强国的"支柱":俄罗斯政党制度的选择. 广西社会主义学院学报,2009,(4).

陈登才. 马克思列宁关于政党建设的基本理论研究. 中国延安干部学院学报,2009,(4).

原祖杰. 对美国平民党运动的再思考. 美国研究,2009,(4).

赵光勇. 大国治理与政治平衡——重读《联邦党人文集》. 郑州航空工业管理学院学报(社会科学版),2009,(4).

秦德占. 澳大利亚工党合作主义政策的价值与局限性. 新视野,2009,(5).

牟金玲. 印度人民院大选情况初析. 当代世界,2009,(5).

石晓虎. 金融危机冲击国外政党政治. 当代世界,2009,(5).

傅华,沈耕. 变革中的西欧社会民主主义. 当代世界,2009,(5).

崔晓彤,赵丽敏. 新加坡权威党制对中国实现政治稳定的启示——基于现代化视角的分析. 辽宁教育行政学院学报,2009,(5).

高奇琦. 西方国家政党与社会关系的变迁——一种自由主义与共和主义的二元分

析. 上海行政学院学报,2009,(5).

魏翠萍. 从"无党政治"到多党民主——乌干达政治体制演变探析. 西亚非洲,2009,(9).

高奇琦. 欧洲运动型政党产生的政治文化分析——后现代价值与多元主义的双重路径. 国际论坛,2009,(5).

李坤望,王孝松,谢申祥. 奥巴马内阁、党派性与中美贸易发展走势. 南开学报(哲学社会科学版),2009,(5).

刘毅. 俄罗斯政党和政党制度发展现状. 国外社会科学,2009,(5).

刘江永. 日本民主党执政后的鸠山外交. 亚非纵横,2009,(5).

邱正文. 社会党国际的行政价值观. 湖南师范大学社会科学学报,2009,(5).

宝拉・M. 皮克林,马可・巴斯金,乔春霞. 克罗地亚共产主义者联盟的继承党. 当代世界与社会主义,2009,(5).

特里・D. 克拉克,霍维塔・普拉耐维秋特,王新颖. 透视立陶宛共产党继承党. 当代世界与社会主义,2009,(5).

赵扬. 列宁关于执政党要善于妥协的思想策略. 西南科技大学学报(哲学社会科学版),2009,(5).

袁群. 瑞典社会民主党的社会主义观探析. 社会主义研究,2009,(5).

赵理富. 社会民主党政党文化论析. 社会主义研究,2009,(5).

曾瑞明. 从西欧社会党的社保改革看福利国家的发展趋势. 北京行政学院学报,2009,(5).

轩传树. 从欧洲议会选举看欧洲社会党现状. 科学社会主义,2009,(5).

何强,孟宪芳. 二战后欧洲社会党治国理政的基本经验探析. 科学社会主义,2009,(5).

李明斌. 中苏两党关于"全民国家"、"全民党"问题的争论评析. 当代世界与社会主义,2009,(5).

玛利亚・斯皮诺瓦,冯瑾. 保加利亚社会党:走向欧洲的漫漫长路. 当代世界与社会主义,2009,(5).

王国勇. 当代西方政党理论述评. 贵州民族学院学报(哲学社会科学版),2009,(5).

杨伯江. 民主党新政与日本之"变". 外交评论(外交学院学报),2009,(5).

王茂芝,王筱宇. 各国政党党内民主化的历程和启示. 江南大学学报(人文社会科学版),2009,(5).

刘辉.《联邦党人文集》的宪政之思. 法制与社会,2009,(5).

刘玥. 老挝人民革命党"五大"对社会主义的认识与实践. 东南亚纵横,2009,(5)

刘俊燕,孙晓华. 梅德韦杰夫执政以来俄罗斯政党政治的新变化. 当代世界,2009,(6).

中共中央组织部党建研究所课题组,高永中,张阳升. 国外主要政党关于党内民主建设的理论与实践. 当代世界,2009,(6).

罗显华,吴倬. 从社会党国际23大看其最新思想走向. 理论前沿,2009,(6).

周尚文. 苏共执政时期处理党内矛盾的经验教训. 社会科学,2009,(6).

韩志斌. 伊拉克复兴党民族主义建构进程中的特点. 西亚非洲,2009,(6).

张文红. 德国社民党和英国工党超越“第三条道路”. 国外理论动态,2009,(6).

梅景. 国大党成为印度大选最大赢家. 当代世界,2009,(6).

孙伯强. 网络党:西方政党运作模式发展的新趋势. 当代世界,2009,(6).

靖鸣. 共运史上党报批评党领导机构的争论. 炎黄春秋,2009,(6).

翟新. 日本民主党对华政策走向探析. 国际问题研究,2009,(6).

吕耀东. 日本保守两党制的构想与实践. 日本学刊,2009,(6).

韩志斌. 民族主义建构中的历史认同——伊拉克复兴党民族主义的个案考察. 西北大学学报(哲学社会科学版),2009,(6).

邹升平. 瑞典社会民主党所有制理论嬗变与实践困境. 渤海大学学报(哲学社会科学版),2009,(6).

薛新国. 法国共产党与社会党的关系. 天津师范大学学报(社会科学版),2009,(6).

路彪. 公正俄罗斯党纲领. 当代世界与社会主义,2009,(6).

吴辉. 借鉴国外执政党建设经验,加强党的建设. 长春市委党校学报,2009,(6).

林晓光. 日本民主党政府的对外政策走向. 和平与发展,2009,(6).

高奇琦. 新加坡人民行动党的党群治理与社会资本. 中央社会主义学院学报,2009,(6).

李金河. 价值取向下的政党制度类型比较研究. 中央社会主义学院学报,2009,(6).

陈巧燕. 新加坡人民行动党的种族融合政策及启示. 重庆社会主义学院学报,2009,(6).

曾爱平. 君主制主导下的摩洛哥议会政党体制. 当代世界,2009,(7).

王屏. 小泽一郎与日本民主党的政治选择. 当代世界,2009,(7).

刘雯,李泳宏. 浅析绿党与绿党政治. 高等教育与学术研究,2009,(7).

舒新. 从俄国革命的角度解读列宁对伯恩施坦主义的批判——兼论西欧社会民主党反伯恩施坦主义的失利. 江汉论坛,2009,(7).

李爱华,秦正为. 马克思恩格斯关于无产阶级政党应对国际局势的思想及其现实意义. 马克思主义研究,2009,(7).

徐大超. 后威权主义时代韩国政党的特点及形成原因分析. 通化师范学院学报,2009,(7).

魏巍. 承前启后、继往开来,中俄党际合作迈出新步伐. 当代世界,2009,(7).

代金平,殷乾亮. 宗教政治组织合法化、政党化现象分析. 当代世界,2009,(8).

本刊记者. 同中国合作是非洲人民自己的选择——访刚果(金)争取重建与民主人民党总书记埃瓦里斯特·博夏卜. 当代世界,2009,(8).

吕元礼. 新加坡:“为人民而行动的党”. 同舟共进,2009,(8).

李丹慧. 失去的机遇——赫鲁晓夫下台后中苏两党和解的新尝试. 社会科学战线,

2009,(8).

秦德占. 澳大利亚工党改良性特征塑造中的关键要素分析. 商丘师范学院学报, 2009,(8).

敏敬. 土耳其正发党与繁荣党的差异比较研究. 西亚非洲,2009,(8).

刘作奎. 土耳其库尔德工人党的“欧洲化”——一种新制度主义的分析. 西亚非洲, 2009,(8).

王林聪. 论正义与发展党执政下的土耳其“民主模式”. 西亚非洲,2009,(8).

胡钧. 唯心史观和社会学中的主观方法批判——读列宁《什么是“人民之友”以及他们如何攻击社会民主党人?》. 高校理论战线,2009,(8).

杨伯江,霍建岗. 日本自民党政治走向历史性衰退. 现代国际关系,2009,(8).

游洛屏. 我国的民主监督与西方的政党制衡根本不同. 四川统一战线,2009,(8).

霞飞. 20 世纪 60 年代的中苏两党论战. 党史博览,2009,(9).

王振光. 西欧社会党党内民主改革的启示. 理论参考,2009,(9).

王长江. 吸取日本自民党教训,实现党建现代化. 理论参考,2009,(9).

向文华,朱宝强. 社会党国际与亚非拉社会党的发展. 太平洋学报,2009,(9).

田兆臣. 德国社会民主党的历史教训和启示. 上海党史与党建,2009,(9).

王娜. 民主党:日本执政的自民党的终结者. 党政论坛,2009,(9).

贾丽敏. 新加坡人民行动党创设保障和谐的法律制度浅析. 经济与社会发展,2009,(9).

桂展鹏,江本武,左辉. 阿尔巴尼亚劳动党执政地位丧失的内因探析. 福建党史月刊,2009,(10).

沈家兴. 老挝人民革命党中央总书记、国家主席朱马里访问中国. 当代世界,2009,(10).

李晨. 日本政局变化引人关注 中日关系前景令人期待——中共中央对外联络部代表团访日纪行. 当代世界,2009,(10).

魏伟. 2009 年第三季度世界政党形势综述. 当代世界,2009,(10).

社会党衰败已成“欧洲现象”. 理论视野,2009,(10).

王新生. 日本民主党政权必须面对的政官关系. 中国党政干部论坛,2009,(10).

刘金东. 日本自民党缘何下野. 中国党政干部论坛,2009,(10).

李华锋. 冷战时期英国工党与工会关系的嬗变述论. 商丘师范学院学报,2009,(10).

王立新. 对苏共改革与意识形态失控的历史反思. 理论学刊,2009,(10).

王海滨. 机遇还是挑战?——民主党执政后的中日关系. 社会观察,2009,(10).

吕元礼,黄卫平. 新加坡,一党独大的人才保证. 人才资源开发,2009,(10).

自民党缘何遭遇“滑铁卢”. 理论与当代,2009,(10).

沈家兴. 第二届中俄政党论坛. 当代世界,2009,(11).

本刊记者. 专访菲律宾众议长、基督教穆斯林民主团结力量党副主席诺格拉雷斯. 当代世界,2009,(11).

本刊记者. 专访意大利共产党人党全国书记迪利贝托. 当代世界,2009,(11).

冯昭奎. 民主党"改变"日本任重道远. 当代世界,2009,(11).

魏巍,刘永杰. 深化中俄党际交流　推动边境经济合作——第二届中俄政党论坛侧记. 当代世界,2009,(11).

严宏. 十月革命后列宁对俄共(布)基层组织建设的探索及当代价值. 毛泽东邓小平理论研究,2009,(11).

刘金源. 论近代英国政党政治的兴起. 史学月刊,2009,(11).

吕元礼,黄卫平. 一党独大的人才保证——新加坡人民行动党运作揭密(下). 南风窗,2009,(12).

唐富灵. "第三党"在美国政治进程中的作用——以美国大选为背景. 理论界,2009,(12).

陈华. 委内瑞拉新执政党——统一社会主义党浅析. 当代世界,2009,(12).

李信. 抓住机遇,推动新形势下中日关系取得更大发展——中共代表团赴日参加"中国共产党与日本民主党交流机制"第三次会议纪行. 当代世界,2009,(12).

武传兵. 柬埔寨人民党立足国情巩固执政地位. 当代世界,2009,(12).

谢礼圣. 新德国左翼党的历史意义(下). 国外理论动态,2009,(12).

奥利弗·施罗德,张文红. 欧洲左翼党的现状——合作的必要性. 国外理论动态,2009,(12).

王峰. 列宁"灌输论"的党性观刍议——再读列宁《怎么办?》一文有感. 湖南科技学院学报,2009,(12).

戈铭. 第十一次国际共产党工人党会议综述. 马克思主义研究,2009,(12).

汪玲. 试析匈牙利小农党. 法制与社会,2009,(13).

尔世麒. 俄罗斯"光头党"鬼影幢幢. 检察风云,2009,(15).

唐宁. "跑步前进"的民主党党首鸠山由纪夫. 世界知识,2009,(18).

维宁. 那些民主党人. 南风窗,2009,(19).

林华生. 日本民主党大胜意味着什么. 南风窗,2009,(19).

刘柠. 两党政治的开端?. 南风窗,2009,(19).

赵灵敏. 自民党大船是这样沉没的——专访日本龙谷大学教授卓南生. 南风窗,2009,(19).

李莹. 自民党再起之可能. 南风窗,2009,(19).

王家瑞. 世情国情党情的深刻变化给党的建设提出新要求. 求是,2009,(20).

日本进入民主党执政时代. 兵团建设,2009,(19).

余锎. 瑞典出了个海盗党. 领导文萃,2009,(20).

陈悦新. 以道家思想浅析斯大林时期苏联党和个人过分集权条件下执政体制的失败原因. 传承,2009,(22).

张汉巍. 美国执政党建设对我党执政能力建设的启示. 学理论,2009,(23).

刘柠. 日共:从革命党到生活党. 南风窗,2009,(24).

唐晓玲. 绿党及绿色政治思想面临的冲突与挑战. 孝感学院学报,2009,(S1).

陈丽明. 汲取苏联共产党的经验教训加强党的执政能力建设. 首都师范大学学报(社会科学版),2009,(S2).

韩云川. 巴西劳工党的社会主义. 学习时报,2009/06/29(002).

用世界眼光看执政党建设的基本经验和趋势. 北京日报,2009/10/19(017).

二、著作

中国政党制度年鉴(2008). 中央社会主义学院中国政党制度研究中心主编. 中央编译出版社,2009.

中国特色政党制度理论体系研究. 中央社会主义学院中国政党制度研究中心编. 中国言实出版社,2009.

政党论. 王长江. 人民出版社,2009.

中国政党制度功能与价值研究. 中央社会主义学院政党制度研究中心,北京大学政党制度研究中心编. 华文出版社,2009.

政党立宪研究. 叶海波. 厦门大学出版社,2009.

中国特色和谐政党关系论. 本书编委会. 中国言实出版社,2009.

和谐党政关系构建. 景红. 新华出版社,2009.

中国政党与政党制度. 李朝录. 湖南人民出版社,2009.

统一战线与国家软实力的整合提升. 张峰,贾小明主编. 中共中央党校出版社,2009.

当代中国政治参与和决策科学化. 李金河,徐锋. 人民出版社,2009.

当代中国政治参与研究. 邱永文. 中共中央党校出版社,2009.

中国人民政协理论研究会2008年度论文集. 中国人民政协理论研究会编. 中国文史出版社,2009.

《"六个为什么"》. 人民日报理论部主编. 人民日报出版社,2009.

《人民政协重要文献选编》学习读本. 中国人民政协理论研究会秘书处编. 中国文史出版社,2009.

由政学会到新政学系:国民党体制内的资产阶级自由派研究. 林绪武. 天津人民出版社,2009.

新形势下的人民政协:理论与实践——浙江省人民政协理论研究会第一次理论研讨会论文集. 浙江省人民政协理论研究会. 浙江大学出版社,2009.

中共中央南方局的统一战线工作. 王福琨. 中共党史出版社,2009.

中国近代通史(第七卷)——国共合作与国民革命(1924—1927). 王奇生. 江苏人民出版社,2009.

协商民主——挑战与反思. (美)埃尔斯特主编. 中央编译出版社,2009.

当代中国民主协商研究. 孙存良. 中国社会出版社,2009.

中国协商政治发生与演变逻辑. 黄福寿. 上海人民出版社,2009.

在庆祝中国人民政治协商会议成立6周年大会上的讲话. 胡锦涛. 人民出版社,2009.

交流·研讨·谈心:从无党派人士关注的理论问题谈起. 闵克,王民忠主编. 华文出版社,2009.

台湾早期政党史略：一九〇〇——一九六〇. 陈正茂. 台北秀威资讯科技股份有限公司,2009.

多党合作和政治协商制度在四川的实践. 张星炜,付建明编. 四川人民出版社,2009.

中国近代会党史. 邵雍. 合肥工业大学出版社,2009.

国民党高层的派系政治：蒋介石"最高领袖"地位是如何确立的. 金以林. 社会科学文献出版社,2009.

协商民主与当代中国政治. 陈家刚. 中国人民大学出版社,2009.

中国国民党史——沧桑百年(上、下册). 茅家琦. 鹭江出版社,2009.

中国共产党湖南历史:第二卷(1949—1978). 陈克鑫. 湖南人民出版社,2009.

毛泽东与国民党人的交往. 莫志斌. 人民出版社,2009.

中国近代会党史. 蔡少卿. 合肥工业大学出版社,2009.

责任政党政府研究. 姚尚建. 中央编译出版社,2009.

兄弟结拜与秘密会党——一个传统的形成. (加)王大为. 商务印书馆发行部,2009.

论政党的使命. 陈建中. 中共中央党校出版社,2009.

中国共产党领导的多党合作和政治协商制度——青少年普及读本. 全国人大办公厅研究室编. 民主法制出版社,2009.

获得权威——上海地下党群众工作的历史经验与启示. 朱华等. 上海人民出版社,2009.

新中国政党制度研究. 林尚立. 上海人民出版社,2009.

1949——历史选择了共产党. 朱汉国. 山西人民出版社,2009.

香港政党与选举政治(1997—2008). 周建华. 中山大学出版社,2009.

政党政治原理. 王长江. 中共中央党校出版社,2009.

战后中国政党与政治研究. 纪亚光,秦立海,裴莘. 天津人民出版社,2009.

当代台湾政党政治研究. 徐锋. 时事出版社,2009.

移植与异化——民国初年中国政党政治研究(修订版). 杨绪盟. 人民出版社,2009.

嵌入、整合与政党权威的重塑——对中国执政党. 国家和社会关系的考察. 罗峰. 上海人民出版社,2009.

毁灭的种子:战争与革命的国民党中国(1937—1949). (美)易劳逸. 江苏人民出版社,2009.

国家、政党与社会运动. (美)杰克 · A. 戈德斯通主编,章延杰译. 上海人民出版社,2009.

共产党党内民主的理论与实践研究. 张洪兵,王树元. 辽宁人民出版社,2009.

政党与群众：中国共产党执政考量. 戴立兴. 中央编译出版社,2009.

加强和改进新形势下党的建设问题解读. 张荣臣. 中国方正出版社,2009.

高校党建研究丛书. 张静如主编. 四川教育出版社,2009.

党建研究. 李今永主编. 广东人民出版社,2009.

中国共产党执政能力建设研究. 徐敏杰. 东北大学出版社,2009.

选择——中国共产党执政论. 张荣臣. 中共中央党校出版社,2009.

中国共产党建设发展研究. 刘川生主编. 中国人民大学出版社,2009.

党内民主. 唐晋主编. 人民日报出版社,2009.

党政关系视域中的执政能力建设. 孙艺兵,孙志明. 人民出版社,2009.

中共中央关于加强和改进新形势下党的建设若干重大问题的决定. 本书编写组. 人民出版社,2009.

高校党的建设研究. 韩景阳. 中国人民大学出版社,2009.

中心城区社区党建研究——天津市和平区社区党建工作解析. 翟昌民. 中共党史出版社,2009.

中国共产党执政兴国的重要方略——党管人才问题研究. 黄爱华. 湖南人民出版社,2009.

执政党与当代中国选举发展: 增强执政合法性的视角. 胡小君. 广东人民出版社,2009.

执政党建设理论前沿问题研究. 赵刚印,袁峰主编. 上海三联书店,2009.

十六大以来党的执政实践与理论研究. 雷厚礼. 人民出版社,2009.

组织视角下的京郊新农村党建研究. 韩芳等. 中国农业科学技术出版社,2009.

党内和谐论. 黄明哲. 人民出版社,2009.

新时期中国共产党的建设简史. 中央党史研究室第三研究部. 中共党史出版社,2009.

中共中央南方局的党建工作. 陈清林. 中共党史出版社,2009.

中国共产党政党文化研究. 李冉. 复旦大学出版社,2009.

发展党内民主的思考与探索. 李颖. 中国经济出版社,2009.

社区党建工作创新研究. 杜德印主编. 中国社会出版社,2009.

中国共产党的执政基础建设研究. 温敬元. 社会科学文献出版社,2009.

党的先进性建设在广东. 王玉云等. 广东人民出版社,2009.

加强党的执政能力建设研究. 丁晓强等. 中国人民大学出版社,2009.

和谐社会视野下的党群关系研究. 于昆. 人民出版社,2009.

新农村党的建设. 付文明,牛余庆主编. 河北人民出版社,2009.

2008 年度党的建设与思想政治工作优秀成果汇编. 张蔚萍主编,中国科学社会主义学会思想政治工作科学专业委员会,《党的建设与思想政治工作优秀成果汇编》编撰委员会编. 红旗出版社,2009.

新时期的党内民主建设. 余丽君. 中国地质大学出版社,2009.

中国共产党现代化理论的历史考察. 刘曦. 四川人民出版社,2009.

井冈山斗争时期党的建设研究. 周金堂等. 中央文献出版社,2009.

党内民主. 唐晋主编. 人民日报出版社,2009.

党内民主法规制度研究. 夏赞忠主编. 中国方正出版社,2009.

以改革创新精神加强党的建设若干问题研究. 李新泰,李永清,赵洪祥主编. 中共党史出版社,2009.

政治的根本问题：执政党的群众基础研究. 李晖. 湖南人民出版社,2009.

邓小平执政党组织建设思想研究. 王春玺. 中国社会科学出版社,2009.

执政党建设研究丛书. 王炳林主编. 人民出版社,2009.

全球化视野下党的社会基础研究. 王炳林,阚和庆,王春玺. 人民出版社,2009.

当代中国共产党建设学习型政党研究. 谢春红. 人民出版社,,2009.

中国共产党早期政权思想研究：1920—1927. 赵崇华. 吉林人民出版社,2009.

加强和改进新形势下党的建设：学习党的十七届四中全会精神的几点体会. 赖谦进. 河南人民出版社,2009.

中国共产党党内民主研究. 郑科扬主编. 党建读物出版社,2009.

居安思危：中国共产党人的忧患意识研究. 魏继昆. 人民出版社,2009.

非公经济组织党建实证研究：上海市宝山区"红帆工程"的经验与启示. 鲁月棉等. 上海三联书店,2009.

苏维埃时期中国共产党执政经验研究. 黄国华,陈廷湘. 四川人民出版社,2009.

新中国60年党的执政成就与经验. 全国党的建设研究会. 党建读物出版社,2009.

加强和改进新形势下党的建设若干重大问题解读. 本书编写组. 新华出版社,2009.

加强和改进新形势下党的建设30个新要求新举措. 本书编写组. 中共中央党校出版社,2009.

加强和改进新形势下党的建设：中央党校专家学者八人谈. 本书编写组. 中央党校出版社,2009.

中国共产党新时期党史. 中共中央党史研究室. 中共党史出版社,2009.

党的建设研究(续集2004—2008). 虞云耀. 中共中央党校出版社,2009.

中国共产党与国家建设. 林尚立. 天津人民出版社,2009.

建国以来中国共产党的资本主义观. 贺朝霞. 学林出版社,2009.

无行政权力依托基层党组织建设研究. 肖镛主编. 上海三联书店,2009.

科学发展观视野下的党性教育案例评析. 张忆军. 上海三联书店,2009.

辉煌六十年党的建设与党建理论. 周鹤龄. 上海人民出版社,2009.

延安时期中国共产党执政文化建设研究. 卢少求. 安徽大学出版社,2009.

十七届四中全会后党政干部关注的重大理论与现实问题解读. 辛鸣主编. 中共中央党校出版社,2009.

党建热点难点60问.《党建热点难点60问》编写组. 中国方正出版社,2009.

历史与经验——中国共产党与当代中国发展. 李安增等. 中央编译出版社,2009.

加强和改进新形势下党的建设学习问答. 本书编写组. 中央编译出版社,2009.

当代中国共产党人的忧患意识. 朱有志等. 红旗出版社,2009.

新形势下党的建设专题十二讲. 本书编写组. 中共中央党校出版社,2009.

中国共产党建设史. 高新民,张希贤. 中共中央党校出版社,2009.

论党风廉政建设和反腐败斗争. 尉健行. 中国方正出版社,2009.

新形势下党的建设.《新形势下党的建设》编写组. 中央编译出版社,2009.

伟大的历程　光辉的业绩——改革开放30年党的建设和发展研究. 周金堂等. 中央

文献出版社,2009.

有序党内基层民主的科学发展. 朱伟. 中共中央党校出版社,2009.

与党员干部谈党建热点问题. 江金权. 人民出版社,2009.

新中国成立初期中国共产党社会救助思想与实践研究(1949—1956). 高冬梅. 人民出版社,2009.

新疆党的执政能力与民族工作研究. 杨发仁编. 新疆人民出版社,2009.

执政党与当代中国选举发展——增强执政合法性的视角. 胡小君. 广东人民出版社,2009.

中国共产党与社会主义政治文明论略. 段志超,邱小玲. 天津人民出版社,2009.

科学发展观党建理论研究. 刘德伟,陈克惠,王寿林,傅顽璐. 人民出版社,2009.

中国共产党执政理念的创新与发展. 陈俊宏. 中共中央党校出版社,2009.

和谐党政关系构建——动态路径探索. 景红. 新华出版社,2009.

新时期党建研究. 梅宪宾. 中国社会科学出版社,2009.

中国共产党执政党建设基本理论研究. 金晓钟. 中国社会科学出版社,2009.

中国共产党对外工作概况(2008).《中国共产党对外工作概况》编委会编. 当代世界出版社,2009.

面向新世纪的民主政治建设——中国共产党发展社会主义民主政治能力研究. 李俊. 四川大学出版社,2009.

改革开放进程中的中国参政党. 张惠康主编. 中共中央党校出版社,2009.

参政党理论建设. 李竟先. 群言出版社,2009.

当代中国参政党建设研究. 魏晓文. 中共中央党校出版社,2009.

改革开放时代参政党建设研究. 董石桂. 知识产权出版社,2009.

新时期民主党派参政能力建设. 张永红,贾孔会等著. 湖北人民出版社,2009.

中国特色参政党理论概论. 陈述涛主编. 黑龙江人民出版社,2009.

德国绿党的发展与政策. 王芝茂. 中央编译出版社,2009.

英国工党与工会关系研究. 李华锋. 人民出版社,2009.

鸠山由纪夫——日本民主党政治的开幕. 刘迪. 东方出版社,2009.

墨西哥革命制度党的兴衰. 徐世澄. 世界知识出版社,2009.

论无产阶级政党——列宁专题文集. 中共中央马克思恩格斯列宁斯大林著作编译局编. 人民出版社,2009.

冷战后日本政党体制转型研究——1996 年体制论. 徐万胜. 社会科学文献出版社,2009.

日本变天——民主党政权诞生近距离观察. 朱建荣. 新世界出版社,2009.

德国政党依法执政的理论与实践. 崔英楠. 中国社会科学出版社,2009.

无畏的奥巴马——两党制上的美国. 汪德春. 同心出版社,2009.

列宁共产党执政思想研究. 王进芬. 中共中央党校出版社,2009.

当代国外政党概览. 王家瑞主编. 当代世界出版社,2009.

当代世界共产党党章党纲选编. 刘洪才主编. 当代世界出版社,2009.

瑞典社会民主党的历史、理论与实践.袁群.云南人民出版社,2009.

社会民主党的改革能力:西欧六国社会民主党执政政策比较.(德)沃尔夫冈·麦克尔等著,童建挺译.重庆出版社,2009.

王江燕　中央社会主义学院中国政党制度研究中心副教授

文　杰　中央社会主义学院图书信息中心副主任

图书在版编目(CIP)数据

中国政党制度年鉴. 2009/中央社会主义学院中国政党制度研究中心编.
—北京:中央编译出版社,2010.12
ISBN 978-7-5117-0650-8
Ⅰ.①中…
Ⅱ.①中…
Ⅲ.①政党-政治制度-中国-2009-年鉴
Ⅳ.①D665-54

中国版本图书馆 CIP 数据核字(2010)第 227334 号

中国政党制度年鉴.2009

出版人 和 龑
责任编辑 盛菊艳
责任校对 林 立
责任印制 尹 珺
出版发行 中央编译出版社
地　　址 北京西单西斜街 36 号(100032)
电　　话 (010)66509360(总编室)　(010)66509246(编辑室)
(010)66509364(发行部)　(010)66509618(读者服务部)
(010)66161011(团购部)　(010)66130345(网络销售部)
网　　址 www.cctpbook.com
经　　销 全国新华书店
印　　刷 北京中印联印务有限公司
开　　本 787×1092 毫米 1/16
字　　数 1780 千字
印　　张 77.75
版　　次 2010 年 12 月第 1 版第 1 次印刷
定　　价 290.00 元